ISBN 978-0-331-93899-9
PIBN 11210344

FB &c Ltd, Dalton House, 60 Windsor Avenue, London, SW19 2RR.
Company number 08720141. Registered in England and Wales.

For support please visit www.forgottenbooks.com

R·F

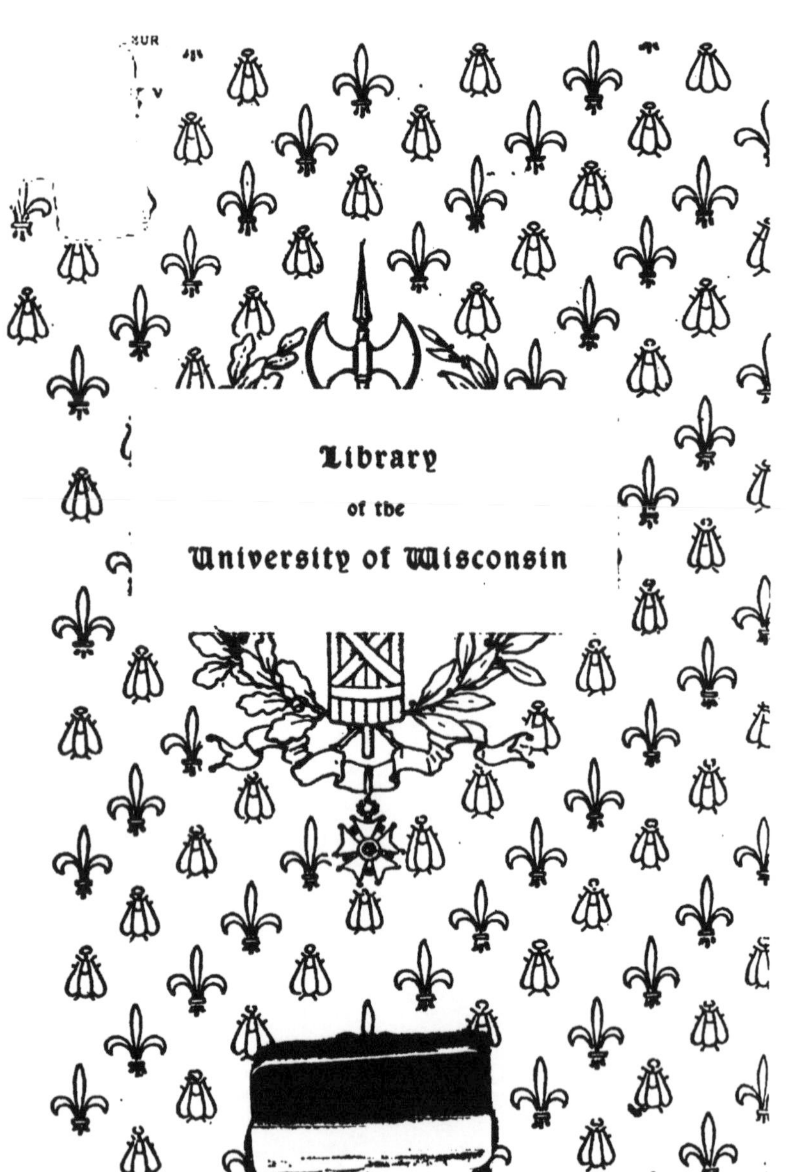

R.F

ANNUAIRE GÉNÉRAL

DE LA FRANCE

ET

DE L'ÉTRANGER

1920-1921

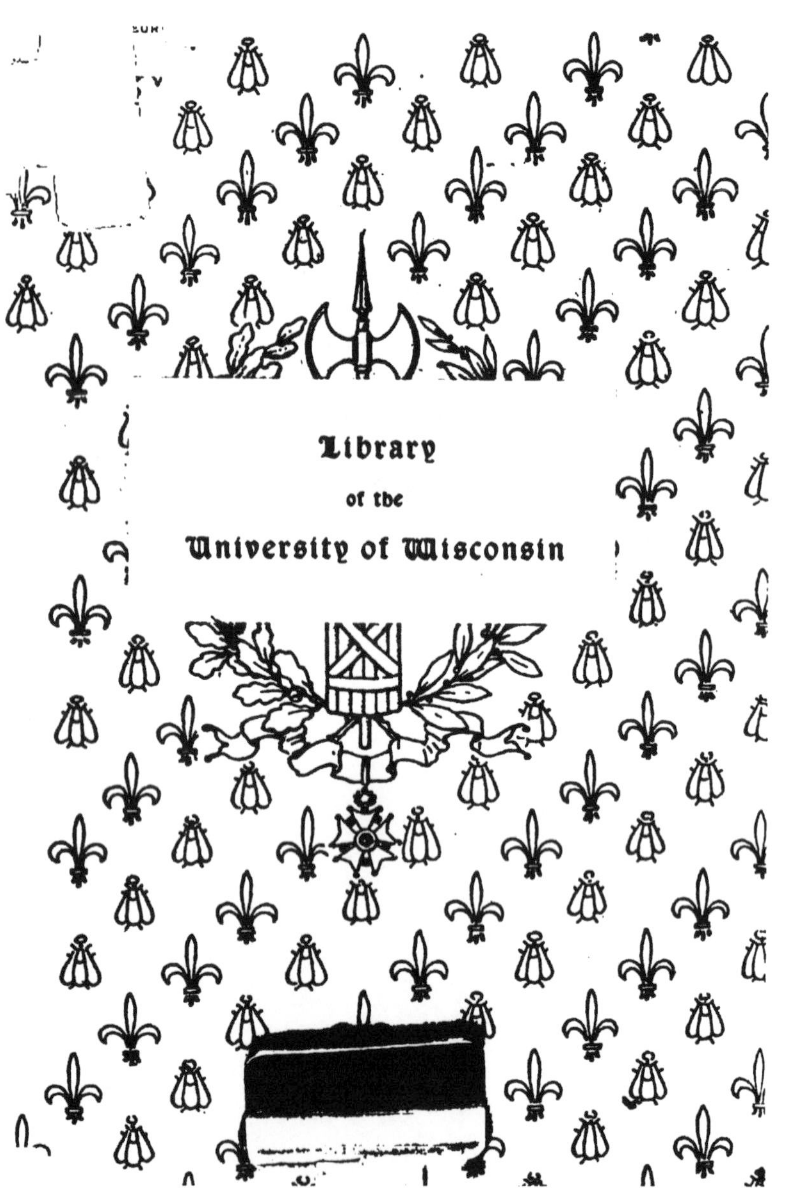

R.F

ANNUAIRE GÉNÉRAL

DE LA FRANCE

ET

DE L'ÉTRANGER

1920-1921

A Millerand

ANNUAIRE GÉNÉRAL

DE LA FRANCE

ET

DE L'ÉTRANGER

publié sur l'initiative du Comité du Livre,
sous le haut patronage
du Gouvernement de la République.

1920-1921

PARIS
LIBRAIRIE LAROUSSE
13-17, Rue du Montparnasse (VIe).

AVANT-PROPOS

L'accueil favorable fait par le grand public des deux mondes à la première édition de l'Annuaire Général de la France et de l'Etranger a été pour ses créateurs la justification de leurs espérances et la meilleure récompense de leurs efforts. Les difficultés techniques de toutes sortes, qui avaient entravé la publication de l'Annuaire pour 1919, n'ont malheureusement pas automatiquement disparu avec le rétablissement de la paix en France. Si ces difficultés, communes aux industries du livre de tous les belligérants, ont lourdement grevé des publications similaires, pourtant puissantes par leur ancienneté même, combien devaient-elles être plus pénibles pour une œuvre à ses débuts.

La guerre, tant par elle-même que par les révolutions et les traités qui en ont été la conséquence, a provoqué en outre dans tout l'ancien monde des bouleversements dont les répercussions lointaines échappent encore, mais dont les premiers résultats présentent l'univers sous un aspect complètement transformé depuis 1914. L'évolution rapide des idées et des mœurs, réagissant à son tour sur les faits économiques nouveaux créés par ces bouleversements, accentue et prolonge cet état de transformation universelle, où toute information statistique ou politique, si sérieuse qu'en soit la source, ne peut avoir qu'un caractère provisoire.

Dans de telles conditions, il eût été vain de prétendre réaliser, dans cette deuxième édition, une formule définitive, et l'on a dû se borner à y marquer les étapes que franchissait l'évolution générale du monde, au cours de l'année 1919 et au commencement de 1920. D'une part, la suppression de certains articles a permis de donner plus d'extension aux informations économiques ; d'autre part, diverses réductions portant sur la partie française ont été compensées par un plus grand développement donné aux notices concernant les pays étrangers.

Cette partie étrangère doit d'ailleurs prendre plus d'importance d'année en année, de manière à faire progressivement de l'Annuaire Général un instrument essentiellement international de documentation réciproque. Dans cette édition, les nouveaux États démembrés de l'ancien Empire Russe, et dont l'indépendance de fait a été reconnue par les grandes puissances de l'Entente, ont été traités à part : ce sont les pays Baltes (Esthonie, Latvie, Lithuanie) et transcaucasiques (Arménie, Azerbaïdjan, Géorgie). L'Ukraine, la Sibérie ont été l'objet d'études spéciales, dans le cadre de la Russie. Enfin des informations nouvelles ont permis de compléter ou de transformer les articles relatifs aux autres pays.

Mais la mise à jour d'un tel répertoire est des plus complexe. Aussi les lecteurs de cet annuaire sont invités à en devenir les collaborateurs bénévoles, en en redressant les erreurs et en signalant les lacunes. La haute autorité du Comité du Livre et la bienveillance des pouvoirs publics qui honorent la publication lui sont une garantie d'indépendance et de documentation sérieuse. La direction, secondée par la plupart des collaborateurs de la première heure, a été, comme en 1919, assurée par MM. J. de Dampierre, directeur, et P.-H. Courrière, rédacteur en chef. Puisse leur effort être apprécié de ceux qui, dans les travaux de la paix, cherchent sincèrement à ménager aux peuples, éprouvés par la guerre, les moyens de relever leurs ruines, dans la liberté, la justice et le respect d'*autrui !*

SUPPLÉMENT

FRANCE

Gouvernement.

Par suite de la démission de M. Paul Deschanel, survenue le 20 septembre 1920, l'Assemblée Nationale, réunie en congrès à Versailles le 23 septembre, a élu M. Alexandre Millerand, président de la République, par 695 voix sur 892 votants, pour une période entière de sept années. M. Millerand est entré en fonctions le même jour.

Le 23 septembre également, M. Lhopiteau, garde des sceaux, vice-président du conseil des ministres, a remis entre les mains du nouveau président de la République la démission du cabinet que présidait M. Millerand. Le 24 septembre, M. Georges Leygues, chargé de former le nouveau ministère, a pris la présidence du conseil avec le portefeuille des affaires étrangères et a maintenu le précédent cabinet.

Présidence de la République.

Présidence de la République Française : Alexandre MILLERAND (G. M. ✻).

Secrétariat général.

Secrétaire général civil de la Présidence : Eugène Petit ; *Secrétaire général adjoint* : Vignon, min pl. ; *Directeur du cabinet* : J. Bompard ; *Chef du secrétariat particulier* : Jean Millerand.

Chef de la maison militaire : général de brigade Lasson.

Présidence du Conseil.

37, quai d'Orsay.

Président du conseil : Georges Leygues, député, ministre des affaires étrangères.

Cabinet. Chef : Henry Moysset ; Chef-adjoint : René Pinon.

Ministère des Affaires étrangères.

Secrétaire général : Philippe Berthelot (9-20).

Pour les autres ministères, (voir p. 61 et suivantes.)

Agriculture.

Résultats approximatifs des récoltes de céréales en 1920, avec chiffres comparatifs de 1919 :

	1920		1919	
	Surfaces ensemencées.	Quintaux.	Surfaces ensemencées.	Quintaux.
Froment	4.854.340 ha.	62.706.270	4.603.710 ha.	49.653.700
Méteil	93.580 —	1.076.140	96.420 —	967.940
Seigle	809.350 —	8.426.680	771.580 —	7.299.370
Orge	605.030 —	7.707.310	561.180 —	4.999.840
Avoine	3.263.820 —	42.228.010	2.855.350 —	24.985.840

Commerce spécial.

Valeurs des marchandises importées et exportées du 1er janvier au 31 août 1920. (Taux d'évaluation fixés par la Commission des valeurs de douane pour l'année 1919).

	8 premiers mois 1920	8 premiers mois 1919
Importations :	Francs	Francs
Objets d'alimentation	6.118.929.000	6.658.159.000
Matières nécessaires à l'industrie	11.324.485.000	8.338.750.000
Objets fabriqués	7.117.781.000	6.746.437.000
Totaux	24.561.195.000	21.743.346.000
Augmentation	2.817.149.000	
Exportations :		
Objets d'alimentation	1.299.609.000	624.340.000
Matières nécessaires à l'industrie	3.215.690.000	987.755.000
Objets fabriqués	9.226.052.000	3.582.504.000
Colis postaux	664.787.000	548.619.000
Totaux	14.406.138.000	5.743.218.000
Augmentation	8.662.920.000	

ÉTRANGER

Société des Nations.

(Entrée en vigueur le 16 janvier 1920.)

Siège de la Société : Palais des Nations (ancien hôtel National), à Genève.
Siège de la Section Française : 3, rue François-1er, Paris.

Allemagne.

Gouvernement. Ministère (25 juin 1920). Chancelier d'Empire : *Fehrenbach* (centre) ; V. Chanc. et Justice : Dr. *Heinze* (p. pop. all.) ; Affaires étrangères : *Simons* (démocr.) ; Intérieur : *Koch* (démocr.) ; Finances : *Wirth* (centre) ; Ravitaillement : *Hermes* (centre) ; Postes : *Giesberts* (centre) ; Transports : *Gröner* (dém.) ; Reichswehr : Dr *Gessler* (dém.) ; Economie politique : Dr. *Scholz* (p. pop. all.).

Reichstag. Composition des deux Assemblées en 1919 et après les élections du 6 juin 1920 :

	1920	1919
Parti national allemand	66	42
Parti populaire allemand	62	22
Parti populaire bavarois et chrétien	21	14
Centre	68	75
Démocrates	45	73
Socialistes majoritaires	112	163
Socialistes indépendants	81	22
Divers	11	8
	466	419

Président : Löbe (soc. major).

Représentation : Ambassadeur de la République française à Berlin : Charles *Laurent* (25-6-20) ;

Ambassadeur d'Allemagne à Paris : Dr. *Mayer* (29-9-20).
Ministre plén. de la République française en Bavière : Emile *Dard* (17-7-20).

Bolivie.

Le gouvernement de M. Guttierez Guerra a été renversé le 11 juillet 1920. Le 12 juillet, M. Bautista Saavedra a été nommé Président provisoire de la République.

Danemark.

Signature à Paris le 5 juillet 1920 du traité du Slesvig transférant au Danemark les territoires du Slesvig au nord du tracé de la nouvelle frontière (Superficie approx. 390. 000 hectares ; population approxim. : 167 000 hab.)

Grèce.

La convention italo-grecque du 10 août 1920 attribue le Dodécanèse à la Grèce, la souveraineté sur l'île de Rhodes devant être soumise dans quinze ans à un plébiscite.

Guatemala.

Le gouvernement de M. Estrada Cabrera a été renversé le 14 avril 1920. M. Carlos Herrera a été proclamé Président de la République, le 3 septembre suivant.

Italie.

Proclamation à Fiume le 9 septembre 1920 de la Régence italienne du Carnaro.

Russie.

Reconnaissance par la France, le 11 août 1920, du gouvernement du général Wrangel (gouvernement de la Russie méridionale).
Haut Commissaire français à Sébastopol : de Martel, cons. d'amb.
Représentant du Gouvernement de la Russie méridionale à Paris : général Miller.

Tchéco-Slovaquie.

Gouvernement. Ministère (15 sept. 1920). Prés. du Conseil et Intérieur : Jan *Cerny* ; Défense nat. : général *Husak* ; Finances : *Englis* ; Commerce : *Hotowetz* ; Affaires étrang. : *Benes* ; Justice : *Popelka* ; Hygiène publ. : *Prochazka* ; Prévoyance Soc. ; *Gruber* ; Postes : *Fatka* ; Chemins de fer : *Burger* ; Ravitaillement : *Prusa* ; Agricult. : *Brdlik* ; Instruction publ. : *Susta* ; Affaires slovaques : *Micura* ; Unification administr. : *Fajnor*.
Commerce extérieur pour 1919 (Chiffres provisoires, en cour. tchécoslovaques).
Importation : 4 788 827 413, dont Allemagne, 789 129 493 ; Italie, 683 704 016 ; Autriche 676 417 425.
Exportation : 5 323 621 196, dont Autriche 1 535 425 986 ; Allemagne, 800 627 832 ; France 599 033 570.

AIDE-MÉMOIRE
GÉOGRAPHIQUE ET HISTORIQUE

AIDE-MÉMOIRE GÉOGRAPHIQUE

Situation. Superficie.

Entre 51°5′ et 42°20′ de latitude nord ; entre 7°11′ de longitude ouest et 5°53′ de longitude est (méridien de Paris), 5°09 de longitude ouest et 8°14′ de longitude est (méridien, de Greenwich).

Superficie : 550.985 km. q., 1/19ᵉ de l'Europe, 1/255ᵉ des terres émergées ; 1/1.000ᵉ de la surface totale du globe.

Dimensions les plus grandes : du Nord au Sud, 975 km. ; de l'Est à l'Ouest, 900 km.

Longueur des côtes : 3.120 km.

Longueur des frontières : 5.200 km.

(L'Europe a une superficie de 9.730.000 km. q. ; la totalité des continents 136.000.000, la terre 510.000.000 km. q.).

Géologie.

Terrains primitif et primaire dans le : **Massif Central, Bretagne, Ardennes, Vosges ; terrains secondaires calcaires** tout autour du **Massif Central, dans les Causses**, le Quercy, une partie du Poitou, le Berry, le Nivernais, la Côte d'Or, le plateau de Langres, l'Argonne et le Jura, crétacés tout autour du bassin parisien ; **terrains tertiaires** dans les bassins de Paris, d'Aquitaine et de la Saône ; **terrains d'alluvions** (période quaternaire), dans les anciens golfes de Flandre et du Poitou, sur la côte des Landes, dans les allées des grands fleuves.

Climat.

Température moyenne annuelle : + 11° dont l'isotherme passe à Cherbourg, Le Mans, Tours, Bourges, Mâcon, Bourg-en-Bresse et aussi à New-York et à Pékin. Température moyenne de l'hiver : — 8° à Clermont — 3° au Puy, 1° à Nancy, 3°8 à Fécamp, 5° à St-Malo, 5°6 à Bordeaux, 7°6 à Perpignan, 7°4, à Marseille, 8°4 à Nice. Froids les plus vifs de — 25° à — 30° dans les Vosges.

Température moyenne de l'été : 23°,9 à Nice, 24°,1 à Perpignan, 20°,6 à Bordeaux, 21°,4 à Toulouse, 21°,2 à Lyon, 19°,9 à Nancy, 16°,4 à Fécamp. **Chaleurs les plus élevées :** 42°,6 à Perpignan, 40° à Montpellier.

Climat le moins variable : Brest 7° hiver, 18° été.

Pluie moyenne annuelle 780 à 800 mm. (412 milliards de mm³ d'eau sur toute la France). **Régions les plus pluvieuses :** Lozère et Ventoux, 2 mm. ; Arragori (Basses-Pyrénées), 1.836 ; Grenoble, 1.400 ; Aurillac, 1.140 ; Rouen, 860. — **Régions les moins pluvieuses :** Pyrénées-Orientales, 0,360 ; Brie 0,400 ; Marseille 0,567 ; Paris, 0,570. (Le pays le plus pluvieux du monde, l'Assam, dans l'Inde, reçoit 16 m. par an.)

Relief.

Altitude moyenne de la France : 400 m.

Tous les massifs montagneux de la France se trouvent dans la partie sud-est de son territoire, au sud et à l'est d'une ligne qui la traverserait de Givet à Bayonne.

Ils sont au nombre de 5 du Nord au Midi :

I. Les Vosges (150 km. en *France*). — Mᵗ Donon (1.010 m.), col de Saales (580 m.), Col du Bonhomme (946 m.), col de la Schlucht (1.146 m.), Hohneck (1.306 m.), Rothenbach (1.319 m.), Ballon de Guebwiller (1.426 m.), Drumont (1.225 m.), Col de Bussang (734 m.), Ballon d'Alsace (1.250 m.), Bᵒⁿ de Servance (1.189 m.).

II. Le Jura, orienté du Nord-Est au Sud-Ouest, 150 km. de long. — Col de Jougne (1.010 m.), Mᵗ d'Or (1.463 m.), Dent de Vaulion (1.486 m.), Mᵗ Tendre (1.680 m.), Mᵗ Risoux (1.423 m.), col de Sᵗ Cergues (1.203 m.), la Dôle (1.676 m.), col de la Faucille (1.323 m.), Colombier de Gex (1.691 m.), Crêt de la Neige (1.723 m.), Reculet (1.720 m.), Grand Crêt d'Eau (1.624 m.), Grand Colombier (1.534 m.).

III. Les Alpes, orientées du Nord au Sud, 350 km. de long.

Divisions : 1° **Massif du Mont-Blanc** (45 km. de long sur 13 de large) : col de Balme (2.202 m.), col du Géant (3.362 m.), Dôme du Goûter (4.331 m.), Mᵗ Blanc, le plus haut sommet d'Europe (4.808 m.), col du Bonhomme (2.340 m.), col de la Seigne (2.532 m.).

2° **Alpes Grées ou Graies** : Col du Petit Saint-Bernard (2.157 m.), Grande Sassière (3.766 m.), col du Mᵗ Iseran (2.769 m.) ; — *massif de la Vanoise* : Grande Casse (3.861 m.) ; — se prolongeant à l'ouest par les **Alpes de Savoie** : Dent du Midi (3.285 m.), Mᵗ Buet (3.109 m.).

3° **Alpes Cottiennes** : Mᵗ Thabor (3.205 m.), cols du Mᵗ Cenis (2.082 m.) et de Fréjus (2.450 m.) (tunnel de 12 km. inauguré en 1871, à 1.294 m. d'altitude), col du Mᵗ Genèvre (1.849 m.), col d'Agnello (2.699 m.), Aiguille de Chambeyron (3.400 m.), — se prolongeant à l'ouest par les **Alpes du Dauphiné** : pic de Belledonne (2.981 m.), — *Massif de la Grande-Chartreuse* : Chamechaude (2.087 m.), — *Massif des Grandes Rousses* : les 3 Ellions (3.514 m.). — Cols du Galibier (3.242 m.), du Lautaret (2.058 m.), — *Massif du Pelvoux* : Meije (3.987 m.), Barre des Ecrins (4.105 m.), Mᵗ Pelvoux (3.954 m.), — *Vercors* : Grand Veymont (2.346 m.), — *Devoluy* : Mᵗ Aubiou (2.793 m.), col de la Croix-Haute (1.180 m.), Col Bayard (1.246 m.),

4° ALPES MARITIMES : Col de Larche ou de l'Argentière (1.995 m.), Enchastraye (2.956 m.), col de Tende (1.873 m.); se prolongeant à l'ouest par les ALPES DE PROVENCE : Mt Pelat (3.053 m.), Mgne du Léberon (1.125 m.), *Monts des Maures* : N.-D. des Anges (779 m.), *Esterel* : Mt Vinaigre (616 m.).

IV. MASSIF CENTRAL (85.000 km. q.). 1° *Morvan* (2.700 km. q.). — Haut-du-Brûlé ou Haut-Folin (902 m.), Mt Préneley (850 m.). Mt Beuvray (810 m.). — 2° *Monts du Forez* : Pierre-sur-Haute (1.640 m.), Col de Noirétable (754 m.). — 3° *Monts du Velay* ; Mt de Bar (1.167 m.), Bois de l'Hôpital (1.423 m.). — 4° *Monts d'Auvergne* : a) *Mts. Dômes* : Puy de Pariou (1.210 m.), Puy de Dôme (1.465 m.). — b) *Mts Dore* : Puy de Sancy (1.886 m.), Puy Ferrand (1.846 m.). — c) *Cantal* : Puy Mary (1.787 m.), Percée du Lioran (1.276 m.), Plomb du Cantal (1.858 m.). — 5° *Monts d'Aubrac* : Mailhebiau (1.471 m.). — 6° *Monts de la Marche* : Puy de Sauvagnac (761 m.). — 7° *Monts du Limousin* : Mt Gargan (785 m.), Mt Odouze (754 m.).

BORDURE ORIENTALE DU MASSIF : 1° *Monts du Charolais* : Mt St Rigaud (1.012 m.). — 2° *Monts du Beaujolais* : Mt de Tarare (1.004 m.). — 3° *Monts du Lyonnais* : Mt d'Or (612 m.), Bois de St André (937 m.). — 4° *Monts du Vivarais* : Crêt de la Perdrix (Pilat). 1.434 m. ; Mt Mézenc (1.754 m.), Mt Gerbier de Jonc (1.551 m.). — 5° CÉVENNES : Tanargue (1.519 m.), Lozère (Signal de Finiels, 1.702 m.), Mt Aigoual (1.567 m.). — 6° *Montagne Noire* : Pic de Nore (1.210 m.).

V. PYRÉNÉES. — Col des Aldudes (947 m.), Col de Roncevaux (1.100 m.), Pic d'Orhy (2.017 m.), Pic d'Anie (2.504 m.), Somport (1.692 m.), Pic du Midi d'Ossau (2.885 m.), Vignemale (3.298 m.), Pic du Midi de Bigorre (2.877 m.), Port de Gavarnie (2.282 m.), Brèche de Roland (2.804 m.), Tour du Marboré (3.253) [En Espagne : Mt Perdu (3.352 m.), Pic Posets (3.367 m.), Port de Vénasque (2.417 m.)].

CORSE : Mt Cinto (2.710 m.), Mt Rotondo (2.615 m.), Mt d'Oro (2.391 m.), Mt Prenoso (2.357 m.), Col de Vizzavona (1.162 m.), Incudine (2.136 m.).

En dehors de ces massifs, la France a, au Nord et à l'Est, quelques hauteurs dont les principales sont :

Plateau de Langres (90 km.), Haut du Sec (516 m.), Mt Tasselot (593 m.). — *Côte d'Or* (50 km.). Bois Janson (636 m.). — *Bassin Parisien*. — Forêt d'Othe (249 m.), Montagne de Reims (280 m.). — *Collines de Normandie* (110 km.). Signal des Avaloirs (417 m.). Forêt d'Ecouves (413 m.), — Mt Pinçon (365 m.). — *Collines du Maine* (100 km.). — Mt Rochard (357 m.). — *Monts de Bretagne* (170 km.). — 1° *Menez* ou *Menée* : Bel-Air (340 m.). — 2° *Mts d'Arrée* : St-Michel de Brespart (391 m.). — 3° *Montagnes Noires* : Menez-Hom (330 m.).

Principaux fleuves.

FLEUVES	source à ... m.	longueur en km.	Affluents droite	Affluents gauche	bassin km. carrés	longueur navigable en km.	embouchure dans	débit moyen en m.	étiage en m.	crue en m. cubes
Seine ..	471	776	Aube, Marne, (Ourcq) Oise (Aisne)	Yonne, Loing, Eure	77.500	656	Manche	300	75	2.500
Loire...	1.375	980	Arroux, Aron, Nièvre, Maine (Mayenne, Sarthe, Loir).	Allier, Cher, Indre, Vienne, Sèvre nantaise	21.000	825	Atlant.	375	100	80.000
Garonne	1.872 Esp.	720	Tarn (Aveyron), Lot, Dordogne		24.810	471	Atlant.	700	40	12.500
Rhône...	1.750 Suisse	818	Ain, Saône	Isère, Drôme, Durance	98.890	489	Médit...	2.200	550	15.000
Rhin...	2.340 Suisse	1298	»	Ill, Moder, Lauter, Moselle.	188.000		m. du Nord			
Meuse..	409	925 dont 492 en Fr	Chiers, Semois.	Sambre.	33.000		m. du Nord			
Escaut .	87	430 dont 107 en Fr		Sensée, Scarpe, Lys.	20.700		m. du Nord			

Autres fleuves se jetant dans la Manche:

Somme. — 245 km., canalisée, débit 42 m³., étiage 20.; crue 57.
Orne. — 158 km., 16 km. navigables, débit 13 m³.; étiage 9.; crue 300.
Vire. — 118 km., débit 6 m³., étiage 2.; crue 100.
Rance. — 110 km., 18 km. navigables, débit 12 m³.

Autres fleuves se jetant dans l'Atlantique:

Vilaine. — 231 km., 96 km. navigables, affluent l'Ille, débit 30 m³., étiage 8.; crue 800.
Sèvre. — 160 km., 71 km. navigables, affluent la Vendée, débit 11 m³., étiage 2.; crue 70.
Charente. — 371 km., 188 km. navigables, affluent la Touvre, débit 93 m³., étiage 35.; crue 150.
Adour. — 301 km., 133 km. navigables, affluent Gave de Pau, débit 150 m³., étiage 60.; crue 1.500.

Autres fleuves se jetant dans la Méditerranée:

	Longueur	Débit	Etiage	Crues
Tech	79 km.	5 m³.	très bas	terribles.
Têt	120 —	7,500	1m³,500	énormes
Agly	80 —	0,600		
Aude	223 —	62 m³.	5 m³.	3.000 —
Orb	145 —	25 —	2m,500	2.500 —
Hérault	160 —	50 —	6 m³.	4.000 —
Vidourle	85 —	3 —	0,220	1.560 —
Argens	116 —	10 m³.	3 m³.	600 —
Var	112 —	50 —	17,700	5.000 —
Roya	60 —	8,500	3m³,300	11,300

Voies navigables et flottables (V. *Communications*).

Lacs, Étangs.

Versant de la Mer du Nord:

		Altitudes.
Lac de Gérardmer	122 hectares	752 mètres
— de Longemer	75 —	745 —
— de Retournemer	5ha 1/2	780 —

Versant de l'Atlantique:

Lac de Grandlieu	3.700 hectares	2 mètres

Versant du Golfe de Gascogne:

Etang d'Hourtins et Carcans	6.150 hectares	13 mètres
— de Lacanau	1.920 —	11 —
— de Cazau	5.800 —	21 —
— de Biscarosse ou de Parentis	3.540 —	20 —
— d'Aureilhan	663 —	2 (moins de)
— de St Julien	200 —	—
— de Léon	600 —	4 —
— de Soustons	739 —	2 —

Versant de la Méditerranée:

Lac de Saint-Point	398 hectares	849 mètres
Léman ou L. de Genève	58.236 (24.000 env. à la France).	372 —
Lac d'Annecy	2.800 —	446 —
— du Bourget	4.450 —	231 —
Etang de Berre	15.550 —	
— de Vaccarès	12.000 —	
— du Mauguio	3.600 —	
— de Maguelonne	1.300 —	
— de Thau	7.012 —	
— de Sijean	4.350 —	
— de Leucate	8.000 — env.	

Répartition des terres.

Sur un total de 52.952.579 ha., 22.185.358 ha. sont des terres arables; 8.864.801 des prés et pâturages ; 2.768.367 des cultures riches ; 9.746.719 des bois et forêts ; 8.387.334 des landes et territoires divers.

Forêts.

	Surface en ha.
NORD-EST	
Forêt de Dabo .... plus de	10.000
— d'Ardenne (en France env.).	156.000
— d'Argonne	40.000
— de Der	12.000
— de Haye	6.444
NORD	
— de l'Aigue ou Laigue.......	3.865
— de Compiègne............	14.441
— de Villers-Cotterets ou de Retz	13.020
— de Chantilly..............	7.422
— de St-Germain	3.718
— de Marly	2.051
— de Rambouillet	13.091
— de Sénart	2.557
— de Fontainebleau..........	16.881
NORD-OUEST	
Forêt d'Eu	9.390
— de Pont-de-l'Arche........	3.500
— d'Ecouves...............	7.531
— de Perseigne	5.067
— de Breteuil..............	6.000
— de Dreux................	3.256

	Surface en ha.
Forêts de Paimpont	8.000
SUD-OUEST	
Forêts des Landes	650.000
Forêt de la Soule	7.190
EST	
Forêt d'Othe ....plus de.	20.000
— de Châtillon..............	8.721
— de Chaux	12.949
— de Hardt................	14.179
— de Haguenau.............	13.781
CENTRE	
Forêt d'Orléans	34.246
— de Prémery..........	1.298
— de Tronçais..............	10.436
— d'Aubrac	2.436
— de Mercoire..............	263
SUD-EST	
— de la Grde Chartreuse	6.599
— de Vercors	3.517
SUD	
— de l'Esterel	30.000
— des Mts des Maures	80.000
— de Quillan .... plus de .	11.000

Bibliographie.

Ardouin-Dumazet. *Voyage en France*, 60 vol., in-12 ch. 4 fr., 1898-1917. Berger-Levrault. Paris.

Barré (Ct.). *L'Architecture du sol de France*. In-8, 189 fig. br. 12 fr. A. Colin. Paris.

Bigourdan (G.). *Le climat de la France. Température. Pression. Vents*. In-8, 4 fr. Gauthier-Villars. Paris, 1916.

Brunhes (J.). *La Géographie humaine*, gr. in-8, 272 grav. et cartes, br. 20 fr. F. Alcan. Paris, 1912.

Deniker (J.). *Les races et les peuples de la terre*, in-16. Reinwald. Paris, 1900.

Divisions régionales de la France (Les), par Camille Bloch, L. Laffitte, J. Le Taconnoux, M. Levainville, F. Maurette, P. de Rousiers, M. Schwob, C. Vallaux, P. Vidal de la Blache. In-8 cart. 6 fr. F. Alcan. Paris, 1913.

Fallex (M.) et Mairey (A.). *La France et ses colonies*, in-16. 4 fr. 50. Delagrave, Paris, 1920.

Fèvre (J.) et Hauser (H.). *Régions et Pays de France*. In-8, 147 grav. et cartes br. 7 fr. F. Alcan. Paris, 1909.

Guides Bleus (Joanne) pour Paris et les différentes régions, 20 vol. Hachette. Paris.

Joanne (P.). *Dictionnaire géographique de la France*. 7 vol., in-4, 200 fr. Hachette. Paris.

Lagneau. *Anthropologie de la France*. Paris, 1879.

Lapparent (A. de). *La géologie en chemin de fer. Description géologique du Bassin parisien et des régions adjacentes* (*Bretagne aux Vosges-Belgique à Auvergne*), in-16. F. Savy. Paris.

Levasseur. *La Population française*. Paris, 1889-1892.

Mortillet (G. de). *Formation de la nation française*. In-8 ill. cart. 6 fr. F. Alcan. Paris, 1900.

Reclus (Elisée). *La France*. In-8. Paris, 1885.

Reclus (Onésime). *Géographie rapide France*. Pet. in-8 ill. 1 fr. 50. Larousse. Paris.

Vidal de la Blache. *Tableau de la Géographie de la France*. In-8. Hachette. Paris ; *la France de l'Est*, in-8, 10 fr. A. Colin, Paris, 1917.

AIDE-MÉMOIRE HISTORIQUE

Souverains et Gouvernements de la France du Ve siècle à 1870

Royauté Mérovingienne

Clovis I (481) règne seul....... 496-511
Ses 4 fils rois à Metz, Orléans, Paris et Soissons (Clotaire Ier).
Clotaire I seul roi............. 558-561
Ses 4 fils rois d'Austrasie, de Neustrie (Chilpéric), Paris et de Bourgogne.
Clotaire II, fils de Chilpéric, seul roi, 613-628

Dagobert au n. de la Loire... 628-683	Charibert au s. de la Loire.
Ses descendants « rois fainéants » dominés peu à peu par les « maires du Palais ».	Fonde le roy. d'Aquitaine, qui subsiste jusqu'à Waïfre (mort 768).

Maires du palais carolingiens

(Sous l'autorité nominale des Mérovingiens)

Pépin d'*Héristal*, duc d'Austrasie... 687
Charles *Martel*, son fils........... 715
Carloman et Pépin le *Bref*, ses fils.. 741

Royauté carolingienne

Pépin le Bref roi................. 752
Carloman et Charles, ses fils........ 762
Charlemagne seul roi............. 771

Empire carolingien

Charlemagne empereur........... 800
Louis I le *Débonnaire* 814
Compétition entre ses fils. 840-843

Royaume de France indépendant

Charles I *le Chauve* 843
Louis II *le Bègue* 877
Louis III et Carloman, ses fils...... 879
Charles II *le Gros*............... 884
Déposition du roi Charles II. 887

Royauté élective

Eudes, duc de France élu 887
Charles III *le Simple* (Carolingien) . 898
Robert, frère d'Eudes 922
Raoul, duc de Bourgogne.......... 923
Louis IV d'*Outre Mer* (Carolingien). 936
Lothaire, son fils................ 954
Louis V *le Fainéant*, son fils 986
Hugues *Capet*, duc de France...... 987

Capétiens directs

(Associés à leur père par élection jusqu'en 1178, puis héréditaires de droit).

Robert II *le Saint* 996
Henri Ier...................... 1031
Philippe Ier 1060
Louis VI *le Gros*............... 1108
Louis VII *le Jeune*.............. 1137
Philippe II *Auguste*............. 1180
Louis VIII *le Lion* 1223
Louis IX (*Saint Louis*) 1226
Philippe III *le Hardi*............. 1270
Philippe IV *le Bel* 1285
Louis X *le Hutin*................. 1314
Jean Ier (fils posthume de Louis X). 1316
Philippe V *le Long*, frère de Louis X 1316
Charles IV *le Bel*, son frère 1322

Branche des Valois

Philippe VI 1328
Jean II *le Bon* 1350
Charles V *le Sage* 1364
Charles VI *le Bien-aimé* 1380
Charles VII *le Victorieux* 1422
Louis XI....................... 1461
Charles VIII 1483

Valois-Orléans

Louis XII...................... 1498

Valois-Angoulême

François Ier.................... 1515
Henri II....................... 1547
François II..................... 1559
Charles IX, frère de François II ... 1560
Henri III, frère de François II...... 1574

Branche de Bourbon

Henri IV...................... 1589
Louis XIII..................... 1610
Louis XIV..................... 1643
Louis XV 1715
Louis XVI, son petit-fils 1774
Chute de la royauté..... 10 août 1792

Première République

Convention............. 22 sept. 1792
Directoire..................... 1795
Consulat 1799

Premier Empire

Napoléon Ier empereur.... 18 mai 1804

Première Restauration

Louis XVIII, roi de France. avril 1814

Cent jours

Napoléon Ier emp. (11 mars-22 juin 1815)

Seconde Restauration

Louis XVIII, roi de France.. juin 1815
Charles X, son frère.............. 1824

Royauté constitutionnelle

Louis-Philippe Ier, roi des Français, août 1830

Seconde République

Gouvernement provisoire. (24 févr. 1848
Assemblée Constituante.. 4 mai 1848
Louis-Napoléon Bonaparte, prés., déc. 1848
Coup d'État............. 2 déc. 1851

Second Empire

Napoléon III, empereur.. 2 déc. 1852

Troisième République

Gouv. de Défense Nationale. 4 sept. 1870

(Pour la suite, voir pages 40 et 41).

	GALLIA-FRANCE, EUROPE OCCIDENTALE	
1er siècle après J.-C. 1-100	12. **Lyon capitale de la Gaule devenue romaine.** 41-78. Conquête de la Gde-Bretagne. 69-70. **Révolte de Civilis et de Sabinu au nord de la Gaule.**	**L'Empire Romain** **81 av. J.-C.-14 après. Règne d'Auguste.** **14-68. Les Césars : Tibère, Caligula, Cla Néron.** **69-96. Les Flaviens: Vespasien, Titus, D tien.** 79. **24 août. Eruption du Vésuve.**
2e siècle. 101-200	70-180. **La pax romana.** Prospérité matérielle et intellectuelle de la **Gallia.** 177. **Persécution des chrétiens à Lyon.**	**Le siècle des Antonins. L'âge d'or.** **96-192. Les Antonins** : Nerva, Trajan. drien. Antonin. **Marc-Aurèle.** Caмno 177. Gr. **perséc. des chrét. par Marc Aur**
3e siècle. 201-300	**258-273. Anarchie militaire: les empereurs gaulois: Postumus, Lelianus, Victorinus, Marius, Tetricus. — Infiltration des Germains.** 275-276. **Ravages des Germains: 60 villes détruites.**	**Le siècle de l'anarchie militaire.** **193-211. Septime-Sévère.** **270-275. Aurélien.** 284-305. Diclétien.
4e siècle. 301-400	350. **St-Hilaire, évêque de Poitiers.** 355. **Julien César en Gaule: les bandes des Alamans et des Francs refoulées.** 374. **St-Martin évêque de Tours: — Conversion de la Gaule au christianisme.**	**306-337. Constantin: 312, b t. du Po Milvius.** **325. Concile de Nicée. — 330. Fondation Constantinople.** 379-395. **Règne de Théodose.** **395. Partage de l'Empire en Emp. d'Oc dent et d'Orient.**
5e siècle. 401-500	**406-420. Grande invasion.** **451. Défaite d'Attila dans les Champs Catalauniques.** 481-511. **Clovis roi des Francs Saliens.** 496. **Défaite des Alamans. — Baptême de Clovis.**	410. Prise de Rome par Alaric, roi d Wisigoths. 476. **Déposition de Romulus Augustul fin de l'Empire d'Occident.** 493-526. **Théodoric, roi des Ostrogot d'Italie.**
6e siècle. 501-600	**507. Victoire de Clovis à Vouillé sur les Wisigoths.** 511-561. **Les fils de Clovis.** 561-629. **Les fils de Clotaire Ier.** 587. **Edit d'Andelot**: Orig. du rég. féod.	528. **St-Benoît fonde le monastère du Cassin; l'ordre des Bénédictins.** 553. **Fin du roy. ostrogoth d'Italie.** 568. **Les Lombards en Italie.** 590-604. **Pontificat de Grégoire-le-Gran**
7e siècle. 601-700	615. **Constitution perpétuelle.** 629-639. **Règne de Dagobert.** 687. **Bataille de Tertry, victoire de Pépin d'Héristal, maire d'Austrasie.**	615. Conv. **des Lombards au christianism** 633. Concile de Tolède. **Etablt** de l'autori **pontificale sur les Wisigoths d'Espagne.**
8e siècle. 701-800	**732. Victoire de Charles Martel à Poitiers sur les Arabes.** 751-768. **Pépin-le-Bref** roi. 768-814. **Règne de Charlemagne.** 772-804. **Guerre de Saxe.**	756. Donation de Pépin le Bref : constit **tion du pouvoir temporel de la papauté.** **800. Noël. Restauration de l'Empire d'Occ dent par Charlemagne.**
9e siècle. 801-900	814-840. **Louis le Débonnaire.** **843. Traité de Verdun: partage de l'empire carolingien.** **885-886. Siège de Paris par les Normands.**	— **L'anarchie féodale en Italie.** 897. **Bérenger, seul roi d'Italie.**
10e siècle. 901-1000 ...	910. **Fondation de l'ordre de Cluny.** 987. **Avènement de Hugues Capet; Fondation de la dynastie Capétienne. Terreurs de l'an mille.**	932. **Hugues de Provence, roi d'Italie.** 951. **Expédition d'Otton le Grand en Ita lie; son mariage avec Adélaïde.** 961. **Otton le Grand à Rome.**

LES ORIGINES 1-1000

ALLEMAGNE ET St EMPIRE	EMPIRE D'ORIENT	AMÉRIQUE ET EXT.-ORIENT
4. Campagne de Tibère jusqu'à l'Elbe. 9. Le désastre de Varus. 16. La défaite d'Arminius.	70. Prise de Jérusalem par Titus.	Fin du 1er siècle. Victoires des armées chinoises sur les Turcs ; poussée chinoise jusqu'à la Caspienne.
165-180. Campagne de Marc-Aurèle sur le Danube contre les Quades et les Marcomans.	101-105. Guerres de Trajan contre les Daces.	
235-268. Les Goths arrivent sur le Danube.	226. Les Perses détruisent le royaume des Parthes. 259. Ils prennent l'emp. Valérien. 297. Traité imposé aux Perses par Dioclétien.	202-220. Mongols et Huns chassés vers l'Ouest par les Chinois au delà de la Grande Muraille. 220. Chine. Les trois royaumes.
Mouvement général des tribus germaniques vers les pays de la Méditerranée.	338-363. Guerres de Rome contre les Perses. 363. Mort de l'Emp. Julien dans la campagne contre les Perses. 378. L'emp. Valens tué par les Wisigoths à Andrinople. 395. Arcadius, pr emp. d'Orient.	IVe siècle. Les migrations des Huns vers l'Europe Orientale.
449. Les Angles et les Saxons passent en Gde-Bretagne sous le commandement de Hengist et Horsa.	430. Les Vandales en Afrique.	
577. Etablt définitif des Angles et des Saxons en Gde-Bretagne.	527-565. Règne de Justinien. 571-632. La vie de Mahomet.	550. Inde. Vikramaditya. 552. Japon. Introduction du boudhisme.
630-655. Le Franc Samo, roi chez les Slaves de l'Elbe.	610. Héraclius, emp. d'Orient. 622. L'hégire ou fon. Ce de l'ère ar. 632-660. Les 4 califes Parfaits. 641. Conqte la Pse par les Arabes. 660-750. La dte des Ommeïades.	650. Etablt au Mexique des Toltèques venus d'Asie Orientale. — Les Arabes aux confins de la Chine.
745. St Boniface, arch. de Mayence, primat de Germanie. 772-804. Expns de Charl. en Saxe ; Résistance de Witikind. 780. Création de 8 Evêchés en Saxe.	711. Les Ar. en Esp. Ble Xérès. 750. Démt de l'emp. ar. : Cordoue, Kairwan, Le Caire, Bagdad. 785-809. Règne de Haroun-al Rachid, cal. de Bagdad, grand éclat de la civilisation arabe.	700. Japon. Période de Nara.
843-876. Règne de Louis le Germ. 887. Déposition de Charles le Gros : Arnulf, roi de Germanie.	862. Etabt des Varègues en Russie. 863. Evangélisation de la Moravie, par Méthode et Cyrille. 892. 1re apparon des Hongrois.	IXe siècle. Les invasions des Mongols en Chine. 800. Japon. Période de Kyoto.
919-1024. Maison de Saxe. 955. Vre d'Otton sur les Hongrois à Augsbourg. 962. Otton le Grand fonde le St-Emp. Romain Germanique.	972. Avt de St Vladimir en Russie. 997 Avt de St Etienne en Hongrie.	900. Japon. Période des Fujiwara. 907. Chine. Les cinq dynasties. 960. — Dynastie des Song.

1001-1450 **LES GRANDES DATES DE L'HISTOIRE**

	EUROPE OCCIDENTALE	
	FRANCE	ANGLETERRE-ESPAGNE
1001-1050 ..	996-1031. **Règne de Robert II.** 1015. **La Bourgogne réunie à la France.** 1031-1060. Règne de Henri Ier. 1032. Il cède la Bourgogne à son frère Robert.	A. — 1002. **Massacre de la Saint-Brice.** 1017-1035. **Kanut le Grand, roi d'Angleterre.** E. — 1037. Réunion des royaumes de Castille et de Léon.
1051-1100 ..	1060-1108. Règne de Philippe Ier. **Développement de l'architecture romane.**	A. — 1066. Bataille de Hastings. **Conquête de l'Angleterre par les Normands.** 1066-1087. Guillaume le Conquérant. E. — 1060. Chute du Califat de Cordoue.
1101-1150 ..	1108-1137. Louis le Gros. 1106-1128. Révolution communale de Laon. 1122. Suger, abbé de St-Denis.	A. — 1100. Henri Ier Beauclerc, roi d'Angleterre.
1151-1200 ..	**Mouvement communal en France.** 1180-1223. Philippe-Auguste. **Développement de l'architecture gothique; les grandes cathédrales.**	1154-1189. Henri II Plantagenet, roi d'Angleterre. 1189-1199. Richard Cœur de Lion.
1201-1250 ..	1214. **Bataille de Bouvines.** 1216. Fondation de l'Université de Paris. 1223-1226. Louis VIII. 1226-1270. Louis IX (St-Louis).	1199-1216. Jean sans Terre. 1215. **Grande Charte.** 1216-1272. Henri III.
1251-1300 ..	1285-1314. Philippe le Bel. 1299. Entrevue de Philippe le Bel et de l'empereur Albert d'Autriche à Vaucouleurs. 1299. Traité de Montreuil. Mariage d'Isabelle de France avec Edouard II.	1258. Les Provisions d'Oxford. 1272-1307. Edouard Ier. 1283. Conquête du Pays de Galles. 1295. Le Parlement complet. 1296. Conquête de l'Ecosse.
1301-1350 ..	1302. **Premiers Etats généraux.** 1316-1328. Loi salique. 1338-1453. **Guerre de Cent ans.** 1346. **Crécy.**	1323. L'Ecosse reprend son indépendance (Robert Bruce). 1327-1377. Edouard III. 1341. Séparation du Parlement anglais en deux Chambres.
1351-1400 ..	1356. **Poitiers.** 1356-1358. Etats généraux; Etienne Marcel. 1360. Traité de Brétigny. 1366-1380. Charles V. 1380-1422. Charles VI.	1377-1399. Richard II. — Wat Tyler et Wiclif. 1399. Déposition de Richard II. 1399-1413. Henri IV de Lancastre.
1401-1450 ..	1407. Assasst de Louis d'Orléans. Armagnacs et Bourguignons. 1413. Gde. ordonnance cabochienne. 1415. **Azincourt.** — 1420. Tr. de Troyes. 1429-1431. **Vie glorieuse de Jeanne d'Arc.** 1439. Taille perpétuelle. 1450. Bat. de Formigny: reconquête de la Normandie.	1413-1422. Henri V. 1422. Avènement de Henri VI en France et en Angleterre.

LA FORMATION FRANÇAISE 1001-1450

SAINT-EMPIRE ALLEMAGNE-ITALIE	ORIENT	AMÉRIQUE ET EXTRÊME-ORIENT
1040. Les Normands en Italie.	1016. Avèn^t d'Iaroslav le Grand en Russie.	1001-1030. L'Empire Ghaznavide, de l'Oxus au Gange. XIe s. L'Empire des Incas au Pérou.
1056-1106. Henri IV. Emp. 1073-1087. Pontif. de Grég. VII. 1075-1122. Q^lle des Investit^res. 1077 Henri IV à Canossa.	1053. Schisme d'Orient. Sép. de l'égl. rom. et de l'égl. grecque. 1095. Concile de Clermont. 1095-1099. Première Croisade.	1120. Les Mandchous à Péking, maîtres de la Chine du Nord.
1122 Concordat de Worms. Formation des Rép. Lombardes.	1148. 2e Croisade.	Fin du XIe s. Fin de l'Empire toltèque au Mexique. 1150. Déclin de l'autorité impériale au Japon.
1152-1190. L'Emp. Fréd.-Barb. 1159-1181. Pontif. d'Alex. III. 1154-1183. Q^lle des Guelfes-Gibelins. 1184. Diète imp. de Mayence.	1169. Fondation de Moscou. 1187. Repr. de Jérusalem par les Musulmans. 1190-1192. Troisième croisade.	1162. Naissance de Témoudjine, le futur Tchinguiz-Khan 1189. Commencement de la conquête mongole.
1198-1216. Innocent III. — 1209 Crois. des Albigeois. 1215 Concile du Latran. 1213-1250. Fréd. II Emp. 1235-1250. Dernières luttes du Sacerdoce et de l'Empire.	1202-1204. Quatrième Croisade, à Constantinople. 1204-1261. Empire Latin d'Orient. 1219-1221. 5e Cr. — 1229. 6e Cr^de. 1224. Les Mongols en Russie.	Comm^t du XIIIe s. Les conquêtes du Tchinguiz-Khan, de la Chine à l'Oural; sa mort en 1226.
1265-1321. Dante Alighieri. 1266-1285. Charles d'Anjou, roi des Deux-Siciles. 1273. Rodolphe de Habsb. Emp. 1294-1304. Pontificat de Boniface VIII.	1249-1253. 7e Croisade. St Louis en Egypte. 1261. Michel Paléologue reprend Constantinople aux Latins. 1270. 8e Croisade: mort de St Louis à Tunis.	1271. La Chine détachée de l'Empire Mongol. 1270-1295. Voy. de Marco-Polo en Extrême-Orient.
1303 Scandale d'Anagni. 1305-1314. Clément V. pape. 1309-1378. Captivité des papes à Avignon. 1304-1374. Pétrarque. 1347-1354. Rienzi à Rome.	1331-1355. Stéphane Douchan, tsar des Serbes.	1325. Fondation de Mexico par les Aztèques. 1333 Naissance de Timour. 1338. Au Japon, Shogunat des Ashikaga.
1356 La Bulle d'Or. 1378-1417. Grand schisme d'Occident.	1356. Prise de Gallipoli par les Turcs. Les Turcs en Europe. 1389. Bataille de Kossovo. 1396. Bataille de Nicopolis.	1368. La dynastie des Ming en Chine. 1369. Timour-Lenk, roi de la Transoxiane; ses conquêtes en Asie centrale; sa capitale, Samarkand.
1409. Concile de Pise. Trois papes à la fois. 1414-1418. Conc. de Constance. 1415 Exécution de Jean Huss. 1419-1436. Guerre des Hussites.	1402. Bataille d'Angora. 1444. Bataille de Varna. 1453. 29 mai. Prise de Constantinople par les Turcs.	1405. Mort de Timour-Lenk. Eclat de la civilisation en Transoxiane.

LES GRANDES DATES DE L'HISTOIRE

	EUROPE OC	
	FRANCE	
1451-1475 ..	1453. Fin de la guerre de 100 ans. 4 61-1483. Louis XI. 1465. La Ligue du Bien public. 1468. Traité de Péronne.	A. — 1455-1485. Guerre des Deux 1485. Av[t] de Henri VII Tudor. E. — 1469. Mariage de Ferdinand d'Ar et d'Isabelle de Castille. — Union d Espagnes. 1480. *L'Inquisition d'Etat* (Espagne).
476-1500 ..	1476. Les Suisses vainqueurs à Granson et Morat. 1477. Mort de Charles le Téméraire, la *Bourgogne* réunie à la France. 1484. Etats Généraux. 1486. Charles VIII épouse Anne de *Bretagne*.	E. — 1492. Prise de Grenade. — Découverte de l'Amérique par Christopl Colomb. P. — 1498. Vasco de Gama dans l'Ind par le cap de Bonne Espérance.
1501-1525 ..	1498-1515. Louis XII. — 1512. Victoire de Ravenne. 1515-1547. François Ier. 1515. Marignan. 1525. Pavie. — François Ier prisonnier à Madrid.	A. — 1509-1547. Henri VIII. E. — 1534. Inst. de la Cie *de Jésus* pa Ignace de Loyola. 1519-1521. Fernand Cortez au Mexique. P. — 1519-1521. Voyage de Magellan retour de ses comp. par le tour du mond
1526-1550 ..	1529. Traité de Cambrai. 1535. *L'Institution chrétienne* de Calvin ; début de la Réforme en France. 1544. Cérisoles. Paix de Crespy. 1547-1559. Henri II.	A. — 1534. Henri VIII, chef de l'Eglis d'Angleterre. 1536. Bill du sang. 1547-1553. Edouard IV.
1551-1575 ..	1551. *Occupation des 3 Evêchés* : *Metz, Toul, Verdun*. 1558. Reprise de Calais aux Anglais. 1562. Massacre de Vassy : *Commencement des guerres de religion*. 1572. 24 août. Massacre de la St Barthélemy.	A. — 1553-1558. Marie Tudor. — 1558 1603. Elisabeth. 1562. Bill des 39 articles. L'églis anglicane. 1568-1587. Captivité de Marie Stuart E. — 1558-1598. Philippe II. 1571. Victoire de Lépante.
1576-1600 ..	1574-1589. Henri III. 1576. Etats de Blois. — La Ligue. 1589-1610. Henri IV. 1598. Paix de Vervins. 1598. Edit de Nantes. La liberté de conscience.	A. — 1587. Exécution de Marie Stuart. 1600. La Compagnie des Indes. E. — 1579. Indépendance des Provinces Unies. 1580. Réunion du Portugal à l'Espagn 1588. Dés[tre] de l'Invincible Armada
1601-1625 ..	1610-1643. Louis XIII. 1610-1617. Régence de Marie de Médicis. 1614. Etats Généraux. 1624-1642. Ministère de Richelieu.	A. — 1603-1625. Jacques Ier.
1626-1650 ..	1636. *Le Cid*. L'année de Corbie. 1637. *Le Discours de la Méthode*. 1643. Rocroi. — 1648. Lens. 1648-1652. La Fronde. 1648. Traités de Westphalie : l'Alsace à la France.	A. — 1625-1649. Charles Ier. 1629. Pétition des Droits. 1640-1653. Le long Parlement. 1649. Exécution de Charles Ier. 1649-1653. La République Parlementaire. 1653. Coup d'Etat de Cromwell.

LES PREMIERS ÉCHANGES MONDIAUX 1451-1650

SAINT-EMPIRE ALLEMAGNE. ITALIE	ORIENT	AMÉRIQUE. EXTR.-ORIENT.
— 1455. **La Bible de Gutenberg.** — 1450. **François Sforza, maître de Milan.** 1436-1466. **Cosme de Médicis à Florence.** 1469. **Laurent et Julien de Médicis souverain, à Florence.**	1453. **29 mai. Prise de Constantinople par les Turcs.** 1462-1505. Ivan III le Grand, de Russie. 1472. Son mariage avec Sophie Paléologue. 1473. Les Vénitiens à Chypre.	1415-1460. L'œuvre de Henri le Navigateur ; les Etudes de Sagrès.
— 1492-1503. Pontif. d'Alex. VI Borgia. 1494-1495. Charles VIII en Italie. — 1495. Fornoue. 1501-1503. Conq. et perte de Naples par Louis XII.	1478. Fin de la Rép. de Novgorod en Russie. 1480. Siège de Rhodes par les Turcs. 1481. Mort de Mahomet II. — — Bajazet II. 1487. La Russie délivrée de la dom. des Tartares.	1483. Naissance de Baber, le 1er des Grands Mongols de l'Inde. 1492. **Christophe Colomb découvre l'Amérique.** 1497-98. Voyage de V. de Gama. 1500. Cabral au Brésil.
— 1519. **Election de Charles-Quint.** 1520. **Rupture de Luther avec Rome.** 1525. Sécul. de l'Ordre teut. au prof. des Hohenz.	1512. Selim Ier. — 1518. Conq. de l'Egypte par les Turcs. Barberousse à Alger. 1520. Avt de Soliman Ier le Magn. 1521. Pr. de Belgrade par les Turcs. — 1522. Prise de Rhodes.	1514. Balboa sur les rives mexicaines du Pacifique. 1526. L'Inde au pouvoir de Baber ; l'Empire des Grands Mongols.
— 1531. Lig. des prot. all. à Smalkalde. 1547. Bat. de Muhlberg. Défaite des protestants. — 1527. Sac de Rome par les Allemands. 1545-1563. Conc. de Trente	1526. Bat. de Mohacs : inv. de la Hongrie par les Turcs. 1529. Les Turcs devant Vienne. 1535. Pr. de Tunis. Charles-Q. 1535. Les *capitulations* : tr. d'am. et de com. entre la Fr. et la Turquie.	1532. Pizarre au Pérou ; 1533, son entrée à Cuzco. 1534. J. Cartier en Nouvelle-France. 1535. Fondation de Lima.
— 1555. Paix religieuse d'Augsbourg. 1556. Abdicat. de Charles-Quint. — 1558. Sa mort. 1556-1564. Ferd. Ier emp. d'Allemagne.	1553. Alliance entre la France et Soliman le Magnifique. — L'influence franc. en Orient. 1565. Ech. des Turcs dev. Malte. 1571. Bataille de Lépante.	1552. Mort de St François-Xavier au Japon. 1557. Les Portugais à Macao.
— 1582. Le Calend. Grégor. (pape Grégoire XIII).	1598. Avt de Boris Godounof en Russie. — Le temps des troubles.	1585-90. Voyage de W. Raleigh en Amérique anglaise ; la Virginie. 1600. La Cie anglaise des Indes Orientales.
— 1618-1648. **Guer. de 30 ans.** 1620. 8 nov. Bat. de la Montagne-Blanche : la *Bohême* sous le joug.	1613. Avt des Romanof en Russie. 1611-1632. Gustave-Ad. Suède. 1613. Bethlen Gabor pr. de Transylvanie.	1603 Fondation de la dyn. des Tokougawa au Japon. 1608-1635. Champlain. Fondation de la Nouvelle-France.
— 1625-1629. Pér. Danoise. 1630. Edit de Restitut. 1630-1635. Pér. suédoise. Gust-Adol. en Allem. — 1632. Sa mort à Lutzen. 1635-1648. Pér. franç. 1648. Tr. de Westphalie : les libertés germaniq.	1632-1654. Christine de Suède. — Régence d'Oxenstiern. Prépond. de *la Suède dans la mer Baltique*.	1625-30. Le Massachusets. — Le Maryland. 1638. Chute de la dynastie des Ming en Chine.

1651-1800 LES GRANDES DATES DE L'HISTOIRE

	EUROPE OCCIDENTALE	
	FRANCE	ANGLETERRE. ESPAGNE
1651-1675 ..	1658. Ligue du Rhin. 1659. Tr. des Pyrénées. — Les *Précieuses Ridicules*. 1661. Mort de Mazarin. **Règne personnel de Louis XIV.** 1661-1683. Ministère de Colbert. 1667-1668. *Guerre de Dévolution*. Tr. d'Aix-la-Chapelle. 1667. *Andromaque*. 1672-1678. *Guerre de Hollande*. 1674-1675. Camp. de Turenne en Alsace.	A. — 1651. **Acte de Navigation.** 1658. 20 avril. Coup d'Etat de Cromwell. 1653-1658. **Protectorat de Cromwell.** 1660. **Restauration des Stuarts.** 1660-85. Règne de Charles II. 1670. Traité de Douvres. 1673. *Bill du Test*.
1676-1700 ..	1679. Traité de Nimègue. 1681. **Réunion de Strasbourg.** 1685. Révocation de l'Edit de Nantes. 1689-1697. *G^{re} de la Ligue d'Augsbourg*. 1697. Traité de Ryswick. 1700. Testam^{t} de Charles II d'Espagne.	A. — 1679. Bill de l'*habeas corpus*. 1685-1688. Règne de Jacques II. 1688. **Révolution** — 1689. **La Déclaration d[es] Droits.** 1689-1701. Guillaume d'Orange. 1690. Bataille de la Boyne. E. — 1700-1746. Philippe V, roi d'Espagn[e]
1701-1725 ..	1701-1714. *G^{re} de la Suc^{on} d'Esp.* : 1706, Ramillies ; 1708, Oudenarde ; 1709, Malplaquet. 1712. Denain. 1713-1714. Traités d'Utrecht et de Rastadt. 1715. Mort de Louis XIV. 1715-1774. Louis XV. — 1715-1723. La Régence. 1716-1720. Le système de Law.	A. — 1702-1714. La reine Anne. 1711. Préliminaires de Londres. 1714. Avénement de George Ier de Hanovre.
1726-1750 ..	1721-1743. Ministère du cardinal Fleury. 1745. Fontenoy. 1749-1757. Machault.	A. — 1726-1742. Ministère Walpole. 1727-1760. George II.
1751-1775 ..	1758-1770. Ministère de Choiseul. 1761. *Pacte de famille*. 1762. *Le Contrat Social*, de J.-J. Rousseau. 1763. Traité de Paris. 1766. **Réunion de la Lorraine** ; 1768, **de la Corse.**	1757-1761. **Ministère William Pitt. La conquête des colonies françaises.** 1760-1820. George III. 1768-1779. Voyages de Cook. E. — 1767. Les Jésuites expulsés d'Espagne
1776-1800 ..	1774. Avénement de Louis XVI. — 1774-76. Turgot. 1789. **Réunion des Etats Généraux : 14 juillet, prise de la Bastille ; 4 août, abolition des privilèges.** 1792. 22 sept. Etablissement de la *République*. 1792-95. La Convention ; 1793, la Terreur. 1795-1797. Tr. de Bâle et de Campo-Formio : *la France au Rhin*. 1799. Coup d'Etat de *Brumaire*. 1799-1804. Le Consulat.	1776. **4 Juillet Déclaration d'indép^{ce} des Etats-Unis.** 1781. Capitulation de York-Town. 1784. Le second Pitt. 1795. Occupation du Cap et de Ceylan. 1798. Vict. d'Aboukir sur la flotte française. 1799. Conquête du Mysore dans l'Inde.

L'ÉPOQUE CLASSIQUE FRANÇAISE 1651-1800

SAINT-EMPIRE. ALLEMAGNE. ITALIE	ORIENT	AMÉRIQUE ET EXTRÊME-ORIENT
1640-1688. **Le Grand Electeur Frédéric-Guillaume.** 1657-1705. **L'Emp. Léopold Ier.** 1664. **Batlle du St Gothard,** contre les Turcs. 1675. **Batlle de Fehrbellin.**	1656-1660. **Charles X Gustave, roi de Suède.** 1658. **Bataille de Varsovie.** 1660-1697. Charles XI. 1660. **Tr. d'Oliva : la Prusse indépendante de la Pologne.**	1660-1707. **Règne d'Aureng-Zeb, Grand-Mogol de Delhi.** 1662-1722. **L'Empereur Kang-hi en Chine.** 1664. **Inde. Sivaji, roi des Mahrattes.**
1683. **Vienne sauvée des Turcs par Jean Sobieski.** 1686. **Ligue d'Augsbourg.**	1682-1725. **Règne de Pierre le Grand.** 1697-1718. **Règne de Charles XII en Suède.** 1700. **Narva.**	1674-1701. **Fr. Martin,** gouv. de **l'Inde françse, fonde Pondichéry.** 1681. **1re mission françse à Péking (Jésuites).** — **La querelle des Rites.** 1682. **Cavelier de la Salle en Louisiane.**
1701. **Frédéric Ier roi en Prusse.** 1703-1706. **Charles XII en Saxe.** 1705-1711. **L'emp. Joseph Ier.** 1711. **Convon de Zathmar avec les Hongrois.** 1711-1740. **L'emp. Charles VI.**	1701. **Heresford.** 1703. **Fondation de St-Pétersbourg.** 1709. **Pultava.** 1711. **Campagne du Pruth.** 1720-1721. **Tr. de Stockholm et de Nystadt.** 1725-1727. **Catherine Ire.**	1707. **Mort d'Aureng-Zeb. Démembrement de l'Empire du Grand-Mogol.**
1740-1786. **Frédéric II r. de Pr.** 1740-1748. ***Guerre de la Sucon d'Autriche.*** 1745-1765. **François Ier empr.** 1748. **Tr. d'Aix-la-Chapelle : la Silésie laissée à la Prusse.**	1733-1738. *Gre de Suc. de Pologne.* 1738. **T. de Vienne : Stanislas Leczinski en Lorraine.** 1739. **Traité de Belgrade.** 1741-1762. **Elisabeth impératrice de Russie.**	1730-53. **Dupleix dans l'Inde.** 1736-96. **L'empr de Chine Kien-Loung ; conquête de l'Asie centrale.**
1756. **Le renvt des alliances.** 1756-1763. ***Guerre de Sept ans.*** — 1757. **Rosbach.** 1757. **Batlle de Leuthen.** 1763. **Tr. de Hubertsbourg.** 1765-1790. **Joseph II emper.**	1762-1796. **Catherine II.** 1764-1767. ***Pacta Conventa,*** **et *Lois cardinales* en Pologne.** 1772. **Premier partage de la Pologne.** 1774. **Tr. de Koutchouk-Kaïnardji.**	1757. **Bataille de Plassey (Bengale).** 1761. **Chute de Pondichéry entre les mains des Anglais (Lally-Tollendal).**
1781. **Edit de tolérance en Autriche.** 1785. **Le *Furstenbund.*** 1786-1797. **Frédéric-Guill. II Prusse.** 1790-92. **Léopold II. — 1792-1835. François II.** 1797-1840. **Frédéric-Guill. III de Prusse.** 1797. **Congrès de Rastadt.** 1800. **14 juin, Marengo. — 3 déc. Hohenlinden.**	1780. **La *Ligue des Neutres.* — Le projet grec.** 1792. **Le traité de Yassy.** 1793. **2e partage de la Pologne. Résistance de Kosciusko.** 1795. ***Finis Poloniæ.*** 1796-1801. **Paul Ier.** 1799. **Vict. de Souvaroff en Italie, sa défaite en Suisse, par Masséna.**	1783. **Tr. de Versailles : indépendce des Etats-Unis.** 1789. **4 mars. Const. des Etats-Unis.** 1789-1797. **Les deux présidences de Washington.** 1789. **Mort de Tippoo-Sahib.** 1800. **Les Russes sur l'Amour.**

1800-1870 **LES GRANDS FAITS DE L'HISTOIRE**

	FRANCE	EUROPE
1800-1810 ..	1800. 14 juin. **Marengo.** 1804. **Napoléon empereur.** 1805. 2 déc. **Austerlitz.** 1806. 14 oct. Iéna-Auerstædt. 1807. Eylau. Friedland. 1809. Wagram. Traité de Vienne.	1801-1802. Traités de Lunéville et d'Amiens. 1803. Rupture de la paix d'Amiens. 1805. 26 déc. Traité de Presbourg. 1806. Conf. du Rhin. — *Blocus continental.* 1807. Juillet. Entrevue et traité de Tilsit. 1808. Napoléon en Espagne.
1811-1820 ..	1811. 20 mars. Naissance du roi de Rome. 1814. Camp. de France : 1er tr. de Paris. 1814-15. 1re Restauration. 1815. 18 juin. **Waterloo.** 1815-24. **Règne de Louis XVIII.** 1818. Loi militaire Gouvion St Cyr. 1820. 13 févr. Assassinat du duc de Berry.	1812. Campagne de Russie. La Bérésina. 1813. 16-19 oct. **Leipzig. La bataille des Nations.** 1814-15. **Congrès de Vienne et Ste Alliance.** 1815. Constitution du royaume de Pologne. 1818. Congrès d'Aix-la-Chapelle. 1819-20. Congrès de Carlsbad et de Vienne.
1821-1830 ..	1821-1827. Ministère Villèle. 1823. Expédition frse en Espagne. 1824-1830. **Règne de Charles X.** 1828-29. Ministère Martignac. 1829-30. Ministère Polignac. 1830. 26 juillet. Les Ordonnances. 1830. 27-29 juillet. **Révolution de Juillet.**	1820-21. Congrès de Troppau et Laybach. — Répression des insurrections italiennes. 1822. Congrès de Vérone. Insurrection grecque. 1825-55. Nicolas Ier, tsar de Russie. 1827. 20 oct. **Bataille de Navarin.** 1829. Tr. d'Andrinople. Indépendance de la Grèce. — Le Zollverein allemand.
1831-1840 ..	1830-48. **Règne de Louis-Philippe.** 1831-32. Ministère Casimir-Périer. 1833. Loi Guizot sur l'enseignement. 1835. Lois de Septembre sur la presse. 1838-1840. Crise parlementaire : Ministères Molé, Soult, Thiers. 1840-1848. Ministère Soult-Guizot.	1831. **Formation du royaume de Belgique.** — Soulèvement de la Pologne. 1832. Prise d'Anvers par les Français. 1832-33. Mehemet-Ali contre le Sultan. 1832. Réforme électorale en Angleterre. 1837-1901. Victoria, reine d'Angleterre. 1840-1841. Crise Orientale. Convention des Détroits.
1841-1850 ..	1842. La loi sur les chemins de fer. 1848. 24 février. **Révolution. Proclamation de la 1re République.** 1848. Juin. Insurrection ouvrière. 1848. 10 déc. Election de L.-N. Bonaparte. 1850. Loi Falloux sur l'enseignement.	1846. Abol. des droits sur les blés en Angl. 1846-1878. Pie IX pape. 1848-1849. **Révolutions en Autriche, Hongrie, Italie, Allemagne.** 1848-1916. **François-Joseph**, empereur d'Autriche. 1850. Echec de l'Union restreinte en Allemagne.
1851-1860 ..	1851. 2 déc. Coup d'Etat de L.-N. Bonaparte. 1852. — **Napoléon III** Empereur. 1854-1855. L'Alma, Inkermann, Sébastopol. 1856. Congrès de Paris. 1859. Magenta, Solférino. 1860. **Réunion de la Savoie et de Nice.**	1854-1861. Min. Cavour. — **Formation du royaume d'Italie.** 1858. Alex. Couza, prince de Roumanie. 1859. Guerre d'Italie. Traité de Zurich. 1860. Soulèvement nat. italien. Garibaldi à Naples. 1860. Le Libre-Echange entre l'Angleterre et la France.
1861-1870 ..	1863-1869. V. Duruy, min. de l'Instron publique. 1867. Janvier. Le droit d'interpellation. 1870. 8 mai. Le dernier plébiscite. — 15 juillet. Déclar. de guerre à l'Allemagne. — 6 août. Wœrth. — 1er septembre. **Sedan.** — 4 sept. **Proclam. de la République.**	1861. 19 février. **Emancipation des serfs de Russie.** 1861-1888. Guillaume Ier, roi de Prusse. 1862-90. Ministère de Bismarck. 1864. Guerre de **Danemark.** Traité de Vienne. 1866. **Guerre austro-italo-allemande.** 3 juillet **Sadowa.** — 26 août. **Traité de Prague.** 1867. Dualisme austro-hongrois.

LE XIXe SIÈCLE 1800-1870

AFRIQUE	ASIE ET AUSTRALIE	AMÉRIQUE
1798-1801. Expédition française en Egypte. 1805. MÉHÉMET ALI p. du Caire. 1806. Les Anglais au Cap. 1807. Echec des Ang. en Egyp. 1810. Les Anglais à l'Ile de France.	1803. Introduction du mouton mérinos en Australie. 1800-1806. Gouvern. de Lord Wellesley dans l'Inde. 1803-05. 2e guerre Mahratte. 1808. Traité anglo-persan.	1801-1809. Pr. JEFFERSON, Et.-U. 1803 Réunion de la Louisiane aux Etats-Unis. 1802-03. Exp. f^{se} à St-Domingue. 1809. Commenc. de l'insurrection mexicaine contre l'Espagne.
1814. 1er traité de Paris : Le Cap et l'Ile de France (Ile Maurice) à l'Angleterre.	1813. Guerre russo-persane. Traité de Gulistan. 1814-18. Gouvern. de lord Hastings dans l'Inde. — 3e guerre Mahratte. 1820. Ambassade de Lord Amherst en Chine.	1812-14. 2e guerre de l'Indépendance des Etats-Unis. 1814. 26 déc. Paix de Gand. 1814-23. Ins. des col. espagnoles. 1814. Indép. de la Rép. Argent. 1818. La Floride aux Etats-U. 1818. Indép. du Chili. 1819. Indép. de la Colombie.
1823. Méhémet-Ali fonde Khartoum. 1827. Le conflit entre la France et le dey d'Alger. 1830, 5 juillet. Prise d'Alger.	1821-1850. TAO-KOUANG, emp. de Chine : les interventions européennes en Chine. 1828. Traité de Tourkmantchaï. Extension de la Caucasie russe.	1821. Indép. du Pérou. 1823. La doctrine de Monroe. 1825. Congrès panaméricain de Panama. 1826. Indép. et constit. du Chili. 1828. Indép. de l'Uruguay. 1829-37. Présid. d'Andrew JACKSON (E.-U.).
1832-40. Apogée de la puissance de Méhémet-Ali en Egypte. 1836. Grand exode des Boers vers le Nord. 1837. Prise de Constantine. 1840. La crise turco-égyptienne.	1832. Victoire du pacha d'Egypte à Konieh (Asie Min.). 1839. Victoire du pacha d'Egypte à Nézib (Syrie). 1833-1834. Lord Amherst, surint. du commerce en Chine. 1838. Les Russes devant Hérat.	1831. Formation de la Rép. de l'Equateur. — Distinction des trois Rép. du Vénézuela, de la Colombie et de l'Equateur. 1836. Formation de la Bolivie.
1841. L'Egypte hérédit. dans la maison de Méhémet-Ali. 1841-47. Bugeaud en Algérie. 1842. Les Français en Guinée. 1843. Prise de la Smalah. 1844. Bataille de l'Isly. 1847. Reddition d'Abd-el-Kader.	1841-42. Guerre de l'opium. — Traité de Nanking : ouvert. de la Chine au commerce européen. 1850. Mouvement des *Taïpings* dans la Chine du Sud.	1845. Réunion du Texas aux Etats-Unis. 1846-48. Guerre entre le Mexique et les Etats-Unis. 1848. 2 févr. Traité de Guadaloupe-Hidalgo. 1850. Convention Clayton-Bulwer.
1854. MOHAMMED SAÏD, p. d'Egypte. 1857 Victoire de Faidherbe à Médine (Sénégal). 1857. Soumission de la Kabylie. 1858. Speke au lac Victoria. 1859. Ouverture des travaux du canal de Suez.	1857. Révolte des Cipayes de l'Inde. 1858. Traité d'Aigoun entre Chine et Russie. 1858-60. Expéd. franco-anglaise en Chine. 1860. Traité de Péking entre Chine et Russie. 1860. Expéd. française en Syrie.	1852. «La Case de l'oncle Tom », de Mme Beecher-Stow. — La question de l'esclavage aux Etats-Unis. 1854. Traité de Kanagawa entre Japon et États-Unis.
1853-1873. Exploration de Livingstone en Afrique. 1862. S. Baker remonte le Nil jusqu'à ses sources. 1869. 17 nov. Inauguration du canal de Suez.	1862. Les Français en Cochinchine. 1864. Fin de la guerre des Taïping. 1867. Avènement du Mikado Mutsu-Hito. 1868. 3 janvier. Restauration impér. au Japon. L'ère du Méiji. 1869. Fr. Garnier sur le Mékong.	1860. Nov. Election d'Abraham LINCOLN. 1861-1865. Guerre de Sécession. 1860. Election de Juarez à la présid. du Mexique. 1863. Expéd. franç. au Mexique. 1867. Le Dominion du Canada.

1871-1914 LES GRANDS FAITS DE L'HISTOIRE

	FRANCE	EUROPE
1871-1880	1871. 10 mai, Tr. de Francfort : la France mutilée de l'Alsace-Lorraine. 1871-73. Présidence Thiers : mars-mai. 1871. Commune de Paris. 1873-1879. Présidence Mac-Mahon : 1875. Lois constitutionnelles. 1879-1887. Présidence Jules Grévy. 1879-1880. Lois d'amnistie.	— 1871. 18 Janv. Proclamat^{on} de l'empire allemand. — 1871-88. Guillaume Ier Empereur. 1873-78. Le *Kulturkampf*. — 1870. *Irish land bill* en Angleterre. — 1871. Loi des garanties pontificales. 1878-1900. Humbert Ier, roi d'Italie. 1878-1903. Pontificat de Léon XIII. — 1877. Massac. de Bulgarie. Guerre des Balkans. 1878. Tr. de Berlin : fond^{on} de la Bulgarie.
1881-1890	1880-1881. Lois Ferry sur l'Enseignement. 1884. Loi municipale. 1884. Loi sur les synd. professionnels. 1887-94. Présidence Carnot. 1887-1889. Agitation boulangiste. 1889. Loi militaire. 1889. Fêtes du Centenaire de la Révolution.	— 1880-85. Agitation irlandaise. — 1881 Avèn^{t} du tsar Alexandre III. — 1882. L'Italie dans la Triple Alliance. 1885. Loi électorale en Angleterre. 1886. Gladstone dépose le projet de *Home Rule*. 1887-96. Gouvernement de Crispi. — 1888. Frédéric III emp. d'Allem. (100 j.). 1888. Avèn^{t} de Guill. II. — 1890. Chute de Bismarck. — 1885-86. Révol. de Roumélie. Guerre serbo-bulgare.
1891-1900	1893-1894. Attentats anarchistes. 1894. 24 juin. Assassinat de Carnot. 1894-95. Présidence Casimir-Périer. 1895-99. Présidence Félix Faure. 1898. Crise de l'affaire Dreyfus. 1898. Affaire de Fachoda. 1899-1906. Présidence Loubet. 1900. Exposition Universelle de Paris.	— 1891. L'alliance franco-russe. Cronstadt. 1892. Convention militaire franco-russe. — 1892. Alexandre Ier, roi de Serbie. — 1893. Vote du *Home Rule* à la Chambre des Communes. — 1893. Etabl^{t} du vote plural en Belgique. — 1894. Chute de Stambouloff en Bulgarie. — 1894. 1er nov. Avèn^{t} du tsar Nicolas II. — 1896. Crise des langues en Autr.-Hongrie (Bohême). — 1896. Chute de Crispi (défaite africaine).
1901-1910	1899-1902. Minist^{re} Waldeck-Rousseau. 1901. Loi sur les associations. 1902-1905. Ministère Combes. 1904. Voy. du président Loubet en Italie. 1905. Sépar^{on} des Eglises et de l'Etat. 1906-1913. Présidence Fallières. 1906-1909. Ministère Clemenceau. 1906-1908. Crise syndicaliste. 1909. Grève des postes et télégraphes.	— 1904. Entente cordiale franco-anglaise. — 1905. Agit^{on} révolutionnaire en Russie : 1906, 1re Douma ; 1907, la 2e et la 3e Doumas. — 1906. Les libéraux au pouv^{r} en Anglet. — 1906. Réforme électorale en Autriche. — 1905-06. Crise franco-all. (Maroc). — 1907. Triple-Entente Angleterre-France-Russie. — 1908-1909. Rév^{on} jeune-turque : annex^{on} de la Bosnie-Herz. à l'Autriche ; ind. de la Bulgarie.
1911-1914	1913. Agitation sur la question de la réforme électorale. 1913. Janv. Présidence Poincaré. 1913. Ministère Barthou et loi de trois ans. 1914. Mai. Elections législ. ; la loi militaire menacée.	— 1911. Guerre italo-turque. — 1912. Alliance balkanique ; Guerre contre les Turcs ; victoires des Serbes, Grec et Bulgares. — 1913. Tr. de *Londres*. Trah^{on} de la Bulgarie. Interv. roum. et tr. de *Bucarest* — 1913. Agit^{on} en Angleterre autour du *Home Rule*. Armements en Allemagne — 1914. 28 juin. Assass. de l'archiduc héritier d'Autriche.

L'ENTRE-DEUX GUERRES 1871-1914

AFRIQUE	ASIE	AMÉRIQUE
1873. Mort de Livingstone. — Conquête égyptienne du H^{t} Nil. 1874. Pén^{on} franç. au Sahara. — Riv. franco-ital. en Tunisie. 1875. Brazza dans la région du Congo inférieur. 1876. Expl^{ons} de Stanley sur le Congo. — Association Intern. Africaine. 1879. Ch^{te} du Khédive Ismaïl.	Au Japon, l'Ère de Meiji. 1871. Réorganisation administr. 1872. Loi militaire. 1876. Insur. du mar. Saigo. — 1869-71. Mis^{on} Fr. Garnier. 1873. Mort de Fr. Garnier. — 1874. Traité entre la France et l'Annam. — 1873. Les Russes à *Khiva*. — 1876. Victoria, impér. des Indes	— 1869-77. Présidences Grant aux Etats-Unis. 1876. Exp^{on} univ. de Philadelphie : cent^{re} de l'Indépendance. 1877-81. Prés. Hayes. Déclin du parti républicain. — 1876. Porfirio Dias pr^{t} au Mexique. — 1879-84. Guerre du Pacifique, Victoire du Chili sur le Pérou et la Bolivie.
1881 Traité du Bardo. 1882. Les Anglais en Egypte. 1885. Mouv. mahdiste. Mort de Gordon à Khartoum. — Congrès de Berlin : partage de l'Afrique ; l'Etat indép. du Congo. 1885. Les Français à *Madagascar*. 1886. Les Italiens en *Erythrée*. 1890. Les Anglais en *Zambésie*.	— 1881. Fin de la conq^{te} du Turkestan par les Russes. Prise de Géok-Tepé. 1884. Les Russes à *Merv*. — 1884. Les Angl. en *Birmanie*. — 1883. Mort du Com^{t} Rivière à *Hanoï*. — 1884. Conq^{te} du Tonkin. Guerre av. la Chine ; l'amiral Courbet à Fou-Tcheou. — 1885. Tr. de Tien-Tsin. La France en Indo-Chine. — 1889. Constitution du Japon.	— 1881. Prés. Garfield : son ass^{t}. 1885-89. 1re présidence Cleveland : les démocrates au pouvoir. 1889-93. Présidence Harrison. 1890. Tarif Mac Kinley. — 1884. 2e présid. P. Diaz au Mexique. — 1889. République du Brésil.
— 1894-96. Défaite d'*Adoua*. — 1892-94. Déf. de Behanzin. 1894. Franç. à Tombouctou. 1895-96. Conquête de *Madagascar*. 1897. France au lac Tchad. — 1896-98. Défaite du Mahdi. 1898. Aff. de Fachoda. 1900 Déf. et mort de Rabah à Kousseri. 1899. Guerre anglo-boer.	— 1892. Rus. et Angl. au Pamir. — 1894. Guerre sino-japonaise : 16 sept. bat. de Pinh-yang. — 1895. 17 avril et 5 mai, les deux traités de *Simonoseki*. — 1898. Les All. à *Kiao-tcheou*, les Anglais à *Wei-hai-wei*, les Fr. à *Kouang-tchéou* ; les Rus. à *Port-Arthur*. 1900. Boers : les Européens à Péking.	— 1893-97. 2e prés. Cleveland. 1897-1901. Présid. Mac Kinley (républicain). 1898. Guerre hispano-améric^{ne} : Manille, Santiago de Cuba. — Traité de Paris.
— 1902. Fin de la g^{re} du Transv. Tr. de *Prétoria*. L'Union sud-africaine. — 1900. Fr. aux oasis du *Touat*. 1904. 1er Accord marocain. 1905. Guil. II à Tanger. 1906. Conf. d'*Algésiras*. 1909. Tentative d'accord écon. entre France et Allemagne au Maroc.	— 1902. All. anglo-japonaise. — 1903. Conflit russo-japonais. 1904. 5 f. Rup^{re} russo-jap^{se}. 1905. Prise de *Port-Arthur*. — 9 mars. *Moukden* ; — 27 mai. *Tsou-Sima*. 1905. 5 sept. Traité de *Portsmouth*. 1907. août. Accord anglo-russe sur la Perse, l'Afghan., le Tibet.	— 1901-05. 2e pr. Mac-Kinley (assassiné). 1901. Tr. Hay-Pauncefote. 1905-09. Prés. Roosevelt. — 1906. Conf. panaméricaine de Rio-de-Janeiro. 1909. Présid. W. Taft. 1909. Pr. Gomes à *Cuba*. 1910. Conférence panaméricaine de Buenos-Ayres. 1910. L'A. B. C. alliance de l'Argentine, Brésil, Chili.
— 1911. Les Français à Fez. Les All. à Agadir. — 4 nov. Conv. franco-all^{de} sur le Maroc et le Congo. — 1911. Les Italiens en *Tripolitaine*. — 1912. Organis. du protectorat franç. au Maroc par le général Lyautey.	1910. Accord russo-japonais. 1911. Renouv. traité anglo-japonais. — 1912. Ch^{te} de la dyn. mandchoue à Pékin : Républ. chin. : Yuan Chi-Kaï, prés^{t} provis. — 1912. Mort de l'emp. du Japon Mutsu-Hito ; avèn^{t} de Yoshi-Hito.	— 1913-1917. 1re présid. W. Wilson (démocrate). — 1913. févr. Rév^{on} à Mexico ; chute du pr^{t} Madero ; commencement des troubles.

1914 **LES GRANDES DATES**

	FAITS DIPLOMATIQUES	FAITS POLITIQUES ET SOCIAUX
Juin......	28. Assassinat de l'arch. François-Ferdin. à Serajevo.	15. *Fr.* M. Viviani forme le ministère.
Juillet	5. Conseil de guerre de Potsdam. 23. Ultimatum austro-hongr. à la Serbie. 24. Projet de méd. à 4 de sir E. Grey. 25. Réponse du gouv. serbe à l'Autriche. 28. L'Autriche décl. la guerre à la Serbie. 31. Ultimatum allem. à la Russie. — Ultimatum allem. à la France.	1-20. *Gr.-Bret.* Révolte de l'Ulster contre Home rule irlandais. 15-25. *Rus.* Grèves sanglantes. 20-23. *Rus.* Visite du Prés. de la Rép. au Tsar. 27. *Fr.* M. Poincaré rentre en France. 31. *Fr.* Assassinat de M. Jaurès.
Août......	1. L'Allem. déclare la guerre à la Russie. 2. L'Italie notifie sa neutralité. — Ultimatum allem. à la Belgique. 3. L'Allem. déclare la guerre à la France. — L'Allem. déclare la guerre à la Belg. 4. La Gr.-Bret. déclare la guerre à l'Allem. 6. L'Autr. décl. la guerre à la Russie. 10. La France déclare la guerre à l'Autr. 12. La Gr.-Bret. déclare la guerre à l'Autr. 15. Proclam. du Tsar à la Pologne. 23. Le Japon déclare la guerre à l'Allem.	4. *Fr.* Réunion des Chambres. — *All.* Discours du chancelier au Reichstag. Vote des crédits de guerre. 20. *Vat.* Mort du pape Pie X. 26. *Fr.* Constitution d'un ministère de Défense nationale. 28. *Fr.* Proclam. du Gouv. au pays.
Septembre.	4. Les Alliés s'engagent à ne pas faire de paix séparée (Pacte de Londres).	2. *Fr.* Le Gouv. et le Parlem. partent pour Bordeaux. 3. *Vat.* Le card. della Chiesa, élu pape, prend le nom de Benoît XV. 18. *Fr.* Les Allem. bombardent la cathédrale de Reims.
Octobre ...	28-29 Agression turque contre vaisseaux et ports russes de la mer Noire. 31. Le *Goeben* et le *Breslau* entrent dans la mer Noire.	3. *All.* Appel des intellectuels 10. *Roum.* Mort du roi Charles Ier. 13. *Belg.* Le Gouv. belge s'installe au Havre. 25. *Fr.* Protest. de l'Institut de France contre les atrocités allemandes.
Novembre .	2. La Russie déclare la guerre à la Turquie. 3. Rupture entre la Serbie et la Turquie. 5. La France et la Gr.-Bretagne déclarent la guerre à la Turquie. — La Gr. Bretagne annexe Chypre. 12. La Turquie déclare la guerre à la Triple-Entente. 16. Le Sultan proclame la Guerre Sainte.	16. *Vat.* 2e encyclique du Pape sur la guerre.
Décembre..	17. Arrivée de M. de Bulow à Rome. — Proclam. du protect brit. sur l'Egypte. 18-19. Rencontre à Malmoe des souv. scandinaves. 25. Les Italiens occupent Vallona.	11. *Fr.* Retour du Gouv. à Paris. 22. *Fr.* Réouvert. du Parlem. Mess. du Prés. de la Rép.

FAITS MILITAIRES

FRONT OCCIDENTAL	AUTRES FRONTS	SUR MER ET AUX COLONIES
21. En Allem., avis prélim. de mobilisation. 29. Des patr. all. pénètrent en terr. franç. à Cisey et Parux. 30. Les troupes franç. se retirent à 10 km. de la frontière. 31. L'Allem. décrète le *Kriegsgefahrzustand*.	28-29. Bombard. de Belgrade. 29. Mobilis. partielle en Russie. 31. Mobilis. gén. de l'Autriche	31. Mobilis. des flottes britan. et française.
1. Mobilis. gén. en Allem. et en France. 2. Les All. occupent le Luxemb. 5. Att. de Liége. 8. Entrée des Franç. à Mulhouse. 17. Chute de Liége. 19-20. Bataille de Morhange. 20. Les All. entrent à Bruxelles. 22-23. Bataille de Charleroi. 29. Bataille de Guise.	6. Les Russes pénètrent en Prusse orientale. 10. Les Serbes pénètrent en Bosnie. 16. Vict. russe d'Eydtkuhnen. 19. Vict. serbe du mont Tser. 20. Vict. russe de Gumbinnen. 29. Défaite russe de Tannenberg. 31. Vict. russe de Lemberg.	4. Le *Goeben* et le *Breslau* bombardent Bône et Philippeville. 5. Occupation de Benga (Congo). 6. Les Allem. occupent Aland. 8. La flotte autr. bombarde Antivari. 26. Le Togoland se rend. 27. Victoire nav. brit. devant Héligoland. 29. Occup. des îles Samoa.
5-9. Bataille de l'Ourcq. 5-12. Bataille de Nancy. 6-12. Bataille de la Marne. 9. Kluck bat en retraite. 12. Retraite gén. des armées allem. 15. Bataille de l'Aisne. 20 sept. Bat. de Lassigny-Roye. 24 sept. Bataille d'Arras.	3. Pr. de Lemberg par les Russes. 5. Vict. russe de Tomaszow. 9. Prise de Semlin par les Serbes. 9. Victoire serbe de la Drina. 15. Les Russes occupent Czernowitz. 23. Les Serbes occup. Serajevo. 24. Les Russes investissent Przemysl.	3-18. Bombard. de Cattaro. — Occupation de Lissa. 10. Occup. de la Nouv. Guinée all. par des forces austral. 23. Les crois. brit. *Aboukir*, *Hogue* et *Crécy* torpill. (mer du Nord). 27. Des forces sud-afr. pén. en Afrique orient. all.
9. Chute d'Anvers. 16-31. Bataille de l'Yser. 16 Défense de Dixmude. 22. Bataille des Flandres. 25 Bataille d'Ypres.	3. Victoire russe d'Augustowo. 5. Les Russes s'emparent de 4 des cols des Karpathes. 16-24. Victoire russe de la Bzoura.	2. Prise de Victoria (Cameroun). 17. Le cr. brit. *Undaunted* détruit 4 torpilleurs allem. 28. Combat héroïque du *Mousquet* c. le cr. all. *Emden*.
1-20. Bataille des Flandres. 10-17. Bataille de l'Yser. 22-23. Destruction d'Ypres.	7. Retraite de l'armée serbe. 19. Les Russes atteignent les cols des Karpathes. 22 nov. Bataille indécise des Quatre-Rivières (Russie).	1. Combat nav. anglo-all. sur les côtes du Chili. 2. Bombard. des forts des Dardanelles par l'esc. franco-brit. 7. Prise de Kiao-Tchéou par les Japonais. 9. L'*Emden* est coulé par le cr. austral. *Sydney*. 13. Défaite des révoltés boers à Winburg.
1-7. Affaire de Vermelles. 15. Offens. franç. en Champagne. 24. 1er raid aér. all. sur l'Angl.	2. Les Autrichiens entrent à Belgrade. 2-13. Victoire serbe de Roudnik. 14. Les Serbes réoccupent Belgrade.	8. Victoire nav. brit. aux îles Falkland. 10. Fin de la révolte sud-afric. 23. Prise de Bassorah. 25. Att. de Cuxhaven par hydravions britanniques.

1915 LES GRANDES DATES

	FAITS DIPLOMATIQUES	FAITS POLITIQUES ET SOCIAUX
Janvier....	6. Le pape obtient des belligérants l'échange des prisonniers inaptes. 25. Ultimat. ital. à la Turquie (incident d'Hodeïdah).	1. *Fr.* Retour de la Banque de Fr. à Paris Les soc. de crédit renoncent au moratorium. 11. *Autr.* Démis. du Cte Berchtold.
Février.....	1-2. Conférence financ. interalliée à Paris. 7. La Turquie accorde satisf. à l'Italie. 9. Note du Japon à la Chine. 10. Note amér. à l'Allemagne (blocus).	5. *Gr.-Bret.* Projet de loi portant l'armée à 3 millions d'hommes. 10. *Rus.* La Douma décide la guerre jusqu'au bout.
Mars	10. Note amér. à la Fr. et à la Gde-Bret. (blocus). 15. Regrets exprim. par l'All. aux E.-U. après torpil. du W. P. Frye.	3. *Grèce.* Gr. Conseil de la Couronne. 6, — Démis. du cabinet Vénizélos. 22. *Allem.* 32 dép. soc. refusent le vote du budget.
Avril......	1. Note du prés. Wilson sur le blocus. 26. Conclus. de l'accord franco-italien.	1. *Fr.* Vote du recens. de la cl. 1917. 7. *All.* Manif. du parti social. minor. all. 9. *Fr.* Création de la Croix de guerre.
Mai	4. Dénonc. par l'Italie de l'all. avec l'Autr. — Ultimat. du Japon à la Chine. 12. Note du prés. Wilson à l'Allem. (*Lusit.*) 23. Déclar. de guerre de l'Italie à l'Autr.	12. *Ital.* Démis. du cab. Salandra. 15. *Portug.* Graves émeutes. 23. *Gr. Bret.* Reman. du cabinet Asquith.
Juin.......	1. Négoc. entre la Russie et la Roumanie. 24. Nouvelle note amér. à l'Allem. (*W. P. Frye*).	12. *E.-U.* Démis. de M. Bryan, min. des aff. étr. Nomin. de M. Lansing. 13. *Grèce.* Nouv. élections favor. à M. Vénizélos.
Juillet	21. Nouv. note amér. à l'Allem. (*Lusit.*). 25. Signat. d'une convent. turco-bulgare. 31. Appel du Pape aux bellig. pour la paix.	2. *Fr.* M. Ribot., min. des Fin., adresse au pays son appel à l'or. 21. *Fr.* 118 millions d'or reçus en 3 sem.
Août.......	20. Déclar. de guerre de l'Italie à la Turquie. 24. Arrivée à Athènes de M. Guillemin, nouv. min. de France.	2. *All.* Manifeste de Guillaume II. 7. *Fr.* Vote de la réquis. du blé. — *Port.* M. Machado, prés. de la Rép. 23. *Grèce.* Nouveau minist. Vénizélos.
Septembre.	. Réponse concil. de l'Allem. aux E. U. (torpil.). 22. Signat. de l'accord turco-bulgare. 23. La Bulgarie et la Grèce mobilisent.	13. *Fr.* Démis. de M. Delcassé. 5. *Fr.* Démis. du cabinet Viviani. 10. *Fr.* Cabinet Briand.
Octobre....	5. Rupt. des rel. dipl. entre la Bulg. et les Alliés. 16. Déclar. de guerre de la Fr. et la Gr.-Bret. à la Bulgarie.	5. *Grèce.* Démis. du minist. Vénizélos. 7. *Grèce.* Cabinet Zaïmis. 18. *Gr.-Bret.* Démis. de s. Edw. Carson. — *Grèce.* Chute du min. Zaïmis.
Novembre .	16. Mission de M. D. Cochin à Athènes. 22. Note des Alliés à la Grèce. 29. Réponse grecq. à la note des Alliés.	2. *Rus.* M. Goremykine, nommé chancel. 6. *Grèce.* Cabinet Skouloudis. 10. *Japon.* Fêtes du couron. de l'Emper. 12. *Fr.* Vote du projet d'empr. 5 p. 100.
Décembre .	1 Adhésion de l'Italie au pacte de Londres. 6. Nouveau protocole de Londres. — Réun. du 1er Conseil de guer. des Alliés. 27-28. Déclaration de Paris.	7. *E.-U.* Ouvert. du 64e congrès. Mess. de M. Wilson. 29. *Fr.* Vote de la loi de l'impôt sur le revenu.

FAITS MILITAIRES

FRONT OCCIDENTAL	AUTRES FRONTS	SUR MER ET AUX COLONIES
4. Prise de Steinbach (Als.) par les Français. 13. Echec français à Crouy.	1. Les Russes entrent en Hongrie. 4. Déf. turque à Sari Kamisch. 14. Vict. russe de Karaourgan.	4. Bombard. de Durazzo par la flotte italienne. 24. Vict. nav. brit. au Dogger-Bank.
16. Offens. franç. en Champagne. 17-21. Succès français aux Eparges. 27. Pr. du fortin de Beauséjour.	3-6. Vict. russe de Borjimow. 7-19. Echec russe aux lacs de Masurie. 11. Les Russes évac. la Bukovine.	2-3. Att. turque sur Suez. 4. L'All. décrète le blocus des côtes alliées. 18. Blocus (all.) des côtes alliées.
5. Pr. de Vauquois. 10. Prise de Neuve-Chapelle. 18. Pr. de l'éperon de N.-D. de Lorette.	13. Bataille pour Varsovie. 17. Pr. de Przemysl par les Russes. 22. Débarq. des Alliés à Ténédos.	1. Les Alliés décrètent le blocus de l'Allemagne. 18. Echec des flottes alliées à Tchanak (Dardanelles).
9. Pr. du massif. des Eparges. 17. Reprise de la cote 60 par les Britanniques.	25. Débarq. des Alliés à Gallipoli. 26. Prise de Sebdul-Bar par les Alliés.	8. Intern. à Newport du nav. all. *Prinz-Eitel Friedrich*. 26. Torpil. du *Léon-Gambetta* (Médit.).
9. Offens. franç. en Artois. 12 Prise de Carency. 20 Pr. d'Ablain St-Nazaire.	2. Bat. russo-all. du Dunajec. 19. Occup. de Van (Russes). 24. Occup. de Caporetto-Cormons par les Ital.	7. Torpil. du *Lusitania* (1.145 vict.). 8. Occup. de Libau (Rus.) par la flotte allemande.
5-9. Pr. du saillant de Quennevières par les Fr. 15-22. Prise du Braunkopf. 15. Bomb. de Carlsruhe par 23 av. franç.	7. Pass. de l'Isonzo par les Ital. 9. Prise de Monfalcone. 22. Les Russes évacuent Lemberg.	2. Occup. de Lissa par la flotte ital. 3. Occup. d'Amarah (Mésop.) par les Britanniques.
12 Att. all. en Argonne repoussées. 10 15. Bombard. des usines de Pechelbronn.	2-25. Bat. aust.-ital. du Carso. 17. Bat. russo-all. de la Wieprz. 21. Pass. du Bug par les Autr.	4. Destr. du cr. all. *Kœnigsberg*. 9. Capitul. des troupes all. du S. O. Africain.
9,23 Av. fr. bomb. les usines de Sarrebruck. 9-12-17. Raid de Zepp. sur la Gr.-Bret. 22 Pr. du Schratzmaennele.	4. Entrée des Allem. à Varsovie. 5. Pr. d'Ivangorod par les All. 18. Pr. de Kovno par les All. 19. Pr. de Novo-Georgiewsk.	8. Echec nav. all. (golfe de Riga). 16. Nouvel échec naval all. (golfe de Riga).
25. Offens. fr. en Champagne (23,000 pris., 121 can.). — Offens. fr.-brit. en Artois. Pris. de Loos par les Brit.	5. Le tsar se met à la tête de ses troupes. 19. Pr. de Vilna par les All. 24. Repr. de Loutsk (Russes).	29. Occup. de Kut-el-Amara par les tr. ind. brit. 30. Occup. de Duala (Cameroun) par les Fr.-Brit.
7. Prise de la ferme de Navarin et de la butte de Tahure. 19-20. Viol. att. all. en Champagne.	8. Occup. de Belgrade (Autr.). 11. Entrée des Bulg. en Serbie sans déclar. de guerre. 24. Pr. d'Uskub par les Bulgares. 29. Pr. de Pirot par les Bulgares.	5. Débarq. des tr. alliées à Salonique. 10. L'am. Dartige du Fournet rempl. l'amiral Boué de Lapeyrère.
5. Raid d'av. franç. sur les usines de Dornach. 28 Raid d'av. franç. sur l'aérod. de Habsheim.	5. Bat. franco-bulg. de la Cerna. 6. Pr. de Nisch par les Bulg. 7. Pr. du col di Lana (Ital.). 20. Pr. de Novi-Bazar (All.).	7. Un s.-marin brit. atteint 2 cuir. all. (Baltique). 22. Echec brit. de Ctésiphon (Mésop.).
4 Cons. de guerre franco-brit. à Calais et le 6 à Paris. 15. Démis. du mar. French. Nom. du gén. s. Douglas Haig.	2. Repli de l'armée d'Orient sur le Vardar. 30. Arrest. à Salonique des consuls des Puissances ennemies.	19. Les Brit. évac. les baies d'Anzac et Suvla (Gallip.). 25-29. Échecs turcs sur Kut-el-Amara (Mésop.).

	FAITS DIPLOMATIQUES	FAITS POLITIQUES ET SOCIAUX
Janvier ...	13. Négoc. de paix entre le Monténegro et l'Autriche.	28. *Suisse*. Troubles en Suisse romande.
Février.....	12. Note all. aux E.-U. (au s. torpill.). 14. Convent. de Londres (indép. Belg.).	2. *Russie*. M. Sturmer nommé 1er min. 22. *Rus*. Réouv. de la Douma.
Mars	10. L'All. décl. la guerre au Portugal. 27-28. Conférence interalliée à Paris.	16. *Fr*. Dém. du gén. Galliéni, min. de la guerre.
Avril......	23. Note énerg. des E.-U. à l'Allemagne.	24. *Gr.-Br*. Emeutes en Irlande.
Mai	4. Réponse concil. de l'All. aux E.-U. 8. Nouvelle note des E.-U. à l'Allemagne. 9. Accord franco-brit. concern. la Syrie et la Mésopotamie.	1. *Gr.-Br*. Fin de la rébellion irland. 24. *Gr.-Br*. Vote du service milit. oblig.
Juin	14-18. Confér. écon. des Alliés à Paris. 20. Fin de non-recevoir du gouv. amér. à l'ultimatum mexicain.	5. *Gr.-Br*. Mort de Lord Kitchener. 12. *It*. M. Boselli forme le nouv. cab. ital 16. *Fr*. 1re séance de la Chambre en Comité secret.
Juillet	6. Signat. tr. d'alliance russo-japonais. 20. Le Siam déclare la guerre à l'All. 23. Démission de M. Sasonoff.	1. *Fr*. Promulg. de la loi sur les bénéfices de guerre. 5. *Gr.-Br*. M. Loyd George min. de la guerre.
Août.......	27. L'Italie décl. la guerre à l'Allemagne. 27. La Roumanie décl. la guerre à l'Autr. 28. L'Allemagne décl. la guerre à la Roumanie.	1. *E.-U*. Camp. président. Wilson-Hughes. 7. *Fr*. Le Cons. nat. du Parti soc. contre la repr. des relat. internationales.
Septembre .	9. Attentat contre légat. de Fr. à Athènes. 10. Note collect. de l'Entente à la Grèce. 29. Le gouv. amér. rouvre l'aff. du *Lusitania*.	12. *Gr*. Démission de M. Zaïmis. 16. *Gr*. Minist. Calogeroupoulos. 27. *Gr*. Format. à Salonique du gouv. national.
Octobre....	10. Le gouv. grec accepte les conditions de l'Entente. 18. Les Alliés organis. le contrôle à Athènes.	10. *Gr*. Minist. Lambros. 14. *Fr*. Vote du 2e emprunt de guerre. 21. *Autr*. Assassin. du Cte Sturgk, prés. du conseil.
Novembre .	5. Les Emp. Centr. érigent la Pologne en état autonome. 21. Mort de l'emp. François-Joseph d'Autriche. 23. Avènement de Charles Ier. 25. Le Gouv. prov. grec décl. la guerre à l'All. et à la Bulgarie.	10. *E.-U*. Réélection du prés. Wilson. 23. *Fr*. Ouvert. du Congrès socialiste national.
Décembre..	1. Massacre de marins franç. à Athènes. 2. Le blocus de la Grèce est décrété. 20. Note de M. Wilson aux belligér. (buts de guerre). 26. Rép. évasive des Emp. Centr. à la note amér. 30. Déclaration collect. des Alliés.	6. *Gr.-Br*. Démission de M. Asquith. 7. *Gr.-Br*. M. Lloyd George 1er ministre. 12. *Fr*. Séance secrète à la Ch. Remaniement du minis. Briand.

FAITS MILITAIRES

FRONT OCCIDENTAL	AUTRES FRONTS	SUR MER ET AUX COLONIES
29-30. Raid de Zeppelins sur Paris (53 vict.).	10. Pr. du Lovcen par les autr. 13. Chute de Cettigné.	1. Torpill. du paq. brit. *Persia*. 8. Les Alliés évacuent Gallipoli
21. Offensive all. sur Verdun. 25. Les All. prennent le fort de Douaumont.	16. Prise d'Erzeroum par les Russes.	8. Torpill. du croiseur fr. *Amiral Charner*. 18. Fin de la conq. du Cameroun.
2-5. Assauts de Douaumont. 8-13. Défense du fort de Vaux. 29. Reprise d'Avocourt (Fr.).	17. Les Russes occupent Ispahan. 18. Succès russe au lac Narotch.	17. Torpill. du torp. franç. *Renaudin*.
4-5. Reprise du bois de la Caillette (Fr.).	18. Prise de Trébizonde par les Russes.	29. Capitul. du gén. Townshend à Kut-el-Amara.
3-8. Défense de la cote 304. 22. Les Fr. reprennent le fort de Douaumont.	26. Livraisons des forts de Rupel aux Bulgares. 30. Les Autr. occupent Arsiero et Asiago (Trentin).	31. Victoire britan. du Jutland.
7. Les All. s'emparent du fort de Vaux. 30. Reprise de Thiaumont.	4. Offensive des armées russes. 5. Victoire russe d'Olyka. 17. Prise de Czernowitz. (Rus.).	2. Pr. de la Mecque et de Médine par les Arabes.
1. Offens. franco-britann. sur la Somme. 2. Pr. de Belloy-en-Santerre. 10. Pr. du bois de Mametz et de Contalmaison.	25. Prise d'Erzindjan par les Russes. 28. Prise de Brody par les Russes.	10. Arrivée du s.-m. *Deutschland* à Norfolk (E.-U.).
4-10. Combats de Pozières. 24. Pr. de Maurepas. 29. Hindenburg nommé chef du gd. état-maj. all.	8. Prise de Gorizia par les Italiens. 10. Prise de Stanislau par les Russes.	13. Les Turcs refoulés à 80 km. du canal de Suez. 22. Pr. de Kilossa (Afr. Or. all.) par les Brit.
15. Prise de Flers. 1re appar. des tanks (Somme). 25-26. Victoire de Combles-Thiepval (Somme).	8. Occupation de Silistrie par les All. 14-30. Bat. du Carso oriental. 18. Les Fr. entrent à Florina.	4. Occup. de Dar-es-Salam (Afr. Or. all.). 7. La flotte alliée bomb. les forts de Cavalla.
18. Pr. de Sailly-Saillisel par les Fr. (Somme). 22. Vict. de Douaumont (Verdun).	8. Les Serbes s'emparent du Dobropolje. 22. Prise de Constantza par les All.	7. Arrivée du s.-m. all. *U.-53* à Newport (E.-U.). 13. Interd. des eaux norvég. aux s.-m. de toutes nation.
2. Repr. du fort de Vaux (Verdun). 7. Pr. d'Ablaincourt et Pressoire (Somme). 13. Prise de Beaucourt et de Beaumont-Hamel (Somme). 17. Raid du capitaine de Beauchamp sur Munich.	1-3. Victoire italienne de Faiti-Hrib. 15-17. Bataille de Targu-Jiu (Roum.). 19. Prise de Monastir par les Franç.	1. Arrivée du s.-m. all. *Deutschland* à New-London (E.-U.). 10. Une escadr. all. bombarde Port-Baltique. 21. Torpill. du nav. hôp. brit. *Britannic*. 26. Torpill. du cuirassé français *Suffren*.
12. Le général Nivelle nommé ct en chef des armées franç. 15. Vict. de Louvemont-Bezonvaux (Verdun). 26. Le gén. Joffre nommé maréchal de France.	5. Pr. de Kirlibaba par les Russes. 6. Bat. de l'Argès et prise de Bucarest. 22. Prise de Tulcea par les All.	12. Le vice-amir. Gauchet nom. ct des forces navales franç. 24. Les Brit. occupent El-Arich (Sinaï).

1917 LES GRANDES DATES

	FAITS DIPLOMATIQUES	FAITS POLITIQUES ET SOCIAUX
Janvier ...	11. Rép. des Alliés à la note du Prés. Wilson. 12. Les Puiss. Centr. décl. leurs buts de guerre atteints. 30. Note allem. sur la guerre sous-mar.	9. *Rus.* Démis. de M. Trepoff prés. du Cons. 21. *Rus.* Rescrit du Tsar au pr. Galitzine. 22. *E.-U.* Mess. du Prés. Wilson sur la paix.
Février.....	1. Début de la guerre sous-mar. à outrance. 3. Rupt. diplom. entre les E.-U. et l'Allem. 14. Affaire du *Yarrowdale*.	5. *E. U.* Obstruct. au Sénat contre les projets du Prés. 12. *Autr.* Entrev. à Vienne du Kaiser et de l'emp. Charles.
Mars	13. Les E.-U. arment les navires travers. la zone sous-marine allem. 12. Rupt. diplom. entre la Chine et l'Allem. 21. Confér. impériale à Londres.	12. *Rus.* Début de la Révolution. 15. *Rus.* Abdic. de Nicolas II. 17. *Fr.* Démis. du cabinet Briand. 19. *Fr.* Cabinet Ribot.
Avril......	2. Mess. du Prés. Wilson au Congrès. 5. Les E.-U. déclar. la guerre à l'Allem. 9. Rupt. diplom. entre le Brésil et l'Allem.	16. *Allem.* Manifest. et grèves à Berlin. 19. *Esp.* Démis. du min. Romanones. 20. *Esp.* Cabinet mis. d'Alhucemas.
Mai.......	3-6. Confér. interalliée à Paris et à St-Jean-de-Maurienne. 27-28. Confér. interalliée à Londres.	1. La Russie affirme sa fidél. aux alliances. 11. *Gr.-Bret.* Séance secrète aux Communes. 16. *Rus.* Dém. de M. Milioukoff.
Juin.......	9. Arrivée de M. Jonnart à Athènes. 12. Abdication du roi Constantin. 29. La Grèce en état de guerre avec les Puiss. centr.	1. *Fr.* M. Ribot refuse des passep. aux soc. 5. *E.-U.* 1er recens. des recrues. 12. *Esp.* Cabinet Dato. 25. *Gr.* Cabinet Venizelos.
Juillet	17. La famille roy. angl. adopte le nom de Windsor. 22. Le Siam décl. la guerre à l'Allem. 25. Confér. interalliée à Paris (Balkans).	14. *Allem.* Dém. du chanc. Bethmann-Hollweg. 18. *Gr.-Bret.* Reman. du cabinet. 19. *Allem.* Vote de résol. de paix. 21. *Rus.* Kerensky au pouvoir.
Août.......	14. La Chine décl. la guerre à l'Allem. et à l'Autr. 15. Note du Pape en fav. de la paix.	6. *Allem.* Remaniement ministér. 10. *Gr.-Bret.* Congrès du parti ouvrier à Londres. 12. *Gr.-Bret.* Dém. de M. Henderson.
Septembre .	20. Rép. des Puiss. Centr. à la note du Pape. 25. Rupt. diplom. entre l'Argent. et l'Allem.	8. *Fr.* Dém. du cabinet Ribot. 10. *Rus.* Incid. Kerensky-Korniloff. 12. *Fr.* Cabinet Painlevé.
Octobre....	6. Rupt. diplom. entre le Pérou et l'Allem. 7. Rupt. diplom. entre l'Uruguay et l'Allem. 11. Incid. brit.-holland. a. s. du gravier.	22. *Allem.* Crise parlem. à Berlin. 23. *Fr.* Remaniem. du min. Painlevé. 28. *Ital.* Cabinet Orlando. 29. *Allem.* Démis. du chancelier Michaelis
Novembre .	6. Accord amér.-japonais concernant la Chine. 6-7. Confér. interalliée à Rapallo. 9. Constit. du comité de guerre interallié. 29. Confér. interalliée à Paris.	2. *Autr.* M. de Hertling nommé chancelier 7. *Rus.* Lénine s'empare du pouvoir. 13. *Fr.* Démis. du cabinet Painlevé. 16. *Fr.* Cabinet Clemenceau. 20. *Rus.* L'Ukraine se proclame indépend
Décembre .	5. Les E.-U. décl. la guerre à l'Autr. 15. Signat. de l'armist. russo-allem. 23. Ouvert. des nég. de paix de Brest-Litowsk.	3. *E.-U.* Mess. de M. Wilson au Congrès. 9-10. *Port.* M. Paès prend le pouvoir. 24. *Fr.* La Ch proroge les pouvoirs de ses membres.

FAITS MILITAIRES

FRONT OCCIDENTAL	AUTRES FRONTS	SUR MER ET AUX COLONIES
8. Bombard. d'Ypres par les Allem. 30. Echec allem. à la cote 304 (Verdun).	5. Braïla et Gurgueti pris par les All. 8. Foscani pris par les All. 17. Avance de Mackensen enrayée.	1. Torpil. du transp. brit. *Iverna*. 9. Torpil. du cr. brit. *Cornwallis*. 22. Engag. naval dans la Mer du Nord.
5. Avance brit. sur l'Ancre. 24. Début de la retraite allem. sur l'Ancre.	18. Succès russe en Volhynie et Bukovine. 18. Jonction en Albanie des Fr. et Ital.	21. Nouv. décret brit. sur le blocus. 24. Pr. de Kut-el-Amara par les Ind.-Brit.
17. Pr. de Bapaume par les Brit. 19. Pr. de Ham, Guiscard et Chauny. 25. Comb. d'Essigny-le-Grand.	6. Les Russes s'empar. de la passe d'Assadabad. 18. Avance franç. au n. de Monastir.	6. Pr. de Hamadan par les Russes. 11. Pr. de Bagdad par les Ind.-Britanniques.
9. Début de la bataille d'Arras 16-20. Vict. fr. de Craonne-Moronvilliers.	3. Succès allem. sur le Stokhod. 19. Succès ital. au n. de Castagnavizza. 20-30. Insurrection serbe.	20-21. Engag. naval au large de Douvres. 23. Pr. de Samarra (Mésop.) par les Ind.-Brit.
4. Prise de Craonne. 5. Pr. du Chemin des Dames. 7-8. Vict. brit. de Messines.	15-23. Bat. de Jamiano (Carso).	12. Att. de Zeebrugge par la flotte britannique. 20. Engag. nav. au large de Dunkerque.
7 Offens. brit. entre Ypres et Armentières. 13 Gr. raid. allem. sur l'est de Londres.	4. Viol. att. autr. sur le Carso. 11. Occup. de Corinthe et Larissa par les Fr.	2. Torpil. du transp. brit. *Cameronian*. 16. Le blocus de la Grèce est levé.
19-24. Combats du plateau de Craonne. 31. Comb. de Bixschoote et de St-Julien.	8. Vict. russe de Stanislau. 19. Des rég. russes abandonnent le front. 22. Les Russes évac. Tarnopol et Stanislau.	9. Le cuir. brit. *Vanguard* saute. 16. Capt. d'un convoi all. par les patrouilleurs brit. 30. Torpil. du cr. brit. *Ariadne*.
15. Encercl. de Lens. 16. Comb. de Langemarck. 20. Vict. fr. du Mort-Homme. 24. Pr. de la cote 304 (Verdun).	11-16. Résist. roum. sur le Sereth. 20. 11e bataille de l'Isonzo. 24. Pr. du Monte-Santo.	11. Torpil. du transp. brit. *City of Athens*.
11. Dispar. de Guynemer. 20. Succès brit. d'Inverness. 26 Combat de Zonnebeke.	3. Pr. de Riga par les Allem. 21. Pr. de Jacobstadt par les Allem. 29. Pr. du plat. de Bainsizza.	1. Engag. nav. sur la côte de Jutland. 27. Pr. de Ramadia (Mésop.), par les Ind.-Brit.
20. 4 Zepp. abattus, 4 autres à la dérive. 23. Vict. franç. au Chemin des Dames.	27. Les Autro All. franchissent l'Isonzo. 28. Chute de Gorizia. 31. Arrivée des Fr. en Italie.	1. Mutinerie des équip. all. à Wilhelmshaven. 19. La flotte russe s'échappe du golfe de Riga.
6 Pr. de Passchendaele (Brit.). 20. Attaque sur Cambrai de la 3e arm. brit. (tanks). 30. Contre-attaq. all. au S.-O. de Cambrai.	5. Les Austro-All. passent le Tagliamento. 9. Les Ital. s'arrêtent sur la Piave. 11. Bataille de la Piave.	2. Engag. dans le Cattegat. 7. Pr. de Gaza par les Brit. 17. Pr. de Jaffa par les Brit. 27. Fin de la résist. allem. en Afrique Orientale.
Armistice russe.	24. Echec autr. sur la Brenta.	5. Prise de Jérusalem. 18. Perte du cr. franç. *Chateau-Renault*.

	FAITS DIPLOMATIQUES	FAITS SOCIAUX
Janvier	8. Le Prés. Wilson fixe les cond. de la paix. — Conférences de Brest-Litowsk. 27. L'Ukraine se proclame indép.	14. Arrestation de M. J. Caillaux. 18. Réunion et dissol. de la Constit. russe. 22-29. Troubles en All. et en Autr.
Février.....	9. La Quadrupl. et l'Ukraine signent la paix. 10. Rupt. des négoc. germano-bolch. 17. Ultim. all. aux Bolcheviks.	9. *Roum.* Dém. du cabinet Bratiano. 14. Condamnation de Bolo. 18. Arrestation de M. Ch. Humbert.
Mars........	3. Traité de paix de Brest-Litowsk. 5. Prélim. de paix germano-roum. 22. La Finlande se proclame indép.	14. *Roum.* Dém. du cabinet Averesco. 20. *Roum.* Cabinet Marghiloman. 22. *Espagne.* Cabinet Maura.
Avril	2-8. Incident Clemenceau-Czernin. 9. Réunion de la Bessarabie à la Roum. 15. Démission du comte Czernin.	7-10. Congrès de Rome (nat. opprimées). 18. Accord de Prague (T. S. et Y. S.). 23. La France dénonce ses conv. commerc.
Mai.........	7. Traité de paix de Bucarest. 16. Accord milit. sino-japonais. 14. Les Alliés rejettent la paix de Bucarest.	12. Entrev. austro-all. (Mittel-Europa.) 17. Agit. des Sinn. Feiners en Irlande.
Juin	5. Déclar. des Alliés concern. la Pologne, les Tchèques et les Yougo-Slaves. 24. Discours de M. v. Kuhlmann au Reichstag.	2. M. Cooreman pr. du cons. belge. 15. *Bulg.* Dém. du cab. Radoslavoff. 18. *Bulg.* Cabinet Malinoff.
Juillet	9. Démission de M. von Kuhlmann. 26. Accord japonais-américain concern. l'intervention en Sibérie.	3. Mort du Sultan Mehmed V. 16. Assassinat du tsar Nicolas II. 25. *Autr.* Cabinet Hussarek.
Août	12. Note de l'Espagne à l'All. (torpil.). 13. Les Bolch. en état de guerre avec l'Entente.	6. Condamnation de M. Malvy. 20. Emeutes sangl. à Pétrograd. 30. Attentat contre Lenine.
Sept	14. Propos. de paix all. à la Belgique 15. Propos. de paix autr. (note Burian).	6. M. Hsiou-Tchin-Tchang pr. de la Rép. chinoise. 12. Discours de Guillaume II à Essen. 30. Démission du chanc. v. Hertling.
Oct	5. Demande d'armistice gén. des Puiss. centrales. 23. Le Prés. Wilson transmet aux Alliés la dem. all. d'armistice. 27. L'Autr. demande une paix séparée.	3. Pce. Max de Bade, chancelier allemand. — Abdic. du tsar Ferd. de Bulgarie. 16. L'Autriche état fédératif.
Nov........	1-2. Conférences interalliées de Versailles. 9. Déclar. franco-brit. concern. la Syrie. 15. La Belgique renonce à sa neutralité.	3. Révolte de la flotte all. à Kiel. 9. Ebert chef du gouv. allemand. 12. Abdication de Charles Ier. 19. Guillaume II en Hollande. 28. Abdication de Guillaume II.
Déc	1. Clemenceau et Foch à Londres. 14. Arrivée du Président Wilson à Paris.	4. Min. Romanones. 7. Ebert prés. d'Empire allemand. 8. Mouv. spartakiste en Allemagne. 15. Assass. de M. Sidonio Paez.

FAITS MILITAIRES

FRONT OCCIDENTAL	AUTRES FRONTS	SUR MER ET AUX COLONIES
8. Raid aérien all. sur Londres. 0. 1er Conseil de guerre (Versailles).	7. Prise du Mont-Tomba. 12. Occ. de Vladivostock par les Alliés. 30. Prise du col del Rosso.	15. Yarmouth bomb. par fl. all. 20. Combat nav. Le *Breslau* coulé. 28. Torpil. du tr. brit. *Andiana*.
 16. Echec all. en Champagne. 28. Attaque all. en Champagne.	20. Les Allemands occup. Reval. 21. Les Alliés s'emp. de Jéricho. 24. Les Turcs repr. Trébizonde.	5. Torpil. du tr. brit. *Tuscania*. 15. Raid all. dans le P. de-C. 27. Torpil. du *Glenart-Castle*.
21. Début de la bat. de Picardie. [illegible]. Bomb. de Paris par canon. [illegible]. Pr. de Montdidier par les All.	9. Occup. de Hit (Mésop.) 11. Les Turcs repr. Erzeroum. 13. Entrée des All. à Odessa.	21. Comb. au large de Dunkerque.
[illegible] Arrêt de l'att. all. en Picardie. [illegible] Attaque all. sur la Lys. 14. Foch comm. en chef les forces alliées.	5. Débarq. des Jap. à Vladivostock 13. Les Turcs s'emp. de Batoum. 30. Les Allemands occupent Viborg.	23. La flotte brit. bloque l'entrée d'Ostende et de Zeebrugge.
1. Arrêt de l'att. all. en Flandre 27. Att. all. au Chem. des Dames. [illegible]. Les Allemands occupent Soissons.	1. Entrée des All. à Sébastopol. 28. Echec autr. à Capo-Sile.	9. Nouv. raid brit. contre Ostende et Zeebrugge.
[illegible] Arrêt de l'att. all. en Champ. 9-13. Bat. de Montd.-Noyon. [illegible] Avance franç. au s. de l'Ourcq.	15. Offens. autr. sur la Piave. 23. Les Autr. repassent la Piave. 30. Repr. du col del Rosso (Ital.).	10. Torpil. du cr. autr. *Szent-Istvan*. 30. Les Bolch. livrent la flotte russe à l'Allemagne.
15. Offens. all. en Champagne. 18. Contre-offensive alliée. [illegible]. Les Alliés passent l'Ourcq.	10. Les Ital. occupent Bérat. 11. Débarq. des Alliés sur la côte mourmane.	15. Torpil. du transp. fr. *Djemnah*.
2. Les Franç. repr. Soissons. [illegible] maréchal de France. 8. Offens. alliée en Picardie. [illegible] Repr. de Noyon et Bapaume.	3. Les Alliés occup. Arkhangel. 18. Les Tch.-Slovaques occ. Irkoutsk.	7. Le cr. franç. *Dup.-Thouars* torp. 15. Bomb. de Charlestown et de Wilmington (E.-U.) par s.-mar. allemands..
12-13. Réd. de la hernie de St-Mihiel. 26. Off. fr. amér. (Champ. Arg.). 28. Off. anglo-belge (Flandres).	15. Offens. alliée en Macédoine. 29. Armistice avec la Bulgarie. 30. Prise de Damas.	
1. Prise de Saint-Quentin. [illegible] Lens et Armentières reconq. 1[illegible] Lille, Douai, Ostende repris.	27. Offens. ital. sur la Piave. 29. Dem. d'armistice de l'Autr. 7. La flotte franç. à Beyrouth. 30. Signature de l'armistice avec la Turquie.	2. Raid des flottes alliées à Durazzo. 7. La flotte française à Beyrouth.
2. L'Argonne dégagée. [illegible] des plénip. allemands. 11. Signature de l'armistice avec l'Allemagne. [illegible] Le maréchal Foch à Strasbourg.	1. Rupture du front autr. sur la Piave. Entrée des Serbes à Belgrade. 3. Trente, Trieste occupés. Armistice autrichien.	1. Les Yougo-Slaves maîtres de la flotte autrichienne. 21. La flotte de guerre allemande internée aux Orcades. 14. Capitulation des forces allemandes de l'Est-Africain.
[illegible] Occup. de Trèves et d'Aix-la-Chapelle. [illegible] Les Alliés bordent le Rhin. 13. Renouvel. de l'armistice.	2. Entrée des Alliés à Bucarest. 12. Offensive générale des Bolchevikis. 31. Mackensen prisonnier.	15. Les flottes alliées dans le Bosphore.

1919 : L'ANNÉE DE LA PAIX

Janvier.

5-10. Émeutes spartakistes à Berlin.

12 Ouverture du Congrès de Paris.

— Grève générale en Argentine.

— Le comte Karolyi, prés. de la Républ. hongroise.

14. La Pcsse. Charlotte de Luxembourg succède à sa sœur qui abdique.

15. Assassinat de Liebknecht et de Rosa Luxembourg.

16. Renouvellement de l'armistice avec l'Allemagne.

17. Remaniement du cabinet Orlando.

18 **1re réunion de la Conférence interalliée de la Paix.**

— Cabinet polonais Paderewski.

22. Proposition aux partis russes d'une conférence.

22-24. Tentative de restauration monarchique au Portugal.

Février.

3. Conférence socialiste de Berne.

6. L'Assemblée nationale constituante allemande à Weimar.

10. Ebert président du Reich allemand.

13. Ministère allemand Scheidemann.

16. Prolongation de l'armistice avec l'Allemagne.

19. Attentat contre M. Clemenceau.

— Mouvement insurrectionnel réactionnaire à Munich.

21. Assassinat de Kurt Eisner à Munich.

25. Les Tchéco-Slovaques évacuent la région de Teschen.

Mars.

3. Reprise des opérations militaires entre Polonais et Ukrainiens.

— Grève générale à Berlin.

5. Les troupes gouvernementales allemandes reprennent Brême.

10. M. Brum, président de la Républ. d'Uruguay.

13-14. Protocole des Conférences de Bruxelles.

18-21. Troubles en Egypte.

20. Rupture des pourparlers de Posen.

21. M. Millerand, commissaire général de la Républ. française à Strasbourg.

22. Bela Kun proclame la République des Soviets en Hongrie.

Avril.

1. Grève générale à Berlin. Désordres à Francfort.

4. Conférence industrielle britannique.

7. Occupation d'Odessa par les Bolcheviks.

11. Genève, siège de la Société des Nations.

13. Troubles du Pendjab.

18. Cabinet espagnol Maura.

23. Déclaration du prés. Wilson sur la question de Fiume.

23. Loi de la journée de 8 heures en France.

25. La délégation italienne quitte Paris.

28. Adoption du pacte de la Société des Nations.

Mai.

2. Début de la guerre anglo-afghane.

7. Remise du traité de paix aux plénip. allemands.

— Le Conseil suprême répartit les mandats sur les colonies allemandes.

8. L'Autriche renonce à toute union avec l'Allemagne.

16. Des forces alliées à Smyrne.

20. Succès des Républicains américains au Sénat et à la Chambre.

21. Cabinet turc Damad Ferid Pacha.

23. Remaniement du ministère bulgare Todorof.

25. M. Stahlberg, élu prés. de la Républ. finlandaise.

30. Accord anglo-belge concernant l'Afrique orientale allemande.

Juin.

1. Proclamation d'une Républ. rhénane à Wiesbaden.

2. Grèves suscitées par les Internati nal Workers aux Etats-Unis.

5. Démission de M. B. Machado, prés. de la Républ. portugaise.

9. Ultimatum du Conseil suprême à Bela Kun.

12. Le Conseil suprême reconnaît le gouv. de l'amiral Koltchak.

13-18. Désordres en Italie.

16. Remise aux plénip. allemands des conditions définitives du traité de paix.

20. Cabinet italien Nitti.

21. Ministère allemand Bauer.

22. La flotte allemande à Scapa-Flow coulée par les équipages.

— L'Assemblée nationale allemande accepte les conditions de paix (237 voix c. 138).

28. **Signature du traité de Versailles avec l'Allemagne.**

— **Conventions de garantie franco-américaine et franco-britannique.**

30. Dépôt du traité de paix à la Chambre française.

Juillet.

2. Accord franco-britannique concernant le Togo et le Cameroun.

11. Notification officielle de la ratification du traité de paix.

12. Levée du blocus de l'Allemagne.

14. **Fêtes de la Victoire à Paris.**

— Nouvel ultimatum de l'Entente à Bela Kun.

19-20. Fêtes de la Victoire à Londres.

20. Cabinet espagnol Sanchez de Toca.

20. Offensive de l'armée rouge magyare contre les Roumains.
21-22. Fêtes de la Victoire à Bruxelles.
24-27. L'armée rouge magyare battue à Szolnok.
28. Nouveau gouvernement brésilien du prés. Pessoa.

Août.

4. L'armée roumaine à Budapest.
7. Prise de Minsk par les Polonais.
8. Traité de paix anglo-afghan.
— L'arch. Joseph, gouverneur de l'État hongrois.
— M. Almeida, élu prés. de la Républ. portugaise.
9. Convention anglo-persane.
10. Accord italo-grec.
11. L'Assemblée de Weimar vote la nouvelle Constitution allemande.
— Fin du Congrès de Lucerne. Vote de la motion Renaudel.
14. Cabinet hongrois Friedrich.
25. L'archiduc Joseph se retire.

Septembre.

1. Démission du cabinet hongrois Friedrich.
2. Note du Conseil suprême à l'Allemagne au sujet de l'art. 61 de la Constitution allemande.
5. Cabinet sud-africain du général Smuts.
10. Signature du traité de Saint-Germain avec l'Autriche.
— Convention portant revision de l'Acte général de Berlin du 26 févr. 1885.
12. D'Annunzio à Fiume.
13. Démission du cabinet Bratiano.
23. L'Allemagne accepte la modification demandée à l'art. 61 de sa Constitution.
26. Grève générale des cheminots en Angleterre.
— Les contingents britanniques évacuent la côte mourmane.
27. Note du Conseil suprême à l'Allemagne au sujet des provinces baltiques.
29. Cabinet roumain Vaitoyano.
30. Dissolution de la Chambre italienne.

Octobre.

1. La France ratifie le traité de paix et les conventions de garantie.
— Cabinet S. C. S. Stojan Protitch.
6-8. Désordres dans le bassin de la Sarre.
6. Cabinet bulgare Stamboliiski.
7. Cabinet turc Ali-Riza Pacha.
8. L'Italie ratifie les traités de Versailles et de St. Germain.
— Le général Gouraud haut-commissaire de la Républ. française en Syrie.
10. La Gde-Bretagne ratifie les traités de paix.
12. Note du Conseil Suprême à la Roumanie.
14. Décret de démobilisation générale en France.
— M. Tirard, haut-commissaire de la Républ. française dans les territoires rhénans.
19. Clôture de la session ordinaire de la Chambre française.
23. Loi fixant la date de cessation des hostilités en France.
24 25. Troubles en Egypte.

Novembre.

1. Protocole sur la mise en vigueur du traité de paix de Versailles.
4. L'amiral Koltchak évacue Omsk.
— Echec de l'armée Youdenitch devant Pétrograd.
9. Conférence des Etats baltiques.
10. Arrivée de lord Allenby au Caire.
14. Les troupes roumaines quittent Budapest.
15. Le général Denikine évacue Kiev.
16. Elections législatives (1er tour) en France.
— Elections législatives en Italie.
— Elections législatives en Belgique.
19. Vote par le Sénat américain de réserves au traité de Versailles.
22. La délégation allemande quitte Paris.
23. Cabinet hongrois Huszar.
— Conférence pan-indienne de Delhi.
27. Signature du traité de paix de Neuilly avec la Bulgarie.
30. Elections municipales (1er tour) en France.

Décembre.

1. Démission du cabinet espagnol Sanchez de Toca.
— Négociations anglo-bolchevistes de Copenhague.
6. Cabinet roumain Vaida-Voevode.
8. 1re séance de la nouvelle Chambre française. Déclaration des élus d'Alsace et Lorraine.
9. Mémorandum des Alliés sur la question de Fiume.
11-13. Pourparlers franco-britanniques à Londres.
12. Cabinet espagnol Allende-Salazar.
13. Cabinet polonais Skulski.
14. Election en France des municipalités, des conseils généraux et d'arrondissement (1er tour).
16. L'intégrité de l'Autriche reconnue par l'Entente.
20. Tomsk évacuée par l'armée Koltchak.
25. Recul général de l'armée Denikine.
— Note de l'Entente à l'Allemagne au sujet de la signature du protocole.
31. Prise d'Irkoutsk par les Bolcheviks.

Bibliographie.

Avenel (Vicomte d'). *Richelieu et la monarchie absolue*, 4 vol. in-8 br. ch. 7 fr. 50. Plon-Nourrit. Paris.

Baillaud, Boutroux, etc. (20 auteurs). *Un demi-siècle de Civilisation française* (1870-1915). In-8, 469 p. 10 fr. Hachette. Paris.

Bertrand (Alix). *Nos origines*, 4 vol. in-8 ch. 10 fr. E. Leroux. Paris.

Bouniols (Gaston). *Les Précurseurs. Histoire de la Révolution de* 1848. In-18 jés. br. 4 fr. 80. Delagrave. Paris, 1916.

Chéruel (P.). *Dictionnaire historique des institutions, mœurs et coutumes de la France.* 2 vol., in-16 br. 12 fr. Hachette. Paris, 1855.

Chuquet (Arthur). *Les guerres de la Révolution*, 11 vol. ch. 3 fr. 50. Plon-Nourrit. Paris.

Dareste de la Chavanne (Cl.). *Histoire de France*. 9 vol. in-8, 80 fr. Plon-Nourrit, Paris.

Debidour (A.). *Histoire diplomatique de l'Europe de* 1814 *à* 1878, 2 vol. in-8, 18 fr. F. Alcan. Paris, 1911.

Driault (E.). *L'Unité française*. In-16 br. 3 fr. 50. F. Alcan. Paris, 1914.

Fustel de Coulanges. *Histoire des institutions de l'ancienne France*, 6 vol., 45 fr. (ch. vol. 7 fr. 50). Hachette. Paris, 1875-1878.

Guizot. *Histoire de la civilisation en France*, 4 vol., in-8, 24 fr. Perrin. Paris.

Hanotaux. *Histoire de la France contemporaine*, 4 vol., in-8 br. 30 fr. Boivin. Paris.

Jullian (C.). *Gallia*. Paris, 1892, *Histoire de la Gaule*, 6 vol. in-8. ch. 25 fr. Hachette.

La Gorce (Pierre). *Histoire de la Seconde République Française*, 2 vol., in-8 br. 16 fr.: *Histoire du second Empire*, 7 vol. in-8 ; ch. vol. 8 fr. Plon-Nourrit. Paris.

Lalanne. *Dictionnaire historique de la France*, in-8, 21 fr. Hachette. Paris, 1872.

Lavisse (E.). *Histoire de France*, 18 vol., in-8 ill. 308 pl. br. 180 fr., rel. 270 fr. Hachette. Paris.

Lavisse et Rambaud. *Histoire générale du IVe siècle à nos jours* (395-1900), 12 vol., in-8 raisin br. 16 fr., rel. 20 fr. ch. A. Colin. Paris.

Luce. — *La France pendant la guerre de Cent ans*, in-12, 3 fr. 50. Hachette. Paris, 1890-1893.

Luchaire. *Manuel des Institutions françaises. Période des Capétiens directs*. In-8 br, 15 fr. Hachette. Paris.

Michelet. *Abrégé d'Histoire de France. Moyen Age*, 1 vol., in-18 br. 4 fr. *Temps modernes*, 1 vol., in-18 br. 4 fr. A. Colin. Paris.

Monod. *Bibliographie de l'Histoire de France* (Catalogue des Sciences et ouvrages des origines à 1789). In-8 br. 9 fr. Hachette. Paris, 1888.

Rambaud (Alfred). *Histoire de la Civilisation contemporaine en France*. Nouv. édit. à our 1913. In-18 jés. br. 5 fr. A. Colin. Paris.

Répertoire méthodique de l'histoire moderne et contemporaine, par G. Brière, P. Caron, J. Lépine, 7, vol., ch. br. 25 fr. F. Rieder et Cie, Paris.

Seignobos. *Histoire Politique de l'Europe contemporaine* (1814-1896). In-8 de 826 pp. 12 fr. A. Colin. Paris.

Taine (H.). *Origines de la France contemporaine*, 27e édition, 12 vol., in-16, 3 fr. 50. Hachette. Paris.

Thiers. *Histoire du Consulat et de l'Empire*. 20 vol. in-8, br. 48 fr. Boivin, Paris.

Thureau-Dangin. *Histoire de la Monarchie de Juillet*, 7 vol. in-8 caval. 8 fr. Plon-Nourrit. Paris, 1884-1892.

Viollet (P.). *Histoire des institutions politiques et administratives de la France*. 3 vol. in-8, 26 fr. Libr. du Recueil Sirey. Paris, 1890-1903.

Bibliographie de la Guerre.

Devant l'impossibilité de donner une liste même succincte des ouvrages parus sur la guerre, on s'est contenté d'indiquer ci-dessous les bibliographies spéciales. Ce sont:

Catalogue du Fonds de la Guerre (Bibliothèque de la Ville de Lyon). 15 fasc. parus. E. Chiron. Paris 1918-19.

Catalogues de la Collection Henri Leblanc. 4 vol. gr. in-8. Emile Paul. Paris 1916-1918.

Livres de la Guerre (Les). Août 1914-août 1916, in-8 de 180 p. Cercle de la Librairie. Paris 1916.

Vic (Jean). *Bibliographie de la Guerre* (1914-1916). 2 vol. 12 fr. Payot, Paris 1919.

LA FRANCE POLITIQUE ET SCCIALE

3

LA FRANCE POLITIQUE ET SOCIALE

CONSTITUTION ET GOUVERNEMENT

La République.

Depuis le 4 septembre 1870, la forme du gouvernement en France est la République et le pouvoir souverain appartient à la nation. « Le principe de toute souveraineté, dit l'art. 3 de la Déclaration des Droits de l'homme de 1789, réside essentiellement dans la Nation ; nul corps, nul individu ne peut exercer d'autorité qui n'en émane expressément. » Cette souveraineté, la nation l'exerce directement par le vote, indirectement par la voix de ses représentants choisis parmi tous les citoyens. Suivant la formule de 1791 : « Le peuple délègue sans exception tous les attributs de la souveraineté. »

Les institutions politiques actuelles de la France reposent sur des principes traditionnels, dont le plus important est celui de la séparation des pouvoirs, posé par la Révolution, et sur les lois constitutionnelles de 1875, qui ont établi le régime parlementaire, c'est-à-dire la responsabilité solidaire et personnelle des ministres devant le Parlement.

De cet ensemble découlent deux sortes de pouvoirs : le *pouvoir constituant* et les *pouvoirs constitués.*

Le pouvoir constituant est représenté par l'Assemblée nationale ou *Congrès* qui siège à Versailles et est formé des membres des deux Chambres, le Sénat et la Chambre des députés, avec le bureau du Sénat pour bureau.

Les pouvoirs constitués sont :

1° Le *pouvoir exécutif* comprenant:
a) Le Président de la République ;
b) Les ministres ;
c) Les fonctionnaires des divers services.

2° Le *pouvoir législatif* s'exerçant par deux Assemblées, le Sénat et la Chambre des députés.

3° Le *pouvoir judiciaire*, qui émane du pouvoir exécutif mais qui demeure indépendant dans la répression des infractions à la loi.

LA CONSTITUTION

La Constitution repose sur la Déclaration des Droits de l'homme.

La Déclaration des Droits de l'homme.

L'Assemblée Constituante chargée, le 8 juillet 1789, de régler l'organisation de la monarchie nouvelle, confia à un Comité de Constitution le soin de préparer la loi future. Elle décida, d'autre part, sur la proposition du comte de Montmorency et du comte de Castellane, de rédiger une déclaration analogue à celle des « Insurgents » américains, qui serait un exposé des principes qui justifiaient la conduite de la nouvelle Assemblée. Cet exposé, voté le 27 août 1789, porte le titre de *Déclaration des Droits de l'Homme et du Citoyen*. La déclaration, rédigée par La Fayette, Talleyrand, l'abbé Sieyès et Mounier, se compose d'un préambule, œuvre de Mounier, et de dix-sept articles.

DÉCLARATION DES DROITS DE L'HOMME ET DU CITOYEN

Les Représentants du Peuple français, constitués en Assemblée Nationale, considérant que l'ignorance, l'oubli ou le mépris des droits de l'homme sont les seules causes des malheurs publics et de la corruption des gouvernements, ont résolu d'exposer, dans une Déclaration solennelle, les droits naturels, inaliénables et sacrés de l'homme, afin que cette déclaration constamment présente à tous les membres du corps social, leur rappelle sans cesse leurs droits et leurs devoirs ; afin que les actes du pouvoir législatif et ceux du pouvoir exécutif, pouvant être à chaque instant comparés avec le but de toute institution politique, en soient plus respectés ; afin que les réclamations des citoyens, fondées désormais sur des principes simples et incontestables, tournent toujours au maintien de la Constitution et au bonheur de tous. En conséquence, l'Assemblée Nationale reconnaît et déclare, en présence et sous es auspices de l'Etre suprême, les droits suivants de l'homme et du citoyen.

Art. 1er. — Les hommes naissent et demeurent libres et égaux en droits. Les distinctions sociales ne peuvent être fondées que sur l'utilité commune.

Art. 2. — Le but de toute association politique est la conservation des droits naturels et imprescriptibles de l'homme. Ces droits sont la liberté, la propriété, la sûreté et la résistance à l'oppression.

Art. 3. — Le principe de toute souveraineté réside essentiellement dans la Nation. Nul corps, nul individu ne peut exercer d'autorité qui n'en émane expressément.

Art. 4. — La liberté consiste à pouvoir faire tout ce qui ne nuit pas à autrui : ainsi, l'exercice des droits naturels de chaque homme n'a de bornes que celles qui assurent aux autres membres de la société la jouissance de ces mêmes droits. Ces bornes ne peuvent être déterminées que par la loi.

Art. 5. — La loi n'a le droit de défendre que les actions nuisibles à la société. Tout ce qui n'est pas défendu par la loi ne peut être empêché, et nul ne peut être contraint à faire ce qu'elle n'ordonne pas.

Art. 6. — La loi est l'expression de la volonté générale. Tous les citoyens ont droit de concourir personnellement, ou par leurs représentants, à sa formation. Elle doit être la même pour tous, soit qu'elle protège, soit qu'elle punisse. Tous les citoyens, étant égaux à ses yeux, sont également admissibles à toutes dignités, places et emplois publics, selon leur capacité, et sans autre distinction que celle de leurs vertus et de leurs talents.

Art. 7. — Nul homme ne peut être accusé, arrêté ni détenu que dans les cas déterminés par la loi, et selon les formes qu'elle a prescrites. Ceux qui sollicitent, expédient, exécutent ou font exécuter des ordres arbitraires, doivent être punis ; mais tout citoyen appelé ou saisi en vertu de la loi, doit obéir à l'instant : il se rend coupable par la résistance.

Art. 8. — La loi ne doit établir que des peines strictement et évidemment nécessaires ; et nul ne peut être puni qu'en vertu d'une loi établie et promulguée antérieurement au délit, et légalement appliquée.

Art. 9. — Tout homme étant présumé innocent jusqu'à ce qu'il ait été déclaré coupable, s'il est jugé indispensable de l'arrêter, toute rigueur qui ne serait pas nécessaire pour s'assurer de sa personne doit être sévèrement réprimée par la loi.

Art. 10. — Nul ne doit être inquiété pour ses opinions, même religieuses, pourvu que leur manifestation ne trouble pas l'ordre public établi par la loi.

Art. 11. — La libre communication des pensées et des opinions est un des droits les plus précieux de l'homme. Tout citoyen peut donc parler, écrire, imprimer librement, sauf à répondre de l'abus de cette liberté dans les cas déterminés par la loi.

Art. 12. — La garantie des droits de l'homme et du citoyen nécessite une force publique . cette force est donc instituée pour l'avantage de tous, et non pour l'utilité particulière de ceux auxquels elle est confiée.

Art. 13. — Pour l'entretien de la force publique et pour les dépenses d'administration, une contribution commune est indispensable : elle doit être également répartie entre tous les citoyens, en raison de leurs facultés.

Art. 14. — Tous les citoyens ont le droit de constater, par eux-mêmes ou par leurs représentants, la nécessité de la contribution publique, de la consentir librement, d'en suivre l'emploi et d'en déterminer la quotité, l'assiette, le recouvrement et la durée.

Art. 15. — La société a le droit de demander compte à tout agent public de son administration.

Art. 16. — Toute société dans laquelle la garantie des droits n'est pas assurée, ni la séparation des pouvoirs déterminée, n'a point de constitution.

Art. 17. — La propriété étant un droit inviolable et sacré, nul ne peut en être privé, s ce n'est lorsque la nécessité publique, légalement constatée, l'exige évidemment, et sous la condition d'une juste et préalable indemnité.

Constitutions antérieures.

Depuis l'abolition de l'ancien régime, 11 constitutions, fondées sur le principe de la séparation des pouvoirs, ont successivement régi la France.

Constit. des 3-14 sept. 1791.— Pouv. exécut. : Roi héréditaire, inviolable, irresponsable. Liste civile de 25 millions. Droit de veto suspensif. *Pouv. législ.* : Assemblée de 745 députés, élus pour 2 ans, indissoluble. Initiative et vote des lois. Ministres responsables devant l'Assemblée. — *Régime électoral* : suffrage restreint à 2 degrés. *Régime administ.* : Décentralisation. Administrateurs juges élus (Conseils et Directoires de districts et de départements).

Constit. du 24 juin 1793. — Pouv. exécut. : Conseil de 24 membres choisis par les députés sur liste élue par les citoyens. *Pouv. législ.* : Corps législ. élu pour 1 an. *Régime électoral* : suffrage universel direct. Lois soumises à ratification du peuple. *Régime administr.* : Décentralis. Administrateurs et juges élus. N'a jamais été mise à exécution.

Constit. directoriale du 5 fructidor an III (22 août 1795). — Pouv. exécut.: Directoire de 5 membres élus par le Corps législ. *Pouv. législ.* : Deux Conseils (Anciens et Cinq Cents) de 250 membres, renouvelables par tiers tous les ans. *Régime électoral* : Suffrage restreint à deux degrés (régime analogue à celui de 1791). — *Régime administr.* : Centralisation mitigée (commissaires nommés par le Directoire, près des administr. élues. Juges élus).

Constit. consul. du 22 frimaire an VIII (13 déc. 1799).— Pouv. exécut. : Trois consuls. Tous les pouvoirs au Premier Consul qui a l'initiative des lois. *Pouv. législ.* : 4 conseils (nommés par Premier Consul ou Sénat) : Conseil d'Etat, Tribunat, Corps législatif, Sénat conservateur. *Régime administrair.* : organisé par une loi spéciale. Centralis. absolue. Préfets et sous-préf. nommés par le Premier Consul.

Sénatus-Consulte organique du 14 thermidor an X (2 août 1802). — Pouv. exécut. : Un Premier Consul à vie (droit de désigner son successeur, de présider le Sénat, de nommer 40 nouveaux sénateurs). *Pouv. législ.* : le Sénat reçoit le droit de dissoudre le Tribunat et le Corps législ. *Régime électoral* : Les Assemblées de canton (tous les citoyens domiciliés) élisent des collèges électoraux à vie qui désignent 2 candidats aux fonctions.

Sénatus-Consulte organique du 22 floréal an XII (18 mai 1804). — Pouvoir. exécut. : Un Empereur des Français héréditaire (droit de créer de nouveaux sénateurs sans limite de nombre). *Pouv. lég.* : — Le Sénat a le droit de veto. (Tribunat supprimé en 1807.) *Régime électoral.* : Les membres de la Légion d'honneur font de droit partie des collèges électoraux.

Charte constitut. du 4 juin 1814. — Pouv. exécut. : Un roi de France « par la grâce de Dieu ». (Initiative et sanction des lois.) *Pouv. législ.*, deux Chambres (Pairs nommés par le roi. Députés élus pour 5 ans). *Régime électoral* : Suffrage restreint (sont électeurs ceux qui paient 300 fr. de contrib. dir.).

Acte additionnel du 22 avril 1815. — Pouv. exécut. : Un Empereur des Français héréditaire. (Initiative des lois.) *Pouv. législ.* : deux Chambres (Pairs et représentants élus). *Régime électoral* : Suffrage à deux degrés (système de l'an X), mais les collèges électoraux élisent les représentants.

Charte constitut. du 14 août 1830. — Pouv. exécut. : Un roi de France partage avec les Chambres l'initiative des lois. *Pouv. législ.* : Suppression de la pairie héréditaire. *Régime électoral* : cens abaissé (électorat 200 fr. ; éligibilité, 300 fr.).

Constit. du 4 nov. 1848. — Pouv. exécut. : Prés. de la République élu pour 4 ans au suffr. universel et non rééligible ; partage avec les Chambres l'initiative des lois. *Pouv. législ.* : Assemblée unique élue pour 3 ans au scrutin de liste par le suffr. direct et universel.

Entre ces deux forces, également issues du suffr. populaire, le conflit éclate. Il aboutit au coup d'Etat du 2 déc. 1851 et au plébiscite par lequel le peuple français délègue à Louis-Napoléon Bonaparte, élu prés., le 10 déc. 1848, les pouvoirs nécessaires pour faire une nouvelle constitution.

Constit. du 14 janv. 1852 modifiée bientôt par le *sénatus-consulte du 7 nov. 1852. Pouv. exécut.* Prés. de la Rép. puis Empereur des Français. (Initiative exclusive et sanction des lois.) *Pouv. législ.* : Sénat gardien du pacte fondamental et des libertés publiques. Corps législ. unique ; membres élus pour 6 ans au suffr. uninominal; rôle élargi par les sénatus-consultes des 2 févr. 1861, 31 déc. 1861, 18 juil. 1866 et 8 sept. 1869, ce dernier lui concédant l'initiative des lois.

Constit. du 21 mai 1870. — Rétablit la responsabilité ministérielle et le régime parlementaire et ramène le Sénat au rôle de Chambre haute.

Après la chute de l'Empire, le pouvoir passe au Gouv[t] de la Défense nationale, puis à l'Assemblée nationale, élue le 8 février 1871. Cette assemblée nomme d'abord Thiers chef du pouvoir exécutif (17 févr. 1871) puis, par une loi du 31 août suivant (constitution Rivet) lui confère le titre de prés. de la République française (loi du 13 mars 1873, dite loi des « Trente »). Le 24 mars 1873, le maréchal de Mac-Mahon est nommé par l'Assemblée prés. de la Rép., en remplacement de Thiers démissionnaire et une loi du 20 nov. 1873 lui confie pour 7 ans le pouv. exécutif. L'Assemblée se sépare le 8 mars 1876, après avoir voté les lois constitutionnelles.

La Constitution actuelle.

La Constitution actuelle est un ensemble de lois votées par l'Assemblée nationale (lois constitutionnelles des 24, 25 févr. et 16 juillet 1875) relatives à l'organisation du Sénat, à l'organisation des pouvoirs publics, aux rapports des pouvoirs publics. Elle a été modifiée à deux reprises sur des points de détail en 1879 (loi du 22 juillet) et en 1884 (loi de revision du 1er août 1884).

Elle a établi définitivement en France la République et le régime parlementaire. Elle confie le pouvoir exécutif à un Président de la République, élu pour 7 ans par le Sénat et la Chambre des députés réunis en Assemblée nationale ou Congrès (*V. p.* 39). Il est assisté de ministres responsables devant le Parlement (*V. p.* 42).

Le pouvoir législatif est exercé par deux assemblées élues au suffrage universel, direct pour la Chambre des députés (*V. p.* 48), indirect pour le Sénat *V. p.* 42).

En France, depuis 1848, le suffrage est *universel*. Le droit de vote, dans les élections municipales et législatives, appartient à tout Français de naissance ou par naturalisation, âgé de 21 ans, non frappé d'incapacité par suite d'une condamnation pénale, non déchu comme failli ou comme faible d'esprit et non atteint d'incapacité comme militaire en activité de service. (D. org. 2 févr. 1852. Loi du 30 nov. 1875). Pour l'exercer, il faut, de plus, être inscrit sur une liste électorale, c.-à-d. posséder un domicile réel dans la commune ou y être assujetti à une résidence obligat. en qualité de fonctionnaire public. (Loi du 5 avr. 1884, art. 14). Le suffrage est *majoritaire*, c.-à-d. que la majorité est seule représentée. Il est soit *direct* (élections législatives, municipales, etc.), soit *indirect* (élections sénatoriales). Il est enfin *uninominal* (élection des conseils généraux) ou s'opère au *scrutin de liste* (élection des sénateurs et des conseillers municipaux).

L'élection des députés a lieu au scrutin de liste départemental, mais avec un nouveau mode de répartition des sièges entre les candidats des listes concurrentes (Loi du 12 juillet 1919). Ce système constitue une combinaison du système majoritaire et du système proportionnel et a pour caractéristique essentielle d'avoir été institué avec la préoccupation d'éviter le plus possible un second tour de scrutin. Le vote a lieu sous enveloppes, de modèle identique, fournies par l'Administration.

Il n'y a qu'une liste par département, sauf pour les départements suivants, qui ont été sectionnés (Loi du 14 oct. 1919) : Aveyron, Bouches-du-Rhône, Calvados, Loire-Inférieure, Maine-et-Loire, Pas-de-Calais, Basses-Pyrénées et Seine. Ce dernier département est divisé en 4 circonscriptions.

En cas de désaccord entre les deux pouvoirs, exécutif et législatif, le Président peut dissoudre la Chambre s'il obtient à cet effet l'assentiment du Sénat. Ce droit de dissolution est la garantie naturelle de la séparation des pouvoirs.

La Constitution peut être revisée dans des conditions déterminées par les deux Chambres réunies en Assemblée nationale. La clause de revision permet à la Constitution de s'appliquer à des nécessités nouvelles, de s'adapter aux besoins de l'avenir, et les formalités assez complexes dont elle est entourée garantissent le régime contre l'instabilité. D'ailleurs, la forme républicaine du gouvernement ne peut faire l'objet d'une proposition de revision.

LE GOUVERNEMENT

Pouvoir exécutif

D'après la loi constitutionnelle du 25 févr. 1875, complétée par la loi du 16 juillet 1875, le pouvoir exécutif, en France, est exercé par le Président de la République et le conseil des ministres.

Présidence de la République.

Palais de l'Élysée, 55, rue du Faub.-Saint-Honoré. Tél. Elysées 01.60.

Le Président de la République est élu à la majorité absolue des suffrages par le Sénat et la Chambre des députés, réunis en Assemblée nationale ou *Congrès*. Il est nommé pour sept ans et rééligible.

Un mois au moins avant le terme légal des pouvoirs du Prés. de la Rép., les Chambres doivent être réunies en Assemblée nationale pour procéder à l'élection du nouveau Président. En cas de décès ou de démission, les deux Chambres se réunissent immédiatement de plein droit.

Attributions. — Le Président de la République a : 1° l'initiative des lois concurremment avec les membres des deux Chambres; il promulgue les lois lorsqu'elles sont votées, en surveille et assure l'exécution : 2° il a le droit, dans le délai fixé pour la promulgation des lois, de demander aux Chambres une nouvelle délibération qui ne peut être refusée; 3° le droit de provoquer une délibération des Chambres relativement à une revision des lois constitutionnelles; 4° il peut, sur l'avis conforme du Sénat, dissoudre la Chambre des députés avant l'expiration de son mandat.

Il a le droit de faire grâce ; il dispose de la force armée : il préside aux solennités nationales ; les envoyés et ambassadeurs des puissances étrangères sont accrédités près de lui ; il négocie et ratifie les traités, il en donne connaissance aux Chambres aussitôt que l'intérêt et la sûreté de l'Etat le permettent ; il ne peut déclarer la guerre sans l'assentiment des deux Chambres ; il nomme à tous les emplois civils et militaires ; il choisit les ministres; chacun de ses actes doit être contresigné par le ministre compétent.

Il est le Grand-Maître de l'Ordre national de la Légion d'honneur.

Il n'est responsable que dans le cas de haute trahison ; il ne peut être mis en accusation que par la Chambre des députés et ne peut être jugé que par le Sénat constitué en Haute Cour de Justice.

Le Prés. de la Rép. a un traitement annuel de 600.000 fr. ; il lui est attribué une autre somme de 600.000 fr. pour frais de représentation et de déplacement.

Président de la République française : Paul Deschanel (G. M. ✱)
(élu le 17 janv. 1920, en fonction le 18 févr. 1920).

Secrétariat général de la Présidence de la République.

Général de division Pénelon (O. ✱), Secrétaire général de la Présidence et chef de la maison militaire du Président de la République.

Louis Hermite, min. plén., (O. ✱), Secrétaire général civil de la Présidence de la République.

Officiers attachés à la personne du Président de la République: Grandclément (O. ✱), contre-amiral. — Prunier (✱), colonel d'infanterie. — Blavier (O. ✱), lieut.-colonel de cavalerie. — Braconnier (O. ✱), lieut.-colonel du génie. — Nodet ✱, lieut.-colonel d'artillerie. — Challe (O. ✱), lieut.-colonel d'infanterie. — Féquant (O. ✱), chef de bat. d'infanterie coloniale. — Guillaume ✱, chef de bat. d'infanterie à titre temp.

Commandant milit. du Palais de l'Elysée: Brosse ✱, chef d'escadrons de la garde républicaine.

Conseil des ministres.

Rôle. — Les lois constitutionnelles des 24-25 févr. et du 16 juillet 1875 ont consacré l'existence légale du conseil des ministres.

Nommés par le Prés. de la Rép., les ministres sont solidairement responsables devant les Chambres de la politique générale du gouv. et individuellement de leurs actes personnels.

Le Conseil des ministres tient ses réunions sous la présidence du Président du Conseil et en présence du Président de la République. Ses délibérations sont secrètes, et il n'est pas fait de procès-verbal. Le conseil délibère sur toutes les questions importantes de politique intérieure ou extérieure. Le ministre compétent exécute ses décisions. Certains décrets doivent, par exception, porter « décret délibéré en conseil des ministres. » En cas de vacances de la présidence de la République, le conseil des ministres est investi du pouvoir exécutif.

En dehors des Conseils des ministres, tenus sous la présidence du chef de l'Etat, les ministres tiennent, hors de sa présence, des *conseils de cabinet*, sortes de conférences préparatoires sans caractère officiel.

Les ministres touchent un traitement annuel de 60.000 fr. et les sous-secr. d'Etat un traitement de 24.000 fr.

Le nombre des ministres peut varier. Il y a habituellement douze ministères : Intérieur, Justice, Affaires étrangères, Guerre, Marine, Instruction publique, Finances Agriculture, Commerce et Industrie, Travaux publics, Colonies, Travail et Prévoyance sociale et des Sous-Secrétariats d'Etat. L'état de guerre a amené les différents présidents du Conseil à augmenter ou diminuer le nombre des ministères et des sous-secrétariats d'Etat, à créer, à un moment donné (Cabinet Aristide Briand) des ministres d'Etat.

Le ministère actuel, formé le 20 janvier 1920, est ainsi composé :

MINISTRES SECRÉTAIRES D'ÉTAT.

Présidence du Conseil, Affaires étrangères : Alexandre Millerand, député. *Guerre :* André Lefèvre, député. *Marine :* Landry, député. *Justice :* Gustave Lhopiteau, sénateur. *Finances :* François-Marsal. *Intérieur :* Steeg, sénateur. *Commerce :* Isaac, député. *Agriculture :* Henri Ricard, ingénieur agronome. *Travaux publics et transports :* Le Trocquer, député. *Colonies :* Albert Sarraut, député. *Instruction publique et beaux-arts :* André Honnorat, député. *Travail :* Jourdain, député. *Hygiène sociale :* J.-L. Breton, député. *Régions libérées :* Ogier. *Pensions, primes et allocations :* Maginot, député.

SOUS-SECRÉTAIRES D'ÉTAT.

Présidence du Conseil : Reibel, député. *Intérieur :* Robert David, député. *Finances :* E. Brousse, député. *Ravitaillement :* R. Thoumyre, député. *Ports et marine marchande :* Paul Bignon, député. *Forces hydrauliques :* Borrel, député. *Postes et télégraphes :* L. Deschamps, député. *Agriculture :* Queuille, député. *Aéronautique et transports aériens :* P. E. Flandin, député. *Enseignement professionnel :* Coupat. *Régions libérées :* Leredu, député.

Précédents gouvernements.

La 3e République a été proclamée le 4 sept. 1870. — Jusqu'au 16 févr. 1871, le pouvoir exécutif demeura aux mains du Gouv. de la Défense nationale, présidé par le général Trochu. — M. Thiers fut le premier Président élu mais avec le titre de Chef du Pouvoir exécutif. Ce fut seulement le 31 août 1871 qu'une loi lui conféra le titre de Prés. de la République Française. — Jusqu'au 9 mars 1876, le Prés. de la Rép. exerça conjointement les fonctions de Président du Conseil des Ministres : le Chef du Cabinet n'était que Vice-Président du Conseil. — L'Assemblée Nationale fut convoquée pour la première fois à Bordeaux, le 13 févr. 1871. Elle se transporta à Versailles le lundi 20 mars 1871. La loi constit. du 25 févr. 1875 répartit les pouvoirs législatifs entre deux assemblées : le Sénat et la Chambre des députés, qui siégèrent à Versailles jusqu'en 1879, où une loi du 22 juil. assigna comme résidences à Paris : le Palais du Luxembourg au Sénat et le Palais-Bourbon à la Chambre des députés. — Cependant, le Sénat et la Chambre des députés se réunissent en Assemblée Nationale à Versailles, dans la salle anciennement réservée à la Chambre des députés, à l'occasion de l'élection du Prés. de la Rép. — Les Prés. de l'Assemblée Nationale ont été : Jules Grévy (16 févr. 1871-3 avril 1873), Buffet (4 avril 1873-12 mars 1875), d'Audiffret-Pasquier (15 mars 1875-nov. 1875).

Voici quels ont été les Présidents de la République et les ministères depuis le 4 sept. 1870 :

GOUVERNEMENT DE LA DÉFENSE NATIONALE (*4 sept. 1870-13 févr. 1871*).

Minre du général Trochu. (Durée : 5 mois, 15 jours.)

THIERS, PRÉSIDENT (*17 févr. 1871-24 mai 1873*).

Minre Dufaure (19 fév. 1871-18 mai 1873). (Durée : 2 ans, 3 mois).
Minre Dufaure (18 mai 1873-24 mai 1873). (Durée : 7 jours.)

MARÉCHAL DE MAC-MAHON, PRÉSIDENT (*24 mai 1873-30 janv. 1879*).

Minre de Broglie (25 mai 1873-24 nov. 1873). (Durée : 6 mois, 1 jours.)
Minre de Broglie (26 nov. 1873-16 mai 1874). (Durée : 5 mois, 26 jours.)
Minre général de Cissey (22 mai 1874-10 mars 1875). (Durée : 9 mois, 16 jours.)
Minre Buffet (10 mars 1875-23 fév. 1876). (Durée : 1 an.)
Minre Dufaure (9 mars 1876-2 déc. 1876). (Durée : 9 mois, 8 jours.)
Minre Jules Simon (12 déc. 1876-16 mai 1877). (Durée : 5 mois, 5 jours.)
Minre de Broglie (17 mai 1877-19 nov. 1877). (Durée : 6 mois, 6 jours.)
Minre gén. de Rochebouët (23 nov. 1877-24 nov. 1877). (Durée : 20 jours.)
Minre Dufaure (13 déc. 1877-30 janv. 1879). (Durée : 1 an, 1 mois, 22 jours).

JULES GRÉVY, PRÉSIDENT (*30 janv. 1879-2 déc. 1887*).

Minre Waddington (4 fév. 1879-21 déc. 1879). (Durée : 10 mois, 24 jours.)
Minre de Freycinet (28 déc. 1879-19 sept. 1880). (Durée : 8 mois, 26 jours.)
Minre Jules Ferry (28 sept. 1880-10 nov. 1881). (Durée : 1 an, 1 mois, 22 jours.)
Minre Gambetta (14 nov. 1881-26 janv. 1882). (Durée : 2 mois, 16 jours.)
Minre de Freycinet (30 janv. 1882-29 juil. 1882). (Durée : 6 mois, 8 jours.)
Minre Duclerc (7 août 1882-28 janv. 1883). (Durée : 5 mois, 22 jours.)
Minre Fallières (29 janv. 1883-17 fév. 1883). (Durée : 28 jours.)
Minre Jules Ferry (21 fév. 1883-30 mars 1885). (Durée : 2 ans, 1 mois, 13 jours.)
Minre Henri Brisson (6 avril 1885-29 déc. 1885). (Durée : 9 mois, 1 jour.)
Minre de Freycinet (7 janv. 1886-3 déc. 1886). (Durée : 11 mois, 4 jours.)
Minre René Goblet (11 déc. 1886-17 mai 1887). (Durée : 5 mois, 19 jours.)
Minre Rouvier (30 mai 1887-4 déc. 1887). (Durée : 6 mois, 13 jours).

SADI-CARNOT, PRÉSIDENT (*3 déc. 1887-25 juin 1894*).

Minre Tirard (12 déc. 1887-30 mars 1888). (Durée : 3 mois, 22 jours.)
Minre Floquet (3 avril 1888-14 fév. 1889). (Durée : 10 mois, 19 jours.)
Minre Tirard (22 fév. 1889-14 mars 1890). (Durée : 1 an, 23 jours.)
Minre de Freycinet (17 mars 1890-18 fév. 1892). (Durée : 1 an, 11 mois, 10 jours.)
Minre Emile Loubet (27 fév. 1892-28 nov. 1892). (Durée : 9 mois, 7 jours.)
Minre Ribot (6 déc. 1892, 10 janv. 1893). (Durée : 1 mois, 6 jours.)
Minre Ribot (11 janv. 1893-30 mars 1893). (Durée : 2 mois, 24 jours.)
Minre Charles Dupuy (4 avril 1893-25 nov. 1893). (Durée : 7 mois, 21 jours.)
Minre Casimir-Périer (3 déc. 1893-22 mai 1894). (Durée : 5 mois, 27 jours.)
Minre Charles Dupuy (30 mai 1894-27 juin 1894). (Durée : 28 jours).

CASIMIR PÉRIER, PRÉSIDENT (*27 juin 1894-15 janv. 1895*).

Minre Charles Dupuy (1er juil. 1894-14 janv. 1895). (Durée : 6 mois, 25 jours.)

FÉLIX FAURE, PRÉSIDENT (*17 janv. 1895-16 fév. 1899*).

Minre Ribot (26 janv. 1895-28 oct. 1895). (Durée : 9 mois, 6 jours.)
Minre Léon Bourgeois (1er nov. 1895-23 avril 1896). (Durée : 5 mois, 23 jours.)
Minre Méline (29 avril 1896-15 juin 1898). (Durée : 2 ans, 2 mois.)
Minre Brisson (28 juin 1898-25 oct. 1898). (Durée : 4 mois, 3 jours.)
Minre Charles Dupuy (1er nov. 1898-18 fév. 1899). (Durée : 3 mois, 17 jours.)

ÉMILE LOUBET, PRÉSIDENT (*18 fév. 1899-18 fév. 1906*).

Minre Charles Dupuy (18 fév. 1899-12 juin 1899). (Durée : 4 mois, 4 jours.)
Minre Waldeck-Rousseau (22 juin 1899-3 juin 1902). (Durée : 2 ans, 11 mois, 16 jours.
Minre Combes (7 juin 1902-18 janv. 1905). (Durée : 2 ans, 7 mois, 17 jours.)
Minre Rouvier (24 janv. 1905-18 fév. 1906). (Durée : 1 an, 25 jours.)

ARMAND FALLIÈRES, PRÉSIDENT (*18 fév. 1906-18 fév. 1913*).

Minre Rouvier (18 fév. 1906-7 mars 1906). (Durée : 26 jours.)
Minre Sarrien (14 mars 1906-19 oct. 1906). (Durée : 7 mois, 11 jours.)
Minre Clémenceau (25 oct. 1906-20 juil. 1909). (Durée : 2 ans, 9 mois.)
Minre Briand (24 juil. 1909-30 oct. 1910). (Durée : 1 an, 3 mois, 10 jours.)

Minre Briand (3 nov. 1910- 27 fév. 1911). (Durée : 3 mois, 29 jours.)
Minre Monis (2 mars 1911-23 juin 1911). (Durée : 3 mois, 25 jours.)
Minre J. Caillaux (27 juin 1911-10 janv. 1912). (Durée : 6 mois, 18 jours.)
Minre Poincaré (14 janv. 1912-17 janv. 1913). (Durée : 1 an, 7 jours.)
Minre Briand (21 janv. 1913-18 fév. 1913). (Durée : 29 jours.)

RAYMOND POINCARÉ, PRÉSIDENT (*18 fév. 1913-18 février 1920.*)

Minre Briand (18 fév. 1913-18 mars 1913). (Durée : 1 mois, 4 jours.)
Minre Barthou (22 mars 1913-2 déc. 1913). (Durée : 8 mois, 17 jours.)
Minre Doumergue (9 déc. 1913-2 juin 1914). (Durée : 6 mois.)
Minre Ribot (9 juin 1914-12 juin 1914) (Durée : 4 jours.)
Minre Viviani (13 juin 1914-26 août 1914). (Durée : 2 mois, 13 jours.)
Minre Viviani (27 août 1914-29 oct. 1915). (Durée : 1 an, 2 mois, 3 jours.)
Minre Briand (29 oct. 1915-12 déc. 1916). (Durée : 1 an, 1 mois, 14 jours.)
Minre Briand (12 déc. 1916-17 mars 1917). (Durée : 3 mois, 5 jours.)
Minre Ribot (19 mars 1917-12 sept. 1917). (Durée : 5 mois, 22 jours.)
Minre Painlevé (13 sep. 1917-13 nov. 1917). (Durée : 2 mois, 4 jours.)
Minre Clemenceau (17 nov. 1917-17 janv. 1920). (Durée 2 ans, 2 mois.)
Minre Millerand (20 janv. 1920-

Pouvoir législatif.

Le pouvoir législatif est exercé par deux assemblées : le Sénat et la Chambre des députés. Ces deux assemblées ont pour mission de faire les lois, de reviser la Constitution, d'élire le Président de la République et d'exercer un contrôle sur le pouvoir exécutif. Chacune des deux Chambres a en outre des attributions spéciales (V. Sénat, p. 52 et Chambre des députés, p. 57).

Les Chambres tiennent deux sessions par an, une session ordinaire qui commence le deuxième mardi de janvier et dure au moins 5 mois. Cette session est close le même jour pour le Sénat et pour la Chambre par un décret du Président de la République. Le Président peut ajourner les Chambres mais cet ajournement ne peut durer plus d'un mois, ni avoir lieu plus de deux fois dans la même session.

Le Président de la République peut convoquer les Chambres en sessions extraordinaires. En fait, les nécessités du travail législatif obligent le Parlement à tenir tous les ans une session extraordinaire qui dure généralement de fin octobre à fin décembre.

Par suite de la guerre, les Chambres auront, depuis janvier 1915, été permanentes. Les congés qu'elles se sont octroyés n'ont entraîné que des interruptions des délibérations et non des suspensions de sessions.

SÉNAT

Palais du Luxembourg. — Rue de Vaugirard.

Tél. : Jour de 9 h. à 18 h. : Gut. 60-71. 60-74. 60-94 60-95 60-97 et Saxe 30-86. Nuit ainsi que dimanches et fêtes : Gut. 60-94, 60-95 et 60-97. — Imprimerie du *Journal officiel* au Sénat : Gut. 60-97. Questure : Dimanches et fêtes, de 11 h. à 16 h. Gut. 60-76.

Le Sénat, tel qu'il avait été institué par la loi du 24 févr. 1875, se composait de 300 membres, 225 élus par les départements et les colonies, et 75 inamovibles, élus par l'Assemblée nationale. Les premiers étaient élus pour neuf ans et renouvelables par tiers, tous les 3 ans, par un collège spécial, comprenant les députés, les conseillers généraux, les conseillers d'arrondissement et des délégués des conseils municipaux. La loi du 9 déc. 1884, faite en exécution de la loi constit. des 13-14 août 1884, a supprimé les sénateurs inamovibles pour l'avenir, et réparti les 75 sièges entre les départements les plus peuplés. Elle stipula qu'à chaque vacance d'un siège d'inamovible, un tirage au sort déterminerait le département qui devrait procéder à la nouvelle élection. Le cadre des électeurs sénatoriaux a été élargi et le chiffre des délégués des conseils municipaux mis en rapport avec le nombre des membres que comprend chaque conseil.

Avec M. de Marcère, décédé le 26 avril 1918, a disparu le dernier sénateur inamovible.

Aux 300 membres qui composaient le Sénat depuis 1875 jusqu'à 1920, sont venus s'ajouter 14 représentants de l'Alsace et de la Lorraine : 5 pour le Bas-Rhin, 4 pour le Haut-Rhin et 5 pour la Moselle. Le Sénat comprend donc actuellement 314 membres, tous renouvelables par tiers tous les 3 ans.

Pour ce renouvellement, les départements sont divisés en 3 séries :

La série A, qui comprend les départements allant de l'Ain au Gard inclusivement, plus Alger, la Guadeloupe et la Réunion, renouvelable en janvier 1921 ; il a été pourvu le 11 janv. 1920 au remplacement de 25 sénateurs décédés ;

La série B, renouvelée le 11 janv. 1920, était renouvelable en janvier 1915 et a été prorogée par la loi du 24 décembre 1914. Son mandat expirera en 1924. Elle comprend les départements allant de la Haute-Garonne à l'Oise inclusivement, plus Constantine et la Martinique. Elle comporte 106 sièges;

La série C, renouvelée également le 11 janv. 1920, était renouvelable en janvier 1918, et a été prorogée par la loi du 31 décembre 1917. Son mandat expirera à nouveau en 1927. Elle comprend les départements allant de l'Orne à l'Yonne inclusivement, plus Oran et l'Inde française. Elle comporte 98 sièges.

Rôle. — Initiative et confection des lois, concurremment avec la Chambre des députés; toutefois, les lois de finances doivent être, en premier lieu, présentées à la Chambre des députés. Le Sénat ne peut être dissous. Dans le cas où le Prés. de la Rép. juge nécessaire de dissoudre la Chambre des députés, le Sénat est appelé à se prononcer sur cette mesure.

Les sénateurs touchent une indemnité de 15.000 fr. par an, plus une indemnité mensuelle spéciale de 1.000 fr. (Loi du 27 mars 1920).

Rang et Préséances. Le Sénat et la Ch. des dép. prennent rang dans les cérémonies officielles ou ayant un caractère public, avant tous les autres corps constitués. Le Sénat a le premier rang et son président passe immédiatement après le Président de la République. Dans la pratique, les présidents du Sénat et de la Ch. des dép. prennent rang à droite et à gauche du prés. de la République.

Cour de Justice.

Le Sénat peut être constitué en Cour de Justice pour juger, soit le Président de la République, soit les ministres, et pour connaître des attentats commis contre la sûreté de l'État (art. 9, loi du 24 fév. 1875).

Le Président de la République ne peut être mis en accusation que par la Chambre des Députés et ne peut être jugé que par le Sénat. Les ministres peuvent être mis en accusation par la Chambre des Députés pour crimes commis dans l'exercice de leurs fonctions. En ce cas, ils sont jugés par le Sénat. Le Sénat peut être constitué en Cour de Justice par un décret du Président de la République, rendu en Conseil des ministres pour juger toute personne prévenue d'attentat commis contre la sûreté de l'État.

Procédure. — Deux lois interviennent pour régler la procédure devant la Cour de Justice: l'une, sur la procédure à suivre devant le Sénat pour juger toute personne inculpée d'attentat commis contre la sûreté de l'Etat (loi du 10 avril 1889); l'autre, établissant la procédure à suivre pour juger le Prés. de la République et les ministres pour crimes commis dans l'exercice de leurs fonctions (loi du 5 janv. 1918).

Des différences importantes existent entre les deux procédures:

a) Quant au mode de constitution du Sénat en Cour de Justice.

Le décret rendu en conseil des ministres constituant le Sénat en Cour de Justice par application de l'article 12, § 3 de la loi constit. du 16 juillet 1875, fixe le jour et le lieu de sa première réunion, sauf le droit de la cour de désigner un autre lieu pour la tenue de ses audiences (art. 1er, loi du 10 avril 1889).

Au contraire, lorsque la Chambre des Députés a prononcé la mise en accusation, soit du Président de la République, soit d'un ministre, pour crime commis dans l'exercice de ses fonctions, le Sénat, saisi par son Président, du procès-verbal de la délibération de la Chambre des Députés, déclare se constituer en Cour de Justice (art. 1er, loi du 5 janv. 1918).

b) *Désignation du procureur général et des avocats généraux* choisis par décret parmi les membres des cours d'appel ou de la Cour de Cassation dans le 1er cas; élus par l'Assemblée générale de la Cour de Cassation parmi ses membres inamovibles dans le second.

c) *Pouvoirs de la commission d'instruction:* très étendus dans le 1er cas, où elle remplace le juge d'instruction et la chambre d'accusation du droit commun; bornés dans le second à procéder à un supplément d'information si la cour l'ordonne.

Dans les deux cas, les débats sont publics, sauf application du huis-clos, selon le droit commun, s'il y échet. Les sénateurs doivent assister à toutes les audiences pour pouvoir participer au jugement: appel nominal au début de chacune par le greffier (secrétaire général de la présidence du Sénat).

Après l'audition des témoins, le réquisitoire du ministère public, les plaidoiries des défenseurs et les observations des accusés qui auront les derniers la parole, le président déclare les débats clos et la cour se retire dans la chambre du conseil pour délibérer (art. 18, loi du 10 avril 1889).

Pouvoirs. — Sont ceux de toute juridiction pénale: apprécier si les faits reprochés à l'accusé sont constants, leur donner leur qualification pénale et appliquer la peine prévue par la loi en cas de culpabilité reconnue.

Les arrêts du Sénat ne sont susceptibles d'aucun recours (art. 25 de la loi du 10 avril 1889).

Vice-Président: Régismanset. — *Membres titulaires de la Commission d'instruction:* Pérès, *président;* Ratier, Guillier, Lemarié, de Las Cases, Savary, Poulle, Peyronnet, Alexandre Bérard, *membres;* Fenoux, J. Loubet, Reynald, Larère, Simonet, *membres suppléants.*

Depuis sa création, le Sénat a été institué cinq fois en Cour de Justice : en 1889 (procès du général Boulanger), en 1899 (procès Déroulède-Habert, etc.), en 1900-01 (procès de Lur-Saluces-Buffet), en 1918 (procès Malvy), en 1919-20 (procès Caillaux).

Les élections du 11 janvier 1920.

Statistique du ministère de l'Intérieur.

	Sortants.	Élus	En plus.	En moins.
Conservateurs	27	28	1	»
Progressistes	22	24	2	»
Républicains de gauche	45	61	16	»
Radicaux et radicaux socialistes	129	104	·	25
Républicains socialistes	1	5	4	»
Socialistes unifiés	»	2	2	»
	224	224	25	25

Sièges nouveaux. — En Alsace et en Lorraine, 14 attribués à 7 progressistes et à 7 républicains de gauche	14
Sièges de sénateurs inamovibles attribués aux départements du Loiret et du Loir-et-Cher, 2 radicaux	2
	16

Bureau du Sénat.

Président : M. Léon Bourgeois.
Vice-Présidents : MM. Boudenoot, Boivin-Champeaux, Regismanset, Alex. Bérard.
Questeurs : MM. Poirson, Vieu, Ranson.
Secrétaires : MM. Loubet, Lucien Hubert, Colin, Reynald, Simonet, Ordinaire, Larère Lemarié.

CABINET DU PRÉSIDENT. T. Gut. 01.15.

Chef du Cabinet : Génie (Fernand) (O. ✱). *Chef-adjoint :* Rossy. *Attaché :* Dauthy.

Les grandes Commissions.

Commission des Finances. — *Prés. :* M. Milliès-Lacroix. — *Vice-Prés. :* MM. Alexandre Bérard, De Selves, Henry Chéron, Lintilhac. — *Secr. :* MM. Chastenet, Lucien Hubert, Alb. Peyronnet, Deloncle.

Rapporteur général : M. Doumer.

Rapporteurs spéciaux : *Affaires étrangères :* M. Lucien Hubert. — *Protectorats :* M. Chastenet. — *Agriculture :* M. Jules Develle. — *Colonies :* M. Cornet. — *Commerce :* M. Lourties. — *Ecole Centrale :* M. Lourties. — *Finances :* M. de Selves. — *Monnaies et médailles :* M. Jean Morel. — *Guerre :* M. Henry Chéron. — *Poudres et salpêtres :* M. Henry Chéron. — *Instruction publique :* M. Eugène Lintilhac. — *Beaux-Arts :* M. Maurice-Faure. — *Intérieur :* M. Alexandre Bérard. — *Algérie :* M. Chastenet. — *Justice :* M. Henri Michel. — *Services pénitentiaires :* M. Guillier. — *Imprimerie nationale :* M. Amic. — *Légion d'honneur :* M. Petitjean. — *Marine :* M. Mougeot. — *Marine marchande :* M. Jenouvrier. — *Travail :* M. Cazeneuve. — *Travaux publics :* M. Albert Gérard. — *Chemins de fer de l'Etat :* M. Léon Barbier. — *Conventions et garanties :* M. Albert Gérard. — *Postes et Caisses d'épargne :* M. Emile Dupont. *Reconst. industr. :* M. N.... — *Régions libérées :* M. Goy.

Commission de Comptabilité. — *Prés. :* M. Gomot. *Secr. :* M. Régismanset.

Commission de l'Armée. — *Prés.* M. Boudenoot. — *Vice-Prés. :* MM. Doumer, H. Chéron, G. Menier, Strauss. — *Secr. :* Comte d'Alsace, Henry Bérenger, Lucien Cornet, Chabert.

Commission de la Marine. — *Prés. :* M. Doumergue. — *Vice-Prés.* Riotteau, Michel, Jénouvrier, Louis Martin. — *Secr. :* MM. Guilloteaux, Hayez, Fenoux, Perreau-Tissier, Potevin, N... .

Commission des Chemins de fer. — *Prés. :* MM. N.... — *Vice-Prés. :* Alexandre Bérard, Ournac, Dellestable, Faisans. — *Secr. :* Barbier, Perchot, Ranson, Ordinaire.

Commission des Affaires étrangères. — *Prés. :* MM. de Selves. *Vice-Prés. :* Méline, Ribot, Doumergue, Bienvenu-Martin, Cruppi. — *Secr. :* Lucien Hubert, Reynald, Chenebenoit, V. Bérard, Imbart de la Tour.

Commission des Douanes — *Prés. :* M. Jean Morel. — *Vice-Prés. :* Touron, Noël, Fern. David, Mascuraud.

Les Groupes.

Gauche démocratique. *Prés. :* MM. G. Doumergue.
Union républicaine. *Prés. :* de Selves
Gauche républicaine. *Prés. :* MM Boivin-Champeaux.
Groupe de la droite. *Prés. :* N...

NOMS ET ADRESSES DE MM. LES SÉNATEURS

Albert (François), Vienne, 246, r. St-Jacques.
Albert Peyronnet, Allier, 158, boul. Pereire.
Alsace (comte d'), prince d'Hénin, Vosges, 29, r. Washington.
Amic, Alpes-Mar., 18, r. Pierre-Curie.
Andrieu, Tarn, au Sénat.
Artaud, B.-du-R., au Sénat.
Auber (J.), La Réunion, au Sénat.
Babin-Chevaye, Loire-Inf., 5, r. Marivaux.
Bachelet, Pas-de-Calais, au Sénat.
Beaumont, Allier, au Sénat.
Berard (Alexandre), Ain, 2, av. des Ternes.
Bérard (Victor), Jura, 75, r. Denfert-Rochereau.
Bérenger (Henry), Guad., 102, r. de Grenelle.
Berger (Pierre), Loir-et-Cher, 46, r. du Hameau.
Bersez, Nord, 48, r. du faub. St-Honoré.
Berthelot, Seine, 10 *bis*, av. de la Grande Armée.
Berthoulat, S.-&-O., 25, r. Ballu.
Besnard (René), I.-et-L., 49, r. de Miromesnil.
Bienvenu-Martin, Yonne, 12, r. Decamps.
Billiet, Seine, 14, r. de Paris, Asnières.
Blaignan, Hte-Garonne, 81, boul. St-Marcel.
Blanc, Htes-Alpes, 125, boul. St-Germain.
Bodinier, M.-&-L., 7, r. Garancière.
Boivin-Champeaux, Calv., 18, quai d'Orsay.
Bollet, Ain, 28, boul. Colbert, à Sceaux (S.).
Bompard, Moselle, 4, r. d'Anjou.
Bonnelat, Cher, 6, r. Froidevaux.
Bony-Cisternes, P.-de-D., 23, boul. Delessert.
Bouctot, Seine-Inf., 226, boul. St-Germain.
Boudenoot, P.-de-C., 2, r. Guynemer.
Bourgeois (général), Haut-Rhin, 59, av. de la Bourdonnais.
Bourgeois (Léon), Marne, 3, r. Palatine et à la Présidence du Sénat.
Bouveri, Saône-et-Loire, 10, villa du Bel-Air (12e).
Brangier, Deux-Sèvres, Hôtel Lutetia, 43, boul. Raspail.
Brard, Morbihan, 4, r. Drouot.
Brindeau, Seine-Inf., 9, quai d'Orsay.
Brocard, Jura.
Buhan, Gironde, 242, boul. St-Germain.
Bussière, Corrèze, 11, r. Georges-Saché.
Bussy, Rhône, au Sénat.
Butterlin, Doubs, 220, r. St-Jacques.
Cadilhon, Landes, 1, square Arago.
Cannac, Aveyron, au Sénat.
Carrère, Lot-et-Garonne, au Sénat.
Castillard, Aube, 16, boul. St-Michel.
Catalogne, B.-Pyr., 8, r. Gustave-Flaubert.
Cauvin, Somme, 5, r. de Milan.
Cazelles, Gard, 39, boul. Berthier.
Chabert, Drôme (V. *Charles Chabert*).
Chalamet, Ardèche, 14, r. Gay-Lussac.
Chanal (Eugène), Ain, 18, av. Ledru-Rollin.
Charles Chabert, Drôme, 4, pl. de Breteuil.
Charles-Dupuy, Hte-Loire, 18, quai de Béthune.
Charpentier, Ardennes, 7, r. Barye.
Chautemps (Alphonse), Indre-et-Loire, 183, boul. Montparnasse.
Chauveau, Côte-d'Or, 225, boul. St-Germain.
Chênebenoit, Aisne, 17, chaussée de la Muette.
Chéron (Henry), Calv., 19, av. d'Eylau.
Chomet, Nièvre, 57, r. de Lille.
Claveille, Dordogne, 212, boul. Pereire.
Clémentel, Puy-de-Dôme, 99, boul. de la Reine, Versailles.
Codet (Jean), Hte-Vienne, 28, r. Lauriston.
Coignet, Rhône, 23, av. de Messine.
Colin, Alger, 46, boul. Beauséjour.
Collin, Moselle, 47, r. de Beaune prolongée.
Combes, Charente-Inf., 45, r. Cl.-Bernard.
Cordelet, Sarthe, 9, r. du Val-de-Grâce.
Cosnier, Indre, 47, av. de la Motte-Picquet.
Courrégelongue, Gir., 9, r. Brémontier.
Cémieux (Fernand), Gard, 24, r. Clément-Marot. T. Passy 52-31.
Cruppi, Hte-Garonne, 80, r. de l'Université.
Cuminal, Ardèche, 4, r. Mornay.
Cuttoli, Constantine, 25, r. de Constantine.
Damecour, Manche, 23, r. du Maréchal-Harispe.
Daraignies, Landes, au Sénat.
Daudé, Lozère, 26, av. Reille.
Dausset, Seine, 22, pl. St-Georges.
David (Fernand), Hte-Savoie, 8, r. du Cloître Notre-Dame.
David (Louis), Gironde, 49, r. Pigalle.
Debierre, Nord, 228, r. de Rivoli.
Defumade, Creuse, 252, boul. St-Germain.
Dehove, Nord, av. des Deux-Gardes, à Antony (Seine).
Delahaye (Dominique), M.-&-L., au Sénat.
Delahaye (Jules), M.-&-L., 147, boul. Malesherbes.
Delhon, Hérault, 9, r. Lagrange.
Dellestable, Corrèze, 72, boul. St-Michel.
Deloncle (Charles), Seine, 18, av. de la Tourelle, à Saint-Mandé.
Delpierre, Oise, 184, faub. St-Denis.
Delsot, Bas-Rhin, 15, av. Malebranche.
Denis (Gustave), 44, boul. des Invalides.
Desgranges, Saône-et-Loire.
Diebolt-Weber, Bas-Rhin, au Sénat.
Donon, Loiret, 6, cité Vaneau.
Doumer (Paul), Corse, 15, boul. Delessert. T. Passy 78-76.
Doumergue, Gard, 73 *bis*, av. de Wagram.
Drivet, Loire, 212, av. de la Convention.
Dubost (Antonin), Isère, au Sénat.
Duchein, Hte-Garonne, au Sénat.
Dudonyt, Manche, 56, r. Vaneau.
Duplantier, Vienne.
Dupuy (Paul) Htes-Pyr., 18, r. d'Enghien.
Duquaire, Rhône, 49, r. de Vaugirard.
Eccard, Bas-Rhin, au Sénat.
Elva (comte d'), Mayenne, 3, av. Victor-Hugo.

(1) Adresse à Paris sauf indication contraire.

Enjolras, Hte-Loire, 36, r. de Laborde.
Ermant, Aisne, au Sénat.
Estournelles de Constant (d'), Sarthe, 34 *ter*, r. Molitor. T. Passy 72-88.
Etienne, Oran, 11 *bis*, r. St-Dominique.
Eymery, Dordogne, Hôtel Cusset, r. de Richelieu.
Faisans, B.-Pyr., 95, boul. St-Michel.
Farjon, Pas-de-Calais, 127, r. de la Faisanderie.
Félix Martin, S.-et-L., 80, boul. Port-Royal.
Fenoux, Fin. 1, rue de l'Yvette.
Flaissières, B.-du-R., 1, r. des Volontaires.
Flandin (Etienne), Inde, 96, boul. Malesherbes, T. Wagram 49-04.
Fleury (Paul), Orne, 10, r. de Turin.
Fontanille, Lot, 180, r. Lafayette.
Fortin, Fin., 58, r. d'Assas.
Foucher, Indre-et-Loire, 130, r. Lecourbe.
Foulhy, Hte-Loire, Family hôtel, r. de Lyon.
Fourment, Var, 41 *bis*, Cours de Vincennes.
Gabrielli, Corse, au Sénat.
Gallot, Hte-Savoie, au Sénat.
Garnier, Ille-et-Vilaine, au Sénat.
Gaudin de Villaine, Manche, 40, boul. des Invalides.
Gauthier, Aude, 160, av. de Suffren.
Gegauff, Haut-Rhin.
Gentil, Deux-Sèvres, au Sénat.
Gérard (Albert), Ardennes, 68, boul. de Courcelles. T. Wagram 61-32.
Gerbe, Saône-et-Loire, 14, r. de l'Arcade.
Gomot, P.-de-D., 10, r. des Sts-Pères.
Gouge, Somme, 95, boul. Raspail.
Gourju, Rhône.
Goy, Hte-Savoie, 51, r. de Rennes.
Gras, Hte-Saône, 14, av. Elisée-Reclus.
Grosdidier, Meuse, 27, r. du Bac.
Grosjean, Doubs, 13, r de Tournon.
Guesnier (Maurice), Seine-et-Oise, 31, r, St-Guillaume.
Guillier, Dord., 92, r. du Bac.
Guillois, Morbihan, 43, boul. Raspail.
Guilloteaux, Morb., 10, villa Scheffer.
Hayez, Nord, 19, av. de l'Opéra.
Helmer, Haut-Rhin, 8, pl. de la Madeleine.
Henri-Michel, B.-A., 12, av. Ledru-Rollin.
Hervey, Eure, 108, boul. Haussmann.
Hery, Deux-Sèvres.
Hirschauer (général), Moselle, 7, impasse du Débarcadère, Versailles.
Hubert (Lucien), Ardennes, 5, r. Palatine.
Humblot, Hte-Marne, 1 *bis*, pl. du Panthéon.
Imbart de la Tour, Nièvre, 40, av. Bosquet.
Jean Morel, Loire, 3, r. Las-Cases.
Jeanneney, Hte-Saône, 14, av. Elisée-Reclus.
Jénouvrier, I.-et-V., 5, r. Coëtlogon.
Jonnart, P.-de-C., 199, boul. St-Germain.
Jossot, Côte-d'Or, 9, boul. de Strasbourg.
Jouis, Mayenne.
Keranflec'h (cte de), C.-du-Nord, 86, r. de Varenne.
Kerouartz (mis. de), C.-du-N., 3, r. de la Chaise.
La Batut (de), Dordogne, 67, av. Kléber.

Laboulìène, Lot-et-Garonne.
Lafferre, Hérault, 52, pl. St-Jacques.
Lamarzelle (de), Morb., 254, boul. St-Germain.
Landemont (de), Loire-Inf., 9, quai d'Orsay.
Landrodie, Charente-Inf., 18, r. d'Antin.
Larère, C.-du-N., 148, r. de Grenelle.
Las-Cases (de), Lozère, 61, r. d'Anjou.
Lavrignais (de), Vendée, 97, r. du Bac.
Le Barillier, Basses-Pyr., 6, r. Richard-Lenoir.
Lebert, Sarthe, 84, r. de Longchamp.
Lebrun (Albert), M.-et-M., 4, r. de Commaille.
Lederlin, Vosges, 7, r. Meyerber.
Leglos, Indre, 9, quai d'Orsay.
Le Hars, Finistère, 28, r. Michel-Ange.
Lemarié, I.-et-V., 3, boul. St-Germain.
Lemery, La Martinique, 1, r. Fr. Bastiat.
Leneveu, Orne, 15, r. Marbeau.
Le Roux (Hugues), S.-et-O., 58, r. de Vaugirard.
Le Roux (Paul), Vendée, 155, boul. Haussmann. T. Wagram 21-39.
Lévy (R.-G.), Seine, 3, r. de Noisiel.
Leygue (Honoré), Hte-Gar., 20, square La Motte-Picquet.
Lhopiteau, E.-et-L., 79, r. d'Amsterdam et au Min. de la Justice.
Limon, C.-du-N., 43, r. Vaneau.
Limousain-Laplanche, Char., 42, r. St-Jacques.
Lintilhac (Eugène), Cantal, 5, r. St-James, à Neuilly. T. Neuilly 184.
Loubet, Lot, 15, r. d'Assas.
Lubersac (de), Aisne, 125, r. de Grenelle.
Machet, Savoie.
Magny, Seine, 45, av. de la Motte-Picquet.
Marauget, Hte-Marne, 41, r. d'Amsterdam.
Marguerie (de), Moselle, 37, av. Kléber.
Marraud, Lot-et-Garonne, 104, boul. St-Germain.
Marsot, Hte-Saône, 76, boul. de Strasbourg.
Martell, Charente, 6, r. de Lisbonne.
Martin (Louis), Var, 17, r. Lagrange.
Martinet, Cher, 46, av. de la Bourdonnais.
Masclanis, Gers, Hôtel du Conseil d'Etat, r. de Lille.
Mascuraud, Seine, 1, pl. de Valois.
Massé (Alfred), Nièvre, 52, r. Spontini.
Mauger (Hippolyte), Cher, 21, av. du Bel-Air.
Maurin, Loire.
Mazière, Creuse, 5, r. Corneille.
Mazurier, Hte-Vienne, 126, av. de la République.
Méline, Vosges, 4, r. de Commaille.
Menier (Gaston), S.-et-M., 61, r. Monceau.
Merlin (Fernand), Loire, 23, boul. Henri IV.
Michaut, M.-et-M.
Michel, B.-A. (V. *Henri Michel*).
Michel (Louis), M.-et-M.
Milan, Savoie, 15 *bis*, boul. Jules-Sandeau.
Milliard, Eure, 131, r. du faub. St-Honoré.
Milliès-Lacroix, Landes, 16, r. Guynemer.
Mir, Aude, 35, r. du faub. St-Honoré.
Mollard, Jura, 46, r. Lecourbe.

Monfeuillart, Marne, 25, av. Rapp.
Monnier (Léon), Eure, 8, r. de Castellane.
Monsservin, Aveyron, 1, r. Littré.
Montaigu (de), Loire-Inf., 18, r. de Martignac.
Mony, Aube.
Monzie (de), Lot, 7, quai Voltaire.
Morand, Vendée.
Morel, Loire (V. *Jean Morel*).
Mulac, Charente, Sénat.
Noël, Oise, 9, r. de Médicis.
Noulens, Gers, 14, av. du Prés. Wilson.
Ordinaire, Doubs, 97 *bis*, r. Notre-Dame-des-Champs.
Oriot, Orne.
Pams, Pyr.-Or., 85, av. Henri-Martin.
Pasquet, B.-du-R., 48 *bis*, r. de Rivoli.
debidou, Htes-Pyr., au Sénat.
Pelisse, Hérault, 141, r. Censier.
Penancier, S.-et-M., 67, boul. St-Germain.
Penanros (de), Fin., Hôtel Victoria, 1, r. Blaise-Desgoffes.
Perchot, B.-Alpes, 16, r. de l'Abbé-de-l'Epée.
Perdrix, Drôme, 11, av. de Madrid.
Perès, Ariège, 125, r. de l'Université.
Perreau, Char.-Inf., 74, r. de Seine.
Perrier, Isère, 17, r. de l'Abbé-Duval.
Peschaud, Cantal, 3, r. Jacques-Cœur.
Petitjean, Nièvre, 16, r. Ernest-Cresson.
Peyronnet, Allier (V. *Albert Peyronnet*).
Peytral (Victor), Htes-Alpes, 40, r. Desaix.
Philip, Gers, 12, r. du Lunain.
Philipot, Côte-d'Or, 14, r. de l'Abbé-de-l'Epée.
Pichery, Loir-et-Cher, 21, r. de Pomereu.
Pichon (Stephen), Jura, 28, r. Guynemer. T. Saxe 44-07.
Pierrin, Somme.
Plichon (Lt-col.), 250, boul. St-Germain.
Poincaré (Raymond), Meuse.
Poirson, S.-et-O., au Sénat.
Pol-Chevalier, Meuse.
Pomereu (mis. de), Seine-Inf., 67, r. de Lille.
Porteu, Ille-et-V., 72, r. de la Tour.
Potié, Nord, au Sénat.
Pottevin, Tarn-et-Gar., 195, boul. St-Germain.
Poulle (Guillaume), Vienne, au Sénat.
Quesnel, Seine-Inf., 26, r. Martignac.
Quillard, Hte-Marne.
Rabier (Fernand), Loiret, 6, r. Dupont-des-Loges.
Ranson, Seine, au Sénat.
Ratier (Antony), Indre, 45, r. de Liége.
Raymond, Hte-Vienne, 18, r. José-Maria-de-Herédia, et à Limoges.
Regismanset, S.-et-M., à Avon.
Regnier (Marcel), Allier, 5, r. des Poitevins.
Renaudat, Aube, à Soligny-les-Etangs.
Renoult (René), Var, 20 *bis*, r. La Boëtie.
Réveillaud, Char.-Inf., 155, boul. de la Reine, à Versailles.
Rey (Emile), Lot, 126, r. de Rennes.
Reynald, Ariège, 169, r. de Rennes.
Reynaud, Drôme, 86, r. de Miromesnil.
Ribière, Yonne, 14, av. du Prés. Wilson.
Ribot, P.-de-C., 11, quai d'Orsay.
Richard, S.-et-L., au Sénat.
Riotteau, Manche, 10, r. de Sèze.
Rivet (Gustave), Isère, 23, r. Denfert-Rochereau.
Roche, Ardèche, 3, r. de l'Odéon.
Roland, Oise, à Barbery (Oise).
Rouby, Corrèze, 7, r. Chomel.
Rougé (de), M.-et-L., 25, r. de la Ville-l'Evêque.
Rouland, Seine-Inf., 7, r. dela Bienfaisance.
Roustan, Hérault, 5, r. de Vienne.
Roy (Henri), Loiret, 16, av. des Gobelins.
Royneau, Eure-et-Loir.
Ruffier, Rhône, 30, r. Miromesnil.
Sabaterie, P.-de-D., 85, av. Bosquet.
Saint-Maur, Loire-Inf.
Saint-Quentin (de), Calv., 3, de Magdebourg.
Sargaut (Maurice), Aude, 4, r. du faub. Montmartre.
Sauvan, Alpes-Mar., 107, boul. Raspail.
Savary (Hippolyte), Tarn, 4, r. Herschel.
Scheurer (Jules), Haut-Rhin, 4, r. Leo Delibes.
Schrameck, B.-du-R., 54, r. La Bruyère.
Selves (de), Tarn-et-Gar., 105, quai d'Orsay.
Serre, Vaucluse.
Simonet, Creuse.
Soulié, Loire, 7, r. Feydeau.
Steeg, Seine, 77, r. du faub. St-Jacques. T. Gob. 22-84 et au Min. de l'Intérieur.
Strauss (Paul), Seine, 76, av. de Wagram.
Stuhl (colonel), Moselle.
Taufflieb (général), Bas-Rhin, 44, r. de Villejust.
Thierry (Laurent), Belfort, 52, boul. St-Germain.
Thuillier-Burdard, Somme, 29, r. Franklin.
Tissier, Vaucluse, 7, r. Albert de Lapparent.
Touron, Aisne, 81, av. de Villiers.
Tréveneuc (comte de), C.-du-N., 5, r. Cambacérès.
Trouvé, Hte-Vienne.
Trystram, Nord, 95, r. de Rennes.
Vallier, Isère.
Vayssières, Gironde, 9, quai d'Orsay.
Vidal de Saint-Urbain, Aveyron, 78, r. de l'Abbé-Groult.
Vieu, Tarn, 64, boul. St-Michel.
Vilar (Ed.), Pyr.-Or., 72, r. de Rennes.
Villiers, Fin., 2 *bis*, square du Croisic.
Vinet, E.-et-L., 12, r. Lamennais.
Weiller (Lazare), Bas-Rhin, 36, r. de la Bienfaisance.

SECRÉTAIRES GÉNÉRAUX

Bonet-Maury ✠, Secr. gén. de la Présidence, Palais du Luxembourg, T. Saxe 30-86.
Bibliothèque : Samuel, Bibl. en chef.

Hustin, Secr. gén. de la Questure, 64 boul. Saint Michel, Paris, T. Gut. 60-74.

Sièges vacants (au 1er avril 1920).

MM. Peytral (Bouches-du-Rhône).
Jamin (Loire-Inférieure).
Réal (Loire).
Vallé (Marne).

CHAMBRE DES DÉPUTÉS.

Palais-Bourbon.

Tél : Gut. 60-81, 60-90, 60-92, 60-93. — Wagram 28-81, Saxe 30-76, Passy 61-93.

Nommée par le suffrage universel et au scrutin d'arrond[t], pour 4 ans, à raison d'un dép. par 70 000 hab. français. Conditions requises : être Français, âgé de 25 ans au moins, jouir de ses droits civils et polit., n'être dans aucun cas d'inéligibilité ou d'incapacité prévus par la loi et réunir au 1er tour la majorité absolue des suffrages ; au second, en cas de ballottage, la maj. relative. Pouvoirs validés par la Chambre. Pendant la durée des sessions, les dép. ne peuvent être poursuivis ou arrêtés, en matière crimin. ou correct. qu'avec l'autoris. de la Chambre sauf le cas de flagrant délit. Indemnité. 15 000 fr. par an plus une indemnité mensuelle spéciale de 1.000 fr. (Loi du 27 mars 1920). Depuis 1871, aucun costume officiel. Signes extérieurs de fonction : insigne avec écharpe tricolore à franges d'or portée en sautoir.

La Chambre actuelle, issue des élections du 16 novembre 1919, comprend, en plus des 602 membres que contenait la Chambre précédente, les 24 représentants d'Alsace et de Lorraine qui forment 3 départements : Moselle, Bas-Rhin et Haut-Rhin, soit au total 626 membres, dont 616 représentent des départements de la métropole et 10 des colonies.

La 1re réunion a eu lieu le 8 déc. 1919. Avec elle a commencé la 12e législature dont les pouvoirs dureront jusqu'au 31 mai 1924.

Les élections du 16 novembre 1919.

Statistique du Ministère de l'Intérieur	Sortants.	Élus.	En plus	En moins.
Conservateurs et Action libérale	65	111	46	»
Progressistes	50	125	75	»
Républicains de gauche	96	139	43	»
Radicaux et radicaux-socialistes	249	147	»	102
Républicains-socialistes	37	34	»	3
Socialistes unifiés et dissidents	105	70		35
	602	626		

Les groupes de la Chambre.

D'après les listes électorales du 26 février 1920, la Chambre des députés était répartie en groupes de la façon suivante :

Groupe de l'Action républicaine et sociale (46 membres). *Prés.* : Marc Doussaud.
Groupe de l'Entente républ. démocratique (183 membres). *Prés.* : François Arago.
Groupe de la Gauche républ. démocratique (93 membres). *Prés.* : Louis Barthou.
Groupe des Républicains de gauche (61 membres). *Questeur* : d'Iriart d'Etchepare.
Groupe des Indépendants (29 membres). *Prés.* : de Gailhard-Bancel.
Groupe Républicain-socialiste (26 membres). *Secr. gén.* : de Kerguézec.
Groupe du Parti radical et rad.-socialiste (86 membres). *Prés.* : Renard.
Groupe du Parti socialiste (68 membres). *Secr.* : Léon Blum.
Membres n'appartenant à aucun groupe (21 membres). *Secr.* : *Prés. de séance* : Lt. Col. M. Binder.

BUREAU DE LA CHAMBRE

Président : M. Raoul Péret.
Vice-Présidents : MM. F. Arago, Lefebvre du Prey, Léon Bérard, Arthur Groussier.
Questeurs : MM. Saumande, Lenail, Duclaux-Monteil.
Secrétaires. H. Auriol, P. Simon, L. Baréty, G. Maurisson, J. Barthélemy, A. Payer, J. Erlich, L. Eynac.

Paul Deschanel

Les grandes Commissions.

Commission des Finances. — *Prés.:* M. Raiberti. — *Vice-Prés.:* MM. Renard, Dariac, Vincent Auriol. — *Secr.:* MM. Ancel, Noblemaire, P. Laffont, Calary de Lamazière, Ramell, d'Aubigny.

Rapporteurs :

Rapporteur gén.: M. Ch. Dumont.

Rapp. gén. adjoints: MM. Bokanowski et de Lasteyrie.

Finances: M. Renard. — *Monnaies et médailles:* M. Renard. — *Imprimerie nationale:* M. Lebas.

Justice: M. Ancel. — *Légion d'honneur:* M. N...... — *Services pénitentiaire:* N...... .— *Affaires étrangères:* Noblemaire. — *Intérieur:* M. de Tinguy. — *Algérie:* M. Bureau.

Guerre: *Rapporteur d'ensemble:* MM. Henry Paté. — *Aviation:* d'Aubigny. — *Service de santé:* N.......,— *Poudres et Salpêtres:* de Baudry d'Asson. — *Troupes coloniales:* H. Paté. — *Maroc:* N............... — *Marine de guerre:* M. de Kerguézec. — *Marine marchande:* M. Dior. — *Caisse des invalides de la marine.* — M. M. Dior. — *Instr. publ.:* M. Herriot. — *Beaux-Arts:* M. Ramell. — *Com. et ind.:* M. Prevet. — *Travail et Prévoy. soc.:* M. Bonnevay. — *Colonies:* Paul Laffont. — *Agriculture:* M. Dariac. — *Trav. publ.:* M. Varenne. — *Conventions:* Dutreil, — *Ch. de fer de l'Etat:* M. N... — *P.-T.-T.:* Pierre-Robert — *Hygiène:* M. Mourier. — *Pensions:* M. Lugol. — *Caisse nationale d'épargne:* N....... . — *Ravit.:* M Ch. Leboucq. — *Régions libérées:* M. Lugol.

Commission de l'Administration générale, départementale et communale. — — *Prés.:* M. Cornudet. — *Vice-Prés.:* MM. Jean Hennessy, Lajarrige, Gaborit, Chautemps. — *Secr.:* MM. Bellet, Dupin, Lalanne, Marchais, Niveaux, Philbois.

Commission des Affaires extérieures, des Protectorats et des Colonies. — M. Louis Barthou. — *Vice-Prés.:* MM. Escudier, Maurice Barrès, Guernier et François Arago. — *Secr.:* MM. Daniélou, Erlich, Soulier, Binet, Rollin et Fribourg.

Commission de l'Algérie, des Colonies et protectorats — *Prés.:* M. Guist'hau. — *Vice-Prés.:* MM. d'Iriart d'Etchepare, Morinaud, Bluysen, Boussenot, Artaud, Marcel Habert. — *Secr.:* MM. Aiguier, Fiori, Perreau-Pradier, de Lastours, Valude, Georges Barthélemy, Archimbaud, Galmot.

Commission d'Alsace et de Lorraine. — *Prés.:* M. Siegfried. — *Vice-Prés.:* MM. Maurice Barrès, Pfleger, Mayer, Saumande. — *Secr.:* MM. Brogly, Ferrette, Frey, Saget, Schuman, Uhry.

Commission de l'Agriculture. — *Prés.:* M. Victor Boret. — *Vice-Prés.:* MM. Jean Durand, Pierre Viala, Henri Laniel, Plissonnier, de Wafren, Victor Morel. — *Secr.:* MM. Narcisse Boulanger, Marc Doussaud, Henri Fougère, Guilhaumon, Lavoinne, Paul Messier, de Monicault, Ambroise Rendu, Ternois.

Commission de l'Armée. — *Prés.:* Gal .de Castelnau. — *Vice-Prés.:* MM. Girod, Bénazet, Galli, Gallois, colonels Fabry, Picot. — *Secr.:* MM. Tranchant, Ricolfi, Le Brecq, de Belcastel, Regaud, des Lyons, Bataille, Patureau-Mirand, Dessein,

Commission d'Assurance et de Prévoyance sociales. — *Prés.:* M. Bonnevay. — *Vice-Prés.:* MM. Lenoir, Ajam, Soulier, Marcellot. — *Secr.:* MM. Dormoy, Saget, Courtial Magne, Léger, A. Escoffier.

Commission du Commerce et de l'Industrie. — *Prés.:* M. Puech. — *Vice-Prés.:* MM. Artaud, Géo-Gérald, René Lefebvre, de Dion, Bouvet, Levasseur. — *Secr.:* MM. Manaut, Sérot, Petitjean, Coutant, Barety, Plaisant, Molinié, Guilhaumon.

Commission des Comptes définitifs. — *Prés.:* M. Evain. — *Vice-Prés.* MM. Bonniard, Perreau-Pradier, Mignot-Bozérian, Bussat, Henry Fougère, Daniélou. — *Secr.:* MM.Fould , Jean Le Febvre, Lalanne, Taittinger, Ferdinand Morin, Barbé.

Commission des Douanes. — *Prés.:* M. Haudos. — *Vice-Prés.:* MM. Barthe, Camuzet, Nectoux, Verlot et Néron. — *Secr.:* MM. Glotin, Maurel, Aimond, Bovier-Lapierre, Castel, Kempf et de Monti. — *Rapporteur général:* M. N...

Commission de l'Enseignement. — *Prés.:* M. Léon Bérard. — *Vice-Prés.:* MM. Gaston Deschamps, Gheusi, Gaborit, Viala. — *Secr.:* MM. Brogly, Henri Auriol, Bouligand, Maurisson, André Fribourg, Louis Rollin.

Commission des Travaux publics. — *Prés.:* M. Jules Cels. — *Vice-Prés.:* MM. Jules Brunet, Crolard, Duval-Arnould et Lorin. — *Secr.:* MM. Petitjean, Molinié, de Ramel, Maillard, André Payer et Faisant.

Commission de l'Hygiène publique. — *Prés.:* M. Emile Vincent. — *Vice-Prés.:* MM. Claussat, Delom-Sorbé, Even, Grinda, Victor Morel, Peyroux. — *Secr:*

MM. Avril, Burnet, Dezarnault, Inghels, Levy, Morrucci.

Commission de la Législation civile et criminelle. — *Prés.:* M. Ignace. — *Vice-Prés.:* MM. Andrieux, Gheusi, Guibal, Leredu, Liouville, Paisant. — *Secr.:* MM. Antier, Barillet, Charles Barès, Courtier, Lafarge, Périnard, Salers, Uhry.

Commission de la Marine de guerre. — *Prés.:* M. Georges Leygues. — *Vice-Prés.:* MM. l'amiral Guépratte, Cels, Denise, Sévène. — *Secr.:* MM. Henri Gallois, Le Cour-Grandmaison, Ruellan, de Menthon, Aiguier, Le Mire, Locquin, Rio.

Commission de la marine marchande. — *Prés.:* M. Guernier. — *Vice-Prés.:* MM. Pierre Dupuy, Eugène Lefebvre, Ballande, Bouisson et Galmot. — *Secr.:* MM. Rio, Morinaud, Canavelli, Berthon, Dignac et Jade.

Commission des mines et de la force motrice. — *Prés.:* M. Lefebvre du Prey; — *Vice-Prés.:* MM. Croslard, Ajam, François de Wendel, Basly. — *Secr.:* MM. Manant, Petit, Taurines, Sempé, Charlot, Ricolfi.

Commission des régions libérées. — *Prés.:* M. Groussau. — *Vice-Prés.:* MM. Dubois, de Warren, Antoine, Fournier-Sarlovèze et Basly. — *Secr.:* MM. Crespel, Gonnet, Deguise, Desjardins, Poittevin, de Lesseux, Delesalle et Bosquette.

Commission du suffrage universel. — *Prés.:* M. Bonnefous. — *Vice-Prés.:* MM. Sangnier, Archimbaud, Joseph Barthélemy, Galpin, Gavini. — *Secr.:* MM. Perreau-Pradier, Léon Barety, Fougère, Delachenal, Courtial et Frouin.

Commission du travail. — *Prés.:* M. Duval-Arnould. — *Vice-Prés.:* MM. Cordelle, Chabrun, Charles Bertrand, Lajarrige. — *Secr.:* MM. Léger, Lafarge, Tillet, Rhul, Poitou-Duplessy, Michel Walter.

NOMS ET ADRESSES DE MM. LES DÉPUTÉS

Abel (J.-B.), Var, 11, r. Pondichéry (1).
About, Haute-Saône, 53, boul. St-Germain.
Abrami, Pas-de-Calais, 4, r. Monsieur.
Accambray (Léon), Aisne, 125, r. de Paris, à St-Mandé (S.).
Aiguier, Var, 44, r. de Bellechasse.
Aimond (Georges), S.-et-O., 4, r. Lota.
Ajam, Sarthe, 6 *bis*, r. Auvray, au Mans (Sarthe), 68, boul. Pasteur, Paris.
Altorffer, Bas-Rhin, 67, r. Desnouettes.
Amodru, S.-et-O., 66, av. des Ch.-Elysées.
Ancel (Georges), Seine-Inf., 191, boul. Saint-Germain.
Andrieux (Louis), Basses-Alpes, 42, r. Scheffer. T. Passy 95-28.
Anglès (Raoul), B.-Alpes, 13, r. Montchanin.
Anquetil, Seine-Inf., 21, r. de la Savonnerie, Rouen.
Antériou, Ardèche, 9, r. Lallier.
Antier (Joseph), Haute-Loire.
Antoine, Somme.
Arago (François), Alpes-Mar., 56, av. Bois-de-Boulogne.
Archambaud, Drôme, 38, boul. de Strasbourg.
Artaud, Bouches-du-Rhône.
Aubigny (d'), Sarthe, 51, r. de Bellechasse.
Aubriot (Paul), Seine, 24, r Violet.
Aubry, Ille-et-Vilaine, 76, r. de Sèvres.
Audiffret-Pasquier (duc d'), Orne, 27, r. Vernet.
Augé, Aveyron, 93, r. du Mont-Cenis.
Auriol (Henri), Hte-Garonne, 11, r. des Beaux-Arts.
Auriol (Vincent), Hte-Gar., 36, rue du Laos.
Ausoleil, Corrèze, r. d'Amsterdam, Hôtel du Havre.
Avril, Côtes-du-Nord.
Bagneux (comte de), Seine-Inf., 73, r. de Lille.
Balanant, Finistère.
Ballande, Gironde, 77, r. de Lille.
Baradé, Haut-Rhin.
Barbé (Léon), Seine, 8, r. Mathilde, Courbevoie.
Bares, Hte-Garonne.
Barety, Alpes-Maritimes, 55, r. Bonaparte.
Barillet, Loir-et-Cher, 14, r. du Pont-Neuf.
Baron, Basses-Alpes, 37, r. Michelet, Asnières.
Barrès (M.), Seine, 100, boul. Maillot, à Neuilly-s.-Seine.
Barthe, Hérault, Villa les Tilleuls, Versailles.
Barthélemy (Georges), Pas-de-Calais, 107, boul. Magenta.
Barthélemy (Joseph), Gers, 11, rue Soufflot.
Bartholoni, Haute-Savoie, 19, av. Hoche.
Barthou (Louis) B.-Pyr., 7, av. Victor Emmanuel III.
Basly, P.-de-C., Palais-Bourbon.
Bataille, Cantal, 11, r. Moncey.
Battle, Pyr.-Orientales, 7, r. de Bourgogne.
Baudet (Charles), C.-du-N., 9, r. Nicolas-Charlet.
Baudry d'Asson (mis de), Vendée, 15, r. Boissière.
Bazire, Vendée.
Belcastel (de), Tarn, Hôtel Alexandre III, r. Montaigne.

(1) Adresse à Paris sauf indication contraire. La lettre T signifie *Téléphone*.

Bellet, Haute-Garonne, 115, av. Victor-Hugo.
Bénazet, Indre, 36, boul. Haussmann.
Bérard (Léon), B.-Pyr., 3, r. Lamennais.
Bermond d'Auriac (colonel cte de), Vendée.
Bernard (Charles), Seine, 69, r. Duhesme.
Bernard, Pas-de-Calais.
Bernier (Joseph), Ain, 148, r. du Faubourg-Poissonnière.
Bernier (Paul), Indre-et-Loire, 110, boul. St-Germain.
Berquet, Alfred, Pas-de-Calais.
Berthélemot, Aube, 8, r. Nicolas Chariet.
Berthon (André), Seine, 75, boul. St-Michel.
Bertrand (Charles), Seine, 13, r. Lafayette.
Bertrand (Jules), Charente-Inf., 11, r. d'Astorg.
Bessonneau, Maine-et-Loire, 13, boul. Haussmann.
Betoulle, Hte-Vienne, Palais-Bourbon.
Bignon (Paul), Seine-Inf., 9, quai d'Orsay, et au Sous-Secr. des ports et marine marchande.
Bilger, Haut-Rhin.
Binder (Maurice), Seine, 102, av. des Champs-Elysées.
Binet, Creuse, 16, av. de la Motte-Picquet.
Blaisot, Calv., Palais-Bourbon.
Blanc (Alexandre), Vaucluse, 11 *bis*, r. du Barrage, Alfortville.
Blanc (Antoine), Ain.
Blanchet, Isère, 9, r. de Bassano.
Blum (Léon), Seine, 126, boul. du Montparnasse.
Bluysen (Paul), Inde franç., 7 r. Portalis.
Boisneuf, Guadeloupe, 5, r. Léon Delhomme.
Boissard, Côte-d'Or.
Boissel-Dombreval, Manche, 121, av. Mozart.
Bokanovski (Maurice), Seine, 101, r. de Miromesnil.
Boncour (Paul), Seine, 6, r. du Mont-Thabor.
Bonnefous, S.-et-O., 26, r. Cortambert.
Bonnet de Paillerets, Lozère, 16, r. de la Bienfaisance.
Bonnevay, Rhône, 82, r. de Varenne.
Bonniard, Htes-Alpes, 77, boul. du Montparnasse.
Boret (Victor), Vienne, 59, r. de Bourgogne. T. Saxe 43-94.
Borrel, Savoie, 15, av. de Breteuil et au sous-secr. des forces hydrauliques.
Bosquette, Ardennes, 30, r. Desaix.
Boué (Alexandre), Htes-Pyrénées.
Bougère (Ferdinand), M.-et-L., 9, quai d'Orsay (hôtel du Palais d'Orsay).
Bouilloux-Lafont, Fin., 92, av. Henri-Martin.
Bouisson, B.-du-R., 11, av. de Suffren.
Boulanger (Narcisse), P.-de-C.
Bouligand, Morbihan, 14, r. Stanislas.
Bourgier, Nièvre.
Boussenot, Réunion, 18, r. Franklin.
Bouvet, Jura, 51, r. de Miromesnil.
Bouyssou, Landes, 54, r. de Bourgogne.
Bovier-Lapierre, Isère, 63, r. Caulaincourt.
Bracke, Seine, 37, r. Mouton-Duvernet.
Breton (Jules-Louis), Cher, 81 *bis*, boul. Soult. T. Roq. 32-59 et au Min. de l'Hygiène sociale.
Briand (Aristide), Loire-Inf., 52, av. Kléber.
Brice (René), Ille-&-V., 9, quai Malaquais.
Brousse (Em.), Pyr.-Or., 16, r. Bouchut. et au Sous-Secr. des Finances
Brunet (Jules), Dord., Palais-Bourbon.
Buisset, Isère.
Bureau (Georges), Seine-Inf., 9, r. Chaptal. T. Louv. 27-03.
Burnet, Eure, à Vernon.
Bussat, Seine, 22, pl. de la Chapelle.
Cachin (Marcel), Seine, 4, r. Ordener.
Cadot (P.-de-C.), Palais-Bourbon.
Caillat, Htes-Alpes.
Caitucoli, Corse, 20, r. Mogador.
Calary de Lamazière, Seine, 4, r. Jean-Goujon.
Calmès, Gironde, 6, rue de Beaune.
Camuzet, Côte-d'Or, 50, r. de Boulainvilliers.
Canavelli, Bouches-du-Rhône.
Candace (Gratien), Guad., 85, r. de Courcelles.
Capus, Gironde.
Caron, Doubs, 108, r. du Bac.
Cassagnac (Paul de), Gers, 3, r. Jadin.
Castel, Aude, 95, r. Richelieu.
Castellane (cte Stanislas de), Cantal.
Castelnau (gal de Curières de), Aveyron, 42, av. de la Bourdonnais.
Causeret, Hte-Saône, 34, r. Beauregard.
Cautru, Calvados.
Cazals, Ariège, 37, r. de Paris, Charenton.
Chabrun, Mayenne, 55, boul. Arago.
Chambrun (mis de), Lozère, 19, av. Rapp.
Chappedelaine (de), C.-du-N., 21, r. Clément-Marot. T. Passy. 30-11.
Chariot, Côte-d'Or.
Chassaigne-Goyon, Seine, 11 *bis*, r. Montaigne.
Chateau, Allier, Claridge's Hôtel, av. des Champs-Elysées.
Chauly, Hte-Vienne, 4, r. de l'Ecole-de-Médecine, Limoges.
Chaumié (Jacques), Lot-et-Gar., 3, r. de Médicis.
Chaussy, Seine-et-Marne.
Chautemps (Camille), Indre-et-Loire, 4, quai du Marché-Neuf.
Chéron (Adolphe), Seine, St-Maur-des-Fossés, Seine.
Choribit (Joseph), Basses-Pyrénées, 50, boul. Maillot, Neuilly.
Clament (Clément), Dord., 5, av. Mozart.
Claussat, P.-de-D., 28, r. de Lyon.
Clerc, la Martinique.
Colrat (Seine-et-Oise), 17, av. Bugeaud.
Combrouze, Gironde, 16, r. d'Armaillé. T. Wagr. 98-08.
Compère-Morel, Gard, Palais-Bourbon.
Constans (Adrien), T.-&-Gar., 9, quai d'Orsay (hôtel du Palais d'Orsay).
Constant (Pierre), Aude.
Constans (Victor) Haute-Loire.
Connevot, Creuse, 131, r. Broca.
Cordelle, Saône-et-Loire, 49, av. de la Motte-Picquet.

Corentin-Guyho, Finistère.
Cornudet (vicomte), S.-&-O., 115, av. Henri-Martin.
Coucoureux, Aveyron.
Courtial, Puy-de-Dôme, 170, r. de Charenton.
Courtier, Hte-Marne, 52, av. Philippe-Auguste. T. Roq. 19-51.
Coutant (Henri), Seine, 160, r. du Liégat, à Ivry.
Coutant (Paul), Marne, 16, r. de la Bienfaisance.
Couteaux, Nord.
Crespel, Nord, 9, av. Frémiet.
Crolard, Hte-Savoie, 88, boul. Saint-Michel.
Daladier, Vaucluse, 32, av. des Champs-Elysées.
Danielou (Charles), Finistère, 24 bis, boul. Victor-Hugo, Neuilly-sur-Seine.
Darblay, Loiret, 23, quai d'Orsay.
Dariac (Adrien), Orne, 29, av. Rapp.
Daudet (Léon), Seine, 31, r. St-Guillaume.
David (Robert), Dordogne, 130, r. de la Pompe et au Sous-Secr. de l'Intérieur.
Decloux, Allier, 1, r. Jacques Offenbach.
Deccane-Racouchot, Saône-et-Loire.
Defos du Rau, Landes, 31, r. St-Lambert.
Deguise, Aisne, 51, r. Bodier.
Delachenal, Savoie.
Delafoy, Loire-Inf., 17, r. de l'Arcade.
Delesalle, Nord.
Delmas, Lot.
Delom-Sorbé, Basses-Pyr., 59, boul. de Strasbourg.
Delory, Nord, 11, r. Lavieuville.
Delport, Lot.
Denise (Paul), Var, 5, r. des Pyramides.
Deschamps (Gaston), Deux-Sèvres, 15, r. Cassette.
Deschamps (L.), I.-&-V., 37, av. Rapp et au Sous-Secr. des Postes et Télégr.
Desjardins, Aisne, 23, av. Victor-Hugo.
Despax (Gabriel), Landes, 98, boul. de Courcelles.
Dessein, Hte-Marne, 41, r. d'Amsterdam.
Deyris, Landes, 31, r. de Poissy.
Dezarnaulds, Loiret, 39, boul. Raspail.
Diagne, Sénégal, 24, r. Sarrette.
Dignac (Pierre), Gironde, 52, r. des Ecoles.
Dion (marquis de), Loire-Inf., 4, av. d'Iéna.
Dior, Manche, 5, pl. Malesherbes.
Dodat, Allier.
Dormoy, Seine, 62, boul. Poniatowski. T. Roq. 59-45.
Doussaud (Marc), Corrèze, 209, boul. Pereire.
Dubois, Somme.
Dubois de la Sablonnière (Pierre), Cher.
Dubois (Louis), Seine, 51, r. Sadi-Carnot, à Puteaux. T. n° 68.
Dubois-Fresney, Mayenne, 3, r. Léon Delhomme.
Ducaud, Gers, 33, av. de St-Germain, Bois-Colombes.
Duclaux-Monteil, Ardèche, 9, r. de la Ville-l'Evêque. T. Elysées. 29-27.
Ducos, Hte-Garonne.
Dugueyt (Paul), Isère, 18, r. de Marignan.
Dumesnil (Jacques-Louis), S.-&-M., 25, av. de l'Alma. T. Passy 91-61.
Dumont (Charles), Jura, 21, boul. Delessert.
Dupin, Loire.
Dupuy (Pierre), Gir., 18, r. d'Enghien.
Durafour, Loire, Palais-Bourbon.
Durand (Jean), Aude, Palais-Bourbon. T. Saxe 38-18.
Durand-Béchet, Eure-et-Loir, 8, villa de Ségur.
Dutreil, Mayenne, 87, av. Kléber.
Duval (Alexandre), Eure.
Duval-Arnould, Seine, 95, r. de Rennes.
Engerand (Fernand), Calv., 69, r. d'Amsterdam, T. Centr. 52-97.
Erlich, Seine, 5, r. de Rivoli.
Escoffier, Drôme, 5, r. des Chantiers,
Escoffier, Nord, 138, av. des Champs-Elysées.
Escudier (Paul), Seine, 26, r. Moncey.
Evain, Seine, 80, r. Michel-Ange.
Even, C.-du-N., 1, sq. Delambre.
Evrard, Pas-de-Calais.
Eymond, Gironde, 38, av. de Wagram.
Eynac (Laurent), Hte-Loire, 3, r. Treilhard.
Fabry (Jean), Seine, 59, av. de La Motte-Picquet.
Fallières (André), Lot-et-Garonne, 122, r. La Boétie.
Farges, Cantal, 37, r. Davioud.
Faisant (Joseph), S.-&-L., 94, b. Haussmann.
Favre (Albert), Charente-Inf., 14, boul. de La Tour-Maubourg.
Félix, Hérault.
Ferrand, Pas de-Calais.
Ferraris, Jura, 41, boul. St-Michel.
Ferrette, Meuse.
Ferry (Désiré), Meurthe-et-Moselle, 31, av. de Ségur.
Fiori, Alger, 28, boul. des Batignolles.
Flandin (Ernest), Calvados, 27, boul. Malesherbes.
Flandin (Pierre-Etienne), Yonne, 96, boul. Malesherbes et au Sous Secr. de l'Aéronautique.
Flayelle, Vosges, 46, av. de Villiers.
Fleury-Ravarin (Rhône), 43, r. d'Assas.
Fonck, Vosges, 35, r. François Ier.
Fontaines (de), Vendée, 21, r. Franklin.
Forgeot (Pierre), Marne, 9, r. Louis Boilly.
Fougère (Henry), Indre, 20, boul. Montparnasse.
Forissier (Roland), Loire.
Forzy, Aisne, 2, r. Meissonnier.
Fouché, Sarthe, 85, r. de la Pompe.
Fould, Htes-Pyrénées, 9, r. Louis David.
Fournier-Sarlovèze, Oise, 37, r. Jean Goujon.
François (Charles), Moselle, 41, r. de la Bourdonnais.
Frey (Charles), Bas-Rhin, 43, boul. Raspail.
Fribourg (André), Ain, 40, r. Raynouard.
Fringant, M.-&-M., 20, r. du Faub. Poissonnière.
Frouin, Gironde, 95, r. Richelieu.

Gaborit, S.-&-M., 75, boul. Montmorency.
Gadaud, Dordogne.
Gaillard-Bancel (de), Ardèche, 9, av. de Breteuil.
Galli (Henri), Seine, 17, r. d'Offémont.
Gallois (Henri), Ardennes, 17, av. de la Villa, Vincennes.
Galmot, Guyane.
Galpin (Gaston), Sarthe, 61, r. La Boëtie.
Garat, B.-Pyr., 17, r. de Valois.
Gasparin, La Réunion, 64, r. Félix-Faure, à Colombes (Seine).
Gast, Seine-et-Oise, 5, r. de Versailles à Ville-d'Avray.
Gavini, Corse, 27, r. Montaigne.
Gavoty, Var, 30, r. de Lubeck.
Gay, Hte-Saône.
Geoffroy St-Hilaire, Nièvre, 3, r. Gavarni.
Géo-Gérald, Char., 51, av. Bosquet.
Gérard (baron), Calv., 85, faub. St-Honoré.
Ghesst, Hte-Garonne.
Ginoux-Defermon (comte Ch.), Loire-Inf., 19, av. d'Eylau.
Girard (Auguste), B.-du-R., 91 *bis*, rue du Cherche-Midi.
Giraud (Hubert), Bouches-du-Rhône, 24, r. Cambon. T. Gut. 58-95.
Girod (Adolphe), Doubs, 26, ch. de l'Etang, St-Mandé (S.).
Glotin, Gironde, Palais d'Orsay, 9, quai d'Orsay.
Godart (Justin), Rhône, 9, quai Voltaire.
Goniaux, Nord, Palais-Bourbon.
Gonnet, Somme.
Goude, Finistère, Palais-Bourbon.
Gounouilhou, Gers, 184, av. Victor-Hugo.
Gourd, Rhône, 88 *bis*, av. Kléber.
Gourin, Isère, Palais d'Orsay, 9, quai d'Orsay.
Grandmaison (de), M.-&-L., 122, av. des Champs-Elysées.
Grinda (Edouard), Alpes-Maritimes, 4, r. du Grand-Prieuré.
Grousseau, Nord, 26, r. Saint-Louis, Versailles (S.-&-O.).
Grousier, Seine, 12, r. des Deux-Gares.
Guépratte (amiral), Finistère, 49, av. de l'Opéra.
Guérin, Manche.
Guernier, I.-et-V., 7, r. François-Ier.
Guibal, Hérault, 153, boul. St-Germain.
Guilhaumon, Hérault, 6, av. des Gobelins.
Guesde (Jules), Nord, 35, r. Singer.
Guichard, Vaucluse, 6, boul. Saint-Germain.
Guichenné, B.-Pyr., 59, r. des Saints-Pères.
Guist'hau, Loire-Inf., 1 *bis*, pl. de l'Alma. T. Passy 21-26.
Habert (Marcel), Seine, 65, r. de la Pompe.
Hackspill, Moselle.
Harcourt (comte d'), Calvados, 57, av. Montaigne.
Haudos, Marne, 11, r. Rougemont.
Hauet, Aisne, 3, r. Ambroise-Thomas. T. Centr. 41-75.
Hennessy (James), Char., 46, r. de Bassano.
Hennessy (Jean), Char. 31, r. de Bassano.
Hermabessière, Cantal.
Herriot, Rhône.
Heurtaux, Seine-et-Oise, 9, r. de Buenos-Ayres.
Honnorat (André), B.-A., 24, r. Le Peletier, T. Centr. 90-76 et au Min. de l'Instruction publique.
Hucher, Oise, 11, r. Littré.
Hugues (Frédéric), Aisne, 6, r. Chomel.
Huguet, Puy-de-Dôme, 36, r. Gaultier, Courbevoie.
Ignace (Ed.), Seine, 22, r. d'Aumale.
Inghels, Nord, Palais-Bourbon.
Inizan, Finistère, Hôtel de la Marine, 59, boul. du Montparnasse.
Iriart d'Etchepare (d'), B.-Pyr., Palais-Bourbon. T. Centr. 98-62.
Isaac, Rhône et au Min. du Commerce.
Israël (Alexandre), Aube, 3, r. de Bruxelles.
Jade, Finistère.
Jaeger (Jules), Bas-Rhin, 90, av. de Villiers.
Jannin, Saône-et-Loire, 35, boul. de Latour-Maubourg
Jean (Jean-Pierre), Moselle.
Jean (Victor), Bouches-du-Rhône, 109, r. de Rennes.
Jeantet, Jura.
Join Lambert, Eure, 50, av. Victor-Hugo
Joly, Gard, 19, boul. de Strasbourg, Boulogne-sur-Seine.
Josse (comm.), Eure, 4, r. de la Bourse.
Jourdain, Haut-Rhin, 18, av. du Colonel-Bonnet.
Jovelet, Somme, 206, r. de Rivoli (Hôtel Wagram), et à Saint-Léger-les-Dommart.
Judet (Victor), Creuse, 8, av. Constant-Coquelin.
Juigné (mis. de), Loire-Inf., 187, r. Faub.-St-Honoré.
Kempf (Maurice), Vosges, 76, boul. de Strasbourg.
Kerguézec (de), C.-du-N., 19, av. Duquesne.
Klotz (L.-L.), Somme, 6, r. François-Ier. T. Passy 63-89.
Lacotte, Aube, 43, r. Michel-Ange. T. Auteuil 07-67.
Lafagette, Ariège.
Lafarge, Corrèze, 25, r. de Vaugirard.
La Ferronnays (mis de, Loire-Infér., 40, r. de Chaillot.
Laffont (Paul), Ariège, 231 *bis*, r. de Vaugirard.
Lafont (Ernest), Loire, 19, quai Bourbon.
Lagrosillière, Martin., 169, r. de Rennes.
La Groudière (de), Manche, 51, r. de Babylone.
Lajarrige (Louis), Seine, 2, r. de Meaux.
Lalanne (Gaston), Landes, 189, faub. St-Martin.
Lamoureux, Allier.
Lamy, Morb., 97, av. de la Bourdonnais.
Landry, Corse, 4, av. du Square, villa Montmorency. T Passy 19-68 et au Min. de la Marine.
Laniel (H.), Calv., 60, r. des Belles-Feuilles.
La Riboisière (comte de), Ille-et-Vilaine, 50, av. Montaigne.

Lasteyrie (de), Corrèze, 4, r. Bayard. T. Passy 31-44.
Lastours (comte de), Tarn, 85, r. du faub. St.-Honoré.
Laudier, Cher.
Laurent (Gilbert), Loire, 72, boul. de Latour-Maubourg.
Lauche, Seine, 129, boul. Voltaire.
Lauraine, Char.-Inf., 11, av. Pasteur.
Lavau, Saône-et-Loire, 41, r. de Bretagne.
Lavoinne, Seine-Inf., 4, r. de l'Isly.
Le Bail, Finistère, 15, r. Duret.
Lebas, Nord, 5, r. Meissonnier.
Leboucq (Charles), Seine, 91, av. des Champs-Elysées.
Le Brecq, Loiret, 134, r. de Grenelle.
Le Cour Grandmaison (Jean), Loire-Inf.
Lecourtier, Meuse, 72, boul. de Strasbourg.
Lefebvre (Eugène), Alger.
Lefebvre (Jean), Indre.
Lefebvre (René), Nord, 52, av. Kléber.
Lefebvre (F.), Nord, 2, r. St-Mathieu.
Lefebvre du Prey, P.-de-C., 21 *bis*, r. Pierre-Leroux.
Lefèvre (André), B.-du-R., 23, r. Truffault. et au Min. de la Guerre.
Léger Savoie, 18, r. de Varenne.
Legros, L.-&-C., 139, boul. Raspail.
Lemire, Nord, 26, r. Lhomond.
Le Mire (Henry), Eure, 29, r. Caumartin.
Le Moigne, Manche, 28, r. Alex. Lange, Versailles.
Lemoine, Pas-de-Calais, 119, r. de Grenelle.
Lenail, Rhône, Palais-Bourbon.
Lenoir, Marne.
Leredu, S.-&-O., 42, r. de Paradis, T. Gut. 49-29.
Lesaché, Aube.
Lesseux (commandant de), Vosges.
Le Provost de Launay, Charente-Inf., 217, r. du Faub. St-Honoré.
Le Troadec, C.-du-N., 10, r. Eugénie, Asnières.
Le Trocquer, Côtes-du-Nord, 155, r. de la Pompe et au Min. des Travaux publics et Transports.
Leusse (comte de), Bas-Rhin, 38, r. Marbeuf.
Levasseur, Seine, 104, r. Balard.
Lévy (Georges), Rhône.
Leygues (Georges), Lot-et-Gar., 2, r. de Solférino.
Liouville (Félix), Seine, 8, r. d'Anjou. T. Elysée 37-12.
Lobet, Marne.
Locquin (Jean), Nièvre, 5, r. du Général-Lambert.
Long (Maurice), Drôme, 23, quai d'Orsay T. Saxe 47-45.
Lorin, Gironde, 11 *bis*, av. de Suffren.
Loucheur, Nord, 9, r. Hamelin.
Ludre (marquis de), Orne, 80, av. du Bois de Boulogne.
Ludre-Frolois (mis. de), Orne, 80, av. Bois-de-Boulogne. T. Passy 57-47.
Lugol, S.-&-M., Meaux.
Lyons de Feuchin (des), Somme, 7, r. de Villersexel.

Macarez, Nord.
Maës, Pas-de-Calais.
Magallon (Xavier de), Hérault, 252, r. de Rivoli.
Maginot, Meuse, 10, r. Eugène-Labiche et au Min. des Pensions.
Magne, Gard.
Maillard, Seine-Inf., 49, r. de Miromesnil.
Mairat, Charente.
Maire (Alfred), Doubs, 57, r. du Cherche-Midi.
Maitre, S.-&-L., 5, r. Daguerre.
Maitre, Saône-et-Loire, 11 boul. Malesherbes.
Manaut, Pyrénées-Orientales, 7, r. Boursault.
Manceau, Maine-et-Loire, 13, boul. Haussmann.
Mandel, Gironde, 72, av. Mozart.
Mando, C.-du-N., 9, r. Montparnasse.
Marçais, Ille-et-Vilaine, Palais d'Orsay, 9, quai d'Orsay.
Marcelliot, Hte-Marne, 176, boul. Haussmann.
Marchais, Morbihan.
Margaine, Marne, 15, r. Gay-Lussac.
Marin (Louis), M.-&-M., 95, bl. Saint-Michel.
Marot, Deux-Sèvres.
Marrou, P.-de-D., 12, boul. Barbès.
Masson, Finistère.
Mathis (Edouard), Vosges.
Maud'huy (général de), Moselle, 49, av. de l'Opéra.
Maulion, Morbihan.
Maunoury (Gabriel), E.-&-L., 26, r. de Bonneval, à Chartres.
Maunoury (Maur.), E.-&-L., 67, r. La Boétie.
Maurel, Bouches-du-Rhône.
Mauriès, Tarn.
Maurisson, Loiret, 78, r. de l'Assomption.
Mayaud, Yonne.
Mazerand, Meurthe-et-Moselle, 20, r. de Tanger.
Menthon (de), Hte-Saône.
Mercier (Paul), Deux-Sèvres, 86, r. du Faub. St-Honoré.
Méritan, Vaucluse, 9, rue Galilée.
Mermod, Ain.
Messier, Seine-et-Oise, 5, av. de l'Opéra.
Meunier, Ardennes, 60, r. de St-Germain, Chatou.
Meyer (Louis), Moselle.
Miellet, Haut-Rhin.
Mignot-Bozérian, E.-&-L., 34, av. d'Eylau.
Milhet, Aude, 93, r. de Richelieu.
Millerand, Seine, 2 av. de Villars et à la Présidence du Conseil, Min. des Affaires étrangères, quai d'Orsay.
Milliaux, Yonne, 3, r. du Mont-Thabor.
Mistral, Isère, 22, r. Fabert.
Molinié (Jean-A.) Aveyron.
Molinié (Hector), Seine, 4, rue Denis-Papin, Asnières.
Monicault (de), Ain, 9, r. Jean-Goujon.
Monprofit, Maine-et-Loire.
Montenot, Côte-d'Or.

Monti (de), Mayenne, 7, r. de Bourgogne.
Montjou (Guy de), Mayenne, 15, boul. Lannes.
Montjou (de), Vienne, 8, r. Boccador.
Morel (Victor), P.-de-C., 208, r. de Rivoli.
Morin (Ferdinand), L.-&-L., 60, boul. Chanzy à Montreuil-sous-Bois (S.).
Morinaud, Constantine, 123, r. de Lille.
Moro-Giafferi (de), Corse, 209, boul. St-Germain.
Morucci, Bouches-du-Rhône, 2, r. d'Orléans.
Mouret (Jean) Seine, 31, av. du Parc Montsouris.
Mourier, Gard, 29, r. George-Sand.
Moustier (mis. de), Doubs, 17, av. George V Paris.
Moutet, Rhône, 8, r. Huysmans.
Muller (Eugène), Bas-Rhin.
Murat (prince Joachim), Lot, 28, r. de Monceau.
Nadi (Jules), Drôme.
Nail, Morbihan, 106, r. de Rennes.
Nectoux, Seine, 8, rue Parmentier, à Malakoff (S.).
Neyret, Loire.
Néron (Edouard), Hte-Loire, 35, boul. Lefebvre.
Nibelle, Seine-Inf., 148, r. du Faub. Saint-Denis.
Nicod, Ain.
Niveaux, Vienne.
Noblemaire, Htes-Alpes, 58, r. La Boétie.
Oberkirch, Bas-Rhin, 40, r. du Louvre.
Ossola (Jean), Alpes-Mar., 15, av. Emile-Deschanel.
Oudin, Eure, 6, r. Blaise-Desgoffes.
Outrey, Cochinchine, 46, r. Galilée.
Ouvré (Albert), Seine-et-Marne, 11 *bis*, r. Jean-Goujon.
Painlevé (Seine), 18, r. Séguier.
Parvy, Hte-Vienne.
Paté (Henry), Seine, 109, av. Henri-Martin.
Patureau-Mirand (Anselme), Indre, 5, av. Franco-Russe.
Patureau-Mirand (Joseph), Indre.
Payer (André), Seine, 114, av. des Champs-Elysées.
Pays, Rhône, 43, boul. Raspail.
Péret (Raoul), Vienne, 1, place du Panthéon. T. Gob. 36-37.
Périnard, Seine-et-Oise, 5, av. de Paris, Versailles.
Périvier, Vienne.
Perrollaz (Louis), Hte-Savoie, 50, boul. Richard-Lenoir.
Péronnet (Charles), Allier, 50, av. de Wagram.
Perreau-Pradier (Pierre), Yonne, 12, r. Bouchut. T. Saxe 58-59.
Petit, Oran, Hôtel Raynaud, r. d'Antin.
Petitfils (Edmond), Ardennes.
Petitjean, Seine, 4, r. Fabre-d'Eglantine. T. Roq. 63-74.
Peyroux, Seine-Inf., Palais-Bourbon.
Pfleger, Haut-Rhin.
Philbois, Aube, 112, r. de Rivoli.
Philippoteaux, Ardennes, 125, av. Michel-Bizot.
Picot, Gironde, 61, r. Madame.
Pierangeli, Corse, 138, r. de Courcelles.
Pilate (commandant), Seine, 48, r. des Imbergères, à Sceaux.
Pinard, Seine, 10, r. Cambacérès.
Piton, Vosges, 20, r. N.-D.-des-Victoires.
Plaisant (Marcel), Cher, 7, boul. Raspail.
Plet, Nord.
Plissonnier, Isère, 15, r. Saint-Simon.
Poitou-Duplessy, Charente, 3, r. Auguste-Bailly, à Asnières.
Poittevin (Gaston), Marne.
Poncet (Henri), Saône-et-Loire 9, r. du Val-de-Grâce.
Poussineau, Ille-et-Vilaine, 18, av. Wilson.
Pouzin, Drôme, 16, r. de Varenne.
Pressemane (Adrien), Hte-Vienne, 67, boul. de Strasbourg.
Prevet, Seine-et-Marne, 48, r. des Petites-Ecuries.
Proust, Indre-et-Loire.
Puech (Louis), Seine, 104, boul. de Sébastopol.
Puineuf (colonel de), Deux-Sèvres, 6, av. Marceau.
Puis, Tarn-et-Garonne.
Queuille, Corrèze, 130, av. Mozart et au Sous-Secr. de l'Agriculture.
Rabouin (Alfred), M.-&-L., 270, r. de Vaugirard.
Raiberti, Alpes-Mar., 50, r. de Monceau.
Rameil (Pierre), Pyr.-Or., 41, r. des Martyrs.
Ramel (de), Gard, 30, av. Victor-Emmanuel III.
Raynaldy, Aveyron.
Raynaud, Charente, 2, r. Pasquier.
Regaud, Rhône.
Regnier (H.), Nièvre, 49, av. de l'Opéra.
Regnier, Yonne.
Reibel Seine-et-Oise, 42, av. de Wagram et au Sous-Secr. de la Présidence du Conseil.
Reille-Soult (duc de Dalmatie), Tarn, 7, r. Cimarosa.
Renard, Nièvre, 6 *bis*, r. Campagne-Première. T. Saxe 30-34.
Rendu, Hte-Garonne, 34, r. du Bac.
Revault, Meuse, 3, r. Champigny, La Ferté-sous-Jouarre (S.-&-M.).
Reymonencq, Var, 3, r. de Chamigny, à La Ferté-sous-Jouarre (S.-&-M.).
Reynaud (Paul), Basses-Alpes, 8, r. Brémontier.
Rhul, Seine, 24, r. Cousin, à Clichy.
Richard (Georges), Pas-de-Calais.
Richard (Humbert), Savoie.
Ricolfi (Alpes-Maritimes), 49, r. St-Georges.
Rillart de Verneuil, Aisne, 7, av. Montaigne.
Rio, Morbihan, 151, boul. de l'Hôpital.
Ringuier, Aisne.
Robert (Pierre), Loire, 32, r. Desaix.
Robic, Morb., 28, av. Charles-Floquet.
Rocher, Isère, 17, r. Hamelin.

Rochereau, Vendée, 280, r. de Vaugirard.
Rodez-Benavent (de), Hérault, 14, r. de Bourgogne.
Rognon, Rhône, 17, r. d'Odessa.
Rollin, Seine, 87, boul. St-Michel.
Roques, Aveyron, 26, r. Boissière.
Roquette, Aveyron.
Rothschild (Maurice de), Htes-Pyrénées.
Rotours (des), Nord, 27, r. Barbet-de-Jouy.
Rougé (de), Sarthe, 26, av. du Bois-de-Boulogne.
Roulleaux-Dugage (Henry), Orne, 15, r. Le Sueur. T. Passy 35-78.
Roux (Charles), Loiret.
Roux-Freissineng, Oran, 4, r. La Boétie.
Rozier (Arthur), Seine, 7, rue Meynadier.
Ruellan (Charles), Ille-et-Vilaine, 21, r. de Jouy, à Chaville.
Saget, Haut-Rhin.
Saillard (Antoine), Doubs, 40, r. du Louvre.
Saint-Venant, Nord.
Salers, Tarn-et-Garonne, 270, r. de Vaugirard.
Sangnier (Marc), Seine, 36, boul. Raspail.
Sarraut (Albert), Aude, 27, boul. La Tour-Maubourg et au Min. des Colonies.
Saumande, Dordogne, Palais-Bourbon.
Sembat (Marcel), Seine, 9, r. Damrémont.
Scheer, Haut-Rhin, 14, r. Ballu.
Schuman (Robert), Moselle.
Seltz (Thomas), Bas-Rhin.
Sempé, Htes-Pyrénées, 3, r. Nicolas-Charlet.
Sénac, Gers.
Sérot (Robert), Moselle.
Servain, Côtes-du-Nord.
Sevène, Morbihan, 19, pl. de la Madeleine.
Seynes (de), Gard, 15, av. de la Bourdonnais.
Sibille (Maurice), Loire-Inf., 44, boul. des Invalides.
Sibuet (Jean), Savoie, 19, r. Las-Cases.
Siegfried, Seine-Inf., 226, boul. Saint-Germain. T. Saxe 29-72.
Simon (H.), Tarn, 21, boul. Beauséjour,
Simon (Paul), Finistère, 14 *bis*, r. Oudinot.
Simonin (Camille), Bas-Rhin, 3, r. de Castiglione.
Simyan, S.-&-L., 8, av. des Ternes. T. Wagr. 25-59.
Sireyjol, Dord., 83, r. Vaneau.
Soulier (Edouard), Seine, 8, r. Victor Massé.
Taittinger, Charente-Inf., 51, r. de la Pompe.
Talhouet-Roy (de), Deux-Sèvres, 7, r. de Marignan.
Tapponnier, Hte-Savoie.
Tardieu (A.), S.-&-O., 26, av. de Messine.
Taurines, Loire.
Ternois, Somme, 119, r. de Grenelle.
Théveny, Aube, 25, r. du Four.
Thibout, Seine, 16, r. d'Offémont.
Thomas (Albert), Tarn, 74, r. de l'Université.
Thomson, Constantine, 134, r. de Grenelle.
Thoumyre (Robert), Seine-Inf., 4, r. de l'Alboni et au Sous-Secr. du Ravitaillement.
Tillbet, Ardennes, 51, r. des Vinaigriers.
Tinguy du Pouet (de), Vendée, 19, av. du Prés. Wilson.
Tisseyre, Saône-et-Loire, 54, boul. Maillot, Neuilly-sur-Seine.
Tixier, Puy-de-Dôme, 4, av. de la Bourdonnais.
Tranchand, Vienne, 62, r. Caumartin.
Trincart-Moyat, Puy-de-Dôme.
Uhry (Jules), Oise, 15, r. de Chartres, à Neuilly-sur-Seine.
Vaillant-Couturier, Seine, 17, boul. Lefebvre.
Valière, Hte-Vienne.
Vallat, Ardèche, 12, av. de Nancy, à St-Cloud.
Vallette-Viallard, Ardèche, 4, r. Léonce-Reynaud.
Valude, Cher, 240 *bis*, boul. St-Germain.
Vandame, Nord, 49, av. de l'Opéra.
Varenne (Alex.), P.-de-D., 16, r. de Pétrograd.
Veriot, Vosges, 2, r. Johnson, Maisons-Laffitte.
Vavasseur, Indre-et-Loire, 33, av. Duquesne.
Viala (Pierre), Hérault, 35, boul. St-Michel.
Vidal (Gaston), Allier, 3, r. Chaptal.
Villault-Duchesnois, Manche, 10 *bis*, av. de la Grande-Armée.
Villeneau, Charente-Inf., 35, boul. Pasteur.
Vincent (Daniel), Nord, 59, r. de Bourgogne.
Vincent (E.), Côte-d'Or, 1, b. Edgar-Quinet.
Viviani (R.), Creuse, 24, r. Clément-Marot.
Voyer, Charente-Inférieure.
Walter (Michel), Bas-Rhin.
Warren (Edouard de), Meurthe-et-Moselle, 92, av. Victor-Hugo.
Wendel (Guy de), Moselle, 26, av. Victor-Hugo.
Wendel (de), M.-&-M., 10, r. de Clichy.
Wetterlé, Haut-Rhin, 28, quai de Passy.
Ybarnégaray, B.-Pyr., 1, pl. Victor-Hugo.

Sièges vacants (au 1er avril 1920).

Eure-et-Loir. — M. Paul Deschanel, élu Président de la République.
Loir-et-Cher. — Berger et Pichery, élus sénateurs.
Nord. — Verniers, démissionnaire et Pichon, élu sénateur.
Meurthe-et-Moselle. — Lebrun, élu sénateur.
Oise. — Delpierre, élu sénateur.

Services de la Chambre.

Secrétariat gén. de la Présid. T. Gut. 01-63.
Pierre (Eugène), Secrétaire général de la Présidence, Palais-Bourbon.
Launoy (J.-B.), Secrétaire général de la Questure, Palais-Bourbon.

Cabinet du Président (T. Gut. 01-64). Chef du cabinet: Rateau. — *Chef-adjoint*: Lainel. — *Chef du secr. particulier*: Lucas.
Bibliothèque. Bibliothécaire en chef: Pionnier.

Les principaux votes du Parlement

Sénat

Date	Vote	POUR	CONTRE	ABSTENTIONS
	Ministère Ribot.	—	—	—
1917. — 28 mars.	Politique du gouvernement	240	»	»
— — 18 mai.	Situation agricole	251	»	»
— — 22 juillet.	Offensive du 16 avril	248	»	»
	Ministère Clemenceau.			
1918. — 7 février.	Politique économique du gouvernement	A mains levées.		
— — 9 juillet.	Politique économique coloniale		—	
1919. — 25 février.	Vie chère		—	
— — 11 oct.	Ratification du traité de paix	A l'unanimité.		

Chambre des députés

Date	Vote	POUR	CONTRE	ABSTENTIONS
	Ministère Ribot.			
1917. — 28 juillet	Marine de guerre	242	172	»
— — 30 —	Marine marchande	200	15	»
— — 2 août	Buts de guerre	392	61	
	Ministère Painlevé.			
1917. — 19 sept.	Programme du gouvernement	368	0	131
— — 4 oct.	Affaire Malvy	341	0	139
— — 16 —	Politique extérieure	318	6	»
— — 16 —	Affaire Malvy	246	189	»
— — 19 —	Politique générale	246	74	77
— — 25 —	Nomination de M. Barthou aux Affaires étrangères	288	137	»
— — 13 nov.	Politique extérieure du gouvernement	254	192	»
— — — —	Affaire Malvy	186	277	»
	Ministère Clemenceau.			
1917. — 20 nov.	Programme du Gouvernement	418	65	»
— — 28 déc.	Appel de la classe 1919	425	78	
1918. — 11 janv.	Conduite de la guerre	397	145	»
— — 15 janv.	Affaire Caillaux	368	143	»
— — 18 —	La part du combattant	404	1	»
— — 28 —	Rationnement du pain	A mains levées.		
— — 1er fév.	Main-d'œuvre militaire dans les usines		—	
— — 8 —	Justice militaire	374	99	»
— — 22 —	Politique économique	A mains levées.		
— — 4 juin	Recul du Chemin-des-Dames	377	110	»
— — 1er août	Appel de la classe 1920	325	47	»
— — 17 sept	Crise des transports	A mains levées		
— — 24 —	Concessions algériennes		—	
— — 11 oct.	Vie chère		—	
— — 22 nov.	Renvoi des vieilles classes	393	1	»
— — 27 —	Rapatriement des prisonniers	A mains levées.		
— — 29 déc.	Politique intérieure	398	93	»
1919. — 13 mars	Politique financière	248	108	145
— — 6 mai	Incidents du 1er mai	356	1	132
— — 18 avril	Réforme électorale	287	138	»
— — 20 mai	Droit de vote des femmes	344	97	»
— — 22 —	Amnistie	227	135	»
— — 16 juin	Incidents d'Odessa	349	137	»
— — 18 juil.	Cherté de la vie	213	227	»
— — 22 —	Politique économique	289	176	»
— — 24 —	Politique financière	269	126	»
— — 30 sept.	Désarmement de l'Allemagne	262	188	»
— — 20 oct.	Ratification du traité de paix	372	53	»
	12e Législature.			
— — 27 déc.	Crédits provisoires	475	58	»
— — 29 —	Emprunt 5 p. 100	466	65	»
	Ministère Millerand.			
1920. — 22 janv.	Présence de M. Steeg au min. de l'Intérieur	275	23	297
— — 30 —	Politique générale du Gouvernement	481	70	42
— — 6 févr.	Politique extérieure	513	66	»

L'œuvre législative de 1919.

Loi du 4 février sur l'accession des indigènes d'Algérie aux droits politiques (*J. O.*, 6 février) :

Conditions nécessaires : être âgé de 25 ans, monogame ou célibataire, n'avoir jamais subi de condamnation, avoir 2 ans de résidence en territoire français ou en Algérie.

Loi du 14 mars concernant les plans d'extension et d'aménagement des villes (*J. O.* 15 mars) :

Toute ville de 10.000 hab. est tenue d'avoir un projet d'aménagement, d'embellissement et d'extension.

Loi du 22 mars instituant une prime de démobilisation (*J. O.* 29 mars)

250 fr. à tout démobilisé, plus une indemnité de 15 fr. par mois de service effectif, indemnité portée à 20 fr. par mois de présence dans une unité combattante.

Loi du 25 mars relative aux conventions collectives de travail (*J. O.* 28 mars).

Le contrat doit être conclu entre les représentants des syndicats d'employés et les représentants des syndicats d'employeurs, ou un seul employeur.

Loi du 28 mars portant suppression du travail de nuit dans les boulangeries (*J. O.* 30 mars).

Loi du 31 mars modifiant la législation des pensions (*J. O.* 2 avril) :

Pensions pour infirmités ; pour les veuves et les enfants ; allocations aux ascendants.

Loi du 17 avril sur la réparation des dommages causés par les faits de guerre (*J. O.* 18 avril).

Indemnités pour toutes les réquisitions, enlèvement de tous objets, détériorations d'immeubles, dommages causés aux bateaux armés à la petite pêche.

Loi du 23 avril sur la journée de huit heures (*J. O.* 25 avril) :

La réduction des heures de travail ne peut, en aucun cas, être une cause déterminante de la réduction des salaires.

Loi du 24 juin sur la durée du travail dans les mines (*J. O.* 25 juin) :

Ne peut excéder huit heures tant pour les ouvriers du fonds que pour ceux occupés à l'extérieur des exploitations.

Loi du 12 juillet relative au mode d'élection à la Chambre des Députés (*J. O.* 15 juillet) :

Les élections législatives ont lieu au scrutin de liste départemental, avec un nouveau mode de répartition des sièges entre les candidats, effectué, suivant les cas, soit à la majorité absolue, soit proportionnellement entre les listes.

Loi du 25 juillet relative à l'organisation de l'enseignement technique, industriel et commercial (*J. O.* 27 juillet) :

Appelée loi Astier ; organise le Conseil supérieur de l'Enseignement technique, les comités départementaux et cantonaux, les écoles publiques et privées et les cours professionnels.

Loi du 12 octobre approuvant le traité de paix de Versailles (*J. O.* 13 octobre).

Loi du 12 octobre approuvant les traités signés à Versailles le 28 juin 1919, entre la France, les États-Unis et la Grande-Bretagne concernant l'aide à donner à la France, en cas d'agression allemande non provoquée (*J. O.* 13 octobre).

Loi du 16 octobre relative à l'utilisation de l'énergie hydraulique (*J. O.* 18 octobre).

Nul ne peut disposer de l'énergie des cours d'eau sans une concession ou une autorisation de l'Etat.

Loi du 23 octobre relative à la date de la cessation des hostilités (*J. O.* 24 octobre).

Loi du 24 octobre sur l'amnistie (*J. O.* 25 oct).

CONSEIL D'ÉTAT

Palais-Royal. — *Secr. gén. T. Gut.* 05-00. — *Contentieux T. Gut.* 13-63

Historique. Le rôle du Conseil d'Etat (sous l'ancienne monarchie, Conseil du roi), était déjà considérable. Sous des noms divers, il se rattachait au *consistorium* de l'empire romain. Au XIIIe siècle, il était toute l'administration et toute la juridiction. De son sein sont sortis la Cour des Comptes et le Parlement de Paris. Supprimé par la Constituante en 1789, il renait avec la Constitution de l'an VIII. Les lois du 19 juil. 1845, du 3 mai 1849, du 24 mai 1872, l'art. 4 de la Constit. du 25 févr. 1875 l'ont réorganisé.

Rôle. — Le Conseil d'Etat, placé à côté du chef de l'Etat, des ministres et, dans une certaine mesure, des Chambres elles-mêmes, pour préparer ou éclairer leurs décisions, est le grand conseil du gouvernement. Il n'a pas de pouvoir propre, pas plus qu'il n'a d'initiative ; il n'est saisi que par le chef de l'Etat ou par les ministres. Sa consultation peut être *obligatoire* en vertu des lois ou règlements, ou bien, le gouvernement, pour s'éclairer ou pour couvrir sa responsabilité, peut le consulter sur certaines autres matières et les délibérations du Conseil ont alors le caractère d'*avis*.

Le Conseil d'Etat est, d'autre part, tribunal suprême de la juridiction administrative. Dans ce cas, il est à la fois juge en premier et en dernier ressort. Ses attributions sont multiples. A titre d'exemple, on peut dire que, comme juge, il statue sur les élections aux conseils généraux, ainsi que sur les recours pour excès de pouvoir ; comme juge d'appel, il statue sur les décisions des conseils de préfecture ; comme juge de cassation, il statue sur toutes les décisions des tribunaux administratifs, qui ne relèvent pas de lui par l'appel et qui peuvent être attaqués par le recours en cassation.

Composition. — Le Conseil d'Etat est présidé par le garde des sceaux, min. de la justice et, en fait, par un vice-prés. Il est divisé en 5 sections : une section du contentieux et 4 sections dites administratives (législ., intérieur, finances et trav. publics), plus une section « temporaire » du contentieux.

Le Conseil d'Etat ne se réunit en assemblée générale, c.-à-d. toutes sections réunies, que pour les affaires exigeant cette formalité. Le personnel comprend, en outre du vice-prés., des prés. de section, du secr. général et du secr. du Contentieux, 29 conseillers d'Etat en service ordinaire, 21 conseillers d'Etat en service extraordinaire, qui ne sont autres que les directeurs généraux et directeurs des divers ministères, 37 maîtres des requêtes, 18 auditeurs de 1re classe et 22 de 2e classe.

Conseil d'État

Président : Gust. Lhopiteau, *garde des sceaux, ministre de la Justice.*

Vice-Prés. : Hébrard de Villeneuve (C. ✻).

Prés. de section : — Maringer (G. O ✻) *prés. de la section de l'intérieur, de l'instr. publ. et des beaux-arts.* — De Mouy (C. ✻), *prés. de la section des finances, guerre, marine et col.* — Th. Tissier. (O. ✻), *prés. de la section des trav. publ., de l'agric., du com. et industrie, des Postes et Télég., du Travail et de la Prévoy. sociale.* — Romieu (C. ✻). *prés. de la section du contentieux.* — Gervais de Rouville (O. ✻), *prés. de la section de législ., justice et des aff. étr. et de la section spéciale du contentieux.*

Cons. d'Etat en service ordinaire : Colson (O. ✻) (*trav. publ.*). — Jagerschmidt (O. ✻) *content.*). — Baudenet (O ✻) (*content.*). — Deloncle (J.-L.-C.) ✻ (*trav. publ.*). — Bruman (C. ✻) (*législ.*). — Arrivière (P.) (O. ✻) (*législ.*). — Saint-Paul (O. ✻) (*législ.*). — Rousseau (Emm.) (C. ✻) (*trav. publ.*). — Tardit (Michel) (O. ✻) (*fin.*). — Gautier (Jules) (O. ✻) (*trav. publ.*). — Chareyre ✻ (*content.*). — Meyer (Ernest) (O. ✻) (*intér.*). — Chardon (Henri) (O. ✻) (*trav. publ.*). — Guéret-Desnoyers (O. ✻) (*content.*). — Fuzier (O. ✻) (*fin.*). — Brelet (O. ✻) (*intér.*). — Wurtz ✻ (*content.*). — Richard (O. ✻) (*content.*). — Lacroix (André) (O. ✻) (*content.*). — Reboul (Georges) ✻ (*fin.*). — Chardenet ✻ (*content.*). — Tirman (O. ✻). (*fin.*). — Branet O. ✻ (*législ.*). — Poulet (Henry) ✻ (*content.*). — Aubert (O. ✻.) (*fin.*). — Delesseux (✻) (*législ.*) — Rault (*int.*). — Pichat (O. ✻) (*cont.*). — Marty (C. ✻.) (*législ.*).

Cons. d'Etat en service extraord. : Delatour (A.) (G. O. ✻), *dir. gén. de la Caisse des dépôts et consign.* (*fin.*). — Charguéraud (C. ✻), *dir. des Routes et Navig. au min. des Trav. pub.* (*trav. publ.*). — Ogier (J.-B.) (C. ✻), *insp. gén. des services admin., dir. du contrôle et de la comptab. au Min. de l'Intérieur* (*intér.*). — Fontaine (Arthur) (G. O. ✻), *dir. du Travail au min du Trav. et de la Prévoy. soc.* (*trav. publ.*). — Mazerat (R.) (G. O. ✻), *commis. gén. de 1re cl. de la Marine, insp. gén. perm. des serv. administr. de la Flotte* (*fin.*). Dabat (O. ✻), *dir. gén. des Eaux et Forêts au min. de l'Agr.* (*trav. pub.*). — Privat-Deschanel (C. ✻), *dir. gén. de la comptab. publ., chargé des fonct. de secr. gén. du Min. des Fin.* (*fin*). — Hendlé ✻, *dir. de l'admin. dép. et comm. au Min. de l'Int.* (*int.*). — Hubert Brice (O. ✻)

dir. des retraites ouvr. et pays. au Min. du Trav. et de la Prév. soc. (*trav. publ.*). — Lapie Paul, (✱) *dir. de l'Ens. prim. au Min. de l'Instr. publ.* (*intér.*). — Bley (Gust.), (C. ✱), *dir. de la dette inscr. au Min. des Fin.* (*fin.*). — Deligne (O ✱), *dir. gén. de l'Enreg. du Dom. et du timb. au Min. des Fin.* (*fin.*). — Charmeil (✱), *dir. du pers. des expos. et des transp. au Min. du comm.* (*trav. publ.*). — Alombert (C ✱), *dir. du contr. au Min. de la guerre* (*fin.*). — Leroux ✱, *dir. des Affaires crimin. et des Grâces, au Min. de la Justice* (*législ.*). — Duchêne (C. ✱), *dir. au Min. des Colonies* (*fin*). — Berthelot (C. ✱), *dir. au Min. des aff. étr.* — Baudouin-Bugnet (O. ✱), *dir. au Min. des Fin.* (fin). — Hecker ✱, *dir. au Min. des Trav. publ.* — A. Bluzet ✱, *dir. au Min. des Régions lib.* — Desmars, *dir. au Min. de l'Intér.* (*intér.*). — Célier (O. ✱), *dir. au Min. des Fin.* (*fin*). — Gén. Gassouin, 1er *sous-chef d'État-major de l'armée au Min. de la Guerre.* — Mahieu, *f. f. secr. gén. au Min. des Trav. publ.* (*trav. publ.*).

Secrétaire général du conseil d'État : Noël (Jules) ✱, *m. des req.* — *Secrét. du Contentieux* : Lagrange ✱.

Maîtres des requêtes : — Legrand (Henri) ✱ (*content.*) — Guillaumot ✱ (*content.*). — Fochier (Emm.) ✱ (*fin.*). — Worms (René) ✱ (*content.*). — Riboulet ✱ (*commis. du gouv.*). — Basset (F.) ✱ (*content.*) — Bonifas (*fin.*). — Corneille ✱ (*commiss. du gouv.*). — Courtois de Maleville (Phil.) (*content.*). — Laurent (Edm.) ✱ (*content.*). — Ripert (André) ✱ (*commis. du gouv.*). — Cahen (Georges) ✱ (*content.*). — Heilbronner ✱. — Tirard (Paul) (O. ✱) (*législ.*). — Bergot (*comm. du gouv.*). — Le Gouix (*législ.*). — Porché ✱ (*content.*). — Pichon ✱ (*trav. publ.*). — Delaitre (✱) (*intér.*). — Perrier (Louis) (O. ✱) (*fin.*). — Caillaux (Pierre) ✱ (*trav. publ.*). — Lamy (Félix) (*intér.*). — Roger (Louis) (*content.*). — Roussel (Jean-Marie). — Delfau (Albert) (*content.*) — Vel-Durand (Maur.), ✱ (*trav. publ.*). — Mazerat (Edm.) (*commiss. du gouv.*). — Roussellier ✱ (*content.*). — Rivet (René) (*content.*). — Causeret ✱ (*int.*). — Jaray (*content.*). — Dugas (*content.*). — Reclus (*content.*). — Bousquet (*fin.*). — Bouchard (*intér.*). — Lucas de Peslouan.

Auditeurs de 1re cl. : Trochon (*intér*). — Pinot (*trav. publ.*). — De Tarde (*trav. publ.*). — Gasquet (*intér.*). — Comolet-Tirman ✱ (*trav. publ.*). — Alibert (H.) (*content.*). — Benoist (J.) ✱ (*content.*). — Dulery (Paul) (*content.*). — Séligman (P.) (*content.*). — Labouchère ✱ (*content.*). — Gréiat (*intér.*). — Andrieux (*fin.*). — Tartière (R.) (*content.*). — Noël (L.) (*intér.*). — Weill (H.) (*fin.*). — Thiers (*trav. publ.*). — Binet (*content.*). — Bonnet (*législ.*).

Auditeurs de 2e classe : Franceschi (*fin.*). — Sauvel (*content.*). — Latournerie (*législ.*). — Michel (Georges). — Mayer (René). — Aubois. — Bouffandeau — Reinach (Julien). — Fatou. — Giscard (René). — Gélinet.

Ordre des avocats au Conseil d'État et à la Cour de Cassation.

Les avocats au Conseil d'État et à la Cour de cassation sont au nombre de soixante.

Indépendamment des attributions exclusives qui leur ont été conférées par les lois et règlements de leur institution, pour les affaires portées soit au Tribunal des conflits, soit au Conseil d'État, délibérant en séance publique ou administrative et à ses diverses sections, soit à la Cour de cassation, ils ont exclusivement le droit, à défaut des parties elles-mêmes, de signer, en matière contentieuse, tous mémoires et réclamations adressés aux ministères et aux administrations et directions générales qui en dépendent.

Liste des avocats au Conseil d'État et à la Cour de cassation au 1er janvier 1920.

MM. Adhémar — Aguillon — Alcock ✱ — Alphandéry — Aubert, ✱. *Prés. de l'ordre.* — Auger. — Bailby. — Balliman ✱. — Bernier, O. ✱. — Bicart-Sée ✱. — Boivin-Champeaux ✱. — Boulard. — Bressolles ✱. — Brugnon ✱. — Cail. — Chabrol ✱. — Clément. — Coche ✱. — Coutard. — Croquez. — Dambeza ✱. — Dedé. — Defert. — Dufourmantelle. — Durnerin, O. ✱. — Feldmann. — Frénoy. — Gaudet. — Germette. — Gosset. — Hannotin ✱. — Henry (Paul) ✱. — Jouarre ✱. — Labbé, C. ✱. — de Lalande. — de Lapanouse. — Le Cesne. — Lemanissier. — Lussan. — Marcilhacy ✱. — Marcille ✱. — Mellet. — Mihura. — Moret ✱. — Morillot. — Mornard, O. ✱. — Nicolaÿ. — Palyart. — Panhard. — Raynal. — Regray ✱. — Retouret. — de Ségogne. — Souriac. — Tabareau ✱. — Talamon. — Tétreau (Louis) ✱. — Texier. — de Valroger. — Viollet.

ADMINISTRATION GÉNÉRALE

Présidence du Conseil.

37, Quai d'Orsay.

Président du Conseil: Alex. Millerand, dép., min. des Aff. étr.
Cabinet: Chef: H. Gasquet. — *Chefs-adj.:* J. Bompard ; E. Claris. — *Chef du Secr. particulier:* Lampérière.

Sous-Secrétariat d'État de la Présidence du Conseil.

S.-Secr. d'État: Reibel, député.
Cabinet, Chef; Pinot. — *Chef-adj.:* Verjely. — *Chef du secr. particulier:* Chr. Frogé. — Attaché : M. Boucher.

Commissariat général de la République à Strasbourg.

Commissaire Général: Alapetite (C. ✻).
Secr. Général: Rimbert (O. ✻).

Office de liquidation franco-américain.

24, r. du Bocoador. Paris. Tél. Passy 74-17 et 18. 79-15, 85, 52, 81.

Le Commissariat Général des Affaires de Guerre Franco-Américaines, créé en exécution du décret du 19 juin 1918, supprimé à la date du 30 nov. 1919, a été remplacé par l'Office de Liquidation, rattaché au sous-secr. d'État à la Présidence du Conseil.

Directeur: Varaigne.

Ministère de la Justice.

créé par la loi du 25 mai 1791.

Pl. Vendôme 13 et r. Cambon, 36. — Tél. Gut. 10-18 et 10-19. Bur. ouverts de 10 à 17 h.

Ministre: G. Lhopiteau, sénateur, garde des Sceaux, prés. du Conseil d'État (mercr. et vendr. de 10 à 12 h.).
Serv. du Cabinet. Chef: H. Fortin (mercr. et vendr. de 10 à 12 h.) : *Chefs-adj.:* P. Brachet ; R. Boissel. — *Chef du Secr. partic.:* Michel Gaté.

Bur. du Cab. (Correspond. ; promulg. des lois ; rapports avec le Parlement) *: Chef:* Tessier.

Comité et Office de législ. étr. et de droit intern.: Prés.: Falcimaigne (O. ✻).

Dir. des Aff. civiles et du sceau, pl. Vendôme, 13. — 1er Bur. (Adm. et législ. ; création et translation des trib. civils de comm. et des just. de paix ; instit. des chambres temporaires ; prud'hommes ; tableau des avocats : discipline ; assistance judic. ; liquid. des biens des congrég.). — 2e Bur. (officiers publics et minist.). — 3e Bur. (Sceau ; naturalisations ; titres nobiliaires ; changements et additions de noms). *Dir.:* Brisou, ✻ (mercr. et vendr. de 10 à 12 h.).

Dir. des Aff. criminelles et des Grâces, r. Cambon, 36. Tél. Gut. 10-18. — 1er Bur. (Aff. criminelles ; — pourvois en cass. ; révision des procès ; commiss. rogatoires). — 2e Bur. (Grâces). — 3e Bur. (Statistique et casiers judic. (Bur. ouvert de 10 à 17 h.). — 4e Bur. (Frais de justice ; vérif. et régularis. de tous les frais). — *Dir.:* Eugène Leroux ✻, cons. d'État en service extr. (mercr. et vendr. de 10 à 12 h.).

Dir. du Personnel et de la Comptab. — (1er Bur. — 1re Sect. Person. des cours, trib. de France, d'Algérie et de Tunisie et des just. de paix d'Algérie et de Tunisie ; tableau d'avanc.; mesures disciplin. ; honneurs et préséances ; 2e sect. Person. et discipline des just. de paix de France ; personnel et discipline des greffiers ; discipline des conseils de prud'hommes. — 2e Bur. : Comptab. ; allocations de secours. — Législations des actes civils et judic. pour les col. et l'étr. : (t. l. j. non fériés de 12 à 14 h.). *Dir.:* Prouharam (mardi et vendr. de 10 à 12 h.).

Dir. de l'Admin. pénitentiaire, r. Cambacérès, 11. (Personnel des Établ. pénit. — 1er Bur. — (Budget et comptab. ; régie directe du travail ; Conseil sup. des prisons ; Statist. ; mise en pratique du régime de l'empris. individuel.). 2e Bur. (Exécution des peines ; régime disciplin. salaires ; pécules ; entreprises ; maisons centrales de force ou de correction ; maisons d'arrêt, de just. et de correction ; dépôts et chambres de sûreté ; dépôts des condamnés à transporter). 3e Bur. (établ. et serv. d'éducation, correct. pour les mineurs ; institutions et sociétés de patronage pour tous libérés ; grâces et remises de peine pour les condamnés de toutes catégories). *Dir.*: Dautresme, (O. ✱) (mercr. et vendr. de 10 à 12 h.).

Etabl. pénit. — Maisons centrales de force et de correction à : Beaulieu (Calv.) ; Clairvaux (Aube) ; Fontevrault (M.-et-L.) ; Loos (N.) ; Melun (S.-et-M.) ; Montpellier (Hér.) ; Nimes (Gard) ; Poissy (S.-et-O.) ; Rennes (I.-et-V.) ; Riom (P.-de-D.) : Thouars (D.-S.). — *Dépôts de forçats* : St.-Martin-de-Ré (Char.-Inf.). — *Colonies publ. d'éducation pénit. de jeunes gens* : Aniane (Hér.) ; Auberive (Hte-M.) ; Belle-Isle (Morb.) ; Les Douaires (Eure) ; St.-Bernard (N.) ; St.-Hilaire (Vendée) ; St.-Maurice (L.-et-C.) ; Le Val d'Yèvre (Cher) ; Eysses (L.-et-G.). — Écoles de préserv. pour les jeunes filles : Clermont (Oise) ; Doullens (Somme) ; Cadillac (Gir.).

Prisons de la Seine. — Régie des Prisons de Paris, faub. St.-Denis 107. — Maison de Dépôt et d'Arrêt près la Préf. de Police ; Infirmerie Spéciale des aliénés ; Enfants égarés et abandonnés. — Dépôt judic. : quai de l'Horloge, 3. T. Gob. 21-66. — Maison d'Arrêt et de Correction cellul. de la Santé, r. de la Santé, 42. T. Gob. 04-59. — Maison d'éducation correct. (Petite Roquette), r. de la Roquette, 143. T. Roq. 01-95. — Maison d'Arrêt et de Correction de Saint-Lazare, faub. St.-Denis, 107. T. Gut. 08-67. — Maison de Justice (Conciergerie), quai de l'Horloge, 1. T. Gob. 21-33. — Maison de Correction cellul. de Fresnes-les-Rungis (Seine). T. Gob. 02-99.

Ministère des Affaires Étrangères.

Départ. distinct depuis 1588. Organ. actuelle : décret du 12 mai 1891, modifié depuis partiellement.

(Quai d'Orsay, 37 et rue de l'Université, 130 (VIIe) T. Saxe. 24.00,01,02,03. — Bureaux ouverts de 9 h. à 17 h.).

Ministre : A. Millerand, député (vendr. de 10 à 12 h.).

Cab. du Min. (ouvert et analyse des dépêches ; audiences du Min. ; relations avec le Parlement et la Presse). — *Chef du Cab.* : Eug. Petit. — *Chefs-adj.* : Vignon, Carteron.

Secr. gén. : Paléologue, amb. — Cabinet. *Chef* : de Montille.

Bur. du Personnel (Personnel ; propos. des agents dans la Lég. d'Honneur ; rédaction de l'Annuaire). *Chef* : Lemonnier, ✱, *cons. gén.*

Bur. du Courrier (Départ et arrivée des Corresp. et Courriers). *Chef* : Villet ✱, C. G.

Serv. du Protocole (Cérémonial : Etiquette et Préséances Prés. de la Rép. et Min. des Aff. Etr. ; réception des ambass. et membres du corps diplom. étr. ; présentation des étrangers ; Propos. dans la Lég. d'Hon. des Français résid. à l'Etranger et des étrangers ; Décor. étr. ; Expéd. des lettres de créance, de rappel et de recréance ; des traités, conventions, etc. *Chef* : Becq de Fouquières, ✱, *min. plén.* (Merc. & Vendr. de 14 à 17 h.).

Dir. des Aff. Polit. et Commerc. : *Dir.* : Berthelot (t. l. j. de 10 h. 30 à 11 h. 30 et de 16 à 17 h.). *Dir. adjoint* : de Peretti de la Rocca, min. plén. — Bureau du Chiffre. *Chef* : Vignon, ✱, *cons. d'amb.* — *Sous-Dir. d'Europe* : (Instruct. et centralis. des renseignements ; corresp. et travaux polit. concern. les pays d'Europe. — Questions de droit ; intern. public ; arbitrages ; Cour de la Haye). *Sous-Dir. adj. au Dir.* : Feydeaux. — *Sous-Directeur d'Afrique* : Caron de Beaumarchais. — *Sous-Dir. d'Asie et d'Océanie* (Corresp. et travaux polit. commerc. fin. et contentieux). *Sous-Dir.* : Gout, ✱, *min. plén.* — *Sous-Dir. d'Amérique* (Corresp. et trav. polit. commerc., fin. et contentieux). *Sous-Dir.* : Gauthier, ✱, *cons. gén.* — *Serv. des communic.* (Presse-Public). N... — *Sous-Dir. des Archives* (contemp. et histor.) Piccioni (O. ✱), *min. plén.* — Jurisconsultes du Départ^t (Droit Intern.) : Weiss (O. ✱), Fromageot, ✱.

Service de Guerre (Convent. de la Haye. Surveil. navig. Transfert de pavillon), *Dir.* : Gout., *min. plén.*

Dir. des Aff. administr. et techn. : *Dir.* : Herbette (O. ✱) *min. plén.* (t. l. j. de 16 à 17 h.). Sous-Dir. des Unions Intern. et Aff. consul. (Conv. de Genève, protect. des œuvres littér. et artist., de la propr. industr., de la protect. du trav., Union post., Conv. des poids et mesures. — Séquestre des biens des sujets ennemis (moins Ottomans). — Main-d'œuvre étr. en France. Alsace-Lorraine, Croix-Rouge). *Sous-Dir.* : Péan, ✱, *cons. gén.* — *Office des Biens Privés en pays ennemis et occupés*, (r. Edouard VII, 2). Alphand, *cons.* — *Sous-Dir. des Aff. de Chancell. et du Content. Admin. Sous-Dir.* : Hermitte. — 1° *Bureau des Aff. Admin.* (Droits consul. et de chancell. Mariages. Serv. milit. Sursis, allocations, passeports, rapatriements, secours). — 2° *Bur. des Aff. d'Etat-civil* (Législ. et Visas, mariages, décès, successions). — 3° *Bur. du content. admin. et du serv. milit.* (Extraditions, expulsions, actes judiciaires ; assistance ; déserteurs et insoumis. Retrait de naturalis. Réquisit. Dommages de guerre). N...

Commissariat général de la Propagande et de l'Information (Maison de la Presse), 3, rue François Ier.

Dir. de la Comptabilité : Dir. : Régnier, *insp. des fin.* (Mercr. & Vendr. de 10 à 12 h.). — Bur. de la correspond. et de l'ordonnance. *S.-Chef* : Pique, ✱. — Bur. de la liquid. des dépenses et des traitements. *Chef* : Mabire ✱. — Bur. de l'agent compt. des chancel. *Chef* : Doyen, ✱, *cons.* — Service intér. et matériel : *Chef* : Chappé.

Serv. du controle Télégr. et post. : *Chef* : Edm. Toutain, ✱, *min. plén.*

Ministère de l'Intérieur.

Ancien min. de la Maison du roi. — Dénommé min. de l'Intérieur depuis le 7 août 1790.

Pl. Beauveau, r. des Saussaies, 11 et r. Cambacérès, 7, 11 et 13. T. Gut. 03-20 (hôtel du Min.) 03-21 à 25. — Bur. ouverts de 9 à 18 h.

Min. : Steeg, *sénateur* (mercr. de 9 h. 30 à 11 h. 15).

Cabinet du ministre. Chef : Kampmann. — *Chef-adj.* : Jean Ythier. — *Chef du Secr. part.* : Dubroca.

Bureau du Cabinet : (Promulg. des lois ; central. des décrets ; insertions ; état civil ; égalis. des signatures ; subventions aux Stés de tir, de prépar. mil., de gymn., de sport ; archives du min. ; dénombrement de la popul. *Chef* : Ardouin.

Serv. de la Presse : imprimerie et librairie ; dépôt légal. *Chef* : Vilar.

Dir. du Personnel 1er Bur. : (Personnel de l'admin. centrale et de l'admin. préfect. Distinctions honor. — 2e Bur. : Admin. gén. ; aff. politiques ; élections ; honneurs et préséances, serv. intérieur). *Dir.* : Canal (mercr. et vendr. de 9 à 12 h.).

Dir. du Contrôle et de Comptab., r. Cambacérès, 13. *Dir.* : Piette, ✱ (mercr. et vendr. de 10 à 12 h.).

Serv. Central de l'Inspection gén. des Services admin. (Personnel de l'inspection gén.).

Contrôle des Dépenses engagées. (1er Bur. : Budget. — 2e Bur. : Comptabil. centrale) *Contr.* : Imbert, insp. gén. des serv. admin. — Caisse centr. du Min., r. des Saussaies, 11.

Dir. de l'Admin. départ. et communale, r. Cambacérès, 7 (1er Bur. : Affaires et comptab. départ. : routes : ch. de fer ; tramways. — 2e Bur. : Admin. financ. des communes : emprunts et impos. ; octrois ; taxes de remplac., budgets et comptes. — 3e Bur. : Aff. gén. communales ; reconnaissance des établ. d'utilité publique ; sapeurs-pompiers. — 4e Bur. : Contentieux des départ. et communes ; voirie vicinale et rurale. — 5e Bur. : Cultes. — 6e Bur. : Associations ; déclar. et reconn. d'utilité publ. ; congrégations) *Dir.* : Hendlé ✱, cons. d'Etat (mercr. et vendr. de 9 h. 30 à 11 h. 30).

Dir. de la Sûreté gén., r. des Saussaies, 11. (1er Bur. : Personnel. Organis. gén. de la force publ. ; police des ch. de fer et des ports ; police rurale. — 2e Bur. : Police gén. Complots ; manifestations ; réunions publ. ; congrès ; affichages ; interdiction de circul. de journaux ; menées anarchistes ; bourses du travail ; grèves ; aviation et aérost., mesures de police ; associations ; réglem. des jeux ; nomades ; interd. de séjour ; extrad. ; libération condition, relégation ; armes, poudres et explosifs ; transports de corps ; contrôle gén. et police des étrangers ; sûreté nationale ; déserteurs ; colombophilie. — 3e Bur. : Police admin. ; émigration ; protection des animaux ; loteries ; passeports ; rapatriement des Français ; bureaux de placement ; circul. des autos ; règlement des cafés, cafés-concerts, débits de boissons ; contrôle des voyageurs dans les hôtels ; prostitution ; outrages aux bonnes mœurs ; intervention admin. dans l'intérêt des familles.) *Dir.* : Labussière ✱ (mardi, mercr. et vendr. de 10 h. 30 à 12 h.).

Serv. des Aff. algériennes, r. Cambacérès, 7. (1er Bur. : Aff. polit. et financ. ; aff. indigènes et milit., personnel ; distinctions honor. ; municip. et mairies ; élections ; finances ; œuvres spéciales intér. les indigènes ; territoires du sud. — 2e Bur. : Aff. admin. et économ. assistance et hygiène publ. ; police et sûreté gén. ; admin. pénitent. ; mutualité agric. trav. publ. ; commerce et travail ; justice ; cultes ; douanes, etc.) *Chef de serv.* : G. Bèze, ✱

Serv. extér. : Journaux officiels, quai Voltaire, 31. T. Saxe 25-08. *Dir.* : Peycelon, ✱. (*V.* Presse, Journaux officiels). Etabl. nat. de bienfaisance, Asiles, Aliénés (*V.* Assistance) Etabl. Thermaux (*V.* Tourisme).

Sous-Secrétariat d'État de l'Intérieur.

S.-Secr. d'Etat : R. David, député.

Cabinet. Chef : Gellion. *Chef-adj.* : E. Maljean. — *Chef du Secr. part.* : Bruneteaux. — *Chargés du service parl.* : Angéli. Strauss.

Ministère des Finances.

établi par la Constitution de l'an III; divisé en 1802 en ministère des finances pour les recettes et en ministère du trésor public pour les dépenses ; fondu en un seul département en 1814.

R. de Rivoli, Palais du Louvre. T. Gut. 05-30 et 05-31 (Cabinet du Ministre). Bureaux ouverts de 9 à 17 h.

Ministre: François-Marsal (mercr. de 10 à 12 h.).
Chef du Cab. du Min.: Petit, insp. des finances (vendr. de 10 à 12 h.).
Chefs-adj.: Ribière; Escallier. — *Chef du Secr. part.:* Chadenet.
Travaux législ. Contentieux et Agence judiciaire. T. Gut. 05-32. *Chef du Serv.:* Blanchon (O. ✻) (mercr. et sam. de 11 h. 30 à 14 h.).

Inspection Générale des Finances: (Vérif. des serv. financiers, Missions spéciales. — Relations avec les admin. centrales. Contrôle financier des Cies de Chemins de fer). *Chef:* Maret, ✻, *insp. des fin.*

Dir. du Personnel et du Matériel: T. Gut. 05-32, 1er Bureau (Bur. du Personnel; Admin. centrale, Comptables directs, Trésoreries d'Algérie et de Cochinchine. Trésoriers coloniaux. — Percepteurs; contrôle du Personnel des Admin. fin.). 2e Bur.: (Matériel, Impressions. Contre-seing). *Dir.:* Nadaud (lundi, mercr. et vendr. de 10 à 12 h.).

Dir. du Contrôle des Admin. fin. et de l'Ordonnancement: T. Gut. 05-32. 1er Bur.: (Portefeuille des douanes, des contrib. indirectes, des lab.; des man. de l'Etat et de l'Imprimerie Nat.). 2e Bur.: (Portefeuille de l'enregistr., des contrib. directes, des monnaies et médailles). 3e Bur.: (Ordonnanc. et comptabil. des dépenses du min.). *Dir.:* Lèbe-Gigun, ✻ (mercr. et vendr. de 10 à 12 h.).

Dir. du budget et du contrôle financier. Dir: Denoix ✻, *Dir.-adjoint:* Suzane.

Dir. du Mouvement Gén. des Fonds: T. Gut. 05-32: 1er Bur.: (Bureau Central). 2e Bur.: (Serv. extérieur et écritures). Dir.: Célier, (O. ✻).

Dir. de la Comptabilité Publique: 1er Bur.: Bur. Central et du Budget. 2e Bur.: Ecritures centrales. 3e Bur.: Comptab. des Trésoriers-payeurs gén. 4e Bur.: Perception des Contrib. directes et des amendes: serv. des receveurs des communes et établ. publics. 5e Bur.: comptab. de l'Algérie, des colonies et des ch. de fer de l'Etat. 6e Bur.: Comptab. des Contrib. indirectes, des Douanes, de l'Enregistrement, des P. T. T. 7e Bur.: Retraites ouvrières et paysannes. *Dir. gén.:* Dartiguenave (mard. et sam. de 10 h. 30 à 12 h.).

Dir. de la Dette Inscrite: T. Gut. 05-33. I. Dette perpétuelle et amortissable. 1er Bur.: (Bur. Central, du Double du Grand-Livre et des Cautions). 2e Bur.: (Grand-Livre, Transferts et mutations, Reconversions et Renouvellements, Serv. des titres des ch. de fer de l'Etat.) — II. Dette viagère, Pensions, Liquid. Inscription. *Dir.:* Pion (C. ✻) (mercr. et vendr. de 10 à 12 h.).

Caisse Centrale du Trésor Public: T. Gut. 05-39. Rentes 1er Bur. Bur. Central. 2e Bur.: Vérif. et Contentieux des dépenses. 3e Bur.: Opérations en Numéraire. 4e Bur.: Portefeuille du Trésor. 5e Bur.: Comptab. (Ordon. et valeurs du Trésor, des arrérages de la Dette publ.: 1° coupons de rentes mixtes au porteur et de valeurs du Trésor; 2° rentes nomin.; 3° pensions civiles et militaires, Légion d'honneur). Serv. des émissions de la Défense nat.; *Caissier-payeur central:* Degournay (O. ✻) (t. l. j. de 10 h. 30 à 12 h.).

Contrôle central du Trésor Public: 1° Contrôle de la Caisse centrale de la Dette inscrite; 2° Bur. des Oppositions. *Contr. Central:* Thirion, ✻ (mercr. et vendr. de 10 h. à 12 h.).

Dir. Gén. des Caisses d'amortissement et des dépôts et consign., r. de Lille, 56 et quai d'Orsay, 3. *Dir. gén.:* Delatour (G. O. ✻).

Serv. des Laboratoires du Min. des Finances, r. de la Douane, 11. Tél. Nord 42-46. *Chef:* Bordas (O. ✻).

Sous-Secrétariat d'État des finances.

S.-Secr. d'Etat.: E. Brousse, député.
Cabinet. Chef: Edouard Labouchère. — *Chef du Secr. part.:* Charles Brousse.

Administrations et services dépendant du Min. des Finances.

Dir. gén. des Contrib. directes: Pavillon Colbert. T. Gut. 05-38. 1re Div. Législation et Service gén. — Contentieux. — 2e Div.: Répartement, Rôles, Budget et comptes des Recettes; Evaluations foncières; Comptab., Cadastre; Budget et comptes des dép. *Dir. gén.:* Baudoin-Bugnet (O. ✻) (mercr. et vendr. de 9 h. 30 à 11 h. 30).

Dir. gén. de l'Enregistr. des Domaines et du Timbre. Pl. Vendôme. 1re Div.: (Trav. des

Dép.; timbre, cautionnements; budget, droits de transmission : impôt sur le revenu; droits de timbre ; opérations de bourse; cautionnements des cons. d'hypothèques). — 2e Div. : (Droits d'Enregistr. sur les actes civils publics, actes admin., actes judiciaires et extra-judiciaires ; actes sous-seing privé, locations verbales et cessions de fonds de comm.; mutations par décès). — 3e Div. : (Anciennes listes civiles ; forêts ; successions vacantes et en déshérence ; contumaces ; mobilier de l'Etat ; domaines de l'Etat ; congrégations religieuses et séquestre). — 4e Div. : (Liquidation des biens des congrégations religieuses dissoutes : séquestre des biens austro-allemands). *Dir. gén.:* M. Deligne (O. ✻).

Dir. gén. des Douanes: Pav. de Rohan. T. Gut. 05-32. 1re Div. (Tarifs et conventions; navigation et admissions temporaires ; colonies ; primes ; sels et pêches ; statistique commerciale ; régimes spéciaux). 2e Div. (Serv. gén. ; frontières de terre ; ports et côtes). *Dir. gén.:* Bolley (O. ✻) (lundi de 10 à 12 h.).

Dir. gén. des Contrib. indirectes: Pl. du Carrousel. T. Gut. 05-37. (Bureau Central; Bur. du Personnel : nominations et retraites ; bureaux de tabac et recettes buralistes). 1re Div. Serv. gén. départements et contentieux. — 2e Div. : Législation et statistique gén. ; sucres et distilleries; monopoles ; octrois). *Dir. gén.:* G. Bley (C. ✻), cons. d'Etat en serv. extraord. (mercr. et vendr. de 9 h. 30 à 11 h. 30).

Dir. gén. des Manuf. de l'Etat: T. Gut. 05-39. 1re Div. (Tabacs ; achats ; magasins de transit. ; transports ; culture ; mag. de tabacs en feuilles indigènes). 2e Div. : (Manuf. des tabacs et d'allumettes). *Dir. gén.:* Ricaud (O. ✻) (mercr. et vendr. de 10 à 12 h.)

Admin. des Monnaies et Médailles: quai de Conti, 11. T. Gob. 21-37. *Dir.:* Bouvier, ✻ (mardi, mercr., vendr., et samedi de 9 à 12 h.). (Correspondance admise en franchise) *Commission de Contrôle de la Circulation Monétaire.* (*v. Monnaies*).

Imprimerie Nationale, r. Vieille-du-Temple, 87, et r. de la Convention, 27. T. Arch. 01-19 (Dir.) et 19-53. (Impression, distrib. des lois, ordon., régl. et actes du gouv. ; des effets et des valeurs émises par le Trésor public. — Impression aux frais des auteurs, sur autor. spéciale du min. des Finances, des ouvrages composés en tout ou en partie de caractères étrangers, ou présentant des difficultés particulières d'exécution). *Dir.:* Mouton, ✻ (mercr. et vendr. de 11 à 12 h.).

Recette centrale des fin. du dép. de la Seine: pl. Vendôme, 16. *Rec. central:* de Celles (O. ✻.) (Caisse ouverte de 9 h. à 15 h.). *Recette des droits universitaires*, quai des Grands-Augustins, 25. (*Dir. des Contrib. directes et du Cadastre du dép. de la Seine*, quai de Tournelle, 27. T. Gob. 18-04. *Dir.:* Arnoux (O. ✻). — *Dir. des Contrib. indir. du dép. de la Seine*, r. du Cloître-Notre-Dame, 6. T. Gob. 18-05 (de 10 h. à 17 h.). *Dir.:* Lachambre (O. ✻). — *Dir. des Droits d'entrée. Dir.:* Quennec (O. ✻). — *Sous-dir. de la Garantie des matières d'or et d'argent*, r. Guénégaud, 4. T. Gob. 21-58. *Sous-dir.:* Cheffaud. — *Dir. des Douanes de Paris*, r. de l'Entrepôt, 14. T. Nord 31-56. *Dir.:* Margerin. — *Dir. de l'Enregistrement et du Timbre du dép. de la Seine*, r. de la Banque, 13. T. Gut. 21-40. — *Dir.:* Grilhot. *Dir. des Domaines, Atelier gén. du Timbre et Service des* [illegible]*dations des Congrégations*, r. de la Banque, 9 et 11. T. Gut. 0-11. *Dir.:* Jobit (O. ✻).

Ministère de la Guerre.

Créé en 1620, remplacé par un Conseil de guerre de 1715 à 1718 ; supprimé fin 1794, rétabli en 1795, dédoublé (1902) en min. de la guerre et min. de l'admin. de la guerre, unifié à nouveau en 1814.

Rue Saint-Dominique, 14 (cab. du Ministre) ; boul. St-Germain, 231 (entrée des bureaux). T. Saxe 24-14 et 15, 38-50 et 51 (cab. du Ministre). Saxe 24-16 (secr. partic.). Bureaux ouverts au public les mardi et vendredi de 14 à 16 h. au serv. de l'enregistr. et des renseign., r. St-Dominique, 14.

Ministre: André Lefèvre, député (*armée*, lundi sur lettre d'audience, *Parlement*, mercr. de 9 à 11 h.).

Cabinet militaire: Etat-Major particulier, Sces du courrier télégr. ; du chiffre; Inspection permanente des services d'information milit. à l'intérieur et aux armées ; Commissariat spécial ; Service des autos ; Service des fabriques de guerre, r. Saint-Dominique, 14. *Chef du Cab.:* général Penet. *Chef-adjoint:* Colonel Tison. *Sous-chefs:* Lt-Col. Noguès, Lt-Col. Huntziger.

Cabinet civil: Parlement ; Personnel de l'Admin. centrale et Matériel. *Chef du Cab.:* G. Bourdila. *Chef du Secr. part.:* Rémi Morin. *Secr. gén.:* de Boysson. *Chefs adj.:* Paul Dupuy ; Paul Caillet.

Bureaux du Cab. du Min. (1er bur. : Courrier ; 2e, Décorations ; 3e, Questions de principe, Officiers généraux ; 4e, Œuvres militaires diverses. *Sous-dir.:* N............

Direction Générale des Services, 14 et 16, r. St.-Dominique (Comité de Guerre Office interministériel ; Office du contrôle général ; Centre d'action de propagande contre l'ennemi. *Directeur général :* le Contrôleur général de Lavit.

Commissariat général à la Sûreté nationale, 28, r. de Martignac. *Commissaire général :* M. Winter ✻.

Services du Personnel et du Matériel de l'admin. centrale, 10, r. St.-Dominique. *Chef :* Devillaine.

État-major de l'Armée.

Bd. Saint-Germain, 231 (1er, 2e et 3e bureaux). *Chef d'État-Major général :* général de div. Buat (C. ✻) (mercr. et sam. de 11 à 12 h.). *Sous-chefs d'État-Major* : Général de div. Gassouin ; Général de brig. Duval ; Général de brig. à t. t. Serrigny.

Missions : Section d'études de la presse étrangère, 3, r. François-Ier ; Section des courriers extérieurs, 231, bd. St.-Germain.

4e bureau (1re section A. transports militaires et questions américaines ; 1re section B: Section d'Orient et questions de frêt maritime ; 2e section : Sursis intéressant les chemins de fer ; 2e Section *bis :* Comptabil. et budget des chemins de fer ; 3e Section : Contentieux, Service Postal et colis-postaux ; Trésor et Postes ; Transport des permissionnaires ; 5e Section : Dons Croix-Rouge-Wagons spéciaux ; 6e Section : Navigation, Ports maritimes, Réseaux routiers ; 6e Section *bis :* Evacuations des populations civiles, transport des ouvriers ; transport des corps ; Services techniques ; Services de l'Exploitation ; Service de la voie et des travaux ; Services du matériel et de la traction ; Service des messages téléphonés. — 231, bd. St.-Germain.

Section du Service d'Etat-Major ; Section d'Afrique ; Section historique, 231, bd. St.-Germain. — Bureau des Sursis, 258, bd. St-Germain. — Bureau Slave, 231, bd. St.-Germain. — Bureau spécial franco-américain, 231, bd. St.-Germain.

Services d'Alsace-Lorraine : 1re Section : Service de Propagande, 1, r. de Villersexel 2e section : Service administratif, 48, av. de Saxe ; 3e Section : Service militaire, 48, av. de Saxe.

Inspection de l'instruction de l'infanterie à l'intérieur, 48, av. de Saxe.

Directions des Armes.

Dir. de l'infanterie (Cabinet ; Section d'Instruction et d'entraînement physiques ; Commission d'inspection des centres de rééducation physique et militaire. Personnel. Recrut. ; établ. de l'inf. et personnel des off. des réserves ; *Dir. :* colonel Lagrue (O. ✻) (mercr. et sam. de 10 à 12 h.).

Dir. de la cavalerie (Personnel, 231, bd. St.-Germain ; Remontes, 31, r. de Constantine ; Sous-Dir. de la Gendarmerie, 272, bd. St. Germain : Inspection gén. permanente des Remontes et Inspection vétérinaire, 31, r. de Constantine). *Dir. :* général Trutat.

Dir. de l'Artillerie. Dir. : Général Maurin (A. Direction, Cabinet du Directeur : Bureau Organisation et Mobilisation ; 1er Bureau, Personnel), 252, r. de Vaugirard ; Section franco-américaine, 21, r. Casimir-Périer ; Bureau technique, 252, r. de Vaugirard. — . . Sous-dir. du Service automobile (Personnel, Matériel), 254, r. de Vaugirard. — C. Sous-dir. de l'Artillerie d'assaut ; Bureau de l'Organis. et de la Mobilis. ; Bureau technique, [illegible], r. de Vaugirard.

Dir. du Génie. Dir. : Général Jullien (Cabinet du Directeur, Personnel, Matériel, 231, bd. St.-Germain ; Dir. du matériel des baraquements de cantonnement et de camouflage, 1, r. Huysmans ; Dir. du matériel du Génie, Hôtel des Invalides, corridor de Metz ; Dir. du matériel et de la télégr. milit., 51 *bis*, av. de Latour-Maubourg ; Dir. des études et du matériel spécial du génie, 39, r. de Bellechasse.

Dir. des troupes coloniales (Bureau technique ; Personnel de l'inf. col. ; personnel de l'art. col., de l'intendance et du serv. de santé des tr. col., 10, r. St.-Dominique ; travailleurs col., 9, av. de la Bourdonnais. *Dir. :* général Larroque (mercr. et sam. de 10 à 12 h.).

Direction de l'Aéronautique mil. et mar., boul. St-Germain, 280. — *Dir.* : général Dumesnil.

1er Bureau : Aérostation, personnel et matériel ; 2e Bureau : Matériel ; 3e Bureau : Section admin. ; 4e Bureau : Organisation générale et personnel de l'aviation ; 4e Bureau : Sursis ; 5e Bureau : Bureau des Alliés ; Bureau des approvisionnements gén. de l'aéronautique ; Inspection des études et expériences ; Bureau de Défense contre Aéronefs ; Bureau des Renseignements et Statistiques industriels ; Service central des fabrications de l'Aviation, 38 et 40, r. Scheffer ; Service technique et industriel de l'Aéronautique maritime, 280, bd. St-Germain ; Service industriel de l'Aéronautique, 282, bd. St.-Germain ; Commission de l'Aéronautique civile, 106, r. de l'Université ; Inspection gén. des Dépôts et Ecoles d'Aviation, 2, r. St.-Thomas-d'Aquin.

Dir. de l'Intendance Milit. Dir. : Vinel, intendant général, r. St.-Dominique, 10 (Cabinet, Missions, Contentieux et Sous-Dir. du Personnel et de la Mobilisation). — S.-Dir. des Subsistances, boul. des Invalides, 4. *Sous-Dir. :* Macaire, Sous-Intendant de 1re cl. — S.-Dir. de la Solde et des Transports, r. St.-Dominique, 10. *Sous-Dir. :* Hermann, Sous-Intendant de

1re cl. — S.-Dir. de l'Habillement, r. St-Dominique, 10. *Sous-Dir.:* Montet, Sous-Intendant de 1re cl. — Inspection gén. de l'habillement, bd. des Invalides, 8 ; Inspection gén. des Cantonnements, r. Franklin, 16. — Inspection gén. de l'Intendance aux armées bd. des Invalides, 15.

(Dir du Contentieux et de la Justice milit. ; Bureau de la Justice milit., Direction des Contentieux ; Bureau du Contentieux et des réparations civiles, ; Secrétariat de la Commission des emplois réservés. *Dir :* Filippini.

Dir. du Service de santé. 30, av. Marceau. Tél. Passy 18-05. *Dir. :* médecin ppal. Toubert.

(I. Cabinet ; Courrier parlement. ; Dons, œuvres et concours étrangers ; II. Personnel officiers (nomination, affectation) ; Personnel troupe ; Personnel de la Croix-Rouge et infirmières militaires et bénévoles ; III. Services techniques : Hospitalisation ; Médecine ; Chirurgie ; Appareillage et rééducation des mutilés ; Bureau des armées ; Section franco-américaine ; Section des gaz ; IV. Comptabilité et main-d'œuvre civile ; V. Serv. du matériel sanitaire et de ravitaillement : Matériel sanitaire ; Pharmacie ; Alimentation et objets de consommation ; Ateliers généraux et Service automobile ; Contrats et marchés ; Office des renseignements du Service de Santé.

Dir. des Approvisionnements, des Fabrications et des Etabl. centraux du Service de Santé, 4, r. Casimir-Périer. *Dir.* Lascoutx. Médecin principal (1er Bureau, 27, r. Casimir-Périer ; 2e Bureau : Matériel et 3e Bur. Alimentation, 4, r. Casimir-Périer). Direction du Service de Santé du Gouv. milit. de Paris : 9 av. Franco-Russe. — Bureau milit. de la Croix-Rouge, 262, bd. St.-Germain ; Serv. de Statistique médico-chirurgicale de l'armée, 147, r. de Courcelles ; Comité consultatif de Santé, 48, av. de Saxe ; Commission consultative médicale, 9 av. Franco-Russe ; Bureau de Comptabilité du Service de Santé des armées, 1, r. Lacretelle.

Serv. géographique de l'armée, r. de Grenelle, 140 (Trav. géodésiques ; levés ; trav. de gravure dessin, photogr., héliogr. et impr. relatifs à la publication des cartes). *Dir.* : Colonel Bellot.

Gouvernement militaire de Paris.

A l'hôtel nat. des Invalides. *Gouv. de Paris et comm. des armées de Paris* : gén. Berdoulat (O. ✻). — Place de Paris, *gén. adj. au gouv. mil., comm. la place* : gén. Trouchaud. Dép. de la Seine, *comm.* gén. Lacotte (O. ✻). — *Comm. l'art de la place et des forts de Paris* : gén. Falque (O. ✻). — *Comm. le génie du gouv. mil. de Paris.* gén. Calcni. *Dir. du serv. de l'intendance*, boul. de la Tour-Maubourg, 51 *bis* — *Recrut. et mobil. de la Seine*, r. St-Dominique, 71. — *Justice mil.*, boul. Raspail, 56. — *Dir. du serv. de santé*, boul. Pasteur, 16. T. Saxe 17-90 et 72-80.

Ecoles sup. de guerre, École polytechnique, École spéciale mil. (St-Cyr). *École mil. de l'art. et du génie* (Fontainebleau). *Ecole d'applic. de cav.* (Saumur). *Ecole mil. d'inf.* (St-Maixent). *Ecole d'applic. du serv. de santé mil.* (Val de Grâce), *Prytanée mil. de la Flèche*, etc. (V. Enseignement. — Ecoles militaires).

Ministère de la Marine.

Secrétariat d'État le 14 sept. 1547, supprimé en 1579, rétabli en 1588. Constitué en département unique de la marine en faveur de Colbert, en 1669 ; remplacé par le Conseil de Marine (sept. 1715-mars 1723) ; érigé en min. de la Marine (loi du 25 mai 1791, décret du 10 vend. an IV (2 oct. 1795), organisé par la loi du 24 juillet 1843, réorganisé par les décrets des 3 mars 1882 et 31 janv. 1902.

Sous-secr. d'État à la Marine créé par décret du 24 juil. 1909 et Sous-secr. d'État à la marine marchande créé par décret du 28 mars 1918, rattaché au Min. du Commerce par décret du 5 juil. 1917.

R. Royale, 2.-T. Gut. 10-12 à 14. Appart. du ministre. Gut. 10-15.-Bur. ouverts de 9 à 11 h. 30 et de 14 à 16 h. 30.

Ministre : Landry, député (mercr. de 9 à 12 h.).
Chef du cab. milit. : contre-amiral Grandclément.
Chef du cab. civil : J. M. Bouchard. — *Sous-Chef :* Kervella.
Secr. part. : Battestini. — Att. : Mlle. H. Landry.

Cab. et Correspondance gén. : Chef : Joubert ✻. — Serv. du Content. : *Chef :* Trayer (O. ✻). — Personnel de l'Adm. centrale et service intér. *Chef :* Giraud ✻. — Serv. des Archives, biblioth., publications. *S.-dir. :* Dagnaud (O. ✻).

Etat-major gén. de la Marine, chef d'état-major gén. : vice-amiral Salaun (C. ✻) (mardi, mercr. et vendr. de 14 à 15 h.). *Sous-chefs :* contre-amiral Le Vavasseur (C. ✻). Cap. de vaisseau Mottez (O. ✻)

Serv. hydrographique : r. de l'Université, 13. T. Saxe 25-04 (hydrogr. ; cartes et archives ; instruments scientif. ; météorol. nautique). *Dir. :* Renaud (C. ✻) (t. l. j. de 13 à 16, exc. le mercr. et le sam.).

Serv. du personnel mil. de la flotte (état-major ; équipages ; ordres et décorations ; corps et agents divers et de la justice mar.). *Directeur :* Féraud (O. ✻). — Serv. central de l'Intendance mar. (Personnel de l'intendance, solde et revues ; subsistances, habillement et casernement; approvision. de la flotte, des transports gén. et des affrétements). *Directeur :* Fontaine (O. ✻) commiss. gén. — Magasin central, 19, av. de Suffren. Serv. central de Santé. *Directeur :* médecin gén. Geay de Couvalette (O. ✻). Labor. central de Chimie, av. de Suffren, 17 et 19.

Dir. centrale des Constructions (T. Gut. 10-13). *Dir. :* Maurice (O. ✻), insp. gén. du génie mar. — *Serv. de la Surveillance des travaux confiés à l'industrie*, 8, av. Octave Gréard. *Dir. :* Croneau (O. ✻), ing. gén. du gén. mar. — *Dir. centrale de l'art.* (T. Gut. 10-12). *Dir. :* Lancret (O. ✻), ing. gén. d'art. navale (lundi, mercr. et vendr. de 15 à 17 h.). — *Serv. technique de l'art.* boul. Morland, 11. (T. Archives 34-48). *Dir. :* Bellat (C. ✻), ing. gén. — *Laboratoire central de la marine*, boul. Morland, 11 (T. Arch. 34-48). *Dir.* Leblond (O. ✻), ing. en chef. — *Ecole d'applic. d'art.*, boul. Morland, 11. *Dir. :* N..., ing. en chef. — *Insp. des fabric. d'art.*, boul. Henri-IV, 13 (T. Arch. 42-45). *Insp. :* Savary (O. ✻), ing. gén. — *Serv. central des trav. hydrauliques. Chef de serv. :* Coustolle (O. ✻), insp. gén. des Ponts-et-ch.

Dir. de la Comptab. gén. : (Budget ; bureau des fonds ; ordon. et dépenses d'outre-mer ; centralis. fin. et pensions ; comptab. des matières). *Dir. :* Dartiguenave ✻, insp. des fin. (t. l. j. depuis 16 h.). — *Serv. du Contrôle. Dir. :* Guimbelot (C. ✻), cont. gén. (lundi et vendr. de 15 à 17 h.).

Ecoles sup. de la Marine, navale, d'Applic, du Génie mar (V, Enseignement, Ecoles maritimes).

Ministère de l'Instruction publique et des Beaux-Arts.

Erigé en min. secr. d'Etat par ord. royale du 26 août 1824, était à ce moment sous la dir. du grand maître de l'Univ. — S.-Secr. des Beaux-Arts créé le 4 févr. 1879, érigé en min. des Arts, le 26 janv. 1882, rétabli en dir. le 7 janv. 1886, suppprimé à la chute du ministère de Freycinet ; rétabli le 24 janv. 1905 (min. Rouvier); supprimé le 15 nov. 1917 et rattaché au Min. de l'Instruction Publique.

110, r. de Grenelle. T. Saxe 25-05 à 07. *Serv. int.* Gut. 05-48. Bur. ouverts de 9 à 17 h.

Ministre : A. Honnorat, député (mercr. de 10 à 12, r. de Grenelle et sam., r. de Valois, 3).

Cab. du Min. Chef : Luchaire. — *Chefs-adj. :* A. Thiers ; A Trarieux. — *Chef du Secr. part. :* Giacobi.

Dir. de l'Enseign. sup. T. Saxe 25-05 (1er Bur. : Univ. fac. et écoles publ. d'Enseign. sup. ; Enseign. sup. libre. — 2e Bur. : Conseil sup., recteurs ; pers. de l'admin. acad. ; gr. établ. scientif. et litt. ; content. de l'ens. sup. : bibliothèques ; dépôt légal ; échanges intern. — 3e Bur. : Travaux hist. et scientif. ; soc. savantes ; missions ; matériel et comptabil. des dépenses des univ., fac., et écoles sup. de pharmacie. — 4e Bur. : Matériel et comptab. des établ. scientif. et litt. ; droits univ. ; caisse des recherches scientif. (prov. av. Rapp. 2). *Dir. :* Coville (O. ✻) (mercr. de 14 à 17 h.).

Dir. de l'Enseign. sec. — T. Saxe 25-05. (1er Bur. : Enseign. sec. des garçons et jeunes filles ; programmes ; aff. disciplinaires ; bourses et exemptions de frais d'études. — 2e Bur. : Pers. des lycées de garçons. — 3e Bur. : Matériel et Comptab. des lycées. — 4e Bur. : Admin. du person. des collèges comm. de garçons (prov. av. Rapp. 2). — 5e Bur. : Ens. sec. des jeunes filles. Person. et admin. fin.). *Dir. :* Bellin, ✻ (Parlement, le mercr. de 9 à 12 h. ; membres de l'Enseign. le jeudi de 14 à 16 h.).

Dir. de l'Enseign. prim. (1er Bur. : Person. de l'insp. acad., de l'enseign. prim. et prim. sup ; secours. — 2e Bur. : content. et discipline de l'enseign. ; organis. pédagogique ; examens. — 3e Bur. : Créations d'écoles et d'emplois ; constructions scolaires ; matériel d'enseign. — 4e Bur. : Person. de l'enseign. primaire élém. — 5e Bur. : Admin. et comptab. des écoles normales et normales sup. d'enseign. prim. ; bourses nat. et de séjour à l'étr.). *Dir. :* Laple ✻.

Dir. de la Comptabilité (1er Bur. : Comptab. de l'Instruct. Publ. — 2e Bur. : Comptab. des Beaux-Arts. — 3e Bur. : Pensions de retraite). *Dir. :* Lesage, ✻.

Conseil sup. de l'Instruct. Publ. — *Prés. :* le Min. — *V.-Prés. :* Lavisse G. O. ✻. *Secr. :* Coville (O. ✻), dir. de l'Enseign. Sup.

Institut de France. Acad. Française, des Inscriptions et Belles-Lettres, des Sciences, des Beaux-Arts, des Sciences Morales et Pol. (*V.* Corps Savants).

Ecoles spéciales. Acad. de Paris et régionales. Univers. de Paris, Facultés ; Lycées et collèges (*V.* Enseignement).

Direction des Beaux-Arts.

Rue de Valois, 3. T. Gut. 05-46 et 05-48. — Bur. ouverts de 10 à 18 h.

Directeur : Paul Léon (O. ✻).

Dir. des Services d'Architecture. — (1er Bur. : Bâtiments civils et palais nat. ; insp. gén. des bâtiments civils et palais nat. — 2e Bur. : Monuments histor. — 3e Bur. : Liquidation des dépenses et contentieux. — 4e Bur. : Contrôle des travaux).

Dir. de l'Enseign. et des Trav. d'Art. (1er Bur. : Trav. d'art ; musées et expos. — 2e Bur. : Enseign. et manuf. nat. — 3e Bur. : Théâtres ; Conserv. des Palais et mobilier nat.).

Conseil sup. des Beaux-Arts. Prés.: le Min. — *Conseil Sup. de l'Enseign. des Beaux-Arts.* Prés. : le Min. — *Conseil des Musées Nat.* Prés. : Bonnat (G. O. ✻) de l'Institut.

Palais et Musées Nat. (*V.* Beaux-Arts).

Admin. du Mobilier Nat., quai d'Orsay, 103. T. Saxe 00-09. *Admin.:* Dumonthier (O. ✻). — Dépôt des Marbres, r. de l'Université, 182. *Cons.:* B. Marcel. — Commissariat des Expos. des Beaux-Arts en France et à l'étr. Grand Palais, porte C. av. d'Antin. T. Wagram 41-74. *Commissaire :* A. Saglio.

Sous-Secrétariat de l'Enseignement technique.

110, r. de Grenelle. T. Saxe 25-05.

Sous-Secr. d'Etat : Coupat.

Cabinet. Chef : Heligon ; *chef-adjoint :* Jean Rémond ; *chef du Secrét. part.:* Jean Gautier

Direction de l'Enseign. Technique: Dir. Labbé (O. ✻) (lundi et vendr. de 9 h. à 11 h.) *S.-Dir.:* X... 1er Bur. : Serv. gén. de l'enseign. technique (Législ., insp., cours, profess., etc.). Inspect. de l'Enseign. techn., Subv. pour outill., matériel, aux écoles pratiques de comm. et d'indust. — 2e Bur. : Etabl. d'enseign. technique sup. et second. ; Écoles nat. profess. ; Conservatoire nat. des Arts et Métiers ; Ecole Centrale ; écoles sup. de comm. et d'industrie ; nat. d'arts et métiers, profess. ; nat. d'horlogerie. — Bourses. Chef de Bur. : Bourbon ✻. — 3e Bur. : Ecoles pratiques ; de commerce et d'ind. ; pratiques profess. de la Ville de Paris ; normales d'enseign. technique ; bourses.

Conseil sup. de l'Enseignt. technique. Prés. : le S.-Secrétaire d'État.

Ministère des Travaux publics et des Transports.

Services répartis depuis la Révolution entre le min. de l'intérieur et celui du commerce et des travaux publics ; érigé en min. des travaux publics depuis juillet 1860 et min. des travaux publics et des transports depuis 1916.

Boul. St-Germain, 244 et 246. T. Fleurus 12-24. Bur. ouverts de 9 à 18 h.

Ministre : Le Trocquer, député (mercr. de 10 à 12 h.).
Secr. général : Mahieu, *insp. gén. des Ponts-et-chaussées.*
Cabinet. Chef : Collard-Hostingue. — *S.-chefs :* Evrard, Benoit.
Chef du Secr. part.: Carl.

Serv. du Personnel et de la Comptabilité. — T. Saxe. 27-01. (*Personnel.* 1er Bur. : Admin. centrale ; ing. des ponts et ch. ; écoles. — 2e Bur. : sous-ing., conducteurs, adjoints. — 3e Bur. Pensions, secours, retraites, accidents et conditions du travail. — *Comptab.* 1er Bur. : Budget. — Travaux législ. — 2e Bur. : Demandes de fonds ; ordonnancements : Comptab. des ponts et ch. et des mines. — Serv. int.). *Dir.* chargé des services : Chardon (C. ✻) *cons. d'Etat* (mercr. de 10 à 12 h.).

Comité de Content. et d'Etudes juridiques. Prés. : Rousseau, cons. d'Etat.

Conseil gén. des Ponts et Chaussées. Prés.: le ministre. — *V.-Prés.:* Alexandre (G. O. ✻), *insp. gén. des Ponts et Ch.*

Office national du Tourisme. r. de Surène, 17, T. Elysées 44-15. (V. Tourisme).

Conseil sup. des Trav. publics, Prés.: le Ministre. — *V.-Prés.:* Charguéraud (G. O. ✻), *insp. gén. des Ponts et Ch., cons. d'Etat.*

Nivellement gén. de la France, r. Vauvenargues, 1. T. Marc. 11-11. *Dir.:* Lallemand (G. O. ✻), insp. gén. des mines, membre de l'Institut.

Serv. des Chemins de fer et des voies ferrées d'intérêt local. T. Saxe 27-01 à 03. — *Dir.* Constantin (O. ✻), *ing. en chef des Ponts et Ch.* (mardi et vendr. de 10 à 12 h.).

1° *Chemins de fer d'intérêt gén.* (1er Bur. : Concessions, budgets et vérif. des comptes. — 2e Bur. : Travaux à exécuter dans la zone des armées. — 3e Bur. : Travaux à exécuter dans la zone de l'intér. et sur les réseaux algériens ; acquisitions et répar. du matériel roulant. — 4e Bur. : Exploit. commerciale. — 5e Bur. : Tarifs et frais accessoires ; exploit. technique. — 6e Bur. : Conditions du travail et retraites des agents de ch. de fer ; conventions intern.).

2° *Chemins de fer d'intérêt local.* (7e Bur. : Concession, budgets et vérif. des comptes. — 8e Bur. : Travaux, matériel roulant, exploit. ; conditions du travail et retraites des agents).

Serv. de la Navig. intérieure et d'aménagement des eaux. (1er Bur. : Rivières et canaux : entretien, amélior. et construction. — 2e Bur. : Exploit. et outillage ; aménag. des eaux). *Dir.:* du Castel (O. ✻) *ing. en chef des Ponts et Ch.* (mardi et vendr. de 10 à 12 h.) *S.-Dir.:* Haby ✻.

Serv. des Ports maritimes. (1er Bur. : Etabl., amélioration et entretien des ports, rivière et canaux mar. ; phares et balises. — 2e Bur. : Outillage, exploit. et police des ports mar., domaine public mar.). *Dir.:* de Joly (O. ✻), *insp. gén. des Ponts et Ch.* — *S.-Dir.:* Choquet ✻.

Serv. de la Voirie routière : T. Saxe 27.04 à 06 (1er Bur. : Routes nat. — 2e Bur. : Alignements; permissions de voierie ; police du roulage ; automobiles. — 3e Bur. : Distrib. d'énergie. électr. ; *Dir.:* Mahieu (O. ✻), *insp. gén. des Ponts et Ch.* (mardi et vendr. de 10 à 12 h.) *S.-Dir.:* Mopin ✻.

Service des Charbons : Dir. Ader ✻, *ing. en chef des Ponts et Ch.*

Comité consult. des Ch. de fer. Prés. : le Ministre. *Vice-Présid.* : Cotelle (C. ✻) *prés. de section au Conseil d'État.*

Office nat. de la Navigation. Dir. : Le Trocquer (C. ✻), *ing. en chef des Ponts et Ch.*

Ecole nat. des Ponts et Chaussées (V. *Enseignement*).

Service des Phares, av. du Prés. Wilson 43. *Dir. :* Ribière (O. ✻), insp. gén. des Ponts et Ch.

Navigation. — Seine : 1re section (de Marcilly au pont de Montereau) *ing. en chef :* N... à Troyes. — 2e section (de Montereau en aval d'Epinay, ponts de Paris). *Ing. en chef :* Drogue, (O. ✻) Pav. de la navig. Port de la Bourdonnais. T. Saxe 31-60. — 3e section (entre les points kil. 32 k. 891 et 237 k. 500). *Ing. en chef :* Vidal (O. ✻). Port de la Bourdonnais. T. Saxe 31-60. — Marne (depuis Epernay jusqu'à Charenton). *Ing. en Chef :* Drogue, ✻. — Pav. de la Navig. Port de la Bourdonnais. T. Saxe 31-60.

Chemins de fer. — (Contrôle des trav. des lignes nouvelles), au Ministère. T. Saxe 27-04. à 06. — *Dir.:* Le Cornec (O. ✻) *insp. gén. des Ponts et Ch.* — Contrôle de la voie et des bâtiments. *Dir.:* Barrand (O. ✻) *insp. gén. des Ponts et Ch.* — Contrôle de l'exploit. technique et commerciale. *Dir.* : de Volontat (O. ✻) *insp. gén. des Ponts et Ch.* — Contrôle du matériel et de la traction. *Dir.:* Mussat, *insp. gén. des Ponts et Ch.* — Contrôle du travail des agents. *Dir.* : Rivet ✻, *ing. en chef des Mines.*

Sous-Secrétariat d'État des Postes et Télégraphes.

103, rue de Grenelle.

Sous-Secr. d'Etat: Deschamps, dép. d'Ille-et-Vilaine.
Cabinet. Chef: G. Bonnet. — *Chefs adj.:* Lacroix; De Mont Cabrier. — *Chef du Secr. part.:* Hutel.

Sous-Secrétariat de l'Aéronautique civile et des Transports Aériens.

37, avenue Rapp.

Sous-Secr. d'Etat: P.-E. Flandin, dép. de l'Yonne.

Cabinet. Chef: C[t] Casse. — *Chef-adj[t]:* Jacob. — *Chef du Secr. part.:* R. Bourgeois.

Sous-Secrétariat d'État des Mines et des Forces hydrauliques.

246, boul. St. Germain. Tél. Saxe 27-01.

Sous-Secr. d'Etat: Borrel, dép. de la Savoie.

Cabinet.: Chef: Tochon. — *Chef-ad[t]*: Lancremon. — *Chef du Secr. part :* Boursiac.

Sous-Secrétariat des Ports, de la Marine marchande et des Pêches.

24, rue Mogador.

Sous-Secr. d'Etat: Paul Bignon, dép. de la Seine-Inf[re].

Cabinet. Chef: H. Legrand. *Chefs ad[ts]* : Lecourbe-Bailly. — *Chef du secr. part.:* Lafage.

Serv. de la Construction et de l'entretien de la Flotte Comm. (Réparations, approvis., Main-d'œuvre). *Chef:* M. Haarbleicher (O. ✻), ing. en chef du Génie Mar. (t. l. j. de 15 à 17 h.).

Serv. de l'organ. de la flotte comm. (Lég. gén. et primes ; études économ. ; subventions aux Cies de navig. ; achats : missions à l'étr.), 20, r. du Mont-Thabor, T. Gut. 71-80. *Chef:* Demolière (O. ✻) ad. princ. de l'Inscr. mar. (mardi, jeudi, sam. de 9 à 11 h.).

Service de l'Exploit. des transports mar.: (Exploit., Affrètements, Licences et Réquis., Transit, Statist., Comptab., Content.). *Chef:* Berengier (O. ✻), sous-int. mil. (jeudi de 14 h. 30 à 17 h. 30).

Service de l'Admin. du Personnel et du travail mar.: (Police de la Navig. : Gens de mer personnel). *Chef:* Girault (merc. et vendr. de 10 à 12 h.).

Service des Pêches Mar. (Pêches, Domanialité, Encourag.). *Chef :* Kerzoncuf (O. ✵) (t. l. j. de 15 à 17 h.).

Service des Assurances Mar. Chef : M. Bijard (O. ✵) (t. l. j. de 15 à 17 h.).

Service de la Comptab. génér., 20, r. du Mont-Thabor. T. Gut. 71-80. *Chef :* Boullay, *Insp. des fin.* (mercr. et vendr. de 15 à 17 h.).

Etabl. des Invalides de la Mar., av. Octave-Gréard, 3. T. Saxe 75-40 à 43. (Pensions de demi-solde, secours, prises mar., caisse nat. de prévoyance). *Admin. :* Bazin.

Ministère de l'Agriculture et du Ravitaillement.

Séparé du Min. du Commerce et érigé en min. autonome (14 nov. 1881) ; fusionné avec le Min. du Ravitaillement (16 nov. 1917).

78, r. de Varenne (7e). Bur. ouverts de 10 h. à 18 h.-Tél. : *Cabinet du Min.* Saxe 25-00, 25-01, 25-02. *Serv. intérieur.* Saxe 25-03.

Ministre : H. Ricard, ingénieur agronome.

Cabinet. Chef : Caziot. — *Chef adjt :* Causeriet. — *Chef du Secr. part. :* Garnier.

Bureau du Cabinet : (Courrier-Audiences, Parlement, Décor. franç. et étr.) Chef : Pradès, ✵. — Contrôle des dépenses engagées : Decron ✵, insp. des fin.

Dir. du Secr. du Personnel centr. et de la comptabil. (T. Saxe 25-01). *Dir. :* Carrier O. ✵, (mercr. et vendredi 10 à 12 h.). 1er Bur. (Secrét. Personnel, Franchises, Annuaire, Secours, Matériel, Biblioth. et Archives). *Chef :* Marthe ✵. — 2e Bur. (Comptab., Caisse). *Chef :* Saillard, Serv. de Vérif. et d'Insp. des Comptes des Stés. de Courses et Paris-Mutuel. *Insp. :* O'Hegerty, de Magnières, Souriau, Pignet, Mériel.

Dir. de l'Agric. (Enseign. sup. de l'Agric.). T. Saxe 25-01. *Dir. :* F. Laurent (mercr. et vendr. 10 h. à 12 h.). 1er Bur., 1re partie (Enseign. agr., Enseign. sup.). *Dir. adjt :* Lesage, insp. gén. *Chef :* Bordin ✵. 2e partie. (Affaires techniques et écon., Secrétariat technique). 2e Bur. sous les ordres immédiats du chef de l'Office des Renseignements agricoles (Légis1. rurale et encourag. à l'Agr., Propos. et projets de lois et décrets. Subv. pour la reconstit. des vignobles et extensions des plantat. diverses. Oléiculture. Syndicat d'élevage, Encouragements à l'agric., Concours, Congrès et Exposit. internat.). *Chef :* Sainte-Marie, ✵. Office de Renseign. Agricoles (Commerce des produits agr. Usages commerc. Débouchés, Change, Renseign. aux prof. d'agr. Bulletin mensuel de l'Office, Feuille d'informations, Statist. diverses). *Chef de l'Office :* Lesage (O. ✵). — Serv. extér. Insp. de l'Agr. *Insp. généraux :* H. Cosnon, ✵, Magnien (O. ✵) ; Grillon, ✵, Lesage, ✵. Chancrin, ✵. *Inspecteurs :* Bréheret, Guicherd, Cassez, ✵, Laurent (A.-J.), Rolland, Laurent (F.), Chappaz. — Insp. des serv. admin. des établ. d'enseign. agric., L. Dariac, ✵. — Serv. de l'Insp. de Crédit Coopér. et Mutual. agric. (Petite propriété rurale et bien de famille). *Chef :* Tardy, ✵, insp. gén.

Cons. sup. de l'Agric. Prés. : le min. de l'Agriculture ; *vice-prés. :* Méline, sén., Viger, sén. *Secr. :* Lesage ✵.

Acad. d'Agric. de France (V. Corps Savants).

Ecoles nat. d'Agricult., d'Hort., d'Industr. agric. laitière, Ecoles pratiques d'Agr., etc. (V. Enseignement).

Dir. gén. des Eaux et Forêts et serv. de l'Hydraul. et des Amélior. agr. T. Saxe 25-01. *Dir. Gén. :* Dabat (O. ✵) (Mardi et Vendr. 9 à 12 h.) 1re partie. Forêts. Personnel extér. (s. les ordres imméd. du dir. gén.) (Personnel, Indemnités. Personnel exam. et bourses des écoles) ; 1er Bureau. (Contentieux, acquis, enseign. forestier, matériel, police de la chasse). *Insp. Chef :* Madelin. 2e Bur. (Aménag. exploitat. au compte de l'État ; régime forestier ; ventes, locations, concessions ; reboisement, défrich., entretien et amélior., pêche et piscic.) *Cons. Chef :* Antoni (O. ✵), avec titre de sous-dir. — 2e partie : Hydraul. et amélior. agr. 1er Bur. (police et entretien des cours d'eau, amélior. agr. Canaux d'irrig. et de submersion ; grandes forces hydraul.). *Chef :* Thibault (O. ✵), avec titre sous-dir. Serv. extér. *Insp. gén. des eaux et forêts.* Insp. gén. : Bénardeau (O. ✵), Lafosse (O. ✵). *Insp. gén. de l'Hydraul. agr.* Insp. gén. : de Thélin (O. ✵), Troté ✵. — *Insp. gén. des Amélior. agr.* Insp. gén. : Pélissier ✵. — *Serv. de la Météor. agr.*, boul. des Invalides, 20. T. Saxe 20-81. *Chef :* Famechon ✵, *insp. gén.* — *Conserv. Forest., Ecoles Forest. Ecoles d'Enseign. techn., prof. et Ecoles second. Stations Agron. et Labor. agr.* (V. Enseignement).

Dir. des Haras. T. Saxe. 25-01. *Dir. :* de Pardieu (O ✵) (mercr. et vendr. de 10 à 12 h.) 1er Bur. (Admin. des établ. et personnel extér. des haras). *Chef :* Leroy (O ✵) *avec titre de sous-dir.* ; 2e Bur. (Remonte. Achats d'étalons. Monte. Concours hippiques et d'étalons, de dressage. Stud-book. Statistique : Législ. et réglem. sur les courses de chevaux). Serv. admin. : *Chef :* Brunston ✵. Le personnel des études techn. est placé sous les ordres imméd. du Dir. des Haras.

Services extér. Insp. des Haras. Insp. gén. de 1re cl.: Ollivier (O ✻); Laurand ✻; Quinchez, Insp. gén. de 2e cl.: de Sévin, Bellamy; de St-Pern.-Haras Nat. Dépôts d'étalons, Ecole des Haras.

Dir. des serv. sanitaires et scientif. et de la répression des fraudes. — r. de Bourgogne, 42 *bis*. T. Saxe 39-84. *Dir.:* Roux (C. ✻) (mercr. et vendred. de 10 à 12 h.). 1er Bur. (Enseign. vétér. et serv. sanit. des animaux domest.). *Chef:* Morellet. 2e Bur. (Laborat. et stations de recherches scientif. et répres. des fraudes; dirigé par le Dir. — Serv. ext. Insp. des serv. sanitaires vétér. *Inspec. gén. chef de serv.*: Leclainche (O. ✻), Insp. de la répression des fraudes. *Insp. gén.* Buré. Insp. des écoles vétér. *Insp. gén.*: Barrier (O. ✻). Laborat. central des recherches d'analyses. Labor. d'essais de semences; Labor. et station agron. Écoles nat. vétér. (V. Enseignement.).

Serv. du Crédit de la Coopér. et de la mutualité agr. (Biens de famille, petite propriété, assurances). *Chef:* Tardy ✻ (mercr. et vendr. de 10 h. 30 à 12 h.).

SERVICES ANNEXES

Direction des services militaires: 78, r. de Varenne, Saxe 25-00 à 25-03. *Dir.:* Paillez *sous-intendant mil.*

Serv. de la main-d'œuvre agricole: 19, r. de Varenne. T. Fleurus 06-49. *Chef:* Brancher ✻.

Serv. de la motoculture: 63 *bis* r. de Varenne. T. Fleurus 02-20 à 02-21. *Chef:* capitaine Goudard.

Serv. du matériel agr. et section des essences, pétroles et huiles de graissage; 78, r. de Varenne. Saxe 25-02. *Chef:* Lesage, inspecteur général de l'Agriculture.

Office central des produits chimiques agricoles: 42 *bis*, r. de Bourgogne. T. Saxe 39-84. *Chef de service:* Roux (O. ✻).

Serv. de la coopération de la jeunesse scolaire: 51, r. Cambon. T. Central 03-48. *Chef de service:* Lemaresquier, off. d'admin. du génie.

Laboratoire Central de la Répression des Fraudes: 42 *bis*, r. de Bourgogne. T. Saxe 39-84: Brun (O. ✻), insp. gén. des laboratoires; Filaudeau, dir. des laboratoires.

Sous-Secrétariat d'État à l'Agriculture.

S.-Secr. d'Etat: Queuille, député.

Cabinet. Chef: Atger. — *Chef adj[t]*: Regnier, insp. gén. de l'agriculture. — *Attachés:* Forest, Bachimont. — *Chef du secr. part.:* de Chammard.

Ministère du Commerce, de l'Industrie, des Postes et Télégraphes.

Créé le 4 janv. 1828, rattaché tour à tour au Min. des travaux publics, de l'intér., de l'agric.; érigé en dép. spécial par décret du 14 nov. 1881 et dénommé min. du commerce, de l'industrie, des postes et télégr. par décret du 24 mars 1894; puis des transports mar. (1917).

101, r. de Grenelle (Cab. du Min.; Dir. de l'Enseign. Techn.; Dir. du Personnel des Expos. et des Transports) r. de Varenne, 80 (Dir. des Aff. Comm. et Industr.). T. Saxe 26-00, 01, 02, 03. Bur. ouverts de 9 h. à 18 h.

Ministre: Isaac, député (sur lettre d'audience, mercr. et sam. de 10 à 12 h. 30).

Cab. du Min.: Chef: Louis Mounier (mercr. et sam. de 9 à 12 h. 30). — *Chefs adj.:* Elbel, Dunan. — *Chef du secr. part.:* Colonel Jamet.

Contrôl. des dép. engagées: Pignerol ✻, insp. des Fin.

Dir. du Personnel, de l'expansion commerciale et du crédit, Dir.: Charmeil (vendr. de 9 h. 30 à 11 h. 30). *Sous-Dir.:* N.......... 1er Bur.: Personnel et Comptab., Médaille d'honneur aux ouvr. et employ. du Commerce et de l'Ind.; Comptab. centr. du Min. Comptab. matières, Stés. de Sec. Mutuels du pers. des usines de filat., Caisse Centr. du Min. *Chef de Bur.:* Callède ✻. — 2e Bur.: Législ. commerc. et industr. — Expos. Législ. de la propriété industr., Brevets d'inv., Mod. et dess. industr., Contr. et usurp. — Conv. et arrang. intern. relatifs à la propr. indust. — Rapports avec l'Off. nation. de la Prop. Indust. — Expositions, particip. financ. de la France aux expos. intern. — Médailles ou récomp. aux expos. rég., industr. ou commerc. — Organ. et fonct. du Com. consult. des Arts et Manuf. — Organ. et dir. du serv. de la vérif. des Poids et Mesures: *S.-dir.*. Dedet (O. ✻). — 3e Bur.: Régime des Transp. — Transp. mar. — Transp. par voie ferrée; par voie fluviale (dirigé par le Dir.).

Dir. des Aff. Comm. et Industr. r. de Varenne, 80. *Dir.:* Fighéra (O. ✻) (mercr. et sam. de 14 h. 30 à 16 h. 30). — 1er Bur. : Législ. douanière franç. — Conv. commerc. — Admissions tempor. ; adm. except. (bureau dirigé par le Dir.). — 2e Bur. : Législ. douanière étr. — Mouvem. du commerce extér. — Statist. — *Chef de Bur. f. f. de S.-Dir.:* Nicolle ✻. — 3e Bur. : Représentation commerc. et industr.; serv. et établ. des Chambres de Commerce ; régl., constat. du cours des march. . *Chef de Bur.*: Huard de la Marre ✻.

Dir. des Accords commerciaux et de l'information écononomique : Dir.: Serruys.

Dir. de la propriété industrielle : Dir.: Drouets.

Sous-secr. d'État du ravitaillement.

119, 121, avenue des Champs-Elysées. Tél. Passy 98-61, 79-76.

Sous-Secr. d'Etat : R. Thoumyre, député (mercr. et vendr. de 10 à 12 h.). *Chef du Cab.:* Dedet ✻, sous-dir. au min. du Commerce. — *Chefs adj.:* Leroy, Cleftie.

Bureau du cabinet. Chef : Gosselin. — *Contrôle des dépenses engagées :* De la Croix, insp. des fin. — *Serv. des études et informations : Chef :* Lefort.

Serv. techniques des fabrications : r. de Bassano, 26. *Dir.:* Foucaud, int gén.

Serv des transports terrestres : r. de Bassano, 26. *Chef :* Cornu (Henri).

Service du Personnel : r. de Bassano, 26. *Chef :* Gouin, sous-int.

Dir. gén. des Céréales et des Import.: r. de Bassano, 26. *Dir.:* May, ✻. officier d'admin.

Dir. des Vivres : r. de Bassano, 26. *Dir.:* Rabel, capitaine.

Serv. des Colonies et des Régions envahies : r. de Bassano. *Dir.:* Deyron, attaché d'int.

Contrôle des Stocks de céréales : r. de Bellechasse, 55. *Chef :* Méray, int. gén.

CONSEILS, COMITÉS ET COMMISSIONS PERMANENTS

Conseil sup. du Commerce et de l'Industrie. Prés.: le Ministre : Comité de législ. commerciale. *Prés.:* Lyon-Caen, *de l'Institut, prof. à la Fac. de Droit. Secr.*; N...— Commission perman. des valeurs de douane : *Prés.:* F. Chapsal (G. O. ✻) *dir. hon.* — *Secr.:* N...

Comm. consult. des Expositions. Prés.: le Ministre.

Bureau Nat. scient. et perman. des Poids et mesures : Prés.: Violle (O. ✻) *membre de l'Acad. des Sciences.* — *Comm. de Métrologie usuelle. Prés.:* Violle (O. ✻). — *Serv. des Poids et Mesures.*

Comité consult. du commerce extérieur (créé par décret du 28 oct. 1919).

Conseil sup. économique. Prés.: Le Ministre.

Comm. de Contrôle des Primes à la filature de la Soie. Prés.: M.Tardit (O.✻), cons. d'Etat.

Office Nat. du Commerce extérieur, r. Feydeau, 3. (V. Commerce).

Ministère des Colonies.

D'abord direction rattachée au Min. de la Marine : érigée en ministère spécial par la loi du 20 mars 1894 transformé par décret du 29 juin 1919.

R. Oudinot, 25 et 27, et boul. des Invalides, 57. — Bur. ouverts de 9 à 12 et de 14 h. 30 à 18 h. 30. — T. Cabin. du Min. : Saxe 71-05. Serv. intér. : Saxe 71-06 et 71-07.

Ministre : Albert Sarraut, député (mercr. de 8 à 12).

Cabinet du Min. Chef : Touzet. *Chefs adj. :* Blanchard de la Brosse, Bonamy. *Chef du Secr. part.:* Garrigou.

Serv. du transit mar. colonial : Chef : Wahl (O. ✻), *ing. gén. de la marine.*

Serv. de l'utilisation des produits coloniaux pour la Défense nat. Chef : Tassel, intend. mil.

Serv. des Séquestres : Chef : Berrué ✻, *insp. des Col.*

Secr. et Contreseing.: Chef : Colin (O. ✻), *s.-dir.* (lundi et mercr. de 10 à 12). — 1re sect (Courrier : signature ; ordres de service). *Chef :* Clinchard.— 2e sect. (Législ. et jurispr. gén écononom.). *Sous-chef :* Alfassa ✻. — 3e sect. (Aff. éconon.). *Sous-chef :* Michel. — 4e sect (Archives col. Publ. officielles. Missions). *Sous-Chef :* Beauregard ✻.

Dir. de l'Indo-Chine et de Madagascar. Chef : Martineau (O. ✻). (lundi et mercr. de

10 h. 30 à 12 h.). — 1re sect. (Organis. polit. et soc., admin. et judic. Enseign. Assist.). Chef : Régismanset. — 2e et 3e sect. (Aff. econom. et financ.). *Sous-chef :* Fillias.

Dir. de l'Afrique Occid. et équator. : Chef : Duchêne (O. ✱) Conseiller d'État, *dir.* — 1re sect. (Aff. concern. Afrique occid.). *Chef :* Langlois. — 2e sect. (Aff. concern. Afrique équator.). *Chef :* Paradis.

Dir. des gouvernements autonomes. — *Chef :* Tesseron (O. ✱), *s.-dir.* (lundi et mercr. de 10 à 12 h.). (Aff. concern. l'Océan Indien). *Chef :* Morgat. — (Aff. concern. les col. d'Amérique). *Chef :* Franceschi ✱.

Serv. de la Comptabilité : Chef : Horton ✱, *sous-dir.* (mercr. et vendr. de 10 h. 30 à 12). 1re sect. (Budget et aff. gén.). *S.-Chef :* N... — 2e sect. (Ordonn. et écrit. centr. ; comptes). *S.-Chef :* Arnaud. — 3e sect. (Comptab. Matières). *Rédact. princ. :* N.... — 4e sect. (Serv. int. et Matériel). *Chef :* Joutel ✱.

Dir. du Personnel : Chef : Gleitz (O. ✱) *dir.* — 1re sect. (Pers. des divers serv. Distinct. honor. ; Ecole Col.). *Chef :* Ducet ✱. — 2e sect. (Pers. de l'admin. centr. et des serv. col.). *Chef :* Le Roux ✱. — 3e sect. (Pers. justice et cultes). *S.-Chef :* Rouquet. — 4e sect. (Pers. détaché des admin. métropol.). *S.-Chef :* Viénot.

Serv. Pénitentiaires : (Transport et relégation, Colon. pénale. Personnel admin.). *Chef :* Troiard ✱, *s.-dir.*

Dir. des Serv. militaires : Dir. : Benoit, gén. de brigade. (O. ✱). 1er Bureau (Technique). — 2e Bur. (Admin.). — Contrôle des travailleurs col. : Guesde, *rés. sup.*

Comité consult. de défense des Colonies. Prés. : Lombard, *gén. de division.*

Commissariat général des troupes noires : Diagne, député.

Serv. économiques. Chef : Tassel.

Serv. admin. col. : Chef : Guillaume (lundi et mercr. de 10 h. 30 à 12). — 1re sect. (Pers. col. présent en France ; Subv. scolaires et secours : rapatriements). — 2e sect. (Approv. et Transports ; marchés et chartes-parties) — 3e sect. Comptab. fin.).

Dir. du Contrôle : (Contr. et Corps de l'Insp. des Col.). *Dir. :* Fillion (O. ✱), *insp. gén. des col.* (lundi et mercr. de 10 h. 30 à 12 h.).

Insp. gén. du Serv. de Santé des Col. : (Rens. sanitaires ; hôpitaux, lazarets ; pers. et matériel du serv. de santé ; visite et contre-vis. des fonct. col.) : *Dir. :* Gouzien (C. ✱), *insp. gén. du Serv. de Santé des Col.* (lundi et mercr. de 15 à 16 h. et autres jours de 10 h. 30 à 11 h. 30).

Insp. gén. des trav. publ. des Col. Dir. : Boutteville (C. ✱), *insp. gén. des ponts et ch.*

Agence gén. des colonies. : Palais Royal, gal. d'Orléans. T. Gut. 21-73. — (Rens. ; Expos. perm. de produits col. Biblioth. col. — Bureau de Vente des public. col.). *Dir. :* Ponsinet (O. ✱). — *Délégués des gouv. gén. des col. à l'Office.* — Madagascar : Pelletier. — Afrique occ. : François. — Afrique équat. : Rouget. — Indo-Chine : Garnier.

Agence économique de l'Indo-Chine, 35 rue Tronchet. *Dir. :* Garnier.

Ecole Col. — Ecole Nale. Sup. d'Agr. Col. : (*V. Enseignement.*)

Conseil sup. des col., Prés. : Le Min. des Colonies. *V.-Prés. :* N... — *Comité consult. du Content. des Col : Prés. :* de Mouy, *prés. de sect. au Cons. d'Etat.* — *Comité consult. de T. S. F. : Prés. :* Duchêne, *dir.* — *Comité sup. consult. de l'Instr. publ. des Col. : Prés. :* le Min. des Colonies. — *Comm. de Serv. des Banques Col. : Prés. :* Jagerschmidt (O. ✱), *cons. d'Etat.* — *Comité du Serv. Géogr. : Prés. :* Boutteville (C. ✱). — *Comm. des Concessions Col. et du Domaine : Prés. :* N... — *Comité perm. de la Législ. col., du Travail et de la Prévoy. sociale : Prés. :* le Min. des Col. — *Comité consult. des Aff. Indigènes. Prés. :* Lucien Hubert, *sén.* — *Comité consult. l'Agric. du Comm. et de l'Industr. des Col. : Prés. :* Jules Godin, *ancien min.*

Ministère du Travail.

créé par décret du 25 oct. 1906.

R. de Grenelle, 127. T. Saxe 27-39, 31-26, 31-32.

Ministre : P. Jourdain, député (mercr. de 10 à 12 h.).
Cab. du Min. — *Chef :* A. Loiseau. — *Chefs-adjoints :* Haye ; M. Rodier.
Chef du secr. particulier : Juvanon.

Contrôle des Dépenses engagées (boul. St.-Germain, 244). *Contrôleur :* Epinay, insp. des fin.

Personnel, Matériel, Comptab. et Médailles d'Honneur des Vieux Serviteurs, etc. — *Sous-Dir. :* Régnier (O. ✱).

Dir. du Travail, r. de Varenne, 80 (1er Bur. : Office du Travail, chômage et placement. — 2e Bur. : Réglem. du travail. — 3e Bur. : Hygiène et sécurité du Travail. — 4e Bur. : Assoc. profess. ; conseils de prud'hommes). *Dir.* : Picquenard ✻ (mercr. de 10 à 12 h. et sam. de 14 h. 30 à 16 h. 30).

Dir. des Retraites ouvrières et paysannes, r. du Cherche-Midi, 40. (1er Bur. : Législ. et Contentieux. — 2e Bur. : Liquidation. — 3e Bur. : Contrôle techn.). *Dir.* : G. Cahen (O. ✻).

Services extérieurs.

Statistique gén. de la France, quai d'Orsay, 97. T. Saxe 12-80. *Dir.* : L. March. (O. ✻).

Serv. d'Observation des Prix, quai d'Orsay, 97. T. Saxe 12-80. *Dir.* : L. March. (O. ✻).

Inspection du Travail. 1re circ. (Seine, Seine-et-Oise, Seine-et-Marne). *Insp. divis.* : Boulisset ✻, r. Bouchut, 10. T. Saxe 06-74. — *Insp. départ.*, chargé du contrôle : Seguin, r. Plumel, 21.

Principaux Conseils, Comités et Commissions.

Comm. sup. du Travail dans l'Industrie. Prés. : Strauss, *sén.* — *Comm. de Codification des Lois ouvrières. Prés.* : Louis Ricard, *anc. garde des sceaux.*

Conseil sup. du Travail. Prés. : le Ministre. — *Cons. sup. de Statistique. Prés.* : le Ministre.

Ministère des Régions libérées.

Sous-secr. d'État du Blocus, créé en déc. 1916 au min. des Affaires Étrangères ; érigé en min. du Blocus et des Régions libérées (Ministère Clemenceau, 17 nov. 1917), devenu par décret du 26 déc. 1918, Min. des Régions libérées, la Direction du Blocus étant à cette date rattachée au Min. des Affaires étrangères.

223, rue Saint-Honoré.

Ministre : Emile Ogier (mercr. de 9 à 12 h.).
Secr. gén. : M. Pain.
Cabinet. Chef : Catusse. — *Chefs adj.* : Dussolon, Maillard.

Commissaire gén. pour le Ministère : Mauclère. *Direction du Personnel* : *Dir.* : Pic.

Dir. gén. des services admin. de reconstitution. Dir. gén. : Bluzet (✻), Insp. général.

Serv. techniques de reconstitution (120 bis, bd. du Montparnasse). *Chef* : Michaux (O. ✻), Insp. gén. des Ponts et Ch.

Office de reconstitution agricole des départ. victimes de l'invasion. Secr. gén. : Le Seigneur.

Serv. du Génie rural (120 *bis*, bd. du Montparnasse). *Dir.* : Chifflot.

Dir. de la Comptabilité et de la Main-d'œuvre (120 *bis*, bd. du Montparnasse). *Dir.* : Morel.

Office de reconstitution industrielle des départements victimes de l'invasion : 14, r. de la Trémoille (Tél. : Elysée 50.99) : Colonel Taffanel. — Annexe : 1, av. de Villars : Cap. Rodrigue.

Sous-secrétariat d'État des Régions libérées.

Sous-Secr. d'Etat : Leredu, député.

Chef de cab. : H. Guist'hau. — *Chef-adj.* : F. Herfray. — *Chef du Secrét. partic.* : H. Feret du Longbois.

Ministère des Pensions, des Primes et des Allocations de guerre.

37, rue de Bellechasse. (créé par décret du 27 janv. 1920, J. O. du 28 janv.)

Ministre : H. Maginot, député (Parlement, mercr. matin).
Cabinet. Chef : M. Lehmann.

Direction des pensions aux militaires et marins, secours, renseignements aux familles.
Direction des expertises médicales.
Direction des soins médicaux, chirurg. et pharmaceutiques.
Direction du contentieux, des emplois réservés et des victimes civiles de la guerre.
Direction de la comptabilité.
L'Office national des mutilés et réformés de la guerre, 6, av. Constant Coquelin. T. Saxe 59-10. (Secr. gén. : Vallon) *et l'Etablissement national des Invalides* sont rattachés directement au cabinet du ministre.

Ministère de l'Hygiène, de l'Assistance et de la Prévoyance sociales. (provisoirement 136, av. des Champs-Élysées). Tél. Élysées 48-64, 47-28. (créé par décr. du 27 janv. 1920, J. O. du 28 janv.).

Ministre : J.-L. Breton, député.

Cabinet. Chef : R. Mortier. — *Chef adj. :* A. Benazet. — *Chef du Secr. part. :* A. Breton.

Dir. du Personnel et de la Comptabilité : Dir. : Emile Durand (O. ✵).

Dir. de l'Assistance et de l'Hygiène publiques, r. Cambacérès, 7. (1er Bur. : Serv. des aliénés, aveugles et sourds muets ; établ. nationaux de bienfaisance. — 2e Bur. : Serv. de l'enfance. — 3e Bur. : Assistance oblig. aux vieillards, infirmes et incurables ; assist. médicale gratuite ; hôpitaux et hospices ; établ. et bureaux de bienfaisance ; monts-de-piété ; dépôts de mendicité. — 4e Bur. : Salubrité publ. et hygiène gén. — 5e Bur. : Prophylaxie et épidémies.) *Dir. :* Vallette (mercr. et vendr. de 9 à 12 h.).

Dir. de l'Assurance et de la Prévoyance sociales, r. de Varenne, 80. (1er Bur. : Epargne et Crédit mutuel. — 2e Bur. : Habitations à bon marché). *Chef de div. :* G. Dupont, ✵ (mercr. et vendr. de 14 h. 30 à 16 h.).

Dir. de la Mutualité, r. de Grenelle, 127. (1er Bur. : Admin. gén. des sociétés. — 2e Bur. Subventions, pensions et statist.). *Dir. :* N...

Serv. du Contr. des Soc. d'assur. diverses, 80, r. de Varenne. T. Saxe 26-04. *Chef :* Sumien O. ✵. Insp. des Finances.

PRINCIPAUX CONSEILS, COMITÉS ET COMMISSIONS

Cons. sup. des Retraites ouvrières et paysannes. Prés. : le Ministre. — *Comm. consultative d'Invalidité. Prés. :* Lintilhac, sén. — *Comm. sup. de la Caisse Nat. des Retraites pour la vieillesse. Prés. :* Cuvinot, sén. — *Comm. sup. des Caisses d'Assurances en cas de décès et en cas d'accident. Prés. :* Gauthier, sén. — *Comm. sup. des Caisses d'épargne. Prés. :* Baron Cerise. — *Conseil sup. des Habitations à bon marché. Prés. :* le Ministre. — *Comm. d'attribution des prêts aux Soc. de crédit immobilier. Prés. :* le Ministre. — *Comité consult. des entreprises de capital. et d'épargne : Prés. :* Chastenet, sén. — *Comité consult. des Réassurances et assurances directes. Prés. :* Chastenet, sén. — *Comité consult. des Soc. d'Assurances sur la vie. Prés. :* Lourties, sén. — *Conseil sup. des Soc. de Secours mutuels. Prés. :* le Ministre.

Conseil sup. de la natalité.

Cons. sup. de l'Assistance publ. Prés. d'honneur : Le min. ; *Prés :* Paul Strauss, sénateur.

Cons. sup. d'Hygiène Publ. Prés. : Dr Roux, *dir. de l'Inst. Pasteur.* — *Comm. perman. de Préservation c. la Tuberculose. Prés. :* Léon Bourgeois, sén. — *Comité sup. de Protection des Enfants du premier âge. Prés. :* le Min. — *Comm. perman. des Stations hydrominérales et climatiques de France. Prés. :* Hébrard de Villeneuve.

ORGANISATION JUDICIAIRE

L'organisation judiciaire comprend:

Les *juridictions administratives* dont les principales sont les *conseils de préfecture* (V. p. 82); le *Conseil d'État* (V. p. 59); le *Tribunal des conflits* et la *Cour des comptes* (V. ci-après):

Les *juridictions répressives* dont les principales sont le *tribunal de simple police*, le *tribunal correctionnel* et la *cour d'assises*;

Les *juridictions civiles*, dont les principales sont la *justice de paix*, les *conseils de prud'hommes*, le *tribunal de commerce*, le *tribunal de première instance* et la *Cour d'appel*.

La *Cour de cassation* examine les pourvois formés, en matière civile ou criminelle, pour violation de la loi ou des formes légales et statue sur les demandes en revision.

Les conseils de guerre jugent les crimes et délits commis par les militaires et marins en activité de service (V. Armée et Marine).

JURIDICTIONS ADMINISTRATIVES

Conseil d'État (V. p. 59 et 60).

Tribunal des Conflits.

Palais-Royal.

Rétabli par la loi du 24 mai 1372, le Tribunal des Conflits est chargé de régler les conflits d'attribution ou de compétence pouvant surgir entre les tribunaux judiciaires (civils, criminels, commerciaux) et les tribunaux d'ordre administratif (Conseil d'État, Conseil de préfecture). Il prononce et renvoie l'affaire devant la juridiction compétente. Les séances sont publiques. Les parties peuvent se faire représenter par les avocats au Cons. d'État et à la Cour de cassation.

Le Tribunal des Conflits est composé du garde des sceaux, président, de 3 cons. d'État en service ordinaire, élus par leurs collègues, de 3 cons. à la Cour de Cassation élus par leurs collègues, de 2 membres et de 2 suppléants, élus par les six cons. précédents. Ces six membres sont élus pour 3 ans et rééligibles.

Membres: *Prés.*: Le garde des sceaux, min. de la Justice. *Vice-Prés.*: Baudenet (O. ✵).

Membres élus par le Conseil d'État. — Romieu (O. ✵). — Charevre. ✵. — *Membres élus par la Cour de Cassation*: Fabreguettes (O. ✵). — Duval (O. ✵). — Malepeyre (O. ✵). — Boulloche (O. ✵). — *Membres élus par le Tribunal*: Wurtz, ✵. cons. d'État. — Broussard (O. ✵) cons. à la Cour de Cass. — *Membres suppléants*: — Mimerel, ✵. ancien prés. de l'Ordre des avocats au Cons. d'État et à la Cour de cass. — *Commiss. du gouvt*: Corneille ✵, m. des req. au Conseil d'État. — *Com. suppléant.*: Trouard-Riolle, avocat général près la Cour de Cassation. — André Ripert (✵), m. des req. au Cons. d'État. — Eon (O. ✵), av. gén. à la Cour de Cass. — Louis Roger, m. des req. au Cons. d'État. — *Secrétaire*: Lagrange, ✵, doct. en droit, secr. du Contentieux du Cons. d'État.

Cour des Comptes.

Rue Cambon, 13 (1er) T. Gut. 04-86.

Issue du Conseil, nommée aussi *cour du roi*, appelée ensuite Chambre des Comptes, la Cour des comptes, organisée par une loi du 16 sept. 1807, est un haut tribunal administratif, chargé de vérifier, apurer, juger la gestion des comptables publics, de signaler au pouvoir exécutif et de relever pour le pouvoir législatif les infractions des ordonnateurs et des administrateurs à notre législation financière.

La Cour a juridiction sur les comptables en deniers, contrôle sur les comptables en matières. A l'égard des ordonnateurs, elle fait des déclarations et des observations destinées à faciliter le contrôle du pouvoir législatif.

Elle statue comme juridiction d'appel (pourvois contre les arrêtés des conseils de préfecture, formés par les receveurs des communes, hospices et établs de bienfaisance, dont le revenu est inférieur à 30 000 fr.). Elle statue directement et en dernier ressort sur les comptes des autres comptables publics et aussi sur les opérations des comptables de fait. Ses arrêts sont susceptibles d'un recours au Conseil d'État, pour excès de pouvoir et violation de la loi.

Chaque année, la Cour constate, par deux *déclarations générales*, le résultat de ses travaux de vérification. Elle consigne dans un rapport annuel au Président de la République ses vues de réformes et d'améliorations sur les diverses comptabilités publiques.

Les membres de la Cour sont inamovibles. Ils portent un costume réglé par l'art. 66 du décret de 1807. La Cour prend rang immédiatement après la Cour de cassation.

La Cour se compose : 1° d'un premier président ; 2° de trois présidents ; 3° de 18 conseillers maîtres ; 4° de 28 conseillers référendaires de 1re cl. ; 5° de 64 conseillers référendaires de 2° cl. : 6° de 16 auditeurs de 1re cl. ; 7° de 10 auditeurs de 2° cl.

Le Parquet comprend un procureur général et un avocat général. Ce dernier est choisi parmi les conseillers référendaires de 1re cl.

Premier prés.: Payelle (G. O. ✱), 1912.

Premiers prés. honoraires: Liotard-Vogt (G. O. ✱), 1906. — Charles Laurent (G. O. ✱), 1909. — Hérault (G. O. ✱), 1912.

Prés.: 1re *Chambre:* Courtin (C. ✱), 1903. — 2° *Chambre:* Allain-Targé (C. ✱), 1909. — 3° *Chambre:* Chantereau (O. ✱), 1918.

Prés. honoraire: Albert Petit (O. ✱),1909.

Cons. maîtres: Delaire (O. ✱), doyen, 1904. — Combarieu (O. ✱), 1905. — Jacquin (O. ✱), 1905. — Arnauné (Fr.-Aug.) (O. ✱), 1907. — Ferrand (Paul) (O. ✱), 1909. — Dubois de l'Estang, Louis, (O. ✱, 1909). — Yvan, ✱, 1910. — Huard (C. ✱), 1911. — Chausserie-Laprée (O. ✱), 1912. — Petit (Maxime), O. ✱, 1912. — Chastelain (O. ✱), 1912. — Beaupré (P. de, ✱), 1915. — Féret du Longbois (C. ✱), 1917. — Billaudel, ✱, 1917. — Moullé (C. ✱). — Masnier de Pleignes ✱. — Godin ✱. — Caron, ✱.

Cons. maîtres honor.; Rihouet (O. ✱), 1897. — Tisserand (G. O. ✱), 1905. — Lanjalley, (O. ✱), 1907). — Gauwain (O. ✱).

Cons. référ. de 1re*cl.* : Petitjean ✱. — Martin de Gibergues ✱. — Acollas ✱. — Dubois (Maurice), ✱— Clerc (A.) ✱. — Rivollet ✱. — Magnin (Maurice) ✱. — Roy (Maurice). — Richard ✱. — Christophle (Georges). — Toutain ✱. — Chotard ✱. — Rosselet (Lucien) ✱. — Viollet du Breil. — Artus ✱. — de Marcé ✱. — Choppin. — Gérouille de Beauvais. — Bocquet. — Guybert de la Beausserie ✱. — Ginisty ✱. — Martin. — Pougin de la Maisonneuve ✱. — Razy ✱. — Decrais (J.) ✱. — Prisset. — de St-Quentin ✱. — Charrier (O. ✱.)

Cons. référ. de 2° cl. : Labeyrie ✱. — Vignal. — Bergeron. — Vavin. — Berthois (Bon Philippe de) ✱. — Loubet (Paul). — Dupont (A.) — Grasset. — Vaudoyer. — Monnecloey ✱. — Courtois de Maleville. — Sèze (de). — Moulin (Jules) (O. ✱). — Fichau ✱. — Fouchier (Louis de) ✱. — Roman ✱. — Magne (Paul). — Gouvy ✱ — Firbach (L.). — Valroger (R. de) ✱. — Mazeret. — Fouchier (Charles de) ✱. — Brunck ✱. — Santy. — Moreau de Montcheuil. — Surleau-Goguel ✱. — Plouvier. — Pacthod ✱. — Sirouy. — Charlier. — Moulin (Ludovic). — Chervet ✱. — Jouvencel (Cte de). — Renard. — Boucher de la Rupelle. — Daniel ✱. — Barré. Le Conte (Edouard). — Lorne ✱. — Gastambide ✱. Delatour (Georges). — Le Courtois ✱. — Nicolas-Barrelon ✱. — Martinie (O. ✱). — Forestier. — Tannery ✱. — De Chillaz. — Bertin. — Goyon (Raymond). — Dornès. — Bouix. — Gontier. — Antheaume. — Delatour (Roger) ✱. — De la Lande de Calan (Pierre). — Martel. — Duprat de Mézailles. — Lesour ✱. — Meunier. — D'Ambert ✱. — Brin. Riblier ✱. — Parent. — Bidache.

Cons. référ. honor.: Maguier de Maisonneuve. — Bethmont ✱. — Hustin (O. ✱). — Malouet (Henri) ✱. — Pelissier de Feligonde ✱. — Le Bourdais des Touches ✱. — De Bonnay de Nonnancourt ✱. — Paul-Dubois. — Pic-Paris (O. ✱). — Faysat ✱. — Hervé-Giuyer (Bon Alfred). — De Crousaz Crétet ✱. — Bardi de Fourtou. — Arnaud ✱. — Blanquet du Chayla ✱. — Lamirault ✱. — Henry-Gréard ✱. — Gueriet. — Baubigny ✱. — Pallain (André) ✱.

Auditeurs de 1re *cl.* : — Leclère. — Savin. — Paul-Dauphin. — Desnues. — Parmentier. — Delacour. — Mongeaud. — De Mouy. — Chasles. — Bagot. — Angliviel de la Beaumelle. — Bisson. — Saint-Raymond. — Delamalle. — Lainé. — Lamy, ✱.

Audit. de 2° cl.: — Gerbé de Thoré. — Marcus. — Priem. — Bresson. — Marié.

Parquet. — *Procureur général:* Maurice Bloch (G.O. ✱). — *Avocat général:* Chotard ✱. — *Greffier en chef:* Laurent (Achille) ✱.

Secr. de la 1re *prés.:* Labbé de la Mauvinière, *chef du secr.* Delabre.

JURIDICTIONS RÉPRESSIVES, CIVILES ET COMMERCIALES

Divisions.

Au sommet de la hiérarchie se trouve la Cour de Cassation, qui siège à Paris et dont l'autorité s'étend sur tout le territoire français et colonial.

Le territoire français est, d'autre part, divisé en 27 circonscriptions ou *ressorts de cour d'appel*, ces derniers embrassant chacun (sauf celui de Bastia), plusieurs départements,

371 arrondissements, dont chacun possède un tribunal dit *de 1re instance*, siégeant, en principe, au chef-lieu de l'arrond. et désigné par son nom. Dans chaque arrond., les principaux centres de commerce et d'industrie ont des *tribunaux de commerce* (214) et des *conseils de prud'hommes*, institués par des décrets en Conseil d'État, qui déterminent leur ressort. Dans les arrond. dépourvus de ces juridictions d'attributions, les tribunaux civils font fonctions de tribunaux de commerce, les justices de paix de conseils de prud'hommes.

Enfin, l'arrondissement se divise pour le service judiciaire en *cantons*; une « justice » ou « tribunal de paix » est établie dans chaque canton; par exception, les grandes villes sont divisées en un certain nombre de justices de paix. A Paris, chaque arrondissement municipal a sa justice de paix; pour la capitale entière, un « tribunal de simple police », au personnel spécialisé, fonctionne au Palais de Justice.

Cour de Cassation.

Palais de Justice, quai de l'Horloge, 15. Tél. Gobelins, 18-16.

La Cour de Cassation connait de certains règlements de juges, demandes en renvoi et prises à partie, des demandes en annulation des actes par lesquels les juges ont excédé leurs pouvoirs et des pouvoirs en révision en matière pénale; mais sa principale fonction est de statuer sur les pouvoirs formés contre les décisions judiciaires rendues en dernier ressort et susceptibles de ce recours, et de les casser lorsqu'elles ont violé la loi « au fond » ou « en la forme ». Par le jugement de ces pourvois, la Cour offre aux parties un dernier recours contre l'erreur de droit du juge, et elle maintient l'unité et la fixité de la jurisprudence. Mais elle n'est pas un 3e degré de juridiction; elle ne connait ni des faits de la cause, ni du fond de l'affaire; en cas de cassation de la décision déférée, elle renvoie la cause pour être jugée à nouveau devant un autre tribunal du même ordre. Si celui-ci statue pourtant dans le même sens que le premier, et qu'un nouveau pourvoi est formé, l'affaire revient devant la cour de cassation, toutes chambres réunies (loi du 1er avril 1837), et sa décision sur le point de droit en litige et dans l'affaire en question est alors obligatoire pour la juridiction de renvoi.

La Cour se compose de 49 membres: le 1er président, 3 présidents de chambre, 45 conseillers. Le Parquet se compose du Procureur Général, de 6 avocats généraux, et d'un secrétaire général (remplaçant les « substituts » des autres parquets), en outre, un greffier en chef, et des commis-greffiers. La Cour forme trois chambres, composées chacune de 16 membres, le président compris: la « chambre civile » où siège ordinairement le 1er président et qui a ainsi 17 membres au complet; la « chambre des requêtes » et la « chambre criminelle ». Le roulement n'est pas en usage à la Cour de cassation. Les affaires qui ressortissent ordinairement à la chambre civile ou à la chambre des requêtes sont envoyées pendant les vacances judiciaires à la chambre criminelle qui fait office de chambre de vacations.

Premier Président: Sarrut (C. ✻) (samedi de 14 h. 30 à 17 h.).
Secr. en chef: Dubrujeaud.

Chambre des requêtes.

Président: Mérillon (G. O. ✻).
Membres: Bonnet (Joseph) (O. ✻). — Cadot de Villemomble, ✻. — Gillet (O. ✻). — Jaudon (O. ✻). — Quercy, ✻. — Boulloche (O. ✻). — Rambaud, ✻. — Bedorez, ✻. — Berge (O. ✻). — Patrimonio, ✻. — Herbaux (C. ✻). — Célice, ✻. — Tissier, ✻. — Dassonville, ✻. — Curet ✻. — Delrieu, ✻.

Avocats généraux: Trouard-Riolle, ✻; Depeiges, ✻. — *Greffier:* Tournier.
(Audiences les lundi, mardi et mercredi de chaque semaine à midi.)

Chambre civile.

Premier président: Sarrut (C. ✻).
Président: Falcimaigne (O. ✻).
Membres: Boutet (O. ✻). — Jacomet (O. ✻). — Fabreguettes (O. ✻). — Feuilloley (O. ✻). — Lénard (O. ✻). — Seligman, ✻. — Lombard (O. ✻). — Colin, ✻. — Sachet, ✻. — Furby, ✻. — Fabry (O. ✻). — Guiral, ✻. — Roulleau, ✻. — Daniel (O. ✻). — Leturc, ✻.
Avocats généraux: Blondel (O. ✻). — Eon (O ✻). — *Greffier:* N...
(Audiences les lundi, mardi et mercredi de chaque semaine à midi.)

Chambre criminelle.

Président: Bard (C. ✱).
Membres: Boulloche (O. ✱). — Bourdon, ✱. — Cénac (O. ✱). — Duval (O. ✱). — Geoffroy (O. ✱). — La Borde (O. ✱). — Lecherbonnier (O. ✱). — Mallein, ✱. — Mercier (O. ✱). — Paillot (O. ✱). — Petitier (O. ✱). — Courtin, ✱. — Bourgeon, ✱. — Peyssonnié, ✱. — Coudert, ✱.
Avocats généraux: Matter, ✱. — Péan, ✱. — *Greffier:* Jouvenet.
(Audiences les jeudi, vendredi et samedi de chaque semaine à midi).

Parquet.

Procureur général: Bulot (O. ✱). — *Secr. en chef:* Ropers. — *Greffier en chef:* Girodon, ✱.

Cours d'appel.

Les cours d'appel ont une double juridiction. Leur fonction principale est de juger les appels formés contre les décisions rendues en premier ressort, dans l'étendue de leur circonscription, par les juridictions qui leur sont immédiatement inférieures : au civil, jugements des tribunaux civils ou de 1re instance et de commerce, ordonnances rendues sauf appel en référé ou sur requête par les présidents, sentences arbitrales sur des litiges ressortissant à ces tribunaux ; au criminel, jugements des tribunaux de police correctionnelle, ordonnances des juges d'instruction. Elles connaissent en 1er et dernier ressort des procès dans lesquels elles ont exercé le droit d'évocation, de certains règlements de juges, demandes en renvoi et prises à partie et servent de juridiction d'appel aux décisions disciplinaires du conseil de l'ordre des avocats. Enfin, elles prononcent les mises en accusation (renvoi en cour d'assises), statuent sur les réhabilitations et les oppositions aux ordonnances des juges d'instruction (ch. des mises en accusation).

Chaque Cour d'appel se compose d'un 1er président, d'un ou plusieurs présidents de chambre, et de 8 à 24 conseillers (à Paris, 73). Le parquet comprend un procureur général, des avocats généraux (en principe en nombre égal à celui des chambres) et un ou plusieurs substituts du procureur général ; en outre, un greffier en chef et des commis-greffiers.

Les 27 Cours d'appel (V. *Départements*, p. 9) sont:

Agen.	Aix.	Amiens.
Angers.	Bastia.	Besançon.
Bordeaux.	Bourges.	Caen.
Chambéry.	Dijon.	Douai.
Grenoble.	Limoges.	Lyon.
Montpellier.	Nancy.	Nîmes.
Orléans.	Paris.	Pau.
Poitiers.	Rennes.	Riom.
Rouen.	Toulouse.	Colmar.

Cour d'Appel de Paris.

Au Palais de Justice. T. Gobelins 20-31.

Premier président: Paul André (O. ✱) (t. l. j. de 16 à 18 h. exc. les mercr. et jeudis).

Présidents de chambre: Pringuet ✱, Thomas ✱, Durand ✱, Bondoux ✱, Le Bertier ✱ de Valles ✱, Couinand ✱, Brégeault ✱, Assaud (O. ✱), Rome ✱.

Parquet. T. Gob. 18-13. *Procureur gén.:* Lescouvé (O. ✱); *Greffier en chef:* Lot.

Tribunaux de 1re Instance.

Les tribunaux de 1re instance connaissent au civil en 1er ressort de toutes les affaires qui ne sont pas réservées aux juges de paix, aux tribunaux de commerce ou aux conseils de prudhommes, et même dans les arrondissements qui n'ont pas de tribunal de commerce, ils en font fonctions; en appel, des jugements des juges de paix et des conseils de prudhommes, et des sentences arbitrales sur des matières de leur compétence. En matière pénale, ils connaissent sous le nom de tribunaux de police correctionnelle, des délits, et en appel, des contraventions, jugées en 1er ressort par les tribunaux de simple police (juge de paix). Le président rend en audience de référé ou sur requête une justice spéciale très importante.

Un tribunal de 1re instance se compose d'un président, d'un ou plusieurs vice-présidents, s'il y a plusieurs chambres, de juges (2 au moins) et de juges suppléants, en nombre variable, dont un au moins chargé de l'instruction. Le parquet comprend un procureur de la République et, le plus souvent, un ou plusieurs substituts. En outre, un greffier et un ou plusieurs commis-greffiers.

A Paris, le tribunal, qui siège au Palais de Justice, est composé d'un prés., de 12 vice-prés., de 14 prés. de section, de 71 juges et 32 juges suppléants. 33 juges remplissent les fonctions de juges d'instruction. Il se divise en 11 chambres, lesquelles se subdivisent en sections. Il y a près le tribunal un procureur de la Rép. et 32 substituts ; un greffier en chef et 74 greffiers assermentés.

Prés. — Servin ✱ (jeudi et sam. de 14 à 19 h.). T. Louvre 39-26. *Gref. en chef:* Delorme.

Justices de paix.

Les juges de paix ont été créés par le décret des 16-24 août 1790 pour juger les petits procès (la loi du 12 juillet 1905 précise actuellement les taux et cas de leur compétence), concilier les autres, remplir certaines fonctions de police judiciaire et même administrative. En matière pénale, sous le nom de tribunaux de simple police, ils connaissent des contraventions.

Une justice de paix se compose d'un juge et de deux suppléants, dont l'un le remplace, en cas d'empêchement, dans toutes ses fonctions judiciaires ou extra-judiciaires, et d'un greffier. Le tribunal de simple police est doté en outre d'un ministère public, dont l'officier est le commissaire de police du chef-lieu de canton, et à défaut un maire ou adjoint désigné par le procureur général. *Siège à Paris :* au Palais de Justice, cour du Mai.

Tribunaux de Commerce.

Les tribunaux de commerce connaissent de toutes les affaires de commerce tant de terre que de mer, soit entre commerçants, soit même parfois entre commerçants et non commerçants, conformément aux dispositions finales du Code de Commerce. Ils ont notamment une compétence générale en matière de faillites et de liquidations judiciaires, mais sans aucune juridiction criminelle.

Un tribunal de commerce se compose de 3 à 22 juges, président compris et de juges suppléants en nombre proportionné aux besoins du service. Pas de vice-présidents, ni de chambres (à Paris, 2 sections pourtant pour le grand rôle et le petit). Pas de ministère public, mais un greffier. Les fonctions des magistrats consulaires, élus au suffrage universel des commerçants, sont gratuites.

A Paris, le tribunal est boul. du Palais. T. Gob. 23-33 et tient une audience le mardi et le vendr. de chaque semaine, à 12 h. *Prés. :* Charles Petit (O. ✱).

Conseils de Prud'hommes.

Les conseils de prud'hommes (art. 1er, loi 27 mars 1907) sont institués pour terminer par voie de conciliation les différends qui peuvent s'élever à l'occasion du contrat de louage d'ouvrage dans le commerce et l'industrie entre les patrons ou leurs représentants et les employés, ouvriers et apprentis de l'un et l'autre sexe qu'ils emploient. Ils jugent dans certaines conditions de compétence, les différends à l'égard desquels la conciliation a été sans effet.

Le décret d'institution d'un conseil de prud'hommes détermine, outre son ressort, le nombre des catégories où sont répartis les commerces et industries soumis à sa juridiction et le nombre des prud'hommes affectés à chaque catégorie, sans que le nombre total des membres du conseil puisse être impair ou inférieur à 12. Ils sont élus pour 6 ans et renouvelés par moitié tous les 3 ans par les ouvriers, employés et patrons âgés de 25 ans et inscrits sur les listes politiques. Leurs fonctions sont gratuites. Chaque catégorie a un nombre égal d'ouvriers ou d'employés et de patrons, 2 au moins. Les prud'hommes, réunis en assemblée générale de section, élisent parmi eux un président et un vice-président. Chaque section comprend un bureau de conciliation et un bureau de jugement.

Dans les localités dépourvues de conseil de prud'hommes, leurs attributions sont exercées par les juges de paix, qui suivent alors la procédure des prud'hommes.

Siège à Paris : boul. du Palais. T. Gob. 17-92. (Bureaux ouverts de 9 à 16 h.)

LES DÉPARTEMENTS

Depuis le retour de l'Alsace et de la Lorraine à la France le territoire français est divisé en 89 dép. (non compris l'Algérie et le territoire de Belfort), 383 arrond., subdivisés en 3.006 cantons et en 37.788 communes.

La loi du 10 août 1871 a ainsi réglé l'admin. départementale. Pour chaque dép., un préfet assisté d'un secrétaire général de Préfecture, nommés tous deux par le Prés. de la République sur la proposition du min. de l'int., un conseil général élu, un conseil de préfecture (membres nommés par le prés. de la Rép. sur présentation du min. de l'intérieur).

Le dép. possède la personnalité civile (loi du 10 mai 1838).

Par arrond., il y a un sous-préfet, nommé par le Prés. de la Rép. et exerçant son autorité sous les ordres du préfet (l'arrond. chef-lieu est administré par le préfet) ; un conseil d'arrond. élu à raison d'un ou plusieurs conseillers par canton et composé de 9 membres au moins, un tribunal de 1re instance et un receveur partic. des finances. — Par canton, il y a un juge de paix ; dans chaque commune, un maire, avec un ou plusieurs adjoints, et un conseil municipal.

Le préfet est chargé de l'admin. active du dép. ; il fait exécuter les lois, décrets et arrêtés du gouv. ; il peut suspendre de leurs fonctions les maires et adjoints ; il surveille toutes les parties de l'admin. publique, prépare le budget voté par le conseil général, passe les actes et contrats ; il représente le dép. en justice et fait tous actes conservatoires.

Le *conseil de préfecture* (loi du 28 pluv. an VIII) est un tribunal admin. joignant à ses attributions contentieuses et répressives (contentieuses en matière de contrib. directes et taxes assimilées, pour certaines contributions indirectes, de travaux publics, opérations électorales ; répressives en matière de grande et petite voirie, police des chemins de fer, ports de commerce, roulage, etc.), des attributions de tutelle admin. (droit d'ester en justice aux communes, établ. de bienfaisance, etc.), et des attrib. consultatives.

Le *conseil général* est le conseil admin. du dép. (loi du 29 pluv. an VIII et loi du 10 août 1871) ; les conseillers nommés pour 6 ans, et rééligibles tous les 3 ans par moitié, délibèrent, chaque année, en 2 sessions ord. : la 1re où sont votés le budget et les comptes, commençant le lundi qui suit le 15 août et pouvant être reportée à une date antérieure au 1er oct. ; l'autre le second lundi qui suit le jour de Pâques, sur des affaires d'intérêt général, dép. et comm. (répartition des impôts directs entre arrond., vote des centimes addit. départ., fixation des centimes extraord. communaux, gestion des biens départ., etc.).

Les élections pour le renouvellement des Conseils généraux (et des Conseils d'arrondissement), ont eu lieu les 14 et 21 déc. 1919. La série sortant en 1916, qui a bénéficié d'une prolongation de 3 ans et 4 mois, verra ses pouvoirs expirer en juillet 1922 et n'a, par suite, été élue que pour 3 ans moins 4 mois. La série sortant en 1919, qui a dépassé de 4 mois son mandat, a été élue pour 6 ans moins 4 mois, jusqu'en juillet 1925.

Le *conseil d'arrondissement* (lois des 22 juin 1833, 7 juillet 1852, 23 juillet 1870) dont les membres sont élus au suffrage universel pour 6 ans, et renouvelés par moitié tous les 3 ans, est réuni chaque année, par décret, en session ord.. divisée en 2 parties. Dans la 1re, qui précède la session du conseil gén., il délibère sur les réclamations relatives à la fixation du contingent de l'arr. dans les contrib. directes et sur les demandes en réduction gén. formées par les communes ; dans la seconde, qui suit la session du conseil gén., il répartit les contrib. directes entre les communes, selon les décisions de ce conseil.

Le *conseil municipal* se compose d'un nombre de conseillers variant entre un minimum de 10 membres pour les communes de 500 habitants et au-dessous et un maximum de 36 (villes de 6.000 hab. et au-dessus), suivant la population des communes. Ses membres sont élus pour 4 ans par l'assemblée des électeurs qui comprend tous les citoyens âgés de 21 ans accomplis, jouissant de leurs droits civils et politiques et remplissant les conditions exigées par la loi du 5 avril 1884. Sont éligibles tous les électeurs de la commune, âgés de 25 ans au moins, sauf les cas d'incapacité ou inéligibilité (loi de 1884, art. 31 à 35). Les conseils mun. sont renouvelés intégralement, le 1er dim. de mai, dans toute la France. Ils peuvent être dissous par décret ou suspendus (un mois au maxim.) par arrêté préfect. En cas de dissolution ou démission, le cons. munic. peut être remplacé par une délégation nommée par décret. Les sessions sont *ordinaires* (au commenc. de févr., mai, août et nov.) ou *extraord.* Le conseil nomme le maire et ses adjoints. Les séances sont publiques en principe.

Les conseillers municipaux, élus les 30 nov. et 7 déc. 1919, siégeront jusqu'en mai 1925, c'est-à-dire pendant 5 ans et 6 mois au lieu de 4 ans.

DÉPART. DE LA SEINE ET PARIS

SEINE (Anc. Ile-de-France) : 20 Arr. ; 22 Cant. ruraux ; 79 Comm. *Popul* : 4,060,806 hab. ; *Superf.* 47,458 hectares.

Renseign. administr. — Diocèse de Paris (archevêché) ; — Siège d'un gouv. milit. ; territoire partagé entre les 2e, 3e, 4e et 5e corps d'armée de Paris ; — Cour d'appel — Université et Académie de Paris. — Légion de gendarm. de Paris ; — 1re insp. des ponts et chaussées ; — arrondiss. minéral. de Paris, (N.-O.) ; — 1re circonscr. serv. de vérif. des poids et mesures ; 2e circons. agric. (Nord) ; 1re cons. forest.

Le département de la Seine et la ville de Paris ont un régime administr. spécial. Les pouvoirs ordinaires d'administr. et de police que la loi de 1884 attribue aux maires élus sont ici partagés entre deux fonctionnaires nommés par le Gouv., le préfet de la Seine et le préfet de police (loi du 29 pluviôse, an VIII). Le préfet de la Seine est le représentant de la commune de Paris pour les services de l'enseignement, d'approvisionnement, assistance publique, état civil, voie publique, architecture, comptabilité municipale, etc. Une partie de ces fonctions sont déléguées dans chacun des 20 arrond. de Paris à des fonctionnaires publics portant le titre de maires mais qui sont nommés par le gouv. ; ils ne font pas partie du conseil municipal.

Les attributions de police (sûreté publique, police de la rue, circulation, étrangers, etc.), sont confiées au préfet de police, exerçant ses fonctions sous l'autorité immédiate des ministres. Son autorité s'étend sur tout le dép. de la Seine et sur les communes de Saint-Cloud, Sèvres et Meudon, du dép. de Seine-et-Oise.

Préfecture de la Seine (*Hôtel de Ville*).

Préfet : M. Autrand (mardi & jeudi de 10 à 12 h.) T. Arch. 39-00.
Secr. Gén. : L. Aubanel (mardi & jeudi de 10 à 12 h.) T. Arch. 39-09.
Dir. du Cabinet : M. Darras (mardi et jeudi de 10 à 12 h.) T. Arch. 39-12.
Chef du Secr. particulier : Roche.
Conseil de préfecture : (Palais du Trib. de Commerce, boul. du Palais, 1).
Prés. : Grunebaum-Ballin (Paul) ✻. — Réveillaud (intérim).

Pour les services de la Préf. de la Seine, v. p. 85.

Préfecture de Police (*Boul. du Palais*, 7).

Préfet : M. F. Raux ✻ (t. l. j. de 9.30 à 11.30). T. 606. Préf. de Police.
Secr. Gén. : J. Paoli (t. l. j. de 10.30 à 12). T. 606. Préf. de Police.
Dir. du Cabinet : Ginoux ✻. *Chef-adj.* : Tallet.

Pour les services de la Préf. de Police, v. p. 86.

Conseil municipal de Paris.

(Hôtel de Ville. — T. Arch. 14-42 (Prés.) 18-23 (Presse), 18-71 et 72.

Composé de 80 membres, à raison d'un par quartier, élus les 30 nov. et 7 déc. 1919 jusqu'au mois de mai 1925 au suffrage universel. Indemn. : 6.000 fr. (Loi du 14 avril 1871).

Composition : Bloc nat. républ. : 49 ; libéraux : 5 ; Rad-soc. : 3 ; soc. unifiés : 20 ; soc. indép. 3.

Prés. : Adrien Oudin ✻.
Vice-Prés. : G. Delavenne et A. Lallement.
Secr. : Fiquet, Missoffe, de Castellane, de Tastes.
Syndic : Aucoc.
Membres : MM. Achille (Archives, IIIe), boul. Beaumarchais, 37.
Alpy (Odéon, VIe), r. Bonaparte, 68.
Andigné (d') ✻ (Muette, XVIe), r. de Boulainvilliers, 49.
Aucoc (Gaillon, IIe), faub. St-Honoré, 217.
Beaud (St-Vincent-de-Paul, Xe), boul. Magenta, 61.
Bellan (Mail, IIe), r. des Jeûneurs, 30.
Béquet (Vivienne, IIe), r. du 4-Septembre, 2.
Bérard (St-Victor, Ve), quai de Montebello, 21.
Besombes (Grenelle, XVe), passage des Entrepreneurs, 3.
Brunet (Epinettes, XVIIe), r. Jean-Leclaire, 17.
Caire ✻ (Europe, VIIIe), r. de Constantinople, 39.
Calmels (Salpêtrière, XIIIe), av. des Gobelins, 22.
Castellane (de) (Ecole militaire, VIIe), r. de Babylone, 61.
Chausse (Ste-Marguerite, XIe), boul. Diderot, 168.
Chérioux O. ✻ (St-Lambert, XVe), r. de l'Abbé-Groult, 95.
Clercq (de) (Val-de-Grâce, Ve), boul. St-Michel, 85.
Colly (Gare, XIIIe), r. de Domrémy, 39.

Dausset ✱ (Enfants-Rouges, IIIe), pl. St-Georges, 22.
Delavenne (Gros-Caillou, VIIe), av. La Bourdonnais, 8.
Delsol (Petit Montrouge, XIVe), boul. Garibaldi, 33.
Denais (Batignolles, XVIIe), r. de Tocqueville, 22.
Deslandres (Croulebarbe, XIIIe), r. Vulpian, 1.
Desvaux (Amérique, XIXe), r. des Fêtes, 7.
Deville (N.-D.-d.-Champs, XIe), r. du Cherche-Midi, 101.
Dherbécourt, (Clignancourt, XVIIIe), r. de Trétaigne, 7.
Faure (Bel-Air, XIIe), r. Fabre d'Eglantine, 6.
Flancette (Combat, XIXe), av. Moderne, 1.
Fiant O. ✱ (Arts-et-Métiers, IIIe), r. Dupetit-Thouars, 17.
Fiquet (Folie-Méricourt, XIe), r. de la Fontaine-au-Roi, 32.
Fleurot (Jardin des Plantes, Ve), av. des Gobelins, 7.
Florent Matter (Arsenal, IVe), r. Laffitte, 40.
Fontenay (Chaillot, XVIe), av. Malakoff, 9.
Froment-Meurice (Madeleine, VIIIe), r. Albéric Magnard, 8.
Garchery (Picpus, XIIe), boul. de Reuilly, 16.
Gay ✱ (Porte-Dauphine, XVIe), r. de Sfax. 4.
Godin (St-Georges, IXe), r. Cambon, 13.
Granger (Plaisance, XIVe) av. du Maine 174.
Guillaumin (Faub. du Roule, VIIIe), r. de Londres, 50.
Hazeler (Porte St-Martin, Xe), boul. de Strasbourg, 64.
Habert (Marcel) ✱ (Rochechouart, IXe), av. de la Grande Armée, 40.
Henaffe ✱ (Santé, XIVe), r. de la Tombe-Issoire, 36.
Héraud (St-Germain-des-Prés, VIe), boul. St-Germain, 189.
Joly (La Chapelle, XVIIIe), r. Marc Séguin, 35.
Jousselin (Ternes, XVIIe), av. de la Grande Armée, 64.
Lallement (Alfred) (St-Ambroise, XIe), r. Bretonneau, 9.
Lalou (Monnaie, VIe), boul. St-Michel, 6.
Lambert (Rochechouart, IXe), passage de l'Elysée des Beaux-Arts, 10.
Latour (Montparnasse, XIVe), boul. Montparnasse, 84.
Laurent (Auteuil, XVIe), r. de Lubeck, 40.
Le Corbeiller (St-Merri, IVe), r. de Grenelle, 81.
Lefébure (place Vendôme, Ier), r. de Rivoli, 180.
Lemarchand (G.) (Notre-Dame, IVe), r. Le Regrattier, 28.
Le Menuet (Saint-Germain-l'Auxerrois, Ier), r. de Lyon, 2 *bis*.
Le Troquer (Quinze-Vingts, XIIe), r. St-Jacques, 31.
Levée ✱ (Palais-Royal, Ier), r. de Rivoli, 176.
Lhenry (Pont de Flandres, XIXe), r. Rouvet, 14.
Loyau (Père-Lachaise, XXe), r. de la Chine, 49.
Luquet (Belleville, XXe), r. des Envierges, 22.
Massard (Emile) ✱ (Plaine-Monceau, XVIIe), boul. Pereire, 58.
Missoffe (Champs-Elysées, VIIIe), boul. Malesherbes, 190 *ter*.
Morin (Bercy, XIIe), r. de Charenton, 206.
Oudin (A.) (Chaussée-d'Antin, IXe), r. de Varenne, 86.
Paris (La Villette, XIXe), r. de Flandre, 33.
Peuch (Ste-Avoye, IIIe), r. Turbigo, 30.
Pointel (G.) (faub. Montmartre, IXe), r. Cadet, 3 *bis*.
Poiry (Javel, XVe), r. des Bergers, 16.
Puymaigre de ✱ (Invalides, VIIe), r. de Constantine, 7.
Quentin (Halles, Ier), r. du Louvre, 44.
Rafignon (Porte St-Denis, Xe), r. du faub. St-Martin, 72.
Rebeillard (O. ✱) (Bonne-Nouvelle, IIe), r. de Palestro, 1.
Reisz (Charonne, XXe), r. de Buzenval, 48.
Renault (Roquette, XI), r. Montlouis, 4.
Rendu (Ambroise), (St-Thomas-d'Aquin, VIIe), r. du Bac, 108.
Riotor (St-Gervais, IVe), quai de Béthune, 26.
Robaglia (Sorbonne, Ve), boul. St-Michel, 16.
Roéland (hôp. St-Louis, Xe), r. des Ecluses-St-Martin, 30.
Rousselle (Henri), (Maison-Blanche, XIIIe), r. Hallé, 34.
Sellier (Goutte d'Or, XVIIIe), r. Myrrha, 52.
Tastes (de) (Necker, XVe), r. Brown-Séquard 9.
Téneveau (St-Fargeau, XXe), r. du Télégraphe, 3.
Varenne (Gdes-Carrières, XVIIIe), r. de Maistre, 50.

Conseil général de la Seine.

Hôtel de Ville. — T. Arch. 18-27 (Président).

Composé des 80 Conseillers municipaux de Paris dont ci-dessus les noms et de 22 membres élus dans les arrond. de St-Denis et de Sceaux, à raison de un par canton. Ne se réunit qu'en vertu d'une convocation du gouv.

Prés.: M. Dausset.
Vice-Prés.: MM. Brisson, de Puymaigre.
Secr.: Fourquemin, Renault, Rafignon, Riotor.
Syndic.: Aucoc.
Bachelet (*St-Ouen*), à Paris, r. Bernouilli, 2.
Bonal (Colombes), r. du Centre, 28, à la Garenne-Colombes.
Brisson, (*Nogent-s-M.*). 1 bis, rue Théodore-Honoré, à Nogent-s.-Marne.
Champion (Charenton), quai d'Alfort, 13, à Alfort.

Cherest (*Neuilly-sur-Seine*), à Paris, r. de Chaselles, 32 et à Neuilly, r. Chauveau, 61.
Couergou (Boulogne-s.-Seine), villa des Princes, 33, à Billancourt.
Fontaine (*Asnières*), av. Casimir. 1.
Fourquemin (Vanves), route de Montrouge, 121, à Malakoff.
Givort (Villejuif), r. Emile Raspail, 13, à Arcueil-Cachan.
Hémard (*Montreuil*), à Montreuil, r. de Paris, 78).
Jupin (Courbevoie), rue Barbès, 18 *bis*.
Marin (*Saint-Maur*), boul. National, 4.
Marquez (*Clichy*), à Paris, av. de Clichy, 187.
Marsais (Pantin), r. Parmentier, 14.
Martin (*Ivry*), à Vitry, av. des Ecoles, 96.
Mounié (Sceaux), à la Mairie d'Antony.
Philippe (*Saint-Denis*), r. Jannot, 12.
Poisson (Ed.) (*Aubervilliers*), av. de la République, 7.
Renault (Noisy-le-Sec), r. de Pantin, 9.
Sellier (*Puteaux*), boul. de Versailles, 31, à Suresnes.
Vendrin (*Levallois-Perret*), rue Chevallier, 72.

Services de la Préfecture de la Seine.

Cab. du Préfet. (Enregistrem. gén. — Visa. — Corresp. admin. — Person. admin.) — *Dir.*: Darras (mardi et jeudi de 15 à 17 h.). T. Arch. 39-12. — *Dir. du Secrét. part.*: Roche. T. Arch: 18-83.

Dir. du Personnel (Secr. et Person. intér. — Person. extér. et Admin. annexes. — Serv. du Ravit. du C. R. de Paris. — Person. technique. — Person. de service. Examens et concours. — Comptab. — Pensions et secours). *Dir.*: Raiga (mardi, 10 à 12 h.). Serv. annexes. Serv. médical. — Comm. des Examens. Comm. des Pensions. — Comm. des secours.

Dir. de l'Insp. gén. (Hôtel de Ville). *Dir.*: Jayot (mardi, jeudi, sam. de 9 h. 30 à 11, 30). Insp. gén. des services de la Préf. de la Seine.

Dir. des Beaux-Arts et Musées (Hôtel de Ville). *Dir. comm. gén. des Fêtes*: R. Falcou (O. ✵). T. Arch. 39-00 à 39-14 (Beaux-Arts. Acquis. et commandes. Concours. Expos. — Admin. des Musées. — Fêtes municip. Prépar. et Organis.). Serv. Annexes; Musées d'Art municip.: Carnavalet, Palais des Beaux-Arts de la Ville de Paris (Petit Palais); Galliera; Cernuschi; Victor Hugo; dépôt des Collections Artist.) (V. Musées municipaux.)

Secrétar. gén. (Hôtel de Ville. T. Arch. 18-04). — *Chef*: Champagne (Visa et Statistique gén. — Elections légalis. et notific. — Vérific. des mémoires. — Archives départ. et commun. (quai Henri IV, 30. T. Arch. 34-52). — Institut d'Histoire, de Géogr. et d'Econ. urbaines de Paris (r. de Sévigné, 29). — Biblioth. admin. de la Préf. de la Seine (à l'Hôtel de Ville). — Biblioth. munic. de la Ville de Paris.

Dir. du Secr. du Cons. munic. de Paris et du Cons. gén. de la Seine. Dir.: J. G. Dauly. — Secr. du Cons. munic. Procès-verb. et comptes-rendus des séances. *Chef du secr.*: Maître. — Secr. du Cons. gén. de la Seine. *Chef du serv.*: Schwartz. Procès-verb. et comptes rendus des séances. Serv. du Bulletin munic. et de l'imprim. munic.

Dir. du Matériel. T. Standard. — *Dir.*: Lable ✵ (Paiement des Secours. Affichage. — Commandes. — Rédact. des cahiers de charges. Expertises et réceptions des fournit. Annonces et insert. Organis. matér. des fêtes, cérémon. réceptions. Magasin scolaire. Mobilier classique. — Serv. annexes. Serv. de vérif. des mémoires de fournitures.

Dir. des Aff. munic. et contentieux. (r. Lobau, 2) *Dir.*: Morlé (t. l. j. de 14.30 à 18 h.). T. Arch. 39-00 à 39-14 (Dons et legs. Subventions. Bur. admin. des serv. d'hygiène. Etabl. charitables. Domaines de la Ville. Approvis. Inhumations et pompes funèbres. Statistiques municipales. Serv. annexes: Bureau d'Hygiène. Serv. de désinf. des ambul. et surveillance des sources, av. Victoria, 5. T. Arch. 18-25; Musée d'Hygiène, boul. Sébastopol 57. Serv. de la vaccination. Serv. de la Surveillance des eaux d'aliment., r. Lobau, 2. — Labor. d'Hygiène, r. des Hospitalières-St-Gervais, 1 *bis*. T. Arch. 20-73. Serv. météorol. Observatoires: Palais du Bardo (parc de Montsouris). T. Gob. 05-65. Tour St-Jacques. T. Arch. 18-11. Ambulances munic. Serv. de Désinfection. Refuges et asiles munic. Office départ. du placement et de la statist. du Travail, r. de Rivoli, 50. Poids Public, r. Lobau, 2. — Abattoirs. Cimetières. Crémation. Columbarium. — Bourse centrale du Travail, r. du Château-d'Eau, 3. T. Nord 19-92.

Dir. des Aff. départementales, r. Lobau, 2. *Dir.*: A. Ferlet ✵ (lundi, mercr. et vendr. de 15 à 17 h.). (Admin. du dép. — Aff. intercommun. et assistance. Admin. des comm. Trav. publ. du dép. et des comm. — Trav. d'architect. de l'Etat et du dép. — Serv. des Aliénés. — Serv. des aff. militaires, av. Victoria, 4. Serv. annexes. Aliénés de la Seine. Asiles. Serv. dép. des ponts et ch. et des chem. vicinaux. Serv. de la Navigat.; Tramways. Chemins de fer.

Dir. de l'Enseign. primaire, r. Lobau, 2. T. Arch. 18-39. *Dir.*: Lefebvre ✵, insp. d'acad. (Décor. univers. Organis. pédag. des écoles prim. sup. et prof. Musée pédag. de la Ville (r. Montmartre, 47). Biblioth. scolaires. Person. de l'enseign. prim. de Paris et du dép. de la Seine. Ecoles privées du dép. Bourses nat. d'enseign. prim. sup. Ecoles normales prim.

Dir. admin. des Aff. du Serv. de l'Enseign., r. Lobau, 2. *Dir.*: Godard (Person. admin. et enseignant. Secours. Collège Rollin. Fournitures scolaires. Livrets de Caisse d'épargne.

Fêtes et matinées scol. Distrib. de prix. — Bourses munic. et départ. Subventions. Ecole. prim. sup. et prof. Admissions d'élèves. Concours. Locaux et matériel scolaires. Serv. annexes. Insp. médicale, admin. et financ. des écoles. Etab. scolaires munic. et départ. (V. Enseign.)

Dir. munic. des travaux du Cadastre de Paris et des Contributions. — r. Monsieur-le-Prince. 69. T. Gob. 04-87. *Dir. et Prés.:* Dubost ✱.

Dir. admin. des Travaux de Paris (H. de V. T. Arch. 39-00 à 39-14). *Dir.* Malherbe ✱. (t. l. j. de 10 à 12 h.). (Voie publ. Eclair. et Métropolitain. Eaux, Canaux et Egouts. Serv. annexe. Serv. techn. des Eaux et de l'Assainissement, pl. de l'Hôtel de Ville, 9. T Arch. 39.00. — Voie publ. et Eclairage, pl. de l'Hôtel de Ville, 9. T. Standard. Hôtel de Ville. — Métropolitain, r. de Rivoli, 48. — T. Arch. 39-00 à 39-14.

Dir. de l'Approvisionnement gén. de Paris: Dir. Clairgeon.

Dir. de l'Extension de Paris: Dir.: Doumerc.

Dir. admin. des serv. d'Architect. et des Promen. et Plantat., de la Voirie et du plan de Paris (Hôtel de Ville). Dir.: Garnier. T. Arch. 39-00.

Insp. gén. des serv. techn. d'Architect. et d'Esthét. —*Insp. gén.:* Bonnier (O. ✱).

Dir. des Finances (Hôtel de Ville). T. Arch. 18-82. *Dir.:* Eug. Regard (O. ✱) (mardi et sam. de 10 à 12 h.). (Régies. Comptab. départ. et munic. Recouvr. et content. des contrib. et taxes munic. — Serv. des Retraites ouvrières.

Contrôle centr. près la Caisse munic. (Hôtel de Ville). T. Arch. 39-00. *Contrôl. central.* Ed. Vacalet.

Caisse munic. (Hôtel de Ville). *Recev. munic.:* de Fontich ✱ (t. l. j. de 16 à 17 h.).

Octroi de Paris et Dir. des droits d'entrée, pl. de l'Hôtel de Ville, 9. T. Arch. 39-00. — *Dir.:* Quennec (O. ✱) (mardi de 10 à 12 h.). — Bureaux ouverts de 11 h. à 15 h.

Mont de Piété. Chef-lieu, r. des Francs-Bourgeois, 55 et rue des Blancs-Manteaux, 16. T. Arch. 21-41 et 13-22. *Dir.:* F. Martin-Feuillée ✱.

Assistance Publique, av. Victoria, 3. T. Arch. 18-73 à 18-76. *Dir.:* G. Mesureur (mardi et sam. de 10 à 12 h.). (*V. Assistance*).

Services de la Préfecture de Police.

Boul. du Palais, 7.

Secr. partic. (Correspond. Cartes et Coupe-files. Secours). *Chef:* Chéberry.

Div. du Cabinet. Chef: Le Seyeux (Aff. de sûreté gén. Réunions publ. Congrég. Cultes. Renseign. dem. par les Minist. et Admin. publ. — Théâtres et Concerts. Cinémas. Expos. diverses. Cérémonies publ. Courses. Vélodr. et Aérodr. Aff. milit.

Div. du Person. de la Comptab. et du Matériel (Nomin. aux emplois de la Préf. autres que ceux des Insp. de Police et gardiens de la paix. — Dépenses et recettes munic. Marchés. Adjudic.). *Dir.:* Gaudibert ✱ (t. l. j. de 10 à 12 h.).

Insp. gén. des Serv.: Insp. gén. X. Guichard, ✱. *Renseign. gén. Chef:* Dumas.

Secr. général. Chef du cab. du secr. gén. P. Lafenestre.

1re *Div.* (Serv. judic. Loteries. Surv. des débits de boissons. Arrest. Interd. de séjour. Expuls. des étrangers condamnés. Serv. des moeurs. Prisons. Libér. condit. — Asiles dép. de Nanterre et de Villers-Cotterets. Passeports. Rapatriements. Chasse. Etrangers. Naturalis. Objets trouvés). *Chef de div.:* Harduin.

2e *Div.* (1er Bur. Hygiène. Enregistr. des dipl. de médec., pharm., chirurg., dent., sages-femmes et herbor. Epidémies. Désinfect. Vaccination. Salubrité des log. Transports de Corps. Exhumat. Embaum. Morgue. *Chef:* Honnorat. — Serv. extér.: Insp. gén. des Serv. techn. d'hyg. *Insp. gén.:* Dr Bordas (C. ✱). Serv. des Epidémies. *Méd. insp. princ.* Dr Dubief ✱. — 2e Bur. Travail et Prévoy. soc. Apprentiss. Accid. du Trav. Repos hebdom. Bur. de plac. Retraites ouvr. Soc. d'épargne. Etabl. danger. insalubres ou incom. Fumivorité. Matières explos. — 3e Bur. Cours des denrées. Taxations. Marchés et abattoirs. Bourse de Comm. Police sanit. des animaux. Insp. des viandes. — Divag. des chiens. Rage. Répart. du sucre. Serv. extér. Comm. de police des Halles centr., marchés et abattoirs, r. des Halles, 34. T. Centr. 52-58. — Serv. de réprés. des fraudes, d'insp. des poids et mes. et du repos hebdom. — Vérif. des poids et mes. — Insp. vétér. sanitaire. — 4e Bur. Aliénés. Protect. des enfants du 1er âge. Nourrices).

Insp. gén. de la circul. et des transp. (Chemins de fer d'intérêt gén. Métrop. Tramways. Omnibus. Voitures de place de remise et de courses. Autos et cycles. Marchands des 4 saisons. Trav. sur la voie publ. Navig.). *Insp. gén.:* Joltrain ✱.

Dir. de la police municipale. — *Dir.:* P. Guichard ✱; *Sous-Directeur.:* Maréchal.

Dir. de la police judic. (quai des Orfèvres, 36. T. Gob. 22-48). (Recherche des malfait. Récept. des déclar. des personnes pour hôtels, maisons, chambres ou appart. meublés. Log. loués en garni. Suicides. Corresp. avec polices étrang. Aff. milit.; recherche des désert. et insoumis). *Dir.:* H. Mouton. Identité judic. Serv. anthropom.

Administration diocésaine.

Paris, métropole ecclésiastique, est un archevêché ayant pour suffragants les évêchés d'Orléans, de Chartres, Versailles, Blois et Meaux. Son titulaire est généralement revêtu de la dignité cardinalice.

Archevêque : S. Em. le Cardinal AMETTE (Léon-Adolphe).

Evêque auxiliaire : Mgr Roland-Gosselin.

Vicaires généraux de Paris. (Ayant charge de l'administration diocésaine en cas de vacance du titulaire) : Mgr. Fages, Protonotaire apostol. ; M. Thomas (Ed.), Archidiacre de Notre-Dame ; M. Lefebvre (Gust.), Archid. de Sainte-Geneviève ; M. Lapalme, Archid. de Saint-Denis ; Mgr. Odelin, Dir. des Œuvres diocésaines ; M. Garriguet, Sup. gén. de Saint-Sulpice ; Mgr. Baudrillart, Recteur de l'Instit. Cath. ; M. Adam, Promoteur ; M. Delaage, Archiprêtre de Notre-Dame ; M. Audollent, Dir. dioc. de l'Enseignement libre.

Secrétaire particulier : M. Clément (Maurice), Chanoine titul. (mardi).

Bureaux : 50, rue de Bourgogne, ouverts tous les jours, de 13 h. 30 à 15 h. 30, sauf dimanches et jours fériés, jeudi, vendredi et samedi saints et jour des Morts.

Archidiacres. — Ils se répartissent les fonctions et audiences (Voir Vicaires généraux).

Chancellerie. M. Poudroux, chanoine hon., chancelier honor. ; M. Wiesnegg, chanoine hon., chancelier.

Secrétariat. M. Lanier, secrétaire.

Archives diocésaines. M. Jacquet (Paul), chanoine hon., archiviste.

Administration temporelle du culte. Directeur : M. Dupin, chanoine hon.

Œuvres diocésaines. Directeur : Mgr. Odelin, vic. gén. ; M. Couget, s.-directeur, chanoine hon.

Direction diocésaine de l'Enseignement libre. (Bureaux : 76, rue des Saints-Pères). Directeur : M. Audollent, chanoine honoraire, vicaire gén. ; sous-directeur : M. Henry (Ch.), chanoine hon. ; inspecteur : M. Chantrel, chanoine hon.

Officialité diocésaine. Promoteur : M. Adam, chanoine hon., vic. gén. — Official : M. Deschamps (Em.), ch. hon., (causes matrimoniales) ; M. Thomas, vic. gén. (contentieux et discipline).

Commission des censeurs (« Imprimatur ») : M. Dupin, chan. hon., secr.

Culte protestant. (v. Cultes).
Culte israélite. (v. Cultes).

PARIS

La Ville est divisée en 20 arrondissements, subdivisés chacun en 4 quartiers numérotés de 1 à 80. A la tête de chaque arrond., est placé un maire nommé par le gouvernement et assisté d'adjoints. Princip. attributions : état civil, recensement, recrutement, réclamations en matière de contributions directes. Les maires et les adjoints parisiens ne font pas partie du Conseil municipal (V. p. 83).

(*Incendie. — Tout abonné au téléph. peut téléphoner direct. à l'Etat-major des Sapeurs-Pompiers. T. Gob. 19-47 et 19-48.*)

1er Arrt. (Louvre). *Quartiers :* St-Germain-l'Auxerrois (1), Halles (2), Palais-Royal (3), pl. Vendôme (4).
Mairie : (1) place du Louvre 4. T. Gut. 05-73. *Maire :* L. Goirand, sénateur (de 10 à 12 h. mairie). *Just. de paix :* Mairie. (A. C. vendr., à 13 h. 30. C. à 13 h. 30. C. F. mardi 14 h.). *Juge :* Rétault. *Comm. de police :* (1) quai de l'Horloge, 7. T. Gob. 20-01. — (2), rue des Prouvaires, 8. T. Centr. 77-01. — (3), r. des Bons-Enfants, 21. T. Centr. 35-61. — (4) Marché St-Honoré. T. Centr. 37-09. — *Contrib. Dir. :* Mairie. Vendr. de 13 à 16 h. *Impôt sur Revenu :* r. du Pont-Neuf, 20. — *Receveur-percept. :* (1 et 2) N. ..... (3 et 4), r. Baillif, 11. — *Hôpitaux :* Charité, r. Jacob 47. *Recrut. :* 2e Bur. Porte de Passy. — *Chang. de dom. et résid. :* Cas. des Gend. boul. Exelmans et Mairie.

(1) Bureaux des Mairies ouverts tous les jours non fériés, de 9 h. à 18 h. Les dim. et jours fériés, les bureaux des naiss. et décès ouverts de 9 h. à 14 h.

Etat civil. Actes de naiss., de mariage, de décès antérieurs à 1860, s'adr. : serv. des Archives de la Seine, quai Henri IV, 30 ; depuis le 1er janv. 1860, aux mairies. — Public. de mariage affichée à la porte de la mairie pendant 10 j. dont 2 dimanches. — Mariages célébrés tous les jours à partir du 10e jour et non compris ceux de la public.
Abrév. Justice de paix : A. P. Audience publique. A. C. Audience de Conciliation. C. F. Conseil de famille. C. Conciliation. A. T. Accidents du travail.

2e Arrt. (Bourse). *Quart. :* Gaillon (5), Vivienne (6), Mail (7), Bonne-Nouvelle (8).

Mairie : r. de la Banque, 8. T. Gut. : 05-70. *Maire.* E. Lavanoux. *Just. de Paix :* Mairie. A. P. et C. Vendr. 13 h. 30. C. sur A. et C. F. mercr. 13 h. 30. *Juge.* Paul. *Comm. de police :* (5) r. des Petits-Champs, 36. T. Centr. 22-18. — (6) r. d'Amboise, 5, T. Centr. 55-36. — (7) r. du Mail, 6. T. Centr. 55-57. — (8) r. Thorel. 9. T. Centr. 55-04. *Contrib. Dir. :* Mairie : Vendr. de 13 à 16 h. *Impôt sur le Revenu :* r. du Pont-Neuf, 20. *Receveur-percept. :* (5 et 6) r. Louis-le-Grand, 9. — (7 et 8), r. du Caire, 27. *Hôpitaux :* (5-6 et 7). Charité, r. Jacob, 47. — (8) Hôtel-Dieu. — *Recrut. :* 4e Bur. porte de Charenton. *Chang. dom. et rés. :* Minimes, r. de Béarn, 12 et Mairie. 59.594 hab.

3e Arrt. (Temple). *Quart. :* Arts et Métiers (9), Enfants-Rouges (10), Archives (11), Ste-Avoye (12). 85.763 hab.

Mairie : r. Eugène-Spuller, 2. T. Arch. 33-71. *Mairie :* L. Gauthier. *Just. de paix :* Mairie. (A. C. Mardi à 14 h. A. P. Jeudi 13 h. 30). *Juge :* Chevalier-Maresoq. *Comm. de pol. :* (9) r. N.-D.-de-Nazareth, 60. T. Arch. 20-64. — (10) Mairie, r. de Bretagne 62. T. Arch. 21-55. — (11) r. de Béarn, 4. T. Arch. 27-52. — (12) r. Beaubourg, 44. T. Arch. 29-83. *Contrib. Dir. :* Mairie : Vendr. de 13 à 16 h. *Impôt Revenu :* r. du Pont-Neuf, 20. *Receveur.percept.* (9 et 10) r. Meslay, 23. — (11 et 12) r. Elzévir, 4. — *Hôpital :* Hôtel-Dieu. — *Recrut, Chang., de dom. et de résid.* (même que ceux du 2e arr.).

4e Arrt. (Hôtel-de-Ville). *Quart. :* St-Merri (13), St-Gervais (14), Arsenal (15), Notre-Dame (16). 100.408 hab.

Mairie : place Baudoyer. T. Arch. 19-05. *Maire :* Callé (t. l. j. de 11 à 12 h.). *Just. de paix :* Mairie (C. Mardi, 13 h. 30. C. F. et A T. Mardi 14 h. A. Comp. Jeudi, 13 h. 30). *Juge :* M. Renoult. *Comm. de Police :* (13) q. de Gesvres, 16. T. Arch. 31-46. — (14) r. Vieille-du-Temple, 19. T. Arch. 34-71. — (15) r. Jules-Cousin, 1. T. Arch. 35-93. — (16) quai aux Fleurs, 11. T. Gob. 29-07. *Contrib. Dir. :* Mairie : vend. de 13 à 16 h. *Impôt Revenu :* pl. du Panthéon 1 *bis. Receveur-percept.* (13, 14, 15 et 16) r. François-Miron, 8. *Hôpital :* Hôtel-Dieu. *Recrut. :* 3e Bur. porte de Châtillon. *Chang. de dom. et de résid.* Minimes, rue de Béarn, 12. et Mairie.

5e Arrt. (Panthéon). *Quart. :* St-Victor (17), Jardin-des-Plantes (18), Val-de-Grâce (19), Sorbonne (20). 119.423 hab.

Mairie : pl. du Panthéon. T. Gob. 06-40. *Maire :* P. Pierrotet (t. l. j. Mairie). *Just. de paix :* Mairie (A. C. vendr. 13 h. 30. C. mardi 13 h. 30. C. F. mercr. 14 h.). *Juge :* Roguet. *Comm. de pol. :* (17) r. de Poissy, 31. T. Gob. 13-91. — (18), r. Geoffroy-St-Hilaire, 5. T. Gob. 39-53. — (19) r. Vauquelin, 1. T. Gob. 16-46. — (20) r. Dante, 7. T. Gob. 27-28. — *Contrib. Dir. :* Mairie, vendr. de 13 à 16 h. *Impôt Revenu :* pl. du Panthéon, 1 *bis. Receveur percept :* (17, 18, 19 et 20) r. Malebranche, 13. *Hôpitaux :* (17, 19, 20) Cochin, 47, faub. St-Jacques. — (18) Pitié, 83, boul. de l'Hôpital. *Recrut., Chang. de dom. et de résid.* ; mêmes adr. que pour 4e arrond. et Mairie.

6e Arrt. (Luxembourg), *Quart. :* Monnaie (21), Odéon (22), N.-D.-des-Champs (23), St-Germain-des-Prés (24). 100.913 hab.

Mairie : r. Bonaparte, 78. T. Saxe 04-10. *Maire :* L. Simon-Juquin. (Mairie, jeudis et samedis de 10 h. à 11 h.). *Just. de paix :* Mairie (Aud. mardi, 13 h. C. jeudi 12 h. 30, C. C. mardi 13 h., C. F. jeudi, 14 h. *Juge :* Remy. *Comm. de pol. :* (21) r. des Grands-Augustins 19. T. Gob. 33-49. — (22) r. Crébillon, 2. T. Fleur. 09-39. — (23) r. d'Assas, 38. T. Saxe 47-30. — (24) r. de l'Abbaye, 14. T. Gob. 39-18. *Contrib. Dir. :* Mairie, vendr. de 13 à 16 h. *Impôt Revenu :* r. d'Assas, 104. *Receveur-percept. :* (21 et 24) r. de Furstenberg, 4. — (22 et 23) r. de Fleurus, 24. *Hôpital :* Charité, 47, r. Jacob. *Recrut. :* 3e bur., porte de Châtillon. *Chang. de dom. et de résid. :* Gend. de Passy, boul. Exelmans. Mairie et Commissariats de police.

7e Arrt. (Palais-Bourbon). *Quart. :* St-Thomas-d'Aquin (25), Invalides (26), Ecole Militaire (27), Gros-Caillou (28). 101.483 hab.

Mairie : r. de Grenelle, 116. T. Saxe 61-60. *Maire :* Blattière. *Just. de paix :* Mairie (C. mardi 13 h., Comp. vendr. 13 h., C. F. jeudi 14 h.). *Juge :* David. *Comm. de pol. :* (25) r. Perronet, 10. T. Saxe, 47-33. — (26) r. de Bourgogne, 3. T. Saxe 51-06. — (27) av. de Breteuil, 72. T. Saxe 52-30. — (28) Gros-Caillou, r. Amélie, 6. T. Saxe 52-42. *Contrib. Dir. :* Mairie, vendr. de 13 à 16 h. *Impôt-Revenu :* (25, 26, et 28) r. de l'Université, 169. — (27) r. d'Assas, 104. — *Receveur-percept. :* (25) r. de Grenelle, 59. — (26, 27 et 28) r. Bertrand, 2. *Hôpitaux :* (partie 25) Charité, 47, r. Jacob ; (reste) Laennec, 42, r. de Sèvres. *Recrut. :* 2e bur. porte de Passy. *Chang. de dom. et de résid.* : Gend. de Passy, boul. Exelmans et Mairie.

8e Arrt. (Elysée). *Quart. :* Champs-Elysées (29), Faub. du Roule (30), Madeleine (31), Europe (32). 100.462 hab.

Mairie : r. d'Anjou, 11. T. Gut. 03-93. *Maire :* Dr Maréchal. *Just. de Paix :* Mairie. (A. C.

jeudi 13 h., Comp. jeudi 13 h., C. mercr. et vendr. 13 h. 30, C. F. mercr. et vendr. 14 h.). *Juge :* E. Jégou. *Comm. de pol. :* (29) Grand Palais, r. Jean-Goujon. T. Wagr. 57-15. — (30) r. La Boétie, 90. T. Wagr. 57-63. — (31) r. d'Anjou, 57. T. Centr. 94-32. — (32) r. Clapeyron, 10. T. Centr. 81-04. *Contrib. Dir. :* Mairie, vendr. de 13 à 16 h. *Impôt revenu :* (29, 30 et 31) r. Fréd.-Bastiat, 1. — (32) r. Clairaut, 16. *Receveur-percept. :* (29, 30) faub. St-Honoré, 155. — (31) r. Montalivet, 8 *bis*. — (32) r. de Laborde, 38. *Hôpitaux :* (29 et 31) Laennec, 42, r. de Sèvres. — (30 et 32) Beaujon, 208, faub. St-Honoré. — *Recrut. :* 6e bur., porte de Champerret. *Chang. dom. et de résid. :* Gend. de Passy, boul. Exelmans et Mairie.

9e Arrt. (Opéra). *Quart. :* St-Georges (33), Chaussée d'Antin (34), faub. Montmartre (35), Rochechouart (36). 117.734 hab.

Mairie : r. Drouot, 6. T. Gut. 05-71. *Maire :* Sauphar. *Just. de Paix :* Mairie. (A. C. mardi 14 h., C. vendredi 14 h., C. F. mardi 16 h.). *Juge :* Em. Gohon. *Comm. de pol.* (33) r. La Rochefoucauld, 37. T. Trud. 57-90. — (34) r. Taitbout, 43. T. Trud. 57-83. — (35) r. du Faub.-Montmartre, 21, T. Centr. 94-73. — (36) r. de la Tour-d'Auvergne, 50. T. Trud. 57-87. *Contrib. Dir. :* Mairie, vendr. de 13 à 16 h. *Impôt revenu :* (33 et 34), r. de la Chaussée d'Antin, 64 — (35 et 36), r. de Douai, 7. — *Receveur-percept.* (33 et 36) r. Say, 12. — (34) r. Joubert, 25. — (35) r. de Montholon, 3. — *Hôpitaux :* (33 et 36) Lariboisière, 2, r. Ambroise-Paré. — (34 et 35) Charité, 47, r. Jacob. — *Recrut. Chang. de dom. et de résid.* (mêmes que ceux du 8e arrond.).

10e Arrt. (Enclos St-Laurent). *Quart.* St-Vincent-de-Paul (37), Porte-St-Denis (38), Porte St-Martin (39), Hôpital St-Louis (40). 153.140 hab.

Mairie : r. du Faub.-St-Martin, 72. T. Nord 42-09. *Maire :* J. Fabre (t. l. j. Mairie de 11 à 12 h.). *Just. de Paix :* Mairie. (A. C. mercr. 12 h., C. vendr. 14 h., C. F. lundi et vendr. 13h.). *Juge :* Couton, *Comm. de pol. :* (37) r. du Faub.-St-Denis, 179. T. Nord 23-71. — (38) Cité, d'Hauteville, 4. T. Bergère 45-43. — (39) pass. du Désir, 26. T. Nord 24-65. — (40) quai de Jemmapes 154. T. Nord 25-58. *Contrib. Dir. :* Mairie. Vendr. de 13 à 16 h. *Impôt revenu :* r. Robineau. *Receveur-percept. :* (37 et 38) r. La Fayette, 147. — (39 et 40) r. de Marseille, 6. *Hôpital :* Lariboisière, 2, r. Ambroise-Paré. *Recrut. :* 1er bur., porte de la Chapelle. *Chang. de dom. et de résid. :* Gend. des Minimes, r. de Béarn, 12, et Mairie.

11e Arrt. (Popincourt). *Quart. :* Folie-Méricourt (41), St-Ambroise (42), Roquette (43), Ste-Marguerite (44). 239.335 hab.

Mairie : pl. Voltaire. T. Roq. 00-50. *Maire :* Viet. *Just. de Paix :* Mairie. (A. C. mardi 1 h. Concil : mercr. 1 h. C. F. mardi 14 h.). *Juge :* Daguier. *Comm. de pol. :* (41) r. des Trois-Bornes, 30. T. Roq. 64-17. — (42) pass. Beslay, 19. T. Roq. 64-18. — (43) r. Camille-Desmoulins, 2. T. Roq. 64-19. — (44) r. Chanzy, 21. T. Roq. 64-20. *Contrib. Dir. :* Mairie. Vendr. 13 à 16 h. *Impôt revenu :* r. de la Roquette, 168 *bis*. *Receveur-percept. :* (41 et 42) r. Fontaine-au-Roi, 6. — (43 et 44) r. Pétion, 16. — (41). *Hôpitaux :* Tenon, 4, r. de la Chine. — (42, 43 et 44) St-Antoine, 184, r. du Faub.-St-Antoine. *Recrut. :* 4e bur., porte de Charenton. *Chang. de dom. et de résid.*, Gend. des Minimes, r. de Béarn, 12, et Mairie.

12e Arrt. (Reuilly). *Quart. :* Bel-Air (45), Picpus (46), Bercy (47), Quinze-Vingts (48).

Mairie : r. Descos. T. Roq. 12-99. *Maire :* J.-A. Cuvillier. *Just. de paix :* Mairie. (A. C. vendr. 14 h. C. jeudi 14 h. C. F. jeudi 15 h.). *Juge :* Marquet. *Comm. de pol. :* (45) r. du Rendez-Vous, 13. T. Roq. 64-21. — (46) r. Bignon 3. T. Roq. 64-22. — (47) boul. de Bercy, 26. T. Roq. 64-23. — (48) r. Traversière, 59. T. Roq. 64-24. *Contrib. Dir.* Mairie. Vendr. 13 à 16 h. *Impôt revenu :* r. de la Roquette, 168 *bis*. *Receveur-percept. :* (45, 46, 47 et 48) r. de Chaligny, 12. *Hôpital :* (45, 46, 47, et 48) St-Antoine, 184, rue du faub. Saint-Antoine *Recrut. : Chang. de dom. et de résid.* (mêmes que ceux du 11e arrond.). 149.216 hab.

13e Arrt. (Gobelins). *Quart. :* Salpêtrière (49), Gare (50), Maison-Blanche (51), Croulebarbe (52).

Mairie : pl. d'Italie. T. Gob. 02-84. *Maire :* Guérineau. *Just. de paix :* Mairie. (A. C. mardi-jeudi à 13 h. 30. C. F. mardi et jeudi 14 h.). *Juge :* Labarrière. *Comm. de pol. :* (49 et 52, r. Rubens, 6. T. Gob. 25-17. (50) pass. Ricaut, 3. T. Gob. 04-88. — (51) r. Bobillot, 38. T. Gob. 15-27. *Contrib. Dir :* Mairie. Vendr. 13 à 16 h. *Impôt revenu :* r. du Loing, 9. *Receveur-percept* (49, 50, 51 et 52) av. d'Italie, 3 *bis*. *Hôpitaux :* (49 et 50) Pitié, 83, boul. de l'Hôpital. — (51 et 52) Cochin, 47, r. du Faub.-St-Jacques. *Recrut. :* 3e bur., porte de Châtillon. *Chang. de dom. et de résid. :* Gend. des Minimes, r. de Béarn, 12, et Mairie.

14e Arrt. (Observatoire). *Quart :* Montparnasse (53), Santé (54), Petit-Montrouge (55), Plaisance (56). 165.181 hab.

Mairie : pl. Montrouge. T. Saxe 13-68. *Maire :* A. Vanelle. *Justice de paix :* Mairie. (Aud. jeudi 13 h. C. et C.F. mardi et vendr. 13 h.). *Juge :* Ch. Roret. *Comm. de pol. :* (53) r. Delambre. 13. T. Saxe 21-29. — (54 et 55) r. Sarrette, 8 *bis*. T. Gob. 20-33. — (56) r. Boyer-Barret, 12, T. Saxe 21-74. *Contrib .Dir. :* Mairie. Vendr. 13 à 16 h. *Impôt revenu :* r. du Loing, 9. *Rece-*

veur-percept. : (53, 54, 55 et 56) av. du Maine, 174. *Hôpitaux* : (53 et 54). Cochin, 47, r. du Faub.-St-Jacques. (55 et 56) Broussais, 96, r. Didot. *Recrut.* : 2e bur., porte de Châtillon. *Chang. de dom. et de résid.* : Gend. de Passy, boul. Exelmans et Mairie.

15e Arrt. (Vaugirard). *Quart.* : St-Lambert (57), Necker (58), Grenelle (59), Javel (60).

Mairie : r. Péclet, 31. T. Saxe 08-89. *Maire* : Barruel. *Just. de paix* : Mairie. (A. C. et C. vendredi, 13 h.). *Juge* : Cottrelle. *Comm. de pol.* : (57) pl. de Vaugirard, 14. T. Saxe. 22-43. — (58) boul. Garibaldi, 45. T. Saxe 28-00. — (59) r. Fondary, 69. T. Saxe 44-91. — (60) r. Lacordaire, 15. T. Saxe 56-95. *Contrib. Dir.* : Mairie. Vendr. 13 à 16 h. *Impôt revenu* : r. du Loing, 9. *Receveur-percept.* : (57 et 58) r. de Vaugirard, 283. — (59 et 60) r. du Théâtre, 69. *Hôpitaux* : (57, 58 et 59), Necker, 151, r. de Sèvres. — (60) Boucicaut, 62, r. de la Convention. *Recrut.* : 2e bur., porte de Passy. *Chang. de dom. et de résid.* : Gend. de Passy, boul. Exelmans et Mairie.

16e Arrt. (Passy). *Quart.* : Auteuil (61), Muette (62), Porte-Dauphine (63), Chaillot (64).

Mairie : av. Henri-Martin, 71. T. Passy 90-96. *Maire* : P. Bouillet. *Just. de Paix* : Mairie. (A.-C. Jeudi 14 h. Comp. vendr. 13 h. C. F. mercr. 14 h. *Juge* : Foignet. *Comm. de pol.* : (61) r. Chardon-Lagache, 74. T. Aut. 09-74. — (62) r. Bois-le-Vent, 2. T. Aut. 19-29. — (63) r. Mesnil, 18, T. Passy 19-19. — (64) r. du Bouquet-de-Longchamp, 4. T. Passy 19-99. *Contrib. Dir.* : Mairie. Vendr. 13 à 16 h. *Impôt revenu* : (61 et 62) r. Olchanski, 4. — (63 et 64). r. Greuze, 24 *bis*. *Receveur-percept.* : (61 et 62) r. des Bauches, 1. — (63 et 64) r. Decamps, 21, *Hôpitaux* (61 et 62) Boucicaut, 62, r. de la Convention. — (63 et 64) Laënnec, 42, r. de Sèvres. *Recrut.* : 2e bur., porte de Passy. *Chang. de dom. et de résid.* : Gend. de Passy, boul. Exelmans et Mairie. 142.115 hab.

17e Arrt. (Batignolles-Monceaux). *Quart.* : Ternes (65), Plaine-Monceau (66), Batignolles (67), Epinettes (68). 209.665 hab.

Mairie : r. des Batignolles, 18. T. Marc. 07-53. *Maire* : Mildé. *Just. de Paix* : Mairie A. C. 1er et 2e mercr. à 14 h. C. F. jeudi 14 h. 30. *Juge* : M. Leroy. *Comm. de pol.* : (65) r. de l'Etoile, 14. T. Wagr. 69-29. — (66) boul. Malesherbes, 132, T. Wagr. 57-47. — (67) pl. des Batignolles, 16. T. Marc. 06-56. — (68) r. Clairaut, 8. T. Marc. 06-76. *Contr. Dir.* : Mairie. Vendr. 13 à 16 h. *Impôt revenu* : (65 et 66) r. Troyon, 2. — (66) r. de Tocqueville, 33. — (67) r. Clairaut, 16. *Receveur-percept.* : (65 et 66) av. de Villiers, 106. — (67 et 68) r. Truffaut, 26. *Hôpitaux* : (65, 66 et 67) Beaujon, 208, rue du Faub.-St-Honoré. — (68) Bichat, boul. Ney. — *Recrut.* : 6e bur., porte de Champerret. *Changem. de dom. et de résid.* : Passy, boul. Exelmans. Mairie et Commissariats de police.

18e Arrt. (Butte-Montmartre). *Quart.* : Grandes-Carrières (69), Clignancourt (70), Goutte-d'Or (71), Chapelle (72). 269.892 hab.

Mairie : r. Ordener, 115. T. Nord 07-30. *Maire* : Kleinmann. *Just. de paix* : Mairie (A. vendr. 13 h. C. vendr. 13 h. C. F. mardi 13 h.). *Juge* : Potier. *Comm. de pol.* : (69) pass. Tourlaque, 5. T. Marc. 06-86. — (70) r. Lambert, 12. T. Nord 26-26. — (71) r. Doudeauville, 50. T. Nord 27-74. — (72) r. Philippe-de-Girard, 68. T. Nord 28-05. *Contrib. dir.* : Mairie. Vendr. 13 à 16 h. *Impôt revenu* : r. Lamarck, 38 *bis*. *Receveur-percept.* : (69 et 70) r. Lamarck, 67. — (71 et 72) r. St-Jérôme, 1. *Hôpitaux* : (69) Bichat, boul. Ney. — (70, 71 et 72) Lariboisière, 2, r. Ambroise-Paré. — Bretonneau (pour enfants), 2, r. Carpeaux. *Recrut.* : 6e bur., porte de Champerret. *Chang. de dom. et de résid.* : Gend. de Passy, boul. Exelmans et Mairie.

19e arrt. (Buttes-Chaumont). *Quart.* : Villette (73), Pont-de-Flandre (74), Amérique (75), Combat (76). 155.347 hab.

Mairie : pl. Armand-Carrel. T. Nord 14-44. *Maire* : G. Vivent. *Just. de paix* : Mairie (A. mercr. 13 h. Conc. mercr. 12 h. 30. C. F. mardi et vendr. 13 h.). *Juge* : Couchène. *Comm. de police* : (73) r. de Tanger, 17. T. Nord 29-94. — (74) r. de Nantes, 37. T. Nord 30-25. — (75) r. du général Brunet 25 T. Nord 32-46 — (76) r. Pradier, 10. T. Nord 33-51. *Contrib. Dir.* : Mairie. Vendr. 13 à 16 h. *Impôt revenu* : r. Robineau. *Receveur-percept.* : (73 et 74) quai Seine, 15. — (75 et 76) r. Armand-Carrel, 12. *Hôpitaux* : (73 et 74) Andral, boul. Macdonald) (75 et 76) Tenon, 4, rue de la Chine. — *Recrut.* : 1er bureau, porte de la Chapelle. — *Chang. de dom. et de résid.* : Gend. des Minimes, rue de Béarn, 12 et Mairie.

20e Arrt. (Ménilmontant). *Quart.* : Belleville (77), St-Fargeau (78), Père-Lachaise (79), Charonne (80). 179.324 hab.

Mairie : pl. Gambetta, 6. T. Roq. 03-95. *Maire* : Karcher. Just. de paix : Mairie (A. C mercr. 13 h. C. et C. F. mardi et vendr. 13 h.). *Juge* : François. *Comm. de pol.* (77) r. Ramponneau, 46. T. Roq. 64-25. — (78) r. du Surmelin, 28 .T. Roq. 64-26. — (79) pl. Gambetta, 6. T. Roq. 64-27. — (80) r. des Orteaux, 66. T. Roq. 64-28. *Contrib. Dir.* : Mairie. Vend. 13 à 16 h. *Impôt revenu* ; r. Robineau. *Receveur-percept.* : (77, 78, 79 et 80) r. Orfila, 116. Hôpitaux (77, 78 et 79). Tenon, 4, r. de la Chine (80). Saint-Antoine, 184, rue du Faub.-Saint-Antoine. *Recrut.* : 1er bur., porte de la Chapelle. *Chang. de dom. et de résid.* : Gend. des Minimes, r. de Béarn, 12 et Mairie.

DÉPARTEMENTS

Ain (Anc. Bourgogne : *5 Arr.; 36 Cant.; 457 Comm. — Pop.: 342,482 hab. — Sup.: 580,958 h.*

Rens. admin. — Dioc. de Belley, suffr. de Besançon; — 7e et 8e subd. (Bourg, Belley) du VIIe c. a. (Besançon) et 25e brig. (13e div.); — Cour d'appel de Lyon; — Acad. de Lyon; — 7e lég. de gend. (Besançon); — 5e insp. ponts et ch.; — arr. min. Lyon (div. N.-E.); — 3e circ. agr. (Est); — 17e cons. for.

Préfet: L. Benoist. — *Secr. Gén. de la Préf.:* Boucoiran. — *Conseil Général:* Alex. Bérard, sén., *Prés.* — *Maires:* BOURG-EN-BRESSE, Albertin; BELLEY, Perret; GEX, Grosfillea; NANTUA, C. Rozier; TRÉVOUX, Passaguay. — *Ch. de Commerce:* BOURG, Bernier, *Prés.* — *Cultes:* *Év.* BELLEY, Mgr. Magnier. — *Finances:* Marcadet, *Trés. pay. Gén.* — *Publ.:* Fraizier, *Insp. d'Acad.* — *Justice. Trib. Civ.:* Bourcelin, *Prés.*; Caron, *Proc. de la Rép.*

Aisne (*Rens. et chiffres de 1914*) (Anc. Laonnais et Soissonnais): *5 Arr.; 37 Cant. 841 Comm. — Pop.: 530,226 hab. — Sup.: 736,727 h.*

Rens. admin. — Dioc. de Soissons, suffr. de Reims; — IIe r. m. (Amiens). — Cour d'appel d'Amiens; — Acad. de Lille; — 2e lég. de gend. (Amiens); — 2e insp. ponts et ch.; — 2e circ. agr. (Nord); — 7e cons. for. (Amiens).

Préfet: Lucien Saint. — *Secr. Gén. de la Préfec.:* Lemoine. — *Conseil Général:* Ermant, sén., *Prés.* — *Maires:* LAON, Nanquette; CHATEAU-THIERRY, Flamant; ST QUENTIN, Tricotteaux; SOISSONS, Marquigny; VERVINS, Ceccaldi. — *Ch. de Commerce:* ST-QUENTIN, Touron, *Prés.* — *Cultes:* *Év.* SOISSONS, Mgr. Péchenard. — *Finances:* Bourgis, *Trés. pay. Gén.* — *Inst. Publ.* Boucher, *Insp. d'Acad.* — *Justice, Trib. Civ.:* Chaurand, *Prés.*; Gavillot, *Proc. de la Rép.* — *Comité des Réfugiés:* PARIS: Mairie du Xe arrond.

Allier (Anc. Bourbonnais): *4 Arr.; 29 Cant.; 321 Comm. — Pop.: 406,291 hab. — Sup.: 731,893 h.*

Rens. admin. — Dioc. de Moulins, suffr. de Sens; — XIIIe rég. mil. (Cl.-Ferrand); — Cour d'appel de Riom; — Acad. de Clermont; — 13e lég. de gend. (Clermont); — 17e insp. des ponts et ch.; — arr. min. de Clermont; div. Centre; — 2e circ. agr. (Centre); — 1re cons. for.

Préfet: Moisson. — *Secr. Gén. de la Préf.:* Carrère. — *Conseil Gén.:* Régnier, *Prés.* — *Maires:* MOULINS, Buvat (J.-B.); GANNAT, G. Laruas; LAPALISSE, Coche; MONTLUÇON, Constans (P.). — *Ch. de Commerce:* MOULINS et LAPALISSE, Sorrel, *Prés.*; MONTLUÇON et GANNAT, Guers. — *Cultes:* *Év.* MOULINS, Mgr. Penon. — *Finances:* Behier, *Trés. pay. Gén.* — *Inst. Publ.:* Matte, *Insp. d'Acad.* — *Justice, Trib. Civ.:* Sauty, *Prés.*; Mallet, *Proc. de la Rép.*

Alpes (Basses-) (Anc. Provence): *5 Arr.; 30 Cant.; 248 Comm. — Pop.: 107,231 h. — Sup.: 695,402 h.*

Rens. admin. — Dioc. de Digne, suffr. d'Aix; — 3e subd. XVe c. a. (Marseille). — Cour d'appel d'Aix; — Acad. d'Aix; — 15e lég. *bis* de gend. (Nice); — 7e insp. ponts et ch.; — arr. min. de Grenoble (div. S.-E.); — 6e circ. agr. (S.-E.); — 26e cons. for.

Préfet: Zévort. — *Secr. Gén. de la Préf.:* Braconnier. — *Conseil Général:* J. Baron, *Prés.* — *Maires:* DIGNE, J. Reinach; BARCELONNETTE, Doux (J.); CASTELLANE, E. Broussard; FORCALQUIER, Sicard (M.); SISTERON, Thélène (F.). — *Ch. de Commerce:* DIGNE, Evriès, *Prés.* — *Cultes:* *Év.* DIGNE, Mgr Martel. — *Finances:* Descourtis, *Trés. pay. Gén.* — *Instr. Publ.:* Oneto, *Insp. d'Acad.* — *Justice, Trib. Civ.:* Beinet, *Prés.*; Kahn, *Proc. de la Rép.*

Alpes (Htes-) (Anc. Dauphiné): *3 Arr.; 24 Cant.; 186 Comm. — Pop.: 105,083 hab. — Sup.: 553,975 h.*

Rens. admin. — Dioc. de Gap, suffr. d'Aix; — 8e subd., XIVe rég. (Grenoble). — Cour d'appel de Grenoble; — Acad. de Grenoble; — 14e lég. *bis* de gend. (Chambéry); — 6e insp. des ponts et ch.; — 6e circ. agr. (S.-E.); — 35e cons. for.

Préfet: Revilliod. — *Secr. Gén. de la Préf.:* Authier. — *Conseil Général:* Bonniard, dép. *Prés.* — *Maires:* GAP, Berne; BRIANÇON, Faure; EMBRUN, Rougon (J.). — *Ch. de Commerce:* GAP, Pellevoisin. *Prés.* — *Cultes: Ev.* GAP, Mgr. de Llobet. — *Finances:* N......., *Trés. pay. Gén.* — *Instr. Publ.:* Rimey, *Insp. d'Acad.* — *Justice, Trib. Civ.:* Gazel, *Prés.;* Bousquet, *Proc. de la Rép.*

Alpes-Maritimes (Anc. Comté de Nice): *3 Arr.; 27 Cant.; 159 Comm. — Pop.: 356,338 hab. — Sup.: 376,157 h.*

Rens. admin. — Dioc. de Nice, suffr. d'Aix; — 2e subd. (Antibes), XVe rég. mil. (Marseille); — 5e arr. mar. (Toulon). — Cour d'appel d'Aix; — Acad. d'Aix; — 15e lég. *bis* de gend. (Nice); — 7e insp. des ponts et ch.; — 6e circ. agr. (Sud); — 34e cons. for.

Préfet: Bernard (A.). — *Secr. Gén. de la Préf.:* Delbarre. — *Conseil Gén.:* Raiberti, *député, Prés.* — *Maires:* NICE, Sauvan; GRASSE, Ossola (J.); PUGET-THÉNIERS, Viborel (Ch.). — *Armée:* Gal Monviell, *Comm. le sec. de Nice.* — *Ch. de Commerce:* NICE, N..., *Prés.* — *Cultes: Ev.* NICE, Mgr. Chapon. — *Finances:* Bruni, *Trés. pay. Gén.* — *Instr. Publ.:* Jombert, *Insp. d'Acad.* — *Justice, Trib. Civ.:* Sauze, *Prés.;* Dorosse, *Proc. de la Rép.*

Ardèche (Anc. Vivarais): *3 Arr.; 31 Cant.; 347 Comm. — Pop.: 331,801 hab. — Sup.: 552,713 h.*

Rens. adm. — Dioc. de Viviers, suff. d'Avignon; — 7e subd.; XVe rég. de C. A. (Marseille); — Cour d'appel de Nimes; — Acad. de Grenoble; — 15e lég. de gend. (Marseille); — 8e insp. des ponts et ch.; — 5e circ. agr. (Est centr.); — 5e cons. for.

Préfet: Gondoir. — *Secr. Gén. de la Préf.:* Dissard. — *Conseil Général:* Bonvat, *Prés.* — *Maires:* PRIVAS, Filliat (Pierre); LARGENTIÈRES, Ranc (Louis); TOURNON, Joubert (E.). — *Ch. de Commerce:* N..., *Prés.* — *Cultes: Ev.* VIVIERS, Mgr. Bonnet; PRIVAS, *Consist. prot.*, Davaine, *Prés.* — *Finances:* Bertrand, *Trés. pay. Gén.* — *Instr. Publ.:* Molitor, *Insp. d'Acad.* — *Justice, Trib. Civ.:* Lacanal *Prés.;* Roubert, *Proc. de la Rép.*

Ardennes (Anc. Champagne): (*Chiffres et rens. de 1914*): *5 Arr.; 31 Cant.; 503 Comm. — Pop.: 318,896 hab. — Sup.: 525,108 h.*

Rens. admin. — Dioc. de Reims; — 5e et 6e subd., VIe rég. mil. (Châlons-s-Marne). — Cour d'appel de Nancy; — Acad. de Lille; — 6e lég. de gend. (Châlons); — 4e insp. ponts et ch.; — arr. min. de Troyes (Nord); — 3e circ. agr. (N.-E.); — 7e cons. for.

Préfet: Roguère. — *Secr. Gén. de la Préf.:* Coutenceau. — *Conseil Général:* Dumaine, *Prés.* — *Maires:* MÉZIÈRES, Roussel; RETHEL, Guillemin; ROCROI, Philippoteaux (H.); SEDAN, Dalbov; VOUZIERS, Bosquette (M.); CHARLEVILLE, Dr Vassal. — *Ch. de Commerce:* SEDAN, Benoit (Ad.), *Prés.* — *Finances:* Dubuisson, *Trés. pay. Gén.* — *Instr. Publ.:* Arnoux, *Insp. d'Acad.* — *Justice, Trib. Civ.:* CHARLEVILLE, Guy, *Prés.;* Verdalle, *Proc. de la Rép.*

Ariège (Anc. Languedoc): *3 Arr.; 20 Cant.; 338 Comm. — Pop.: 198,725 hab. — Sup.: 490,275 h.*

Rens. admin. — Dioc. de Pamiers, suffr. de Toulouse; — 6e et 8e subd. XVIIe rég. mil. (Toulouse). — Cour d'appel de Toulouse; — Acad. de Toulouse; — 17e lég. de gend.; 10e insp. des ponts et ch.; — arr. min. de Toulouse (S.-O.); — 4e circ. agr. (S.-O.). — 38e cons. for.

Préfet: M. Ferrard. — *Secr. Gén. de la Préf.:* Galy. — *Conseil Général:* Pérès, *sén. Prés.* — *Maires:* FOIX, Datil; PAMIERS, Dr Rambaud; ST-GIRONS, Desbiaux (J.). — *Ch. de Commerce:* FOIX, Dumons, *Prés.* — *Cultes: Ev.* PAMIERS, Mgr. Marceillac. — *Finances:* Bouquet, *Trés. pay. Gén.* — *Instr. Publ.:* Jolly-Jolly, *Insp. d'Acad.* — *Justice, Trib. Civ.:* Loup, *Prés.;* St Laurent, *Proc. de la Rép.*

Aube (Anc. Champagne) : *5 Arr. ; 26 Cant. ; 445 Comm. — Pop. : 240,755 hab. — Sup. : 601,012 h.*

Rens. admin. — Dioc. de Troyes, suffr. de Sens ; — VIe rég. mil. (Châlons-s-Marne). — Cour d'appel de Paris ; — Acad. de Dijon ; — 20e lég. de gend. (Nancy) ; — 5e insp. des ponts et ch. ; arr. minéral. de Nancy (N.-E.) ; — 8e circ. agr. (N.-E.) ; — 8e cons. for.

Préfet : Mage ✻. — *Secr. Gén. de la Préf. :* Jossier. — *Conseil Général :* Many, *Prés.* — *Maires :* TROYES, Clévy ; ARCIS-SUR-AUBE, Thiébaut ; BAR-SUR-AUBE, de Besancenet ; BAR-SUR-SEINE, Moreau (Ch.) ; NOGENT-SUR-SEINE, Sabatier. — *Ch. de Commerce :* TROYES, Barthélemy. *Prés.* — *Cultes : Ev.* TROYES, Mgr. Monnier ; Rosemberg, *Min. israél.* ; Draussin, *Past. prot.* — *Finances :* Schmidt, *Trés. pay. Gén.* — *Instr. Publ. :* Rossignol, *Insp. d'Acad.* — *Justice, Trib. Civ. :* Duparquet, *Prés.* ; Mignon, *Proc. de la Rép.*

Aude (Anc. Languedoc) : *4 Arr. ; 31 Cant. ; 440 Comm. — Pop. : 300,537 hab. — Sup. : 629,679 h.*

Rens. admin. — Dioc. de Carcassonne, suffr. de Toulouse ; — subd. de la XVIe rég. mil. (Montpellier) ; — c. a. de Montpellier ; — Acad. de Montpellier ; — 16e lég. *bis* de gend. (Perpignan) ; — 9e insp. des ponts et ch. ; — arr. min. de Toulouse (N.-O.) ; — 6e circ. agr. (Sud). — 25e cons. for.

Préfet : Mireur. — *Secr. Gén. de la Préf. :* Rougé. — *Conseil Général :* Gauthier, sén., *Prés.* — *Maires :* CARCASSONNE, Dr Tornez ; CASTELNAUDARY, Dr Durand ; LIMOUX, Constans ; NARBONNE, Dr Ferroul (E.). — *Ch. de Commerce :* CARCASSONNE (CASTELNAUDARY et LIMOUX), Drevet, *Prés.* ; NARBONNE, Cassan. — *Cultes : Ev.* CARCASSONNE, Mgr. Beauvain de Beauséjour ; CARCASSONNE, Chante, *Past. prot.* — *Finances :* Hamelin, *Trés. pay. Gén.* — *Instr. Publ. :* Canet, *Insp. d'Acad.* — *Justice, Trib. Civ. :* Pélissier de Castro, *Prés.* ; Gayet, *Proc. de la Rép.*

Aveyron (Anc. Rouergue) : *5 Arr. ; 43 Cant. ; 306 Comm. — Pop. : 369,448 hab. — Sup. : 875,589 h.*

Rens. admin. — Dioc. de Rodez, suffr. d'Albi ; — 62e brig., 3e et 4e subd. de la XVIe rég. mil. (Montpellier) ; — Cour d'appel de Montpellier ; — Acad. de Toulouse ; — 16e lég. de gend. (Montpellier) ; — 8e insp. des ponts et ch. ; — arr. min. de Toulouse. (S.-O.) ; — 5e circ. agr. (Sud-Centre) ; — 28e cons. for. (Aurillac).

Préfet : Cassé-Barthe. — *Secr. Gén. de la Préf.* Mativat. — *Conseil Général :* Monsservin, *sén.*, *Prés.* — *Maires :* RODEZ, Lacombe (Louis) ; ESPALION, Affre ; MILLAU, Guibert ; SAINT-AFFRIQUE, Alauzet ; VILLEFRANCHE, Colomb (H.). — *Ch. de Commerce :* RODEZ, ESPALION, VILLEFRANCHE, Marcenac, *Prés.* ; MILLAU, SAINT-AFFRIQUE, Brouillet. *Cultes : Ev.* RODEZ, Mgr. de Ligonnès. — *Finances :* Chaumel, *Trés. pay. Gén.* — *Instr. Publ. :* Ouradou, *Insp. d'Acad.* — *Justice, Trib. Civ. :* Bernard, *Prés.* ; Boissier, *Proc. de la Rép.*

Belfort, Territoire de (Haut-Rhin), (Anc. Alsace) : *1 Arr. ; 6 Cant. ; 106 Comm. — Pop. : 101,386 hab. — Sup. : 62,464 h.*

Rens. admin. — Arch. de Besançon (c. cath.) ; consist. de Héricourt (H.-Saône) et d'Audincourt (Doubs) (c. prot.) et consist. d'Epinal (c. isr.) ; — 14e div. VIIe r. m. Besançon). — Cour d'appel et Acad. de Besançon ; — 7e lég. de gend. (Besançon) ; — 2?^e^ insp. ponts et ch. ; — ar. min. de Nancy (N.-E.) ; — 8e circ. agr. (Est.). — 32e cons. for.

Admin. Laugeron (*fait fonct. de préfet*). — *Secr. Gén.* Bacalerie. — *Conseil Général :* Thiéry (Laurent), sén., *Prés.* — *Maires :* BELFORT, Schwob (Léon) ; Delle, Ackermann ; GIROMAGNY, Lardier ; ROUGEMONT LE-CHATEAU, Winckler (E.). — *Ch. de Commerce :* BELFORT, N..., *Prés.* — *Finances :* Jeannerat, *Trés. pay. Gén.* — *Instr. Publ. :* Delsage, *Insp. d'Acad.* — *Justice, Trib. Civ. :* Bollot., *Prés.* ; Finelle, *Proc. de la Rép.*

Bouches-du-Rhône (Anc. Provence): *3 Arr.; 32 Cant.; 111 Comm. — Pop.: 887,[illegible] hab. — Sup.: [illegible] h.*

Rens. admin. — 2 dioc. Aix (archev. arr. d'Aix et d'Arles), et Marseille ([illegible]) suffr. d'Aix; — 2e et 3e subd. mil., XVe rég. m. (Marseille). — Cour d'appel d'Aix; — 5e arr. mar. (Toulon); — Acad. d'Aix; — 15e lég. de gend. (Marseille); — 8e insp. des ponts et ch.; — arr. min. de Grenoble (S.-E.); — 6e circ. agr. (Sud); — 26e cons. for.

Préfet: Thibon. — *Secr. Gén. de la Préf.:* Maisonobe. — *Conseil Général:* Pasquet (Louis), *Prés.* — *Maires:* MARSEILLE, Flaissières; AIX, J. Jourdan; ARLES, Morizot; SALON, Fabre (J.). — *Armée:* Gal Monroë, *Comm. la XVe région* (Marseille). — *Ch. de Commerce:* MARSEILLE, Artaud (Adrien) *Prés.*; ARLES, Vadon. — *Cultes:* *Év.* MARSEILLE, Mgr. Fabre; Bruguière, *Prés. du Consist. prot.*; Dessert, *Past. évang. lib.*; Homel Meiss, *Gr. rabb.*; Kayats (Polycarpe), *Rect. grec. cath.* Varicopoulos, *Gr. archim. grec. orth.*; Rev. T. B. Montray, *Chap. anglic.* — AIX (*Arch.*), Mgr. Bonnefoy. — *Finances:* N.... *Trés. pay. Gén.* — *Instr. Publ.:* AIX, N..., *Rect. de l'Univ.*; *Doyens:* AIX, Bry (*droit*); Ducros (*lettres*); MARSEILLE. Rivals (*sciences*). *Insp. d'Acad.:* AIX, Legrand (A.); MARSEILLE, Pessemesse. — *Justice, Cour d'Appel:* AIX, Charignon, 1er *Prés.*; Long, *Proc. Gén.*

Calvados (Anc. Normandie): *6 Arr.; 38 Cant.; 763 Comm. — Pop.: 396,318 hab. — Sup.: 549,818 h.*

Rens. admin. — Dioc. de Bayeux, suff. de Rouen; — 3e, 4e et 7e subd. de la IIIe rég. mil. (Rouen); — 1er arr. mar. (Cherbourg); — Cour d'appel de Caen; — Acad. de Caen; — 3e lég. de gend. (Rouen); — 2e insp. des ponts et ch.; — arr. min. de Rouen; — 1re circ. agr. (N.-O.); — 2e cons. for.

Préfet: Hélitas. — *Secr. Gén. de la Préf.:* de Févelas. — *Conseil Général:* Chéron, sén., *Prés.* — *Maires:* CAEN, Armand Marie; BAYEUX, Ernult; FALAISE, Dubuis; LISIEUX, Lesigne (A.); PONT-L'ÉVÊQUE, Garnier (O.); VIRE, Osrouet. — *Ch. de Commerce:* CAEN, BAYEUX, VIRE et FALAISE, H. Lefèvre, *Prés.* — *Cultes:* *Év.* BAYEUX, Mgr. Lemonnier. — *Finances:* Carle, *Trés. pay. Gén.* — *Instr. Publ.:* CAEN, Moniez, *Recteur de l'Univ.*; *Doyens:* Villey (*droit*); Bigot (*sciences*); Barbeau (*lettres*); *Insp. d'Acad.* Péquignot. — *Justice: Cour d'Appel:* CAEN, Renckhoff, 1er *Prés.*; Perrusel. *Proc. Gén.*

Cantal (Anc. Auvergne): *4 Arr.; 23 Cant.; 267 Comm.* — Pop.: *223,361 hab. — Sup.: 547,147 h.*

Rens. admin. — Dioc. de St-Flour, suffr. de Bourges; — 3e subd. de la XIIIe div. mil. (Clermont-Ferrand); — Cour d'appel de Riom; — Acad. de Clermont; — 13e lég. de gend. (Clermont-Ferrand); — 16e insp. des ponts et ch.; — arr. min. de Clermont (Centre); — (5e circ. agr. (Sud-Centr.); — 28e cons. for.

Préfet: Riom. — *Secr. Gén. de la Préf.:* Mourceau. — *Conseil Général:* Traponard. *Prés.* — *Maires:* AURILLAC, Volpilhac (F.); MAURIAC, Lafarge; MURAT, Peschaud (G.); ST-FLOUR, Julhes (L.). — *Ch. de Commerce:* AURILLAC, Lausser, *Prés.* — *Cultes:* *Év.* ST-FLOUR, Mgr. Lecœur. — *Finances:* Vizioz, *Trés. pay. Gén.* — *Instr. Publ.:* Brunet, *Insp. d'Acad.* — *Justice, Trib. Civ.:* Fougère, *Prés.*; Monnier, *Proc. de la Rép.*

Charente (Anc. Saintonge): *5 Arr.; 29 Cant.; 426 Comm. — Pop.: 346,424 hab. — Sup.: 352,829 h.*

Rens. admin. — Dioc. d'Angoulême, suffr. de Bordeaux; — XIIe r. m. (Limoges); — 4e arr. mar. (Rochefort); — Cour d'appel de Bordeaux; — Acad. de Poitiers; — 12e lég. de gend. (Limoges); — 11e insp. des ponts et ch.; — arr. min. de Périgueux (Centre); — 4e circ. agr. (Ouest-Centr.); — 24e cons. for.

Préfet: Liard. — *Secr. Gén. de la Préf.:* André Faure. — *Conseil Général:* Babaud-Lacroze, *Prés.* — *Maires:* ANGOULÊME, Texier; BARBEZIEUX, Nouel; COGNAC, Fichon; CONFOLENS, Halgand (J.); RUFFEC, Dr Fays. — *Ch. de Commerce:* ANGOULÊME, BARBEZIEUX, RUFFEC, CONFOLENS, Lacroix

(L.), *Prés.;* Cognac*:* Martell. — *Cultes: Ev.* Angoulême, Mgr. Arlet; Russier, *Past. prot.* — *Finances:* Blanc (Pierre), *Tr. pay. Gén.* — *Instr. Publ.:* Talberg, *Insp. d'Acad.* — *Justice, Trib. Civ.:* Lacroix, *Prés.;* Courreylongue, *Proc. de la Rép.*

Charente-Inférieure (Anc. Saintonge et Aunis) : *6 Arr.; 40 Cant.; 482 Comm. — Pop.: 450,871 hab. — Sup.: 716,814 h.*

Rens. admin. — Dioc. de la Rochelle et Saintes, suffr. de Bordeaux; — XVIIIe r. m. (Bordeaux); — 4e ar. mar. Rochefort; — Cour d'appel de Poitiers; — Acad. de Poitiers; — 18e lég. de gend. (Bordeaux); — 11e insp. des ponts et ch.; — arr. min. de Bordeaux (S.-O.); — 4e circ. agr. (Ouest-Centre); — 24e cons. for.

Préfet: Maulmond. — *Secr. Gén. de la Préf.:* Thirion. — *Conseil Général:* Combes, sén., *Prés.* — *Maires:* La Rochelle, Decout (Eug.); Jonzac, Sclafer; Marennes, Voyer (P.); Rochefort, Roux (Aug.); Saintes, Chapsal; St-Jean-d'Angély, Daubigné (P.). — *Armée:* Col. Maurel, *Comm.* 69e *Br. d'inf.* (La R.). — *Ch. de Commerce:* La Rochelle et île d'Oléron, Mörch (Christian), *Prés.;* Rochefort, Jonzac, Saintes, St-Jean-d'Angély, Guillet (Jul.), *Prés.* — *Cultes: Ev.* La Rochelle, Mgr. Eyssautier; de Visme, *Past. prot.* — *Finances:* Bouquet, *Trés. pay. Gén.* — *Instr. Pub.:* Roques, *Insp. d'Acad.* — *Justice, Trib. Civ.:* Vaussanges, *Prés.* — Bernard, *Proc. de la Rép.*

Cher (Anc. Berry) : *3 Arr.; 29 Cant.; 293 Comm. — Pop.: 337,810 hab. — Sup.: 719,917 h.*

Rens. admin. — Dioc. de Bourges (arch.); — 5e, 6e et 8e subd. de la VIIIe rég. mil. (Bourges); — Cour d'appel de Bourges; — Acad. de Paris; — 8e lég. de gend. (Bourges); — arr. min. de Poitiers (Centre); — 2e circ. ag. (Centre); — 20e cons. for.

Préfet: Richemann. — *Secr. Gén. de la Préf.:* Thuveny. — *Conseil Général:* Debaune, *Prés.* — *Maires:* Bourges, Laudier (H.), (dép.); Saint-Amand, Barrat; Sancerre, Panseron (Camille). — *Ch. de Commerce:* Bourges, Hervet (Alb.), *Prés.* — *Cultes: Arch.* Bourges, Mgr. Izart; Benezech, *Prés. du Consist. prot.* — *Finances:* Chauvac, *Trés. pay. Gén.* — *Instr. Publ.:* Mermet, *Insp. d'Acad.* — *Justice, Cour d'Appel:* Bourges, Maulmond, 1er *Prés.;* Gros, *Proc. Gén.*

Corrèze (Anc. Limousin) : *3 Arr.; 29 Cant.; 289 Comm. — Pop.: 309,646 hab. — Sup.: 582,704 h.*

Rens. admin. — Dioc. de Tulle, suffr. de Bourges; — 3e subd. de la 21e div. mil. XIIe r. m. (Limoges); — Cour d'appel de Limoges; — Acad. de Clermont; — 12e lég. de gend. (Limoges); — 16e insp. des ponts et ch.; — arr. min. de Limoges (Centre); — 5e circ. agr. (Sud-Centre). — 28e cons. for.

Préfet: Gervais (Paul). — *Secr. Gén. de la Préf.:* Filhouland. — *Conseil Général:* Rouby, sén., *Prés.* — *Maires:* Tulle, Dr Marschal; Brive, F[illegible]ère; Ussel, Charvois. — *Ch. de Commerce:* Tulle, N..., *Prés.* — *Cultes: Ev.* Tulle, Mgr. Castel. — *Finances:* Pomot, *Trés. pay. Gén.* — *Instr. Publ.:* Masbou, *Insp. d'Acad.* — *Justice, Trib. Civ.:* Faucon, *Prés.;* Rigault, *Proc. de la Rép.*

Corse : *5 Arr.; 62 Cant.; 364 Comm. — Pop.: 288,820 hab. — Sup.: 870.108 h.*

Rens. admin. — Dioc. d'Ajaccio, suffr. d'Aix; — subd. XVe rég. mil. (Marseille); — 5e arr. mar. (Toulon); — Cour d'appel de Bastia; — Acad. d'Aix; — 15e lég. *ter* de gend. (Bastia); 7e insp. des ponts et ch.; — arr. min. de Marseille (S.-E.); — 6e circ. agr. (Sud); — 30e cons. for.

Préfet: Mounier. — *Secr. Gén. de la Préf.:* Pontana. — *Conseil Général:* de Moro-Giafferi, dép. *Prés.* — *Maires:* Ajaccio, J. Péri; Bastia, Dapelo; Calvi, Legris (Fr.); Corte, Monlaü (X.); Sartène, Quilichini (H.). — *Ch. de Commerce:* Ajaccio et Sartène, Lanzi, *Prés.;* Bastia, Calvi et Corte, Fantauzzi. — *Cultes: Ev.* Ajaccio*:* Mgr. Simeone; N..., *Past.*

prot. — *Instr. Publ.:* N..., *Inspect. d'Acad.* — *Justice, Trib. Civ.:* de Gentile. *Prés.;* Savelli, *Proc. de la Rép.*

Côte-d'Or (Anc. Bourgogne) : *4 Arr.; 37 Cant.; 717 Comm.* — *Pop.: 357,959 hab.* — *Sup.: 876,956 h.*

Rens. admin. — Dioc. de Dijon, suffr. de Lyon ; — 1re et 2e subd. VIIIe r. m. (Bourges). — Cour d'appel de Dijon ; — Acad. de Dijon ; — 8e lég. gend. (Bourges) ; — 5e insp. des ponts et ch. ; — arr. min. de Chaumont (N.-E.) ; — 3e circ. agr. (Est) ; — 3e cons. for.

Préfet: Baudard. — *Secr. Gén. de la Préf.:* Seguin. — *Conseil Général:* Chauveau, sén., *Prés.* — *Maires:* DIJON, Gérard (G.); BEAUNE, Dubois (A.); CHATILLON-S.-SEINE, Converset; SEMUR, Martin (Nic.) — *Armée:* Gén. Arbanère. — *Ch. de Commerce:* DIJON, CHATILLON, SEMUR, Richard (Lucien), *Prés.;* BEAUNE, N... — *Cultes:* *Ev.* DIJON, Mgr Landrieux; Schumacher, *Rabb.;* Gambier, *Past. prot.* — *Instr. Publ.:* Padé, *Recteur de l'Université;* *Doyens:* N... (*droit*); Quéva (*sciences*); Lambert (*lettres*); Vichambu, *Insp. d'Acad.* — *Finances:* Cacaud, *Trés. pay. Gén.* — *Justice, Cour d'Appel:* Vieillard-Baton, 1er *Prés.;* Abord, *Proc. Gén.*

Côtes-du-Nord (Anc. Bretagne) : *5 Arr.; 48 Cant.; 390 Comm.* — *Pop.: 605,523 hab.* — *Sup.: 687,690 h.*

Rens. admin. — Dioc. de St-Brieuc, suffr. de Rennes ; — 37e subd., 16e div. mil., Xe r. m. (Rennes) ; — 2e arr. mar. (Brest) ; — Cour d'appel de Rennes ; — Acad. de Rennes ; — 10e lég. de gend. (Rennes) ; — 12e insp. des ponts et ch. ; — arr. min. du Mans : — 1re circ. agr. (Ouest) ; — 23e cons. for.

Préfet: Audry. — *Secr. Gén. de la Préf.:* Scamaroni. — *Conseil Gén.:* de Kerguézec, dép. *Prés.* — *Maires:* ST-BRIEUC, Servain ; DINAN, Jouanin (J.) ; GUINGAMP, Soisbault ; LOUDÉAC, N..., — *Ch. de Commerce:* ST-BRIEUC, Huet (Er.), *Prés.* — *Cultes:* *Ev.* ST-BRIEUC, Mgr. Morelle. — *Finances:* Frémiot, *Trés. pay. Gén.* — *Instr. Publ.:* Bernard, *Insp. d'Acad.* — *Justice, Trib. Civ.:* Hattu, *Prés.;* Good, *Proc. de la Rép.*

Creuse (Anc. Haute-Marche et Auvergne) : *4 Arr.; 25 Cant.; 266 Comm.* — *Pop.: 266,188 hab.* — *Sup.: 557,121 h.*

Rens. admin. — Dioc. de Limoges, suffr. de Bourges ; — 1re, 2e et 3e subd., XIIe rég. mil. (Limoges) : — Cour d'appel de Limoges ; — Acad. de Clermont ; — 12e lég. de gend. (Limoges) ; — 4e insp. des ponts et ch. ; — arr. min. de Poitiers (Centre) ; — 5e circ. agr. (Sud-Centre) ; — 21e cons. for.

Préfet: Piettre. — *Secr. Gén. de la Préf.:* Amouroux. — *Conseil Gén.:* Defumade, sén., *Prés.* — *Maires:* GUÉRET, Grand (A.); AUBUSSON, Latrige ; BOURGANEUF, Riffaterre ; BOUSSAC, Malasné. — *Ch. de Commerce:* GUÉRET, N..., *Prés.* — *Finances:* N..., *Trés. pay. Gén.* — *Instr. Publ.:* Labourdette, *Insp. d'Acad.* — *Justice, Trib. Civ.:* Daynac, *Prés.;* Ravoux, *Proc. de la Rép.*

Deux-Sèvres (v. SÈVRES (DEUX)).

Dordogne (Anc. Périgord et Limousin) : *5 Arr.; 47 Cant.; 587 Comm.* — *Pop.: 437,432 hab.* — *Sup.: 918,668 h.*

Rens. admin. — Dioc. de Périgueux, suffr. de Bordeaux ; — 5e subd. de la XIIe rég. mil. (Limoges) ; — Cour d'appel de Bordeaux ; — Acad. de Bordeaux ; — 12e lég. de gend. (Limoges) ; — 16e insp. des ponts et ch. ; — arr. min. de Bordeaux (S.-O.) ; — 4e circ. agr. (Ouest-Centre) ; — 29e cons. for.

Préfet: Poivert. — *Secr. Gén. de la Préf.:* Bargeaud. — *Conseil Général:* La Batut (de), *Sénat., Prés.* — *Maires:* PÉRIGUEUX, Bouthonnier ; BERGERAC, Passerieux ; NONTRON, Villepontoux ; RIBÉRAC, Brunet (J.) ; SARLAT, Dr Sarrazin. — *Ch. de Commerce:* PÉRIGUEUX, NONTRON, RIBÉRAC, SARLAT, Aubarbier *Prés.;* BERGERAC, Pourquery de Boisserin. — *Cultes:* *Ev.* PÉRIGUEUX, Mgr. Rivière. — *Finances:* Bayle, *Trés. pay. Gén.* — *Instr.*

Publ.: Hourticq, *Insp. d'Acad.* — *Justice, Trib. Civ.:* Paradol, *Prés.;* Wiart, *Proc. de la Rép.*

Doubs (Anc. Franche-Comté) : *4 Arr.; 27 Cant.; 636 Comm. — Pop.: 299,935 hab. — Sup.: 530,451 h.*

Rens. admin. — Dioc. de Besançon (arch.) ; — VIIe rég. mil. (Besançon) ; — Cour d'appel de Besançon ; — Acad. de Besançon ; — 7e lég. de gend. (Besançon) ; — 6e insp. des ponts et ch. ; — arr. min. de Châlons (N.-E.) ; — 3e circ. agr. (Est) ; — 12e cons. for.

Préfet: Bacou. — *Secr. Gén. de la Préf.:* Bougouin. — *Conseil Général* : de Moustier, dép., *Prés.* — *Maires:* BESANÇON, Krug ; BAUME LES-DAMES, Bougeot (F.) ; MONTBÉLIARD, Ulmann (Gust.) ; PONTARLIER, Deniset (E.). — *Ch. de Commerce,* BESANÇON, Gaulard, *Prés.* — *Armée :* Gal. Nudant, C: la VIIe région de C. A. — *Cultes : Archev.* BESANÇON, Mgr. Humbrecht ; Rozier, *Pr. Prés. Consist. prot.:* Haguenauer, *Grand rabb.* — *Finances:* Hugon, *Trés. pay. Gén.* — *Instr. Publ.:* Allengry, *Recteur de l'Université; Doyens:* Fournier (*sciences*) ; Colsenet (*lettres*) ; Baillot, *Insp. d'Acad.* — *Justice, Cour d'Appel:* BESANÇON, Poulle, 1er *Prés.;* Roux, *Proc. Gén.*

Drôme (Anc. Dauphiné) : *4 Arr.; 29 Cant.; 378 Comm. — Pop.: 290,894 hab. — Sup.: 664,529 h.*

Rens. admin. — Dioc. de Valence, suffr. d'Avignon ; — 6e et 7e subd., XIVe rég. mil. (Grenoble) ; — Cour d'appel de Grenoble ; — Acad. de Grenoble ; — 14e lég. de gend. (Lyon) ; — 7e insp. des ponts et ch. ; — arr. min. de Grenoble ; — 4e circ. agr. (Ouest-Centre) ; — 11e cons. for.

Préfet : Jouhannaud. — *Secr. Gén. de la Préf.:* Just. — *Conseil Gén.:* Chabert, sén., prés. — *Maires:* VALENCE, Perdrix ; DIE, Coursange ; MONTÉLIMAR, Ravisa (F.) ; NYONS, Rochier (H.). — *Ch. de Commerce:* VALENCE, Huguenel, *Prés.* — *Cultes: Ev.* VALENCE, N... ; Causse et Benignus, *Past. prot.* — *Finances:* Puech, *Trés. pay. Gén.* — *Instr. Publ.:* Martin, *Insp. d'Acad.* — *Justice: Trib. Civ:* Trouiller, *Prés.;* Bastide, *Proc. de la Rép.*

Eure (Anc. Normandie) : *5 Arr.; 36 Cant.; 700 Comm. — Pop.: 323,651 hab. — Sup.: 599,996 h.*

Rens. admin. — Dioc. d'Evreux, suffr. de Rouen ; — 1re, 2e subd. IIIe rég. r. m. (Rouen) ; — Cour d'appel de Rouen ; — Acad. de Caen ; — 3e lég. de gend. (Rouen) ; — 1re insp. des ponts et ch. et insp. des mines (Versailles) ; — 1re circ. agr. (N.-O.) ; — 2e circ. for.

Préfet: Goublet. — *Secr. Gén. de la Préf.:* Gellie. — *Conseil Général:* Josse, dép. *Prés.* — *Maires:* EVREUX, Oursel (L.-J.) ; LES ANDELYS, Douin ; BERNAY, Celos, dép. ; LOUVIERS, Lefebvre ; PONT-AUDEMER, Dr Harou. — *Ch. de Commerce:* EVREUX, BERNAY, LES ANDELYS, LOUVIERS, Leblanc, *Prés.;* PONT-AUDEMER, Charman. — *Cultes: Ev.* EVREUX, Mgr. N........ ; Chéradame, *Past. prot.* — *Finances:* Reibell, *Trés. pay. Gén.* — *Instr. Publ.:* Jasinski, *Insp. d'Acad.* — *Justice, Trib. Civ.:* Guilliard, *Prés.;* Vincent, *Proc. de la Rép.*

Eure-et-Loir (Anc. Orléanais-Perche) : *4 Arr.; 24 Cant.; 426 Comm. — Pop.: 272,255 hab. — Sup.: 587,521 h.*

Rens. admin. — Dioc. de Chartres, suffr. de Paris ; — 5e et 6e subd., IVe rég. mil. (Le Mans) ; — Cour d'appel de Paris ; — Acad. de Paris ; — 4e lég. de gend. (Le Mans) ; — arr. min. de Paris ; — 1re circ. agr. (N.-O.) ; — 2e cons. for.

Préfet: Garipuy. — *Secr. Gén. de la Préf.:* Latour. — *Conseil Général:* Lhopiteau, sén., *Prés.* — *Maires:* CHARTRES, Hubert ; CHATEAUDUN, Texier ; DREUX, Viollette, dép. ; NOGENT-LE-ROTROU, Villette-Gaté. — *Ch. de Commerce:* CHARTRES, Charpentier, *Prés.* — *Cultes: Ev.* CHARTRES, Mgr. Bouquet ; Lehr, *Past. prot.* — *Finances:* Guiraud, *Trés. pay. Gén.* — *Instr. Publ.:* Lepointe, *Insp. d'Acad.* — *Justice, Trib. Civ.,* Hourtoule, *Prés.;* Laronze, *Proc. de la Rép.*

Finistère (Anc. Bretagne) : *5e Arr. ; 43 Cant. ; 296 Comm. — Pop. : 809,771 hab. — Sup. : 672,720 h.*

Rens. admin. — Dioc. de Quimper, suffr. de Rennes ; — 22e subd. 15e div. XIe r. m. (Nantes); — 2e arr. mar. (Brest) ; — Cour d'appel de Rennes ; — Acad. de Rennes ; — 11e lég. de gend. (Nantes) ; — 12e insp. des ponts et ch. ; — arr. min. de Rennes (N.-O.) ; — 1re circ. agr. (O.) ; — 15e cons. for.

Préfet : Genebrier. — *Secr. Gén. de la Préf. :* Berteil. — *Conseil Général :* Louppe, *Prés.* — *Maires :* QUIMPER, Le Hars ; BREST, Nardon ; CHATEAULIN ; Halléguen ; MORLAIX, Chatel ; QUIMPERLÉ, Le Louédoc. — *Ch. de Commerce :* QUIMPER, Le Moal, *prés.* ; BREST, Salaün, *prés.* ; MORLAIX, Perrot, *prés.* — BREST, Le Frapper ; MORLAIX, Krebel (O.). — *Cultes : Ev.* QUIMPER, Mgr. Dupar.. — *Finances :* Guérin, *Trés. pay. Gén.* — *Instr. Publ. :* Ferrand, *Insp. d'Acad.* — *Justice, Trib. Civ. :* de Baudre, *Prés. ;* Cazenavette, *Proc. de la Rép.*

Gard (Anc. Languedoc) : *4 Arr. ; 40 Cant. ; 351 Comm. — Pop. : 413,458 hab. — Sup. : 582,867 h.*

Rens. admin. — Dioc. de Nimes, suffr. d'Avignon ; — 5e et 8e subd. XVe rég. mil. (Marseille) ; — Cour d'appel de Nimes ; — Acad. de Montpellier ; — 15e lég. de gend. (Marseille) ; — 8e insp. des ponts et ch. ; — arr. min. d'Alais (S.E.) ; — 6e circ. agr. (Sud) ; — 27e cons. for.

Préfet : Gilotte. — *Secr. Gén. de la Préf. :* Delfau. — *Conseil Général :* Dr Mourier, dép. *Prés.* — *Maires :* Pant (Josias) : ALAIS, Sauvage (H.) ; UZÈS, Lacroix ; LE VIGAN, Gay (Alb.). — *Ch. de Commerce :* NIMES, UZÈS, LE VIGAN, Teyssèdre, *Prés.* ; ALAIS, Antoine. — *Cultes : Ev.* NIMES, Mgr. Béguinot. — *Prés. du Consist. prot. :* Trial ; Kahn, *Rabb.* — *Finances :* Henry, *Trés. pay. Gén.* — *Instr. Publ. :* Malard, *Insp. d'Acad.* — *Justice, Cour d'Appel :* Fermaud, 1er *Prés. ;* Langlois, *Procur. Gén.*

Garonne (Hte-) (Anc. Languedoc et Gascogne) : *4 Arr. ; 39 Cant. ; 589 Comm. — Pop. : 432,126 hab. — Sup. : 629,601 h.*

Rens. admin. — Dioc. de Toulouse (arch.) ; — subd. XVIIe r. m. (Toulouse) ; — 17e lég. de gend. (Toulouse) ; — Cour d'appel et Acad. de Toulouse ; — 11e insp. des ponts et ch. ; — circ. min. (S.-O.) ; — 4e circ. agr. (S.-O.) ; — 18e cons. for.

Préfet : Giraud. — *Secr. Gén. de la Préf. :* Castanet. — *Conseil Général :* Cruppi, anc. min., *Prés.* — *Maires :* TOULOUSE, Feuga (Paul) ; MURET, Gasc (Jh.) ; ST-GAUDENS, Bepmale (Jean) ; VILLEFRANCHE, Belinguier (Pierre). — *Ch. de Commerce :* TOULOUSE, N..., *Prés.* — *Cultes : Arch.* TOULOUSE, Mgr. Germain ; Viel, *Prés. consist. prot. ;* Poliatschek, *Rabb.* — *Finances :* de Bousquet de Florian, *Trés. pay. Gén.* — *Instr. Publ. :* TOULOUSE, Cavalier, *Recteur de l'Université ; Doyens :* Hauriou (*droit*) ; Sabatier (*sciences*) ; Guy (*lettres*) ; Abelous (*méd. et pharm.*) ; Caselles, *Insp. d'Acad.* — *Justice, Cour d'Appel :* Martin, 1er *Prés.* ; Tortat, *Proc. Gén.*

Gers (Anc. Gascogne) : *5 Arr. ; 29 Cant. ; 466 Comm. — Pop. : 231,088 hab. — Sup. : 618,353 h.*

Rens. admin. — Dioc. d'Auch (arch.) ; — 1re et 7e subd. XVIIe r. m. (Toulouse). — Cour d'appel d'Agen ; — Acad. de Toulouse ; — 17e lég. de gend. (Toulouse) ; — 17e insp. des ponts et ch. ; — arr. min. de Bordeaux (S.-E.) ; — 4e circ. ag. (S.-O.) ; — 18e cons. for.

Préfet : Dutreuil. — *Secr. Gén. de la Préf. :* Bussière. — *Conseil Général :* Gardey, *Prés.* — *Maires :* AUCH, Dr Samalens ; CONDOM, Naples (E.) ; LECTOURE, Dr de Sardac ; LOMBEZ, Béoanne (Henri) ; MIRANDE, Gouzène. — *Ch. de Commerce :* AUCH, Dufréchou, *Prés.* — *Cultes : Arch.* AUCH, Mgr. Ricard. — *Finances :* Lemée, *Trés. pays. Gén.* — *Instr. Publ. :* Lazerges, *Insp. d'Acad.* — *Justice, Trib. Civ. :* Saboulard *Prés. ;* Escudier, *Proc. de la Rép.*

Gironde (Anc. Guyenne) : *6 Arr.: 50 Cant. ; 554 Comm. — Pop.: 829,095 hab. — Sup.: 974,032 h.*

Rens. admin. — Dioc. de Bordeaux (Arch.). — 3e et 4e subd. XVIIIe rég. mil. — Cour d'appel et Ac. de Bordeaux ; — 18e lég. de gend. (Bordeaux); — s-arr. du 3e arr. mar. (Rochefort) ; — 11e insp. des ponts et ch.; — arr. min. de Bordeaux (S.-O.); — 4e circ. agr. (Ouest-Centre) ; — 29 cons. for.

Préfet : Arnault. — *Secr. Gén. de la Préf. :* Vacquier. — *Conseil Général :* Mandel, dép. *Prés.* — *Maires :* BORDEAUX, Philippart (F.) ; BAZAS, Courrègelongue, sén. ; BLAYE, Chasseloup (Maxime) ; LESPARRE, Drouillet (V.) ; LIBOURNE, Robert (Charles) ; LA RÉOLE, Boë (Eug.). — *Ch. de Commerce :* BORDEAUX, BAZAS, BLAYE, LA RÉOLE, LESPARRE, Guestier (Daniel) *Prés.* ; LIBOURNE, Legendre. — *Cultes : Arch.* BORDEAUX, S. Em. le Card. Andrieu ; Mathieu, *Pt. Cre. prot.* ; Schwartz (Isaïe), *Gr. rabb.* — *Finances :* Barrière, *Trés. pay. Gén.* — *Instr. Publ. :* BORDEAUX, Thamin (R.), *Recteur de l'Université ; Doyens :* Duguit (*droit*) ; Picart (*sciences*) ; Radet (*lettres*) ; Sigalas (*méd. et pharm.*) ; Boucher, *Insp. d'Acad.* — *Justice, Cour d'Appel :* Cumenge, 1er *Prés.* ; Maxwell, *Proc. Gén.*

Hérault (Anc. Languedoc) : *4 Arr. ; 36 Cant ; 341 Comm. — Pop. : 480,484 hab. — Sup. : 621,939 h.*

Rens. admin. — Dioc. de Montpellier, suffr. d'Avignon ; — 11e circ. syn. (culte protest.) ; — 5e arr. mar. (Toulon) ; s.-arr. de Marseille ; — subd. XVIe r. m. (Montpellier). — Cour d'appel et Acad. de Montpellier ; — 16e lég. de gend. (Montpellier) ; — 8e insp. des ponts et ch. ; — arr. min. de Toulouse ; — 6e circ. agr. (Sud) ; — 27e cons. for.

Préfet : Lacombe. — *Secr. Gén. de la Préf. :* Mounier. — *Conseil Général :* Justin, *Prés.* — *Maires :* MONTPELLIER, Chazot ; BÉZIERS, Verdier ; LODÈVE, Railhac (J.) ; SAINT-PONS, Salhm (A.). — *Ch. de Commerce :* MONTPELLIER, LODÈVE, Arnavielle, *Prés.* ; BÉZIERS et ST-PONS, Gaillard. — *Cultes : Ev.* MONTPELLIER, S. Em. le Card. de Cabrières (Mgr. Halle, *coadj.*) ; P. Bentkowski, *Pt. du consis. prot.* — *Finances :* Lasserre, *Trés. pay. Gén.* — *Instr. Publ., Recteur de l'Univ. :* MONTPELLIER, Coulet ; *Doyens :* Vigié (*droit*) ; Vianey (*lettres*) ; Dautheville (*sciences*) ; Mairet (*méd.*) ; N... *Insp. d'Acad.* — *Justice : Cour d'Appel :* Moulenq, 1er *Prés.* ; de Manoel-Saumane, *Proc. Gén.*

Ille-et-Vilaine (Anc. Bretagne) : *6 Arr. ; 43 Cant. ; 360 Comm. — Pop. : 608,098 hab. — Sup. : 644,439 h.*

Rens. admin. — Dioc. de Rennes (arch.) ; — 3e et 4e subd. Xe r. m. (Rennes). — Cour d'appel et Acad. de Rennes ; — 10e lég. de gend. (Rennes) ; — 2e arr. mar. (Brest), s.-arr. St-Servan ; — 12e insp. des ponts et ch. ; — arr. min. de Rennes (N.-O.) ; — 1re circ. agr. (O.) ; — 23e cons. for.

Préfet : Aliez. — *Secr. Gén. de la Préf. :* Béchade. — *Conseil Général :* Brice, dép., *Prés.* — *Maires :* RENNES, Janvier (J.-M.) ; FOUGÈRES, Cordier ; MONTFORT, Beauchet (Emile) ; REDON, Gascon (Dr E.) ; SAINT-MALO, Gasnier du Parc ; VITRÉ, Garreau (Georges). — *Ch. de Commerce :* RENNES, MONTFORT, REDON, VITRÉ, Oberthur, *Prés.* ; FOUGÈRES, Tréhu, *Prés.* ST-MALO, Poulain, *Prés.* — *Cultes : Arch.* RENNES, S. Em. le Card. Dubourg ; Bost, *P. prot.* — *Finances :* Montigny, *Trés. pay. Gén.* — *Instr. Publ., Recteur de l'Université :* Gérard-Varet ; *Doyens :* N... (*droit*) ; Moreau (*sciences*) ; Dottin (*lettres*) ; Dodu, *Insp. d'Acad.* — *Justice, Cour d'Appel :* Plédy, 1er *Prés.* ; Canac, *Proc. Gén.*

Indre (Anc. Berry) : *4 Arr. ; 23 Cant. ; 247 Comm. — Pop. : 287,673 hab. — Sup. : 688,452 h.*

Rens. admin. — Dioc. de Bourges (arch.) ; — 1re et 2e subd. — IXe rég. mil. (Tours). — Cour d'appel de Bourges ; — Acad. de Poitiers ; — 9e lég. de gend. (Tours) ; — 4e insp. ponts et ch. ; — ar. min. de Bordeaux ; — 2e circ. agr. (Centre) ; — 20e cons. for.

Préfet : Maestracci. — *Secr. Gén. de la Préf. :* Natalelli. — *Conseil Général :*

Labruère, *Prés.* — *Maires:* CHATEAUROUX, Amirault; LE BLANC, Briault (J.); LA CHATRE, Lambert; ISSOUDUN, Jamet. — *Ch. de Commerce:* CHATEAUROUX, N.... — *Finances:* Boutard, *Trés.pay. Gén.* — *Instr. Publ.:* Orth, *Insp. d'Acad.* — *Justice, Trib. Civ.:* Riché; Dumas, *Proc. de la Rép.*

Indre-et-Loire (Anc. Touraine): *3 Arr.; 24 Cant.; 282 Comm.* — *Pop.: 341,205 hab.* — *Sup.: 610,806 h.*

Rens. admin. — Dioc. de Tours (arch.); — 18e div. mil. IXe r. m. (Tours); — Cour d'appel d'Orléans; — Acad. de Poitiers; — 9e lég. de gend. (Tours); — 15e insp. ponts et ch.; — arr. min. de Nantes (Centre); — 2e circ. agr. (Centre); — 19e cons. for.

Préfet: Ducaud. — *Sec. Gén. de la Préf.:* Brunel. — *Conseil Général:* A. Chautemps, *Prés.* — *Maires:* TOURS, C. Chautemps, dép.; CHINON, Dr Foucher; LOCHES, Rousseaud. — *Ch. de Commerce:* TOURS, Mirault, *Prés.* — *Cultes: Arch.* TOURS, Mgr. Nègre; Dupin de St-André, *P. prot.*; Sommer (Léon), *Rabb.* — *Finances:* Donnet, *Trés. pay. Gén.* — *Instr. Publ.* Pagès, *Insp. d'Acad.* — *Justice, Trib. Civ.:* Faguet, *Prés.*; Duport, *Proc. de la Rép.*

Isère (Anc. Dauphiné): *4 Arr.; 45 Cant.; 564 Comm.* — *Pop.: 555,911 hab.* — *Sup.: 825,678 h.*

Rens. admin. — Dioc. de Grenoble, suffr. de Lyon; — 5e subd., XIVe rég. m. (Lyon); — Cour d'appel et Acad. de Grenoble; — 14e lég. de gend. (Lyon); — 6e insp. ponts et ch.; — arr. min. de Grenoble (S.-E.); — 6e circ. agr. (S.-E.); — 14e cons. for.

Préfet: Ténot. — *Secr. Gén. de la Préf.:* Paisant. — *Conseil Général:* Léon Perrier, *Prés.* — *Maires:* GRENOBLE, Mistral; ST-MARCELLIN, Dorly (V.); LA TOUR DU PIN, Dubost (A.), *Pt. Sén.*; VIENNE, Brenier (J.). — *Ch. de Commerce:* GRENOBLE et ST-MARCELLIN, Charpenay, *Prés.*; VIENNE et LA TOUR-DU-PIN, Bonnier (F.), *Prés.* — *Cultes: Ev.:* GRENOBLE, Mgr. Caillot; Arnal, *P. prot.* — *Finances:* Guichard, *Trés. pay. Gén.* — *Instr. Publ.: Recteur de l'Université:* Dumas; *Doyens:* Balleydier (*droit*); Kilian (*sciences*); Morillot (*lettres*); Perron, *Insp. d'Acad.* — *Justice, Cour d'Appel:* Charvet, 1er *Prés.*; Biseuil, *Proc. Gén.*

Jura (Anc. Franche-Comté): *4 Arr.; 32 Cant.; 585 Comm.* — *Pop.: 252,713 hab.* — *Sup.: 505,356 h.*

Rens. admin. — Dioc. de St-Claude, suffr. de Lyon; — 1re subd. VIIe r. m. (Besançon); — Cour d'appel et Acad. de Besançon; — 7e lég. de gend. (Besançon); — 5e et 18e insp. des ponts et ch.; — arr. min. de Chalon-s.-Saône (N.-E.); — 3e circ. agr. (Est); — 13e cons. for.

Préfet: Guillemaut (Jules). — *Secr. Gén. de la Préf.:* Daudon. — *Conseil Général:* Stephen Pichon, min. des Aff. étr., sén., *Prés.* — *Maires:* LONS-LE-SAUNIER, Lebrun (L.); DOLE, Pieyre (Marius); POLIGNY, N...; ST-CLAUDE, Ponard. — *Ch. de Commerce:* LONS-LE-SAUNIER: Neveu, *Prés.* — *Cultes: Ev.* ST-CLAUDE, Mgr. Maillet. — *Finances:* Jousseín, *Trés. pay. Gén.* — *Instr. Publ.:* Dantzer, *Insp. d'Acad.* — *Justice: Trib. Civ.:* Pathé, *Prés.*; Mougeot, *Proc. de la Rép.*

Landes (Anc. Gascogne): *3 Arr.; 28 Cant.; 334 Comm.* — *Pop.: 288,902 hab.* — *Sup.: 931,635 h.*

Rens. admin. — Dioc. d'Aire et Dax, suffr. d'Auch; — 5e subd. XVIIIe rég. mil. (Bordeaux); — 4e arr. mar. (Rochefort), s.-arr. de Bordeaux; — Cour d'appel de Pau; — Acad. de Bordeaux; — 18e lég. de gend. (Bordeaux); — 11e insp. ponts et ch.; — arr. min. de Bordeaux (S.-O.); — 4e circ. (S.-O.); — 29e cons. for.

Préfet: Bourienne. — *Secr. Gén. de la Préf.:* Dumont. — *Conseil Général:* Lourties, sén., *Prés.* — *Maires:* MONT-DE-MARSAN, Bartalot; DAX, Picastaing; ST-SEVER, Grandin de l'Eprevier. — *Ch. de Commerce:* MONT-DE-MARSAN, Lalanne, *Prés.* — *Cultes: Ev.*, Mgr. de Cormont (Aire). — *Finances:*

Masmontet, *Trés. pay. Gén.* — *Instr. Publ.:* Rayot, *Insp. d'Acad.* — *Justice, Trib. Civ.:* Lafargue, *Prés.* — Favié, *Proc. de la Rép.*

Loir-et-Cher (Anc. Touraine et Orléanais) : *3 Arr.; 24 Cant.; 297 Comm.* — *Pop.: 271,231 hab. Sup.: 636,946 h.*

Rens. admin. — Dioc. de Blois, suffr. de Paris ; — 7e subd. Ve rég. mil. (Orléans); — Cour d'appel d'Orléans ; — Acad. de Paris ; — 5e lég. de gend. (Orléans) ; — 14e insp. ponts et ch. ; — arr. min. de Poitiers (Centre) ; — 2e circ. agr. (Centre) ; — 19e cons. for.

Préfet: Marraud. — *Secr. Gén. de la Préf.:* Aubert. — *Conseil Général:* Pichery, dép., *Prés.* — *Maires:* BLOIS, N... ; ROMORANTIN, Béranger (Arthur) ; VENDOME, Frain. — *Ch. de Commerce:* BLOIS, Poulain, *Prés.* — *Cultes: Ev.* BLOIS, Mgr. Mélisson ; Stappfer, *P. prot.* — *Finances:* Carles, *Trés. pay. Gén.* — *Instr. Publ.*, Le Téo, *Insp. d'Acad.* — *Justice, Trib. Civ.:* Raymond, *Prés.*; Cosson, *Proc. de la Rép.*

Loire (Anc. Forez, Beaujolais et partie du Lyonnais) : *3 Arr.; 31 Cant.; 337 Comm.* — *Pop.: 640,549 hab.* — *Sup.: 477,329 h.*

Rens. admin. — Dioc. de Lyon et Vienne, suffr. de Lyon ; — 7e et 8e subd., XIIIe rég. (Cl.-Ferrand) : — Cour d'appel et Acad. de Lyon ; — 13e lég. de gend. (Cl.-Ferrand) ; — 6e insp. ponts et ch. ; — arr. min. St-Etienne (Centre) ; — 5e circ. agr. (Est-Centre) ; — 14e cons. for. (Grenoble).

Préfet: François. — *Secr. Gén. de la Préf.:* Fauran. — *Conseil Général:* Dr Boel, *Prés.* — *Maires:* ST-ETIENNE, Soulié ; MONTBRISON, Dupin ; ROANNE, Sérol (Albert). — *Ch. de Commerce:* ST-ETIENNE et MONTBRISON, Petit, *Prés.*; ROANNE, N.... — *Cultes:* ST-ETIENNE, N... Vic. gén.; Dupont et Comte, *Prés. prot.*; Sachs, *Rabb.* — *Finances:* d'Encausse de Ganties, *Trés. pay. Gén.* — *Instr. Publ.:* Decis, *Insp. d'Acad.* — *Justice, Trib. Civ.:* Serol, *Prés.*; Vibert, *Proc. de la Rép.*

Loire (Hte-) (Anc. Languedoc, Forez et Basse-Auvergne) : *3 Arr.; 28 Cant.; 265 Comm.* — *Pop.: 303,838 hab.* — *Sup.: 479,432 h.*

Rens. adm. — Dioc. du Puy, suffr. de Bourges ; — 4e et 5e subd. XIIIe rég. mil. (Cl.-Ferrand); — Cour d'appel de Riom ; — Acad. de Clermont ; — 13e lég. de gend. (Cl.-Ferrand); — 16e insp. ponts et ch. ; — arr. min. de Clermont (Centre) ; — 5e circ. agr. (Est-Centre) ; — 40e cons. for.

Préfet: Périès. — *Secr. Gén. de la Préf.:* Maillard. — *Conseil Général:* Pagès (Victor), *Prés.* — *Maires:* LE PUY, Emile Faure ; BRIOUDE, Bover ; YSSINGEAUX, de Lagrevol (A.). — *Ch. de Commerce:* LE PUY, Enjolras, *Prés.* — *Cultes: Ev.* LE PUY, Mgr. Boutry: N..., *P. prot.* — *Finances:* Peytral, *Trés. pay. Gén.* — *Instr. Publ.:* Allerand, *Insp. d'Acad.* — *Justice, Trib. Civ.:* Germain, *Prés.*; Mignac, *Proc. de la Rép.*

Loire-Inférieure (Anc. Bretagne) : *5 Arr.; 46 Cant.; 218 Comm.* — *Pop.: 669,920 hab.* — *Sup.: 691,566 h.*

Rens. admin. — Dioc. de Nantes, suffr. de Tours ; — XIe r. m. ; — 3e arr. mar. (Lorient); — Cour d'appel et Acad. de Rennes ; — 11e lég. de gend. (Nantes) ; — 13e insp. ponts et ch. ; — arr. min. de Nantes; — 1re circ. (Ouest); — 23e cons. for.

Préfet: Causel. — *Sec. Gén. de la Préf.:* Magny. — *Conseil Général:* N..., *Prés.*; *Maires:* NANTES: Bellamy. — ANCENIS : Pohier ; CHATEAUBRIANT : Bréant ; PAIMBŒUF : Paumier; St. NAZAIRE: Lacour (L). — *Ch. de Commerce:* NANTES, ANCENIS, CHATEAUBRIANT, PAIMBŒUF : Cormerais, *Prés.*; St. NAZAIRE : Brichaux, *Prés.* — *Cultes : Ev.:* NANTES : Mgr. Le Fer de la Motte; *Past. prot.*: Berton ; *Rabbin* : Korb. — *Finances:* Theyssier, *Trés. pay. gén.* — *Instr. Publ.:* Bernard, *Insp. d'Acad.* — *Justice: Trib. Civil.:* Allard, *Prés.*: Astié, *Proc. de la Rép.*

Loiret (Anc. Orléanais et Gâtinais) : *4 Arr.; 31 Cant.; 349 Comm.* — *Pop.: 364,061 hab.* — *Sup.: 672,276 h.*

Rens. admin. — Dioc. d'Orléans, suffr. de Paris; — Ve rég. mil. (Orléans). — Cour d'appel

d'Orléans; — Acad. de Paris; — 5e lég. de gend. (Orléans); — 5e insp. ponts et ch. (Châlons) arr. min. de Paris (N.-O.); — 2e circ. agr. (Centre); — 19e cons. for.

Préfet: Allain. — *Secr. Gén. de la Préf.:* Gellion. — *Conseil Général:* Viger, sén. *Prés.* — *Maires:* ORLÉANS, Laville (Ch.); GIEN, Villejean (J.); MONTARGIS, Baudin; PITHIVIERS, Delaugère. — *Ch. de Commerce:* ORLÉANS, Bonnichon, *Prés.* — *Cultes: Ev.* ORLÉANS, Mgr. Touchet; Larcher et Sirver, *P. prot.;* N..., *Rabb.* — *Finances:* Debray, *Trés. pay. Gén.* — *Instr. Publ.:* Maurellet, *Insp. d'Acad.* — *Justice, Cour d'Appel:* Davaine 1er *Prés;* Réaume, *Proc. Gén.*

Lot (Anc. Guyenne et Quercy): *3 Arr.; 29 Cant.; 330 Comm. — Pop.: 205,769 hab. — Sup.: 523,154 h.*

Rens. admin. — Dioc. de Cahors, suffr. d'Albi; — 3e et 4e subd. 17e div. mil. (Toulouse); — Cour d'appel d'Agen; — Acad. de Toulouse; — 17e lég. *bis* de gend. (Agen); — 15e insp. Ponts et ch.; — arr. min. de Rodez (S.-O.); — 5e circ. agr. (Sud-Centre); — 18e cons. for.

Préfet: Guillon. — *Secr. Gén. de la Préf.:* Pépin. — *Conseil Général:* de Monzie, *Prés.* — *Maires:* CAHORS, Dr Darquier; FIGEAC, Dr Pezet; GOURDON, Dauliac. — *Ch. de Commerce:* CAHORS, Cayla-Caprais, *Prés.* — *Cultes: Ev.* CAHORS, Mgr. Cézerac. — *Finances:* Lebeurre, *Trés. pay. Gén.* — *Instr. Publ.:* Veyssière, *Insp. d'Acad.* — *Justice, Trib. Civ.:* Grimal, *Prés.;* Korn, *Proc. de la Rép.*

Lot-et-Garonne (Anc. Guyenne et Gascogne): *4 Arr.; 35 Cant.; 326 Comm. — Pop.: 268,083 hab. — Sup.: 534,737 h.*

Rens. admin. — Dioc. d'Agen, suffr. de Bordeaux; — 1re, 2e et 3e subd., XVIIe rég. mil. (Toulouse). — Cour d'appel d'Agen; — Acad. de Bordeaux; — 17e lég. *bis* de gend. (Toulouse); — 15e insp. ponts et ch.; — arr. min. de Bordeaux (S.-O.); — 4e circ. agr. (S.-O.); — 29e cons. for.

Préfet: Delfini. — *Secr. Gén. de la Préf.:* Ragon. — *Conseil Général:* Cels (Jules), député, *Prés.* — *Maires:* AGEN, Cels (J.) député; MARMANDE, Tourneyrague; NÉRAC, Courrent; VILLENEUVE-SUR-LOT, Berger (A.). — *Ch. de Commerce:* AGEN, Robineau (G.), *Prés.* — *Cultes: Ev.:* AGEN, Mgr. Sagot du Vauroux; Cabrol, *P. prot.* — *Finances:* Grand, *Trés. pay. Gén.* — *Instr. Publ.:* Auriac, *Insp. d'Acad.* — *Justice, Cour d'Appel:* de Forcrand, 1r *Prés.;* Marchand, *Proc. gén.*

Lozère (Anc. Gévaudan): *3 Arr.; 24 Cant.; 198 Comm. — Pop.: 122,738 hab. — Sup.: 516,772 h.*

Rens. admin. — Dioc. de Mende, suffr. d'Albi; — 3e subd., XVIe rég. mil. (Montpellier); — Cour d'appel de Nîmes; — Acad. de Montpellier; — 16e lég. de gend. (Montpellier); — 8e insp. ponts et ch.; — arr. min. d'Alais (S.-O.); — 5e circ. agr. (Est-Centre); — 27e cons. for.

Préfet: Vittini. — *Secr. Gén. de la Préf.:* Fieuzal. — *Conseil Général:* de Las Cases, sén., *Prés.* — *Maires:* MENDE, Daudé (P.); FLORAC, Portalier; MARVEJOLS, Mendras. — *Ch. de Commerce:* MENDE, Caussignac, *Prés.* — *Cultes: Ev.* MENDE, Mgr. Gely; FLORAC, N..., *Prés. du C. prot.* — *Finances:* Lacombe, *Trés. pay. Gén.* — *Instr. Publ.:* Magendie, *Insp. d'Acad.* — *Justice, Trib. Civ.:* Amiaud, *Prés.;* Boboau, *Proc. de la Rép.*

Maine-et-Loire (Anc. Anjou): *5 Arr.; 34 Cant.; 381 Comm. — Pop.: 508,149 hab. — Sup.: 711,757 h.*

Rens. admin. — Dioc. d'Angers, suffr. de Tours; — 18e div. mil. IXe r. m. (Tours); — Cour d'appel d'Angers; — Acad. de Rennes; — 9e lég. de gend. (Tours); — 13e insp. ponts et ch.; — arr. min. de Nantes (Centre); — 1re circ. agr. (Ouest); — 23e cons. for. (Tours).

Préfet: Borromée. — *Secr. Gén. de la Préf.:* Bodereau. — *Conseil Général:* Bodinier, sénat., *Prés.* — *Maires:* ANGERS, Bernier; BAUGÉ, N...; CHOLET, Guérineau; SAUMUR, Dr Astié; SEGRÉ, Cocard (R.). — *Ch. de Commerce:*

ANGERS, BEAUGÉ et SEGRÉ, Martin-Rondeau, *Prés.* CHOLET, Pellaumail, *Prés.* ; SAUMUR, Pichard, *Prés.* — *Cultes : Ev.* ANGERS, Mgr. Rumeau. ; Chevalley, *P. prot.* — *Finances :* Buellet, *Trés. pay. Gén.* — *Instr. Publ. :* Sarthou, *Insp. d'Acad.* — *Justice, Cour d'Appel :* Hû, 1er *Prés.* ; Deshaies, *Proc. Gén.*

Manche (Anc. Normandie) : *6 Arr. ; 48 Cant. ; 647 Comm. — Pop. : 476,119 hab. — Sup. : 664,573 h.*

Rens. admin. — Dioc. de Coutances, suffr. de Rouen ; — 5e, 7e et 8e subd., 20e div., Xe rég. mil. (Rennes) ; — part. entre le 1er arr. mar. (Cherbourg) et le 2e (Brest) ; — Cour d'appel de Caen ; — Acad. de Caen ; — 10e lég. de gend. (Rennes) ; — 13e insp. ponts et ch. ; — arr. min. de Rouen (N.-O.) ; — 1re circ. agr. (N.-O.) ; — 15e cons. for.

Préfet : Duponteil. — *Secr. Gén. de la Préf. :* Mesnard. — *Conseil Général :* Morel, *Prés.* — *Maires :* ST-LO, Antoine ; AVRANCHES, Chevrel ; CHERBOURG, Mahieu ; COUTANCES, Marie ; MORTAIN, Jouenne ; VALOGNES, Soutas-Larue. — *Ch. de Commerce :* CHERBOURG et VALOGNES, Langlois, *Prés.* ; GRANVILLE, ST-LO, AVRANCHES, COUTANCES et MORTAIN, Riotteau, sénat., *Prés.* — *Cultes : Ev.* COUTANCES, Mgr. Guérard. — *Finances :* Hudelo, *Trés. pay. Gén.* — *Instr. Publ. :* Deries, *Insp. d'Acad.* — *Justice, Trib. Civ. :* Guillot, *Prés.* ; Lebeault, *Proc. de la Rép.*

Marne (Anc. Champagne) (*Chiffres et rens. de 1914*) : *5 Arr. ; 33 Cant. ; 662 Comm. — Pop. : 436,310 hab. — Sup. : 806,173 h.*

Rens. admin. — Relève arch. de Reims pour l'arr. de Reims, et de l'év. de Châlons, suffr. de Reims, pour les autres arr. ; — 6e et 5e subd., VIe rég. mil. (Châlons). — Cour d'appel de Paris ; — Acad. de Paris ; — 6e lég. de gend. (Châlons) ; — 8e insp. ponts et ch. ; — arr. min. de Troyes (N.-E.) ; — 1re circ. agr. (N.-E.) ; — 10e cons. for.

Préfet : Brisac. — *Secr. Gén. de la Préf. :* Gaignerot. — *Conseil Général :* Vallé, sén., *Prés.* — *Maires :* CHALONS-SUR-MARNE, Servas ; EPERNAY, Chandon-Moët ; REIMS, Roche ; STE-MENEHOULD, Mangin ; VITRY-LE-FRANÇOIS, Mancrelle. — *Ch. de Commerce :* CHALONS, STE-MENEHOULD et VITRY, Pestre, *Prés.* ; REIMS, EPERNAY, Benoist. — *Cultes : Ev.* CHALONS, Mgr. Tissier ; REIMS, S. Em. le Card. Luçon, *Arch.* ; Gonin et Puech, *Prés. prot.* — *Finances :* Lejeune, *Trés. pay. Gén.* — *Instr. Publ. :* Grand, *Insp. d'Acad.* — *Justice, Trib. Civ. :* Rollet, *Prés.* ; Ducoudré, *Proc. de la Rép.* — *Comité des Réfugiés,* Paris, 10, rue de Paradis.

Marne (Haute-) (Anc. Champagne), (*Chiffres et rens. de 1914*) : *3 Arr. ; 28 Cant. ; 550 Comm. — Pop. : 226,545 hab. — Sup. : 622,163 h.*

Rens. admin. — Dioc. de Langres, suffr. de Lyon ; — 2e et 4e subd., XXIe rég. mil. (Epinal). — Cour d'appel et Acad. de Dijon ; — 21e lég. de gend. (Epinal) ; — 8e insp. ponts et ch. — arr. min. de Chaumont (N.-E.) ; — 3e circ. agr. (N.-E.) ; — 31e cons. for.

Préfet : Bazir. — *Secr. Gén. de la Préf. :* Lété. — *Conseil Général :* Mougeot, sén., *Prés.* — *Maires :* CHAUMONT, Lévy-Alphandéry ; LANGRES, Maranget ; WASSY, Maîtrot (L.). — *Ch. de Commerce :* N..., *Prés.* — *Cultes : Ev.* LANGRES, Mgr. Louvart. — *Finances :* Visse, *Trés. pay. Gén.* — *Instr. Publ. :* Blanguernon, *Insp. d'Acad.* — *Justice, Trib. Civ. :* Gay, *Prés.* ; Petitouenot, *Proc. de la Rép.*

Mayenne (Anc. Bas-Maine et Anjou) : *3 Arr. ; 27 Cant. ; 276 Comm. — Pop. : 297,732 hab. — Sup. : 517,083 h.*

Rens. admin. — Dioc. de Laval, suffr. de Tours. — 1re et 2e subd., IVe rég. mil. (Le Mans). — Cour d'appel d'Angers ; — Acad. de Rennes ; — 4e lég. de gend. (Le Mans) ; — arr. min. de Rennes (N.-O.) ; — 1re circ. agr. (Ouest) ; — 15e cons. for.

Préfet : Laurent (A.). — *Secr. Gén. de la Préf. :* Cavallier. — *Conseil Général :* Denis, *Prés.* — *Maires :* LAVAL, Jamin ; CHATEAU-GONTIER, Blot ; MAYENNE, Lintier (Louis). — *Ch. de Commerce :* LAVAL, Denis (G.), *Prés.* — *Cultes : Ev.* LAVAL, Mgr. Grellier ; Martin, *Pr. prot.* — *Finances :* Zimmermann, *Trés. pay. Gén.* — *Instr. Publ. :* Goumy, *Insp. d'Acad.* — *Justice, Trib. Civ. :* Regnault, *Prés.* ; Hay, *Proc. de la Rép.*

Meurthe-et-Moselle (Anc. Lorraine et Toulois) (*Chiffres et rens. de 1914*) *: 4 Arr. 29 Cant. ; 600 Comm. — Pop. : 564,730 hab. — Sup. : 523,298 h.*

Rens. admin. — Dioc. de Nancy et Toul, suffr. de Besançon ; — 11e div. mil. d'inf. et 2e div. de cav. des VIe et XXe r. m. (Châlons et Nancy). — Cour d'appel et Acad. Nancy ; — 20e lég. de gend. (Nancy) ; — arr. min. Troyes (N.-E.) ; — 3e circ. agr. (N.-E.) ; — 4e cons. for.

Préfet : Second. — *Secr. Gén. de la Préf. :* Martin (titul.) ; Burnouf (S. G. R. R. E.). — *Conseil Général :* Lebrun, dép., *Prés.* — *Maires :* NANCY, Mengin (Henri) ; BRIEY, Lorentz ; LUNÉVILLE, Ferry ; TOUL, Lafarge. — *Ch. de Commerce :* NANCY, Draux, *Prés.* — *Cultes : Ev.* NANCY, Mgr. Ruch ; Cleisz, Durand, Fosse, *Pas. prot. ;* Block, *Gr. rabb.* — *Finances :* Bordes, *Trés. pay. Gén.* — *Instr. Publ., Recteur de l'Univ. :* Adam ; *Doyens :* Gony (*droit*) ; Petit (*sciences*) ; Souriau (*lettres*) ; Meyer (*médec.*) ; Dessez, *Insp. d'Acad.* — *Justice, Cour d'Appel :* Martz, 1er *Prés. ;* Massot, *Proc. Gén.*

Meuse (Anc. Lorraine, Clermontois et Champagne) (*Chiffres et rens. de 1914*). *4 Arr. ; 28 Cant. ; 586 Comm. — Pop. : 277,955 hab. — Sup. : 623,281 h.*

Rens. admin. — Dioc. de Verdun, suffr. de Besançon ; — 4e et 6e subd., VIe rég. mil. (Châlons). — Cour d'appel et Acad. de Nancy ; — 6e lég. de gend. (Châlons) ; — 4e insp. ponts et ch. ; — arr. min. de Troyes (N.-E.) ; — 3e circ. agr. (N.-E.) ; — 16e cons. for.

Préfet : Émery. — *Secr. Gén. de la Préf. :* Chastel (administration), Caron (régions libérées). — *Conseil Général :* Maginot, *dép., prés.* — *Maires :* BAR-LE-DUC : Chevalier (Paul) ; COMMERCY : Grosdidier René, *sén.* ; MONTMÉDY : Roussel ; VERDUN : Robin. — *Armée :* Général Boichut, *Gouverneur de Verdun.* — *Ch. de Commerce :* BAR-LE-DUC : Grosdidier, *Prés.* — *Cultes : Év. :* VERDUN : Mgr. Ginisty ; Barraud, *P. prot.* — *Finances :* Dejean, *Trés. pay. Gén.* — *Instr. Publ. :* Harter, *Insp. d'Acad.* — *Justice, Trib. Civ. :* Fenaux, *Prés. :* Bertrand, *Proc. de la Rép.*

Morbihan (Anc. Bretagne) *: 4 Arr. ; 37 Cant. ; 257 Comm. — Pop. : 578,152 hab. — Sup. : 679,587 h.*

Rens. admin. — Dioc. de Vannes, suffr. de Rennes ; — 5e et 6e subd., XIe r. m. (Nantes) ; — 3e arr. mar. (Lorient) ; — Cour d'appel et Acad. de Rennes ; — 11e lég. de gend. (Nantes) ; — 12e insp. ponts et ch. ; — arr. min. du Mans (N.-O.) ; — 2e circ. agr. (Ouest) ; — 3e cons. for.

Préfet : Guillemaut. — *Secr. Gén. de la Préf. :* Proteau. — *Conseil Général :* Nail, dép., *Prés.* — *Maires :* VANNES, Marin-Paradis ; LORIENT, Labes ; PLOERMEL, Guillois (Louis) ; PONTIVY, Rossignol. — *Ch. de Commerce :* LORIENT, Giband, *Prés.* — *Cultes : Ev.* VANNES, Mgr. Gouraud. — *Finances :* Bonhoure, *Trés. pay. Gén.* — *Instr. Publ. :* Henri, *Insp. d'Acad.* — *Justice, Trib. Civ. :* N..., *Prés. ;* Daretz. *Proc. de la Rép.*

Moselle (Anc. Lorraine) : 8 *Arr. ;* 33 *Cant. ;* 757 *Comm. — Pop. :* (*chiffres de* 1910) : 609.509 *hab. — Sup. :* 622.350 *h.*

Rens. adm. — Diocèse de Metz (non suffr.) Comm. sup. du Territoire de Lorraine ; ressortit à la Cour d'Appel de Colmar, à l'Acad. de Strasbourg, à la Légion de gend. d'Alsace-Lorraine (Strasbourg) : Inspect. des Ponts et Chaussées : Dir. des trav. publ. à Strasbourg. Arr. minéral. de Strasbourg. Circonscriptions des poids et mesures, de l'Ecole des Arts-et-Métiers, agricole et forestière : Strasbourg.

Préfet : Manceron. — *Secr. gén. :* Laurent et Peyromaux-Debord. — *Cons. gén. :* Lamy, *prés.* — *Maires :* METZ : N... ; BOULAY, Koune ; CHATEAU-SALINS, Zinsmeister ; FORBACH, Dr Couturier ; SARREBOURG, Piffert ; SARREGUEMINES, Nomine ; THIONVILLE, Zimmer. — *Ch. de Commerce :* Guy de Wendel, *prés.* — *Cultes : cath. :* Mgr Pelt, *év. de Metz ; prot. :* Hoffert, *pasteur ; israélite :* Netter, *grand rabb.* — *Finances* : Girard. *Très pay. gén.* — *Instr. Publ.* : Lhopital. *dir.* — *Justice, Trib. régional :* Weill, *prés. ;* Nicolle. *Proc. de la Rép.*

Nièvre (Anc. Nivernais, p. du Gâtinais et de l'Orléanais) *: 4 Arr. ; 25 Cant. ; 313 Comm. — Pop. : 299,312 hab. — Sup. : 679,508 h.*

Rens. admin. — Dioc. de Nevers, suffr. de Sens ; — 5e et 8e subd. VIIIe r. m. (Bourges) ; — Cour d'appel de Bourges ; — Acad. de Dijon ; — 8e lég. de gend. (Bourges) ; — 14e insp. ponts et ch. ; — arr. min. de Cl.-Ferrand (Centre) ; — 2e circ. agr. (Centre) ; — 20e cons. for.

Préfet : Bernard. — *Secr. Gén. de la Préf. :* Brouillet. — *Conseil Général :* Dr Brouillet, *Prés.* — *Maires :* NEVERS, Hugon ; CHATEAU-CHINON, Thévenin ; CLAMECY, Volin ; COSNE, Goujat. — *Ch. de Commerce :* NEVERS, Magnard, *Prés.* — *Cultes : Ev.* NEVERS, Mgr. Chatelus ; Alcais, *P. prot.* — *Finances :* Rouxel, *Trés. pay. Gén.* ; *Instr. Publ. :* Peltier, *Insp. d'Acad.* — *Justice, Trib. Civ.*, Ris, *Prés.* ; Domont, *Proc. de la Rép.*

Nord (Anc. Cambresis, Flandre et Hainaut français) (*Rens. et chiffres de 1914*) *: 7 Arr. ; 68 Cant. ; 667 Comm. — Pop. : 1 961,780 hab. — Sup. : 572,716 h.*

Rens. admin. — Dioc. de Lille, suffr. de Cambrai ; — 1re div. Ier r. m. (Lille) ; — Cour d'appel de Douai et Acad. de Lille ; — 1re lég. de gend. (Lille) ; — 2e insp. ponts et ch. ; — 1er ar. mar. (Cherbourg), s.-arr. de Dunkerque ; — arr. min. de Valenciennes (N.-O.) ; — 2e circ. agr. (Nord) ; — 7e cons. for.

Préf. : Naudin. — *Secr. Gén. de la Préf. :* Régnier. *Secr. gén. de la reconstitution :* Leroy. — *Conseil Général :* Vancauwenberghe, *Prés.* — *Maires :* LILLE, Delory ; AVESNES, Chauveau (Em.) ; CAMBRAI, Copin (N.) ; DOUAI, Bertin (Ch.) ; DUNKERQUE, Terquem (Henri) ; HAZEBROUCK, Lemire (abbé J.), dép. ; VALENCIENNES, Tauchon (Ch.). — *Ch. de Commerce :* LILLE, Faucheur (Ed.), *Prés.* ; AVESNES, Lesaffre (Ern.), *Prés.* ; Cambrai, Hélot (J.), *Prés.* ; DUNKERQUE et HAZEBROUCK, Hutter, *Prés.* ; VALENCIENNES, Turbot (J.). — *Cultes : Arch.* CAMBRAI, Mgr. N..., Mgr. Monnier (*auxil.*) ; Morel, *P. prot.* ; LILLE : *Ev.* Mgr. Charost ; Monod, *P. prot.* ; Sèches, *Gr. rabb.* ; Philippe (J.-S.) *Pr. angl.* — *Finances :* du Chaylard, *Trés. pay. Gén.* — *Instr. Publ., Recteur de l'Univ. :* Lyon (G.) ; *Doyens :* Pilon (*droit*) ; Damien (*sciences*) ; Lefèvre (G.) (*lettres*) ; Combemale (*méd. et pharm.*) ; Thalamas, *Insp. d'Acad.* — *Justice, Cour d'Appel :* Molinié, 1er *Prés.* ; Landry, *Proc. Gén.*

Oise (Anc. Ile-de-France et Picardie), (*Chiffres et rens. de 1914*) *: 4 Arr. ; 35 Cant. ; 701 Comm. — Pop. : 411,028 hab. — Sup. : 585,606 h.*

Rens. admin. — Dioc. de Beauvais, Noyon et Senlis, suffr. de Reims ; — 1re div. mil. terr. IIe r. m. (Amiens) pour arr. de Beauvais, Clermont, Compiègne et Senlis ; — Cour d'appel d'Amiens ; — Acad. de Paris ; — 2e lég. de gend. (Amiens) ; — 2e arr. d'insp. des ponts et ch. ; — arr. min. de Paris (N.-E.) ; — 2e circ. agr. (Nord) ; — 1re cons. for.

Préfet : Linarès. — *Secr. Gén. de la Préf. :* Ancel ; Besques (R. R. E.). — *Conseil Général :* Noël, sén., *Prés.* — *Maires :* BEAUVAIS, Desgroux (Cyprien) ; CLERMONT, Saindenis ; COMPIÈGNE, Fournier-Sarlovèze, dép. ; SENLIS, M. Escavy. — *Ch. de Commerce :* BEAUVAIS, Dupont, *Prés.* — *Cultes : Ev.* BEAUVAIS, Mgr. Le Senne. — *Finances :* Reichemberg, *Trés. pay. Gén.*, — *Instr. Publ. : Insp. d'Acad.*, M. Duval. — *Justice, Trib. Civ. :* Meusnier, *Prés.* ; N..., *Proc. de la Rép.* — *Comité des Réfugiés :* Paris, 25, galerie Montpensier (Pal. Royal).

Orne (Anc. Perche, B.-Norm. et duché d'Alençon) : *4 Arr. ; 36 Cant. ; 513 Comm. — Pop. : 307,433 hab. — Sup. : 610,067 h.*

Rens. admin. — Dioc. de Sées, suffr. de Rouen ; — subd. 8e div. mil. du IVe r. m. (Le Mans) ; — Cour d'appel et Acad. de Caen ; — 4e lég. de gend. (Rouen) ; — 18e insp. des ponts et ch. ; — arr. min. de Rouen (N.-O.) ; — 1re circ. agr. (N.-O.) ; — 15e cons. for.

Préfet : Lambry. — *Secr. Gén. de la Préf. :* Tournier. — *Conseil Général :* Fleury, sén., *Prés.* — *Maires :* ALENÇON, A. Esnault ; ARGENTAN, Guillochim ; DOMFRONT, Gallot (L.) ; MORTAGNE, Dr Levassort. — *Ch. de Commerce :* ALENÇON, MORTAGNE, partie ARGENTAN, Bohin (Paul), *prés.* FLERS, DOMFRONT et partie ARGENTAN : Cabrol, *prés.* — *Cultes : Ev.* SÉES (arr. Alençon), Mgr. Bardel. — *Finances :* Duesme, *Trés. pay. Gén.* — *Instr. Publ. :* Récéjac, *Insp. d'Acad.* — *Justice, Trib. Civ. :* Michel, *Prés.* ; Combes, *Proc. de la Rép.*

Pas-de-Calais (Anc. Artois et Picardie) (*Chiffres et rens. de 1914*). *6 Arr.; 46 Cant., 905 Comm. — Pop.: 1,068,155 hab. — Sup.: 663,432 h.*

Rens. admin. — Dioc. d'Arras, suffr. de Cambrai; — Ire rég. mil.; — 1er arr. mar. (Cherbourg); — Cour d'appel de Douai; — Acad. de Lille; — 1re lég. de gend. (Lille); — 3e insp. ponts et ch.; — arr. min. de Valenciennes (N.-O.); — 3e circ. agr. (Nord); — 7e cons. for.

Préfet: Leullier. — *Secr. Gén. de la Préf.:* Fraissé. — *Conseil Général:* Jonnart, sén., *Prés.* — *Maires:* ARRAS, Leroy; BÉTHUNE, Morel (I.); BOULOGNE; Fajon; MONTREUIL, Dupont; ST-OMER, N..., ST-POL. N... — *Ch. de Commerce:* ARRAS et partie ST-POL, Michonneau; BÉTHUNE, Elby; cantons de BOULOGNE et partie de l'arrondissement de MONTREUIL, Lavocat; partie Boulogne et partie ST-OMER, à Calais, Pagniez. — St-Omer et partie ST-POL, Porion. — *Cultes: Ev.* ARRAS, Mgr Julien; Taquet, *Past. prot.* — *Finances:* Bruvère, *Trés. pay. Gén.* — *Instr. Publ.:* Port, *Insp. d'Acad.* — *Justice, Trib. Civ.:* Michel, *Prés.;* Gaget, *Proc. de la Rép.*

Puy-de-Dôme (Anc. Auvergne): *5 Arr.; 50 Cant.; 472 Comm. — Pop.: 525,916 hab. — Sup.: 794,477 h.*

Rens. admin. — Dioc. de Clermont, suffr. de Bourges; — 3e subd., XIIIe r. m. (Clermont); — Cour d'appel de Riom; — Acad. de Clermont; — 13e lég. de gend. (Clermont); — 15e insp. ponts et ch.; — arr. min. de Clermont (Centre); — 5e circ. agr. (Est-Centre); — 21e cons. for.

Préfet: Bouju. — *Secr. Gén. de la Préf.:* Bourrat. — *Conseil Général:* Étienne Clémentel. sénateur, *Prés.* — *Maires:* CLERMONT-FERRAND, Dr Marcombès; AMBERT, Courtial (G.); ISSOIRE, Cibrand; RIOM, Clémentel (Et.); THIERS, Clouvel. — *Ch. de Commerce:* CLERMONT-FERRAND, ISSOIRE, RIOM (partie), Chalus (M.); AMBERT, N...; RIOM (partie); N...; THIERS. — *Cultes: Ev.* CLERMONT-FERRAND, Mgr. Belmont; Rozier, *Past. prot.;* Delattre, Clusel, *P. évang.;* Isaac, *Rabb.* — *Finances:* Boucomont, *Trés. pay. Gén.* — *Inst. Publ.: Rect. de l'Univ.:* Causeret; *Doyens:* Mathias (*sciences*); Audollent (*lettres*); Toureng, *Insp. d'Acad.* — *Justice, Cour d'Appel:* Clusel, 1er *Prés.;* Depeiges, *Proc. Gén.*

Pyrénées (Basses-) (Anc. Béarn et Navarre): *5 Arr.; 41 Cant.; 559 Comm. — Pop.: 433,318 hab. — Sup.: 766,719 h.*

Rens. admin. — Dioc. de Bayonne, suffr. d'Auch; — 6e et 7e subd., XVIIIe r. m. (Bordeaux); — Cour d'appel de Pau; — Acad. de Bordeaux; — 18e lég. de gend. (Bordeaux); arr. min. de Bordeaux (S.-O.); — 4e cir. agr. (S.-O.); — 23e cons. for.

Préfet: Maupoil. — *Secr. Gén. de la Préf.:* Sassier. — *Conseil Général:* Barthou (L.), de l'Acad. Fr., dép., *Prés.* — *Maires:* PAU, Lacoste; BAYONNE, Castagnet; MAULÉON, Dr Hengas; OLORON-STE-MARIE, Gabe; ORTHEZ. Casteignau. — *Ch. de Commerce:* BAYONNE, Gommès, *Prés.* — *Cultes: Ev.* BAYONNE, Mgr. Gieure; Bertrand, *Past. prot.;* Cohen, *Gr. rabb.* — *Finances:* Lapuyade, *Trés. pay. Gén.* — *Instr. Publ.:* Gaillard, *Insp. d'Acad.* — *Justice, Cour d'Appel:* Fabre de Parrel, 1er *Prés.;* Bernadbeig, *Proc. Gén.*

Pyrénées (Hautes) (Anc. Gascogne et Bigorre): *3 Arr.; 26 Cant.; 480 Comm. — Pop.: 206,105 hab. — Sup.: 450,483 h.*

Rens. admin. — Dioc. de Tarbes, suffr. d'Auch; — 8e subd., XVIIIe rég. mil. (Bordeaux); — Cour d'appel de Pau; — Acad. de Toulouse; — 18e lég. de gend. — 10e insp. ponts et ch.; — arr. min. de Bordeaux (S.-O.); — 4e circ. ag. (S.-O); — 22e cons. for.

Préfet: Steck. — *Secr. Gén. de la Préf.:* Gassie. — *Conseil Général:* Pédebidou, sén., *Prés.* — *Maires:* TARBES, Boué (A.); ARGELÈS (ARGELÈS-GAZOST), Baudran (F.); BAGNÈRES-DE-BIGORRE, Lhez (Jean). — *Ch. de Commerce:* TARBES, Despaux, *Prés.* — *Cultes: Ev.* TARBES, Mgr. Schoepfer. — *Finances:* Simon, *Trés. pay. Gén.* — *Instr. Publ.:* Boucher, *Insp. d'Acad.* — *Justice, Trib. Civ.:* Laugé, *Prés.;* Destouet, *Proc. de la Rép.*

Pyrénées-Orientales (Anc. Roussillon) : *3 Arr.; 17 Cant.; 232 Comm. — Pop.: 212,986 hab. — Sup.: 212,121 h.*

Rens. admin. — Dioc. de Perpignan, suff. d'Albi ; — 32e div. mil., 2e subd., XVIe rég. mil. (Montpellier) ; — Cour d'appel et Acad. de Montpellier ; — 16e lég. *bis* de gend. (Perpignan) ; — 9e insp. ponts et ch. ; — arr. min. de Toulouse (S.-O.) ; — 6e circ. agr. (Sud) ; — 25e cons. for.

Préfet : Tainturier. — *Secr. Gén. de la Préf. :* E. Gervais. — *Conseil Général :* Pams, sénateur, *Prés.* — *Maires :* PERPIGNAN, Denis (J. ; CÉRET, Tarris ; PRADES, Rous. — *Ch. de Commerce :* PERPIGNAN, Pams, *Prés.* — *Cultes : Ev.* PERPIGNAN, Mgr. de Carsalade du Pont ; *Past. prot.*, Leenhardt. — *Finances :* Labussière, *Trés. pay. Gén.* — *Instr. Publ. :* Signoret, *Insp. d'Acad.* — *Justice, Trib. Civ. :* Jean-Jean, *Prés.* ; Pugliese, *Proc. de la Rép.* — *Trib. Sup. d'Andorre*, Jean-Jean, *Prés.* (Perpignan).

Rhin (Bas) (Anc. Alsace) : 8 *Arr.*; 35 *Cant.*: 561 *Comm.* — *Pop.*: 675.112 *hab.* — *Sup.* 478.100 *h.*

Rens. adm. — Dioc. de Strasbourg, év. — Gouv. Mil. et 2e subd. XXIe rég. mil. — Tribunal régional. — Acad. de Strasbourg. — Lég. de gend. — Dir. des Mines. — Cons. for.

Préfet : H. Julliard. — *Secr.-Gén.* : Fonlupt-Esperaber et Chevreux. — *Conseil Général :* N... *Prés.*. — *Maires :* STRASBOURG, Peirotes ; SAVERNE, Wolf ; ERSTEIN, Kormann ; SELESTAT, Stœffel. — *Armée :* Gén. Humbert, *Gouv. mil. de Strasbourg.* — *Ch. de Commerce :* STRASBOURG, L. Ungemach, *Prés.* — *Cultes : Ev.* STRASBOURG : Mgr. Ruch ; Prés. du Directoire de l'Église de la Confession d'Augsbourg : Riff ; Prés. du Conservatoire réformé : Kuntz, *pasteur ; Grand-Rabbin :* Schwartz. — *Finances :* Berthelot, *Trés. pay. gén.* — *Instr. Publ.* : Charléty, *Rect. de l'Univ.* — *Justice :* Carré de Malberg, *prés. du Tribunal régional.*

Rhin (Haut) (Anc. Alsace) 6 *Arr.* ; 26 *Cant.* ; 386 *Comm.* — *Pop.* 507.117 *hab.* — *Sup.* 350,690 h.

Rens. admin. — Diocèse de Strasbourg. Subd. de Colmar du 21e C.A. Cour d'appel à Colmar, Acad. de Strasbourg. Légion de gendarmerie d'Alsace-Lorraine. Arr. minier de Mulhouse.

Préfet : H. Poulet. — *Secr. gén. de la Préf. :* Vern et Heimburger. — *Conseil général :* Drumm, *Prés.* — *Maires :* COLMAR : Conrath ; MULHOUSE, Wolf. — *Chambres de Commerce* à MULHOUSE : Schlumberger *Prés.* ; à COLMAR, Kilner *Prés.* — *Cultes : cath. :* Abbé Benchot ; *protest. :* Klein ; *israélite :* Weil, *grand rabbin.* — *Finances : Trés. pay. gén. :* Vallin. — *Inst. publ. :* Dantzer. *Insp. d'Acad.* — *Justice, Cour d'Appel :* Siben, *prem. prés.* ; Kuntz, *proc. gén.*

Rhône (Anc. Lyonnais et Beaujolais) *2 Arr.; 29 Cant. 269 Comm. — Pop : 915,581 hab. — Sup. 279,039 h.*

Rens. admin. — Dioc. de Lyon et Vienne ; — 7e subd., XIIIe rég. mil. (Clermont), et 5e, 6e, 7e et 8e subd., 14e rég. (Lyon). — Cour d'appel et Acad. de Lyon ; — 14e lég. de gend. (Lyon) ; — 15e insp. ponts et ch. ; — arr. min. de Lyon ; — 5e circ. agr. (Est-Centre) ; — 14e cons. for.

Préfet : Canal. — *Secr. Gén. de la Préf. :* Kuenzé (*adm.*) N.......... (police). — *Conseil Général :* Bender, *Prés.* — *Maires :* LYON, Herriot, dép. ; VILLEFRANCHE, Dr Besançon. — *Armée :* Gén. Marjoulet, *Gouv. mil. de Lyon, comm.* le 14e C. A. — *Ch. de Commerce :* LYON, Coignet, *Prés.* ; VILLEFRANCHE, Mulsant. — *Cultes : Arch.* LYON, S. Em. Card. Maurin ; Aeschimann, *Prés. Cons.. prot.* ; Bach, *Conf. Augsb* ; Hollard, *P. évang.* ; N..., *P. angl.* ; Pinon, *P. bapt.* ; Sèches, *Gr. rabbin.* — *Finances :* Labracherie, *Trés. pay. Gén.* — *Instr. Publ. :* Joubin, *Rect. de l'Univ.* ; *Doyens :* Josserand (*droit*) ; Clédat (*lettres*) ; Depéret (*sciences*) ; Hugounenoq (*méd. et pharm.*) ; Gazin, *Insp. d'Acad.* — *Justice, Cour d'Appel :* Meynieux, 1er *Prés.* ; Reverdin, *Proc. Gén.*

Saône (Hte-) (Anc. Franche-Comté) : *3 Arr.; 28 Cant.; 583 Comm.—Pop. : 257,606 hab. — Sup. : 514,928 h.*

Rens. admin. — Dioc. de Besançon, arch. ; — 4e subd., 7e div., VIIe r. m. (Besançon) ; — Cour d'appel et Acad. de Besançon ; — 7e lég. de gend. (Besançon) ; — 6e insp. ponts et ch. ; — arr. min. de Chaumont (N.-E.) ; — 3e circ. agr. (Est.) ; — 32e cons. for.

Préfet : Villey-Desmererets. — *Secr. Gén. de la Préf. :* Lenoir. — *Conseil Gén. :* Jeanneney, sén. *Prés.* — *Maires :* VESOUL, Morel (Paul), dép. ; GRAY, Lévy (Moïse) ; LURE, Marsot (Henri). — *Ch. de Commerce :* GRAY et VESOUL, Lévy (Ed.), *Prés. ;* LURE, Peureux (A.). — *Finances.* Noirot, *Trés. pay. Gén.* — *Instr. Publ. :* Hodiu, *Insp. d'Acad.* — *Justice, Trib. Civ :* Porcherot, *Prés. ;* Cournot, *Proc. de la Rép.*

Saône-et-Loire (Anc. Bourgogne) *5 Arr. ; 50 Cant. ; 589 Comm. — Pop. : 604,446. — Sup. : 856,543 h.*

Rens. admin. — Diocèse d'Autun, suffr. de Lyon. — 1re, 3e, 4e et 7e subd., VIIIe rég., mil. (Bourges) ; — Cour d'appel de Dijon ; — Acad. de Lyon ; — 8e lég. gend. (Bourges) ; — 6e insp. des ponts et ch. ; — arr. min. de Chalon-s-Saône (N.-E.) ; — 3e circ. agr. (Est) ; — 17e cons. for.

Préfet : Lamy-Boisroziers. — *Secr. Gén. de la Préf. :* Mourgues. — *Conseil Général :* Richard (Jean), sén., *Prés.* — *Maires :* MACON, Lavau ; AUTUN, N... ; CHALON-SUR-SAONE, Maugey (J.), sén. ; CHAROLLES, Gerbe ; LOUHANS, Bourgeois. — *Ch. de Commerce :* MACON et CHAROLLES, Penoux (X)., CHALON, AUTUN, LOUHANS, N..., *Prés.* — *Cultes : Ev.* AUTUN, Mgr. Berthoin. — *Finances :* Massonnaud, *Trés. pay. Gén.* — *Instr. Publ. :* Audran, *Insp. d'Acad.* — *Justice, Trib. Civ. :* Lacomme, *Prés.* ; Jeauton, *Proc. de la Rép.*

Sarthe (Anc. Bas-Maine et Haut-Anjou) : *4 Arr. ; 33 Cant. ; 386 Comm. — Pop. : 419,370 hab. — Sup. : 620,668 h.*

Rens. admin. — Dioc. du Mans, suffr. de Tours ; — 3e et 4e subd., IVe rég. mil. (Le Mans) : — Cour d'appel d'Angers ; — Acad. de Caen ; — 4e lég. de gend. (Le Mans) ; — 14e insp. ponts et ch. ; — arr. min. du Mans (N.-O.) ; — 1re circ. agr. (N.-O.) ; — 15e cons. for.

Préfet : Blet. — *Secr. gén. de la préf.* Prulhière. — *Conseil général :* Lebert (André), sén., *Prés.* — *Maires :* LE MANS, Mauboussin ; LA FLÈCHE, Vallet ; MAMERS, Cornilleau ; ST-CALAIS, Gigon. — *Ch. de Commerce :* LE MANS, Leduc-Ladevèze, *Prés.* — *Cultes : Ev.* LE MANS, Mgr. Grente ; Casalis, *Past. prot.* — *Finances :* Ropert, *Trés. pay. Gén.* — *Instr. Publ. :* Renault (M.), *Insp. d'Acad.* — *Justice, Trib. Civ. :* N..., *Prés. ;* Lajus, *Proc. de la Rép.*

Savoie (Anc. Duché) : *4 Arr. ; 29 Cant. ; 330 Comm. — Pop. : 247,890 hab. — Sup. : 561,999 h.*

Rens. admin. — 3 dioc. : Chambéry (arch.) ; Tarentaise (Moutiers) et Maurienne (St-Jean-de-Maurienne) ; ces 2 derniers sont suffr. du 1er ; — 4e subd., XIVe r. m. (Grenoble) ; Cour d'appel et Acad. de Chambéry ; — 14e lég. *bis* de gend. (Chambéry) ; — 6e insp. ponts et ch. ; — arr. min. de Lyon (S.-E.) ; — 6e circ. agr. (E.-E.) ; — 3e cons. for.

Préfet : Grimaud. — *Secr. Gén. de la Préf. :* Trarieux. — *Conseil Général :* Ant. Borrel, dép., *Prés.* — *Maires :* CHAMBÉRY, Chiron ; ALBERTVILLE, Milliaud ; MOUTIERS, Donnet (G.) ; ST-JEAN-DE-MAURIENNE, Falcoz (H.). — *Ch. de Commerce :* CHAMBÉRY, Revel, *Prés.* — *Cultes :* CHAMBÉRY, Mgr. Castellan, *Arch.* ; MOUTIERS (Tarentaise), Mgr. Biolley, *Ev. ;* ST-JEAN-DE-MAURIENNE, Mgr. Fodéré, *Ev.* — *Finances :* Bertrand, *Trés. pay. Gén.* — *Instr. Publ.*, N... ; *Rect. de l'Univ. :* Faubert, *Insp. d'Acad.* — *Jusice, Cour d'Appel :* Baradeq, 1er *Prés. ;* Loubat, *Proc. Gén.*

Savoie (Hte-) (Anc. Duché) : *4 Arr. ; 28 Cant. ; 315 Comm. — Pop. : 255,137 hab. — Sup. : 431,715 h.*

Rens admin. — Dioc. d'Annecy, suffr. de Chambéry ; — 3e subd., XIVe r. m. (Grenoble) — Cour d'appel et Acad. de Chambéry ; — 14e lég. *bis* de gend. (Chambéry) ; — 6e insp. ponts et ch. ; — min. de Chambéry (S.-E.) ; — 6e circ. agr. (S.-E.) ; — 33e cons. for.

Préfet : Minier. — *Secr. Gén. de la Préf. :* Dupraz. — *Conseil Général :* Goy, sén., *Prés.* — *Maires :* ANNECY, Blanc (Joseph) ; BONNEVILLE,

Fallion; St-Julien (en Genevois), Guillermet (Ch.); Thonon; Grandperret. — *Ch. de Commerce:* Annecy, Ferrero, *Prés.* — *Cultes: Ev.* Annecy, Mgr. Campistron. — ***Finances:*** Vigié, *Trés. pay. Gén.* — *Instr. publ.:* Barrier, *Insp. d'Acad.* — *Justice, Trib. Civ.:* Favre, *Prés.*; Brunier, *Proc. de la Rép.*

Seine (*V.* p. 83).

Seine-Inférieure (Anc. Normandie): *5 Arr.; 55 Cant.; 759 Comm. — Pop.: 877,383 hab. — Sup.: 614,711 h.*

Rens. admin. — Dioc. de Rouen, arch.; — 5e, 8e subd. et p. de la 6e de IIIe r. m. (Rouen); — Cour d'appel de Rouen; — Acad. de Caen; — 3e lég. de gend. (Rouen); — 2e insp. ponts et ch.; — arr. min. de Versailles; — 1re circ. agr. (N.); — 2e cons. for.

Préfet: Lallemand, *cons. d'Etat.* (C. ✱.). — *Secr. Gén. de la Préf.:* Labregère. — *Conseil Général:* Bignon, dép., *Prés.* — *Maires:* Rouen, Valin (Lucien); Dieppe, Rimbert; Le Havre, Léon Meyer; Neufchatel-en-Bray, Suzemont; Yvetot, Bocheux; Fécamp, Martot. — *Ch. de Commerce:* Rouen (part.), Neufchatel (part.) et Yvetot, Leverdier, *Prés.*; Dieppe (moins Eu), Rémy Mouquet; Le Havre (moins quelques communes), Mandeix; Fécamp, Lemétais. — *Cultes: Arch.* Rouen, Card. Dubois; Chalame, *Past. prot.*; Lévy, *Rabb.* — *Finances:* de la Roche-Dumas, *Trés. pay. Gén.* — *Instr. Publ.:* Doliveux, *Insp. d'Acad.* — *Justice, Cour d'Appel:* Franqueville, 1er *Prés.*; Delange, *Proc. Gén.*

Seine-et-Marne (Anc. Brie et Gâtinais): *5 Arr.; 29 Cant.; 533 Comm. — Pop.: 363,561 hab. — Sup.: 573,899 h.*

Rens. admin. — Dioc. de Meaux, suffr. de Paris; — 8e subd., V[e] r. m. — Cour d'appel et Acad. de Paris; — 5e lég. de gend. (Orléans); — 14e insp. ponts et ch.; — arr. min. de Paris (N. O); — 2e circ. agr. (N.); — 10e cons. for.

Préfet: Peytral. — *Secr. Gén. de la Préf.:* Léon. — *Conseil Général:* Gaston Menier, sén., *Prés.* — *Maires:* Melun, Delaroue, dép.; Coulommiers, Delsol; Fontainebleau, Dr Lapeyre; Meaux, Lugol (Georges), Provins, Augé. — *Ch. de Commerce:* Melun, Fontainebleau, Provins; Jaudin, *Prés.*; Meaux, Coulommiers, Prevet (J.), *Prés.* — *Cultes: Ev.* Meaux, Mgr. Marbeau; Michaëlli, *P. prot.* — *Finances:* Cordelet, *Trés. pay. Gén.* — *Instr. Publ.:* Berteloot, *Insp. d'Acad.* — *Justice, Trib. Civ.:* Le Grix, *Prés.*; Gomien, *Proc. de la Rép.* — *Comité prov. des Réfugiés de l'arrond. de Meaux:* Paris, 10, rue de Milan.

Seine-et-Oise (Anc.-Ile-de France): *6 Arr.; 37 Cant.; 691 Comm. — Pop.: 817,617 hab.; — Sup.: 560,386 h.*

Rens. admin. — Dioc. de Versailles, suff. de Paris; — divis. provis. entre les IIe, IIIe; IVe et V[e] r. m.; forme, en outre, subd. de rés. relevant du G. M. P. pour l'admin. et just. mil.; — Cour d'appel et Acad. de Paris; — lég. de gend. de Paris; — 1re insp. ponts et ch.; — arr. min. de Paris (N.-O.); — 2e circ. agr. (N.); — 1re cons. for.

Préfet: Chaleil. — *Secr. Gén. de la Préf.:* Connat. — *Conseil Général:* Amodru, dép., *Prés.* — *Maires:* Versailles, Saint-Mleux; Corbeil, Boudouard; Etampes, Bouilloux-Lafont (Marcel); Mantes, Goust; Pontoise, Bisson; Rambouillet, Humbert. — *Armée:* Gén. Tillion, *Comm. la subdivision de Versailles.* — *Ch. de Commerce:* Versailles, Labrierre, *Prés.*; Corbeil, Simon (A.). — *Cultes: Ev.* Versailles, Mgr. Gibier; Weil, *Past. prot.*; Lévy, *Gr. rabb.* — *Finances:* Lanes, *Trés. pay. Gén.* — *Instr. Publ.:* Ferrand, *Insp. d'Acad.* — *Justice, Trib. Civ.:* O. de Courtisigny, *Prés.*; Reylot, *Proc. de la Rép.*

Sèvres (Deux-) (Anc. Poitou): *4 Arr.; 31 Cant.; 357 Comm. — Pop.: 337,627 hab. — Sup.: 599,838 h.*

Rens. admin. — Dioc. de Poitiers, suffr. de Bordeaux; — IXe rég. mil.; — Cour d'appel et Acad. de Poitiers; — 9e lég. de gend. (Tours); — 12e insp. ponts et ch.; — arr. min. de Nantes (Centre); — 4e circ. agr. (O.-Centre); — 24e cons. for.

Préfet: Buloz. — *Secr. Gén. de la Préf.:* Destailleur. — *Conseil Général:* Gentil. — *Maires:* NIORT, Marot *dép.*; BRESSUIRE, Héry (R.); MELLE, Grèges; PARTHENAY, Aguillon, *sén.* — *Ch. de Commerce:* NIORT, Marot (E.), *Prés.* — *Cultes:* (Compr. dans le diocèse de Poitiers); NIORT, Monnier, *Past. prot.* — *Finances:* Goumard, *Trés. pay. Gén.* — *Instr. Publ.:* Chrétien, *Insp. d'Académie.* — *Justice, Trib. Civ.:* Capetter, *Prés.*; Chebrou, *Proc. de la Rép.*

Somme (Anc. Picardie et Artois) (*Chiffres de 1914*). *5 Arr. 41 Cant.; 836 Com.; Popul.: 520,161 hab. Sup. 616,329 h.*
Rens. admin. — Dioc. d'Amiens, suffr. de Reims; — 3ᵉ div., IIᵉ r. m. (Amiens); — Cour d'appel d'Amiens; — Ac. de Lille; — 2ᵉ lég. gend. (Amiens); — 2ᵉ insp. ponts et ch.; — arr. min. d'Arras; — 2ᵉ circ. agr. (N.); — 7ᵉ cons. for.

Préfet: Morain. — *Secr. Gén. de la Préf.:* Laurent; Droz (S. G. R. R. E.); *Conseil Général:* Rameau, *Prés.* — *Maires:* AMIENS, Duchaussoy (H.); ABBEVILLE, Bignon (Ch.); DOULLENS, Rousé (Alb.), sén.; MONTDIDIER, Havart (H.); PÉRONNE, N... — *Ch. de Commerce:* AMIENS, DOULLENS, MONTDIDIER, Patte, *Prés.*; ABBEVILLE, Garry, *Prés.*; PÉRONNE, Nançon, *Prés.* — *Cultes: Ev.* AMIENS, Mgr. Dubois de la Villerabel; Bruce, *Past. prot.* — *Finances:* Blondel (O. ✻). *Trés. pay. Gén.* — *Instr. Publ.:* Szénic, *Insp. d'Acad. Justice, Cour d'Appel:* Petit, 1ᵉʳ *Prés.*; Regnault, *Proc. Gén.* — *Comité des Réfugiés de la Somme*, Paris, 22, rue Pigalle.

Tarn (Anc. Languedoc et Albigeois): *4 Arr.; 36 Cant.; 323 Comm.* — *Pop.: 324,090 hab.; — Sup.: 574,659 h.*
Rens. admin. — Dioc. d'Albi (arch.); — 7ᵉ et 8ᵉ subd., XVIᵉ rég. mil. (Montpellier); — Cour d'appel et Acad. de Toulouse; — 16ᵉ lég. *bis* de gend. (Perpignan); — 9ᵉ insp. ponts et ch.; — arr. min. de Rodez (S.-O.); — 5ᵉ circ. agr. (Sud-Centre); — 27ᵉ cons. for.

Préfet: Magre. — *Secr. Gén. de la Préf.:* Cassagneau. — *Conseil Général:* Savary, sén. *Prés.* — *Maires:* ALBI, Andrieu (Ed.), sén.; CASTRES, Sizaire; GAILLAC, Calvet; LAVAUR, Guiraud (G.). — *Ch. de Commerce:* ALBI, Grand, *Prés.*; CASTRES, Bardou (P.). — *Cultes:* ALBI, Mgr. Cezerac. — *Finances:* Laporte, *Trés. pay. Gén.* — *Instr. Publ.:* Aubert, *Insp. d'Acad.* — *Justice, Trib. Civ.:* Gervais, *Prés.*; de Andréis, *Proc. de la Rép.*

Tarn-et-Garonne (Anc. Quercy, Languedoc): *3 Arr.; 24 Cant.; 195 Comm.* — *Pop.: 182,537 hab.* — *Sup.: 371,780 h.*
Rens. admin. — Dioc. de Montauban, suffr. de Toulouse; — 1ʳᵉ et 4ᵉ subd., XVIIᵉ r. m. (Toulouse); — Cour d'appel et Acad. de Toulouse; — 17ᵉ lég. *bis* de gend. (Agen); — 10ᵉ insp. ponts et ch.; — arr. min. de Rodez (S.-O.); — 5ᵉ circ. agr. (Sud-Centre); — 18ᵉ cons. for.

Préfet: Tavera. — *Secr. Gén. de la Préf.:* Philit. — *Conseil Général:* Selves (de), sén., *Prés.* — *Maires:* MONTAUBAN, Grézel; CASTELSARRASIN, Dʳ Pottevin; MOISSAC, Salers. — *Ch. de Commerce:* MONTAUBAN, Vidal-Marty, *Prés.* — *Cultes: Ev.* MONTAUBAN, Mgr. Marty. — *Finances:* Puybaraud, *Trés. pay. Gén.* — *Instr. Publ.:* Bruneau, *Insp. d'Acad.* — *Justice, Trib. Civ.:* Goulard, *Prés.*; Salmon, *Proc. de la Rép.*

Var (Anc. Provence): *3 Arr.: 30 Cant.; 149 Comm.* — *Pop.: 324,638 hab.* — *Sup.: 560,948 h.*
Rens. admin. — Dioc. de Fréjus, suffr. d'Aix; — 5ᵉ arr. mar. (Toulon); — 1ʳᵉ et 2ᵉ subd. XVᵉ rég. mil. (Marseille); — Cour d'appel et Acad. d'Aix; — 15ᵉ lég. *bis* de gend. (Nice) — arr. min. de Marseille (S.-E.); — 6ᵉ circ. agr. (Sud); — 34ᵉ cons. for.

Préfet: Cauwès. — *Secr. Gén. de la Préf.:* Guibout. — *Conseil Général:* Vigne, *Prés.* — *Maires:* DRAGUIGNAN, Ditjes; BRIGNOLES, Barbaroux; TOULON, Claude; FRÉJUS, Coullet (M.). — *Armée:* TOULON, Vice-Amiral Sagot-Duvauroux, *Préf. Marit.*; Chandezon, *Gén. de div. adj. au gouvern.* — *Ch. de Commerce:* TOULON, Nicolini (Lazare), *Prés.* — *Cultes: Ev.* FRÉ-

JUS, Mgr. Guillibert. — *Finances:* Fontin. *Trés. pay. Gén.* à TOULON. — *Instr. Publ.:* Gistucci, *Insp. d'Acad.* — *Justice, Trib. Civ.:* Gesta, *Prés.;* Astruc, *Proc. de la Rép.*

Vaucluse (Anc. Provence) : *4 Arr.; 22 Cant.; 150 Comm.* — *Pop.: 238,656 hab.* — *Sup.: 374,272 h.*
Rens. admin. — Dioc. d'Avignon (arch.) ; — 6e subd., XVe rég. mil. (Marseille) ; — Cour d'appel de Nîmes ; — Acad. d'Aix ; — 15e lég. gend. (Marseille) ; — 6e insp. ponts et ch.; — arr. min. de Marseille (S.-E.) ; — 6e circ. agr. (S.-E.) ; — 26e cons. for.

Préfet: Monis. — *Secr. Gén. de la Préf.:* R. Bizardel. — *Conseil Général:* Maureau, sén., *Prés.* — *Maires:* AVIGNON, Bec (Ferdinand); APT, Bourdin (Paul) ; CARPENTRAS, Faujas ; ORANGE, Desplans. — *Ch. de Commerce:* AVIGNON, Geoffroy, *Prés.* — *Cultes: Arch.* AVIGNON, Mgr. Latty ; Autrand, Rey, *Past. prot.;* Breiner, *Rabb.* — *Finances:* Dumas, *Trés. pay. Gén.* — *Instr. Publ.:* Abit, *Insp. d'Acad.* — *Justice, Trib. Civ.:* de Cabissole, *Prés.*: Poggiale, *Proc. de la Rép.*

Vendée (Anc. Bas-Poitou) : *3 Arr.; 30 Cant.; 304 Comm.* — *Pop.: 438.520 hab.* — *Sup.: 671,210 h.*
Rens. admin. — Dioc. de Luçon, suffr. de Bordeaux ; — 3e et 4e subd., XIe rég. mil. (Nantes) ; — Cour d'appel et Acad. de Poitiers ; — 11e lég. de gend. (Nantes) ; — 11e insp. des ponts et ch. ; — arr. min. de Poitiers (Centre) ; — 4e circ. agr. (Ouest-Centre) ; — 24e cons. for.

Préfet: Tardif. — *Secr. Gén. de la Préf.:* Jammes. — *Conseil Général:* Dr Pacaud, *Prés.* — *Maires:* LA ROCHE-SUR-YON, Morineau; FONTENAY-LE-COMTE, Bujard ; SABLES-D'OLONNE (LES), Poireau ; LUÇON, Lafontaine. — *Ch. de Commerce:* LA ROCHE-SUR-YON, Dupain, *Prés.* — *Cultes: Ev.* LUÇON, Mgr. Garnier. — *Finances:* Lafarge, *Trés. pay. Gén.* — *Instr. Publ.:* R. Labry, *Insp. d'Acad.* — *Justice, Trib. Civ.:* Meaume, *Prés.;* Proust, *Proc. de la Rép.*

Vienne (Anc. Poitou, Berry et Touraine) : *5 Arr.; 31 Cant.; 300 Comm.* — *Pop.: 332,276 hab.* — *Sup.: 697,320 h.*
Rens. admin. — Dioc. de Poitiers, suffr. de Bordeaux ; — 2e, 4e et 5e subd. mil., IXe rég. mil. (Tours) ; — Cour d'appel et Acad. de Poitiers ; — 9e lég. de gend. (Tours) ; — 11e insp. ponts et ch. ; — arr. min. de Bordeaux ; — 4e circ. agr. (Ouest-Centre) ; — 24e cons. for.

Préfet: Ceccaldi. — *Secr. Gén. de la Préf.:* Bruni. — *Conseil Général:* Péret, *dép., Prés.* — *Maires:* POITIERS, Mérine (Paul) ; CHATELLERAULT, Roy (H.) ; CIVRAY, Dégusseau (G.) ; LOUDUN, Galiet; MONTMORILLON, Tribot (G.). — *Ch. de Commerce:* POITIERS, Servant (G.), *Prés.* — *Cultes: Ev.* POITIERS, Mgr. de Durfort de Civrac. — *Finances:* Beau, *Trés. pay. Gén.* — *Instr. Publ., Recteur de l'Univ.:* Pineau; *Doyens:* Barilleau (*droit*) ; Carré (*lettres*) ; Welsh (*sciences*) ; Bourgoin, *Insp. d'Acad.* — *Justice, Cour d'Appel:* Marquet, 1er *Prés.;* Laffond du Cluzeau, *Proc. Gén.*

Vienne (Hte-) (Anc. Limousin, Berry) : *4 Arr.: 29 Cant.; 205 Comm.* — *Pop.: 384,736 hab.* — *Sup.: 551,768 h.*
Rens. admin. — Dioc. de Limoges, suffr. de Bourges ; — 1re, 2e et 7e subd. XIIe r. m. (Limoges) ; — Cour d'appel de Limoges ; — Acad. de Poitiers ; — 12e lég. de gend. (Limoges); — 11e insp. ponts et ch. ; — arr. min. de Poitiers (Centre) ; — 4e circ. agr. (Ouest-Centre) ; — 28e cons. for.

Préfet: Bonnefoy-Sibour. — *Secr. Gén.:* Lachaze. — *Conseil Gén.:* Roux, *Prés.* — *Maires:* LIMOGES, Betoulle, dép. ; BELLAC, Dr Penot ; ROCHECHOUART, Marquet (Oct.-And.) ; SAINT-YRIEIX, Roux (Marcel). — *Ch. de Commerce:* LIMOGES, Lamy (Ch.), *Prés.* — *Cultes: Ev.* LIMOGES, Mgr. Quilliet; Guiraud, *Past. prot.* — *Finances:* Pommeray, *Trés. pay. Gén.* — *Instr. Publ.:* Crévelier, *Insp. d'Acad.* — *Justice, Cour d'Appel:* Bailleux, 1er *Prés.;* Thuriet, *Proc. Gén.*

Vosges (Anc. Lorraine, Franche-Comté) : *5 Arr. ; 29 Cant. ; 530 Comm. — Pop. : 433,914 hab. — Sup. : 586,690 h.*

Rens. admin. — Dioc. de St-Dié, suffr. de Besançon ; — XXe et XXIe rég. mil. (Nancy, Epinal) ; — Cour d'appel et Acad. de Nancy ; — 7e, 20e et 21e lég. de gend. ; — 3e insp. ponts et ch. ; — arr. min. de Troyes (N.-E.) ; — 3e circ. agr. (N.-E.) ; — 9e cons. for.

Préfet : Rouvier. — *Secr. Gén. de la Préf. :* Girard, *Secr. gén. à la reconstitution :* Tellier. — *Conseil Général :* Porterat, *Prés.* — *Maires :* EPINAL, Beaudouin ; MIRECOURT, Porterat ; NEUFCHATEAU, Clément ; REMIREMONT. Mougin (Emile) ; ST-DIÉ, Burlin. — *Ch. de Commerce :* EPINAL, Perrigot, *Prés. ;* ST-DIÉ, Duceux. — *Cultes : Ev.* ST-DIÉ, Mgr. Foucault ; Foltz, *Past. prot.* — *Finances :* Rey, *Trés. pay. Gén.* — *Instr. Publ. :* Meyer, *Insp. d'Acad.* — *Justice, Trib. Civ. :* Vautrain, *Prés. ;* Valade, *Proc. de la Rép.*

Yonne (Anc. Bourgogne, Champ.) : *5 Arr. ; 37 Cant. ; 486 Comm. — Pop. : 303 889 hab. — Sup. : 742,056 h.*

Rens. admin. — Dioc. de Sens, (arch.) ; — 5e subd., V^e rég. m. ; — Cour d'appel de Paris ; — Acad. de Dijon ; — 5e lég. de gend. (Orléans) ; — 14e insp. ponts et ch. ; — arr. min. de Troyes (Est) ; — 3e circ. agr. (Est) ; — 8e cons. for.

Préfet : Letainturier. — *Secr. Gén. de la Préf. :* Roblot. — *Conseil Général :* Bienvenu-Martin, sén. *Prés.* — *Maires :* AUXERRE, Surugue ; AVALLON, Durand ; JOIGNY, Vacquier (A.) ; SENS, Cornet (Luc.), sén. ; TONNERRE, Jacob (E.). — *Ch. de Commerce :* AUXERRE, Pescheux Loyer, *Prés. ;* SENS, Lelièvre. — *Cultes : Arch.* SENS, Mgr. Chenelong. — *Finances :* Reynaud, *Trés. pay. Gén.* — *Instr. Publ. :* Da Costa, *Insp. d'Acad.* — *Trib. Civ. :* Brillié, *Prés. ;* Chonez, *Proc. de la Rép.*

Andorre (RÉPUBLIQUE D')

République neutre, placée sous la suzeraineté de la France et de l'évêque d'Urgel en Espagne, payant une redevance annuelle de 960 fr. à la France et de 460 fr. à l'évêque d'Ugel. Gouvernement : Conseil général composé de 24 membres soit 4 représentants pour chacune des 6 communes (paroisses). Les 2 consuls (ou maire et adjoints de chaque commune sont élus comme conseillers généraux par les chefs de famille âgés au moins de 26 ans, et doivent eux-mêmes être âgés au moins de 30 ans. Le Conseil général élit un syndic procureur gén. et 1 vice-syndic, auxquel appartient le pouvoir exécutif. La France et l'évêque d'Urgel nomment, l'un et l'autre, un *viguier* (magistrat chargé de rendre la justice criminelle) et alternativement un *juge des appellations* (ces deux magistrats sont nommés à vie). En vertu du décret du 3 juin 1882, 3 députés viennent, tous les deux ans, verser la redevance traditionnelle et prêter serment de fidélité entre les mains du préfet des Pyrénées-Orientales, délégué permanent de la République Française.

Superficie : 452 km. q. *Population :* 5.231 hab.

Le catalan est la langue officielle ; écoles pour l'enseignement du français à Andorre-la-Vielle, Encamp, San-Julia-de-Loria et Escaldes.

Communications postales avec la France (même tarif que pour la France).

Syndic Procureur général : J. Vilanova ; *syndic :* B. Coma. *Administrateur français, délégué permanent :* Tainturier, préfet des Pyrénées-Orientales. *Viguier français :* Ch. Romeu, résidant à Prades. *Juge des appellations* (Toulouse) : G. Sicard, v.-prés. du Conseil de préf. de la Haute-Garonne. *Viguier épiscopal :* J. de Riba.

Bibliographie.

GÉNÉRALITÉS

Bard (Alph.) et Robiquet (P.). *La Constitution française de 1875 dans ses rapports avec les législations étrangères*, gr. in-18, jésus, 5 fr. De Bossard. Paris.

Bertrand (Alph.). *Les origines de la 3e République* (1871-1876), in-8, br. 7 fr. 50. Perrin. Paris; *L'organisation françaises du Gouvernement*, in-12, 374 p., 3 fr. Roustan. Paris.

Boutmy (Emile). *Etudes de droit constitutionnel*, in-8 br. 3 fr. 50. A. Colin. Paris.

Caudel (Maurice). *Nos libertés politiques*, in-8, jésus, 462 p. br. 5 fr. A. Colin. Paris.

Chéruel (P.-A.). *Dictionnaire historique des institutions, mœurs et coutumes de la France*, 2 vol. in-16 br. 12 fr. Hachette. Paris, 1855.

Duguit (Léon). *Traité de droit constitutionnel*, 2 vol. in-8, 24 fr. De Bossard. Paris.

Duguit et Monnier. *Les Constitutions et les principales lois politiques de la France depuis 1789*. Paris, 1898.

Eichthal (E. d'). *Souveraineté du peuple et du gouvernement*, in-12 br., 3 fr. 50. F. Alcan. Paris, 1895.

Fustel de Coulanges. *Histoire des Institutions politiques de l'ancienne France*, 6 vol. Hachette. Paris, 1888-1892.

Guy-Grand (G.). *Le procès de la démocratie*, in-18 br., 3 fr. 50. A. Colin. Paris.

Poincaré (Raymond). *Ce que demande la Cité*, in-8, 115 p. Hachette, Paris. 1912.

Viollet (P.). *Histoire des institutions politiques et administratives de la France*, 3 vol. in-8, 26 fr.. Libr. du Recueil Sirey. Paris. 1890-1903.

GOUVERNEMENT

Annuaire du Parlement, in-8, 4 fr. Roustan. Paris. Annuel.

Charbonnier (J.). *Organisation électorale et représentative de tous les pays civilisés*, in-8, 776 p. br. 10 fr. Berger-Levrault.

Coste (G.) *Le rôle législatif et politique du Sénat sous la 3e République*, in-8. Firmin et Montane. Montpellier 1917.

Couyba (Ch.-M.). *Le Parlement français*, in-8 ill. br. 3 fr. 50. H. Laurens. Paris.

Daure (J.-B.). *Les élections municipales et politiques. Jurisprudence et Législation*, in-8, 6 fr. 50. De Bossard. Paris.

Lair (A.-E.). *Des hautes cours politiques en France et à l'étranger*, in-8, 10 fr. de Bossard. Paris.

Leyret (Henri). *Le Président de la République. Son rôle, ses droits, ses devoirs*, in-18 jés. br. 3 fr. 50. A. Colin. Paris.

Meuriot (P.). *La population et les lois électorales en France de 1789 à nos jours*, gr. in-8. Berger-Levrault. Paris, 1917.

Pierre (Eug.). *Organisation des pouvoirs publics. Recueil des lois constitutionnelles et organiques de la République Française*. Motteroz. Paris, 1906.

Morgand (L.). *La loi municipale*, 2 vol., in-8, 25 fr. Berger-Levrault. Paris, 1917.

Petit (T.). *La représentation proportionnelle devant les Chambres françaises*, in-8. Libr. du Recueil Sirey. Paris, 1917.

Table chronologique des textes en vigueur au 30 juin 1917. Charles-Lavauzelle. Paris, 1918.

ADMINISTRATION

Almanach national, Annuaire officiel de la République française, gr. in-8 1.658 p. br. 15 fr. Berger-Levrault. Paris. Annuel.

Andréani (A.). *Guide pratique de l'Administration française*, in-8 br. 15 fr. F. Alcan. Paris, 1907.

Annuaire administratif, gr. in-8, 1.000 p. br. 15 fr. Berger-Levrault. Paris. Annuel.

Annuaire général des Finances, gr. in-8, 661 p. br. 6 fr. Berger-Levrault. Paris. Annuel.

Bloch (Maurice). *Dictionnaire de l'Administration française*, 2 vol. br. 42 fr. 50. Berger-Levrault. Paris, 1907.

Cahen (Georges). *Les fonctionnaires. Leur action corporative*, in-18 br. 3 fr. 50. A. Colin. Paris.

Couder (Ch.). *La Comptabilité publique en France*, in-12 br. 2 fr. Berger-Levrault. Paris.

Couturier. *Organisation politique, administrative et judiciaire de la France*, in-8 br. 2 fr. Berger-Levrault. Paris, 1886.

Lefas. *L'Etat et les fonctionnaires*, in-8 br., 10 fr. Giard et Brière. Paris.

Perrier (E.-G.). *La Police Municipale, spéciale et mobile* in-16, c. 3 fr. 50. Giard et Brière. Paris, 1918.

DÉFENSE NATIONALE

ORGANISATION GÉNÉRALE DE L'ARMÉE

L'organisation actuelle de l'armée nationale repose sur la loi du 24 juillet 1873 et le décret du 6 août 1874 promulgués au lendemain de la guerre franco-allemande : la pensée du législateur, chargé de répartir et de grouper les contingents que donnait la loi de 1873, fut de doter la France d'une armée en tout temps préparée à la guerre et constituée en grandes unités. Ces forces devaient être susceptibles d'entrer en campagne par un simple accroissement d'effectifs. Le corps d'armée fut déterminé comme l'unité permanente destinée à figurer dans la composition des armées actives, avec son existence propre et tous ses moyens d'action.

La France fut partagée en 18 régions dites « de corps d'armées ». Ainsi, ces unités, constituées dès le temps de paix, stationnent sur le territoire même d'où elles doivent tirer leur complet de guerre en hommes, chevaux, matériel et approvisionnements de toutes sortes.

Le haut commandement.

Le législateur a voulu également que la préparation à la guerre des corps d'armée soit pour les généraux et leurs états-majors une école du commandement. L'art. 7 de la loi de 1873 spécifie qu'il ne sera pas constitué d'armée à l'état permanent en temps de paix, une telle formation dépendant d'éléments variables (organisation des forces ennemies, théâtre d'opérations, but de la campagne, etc.).

Pour permettre au gouvernement de conférer, au moment d'une guerre, les commandements importants aux chefs les mieux préparés à les exercer, il fut décidé de faire passer, dès le temps de paix, à la tête des grandes unités, le plus grand nombre possible de généraux. C'est ainsi que la loi de 1873 a prescrit que les commandants de corps d'armée ne pourront conserver leur commandement pendant plus de 3 ans, à moins qu'à l'expiration de ce délai, ils ne soient maintenus dans leurs fonctions par un décret rendu en Conseil des Ministres. D'ailleurs, s'ils n'ont pas atteint les environs de la limite d'âge fixée à 65 ans, ils peuvent être appelés à faire partie du Conseil Supérieur de la Guerre.

Le Conseil Supérieur de la Guerre.

Le Conseil Supérieur de la Guerre, réorganisé en dernier lieu par le décret du 23 janv. 1920 (J. O. du 25 janv.), est spécialement chargé de fournir des avis motivés sur les questions se rattachant à la préparation à la guerre. Il siège à Paris, 4 *bis*, boul. des Invalides.

Sa composition est la suivante :

Président : Le ministre de la guerre.

Membres avec voix délibérative : Les maréchaux de France ; 10 généraux de division (au maximum), dont le chef d'état-major général ; les membres du conseil sont nommés par décret au début de chaque année.

Les généraux de division, membres du conseil, sont choisis parmi les officiers généraux ayant commandé un corps d'armée pendant un an au moins, et susceptibles de recevoir le commandement d'un groupe d'armées ou d'une armée à la mobilisation.

Les sous-chefs de l'état-major général de l'armée sont membres du conseil avec voix consultative : ils y remplissent les fonctions de rapporteur, chacun pour les affaires rentrant dans ses attributions. Un officier supérieur remplit les fonctions de secrétaire du conseil.

Membres du Conseil Supérieur de la Guerre pour l'année 1920 (Décret du 30 janv. 1920) :

M. le maréchal de France Joffre (J.-M.-C.)

M. le maréchal de France Foch (F.) ;

M. le maréchal de France Pétain (H.-P.), exerçant, pour 1920, les fonctions de vice-président du Conseil Supérieur de la Guerre ;

MM. les généraux de division Humbert (G.-L.) ; Maistre (P.-A.-M.) ; Berthelot (H.-M.) ; Guillaumat (M.-L.-A.) ; Nivelle (R.-G.) ; Mangin (C.-M.-E.) ; Debeney (M.-E.) ; Baucheron de Boissoudy (A.-P.-T.-J.) ; Degoutte (J.-M.-J.) ; Buat (E.-A.-L.).

L'État-Major Général de l'Armée.

Les autres généraux, nommés en temps de paix à la tête des unités permanentes ou destinés à prendre, en temps de guerre, le commandement de formations de réserve ou de services importants, font partie de l'Etat-Major Général de l'Armée, réorganisé par le décret du 23 janvier 1920.

L'Etat-Major Général de l'Armée est placé sous la haute autorité du maréchal de France ou général de division, vice-président du Conseil Supérieur de la Guerre.

Pour la direction de cet Etat-major, l'inspecteur général de l'armée dispose d'un officier général qui lui est adjoint et qui prend le titre de Chef d'Etat-Major Général de l'Armée.

Le Chef d'Etat-Major Général de l'Armée, membre du Conseil Supérieur de la Guerre, est le Chef d'Etat-Major Général désigné des armées mobilisées.

Le Chef d'Etat-Major Général de l'Armée est secondé dans ses fonctions par trois sous-chefs, généraux de division ou de brigade, dont l'un, du grade de général de division, prend le titre de premier sous-chef de l'Etat-Major général de l'Armée.

Le premier sous-chef reste auprès du ministre en cas de mobilisation, et prend, avec le titre de Chef d'État-Major Général de l'armée à l'intérieur, la direction des services de l'état-major général de l'armée maintenus sur le territoire.

Le Chef d'état-major général de l'armée et les trois sous-chefs sont nommés par décret (V. Ministère de la Guerre).

La loi du 13 mars 1875 fixe le cadre de l'Etat-Major Général de l'Armée qui se répartit en deux sections :

1re *section :* Officiers Généraux en activité ou disponibilité ;

2e *section :* Officiers Généraux, placés dans le cadre de réserve après avoir atteint la limite d'âge ou après avoir été obligés d'abandonner le service actif pour raison de santé.

La loi du 10 avril 1917, dont la loi du 23 oct. 1919 a prorogé les effets jusqu'au 1er mars 1920, a ramené les limites d'âge fixées par la loi du 13 mars 1875, de 65 à 62 ans pour les généraux de division ; de 62 à 60 ans pour les généraux de brigade ; de 60 à 59 ans pour les colonels.

Par contre, les généraux qui ont rendu des services éminents, en présence de l'ennemi, dans l'exercice du commandement d'une armée, ou même simplement d'un corps d'armée, ou bien qui ont rempli avec distinction les fonctions de Major Général, peuvent être maintenus sans limite d'âge. Il suffit d'un décret du Président de la République, délibéré en conseil des Ministres, pour les conserver dans la 1re Section du cadre de l'État-Major Général de l'armée.

Les Maréchaux de France sont maintenus sans limite d'âge.

La loi du 21 juillet 1893 a fixé le nombre des membres de la 1re Section de l'État-Major Général à 110 généraux de division et 220 généraux de brigade.

Le service d'état-major

Quelles que soient leurs attributions, les généraux sont secondés par le personnel d'Etat-Major.

Les officiers de ce service sont recrutés par un concours entre capitaines et lieutenants de toutes armes, ayant 5 ans de service, dont 3 dans la troupe. Ils sont admis en nombre limité (de 60 à 100) à l'École Supérieure de Guerre, instituée par la loi de 1880. Après deux années de cours et de voyages, les officiers ayant satisfait aux examens de sortie, reçoivent le brevet d'État-Major, qui est également conféré à de rares officiers supérieurs, choisis d'après leurs services antérieurs et leurs connaissances générales pour faire un stage à l'École de Guerre.

L'effectif des officiers brevetés était fixé à 30 colonels, 90 lieutenants-colonels, 170 commandants, 400 capitaines. Leur rôle est de traduire en ordres exécutoires par la troupe, la pensée du haut-commandement : en principe, les colonels et lieutenants-colonels sont chefs ou sous-chefs d'Etat-Major des corps d'armée; les commandants, chefs d'Etat-Major des divisions.

L'École Supérieure de Guerre.

L'Ecole Supérieure de Guerre fonctionne à Paris à l'Ecole Militaire, av. de la Motte-Picquet. Ses cours ont été rouverts en nov. 1919 pour les officiers admissibles en 1914 et ceux qui, pendant la guerre, se sont particulièrement distingués dans la troupe ou le service d'état-major.

Directeur de l'Ecole : Général de division *Debeney*, membre du Conseil Supérieur de la Guerre.

Comm. en second et Dir. des études : Colonel du génie breveté *Belhague*.

Le Centre des Hautes Études Militaires.

Créé le 21 octobre 1910, le Centre des Hautes-Etudes militaires, réorganisé par le décret du 10 déc. 1919, est installé à Paris dans les locaux de l'Ecole militaire, av. de la Motte-Picquet et fonctionne du 1er févr. au 31 juillet 1920.

Il comprend environ 30 officiers.

Il a essentiellement pour objet de doter les officiers supérieurs qui y sont appelés des connaissances générales indispensables à la conduite de la guerre.

Le corps d'armée.

Dans la pensée du législateur de 1873, le corps d'armée réalisait l'*unité tactique* pourvue de tous les moyens lui permettant de conduire à fond une opération de guerre. Aussi, fut-il, dès l'origine, très fortement constitué.

Le nombre de C. A., originairement fixé à 18, s'augmenta du 19e, créé en Algérie, et du 20e, issu en 1892 de la disjonction de la 11e Division du 6e Corps et de la création de la 39e Division. En 1913, les obligations de la couverture firent surgir, sur la frontière de l'Est, le 21e C. A., né de 2 divisions des Vosges.

Durant la grande guerre, le corps d'armée est devenu un échelon de commandement. Son effectif fut de 38.000 hommes et de 13.000 chevaux. En outre des éléments endivisionnés prévus par la loi de 1873, le corps d'armée comprit un ou deux rég. d'infanterie territoriale, l'artillerie de corps, l'artillerie lourde de C. A. (2 groupes de 105 et 2 groupes de 155 Mod. 1915), enfin 2 Cies. de Génie et de l'équipage de pont, une Cie. de télégraphistes et radio, une escadrille et une Cie. d'aérostiers. L'échelon du parc d'artillerie peut amener une section de munitions auto d'artillerie lourde et une de 75. Le Service de Santé, avec un groupe de G. B. C., peut monter deux ambulances, deux sections d'hospitalisation, deux sections automobiles sanitaires. On comptait, en 1918, 39 corps d'armée.

Au 1er janvier 1920, voici quelle était la répartition des corps d'armée, des divisions de cavalerie, des divisions d'occupation et de l'armée française du Rhin, avec leurs commandants.

Corps d'armée.	Siège du Quartier Général.	Généraux commandants.
1er corps d'armée	Lille.	Gén. de div. Lacapelle.
2e —	Amiens.	— Philipot.
3e —	Rouen.	— Lebrun.
4e —	Le Mans.	— Vuillemot.
5e —	Orléans.	— Toulorge.
6e —	Châlons-s.-Marne.	— Duport.

Corps d'armée.	Siège du Quartier-Général.	Généraux commandants.
7e corps d'armée	Besançon.	Gén. de div. Nudant.
8e —	Bourges.	— Boyer.
9e —	Tours.	— Garnier-Duplessis.
10e —	Rennes.	— Passaga (F.-F.-G.).
11e —	Nantes.	— Prax.
12e —	Limoges.	— Hellot (F.-F.-A.).
13e —	Clermont-Ferrand.	— Linder.
14e —	Lyon.	— Marjoulet.
15e —	Marseille.	— Monroe dit Roe.
16e —	Montpellier.	— Deville.
17e —	Toulouse.	— de Lobit (P.-J.-J.-H.).
18e —	Bordeaux.	— d'Armau de Pouydraguin.
19e —	Alger.	— Niessel (H. A.).
— Div. d'occupation de Tunisie	Tunis.	— Robillot.
20e —	Nancy.	— Paulinier.
21e —	Epinal.	— Jacquot.
Corps d'armée des troupes coloniales	Paris.	— Mazillier.

Armée française du Rhin.

Général commandant : Gén. de div. Degoutte, Q. G. à Mayence.
Chef d'Etat-Major de l'armée : Gén. de brig. Michel.
Comm. la Place de Mayence : Gén. de brig. Schmidt.
Admr suprême du Terr. de la Sarre : Gén. de div. Wirbel.

30e corps d'armée. Gén. de div. Mordacq, Q. G. à Wiesbaden.
37e D. I. Gén. de br. Demetz. — Div. Marocaine. Gén. de br. Daugan.

32e corps d'armée. Gén. de div. Caron, Q. G. à Neustadt.
38e D. I. Gén. de div. d'Anselme. — 47e D. I. Gén. de div. Dillmann.

33e corps d'armée. Gén. de div. Lecomte, Q. G. à Bonn.
77e D. I. Gén. de div. Gaucher. — 128e D. I. Gén. de div. Targe.

Troupes d'occupation du Territoire de la Sarre, rattachées à l'armée du Rhin.
127e D. I. Gén. de br. Brissaud-Desmaillet.

Divisions de Cavalerie.

1re Div. de cavalerie ...	Paris.	Comm.	Gén. de div. Feraud.
2e — ...	Lunéville.	—	p. i. Gén. de br. Lasson.
3e — ...	Strasbourg.	—	Gén. de div. de Boissieu.
4e — ...	(Armée du Rhin).	—	p. i. Gén. de brig. Lavigne-Delville.
5e — ...	Meaux.	—	p. i. Gén. de brig. Simon.
6e — ...	Lyon.	—	Gén. de div. Brécard.

Les effectifs.

Les effectifs de l'armée française pendant la guerre ont été successivement augmentés dans les proportions suivantes :

	Officiers.	Troupes.
Au 15 août 1914	92.838	3.781.000
— 1er février 1915	97.753	4.900.000
— 1er janvier 1916	109.614	5.096.000
— 1er janvier 1917	115.074	5.026.000

soit à cette dernière date 2.106.575 hommes pour l'infanterie, 899.845 pour l'artillerie, 166.422 pour la cavalerie, 185.110 pour le génie, 59.275 pour l'aéronautique.

Le rendement des 7 dernières classes incorporées a été le suivant :

Classes.	Dates d'appel.	Inscrits au tableau de recensement.	Hommes ayant servi (S. A. et S. X.)	Utilisation en renforts.
1914	15 août-1er sept. 1914.	318.000	292.000	déc. 1914.
1915	15-18 déc. 1914.	300.000	279.000	juin 1915
1916	8-12 avril 1915.	314.000	293.000	déc 1915
1917	7-11 janv. 1916.	313.000	297.000	oct 1916
1918	16 avril-4 mai 1917.	299.000	257.000	nov 1917
1919	16-20 avril 1918.	302.000	229.000	
1920 (prov) ..	15 mars-1er oct 1920.	»	276.000	»

Les effectifs de l'armée étaient à fin sept. 1919 de 900.000 hommes. Au 1er janvier 1920, ils étaient encore de 794.000 hommes dont : 510.000 Européens, 164.000 soldats indigènes de l'Afrique du Nord, 120.000 indigènes coloniaux.

Ces effectifs devaient subir avant le 1er juillet 1920 les modifications suivantes :

Libération de la classe 1918 à fin juin 1920 .... 200.000 h.
— d'engagés volontaires ou rengagés .... 35.000 —
— de soldats indigènes de l'Afrique du Nord........... 95.000 —

Les effectifs, au 1er juillet, par suite de ces diverses libérations et de l'appel de la classe 1920, se trouveraient donc ramenés à 634.000 hommes.

Le tableau de répartition des classes, à dater du 1er octobre 1919, s'établit comme suit :

Armée active : classes 1918, 1919.
Réserve de l'armée active : classes 1906, 1907, 1908, 1909, 1910, 1911, 1912, 1913, 1914, 1915, 1916, 1917
Armée territoriale : classes 1899, 1900, 1901, 1902, 1903, 1904, 1905.
Réserve de l'armée territoriale : classes 1893, 1894, 1895, 1896, 1897, 1898.

L'armement.

Avant 1914, l'artillerie disposait de canons de 75 à tir rapide modèle 1897, de pièces de 80 à 90 modèle 1877, de canons de montagne de 65, de canons longs ou courts (150 et 120), d'un matériel Rimailho (155 C. T. R.), muni de la seule pièce lourde à tir rapide existante, de mortiers de 220 et 270.

Le fantassin, armé du fusil Lebel, mod. 1886, à magasin et à répétition, avait à sa disposition immédiate 210 cartouches. La mitrailleuse de St-Etienne était utilisée par tous les régiments d'infanterie et de cavalerie. Il existait, pour mémoire, quelques stocks de grenades d'un vieux modèle.

Les cavaliers étaient munis de sabres, de lances et de mousquetons.

L'infanterie dispose, actuellement, de pistolets automatiques, de fusils à chargeurs de 3 cartouches (modèle 1907-1915), de canons de 37, sur trépied et voiturette, employant des obus pleins et portant à 2 km., de mortiers Stokes, enfin, de mitrailleuses Hotchkiss mod. 1914, qui peuvent tirer 450 coups à la minute. Les fusils-mitrailleurs, construits à près de 400 par jour, tirent la balle de fusil 86 D. A. M. et sont munis d'un chargeur circulaire de 20 cartouches. Un fusil automatique (R. S. C.) à chargeurs de 5 cartouches est en construction.

Au 1er nov. 1918, il existait 25.000 mitrailleuses Hotchkiss et 18.000 mitrailleuses St.-Etienne.

Tous les rég. de cavalerie ont été dotés de l'arme blanche (mousqueton et baïonnette), du fusil-mitrailleur, de grenades, etc. Les régiments à pied ont reçu l'armement de l'infanterie. La cavalerie a également des outils d'un modèle léger.

Les grenadiers sont munis du fusil V. B. et ont 88 cartouches ; la voiture de munitions en porte 200 et la section de munitions 2.000.

L'artillerie de campagne a adopté, en février 1917, l'obus de 75 à explosifs. La portée du 75 est de 6 km., la bonne distance de 3 à 4.000 m. ; la vitesse de tir peut aller de 15 à 18 coups à la minute : le 75 est principalement destiné à la destruction du personnel et à la neutralisation de l'artillerie adverse.

L'artillerie de tranchée, organisée en 1915, comprend des mortiers de 58, des Van-Deuren, des mortiers de 150 T., de 240 C. T., transportés sur chariot de parc et des mortiers de 340 avec bombes en acier de 195 kilos.

L'artillerie lourde, destinée à la destruction des tranchées ennemies, qui n'avait au début de la campagne que 140 pièces de 155 Rimailho et 150 pièces de 120, possède actuellement un matériel considérable de canons de 95, de 100 T. R., de 105 modèle 1913, de 14 centimètres, du 155 Schneider, du 155 Filloux. Elle dispose également de canons courts (155 C. mod. 1890, 1892 et 155 C. Schneider).

L'artillerie à pied est dotée de canons longs (95, 120 L, 155 L, 90 sur affût) et de canons courts (120 C., 155 C., 220 sur plateforme). Enfin l'artillerie lourde à grande puissance (A. L. G. P.) installée sur voie ferrée, dispose non seulement d'obusiers de 370 et 400 mais aussi de canons de 200, 293, 370 Filloux.

Le tableau suivant indique le nombre de pièces de tout calibre existant aux dates des 2 août 1914, 1er nov. 1916 et 1er nov. 1918, tant aux armées qu'à l'intérieur non compris les matériels en cours de transformation :

	2 août 1914	1er nov. 1916	1er nov. 1918
Artillerie de campagne :	—	—	—
Pièces de 65	»	214	390
— 75	4.022	5.019	7.950
— 80 de campagne	»	719	»
— 80 de montagne	»	201	»
— 90	»	2.591	
Artillerie lourde à moyenne puissance :			
Pièces de 95	»	1.193	
— 100 T. R	»	38	
— 105	»	118	
— 120 Court	»	156	
— 120 Long	»	1.410	
— 120 S.	»	48	
— 140	»	19	
— 140. Modèle 1891	»	12	-
— 145, Modèle 1910	»	10	»
— 155 Court	»	375	»
— 155 Court, à tir rap	155	265	1.800
— 155 Long	»	904	700
— 155. Modèle 1877-1914	»	52	»
Mortiers de 220, 270, 280 et 370	»	305	»
Artillerie lourde à grande puissance :			
Pièces de 16, modèle 1891-1893 et 1893-1896	»	30	»
— 19. modèle 1870-1893	»	44	»
— 220 T. R.	»	»	260
— 24 et 240	»	466	»
— 280 T. R	»	»	90
— 370 et 400	»	»	qq. pièces.
Mortiers de 270 de côte	»	81	
— 274	»	20	»
— 305, mod. 1893 et 1893-1916		16	
— 32	»	107	
— 340	»	8	
Obusiers de 200, 293, 370, 400	»	24	

Au 1er nov. 1918, on comptait d'autre part, comme chars d'assaut :

	Prêts au combat.	En réparation.
	—	—
Chars Schneider	61	154
— Saint-Chamond	54	154
— Renault	1.167	464

A la même date, le matériel chimique comportait :

1.960.000 obus de 75.	896.000 obus toxiques. 90.000 obus lacrymogènes. 875.000 obus à ypérite. 99.000 fumigènes.
817.000 obus lourds.	541.000 obus toxiques. 126.900 obus lacrymogènes. 148.200 obus à ypérite.

16.800 bombes toxiques et un approvisionnement de 2.900 tonnes de produits spéciaux, dont 280 tonnes d'ypérite.

L'aéronautique militaire.

A la déclaration de guerre, on compte : 5 dirigeables prêts à entrer en service, un en cours de transformation ; 10 en commande dont 7 grands croiseurs. Dès novembre, les marchés de fabrication de ces derniers sont résiliés, et l'on met 4 autres unités en chantier.

L'incursion d'un zeppelin sur Paris au début de 1916 émeut les spécialistes ; on reprend l'étude d'un type rigide. Sur l'avis du généralissime, on se borne à commander 2 dirigeables de 19.000 mètres cubes d'un type déjà employé et 4 autres ballons moins puissants. Bientôt ces commandes sont en partie annulées.

Finalement, voici le sort de 15 engins successivement entrés en campagne : 1 réformé, 2 désarmés pour servir de ballons d'instruction, 4 détruits par l'ennemi, 7 cédés à la marine. Un seul est resté disponible.

En ce qui concerne l'aérostation de campagne, c'est-à-dire les ballons, rien n'existait en temps de paix. Pour la mobilisation, on avait décidé de constituer 4 compagnies d'aérostiers de place, destinées à Toul, Verdun, Epinal, Belfort, et qui devaient être pourvues chacune de 3 ballons. Mais ces compagnies ne furent organisées qu'à la fin de 1914.

Par contre, 2 sections de cerfs-volants, entièrement automobiles, créées par le capitaine Saconney, étaient prêtes dès le début de la guerre. En raison des succès obtenus par cet officier en Lorraine, on met bientôt à la disposition des armées 14 compagnies d'aérostiers de campagne, formées avec les sections de place. Puis, devant les résultats médiocres donnés par les ballons sphériques, comparativement aux *drachen* allemands, on leur substitue un ballon analogue à ces derniers, la « saucisse ».

Les compagnies d'aérostiers rendent bientôt de tels services qu'au cours de l'année 1915 leur nombre est porté à 75. Dans la suite, le commandement réclame 15 compagnies de plus ; en même temps, il dresse un programme de ballons de protection : 1.500 ballons de 150 mètres cubes, susceptibles de monter à 3.500 mètres, doivent former devant le front une sorte d'immense filet aérien. Leur manœuvre est confiée à 150 sections d'aérostiers.

Tout ce matériel progresse très vite sous le rapport de la stabilité, de la sécurité, de la rapidité de transport. Sa fabrication soulève d'importants problèmes pour la production en grand de divers matériaux, toile gommée, câbles, hydrogène. Mais toutes les difficultés sont résolues, et les dépenses de ce chapitre, inférieures à 5 millions pour la période de guerre de l'exercice 1914, atteignent presque 40 millions en 1916.

Le développement de l'aviation est d'une autre envergure.

Au début des hostilités, nous pouvons mettre en ligne 21 escadrilles disposant chacune de 4 ou 5 appareils au maximum.

Pendant la mobilisation, du 3 au 25 août, on crée 4 escadrilles. Le 8 octobre seulement, on établit un premier programme d'une certaine importance : il vise la formation de 65 escadrilles.

Dès lors, les programmes se suivent et ne se ressemblent pas : 70 escadrilles le 31 décembre ; 75 en janvier 1915, dont 21 de bombardement ; 50 en juin ; 119 en juillet, dont 50 de bombardement à 10 appareils.

En tenant compte des remaniements et des modifications de groupements, les commandes de 1915 représentent un total d'environ 370 escadrilles dont 152 de bombardement. A partir du 7 septembre, toutes les escadrilles (chasse, armée, corps d'armée) sont portées à 10 avions, comme les escadrilles de bombardement.

Deux commandes sont passées en 1916 :

En janvier : 45 escadrilles de corps d'armée, 50 escadrilles de combat, 31 de bombardement, 34 sections d'artillerie lourde.

En septembre : 55 escadrilles de corps d'armée, 40 de chasse à 12 avions et 45 groupes à 4 avions, 40 escadrilles de bombardement, 34 sections d'artillerie lourde.

L'année 1917 voit apporter un peu plus d'unité dans la conception des programmes.

Une première commande arrêtée en mars comprend : 45 escadrilles de corps d'armée à 15 avions, 20 escadrilles « type corps d'armée disponible » à 15 avions, 34 escadrilles d'artillerie lourde à 10 avions, C0 de chasse et 30 de bombardement, les unes et les autres à 15 avions. Soit au total 189 escadrilles représentant un effectif de 2.665 appareils.

Les programmes d'octobre 1917 et juillet 1918 devaient porter à plus de 6.000 avions l'effectif de notre armée aérienne. La première partie de ce programme comporte des livraisons échelonnées de décembre 1917 à juin 1918: 5.130 avions de chasse, 4.504 avions de corps d'armée, 2.383 appareils de bombardement et 14.924 moteurs de types différents.

La conclusion de l'armistice suspend l'exécution de la seconde partie du programme.

D'autre part, les chiffres suivants résument les principales étapes de la progression des effectifs :

	PILOTES.	OBSERVATEURS.	MÉCANICIENS.	EFFECTIF TOTAL.
Août 1914	321	»	»	4.342
Janvier 1915.....	480	»	»	7.875
Septembre 1915..	1.192	500	4.000	17.889
— 1916..	3.115	921	12.116	46.723
— 1917..	6.417	1.682	17.461	75.105

Voici enfin la marche des dépenses pour l'aviation et l'aérostation : 1914 (période de guerre), 61 millions ; 1915, 264 millions ; 1916, 765 millions ; 1917, 1.164 millions.

De 1914 à 1918, il a été fabriqué 85.317 moteurs d'avions et on a construit 67.982 aéroplanes. Voici quelle a été la progression suivie :

Années	Moteurs	Avions	Nombre d'ouvriers
1914	3.481	»	»
1915	6.849	3.460	12.650
1916	13.874	7.552	30.960
1917	20.805	22.751	68.920
1918	40.308	34.219	186.000

On se rappelle qu'à l'armistice on comptait en France 12.919 pilotes ou observateurs du personnel navigant.

Durant la guerre, du 4 août 1914 au 18 novembre 1918, 1.945 pilotes et observateurs ont été tués et 1.461 portés disparus. Il y eut, en outre 2.922 blessés.

Dans les écoles de la zone de l'intérieur, les pertes pour ce même personnel furent de 1.927 pilotes et observateurs.

RÉGIONS ET SUBDIVISIONS DE RÉGIONS

France.

Le territoire de la France, sauf les départements de la Seine, de Seine-et-Oise et du Rhône, est divisé, pour l'organisation de l'armée active, de la réserve de l'armée active, de l'armée territoriale et de sa réserve, en régions et en subdivisions de régions.

Chaque région comprend 8 subdivisions de région, sauf les exceptions portées dans le tableau ci-après.

Un corps d'armée est affecté à chaque région. Le général commandant le corps d'armée a sous son commandement le territoire, les forces de l'armée active, de la réserve, de l'armée territoriale et de sa réserve, ainsi que tous les services et établissements militaires qui sont exclusivement affectés à ces forces.

Le commandant du corps d'armée est, sous l'autorité supérieure du ministre, le chef responsable de l'administration dans son corps d'armée.

Le commandement territorial des subdivisions de région est exercé, en principe, dans les 4 subdivisions correspondant aux 4 régiments d'une division d'infanterie, par le commandant de la division; dans les 2 subdivisions correspondant aux 2 régiments d'une brigade d'infanterie, par le commandant de la brigade.

La circonscription départementale de la Seine et de Seine-et-Oise forme le Gouvernement militaire de Paris.

La circonscription du département du Rhône, à laquelle sont rattachées quelques communes limitrophes de l'Ain et de l'Isère, forme le Gouvernement militaire de Lyon.

Le territoire des gouvernements militaires de Paris et de Lyon est réparti, au point de vue de la mobilisation, entre les corps d'armée environnants.

Le commandement territorial y est exercé, sous l'autorité supérieure des gouverneurs militaires et des commandants supérieurs de la défense, savoir: pour les dép. de la Seine et de Seine-et-Oise, par les généraux commandant respectivement ces départements à Paris et à Versailles; pour le dép. du Rhône, par le général commandant la place de Lyon.

Algérie.

Le territoire de l'Algérie est divisé, au point de vue militaire, en 3 divisions correspondant aux trois départements, et en subdivisions.

Un corps d'armée spécial, portant le n° XIX, est affecté à l'Algérie, en sus des corps d'armée organisés sur le territoire continental de la France.

Les divisions et subdivisions territoriales sont:

Division d'Alger, subdivisions d'Alger et de Médéa;

Division d'Oran, subdivisions de Tlemcen et de Mascara;

Division de Constantine, subdivisions de Constantine, de Sétif et de Batna.

Les généraux commandant les divisions, sous l'autorité directe du gouverneur général de l'Algérie, en outre de leurs attributions, administrent les populations indigènes dans les territoires dits de «commandement».

Ces territoires sont divisés en commandements de *cercles* ou d'*annexes*, à la tête desquels sont placés des officiers du service des affaires indigènes.

Les territoires du sud et des oasis sahariennes (Aïn-Sefra, In-Salah, Ghardaïa, Touggourt) sont placés sous l'autorité de commandants militaire relevant directement du général commandant le 19e corps d'armée.

Tableau des régions et subdivisions de régions.

RÉGIONS ET DÉPARTEMENTS.	SUBDIVISIONS DE RÉGIONS.
Ire LILLE (Nord, Pas-de-Calais).	Lille. Valenciennes. Cambrai. Avesnes. Arras. Béthune. Saint-Omer. Dunkerque.
IIe AMIENS (Aisne, Oise, Ardennes, Seine-et-Oise (1), Seine (2), Somme).	Amiens. Abbeville. Péronne. Saint-Quentin. Beauvais. Soissons. Compiègne. Laon. Mézières.
IIIe ROUEN (Calvados, Eure, Seine-Inférieure).	Bernay. Evreux. Falaise. Lisieux. Rouen (nord). Rouen (sud). Caen. Le Havre.
IVe LE MANS (Eure-et-Loir, Mayenne, Orne, Sarthe).	Laval. Mayenne. Mamers. Le Mans. Dreux. Chartres. Alençon. Argentan.
Ve ORLÉANS (Loiret, Loir-et-Cher, Seine-et-Marne, Yonne).	Auxerre. Montargis. Blois. Orléans. Sens. Fontainebleau. Melun. Coulommiers.
VIe CHALONS-S-M. (Arden. (3), Marne, Meurthe-et-Mos. (4), Meuse (5), Moselle (6).	Stenay. Bar-le-Duc. Reims. Châlons-sur-Marne. Metz. Thionville.
VIIe BESANÇON (Ain, Doubs, Jura, Haute-Saône (7), Rhône (8), Haut-Rhin (9).	Belfort. Vesoul. Mulhouse. Lons-le-Saunier. Besançon. Bourg. Belley.
VIIIe BOURGES (Cher, Côte-d'Or, Nièvre, Saône-et-Loire).	Auxonne. Dijon. Chalon-sur-Saône. Mâcon. Cosne. Bourges. Autun. Nevers.
IXe TOURS (Maine-et-Loire, Indre-et-Loire, Indre, Deux-Sèvres, Vienne).	Châteauroux. Le Blanc. Parthenay. Poitiers. Châtellerault. Tours. Angers. Cholet.
Xe RENNES (Manche, Côtes-du-Nord, Ille-et-Vilaine).	Guingamp. Saint-Brieuc. Rennes. Vitré. Cherbourg. Saint-Malo. Granville. Saint-Lô.
XIe NANTES (Finistère, Loire-Inférieure, Morbihan, Vendée).	Nantes. Ancenis. La Roche-sur-Yon. Fontenay-le-Comte. Vannes. Quimper. Brest. Lorient.
XIIe LIMOGES (Charente, Corrèze, Creuse, Dordogne, Haute-Vienne).	Limoges. Angoulême. Guéret. Magnac-Laval. Tulle. Périgueux. Brive. Bergerac.
XIIIe CLERMONT-FERRAND (Allier, Loire, Puy-de-Dôme, Haute-Loire, Cantal).	Le Puy. Saint-Etienne. Montbrison. Roanne. Riom. Montluçon. Clermont-Ferrand. Aurillac.

(1) Fraction de l'arrondissement de Pontoise. — (2) Fraction des cantons de Saint-Denis, Saint-Ouen, Aubervilliers, Pantin, Noisy-le-Sec et 10e, 19e et 20e arrondissements de Paris. — (3) Arrondissements de Vouziers et Rethel. — (4) Arrondissements de Briey, Toul, Nancy. — (5) Arrondissements de Montmédy, Verdun, Bar-le-Duc, Commercy. — (6) Arrondissements de Metz (ville et campagne), Thionville Est, Ouest et Boulay. — (7) Moins l'arrondissement de Gray. — (8) Canton de Gérardmer (arr. de Saint-Dié), arrondissement de Remiremont et les cantons de Raon l'Etape et Rambervillers.

Tableau des régions et subdivisions de régions (*suite*).

RÉGIONS ET DÉPARTEMENTS.	SUBDIVISIONS DE RÉGIONS.
XIVe GRENOBLE (Hautes-Alpes, Drôme, Isère, Savoie, Haute-Savoie, Basses-Alpes (1).	Romans. Grenoble. Gap. Montélimar. Bourgoin. Vienne. Annecy. Chambéry.
XVe MARSEILLE (Basses-Alpes (1), Alpes-Maritimes, Var, Bouches-du-Rhône, Gard, Vaucluse, Ardèche, Corse).	Digne. Nice. Toulon. Marseille. Nîmes. Avignon. Privas. Pont-Saint-Esprit. Ajaccio.
XVIe MONTPELLIER (Aude, Aveyron, Hérault, Lozère, Tarn, Pyrénées-Orientales).	Béziers. Montpellier. Mende. Rodez. Narbonne. Perpignan. Carcassonne. Albi.
XVIIe TOULOUSE (Ariège, Haute-Garonne, Gers, Lot, Lot-et-Garonne, Tarn-et-Garonne).	Agen. Marmande. Cahors. Montauban. Toulouse. Foix. Mirande. Saint-Gaudens.
XVIIIe BORDEAUX (Charente-Inférieure, Gironde, Landes, Basses-Pyrénées, Hautes-Pyrénées (2).	Saintes. La Rochelle. Libourne. Bordeaux. Mont-de-Marsan. Bayonne. Pau. Tarbes.
XXe NANCY (Aube, Meurthe-et-Moselle (3), Haute-Marne (4), Vosges (5), Moselle (6), B.-Rhin (7)	Nancy. Toul. Neufchâteau. Troyes. Sarreguemines. Sarrebourg.
XXIe ÉPINAL (Haute-Saône (8), Haute-Marne (9), Vosges (10). Haut-Rhin (11), Bas-Rhin (12).	Langres. Épinal. Saverne. Strasbourg. Sélestat. Colmar.

(1) Trois cantons des Basses-Alpes (Saint Paul, Barcelonnette et Le Lauzet) sont distraits de la XVe région et rattachés à la XIVe. — (2) Le XIXe corps d'armée est affecté à l'Algérie — (3) Moins arrondissement de Briey et les cantons de Pont-à-Mousson et Thiaucourt. — (4) Arrondissements de Wassy et de Chaumont, moins les cantons de Chaumont, Arc-en-Barrois, Chateauvillain et Nogent-en-Bassigny. — (5) Arrondissement de Neufchâteau et cantons de Charmes, Mirecourt et Vittel. — (6) Cercles de Sarrebourg, Château-Salins, Sarreguemines, Forbach.. — (7) Cantons de Drulingen, Saar-Union. — (8) Arrondissement de Gray. — (9) Arrondissement de Langres, cantons d'Arc-en-Barrois, Châteauvillain, Chaumont, Nogent-en-Bassigny. — (10) Moins l'arrondissement de Neufchâteau et les cantons de Charmes, Mirecourt et Vittel. — (11) Cercles de Sélestat, Ribeauvillé, Colmar, Guebwiller. — (12) Cercles de Saverne (moins Saar-Union et Drulingen), Haguenau Wissembourg, Strasbourg, Molsheim, Erstein.

DÉPOTS DES CORPS.

Bien que les unités de marche, ainsi que celles de la réserve et de la territoriale soient à l'heure actuelle dissoutes, il a paru nécessaire, au moment où les militaires et anciens militaires ont à faire valoir les droits que leur confère leur participation à la campagne 1914-18, de maintenir encore cette année les indications du temps de guerre.

D'autre part, la décision prise de ramener à 3 régiments d'infanterie la composition des régiments de l'intérieur va entraîner la suppression de certains corps. On trouvera dans l'Édition 1921 le tableau des nouveaux emplacements des corps.

La suppression d'un régiment par division d'infanterie de l'intérieur, réalisée au début de 1920, a eu comme conséquence de reconstituer l'infanterie divisionnaire telle qu'elle était utilisée aux armées, avec ses trois régiments.

A la date du 1er avril 1920, les corps de troupe des régions (à l'exception des 6e, 7e, 14e, 15e, 20e, 21e), ont été regroupés par trois, sous l'autorité d'un général de brigade, pour former l'I. D. de la division.

L'organisation territoriale a nécessité le maintien des subdivisions qui, réunies par quatre, dépendent du général de brigade d'infanterie devenu disponible dans chaque division de l'intérieur.

Ainsi le 3e corps d'armée à Rouen comprend l'I. D. 5 (36e, 39e, 129e R. I.), Q. G. Rouen et l'I. D. 6 (5e, 24e, 119e), Q. G. Paris.

Les subdivisions de Rouen (Nord et Sud), Caen, Le Havre, dépendent d'un général de brigade ; celles d'Évreux, Bernay, Lisieux, Falaise, également.

DÉPOTS DES CORPS (avant le 11 novembre 1918).

Armée active et Réserve.

Infanterie.

Régiments.	Lieux de mobil.	Emplac. des dépôts.
[illegible] 201e	Cambrai.	Saint-Yrieix.
[illegible] et 202e	Granville.	Granville.
[illegible] et 203e	Digne.	Digne.
[illegible] et 204e	Auxerre.	Auxerre.
[illegible] et 205e	Falaise.	Falaise.
[illegible] et 206e	Saintes.	Saintes.
[illegible] et 207e	Cahors.	Cahors.
[illegible] et 208e	Saint-Omer.	Bergerac.
[illegible] et 209e	Agen.	Agen.
[illegible] et 210e	Auxonne.	Auxonne.
[illegible] et 211e	Montauban.	Montauban.
[illegible] et 212e	Tarbes.	Tarbes.
[illegible] 213e	Nevers.	Nevers.
[illegible]	Toulouse.	Toulouse.
[illegible] et 215e	Albi.	Albi.
[illegible] 216e	Montbrison.	Montbrison.
[illegible]	Lyon.	Lyon.
[illegible] 218e	Pau.	Pau.
[illegible] 219e	Brest.	Morlaix.
[illegible] 220e	Marmande.	Marmande.
[illegible] 221e	Langres.	Le Puy.
[illegible] 222e	Bourgoin.	Bourgoin.
[illegible] 223e	Bourg.	Bourg.
[illegible]	Bernay.	Bernay.
[illegible] 225e	Cherbourg.	Cherbourg.
[illegible]	Toul.	Mâcon.
[illegible] 227e	Dijon.	Dijon.
[illegible] 228e	Évreux.	Évreux.
[illegible] 229e	Autun.	Autun.
[illegible] 230e	Annecy.	Annecy.
[illegible] 231e	Melun.	Melun.
[illegible]	Châtellerault.	Châtellerault.
[illegible] 233e	Arras.	Cognac.
[illegible] 234e	Mt-de-Marsan.	Mt-de-Marsan.
[illegible] 235e	Belfort.	Besançon.
[illegible] 236e	Caen.	Caen.
[illegible] 237e	Troyes.	Troyes.
[illegible] 238e	Saint-Étienne.	Saint-Étienne.
[illegible]	Rouen.	Rouen.
[illegible] 240e	Nîmes.	Nîmes.
[illegible]	Rennes.	Rennes.
[illegible] 242e	Belfort.	Besançon.
[illegible] 243e	Lille.	Limoges.
[illegible] 244e	Ls-le-Saunier.	Ls-le-Saunier.
[illegible] 245e	Laon.	Lorient.
[illegible] 246e	Fontainebleau.	Fontainebleau.
[illegible]	Saint-Malo.	Saint-Malo.
[illegible]	Guingamp.	Guingamp.
[illegible] 249e	Bayonne.	Bayonne.
[illegible] 250e	Périgueux.	Périgueux.
[illegible]	Beauvais.	Coutances.
[illegible] 252e	Montélimar.	Montélimar.
[illegible] 253e	Perpignan.	Perpignan.
[illegible] 254e	Compiègne.	Laval.
[illegible] 255e	Pont-St-Esprit.	Pont-St-Esprit.
[illegible] 256e	Chalon-sur-S.	Chalon-sur-S.
[illegible] 257e	Libourne.	Libourne.

INFANTERIE (suite)

Régiments.	Lieux de mobil.	Emplac. des dépôts.
58e et 258e	Avignon.	Avignon.
59e et 259e	Foix.	Foix.
60e 2?0e 407e	Besançon.	Besançon.
61e et 261e	Privas.	Privas.
62e et 262e	Lorient.	Lorient.
63e 263e 412e	Limoges.	Limoges.
64e et 264e	Ancenis.	Ancenis.
65e 265e 411e	Nantes.	Nantes.
66e 266e 429e	Tours.	Tours.
67e et 267e	Soissons.	Dreux.
68e et 268e	Le Blanc.	Le Blanc.
69e et 269e	Toul.	St-Léger-des-Vignes.
70e et 270e	Vitré.	Vitré.
71e et 271e	Saint-Brieuc.	Saint-Brieuc.
72e et 272e	Amiens.	Morlaix.
73e et 273e	Béthune.	Périgueux.
74e et 274e	Rouen.	Rouen.
75e et 275e	Romans	Romans.
76e et 276e	Coulommiers.	Rodez.
77e et 277e	Cholet.	Cholet.
78e et 278e	Guéret.	Guéret.
79e et 279e	Neufchâteau.	Decize.
80e 280e 416e	Narbonne.	Narbonne.
81e et 281e	Montpellier.	Montpellier.
82e et 282e	Montargis.	Montargis.
83e et 283e	St-Gaudens.	Saint-Gaudens.
84e 284e 421e	Avesnes.	Brive.
85e 285e 428e	Cosne.	Cosne.
86e et 286e	Le Puy.	Le Puy.
87e 287e 428e	Saint-Quentin.	Quimper.
88e et 288e	Mirande.	Mirande.
89e 289e 425e	Sens.	Sens.
90e et 290e	Châteauroux.	Châteauroux.
91e et 291e	Mézières.	Nantes.
92e 292e 413e	Clerm-Ferr.	Clermont-Ferr.
93e et 293e	La Roche-sur-Yon.	La Roche-sur-Yon.
94e 294e 419e	Bar-le-Duc.	St-Aubin-du-Cormier.
95e 29?e 408e	Bourges.	Bourges.
96e et 296e	Béziers.	Béziers.
97e et 297e	Chambéry.	Chambéry.
98e et 298e	Roanne.	Roanne.
99e et 299e	Vienne.	Vienne.
100e et 300e	Tulle.	Tulle.
101e et 301e	Dreux.	Dreux.
102e et 302e	Chartres.	Chartres.
103e et 303e	Alençon.	Alençon.
104e et 304e	Argentan.	Argentan.
105e et 305e	Riom.	Riom.
106e et 306e	Châlons (Marne)	Vitré.
107e et 307e	Angoulême.	Angoulême.
108e et 308e	Bergerac.	Bergerac.
109e et 309e	Chaumont.	Chaumont.
110e et 310e	Dunkerque.	Sarlat.
111e et 311e	Antibes (A.-M.)	Antibes (A.-M.)
112e et 312e	Toulon.	Toulon.
113e et 313e	Blois.	Blois.
114e et 314e	Parthenay.	Parthenay.
115e et 315e	Mamers.	Mamers.
116e et 316e	Vannes.	Vannes.

INFANTERIE (suite)

Régiments.	Lieux de mobil.	Emplac. des dépôts.
117e 317e 404e	Le Mans.	Le Mans.
118e et 318e	Quimper.	Quimper.
119e et 319e	Lisieux.	Lisieux.
120e et 320e	Péronne.	Ancenis.
121e et 321e	Montluçon.	Montluçon.
122e et 322e	Rodez.	Rodez.
123e et 323e	La Rochelle.	La Rochelle.
124e 324e 424e	Laval.	Laval.
125e et 325e	Poitiers.	Poitiers.
126e et 326e	Brive.	Brive.
127e et 327e	Valenciennes.	Guéret.
128e et 328e	Landerneau.	Landerneau.
129e et 329e	Le Havre.	Le Havre.
130e et 330e	Mayenne.	Mayenne.
131e 331e 405e	Orléans.	Orléans.
132e 332e 426e	Reims.	Chatelaudren.
133e 333e 427e	Belley.	Belley.
134e et 334e	Mâcon.	Mâcon.
135e et 335e	Angers.	Angers.
136e et 336e	Saint-Lô.	Saint-Lô.
137e et 337e	Fontenay-le-Cte	Fontenay-le-Cte
138e et 338e	Magnac-Laval.	Magnac-Laval.
139e et 339e	Aurillac.	Aurillac.
140e et 340e	Grenoble.	Grenoble.
141e 341e 415e	Marseille.	Marseille.
142e et 342e	Mende.	Mende.
143e et 343e	Carcassonne.	Carcassonne.
144e 344e 418e	Bordeaux.	Bordeaux.
145e et 345e	Maubeuge.	Bordeaux.
146e et 346e	Melun.	Castelnaudary.
147e et 347e	Sedan.	Saint-Nazaire.
148e et 348e	Rocroi.	Vannes.
149e et 349e	Épinal.	Épinal.
150e 350e 406e	Soissons.	Chartres.
151e et 351e	Saint-Quentin.	Quimper.
152e et 352e	Langres.	Le Puy.
153e et 353e	Fontainebleau.	Béziers.
154e et 354e	Bar-le-Duc.	Saint-Brieuc.
155e et 355e	Châlons-s.-M.	Saint-Brieuc.
156e et 356e	Troyes.	Troyes.
157e et 357e	Gap.	Gap.
158e et 358e	Lyon.	Lyon.
159e et 359e	Briançon.	Briançon.
160e et 360e	Neufchâteau.	St-Pierre-le Moutier.
161e et 361e	Reims.	Guingamp.
162e et 362e	Cambrai.	Aubusson.
163e et 363e	Nice.	Nice.
164e et 364e	Verdun.	Laval.
165e et 365e	Lille.	Confolens.
166e et 366e	Verdun.	Chât.-Gonthier.
167e et 367e	Toul.	Paray-le-Monial
168e et 368e	Sens.	Sens.
169e et 369e	Montargis.	Montargis.
170e et 370e	Épinal.	Épinal.
171e et 371e	Belfort.	Gannat.
172e et 372e	Belfort.	Montluçon.
173e et 373e	Corte.	Corte.
174e......	Épinal. Langres.	Épinal(1er,2e b.) Langres (3e b.).
175e......	Grenoble. Riom. Saintes.	Grenoble.
176e	Béziers. Rouen. Pau.	Agde.

CHASSEURS A PIED

Régiments.	Lieux de mobil.	Emplac. des dépôts.
1er et 41e bat.	Troyes.	Troyes.
2e, 42e et 110e	Troyes.	Troyes.
3e, 43e et 121e	Langres.	Clerm.-Ferr.
4e, 44e et 120e	Brienne.	Givry.
5e, 45e et 107e	Besançon.	Ls-le-Saunier
6e, 46e et 116e	Nice.	Nice.
7e, 47e et 119e	Draguignan.	Draguignan.
8e, 48e et 111e	Amiens.	Fontenay-le-C.
9e, 49e et 101e	Lille.	Bellac.
10e et 50e	Langres.	Clerm.-Ferr.
11e, 51e et 114e	Annecy.	Annecy.
12e et 52e	Embrun.	Embrun.
13e, 53e et 32e	Chambéry.	Chambéry.
14e et 54e	Grenoble.	Grenoble.
15e et 55e	Montbéliard..	Belley.
16e, 56e et 112e	Lille.	Bellac.
17e, 57e et 108e	Brienne.	Tournus.
18e, 58e et 102e	Amiens.	Fontenay-le-C.
19e, 59e et 104e	Épernay.	Châteaudun.
20e, 60e et 109e	Brienne.	Beaune.
21e et 61e	Langres.	Clerm.-Ferr.
22e, 62e et 113e	Albertville.	Albertville.
23e, 63e et 115e	Grasse.	Grasse.
24e, 64e et 117e	Villefranche-s.-Mer.	Villefranche-s-Mer.
25e, 65e et 106e	Épernay.	Nogent-le-R.
26e, 66e et 103e	Vincennes.	Vincennes.
27e et 67e	Villefranche-s-Mer.	Menton.
28e et 68e	Grenoble.	Grenoble.
29e, 69e et 105e	Épernay.	Mamers.
30e, 70e et 118e	Grenoble.	Grenoble.
31e et 71e	Langres.	Clerm.-Ferr.

GROUPES CYCLISTES

Régiments.	Lieux de mobil.	Emplac. des dépôts.
1er gr.	Vincennes.	Vincennes.
2e —	Troyes.	Troyes.
3e —	Compiègne.	Laval.
4e —	Épernay.	Briouze.
5e —	Châl.-s.-Marn.	Fougères.
6e —	Lyon.	Vienne.

ZOUAVES

Régiments.	Lieux de mobil.	Emplac. des dépôts.
1er rég.	Alger. Saint-Denis.	Alger. Saint-Denis.
2e —	Oran. Sathonay.	Oran. Sathonay.
3e —	Constantine. Sathonay.	Constantine. Sathonay.
4e —	Tunis. Rosny.	Tunis. Rosny.
1er r. de marche 2e —	Afr. du Nord.	Tunis. Constantine.
9e —	»	Saint-Denis

TIRAILLEURS INDIGÈNES

Régiments.	Lieux de mobil.	Emplac. des dépôts.
1er rég.	Blida (Alger).	Blida(Alger). Aix-en-Prov.

TIRAILLEURS INDIGÈNES (*suite*)

Formations.	Lieux de mobil.	Empl. des dépôts.
2e —	Mostaganem.	Mostaganem. Aix-en-Prov.
3e —	Bône.	Bône. Aix-en-Prov.
4e —	Sousse (Tun.).	Sousse (Tun.) Alais.
5e —	Maison-Carrée (Alg.)	Maison-Carrée. Aix-en-Prov.
6e —	Tlemcen.	Tlemcen. Aix-en-Prov.
7e —	Constantine.	Constantine Aix-en-Prov.
8e	Bizerte (Tun.)	Bizerte (Tun.) Alais.
9e —	Miliana (Alg.).	Miliana (Alg.) Aix-en-Prov.
Tirail. maroc..	Rabat (Maroc)	Rabat Arles.

LÉGION ÉTR.

Formations.	Lieux de mobil.	Empl. des dépôts.
1er rég.	Sidi-bel-Abbès.	Sidi-bel-Abbès.
2e —	Saïda.	Saïda (Oran).
Rég. de marche de Lég.	»	Lyon.

INF. LÉGÈRE D'AFRIQUE

Formations.	Lieux de mobil.	Empl. des dépôts.
1er bat.......	Oudjda.	El-Aioun.
2e —	Casablanca.	Casablanca.
3e —	Casablanca.	Casablanca.
4e —	Le Kef (Tun.)	Le Kef (Tun.).
5e —	Gabès (Tun.).	Gabès (Tun.).
1er bons de m.	»	Gabès (Tun.)
2e —	»	Le Kef (Tun.)
3e —	»	Le Kef (Tun.)

Cavalerie.

CAVALIERS DE REMONTE

Formations.	Lieux de mobil.	Empl. des dépôts.
1er gr...	Caen.	Caen.
2e —...	Saint-Lô.	Saint-Lô.
3e —...	Alençon.	Alençon.
4e —...	Guingamp.	Guingamp.
5e —...	Fontenay-le-Cte	Fontenay-le-Cte.
6e —...	Angers.	Angers.
7e —...	St-Jean-d'Ang.	St-Jean-d'Ang.
8e —...	Tarbes.	Tarbes.
9e —...	Agen.	Agen.
10e —...	Mérignac.	Mérignac.
11e —...	Aurillac.	Aurillac.
12e —...	Arles.	Arles.
13e —...	Paris.	Paris.
14e —...	Guéret.	Guéret.
15e —...	Mâcon.	Mâcon.
16e —...	Faverney.	Mâcon.
17e —...	Suippes.	Saumur.
1re comp.	Blida.	Blida.
2e comp..	Mostaganem.	Mostaganem.
3e — ..	Constantine.	Constantine.
4e — ..	Tebourka (Tun.)	Tebourka (Tun.)

CUIRASSIERS

Formations.	Lieux de mobil.	Empl. des dépôts.
1er rég. .	Paris.	Paris.
2e — ..	Paris.	Paris

CUIRASSIERS (*suite*)

Formations	Lieux de mobil.	Emplac. des dépôts
3e — ..	Reims.	Lyon.
4e — ..	Cambrai.	Thouars.
5e — ..	Tours.	Tours.
6e — ..	C. de Châlons.	Lyon.
7e — ..	Lyon.	Lyon.
8e — ..	Tours.	Tours.
9e — ..	Douai.	Thouars.
10e — ..	Lyon.	Lyon.
11e — ..	St-Germain-en-Laye.	Rambouillet.
12e — ..	Rambouillet.	Rambouillet.

DRAGONS

Formations	Lieux de mobil.	Emplac. des dépôts
1er rég..	Luçon.	Nantes.
2e — ..	Lyon.	Saint-Étienne.
3e — ..	Nantes.	Nantes.
4e — ..	Sézanne (Marne)	Montauban.
5e — ..	Compiègne.	Nantes.
6e — ..	Vincennes.	Vincennes.
7e — ..	Fontainebleau.	Melun.
8e — ..	Vitry-le-Franç.	Libourne.
9e — ..	Épernay.	Saint-Étienne.
10e — ..	Montauban.	Montauban.
11e — ..	Belfort.	Dijon.
12e — ..	Troyes.	Montauban.
13e — ..	Melun.	Melun.
14e — ..	Saint-Étienne.	Saint-Étienne.
15e — ..	Libourne.	Libourne.
16e — ..	Reims.	Melun.
17e — ..	Auxonne.	Dijon.
18e — ..	Lure.	Dijon.
19e — ..	Castres.	Montauban.
20e — ..	Limoges.	Libourne.
21e — ..	Noyon.	Nantes.
22e — ..	Reims.	Melun.
23e — ..	Vincennes.	Vincennes.
24e — ..	Rennes.	Dinan.
25e — ..	Angers.	Dinan.
26e — ..	Dijon.	Dijon.
27e — ..	Versailles.	Versailles.
28e — ..	Mézières.	Dinan.
29e — ..	Provins.	Saint-Étienne.
30e — ..	Mézières.	Dinan.
31e — ..	Vitry-le-Franç.	Libourne.
32e — ..	Versailles.	Versailles.

CHASSEURS

Formations	Lieux de mobil.	Emplac. des dépôts
1er rég...	Châteaudun.	Évreux.
2e — ..	Pontivy.	Tours.
3e — ..	Clermont-Ferr.	Limoges.
4e — ..	Épinal.	Gray.
5e — ..	Châlons.	Alençon.
6e — ..	Lille.	Niort.
7e — ..	Évreux.	Évreux.
8e — ..	Orléans.	Orléans.
9e — ..	Auch.	Alençon.
10e — ..	Sézanne (Marne)	Évreux.
11e — ..	Vesoul.	Limoges.
12e — ..	Sézanne (Marne)	Limoges.
13e — ..	Vienne.	Vienne.
14e — ..	Dôle.	Gray.
15e — ..	Châlons-s-Marne.	Alençon.
16e — ..	Beaune.	Gray.

Formations.	Lieux de mobil.	Emplac. des dépôts.
	CHASSEURS *(suite)*	
17e rég...	Vitry-le-Franç.	Niort.
18e — ..	Vitry-le-Franç.	Niort.
19e — ..	La Fère (Aisne).	Orléans.
20e — ..	Vendôme.	Orléans.
21e — ..	Limoges.	Limoges.
	HUSSARDS	
1er rég. .	Béziers.	Vienne.
2e — ..	Reims.	Tours.
3e — ..	Senlis.	Marseille.
4e — ..	Reims.	Tours.
5e — ..	Troyes.	Orléans.
6e — ..	Marseille.	Marseille.
7e — ..	Niort.	Niort.
8e — ..	Meaux.	Marseille.
9e — ..	Chambéry.	Vienne.
10e — ..	Tarbes.	Alençon.
11e — ..	Tarascon.	Vienne.
12e — ..	Gray.	Gray.
13e — ..	Dinan.	Tours.
14e — ..	Alençon	Évreux.
	CHASSEURS D'AFRIQUE	
1er rég...	Rabat (Maroc).	Rabat (Maroc). Salonique.
2e — ...	Oudjda (Maroc).	Oudjda (Maroc) Tarascon.
3e — ...	Constantine.	Constantine. Tarascon.
4e — ...	Tunis.	Tunis. Tarascon.
5e — ...	Alger.	Alger. Tarascon.
6e — ...	Mascara.	Mascara. Tarascon.
	SPAHIS	
1er rég...	Médéa (Alger).	Médéa (Alg.).
2e — ...	Tlemcen.	Tlemcen.
3e — ...	Batna.	Batna.
4e — ...	Sfax (Tunisie).	Sfax (Tun.).
5e — ...	Sidi-bel-Abbès.	Sidi-bel-Abbès.
Sp. aux. alg.	Blida.	Blida.
Sp. mar.	Rabat.	Rabat (Maroc).
	Artillerie.	
	Rég. d'artillerie à pied.	
1er, 71e.	Dunkerque.	Le Havre.
3e, 73e, 74e	Brest.	Cherbourg.
5e.	Verdun.	Avranches.
6e.	Toul.	Lyon.
7e, 77e.	Nice.	Nice.
8e.	Épinal.	Épinal.
9e.	Belfort.	Grenoble.
10e, 70e, 78e	Toulon.	Toulon.
68e.	»	Boissy-St-Léger.
11e, 69e.	Briançon.	Grenoble.
6e gr. d'Afr.	Alger.	Alger. Toulon.
7e —....	Bizerte (Tun.).	Bizerte (Tun.). Toulon.

Formations.	Lieux de mobil.	Emp. des dépôts.
	Rég. d'artillerie de campagne.	
1er 301e	Bourges.	Bourges
2e, 202e et 302e	Grenoble.	Grenoble.
3e, 203e et 273e	Carcassonne.	Carcassonne.
4e, 204e et 304e	Besançon.	Besançon.
5e, 205e et 265e	Besançon.	Besançon.
6e, 206e et 266e	Valence.	Valence.
7e, 207e et 307e	Rennes.	Rennes.
8e, 208e et 308e	C. de Mailly.	C. d'Avord.
9e 309e	Castres.	Castres.
10e, 210e et 270e	Rennes.	Dinan.
11e	Versailles.	Rouen.
12e, 212e et 312e	Vincennes.	Auch.
13e, 213e et 313e	Vincennes.	Vincennes.
13e, Serv. auto.	Vincennes.	Paris.
14e, 214e et 274e	Tarbes.	Tarbes.
15e, 215e et 275e	Douai.	St-Junien.
16e, 216e et 316e	Issoire.	Issoire.
17e, 217e et 277e	Abbeville.	Pontivy.
18e, 218e et 318e	Agen.	Agen.
19e, 219e et 319e	Nîmes.	Nîmes
20e, 220e et 320e	Poitiers.	Poitiers.
21e, 221e et 321e	Angoulême.	Angoulême.
22e, 222e et 322e	Versailles.	Versailles.
23e, 223e et 323e	Toulouse.	Toulouse.
24e, 224e et 324e	La Rochelle.	La Rochelle.
25e, 225e et 325e	Châlons.	Carentan.
26e, 226e et 326e	Chartres.	Chartres.
27e, 227e et 327e	Saint-Omer.	Thiviers.
28e, 228e et 328e	Vannes.	Vannes.
29e et 329e	Laon.	Lorient.
30e et 230e	Orléans.	Orléans.
31e et 231e	Le Mans.	Le Mans.
32e et 232e	Fontainebleau.	Fontainebleau.
33e et 233e	Angers.	Angers.
34e et 234e	Périgueux.	Périgueux.
35e et 235e	Vannes.	Vannes.
36e et 236e	Moulins.	Moulins.
37e, 237e et 337e	Bourges.	Bourges.
38e et 238e	Nîmes.	Nîmes.
39e, 239e et 339e	C. de Mailly.	C. d'Avord.
40e, 240e et 340e	C. de Châlons.	Rennes.
41e et 241e	Douai.	C. de la Braconne.
42e et 242e	La Fère.	Pontivy.
43e et 243e	Versailles.	Caen.
44e, 244e et 264e	Le Mans.	Le Mans.
45e et 245e	Orléans.	Orléans.
46e, 246e et 346e	C. de Châlons.	St-Servan.
47e, 247e et 347e	Besançon.	Besançon.
48e, 248e et 268e	Dijon.	Dijon.
49e, 249e et 269e	Poitiers.	Poitiers.
50e, 250e et 350e	Rennes.	Rennes.
51e, 251e et 351e	Nantes.	Nantes.
52e, 252e et 272e	Angoulême.	Angoulême.
53e, 253e et 263e	Clerm.-Ferr.	Clerm.-Ferr.
54e, 254e et 354e	Lyon.	Lyon.
55e, 255e et 355e	Orange.	Orange.
56e, 256e et 356e	Montpellier.	Montpellier.
57e, 257e et 267e	Toulouse.	Toulouse.
58e, 258e et 358e	Bordeaux.	Bordeaux.
59e, 259e et 359e	Vincennes.	St-Germ.-en-Laye.
60e, 260e et 360e	C. de Mailly.	C. d'Avord.
61e, 261e et 361e	C. de Châlons.	St-Brieuc.

Rég. d'artillerie de campagne (suite)

Formations.	Lieux de mobil.	Emp. des dépôts.
62e, 262e et 362e	Langres.	St-Cloud.
63e rég.		Rueil.
64e —		Paris.
65e —		Satory.
68e, 69e		Épinal
1er gr. d'Afr..	Hussein-Dey.	Hussein-Dey.
		Lyon.
2e —	Oran.	Oran.
		Lyon.
3e —	Constantine.	Constantine.
		Lyon.
4e —	Casablanca.	Casablanca.
		Bordeaux.
5e —	La Manouba.	La Manouba.
		Bordeaux.
8e —	Oudjda.	Oudjda.
		Bordeaux.
9e —	Meknès.	Meknès.
		Bordeaux.
10e —	Fez.	Fez.
		Bordeaux.
[illegible] R. A. C.	»	La Manouba.

Rég. d'artillerie lourde.

Formations.	Lieux de mobil.	Emp. des dépôts.
81e et 281e rég.	»	Lodève.
82e et 282e —	»	Nogent-s-M.
83e et 283e —	»	Vincennes.
84e et 284e —	»	Lyon.
85e et 285e —	»	Dijon.
86e et 286e —	»	Lyon.
87e et 287e —	»	Tarbes.
88e et 288e —	»	La Roche-sur-Yon.
89e et 289e —	»	Nérac.
90e et 290e —	»	Nantes.
101e 301e 131e 331e	»	La Rochefoucauld.
102e 302e 132e 332e	»	Ploërmel.
103e 303e 133e 333e	»	Vernon.
104e 304e 134e 334e	»	Le Mans.
105e 305e 135e 335e	»	Joigny.
106e 306e 136e 336e	»	Fougères.
107e, 307e	»	Dôle.
108e 308e 138e 338e	»	Dijon.
109e, 309e	»	Poitiers.
110e 310e 130e 330e	»	Cherbourg.
111e, 311e	»	Lorient.
112e, 312e	»	Angoulême.
113e, 313e	»	Issoire.
114e, 314e	»	Valence.
115e 145e 315e 345e	»	Nîmes.
116e, 316e	»	Castres.
117e, 317e	»	Agen.
118e, 318e	»	La Rochelle.
119e	»	Vincennes.
120e, 320e	»	C. d'Avord.
121e 321e	»	Luçon.
122e	»	Périgueux.
123e	»	Grenoble.
124e	»	Bordeaux.

Rég. d'artillerie de montagne.

Formations.	Lieux de mobil.	Emp. des dépôts.
1er rég...	Grenoble.	Grenoble.
2e —...	Nice.	Nice.

Rég. d'artillerie d'assaut.

Formations.	Lieux de mobil.	Emplac. des dépôts.
500e rég..	»	C. de Cercottes.

Génie.

Formations.	Lieux de mobil.	Emplac. des dépôts.
1er rég. ...	Versailles.	Versailles.
2e — ...	Montpellier.	Montpellier.
3e — ...	Arras.	Ponts-de-Cé.
4e — ...	Grenoble.	Grenoble.
5e — ...	Versailles.	Versailles.
6e — ...	Angers.	Angers.
7e — ...	Avignon.	Avignon.
8e — ...	Rueil (S.-et-O.).	Angoulême. .
9e — ...	Verdun.	Ponts-de-Cé-Verdun.
10e — ..	Toul.	Angers-Toul.
11e — ..	Épinal.	Épinal.
21e — ..	Versailles.	Versailles.
7e batail.	Besançon.	Besançon.
19e — ..	Hussein-Dey.	Hussein-Dey.
28e — ..	Belfort.	Grenoble.
29e — ..	Bizerte.	Bizerte.
[illegible] du Maroc	Rabat (Maroc).	Rabat (Maroc).

Train des équipages mil.

Formations.	Lieux de mobil.	Emplac. des dépôts.
1er escad.	Lille.	Ribérac.
2e —	Amiens.	Quimperlé.
3e —	Vernon (Eure).	Vernon (Eure).
4e —	Chartres.	Chartres.
5e —	Fontainebleau.	Gien.
	Constantine.	Constantine.
6e —	C. de Châlons.	Fougères.
7e —	Dôle.	Dôle.
8e —	Dijon.	Dijon.
9e —	Châteauroux.	Châteauroux.
10e —	Fougères.	Fougères.
11e —	Nantes.	Nantes.
12e —	Limoges.	Limoges.
13e —	Clermont-Ferr.	Clermont-Ferr.
14e —	Lyon.	Lyon.
15e —	Orange.	Orange.
16e —	Lunel (Hérault).	Lunel.
	Tunis.	Tunis.
17e —	Montauban.	Montauban.
	Alger.	Alger.
18e —	Bordeaux.	Bordeaux.
	Oran.	Oran.
19e —	Paris.	Paris.
20e —	Versailles.	Versailles.
[illegible] du Maroc	Rabat (Maroc).	Rabat (Maroc).

Aéronautique.

Formations.	Lieux de mobil.	Emplac. des dépôts.
1er gr. d'aér.	Versailles.	Saint-Cyr.
1er gr. d'av.	Dijon.	Dijon.
2e —	Reims.	Bron, p. Lyon.
3e —	Bordeaux.	Bordeaux.

Administration.

Secr. d'état-major et du recrutement.

Formations.	Lieux de mobil.	Emplac. des dépôts.
1re son ..	Lille.	Limoges.
2e — ..	Amiens.	Nantes.
3e — ..	Rouen.	Rouen.
4e — ..	Le Mans.	Le Mans.
5e — ..	Orléans.	Orléans.

Formations	Lieux de mobil.	Emplac. des dépôts.
Secr. d'état-major et du recrut. (suite).		
6e sen ..	Châlons-s-M.	Châlons-s-M.
7e — ..	Besançon.	Besançon.
8e — ..	Bourges.	Bourges.
9e — ..	Tours.	Tours.
10e — ..	Rennes.	Rennes.
11e — ..	Nantes.	Nantes.
12e — ..	Limoges.	Limoges.
13e — ..	Clermont-Ferr.	Clermont-Ferr.
14e — ..	Lyon.	Lyon.
15e — ..	Marseille.	Marseille.
16e — ..	Montpellier.	Montpellier.
17e — ..	Toulouse.	Toulouse.
18e — ..	Bordeaux.	Bordeaux.
19e — ..	Alger.	Alger.
20e — ..	Paris.	Paris.
21e — ..	Nancy.	Troyes.
Dét. du Maroc.	Rabat.	Rabat.
Commis et ouvriers mil. d'admin.		
1re son ..	Lille.	Limoges.
2e — ..	Amiens.	Les Andelys.
3e — ..	Rouen.	Rouen.
4e — ..	Le Mans.	Le Mans.
5e — ..	Orléans.	Orléans.
6e — ..	Châlons-s-M.	Châlons-s-M.
7e — ..	Besançon.	Besançon.
8e — ..	Dijon.	Dijon.
9e — ..	Tours.	Tours.
10e — ..	Rennes.	Rennes.
11e — ..	Nantes.	Nantes.
12e — ..	Limoges.	Limoges.
13e — ..	Clermont-Ferr.	Clermont-Ferr.
14e — ..	Lyon.	Lyon.
15e — ..	Marseille.	Marseille.
16e — ..	Montpellier.	Montpellier.
17e — ..	Toulouse.	Toulouse.
18e — ..	Bordeaux.	Bordeaux.
19e — ..	Alger.	Alger.
20e — ..	Oran.	Oran.
21e — ..	Constantine.	Constantine.
22e — ..	Paris.	Paris.
23e — ..	Troyes.	Troyes.
24e — ..	Versailles.	Versailles.
24e *bis*.	Chaumont.	Chaumont.
25e — ..	Tunis.	Tunis.
Sect. du Maroc	Rabat (Maroc).	Casablanca (M.)
Infirmiers militaires.		
1re son ..	Lille.	Le Dorat.
2e — ..	Amiens.	Les Andelys.
3e — ..	Vernon (Eure).	Vernon.
4e — ..	Le Mans.	Le Mans.
5e — ..	Paris.	Chapelle Saint-Mesmin.
6e — ..	C. de Châlons.	Châlons-s-M.
7e — ..	Dôle.	Dôle.
8e — ..	Dijon.	Dijon.
9e — ..	Châteauroux.	Châteauroux.
10e — ..	Rennes.	Rennes.
11e — ..	Nantes.	Nantes.
12e — ..	Limoges.	Limoges.
13e — ..	Clermont-Ferr.	Clermont-Ferr.
14e — ..	Lyon.	Lyon.
Infirmiers mil. (suite).		
15e son ..	Marseille.	Marseille.
16e — ..	Perpignan.	Perpignan.
17e — ..	Toulouse.	Toulouse.
18e — ..	Bordeaux.	Bordeaux.
19e — ..	Alger.	Alger.
20e — ..	Oran.	Oran.
21e — ..	Constantine.	Constantine.
22e — ..	Paris.	Paris.
23e — ..	Troyes.	Troyes.
24e — ..	Versailles.	Versailles.
25e — ..	Tunis.	Tunis.
Sect. du Maroc	Rabat (Maroc).	Rabat (Maroc).
Gendarmerie.		
1re légion	Lille.	Boulogne-s.-Mer.
2e —	Amiens.	Amiens.
3e —	Rouen.	Rouen.
4e —	Le Mans.	Le Mans.
5e —	Orléans.	Orléans.
6e —	Châlons-s-M.	Châlons-s-M.
7e —	Besançon.	Besançon.
8e —	Bourges.	Bourges.
9e —	Tours.	Tours.
10e —	Rennes.	Rennes.
11e —	Nantes.	Nantes.
12e —	Limoges.	Limoges.
13e —	Clermont-Ferr.	Clermont-Ferr.
14e —	Lyon.	Lyon.
14e *bis*.	Chambéry.	Chambéry.
15e —	Marseille.	Marseille.
15e *bis*	Nice.	Nice.
15e *ter*	Bastia.	Bastia.
16e —	Montpellier.	Montpellier.
16e *bis*	Perpignan.	Perpignan.
17e —	Toulouse.	Toulouse.
18e —	Bordeaux.	Bordeaux.
19e —	Alger.	Alger.
20e —	Nancy.	Troyes.
21e —	Épinal.	Chaumont.
Cie de Tunisie	Tunis.	Tunis.
Lég. de Paris	Paris.	Paris.
Garde républ.	Paris.	Paris.
Infanterie Coloniale.		
1er, 31e et 51e rég.	Cherbourg	Cherbourg.
2e, 32e et 52e —	Brest.	Brest.
3e, 33e et 53e —	Rochefort.	Rochefort.
4e, 34e et 54e —	Toulon.	Toulon.
5e, 35e et 55e —	Lyon.	Lyon.
6e, 36e et 56e —	Lyon.	Lyon.
7e, 37e et 57e —	Bordeaux.	Bordeaux.
8e, 38e et 58e —	Toulon.	Toulon.
21e et 41e rég.	Paris.	Ivry.
22e et 42e —	Marseille.	Marseille.
23e et 43e —	Paris.	Paris.
24e et 44e —	Perpignan.	Perpignan.
Rég. de marche du Maroc.	»	Cherbourg.
Artillerie Coloniale.		
1er et 21e rég.	Lorient.	Lorient. La Rochelle.
41e, 141e et 341e	»	La Rochelle.

Formations.	Lieux de mob.	Empl. des dépôts
***Artillerie coloniale.** (suite)*		
2e et 22e rég.	Cherbourg	Cherbourg P. princ. Brest. P. sec.
42e, 142e et 342e	»	Brest.
3e et 23e	Charenton	Charenton P. princ. Toulon P. sec.
13e, 43e, 143e, 343e	»	Toulon.
Unités de marche.	Maroc & Afr. occ.	Maisons-Alfort.
...t Secr. état-maj. col.	Paris.	Paris.
...t. Télégraphist. colon.	Lyon.	Toulon.
Sect. com. ouvr mil. d'ad. des troupes coloniales.	Paris.	Paris- Bicêtre
...d inf. mil. troup. col.	Marseille.	Paris-Bicêtre
MARINE		
...t mar. de fusil. mar.	»	Paris.
...ter. de canonn'. mar.	»	Paris.

Armée territoriale.

Formations.	Lieux de mobil.	Emplac. des dépôts.
Gouv. militaire de Paris.		
Gr terr. du 13e rég. d'art.	Vincennes.	Vincennes.
Comp. terr. de sap. de ch. de fer	Versailles.	Versailles.
...e esc. ter. du train des éq. mil.	Paris.	Paris.
...e sect. ter. de com. et ouvr. mil. d'adm.	Paris.	Paris.
1re région.		
1er et 201e rég. terr. d'inf.	Lille.	Limoges.
2e rég. terr. d'inf.	Valenciennes.	Guéret.
3e —	Cambrai.	St-Yrieix.
4e et 204e rég. terr. d'inf.	Avesnes.	Brive.
5e rég. terr. d'inf.	Arras.	Cognac.
6e —	Béthune.	Périgueux.
7e —	St-Omer.	Bergerac.
8e —	Dunkerque.	Sarlat.
Esc. terr. de cuirassiers..	Douai.	Thouars.
Esc. terr. de cav. légère..	Lille.	Niort.
Gr. terr. du 15e rég. d'art.	Douai.	St-Junien.
Gr. terr. du 27e rég. d'art.	St-Omer.	Thiviers.
Gr. terr. du 41e rég. d'art.	Douai.	C. Braconne.
Gr. terr. du 1er rég. d'art à pied	Maubeuge.	Dunkerque.
...terr. du 1er rég d'art. à pied	Dunkerque.	Dunkerque.
1er bat. terr. du génie...	Arras.	Ponts-de-Cé.
1er esc. terr. du train des éq. mil	Lille.	Ribérac.
1re sect. terr. de com. et ouvr. mil. d'adm.	Lille	Abbeville.
1re sect. terr. d'inf. mil.	Lille.	Abbeville.
2e région.		
9e rég. terr. d'inf......	St-Quentin.	Quimper.
10e et 210e rég. terr. d'inf.	Beauvais.	Coutances.
11e rég. terr. d'inf.	Amiens.	Morlaix.
12e —	Abbeville.	Landerneau.
13e —	Laon.	Lorient.
14e et 214e rég. terr. d'inf.	Péronne.	Ancenis.
16e rég. terr. d'inf.	Mézières.	Nantes.
Esc. terr. de dragons....	Mézières.	Angers.
Esc. terr. de cav. légère.	La Fère.	Vendôme.

Formations.	Lieux de mobil.	Emplac. des dépôts
2e région (*suite*).		
Gr. terr. du 17e rég. d'art.	Abbeville.	Abbeville.
Gr. terr. du 29e rég. d'art.	Laon.	Lorient.
Gr. terr. du 42e rég. d'art.	La Fère.	Pontivy.
2e bat. terr. du génie....	Arras.	Ponts-de-Cé.
2e esc. terr. du train des éq. mil.	Amiens.	Vannes.
2e sect. terr. de com. et ouvr. mil. d'adm.	Amiens.	Amiens.
2e sect. terr. d'inf. milit.	Amiens.	Amiens.
3e région.		
17e rég. terr. d'inf.	Bernay.	Bernay.
18e —	Évreux.	Évreux.
19e et 219e rég. terr. d'inf.	Falaise.	Falaise.
20e rég. terr. d'inf.	Lisieux.	Lisieux.
21e —	Rouen (N.).	Rouen (N.)
22 et 222e rég. terr. d'inf.	Rouen (S.).	Rouen (S.).
23e et 223e —	Caen.	Caen.
24e rég. terr. d'inf.	Le Havre.	Le Havre.
Esc. terr. de dragons....	Versailles.	Versailles.
Esc. terr. de cav. légère.	Évreux.	Évreux.
Gr. terr. du 11e rég. d'art.	Versailles.	Rouen.
Gr. terr. du 22e rég. d'art.	Versailles.	Versailles.
Gr. terr. du 43e rég. d'art.	Versailles.	Caen.
Gr terr. du 1er rég. d'art. à pied	Le Havre.	Le Havre.
3e bat. terr. du génie....	Arras.	Ponts-de-Cé.
3e esc. terr. du train des équip. milit.	Vernon (E.).	Vernon (E.).
3e sect. terr. de com. et ouvr. mil. d'adm.	Rouen.	Rouen
3e sect. terr. d'inf. milit.	Vernon (E.).	Vernon (E.)
4e région.		
25e et 225e rég. terr. d'inf.	Laval.	Laval.
26e rég. terr. d'inf.	Mayenne.	Mayenne.
27e —	Mamers.	Mamers.
28e —	Le Mans.	Le Mans.
29e —	Dreux.	Dreux.
30e et 230e rég. terr. d'inf.	Chartres.	Chartres.
31e rég. terr. d'inf.	Alençon.	Alençon.
32e et 232e rég. terr. d'inf.	Argentan.	Argentan.
Esc. terr. de cav. légère.	Châteaudun.	Châteaudun.
Esc. terr. de cav. légère.	Alençon.	Alençon.
Gr. terr. du 26e rég. d'art.	Chartres.	Chartres.
Gr. terr. du 31e rég. d'art.	Le Mans.	Le Mans.
Gr. terr. du 44e rég. d'art.	Le Mans.	Le Mans.
4e bat. terr. du génie...	Versailles.	Versailles.
4e esc. terr. du train des équip. milit.	Chartres.	Chartres.
4e sect. terr. de com. et ouvr. mil. d'adm.	Le Mans.	Le Mans.
4e sect. terr. d'inf. milit.	Le Mans.	Le Mans.
5e région.		
33e rég. terr. d'inf.	Sens.	Sens.
34e —	Fontainebl.	Fontainebl.
35e et 235e rég. terr. d'inf.	Melun.	Melun.
36 rég. terr. d'inf.	Coulommiers.	Rodez.
37e et 237e rég. terr. d'inf.	Auxerre.	Auxerre.
38e rég. terr. d'inf.	Montargis.	Montargis.
39e —	Blois.	Blois.
40e et 240e rég. terr. d'inf.	Orléans.	Orléans.
Esc. terr. de dragons....	Melun.	Melun.
Esc. terr. de cav. légère.	Vendôme.	Vendôme.
Gr. terr. du 30e rég. d'art.	Orléans.	Orléans.
Gr. terr. du 32e rég. d'art.	Fontainebl.	Fontainebl.
Gr. terr. du 45e rég. d'art.	Orléans.	Orléans.
5e bat. terr. du génie....	Versailles.	Versailles.
5e esc. terr. du train des équip. milit.	Fontainebl.	Gien.
5e sect. terr. de com et ouvr. milit. d'adm. ...	Orléans.	Orléans.
5e sect. terr. d'inf. milit.	Paris.	Orléans.

Formations.	Lieux de mobil.	Emplac. des dépôts.
6e région.		
9e et 209e rég. terr. d'in.	Soissons.	Dreux.
12e rég. terr. d'inf.	Compiègne.	Laval.
44e et 244e rég. terr. d'inf.	Verdun.	Laval.
46e rég. terr. d'inf.	Reims.	Châtelaudren.
45e et 245e rég. terr. d'inf.	Châl.-s.-M.	Vitré.
Esc. terr. de cav. légère	Sézanne (M.).	Limoges.
Gr. terr. du 5e rég. d'art. à pied	Verdun.	Avranches.
6e bat. terr. du génie	Verdun.	Ponts-de-Cé.
6e esc. terr. du train des équip. milit.	Châlons.	Fougères.
6e sect. terr. de com. et ouvr. milit. d'adm.	Châlons.	C. de Châlons
6e sect. terr. d'inf. milit.	C. de Châlons	C. de Châlons
7e région.		
49e rég. terr. d'inf.	Belfort.	Besançon.
50e —	Belfort.	Besançon.
53e —	L.-le-Saunier.	L.-le-Saunier.
54e —	Besançon.	Besançon.
55e et 255e rég. terr. d'inf.	Bourg.	Bourg.
56e rég. terr. d'inf.	Belley.	Belley
Esc. terr. de dragons	Lure.	Auxonne.
Esc. terr. de cav. légère	Vesoul.	Clerm.-Ferr.
Gr. terr. du 4e rég. d'art.	Besançon.	Besançon.
Gr. terr. du 5e rég. d'art.	Besançon.	Besançon.
Gr. terr. du 9e rég. d'art. à pied	Belfort.	Grenoble.
7e bat. terr. du génie	Besançon.	Besançon.
7e esc. terr. du train des équip. milit.	Dôle.	Dôle.
7e sect. terr. de com. et ouvr. milit. d'adm.	Besançon.	Besançon.
7e sect. terr. d'inf. milit.	Dôle.	Dôle.
8e région.		
57e rég. terr. d'inf.	Auxonne.	Auxonne.
58 —	Dijon.	Dijon.
59e et 259e rég. terr. d'inf.	Châlon.-s.-S.	Chalon-s.-S.
60e et 260e —	Mâcon.	Mâcon.
61e et 261e —	Cosne.	Cosne.
62e rég. terr. d'inf.	Bourges.	Bourges.
63e —	Autun.	Autun.
64e et 264e rég. terr. d'inf.	Nevers.	Nevers.
Esc. terr. de dragons	Dijon.	Dijon.
Esc. terr. de cavalerie lég.	Beaune.	Beaune.
Gr. terr. du 1er rég. d'art.	Bourges.	Bourges.
Gr. terr. du 37e rég. d'art.	Bourges.	Bourges.
Gr. terr. du 48e rég. d'art.	Dijon.	Dijon.
8e bat. terr. du génie	Grenoble.	Grenoble
8e Esc. terr. du train des équip. milit.	Dijon.	Dijon.
8e sect. terr. de com. et ouvr. milit. d'adm.	Dijon.	Dijon
8e sect. terr. d'inf. milit.	Dijon.	Dijon.
9e région.		
65e rég. terr. d'inf.	Châteauroux.	Châteauroux
66e —	Le Blanc.	Le Blanc.
67e —	Parthenay.	Parthenay.
68e et 268e rég. terr. d'inf.	Poitiers.	Poitiers.
69e rég. terr. d'infant.	Châtellerault.	Châtellerault
70e et 270e rég. terr. d'inf.	Tours.	Tours.
71e rég. terr. d'inf.	A gers.	Angers.
79e —	Cholet.	Cholet.
Esc. terr. de dragons	Angers.	Dinan.
Esc. terr. de cav. légère	Niort.	Niort.
Gr. terr. du 20e rég. d'art.	Poitiers.	Poitiers.
Gr. terr. du 33e rég. d'art.	Angers.	Angers.
Gr. terr. du 49e rég. d'art.	Angers.	Angers.
9e bat. terr. du génie	Angers.	Angers.
9e esc. terr. du train des équip. milit.	Châteauroux.	Châteauroux.
9e région. (suite)		
9e sect. terr. de com. et ouv. milit. d'adm.	Tours.	Tours.
9e sect. terr. d'inf. milit.	Châteauroux.	Châteauroux.
Dépôt de télégr. mil. de 2e ligne	Rueil.	Poitiers.
10e région.		
73e rég. terr. d'inf.	Guingamp.	Guingamp
74e —	St-Brieuc.	St-Brieuc.
75e —	Rennes.	Rennes.
76e et 276e rég. terr. d'inf.	Vitré.	Vitré.
7e rég. terr. d'inf.	Cherbourg.	Cherbourg.
78e et 278e rég. terr. d'inf.	St Malo	St Malo.
79 et 279e —	Granville.	Granville.
80e rég. terr. d'inf.	Saint-Lô.	Saint-Lô.
Esc. terr. de dragons	Rennes.	Dinan.
Esc. terr. de cav. légère	Dinan.	Pontivy.
Gr. terr. du 7e rég. d'art.	Rennes.	Rennes.
Gr. terr. du 10e rég. d'art.	Rennes.	Dinan.
Gr. terr. du 50e rég. d'art.	Rennes.	Rennes.
Gr. terr. du 2e rég. d'art. à pied	Cherbourg.	Cherbourg.
10e bat. terr. du génie	Angers.	Angers.
10e esc. terr. du train des équip. milit.	Fougères.	Fougères.
10e sect. terr. de com. et ouv. milit. d'adm.	Rennes.	Rennes.
10e sect. terr. d'inf. milit.	Rennes.	Rennes.
11e région.		
81e rég. terr. d'inf.	Nantes.	Nantes.
82e et 282e rég. terr. d'inf.	Ancenis.	Ancenis.
83e et 283e —	La R.-s.-Yon.	La R.-s.-Yon
84e et 284e —	Font.-le-Cte.	Font.-le-Cte
85e et 285e —	Vannes.	Vannes.
86e et 286e —	Quimper.	Quimper.
87e rég. terr. d'inf.	Brest.	Morlaix.
88e et 288e rég. terr. d'inf.	Lorient.	Lorient.
Esc. terr. de dragons	Nantes.	Nantes.
Esc. terr. de cav. légère	Pontivy.	Pontivy.
Gr. terr. du 28e rég. d'art.	Vannes.	Vannes.
Gr. terr. du 35e rég. d'art.	Vannes.	Vannes.
Gr. terr. du 51e rég. d'art.	Nantes.	Nantes.
Gr. terr. du 3e rég. d'art. à pied	Lorient.	Lorient.
Gr. terr. du 3e rég. d'art. à pied	Brest.	Brest.
11e bat. terr. du génie	Angers.	Angers.
11e esc. territ. du train des équip. milit.	Nantes.	Nantes.
11e sect. terr. de com. et ouvr. milit. d'adm.	Nantes.	Nantes.
11e sect. terr. d'inf. milit.	Nantes.	Nantes.
12e région.		
89e rég. terr. d'inf.	Limoges.	Limoges
90e —	Magn.-Laval.	Magn.-Laval.
91e et 291e rég. terr. d'inf.	Guéret.	Guéret.
92e et 292e —	Tulle.	Tulle.
93e rég. terr. d'inf.	Périgueux.	Périgueux.
94e et 294e rég. terr. d'inf.	Angoulême.	Angoulême.
95e et 295e —	Brive.	Brive.
96e rég. terr. d'inf.	Bergerac.	Bergerac.
Esc. terr. de dragons	Limoges.	Libourne.
Esc. terr. de cav. légère	Limoges.	Limoges.
Gr. terr. du 21e rég. d'art.	Angoulême.	Angoulême.
Gr. terr. du 34e rég. d'art.	Périgueux.	Périgueux.
Gr. terr. du 52e rég. d'art.	Angoulême.	Angoulême.
12e bat. terr. du génie	Angers.	Angers.
12e esc. terr. du train des équip. milit.	Limoges.	Limoges.
12e sect. terr. de com. et ouv. milit. d'adm.	Limoges.	Limoges.
12e sect. terr. d'inf. milit.	Limoges.	Limoges.

Formations.	Lieux de mobil.	Emplac. des dépôts.
13e région.		
97e rég. terr. d'inf.	Riom.	Riom.
98e et 298e rég. terr. d'inf.	Montluçon.	Montluçon.
99e —	Clerm.-Ferr.	Clerm.-Ferr
100e et 300e rég. terr. d'inf	Aurillac.	Aurillac.
101e et 301e —	Le Puy.	Le Puy.
102e rég. terr. d'inf.	St-Étienne.	St-Étienne.
103e —	Montbrison.	Montbrison.
104e et 304e rég. terr. d'inf	Roanne.	Roanne.
Esc. terr. de dragons....	St-Étienne.	Lyon.
Esc. terr. de cav. légère..	Clerm.-Fer.	Clerm.-Ferr.
Gr. terr. du 16e rég. d'art.	Clerm.-Ferr.	Clerm.-Ferr.
Gr. terr. du 36e rég. d'art.	Moulins.	Moulins.
Gr. terr. du 53e rég. d'art.	Clerm.-Ferr.	Clerm.-Ferr.
13e bat. terr. du génie...	Grenoble.	Grenoble.
13e esc. terr. du train des équip. milit.	Clerm.-Ferr.	Clerm.-Ferr.
13e sect. de com. et ouvr. milit. d'adm. ...	Clerm.-Ferr.	Clerm.-Ferr.
13e sect. terr. d'inf. milit.	Clerm.-Ferr.	Clerm.-Ferr.
14e région.		
105e rég. terr. d'inf.	Grenoble.	Grenoble.
106e —	Bourgoin.	Bourgoin.
107e et 307e rég. ter. d'inf.	Annecy.	Annecy.
108e et 308e —	Chambéry	Chambéry.
109e et 309e —	Vienne.	Vienne.
110e rég. terr. d'inf.	Romans.	Romans.
111 et 311e rég. terr. d'inf.	Montélimar.	Montélimar.
112e rég. terr. d'inf.	Gap.	Gap.
1er bat. terr. de ch. à pied.	Annecy.	Annecy.
2e —	Chambéry.	Chambéry.
3e —	Vienne.	Vienne.
4e —	Grenoble.	Grenoble.
Esc. terr. de dragons....	Lyon.	Lyon.
Esc. terr. de cav. légère..	Vienne.	Vienne.
Gr. terr. du 2e rég. d'art.	Grenoble.	Grenoble.
Gr. terr. du 6e rég. d'art.	Valence.	Valence.
Gr. terr. du 54e rég. d'art.	Lyon.	Lyon.
Gr. terr. du 1er rég. d'art. de montagne	Grenoble.	Grenoble.
1er gr. terr. du 11e rég. d'artil. à pied.........	Briançon.	Briançon.
2e gr. terr. du 11e rég. d'art. à pied.........	Grenoble.	Grenoble.
14e bat. terr. du génie...	Grenoble.	Grenoble.
14e esc. terr. du train des équip. milit.	Lyon.	Lyon.
14e sect. de com. et ouvr. milit. d'adm.	Lyon.	Lyon.
14e sect. terr. d'inf. milit.	Lyon.	Lyon.
15e région.		
113e rég. terr. d'inf.	Toulon.	Toulon.
114e —	Antibes.	Antibes.
115e et 315e rég. ter. d'inf.	Marseille.	Marseille.
116e rég. terr. d'inf.	Corte.	Corte.
117e —	Nîmes.	Nîmes.
118e et 318e rég. ter. d'inf.	Avignon.	Avignon.
119e rég. terr. d'inf.	Privas.	Privas.
120e —	Pt-St-Esprit.	Pt-St-Esprit.
[illegible] —	Aix-en-Prov.	Aix-en-Prov
5e bat. ter. de chas. à pied.	Grasse.	Grasse.
6e —	Nice.	Nice
7e —	Villefr.-s-Mer	Villefr-s-Mer.
1er esc. terr. de cav. légère.	Marseille.	Marseille.
2e —	Tarascon.	Vienne.
Gr. terr. du 19e rég. d'art.	Nîmes.	Nîmes.
Gr. terr. du 38e rég. d'art.	Nîmes.	Nîmes.
Gr. terr. du 55e rég. d'art.	Orange.	Orange.
Gr. terr. du 2e rég. d'art. de montagne	Nice.	Nice.
Gr. terr. du 7e rég. d'art. à pied	Nice.	Nice.
15e région. (suite)		
Gr. terr. du 10e rég. d'art. à pied..........	Toulon.	Toulon.
15e bat. terr. du génie...	Avignon.	Avignon.
15e esc. terr. du train des équip. milit.	Orange.	Orange.
15e sect. terr. de com. et ouvr. milit. d'adm. ...	Marseille.	Marseille.
15e sect. terr. d'inf. milit.	Marseille.	Marseille.
16e région.		
121e rég. terr. d'inf.	Béziers.	Béziers.
122e et 322e rég. terr. d'inf	Montpellier.	Montpellier.
123e rég. terr. d'inf.	Mende.	Mende.
124e et 324e rég ter. d'inf.	Rodez.	Rodez.
125e rég. terr. d'inf.	Narbonne.	Narbonne.
126e et 326e rég. ter. d'inf	Perpignan.	Perpignan.
127e rég. terr. d'inf.	Carcassonne.	Carcassonne.
128e —	Albi.	Albi.
Esc. terr. de dragons....	Castres.	Castres.
Esc. terr. de cav. légère..	Béziers.	Chambéry.
Gr. terr. du 3e rég. d'art.	Carcassonne.	Carcassonne.
Gr. terr. du 9e rég. d'art.	Castres.	Montauban.
Gr. terr. du 56e rég. d'art.	Montpellier.	Montpellier.
16e bat. terr. du génie...	Montpellier	Montpellier.
16e esc. terr. du train des équip. milit..........	Lunel (Hér.)	Lunel (Hér.)
16e sect. terr. de com. et ouv. milit. d'adm.	Montpellier.	Montpellier.
16e sect. terr. d'inf. mil.	Perpignan.	Perpignan.
17e région		
129e rég. terr. d'inf.	Agen.	Agen.
130e et 330e rég. ter. d'inf.	Marmande.	Marmande.
131e rég. terr. d'inf.	Cahors.	Cahors.
132e —	Montauban.	Montauban.
133e et 333e rég. ter. d'inf.	Toulouse.	Toulouse.
134e rég. terr. d'inf.	Foix.	Foix.
135e —	Mirande.	Mirande.
136e —	St-Gaudens.	St-Gaudens.
Esc. terr. de dragons....	Montauban.	Montauban.
Esc. terr. de cav. légère..	Auch.	Auch.
Gr. terr. du 18e rég. d'art.	Agen.	Agen.
Gr. terr. du 23e rég. d'ar-	Toulouse.	Toulouse.
Gr. terr. du 57e rég. d'art.	Toulouse.	Toulouse.
17e bat. terr. du génie...	Montpellier.	Montpellier.
17e esc. terr. du train des équip. milit.	Montauban.	Montauban.
17e sect. terr. de com. et ouvr. milit. d'adm. ...	Toulouse.	Toulouse.
17e sect. terr. d'inf. mil.	Toulouse	Toulouse
18e région		
137e rég. terr. d'inf.	Saintes.	Saintes.
138e —	La Rochelle.	La Rochelle
139e —	Libourne.	Libourne.
140e et 340e rég. ter. d'inf.	Bordeaux.	Bordeaux.
141e rég. terr. d'inf.	Mt-de-Mars.	Mt-de-Mars
142e et 342e rég. ter. d'inf.	Bayonne.	Bayonne.
143e rég. terr. d'inf.	Pau.	Pau.
144e —	Tarbes.	Tarbes.
Esc. terr. de dragons....	Libourne.	Libourne.
Esc. terr. de cav. légère.	Tarbes.	Tarbes.
Gr. terr. du 14e rég. d'art.	Tarbes.	Tarbes.
Gr. terr. du 24e rég. d'art.	La Rochelle.	La Rochelle.
Gr. terr. du 58e rég. d'art.	Bordeaux.	Bordeaux.
Gr. terr. du 3e rég. d'art. à pied	La Rochelle.	La Rochelle
18e bat. terr. du génie...	Montpellier.	Montpellier
18e esc. terr. du train des équip. milit	Bordeaux.	Bordeaux
18e sect. terr. de com. et ouvr. milit. d'adm.....	Bordeaux.	Bordeaux.
18e sect. terr. d'inf. milit.	Bordeaux.	Bordeaux.

Formations.	Lieux de mobil.	Emplac. des dépôts.	Formations.	Lieux de mobil.	Emplac. des dépôts.
20e région.			**21e région.**		
41e rég. terr. d'inf.	Toul.	Mâcon.	43e rég. terr. d'inf.	Épinal.	Épinal.
42e —	Toul.	St-Léger-d-V.	51e et 251e rég. ter. d'inf.	Langres.	Le Puy.
47e —	Troyes.	Troyes.	Gr. terr. du 12e rég. d'art.	Vincennes.	Fontenay-s-B.
52e et 252e rég. ter. d'inf.	Neufchâteau	Decize.	Gr. terr. du 59e rég. d'art.	Vincennes.	Alfort.
Esc. terr. de dragons....	Troyes.	Limoges.	Gr. terr. du 62e rég. d'art.	Langres.	St-Cloud.
Gr. terr. du 6e R. A. P...	Toul.	Lyon.	Esc. de cav. légère......	Gray.	Gray.
20 esc. terr. du train ...	Versailles.	Versailles.	Gr. terr. du 8e rég. d'art. à pied	Épinal.	Épinal.
20e bat. terr. du génie...	Toul.	Bouchemaine	21e bat. terr. du génie...	Épinal.	Épinal.
22e sect. terr. de C O.A..	Troyes.	Troyes.			
22e sect. terr. d'inf. milit	Troyes.	Troyes.			

L'artillerie d'assaut.

Les 9 régiments d'artillerie d'assaut avaient, à la date du 1er avril 1920, les dépôts respectifs suivants :

501e. Tours : 1er, 2e et 3e bataillons ;
502e. Béziers : 4e et 6e bat. ; 5e bat. à l'armée d'Orient
503e. Versailles : 7e, 8e et 9e bataillons .
504e. Valence : 10e, 11e et 12e bataillons ;
505e. Rennes : 13e, 14e et 15e bataillons ;
506e. Besançon : 16e, 17e et 18e bataillons ;
507e. Metz : 19e et 20e bat. ; 21e bat. à l'armée du Rhin ;
508e. Camp de Châlons : 23e et 24e bat. ; 22e à l'armée du Rhin ;
509e. Lille : 25e et 27e bat. ; 26e bataillon à l'armée du Rhin.

Les abréviations militaires.

L'autorité militaire s'est servie, pendant la guerre, pour désigner les différents services ou armes, d'abréviations dont le sens échappe la plupart du temps au grand public.

La circulaire ministérielle du 8 oct. 1917 a limité l'emploi de ces abréviations. Celles comprises dans la liste ci-après et *marquées d'un astérisque* sont *seules officielles*. Les autres abréviations pourront éventuellement être employées sous la réserve absolue qu'elles seront précédées, soit dans le corps du texte, soit en marge, de leur définition précise.

AAA. Artillerie anti-aérienne.
*AC. Artillerie de corps.
*AD20. Artillerie de la 20e Division.
AG. Avant-garde.
*AL. Artillerie lourde.
ALC. Artillerie lourde courte.
*ALGP. Artillerie lourde à grande puissance.
ALVF. Artillerie lourde sur voie ferrée.
Amb. Ambulance.
AP. Avant-poste.
Appt. Approvisionnement.
Arr. G. Arrière-Garde.
Art. Artillerie.
AS. Artillerie d'assaut.
*AT. Armée territoriale.
BCL. Bataillon de chars légers.
BCM. Bureau central militaire.
BCP. Bataillon de chasseurs à pied.
Bde. Brigade.
*BO. Bulletin officiel.
Bie. Batterie.
Biv. Bivouac.
Btn. Bataillon.
*CA. Corps d'armée.
*CAC. Corps d'armée colonial.
Cant. Cantonnement
Cap. Capitaine.
Cav. Cavalerie.
Cdt. Commandant.
Cel. Colonel.
Ch. Chevaux.
CI. Centre d'information.
CIAS. Centre d'instruction d'artillerie spéciale.
CID. Centre d'instruction divisionnaire.
Cie. Compagnie.
CL. Centre de liaisons.
CM. Compagnie de mitrailleuses.
*COA. Commis et Ouvriers d'Administration.
COAC. Centre d'organisation d'artillerie de campagne.
CRP. Camp retranché de Paris.
*CAd. Convoi administratif.
CV. auto. Convoi automobile.
*CVAx. Convoi auxiliaire.
*DA. Directeur de l'Arrière.
*DC. Division de cavalerie.
DCA. Défense contre aéronefs.
*DCF. Directeur des chemins de fer.
*DE. Direction des Etapes.
*DI. Division d'infanterie.
*DR. Division de réserve.

*DSA. Direction des services automobiles.
*EM. État-Major.
*ÉMA. État-major de l'armée.
*ÉMG. État-major général.
ENE. Éléments non endivisionnés.
EOR. Élèves-officiers de réserve.
*GAC. Groupe d'armées du Centre.
*GAE. Groupe d'armées de l'Est.
Gal. Général.
*GAN. Groupe d'armées du Nord.
GAR. Groupe d'armées de réserve.
GB. Groupe de bombardement (aviation).
GBC. Groupe de brancardiers de corps.
GBD. Groupe de brancardiers divisionnaires.
GC. Groupe de chasse (aviation).
GCTA. Groupe de canevas de tir d'armée.
GDR. Groupe de divisions de réserve.
Gén. Génie.
*GMP. Gouvernement militaire de Paris.
GOE. Gare d'origine d'étapes.
*GPA. Grand parc d'artillerie.
GPAS. Grand parc d'A. S.
*GQG. Grand Quartier Général.
Gr. Groupe.
*GR. Gare régulatrice.
GRA. Gare régulatrice automobile.
GRav. Gare de ravitaillement.
*GVC. Garde des voies de communication.
H. Hommes. — Heure.
HOE. Hôpital d'évacuation.
ID. Infanterie divisionnaire.
IGMA. Inspection générale du matériel d'aviation.
Inf. Infanterie.
J. Jour.
Lieut. Lieutenant.
MCA. Magasin central automobile.
*PA. Parc d'artillerie.
PAD. Parc d'artillerie divisionnaire.
PAS. Parc d'artillerie d'assaut.
PC. Poste de commandement.
PD. Plan directeur. — Positions de départ.
Pel. Peloton.
P. Gén. Parc du Génie.
*PI. Point initial.
PO. Poste d'observation.
PR. Positions de rassemblement.
PS. Poste de secours.
PV. Pigeons-voyageurs.
*QG. Quartier Général.
RAS. Rég. d'artillerie d'assaut. — Rien à signaler.
*RAT. Réserve de l'armée territoriale.
Ravt. Ravitaillement.
RGA. Réserve générale automobile.
RGAé. Réserve générale aéronautique.
Rgt. Régiment.
RI. Régiment d'infanterie.
RICM. Régiment d'infanterie coloniale du Maroc.
RIT. Régiment d'infanterie territoriale.
RVF. Ravitaillement en viande fraîche.
SA. Service automobile.
Sct. Section.
SEMR. Secrétaires d'État-Major et de Recrutement.
SHos. Section d'hospitalisation.
SIEA. Service d'inspection des écoles d'aviation.
*SM. Station-magasin.
*SMA. Section de Munitions d'artillerie.
*SMI. Section de Munitions d'infanterie.
*SP. Section de parc.
SPA. Section photographique d'aviation.
SRA. Service de renseignements d'artillerie.
SRI. Service de renseignements d'infanterie.
SROT. Service de renseign. par l'observation terrestre.
SRR. Section de réparations-ravitaillement.
SRS. Section de repérage par le son.
STAé. Service technique aéronautique.
*TC. Train de combat.
*TE. Tête d'étapes.
TM. Convoi de transport de matériel.
TPS. Téléphone par le sol.
*TR. Train régimentaire.
*TSF. Télégraphie sans fil.

L'A. B. C. de la LOI MILITAIRE

La loi de 1889 avait établi le service de 3 ans dans l'armée active et celle de 1905 réduit cette durée à 2 années ; le service de 3 ans a été rétabli par la loi du 7 août 1913 qui a, en outre, modifié les bases du service ainsi qu'il suit :

1° Tout Français doit le service militaire personnel qui est égal pour tous, hors le cas d'incapacité physique, et ne comporte, par suite, *aucune dispense ;*

2° Le recensement annuel comprend les jeunes gens ayant atteint l'âge de 19 ans révolus (au lieu de 20) dans l'année précédente et les classes sont incorporées l'année de leur recensement, avant le 10 octobre ; l'appel normal a donc lieu dans le cours de la 20e année ;

3° La durée totale du service militaire, dans les différentes catégories, a été portée de 25 à 28 ans ; elle comporte donc 3 années d'obligations de plus ;

4° Le service général est de 3 ans dans l'armée active, de 11 ans dans la réserve, de 7 ans dans l'armée territoriale et de 7 ans dans la réserve de cette armée.

Le service militaire est réglé par classe.

Les hommes peuvent appartenir à deux classes différentes qui sont dites *classe de recrutement* et *classe de mobilisation*. Le recensement détermine la première qui est invariable ; celle-ci porte le millésime de l'année où l'homme atteint l'âge de 20 ans révolus. La classe de mobilisation est déterminée, à l'origine, par la date de l'entrée au service ; elle est autre que la classe de recrutement lorsque, par suite d'anticipation, de déduction ou de recul de service, l'homme ne marche pas avec sa classe d'âge. On peut donc n'avoir qu'une seule classe de recrutement et de mobilisation ou en avoir deux de millésimes différents.

La durée du service compte, pour les appelés, du 1er octobre.

Bureaux de recrutement.

Au chef-lieu de chaque subdivision de région est établi un bureau de recrutement duquel relèvent tous les hommes de la subdivision soumis au service, aussi bien les jeunes soldats des contingents que les hommes des réserves non encore libérés définitivement.

Le département de la Seine comprend 6 bureaux à Paris, qui sont : le bureau central, portant le n° 5 (71, rue Saint-Dominique) et 5 annexes, 1er bureau, porte de la Chapelle Saint-Denis, pour les 10e, 19e, 20e arr. de Paris et les cantons de Saint-Denis, Saint-Ouen, Aubervilliers, Pantin et Noisy-le-Sec ; 2e, porte de Passy, pour les 1er, 7e, 15e, 16e arr. et les cantons de Courbevoie, Colombes, Puteaux, Asnières, Neuilly, Boulogne, Levallois-Perret et Clichy ; 3e, porte de Châtillon, pour les 4e, 5e, 6e, 13e, 14e arr. et les cantons de Sceaux, Vanves, Villejuif et Ivry ; 4e, porte de Charenton, pour les 2e, 3e, 11e, 12e arr. et les cantons de Charenton, Nogent-sur-Marne, Saint-Maur, Vincennes et Montreuil ; 6e, porte de Champerret, pour les 8e, 9e, 17e et 18e arr. de Paris.

Le département de Seine-et-Oise a un bureau à Versailles.

Le département du Rhône comprend, à Lyon, le bureau central pour les 1e, 2e, 3e arr. de Lyon et les cantons de Givors, Saint-Genis-Laval et Villeurbanne ; le bureau Nord et le bureau Sud pour les autres arrondissements et cantons.

L'Algérie a 3 bureaux installés à Alger, Oran et Constantine.

La Tunisie a un bureau à Tunis.

Recensement.

Les tableaux de recensement sont dressés par les maires : 1° sur la déclaration à laquelle sont tenus les jeunes gens, leurs parents ou leurs tuteurs ; 2° d'office, d'après les registres de l'état-civil et tous autres documents et renseignements. Ils sont publiés et affichés dans chaque commune ; la dernière publication doit avoir lieu au plus tard le 15 janvier.

Dans le mois qui suit et jusqu'au 15 février, au plus tard, tout inscrit ayant à faire valoir des infirmités ou maladies pouvant le rendre impropre au service devra en faire la déclaration à la mairie de sa commune, en y joignant tous les certificats utiles. Il lui en sera délivré récépissé. A son défaut, cette déclaration pourra être faite par ses ascendants, ses parents ou toute autre personne qualifiée.

Jeunes gens résidant en Algérie, aux colonies et protectorats.

Sont inscrits sur les tableaux de recensement du lieu de leur résidence ; sur justification de cette inscription, ils sont rayés des tableaux de recensement où ils auraient pu être portés en France.

Jeunes gens résidant à l'étranger.

Les jeunes gens établis avec leur famille à l'étranger doivent être portés sur les tableaux de la classe à laquelle ils appartiennent par leur âge dans la commune où ils sont nés, quelque éloignée que soit la date de leur départ, toutes les fois que leur existence est certaine. Les jeunes gens dont la famille est domiciliée en France, et qui se trouvent en pays étrangers, doivent être inscrits dans la commune où leur père, leur mère ou leur tuteur a son domicile. Pour les jeunes gens nés de parents français à l'étranger, les consuls provoquent leur inscription au lieu du dernier domicile de la famille en France.

Etrangers naturalisés.

Les individus devenus Français par voie de naturalisation sont portés sur les tableaux de recensement de la première classe formée après leur changement de nationalité. Ils sont incorporés en même temps que cette classe, sans toutefois pouvoir être maintenus sous les drapeaux au delà de leur 35e année révolue. Ils suivent ensuite le sort de ladite classe et sont libérés à titre définitif à l'âge de 50 ans au plus tard.

Omis des classes précédentes.

Sont inscrits sur les tableaux de recensement de la classe appelée après la découverte de l'omission, à moins qu'ils n'aient 49 ans accomplis; ils sont soumis à toutes les obligations qu'ils auraient eu à accomplir s'ils avaient été inscrits en temps utile, mais libérés à 50 ans au plus tard.

Le conseil de revision excuse ceux qui ont déposé 8 jours au moins avant sa réunion une demande et prouvent que l'omission ne peut être imputée à leur négligence. Dans le cas où une intention frauduleuse aurait été relevée, il les renvoie devant les tribunaux. Sont annotés pour être incorporés dans les troupes coloniales les omis condamnés pour fraudes ou manœuvres à cet égard et ceux dont les excuses n'auront pas été admises.

Conseil de revision.

Le conseil de revision juge en séance publique. Il se transporte dans les divers cantons.

Il est formé de la manière suivante :

Le préfet, président; à son défaut, le secrétaire général ou, exceptionnellement, le vice-président du conseil de préfecture ou un conseiller de préfecture délégué par le préfet; un conseiller de préfecture; un membre du conseil général du département autre que le représentant élu dans le canton; un membre du conseil d'arrondissement, dans les mêmes conditions; un officier général ou supérieur désigné par l'autorité militaire.

Un sous-intendant militaire, le commandant de recrutement, un médecin militaire ou, à défaut, un médecin civil désigné par l'autorité militaire assistent aux opérations du conseil de revision qui ne peut statuer qu'après avoir entendu l'avis du médecin.

Les jeunes gens sont convoqués, examinés et entendus par le conseil. Ils peuvent faire connaître l'arme dans laquelle ils désirent être placés. S'ils ne se rendent pas à la convocation, ou s'ils ne s'y font pas représenter, ils sont considérés comme aptes au service armé. Les certificats médicaux joints aux dossiers des conscrits doivent être communiqués au conseil en séance *avant* que le médecin procède à l'examen. Tout certificat suspect de complaisance sera réservé; il en sera dressé un procès-verbal qui sera transmis au ministre de la Guerre (1re Direction).

Au point de vue des aptitudes physiques, le conseil classe les jeunes gens en 4 catégories : 1° bons pour le service armé; 2° bons pour le service auxiliaire; 3° ajournés; 4° exemptés de tout service militaire. Sous aucun prétexte, les hommes reconnus faibles de constitution ne peuvent être versés dans le service auxiliaire. Ceux des 3e et 4e catégories ci-dessus n'y sont définitivement maintenus qu'après examen d'une commission de réforme. Ceux de la 4e catégorie seront néanmoins astreints à subir l'examen d'un conseil de revision : 1° à la date de leur passage dans la réserve active (24 ans); 2° 5 ans après cette visite (29 ans); 3° au moment de leur passage dans l'armée territoriale (35 ans).

A côté du conseil de revision, fonctionnant après lui, est instituée une commission médicale militaire chargée d'examiner les cas douteux reconnus par l'expert du conseil de revision. Cette commission, réunie au chef-lieu de chaque subdivision, est composée de trois médecins militaires.

Nota. — Aux termes de lois spéciales, ces commissions n'ont pas été constituées pour la revision des classes appelées par anticipation pendant la guerre.

Commission spéciale de réforme.

La commission spéciale de réforme est composée ainsi qu'il suit :

Un général de brigade président (en principe, le général commandant la subdivision);

un fonctionnaire de l'intendance militaire ; le commandant du bureau de recrutement de la subdivision ; l'officier commandant la gendarmerie de l'arrondissement.

Afin d'éclairer la commission (qui, en règle générale, opère pour les hommes déjà incorporés), le major et le médecin, chef de service du corps, assistent la commission de réforme. Ces commissions sont donc purement militaires.

Service auxiliaire.

Les jeunes gens dont l'état physique est suffisant pour qu'ils soient versés dans l'armée active, mais qui présentent une tare accidentelle ou congénitale les empêchant de faire du service armé sont versés par le conseil de revision dans le service auxiliaire et font 3 ans de service. Ils rempliront des emplois dans les corps de troupe, dans les établissements et services spéciaux (écoles, intendance, etc.), ou dans les sections de secrétaires, de commis et ouvriers et d'infirmiers.

Ajournés.

Les jeunes gens reconnus d'une constitution physique trop faible peuvent être ajournés par le conseil de revision. Après un premier ajournement et reconnus bons l'année suivante, ils feront 3 ans ; après deux ajournements, 2 ans ; après trois ajournements et pris au quatrième examen, ils seront astreints à un an de service ; ajournés quatre fois et reconnus bons au dernier examen, ils sont versés dans la réserve.

Les ajournés sont, après leur libération, astreints aux obligations de leur classe d'origine.

Réformés temporaires.

Les jeunes gens, après avoir été reconnus bons pour le service armé ou auxiliaire, par le conseil de revision, peuvent être réformés temporairement, avant ou après leur incorporation par les commissions spéciales de réforme siégeant dans les circonscriptionsde recrutement.

Les règles applicables aux ajournés le sont également aux réformés temporaires, appelés ou engagés, du service armé ou du service auxiliaire, si, le temps de la réforme temporaire écoulé, ils sont reconnus aptes au service. Le temps passé dans la position de réforme temporaire compte pour le service actif.

Exemptés.

Les jeunes gens chez qui une constitution générale mauvaise ou certaines infirmités déterminent une impotence fonctionnelle partielle ou totale sont exemptés, par le conseil de revision, de tout service militaire, soit armé, soit auxiliaire (voir ci-dessus visites subséquentes). Il leur est délivré, pour justifier de leur situation, un certificat établi par le préfet.

Incorporation.

Le contingent annuel est mis, à dater du 1er octobre, à la disposition du ministre de la Guerre qui en arrête la répartition et fixe les règles suivant lesquelles les jeunes gens sont classés dans les différents corps.

Ceux-ci rejoignent directement et individuellement au jour fixé par leur ordre d'appel. Ils ont droit à l'indemnité kilométrique en chemin de fer et à l'indemnité journalière spéciale pour toutes les journées du voyage. Ces indemnités leur sont, en principe, payées par rappel à leur arrivée au corps. Ceux qui ne possèdent pas les ressources suffisantes pour faire l'avance se rendent à la sous-intendance militaire la plus voisine de leur résidence.

Les jeunes soldats envoyés en Corse, en Algérie et en Tunisie sont convoqués au bureau de recrutement et formés en détachement. A partir de ce moment, ils sont soumis aux lois et règlements militaires.

Sursis d'incorporation en temps de paix.

De deux frères faisant partie du même appel, l'un ne sera, sur sa demande, incorporé qu'après l'expiration du service obligatoire de l'autre frère ; en cas de désaccord entre eux, ce sera le plus jeune. Celui qui, au moment de la revision, a un frère servant comme appelé, ne sera également, sur sa demande, incorporé qu'après la libération de ce dernier. On peut renoncer ultérieurement au sursis et l'incorporation a lieu, dans ce cas, avec la classe appelée après la renonciation ; la demande en est faite au commandant de recrutement.

Des sursis d'incorporation renouvelables d'année en année, jusqu'à l'âge de 25 ans, peuvent être accordés aux jeunes gens qui en font la demande dans l'intérêt de leur situation ou de leurs études. Les demandes de sursis sont adressées au maire dans les deux mois précédant la réunion du conseil de revision qui statue.

Les sursis d'incorporation ne confèrent aucune dispense et les jeunes gens qui en ont obtenu suivent le sort de leur classe d'origine.

Insoumis.

Tout jeune soldat appelé, ou tout autre militaire dans ses foyers rappelé à l'activité, tout engagé volontaire et tout militaire ayant contracté un rengagement après renvoi dans ses foyers qui, hors le cas de force majeure, n'est pas arrivé à sa destination au jour fixé est, après un délai de 30 jours en temps de paix, considéré comme insoumis.

Ce délai est porté à 2 mois pour les hommes affectés à des corps de l'intérieur, qui demeurent en Algérie, en Tunisie ou hors de France en Europe, et pour les hommes affectés à des corps d'Algérie demeurant en Tunisie ou en Europe ; à 6 mois pour ceux demeurant dans tout autre pays.

En temps de guerre, les délais du paragraphe 1 sont réduits à 2 jours et ceux du paragraphe 2 sont réduits de moitié. Dans ce cas, les noms des insoumis sont affichés, pendant toute la durée de la mobilisation, dans toutes les communes de leur canton ; les insoumis qui sont condamnés sont, à l'expiration de leur peine, envoyés dans une compagnie de discipline.

La prescription contre l'action publique résultant de l'insoumission ne commence à courir que du jour où l'insoumis a atteint l'âge de 50 ans. Elle est acquise 3 ans après.

Situation des jeunes gens admis aux grandes écoles.

Ecole spéciale militaire (Saint-Cyr) ; Ecole du service de santé militaire (Lyon) ; Ecole du service de santé de la marine (Bordeaux : annexes à Brest, Rochefort et Toulon) : Ecole polytechnique (Paris) (V. **Enseignement, Écoles militaires**).

Entrent directement à l'école pour 2 ans de service ; sont versés chaque année au 1er août pour 2 mois dans un corps de troupe, la 1re comme soldats, la 2e comme sous-officiers; contractent un engagement de 8 années.

Ceux qui n'ont pas satisfait aux examens de sortie ou ont quitté l'école sont incorporés dans un corps comme soldats ou sous-officiers pour compléter 3 ans de service avec minimum de 2 ans ; leur engagement de 8 ans est annulé.

Les polytechniciens non classés dans les armées de terre ou de mer font 2 ans de service à la sortie de l'école comme sous-lieutenants de réserve ; l'engagement de ceux qui, ayant satisfait aux examens de sortie, n'ont été classés dans aucun des services qu'ils avaient demandés est annulé.

Ecole normale supérieure et Ecole forestière :

Contractent un engagement de 8 ans au service de l'Etat et sont assimilés aux élèves de l'Ecole polytechnique ; 2 ans de service à la sortie comme sous-lieutenants de réserve.

Situation des médecins, pharmaciens et vétérinaires.

Les docteurs ou les étudiants en médecine ou en pharmacie munis de 12 inscriptions peuvent, après examen à la fin de leur 1re année de service, être nommés médecins ou pharmaciens auxiliaires et terminent leurs 2e et 3e années de service en cette qualité. Mêmes dispositions à l'égard des jeunes gens pourvus du diplôme de vétérinaire civil ou admis en 4e année, pour l'emploi de vétérinaire auxiliaire.

Les étudiants peuvent, après une première année de service, obtenir des sursis, jusqu'à 27 ans révolus, pour achever leurs études. Ils terminent ensuite leurs 2 années de service comme médecins, pharmaciens ou vétérinaires auxiliaires.

S'ils ont leur diplôme, ils pourront terminer le dernier semestre comme médecin, ou pharmacien aide-major de réserve ou aide-vétérinaire.

Soutiens de famille.

Les familles des militaires remplissant effectivement, avant leur départ pour le service actif, les devoirs de soutiens indispensables, ont droit pendant la présence des jeunes gens sous les drapeaux, à une allocation journalière de l'État fixée à 1 fr. 25 et majorée de 0 fr.50 par chaque enfant de moins de 16 ans à la charge du soutien de famille. Les demandes sont adressées par les familles au maire de la commune de leur domicile ; le conseil municipal émet un avis motivé et les dossiers constitués sont transmis au préfet qui provoque une enquête de la gendarmerie. Un conseil composé du juge de paix président, du contrôleur des contributions directes et du receveur de l'enregistrement, statue sur la demande d'allocation. Il peut être interjeté appel de la décision soit par le préfet, soit par le demandeur et cet appel est porté devant le tribunal civil de l'arrondissement.

Les familles des hommes de la réserve et de l'armée territoriale convoqués pour des périodes d'exercices peuvent également recevoir une allocation fixée à 0 fr. 75 et majorée de 0 fr. 25 pour chaque enfant de moins de 16 ans à la charge de l'homme convoqué. La demande est adressée au maire de la commune qui en donne récépissé. Il est statué par le conseil spécial comme ci-dessus.

Pendant toute la durée de la guerre, les dispositions visées plus haut pour les familles des militaires de l'armée active, sont étendues aux familles des militaires rappelés sous les drapeaux. Des commissions cantonales sont constituées par le préfet pour statuer d'urgence.

Le taux de l'allocation principale est de 1 fr. 75 pour les femmes de mobilisés, aînés de veufs mobilisés, et les mères veuves de mobilisés; les majorations pour enfants appartenant aux mêmes catégories sont de 1 fr. 25 pour les deux premiers enfants au-dessous de 16 ans et à charge, et de 1 fr. 50 pour chacun des autres enfants au-dessous de 16 ans, à partir du 3e et à charge.

Dans le cas où le mobilisé, avant la guerre, avait à sa charge des ascendants dénués de ressources et incapables de gagner leur vie, une allocation additionnelle de 0 fr. 75 sera accordée à chacun de ceux-ci.

Service dans les réserves.

Les hommes envoyés dans la réserve de l'armée active, dans l'armée territoriale et dans la réserve de cette armée, sont affectés aux divers corps de troupes et services de l'armée active ou de l'armée territoriale.

Tout homme, en quittant le service d'activité ou en changeant de catégorie de réserve, passe dans la nouvelle catégorie avec le grade ou la classe qu'il occupe au moment où il cesse de faire partie de la précédente.

Pères de famille nombreuse.

Les réservistes qui sont pères de 4 enfants vivants passent de droit et définitivement dans l'armée territoriale. Les pères de 6 enfants vivants passent de droit dans la R. A. T. Au moment où s'ouvre leur droit, ils sont versés respectivement dans la plus jeune classe de l'A. T. ou de la R. A. T. Est assimilé à la paternité légale le fait d'avoir par le mariage la charge de 4 ou 6 enfants vivants.

Périodes d'exercices.

Les hommes de la réserve de l'armée active sont assujettis à prendre part à 2 périodes d'exercices, la 1re de 23 jours, la seconde de 17 jours; ceux de l'armée territoriale à une période de 9 jours.

Les militaires ayant accompli au moins 4 ans de service ou une période de séjour aux colonies sont dispensés de la 1re période de réserve, ceux ayant 5 ans des deux périodes.

Peuvent en être dispensés, sur l'avis du consul de France, les jeunes gens résidant régulièrement à l'étranger hors d'Europe.

Les hommes classés dans le service auxiliaire peuvent être dispensés des manœuvres, exercices et revues d'appel dans les réserves.

Les territoriaux qui, au moment de l'appel de leur classe, sont inscrits depuis au moins 2 ans sur les contrôles des corps de sapeurs-pompiers et y ont contracté un engagement de 5 ans, sont dispensés de la période de territoriale.

R. A. T. et G. V. C.

Les hommes de la réserve de l'armée territoriale peuvent être soumis à une revue d'appel pour laquelle la durée du déplacement n'excédera pas une journée. Ceux affectés à la garde des voies de communications et des points importants du littoral peuvent, en temps de paix, être astreints à des exercices spéciaux dont la durée totale, pendant le temps de R. A. T., n'excédera pas 7 jours.

Engagements volontaires.

Les conditions à remplir pour contracter un engagement volontaire sont les suivantes. 1° être Français ou naturalisé Français; 2° avoir 18 ans accomplis; 3° n'être ni marié ni veuf avec enfant; 4° n'avoir encouru aucune des condamnations tombant sous le coup de l'article 5 de la loi de recrutement; 5° jouir de ses droits civils; 6° être de bonne vie et mœurs; 7° à moins de 20 ans, être pourvu du consentement des père, mère ou tuteur, ce dernier autorisé par le conseil de famille; 8° satisfaire aux conditions d'aptitude exigées.

Les pièces à produire sont: 1° certificat d'aptitude après visite dans un bureau de recrutement ou dans le corps où désire entrer l'engagé; 2° extrait du casier judiciaire (à se procurer par l'intermédiaire d'un commandant de recrutement); 3° certificat de bonne vie et mœurs délivré par le maire; 4° extrait de l'acte de naissance; 5° consentement susvisé.

L'engagement est contracté, en France, devant le maire d'un chef-lieu de canton; en Algérie, en Tunisie, au Maroc et dans les colonies devant les officiers de l'état civil désignés par décret.

Les hommes exemptés ou classés dans le service auxiliaire peuvent s'engager jusqu'à l'âge de 32 ans accomplis, s'ils réunissent les conditions d'aptitude.

Les engagements ne peuvent être reçus que pour les troupes coloniales et les corps d'infanterie, de cavalerie, du génie et pour le train des équipages.

L'engagé peut toujours être changé de corps et d'arme lorsque l'intérêt ou les besoins du service l'exigent.

Les engagements sont de 4 ou 5 ans pour les troupes métropolitaines et de 3, 4 ou 5 ans pour les troupes coloniales et pour certains corps métropolitains d'Afrique désignés. Les engagés de 4 et 5 ans ont le droit de choisir leur arme et leur corps.

Tout militaire qui contracte un engagement de 4 ou 5 ans a droit à une prime dont le taux est fixé annuellement par le ministre à la date du 1er janvier. Un quart de la prime est payé le jour de la signature de l'acte, le reliquat, au choix de l'intéressé, par annuité ou à l'expiration du contrat.

Le service militaire compte, pour les engagés, du jour de la signature de l'acte d'engagement. Ils passent dans la réserve à son expiration et suivent ensuite le sort de la classe incorporée dans l'année de leur engagement.

Ceux dont le contrat arrive à expiration au cours de la guerre sont maintenus dans l'armée active par tacite reconduction ; mais ils peuvent, sur demande écrite, être rattachés à la classe dans laquelle ils auraient été normalement versés, en temps de paix, à l'expiration dudit contrat.

Devancements d'appel.

Tous les ans, au moment de l'incorporation de la classe, les jeunes gens d'au moins 18 ans remplissant les conditions d'aptitude physique et pourvus du certificat d'aptitude militaire, sont admis à contracter, dans le corps de leur choix et jusqu'à concurrence du nombre fixé, un engagement spécial de 3 ans dit de devancement d'appel.

Engagements pour la durée de la guerre.

En cas de guerre, tout Français non tenu à l'obligation du service dans les classes appelées ou rappelées est admis à contracter, dans un corps de son choix, un engagement pour la durée de la guerre.

Peuvent être acceptés comme engagés volontaires pour la durée de la guerre, dans les troupes métropolitaines et coloniales, les jeunes gens ayant au moins 17 ans, pourvus du consentement de leur père, mère ou tuteur. Le temps passé sous les drapeaux sera déduit des 3 ans de service actif.

Les engagés appartenant à des classes qui, à la cessation des hostilités, n'auraient pas encore été appelées, ou ne seraient pas maintenues sous les drapeaux, pourront opter, soit pour la continuation de leur service pour terminer leur temps de service actif, soit pour le renvoi dans leurs foyers en attendant l'appel normal de leur classe.

L'engagé volontaire peut être versé dans le service auxiliaire, mais ce classement entraîne l'annulation de son engagement et il suit alors le sort de sa classe de mobilisation.

Engagements spéciaux pour la durée de la guerre.

Les hommes dégagés de toute obligation militaire, soit par leur âge, soit par réforme ou exemption, sont admis à contracter un engagement spécial pour la durée de la guerre pour remplir un emploi déterminé. Ces engagements sont reçus avec le consentement du chef de corps ou service pour un des emplois existant réglementairement, sans limitation de nombre et en plus des engagements ordinaires pour la durée de la guerre. Ils peuvent être acceptés pour les corps et services de la subdivision des candidats.

Les anciens gradés ne sont admis que comme simples soldats, mais ils peuvent être remis en possession de leur ancien grade, sous la réserve que celui-ci soit prévu dans l'emploi au titre duquel ils contractent leur engagement.

Les engagés spéciaux sont, en principe, soumis au régime commun suivant leur position, leur grade et leur ancienneté, pour le droit à la solde et aux diverses prestations, allocations, haute-paye, etc. A titre exceptionnel, ceux ne logeant pas à la caserne et ne vivant pas à l'ordinaire reçoivent une indemnité forfaitaire spéciale fixée aux taux journaliers ci-après : adjudants et assimilés, 6 fr. ; autres sous-officiers, 5 fr. 50 ; caporaux, brigadiers et soldats, 4 francs.

Rengagements.

Les rengagements sont repris dans les corps et services de l'armée métropolitaine et de l'armée coloniale depuis la fin de la guerre.

Les militaires dont le rengagement est arrivé à expiration au cours de la guerre sont maintenus sous les drapeaux jusqu'à la cessation des hostilités, comme le permet la loi de recrutement, quelle que soit la classe à laquelle ils appartiennent.

Ceux qui appartiennent à des classes mises en sursis en totalité peuvent bénéficier de la même mesure, à la condition, s'il s'agit de sous-officiers retraités, qu'ils le soient depuis plus de 5 ans.

LA MARINE NATIONALE

Le personnel.

Le personnel de la marine nationale est constitué par :

1° Un *corps d'officiers*, plus généralement embarqués, comprenant des officiers de marine, des officiers mécaniciens, des commissaires, des médecins et des officiers des équipages ;

2° Un *corps des équipages de la flotte*, comprenant des officiers mariniers (maîtres principaux, premiers-maîtres, maîtres et seconds-maîtres), des quartiers-maîtres et des marins qui proviennent de l'inscription maritime, du recrutement, de l'engagement volontaire et de l'école des mousses ;

3° Des *corps d'officiers* servant plus généralement à terre, tels les contrôleurs de l'administration de la marine, les ingénieurs chargés des constructions navales, les ingénieurs de l'artillerie navale, les ingénieurs hydrographes chargés des instructions, cartes et instruments nautiques.

Pour mémoire, le personnel de la marine marchande est composé d'inscrits maritimes. Après son service dans la flotte, l'inscrit maritime reste mobilisable pendant une durée déterminée (V. Loi maritime).

Le conseil supérieur de la Marine.

Le conseil supérieur de la marine, réorganisé par le décret du 14 mars 1920, organe de consultation, comprend le chef d'état-major général et six vice-amiraux au maximum choisis par le ministre. Il est ainsi composé pour l'année 1920 : MM. les vice-amiraux : Lacaze (M.J.L.) vice-prés. : Amet (J.F.C.) ; Schwerer (Z.) ; Merveilleux du Vignaux (M.) ; Varney (G.F.C.).

Les arrondissements maritimes.

Les côtes de France et d'Algérie-Tunisie sont divisées en six arrondissements maritimes : Cherbourg, Brest, Lorient, Rochefort, Toulon et Bizerte.

Les services d'un arrondissement maritime comprennent :

La *préfecture maritime* placée sous l'autorité d'un vice-amiral qui est commandant en chef et Préfet maritime. Il est gouverneur de la Place et le commandant supérieur du front de mer.

Sous les ordres du Préfet maritime, on compte :

Une *majorité générale*, à la tête de laquelle est placée un contre-amiral, major-général, commandant de l'arsenal et chargé de la police dans le port ;

Le *contrôle de l'administration de la marine* qui relève directement du Ministre ;

La *direction des constructions navales* et ses différents services ;

La *direction de l'artillerie navale* et ses différents services ;

L'*intendance maritime* et ses différents services ;

La *direction du service de santé* et ses différents services ;

La *direction des travaux hydrauliques* et ses différents services,

Il y a encore un commandant de la marine à Dunkerque, au Havre, à Saint-Nazaire, à Bordeaux, à Marseille, en Corse (à Ajaccio), en Algérie (à Alger), au Maroc (à Casablanca), au Sénégal (à Dakar), en Indo-Chine (à Saïgon), aux Antilles (à Fort de France).

Enfin la marine possède trois établissements hors des ports :

A Ruelle, une fonderie placée sous l'autorité d'un ingénieur d'artillerie navale ;

A Indret, des ateliers nationaux de construct. de machines et de chaudières ;

A Guérigny, les forges nationales de la Chaussade.

Le *service de l'inscription maritime* dépend à la fois du ministre de la marine et du sous-secrétaire d'Etat à la marine marchande. Il est représenté dans les arrondissements maritimes par des sous-arrondissements placés chacun sous la haute direction d'un administrateur général ou d'un administrateur en chef.

L'arrondissement maritime de Cherbourg comprend deux sous-arrond. :

1° Dunkerque avec les quartiers d'inscription maritimes de Dunkerque, Graveline, Calais-Boulogne, Saint-Valéry-en-Caux ;

2° Le Havre et Cherbourg avec les quartiers d'inscription de Dieppe, Fécamp, Le Havre, Rouen, Honfleur, Trouville, Caen, La Hougue, Cherbourg.

L'arrondissement maritime de Brest comprend deux sous-arrondissements :

1° Saint-Servan, avec les quartiers de Granville, Cancale, Saint-Malo, Dinan, Saint-Brieuc, Binic, Saint-Servan ;

2° Brest avec les quartiers de Paimpol, Tréguier, Lannion, Morlaix, Le Conquet, Brest, Camaret, Douarnenez, Audierne, Quimper, Concarneau.

L'arrondissement maritime de Lorient comprend deux sous-arrond. :

1° Lorient avec les quartiers de Lorient, Groix, Auray, Vannes, Belle-Ile-en-mer ;

2° Nantes avec les quartiers de Nantes, Le Croisic, Saint-Nazaire, Noirmoutiers.

L'arrondissement maritime de Rochefort comprend deux sous-arrond. :

1° Rochefort avec les quartiers de Rochefort, Ile d'Yeu, La Rochelle, Saint-Gilles-sur-Vic, Sables d'Olonne, Ile d'Oléron, Marennes ;

2° Bordeaux avec les quartiers de Bordeaux, Royan, Libourne, Arcachon, Bayonne.

L'arrondissement maritime de Toulon a deux sous-arrondissements :

1° Marseille avec les quartiers de Marseille, Port-Vendres, Narbonne, Agde, Cette, Martigues, La Ciotat ;

2° Toulon avec les quartiers de Toulon, Saint-Tropez, Antibes, Nice. En Corse, Ajaccio et Bastia.

En Algérie : Alger, Oran, Philippeville, Bône.

Les Écoles de la Marine.

A côté des écoles spéciales pour officiers, Ecole navale, Ecole des élèves-officiers de marine, etc., sur lesquelles on trouvera tous les renseignements nécessaires à l'Enseignement (Écoles maritimes), il a paru expédient de classer ici les différentes écoles des équipages de la flotte qui sont des écoles de spécialistes. Le tableau suivant en donne une brève nomenclature :

SPÉCIALITÉS :	
Gabiers	Division d'inst^{on} de l'Océan.
Timoniers	—
Charpentiers	—
Canonniers	Division d'inst^{on} de la Méditerranée.
Armuriers	—
Artificiers	Pyrotechnie de Toulon.
Electriciens	Div. d'inst^{on} de la Méditerranée.
Torpilleurs	—
Fusiliers, clairons	Bataillon de Lorient.
Elèves off. de marine	Brest.
Elèves off. mécaniciens	—
Matelots élèves-mécan.	—
Mécaniciens	Ecole des mécaniciens de Toulon.
Chauffeurs	—
Apprentis mécaniciens	Ecole de Lorient.
Elèves-pilotes de la flotte	Ecole de Pilotage (*Chamois* et annexes).
Fourriers	Ecole de Rochefort.
Commis	—
T. S. F.	*Amiral-Tréhouart.*
Boulangers-coqs	2° dépôt, Brest.
Apprentis-marins	*Armorique* et *Magellan* à Brest.
Ecole des Mousses	—
Ecoles d'aéronautique :	
Aviation, pilotes	Berre, Saint-Raphaël.
— observateurs	Hourtin.
Aérostation, dirigeables	Rochefort.
— captifs	Salins-d'Hyères.
Ecole de navigation sous-marine	Toulon.

La hiérarchie

L'avancement s'obtient pour les marins par le service à la mer et à la suite de l'obtention d'un brevet de spécialité. Après une période d'instruction d'une durée de 6 mois, commençant le 1er avril ou le 1er octobre dans une école de formation des Equipages de la Flotte (V. p. 143), le marin subit un examen de sortie à la suite duquel, s'il y satisfait, un brevet lui est concédé.

Les brevetés portent un galon de laine rouge sur la manche. Ils sont inscrits sur les listes d'embarquement des dépôts et répartis sur les bâtiments.

Chaque marin reçoit des notes portant sur la conduite, l'instruction professionnelle, l'aptitude à ses fonctions ; ces notes multipliées par un coefficient fixé constituent la cote de l'homme qui détermine l'avancement en grade. Outre le nombre de points, le marin doit réunir des conditions de service à la mer : 6 mois pour passer *quartier-maître* (caporal), un an, pour passer *second-maître* (sergent) ; un an dans le grade immédiatement inférieur pour passer *maître* (sergent-major) ou *premier-maître* (adjudant).

Les quartiers-maîtres de toutes spécialités, sauf les mécaniciens ayant un an d'embarquement dans leur grade et 5 années de service, les seconds-maîtres mécaniciens, ayant 3 ans d'embarquement dans leur grade, peuvent se présenter au concours pour l'admission au cours préparatoire de l'Ecole des élèves-officiers qui correspond au Saint-Maixent de l'armée de terre et dont

OFFICIERS DE MARINE.	OFFICIERS DES ÉQUIPAGES.	OFFICIERS MÉCANICIENS.	CONTROLEURS DE LA MARINE.	INGÉNIEURS DES CONSTRUCTIONS ET D'ARTILLERIE NAVALES.
Vice-amiral.	»	Méc. gén[al] de 1re cl.	Contr. gén[al] 1re cl.	Ing. Gén[al] 1re cl.
Contre-amiral.	»	Méc. gén[al] de 2e cl.	Contr. gén[al] 2e cl.	Ing. Gén[al] 2e cl.
Cap[ne] de vaisseau.	»	Méc. insp[r] de 1re cl.	Contr. 1re classe.	Ing. en chef 1re cl.
Cap[ne] de frégate.	»	Méc. insp. de 2e cl.	Contr. 2e classe.	Ing. en chef 2e cl.
Cap[ne] de Corvette.	Off. p[al] des Eq.	Méc. en chef.	Contr. adjoint.	Ing. principal.
Lieut[t] de vaisseau.	Off. de 1re cl. des Eq.	Méc. p[al] de 1re cl.	»	Ing. de 1re cl.
Ens. de vaisseau 1re cl.	Off. de 2e cl. des Eq.	Méc. p[al] de 2e classe.	»	Ing. de 2e cl.
Ens. de vaisseau 2e cl.	»		»	Ing. de 3e cl.

La justice

Aux termes de l'art. 1er du C. de just. mil. pour l'armée de mer du 4 juin 1858, la justice militaire est rendue : 1° à terre, par des conseils de guerre et des conseils de revision permanents ; par des tribunaux maritimes et des tribunaux de revision permanents ; 2° à bord, par des conseils de guerre et des conseils de revision, par des conseils de justice.

Conseils de guerre permanents. — Il y a 2 conseils de guerre permanents au chef-lieu de chaque arrondissement maritime (art. 2), soumis à des règles analogues à ceux de l'armée de terre. Ils comprennent 7 membres, nommés par le préfet maritime pour 6 mois. Auprès de chacun, un commissaire du gouvernement et un rapporteur, nommés à titre permanent par le ministre de la marine.

Conseils de guerre à bord et conseils de justice. — A bord des bâtiments, les conseils de guerre sont éventuels, ils ne comprennent que 5 membres. On y

navale.

le programme est le même que celui de l'Ecole Navale. Dirigés sur Brest, les candidats sont nommés au grade de second-maître. S'ils satisfont aux épreuves de sortie à la fin de la première année, ils sont admis au cours des élèves-officiers où ils accomplissent une seconde année d'études à l'expiration de laquelle ils sont promus *premiers-maîtres élèves-officiers* puis, 2 ans après, *enseignes de 1re classe*.

Les seconds-maîtres mécaniciens comptant 3 ans de mer, ainsi que les maîtres et premiers-maîtres, peuvent concourir pour l'admission à l'*Ecole des élèves officiers mécaniciens*. Durée des cours : 1 année à l'expiration de laquelle les élèves ayant satisfait aux examens de sortie sont nommés premiers-maîtres élèves-officiers-mécaniciens et embarqués en cette qualité pour 2 ans en escadre. A l'expiration de cette période, ils sont promus au grade de *mécanicien-principal de 2e classe* (lieutenant). Un cinquième des places d'*officiers mécaniciens* sont réservées aux premiers maîtres promus à l'ancienneté.

Les fourriers sont admis à concourir pour le grade de *Commissaire de 2e classe* et les marins de toutes spécialités peuvent obtenir le grade d'*officier des équipages de la flotte*.

A partir du grade d'*enseigne de vaisseau* (sous-lieutenant), la hiérarchie navale s'établit comme suit :

INGÉNIEURS HYDROGRAPHES.	COMMISSARIAT DE LA MARINE	MÉDECINS DE L'ARMÉE NAVALE.	ÉQUIVALENCES AVEC LES GRADES DE L'ARMÉE DE TERRE.
»	Comm. génal de 1re cl.	Méd. génal de 1re cl.	Général de division.
Dir. d'hydrographie	Comm. génal de 2e cl.	Méd. génal de 2e cl.	Général de brigade.
Ing. hyd. en ch. de de 1re cl.	Comm. en chef de 1re cl.	Méd. en chef de 1re cl.	Colonel.
Ing. hydr. chef de 2e cl.	Comm. en chef de 2e cl.	Méd. en chef de 2e cl.	Lieutenant-colonel.
Ing. principal.	Comm. pal.	Méd. principal.	Chef de bataillon.
Ing. hydr. de 1re cl.	Comm. de 1re cl.	Méd. de 1re classe.	Capitaine.
Ing. hydr. de 2e cl.	Comm. de 2e cl.	Méd. de 2e classe.	Lieutenant.
Ing. hydr. de 3e cl.	Comm. de 3e cl.	Méd. de 3e classe	Sous-lieutenant.

maritime.

peut constituer des « conseils de justice » pour juger les délits peu graves du personnel non-officier.

Tribunaux maritimes. — Les tribunaux maritimes sont des juridictions spéciales destinées à assurer la sécurité des arsenaux. Ils comprennent 7 membres : 3 officiers de marine, 2 officiers des corps assimilés, 2 magistrats civils désignés par le président du tribunal civil.

Leur compétence s'étend à tous les individus même civils, auteurs ou complices des crimes ou délits commis dans l'intérieur des ports, et de nature à compromettre la police ou la sécurité de ces établissements. Ils jugent les auteurs des faits de piraterie.

Recours. — Quant aux recours, les règles sont analogues à celles de l'armée de terre. En temps de paix, la Cour de cassation est seule compétente : les conseils de revision revivent avec l'état de guerre.

La Flotte de bataille.

PROGR. DE	NOMS.	TONNAGE.	PUISSANCE.	VITESSE EN NŒUDS.	CUIRASSE (EN CENTIM.). Maxim.	CUIRASSE (EN CENTIM.). Moyenne.	ARMEMENT (CALIBRE EN CENTIM.).	TUBES TORPILLES.
	Cuirassés d'escadre de 1er rang :							
1912	Bretagne(B.) (1). Provence(L.) Lorraine(P.)	23.500	29.200	20	27	16	10 de 34 ; 22 de 14	6
1910-1911	Courbet .... Jean-Bart .. France ..... Paris	23.400	28.000	20	27	18	12 de 30 ; 22 de 14	4
1906	Diderot..... Condorcet .. Voltaire .... Vergniaud ..	18.400	22.500	19,5	27	20	4 de 30 ; 12 de 24	2
1905	Justice...... Vérité ..... Démocratie .	15.900	18.000	19	28	18	4 de 30 ; 10 de 19 ; 13 de 6,5	4
1905	Patrie ..... République .	14.800	19.200	19	28	18	4 de 30 ; 18 de 16 ; 13 de 6,5	5
	Croiseurs cuirassés :							
1908	Edgar-Quinet. Waldeck-Rousseau.	14.000	37.000	24	17	9	14 de 19 ; 20 de 6,5	2
1907	Ernest-Renan....	14.000	37.500	24	17	9	4 de 19, 12 de 16,5 ; 16 de 6,5	2
1904	Jules-Ferry . Victor Hugo Jules-Michelet ..	12.500	30.000	23	17	9	4 de 19 ; 16 de 16	4
1900	Gloire...... Condé ..... Marseillaise . Amiral-Aube	10.400	21.000	21	17	14	2 de 19 ; 8 de 16.4 ; 6 de 10	2
1900	Gueydon ... Montcalm...	9.500	20.000	21	15	9,5	2 de 19 ; 8 de 16,4 4 de 10	2
1901	Desaix	7.700	17.000	21	10,2	8,4	8 de 16 ; 4 de 10	2
1889	Jeanne-d'Arc....	11.300	28.500	23	20	15	2 de 19 ; 14 de 14	
1895	Pothuau ...	5.350	10.400	19,5	18	8	2 de 19 ; 10 de 14	

(1) B. : construit à Brest. — L. : Lorient. — P. : Penhoët.

PROGR. DE	NOMS.	TONNAGE.	PUISSANCE.	VITESSE EN NŒUDS.	CUIRASSE (EN CENTIM.). Maxim.	Moyenne.	ARMEMENT (CALIBRE EN CENTIM.).	TUBES TORPILLES.
	Croiseurs protégés :							
1899	Jurien-de-la-Gravière.	5.700	17.400	23	16	6,5	8 de 16 ; 10 de 4,7	
1897	Guichen.....	8.300	25.000	23,5	11	6,5	2 de 16 ; 6 de 14	
1896	D'Entrecasteaux .	8.000	13.500	19,5	25	8 5	2 de 24 ; 12 de 14	4
1891	Friant ..... du Chayla... Cassard.....	3.800 4.000	10.000	19	10	8	6 de 16 ; 4 de 10	2
1898	d'Estrées ...	2.450	8.500	20	4	2	2 de 14 ; 4 de 10	
	Croiseur porte-avions et ravitailleur d'escadre :							
1896	Foudre.....	6.000	12.000	19,5	12	9	8 de 10; 4 de 6,5	
	Canonnière de station lointaine :							
1899	Décidée	680	900	13	—	—	2 de 10; 4 de 6,5	

Destroyers :

de 700 à 900 tonnes. Vit. : 31 n. Arm. : 2 de 10 ; 4 de 6,5. Tubes lance-torp. : 4.

Bouclier (Normand).
Casque (F. et Ch.).
Cimeterre (Ch. Gir.).
Comm^t Rivière (Dyle et Bac.).
Capitaine Mehl (Loire).
Dehorter (St-Naz.).
Comm^t Bory (Dyle et Bac.).
Mangini (Creusot).
Magon (Nantes).
Bisson (Toulon).
Protet (Rochefort).
Comm^t Lucas (Toulon).
Mécan. princ. Lestin (Rochefort).
Enseigne Roux (Rochefort).
Enseigne Gabolde (Normand).

Destroyers :

de 410 à 450 tonnes. — 7 200 chev. — Vit. : 28 n. Arm. : 6 de 6,5. Tubes lance-torp. : 3.

Hussard.
Mameluk.
Lansquenet.
Enseigne-Henry.
Spahi.
Aspirant-Herbert.
Cavalier.
Tirailleur.

Autres Destroyers :

de 300 à 350 tonnes. — Vit. : 27 n. Arm. : 1 de 6,5 ; 6 de 4,7. — Tubes lance-torp. : 2 .

Arbalète.
Epieu.
Sagaie.
Harpon.
Francisque.
Sabre.
Bélier.
Fauconneau.
Pertuisane.
Rapière.
Escopette.
Coutelas.
Claymore.
Pierrier.
Obusier.
Mortier.
Carquois.
Trident.
Cognée.
Hache.
Massue.
Glaive.
Poignard.
Oriflamme.
Fanion.
Sape.
Fanfare.
Epée.
Pique.

de 950 t. Vit. : 32 n. Arm. : 4 de 10. Tubes lance-torp. (construits pour la Répub. Argentine et réquisitionnés).

Aventurier.
Intrépide.
Opiniâtre.
Téméraire.

Ex. Torpilleurs de haute mer :

1° De 150 tonnes. Vit. : 30 n. ; Plans Normand.

Audacieux.	Trombe.	Borée.
Mistral.	Typhon.	Tramontane.
Simoun.	Rafale.	Cyclone.
Siroco.	Bourrasque.	Forban.

2° de 125 tonnes. Vit. de 21 à 27 n.

Orage. | Grondeur.

Torpilleurs de défense mobile :

50 torpilleurs portant des numéros entre 295 et 369. Vit. : 26 n. Arm. 2 canons de 3,7 et 2 tubes lance-torp.

Sous-marins :

Montgolfier, Arago, Nivôse, Frimaire, Franklin, Faraday, Volta, Le Verrier, Newton, Euler, Brumaire, Curie	400 tx.	Amarante, Atalante, Artémis, Aréthuse	420 tx.	Lagrange, Romazotti, Regnault, Laplace	830 tx.
		Armide, Amazone, Antigone	460 tx.	Joessel, Fulton	930 tx.
		Hermione, Bellone, Gorgone	530 tx.	Roland-Morillot (ex U. B. 26)	180 tx.
		Daphné	670 tx.	*En construction.*	
Clorinde, Cornélie, Andromaque, Astrée	420 tx.	Néréide, Gustave-Zédé, Sané, Dupuy-de-Lôme	800 tx.	O'Byrne, Henri Fournier, Dupetit-Thouars	360 tx.
				Paul Chailley, Pierre Callot	900 tx.

En outre, la Conférence de la Paix a attribué à la France 10 sous-marins à prendre parmi ceux livrés par l'Allemagne et l'Autriche-Hongrie.

Contre-sous-marins :

La liste en est trop longue pour être citée ici. On peut toutefois mentionner les sloops et avisos de la cl. *Bellatrix*, *Yser*, etc. ; les canonnières de la cl. type *Diligente*, *Friponne*, les grandes vedettes de la classe V et les chasseurs numérotés de 1 à 100.

Nouvelles acquisitions :

Un projet de loi a été déposé, au début de 1920, demandant la construction de :
6 croiseurs-légers (5.200 tx., 30 nœuds, 8 canons de 14) ;
12 torpilleurs-éclaireurs.
D'autre part, la Conférence de la Paix a alloué à la France 5 croiseurs légers dont 2 du type *Regensburg* et 10 destroyers à prendre dans les bâtiments livrés par l'Allemagne et l'Autriche-Hongrie.

L'armée navale en 1920.

D'après les prévisions du budget de 1920, l'armée navale aurait, en 1920, la composition suivante :

Cuirassés.

Provence, hors division, à effectif complet ;
1re division à effectif complet : *Courbet*, *Jean Bart*, *Paris* ;
2e division à effectif réduit : *Lorraine*, *Bretagne*, *France*.

Division légère.

Croiseurs cuirassés *Waldeck-Rousseau*, *Edgar-Quinet*, *Ernest-Renan*.

Groupe de réserve spéciale :

1er groupe : *Vergniaud, Condorcet, Voltaire ;*
2e groupe : *Démocratie, Diderot, Vérité ;*
3e groupe : *Victor-Hugo, Jules-Ferry ;*
Transports *Shamrock, Bien-Hoa ;*
3 escadrilles de 6 torpilleurs armés à effectif complet.
1 escadrille de remplacement à effectif réduit.

Il faut ajouter à l'armée navale 6 canonnières : *Agile, Tapageuse, Duchaffault, Diligente, Capricieuse, Espiègle* : le mouilleur de mines *Pluton* et les bâtiments auxiliaires *Boudre, Tourville* et *Rhône* (pétrolier), 4 avisos : *Escaut, Scarpe, Suippe, Yser*, plus 3 en achèvement.

Syrie.

La Division de Syrie comprendra le *Jurien de la Gravière*, le sloop *Algol*, 10 petits cargos, dont 3 frigorifiques et un yacht : l'*Albatros*.

Atlantique.

La Division de Croiseurs cuirassés prévue au budget de 1920 pour l'Océan Atlantique avec Brest comme base comprendra 3 bâtiments : *Gloire, Condé, Marseillaise*.

Réserve spéciale : *Gueydon, Montcalm, Guichen*.

Ecoles.

La Division des Ecoles de la Méditerranée comprendra : *Patrie, République, Pothuau, Hache, Lahire, Bapaume*.

La Division des Écoles de l'Océan comprendra : *Justice, Jeanne d'Arc, D'Entrecasteaux, Arras, Audacieuse, Aventurier*.

Rhin.

Une flottille de bateaux à moteur sur le Rhin.

Flottilles.

Chaque arrondissement comprend une escadrille de patrouille, une escadrille de dragage. En outre une escadrille de sous-marins à Cherbourg, Toulon et Bizerte.

Divisions et bâtiments isolés en campagne :

Division navale d'Extrême-Orient : Croiseurs *Desaix* et d'*Estrées*, sloop *Altaïr*, aviso *Craonne* et 2 canonnières de rivière ;
Division de l'Afrique Occidentale : Croiseur *Du Chayla*, sloops *Cassiopée* et *Régulus*, canonnière *Dubourdieu* et 1 yacht ;
Pacifique : sloop *Aldebaran ;*
Antilles : sloop *Antarès ;*
Madagascar : sloop *Bellatrix*.
Pêches, Terre-Neuve : sloop *Ville d'Ys*, aviso *Somme* et 1 chalutier.
Mer du Nord : *Quentin Roosevelt* et 2 chalutiers.
Hydrographie : 2 bâtiments hydrographes et 7 chalutiers.

LA LOI MARITIME

Le recrutement.

Colbert, le premier, assura un recrutement régulier des équipages de la flotte par la création de l'inscription maritime et du système des classes (édits de 1665, 1668, 1671). Tous les marins furent inscrits sur un registre général, où ils étaient divisés en trois, quatre ou cinq classes et devaient à l'Etat une année de service sur trois, quatre ou cinq ; en retour, ils avaient une solde et le monopole du commerce et de la pêche maritime.

Aujourd'hui encore, les inscrits maritimes constituent la catégorie la plus nombreuse des équipages de la flotte. Ceux-ci se recrutent également parmi les jeunes gens appelés au service obligatoire et qui, en passant devant le Conseil de revision, ont demandé à être incorporés dans le service maritime et y ont été reconnus aptes, les engagés volontaires et rengagés, les jeunes gens admis à l'Ecole des Apprentis-marins et Mousses de la flotte, à l'Ecole des Apprentis-mécaniciens, ceux admis après concours, en qualité de matelots élèves-mécaniciens, enfin les inscrits algériens et coloniaux.

L'inscription maritime.

D'après la loi du 24 décembre 1896, est inscrit maritime tout Français ou naturalisé exerçant la navigation ou la pêche en mer à titre professionnel. Les inscrits se divisent en provisoires, définitifs et hors de service.

Les premiers, débutant dans la navigation, n'ont aucune obligation spéciale du fait de leur inscription. Les inscrits définitifs sont ceux qui, de 18 à 48 ans, ont accompli au moins 12 mois de long cours ou de grande pêche ou 18 mois de cabotage, bornage ou petite pêche.

L'inscrit définitif ne peut être appelé pour le service actif que dans l'armée de mer, où il ne peut servir que dans les Equipages de la Flotte. A 50 ans, il a droit à une pension de retraite s'il a navigué ou pêché pendant 300 mois.

A 20 ans, l'inscrit doit se présenter devant un administrateur de l'Inscription maritime ou un Syndic des gens de mer pour sa levée. Reconnu apte au service, il est dirigé sur le dépôt des Equipages de la Flotte du port militaire le plus proche. Durée d'activité : 5 ans, sur lesquels 48 mois seulement sont exigés ; après, des congés illimités sont accordés. Après ces cinq années, l'inscrit passe pour 2 ans dans la position de disponibilité ; puis dans la réserve de l'armée de terre jusqu'à 48 ans.

La loi du 8 août 1913 a supprimé toutes les dispenses de service actif comme dans l'armée de terre, mais les familles des inscrits maritimes reconnus leur soutien indispensable peuvent recevoir une allocation journalière de 1 fr. 25 par jour, majorée de 0 fr. 50 par enfant de moins de 16 ans à la charge du soutien.

Les engagés volontaires.

L'engagement volontaire peut être conclu suivant les modalités suivantes :

1° *Engagements de 10 ans :* Sont obligatoirement souscrits par les élèves de l'Ecole des Apprentis marins qui atteignent l'âge de 16 ans et par ceux de l'Ecole des Apprentis mécaniciens un mois après leur entrée à l'Ecole ;

2° *Engagements de 7 ans :* Sont souscrits pour les jeunes gens de plus de 17 ans et de moins de 18 ans, en remplissant les formalités indiquées ci-dessous ;

3° *Engagements pour 3, 4 ou 5 ans :* Peuvent être souscrits par tous les jeunes gens de 18 à 25 ans ayant au moins la taille de 1m,52. Les engagements volontaires sont reçus pour toutes les spécialités des Equipages de la flotte. Les jeunes gens qui désirent entrer dans une spécialité (mécaniciens, gabiers, timoniers, électriciens, fourriers, commis aux vivres, torpilleurs, canonniers, fusiliers, etc...) adressent leur demande au Commandant du dépôt des équipages de la flotte du port militaire le plus rapproché de leur résidence, au chef du Bureau des Equipages de la Flotte, au Ministère de la Marine à Paris ou à un commandant de bureau de recrutement (joindre : acte de naissance, certificat de bonne vie et mœurs, consentement du père, de la mère ou du tuteur pour les jeunes gens ayant moins de 20 ans). Des notices détaillées sont délivrées dans les mairies des villes, chefs-lieux d'arrondissement dans les dépôts des Equipages, les bureaux de recrutement et au Ministère de la Marine.

La durée normale de l'engagement est de cinq années. Toutefois, les jeunes gens qui désirent servir comme sans spécialité, cuisiniers, maîtres d'hôtel, musiciens, peuvent être autorisés à se lier au service pour 3 ou 4 ans seulement.

Les mousses.

Le Ministre de la Marine peut, dans la mesure où les besoins du recrutement le rendent utile et sous la dénomination de mousses, admettre dans les équipages sans lien d'engagement défini, des jeunes gens, inscrits ou non, âgés de moins de seize ans, munis du consentement de leur père ou tuteur ou, à défaut, du juge de paix et pourvus du certificat d'études primaires. Pendant la durée de leur présence au service, ces jeunes gens sont soumis au régime militaire. Ils peuvent être renvoyés d'office à toute époque.

Les parents sont tenus au remboursement des frais d'entretien et d'instruction.

Ils sont maintenus à bord des vaisseaux-écoles l'*Armorique* et le *Magellan*, en rade de Brest, ne sont versés au service général de la Flotte qu'après 18 mois au moins comme matelots. L'Ecole des Mousses reçoit 1.200 élèves, tous d'excellente conduite prouvée par des certificats d'instituteurs ou de patrons. Cette école prépare des officiers mariniers ou des officiers pour la flotte de guerre.

Le séjour à l'école est gratuit, sauf en cas de renvoi pour inconduite ; les élèves reçoivent une solde de 35 centimes par jour. Les admissions ont lieu en avril et en octobre.

Les apprentis mécaniciens.

Les apprentis mécaniciens sont recrutés parmi les jeunes gens de 15 ans 9 mois à 17 ans qui ont déjà fait un certain temps d'apprentissage du métier de mécanicien et qui veulent servir dans la marine. L'école est à Lorient ; il y a deux admissions par an, l'une au mois d'avril, l'autre au mois d'octobre. Durée du cours : 2 ans environ après lesquels les élèves sont mis au service général comme matelots de 1re ou de 2e classe mécaniciens. L'Ecole est gratuite, les élèves reçoivent une solde de 50 centimes par jour. Trois mois après leur entrée, ils sont tenus de contracter un engagement volontaire de 10 ans.

Les inscrits algériens et coloniaux.

Les inscrits portés sur la matricule des gens de mer en Algérie et domiciliés dans cette possession au moment de la levée sont soumis aux mêmes règles que les inscrits de la métropole.

Toutefois, dans l'intérêt de la colonisation, ces marins sont envoyés en congé illimité après un an de présence effective sous les drapeaux, si leur conduite n'a pas laissé à désirer et s'ils ont satisfait aux conditions d'instruction militaire déterminées par le Ministre de la Marine.

Ceux d'entre eux qui transportent leur établissement en France doivent compléter, dans les équipages de la flotte, la durée du service effectif exigée des inscrits de la métropole, sans toutefois pouvoir être levés à cette fin après l'âge de 29 ans ni retenus au delà de celui de 30 ans.

L'incorporation.

Les marins levés pour le service de la flotte en qualité d'inscrits maritimes ou d'engagés volontaires sont dirigés sur le dépôt des Equipages de la Flotte de l'un des 5 ports militaires. Levée des inscrits : le 2e lundi des mois de janvier et juillet. Les élèves de la marine marchande seuls sont appelés le 2e lundi d'avril ou d'octobre.

Aussitôt incorporés, les hommes sont habillés, vaccinés et reçoivent pendant trois mois l'instruction militaire. Les inscrits maritimes passent devant la Commission des spécialités qui les classe dans chacune d'entre elles suivant leurs aptitudes ; ils sont réunis aux engagés volontaires et dirigés sur les écoles de formation des brevetés de chaque spécialité.

Devancement d'appel.

Tout inscrit définitif âgé de plus de 18 ans, ayant au moins la taille de 1^{m},54, reconnu apte à faire un bon service, peut être admis à devancer l'époque à laquelle il aurait été appelé. Sa période obligatoire court, dans ce cas, du jour de sa levée anticipée.

Sursis de levée.

Les inscrits maritimes atteints par la levée permanente, à l'âge de 20 ans, peuvent, en dehors des motifs de maladie, obtenir des sursis de levée soit pour raison de la présence d'un frère sous les drapeaux, soit pour prendre part à une campagne de pêche, soit pour se préparer à subir les examens des divers brevets donnant accès au commandement des bâtiments de commerce.

La levée n'atteint les inscrits maritimes que lorsqu'ils sont en France ou en Algérie. Tout inscrit qui est embarqué ou qui réside hors de la métropole est considéré comme étant en sursis jusqu'à son retour en France. S'il ne rentre qu'après 30 ans sans que sa responsabilité puisse être mise en cause, il est exempté de toute obligation d'activité.

Rengagements et réadmissions.

Les rengagements et les réadmissions sont de 2, 3, 4 ou 5 ans ; ils donnent lieu au paiement d'une prime qui est de 350 à 900 francs suivant les spécialités. Ces liens peuvent se renouveler jusqu'à 25 ans de service, mais pour les quartiers-maîtres et marins seulement.

Renonciation à la dispense.

Le dispensé peut être admis à renoncer à sa dispense. S'il se trouve dans l'année qui précède ladite époque, il doit contracter un lien de réadmission ; si cette année n'est pas commencée, il doit rester au service jusqu'à l'expiration de la 5e année de sa période de service actif.

Cadre de maistrance.

Les officiers-mariniers qui s'engagent à rester au service après la période soit de service actif, soit de réadmission, qu'ils accomplissent au moment de leur nomination comme officiers-mariniers, peuvent être admis, sur leur demande, dans le cadre de maistrance de la flotte, qui comprend l'effectif permanent des officiers-mariniers de toutes spécialités. Ils contractent par ce fait le lien spécial applicable à tous ceux qui sont incorporés dans ledit cadre.

L'admission dans le cadre de la maistrance entraîne, pour l'officier-marinier, l'obligation de servir l'Etat jusqu'à ce qu'il ait reçu notification, soit de l'acceptation de sa démission par le Ministre, soit de sa radiation d'office du cadre.

Obligations des réservistes.

Les réservistes ayant 3 années d'activité sont exemptés de la période de 23 jours ; ceux qui ont effectué 4 années de présence sont exemptés des 23 jours et des 17 jours.

Les réservistes provenant de l'engagement volontaire ou du contingent restent affectés aux réserves de l'armée de mer, jusqu'à ce qu'il se soit écoulé 10 ans depuis la date initiale de leur service militaire. Après cette date, ils sont désaffectés de la Marine et versés dans l'armée de terre où ils suivent le sort de leur classe.

Les hommes domiciliés sur le territoire des 6e, 7e, 20e et 21e corps d'armée, les anciens musiciens des Equipages sont versés dans l'armée de terre dès leur libération.

Les inscrits maritimes passent dans la réserve de l'armée de terre s'ils viennent à être rayés de l'inscription maritime lorsque la classe dont ils font partie n'est plus utile dans les réserves de l'armée de mer.

Rappel et mobilisation. Non disponibles.

Les inscrits à la disposition du ministre sont, au point de vue de leur rappel au service classés en trois catégories :

a. Inscrits en sursis de levée et en congé illimité ; *b.* Inscrits jouissant d'une dispense ; *c.* Inscrits en disponibilité.

Leur rappel a lieu, selon le degré d'urgence, soit par voie d'affiches, soit par la notification au domicile des intéressés d'ordres individuels de route.

Les inscrits maritimes qui se trouvent dans la position de réserve sont répartis, au point de vue de la mobilisation, en 5 catégories :

d. Inscrits âgés de moins de 20 ans ; *e.* Inscrits âgés de 20 à 25 ans ; *f.* Inscrits âgés de 25 à 40 ans ; *g.* Inscrits âgés de 40 à 45 ans ; *h.* Inscrits âgés de 45 à 50 ans.

Le décret de mobilisation en vertu duquel les inscrits qui font l'objet du présent article sont appelés sous les drapeaux s'applique également aux inscrits à la disposition du Ministre, quand ces derniers n'ont pas été rappelés avant sa promulgation.

La mobilisation peut être partielle ou totale ; dans ce dernier cas, elle s'effectue en suivant l'ordre de priorité des catégories définies au 1er paragraphe du présent article.

L'appel par affiche oblige tous les inscrits non embarqués à se présenter immédiatement devant l'autorité désignée par l'affiche.

Les inscrits rappelés ou mobilisés qui se trouvent embarqués sur des bâtiments présents dans un port de France sont immédiatement débarqués.

Les inscrits maritimes fixés dans les colonies françaises ou à l'étranger doivent, aussitôt que l'avis de mobilisation parvient à leur connaissance ou leur est notifié par l'autorité maritime ou consulaire dans le ressort de laquelle se trouve le lieu de leur résidence, se mettre à la disposition de ladite autorité. Ceux qui naviguent sous pavillon étranger doivent se présenter à l'autorité maritime ou consulaire du premier port où le bâtiment fait escale.

Ces autorités se conforment, pour la destination à donner aux inscrits mobilisables, aux instructions du Ministre de la Marine.

Le rappel et la mobilisation font toujours l'objet d'un ordre spécial à l'égard des inscrits qui ne se trouvent pas dans la métropole. Cet ordre indique à quelles catégories d'inscrits, pour quelles espèces de bâtiments, s'il y a lieu, dans quels ports, contrées ou colonies et en quelles circonstances il est applicable.

Le rappel et la mobilisation des capitaines au long cours et des mécaniciens qui ont été chargés, pendant une année au moins, à bord des bâtiments de commerce, de la conduite d'une machine d'une puissance indiquée de 1.200 chevaux ou plus, ont toujours lieu par décision ministérielle ou décret spécial.

Sont seuls autorisés à ne pas rejoindre immédiatement, en cas de convocation par voie d'affiches, les inscrits employés dans certains services importants à la défense nationale et à l'intérêt public maritime et qui seront déterminés par décret.

Ces inscrits, dit non disponibles, sont considérés comme mobilisés à partir du jour de l'apposition des affiches ; ils ne sont mis en route que sur un ordre spécial du ministre.

Retraites.

Après 15 ans de service, les marins ont droit à une pension proportionnelle. Ils peuvent concourir pour les emplois civils dans les mêmes conditions que les anciens militaires. Après 25 ans de service, ils ont droit à une pension de retraite. A grade égal, les pensions sont à peu près du double de celles concédées dans l'armée de terre aux militaires du même grade.

LES DRAPEAUX DÉCORÉS ET LES FOURRAGÈRES.

Drapeaux décorés de la Médaille militaire et de la Légion d'honneur.

Chasseurs à pied. (Le drapeau est confié au 6e bataillon.)
3e régiment de marche de zouaves.
2e régiment de marche de tirailleurs.
Légion étrangère.
Régiment d'infanterie coloniale du Maroc.

Drapeaux décorés de la Légion d'honneur.

23e, 26e, 51e, 57e, 76e, 99e, 137e, 152e, 153e, 298e régiments d'infanterie.
2e, 3e régiments de zouaves.
4e, 8e, 9e régiments de marche de zouaves.
2e, 3e régiments de tirailleurs.
4e, 7e régiments de marche de tirailleurs.
4e régiment mixte de zouaves et tirailleurs.
1er régiment de chasseurs d'Afrique.
Régiment de sapeurs-pompiers.
Ecole polytechnique.
Ecole spéciale militaire de Saint-Cyr.
Fusiliers marins.
1er, 24e, 43e régiments d'infanterie coloniale.
1er régiment de tirailleurs sénégalais.

La fourragère double.

Arborent la double fourragère rouge et verte-rouge, aux couleurs de la Légion d'honneur et de la Croix de guerre :

Le régiment de marche de la légion étrangère (11 citations).
Le rég. d'infanterie coloniale du Maroc (10 citations).

La fourragère rouge.

La fourragère aux couleurs du ruban de la Légion d'honneur a été conférée aux corps suivants :

8e, 23e, 26e, 152e 153e, rég. d'infanterie ;
6e, 8e, 16e, 27e, 30e bataillons de chasseurs à pied ;
3e, 4e, 8e, 9e rég. de marche de zouaves ;
2e, 4e, 7e rég. de marche de tirailleurs ;
4e rég. mixte de zouaves et tirailleurs ;
3e bataillon de marche d'infanterie légère d'Afrique ;
43e régiment d'infanterie coloniale ;
Fusiliers marins.

La fourragère verte et jaune.

La fourragère aux couleurs du ruban de la médaille militaire a été conférée à la suite de quatre citations à l'ordre de l'armée, aux corps suivants, par ordre de numéros de régiment :

1er, 12e, 18e, 19e, 21e, 22e, 30e, 32e, 34e, 35e, 42e, 44e, 49e, 51e, 55e, 60e, 65e, 66e, 67e, 69e, 77e, 81e, 94e, 98e ;
106e, 109e, 110e, 112e, 116e, 123e, 125e, 128e, 133e, 146e, 149e, 150e, 151e, 154e, 155e, 156e, 158e, 161e, 162e, 164e, 168e, 169e, 170e, 172e, 173e ;
208e, 224e, 251e 272e, 287e, 299e ;
321e, 329e, 332e, 360e, 401e, 409e, 411e, 414e régiments d'infanterie ;
1er, 2e, 4e, 5e, 11e, 12e, 13e, 14e, 17e, 19e 20e, 21e, 22e 24e, 25e, 28e, 29e, 31e, 54e, 60e, 68e, 102e, 115e, 116e bataillons de chasseurs à pied ;

1er, 2e rég. de marche, le 3e rég. *bis* de zouaves ;
1er, 8e et 1[illegible]e rég. de marche de tirailleurs ;
1er rég. mixte de zouaves tirailleurs ;
1er rég. de tirailleurs marocains ;
1er bataillon de marche d'infanterie légère d'Afrique ;
12e, 32e, 35e, 39e, 40e, 47e, 60e, 61e, 276e (ancien 5e groupe d'Afrique) rég. d'artillerie de campagne ;
1er, 2e, 3e groupes d'artillerie de campagne d'Afrique ;
2e, 6e, 21e et 23e rég. d'infanterie coloniale ;
43e bataillon de tirailleurs Sénégalais ;
Régiment de marche de spahis marocains ;
Compagnies 6/3, 6/53 du 9e rég. du génie ;
Escadrilles 3, 62, N. 65, C. 46 ; MF. 1 ; Br., 29 ; BR. 66 (ancienne C. 66) ; BR. 103 ; BR. 111 ;
Compagnies 307, 308, 309 d'artillerie d'assaut ;
Section sanitaire américaine 646 (ancienne nº 5).

La fourragère verte et rouge.

La fourragère aux couleurs du ruban de la Croix de guerre a été conférée à la suite de deux citations à l'ordre de l'armée, aux corps suivants, par ordre de numéros de régiment :

2e, 3e, 4e, 5e, 6e, 7e, 9e, 10e, 11e, 13e, 14e, 15e, 16e, 17e, 20e, 24e, 27e, 28e, 29e, 31e, 33e, 36e, 37e, 38e, 39e, 41e, 43e, 45e, 47e, 48e, 50e, 52e, 53e, 54e, 56e, 57e, 59e, 62e, 63e, 64e, 68e, 70e, 71e, 73e, 74e, 75e, 78e, 79e, 80e, 82e, 83e, 84e, 85e, 86e, 87e, 89e, 90e, 91e, 92e, 93e, 95e, 96e, 97e, 99e ;
100e, 101e, 102e, 103e, 104e, 105e, 107e, 108e, 113e, 114e, 115e, 117e, 118e, 119e, 120e, 121e, 122e, 124e, 126e, 127e, 129e, 130e, 131e, 132e, 134e, 135e, 136e, 137e, 138e, 139e, 140e, 141e, 142e, 143e, 144e, 147e, 148e, 159e, 160e, 165e, 166e, 167e, 171e, 172e, 174e ;
201e, 205e, 219e, 225e, 226e, 230e, 232e, 233e, 234e, 248e, 264e, 265e, 279e, 283e, 298e ;
307e, 319e, 320e, 325e, 327e, 328e, 333e, 335e, 338e, 344e, 346e, 350e, 355e, 356e, 363e, 365e, 366e, 367e, 369e, 372e ;
403e, 404e, 407e, 408e, 410e, 412e, 413e, 414e, 415e, 416e régiments d'infanterie ;
89e, 90e rég. d'infanterie territoriale ;
3e, 7e, 9e, 10e, 15e, 18e, 23e, 26e, 32e, 41e, 42e, 43e, 44e, 45e, 47e, 48e, 49e, 51e, 52e, 53e, 55e, 56e, 59e, 61e, 62e, 63e, 64e, 65e, 67e, 69e, 70e, 106e, 107e, 114e, 120e, 121e bataillons de chasseurs à pied ;
1er, 2e, 3e, 5e, 6, groupes de chasseurs cyclistes ;
2e rég. *bis* de zouaves ;
3e, 5e, 6e, 9e, 10e, et 11e rég. de marche de tirailleurs ;
2e bataillon de marche d'infanterie légère d'Afrique ;
Bataillon de Légion étrangère du 1er rég. de marche d'Afrique :
Légion russe ;
2e rég. de tirailleurs marocains ;
27e, 36e, 53e, 61e, 62e, 64e, 68e, 69e bataillons de tirailleurs sénégalais ;
1er rég. de tirailleurs malgaches (ancien 12e bataillon) ;
1er bataillon de tirailleurs somalis ;
3e rég. de hussards ;
1er et 4e rég. de chasseurs d'Afrique ;
1er, 4e, 5e, 7e, 22e, 24e, 33e, 42e, 52e, 53e rég. d'infanterie coloniale ;
4e, 5e, 6e, 8e, 9e, 11e et 12e régiments de cuirassiers à pied ;
5e, 11e 15e, 17e, 18e, rég. de chasseurs à cheval ;
2e 4e, 8e, 9e, 12e, 14e, 15e, 16e, 20e, 22e, 29e, 31e rég. de dragons ;

1er, 2e, 3e, 4e, 5e, 6e, 7e, 8e, 10e, 14e, 15e, 17e, 18e, 20e, 22e, 24e, 25e, 27e, 28e, 29e, 30e, 31e, 33e, 34e, 36e, 38e, 41e. 42e, 43e, 44e, 46e, 48e, 49e, 50e, 51e, 53e, 54e. 55e, 56e, 57e, 58e, 59e, 62e, 205e, 208e, 210e, 215e, 217e, 222e, 223e, 225e, 226e, 227e, 228e, 232e, 234e, 235e, 237e, 238e, 239e, 240e, 243e, 246e, 250e. 251e, 252e. 254e, 255e, 256e, 257e, 259e, 260e, 263e, 264e, 265e 266e 275 rég. d'artillerie de campagne ;

Groupe d'artillerie de campagne de la 6e div. de cavalerie ;

4e groupe du 13e rég. d'artillerie de campagne ;

1er, 2e, 3e, 22e, 41e rég. d'artillerie coloniale ;

101e batterie du 2e rég. d'artillerie coloniale :

Groupes d'artillerie lourde : 1er, 3e (ancien 4e), 4e (ancien 5e) du 81e régiment ; 2e, 5e du 83e ; C (ancien 4e) du 85e ; B (ancien 3e), C (ancien 5e) du 89e ; 1er, 5e du 103e ; 5e du 105e ; 7e du 106e ; 6e du 107e ; 8e du 108e ; 1er, 3e (ancien 6e) du 109e ; 5e du 110e ; 5e, 8e du 111e ; 6e (ancien 7e du 109e) du 113e ; 1er, 4e, 8e du 116e ; 7e du 117e ; 1er, 6e, 8e du 120e ; 8e du 121e ; 5e du 132e ; 5e du 138e ; 6e du 138e ; 3e du 141e ; C (ancien 10e du 83e) du 283e ; A du 284e ; 2e (ancien 4e du 82e) du 290e ; 1er, 2e (ancien 8e du 120e), 3e du 320e régiments.

Batteries de tranchées : 101e (ancienne 124e du 6e) du 2e régiment ; 103e (ancienne 138e du 49e) ; 104e (ancienne 110e du 56e) du 9e ; 106e (ancienne 106e du 59e) du 41e ; 112e du 54e ; 109, 122e du 59e : 14e (ancienne 111e du 6e) du 176e ; 1re (ancienne 103e) du 253e ; 4e (ancienne 122e du 253e) du 177e régiments.

18e du 177e ; 10e du 175e ; 34e du 178e ; 2e du 176e ; 29e du 175e ; 25e du 175e ; 2e du 177e ; 11e du 177e ; 26e du 178e ; 37e du 176e.

1er, 5e, 6e, 14e, 15e, 17e, 33e groupes d'artillerie d'assaut.

301e, 302e, 303e, 304e, 305e, 306e, 323e, 327e, 328e, 356e compagnies de chars d'assaut.

Génie : Compagnies 4/3, 4/8, 4/13, 4/33, 5/1, 22/13 du 1er régiment ;

Compagnies 16/1, 16/2, 16/3, 16/4, 16/13, 16/31, 16/52, 16/63, 17/1, 17/31, 17/71 M, 18/2, 18/32, 19/31, 19/32 M, 26/2 M, 26/1 M du 2e régiment :

Compagnies 1/2, 1/3; 1/4, 1/13, 1/14, 1/33, 1/64, 2/7, 2/57, 3/1, 3/13, 3/31 du 3e régiment ;

Compagnies 8/7, 8/57, 13/3, 13/14, 13/34, 14/2, 14/3, 14/13, 14/15, 14/52 du 4e régiment :

Compagnies 9/2, 9/7, 9/32, 10/1, 10/2, 10/3, 10/25, 10/31, 11/1, 11/3, 11/4, 11/12, 11/13, 11/63, 12/52 du 6e régiment ;

Compagnies 15/1, 15/12, 15/62 du 7e régiment ;

Compagnies 6/2, 6/3, 6/14, 6/52, 6/53, 6/64, 25/1, 25/4, 25/51, 25/54 du 9e régiment ;

Compagnies 20/1, 20/2, 20/31, 20/32, 26/2, 26/3, 26/53 (ancienne compagnie auxiliaire 26/1 bis) du 10e régiment ;

Compagnies 21/1, 21/31, 27/3, 27/53 du 11e régiment ;

Compagnies 5/4, 5/7, 5/32, 5/37 (ancienne 5/7 bis), 22/1, 22/3, 22/53 du 21e régiment ;

Compagnies 7/1, 7/2, 7/13, 7/14, 7/32, 19/2, 19/32, 28/2, 28/4 ;

Détachement télégraphique de la 38e division.

Aviation : escadrilles 3, 17, 18, 48, 52, 53, 57, 67, 69, 77, 81, 104, 105, 106, 107, 109, 123, 203, 226, 228 ; MF 1, MF 29, MF 55 ; C 10, C 11, C 27, C 46, C 56, C 66, C 228 ; VB 101 ; F 19, F 25 ; R 239 ; R 240 ; SAL 33 ; N 66 ; AR 8 (ancienne F 8), AR 20 (ancienne MF 20) ; SPA 15, SPA 23 (ancienne N 23), SPA 38 (ancienne 38), SPA 62 (ancienne 62), SPA 88, SPA 103 (ancienne SPA 124) ; BR 108, BR 110, BR 111, BR 117, BR 120, BR 126, BR 127, BR 128, BR 129, BR 131, BR 132, BR 134, BR 218 (ancienne MF 218) B4 219 (ancienne V 21), BR 227 (ancienne C 227) ; 1er groupe de bombardement ;

1er, 6e, 7e, 8e, 9e, 11e, 13e, 16e, groupes d'autos-canons et d'autos-mitrail.
Section sanitaire anglaise n° 2 ;
Sections sanitaires américaines n° 539, 625 (ancienne n° 1).
Groupes de brancardiers des 38e et 42e divisions :

Pour la marine : les états-majors et équipages du *Bouvet*, du *Cugnot*, du *Nord-Caper*, du *Bernouilli*, du *Casque*, du *Commandant Bory*, du *Commandant-Rivière*, du *Bisson*, du *Bouclier*, du *Gaulois*, du *Lansquenet*, du *Mameluck*, du *Requin* et du dragueur *Pioche*.

(Pour l'historique détaillé des Fourragères, voir Édition 1919.)

Bibliographie.

Armée de terre.

Annuaire officiel de l'armée française, in-8, 2.075 p. Annuel. Berger-Levrault. Paris.

Boutaric (Edgar). *Institutions militaires de la France avant les armées permanentes*, in-8, 8 fr. Plon-Nourrit. Paris.

Bonnal (général). *Les conditions de la guerre moderne*, in-16, 3 fr. 50. E. de Boccard. Paris.

Bruel (F.). *Maréchaux de France. Chronologie militaire* (1786-1870), in-8, 12 fr. Fournier. Paris, 1918.

Code de justice militaire pour l'armée de terre, in-8, 2 fr. Charles-Lavauzelle. Paris, 1916.

Cousin (général). *Aide-mémoire de l'officier d'infanterie en campagne*, in-12, 428 p., 4 fr. Charles-Lavauzelle. Paris, 1916.

Crouvezier (G.). *L'aviation pendant la guerre*, in-8, 3 fr. 50. Berger-Levrault. Paris, 1916.

Dubois (général). *L'artillerie de campagne dans la guerre actuelle* (75 et 90), in-8, 10 fr. Fournier. Paris, 1916.

Foch (maréchal). *De la conduite de la guerre. La manœuvre pour la bataille*, gr. in-18, 505 p., 12 fr. Nouv. édition. Berger-Levrault. Paris, 1918.

Lassalle (Officier d'admin. de 1re cl.). *Lois organiques militaires*, gr. in-8, 500 p. ; *Code de législation et d'administration en vue du temps de guerre*, 2 vol., 900 et 950 p. ; *Manuel de l'organisation de l'armée et du fonctionnement des services militaires*, gr. in-8, 1.600 p. ; *Droits des mobilisés et de leurs familles*, in-8, 256 p. Fournier. Paris, 1919.

Notice descriptive des nouveaux uniformes du 10 oct. 1915, in-8. Charles-Lavauzelle. Paris. 1916.

Paloque (Colonel J.). *L'artillerie dans la bataille*, in-18, 456 p., 5 fr. Doin. Paris, 1916.

Pavie (Capne André). *La justice militaire aux armées en campagne*, in-8. Ch. Lavauzelle. Paris, 1918.

Prieur (Léon). *La loi nouvelle du 31 mars 1919 sur les pensions militaires*. Charles-Lavauzelle. Paris, 1919.

Toussaint (médecin-inspecteur). *La direction du Service de Santé en campagne*, in-16, 5 fr. Charles-Lavauzelle. Paris, 1917.

Z. (Capitaine). *L'armée de 1917*, in-12, 4 fr. Payot. Paris, 1917.

Marine Nationale.

Annuaire de la marine, in-8. Doin. Paris.

Liste navale française, 4 fr. 50. Albin. Paris. Annuel.

Balincourt (Comm' de). *Les Flottes de combat* en 1919, in-16 oblong, 6 fr. 50. Challamel, Paris.

Clerc Rampal. *Trente siècles de guerres navales*. Delagrave. Paris ; *La Marine Française*. 7 fr. 50. Larousse. Paris, 1919.

Daveluy (c. amiral). *Les Enseignements maritimes de la guerre anti-germanique*, in-8 br. 3 fr. 50. Challamel. Paris, 1919.

La Roncière (Charles de). *Histoire de la marine française*, 4 vol., in-8, ch. 12 fr. Plon-Nourrit. Paris.

Paasch (capitaine). *Dictionnaire de marine*, 4e éd., in-4 oblong, 50 fr. Challamel. Paris.

Vedel (Comm' Emile). *Nos marins à la guerre. Sur mer et sur terre*, in-16 de 320 p., 4 fr. 50. Payot. Paris, 1916.

Principales Associations et Sociétés militaires et maritimes. Œuvres de guerre.

Œuvres d'avant-guerre :

militaires :

Anciens militaires (Fédér. nat. des Unions et Soc. d'), boul. de Strasbourg, 28.

Anciens militaires des armées de terre et de mer (Soc. des), av. Henri-Martin, 71.

Cercle nat. des armées de terre et de mer, av. de l'Opéra, 49. T. Centr. 31-84 et 03-93. (V. Cercles).

Coloniaux et légionnaires (Assist. aux mil.), boul. Kellermann 84.

Combattants des armées de 1870-71. (Assoc. amic. des anciens), r. du Château-d'Eau, 47.

Médaillés militaires (Les), r. de Jouy, 7.

Officiers des armées de terre et de mer (Soc. nat. de secours mutuels des), porte de Châtillon, 3e bureau.

Officiers de réserve de l'armée terr. (Caisse de retraite des), r. Hippolyte-Lebas, 3.

Polytechnique (Assoc. des anciens élèves de l'Ecole), r. Descartes, 5.

Saint-Cyrienne (La), r. de Bellechasse, 12.

Sapeurs-Pompiers de France (Fédér. des), r. de Dunkerque, 22.

Sous-officiers des armées de terre et de mer (Fédér. nat. des), faub. St-Denis, 148.

Souvenir français (Le), Soc. nat. pour l'entretien des tombes des milit. et marins morts pour la Patrie, r. du faub. St-Honoré, 229.

Vétérans des armées de terre et de mer (Les), 1870-1871, r. J.-J.-Rousseau, 68.

maritimes :

Ligue Maritime franç., r. de la Boétie, 8,. T. Wagr. 37-54.

Ligue Navale franç., av. de l'Opéra, 4. T. Gut. 79-40.

Œuvres de guerre.

Armée (Les Cercles de l') (ravitaill. intell. et moral des armées de terre et de mer), av. des Champs-Elysées. 117.

Aveugles de la guerre (Aide aux), av. des Champs-Elysées, 124.

Aveugles de guerre (Comité franco-américain pour les), r. Daru, 14. T. Elys. 49-39.

Aveugles (Conférence des Œuvres d'assist. aux), quai d'Orsay, 95.

Blessés au Travail (Les), av. des Champs-Elysées. 154. T. Elys. 49-73.

Combattants de la Grande Guerre (Les), 31, r. Saint-Antoine.

Convalescents mil. (Œuvre fratern. des mutilés et), r. Lafayette, 213. T. Nord 67-18.

Eclopés (Assist. aux Dépôts d'), av. des Champs Elysées, 72.

Enfant du Soldat (L'), r. Jacob. 26.

Foyers franco-américains (Les), r. La Fayette, 13.

Jambes artif. provis. (Œuvre des), boul. Pereire, 140.

Mutilés de la Guerre (Assoc. gén. des), siège social, hôtel des invalides ; bureaux, r. Paul-Baudry, 7.

Mutilés des Armées de terre et de mer (Fédér. nat. d'Assist. aux), av. des Champs-Elysées, 63.

Mutilés et Réformés de la guerre (Office nat. des), quai d'Orsay, 95 et 97. T. Saxe 12-80.

Orphelinat des Armées (L'), r. Jacob, 21.

Orphelins de la guerre (Assoc. des), quai d'Orléans. 40.

Orphelins de la guerre (Œuvre franç. des), r. de l'Université, 163.

Orphelins des soldats morts pour la France (Comité central de secours aux), r. Bonaparte, 33.

Parrains de Reuilly (Les), r. de Reuilly, 20.

Pensions mil. (Œuvre des), r. Montaigne, 11 *bis*.

Pères et Mères dont les fils sont morts pour la Patrie (Union des), r. Laffitte, 10.

Prisonnier de guerre (Vêtement du), av. des Champs-Elysées, 63.

Prisonnier de guerre (Œuvre belge du), av. des Champs-Elysées, 63.

Prisonniers de guerre milit. et civils (Fédér. nat. d'assist. aux), av. des Champs-Elysées, 63, T. Passy 98-22.

Prisonniers de guerre (Union chrét. d'aide aux), r. Bergère, 31. T. Bergère, 37-67.

Réformés de la guerre (Aide imméd. aux), r. St-Martin, 325.

Réformés de la guerre (Œuvre des), r. de Vaugirard, 49.

Réformés de la guerre (Office nat. des), quai d'Orsay, 95 et 97. T. Saxe 12-80.

Réformés n° 1 (Fédér. de l'Union fratern. des militaires blessés), r. Affre, 20.

Secours de guerre (Le), pl. St-Sulpice, 9. Fleurus 15-42 et 03-94.

Soldat (La Maison du), r. du Val-de-Grâce, 12.

Soldat au front (Œuvre du) fondée par le T. C. G., av. de la Grande-Armée.

Soldat de Paris (Œuvre du Cercle nat. pour le), r. Chevert, 15.

Soldat (Œuvre du Cercle du), r. St-Honoré, 90.

Soldat (Œuvre des jeux du), r. François-Ier, 21.

Soldat dans la tranchée (Œuvre du), av. des Champs-Elysées, 63.

Soldat belge (Foyer du), quai de Valmy, 107.

Soldats (Œuvre des Livres pour les), r. Lafayette, 53.

Soldats (Coordin. des secours volontaires en faveur des), r. St-Dominique, 57.

Tuberculeux (Comité départ. d'assist. aux milit.), r. Las-Cases, 5. T. Fleurus 12-94.

(1) Adresse à Paris sauf indication contraire.

POPULATION

Les premières évaluations dignes de foi de la population de la France, faites par Vauban, en 1700, montraient un chiffre de 19,669,320 hab. Une autre évaluation, en 1762, donna 21,769,163 hab. En 1784, un calcul basé sur le nombre moyen des naissances annuelles permit d'évaluer la population à cette époque à 24,800,000 hab. — Le 1er dénombrement régulier a été effectué en 1800, date pour laquelle on a admis le chiffre de 27,445,297 hab. Jusqu'en 1831, d'ailleurs, chaque commune procédait par évaluation ; toutefois, en 1817, Fourier introduisait à Paris la fiche individuelle, système qui, en 1836, fut étendu à toute la France. A partir de 1881, chaque hab. fut invité à remplir lui-même son bulletin, les recenseurs ayant seulement mission de contrôler et de compléter les bulletins. La population légale, c'est-à-dire de résidence habituelle, fut évaluée ainsi depuis 1801 aux différents recensements:

Janvier 1801	27.349.003 hab.	Mai-juin 1861	37.386.313
— 1806	29.107.425 —	Avril-mai 1866	38.067.064
— 1816	30.024.000 —	— 1872	36.102.921 (1)
Août 1821	30.461.875 —	Décembre 1876	36.905.788
Mai-juin 1831	32.569.223 —	18 décembre 1881	37.672.048
— 1836	32.540.910 —	30 mai 1886	38.218.903
— 1841	34.230.178 —	12 avril 1891	38.343.192
Juin 1846	35.401.761 —	29 mars 1896	38.517.975
Avril-mai 1851	35.783.170 —	24 — 1901	38.961.945
Mai-juin 1856	36.039.064 —	4 — 1906	39.252.245

La population de la France, d'après le dernier recensement effectué le 5 mars 1911, s'élevait à 39.601.509 hab. (39.252.245 hab. au recensement précédent, effectué en mars 1906) et se répartissait par département comme l'indique le tableau ci-contre.

Au point de vue du sexe et de l'état matrimonial, le dernier recensement a porté sur 39.192.133 hab., se répartissant ainsi :

	SEXE MASCULIN.	SEXE FÉMININ.	TOTAL.
Célibataires	9.915.420	9.044.543	18.959.963
Mariés	8.332.203	8.374.662	16.706.865
Veufs	940.904	2.431.595	3.372.499
Divorcés	65.917	86.889	152.806
	19.254.444	19.937.689	39.192.133

Sur 11.696.663 familles, 1.686.915 n'avaient pas d'enfants, 3.011.026 avaient 1 enfant ; 2.557.943, 2 enf. ; 1.516.043, 3 enf. ; 880.914, 4 enf. ; 793.185, 5 ou 6 enf. ; 331.072, 7 enf. ou plus (919.559, nombre non déclaré).

D'après la nationalité, on comptait :

Français nés en France	37.779.508	(37.416.917) (2)
— naturalisés	252.790	(221.784)
Etrangers	1.159.835	(1.033.871)

Princip. nationalités des étrangers. — Italiens : 419.234 (330.465) ; Belges ; 287.126 (323.390) ; Espagnols : 105.760 (80.425) ; Allemands : 102.271 (89.772) : Suisses : 73.422 (72.042) ; Anglais : 40.378 (36.948) ; Russes : 35.016 (16.061) ; Luxembourgeois : 19.193 (21.999) ; Autrichiens : 14.681 (9.790) ; Américains du Sud : 8.540 ; Turcs : 8.132 (2.727) ; Américains des Etats-Unis: 8.132 (2.727).

(1) Du fait de la perte de l'Alsace-Lorraine, la population de la France a subi une réduction d'env. 1.500.000 hab.

(2) Les chiffres entre parenthèses sont ceux du recensement de 1901.

Départements.	Km. q.	Population.	Par k.q.	Départements.	Km. q.	Population.	Par km. q.
Ain........	5.826	342.482	59	Loiret	6.812	364.061	53
Aisne	7.428	530.226	71	Lot........	5.226	205.769	39
Allier	7.382	406.291	55	Lot-et-Gar .	5.385	268.083	50
Alpes (Bses-)	6.988	107.231	15	Lozère	5.180	122.738	24
Alpes (Htes-)	5.643	105.083	19	Maine-et-L..	7.218	508.149	70
Alpes-Marit.	3.736	356.338	95	Manche	6.412	476.119	74
Ardèche....	5.556	331.801	60	Marne	8.205	436.310	53
Ardennes...	5.253	318.896	61	Marne (Hte).	6.257	214.765	34
Ariège......	4.903	198.725	40	Mayenne ...	5.212	297.732	57
Aube.......	6.026	240.755	40	Meurt.-et M.	5 280	564 780	107
Aude.......	6.342	300.537	47	Meuse	6.241	277.955	45
Aveyron ...	8.771	369.448	42	Morbihan ..	7.093	578.400	82
Belfort (Ter.)	608	101.386	167	Nièvre	6.888	299.312	43
B.-du-R....	5.248	805.582	154	Nord	5.774	1.961.780	340
Calvados ...	5.693	396.318	70	Oise	5.887	411.028	70
Cantal	5.779	223.361	39	Orne	6.144	307.433	50
Charente ...	5.972	346.424	58	Pas-de-Cal..	6.752	1.068.155	158
Char.-Inf....	7.232	450.871	62	Puy-de-D ..	8.016	525.916	66
Cher.......	7.304	337.810	46	Pyrén. (B.-)	7.712	433.318	56
Corrèze	5.888	309.646	53	Pyrén. (H.-)	4.534	206.105	45
Corse	8.722	288.820	33	Pyrén.-Or ..	4.145	212.986	51
Côte-d'Or ..	8.787	350.044	40	Rhône	2.859	915.581	322
Côtes-du-N .	7.218	605.523	84	Saône (Hte-)	5.375	257.606	48
Creuse	5.606	266.188	48	Saône-et-L...	8.627	604.446	70
Dordogne ..	9.224	437.432	47	Sarthe	6.245	419.370	67
Doubs......	5.260	299.935	57	Savoie	6.188	247.890	40
Drôme	6.561	290.894	44	Savoie(Hte-)	4.598	255.137	56
Eure	6.037	323.651	54	Seine.......	480	4.154.042	666
Eure-et-L...	5.940	272.255	46	Seine-Infér..	6.342	877.383	188
Finistère ...	7.029	809.771	115	Seine-et-M..	5.931	363.561	61
Gard	5.881	413.458	70	Seine-et-O...	5.659	817.617	144
Gar. (Hte-)..	6 .367	432.126	68	Sèvres (Dx-).	6.054	337.627	56
Gers	6.291	221.994	35	Somme	6.277	520.161	83
Gironde	1.726	829.095	77	Tarn	5.780	324.090	56
Hérault	6.224	480.484	77	Tarn-et-Gar.	3.731	182.537	49
Ille-et-Vil ..	6.992	608.098	87	Var	6.028	330.755	55
Indre	6.906	287.673	41	Vaucluse ...	3.578	238.656	67
Indre-et-L..	6.158	341.205	55	Vendée	7.016	438.520	63
Isère	8.237	555.911	67	Vienne......	7.044	332.276	47
Jura.......	5.065	252.713	50	Vienne(Hte-)	5.555	384.766	69
Landes	9.364	288.902	31	Vosges	5.903	433.914	74
Loir-et-Ch...	6.422	271.231	42	Yonne	7.461	303.889	41
Loire.......	4.799	640.549	133				
Loire (Hte-).	5.001	303.838	61	Total	536.464	39.601.509	74 (1)
Loire-Infér..	6.980	669.920	96				

Au point de vue des professions, la population était ainsi répartie : agriculture : 8.517.000 ; industrie : 5.746.000 ; commerce : 2.053.000 ; transports : 1.543.000 ; services publics (y compris l'armée) : 1.292.000 ; domestiques : 929.000 ; professions libérales : 550.000 ; mines et carrières : 246.000. Total: 20.931.000 dont 7.719.000 du sexe féminin.

Pour 1918. la population est évaluée à 36.500.000 habitants.

Natalité. Mortalité.

Au point de vue des naissances, décès et mariages, le mouvement montre les chiffres suivants qui, pour l'année 1914, ne portent que sur 77 dép. et 76 pour les années 1915 à 1918.

La moyenne des naissances qui était de 3,16 p. 100 pour la période 1806-

(1) Densité moy. de la popul. : en Belgique, 255h. par km. q. ; Hollande, 176 h. Grande-Bretagne, 144 h.

1816 et de 2,89 pour la période 1831-1841, tombait à 2,56 p. 100 (1872-1882) et à 2,05 (1901-1911) ; pour l'année 1913, elle n'était plus que de 1,88 p. 100.

Naissances, décès et mariages.

ANNÉES.	MARIAGES.	NAISSANCES.	DÉCÈS.	MORT-NÉS	EXCÉDENT DES NAISSANCES.
1881	282.261	937.345	829.542	»	107.803
1901	303.640	858.437	785.401	»	72.836
1911	307.788	742.114	776.983	33.840	— 34.869
1913	298.760	745.539	703.638	34.119	41.901
1914 (éval.)	169.011	594.222	647.549	26.551	— 53.327
1915 —	75.327	328.466	646.301	17.122	— 261.285
1916 —	108.562	315.087	607.742	15.653	— 292.655
1917 —	158.508	343 310	613.148	16.256	— 269.838
1918 —	177.822	399 041	788.816	18 791	— 389.575

Les départements dans lesquels le pourcentage était le plus élevé étaient : le Pas-de-Calais (2,66) ; le Finistère (2,59) ; le Morbihan (2,48) ; ceux dans lequel il était le plus faible : le Gers (1,29) ; le Lot-et-Garonne (1,34).

La moyenne des mariages qui était de 1,63 p. 100 pour la période 1806-1816 et de 1,61 pour les périodes 1831-1841 et 1872-1882, restait encore de 1,52 p. 100 pour la période 1901-1911 ; celle des décès présentait les variations suivantes : 2,65 p. 100 (1806-1816) ; 2,48 (1831-1841) ; 2,23 (1872-1882) et 1,94 (1901-1911). En 1911, les naissances comprenaient 379.000 enfants du sexe masculin et 364.000 du sexe féminin. — Le nombre des divorces était de 12.975 en 1910, 13.058 en 1911, 14.579 en 1912, 15.076 en 1913, 7.884 en 1914, 5.572 en 1917, et de 8.121 en 1918.

Le déficit créé par la guerre.

Les chiffres publiés par le Ministère du Travail pour les années 1914 à 1918, pour 77 départements seulement, mis en comparaison avec ceux de 1913, permettent d'évaluer le déficit énorme creusé par la guerre dans l'ensemble de la population. Ce sont les suivants :

	Naissances.	Décès.
En 1913	604.811	587.445
— 1914	594.222	647.549
— 1915	387.806	655.146
— 1916	315.087	607.742
— 1917	343.310	613.148
— 1918	399.041	788.816

Ainsi, pour ces 77 départements seulement, la population civile a diminué de 1914 à 1918 du total des excédents de décès, c'est-à-dire de 1.272.735.

En 1918, on constate : 1° un relèvement de la nuptialité (177.822 mariages contre 158.508 en 1917 et 108.562 en 1916) ; 2° un accroissement corrélatif de la natalité (399.041 naissances au lieu de 343.310 en 1917 et 315.087 en 1916) ; 3° une aggravation du nombre des décès (788.616 contre 613.148 en 1917). Cet accroissement de la mortalité porte exclusivement sur le second semestre de l'année 1918 et est imputable à l'épidémie de grippe qui fit environ 200.000 victimes.

Il importe de constater que les statistiques précédentes ne portent pas sur les 11 départements envahis et où l'on s'est battu pendant 52 mois, et qu'elles ne tiennent pas compte des pertes causées par la guerre, qui ont été officiellement fixées à 1.354.400 hommes. (Fichiers du 1er juin 1919).

Dans tous les pays, même dans les pays neutres, on a constaté pendant la guerre, une certaine augmentation de la mortalité et une certaine diminution de la natalité. Mais alors que le chiffre des naissances pour 1.000 hab. passait pour l'Angleterre et le Pays de Galles de 24 pour la période 1911-1913 à 21 pour la période 1915-1916, pour la Norvège de 29 à 25, pour l'Allemagne de 28 à 17, il tombait de 19 à 10 pour la France.

Population urbaine et population rurale.

Les statistiques du recensement comptent comme population urbaine celles des centres de plus de 2.000 hab. Au 5 mars 1911, la population urbaine s'élevait à 17.508.940 hab. ; la population rurale à 22.093.318 hab. Depuis un siècle, la population rurale décline au profit de la popul. urbaine. En 1790, la popul. rurale comprenait 78 p. 100 de la popul. totale ; en 1850, avant les chemins de fer, elle comprenait encore 75 p. 100 du total ; elle n'en comprenait plus en 1911 que 58 p. 100.

Cette diminution de la population rurale au bénéfice de la population urbaine a marqué un temps d'arrêt en 1919. Le nombre des propriétaires fonciers, petits, moyens ou grands, évalué à 8 millions en 1918 s'est augmenté de 300.000 environ en 1919 ; les droits perçus (droit d'enregistrement de 7 p. 100) sur les ventes ont passé de 183.208.000 fr. en 1913 à 204.813.000 en 1918 et à 528.296.000 en 1919.

Les villes principales

D'après le recensement de 1911, les villes suivantes ont une population de plus de 35.000 hab.

Paris	2.888.110	Grenoble	77.438	Cherbourg	43.731
Marseille	550.619	Dijon	76.847	Montreuil	43.217
Lyon	523.796	Tours	73.398	Asnières	42.583
Bordeaux	261.678	Calais	72.322	Villeurbanne	42.526
Lille	217.807	Orléans	72.096	Saint-Ouen	41.904
Nantes	170.535	Saint-Denis	71.759	Poitiers	41.242
Toulouse	149.576	Le Mans	69.361	Perpignan	39.510
Saint-Etienne	148.656	Levallois-Perret	68.703	Belfort	39.371
Nice	142.940	Clermont-Ferrand	65.386	Dunkerque	38.891
Le Havre	136.159	Versailles	60.458	Vincennes	38.568
Rouen	124.987	Besançon	57.978	Ivry-sur-Seine	38.307
Roubaix	122.723	Boulogne-sur-Seine	57.027	Saint-Nazaire	38.267
Nancy	119.949	Saint-Quentin	55.571	Angoulême	38.211
Reims	115.178	Troyes	53.482	Courbevoie	38.188
Toulon	104.582	Boulogne-sur-Mer	53.128	Aubervilliers	37.558
Amiens	93.207	Béziers	51.046	Pau	37.149
Limoges	92.181	Avignon	49.304	Roanne	36.697
Brest	90.540	Lorient	49.039	La Rochelle	36.371
Angers	83.786	Caen	46.934	Pantin	36.359
Tourcoing	82.644	Clichy	46.676	Douai	36.314
Nîmes	80.437	Bourges	45.735	Le Creusot	35.587
Montpellier	80.320	Neuilly	44.616	Rochefort	35.019
Rennes	79.372			(Strasbourg, 1910)	178.891

Depuis la guerre, de nombreuses villes ont subi un accroissement de population parfois considérable résultant de l'extension des usines, de l'immigration d'ouvriers étrangers. D'après une enquête faite par *Le Matin*, Marseille est passée de 550.619 hab. à 947.000, sans compter la popul. flottante, en mai 1918 ; Lyon, de 523.796 à 740.000 ; Bordeaux, de 261.678 à 325.000 ; Nantes, de 170.535 à 190.535 ; Toulouse, de 149.576 à 210.000 ; St-Etienne, de 148.656 à 212.000 ; Nice, de 142.940 à 180.000 ; Le Havre, de 136.159 à 159.000 ; Toulon, de 104.582 à 120.000, Bourges ; de 49.000 à 110.000 ; Orléans, de 72.096 à 110.000.

Maisons. Le nombre des maisons était de 7.664.000 en 1872, de 7.842.000 en 1901 et de 8.180.000 en 1911. Le nombre total des logements destinés à l'habitation, occupés ou vacants, a passé de 10.730.000 en 1881 à 11.650.000 en 1901 et 11.845.000 en 1911 ; celui des locaux servant exclusivement d'atelier, boutique, etc., s'est élevé de 1.115.000 en 1881 à 1.888.000 en 1911. La proportion des logements vacants, tombée de 60 p. 1.000 en 1901 à 33 p. 1.000 en 1911, était, en 1919, réduite à zéro.

Criminalité.

En remontant aussi loin que les statistiques officielles permettent de le faire, les chiffres suivants indiquent le mouvement des crimes et des délits en France :

a) Justice criminelle. — Cours d'assises.

Accusés jugés (*chiffres absolus*).

ANNÉES.	Pour crimes contre les personnes et l'ordre public.	Pour crimes contre les propriétés.	TOTAL.
1826-1830	1.824	5.306	7.130
1836-1840	2.153	5.732	7.885
1846-1850	2.438	4.992	7.430
1856-1860	2.082	3.301	5.383
1866-1870	1.820	2.455	4.275
1876-1880	1.851	2.523	4.374
1890	1.574	2.504	4.078
1895	1.562	1.991	3.553
1900	1.412	1.867	3.279
1905	1.450	1.856	3.306
1910	1.524	1.620	3.144
1911	1.438	1.525	2.963
1912	1.644	1.666	3.310
1913	1.719	1.369	3.088

Il ne peut être donné de statistique postérieure à 1913, une part très importante de la population masculine (9 millions de mobilisés environ) relevant de la juridiction militaire et dix départements ayant été occupés par l'ennemi jusqu'en novembre 1918.

Le nombre des accusés pour crimes jugés par les Cours d'assises, de 1826 jusqu'à nos jours, après avoir subi une légère augmentation au début de cette période, a ensuite diminué ; et cette baisse, très sensible d'ailleurs, se manifeste aussi bien pour les crimes contre les personnes que pour ceux contre les propriétés. Il faut remarquer qu'il s'agit ici du nombre *absolu* des accusés, et que la baisse que nous constatons serait encore plus sensible si l'on tenait compte de l'augmentation de la population.

b) Tribunaux correctionnels (chiffres absolus).

ANNÉES.	Coups et blessures volontaires.	Vols simples.	Escroqueries, abus de confiance.	TOTAL des prévenus.
1826-1830	13.656	12.576	1.486	178.021
1836-1840	15.521	22.102	2.614	191.787
1846-1850	18.318	31.920	3.676	221.414
1856-1860	17.457	40.619	6.451	207.420
1866-1870	22.662	36.851	6.104	166.505
1876-1880	24.334	41.522	7.243	196.483
1890	28.769	49.801	8.800	229.143
1895	34.102	44.762	8.244	238.109
1900	36.592	42.127	7.656	202.720
1905	35.796	41.358	8.385	213.882
1910	34.974	38.921	9.315	218.825
1911	35.933	44.075	9.509	239.251
1912	37.808	46.595	10.303	244.561
1913	34.839	39.029	9.304	235.767

La totalité des prévenus, après avoir subi, elle aussi, un léger mouvement de hausse au commencement de la période examinée (et précisément de 1835 à 1855), décroît ensuite jusqu'en 1876, où une hausse assez marquée se fait sentir pour atteindre son maximum en 1894, puis la courbe fléchit légèrement pour montrer cependant une amélioration sensible en 1913. Toutes ces oscillations donnent donc à cette série de chiffres une allure bien différente de celle qui concerne le nombre absolu des prévenus et l'on constate, la population française ayant augmenté pendant la période examinée dans la proportion de 100 à 125 environ, que le nombre des prévenus pour délits de toute nature s'est accru à peu près dans les mêmes proportions (de 100 à 120 environ).

La loi de sursis.

L'application de la « loi sur l'atténuation et l'aggravation des peines », dénommée communément sous le nom de son auteur, le sénateur René Bérenger, qui la fit voter en 1891, ou également « loi de sursis », a donné les résultats suivants :

Années de la prononciation.	Sursis prononcés.	Sursis révoqués.				4e et 5e année et total.
		Dans l'année de la prononciation.	1 an après.	2 ans après.	3 ans après.	
1902	36.874	879	1.057	545	399	3.304
1904	37.735	844	1.174	638	436	3.509
1906	39.965	720	1.037	654	420	3.245
1908	40.367	758	1.000	770	492	»
1910	36.019	708	982	732	450	»
1912	36.668	743	992	»	»	»
1913	36.336	688	»	»	»	»

Les établissements pénitentiaires.

Au point de vue des entrées, des journées de détention et du nombre total de détenus dans les établissements pénitentiaires, les statistiques ne donnent des chiffres complets qu'à partir de 1891. Ce sont les suivants :

Années.	Ensemble des établissements.		Détenus au 31 décembre.		
	Entrées dans l'année.	Journées de détention.	Maisons centrales et Pénitenciers agricoles.	Maisons d'arrêt de Justice et de Correction.	Établissements d'éducation correctionnelle.
1891..........	453.808	16.633.850	11.498	23.674	6.434
1895..........	523.258	15.346.157	10.528	21.121	6.387
1899..........	400.566	11.456.364	8.120	16.848	4.921
1903..........	374.912	9.294.250	6.175	15.131	3.365
1907..........	370.812	9.341.702	5.931	17.404	4.092
1911..........	371.679	10.066.448	6.529	18.291	4.291
1913..........	»	10.592.751	7.180	16.342	4.056
1914 (1)	»	8.816.309	5.978	9.910	3.217

En ce qui concerne les maisons centrales, leur population totale était pour les maisons d'hommes de 5.091 au 31 décembre 1915, variant de 440 à Riom à 1.122 à Clairvaux. La maison de Loos, située en territoire envahi, avait été évacuée. Dans les deux maisons de femmes, le total des détenues était de 721, dont 477 à Rennes.

(1) Non compris la maison centrale de Loos et les prisons évacuées ou situées en territoires envahis.

LE TRAVAIL

L'organisation syndicale.

La loi du 21 mars 1884, due à l'initiative de Waldeck-Rousseau, accorde aux patrons et aux ouvriers la liberté syndicale; toute autre association reste interdite par l'art. 291 du Code pénal et ne peut se former qu'avec l'agrément de l'administration. Ce n'est qu'en 1901 (loi du 1er juillet) que la liberté d'association est devenue de droit commun en France, mais la loi de 1884 n'en demeure pas moins la charte fondamentale des associations professionnelles françaises, également respectueuse des droits des patrons et des ouvriers, des syndiqués et des non syndiqués.

Ses idées directrices sont les suivantes :

1° Peuvent se constituer en syndicats professionnels, sans avoir besoin d'autorisation et moyennant une simple formalité de dépôt tous ceux, patrons ou ouvriers (ou patrons et ouvriers réunis) qui exercent la même profession ;

2° Ces syndicats jouissent de plein droit, par le fait de leur constitution régulière, de la capacité civile ;

3° Ils peuvent également se grouper entre eux et former des unions ou fédérations. Ces unions n'ont pas la capacité civile.

4° Le syndicat est une association volontaire ; nul ouvrier ni patron n'est obligé d'en faire partie et peut toujours en sortir à son gré ;

5° Les syndicats ont exclusivement pour objet l'étude et la défense des intérêts économiques, industriels, commerciaux et agricoles.

Le mouvement syndical comporte une double forme de groupements : groupements par professions (fédérations locales, régionales ou nationales des patrons et ouvriers exerçant le même métier), groupements par régions de patrons et ouvriers exerçant des professions diverses. En France, contrairement à ce qui se passe en Angleterre et en Allemagne, c'est le groupement par région qui est le plus en faveur. Il n'y a guère qu'une quinzaine de groupements par professions sur plus de cent métiers auxquels pourraient correspondre des fédérations professionnelles.

Les plus importants des groupements par métiers sont : le *Syndicat national des chemins de fer*, la *Fédération nationale des mineurs* (14 syndicats, 30.000 membres), la *Fédération française des travailleurs du Livre*, la *Fédération nationale* ou *Union des métallurgistes* (156 chambres, 14.000 membres), la *Fédération nationale des travailleurs de l'alimentation* (50 syndicats, 13.000 membres), celle des *employés de l'alimentation* (36 syndicats, 15.000 membres), la *Fédération des verriers*, dont le siège est à Lyon.

La *Fédération nationale des syndicats*, constituée au Congrès de Lyon, en 1886, est pendant quelques années une union de syndicats de métiers, mais, en 1894, cette Fédération disparaît et la plupart des Syndicats qui la composent adhèrent à la *Fédération* des Bourses du Travail groupant 143 Bourses du Travail avec 279 syndicats et 487.000 adhérents et à la *Confédération générale du Travail* (Congrès de Limoges 1895), à Paris, 33, rue Grange-aux-Belles, dont le bureau pour 1920 est constitué de la façon suivante :

Secrét, général : *Jouhaux* ; secrét. adjts. (service des fédérations) : *Dumoulin* ; (unions départementales) : *Lapierre* ; Voix du Peuple) : *Laurent* ; trésorier : *Calveyrach*.

La C. G. T. comprenait en 1918 :

1° *Section des Fédérations* : 2.160 syndicats comptant 370.000 membres ;

2° *Section des Bourses du Travail* : 150 Bourses ou Unions locales de syndicats.

Fédérations et Bourses du Travail sont exclusivement composées de *syndicats rouges*, qui se divisent en deux groupes, à tendances différentes : les syndicats révolutionnaires, préconisant la lutte de classes avec ses conséquences les plus extrêmes et la grève générale comme prélude de la Révolution sociale, et les syndicats réformistes qui, délaissant les luttes politiques, font presque toujours passer les questions d'ordre professionnel au premier plan et ont obtenu souvent des chefs d'industrie des concessions durables, grâce à la modération et au bien-fondé de leurs revendications. La *Fédération française du livre* est le modèle type de ces groupements réformistes; elle comprend 168 chambres syndicales groupant 11.000 ouvriers. Son budget annuel est de 220.000 fr. et sa réserve de 212.000 fr. C'est grâce à la méthode réformiste qu'ont été obtenus, dans l'imprimerie, la réglementation de l'apprentissage, l'établissement du tarif de la machine à composer et l'augmentation des salaires.

En face des syndicats rouges, se sont constitués les *syndicats jaunes* dont l'origine remonte à 1900, après les grèves de Montceau-les-Mines et du Creusot et qui ont à Paris, depuis 1901, une Bourse du Travail indépendante. Leur premier congrès, tenu à Paris en 1902, réunissait 317 syndicats représentant environ 300.000 adhérents.

La *Fédération syndicaliste des Jaunes* veut l'amélioration de la condition économique des ouvriers par les voies légales ; elle préconise l'entente avec les patrons et l'accord entre le capital et le travail.

Syndicats rouges ou jaunes, syndicats mixtes et syndicats patronaux se sont singulièrement développés ainsi qu'en témoignent les tableaux ci-après :

Nombre des Syndicats :

ANNÉES.	PATRONAUX.	OUVRIERS.	MIXTES.	AGRICOLES.	TOTAUX.
1890..............	1.004	1.006	97	648	2.755
1900..............	2.157	2.685	170	2.069	7.081
1905..............	3.102	4.625	144	3.116	10.987
1910..............	4.450	5.260	184	4.948	14.842
1912..............	4.888	5.217	225	5.879	16.209
1914..............	4.967	4.846	233	6.667	16.713

Nombre des Patrons et ouvriers syndiqués :

ANNÉES.	PATRONAUX	OUVRIERS.	MIXTES.	AGRICOLES.	TOTAUX.
1890.....	93.411	139.692	14.096	234.234	481.433
1900.....	158.300	491.647	28.519	512.794	1.191.260
1905.....	252.036	781.344	25.863	659.953	1.719.196
1910.....	368.547	977.350	38.005	813.038	2.196.940
1912.....	410.160	1.064.413	46.646	934.317	2.455.536
1914.....	403.143	1.026.000	51.111	1.029.277	2.509.531

Malgré cette progression constante, les syndicats sont encore très loin de renfermer la totalité ou même la majeure partie de la population ouvrière. En 1913, dans les mines où la proportion des syndiqués, par rapport aux chiffres de la population active est la plus forte, elle ne s'élève encore qu'à 33 % ; elle est de 28 % dans les transports et le commerce, de 27 % dans l'industrie des produits chimiques, de 23 % dans le bâtiment. Elle tombe à 9 % dans les métiers de l'alimentation et à 5 % dans le travail des étoffes. Si l'on met le chiffre des syndiqués (950.000, déduction faite des femmes et des ouvriers agricoles) en regard du chiffre total des ouvriers de l'industrie et employés de commerce, qui est de 4 millions en chiffre rond (sans les femmes), on voit que la proportion des ouvriers syndiqués est inférieure à un quart.

La proportion des patrons syndiqués est plus élevée que celle des ouvriers : 81 % dans la fabrication des produits chimiques, 73 % dans les mines, 72 % dans l'industrie du papier, 92 % chez les médecins, 43 % chez les métallurgistes, 18 % dans les transports et commerce, dans le bâtiment et dans les cuirs et peaux. Les syndicats patronaux forment tantôt des organisations locales (*Chambre syndicale métallurgique de Lille*), tantôt des organisations régionales (*Syndicat des constructeurs mécaniciens et chaudronniers du Nord de la France*) ou même nationales (*Comité central des houillères de France*); en 1913, les industries métallurgiques et minières comptaient 33 unions nationales dont le siège était à Paris. La plupart de ces organismes, déjà centralisés, adhéraient au *Comité des Forges de France*, qui avait 220 membres, comptait 179 entreprises et occupait 151.000 ouvriers.

Deux grandes fédérations ont particulièrement grossi leurs effectifs depuis 1914, celle des Cheminots qui compte maintenant 150.000 ouvriers et celle des Métaux qui, de 7.500 membres en 1912 (65 syndicats), passe à 205.000 membres en 1918 (210 syndicats).

Les fonctionnaires, escomptant un vote prochain du Parlement, transforment leurs Amicales en syndicats et adhèrent à la C. G. T. : employés des Ministères, de la Préfecture de la Seine, de l'Assistance publique, des Postes. Ces derniers ont créé la Fédération postale, composée de trois syndicats puissants : le syndicat national des ouvriers, celui des sous-agents et celui des agents. Par contre, la Fédération des professeurs de collège s'est prononcée contre toute affiliation à la C. G. T. (referendum du 10 déc. 1919).

Les œuvres syndicales.

La statistique des œuvres syndicales, au 1er janv. 1919, s'établit comme suit :

	SYNDICATS.	UNIONS.
	—	—
a) *Enseignement professionnel et technique et vulgarisation des méthodes scientifiques :*		
Cours et écoles professionnels, conférences	658	73
Bibliothèques professionnelles	2.122	197
Concours professionnels et expositions	4	»
Laboratoires d'analyses ou d'expertises	92	2
b) *Marché du travail :*		
Bureaux ou Offices de placement	1.622	166
c) *Institutions de prévoyance ou d'assistance :*		
Caisses de secours mutuels	1.041	27
— de chômage	691	34
Secours de route	722	101
Caisses de retraites	133	4
Sociétés d'assurances contre les accidents	24	»
d) *Coopération :*		
Sociétés coopératives de consommation, économats	114	1
— coopératives de production	56	1
Caisses de crédit mutuel	65	1
e) *Propagande :*		
Publications diverses (bulletin, journal, annuaire)	754	102

Les syndicats ouvriers ont, en outre, créé des patronages d'apprentis, des orphelinats, des services médicaux, des offices de renseignement commerciaux ou industriels, des services de contentieux, des ateliers, etc...

Certains syndicats (surtout des syndicats mixtes) ont participé à la formation du contrat collectif de travail à l'aide de commissions mixtes qui mettent en rapport les patrons et les ouvriers. Cette pratique s'est introduite notamment dans l'industrie minière, dans celle des tullistes de Calais, dans la typographie, dans les entreprises du bâtiment et de transports. Il y eut, du 1er août 1914 au 31 déc. 1918, 399 contrats collectifs signés entre patrons et ouvriers, à la suite des interventions ci-après :

Ministère du Travail	44	Maires	10
— de l'armement	83	Juges de paix	5
— de l'Intérieur	4	Inspection du travail	1
— des Travaux publics	1	Min. du Travail et de l'armement (conjointement)	16
Intendance	71	Commissions mixtes	82
Préfets et sous-préfets	21	Accords directs	61

En juin 1919, les délégués des organisations patronales et ouvrières de l'industrie textile, représentant environ 500 usines et 100.000 ouvriers, ont signé à Roubaix un contrat collectif réglant la durée du travail et le montant des salaires.

L'importante loi du 25 mars 1919 (*J.O.* 28 mars) va multiplier le nombre des contrats collectifs.

L'activité industrielle dans les régions sinistrées.

Le recensement au 1er sept. 1919 auquel a procédé l'Office de reconstitution industrielle des départements victimes de l'invasion, dépendant du Ministère des régions libérées, a donné les résultats ci-après :

	1919 1er Septembre.	1919 Août.	1919 Juillet.	1914 Août.
1° *Établissements en activité sur* 1.986 *établissements visités.*				
Nombres absolus.............	1.986	1.820	1.552	»
Pour cent....................	51,6	45,8	»	»
2° *Personnel occupé sur un effectif normal* en 1914 *de* 497.326.				
Nombres absolus.............	82.907	»	»	497.326
Pour cent....................	16,6	12,7	9,7	»

Les services de la main-d'œuvre étrangère.

Les services de la main-d'œuvre étrangère comportent un service central situé à Paris, 2 *bis*, avenue Rapp, tél. : Saxe 34-61 et Saxe 21-13, inter 161, auquel est annexé un bureau de placement de main-d'œuvre étrangère pour la région parisienne.

Il existe, en outre, des contrôles de la main-d'œuvre étrangère à :

Lyon (15, rue du Bas-Port ; tél. : Vaudrey 30-56).
Bordeaux (50 *ter*, cours d'Alsace-Lorraine ; tél. : 44-08).
Toulouse (35, rue des Potiers ; tél. : 4-96).
Nantes (22, rue de Strasbourg ; tél. : 19-19).

Ces contrôles, comme le bureau de placement de Paris, agissent en liaison étroite avec les offices de placement pour la main-d'œuvre française et ne fournissent de main-d'œuvre étrangère qu'après s'être assurés de l'insuffisance de main-d'œuvre nationale.

Enfin, aux frontières, existent des bureaux d'immigration qui jouent le double rôle, en ce qui concerne le ministère du travail, de dépôts des travailleurs étrangers pour l'industrie et de bureaux de placement pour la main-d'œuvre étrangère, dans les mêmes conditions que les contrôles. Ces bureaux d'immigration sont situés à :

Hendaye (route de Béhobies ; tél. : 87).
Perpignan (avenue Ribère ; tél. : 6-94).
Marseille (avenue d'Arenc, 189 ; tél. : 62-34).
Modane (commissariat spécial de la gare de Modane ; tél. : 20).

Ces bureaux d'immigration auront pour objet de canaliser toute immigration ouvrière étrangère en France, de centraliser les opération d'immatriculation, d'hygiène et de vaccination, ainsi que de placement.

La transformation des usines de guerre.

Les usines de guerre qui existaient déjà avant les hostilités ont repris, pour la plupart, leurs fabrications antérieures, mais elles ont dû apporter à leur outillage quelques modifications qui, pendant la période d'exécution ont nécessité, en général, une diminution de leur personnel.

Le tableau ci-après donne, par circonscriptions divisionnaires du travail, le nombre d'ouvriers et d'ouvrières occupés :

1° Avant l'armistice aux fabrications de guerre ;

2° A la fin de 1919 dans les mêmes usines et ateliers transformés en fabrications de paix.

CIRCONSCRIPTIONS	NOMBRE D'ÉTABLISSEMENTS	PERSONNEL OCCUPÉ AVANT L'ARMISTICE		PERSONNEL OCCUPÉ POUR LES FABRICATIONS DE PAIX A LA FIN DE 1919	
		HOMMES	FEMMES	HOMMES	FEMMES
Paris	247	91.219	47.980	62.412	20.705
Limoges	59	13.914	4.288	9.868	1.308
Dijon	60	31.966	7.464	27.924	3.596
Nancy	66	15.287	3.527	14.768	1.928
Lille	60	11.563	2.912	9.511	2.680
Rouen	50	23.340	11.072	17.679	4.436
Nantes	23	4.821	4.825	8.957	3.539
Bordeaux	118	16.150	7.057	8.781	1.239
Toulouse	62	16.307	4.363	11.144	2.373
Marseille	35	9.779	5.433	6.858	1.693
Lyon	162	27.428	10.904	22.246	5.271
	952	261.924	109.775	194.648	48.768

La cherté de la vie.

En vue de recueillir des données sur les prix de détail de certaines denrées de première nécessité, la *Statistique générale de la France* a fait appel aux maires des villes de France de plus de 10.000 hab. Les prix communiqués par eux se rapportent à une trentaine d'objets concernant la nourriture, l'éclairage et le chauffage, prix pratiqués sur les marchés publics au détail.

Comme lors des enquêtes précédentes, on a calculé des nombres indices en tenant compte des prix des 13 denrées principales, chacune d'elles étant affectée d'un poids déterminé de manière à tenir compte de son importance relative dans la consommation courante.

On a pris pour base, dans la détermination de ces poids, les quantités annuellement consommées par une famille ouvrière de 4 personnes, qu'on a déduites des observations faites sur des budgets de familles ouvrières vivant à Paris. Ces observations ont conduit à l'adoption des quantités ci-après :

Pain	700 kgs.	Pommes de terre	250 kgs.
Viande	200 —	Haricots	30 —
Lard	20 —	Sucre	20 —
Beurre	20 —	Huile comestible	10 —
Œufs	20 douzaines.	Pétrole	30 litres.
Lait	300 litres	Alcool à brûler	10 —
Fromage	20 kgs.		

A ces quantités on a appliqué successivement les prix unitaires fournis par les différentes villes et l'on a fait, dans chaque cas, la somme des produits partiels obtenus. Le total représente ce que coûteraient ces quantités payées au prix constaté.

Pour permettre une vue d'ensemble, on a calculé la moyenne des indices pour la France entière et pour les groupes de villes : Nord, Est, Sud-Est, Midi et Ouest.

Indices caractérisant les variations de prix de 13 denrées par régions.

	France entière.	Nord.	Est.	Sud-Est.	Midi.	Ouest.
	—	—	—	—	—	—
1er trim. 1911	1 014	1 059	1 002	1 003	1 015	993
1er — 1913	1 020	1 043	989	1 036	1 055	98;
1er — 1915	1 105	1 160	1 106	1 115	1 090	1 066
1er — 1916	1 336	1 415	1 276	1 327	1 388	1 270
2e — 1916	1 379	1 450	1 311	1 394	1 403	1 306
3e — 1916	1 420	1 461	1 379	1 436	1 456	1 363

1er trim. 1917	1 547	1 641	1 497	1 554	1 579	1 457
2e — 1917	1 717	1 870	1 685	1 721	1 732	1 585
3e — 1917	1 845	1 944	1 765	1 936	1 861	1 699
1er — 1918	2 120	2 181	2 011	2 234	2 160	1 973
3e — 1918	2 446	2 485	2 356	2 607	2 460	2 305
4e — 1918	2 608	2 687	2 499	2 740	2 651	2 437
1er — 1919	2 780	2 896	2 754	2 944	2 676	2 596
2e — 1919	2 942	2 979	3 001	3 083	2 975	2 735

Les résultats du même calcul appliqué à Paris donnent les résultats suivants :

	Indice.		Indice.
	—		—
Juillet 1914	100	Octobre 1916	133
Janvier 1915	122	Janvier 1917	139
Avril —	116	Avril —	147
Juillet —	122	Juillet —	183
Octobre —	120	Octobre —	184
Janvier 1916	137	Janvier 1918	191
Avril —	135	Janvier 1919	148
Juillet —	132	Juillet —	161

Indices des prix de détail en divers pays depuis juillet 1916.

	FRANCE		GRANDE-BRETAGNE	ITALIE	ALLEM.	AUTRICHE	SUISSE
	Villes de plus de 10.000 hs.	Paris.	600 villes.	43 villes.	Berlin.	Vienne	250 villes.
NOMBRE D'ARTICLES :	13	13	21	7	19	18	33
dont aliments :	11	11	21	7	19	18	35
1914							
Juillet	»	100	100	100	100	100	100
Octobre	100	»	112	104	116	104	103
1915							
Janvier	110	122	118	108	131	121	107
Avril	»	116	124	113	157	166	114
Juillet	121	122	132	120	170	179	119
Octobre	»	120	140	127	193	217	120
1916							
Janvier	133	137	147	133	189	»	126
Avril	137	135	155	132	220	222	129
Juillet	142	132	161	132	218	278	140
Octobre	146	138	168	132	209	277	144
1917							
Janvier	154	139	189	144	»	272	149
Février	»	»	192	154	»	»	158
Mars	»	»	194	161	»	»	
Avril	171	147	198	164	»	275	»
Mai	»	»	202	167	»	288	»
Juin	»	183	204	171	»	312	180
Juillet	184	»	202	172	»	337	»
Août	»	»	206	»	»	315	»
Septembre	»	»	197	188	»	»	192
Octobre	200	184	206	»	»	»	»
Novembre	»	»	205	»	»	»	»
Décembre	»	»	206	»	»	»	197
1918							
Janvier	212	191	208	»	»	»	»
Février	»	»	207		»	»	204
Mars	»	»	206	»	»	»	
Avril	233	218	207	»	»	»	»

Les salaires.

Parallèlement à la hausse des prix et du coût de la vie, il y a eu, dans la plupart des pays, un relèvement sensible des salaires depuis l'ouverture des hostilités.

Salaires courants approximatifs par heure (en francs et centimes).

	FRANCE (PARIS)		GDE-BRETAGNE. (LONDRES)		ÉTATS-UNIS (30 à 40 VILLES)	
	Fin 1917.	Avant-guerre.	Fin 1917.	Avant-guerre.	Fin 1917.	Avant-guerre.
Maçons	1,50	0,95	1,60	1,15	3,37	3,07
Aides-maçons	1,10	0,70	1,23	0,79	2,14	1,92
Charpentiers	1,50	1,00	1,60	1,21	3,06	2,63
Plombiers	1,25	0,90	1,65	1,15	3,62	3,21
Peintres	1,40	0,85	1,34	0,94	2,55	2,21

D'autre part, pour les usines de guerre en particulier, le ministère de l'Armement a établi des bordereaux fixant, dans les diverses régions, les taux minima qui doivent servir de bases pour la détermination des salaires. Enfin, une série de conventions signées au ministère du Travail, à partir du mois de mai 1917, ont fixé des indemnités de cherté de vie et généralisé l'application de la semaine anglaise.

La loi de huit heures.

La loi du 23 avril 1919 a fixé la durée du travail, dans tous les établissements industriels ou commerciaux, à huit heures par jour ou à quarante-huit heures par semaine ; elle laisse à des règlements d'administration publique (décrets pris, le Conseil d'Etat entendu, avec la collaboration, sur une base paritaire des organisations professionnelles) le soin de déterminer par profession, par industrie, par commerce ou par catégorie professionnelle, pour l'ensemble du territoire ou pour une région, les délais et conditions d'application du principe.

Les quatre décrets qui ont été rendus en 1919 sont les suivants : industries du livre (30 août, *J. O.*, 3 sept.) ; préparation des cuirs et peaux (30 août, *J. O.*, 3 sept.) ; industries de la fabrication des chaussures en gros (19 nov. *J. O.*, 23 nov.) ; industries du vêtement (12 déc. *J. O.* 14 déc.). La plupart de ces textes ne font qu'homologuer les accords collectifs intervenus entre les éléments patronaux et les éléments ouvriers. Une loi du 24 juin 1919 réglemente la durée du travail dans les mines ; une loi du 2 août 1919 applique la loi de huit heures aux travailleurs de la marine marchande. En fait, la journée de huit heures est déjà instituée, sans qu'un règlement d'administration publique ait encore été pris, dans presque toutes les industries. Dans un certain nombre d'entre elles, la journée de huit heures a été instituée soit à la suite d'accords nationaux entre les organisations patronales et ouvrières (industries métallurgiques et mécaniques, industries du bâtiment et des travaux publics, ind. du tannage, corroyage et mégisserie), soit à la suite d'accords régionaux ou locaux.

La mise en application de la loi de huit heures est trop récente pour qu'on puisse dès maintenant en examiner les répercussions d'ordre économique ou social. On peut dire cependant que cette loi a entraîné certainement une diminution dans le rendement qui n'a pu être compensée, à l'heure actuelle, par une amélioration dans l'outillage et le machinisme ; dans l'industrie des transports, notamment, l'application de la loi de huit heures a entraîné l'embauchage de 140.000 nouveaux cheminots.

On signale cependant quelques industries, comme la confection du vêtement pour hommes, dans lesquelles la production horaire a augmenté. Une augmentation de 10 p. 100 des salaires a été accordée, pour cette raison, aux ouvriers de cette industrie, en août 1919.

La 1re Conférence tenue par l'Organisation internat. du Travail, à Washington le 29 oct. 1919, sous la présidence de M. Arthur Fontaine, directeur du Travail, a adopté un projet de convention limitant à huit heures par jour le nombre des heures de travail dans tous les pays signataires du traité de Versailles. Depuis la signature de l'armistice, 15 pays ont adopté la journée de huit heures : Allemagne, Autriche, Danemark, Espagne, France, Italie (chemins de fer), Japon, Luxembourg, Norvège, Pays-Bas, Pologne, Portugal, Tchéco-Slovaquie, Suède, Suisse.

La situation du marché du travail.

Le nombre des placements effectués tant par les bureaux publics de placement que par les Offices de placement, ces derniers ayant commencé à fonctionner fin janvier 1918 et qui atteignent à la fin de 1919 le chiffre de 207, tant départementaux que communaux, a été le suivant :

	Hommes	Femmes	Total
1917	»	»	159.791
1918	»	»	326.513
1919	675.831	187.931	863.762

Sur les 326.000 ouvriers placés en 1918 par les soins de ces offices, 32.000 ont été dirigés vers l'agriculture ; 47.000 mutilés et rééduqués l'ont été vers des professions diverses.

A Paris, on comptait, au 24 février 1919, 38.780 chefs de ménage en chômage. Avant la guerre, le nombre moyen des chômeurs était de 60.000.

Bibliographie.

Bulletin du Ministère du Travail et de la Prévoyance sociale.

Alpy et Boulot. *Guide pratique des syndicats professionnels*, 1910.

Barthou. *L'action syndicale*, 1904.

Bayle. *Les salaires ouvriers et la richesse nationale*, in-8, Dunod. Paris, 1919.

Biétry. *Les Jaunes de France*, 1907.

Blum. *Les Congrès ouvriers et socialistes français*, 2 vol. 1901.

Boncour (Paul). *Les syndicats de fonctionnaires*, 1906.

Cavaillé (J.). *La journée de 8 heures*, in-16, Rivière. Paris, 1919.

Delesalle. *Les Bourses du Travail et la C. G. T.*, 1910.

Desplanque (Jean). *Le problème de la réduction de la durée du travail devant le Parlement français*, in-8. Rousseau. Paris, 1919.

Griffuelhes. *L'Action syndicaliste*, 1908.

Lemaire. *Questions de régimes de salaires et d'organisation industrielle*, in-8, 5 fr. Béranger. Paris, 1919.

Louis (Paul). *Histoire du mouvement syndical en France*, 1789-1910. A. Colin. Paris, 1911. *Le syndicalisme contre l'État*, 1910.

Marais. *Les syndicats professionnels et la jurisprudence*, 1910.

Métin (Albert). *Les traités ouvriers*, in-18 jés. br. 3 fr. 50 A. Colin. Paris.

Pawlowski. *Les syndicats jaunes*, 1911.

Renard. *Syndicats, Trade Unions et corporations*, 1909.

Seilhac (L. de). *Syndicats ouvriers, Fédérations, Bourses du Travail*, in-18, br. 3 fr. 50. A. Colin. Paris.

MUTUALITÉ ET PRÉVOYANCE

Les œuvres d'assistance et de prévoyance se sont multipliées en France dans le dernier quart du XIXe siècle et au commencement du XXe siècle. L'organisation et le développement du régime démocratique ont eu pour conséquence l'élaboration d'une série de lois sociales (mutualité, retraites), dont les origines remontent au second Empire, mais dont la plupart sont l'œuvre de la 3e République, surtout à partir de l'année 1890.

Mutualité.

La mutualité est l'ensemble des organisations dans lesquelles des services sont rendus, grâce à la mise en commun des versements opérés par tous ceux qui sont appelés à profiter éventuellement desdits services. Les principales de ces organisations sont les Sociétés de secours mutuels, les Caisses de chômage, les Sociétés d'assurances mutuelles et les Sociétés de crédit mutuel.

Sociétés de secours mutuels.

Le but principal des Sociétés de secours mutuels est d'assurer à leurs membres des secours en cas de maladies, de blessures ou d'infirmités, de leur constituer des pensions de retraite, de pourvoir aux frais de funérailles et d'allouer des secours aux veuves, aux orphelins ou aux ascendants des membres décédés. Ces associations de prévoyance peuvent aussi créer au profit de leurs membres des cours professionnels, des offices gratuits de placement, accorder des allocations en cas de chômage ; mais il doit être pourvu à ces trois catégories de dépenses par une cotisation spéciale. On appréciera mieux les services que sont appelées à rendre les Sociétés de secours mutuels quand on saura que, sur une moyenne de 750.000 personnes qui meurent annuellement en France, il en est 170.000 qui laissent dans la misère ou au moins dans l'embarras 115.000 veuves, 230.000 orphelins et 10.000 ascendants. On évalue, d'autre part, à près de 170.000 le nombre des ouvriers atteints par la maladie ou par le chômage dans le cours d'une année.

Les Sociétés de Secours mutuels, qui existaient depuis longtemps en France n'ont été autorisées que par la loi du 15 juillet 1850. Elles sont régies aujourd'hui par la loi du 1er avril 1898, véritable charte de la mutualité. La loi distingue trois catégories de Sociétés de Secours mutuels :

1° Les *sociétés libres*, qui peuvent recevoir et employer les sommes provenant des cotisations de leurs membres, posséder des objets mobiliers, prendre des immeubles à bail pour l'installation de leurs services, recevoir des dons et legs mobiliers, mais ne peuvent acquérir des immeubles que s'ils sont affectés exclusivement à leurs services et ne peuvent recevoir des dons et legs immobiliers qu'à la charge de les aliéner ; ces sociétés ne sont soumises qu'à l'obligation du dépôt à la sous-préfecture de leurs statuts en double exemplaire et de la liste des personnes chargées de l'administration ou de la direction de la société ;

2° Les *sociétés approuvées*, dont les statuts ont été revêtus de l'approbation du ministre de l'Intérieur, ont les mêmes droits que les sociétés libres et peuvent, en outre, après autorisation par le Conseil d'Etat, recevoir des dons et legs immobiliers et acquérir des immeubles pour y installer leurs services d'administration ou d'hospitalisation ; les communes doivent leur fournir gratuitement les registres et imprimés nécessaires à leur comptabilité, ainsi que les locaux nécessaires à leurs réunions ; les actes qui les intéressent sont exemptés des droits de timbre et d'enregistrement ; leurs capitaux doivent être déposés aux Caisses d'Epargne ou à la Caisse des Dépôts et Consignations ; l'Etat accorde une bonification de l'intérêt servi aux fonds de ces sociétés ;

3° Les *sociétés reconnues d'utilité publique par décret*, qui jouissent des avantages reconnus aux sociétés approuvées et peuvent en outre posséder, acquérir, vendre et échanger des immeubles.

Tout en conservant leur autonomie, les Sociétés de Secours mutuels peuvent constituer des *Unions* ayant pour objet l'organisation, en faveur de leurs membres, des soins ou secours en cas de maladies ou d'infirmités, et spécialement la création de pharmacies, l'admission des membres participants qui ont changé de résidence, etc.

Les femmes mariées peuvent faire partie des Sociétés de Secours mutuels sans l'assistance de leur mari, et les mineurs sans l'intervention de leur représentant légal. Il est interdit de s'affilier à plus d'une société approuvée.

A côté des Sociétés de Secours mutuels destinées aux adultes, il existe des *sociétés scolaires* qui permettent aux enfants de faire l'apprentissage de la mutualité et qui renforcent le chiffre de la pension payée aux vieillards en faisant commencer les versements dès la prime jeunesse. Les jeunes mutualistes — leur nombre dépasse le demi-million — versent 10 centimes par semaine : une moitié de cette somme est cumulée en vue de la pension de retraite ; l'autre moitié est affectée à la caisse de maladies et à la constitution d'un fonds commun de retraites administré par l'État. L'indemnité en cas de maladie est fixée à 0 fr. 50 par jour pendant le 1er mois et à 0 fr. 25 pendant les deux mois suivants.

Développement des Sociétés de secours mutuels depuis 1853.

ANNÉES.	NOMBRE DE SOCIÉTÉS.	NOMBRE DE MEMBRES PARTICIPANTS (1).	AVOIR (EN MILLIERS DE FRANCS).
1853	2.695	289.446	12.089
1863	4.527	597.978	26.540
1873	5.777	717.653	40.807
1883	7.496	1.004.329	65.162
1893	9.997	1.277.787	102.247
1903	14.281	2.100.727	203.471
1908	18.175	3.242.920	310.579
1913	21.079	3.696.287	379.006
1914	»	3.571.730	307.942

Les chiffres de 1914 sont incomplets, un certain nombre de sociétés situées dans les régions envahies ou désorganisées par la mobilisation, n'ayant pas fourni de renseignements au 31 déc. 1914.

Retraites.

L'État a encouragé les efforts des particuliers en vue de la constitution de retraites et fondé à cet effet la *Caisse Nationale des Retraites pour la Vieillesse*. Il a en outre institué en 1910 les retraites ouvrières et paysannes, obligatoires pour certaines catégories de travailleurs, facultatives pour d'autres.

Caisse nationale des retraites pour la vieillesse.

D'importantes modifications ont été apportées en 1918 au fonctionnement de la Caisse Nationale des Retraites pour la Vieillesse. La loi nouvelle autorise tout d'abord cette institution à constituer des *rentes viagères immédiates*, quel que soit l'âge des déposants, alors que la législation antérieure ne permettait de délivrer de rentes qu'à des personnes âgées de 50 ans au moins. Cette réforme est complétée par une disposition nouvelle qui permet aux déposants, se constituant ainsi une rente viagère immédiate, d'en demander la réversibilité au profit de leur conjoint, soit en totalité, soit par moitié. La

(1) Nombre de participants non compris les enfants. La Dotation de la Jeunesse de France, seule, réunissait en 1908, 237.559 adhérents dont les membres participants versaient 2.314.039 fr. de cotisations.

nouvelle loi supprime enfin le maximum au montant des versements susceptibles d'être effectués chaque année à la Caisse Nationale des Retraites pour la vieillesse par un même déposant, qui était de 4.000 fr. Ces versements pourront, en conséquence, être reçus par ladite Caisse, quel qu'en soit le chiffre, sous la seule condition qu'ils n'excèdent pas la somme nécessaire à la constitution d'une pension de 6.000 fr., qui est toujours la rente la plus élevée que la Caisse Nationale des Retraites pour la Vieillesse soit autorisée à délivrer.

Les tarifs actuels de la Caisse Nationale des Retraites pour la Vieillesse, entrés en vigueur le 1er janvier 1919, sont établis suivant un intérêt de base de 3,5 p. 100.

Le tableau suivant montre le montant des rentes viagères, résultant de l'application des lois des 20 juillet 1886 et 9 avril 1898, en cours au 31 déc. de chaque année depuis 1899 :

	Montant des rentes viagères en cours au 31 décembre.			
	Loi du 20 juillet 1886.		Loi du 9 avril 1898.	
	Parties.	Sommes.	Parties.	Sommes.
		fr.		fr.
1899	243.080	34.892.854	51	11.400
1902	261.762	36.191.077	10.914	2.306.192
1908	322.240	40.309.167	53.467	9.954.571
1911	360.125	43.820.284	78.343	13.797.690
1914	411.697	50.774.363	98.894	17.361.796
1915	412.649	51.386.225	99.042	17.499.520

En 1914, on comptait 136.132 comptes nouveaux. Les versements effectués s'élevaient à 91.629.154 fr. dont 66.980.824 fr. à capital aliéné et 24.564.327 fr. à capital réservé.

La Caisse Nationale des Retraites a eu, depuis sa fondation (1850), le mouvement d'opérations suivant au point de vue des versements (en milliers de fr.) :

Années.	Versements (Lois des 18 juin 1850 et 20 juillet 1886).		Versements (Loi du 9 Avril 1898).	
	Nombre.	Sommes.	Nombre.	Sommes.
1851 à 1889	13.085.173	715.439	»	»
1890....................	784.578	30.052	»	»
1900....................	2.795.688	50.524	1.316	5.326
1910....................	5.388.227	89.883	9.767	27.136
1912....................	4.863.989	85.463	10.909	31.767
1913....................	5.396.031	92.921	11.807	33.978
1914....................	3.611.534	68.707	7.722	22.133
1915....................	2.724.200	50.809	3.032	10.304

Retraites ouvrières et paysannes.

Les retraites ouvrières et paysannes ont été instituées par la loi du 5 avril 1910, modifiée à plusieurs reprises, notamment par les lois du 27 février 1912, 11 juillet et 27 déc. 1912, 17 juin 1913, 17 août 1915, 7 avril et 20 déc. 1918.

Les salariés des deux sexes de l'industrie, du commerce, des professions libérales et de l'agriculture, les serviteurs à gages, les salariés de l'État qui ne sont pas placés sous le régime des pensions civiles ou des pensions militaires, et les salariés des départements et des communes bénéficient d'une *retraite de vieillesse* constituée par des *versements obligatoires* ou *facultatifs* des assurés, par des *contributions des employeurs* et par une *allocation viagère de l'Etat*.

Les retraites sont *obligatoires* pour les salariés dont le gain annuel n'excède pas 5.000 fr. Elles sont *facultatives* pour les salariés dont le gain est compris entre 5.000 et 6.000 fr., pour les fermiers, métayers, cultivateurs, artisans et petits patrons qui, habituellement, travaillent seuls ou avec un seul ouvrier et avec des membres de leur famille, salariés ou non, habitant avec eux, pour les membres de la famille des assurés obligatoires ou facultatifs travaillant et habitant avec eux, pour les femmes ou les veuves non salariées des assurés obligatoires ou facultatifs. Le nombre des assurés soumis à l'obligation est évalué à 11 millions, et celui des personnes qui peuvent bénéficier des retraites facultatives à 6 millions, au total presque la moitié de la population de la France.

L'âge fixé pour la jouissance de la retraite est 60 ans, mais l'assuré peut ajourner la liquidation jusqu'à l'âge de 65 ans, ce qui entraîne une majoration de la pension.

Au point de vue du nombre des adhérents, la situation était la suivante au 31 déc. 1912 et 1916 :

CAISSES (1912).	Nombre des adhérents en 1912.				
	Obligatoires.		Facultatifs.		Total.
	Hommes.	Femmes.	Hommes.	Femmes.	
Nationale des Retraites...	2.040.752	750.075	200.172	130.481	3.121.480
Départementales.........	57.390	41.923	7.755	6.464	113.532
Mutualistes.............	95.289	33.808	10.549	6.326	145.972
Syndicales ou patronales...	85.046	8.485	9	1	93.541
Totaux...........	2.278.477	834.291	218.485	143.272	3.474.525
1916 (moins l'Aisne, les Ardennes, le Nord)....	6.567.992		510.734		7.078.726

Les cartes d'assurés transmises aux caisses et le montant des versements inscrits sur ces cartes montraient le mouvement ci-après au 31 décembre :

	1913	1914	1915	1916
Assurés obligatoires	2. 700 646	1.597.772	»	»
Assurés facultatifs	736.738	400.892	»	»
Total des assurés .	3.437.384	1.998.664	1.430.683.	1.473.369
Montant des versements.	51.874.698 fr.	30.022.520 fr.	19.634.968 fr.	20.360 430 fr.

Caisses de chômage.

Ces caisses sont organisées en vue de venir en aide à leurs adhérents de chômage, soit par des secours sur place, soit par des secours de route ou de déplacement. Elles organisent en outre un service gratuit de placement des chômeurs. Lorsque ces secours sont attribués exclusivement aux chômeurs involontaires par manque de travail, les caisses de chômage ont droit à des subventions de l'Etat.

En 1906 les 89 caisses de chômage existantes, qui comptent 40.000 adhérents, ont indemnisé plus de 8.000 chômeurs en leur versant 215.000 fr. La subvention de l'Etat s'est élevée à 50.000 fr.

Sociétés de crédit mutuel.

Ce sont des sortes de banques populaires constituées par la mise en commun des épargnes des personnes qui se reconnaissent solidairement responsables. Les participants peuvent ainsi obtenir collectivement un crédit qu'on leur refuserait individuellement. Les sociétaires versent chaque mois une somme déterminée et la société reçoit en outre, comme une banque, les dépôts de fonds du public. Des avances peuvent être consenties aux membres de la société moyennant un intérêt modique. Les sociétaires sont responsables indéfiniment et solidairement des obligations contractées par la société à l'égard des dépositaires.

Une des formes les plus répandues du crédit mutuel est le *crédit agricole* organisé grâce aux avances consenties par la Banque de France. Des *caisses régionales* reçoivent de l'Etat des prêts sans intérêt égaux au quadruple de leur capital. A leur tour, les caisses régionales font des avances à très faible intérêt aux *caisses locales*. Les petits cultivateurs peuvent ainsi obtenir le crédit à court terme et même le crédit à long terme destiné à faciliter l'acquisition, l'aménagement, la transformation et la reconstitution des petites exploitations rurales. Ces derniers prêts, dont le montant ne peut dépasser 8.000 fr. et la durée 15 ans, sont garantis par une inscription hypothécaire ou par une assurance en cas de décès. Les syndicats et les coopératives agricoles peuvent obtenir des prêts en s'adressant aux caisses locales ou régionales.

Depuis 1900, ces caisses avaient montré le mouvement suivant :

ANNÉES.	Nombres des caisses régionales.	CAISSES LOCALES AFFILIÉES. Nombre de caisses.	Nombre d'adhérents.	Montant des prêts consentis	Sommes avancées par l'Etat.
				milliers de francs.	
1900	9	87	2.175	1.911	612
1905	66	1.355	61.874	44.163	19.479
1910	96	3.338	151.601	113.205	50.422
1912	98	4.024	215.695	147.035	85.602
1913	98	4.533	236.860	162.298	93.904

Sur le même type se sont constituées des *sociétés de crédit maritime*, qui ont pour objet de faciliter ou de garantir les opérations concernant les industries maritimes et effectuées par les syndicats professionnels adhérents ou par des membres de ces syndicats.

Enfin une loi du 13 mars 1917 a organisé le *crédit au petit et au moyen commerce*, à la *petite et à la moyenne industrie* en autorisant à cet effet la constitution : 1° de *sociétés de caution mutuelle*, entre commerçants, fabricants, artisans et sociétés commerciales, ayant pour objet exclusif l'aval et l'endos des effets de commerce et billets créés, souscrits ou endossés par leurs membres, à raison de leurs opérations professionnelles ; 2° de *banques populaires* faisant exclusivement des opérations avec des commerçants, industriels, fabricants, artisans et sociétés commerciales pour l'exercice normal de leur profession. Ces banques peuvent toutefois recevoir des sommes en dépôt de toutes personnes et sociétés.

Les caisses d'épargne.

L'institution en France des caisses d'épargne destinées à recevoir en dépôt et faire fructifier les petites économies date de 1818. On distingue les *caisses d'épargne privées*, créées à la demande des municipalités par décret sur avis du Conseil d'Etat et la *Caisse nationale d'épargne*, instituée par la loi du 9 avril 1881 avec la garantie de l'Etat. Les premières sont placées sous le patronage des conseils municipaux, sous la surveillance du ministre du commerce et sous le contrôle des receveurs et inspecteurs des finances ; la seconde est sous l'autorité du ministre du commerce. Leur législation, au point de vue des déposants, est à peu près semblable.

Au 1er janvier 1914, il existait 557 caisses d'épargne ordinaires avec 1.859 succursales ou bureaux auxiliaires — plus d'une par canton. En raison de l'occupation d'une partie du territoire, le nombre des caisses a été ramené à 505 ; d'autre part, 11 d'entre elles n'ont pu, situées dans la zone des armées, produire de renseignements statistiques. Aussi, les chiffres figurant dans le tableau ci-après pour les années 1914, 15 et 16 n'indiquent ils la situation des caisses d'épargne que d'une façon approchée. Pour la Caisse nationale d'épargne qui, outre ses succursales, dispose des 13.120 bureaux de poste, ses services dans les départements envahis ont pu, partiellement ou en totalité, être évacués sur Paris où ils ont continué de fonctionner.

Le décret du 30 juillet 1914 avait, à la veille des hostilités, limité le remboursement à 50 fr. par déposant et par quinzaine. Mais, dès le 27 mars 1916, cette clause de sauvegarde ne jouait plus et n'était maintenue que pour les remboursements de dépôts antérieurs ; enfin, le décret du 23 sept. 1916 supprimait toute restriction dans le régime des remboursements.

D'autre part, dans l'examen des chiffres pour 1915-16 du tableau ci-après il y a lieu de tenir compte que de nombreux déposants ont effectué des retraits de fonds pour souscrire aux emprunts de la Défense nationale (267.655.107 fr. 65 pour l'emprunt en rentes 5 % 1915 et 286.392.614 fr. 72 pour l'emprunt 5 % 1916). Enfin, il y a lieu de signaler le vote, par le Parlement, des lois des 20 juillet 1916 et 18 oct. 1919 qui a élevé à 3.000 fr. puis à 5.000 fr. le maximum du compte ouvert à chaque déposant et l'élévation de 2,50 à 3 puis 3,25 et 3,75 p. 100 de l'intérêt servi aux déposants à partir du 1er janvier 1917.

Par catégorie d'importance, les 7.813.515 livrets des caisses d'épargne ordinaires, existant au 31 déc. 1917, se répartissaient comme suit :

CATÉGORIES DE LIVRETS	NOMBRE	MONTANT
20 francs et au-dessous	2.710.076	22.508.598 49
21 à 100 francs	1.507.221	72.411.623 44
101 à 500 francs	1.362.832	325.195.793 06
501 à 1,000 francs	739.780	501.105.856 36
1,001 à 1,500 francs	545.366	652.020.195 79
1,501 à 2,000 —	775.018	1.231.971.180 81
2,001 à 3,000 —	108.491	243.491.097 19
3,001 fr. et au-dessus passibles de réduction	60.334	181.052.093 68
3,001 francs et au-dessus exemptés de réduction par la loi	4.397	21.746.399 75
Totaux	7.813.515	3.251.502.338 57

En ce qui concerne la Caisse nationale d'épargne, on constate que, pour le second semestre de 1914, le nombre des remboursements demandés n'a pas excédé 178.000 par quinzaine sur 6.550 000 comptes ouverts ; la clientèle n'a cessé à aucun moment d'effectuer des versements et leur nombre s'est élevé à 218.017 avec un montant de 24.411.706 fr. En 1917, on constate 1.615.736 versements pour un montant de 213.614.427 fr. contre 1.175.560 s'élevant à 110 047.699 fr. en 1916, et des remboursements pour une valeur de 229.693.800 fr., desquels il y a lieu de déduire 1-.530 040 fr. prélevés pour souscrire au 3e emprunt de la Défense nationale. Au cours de la même année, il a été ouvert 211.783 livrets nouveaux contre 164.159 en 1916 et il en a été soldé 193.639. Le nombre total des livrets existants était de 6.600.496 au 31 déc. 1917.

L'année 1918 se traduit par un excédent définitif des dépôts sur les retraits de 311 millions et de 112 millions de retraits pour souscriptions.

L'année 1917 avait laissé un excédent de dépôts de 142.513.563 fr. 29

Opérations des Caisses d'épargne privées. (Situation au 31 déc.).

ANNÉES.	FORTUNE PERSONN. DES CAISSES.	VERSEMENTS ET INTÉRÊTS	RETRAITS ET ACHATS DE RENTES.	SOLDE DU AUX DÉPOSANTS	NOMBRE DE LIVRETS.	MOYENNE PAR LIVRETS.	NOMBRE DE LIVRETS PAR 1.000 HAB.	MOYENNE DU SOLDE PAR HAB.
	milli ns de fr.	millions de fr.	millions de fr.	millions de fr.	mill.	fr.		fr.
1835........	»	42	16	62	121	511	4	2
1855........	7	129	129	272	893	304	25	7
1865........	13	204	172	493	1.644	299	44	13
1872........	16	179	203	515	2.016	255	56	14
1880........	30	469	343	1.280	3.841	333	104	34
1885........	47	775	585	2.211	4.937	447	131	58
1890........	73	985	758	2.911	5.761	505	151	76
1895........	105	963	854	3.395	6.499	522	170	88
1900........	138	859	1.022	3.264	7.116	458	185	84
1905........	166	875	746	3.376	7.557	446	193	86
1910........	192	1.002	902	3.933	8.283	474	211	100
1913........	212	1.006	942	4.011	8.660	463	218	101
1914 prov...	183	690	675	3.636	7.995	»	»	»
1915 — ..	196	242	356	3.897	8.005	»	»	
1916 — ..	205	816	532	3.064	7.922	»	»	»
1917 — ..	211	491	371	3.251	7.813	416	»	»
1918 — ..	»	715	447	3.583	»	»	»	»

Opérations de la Caisse nationale d'épargne. (Situation au 31 déc.).

ANNÉES.	NOMBRE ANNUEL DES DÉP.	MONTANT ANNUEL DES DÉPOTS.	MONTANT DES REMBOURSEMENTS.	SOMMES DUES AUX DÉPOSANTS.	COMPTES RESTANT OUVERTS	MOYENNE CRÉDIT DE CHAQUE COMPTE.	NOMBRE DE LIVR. PAR 100 HAB.	MOYENNE DE SOLDE PAR HAB.
	mille	millions de fr.	millions de fr.	millions de fr.	mille	fr.		fr.
1882.....	473	64	17	47	212	224	5	1
1890.....	1.949	262	191	413	1.476	274	39	10
1895.....	2.797	403	360	753	2.457	302	64	19
1900.....	3.414	426	369	1.010	3.566	283	91	25
1905.....	3.849	494	434	1.278	4.577	279	118	32
1910.....	4.758	625	583	1.709	5.786	295	146	43
1913.....	5.028	660	630	1.818	6.406	283	168	45
1914.....	3.427	450	507	1.807	6.556	275	»	»
1915.....	1.002	92	286	1.656	6.601	250	»	»
1916.....	1.175	110	376	1.428	»	»	»	»
1917.....	1.615	213	229	1.455	6.600	»	»	»
1918.....	2.130	370	258	1 611	6.694	»	»	»

En ce qui concerne la Caisse d'Épargne et de Prévoyance de Paris, la plus ancienne en date des Caisses d'épargne de France et qui a eu, en 1918, cent ans d'existence, les opérations ont donné, pour l'année 1917, les résultats suivants :

Les comptes des déposants ont été crédités de....................	fr.	23.557.121.14
Ils ont été débités de....................		17.729.012.99
d'où une différence en plus de....................	fr.	5.828.108.15
Cette somme, ajoutée au solde qui, au 31 déc. 1916, était de.........		86.608.913.54
fait ressortir à	fr.	92.437.021.69
le solde dû au 31 déc. 1917, par la Caisse à ses déposants.		
S'il'on ajoute à cette somme, la valeur des titres laissés au portefeuille évaluée à		21.381.660.84
On arrive à la somme de	fr.	113.818.682.53
représentant l'avoir total des déposants, lequel, au 31 déc. 1916, s'élevait à....................		109.309.012.82

Le nombre des livrets qui était de 676.560 au 31 déc. 1916 était de 674.916 au 31 déc. 1917 (19.380 livrets ouverts contre 21.024 soldés).

Au 31 décembre 1918, le crédit au compte des déposants s'élevait à 99.594.067 fr. 63, la valeur des titres laissés au portefeuille à 22.506.116 fr. 01 représentant un avoir total de 122.160.183 fr. 64.

Le nombre des livrets ouverts en 1918 avait été de 18.047 contre 21.614 soldés.

LES ASSURANCES

La guerre a inégalement touché les différentes branches de l'assurance française exploitées par des sociétés à primes fixes. Parmi ces dernières, celles qui garantissent le risque « incendie » ont été les moins atteintes de toutes. Viennent ensuite les compagnies-accidents, puis les compagnies-vies.

Les compagnies ont été rapidement à même de renoncer au bénéfice du moratorium, la plupart dès le début de 1915, et de reprendre, sauf pour les *Assurances générales* (vie), la répartition des dividendes.

Les différentes branches d'assurances ont présenté, de 1913 à 1917, pour les entreprises les plus importantes, les résultats d'exploitation suivants :

L'assurance-accidents.

Compagnie.	Recettes totales.	Dépenses totales.	Bénéfices nets.	Prélèvements de prévoyance.	Dividende total brut.	Dividende par action net.
	(Milliers de francs.)				(Francs.)	
Exercice 1913.						
Urbaine	26.842	24.406	2.436	1.200	1.128	47
Préservatrice	24.896	21.954	2.942	1.472	1.146	110
Abeille	21.140	19.525	1.615	887	583	79
Prévoyance	19.614	16.511	3.103	563	2.400	40
Total	92.492	82.396	10.096	4.122	5.257	»
Exercice 1914-1915 :						
Urbaine	40.917	33.748	7.169	6.004	1.500	160
Préservatrice	41.374	33.860	7.514	5.243	1.667	160
Abeille	26.981	24.253	2.728	1.727	833	160
Prévoyance	27.369	22.785	4.584	1.984	2.400	40
Total	136.641	114.646	21.995	14.958	6.400	»
Exercice 1916 :						
Urbaine	19.220	16.571	2.649	1.705	1.010	160
Préservatrice	23.335	18.615	4.720	3.367	1.051	100
Abeille	14.084	11.637	2.447	1.705	589	70
Prévoyance	13.493	11.328	2.165	872	1.200	20
Total	70.132	58.151	11.981	7.649	3.850	»
Exercice 1917 :						
Urbaine	26.155	22.933	3.222	1.631	1.137	180
Préservatrice	30.364	24.865	5.499	4.074	1.158	55
Abeille	16.125	13.951	2.174	1.421	674	80
Prévoyance	15.643	13.500	2.143	851	1.200	20
Total	88.287	75.249	13.038	7.977	4.169	

Les deux principaux éléments de recettes, primes et produits des fonds placés, ont fluctué comme suit pendant la période considérée :

	Primes.	Produits des fonds placés.
	(Milliers de francs.)	
1913	84.207	5.615
1914-1915	117.492	12.955
1917	76.755	9.504

En résumé, tout en restant, grâce au produit des placements de fonds, à même de rémunérer leurs capitaux, les compagnies d'assurance-accidents ont été sérieusement éprouvées par la guerre.

L'assurance-incendie.

Pour la branche incendie les résultats d'exploitation se chiffrent comme suit pour les entreprises les plus importantes :

Compagnies.	Recettes totales report antérieur non compris	Dépenses totales.	Bénéfices nets.	Prélèvements de prévoyance.	Dividende total brut.	Dividende par action net.
	(Milliers de francs.)				(francs.)	
Exercice 1913 :						
Union	44.206	41.052	3.072	1.000	2.000	190
Assur. Génér.	23.466	23.396	31.54	336	2.300	230
Nationale	23.419	20.600	2.819	400	2.400	120
Phénix	18.790	14.614	4.176	1.229	2.560	160
Total	112.883	99.662	13.221	2.965	9.260	»
Exercice 1914-1915 :						
Union	83.838	77.218	6.620	3.300	3.437	330
Assur. Génér.	53.634	43.203	10.431	6.321	4.000	400
Nationale	45.504	39.872	5.632	1.302	4.200	210
Phénix	31.311	25.161	6.150	2.115	4.000	250
Total	214.287	185.454	28.833	13.038	15.637	»
Exercice 1916 :						
Union	44.905	39.060	5.845	3.500	2.000	190
Assur. Génér.	29.322	22.767	6.555	4.500	2.000	200
Nationale	23.972	21.020	2.952	245	2.406	120
Phénix	17.767	12.335	5.432	3.063	2.400	150
Total	115.966	95.182	20.784	11.308	8.806	»
Exercice 1917 :						
Union	50.178	44.813	5.365	3.050	2.105	200
Assur. Génér.	32.968	26.686	6.282	4.130	2.000	200
Nationale	28.678	24.961	3.717	1.040	2.400	120
Phénix	20.265	15.515	4.750	2.155	2.560	160
Total	132.089	111.975	20.114	10.375	9.065	»

Les recettes se subdivisent en trois éléments : les primes (de beaucoup le plus important), le produit des fonds placés, et les versements des réassureurs à raison de leur quote-part dans les sinistres. Elles ont varié comme suit de 1913 à 1917.

	Primes encaissées.	Part des réassureurs.	Produit des fonds placés.
	Milliers de francs.		
1913	97.018	11.239	4.626
1914-1915	186.193	18.294	9.799
1917	110.794	14.157	7.138

Les primes portées en compte sont, non toutes celles *échues*, mais seulement celles effectivement *touchées*. Il n'y a donc aucun déchet à prévoir sur les chiffres ci-dessus.

La réduction qu'ils font ressortir pour 1914-1915 par rapport à 1913 est minime, 4 p. 100, contre 30 p. 100 dans la branche-accidents. En 1917, on constate une plus-value notable (15 p. 100) par rapport à l'avant-guerre. Cette augmentation s'élève jusqu'à 19 p. 100 pour les *Assurances générales*, tandis qu'elle s'abaisse à 4.50 p. 100 pour le *Phénix*, différence expliquée par la répartition géographique des polices.

Les produits des fonds placés ont augmenté de 2.512.000 francs en chiffres ronds pendant la période 1913-1917, soit plus de 54 p. 100.

Les dépenses se subdivisent en primes cédées aux réassureurs (on ne s'y arrêtera pas), payements pour sinistres et frais généraux.

	Payements pour sinistres.	Frais généraux.
	Milliers de francs.	
1913	50.059	35.600
1914-1915	90.561	66.790
1917	55.111	37.364

Pour l'exercice 1917, les 15 plus anciennes Compagnies ont effectué les opérations suivantes (chiffres en milliers de francs) :

COMPAGNIES.	CAPITAUX assurés.	INDEMNITÉS payées aux sinistrés.	INDEMNITÉS payées aux sinistrés depuis la fond. de la Cie.	IMPÔTS payés à l'État.	IMPOTS payés à l'Ét. dep. la fond. de la Cie.
Assurances générales (1819)	25.551.132	12.481	426.658	3.414	99.083
Phénix (1819)	22.956.336	9.477	459.442	2.908	84.392
Nationale (1820)	21.684.768	11.011	369.111	2.684	85.281
Union (1828)	29.816.846	22.140	517.944	4.062	89.447
Soleil (1829)	16.154.095	11.821	387.986	2.667	80.185
France (1837)	15.882.284	7.334	308.854	2.257	63.849
Urbaine (1838)	17.298.766	15.481	352.033	2.149	61.185
Providence (1838)	7.146.645	3.075	149.090	1.214	32.767
Aigle (1843)	9.498.062	5.967	184.591	1.466	30.847
Paternelle (1843)	17.557.308	7.857	192.900	1.419	41.860
Confiance (1844)	9.994.688	3.089	141.788	1.176	38.621
Abeille (1857)	10.562.080	6.349	152.748	1.748	45.251
Monde (1864)	7.882.693	3.132	119.601	1.503	28.766
Foncière (1877)	9.612.662	8.380	113.043	1.201	31.048
Métropole (1879)	7.262.261	3.043	126.694	1.186	32.656
	230.881.313	124.614	4.062.251	31.191	846.945

Les résultats comparés des 8 dernières années pour ces 15 compagnies sont donnés par les chiffres suivants, en milliers de francs :

Années.	Capitaux assurés.	Indemnités payées.	Impôts payés à l'État.
1910	203.605.399	95.709	26.355
1911	210.493.178	134.198	27.236
1912	215.502.488	111.003	28.277
1913	224.168.410	109.790	28.394
1914	223.057.482	105.207	28.342
1915	215.929.022	91.128	28.044
1916	221.399.381	99.222	28.816
1917	230.881.313	124.614	31.191
1918	257.487.725	142.798	»

L'assurance-Vie.

Les entreprises de 1913 à 1917 s'établissent de la façon suivante :

Compagnies.	Capitaux assurés.					Rentes viagères constituées.				
	1913	1914	1915	1916	1917	1913	1914	1915	1916	1917
	(millions de francs).					(milliers de francs).				
Nationale	118	78	9	13	22	2.852	1.964	483	696	918
Assurances générales	101	63	14	21	34	4.106	2.762	1.064	925	1.469
Phénix	81	43	10	11	18	1.132	927	260	335	366
Union	57	42	5	8	8	535	419	148	171	184
Totaux	357	226	38	53	82	8.625	6.072	1.955	2.127	2.967

Soit une moins-value, en 1915, par rapport à 1913, de 89,50 p. 100 pour les capitaux assurés, et de 77 p. 100 pour les rentes viagères. La situation s'améliore un peu en 1916 (85 p. 100 et 75,50 p. 100 de moins-value), et notablement en 1917 (76 p. 100 et 65,50 p. 100), surtout pour la *Compagnie d'assurances générales* et la *Nationale*.

La *Caisse nationale d'Assurances en cas de décès*, qui fonctionne sous la garantie de l'État, présentait, à la fin de 1914, au point de vue du mouvement des polices et capitaux assurés, le mouvement suivant :

	POLICES.	CAPITAUX.
	—	— en milliers de fr.
Assurances pour la vie entière	3.869	4.531
— mixtes	877	2.318
— temporaires concernant les habitations à bon marché	2.335	11.283
— temporaires relatives à la petite propriété rurale...	3.829	23.385
— temporaires relatives aux petites exploitations agricoles	14	43
— collectives pour un an au profit des sociétés de secours mutuels	211	14.413
Totaux	11.135	55.976

Une loi 11 du juin 1915 a créé un livret spécial, dit « livret d'assurances sociales » en faveur de toute personne qui en fait la demande à la Caisse des Dépôts et Consignations, en vue de contracter à la fois à la Caisse Nationale des Retraites pour la vieillesse une assurance de rente soit à capital réservé, soit à capital aliéné et à la Caisse Nationale d'Assurances en cas de décès une assurance suivant une des modalités admises, c.-à-d. soit en cas de décès, soit mixte, soit en cas de vie (à capital différé).

L'assurance-agricole.

L'assurance agricole faite soit par des compagnies à primes fixes, soit par des sociétés ou caisses d'assurances mutuelles agricoles dont la loi du 4 juillet 1900 a favorisé la formation, est aidée en outre par des subventions de l'État, dont le montant atteignait avant la guerre 1 million et demi de francs. Le nombre des Sociétés agricoles qui pratiquaient cette assurance, était passé de 1.484, en 1897, à 9.842 en 1909, et 13.089 à fin déc. 1912.

D'après leur nature, ces Sociétés se répartissaient comme suit, d'après les risques qu'elles garantissent et au point du nombre des adhérents et des sociétés affiliées :

NATURE DES SOCIÉTÉS.	Nombre des Sociétés.	Nombre des membres.	Valeur du capital assuré.
			Milliers de fr.
Stés. d'assurances contre la mortalité du bétail.	9.286	420.708	330.545
Stés. de réassurance contre la mortalité du bétail.	66	3.109	121.764
Stés. d'assurances contre l'incendie et les risques agricoles	3.619	100.497	571.792
Stés. de réassurance contre l'incendie et les risques agricoles	29	3.537	632.275
Stés. d'assurances contre la grêle	21	11.170	14.544
Stés. d'assurances contre les accidents du travail agricole	65	»	»
Stés. de réassurance contre les accidents du travail agricole	1	»	»
Stés. de réassurance au 2e degré	2	»	»

L'assurance maritime.

Les derniers chiffres fournis par l'Administration de l'Enregistrement s'arrêtent à l'année 1911. En 1901, il avait été payé 24.600 primes pour une valeur de 57.700.000 fr. ; en 1911, il avait été payé 52.800 primes représentant un montant de 69.900.000 fr.

La réassurance.

Il n'existe pas en France une grande industrie de la réassurance comme en Angleterre et en Allemagne. Les Sociétés françaises, enserrées par la loi du 24 juillet 1867 et le décret du 22 janvier 1868, par les lois successives de 1898, du 17 mars 1905, 17 décembre 1907 et 3 juillet 1913, obligeant les Compagnies à placer les quatre cinquièmes de leurs réserves en valeurs de tout repos, n'ont pu étendre leurs affaires.

Au lieu d'accepter des pleins énormes qui exigeaient une grosse réassurance, les Sociétés et Compagnies ont substitué la co-assurance. On voit actuellement apparaître dans les moyennes ou dans les grandes affaires, 2, 3, 4, 5, 10 assureurs avec de petits pleins.

On comptait, en 1914, à Paris, comme réassureurs terrestres professionnels, douze sociétés françaises auxquelles il faut joindre toutes les Mutuelles qui se réassurent entre elles, huit compagnies étrangères et comme réassureurs maritimes, 40 sociétés françaises et 34 sociétés étrangères, dont 32 ennemies, entre autres la Munich.

Les pouvoirs publics ont réclamé la création de Compagnies de réassurances et ont favorisé les premières éclosions. A l'heure actuelle, il s'est créé quatorze compagnies avec un capital de 53.700.000 fr.

Alors qu'en 1910, le capital des compagnies de réassurance (assurances contre l'incendie, sur la vie et contre les accidents non comprises) n'était que de 15 millions de fr. ce capital atteignait 35 millions en 1914 et 100 millions en 1918.

Les principales compagnies pratiquant la réassurance sont le Lloyd de France (10 millions), l'Unité (10 millions de capital), l'Ile de France (6 millions), l'Univers (4 millions), la Seine et Rhône (5 millions), etc. D'autres compagnies sont en création, notamment à Lyon et à Marseille.

Bibliographie.

Caisses d'épargne (Les). (Lois, réglem. et principales instructions). Min. du Travail, Paris, 1910.

Caisse nationale des retraites pour la vieillesse. (La) (Législation et règlements). Min du Travail, Paris, 1911.

Crédit agricole (Le), 2 vol, in-8 Impr. Nationale, Paris, 1916.

Salaires et durée du travail en 1906, 1 fasc. in-8, Statistique générale de la France, Paris, 1907.

Salaires et coût de l'existence à diverses époques jusqu'en 1910, 1 vol. in-8, Statistique, gén. de la France, Paris, 1911.

Bourgeois (Léon). *La Politique et la prévoyance sociale*, 3 vol. in-12. Fasquelle, Paris, 1919.

Olphe-Gaillard (G.). *Le Problème des retraites ouvrières*, in-8, Bloud et Gay, Paris.

ASSISTANCE

L'assistance publique.

L'Assistance publique, c'est-à-dire l'ensemble des services organisés par l'État, les départements, les communes ou les particuliers pour venir en aide aux indigents comprend comme organes essentiels :

1° Les bureaux de bienfaisance,
2° Les hospices et les hôpitaux ;
3° Le service de l'assistance médicale gratuite ;
4° Le service de l'assistance par le travail ;
5° Le service des enfants assistés et la protection des enfants en bas âge ;
6° Le service d'assistance aux familles nombreuses et aux femmes en couches ;
7° L'assistance obligatoire aux vieillards infirmes et incurables ;
8° Le service des aliénés, aveugles et sourds-muets ;
9° Le service des établissements de prêt sur nantissements ou *monts-de-piété ;*
10° Et, à un autre point de vue, l'assistance judiciaire.

La plupart de ces services sont centralisés dans une direction du ministère de l'Intérieur. L'État a de, en effet, divers attributions en matière d'assistance publique. La création des établissements publics d'assistance ne peut être autorisée que par décret, sur l'avis du préfet et le rapport du ministre de l'Intérieur. D'autre part, il se réserve le droit de nommer une partie des administrateurs des établissements de bienfaisance.

A Paris, une partie de ces services (bureaux de bienfaisance, hospices et hôpitaux, assistance obligatoire) particulièrement importants, sont confiés à l'Administration centrale de l'Assistance publique et placés sous l'autorité directe du préfet de la Seine (V. p. 9[illegible]).

Les bureaux de bienfaisance.

La loi du 7 frimaire an V a réorganisé l'assistance à domicile et a prescrit dans chaque canton, pour la distribution du secours à domicile aux familles indigentes, la création d'un *bureau de bienfaisance*, composé de membres élus par les municipalités. Les lois des 21 mai 1873, 5 août 1879, 5 avril 1884 régissent les bureaux actuels. Créés par décret, ils sont administrés par une commission, composée du maire président et de 6 membres renouvelables, dont 2 élus par le conseil municipal et 4 choisis par le préfet. Les administrateurs, dont les fonctions sont gratuites, peuvent se faire aider par des *membres visiteurs*, dames, etc. Les ressources du bureau proviennent des dons et legs des particuliers, des subventions communales, d'une partie du droit des pauvres perçu sur les recettes des spectacles, fêtes, etc.

Le rôle des bureaux de bienfaisance est encore considérable et le nombre des personnes qu'ils secourent atteint presque le million. Mais ce rôle tend à diminuer d'importance depuis la mise en vigueur des autres services d'assistance, assistance médicale gratuite, assistance aux vieillards, infirmes et incurables.

Le nombre des personnes secourues et les dépenses ordinaires des bureaux de bienfaisance présentent les variations suivantes :

Années.	Nombre de personnes secourues.	Dépenses ordinaires.	Années (1).	Nombre de personnes secourues.	Dépenses ordinaires.
		milliers de fr.			milliers de fr.
1871	1.347.376	26.719	1895	1.647.359	34.385
1875	1.247.722	25.424	1900	1.385.622	36.401
1880	1.442.440	33.446	1905	1.348.369	40.863
1885	1.358.554	34.787	1910	1.182.360	38.616
1890	1.763.476	37.762	1913	903.917	33.648

(1) A partir de 1896; les chiffres ne comprennent pas les personnes secourues par les bureaux de bienfaisance de Paris.

A Paris, les sommes distribuées, depuis 1913, par les 20 bureaux de bienfaisance ont été les suivantes : 1914 : 1.522.000 fr. ; 1915 : 2.062.000 fr. ; 1916 : 1.930.000 fr. ; 1917 : 4.978.000 fr. ; 1918 : 2.918.000 fr. ; 1919 : 4.015.000 fr. Le nombre total des personnes secourues a été, en 1918, de 48.477.

Les hospices et hôpitaux.

Les hospices sont des *maisons d'assistance* destinées à recevoir des pauvres, des orphelins et d'autres personnes que leur âge ou leurs infirmités mettent hors d'état de gagner leur vie. Les hôpitaux sont des *maisons de traitement pour les malades* indigents ou autres, gratuitement ou moyennant une certaine rétribution.

Bien que différents par leur destination, les hôpitaux et hospices sont soumis à la même législation (ordonnance du 31 oct. 1821, décret du 23 mars 1852, loi du 5 août 1879).

Les uns sont des établissements *nationaux* de bienfaisance, c.-à-d. appartiennent à l'État et dépendent directement du ministère de l'Intérieur. Ce sont :

L'Hospice national des Quinze-Vingts, réservé aux aveugles ,

L'Hospice national du Mont-Genèvre (Htes-Alpes), dont l'origine remonte au XIVe s. Situé sur la montagne de ce nom, à 1.866 m. d'altitude, il sert de refuge momentané pendant les temps de tourmente ou de neige, aux voyageurs indigents qui traversent les Alpes ;

Les Institutions nat. des sourds-muets et des jeunes aveugles

La Maison nat. de santé de Saint-Maurice (aliénés, etc.)

Les autres, et c'est le plus grand nombre, dépendent des départements ou des municipalités. Les hospices et hôpitaux des dép. sont administrés gratuitement par une commission composée du maire de la commune, président de droit, de 2 délégués élus par le conseil municipal et de 4 délégués nommés par le préfet. C'est la commission administrative qui dirige et surveille le service intérieur et extérieur de l'établissement, qui en gère la fortune suivant les règles de la comptabilité communale. Ses délibérations sont soumises pour avis au conseil municipal.

A Paris, le service des hôpitaux, particulièrement important, est confié à l'Administration générale de l'Assistance publique et placé sous l'autorité du préfet de la Seine. A la tête de cette administration, se trouve un directeur, assisté d'un conseil de surveillance, dont les membres sont nommés par le Président de la République sur la proposition du ministère de l'Intérieur.

Les sommes dépensées par la Ville de Paris, pendant la guerre, pour les hospices et hôpitaux ont été les suivantes : 1914 : 32.703.000 fr. ; 1915 : 38.988.000 fr. ; 1916 : 37.964.000 fr. ; 1917 : 55.303.000 fr. ; 1918 : 73.640.000 fr. ; 1919 : 96.809.000 fr.

Les ressources des hôpitaux et hospices consistent dans les revenus de leurs biens, dans les dons et legs des particuliers, dans les subventions de l'État, des départements et des communes, dans une part du droit des pauvres, des bénéfices des monts-de-piété et du produit de certaines amendes, dans le prix des journées des malades payants.

La plupart des hôpitaux ont organisé un *service de consultations gratuites* qui fonctionne à des jours et heures déterminés. Il en est de même dans un grand nombre d'hôpitaux particuliers.

On comptait, en 1919, pour toute la France : 228 hôpitaux (31 pour Paris), 423 hospices (29 Paris), 1.071 hôpitaux-hospices (4 Paris), soit, en tout, 1.722 établissements hospitaliers.

Le nombre des lits réservés aux malades était de 88.099, dont 14.897 pour les militaires ; aux infirmes, vieillards et incurables de 73.419 ; aux enfants assistés de 10.525.

741.705 malades ont été traités dans l'année, dont 243.193 à Paris et 498.512 dans les départements. Ces 741.705 malades se répartissaient en :

hommes, 361.386 ; femmes, 260.048 ; enfants, 120.271. Le nombre des journées de présence a été de 23 028.056.

Depuis 1871, le mouvement des établissements hospitaliers a été le suivant :

Années	Nombre d'établissements.	Nombre des malades traités	Nombre d'infirmes et de vieillards.	Dépenses.
				milliers de fr.
1871	1.460	583.850	48.159	82.491
1875	1.521	410.611	49.579	85.308
1880	1.587	462.357	49.095	103.339
1885	1.658	451.789	50.702	108.991
1891	1.648	555.780	58.631	120.110
1895	1.694	559.435	65.074	128.283
1900	1.780	632.084	66.954	144.276
1905	1.835	663.566	69.000	168.155
1910	1.878	718.050	72.735	188.318
1913	1.722	741.705	100.239	19?.548

Pour Paris, chaque quartier et chaque commune du dép. de la Seine sont rattachés, pour le traitement de leurs malades indigents, à un hôpital déterminé (V. *Paris*, p. 87). Les hôpitaux sont d'autre part divisés en :

1° Hôpitaux généraux.

Hôtel-Dieu (875 lits), pl. du Parvis-Notre-Dame, 1. — T. Gob. 20.53 ;
Hôpital de la Pitié (988 lits), boul. de l'Hôpital, 83. — T. Gob. 08.20 et 38.07 ;
Hôpital de la Charité (654 lits), rue Jacob. — T. Saxe 26.06 ;
Hôpital Saint-Antoine (900 lits), faub. St-Antoine, 184. — T. Roquette 07.85 et 49.74 ;
Hôpital Necker (479 lits), r. de Sèvres, 151. — T. Saxe 07.25 ;
Hôpital Cochin (800 lits), faub. St-Jacques, 47. — T. Gob. 04.21 ;
Hôpital Beaujon (600 lits), faub. St-Honoré, 208. — T. Wagram 02.19 ;
Hôpital Tenon (977 lits), r. de la Chine, 4. — T. Roquette 04.08 ;
Hôpital Laennec (539 lits), r. de Sèvres, 42. — T. Saxe 06.30 ;
Hôpital Lariboisière (1.077 lits), r. Ambroise-Paré. — T. Nord 06.55 ;
Hôpital Bichat (211 lits), boul. Ney, bastion n° 39. — T. Wagram 06.09 ;
Hôpital Broussais (275 lits), rue Didot, 96. — T. Saxe 13.27 ;
Hôpital Claude-Bernard (307 lits), porte d'Aubervilliers. — T. Nord 11.03
Hôpital du Bastion 29 (254 lits), boul. Macdonald, 4. — T. Nord 12.84 ;
Hôpital Andral (172 lits), boul. Macdonald, 2. — T. Nord 02.52 ;
Hôpital Boucicaut (315 lits), r. de la Convention, 78. T. Saxe 09.70 ;

2° Hôpitaux spéciaux :

Hôpital Saint-Louis (1.564 lits), r. Bichat 40. — T. Nord 22.04 (maladies cutanées) ;

Hôpital Cochin (248 lits), boul. de Port-Royal, 111. — T. Gob. 04.21 (maladies de la peau et vénériennes, hommes) ;

Hôpital Broca (278 lits), r. Broca, 111. — T. Gob. 04.50 (femmes : maladies de la peau et vénériennes, chirurgie gynécol. ; hommes (24 lits) : dermatol, syphilis) ;

3° Hôpitaux d'enfants :

Hôpital des Enfants malades (Enfant-Jésus) (784 lits), r. de Sèvres, 149. — T. Saxe 07.26.

Hôpital de Forges-les-Bains (S.-&-O.) (246 lits), enfants scrofuleux ou anémiques des deux sexes (5 à 16 ans) ;

Orphelinats Riboutté-Vitalis et Albert Hartmann, à Forges-les-Bains (S.-&-O.) (50 lits) (enfants du sexe masculin, de préférence orphelins) ;

Hôpital Trousseau (335 lits), av. du Général Michel-Bizot, 140 à 162. — T. Roquette 22.47;

Hôpital Bretonneau (277 lits), r. Carpeaux, 2 ;

Hôpital Hérold (223 lits et berceaux), pl. du Danube, 7 et 9. — T. Nord 01.96.

Sanatorium Villemin (148 lits), à Angicourt (Oise), (tuberculeux adultes, atteints au 1er degré) ;

Asile d'Hendaye (Basses-Pyr.) (644 lits), enfants rachitiques et anémiques ;

Maison de convalescence de la Roche-Guyon (S.-&-O.) (108 lits) ;

Hôpital Maritime de Berck-sur-Mer (Pas-de-Calais) (1.100 lits), enfants atteints de tuberculose osseuse, mal de Pott, coxalgie.

Maternité (Maison et Ecole d'accouchement) (469 lits ou berceaux), boul. de Port-Royal, 119. — T. Gob. 04.17.

Baudelocque (Clinique d'accouchement) (106 lits), boul. de Port-Royal, 125. — T. Gob. 05.72.

Tarnier (Clinique d'accouch.) (178 lits), rue d'Assas, 89. — T. Gob. 08.49.

Hospices et fondations.

L'admission dans les hospices gratuits est exclusivement réservée aux vieillards, aux infirmes et aux incurables admis au bénéfice de l'assistance obligatoire (loi du 14 juillet 1905).

Hospice de Bicêtre (1.688 vieillards, 171 malades temporaires, 1.217 aliénés) au Kremlin-Bicêtre, rue du Kremlin, 78. — T. Gob. 02.32 ;

Hospice de la Salpêtrière (3.725 vieillards, 724 aliénés), boul. de l'Hôpital, 47. — T. Gob. 06.52 et 09.48 ;

Hospice d'Ivry (2.209 lits affectés aux incurables des deux sexes), av. de la République, 7, à Ivry (Seine). — T. Gob. 01.75 ;

Hospice de Brévannes (1.854 lits, adultes et enfants tuberculeux), à Limeil-Brévannes (S.-&-O.) :

Hospice Debrousse (400 lits), r. de Bagnolet, 148. — T. Roquette 04.06 ;

Fondation Davaine (21 lits pour jeunes filles de 4 à 12 ans, convalesc.), à Garches (S.-&-O.);

Hospice Brézin (357 lits pour ouvriers fondeurs, mécaniciens, sexagénaires), au Petit-Létang, à Garches (S.-&-O.) ;

Fondation Rossini (70 lits pour artistes chanteurs italiens et français sexagénaires), r. Mirabeau, 29 ;

Hospice Lenoir-Jousseran (208 lits), av. Victor-Hugo, 10, à St-Mandé (Seine) ;

Hospice Devillas (72 lits), r. Ernest-Renan, 38, à Issy (Seine) ;

Hospice des Enfants assistés (850 lits pour enfants abandonnés ou moralement en état d'abandon), r. Denfert-Rochereau, 74. — T. Gob. 05.74.

2° Etablissements avec lits gratuits et payants :

Fondation Galignani frères (50 lits gratuits et 50 payants pour anciens libraires ou imprimeurs, savants, hommes de lettres ou artistes français), boul. Bineau, 89, à Neuilly (Seine);

Fondation Chemin-Delatour (37 lits), av. de la République, 14, à Ivry (Seine) ;

Hospice Dheur (60 lits), av. de la République, 12, à Ivry (Seine).

3° Maisons de retraite et fondations payantes :

Maison de retraite des ménages (1.462 lits, époux, veufs ou veuves sexagénaires), r. J.-J. Rousseau, 51, à Issy (Seine). — T. Saxe 12.19 ;

Institution Sainte-Périne (282 lits, 50 ans), r. Chardon-Lagache, 11. — T. Auteuil 64.20 ;

Maison de retraite Chardon-Lagache (180 lits, 60 ans), r. Chardon-Lagache, 1. ;

Maison de retraite de La Rochefoucauld (247 lits, 60 ans), av. d'Orléans, 15. — T. Gob. 25.53.

Maison de retraite Bigottini (132 lits, 60 ans), à Aulnay-sous-Bois (S.-&-O.) ;

Maison de retraite de Vineuil-St-Firmin (Oise) (131 lits pour sexagénaires parisiens.)

L'assistance médicale gratuite.

L'assistance médicale gratuite a été organisée par la loi du 15 juillet 1893. « Tout Français malade, privé de ressources, reçoit gratuitement de la commune, du département ou de l'État, suivant son domicile de secours, l'assistance médicale à domicile ou, s'il y a impossibilité de le soigner utilement à son domicile, dans un établissement hospitalier. » Les femmes en couches sont assimilées à des malades.

Le service de l'assistance médicale gratuite est organisé dans chaque dép. par le Conseil général sous l'autorité du préfet. C'est le Conseil général qui statue sur la détermination des hôpitaux auxquels est rattachée chaque commune, et sur la part de dépenses qui incombe aux communes et au dép. Le service est assuré, dans chaque commune, par un *bureau d'assistance*, présidé par le maire. La liste nominative de toutes les personnes qui, ayant dans la commune leur domicile de secours, doivent être, en cas de maladie, admises à l'assistance médicale gratuite, est arrêtée chaque année par le conseil municipal en comité secret ; elle est déposée au secrétariat de la mairie où toute personne peut en prendre connaissance et réclamer l'inscription ou la radiation des personnes qui y sont portées. Les réclamations sont soumises à une commission cantonale spéciale qui statue souverainement.

Les dépenses sont supportées par l'État (subventions et agrandissement et contribution des hôpitaux), et pour le surplus par les communes, qui sont autorisées à y pourvoir au moyen de centimes additionnels ou de droits d'octroi spéciaux.

Les variations de ce service, depuis 1897, ont été les suivantes :

ANNÉES.	NOMBRE DE PERSONNES			DÉPENSES.
	inscrites sur les listes.	soignées à domicile.	soignées dans les hôpitaux.	
				millions de fr.
1897	1.890.493	615.765	84.902	16.979
1900	1.918.554	724.462	96.526	16.722
1905	1.963.445	866.726	129.592	20.172
1910	2.099.964	900.844	141.421	24.794
1913	2.077.068	945.043	145.500	28.097

La loi du 15 avril 1916 a institué des dispensaires publics d'hygiène sociale et de préservation anti-tuberculeuse, chargés d'enseigner la prophylaxie et d'assurer des soins aux malades atteints d'affections transmissibles.

La loi du 23 janv. 1917 a accordé de plein droit l'assistance aux femmes en couches à toutes les femmes de mobilisés touchant l'allocation militaire, sans qu'il soit besoin pour elles de justifier d'autres conditions. Le même avantage est accordé de plein droit aux femmes réfugiées des pays envahis percevant les secours des réfugiés. Enfin, le bénéfice de la loi du 14 juillet 1913 sur l'assistance aux familles nombreuses a été étendu à toutes les femmes salariées ou non (loi du 2 décembre 1917).

L'assistance privée.

Le principe d'une collaboration plus ou moins étroite entre l'assistance publique et la bienfaisance privée ne rencontre guère de contradicteurs en France. Chaque Congrès a marqué un pas nouveau vers la réalisation de cet idéal, poursuivi de part et d'autre. A la veille du Congrès de 1889, fut instituée au ministère de l'Intérieur la direction générale de l'Assistance publique ; au lendemain du même Congrès fut créé à Paris l'*Office Central des Œuvres de Bienfaisance*.

Depuis l'année dernière, enfin, fonctionne à Paris sous les auspices de la généreuse Croix-Rouge américaine et sous la direction d'un Comité français groupant des représentants de toutes les tendances, un *Fichier central d'assistance et d'aide sociale*.

Il n'est pas possible dans le cadre étroit d'un *Annuaire Général* de donner la liste de toutes les œuvres et associations charitables. On trouvera cependant ci-dessous la liste des organes de centralisation et des Fédérations les plus importantes de Paris :

Fichier central d'assistance et d'aide sociale, fondé en 1918, 14, rue de Richelieu.

Commission for the prevention of the tuberculosis in France, 12, rue Boissy d'Anglas.

Office central des Œuvres de Bienfaisance (reconnu d'utilité publique par décret en date du 8 juin 1896), 175, boulevard Saint-Germain ;

Œuvre de l'allaitement maternel. Administ. générale, rue Jean-Baptiste-Dumas, 9 ;

Œuvre d'assistance par le Travail (Comité Central), rue de Miromesnil, 49 ;

Œuvre de l'Hospitalité de nuit (refuge de femmes), rue Cardinet, 113 ;

Œuvre nouvelle des Crèches Parisiennes, Ecoles d'hygiène infantile (reconnue d'utilité publique), siège social, rue de l'Etoile, 21, T. Central 29.71 ;

Œuvre de préservation de l'enfance contre la tuberculose (reconnue d'utilité publique). Trésorier : M. C. Sellier, rue de Lille, 4 ;

Société des Crèches (1846) (reconnue d'utilité publique), siège social : avenue d'Iéna, 16 ;

Société Philanthropique de Paris (reconnue d'utilité publique en 1839). Bureaux : rue de Bellechasse, 15. T. Saxe : 25.92.

Société générale de protection pour l'enfance abandonnée ou coupable, rue de Lille, 47 ;

Société protectrice de l'enfance, rue de Pétrograd, 19 ;

Société de Saint-Vincent-de-Paul, patronage, rue de Furstemberg, 6 ;

Union française pour le sauvetage de l'enfance, rue de Richelieu, 108. T. Central 47.31.

Union des Sociétés de patronage de France, place Dauphine, 14.

LE MOUVEMENT FÉMININ

La législation concernant la femme et l'enfant.

Au cours du XIXe siècle, la condition morale et sociale de la femme a subi de nombreuses modifications. Le bouleversement économique et industriel et aussi un demi-siècle d'efforts continus de féministes dévouées ont entraîné le vote d'un certain nombre de lois. Ce sont :

a. **Textes relatifs à l'émancipation civile.** Les réformes concernant l'émancipation civile ont été faites sans plan général et ne sont, sauf une exception (loi sur le libre salaire de la femme mariée) que des réformes de détail.

Loi du 27 février 1880 (art. 1er, § 25) rend les femmes électrices et éligibles au Conseil supérieur de l'Instruction publique ;

Loi du 9 avril 1881 (art. 6) sur la Caisse d'épargne postale accorde aux femmes mariées, quel que soit le régime de leur contrat de mariage, le droit de se faire ouvrir des livrets sans l'assistance de leurs maris : elles peuvent également retirer, sans cette assistance, les sommes inscrites aux livrets, sauf opposition de la part de leurs maris ;

Loi du 27 juillet 1884 rétablit le divorce et déclare (art. 229 et 230 C. Civ.) que l'adultère de l'homme et de la femme aura la même sanction civile ;

Loi du 20 juillet 1886 (art. 13, § 4) sur la Caisse Nationale des retraites pour la vieillesse accorde aux femmes mariées le droit de faire des versements sans l'autorisation du mari ; les versements faits pendant le mariage par l'un des deux conjoints profitent séparément à chacun d'eux par moitié ;

Loi du 30 octobre 1886 (modifiée par la *loi du 14 juillet* 1901, *art.* 44, § 5) rend les femmes électrices et éligibles dans les Conseils de l'enseignement primaire ;

Loi du 9 mars 1891 (modifiant l'art. 767 C. Civ.) attribue au conjoint survivant non divorcé un droit d'usufruit dans la succession de l'autre conjoint. Ce droit d'usufruit subsiste même en cas de nouveau mariage (*loi du 3 avril* 1917) ;

Loi du 6 février 1893 accorde à la femme séparée de corps la pleine capacité civile et met fin à la situation anormale qui lui conservait le domicile légal de son mari et l'obligeait à demander à celui-ci une autorisation soit pour engager ses services soit pour disposer de ses biens ;

Loi du 20 juillet 1895 (art. 15) modifie la loi du 9 avril 1881 sur la Caisse d'Epargne postale en restreignant les droits du mari. Celui-ci peut toujours s'opposer au retrait des sommes versées librement par la femme, mais il ne peut plus retirer lui-même les sommes déposées et son droit d'opposition devient d'une application plus difficile ;

Décret du 15 novembre 1895 admet les femmes dans les Conseils d'administration des bureaux de bienfaisance et de l'assistance publique ;

Loi du 20 juin 1896 (art. 152 C. Civ.). En cas de dissentiment entre époux divorcés ou séparés de corps pour le mariage de leurs enfants, ce n'est plus nécessairement l'avis du père qui l'emporte, mais celui des deux conjoints qui a obtenu à son profit la séparation ou le divorce et la garde des enfants ;

Loi du 7 décembre 1897 accorde à la femme le droit d'être témoin dans les actes de l'état civil et les actes notariés ;

Loi du 23 janvier 1898 rend les femmes commerçantes électrices (mais non éligibles) pour les Tribunaux de commerce ;

Loi du 1er avril 1898 (art. 3, § 2) sur les sociétés de secours mutuels autorise les femmes mariées à faire partie des Sociétés de secours mutuels et à en créer sans l'assistance de leur mari ;

Décret du 17 septembre 1900 (modifié par le *décret du 2 janvier* 1901 (art. 50) rend les femmes électrices et éligibles aux Conseils consultatifs du Travail ;

Loi du 1er décembre 1900. Les femmes licenciées en droit peuvent prêter le serment d'avocat et exercer cette profession ;

Décret du 14 mars 1903 (art. 2, 8 et 9) rend les femmes électrices et éligibles au Conseil supérieur du Travail ;

Loi du 27 mars 1907 (art. 6 modifié par la *loi du 15 novembre* 1908) rend les femmes électrices et éligibles aux Conseils de prud'hommes ;

Loi du 2 juillet 1907 (art. 383, 384 et 389 du C. Civ.). Le père qui reconnaît tardivement son enfant n'enlève plus à la mère la puissance paternelle. Elle appartient définitivement à celui des deux parents qui a le premier reconnu l'enfant. Les femmes peuvent être tutrices des enfants naturels ;

Loi du 13 *juillet* 1907 (Code du Travail de 1910, art. 78) relative au libre salaire de la femme mariée et à la contribution des époux aux charges du ménage. Cette loi accorde à la femme mariée sur les produits de son travail personnel (salaires, traitements, bénéfices commerciaux, etc.) et sur les économies en provenant, les mêmes droits d'administration que ceux donnés par l'art. 1.449 du C. Civ. à la femme séparée de biens ;

Loi du 19 *février* 1908, art. 2, § 1, rend les femmes électrices (mais non éligibles) aux Chambres de commerce et aux Chambres consultatives des arts et manufactures ;

Loi du 20 *mars* 1917 (art. 407 C. Civ.) admet les femmes dans la composition des conseils de famille des mineurs et des incapables.

Loi du 15 *mars* 1919 (J. O. du 16 mars) modifiant le régime des reprises de dot. Les reprises sont estimées au cours en vigueur au moment du partage ou règlement de compte.

Loi du 19 *mars* 1919 (J. O. du 22 mars) facilitant les donations au profit des œuvres d'assistance publique ou privée et de celles ayant plus spécialement pour objet le développement de la natalité, la protection de l'enfance et des orphelins de guerre. Droit de la femme âgée de plus de 45 ans, sans enfants, de disposer de ses biens en faveur des œuvres d'assistance.

b. Textes protecteurs du travail des femmes et des enfants :

Loi du 2 *novembre* 1892 réglemente le travail des enfants, des filles mineures et des femmes dans les usines, manufactures, mines, minières et carrières, chantiers et ateliers de quelque nature que ce soit. Les enfants ne peuvent être employés avant l'âge de 13 ans ; jusqu'à l'âge de 16 ans ils ne peuvent être employés à un travail effectif de plus de dix heures par jour ; jusqu'à l'âge de 18 ans, ils ne peuvent être employés à aucun travail de nuit (sauf quelques exceptions). Les enfants âgés de moins de 18 ans et les femmes de tout âge ne peuvent être employés plus de six jours par semaine, ni les jours de fête.

Loi du 30 *mars* 1900, modifiant les articles 3, 4 et 11 de la loi précédente. Les jeunes ouvriers et ouvrières jusqu'à l'âge de 18 ans et les femmes ne peuvent être employés à un travail effectif de plus d'onze heures par jour ;

Loi du 29 *décembre* 1900 prescrit aux patrons de placer dans leurs magasins et boutiques un nombre de sièges égal à celui des femmes qui y sont employées ;

Loi du 17 *juin* 1913 (Code du Travail, livre I, art. 29 *a*) donne aux femmes en état de grossesse apparente la faculté de quitter leur travail sans délai-congé ;

Décret du 21 *mars* 1914 interdit d'employer les enfants de moins de 18 ans et les femmes : 1° au graissage, nettoyage ou réparation des machines ou mécanismes en marche ; 2° dans des locaux où se trouvent des machines actionnées à la main ou par un moteur mécanique dont les parties dangereuses ne sont pas couvertes d'appareils protecteurs ;

Loi du 10 *juillet* 1915 (Code du Travail, titre III, art. 33) détermine le salaire des ouvrières du vêtement travaillant à domicile. Les prix de façons applicables au travail à domicile doivent être tels qu'ils permettent à une ouvrière d'habileté moyenne de gagner en dix heures un salaire égal à un minimum déterminé par les Conseils du travail ou, à leur défaut, par les Comités de salaires ;

Loi du 31 *juin* 1917, *décrets du* 4 *juillet*, *du* 5 *septembre* 1918 *et du* 18 *février* 1919 assurent aux ouvrières du vetement le repos pendant l'après-midi du samedi ;

Loi du 5 *août* 1917 (Code du Travail, livre II, art. 54 *b*, *c*, *d*, *e*). Dans les établissements industriels, pendant une année comptée du jour de la naissance, les mères allaitant leurs enfants disposent d'une heure par jour durant les heures de travail. La mère pourra toujours allaiter son enfant dans l'établissement.

Loi du 15 *février* 1918 reconnait aux femmes salariées de mobilisés le droit à un congé de durée égale à chacune des permissions de dix jours de leurs maris.

Décret du 18 *février* 1919 (J. O. 24 février) sur le repos de l'après-midi du samedi dans les ateliers de tailleurs, couturières, lingères et fourrures.

Loi du 24 *octobre* 1919 (J. O. 26 octobre) assurant la protection des femmes qui allaitent leurs enfants. Accorde une allocation supplémentaire de 15 fr. par mois pendant les 12 mois qui suivent l'accouchement.

c. Les droits politiques.

Aucune loi n'accorde aux femmes, en France, l'électorat ni l'éligibilité aux fonctions électives, municipales ou politiques. Plusieurs propositions de loi ont été déposées devant le Parlement. La Chambre des Députés a émis, le 20 mai 1919, un vote concédant aux femmes l'électorat et l'éligibilité. Le Sénat, à qui a été transmise la proposition de loi votée par la Chambre, l'a renvoyée à l'examen d'une Commission.

La Grande-Bretagne, les Etats-Unis (dans 10 Etats), l'Australie, la Nouvelle-Zélande, le Canada, les Indes anglaises, les Etats scandinaves, l'Allemagne, l'Autriche, la Hongrie, la Pologne, la Tchéco-Slovaquie ont donné aux femmes le vote législatif. En Belgique, les veuves de guerre, les femmes qui furent emprisonnées par les Allemands et celles qui se signalèrent par des actes patriotiques sont électrices pour la Chambre des députés.

Le travail des femmes.

La France est un des pays du monde où la femme travaille le plus. D'après les recensements de 1896, publiés en 1910 par le ministère du Travail, il y avait en France, à cette date, 6.382.000 femmes se livrant à un travail lucratif, soit un peu plus du tiers de la population féminine totale (19.500.000 femmes) se répartissant à peu près de la façon suivante :

Agriculture	2.760.000 femmes.
Soins domestiques	740.000 —
Industrie, commerce	2.623.000 —
Professions libérales	200.000 —
Carrières administratives	105.000 —

Le groupe d'industries le plus spécialement féminin est celui des textiles et du vêtement ; dans les industries du coton, de la soie, de la bonneterie, l'élément féminin est double de l'élément masculin ; il est presque quadruple dans la fabrique des dentelles, des guipures et des broderies.

Dans le travail des étoffes et le vêtement, la supériorité féminine s'accuse davantage encore : 1.135.000 femmes contre 168.000 hommes. Les industries où les femmes sont le plus employées sont ensuite : les cartes, cartonnages et objets en papier (10.000 ouvrières contre 8.000 ouvriers), papeterie (12.000 contre 22.000), tabletterie, brosserie (21.000 contre 27.000), pailles, plumes et crins (12.000 contre 22.000).

Dans le commerce, les branches où s'est développée surtout l'activité féminine sont : les restaurants et hôtels (119.000 femmes contre 113.000 hommes), alimentation (216.000 contre 379.000), habillement (65.000 contre 105.000).

Tous ces chiffres ont été complètement modifiés par la guerre ; les statistiques les plus récentes ne permettent pas de donner des chiffres d'ensemble, mais des relevés partiels publiés par le ministère du Travail, on peut conclure à une singulière augmentation de la main-d'œuvre féminine depuis 1914 : en ce qui concerne la métallurgie, l'Inspection du Travail donne pour quelques établissements où travaillaient avant la mobilisation 18.815 femmes le chiffre de 171.700 femmes en juillet 1917.

Dans tous les services de l'Intendance (habillement, vivres, stations-magasins, fabriques de chaussures, etc.), les emplois confiés aux femmes ont été très variés ; très souvent, l'installation d'appareils de levage et de roulement a permis de leur confier des ouvrages jusqu'ici réservés aux hommes.

Des enquêtes faites, en 1917, par les Inspecteurs du Travail, il résulte que les industriels ont, dans beaucoup de régions, pour rendre possible l'emploi des femmes, modifié et amélioré leurs méthodes d'exploitation. Ils ont divisé le travail à l'extrême, organisé la production en séries et affecté les ouvrières à des tâches très délimitées ; leur matériel a été perfectionné, l'outillage mécanique mû par l'électricité a été développé au maximum, les dispositifs de levage et de manutention ont été multipliés.

Les salaires des ouvrières restent encore très inférieurs à ceux des ouvriers, et parmi les travaux féminins, les travaux à domicile continuent d'être des salaires de famine.

Pendant la guerre, les deux tiers des ouvrières du vêtement et du personnel domestique ont été employées aux travaux d'usines de guerre ; le recrutement a été très facilité par les salaires élevés donnés à ces ouvrières : de 7 à 10 fr. par jour suivant les régions ; en 1919, ces chiffres sont à peu près ceux qu'atteignent, à Paris, les salaires (y compris les indemnités de cherté de vie) des ouvrières du vêtement.

C'est à partir de 1880, date de la création de l'enseignement secondaire, que les jeunes filles se sont tournées vers le professorat. Le nombre des institutrices et des professeurs de lycées s'est accru d'année en année ; l'enseignement supérieur a admis les femmes, dès 1872, non seulement à suivre les cours, mais aussi à conquérir les grades universitaires.

Il y a maintenant, à Paris et dans les grandes villes de province, des femmes médecins (à Paris une cinquantaine), des pharmaciennes et des femmes avocats. Les concours de l'externat et de l'internat, l'admission aux Ecoles de notariat sont parmi les plus récentes conquêtes féministes.

Dans les carrières administratives, il convient de citer au premier chef les employées des postes (receveuses, télégraphistes et téléphonistes). Depuis 1914, les administrations de la Guerre et de la Marine ont multiplié les emplois pour les veuves d'officiers ou de soldats et pour les femmes de mutilés. Nombreux sont, dans ces ministères, les bureaux entièrement occupés par des dames fonctionnaires ; il en est de même dans plusieurs autres ministères (Finances, Travail, Ravitaillement, etc...) et dans les autres administrations (Banque de France, Caisse des Dépôts et Consignations, Préfecture de la Seine, grandes Cies financières et Cies de chemins de fer).

Les syndicats féminins.

Les ouvrières ou employées syndiquées sont au nombre de 100 000 environ ; c'est un chiffre minime si l'on considère le chiffre total des femmes salariées : 5 millions, mais c'est un chiffre qui s'accroît rapidement : 31.000 en 1900, 81.000 en 1916.

Les ouvrières des tabacs, de l'habillement, de la cordonnerie, de l'imprimerie, de la blanchisserie, de l'alimentation, des textiles, des arsenaux n'ont pas formé de syndicats purement féminins ; elles ont adhéré aux syndicats d'ouvriers déjà existants qui, de ce fait, sont devenus des syndicats mixtes. Les ouvrières de l'aiguille, les modistes, les pharmaciennes, les gantières, les employées de commerce, les caissières, les dactylographes, les institutrices, les actrices ont fondé, au contraire, des syndicats purement féminins.

Tous ces syndicats, mixtes ou entièrement féminins sont de deux sortes : le syndicat selon la formule de la C. G. T. et le syndicat indépendant.

La Bourse du Travail de Paris loge les syndicats des fleuristes et plumassières, des couturières, coupeuses, lingères, modistes, corsetières et des dames de l'alimentation. Leur but : procurer du travail aux adhérents, obtenir des salaires plus élevés, poursuivre la réduction des heures de travail et soutenir par tous les moyens possibles les revendications ouvrières. La cotisation mensuelle varie de 0.25 à 0.50.

La province compte également plusieurs syndicats (mixtes ou féminins) créés selon les statuts types rédigés par la C. G. T.

Les syndicats indépendants sont, de beaucoup, les plus nombreux. Le *Syndicat du fil et de l'aiguille*, fondé à Paris en 1892, par le R. P. du Lac, est le type du syndicat féminin réunissant à la fois ouvrières et patronnes.

Les *Syndicats de l'Union Centrale*, rue de l'Abbaye, fondés en 1902 groupent les institutrices privées, les dames employées de commerce et de l'industrie, les ouvrières de l'habillement, les garde-malades diplômées, les domestiques. But : réunir les travailleurs de même profession dans un esprit d'aide et d'éducation mutuelle, défendre leurs intérêts professionnels et économiques et étendre leurs connaissances techniques. Cotisation 0 fr. 50 par mois avec droit d'entrée de 3 fr.

Les trois syndicats suivants ont leur siège, 3, impasse Gomboust : *Syndicat des employés de la banque et du commerce; Syndicat des couturières et professions connexes en atelier; Syndicat des couturières et professions connexes à domicile.* Les statuts et les cotisations sont les mêmes que ceux des syndicats de la rue de l'Abbaye.

Le plus important des groupements syndicalistes féminins de province est celui de Lyon, 6, rue Boissard, fondé par Mlle Rochebillard (ouvrières de l'aiguille, de la soie, et employées de commerce). Cotis. : 1 fr. 20 par an.

Les syndicats indépendants, malgré leur création récente, ont eu déjà des résultats importants. Au point de vue professionnel, ils ont multiplié les cours pour leurs adhérents (syndicats de Lyon : 78 professeurs qui enseignent la comptabilité, la sténo, la dactylo, l'anglais, le calcul commercial, le dessin, la coupe, la lingerie, la couture, la broderie, l'hygiène, la cuisine, etc...) ; ils ont créé des bureaux de placement, de consultations juridiques. Au point de vue économique, ils ont créé quelques coopératives de production (Paris, 33, rue des Petits-Champs ; Grenoble, fabrique de gants ; Lyon, fabrique de passementerie de soie) ; ils ont organisé des ententes entre ouvrières pour partager le travail pris directement au magasin (Paris, Syndicat de la rue Vercingétorix), des achats de fournitures en gros revendues aux ouvrières au prix coûtant (Syndicats de la rue de l'Abbaye et de la rue Vercingétorix), des restaurants coopératifs (S. de la rue de l'Abbaye). Au point de vue social, les groupements féminins ont développé les œuvres mutualistes; presque tous les syndicats féminins se doublent d'une Société de secours mutuels assurant à ses membres une indemnité journalière, des soins gratuits, des médicaments et même (Synd. de la rue de l'Abbaye) une retraite pour le cas d'infirmités.

Certains syndicats (Lyon, Grenoble, Voiron, rue de l'Abbaye), ont des maisons de repos ; le Synd. de l'Aiguille (Paris) a institué une Caisse de prêts pour les loyers et trois maisons de famille pour ouvrières.

La Fédération d'organismes de travail, née en 1914, œuvre issue de la guerre, a pour but de relever le taux des salaires en se substituant aux intermédiaires intéressés. Sa mission consiste exclusivement à rechercher du travail, à le répartir entre les organismes adhérents et à procurer à ceux-ci, au meilleur compte possible, les matières premières. Elle comprend actuellement les groupes suivants : *l'Aide sociale des habitations à bon marché de l'Assistance publique*, 3, avenue Victoria ; *la Compagnie hospitalière des Filles de la Charité de St-Vincent-de-Paul*, 140, rue du Bac ; *l'Union pour l'organisation du travail*, 28, rue des Saints-Pères ; les *Ateliers prof. des organisations ouvrières*, 208, rue St-Maur ; la *Ligue patriotique des Françaises*, 368, rue St-Honoré ; le *Syndicat des ouvrières de l'habillement*, 5, rue de l'Abbaye ; l'*Amélioration du logement ouvrier*, 92, rue du Moulin-Vert ; les ateliers fondés par l'*Union des Dames de France*, 16, rue de Thann ; l'*Union des ouvroirs indépendants*, 14, rue de Richelieu.

Ces 9 groupements comprennent ensemble 20.000 ouvrières environ et 300 ouvroirs ou ateliers entre lesquels le travail est réparti au prorata du nombre d'ouvrières de chacun.

Le mouvement féministe.

Sociétés et œuvres féministes. Ce n'est guère que depuis une quarantaine d'années qu'il existe, en France, un mouvement féministe. Plusieurs des réformes législatives lui sont dues, mais il faut reconnaître que ces résultats sont moindres que ceux obtenus à l'étranger par un féminisme pourtant ni plus actif ni mieux organisé. Pendant longtemps, en effet, le féminisme français est resté suspect à beaucoup de gens à cause de son anticléricalisme et de ses principes socialistes.

Maria Deraismes, femme d'une haute valeur intellectuelle et morale, fonda en 1872 la *Ligue pour le Droit des femmes* (Paris, 127, avenue de Clichy) et le *Droit des Femmes*, journal qui parut régulièrement pendant 23 ans.

La *Société pour l'amélioration du sort de la femme et la revendication de ses droits* (présidente Mme Féresse-Deraismes, sœur de Maria Deraismes, siège social, 72, rue Cardinet, Paris) fut créée en 1881 ; l'*Union Universelle des femmes* (27, rue St-Jacques, Paris) fut fondée en 1891 par Mme Marya Cheliga, en même temps que le *Bulletin International*. Ce fut la première société féministe internationale.

A peu près à la même époque furent créées les sociétés suivantes : la *Solidarité* (Fontenay-sous-Bois) par Mmes Potonié-Pierre et Maria Martin ; le *Journal des Femmes* que publie cette société est l'organe attitré de toutes les sociétés de femmes libre-penseurs ; l'*Egalité* (7, rue de Paris, Asnières) par Mme Vincent, société à tendances socialistes ainsi que le *Groupe français d'études féministes* (128, rue de l'Université, Paris) dirigé par Mme Oddo Deflou ; l'*Avant-Courrière* (41, rue Gazan, Paris), présidente Mme la duchesse d'Uzès ; la *Société des féministes chrétiennes* fondée par Mme Marie Duclos avec un journal *Le Féminisme chrétien*, dirigé par Mlle Maugeret : l'*Union française pour le suffrage des femmes*, 53, rue Scheffer,

Le *Conseil national des femmes françaises*, fondé à Paris en 1901, compte actuellement plus de 100.000 adhérents représentant 140 sociétés. Cette vaste fédération, affiliée au Conseil intal des femmes, a pour but d'établir un lien de solidarité entre les diverses Sociétés et œuvres s'occupant de la condition et des droits de la femme. Il a créé pendant la guerre deux œuvres annexes qui ont rendu les plus grands services : l'*Office de renseignements aux familles dispersées* et l'*Office central de l'activité féminine*. Nous citerons parmi les Sociétés affiliées au Conseil national le *Cercle Amicitia*, 12, rue du Parc-Royal, maison de famille fréquentée surtout par les demoiselles de magasin, les employées et les étudiantes, l'*Association des étudiantes*, 55, rue St-Jacques, l'*Association pour la protection de la jeune fille*, 19, rue St-Vincent-de-Paul, l'*Association pour la répression de la traite des blanches*, le *Foyer de l'Etudiante*, 67, rue St.-Jacques, le *Foyer féminin*, 206, boul. Raspail, le *Foyer de la Jeune Fille*, 19, rue Béranger, les nombreux *Foyers de l'ouvrière*, la *Ligue française pour le droit des femmes*, 127, avenue de Clichy, la *Ligue française de l'enseignement*, 3, rue Récamier, l'*Œuvre libératrice*, 1, rue Malakoff, l'*Œuvre du relèvement moral* (Le Havre), l'*Union des amies de la jeune fille*, 12, rue du Parc-Royal, qui compte de nombreuses sections en province.

Parmi les œuvres et sociétés non affiliées au Conseil national des femmes, nous relevons l'*Union chrétienne des ateliers de femmes* qui a créé à Paris deux restaurants pour les ouvrières et (en collaboration avec le Syndicat de l'aiguille) 3 pensions de famille, la *Société de protection des institutrices françaises* (Neuilly, 101, avenue du Roule), la *Parisienne*, la *Couturière*, deux sociétés de secours mutuels, la *Mutualité maternelle*, la *Maison maternelle* (41, rue Fessart) qui a pour but de soustraire à la misère les enfants des travailleurs malades ou sans travail, l'*Œuvre du Trousseau*, la *Société des fourmis*, l'*Association des demoiselles de magasin* (maison de famille, 50, rue de Vaugirard), l'*Union coopérative des ouvriers et ouvrières de l'habillement*, la *Fédération féministe universitaire*, 14, rue Rottembourg.

Bibliographie.

Barthélemy (Joseph). *Le vote des femmes*, in-8. Alcan. Paris, 1919.

Combat (Ed. et F.-J.). *Le travail des femmes à domicile*, in-12. Berger-Levrault. Paris, 1916.

Contenson (de). *Les syndicats professionnels féminins*. Paris, 1905.

Gemähling (Mme). *La maternité ouvrière et sa protection légale en France*. Paris, 1915.

Gonnard (R.). *La femme dans l'industrie*, in-8, br. 3 fr. 50. A. Colin. Paris, 1906.

Le Couteux du Molay. *Les droits politiques de la femme*. Paris, 1913.

Paulowski. *Les syndicats féminins et les syndicats mixtes en France*, in-8. Alcan. Paris 1912.

Poirier. *L'infériorité sociale de la femme et le féminisme*. Paris.

LE CATHOLICISME FRANÇAIS

Organisation.

La société catholique française, souvent appelée « Eglise de France », n'a jamais été au cours des siècles qu'un membre de l'Eglise catholique romaine, toujours étroitement soumise au point de vue doctrinal au chef spirituel de cette Eglise, le Pape, avec lequel elle n'a connu de conflits que sur certains points d'organisation temporelle.

Après diverses vicissitudes, le statut de l'Eglise de France avait été réglé en 1516 par un concordat ou traité conclu entre une puissance spirituelle, le pape Léon X et une puissance temporelle, le roi François Ier. Bien qu'ayant rencontré une certaine opposition, ce concordat resta cependant en vigueur jusqu'à la Révolution. La constitution civile du clergé qui lui fut substituée par l'Assemblée constituante (12 juillet 1790) le rompit. Le général Bonaparte, devenu Premier Consul, fit reprendre les négociations avec Rome ; celles-ci aboutirent au concordat du 15 juillet 1801 qui fut appliqué jusqu'en 1903, date de la rupture des relations diplomatiques entre le Saint-Siège et le Gouvernement de la République.

La séparation de l'Eglise et de l'Etat, dont beaucoup étaient loin de repousser le principe, était le dernier stade d'une série de mesures restrictives des privilèges du catholicisme : expulsion des Congrégations non autorisées (1880), lois scolaires (1881-1882), service militaire des séminaristes (1889), enfin contrôle sévère des ordres religieux qui obliges quelques-uns d'entre eux à la dissolution ou à l'exil (1901).

La loi du 5 décembre 1905, en abolissant sans dénonciation préalable le Concordat de 1801, prévoyait, pour l'exercice des cultes en France, la création d'associations dites « cultuelles », qui seraient qualifiées pour recevoir dévolution des biens ecclésiastiques. Mais, par deux encycliques consécutives, le pape Pie X ayant, dès 1906, condamné ces associations projetées, comme contraires à la hiérarchie apostolique et présentant une « tendance schismatique », les catholiques de France préférèrent renoncer à leurs droits plutôt que de briser l'unité de l'Eglise.

Les nouvelles lois des 2 janvier et 25 mars 1907 consacrèrent dès lors l'exercice du catholicisme en France dans les limites de droit commun, mais avec la libr jouissance des édifices et objets du culte. L'Eglise de France conquérait ainsi sa liberté au prix d'un sacrifice d'environ 400 millions de francs, représentant les biens perdus des menses, fabriques et autres fondations diverses ; mais elle n'a pas tardé, malgré cette rude épreuve, à développer une activité nouvelle qui témoigne de sa remarquable vitalité.

Le clergé et les œuvres.

I. — Le clergé.

La France catholique est divisée en 87 sièges résidentiels : 17 métropoles (archevêchés) et 70 évêchés suffragants. Il convient d'y ajouter : 3 sièges en Algérie : 1 arch. et 2 évêchés ; 1 siège en Tunisie ; 2 dans les Antilles ; 1 à la Réunion. Les 3 derniers sièges relèvent directement du Saint-Siège.

Le haut-clergé de France (proto-notaires apostoliques, prélats, chanoines, etc.), compte environ 2.500 membres (150 pour Paris). Le service paroissial est assuré dans les villes et campagnes par 31.500 curés, dont 70 pour Paris, et 9.000 vicaires (Paris 650). Dans les 5 universités et les institutions catholiques professent 4.000 ecclésiastiques, et 2.200 (Paris 120) remplissent les fonctions d'aumôniers (non militaires).

Cardinaux Français.

Actuellement, la France possède 8 cardinaux dont 1 de Curie résidant à Rome :

L.L. Em. Em. : card. BILLOT (Louis), Jésuite, né le 22 janv. 1846 (Lorraine); card.-diacre, 27 nov. 1911 (Rome).

Card. AMETTE (Léon-Adolphe), né le 6 sept. 1850 ; coadj., puis arch. de Paris 1906-1908 ; card. pr. 27 nov. 1911.

Card. ANDRIEU (Paulin-Pierre), né le 8 déc. 1849 ; card.-pr. 1907; arch. de Bordeaux 1909.

Card. DUBOIS (Louis-Ern.), né le 1er sept. 1856 ; arch. de Rouen et card.-pr. 1916.

Card. DUBOURG (Aug.-René), né le 1er oct. 1842 ; arch. de Rennes 1906 : card.-pr. 4 déc. 1916.

Card. LUÇON (Louis-Henri-Jos.), né le 28 oct. 1842 ; arch. de Reim 1906 ; card.-pr.

16 déc. 1907 (doyen des card. français). Chev. de la Lég. d'honneur (1917). A reçu la fourragère aux couleurs de la médaille militaire comme aumônier honoraire du 152e d'inf.

Card. MAURIN (Louis-Jos.), né le 15 fév. 1859 ; arch. de Lyon, 1er déc. et card.-pr. 4 déc. 1916. Primat des Gaules.

Card. *de Rovérié de* CABRIÈRES (Anatole), né le 30 août 1830 ; év. de Montpellier 1874 ; card.-pr. 19 nov. 1899.

Archevêchés.

A quelques sièges métropolitains étaient jadis attachés des titres de patriarcat ou de primatie. Significatifs de prérogatives hiérarchiques, juridictionnelles, religieuses (droit au pallium, présidence de conciles provinciaux), le Concordat de 1801 les supprima. Ils constituent toutefois des titres honorifiques, souvent respectés par la coutume et dont le caractère historique mérite de n'être pas oublié.

Pour un motif analogue, il a paru intéressant de mentionner, à la suite du siège auquel ils ont été rattachés, les anciens évêchés supprimés par le Concordat.

AIX (B.-du-R.), avec titre d'Arles et Embrun. — Mgr. *Bonnefoy* (Franç.-Jos.). Né en 1836, arch. 1901. — Catholiques : 188.872 ; 130 paroisses ; 178 prêtres ; 30 profes. ; 13 aumôn.

ALBI (Tarn). — Mgr. *Cézerac* (Pierre Cél.). Né en 1856, arch. 1918. — Catholiques : 324.090 213 paroisses ; 67 vicariats.

AUCH (Gers), av. titre de Condom, Lectoure et Lombez. — Mgr *Ricard* (Jean-Fr.-Ern.). Né en 1852 ; arch. 1907. — Catholiques : 221.994 : 29 cures ; 479 succursales ; 108 vicariats.

AVIGNON (Vaucluse). — Mgr *Latty* (Gaspar-Mar.). Né 1844 ; arch. 1907. — Catholiques 238.656 ; 173 paroisses ; 315 prêtres séculiers.

BESANÇON (Doubs, Haute-Saône, Belfort). — Mgr *Humbrecht* (Louis). Né 1853 (Alsace); arch. 1918. — Catholiques 299.935 (Doubs), 257.606 (Haute-Saône), 88.047 (Belfort); 1.224 prêtres séculiers ; 358 cures ; 816 succursales ; 80 vicariats.

BORDEAUX (Gironde). — Em. card. *Andrieu*, arch. (Ex.-primat d'Aquitaine.) — Catholiques : 823.925 ; 79 cures, 431 succursales, 153 vicariats, 938 prêtres séculiers.

BOURGES (Cher et Indre). — Mgr *Izart* (M.-J.). Né 1851; arch. 1916. — Ex-patriarcat et primatie des Aquitaines. — Catholiques : 337.810 (Cher) ; 287.673 (Indre) ; 65 cures, 435 succursales, 26 vicariats.

CAMBRAI (Nord). — Mgr *Chollet* (J.-Arth.). Né 1862 ; arch. 1913. — En 1913, détachement des arrondissements de Lille, Hazebrouck et Dunkerque érigés en diocèse (v. Lille). — Catholiques : 833.521 ; églises, chap. 432 ; prêtres séculiers 557.

CHAMBÉRY (partie Savoie et partie Haute-Savoie). — Mgr *Castellan* (Dominique). Né 1856 ; arch. 1915. — Catholiques, 138.712 ; 171 paroisses, 60 vicariats, 412 prêtres.

LYON (Rhône et Loire), avec titre de Vienne. — Em. card. *Maurin*, arch. Primat de Gaules. Auxiliaire : Mgr *Bourchany*, évêque titul. d'Hadrumète. Auxil. et vicaire apostol. à Saint-Etienne : Mgr *Chassagnon*, évêque titul. de Modra. — Catholiques : 915.581 (Rhône) : 640.549 (Loire) ; 681 paroisses, 586 vicariats, 186 aumôniers, 1.991 prêtres séculiers.

PARIS (Seine). — Em. card. *Amette*, arch. Aux. Mgr. *Roland-Gosselin*, év. de Mosynople. — Habitants : 4.154.042 ; 140 paroisses et succursales, 7 vicariats. (V. p. 87).

REIMS (Marne). — Em. card. *Luçon*, arch. Auxiliaire : Mgr *Neveux*, év. titul. d'Arsinoé. (L'arch. de Reims a titres de légat-né du Saint-Siège et Excellence. Ex-prim. de Gaule-Belgique). — Hab. 203.145 (Marne), 318.396 (Ardennes) ; 41 cures ; 545 succursales.

RENNES (Ille-et-Vilaine)), av. titr. de Dol et Saint-Malo. — Em. card. *Dubourg*, arch. — Cathol., 608.098 ; 383 cures et succursales ; 379 vicariats.

ROUEN (Seine-Inférieure). — Em. card. *Dubois*, arch. (Ex-primat de Normandie). Cathol., 877.383, 63 cures, 590 succursales, 53 vicariats.

SENS (Yonne), avec titre d'Auxerre. — Mgr *Chesnelong*. Né 1856 ; arch. 1912. (Ex.primat des Gaules et de Germanie). Cathol., 303.889 ; 49 cures, 440 succursales, 4 vicariats.

TOULOUSE (Haute-Garonne), avec titre de Narbonne. — Mgr *Germain* (J.-Aug.). Né 1839 ; arch. 1899. (Ex-prim. de la Gaule narbonnaise). Auxil. : Mgr *Raynaud*, év. titul. de Germe. Cathol., 432.126 ; 44 paroisses, 508 succursales, 61 vicariats.

TOURS (Indre-et-Loire). — Mgr *Nègre* (Albert). Né 1853 ; arch. 1913. Cathol. : 317.027 ; 289 cures et succursales, 50 vicariats.

Evêchés.

AGEN (Lot-et-Garonne). (Suffragant de Bordeaux). — Mgr *Sagot du Vauroux* (Ch.-P.). Ev. 1906. Cathol. 268.083 ; 444 paroisses, 67 vicariats.

AIRE (Landes), avec titre de Dax (résidence provisoire). (Suffr. d'Auch). — Mgr *de Cormont* (Marie-Ch.). Ev. 1899. — Cathol. : 288.902 ; 321 paroisses, 41 vicariats.

AJACCIO (Corse) (suffr. d'Aix). — Mgr *Simeone* (Aug.-Jos.-M.). Né 1863 ; év. 1916. Cathol. : 288.820 ; 52 doyennés, 420 paroisses.

AMIENS (Somme) (suffr. de Reims). — Mgr *du Bois de La Villerabel* (André). Ev. 1915. — Cathol. : 520.161 ; 60 cures, 609 succursales, 44 vicariats.

ANGERS (M.-et-L.). (Suffr. de Tours). — Mgr *Rumeau* (Joseph). Ev. 1898. — Cathol.: 508.149 ; 37 cures, 506 succursales et vicariats.

ANGOULÊME (Char.). (Suffr. de Bordeaux.) — Mgr *Arlet*. Ev. 1907. — Cathol. 346.424 ; 30 cures, 374 succursales et vicariats.

ANNECY (Haute-Savoie). (Suffr. de Chambéry). — Mgr *Campistron* (L.). Ev. 1902. — Cathol. : 257.606 ; 29 cures, 270 succursales, 169 vicariats.

ARRAS (P.-de-C.), avec titre de Boulogne et Saint-Omer. (Suffr. de Cambrai). — Mgr *Julien* (Eug.-L.). Ev. 1917. Cathol. 1.068.155 ; 52 cures, 690 succursales, 53 vicariats.

AUTUN (S.-et-L.), avec titre de Châlon-s-Saône et Mâcon. (1er suffr. de Lyon.) — Mgr *Berthoin* (Dés.-Hyac.). Ev. 1915.—Cathol.: 604.446 ; 65 cures, 458 succursales, 68 vicariats.

BAYEUX (Calv.), avec titre de Lisieux. (Suffr. de Rouen). — Mgr *Lemonnier* (Th.-P.-H.). Ev. 1906. — Cathol. : 309.398 ; 73 cures, 640 succursales, 119 vicariats.

BAYONNE (Basses-Pyr.), avec titre de Lescar et Oloron. (Suffr. d'Auch). — Mgr *Gieure* (Fr.-Xavier). Ev. 1906. — Cathol. : 433.318 ; 506 paroisses, 136 vicariats.

BEAUVAIS (Oise), avec titre de Noyon et Senlis (Suffr. de Reims). — Mgr *Le Senne* (Eug.-Stanislas). Ev. 1915. — Cathol. : 411.028 ; 3 cures, 501 succ, 540 prêtres séculiers.

BELLEY (Ain). (Suffr. de Besançon). — Mgr *Manier* (Ad.). Ev. 1910. Cathol. : 342.482. 36 cures, 404 succursales, 76 vicariats.

BLOIS (L.-et-Ch.). (Suffr. de Paris). — Mgr *Mélisson* (Alfred). Ev. 1907. — Cathol. 271.231 ; 27 cures, 294 succursales, 37 vicariats.

CAHORS (Lot). (Suffr. d'Albi). — Mgr *Giray* (Jos.-Luc.) ; év. 1918. — Cathol.: 205.769. 33 cures, 449 succursales, 5 vicariats.

CARCASSONNE (Aude). (Suffr. de Toulouse). — Mgr *Beuvain de Beauséjour* (P.-F.) ; év. 1902. — Cathol. : 300.000 (envir.) ; 37 cures, 378 succursales, 70 vicariats,

CHALONS (Marne). (Suffr. de Reims). — Mgr *Tissier* (Jos.-M.) ; év. 1912. Cathol.: 436.310 ; 25 cures, 312 succursales, 6 vicariats.

CHARTRES (E.-et-L.). (Suffr. de Paris). — Mgr *Bouquet* (Henri-L.-A.) ; év. 1901. — Cathol. : 272.255 ; 25 cures, 351 succursales, 40 vicariats ; 450 prêtres séculiers.

CLERMONT-FERRAND (P.-de-D.). (1er suffr. de Bourges). — Mgr *Belmont* (Pierre-M.) ; év. 1893. Cathol. : 525.916 ; 5 cures, 447 succursales, 175 vicariats.

COUTANCES (Manche), avec titre d'Avranches. (Suffr. de Rouen). — Mgr *Guérard* (Joseph) ; év. 1898. Cathol. 476.169 ; 16 cures, 612 succursales, 284 vicariats.

DIGNE (B.-A.), avec titre de Riez et Sisteron. (Suffr. d'Aix). — Mgr *Martel* (I.-Jos.) év. 1917. — Cathol. : 107.230 ; 292 paroisses, 442 prêtres.

DIJON (C.-d'Or). (Suffr. de Lyon). — Mgr *Landrieux* (Maur.) ; év. 1915. — Cathol. 350.044 ; 38 cures, 477 succursales, 13 vicariats.

ÉVREUX (Eure). (Suffr. de Rouen). — Mgr N.................... ; év. — Cathol. ; 323.651 ; 73 cures, 545 succursales, 41 vicariats.

FRÉJUS (Var), avec titre de Toulon. (Suffr. d'Aix). — Mgr *Guillibert* (Félix) ; év. 1906. — Cathol. 330.755 ; 32 cures, 146 succursales, 72 vicariats. 393 prêtres séculiers.

GAP (H.-A.). (Suffr. d'Aix). Mgr *de Llobet* (Gabr.) ; év. 1915. Cathol. : 105.083 ; 242 paroisses, 211 prêtres séculiers.

GRENOBLE (Isère). (Suffr. de Lyon). — Mgr *Caillot* (Alex.) ; év. 1917. — Hab. : 555.911 ; 51 cures, 530 succursales, 130 vicariats.

LANGRES (Hte-M.). (Suffr. de Lyon). — Mgr Louvard (Th.-Marie), év. 1919 — Cathol. (hab.) : 214.785 ; 444 paroisses, 540 prêtres séculiers.

LAVAL (May.). (Suffr. de Tours). — Mgr *Grellier* (Eug.-J.) ; év. 1906. — Cathol. (hab.): 350.637 ; 31 cures, 265 succursales, 210 vicariats.

LILLE (Nord.). (Suffr. de Cambrai). — Mgr *Charost* (Alexis) ; év. 1913. — 1er titul. de l'év. de Lille, ex-vicar. gal. détaché de Cambrai et érig. en diocèse avec Dunkerque et Hazebrouck. Pas de statistique religieuse.

LIMOGES (Hte-Vienne et Creuse). (Suffr. de Bourges). — Mgr *Quilliet* (Hector-Raph.) ; év. 1913. — Cathol. 384.736 ; 60 cures, 404 succursales, 107 vicariats.

LUÇON (Vendée). (Suffr. de Bordeaux). — Mgr *Garnier* (Gust.-Laz.) ; év. 1916. — Cathol. (hab.) : 438.520 ; 301 paroisses (30 doyens), 146 vicariats.

MANS (LE) (Sarthe). (Suffr. de Tours). — Mgr *Grente* ; év. 1918. Cathol. : 419.370 ; 368 paroisses et succursales, 111 vicariats.

MARSEILLE (B.-du-R.) (Suffr. d'Aix). — Mgr *Fabre* (Jos.-Ant.) ; év. 1909. — Cathol. : 492.663 (1 égl. grecque un.) ; 11 cures, 82 succursales, 115 vicariats.

MEAUX (S.-&-M.). (Suffr. de Paris). — Mgr *Marbeau* (Emm.-J.-M.) ; év. 1910. — Cathol. : 363.561 ; 39 paroisses, 402 succursales, 8 vicariats.

MENDE (Lozère), (Suffr. d'Albi). — Mgr *Gély* (Jacq.-J.) ; év. 1906. Hab. (cathol.) : 122.738 ; 26 cures, 191 succursales, 143 vicariats.

METZ (Moselle). — Mgr. *Pelt* (J.-Bapt.), né 1863 ; év. 1er août 1919. Cathol ; 35 doyennés 643 paroisses.

MONTAUBAN (T.-&-G.). (Suffr. de Toulouse). — Mgr *Marty* (Pierre) ; év. 1908. Cathol. : 182.337 ; 31 cures, 296 succursales, 36 vicariats.

MONTPELLIER (Hér.), avec titre d'Agde, Béziers, Lodève, etc. (Suffr. d'Avignon). Em. card. *de Cabrières*, év. Auxiliaire : Mgr *Halle*, év. titul. de Pergame. Cathol. : 480.484 ; 43 cures, 103 succursales, 27 vicariats.

MOULINS (Allier) (Suffr. de Sens). — Mgr *Penon* (Jean-Bapt.) ; év. 1911. — Cathol. 406.291 ; 31 cures, 281 succursales, 55 vicariats.

NANCY (M.-&-M.), avec titre de Toul et prim. de Lorraine. (Suffr. de Besançon). — Mgr *De la Celle*, év. 1920. — Hab. : 564.730; 31 cures-doyen., 611 églises ou chapelles, 89 vicariats.

NANTES (Loire-Inf.) (Suffr. de Tours). — Mgr *Le Fer de La Motte* (Eug.-Louis-Marie); év. 1914. — Cathol. : 666.748; 261 paroisses, 975 prêtres.

NEVERS (Nièvre). (Suffr. de Sens). — Mgr *Chatelus* (Pierre) ; év. 1910. — Cathol. : 299.812, 291 prêtres, 35 cures, 272 succursales, 23 vicariats.

NICE (Alpes-Mar.). (Suffr. d'Aix). — Mgr *Chapon* (Henri-Louis) ; év. 1896. — Cathol. : 356.338 ; 172 paroisses, 171 vicariats, 22 aumôniers, 60 prof., 397 prêtres séculiers.

NIMES (Gard), avec titre d'Uzès et Alais. (Suffr. d'Avignon). — Mgr *Béguinot* (Fél.-Aug.) ; év. 1896. — Cathol. : 302.650 ; 293 paroisses, 63 vicariats, 499 prêtres séculiers.

ORLÉANS (Loiret). (Suffr. de Paris). — Mgr *Touchet* (Stan.-Xav.) ; év. 1894. — Cathol. : 364.061 ; 334 paroisses, 23 vicariats.

PAMIERS (Ariège), avec titre de Couserans et Mirepoix. (Suffr. de Toulouse). — Mgr *Marceillac* (Pierre) ; év. 1916. — Cathol. : 198.725 ; 367 prêtres sécul., 22 cures, 321 succursales, 28 vicariats.

PÉRIGUEUX (Dord.), avec titre de Sarlat. (Suffr. de Bordeaux). — Mgr *Rivière* (Maurice) ; év. 1915. — Cathol. : 437.432 ; 69 cures, 466 succursales.

PERPIGNAN (Pyr.-Or.). (Suffr. d'Albi). — Mgr *de Carsalade du Pont* (Jules) ; év. 1899. — Cathol. : 212.986 · 26 cures, 197 succursales, 43 vicariats.

POITIERS (Vienne et Deux-Sèvres). (Suffr. de Bordeaux). — Mgr *de Durfort de Civrac de Lorges* ; év. 1918. — Cathol. : 332.376 (Vienne) et 337.627 (D.-Sèvres) ; 69 cures, 574 succursales, 97 vicariats.

PUY (LE) (Hte-Loire). (Suffr. de Bourges). — Mgr *Boutry* (Thomas) ; év. 1907. — Hab. : 303.838 ; 280 paroisses, 202 vicariats, 649 prêtres sécul.

QUIMPER ou CORNOUAILLES (Fin.), avec titre de Léon. (Suffr. de Rennes). — Mgr *Duparc* (Yves-Mar.-Ad.) ; év. 1908. — Cathol. : 809.771 ; 48 cures, 262 succursales, 419 vicariats.

ROCHELLE (LA) (Char.-Inf.), avec titre de Saintes. (Suffr. de Bordeaux). — Mgr *Eyssautier* (Jean-Aug.) ; év. 1906. — Cathol. : 450.871 ; 46 cures, 326 succursales, 49 vicariats.

RODEZ (Aveyron), avec titre de Vabres. (Suffr. d'Albi). — Mgr *du Pont de Ligonnès* (Ch.). év. 1906 — Hab. : 339.448 ; 51 cures, 617 succursales, 287 vicariats.

SAINT-BRIEUC (C.-du-N.), avec titre de Tréguier. (Suffr. de Rennes). — Mgr *Morelle* (Jules-Laur.-Benj.) ; év. 1906. — Cathol. : 605.523 ; 40 cures, 355 succursales, 458 vicariats.

SAINT-CLAUDE (Jura). (Suffr. de Lyon). — Mgr *Maillet* (Franç.-Alex.) ; év. 1898. — Cathol. : 252.713 ; 34 cures, 356 succursales, 23 vicariats.

SAINT-DIÉ (Vosges). (Suffr. de Besançon). — Mgr *Foucault* (Alph.-Gabr.) ; év. 1893. — Cathol. : 433.914 ; 32 cures, 354 succursales, 49 vicariats.

SAINT-FLOUR (Cantal). (Suffr. de Bourges). — Mgr *Lecœur* (Paul-Aug.) ; év. 1906. — Cathol. : 223.361 ; 24 cures, 289 succursales, 96 vicariats, 983 prêtres.

SAINT-JEAN-DE-MAURIENNE (Savoie). (Suffr. de Chambéry). — Mgr *Fodéré* (Adrien-Alexis) ; év. 1906. — Cathol. : 69.000 ; 7 cures, 79 succursales, 22 vicariats.

SÉEZ (Orne). (Suffr. de Rouen). — Mgr *Bardel* (Claude) ; év. 1894. — Cathol. : 307.433 ; 45 cures, 467 succursales, 135 vicariats.

SOISSONS (Aisne), avec titre de Laon et de Saint-Quentin. (Suffr. de Reims). — Mgr *Péchenard* (Pierre-Louis) ; év. 1906. — Cathol. : 530.226 ; 39 cures, 588 succursales, 20 vicariats.

STRASBOURG (Haut et Bas-Rhin). — Mgr *Ruch* (Ch.-J.-Eug.) ; év. 1919. — 57 doyennés, 712 paroisses.

TARBES ET LOURDES (Htes-Pyr.). (Suffr. d'Auch). — Mgr *Schœpfer* (Franç.-Xavier). év. 1899. — Cathol. : 206.105 ; 533 paroisses, 133 vicariats, 647 prêtres sécul.

TARENTAISE (Savoie) (résidence à Moutiers). (Suffr. de Chambéry). — Mgr *Termier* (Louis) ; év. 1919. — Cathol. : 68.000 ; 7 cures, 79 succursales, 22 vicariats.

TROYES (Aube) (Suffr. de Sens). — Mgr *Monnier* (Mar.-Et.-Laur.) ; év. 1907. — Hab. 240.255 ; 46 cures, 377 succursales, 27 vicariats, 344 prêtres.

TULLE (Corrèze) (Suffr. de Bourges). — Mgr *Castel* ; év. 1918. — Cathol. : 309.646 ; 36 cures, 254 succursales, 71 vicariats.

VALENCE (Drôme), avec titre de Die et Saint-Paul-Trois-Châteaux. (Suffr. d'Avignon). — Mgr Paget. — Cathol. : 290.894 ; 84 cures, 314 succursales, 85 vicariats.

VANNES (Morb.). (Suffr. de Rennes). — Mgr *Gouraud* (Alcime) ; év. 1906. — Cathol. : 578.400 ; 38 cures, 238 succursales, 259 vicariats.

VERDUN (Meuse). (Suffr. de Besançon). — Mgr *Ginisty* (Ch.-André). Né 1864 ; év. 1914. A Bar-le-Duc depuis le 25 fév. 1916. — Hab. : 277.955 ; 442 cures, 28 vicariats, 576 prêtres sécul. (414 dans les par.)

VERSAILLES (S.-et-O.). (Suffr. de Paris). — Mgr *Gibier* (Charles) ; év. 1906. — Cathol. . 817.617 ; 64 cures, 520 succursales, 38 vicariats.

VIVIERS (Ardèche). (Suffr. d'Avignon). — Mgr *Bonnet* (Jos.-Mich.-Fréd.) ; év. 1876. — Auxil. : Mgr *Nègre* (Paul), év. titul. de Cybistra. — Cathol. : 300.000 (sur 331.000 hab.); 37 cures, 334 succursales, 109 vicariats.

Colonies françaises.

Archevêchés.

ALGER (Algérie), avec titre de *Julia Caesarea*. — Mgr *Leynaud* (Aug.) ; arch. 1917. — Auxil. : Mgr *Piquemal*, év. titul. de Thagora. — Cathol. env. : 183.300 ; 12 cures, 105 succursales, 25 vicariats.

CARTHAGE (Tunisie). — Mgr *Combes* (Barth.-Clém.). Primat d'Afrique ; év. 1881 ; arch. 1893. — Cathol. env. : 35.000 ; 54 cures, 14 vicariats.

Evêchés.

CONSTANTINE (Algérie), avec titre de Hippone. (Suffr. d'Alger). — Mgr *Bessière* (Fr.), év. 1917. — Cathol. 100.000 ; 78 paroisses (1 rite grec).

ORAN (Algérie). (Suffr. d'Alger). — Mgr *Legasse* (Christophe) ; év. 1915. — Européens : 273.536 ; 87 cures ou succursales, 135 prêtres.

MARTINIQUE ou FORT-DE-FRANCE (Antilles franç.) (résidence : St-Pierre). Siège relevant direct. du S. S. — Mgr *Lequien* (Paul) ; év. 1915. — Hab. : 170.000 ; Pères du St-Esprit : 46 prêtres séculiers.

SAINT-DENIS ou LA RÉUNION (col. franç.) (relevant direct. du S. S.). — Mgr N... (Jacq.-Paul-Ant.) ; év. 1893. — Coadj. : Mgr *de Beaumont*, év. titul. de Paphos. — Hab. : 214.000 ; 52 paroisses, 46 prêtres sécul.

GUADELOUPE ou BASSE-TERRE (Antilles franç.) (résid. à la Basse-Terre). relevant direct. du S. S. — Mgr *Genoud* (Pierre-Louis), de la congrég. du St-Esprit ; évêq. 1912. — Hab. : 212.430 : 37 paroisses, 88 églises, 31 prêtres.

PRÉFECTURE APOSTOLIQUE DE ST.-PIERRE ET MIQUELON. — Mgr *Oster* (Jos.), préf. apost. 1916. — 3 paroisses.

II. Les œuvres.

a) Les œuvres de missions.

Françaises par leur origine et leur institution, deux grandes œuvres alimentent plus que toutes les autres le budget des Missions catholiques dans le monde entier : la *Propagande de la Foi* (20, rue Cassette, Paris et 12, rue Sala, Lyon) et la *Sainte Enfance* (44, rue du Cherche-Midi, Paris). Au cours de près d'un siècle (1822-1913), sur un total global d'offrandes de 357 millions, le seul apport de la France à la Propagation de la Foi figure pour 255 millions, soit plus de 60 % de l'ensemble des versements. En 1913, dernière année normale, sur 3.333.860 fr. fournis par la Propagation de la Foi d'Europe, la part de la France ressort à 2.950.959 fr., soit plus de 80 %.

La même année, sur un budget total dépassant de peu 4 millions, la Sainte Enfance Française avait, sou par sou, apporté près d'un million. Ni la multiplicité des œuvres de guerre, ni l'importante majoration du prix de la vie n'ont enrayé le zèle généreux de la France, car l'on voit en 1916 le montant des mêmes affectations dépasser 2 millions.

Donnant autre part la liste des prélats missionnaires avec leurs résidences et les congrégations auxquelles ils appartiennent, on rappellera pour mémoire que des nombreuses ruches d'où s'essaiment les ouvriers apostoliques on compte environ 75 % de Français, avec près de 10.000 religieuses disséminées de par le globe dans les écoles, les ouvroirs et les hôpitaux.

Au recrutement de ces pionniers de la France extérieure veillent spécialement l'*Œuvre des Ecoles apostoliques* des Pères Jésuites, l'*Association de*

N.-D. des Vocations des PP. Assomptionnistes, l'*Œuvre du Sacré-Cœur pour les vocations* sacerdotales et apostoliques, cependant que les *Missions diocésaines* assurent à l'intérieur le service missionnaire.

Parmi les Congrégations les plus connues ayant leur siège à Paris, il faut citer :

Missions étrangères (séminaire), 128, rue du Bac. *Supérieur :* M. Delmas ;

Congrégation des *Pères du Saint-Esprit* (Maison-mère et séminaire des colonies), 30, rue Lhomond. *Supér. gén.:* Mgr. Le Roy ;

Congrégation des *Prêtres de la Mission* (*Lazaristes*), 95, rue de Sèvres, *Supér. gén.* M. Fr. Verdier.

Missions Africaines de Lyon. Procure, 293, rue de Vaugirard. *Procur.:* R.-P. Lebouvier ;

Missionnaires d'Afrique (*Pères Blancs*). Procure, 27, rue Cassette. *Supér.:* R.-P. Louail ;

Frères des Ecoles chrétiennes, 78, rue de Sèvres ;

Œuvre apostolique, 61, rue des Sts-Pères. *Dir. Gén.:* Mgr. Dien ;

Œuvre des Ecoles d'Orient, 20, rue du Regard. *Dir. gén.* Mgr Charmetant.

Prêtres de St-Sulpice, 6, rue du Regard. *Supér. génér.:* M. Garriguet, vic. gén. ;

Œuvre de la Sainte-Enfance, 44, rue du Cherche-Midi.

Œuvre des Campagnes, 2, rue de la Planche. *Secr. gén.*. Mlle Piérard.

Œuvre de la Propagation de la Foi, 20, rue Cassette et 12, rue Sala, Lyon.

Société antiesclavagiste de France, 23, rue du Cherche-Midi. *Dir.* : Mgr Graffin.

b) Œuvres d'enseignement.

La création de l'école libre a été la conséquence naturelle et logique des lois de laïcisation qui, en 1882, proscrivirent de l'école primaire publique tout enseignement religieux. Pour les créer, les faire vivre, les catholiques, pendant la période vingtenaire qui conduit à 1901, sacrifièrent par an une moyenne de 56 millions de francs. Le résultat avait été, pour une période décennale (1886-1897) une augmentation de 4.375 écoles libres où le nombre des élèves était passé de 907.246 à 1.477.310. Les lois de 1901 et de 1904 (suppression de toute existence légale aux congrégations enseignantes et à celles non autorisées), celles de 1905 et de 1908 (lois de séparation et de dévolution) ne provoquèrent qu'une crise passagère, bientôt suivie d'une réaction de vitalité corroborée par une organisation plus complète et plus méthodique. A Paris, à Lyon, et dans un bon nombre de diocèses des écoles normales se sont fondées pour le recrutement et la préparation des maîtres et maîtresses de l'enseignement primaire libre.

Il en va de même pour l'enseignement secondaire libre fréquenté aujourd'hui par un chiffre d'élèves sensiblement égal à celui des lycées.

De plus, pour la distribution de l'enseignement supérieur, cinq Universités libres ou Instituts ont été créés (Paris, Lyon, Lille, Angers, Toulouse) où nulle branche d'enseignement n'est omise et dont nombre de professeurs font autorité dans le monde savant. (V. *Enseignement supérieur libre*).

Aux œuvres d'enseignement se rattachent les œuvres catéchistiques. Etablie d'abord à Paris pour la visite des familles dans le but d'assurer la fréquentation régulière des écoles et des catéchismes, l'*Œuvre des faubourgs* fut précisée et définie en 1885 par le cardinal Guibert sous le nom d'*Œuvre des catéchismes* (19, rue de Varenne).

c) Œuvres sociales.

Des œuvres d'enseignement aux œuvres sociales la transition est toute faite. Parmi ces dernières on peut ranger :

1° Les œuvres de presse : journaux, revues, Comités, Bureaux, Sociétés (Société bibliographique), Corporations (Publicistes chrétiens) s'adressant à tous les publics : chaque diocèse a sa *Semaine religieuse*, beaucoup de paroisses ont un *Bulletin paroissial* (4.000 au moins) ;

2° Les œuvres d'apostolat : l'*Œuvre de Saint-François-de-Sales* (fondation d'écoles libres, d'œuvres de persévérance, de bibliothèques), 11 *bis*, passage de la Visitation, Paris : l'*Œuvre des campagnes*, l'*Œuvre des Bibliothèques populaires* (paroissiales et autres), 73, rue N.-D.-des-Champs, Paris.

3° Le *Théâtre chrétien*, la *Chanson populaire chrétienne*, l'*Affiche chrétienne*, la *Conférence avec projections* ;

4° Les ligués : *Ligue des Femmes françaises* (18, rue de l'Abbaye-d'Ainay, Lyon) ; *Ligue patriotique des Françaises* (368, rue St. Honoré, Paris) ; l'*Assoc. Catholique de la Jeunesse française* (avant la guerre plus de 150.000 adhérents), 14, rue d'Assas, Paris.

5° Les *Associations provinciales catholiques* (groupements régionaux d'immigrés à Paris, sous la tutelle de la paroisse qui leur fournit un aumônier) ;

6° Enfin les œuvres dont les déshérités, les isolés forment le but : *Société des Amis des Pauvres ; Société Saint-François-Régis* (mariage civil et religieux, légitimation des enfants) : *Œuvre des retardataires* (premières communions tardives) : *Œuvre de la 1re Communion des petits ramoneurs ; Cercle des Marmitons ; Apostolat des Midinettes ; Œuvre des forains ; Association des écoles foraines ; Œuvre des Mariniers ; Œuvres de mer* des PP. Assomptionnistes.

Dans le cycle des œuvres sociales doivent également prendre place les œuvres suivantes, à Paris :

Association des postiers catholiques, 59, rue Chardon-Lagache.
Employés catholiques de la Nouveauté, 50, rue de Bourgogne.
Les Gildes, 5, rue du Mail.
Œuvre des Cercles catholiques d'ouvriers, 3, rue Martignac.
Syndicat des employés du commerce et de l'industrie, 5, rue Cadet.
Syndicat professionnel des cheminots de France, 5, rue Cadet.
Syndicat professionnel féminin de l'Abbaye, 5, rue de l'Abbaye.
Syndicats professionnels féminins de la rue de Sèze, 4, rue de Sèze.
Union des associations ouvrières catholiques, 82, rue de l'Université.
Union fraternelle du commerce et de l'industrie, 23, rue Taitbout.
Union fédérale professionnelle de catholiques, 368, rue St. Honoré.
Union catholique du personnel des chemins de fer, 83 *bis*, boul. Richard-Lenoir.
Union catholique des métallurgistes français, 5, rue Emilio-Castelar.
Union catholique du personnel des P. T. T., 5, rue Emilio-Castelar.
Union catholique de la France agricole, 368, rue Saint-Honoré.

d) Œuvres d'assistance, de charité.

En tête, viennent les *Conférences de Saint-Vincent-de-Paul*, tout à la fois œuvres de charité, d'apostolat, de piété dont le rayonnement est universel ; leur budget européen dépasse 5 millions (près de la moitié pour la France et ses colonies) avec 1.240 conférences. Les 25.000 *Filles de la Charité de St-Vincent-de-Paul* offrent leurs crèches, asiles, hôpitaux, dispensaires, maternités, orphelinats où plus de 250.000 pauvres sont annuellement secourus. Près de 50.000 vieillards doivent leur repas quotidien aux *Petites Sœurs des Pauvres.*

Parmi les œuvres ayant pour but l'aide aux orphelins, on doit mentionner *L'Adoption*, les *Œuvres des Enfants délaissés*, de *Sainte-Anne*, de l'*Adoption des Petites Filles abandonnées.* L'*Œuvre de l'Enfant-Jésus* abrite la convalescence des jeunes filles pauvres à leur sortie de l'hôpital. Les crèches assurent la garde des enfants. L'*Œuvre de Villepinte* (Religieuses de Marie-Auxiliatrice) recueille les tuberculeux. Les *Sœurs aveugles de Saint-Paul* soignent d'autres aveugles. L'*Œuvre d'Assistance maternelle et infantile gratuite*, fondée par Mlle Chaptal, comprend tous les services utiles pour améliorer le sort des mères indigentes. Pour les enfants sortis des maisons de correction il y a l'*Œuvre des petites préservées* et le *Vestiaire des petits prisonniers.*

D'autres œuvres s'occupent des jeunes domestiques ; celles de réhabilitation (tous les *Bon Pasteur*, tous les *Refuges de Sainte-Madeleine*) sont ouvertes aux brebis égarées. Enfin une grande *Œuvre catholique internationale pour la protection de la jeune fille* accueille et recueille dans toute la France les jeunes voyageuses isolées (70, rue Denfert-Rochereau, Paris).

On doit encore une mention à l'*Œuvre des Pauvres Malades*, à la *Société de Charité Maternelle*, à l'*Association des Mères de famille*, à l'*Association charitable des femmes du monde* (familles d'anciens officiers ou fonctionnaires dans le malheur). A citer également l'*Œuvre de l'Hospitalité du Travail*, celle du *Travail à domicile pour les mères*, la *Maison du Travail pour les hommes*, l'*Œuvre de l'Hospitalité de nuit* (par an 150.000 nuits gratuites à 50.000 malheureux) ; enfin l'*Office Central des institutions chrétiennes* qui, de 1904 à 1913, a secouru, fait travailler, placé près de 140.000 déshérités.

Bibliographie.

Almanach Catholique Français. Annuel. Bloud et Gay, Paris.

Battandier (Mgr Albert). *Annuaire pontifical catholique*, in-8, Maison de la Bonne Presse, Paris. Annuel.

Baudrillart (Mgr). *L'Eglise catholique, la Renaissance, le Protestantisme*, in-16, br. 480 p. 3 fr. 50 ; *l'Enseignement catholique dans la France contemporaine*, in-8, 700 p., 7 fr. 50, Bloud et Gay. Paris.

Besse (R.-P. dom.). *Le Syllabus, l'Eglise et les libertés*, in-16, 258 p., 3 fr. 50, Nouvelle Librairie Nationale. Paris, 1918.

Calippe (Ch.). *L'Attitude sociale des catholiques français au XIXe s.*, 3 vol. ch. 3 fr. 50, Bloud et Gay. Paris.

Chamard (R.-P. dom). *La Révolution, le Concordat et la liberté religieuse*, in-12, 300 p. Letouzey. Paris.

Cosson (A.). *Armorial des cardinaux, archevêques et évêques, titulaires et résidentiels*, in-8. 600 p., br. 18 fr. Daragon, Paris.

Goyau (Georges). *Ce que le monde catholique doit à la France*, in-16, 390 p. 3 fr. 60. Perrin. Paris, 1918.

Lacroix (Mgr L.). *Le Clergé et la guerre de* 1914. Bloud et Gay. Paris, 1916.

Lamarzelle (G. de) et H. Taudière. *La Séparation des Eglises et de l'Etat*, in-8, 3 fr. 50. Plon-Nourrit. Paris, 1906.

Langlois (Gabriel). *Le clergé, les catholiques et la guerre*, in-12, 300 p., 2 fr. Gabalda. Paris, 1915.

Leroy-Beaulieu (A.). *Les catholiques libéraux*, in-18, 298 p. 3 fr. 50. Plon-Nourrit. Paris, 1885.

Madelin (Louis). *France et Rome*, in-16, 3 fr. 50. Plon-Nourrit. Paris, 1914.

Mathiez (Albert). *La Révolution et l'Eglise*, in-18 br. 3 fr. 50. Paris, 1916 ; *Rome et le clergé français sous la Constituante*, in-18, 534 p. br. 5 fr. A. Colin. Paris.

Mourret (F.). *Histoire générale de l'Eglise*, 8 vol. in-8. Bloud et Gay. Paris.

Narfon (J. de). *La Séparation de l'Eglise et de l'Etat*, in-8 br. 6 fr. F. Alcan. Paris, 1912.

Sevestre (Em.). *Les idées gallicanes et royalistes du haut clergé à la fin de l'ancien régime*, in-8, 292 p. A. Picard. Paris, 1917.

Vie catholique dans la France contemporaine (La), 529 p., 5 fr. Bloud et Gay. Paris, 1918.

LE PROTESTANTISME FRANÇAIS

Organisation.

Le protestantisme est organisé en France et en Algérie selon le régime presbytérien synodal.

Officiellement reconnu par Napoléon, lors du Concordat, il s'est, depuis 1906, adapté aux conditions de la loi de séparation des Eglises et de l'Etat par la constitution d'*associations cultuelles*. Celles-ci sont groupées suivant leurs affinités dogmatiques en « Unions régionales » et en « Unions nationales ». Ces dernières sont l'incarnation des précédentes et celles-ci sont formées par les associations cultuelles d'une contrée, d'une étendue géographique naturellement variable. Chaque association cultuelle ou *paroisse*, dont la circonscription est délimitée par ses statuts, est dirigée par un comité directeur appelé *Conseil Presbytéral* composé de personnes élues par l'*assemblée des électeurs*, c'est-à-dire des fidèles rattachés à l'association et âgés de vingt et un ans au moins. C'est ce comité directeur qui délègue au *Synode régional* l'assemblée générale de l'Union régionale autant de laïques que la paroisse compte de pasteurs à son service.

La *paroisse* comprend un chef-lieu, généralement des annexes avec ou sans lieu de culte.

Les deux principales confessions protestantes sont la *confession réformée* et la *confession luthérienne*, à côté desquelles vivent, en communion fraternelle, de petites Eglises indépendantes telles que *Wesleyens*, *Baptistes*, etc. Toutes ont à leur base une *confession de foi* ou une *déclaration de principes*.

Les diverses « Unions Nationales » du protestantisme français ont Paris pour chef-lieu. Chaque année, elles tiennent leur assemblée générale prévue par la loi dans l'une ou l'autre des grandes Eglises du pays. Ces assemblées sont composées de pasteurs et de laïques élus pour une période de 3 ans par les synodes régionaux. Elles prennent le nom de *Synode National*. Elles légifèrent sur toutes les questions relatives à l'existence matérielle et à la vie spirituelle des paroisses ; elles élisent plusieurs commissions, corps pastoral, études, finances, évangélisation, ayant leurs fonctions spéciales. Dans l'intervalle des sessions, elles sont représentées par une direction de pasteurs et de laïques désignés sous le titre de *Commission permanente*, ou celui de *Commission exécutive générale* ou de *Comité général*. C'est en fait la plus haute représentation des Eglises (1).

Les 850 associations cultuelles protestantes de France sont desservies par plus d'un millier de pasteurs et d'évangélistes. Il conviendrait de mentionner en outre deux cents retraités, anciens serviteurs de l'Eglise dont plusieurs ont depuis la guerre suppléé les collègues plus jeunes appelés par la mobilisation.

Les fractions ecclésiastiques du protestantisme français, tout en gardant chacune leur autonomie, sont groupées en *Fédération Protestante* ayant son siège à Paris. Son Conseil compte 20 membres. Son président est un laïque. Treize commissions, nommées par le Conseil, examinent toutes les questions d'intérêt commun. La Fédération tient tous les 5 ans une Assemblée générale dans laquelle toutes les Eglises protestantes de France sont représentées.

La population protestante de France peut être évaluée environ à un million. Les principales agglomérations se trouvent au pays de Montbéliard, à Paris, dans les Cévennes, les Charentes, la Gironde, le Poitou, la région du Nord-Est, le Tarn, le Tarn-et-Garonne, l'Ardèche et la Drôme. Les protestants ont des Eglises et des Pasteurs dans tous les chefs-lieux de départements. Parmi les paroisses les plus importantes, il faut citer : Lille, Le Havre, Rouen, Lyon, Marseille, Bordeaux, Besançon, Montbéliard, Nîmes, Alais, Valence, Toulouse, Montpellier, Montauban, Strasbourg, Colmar, Mulhouse, etc.

Les futurs pasteurs, après l'obtention du baccalauréat ès-lettres, se préparent au saint ministère à la Faculté de Théologie de Paris (83 boul. Arago) ou à celle de Montpellier, entretenues par la libéralité des fidèles. Elles possèdent des séminaires avec bourses et demi-bourses. Après 4 années d'études et plusieurs examens avec soutenance de thèse, les étudiants sortent bacheliers en théologie. On y confère aussi les diplômes de licencié et de docteur en théologie. Il existe en outre, deux écoles d'Evangélistes et une maison de missions, cette dernière en vue de pastorat en pays païen. Le nombre des étudiants est d'env 130 dans les trois Facultés.

Les protestants français ont organisé des écoles avant-préparatoires de théologie ou destinées à former des instituteurs et des institutrices, l'Ecole préparatoire des Batignolles, à Paris, l'Ecole Samuel Vincent, à Nîmes, l'Ecole normale de Boissy-Saint-Léger, quelques pensionnats de jeunes filles et toute une série d'écoles primaires réparties sur toute l'étendue du territoire.

Fédération protestante de France, 8, rue de la Victoire, Paris, 9e. Conseil de la Fédération Protestante : *Prés.* : M. E. Gruner, 60, rue des Saints-Pères, Paris ; *V.-Prés.* : M. le Pasteur Roberty et M. Juncker. — *Trésorier*, M. le pasteur Emile Morel. — *Secr.*, M. le Pasteur E. Bonnet.

Eglises réformées évangéliques, Union Nationale, 1, rue Bourdaloue, Paris, 9e. Commission permanente : *Prés.* : M. Emile Morel, Pasteur. *V.-Prés.* : M. Eugène Fauche, Paris, *Secr.* : M. le Dr Bonneville à Mazamet.

Eglises réformées, Union Nationale, 1, rue de l'Oratoire, Paris. Comité Général : *Prés. d'honneur* : M. Wilfred Monod, Pasteur à Paris. — *Prés.* : M. Gustave Roy, Paris. — *V.-Prés.* : MM. les Pasteurs Bertrand (Lyon) et Paul Monod (Lille) ; Secr. : M. le Baron M. Hottinguer.

Eglise évangélique luthérienne de France. Commission exécutive du Synode Général : MM. le Comte Paul de Pourtalès, 33, rue de Lisbonne, Paris (VIIIe), *Prés.* ; Léon Sahler ; *V.-Prés.* : Ed. Mack ; *Secr.*, 87, rue de Pétrograd, Paris (VIIIe) ; Le Pasteur Lambert, *secr.-adjoint*.

Société centrale Évangélique, 58 *bis*, rue St-Lazare, Paris (IXe). Bureau de la Commission permanente : *Prés.* : M. Emile Soulié, Paris. — *V.-Prés.* : M. Jean de Viame, Pasteur, Montmorency. Trésorier : M. Albert de Bary, Paris.

Union des églises évangéliques libres de France. Commission Synodale Unique : *Prés.* M. Ed. Gruner ; *V.-Prés.* : MM. O. Beigbeder, J. Barnaud, Pasteur à Bordeaux ; *Trésor.* M. F. Anstett ; *Secr.* : M. E. Bonnet, Pasteur, 58, rue Madame, Paris. *Assesseurs* : MM. Raoul Allier, Paris ; Debard, Pasteur à Montcoutant (Deux-Sèvres) ; P. Monnier, Pasteur à Orthez (Basses-Pyrénées) ; Guibal, Pasteur à Béziers (Hérault).

Eglise évangélique méthodiste de France, 4, rue Roquépine, Paris. Bureau du Synode : *Prés.-Dir., Trés. gén.* : M. Th. Roux, pasteur à St Brieuc (C.-du-N.) ; *V.-Prés.* : MM. Aug. Faure et G. Wilmot ; *Secr.* : M. W. Henri Guiton ; *Assesseur* : M. Aug. Clavel.

Eglises baptistes de langue française. *Prés.* de l'Association franco-belge (ou Fédération des églises évangéliques baptistes du Nord de la France) : M. Ph. Vincent, Pasteur, 246, avenue Victor-Hugo, Clamart (Seine) ; *Secr.-Trésor.* : M. le Pasteur Andru, rue Béranger, Compiègne (Oise) ; *Prés.* de la Commission permanente de l'Association des Eglises Franco-Suisses : M. Dubarry, 9, rue des Bénédictins, Nîmes (Gard).

Comité protestant français (1915), composé de représentants de tout le Protestantisme français, comme organe d'information et de relations fraternelles auprès des Protestants des pays neutres et alliés, 8, rue de la Victoire, Paris ; Tél. : Central 84-75. *Prés. honoraire* : M. le Prof. André Weiss, de l'Institut ; *Prés.* : M. Paul Fuzier. Cons. d'Etat ; *V.-Prés.* : M. le prof. Denis et M. le Pasteur Jean Meyer ; M. Frank Puaux ; *Secr. gén.* : M. le Prof. Raoul Allier ; M. le Pasteur Paul Doumergue ; M. le Prof. et Pasteur John Vienot ; *Trés.* : M. Marcel Griolet : *Agent directeur* : M. le Pasteur André Monod.

Principales œuvres protestantes.

Œuvres de jeunesse.

Unions chrétiennes de Jeunes Gens, Comité national, 46, rue de Provence, Paris ; Union centrale, 14, rue de Trévise.

Association des Etudiants protestants, 46, rue de Vaugirard.

Eclaireurs unionistes, 46, rue de Provence.

Unions chrétiennes de Jeunes Filles. Comité national : Mlle Morin, 90, rue d'Amsterdam, Paris.

Union Nationale des Amis de la Jeune Fille. — Renseign. : Mme Davaine, 2, rue Singer, Paris.

Société des Ecoles du Dimanche de France, 33, rue des Saints-Pères, Paris.

Société pour l'encouragement de l'instruction primaire parmi les protestants de France, fondée et reconnue d'utilité publique en 1829. — Siège : 10, rue Saint-Antoine, Paris (Ecoles primaires, supérieures et normales ; catéchisminats ; écoles de garde ; écoles du jeudi).

Société des publications morales et religieuses de Toulouse (fondée en 1831). Siège, 28, rue des Salenques, Toulouse.

Revues et Journaux.

Sociétés de Tempérance. Sections de l'Espoir, 53 *bis*, rue St.-Lazare, Paris.

Œuvres de propagande.

Sociétés bibliques. But : faire imprimer et répandre les Ecritures Saintes.

Société Biblique protestante de Paris (1818), 54, rue des Saints-Pères, Paris.

Société biblique de France (1864), rue Paul-Louis-Courrier, 5, à Paris.

Agence française de la Société biblique britannique et étrangère, 58, rue de Clichy, Paris.

L'Evangile aux Aveugles (32 vol., système Braille), 99, rue Saint-Philomène, Marseille.

Sociétés et Unions pour l'Etude de la Bible.

Mission intérieure et Evangélisation en France.

Société Centrale Evangélique fondée en 1847. Siège : 53 *bis*, rue Saint-Lazare, Paris. 2 journaux : le *Messager du Dimanche* (hebdomadaire, 6.000 exemplaires) ; le *Journal de l'Evangélisation* (mensuel, avec le concours de 14 comités régionaux. Elle exerce une grande action dans le Nord et le Centre. Aux Colonies, elle a la charge des œuvres religieuses de Saigon, Hanoï, Haïphong, Nouméa, Casablanca, Rabat, Tunis, Sfax, Bizerte, etc. 54 pasteurs et 18 évangélistes.

Mission populaire évangélique de France. Siège : 1, rue Pierre-Levée, Paris. — Salles populaires à Paris et en province, 5 salles démontables (Semeuses), 2 bateaux missionnaires sur fleuves et canaux ; une vingtaine d'agents.

Armée du Salut. Siège : 43, rue Saint-Augustin, Paris. — Salles à Paris et en province. Œuvres sociales de relèvement.

Nombreuses sociétés locales à Paris et en Province.

La Société des Missions Evangéliques de Paris, 102 boul. Arago, Paris, fondée en 1822, fait œuvre de propagande protestante et chrétienne au Lessouto, au Sénégal, à Madagascar, à Tahiti, au Zambèze, au Congo français, à la Nouvelle-Calédonie et au Cameroun. 50 postes, Ecoles normales, Imprimerie. Ecoles de théologie. Ecoles professionnelles. Pasteurs, instituteurs, institutrices, artisans missionnaires. Personnel européen : environ 120. Budget annuel : plus d'un million et demi de fr.

Société française de tempérance de la Croix Bleue (1883). Lutte contre l'alcoolisme, 53 *bis*, rue Saint-Lazare, Paris.

Sociétés diverses :

a) Société de l'histoire du protestantisme français (fondée en 1852 ; reconnue d'utilité publique en 1870). Siège : 54, rue des Saints-Pères. Bibliothèque et bulletin. Documents inédits ou imprimés intéressant le protestantisme de langue française.

b) Société des Traités religieux, 33, rue des Saints-Pères à Paris. Tracts et almanachs (Almanach des Bons Conseils).

Œuvres de bienfaisance.

1. *Diaconats.* — *Sociétés et Associations de Bienfaisance* dans un très grand nombre d'Eglise pour l'assistance aux protestants indigents. Plusieurs sont reconnus d'utilité publique à Paris et en province.

2. *Orphelinats.*

Il en existe 28 pour jeunes filles et 18 pour garçons à Paris et en province. — 20 sont reconnus d'utilité publique.

Asiles pour Vieillards et Maisons de retraite, pour les 2 sexes — 42 — dont 14 reconnus d'utilité publique à Paris et en province.

Institutions de Diaconesses et de garde-malades.

A Paris, 95, rue de Reuilly (R. U. P.).

A Courbevoie, 12, rue de la Montagne.

A Bordeaux (Maison de santé chirurgicale et maternité), 21, rue Cassignol (R. U. P.).

Asiles John Bost, à Laforce (Dordogne) la Famille ; Béthesda ; Eben-Hézer : Siloé ; Béthel ; la Compassion et la Miséricorde ; le Repos ; la Retraite. Etablissements fondés en 1848 ; reconnus d'utilité publique en 1877.

Institution pour sourds-muets à Saint-Hippolyte du Fort (Gard), fondée en 1856 ; R. U. P., 1865. — Prix de pension annuel : 500 fr.

Œuvre des Petites Familles — 30 fr. par mois. — Enfants abandonnés groupés par famille. Siège : 150, boul. Haussmann, Paris.

Colonies de Vacances.

a) Œuvre des Trois Semaines fondée en 1881. R. U. P. en 1913 (mer et campagne). Siège social : 51, rue Gide, Levallois-Perret (Seine). 2.500 colons par an environ.

b) Œuvre de la Chaussée du Maine, à Paris, fondée en 1871 ; R. V. P., 1890. Environ 6.000 colons par an. Siège social : 142, r. Vigée-Lebrun, Paris.

c) Sanatoria. Bains de mer. Séjour à la montagne. Asiles dans les villes d'eau. Aix-les-Bains (Asile Evangélique) ; Bordeaux (Asile du Mouleau, à Arcachon) Cette (Le Lazaret). Le Grau du Roi. Buzenval ; Nantes ; Vialas, etc.

Divers.

Patronages à Paris et province ;

Ecoles de garde à Paris et provinces ;

Home pour jeunes filles ;

Foyers pour ouvriers, jeunes gens, apprentis ;

Maisons hospitalières ;

Dispensaires ;

Sociétés de Prêts gratuits ;

Assistance par le travail à Paris et en province (plusieurs Sociétés reconnues d'utilité publique) ;

Ouvroirs ;

Restaurants à bon marché;

Œuvre des Dames visiteuses des Hôpitaux et des Prisons ;

Maison de repos pour les marins (à Marseille). Refuges pour jeunes filles tombées ou en danger morale (Paris, Lyon, Nîmes).

« La Maison des Enfants » à Levallois-Perret, 31, r. Corneille, fondée en 1877.

Société des Amis (Quakers) ;

Armée du Salut ;

Assistance aux Aveugles, etc., etc.

Œuvres de mutualité.

Caisse de Retraites des Pasteurs de l'Eglise réformée de France (R. U. P., 1863). Siège à Paris.

Société de Prévoyance et de Secours en faveur des veuves et orphelins de Pasteurs de France, fondée en 1829 ; R. U. P., 1832. Siège à Bordeaux.

Caisses de Retraite et des Veuves de Pasteurs du Pays de Montbéliard (1834 et 1868).

Société fraternelle de Secours mutuels des Pasteurs de France (1898). Siège à Lyon.

Sociétés de Secours mutuels de Protestants pour hommes et pour femmes, à Paris et en province, une trentaine dont plusieurs « *Fraternités* ». Œuvres religieuses sociales surtout dans les milieux ouvriers de Paris et de la Province.

Association protestante pour l'étude pratique des questions sociales (1887).

Comité protestant d'Entr'aide pour les régions envahies (1915).

Prés.: Cornélis de Witt.

Bureaux : 152, r. de Vaugirard (15e).

Bibliographie.

Agenda-Annuaire protestant. Fischbacher. Paris.

Audibert (G.). *La séparation des Eglises et de l'Etat et l'organisation des cultes protestants*, gr. in-8, 5 frs. Sté du Recueil Sirey. Paris, 1912.

Bulletin de la Sté. de l'Histoire du Protestantisme français. Trimestr. Fischbacher. Paris.

Felice (G. de). *Histoire des Protestants de France*, in-8, 3 fr. 60. Fischbacher, Paris.

Haag (Eug. et Emile). *La France Protestante*, 2 vol. in-8, 12 fr. Fischbacher, Paris.

Lods (Armand). *La législation des cultes protestants*, in-8, Fischbacher, Paris.

Puaux (Frank). *Œuvres du Protestantisme français au XIXe siècle*, in-4, 481 p., Fischbacher. Paris.

LE JUDAISME FRANÇAIS

Organisation.

L'organisation du culte israélite en France, élaborée d'abord par l'Assemblée des Notables en 1806, date de 1808. Elle a été remaniée par l'Ordonnance Royale du 25 mai 1844 et amendée par des décrets postér eurs ; elle s'est modifiée par suite du vote de la loi du 9 décembre 1905, qu a prononcé la séparation des Églises et de l'Etat et ne reconnaît ni ne salarie plus aucun culte. En conséquence, le culte israélite, salarié depuis 1831, ne figure plus depuis le 1er janvier 1906 au budget de l'Etat. Cette loi a toutefois attribué aux ministres des cultes précédemment reconnus des pensions de retraites viagères et aux autres des allocations temporaires de quatre ans. La dévolution des biens ayant appartenu aux consistoires supprimés a été faite aux associations autorisées par la loi à se former en vue de l'exercice du culte fonctionnant librement sous certaines conditions. Les dépenses et les recettes sont sujettes à certaines limitations et les finances sont soumises au contrôle des agents de l'Etat. Quant aux édifices du culte qui appartenaient à l'Etat, la jouissance gratuite en est accordée aux associations auxquelles ils ont été attribués.

Le Consistoire Central, avant de disparaître, a, en vue de sauvegarder les intérêts généraux du culte (usant de la faculté inscrite à l'article 20 de la loi précitée) constitué une *Union* de toutes les Associations cultuelles israélites (11 novembre 1906).

L'organisation nouvelle a donc pour seul organe de l'Union le *Consistoire Central* comprenant : un Grand-Rabbin, deux rabbins élus par le corps rabbinique et des membres laïques, élus par les Associations et groupements d'associations affiliés

La plupart des associations cultuelles se sont rattachées à l'Union Centrale formant, en dehors de celle de Paris, 21 groupements envoyant chacun un délégué par 200 adhérents siéger au Consistoire Central. L'*Association Consistoriale de Paris* (siège : 17, rue St-Georges), y est représentée par 20 délégués ; celles de Lyon et de Nancy chacune par 3 et celles d'Alger, Constantine, Oran et de Marseille, chacune par 2, soit au total 49 membres (+ 3 rabbins).

Le nombre des associations affiliées pour la France et l'Algérie s'élève actuellement à 75.

Pour l'expédition des affaires, une section permanente comprenant le Grand-Rabbin le bureau et six membres, siège au moins une fois par mois.

Consistoire Central (Conseil d'administration de l'Union centrale).

Siégeant à Paris, rue de la Victoire, 44.

Grand-Rabbin, M. Lévi (Israel). — *Président:* M. de Rothschild (le baron Edouard), représentant de Bordeaux ; *Vice-Prés.:* MM. Levylier (Emile), avocat, représentant de Nancy ; Sée (Eugène), O. ✻, préfet honoraire, représentant de Paris ; *Trésorier :* M. Raphaël-Georges Lévy, O. ✻, membre de l'Institut, représentant de Marseille ; *Secrétaire :* M. *Bickart-Sée Edmond*, ✻, avocat à la Cour de Cassation, représentant de Nancy. Secrétaire-général du Consistoire central M. le Rabbin Sachs, 44, rue de la Victoire, Paris.

Consistoire israélite de Paris.

Siège social : 17, rue St-Georges, Paris.

CONSEIL D'ADMINISTRATION : Composé de 20 membres laïques élus, du Grand-Rabbin de Paris et de 4 membres rabbins.

Président : M. le Baron Edmond de Rothschild ; *Vice-Prés. :* MM. Edouard Masse, ✻, Président de Chambre honoraire, et Deutsch de la Meurthe (Emile), O. ✻ ; *Trésorier :* le Baron Robert de Rothschild ; *Trésorier hon. :* MM. Neymarck (Alfred) C. ✻ ; *Trésorier-adjoint :* Dreyfus (Lucien) ; *Secrétaire-Archiv. :* Armand Feldmann, avocat à la Cour d'Appel. — MEMBRES DE DROIT : MM. le Grand Rabbin, J.-H. Dreyfuss, ✻ ; les rabbins Haguenau (D.), Lévy (Raphaël) ✻, et Weil (Emmanuel) ✻.

Corps rabbinique de Paris.

Grand-Rabbin : M. Dreyfuss (J.-H.) ✻. — *Grands Rabbins consistoriaux :* MM. Weill, (Emmanuel), Haguenau (David), Lévy (Raphaël), Debré (Simon). — *Rabbins-adjoints :* Metzger (Moïse), Weill (Julien), M. Liber. — *Rabbin stagiaire :* M Sachs.

Secrétariat général des administrations consistoriales de Paris

17, *rue St-Georges.*

MM. : Manuel (Albert), secrétaire général ; Walbert (Salomon), sous-chef des bureaux.

Temples et Oratoires consistoriaux de Paris :

44, rue de la Victoire. — 15, rue Notre-Dame-de-Nazareth. — 21, rue des Tournelles. — 28-30, rue Buffault (Rite *Sefardi*).

Oratoire de l'Ecole Rabbinique, 9, rue Vauquelin (5e). Temple de la rue Chasseloup-Laubat, 14. — Oratoire d'Auteuil, 59, rue d'Auteuil. — Oratoire de Montmartre, 13, rue Sainte-Isaure (18e). — Oratoire de Vincennes, 12, rue Charles Marnier. — 10, rue Cadet (Communauté israélite de la stricte observance). — 31, rue Théry (Communauté du Culte israélite traditionnel). — 10, rue Pavée (Agoudath Hakehiloth, Association cultuelle israélite du rite polonais). — 7, rue Popincourt (Association cultuelle des Israélites Orientaux). — Assoc. Cultuelle du rite *Aschkenasi*, Siège : 8, rue de l'Hôtel-de-Ville. — Assoc. Cultuelle du rite *Sefardi*, Siège : 15, rue des Ecouffes.

Communautés de l'ancien ressort de Paris : Asnières. Boulogne-sur-Seine, Elbeuf, Enghien (rabbin : M. Tchernaya), Fontainebleau, La Ferté-sous-Jouarre, Le Havre, Orléans, Rouen (rabbin : M. Lévy Nathan) ; St-Denis, St-Mandé (rabbin : M. Villard) ; Tours (sous-rabbin: M. Sommer) ; Versailles (rabbin : M. Lévy Emile).

Principales œuvres israélites de Paris.

Œuvres d'Enseignement :

Ecole Orientale Normale Israélite, 59, rue d'Auteuil (Jeunes gens).

Ecole Rabbinique et Talmud Torah, 9, rue Vauquelin ; Ecole de Travail, 4 *bis*, rue des Rosiers (Jeunes gens) ; Institution Bischoffsheim. 13, bld. Bourdon (Ecole de Travail pour jeunes filles).

Ecoles Primaires Israélites :

Association pour le développement de l'instruction élémentaire et profess. Siège : 17, rue St-Georges ; Ecole Gustave de Rothschild, 60, rue Claude Bernard (5e) ; Ecole Lucien de Hirsch, 68-70, avenue Secrétan (19e) ; Ecole Zadoc-Kahn, 27, avenue de Ségur.

Œuvres de Bienfaisance :

Comité de Bienfaisance, Secrétariat Général et Bureau d'Assistance, 60, rue Rodier ; Comité de Patronage des enfants assistés.

Œuvres diverses.

Asile de nuit et crèche, 12, rue des Saules (18e) ; Assoc. pour la protection de la jeune fille, 18, rue St-Vincent de Paul ; Assoc. Zadoc-Kahn pour venir en aide aux étudiants, aux savants ou à leurs veuves ; Caisse de Secours du Rabbinat Français pour les veuves de rabbins : 17, rue St-Georges ; Comité central de Secours pour les Israélites de la Palestine ; Dames de l'Œuvre des Femmes en couches ; Hôpital Israélite de Berck-sur-Mer pour enfants chétifs (Fondation de Rothschild) ; Hôpital et maison de retraite pour vieillards, 76, rue de Picpus et 15, rue Santerre ; Dispensaire Zadoc-Kahn, 40, rue Sévigné ; L'atelier, assistance par le travail, 3, rue de la Durance (12e) ; Maison de Refuge pour les jeunes filles, 9, bld. de la Saussaye (Neuilly-s.-Seine) ; Maison de retraite pour femmes, 46, bld. Picpus ; Œuvre de la Cagnotte des enfants ; Œuvre Israélite des gardes-malades, siège : rue Dauban ; Œuvre Isr. des séjours à la campagne, siège : 22, rue de Francqueville ; Œuvre des orphelins isr. de la guerre, 17, rue St-Georges ; Œuvre de placement gratuit dans l'enseignement, l'industrie et le commerce, 9, rue Guy-Patin ; Œuvre des Trousseaux pour les enfants ; Office central des œuvres isr. — Toit familial, home israélite ; Orphelinat S. et C. de Rothschild, 12, rue Lamblardie ; Sté. de Patronage des apprentis et ouvriers isr : Sté. pour le patronage et l'établissement des jeunes filles israélites ; Sté du Refuge du Plessis-Picquet, école horticole, pour garçons moralement abandonnés, siège : 22, rue de Francqueville, etc.

Fondations diverses :

Fondation Bischoffsheim pour les jeunes étudiants ; Fondation Fould pour élèves peintres et sculpteurs ; Fondation Adolphe Reitlinger ; Fondation St-Paul, pour docteurs en droit ; Sté de la Terre Promise, siège : 29, rue du Château-d'Eau ; Société du Repos Eternel, pour assurer une sépulture à perpétuité.

Œuvres de Propagande :

Alliance israélite universelle, 45, rue La Bruyère.

Fédération des Sionistes de France, 80, rue de Rivoli ; Athéret Sion, 7, rue Béranger; Mebassereth Sion, 44, rue Richer.

Assoc. des jeunes juifs, 21, rue de Rivoli ; Université populaire juive, 8, rue de Jarente.

Associations cultuelles et œuvres de province.

BASSES-PYRÉNÉES. — (Ancienne circonscr. consistoriale de Bayonne). — *Grand-Rabbin :* M. Cohen (Joseph) ; *Synagogues :* rue Maubec, Bayonne ; temple de Biarritz. — *Communautés de l'ancien ressort de Bayonne :* Pau, Perpignan, Peyrehorade, Toulouse (rabbin M. Poliatschek). — *Œuvres :* Comité de Bienfaisance ; Comité des Dames de la Maison d'Asile ; Sté protectrice de la Jeunesse et des Arts et Métiers.

BESANÇON. — (Ancienne circonscr. consistoriale de Besançon); *Grand-Rabbin :* M. J. Prenner; *Synagogue :* quai de Strasbourg. — *Communautés de l'ancien ressort :* Dôle, Beaume les-Dames, l'Isle-sur-Doubs, Montbéliard. — *Œuvres.* — Stés de Bienfaisance des hommes et des dames.

EPINAL : — (Ancienne circonscr. consistoriale d'Epinal) ; *Grand-Rabbin :* M. Lévy (Léon). *Communautés de l'ancien ressort :* Belfort (rabbin M. Wolff Mathieu), Bruyères, Charmes, Chaumont, Foussemagne, Gérardmer, Girmagny, Gray, Héricourt, Lamarche, Le Thillot, Lure, Luxeuil, Neufchâteau, Rambervillers, Raon-l'Etape, Remiremont (rabbin, M. Meyer Abraham), Saint-Dié, Saint-Dizier, Senones, Vesoul, Bourg-le-Château, Vauvillers. — *Œuvres :* Sté de Bienfaisance (Dames) ; Sté de Bienfaisance (hommes).

GIRONDE. — (Ancienne circonscr. consistoriale de Bordeaux) ; *Grand-Rabbin :* M. N... ; *Synagogues :* rue de Labirat, Bordeaux ; rue Lamoth, Libourne ; avenue Gambetta, Arcachon. — *Communauté de l'ancien ressort :* Nantes (rabbin M. Korb). — *Œuvres :* Cours religieux pour les jeunes filles ; cours spécial de l'initiation religieuse ; Œuvre des Enfants délicats (envoi aux sanatoria) ; Sté de Bienfaisance ; Sté de Patronage de la jeunesse isr.

LILLE. — (Ancienne circonscr. consistoriale de Lille) ; Grand-Rabbin : N.......... *Synagogue :* rue Auguste Angellier. — *Communautés de l'ancien ressort :* Boulogne-sur-Mer, (sous-rabbin : M. Weill), Châlons, rabbin, M. Sachs (Joseph), Dunkerque, Reims (rabbin M. Herrman Joseph), Epernay, Roubaix, St-Quentin, Sedan, (rabbin) M. N..., Valenciennes Vitry-le-François. — *Œuvres :* Cours d'enseignement religieux ; Œuvre de Bienfaisance.

LYON. — (Ancienne circonscr. consistoriale de Lyon) ; *Grand-Rabbin :* Sèches (Edgar) : *Synagogue :* 13, quai Tilsitt. — *Communautés de l'ancien ressort :* Châlon-sur-Saône, Clermont-Ferrand, Dijon (rabbin M. N...), St-Etienne (rabbin M. N...), Vichy. — *Œuvres :* La Bienfaisance (Sté de Dames) ; Maison de refuge pour les vieillards ; Sté de Bienfaisance des demoiselles ; Sté de Secours Mutuels.

MARSEILLE. — (Ancienne circonscr. consistoriale de Marseille : *Grand-Rabbin :* M. N... : *Synagogue :* 107, rue de Breteuil. — *Communautés de l'ancien ressort :* Aix, Alais, Arles, Avignon (rabbin N...), Carpentras, Cavaillon, Cette, l'Isle ; Montpellier, Nice (rabbin, M. Schumacher), Nîmes (rabbin M. Kahn, Salomon), Orange, St-Rémy, Salon ; Toulon. — *Œuvres :* Comité de Bienfaisance (dames) ; Œuvre de l'Asile ; Œuvre des layettes Sté des Arts et Métiers pour les jeunes filles ; Sté Protectrice de la jeunesse israélite ; Sté de Secours Mutuels.

NANCY. — (Ancienne circonscr. consistoriale de Nancy) ; *Grand-rabbin :* M. Haguenauer (Paul) ; *Synagogue :* 28, rue de l'Equitation. — *Communautés de l'ancien ressort :* Baccarat, Bar-le-Duc, Blamont, Bainville, Etain, Longwy, Lunéville (rabbin M. P. Poliakoff), Pont-à-Mousson, Rosières-aux-Salines, St-Mihiel, Thiaucourt, Toul, Troyes, Vaucouleurs, Verdun, (rabbin M. N...) Vézelize. — *Œuvres :* Cours d'hébreu et d'instruction religieuse ; Œuvre isr. des Colonies de vacances ; Œuvre de Secours pour les malades et maison de refuge pour vieillards et infirmes ; Sté des Dames de Charité ; Sté de l'Enfance ; Sté des Filles de Sion ; Sté isr. de Conférences et de lecture ; Sté de Patronage des apprentis israélites.

STRASBOURG. *Grand-rabbin.* M. Isaïe Schwartz.

Associations consistoriales de l'Algérie.

ALGER. — (Siège : 1, rue Yolland) ; *Grand-Rabbin :* M. Fridman (Léon) ; *Grande Synagogue :* pl. Randon. — *Œuvres :* La Fraternelle algéroise ; Sté des Dames visiteuses ; Sté « La Bienfaisante » ; Sté « le Travail ».

CONSTANTINE. — *Gd-Rabbin :* N.......... ; *Synagogues :* Temple algérois : Pl. Négrier, etc. — *Œuvres :* Œuvres d'apprentissage de l'Alliance ; Sté de Bienfaisance israélite.

ORAN. — *Gd-Rabbin :* M. Weill (J.). *Synagogue :* 2, rue Lutzen. — *Œuvres :* L'Alliance Israélite Oranaise ; La Maternelle.

AUTRES VILLES DE L'ALGÉRIE : Consistoires de BONE (*rabbin :* M. Kahn Elie) ; MASCARA (*rabbin :* M. Lévy Henri) ; MÉDÉA (*rabbin :* M. N...) ; MILIANA, ORLÉANSVILLE ; SÉTIF (*rabbin :* M. N...) ; TLEMCEN, (*rabbin :* M. N...).

Bibliographie.

Brun (Henry-Lucien). *La condition des Juifs en France depuis 1789*. 2e éd. in-8, 404 p. V. Retaux, Paris 1901.

Halphen (A.-E.). *Recueil des lois concernant les Israélites*, in-8. Paris, 1851.

Kahn (Léon), *Histoire de la Communauté israélite de Paris* : Histoire des écoles communales et consistoriales israélites de Paris, 1884 ; *Les professions manuelles et les institutions de patronage*, 1885 ; *Le Comité de Bienfaisance, l'hôpital, l'orphelinat, les cimetières*, 1886 ; *Les Sociétés de secours mutuels philanthropiques ou de prévoyance*, 1887.

Reinach (Th.). *Histoire des Israélites*, in-16, Paris. 1884.

L'ISLAM FRANÇAIS

Bien que fort peu de citoyens français professent la religion musulmane, celle-ci n'en joue pas moins un rôle important, parce qu'elle a pour adeptes la plupart des sujets français de l'Afrique du Nord et du Soudan. Ceux-ci appartiennent généralement à l'Islam *sunnite* ; toutefois l'oasis du Mzab dans le Sud-Algérien est restée le dernier refuge de l'Islam *ibadhite*. La France ayant en 1830 pris l'engagement de respecter la religion de ses sujets africains, les institutions religieuses de l'Islam ont reçu d'elle la plus large protection. Mais c'est surtout en dehors de ces institutions officielles que les confréries religieuses, pour la plupart nées ou grandement développées au XIXe siècle, ont donné à l'Islam, sous l'égide de la France, un renouveau d'activité.

(*Il sera donné de plus amples détails sur l'Islam français dans l'*Édition de 1921.)

LA FRANC-MAÇONNERIE EN FRANCE

La franc-maçonnerie fut introduite en France en 1725, par lord Derwent-Waters. La première Puissance maçonnique française fut fondée en 1736 et prit le nom de *Grande Loge de France*. En 1772, la *Grande Loge* se scinda en deux groupes, qui portèrent d'abord tous les deux le titre de *Grande Loge* ; puis, en 1773, le plus important de ces groupes prit le titre de *Grand Orient. Grande Loge Nationale de France*.

Les deux groupes continuèrent d'exister, l'un sous le nom de *Grand Orient de France* l'autre sous celui de *Grande Loge*, aussi anciens l'un que l'autre, puisqu'ils provenaient du même corps initial. Ils suspendirent leurs travaux en 1793. En 1795, *Roettiers de Montaleau* réveilla le *Grand Orient* ; la *Grande Loge* se reconstitua en 1799, puis fusionna la même année avec le *Grand Orient*.

Les francs-maçons se réunissent en groupes qui prennent la dénomination générique d'*ateliers*, et qui sont de trois sortes ; les *loges*, les *chapitres* et les *conseils*. L'atelier supérieur, qui seul a le droit d'initier au dernier degré de la franc-maçonnerie, porte le nom de *Grand Collège des Rites* ; il constitue le *Suprême Conseil du Grand Orient de France* et comprend 33 membres.

Le Pouvoir législatif appartient à l'*Assemblée Générale* (ou Convent), formé par les délégués élus par toutes les Loges de l'Obédience du Grand Orient.

Le Pouvoir exécutif est confié au *Conseil de l'Ordre*, comprenant 33 membres renouvelables par tiers et élus par l'Assemblée générale.

Le bureau du Conseil de l'Ordre pour 1920 est ainsi constitué :

Président : Corneau ; *Vice-Présidents :* Dupré, Mille ; *Secrétaires :* Hemmer-Schmidt, Sicard-de-Plauzoles ; *Garde des sceaux :* Lahy.

Le siège du *Grand Orient de France* est rue Cadet, 16 (IXe). C'est là que se réunissent le *Grand Collège des Rites*, le *Conseil de l'Ordre*, les *Assemblées générales*, et le plus grand nombre des loges parisiennes.

Les ateliers de la Fédération du *Grand Orient de France* sont au nombre de 550, comprenant : 441 loges, 78 chapitres, 31 conseils. Les loges se répartissent ainsi : Paris et banlieue, 95 ; départements, 266 ; Algérie, Tunisie, Maroc, 28 ; colonies, 18 ; pays étrangers, 34.

A côté et en dehors du rite français, représenté par l'obédience du Grand Orient de France, un certain nombre d'autres rites fonctionnent ou ont fonctionné dans notre pays.

Le rite de *Misraïm* et celui de *Memphis* ont actuellement disparu, et ne présentent plus, en France du moins, qu'un intérêt purement historique.

Il en est tout différemment du *rite écossais* (siège : rue de Puteaux, 8) représenté par deux organismes indépendants l'un de l'autre :

1° Le *Suprême Conseil du rite écossais ancien accepté*, obédience des hauts grades, dont le bureau est ainsi constitué :

Grand Commandeur : Raymond ; *Grand Chancelier* : Ibert ; *Grand Secr. Gén.* : Chaillé.

2° La *Grande Loge de France*, dont l'organisation est très voisine de celle du Grand Orient. L'*exécutif* est exercé par le Conseil Fédéral, dont voici la composition du bureau :

Grand Maître : Weihoff ; *Grands Maîtres-adjoints* : May ; Gross ; *Grand orateur* : Nattan Larrier ; *Grand orateur adjoint :* Raoult ; *Grand Secrétaire* : Audigier ; *Grand Secrétaire adjoint* : Martin ; *Grand Trésorier* : Gendronneau ; *Grand Hospitalier* : Laillavoix.

Les ateliers de la Grande Loge de France prennent aussi le titre de *loges*, *chapitres*, *conseils*. Cette obédience possède en France 130 Loges environ.

LA NOBLESSE

Légalement, la noblesse française a librement renoncé, le 4 août 1789, aux privilèges qui lui assuraient dans l'Etat l'accès exclusif à certaines charges, une juridiction spéciale et certains revenus particuliers, dits *droits seigneuriaux*. Elle s'est, depuis lors, strictement conformée à l'esprit du Code Napoléon quant au partage égal des biens. Ni politiquement, ni économiquement, elle ne forme donc une classe dans l'Etat.

Socialement, outre ses traditions chevaleresques, elle conserve deux propriétés légalement reconnues, savoir : le *blason*, signe commun à tous les membres d'une même famille et dont ils ont le droit de faire interdire par jugement l'usage, commercial ou non, à toute personne non autorisée ; le *titre qualificatif héréditaire*, seul vestige du droit d'aînesse et qui, dans les familles qui justifient de cette propriété, se transmet régulièrement avec le nom qui y est attaché par ordre de primogéniture. On sait, d'autre part, que la particule *de*, placée devant un nom propre, n'a jamais eu légalement aucun caractère nobiliaire en France (ce qui n'est pas le cas pour le *von* allemand). En fait, le titre et le blason sont donc les seuls privilèges, tout extérieurs, de la noblesse française.

Supprimés par la Révolution, rétablis mais en partie seulement par Napoléon Ier, puis, en totalité, par la Charte de 1814, réglementés en 1827, ils ont été supprimés à nouveau en 1848. Mais un senatus-consulte de 1852 a remis en vigueur l'édit de 1827, qui fait encore loi de nos jours. Le Gouvernement de la République reconnait donc aux gentilshommes français le droit de porter les titres héréditaires concédés par les précédents gouvernements, sous condition de prouver par devant le bureau du Sceau de France qu'ils sont bien l'aîné des héritiers mâles du dernier ayant droit et qu'ils ont acquitté les droits afférents à cette mutation. Ce *droit de succession* spécial est même l'un des plus anciens impôts de notre fiscalité puisqu'il n'est autre que l'ancien droit de *relief* ou de *rachat* de la France féodale.

Les titres étrangers donnés à des Français non plus que l'usage germanique, adopté en France depuis la Restauration, de porter des titres ordinairement précédés d'un prénom n'ont aucune valeur légale. En fait, le Gouvernement de la République n'a pas, depuis le 4 septembre 1870, créé de nouveaux titres de noblesse, mais, en droit, aucune disposition constitutionnelle ni légale ne lui interdirait de conférer comme les précédents gouvernements des dignités de ce genre aux grands hommes de la France moderne.

Rappelons que les titres français sont, par ordre hiérarchique : *duc*, *marquis*, *comte*, *vicomte*, *baron* et *chevalier*. Le titre de *prince* se donne dans certaines familles ducales soit suivi d'un nom de domaine au fils aîné, soit avec un prénom à tous les membres de la famille. Il est porté avec les qualificatifs de Monseigneur et d'Altesse Royale (ou Impériale) par tous les membres des familles ayant régné sur la France (princes du sang). Les femmes non mariées ne portent pas de titre en France, sinon éventuellement celui de princesse.

Dans l'ancienne France, le roi était le premier des gentilshommes. Les grands feudataires formaient autour de lui le *conseil des pairs* (c'est-à-dire des *égaux*). Sous les Bourbons, ce conseil ne compta plus que des princes du sang ou des ducs. La dignité ducale ne fut plus dès lors conférée à titre héréditaire que par une loi, c'est-à-dire alors un édit enregistré au Parlement. Les ducs et pairs ont donc dans l'Etat un rang nettement supérieur à celui de tous les autres gentilshommes titrés. La Restauration voulut élargir ce cadre en se rapprochant du type anglais de la Chambre des Lords et fit entrer à la nouvelle Chambre des Pairs, également héréditaire, outre les princes du sang et les ducs anciens et nouveaux, un certain nombre de gentilshommes diversement titrés, représentant en somme les principales familles de la noblesse française. Louis-Philippe supprima l'hérédité légale de la pairie, mais créa de nouveaux ducs et Napoléon III l'imita.

Princes de sang royal ou impérial.

On appelait Princes du Sang dans l'ancienne France les membres de la famille souveraine ; mais la qualité de « Enfants de France » était réservée aux frères et sœurs ainsi qu'aux enfants du roi régnant. Les uns et les autres avaient la qualification d'altesse royale. Les membres de la famille de Napoléon Ier, Empereur des Français, pouvant prétendre à une succession éventuelle à la couronne impériale, portent le titre de Princes français et la qualification d'altesse impériale. Tous ces princes forment dans la nation française une catégorie exceptionnelle de citoyens, en ce sens qu'ils sont exclus par une loi de 1885 de tout service militaire et de l'accès aux fonctions publiques ; les chefs et héritiers présomptifs de la maison royale de France « Bourbon-Orléans » et de la maison impériale « Bonaparte-Napoléon » sont de plus, par cette même loi, bannis de tout le territoire de la République française.

La nationalité des familles souveraines est généralement celle du pays sur lequel règne leur chef ; toutefois les souverains détrônés revendiquent parfois pour eux et leurs descendants la nationalité de leur pays d'origine. Tel est le cas notamment pour plusieurs princes de la maison de Bourbon, descendants directs de Louis XIV, mais qui ne font pas partie de la branche qualifiée « Maison de France ».

BOURBON

La maison capétienne, dite de Bourbon, est la plus ancienne souche royale de l'Europe. Elle est issue de Robert, dit le Fort, comte de Paris et duc de France, tué en 866 en combattant les Northmans ; ses descendants, Eudes, en 887, Robert, en 922, puis Hugues dit Capet, en 987, furent élus rois par leurs « pairs ». Hugues fit de son vivant élire son fils à sa succession et cet usage, prolongé sur trois siècles, rendit la monarchie héréditaire de fait, puis de droit, chez les Capétiens. La ligne directe des descendants de Hugues Capet par primogéniture s'étant éteinte en 1328, la branche cadette des Valois fut appelée au trône par application de la loi salique, c'est-à-dire par préférence à la ligne féminine, alors sur le trône d'Angleterre, ce qui fut cause de la Guerre de Cent Ans. En 1589, à la souche épuisée des Valois succéda pareillement, avec Henri IV, la branche des Bourbons, dont le dernier descendant direct, par ordre de primogéniture, fut Henri, dit Henri V, Comte de Chambord, mort en 1883. Or il subsiste encore deux branches de la maison de Bourbon :

L'une est issue de Louis XIV, par son petit-fils Philippe, duc d'Anjou, roi d'Espagne et des Deux-Siciles, et s'est elle-même ramifiée en *Maison royale d'Espagne* (régnante), *Maison royale des Deux-Siciles* (déchue du trône en 1860) et *Maison ducale de Parme* (également déchue en 1860).

L'autre est issue de Louis XIII, par son fils Philippe (1640-1701), duc d'Orléans, de Valois, de Chartres, de Nemours et de Montpensier, prince de Joinville, etc., père du célèbre Régent, aïeul de Philippe-Egalité, et dont toute la descendance constitue la Maison de *Bourbon-Orléans*.

Le duc d'Anjou ayant, en montant sur le trône d'Espagne sous le nom de Philippe V, renoncé à tous ses droits à l'héritage de son aïeul Louis XIV, c'est la branche d'Orléans qui, bien que cadette, prit en 1883 le rang et les prérogatives de branche aînée et qui, en conséquence, est désormais qualifiée de *Maison de France*.

Maison de France.

Cette maison étant déchue du trône, son chef actuel continue à porter simplement le titre de *duc d'Orléans*. Ses frères et sœurs sont dits *princes et princesses de France* ; les autres membres de la famille *princes et princesses d'Orléans*. Tous ont droit au qualificatif d'Altesse Royale. Les princes d'Orléans usent en outre généralement d'un des titres ducaux ou princiers demeurés héréditaires dans la maison.

Chef : Philippe, 9e *duc d'Orléans*, né à Twickenham, le 6 février 1869, du prince Louis-Philippe, *comte de Paris*, chef de la Maison de France (1838-1894) et de la psse. Isabelle d'Orléans. Il a épousé (nov. 1896) Marie, archiduchesse d'*Autriche*, Alt. imp. et royale (*Manoir d'Anjou, par Woluwe Saint-Pierre, près Bruxelles*) ;

Frère : Pce. Ferdinand, *duc de Montpensier*, né à Eu le 9 sept. 1884 (60, avenue *du Bois de Boulogne, Paris*) ;

Sœurs : Psse. *Amélie*, née le 28 sept. 1865, veuve de Carlos Ier, *roi de Portugal* (1863-1908), *Abercorn House, Richmond Hill, Angleterre ;*

2° Psse. *Hélène*, née le 18 juin 1871, ép. de Emmanuel, Pce. de Savoie, *duc d'Aoste* (*Turin*) ;

3° Psse. *Isabelle*, née le 7 mai 1878, ép. de Jean, Pce. d'Orléans, *duc de Guise* (*à Larache, Maroc*) ;

4° Psse. *Louise*, née le 24 fév. 1882 ; ép. de Charles, Pce. de *Bourbon-Siciles*, infant d'Espagne.

Cousins germains. — Enfants du feu *duc de Chartres*, frère du comte de Paris et de la Psse. Françoise d'Orléans, fille du Pr. de Joinville :

Psse. *Marguerite*, née en 1869 ép. de Patrice de *Mac-Mahon*, duc de *Magenta* (*Paris, 17, boul. Raspail*) ;

Pce. Jean, *duc de Guise*, né 1874, ép. d'Isabelle de France, dont : Isabelle (1900), Françoise (1902), Anne (1906), Henri (1908).

Cousins (Descendance du roi Louis-Philippe) :

A. — Par Louis, *duc de Nemours* (1814-1896) et Victoire Psse. de *Saxe-Cobourg :*

1° Pce. Gaston, *comte d'Eu*, né 1842, ép. d'Isabelle de *Bragance*, Psse. Impériale du *Brésil*, Alt. R. et Imp. (7, *boul. de Boulogne, Boulogne-sur-Seine*).

Du fait du mariage du Comte d'Eu avec la Psse. de Bragance, héritière de la maison impériale du Brésil, ce Prince, cette Princesse et leur descendance ont constitué, par un accord passé en 1909 avec le chef de la Maison de France, une maison distincte de celle-ci et qualifiée « maison impériale ci-devant régnante du Brésil » ; les princes et les princesses de cette maison portent le nom d'*Orléans-et-Bragance*.

2° de feu le Pce. Ferdinand, *duc d'Alençon* (1844-1910) et de la Psse. Sophie de *Bavière* (1847-1897) :
a. Psse. Louise, née 1869, ép. d'Alphonse Pce. de *Bavière* ;
b. Emmanuel, *duc de Vendôme et d'Alençon*, né 1872, ép. d'Henriette, Psse. de *Belgique* (24, *rue Borghèse, à Neuilly*) dont : 1° Marie-Louise (1896), ép. de Philippe Pce. de *Bourbon-Siciles* ; 2° Sophie (1898) ; 3° Geneviève (1901) ; 4° Charles-Philippe, *duc de Nemours* (1905) ;
c. Psse. Blanche, née 1857 (*Paris*, 9, *avenue Kléber*).

B. — Par Antoine, *duc de Montpensier* (1824-1890) et Louise, *Infante d'Espagne* (1831-1897) :
Pce. Antoine, *Infant d'Espagne, duca di Galliera*, né 1866, ép. 1886 Eulalie, *Infante d'Espagne*, née 1864, d'où :
a. Alphonse, né 1886, ép. 1909 Béatrice, Psse. de *Saxe-Cobourg*, dont : Alvaro (1910), Alonso (1912), Ataulfo (1913) (*Madrid*) ;
b. Pce. Louis-Ferdinand, *Infant d'Espagne*, né 1888.

BONAPARTE

La maison de Buonaparte, ou Bonaparte, est issue d'une souche de gentilshommes corses, connus depuis le XVe siècle et devenue souveraine en la personne de Napoléon Ier, Empereur des Français, et de ses frères, pourvus par lui de divers royaumes et principautés. Il subsiste actuellement trois branches de cette famille, savoir :

1° La descendance de Lucien Bonaparte, *prince de Canino* et d'Alexandrine de Bleschamp, aujourd'hui représentée par Roland, *prince Bonaparte*, né 1858, membre de l'Institut, marié en 1880 à Marie Blanc (1859-1882), dont Marie, née 1882, mariée en 1907 au Pce. Georges de *Grèce*. Cette branche n'a pas rang de famille souveraine ;

2° La descendance de Louis Bonaparte, *roi de Hollande*, et de Hortense de *Beauharnais*, aujourd'hui représentée par l'impératrice Marie-Eugénie de Porto Carrero y Palafox, comte de Téba, née 1826, veuve de Louis-Napoléon III, Empereur des Français (1808-1873) ;

3° La descendance de Jérôme Bonaparte, *roi de Westphalie* et de la Psse. Catherine de *Wurtemberg*. C'est cette branche qui, bien que cadette, est aujourd'hui la seule qualifiée pour la succession à la dignité impériale.

Maison impériale de France.

Les princes et princesses de cette Maison portent pour nom de famille *Napoléon*. Ils sont qualifiés princes français et altesses impériales.

Chef : Pce. Napoléon Victor-Jérôme-Frédéric, prince français, Alt. Imp. né à Paris 18 juil. 1862 du Pce. Napoléon (1822-1891) et de Marie-Clotilde, Psse. de Savoie (1843-1911). Il a épousé (nov. 1910) Clémentine, Psse. de *Belgique*, née en 1872. — (*Bruxelles*, 241, *avenue Louise*).

Enfants : 1° Psse. Marie-Clotilde, née 20 mars 1912 ; 2° Pce. Louis-Napoléon, né 23 janv. 1914.

Frère : Pce. Louis, né 1864, officier général russe (*Prangins, près Nyon, Suisse*).

Sœur : Psse. Laetitia, née 1866, ép. Amédée, Pce. de Savoie, duc d'Aoste (1845-1890) (*Turin*).

Duchés français.

En France, la qualité de duc a perdu, depuis le XVIIe siècle, toute signification féodale de délégation régionale ou locale des pouvoirs souverains, pour prendre de plus en plus celle d'une récompense nationale, conférée aux descendants d'un homme distingué par d'éminents services militaires ou parfois politiques, et perpétuant pour eux le rang social qu'occupait leur aïeul, à raison de ses hautes fonctions dans l'Etat. Sur une quarantaine de duchés actuellement représentés, dix-huit ont eu pour premier titulaire un maréchal de France, deux un garde de sceaux, deux un connétable, d'autres des ministres, des diplomates, des lieutenants généraux, etc. L'usage s'est toutefois perpétué de réserver le titre de duc au chef, héréditaire par primogéniture masculine, d'une famille ou d'une branche de famille dite ducale ou princière. Ce titre est souvent suivi d'un nom de terre, distinct du nom de famille, et parfois d'un nom étranger, évoquant l'origine ou l'illustration du premier titulaire.

(On n'a fait figurer ici que les titres régulièrement reconnus par le Gouvernement français, c'est-à-dire dont les titulaires actuels sont bien les ayants droit en ligne masculine directe, ou ont été autorisés à relever ces titres en ligne collatérale par un acte du pouvoir souverain. Les duchés-pairies antérieurs à 1789 sont classés dans l'ordre chronologique de l'enregistrement au Parlement des lettres de pairie ; les duchés parvenus à la pairie depuis 1814 et ceux conférés ou relevés postérieurement à la Révolution sont classés par ordre d'ancienneté dans la maison qui les porte.)

Duchés-pairies antérieurs à 1789:

UZÈS. 1572. Pairie conférée à Antoine de *Crussol* (souche féodale languedocienne), vicomte puis duc d'Uzès (1565). — Chef actuel : Louis de Crussol, 14e duc d'Uzès, né en 1871, ép. Marie Thérèse de Luynes. *Paris, 26, rue Murillo.*

LA TRÉMOILLE. 1595. Pairie conférée à Claude de *La Trémoille* (souche féodale poitevine), prince de Talmond (depuis 1446) et de Tarente (1521), duc de Thouars (1563). — Chef actuel : Louis, 11e duc de La Trémoille et de Thouars, né en 1863, ép. Hélène Pillet-Will. *Paris, 1, bld. Delessert.*

BRISSAC. 1611. Pairie conférée à Charles de *Cossé*, maréchal de France (souche féodale angevine). Comté de Brissac (1560), duché (1611). — Chef actuel : François de Cossé, 11e duc de Brissac, né en 1868, ép. : 1° Mathilde de Crussol d'Uzès † 1908 ; 2° Marguerite de Beaurepaire, veuve du Bon de l'Espée. *Paris, 60, av. du Bois de Boulogne et ch. de Brissac (M.-et-L.)*

LUYNES. 1619. Pairie conférée à Charles d'*Albert*, connétable et garde des sceaux de France (famille italienne immigrée XVe siècle), Mis. d'Albert (1618) ; comte de Tours (1619), duc et pair (1619). Duchés de Chevreuse (1667) et de Montfort (1694). Pces. de Neuchâtel et Valengin (1710). Chef actuel : Honoré d'Albert, 10e duc de Luynes et de Chevreuse, Pce. de Neuchâtel et Valengin, né en 1868, ép. Simonne de Crussol, d'Uzès. *Paris, 78, rue de Courcelles, ch. de Dampierre (S-et-O.) et de Luynes (I.-et-L.).*

LA ROCHEFOUCAULD. 1631. Pairie conférée à François V de La Rochefoucauld (souche féodale d'Angoumois), Pce. de Marcillac (1500), duc de La Rochefoucauld (1622), duc de la Roche-Guyon (1679), duc d'Estissac (1737) et de Liancourt (1747). — Chef actuel : François de La Rochefoucauld, duc de Liancourt, Pce. de Marcillac, duc d'Anville, né en 1853, ép. Mattie-Elizabeth Mitchell. *Paris, 6, rue de Seine.*

GRAMONT. 1648. Pairie conférée à Antoine d'*Aure* et de Gramont, Pce. de Bidache, maréchal de France (souche féodale de Bigorre), cte d'Aure (1643), duc de Guiche (1700), duc de Lesparre (1739), Chef actuel : Agénor, 11e duc de Gramont, Pce. de Bidache, né en 1851, ép. en 3e noces, Marie, Pcesse. Ruspoli. *Paris, 52, rue de Chaillot.*

NOAILLES. 1663. Pairie conférée à Anne-Jules de *Noailles*, maréchal de France (souche féodale du Limousin), comte d'Ayen (1593), duc de Noailles (1663). — Chef actuel : Adrien-Maurice duc de Noailles, né 1869, ép. Yolande d'Albert de Luynes. *Paris, 26, rue Emile-Menier* (Voir aussi Mouchy, Ayen et Poix).

MORTEMART. 1663. Pairie conférée à Gabriel de *Rochechouart* (souche féodale du Poitou), vicomte de Rochechouart, Pce. de Tonnay-Charente, Mis. puis duc de Mortemart (1650). — Chef actuel : Arthur de Rochechouart, 12e duc de Mortemart, né en 1856, ép. Hélène d'Hunolstein, morte en 1904. *Paris, 1, rue St-Dominique.*

HARCOURT. 1709. Pairie conférée à Henri d'Harcourt, maréchal de France (souche féodale de Normandie), Cte. d'Harcourt (1338), Mis. de Beuvron (1593) et de Thury, duc (1700). — Chef actuel : François, 10e duc d'Harcourt et de Beuvron, né 1902. — *Paris, cité de Varenne.*

BROGLIE. 1742. Duché-pairie conféré à Victor-François de *Broglie*, maréchal de France (souche féodale de Piémont immigrée XVIIe siècle), Mis. de Dormans (1668), duc (1742), Pce. du

St-Empire (1759). — Chef actuel: Maurice, 6ᵉ duc de Broglie, anc. officier de marine, doct. ès-sciences né 1875, ép. Camille Bernou de Rochetaillée. *Paris, 29, rue de Châteaubriand.*

CLERMONT-TONNERRE. 1775. Pairie conférée à Gaspard de Clermont-Tonnerre, maréchal de France (souche féodale du Dauphiné), Vte. de Clermont (1340), Cte. de Tonnerre (1496), duc de Clermont-Tonnerre (1572). — Chef actuel: Philibert, 8ᵉ duc de Clermont-Tonnerre, né 1871, ép. Elisabeth de Gramont. *Ancy le Franc* (*Yonne*).

BAUFFREMONT. 1757. Pairie conférée à la maison féodale lorraine de Bauffremont, ducs de Bauffremont (1623), Pces. de Courtenay (1730). — Chef actuel: Théodore, 7ᵉ duc de Bauffremont, Pce. de Courtenay, né 1879, ép. Octavie Chévrier. *Paris, 87, rue de Grenelle et ch. de Brienne* (*Aube*).

Duchés antérieurs à 1789. — Pairies de la Restauration.

ROHAN. 1648. Duché élevé pour Henri *Chabot* (souche féodale de l'Angoumois, Cte. de Jarnac), gendre du dernier Rohan de la maison de Porhoët, prince de Léon et duc de Rohan (1603). Pairie (1814). — Chef actuel: Alain de Rohan-Chabot, 15ᵉ duc de Rohan, 15ᵉ prince de Léon, né 1913. *Paris, 2, av. Malakoff et ch. de Josselin* (*Morb.*).

LORGE. Duché créé pour N... de *Durfort* (famille féodale de l'Agénois), comte, puis duc de Civrac (1774). Pairie (1814). — Chef actuel: Robert de Durfort-Civrac, 6ᵉ duc de Lorge, né 1892. — *Paris, 119, rue St-Dominique.*

FITZ-JAMES. 1710. Duché créé pour James *Fitz-James* (fils naturel de Jacques II d'Angleterre), duc de Berwick (1688), maréchal de France. Pairie (1814). — Chef actuel: Jacques, 7ᵉ duc de Fitz-James, né 1852. — *Ch. de Montjustin* (Hte.-Saône).

MOUCHY. 1749. Duché créé pour Philippe de *Noailles* (branche cadette), maréchal de de France, Pce. de Poix (1729). Pairie 1814. — Chef actuel: Henri de Noailles, 7ᵉ duc de Mouchy, prince-duc de Poix, né 1890. *Paris, 6, rue Paul Baudry.*

POLIGNAC. 1780. Duché créé pour Jules de *Chalençon* (souche féodale du Velay), Vte. de Polignac (depuis 1421). Pairie, 1814. — Chef actuel: Armand, 5ᵉ duc de Polignac, né 1872, ép. Hélène, Pcsse. de Bauffremont. *Paris, 24, av. Elisée-Reclus.*

DOUDEAUVILLE. 1783. Duché créé pour N... de *La Rochefoucauld* (branche cadette), Mis. de Surgères. Pairie, 1814. — Chef actuel: Armand de La Rochefoucauld, 5ᵉ duc de Doudeauville, né 1870, ép. Louise, Pcesse. Radziwill. *Paris, 47, rue de Varenne.*

MAILLÉ. 1784. Duché créé pour N... de *Maillé de La Tour Landry*, maréchal de France (cadet d'une maison féodale d'Anjou dont les aînés sont Mis. de la Tour Landry). Pairie, 1820. — Chef actuel: Artus, 4ᵉ duc de Maillé, né 1858, ép. Carmen de Wendel. *Paris, 3, rue Paul Baudry.*

LA FORCE. 1784. Duché relevé pour Bertrand *Nompar de Caumont*, maréchal de camp, parent du 7ᵉ duc (souche féodale de Guyenne). Pairie, 1815. — Chef actuel: Auguste, 12ᵉ duc de la Force, né 1878, ép. de Marie-Thérèse de Noailles. *Paris*, 55, *rue Pierre-Charron.*

Duchés du Premier Empire:

ELCHINGEN. 1805. Duché créé pour Michel *Ney*, maréchal de France, prince de la Moskowa (1813), pair de France (1815). (Ce titre est par exception porté par un cadet, l'aîné portant le titre de prince de la Moskowa). — Titulaire actuel: Charles Ney, 5ᵉ duc d'Elchingen, né 1873, ép. Germaine Roussel, veuve du Cte Ch. de Breteuil. *Paris*. 50, *rue de Chaillot.*

RIVOLI. 1807. Duché créé pour André *Masséna*, maréchal de France, prince d'Essling (1810), pair de France (1814). — Chef actuel: André Masséna, prince d'Essling, 5ᵉ duc de Rivoli, né 1891. *Paris*, 14, *av. Henri-Martin.*

TRÉVISE. 1808. Duché créé pour Edouard *Mortier*, maréchal de France, pair de France (1814). — Chef actuel: Edouard Napoléon Mortier, 5ᵉ duc de Trévise, né 1883, ép. Yvonne de Letrange. *Paris*, 1, *av. Victor-Emmanuel*, III.

MONTEBELLO. 1808. Duché créé pour Jean *Lannes*, maréchal de France, pair de France (1814). — Chef actuel: Napoléon Lannes, 6ᵉ duc de Montebello, né 1908. *Ch. de Séran, par Lavaur* (*Tarn*).

MASSA. 1809. Duché créé pour Claude *Régnier* (famille lorraine), Cte Régnier 1808, duc de Massa (1809), Cte. de Gronau (1811), pair de France (1816). — Chef actuel: Jean, Cte. de Gronau, 4ᵉ duc de Massa, né 1875, ép. Odette de Boutray. *Paris, 111, rue La Boëtie.*

REGGIO. 1810. Duché créé pour Nicolas-Charles *Oudinot*, maréchal de France, pair de France (1814). — Chef actuel: Henri, 5ᵉ duc de Reggio, né 1883. — *Paris*, 65, *av. Marceau.*

ALBUFÉRA. 1812. Duché créé pour Louis Gabriel *Suchet*, maréchal de France, pair de France (1814). Chef actuel : Raoul Suchet, 3e duc d'Albuféra, né 1845, ép. Zénaïde de Cambacérès. *Paris, 55, rue St-Dominique.*

Duchés de la Restauration.

TALLEYRAND. 1817. Duché créé pour Charles-Maurice de *Talleyrand-Périgord* (souche féodale de Périgord), prince de Bénévent (1806), duc napolitain de Dino (1815 – pair de France (1815). Duché princier de Sagan reconnu en Prusse 1846.— Chef actuel : Hélie de Talleyrand-Périgord, 5e duc de Talleyrand, né 1859, ancien officier d'artillerie, ép. Anna Gould. *Paris, 122, avenue Malakoff.*

AVARAY. Duché et pairie conférés à Claude-Antoine de *Béziade*, lieut. gén. (souche féodale orléanaise). — Chef actuel : Hubert de Béziade, 6e duc d'Avaray. *Paris*, 85 *rue de Grenelle.*

BLACAS. 1821. Duché et pairie créés pour Pierre-Louis de Blacas d'Aulps (souche féodale de *Soleilhas* en Provence). — Chef actuel : Pierre, 4e duc de Blacas d'Aulps, né 1853, député de Maine-et-Loire, ép. Honorine de Durfort-Civrac. *Paris, 81, rue de Grenelle.*

DECAZES. 1822. Titre ducal créé pour Elie-Louis *Decazes*, ministre d'Etat, comte (1815) pair (1818). — Chef actuel : Elie, 3e duc Decazes, né 1864, ép. Isabelle Singer † 1896.

DESCARS (ou d'Escars) 1825. Duché créé pour N... de *Pérusse* (souche féodale du Limousin). Comté d'Escars (1578), marquisat (1763), pairie (1815). — Chef actuel : Louis de Pérusse, 4e duc des Cars, né 1849, ancien officier d'infanterie, veuf de Thérèse Lafond. *Paris, 43, rue de Bellechasse.*

SABRAN. 1828. Duché créé en 1825 pour N... de Sabran (souche féodale du Languedoc) puis relevé pour son neveu Marc-Edouard d'*Agoult* (souche féodale de Provence). Mis. de Pontevès (1691). — Chef actuel : Hélion de Sabran-Pontevès, 4e duc de Sabran, né 1873, ép. Jeanne Belle, veuve du Cte. G. de la Plesnoye. *Paris, 27, avenue Rapp.*

CARAMAN. 1830. Duché créé pour Louis-Charles *Riquet* (famille du Languedoc), Cte. de Caraman (1670), pair de France (1815), Mis. (1817). — Chef actuel : Victor Charles-Emmanuel Riquet de Caraman, 4e duc de Caraman, né .... *Fontainebleau*, 28, *rue Guérin*,

Duchés conférés ou régulièrement relevés depuis 1830.

RICHELIEU. 1832. Duché relevé par substitution d'Armand et Louis Odet de *Chapelle de Jumilhac* aux nom et dignités de la maison de *Vignerot*, héritière du Cardinal *du Plessis* de Richelieu, duc et pair (1631). — Chef actuel : Armand 9e duc de Richelieu et de Fronsac, né 1875, ép. N... *Paris.*

ESTISSAC. 1839. Duché de la maison de *La Rochefoucauld* (1737) relevé pour Alexandre de La Rochefoucauld, pair de France, chef d'une branche cadette. — Chef actuel : Alexandre de La Rochefoucauld, 4e duc d'Estissac, né 1854, ép. Jeanne de Rochechouart-Mortemart. *Paris, 28, rue St-Dominique.*

MARMIER. 1839. Titre ducal conféré à Philippe-Gabriel de *Marmier* (famille de Franche Comté, marquisat 1740) en survivance de son beau-père, le dernier duc de Choiseul Stainville, pair de France. — Chef actuel : Etienne, 4e duc de Marmier, né 1876, ép. Claire de Kersaint. *Paris, 30, av. d'Eylau.*

MAGENTA. 1859. Duché créé pour Patrice de *Mac-Mahon*, maréchal de France et depuis Président de la République (famille irlandaise immigrée 1691), marquisat et pairie 1827. — Chef actuel : Patrice de Mac-Mahon, 2e duc de Magenta, général de division, né 1855, ép. Pcesse. Marguerite d'Orléans. — *Paris*, 17, *boul. Raspail.*

MORNY. 1862. Duché créé pour Charles-Auguste, comte de *Morny*, Président du Corps Législatif. — Chef actuel : Charles, 2e duc de Morny, né 1859, ép. N... Guzman Blanco. *Paris, 44, rue Molitor.*

AUDIFFRET-PASQUIER. 1862. Titre ducal conféré à Edme-Gaston, comte d'*Audiffret* (souche féodale des Basses-Alpes), fils adoptif du chancelier Etienne-Denis Pasquier, duc 1844, pair de France. — Titulaire actuel : Etienne, 2e duc d'Audiffret-Pasquier, député de l'Orne, né 1882, ép. Antoinette de St-Genys. *Paris*, 27, *rue Vernet et ch. de Sassy par Mortrée* (*Orne*).

FELTRE. 1864. Duché rétabli pour Charles de *Goyon*, petit-fils par sa mère du Maréchal *Clarke*, ambassadeur, ministre et pair de France. — Chef actuel : Charles de Goyon, 3e duc de Feltre, né 1844, ép. Léonie de Cambacérès. *Paris.*

AUERSTAEDT. 1864. Duché rétabli pour Léopold *Davout*, général de division, depuis grand chancelier de la Légion d'honneur, en mémoire du maréchal Davout, duc d'Auerstaedt, prince d'Eckmühl, son oncle, mort sans postérité (souche de chevalerie bourguignonne). —

Chef actuel : Louis Davout, 4e duc d'Auerstaedt, né 1877, ép. Hélène de Lafaulotte. *Paris, 2, rue Lamennais.*

MONTMORENCY. 1864. Collation impériale du titre du dernier duc Raoul de Montmorency (maison féodale de l'Ile-de-France, pairie 1522, duché 1551) à son neveu Adalbert de *Talleyrand-Périgord*. — Titulaire actuel : Louis de Talleyrand-Périgord, 2e duc de Montmorency, né 1867, capitaine de cavalerie territoriale, ép. : 1° Anne de Rohan-Chabot, † 1903 2° Mme Ferdinand Blumenthal. — *Paris, 34, av. du Bois de Boulogne.*

ABRANTÈS. 1869. Duché relevé pour Maurice *Le Ray*, petit-fils par sa mère du Maréchal Andoche *Junot*. — Chef actuel : Andoche Le Ray, 4e duc d'Abrantès, né 1870, ép. de Nicole de Maigret. *Paris.*

CHAULNES et PICQUIGNY. 1869. Duché de la maison de *Luynes* (1621-1698, puis 1741-1744) relevé pour Paul-Albert de Luynes, chef d'une branche cadette. — Chef actuel : Emmanuel d'Albert de Luynes d'Ailly, 10e duc de Chaulnes et de Picquigny, né 1908.

PLAISANCE. 1872. Duché créé en 1808 pour Ch.-François Lebrun, archi-chancelier du Premier Empire, transmissible à ses arrière-neveux par décret de 1857, relevé pour Louis de *Maillé de la Tour Landry*. — Titulaire actuel : François de Maillé, 3e duc de Plaisance, né 1862, ép. Madeleine de Montesquiou-Fezensac, † 1896 ; 2° Alberte d'Haussonville. *La Jumellière (M.-et-L.).*

Duchés non portés par les chefs de famille :

Certaines maisons, titulaires de plusieurs duchés, avaient obtenu le droit d'en faire porter les titres par les fils de leur chef. De ces titres, les suivants sont encore attribués :

CHEVREUSE, 1692. au fils aîné du duc de Luynes, actuellement Charles d'Albert de *Luynes*, né 1892.

GUICHE, 1700. au fils aîné du duc de Gramont, actuellement Armand de *Gramont*, né 1879, ép. Elaine Greffulhe.

AYEN, 1737. au fils aîné du duc de Noailles, actuellement Jean de *Noailles*, né 1893.

LESPARRE. 1739, à un cadet de Gramont, actuellement Armand de *Gramont*, capitaine d'artillerie territoriale, né 1854, ép. Hélène de Conegliano.

Duchés de courtoisie :

Sous la Troisième République plusieurs familles ont voulu faire revivre d'anciens titres ducaux éteints en la personne d'un de leurs collatéraux ou de leurs ascendants maternels. Le premier cas est celui des titres de : duc de *Castries*, repris par une branche cadette de la maison de *La Croix*, séparée de la souche antérieurement à la création du duché et de duc de *Fezensac* repris par une branche de la maison de *Montesquiou*. Le second cas est celui de certaines grandesses d'Espagne, transmissibles dans la ligne féminine, telles *La Mothe Houdancourt*, passée de la maison *Walsh-Serrant* à une branche de la maison de *Cossé-Brissac ; Caylus*, de la maison de *Lignerac* à une branche de *Rougé*. Enfin certains grands noms du Premier Empire ont été régulièrement relevés par adjonction au nom d'autres familles, lesquelles usent en fait du titre jadis attaché à ces noms ; tels sont le duché de *Vicence*, porté par la famille d'*Espeuilles-Caulaincourt-Vicence*, celui de *Dalmatie*, par la famille *Reille-Soult de Dalmatie*.

Ces qualifications n'ont que la consécration d'un usage mondain et ne sont pas reconnues par le Gouvernement Français.

Duchés étrangers :

Plusieurs familles françaises ont été honorées par des souverains étrangers de dignités ducales qui, toutefois, ne leur confèrent pas rang de ducs français. De ces titres, ceux qui sont antérieurs à 1870 sont les suivants :

GADAGNE. 1669. Titre romain conféré à la maison *Galléan*, du Comtat Venaissin.

BISACCIA. Titre napolitain, transféré en 1851 des Montmorency aux *La Rochefoucauld-Doudeauville*.

RARECOURT DE LA VALLÉE DE PIMODAN, qualité ducale romaine, conférée en 1860 à tous les hoirs du général papal Mis. de *Pimodan*.

SAN FERNANDO LUIS, duché espagnol confirmé en 1866 au chef de la maison de *Lévis*, Mis. de *Mirepoix*, héritier de ce titre, conféré en 1815 au duc de Montmorency-Laval.

Princes.

La qualité de prince qui, dans l'ancienne France, était réservée en principe aux membres de la famille royale, a été parfois reconnue à quelques familles ducales héritières de prétentions souveraines, puis à d'autres qui l'avaient reçue de l'étranger. Dans le premier cas, c'est un titre porté par le chef de la Maison ou par son fils aîné, suivi d'un nom de pays ou de ville. Il vient alors dans la hiérarchie nobiliaire au même rang que le titre de duc (exceptionnellement, Napoléon Ier avait placé les princes d'Empire au-dessus des ducs anciens et nouveaux). Dans le second cas, c'est une simple qualité qui, suivant l'usage germanique, se donne à tous les membres de la famille et n'a guère qu'une valeur de courtoisie.

Titres de princes français, d'origine féodale :

TONNAY-CHARENTE (Charente), titre porté par le fils aîné des ducs de *Mortemart* (Rochechouart) héritiers (vers 1250) de ce fief de l'ancienne maison d'Aquitaine.

TALMOND (Vendée), titre porté par les ducs de *La Trémoille*, héritiers (1446) de ce fief de la maison d'Amboise.

MARCILLAC (Charente), titre reconnu en 1500 aux chefs de la maison de *La Rochefoucauld* descendants de Luzignan dont l'un fut roi de Jérusalem.

TARENTE (ancien royaume de Naples), titre porté par le fils aîné des ducs de *La Trémoille*, héritiers (1521) des prétentions de la maison de Laval au trône de Naples (1)

(N. B. — La qualité de prince et princesse a été reconnue par Louis XIV à tous les membres de la famille).

BIDACHE (Basses-Pyrénées), titre reconnu (1570) aux chefs de la maison de *Gramont* comme héritiers des anciens seigneurs souverains de cette vallée.

LÉON (Finistère), titre porté par le fils aîné des ducs de *Rohan* (Chabot) reconnus (1803) descendants de l'ancienne maison souveraine de Bretagne.

NEUCHATEL et VALENGIN (Suisse), titre de la maison de Bourbon-Soissons passé par mariage (1710) aux ducs de Luynes (2).

POIX (Somme), titre de la maison de Créqui passé (1729) à la branche cadette des *Noailles* et porté par les ducs de Mouchy ou leurs fils aînés.

COURTENAY (Loiret), titre porté par les ducs de Bauffremont, héritiers (1730) de la maison capétienne de Courtenay, et depuis princes de *Listenois* (1762) et de *Carency* (1787).

Titres de princes étrangers autorisés en France :

BEAUVAU-CRAON. Qualité de princes du St-Empire romain germanique conférée (1722) aux membres de la maison féodale d'Anjou des Mis. de Beauvau (1664) et de Craon (1712) ; autorisée en France 1755 ; pairie 1815.

BROGLIE. Qualité de princes du St-Empire romain germanique conférée en 1759 aux membres de la maison de Broglie (la branche cadette de cette maison porte le titre de prince et princesse de Broglie-Revel).

LUCINGE. Titre des membres de la maison de *Faucigny*, héritière (1180) de la maison savoisienne de Lucinge, membres de la maison de Coligny-Chastillon, autorisé 1828.

POLIGNAC. Qualité de prince romain conférée (1820) et autorisée en France (1822) à la branche cadette de la maison de Chalençon, ducs de Polignac.

ARENBERG Principauté (régence de Coblence) créée (1576) pour une branche de la maison de Ligne, médiatisée ; qualité reconnue en France avec rang ducal à la branche française fondée par Pierre-Charles, prince-duc d'Arenberg, pair de France 1827.

1) Le titre de prince de Tarente fut également conféré par Napoléon Ier au maréchal Macdonald : cette maison est éteinte.

(2) La principauté de Neuchâtel enlevée aux rois de Prusse fut aussi conférée par Napoléon Ier au maréchal Berthier : famille récemment éteinte.

Titres de princes de l'Empire francais :

MURAT. Titre de prince avec qualification d'Altesse, maintenue en 1853 aux descendants de Joachim Murat, grand-duc de Clèves et de Berg (1806), roi de Naples (1808-15). — Chef actuel : Joachim, 5e prince Murat, prince de Ponte-Corvo (Province de Caserte, Italie, 1812), né 1856, ép. Cécile Ney d'Elchingen.

ESSLING. Titre conféré (1807) au maréchal *Masséna*, duc de Rivoli et porté par ses descendants.

LA MOSKOWA. Titre conféré (1812) au maréchal *Ney*, duc d'Elchingen et porté par ses descendants.

Maisons francaises titrées à l'étranger :

Maisons souveraines :

BOURBON-ANJOU. A la maison capétienne de France se rattache la maison royale d'Espagne dont la première branche occupe encore le trône d'*Espagne*, tandis que la 2e branche a été déchue du trône des *Deux-Siciles* en 1860, en même temps qu'une ligne collatérale de cette maison était dépossédée de la souveraineté du duché de *Parme*.

BOURBON-ORLÉANS. Un rameau de la maison d'Orléans a hérité des prétentions au trône impérial du *Brésil* par suite du mariage (1864) du Comte d'Eu avec la princesse Isabelle de Bragance, Pcesse. impériale du Brésil.

SAVOIE. La maison royale d'*Italie* peut être, dans une certaine mesure, considérée comme d'origine française, le duché de Savoie ayant toujours été un pays de langue et d'esprit français.

HABSBOURG-LORRAINE. La maison impériale et royale d'*Autriche* a pour berceau la Lorraine française, puisqu'elle revendique pour souche les comtes féodaux de Verdun et de Metz (Xe siècle).

BERNADOTTE. Cette maison originaire de Pau (Basses-Pyrénées) occupe le trône de *Suède* depuis que Jean-Baptiste-Jules *Bernadotte*, maréchal de France, prince de l'Empire français et duc de Ponte-Corvo, eut été adopté par le roi Charles XIII de la maison Holstein-Gottorp, mort 1818.

GOYON-MATIGNON-GRIMALDI. La maison de Goyon, titulaire du duché de Valentinois et de nombreuses seigneuries françaises règne sur la petite principauté indépendante de *Monaco*.

Maisons princières et ducales :

ROHAN. Une branche de l'ancienne maison de Rohan titulaire des duchés français de *Montbazon* (1588), *Rohan-Rohan* (1714), *Bouillon* (par héritage reconnu en 1816), ainsi que des titres princiers de *Soubise* (1667) et de *Rochefort* (1728) est fixée en Autriche où elle a rang et dignités.

CROY (ou Crouy, Somme), érigé en duché français en 1598, est le berceau de la maison de *Croy*, dont les aînés sont aujourd'hui princes médiatisés de Dulmen en Westphalie et qui restent qualifiés en France ducs d'*Havré* (1667) et princes de Solre (1677). Branche cadette en Belgique.

BÉTHUNE-HESDIGNEUL. La branche aînée de cette maison féodale française, issue des comtes souverains d'Artois, a reçu (1781) la qualité de prince autrichien, reconnue en France ; cette branche est fixée en Belgique.

CARAMAN-CHIMAY. Une branche cadette de la maison *Riquet de Caraman* s'est fixée en Belgique où les chefs portent le titre de princes de Chimay (1824) et les autres membres celui de princes de Caraman-Chimay (1867).

BEAUHARNAIS. Cette maison féodale de l'Orléanais, illustrée par le beau-fils de Napoléon Ier, prince Eugène de Beauharnais, créé duc de *Leuchtenberg*, en Bavière (1807), s'est fixée en Russie avec le fils de ce dernier, marié à la grande-duchesse Marie Nicolaïewna et devenu (1852) prince *Romanowsky* et Altesse Impériale pour lui et ses hoirs.

OTRANTE. La descendance de Joseph *Fouché*, duc d'Otrante, est fixée en Suède où elle a rang et dignités à la cour.

En dehors de ces maisons, il convient de rappeler que toutes les familles princières reconnues en France le sont aussi à divers degrés dans les cours étrangères et que les ducs français y ont rang de princes non souverains ou médiatisés.

Grandesses d'Espagne :

Depuis l'accession au trône d'Espagne d'un petit-fils de Louis XIV, certains seigneurs français ont reçu rang à la cour de Madrid avec la qualification de grands d'Espagne. Ces « grandesses », qui ont entraîné parfois collation d'un titre spécial sont, suivant l'usage espagnol, transmissibles dans la ligne féminine à défaut de descendance masculine.

Titres pontificaux postérieurs à 1870 :

Les papes ont, depuis la suppression de fait de leur pouvoir temporel au 20 septembre 1870, conservé la qualité de souverains et comme tels créé des titres de noblesse. Ceux-ci, bien qu'admis dans certains cas par d'autres gouvernements étrangers, n'ont pas été jusqu'ici reconnus en France.

Familles de pairs de France héréditaires.

Dans cette liste ne figurent que les familles non ducales, encore subsistantes dans la ligne masculine ou dont les titres ont été régulièrement relevés. La date est celle de la collation de la pairie ; le prénom, celui du premier titulaire s'il y a lieu ; les noms des familles autorisées à relever ces titres sont écrits en *italique*.

ABBOVILLE (Cte. d'-1814). — AGOULT (Vte. d'-1823). — AGUESSEAU (Cte. d'-1814-. *Ségur*). — ALBON (Cte. d'-1828). — ALIGRE (Mis. d'-1815). — ANDIGNÉ (Baron d'-1815) — ANDLAU (Cte. d'-1828). — ARAGON (Mis. d'-1819). — ARAMON (Mis. d'-1819) — ARGOUT (Cte. d'-1819). — ARJUZON (Cte. d'-1819). — AUTICHAMP (Cte. Charles d'1815).

BARANTE (Baron de-1819). — BASTARD (Cte. de-1819). — BARTHÉLEMY (Cte.-1814). — BEAUMONT (Cte. de-1814). — BEAUREPAIRE (Mis. de-1828). — BÉRENGER (Cte. Raymond de-1819). — BERNIS (Cte. de-1828). — BEUGNOT (Cte.-1830). — BIRON (Mis. de-1815). — BOISGELIN (Mis. de-1815). — BOISSY-D'ANGLAS (Cte.-1814). — BONALD (Vte. de-1823). — BONNEVAL-DOULLÉE (Cte. de-1828). — BOUILLÉ (Cte de-1828). — BOURBON-BUSSET (Cte. de-1823). — BURKE (Cte.-1823). — BOURMONT (Cte. de-1823). — BRETEUIL (Cte. de-1823). BRÉZÉ (Mis. de-1815). — BRIGODE (Cte. de-1815). — BUDES DE GUEBRIANT (Cte.-1828).

CALVIÈRE (Mis. de-1828). — CANCLAUX (Cte. de-1814). — CARAMAN (Mis. de-1815). — CASABIANCA (Cte. de-1814). — CASTELBAJAC (Vte. de-1828). — CASTELLANE (Cte. de-1815). — CAUSANS (Vte. de-1828). — CAYLA (Cte. du-1815). — CHABANNES (Mis. de-1815). — CHABROL DE CROUSOL (Cte.-1823). — CHAPTAL (Cte.-1819). — CHARETTE (Chev Athanase de-1823). — CHASSELOUP-LAUBAT (Cte. de-1814). — CHATEAUBRIAND (Vte. de-1815). — CHASTELLUX (Cte. de-1823). — CHOISEUL (Cte. de-1815). — CHOLET (Cte.-1814). — CLAPARÈDE (Cte.-1819). — CLÉMENT-DE-RIS (Cte.-1814). — CLERMONT-TONNERRE (Mis. de-1815). — COLBERT (Mis. de-1828). — COLCHEN (Cte.-1814). — COMPANS (Gal. Cte.-1815). — CONTADES (Cte. de-1815). — CORNET (Cte.-1814). — CORNUDET (Cte.-1814). — COURTARVEL (Mis. de-1823). — CROIX (Cte. de-1814). — CURIAL (Cte.-1814).

DAMAS (Cte. Charles de-1814). — DAMPIERRE (Mis. de-1822). — DARU (Cte.-1819). — DAVOUT (Cte.-1814). — DEJEAN (Cte.-1814). — DES MONSTIERS DE MÉRINVILLE (Mis. 1828). — DESTUTT DE TRACY (Cte.-1814). — DIGEON (Vte.-1819). — DIVONNE (Cte. de-1828). — BOUCHAGE (Vte. du-1817). — DUBRETON (Baron-1819). — DUPONT (Cte.-1814)

ECQUEVILLY (Cte. d'-1815). — EMMERY (Cte.-1814). — FORBIN DES ISSARTS (Mis. de-1828). — FROISSARD (Mis. de-1828).

GERMINY (Cte. de-1819). — GOURGUES (Mis. de-1828). — GOUVION (Cte. de-1814). — GOUVION SAINT-CYR (Mal Cte. de-1814). — GRAMONT D'ASTER (Cte. de-1819). — GRAVE (Mis. de-1815). — GREFFULHE (Cte.-1818).

HARVILLE (Cte. d'-1814). — HAUBERSART (Cte. d'-1814). — HAUSSONVILLE (Cte. d'-1815). — HÉDOUVILLE (Cte. de-1814). — HOCQUART DE TURTOT (Cte.-1828). — HOUDETOT (Vte. d'-1819). — HUNOLSTEIN (Cte. Félix d'-1819).

IMÉCOURT (Cte. d'-1828).

JAUCOURT (Cte. de-1814). — JUIGNÉ (Mis. de-1815).

KERGARIOU (Cte. de-1828). — KERGORLAY (Cte. de-1828).

LA BOUILLERIE (Baron de-1828). — LA BOURDONNAYE (Cte. de-1830). — LA BOURDONNAYE-BLOSSAC (Cte. de-1815). — LAFOREST (Cte. de-1819). — LA FERRONNAYS (Cte. de-1815). — LAGARDE (Cte. de-1823). — LA GUICHE (Mis. de-1815). — LAMOIGNON (Vte Christian de-1815). — LANJUINAIS (Cte.-1814). — LA PANOUSE (Cte. de-1828). — LAPLACE (Cte.-1814). — LA ROCHE-AYMON (Cte. de-1815). — LA ROCHEFOUCAULD (Baron de-1828). — LA TOUR-DU-PIN-GOUVERNET (Mis. de-1815). — LATOUR-MAUBOURG (Cte. de-1819-*Mandell*). — LAURISTON (Mis. de-1815). — LA VILLEGONTIER (Cte. de-1819). —

LECOUTEULX-CANTELEU (Cte.-1814). — LEMERCIER (Cte. 1814-*Croze*). — LENOIR DE LAROCHE (Cte.-1814). — LESPINASSE (Cte. de-1814). — LEVIS (Mis. de-1828). — LUR-SALUCES (Cte. de-1828).

MAILLY (Cte. de - 1815). — MAISON (Cte.-1814 - *Calmon*). — MALEVILLE (Cte. de-1814). — MAQUILLE (Cte. de - 1828). — MARCELLUS (Cte. de-1823). — MARESCOT (Cte. de - 1819). — MATHAN (Mis. de - 1815). — MATHIEU (Cte. Maurice-1819-*La Redorte*). — MESNARD (Cte de-1823). — MIREPOIX (Mis. de LEVIS-1828). — MOLE (Cte.-1815). — MOLITOR (Mal Cte.-1823). — MOLLIEN (Cte.-1819). — MONTALEMBERT (Baron de-1819). — MONTALIVET (Cte. de-1819). — MONTESQUIOU (Cte. de 1819). — MONTESQUIOU-FEZENSAC (Cte. de-1814). — MONTEYNARD (Mis. de-1828.) — MORE DE PONTGIBAUD (Cte. de-1828). — MOSTUÉJOULS (Cte. de-1828). — MOUNIER (Baron-1819). — MUN (Mis. de 1815). — MUY (Cte. du-1815).

NANSOUTY (Cte. de-1828). — NICOLAI (Mis. de-1815). — NOÉ (Cte. de-1815).

ORGLANDES (Cte. d'-1823). — ORVILLIERS (Cte. d'-1815). — OSMOND (Mis. d'-1815).

PANGE (Mis. de-1819). — PANISSE (Cte de-1828). — PÉRIGNON (Mal Cte.-1814). — PELET DE LA LOZÈRE (Cte.-1819). — PEYRONNET (Cte. de-1828). — POLIGNAC (Cte. Jules de-1815). — PONTECOULANT (Le Doulcet Cte. de-1814). — PORTAL (Baron-1822). — PORTALIS (Cte.-1819). — PUYSÉGUR (Cte. Gaspard de-1823). — PUYVERT (Mis. de-1830).

QUINSONAS (Cte. de - 1828).

RAIGECOURT (Mis. de-1815). — RAMPON (Cte.-1814). — RAVEZ (Cte. 1830). — REILLE (Cte-1819). — ROSANBO (Vte. Le Peletier de-1815). — ROUGE (Mis. de-1815). — ROY (Cte.-1822-*Talhouet*).

SAINTE-ALDEGONDE (Cte. de-1828). — SAINT-MAURICE (Mis. de-1828). — SAINT-PRIEST (Cte. de-1815). — SAINT-ROMAN (Cte. de-1815). — SAINTE-SUZANNE (Cte. de-1814). — SAINT-VALLIER (Cte. de-1814). — SAPINAUD (de-1828). — SARRET DE COUSSERGUES (Bon.-1828). — SÉGUIER (Bon.-1815). — SÉGUR (Cte. de-1814). — SEMONVILLE (Cte. de-1814-*Montholon*). — SESMAISONS (Cte. Humbert de-1828). — SEZE (Cte. de-1815). — SIMÉON (Cte.-1822). — SHÉE (Cte.-1814). — SPARRE (Cte. de-1819). — SUFFREN-ST-TROPEZ (Cte. de-1815). — SUSSY (Cte. de-1819). — SUZANNET (Cte. de-1828).

TALHOUET (Mis. de-1819). — TASCHER (Cte. de-1814). — TOCQUEVILLE (Cte. de-1828). -- TOURNON (Cte de-1823).

VALENCE (Cte. de-1819). — VAUDREUIL (Cte. de-1814). — VENCE (Mis. de-1815). — VÉRAC (Mis. Olivier de-1815). — VIBRAYE (Mis. de-1815). — VILLEFRANCHE (Mis. de-1823). — VILLÈLE (Cte. de-1828). — VINDE (Bon. Morel de-1815-*Terray*). — VOGUÉ (Cte. de-1823). — VOLNEY (Cte.-1814).

Les Marquis français.

Les titres de Marquis, très rares dans la haute féodalité, où ils désignaient quelques comtes de régions frontières (marches), n'ont plus en France, à partir du XVIe siècle, qu'une valeur purement honorifique. Ils étaient même parfois devenus sous l'ancien régime une sorte de qualification personnelle, attribuée leur vie durant à certains dignitaires, sans collation régulière autorisant leur descendance à la conserver. Sur un millier de familles françaises usant aujourd'hui d'un titre de marquis il n'en est donc guère plus d'un tiers à pouvoir y établir leur droit, soit sur un acte régulier du pouvoir souverain, soit même sur une possession d'état consacrée par des actes officiels.

De ces titres héréditaires, créés ou confirmés par le gouvernement français et encore légalement portés, neuf seulement sont antérieurs à Louis XIV ; ce sont, par ordre d'ancienneté, ceux de :

TRANS (Villeneuve), 1505. — NESLE (Mailly), 1545. — CURTON (Chabannes), 1563. — ARCHIAC (Bourdeille), 1609. — LA DOUZE (Abzac), 1615. — LA CHARCE (La Tour-du-Pin), 1619. — CANISY (Carbonnel), 1619. — VIBRAYE (Hurault), 1625. — VALLIÈRES (Monspey), 1630.

Quarante-cinq ont été conférés par Louis XIV, savoir ceux de :

CASTRIES (La Croix), 1645. — GOUSSAINVILLE (Nicolay), 1645. — CIVRAC (Durfort), 1647. — ESPINOUSE (Coriolis), 1651. — MONTFRIN (Monteynard), 1652. — FRESNOY (aujourd'hui Renaud d'Avesnes des Méloizes), 1652. — L'AIGLE (des Acres), 1653. — JUMILHAC (Chapelle), 1655. — ESTILLY (Valori), 1656. — LA BRETESCHE (Jousseaume), 1657. — FONTENILLES (La Roche-Fontenilles), 1658. — LA SALLE (Caillebot), 1673. — CHABRILLAN (Guigues de Moreton), 1674. — BOUTIÈRES (Emé de Marcieu), 1676. — CAGNES (Grimaldi

1677. — BONNEVAL (Duval), 1677. — SOMMERY (du Mesniel), 1678. — THUISY (Goujon). 1680. — COURCY-AUX-LOGES (Bullini), 1681. — LE CHASTELET (Hay des Nétumières), 1682, — PIERREFEU (Dedons), 1682. — TERRAUBE (Galard), 1683. — CHAMBONAS (La Garde), 1683. — ESTOUBLON (Grille), 1684. — BRÉZÉ (Dreux), 1685. — PUYLAROQUE (Vignes), 1685. — BOURY (Aubourg), 1686. — LES LIGNERIS (Espinay-Saint-Luc), 1687. — MONT-PINCON (Bourbel), 1688. — BOUC (Albertas), 1690. — LES RÉAULX-COCLOIS (des Réaulx), 1690. — HEUCHIN (Croix), 1691. — BROISSIA (Froissard), 1691. — ROYON (Bryas), 1692. — PLUVINEL (Tertulle, aujourd'hui La Baume), 1693. — HAVRINCOURT (Cardevac), 1693. — BOZAS (du Bourg), 1693. — MONTECOT (Doynel), 1695. — COURTIVRON (Le Compasseur), 1698. — ARGENSON (Voyer), 1700. — SAINT-POIS (Auray), 1700. — LAGOY (Meyran), 1702. — BRACHET DE FLORESSAC, 1702. — BALLEROY (La Cour), 1704. — TANLAY (Thévenin), 1705. — JOUFFROY D'ABBANS, 1707. — PRESSY (Partz), 1712.

Soixante-et-onze sont dus à Louis XV. Ce sont ceux de :

LA BOURDONNAYE, 1717. — LES RICEYS (Pomereu), 1718. — GRAMMONT, 1718. — BALINCOURT (Testu), 1719. — RAINCOURT, 1719. — CHAVAGNAC, 1720. — VILLEMONT (Veyny d'Arbouze), 1720. — LA SUZE (Chamillart), 1720. — FENOYL (aujourd'hui Gayardon), 1720. — BÉRULLE, 1720. — PONTCHAUX (Paris de la Brosse), 1723. — EVRY (Brunet), 1724. — HOUDETOT, 1724. — FAYOLLE, 1724. — MAUPAS (Agard), 1725. — LE LUART (Le Gras) 1726. — MONDICOURT (Beauffort), 1735. — MATHAN, 1736. — HEUDICOURT (Sublet), 1737. — OILLIAMSON, 1739. — MONTECLER, 1739. — MARMIER, 1740. — TERRIER-SANTANS, 1740. — VITTRÉ (Raity de Villeneuve), 1740. — MOUSTIER, 1741. — LA FITOLE (Pujo), 1741. — PONTONX (Oro), 1742. — VILLERS-VAUDEY (Richard), 1742. — LA GARDE-LEZ-GRASSE (March de Tripoli de Panisse-Passis), 1743. — FRONTENAY (Montrichard), 1743. — HERBAULT (Devezeaux de Rancougne), 1743. — HURIEL-BARTILLAT (Jehannot), 1744. — NEDDE (Garat), 1736. — LE PLESSIS-GRÉNÉDAN, 1747. — PORTES, 1747. — LA TOURETTE D'AMBERT (Ambert), 1747. — SAINT-COSME (de Curières de Castelnau), 1747. — COLIGNY (Pillot de Coligny-Châtillon), 1747. — BERSAILLIN (Froissard), 1748. — COURCY (Roussel d'Espourdon), 1749. — BOUCLANS (Le Bas), 1749. — MASSON D'AUTUME, 1750. — MONTFERRAT (Barral), 1750. — VAULSERRE (Corbel-Corbeau), 1751. — SAINT-MAURICE (Barbeyrac), 1752. — DUCAUZÉ NAZELLE, 1753. — VAULCHIER, 1755. — BOUILLÉ, 1755. — LA FERTÉ-BEAUHARNAIS (Beauharnais), 1756. — BRION (Michel du Roc), 1756. — BEAUMONT-LA-RONCE (Bonin de la Boninnière), 1757. — ORMESSON (Le Fèvre), 1758. — SAINT-GENIEZ (Baderon de Thézan), 1760. — ANDELARRE (Jaquot), 1760. — LUSSAC-LES-EGLISES (Lignaud), 1761. — MONTFERRIER (Duvidal), 1762. — BASSECOURT, 1763. — SAINTE-CROIX (Renouard), 1764. — LA CALMETTE-MASSILIAN (Mathéi de Valtons), 1764. — PINA DE SAINT-DIDIER, 1765. — ŒUFS (Bertoult d'Hautecloque), 1766. — REVERSEAUX DE ROUVRAY (Guéau), 1766. — ASSY (Morel d'Aubigny), 1766. — FRANCLIEU (Pasquier), 1767. — LA FARE-VENÉJEAN (La Fare), 1767. — LA FARE (Ruffo-Bonneval), 1768. — CASSAGNES MIRAMON, 1768. — MONTCLAR (Ripert), 1769. — LURCY-LÉVIS (Sinéty), 1770. — BANASTRE (Couronnel), 1771. — SIEYÈS-DE-VEYNES (Plan), 1772. — CRAMAYEL (Fontaine), 1772 — AIGREMONT (Jacops), 1773.

Onze sont dus à Louis XVI, ceux de :

DES LIGNERIS, 1776. — VILENNES (Aux), 1777. — DU BLAISEL, 1780. — PILLOT-CHANTRANS, 1780. — LORDAT, 1780. — LE CHARTIER DE SÉDOUY, 1784. — LA BORDE-MÉRÉVILLE, 1785. — MALFIANCE (Dion), 1787. — MONTLAUR (Villardi), 1787. — SAINT-PIERRE Grosourdy), 1788. — LAURENT DE VILLEDEUIL, 1789.

Les titres de marquis, supprimés comme tous les autres par la Révolution, n'avaient pas été rétablis par Napoléon Ier. La Restauration les rendit aux ayants droit, en créa d'autres et en régularisa un certain nombre, consacrés par un ancien usage. Trente-quatre titres actuels remontent ainsi légalement à Louis XVIII ; ce sont ceux de :

ALBERTAS, 1815. — BOISGELIN, 1815. — CHABANNES DU VERGER, 1815. — CHAMILLART DE LA SUZE, 1815. — CHASSELOUP-LAUBAT, 1815. — GONTAUT-BIRON, 1815. — GOUVION-SAINT-CYR, 1815. — LA GUICHE, 1815. — LAMBERT DE FRONDEVILLE, 1815. — LA ROCHE-AYMON, 1815. — LAW DE LAURISTON, 1815. — LE CLERC DE JUIGNÉ, 1815. — NICOLAY (2e rameau de la branche de Goussainville), 1815. — PÉRIGNON, 1815. — ROUGÉ, 1815. — FORTON, 1817. — ORGEIX (Thonel), 1817. — MALEVILLE, 1817. — MUN, 1817. — LA MOUSSAYE, 1818. — BANCALIS D'ARAGON, 1819. — SAUVAN D'ARAMON, 1819. — CASTILLON DE SAINT-VICTOR, 1819. — LE PLESSIS D'ARGENTRÉ, 1819. — DURAS-CHASTELLUX, 1819. — LA TOUR-DU-PIN-GOUVERNET, 1820. — ALBON, 1820. — PISSY (Chassepot), 1820. — DU QUESNE, 1821. — FORESTA, 1821. — PUYSÉGUR (Chastenet), 1822. — ROSANBO (Le Pelletier), 1822. — VOGUÉ, 1824. — AUBERJON, 1824.

Treize remontent à Charles X ; ceux de :

Froissard (Bersaillin), 1825. — Neuville (Rioult), 1825. — Louvencourt, 1825. — Havrincourt (Cardevac), 1825. — Bartillat (Jehannot), 1826. — Dodun de Keroman, 1826. — Pradier d'Agrain, 1826. — Langle, 1827. — Dampierre, 1827. — Courtivron (Le Compasseur), 1829. — Castellane (Novejean), 1829. — Clermont-Tonnerre-de-Thoury, 1829. — Sauvaire de Barthélemy, 1829.

Un a été confirmé par Louis-Philippe, celui de : Aulx-Lally, 1830.

Vingt-sept autres titres ont été régularisés par Napoléon III ; savoir ceux de :

Du Pouget de Nadaillac, 1860. — Barral d'Arènes, 1860. — Biencourt, 1860. — Du Puy de Parnay de Quiqueran-Beaujeu, 1860. — Cugnac (du Bourdet), 1861. — D'Espagne de Venevelles, 1861. — Puget de Barbantane, 1862. — Robin de Barbantane, 1862. — Casaux (olim Marquès), 1862. — Liniers, 1862. — Mercier du Paty de Clam, 1862. — Arcangues d'Iranda, 1862. — Buchepot, 1863. — Dadvisard, 1863. — De la Boessière, 1863. — Marguerye, 1864. — Angerville d'Auvrecher, 1864. — Le Vicomte de Blangy, 1864. — Alphonse, 1865. — Candolle, 1866. — Séguier de Saint-Brisson (aujourd'hui de Ranst), 1866. — Coux, 1866. — Gourmont, 1866. — Vernou-Bonneuil, 1866. — Bourgeois de Boynes, 1867. — Dalon (aujourd'hui de Rolland Dalon), 1867. — Lambertye de Cons-la-Grandville, 1868. — Du Rousseau de Fayolle 1869.

La 3e République a régularisé de même jusqu'à ce jour 7 titres de marquis, savoir ceux de :

Tracy (Henrion de Staal de Magnoncour), 1872. — Carbonnier de Marzac, 1874. — Des Roys, 1874. — Vassinhac d'Imécourt, 1877. — Brigode du Hallay-Coetquen, 1883. — Tulle de Villefranche, 1907. — Campou de Grimaldi de Regusse, 1910.

Cette confirmation s'est faite encore pour les quatre premiers par décret présidentiel ; elle est prononcée plus simplement désormais par arrêté ministériel du département de la Justice.

Il faut en outre compter comme français et régularisés par annexion une vingtaine de titres de marquis conférés jadis par des souverains étrangers dans des domaines réunis depuis lors à la France. Ce sont, en Hainaut, Artois et Franche-Comté :

Trélon (Mérode), 1624. — Molinghem (Bryas), 1645. — Scey, 1647.

En Lorraine :

Bulleghéville (des Salles), 1708. — Cons-la-Grandville (Lambertye), 1719. — Bayon (de Ludre), 1720. — Ludre-Frolois (de Ludre), 1757. — Pange (Thomas), 1766.

Dans le Comtat Venaissin :

D'Aubignan (de Panisse-Pazzis, aujourd'hui Séguins-Pazzis), 1667. — Javon (Baroncelli), 1690. — Alauzier (de Ripert), 1741. — Rochegude (Robert d'Aquéria), 1742. — Coppola (de Gaudemaris), 1755.

En Savoie et Nice :

De Faverges (Milliet), 1644. — Arvillars (Milliet), 1678. — Saint-Innocent (d'Orlier), 1682. — Chaffardon (d'Oncieu), 1682. — Samoens (Salteur de la Serraz), 1696. — Yenne (Vuillet), 1698. — De la Batie (d'Oncieu), 1699. — Saint-Genix-de-Beauregard (Costa), 1700. — Roussy de Sales, 1821. — Chateauneuf (de Constantin), 1826.

En dehors de ces 240 titres réguliers de marquis, seuls reconnus par le Gouvernement français, il en est encore une centaine qui se fondent soit sur une collation étrangère, soit sur une tradition de « courtoisie », remontant à quelque aïeul, enregistré avec la qualification de marquis lors de son admission aux « honneurs de la Cour » avant 1789.

Quant aux autres titres de marquis aujourd'hui portés en France, aucun contrôle n'est possible quant à leur authenticité, même dans bien des familles honorables et notoires, et l'usage de ces qualifications, toléré dans les rapports mondains, demeure, comme sous les précédents régimes, formellement interdit dans les actes publics.

(D'après H. de Woelmont, *Les Marquis français*).

ORDRES ET DÉCORATIONS

Les anciens ordres.

Les ordres dits de chevalerie ont d'abord été des confréries religieuses recrutées parmi des personnages distingués par leur naissance et leur mérite ; mais, en en devenant les grands maîtres, les souverains les ont peu à peu transformés en distinctions purement honorifiques. Dans la vieille France, les principales d'entre celles-ci étaient :

1° L'*ordre de St-Lazare*. Ce fut d'abord une confrérie hospitalière remontant aux Croisades. En 1608, Henri IV en réunit les débris à l'Ordre de *Notre-Dame du Mont Carmel*. La décoration de cet ordre double fut conférée par les rois jusqu'à la Révolution ; elle était attribuée généralement à des mérites civils.

2° L'*Ordre de St-Michel*, fondé par Louis XI en 1469, reconstitué en 1665 par Louis XIV, supprimé à la Révolution et rétabli à la Restauration, comptait en dernier lieu 100 chevaliers seulement, tous hauts personnages.

3° L'*Ordre du St-Esprit*, fondé par Henri III en 1578, était également limité à 100 chevaliers. Il n'était conféré qu'à de grands seigneurs déjà titulaires de l'Ordre de St-Michel. Ceux-ci étaient alors dits *chevaliers des Ordres du Roi* et, dans le langage courant, *cordons bleus*, à cause de l'écharpe bleu de ciel à laquelle était suspendue leur décoration. Cet Ordre, supprimé par la Révolution, rétabli par la Restauration, cessa d'être conféré comme les précédents en 1830.

4° L'*Ordre Royal et Militaire de St-Louis*, fondé par Louis XIV en 1693 pour récompenser le mérite militaire sans distinction de naissance, était tout à fait comparable par certains points de vue à la Légion d'honneur actuelle. Il comptait des chevaliers en nombre illimité, 80 commandeurs et 40 grands-croix (cordon rouge), tous pensionnés. Supprimé à la Révolution, il fut rétabli pendant la durée de la Restauration.

5° L'*Ordre du Mérite militaire*, fondé en 1759 par Louis XV, était réservé aux officiers protestants et notamment aux Suisses et autres étrangers au Service de la France. Il ne différait guère de l'Ordre de St-Louis que par la couleur de son ruban qui était bleu. Fondu en 1791 avec l'Ordre de St-Louis, il ne fut définitivement supprimé qu'en 1830.

Lors de la Révolution, l'Assemblée Législative ne voulut d'abord connaître qu'une décoration militaire, le Mérite militaire, auquel on identifia l'Ordre de St-Louis. Puis la Convention supprima tous les Ordres, mais par l'art. 87 de la Constitution de l'an VIII, le Consulat rétablit les récompenses militaires sous la forme de fusils, mousquetons ou sabres d'honneur.

Les ordres actuels.

Le Premier Consul, voulant étendre ces distinctions au mérite civil, suscita bientôt (4 mai 1802) la création de la *Légion d'honneur* pour payer « aux services militaires comme aux services civils le prix du courage qu'ils ont tous mérité » ; et les confondre « dans la même gloire, comme la nation les confond dans sa reconnaissance ».

Depuis la création de la Légion d'honneur, il n'a pas été fondé à proprement parler en France d'ordres nouveaux, mais il a été créé quelques décorations spéciales permettant de récompenser divers mérites militaires ou civils sans étendre démesurément le nombre des membres de la Légion d'honneur. Ce sont par ordre chronologique :

1° Par décret du 17 mars 1808, les *Palmes universitaires*, destinées « à distinguer les fonctions éminentes et à récompenser les services rendus à l'enseignement », décoration réglementée en 1844, portée à 2 degrés par décret du 9 déc. 1850 et régie par décrets du 17 avril 1866, 24 déc. 1885 et 4 août 1898.

2° Par décret du 22 janvier 1852, la *Médaille militaire*, destinée à être pour les sous-officiers et hommes de troupe une distinction analogue à ce qu'était la Légion d'honneur pour les officiers, puis devenue, par décision présidentielle du 13 juin 1852, la récompense exceptionnelle pouvant être conférée aux maréchaux de France et aux officiers généraux ayant rempli les fonctions de ministre ou exercé des commandements en chef.

3° Par décret du 7 juillet 1883, la décoration du *Mérite Agricole* destinée à récompenser les services rendus à l'agriculture, portée à 2 classes par décret du 18 juin 1887, puis à 3, par décret du 27 juillet 1896, et comportant depuis lors des chevaliers, des officiers et des commandeurs.

Les campagnes de guerre, tant en Europe qu'aux Colonies, ont donné lieu d'autre part à la création de médailles commémoratives, destinées aux officiers ou assimilés, soldats ou auxiliaires ayant fait ces campagnes. La dernière de ces créations a été, en 1915, celle de la Croix de guerre, qui diffère des précédentes en ce qu'elle comporte plusieurs degrés et est attribuée seulement aux services exceptionnels.

En dehors des décorations métropolitaines, le Gouvernement français a approuvé et reconnu successivement plusieurs ordres précédemment institués dans des pays de protectorat et qui sont désormais conférés par le Président de la République : ce sont, depuis 1892, l'Ordre de l'*Etoile Noire* et, depuis 1896, les Ordres du *Nichan-el Anouard*, du *Dragon de* l'*Annam* et l'Ordre *Royal du Cambodge*. Mais l'Ordre national de la Légion d'honneur a toujours conservé rang et préséance sur toutes les décorations ultérieures et gardé tout le prestige que voulait leur conférer son fondateur.

Protocole et Préséances.

Les ordres et décorations, tant français qu'étrangers, ne se portent d'habitude qu'en uniforme ou avec l'habit dans les cérémonies officielles.

Encore faut-il observer qu'en uniforme, nul ne peut porter une décoration en sautoir (cravate de commandeur ou classe correspondante) s'il n'est officier supérieur ou fonctionnaire de rang équivalent ; nul ne peut porter de plaque ou de grand cordòn s'il n'est officier général ou assimilé. Les titulaires de classes supérieures ne peuvent donc porter en uniforme que les insignes de la classe la plus élevée correspondant à leur grade. (Au cours de la guerre actuelle, une tolérance s'est toutefois établie pour la Légion d'honneur au profit des dignitaires de l'ordre engagés ou mobilisés dans des grades *militaires* inférieurs à la classe de leur dignité.) En habit civil ces restrictions n'existent pas. Lorsque l'on porte à la fois plusieurs décorations, celle-ci sont disposées dans l'ordre protocolaire suivant :

1° Légion d'honneur; 2° Médaille militaire ; 3° Croix de guerre ; 4° Ordres coloniaux ; 5° Médailles commémoratives de campagnes ;

6° Palmes universitaires ; 7° Mérite agricole ; 8° Médailles d'honneur ; 9° Ordres des pays de protectorats français non conférés par le Président de la République ; 10° Ordres étrangers.

Dans la vie courante, les décorations sont réduites à une rosette ou à un mince ruban à la boutonnière pour les civils, à un ruban de la largeur du ruban officiel mais de 1 centimètre de longueur seulement pour les militaires en petite tenue. L'usage admet que l'on ne porte généralement à la boutonnière qu'un seul ruban, le plus élevé dans l'ordre hiérarchique ci-dessus. Toutefois, depuis la guerre, les rubans de la Légion d'honneur et de la Médaille militaire mérités pour faits de guerre se portent d'ordinaire avec celui de la Croix de guerre ; de même, les réformés portent, avec le ruban de la Croix de guerre, celui qui leur est propre.

La Légion d'honneur.

Organisation.

Composition. — L'Ordre national de la Légion d'honneur se compose de chevaliers, d'officiers, de commandeurs, de grands-officiers, de grands-croix et d'un grand-maître qui est le Chef de l'Etat. Il est attribué aux civils comme aux militaires ; toutefois, le nombre total des civils ne peut dépasser 20 grands-croix, 50 grands-officiers, 250 commandeurs, 2.000 officiers et 12.000 chevaliers. Tous les membres de la Légion d'honneur sont nommés à vie et ne peuvent perdre cette qualité que par dégradation pour actes contraires à l'honneur (V. *Discipline*).

Décoration. — La décoration de la Légion d'honneur est une étoile à 5 rayons doubles, surmontée d'une couronne de chêne et de laurier. Le centre de l'étoile présente d'un côté la tête de la République, avec cet exergue : « République française, 1870 »; et de l'autre, deux drapeaux tricolores avec la devise : « Honneur et Patrie ». L'étoile, émaillée de blanc, est en argent pour les chevaliers et en or pour les officiers, commandeurs et grands-croix. Le diamètre est de 40 mm. pour les chevaliers et officiers, et de 60 mm. pour les commandeurs. Les chevaliers portent la décoration attachée par un ruban moiré rouge, sur le côté gauche de la poitrine. Les officiers la portent à la même place et avec le même ruban, mais avec une rosette. Les commandeurs portent la décoration en sautoir, attachée par un ruban moiré rouge, plus large que celui des officiers et chevaliers. Les grands-officiers portent sur le côté droit, une plaque ou étoile à 5 rayons doubles, diamantée, tout argent, du diamètre de 90 mm., ayant au centre la tête de la République et en exergue : « République française, 1870. Honneur et Patrie. » Ils portent, en outre, la croix d'officier. Les grands-croix portent un large ruban moiré rouge, en écharpe, passant sur l'épaule droite et au bas duquel est attachée une croix semblable à celle des commandeurs, mais ayant 70 mm. de diamètre ; de plus, ils portent, sur le côté gauche de la poitrine, une plaque semblable à celle des grands-officiers. Les civils portent à la boutonnière un simple ruban rouge, pour les chevaliers, une rosette rouge pour les grades supérieurs. Depuis peu, cet usage s'est étendu aux militaires en petite tenue. Il a été récemment réglementé comme suit : les chevaliers portent sur le sein gauche un ruban rouge uni, les officiers un ruban chargé d'une rosette; celle-ci est accompagnée de deux coques de ruban d'argent pour les commandeurs, d'or et argent pour les grands-officiers, d'or pour les grands-croix. L'insigne de la dignité de grand-maître de la Légion d'honneur, dont le titulaire est le Président de la République, se compose d'un collier d'or et d'émail analogue au grand collier royal des anciens ordres de chevalerie. En fait, le Chef de l'Etat se contente généralement de paraître dans les cérémonies officielles avec le grand cordon et la plaque de grand-croix de la Légion d'honneur.

Admission et avancement. — Nul Français ne peut être admis dans la Légion d'honneur qu'au premier grade de chevalier, ni promu que de grade en grade. En principe, il faut, pour être admis, avoir exercé pendant 20 ans des fonctions civiles ou militaires ou justifier de 25 années au moins de pratique dans l'industrie, le commerce, l'agriculture ou les professions libérales.

Il faut 4 ans de possession du grade de chevalier pour être promu officier, deux ans d'officier pour commandeur, 3 ans de commandeur pour grand-officier, 5 ans de grand-officier pour grand-croix. Toutefois, les services exceptionnels peuvent dispenser de ces délais, mais sans jamais permettre de franchir aucun grade.

Les propositions sont faites soit par les différents ministères auxquels ressortissent les intéressés, soit directement par la Grande Chancellerie de la Légion d'honneur. Elles sont soumises au Conseil de l'Ordre et les nominations ou promotions consacrées par décret inséré au *Journal officiel*.

Réception. — La réception des grands-croix et des grands-officiers est faite par le Chef de l'Etat, grand-maître de l'Ordre. Les militaires ou assimilés de tous grades sont reçus à la parade avec un cérémonial qui rappelle l'ancien adoubement des chevaliers. L'officier chargé de la réception frappe le récipiendaire du plat de l'épée sur chaque épaule, lui attache la décoration et lui donne l'accolade devant le front des troupes.

Les droits de chancellerie s'élèvent à 25 fr. pour le brevet de chevalier, 50 pour l'officier, 80 pour commandeur, 120 pour grand-officier et 200 pour grand-croix.

Prérogatives. — Les membres de l'Ordre convoqués aux cérémonies publiques, civiles ou religieuses, y occupent des places particulières. Les grands-croix ou grands-officiers prévenus de délits de police correctionnelle sont justiciables de la Cour d'Appel. Les sentinelles rendent les honneurs aux grands-croix, grands-officiers et commandeurs portant leur décoration. Les sous-officiers, caporaux ou brigadiers et soldats décorés de la Légion d'honneur ont droit au salut des militaires du même grade non décorés.

Un traitement spécial est accordé aux militaires en activité de service, nommés ou promus dans l'Ordre, ainsi qu'aux militaires amputés par suite de leurs blessures ou retraités à la suite de blessures reconnues équivalentes à la perte absolue d'un membre, nommés ou promus dans l'Ordre depuis leur retraite ; les chevaliers reçoivent 250 fr., les officiers 500, les commandeurs 1.000, les grands-officiers 2.000 et les grands-croix 3.000.

Ces traitements ne sont pas applicables aux officiers de complément promus au titre de la réserve ou de l'armée territoriale, lesquels ne touchent, le cas échéant, que l'allocation afférente au dernier grade de la Légion d'honneur qu'ils ont obtenu au titre de l'armée active.

Les membres de la Légion d'honneur ont en outre la faculté de faire élever leurs filles dans l'une des trois maisons d'éducation de Saint-Denis, Ecouen ou des Loges, placées sous la surveillance du Grand Chancelier, qui présente les élèves à la nomination du Président de la République. Ces fondations, instituées par décret du 15 déc. 1805, reçoivent à titre gratuit à partir de l'âge de neuf ans les filles des légionnaires sans fortune.

Les honneurs militaires funèbres sont rendus au domicile des légionnaires défunts. Les grands-croix sont traités comme les généraux de division commandants de corps d'armée ; les grands-officiers comme les généraux de division du cadre d'activité ; les commandeurs comme les colonels ; les officiers comme les chefs de bataillon ou d'escadron ; les chevaliers comme les lieutenants du cadre d'activité. Les civils reçoivent les honneurs funèbres comme suit : les grands-croix : les deux tiers de la garnison (dans Paris et les grandes villes au maximum les 2/3 d'une division) ; les grands-officiers : la moitié de la garnison (dans Paris et les grandes villes, au maximum la moitié d'une division) ; les commandeurs : 3 officiers supérieurs, 3 capitaines, 3 lieutenants ; les officiers : 2 officiers supérieurs, 2 capitaines et 1 lieutenant ; les chevaliers : 3 lieutenants ou sous-lieutenants.

Discipline. — La qualité de membre de la Légion d'honneur se perd par les mêmes causes que celles qui font perdre ou suspendre les droits de citoyen français. Le Chef de l'Etat, grand-maître de l'Ordre, peut en outre suspendre l'exercice des droits et prérogatives, ainsi que le traitement attaché à la qualité de légionnaire, et même exclure de la Légion, soit après une condamnation prononcée par les tribunaux, soit après la constatation d'actes contraires à l'honneur.

Administration.

1, rue de Solférino. Tél. Saxe 29-22.

L'Ordre national de la Légion d'honneur est administré par un Grand Chancelier, assisté d'un Conseil de dix membres et secondé par un secrétaire général. Le Grand Chancelier, choisi parmi les grands-croix ou grands-officiers de la Légion d'honneur, est dépositaire du sceau de l'ordre et soumet au Chef de l'Etat les propositions du Conseil tant en ce qui concerne la Légion d'honneur que la Médaille Militaire, les Ordres coloniaux ou étrangers, ou les médailles commémoratives. Il travaille directement avec le Président de la République et entre au Conseil des ministres toutes les fois qu'il est nécessaire pour soutenir les intérêts de l'Ordre.

Le Conseil de l'Ordre de la Légion d'honneur est composé du Grand Chancelier, président, et de dix membres choisis parmi les grands-croix, grands-officiers et commandeurs de l'Ordre. Il veille à l'observation des statuts et règlements de l'Ordre et des établissements qui en dépendent.

Le Secrétaire Général du Conseil de l'Ordre de la Légion d'honneur est nommé par le Grand Chancelier, qu'il seconde dans ses fonctions.

Les grands Chanceliers de la Légion d'honneur.

21 août 1803. Lacépède.
7 janv. 1815. Baron de Pradt.
13 févr. 1815. Vicomte de Bruges.
1er avril 1815. Lacépède.
2 juil. 1815. Maréchal de Macdonald.
11 sept. 1831. — Mortier, duc de Trévise.
4 févr. 1836. Maréchal Gérard.
17 mars 1839. — Oudinot, duc de Reggio.
22 oct. 1842. Maréchal Gérard.
19 mars 1848. Général Subervie.
23 déc. 1848. Maréchal Molitor.
15 août 1849. — Exelmans.
13 août 1852. Général comte d'Ornano.
26 mars 1853. — Lebrun, duc de Plaisance.
20 juil. 1859. Maréchal Pélissier.
21 nov. 1860. Amiral Hamelin.
23 janv. 1864. Général comte Flahaut.
6 avril 1871. — Vinoy.
28 févr. 1880. — Faidherbe.
10 oct. 1889. — Février.
5 déc. 1895. — Davout, duc d'Auerstaëdt.
23 sept. 1901. Général Florentin.
14 juin 1918. — Dubail.

Conseil de l'Ordre de la Légion d'honneur.

Actuellement, le Conseil de l'Ordre de la Légion d'honneur est ainsi composé :

Général *Dubail*, Grand Chancelier, Grand-Croix, décoré de la Médaille militaire et de la Croix de guerre, Président du Conseil de l'Ordre ;
M. *Bonnat* (Léon), de l'Académie des Beaux-Arts, Grand-Croix ;
M. *Dislère*, Prés. de section honoraire au Conseil d'Etat, Grand-Croix ;
Gal. *Maunoury*, Grand-Croix, Méd. mil. ;
Amiral *Le Bris*, Grand-Croix ;
Gal. *Marchand*, grand officier ;
Gal. *Dubois*, grand officier ;
M. *Dervillé*, prés. du Conseil d'administration du chemin de fer de P.-L.-M., régent de la Banque de France, grand officier ;
Dr *Février*, médecin-inspecteur-général, grand officier ;
M. *Falcimaigne*, prés. de chambre à la Cour de cassation, officier.
X................

Secrétariat du Conseil de l'Ordre : M. *Collangettes*, secrétaire, chevalier ; M. *Durieux*, secrétaire-adjoint, chevalier.

Les villes décorées de la Légion d'honneur.

Par analogie avec le privilège autrefois accordé à certaines villes, institutions ou familles, de faire figurer dans leurs armes les fleurs de lys du blason royal, quelques villes ont, au cours du XIXe siècle, reçu, en diverses circonstances, le droit de poser dans leur blason la croix de la Légion d'honneur. Ce sont, par ordre chronologique :

Chalon - sur -		Bazeilles.....	9 oct. 1900	Phalsbourg....	14 août —
Saône.......	22 mai 1815	Paris.........	9 — —	Strasbourg.....	14 août —
Tournus (S.-		Lille.........	9 — —	Arras..........	30 — —
et-Loire)...	— —	Valenciennes..	9 — —	Lens	30 — 1919
St-J-de-Losne.		Landrecies....	29 sep. 1900	Cambrai.......	13 sep. —
(Côte-d'Or).	— —	St-Dizier......	16 — 1905	Douai.........	13 — —
Roanne.......	7 mai 1864	Péronne.......	3 oct. 1918	Longwy........	20 — —
Châteaudun ..	3 oct. 1877	Liège	7 août 1914	Bapaume......	10 oct. 1919
Belfort	19 av. 1896	Verdun	12 sep. 1916	Nancy.........	11 oct. —
Rambervillers.	— —	Bitche........	14 juin 1919	Metz..........	27 oct. 1919
St-Quentin ...	6 juin 1897	Reims.........	4 juil. —	Béthune.......	5 déc. 1919
Dijon.........	18 mai 1899	Dunkerque....	9 août 1919	Soissons.......	15 janv. 1920

Pareillement, certains corps ou régiments distingués par leur belle conduite au feu et notamment par la capture d'un drapeau ennemi eurent à partir du Second Empire leur drapeau, étendard ou fanion décoré de la Légion d'honneur. On en trouvera la liste p. 153.

Les grands dignitaires.

M. P. DESCHANEL, Président de la République et Grand-Maître de l'Ordre.
M. le général DUBAIL, Grand-Chancelier de l'Ordre, Grand-Croix.

Grands-Croix (1).

ARCHINARD (L.), général de division.
BAILLOUD (M.-C.), général de division.
BARRÈRE, ambassadeur.
BERGE (baron), général de division.
BONNAT, peintre, membre de l'Institut.
BRULARD*, général de division.
CAMBON (Paul), ambassadeur.
CAMBON (Jules), ambassadeur.
CASTELNAU* (de Curières de), général de division.
CHAPSAL, Dr au Min. Agriculture.
DALSTEIN, général de division.
DISLÈRE (P.), prés. de Sect. au conseil d'État.
DODDS (A.-A.), général de division.
DUBAIL, général de division.
FALLIÈRES (A.), ancien président de la République.
FAYOLLE*, général de division.
FLORENTIN (G.-A.), général de division.
FOCH*, maréchal de France.
FOURNIER (F.-E.), vice-amiral.
FRANCHET D'ESPEREY*, général de division.
GAUCHET, vice-amiral.
GÉRARD*, général de division.
GERVAIS (A.-A.), vice-amiral.
GOURAUD*, général de division.
GUILLAUMAT*, général de division.
HENRYS, général de division.

(1) L'astérique indique les dignitaires de l'Ordre promus en vertu d'inscriptions aux tableaux spéciaux institués par le décret du 12 août 1914 qui autorise le Gouvernement pendant la durée de la guerre à attribuer des décorations sans l'intervention de la Grande Chancellerie. Ces promotions, en effet, ne deviendront définitives qu'après avoir fait l'objet d'une rectification législative (art. 2 du décret précité).

JAILLE (C.-E. de la), vice-amiral.
JOFFRE, maréchal de France.
LACROIX (de), général de division.
LANGLE DE CARY *(de), général de division.
LAURENT (T.). Anc. Sec. Gén. des Finances.
LAVISSE, de l'Académie française.
LE BRIS, vice-amiral*.
LÉPINE (L.-J.-B.), ancien préfet de police.
LOUBET, ancien président de la République.
LYAUTEY, général de division.
MANGIN, général de division.
MAUNOURY, général de division.
MUTEAU*, général de division.
NOBLEMAIRE (J.-P.-G.), ancien dir. de la Cie des chemins de fer P.-L.-M.
PAU, général de division.
PERCIN*, général de division.
PÉTAIN*, maréchal de France.
PHILIBERT, vice-amiral.
POINCARÉ (R.), anc. prés. de la République.
RONARC'H, vice-amiral.
SAINT-SAENS, membre de l'Institut.
SARRAIL*, général de division.
SARTIAUX, ing.-chef de l'Exploitation, Cie du Nord.
SELVES (J.-G.-C.), ancien préfet de la Seine.
SERVIÈRE, général de division.
THOUMAZOU, intendant général.
TOUCHARD, vice-amiral.
TRENTINIAN (de)*, général de division.
VOYRON (E.-J.-F.-R.), général de division.
ZAHAROFF, adm. de la Société Wickers-Maxim.

Grands officiers de la Légion d'Honneur.

ABONNEAU*, général de division.
ALBY*, général de division.
ALEXANDRE, vice-prés. du conseil gén. des Ponts et Chaussées.
ALIX* général de division.
ALOMBERT, contr. gén.
AMADE (A.-G.-L. d'), général de division.
AMET, vice-amiral.
APPELL, de l'Institut.
ARAGO, vice-amiral.
AUVERT*, vice-amiral.
AUVIN, (d') gén. de division.
AZIBERT, général de division.
BAJOLLE*, général de division.
BALFOURIER*, général de division.
BARET*, général de division.
BEAU (J.-B.-P.), ministre plén.
BELIN*, général de division.
BELLUE (J.), vice-amiral.
BERDOULAT*, général de division.
BERNARD (F.-C.-E.), général de division.
BERRYER (L.-J.), vice-amiral.
BERTHELOT*, général de division.
BERTHIER, général de division.
BERTRAND, général de division.
BESSON (J.-P.-A.), vice-amiral.
BIENAIMÉ (A.-P.-L.), vice-amiral.
BILLOT (A.), ancien ambassadeur.
BIZOT, général de division.
BLANC* général de division.
BLOCH, proc. gén. de la Cour des Comptes.
BOELLE*, général de division.
BOLGERT, général de division.
BOMPARD (L.-M.), ambassadeur.
DE BON, vice-amiral.
BON*, général de division.
BONNIER*, général de division.
BOREAU DE ROINCE (G.-B.), général de division.
BORGNIS-DESBORDES (C.-E.), général de division.
BOUÉ DE LAPEYRÈRE, vice-amiral.
BOURGEOIS*, général de division.
BOUTEGOURD, général de brigade.
BOUVARD (J.-A.),
BOYSSON (de)*, contrôleur général.
BRICHARD, contrôleur général.
BROWN DE COLSTOUN, vice-amiral.
BRULARD, gén. de division.
BRUNEAU, général de division.
BURGUET, intendant général.
BURNEZ (M.-P.), général de division.
CAILLARD (J.-B.-H.), général de division.
CALMETTES*, médecin inspecteur général.
CARBILLET*, général de division.
CHANDEZE (J.-M.-G.), dir. du Conservatoire des Arts et métiers.
CHAPEL, général de division.
CHAPELLE*, contrôleur général.
CHARGUERAUD vice-prés. du Conseil sup. des travaux publics.
CHARLIER, vice-amiral.
CHATELAIN (L.-C.-J.-B.), insp. gén. des serv. admin. du min. de la Marine.
CHAVASSE*, médecin inspecteur général.
CHEVALIER, médecin général.
CHICOYNEAU, Bon. DE LAVALETTE (J.-O.), général de division.
CHOCHEPRAT, vice-amiral.
CLARET DE LA TOUCHE, général de division.
COLLAS*, général de division.
COLONNA D'ISTRIA, général de brigade.
CONNEAU*, général de division.
CORNILLE*, général de division.
CORVISART*, général de division.
COUILLOUD*, général de division.
CREMER, général de division.
CRÉTIN, contrôleur gal. de l'armée.
CROISET, membre de l'Institut.
CURÉ*, général de division.
DABAT, dir. gén. Min. Agriculture.
DARRIEUS, vice-amiral.
DARTIGE DU FOURNET*, vice-amiral.
DEBENEY*, général de division.
DECKERR, général de division.
DEGOUTTE* général de division.
DELANNEY, ancien préfet de la Seine.
DELARUE*, général de division.
DELATOUR, cons. d'Etat. dir. gén. de la Caisse des dépôts et consign.
DELEUZE, intendant militaire.
DELIGNY*, général de division.
DELORME, médecin inspecteur général.

DERVILLÉ (S.-A.), prés. du conseil d'administ. de la Cie P.-L.-M.
DOLOT*, général de division.
DOR DE LASTOURS*, général de division.
DRUDE (A.-M.-B.), général de division.
DUBOIS (E.-O.), général de division.
DUBOIS (P.-J), gén. de division.
DUCUING*, intendant général.
DU MARCHÉ (F.-G.-H.), contrôleur gén. de l'armée.
DUMAS, général de division.
DUPARGE, général de division.
DURAND, général de division.
ELBY (J.-D.). dir. gén. des Mines de Brua
ENJALBERT, contrôleur gén. de l'armée.
ETOILE (de l')*, général de division.
FAMIN (P.-P.), général de division.
FARNY (C.-A.), général de division.
FAVEREAU*, vice-amiral.
FERRE, général de division.
FÉVRIER, médecin inspecteur général.
FONTAINE, insp. gén. des mines.
FREY, général de division.
GALLET, général de division.
GARNIER DES GARETS (M.-L. de), général de division.
GASCHARD (J.-C.-L.), vice-amiral.
GAUTHIER, général de brigade.
GENTIL, médecin inspecteur gén.
GÉRARD, ambassadeur de France.
GÉROME*, général de division.
GILLET, général de division.
GODART (L.-C.), général de division.
GODIN (G.-H.), vice-amiral.
GOETSCHY, général de division.
GOIRAN, général de division.
GONARD*, général de division.
GOSSOT*, général de division.
GRALL*, médecin inspecteur général.
GRASSET (F.-E.) contr. gén. de la marine.
GRAZIANI, général de division.
GROSSETTI, général de division.
GUEPRATTE*, vice-amiral.
GUÉRIN*, général de division.
GUEYDON, (de), vice-amiral.
GUIMBELOT, contrôleur général.
GUYOT d'ASNIÈRES de SALINS, gén. de div.
HABERT, contre-amiral.
HACHE*, général de division.
HALLER (Albin), membre de l'Institut.
HATON DE LA GOUPILLIÈRE (J.). de l'Institut.
HENRY (A.-S.-C.), ambassadeur de France.
HENRYS-d'AUBIGNY, ministre plén.
HÉRAULT, premier prés. de la Cour des comptes.
HERR*, général de division.
HEUZEY, membre de l'Institut.
HEYMANN, général de division.
HIRSCHAUER*, général de division.
HUMBERT*, général de division.
JACOBÉE, contrôleur gén. de l'armée.
JACQUIN DE MARGERIE, ministre de France à Bruxelles.
JOUINOT-GAMBETTA, général de brigade.
JAVOUHEY (L.-M.-J.), général de division.
JEANNEROT (G.-F.-J.), général de division.
JOLY, général de division.
JOPPE*, général de division.
JOURDY (E.), général de division.
JUSSERAND, ambassadeur.
KLEINE, (A.) dir. de l'école des Ponts et Ch.
LACAZE, vice-amiral.
LAFFON DE LADEBAT, général de division.
LALLIER DU COUDRAY, intendant gén.
LAMOTHE (de), général de division.
LANQUETOT, général de division.
LANREZAC*, général de division.
LAPERRINE, général de division.
LARCHEY (E.-M.), général de division.
LARTIGUE (de), général de division.
LASSERRE, général de division.
LAURENS (J.-M.-P.), de l'Institut.
LAURENT (E.-M.), ancien préfet de police.
LAVERGNE*, général de division.
LAX, insp. gén. des Ponts et Ch.
LEBLOIS*, général de division.
LEBON (F.-F.-G.), général de division.
LECOMTE, général de division.
LEGUAY, général de division.
LELONG (M.), général de division.
LEYGUE, vice-amiral.
LIBERMANN, général de division.
LIOTARD-VOGT, premier prés. hon. à la Cour des Comptes.
LIPPMANN (J.-F.-G.), de l'Institut.
LOMBARD, général de division.
LOUIS, ingénieur de Marine.
LUTAUD, anc. gouv. gén. de l'Algérie.
MAISTRE, général de division.
MAITROT, général de division.
MALCOR (A.-L),. général de division.
MALLARMÉ, vice-amiral.
MARABAIL*, général de division.
MARCHAND*, général de division.
MARCHAND (A.-P.) général de division.
MARIN-DARBEL, vice-amiral.
MARGUERIE, vice-président du conseil d'Etat.
MARINGER, prés. de section au Conseil d'État.
MARION, général de division.
MARJOULET, général de division.
MAROLLES (de), vice-amiral.
MARQUIS (R.-J.), vice-amiral.
MARRAUD, ancien préfet.
MARTIN DE BOUILLON*, général de division.
MAUCLÈRE, contrôleur gén. de l'armée.
MAUDHUY (de)*, général de division.
MAURIN, intendant général.
MAURIS, dir. gén. de la Cie P.-L.-M.
MAZILLIER, général de division.
MÉRAN, insp. gén. des colonies.
MERCIER, général de division.
MERCIER-MILON, général de division.
MÉRILLON, prés. de l'Union des Soc. de Tir de France.
MICHEL (J.), général de division.
MICHEL (V.-C.), général de division.
MILLON D'AILLY DE VERNEUIL, ancien syndic des Agents de change près la Bourse de Paris.
MITRY (DE), général de division.
MONARD (J. de), général de division.

Montagne, général de division.
Moreau*, vice-amiral.
Morel, N. A. P, gouverneur Crédit Foncier.
Mourret, général de division.
Naquet-Laroque (S.-P.), général de division.
Nicolas, général de division.
Niox, général de division.
Nisard, ancien ambassadeur.
Nivelle*, général de division.
Noguès, intendant général.
Oudard, général de division.
Pallain, gouverneur de la Banque de France.
Passard, général de division.
Patenotre (J.), ancien ambassadeur.
Pavie (A.-J.-M.), ministre plén.
Payelle, 1er prés. de la Cour des Comptes.
Pelacot (de), général de brigade.
Pelecier, général de division.
Pelletier, général de division.
Perreaux, général de division.
Perruchon, général de division.
Pesch, intendant général.
Picard, général de division.
Piel, général de division.
Pierron, ing. en chef des Ponts et Ch.
Pillot, général de division.
Pineau*, général de division.
Pistor, général de division.
Pivet*, vice-amiral.
Pognard, général de division.
Polin, médecin inspecteur.
Prudhomme (L.), général de division.
Prioux, contrôleur gén. de l'armée.
Privat-Deschanel, dir. gén. des Finances.
Quincy, général de division.
Quiquandon*, général de division.
Rabier, général de division.
Rabier (J.-E.), conseiller d'État.
Radiguet, général de division.
Raindre (G.), ambassadeur.
Rapp (E.), général de division.
Rau (F.-P.-S.), général de division.
Regnault, ambassadeur.
Renouard (J.-C.-E.), général de division.
Réveilhac, général de division.
Riols de Fonclare (de), gén. de division.
Robert (A.-H.), médecin insp. général.
Robert, général de division.
Robin, de l'Acad. de médecine.
Romanet, contrôleur gén. de l'armée.
Rossin, général de division.
Rouchon-Mazerat, commissaire gén. de la marine.
Roume (E.-M.), gouv. gén. honor. des colonies.
Rouvray (G.-C.-A.), général de division.
Roux, général de division.
Roux (P.-P.-E.), docteur, dir. de l'Institut Pasteur.
Rouyer, vice-amiral.
Rozée d'Infreville, général de division.
Sainsère, anc. secr. gén. de la Prés. de la Rép.
Sainte-Claire-Deville, général de division.
Salles (de), général de brigade.
Sesmaisons (C.-M.-R. de), général de division.
Schweitzer, contr. gén. de l'armée.
Sonnois (J.-E.-A.), général de division.
Sucillon, général de division.
Taille (G.-G. de la), général de division.
Teillard d'Evry, insp. gén. d'art. navale.
Théry (Edmond), économiste-publiciste.
Thévenet, général.
Tisserand (L.-E.), dir. de l'Agriculture.
Tisseyre (B.-F.-J.), général de division.
Torel (E.), général de division.
Tracou, vice-amiral.
Tribouday de Mainbray, général de division.
Vaillard, médecin inspecteur général.
Valabrègue, général de division.
Vandenberg*, général de division.
Vauthier, général de division.
Veau de Lanouvelle, général de division.
Vérand, général de division.
Viaud dit Pierre Loti, de l'Acad. française.
Vidal, général de division.
Vieille, insp. gén. des poudres.
Villaret (de)*, général de division.
Vimard, général de division.
Vincent, médecin insp. gén.
Vinckel-Mayer, général des troupes coloniales.
Zurlinden, général de division.

La médaille militaire.

Attribution. — La Médaille militaire, instituée en 1852, est la récompense des sous-officiers, caporaux ou brigadiers, soldats ou marins ayant servi avec honneur et distinction ou s'étant signalés par des actes de courage ou de dévouement. Elle peut être conférée à d'anciens militaires amputés ou retraités pour blessures graves ainsi qu'à des sous-officiers ou soldats de la réserve ou de l'armée territoriale. Elle n'est jamais conférée à des officiers, même si, antérieurement à leur promotion, ils avaient été proposés pour cette distinction alors qu'ils étaient encore sous-officiers.

Par une exception, en quelque sorte symbolique, la Médaille militaire est conférée, comme la plus haute distinction de l'armée française, aux maréchaux de France, aux amiraux, aux officiers généraux de terre ou de mer ayant rempli les fonctions de ministre ou ayant exercé un commandement en chef en temps de guerre, ainsi qu'aux commandants d'armée ou de corps d'armée qui se sont particulièrement signalés.

Décoration. — La décoration est en argent ; elle porte au centre l'effigie de la République sur un fond d'or, entourée de l'exergue « République française » sur émail bleu, puis d'une couronne de laurier en argent ; elle est surmontée d'un trophée d'armes et suspendue à un ruban moiré jaune, liseré de vert.

Réception. — Les sous-officiers, caporaux et soldats décorés de la Médaille militaire sont reçus devant le front des troupes immédiatement après les membres de la Légion d'honneur. Mais l'officier passant la revue ne leur frappe pas l'épaule de son épée et ne leur donne pas l'accolade.

Prérogatives et Discipline. — Les médaillés militaires ont droit à une pension de 100 francs par an. Les honneurs funèbres leur sont rendus comme aux sous-officiers de terre et de mer. Les dispositions disciplinaires relatives aux membres de la Légion d'honneur sont applicables aux décorés de la Médaille Militaire.

État des officiers généraux décorés de la Médaille militaire.

1° FRANÇAIS

Avant le 1er août 1914 :

Général Dodds.
Vice-Amiral Fournier.
Général d'Amade.
Général de Lacroix.
Général Dalstein.
Vice-Amiral Gervais.
Général Baron Berge.
Vice-Amiral Touchard.
Général Pau.

Depuis le 2 août 1914 :

Maréchal Joffre.
Général Maunoury.
Général Gouraud.
Général Lyautey.
Général Bailloud.
Général Dubail.
Général de Langle de Cary.
Général de Castelnau.
Général Sarrail.
Maréchal Pétain.
Maréchal Foch.
Général Guillaumat.
Général Franchet d'Esperey.
Général Fayolle.
Général Gérard.
Général Archinard.

2° ETRANGERS

S. M. Albert Ier, roi des Belges.
S. A. I. le Grand-Duc Nicolas de Russie
S. A. R. Alexandre, Prince-Régent de Serbie.
Maréchal French.
S. M. Victor-Emmanuel III, Roi d'Italie.
Maréchal Sir Douglas Haigh.
Général Stassi-Kikuzo.

La Croix de Guerre.

La guerre mondiale a donné lieu en France à la création d'une décoration militaire nouvelle, se distinguant de la Médaille militaire en ce qu'elle ne comporte pas de traitement et des médailles ordinaires de campagne en ce qu'elle n'est attribuée qu'au choix. Cette décoration est la Croix de guerre, instituée par décret du 9 avril 1915, et qui est en principe destinée à distinguer les officiers, sous-officiers et soldats mis à l'ordre du jour pour faits de guerre.

Décoration. — La décoration se compose d'une croix patinée en bronze, portant au centre l'effigie de la République et, entre les quatre branches de la croix, deux épées en sautoir. Elle est suspendue à un ruban vert portant sept rayures rouges. (Ce ruban était autrefois celui de la médaille dite de Ste-Hélène, instituée, en 1857, pour tous les vétérans de terre et de mer ayant combattu sous le drapeau français de 1792 à 1815).

Les militaires distingués par une action d'éclat peuvent être mis à l'ordre, soit de leur régiment ou unité formant corps, soit de la division, soit du corps d'armée, soit de l'armée; il fut stipulé que le ruban serait chargé, suivant le cas, d'une étoile de bronze, pour la mise à l'ordre du jour du régiment, de l'unité formant corps ou de la brigade, d'une étoile d'argent pour l'ordre de la division, d'une étoile d'or pour l'ordre du corps d'armée, d'une palme de bronze pour la mise à l'ordre du jour de l'armée. Il importe toutefois d'observer que ces insignes distinctifs ne constituent pas pour les décorés de la Croix de guerre une hiérarchie. Certains militaires, non enrégimentés, ressortissant directement au commandement d'une division, d'un corps d'armée ou d'une armée, ne peuvent être en effet mis à l'ordre du jour que par leurs chefs directs, obtenant ainsi d'emblée respectivement l'étoile d'argent, l'étoile d'or ou la palme, pour des actes récompensés ailleurs par l'étoile de bronze. Lorsqu'un militaire a été plusieurs fois mis à l'ordre du jour, il est autorisé à porter sur le ruban autant d'étoiles ou de palmes qu'il a obtenu respectivement de citations. Dans certaines armes, notamment dans l'aviation, le nombre des citations étant parfois très considérable, il fut admis en 1917 que dix citations à l'ordre de l'armée donneraient droit à une palme d'or au lieu de dix palmes de bronze.

La Croix de guerre est, comme la Légion d'honneur, attachée aux drapeaux, étendards ou guidons des unités mises à l'ordre du jour de l'armée (V. p. 154). Dans le cas de citations multiples, ces unités ne se contentent pas de mettre plusieurs palmes sur cette croix, mais portent épinglées à la cravate du drapeau ou de l'étendard autant de croix qu'elles ont reçu de citations.

Les infirmières militaires signalées par leur courage et exceptionnellement certains civils peuvent être décorés de la Croix de guerre par l'autorité militaire.

Ordres coloniaux francais.

Les cinq ordres coloniaux actuellement reconnus et réorganisés par le gouvernement français ressortissent comme la Médaille militaire à la Grande Chancellerie de la Légion d'honneur. Ils ont pour Grand-Maître le Président de la République, qui en nomme les membres, sur rapport du Ministre des Colonies et après avis du Conseil de l'Ordre de la Légion d'honneur. En principe, nul ne peut être décoré d'un ordre colonial s'il n'a 10 ans de services civils ou militaires, le temps passé au Ministère des Colonies, en Algérie et en Tunisie étant compté pour une fois et demie sa durée, celui passé dans les colonies et protectorats autres que l'Algérie et la Tunisie pour trois fois sa durée. Les campagnes de guerre ou d'exploration dispensent de cette condition. Les personnes n'appartenant ni à l'administration coloniale, ni à l'armée, ne peuvent être décorées d'un ordre colonial que pour services rendus à l'expansion coloniale française ; elles doivent être âgées de trente ans au moins et leur nombre ne doit pas excéder le cinquième du contingent de chaque grade.

Toutes les nominations ont lieu au grade de chevalier, sauf pour les membres de la Légion d'honneur. Nul ne peut être nommé ou reconnu à un grade supérieur à celui d'officier s'il n'est membre de la Légion d'honneur ; au grade de commandeur avec plaque ou grand-officier, s'il n'est officier de la Légion d'honneur ; au grade de grand-croix s'il n'est commandeur de la Légion d'honneur. Nul ne peut être promu à un grade supérieur s'il n'a passé deux ans dans le grade inférieur Les nominations ou promotions dans deux ordres coloniaux différents doivent être séparées par une période de trois ans au moins.

Le nombre total des décorations dans les différents ordres coloniaux est réglé chaque semestre sur celui des promotions dans la Légion d'honneur : il est égal pour les grands-croix, grands-officiers et commandeurs, de moitié pour le grade d'officier et du quart pour le grade de chevalier. Les nominations donnent lieu à peine de nullité à un enregistrement à la Grande Chancellerie comportant perception d'un droit de 10 fr. pour le brevet de chevalier, 20 fr. pour celui d'officier, 30 fr. pour celui de commandeur, 40 fr. pour celui de grand-officier et 50 fr. pour celui de grand-croix. Les militaires et assimilés n'ayant pas rang d'officier ainsi que les étrangers sont exempts de droits. Les dispositions disciplinaires de la Légion d'honneur sont applicables aux Français décorés d'ordres coloniaux.

Tous ces ordres comprennent 5 classes, grands-croix, grands-officiers, commandeurs, officiers, chevaliers, dont les insignes se portent comme les insignes du grade correspondant dans la Légion d'honneur.

Dragon de l'Annam : Institué à Hué par l'empereur Dong-Khang, le 14 mars 1886 pour récompenser les services civils et militaires. Décoration en argent pour les chevaliers, en or pour les autres grades, de forme ovale entourée de 48 rayons en 8 faisceaux, surmontée d'une couronne fermée, ruban liseré orange.

Ordre royal du Cambodge : Institué le 8 février 1864 par le roi Norodom Ier. Décoration en argent pour les chevaliers, en or pour les autres grades, de forme ovale, entourée de 48 faisceaux, surmontée d'une couronne fermée. Ruban blanc, liseré orange.

Ordre de l'Etoile noire (ou du Bénin). Institué à Porto-Novo, le 1er décembre 1889, par le roi Toffa. Croix de Malte d'émail blanc liseré de bleu foncé, avec au centre une étoile d'émail noir et, entre les branches, 12 rayons d'or. Le tout surmonté d'une couronne de lauriers d'émail vert. Ruban bleu pâle.

Ordre du Nichan-el-Anouar (ou de Tadjourah). Institué en 1887 par le sultan Hamed-ben-Mohammed ; étoile à 10 pointes diamantées portant au centre une étoile à 5 pointes blanches sur émail bleu entouré d'un cercle rouge ; entre les 10 branches, 10 étoiles d'or formant bordure : le tout surmonté d'une couronne royale sommée d'un croissant. Ruban à trois bandes égales, une blanche et deux bleues.

Ordre de l'Etoile d'Anjouan (ou des Comores). Institué en 1874, réorganisé en 1892, par le sultan Mohamed-Saïd-Omar. Décoration en étoile à 8 pointes formées chacune de 8 rayons. Au centre, une main surmontant un croissant d'or sur fond d'émail blanc entouré d'un cercle d'argent. Ruban bleu pâle à double liseré orange.

Les Médailles commémoratives de campagnes.

Ces médailles, destinées à conserver le souvenir des campagnes de guerre ou des expéditions coloniales auxquelles ont pris part les soldats et marins français, ont été instituées sous le Second Empire. Les premières en date furent celles de *Crimée* (ruban bleu pâle liséré de jaune) et de la *Baltique* (ruban jaune liséré de bleu pâle) créées par la reine Victoria d'Angleterre, à son effigie, puis reconnues et acceptées par le Gouvernement français par décrets des 26 avril 1856 et 10 juin 1857. Puis furent instituées, par l'empereur Napoléon III la Médaille de *Sainte-Hélène* (ruban rayé vert et rouge), créée, en 1857, pour les vétérans des armées napoléoniennes ; la Médaille d'*Italie* (ruban rayé à 7 rayures rouges et 5 blanches), créée le 11 août 1859 ; la Médaille de *Chine* (ruban jaune à deux caractères chinois bleus), par décret du 13 janvier 1881 ; la Médaille du *Mexique* (ruban blanc chargé d'une croix de St-André rouge et verte, avec au centre une aigle mexicaine noire tenant un serpent vert dans son bec), par décret du 29 août 1863. Enfin la Croix Pontificale de *Mentana*, instituée par le Pape Pie IX, le 14 novembre 1867 (croix patée d'argent portant au centre la tiare et les deux clés pontificales, ruban blanc à deux bandes bleues), fut acceptée par le Gouvernement français, le 3 mars 1868, pour les militaires du corps expéditionnaire français ayant pris part à la défense de Rome. Il ne reste plus qu'un petit nombre de titulaires de ces diverses médailles.

Sous la Troisième République ont été instituées les Médailles commémoratives des campagnes suivantes :

La Médaille de la *Guerre de* 1870-1871 (bronze, ruban vert à quatre rayures noires) instituée par loi du 9 novembre 1911 pour tous les anciens combattants de 1870-71. Les engagés volontaires ont en travers du ruban une barrette en argent avec la mention « engagé volontaire »:

La Médaille du *Tonkin* et la Médaille de *Chine* (médailles d'argent ; même ruban jaune à quatre rayures vertes) ont été respectivement instituées par lois des 6 septembre 1885 et 15 avril 1902, pour commémorer les opérations militaires en Indo-Chine de 1883 à 1893 et l'expédition française de Chine de 1901

La Médaille de *Madagascar* (ruban bleu pâle rayé horizontalement de vert), fondée par lois des 31 juillet 1886 et 15 janvier 1896 en souvenir des campagnes de 1885 et 1894-1895 ;

La Médaille du *Dahomey* (ruban jaune à quatre rayures verticales noires) a été créée par loi du 24 novembre 1892, pour commémorer les expéditions du Dahomey.

En dehors de ces Médailles occasionnelles il est décerné, en quelque sorte en permanence pour faits de guerre :

La *Médaille coloniale* (ruban blanc chargé de deux larges bandes et de liserés bleu ciel), créée par loi du 26 juillet 1893 pour commémorer toutes les campagnes coloniales. Ces campagnes sont inscrites sur des barrettes ou agrafes d'or ou d'argent qui se portent en travers du ruban. Le militaire ou marin titulaire de plusieurs campagnes coloniales porte donc sur le même ruban plusieurs barrettes.

La *Médaille du Maroc* (ruban blanc chargé de deux larges bandes et de deux liserés verts) a été instituée par loi du 22 juillet 1909 pour les militaires, marins, fonctionnaires et civils ayant pris part aux opérations militaires offensives ou défensives sur le territoire marocain. Ces opérations sont inscrites comme pour les médailles coloniales sur des barrettes en argent qui se portent en travers du ruban.

Ces différentes médailles sont octroyées aux ayants droit sur la proposition des Ministères de la Guerre, de la Marine et des Colonies. Dans le cas de mort du titulaire, elles sont remises au fils aîné, à la veuve, au père, à la mère, ou à défaut au plus âgé des frères. Tout militaire condamné à une peine afflictive ou infamante peut être privé du droit de porter une Médaille commémorative.

Bien qu'ils ne constituent pas à proprement parler des décorations, il convient de mentionner ici :

L'*insigne des réformés de la guerre*, ruban à 5 rayures, la centrale jaune, les deux extrêmes bleues, les deux moyennes blanches, qui est octroyé à tous les militaires réformés depuis 1914 pour blessures ou maladies contractées dans le service. Dans le cas de blessure de guerre le ruban est chargé en son centre d'une petite étoile rouge. Par extension cet insigne peut être porté par les militaires même noirs qui ont reçu une blessure de guerre.

L'*insigne de campagne des infirmières* constitué par deux palmettes apposées sur le ruban de la médaille que les infirmières portent comme insigne de la Société à laquelle elles appartiennent. Ces palmes sont de bronze pour les infirmières comptant au moins une année de service, d'argent pour deux années et d'or pour trois années au moins ou 36 mois effectifs, sinon consécutifs, passés dans une formation sanitaire militaire ou sous le contrôle de l'autorité militaire, à soigner des malades ou des blessés. Cet insigne n'est pas un droit mais une distinction conférée par l'autorité militaire ; il est généralement porté avec le costume civil sous la forme réduite d'une barrette blanche chargée de deux palmettes.

Palmes universitaires.

Cette décoration, créée par Napoléon Ier, était primitivement destinée aux membres de l'Université et devait leur donner droit à une pension. Réorganisée par Louis-Philippe, qui étendit l'attribution du titre d'*officier d'Académie* aux maîtres d'études des collèges royaux et communaux. Elle comporte, depuis le décret du 9 déc. 1850 rendu par Louis-Napoléon, alors Président de la République, deux grades respectivement intitulés : *officier d'Académie* et *officier de l'Instruction Publique* et comportant, depuis le décret du 7 avril 1866, une médaille au lieu des palmes jusqu'alors brodées sur l'habit. Ces décorations se confèrent aujourd'hui non seulement aux professeurs mais encore aux savants, aux artistes et généralement à toute personne ayant directement ou indirectement bien mérité de l'Instruction publique.

Décoration. — La décoration est de forme ovale et composée d'une palme et d'une branche de laurier formant couronne. Elle est d'argent pour les officiers d'Académie et d'or pour les officiers de l'Instruction publique. Le ruban est violet uni pour les premiers et chargé d'une rosette pour les seconds. Nul ne peut être nommé officier de l'Instruction publique s'il n'est depuis 15 ans au moins officier d'Académie, à moins toutefois qu'il ne soit déjà officier de la Légion d'honneur. Un décret du 4 août 1898 a fixé le chiffre maximum des décorations à accorder annuellement à 2,075 pour les officiers d'Académie et 625 pour les officiers de l'Instruction publique. Les fonctionnaires de l'Instruction publique ont sur ces chiffres respectivement droit à 800 et 300 nominations ; ceux des établissements d'enseignement ressortissant à d'autres ministères à 75 et 25 ; le surplus est distribué aux personnes étrangères à l'Université.

Ordre du Mérite agricole.

Cet ordre, créé en 1883 et régi par décrets des 18 juin 1887, 27 juillet 1896 et 3 août 1900, est destiné à récompenser les services rendus à l'agriculture. Il comporte trois grades : chevalier, officier, commandeur. Pour être nommé chevalier il faut compter au moins 15 ans de pratique agricole ou de fonctions se rattachant à l'agriculture ; il faut 4 ans de grade de chevalier pour être promu officier, à moins que l'on ne soit déjà officier de la Légion d'honneur ; il faut au moins 3 ans du grade d'officier pour être promu commandeur, à moins qu'on ne soit déjà commandeur de la Légion d'honneur. Les nominations au grade de chevalier sont faites par le Ministre de l'Agriculture ; les promotions aux grades d'officier et de commandeur sont faites par le Président de la République sur la proposition du Ministre. Il ne peut être fait par an plus de 30 commandeurs. Le chiffre total des officiers ne doit pas dépasser 50 ; celui des chevaliers n'est pas limité mais il ne peut être fait plus de 350 nominations par semestre.

Décoration. — La décoration se compose d'une étoile à 6 rayons émaillés de blanc. Le centre est une médaille à l'effigie de la République. La décoration est entourée d'une couronne d'épis et surmontée d'une couronne de chêne et de laurier. La décoration est en argent pour les chevaliers, en or pour les officiers et commandeurs. Le ruban est vert avec liséré amarante ; les officiers portent la rosette et les commandeurs la décoration en sautoir.

Discipline. — La qualité de membre de l'Ordre se perd en même temps que la qualité de citoyen français. L'Ordre est régi par un Conseil présidé par le Ministre de l'Agriculture et formé des directeurs du Ministère, du chef de la division du secrétariat, du chef du cabinet du Ministre et de dix membres nommés par le Président de la République.

La médaille de la Reconnaissance française.

Un décret du Président de la République du 13 juillet 1917, rendu sur la proposition du Président du Conseil, ministre des Affaires étrangères, et du Garde des Sceaux, ministre de la Justice, a créé, à titre temporaire, sous le nom de « Médaille de la Reconnaissance française » une décoration civile spéciale « destinée à remercier et à distinguer les auteurs des actes de dévouement accomplis dans l'intérêt public, à l'occasion de la guerre et pendant la durée des hostilités ».

La Médaille de la Reconnaissance française comprend trois classes : elle est de vermeil pour la première, d'argent pour la deuxième, de bronze pour la troisième.

Le ruban est blanc, liseré aux couleurs nationales. Les titulaires de la Médaille de première classe portent une rosette sur le ruban (Décret du 8 octobre 1917) ; ceux de la deuxième classe une étoile en émail bleu.

Les titulaires reçoivent un diplôme rappelant les causes qui ont motivé la distinction dont ils ont été l'objet (Décret du 13 juillet 1917, art. 6).

La Médaille de la Reconnaissance française est conférée par décret du Président de la République (Décret du 13 juillet 1917, art. 2).

Les médailles d'honneur.

Ce groupe comprend toute une série de distinctions honorifiques décernées par le Gouvernement de la République pour actions méritoires et pour bons et loyaux services, soit à des fonctionnaires, soit à des travailleurs, soit à des personnes quelconques qui se sont distinguées par des actes de courage et de dévouement. Ce sont:

MINISTÈRES.	MÉDAILLES.	RUBANS.	OBSERVATIONS.
Affaires étrang.	Pour services except.	Tricolore.	4 cl. : or, vermeil, argent, bronze.
Intérieur	Assistance Publique.	Rayé jaune et blanc.	
—	Cantonniers départementaux et communaux.	Bande blanche entre 2 tricolores.	3 cl. : or, argent, bronze. Lorsque ces distinctions sont données, au titre du Gouverneur génera de l'Algérie, la médaille est surmontée d'un croissant et d'une étoile.
—	Halles et marchés.	Bande blanche entre 2 tricolores.	
—	Octrois.	Jaune liséré tricolore.	
—	Police mun. et rurale.	5 bandes : rouge, blanche bleue, blanche, rouge.	
—	Sapeurs-pompiers.	Jaune 4 liserés tricolores.	
Finances	Contributions indirectes.	Vert liséré et filets blancs	
—	Des douanes.	Rayé vert et rouge.	
Instruction publique..	Des instituteurs.	Violet, liséré jaune.	3 cl. : mention honorable; bronze argent.
Travaux publics......	Cantonniers et agents subalternes.	Bande blanche entre 2 tricolores.	
—	Postes et télégraphes.	21 raies, bleues, blanches, rouges alternées.	Bronze, argent.
Agriculture..........	Forestière.	Vert liséré et 5 raies jaunes	
Colonies............	Douanes et régies de l'Indo-Chine.	3 bandes horiz., rouge,. noire, verte.	Limitées à 125 Service actif et 125 Service sédentaire.
—	Instruction primaire.	Violet, liserés jaunes.	Comme pour la médaille du cadre métropolitain.
—	Instruc. pub. en Indo-Chine.	Violet, liséré rouge.	2e cl. : argent et bronze.
—	Pénitentiaire coloniale.	Bleu pâle, liséré tricolore.	Or, surmontée d'un faisceau en argent.
Travail et Prévoyance sociale...........	De la Mutualité.	1er cl. : noir, lis. bleu pâle et or avec rosette. 2e cl. : noir, lis. bleu pâle et arg. 3e cl. : noir, lis. bleu pâle	Or. Argent. Bronze.

Une mention spéciale doit être réservée dans cette catégorie aux médailles d'honneur de sauvetage et aux médailles des épidémies, les unes et les autres reconnaissables par leur ruban tricolore à trois raies verticales, bleue, blanche et rouge.

MÉDAILLES DE SAUVETAGE. — Ces médailles peuvent être décernées par l'un des ministères : de l'Intérieur (depuis 1815), des Affaires Étrangères (depuis 1887), des Travaux publics (depuis 1899), des Colonies et de la Marine (depuis 1820), aux personnes qui ont fait acte de dévouement ou de courage en sauvant leurs semblables au risque de leur propre vie. Le modèle des médailles diffère suivant les Ministères, mais le ruban est le même. Celles des Ministères de l'Intérieur et de la Marine comportent l'une et l'autre cinq classes (or, 1re et 2e cl. ; argent, 1re et 2e cl., bronze), la 1re classe donnant droit à la rosette tricolore. Ces décorations, qui correspondent aux couronnes civiques de l'antiquité, sont fort estimées car elles ne doivent être décernées qu'au courage.

Contrairement aux autres décorations, les titulaires de plusieurs médailles de sauvetage, les portent toutes à la fois et non pas seulement celle de la classe la plus élevée.

MÉDAILLES DES EPIDÉMIES. — Ces Médailles sont décernées soit par le Ministère de l'Intérieur, soit par les Ministères de la Guerre ou de la Marine aux personnes qui se sont distinguées par leur dévouement pendant les maladies épidémiques. Par extension elles sont attribuées au personnel du Service de Santé en reconnaissance de services rendus au cours de la guerre. Ces distinctions comportent quatre classes : or, vermeil, argent et bronze.

MÉDAILLES DU TRAVAIL. — Les Médailles dites « du Travail » peuvent être attribuées par les Ministères de l'Agriculture, du Commerce et de l'Industrie, de la Guerre, de la Marine et des Travaux publics respectivement aux petits personnels non militaires, aux employés et ouvriers ayant 30 ans au moins de bons et loyaux services dans le même établissement soit public, soit privé, ressortissant à ces différents Départements. Les Médailles sont d'or, de vermeil, d'argent ou de bronze, de modèle variable suivant les Ministères, mais uniformément attachées à un ruban tricolore à trois bandes horizontales de haut en bas, bleue blanche et rouge.

Pays de protectorats.

Une place à part parmi les ordres étrangers doit être réservée à ceux conférés en toute indépendance par les souverains ayant accepté le protectorat de la France. Ces décorations ne sont pas soumises à la réglementation des ordres coloniaux énumérés précédemment, ils se portent à la suite de toutes les décorations françaises mais avant toutes les autres décorations étrangères. Les principales sont :

L'Ordre Royal du *Kim-Kam*, fondé par l'Empereur d'Annam ; décoration en or et portée en sautoir, ne comportant qu'une seule classe.

L'Ordre du *Nichan-Iftikhar* fondé en 1837 par le bey de Tunis Ahmed, modifié à plusieurs reprises et réorganisé par arrêté du 27 janvier 1898. Il comporte 6 classes. La décoration est une étoile à 10 pointes émaillées alternativement vert et rouge et ornée de rayons diamantés. Le ruban est vert mousse et porte de chaque côté une double rayure rouge. L'Ordre est conféré par le Bey aux sujets tunisiens sur la proposition du Premier Ministre et dans tous les autres cas sur la proposition du Résident Général de France. (Le Bey de Tunis dispose encore de deux autres ordres : le *Nichan-Ed-Dem* et le *Nichan-el-Ahed-el-Aman*, qu'il ne confère qu'exceptionnellement à de très grands personnages).

L'Ordre du *Ouissam Alaouite* conféré par le Sultan du Maroc, comporte cinq classes correspondant aux classes de la Légion d'honneur plus une Médaille du Mérite Militaire. La décoration se compose d'une étoile à cinq pointes d'émail blanc avec au centre une inscription en caractères arabes sur fond d'émail orangé. L'étoile est surmontée d'une couronne de palmes et suspendue à un ruban orangé.

Il existe encore des titulaires d'ordres abolis tels que l'Ordre du *Mérite* et l'ordre de *Ranavalo* à Madagascar, l'Ordre du *Nichan-Hafidien* qui eut au Maroc une existence éphémère, etc.

Les ordres étrangers.

Les citoyens français ne sont autorisés à porter comme ordres étrangers que ceux conférés par une puissance souveraine à l'exclusion de toutes décorations données par des chapitres, corporations ou confréries quelconques. Ainsi le port des insignes de l'ordre de Malte n'est autorisé par le Gouvernement français que si cet ordre a été conféré par un souverain. Nul ne peut d'ailleurs arborer les insignes d'un Ordre étranger quelconque s'il n'en a demandé et obtenu l'autorisation. Cette demande doit être adressée au Grand Chancelier de la Légion d'honneur, par l'intermédiaire du Ministre auquel ressortit le demandeur ou, si celui-ci n'est pas fonctionnaire, par le préfet de sa résidence actuelle. Elle doit être accompagnée d'un extrait régulier de l'acte de naissance du demandeur et du brevet de la décoration, avec traduction s'il y a lieu. Les autorisations délivrés par le Chef de l'État sont insérées dans le *Journal Officiel* et ampliation sur parchemin en est délivrée à l'impétrant contre perception, par la Grande Chancellerie de la Légion d'honneur, d'un droit de 100 fr. pour décoration à la boutonnière ; 150 fr. en sautoir ; 200 fr. avec plaque et 300 fr. en écharpe. Les sous-officiers et soldats de terre et de mer sont exempts de ces droits. Les officiers subalternes n'ont à verser qu'un droit fixe de 10 fr.

Le port des insignes d'Ordres étrangers est toutefois sujet aux rectifications suivantes :

Les titulaires de ces Ordres dont le ruban est rouge ou contient du rouge en quantité plus ou moins notable, ne peuvent porter à la boutonnière les insignes de ces Ordres qu'en suspendant à leurs rubans ou rosettes une croix d'un diamètre au moins égal à celui de la rosette ou à la largeur du ruban.

Il est formellement interdit, sous les peines édictées par l'article 259 du Code pénal (six mois à deux ans de prison) : 1° de porter d'autres insignes que ceux de l'Ordre et du grade pour lesquels l'autorisation a été accordée ; 2° de porter aucun costume ou uniforme soi-disant spécial ou afférent à un Ordre ou à une décoration étrangère.

La suspension ou la privation des droits attachés à la qualité de membre de la Légion d'honneur ou de décoré de la Médaille militaire emporte *ipso facto* la suspension ou la privation de porter les ordres étrangers.

Bibliographie.

Bonneville de Marsangy, *La Légion d'honneur*. in-4, Paris, 1900.

Defaux (Emile). *Organisation et Législation de la Légion d'honneur*, in-4, 2 fr. 50, Sté du Recueil Sirey. Paris, 1897.

Durieux, Feuillâtre et Bucquet. *Légion d'honneur et décorations françaises*. Paris, in-8, 1911.

Martin (Jules). *Armoiries et Décorations*, ill., 12 fr. 50. Nilsson. Paris ; *Les Décorations Françaises*, in-4. Floury. Paris, 1912.

PRÉSÉANCES ET PROTOCOLES USUELS

Bien que dans la démocratie française les questions protocolaires soient bien loin d'avoir l'importance qu'elles ont conservée dans certains pays monarchiques, le bon ordre des cérémonies publiques y exige l'observation de certaines règles traditionnelles de préséances ; d'autre part, les réunions privées sont soumises à certaines traditions du même ordre, qui sont un élément appréciable de la courtoisie française. Il n'est donc pas inutile de résumer ici ces principes, notamment pour les étrangers, souvent régis par des conceptions différentes.

Cérémonies officielles.

Le protocole des cérémonies officielles est réglé en France par le décret du 16 juin 1907 relatif aux cérémonies publiques, préséances, honneurs civils et militaires, décret substitué à celui du 24 Messidor an XII qui jusqu'alors régissait la matière. L'art. 1er détermine l'ordre des corps et des autorités convoqués ensemble par acte du Gouvernement aux cérémonies publiques ; l'art. 2 le rang de préséance des autorités civiles et militaires convoquées individuellement par acte du Gouvernement ou invitées à des réunions organisées par des autorités ou des corps institués. Après le Président de la République, premier personnage de l'État, la première place revient au Président du Sénat, la seconde au Président de la Chambre. Quand les trois Présidents sont ensemble, le Président du Sénat prend généralement la droite, le Président de la Chambre la gauche du Président de la République. L'ordre des autres autorités est le suivant :

A Paris :

1° Le président du Conseil des ministres, les ministres et les sous-secrétaires d'État ;
2° Le vice-président du Conseil d'État ;
3° Le grand chancelier de la Légion d'Honneur ;
4° Le premier président de la Cour de cassation et le procureur général près cette même Cour ;
5° Le premier président de la Cour des comptes et le procureur général près cette même Cour ;
6° Le préfet de la Seine et le préfet de police ;
7° Le président du Conseil municipal de Paris ;
8° Le président du Conseil général de la Seine ;
9° Le gouverneur militaire de Paris. — Le général de division commandant le corps d'armée des troupes coloniales ;
10° Le premier président de la Cour d'Appel et le procureur général près cette même Cour ;
11° Le général de division commandant supérieur de la défense de Paris ;
12° Le recteur de l'Académie de Paris.
13° Les secrétaires généraux des préfectures de la Seine et de Police. — Le président du conseil de préfecture de la Seine.
14° Le président du tribunal civil de la Seine et le procureur de la République près ce même tribunal ;
15° Le président du tribunal de commerce ;
16° Le président de la Chambre de commerce ;
17° Le général de brigade commandant le département de la Seine.

Hors Paris et en l'absence des membres du Gouvernement, l'ordre de préséance des autorités départementales est le suivant :

1° Le préfet ;
2° Les sénateurs et les députés ;
3° Le président du conseil général du département ;
4° Le général de division commandant du corps d'armée ou de la région ;
5° Le vice-amiral, préfet maritime. — Les généraux de division chargés d'inspecter un ou plusieurs corps d'armée ou d'en diriger les manœuvres, les vice-amiraux chargés d'inspecter une ou plusieurs escadres ou d'en diriger les manœuvres, prennent respectivement rang, pendant la durée de leur mission, avant le commandant du corps d'armée et le vice-amiral préfet maritime ;

6° Les vice-amiraux commandants en chef d'escadres ;
7° Les grands-croix et les grands-officiers de la Légion d'Honneur convoqués ;
8° Le premier président de la Cour d'appel et le procureur général près cette même Cour ;
9° Le général de division commandant un groupe de subdivisions de région. — Le général de division commandant supérieur d'un groupe de places fortes. — Les généraux de division pourvus d'un commandement actif. Le vice-amiral commandant en sous-ordre ;
10° Le recteur ;
11° Le président de la Cour d'assises ;
12° Le général de brigade commandant une ou plusieurs subdivisions de région. — Le général de brigade commandant supérieur d'un groupe de places fortes. — Les généraux de brigade pourvus d'un commandement actif. — Le major général de la marine. — Les contre-amiraux commandant une division navale ;
13° Le secrétaire général de la préfecture. — Les sous-préfets ;
14° Le maire ;
15° Le président du tribunal civil et le procureur de la République près ce même tribunal ;
16° Le président du tribunal de commerce ;
17° Le président de la chambre de commerce ;
18° Le président de la chambre d'agriculture ;
19° Le commandant d'armes lorsqu'il est officier supérieur.

L'art. 8 du décret de 1907 prévoit en outre que dans les hiérarchies précitées peuvent être intercalées parmi les autorités « des personnes qui ne sont pas désignées par l'art. 2, mais qui sont distinguées par les fonctions qu'elles exercent ou ont exercées ». Il y a donc pour les organisateurs de réunions une assez large marge laissée à l'appréciation personnelle et cette latitude caractérise essentiellement le protocole français tant public que privé. La courtoisie intervient ici, même dans les cérémonies publiques, avec tout un ensemble de nuances déterminées par les circonstances de temps, de lieu et d'opportunité. On remarquera en effet que le décret de 1907 néglige de préciser le rang des membres du corps diplomatique, des hauts dignitaires ecclésiastiques, etc... Les rang et préséance de ces personnages ainsi que des hautes personnalités étrangères résidant ou voyageant en France, des princes du sang et autres personnages titrés, tant français qu'étrangers, ne sont réglés par aucun texte officiel, mais soumis cependant aux traditions du protocole privé. Celui-ci s'inspire de considérations complexes, où interviennent l'âge et le mérite des personnes, ainsi que des questions de circonstance. La connaissance et l'instinct de ces espèces constituent un véritable art, fait de tact et de nuances, qui donne à la vie sociale en France une délicatesse caractéristique.

Honneurs civils et militaires.

Dans ses voyages, le Président de la République est reçu par le préfet à la limite du département, par le sous-préfet à la limite de l'arrondissement, par le maire, les adjoints et le conseil municipal au lieu d'arrivée. Lors de son entrée dans une ville, un ministre ou un sous-secrétaire d'Etat est reçu au lieu d'arrivée par le préfet, le sous-préfet, le maire et les adjoints.

Lorsque le Président de la République entre dans une ville possédant une garnison ou dans un camp à l'intérieur, toutes les troupes prennent les armes et se forment en haie sur son passage ou sont établies sur place. Les tambours et les clairons battent et sonnent aux champs ; les trompettes sonnent la marche ; les musiques jouent l'hymne national ; les drapeaux, les étendards et les officiers saluent ; les sous-officiers et les soldats prennent la position réglementaire. Il est tiré cent un coups de canon. Les mêmes honneurs lui sont rendus à son départ.

Les honneurs civils ne sont rendus aux ambassadeurs ou ministres étrangers que par ordre du ministre de l'Intérieur, après entente avec le ministre des Affaires étrangères ; les honneurs militaires ne leur sont rendus que par ordre des ministres de la Guerre ou de la Marine après entente avec le ministère des Affaires étrangères.

Il en est de même pour les agents diplomatiques de France qui se trouveraient en fonction représentative sur le territoire français.

Qualifications.

Dans l'ancienne France, les princes du sang, les ducs et pairs et généralement les gens de qualité titulaires de hautes fonctions publiques avaient droit à l'appellation « Monseigneur ». Cette qualification, qui correspondait sensiblement à ce que représente aujourd'hui l'expression germanique de « Excellence », n'est plus employée que pour les princes du sang et les évêques.

Les qualificatifs féminins tels que *Majesté*, *Altesse*, *Eminence*, *Grandeur*, *Excellence*, *Seigneurie*, renouvelés de Byzance par le protocole romain et germanique, paraissaient en effet ridicules aux Français du XVIe siècle, qui en parlant au roi l'appelaient simplement *Sire*, c'est-à-dire Monsieur. Ils n'en furent pas moins adoptés dans l'usage international, auquel la France à son tour se conforma tardivement. Ces qualificatifs sont résumés par le tableau suivant des appellations protocolaires encore usitées.

ABRÉVIATIONS	QUALIFICATIONS	ATTRIBUTIONS
(V) M. I. R.	Sa (Votre) Majesté Impériale et Royale.	Souverains à la fois Empereur (ou Impératrice) et Rois (ou reines).
(V) M. I.	Sa (Votre) Majesté Impériale.	Empereurs ou Impératrices.
(V) M.	Sa (Votre) Majesté.	Rois ou reines.
(V) A. I. R.	Son (Votre) Altesse Impériale et Royale.	Membres des familles souveraines de rang à la fois impérial et royal.
(V) A. I.	Son (Votre) Altesse Impériale.	Membres de familles impériales.
(V) A. R.	Son (Votre) Altesse Royale.	Membres de familles royales.
(V) A. S.	Son (Votre) Altesse Sérénissime.	Membres de familles souveraines ou médiatisées par le Congrès de Vienne (1815).
S (V) A.	Son (Votre) Altesse.	Membres de certaines familles princières non souveraines.
S (V) E.	Son (Votre) Eminence.	Cardinaux.
S (V) G.	Sa (Votre) Grandeur.	Archevêques et évêques.
S (V) Ex.	Son (Votre) Excellence.	Ambassadeurs, Ministres et hauts dignitaires étrangers.

Les pairs de France étaient qualifiés encore au XIXe siècle de « Sa (Votre) Seigneurie » (S. S. ou V. S.). On disait aux maréchaux de France « Monsieur le Maréchal » et cet usage s'est conservé, tandis que pour tous les autres officiers, même généraux, on n'emploie que l'appellation du grade. Dans l'armée de terre cette appellation est précédée du possessif « mon », si celui qui parle ou écrit est ou affecte de se considérer comme un inférieur. Ainsi un jeune général pourra dire « mon capitaine » à un officier plus âgé qu'il veut honorer

La qualité du mari se donne à la femme ou à la veuve d'un maréchal de France ; elle se donne parfois encore à celle d'un officier général de terre ou de mer : Madame la Maréchale, la Générale, l'Amirale. Cet usage s'est perdu pour les fonctions civiles, sauf toutefois en ce qui concerne les femmes et veuves des présidents de la République Française, que l'on appelle généralement Madame la Présidente.

On notera qu'en France les titres de noblesse français précédés de Monsieur ou Madame ne se donnent plus guère verbalement ou par écrit qu'à des personnes âgées ou auxquelles on doit une déférence particulière ; en aucun cas ils ne s'emploient sans être précédés de « Monsieur » ou « Madame » ni ne s'appliquent à des femmes non mariées ou à des jeunes hommes de moins de 21 ans révolus. L'usage est exactement contraire pour le titre de prince ou princesse, qui s'emploie toujours sans les mots « Monsieur » ou « Madame » et s'applique également aux jeunes gens et aux jeunes filles. Il en est de même pour tous les étrangers quels que soient leurs titres. Dans ces deux cas, on use de ce titre, seul ou suivi du nom, en réservant le mot « Monsieur » ou « Madame » suivi du titre pour les personnes auxquelles on doit de la déférence.

Par contre, c'est un usage consacré de conserver, leur vie durant, leur qualification honorifique à certains personnages politiques de quelque importance. Ainsi l'on continue, après leur sortie de charge, à appeler, même officiellement, *Monsieur le Président* les anciens présidents de la République, du Sénat, de la Chambre des Députés et du Conseil des Ministres et *Monsieur le Ministre* les anciens ministres et aussi par extension les anciens sous-secrétaires d'Etat. Comme d'autre part, il est également d'usage, pour les préséances des fêtes ou cérémonies publiques ou privées, de ranger ces personnages par ordre de leur ancienneté dans les fonctions dont ils ont conservé le titre, il a semblé utile pour faciliter ce classement protocolaire, de rappeler leurs noms et qualités dans les listes alphabétiques ci-après :

Anciens présidents de la République française

MM.

Emile LOUBET, élu le 18 février 1899 et Mme. — *Paris*, 5, *rue Dante* (VIe).

Armand FALLIÈRES, élu le 18 février 1906 et Mme. — *Paris*, 19, *rue François Ier* (VIIIe).

Raymond POINCARÉ, élu le 18 février 1913 et Mme. — *Paris*, *rue Marbeau* (XVIe).

Veuves d'anciens présidents.

Mmes

Félix FAURE. *Paris*, 46, *avenue d'Iéna* (XVIe).

Sadi CARNOT. *Paris*, 27, *rue Jean-Goujon* (VIIIe).

Ancien président du Sénat.

M. Antonin DUBOST, 1906.

Anciens présidents de la Chambre.

MM.

Jules MÉLINE. 1888.

Ch. DUPUY. 1893.

Paul DOUMER. 1905.

Anciens présidents du Conseil.

MM.

BARTHOU (Louis), 1913 (22 mars).
BOURGEOIS (Léon), 1895.
BRIAND, 1909.
CAILLAUX, 1911 (27 juin).
CLEMENCEAU, 1906.
COMBES, 1902.
DOUMERGUE (G.), 1913 (9 déc.).
DUPUY (Ch.), 1893.
FREYCINET (de), 1879.
MÉLINE, 1896.
MONIS, 1911 (2 mars).
RIBOT, 1892.
VIVIANI, 1914.

Anciens ministres.

ABEL, 1914 (9 juin).
BÉRARD (Léon), 1919 (27 nov.).
BESNARD (René), 1912 (12 sept.).
BIENVENU-MARTIN, 1905 (24 janv.).
BONCOUR (P.), 1911 (2 mars).
BORET, 1917 (16 nov.).
BOUCHER (Henry), 1896 (29 août).
CHAUTEMPS, 1895 (26 janv.).
CHÉRON, 1913 (22 mars).
CLAVEILLE, 1917 (12 déc.).
CLEMENTEL, 1905 (24 janv.).
COCHIN (Denys), 1915 (29 oct.).
COLLIARD, 1917 (26 nov.).
COUYBA, 1911 (27 juin).
CRUPPI, 1908 (26 oct. 1906).
DARIAC, 1914 (9 juin).
DAVID (F.), 1912 (14 janv.).
DELCASSÉ, 1894 (30 mai).
DELOMBRE, 1898 (1er nov.).
DESPLAS, 1917 (20 mars).
DESSOYE, 1914 (9 juin).
DOUMER, 1895 (1er nov.).
DUBOIS (Louis), 1919 (27 nov.).
DUMONT (Ch.), 1911 (2 mars).
DUPUY-DUTEMPS, 1895 (26 janv.).
ÉTIENNE, 1905 (24 janv.).
FAURE (Maurice), 1910 (3 nov.).
FRANKLIN-BOUILLON, 1917 (12 sept.).
GADAUD, 1895 (26 janv.).
GAUTHIER (Arm.), 1905 (24 janv.).
GIRARD (Th.), 1910 (3 nov.).
GUÉRIN (Eug.), 1893 (4 avril).
GUESDE (Jules), 1914 (26 août).
GUIEYSSE, 1895 (1er nov.).
GUILLAIN, 1898 (1er nov.).
GUIST'HAU, 1912 (14 janv.).
HANOTAUX, 1894 (30 mai).
HERRIOT, 1916 (12 déc.).

JONNART, 1893 (3 déc.).
KLOTZ, 1910 (3 nov.).
LACAZE (V.-Am.), 1915 (29 oct.).
LAFFERRE, 1910 (3 nov.).
LAPEYRÈRE (V.-Am. de), 1909 (24 juil.).
LEBON (André), 1895 (26 janv.).
LEBRET, 1899 (1er nov.).
LEBRUN, 1911 (27 juin).
LEFEVRE (V.-Am.), 1893 (3 déc.).
LEYGUES, 1895 (26 janv.).
LOUCHEUR, 1917 (12 sept.).
LOURTIES, 1894 (1er juil.).
MAGINOT, 1917 (20 mars).
MALVY, 1913 (9 déc.).
MARTY, 1893 (3 déc.).
MASSÉ, 1911 (2 mars).
MAUNOURY, 1914 (9 juin).
MERCIER (Gal.), 1893 (3 déc.).
MESSIMY, 1911 (2 mars).
MESUREUR, 1895 (1er nov.).
MILLIÈS-LACROIX, 1906 (25 oct.).
MONESTIER, 1899 (18 février).
MOREL (J.), 1910 (3 nov.).
MOUGEOT, 1902 (7 juin).
NAIL (L.), 1917 (16 nov.).
NOULENS, 1913 (9 déc.).
PAINLEVÉ, 1915 (29 oct.).
PAMS, 1911 (2 mars).
PERET (R.), 1917 (12 sept.).
PERRIER (A.), 1911 (2 mars).
PICHON (Stephen), 1906 (25 oct.).
PUECH, 1910 (3 nov.).
RATIER (Ant.), 1913 (22 mars).
RAYNAUD, 1910 (3 nov.).
RENARD, 1917 (12 sept.).
RENOULT, 1911 (27 juin).
REVILLE (Marc), 1914 (9 juin).
ROCHE (Jules), 1890 (17 mars).
SARRAUT, 1914 (13 juin).
SELVES (de), 1911 (27 juin).
SEMBAT (Marcel), 1914 (26 août).
SIEGFRIED, 1892 (6 déc.).
SIMON, 1917 (6 nov.).
STEEG, 1911 (2 mars).
TARDIEU (André), 1917 (16 nov.).
TERREL, 1896.
TERRIER, 1893 (4 avril).
THOMAS (A.), 1916 (12 déc.).
THOMSON, 1905 (24 janv.).
VIETTE, 1892 (27 fév.).
VIGER, 1893 (11 janv.).
VINCENT (D.), 1917 (12 sept.).
VIOLLETTE, 1917 (20 mars).
ZURLINDEN (Gal), 1895 (26 janv.).

Anciens sous-secrétaires d'Etat.

AJAM, 1913 (9 déc.).
BÉRARD (A.), 1902 (7 juin).
BOURELY, 1913 (21 janv.).
BRETON (J.-L.), 1917 (20 mars).
BUREAU, 1914 (26 août).
CELS, 1917 (16 nov.).
CHAUMET, 1911 (2 mars)
CONSTANT (E.), 1911 (2 mars).
DALIMIER, 1914 (13 juin).
DELPEUCH, 1896 (29 avril).
DESCHAMPS, 1917 (16 nov.).
DUMESNIL (J.-L.), 1917 (20 mars).
FAVRE (Alb.), 1917 (16 nov.).
GODART (J.), 1914 (26 août).
GUERNIER, 1914 (9 juin).
IGNACE, 1917.
JACQUIER, 1913 (13 juin).
LAURAINE, 1914 (13 juin).
LE CHERPY, 1914 (9 juin).
LEGRAND (J.), 1898 (1er nov.).
LEMERY, 1917 (16 nov.).
MARGAINE, 1914 (9 juin).
MASSÉ, 1917 (12 sept.).
MAUJAN, 1906 (25 oct.).
MONZIE (de), 1913 (22 mars).
MOREL (Paul), 1912 (14 janv.).
MOURIER, 1917 (12 sept.).
PEYTRAL, 1917 (12 sept.).
RODEN, 1917 (12 déc.).
ROY, 1917 (16 nov.).
SERGENT, 1917 (16 nov.).
SIMYAN, 1906 (25 oct.).
VILGRAIN, 1917 (16 nov.).

LES CERCLES

La vieille France ne connaissait guère d'autres lieux de réunion que les salons, officiels ou familiaux, où se groupaient les gens de même milieu social et où les femmes tenaient toujours une place importante. Le jeu de paume ou le cabaret de jadis, comme le café d'aujourd'hui, suffisaient aux rencontres de plaisir ou d'affaires des hommes, en dehors de leurs bureaux ou de leur foyer. C'est seulement à l'époque de la Révolution Française que la vogue de tout ce qui était anglais introduisit en France les clubs, si essentiels à la vie politique et sociale du peuple britannique. On sait quel rôle capital jouèrent ces lieux de réunions dans le développement des idées révolutionnaires et dans l'évolution des mœurs sous la Première République. Compromis par l'excès même de leur puissance, ils disparurent complètement de la vie française avec le retour de l'ordre public sous le Directoire. Au retour de l'émigration, des gentilshommes français, qui avaient pris à Londres l'habitude et le goût de ces réunions d'hommes, constituèrent par contre à Paris quelques associa-

16

tions plus fermées, qui prirent le nom de *cercles* et dont quelques-unes ont subsisté jusqu'à nos jours. Mais la caractéristique de ces nouvelles institutions fut de s'abstenir statutairement de toute discussion politique ou religieuse et de constituer simplement pour leurs membres des sortes de salons anonymes d'hommes de bonne compagnie, parfois inspirés par une certaine communauté de goûts en matière d'art ou de sport. Sous la 3e République, toutefois, il se fonda aussi quelques cercles plus spécialement composés d'hommes politiques du même parti ou de mêmes tendances. Vers la fin du XIXe siècle le développement des idées de solidarité sociale incita d'autre part quelques hommes généreux à créer pour les jeunes gens des classes moyennes et populaires des lieux de réunion du même genre avec salles de lecture, de conférences et de jeux. Tels furent les cercles catholiques d'ouvriers; telles les universités populaires.

Ainsi, les Français du XXe siècle, tout en conservant l'habitude traditionnelle des réunions familiales avec un petit nombre d'amis et des rencontres au café de camarades ou de clients qu'ils ne peuvent ou veulent visiter ou convier à domicile, tendent à multiplier les cercles sans caractère politique, où peuvent se retrouver sans promiscuité les hommes de même milieu. Ces établissements sont régis par la loi du 23 juin 1881. Ils sont naturellement très variables de recrutement et de statuts. On ne citera ici que les principaux cercles de Paris :

AÉRO-CLUB DE FRANCE, 35, rue François Ier. Tél. : Passy 25.61, 66.21, 40.80. Société d'encouragement à la locomotion aérienne, fondée le 20 octobre 1898. *Cotisation :* 600 fr. plus 50 fr. de droits d'entrée. Membres (1918) : 1.600. *Président :* André Michelin ; *Secrétaire Général :* Georges Besançon ; *Chef du Secrétariat* : Maurice de Saint-Blancard.

AUTOMOBILE CLUB DE FRANCE, place de la Concorde, 6 et 8. Tél. Élysées 34-72, 34-73, et 34-74. *Président :* Baron de Zuylen de Nyevelt de Haar.

CERCLE ARTISTIQUE ET LITTÉRAIRE, rue Volney, 7 et rue des Capucines, 16. Tél. : Central 47.87. Fondé en 1864 par des artistes, des littérateurs et des journalistes. *Président :* A. Liznereux ; *Secr. gérant :* Gendrel.

CERCLE DU BOIS DE BOULOGNE, Tir aux pigeons. Pelouse de Madrid au Bois de Boulogne.

CERCLE DES CAPUCINES, bd. des Capucines, 6. Tél. : Gutenberg 02.04 et Louvre 08.61. Association de gens du monde. *Cotisation :* 120 fr. — *Président :* Ch. Mérouvel; *Secrétaire :* B. Tignol.

CERCLE CENTRAL DES LETTRES ET DES ARTS, rue Vivienne, 36. Tél. Gut. 18.02

CERCLE DES CHEMINS DE FER, r. de la Michodière, 22 et boul. des Italiens, 29. Tél. Gut. 03.39.

CERCLE COMMERCIAL ET INDUSTRIEL DE FRANCE, boul. des Italiens, 29. Tél. Gut. 04-66. Association pratique de commerçants et d'industriels. *Cotisation :* 100 fr, *Subvention :* 150 fr. *Directeur :* J. Lepain.

CERCLE DE L'ESCRIME ET DES ARTS, rue Volney, 5.

CERCLE DE L'ETRIER, av. de Friedland, 26. *Président :* comte Potocki ; *Secrétaire :* G. Hector.

CERCLE ET UNION INTERALLIÉS, faub. Saint-Honoré, 33. Tél. Élysées 44.24 et 44.25. Fondé en nov. 1917. Cotisations : civils, 372 fr. impôts compris ; militaires, 150 fr. Membres (1918) env. 2.000. *Prés. :* vice-amiral Fournier ; *Secr. gén. :* de Sillac.

CERCLE HOCHE, rue Daru, 22.

CERCLE NATIONAL DES ARMÉES DE TERRE ET DE MER, 49, av. de l'Opéra. Tél. : Central 31.84,03.93. Le Cercle relève du ministre de la Guerre ; il est placé sous le haut patronage des ministres de la Guerre et de la Marine, présidents d'honneur. *Président :* M. le Général de division, Gouverneur militaire de Paris.

CERCLE RÉPUBLICAIN, av. de l'Opéra, 5. Tél. : Central 87.87, 44.35. Créé en 1907, *Cotisation :* Droit d'entrée : 90 fr., impôt non compris. *Cotisation annuelle :* 25 fr. pour les adhérents résidant dans les dép. de Seine et Seine-et-Oise et 15 fr. pour ceux résidant hors de ces départements, impôt non compris. Membres (1918) : 2.200. *Président :* Lucien Prévost ; *Secrétaire Général :* Becker.

CERCLE DE LA SOCIÉTÉ DE SPORT DE L'ÎLE DE PUTEAUX, à l'île de Puteaux. *Président :* Baron de Caraycn La Tour.

CERCLE DE L'UNION, bd. de la Madeleine, 11. Tél. : Central 51.48. Fondé en 1828. Membres (1919) : 325. *Président :* le duc de Broglie, *Vice-présidents :* vicomte d'Harcourt, prince d'Hénin ; *Secrétaire :* Levoux.

CERCLE DE L'UNION ARTISTIQUE, rue Boissy-d'Anglas, 5. Tél. Elysées 15.75. Membres (1918) : 1.150. *Président :* le prince de Lucinge ; *Secrétaire :* Roger.

CERCLE DES VENEURS, av. des Champs-Elysées, 99. Tél. : Passy 39.10. Créé en 1912 entre grands veneurs. *Cotisation :* 300 fr. Membres en 1918 : réduits momentanément à 282. *Président :* le duc de Gramont ; *Secrétaire :* capitaine Losiaux.

CERCLE DE LA VOILE DE PARIS, rue de Châteaudun, 58.

CLUB ANGLAIS, rue de la Chaussée d'Antin, 3 *bis*.

LES ESCHOLIERS (Sté d'encouragement à l'art dramatique), 9, rue Georges-Berger. Cotisation annuelle : 120 fr. Membres en 1918 : 245. *Prés. :* Auguste Rondel ; *Secr. :* Marc Lepetit.

GRAND CERCLE, boul. Montmartre, 16. Tél. Gut. 02-40.

GUIDES (LES). *Président :* duc de Noailles ; *Secr. :* L. Pichon, av. Victor-Hugo, 170.

IMPÉRIAL CLUB DE PARIS, boul. des Capucines, 6.

JOCKEY-CLUB, rue Scribe, 1. Tél. : Central 39.43. Cercle fondé par la *Société d'Encouragement pour l'amélioration de la race chevaline* en 1833. *Cotisation :* 500 fr. dont 100 fr. pour la Société d'Encouragement. *Entrée :* 1.050 fr. *Membres :* 884. *Président :* le duc de Doudeauville ; *Secrétaire :* Grosson.

LYCEUM CLUB (Cercle féminin), rue de Penthièvre, 8. Ouvert aux membres du Lyceum des autres pays sur présentation de leur carte de membre ou de leur quittance. *Prés. :* Mme la duchesse d'Uzès Dre ; *Directrice :* Mme Brignole.

NOUVEAU CERCLE, boul. Saint-Germain, 288. Tél. Saxe 23.45. *Président :* le duc de Mortemart ; *Secrétaire :* Régis Domergue.

SPORTING-CLUB, a fusionné au début de 1919 avec le Cercle de l'Union Artistique (V. ce nom).

SOCIÉTÉ DU POLO DE PARIS. Pelouse de Bagatelle, au Bois de Boulogne, par Neuilly (Seine). Tél. : Wagram 89.68. Fondée vers 1892 par le vicomte Charles de la Rochefoucauld dans le but de pratiquer le jeu du polo à cheval. *Cotisation :* Membres permanents : 200 fr. par an. Membres temporaires : 100 fr. pour un mois. Membres (1918) : 250 dont 40 environ pratiquant le jeu du polo à cheval. *Président :* le duc Decazes ; *Secrétaire :* Maurice de Plament.

TRAVELLERS' CLUB, 25, avenue des Champs-Elysées. Tél. : Passy 62.72. *Cotisation*. Membres résidents : £ 16. Membres non résidents : £. 11, 10. Membres (1918) : 1.200. *Président :* Frédéric de Reiset.

YACHT CLUB DE FRANCE, boul. Haussmann, 82. Tél. : Gutenberg 12.88. Société d'encouragement pour la navigation de plaisance, fondée le 15 juin 1867. Reconnue d'utilité publique par décret du 30 juillet 1914. Possède une caisse de secours en faveur des marins et de leurs familles. *Cotisation :* 100 fr. *Droit d'entrée :* 50 fr. Droit pour porter le pavillon de la Société : 50 fr. Membres (1918) : 400. *Président :* J.-B. Charcot ; *Secrétaire :* E. Gras, ancien lieut. de vaisseau.

Bibliographie.

Almanach de Gotha. Annuel. Justus Perthes. Gotha.

Anselme (le Père). *Histoire généalogique et chronologique de la Maison royale de France, des Pairs, Grands Officiers de la Couronne*, etc., continuée par du Fourny, complétée par Potier de Courcy, 10 tom. (11 vol.), in-f°. Firmin-Didot. Paris, 1868-1882.

Borel d'Hauterive. *Annuaire de la Noblesse*, 51 vol. in-12 (53e année). Dentu. Paris, 1843-1895.

Publication continuée par le vte. A. Révérend jusqu'en 1909 (65e vol., 63e année). Annuaire de la Noblesse. Paris ; *Manuel du Blason*, in-12, pl. 1.840.

Révérend (Vte. Albert). *Armorial du Premier Empire*, 4 vol. in-4 (1894-1897). Ch. vol. 30 fr. ; *Les Familles titrées et anoblies au* XIXe *siècle* (Titres et Pairies de la Restauration 1814-1830), 6 vol. gr. in-8. Annuaire de la Noblesse. Paris.

Woelmont (Bon. H. de). *Les Marquis Français. Nomenclature de toutes les familles françaises subsistantes ou éteintes depuis 1864 portant le titre de marquis*, in-8. Champion. Paris, 1919.

CORPS SAVANTS

Institut de France.

23, Quai de Conti.

Il y a des académies, d'illustres compagnies d'écrivains, de savants, d'artistes dans tous les pays de l'univers. « La France seule, disait Renan, possède un Institut. » Sur l'initiative de Daunou, la loi du 25 oct. 1795 reconstitua, sous le nom d'*Institut National*, les anciennes Académies : Académies Française, des Inscriptions et Belles-Lettres, des Sciences, des Beaux-Arts, supprimées par un décret de la Convention voté le 8 août 1793. Elle divisait l'Institut en trois classes : 1re cl. Sciences physiques et mathématiques ; 2e cl., Sciences morales et politiques ; 3e cl., Littérature et beaux-arts. Cette charte fut successivement modifiée par le décret du 23 janvier 1803 (division en 4 cl.) et l'ordonnance royale du 21 mars 1816 (restituant aux 4 cl. le titre d'Académies). L'Institut de France a reçu de la Révolution de 1830 sa forme dernière (fondation de l'Académie des Sciences Morales et Politiques 1832), celle qu'il garde encore à l'heure présente.

De 1796 à 1806, l'Institut siégea au Louvre. A cette dernière date, il fut installé dans les bâtiments de l'ancien collège des Quatre-Nations, où il se trouve encore. La chapelle fut transformée par l'architecte Vaudoyer en salle des séances ; c'est là que se tiennent les séances publiques annuelles de chaque Académie et la séance publique des cinq Académies qui a lieu chaque année, le 25 oct. ; c'est là aussi qu'ont lieu les séances de réception des membres de l'Acad. Française. Les séances hebdom. des Acad. sont publiques, sauf celles de l'Acad. française et de l'Acad. des Beaux-Arts.

De son côté, l'Institut distribue sous forme de prix, aux héros et aux héroïnes de la vertu, aux écrivains et aux travailleurs de tout genre le revenu des capitaux qui constituent les fondations, donations ou legs qui lui sont faits par des particuliers, soit une somme de plus de 680.000 fr. Certains de ces prix, comme le prix Osiris de 100.000 fr. ressortissent, non pas à telle ou telle académie, mais à l'Institut tout entier (V. *Prix de l'Institut et des Acad.*).

D'autre part, il a reçu en donation des présents comme le domaine de Chantilly (duc d'Aumale, 1886) ; le château de Langeais (M. J. Siegfried, 1904), l'hôtel Thiers à Paris (Mlle Dosne, 1906), le château de Chaalis légué ainsi que l'hôtel du boul. Haussmann à Paris par Mme Jacquemard-André.

Bureau de l'Institut pour 1920 :

Président : M. de la Gorce, de l'Acad. des Sc. morales et polit. ; *vice-prés.* : MM. Masson, de l'Académie française ; Ch. Diehl, de l'Acad. des Inscriptions ; Flameng, de l'Acad. des Beaux-Arts ; *secrétaire* : M. Lyon-Caen, de l'Acad. des Sc. morales et polit.

Académie Française.

A l'origine, vers 1630, une simple réunion d'amis : Boisrobert, Chapelain, Desmarets, l'abbé de Cerisy, Godeau, Sérisay, Malleville, auxquels la maison de Conrart servait de lieu de rendez-vous et qui venaient s'entretenir là de toutes choses, d'affaires, de nouvelles, se communiquer leurs projets et leurs œuvres. Richelieu y trouva les éléments d'un corps officiel et fit pressentir à ce sujet les futurs académiciens (1634). Dès ce jour (13 mars), il fut tenu registre de ce qui se faisait à la société et quoique l'Académie ne fût pas encore constituée, les membres présents nommèrent un Directeur, un Chancelier et un Secrétaire Perpétuel ; ce furent Sérisay, Desmarets et Conrart. Les lettres patentes de Louis XIII, qui fondèrent l'Acad. sont de janv. 1635 ; leur enregistrement par le Parlement du 10 juil. 1637.

Le nombre de 40, resté fondamental, ne fut atteint qu'en 1635. Richelieu avait surtout voulu faire de l'Académie française la régulatrice de la langue et, à cette fin, l'Académie devait rédiger un dictionnaire, une rhétorique, une poétique et une grammaire. Seul, le dictionnaire, entrepris dès 1634, vit la 1re édition paraître en 1694. — Les statuts rédigés en commun en 1635 et approuvés par Richelieu déféraient à celui-ci le protectorat. A la mort du cardinal, il passa au Chancelier Séguier (1642 à 1672). A cette dernière date, Louis XIV qui donna à l'Académie une demeure définitive, dans son Palais même, au Louvre, et la regardait comme une des gloires de son royaume, s'arrogea pour lui et ses successeurs le droit de protection. Il ne reste aujourd'hui de ce droit qu'un vestige : la visite que chaque nouvel élu, accompagné du bureau, est tenu de faire au chef de l'Etat. L'usage des discours de réception remonte à l'avocat Patru qui prit séance le 3 sept. 1640. On cite cependant le cas de Chateaubriand et d'Emile Ollivier, restés académiciens sans avoir prononcé de discours.

L'élection du Directeur et du Chancelier, qui avait lieu d'après les statuts de deux en deux mois et au tirage au sort, est faite aujourd'hui au vote pur et simple et de trimestre en trimestre. Le Secrétaire Perpétuel, seul, reste élu à vie.

Le mode d'élection des membres a varié. D'ordinaire, le candidat rend visite à tous les membres de l'Académie et fait soutenir ses titres par deux parrains ; l'élection a lieu à la majorité absolue des suffrages ; elle est remise à plus tard lorsque 3 tours de scrutin n'ont pas donné de résultat.

Supprimée, avec les autres Académies par la Convention en août 1793, reconstituée comme troisième classe de l'Institut en 1803, l'Académie française reprit sous la Restauration (ordonnance de 1816) le premier rang et le titre qu'elle a gardés.

L'Académie française tient ses séances ordinaires le jeudi à 15 h. (non publiques). Sa séance publique a lieu au mois de novembre.

Etat des membres de l'Acad. française au 1er janvier 1920 (*par ordre d'ancienneté, avec le nom de leur prédécesseur en italique*).

MM.

Le Comte d'Haussonville ✻ (*Caro*) ; de Freycinet (O. ✻) (*Augier*) ; Loti-Viaud (Pierre-Louis) (G. O. ✻) (*Oct. Feuillet*) ; Ernest Lavisse (G. O. ✻) (*Jurien de la Gravière*) ; Paul Bourget (O. ✻) (*Max. du Camp*) ; Anatole France (O. ✻) (*de Lesseps*) ; Gabriel Hanotaux (O. ✻) (*Challemel-Lacour*) ; Henri Lavedan (C. ✻) (*Meilhac*) ; Paul Deschanel (*Hervé*) ; Frédéric Masson (*Paris*) ; René Bazin (O. ✻) (*Legouvé*) ; Alex. Ribot (*duc d'Audiffret-Pasquier*) ; Maurice Barrès (*J.-M. de Heredia*) ; Maurice Donnay (C. ✻) (*Albert Sorel*) ; Jean Richepin (O. ✻) (*André Theuriet*) ; Raymond Poincaré (G. M. ✻) (*Gebhart*) ; Eugène Brieux (C. ✻) (*Halévy*) ; Jean Aicard (O. ✻) (*François Coppée*) ; R. Doumic (O. ✻) (*Boissier*) ; Marcel Prévost (C. ✻) (*Sardou*) ; Mgr. Duchesne (C. ✻) (*card. Mathieu*) ; Henri de Régnier (O. ✻) (*Vte. M. de Vogüé*) ; Bon Denys Cochin (*Vandal*) ; Général Lyautey (G. C. ✻) (*Henri Houssaye*) ; Etienne Boutroux (C. ✻) (*Général Langlois*) ; Alfred Capus (O. ✻) (*H. Poincaré*) ; Pierre de la Gorce (*Thureau-Dangin*) ; Henri Bergson (C. ✻) (*Emile Ollivier*) ; maréchal Joffre (G. C. ✻) (*Jules Claretie*) ; Louis Barthou (*Henri Roujon*) ; H. Bordeaux (*Jules Lemaître*) ; Mgr. Baudrillart (*Cte Albert de Mun*) ; René Boylesve-Tardiveau (*Mézières*) ; Fr. de Curel (*Paul Hervieu*) ; Jules Cambon (G. C. ✻) (*Francis Charmes*) ; Georges Clemenceau (*Emile Faguet*) ; N... *Mis de Ségur* ; maréchal Foch (*Mis de Vogüé*) ; N... (*Etienne Lamy*) ; N... (*Edmond Rostand*).

Secrétaire perpétuel : F. Masson (*Etienne Lamy*).

Académie des Inscriptions et Belles-Lettres.

Fondée en 1663, par les soins de Colbert et dénommée d'abord dans l'usage courant, *Petite Académie*, elle avait pour mission de composer les *inscriptions* et devises des monuments élevés par Louis XIV et des médailles frappées en son honneur, etc. : d'où le nom primitif d'*Acad. des Inscriptions et Médailles*. — Elle prit la forme d'une institution régulière avec Louvois à la mort de Colbert (1683), puis le 16 juillet 1701, une ordonnance royale lui donna la base d'une organisation dont le temps a respecté les grandes lignes. Un arrêt du Conseil du 4 janv. 1716 rendit officielle la désignation d'*Acad. des Inscriptions et Belles-Lettres*. Elle vécut de ses études jusqu'en 1793, trouva ses membres dispersés dans les trois classes de la 1re division de l'Institut. Reconstituée en 1803, elle en devint la 3e cl. sous le nom de Classe d'histoire et de la littérature ancienne. Depuis l'ordonnance royale du 29 mars 1816, qui lui rendit son nom, la constitution de l'Acad. est demeurée à peu près intacte.

L'Académie des Inscriptions et Belles-Lettres comprend 40 acad. ordinaires, 10 acad. libres, 12 associés étrangers, 70 correspondants dont 30 français et 40 étrangers. Ses séances ordinaires ont lieu le vendr. à 15 h. ; la séance publique au mois de nov.

Bureau : *Prés.* : Ch. Diehl (O. ✻) ; *vice-prés.* : Cuq ✻ ; *secr. perpétuel :* René Cagnat (O. ✻).

Etat des acad. ordinaires au 1er janvier 1920 (*par ordre d'ancienneté, avec le nom de leur prédécesseur en italique*).

MM. Léon Heuzey (G. O. ✻) (*Beulé*) ; Paul Foucart (O. ✻) (*Naudet*) ; Emile Senart ✻ (*Guessard*) ; Léon Schlumberger ✻ (*Dumont*) ; Alfred Croiset

(G. O. ✻) (*Jourdain*) ; Mgr. Duchesne (C. ✻) (*Bergaigne*) ; Clermont-Ganneau ✻ (*Cte Riant*) ; Cte de Lasteyrie (O. ✻) (*Pavet de Courteille*) ; Homolle (C. ✻) (*Maury*) ; Havet (O. ✻) (*Rossignol*) ; Cagnat (O. ✻) (*Derenbourg*) ; Salomon Reinach (O. ✻) (*Hauréau*) ; Babelon ✻ (*Gautier*) ; Bouché-Leclercq (O. ✻) (*Schefer*) ; Pottier (O. ✻) (*Devéria*) ; Omont ✻ (*Giry*) ; Louis Léger (O. ✻) (*Ravaisson-Mollien*) ; Châtelain ✻ (*E. Müntz*) ; Maurice Croiset (O. ✻) (*Paris*) ; Ant. Thomas ✻ (*de Barthélemy*) ; Elie Berger ✻ (*Wallon*) ; Haussoulier ✻ (*Oppert*) ; Paul Girard ✻ (*Barbier de Meynard*) ; le P. Scheil ✻ (*H. Derenbourg*) ; Camille Jullian (O. ✻) (*G Boissier*) ; Maur. Prou ✻ (*Weil*) ; Morel-Fatio ✻ (*H. d'Arbois de Jubainville*) ; Diehl ✻ (*Delisle*) ; Cuq ✻ (*Longnon*) ; Monceaux ✻ (*Ph. Berger*) ; Thureau-Dangin (*Perrot*) ; Cte Delaborde (*Viollet*) ; Ch. Victor Langlois (*Valois*) : abbé J. D. Chabot (*Bréal*) ; Mâle (*Barth*) ; Huart (*Maspero*) ; Loth (*Meyer*) ; Bémont (*Collignon*) ; Abbé Lejay (*Chavannes*) ; N... (*Héron de Villefosse*).

Acad. Libres (10) : Dieulafoy (C. ✻) (*Duruy*) ; Cte Paul Durrieu ✻ (*Lair*) ; Henri Cordier ✻ (*A. de Boislisle*) ; Théodore Reinach ✻ (*Hamy*) ; Paul Fournier ✻ (*duc de la Trémoïlle*) ; Chan. Chevalier ✻ (*Saglio*) ; Cte Alex. de Laborde (*Ch. Joret*) ; Adrien Blanchet (*Thédenat*) ; comm. Espérandieu (*M*[is] *de Vogüé*) ; Brutails (*Emile Picot*).

Associés étrangers (12) : Comparetti (*Curtius*) ; O. Hirschfeld (*Mommsen*) ; duc de Loubat (C. ✻) (*Bugge*) ; Ed. Naville (O. ✻) (*Th. von Sickel*) ; V. Thomsen (*de Goeje*) ; Max van Berchem (Décret du 31 mars 1913) ; Cumont (id.) ; S.-M. Victor-Emmanuel III, roi d'Italie (Décret du 23 juil. 1915) ; Pirenne (décret du 28 mai 1915) ; N... (*Helbig*) ; N.... (*Kern*).

Correspondants étrangers (40) : H. Schuchardt ; Sir Edw. M. Thompson ; P. Cavvadias ; Ern. Windisch ; R.-G. Bhandarkar ; Ign. Guidi ; G.-O.-A. Montelius ; H.-Al. Diels ; Imhoof-Blumer ; Sir Arthur Evans ; Th. Nöldeke ; Le P. Franz Ehrle ; Ch.-R. Lanman ; Ch.-K. Fr. Hulsen ; Ch.-N.-M. Michel ; V. von Jagic ; Pio Rajna ; Fr.-K.-G. Delitzsch ; J.-C.-H.-R. Steenstrup ; Herm. Oldenberg ; G.-D.-C. Treu ; Mgr. Bulic ; Sir Fred Kenyon ; Kr. Nyrop ; W.-M. Lindsay ; L. von Pastor ; Mis de Cerralbo ; F. Ouspensky ; le P.-H. Delehaye ; P. Gardner ; Henry Vignaud ; A. H. Sayce ; Mgr. P. Ladeuze ; G.E. Rizzo ; N... ; N... ; N... ; N...

Correspondants français : Le P. Delattre ; René Basset ; Ed. Cartailhac ; M.-J.-P. Paris ; S. Gsell ; Beaudouin ; le P. Lagrange ; G.-A. Radet ; Georg. Durand ; Emile Thomas ; Alfr. Jeanroy ; H.-A. Lechat ; Louis Demaison ; J.-H. Roman ; M. Clerc ; le P. Ronzevalle ; Dr Carton ; L.-H. Labande ; Maur. Merlin ; Ph. Fabia ; F. Dürrbach ; Pierre de Charmasse ; Allotte de la Fuÿe ; Audollent ; A. Leroux ; P. Masqueray ; N........ ; N.........

Académie des Sciences.

En 1657 commencèrent les séances de l'*Académie de Montmor* qui doit être considérée comme le berceau de l'Acad. des Sciences, car elle avait un règlement, un bureau et un secrétaire perpétuel (Sorbière) qui rédigeait régulièrement les procès-verbaux. Colbert s'en inspira dès juin 1666 et assembla dans sa bibliothèque la compagnie naissante. Le 22 déc., l'Académie complétée par l'adjonction de physiciens comme Cureau de la Chambre, Claude Perrault, Edme Mariotte, etc., tint sa première séance à la Bibliothèque du roi, mais elle n'eut d'organisation définitive qu'avec le règlement du 26 janvier 1699. Placée sous la protection du roi. l'Académie devait comprendre six sections : géométrie, astronomie, arts mécaniques, anatomie, chimie, botanique, entre lesquelles se répartissaient 10 membres honoraires, 20 pensionnaires, 20 associés, dont 12 régnicoles et 8 étrangers, enfin 20 élèves. L'accroissement que recevait l'Académie rendait impossible son maintien à la Bibliothèque du Roi. Un nouveau et spacieux logement lui fut attribué au Louvre où elle resta jusqu'en 1793. Entre temps, un nouveau règlement donné par le Régent en 1716 avait élargi ses cadres et sa constitution. En 1785, sous l'influence de Lavoisier, deux nouvelles sections (physique générale et histoire naturelle et minéralogie) étaient créées.

La Révolution, durant sa première période, respecta la compagnie. Le décret du 8 août 1793, portant suppression des Académies, l'autorisa à continuer ses réunions « pour s'occuper des objets qui lui ont été ou pourront être renvoyés par la Convention Nationale » mais Lavoisier et ses confrères ne crurent pas pouvoir se servir de ce décret. On connaît la mort de Bailly et de Lavoisier. Condorcet échappa au supplice par une mort volontaire. Deux ans après, en 1795, l'Institut était créé et l'Académie des Sciences renaissait sous le nom de 1re *classe de l'Institut, sciences physiques et mathématiques*.

La 1re classe se transporta avec les autres classes de l'Institut au Collège des Quatre-Nations devenu Palais de l'Institut national (29 ventôse an XIII). L'arrêté du 23 janv. 1803, rendu par les Consuls, apportait encore des modifications à sa composition. Elle se trouvait, comme en 1785, partagée en deux grandes divisions et était composée de 11 sections, distribuées ainsi : *Sciences mathématiques* avec les *sections de géométrie, mécanique, astronomie, géographie et navigation, physique générale*; *Sciences physiques*, avec les *sections de chimie, de minéralogie, de botanique, d'économie rurale et art vétérinaire, d'anatomie et zoologie, de médecine et chirurgie*. Toutes les sections comptaient 6 membres (sauf celle de géographie, 3). Le nouvel arrêté rendait perpétuels les deux secrétaires annuels et les plaçait en dehors des sections. Il ne devait plus être apporté à cette distribution que des modifications de détail. La Restauration, en 1816 rendit à la 2me classe, qui passa au rang de 3me classe, le titre d'Académie Royale des Sciences et l'augmenta de 10 membres libres. Un décret du 3 janvier 1866 a porté à 6 le nombre des membres de la section de Géographie et navigation. Les associés nationaux, supprimés par l'organisation de l'an XI, furent remplacés par 100 correspondants, choisis, comme auparavant, parmi les étrangers et les nationaux. Ce nombre a été porté à 116 par un décret du 24 juil. 1899.

Enfin, l'Académie a décidé en 1918 même de faire place à un groupe de savants dont les travaux se sont portés principalement sur l'*application des sciences à l'industrie* et a été autorisée par décret à créer sous ce nom une 12e section, comprenant 6 membres élus par l'Académie.

L'Académie des Sciences tient ses séances ordinaires le lundi, à 15 h. (publiques, les dames sont admises sur demande adressée au président). La séance publique a lieu au mois de décembre.

Etat des membres de l'Académie au 1er janvier 1920 (*par ordre d'ancienneté, avec le nom de leurs prédécesseurs en italique*).

Bureau : *Prés.* : Deslandres ; *vice-prés.* : Lemoine ; *secrét. perpétuels* : A. Lacroix et E. Picard.

MM.

SCIENCES MATHÉMATIQUES. — *Géométrie* (6) : Jordan (O. ✱) (*Chasles*) ; Appell (C. ✱) (*Bonnet*) ; Paul Painlevé ✱ (*Darboux*) ; Humbert (O. ✱) (*Hermite*) ; Hadamard ✱ (*Poincaré*) ; Goursat (*Emile Picard, élu secr. perpétuel*).

Mécanique (6) : Boussinesq (O. ✱) (*Rolland*) ; général Sebert (C. ✱) (*Résal*) ; Eug. Vieille (O. ✱) (*Sarrau*) ; Lecornu (O. ✱) (*Lévy*) ; Kœnigs... (*Léauté*) ; N... (*Deprez*).

Astronomie (6) ; Deslandres (O. ✱) (*Faye*) ; Bigourdan (O. ✱) (*Callandreau*) ; Baillaud (C. ✱) (*Lœvy*) ; Hamy ✱ (*Janssen*) ; Puiseux ✱ (*Radau*) ; Andoyer (*Wolf*).

Géographie et Navigation (6) : Grandidier (O. ✱) (*Dupuy de Lôme*) ; Bertin (C. ✱) (*de Bussy*) ; Charles Lallemand (O. ✱) (*Bouquet de la Grye*) ; Fournier (G. C. ✱) (*Guyou*) ; Bourgeois (C. ✱) (*Hatt*) ; L. Favé... (*général Bassot*).

Physique générale (6) : Lippmann (C. ✱) (*Desains*) ; Violle (O. ✱) (*Fizeau*) ; Bouty (O. ✱) (*Henri Becquerel*) ; Paul Villard ✱ (*Mascart*) ; Ed. Branly ✱ (*Gernez*) ; Daniel Berthelot (*Amagat*).

SCIENCES PHYSIQUES (6). — *Chimie* : Armand Gautier (C. ✱) (*Chevreul*) Lemoine (O. ✱) (*Friedel*) ; Haller (C. ✱) (*Grimaux*) ; Le Chatelier (O. ✱ (*Moissan*) ; Moureu ✱ (*Troost*) ; Bourquelot (*Jungfleisch*).

Minéralogie (6) ; Barrois (O. ✱) (*Fouqué*) ; Douvillé (O. ✱) (*Marcel Bertrand*) ; Wallerant (*de Lapparent*) ; Termier ✱ (*Gaudry*) ; de Launay ✱ (*Michel-Lévy*) ; Haug ✱ (*A. Lacroix, élu secr. perpétuel*).

Botanique (6) : Guignard (O. ✱) (*Duchartre*) ; Bonnier (O. ✱) (*Trécul*) ; Mangin (C. ✱) (*Ph. van Tieghem*) ; Costantin ✱ (*Bornet*) ; Lecomte (*Prillieux*) ; Dangeard (*Zeiller*).

Economie rurale (6) ; Roux (G. O. ✱) (*Girard*) ; Alph. Th. Schloesing (O. ✱) (*Dehérain*) ; Maquenne ✱ (*Duclaux*) ; Leclainche (*Chauveau*) ; P. Viala (*Muntz*) ; N... (*J. Th. Schloesing*).

Anatomie et Zoologie (6) : Ranvier (O. ✱) (*Robin*) ; Edmond Perrier (C. ✱) (*de Quatrefages de Bréau*) ; Yves Delage (O. ✱) (*de Lacaze-Duthiers*) ; Bouvier (O. ✱) (*Filhol*) ; Henneguy (O. ✱) (*Giard*) ; Paul Marchal ✱ (*J. Chatin*).

Médecine et Chirurgie (6) : Guyon (C. ✱) (*Richet*) ; d'Arsonval (C. ✱) (*Brown-Sequard*) ; Laveran (C. ✱) (*Potain*) ; Charles Richet (C. ✱) (*Lucas-Championnière*) ; Quénu (O. ✱) (*Bouchard*) ; Widal (*Dastre*).

Académiciens libres (10) : de Freycinet (O. ✱) (*Bussy*) ; Haton de la Goupillière (G. O. ✱) (*de la Gournerie*) ; Adolphe Carnot (C. ✱) (*de Lesseps*) ; Bonaparte (prince Roland) (*Bischoffsheim*) ; Carpentier (C. ✱) (*Laussedat*) ; Tisserand (G. O. ✱) (*Tannery*) ; Blondel ✱ (*Cailletet*) ; Gramont (Cte Arnaud de), (✱ O.) (*Alfred Picard*) ; maréchal Foch (*Labbé*) ; Paul Janet (*Landouzy*).

Applications de la sciences à l'industrie (6) (décret du 23 janv. 1918) : M. Leblanc ; A. Rateau ; G. Charpy ; Lumière ; de Chardonnet.

Membres non résidents (6) : Paul Sabatier (*décret du* 17 *mars* 1913) ; Gouy (*idem*) ; Depéret ✱ (*idem*) ; Ch. Flahault (*Gosselet*) ; W. Kilian (*Duhem*) ; Ch. Cosserat (*Emile Bazin*).

Associés étrangers (12) : Albert Ier (S. A. S.) prince souv. de Monaco (*lord Kelvin*) ; J. van der Waals (*décret du* 1er *déc.* 1909) ; sir Ed. Ray Lankester (*Koch*) ; H.-A. Lorentz (*Schiaparelli*) ; S. Schwendener (*lord Lister*) : sir Arch. Geikie (*Suess*) ; Vito Volterra (*Hittorf*) ; G. Ellery Hale (*décret du* 28 *mai* 1915) ; Sir J.-J. Thomson (*Dedekind*) ; Walcott (*Metchnikoff*) ; N... (*Ramsay*) ; N... (*Rayleigh*).

Correspondants Sciences Mathém. — *Géométrie* (10) : H.-A. Schwarz ; H.-G. Zeuthen ; M.-G. Mittag-Leffler ; Max Noether ; Cl. Guichard ; D. Hilbert ; de la Vallée-Poussin. N... ; N... — *Mécanique* (10) : Vallier ; Witz ; T. Levi-Civita ; W. Voigt ; Jules Boulvin ; Emile Schwœrer ; de Sparre ; J. Parenty ; Ariès ; Waddell. — *Astronomie* (16) : sir Lockyer ; Stephan ; van de Sande Bakhuyzen ; sir W.-H. Christie ; Gaillot ; H. Hall Turner ; J. Corn. Kapteyn ; A. Verschaffel ; Lebeuf ; F.-W. Dyson ; Fr. Gonnessiat ; Campbell ; Fabry ; N... ; N... ; N... — *Géographie et Navigation* (10) : baron de Teffé ; Fr. Nansen ; E. Colin ; Sven Hedin ; H. Hildebrand Hildebrandsson ; W. Moris Davis ; Amundsen Tilho ; Ph. Watts ; Lecointe. — *Physique générale* (10) : Blondlot ; Alb.-A. Michelson ; René Benoît ; Ch. Guillaume ; S.-Aug. Arrhenius ; Mathias ; Aug. Righi ; N... ; N... ; N...

Sciences Physiques. — *Chimie* (10) : de Forcrand de Coiselet ; Guye ; Ant. Guntz ; Carl. Graebe ; Ph. Barbier ; G. Ciamician ; Grignard ; Paul Walden ; Ernest Solvay ; Paterno. — *Minéralogie* (10) : G. Tschermak ; Daniel Œhlert ; W.-Chr. Brögger ; Albert Heim ; Otto Lehmann ; de Grossouvre ; Fr. Becke ; Georges Friedel ; Bigot. — *Botanique* (10) : W. Pfeffer ; J. Warming ; J. Boudier ; H. Engler ; Hugo de Vries ; J.-P. Vuillemin ; Sauvageau ; Battandier. — *Economie rurale* (10) : L. Gayon . S. Winogradsky ; E. Godlewski ; Ed. Perroncito ; P. Wagner ; Imbeaux ; Balland ; Neumann ; Trabut ; Effront. — *Anatomie et Zoologie* (10) : E. Simon ; Vayssière ; J. Loeb ; Ramon Cajal ; G.-A. Boulenger ; Bataillon ; Cuenot ; Brachet ; Lameere. — *Médecine et Chirurgie* (10) : Léon Calmette ; sir P. Manson ; J. Pavlov A. Yersin ; Bergonié ; Morat ; Depage ; David Bruce ; Wright : N....

Académie des Beaux-Arts.

La charte d'affranchissement de la nouvelle Compagnie fut signée par la Reine Régente en août 1648. L'appui officiel de Mazarin permit de triompher de la Corporation, d'obtenir logement au Louvre. Les statuts du 24 déc. 1668, œuvre de Colbert, constituent sa première charte. Deux ans avant, le grand ministre avait signé les statuts réalisant la création de l'École française de Rome, dont Charles Errard fut le premier recteur. L'année suivante, en 1669, Mansard obtint que les expositions de l'Académie, qui avaient été faites jusque-là en plein air dans la cour du Palais-Royal, eussent lieu dans la grande galerie du Louvre. En déc. 1671 enfin, l'Académie d'Architecture était fondée, bien qu'elle ne reçut ses lettres patentes et statuts qu'en 1717.

Fondée par un grand artiste, Le Brun, l'Académie devait être détruite par un autre grand artiste. Louis David, dès le lendemain de la prise de la Bastille, conspira contre la compagnie, obtint que le Salon de 1791 serait ouvert, indistinctement, à « tous les artistes tant français qu'étrangers », puis dénonça à la Convention où il siégeait « le dernier refuge de l'aristocratie ». Dans sa séance du 8 août 1793, la Convention décrétait la suppression de toutes les académies.

La loi du 25 oct. 1795 qui créait un Institut national divisé en trois classes, établit comme 3e cl., celle de Littérature et des Beaux-Arts. L'arrêté du 23 janv. 1803 dédoubla l'ancienne 3e cl. et dans la 4e classe, dite des Beaux-Arts, était créée une section de Gravure à laquelle furent appelés Bervic, Dumarest et Jeuffroy. Le nombre des membres était de 28, plus un secrétaire perpétuel ; aux membres titulaires étaient adjoints 8 associés et 36 correspondants. La compagnie devait traverser encore une crise difficile. Une ordonnance du 5 mars 1815 supprimait la 4e cl. de l'Institut. Napoléon, en rentrant aux Tuileries, décidait que cette ordonnance devait être considérée comme non avenue. Un nouveau décret portait le nombre des membres à 41, et ajoutait une section nouvelle d'Histoire et théorie des Beaux-Arts ; mais dès les premiers jours de la seconde Restauration, ce décret était rapporté et la nouvelle section supprimée d'un trait de plume. L'ordonnance du 21 mars 1816, qui octroyait à l'Institut sa charte définitive, rétablissait pour les peintres, sculpteurs, architectes et compositeurs de musique le chiffre de 51 membres, créait 10 membres libres; rendait enfin à la Compagnie le nom d'Académie des Beaux-Arts. Depuis le décret du 25 avril 1863, le nombre des correspondants a été élevé à 50.

Les séances ordinaires ont lieu le samedi de 5 à 7 h.; la séance publique annuelle en octobre.

Etat de l'Académie des Beaux-Arts au 1er *janvier* 1920 (*par ordre d'ancienneté, avec le nom de leur prédécesseur en italique*).

Bureau : *Prés.* : Fr. Flameng (C. ✻) ; *vice-prés.* : Charpentier ✻ ; *secr. perpétuel* : Ch. Widor ✻.

Peinture (14) : Léon Bonnat (G. C. ✻) (*Cogniet*) ; Jean-Paul Laurens (C. ✻) (*Meissonier*) ; Luc-Olivier Merson (O. ✻) (*Signol*) ; Fernand Cormon (C. ✻) (*Lenepveu*) ; Dagnan-Bouveret (O. ✻) (*Vollon*) ; Ferd. Humbert (C. ✻) (*Benjamin-Constant*) ; Lhermitte (C. ✻) (*Henner*) ; François Flameng (C. ✻) (*Bouguereau*) ; Albert Besnard (C. ✻) (*J. Lefebvre*) ; Marcel Baschet (O. ✻) (*Detaille*) ; Henri Gervex (C. ✻) (*Aimé Morot*) ; Henri Martin (*G. Ferrier*) ; A. Déchenaud (*R. Collin*) ; E. Laurent (*Carolus Duran*).

Sculpture (8) : Marqueste (C. ✻) (*Cavelier*) ; Jules Coutan (O. ✻) (*Falguière*) ; Denys Puech (C. ✻) (*Barrias*) ; Allar (O. ✻) (*Guillaume*) ; Injalbert (C. ✻) (*J. Thomas*) ; R. Verlet (O. ✻) (*Frémiet*) ; Georges Gardet (*de Saint-Marceaux*) ; Dampt (*Mercié*).

Architecture (8) : Pascal (C. ✻) (*André*) ; Henri Nénot (C. ✻) (*Ancelet*) ; Girault (O. ✻) (*Coquart*) ; Victor Laloux (C. ✻) (*Normand*) ; Louis Cordonnier (*Moyaux*) ; Gaston Redon (O. ✻) (*Vaudremer*) ; Deglane (*Paulin*) ; Tournaire (*Bernier*).

Gravure (4) : Ch. Waltner (O. ✻) (*Achille Jacquet*) ; Laguillermie (O. ✻) (*Roty*) ; E. Sulpis ✻ (*L. Flameng*) ; A. Patey ✻ (*de Vernon*).

Composition musicale (6) : Camille Saint-Saëns (G. C. ✻) (*Reber*) ; Emile Paladilhe (O. ✻) (*Guiraud*) ; Théodore Dubois (C. ✻) (*Gounod*) ; Gabriel Fauré (C. ✻) (*Reyer*) ; Gustave Charpentier ✻ (*Massenet*) ; Henri Rabaud (*Widor, élu secr. perpétuel*).

Académiciens libres (10) : Léon Heuzey (G. O. ✱) (*du Sommerard*) ; prince d'Arenberg (*duc d'Aumale*) ; Paul Richer ✱ (*baron A. de Rotschild*) ; baron Edmond de Rotschild (*Bouchot*) ; de Selves (G. C. ✱) (*Gruyer*) ; Homolle (C. ✱) (*G. Berger*) ; Henry Lemonnier (O. ✱) (*Jules Comte*) ; André Michel (*E. de Fourcaud*) ; Fenaille (*J. Guiffrey*) ; de Castelnau (*Lafenestre*).

Associés étrangers (10) : de Ortiz Pradilla (*Madrazo*) ; Pierre Cuypers (*da Silva*) ; Ad. Venturi (*Verdi*) ; John Sargent (*Menzel*) ; Whitney Warren (*Gevaërt*) ; J. Sorolla y Bastida (*Israels*) ; Brangwyn (*Jacobsen*) ; Shannon (*Herkomer*) ; Apolloni (*Monteverde*) ; Ricci (*Arrigo Boïto*).

Correspondants. *Peinture* (14) : Em. Wauters ; Paul Robert ; Cesare Maccari ; Alex. Struijs ; sir Edw.-J. Poynter ; J.-H. Lorimer ; Stan.-Alex. Forbes ; J. de Vriendt ; J. Larcher ; A.-S. Cope ; Anders Zorn ; Ch. Burnand ; Marie de Roumanie (S. M. la reine) ; N... — *Sculpture* (8) : W. John ; Guillaume de Groot ; M. Benlliure y Gil ; Th. Vinçotte ; Em. Gallori ; P.-W. Bartlett ; Gemito ; N... — *Architecture* (8) : comte de Suzor ; Alex. Vallaury ; L. Beltrami ; sir John Burnet ; Simpson ; N... ; N... — *Gravure* (4) : Louis Le Nain ; J.-E. Lindberg ; N... ; N... — *Composition musicale* (6) : César Cui ; Paul Lacombe ; Alex. Glazounow ; N... N... ; N... — *Correspondants libres* (10) : Louis Le Breton ; Rod. Lanciani ; prince Fr. Scalea ; Abr. Bredius ; comte de San Martino et Valperga ; Kervyn de Lettenhove ; N... ; N... ; N... ; N...

Académie des Sciences morales et politiques.

La seconde classe de l'Institut national créé par la loi du 28 oct. 1795 portait le nom de *Classe des Sciences morales et politiques* ; elle disparut en 1803. La nouvelle Académie ne devait être définitivement constituée qu'en 1832, mais on peut dire que la *petite Académie* fondée en 1692 au Luxembourg fut le premier essai de la compagnie.

Dans le rapport de Daunou, la seconde classe de l'Institut, composée de 36 membres, était divisée en 6 sections : analyse des sensations et des idées, morale, science sociale et législation, économie politique, histoire, géographie.

En 1803, lors de la réorganisation de l'Institut, les quatre anciennes Académies reparaissaient sous le nom de classes qui leur était maintenu ; seule, la classe des Sciences morales et politiques était omise et, des motifs de sa suppression, pas un mot ne fut dit. Le régime fondé par la Révolution de 1830 ne pouvait conserver contre la raison humaine la défiance que l'on a prêtée à Bonaparte. Sur le rapport de Guizot, une ordonnance royale rétablissait, le 26 oct. 1832, l'ancienne classe des Sciences morales et politiques dans le sein de l'Institut royal de France sous le nom d'*Académie des Sciences morales et politiques*. Les cinq sections reprenaient leurs anciens noms, la première s'appelant section de Philosophie.

Depuis, un décret du 14 avril 1855 a nommé 10 nouveaux membres et créé une section nouvelle : *Politique, finances et administration* ; un nouveau décret de 1866 supprima cette section et en répartit les membres dans les cinq anciennes sections, enfin le décret du 14 juillet 1872 rendait à l'Académie la pleine indépendance de ses jugements, portait le nombre des académiciens libres à 10 et celui des associés à 6.

Un décret du 26 mars 1918 a conféré aux membres libres tous les droits des académiciens titulaires, sauf celui d'élire ces derniers et de faire partie du bureau. Il a décidé qu'un académicien titulaire peut être transféré d'une section à une autre sur la proposition des deux sections intéressées et qu'un académicien libre peut devenir académicien titulaire sur la proposition d'une section qui demande à se l'adjoindre, mais sous réserve de l'élection par l'Académie. Un autre, du mois de mai, a porté de 8 à 10 le nombre des associés étrangers.

Les séances ordinaires ont lieu le samedi à 13 h. 30 ; la séance publique annuelle en décembre.

Bureau : *Prés.* : P. de la Gorce ; *vice-prés.* : Imbart de la Tour ; *secr. perp.* : Lyon-Caen (O. ✱).

Etat des membres de l'Académie des Sciences morales et politiques au 1er janvier 1920 (par ordre d'ancienneté, avec le nom de leur prédécesseur en italique).

Philosophie (8) : MM. Etienne Boutroux (C. ✱) (*Ollé-Laprune*) ; Henri Bergson (O. ✱) (*Ravaisson-Mollien*) ; Alfred Espinas ✱ (*de Tarde*) ; Pierre Janet ✱ (*Fouillée*) ; Lucien Levy-Bruhl (*Delbos*) ; abbé Sertillanges (*Th. Ribot*) ; Le Roy (*Liard*) ; Brunschvicg (*Lachelier*).

Morale (8) : Alexandre Ribot (*Roussel*) ; Henri Joly (*Liard*, démis.) ; comte Oth. d'Haussonville ✻ (*Gréard*) ; Charles Benoist ✻ (*Gebhart*) ; A. Rébelliau ✻ (*A. Leroy-Beaulieu*) ; Bourdeau (*Compayré*) ; baron Léon Seillière (*Waddington*) ; Paul Deschanel (*Béranger*).

Législation, droit public et jurisprudence (8) : comte de Franqueville (O. ✻) (*Batbie*) ; Lyon-Caen (*de Parieu*) ; Morizot-Thibault (*Glasson*) ; Ch. André Weiss (O. ✻) (*Esmein*) ; Georges Teissier (*Bétolaud*) ; Millerand (*Sabatier*) ; Berthélemy (*Louis Renault*) ; N... (*Flach*).

Economie politique, statistique et finances (8) : Eug. d'Eichthal (*Germain*) ; Cl. Colson (O. ✻) (*Cheysson*) ; André Liesse (O. ✻) (*Levasseur*) ; Arnauné (O. ✻) (*Fréd. Passy*) ; Raphaël-Georges Lévy (O. ✻) (*de Foville*) ; Souchon (*P. Leroy-Beaulieu*) ; Schelle (*Stourm*) ; Deschamps (*Beauregard*).

Histoire générale et philosophique (8) : Rocquain ✻ (*Chéruel*) ; Arthur Chuquet (O. ✻) (*Zeller*) ; Fagniez (*duc de Broglie*) ; Pierre de la Gorce (*Guiraud*) ; Imbart de la Tour (*Luchaire*) ; J. Lacour-Gayet ✻ (*Georges Picot*) ; N... (*Vidal de la Blache*) ; N... (*H. Welschinger*).

Académiciens libres (10) : Paul Cambon (G. C. ✻) (*Calmon*) ; Villey-Desmeserets ✻ (*A. Leroy-Beaulieu*) ; L. Lépine (G. C. ✻) (*Lefébure*) ; Delatour (G. O. ✻) (*Monod*) ; Charles Adam (O. ✻) (*Louis Passy*) ; J. Jonnart (*Rostand*) ; Laudet (*Voisin*) ; maréchal Pétain (*Paul Deschanel*) Léon Bourgeois (*X. Charmes*) ; N... (*b. de Courcel*).

Associés étrangers (10) : Luigi Luzzatti (G. C. ✻) (*Gladstone*) ; vicomte J. Bryce (*Lecky*) ; lord Reay (*d'Oliveorona*) ; J.-Y. Limantour (G. O. ✻) (*Calvo*) ; Alex. Xénopol, à Jassy (*Asser*) ; Woodrow Wilson, prés. de la République des Etats-Unis : cardinal Mercier (*décret du 18 mai 1918*) ; Salandra (*Villari*) ; Vénizelos (*Théodore Roosewelt*) ; A. Balfour (*Grand-duc Nicolas Mikhaïlovitch de Russie*).

Correspondants. — *Philosophie* (12) : Alexis Bertrand ; Léopold Mabilleau ; Fr. Paulhan ; H. Hoffding ; Roberto Ardigo ; J.-M. Baldwin ; James Ward ; L. Goblot ; Souriau ; N... ; N...

Morale (12) : R. Thamin ; John Bodley ; Ch. Eliot ; Fern. Samazeuilh ; Lacassagne ; Max Turmann ; Blondel ; J.-B. Arnould ; Paul Masson ; N... ; N... ; N...

Législation, droit public et jurisprudence (12) : sir Fred. Pollock ; baron Descamps ; L. Guillouard ; J.-R. Garraud ; baron R. Garofalo ; W. Loubat ; Henry Carton de Wiart ; M. Vesnitch ; sir Erskine Holland ; G. Ador ; N... ;

Economie politique, statistique et finances (12) : Luigi Bodio ; Arthur Raffalovich ; Ch. Menger ; Aug. Béchaux ; Alfr. Marshall ; Marcel Marion ; G. Martin ; Rambaud ; N... ; N... ; N...

Histoire générale et philosophique (12) : Pierre Pingaud ; Chr. Pfister ; Ernest Reuss ; G. Baguenault de Puchesse ; Albert Waddington ; Alfred Stern ; Fréd. Rott ; Pr. Boissonnade ; Henri Hauser ; Perroud ; Altamira ; Masson.

Concours et fondations de l'Institut et des Académies.

La plupart des prix créés soit par l'État, soit par des fondations particulières, sont annuels, bisannuels, triennaux, etc., et comportent un programme arrêté ou sont décernés à des personnes ou ouvrages rentrant dans des conditions déterminées. Les programmes des concours sont déposé au secr. de l'Institut, où les intéressés peuvent les demander. Pour les concours littér. scientif., histor., etc., les ouvrages imprimés ou manuscrits doivent être adressés ou déposés au Secr. avant le 1er janv. de l'année où le concours est jugé. Le même ouvrage ne peut être présenté, la même année, aux concours de deux Acad. Les personnes qui ont reçu un prix sont seules autorisées à prendre le titre de *Lauréat de l'Institut*.

Principaux Prix de l'Institut.

Osiris. — 100.000 fr. — Triennal. Découverte ou œuvre la pl. remarq.

Jean Debrousse. — 30.000. — Annuel. Dans l'intérêt des lettres, sciences et arts.
Barbier-Muret. — 14.000. — Annuel. Personnes nécessiteuses.
Thorlet. — 17.600. — Annuel. Prix de toute espèce.

Prix de l'Académie Française.

Conditions. — Pour les concours littéraires, l'Acad. n'admet que des ouvrages imprimés, sauf pour les concours d'éloquence et de poésie dont elle indique le sujet. En adresser 5 exempl. (qui ne sont pas rendus) avant le 1er janv. de l'année où ils doivent concourir, avec une lettre indiquant le concours pour lequel l'ouvrage est présenté au Secr. de l'Institut. Pas de lettres ni d'ouvrages à adresser pour les prix Vitet, Jean Reynaud, Botta, Monbinne, Lambert, Marmier, Toirac, Emile Augier, Maillé-Latour-Landry, Calmann-Lévy, Estrade-Delcros, Née, de Courcel, le Grand Prix de Littérature et le Prix du Roman.

Pour les concours aux Prix de Vertu, adresser un mémoire détaillé de l'action prolongée jusque dans le cours des deux années précédentes et l'appuyer de pièces probantes. Ce mémoire ne doit être ni signé, ni adressé par la personne présentée.

1° *Concours littéraires :*

Montyon. — 18.500. — Annuel. Ouvrages d'un caractère élevé et moral.
Gobert. — 10.000. — Annuels. (1 de 9.000 et 1 de 1.000). Morceaux les plus éloquents d'histoire de France.
Thérouanne. — 4.000. Annuel. Meilleurs travaux histor. de l'année précéd.
Marc. Guérin. — 5.000. — Annuel. Livres récents d'hist., d'éloquence, etc.
Archon-Despérouses. — 2.500. — Annuel. Œuvres de poésie.
Alfred Née. — 3.500. — Annuel et indivis. Œuvre la plus originale de forme et de pensée.
Toirac. — 4.000. — Annuel. Meilleure comédie jouée au Théâtre-Français.
Saintour. — 3.000. — Annuel. Ouvr. concern. l'étude de la langue franç.
Sobrier-Arnould. — 2.000. — Annuel. Par 1/2 à 2 ouvr. moraux pour la jeunesse.
Juteau-Duvigneaux. — 2.500. — Annuel. Ouvr. de morale princip. catholique.
Fabien. — 3.200. — Annuel. Amélior. situation de la classe ouvrière.
Ch. Blanc. — 2.400 fr. — Annuel. Ouvrages traitant de questions d'art.
Gd P. de Littérature. — 10.000. — Annuel et indiv. A une ou plus. œuvres de forme remarquable.
du Roman. — 5.000. — Annuel et indiv. Jeune prosateur pour œuvre d'imagination.
de la Langue franç. — 10.000. — Annuel et divis. Services rendus au dehors à la langue française.
Broquette-Gonin. — 10.000. — Annuel. Ouvrage philos., polit. ou littér.
du Budget. — 4.000. — Annuel.
Monbinne. — 3.000. — Biennal (1921). A personne digne d'intérêt, lettres ou enseignement.
Thiers. — 2.800. — Triennal (1922). Meilleur ouvrage d'histoire.
Jean Reynaud. — 10.000. — Quinquen. et indiv. (1924). Œuvre originale (caractère d'invent. et de nouv.).
Calmann-Lévy. — 3.000. — Triennal (1922). Œuvre littér. ou ensemble des œuvres d'un h. de lettres.
Emile Augier. — 5.000. — Triennal (1920). Pièce, prose ou vers, jouée au Th.-Franç. ou Odéon.
Guizot. — 3.000. — Triennal (1920). Ouvr. paru dans les 3 ans sur litt. franç.
Jules Janin. — 3.000. — Triennal (1920). Traduct. d'un ouvr. latin ou grec paru dans les 3 ans.
Paul Hervieu. — 2.500. — Biennal et indiv. (1920). Pièce de haute littér. jouée en dehors des théâtres régul.
Estrade-Delcros. — 8.000. — Quinq. et indiv. (1921).

Baron de Courcel. — 2.400 — Quinq. et indiv. (1921). Ouvr. sur 1ers siècles de l'hist. de France.
J.-J. Berger. — 15.000. — Quinq. (1922). Ouvr. sur la ville de Paris.

2° *Principaux prix de vertu:*

Fondation Cognacq-Jay. — Annuel. — Prix de 25.000 fr. attribué, par département, à une famille française d'au moins neuf enfants.
Montyon. — 19.000 fr. — Annuel. A un Français pauvre ayant fait l'action la plus vertueuse.
Camille Favre. — 13.500. — Annuel. Médailles de 500 fr. récompensant le dévouement filial.
L. Davillier. — 6.000. — Annuel. 2 000 fr. min. Récompense des actes de vertu et de dévouement.
Etienne Lamy. — 25.000. — Annuels dont 2 de 10.000. Familles de paysans franç. pauvres, nombreuses et chrétiennes.
A. Broquette-Gonin. — 8.000. — (1919). 2 prix biennaux de 4.000 fr., en faveur d'instituteurs.
H. de Sussy. — 20.000. — Triennal (1922). Récomp. de bonnes actions.

Princ. Prix et Fondations de l'Acad. des Inscriptions et Belles-Lettres.

Conditions. — Adresser, avant le 1er janv. de l'année où le prix doit être décerné, les ouvrages en double exemplaire (Prix Gobert, 6 exempl.), au Secr. de l'Institut avec une lettre adressée à M. le Secr. perpétuel de l'Ac. indiquant le concours auquel ils sont présentés. Les personnes qui ont reçu un prix ou l'une des médailles du concours des antiquités de la France sont seules autorisées à prendre le titre de Lauréat de l'Ac. des Inscr. et Belles-Lettres; celles qui ont obtenu des récompenses ou mentions n'ont pas droit à ce titre.

Antiquités de la France. — 3.000. — 3 médailles (1.500, 1.000, 500 fr.). Ouvr. manuscrits ou publiés parus depuis 2 ans sur les antiquités de la France.
Gobert. — 10.000. — 9/10 au 1er, 1/10 au 2e. Histoire de France et études s'y rattachant.
Garnier. — 15.000. — Annuel. Frais d'un voyage scientif. dans l'Afr. centr. ou Hte-Asie.
Piot. — 17.000. — Annuel. Missions, fouilles, publ. désignées par l'Ac.
Dourlans. — 43.000. — En faveur des études dont l'Académie s'occupe.
Louis de Clercq. — 6.000. — Subvention à des publications relat. à l'archéologie orientale.
Duc de Loubat. — 3.000. — Aide aux savants arrêtés dans leurs travaux.
Bordin. — 3.000. — Annuel. Meilleur ouvrage sur Moyen Age ou Renais. depuis 3 ans.
— (extr.). — 3.000. — Biennal (1921). Ouvr. imprimé sur l'antiquité classique depuis 6 ans.
Saintour. — 3.000. — Annuel. Meilleur ouvrage sur études orientales depuis 3 ans.
De Chénier. — 2.000. — Quinq. (1924). Meilleure méthode pour l'enseign. de la langue grecque.
Baron de Courcel. — 2.400. — Triennal (1922). Ouvr. sur les 1ers siècles de l'hist. de France.
Emile Le Senne. — 2.000. — Biennal (1921). Études sur Paris et dép. de la Seine.
Jean Reynaud. — 10.000. — Quinq. (1920). Travail le plus méritant depuis 5 ans.
Brunet. — 3.000. — Triennal (1921). Meilleurs ouvr. de bibliogr. savante depuis 1917.
Louis Fould. — 5.000. — Biennal (1920). Meilleur ouvr. sur hist. des arts du dessin (jusqu'à la fin XVIe s.).

R. Duseigneur. — 3.000. — Triennal (1921). Art et archéologie espagnols (jusqu'à fin du XVIe s.).
E. Delcros. — 8.000. — Quinq. et indiv. (1922). Travail rentrant dans l'ordre des études de l'Académie.
G. Maspero. — 15.000. — Quinq. (1922). Ouvr. ou ensemble de travaux sur l'hist. ancienne de l'Orient classique.
J. J. Berger. — 15.000. — Quinq. (1923). Ouvrage sur la Ville de Paris.

Prime. Prix et Fondations de l'Académie des Sciences.

Conditions. — Adresser, avant le 31 déc. de l'année précédente, les pièces manuscrites (en français) ou imprimées (3 exemplaires), avec une analyse succincte, au Secrétariat de l'Institut (Ac. des Sciences) avec une lettre au nom de MM. les Secrétaires perpétuels de l'Ac. des Sciences, indiquant le concours pour lequel elles sont présentées. Les personnes qui ont reçu un prix sont seules autorisées à prendre le titre de Lauréat de l'Ac.; celles qui ont obtenu des récompenses, encouragements ou mentions n'ont pas droit à ce titre.

Pierre Guzman. — 100.000. — A celui qui trouvera le moyen de communiquer avec un astre (planète Mars exclue).
Navigation. — 6.000. — Annuel. Récompense à tout progrès accroissant l'efficacité de nos forces navales.
Plumey. — 4.000. — Annuel. Progrès de la navigation à vapeur.
L. La Caze. — 10.000. — Biennal (1920). Meilleur travail sur la physique.
L. La Caze. — 10.000. — Biennal (1920). Meilleur travail sur la chimie.
L. La Caze. — 10.000. — Biennal (1920). Meilleur travail sur la physiologie.
Jecker. — 10.000. — Annuel. Progrès de la chimie organique.
Bréant. — 100.000. — Guérison ou découv. des causes du choléra asiatique.
F. Emden. — 3.000. — Biennal (1920). Meilleur travail sur l'hypnotisme.
Estrade-Delcros. — 8.000. — Quinq. (1923). Travaux sur les sciences physiques.
Montyon. — 12.500. — Répartis en 1919, entre 6 lauréats.
Petit d'Ormoy, — 10.000. — Sciences mathématiques.
J. J. Berger, — 15.000.
Le Conte. — 50.000. — Triennal (1921) 7/8e découv. ou applic. nouv. dans les sciences. 1/8e à titre d'encouragement.
Saintour. — 3.000. — Annuel. Travaux sur les sciences physiques.
Longchampt. — 4.000. — Annuel. Meilleur mémoire sur les maladies.
Henry Wilde. — 4.000. — Annuel. Ouvr. ou découverte sur les sciences.
Caméré. — 4.000. — Biennal (1920). Progrès dans l'art de construire.
Pierson-Perrin. — 5.000. — Biennal (1921) à l'auteur de la plus belle découverte physique.
Chaussier. — 10.000. — Quadriennal (1923). Avancement de la médecine.
Dusgate. — 2.500. — Quinq. (1920). Meill. ouvr. sur les signes diagnostiques de la mort.
Des sciences math. — 3.000. — 1920. Question posée : *Perfectionner la théorie des fonctions d'une variable qui sont susceptibles de représentations par des séries trigonométriques de plusieurs arguments, fonctions linéaires de cette variable.*
Bordin. — 3.000 — 1920. — Question posée : *Etude des brèches sédimentaires.*
Serres. — 7.500. — Triennal (1920). Sur l'embryologie générale.
Jean Reynaud. — 10.000. — Quinq. et indiv. Travail le p. méritant relevant de l'Ac. des sciences depuis 5 ans.
J. J. Berger. — 15.000. — Quinq. (1924). Travaux concernant la Ville de Paris.
Fonds Bonaparte. — 30.000 fr.
Fondation Loutreuil. — 125.000 fr.
Fonds Bouchard. — 5.000 fr.

Princ. Prix et Fondations de l'Acad. des Beaux-Arts.

Estrade-Delcros. — 8.000. fr. — Quinq. (1924) et indiv. Travail de l'ordre des études de l'Académie.
H. Lehmann. — 3.000. — Quinq. Encourag. des bonnes études classiques.
B[ne] A. de Rotschild. — 12.000. — Biennal (1921). Encouragement à un artiste de mérite.
J.-J. Berger. — 15.000. — Quinq. (1920). Œuvres conc. la ville de Paris.
Houllevigue, 5.000 fr. — Ary Scheffer, 6.000 fr. — Kastner Boursault, 9.000 fr. Ouvrage sur la musique.

Princ. Prix et Fondations de l'Acad. des Sciences morales et politiques.

Conditions. — Adresser au Secr. de l'Institut (Acad. des sciences morales et polit.), avant le 1er janv. de l'année où ils doivent concourir, les mémoires écrits en français ou en latin et les manuscrits (ceux-ci inédits doivent porter une épigraphe ou devise répétée sur un pli cacheté joint à l'ouvrage et contenant le nom de l'auteur ; ces manuscrits ne sont pas rendus). Les ouvrages imprimés doivent être adressés au nombre de 5 ex. avec une lettre constatant l'envoi et indiquant le concours auquel ils sont présentés.

La personne qui a obtenu un prix est seule autorisée à prendre le titre de *Lauréat de l'Institut* et à faire figurer, sur l'ouvrage qui a valu le prix, les mots : *couronné par l'Institut.* La personne qui a obtenu une récompense a le droit d'inscrire la mention : *récompensé par l'Institut.*

Gegner. — 3.800 fr. — Annuel. A un écrivain philosophe sans fortune.
Drouyn de Lhuys. — 3.000. — Annuel. Ouvr. sur la diplomatie paru depuis 3 ans.
Audiffred. — 10.000. — Annuel. Ouvr. sur la morale et la vertu.
Audiffred. — 15.000. — Annuel. Récomp. des plus beaux dévouements.
Malouet. — 3.000. — Annuel. A un prof. de l'enseign. sec. ayant au moins 4 enfants et méritant une marque d'estime publique.
L. Davillier. — 6.200. — Annuel. Secours de 1.000 fr. à des veuves pauvres et chargées d'enfants.
Carnot. — 20.200. — Annuel. 101 secours de 200 fr. à veuves d'ouvriers chargées d'enfants.
du Budget (philo.). — 2.000. — (1920). Sujet : *Recherches des causes psychol. de l'alcoolisme.*
Bordin. — 2.500. — (1920). Sujet : *Etude et appréciation de la philosophie d'Herbert Spencer.*
Saintour. — 3.000 fr. — (1920). Sujet : *Etude psychol. sur la timidité et les aboulies sociales.*
du Budget (morale). — 2.000. — (1920). Sujet : *Des méthodes d'éducation les p. propres à développer le sentiment de la responsabilité personnelle.* (1921). *La politique du charbon en France et en Angleterre depuis* 1914.
Rossi. — 4.000. — (1920). Sujet : *La politique fin. et écon. des Etats américains pendant la guerre actuelle.*
Léon Faucher. — 3.000. — (1920). Sujet : *La répartition des fortunes privées en France, capitaux et revenus, d'après les renseignements fiscaux et autres. Comparaison avec les pays étrangers.*
Estrade-Delcros. — 8.000. — Quinq. et indiv. (1920). Travail dans l'ordre des études de l'Acad.
J. J. Berger. — 15.000. — Quinq. (1921). Œuvres concern. la Ville de Paris.
Wolowski, 3.000 (1919). — G. Monod, 3.000 (1919). — Thorlet, 40.000 (1919).

Académie de Médecine.

(Rue Bonaparte, 16, Paris.)

Fondée en 1820, avec la mission d'éclairer le gouv. sur toutes les questions d'hygiène publique et de continuer les travaux de la *Société de médecine* et de l'*Académie de chirurgie*, dissoutes en 1793. Composée de 100 membres titulaires, plus des associés libres, français et étrangers, appartenant aux nations alliées ou neutres, elle se divise en 11 sections.

Les séances ont lieu, le mardi à 15 h. (On y vaccine gratuit. les mardis, jeudis et sam. à 11 h.).

Etat des membres de l'Académie de médecine au 1er janvier 1920:

Bureau : *Prés.:* Laveran (C. ✱). — *Vice-prés.:* Richelot (C.✱). — *Secr. perpétuel:* Debove ✱.

Anatomie et physiologie. — (10 membres) : MM. F. Franck (O. ✱); Ch. Richet (C. ✱); M. Gley ✱; L. Henneguy (O. ✱); P. Sebileau ✱; L. Prenant ✱; C. Delezenne ✱; Nicolas ✱; J. P. Langlois ✱; Lucien Camus ✱.

Pathologie médicale. — (13 membres) : MM. M. Bucquoy (O. ✱); An. Chauffard (C. ✱); P. Marie (O. ✱); J. Babinski (O. ✱). Ant. Marfan (O. ✱): P. J. Teissier (O. ✱); A. Souques ✱; Fern. Rezançon (O. ✱); Ch. Dopt r ✱; Darier ✱; Sergent (O. ✱; Ed. Jeanselme (O. ✱).

Pathologie chirurgicale. — (10 membres) : MM. Ch. Monod (O. ✱); Ed. Delorme (G. O. ✱); Ed. Kirmisson (O. ✱); Ed. Quénu (C. ✱); Ch. Schwartz (O. ✱); Ad. Jalaguier (C. ✱); F. de Lapersonne (O. ✱); Th. M. Tuffier (C. ✱); H. Hartmann (O. ✱); C. Sieur (O. ✱).

Thérapeutique et histoire naturelle médicale. — (10 membres) : MM. G. Hayem (C. ✱); G. Debove (C. ✱); Ch. Laveran (C. ✱); V. Hutinel (O. ✱); A. Gilbert (C. ✱); F. Balzer ✱; Lermoyez (O. ✱); Martin (O. ✱); Vaquez ✱; Brumpt ✱.

Médecine opératoire. —(7 membres) : MM. F. Guyon (C. ✱); S. Duplay (O. ✱); J. Le Dentu (C. ✱); Richelot (O. ✱); P. Bazy ✱; A. Routier (O. ✱); Ch. Walther (O. ✱).

Anatomie pathologique. — (7 membres) : MM. L. Ranvier (O. ✱); M. Letulle ✱; G. Roger (O. ✱); M. Brault ✱; E. Achard ✱; P. Menetrier; Fr. Siredey ✱.

Accouchements. — (7 membres) : MM. A. Guéniot ✱; Ad. Pinard (O. ✱); Ch. Porak ✱; A. Ribemont-Dessaignes (O. ✱); C. Champetier de Ribes ✱; J. Doléris (O. ✱); P. Bar (O. ✱).

Hygiène publique, médecine légale et police médicale. — (10 membres) : MM. Em. Vallin (C. ✱); L. Vaillard (G. O. ✱); A. Netter (O. ✱); F. Widal (C. ✱); J. Vincent (C. ✱); Ferd. Dupré (O. ✱); G. Thibierge ✱; Léon Calmette (C. ✱); V. Balthazard (O. ✱).

Médecine vétérinaire. — (6 membres): MM. L. Railliet (O. ✱); G. Barrier (O. ✱); P. Cadiot ✱; M. Kaufmann ✱; Pierre Martel ✱; Gabriel Petit ✱.

Physique et chimie médicale. — (10 membres) : MM. Em. Gautier (C. ✱); Ch. Gariel. (C. ✱); Ed. Robin (C. O. ✱); A. d'Arsonval (C. ✱); A. Hanriot (O. ✱); P. Regnard (O. ✱); A. Pouchet (C. ✱); J. Weiss (O. ✱); Ant. Béclère (O. ✱); A. Desgrez.

Pharmacie. — (10 membres) : MM. J. Guignard (O. ✱); E. Bourquelot ✱; Aug. Béhal (O. ✱); Ch. Moureu (O. ✱); J. Meillère; L. Grimbert ✱; J. Léger; D. Berthelot; Patein; E. Fourneau.

Membres associés libres. — (10 membres) : MM. P. Roux (G. O. ✱); J. Perrier (C. ✱); P. Richer ✱; L. Galippe ✱; Alex. Kermorgant (C. ✱); P. Strauss; M. de Fleury (O. ✱); J. Capitan (O. ✱); G. Mesureur; Georges Clemenceau.

Associés nationaux. — (peuvent être portés à 20 membres) : A. Pitres, à Bordeaux (C. ✱); A.-P.-H. Pamard, à Avignon (O. ✱); A.-A. Pierret, à Lyon ✱; H. Duret, à Lille; L. A.-M.-J. Teissier, à Lyon (O. ✱); P. Cazeneuve, à Lyon ✱; J.-A.-E. Lacassagne, à Lyon (O. ✱); J. Balland, à Saint-Julien (Ain) (O. ✻) : J.-L. Testut, à Lyon (O. ✻) ; H. de Brun, à Beyrouth ✻ ; A. Her gott, à Nancy ✻ ; J. Bœckel, à Strasbourg (O. ✻) ; A.-J.-J. Mairet, à Montpellier ✻ ; L.-G. Neumann, à St-Jean-de-Luz ✻ ; J. Langlet, à Reims ✻ ; Ch. Gross, à Nancy (O. ✻) ; Yersin (Indo-Chine) (C. ✻) ; Delagenière, au Mans.

Associés étrangers (pourront être portés à 20 membres) : Sir P. Manson, à Londres ; Golgi, à Pavie ; J. Pawloff, à Pétrograd ; B.-F. Bang, à Copenhague ; Ramony ; Cajal, à Madrid ; Ad. d'Espine, à Genève ; J.-L. Reverdin, à Genève (O. ✻) ; L. Fredericq, à Li ge ; S. A. S. Prince Albert Ier, à Monaco (G. C. ✻) ; H. Treub, à Amsterdam ✻ ; Sir Al.-Ed. Wright, à Londres ; Ed. Perroncito, à Turin (O. ✻) ; Kitasato, à Tokio ; Fr. Durante, à Rome ; S. Flexner, à New-York (O. ✻) ; Soca, à Montevideo ; Mig. Couto, à Rio de Janeiro ; W. Sydney Thayer, à Baltimore.

Correspondants nationaux. — 1re Division : *Anatomie et physiologie, pathologie médicale, thérapeutique et histoire naturelle médicale, anatomie pathologique, hygiène publique et médecine légale* (50 membres) : MM. E.-A. Tillot, à Rouen ; Liégeois Ch.-A., à Bainville-aux-Saules ; Ch. A. Fiessinger, à Oyonnax ; H. Soulier, à Lyon ✻ ; Cl.-M.-F. Glénard, à Lyon (O. ✻) ; Alph. Mossé, à Toulouse ✻ ; M.-C. Debierre, à Lille ✻ ; L. Vidal, à Hyères (O. ✻) ; — G. J. Bertin, à Nantes ✻ ; L. Du Cazal, à Clermont-Ferrand (O. ✻) ; R. Moniez, à Caen ✻ ; R.-A. Brunon, à Rouen ; F.-J.-L.-J. Lalesque, à Arcachon ✻ ; Ed.-L.-D. Boinet, à Marseille ✻ ; J.-M.-L. Perrin, à Marseille ; E. J.-F. Tourneux, à Toulouse ; J.-P. Morat, à Lyon ✻ ; E. Wertheimer, à Lille ✻ ; L.-J.-M. Bard, à Genève ✻ ; J.-L.-P.-M.-A. Gilis, à Montpellier ✻ ; A.-A. Armaingaud, à Bordeaux (O. ✻) ; Alex. Manquat, à Nice ✻ ; J.-E. Abelous, à Toulouse ; H.-L.-Et. Baumel, à Montpellier ✻ ; P.-M.-C. Oddo, à Marseille ; Collignon, à Cherbourg ✻ ; M. Lannois, à Lyon ✻ ; P. Blanquinque, à Laon ✻ ; G. Laguesse, à Lille ; Al. Carrel, à Lyon ✻ ; Ch. Arnozan, à Bordeaux ✻ ; Simond, à Constantinople ; N.-M. Arthus, à Lausanne ; C. Hédon, à Montpellier ; Ch.-J. Nicolle, à Tunis ✻ ; Courmont, à Lyon ; Lemoine, à Paris ; Pachon, à Bordeaux ; Remlinger, à Tanger.

2e Division. — *Pathologie chirurgicale, médecine opératoire, accouchements.* — (24 membres) : MM. J.-P.-M. Lannelongue, à Bordeaux ✻ ; J.-O.-A. Demons, à Bordeaux (O. ✻) ; L.-E.-E. Dubar, à Lille ✻ ; L.-M.-M. Hache, au Caire ; E.-Aug. Forgue, à Montpellier (O. ✻) ; Alph. Mouchet, à Sens ✻ ; V. Maunoury, à Chartres ✻ ; Ant.-E.-J. Fontan, à Toulon. (O. ✻) ; P.-F. Lagrange, à Bordeaux (O. ✻) ; J. Monprofit, à Angers ✻ ; L.-H. Debayle, à Léon (Nicaragua) ; Eug. Pousson, à Bordeaux ✻ ; D. Témoin, à Bourges ✻ ; L. Bérard, à Lyon ✻ ; M. Crivelli, à Melbourne ; J. Fabre, à Lyon ; L. Sencert à Strasbourg ✻ ; J. Vanverts, à Lille.

3e Division. — *Médecine vétérinaire.* — (6 membres) : MM. Fr. Peuch, à Lyon ✻ ; J.-L.-A. Labat, à Toulouse ✻ ; J.-B. Piot, au Caire ✻ ; J. Jacoulet, à Gray (O. ✻).

4e Division. — *Physique et chimie médicales, pharmacie.* — (20 membres) : MM. Boudier E.-J.-L., à Montmorency ✻ ; A. Haller, à Nancy (G. O. ✻) ; G.-J. Linossier, à Lyon ✻ ; J.-A. Bergonié, à Bordeaux (O. ✻) ; L.-M.-J. Hugounenq, à Lyon ✻ ; A. Imbert, à Montpellier ✻ ; G.-N.-F. Denigès, à Bordeaux ✻ ; F. Jolyet, à Bordeaux ✻ ; N.-G. Massol, à Montpellier ; E.-Fr. Lambling, à Lille ✻ ; Alb. Florence, à Lyon ✻ ; H. Lajoux, à Reims ; S. Leduc, à Nantes ✻ ; C. Sigalas, à Bordeaux ; Doumer, à Lille ✻. P. Guiart, à Lyon ; Gérard, à Lille ; Maillard, à Alger ✻ ; Lumière, à Lyon ✻ ; N... ; N...

Correspondants étrangers. — 1re division : *Anatomie et physiologie, pathologie médicale, thérapeutique et histoire naturelle médicale, anatomie pathologique, hygiène publique et médecine légale.* — (25 membres) : MM. V. Babes, à Bucarest (O. ✱) ; Iar. Hlava, à Prague ; Ch.-V. Stiles, à Washington ; Em. Coni, à Buenos-Ayres ; M. Petrini, à Bucarest ; M.-E. Mendelssohn, à Pétrograd (O. ✱) ; G.-J. Stoïcesco, à Bucarest (O. ✱) ; Sir Ronald Ross, à Liverpool ; Ed.-L. Ehlers, à Copenhague ✱ ; Sir D. Bruce, à Londres ; Alb. Mayor, à Genève ; L. Pagliani, à Turin ✱ ; G. Marinesco, à Bucarest ; J.-J.-B. Bordet, à Bruxelles ✱ ; Fr. Henrijean, à Liége ✱ ; Sir Dyce Duckworth, à Londres ; G. Banti, à Florence ; E. Van Ermengen, à Gand ; Pawinski à Varsovie.

2e division. — *Pathologie chirurgicale, médecine opératoire, accouchements.* — (12 membres) : MM. Ath. Demosthen, à Bucarest ; A. Ceccherelli, à Parme ; D.-J. Cranwell, à Buenos-Ayres ; Th. Jonnesco, à Bucarest ; Pestalozza, à Rome ; M.-Ed. Martin ✱, à Genève ; J. Akerman, à Stockholm ; J.-W. Mayo, à Rochester ; Oct. Laurent, à Bruxelles ; Ch. Willems, à Gand ; N... ; N...

3e Division. — *Médecine vétérinaire.* — (3 membres) : MM. V.-J.-A. Degive, à Bruxelles ; Lydtin, à Baden-Baden.

4e Division. — *Physique et chimie médicales, pharmacie.* — (10 membres) : MM. J.-E. Howard, à Londres ; Er. Ludwig, à Vienne ; G. De Bunge, à Bâle ; G. Bruylants, à Louvain ; E. Paterno, à Rome ; V. Machado, à Lisbonne.

Académie d'Agriculture.

Rue de Bellechasse, 18 (7e).

L'*Académie d'Agriculture de France* a reçu son organisation d'un décret du Président de la République en date du 23 févr. 1915. Elle a succédé, à ce titre, à la *Société Nationale d'Agriculture de France*, qui était la dernière forme de la Société établie par arrêté du Conseil d'Etat du roi Louis XV, en date du 1er mars 1761, sous le nom de *Société Royale d'Agriculture de la Généralité de Paris.*

Séances : le merc. à 15 h. Séance publique annuelle : en février.

Bureau : *Prés.* : Vigier ✱ ; *vice-prés.* : Carnot (C. ✱) ; *secrét. perpétuel* : H. Sagnier ✱.

Membres titulaires. — 1re *section.* — *Grande culture* (12 membres) : MM. Eug. Tisserand (G. O. ✱). — Cte de Saint-Quentin. — H. Petit, ✱. — V. Vieville, ✱. — L. Thomassin. — R. Berge (O. ✱). — Eug. Pluchet. — Alb. Le Play. — H. Hitier. — J. Helot (O. ✱). — P. Bachelier.

2e *section.* — *Cultures spéciales* (8 membres) : MM. P. Viala (O. ✱). — Em. Schribaux, ✱. — L. Guignard (O. ✱). — V. Vermorel (O. ✱). — Aug. Truelle. — Pr. Gervais, ✱. — J. Dybowski (O. ✱).

3e *section.* — *Sylviculture* (7 membres) : MM. prince Aug. d'Arenberg. — L. Rivet (O. ✱). — M. Bouvet. — Em. Mer. — C. Mongenot (O. ✱). — R. Hickel. — L. de Vogüé.

4e *section.* — *Economie des animaux* (10 membres) : MM. Em. Pluchet, ✱. — A. Railliet (O. ✱). — Cte L. Rœderer. — Aug. Moussu, ✱. — Bon G. du Teil (O. ✱). — H. de Fontenay. — A.-Ch. Girard (O. ✱). — Dr P. Regnard (O. ✱). — P. Dechambre.

5e *section.* — *Economie, statistique et législation agricoles* (8 membres) : MM. H. Sagnier (O. ✱). — J. Méline. — P. Gauwain (O. ✱). — Edm. Théry (G. O. ✱). — Aug. Souchon. — A.-A. Paisant, ✱. — Cte de Rocquigny du Fayel, ✱. — A. de Monplanet (O. ✱).

6e *section.* — *Sciences physico-chimiques agricoles* (8 membres) : MM. Dr Em. Roux (G. O. ✱). — A.-Th. Schlœsing (O. ✱). — L. Maquenne, ✱. — A. Haller (G. O. ✱). — J. Violle (O. ✱). — L. Lindet (O. ✱). — A. Angot (O. ✱). — N...

7e *section.* — *Histoire naturelle agricole* (8 membres) : MM. Ed. Nivoit (C. ✱).

— F. Henneguy (O. ✻). — G. Bonnier (O. ✻). — Dr P. Marchal, ✻. — Ad. Carnot (C. ✻). — L.-E. Bouvier (O. ✻). — L. Cayeux. — L. Mangin. (C. ✻).

8e *section.* — *Génie rural* (6 membres) : MM. L. Dabat (G. O. ✻). — G. Wery ✻. — J. Barois (O. ✻). — M. Ringelmann, ✻. — A. Loreau (C. ✻). — J. Vincey, ✻.

9e *section.* — *Hors cadre* (8 membres): MM. G. Bechmann (C. ✻). — A. Viger, ✻. — L.-A.-L. Daubrée (C. ✻). — Alex. Ribot. — Vte H. de Lapparent (O. ✻). — Em. Loubet (G. C. ✻). — A. Massé.

Membres non résidents (20 membres) : Ch. Aylies. — Gayon. — J. dé Larclause. — Descours Desacres. — Ch. Barrois. — A. Verneuil. — P. Faucon. — A. Riverain. — J. de Garidel. — A. Balland. — G. Lebrun. — P. Ferrouillat. — A. Gouin. — J. Bertrand.

Membres étrangers (15 membres) : MM. Ch. Sargent, à Cambridge, Mas. (E.-U.). — Jilinsky (général), à Pétrograd. — L. Luzzatti, à Rome. — L.-O. Howard, à Washington (E.-U.). — D. Cannon, à La Ferté-Imbault. — Bon L. Peers de Nieuwburgh, à Oostcamp (Belg.). — S. M. George V, à Londres. — S. M. Albert Ier, à Bruxelles.

L'Académie compte 150 correspondants nationaux et 50 correspondants étrangers.

Prix et Fondations : De Béhague, Bardin-Audiffred, Barotte, Bignon, Boitel- Classe 38 de l'Exp. univ. de 1900, Dailly, Grimaud, Gust. Heuzé, Léonce de Lavergne, Henri Muret, Parandier, Arm. Viellard, Le Feuvre, Prosper Gervais, Victor Vermorel.

ACADÉMIE DE FRANCE A ROME (*V. Beaux-Arts*).

Académie Goncourt.

Connue sous ce nom dans le public, la « Société littéraire des Goncourt » fut fondée par Edmond de Goncourt qui lui légua en mourant toute sa fortune (16 juil. 1896). Il voulut ainsi consacrer ce qu'il possédait à la culture des lettres en assurant l'indépendance d'un certain nombre de littérateurs de mérite, qui seraient chargés de récompenser chaque année la plus remarquable œuvre d'imagination en prose, roman de préférence, publiée par un jeune écrivain. Son testament désignait comme membres de la Société : Alphonse Daudet, Gustave Geffroy, Léon Hennique, J.-K. Huysmans, Paul Margueritte, Octave Mirbeau et les deux frères Rosny.

L'Académie des Goncourt est actuellement composée ainsi :

Prés. : Gustave Geffroy. — *V.-Prés. :* Elémir Bourges. — *Secr.-trés. :* J.-H. Rosny aîné. — *Secr.-adj. :* Jean Ajalbert. — *Membres :* Léon Hennique ; Emile Bergerat ; J.-H. Rosny jeune ; Léon Daudet ; Lucien Descaves ; Henry Céard.

Prix Goncourt : Les lauréats du prix Goncourt ont été depuis 1903, date de sa fondation : 1903 : John-Antoine Nau (*Force ennemie*) ; 1904 : Léon Frapié (*La Maternelle*) ; 1905 : Claude Farrère (*Les Civilisés*) ; 1906 : Jérôme et Jean Tharaud (*Dingley, l'illustre écrivain*) ; 1907 : Emile Moselly (*Terres Lorraines*) ; 1908 : F. de Miomandre (*Ecrit sur de l'eau*) ; 1909 : Marius et Ary Leblond (*En France*) ; 1910 : Louis Pergaud (*De Goupil à Margot*) ; 1911 : A. de Chateaubriand (*Monsieur des Lourdines*) ; 1912 : A. Savignon (*Les Filles de la Pluie*) ; 1913 : Marc Elder (*Le Peuple de la Mer*) ; 1915 : René Benjamin (*Gaspard*) ; 1916 : Henri Barbusse (*Le Feu*) ; 1916 (prix réservé de 1914) : Adrien Bertrand (*L'Appel du sol*) ; 1917 : Henry Malherbe (*La Flamme au Poing*) ; 1918 : Georges Duhamel (*Civilisation*) ; 1919 : Marcel Proust (*A l'ombre des jeunes filles en fleurs*).

Académie des jeux floraux.

Hôtel d'Assézat et de Clémence-Isaure, à Toulouse.

En 1323, à Toulouse, un groupe de lettrés, les sept Troubadours, désireux de maintenir le parler roman dans sa pureté primitive, décida de créer un code littéraire et poétique de la langue d'oc et d'instituer un concours poétique annuel dont le vainqueur recevrait une violette d'or. La compagnie s'érigea d'abord en « Collège du Gai Savoir », puis en « Collège de Rhétorique », ajouta à la violette d'autres fleurs symboliques, l'églantine, le souci, publia le code de la poésie romane, *Las Leys d'amors* (les lois d'amour). La langue d'oc, d'abord seule admise aux jeux floraux, en fut peu à peu éliminée ; son exclusion fut consacrée par la réorganisation du collège érigé en 1694, par lettres patentes de Louis XIV, en « Académie des Belles-Lettres » La société prit alors le titre d'« Académie des Jeux Floraux », qu'elle porte encore aujourd'hui.

Les travaux de la compagnie, interrompus en 1790 par la Révolution, reprirent en 1806, date à laquelle un arrêté du préfet de la Haute-Garonne, approuvé par le Ministre de l'Instruction publique, rétablit l'Académie sur les bases de l'édit de 1694. Depuis, à la voix de Jasmin et de Mistral, un mouvement s'est formé en faveur de la renaissance des dialectes populaires du Midi ; des concours annuels ont été fondés par le Félibrige de Provence et celui de Paris. La légende de Clémence Isaure a grandement contribué à leur popularité. Onze prix, outre le prix de poésie romane, sont actuellement décernés, le 3 mai de chaque année, par l'Académie : amarante d'or (ode) ; violette d'argent (poème, épître, discours en vers), souci d'argent (élégie, idylle, églogue, ballade), lys (hymne ou sonnet à la Vierge), primevère d'argent (fable), églantine d'or (discours en prose), immortelle d'or (études historiques), jasmin d'or (philosophie chrétienne), violette d'or (poésie avec sujet imposé), églantine d'argent (sonnet), œillet d'argent (prix dit « d'encouragement pour tous les genres »). La Fête des Fleurs continue à se célébrer tous les ans au Capitole, dans la Salle des Illustres ; les assemblées publiques et privées, depuis 1896, se tiennent dans le bel hôtel d'Assézat.

Le programme des concours est adressé à toute personne qui en fait la demande, par lettre affranchie, à M. le Secrétaire perpétuel de l'Académie des Jeux Floraux, Hôtel d'Assézat, à Toulouse.

Société des Gens de lettres.

Cité Rougemont, 10. *T. Central* 40-39.

Fondée le 31 déc. 1837, reconnue d'utilité publique en 1891, elle a fêté solennellement, en 1913, son 75e anniversaire et pris en 1916 l'initiative du *Congrès National du Livre*, tenu à Paris en 1917, avec le concours du Comité du Livre et du Cercle de la Librairie.

La Société des Gens de Lettres enregistre dans sa *Chronique* mensuelle tous les écrits publiés par ses membres et perçoit pour eux des droits de reproduction de ces œuvres dans plus de 2.000 journaux ou périodiques abonnés. Elle poursuit toute reproduction non autorisée, conseille ses membres pour leurs traités, défend leurs droits de traduction et d'adaptation cinématographique. Elle leur fournit en outre l'assistance médicale, des secours en cas de misère ou de veuvage, des bourses d'éducation, divers prix et une retraite à 25 ans de sociétariat et 60 ans d'âge. La cotisation annuelle est de 20 fr. et le droit social de 100 fr. La Société compte aujourd'hui 723 sociétaires et 1.551 adhérents ; 81 de ses membres ont été tués au cours de la guerre.

La composition du Comité de la Société des Gens de Lettres pour l'année 1919-20 est la suivante :

MM. *Prés.* : Edmond Haraucourt. — *Vice-Présidents* : Fortunat Strowski, Eug. Le Mouel. — *Rapporteurs* : Charles de Rouvre, Firmin Roz. — *Secrétaires* : A. Cahuet, M.-L. Berger, Gaston Riou. — *Trésorier* : H. Lapaire. — *Membres* : Jacques des Gachons, Paul Gaulot, Paul Ginisty, Paul Labbé, Jules Lévy, Eugène Morel, Edmond Perrier, J.-H. Rosny, J. Clère, L. Madelin, P. Mille, J. Perrin, Ch. Saunier. *Bibliothécaire-Archiviste* : Albert Cim. — *Délégué-général* : Georges Robert.

Principales sociétés littéraires, scientifiques et artistiques.

Paris :

Acclimatation de France (Sté Nale), boul. St-Germain, 198.

Africain (Comité Oriental), r. Mazarine, 28.

Afrique Française (Comité de l'), r. Cassette, 19 et 21, T. Saxe 32-84.

Afrique Occid. franç. (Comité de propag. de l'), r. St-Georges, 12.

Américanistes de Paris (Sté des), 61, r. de Buffon.

Anatomique de Paris (Sté), r. de l'Ecole-de-Médecine, 15.

Anthropologie de Paris (Sté d'), r. de l'Ecole-de-Médecine, 15.

Antiquaires de France (Sté Nale des), Pal. du Louvre (Pavillon Sully).

Aquafortistes français (Sté artist. des), boul. St-Germain, 117.

Aquarellistes français (Sté des), Gal. Georges-Petit, r. de Sèze, 8.

Archéologie américaine (Comité d'), r. Mazarine, 28.

Archéologique de France (Sté), quai d'Orléans, 30.

Armée (Sté des Amis du Musée de l'), boul. des Invalides, 4.

Art à l'Ecole (Sté Franç. de l'), quai de Béthune, 26.
Artistes-Décorateurs (Sté des), Pav. de Marsan, Louvre.
Artistes français (Sté des), Gd Palais des Beaux-Arts, Champs-Elysées.
Artistes Indépendants (Sté des), r. Mazarine, 18.
Arts (Sté Franç. des Amis des), us Grand Palais, av. Alexandre III.
Asiatique (Sté), r. de Seine, 1.
Asie française (Comité de l'), r. Cassette, 19 et 21. T. Saxe 32-84.
Astronomique de France (Sté), r. Serpente, 26.
Beaux-Arts (Sté Nat.), Gd Palais des Beaux-Arts, Champs-Elysées.
Beaux-Arts (Sté populaire des), r. Montmartre, 167.
Bibliographie (Institut intern. de Techno-), r. Jacob, 31.
Bibliographie (Sté Franç. de), boul. St-Germain, 117.
Bibliophiles français (des), r. Cambon, 31.
Bibliographique (Sté Assoc. de document.), r. Taitbout, 82.
Bibliographique (Sté), r. St-Simon, 5.
Bibliothécaires français (Assoc.), 5, pl .ce du Panthéon.
Biologie (Sté de), r. de l'Ecole-de-Médecine, 15.
Botanique de France (Sté de), r. de Grenelle, 84.
Céramique (Sté de la), r. St-Jacques, 161.
Chartes (Sté de l'Ecole des), r. de la Sorbonne, 19.
Chimie physique (Sté), à la Sorbonne. Faculté des Sciences, 1, rue Victor Cousin.
Chimique de France (Sté), r. de Rennes, 44.
Chirurgie (Association franç. de), r. de Bellechasse, 68.
Chirurgie de Paris (Sté de), r. Serpente, 28.
Colonies franç. (Comité Dupleix), r. de Grammont, 26.
Critique dramat. et musicale (Assoc. de la), r. Vivienne, 46.
Critique parisienne (Synd. de la), rue Taitbout, 78.
Dentistes des hôpitaux (Sté médicale des), boul. Haussmann, 79.
Dramatiques (Sté des Auteurs et Compositeurs), r. Henner, 12. T. Central 20-70.
Echange intern. des enfants et jeunes gens pour l'étude des langues étr., r. Philippe-de-Girard, 17.
Economie politique, boul. St-Germain, 108.
Economie sociale (Sté d'), r. de Seine, 54.
Ecrivains français et étrangers (Sté des), r. de Rome, 56.
Electriciens (Sté Intern. des), r. de Staël, 12 et 14. T. Saxe 08-68.
Enseign. supérieur (Sté pour l'étude des questions d'), r. St-Guillaume, 27.
Entomologique de France (Sté), r. Serpente, 28.
Epidémiologique de France (Sté), r. Tronchet, 9.
Ethnographie de Paris (Sté d') Office Colonial. Palais-Royal, gal. d'Orléans.
Ethnographique internat. de Paris (Institut), r. de Lille, 2.
Ex-Libris (Sté Franç. des Collectionneurs d'), r. de Prony, 93.
Extrême-Orient (Comité), r. Mazarine, 28.
Félibres de Paris (Sté des), pl. de l'Odéon, 1.
Figuier (Académie du), 3, place de l'Odéon.
Fouilles archéologiques (Sté Franç.), r. Bonaparte, 28.
Froid (Assoc. franç. du), av. Carnot, 9.
Gaston Paris (Sté), r. de la Sorbonne, 17
Gens de Lettres (Sté des), cité Rougemont, 10. T. Centr. 40-39.
Géographie (Sté de), boul. St-Germain, 184. T. Saxe, 25-24.
Géographie commerciale de Paris (Sté de), r. de Tournon, 8, T. Fleurus. 09-42.
Géologique de France (Sté), r. Serpente, 28.
Graphologie (Sté de), boul. St-Germain, 150.
Graveurs au burin (Sté des Artistes franç.), boul. St-Germain, 117.
Gravure sur bois (Sté de la), boul. St-Germain, 117.
Gravure originale en couleurs, r. de Sèze, 8.
Grecques en France (Assoc. pour l'Encourag. des Etudes), r. de Lille, 44.
Histoire de l'Art français (Sté de l'), r. de Rivoli, 107.
Histoire contemporaine (Sté d'), r. St-Simon, 5.
Histoire diplomatique (Sté d'), r. Garancière, 8.
Histoire de France de (Sté l'), Archives Nales, r. des Francs-Bourgeois, 60.
Histoire de la Guerre (Sté de l'), r. Serpente, 28.
Histoire Littéraire de la France (Sté), r. de l'Abbé-de-l'Epée, 18.
Histoire de Paris et de l'Ile de France (Sté de l'), r. des Petits-Champs, 8.
Histoire du Protestantisme français (Sté de l'), r. des Sts-Pères, 54.
Histoire de la Révolution franç. (Sté d'), r. de Furstenberg, 3.
Histoire du Théâtre (Sté d'), r. de Rivoli, 224.
Historiques (Sté des Etudes), 82, r. Bonaparte.
Horticulture (Sté Nale), r. de Grenelle, 84.
Humanistes franç. (Sté des), à la Sorbonne, r. des Ecoles, 45 et 47.
Hygiène (Sté franç. d'), r. Serpente, 28.
Hypnologie (Sté d'), r. Serpente, 28.
Hypnologie et Psychologie (Sté d'), r. de Castellane, 4.
Iconographie Parisienne (Sté d'), r. Spontini, 16.
Ingénieurs civils de France (Sté des), r. Blanche, 19.
Législation comparée (Sté de), r. du Pré-aux-Clercs, 16.
Ligue françai e. Boul. St. Germain, 237.
Linguistique (Sté Nale de), r. de Grenelle, 71.
Livre (Comité du), rue du Bac, 101, Tél. Fleurus 04-81.

Livre (Sté du Musée du), r. Dareau, 79.
Livres d'art (Sté de Propag. des), boul. St-Germain, 117.
Louvre (Sté des Amis du), Palais du Louvre, pav. de Marsan.
Magnétique de France (Sté), r. St-Merri, 23.
Mathématique de France (Sté de) à la Sorbonne, r. des Ecoles, 45 et 47.
Médecine légale de France (Sté de), au Palais de Justice, boul. du Palais.
Médecine publique et d'hygiène profess. (Sté de), r. Serpente, 28.
Médecine vétérinaire pratique (Sté de), r. Serpente, 28.
Médicale des hôpitaux (Sté), r. de Seine, 12.
Médico-psychologique (Sté), r. de Seine, 12.
Météorologique de France (Sté), r. Serpente, 28.
Minéralogie (Sté franç. de) à la Sorbonne, Faculté des Sciences, 1, r. Victor-Cousin.
Monuments parisiens (Sté des Amis des), r. St-Antoine, 62.
Muséum Nal d'Histoire Naturelle (Sté des Amis du), r. Cuvier, 57.
Musique (Sté des auteurs compositeurs et éditeurs de), r. Chaptal, 10. T. Gut.: 25-57.
Musique (Sté franç. des amis de la), boul. Haussmann, 106.
Mycologique de France (Sté), r. de Grenelle, 84.
Naturalistes Parisiens (Les), quai Voltaire, 17.
Neurologique de Paris (Sté), r. de Seine, 10 *bis*.
Numismatique et d'Archéologie (Sté franç. de), à la Sorbonne, r. des Ecoles, 45 et 47.
Océanie française (Comité de l'), r. de Mogador, 20.
Orientalistes (Congrès intern. des) Comité des Conservateurs, r. Mazarine, 28.
Otologie, Laryngologie et Rhinologie (Sté franç. d'), r. Serpente, 8.
Pastellistes français (Sté de), r. de Sèze, 8.
Pathologie comparée (Sté de), av. Victor-Hugo, 45.
Peintres de Montagne (Sté des), boul. St-Germain, 117.
Peintres et Sculpteurs (Sté Nouvelle de), r. de Sèze, 8.
Peintres et Sculpteurs (Union des Femmes), boul. Pereire, 126.
Peintres et Sculpteurs (Assoc. des Artistes), r. Bergère, 25.
Peinture et Sculpture (Sté internat. de), r. de Sèze, 8.
Pharmacie (Sté de) à l'Ecole Sup. de Pharmacie, av. de l'Observatoire, 4 et 6.
Philologique (Sté), r. de Vaugirard, 47.
Philosophie (Sté Franç. de), r. de Mézières, 5.
Physique (Sté Franç. de), r. de Rennes, 44.
Poètes français (Sté des) décerne chaque année le Prix de Rohan.
Psychologique (Instit. général), boul. St-Michel, 148.
Propriété artistique (Syndicat de la), r. d'Athènes, 8 *bis*.
Propriété littér. et artist. (Bureau de la), boul. St-Germain, 117.
Religions comparées (Comité des), r. Mazarine, 28.
Rosati (Les), av. de la Motte-Picquet, 33.
Sciences (Assoc. franç. pour l'avancement des), r. Serpente, 28.
Sciences anciennes (Sté des conceptions philos. de l'Antiq. et du Moyen Age), r. Lagrange, 17.
Sculpteurs (*V. Peintres*).
Social (Musée), r. Las-Cases, 5.
Sociale (Sté de Sciences), r. Jacob, 56.
Sociologie de Paris (Sté de), r. Serpente, 28.
Spéléologie (Sté de), r. de Lille, 34.
Statistique de Paris (Sté de), r. Serpente, 28.
Sténographique (Alliance) r. des Batignolles, 53.
Stomatologie de Paris (Sté de), pass. Dauphine, 20.
Théosophique de France (Sté de), Square Rapp, 4.
Thérapeutique de Paris (Sté de), r. de l'Ecole-de-Médecine, 12.
Topographie parcellaire de France (Sté de), r. Monge, 31.
Traditions populaires (Sté des), Musée d'Ethnographie, Palais du Trocadéro.
Végétarienne de France (Sté), r. Duguay-Trouin, 17.
Zoologique de France (Sté), r. Serpente, 28.

Départements :

Abbeville (Somme). — Sté pour l'Encourag. des Lettres, Sciences et Arts.
Agen (L.-&-G.). — Sté des Sciences, Lettres et Arts.
Aix (B.-du-R.). — Acad. des Sciences Archéolog., Etudes provençales.
Albi (Tarn). — Sté des Sciences, Lettres et Arts.
Alençon (Orne). — Sté Histor. et Archéol.
Amiens (Somme). — Acad.
Angers (M.-&-L.). — Sté d'Agric., Sciences et Arts. — Sté d'Etudes Scientif.
Angoulême (Char.). — Sté Archéol. et Historique.
Annecy (Hte-S.). — Acad. Florimontane.
Arras (P.-de-C.). — Acad. des Sciences, Lettres et Arts.
Auch (Gers). — Sté Archéolog. du Gers. — Sté Histor. de Gascogne.
Aurillac (Cantal). — Sté de la Haute-Auvergne.
Auxerre (Yonne). — Sté des Sciences Histor. et Natur.
Avignon (Vaucl.). — Acad. de Vaucluse.
Bar-le-Duc (Meuse). — Sté des Lettres, Sciences et Arts.
Bastia (Corse). — Sté des Sciences Histor. et Natur.
Bayeux (Calv.). — Sté des Sciences, Arts et Belles-Lettres.
Bayonne (B.-P.). — Sté des Sciences, Arts et Belles-Lettres.

Beaune (Côte-d'Or). — Sté d'Archéolog., d'Hist. et de Littér.
Beauvais (Oise). — Sté Académique.
Belfort. — Sté Belfortaine d'Emulation.
Besançon (Doubs). — Acad. des Sciences, Belles-Lettres et Arts. — Sté d'Emulation.
Béziers (Hérault). — Sté Archéol. Scientif. Littér.
Blois (L.-&-C.). — Sté des Sciences et Lettres.
Bordeaux (Gir.). — Acad. Nat. des Sciences, Belles-Lettres et Arts. — Sté Anatomo-clinique. — Sté Archéol. — Sté des Archives Histor. — Sté de Géogr. Commerc. — Sté d'Hydrol. et de Climatol. — Sté Linnéenne. — Sté de Médec. et de Chir. — Sté des Sciences Phys. et Natur.
Boulogne-s.-Mer (P.-de-C.). — Sté Acad.
Bourg (Ain). — Sté de Géogr. Littér. Histor. et Archéol.
Bourges (Cher). — Sté Histor. et Littér. du Cher.
Brest (Fin.). — Sté Académique.
Brive (Corr.). — Sté Scientif., Histor. et Archéol.
Caen (Calv.). — Sté d'Agric. et de Commerce. — Sté des Antiquaires de Normandie.
Carcassonne (Aude). — Sté des Arts et Sciences. — Sté Scientif.
Chalon-sur-Saône (S.). — Sté Histor. et Archéol.
Châlons-sur-Marne (M.). — Sté d'Agric., Comm., Sciences et Arts.
Chambéry (Savoie). — Sté Académique.
Charleville (Ard.). — Alliance Scientif. — Union Artist. des Ardennes.
Chartres (E.-&-L.). — Sté Archéol.
Châteaudun (E.-&-L.). — Sté Dunoise.
Château-Thierry (Aisne). — Sté Histor. et Archéol.
Chatillon-s.-Seine (Côte-d'Or). — Sté Histor. et Archéol.
Chaumont (Hte-M.). — Sté Histor., Archéol. et des Beaux-Arts.
Cherbourg (Manche). — Sté Nat. des Sciences Natur. et Mathém.
Clermont-Ferrand (P.-de.-D.). — Sté des Amis de l'Univ.
Colmar. — Sté d'histoire naturelle, f. en 1859.
Compiègne (Oise). — Sté Historique.
Dax (Landes). — Sté Scientif. de Borda.
Digne (B.-A.). — Sté Scientif. et Littér.
Dijon (Côte-d'Or). — Sté Bourguign. de Géogr. et d'Hist.
Draguignan (Var). — Sté d'Etudes Scientif. et Archéol.
Epinal (Vosges). — Sté d'Emulation des Vosges.
Evreux (Eure). — Sté Libre d'Agric. Sciences, Arts et Belles-Lettres. — Sté des Amis des Arts.
Foix (Ariège). — Sté Ariégeoise des Sciences, Lettres et Arts.
Fontainebleau (S.-&-M.). — Sté Histor. et Archéol. du Gâtinais.
Guéret (Creuse). — Sté des Sciences Natur. et Archéol. de la Creuse.
Langres (Hte-M.). — Sté Histor. et Archéol.
Laon (Aisne). — Sté Acad.; Sté de Géogr.; Sté Histor. de Picardie.
La Roche-s.-Yon (Vendée). — Sté d'Emulation.
Le Havre (S.-I.). — Sté Havraise d'Etudes diverses.
Lille (Nord). — Sté des Sciences, de l'Agr. et des Arts; Sté Chimique du Nord de la France; Sté de Géogr.; Sté de Statist. et d'Econ. pol.
Le Mans (Sarthe). — Sté d'Agric., Sciences et Arts, Sté Histor. et Archéol.
Limoges (Hte-Vienne). — Sté Archéol. et Histor.
Lons-le-Saulnier (Jura). — Sté d'Emulation.
Lyon (Rhône). Acad. des Sciences, Belles-Lettres et Arts. — Sté d'Agric., Histoire Natur. et Industrie. — Sté d'Anthropologie. Sté des Bibliophiles. — Sté de Botanique. — Sté de Chirurgie. Sté d'Economie politique. — Sté de Géographie. — Sté Linnéenne. — Sté Littér., histor. et archéol. — Sté Lyonnaise des Beaux-Arts. Sté de médecine. Sté des Sciences médicales.
Mâcon (S.-&-Loire). — Sté des Arts, Sciences, Belles-Lettres, Archéol., Agric.
Mende (Lozère). — Sté d'Agric., Industrie, Sciences et Arts.
Montauban (T.-&-G.). — Sté de Psych. religieuse. — Sté d'Etudes de Théol. pratique. — Sté d'Etudes de Théol. Bibliques. — Sté d'Etudes Mission. et Ethnogr.
Marseille (B.-du-R.). — Sté de Géogr. et d'Etude Colon. — Sté Scientif. industr. — Sté Linnéenne de Provence. — Sté Archéol. de Provence. — Sté de Statistique. Union Artist. de Provence.
Mézières (Ardennes). — Sté Scientif.
Montbrison (Loire). — Sté Histor. et Archéol. (La Diana).
Moulins (Allier). — Sté d'Emulation et des Beaux-Arts; Sté de Médec.
Nantes (Loire-Inf.). — Sté Académique.
Montpellier (Hérault). — Sté Archéol. — Sté Langued. de Géogr. — Sté des Langues Romanes.
Nancy (M.-&-M.). — Sté d'Archéol. Lorraine. — Sté de Géogr. de l'Est. — Sté Industr. de l'Est. — Sté de Médecine. — Sté des Sciences.
Niort (D.-S.). — Sté Historique et Scientif.
Nice (A.-M.). — Sté des Lettres, Sciences et Arts; Sté de Médecine et de Climatol. — Athénée.
Orléans (Loiret). — Sté d'Agricult., Sciences, Belles-Lettres et Arts.
Pau (B.-P.). — Sté des Sciences, Lettres et Arts.
Périgueux (Dord.). — Sté Histor. et Archéol. du Périgord.
Perpignan (Pyr.-O.). — Sté Agric., Scientif. et Littér.

Poitiers (Vienne). — Sté Acad. d'Agric., Belles-Lettres, Sciences et Arts. — Sté des Antiquaires de l'Ouest. — Sté des Archives histor. du Poitou.
Privas (Ardèche). — Sté des Sciences natur. et histor.
Quimper (Fin.). — Sté Archéologique.
Reims (Marne). — Sté d'Etude des Sciences Natur.
Rennes (I.-&-V.). — Sté Archéol. — Sté Scientif. et Médic. de l'Ouest.
Rochefort (Char.-Inf.). — Sté de Géographie.
Rodez (Aveyron). — Sté des Lettres, Sciences et Arts.
Rouen (Seine-Inf.). — Sté des Bibliophiles Normands. — Sté Rouen. des Bibliophiles. — Sté Libre d'Emulation du Comm. et de l'Industrie. — Sté de l'Histoire de Normandie. — Sté Normande de Géogr. — Sté des Amis des Sciences Naturelles.
St-Brieuc (C.-du-N.). — Association Bretonne.
St-Dié (Vosges). — Sté Philomatique Vosgienne.
Saintes (Char.-Inf.). — Sté des Archives Histor. de la Saintonge et de l'Aunis.
St.-Etienne (Loire). — Sté d'Agric., Industrie, Sciences, Arts et Belles-Lettres.
St-Lô (Manche). — Sté d'Agric., d'Archéol.
St-Quentin (Aisne). — Sté Acad. des Sciences. Arts: Sté de Géogr. Université Popul.
Semur (Côte-d'Or). — Sté des Sciences Histor. et Natur.
Sens (Yonne). — Sté Archéologique.
Strasbourg. — Univ. populaire de la Renaissance alsacienne, 122, Grand'Rue.
Soissons (Aisne). — Sté Archéologique.
Tarbes (Htes-Pyr.). — Sté Académique.
Toulouse (Hte-Gar.). — Sté Archéol. du Midi de la France.
Toulouse. — Les félibres Capoulié: Dr J. F. Ben.
Tours (I.-et-L.). — Sté Archéol. de Touraine.
Troyes (Aube). — Sté Acad. d'Agric., Sciences, Lettres et Arts.
Tulle (Cor.). — Sté des Lettres, Sciences et Arts.
Valence (Drôme). — Sté d'Archéol. et de Statist.
Vannes (Morb.). — Sté Polymathique.
Versailles (S.-&-O.). — Sté des Sciences morales, Lettres et Arts. — Sté des Amis des Arts. — Sté des Sciences Natur.

Bibliographie.

Annuaire de l'Académie des sciences, in-16, Gauthier-Villars. Paris.

Annuaire de l'Institut de France, in-12, Impr. Nationale. Paris.

Aucoc (Léon). *L'Institut de France et les anciennes Académies*, in-8, 1 fr. Plon-Nourrit. Paris; *L'Institut de France; lois, statuts et règlements concernant les anciennes Académies et l'Institut de* 1635 à 1889, in-8, Paris, 1889.

Boissier (Gaston). *L'Académie Française sous l'ancien régime*, in-16, IX-209 p., 3 fr. 50. Hachette. Paris, 1909.

Cernoy (H.). *Dictionnaire biographique international des écrivains, des artistes, des membres des Sociétés savantes*, 4 vol. in-8, figures (Collection des grands dictionnaires biographiques internationaux). Paris, 1899-1909.

Déclaration de l'Institut et des Universités de France à propos du manifeste des intellectuels d'Allemagne, in-8, 31 p. Imprimerie Nationale, Paris, 1915.

Delaunay (H.). *Les Sociétés savantes de France; Notes et Renseignements*, in-8, X-407 p. Hachette. Paris, 1902.

Franqueville (Cte de). *Le 1er siècle de l'Institut de France* (25 oct. 1795-25 oct. 1895), 2 vol., in-4. J. Rotschild. Paris, 1895-96.

Frémy (Edouard). *Origines de l'Académie Française. L'Académie des derniers Valois* (1570-1585), in-8, 7 fr. 50. E. Leroux. Paris.

Gassier (E.). *Les 500 Immortels, Histoire de l'Académie Française* (1634-1906), in-8, VII, 491 p. Jouve. Paris, 1906.

Gelis (F. de). *Histoire critique des Jeux floraux depuis leur origine jusqu'à leur transformation en Académie* (1323-1694), in-8, 436 p. Privat. Toulouse, 1912.

Guiffrey (J.). *Les membres de l'Académie des Beaux-Arts* de 1796 à 1910; l'*Académie de Saint-Luc*, in-8, Daupeley-Gouverneur, Nogent-le-Rotrou, 1917.

Institut de France (L'). I. *Le Palais de l'Institut. L'Institut, l'Académie Française, l'Académie des Inscriptions et Belles-Lettres*, par Alf. Franklin, G. Perrot, G. Boissier, II. *L'Académie des sciences, l'Acad. des Beaux-Arts, l'Acad. des sciences morales*, par G. Darboux, H. Roujon, G. Picot, 2 vol. in-8, portraits, figures, fac-similés 7 fr. Laurens. Paris, 1907.

Lasteyrie (de) et Al. Vidier. *Bibliographies annuelles des travaux historiques et archéologiques publiés par les Sociétés savantes de France*, in-4. Impr. Nationale, depuis 1901. Paris.

Lemaistre (A.). *L'Institut de France et nos grands établissements scientifiques: Collège de France, Muséum, Institut Pasteur, Sorbonne*, etc., gr. in-8. Hachette. Paris, 1896.

Maindron (E.). *L'ancienne Académie des sciences, les Académiciens*, 1666-1793, in-8. Vignot. Paris, 1895.

Masson (Fr.). *L'Académie Française* 1629-1793, in-8, IV-330 p. fac-similé. Ollendorff. Paris, 1913.

Registres de l'Académie Française: I. 1672-1715; II. 1716-1750; III. 1750-1793, 3 vol., in-8. Paris, 1895. IV. Documents et tableaux analytiques, in-8. Paris, 1907.

LE LIVRE FRANÇAIS

L'impression.

Pendant tout le moyen âge, à partir du VIe s. environ, les moines copièrent de leurs mains les ouvrages anciens sur des volumes de parchemin. Au IXe s., le papier fut importé d'Orient par les Arabes ; la fabrication s'en développa au XIVe s. en France, où on installa des moulins à Troyes et à Essonnes, par exemple. Le commerce des livres prit alors plus d'importance, il se faisait par l'intermédiaire des *stationnaires*, qui employaient des écrivains dans leurs magasins et qui étaient soumis à la surveillance active de l'Université de Paris.

L'imprimerie, inventée par Jean Gutenberg, citoyen de Mayence, en 1444, fut introduite en France par Ulrich Gering, Martin Crantz et Michel Friburger, appelés à Paris par deux docteurs en théologie, Guillaume Fichet et par de La Pierre et installés par eux dans la Sorbonne. L'art nouveau ne tarda pas à se répandre et les ouvrages français de Caesaris, de Jean Stoll, de Pasquier, de Jean du Pré tiennent une belle place dans la liste des quelques 20.000 incunables imprimés avant 1901.

Au XVIe s., l'imprimerie produisit des livres remarquables tant par la beauté de l'exécution que par la valeur du texte. Les plus grands imprimeurs, comme Geoffroy Tory, Galliot Dupré, Michel Vascosan, et les Estienne étaient d'ailleurs de grands érudits.

Considérés d'abord comme des suppôts de l'Université, les imprimeurs et les libraires jouirent de privilèges importants, comme l'exemption d'impôts, mais furent en même temps soumis à une surveillance étroite. Ils ne pouvaient rien publier sans avoir obtenu de l'Université d'abord, du Parlement ensuite et enfin du roi une autorisation ou un privilège qui les garantissait en même temps contre les contrefaçons. Ils se réunirent à partir de 1618 en une *Communauté* dont les officiers élus étaient chargés par le roi d'assurer le respect des règles syndicales.

Le pouvoir royal ne cessa pas de s'intéresser à l'imprimerie. François Ier, après avoir créé le Collège de France, nomma en 1538 Conrad Néobar imprimeur royal pour le grec et fit graver pour lui par Claude Garamond des caractères grecs et latins. Ce premier fonds, augmenté par Antoine Vitré qui, à partir de 1632 et sur l'ordre de Richelieu, acheta ou fit graver les poinçons arabes, syriaques, persans, arméniens, éthiopiens, fut donné au XVIIe s. à l'Imprimerie royale, pour laquelle Louis XIV fit graver par Grandjean des caractères nouveaux.

L'imprimerie et la librairie furent très florissantes au XVIIe et au XVIIIe s. Aux volumes solides des Cramoisy, des Coignard, des Barbou, succédèrent les livres plus légers et plus élégants de d'Houry, de J.-F. Moreau, de Debure, de Prault, des Didot. Ces derniers furent aussi de très habiles graveurs ; leur nom demeure attaché à des caractères qui restent parmi les plus élégants.

La Révolution de 1789 supprima la communauté des imprimeurs et libraires, comme toutes les autres corporations et la Constitution de 1791 proclama la *liberté de la presse*. Le Directoire, en 1796, obligea seulement les imprimeurs à mettre leurs nom et adresse au bas de leurs ouvrages. Mais en 1810, l'Empire les assujettit au régime du *brevet*. Le nombre des imprimeurs était limité et le brevet n'était accordé qu'après une prestation de serment et la production d'un certificat de capacité. Le Gouvernement de la Défense Nationale rendit la liberté complète aux professions d'imprimeur et de libraire, le 10 septembre 1870 ; il soumettait seulement les imprimeurs à l'obligation de faire une déclaration au ministère de l'intérieur et d'indiquer leur nom sur chacune de leurs publications.

Le commerce du livre se développa considérablement au XIXe s. Les procédés industriels nouveaux donnèrent naissance aux éditions bon marché sans qu'on abandonnât les beaux livres. Ces imprimeurs ne perdirent pas, en effet, les traditions de bon goût de leurs devanciers. Les caractères récents ; le *Giraldon* de la maison Deberny, l'*Auriol* et le *Grasset* de la maison Peignot ne le cèdent en rien aux types anciens.

Le tableau ci-après donne les différents formats de papiers et de livres les plus usités :

NOMS USUELS.	IN PLANO	IN FOLIO	in-4°	in-8°	in-12	in-16	in-18
Couronne	36×46	36×23	23 ×18	18 ×11,5	15 × 9	11,5× 9	12 × 7,5
Écu..........	40×52	40×26	26 ×20	20 ×13	17 ×10	13 ×10	13 × 8,5
Carré	45×56	44×28	28 ×22,5	22 ×14	18,5×11	14 ×11	14,5× 9
Cavalier	46×60 48×61	46×30	30 ×23	23 ×15	20 ×11	15,5×11,5	15,5×10
D^me Tellière ...	44×68	44×34	34 ×22	22 ×17	22 ×11	17 ×11	14 ×11
Raisin........	49×65	50×32,5	32 ×24,5	24,5×16	21 ×12,5	16 ×12,5	16,5×10,5
D^e Couronne...	46×70	47×37	37 ×23,5	23,5×18,5	24 ×11	18,5×11,5	15,5×12,5
Jésus	55×70	54×35	35 ×27	27 ×17,5	23 ×13	17,5×13,5	15,5×11,5
G^d Jésus.......	56×76	56×38	38,5×29	28 ×19	25 ×14	19 ×14	18 ×12
Colombier	63×90	61×42	42 ×30,5	30,5×21,5	26 ×15	20 ×15	20 ×16

L'illustration.

Dès le XVe s., les premiers imprimeurs, Jean du Pré, Antoine Vérard, Geoffroy Tory illustrèrent leurs ouvrages, particulièrement les *Livres d'heures*, de figures ou de vignettes gravés en relief sur bois ou sur cuivre. A la fin du XVIe s., la gravure sur bois est remplacée par la gravure au burin, puis par l'eau-forte depuis que Callot l'emploie avec tant de maîtrise. A la fin du XVIIe s., Abraham Basse, Sébastien Leclerc, François Chauveau ouvrent la voie aux artistes qui donnent tant d'éclat aux éditions illustrées du XVIIIe s. : Eisen, Moreau le jeune, Gravelot, Cochin le jeune, Choffard.

Au XIXe s., les illustrations se multiplièrent dans les éditions et les journaux bon marché grâce au procédé nouveau de la gravure sur bois, importé en 1817 par l'Anglais Thompson, que Didot fit venir en France ; à partir de 1850, ce genre d'illustration triomphe avec les dessins de Gustave Doré, sans qu'on abandonne l'eau-forte et la lithographie, importée en 1815 par G. En-elmann.

A la fin du XIXe s., l'illustration des livres fut complètement révolutionnée par l'invention des procédés photomécaniques. Après les premiers essais de Niepce en 1814, de Foucault et de Fizeau en 1840, après les découvertes des Gillot en 1850 et 1875, de François Barret en 1868, les divers procédés, perfectionnés par l'emploi des glaces américaines quadrillées mécaniquement (1893), arrivèrent à un point de perfection qui permit de les utiliser industriellement : clichés en relief d'après des dessins au trait (photogravure, gillotage), ou d'après des lavis ou des photographies directes (*similigravure*) : clichés en creux (*héliogravure*). Enfin l'emploi récent de la *rotogravure* permet des tirages à grand nombre et meilleur marché.

La reliure.

A partir du XVIe s., l'art de la reliure fut très en faveur en France. Sous le règne de François Ier, le célèbre amateur Jean Grolier fit faire de délicieuses reliures à compartiments composées de filets et de fers, en veau ou en maroquin brun, qu'imitèrent les relieurs de l'époque, notamment pour les bibliothèques de François Ier, d'Henri II, de Diane de Poitiers. Sous Henri III, commencent les reliures à branchages et sous Henri IV, les frises entourant les reliures et formées de tortillons. Le plus grand relieur de la fin du XVIe siècle est Nicolas Eve. Sous Louis XIII et Louis XIV, Le Gascon et les deux Ruette, Marc et Anthoine, lui succèdent avec des dorures à filets droits et courbes aux coins pointillés, et les armes au centre.

Au XVIIIe s., les reliures en maroquin rouge ou vert de Pasdeloup, de Derôme, de Dubuisson sont ornées de fleurs, d'oiseaux, de dentelles et Bradel invente un nouveau modèle de reliure à dos plat sans nervure. Le début du XIXe s. avec les Bozérian et Thouvenin s'inspira surtout des reliures anciennes. A partir de 1864, Rossigneux et Amand font des reliures appropriées au texte et d'un style décoratif original. Les artistes modernes : Marius Michel, Cuzin, Mercier, Kiéfer, Meunier marchent sur leurs traces.

L'Imprimerie Nationale.

L'*Imprimerie Nationale*, fondée en 1640 et établie au Louvre par Richelieu, fut chargée de la publication des actes officiels et d'imprimer les plus beaux monuments de la religion, des lettres et des sciences : Louis XIV lui donna en 1683 les poinçons grecs de François Ier. On lui doit quelques-uns des plus beaux ouvrages du XVIIe s. Au cours des XVIIIe et XIXe s., devenant successivement *Imprimerie royale*, *Imprimerie impériale*, *Imprimerie nationale*, elle s'enrichit constamment de caractères nouveaux : hébraïques, chinois, arabes, russes et de nombreux autres types orientaux. En 1808, elle s'installa dans l'ancien palais du cardinal de Rohan, rue Vieille-du-Temple 87 ; elle a commencé à se transporter en 1914 rue de la Convention, 27.

Législation.

D'après les termes de la loi du 29 juillet 1881, « l'imprimerie et la librairie sont libres ». Les imprimeurs, pas plus que les libraires, n'ont besoin d'obtenir un brevet, ni de faire une déclaration, comme autrefois. Ils doivent seulement « indiquer, sur tout imprimé rendu public, leur nom et leur domicile » (sauf sur les ouvrages dits de ville ou bilboquets) et en faire, lors de la publication au min. de l'Intérieur, aux préfectures, sous-préfectures ou mairies, un dépôt de 2 exemplaires destinés aux collections nationales et de 3 exemplaires pour la musique et les estampes : c'est le *dépôt légal*.

Le dépôt légal est pour les bibliothèques publiques, notamment pour la Bibliothèque nationale, une source importante d'accroissements. Il sert, en outre, à établir la statistique des ouvrages imprimés : en 1913 : 11.460 ouvrages ; en 1917 : 5.054 ; en 1918 : 4.284 ; en 1919 : 5.361 ont été déposés.

Propriété littéraire.

En vertu de la loi des 14-19 juillet 1866, les auteurs français ont, sur la reproduction de leurs œuvres en France, un droit de propriété qui s'étend jusqu'à 50 ans après leur décès. Ils peuvent à leur volonté en jouir ou le céder à des tiers en tout ou en partie. Leur autorisation ou celle de leurs ayants droit est nécessaire à quiconque veut faire une traduction de leurs œuvres en une langue étrangère. Les poursuites contre les contrefacteurs ne peuvent s'exercer que si le dépôt légal a été effectué, même quand l'ouvrage est imprimé à l'étranger. D'après la loi de 1852, les étrangers sont protégés en France d'après la loi française, même quand ils ne sont pas protégés dans leur pays d'origine et sauf conventions particulières avec leur pays.

La loi du 3 févr. 1919 a prorogé ce droit d'un temps égal à celui qui se sera écoulé entre le 2 août 1914 et la fin de l'année qui suivra le jour de la signature du traité de paix. Parmi les écrivains dont les héritiers seront ainsi appelés à bénéficier de la loi nouvelle, il faut signaler parmi les plus célèbres : Lamartine et Sainte-Beuve, morts tous deux en 1869, Alexandre Dumas père, Prosper Mérimée et Paul de Kock.

La propriété littéraire a fait l'objet d'accords internationaux avec la plupart des pays étrangers, soit qu'ils aient adhéré à la Convention d'Union de Berne de 1866, et à ses modifications postérieures (acte additionnel et déclaration interprétative de Paris de 1896, acte de Berlin de 1918), soit qu'ils aient passé des conventions particulières avec la France. Dans la plupart des cas, et sauf indication contraire, le droit d'édition est assuré à l'auteur sa vie durant et pendant un certain nombre d'années après sa mort ; le droit de traduction a la même durée que le droit d'édition ; la protection est accordée sans que l'auteur ait à justifier de l'accomplissement des formalités ou de la propriété de l'œuvre.

Cependant pour être protégé dans le *Costa-Rica*, l'*Equateur*, le *Salvador*, il faut justifier par acte notarié qu'on est propriétaire de l'œuvre et pour pouvoir exercer des poursuites au *Danemark*, dans les *Dominions britanniques*, il faut produire le certificat de dépôt. Les mentions de réserve ne sont exigées qu'au *Danemark*, dans les *Dominions britanniques* et en *Suède*.

Voici la liste des pays qui ont des accords avec la France et l'indication du temps *post mortem*, pendant lequel la propriété littéraire y est protégée.

Allemagne : 30 ans (photographie : 10 ans après publication).

Argentine : 10 ans.

Autriche-Hongrie : protège l'édition originale pendant 30 ans *post mortem* en Autriche et 50 en Hongrie ; pendant 10 ans pour les clichés photographiques, et 10 ans après la 1re publication pour les épreuves en Autriche, 5 ans en Hongrie ; pendant 5 ans après publication pour le droit de traduction, à condition d'indiquer la réserve du droit en tête de l'œuvre et de traduire dans les 3 ans (dans les 6 mois en Hongrie pour les œuvres dramatiques). On ne peut jouir de ces droits qu'en enregistrant l'œuvre dans les 3 mois de la 1re publication à l'ambassade d'Autriche-Hongrie à Paris (remettre un exemplaire et indications sur l'œuvre au Bureau de la Propriété littéraire au Cercle de la librairie). Pour être protégés en France, les Austro-Hongrois doivent déposer leurs œuvres et les faire enregistrer à l'ambassade de France à Vienne.

Belgique : 50 ans.

Bolivie : protège les Français comme les nationaux pendant 30 ans à condition d'effectuer un enregistrement au Min. de l'Instruction publique en Bolivie et un dépôt d'un exemplaire signé dans chaque bibliothèque publique de Bolivie.

Costa-Rica : 50 ans.

Cuba : 50 ans, à condition de déposer dans le délai d'un an à partir de la 1re publication 3 ex. à la section du gouv. général du département d'Etat et du gouv. avec un certificat de propriété notarié.

Danemark, Egypte, Equateur : 50 ans.

Espagne : 80 ans.

Etats-Unis : 28 ans, renouvelables pour 28 ans à condition de mentionner sur chaque ex. : *copyright by* (nom du propriétaire et date de la première publication) et de déposer aussitôt 2 ex. à Washington (adresser 3 ex. avec mention du *copyright* et indication du prix au Bureau de la propriété littéraire au Cercle de la librairie ; frais : 12 fr. par enregistrement, plus frais postaux.

Grande-Bretagne : 50 ans. On peut obtenir après 25 ans la licence obligatoire de reproduire en payant une redevance de 10 p. % sur le prix de vente.

Dominions de l'Empire britannique : même protection. Droit de traduction assimilé s'il est exercé dans les 10 ans de la 1re publication.

Guatemala : protection pendant 50 ans *post mortem* de l'édition originale, et du droit de traduction s'il y a mention de réserve à condition de déposer 3 ex. à la légation de Guatémala à Paris. — Les auteurs guatémaliens font le dépôt au Min. de l'Intérieur.

Haïti : protection pendant 20 ans *post mortem* pour la veuve s'il y a des enfants ; pendant 10 ans, pour les autres héritiers.

Italie : protection pendant la vie de l'auteur et au moins 40 ans après 1re publication et ensuite 40 ans de domaine public payant (5 %) ; représentation : 80 ans après 1re représentation.

Japon : 30 ans droit de traduction assimilé. Il est exercé dans les 10 ans de la 1re publication (photographies : 10 ans après publication).

Luxembourg : 50 ans.

Mexique : 50 ans, à condition d'avoir à Mexico un mandataire qui déclare au Min. de l'Instruction publique qu'il se réserve son droit et qui y dépose 2 ex.

Monaco : 50 ans.

Monténégro : 50 ans à condition de produire un certificat du bureau de l'imprimerie du Min. de l'Intérieur légalisé pour le conseil général de Monténégro à Paris.

Norvège, Paraguay, Portugal : 50 ans.

Pays-Bas : 50 ans après la 1re publication, à condition de produire un certificat du Min. de l'Intérieur à Paris, et, pour les Hollandais du Min. de l'Intérieur à La Haye. Le droit de traduction n'est pas protégé.

Roumanie : 10 ans.

Russie : 50 ans ; droit de traduction : 10 ans après 1re publication à condition d'en faire usage dans les 5 premières années et de mettre mention de réserve, et 5 ans pour les œuvres scientifiques, techniques et d'enseignement.

Salvador : vie de l'auteur.

Suède : 50 ans *post mortem* (pour les représentations 5 ans *post mortem* et pour les photographies 5 ans après 1re publication). Droit de traduction : 10 ans après 1re publication.

Suisse : 30 ans ; photo 5 ans après 1re publication.

Tunisie : 50 ans.

Les autres pays n'ont, jusqu'à présent, pas reconnu la propriété littéraire.

Le Cercle de la Librairie.

117, boul. Saint-Germain, Paris. Tél. Fleurus 08-16.

Le *Cercle de la Librairie*, syndicat central des industries des livres, fondé en 1847, sous la présidence de M. J.-B. Baillière, installé depuis 1878, 117, boul. St-Germain, association professionnelle d'industriels du livre et office de renseignements et de services généraux, possède depuis 1856 la *Bibliographie de la France*, journal général de l'Imprimerie et de la Librairie, fondé en 1811, assure le contrôle du bureau de timbrage des estampes ; a un service d'arbitrage, un office de placement, un *Bureau de la propriété littéraire et artistique* ; organise des expositions collectives de ses membres dans les grandes expositions internationales ; a institué, depuis 1909, des cours pratiques de librairie, ouverts depuis la guerre aux femmes. Il groupe les syndicats professionnels, les sociétés artistiques et les sociétés de secours mutuels concernant les industries du livre.

Bureau pour 1920 :

Prés. : Jules Tallandier ; *V.-Prés.* : Lambert.

BIBLIOTHÈQUES ET ARCHIVES

Administrativement les bibliothèques et archives ressortissent en France au ministère de l'Instruction Publique et des Beaux-Arts, savoir : les bibliothèques à la direction de l'Enseignement Supérieur et les archives à la direction des Archives. Il existe au Ministère une Commission supérieure des Bibliothèques et une Commission supérieure des Archives, ainsi que des Inspecteurs généraux des bibliothèques et des archives et des inspecteurs généraux des bibliothèques. Le personnel, tant des bibliothèques que des archives, est recruté, soit parmi les anciens élèves de l'École Nationale des Chartes soit parmi les candidats pourvus d'un des certificats d'aptitude délivrés après concours.

Bibliothèques.

Les bibliothèques qui ressortissent au ministère de l'Instruction Publique sont les bibliothèques nationales, les bibliothèques universitaires et certaines bibliothèques municipales classées. Il existe en outre un grand nombre de bibliothèques privées appartenant soit à des corps savants ou des institutions diverses, soit à des particuliers et plus ou moins ouvertes au public, mais dont la direction échappe à tout contrôle du ministère de l'Instruction Publique.

Il y a cinq bibliothèques nationales, savoir : quatre à Paris : Bibliothèque Nationale, Bibliothèque de l'Arsenal, Bibliothèque Mazarine, Bibliothèque Ste.- Geneviève et une en Algérie, la Bibliothèque d'Alger.

Bibliothèque Nationale.

58, rue de Richelieu.

La Bibliothèque Nationale a pour origine la Bibliothèque des Rois de France, dont la première mention remonte à Charlemagne, mais dont le fonds le plus important date du roi Charles V et subsiste encore avec son catalogue du temps. Depuis les Bourbons, les « Gardes de la Librairie Royale » ont développé méthodiquement ce dépôt par l'achat des plus beaux livres imprimés de France et de l'Étranger. Depuis la Révolution, l'institution en 1881 du dépôt légal qui oblige tout imprimeur à remettre à l'Etat deux exemplaires de ses publications, a créé à la Bibliothèque Nationale de nouvelles ressources et lui a permis, avec un budget moindre que celui de la plupart des grandes bibliothèques étrangères, de devenir le dépôt de livres le plus riche du monde. Installée d'abord dans la Cour du Louvre au temps de Charles V, la Bibliothèque Nationale avait plusieurs fois changé de résidence lorsque Colbert acheta pour elle le somptueux hôtel de Mazarin, où elle est encore.

La Bibliothèque qui s'accroît annuellement de 50 à 70.000 volumes comprend plus de 3.500.000 imprimés, plus de 100.000 manuscrits (sans compter les innombrables chartes et autres documents isolés), près de 3 millions d'estampes, près de 200.000 pièces de monnaies et médailles.

Au cours de la guerre le personnel de la Bibliothèque avait été réduit de moitié par la mobilisation et ses crédits avaient été diminués dans la même proportion. En conséquence l'impression du Catalogue Général des Imprimés, commencée depuis plusieurs années, s'est trouvée ralentie. Le dernier tome paru en 1918 porte le n° 68 et est consacré à la lettre H. Les accroissements ont été eux aussi relativement faibles. Le dépôt légal qui avait donné 17.740 volumes ou brochures en 1913, n'en a plus fourni que 7.576 en 1915 et 5.921 en 1918. Les journaux et périodiques pour les mêmes années sont passés de 679.490 numéros à 250.000 et 220.000 ; les dons de 6.561 à 3.845 et 5.000. Enfin les acquisitions d'ouvrages étrangers, de 17.863 à 8.510 et 4.000.

Administrateur Général : Homolle.

Département des Imprimés, Conservateur : *Ch. Bourel de la Roncière.* — Ouvert les jours non fériés de 9 h. du matin à 16 h. du 1er novembre au 31 janvier, 16 h. 30 du 1er au 15 février, 17 heures du 16 au 28 février, 17 h. 30 du 1er au 15 mars, 18 h. du 16 mars au 15 septembre, 17 h. 30 du 16 au 30 septembre, 17 h. du 1er au 15 octobre, 16 h. 30 du 16 au 31 octobre. — Fermé pendant la quinzaine qui suit le dimanche de Quasimodo. — Cartes d'entrée délivrées au Secrétariat sur demande écrite.

Département des Manuscrits : Conservateur : *H. Omont.* Ouvert tous les jours non fériés de 10 h. à 16 h. ; fermé pendant la quinzaine qui suit le dimanche de Quasimodo. Cartes d'entrée délivrées au Secrétariat sur demande écrite.

Département des Médailles et Antiques : Conservateur : *E. Babelon*. — Ouvert aux visiteurs lundi et jeudi de 10 h. à 16 h., aux travailleurs mardi, mercredi, vendredi et samedi de 10 h. à 16 h. ; fermé pendant la quinzaine qui suit le dimanche de Quasimodo.

Département des Estampes : conservateur : *E. Courboin*. Ouvert tous les jours non fériés de 10 h. à 16 h. ; fermé pendant la quinzaine qui suit le dimanche de Quasimodo. Cartes d'entrée délivrées au Secrétariat sur demande écrite.

Bibliothèque de l'Arsenal
1, *rue de Sully*.

Fondée par Antoine René de Paulmy, elle a été ouverte au public en 1797. On y remarque les salles dites de Sully et la salle des Manuscrits.
Administrateur : *H. Martin*.
Ouverte de 10 h. à 16 h. ; fermée Jeudi-Saint, jeudi de Pâques, 16-31 août. Carte d'entrée délivrée sur demande écrite pour consulter les manuscrits, estampes et imprimés de la réserve.
Nombre d'imprimés : 620.000 ; manuscrits : 7.994 ; estampes 120.000. En outre, les archives de la Bastille comprennent 2.727 manuscrits ou volumes. Dans la section des Imprimés, il faut citer 30.000 pièces de théâtre et la curieuse bibliothèque St-Simonienne dite « Fonds Enfantin ».

Bibliothèque Mazarine.
23, *quai Conti* (*Première Cour*).

Créée par Mazarin, elle a été ouverte au public en 1643 et transférée au Collège des 4-Nations.
Administrateur : *G. de Porto-Riche*.
Ouverte de 11 h. à 16 h. du 15 octobre au 15 février ; de 11 h. à 17 h. du 15 février au 15 octobre ; fermée du 15 au 30 septembre.
Imprimés : 250.000 ; incunables 1.900 ; manuscrits : 4.600.

Bibliothèque Sainte-Geneviève.
8, *place du Panthéon*.

Fondée en 1856.
Administrateur : *Ch. Mortet*,
Ouverte de 10 h. à 12 h., de 13 à 15 h. et de 18 h. à 22 h. (autorisation nécessaire aux dames pour les séances du soir). Salle de la Réserve et des Manuscrits ouverte de 10 h. à 15 h. (carte délivrée par l'Administration). Salle du fonds scandinave (6, place du Panthéon), ouverte : mardi et vendredi de midi à 16 h. (carte délivrée par l'administration) ; fermée : mercredi avant Pâques, mardi de Pâques, 1er au 15 septembre. La salle du fonds scandinave est en outre fermée en août.
Imprimés : 350.000 ; manuscrits : 3.510 ; estampes : 20.000 ; incunables : 1.225 ; cartes et plans : 3.000.

Bibliothèque nationale d'Alger.
10, *rue de l'Etat-Major*.

Ouverte de 13 h. à 18 h. ; fermée du 15 juillet au 1er oct. Imprimés : 40.000 : manuscrits arabes : 2.020.

Autres Bibliothèques de Paris.

NOMS ET ADRESSES.	GENRE.	JOURS ET HEURES D'OUVERTURE.	IMPRIMÉS. (milliers)	MSS.	OBSERVATIONS.
Académie de médecine, 16, r. Bonaparte	savante.	10-12 ; 13 1/2-16 1/2	30	428	Méd. ; est. ; portr.
Alliance israélite, 58, r. d'Auteuil	spéciale.	—	20	230	13 incunables.
Art et archéologie, 16, r. Spontini (coll. Doucet)	artistique.	9-20	80	3.000	5.000 est., 30.006 photos.
Assistance publique, 3, av. Victoria	spéciale.	9-12, 14-18	6	69	
Avocats, Palais de justice	juridique.	9-12, 14-18.	65	339	
Bureau des Longitudes, 3, r. Mazarine	savante.	—	4	»	

NOMS ET ADRESSES.	GENRE.	JOURS ET HEURES D'OUVERTURE.	IMPRIMÉS (milliers).	MSS.	OBSERVATIONS.
Cercle de la Librairie, 117, bd St-Germain..........	spéciale.	merc. 14-17.	3	»	
Chambre de Commerce, 3, r. Feydeau	commerc.	9-17 1/2	40	»	
Chambre de commerce américaine, 32 r. Taitbout...	spéciale.	9-12 14-17.	10	»	
Chambre des députés, Palais-Bourbon	parlement.	—	250	1.516	
Chambre des notaires, 12, av. Victoria..........	spéciale.	mardi de 2 à 6.	10	»	
Collège de France, pl. Marcellin-Berthelot	savante.	14-17	20	»	
Comédie-Franç., Pal.-Royal.	théâtrale.		30	1.700	750 registres..
Conseil d'Etat, pl. Pal.-Royal.	administr.	11-19	40	»	
Conseil mun. Hôtel de ville.	administr.		22	»	
Conservatoire Nal des Arts-et-Métiers, 292, r. St-Martin.	technique.	10-15 ; 19 1/2-22 (lundi exc.), ferm. 15-31/VIII.	48	6	2.323 cartes.
Conservatoire Nal de musique et de déclamation, 14, r. de Madrid.........	musicale.	10-16, ferm. juil.-oct.	»	»	
Cour de Cassation, Palais de Justice................	juridique.	»	40	344	
Cour des Comptes, Palais-Royal..................	administr.	14-18	25	50	
Dépôt des cartes et plans de la mar., 13, r. de l'Université.	géograph.	10-17	70	256	Atlas anciens.
Ecole Nale des Beaux-Arts, 14, r. Bonaparte.........	artistique.	été 13-17 ; hiver 19 1/2-22, ferm. août-sept.	40	638	100.000 est., 100 incunables.
Ecole centrale des Arts et manuf., 1 r Montgolfier..	technique.	13 1/2-18	16	»	
Ecole des Chartes, 19, r. de la Sorbonne	historique.	9 17 ferm. vac. univ.	47	»	1223 fac. sim. 500 c., est. méd.
Ecole coloniale, 2, av. de l'Observatoire...........	coloniale.	l., m., merc., j., v., 9-12 et 14-18 ; sam. 9-12 ; ferm. juil.-oct.	15	100	
Ecole sup. de guerre, 43 av. de la Motte-Piquet.......	militaire.	8-11 ; 13-16	70	148	
Ecole des Hautes-Etudes, à la Sorbonne.............	savante.	9-12, 15-19	»	»	
Ecole des langues orientales vivantes, 2, r. de Lille....	philolog.	m., v., 14-17 ; f. juil.-oct., sauf vendr. 13 à 17.	80	1.000	1.000 cartes.
Ecole Nale sup. des Mines, 60-62, bd Saint-Michel ...	technique.		45		15.000 br. et c.
Ecole normale supérieure, 45, r. d'Ulm.............	spéciale.	9-11; 13 1/2-16 1/2 ferm. sept.	200		
Ecole de pharmacie, 4, av. de l'Observatoire........	spéciale.	9-11, 13-17, 20-22, ferm. août-sept.	43	68	27 incunables.
Ecole Polytechnique, 21, r. Descartes	scientif.	9-11, ferm. juil.-oct.	50	10	1.100 méd., 208 est., 1.200 c.
Ecole Nale des ponts et chaussées, 28, r. des St-Pères...	spéciale.	8 1/2-11 1/4, 13 1/4-17 ; ferm. août-sept.	100	3.212	3.000 c. et photos.
Ecole libre des Sciences polit., 27, r. Saint-Guillaume....	hist.-polit.	10-22, ferm. août-sept.	30		500 cartes.
Faculté de droit, 127, r. St-Jacques	spéciale.	9 1/2-12, 13 1/2-18, 20-22 ; ferm. vac.	110	239	1 incunable.

NOMS ET ADRESSES.	GENRE.	JOURS ET HEURES D'OUVERTURE.	Imprimés (milliers)	MSS.	OBSERVATIONS
Faculté de médecine, 12, r. de l'Ecole-de-Médecine...	médicale.	11-18, 19 1/2-22 ; ferm. vac.	220	767	82 incun. ; jetons.
Faculté de théologie protestante, 83, bd Arago....	théolog.	9-12,13-16.	36		
Forney, 12, rue Titon.....	Arts appl.	9-12, 14-17.	20	»	»
Guerre (Musée de la) 39, rue du Colisée.............	spéciale.	9-11, 14-17.	»	»	»
Hospice des Quinze-Vingts, 28, r. de Charenton......	spéciale.	»	»	»	»
Imprimerie Nationale, 87, r. Vieille-du-Temple	spéciale.	»	»	»	
Institut N^al agronomique, 16, r. Claude-Bernard....	agricole.	»	25		»
Institut catholique, 74, r. de Vaugirard...........	savante.	8 1/2-11 3/4, 14-18 3/4 ; fermé août-oct.	160	180	28 incunables.
Institut de France, 23, quai Conti.................	savante.	11-17 ; ferm. août-sept.	550	543	Coll. Godefroy.
Instit. Pasteur, 25, r. Dutot.	médicale.	13-18.	45	»	»
Min. des Affaires étrangères, 130, r. de l'Université....	hist. dipl.	14-18, ferm. août.	90		300.000 br., 500.000 doc.
Min. des Colonies, 27, r. Oudinot...............	coloniale.	10-12, 14 1/2-17 ; ferm. juil.-sept.	10	»	»
— du Commerce.........	économ.	11-17.	»	»	»
— des Finances, r. de Rivoli.	financière.	10-17.	38	»	»
Min. de la Guerre, 231, bd Saint-Germain	militaire	10-16.	135	861	
Min. de l'Intér, pl. Beauvau .	administr.	9-12, 14-18.	80	100	»
Min. de la Justice, pl. Vendôme.................	juridique.	»	12	»	
Min. de la Marine, 2, r. Royale...............	marit.-col.	10-17.	100	356	5.000 cartes.
Monnaie, 11, quai Conti....	spéciale.	»	4	430	»
Musée Guimet, 7, pl. d'Iéna.	orientale.	12-16.	30	»	
Musée du Louvre, palais du Louvre.................	artistique.	12-17 ; ferm. août.	7	87	Papyrus grecs, égyp. et coptes
Musée pédagogique, 41, r. Gay-Lussac.............	pédagog.	10-17.	80	»	»
Musée social, r. Las-Cases..	sociolog.	9-12 14-18.	32	»	»
Muséum d'histoire nat.....	scientif.	9-12, 14-17.	190	200	
Observatoire, à l'Observatoire de Paris...........	scientif.	»	18	»	
Office colonial, Palais-Royal, galerie d'Orléans........	coloniale.	10-12 ; 14 17	20	»	1.500 c., 12.000 photos.
Office de législation étrang. et de droit intern. au min. de la Justice............	juridique.	13 1/2-17.	60	»	»
Opéra....................	musicale.	12-16.	12	»	»
Polonaise, 6, quai d'Orléans.	polonaise.	11-17 ferm. juil.-sept.	80	10.000	30.000 est.
Préfecture de la Seine, à l'hôtel de ville..........	administr.	12-17.	61	»	»
Sénat, au Luxembourg ...	parlement.	9-19	150	1.345	cartes, est., méd.
Sté des Agriculteurs, 8, r. d'Athènes..............	agricole.	»	12	»	»
Acad. d'Agriculture, 18, r. de Bellechasse	agricole.	»	22	»	»
Sté d'Anthropologie, 15, r. de l'Ecole-de-Médecine...	savante.	»	»	»	»
Sté des Antiquaires de France, musée du Louvre.	savante.	»	30	»	»

NOMS ET ADRESSES.	GENRE.	JOURS ET HEURES D'OUVERTURE.	IMPRIMÉS. (milliers)	MSS.	OBSERVATIONS.
Sté d'Apiculture, séricic., etc., 28, r. Serpente	spéciale.	»	4	»	»
Sté asiatique, 1, r. de Seine.	orientale.	»	12	200	»
Sté chimique de France, 41, r. de Rennes	scientif.	»	10	»	
Sté de chirurgie, r. de Seine.	médicale.	»	20	»	
Sté d'économie sociale, 54, r. de Seine	sociolog.	9-11 ; 14-16.	15	»	»
Sté internat. des Électriciens, 12-14, r. de Staël	technique.	»	4	»	200 périodes.
Sté entomol., 28, r. Serpente.	entomol.	»	30	»	»
Sté de Géographie, 184, bd Saint-Germain	géograph.	11-16.	60	50	600 atlas, 6.000 c., photos, etc.
Sté géologique de France, 28, r. Serpente	géolog.	»	20	»	»
Sté d'Histoire du Protestantisme, 54, r. des St-Pères	historiq.	13-17 ; ferm. août-sept.	60	»	»
Sté Nale d'horticulture, 84, r. de Grenelle	horticole.	»	15	400	
Sté d'Encourag. pour l'industrie nat., 44, r. de Rennes	tech.-écon.	»	50	»	»
Sté des Ingénieurs civils, 19, r. Blanche	technique.	»	47	»	»
Sté de Législation comparée, 16, r. du Pré-aux-Clercs	juridique.	16 1/2-18.	20	»	»
Sté de Phys., 41, r. de Rennes.	scientif.	»	12	»	»
Sté positiviste, 10, r. Monsieur-le-Prince	philosoph.	»	6	»	»
Sté de Statistique, 28, r. Serpente	statistique.	13-16.	60	»	»
Sté zoologique de France, 28, r. Serpente	zoologique.	»	6	»	»
Sous-secr. des postes et télégraphes, 107, r. de Grenelle.	spéciale.	9-18.	30	»	500 cartes
Théâtre Nal de l'Opéra, 1, pl. Charles-Garnier	théâtrale.	11-16 ; ferm. juil.-août.	16	»	3.000 part. et 60.000 est.
Tribunal de Commerce, bd du Palais	juridique.	»	»	291	»
Union centrale des Arts décoratifs (pav. de Marsan), 107, r. de Rivoli	artistique.	10-17 1/2 ; 20-22 ; fer. août.	15	»	1.204.000 est., plans, photos, échantillons.
Université de Paris, à la Sorbonne	générale.	10-12, 14-18, 20-22 ferm. vacances.	600	1.550	395 incunables.
Val-de-Grâce, 277 *bis*, r. St-Jacques	médicale.	8-12, 13-18.	34	4	»
Victor Cousin, à la Sorbonne.	savante.	14-18.	27	200	187 incunables.
Ville de Paris, 29, r. de Sévigné	histor.	9-17 ; ferm. août.	200	3.500	»

La plupart des grands établissements publics ont des bibliothèques spéciales. Outre celles mentionnées dans le tableau ci-dessus, il y a lieu de signaler pour Paris : les bibliothèques du Musée pédagogique, 41, rue Gay-Lussac, du Cercle militaire national.

Il existe à Paris des *Offices d'information*, où on a groupé en dossiers des articles et découpures de revues et de journaux, des brochures, mémoires, documents législatifs, administratifs, statistiques, etc. Les principaux sont :

Office de législation étrangère, au Min. de la Justice, place Vendôme (ouvert de 13 h. 30 à 17 h.) ; *Archives du Musée social*, 5, rue Las Cases (ouvert de 9 h. à 12 h., de 14 h. à 18 h.) ; *Offices d'informations du Comité d'études sociales*, 7, rue Las Cases (ouvert de 9 h. à 12 h., de 14 h. à 18 h.) ; *Offices du travail législatif et parlementaire*, 36, rue Vaneau.

Principales bibliothèques des départements

VILLES ET GENRES.		IMPRIMÉS.	MSS	INCUNABLES ET DIVERS.
Strasbourg	Univ. et Région.......	1.100.000	2.700	»
Lille	Université.............	316.000	»	
Grenoble	Bibl. municipale	269.024	2.485	636 inc.; 1.[illegible] autogr.
Bordeaux	— —	225.000	»	[illegible] inc.
Toulouse	— —	213.000	1.020	[illegible] —
Nantes	— —	200.000	2.469	342 —
Aix	— —	195.000	1.[illegible]	436 —
Versailles	— —	180.000	1.277	213 —
Toulouse	Université	166.[illegible]	»	451 —
Tours	Bibl. municipale	1[illegible].0[illegible]0	2.007	»
Rennes	Université...........	143.340	»	»
Rouen	Bibl. municipale......	140.000	»	224 inc.; est.
Nancy	— —	136.829	1.962	»
Lyon	Université	132.800	»	530 inc.
Troyes	Bibl. municipale......	132.500	2.983	40 —
Montpellier	— —	131.300	252	109 —
Caen	— —	128.000	665	126.239 thèses.
Montpellier	Université............	126.399	542	200 inc.
Dijon	— —	125.000	1.726	143 inc.
Marseille	— —	120.900	1.778	116 —
Rennes	— —	120.000	602	876 —
Lyon	— —	119.976	5.260	»
Poitiers	Université............	114.000	»	167 inc. et 85.000 thèses.
Clermont-Fd	Univ. et municipal	110.000	693	62 inc.
Nîmes	Bibl. municipale	110.000	688	14 —
La Rochelle	— —	109.712	1.715	174.400 thèses.
Bordeaux	Université............	107.000	»	1.000 inc.
Besançon	Bibl. municipale	101.250	2.250	322 inc., 6.000 méd.
Douai	— —	94.881	1.918	92.068 thèses.
Orléans	Bibl. municipale	87.280	1.406	64 —
Lyon	Palais des Arts.........	83.700	351	92 —
Châlons-sur-M.	Bibl. municipale	80.000	600	178 —
Carpentras	— —	77.000	2.154	134 —
Angers	— —	76.597	2.045	215 inc.; est.
Poitiers	— —	76.000	629	»
Limoges	— —	75.000	119	83.882 thèses et broch.
Caen	— —	74.632	»	81 inc.
Boulogne-s.-M.	— —	67.482	471	153.305 thèses.
Dijon	Université............	67.434	»	47 inc.
Chambéry	Bibl. municipale	66.472	157	95.000 thèses et broch.
Grenoble	Université............	65.000	»	20 inc.
Pau	Bibl. municipale	65.000	58	37 —
Le Havre	— —	64.250	490	240 —
Amiens	— —	62.000	1.465	4 —
Brest	— —	61.719	65	300 —
Nice	— —	60.000	186	321 —
Avignon	mun. et musée Calvet ..	59.643	4.344	250 —
Beaune	Bibl. municipale	58.500	313	6 inc., méd.
Toulon	— —	56.000	65	43 inc.
Soissons	— —	55.000	280	204 —
Le Mans	— —	54.000	500	473 —
Cambrai	— —	53.682	1.484	30 —
Alençon	— —	53.374	649	12 —
Laval	— —	51.173	261	52.855 thèses.
Aix	Université............	50.899	»	»
Niort	Bibl. municipale	50.731	»	»
Saint-Etienne	— —	50.000	343	
Dunkerque	— —	50.000	121	25 inc.

Archives.

Quatre ordres de dépôts d'archives sont soumis au contrôle de la Direction des Archives du Ministère de l'Instruction Publique, ce sont : les archives nationales, départementales, communales et hospitalières.

Archives nationales. — 60, *rue des Francs-Bourgeois*. — Salle de travail ouverte tous les jours de 10 h. à 17 h. ; fermée dimanche et jours fériés du 30 décembre au 3 janvier ; du Jeudi Saint au mardi de Pâques. Musée ouvert le dimanche de midi à 15 h.

Directeur : *Langlois* ; Conservateur, chef du Service administratif : *E. Welvert*, Section ancienne : Conservateur : *F. Gerbaux* ; Section moderne : Conservateur : *Stein*.

Cadre de classement : séries A, B, C. Lois et Assemblées de la Révolution ; C C. Sénat conservateur ; D. Missions des représentants du peuple ; E. Conseil d'Etat (1593-1791) ; F. Administration générale de la France ; G. Finances ; H. Administrations locales ; J. Trésor des Chartes ; K. Monuments historiques ; L. Monuments ecclésiastiques ; M. Ordres militaires ; N. Plans ; O. Maison du Roi et de l'Empereur ; P. Chambre des Comptes ; Q. Domaines ; R. Princes ; S. Corporations supprimées ; T. Séquestre ; W. Religionnaires fugitifs ; U. Mélanges ; V, W, X, Y, Z, Z[a], Z[b], Archives judiciaires ; ZZ Notariat ; AA Collections particulières ; BB Versements du Ministère de la Justice ; AB, AC, AD, AE, Administration des Archives et Musée ; AF Secrétairerie d'Etat.

Il y a en outre aux Archives Nationales : 1° depuis 1899 les Archives anciennes du Ministère de la Marine ; 2° depuis 1910 les Archives anciennes du Ministère des Colonies.

Archives départementales. — Il existe au chef-lieu de chaque département un dépôt d'archives départementales qui a recueilli les fonds des institutions administratives antérieures à la Révolution et s'est grossi souvent d'acquisitions diverses. Tous ces dépôts ont un cadre de classement uniforme en deux parties, savoir : fonds ancien (antérieur à 1790) ; archives civiles (série A. à F.) et archives ecclésiastiques (série G. à I.) ; fonds moderne : c'est-à-dire postérieur à 1790 (série K. à Z.).

Archives communales. — Les archives communales, bien que propriétés des municipalités et entretenues par elles sont également soumises à un ordre de classement uniforme en deux parties : antérieure ou postérieure à 1790, savoir : fonds ancien (série AA. à II.) et fonds moderne (série A. et S.).

Archives hospitalières. — Les archives des établissements hospitaliers contrôlés par l'Etat sont soumises à un ordre de classement plus simple en huit séries cotées A. à H. Quelques-unes sont fort anciennes et fournissent notamment sur la période du Moyen Age les informations les plus précieuses à l'histoire.

En dehors de ces archives ressortissant au Ministère de l'Instruction publique, il existe un très grand nombre de dépôts publics et privés souvent d'intérêt considérable. Les principaux sont ceux des ministères les plus anciens, savoir :

Archives du Ministère des Affaires étrangères. — *Quai d'Orsay*. — Ouvertes de 14 h. à 18 h. ; fermées semaine de Pâques et août. Autorisation ministérielle pour la communication des documents jusqu'au 23 février 1848 ; pour les fonds de la correspondance politique et des mémoires et documents jusqu'au 14 septembre 1791 pour la correspondance consulaire ; les copies de pièces postérieures à 1791 sont soumises au contrôle de l'administration.

Archives du Ministère de la Guerre. — 231, *bd. Saint-Germain*. — Archives historiques : ouvertes, le samedi excepté de 11 h. à 16 h. ; fermées août. Communications accordées par le chef d'Etat-Major général pour les officiers ; par le ministre pour les autres personnes. Les étrangers doivent faire parvenir leurs demandes par leur ambassade et le ministre des Affaires Etrangères.

Sont communiqués les documents historiques antérieurs à 1848 et, sauf réserves, les documents diplomatiques et militaires et les dossiers du personnel antérieurs à 1830-1840.

Archives du Ministère des Colonies. — 27, *rue Oudinot*. — Ouvertes de 10 h. à midi et de 16 h. 30 à 17 h. ; fermées du 15 juillet au 1er septembre.

Archives du Ministère de la Marine. — 2, *rue Royale*. — Ouvert. de 10 h. à 17 h.

En province, chaque ville possède ses *Archives municipales*, installées généralement à l'Hôtel de Ville ; dans chaque chef-lieu de département, se trouvent les *Archives départementales*, installées à la Préfecture.

Instituts et Laboratoires.

La plupart des laboratoires sont rattachés aux facultés ou à des établissements d'enseignement supérieur. (V. Enseignement supérieur).

Quelques-uns cependant, parmi ceux déjà cités, ont une importance de premier ordre ; d'autres constituent des institutions autonomes et n'appartiennent pas, à proprement parler à l'enseignement. Il a paru expédient de les ranger sous cette rubrique spéciale.

Instituts et laboratoires scientifiques

Bureau des Longitudes, au Palais de l'Institut, 3, rue Mazarine, créé par la loi du 24 juin 1795, actuellement régi par le décret du 15 mars 1874 et ressortissant au min. de la Marine; est composé de 13 membres titulaires dont 3 de l'Académie des sciences, institué en vue du perfectionnement des diverses branches de la science astronomique et de leurs applications à la géographie, à la navigation et à la physique du globe.

Il rédige et publie annuellement la *Connaissance des temps*, à l'usage des astronomes et des navigateurs, un *Extrait de la Connaissance des temps* à l'usage des écoles d'hydrographie et des marins du commerce, un *Annuaire* ainsi que des *Annales*.

Bureau pour 1920 : *Prés.* : Andoyer ; *vice.prés.* : Hamy ; *secr.* : Renaud.

Bureau central météorologique, 176, rue de l'Université. *Dir.* : Angot ; *secr.* : Guillaume.

Ecole pratique des Hautes-Etudes, à Paris. Les Sections des Sciences physico-chimiques et des Sciences naturelles de l'Ecole des Hautes-Etudes sont constituées par des enseignements et laboratoires disséminés au Muséum, au Collège de France, dans les Facultés de Paris, des départements (V. Enseignement supérieur). En voici la liste :

a. — *Sciences physico-chimiques.* — *Physique :* Recherches de physique et enseignement de la physique, à la Sorbonne ; *Chimie :* Chimie minérale, à la Sorbonne et au Collège de France ; Chimie biologique, à l'Institut Pasteur ; Chimie organique, au Collège de France et à la Sorbonne ; *Météorologie :* Recherches météorologiques, au parc Saint-Maur; *Minéralogie* : au Muséum ; Enseign. et recherches de minéralogie à la Sorbonne.

b. — *Sciences naturelles.* — *Anthropologie :* à la Faculté de Médecine ; *Biologie* : expérimentale, à la Sorbonne ; végétale, à Fontainebleau ; maritime à Beaulieu (A.-M.) ; *Botanique :* au Muséum et à l'Ecole de Pharmacie ; *Cytologie :* au Collège de France ; *Embryologie générale et expérimentale :* à la Sorbonne ; *Géographie physique :* à la Faculté des sciences ; *Géologie et Minéralogie :* à la Faculté des sciences de Lille ; *Histologie :* au Collège de France ; *Hygiène générale et expérimentale* : au Collège de France ; *Malacologie :* au Muséum ; *Minéralogie :* au Muséum ; *Paléontologie :* au Muséum ; *Physiologie :* pathologique et physico-chimique, au Collège de France ; des sensations, à la Sorbonne ; organographie et physiologie végétale, au Muséum ; *Physique :* biologique, au Collège de France ; végétale, au Muséum ; *Psychologie* : expérimentale, à l'asile de Villejuif ; pathologique et physiologique, à la Sorbonne ; *Zoologie :* comparative, au Muséum, aux Stations maritimes de Banyuls-s.-Mer et de Roscoff et à Tatihou ; maritime. à Cette et à Wimereux-Ambleteuse.

Institut d'histoire, de géographie et d'économie urbaines de la Ville de Paris, 29, rue de Sévigné. Durée des études : 2 ans.

Laboratoires de la Faculté de Médecine de Paris. Pour les recherches scientifiques, la Faculté met à la disposition des étudiants et des travailleurs ses laboratoires propres et les laboratoires annexés à ses cliniques. Dans les uns et dans les autres, on n'est admis qu'avec l'autorisation du professeur-directeur.

Les laboratoires de la Faculté sont les suivants : Anatomie ; Anatomie pathologique ; Chimie médicale ; Hygiène ; Médecine légale pratique ; Médecine opératoire ; Parasitologie ; Pathologie expérimentale et comparée ; Pathologie interne ; Pathologie et thérapeutique générales ; Pharmacologie et matière médicale ; Physiologie ; Physique médicale ; Thérapeutique.

Les laboratoires des cliniques sont les suivants : Cliniques médicales de l'Hôtel-Dieu, Cochin, Beaujon, Saint-Antoine· Cliniques chirurgicales de l'Hôtel-Dieu, Laënnec, Cochin, Necker ; Cliniques d'accouchement ; Clinique des maladies nerveuses de la Salpêtrière ; Cliniques des maladies des enfants ; Clinique ophtalmologique ; Clinique des maladies mentales ; Clinique des maladies cutanées et syphilitiques ; Clinique des maladies des voies urinaires ; Clinique gynécologique ; Clinique de Chirurgie des enfants ; Clinique thérapeutique ; Clinique obstétricale réservée aux élèves sages-femmes.

Laboratoires de la Faculté des Sciences de Paris. Les travaux sont poursuivis dans 19 laboratoires, situés dans la Sorbonne et qui sont les suivants : Astronomie physique ; Mécanique physique et expérimentale ; Service d'Aviation avec Bibliothèque ; Physique (recherches et enseignement) ; Chimie ; physique, générale, minérale, organique et enseign. de chimie ; Minéralogie ; Anatomie comparée ; Zoologie, Anatomie et Physiologie comparée ; Physiologie animale ; Histologie ; Botanique ; Géologie ; Géographie physique.

Il existe en outre les laboratoires suivants:

Physique et radio-activité, rue Pierre-Curie, 1 ; **Chimie biologique**, à l'Institut Pasteur, 25, rue Dutot ; **Evolution des êtres organisés et embryologie générale**, rue d'Ulm, 3 ; Physique, Chimie, Zoologie, Botanique et Géologie, rue d'Ulm, 45 ; Zoologie maritime, à Roscoff (Finistère) et à Banyuls (Pyr.-Orientales) ; Biologie végétale, à Fontainebleau (S.-et-M.).

Laboratoires de l'Institut Pasteur. V. Enseign. supérieur.

Laboratoires agricoles et Stations agronomiques.

a. Appartenant à l'État :

Agronomie : Laboratoire Central de Recherches et d'Analyses, au min., rue de Varenne, à Paris ; Laboratoire d'Essais de Semences et d'Analyse des Tourteaux, rue Platon, 4, à Paris ; Laboratoires ou Stations de Bordeaux, Caen, Châteauroux, Pétré près Luçon, Poligny (Jura), Rodez ;

Agriculture : Station de Boulogne-s.-Mer (P.-de-C.) ; *Météorologie* : Juvisy et Meudon (S.-et-O.), Montpellier (Hérault) ; *Œnologie* : Laboratoire et Stations de Beaune, Bordeaux, Montpellier, Narbonne, Nîmes, Toulouse ; *Physique et Chimie végétales* : Meudon (S.-et-O.) ; *Pomologie* : Caen (Calvados).

b. Appartenant aux départements ou aux communes :

Agronomie : Amiens, Arras, Auxerre, Bar-le-Duc, Béthune, Blois, Boulogne-s.-Mer, Châlons (Marne), Chartres, Cluny (Saône-et-Loire), Dijon, Laon, Laval, Lille, Marseille, Melun, Nevers, Paris, Poitiers, Quimper, Rouen, Versailles, Tours.

c. Laboratoires et Stations pour la recherche et l'étude des maladies des plantes :

Entomologie : Beaune, Bordeaux, Montpellier, Paris, Rouen ; *Pathologie végétale* : Antibes, Paris ; *Phytopathologie* : Cadillac (Gironde) ; *Physiologie végétale* : Fontainebleau (S.-et-M.) ; *Sériciculture* : Alais (Gard) ; Draguignan (Var).

Laboratoires commerciaux et industriels.

Laboratoire colonial, r. Buffon, 55, à Paris (Muséum d'histoire naturelle), ouvert de 10 h. à 16 h., fournit des renseignements à toutes les personnes qui ont affaire aux colonies (dépend du min. de l'Instruction publique) ;

Jardin colonial, av. de la Belle-Gabrielle, à Nogent-s.-Marne (Seine), T. Nogent, 47, a un Service chimique et un Service des Cultures (dépend du min. des Colonies) ;

Laboratoire d'essais du Conservatoire national des Arts et Métiers, créé par décret du 19 mai 1900, organisé par la loi et le décret du 9 juillet 1901, a pour but de permettre non seulement aux services de l'État, mais aussi aux industriels, commerçants et particuliers, de soumettre les produits bruts ou manufacturés, les machines et les appareils aux essais *mécaniques, physiques, chimiques* ou de *machines* susceptibles de les qualifier.

Les diverses attributions techniques du laboratoire d'essais sont réparties en cinq sections, pourvues chacune de leur outillage ou appareillage spécial.

Section I (essais du domaine général de la *physique* (moins l'électricité) sur les : manomètres, thermomètres, indicateurs, jumelles, prismes, appareils photographiques, poids et balances, machines de mesures, filetages, etc.).

Section II (essais mécaniques et micrographiques des *Métaux* : fers, fontes, aciers, aciers spéciaux, alliages, tubes, tuyaux, limes, câbles, etc... et les essais de bois, cordages, etc.).

Section III (essais mécaniques des *Matériaux de construction* ; chaux, ciments, sables, plâtres, produits céramiques, ardoises, peintures, verres, matériaux calorifuges, etc.).

Section IV (essais de *Machines* (autres que les machines électriques) et de leurs accessoires : générateurs, moteurs hydrauliques, pompes, moteurs à explosion, etc.).

Section limitée à l'étude des matières premières végétales nouvelles ou insuffisamment connues, et aux essais de chimie des produits entrant dans les attributions des autres sections. Le laboratoire d'essais effectue, en outre, la *vérification légale* des alcoomètres, densimètres et thermomètres les accompagnant.

Laboratoire des Expertises, à Paris, 244, bd. Saint-Germain, T. Saxe 27-04 (dépend du min. du Commerce et de l'Industrie) ;

Laboratoire central du min. des Finances, 11, r. de la Douane, T. Nord 42-46 (dépend du min. des Finances) ;

Laboratoire d'essais et recherches sur les matériaux de construction, 3, av. d'Iéna, T. Passy 98-44 (rattaché à l'École des Ponts et Chaussées, ressortit au min. des Travaux Publics et des Transports) ;

Laboratoire aérodynamique G. Eiffel, 67, rue Boileau, Paris, entreprend des études expérimentales sur l'aviation ;

Laboratoire d'hygiène de la Ville de Paris, 1 *bis*, rue des Hospitalières Saint-Gervais, fournit gratuitement des analyses et reçoit tous les malades pour prélèvement du sang, réaction de Wassermann, examen à l'ultra-microscope, etc.

Institut d'optique à Paris, 140, boul. du Montparnasse, ouvert aux étudiants de la Faculté des sciences et aux officiers désignés, chaque année, par les ministres de la Guerre et de la Marine.

Institut aérotechnique à Saint-Cyr (S.-et-O.).

L'ENSEIGNEMENT

L'enseignement, qui se donnait uniquement au moyen âge dans les 17 universités fondées à partir du XIIIe siècle sur le modèle de celle de Paris, s'étendit aux classes de la noblesse et de la haute bourgeoisie à partir du XVIe siècle.

Les jeunes gens étaient alors surtout élevés dans les collèges que fondèrent peu à peu les grandes congrégations religieuses, les Jésuites d'abord qui enseignaient surtout les humanités et la rhétorique, puis les Oratoriens qui attachèrent plus d'importance aux études historiques et scientifiques. Les Jansénistes introduisirent dans leurs fameuses « Petites Ecoles » des idées pédagogiques nouvelles. Enfin, en 1679, l'abbé de la Salle créa les premières écoles primaires et fonda l'ordre des Frères des Ecoles chrétiennes qui, pour la première fois, excluait le latin des études, au moins au début, et qui remplaçait l'enseign. individuel par l'enseign. simultané.

Mais c'est la Révolution qui a établi les premiers fondements de notre organisation moderne de l'enseign. La Constitution de 1791 (titre 1er) en annonçait les principes essentiels: « Il sera créé et organisé une instruction publique commune à tous les citoyens, gratuite à l'égard des parties d'enseignement indispensable pour tous les hommes ». La Constitution de l'an III affirma l'obligation pour l'Etat de veiller à l'éducation nationale et, sans lui en donner le monopole, elle prévit la création d'*écoles primaires* et d'*écoles sup.*; la loi du 3 brumaire an IV établit les *écoles municipales, élémentaires*, gratuites pour les indigents et *écoles centrales* pour l'enseign. secondaire. Enfin, en 1794, la Convention créa pour l'enseign. supérieur l'*Ecole polytechnique*, l'*Ecole normale*, l'*Ecole de Mars* et le *Conservatoire des arts et métiers*.

Cependant, l'enseignement public était à peu près inexistant quand Napoléon le centralisa et l'uniformisa, en fondant par la loi du 11 mai 1806, complétée par les décrets de 1808 et 1811, l'Université impériale, grande corporation étroitement liée à l'Empereur, dotée de la personnalité civile, de biens importants, d'un conseil et d'un grand maître nommé et révocable par lui. Le pouvoir exécutif nommait dorénavant à tous les emplois de l'Université qui avait le monopole de l'instruction nationale. Elle comprenait des *lycées*, des *collèges* et des institutions autorisées donnant l'enseign. secondaire plus ou moins développé et des *facultés des lettres* et *des sciences* dans chaque chef-lieu d'Académie, complétées par des *facultés de droit, de médecine* et *de théologie*, conférant toutes des grades.

L'enseign. primaire était confié surtout aux Frères des Écoles chrétiennes encouragés et surveillés par l'Etat. Il fut organisé par Guizot en 1833. La loi du 28 juin instituait une *école primaire* par commune ou groupement de 2 ou 3 communes, gratuite pour les enfants pauvres et dont les instituteurs étaient payés par l'Etat et une *école primaire supérieure* dans les chefs-lieux de dép. et dans les villes de plus de 6.000 âmes.

La loi Falloux (15 mars 1850) substitua à l'Université, telle qu'elle avait été organisée par Napoléon, un service public dépendant directement de l'Etat et proclama la *liberté de l'enseignement* aussi bien primaire que secondaire.

Sous le Second Empire, le ministre Duruy développa l'enseign. primaire (loi du 10 avril 1867) en donnant aux municipalités des ressources budgétaires pour créer des écoles, en obligeant les communes de plus de 500 hab. à avoir une *école de filles*, en organisant les *bibliothèques scolaires* et les *caisses des écoles*; il institua dans l'enseign. secondaire des garçons un *enseign. spécial pratique* et il fonda les premiers *cours secondaires de jeunes filles*; il chercha enfin à vivifier l'enseign. supérieur en le spécialisant et en créant l'*Ecole des Hautes Etudes*.

Les idées qui avaient été émises sous la Révolution et que les divers gouvernements de la France avaient peu à peu essayé de réaliser ont finalement abouti sous la 3e République à l'organisation de l'enseign. tel qu'il existe aujourd'hui. Conservant le principe de la liberté qui avait été formulé dans la loi Falloux et que la loi du 12 juillet 1875 étendit à l'enseign. supérieur, elle constitua rapidement les trois enseign. d'Etat qui se développent d'ailleurs encore chaque jour. L'enseign. primaire prit une extension considérable; la loi du 16 juin 1881 le rendit *gratuit*, celle du 28 mars 1882 le déclara *obligatoire* et celle du 30 oct. 1886, en en fondant la *laïcité*, en régla toute l'organisation (division en catégories, *enseign. primaire supérieur* et *professionnel*, conditions d'ouverture, personnel). On prit en même temps des mesures pour assurer la construction des maisons d'école, pour procurer au personnel des traitements suffisants et pour leur donner l'instruction pédagogique dans les *écoles normales*.

On conserva l'*enseign. secondaire des garçons* tel qu'il existait en en modifiant les programmes pour l'adapter aux besoins modernes et le coordonner avec l'enseign. primaire (loi de 1902) et on créa l'*enseign. secondaire des jeunes filles* (loi du 21 déc. 1880).

Enfin, on accorda aux universités de l'*enseign. supérieur* une autonomie qui a donné les plus féconds résultats (loi du 10 juillet 1896).

Aujourd'hui, on se préoccupe surtout d'organiser l'*enseign. post-scolaire* et *professionnel*.

L'organisation de l'enseignement.

La France vit sous le régime de la liberté de l'enseignement. Il existe donc un certain nombre d'écoles privées, fondées ou entretenues par des particuliers ou des associations. Mais l'Etat exige de tous les membres de l'enseignement privé des garanties de savoir et de moralité et s'est réservé sur eux un droit d'inspection. Les membres des congrégations religieuses non autorisées n'ont pas le droit d'enseigner. L'Etat a, seul, le droit de délivrer, après examen, les diplômes et grades universitaires.

Il a d'autre part organisé un grand nombre d'écoles publiques qui constituent l'*Université de France* et se divisent en trois ordres :

L'*enseignement primaire*, donnant aux enfants, dans les écoles primaires élémentaires et supérieures, les connaissances élémentaires et pratiques ;

L'*enseignement secondaire* donnant aux élèves, dans les lycées et collèges, une instruction plus développée ;

L'*enseignement supérieur* donnant aux étudiants dans les facultés et les écoles sup. un complément de culture et les initiant aux recherches scientifiques.

Cette organisation et cette surveillance sont assurées par le ministère de l'Instruction publique. Il existe d'autre part de nombreuses écoles techniques (agricoles, industrielles, commerciales, militaires, maritimes, etc.) qui relèvent des ministères de l'Agriculture, du Commerce, des Travaux publics, des Colonies, de la Guerre, de la Marine.

Le Ministre de l'Instruction publique est Grand-Maître de l'Université. Il est assisté du *Conseil supérieur de l'Instruction publique*, composé sous sa présidence de 5 membres de l'Institut élus, 9 hauts fonctionnaires nommés par décret, 18 professeurs de l'enseignement supérieur, 10 de l'enseignement secondaire, 6 de l'enseignement primaire, tous élus, et 4 de l'enseignement libre, nommés par Décret. Ce Conseil donne son avis sur les programmes, les examens, les livres, statue en appel et en dernier ressort sur les jugements des conseils d'universités, académiques et départementaux de l'enseign. primaire, se réunit deux fois par an. Une section permanente de 15 membres expédie les affaires courantes.

La France est divisée en 18 *académies*, y compris l'Algérie, administrées chacune par un *recteur*. Le ministre est recteur de l'Académie de Paris qui est administrée par un *vice-recteur*.

Liste des chefs-lieux d'académie, des recteurs et de leur circonscription :

Aix : M. Payot. — B.-Alpes ; Htes-Alpes ; Bouches-du-Rhône ; Corse (vice-recteur à Ajaccio) ; Var ; Vaucluse.

Alger : M. Ardaillon. — Algérie.

Besançon : M. Alengry. — Doubs ; Jura ; Belfort ; Hte-Saône.

Bordeaux : M. Thamin. — Dordogne ; Gironde ; Landes, Lot-et-Garonne, Basses-Pyrénées.

Caen : M. Moniez. — Calvados ; Eure ; Manche ; Orne ; Sarthe ; Seine-Inférieure.

Chambéry : M. Aleng y. — Savoie ; Hte-Savoie.

Clermont : M. Causeret. — Allier ; Cantal ; Corrèze ; Creuse ; Hte-Loire ; Puy-de-Dôme.

Dijon : M. Padé. — Aube ; Côte-d'Or ; Hte-Marne ; Nièvre ; Yonne.

Grenoble : M. Dumas. — Htes-Alpes ; Ardèche ; Drôme ; Isère.

Lille : M. Lyon. — Aisne ; Ardennes ; Nord ; Pas-de-Calais ; Somme.

Lyon : M. Joubin. — Ain ; Rhône ; Loire ; Saône-et-Loire.

Montpellier : M. Coulet. — Aude ; Gard ; Hérault ; Lozère ; Pyrénées-Orientales.

Nancy : M. Adam. — Meuse ; Meurthe-et-Moselle ; Vosges.

Paris : Recteur : M. Paul Appell. — Cher ; Eure-et-Loir ; Loir-et-Cher ; Loiret ; Marne ; Oise ; Seine ; Seine-et-Marne ; Seine-et-Oise.

Poitiers : M. Pineau. — Charente ; Charente-Inférieure ; Indre-et-Loire ; Deux-Sèvres ; Vendée ; Vienne ; Hte-Vienne.

Rennes : M. Gérard-Varet. — Côtes-du-Nord ; Finistère ; Ille-et-Vilaine ; Loire-Inf. ; Maine-et-Loire ; Mayenne ; Morbihan.

Strasbourg : M. Charléty. — Moselle ; Haut-Rhin ; Bas-Rhin.

Toulouse : M. Cavalier. — Ariège ; Aveyron ; Gers ; Hte-Garonne ; Lot ; Htes-Pyrénées ; Tarn ; Tarn-et-Garonne.

Le *recteur*, chef de tout le personnel supérieur, secondaire et primaire de son *ressort*, est assisté dans l'administration de l'Académie par autant d'*inspec-*

teurs d'Académie qu'il y a de départements, par un *conseil académique* et un *conseil de l'Université*.

L'*inspecteur d'Académie* dirige le service de l'enseign. secondaire et de l'enseign. primaire du département et surveille l'enseign. secondaire libre. Il est assisté d'un *Conseil départemental de l'Instruction primaire*. Exceptionnellement, le département de la Seine compte 8 inspecteurs d'Académie dont un seul est chargé de l'enseign. primaire.

Le *conseil académique* composé du recteur, président, des inspecteurs d'Académie, du doyen et d'un professeur (élu) de chaque faculté, de 6 professeurs secondaires élus, d'un proviseur, d'un principal et de deux membres des conseils généraux ou municipaux choisis par le ministre, donne son avis sur les questions d'administration et de discipline concernant les lycées et collèges, juge des affaires contentieuses ou disciplinaires relatives à l'enseign. sup. libre et à l'enseign. sec. public et libre, adresse un rapport annuel au ministre sur l'enseign. secondaire ; il se réunit au moins deux fois par an.

Le *Conseil de l'Université*, composé du recteur président, des doyens des facultés, de deux prof. de faculté, élus pour 3 ans, gère les finances de l'Université, organise et réglemente les cours, exercices, œuvres d'étudiants, donne son avis sur les budgets, juge les affaires contentieuses et disciplinaires de l'enseign. sup. public, présente un rapport annuel au ministre sur l'enseign. supérieur.

L'enseignement primaire.

L'enseignement primaire, organisé par les lois des 16 juin 1881, 28 mars 1882 et 30 octobre 1886, a pour objet de donner aux enfants les connaissances élémentaires qui sont indispensables à tout citoyen français. L'Etat, qui a rendu cet enseignement *obligatoire*, a créé des écoles qui le donnent *gratuitement*. Il se divise en *enseignement primaire élémentaire* et en *enseignement primaire supérieur*.

L'enseignement primaire élémentaire.

L'enseignement primaire élémentaire est *obligatoire* pour les enfants de 6 à 13 ans (loi du 28 mars 1882). Il est donné dans les familles, dans les écoles publiques, dans les écoles privées ou dans les classes élémentaires de l'enseign. secondaire.

1° Les enfants qui reçoivent l'*instruction dans leurs familles* doivent théoriquement passer à la fin de chaque année, à partir de la seconde, un examen écrit ; mais on peut simplement envoyer les devoirs avec une attestation d'authenticité signée par le père de famille.

2° Les *écoles publiques* donnent l'enseign. primaire gratuit et laïque dans des écoles maternelles, enfantines, et primaires élémentaires (loi du 30 octobre 1886).

Les *écoles maternelles* mixtes reçoivent dans les villes des garçons et des filles de 2 à 6 ans, leur donnent un enseign. très élémentaire sous forme de jeux et d'exercices manuels surtout.

Les *classes enfantines* reçoivent des garçons et des filles de 4 à 7 ans; elles sont annexées à certaines écoles prim. élémentaires.

Les *écoles primaires élémentaires* sont entretenues par la commune, les départements ou l'Etat. Il y en a plus de 60.000 en France, au moins une par commune. L'école peut être *mixte* (garçons et filles) si la commune a moins de 500 habitants. Les écoles pour enfants de 6 à 13 ans sont ouvertes tous les jours, sauf le jeudi, le dimanche, les vacances.

Gratuité complète de la scolarité ; dans beaucoup d'écoles, les municipalités ou les Caisses des écoles (créées par les conseils municipaux avec cotisations ou subventions) donnent des livres et fournitures scolaires aux élèves nécessiteux ou à tous les élèves ; des vêtements, chaussures et aliments (*cantines scolaires*) aux enfants pauvres.

L'enseignement est donné par des *instituteurs* (au moins 18 ans) et des *institutrices* (au moins 17 ans) ; et dans les écoles importantes par des *directeurs* ou *directrices* (au moins 21 ans) et des *instituteurs adjoints* ou des *institutrices adjointes*, tous nommés par le préfet sur la proposition de l'inspecteur d'Académie, parmi les Français munis du *brevet élémentaire* (inst. stagiaires) et du *certificat d'aptitude pédagogique* (inst. titulaires).

Des instituteurs organisent dans leurs écoles des pensionnats payants avec l'autorisation du Conseil départemental.

3° Les *écoles privées* donnent le même enseign. gratuit ou payant. Elles sont organisées par des instituteurs généralement avec le concours d'associations ou de bienfaiteurs qui veulent y donner un certain enseign. religieux. Elles ne peuvent être ouvertes que par les Français ou les étrangers qui ont obtenu du ministère de la justice l'admission à domicile et du ministère de l'instruction publique l'autorisation d'enseign. Ils doivent être âgés de 25 ans et adresser, un mois avant l'ouverture de l'école, une déclaration au maire de la commune, au préfet, au procureur de la République et à l'inspecteur d'Académie, cette dernière accompagnée d'un acte de naissance, des diplômes du déclarant, de l'extrait du casier judiciaire, de l'indication des domiciles et professions des dix dernières années, du plan des locaux. L'inspecteur d'Académie peut s'opposer à l'ouverture de l'école (appel jugé devant le conseil départemental). Ces écoles ne peuvent avoir ensemble des garçons et des filles, s'il y a une école de filles dans la commune. Elles sont soumises à l'inspection des autorités scolaires pour la moralité, l'hygiène et la salubrité seulement.

4° Les *classes élémentaires* de l'enseignement secondaire sont payantes (V. Enseignement secondaire).

La *sanction* de l'enseign. primaire élémentaire est le *certificat d'études primaires élémentaires* (juin ou juillet) passé au chef-lieu de canton. *Conditions requises :* 12 ans révolus ; être présenté par une école ou par le père de famille qui fournit au maire : nom, prénoms, lieu et date de naissance, domicile et signature du candidat. *Epreuves* écrites et orales portant sur les matières enseignées. L'examen est gratuit ; le certificat délivré par l'inspecteur d'Académie, exigé dans certaines maisons industrielles ou commerciales, nécessaire pour entrer dans l'enseign. prim. sup., donne un droit de priorité dans l'Administration des Postes et celle des Douanes.

L'enseignement primaire supérieur.

L'enseignement primaire supérieur donne une instruction générale et pratique plus développée aux enfants qui peuvent y consacrer encore quelques années et qui veulent se préparer à des métiers manuels ainsi qu'aux carrières de l'enseignement ou de l'administration.

Indépendamment des écoles privées qui sont organisées dans les mêmes conditions que pour l'enseign. prim. élém., l'Etat a créé des *cours supérieurs et complémentaires* dans les écoles primaires les plus importantes (durée : 1, 2 ou 3 ans) et des *écoles primaires supérieures*, conduisant aux mêmes examens et ayant le même programme plus ou moins développé.

Les écoles primaires supérieures comportent trois ans d'études, enseignements généraux de français, histoire, géographie, mathématiques, sciences, morale, instruction civique, et enseignements spécialisés selon les sections. Les écoles prim. sup. avaient 4 sections depuis 1909 : générale, agricole, industrielle, commerciale (et ménagère pour les filles) ; elles peuvent en avoir de plus nombreuses et de plus spécialisées selon les régions, d'après le décret du 19 juillet 1917.

Conditions : avoir le certificat d'études primaires et avoir suivi un an de cours sup. ou passé un examen.

Il y a 278 écoles de garçons et 180 de filles ; la plupart d'entre elles ont un internat. Paris a 5 écoles de garçons : Ecoles Turgot, 69, rue de Turbigo; Lavoisier, 19, r. Denfert-Rochereau ; Colbert, 27, r. de Château-Landon ;

Arago, 4, pl. de la Nation ; J.-B.-Say, 11 *bis*, r. d'Auteuil; et 2 écoles de filles : Sophie-Germain, 9, r. de Jouy et Edgar-Quinet, 63, r. des Martyrs.

Prix d'*internat* variables, entre 300 et 600 fr. ; de *demi-pension*, un peu supérieurs à la moitié du prix d'internat, *externat gratuit*. Bourses nationales de l'Etat d'internat, d'entretien (de 100 à 400 fr.), familiales (500 fr.) attribuées après examen (fin avril, au chef-lieu du dép. ; inscription à l'inspection académique avant le 1er mai).

La sanction naturelle de l'enseign. primaire supérieur est le *brevet d'études primaires supérieures*, qui s'appelait, avant 1917, certificat d'études primaires supérieures. Examen en juillet et octobre dans les écoles primaires supérieures. *Conditions :* avoir 15 ans au 31 déc. (sans dispense) et le certificat d'études prim. ; demande d'inscription, acte de naissance et indication de la section suivie déposés 15 jours avant à l'inspection académique. *Epreuves* écrites et orales sur le programme des cours. *Avantages :* permet de se présenter aux écoles d'arts et métiers, donne un droit de priorité pour les nominations d'instituteurs.

Le tableau suivant montre l'état de l'enseign. primaire et de l'enseign. primaire supérieur en 1912-13 et 1918-19. Pour cette dernière année, ils ne portent que sur 80 départements français :

ECOLES	1912-13			1918-19		
	ÉCOLES	MAITRES DES ÉCOLES.	ENFANTS INSCRITS.	ÉCOLES.	MAITRES DES ÉCOLES	ENFANTS INSCRITS.
Écoles maternelles :						
Publiq. Laïques .	2.749	7.079	506.544	2.146	5.397	214.537
Publiq. Congrég...	»	»	»			
Privées Laïques .	1.162	1.580	91.234			
Privées Congrég...	65	129	10.587	869	1.127	48.486
Total	3.976	8.788	608.315	3.015	6.524	263.023
Écoles primaires élém. et primaires supérieures......						
Publiq. Laïques .	69.606	»	4.599.490	57.744	98.822	3.167.415
Publiq. Congrég...	27	»	2.505			
Privées Laïques .	13.194	»	1.082.020			»
Privées Congrég...	268	»	35.236	11.881	28.627	812.252
Total	83.095	159.982	5.669.251	69.625	127.449	3.979.667

Enseignement post-scolaire. 507 sociétés organisent des cours complémentaires de l'école : L'*Association philotechnique*, l'*Association polytechnique*, l'*Association Léopold-Bellan*, la *Ligue de l'Enseignement* sont parmi les principales et ont des filiales en province. Il convient de mentionner, en outre, les *Universités populaires* (36 en 1918) et les *Foyers civiques*.

Administration et inspection de l'enseignement primaire.

L'administration et l'inspection de l'enseignement primaire sont assurées dans chaque académie par les recteurs, les inspecteurs d'Académie. les inspecteurs généraux, les inspecteurs primaires, le conseil départemental, les délégués cantonaux.

Il y a dix *inspecteurs généraux*, non compris l'inspecteur général du dessin et les quatre inspectrices générales des écoles maternelles.

Les *inspecteurs primaires* (426 dans les dép. et 22 dans la Seine), nommés par le ministre, doivent être pourvus du certificat d'aptitude à l'inspection. Placés sous l'autorité immédiate de l'inspecteur d'acad., ils inspectent toutes les écoles primaires publiques et privées de leur circonscription qui correspond généralement à un arrondissement ; ils font partie de toutes les commissions scolaires et président les conférences cantonales qui réunissent une fois par an tous les instituteurs et institutrices publics pour traiter en commun des questions de pédagogie ; ils président les commissions d'examen du certificat d'études prim. ; ils s'occupent de la création des écoles publiques, des pensionnats nouveaux, de l'ouverture des écoles privées, de la nomination et de l'avancement des instituteurs.

Des inspectrices primaires sont nommées dans les mêmes conditions pour inspecter les écoles de filles, les écoles mixtes, et les écoles maternelles. Ces dernières écoles sont en outre visitées, dans quelques départements, par des inspectrices spéciales.

Le *conseil départemental* composé du préfet, de l'insp. d'Acad., de 4 conseillers généraux élus, du directeur et de la directrice des écoles normales, de 2 instituteurs et de 2 institutrices élus, de 2 inspecteurs primaires désignés par le ministre, se réunit au moins une fois par trimestre. Il a des attributions pédagogiques (application des programmes, rapports de l'insp. d'Acad.) ; administratives (création d'écoles, d'internats, liste d'admissibilité aux fonctions d'instituteur, désignation des délégués cantonaux, inspection de l'état des locaux et de la tenue des élèves des écoles publiques ou privées) ; disciplinaires (interdictions d'instituteur à temps ou absolue, sauf recours au conseil supérieur, et avis sur les révocations et censures).

Les *délégués cantonaux*, nommés pour trois ans par le conseil départemental, choisis parmi les Français de 25 ans, amis de l'école, non rétribués, chargés chacun d'une petite circonscription, inspectent l'état des locaux et la tenue des élèves, jamais l'enseignement, surveillent la fréquentation scolaire, etc.

Recrutement du personnel enseignant.

Les préfets nomment les instituteurs et les institutrices, directeurs et directrices d'écoles primaires élém., directrices d'écoles maternelles et de classes enfantines, sur la proposition de l'inspecteur d'académie qui choisit : d'abord les élèves sortis de l'École normale avec le brevet supérieur, ensuite les jeunes gens n'ayant pas passé par l'École normale mais ayant le brevet supérieur, enfin ceux qui ont le brevet élémentaire.

Écoles préparatoires à l'enseignement primaire élémentaire (Écoles normales).

Préparation au brevet supérieur, au certificat de fin d'études normales (qu'on peut d'ailleurs passer sans entrer dans ces écoles) et à la pratique de l'enseignement.

Trois ans d'études ; instruction générale en 1re et 2e années ; instruct. pratique et professionnelle en 3e année. Les élèves ne peuvent suivre la 3e année que s'ils ont passé le brevet sup. à la fin de la 2e année. A chaque école normale, dans le même local (école annexe) ou ailleurs (école d'application) est jointe une école primaire où les élèves s'exercent à la pratique de l'enseignement.

Conditions. — Être reçu dans les 1ers rangs au brev. élémentaire, avoir 16 ans au moins et 18 ans au plus ; n'être atteint d'aucune infirmité ou maladie rendant impropre au service ; se faire inscrire du 1er mars au 30 avril à l'insp. acad., et y déposer : acte de naissance, notice indiquant les écoles fréquentées depuis l'âge de 12 ans, et engagement de servir pendant 10 ans dans l'enseign. public.

Il existe deux écoles normales dans chaque dép., une pour les garçons, une pour les filles, sauf dans 5 dép. (Vaucluse, Tarn-et-Gar., Gers, Htes-Alpes et terr. de Belfort) qui n'ont qu'une école d'instituteurs, et 4 dép. (Basses-Alpes, Lot-et-Gar., Htes-Pyrénées, Tarn) qui n'ont qu'une école d'institutrices ; en tout 84 écoles normales prim. pour les instituteurs, et 83 pour les institutrices.

Régime : internat, on admet un certain nombre d'auditeurs externes. Entretien et instruct. gratuits ; les élèves n'ont à fournir que leur trousseau.

Avantages : préparent gratuitement au brevet supérieur et au certificat de fin d'études normales et donnent un droit de priorité pour être nommé instituteur ou institutrice.

Le ministre nomme les professeurs d'écoles primaires sup. et d'écoles normales parmi les maîtres pourvus du *certificat d'aptitude au professorat des écoles normales prim. et des écoles primaires sup.* Ces écoles font aussi appel à des *instituteurs adjoints* (21 ans, brev. sup.) et à des *maîtres auxiliaires* pour les enseignements spéciaux. Les prof. et les directeurs (25 ans) sont nommés par le ministre; les instituteurs adjoints et les maîtres auxiliaires par le préfet dans les écoles primaires supérieures, par le recteur dans les écoles normales, sur la proposition de l'inspecteur d'Académie.

La préparation de ce professorat se fait dans les écoles normales sup. d'enseign. primaire.

Ecole normale supérieure d'instituteurs de Saint-Cloud (S.-et-O.). *Durée* : 2 ans d'études. Trois sections : lettres, sciences et sciences appliquées. *Conditions* : avoir 19 ans au moins et 25 ans au plus (dispense d'âge sur demande au ministre avant le 15 avril), avoir le brevet sup. ou le baccalauréat. Se faire inscrire : à la Sorbonne pour Paris et à l'insp. acad. pour les dép.; déposer acte de naissance, diplôme, notice indiquant études faites, certificat médical d'aptitude, engagement de servir pendant 10 ans dans l'enseign. public, indication de la langue vivante sur laquelle on désire être interrogé. *Concours* comportant épreuves écrites passées au chef-lieu de l'académie, et épreuves orales et pratiques, passées à St-Cloud. *Régime* : internat et externat, ce dernier avec bourses attribuées par le ministre; auditeurs libres (coloniaux français et élèves de nationalité étrangère recommandés par leur gouv^t) : *Examen de sortie* : certificat d'aptitude au professorat des écoles normales et des écoles primaires sup.

Ecole normale supérieure d'institutrices de Fontenay-aux-Roses, (Seine) forme des prof. pour les écoles normales primaires de jeunes filles et pour les écoles primaires sup. Deux sections : lettres, sciences. *Conditions* : concours ; avoir 19 ans au moins et 25 ans au plus ; être muni du brevet sup. ou du diplôme de fin d'études de l'enseign. secondaire des jeunes filles ou de bachelier. Mêmes pièces que pour l'école de St-Cloud (acte de naissance, etc.). *Régime* : internat, aspirantes classées sur liste supplém. d'admission reçues comme externes. *Durée des études* : 2 années. *Examen de sortie* : certificat d'aptitude au professorat des écoles normales et des écoles primaires sup.

Deux diplômes, dits *brevets de capacité*, permettent aux jeunes gens, qu'ils aient ou non passé par les Ecoles normales, l'enseignement dans les écoles primaires élémentaires :

1° Le *brevet élémentaire* : examen, juillet et oct. dans chaque dép. *Condition* : avoir 16 ans le 31 décembre (aucune dispense), demande d'inscription sur papier timbré et acte de naissance déposés 15 j. avant l'examen à l'insp. acad. *Epreuves* écrites et orales, gymnastique (g.), travaux à l'aiguille (f.). *Droit d'examen* : 10 fr., gratuité pour élèves des écoles normales. *Avantages* : nomination d'instituteur stagiaire, les 1ers reçus admis sur demande dans les écoles normales.

2° Le *brevet supérieur* : examen, juillet et oct. dans chaque dép. *Conditions* : avoir 18 ans au 31 décembre (aucune dispense) posséder le brevet élém., mêmes pièces que pour celui-ci. *Epreuves* écrites et orales. Progr. limitatif fixé pour 4 ans dans chaque dép. *Droit d'examen* : 20 fr., gratuité pour élèves des écoles normales. *Avantages* : droit de priorité pour les nominations d'instituteurs ou d'institutrices; nomination dans un cours complémentaire, ou d'instit. adjoint dans une école prim. sup.

En outre le *certificat d'aptitude pédagogique* est nécessaire pour devenir instituteur titulaire. *Conditions* : avoir le brevet élém., 20 ans révolus au 31 déc., 2 ans d'exercice dans un établ. d'enseign. public ou privé (le temps passé à l'école normale compte) ; aucune dispense d'âge; se faire inscrire au bureau de l'insp. d'acad. et y déposer acte de naissance, brevet élém. ou sup., certificat de l'insp. d'acad. pour les conditions de stage. *Epreuves* : écr^{te}, éliminatoire sur sujet pédag. au chef-lieu du dép. en févr. (admissibilité) ; pratique avant le 1er déc. (classe faite dans une école publ. et interrogations sur questions pédagogiques. *Avantage* : nomination comme instituteur titulaire.

L'Enseignement secondaire

a) GARÇONS

L'Enseignement d'Etat (Lycées et Collèges).

L'enseignement dans les établ. d'enseign. secondaire de l'Etat, lycées dépendant de l'Etat et collèges communaux, s'étend sur une suite de 12 années, de l'âge de 5 ans env. jusqu'à 16, 17 ou 18 ans.

Les classes, depuis la réforme de 1902, se répartissent en :

1° Classes enfantines, préparatoires et élém. (de la 11e à la 7e) ;

2° Premier cycle (de la 6e à la 3e) ;

3° Second cycle (de la 2e à la cl. de philosophie ou de mathématiques).

Chacun de ces trois degrés représente un ensemble complet d'études. Les classes enfantines, préparatoires et élém. correspondent à l'enseign. primaire élémentaire.

Le Ier cycle se divise en div. A, comportant l'étude obligatoire du latin dans toutes les classes et l'étude facultative du grec à partir de la 4e, et div. B.

Le second cycle se divise en 4 Sections : *A*, latin-grec ; *B*, latin-langues vivantes ; *C*, latin-sciences ; *D*, sciences-langues vivantes. Les sections *B* et *D* comportent obligatoirement 2 langues vivantes. On peut choisir entre l'anglais, l'allemand, l'espagnol et l'italien.

Les élèves reçoivent un *livret scolaire* sur lequel sont inscrites chaque année la moyenne de leurs places, de leurs notes et les observations de leurs professeurs. Un examen de passage permet aux élèves, à la fin de chaque année, de passer dans la classe supérieure. Un *certificat d'études* permet aux enfants de 7e d'entrer dans le Ier cycle. A l'issue de la classe de Ire, les élèves passent la Ire partie du *baccalauréat*. Il y a 4 examens différents pour les 4 sections ; mais ils donnent droit au même diplôme.

Les élèves reçus peuvent seuls entrer en philosophie (généralement Sections *A* et *B*) ou en math. élémentaires (généralement Sections *C* et *D*). A la fin de cette dernière année d'études, ils passent la seconde partie du baccalauréat. Quelques lycées ont pour les élèves qui ont été reçus au baccalauréat une classe de *première supérieure* pour les candidats à la licence ou à l'Ecole Normale ou une classe de math. spéciales pour la préparation des grandes écoles ou des classes spéciales de préparation à St-Cyr, Navale, etc.

Régime. — Les lycées reçoivent : des *externes* qui ne viennent qu'aux classes ; des *externes surveillés*, admis à faire leurs devoirs dans les salles d'études ; des *demi-pensionnaires*, restant au lycée du matin au soir et des *internes*, pensionnaires dans l'établ. et qui, à défaut de leurs parents, doivent avoir un correspondant dans la ville.

Les élèves peuvent recevoir au lycée l'enseign. religieux et y suivre les exercices. Le lycée possède généralement une chapelle catholique. Les élèves protestants et israélites sont conduits au temple ou à la synagogue.

Des leçons de musique, d'escrime, d'équitation peuvent être données aux enfants par les soins du lycée.

Les classes vaquent les jeudis, dimanches et jours de fête. La rentrée des classes se fait le Ier oct. Les jours de fête, les 3 jours 1/2 qui précèdent et les 6 jours qui suivent Pâques sont jours de congé. Les recteurs peuvent encore désigner dans l'année 8 jours de congé mobiles. Les grandes vacances commencent après la distribution solennelle des prix, fixée par les recteurs au 13, 14 ou 15 juillet ; elle est quelquefois reportée à la rentrée.

Voici la liste des lycées :

1° *à Paris*

Lycée Montaigne, 17, rue Auguste-Comte, jusqu'à la 5e seulement ;
Lycée Louis-le-Grand, 123, rue St-Jacques, à partir de la 4e ;
Lycée Saint-Louis, 44, boulevard St-Michel (préparation spéciale aux grandes écoles scientifiques de l'Etat) ;
Lycée Henri IV, 23, rue Clovis ;
Lycée Charlemagne, 101, rue St-Antoine et 13, rue Charlemagne (pas d'internes) ;
Lycée Condorcet (pas d'internes) : *a*) petit lycée, 61, rue d'Amsterdam, jusqu'à la 5e seulement ; *b*) grand lycée, 8, rue du Havre et 65, rue Caumartin, depuis la 4e ;
Lycée Janson-de-Sailly, 106, rue de la Pompe; petit lycée, 46, av. Henri-Martin ;
Lycée Buffon, 16, boul. Pasteur (pas d'internes) ;
Lycée Voltaire, 101, av. de la République (pas d'internes) ;
Lycée Carnot, 145, boul. Malesherbes (pas d'internes) ;
Lycée Michelet, à Vanves, ayant un très grand parc ;
Lycée Lakanal, à Sceaux.
Lycée Pasteur, bd. Inkermann, à Neuilly.
Lycée Rollin, 12, av. Trudaine.

Il existe encore à Paris 1 *collège municipal* ayant des internes ;
Collège Chaptal, 4 , boul. des Batignolles.

2° *dans les départements*

Villes qui possèdent un lycée de garçons :

Agen Aix (B.-du-Rh.), Alais, Albi, Alençon, Amiens, Angers, Angoulême, Annecy, Auch, Aurillac, Avignon, Bar-le-Duc, Bastia, Bayonne, Beauvais, Belfort, Besançon, Bordeaux, Bourg, Bourges, Brest, Caen, Cahors, Carcassonne, Chambéry, Charleville, Chartres, Châteauroux, Chaumont, Cherbourg, Clermont-Ferrand, Coutances, Digne, Dijon, Douai, Evreux, Foix Gap, Grenoble, Guéret, Le Havre, Laon, Laval, Lille, Limoges, Lons-le-Saunier, Lorient, Lyon, Mâcon, Le Mans, Marseille, Montauban, Mont-de-Marsan, Montluçon, Montpellier, Moulins, Nancy, Nantes, Nevers, Nice, Nîmes, Niort, Orléans, Pau. Périgueux, Poitiers, Pontivy, Le Puy, Quimper, Reims, Rennes, Roanne, Rochefort-sur-Mer, La Rochelle, La Roche-sur-Yon, Rodez, Rouen, St-Brieuc, St-Etienne, St-Omer, St-Quentin, Sens, Strasbourg, Tarbes, Toulon, Toulouse, Tourcoing, Tournon, Tours, Troyes, Tulle, Valence, Valenciennes, Vendôme, Versailles, Vesoul.

3° *Afrique du Nord*: Alger, Casablanca, Constantine, Oran, Tunis.

4° *Colonies*: La Pointe-à-Pitre (Guadeloupe), Saint-Denis (Réunion), Fort-de-France (Martinique).

Les *collèges communaux* sont soumis au même régime que les lycées. Ils ne donnent cependant pas tous l'enseignement des quatre sections dans le 2e cycle. Dans certaines petites villes, le collège est réuni à l'école primaire supérieure ou à l'école pratique de commerce et d'industrie. Il existe 226 collèges communaux.

Le tableau suivant montre le nombre d'établ. de l'enseign. secondaire, lycées et collèges de France, ainsi que le chiffre des élèves depuis 1850 :

ANNÉES.	NOMBRE D'ÉTABL.	NOMBRE D'ÉLÈVES.	ANNÉES.	NOMBRE D'ÉTABL.	NOMBRE D'ÉLÈVES.
1850	»	47.941	1905.......	339	96.524
1860	»	55.903	1910.......	343	96.791
1875	314	73.930	1913.......	343	100.203
1880	330	86.808	1916.......	351	87.397
1890	350	83.753	1919.......	»	95.734
1900	339	85.538			

A la date du 5 nov. 1915, on comptait 101 lycées et 211 collèges ayant fonctionné. Le nombre des élèves dans les lycées était de 53.028 (48.523 en 1914) dont 3.745 internes, 2.605 demi-pensionnaires et 46.678 externes. Le nombre des élèves dans les collèges était de 28.608 (25.719 en 1914) dont 6.614 internes et 21.994 externes.

Bourses. — Des bourses et des fractions de bourses sont accordées, après enquêtes et examens (certificats d'aptitude), par l'Etat, les départements et les communes pour les différentes classes de l'enseignement secondaire à partir de la 6e (internat, demi-pensionnat, externat surveillé et externat) aux enfants de nationalité française (on peut cumuler plusieurs fractions de bourses).

Ce sont des *bourses d'essai* données pour un an à titre provisoire, et des *bourses de mérite* définitives, données, pour l'achèvement du 1er cycle et pour le 2e cycle jusqu'à 19 ans, aux bénéficiaires des bourses d'essai après délibération des professeurs et répétiteurs, et aux élèves reçus au certificat d'aptitude et ayant déjà fait un stage d'un an au moins dans un lycée ou collège.

Conditions pour l'obtention des bourses : se faire inscrire du 1er au 20 mars (15 mars dans la Seine) au secr. de la préfecture ; avoir au 1er janvier pour la 6e moins de 12 ans (1re série), pour la 5e moins de 13 ans (2e série) et ainsi de suite jusqu'à la 1re : obtenir le certificat d'aptitude aux bourses (programme du cours moyen des écoles primaires pour la 1re série, programme de 6e pour la 2e série et ainsi de suite) ; être agréé par la commission centrale siégeant au ministère qui tient surtout compte pour ses présentations des charges de famille et de l'insuffisance de ressources des postulants, être désigné par le ministre.

Les trousseaux sont à la charge des familles qui les fournissent en nature et les entretiennent ou qui paient en une fois 500 fr. (650 pour Paris).

Baccalauréat. — La sanction des études secondaires est le *baccalauréat.*

Deux sessions par an à la fin et au début de l'année scolaire dans tous les chefs-lieux d'acad. devant un jury composé de professeurs de faculté et de prof. de lycées.

Conditions : avoir 16 ans (dispense d'âge d'une année au max.) faire une demande sur papier timbré adressée au ministre et envoyée au recteur ; s'inscrire au Secr. de la Faculté des Lettres pour la 1re partie (*A. B. C*) et pour la 2e (philos.) ; au Secr. de la Fac. des Sciences pour la 1re partie (*D*) et pour la 2e (math.) ; droit de 50 fr. pour la 1re partie et de 90 pour la 2e sur lesquels on rembourse 10 fr. (1er p.) et 50 fr. (2e p.) en cas d'échec. On peut s'inscrire pour deux séries de la 1re partie (100 fr.) et pour les deux de la 2e (140 fr.).

L'Enseignement secondaire libre.

Il existe, à côté des lycées et collèges de l'Etat, un grand nombre de collèges, écoles ou institutions libres, dirigés par des laïques ou par des ecclésiastiques, réguliers ou séculiers, et qui suivent généralement les programmes de l'Université : *Collège Sainte-Barbe*, place du Panthéon ; *Collège Stanislas*, 22, rue Notre-Dame des Champs ; *Ecole alsacienne*, 109, r. Notre-Dame des Champs; *Ecole Massillon*, 2 *bis*, quai des Célestins; *Ecole Rocroy-Saint-Léon*, 106, faubourg Poissonnière : *Ecole des Roches*, fondée par E. Demolins, auprès de Verneuil, etc. Quelques-uns de ces collèges envoient leurs élèves suivre les classes des lycées. Enfin des institutions se sont créées assez récemment à la campagne pour donner une éducation moderne notamment au point de vue sportif.

b) JEUNES FILLES

L'enseign. secondaire d'Etat n'existe pour les jeunes filles que depuis 1880. La loi du 28 déc. a créé des lycées et des collèges de jeunes filles. Prévus d'abord comme de simples externats, on y a généralement annexé des internats municipaux. On reçoit aussi les élèves dans des institutions libres ou dans des familles agréées par l'administration. On comptait au 5 nov. 1916, 52 lycées de jeunes filles dont 7 à Paris, qui sont :

Lycée Fénelon, r. de l'Eperon, 2 ;
Lycée Jules-Ferry, boul. de Clichy, 77 ;
Lycée Lamartine, r. du Faub.-Poissonnière, 121 ;
Lycée Molière, r. du Ranelagh, 71 ;
Lycée Racine, r. du Rocher, 20 et r. de Rome, 25.
Lycée Victor-Duruy, boul. des Invalides, 33.
Lycée Victor-Hugo, r. de Sévigné, 27.

Dans ces établ., on enseigne la morale, la langue française, la lecture à haute voix et au moins une langue vivante ; les littératures anciennes et modernes ; la géographie et la cosmographie ; l'histoire nationale et un aperçu de l'histoire générale ; l'arithmétique, les éléments de la géométrie, de la chimie, de la physique et de l'histoire naturelle ; l'hygiène, l'économie domestique ; les travaux à l'aiguille, des notions de droit usuel ; le dessin ; la musique, la gymnastique.

L'enseignement religieux est donné sur la demande des parents par les ministres des différents cultes agréés par le ministre à l'intérieur de l'établ.

Durée. Outre les 4 années primaires, de 6 à 11 ans, l'enseign. s'étend sur 5 années de classes secondaires divisées en : 1re période : 3 années, de 12 à 15 ans ; 2e période 2 années, de 15 à 17 ans, avec une 6e année préparatoire à l'Ecole normale de Sèvres. Les cours de langue vivante complémentaire, couture, solfège, dessin, gymn. sont facultatifs dans la 2e période.

Un examen de passage permet, à la fin de chaque année, de passer dans la classe supérieure. Il est subi par les élèves qui viennent du dehors ; il porte sur le programme de l'année précédente, et, pour la 1re année secondaire, sur le programme du cours moyen primaire.

L'enseignement est donné par des femmes agrégées ou pourvues de certificat d'aptitude à l'enseignement secondaire des jeunes filles.

Bourses. — Des bourses sont accordées pour les lycées de jeunes filles dans les mêmes conditions que pour les lycées de garçons. Cependant les candidates aux examens de la 1re série pour la 1re année de cours doivent avoir 13 ans accomplis au 1er octobre.

Sanctions. — *Certificat d'études secondaires des jeunes filles*, examen subi à la fin de la 3e année des lycées ou collèges, devant les professeurs, la directrice et un délégué de l'administration académique ; épreuves orales sur le progr. de 3ᵉ année ; diplôme conféré par le recteur.

Diplôme de fin d'études, examen subi en fin d'année et en octobre dans les lycées ou collèges; épreuves écrites et orales sur les programmes des 4ᵉ et 5ᵉ années. Conditions : avoir 16 ans au 1ᵉʳ août déposer au secr. de l'académie acte de naissance, et certificat de la directrice; diplôme conféré par le ministre soumis à un droit de 20 fr.

Des cours secondaires existent encore à Ajaccio, Alençon, Angers, Argentan, Arles, Bayeux, Bastia, Belfort, Blois, Bourg-la-Reine, Cette, Châlons-sur-Marne, Châteaudun, Château-Gontier, Châtellerault, Cognac, Condé-sur-Escaut, Condom, Corte, Coulommiers, Dieppe, Dinan, Dôle, Draguignan, Fontainebleau, Gaillac, Gap, Lisieux, Manosque, Meaux, Melun, Menton, Mont-de-Marsan, Montélimar, Nevers, Pamiers, Pau, Péronne, Philippeville, Poitiers, Pontoise, Provins, Rethel, Revel, Riom, Rodez, Romorantin, St-Brieuc, St-Servan, Sens, Soissons, Toulon, Vannes, Vesoul. Ils n'ont que l'externat simple et l'externat surveillé.

La Légion d'honneur a 3 maisons d'éducation à St-Denis, à Ecouen et aux Loges (près de St-Germain) où elle reçoit gratuitement 800 filles de légionnaires sans fortune.

7 années d'études, admission entre 10 et 12 ans et après examen. Régime : internat.

En dehors de ces établissements, il existe un très grand nombre d'institutions libres, cours ou pensionnats, dont quelques-uns essaient de remplacer les couvents des congrégations non autorisées à qui la loi de 1901 a refusé le droit d'enseigner. Le tableau suivant montre le nombre des établ. d'enseign. secondaire de jeunes filles en France avec le nombre d'élèves depuis 1881 :

ANNÉES	LYCÉES ET COLLÈGES.	NOMBRE D'ÉLÈVES.	COURS SECONDAIRES	NOMBRE D'ÉLÈVES
1881	»	300	»	»
1885	30	4.377	»	»
1895	63	10.418	51	4.023
1900	71	13.190	49	4.213
1905	92	23.456	69	7.375
1910	125	29.685	57	5.756
1913	138	33.282	53	5.076
1919	»	45.168	»	»

Recrutement du personnel enseignant

Ecole normale supérieure. — R. d'Ulm, 45, Paris. — Instituée par la Convention l'Ecole est surtout un Institut pédagogique. Le décret du 10 nov. 1903 rattache l'Ecole à l'Univ. de Paris tout en lui laissant son administration propre et la personnalité civile. Elle forme des professeurs pour toutes les branches de l'enseign. secondaire et supérieur. Les études sont dirigées surtout en vue de la préparation à la licence et à l'agrégation nécessaire pour pouvoir enseigner dans les lycées. Deux grandes div., celle des lettres et celle des sciences. Concours annuel d'admission. 3 ans d'études ; pour les candidats aux agrégations des langues vivantes, des sciences physiques et des sciences naturelles, 4 années. — Régime : internat. Les élèves, immatriculés comme étudiants à l'Univ. de Paris, peuvent suivre des cours au Collège de France, au Muséum et à l'Ecole des Hautes-Etudes. — Obligations militaires : assimilation aux élèves de l'Ecole Polytechnique (*V.* Ecoles militaires). En vertu du décret du 10 mai 1904, il n'y a plus qu'un concours commun pour l'admission à l'Ecole normale et pour l'obtention des bourses de licence et d'agrégation dans les Univ. des départements. Les admis choisissent d'après leur ordre de classement ; les premiers classés ont toujours opté pour l'Ecole normale. Le rôle de l'Ecole normale supérieure ne consiste pas seulement à former des professeurs pour l'enseignement secondaire, l'Ecole est un milieu d'élite où vivent en commun, très librement, des étudiants qui se destinent aux études et aux enseignements les plus divers. Elle n'a, à cet égard, d'équivalent dans nul autre pays. *Dir.* : G. Lanson ; *Sous. Dir.* : Borel.

Ecole normale sup. d'enseign. secondaire pour les jeunes filles, à Sèvres (S.-et-O.). — Forme des professeurs-femmes et des directrices pour les lycées et collèges de jeunes filles. Deux sections : lettres, sciences. — Concours annuel d'admission passé du 15 au 30 juin au chef-lieu de chaque Acad. pour les épreuves écrites à Paris pour les épreuves orales.

Pour y prendre part : être âgée de 18 ans au moins et de 24 ans au plus ; être pourvue du dipl. de fin d'études second. des jeunes filles ou du brevet sup. ou d'un diplôme de bachelier. Se faire inscrire au Secr. de l'Acad. et produire : acte de naissance, diplôme, notice individuelle, certif. médical d'aptitude physique aux fonctions de l'enseign. — 3 ans d'études. Les élèves qui, à l'expiration de la 3e année d'études n'ont pas obtenu le certif. d'aptitude sont envoyées dans les collèges communaux comme chargées de cours. Examen de sortie : Concours pour l'agrégation. Le titre d'agrégée donne seul le droit d'être nommée prof. titulaire dans un lycée de jeunes filles.

L'enseignement supérieur.

L'enseignement supérieur est donné dans les Facultés de l'Etat et dans les Instituts catholiques.

Dans les Facultés de Droit et de Médecine, tous les professeurs doivent avoir subi avec succès les concours d'agrégation. Il n'existe pas d'agrégation des Facultés des Sciences ni des Facultés des Lettres. Les professeurs de ces Facultés sont choisis parmi les docteurs ès sciences et les docteurs ès lettres ; un grand nombre de ceux-ci sont agrégés de l'enseignement secondaire, mais aucune obligation n'existe à ce sujet.

Les Facultés et Ecoles de l'Etat sont groupées en Universités aux chefs-lieux des Académies depuis la loi du 10 juillet 1896 qui a réorganisé l'enseign. supérieur. Cette loi a doté les Universités d'une large autonomie financière et administrative. Leur budget est alimenté par tous les droits d'études, inscriptions, bibliothèques, travaux pratiques qu'acquittent les étudiants : elles organisent, à leurs frais, les laboratoires, collections, bibliothèques, enseignements nouveaux, œuvres dans l'intérêt des étudiants. Elles sont administrées par des *Conseils d'Université* présidés par les recteurs. L'Acad. de Chambéry n'a pas d'Université.

Voici la liste des 18 Universités françaises avec la date de leur fondation.

Alger	1885	Lyon	1834
Aix-en-Provence	1409	Montpellier	1289
Besançon	1287	Nancy	1572
Bordeaux	1441	Paris	1200
Caen	1432	Poitiers	1431
Clermont-Ferrand	1808	Rennes	1808
Dijon	1722	Strasbourg	1621
Grenoble	1339	Toulouse	1233
Lille	1560	Alger	1840

Chaque Faculté est dirigée par un *doyen*, chaque Ecole par un *directeur*, élu par ses collègues et nommé pour 3 ans par le ministre. Elles possèdent toutes un secrétariat. Elles ont créé un certain nombre d'*instituts* qui donnent des enseignements spéciaux, particulièrement scientifiques, et institué des grades universitaires qui, sans conférer aucun droit, sanctionnent les études.

Toutes les Universités ont cependant une *Faculté des lettres*, une *Faculté des sciences*, une *Faculté de droit* et pour la médecine et la pharmacie, une *Faculté de médecine* et une *Ecole supérieure de pharmacie* ou une *Faculté mixte de médecine et de pharmacie* ou des *Ecoles de plein exercice* ou des *Ecoles préparatoires* ne comportant que les 1res années d'études. Cependant les Universités de Besançon et de Clermont n'ont pas de Faculté de droit.

Les facultés ou écoles donnent leur enseignement dans des cours publics librement ouverts à tout le monde (sauf pour le droit et la médecine) et dans des cours réservés aux étudiants et complétés par des conférences, exercices pratiques et travaux de laboratoire. Des professeurs, ne faisant pas partie du corps enseignant des Universités, peuvent être autorisés à y faire des cours libres.

Les cours commencent le 1er novembre et se terminent à la fin de juin au moment des examens ; ils vaquent les dimanches et jours de fête, 8 jours au 1er janvier et 15 jours à Pâques. Certaines universités ont organisé des cours de vacances pour les étrangers.

Les enseignements généraux suivants sont donnés dans les facultés avec plus ou moins de développement selon les Académies :

Facultés des Lettres :

Philosophie, histoire de la philosophie, langue et littérature françaises, grecques, latines, anglaises, allemandes, italiennes, espagnoles ; grammaire, philologie ; histoire de l'antiquité, du moyen âge, des temps modernes ; archéologie ; histoire de l'art ; géographie.

Facultés des sciences :

Calcul différentiel et intégral, mécanique rationnelle, appliquée, céleste ; analyse ; astronomie, géométrie sup. ; mathématiques générales ; physique générale, mathématique, industrielle ; chimie générale, industrielle, agricole, biologique ; zoologie, botanique ; géologie ; minéralogie.

Facultés de droit :

Droit civil, romain, criminel, commercial, administratif, constitutionnel, public, international public et privé, colonial, rural ; procédure ; économie politique ; législation industrielle ; législation financière ; histoire du droit.

Facultés de médecine :

Physique, chimie, histoire naturelle, anatomie, physiologie, pathologie médicale, chirurgicale, hygiène, pharmacologie ; thérapeutique ; accouchements, otho-rhino-laryngologie ; cliniques médicale, chirurgicale, thérapeutique, gynécologique, obstétricale, ophtalmologique, des voies urinaires, dermatologique, syphilitique, infantile, des maladies mentales.

La plupart des Facultés donnent de plus des enseign. spéciaux.

Conditions d'admission. — Etre *immatriculé*, c.-à-d. inscrit sur les registres. Sont immatriculés à n'importe quelle date de l'année les étudiants qui prennent des inscriptions et ceux qui, n'en prenant pas, fournissent au secr. de la faculté ou école :

Pour les Français ; 1° acte de naissance sur papier timbré ; 2° consentement du père (mineurs) ; 3° diplôme de bachelier, sauf dispenses ;

Pour les étrangers : 1° acte de naissance ou document en tenant lieu (passeport, certificat de baptême, etc.) ; 2° diplôme ou certificat attestant des études antérieures, récépissé de déclaration de résidence faite 15 jours après son arrivée, à la Préfecture de police à Paris, à la mairie en province.

Français et étrangers doivent payer un droit unique de 30 fr. par an, sauf droits spéciaux pour travaux pratiques et frais de laboratoire.

Pour avoir le droit de se présenter à un examen conférant un grade ou diplôme, tout étudiant doit prendre lui-même une *inscription* renouvelée tous les 3 mois et aux dates fixées pendant un nombre de trimestres déterminé pour chaque examen. L'inscription entraine le droit d'immatriculation. Il faut donc fournir pour prendre la 1re inscription les mêmes pièces que pour l'immatriculation. Chaque inscription trimestrielle est soumise à un droit fixe de 30 fr. auquel s'ajoute un droit de bibliothèque de 2 fr. 50.

Un étudiant recherchant plusieurs grades ou diplômes doit prendre plusieurs inscriptions. Cependant, un étudiant inscrit en vue de la licence en droit peut s'inscrire à la licence ès lettres sans payer de nouveau droit. De même, un étudiant inscrit en vue du doctorat en médecine ou du diplôme de pharmacien peut s'inscrire sans frais à la Faculté des sciences en vue des certificats d'études supérieures. Certains enseignements spéciaux créés dans des Universités entraînent le paiement de droits supplémentaires.

Les *équivalences* ou *dispenses* suivantes sont accordées aux étudiants qui, n'ayant pas le diplôme de bachelier, veulent s'inscrire dans une Faculté :

1° Pour les étrangers, produire un diplôme accompagné de la traduction d'un traducteur juré (ou d'un agent diplomatique ou consulaire et visé par le consul général de France ou un des représentants en France du pays d'origine). L'arrêté du 16 nov. 1915 donne la liste des diplômes étrangers qui permettent aux recteurs d'accorder l'équivalence du baccalauréat. Ce sont :

ARGENTINE (République). — Certificat d'études secondaires complètes délivré par un Collège National.

BELGIQUE. — Certificat homologué par le Ministère des Sciences et Arts constatant un cours complet d'humanités ou d'études professionnelles fait dans un ou plusieurs établissements d'enseignement moyen.

CANADA. — Diplôme de baccalauréat (B.A. ou B.S.) délivré par une Université.

CHILI. — 1. Diplôme de bachelier en philosophie et humanités. (*Bachiller en filosofia y humanidades*). — 2. Diplôme de bachelier ès sciences physiques et mathématiques. (*Bachiller en ciencias fisicas y matematicas*).

CHINE. — Certificat d'études secondaires délivré par l'Univ. de Shangaï (cours préparatoire).

COSTA RICA. — L'un des deux baccalauréats (*en ciencias y en letras*) délivrés par le Lycée national de San José.

CUBA. — Diplôme de bachelier ès lettres ou ès sciences délivré par l'établissement d'enseignement secondaire de l'une des six provinces de la République (Pinar del Rio, La Havane, Matanzas, Santa Clara, Camaguey et Oriente) et visé par le Secrétaire de l'Instruction publique et des Beaux-Arts.

DANEMARK. — Certificat d'examen d'étudiant (Studentereksamen) d'une des trois séries : 1° langues classiques ; 2° langues modernes ou 3° mathématiques-sciences naturelles.

DOMINICAINE (RÉPUBLIQUE). — Baccalauréat délivré par l'Univ. de Saint-Domingue.

Égypte. — Certificat d'études secondaires délivré par le Gouvernement égyptien.

Équateur. — Baccalauréat délivré par les collèges nationaux de la République.

États-Unis. — Diplôme de baccalauréat (B. A. ou B. S), délivré par une Université ou Collège.

Espagne. — Diplôme de bachelier délivré par le Recteur de l'une des Universités de Madrid, Barcelone, Grenade, Oviedo, Salamanque, Santiago, Saragosse, Séville, Valence, Valladolid.

Grèce. — Certificat de fin d'études délivré par un gymnase hellénique et visé par le Ministre de l'Instruction publique et des Cultes.

Hollande. — 1. Certificat d'études prévu par l'article 2 de la loi hollandaise du 28 avril 1876 sur l'enseignement supérieur. — 2. Certificat d'études prévu par l'article 157 de la loi hollandaise du 28 avril 1876 sur l'enseignement supérieur. — 3. Certificat d'études prévu par l'article 12 de la loi hollandaise du 28 avril 1876 sur l'enseignement supérieur.

Haïti. — Certificat d'études secondaires classiques (2e partie) délivré par la Secrétariat d'État de l'Instruction publique.

Italie. — 1. Diplôme de licence lycéale. — 2. Certificat de licence des Instituts techniques du Royaume d'Italie (Section physique-mathématiques).

Japon. — Dipôme de fin d'études secondaires délivré par les lycées et écoles secondaires dépendant du Ministère impérial de l'Instruction publique. Diplôme de fin d'études secondaires délivré par le lycée de l'École de l'Étoile du Matin de Tokyo.

Luxembourg. — Certificat de maturité de la section gréco-latine ou de la section latine de l'un des gymnases de Luxembourg. Diekirch ou Echternach.

Norvège. — Diplôme de bachelier ès lettres (Artium paa den sproglig-historiske Linje) ou de bachelier ès sciences (Artium paa Reallinjen).

Paraguay. — Diplôme de bachelier délivré par le Conseil secondaire et supérieur. (Consejo secundario y superior).

Portugal. — 1. Diplôme du cours complémentaire de lettres des lycées nationaux de Portugal. — 2. Diplôme du cours complémentaire de sciences des lycées nationaux de Portugal.

Roumanie. — Certificat de fin d'études de lycée de l'une des trois sections *classique*, *moderne* ou *réale*.

Royaume-Uni (Angleterre, Écosse et Irlande). — Certificat de matriculation délivré par l'une des Universités du Royaume-Uni.

Russie. — 1. Certificat de maturité délivré après un cours complet de 8 années d'études, par un lycée de garçons (*gymnase*) de l'État. — 2. Certificat de maturité délivré, après un cours complet de 8 années d'études par un établissement privé, jouissant des mêmes droits que les lycées de garçons (*gymnases*) de l'État. — 3 Certificat de maturité délivré après un cours complet d'études et la septième classe supplémentaire, par une école « réale » du ressort du Ministère de l'Instruction publique.

Serbie. — Certificat d'études supérieures ou de maturité délivré par un établissement public d'enseignement secondaire (*Gymnase* ou *École réale*).

Suède. — Certificat de baccalauréat délivré par un établissement public d'enseignement secondaire (*Latin gymnasium* ou *Realgymnasium*).

Suisse. — 1. Diplôme de bachelier ès lettres ou ès sciences, délivré par une Université ou par un établissement public d'enseignement secondaire de l'un des cantons suisses. — 2. Certificat de Maturité (*Maturitätszeugnis Reifezeugnis*) délivré pour l'une des sections pédagogique, classique, réale ou technique, par un établissement public d'enseignement secondaire (*gymnase*, *lycée*, *école réale*, *école secondaire*) de l'un des cantons suisses.

Uruguay. — Diplôme de bachelier ès sciences et ès lettres. (*Bachiller en ciencias y letras*) de l'Université de Montevideo.

Venezuela. — Diplôme de baccalauréat ès sciences philosophiques. (*Bachillerato en ciencias filosoficas*).

Les étrangers, qui n'ont pas dans leur pays d'enseignement secondaire organisé comme en France, sont admis à passer en mai et oct. un examen donnant l'équivalence au baccalauréat et consistant en une épreuve écrite (traduction en français d'un texte écrit dans la langue du pays d'origine) et 2 épreuves orales (lecture d'un texte français et conversation, interrogation sur histoire et civilisation du pays d'origine, ou sciences). Pièces à produire : demande écrite et signée, acte de naissance, récépissé de déclaration de résidence, certificat de bonne vie et mœurs. Droits fixés pour l'obtention de ce diplôme, 140 fr.

Équivalences accordées dans les mêmes conditions pour les licences après avis du Conseil sup. de l'Instruction publique.

Les étudiants étrangers ayant déjà des diplômes de leur pays peuvent obtenir une *dispense de scolarité*, c.-à-d. le droit de prendre cumulativement un certain nombre d'inscriptions en en acquittant le montant (demande déposée avec les pièces justificatives au secr. de la Faculté sur papier timbré).

2° Pour les Français, ils sont dispensés de produire un diplôme de bachelier, et ils peuvent s'inscrire dans des Facultés de droit, de lettres et de sciences s'ils peuvent prouver qu'ils sont anciens élèves de Polytechnique, St-Cyr ou Navale, ou qu'ils ont : certificat d'aptitude au professorat des classes élémentaires, certificat d'aptitude à l'enseignement secondaire des jeunes filles ou certificat d'aptitude au professorat des écoles normales ; dans des Facultés de droit et de sciences, s'ils peuvent prouver qu'ils sont anciens élèves de Centrale, de l'Institut agronomique, des Ponts et chaussées, des Mines de Paris ; dans des Facultés de droit et des lettres, s'ils peuvent prouver qu'ils sont anciens élèves diplômés de l'École des Hautes Études (sciences historiques et sciences religieuses), de l'École des Langues orientales, ou qu'ils ont le certif. d'aptitude à l'enseign. des langues vivantes dans les lycées et collèges ; dans les Fac. des sciences, s'ils peuvent prouver qu'ils sont anciens élèves de l'École des Mines de St-Étienne ou de l'École Supérieure des Postes et Télégraphes (2e section) ou qu'ils ont le certif. d'études P. C. N. avec 70 points pour les candidats pourvus du brevet sup. ou du diplôme de fin d'études de l'enseign. secondaire des jeunes filles ou qu'ils ont le grade de contrôleur des mines ou celui de conducteur des Ponts et chaussées.

Les sanctions.

Les différentes Facultés préparent : 1° aux grades, diplômes et concours d'Etat donnés également dans toutes les Universités ; 2° aux grades, diplômes et certificats d'université, dont le nombre et les conditions sont différents pour chaque université.

Les *fac. des lettres* délivrent 3 diplômes comportant 4 mentions : 1° philosophie ; 2° histoire ; 3° langues et litt. classiques ; 4° langues vivantes.

1° *Licence ès lettres.* — Examen en juil. et nov. Conditions : baccal. ou équivalence, 4 inscriptions. Epreuves écrites : versions latine (1, 2, 3, 4), grecque (3), de langue étr. (4) ; compos. de philo. (1), d'histoire (2), d'histoire de la philo. (1), de littér. (3), de littér. étr. (4), interprétation de texte historique (2) ; compos. sur un sujet pris à un des enseign. professés à l'Univ. (1, 2), thème (4). Epreuves orales : interrog. sur les diverses matières enseignées. Cote 0 à 20. Admissibilité après l'écrit pendant 1 an pour les candidats ayant 70 (1,2), 30 (3), 60 (4). Frais d'études : inscription 130 fr. ; examen 105 fr.

Bourses créées par l'Etat, entières de 1.200 fr., 3/4 de 900 fr., 1/2 de 600 fr., entraînant dispense de tous droits, études et examens. Conditions : être Français, avoir 18 ans au moins et 24 ans au plus, s'inscrire au secr. de l'Académie du 1er février au 1er avril, fournir acte de naissance et diplôme de bachelier, certificat du maire sur la situation militaire, *curriculum vitæ*, déclaration de situation de fortune, s'engager à restituer le prix de la bourse si le candidat ne reste pas 10 ans dans l'enseign., être reçu au concours ouvert au mois de juin au siège des académies. Epreuves écrites : compos. française, philosophie, histoire, thème et version latine et épreuve choisie par le candidat ; orales : explications de textes, interrogations sur philos. et histoire. Les 1ers reçus sont admis sur leur demande à l'Ecole Normale Supérieure de Paris.

Il a été donné en 1919, 34 bourses de 1.200 fr., 2 de 900, 2 de 600 fr.

2° *Diplôme d'études supérieures* avec les mêmes mentions que la licence. Aucune condition d'âge, d'inscription, de grade ou de nationalité, exigée pour l'inscription au concours de l'agrégation. Epreuves : compos. et discussion d'un mémoire, explication de textes, interrogation sur une matière choisie par le candidat. Examen gratuit.

Bourses créées par l'Etat de 1.200 fr., 900 fr. et 600 fr. ; conditions : faire une demande du 1er au 20 juillet au doyen de la Fac., fournir le diplôme de licencié, les notes de licence et un rapport des professeurs.

Il a été donné, en 1913, 17 bourses de 1.200 fr., 1 de 900 fr. et 1 de 600 fr.

3° *Doctorat ès lettres.* — Conditions : être licencié ès lettres ; pour les étr., équivalence. Epreuve : soutenance de 2 thèses (sujets approuvés par la Fac.), la seconde en français ou langue ancienne ou moderne doit être un mémoire ou un travail critique. Frais d'examen : 140 fr.

Les *Facultés des sciences* délivrent 3 diplômes et 2 certificats :

1° *Certificat d'études physiques, chimiques et naturelles* (P. C. N.). Examen en juil. et nov Condition : avoir le dipl. de bachelier ou le brevet sup., le certif. d'études prim. sup. ou le diplôme de fin d'études de l'enseign. secondaire de jeunes filles ou pour les étrangers obtenir une équivalence du bacc., avoir 4 inscriptions (1 année). Epreuves orales et pratiques sur physique, chimie, zoologie et botanique. Frais d'études, inscript. et travaux pratiques : 220 fr., d'examen : 85 fr.

2° *Certificat d'études supérieures de sciences*. Examen en juil., nov. et quelquefois en mars. Chaque fac. des sciences délivre un certain nombre de ces certificats. Conditions : bacc. ou une dispense (V. p. 352) pour les Français, ou équivalence pour les étrangers, avoir 4 inscrip. (1 année). Les inscriptions prises pour le P. C. N. ne sont pas valables. Epreuves écrite, pratique et orale. Frais d'études : inscrip. 130 fr., travaux pratiques, de 40 à 100 fr. ; d'examen, 35 fr. pour le 1er certificat, 30 fr. pour les autres.

3° *Licence ès-sciences*. Diplôme conféré à tout étudiant qui a obtenu 3 certif. d'études sup. de sciences contre paiement d'un droit de 40 fr. Les aspirants aux fonctions de l'enseign. secondaire doivent justifier d'un diplôme portant un des 3 groupes suivants de mention :

1° Calcul différentiel et intégral ; mécanique rationnelle, physique générale ou 3e certificat de l'ordre des sciences math. (à l'exclusion du certif. de math. préparatoire à l'étude des sciences physiques) ;

2° Physique générale, chimie générale, minéralogie ou une matière, soit de l'ordre des sciences math., soit de l'ordre des sciences physiques ou naturelles ou le certif. d'études sup. portant sur la physique, la chimie et les sciences naturelles.

3° Zoologie ou physiologie gén., botanique, géologie :

Bourses créées par l'Etat dans les mêmes conditions que pour la licence ès lettres. Epreuves écrites de l'examen : compos. de math. gén., compos. française, 2 versions à choisir entre 5 textes latin, anglais, allemand, espagnol et italien et soit compos. de math. spéciales, soit compos. de physique, chimie et histoire naturelle (programme du P. C. N.) ; épreuves orales : interrogations sur ces matières.

Il a été donné, en 1919, 14 bourses de 1.200 fr., 3 de 900 et 2 de 600.

4° *Doctorat ès sciences*, porte l'une des mentions: *sciences mathématiques*, *sciences physiques*, *sciences naturelles*. Conditions : être licencié (licence d'enseign.) ou, pour les étrangers, équivalence. Les docteurs en médecine et les pharm. de 1re classe n'ayant pas la licence peuvent se présenter au doctorat de sc. physiques et de sc. naturelles, en produisant 2 cert. d'ét. sup., un de physique gén. et un de chimie gén. (pour le doctorat de sc. physiques), et 2 cert. d'études sup. de zoologie ou physiol., botan., géol. ou minéralogie (pour le doctorat de sc. naturelles) et en acquittant tous les droits afférant aux examens dont ils sont dispensés, Epreuve : 2 thèses ou 1 thèse et une discussion de propositions désignées par la Faculté. Frais d'examen : 145 fr.

5° *Diplôme d'études supérieures de sciences*, porte l'une des mentions : *sciences mathématiques*, *sciences physiques*, *sciences naturelles*. Aucune condition d'âge, d'inscription de grade ou de nationalité, exigée pour l'inscription au concours d'agrég. Epreuves : compos. d'un mémoire sur un sujet agréé par la Faculté ; interrogations sur ce travail.

Bourses créées par l'Etat dans les mêmes conditions que pour les diplômes d'études sup. de lettres. Il a été donné, en 1919, 9 bourses de 1.200 fr., 2 de 900 fr. et 2 de 600 fr.

Les *Facultés de droit* délivrent un certificat et deux diplômes :

1° *Certificat de capacité en droit*, aucune condition de grade ou de nationalité, mais nécessité d'avoir 8 inscriptions (2 années d'étude). Examens à la fin de chaque année. Epreuves orales, 1re année : 2 interrogations sur droit civil, 1 sur droit criminel, 1 sur droit public et admin.; 2e année : 2 interrog. sur droit civil, 1 sur procédure civile et voies d'exécution, et 1 au choix sur droit commercial ou sur droit industriel ou sur enregistrement. Frais d'études, inscriptions : 260 fr., d'examen : 130 fr., donne le droit d'être *avoué* et *juge de paix*.

2° *Licence en droit*. Conditions : avoir bacc. ou dispense (V. p. 35·) pour les Français, ou équivalence pour les étrangers ; avoir 12 inscriptions (3 années d'études). Les inscriptions prises pour le certif. de capacité ne sont pas valables. Examens à la fin de chacune des 3 années, sessions en juillet et nov. Chaque examen se divise en 2 parties ; l'étudiant reçu à l'une des deux seulement conserve le bénéfice de cette admission pendant 2 ans. Epreuves orales. 1re année : 1° 2 interrog. sur droit civil, 1 sur droit romain ; 2° 1 sur économie polit., 1 sur histoire du droit français, 1 sur droit constitut.; 2e année : 1° 2 interrog. sur droit civil, 1 sur droit romain ou droit internat. public. ; 2° 1 sur droit criminel, 1 sur droit admin., 1 sur écon. polit.; 3e année 1° 1 sur droit civil, 1 sur droit commercial, 1 sur procédure civile : 2° 1 sur droit internat. privé, 1 sur législ. industrielle ou coloniale, 1 sur voies d'exécution et 1 sur droit commercial ou maritime ou 1 sur droit public et 1 sur législ. financière. — Le succès aux examens de 2e année confère le titre de *bachelier en droit*. Frais d'études, inscriptions 390 fr., d'examens, 445 fr.

3° *Doctorat en droit* comportant 2 mentions : *sciences juridiques* et *sciences politiques et économiques*. Conditions: être licencié en droit ou, pour les étrangers, équivalence ; prendre 4 inscriptions (1 année d'études). Epreuves: soutenance d'une thèse et 2 examens oraux : pour les sciences juridiques : 1° droit romain et histoire du droit français; 2° droit civil et droit civil comparé ou internat. privé ou criminel, ou admin., ou commercial ou procédure civile; pour les sciences économiques: 1° histoire du droit public français, droit admin., constitut. comparé et internat. public ; 2° économie polit., législ. financière française, législ. et économie industrielles ou rurales ou coloniales. Frais d'études : inscriptions : 130 fr., d'examen, 445 fr.

Les *Facultés de médecine*, les *Facultés mixtes* et les *Ecoles de plein exercice de médecine et de pharmacie* confèrent 3 diplômes :

Doctorat en médecine. Conditions : avoir le bacc. français et le P. C. N. (Aucune dispense ou équivalence); 20 inscriptions (5 années d'études) et stage pratique pendant ces 5 ans au siège de la Faculté pendant les quatre 1res et ailleurs au choix du candidat et avec l'autorisation de la Faculté pour la 5e. Le service de l'internat ou de l'externat des hôpitaux, recruté par voie de concours, est équivalent au stage de médecine et de chirurgie. Epreuves : 5 examens de fin d'année, 3 exam. de clinique, soutenance d'une thèse. Frais d'études, inscriptions et travaux pratiques, 950 fr., d'exam., 690 fr. Donne le droit d'exercer la médecine en France.

Diplôme de chirurgien-dentiste. Conditions : être âgé de 16 ans accomplis et avoir le bacc. ou le brevet sup. ou le certif. d'études prim. sup. ou le dipl. de fin d'études second. de jeunes filles, sans dispense ni équivalence ; avoir 12 inscriptions : 5 années (2 de stage et 3 d'études) passées dans les Facultés ou Ecoles d'Etat ou dans les établ. libres d'enseign. sup. dentaire ; dispenses de scolarité accordées aux dentistes étrangers qui ont les dipl. français exigés). Epreuves : 1 exam. de validité de stage, 3 exam. de fin d'études. Les étudiants en médecine ayant 12 inscr. et 2 années de stage sont dispensés du 1er examen. Frais d'étude : variables ; d'exam. : 250 fr. Donne le droit d'exercer l'art dentaire en France.

Diplôme de sage-femme. Conditions : pour le dipl. de 1re cl., avoir le brevet élém. et le certif. d'études second. ; pour le dipl. de 2e cl., subir un exam. d'admission ; avoir 2 immatriculations (2 années d'études). Frais d'études : 60 fr., d'exam. : 1er cl. 135 fr., 2e cl. 85 fr. donne le droit d'exercer la profession de sage-femme : 1re classe, sur tout le territoire français ; 2e classe, dans un département.

Les *Ecoles supérieures de pharmacie*, les *Facultés mixtes* et les *Ecoles de plein exercice de médecine et de pharmacie* confèrent 2 diplômes de pharmacien et 1 certificat.

Diplôme de pharmacien. Conditions : avoir le bacc. (aucune dispense ni équivalence), avoir fait 5 années d'études : 1 de stage officinal sanctionnée par un examen, et 4 d'études (16 inscriptions). Epreuves : 3 exam. de fin d'année et 3 de fin d'études. Frais d'études, inscrip. et travaux pratiques, 920 fr., d'examens, 765 fr. Donne le droit d'exercer la profession de pharmacien en France.

Diplôme supérieur de pharmacien. Conditions : être pharmacien et licencié ès sciences ou avoir accompli une année suppl. dans une Faculté ou Ecole sup. (4 inscriptions) et avoir subi avec succès un exam., droit d'inscr. 230 fr., soutenance de thèse, 170 fr.

Certificats d'aptitude à la profession d'herboriste. Conditions : avoir 21 ans, avoir suivi les cours de botanique d'une Faculté ou Ecole, passer un exam. de fin d'études 135 fr. Le certif. de 2e cl. permet d'exercer la profession d'herboriste dans un dép. seulement ; le certif. de 1re cl., pour lequel le certif. d'études prim. est exigé, permet de l'exercer dans toute la France.

Les *Ecoles préparatoires de médecine et de pharmacie* permettent de faire les 3 1res années (2 examens) de médecine, la 1re année pour le dipl. de sage-femme de 1re cl., de prendre 8 inscr. de pharmacie, d'obtenir le diplôme de sage-femme de 2e cl. et le certif. d'aptitude à la profession d'herboriste.

L'enseignement spécial des universités.

Les 18 Universités donnent toutes les enseignements généraux et confèrent les grades d'Etat mentionnés ci-dessus. Elles donnent de plus des enseign. spéciaux, le plus souvent dans des *Instituts* ou *Ecoles annexes*. On indiquera ici, pour chaque cas, les conditions d'admission, la durée, les frais et la sanction des études. Presque toutes les Facultés ont des *doctorats d'université*, comportant une soutenance de thèse et des interrogations, réservés généralement aux étrangers, pour lesquelles elles apprécient les titres exigés. Les doctorats et diplômes d'Université de médecine et de pharmacie, tout en ayant la même valeur que les doctorats et dipl. d'Etat ne permettent pas d'exercer la médecine ou la pharmacie en France. Presque tous les Instituts ou Ecoles délivrent, selon les notes obtenues à l'examen de sortie, un dipl. ou un simple certif. d'études. Les prix indiqués représentent les frais d'inscr. et d'examen.

Université de Paris.

Conseil de l'Université. Recteur : Paul Appell. *Membres* : Larnaude et Le Poittevin (*Droit*), Roger, Pouchet et Broca (*médecine*), N.........., Lipmann et Bonnier (*sciences*), Croiset et Legouis (*lettres*), Lanson et Borel (*Ecole normale supérieure*), Gautier. Bourquelot et Guignard (*pharmacie*).

Fac. des Lettres, à la Sorbonne. Enseign. philosophique, historique et littéraire très développés. — *Instituts annexes* d'Archéologie (musée de moulages), d'Hist. de l'art (musée de moulages), de Phonétique, d'Epigraphie grecque, de Géogr., de Géogr. coloniale, d'Etudes slaves; Séminaire de philologie roumaine ; Salles d'études grecques ; Laboratoire de philologie romane et française, ouverts aux étudiants présentés par un prof. et agréés par le doyen. *Dipl. spéc* : Doctor. d'univ. (licence, 4 semestres, 200 fr.) ; Dipl. d'études univ. (pour Français et étrangers, 2 ans, 180 fr.) ; Certif. d'ét. françaises (pour les étrangers, 1 an, 130 fr. *Doyen* : A. Croiset.

Fac. des Sciences, à la Sorbonne. Tél. : Gob. 07.38. *Enseign. spéc.* Aviation, Chimie appliquée. *Instituts annexes* : Inst. de Chimie appliquée, 3, r. Michelet (3 ans d'ét., avoir 18 ans, examen, les étrangers sont admis, 125 fr. par trimestre : dipl. d'ingénieur chimiste de l'Univ. de Paris. — Inst. Aérotechnique à St-Cyr-l'Ecole (S.-et-O.) (droits fixés par trimestre). — Informations d'Aérotechnique (30 fr.). — 120 Laboratoires ouverts aux Français et étr. autorisés par les Directeurs : à la Sorbonne : Géométrie sup., Astronomie physique, Physique (recherches), Physique (enseignement), Chimie phys., Chimie générale,

Enseign. de la chimie, Chimie minérale, Chimie organique, Minéralogie. Anatomie comparée. Zoologie. Anatomie et physiologie comparées. Physiol. animale, Histologie, Géologie, Botanique, Géogr. physique. Laboratoires de Physique et de Radioactivité 12 r. Cuvier; d'Evolution des êtres organisés et d'Embryologie générale, 3, r. d'Ulm ; de Mécanique phys. et expér., 96, bd Raspail ; de Chimie biologique. Inst. Pasteur, 26, r. Dutot ; pour l'enseign. préparatoire au P. C. N., 12, r. Cuvier ; de Zoologie maritime, à Roscoff (Finistère), à Banyuls (Pyr.-O.) et à Wimereux (P.-de-C.); de Biologie végétale, à Fontainebleau (S.-et-M) (droits de laboratoire variant de 50 à 150 fr. par trimestre) — *Diplômes univ.;* Doctorat d'univ. (pour Français et étrangers ayant des titres 1 an, de 300 à 450 fr.). *Doyen* : N ....

Fac. de Droit. Place du Panthéon. Tél. : Gob. 38.91. *Enseign. spéc.* Conférences semestrielles ou annuelles (50 fr. par trimestre) ; Enseign. prépar. au Certif. de science pénale, au Certif. d'études admin. et financières. *Instituts annexes*, Salles de travail destinées aux travaux des étudiants sous la direction des professeurs. *Dipl. univ.;* Doctorat d'Univ. (pour les étr. 2 semestres, 2 examens, 330 fr.) ; Certif. de science pénale (pour Français et étrangers, 1 an, 220 fr.) ; Certif. d'études admin. et fin. (2 ans, 360 fr.). *Doyen* : F. Larnaude.

Fac. de Médecine. 12, rue de l'Ecole-de-Médecine. Tél. : Fleurus, 08.91. *Enseign. spéc.* Cours de vacances portant sur diverses spécialités. *Instituts annexes* : Inst. de Médecine coloniale (ouverts aux docteurs en méd. Français ou étr., aux étud. pourvus de 16 inscr. et aux internes des hôpitaux. Cours d'oct. à déc. à la Fac. de méd. avec enseign. classique toute l'année à l'hôpital, 93, r. Michel-Ange, 120 fr., dipl. de médecin colonial de l'Univ. de Paris ; Inst. de Médecine légale et de Psychiatrie (430 fr., dipl. de méd. légiste de l'Un. de Paris ; Musée Dupuytren, 15, r. de l'Ecole de Médecine ; Musée Orfila, à l'Ecole de méd. ; Collections de parasitologie, au Laboratoire de parasit. *Dipl. universitaires* : Doctorat d'Univ. (pour les étrangers). *Doyen* : Roger.

Ecole sup. de Pharmacie. 4, av. de l'Observatoire. Tél. : Fleurus 08.50. *Instituts annexes* : Jardin botanique (Collections de matière médicale, de Zoologie, de Minéralogie, de Cryptogamie). *Dipl. univers.* Doctorat d'Univ. (accessible aux pharmaciens franç. ou étrangers, 1 an, 730 fr.) ; Dipl. de pharmacien de l'Univ. de Paris (pour les étrangers, mêmes frais que pour le dipl. d'Etat correspondant). *Dir.* : H. Gautier.

Université d'Aix — Marseille.

Fac. des lettres, à Aix. *Enseign. spéc.* : Hist., langues et littératures provençales et méridionales. *Dipl. univ.* : Doctorat d'univ. (licence ou équivalence pour Français ou étrangers, 2 semestres, 130 fr.).

Fac. des sciences, à Marseille. *Enseign. spéc.* : phys. et chimie industrielles. *Instituts annexes* : Observatoire de Marseille ; Laboratoire Marion de zoologie maritime à Endoume (B.-du-R.) ; Musée colonial (de produits animaux, végétaux et minéraux) ; Institut technique Ecole des Ingénieurs. *Dipl. univ.* : Doctorat d'univ. (pour Français et étrangers ayant 2 certif. d'ét. sup. ou une équivalence, 1 an, 130 fr.) ; Brevets d'électricité et de chimie industr. (bacc. ou examen d'entrée, 1 an, 170 fr.) ; Dipl. de chimiste (bacc. ou examen, 3 ans, 470 fr.).

Fac. de droit, à Aix. Certif. de sciences pénales ; certif. d'études commerciales et économ.

Ecole de plein exercice de médecine et de pharmacie, à Marseille. *Ens. spéc.* pour la médecine et la pharmacie aux colonies. *Dipl. univ.* : Dipl. d'études médicales et pharmac. col. (pour les Français et étrangers ayant déjà les dipl. d'Etat, 3 mois, 150 fr.).

Université d'Alger.

Fac. des lettres. *Enseign. spéciaux* : Civilisation, littérature et langues arabes et berbères. *Dipl. univ.* : Dip. d'études sup. de langue et littér. arabes : Brevet de langue arabe ou Kabyle (avoir 17 ans, 30 fr.) ; Dipl. de langue arabe et de dialectes berbères (bacc. 1 an, 85 fr.).

Fac. des sciences. *Ens. spéc.* se rapportant à l'Afrique du Nord. Station zoologique, Observatoire astron. de Bouzarea. *Dipl. univ.;* Certif. d'ét. sup. de sciences appliquées au génie civil (3 ans, 300 fr.) ; Dipl. de constructeur industriel (2 ans, 200 fr.) ; Dipl. de chimiste 2 ans, 320 fr.) ; Dipl. de géologue-minéral. (2 ans, 320 fr.) ; Certif. d'ét. d'électricité industrielle (bacc. P. C. N. ou br. sup., 1 an).

Fac. de droit. *Ens. spéc.* : Législation alg. et droit musulman. *Dipl. univ.* Cert. et cert. sup d'ét. de législation algérienne, de droit musulman et de coutumes indigènes (brev. d'ét. prim. sup., 2 ans, 230 fr.). Certif. et Certif. sup. d'ét. admin. algériennes (bacc. 2 ans, 200 fr.).

Fac. mixte de médecine et de pharmacie. Enseign. pour les auxiliaires médicaux indigènes. *Dipl. univ.;* Doctorat d'univ. de médecine et de pharmacie.

Université de Besançon.

Fac. des lettres. *Enseign. spéc.* : Hist. de la Franche-Comté ; Cours de français pour les étrangers (du 1er nov. au 30 juin, 70 fr. ; cours de vacances 1 mois, 40 fr.; 4 mois 65 fr.)

Dipl. univ.: Doctorat d'univ. (licence, 4 semestres, 140 fr.); Certif. d'études (20 fr.) et de langue franç. pour les étrangers (60 fr.).

Fac. des sciences. *Instituts annexes*: Observatoire astron., météor. et chronométrique de la Bouloye; Musée d'hist. nat.; Institut et jardin botaniques; Station agron. de Franche-Comté. *Dipl. univ.*: Doct. d'univ. (2 cert. d'ét. sup.; 1 an; 3 à 400 fr.); dipl. d'ingénieur horloger (2 ans, 90 fr.); dipl. d'électricité appliquée (2 ans, 30 fr.); dipl. d'agriculture (2 semestres, 290 fr.).

Ecole prép. de médecine et de pharmacie.

Œuvres univ. Comité de patronage des étudiants étrangers. — Assoc. gén. des étudiants ouverte aux Français et aux étr.; Sté des amis de l'Université de Franche-Comté.

Université de Bordeaux.

Fac. des lettres. *Enseign. spéc.*: Hist., langue et litt. du Sud-Ouest de la France, études hispaniques, langue arabe, collections archéologiques; Institut colonial; Cours de français pour les étr. organisés par l'Alliance française (cours de vacances, et cours de l'année, par semestre, 45 fr., sanctionnés par un Dipl. de capacité pour l'enseign. de la langue franç. — *Dipl. univ.*: Doct. d'univ. (2 semestres, 130 fr.); Dipl. d'études univ. (pour Français et étrangers, 1 an, 50 fr.); Dipl. d'études col. (2 ans, 30 fr.).

Fac. des sciences. *Instituts annexes*; Ecole de chimie appliquée à l'industrie et à l'agric. (3 ans d'ét.; avoir 16 ans et bacc. ou équivalence, 630 fr., dipl. ou certif.); Observatoire; Station zoologique d'Arcachon; Station agron. et œnologique.. Lab. des résines; Lab. d'électricité industr..; Lab. d'essai de produits col. *Dipl. univ.* Doct. d'univ. (2 sem., 100 fr.).

Fac. de droit. *Institut* pratique de droit (2 ans, 30 fr., plus 20 fr. par trimestre). Certif. d'études pratiques de droit (40 fr.).

Fac. de médecine et de pharmacie. *Ens. spéc.*: Oto-rhino-laryngologie; Pathologie exotique, chirurgie dentaire. *Instituts annexes*: Jardin et Institut botaniques; Musée. d'ethnographie et d'études col. Musée d'anatomie et d'anthrop. *Dipl. univ.*; Doct. d'univ. (mention médecine) pour les étudiants étrangers; Doct. d'univ. (mention pharmacie); Dipl. de pharmacien et de chirurgien-dentiste (pour les étrangers); Dipl. de médecin col. (pour les docteurs, 1 trimestre, 200 fr.).

Œuvres univ. Comité de patronage des étudiants étrangers ayant un office, 3, r. Jean-Burguet; Assoc. gén. des étudiants; Maison des étudiants; Sté des amis de l'Univ.; Stade Bordelais Université Club (sports).

Université de Caen.

Fac. des lettres. *Ens. spéc.*: Histoire de Normandie; Cours de français pour les étrangers 130 fr.). *Dipl. univ.*: Doctorat d'univ. (150 fr.); Certificat d'études françaises (30 fr.).

Fac. des sciences. *Ens. spéc.*: Physique industr.; Chimie agricole. *Instituts annexes*: Laboratoire de Luc-sur-Mer; Station agron.; Musée d'hist. naturelle. *Diplôme univ.* d'études d'agron. (examen d'entrée, pour Français et étrangers âgés de 16 ans, 1 an).

Fac. de droit. *Ens. spéc.*: Hist. générale du droit français et Coutume de Normandie; Séminaire d'hist. du droit normand; *Dipl. univ.*: Doctorat-ès-lois pour les étrangers (2 ans, 485 fr.). *Institut de droit commercial*: une année d'études.

Ecole préparatoire de médecine et de pharmacie.

Université de Clermont.

Fac. des lettres. *Institut annexe*; Géographie. *Dipl. univ.* Doctorat d'univ. (4 semestres 160 fr.); Dipl. d'études universitaires françaises pour les étrangers (1 semestre, 50 fr.).

Fac. des sciences. *Ens. spéciaux*: Electricité industr., chimie agricole et industr. *Instituts annexes*: Observatoire météorol. du Puy-de-Dôme; Station limnologique de Besse. — *Dipl. univ.*: Doctorat d'univ. (2 cert. d'ét. sup. ou équivalence, 2 semestres, droits variant de 330 à 930 fr. selon les spécialités); Dipl. de chimiste (2 ans, 690 fr.); Brevet de chimie industr. (2 ans, 290 fr.); Brevet de chimie agricole (1 an, 160 fr.).

Ecole préparatoire de médecine et de pharmacie.

Université de Dijon.

Fac. des lettres. *Ens. spéciaux*: Histoire de la Bourgogne et de l'art bourguignon; Cours de français pour les étrangers (cours de l'année, 50 fr., plus 40 fr. par semestre; Brevet de langue franç.; et Dipl. d'ét. franç.; cours de vacances 1 mois, 40 fr., 4 mois, 80 fr.; Dipl. de français, 1er et 2e degré, 20 et 30 fr.). *Instituts annexes*: Inst. géographique; Musée historique d'art bourguignon et d'art comparé. *Dipl. univ.;* Doctorat d'univ. (4 semestres, 130 fr.); Dipl. d'études russes (2 semestres, 60 fr.).

Fac. des sciences. *Ens. spéciaux;* Chimie générale et agricole. Phys. industr. *Instituts annexes*: Inst. Œnologique et agron. de Bourgogne : Station agric. de Grimaldi, à St-Jean-de-Losne (Côte-d'Or). *Dipl. univ.*: Doctorat d'univ. (1 an, 180 fr. et droits spéciaux variant de 50 à 100 fr par trimestre); Dipl. d'études œnologiques (1 semestre, 220 fr.); Brevet d'études œnologiques (1 semestre, 130 fr).

Fac. de droit. *Ens. spécial* : Droit bourguignon. *Institut* pratique de droit (2 ans, 110 fr. par an). Certificat *Dipl. univ ;* Certificats d'études des sciences juridiques, polit. ou éconon. (2 semestres, 130 fr); Licence d'univ. (pour les étrangers ayant 3 cert.); Doctorat d'univ. (2 semestres, 280 fr.).

Ecole préparatoire de médecine et de pharmacie.

Université de Grenoble.

Fac. des lettres. *Ens. spéciaux*: Hist. du Dauphiné, Histoire de l'art du Dauphiné; Cours de français pour les étrangers (1 semestre, 60 fr., 2 semestres, 90 fr., et cours de vacances) 6 semaines, 50 fr., 4 mois, 90 fr.), Cert. d'études franç. (20 fr.); Dipl. de hautes études franç. (50 fr.). *Instituts annexes;* Inst. de phonétique; Inst. de Géogr. alpine. *Dipl. univ.*: Doctorat d'univ. (4 semestres, 100 fr.); Dipl. d'études sup. de phonétique française (50 fr.), Dipl. sup. pour l'ens. du français à l'étranger (pour les Français, ayant licence ou équivalence, 2 ans et 1 an à l'étranger, 50 fr.); Certif. d'aptitude à l'ens. du franç. à l'étranger (pour les Français ayant bacc. ou équiv., 1 an, 30 fr.).

Fac. des sciences. *Ens. spéciaux*: Application de toutes sciences à l'industrie. *Instituts annexes*: Inst. polytechnique; Inst. Electrotechnique (16 ans, immatriculation, examen d'entrée, 1° section élém.: 1 an, 300 fr., sanctionnée par un brevet de conducteur électricien 2° sect. sup., 2 ans, 400 fr., Dipl. d'ingénieur élec., 3° sect. spéciale, 1 an, 600 fr.; Certif. d'é[illegible]. électrotechnique); Ecole française de papeterie (mêmes cond. 1re année, 300 fr; pour les contremaîtres, Brevet de conducteur papetier; 2e année, 600 fr., Dipl. d'ing. papetier ou cert. d'études); Jardins alpins; Etablissements de pisciculture. *Dipl. univ.*: Doctorat d'univ. (1 an, de 810 fr. à 910 fr.).

Fac. de droit. *Institut* des sciences commerciales (bacc. ou équiv., 1 an, élèves, 560 fr., auditeurs 70 fr. au minimum. Dipl. ou Certif.). *Dipl. univ* : Doctorat d'univ. (1 an, 200 fr.) : Certificat d'études politiques et admin. (bacc., 1 an); Certif. sup. de capacité en droit (Certif. de cap., 1 an, 70 fr.).

Ecole préparatoire de médecine et de pharmacie.

Université de Lille.

Fac. des lettres. *Ens. spéc.*: Hist., langues et litt. du Nord de la France. Cours de français pour les étr. (du 1er nov. au 15 mars, 45 fr.; du 15 mars au 30 juin, 35 fr. Certif. d'études franç ; Cours de vacances à Boulogne, 2 semaines 30 fr.; 4 sem., 50 fr.; Dipl. sup., moyen ou élém. de langue franç.). *Instituts annexes*: Institut pédagogique (cours, biblioth., musée pour les étudiants immatriculés); Instituts d'histoire de l'art; de géogr.; de papyrologie; Laboratoire de phonétique (Dipl. d'études sup., 1 an). *Dipl. univ.*: Doct. d'univ. (licence ou équivalence, 2 ans, 360 fr.); Dipl. d'études russes (1 an, 60 fr.).

Fac. des sciences. *Instituts annexes;* Institut électrotechnique (examen d'entrée, ou titres suffisants, 3 ans, 1.470 fr., Diplôme d'ingénieur-électricien); Institut et Ecole de chimie (pour les industries métallurgiques, textiles, agricoles, 3 ans, 1.660 fr. Dipl. d'ingénieur-chimiste); Institut des Sciences naturelles; Institut de physique; Musée régional de zoologie appliquée; Musée de géologie et de minér.; Musée houiller; Laboratoire maritime de Portel. *Dipl. univ.* Doctorat d'univ. (pour les Français et les étr. ayant 2 certif. d'études, sup., 1 an, de 330 à 490 fr.); Dipl. de licencié mécanicien, physicien, chimiste et géologue (pour les Français et les étrangers ayant 1 certif. d'ét. sup., 1 an, de 70 à 430 fr.); Brevet d'études électrotechniques (1 an, 430 fr.).

Fac. de droit. *Ens. spéc.*: Questions économiques régionales, assurances, enregistr. Institut pratique de droit (pour tous les étudiants immatriculés, 2 ans, 25 fr. par trimestre. Cert. d'ét. prat. de droit, 40 fr.). *Dipl. univ.*: Doctorat d'univ. (pour les étudiants étrangers justifiant de bonnes études secondaires, 2 ans, 380 fr.).

Fac. mixte de médecine et de pharmacie. *Ens. spéc.*: Chirurgie dentaire, enseign. pour les élèves sages-femmes. *Dipl. univ.*: Doctorat d'univ. (mention médecine) (pour les étrangers, mêmes conditions que pour le doctorat d'Etat); Doct. d'univ. (mention Pharmacie) (pour les Français ayant le dipl. de pharmacien et les étrangers ayant une équivalence, 1 an 670 fr.). Dipl. de chirurgien-dentiste (pour les étrangers ayant le bacc. ou une équivalence

2 ans de stage, 3 ans d'études, 1.045 fr.) ; Dipl. d'études de médecine légale et de psychiatrie médico-légale (pour les docteurs, 7 mois) ; Certif. d'études spéciales d'hygiène (pour les docteurs, pharmaciens, ingénieurs).

Œuvres univ. : Office des étudiants étrangers (à la Fac. des lettres). Société d'extension universitaire et de patronage des étudiants étrangers ; Union des Etudiants de l'Etat ; Association des étudiants de l'Université de Lille ; Sté des Amis et anciens étudiants de l'Université de Lille.

Université de Lyon.

Faculté des lettres. *Ens. spec.* ; Hist. de Lyon et de la région lyonnaise, sanscrit, égyptologie, arabe et turc, chinois, enseig. spécial pour la préparation aux grades sup. de l'enseign. prim. ; Cours de français pour les étr. (1° du 1er déc. au 15 mars : l'inscription à ces cours, 60 fr., permet de suivre les autres cours de l'Univ. et d'obtenir un Certif. ; 2° d'août à nov., 2 h. par jour, 200 fr. pour la série ou 25 fr. par semaine). *Instituts annexes* : Musée pédagog., Musée de moulages ; Institut de géogr. *Dipl. univ.* Doctorat d'univ. (licence, 2 ans, 360 fr.) ; Dipl. d'études pédagog. sup. (licence ou cert. d'aptitude à l'insp. prim. ou au professorat des écoles normales, 1 an) ; Dipl. d'études chinoises, 1 an, 55 fr.

Fac. des sciences. *Instituts annexes* : Inst. de chimie comprenant : 1° Ecole de chimie industr. (3 ans, avoir le bacc. ou passer un concours pour être élève titulaire, passer un examen pour être élève stagiaire et pour pouvoir entrer après 1 an d'études et un nouvel examen en 2e année ; on admet les étrangers et des élèves libres ; 800 fr par an pour les Français, 1.100 pour les étrangers ; délivre après examen un dipl. d'ingénieur-chimiste ou un Certif. d'ét.) ; 2° Ecole de tannerie (2 ans, enseig. théorique et pratique, mêmes conditions que pour l'éc. de chimie ind., 950 fr. par an pour les Français et 1.900 fr. pour les étrangers, délivre après examen un dipl. d'ingénieur-chimiste de tannerie ou un Certif. d'ét.). — Institut agronomique (2 ans de cours de sciences, de droit, de géographie de l'Univ., 3e année pour l'enseig. de la culture, travaux pratiques, ouvert à tous les étudiants français et étrangers, délivre après 2e année un dipl. d'études agronomiques, 1.180 fr. et après la 3e un dipl. sup., 1.390 fr.) Observatoire à St-Genis-Laval ; Station maritime à Tamaris-s-Mer (Var) (aquariums, collections, biblioth., ouverte sur demande adressée au directeur) ; Laboratoire de photométrie ; Laboratoire central de photographie. — *Dipl. univ.* : Doct. univ. (1 certif. d'études sup. ou équivalence, 1 an, 130 fr., plus droits de laboratoires de 200 à 800 fr.). brevet d'études d'électrotechnique (1 an d'études théoriques et pratiques, 210 fr.) ; dipl. d'études psycho-physiol. (1 an, 280 fr.) ; dipl. de mathém. gén. (1 an, 150 fr.).

Fac. de droit. *Ens. spéc.* : Epigraphie juridique, Science pénitentiaire, hist. des traités. *Institut* des sciences écon. et polit. (2 ans, 2 sections ; économ. et finan., polit. et admin. délivre après examens un dipl.). *Dipl. univ.* : Doct. d'univ. (pour les étr. dont la Fac. apprécie les titres, 1 an, 295 fr.).

Fac. de médecine et de pharmacie. *Instituts annexes* : Institut bactériologique, dirigé par les membres de l'Univ. ; Institut d'hygiène (labor. et musées, 2 ans, 180 fr. par trimestre, 150 fr. pour les étudiants immatriculés, délivre après examen un Certif. d'études d'hygiène) ; Musée d'anatomie pathologique ; Musées de médecine judiciaire et d'anthropol. criminelle ; Musée d'histoire de la médecine et de la pharm. à Lyon ; Musées d'anatomie et de parasitologie ; Jardin botanique. *Dipl. univ.* : Doctorat d'univ. (mentions médecine) (pour les étr.) ; Doct. d'univ. (mention pharmacie) (pour les étudiants ayant le dipl. d'Etat ou un dipl. étranger, 1 an, 530 fr.) ; dipl. et dipl. d'études pharmac. (pour les étr., mêmes conditions que le dipl. d'Etat, 1.465 fr. et 300 fr.).

Collège oriental, pour les élèves orientaux, 1 année préparatoire, 330 fr., sanctionnée par certif. de maturité (100 fr.) qui permet de suivre les cours normaux, 3 ans ; 2 sections : lettres et sciences, 930 fr., examens permettant d'obtenir le dipl. d'aptitude à l'enseign. ou le dipl. sup. d'études littéraires ou scientif., 200 fr.).

Œuvres universitaires : Comité de patronage des étudiants étrangers, agent : M. Léger, 23, r. des Remparts-d'Ainay ; Comité de tutelle des étudiants orientaux ; Société des amis de l'Université lyonnaise ; Assoc. gén. des étudiants ; Club égyptien ; Assoc. d'anciens élèves de la Fac. de droit, de la Fac. des lettres, de l'Ecole de chimie industrielle.

Université de Montpellier.

Fac. des lettres. *Ens. spéciaux* : Langue et litt. romanes. Gram. comparée. Hist. du christianisme. Cours de franç. pour les étrangers (cours auxiliaires du français et cours d'études françaises (4 mois, 112 fr. 70. Certif. élém., 50 fr. et dipl. d'ét. franç., 30 fr.). — *Instituts annexes* ; Inst. des sciences historiques avec musée des moulages ; Laboratoire de Phonétique expérimentale ; Laboratoire de Psychol. expérimentale. — *Dipl. univ.* : Doctorat d'univ. (2 semestres, 130 fr.).

Fac. des sciences. *Ens. spéciaux* ; Chimie minérale appliquée ; œnologie. *Instituts annexes* : Inst. de Botanique qui dispose du Jardin des plantes avec une École de botanique, une École des plantes officinales et une École forestière et Laboratoire du mont Rigoual ; Inst. de Zoologie avec la Station zoologique de Cette (Hérault) ; Inst. de physique ; Inst. de chimie. *Dipl. univ.* : Doctorat d'univ. (3 cert. d'ét. sup., 4 semestres, de 510 à 910 fr.). Dipl. d'ingénieur chimiste (3 certif. d'études sup., 1 semestre, 480 fr.).

Fac. de droit. *Ens. spéciaux* : Cours de notariat; Enregistr. Enseign. prép. au Cert. d'études pénales (2 semestres, 90 fr.).

Fac. de médecine. *Instituts annexes* : Institut Bouisson-Bertrand ; Inst. de Biologie ; Inst. d'Electrothérapie et de Radiographie ; Inst. de Botanique ; Musée Atger ; Musée anatomique. *Dipl. univ.* : Doctorat d'univ. pour les étrangers (1.300 fr.).

Ecole sup. de pharmacie. Labor. de Pharmacie galénique et industr., *Dipl. univ.* Doctorat accessible aux Pharm. de 1re cl. français et aux candidats étrangers pourvus d'une équivalence au bacc. (pharm. franç., 2 semestres, 430 fr. ; étrangers, 4 ans, 1.420 fr.).

Université de Nancy.

Fac. des lettres. *Ens. spéciaux*: Hist. de l'Est de la France. Antiquités gallo-romaines. Cours de franç. pour les étrangers (du 1er nov. à fin mars, du 1er avril à fin juin, 50 fr. pour 1 semestre, 70 pour 2 ; cours de vacances, 40 fr. pour 1 mois, 60 fr. pour 4 ; Certif. d'ét. franç.). *Instituts annexes* : Inst. d'archéologie. *Dipl. univ.* : Doctorat (2 semestres, 130 fr.)

Fac. des sciences. *Instituts annexes* : Inst. électrotechnique et de mécanique appliquée (2 sections : math., électr. ; 3 ans, bacc. ou examen d'entrée, pour Français et étr. ; 1re et 2e an., 530 fr., 3e an., 730 fr. ; 4e an. facult., 630 fr. Dipl. d'ing. mécanicien ou d'ing. élec.) ; Inst. chimique (pour les matières colorantes, impression, verrerie, électrochimie, 3 ans, bacc. ou équiv. 1030 fr. par an, 4e an. facult. Dipl. d'ing. chimiste) Inst. de géologie (pour les industries minières, bacc. ou équiv., 3 ans, 630 fr. par an. Dipl. d'ing. géologue) ; Inst. agricole (5 sections : agric., laiterie, ét. écon., ét. colon., ét. forestières, 2 ans, 3e an. fac. aucun grade n'est exigé, pour Franç. et étr. ayant des connaissances scientif. suffisantes, 510 fr. par an. Dipl. d'ét. sup. agronomiques et d'ingénieur agronome) ; Inst. colonial (mêmes cond. 2 ans, 350 fr. par an, Dipl. d'ét. colon.) ; Ecole de brasserie et malterie (mêmes cond., 1 semestre, 930 fr., dipl. d'ing. brasseur ou Cert. d'ét.) ; Ecole de laiterie (mêmes cond., 1 semestre Certif. d'ét.). *Dipl. univ.* : Doct. d'univ. (2 cert. d'ét. sup. ou équiv. pour Franç. et étr. 80 fr. plus frais du labor.). Dipl. d'ét. sup. aérodynamiques (bacc. ou équiv., 1 an).

Fac. de droit. *Institut* commercial (cours théorique et pratique par des prof. et des hommes d'affaires, bacc. ou examen d'entrée, 1 an, 830 fr. Dipl. d'études sup.). *Dipl. univ.* : Certif. d'études jurid. (bacc. pour Franç. et étr., 2 semestres, 60 fr.) ; Licence d'univ. (pour les étr.) ; Doct. d'univ. (pour les étr. licenciés ou équiv. 2 semestres, 160 fr.).

Fac. de médecine. *Instituts annexes* : Inst. dentaire (pour Franç. et étr., bacc. ou équiv., reçoit des jeunes filles, stage 2 ans, 205 fr. ; scolarité 3 ans, 1020 fr.). — Inst. sérothérapique de l'Est. — *Dipl. univ.* : Doctorat d'univ. pour les étrangers (1.300 fr.). — Attestation d'études sup. de sciences biologiques (30 fr.) ; Doctorat ès sciences biologiques (100 fr.) ; Dipl. de chirurgien-dentiste d'univ. pour les étrangers (1.045 fr.).

Ecole sup. de Pharmacie. *Dipl. univ.* : Doctorat d'univ. accessible aux pharm. (1 an, 800 fr.). Dipl. de pharm. pour étrangers (1.465 fr.).

Université de Poitiers.

Fac. des lettres. *Ens. spécial* : Histoire du Poitou. Cours de français pour les étrangers (130 fr. Cert. d'ét. franç.), *Dipl. univ.* : Doct. d'univ. (4 semestres, 130 fr.). Certif. d'études littéraires (pour les étr.. 2 semestres, 50 fr.). Certificat d'aptitude à l'ens. du franç. à l'étranger (pour Franç. et étr., 1 an, 80 fr.).

Fac. des sciences. *Ens. spéciaux* : Application de la Chimie à l'agric. et aux industries agric. Electr. industr. *Instituts annexes* : Station de Biologie végétale de Mauroc ; Laboratoire dép. d'analyses agricoles ; Lab. régional pour l'examen des fraudes alimentaires ; Lab. d'essais électriques. *Dipl. univ.* : Dipl. de chimiste-agricole (aucune cond. de grade, pour Franç. et étr., 1 an, 140 fr.). — Brevet d'électricien (aucune cond., 2 ans, 170 fr.). *Dipl. d'ing. chimiste analyste* : 4 ans d'ét.

Fac. de droit. *Institut* pratique de droit (aucune cond., 1 an, 60 fr., dipl.). *Dipl. d'ét. comm.* : Aucune condition, 2 ans d'ét. 1re année 60 fr., 2e année et diplôme 80 fr.

Ecole préparatoire de médecine et de pharmacie.

Université de Rennes.

Fac. des Lettres. *Ens. spéciaux*: Langue et litt. celtiques. Cours de français pour les étr. (du 15 nov. au 15 fév., du 1er mars au 8 juin, 30 fr. plus 20 fr. par mois; dipl. de langue franç., 20 fr. ou dipl. de langue et litt. franç., degré sup. 50 fr.). — *Instituts annexes*: Laboratoire de Psychologie supér., Lab. de Phonétique; Lab. de Géogr., collections d'Hist. de l'Art. *Dipl. univ.*: Doct. d'univ. (6 semestres, 290 fr.), dipl. d'études celtiques (1 an, 60 fr. 25); Dipl. sup. d'études celtiques (90 fr. 25).

Fac. des sciences. *Instituts annexes*: Lab. agricole et industr. d'analyses et de recherches, Station entomologique. *Dipl. univ.*: Dipl. de chimiste (3 cert. de chimie ou examen correspondant, 460 fr.); Dipl. de sciences chimiques et naturelles appliquées à l'agric. (mêmes cond. 420 fr.).

Ecole de plein exercice de médecine et de pharmacie.

Université de Strasbourg.

Fac. des Lettres, *Enseign. spéc.*: Littérat. allem. du moyen âge, classique et contempor. littératures comparées, histoire des religions, langues et littératures slaves. Doctorat d'Université.

Fac. des sciences: 9 instituts. Astronomie avec observatoire; de physique du globe (enseign. spécial de météorologie et de sismologie); chimie; minéralogie; zoologie; botanique; géologie; pétrographie.

Fac. de droit et de sciences politiques (21 professeurs, 1 prof. adjoint, 3 chargés de cours). Droit romain; codes français, droit local, doctorat d'Université.

Fac. de médecine (20 professeurs titul. et 24 chargés de cours). Cliniques médicales, chirurgicales. Instituts d'anatomie, de physiologie, de chimie physiologique, de pharmacologie, de psychiatrie, cliniques d'accouchement et de gynécologie, école de sages-femmes, hôpital d'enfants, cliniques oto-rhinologique, dentaire, dermatologique, syphiligraphique. Instituts d'hygiène et de bactériologie.

Fac. de théologie protestante (XVIIe s.) et catholique (1903).

Université de Toulouse.

Fac. des lettres. *Ens. spéc.*: Histoire, langue et littérature de la France mérid.: Archéologie préhistorique; Cours de français pour les étr. (30 fr., plus 10 fr. par trimestre, Certif. élém. et sup. d'études franç., 20 fr.). *Dipl. univ.* Doct. d'univ. (licence ou équivalence, 1 an, 110 fr.) Certif. d'ét. univ. avec mention *Philosophie, Langue et littérature classiques, Langues et littératures étr.* (1 an, 50 fr.). A partir de l'année scolaire 1920-21, *Institut normal d'études françaises* (dipl. pour l'enseign. du français à l'étranger).

Fac. des sciences. *Instituts annexes*: Inst. de chimie (bacc. ou examen d'entrée, 3 ans, 1.720 fr., délivre après examen un dipl. d'ingénieur-chimiste ou un certif. d'études); Institut électrotechnique (titres dont la Fac. juge la valeur, 3 années normales, 2.210 fr., délivre un dipl. d'ingénieur-électr.; en suivant 2 ans de cours, 100 fr., on peut obtenir un brevet de conducteur-électr.; une 4e année permet d'obtenir le dipl. d'ingénieur-mécan., 1080 fr.); Institut agricole (ex. d'entrée, 3 ans, 1090 fr., dipl. d'études agricoles); Observatoire avec Station astronom. au sommet du Pic du Midi de Bigorre; Station de piscicult. et d'hydrobiologie (16 ans, bacc. ou examen d'entrée, 2 ans, dipl. d'hydrobiologie et pisciculture); Station agronom.; Station d'essai de semences et de pathologie végétale. *Dipl. univ.*: Doctorat d'univ. (2 cert. d'ét. sup. ou équiv., 1 an, de 210 à 1.010 fr.).

Fac. de droit. *Ens. spéc.*: Hist. du droit méridional. Etudes pénales. *Inst. annexe*: Ecole pratique de droit (2 sections: judiciaire et admin., de 3 à 400 fr. par an. *Dipl. univ.*: Doctorat d'univ. (pour les étr. ayant la licence ou une équivalence, 1 an, 100 fr.). Licence en droit de l'Univ., délivré aux étrangers qui ont 3 certif. de sciences juridiques, polit. économ. ou histor., 5 trimestres, 222 fr. 50); Certif. d'études admin. et fin. (licence en droit ou équivalence, 1 an, 200 fr.); Certif. d'études pénales (immatriculation, 2 semestres, 100 fr.).

Fac. de médecine et de pharmacie. *Institut* d'hydrologie (6 mois, certif. d'études). *Dipl. univ.*, Doct. d'univ. (mention médecine) (pour les étr., 1.060 fr.) (mention pharmacie) (pour les Français ayant le diplôme de pharmacien et pour les étr. ayant une équivalence, 1 an, 530 fr.); certificats d'études pharmac. (pour les étr., 430 fr.); certif. d'études d'hygiène (pour les étud. ayant le 3e examen de doctorat, 1 semestre, 150 fr.).

Œuvres univ.: Comité de patronage des étudiants étrangers et coloniaux; Assoc. gén. des étudiants; Assoc. amicale des étudiants en pharmacie; Stade olympien des étudiants.

Nombre, répartition et nationalité des étudiants.

Le tableau ci-après indique la statistique des étudiants inscrits en janvier 1914 et en juillet 1919 dans les Universités françaises au point de vue de la nationalité et du sexe :

		Janvier 1914.		Juillet 1919.	
Français...	Hommes	31.791		19.374	
	Femmes	2.328	34.119	4.472	23.846
Etrangers.	Hommes	4.431		5.555	
	Femmes	1.701	6.132	488	6.043
	Total		40.251		29.889

Par catégorie d'enseignements, ces étudiants se répartissaient ainsi aux mêmes dates :

1° *En janvier* 1914.

	Français.			Étrangers.			Totaux.
Facultés.	Hommes.	Femmes.	Total.	Hommes.	Femmes.	Total.	Ensemble.
Lettres	3.563	1.288	4.851	702	1.033	1.735	6.586
Sciences	4.990	508	5.498	1.694	138	1.832	7.330
Droit	15.198	88	15.286	1.118	61	1.179	16.465
Médecine	6.765	400	7.165	899	469	1.368	8.533
Pharmacie	1.275	44	1.319	18	»	18	1.337
Totaux	31.791	2.328	34.119	4.431	1.701	6.132	40.251

2° *En juillet* 1919.

	Français.			Étrangers.			Totaux.
Facultés.	Hommes.	Femmes.	Total.	Hommes.	Femmes.	Total.	Ensemble.
Lettres	1.765	1.835	3.600	2.443	296	2.739	6.339
Sciences	3.854	1.076	4.930	982	66	1.048	5.978
Droit	6.190	360	6.550	1.169	16	1.185	7.735
Médecine	6.302	928	7.230	933	106	1.039	8.269
Pharmacie	1.263	273	1.536	28	4	32	1.568
Totaux	19.374	4.472	23.846	5.555	488	6.043	29.889

Au point de vue de la nationalité, les étudiants étrangers incrits se répartissaient de la açon suivante en janvier 1914 et en juillet 1919 :

	1914	1919		1914	1919		1914	1919
Albanie	»	»	Russie	3.170	209	Norvège	1	14
Alsace-Lorraine	29	1	Espagne	45	13	Pays-Bas	15	6
Amérique centr	36	12	Etats-Unis	54	2772	Pérou	»	9
Amérique du Sud	79	»	Grèce	133	87	Perse	23	4
Belgique	31	50	Iles Britanniques	223	66	Portugal	28	17
Brésil	35	18	Italie	153	194	Rép. Argentine	»	8
Bulgarie	291	5	Japon	8	3	Roumanie	458	246
Chine	24	59	Luxembourg	54	117	Serbie	103	1547
Danemark	7	1	Mexique	15	7	Suède	22	3
Empire allemand	242	1	Monaco	2	2	Suisse	88	45
— ottoman	311	50	Montenegro	5	24	Canada	65	3

Au 31 juillet 1918, 19.311 étudiants étaient inscrits dans les Facultés dont 16.075 Français et 3.236 étrangers, se répartissant ainsi par Faculté ou Ecole :

	Français.	Étrangers.		Français.	Étrangers.
Paris	5.998	1.426	Nancy	339	8
Bordeaux	1.323	201	Poitiers	593	82
Lyon	1.538	281	Besançon	140	32
Toulouse	1.003	185	Dijon	292	34
Montpellier	1.045	246	Caen	411	76
Grenoble	706	318	Aix-Marseille	770	115
Alger	526	149	Clermont-Ferrand	240	43
Rennes	1.146	55			

Par Universités, les étudiants français et étrangers, inscrits au 5 janvier 1914 et au 5 juillet 1919, se répartissaient de la façon ci-après :

Janvier 1914.

Universités.	Français.			Étrangers.			Totaux.
	Hommes.	Femmes.	Total.	Hommes.	Femmes.	Total.	Ensemble.
Paris	12.946	1.120	14.066	2.165	1.077	3.422	17.308
Aix-Marseille	996	110	1.106	28	2	30	1.136
Besançon	188	30	218	23	16	39	257
Bordeaux	2.408	174	2.582	55	16	71	2.653
Caen	544	53	597	14	4	18	615
Clermont	201	35	236	5	3	8	244
Dijon	850	71	921	55	19	74	995
Grenoble	1.018	94	1.107	260	214	494	1.581
Lille	1.566	172	1.938	75	10	85	1.823
Lyon	2.821	174	2.995	164	24	188	3.183
Montpellier	1.577	77	1.654	323	143	466	2.120
Nancy	1.314	53	1.367	670	103	773	2.140
Poitiers	1.177	61	1.238	6	1	7	1.245
Rennes	1.489	68	1.557	2	4	6	1 563
Toulouse	2.194	120	2.314	550	62	612	2.926
Alger	1.234	73	1.307	46	5	51	1.358
Juillet 1919.							
Paris	7.350	1.738	9.088	1.755	183	1.938	11.026
Aix-Marseille	755	200	955	220	4	224	1.179
Besançon	110	63	173	172	1	173	346
Bordeaux	1.708	305	2.013	213	15	228	2.241
Caen	414	127	541	154	22	176	717
Clermont	202	85	287	280	4	284	571
Dijon	348	97	445	241	»	241	686
Grenoble	686	264	950	595	179	774	1.724
Lille	651	149	800	1	1	2	802
Lyon	1.779	286	2.065	512	16	528	2.593
Montpellier	1.066	340	1.406	778	37	815	2.221
Nancy	487	46	533	107	10	117	650
Poitiers	709	120	829	77	4	81	910
Rennes	1.193	230	1.423	166	4	170	1.593
Toulouse	1.301	262	1.563	193	8	201	1.764
Alger	615	160	775	91	»	91	866

L'enseignement supérieur libre.

A côté des Facultés de l'État, des Facultés libres ont été créées dans certaines villes. Les droits d'inscriptions y sont les mêmes que dans les Facultés de l'État. Elles ne confèrent pas de grades. Les étudiants, qui vont prendre leurs grades devant les Fac. de l'État, n'ont pas à acquitter de droits d'inscriptions, mais seulement les droits d'examens.

Institut catholique de Paris, 74, r. de Vaugirard (6e). Recteur : Mgr Baudrillart. ***Faculté de droit*** (enseign. de licence et de doctorat). ***Faculté de théologie*** et de droit canonique (théolog. et dogmatique, morale, patristique, écriture sainte, histoire ecclés., origines chrétiennes, droit canonique, public ecclés., histoire du droit canonique, langue grecque chrétienne, syriaque, hébreu, assyrien, éthiopien, arabe, copte et démotique. — Cours libres : apologétique, histoire de l'église, des religions, de la Révolution). ***Faculté de philosophie*** (psychologie morale, logique cosmologie, biologie, sciences math. et physiques, ontologie, histoire de la philos., économie pol.). ***Faculté des lettres*** (histoire, géogr., institutions françaises, grecques, et romaines, paléogr. et diplom., langues et littératures franç., grecques latines, allemandes, anglaises, grammaire gén., phonétique, philologie, métrique latine et grecque). ***Ecole libre des hautes études scientifiques*** (math., analyse, mécanique, astronomie, calcul différentiel et intégral, physique, chimie, physiologie, botanique, géologie). *Cours pour jeunes filles* de philosophie, histoire, littér. Droits d'inscriptions : 3 fr. pour 1 cours, 15 fr. pour un cours de 6 leçons, 25 fr. pour 12, 100 fr. pour tous les cours. ***Ecole supérieure de sciences économiques et commerciales***, 12 r. de Luxembourg, annexée à l'Institut catholique.

Faculté libre de théologie protestante, 83, boul. Arago (14e). Tél. : Gob. 32.08. Fondée en 1877 comme Faculté de l'Univ. de Paris, transférée de Strasbourg à Paris. Doyen : E. Vaucher.

Facultés libres de l'Ouest, à Angers, pl. André-Leroy. Fac. de théologie, des lettres, des sciences, de droit. Maisons de famille annexées aux Fac. pour loger les étudiants. Ecoles supérieures d'agric. et de commerce annexées.

Facultés libres de Lille, 60, bd Vauban : Fac. de théologie ; des lettres ; de droit ; r. de Toul : Fac. de médecine et de pharmacie ; des sciences ; Ecole des hautes études industr. et commerciales.

Facultés libres de Lyon, 25 r. du Plat : Fac. de théologie ; des lettres ; des sciences ; 35, r. du Plat : Fac. de droit (cours de licence et de doctorat, cours libres et gratuits du soir).

Faculté libre de droit de Marseille, 62, boul. de la Corderie (cours de licence, de capacité en droit, cours libres de droit commercial, industr. et maritime).

Ecole libre de droit de Nantes, 12, r. Voltaire (cours de licence et de capacité en droit cours gratuits d'économie politique, de droit commercial, de droit maritime, de législation industr., cours pour les élèves de l'Ecole d'administration de l'inscription maritime).

Institut catholique de Toulouse, 31, r. de la Fonderie, Fac. de théologie, cours de lettres, cours de sciences.

Bureaux de renseignements et Associations universitaires.

Le *Bureau de Renseignements scientifiques*, à la Sorbonne, rue des Ecoles (ouvert de 10 à 12 h. et de 14 à 16 h., sauf les dim. et jours de fête pendant l'année scolaire et de 10 à 12 h. pendant les vacances) ;

L'*Office national des Universités* (9[illegible] boul. R[illegible]ail) s'intéresse aux échanges universitaires, voyages d'étudiants en France ; offre ses services aux gouvernements, universités, écoles de l'étranger qui recherchent le concours de professeurs français, etc. (ouvert de 10 h. à midi et de 14 à 16 h).

Le *Rapprochement universitaire*, présidé par M. Larnaude, doyen de la Faculté de droit. Siège social, Cercle de la Librairie, boul. Saint-Germain 117.

En ce qui concerne les programmes d'études, des examens, demander aux Recteurs des Universités ou aux Directeurs des Ecoles de Paris et des départements les brochures et prospectus spéciaux publiés par ces établissements.

Il existe en outre à Paris un *Comité de Patronage des Etudiants étrangers*, à la Sorbonne, un *Cercle intern. des Etudiants des Nations alliées et amies de la France*, 16, rue de la Sorbonne et, en province, divers *Comités de Patronage, Offices, Bureaux, Conseils universitaires.*

Les principaux groupements corporatifs, à Paris, sont les suivants :

Association générale des étudiants des Facultés et Ecoles supérieures de Paris, 13 et 15, rue de la Bûcherie. T. Gob. 07-40.

Association des étudiantes de l'Université de Paris, 55, rue Saint-Jacques ;

Association amicale des étudiants en pharmacie, 85, boul. St. Michel ;

Association corporative des Etudiants en médecine, 8, rue Dante ;

Association générale des Etudiants catholiques, 18, rue Guynemer;
Association des Etudiants protestants de Paris, 46, rue de Vaugirard.
Foyer de l'Étudiante, 67, rue St Jacques.

Etablissements scientifiques et de Hautes Études ne faisant pas partie de l'Université.

Les établissements scientifiques et de hautes études qui, en dehors des universités, représentent l'enseign. supérieur français sont, ou bien des établissements officiels relevant d'une administration publique, ou bien des fondations dues à l'initiative privée.

Leur constitution est aussi différente que les objets poursuivis par chacun d'eux. Ces différences se retrouvent dans leur organisation ; chacun d'eux a son régime d'études, ses conditions particulières d'admission, de scolarité, etc. Pour certains (Collège de France, Muséum d'histoire naturelle, etc.) l'entrée des cours est libre, pour les étrangers comme pour les Français, et sans aucune obligation de scolarité préalable.

Par contre, la plupart des Ecoles spéciales recrutent leurs élèves par voie de concours ou d'examens organisés en général d'après les programmes français. Si, de ce fait, les étudiants étrangers ne peuvent être admis en qualités *d'élèves réguliers*, ils peuvent cependant être reçus comme *élèves étrangers* ou *auditeurs libres*.

Collège de France

(*Pl. Marcellin-Berthelot. Paris-5e*).

Fondé en 1530 par François Ier sous le titre de « Collège du roi » puis « Collège des trois langues » (grec, hébreu, latin). Aujourd'hui, le nombre des professeurs est de 40; le nombre des laboratoires et stations est de 11.

Réorganisé par le décret du 24 mars 1911, le Collège de France contribua au progrès des sciences et des lettres par l'exposé des travaux les plus originaux, par des missions et des publications. Il dépend directement du Min. de l'Instruction publique et s'administre lui-même. Quand une chaire est vacante, l'assemblée des professeurs choisit la matière et le titulaire de la chaire nouvelle.

Les cours, publics et gratuits, ne sont sanctionnés par aucun examen ou diplôme. Chaque professeur peut délivrer un certificat d'assiduité et un certificat de recherches.

Le Collège de France donne les cours suivants :

1° *Sciences mathématiques, physiques et naturelles :* Physique générale et expérimentale; Chimie minérale ; Chimie organique ; médecine ; Biologie générale ; Histoire naturelle des corps inorganiques ; Histoire naturelle des corps organisés ; Embryogénie comparée ; Anatomie générale ; Phonétique expérimentale ; Physique générale et mathématique ; Géologie mécanique, analytique et mécanique céleste ; Physiologie comparée ; Mathématiques ; Histologie comparée ; Prostistologie pathologique ;

2° *Sciences philosophiques et sociologiques :* Géographie humaine ; Histoire des législations comparées ; Prévoyance et Assistance sociales ; Philosophie sociale ; Psychologie expérimentale et comparée ; Esthétique et Histoire de l'art ; Sociologie et Sociographie musulmanes ; Philosophie moderne ; Histoire des religions ; Faits économiques et sociaux ; Histoire du travail ;

3° *Sciences philologiques et archéologiques :* Numismatique de l'antiquité et du Moyen âge ; Langue et Littérature française du Moyen âge ; Langue et Littérature arabes ; Langues et Littératures d'origine germanique ; Epigraphie et Antiquités sémitiques ; Langue et littérature grecques ; Histoire et Philologie indo-chinoises ; Philologie et Archéologie assyriennes ; Epigraphies et Antiquités grecques ; Histoire de l'Afrique du Nord ; Philologie latine ; Histoire et Antiquités nationales ; Langue et Littérature françaises modernes ; Langues et Littératures slaves ; Langue et Littérature sanscrites ; Langue et Littérature celtiques ; Grammaire comparée ; Histoire de la littérature latine.

Muséum d'Histoire Naturelle

57, *rue Cuvier, à Paris*.

Le nom de Muséum d'histoire naturelle fut donné en 1794 par la Convention au Jardin des Plantes fondé au XVIIe s. par deux médecins Hérouard et Guy de la Brosse et qui avait compté comme directeurs ou professeurs : Fagon, Tournefort, les deux Jussieu, Buffon (1739), Fourcroy, Vicq-d'Azyr, puis, après la Révolution, Geoffroy-Saint-Hilaire (1794), Chevreul (1864), Frémy (1884), Milne-Edwards (1892), Edmond Perrier (1898).

Le Muséum comprend : collections anatomique, zoologique, géologique, paléontologique et botanique, Jardin botanique dit « Jardin des Plantes », serres, laboratoires, pépinières couvrant 23 hectares, ouvert le jeudi et le dimanche (les autres jours aux visiteurs ayant une carte de l'administration) ; Laboratoire maritime à St.-Vaast-la-Hougue (Manche) ; Laboratoire colonial avec un Jardin colonial à Nogent ; Laboratoire de Spéléologie.

Chaires d'Anatomie comparée ; Anthropologie ; Paléontologie ; Physiologie générale ; Zoologie (4) ; Botanique (3) ; Géologie ; Minéralogie ; Culture, Physique appliquée à l'histoire naturelle, Physique végétale ; Chimie appliquée aux corps organiques, Pathologie comparée ; Cours de dessin appliqués aux plantes et aux animaux. Excursions géolog., botaniques, entomolog. les dimanches de printemps dirigées par les professeurs.

Cours publics et gratuits. Les conférences et travaux pratiques sont ouverts à tout étudiant français ou étranger qui se fait inscrire (aucune condition). Aucune sanction ; mais les professeurs peuvent donner un certificat d'assiduité. Bourses de 1.500 fr. données au choix pour un des laboratoires du Muséum à 7 étudiants français préparant le doctorat ès sciences naturelles et s'étant fait inscrire du 1er au 30 sept. Au secrétariat du Muséum à Paris ou au secr. de l'Académie en province. 2 places de stagiaires du Muséum sont données pour 2 ans avec une indemnité de 2.400 à 2 docteurs ès sciences français âgés de 35 ans au plus voulant faire des recherches dans les laboratoires. Une bourse de voyage est donnée à un jeune homme sans condition de grade qui passe 2 années dans les labor. pour apprendre à recueillir des collections.

Bibliothèque de 246.900 volumes, 2.300 manuscrits, 19.500 dessins, 4.000 cartes et plans, 2.000 planches et gravures, 860 revues et journaux, ouverte toute l'année de 10 à 16 h., sauf pendant le mois de sept. et les vacances de Pâques.

Dir. : Mangin, de l'Institut.

École pratique des Hautes-Études

A la Sorbonne, Paris.

Fondée en 1868, l'Ecole pratique des Hautes-Etudes a pour objet de placer, à côté de l'enseign. théorique, les exercices pratiques qui peuvent le fortifier et l'étendre.

5 sections : sciences mathématiques, sciences physico-chimiques, sciences naturelles et physiologiques, sciences historiques et philologiques, sciences religieuses. Les sections 1, 2, 3 n'ont qu'une existence administrative ; les cours de ces sections sont fondus dans les cours de la Sorbonne, du Collège de France et du Museum. Il en est de même des laboratoires. (V. p. 275).

(Cours publics et gratuits, sans conditions d'âge, de nationalité, ni de grade : 3 ans d'études. *Sanction :* titre d'élève titulaire après la 1re année, d'élève diplômé après la 3e et la production d'un mémoire. Des préparateurs auxiliaires avec une indemnité de 1.200 fr. et des répétiteurs avec une indemnité de 2.000 fr. sortis de l'Ecole Normale sup. sont attachés pendant 2 ans (par le Min. de l'Instruction Publique) aux 3 1res sections. Excursions et visites d'usine avec les professeurs. Bourses d'études et de voyages données par la Ville de Paris à des élèves après la 1re année (subvention de 36.000 fr. par an).

École nationale des Chartes

A la Sorbonne, 19, *rue de la Sorbonne, Paris.*

Fondée par ordonnance royale de 1821, forme des archivistes paléographes. *Conditions d'admission :* avoir moins de 30 ans ; être Français et bachelier ; concours annuel en octobre (20 places). Epreuves écrites : version et thème latins, composition sur l'histoire de France avant 1815 et sur la géographie historique de la France ; orales : explication latine et interrogations sur l'histoire, la géogr. hist. et les langues vivantes.

Des étrangers peuvent être admis comme élèves à titre étranger sur production d'un diplôme équivalent au baccalauréat. Des auditeurs libres sont admis en se faisant inscrire au secrétariat.

Cours gratuits. *Durée des études :* 3 ans, *Sanction :* examens semestriels permettant d'obtenir à la fin de la 3e année, et après soutenance d'une thèse, le diplôme d'*archiviste paléographe*, qui permet d'être professeur à l'Ecole, archiviste aux Archives nationales, archiviste dép. au Min. des affaires étrangères, bibl. dans les bibl. d'Etat et les bibl. municipales, attaché aux Musées nationaux. *Dir.* : M. Prou.

École nationale des langues orientales vivantes

2, *rue de Lille, Paris*. Tél. : Saxe 29-53.

Fondée en 1795 par la Convention, réorganisée par un décret du 8 juin 1914, l'Ecole, a pour objet d'apprendre aux élèves les langues vivantes de l'Europe orientale, de l'Asie, de l'Océanie et de l'Afrique et de contribuer par des travaux et des publications aux progrès des études scientifiques se rapportant à ces mêmes pays. L'Ecole reçoit 1° des élèves ; 2° des auditeurs libres.

Conditions : être Français, bachelier, âgé de 16 ans au moins et 24 ans au plus ; se faire inscrire au secr. de l'École. Droit de 50 fr. par semestre sauf pour les élèves de l'École coloniale et de l'École Normale supérieure et ceux qui en obtiennent dispense. Les élèves étrangers peuvent être admis par décision du Min. de l'Instruction publique.

3 ans d'études. *Sanctions :* examens à la fin de chaque année, permettant d'obtenir, après le 3e, le Diplôme d'élève breveté qui permet d'être interprète du service des affaires étrangères au Levant ou en Extrême-Orient, administrateur civil en Indo-Chine, à Madagascar, en Afrique occid. française, en Afrique équat., au Min. des Colonies, membre de l'enseignement ou de l'admin. des communes mixtes dans l'Afrique du Nord. *Adm.* : Paul Boyer.

École libre des Sciences politiques

27, *rue Saint-Guillaume, Paris.*

Fondée en 1872, l'École prépare aux grandes carrières administratives et politiques (diplomatie, Conseil d'État, inspection des finances, Cour des Comptes, administration centrale et départ., emplois dans les grandes sociétés industrielles, financières, commerciales et dans les colonies).

2 ans d'études au moins. 5 sections : *générale* (Droit public et Histoire) ; *administrative ; économique et financière ; économique et sociale ; diplomatique.*

Les élèves sont admis sans examen ni condition de grade universitaire ou de nationalité. *Frais d'études :* inscription d'ensemble pour tous les cours : 500 fr. par an ; inscription partielle (un cours par semaine) : 90 fr., entrée à la biblioth. : 70 fr.

Sanction des études : examen partiel à la fin de chaque année, général et final à la fin de la dernière année donnant droit à un diplôme. *Dir.* : d'Eichthal.

École interalliée des Hautes-Études sociales

16, *rue de la Sorbonne, Paris.*

Organisée spécialement en vue de l'enseignement des sciences sociales, l'École comprend 4 sections : *Écoles de morale, de philosophie et de pédagogie sociales ; d'art ; de journalisme et de préparation à la vie publique.* Les élèves sont admis sans examen, ni condition de grade universitaire ou de nationalité. *Frais d'études :* droit général d'inscription de 20 fr. ; droit spécial de 10 fr. par section, réduits de moitié pour les professeurs et les étudiants. *Sanction des études :* diplôme de section obtenu après examen et soutenance d'un mémoire original : diplôme des Hautes Études sociales conféré aux élèves ayant deux diplômes de section.

Collège libre des Sciences sociales

28, *rue Serpente, Paris.*

Fondé en 1895 et ayant pour objet propre l'étude des doctrines sociales, comprend 3 sections : *Théorie et méthode ; Études théoriques et descriptives. Technologie.* Les élèves sont admis sans examen ni condition de grade universitaire ou de nationalité. *Frais d'études :* droit d'inscription de 30 fr. par an ; réduit à 10 fr. pour les professeurs et les étudiants. *Sanction des études :* attestation d'études délivrée après soutenance d'un mémoire ; certif. d'études sociales délivré après 2 ans d'études aux élèves ayant 3 attestations.

Institut Pasteur

26, *rue Dutot, Paris.*

Fondé en 1886, l'Institut Pasteur est à la fois un centre de recherches scientifiques, une maison de haut enseignement et, par certains de ses services, un enseignement médical.

3 sections principales : *microbiologique ; sérothérapique ; chimie biologique.* La *Section microbiologique* comprend les services des vaccins, de la rage, des laboratoires de recherches et de la microbie technique. Ce dernier organise chaque année une série de 95 conférences, consacrées à la microbiologie et suivies de travaux pratiques. Droits d'études 100 fr.

La *Section sérothérapique* (préparation des sérums) dispose de laboratoires à l'Institut et à Garches (S.-&-O.).

La *Section de chimie biologique* comprend le laboratoire de chimie biologique, le service des fermentations, le laboratoire de chimie agricole et le laboratoire d'enseignt pratique de la chimie biologique. Enseign. pratique et théorique chaque année, pendant un trimestre à partir de nov. Droits : 250 fr. *Sanction :* Certificat de présence et d'études gratuit.

Dir. : Dr Roux.

Un enseignement similaire est donné par l'Institut Pasteur de Lille (Nord).

Institut océanographique. 195, rue Saint-Jacques. Fondé en 1907 par le prince de Monaco, possède des collections et des laboratoires, donne, de nov. à avril, des cours publics d'océanographie physique et biologique, de physiologie des êtres marins. *Dir.* : Dr P. Regnard.

École d'anthropologie, 15, rue de l'École-de-Médecine, Paris (6e). *Dir.* Yves Guyot. Fondée en 1876 ; enseignement gratuit, délivre des certificats d'assiduité. Enseignement :

anthropologie anatomique, préhistorique, zoologique, physiologique ; ethnologie ; ethnographie comparée ; sociologie ; géographie anthropologique ; linguistique.

Musée social, 5, rue Las Cases, Paris. Organise, chaque hiver, des conférences et des causeries publiques ; prépare des missions et ouvre des enquêtes afin d'étudier les faits sociaux et les institutions d'intérêt social.

Institut général psychologique, 14, rue de Condé, à Paris.

Institut psycho-physiologique, 49, r. St. André-des-Arts, à Paris.

Institut maritime, 8, rue La Boétie, à Paris.

L'enseignement technique, industriel et commercial

L'enseignement technique et professionnel d'Etat, réorganisé par la loi du 11 déc. 1880, dépend du min. du Commerce qui subventionne les écoles privées les plus importantes. Il existe au ministère un *Conseil supérieur de l'enseign. technique* de 78 membres (7 fonctionnaires, de droit, 55 nommés par le min. parmi les membres du Parlement et des municipalités, les commerçants et les industriels, 12 élus représentant les écoles techniques) qui se réunit une fois par an et délègue une *Commission permanente*. Il existe aussi dans chaque dép. un *Comité départemental*. L'inspection est assurée par 10 inspecteurs généraux et inspectrices générales, et par des inspecteurs régionaux et départementaux non rétribués.

L'enseign. technique sanctionné par des diplômes de l'Etat est donné dans les écoles suivantes :

Écoles pratiques de commerce et d'industrie, 4 *écoles nat. professionnelles*, 3 *écoles nat. d'horlogerie*, 6 *écoles nat. d'arts et métiers* ; *le Conservatoire nat. des arts et métiers*, *l'École centrale des arts et manufactures et des écoles sup. de commerce*. Il existe encore des écoles *privées élém. ou sup.*, subventionnées par le min. du commerce, des *Sections commerc. et industr.* dans certaines écoles prim. sup. et des écoles ou Instituts dans les Facultés des différentes Univ. Des *Écoles d'Industrie hôtelière* ont été créées ces toutes dernières années et, de tous côtés, on se préoccupe de développer considérablement l'enseignement technique.

Écoles techniques du degré primaire.

Ecoles pratiques de commerce et d'industrie (garçons et filles) forment des contremaîtres, chefs d'atelier, employés de commerce, préparent aux écoles d'arts et métiers ; dépendent du min. du Commerce ; 3 années d'études, quelquefois 4. Enseign. commun aux écoles de commerce et aux écoles d'industrie : morale, français, histoire, géogr., arith., algèbre, physique, chimie, hygiène, dessin, langue anglaise ou allemande ; enseign. spécial aux écoles de commerce : comptab., législat. et écon. commerc., marchandises, calligr., sténo-dact. ; enseign. spécial aux écoles d'industrie (garçons), technologie, travaux pratiques du bois et du fer, législ. et écon. industr., mécanique, électr. ; et aux *écoles d'industr.* (filles) : écon. domestique, coupe, couture, lingerie, repassage.

Conditions : avoir 13 ans ou le certif. d'études si l'élève a moins de 13 ans, dans certaines écoles passer un concours. *Frais d'études* : externat gratuit, demi pensionnat et internat, prix variables ; quelques écoles n'ont pas d'internat. *Bourses* et fractions de bourse données par l'Etat, les dép. et les communes au concours (acte de naissance, indication de l'école pour laquelle la bourse est demandée, certif. de bonne conduite, de revaccination, extrait du rôle des contrib., situation de famille certifiée par le maire envoyés jusqu'au 30 juin à la préfecture). *Sanction* : certificat d'études pratiques commerciales (ou industrielles), examen passé en fin de 3e année dans chaque école, épreuves écrites et orales sur le programme fin avril, épreuves pratiques fin juillet.

LISTE DES ÉCOLES PRATIQUES (AVEC LEURS ENSEIGN. SPÉCIAUX)

Écoles pratiques de commerce et d'industrie (garçons).

Agen (Lot-et-Gar.).
Aire-sur-l'Adour (Landes).
Angoulême (Char.).
Béziers (Hér.), *œnologie*.
Bordeaux (Gir.), *œnologie*.
Brest (Fin.).
Cette (Hér.), *œnologie*.
Chambéry (Savoie).
Charleville (Ard.).
Cherbourg (Manche).
Clermont-Fd (P.-de-D.).
Cluny (S.-et-L.).
Colmar (commerce)
Denain (Nord).

Dijon (Côte-d'Or).
Dunkerque (Nord).
Epinal (Vosges), *filature, tissage*.
Evreux (Eure).
Fourmies (Nord).
Gray (Hte-Saône).
Grenoble (Isère), *ganterie*.
Guebwiller (commerce).
Haubourdin (Nord).
Le Mans (Sarthe).
Le Puy (Hte-Loire), *dentelle*.
Limoges (Hte-Vienne).
Marmande (Lot-et-Gar.).
Maubeuge (Nord).
Mazamet (Tarn).
Mende (Lozère).
Montbéliard (Doubs).
Montargis (Loiret).
Morez (Jura), *lunetterie*.
Nantes (Loire-Inférieure).
Narbonne (Aude).
Nîmes (Gard), *lithographie*.
Niort (Deux-Sèvres).
Oyonnax (Ain), *peignes et boutons*.
Pont-de-Beauvoisin (Isère).
Reims (Marne), *chimie, filature et tissage*.
Roanne (Loire), *tissage, teinture*.
Romans (Drôme), *cordonnerie*.
Roubaix (Nord).
St-Jean-de-Maurienne (Sav.).
St-Nazaire (Loire-Inférieure).
Strasbourg (commerce).
Tarbes (Htes-Pyrénées).
Thiers (Puy-de-Dôme), *coutellerie*.
Toulouse (Hte-Garonne).
Tourcoing (Nord).
Valence (Drôme).
Valenciennes (Nord).
Vienne (Isère), *draperie*.

Ecoles pratiques d'industrie (garçons).

Auxerre (Yonne).
Boulogne-s.-M. (P.-de-C.).
Brive (Cor.).
Elbeuf (Seine-Inf.), *teinturerie*.
Felletin (Creuse), *bâtiment*.
Firminy (Loire).
Le Havre (Seine-Inf.).
Lille (Nord).
Marseille (B.-du-Rhône).
Rennes (Ille-et-Vilaine).
Rive-de-Gier (Loire).
Rouen (Seine-Inf.).
St-Chamond (Loire).
St-Etienne (Loire), *armurerie, tissage*.

Ecoles pratiques d'industrie hôtelière.

Le Havre-Trouville (siège perm. au Havre (S.-Inf.).
Grenoble, dite Ecole des Alpes franç. (Isère).
Nice, dite de la Côte d'Azur (avec section comm.) (Alpes-Mar.).
Thonon-les-Bains, dite Ecole de la Savoie et du Léman (Hte-Savoie).
Toulouse, dite Ecole des Pyrénées (Hte-Gar.).
Vichy, dite du Centre de la France (Allier).

Il existe, d'autre part, une *Section hôtelière* à l'Ecole des Hautes Etudes Commerciales de Paris; des *Sections d'enseignement hôtelier* auprès des Ecoles pratiques de commerce et d'industrie à Tarbes, Boulogne-sur-Mer, Besançon, Clermont-Ferrand, Gérardmer, Aix-les-Bains, Dax, Pau, Bagnères-de-Bigorre et un enseignement hôtelier dû à l'initiative privée, l'Ecole hôtelière féminine de Mlle Valentine Thompson à Paris (enseign. en 8 mois).

Ecoles pratiques de commerce et d'industrie (filles).

Bordeaux (Gir.).
Boulogne-s.-M. (P.-de-C.), section hôtelière.
Brest (Fin.).
Cherbourg (Manche).
Dijon (Côte-d'Or).
Doullens (Somme).
Dreux (E.-et-L.).
Firminy (Loire).
Le Havre (Seine-Inf.).
Marseille (B.-du-R.).
Nantes (Loire-Inf.).
Nice (Alpes-M.), section hôtelière.
Pont-de-Beauvoisin (Isère).
Reims (Marne).
Roanne (Loire).
Roubaix (Nord).
Rouen (Seine-Inf.), Section hôtelière.
St-Etienne (Loire).
Toulouse (Hte-Gar.).
Tourcoing (Nord).

Les écoles pratiques qui ne comptaient que 1.717 élèves en 1893 et 5.471 en 1900 en ont eu 14.087 en 1913 (11.280 garçons et 2.757 filles).

Les professeurs des écoles pratiques et profess. (garçons et filles) sont choisis parmi les anciens élèves de l'Ecole normale de l'enseign. technique, Paris, 151, bd de l'Hôpital (2 ans d'études, 2 sections : comm. et industr.). Admission au concours, sans aucune condition de grade. Age : de 20 à 25 ans. La possession de certains dipl. permet d'entrer directement en 2e année ; externat gratuit ; bourses ou subventions pour frais d'entretien.

Autres écoles.

A Paris, des cours de travail manuel (tissage, pliage, cartonnage) ont été organisés dans 201 écoles prim. de garçons ; 90 ont un atelier pour le travail du bois, 54 pour le travail du bois et du fer. La Ville de Paris a aussi créé des cours du soir et 3 cours du jour pour les apprentis et ouvriers, 4 ateliers-écoles, des écoles de dessin pour les filles et des cours de l'Hôtel de Ville pour l'enseign. du travail manuel aux instituteurs. 4.000 cours ont encore été créés le soir dans des écoles communales ou des mairies par 125 assoc. ; les principales sont la *Soc. pour l'instruct. élém.*, 6, r. du Fouarre, l'*Assoc. polytechnique*, 28, r. Serpente, l'*Assoc. philotechnique*, 47, r. St-André-des-Arts, la *Soc. d'enseign. moderne*, 30, r. des Jeûneurs, l'*Assoc. philomatique*, 38, r. de la Verrerie. Enfin, des syndicats patronaux ou ouvriers, des soc. industrielles ont ouvert des cours d'apprentis et ouvriers dont les plus importants sont :

Ameublement (ouvr.) 142, av. Ledru-Rollin ; *Bâtiment* (patr.) 3, r. de Lutèce ; *Bijouterie, Joaillerie, Orfèvrerie* (patr.), 2 bis, r. de la Jussienne ; *Broderie et dessin* (patr.), 163 r. St-Honoré ; *Charpentiers* (patr.), 3, r. de Lutèce · *Coiffure* (patr.), 28, pl. Dauphine ; (ouvr.), 42, r. de Bretagne ; *Couverture, plomberie assainissement et hygiène* (patr.), 3, r. de Lutèce ; *Dentelles et broderies* (patr.), 18, r. des Bons-Enfants ; *Ébénisterie*, Bourse du travail et 77, av. Ledru-Rollin ; *Fleurs et plumes*, 10, r. de Lancry ; *Horlogerie* (patr.), 30, r. Manin ; *Instruments de précision* (ouvr.) [illegible] Charles-Fourier ; *Maçonnerie* (patr.), 3, r. de Lutèce ; *Maréchalerie* (patr.), [illegible] fg St-Antoine ; *Papetiers et cartonniers* (patr.), 10 r. de Lancry · *Tapissiers-décorateurs* (patr.), 3, r. de Lutèce ; *Typographes* (ouv.), 21, r. de Savoie ; (imp. Chaix), 20, r. Bergère.

Pour les filles, la Ville de Paris a créé des *Écoles professionnelles et ménagères*. Enseign. général, commercial, couture, confection, lingerie, repassage, modes, dessin, 3 ans (4 années pour la peinture et le dessin industr.) ; *conditions* : avoir de 13 à 15 ans, ou 12 ans et le certif. d'études prim., extern. gratuit, bourses d'entretien et de déjeuner. Ces écoles sont installées :

7, r. du Poitou (3e) ; 12, r. d'Abbeville (10e) ; 8, r. Émile-Dubois (14e) ; 24, r. Fondary (15e) ; 28, r. Ganneron (18e) ; École Jacquard 2, r. Bouret (19e) ; Écoles Elisa-Lemonnier, r. des Boulets et 24, r. Duperré (9e), ext. gratuit concours d'admission.

Il existe encore des écoles profes. de filles fondées par des particuliers comme l'École Rachel, 55, r. St-Jacques (dessin industriel) ; École des Ternes, 16, rue Brunel ; l'École prof. protestante, 52, av. de la Gde-Armée ; l'Institut prof. féminin, 64, r. du Rocher ; l'École centrale de puériculture, 49, rue de Miromesnil ; l'École des mères et de la vie pratique, 19, quai Malaquais.

Dans les villes de province, surtout dans les régions industrielles, il existe aussi un certain nombre de cours d'apprentissage fondés par des syndicats ou par des associations. C'est ainsi que des *cours de teinture* ont été créés à St-Etienne, des *cours de tissage* à Amiens, St-Quentin, Lyon, Sedan, Nancy, Rouen, Elbeuf, des *cours commerciaux* à Marseille, Nantes Limoges, des *cours d'industrie hôtelière* à Besançon, Aix-les-Bains.

Il existe à Bordeaux des *cours d'adultes* de la Société philomathique, à Nancy, l'*École profess. de l'Est* et l'*École Auguste-Drouot*, à Lyon, les *Écoles de garçons et de filles de La Martinière* et les *cours de la Soc. d'enseign. profess. du Rhône* fondée en 1864 ; à Rouen, les cours de la *Soc. libre d'émulation du commerce et de l'industrie de Seine-Inf.* ; à Amiens, des cours de la *Soc. industr.*, etc.

En Algérie, à Dellys, l'*École coloniale d'apprentissage* donne l'enseign. technique élém. et des cours d'arabe ; 3 ans, concours d'entrée, externat gratuit, internat 400 fr.

Enseignement de la dentelle. — La loi du 5 juillet 1903 sur l'apprentissage a prévu la création dans les écoles primaires des départements intéressés d'un enseign. technique de la dentelle et de la broderie, organisé déjà dans 12 dép. et 92 écoles (Calvados, Gironde, Haute-Loire, Lozère, Manche, Nord, Orne, Pas-de-Calais, Puy-de-Dôme, Haute-Savoie, Savoie et Vosges).

Ces cours dépendent du Min. de l'Instr. publ. De son côté, le Min. du Commerce a favorisé l'organisation des écoles d'apprentissage suivantes : à Paris : *École de dessin de la Chambre Syndle des Dentelles et Broderies*, 18, r. des Bons-Enfants, dirigée par Mlle Marguerite Charles ; dans le Nord : l'*École de Bailleul* (dentelle de Valenciennes) ; en Normandie : l'*École de Caen* (1905), dentelle aux fuseaux ; l'*École d'Alençon* (1903) : vrai point d'Alençon ; l'*École d'Argentan* (1874), point à l'aiguille ; en Auvergne : l'*École du Puy* (1904), l'*École de Saint-Agrève* (Ardèche) ; dans la région de l'Est : l'*École de Vesoul* (1907), Irlande, Venise, filet ; l'*École de Luxeuil* (1906), dentelle locale et l'*École de broderies d'art de Nancy*.

Écoles industrielles du degré secondaire.

Écoles nat. professionnelles à Voiron (1886), Vierzon (1887), Armentières (1887), Nantes (1898), Épinal (1918) forment des contremaîtres et chefs d'atelier. 4 années d'études, 3 pour les élèves qui se préparent à d'autres écoles techniques. Enseignement théorique (inst. morale et civique, écriture, langue franç., hist., géogr., hygiène, arithm., algèbre, géométrie, trigon., comptab., physique et chimie gén. et industr., mécanique, technologie, dessin ornem. et géométr. ; langues étr. facult.), et pratique (travail du fer et du bois dans les 4 écoles, de la céramique à Vierzon, du tissage, des toiles et des soieries à Voiron, du modelage et du tissage à Armentières). Chaque école a un *Comité de patronage*, composé d'industriels qui surveillent l'enseign. et placent les élèves les plus méritants. — Conditions : être Français, avoir 12 ans au moins et 15 au plus au 1er oct. (aucune dispense d'âge) ; faire une demande d'inscription avant le 10 juillet à la préfecture du dép., accompagnée d'acte de naissance, de certif. médical de revaccination, de nationalité, relevé des notes de la dernière année scolaire, note indiquant l'école où on veut être affecté, passer un concours au chef-lieu du dép. (5 épreuves écrites : dictée, compos. française, écriture, arithm., hist.) Il y a 94 places à Armentières, 115 à Nantes, 107 à Vierzon, 88 à Voiron. Bourses et fractions de bourses accordées par l'État et les dép. aux familles ayant peu de ressources et ayant fait une demande avant le 15 mai à la préf. Sanction : Examen de fin d'études donnant droit à un dipl. Les écoles de Voiron et d'Armentières reçoivent des auditeurs libres aux cours de tissage ; elles ont des laboratoires d'essais mis à la disposit. du public ; celle de Voiron possède des ateliers spéciaux d'électrotechnique.

École Diderot, 60, b. de la Villette (19e), garçons, pour les travaux des métaux et du bois (forge, tour sur métaux, ajustage ; machines-outils, serrurerie, mécan. de précision, modelage, menuiserie, chaudronnerie, plomberie, électr.). 3 ans d'études. Conditions : avoir 13 ans au moins, 17 au plus au 1er oct., être Français, avoir le certif. d'études prim., faire à partir du 10 mai à l'École une demande d'inscription accompagnée d'un bulletin de naissance et d'un certif. de domicile et de médecin. Concours fin juin. Externat gratuit pour les élèves domiciliés à Paris. On donne le déjeuner à l'école moyennant une légère rétribution. Sanction des études : Certif. d'apprentissage à la fin des études et primes de 50 à 300 fr.

Ecole Boulle, 57, r. de Reuilly (12e), garçons, pour les industries du mobilier, extern. gratuit 3 ans et 2 ans supplém., mêmes conditions : de 13 à 16 ans, inscription à partir du 15 mai, concours en juin. Sanctions : dipl., primes en outillage. Cours du soir pour les adultes.

Ecole Estienne, 18, r. Auguste-Blanqui (13e), garçons, pour les arts et industries du livre ; externat gratuit, mêmes conditions et sanctions, 4 ans ; l'école reçoit sans concours des élèves libres (400 à 600 fr. pour les Français, 1.000 fr. pour les étrangers).

Ecole Dorian, 74, av. Philippe-Auguste (11e) garçons, pour les travaux du fer et du bois tours sur métaux, ajustage, menuiserie, serrurerie et forge d'art), 3 ans, mêmes conditions et sanctions, ext. et int. gratuits.

Ecole munic. et dép. d'horticulture, 1 *bis*, av. Daumesnil à St-Mandé (Seine), mêmes conditions et sanctions (14 à 17 ans, avoir obtenu le certif. d'études et accompli un an de cours complém.). Cours publics pour adultes.

Ecole Germain-Pilon, 12, rue St-Elisabeth (3e), garçons, pour le dessin et le modelage industriels, 3 ans. Conditions : être Français, avoir 13 ans et le certificat d'études ou 14 ans, concours en juin. Cours du soir.

Ecole Bernard-Palissy, 19, rue des Petits-Hôtels (10e), garçons, pour la céramique, la peinture décorative, la sculpture, le dessin pour étoffes, 4 ans, mêmes conditions. Cours du soir.

Ecoles nat. d'horlogerie formant des ouvriers instruits, des chefs d'ateliers pour l'horlogerie et la mécanique de précision :

Ecole de Cluses, 3 ans d'études. Conditions : avoir 14 ans, le certif. d'études prim., demande adressée au préfet du dép. entre le 1er août et le 20 sept. Externat gratuit. L'école loge les enfants dans des familles pour 900 fr. Bourses du min. Examen théorique et pratique. Dipl. d'élève breveté accordé d'après la moyenne des notes.

Ecole de Besancon, 7 sections d'horlogerie, 4 sections de mécanique, 2, 3 ou 4 ans. Cond. : avoir 13 ans et le certif. d'études prim. ou examen d'entrée ; demande au préfet du dép. avant le 1er août. Frais d'études : 400 fr. par an : pension : 77 fr. par mois ; enseign. gratuit pour les hab. de Besançon. Bourses du min. ou du dép. Dipl. d'élève-breveté.

Ecole d'horlogerie de Paris, 30, r. Manin, forme aussi des chefs d'atelier : 4 ans d'études, concours d'admission de 13 à 16 ans, demi-pens. 1050 fr.

Ecoles des maîtres mineurs, à Alais (Gard) et à Douai (Nord), forment des maîtres-mineurs, des géomètres-mineurs, 2 ans d'études. Enseign. pratique des sciences. Conditions : être Français, âgé de 18 ans au moins, certif. de bonnes vie et mœurs et d'aptitude au travail des mines, avoir effectué dans des mines 500 jours de travail rémunéré, avoir une bonne instruction élém. Examen : 1° en juillet au chef-lieu de chaque dép. ; 2° à l'école, 20 places à Alais : 35 à Douai. Internat : 400 fr. à Alais, 500 à Douai. Bourses de l'Etat et des dép. Sanction des ét. : Dipl. de maîtres mineurs délivré aux élèves ayant eu une bonne moyenne.

Ecole technique Scientia 28, r. François-Gérard, Paris (16e), donne un enseign. technique spécialisé ; prépare aux écoles techniques sup. ; cours de sciences avec applications pratiques, exercices fréquents de laboratoire et d'atelier, visites d'usines, 3 ans d'ét. Ext., demi-pens. et intern.

Ecole d'enseign. technique féminin, 20, r. Pergolèse, Paris, forme des dessinatrices industrielles, des employées de bureau, calculatrices, électriciennes, etc.

Ecole technique municipale de jeunes filles, à Lyon.

Écoles industrielles du degré supérieur.

Les titres d'ingénieurs s'acquièrent dans les écoles suivantes :

Ecoles Nationales d'Arts et Métiers. — 6 écoles à Paris, Aix, Angers, Châlons-s-Marne, Cluny et Lille, forment des chefs d'atelier, des ingénieurs, des industriels, reçoivent chacune 100 élèves par an. Conditions : être Français, avoir 15 ans au moins, 18 au plus, être revacciné depuis moins de 2 ans, adresser à la préfecture de chaque dép. une demande accompagnée du relevé des notes des 2 dernières années scolaires, avoir le certif. d'études pratiques industr. ou le certif. d'études primaires sup., ou le diplôme de 1re cl. de la Section du génie civil de l'Ecole La Martinière de Lyon, ou le certif. d'études secondaires (1er cycle) ou le dipl. de l'Ecole profes. de l'Est ; passer avec succès le concours : épreuves écrites du 20 au 30 juin au chef-lieu de chaque dép., épreuves manuelles et orales subies dans chaque école. Régime : internat (700 fr.) ou demi-pension (400 fr. et 500 fr. à Paris) ; trousseau 400 fr. et frais accessoires 105 fr. Bourses accordées par l'Etat pour 1 an, renouvelables, à 80 % des élèves. Enseign. 3 ans : 5 h. d'ateliers par jour, 3 de cours et 3 d'études ; algèbre, géométrie, trigon., cinématique, physique, chimie, électr., mécan. Sanction : Brevet d'ingénieur des écoles d'arts et métiers ou dipl. d'ancien élève. 5 places d'élèves mécaniciens de la marine sont réservées aux ingénieurs. Un an suffit pour préparer l'Ecole Centrale (bourses de l'Etat). Les anciens élèves brevetés ou diplômés peuvent entrer à l'Ecole sup. d'électr. et trouver des situations dans les grandes soc. industrielles, les chemins de fer, les ponts-et-chaussées, le génie militaire. Association d'anciens élèves, 6, r. Chauchat, Paris.

Conservatoire national des arts et métiers, 292, r. St-Martin, Paris. Donne un enseignement des sciences math., phys., chim., économiques et juridiques appliquées aux arts et aux métiers ; possède de riches collections et une importante biblioth. Cours publics et gratuits : conférences t. les dim. du 1er trim. de l'année. En se faisant inscrire avant le 15 nov., on peut obtenir un certif. d'assiduité. Cours pratiques d'électr. industr. de phys. ind., de métallurgie, de mécanique, de filature et de tissage, 40 cours du jour par matières d'oct. à juin, ouverts à toutes les personnes qui passent un examen oral de géom., algèbre, trigo., physique. Prix : 250 fr. par cours. Certif. accordé après examen après 1 an et dipl. après 2 ans d'études. *Dir.* : Gabelle.

Ecole centrale des arts et manufactures, 1, r. Montgolfier. Paris. Forme des ingénieurs pour toutes les branches de l'industrie et pour les travaux et services publics 3 ans d'études, externat. Cours de travaux publics, exploitation des mines, métallurgie du fer et de l'acier, etc. Admet des jeunes filles. Conditions : avoir 17 ans au moins le 1er janv., aucune condition de grade ou de nationalité, faire une demande au secrétaire du jury d'admission, passer avec succès le concours à Paris fin mai, droit de 60 fr. Le baccal. et le dipl. des arts et métiers donnent un avantage de 15 points sur 52. Epreuves écrites : rédaction en langue française ou étrangère, épure, dessins, trigonom., physique, chimie et épr. orales. — 250 admis par an env. Les classes de math. spéciales surtout dans les grands lycées, les Ecoles Duvignau de Lanneau, Ste-Barbe et Ste-Geneviève, les 4e années des écoles primaires sup. de Paris préparent au concours. Frais d'études : 1.490 fr. L'Etat, les dép. et les communes accordent des subventions annuelles renouvelables. Sanction des études : examen hebdom. permettant, d'obtenir à la fin de la 3e année, suivant les notes, un dipl. d'ingénieur des arts et manuf. ou un certif. de capacité, qui permettent de trouver des situations avantageuses dans l'industrie, les chemins de fer, les constructions civiles, les travaux publ. *Dir.* : Bochet.

Ecole spéciale des Travaux publics, du Bâtiment et de l'Industrie, 3, rue Thénard, Paris, forme des ingénieurs, architectes, électriciens, géomètres, topographes des mines, des travaux publics et des employés de tous les degrés pour ces professions, prépare aux divers concours admin. techniques. Enseign. donné par 164 professeurs spécialisés dont les cours sont publiés par l'école. Cours techniques sup. de : 1° travaux publics, 3 ans ; 2° bâtiments, 2 ans ; 3° électricité, 2 ans. Cours techniques élémentaires de 1, 2 ou 3 années préparant aux cours sup. ou à des dipl. de conducteurs de travaux. Section admin. (1 an) pour la préparation des concours de l'Etat et des compagnies. Les cours théoriques et techniques sont complétés par des exercices pratiques faits à l'Ecole d'application d'Arcueil-Cachan (Seine). Admission après un examen passé en juillet et sept. Externat : 1.000 à 1.200 fr., ; maison de famille avec chambres particulières à l'Ecole d'application 2.400 fr. Les cours peuvent être suivis par correspondance. 13.000 élèves de tout âge et de toute nationalité apprennent ainsi des cours imprimés et envoient des devoirs (10 à 25 fr. par mois).

Ecole de filature et de tissage, à Epinal. Enseignement théorique et pratique ; durée des études ; 2 années. Conditions d'admission : bacc. ou brevet supérieur. Des bourses sont accordées par le Conseil général des Vosges.

Institut industriel du Nord de la France, à Lille. Forme des ingénieurs pour la mécanique la chimie, l'élec., 3 ans d'études. Cond. : bacc. ou examen d'entrée pour Franç. et étr. Internat 2.000 fr., demi-pens. 1.300 fr., extern. 750 fr. Sanction : dipl. d'ingénieur-électricien, mécanicien ou chimiste ou certif. de capacité.

Ecole Centrale Lyonnaise, 16, rue Chevreul, à Lyon. Forme des ingénieurs et directeurs d'usine. Cours théoriques et techniques, 3 ans d'études, 4e année facultative, de spécialisation (électrotechnique, constructions civiles, travaux publics). Externat, internat dans des familles. Conditions : avoir 16 ans au moins, produire un acte de naissance, un certificat de bonne conduite et l'autorisation du père ; passer un examen sauf pour les bacheliers de math. qui n'ont qu'à subir une épreuve de dessin ; équivalences admises pour les étrangers. On admet directement des élèves en 2e année après un examen spécial et des élèves libres à certains cours techniques. Frais d'études : 960 fr. par an. Sanction : dipl. à la fin de la 3e année et brevet spécial à la fin de la 4e.

École d'ingénieurs de Marseille, 72, rue Reynard, fondée en 1891 par la Ville et la Chambre de Commerce, contrôlée par le ministère du commerce. 3 ans d'études et 1 année préparatoire. Conditions : avoir 17 ans, subir un examen dont dispense le bacc. (math.) ou une équivalence pour les étrangers. Externat ; internat dans des familles. Frais d'études : 1,000 fr. comprenant l'immatriculation oblig. à la Fac. des Sciences. Bourses de l'État, du dép., de la Chambre de Commerce. Sanction : dipl. ou certif. selon les notes obtenues à l'examen de sortie.

Les titres *d'ingénieurs-électriciens* s'acquièrent dans les *Instituts électrotechniques* des Univ. de Caen, Grenoble, Lille, Nancy, Toulouse (*v. p.* 296 *et suiv.*) et dans les écoles suivantes :

École supérieure d'Électricité, 12, r. de Staël, Paris. Forme des ingénieurs pour toutes les industries électriques : 1 an d'études, enseign. théorique (cours sur les applications industr. de l'électricité, sur les mesures électriques) et enseign. pratique (exercices de laboratoire, travaux d'ateliers, stages dans les usines). Conditions, concours sauf pour les anciens élèves diplômés des écoles Polytechnique, Centrale, Mines, Mines de St-Étienne, Ponts et Chaussées, Génie maritime, les officiers de marine, les ingénieurs de l'École de physique et chimie industrielle de Paris, de l'École centrale lyonnaise, qui en sont dispensés et les ingénieurs des écoles des arts et métiers, de l'École supérieure aéronautique, et les licenciés ès sciences qui sont dispensés de la plupart des épreuves. Équivalences admises pour les étr. L'École reçoit des auditeurs libres. Section spéciale de T. S. F. ; durée : 3 mois, admission sur titres. Frais d'études : 2.000 fr. ; 1.200 fr. pour la T. S. F., prix variable selon les cours pour les auditeurs libres. Sanction : diplôme d'ingénieur électr., après examen de fin d'année.

École d'Électricité et de Mécanique industrielles, 115, av. Émile Zola, Paris ; forme des ingénieurs électriciens ; prépare à l'École supérieure d'électricité, 3 ans d'études et 1 année préparatoire. Aucune condition d'admission.

École radio-électrique (T.S.F.), 11, rue Cambronne, à Paris.

École spéciale de Mécanique et d'Électricité, 161, r. de Sèvres, Paris. Prépare à l'École sup. d'électricité. 2 ans d'études, ouverte aux bacheliers ayant des connaissances suffisantes en math. Frais d'études : 600 fr. par an. Sanction : dipl. de fin d'études après examen.

École pratique d'Électricité industrielle, Paris, 54, r. Baliard. Forme des ingénieurs-électriciens par un enseign. pratique, prépare à l'École supérieure d'Électricité. Cours, exercices d'installation, stages d'usine ; cours spéciaux de construction d'automobiles, d'aéronautique et d'aviation. Frais d'études : Externat : 650 à 700 fr. Internat : 850 fr. Demi-pension : 300 fr. en plus. Sanction : Dipl. d'ingénieur-électricien après examen de fin d'études.

École Bréguet, 81, r. Falguière. Paris. École théorique et pratique d'électricité et de mécanique. Fondée 1904. Cours normaux de 2 ans et cours prépar. ; reçoit sans concours Français et étr. Cours, exercices dans de vastes ateliers. Externat 900 à 950 fr., demi-pens. : 11 à 1.200 fr., Sanction : dipl. d'ingénieur après examen de fin d'études.

École d'Électricité industrielle de Marseille, 8, r. Camoin-jeune, subvent. par l'État, la Ville et les Soc. industrielles de la région. Forme des monteurs, conducteurs et ingénieurs, électriciens praticiens, 3 ans d'études et 1 année prépar. Enseign. pratique donné par des ingénieurs et par des prof. de la Fac. des Sciences où sont immatriculés les élèves de 2e et 3e année. Frais de scolarité ; classes élém. 600 fr. ; classes supér. : 800 fr. ; Pension, 1.500 fr. ; demi-pension, 600 fr.

Les titres d'ingénieurs-chimistes s'acquièrent dans les Instituts de chimie des Universités de Paris, Lille, Montpellier, Nancy, Toulouse, dans les Écoles de chimie indust. des Universités de Bordeaux et de Lyon et dans les Écoles suivantes :

École municipale de Physique et de Chimie industrielles, Paris, 10, rue Vauquelin, fondée 1882, 3 ans d'études, externat gratuit. Conditions : être Français et domicilié dans le dép. de la Seine, avoir 16 ans au moins et 21 ans au plus. Concours en juillet, 35 places par an. S'il en reste de disponibles, on accepte moyennant un droit annuel de 1.200 fr. des élèves ne résidant pas dans le dép. de la Seine. Sanction : dipl. d'ingénieur physicien ou chimiste à la fin de la 3e année.

Institut de Chimie appliquée, Paris, 1, r. Pierre Curie, enseign. complet et pratique de la chimie, visites d'usines, 3 ans. Conditions : avoir 18 ans, faire au Secr. de la Fac. des Sciences du 1er juillet au 30 sept., une demande d'inscription accompagnée d'un exposé des études déjà faites, concours pour lequel le bacc. (math.) et le certif. de physique général donnent des avantages et dont sont dispensés les anciens élèves de Polytechnique, Centrale, Normale (Sciences) et les licenciés ès sciences physiques. 80 places. Frais d'études : 250 fr. par semestre. Sanction : dipl. d'ingénieur-chimiste ou certif.

Institut de Chimie industrielle du Centre de la France à Clermont. 3 ans d'études, 3 sections : de chimie, de technologie industr., commerciale. Condit. : bacc. ou examen d'entrée, pour Franç. ou étr., délivre un dipl. de chimiste, certif. de technol. industr., certif. de comptab. d'hygiène et de législ. ind., dont la possession donne droit au dipl. d'ingénieur-chimiste.

Ecole de Chimie industrielle de Rouen, 198, r. Beauvoisine, forme des chimistes (analyses industr. et étude des matières colorantes). 2 ans d'études. Condit. : Bacc. ou examen d'entrée pour Franç. ou étr. Extern. : 530 fr. par an.

Le titre d'*ingénieur des mines* s'acquiert dans les écoles suivantes :

Ecole nationale supérieure des Mines, 60 boul. St-Michel (réorganisée par décret du 19 sept. 1919). 3 ans de cours. Les élèves font 2 voyages d'instruction de 3 mois. L'Ecole possède une riche bibliothèque, des collections minéralogiques, géologiques et paléontologiques et bureau d'essai pour les substances minérales.

Conditions : avoir 17 ans au moins, 20 ans au plus le 1er janv., adresser au min. un mois avant l'ouverture du concours une demande, passer avec succès le concours auquel sont admis les étrangers sur demande des représentants de leurs pays (droit d'examen : 40 fr.). Les anciens élèves de Polytechnique peuvent entrer directement en seconde année comme élèves titulaires.

Frais d'études : 1.000 fr., dégrèvements accordés par le min. Le régime est l'externat. Sanction : Certificat d'études pour les élèves qui ont obtenu chaque année 60 % du maximum des points, dipl. d'ingénieur civil des mines pour ceux qui ont eu 65 %. Des auditeurs libres sont admis par le directeur.

Ecole nationale des Mines de St-Etienne. 3 ans d'études. Ens. théorique et pratique élevé de math., mécanique, minéralogie, physique, chimie, voyages d'études en 3e année. Conditions : avoir 17 ans au moins et 26 au plus, adresser une demande au directeur avant le 1er juin, subir le concours, compositions écrites et dessins du 15 au 30 juin à St-Etienne, Lille, Nancy et Toulouse. 35 places env. Les élèves sortant de Polytechnique peuvent entrer directement en 2e année. Les étrangers sont admis après un examen. On reçoit aussi des auditeurs libres. Externat, 200 fr. par an. Sanction des études : diplôme d'ingénieurs civils des mines pour les Français et certif. d'études pour les étrangers après examens de fin d'année.

Autres titres d'ingénieurs spécialisés :

Ecole nationale des ponts et chaussées, 28, rue des Sts-Pères, Paris, forme les ingénieurs nécessaires au recrutement du corps des Ponts et Chaussées et des ingénieurs des constructions civiles. 2 ans de cours spéciaux et 1 an de cours préparatoire. Les élèves sont envoyés chaque année en mission. L'Ecole possède une riche galerie de modèles et un atelier expérimental, 3, avenue d'Iéna. Conditions : 1° au cours préparatoire : avoir 17 ans révolu au moins et 21 ans au plus au 1er janvier ; adresser au ministre avant le 15 mai une demande avec un acte de naissance et un certificat de bonne vie et mœurs, passer avec succès un concours auquel sont admis les étrangers sur demande du représentant de leur pays ; 2° aux cours spéciaux : les anciens élèves de Polytechnique peuvent entrer directement à l'école dans leur ordre de classement de sortie comme élèves ingénieurs. Les autres élèves externes, sortent généralement du cours prép., et se recrutent par un nouveau concours comportant les mêmes formalités (âge 18 à 25 ans). Les élèves français sont reçus par priorité. L'enseign. est complètement gratuit, le régime est l'externat. Des auditeurs libres sont admis aux cours oraux par la direction. Sanction : les élèves sortis de Polytechnique deviennent ingénieurs des ponts et chaussées, les autres peuvent obtenir après un examen de sortie le dipl. d'ingénieur des constructions civiles. *Dir.* : Le Grain, insp. gén. des ponts et chaussées.

Ecole supér. des Postes et Télégraphes, 103, r. de Grenelle, Paris. Divisée en 2 sections, forme dans l'une le personnel supérieur des services admin., dans l'autre, des ingénieurs des Postes et Télégraphes. 2 ans d'études. Concours d'admission sauf pour les élèves de Polytechnique versés dans ce service ; on reçoit des auditeurs libres franç. et étr. Sanction : brevet de capacité délivré après examen de fin d'études.

D'autres titres d'*ingénieurs spécialistes* s'acquièrent encore à : L'*Ecole de Papeterie* de l'Univ. de Grenoble ; L'*Ecole de Tannerie* de l'Univ. de Lyon ; L'*Ecole de Brasserie et de Malterie* de l'Univ. de Nancy ; L'*Institut Aérotechnique* de l'Univ. de Paris.

L'Ecole supérieure d'Aéronautique et de Construction mécanique, 92, rue de Clignancourt, Paris. Forme des ingénieurs constructeurs pour l'automobile, l'aéronautique, les moteurs l'industrie frigorifique. — 1 cours prépar. et 1 année spéciale. Enseign. : cours sur l'aéronautique générale, la mécanique de l'aviation, les moteurs, exerc. d'ateliers, essais de moteurs, visites d'usines. Cours de préparation au dipl. d'ingénieur frigoriste. Conditions : concours en oct., droit d'inscription de 60 francs. En sont dispensés les anciens élèves diplomés des grandes écoles, les officiers de marine, les ingénieurs des arts et métiers, les élèves de 1re année prépar. ayant des notes suffisantes. L'école admet des auditeurs libres. Frais d'études : 1re année: 1.800 fr., 2e année: 2,000 fr., santion : dipl. d'ingénieur des constructions aéronautiques mécaniques.

Écoles commerciales du degré secondaire et supérieur.

Les Écoles Commerciales à Paris : de la rive droite, 39 av. Trudaine et de la rive gauche, r. Armand-Moisant, administrées par la Chambre de Commerce, donnent un enseign. technique complet. 4 ans d'ét., entrée à 13 ans, externat, cours prép. à partir de 18 ans.

L'Ecole Commerciale de Jeunes Filles, 38, r. de Naples, administrée aussi par la Chambre de commerce, donne en 3 ans un enseign. correspondant ; délivre un dipl. ou certif. ; cours prépar.

Les Ecoles supérieures de Commerce, au nombre de 15, sont reconnues par l'Etat et le plus souvent administrées par les Chambres de Commerce. Elles forment des chefs d'industrie et des directeurs de maisons de commerce. 2 ans d'étude et généralement 1 an de cours prépar. Conditions : avoir 15 ans au moins au 1er oct., subir un examen d'entrée dont sont dispensés les élèves ayant le certif. d'études secondaires (1er cycle) ou le bacc. dans certaines écoles, le brevet élém., le certif. d'ét. prim. sup., le certif. d'ét. pratiques commerciales. On admet des équivalences pour les étrangers. On admet des auditeurs libres qui peuvent obtenir des attestations d'études. Les écoles d'Alger, Bordeaux, Dijon, Marseille, Montpellier, Nancy, Nantes, Toulouse reçoivent des jeunes filles. Frais d'études : externes de 400 à 800 fr., demi-pensionnaires de 700 à 1.300 ; internes 1.300 à 2.000 fr. Bourses de l'Etat, des chambres de commerce, d'associations, de particuliers : demandes aux préfets avant le 15 août accompagnées de certif., de bonne vie et mœurs, de situation de fortune, extrait du rôle des contrib. Sanction : dipl. sup. ou certif. d'ét. selon les notes obtenues à l'examen de sortie. Carrières ouvertes : élève-chancelier dans les consulats, admission au concours des carrières diplom. et consul. et à l'Ecole Coloniale ; situations dans les maisons de commerce.

Ecole des Hautes-Etudes commerciales, 43, r. de Tocqueville, prépare à la direction des affaires, 2 ans d'études : 4 sections en 2e année : commerce et industrie, commerce et banque, commerce et colonies, section consulaire, n'admet d'élèves qu'à l'âge de 17 ans et après un examen d'entrée. L'Ecole comporte, en outre, un enseignement donné aux chefs d'entreprises et aux ingénieurs sortis des grandes écoles ; les cours ont lieu le soir et le dimanche matin.

Ecole spéciale d'exportation et d'importation, 15, r. Bleue, fondée par la Chambre des Négociants-commissionnaires et du Commerce extérieur. Cours de 17 à 19 h. pour les employés ; droit d'inscription de 75 fr. par trimestre, 45 fr. par cours et par trimestre pour les élèves-auditeurs ; bourses accordées par le Comité de direction.

Ecole supérieure pratique de commerce et d'industrie, 79, av. de la République, fondée en 1820 et réorganisée par la Chambre de Commerce en 1869. 2 cycles, l'un de 3 ans ouvert aux élèves pourvus du certif. d'études primaires, l'autre de 2 ans ; 3 sections spéciales : coloniale, hôtelière et de représentation commerciale..

L'*Ecole d'Alger*, rue Poirel, Agha, a des cours d'arabe et d'œnologie, 2 années prép. ; il y est annexé une Ecole d'hydrographie formant des capitaines au long cours et des mécaniciens de la marine.

Celle de *Bordeaux*, 66, rue St-Sernin, a 2 sections : commerce et colonies mécanique et électricité ;

Celle de *Dijon*, 29, rue Sambin, prépare surtout au commerce d'exportation ;

Celle du *Havre*, 56, bd François Ier, permet d'obtenir en 1 an un dipl. d'études commerc. pratiques.

Celle de *Lille*, 36 r. Nicolas-Leblanc, a une 1re année comportant 2 sections : de commerce, et de banque et industr. et permettant d'obtenir le dipl. de la Chambre de Commerce de Lille et une 2e année comportant 4 sections : commerce et banque, textiles ; matières colorantes et teinture ; brasserie, sucrerie, distillerie, et à laquelle sont admis directement les candidats justifiant d'études suffisantes ;

Celle de *Marseille*, 143, r. Paradis, a une année prépar. et 3 sections : de commerce, coloniale et de marine marchande ;

Celle de *Montpellier*, r. de St-Pierre a une année prép. et un cours d'œnologie;

Celle de *Mulhouse*, fondée en 1865 ;

Celle de *Nancy*, 27, r. des Jardiniers, a une année prép. et 3 sections : commerce-banque, commerce-industrie, coloniale ;

Celle de *Nantes*, 12, r. Voltaire, a 3 sections : commerce et banque, commerce et industrie, colonies.

Celle de *Rouen*, 9 *bis*, r. de l'Avelasse, a un 1er cycle de 2 ans.

Celle de *Toulouse*, r. St-Jean, a un 1er cycle de 2 ans.

En dehors de ces écoles, il existe encore :

A *Angers*, une *Ecole sup. libre de Commerce* à côté des facultés catholiques. 2 ans d'études, examen d'entrée dont dispense le grade de bachelier ; condition d'âge : 16 ans, frais d'études 500 fr., délivre un diplôme.

A *Grenoble*, un *Institut d'enseignement commercial* à l'Univ., 3, r. Hébert. 1 ou 2 ans. 4 sections : droit, économie polit., géogr. et langues vivantes, comptab. Examen d'entrée dont dispensent le bacc. et plusieurs autres grades ; condition d'âge : 16 ans, délivre un dipl. et un certif.

Ecole de Haut Enseignement Commercial, à la Sorbonne, à Paris, fondée en 1916 par Mlle Sanua, prépare les jeunes filles aux emplois importants, notamment de secrétaires des chefs de services dans les maisons de commerce. Examen d'entrée dont dispensent le brevet sup., le dipl. de fin d'études sec. ou le bacc. Frais d'études : 250 fr. par trimestre. L'Ecole reçoit aussi des auditrices (75 fr.) : elle délivre après examen et après 2 ans d'études, un diplôme. Siège social : 23, rue d'Hauteville, à Paris.

Ecole Technique Municipale de jeunes filles de Lyon forme des femmes instruites capables non seulement d'exercer dans le commerce et l'industrie une fonction subalterne mais une fonction de direction. Durée des études : 2 ans. Age d'adm., à partir de 16 ans.

L'enseignement professionnel agricole.

L'enseignement professionnel agricole a été réorganisé par la loi du 2 août 1918. C'est un système complet d'éducation technique à quatre degrés : le plus élémentaire destiné à l'enfant avec les *écoles d'agriculture d'hiver ou saisonnières* et les *centres d'apprentissage agricole* ; le degré suivant est donné dans les *écoles pratiques d'agriculture*, les *fermes-écoles*, les *écoles agricoles techniques spécialisées* (bergeries, laiteries, écoles d'apiculture, etc.), à l'usage des directeurs de petites exploitations ou des chefs de culture ; le degré secondaire visant les moyens propriétaires exploitants ou les gros fermiers, au moyen des *écoles nationales d'agriculture* de Grignon, de Montpellier, etc. ; enfin, au degré supérieur, l'*Institut agronomique*, l'*École nationale des Eaux et Forêts* formant des directeurs pour les grandes exploitations, des ingénieurs, des gardes-généraux des forêts, etc.

Écoles agricoles primaires.

Fermes-écoles forment par un enseign. pratique des ouvriers agr. instruits. La pension (logement, nourriture), l'instr. prof. (agric., arpentage, art vétérin.) sont gratuites : les élèves n'ont à fournir que leur trousseau ; mais ils sont employés à tous les travaux agr. de l'école. En fin d'études, brevet de capacité avec, suivant mérite, primes de 200 à 300 fr. Siège des fermes-écoles : Le Bosc (Aude) ; Chavaignac (Hte-Vienne) ; La Hourre (Gers) ; Laumoy (Cher) ; Montlouis (Vienne) ; Nolhac (Hte-Loire) ; Les Plaines (Corrèze) ; Royat (Ariège).

Écoles pratiques d'Agriculture s'adressent aux fils de petits cultivateurs, propriétaires ou fermiers. L'examen d'entrée correspond au certificat d'études primaires. Selon les écoles, la limite d'âge minimum est de 13 à 15 ans ; la limite maximum, 18 ans. Durée des études : 2 à 3 ans. Prix de la pension : de 350 à 600 fr. ; en plus, trousseau. Bourses, au concours. Sanction des études après examen de sortie, certif. d'études.

Princip. écoles : Ajaccio (Corse) ; Antibes (Alpes-Mar.) ; Aurillac (Cantal) ; Beaune (Côte-d'Or) ; Berthouval (P.-de-C.) ; Châtillon-s.-Seine (Côte-d'Or) ; Le Chesnoy (Loiret) ; Clion (Indre) ; Coigny (Manche) ; Corbigny (Manche) ; Crézancy (Aisne) ; Ecully (Rhône) ; Fontaines (S.-et-L.) ; Genouillac (Creuse) ; Grand-Jouan (Loire-Inf.) ; Hyères (Var) ; La Brosse (Yonne) ; La Réole (Gir.) ; Les Granges (Creuse) ; Le Neubourg (Eure) ; Le Paraclet (Somme) ; Le Chesnoy (Vosges) ; l'Oisellerie (Charente) ; Ondes (Hte-Gar.) ; Pétré (Vendée) ; Philippeville (Algérie) ; Plouguernevel (C.-du-N.) ; Rethel (Ardennes) ; St-Bon (Hte-Marne) ; Saintes (Char.-Inf.) ; Mathieu de Dombasle, à Tomblaine (M.-&-M.) ; Trois-Croix (I.-&-V.) ; Valabre (B.-du-R.) ; Villembits (Htes-Pyr.) ; Wagnonville (Nord).

École coloniale d'agr. à Tunis (*v. Tunisie*).

Ecole ménagère agricole à Belleville (Seine-et-Oise). Enseignement réservé aux femmes. S'adresser à Mlle Thome, 34, rue Vaneau, Paris, 7e.

Écoles pratiques d'Aviculture, à Gambais (S.-&-O.) et Sanvic (Seine-Inf.) ; enseign. spécial vulgarisation des meilleurs procédés avicoles, développ. de la production de la volaille. Régime : internat des deux sexes, externat. Cond. d'admission : 15 ans au moins. Sanction des études : diplôme de capacité.

École de motoculture à Oucques, canton de Marchenoir (Loir-et-Cher), reçoit des élèves forgerons, des élèves mécaniciens et des élèves bénévoles (agriculteurs désirant apprendre la conduite des appareils de motoculture).

École de Magnanerie d'Aubenas (Ardèche) ; Batterie-École de culture mécanique de Selommes (Loir-et-Cher).

Écoles agricoles secondaires.

Écoles nationales d'agriculture de Grignon (S.-&-O.) (1826), de Rennes (I.-&-V.) (1872) de Montpellier (Hér.) (1872) ; forment des directeurs d'exploitation agr. et des prof. d'ag.. Concours d'admission ; âge, 17 ans accomplis au 1er avril de l'année d'admission ; certains diplômes (écoles vétér., licence ès sciences et ès lettres, écoles pratiques d'agr., école nat. d'hortic., école nat. des industries agr., fermes-écoles, baccalauréats, brevets de l'enseig. primaire) donnent des points d'avance. Durée des études : 2 ans — Prix de l'internat : 1.800 fr. ; de la demi-pension, 900 fr. ; de l'externat, 600 fr. ; auditeurs libres, 300 fr. — En fin d'études, les élèves reçoivent, s'ils le méritent, un diplôme qui leur confère le titre d'« ingénieur agricole » (Loi du 2 août 1918).

École nationale d'horticulture, à Versailles (S.-&-O.) établie au Potager de Versailles, fondée par la Quintinye, jardinier de Louis XIV ; forme des chefs-jardiniers, des chefs de culture, des horticulteurs, des pépiniéristes, des prof. d'horticulture, des architectes-paysagistes. Cond. d'admission : examen ; limite d'âge : 16 ans au moins et 26 au plus ; diplômes des écoles pratiques d'agr., fermes-écoles, baccalauréats, brevets de l'enseign. primaire, donnant des points d'avance. Durée des études : 3 ans. Régime : externat. Enseign. gratuit ; chaque année, 10 bourses de l'État et 20 des dép. Sanction des études : diplôme de l'enseign. sup. de l'horticulture.

École nationale des industries agricoles à Douai (Nord) (1894) ; forme des directeurs de sucreries, distilleries, brasseries et autres industr ; sert en outre d'école d'application aux élèves sortant de l'Institut agron. et des écoles nat. d'agr., ainsi qu'à des agents des contrib. directes, désignés par le min. des finances ; admet aussi des auditeurs libres. Durée des études : 2 ans (du 1er juin) ; régime : âge d'admission : 16 ans ; examen, à l'école.

Prix de la pension : 500 fr. plus 50 fr. pour divers frais ; auditeurs libres : 150 fr. plus 50 fr. pour exercices pratiques et manipulations.

École nationale d'industrie laitière à Mamirolle (Doubs) ; forme des chefs d'industrie laitière. : Cond. d'admission : âge : 18 ans au moins, examen d'entrée sauf pour les diplômés d'écoles pratiques d'agr. Régime : externat. Deux catégories d'élèves : élèves réguliers (durée des études 1 an) ; élèves libres, entrée à toute époque suivant places disponibles.

Il existe également des écoles d'industrie laitière à Surgères (Char.-Inf.), à la Grande-Chartreuse (Isère) ; une école de fromagerie à Mailliat (Ain) et des fruitières-écoles à Bourg-St-Maurice et le Chatelard (Savoie).

École secondaire des Eaux et Forêts, au Domaine des Barres, à Nogent-sur-Vernisson (Loiret) (1888) : facilite aux préposés ayant moins de 35 ans d'âge et 3 ans de service actif l'accès au grade de garde général. Durée des cours : 2 ans. Examens de sortie ; les élèves qui y ont satisfait sont nommés gardes-généraux ; les autres sont remis dans le service actif.

Écoles agricoles supérieures.

Les écoles suivantes donnent un enseignement agricole supérieur :

Institut national agronomique. — r. Claude-Bernard, 16, à Paris (1876) ; forme des grands agriculteurs, des agronomes, des prof. d'agr., des candidats à l'École d'applic. des Eaux et Forêts de Nancy, des ingénieurs du génie rural. Admission : au concours (math. élément. et mécanique, cosmogr. physique, chimie, botanique, géographie, anglais, allemand, espagnol, ital., diplômes de bachelier, licence ès sciences, des écoles nat. d'agr. et vétér., du P. C. N. donnent des avantages. Age : 17 ans révolus. Examens : Paris et dép. en juin pour partie écrite, et à Paris, en juillet, pour partie orale. Régime : externat ; auditeurs libres admis. Rétrib. scolaire : 500 fr. par an ; bourses et demi-bourses ; auditeurs : 100 fr. Durée : 2 ans ; 3e année facult. — Sanction des études : diplôme d'ingénieur agronome ou simple certificat d'études. Les élèves pourvus du diplôme d'ingénieur agronome peuvent être admis à l'École nat. des Eaux et forêts, à l'École des Haras, à l'École d'agriculture coloniale et à l'École sup. du Génie rural.

École sup. du Génie rural, à l'Institut nat. agronomique (créée par décret du 28 déc. 1918), assure le recrutement des ingénieurs du corps du génie rural et donne l'instruction technique aux élèves libres qui se proposent d'obtenir le diplôme d'ingénieur civil du génie rural, délivré en fin d'études. L'École reçoit des élèves ingénieurs au service de l'État et des élèves libres ; ces derniers sont recrutés par voie de concours. Sont dispensés du concours les candidats licenciés ès sciences pourvus de deux certificats d'études sup. de mathématiques ou de physique.

École nationale des Eaux et Forêts, à Nancy (1824) ; école d'applic. pour les élèves dipl. de l'Institut n[al] agron. (16) et de l'École polytechnique (2) admissibles pour les services publics ; forme le personnel sup. de l'admin. des forêts. 18 élèves au plus par an. Conditions : 22 ans au plus, examen d'entrée. — Traitement : 4.000 fr. par an ; débours : en entrant 2.200 fr. pour frais d'équipement et achat d'instruments ; auditeurs franç. et étr. admis sans examen, recevant un certif. d'études. Durée des études : 2 ans. Régime : internat, mais les élèves prennent leurs repas en ville. Pour les élèves titulaires, examens de fin de cours ; ceux qui y ont satisfait sont nommés, au fur et à mesure des vacances et selon leur classement, gardes-généraux de 2e cl. ; traitement: 6.500 fr. En entrant à l'école, les élèves contractent un engagement milit. de 8 ans.

Écoles nationales vétérinaires d'Alfort, à Maisons-Alfort, Seine (1795) ; de Lyon (1795); de Toulouse (1828) ; forment des vétér. civils et milit. (ceux-ci contractent l'engag. de servir pendant 6 ans dans l'armée active). Admission : au concours ; conditions : 17 ans au moins et 25 au plus ; baccalauréat ; les élèves diplômés de l'Institut agron. ou des Écoles n[ales] d'agr. sont admis de droit ; élèves étrangers. Durée des études : 4 ans. Prix de la pension : 1.000 fr. ; demi-pension 750 fr ; externat : 400 fr. ; bourses renouvelables par le min. de l'agr. et bourses avec trousseau par le min. de la guerre. Les élèves qui ont satisfait aux examens de sortie reçoivent le diplôme de vétérinaire. Son obtention pour les élèves étrangers ne leur accorde pas toutefois l'exercice en France.

École des Haras, au Pin (Orne) (1874) ; sa 1re section (promotion annuelle : 8 élèves au max.) forme des officiers des haras nationaux. Cond. d'admission : 25 ans au plus, diplôme de l'Institut agron., certif. d'examen physique et épreuve pratique d'équit. — Durée des études : 2 ans ; indemnité : 4.000 fr. Élèves libres, français et étrangers admis par décision min. ; sont logés, versent une rétrib. scolaire de 1.000 fr ; reçoivent, s'ils en sont jugés dignes, un certif. d'études. Les élèves off. qui ont satisfait à l'examen de sortie sont nommés surveillants de 2e cl. des haras (appoint. : 6.000 fr.).

Écoles supérieures d'agriculture d'Angers et de Toulouse.
Institut agricole de Beauvais.

Écoles militaires.

École supérieure de guerre à l'École militaire, 43, av. de la Motte-Piquet, Paris ; les élèves sont recrutés parmi les lieutenants, capitaines et commandants de toutes armes. Age d'admission : 28 ans au minimum et 38 ans au maximum. Durée des études : 2 ans. Après examen, les officiers élèves reçoivent le brevet d'état-major.

Prytanée militaire. — à La Flèche (Sarthe), institué pour donner gratuitement à des fils d'officiers l'enseign. secondaire (lettres ou sciences) et la préparation aux Écoles Polytechnique, de St-Cyr, Navale, à l'Institut agronomique, etc. Un colonel d'infanterie commande le Prytanée ; des officiers sont chargés de la surveillance morale ; des professeurs de l'Univ. donnent l'enseignement.

Le Prytanée reçoit : 1° 300 boursiers et 120 demi-boursiers, choisis parmi les fils, orphelins ou non d'officiers (faire une demande avant le 15 mai au préfet) ; 2° des internes (850 fr. par an, livres et fournitures gratuits. Adresser, avant le 1er sept., une demande au min. de la Guerre, acte de naissance, certificat médical et certificat scolaire. Prix du trousseau : 350 fr.) ; 3° des externes dont la famille habite La Flèche.

Les boursiers et les internes ne peuvent entrer au Prytanée que s'ils ont le certificat d'aptitude à la 1re partie du bacc. ou un livret scolaire ou s'ils ont passé avec succès un examen correspondant aux examens des bourses de l'État.

École polytechnique. — à Paris, 21 r. Descartes, fondée par la Convention, a donné pendant le XIXe siècle l'enseign. supérieur des sciences math. ; forme des élèves pour les écoles d'ingénieurs de l'État et de l'industrie privée, assure le recrutement des officiers d'artillerie et du génie. 2 ans d'ét. Conditions : avoir de 17 à 21 ans, la 1re partie du bacc. subir un concours dans l'une des villes où il y a une classe de math. spéciales. Régime militaire. 1.000 fr. par an. Bourses et trousseaux accordés par le min. de la Guerre. Les étrangers peuvent être admis après examen à suivre les cours comme externes. Concours de sortie ouvrant les carrières suivantes : Services civils : Mines, Ponts-et-chaussées, Manufactures de l'État, Poudres et salpêtres, Eaux et forêts, Postes et télégr. ; Services milit. : Artillerie de terre et colon., Commissariat de la marine et colonial, Génie marit. et milit., Hydrogr. de la marine, Marine nationale.

Ecole spéciale militaire, — à St-Cyr (S.-et-O.) forme les officiers d'infant., de caval. et d'infant. coloniale. 2 ans d'études ; les élèves, depuis 1913, étaient versés chaque année 2 mois dans un corps de troupe, pour y faire les grandes manœuvres comme simple soldat puis comme sous-officier. Concours d'admission pour les Français âgés de 18 à 22 ans et aptes au service milit. ; inscription avant le 15 avril. Epreuves écrites de franç., hist., allemand, mathém., logarithmes, physique et chimie, épure, dessin, en juin dans 25 grandes villes ; épreuves orales à l'École. Internat, 1.000 fr. et trousseau 2.000 fr. ; 38 bourses ont été données en 1917. Les élèves sortent après un concours comme sous-lieut. d'infant. ou d'infant. colon. ou passent comme sous-lieut. de caval. un an à l'École de Saumur.

Ecole d'application de l'artillerie et du génie, à Fontainebleau, reçoit des élèves sortant de l'Ecole polytechnique et des sous-lieut. et lieut. venant des régiments.

Ecole d'application de cavalerie, à Saumur, reçoit : 1° les lieutenants instructeurs qui viennent s'y perfectionner ; 2° les élèves sortant de St. Cyr ; 3° les sous-officiers de cavalerie 4° les élèves des écoles vétérinaires.

Ecole militaire d'infanterie, fondée à St. Maixent (Deux-Sèvres) en 1881. Les sous-officiers d'infanterie et d'infanterie coloniale y sont admis après concours et sont nommés sous-lieutenants après un an d'études.

Ecole militaire de l'artillerie et du génie, fondée à Versailles en 1884.

Ecole d'administration militaire de Vincennes reçoit, après concours, des sous-officiers de toutes armes qui sont, à la sortie, nommés officiers d'administration.

Ecole normale de gymnastique et d'escrime, À Joinville-le-Pont, forme des maîtres d'armes et des instructeurs de gymnastique pour les régiments. Est, en même temps, un centre d'éducation physique.

Ecole du service de santé militaire, à Lyon, réorganisée par le décret du 28 sept. 1919, assure le recrutement des médecins et pharmaciens de l'armée. Les élèves, reçus au concours, doivent avoir 17 ans au moins et 23 ans au plus, être pourvus du certificat d'études P. C. N. et de quatre inscriptions valables pour le doctorat. Durée des études : 2 ans.

Ecole d'application du service de santé militaire, au Val de Grâce, reçoit comme stagiaires les docteurs sortant de l'Ecole de Lyon. Durée des études : 1 an.

Écoles maritimes.

Ecole supérieure de la marine, 13, rue de l'Université, à Paris, réouverte le 1er janvier 1920, donne un haut enseignement maritime à 20 officiers de marine (5 capitaines de corvette et 15 lieutenants de vaisseau).

Ecole d'application du génie maritime (marine militaire),— 3, avenue Octave Gréard, à Paris (7e). Tél. : Saxe 76-40. Reçoit à titre d'élèves appartenant au corps d'officiers du génie maritime, les jeunes gens nommés à leur sortie de l'École polytechnique ingénieurs du génie maritime ; admet aussi au concours des élèves libres français et des élèves libres étrangers présentés par leurs gouvernements. *Durée des études* : 2 ans. *Enseignement* : construction du navire, théorie du navire, machines, chaudières, turbines, mécanique et électricité appliquées, aéronautique, métallurgie, résistance des matériaux, régulation du compas sous-marins, torpilles, artillerie, etc.

Ecole navale, — à Brest. Abrita ses services sur divers bâtiments ancrés en rade, *Borda* depuis 1840. Avant la guerre, le croiseur *Duguay-Trouin* avait remplacé la frégate-école *Iphigénie*, Aujourd'hui, installée à terre : 2 ans d'études ; pour les élèves français âgés de 16 à 19 ans, aptes à servir dans la marine, concours d'entrée correspondant au prog. de la classe de mathém. spéciales. Prix de la pension, 700 fr. par an ; bourses de l'Etat. Après l'examen de sortie, les élèves sont nommés enseignes de vaisseau de 2e cl. et font un voyage d'instruction sur la *Jeanne d'Arc* et sont mis ensuite au service général. A leur entrée à l'Ecole, ils contractent un engagement volontaire de 8 ans.

Ecole du Commissariat de la marine, — à Brest, donne l'instruc. profess. et technique nécessaire aux officiers du commissariat. 1 an d'ét. Conditions : concours à Paris entre le 15 août et le 15 sept. pour les licenciés en droit, aptes au service milit., ayant moins de 26 ans (majoration de points accordée au doctorat en droit et aux dipl. de l'Ecole des Sciences pol. et des Ecoles sup. de com.) ou pour les commis. des 3 premières cl. du personnel admin. de la marine ayant de 25 à 35 ans. Solde de 4.320 fr. Après la 1re année, examen permettant de faire la 2e comme commissaire de 3e cl. (solde, 4.390 fr.). Après la 2e année examen pour le grade de commiss. de 2e cl.

Ecole d'administration de l'inscription maritime, — à Nantes, forme des officiers de corps des administrateurs de l'inscr. marit. 2 ans d'ét. Conditions : concours en sept. pour les bacheliers, ing. des arts et manuf. ou anciens élèves de Polyth. ou Navale. On admet directement des stagiaires de l'inscr. mar. Enseign. théorique et pratique (visite d'ateliers). Examens de sortie en juillet, à la fin de chaque année et voyage d'étude de 6 semaines, à la suite desquels les élèves sont nommés administr. de 3e, puis de 2e cl. (provis. fermée).

Ecole d'administration de la marine, — à Rochefort.

Ecole de détection littorale, — à Cherbourg (créée par décret du 4 sept. 1919) forme les spécialistes nécessaires à l'organisation et à l'exploitation des divers systèmes de détection. 24 élèves par session dont 4 officiers mariniers. 6 sessions annuelles, de 7 semaines chacune.

Ecole de dragage, à Brest (créée par arrêté du 6 oct. 1919) donne l'instruction relative à l'utilisation du matériel de dragage et de pare-mines. 6 périodes d'instruction d'un mois pour les officiers.

Ecole municipale d'apprentis mécaniciens pour la marine. — au Havre, forme des mécaniciens pour les navires de commerce. 3 ans d'ét. Conditions : examen d'entrée en oct. pour les jeunes gens de 15 à 18 ans, déjà familiarisés avec les travaux de mécanique. Externat gratuit ; bourses familiales de 500 fr. données par le cons. munic. de Paris et par les grandes Cies de navigation. Dipl. ou certif. après examen de sortie.

Etablissement des pupilles de la marine, — à Villeneuve-en-Guilers (Finistère), reçoit 500 orphelins des officiers mariniers, quartiers-maitres et marins des équipages de la flotte, des ouvriers des arsenaux, entre 7 et 13 ans, leur donne jusqu'à 15 ans un enseign. primaire et professionnel.

Ecole des apprentis marins, — à bord de l'*Armorique* et du *Magellan*, en rade de Brest, reçoit 1.000 à 1.200 élèves de 14 ans 1/2, sachant lire, écrire et calculer et les prépare par un enseign. gratuit nautique et militaire, à entrer à 16 ans dans une école de spécialité pour obtenir un brevet de manœuvrier, canonnier, fusilier, électricien ou fourrier. Ils doivent contracter un engagement de 10 ans.

Ecole des mécaniciens des équipages de la flotte, — à Brest, Lorient et Toulon, prépare des sous-officiers mécaniciens. Conditions : concours en août à Dunkerque, Cherbourg, le Havre, St-Servan, Brest, Lorient, Nantes, Rochefort, Bordeaux, Toulon, Marseille, Toulouse, Lyon, Nancy et Paris, ouvert aux Français de 18 à 24 ans et aptes à servir dans la flotte. A Brest, les élèves mécaniciens reçoivent l'instr. militaire et technique, touchent une solde de 1 fr. 20 par jour et sortent après examen quartiers-maîtres élèves-mécaniciens.

Il existe à Lorient une *Ecole d'apprentis mécaniciens* recrutés d'après leur aptitude physique et profess., âgés de 16 ans, possédant le certif. d'ét. prim. ou le certif. d'ét. prat. industr. 2 ans d'ét. Internat, solde de 0 fr. 55 par jour ; examen de sortie donnant droit à être nommé matelot-mécanicien.

Ecoles de navigation maritime (créées par décret du 26 mars 1919), remplacent les écoles d'hydrographie ou écoles profess. maritimes secondaires à Paris, 73, boul. Pereire, à Dunkerque, Boulogne, le Havre, Granville, St-Malo, St-Brieuc, Paimpol, Brest, Lorient, Nantes, Bordeaux, Agde, Marseille, Toulon, St-Tropez, Bastia ; préparent aux brevets et dipl nécessaires aux officiers de la marine marchande : capitaine au long cours ; lieutenant au long cours et cap. au cabotage ; patron au bornage, élève-officier de la marine marchande. 2 années d'ét. avec examen de passage oblig. d'une année à l'autre.

Les Chambres de commerce de Dieppe, Fécamp, St-Nazaire, La Rochelle, Alger et Philippeville ont organisé des écoles qui préparent aussi à ces examens.

Ecole pratique d'application, à bord — du navire école « Jacques Cartier », port d'attache : Le Havre. Ouverte aux jeunes gens déjà munis du certificat de théorie délivré en conformité avec le décret du 20 mars 1919, du diplôme d'officier-mécanicien ou du diplôme de fin d'études d'une école professionnelle d'arts et métiers. Enseignement et logement gratuits. Indemnité de 100 fr. par mois pour frais de nourriture. Administration : Cie gén. transatlantique, 6, rue Auber, à Paris.

Institut maritime commercial du Havre. — L'enseign. maritime sup. est donné à l'*Institut maritime commercial* du Havre, ouvert aux cap. et lieut. au long cours, aux élèves et aux mécaniciens de 1re cl. de la marine march. 10 mois d'ét., délivre un dipl. d'études marit. sup. Les anciens élèves des Ecoles sup. de com. peuvent être admis comme auditeurs libres.

Ecoles des pêches maritimes. — Outre les cours spéciaux d'enseign. des pêches maritimes faits dans les écoles prim. élém. du littoral, des *Ecoles des pêches maritimes* ont été créées à l'aide de dons et subventions, sous les auspices des Chambres de Commerce et de la Soc. « l'Enseignement profess. et technique des pêches maritimes », à Paris, 28, r. Serpente, Boulogne-sur-Mer, Calais, Dieppe, Fécamp, St-Vaast-la-Hougue, Audierne, Douarnenez, Concarneau, Groix, Le Croisic, aux Sables d'Olonne et à Arcachon. Cours gratuits de sciences élém., d'usage des cartes marines, d'hygiène, de pêche ouverts à tous les inscrits maritimes et sanctionnés par un diplôme ou un certif. d'aptitude à la pêche et au service de la flotte.

Écoles coloniales.

Ecole coloniale, à Paris, 2, av. de l'Observatoire, fondée en 1889 à la suite de la mission cambodgienne envoyée à Paris, comprend 2 sections · 1° section indigène réorganisée en 1910, prépare aux fonctions administr. de jeunes Indo-Chinois, ayant de 14 à 20 ans et envoyés par leurs familles ou par la colonie; 2 ans d'études, internat; 2° section française, créée en 1890, recrute les différents services coloniaux: 3 sections administr.: indo-chinoise, africaine, de l'administr. pénitentiaire. Conditions: être Français, âgé de 18 ans au moins et 23 ans au plus, avoir le bacc. ou le dipl. d'une école sup. de commerce ou de l'Institut agronomique, être propre au service des colonies. Adresser une demande au min. des Colonies avant le 1er avril. Passer le concours en juillet. 1 section de magistrature coloniale. Conditions semblables sauf qu'il faut avoir de 20 à 24 ans et la licence en droit, concours en oct. 2 ans d'études, externat 150 fr. par an, plus 152 fr. pour leçons obligat. d'escrime et d'équitation. Il est accordé des remises de frais d'études, des bourses pour la 2° année et des indemnités de 1re mise d'équipement. Sanction: brevet, après examen de sortie, donnant droit à un poste dans l'administr. coloniale. L'Ecole a une division prépar. d'un an; elle reçoit des auditeurs libres: 1 section de préparation au concours institué par le recrutement du personnel du contrôle civil du Maroc et aux carrières adm. de l'Afrique du Nord.

Ecole pratique coloniale, de Joinville le-Pont (Seine) donne l'enseign. pratique nécessaire aux colons; cours, conférences, travaux pratiques du fer, du bois, laiterie. Serres coloniales. 2 ans d'études. Conditions: avoir 15 ans, passer un examen. Internat, 1.500 fr. par an; demi-pension, 1.000 fr.; bourses du Conseil général de la Seine. Diplôme accordé d'après la moyenne des notes.

Ecole pratique coloniale du Havre, 1, r. Dumé-d'Aplemont, annexée à l'Ecole pratique de commerce et d'industrie, fondée en 1906 par l'Association cotonnière coloniale pour donner des connaissances pratiques sur les produits coloniaux, notamment sur le coton. 1 an d'études. Conditions: être Français, âgés de 16 ans au moins, demande au directeur avant le 15 sept. Externat gratuit. Certificat à la sortie.

Ecole nationale supérieure d'agriculture coloniale à Nogent-sur-Marne (Seine), créée par le décret du 29 mars 1902, relève du Ministère des Colonies. Ne sont admis à l'Ecole que les anciens élèves diplômés de l'Institut national agronomique, des Ecoles nationales d'agriculture et d'autres établissements analogues.

Écoles de Droit.

Les *Ecoles de notariat* créées d'abord sur l'initiative des Chambres de notaires et reconnues par l'Etat depuis le décret du 1er mai 1905 donnent l'enseign. pratique aux clercs de notaire qu'elles dispensent de 2 ans de stage. Il existe des Ecoles de notariat à Angers, Bordeaux, Bourges, Dijon, Limoges, Lyon, Marseille, Nantes, Paris, (127, r. Notre-Dame-des-Champs), Poitiers, Rennes, Rouen, Toulouse. 2 ans d'études; pas de dipl. ni de condition de stage exigés pour l'admission, mais âge minimum: 17 ans. Les élèves peuvent en même temps être inscrits comme clercs, mais l'assiduité aux cours est exigée. Régime: externat. L'examen de sortie donne droit au certif. d'aptitude. Le min. de la justice a droit d'inspection dans ces écoles.

L'*Association polytechnique* a créé à Paris, au Palais, une *École de notariat* donnant des cours du soir.

Des *Ecoles pratiques de droit* à Toulouse et Bordeaux, une *Ecole de droit* à Limoges, des *Instituts pratiques de droit* de Dijon, Lille, Lyon et Poitiers, une *Ecole de législation professionnelle* à Paris (16, r. de l'Abbaye) donnent généralement, sous les auspices des prof. de fac. et des magistrats, des cours pratiques de droit qui, à côté des cours théoriques des Univ., préparent au barreau, à la magistrature ou même aux affaires.

Écoles dentaires,

L'*Ecole dentaire de Paris*, 45, rue de La Tour d'Auvergne (Tél.: Central 23.04), l'*Ecole odontotechnique*, 5, rue Garancière, Paris et l'*Ecole dentaire française*, 29, boul. St. Martin, Paris, forment des chirurgiens diplômés de l'Etat, après examens soutenus devant une Faculté de médecine. Durée des études: 5 ans (2 ans de stage et 3 ans de scolarité).

L'*Ecole pratique d'odontologie*, 206, boul. Raspail, à Paris et l'*Ecole française de stomatologie*, 24, passage Dauphine, à Paris. Tél.: Gob. 29.96, s'adressent uniquement aux docteurs en médecine, désireux de compléter leurs connaissances stomatologiques. Diplôme spécial, durée des études : 2 ans. Bordeaux, Lyon, Lille, Nantes et Nancy ont aussi des Ecoles dentaires.

Ecoles des Beaux-Arts, de Musique, etc.

Voir Beaux-Arts, p. 322, *Théâtre, Musique*, p. 347.

Bibliographie.

BIBLIOTHÈQUES ET ARCHIVES

Annuaire des Bibliothèques et des Archives, in-16. E. Leroux. Paris, 1912.

Bibliographe moderne (*Le*). *Courrier inter. des archives et des bibliothèques*, 1 vol. par an depuis 1897, in-8. Paris.

Bibliothèques, livres et librairies (Assoc. des Bibliothécaires français), 3 vol. in-8. Rivière Paris, 1910.1914.

Franklin (Alfred). *Histoire de la Bibliothèque Mazarine et du Palais de l'Institut*, portr. et fig., XXXII-401 p. Welter. Paris, 1901.

Gautier (Jean). *Nos bibliothèques publiques*, in-8. Rivière, Paris, 1902. *La Bibliothèque de la Faculté de Droit de Paris*, in-8, Tenin, Paris, 1919.

Langlois (L.). *La Bibliothèque de l'Institut catholique de Paris*, in-8°, Chartres, 1912.

Langlois (Ch.-V.) et H. Stein. *Les Archives de l'Histoire de France*, in-8 de XVIII-1000 pages. A. Picard. Paris. 1891.

Revue des bibliothèques ; 1 vol. par an depuis 1897, in-8, Champion, Paris.

ENSEIGNEMENT

Annuaire de l'Instruction publ. et des Beaux.Arts, gr. in-8. Delalain. Paris.

Annuaire du Collège de France, in-8. E. Leroux. Paris.

Annuaire général des Universités, in-12, Gauthier-Villars, Paris.

Beauchamp (A. de). *Recueil des lois et règlements de l'Enseignement supérieur*, t. VII (janvier 1909, déc. 1914), p. Aug. Générès, in-4, 878 p. Imprimerie Netron, 1915.

Boyer (P.), Caullery (M.), Croiset (A.), Croiset (M.), Durkheim (E.), Gautier (H.), Havet (L.), Larnaude (F.), Lavisse (E.), Marcel (H.), Perrier (E.), Pion (M.), Roger (G.-H.). *La Vie universitaire à Paris*, 232 p., 92 hors texte, 10 fr. A. Colin. Paris, 1910.

Buyse (O.). *Une université du travail*, in-16, 12 fr. Dunod. Paris. 1919.

Caillard (C.). *Les Ecoles pratiques d'Industrie hôtelière*, in-8. Vuibert. Paris, 1916.

Compayré (G.). *Histoire critique des doctrines de l'éducation en France depuis le* XVI*e siècle*, 2 vol. in-16, 460 et 438 p., 7 fr. Hachette. Paris, 1911.

Cordier (Henri). *Un coin de Paris. L'Ecole des Langues Orientales*, pet. in-4, 3 fr. E. Leroux. Paris.

Dupont-Ferrier. *Les richesses d'art de la ville de Paris : écoles, lycées, collèges, bibliothèques* in-8, Paris, 1913.

Friedel (V.-H.). *Pédagogie de guerre allemande*, in-16, 301 p., 3 fr. 50. Fischbacher. Paris, 1917.

Gaucher (C.). Livret de l'enseignement technique, in-8, VIII-342 p., 4 fr. 50. Dunod et Pinat. Paris, 1918.

Gréard (O.). *Education et Instruction*, 4 vol. in-16, 3 fr. 50 le vol. Hachette. Paris.

Guillet (Léon). *L'enseignement technique supérieur*, in-8, 74 p. Sté des Ingénieurs civils. Paris, 1916. *L'Enseignement technique supérieur et l'après-guerre*, in-16, 295 p., 4 fr. 50. Payot. Paris, 1918.

Guyot (Ch.). *L'Ecole nationale des eaux et forêts*, in-8. Berger-Levrault. Nancy, 1917.

Hersant (G.). *La réforme de l'éducation nationale*, in-8, 102 p. Hachette. Paris, 1917.

Hollebecque (Mlle). *La jeunesse scolaire de France et la guerre*, in-12. Didier. Paris.

Kergomard (Mme P.). *Les Ecoles maternelles. Décret, règlements et circulaires en vigueur, mis en ordre et commentés, accompagné d'un emploi du temps*, in-16, VI, 109 p., 1 fr. Nathan. Paris, 1917.

La Marière (Alice) et Grinberg (Suzanne). *Carrières féminines. Nouvelles écoles. Nouveaux métiers. Nouvelles Professions*, in-16. Larousse. Paris, 1917.

Leclerc (Max). *La formation des ingénieurs à l'étranger et en France. Nos Instituts techniques. Nos grandes écoles*, in-16, 2 fr. A. Colin. Paris, 1917.

Lemoine (A.). *Le livre d'or de l'Ecole primaire. Les instituteurs, les institutrices et la guerre. L'Ecole pendant la guerre. Les enfants héroïques. L'héroïsme militaire. L'héroïsme civil*, in-8, 2 08 p. et gravures, 4 fr. Jouve. Paris, 1916.

Liard (L.). *L'Université de Paris*, 2 vol. in-8 br. 3 fr. 50 le vol. Laurens. Paris, 1909.

LES BEAUX-ARTS

L'Administration.

Bien que François Ier ait créé une Surintendance des Beaux-Arts du Roy, dont il nomma titulaire, fort honoraire, Le Primatice, la fondation d'une administration officielle remonte à Colbert, qui, ayant acheté la charge de Surintendant, l'organisa sous le titre de *Surintendance générale des Beaux-Arts et Manufactures*. Ce service disparut avec la royauté. Rétablie par la Convention, l'Administration des Beaux-Arts fut absorbée, en 1804, par la Maison de l'Empereur. De 1814 à 1852, elle subit des changements nombreux pour faire retour à la Couronne sous le Second Empire. Au lendemain du 4 sept. 1870, l'Admin. fut réunie au Min. de l'Instruction Publique ; son chef avait simplement le titre de Directeur. C'est en 1879, sous le 1er ministère Jules Ferry, que fut institué un Sous-Secrétariat d'État des Beaux-Arts que Gambetta transforma, le 14 nov. 1881, en « Ministère des Arts ». A partir du 30 janv. 1882, date de la chute du Min. Gambetta, la Direction générale alterna périodiquement avec 10 Sous-Secrétariats des Beaux-Arts.

A l'heure actuelle, les services de la rue de Valois ont à leur tête un Directeur et sont rattachés au Min. de l'Instruction Publique et des Beaux-Arts (V. p. 68).

Les principaux Conseils et Commissions.

L'Administration des Beaux-Arts est aidée dans sa tâche par des Conseils et Commissions dont les principaux sont :

Le Conseil général des Bâtiments civils.

Créé sous le Directoire, le Conseil général des Bâtiments civils a, aujourd'hui, pour mission d'éclairer l'administration sur le mérite des projets qu'elle fait exécuter. Il examine les plans, devis, cahiers des charges qui lui sont soumis par les diverses administrations, les plans généraux d'alignement des villes, les plans partiels pour la formation de nouvelles rues, places et promenades, les difficultés qui surviennent entre les administrations, les architectes et les entrepreneurs. Il juge également les concours ouverts pour l'exécution des projets d'édifices publics.

La Commission des Monuments historiques.

Créée en 1790, interrompue dans sa mission par Napoléon Ier, rétablie en 1830, définitivement instituée le 29 sept. 1837, la Commission des Monuments historiques a pour but « de dresser le classement des édifices présentant, soit au point de vue de l'histoire, soit à celui de l'archéologie, un intérêt suffisant pour être placé sous la protection spéciale du Gouvernement ». La loi du 30 mars 1887 interdit l'aliénation et la réparation sans autorisation des immeubles classés.

Le 4 novembre 1902, est votée une loi qui assimile aux Monuments historiques les blocs erratiques, les monuments mégalithiques, et le sol sur lequel ils sont situés ou qui les renferme. La loi du 9 déc. 1905 ordonne un classement provisoire de tous les édifices servant à l'exercice public du culte qui représentent dans leur ensemble ou dans leurs parties une valeur artistique ou historique, et celui de tous les objets mobiliers garnissant les édifices cultuels. Le 21 avril 1906, une loi organise la protection des sites et monuments naturels de caractère artistique ; elle a été complétée par la loi du 17 juin de la même année relative à la distribution des forces d'éclairage et d'énergie. Une loi en date du 19 juillet 1909 étend aux objets mobiliers appartenant à des particuliers le classement contractuel imposé aux immeubles par la loi du 30 mars 1887. L'autorisation préalable du ministère des Beaux-Arts, et la surveillance administrative sont imposées pour la réparation des objets classés, la vente de ses objets restant libre, sauf l'exportation interdite.

Le nombre des monuments historiques classés qui était, en 1862, de 2.000, dépasse aujourd'hui 10.000.

Le Conseil supérieur des Beaux-Arts.

Constitué par le décret du 22 mai 1875 et modifié en dernier lieu le 20 juillet 1884, le Conseil supérieur des Beaux-Arts, nommé par le Ministre, est un corps purement consultatif. Il est convoqué pour donner son avis sur l'enseign. des Beaux-Arts, l'organisation et le fonctionnement des musées, les expositions artistiques, les manufactures nationales, etc.

Le Conseil des Musées nationaux.

Donne son avis sur les acquisitions d'œuvres d'art pour les musées nationaux et adresse chaque année, au Président de la République, un rapport sur ces acquisitions.

Ressortissant au 2e Bureau, il existe en outre le *Conseil sup. de l'Ensei-*

gnement des Beaux-Arts, le *Conseil de perfectionnement de l'Enseign. des arts du dessin*, la *Commission des souscriptions aux ouvrages d'art*, la *Commission de l'inventaire général des richesses de la France*, le *Comité des Sociétés des Beaux-Arts des départements*, le *Comité central consultatif des arts appliqués*.

L'Enseignement.

1° à Paris.

Les institutions d'enseignement artistique qui fonctionnent à Paris sous la direction de l'Administration des Beaux-Arts sont : l'Ecole Nationale des Beaux-Arts, l'École des Arts décoratifs et l'École du Louvre.

Ecole nationale et spéciale des Beaux-Arts, rue Bonaparte, 14, fondée sous la Révolution, réorganisée en 1803 et en 1813. Consacrée à l'enseignement des arts suivants : peinture, sculpture, architecture, gravure en taille douce, gravure en médailles et pierres fines, gravure à l'eau-forte, gravure sur bois, lithographie. Elle comprend :

1° Des cours se rapportant aux différentes branches de l'art ;

2° L'Ecole proprement dite où les élèves peuvent, à la suite des concours d'admission, participer à des études pratiques, des concours et obtenir des récompenses et titres. Elle est divisée en 3 sections : peinture, sculpture et architecture ;

3° Des ateliers (4 pour la peinture, 4 sculpture, 3 architecture, 1 pour chacun des différents genres de gravure et 1 pour la lithographie).

Les cours sont suivis par les élèves de l'Ecole, par ceux des ateliers, ceux qui travaillent dans les galeries et par toute personne ayant obtenu une carte d'admission.

Epreuves d'admission à l'École. Conditions : 15 ans au moins, 30 ans au plus. Epreuves en avril et mai pour peintres et sculpteurs, en février-mars et juin-juillet pour architectes.

Les élèves de l'Ecole peuvent être admis aux ateliers de leur section et les choisird'après l'ordre d'ancienneté et leur rang d'admission. Quant aux ateliers libres, chacun d'eux possède un règlement spécial. Il n'y a aucune différence aux points de vue des cours, concours et récompenses entre les élèves des ateliers officiels et ceux des ateliers libres.

L'Ecole possède de nombreuses et importantes collections d'œuvres d'art servant à l'enseignement, une bibliothèque d'art (25 000 vol., 1 million d'estampes et de photos). Musée ouvert au public le dimanche de 12 à 16 h. sauf jours fériés et période des vacances.

Directeur : Bonnat. G. C ✻. *Sous-Directeur* : Georges Bomier ✻.

Ecole nationale d'Arts décoratifs, 5, rue de l'Ecole-de-Médecine (fondée en 1765). Forme des artistes décorateurs, dessinateurs pour les industries d'art, architectes constructeurs et décorateurs. Deux sections : jeunes gens, rue de l'Ecole-de-Médecine, 5 ; jeunes filles, rue de Seine, 10 *bis* (ancienne Ecole gratuite de dessin pour les jeunes filles, créée en 1803). Enseign. gratuit. Conditions d'admission : avoir 13 ans au moins, et 30 ans au plus (garçons). 25 (jeunes filles). Concours en oct. et en févr. Cours de 8 h. 30 à 17 h. et de 20 à 22 h.

Directeur : Eugène Morand ✻. — *Sous-Directeur* : P. Steck.

Ecole du Louvre, Palais du Louvre. Du 1er lundi de déc. au 15 juin, cours sur l'archéologie antique, nationale et préhistorique, l'histoire de la peinture, de la sculpture, des arts, etc.

Conditions d'admission : avoir 16 ans au moins. Diplôme d'élève diplômé de l'Ecole du Louvre, après 3 années d'étude, 3 examens et la soutenance d'une thèse sur une des matières du cours.

Directeur : D'Estournelles de Constant.

2° dans les départements.

L'enseignement des Beaux-Arts est donné dans :

a) 3 écoles nationales : Lyon, Alger, Dijon ;

b) 8 écoles régionales : Amiens, Clermont-Ferrand, Montpellier, Nancy, Rennes, Rouen et St-Etienne ;

c) 14 écoles municipales : Angers, Avignon, Besançon, Bordeaux, Caen, Grenoble, Lille, Marseille, Nantes, Le Havre, Poitiers, Tourcoing et Toulon.

Quant à l'enseign. des applications diverses de l'art, inspiré de celui de l'Ecole nationale des Arts décoratifs de Paris ou directement dérivé, les institutions départementales, dépendant de l'Etat ou subventionnées par lui, sont :

L'Ecole nat. d'Art décoratif d'Aubusson (tapis et tapisseries) ;
L'Ecole nat. des Arts appliqués à l'industrie de Bourges ;
L'Ecole nat. des Arts décoratifs de Limoges (céramique) ;
L'Ecole nat. d'Art décoratif de Nice ;

L'Ecole artistique de Calais (dentelles);
L'Ecole nat. des Arts industriels de Roubaix (industries du tissage);
L'Ecole régionale des Arts industriels de St-Etienne (rubannerie et armurerie).

Enfin, on compte environ 300 écoles de dessin, fondées par des municipalités, des associations ou par l'initiative privée.

3° à l'étranger.

Académie de France à Rome. Créée en 1666 par Colbert, installée villa Médicis. A eu pour directeurs Charles Evrard, Vien, Lagrenée, Guérin, Horace Vernet, Ingres, Hébert, Carolus Duran. Directeur actuel: Besnard. Ses élèves se recrutent parmi les lauréats des Grands-Prix de Rome dans les sections de peinture, sculpture, architecture, gravure, musique, à la suite de concours annuels ouverts, sous la direction de l'Acad. des Beaux-Arts, tous les ans pour les peintres, sculpteurs, architectes et musiciens, tous les 2 ans pour les autres sections. Les lauréats, nommés « pensionnaires », habitent la villa Médicis. Traitement annuel: 2.310 fr., plus indemnité de 1.200 fr. pour nourriture et une indemnité variable pour frais d'études et de voyage. La 1re année, les élèves séjournent à Rome; la 2e, ils peuvent voyager en Italie. Les élèves-peintres de 3e année peuvent exécuter leur copie réglementaire dans un musée étranger hors de l'Italie. Les architectes passent leur 4e année d'études en Grèce, Asie-Mineure et Egypte. Tous les ans, on expose publiq. à Paris les ouvrages qu'ils envoient et, à la séance annuelle de l'Acad. des Beaux-Arts, on exécute les œuvres des élèves musiciens.

Villa Velasquez, à Madrid, la Moncloa, f. en 1920, destinée: 1° à hospitaliser les artistes et historiens d'art, les archéologues; séjour, de 2 mois à un an. Les titulaires des bourses de salon ou de voyage, les pensionnaires ayant fini leur séjour à Rome, les médaillés des écoles d'art peuvent y être reçus suivant les possibilités du logement. S'adr. à l'Acad des Beaux-Arts. *Dir.*: Pierre Paris.

Ecole française d'Athènes, instituée en 1846; école de perfectionnement pour l'étude de la langue, de l'histoire et des antiquités grecques.

Institut français d'archéologie orientale du Caire, a pour objet de favoriser les études, explorations et fouilles relatives aux civilisations qui se sont succédé en Egypte et dans les régions voisines. Publie un bulletin, des mémoires et possède une bibliothèque d'études.

Les musées nationaux.

Le min. de l'Instruction publique et des Beaux-Arts a dans ses attributions administratives les Musées nationaux qui sont au nombre de 4: Musées du Louvre, du Luxembourg, de Saint-Germain et de Cluny. Il administre, en outre, par la Commission des Monuments historiques, le Musée de la Sculpture comparée, et, directement, plusieurs musées privés qui lui ont été donnés ou légués: Musées Guimet, Jacquemart-André, Gustave Moreau, d'Ennery et de la Malmaison.

Musée national du Louvre, Palais du Louvre. Contient, d'après les derniers catalogues, 3.320 peintures, plus de 20.000 dessins, 1.175 sculptures, plus de 2.000 pièces d'antiquités assyriennes, chaldéennes, égyptiennes, etc.; pour les antiquités grecques et romaines, marbres antiques 3.035 pièces; 10.000 bronzes; trésor de *Boscoreale*, 110 pièces; vases antiques, 2.039; inscriptions grecques, 290; figurines antiques, 267; Objets d'art du Moyen Age, de la Renaissance et des temps modernes, chiffres par séries: ivoires, 244 pièces; mobilier, 696; Collection Arconati-Visconti, 132; Collection Camondo, 804; orfèvreries, gemmes et joyaux, 1.025; bronzes et cuivres, 692, etc.

Le premier fonds du Musée de peinture fut formé par le Cabinet du roi. Les conquêtes de la République et de l'Empire l'accrurent et, malgré les reprises des Alliés, le Louvre resta le plus beau et le plus grand musée de l'Europe. Principaux dons et legs: Lacaze (1869), Mme Duchâtel, comtesse Sommariva, Boucicault, Thomy-Thierry, Moreau-Nélaton, Chauchard et de Camonido.

Les collections occupent 25 galeries et salles du palais dont: le Grand Salon carré, aux 40 chefs-d'œuvre, la Salle des Sept Cheminées (Salon carré de l'Ecole française), la Grande Galerie, la Salle de Rubens, et la Salle Lacaze. La Galerie d'Apollon renferme de précieuses pièces d'orfèvrerie anciennes, les émaux de la Renaissance, les Diamants de la Couronne.

Le *Musée des Antiques*, formé, dès le début, par les mêmes éléments compte 25 galeries dont: Salles de la *Vénus de Milo*, de la *Pallas*, de la *Melpomène*, de la *Psyché*, de l'*Hermaphrodite*, l'escalier de la *Victoire de Samothrace* ou escalier Daru.

Le *Musée des sculptures du Moyen Age, de la Renaissance et des Temps modernes*, qui fait suite aux Antiques et aux musées des Antiquités assyriennes, égyptiennes, africaines, chrétiennes, a son origine dans la galerie d'Angoulême, créée de 1816 à 1820, possède 5 salles dites de Coysevox, Puget, Coustou, Bouchardon et Houdon. Le comte de Laborde organise de nouvelles salles pour les sculptures du Moyen Age et de la Renaissance. Après 1870, Courajod groupe 1.100 nouvelles statues et put ouvrir 15 nouvelles salles dont celles de Jean Goujon, Michel-Ange, des Della Robbia, Rude, Carpeaux et Barye.

Le *Musée des objets d'art du Moyen Age, de la Renaissance et des Temps modernes* constitué en 1898 avec les œuvres de la galerie d'Apollon, de l'ancien Garde-meuble de la Couronne et par des dons ou acquisitions diverses. Dans ce musée, ont été organisées, en 1898, une Section spéciale d'Extrême-Orient et, tout récemment, une autre d'Orient musulman.

Le *Musée des Dessins* occupe 17 salles.

Au 2e étage, se trouve le *Musée de la Marine*, auquel sont affectées 21 salles et 2 galeries.

Le Conservatoire du musée du Louvre est ainsi composé : *Directeur :* M. D'Estournelles de Constant. — Antiquités égyptiennes : *Conservateur :* M. G. Bénédite. — Antiquités grecques et romaines : *Conservateur :* M. Michon. — Antiquités orientales et Céramique antique, *Conservateur :* M. Ed. Pottier. — Peinture, Dessins et Chalcographie, *Conservateur :* J. Guiffrey. — Sculpture du Moyen Age, de la Renaissance et des Temps modernes, *Conservateur :* M. André Michel. — Objets d'art du Moyen Age, de la Renaissance et des Temps modernes, *Conservateur* : M. G. Migeon. — Musée de la Marine : *Conservateur* : M. Destrem.

Ouvert tous les jours, lundi excepté, du 1er oct. au 1er mars, de 10 h. à 16 h. ; du 1er mars au 1er oct., de 10 h. à 12 h. et de 14 à 18 h. sauf le lundi.

Musée du Luxembourg, r. de Vaugirard, 19, contient un millier de tableaux et de sculptures, est consacré spécialement à l'exposition publique d'œuvres d'artistes vivants ou morts depuis peu de temps, français et étrangers. Il occupe l'ancienne Orangerie du palais du Luxembourg, agrandie par une vaste aile en retour sur la rue de Vaugirard. Une grande galerie dans cette aile est affectée à la sculpture. Il s'y trouve entre autres des œuvres de : Allard, Allouard, Bareau, Barrias, Boisseau, Boucher, Cariès, Cazin, A. Charpentier, F. Charpentier, Cordonnier, Coutan, Dalou, Dampt, Dubois, Falguière, Frémiet, Gérome, Guillaume, Injalbert, Marqueste, Mercié, Meunier, Moulin, Puech, Rodin, Saint-Marceaux, etc. Dans cette galerie, vitrines contenant plus de 800 médailles, plaquettes et camées; dans d'autres salles, des émaux, bijoux, verreries, etc.

Les salles de peinture, au nombre de 13, exposent 421 tableaux d'artistes français parmi lesquels : Bastien-Lepage, Paul Baudry, Rosa Bonheur, Bonnat, Bouguereau, Jules Breton, Cabanel, Carolus Duran, Dagnan-Bouveret, Degas, Detaille, F. Flameng, Fantin-Latour, Gérome, Harpignies, Henner, J.-P. Laurens, Jules Lefevre, Gustave Moreau, Manet, Henri Martin, A. de Neuville, Puvis de Chavannes, Ribot, etc. ; 111 tableaux de maîtres étrangers, environ 150 dessins et aquarelles.

Conservateur : M. Léonce Benedite, ✵.

Le musée est ouvert tous les jours, excepté le lundi, de 9 h. à 17 h. et du 1er mars au 30. sept. de 10 h. à 12 h. et de 14 à 18 h. sauf le lundi.

Musée historique de Versailles (au château). Consacré par Louis-Philippe à toutes les gloires de la France, il rassemble 9.000 pièces : tableaux, notamment portraits historiques, dessins, gravures et sculptures remplissant 22 salles et galeries dont la célèbre *Galerie des Batailles*, longue de 120 m. sur 13 de large, ornée de 33 grands tableaux et de 80 bustes de connétables, amiraux et généraux. Œuvres principales : toiles commémorant les campagnes.

Quant au Château, il est lui-même un immense musée de l'art français au siècle de Louis XIV, contenant les principales œuvres des peintres Le Brun, Mignard, Van der Meulen, Noël et Antoine Coypel, etc., des sculpteurs Coysevox, Girardon, Coustou, Cafferi, etc., etc.

Conservateur : M. A. Pératé.

Le musée de Versailles est ouvert tous les jours, excepté le lundi et jours fériés., de 11 h. à 16 h. en hiver et à 17 h. en été.

Musée de St-Germain-en-Laye. — Le château de St-Germain, élevé sous le règne de François Ier, contient le Musée des Antiquités nationales, fondé par Napoléon III, en 1862. Ce musée ne comprend pas moins de 30.000 pièces, en originaux et en moulages, exposés dans 30 salles et galeries.

Conservateur : M. Salomon Reinach (O. ✵), de l'Institut.

Le musée est ouvert, le dim. de 10 h. 30 à 16 h. ; les mardis et les jeudis, de 11 h. 30 à 16 h. en hiver et 17 h. en été. Les étrangers peuvent le visiter tous les jours, sauf le lundi, en signant sur un registre.

Musée de sculpture comparée au Trocadéro. — T. Passy 95-08. — Créé en 1882, dans les deux ailes du palais du Trocadéro a pour but d'initier le public à l'histoire artistique et technique de la décoration monumentale, depuis l'antiquité jusqu'au milieu du XIXe siècle, au moyen de moulages, de copies, de photographies, de peintures et de dessins. 14 galeries et salles renferment les œuvres exposées avec les classifications suivantes : époques romane et de transition ; style français de la 2e moitié du XIIe s. et des XIIIe et XIVe s. ; style flamboyant des XVe et XVIe s. et Renaissance ; époque moderne ; arts égyptien, assyrien, grec romain et gallo-romain, Moyen-Age, Renaissance et temps modernes. Collection de vitraux originaux du XIIe au XVIe s. et copies des peintures décoratives du XIIe au XVe s.

Directeur : M. C. Enlart, ✻. — *Conservateur :* J. Roussel.

Le musée est ouvert tous les jours, le lundi excepté, de 11 h. à 16 h. en hiver et à 17 h. en été.

Musée des Archives nationales, 60, rue des Francs-Bourgeois, ouvert le dimanche de 13 à 16 h.

Musée de Cluny, rue du Sommerard, 24. T. Gobelins 24-21. — Fondé en 1844 par l'Etat par l'acquisition des collections d'objets d'art du Moyen Age et de la Renaissance formées par du Sommerard, installées dans l'hôtel construit en 1480 pour Jacques d'Amboise, abbé de Cluny, et contigu aux ruines du Palais des Thermes, édifié de 292 à 306.

Dans ses 35 salles, il renferme plus de 10.000 pièces, peintures anciennes, sculptures, émaux, bronzes, vitraux, bijoux, costumes, uniformes, armes et armures, etc.

Directeur : M. Edmond Haraucourt (O. ✻).

Le musée est ouvert tous les jours, sauf le lundi et les jours fériés ne tombant pas le dimanche, de 11 h. à 16 h. en hiver et à 17 h. en été ; le vendredi, à partir de 13 h.

Musée Guimet, r. Boissière. Ce musée, fondé à Lyon en 1879 par M. Emile Guimet, puis transféré à Paris en 1888 et donné à l'Etat, a été consacré à l'étude des religions, de l'histoire et des arts de l'Extrême-Orient. 9 galeries, 27 salles, biblioth. de 40.000 vol. dont un assez grand nombre de manuscrits orientaux précieux.

Conservateur : M. A. Moret. — *Conservateur-adjoint :* J. Hackin.

Le musée est ouvert tous les jours, sauf le lundi, de 12 à 16 h. en hiver et 17 h. en été la bibliothèque aux mêmes heures sauf le lundi et le dimanche.

Musée Jacquemart-André, boul. Haussmann, 158, formé par M. Edouard André et continué par sa veuve, Mme Nelly Jacquemart, légué à l'Institut, en 1912, avec le château de Châlis. Contient env. 1.250 tableaux, sculptures, tapisseries, bronzes, verreries, orfèvreries et céramiques.

Directeur : M. Pierre de Nolhac (O. ✻).

Le musée est visible le vendredi de 13 h. à 16 h. ; prix d'entrée : 2 fr. ; le dimanche de 13 à 16 h., entrée gratuite. Vestiaire obligatoire. Fermé pendant le mois d'août.

Musée Gustave Moreau, r. de La Rochefoucauld, 14. T. Louvre 25-52. — Exposition permanente de l'œuvre de cet artiste, léguée par lui, en 1898, avec l'hôtel qu'il habitait. Contient 797 peintures ; 349 aquarelles ; env. 7.000 dessins et 23 cartons d'études, d'esquisses et de calques.

Conservateur : M. Georges Rouault.

Le public peut le visiter tous les jours, excepté le lundi et de 10 h. à 16 h. en été, et 17 h. en hiver ; l'entrée est gratuite.

Musée de la Malmaison, à Rueil (S & O). résidence de l'Impératrice Joséphine, acquise en 1896 par M. Osiris et offerte par lui à l'Etat qui y organisa un musée des souvenirs du Premier Empire.

Conservateur : M. Jean Bourguignon.

Ouvert de 11 h. à 16 h. en hiver, et 17 h. en été, sauf le lundi.

Musée d'Ennery, avenue du Bois de Boulogne, 59. Collections d'œuvres et objets d'art d'Extrême-Orient : statues en diverses matières, bronzes, laques, armes, armures, netzkés, kogos, etc., etc., légué à l'Etat par le célèbre auteur dramatique (1811-1899).

Conservateur : M. Deshayes.

Ouvert tous les jours, sauf le lundi et le samedi et pendant le mois d'août, de 12 h. à 16 h. en hiver, et à 17 h. en été.

Musée Rodin, Hôtel Biron, rue de Varenne, 77, consacré aux œuvres du sculpteur Rodin.

Conservateur : Léonce Bénédite. *Secr. :* Edouard Générès.

Ouvert tous les jours, lundi y compris, de 13 h. à la chute du jour.

Paris possède également : le *Musée de l'Armée* qui dépend du ministère de la Guerre, le *Musée de la Guerre*, ressortissant au Min. de l'Instruction publique et le *Musée des arts décoratifs*, création de l'initiative privée.

Musée de l'Armée, hôtel des Invalides. Constitué en 1905 par la réunion de l'ancien Musée d'artillerie et du Musée historique de l'armée. Occupe 26 salles et galeries et comprend 2 sections : 1° Armes et Armures ; 2° Histoire de l'Armée, renfermant des armures du XVe au XVIIe s., des armes de luxe du XVIe au XIXe s., l'armement des troupes à pied et à cheval.

armes orientales, l'équipement des coloniaux et des soldats indigènes, souvenirs des guerres de Louis XIV, de Napoléon, d'Algérie, de 1870 et de la Grande Guerre.
Directeur : général Malleterre (O. ✻).

Le Musée de l'armée est ouvert les mardis, jeudis et dimanches de 12 à 16 h. en hiver et à 17 h. en été. Mercredi, entrées payantes, 1 fr., aux mêmes heures.

Musée de la Guerre, 39, rue du Colisée. T. Elysées 38.24. Formé avec les collections Henri Leblanc ; tableaux, estampes, dessins relatifs à la Grande Guerre.
Directeur : Camille Bloch ✻. *Conserv. du Musée* : René Jean.
Ouvert toute l'année de 9 à 11 h. 30 et de 14 à 17 h. 30.

Musée des arts décoratifs. Installé depuis 1905, dans les salles et galeries du Pavillon de Marsan au Palais du Louvre. Contient des collections d'œuvres d'art industriel ancien et moderne, français et étranger, dont le nombre dépasse le chiffre de 20.000 : mobilier, tapis, tapisseries, étoffes, broderies, dentelles, armures, armes, serrurerie, ferronnerie, bronzes, dinanderie, orfèvrerie, joaillerie, céramique, verrerie, vitraux, boiseries, etc., etc.
Au musée est annexée une bibliothèque d'env. 12.000 volumes et 630.000 estampes.
Conservateur du Musée : Metman.— *Conserv. adjoints :* Guérin et Alfassa.
Le musée est ouvert tous les jours de 10 h. à 16 h. en hiver, et à 17 h. en été. Prix d'entrée 1 fr. par personne en semaine, 50 cent. les jours fériés, et gratuit le dimanche.

Musée des postes et télégraphes, 107, rue de Grenelle. Collections, documents et appareils relatifs aux postes, au télégraphe et au téléphone. Ouvert les mercredis et vendredis, de 14 à 17 h.

Les Musées municipaux.

La Ville de Paris possède et administre cinq musées : le *Musée des Beaux-Arts du Petit-Palais*, le *Musée Carnavale*, le *Musée Galliera*, le *Musée Cernuschi* et le *Musée* ou *Maison Victor Hugo*.

Musée des Beaux-Arts, av. Alexandre III. T. Élysées 17.38. Installé dans le Petit Palais des Champs-Elysées, inauguré en 1902. Contient les peintures ou sculptures achetées ou commandées par la Ville, des collections d'œuvres d'art données ou léguées, telles que les collections Henner, Ziem, Carriès, Dalou, des collections de médailles, d'estampes, de dessins, etc., et surtout la collection Dutuit, léguée en 1902 par les célèbres collectionneurs rouennais. Tableaux de maîtres anciens français et hollandais dont plusieurs très célèbres : le *Portrait de Rembrandt* par lui-même, les *Moulins* d'Hobbema, etc. Collection précieuse de manuscrits à miniatures parmi lesquels, le *Grand Alexandre*, de la bibliothèque des ducs de Bourgogne (xve s.), etc.
Conservateur : Henry Lapauze (O. ✻).
Le musée est ouvert au public tous les jours de 10 h. à 16 h. en hiver et 17 h. en été sauf le lundi et le mardi seulement à partir de 12 h. 30. Prix d'entrée : 1 fr. ; gratuit le dim. jours de fêtes et jeudis.

Musée Galliera, av. Pierre Ier de Serbie, 10. T. Passy 96.85. Installé dans le palais construit pour la duchesse de Brignole-Galliera qui le donna à la Ville. Consacré à l'art décoratif français moderne dont il est organisé deux fois par an des expositions spéciales.
Conservateur : Eugène Delard ✻.
Ouvert au public les mêmes jours et aux mêmes heures que le musée précédent.

Musée Carnavalet, r. de Sévigné, 23. T. Archives 21.18. Installé dans l'Hôtel Carnavalet que Mme de Sévigné habita de 1677 jusqu'à sa mort et qui avait été construit en 1544 par Pierre Lescot pour le président de Lignèris. Le Musée a 5 salles et une galerie consacrées à l'histoire de Paris depuis la période gallo-romaine. Autres salles : Salles de la Bastille, de la Convention, des Enseignes, des théâtres parisiens, de l'aérostation, etc. ; Salons de Sévigné : Dangeau, etc. Musée du Siège de Paris en 1870-71. *Conservateur* : Jean Robiquet (✻).
Ouvert tous les jours, excepté le lundi, de 10 h. à 16 h. en hiver et 17 h. en été ; le mardi, à partir de 12 h. 30. Entrée : 1 fr. ; gratuit les jeudis, dim. et jours de fête. Le Cabinet des Estampes est à la disposition des travailleurs, sur autorisation, tous les jours de 11 à 15 h.

Musée Cernuschi, avenue Velasquez, 7. T. Wagram 23.31. Légué à la Ville, en 1895, par Cernuschi, contient des collections d'objets d'art de la Chine et du Japon qui occupent 7 salles et la collection d'objets d'art russe formée par le baron de Baye. —*Conservateur :* d'Ardenne de Tizac.
Même jours et heures de visite que pour le Musée Carnavalet.

Musée Victor Hugo. Installé place des Vosges, 6, dans la maison du grand poète (1832-1848). Paul Meurice en forma le premier fonds. Offert à la ville et inauguré le 30 juin 1903. Contient 5.000 estampes, dont 900 portraits du maître, 300 dessins qu'il a exécutés ; biblioth. de toutes les éditions publiées de ses ouvrages ; souvenirs de famille, etc.

Conservateur: M. Raymond Escholier.
Mêmes conditions d'entrée que dans les autres musées de la Ville de Paris.

Le Musée de l'Institut de France.

L'Institut de France possède et administre le célèbre musée Condé, à Chantilly, qui lui a été légué en 1889, par le duc d'Aumale.

Musée Condé, à Chantilly (gare du Nord), comprend : 500 tableaux anciens et modernes, 500 miniatures, 700 dessins de maîtres, 1.100 portraits du XVe s. jusqu'à nos jours, 3.000 estampes, monnaies, médailles, émaux, souvenirs militaires, etc. Bibliothèque de 12.000 vol. dont 1.400 manuscrits, les archives des maisons de Condé, d'Orléans.

Principaux numéros : la *Vierge de la maison d'Orléans*, les *Trois Grâces* de Raphaël, de la collection Dudley, achetées 625.000 fr. ; *Esther et Assuérus*, de Filip. Lippi, acquis en 1892 à la vente Leclanché pour 85.000 fr. ; le *Portrait de Gaston d'Orléans* par Van Dyck ; une série de portraits par Clouet ; la *Stratonice* d'Ingres, achetée 92.000 fr. Dans la collection des miniatures, deux joyaux incomparables : Le *Livre d'heures d'Étienne Chevalier*, illustré par Jehan Fouquet, acquis pour 250.000 fr. et les *Très riches heures du duc de Berry*, découvertes par le prince à Gênes et payées la modique somme de 18.000 fr. Dessins, etc.

Conservateur : M Lemonnier, de l'Institut.

Le musée est ouvert au public les dimanches et jeudis de 13 à 17 h., du 14 avril au 17 oct. Droit d'entrée de 1 fr. le samedi aux mêmes heures.

Les Musées dans les départements.

On compte, dans les départements, 350 musées d'art, d'archéologie et de curiosités, possédés par les départements ou par les municipalités. Ces musées contiennent environ 40.000 tableaux. Voici les principaux :

Musée d'Aix (B.-du-R.). Fondé en 1838. Œuvres antiques de très grande valeur. Parmi les tableaux, le *Portrait du duc de Villars* par La Tour, 2 médaillons, *portrait du Roi René*, *Jupiter et Thétis* d'Ingres, et dans la section de sculpture 369 pièces, un *Louis XIV jeune* de Puget, et un buste du bailli de Suffren par Houdon. *Conservateur* : M. Routier.

Musée d'Amiens fondé par la Société des Antiquaires de Picardie. Légué à la Ville en 1873. Principales pièces : un superbe Lenain, les *Lavandières* de Fragonard, le portrait de La Tour par lui-même, la *Messe du pape Grégoire le grand* par Ribeira, un *portrait d'homme* par le Gréco, un buste du Régent par Coysevox, et un marbre grec antique précieux : *La triple Hécate*. L'escalier du musée est orné de peintures de Puvis de Chavannes. *Conservateur* : M. Albert Roze.

Entrée gratuite les dimanches et jeudis, 1 fr. les autres jours.

Musées d'Angers. Le *Musée de Peinture* installé au Logis Barrault. Principales pièces : le *Portrait de madame de Porcin* (*Jeune femme jouant avec un chien*) par Greuze, les *Baigneuses* de Pater, la *Fête de campagne* de Watteau, les *Génies des arts* par Boucher, etc.

Au rez-de-chaussée, le musée David d'Angers.

Le *Musée de peinture et de curiosités artistiques de l'Hôtel de Pinot* formé par le fonds du cabinet Turpin de Crissé qui en fait une sorte de Cluny en réduction. Musée ouvert les dimanches de 13 h. à 17 h. Pour les étrangers, les autres jours de 10 à 12 h. et de 14 h. à 16 h.

Le *Musée d'archéologie*, comprenant plus de 15.000 pièces, installé dans l'ancien hôpital St-Jean, construit en style dit Plantagenet aux XIIe et XIIIe s.

Conservateur : M. Ch. Urseau. — *Conservateur-adjoint* : Cayron.

Ouvert les jeudis et dim. de 12 à 16 h.

Musées d'Arles. Le *Musée antique lapidaire*, fondé en 1815, dans l'ancienne église Sainte-Anne, au moyen des précieuses dépouilles de l'immense *campo santo* des Alyscamps, de morceaux d'architecture, colonnes, chapiteaux, frises, etc., du Théâtre antique, etc.

Le *Musée Arlatan*, œuvre du grand poète Mistral, où revit, au moyen de restitutions pittoresques d'intérieurs, l'Art provençal appliqué au mobilier, à la décoration, au costume, etc.

Musée d'Avignon, installé dans le vieil Hôtel de Villeneuve—Martignan. Principales pièces : le Portrait de Pierre de Luxembourg, par un anonyme du XVe s. ; le *Couronnement de la Vierge*, œuvre de la fin du XVe s. ; le *Saint Georges terrassant le démon*, attribué à Nicolas Froment, le peintre du *Buisson ardent* de la cathédrale d'Aix ; l'*Adoration des Bergers* par Simon de Châlons, datée de 1548. La section des sculptures contient des antiquités précieuses provenant des fouilles de Vaison. Bibliothèque de 150.000 vol. environ.

Conservateur : M. J. Girard.

Entrée gratuite le dimanche de 13 h. à 16 h., et en semaine, sur demande, de 9 h. à 11 h. 30, et de 13 h 30 à 16 h. Autres jours, entrée, 1 fr.

Musée du Palais des Papes. Conservateur : Dr. Colombe.

Musée de Bayonne (musée Bonnat) contient : 4 tableaux de Rembrandt, 3 de Rubens, 2 de Goya et 7 d'Ingres ; des dessins de Raphaël, de Michel-Ange, de Léonard de Vinci, de Rembrandt, de Rubens et de Van Dyck, pour les maîtres anciens les plus célèbres, et pour les modernes, de Prudhon (19), d'Ingres (150), Descamps, Raffet, Charlet, Corot, Daubigny, Puvis de Chavannes, etc. Sculptures : un buste de Michel Ange, 60 bronzes de Barye, quelques antiques délicieux, des ivoires, des verreries, etc. — *Conservateur :* M. Pascau.

Le musée est ouvert gratuitement au public tous les jours de 13 h. à 16 h. en hiver et à 17 h. en été.

Musée de Besançon. 602 tableaux et 45 sculptures. Collection Jean Gigoux : 267 tableaux ; collection Chartran, 43 peintures et 20 dessins. Quelques tableaux célèbres : *La Déposition de Croix* par le Bronzino (1545) ; le retable de *Notre-Dame des Sept Douleurs*, attribué à Van Orley ; la *Source* de Cranach le vieux ; le *portrait du duc de Richelieu*, par Lawrence ; *Desdebans*, par Ingres, et le *portrait de Ducis*, par le baron Gérard. Parmi les antiquités : le *Taureau* d'Avrigney, provenant du cabinet du président Chiflet ; le *Mercure* de Mandeure ; le *Bacchus jeune* trouvé à Besançon, en 1715 ; et la Tête de mule damasquinée d'argent de la collection Adrien Paris, ensemble remarquable d'œuvres du XVIIIe s.

Conservateur : M. Chudant.

Ouverture du musée : le dimanche de 13 h. à 16 h. ; en semaine de 13 h. à 17 h. sauf le lundi.

Entrée gratuite les dim. et fêtes : autres jours, 1 fr.

Musées de Bordeaux. — Le *Musée des Beaux-Arts* constitué par la municipalité en 1790, contient 741 tableaux, dessins et gravures et 69 sculptures. Principales œuvres : *la Vierge entre deux saints* du Pérugin, le *Boissy d'Anglas*, *la Convention* par Delacroix, le *Bain de Diane* par Corot, et *les Bords de l'Oise* par Daubigny. Quelques excellentes sculptures du XVIIIe siècle et le *Charles VII* de Barye. Au 1er étage, médailler municipal. 25.000 pièces des collections Emile Lalanne et E. de Fayolle.

Conservateur : M. Daniel Alaux.

Musée ouvert tous les jours, lundi excepté, de 10 h. à 16 h. en hiver et à 17 h. en été.

Le Musée d'antiquités et d'épigraphie, créé en 1810 et installé en 1904, au rez-de-chaussée de la Bibliothèque municipale, contient 1.500 monuments lapidaires bordelais des époques gallo-romaines et du Moyen âge, 250 inscriptions gallo-romaines, etc.

Conservateur : C. de Mensignac.

Musée de Bourges, installé dans l'ancien Hôtel Cujas. Œuvres de statuaire du Moyen Age et de la Renaissance, objets de curiosité artistique, meubles, dinanderie, fer forgé, etc. *Conservateur :* M. Roger.

Musée de Caen. Possède depuis le décret de l'an VIII, 82 tableaux dont : le *Melchisedec* de Rubens, le *Mariage de la Vierge* du Pérugin, le *Vœu de Louis XIII* de Philippe de Champaigne, *la Mort d'Adonis* du Poussin, une étude de *Mendiant* par Jordaëns, etc.

Musée de Carnac-Loemaria (Morbihan). Musée Milne. Objets celto-romains ; collections de *celtes*, cerceuils de pierre, etc.

Musée de Colmar. Renferme les merveilleux Grünewald de l'ancien autel d'Isenheim ; le tryptique, provenant des Unterlinden ; la Madone au buisson de roses de Schœngauer : vitraux des Dominicains ; manuscrits précieux des IXe, X[e] et XIe s.

Musée de Dijon. Créé par Devosge, le maître de Prudhon et de Rué ; la municipalité l'installa en 1799, dans le grand salon du Palais des Etats de Bourgogne. Célèbre surtout par la salle des Gardes du palais des ducs de Bourgogne restaurée avec un grand goût, qui contient les chapelles portatives de ces ducs, œuvre de Jacques de Baerze, par les tombeaux de Philippe le Hardi et de Jean sans Peur ; la cheminée ducale en pierre blanche sculptée par Jean Dangers en 1504 ; le rétable de la Chartreuse de Champmol, peint par Melchior Broederland : la collection des objets de haute curiosité provenant des ducs de Bourgogne. Dans les salles de peinture, l'*Adoration des bergers*, œuvre du Maître de Flémalle, XVIe s. ; le *Moïse sauvé des eaux* de Paul Véronèse, le *Portrait de Marie Leczinska*, par Nattier ; le *Portrait de François Giraudon*, par Rigaud. Une partie du rez-de-chaussée est consacrée à l'œuvre de Rude, en originaux et en moulages et au Musée archéologique (2.000 pièces d'un grand intérêt). — *Conservateur :* M. Joliet.

Le musée est ouvert de 13 h. à 17 h., gratuitement ; et pour les étrangers, la semaine, de 9 h. à 11 h. et de 13 h. à 16 h. en hiver, et à 17 h. en été. Prix d'entrée 1 fr.

Musée de Grenoble. Principales pièces : le *Saint Grégoire* de Rubens. : un *Portrait* par Van Eeckout ; *Jésus Christ guérissant l'hémorroïde* par Paul Véronèse, qui appartint à Louis XIV ; un *Saint-Jean-Baptiste* par Philippe de Champaigne ; un *Portrait de femme* par de Troy. Œuvres de Clouet, Watteau, Lancret, Largillière, etc.

Conservateur : M. Andry-Farcy.

Palais des Beaux-Arts de Lille. Comprend les musées suivants répartis en 11 départements : Musée de Peinture, Wicar (dessins), de gravure, de sculpture, des antiques, d'archéologie, musée Lillois (antiquités et souvenirs locaux), de numismatique et de sphragistique, de céramique, d'ethnographie, musée lapidaire.

Conservateur général des Musées : M. Edm. Théodore.

Les musées sont actuellement fermés au public par suite des travaux de réorganisation.

Musées de Limoges. Musée Adrien Dubouché, du nom de son fondateur (1868) et Musée Céramique, 15.000 pièces de faïences et de porcelaines et 200 émaux limousins de différentes périodes.

Musées de Lyon. Sous la Révolution, l'Abbaye royale des dames de St-Pierre, bâtie au XVIIIe s., pl. des Terreaux, fut convertie en Palais des Arts. Le catalogue actuel du *Musée de peinture* ne comprend pas moins de 10.000 tableaux. Dans ce nombre : *l'Ascension* peinte, en 1495, par le Pérugin ; trois superbes Rubens : l'*Adoration des mages*, le *Christ s'apprêtant à foudroyer le monde* et *Saint-François avec Saint-Dominique* ; le *Martyr des Saints Gervais et Protais* par Le Sueur ; *Madame Antony et ses enfants* par Prudhon ; le *Portrait de Meissonier* par lui-même ; *la Retraite de Russie* par Charlet ; *les Derniers moments de Marc Aurèle* par Delacroix. Galerie spécialement consacrée aux maîtres lyonnais : Berjon, Blanchet, de Boissieu, Paul Flandrin, Chenavard et Puvis de Chavannes, etc.

Le Musée épigraphique offre la plus belle collection de monuments antiques qui existe en France, après le Musée du Louvre. On y voit la célèbre *Table de bronze* contenant le discours de Claude au Sénat romain, en l'an 48 ; la grande mosaïque des *Jeux du cirque*, trouvée à Ainay en 1806, le sarcophage en marbre de St-Irénée représentant le *Triomphe de Bacchus*, le bas-relief en marbre du *Suovetaurilia*, et le bronze antique de l'*Orateur*.

Collections d'œuvres d'art du Moyen âge et de la Renaissance particulièrement riches en sculptures italiennes, armures, orfèvreries, et meubles français et italiens.

Conservateur des peintures et sculptures : M. Focillon ; *Conservateur des collections archéologiques :* N... ; *Conservateur des objets d'art du Moyen Age et de la Renaissance;* N...

Musée historique des Tissus.— Fondé par la Chambre de commerce en 1891, au second étage du Palais de Commerce, divisé en 10 salles ou galeries correspondant aux grandes divisions historiques et technologiques des collections.

Musées de Marseille. *Musée municipal de peintures et sculptures* installé au Palais de Longchamp. Principales peintures ; une *Sainte famille* du Pérugin; la *Chasse aux sangliers* de Rubens ; *la Ferme* de Benedetto Castiglione ; *le Portrait de madame de Châteauroux*, par Nattier ; *Portrait de M. de Saint Florentin*, par Tocqué ; la *Jeune mère donnant la soupe à son enfant*, par Millet, etc. Dans la section de sculptures, plusieurs œuvres importantes de Puget. L'escalier d'honneur, qui conduit aux galeries de peinture, est orné des compositions magistrales de Puvis de Chavannes : *Marseille colonie grecque*, et *Marseille porte de l'Orient.*

Conservateur : M. J. A. Gibert.

Musée ouvert gratuitement tous les jours, lundis et vendredis exceptés, de 9 h. à 12 h. et de 14 à 16 et 17 h.

Le Musée Borelly, situé à l'extrémité du Prado, dans un parc, est un musée d'antiquités et d'archéologie, dont le premier fonds a été constitué par la célèbre collection d'antiquités égyptiennes de Clot Bey. Mêmes heures d'entrée qu'au musée du Palais de Longchamp.

Conservateur : M. Clerc.

Musée du Vieux Marseille, fondé en 1911 et installé au Parc du Rond-Point du Prado. Les collections comprennent environ 8.000 pièces actuellement.

Conservateur : M. Ch. Le Blanc.

Ouvert au public dans les mêmes conditions que les autre musées marseillais.

Musée de Montpellier. Le Musée Fabre contient quelques chefs-d'œuvre tels que ; le *Portrait de jeune homme* attribué à Raphaël ; le *Mariage de Ste-Catherine*, par Paul Véronèse ; le *Portrait du Cardinal Rospigliosi*, par Le Poussin : *Sainte-Marie l'Egyptienne*, de Ribéra. Du legs Valedan, 80 tableaux des maîtres les plus illustres des écoles flamande et hollandaise ; des œuvres de Greuze, de Prudhon, etc. ; de la donation Bruyas, 140 tableaux de l'Ecole française contemporaine, dont 10 Delacroix, 2 Ingres, 5 Géricault, 15 Tassaert, 18 Courbet, 2 Troyon, 2 Théodore Rousseau, un grand nombre de dessins et 18 bronzes de Barye. La collection de dessins anciens donnée par Xavier Atger vient immédiatement après celle de Wicar, du Musée de Lille, comme nombre et comme importance. Dans la section des sculptures, œuvres de Houdon : le buste en marbre de *Bignon, prévôt des marchands de Paris*, etc. — *Conservateur :* M. d'Albenas.

Musées de Nancy. — *Le Musée municipal des Beaux-Arts* comprend environ 700 tableaux, œuvres de premier ordre, telles que : une *Madone* du Pérugin ; *Transfiguration* de Rubens ; 2 superbes paysages de Ruysdaël, l'*Aurore et Céphale* de Boucher le *Repos de*

Diane, par F. de Troy ; et la *Bataille de Nancy*, par Delacroix. etc. — *Conservateur :* M. J. Larcher.

Le Musée historique lorrain, installé dans l'ancien Palais Ducal, véritable Petit Cluny de l'art de la Lorraine. Objets préhistoriques et gallo-romains, du Moyen âge, et au 1er étage, la grande galerie des Cerfs, affectée spécialement aux souvenirs historiques des ducs de Lorraine et aux productions artistiques des industries régionales.

Conservateurs : MM. Martz. G. Demeufve et Sadoul.

Les musées sont ouverts gratuitement les dimanches et jeudis, de I h. à 16 h. Les autres jours, prix d'entrée : 1 fr.

Musées de Nantes. — *Musée municipal des Beaux-Arts* compte de l'Ecole italienne un *Portrait de femme*, de Moroni ; 2 Guardi : une *Assemblée de notables au Palais ducal de Venise*, et *les Agapes du Carnaval, présidées par le Doge* ; une *Vue de Venise* de Canaletto ; un *Portrait de jeune homme* du Bronzino ; 2 Murillo : une *Conception de la Vierge* et un *Médecin feuilletant un livre* ; de l'Ecole française moderne, œuvres de : Gros, Ingres, Paul Delaroche, Delacroix, Daubigny, Courbet, Gérome et Paul Baudry, fameux *Portrait de Madame de Sénonnes*, par Ingres. — *Conservateur :* M. Pineau-Chaillou.

Musée ouvert tous les jours gratuitement de 13 h. à 16 et 17 h. exc. le lundi.

Musée Dobrée, ainsi dénommé du nom de son fondateur, et installé dans un vaste édifice de style roman (XVe s.), renferme d'importantes collections d'émaux, d'orfèvreries, de manuscrits et de livres, de tableaux anciens, de sculptures sur bois et sur pierre, de meubles.

Conservateur : M. de Lisle du Dréneuc. Mêmes heures d'ouverture.

Musée de Nîmes. — Antiquités archéologiques et ethnographiques provenant, pour la plus grande part, des Aliscamps.

Musées d'Orléans. 1° *Musée de peinture et de sculpture*, organisé dans l'ancien Hôtel de Ville, l'Hôtel des Créneaux ; 2° *Musée consacré à la mémoire et à la glorification de Jeanne d'Arc*, dans le Logis Compaing, de la rue du Tabour ; 3° *Musée historique et archéologique*, qui occupe l'Hôtel de Pierre Cabu, dit la Maison de Diane de Poitiers. *Conservateurs*, du Musée de peinture et sculpture : M. Didier ; du Musée Jeanne-d'Arc, M. Garsonnin.

Musées ouverts gratuitement le dimanche de 13 h. à 17 h. et pour les étrangers, la semaine de 10 h. à 12 h., et de 14 h. à 16 h. en hiver, et à 17 h. en été.

Musées de Rouen. — *Le Musée des Beaux-Arts* inauguré officiellement en 1809. Principales œuvres de peinture : un Paul Véronèse : *St-Barnabé guérissant les malades* ; le *Bon Samaritain* de Ribeira ; un Gérard David, daté de 1509, *La Vierge et l'Enfant Jésus, entourés d'anges* ; le *Portrait de Jouvenet*, par lui-même ; la *Duchesse de la Force*, par de Troy ; *Samuel Bernard*, par Vivien ; le *Portrait de Mme Vigée-Le Brun*, par David ; *La belle Zélie*, d'Ingres ; le *Triomphe de Trajan*, de Delacroix ; l'*Ecluse d'Optevoz*, par Daubigny ; les *Etangs de Ville-d'Avray*, par Corot. Dans la section de sculpture : l'*Hercule*, du Puget, provenant du château de Vaudreuil, et le *Pierre Corneille* de Caffieri.

Conservateurs : M. Minet, peintures ; Paulme, art moderne.

Le *Musée de céramique* installé dans le même édifice, se compose de la collection réunie par André Pottier, le savant historien de la Faïence de Rouen, de la collection Collas, de dons et d'acquisitions. *Conservateur :* M. Lormier.

Musée départemental des Antiquités, ou Musée d'Histoire et d'Archéologie de la Normandie, un des plus importants de la Province. Il comprend notamment une collection considérable d'objets divers, trouvés dans les fouilles de Lillebonne et de la Forêt de Bretonne ; de nombreuses tapisseries anciennes de grand prix, parmi lesquelles une pièce de la *Tenture de Diane* provenant du Château d'Anet, exécutée pour Diane de Poitiers, et une tapisserie de la fin du XVe s., dite *Tapisserie d'armoiries*. Deux pièces d'orfèvrerie religieuse célèbres dans le monde des érudits : le Bras reliquaire de St-Saëns, œuvre du XIIe s. ; et la Croix reliquaire de l'abbaye du Valasse. — *Conservateur :* M. Léon de Vesly.

Musée de St-Etienne. *Musée d'art et d'industrie* organisé scientifiquement en vue de l'enseignement artistique et technique en 1889-1890, par la municipalité stéphanoise, alors socialiste. Contient, en outre des collections de peintures, deux sections spéciales : 1° la section de l'Armurerie comprend 3 divisions : la canonnerie, l'arme moderne, outillage et décoration ; les collections rétrospectives ; armes et armures ; 2° la section de la rubannerie

Conservateur : M. Grivolat. Le musée est ouvert trois fois par semaine : mardi, jeudi et dimanche, de 14 h. à 16 h.

Musée de St. Quentin. *Musée Lécuyer* en reconstruction. Les 87 pastels de Quentin La Tour dont : portraits de M. de la Popelinière, Mme de Pompadour, de la Camargo, de Marie Fel, etc. sont encore exposés au musée du Louvre à Paris.

Musées de Toulouse. — Le *Musée de peinture*, avenue Alsace-Lorraine, contient 972 tableaux dont un Rubens, un Pérugin.

Conservateur ; M. Rachou (O. ✻).

Le *Musée de sculpture et d'antiquités*, installé dans les anciens bâtiments du Couvent des Augustins, comprend une galerie des œuvres — originaux ou moulages — des sculpteurs toulousains de notre temps, : Falguière, Antonin Mercié, Marqueste et Pech ainsi que des maîtres régionaux des XVIIe et XVIIIe s. ; des collections de fragments d'ornementation architectonique, de statues, statuettes et bustes, de figures d'applique, de hauts et bas-reliefs du Moyen âge et de la Renaissance, etc. *Conservateur :* M. Rachou (O. ✻).

Le Musée archéologique Saint Raymond, fondation de la Société archéologique, installé dans l'ancien bâtiment collégial de ce nom, sur la place St-Sernin, contient d'importantes collections de céramique et de verreries antiques, de bronzes, d'ivoires, d'émaux, de faïences, de meubles, d'armes et de numismatique. *Conservateur :* M. de Carthailhac (O. ✻).

Musée de Tours. Comprend actuellement 445 tableaux dont : 2 Mantegna, fragments de la prédelle du fameux rétable de San Zeno de Vérone : *Jésus au Jardin des oliviers*, et *la Résurrection* ; un Caravage : *St-Sébastien pansé par les saintes femmes* ; un Rubens, *ex voto* provenant de la chapelle des maçons à Notre-Dame d'Arevers ; un Rembrandt : le *Portrait de Saskia* ; 4 Boucher, dont 3 des collections de Chanteloup ; le *Portrait de Perronneau* par lui-même ; 82 sculptures. *Conservateur :* M. Chiquet.

Musée ouvert gratuitement les dim. et jeudi de 12 h. à 16 h. ; la semaine, pour les étrangers, de 10 h. à 16 h.

Musée de Troyes. — Musée de la sculpture troyenne très florissante au XVIe s. et compte des maîtres de grand talent : Dominique Florentin, Jacques Juliot, Florent Drouin et François Gentil, qui eurent de dignes successeurs en François Girardon et Simart, dont l'œuvre considérable forme une section particulière du musée. La collection d'antiquités gallo-romaines du musée de Troyes (931 bronzes) compte un des plus précieux trésors qui existent : celui des armes mérovingiennes en or, trouvées, en 1842, à Pouhan, près d'Arcis-sur-Aube, dans un tombeau que l'on croit être celui du roi des Visigoths, tué dans la bataille de 452.

Conservateurs : M. Boyer, peintures ; M. Laverdet, archéologie et art décoratif.

Musée ouvert gratuitement le dimanche de 13 h. à 16 h. ; et la semaine, pour les étrangers, de 10 h. à 12 h. et de 14 h. à 16 h. en hiver, et à 17 h. en été.

Les Manufactures nationales.

Trois manufactures artistiques dépendent de l'Administration des Beaux-Arts : la *Manufacture nationale de porcelaines de Sèvres ;* la *Manufacture nationale de tapisseries des Gobelins ;* la *Manufacture nationale de tapisseries de Beauvais.*

Deux autres manufactures de même caractère sont dans les attributions du Ministère des Finances et du Ministère de la Justice : la Monnaie et l'Imprimerie Nationale.

Manufacture nationale de porcelaines de Sèvres près Paris. — Était la continuation de la « Manufacture royale de porcelaine » de Vincennes, qui avait reçu de Louis XV le privilège de cette fabrication. Les bâtiments actuels, inaugurés le 17 novembre 1876, comprennent les ateliers, les magasins de vente, les locaux de l'administration et un Musée de la Céramique. La manufacture fabrique la porcelaine suivant les anciens procédés techniques ; la porcelaine nouvelle, la grosse porcelaine ou grès porcelannique ; la porcelaine dure nouvelle, et la porcelaine tendre nouvelle.

En 1891, l'ancienne institution a été réorganisée de façon à être à la fois un établissement industriel et artistique, un laboratoire de recherches scientifiques et une école d'application. Il a été adjoint à la Manufacture, une *École de Céramique*, dont la durée des études est de 4 ans, après lesquelles les élèves reçoivent un diplôme. Les élèves sont recrutés à la suite d'un concours qui a lieu en juillet à la manufacture. Bourses d'entretien d'une valeur de 1.000 fr. La pension et le logement des élèves non boursiers s'élèvent à 1.200 fr. par an.

Administrateur : M. Emile Bourgeois ✻. *Conservateur du Musée Céramique*, M. N...

Le Musée, les salles d'exposition et les ateliers sont visibles tous les jours, sauf le samedi, de 12 à 16 h. en hiver, et à 17 h. en été.

Manufacture de tapisseries des Gobelins, 42. av. des Gobelins, T. Gobelins 03.32. Créée par l'Edit royal de nov. 1667. Aux ateliers, installés dans des bâtiments qui remontent au XVIIe s., et que l'on peut visiter le jeudi de 13 h. à 15 h., est adjoint un *Musée de tapisseries et de modèles*, non encore terminé. En vue du recrutement des artistes il a été institué une école qui comprend un cours élémentaire de dessin ouvert à tous, un cours supérieur, une académie et des cours de tapisserie, où les élèves ne sont admis qu'autant qu'il se produit des vacances dans les ateliers, prenant le titre d'élèves-tapissiers apprentis. Les demandes d'admission dans cette école doivent être adressées à l'administrateur de la manufacture.

Administrateur : M. Gustave Geffroy (O. ✻).

Manufacture de tapisseries de Beauvais, à Beauvais (Oise). Fondée en 1664, par Colbert. Depuis la direction du peintre Oudry, soit en 1734, la Manufacture de Beauvais s'est spécialisée dans sa fabrication de tapisseries pour ameublements, tout en continuant l'exécution de tentures en basse lice. Aux ateliers est adjoint un Musée-Exposition. Le recrutement des tapissiers est assuré par une école artistique et technique, où les élèves sont admis à partir de 12 ans, et font leur apprentissage jusqu'à l'âge de 20 ans.

Administrateur : M. Jean Ajalbert (O. ✻).

Imprimerie nationale, 87. r. Vieille-du-Temple, T. Archives 01.19 (v. p. 266). Nouveaux bâtiments, r. de la Convention, 27.

La Monnaie, 11, quai de Conti, T. Gobelins, 21.37. Occupe l'imposant édifice construit de 1771 à 1775, près du Palais Mazarin, par Jacques Denis Antoine. Cette Manufacture possède, depuis 1827, un Musée monétaire. Dans l'antichambre de la grande salle monumentale, est exposé l'outillage historique de la fabrication des monnaies en France. Collections de monnaies étrangères. *Conservateur du Musée :* Mazerolle.

Les ateliers et le Musée monétaire sont visibles les mardis et jeudis, de 13 h. à 15 h., avec permission spéciale délivrée sur demande écrite à M. le Directeur des Monnaies.

Les Salons.

Société des Artistes Français. Grand-Palais des Champs-Elysées. Cours Albert Ier Porte D. Tél. : Elysée 52.49.

Fondée en 1882, la Société a pour objet : 1° de représenter et défendre les intérêts généraux des artistes français, notamment par l'organisation d'expositions annuelles des Beaux-Arts. Exposition annuelle du 1er mai au 30 juin, de 9 h. à 18 h. au Grand-Palais des Champs-Elysées. *Président :* Victor Laloux, de l'Institut. *Commissaire Général :* Ed. Thoumy, 7, rue Gœthe.

Société Nationale des Beaux-Arts. Grand Palais des Beaux-Arts (Champs-Elysées). Exposition annuelle au Grand Palais des Beaux-Arts (avenue d'Antin) du 15 avril au 30 juin de 9 h. à 18 h. Règlement du Salon au siège de la Société (Grand-Palais, porte B, à partir du 1er février). *Président :* A. Bartholomé. *Secrétaire général :* Eug. Raguet, 88, rue Claude-Bernard.

Société du Salon d'Automne. Exposition annuelle au Grand-Palais (Champs-Elysées) à l'automne de 9 h. à 17 h. *Président :* Frantz Jourdain.

Société des Artistes Décorateurs : Pavillon de Marsan (Palais du Louvre). Salon annuel au Musée de l'Union Centrale des Arts Décoratifs. Meubles, céramiques, verrerie, peinture décorative. *Secrétaire Général :* Geo-Lamothe.

Société des Artistes indépendants : 18, rue Mazarine. Exposition annuelle en janv. et février. Fondée en 1889, pour permettre aux artistes d'exposer librement leurs œuvres sans passer devant un jury. *Prés. :* Paul Signac ; *Secrétaire :* Arsène Séguin.

Salon de l'École Française, rue Bois-le-Vent, 24 *bis*. Exposition annuelle du 20 janvier au 28 février, de 10 h. à 17 h. au Grand-Palais des Champs-Eysées. *Prés. :* Paul de Plument. — *Secrétaire général :* André Edoux.

Salon d'Hiver. Association syndicale professionnelle de peintres et sculpteurs français, 97, rue de Rome, fondée le 10 décembre 1907. Exposition annuelle au Grand Palais des Beaux-Arts du 23 janvier au 28 février de 9 h. à 17 h. *Président :* Sérendat de Belzin. *Secrétaire général :* P. Méry. *Commissaire gén.* ; P. Lapierre-Renouard.

Salon des Humoristes réunissant la Sté des Dessinateurs humoristes (Prés. : J. L. Forain) et la Sté des Artistes humoristes (Prés. : Abel Faivre) à la galerie La Boétie, 64 bis, rue La Boétie (avril-mai). *Secr. gén. :* Maurice Neumont, 1, pl. du Calvaire.

Salon des industries du luxe et des arts appliqués. Exposition annuelle en juin aux Tuileries.

Union des Femmes peintres et sculpteurs, 126, boul. Péreire. Tél. : Wagram 82.77. Fondée en 1881. Exposition annuelle en février, Galerie Brunner, 11, rue Royale. *Prés. :* Mme la Duchesse d'Uzès douairière. — *Secrétaire :* Mme S. Chapron.

Société des Artistes Peintres et Sculpteurs, 25, rue Bergère, fondée le 7 décembre 1844. *Prés :* Victor Laloux, membre de l'Institut. — *Secr. Gén. :* Germain Boy.

Société des Amis du Louvre, Palais du Louvre, 107, rue de Rivoli. Tél. Central 44. 82. Fondée en 1897. *Président:* Raymond Koechlin. — *Secrétaire:* Lucien Henraux.

Société internationale de Peinture et Sculpture, 8, rue de Sèze. Tél. Central 44.58. Fondée en 1888. *Président:* Carrier-Belleuse. — *Secrétaire:* Fourré (Albert).

Cercle Artistique. Exposition annuelle, 7, rue Volney, en janvier.

Union Artistique. Exposition annuelle, 1, rue Boissy d'Anglas, ouverte le 1er avril.

Bibliographie.

Alexandre (A.). *Les monuments détruits par l'Allemagne*, gr. in-8. Berger-Levrault. Paris-Nancy, 1918.

Bénédite (Léonce). *Le Musée du Luxembourg*, in-8, 38 ill. br. 10 fr. Laurens. Paris.

Brière (G.), Focillon (H.) et Benoit (F.). *L'Enseignement de l'histoire de l'art en France, Ecole du Louvre*, par Gaston Brière. *Dans les Universités: L'Histoire d'art moderne à Lyon*, par H. Focillon; *l'Institut d'art de l'Université de Lille*, par F. Benoit, in-8. Paillard. Abbeville, 1916.

Catalogue de la collection Arconati-Visconti. Musée du Louvre, in-16, 2 fr. Hachette. Paris, 1917.

Dorbec (P.). *L'hôtel Carnavalet et la Marquise de Sévigné*, in-8. Laurens. Paris, 1916.

Enlart (Camille). *Le Musée de Sculpture comparée du Trocadéro*, in-8, ill. br. 3 fr. 50. H. Laurens. Paris.

Focillon (H.). *Le Musée de Lyon* (*Peinture*), in-18, 64 p., 50 gr., 2 fr. 40. Laurens. Paris.

Guiffrey (J.). *Les Gobelins et Beauvais*, in-8, ill., 94 gr. br., 3 fr. 50; *Documents sur l'ancien hôtel Soubise, aujourd'hui Palais des Archives nationales*, in-8. Laurens. Paris, 1916.

Histoire générale de la Peinture publiée sous la direction d'A. Dayot, 2 vol., in-8, 255 et 307 p. chaque volume, 25 fr. L'Art et les artistes. Paris, 1912-1913.

Lechevallier-Chevignard (G.). *La Manufacture de porcelaine de Sèvres*, 2 vol., in-8, ill. br. 7 fr. Laurens. Paris.

Léon (Paul). *Les Monuments historiques*, in-4, 380 p., 250 gr. 30 fr.; *La Guerre et l'Architecture, la Renaissance des ruines*, in-8, 96 p., 24 pl. h. t. 4 fr. 80. Laurens. Paris, 1917.

Mâle (Emile). *L'art religieux du XIIIe s. en France*, in-4, 486 p., 190 grav. br. 25 fr.; *L'art religieux de la fin du Moyen Age en France*, in-4, 558 p., 251 gr., 25 fr.; *L'art allemand et l'art français du Moyen Age*, in-16, 3 fr. 50. A. Colin. Paris, 1917.

Marquet de Vasselot. *Répertoire des Catalogues du Musée du Louvre* (1793-1917), suivi de la liste des directeurs et conservateurs du Musée, in-8, XV-175 p. Hachette. Paris, 1917.

Perrault-Dalbot (A.). *Les objets d'art classés parmi les monuments historiques dans les églises du dép. de la Seine*, in-8. Ph. Renouard. Paris, 1917.

Quentin-Bauchart (Maurice). *Les Musées municipaux*, in-8, ill. br. 8 fr. Laurens. Paris.

Ridder (A. de). *Les Bronzes antiques du Louvre*, 2 vol. gr. in-4. E. Leroux. Paris, 1914.

Rosenthal (Léon). *Le martyre et la gloire de l'art français*, in-8, 128 p., 16 phot., 4 fr. 50. Delagrave. Paris, 1918.

Vachon (Marius). *La Guerre artistique de demain avec l'Allemagne*, in-16, XIV-268 p. 4 fr. 50. Payot. Paris. 1915.

LE THÉATRE ET LES SPECTACLES

Leur histoire.

Le goût et le développement de l'art dramatique qui se manifestent en France dès l'époque gallo-romaine ont pris depuis deux siècles une importance croissante au point que le théâtre peut être considéré de nos jours non seulement comme un des arts les plus vivants, mais un des éléments les plus caractéristiques de la vie sociale et du mouvement des idées françaises. Les Romains avaient dès les premiers siècles de l'ère chrétienne construit dans les principales villes de la Gaule de somptueux édifices destinés à des représentations théâtrales généralement sans périodicité fixe ; de ces théâtres antiques subsistent de nombreux vestiges notamment à Arles et surtout à Orange où les ruines sont assez bien conservées pour servir de nos jours à des représentations à grand éclat. Le Moyen âge n'eut pas d'édifices spéciaux consacrés à l'art dramatique, mais celui-ci n'y brilla pas moins d'un vif éclat : des troupes de circonstance ou parfois des associations ou confréries diverses y exécutaient soit de grands drames généralement religieux ou épiques appelés *mystères*, soit des scènes comiques ou satiriques nommées *farces*, *moralités* ou *soties*. Les mystères, notamment, favorisés par les autorités civiles et religieuses, étaient de véritables solennités durant parfois plusieurs jours et nécessitant l'établissement temporaire d'une mise en scène importante. La Renaissance instaura en France le goût de la tragédie classique imitée des anciens et de la comédie à l'italienne. Dès cette époque, se constituent des troupes d'acteurs professionnels mais ambulants qui jouent à Paris et en province le drame ou la comédie, soit sur des tréteaux de fortune, soit dans des salles quelconques sommairement aménagées à cet effet. Mal vues des autorités religieuses qui excommunient les comédiens, ces troupes reçoivent cependant au XVIIe siècle une consécration en quelque sorte officielle du fait de la protection accordée par Louis XIV à Molière, dont la troupe deviendra la Comédie Française et à Quinault qui fut le véritable fondateur de l'Opéra moderne. Dès lors, le théâtre fait de rapides progrès techniques consacrés par la construction tant à Paris que dans les principales villes de province d'édifices spéciaux signés des plus grands architectes du XVIIIe siècle. La Révolution fait disparaître les inégalités choquantes dont souffraient encore les comédiens ; Napoléon les protège et organise ou réorganise la Comédie Française ainsi que le Conservatoire mais soumet le théâtre au régime de la censure politique. Celle-ci est abolie en 1864 et, depuis 1880, l'art dramatique jouit en France du régime de la liberté la plus absolue au même titre que la parole ou la presse.

Les genres.

A l'heure actuelle, les différentes manifestations de l'art dramatique ne se laissent pas distinguer comme à l'époque classique en genres rigoureusement définis. La tragédie classique, le drame en prose ou en vers, la comédie de mœurs ou d'intrigue continuent d'être joués avec succès non seulement dans les théâtres subventionnés qui doivent précisément en conserver la tradition, mais encore dans un certain nombre de théâtres privés de Paris et en province. Le drame lyrique accompagné de musique et de danse est par contre presque exclusivement réservé en fait aux théâtres subventionnés par l'Etat ou la Ville de Paris, ainsi qu'à quelques grands théâtres de province. L'opérette, plus facile à monter, est aussi beaucoup plus répandue. Enfin, le dernier quart de siècle a vu se développer très largement les revues, genre compréhensif, qui va de la satire fantaisiste mais littéraire analogue à la comédie d'Aristophane, jusqu'au spectacle varié où le texte sert surtout de prétexte à des danses, couplets, défilés et mises en scène de toute sorte. Ainsi la pente est insensible qui va de la Comédie Française ou de l'Opéra jusqu'au café-concert ou au cabaret artistique des chansonniers montmartrois : aucun théâtre ne se cantonne plus guère désormais en un genre nettement déterminé ; c'est surtout par la qualité des œuvres et de leur interprétation qu'ils diffèrent.

La liberté absolue a parfois engendré des excès vite réprimés par la révolte du goût public ; elle a par contre, eu l'avantage de développer en France dans le théâtre sérieux l'étude des questions sociales les plus délicates. Les études de mœurs du théâtre français portent d'ailleurs le plus souvent, comme celles du roman, sur des cas d'exceptions et par conséquent, si elles flattent le goût, elles ne reflètent pas les mœurs de la moyenne des spectateurs.

L'ancien régime a légué à la France des établissements nationaux, auxquels la République a continué les subventions que leur attribuaient les souverains. On distingue donc :

1° *Les théâtres nationaux et subventionnés* : l'Opéra, la Comédie-Française, l'Odéon et l'Opéra-Comique.

2° Les *théâtres libres*. Parmi ces derniers, plusieurs, entre autres, le Théâtre municipal de la Gaîté et le Trianon-Lyrique à Paris et la plupart des théâtres de province, reçoivent des subventions de la municipalité et sont dits *municipaux*.

THÉATRES NATIONAUX

Théâtre national de l'Opéra.

Pl. de l'Opéra. T. Dir.: Centr. 31-53. *Location: Louvre* 07-05.

La fondation officielle du théâtre de l'Opéra date des lettres patentes du roi du 28 juin 1669. Inaugurée le 17 mars 1671, la première salle, construite au Jeu de Paume de la Bouteille (actuel. r. Mazarine, 42), ouvrit avec *Pomone*, de Perrin et Cambert, qui eut un éclatant succès. A la suite d'un procès entre les directeurs, Lulli obtint de Louis XIV le privilège accordé à Perrin et, le 15 nov. 1672, installa sous le titre d'*Académie royale de musique* une nouvelle salle au Jeu de Paume du Bel-Air (actuel. r. de Vaugirard). A la mort de Molière, il réussit à évincer la troupe des comédiens du Palais-Royal. Pendant 14 ans et jusqu'à sa mort (1682), Lulli fut à la fois le directeur et le compositeur de son théâtre, transporté aux Tuileries après l'incendie de la salle du Palais-Royal, le 6 avril 1763. Puis, l'Opéra joua à la seconde salle du Palais-Royal (brûlée en 1781), à celle des Menus-Plaisirs (actuel, ancien Conservatoire de Musique), à la salle de la Porte-St-Martin (1781-1794), à celle de la rue de Richelieu (emplac. actuel du Square Louvois), fermée le 14 février 1820 après l'assassinat du duc de Berri, à la salle Favart (1820), à la salle de la rue Le Peletier (brûlée le 28 oct. 1873), à la salle Ventadour, enfin dans l'édifice actuel inauguré le 5 janv. 1875.

Depuis l'abbé Perrin (1669), l'Opéra a compté 50 directeurs, dont les plus connus furent, à partir de 1848, Roqueplan (1849), E. Perrin (1862), Halanzier (1871), Vaucorbeil (1879), Ritt et Gailhard (1884), Bertrand (1891), puis avec Gailhard ; Gailhard seul (1900), Messager et Broussan (1908). Actuellement, le directeur, nommé par le Ministre, reçoit de l'Etat une subvention annuelle de 800.000 fr. ; il est soumis aux clauses d'un cahier des charges comme ses prédécesseurs.

Principales pièces représentées en 1919 : en janvier, *Castor et Pollux*, de Rameau ; en mars, *Monna Vanna*, de H. Ferrier; la *Damnation de Faust*, de H. Berlioz ; 4 avril, *La Tragédie de Salomé*, de Florent Schmitt; 6 juin, *Le Retour*, de Max d'Ollone ; en juillet, *Salomé*, de Mariotte.

Dir.: Jacques Rouché (O. ✻); *Secr. gén.:* Louis Laloy ; *Régisseur gén.:* Merle-Forest ; *Dir. des Etudes Musicales:* Camille Chevillard ; *Chefs d'orchestre:* Ruhlmann ; Büsser ; Grovlez.

Personnel artistique (par rang d'ancien.). Hommes : *Ténors:* MM. Franz, Léon Laffitte, Darmel, Sullivan, Dutreix, Rambaud ; *Barytons:* Renaud, Noel, Noté, Lestelly, Tissié, Cousinou ; *Basses:* Delmas, A. Gresse, Journet, Huberty, Cerdan, Narçon.—Femmes : *Sopranos légers:* Mmes Gall, Campredon, Bugg, Chenal, Lubin, Royer, Berthon, Allix, Laute-Brun, Vécart, Courbières ; *Sopranos dramatiques:* Bréval, Demougeot, Bourdon, Daumas, Hatto ; *Contraltos:* Lapeyrette, Charny, Bonnet-Baron, Gauley-Texier, Courso. Arné.

Danse: MM. A. Aveline, Raymond, Even, G. Ricaux, Férouelle, Bourdel, Javon. Mmes : Zambelli, Jeanne Dumas, A. Boni, Urban, Couat, Johnson, Scharz, M. Lequien, Guillemin, Soutzo, C. Bos, Kerval, Delsaux, Daunt, G. Franck, B. Lequien, R. Lequien, S. Kubler, Sauvageau, M. Noinville, Quinault, Milhet, Valsi, Brana, Marcelle, H. Dauwe, Maupoix, Martellucci, Garnier, de Craponne, Cébron, G. Aveline.

Théâtre-Français.

Pl. du Théâtre-Français, 2, 4 et 6 *r. Richelieu. T. Dir. Gut.* 02-23. *Location: Gut.* 02-22.

Le Théâtre-Français date de 1680, époque à laquelle la troupe de l'hôtel de Bourgogne se réunit, par ordre de Louis XIV, à celle du théâtre Guénégaud, rue Mazarine. Transférée en 1689, rue des Fossés-St-Germain-des-Prés (actuel. r. de l'Ancienne-Comédie), elle voit briller Lekain, Mlles Clairon et Adrienne Lecouvreur. Elle va aux Tuileries en 1771, s'installe en 1782 dans une salle construite pour elle et qui, rebâtie, est devenue l'Odéon. C'est là que débuta Talma. Dispersée sous la Révolution, elle se reconstitue en 1799 et reçoit sa charte organique par le décret du 15 octobre 1812 signé par Napoléon Ier à Moscou. Le local qu'elle occupe depuis, au Palais-Royal, a été illustré par Talma, Ligier, Provost, Regnier, Got, Bressant, Mounet-Sully, Coquelin, par Mmes Mars, Georges, Rachel, Agar, Aug. Brohan, Sarah Bernhardt. Ses derniers administrateurs ont été Arsène Houssaye, Empis, Edouard Thierry Emile Perrin, Jules Claretie.

Détruite par un incendie, le 8 mars 1900, la salle actuelle fut reconstruite la même année et inaugurée le 29 déc. Dans l'intervalle, les représentations se donnèrent à l'Opéra, à l'Odéon, au Nouveau-Théâtre et au Théâtre Sarah-Bernhardt.

Le budget de la Comédie Française pour 1920 s'élève à 3.300.000 francs. *Principales pièces représentées en* 1919 : 3 févr. *La Cruche* de Georges Courteline et Pierre Wolff ; 15 avril, *Sœurs d'Amour*, de Henry Bataille; 20 octobre, *Le Voile déchiré*, de Pierre Wolff; *L'Indiscret*, d'Edmond Sée ; 20 nov., *L'Hérodienne*, d'Albert du Bois (13 nov.).

Admin. gén., Prés. du Comité d'admin. et de la Comm. de lecture : Emile Fabre ✻; *Secr. gén. :* Georges Ricou ✻; *Lecteur :* Alphonse Séché.

Comité d'Admin. : MM. Silvain ✻, de Féraudy ✻, Albert-Lambert ✻, Paul Mounet ✻, Berr ✻, Raph. Duflos, Croué, Siblot.

Comm. de Lecture : MM. Silvain ✻ ; de Féraudy ✻ ; Albert-Lambert ✻ ; Paul Mounet ✻ ; Berr ✻ ; Raph. Duflos ✻ ; Croué, Siblot,

Sociétaires par rang d'ancien. : MM. Silvain ✻, de Féraudy ✻, Albert-Lambert ✻, Paul Mounet ✻, Berr ✻, Raph. Duflos, Dehelly, Mayer, Fenoux, Grand, Siblot, Dessonnes, Brunot, Croué, Bernard, de Max, Alexandre, Denis d'Inès,

Mmes Segond-Weber, Leconte, Kolb, Sorel, Piérat, Cerny, Delvair, Louise Silvain, Roch, Bovy.

Acteurs pensionnaires : MM. Joliet, Falconnier, Ravet, Granval, Numa, Garay, Lafon, Guilhène, Le Roy, Gerbault, Alcover, Dorival, Fresnay, René Rocher, Roger Gaillard, Escande, Desjardins.

Mmes Fayolle, Rachel Boyer, Dussane, Robinne, Devoyod, Lifraud, Jane Faber, Lherbay, Even, Ducos, de Chauveron, Jeanne Rémy, C. Romano, Valpreux, Damaury, Betty Guintini, Nizan, Huguette Duflos, Emilienne Dux, Lagrange, Roseraie, Fonteney, Simone.

Odéon.

Pl. de l'Odéon et r. de Vaugirard, 18. *T. Dir. : Gob.* 11-41. *Locat. Gob.* 11-42.

Séries d'abonnement : lundis (soirées classiques), série bleue ; jeudis (matinées conférences), série rose ; samedis (matinées du répertoire), série blanche.

Monsieur, frère du Roi, fit édifier la première salle de l'Odéon qui fut inaugurée le 9 août 1782. En 1794, elle devint le *Théâtre de l'Egalité* et eut Mlle Montansier comme directrice ; celui-ci ne prit le nom d'Odéon qu'en 1797.

Deux ans plus tard, un incendie détruisit la salle qui, reconstruite et réouverte en 1808, sous le titre de *Théâtre de l'Impératrice*, fut incendiée à nouveau, le 20 mars 1818, alors qu'il était devenu le « *Second Théâtre-Français* ». Le théâtre, tel qu'il existe aujourd'hui, reconstruit par Baraguey et Prévost, reprit le nom d'Odéon et rouvrit ses portes en 1819.

Exploité par différentes troupes qui y représentèrent tous les genres, il ne reprit une existence régulière qu'à partir de 1841, sous la direction de d'Épagny.

L'Odéon, qu'on appelle le *Second Théâtre-Français*, a vu sa subvention portée de 43.000 fr. (1818) à 100.000 fr. depuis 1847.

Principales pièces représentées en 1919 : 7 févr. *La Vie d'une femme*, de St. Georges de Bouhélier ; 20 avril, *M. Césarin, écrivain public*, de Miguel Zamacoïs ; 30 mai, *Le Crime de Potru*, de Ch. Henry-Hirsch ; *Le Grillon du Foyer*, de L. de Francmesnil ; *La Mare au Diable*, de Hugues Lapaire.

Dir. : Paul Gavault (O. ✻). *Secr. gén. :* Raymond Genty.

Personnel artistique : MM. Laroche, Grétillat, Vargas, Maxudian, Coste, Darras, Bertin, G. Scey, Roger Vincent, Joubé, Pizani, Duard, Vauthier, Desmoulins, Chaumont, Berthier, Chambreuil, Daltour, Debucourt, Saillard, Lamy, Coutant, etc.

Mmes Grumbach, Kerwich, de Fehl, Corciade, Friey, Barsange, André, Guéreau, Théray, Nivette, G. Picard, Denise, Hébert, Pierny, Ponzio, Sergyl, Carlo, Martal, Courtal, Varenne, Devillers, etc.

Théâtre National de l'Opéra-Comique.

Place Boieldieu. T. Dir. : Gut. 06-48. *Locat. : Gut.* 05-76 *et Central :* 31-81.

Tout au début du XVIIIe siècle, quelques petits théâtres des foires de Saint-Germain en-Laye et Saint-Laurent donnaient, pendant la saison, des vaudevilles et surtout des parodies de pièces jouées à l'Opéra, d'où le nom d'*Opéra-Comique*. Favart, Lesage, Piron et les musiciens Dauvergne, Philidor et Monsigny y obtinrent un certain succès. Mais le succès ne s'affirma que vers 1761, date à laquelle la troupe de l'Opéra-Comique s'unit à une troupe italienne qui jouait depuis 1716 à l'hôtel de Bourgogne. Vingt ans plus tard, une nouvelle concurrence était suscitée à la « Comédie-Italienne » par le « Théâtre de Monsieur », de Antié et de Viotté.

Les deux théâtres Feydeau et Favart se fondirent en 1801 dans la salle Feydeau sous le titre définitif d' « Opéra-Comique ». De la salle Feydeau, le théâtre s'installa, en 1829, à la salle Ventadour construite pour lui. Trois ans plus tard, il va salle des Nouveautés, place de la Bourse; en 1840, il revient à la salle Favart, réédifiée après le premier incendie. Un second incendie l'en chasse le 15 mai 1887 ; il s'installe au Théâtre Lyrique, place du Châtelet et revient dans la nouvelle salle actuelle, reconstruite par Bernier, le 7 déc. 1898.

Depuis 1850, les grands succès de l'Opéra-Comique ont été : « Mireille », de Gounod (1864), « Mignon », d'Ambroise Thomas (1866) ; « Carmen », de Bizet (1875) ; « Lakmé », de Leo Delibes (1883) ; « Manon » (1884) ; « Werther », de Massenet (1892) ; la « Vie de Bohême », de Puccini (1898) ; « Louise », de Charpentier (1900) ; « Pelléas et Mélisande », de Debussy (1902) ; « Aphrodite » de Camille Erlanger (1907); « Sapho », de Massenet (1909) ; Marouf, savetier du Caire (1914),» de Rabaud ; « Béatrice », de Messager (1917) ;« Pénélope », de Gabriel Fauré (15 janv. 1919); « Gismonda », de H. Février (5 oct. 1919)

Le théâtre reçoit de l'État une subvention annuelle de 300.000 francs. Il donne environ 350 représentations par an et ses recettes moyennes sont de 2.700.000 francs.

Dir. : MM. Albert Carré et Émile et Vincent Isola.

Secr. gén. : H. Malherbe. *Serv. musical* : André Messager, *dir. de la musique* ; 1ers *chefs d'orchestre* : Wolff, Tern, Masson, A. Catherine.

Personnel artistique. Ténors : Léon Beyle, Marny, Fontaine, Francell, de Creus, Lapelleterie, Devriès, Cazette. *Barytons* : Albers, Audoin, Baugé, Lafont, Jean Périer, Vaurs. etc. *Basses* : Vieuille, Belhomme, Lucien Fugère, Azéma. *Rôles comiques* : Mesmaecker, Donval, Berthaud, etc.

Premières chanteuses : Mmes Chenal, Davelli, Fanny Heldy, Brothier, Mad. Mathieu, Clavel, Brunlet, Ritter-Ciampi, Vallandri, Mérentié. *Mezzo-Soprani* : Demellier, Calvet, Billa-Azéma, Borel. *Dugazons* : Tiphaine, Calas.

Service du Ballet : MM. Guerra, maître de ballet ; Sonia Pavloff, *1re danseuse* ; Mlles G. Dugué, Dugny, Tesseyre, sujets. etc.

THÉATRES MUNICIPAUX

Gaîté-Lyrique, Square des Arts et Métiers. T. Admin. : Archives, 29-19. Location 29-20 *Dir.* : Gabriel Trarieux et Geo. Bravard. *Secr. gén.* : Maurice Magre.

D'abord simple jeu de marionnettes à la foire de Paris, vers 1753, son fondateur, Jean-Baptiste Nicolet lui adjoignit de vrais acteurs, l'installa au boul. du Temple et obtint de Louis XV le titre de *Théâtre des grands danseurs du roi*. En 1792, il lui donna le nom de *Théâtre de la Gaîté*. La salle qu'il occupait à partir de 1808, détruite par un incendie, puis rebâtie aussitôt, disparut en 1862 dans la démolition d'une partie du boulevard du Temple. La nouvelle salle, construite sur l'emplacement actuel, vit se succéder plusieurs directions. Boulet, remit le théâtre sur pied. Offenbach le tourna vers l'opérette ; après lui, Vizentini y ressuscita l'ancien Théâtre-Lyrique ; Debruyère, en 1884, le consacra à la grande opérette.

Subventionnée par la Ville de Paris, la Gaîté-Lyrique donne une partie du répertoire. Principales pièces représentées en 1919 : *Les Travaux d'Hercule*, de Claude Terrasse; *La Belle Hélène* de J. Offenbach (4 oct.).

Trianon-Lyrique, boul. Rochechouart, 80. T. Nord 33-62. *Dir.* : Louis Masson. — *Secr. gén.* : Charles Akar. — *Chef d'orchestre* : Maurice Figarra.

Fondé en 1906, reçoit une subvention annuelle de 12.000 fr. de la Ville de Paris. Donne à des prix populaires les pièces de l'ancien répertoire de l'Opéra, de l'Opéra-Comique et les meilleures opérettes parmi lesquelles : *les Mousquetaires au Couvent, les Cloches de Corneville, la Fille de Madame Angot, les Dragons de Villars, la Mascotte*, etc. En 1919 : *Cadet-Rousselle*, de F. Fourdrain (29 janv.).

Théâtres de comédie.

(Drame, comédie, comédie-vaudeville).

Antoine (Théâtre), boul. de Strasbourg, 14. T. : Nord 36-32 et 36-33. *Dir.* : F. Gémier. — *Admin. gén.* : Jules Poynot.

Fondé par André Antoine, en 1897, après le Théâtre-Libre, dans la salle des Menus-Plaisirs, il est resté un théâtre d'avant-garde avec des pièces comme : *le Repas du Lion*, *la Nouvelle Idole*, de François de Curel ; *les Remplaçantes*, *Maternité*, de Brieux ; *Poil de Carotte*, de Jules Renard ; *Le Gendarme est sans pitié*, *l'Article* 330, de Georges Courteline; *la Clairière* et *les Oiseaux de passage*, de Lucien Descaves et Maurice Donnay, etc.

Gémier, qui en prit depuis la direction, suivit la même voie en donnant : *Sherlock Holmes*, *le Procureur Hallers* (17 oct. 1913), *les Bleus de l'Amour*; *le Marchand de Venise* de Shakespeare (21 avril 1917) ; *M. Bourdin profiteur* (sept. 1917-18); *les Butors et la Finette*, de Fr. Porché (29 nov. 1917) ; *Antoine et Cléopâtre*, de Shakespeare (22 fév. 1918). Le 19 déc. 1919, il donnait au Cirque d'Hiver, la 1re représentation d'*Œdipe, roi de Thèbes*.

Arts (Théâtre des), boul. des Batignolles, 78 *bis*. T. : Wagram, 86-03. *Dir.* : Rodolphe Darzens — *Admin. gén.* : Henri Blondet.

Le Théâtre des Arts compte parmi ses principaux succès: *les Frères Karamazov*, d'après Dostoïewski ; *le Sicilien*, de Molière ; *Fantasio*, de Musset et *la Libellule*, d'après une légende persane (4 janv. 1918).

La nouvelle direction a débuté avec *Beulemans à Marseille*, de J.-F. Fonson. (31 oct. 1918). En 1919, *Verdun*, de Paul Gsell ; *L'Ame en folie*, de François de Curel (22 déc.).

Athénée, rue Boudreau. T. Location: Central, 82-23. *Dir.* : Lucien Rozenberg. — *Secr. gén.* : Ch. de Lagrille.

La salle de la rue Boudreau ouvrit ses portes, en 1894, sous le nom de *Comédie-Parisienne* ; elle reprit deux ans après celui d'Athénée-Comique, nom de l'ancien théâtre Scribe, fermé en 1883. M. Abel Deval en prit la direction en 1899 et l'*Athénée* connut une série de succès avec : *la Mariée du Touring-Club*, *l'Anglais tel qu'on le parle*, de Tristan Bernard, *l'Enfant du Miracle*, *Chiffon*, *Cœur de Moineau*, *Triplepatte*, *le Danseur inconnu*, *les Bleus de l'Amour*, *l'Amour en cage*, *le Cœur dispose* (1912) ; *la Dame de chambre* (8 janv. 1918), de Félix Gandera, *le Couché de la Mariée* (27 nov. 1918), de Félix Gandera. En 1919, *Amour, quand tu nous tiens !* de Romain Coolus et M. Hennequin (17 sept.).

Châtelet, place du Châtelet. T. Location : Gut. 02-87. *Dir.* : Alex. Fontanes. — *Secr. gén.* : G. Bégusseau.

La plus grande salle de Paris, avec ses 3.400 places et consacrée à des grands spestacles de famille. Sa grande vogue date de la Révolution de juillet 1830 et se continua par la représentation de féeries telles que *les Pilules du Diable*, *la Poudre de Perlinpinpin*, puis, ces dernières années avec *le Tour du Monde en* 80 *jours*, *Michel Strogoff*, *la Course au bonheur* (1917-18) ; *les Millions de l'Oncle Sam*, de Henry de Gorsse (1918-1919); *Malikoko, roi nègre*, de A. Mouëzy-Eon (9 déc. 1919).

Cluny, boul. Saint-Germain, 71. T. : Gobelins, 07-76. *Dir.* : Gabriel Ténot. — *Admin. gén.* : Maurel. — *Secr. gén.* : A. Noël.

Ouvert en janv. 1864, le théâtre devint la même année le *Théâtre Saint-Germain*. Larochelle en fit en 1866 le *Théâtre Cluny*, le transforma et ouvrit l'ère des succès avec *le Juif polonais*, d'Erckmann-Chatrian et *les Braconniers*, d'Offenbach. Depuis, on y représenta *Trois femmes pour un mari*, de Grenet-Dancourt, *le Papa de Francine*, de Varney ; *Bouffe la route*, de Xanrof et Michel Carré et une reprise de *Champignol malgré lui* (1918-19) ; *La Dame* du 23; *Théodore et Cie*.

Comédie des Champs-Elysées, 13, av. Montaigne. T. Passy 27.61 et 62. *Dir.* : Gustave Quinson.

A donné, le 4 juin 1919, la première représentation de *Les époux d'Heur-le-Port*, d'Edouard Dujardin.

Déjazet, place de la République. T. : Archives, 16-80. *Dir.* : Mme Vve Georges Roll. — *Secr. gén.* : Georges Roll fils.

Appelé tout d'abord *Théâtre des Folies-Meyer*, puis des *Folies-Nouvelles*, il devint le *Théâtre Déjazet*, en 1859, au moment où Eugène Déjazet en prit la direction et y fit représenter des opérettes dans lesquelles jouait sa mère, la célèbre Virginie Déjazet. Il l'abandonna en 1869. Ce n'est que vers 1897, date à laquelle la direction actuelle le reprit, que le théâtre connut la vogue avec *les Femmes collantes*, *le Sous-Préfet de Château-Buzard*, *le Plus heureux des Trois*, *la Famille Pont-Biquet* et *Tire au flanc* ! qui a dépassé 2.000 représentations, *l'Enfant de ma Sœur*, *les Dégourdis de la* 11e, *le Tampon du Capiston* (sept. 1918), *La Madelon*.

Gymnase, boul. Bonne-Nouvelle, 38. T. Admin. : Gut. 04-07. Loc. 02-65. *Dir.* : Alphonse Franck, G. Quinson et Henry Bernstein. — *Admin. gén.* : Félix Camoin.

Inauguré le 2 déc. 1820, Montigny, qui le dirigea de 1844 à 1881, lui donna sa vogue actuelle avec les pièces d'Alexandre Dumas fils, *le Demi-Monde* (1855), *le Fils naturel* (1858), *l'Ami des Femmes* (1864), puis de Sardou, *les Pattes de mouche* (1860), *les Ganaches* (1862), *Nos bons villageois* (1866). Depuis, les succès du Gymnase ont été : *Serge Panine*

(1882) ; *le Maître de Forges* (1883), de Georges Ohnet ; *M. le Ministre* (1883), *le Prince Zilah* (1885), de Jules Claretie ; *Belle-Maman* (1889), de Sardou ; *les Demi-Vierges* (1895), de Marcel Prévost; *La Carrière* (1897), d'Abel Hermant ; *le Retour de Jérusalem* (1904), de Maurice Donnay; *Joujou* (1902) ; *la Rafale* (1906), de H. Bernstein ; *l'Ane de Buridan* (1909) ; *Papa* (1911), de R. de Flers et G.-A. de Caillavet; *la Vierge folle* (1910), de Henry Bataille ; *l'Assaut*, de Henri Bernstein ; *la Femme seule*, de Brieux (1912) ; *les Requins*, de Dario Nicodemi (8 oct. 1918), la reprise du *Secret* et du *Voleur* de Henry Bernstein (1919).

Nouvel-Ambigu, boul. Saint-Martin, 2 *ter*. T. : Nord 36-31. *Dir.* : Henri Hertz et Jean Coquelin. — *Secr. gén.* : Roger Debrenne.

Fondé en 1769, au boul. du Temple, transporté en 1828 sur son emplacement actuel, il ne réussit pas, malgré le concours de Frédérick Lemaître et de Mme Dorval. A partir de 1840, avec des mélodrames célèbres comme *le Naufrage de la Méduse*, *la Closerie des Genêts* (1848), *la Voleuse d'enfants* et *le Crime de Faverne* avec Frédérick Lemaître et Mme Marie Laurent (1863-69), il va connaître un succès qui se continuera par *le Courrier de Lyon*, avec Paulin Ménier (1875), *Roger-la-Honte* (1885), enfin *les Deux Gosses*, joués consécutivement 751 fois.

En 1909, MM. Hertz et Coquelin en prennent la direction et y montent entre autres *Nick Carter*, d'Alex. Bisson et Livet ; *le Train de 8 h. 47*, de Léo Marchès, d'après Courteline, qui eut 250 représentations ; *Cœur de Française*, d'Arthur Bernède et Aristide Bruant (1912-1913) ; *la Danse devant le Miroir*, de François de Curel (17 janv. 1914) ; *le Mariage de Mlle Beulemans*, *la Demoiselle de Magasin*, de Fonson. La dernière année a été marquée par la reprise du *Système D* (16 juil.), du *Vieux Marcheur*, de Henri Lavedan.

Palais-Royal, rue de Montpensier, 38. T. Admin. : Gut. 59-35. Loc. 02-50. *Dir.* : G. Quinson. — *Admin. gén.* : Edmond Roze.

En 1831, Dormeuil édifia la salle actuelle et lui donna le nom de *Théâtre du Palais-Royal*. Les plus fameux vaudevilles de Labiche, *le Chapeau de paille d'Italie* (1851), *l'Affaire de la rue de Lourcine* (1857), *la Cagnotte* (1864), y furent représentés. On y donna également *la Vie parisienne* (1866), *le Carnaval d'un Merle blanc* (1868), *le Roi Candaule* (1873), *La Boule* (1874), *Divorçons* (1880), *Un fil à la patte* (1894), *le Dindon* (1896), *les Dragées d'Hercule* (1903), et de Tristan Bernard, *le Petit café* (1911-12).

Depuis la guerre, *le Compartiment des Dames seules* (1918) de M. Hennequin et G. Mitchell, *le Filon*, de Mouëzy-Eon (19 oct. 1918) et *Hercule à Paris*, de Rip et R. Gignoux (oct. 1919).

Porte-Saint-Martin, boul. Saint-Martin, 18. T. Admin. : Nord, 37-55. Loc. 37-53. *Dir.* Henri Hertz et Jean Coquelin. — *Secr. gén.* : Roger Debrenne.

A partir de 1814, on y joua le drame à grand spectacle et la féerie. Incendiée par la Commune en 1871, reconstruite immédiatement, ses directeurs, Ritt et Larochelle, donnèrent, pour l'ouverture, en septembre 1873, *Marie Tudor*, de Victor-Hugo, qui fut suivi par : *les Deux orphelines*, de Dennery et Cormon et *le Tour du Monde en 80 jours*, de Dennery et Jules Verne. Plus tard, à partir du 28 déc. 1897, *Cyrano de Bergerac*, d'Edmond Rostand, tint l'affiche pendant 600 jours consécutifs ; puis, à partir du 8 février 1910, *Chantecler*, du même auteur, eut 322 représentations consécutives. Les plus récents succès ont été : *l'Enfant de l'Amour*, de Henry Bataille, *la Flambée*, de Henry Kistemackers ; *les Flambeaux*, de Henry Bataille (1913) ; *Grand-père*, de Lucien Guitry (11 déc. 1917) ; *Mon Père avait raison*, de Sacha Guitry (9 oct. 1919).

Renaissance, boul. Saint-Martin, 20, T. Admin. Nord, 37-59. Loc. 37-03. *Dir.* : Mme Cora Laparcerie.

Inauguré le 6 mars 1873 le théâtre trouva sa voie et le succès dans la comédie donnant successivement : (1897) : *la Parisienne*, de Henry Becque ; *Amants*, de Maurice Donnay ; *la Princesse lointaine* (1895) ; *La Samaritaine* (14 avril 1897), d'Edmond Rostand : *Amoureuse*, de Porto-Riche ; *la Griffe*, de Henry Bernstein ; *la Femme nue* et *le Scandale*, de Henry Bataille ; *le Vieil homme*, de Porto-Riche ; *Lysistrata*, *Xantho chez les courtisanes*, *Aphrodite*, *les Roses rouges*, de Romain Coolus (30 sept. 1913).

Depuis la guerre, les principaux succès furent : *les Dragées d'Hercule* ; *Chouquette et son as* (26 oct. 1918), *la Passerelle* de Fred. Gresac et Francis de Croisset (4 nov. 1919)

Sarah-Bernhardt, place du Châtelet. T. : Archives, 0-70. *Adm.* : M. Bernhardt et V. Ulmann. *Secr. gén.* : Perronnet.

Sarah Bernhardt s'y installa en janv. 1899, en quittant la Renaissance. Elle y donna, en créations ou en reprises, *l'Aiglon*, d'Edmond Rostand (15 mars 1900) ; *la Dame aux camélias*, d'Alexandre Dumas fils ; *la Samaritaine*, de Rostand, *Théodora*, *la Tosca*, *Fedora*, de Victorien Sardou. Depuis, *Servir*, de Henri Lavedan (1913-14) ; *les Nouveaux riches* (22 fév. 1917) qui eut plus de 400 représentations ; *Napoléonette*, d'André de Lorde et J. Marsèle (mai 1919) et *La Maison Cernée*, de Pierre Frondaie.

Théâtre de Paris (ex-Réjane), rue Blanche, 15. T. Admin. : Central 38.79, Locat. 38.78 *Dir.* Volterra.

Inauguré en 1906, a donné les pièces les plus connues du répertoire de Mme Réjane, alors sa directrice : *Madame Sans-Gêne*, de Victorien Sardou ; *Zaza, la Course au Flambeau*, puis *l'Oiseau bleu*, de M. Maeterlinck.

M. Volterra qui en prit, au début de 1919, la direction, y a fait représenter *Le Roi des Palaces*, de H. Kistemaeckers, *Chichi*, *la Vierge Folle* et *l'Homme à la Rose*, de Henry Bataille.

Variétés, boul. Montmartre, 7. T. Gut. 09-92. Admin. 11-41. *Dir.* : Max Maurey. — *Secr. gén.* : J.-L. Croze.

Le *Théâtre des Variétés*, fondé en 1777, joua d'abord sur le boulevard, puis s'installa dans la salle actuelle inaugurée le 24 juin 1807. C'est surtout à partir de 1883 que s'établit la vogue de ce théâtre où furent successivement représentés *Mam'zelle Nitouche* (1883) ; *Décoré* (1888), d'Henri Meilhac ; *le Nouveau Jeu* (1898) ; *le Vieux Marcheur* (1899), d'Henri Lavedan ; *La Veine* (1901); *Les Deux Ecoles* (1902), d'Alfred Capus ; *le Roi* (1908-09), *le Bois sacré* (1910), *l'Habit vert* (1912), de R. de Flers et G. A. de Caillavet. Depuis oct. 1919, M. Max Maurey a repris *les Sentiers de la Vertu*, de R. de Flers et Caillavet et donné (23 déc.) *la Chasse à l'Homme*, de Maur. Donnay.

Vaudeville. — V. *Edition* 1919.

Théâtres de genre.

(Comédie légère, opérette, revue).

Arlequin, rue de Douai, 42. T. Location Gut. 49.20.

Albert Ier, rue du Rocher, 64. T. Wagram 81.54.

Apollo, rue de Clichy, 20. T. Location. : Central, 72-21. *Dir.* : Pavie. — *Secr. gén.*: N...

Inauguré le 28 avril 1909, sous la direction d'Alphonse Franck, et consacré à l'opérette. Son spectacle d'ouverture, *la Veuve joyeuse*, dépassa mille représentations et fut suivi de *Rêve de Valse*, de *Hans, le joueur de flûte*, de Louis Ganne, du *Comte de Luxembourg*, etc.

Bouffes-Parisiens, rue Montigny, 4. T. Location. : Gut. 45-58.

Offenbach ouvrit d'abord les Bouffes, le 5 juillet 1855, aux Champs-Elysées, à la salle des Folies-Marigny, puis loua la salle du passage Choiseul, dès la saison suivante. Tout Paris accourut pour entendre *les Deux aveugles*, *Orphée aux enfers* ; puis vinrent après *la Timbale d'argent*, *les Mousquetaires au couvent*, *la Mascotte*, *Joséphine vendue par ses sœurs*, *Miss Helyett* (1890), *Mam'zelle Carabin* (1893). Les Bouffes abandonnèrent un moment l'opérette pour le drame, donnant : *Le Secret*, d'Henry Bernstein (1913), *Le Poulailler* (1917), *Jean de la Fontaine*, de Sacha Guitry (mars 1917). Depuis juin 1918, *Phi-Phi*, opérette de Christini, tient l'affiche.

Capucines, boul. des Capucines, 39. T. : Gut. 56-40. *Dir.* : Armand Berthez,

A donné en 1919, *Le Bonheur de ma femme*, de René Peter et Maur. Soulié.

Edouard VII, place Edouard VII. T : Louvre 32.60.

A donné en 1919, *l'Ecole des Satyres*, puis, à partir d'octobre, l'*Erreur d'une nuit d'été*, de Ph. Maquet.

Fémina, av. des Champs-Elysées, 90. T. : Elysées 29.78.

Grand Guignol, rue Chaptal, 20 *bis*. T. : Central, 28-34. *Dir.* : Camille Choisy. — *Secr. gén.* : C.-A. Traversi.

S'est fait une spécialité des pièces courtes, violentes et ultra-comiques telles que : *le Système du docteur Goudron et du professeur Plume* (1903) ; *la Nuit rouge*, d'André de Lorde (1905) ; *Un Réveillon au Père-Lachaise*, de Pierre Veber et H. de Gorsse (17 mars 1917) ; *le Viol*, de J. d'Astorg (1919) ; *Une nuit au bouge*, de Ch. Méré.

Impérial (Théâtre) r. du Colisée, 5. T. : Elysées 35.19. *Dir.* : Paule Rolle et Fernand Lamy.

Marigny, aux Champs-Elysées. T. Elysées 01-89. *Dir.* : A. de Courville.

Servit d'abord de salle aux Bouffes-Parisiens d'Offenbach, a été successivement cirque et music-hall. M. Abel Deval y donna *les Eclaireuses*, de Maurice Donnay ; en 1914, *les Anges gardiens*. A réouvert en déc. 1919 comme music-hall.

Mathurins, r. des Mathurins, 36. T. Louvre 49.66. *Dir.* : Sacha Guitry.

A ouvert en 1919 avec *Il était un petit home*, de Henri Duvernois.

Michel, r. des Mathurins, 38 et 40. T. : Gut. 63-30.

Inauguré en 1908, a donné de petites pièces comme *le Poulailler*, de Tristan Bernard *le Rubicon*, *le Feu du Voisin*, de Francis de Croisset; *le Veilleur de Nuit*, de Sacha Guitry qui ont dépassé 150 représentations, puis, récemment, *le Cochon qui sommeille*. En 1919, *l'Ecole des Cocottes*, de Armont et Gerbidon.

Nouveau Théâtre-Libre, au Théâtre Antoine, boul. de Strasbourg, 14. T. Nord 36.32. *Fondateur* : Pierre Veber.

1er spectacle, le 31 mars 1919 : *La Faulx*, de André Birabeau et Pierre Vallognes, puis *La Trempe*, de J. Midouze.

Potinière, r. Louis-le-Grand, 7. T. : Location, Central 86.21.
A donné en 1919, *Vas-y-voir* ! de Rip et Saint-Granier.

Théâtre des Boulevards, r. Le Peletier, 19. *Dir.* : Tristan Bernard.
Ouvert le 15 janv. 1920 dans l'ancienne salle Novelty.

Théâtre du Figuier. *Dir.* : Eug. Figuière.

Vieux-Colombier, r. du Vieux-Colombier, 21. T. Saxe 64-69. *Dir.* : J. Copeau.

Spectacles variés et cabarets artistiques.

Abri (l'), r. Montmartre, 167. T. : Gut. 58.15. *Dir.* : Jean Péheu. Cabaret artist. et revues.

Alcazar, aux Champs-Elysées. T. Gutenberg, 32-47. Spectacle varié.

Alhambra, rue de Malte, 50. T. Roquette 0-10. Spectacle varié.

Ambassadeurs (café-concert), 1, av. Gabriel. Tél. Elysées 24-84.

Ba-ta-clan, boul. Voltaire, 50. T. Roquette 30-12. *Dir.* : Mme Rasimi. *Secr. gén.* : N.. Spectacle varié.

Boite à Fursy, 27 boul. des Italiens. T. Central 57-44. Cabaret artistique.

Cadet-Rousselle, r. Caumartin, 17. T. Louvre, 37-10.

Casino de Paris, 16, r. de Clichy. Tél. Central 86-35. Spectacle varié.

Caumartin (ex Comédie-Royale), actuellement Savoy Dancing-Club.

Chaumière (La), 36, boul. de Clichy. T. Marcadet 07-48. Cabaret artistique.

Cigale, boul. Rochechouart, 120. T. Nord 07-60. Spectacle varié.

Cirque Médrano, boul. Rochechouart. T. Central 40.65. Attractions diverses.

Coliseum, rue Rochechouart, 65. Attractions diverses et bal.

Eldorado, boul. de Strasbourg, 4. T. Nord, 42-17. *Dir.* : Vallès. Spectacle varié.

Empire, av. Wagram, T. Wagram 26-93.

Folies-Bergère, r. Richer, 32. T. Gut. 02-59. *Dir.* : Beretta. — *Secr. gén.* : Largy. Spect. varié.

Gaité-Rochechouart, boul. Rochechouart, 15. T. Nord 06-23. *Dir.* : Volterra frères. *Adm.* : Banse. Café concert.

Luna-Park, Porte-Maillot. T. Wagram 62-44. Attractions variées.

Lune Rousse, 58, rue Pigalle. T. Trudaine 61-92. Cabaret artistique.

Magic-City, quai d'Orsay et pont de l'Alma. T. Saxe 07.65 et 47.23. Attractions variées.

Marivaux (salle), boul. des Italiens, 15. Ciné et spectacle varié.

Mayol (Concert), r. de l'Echiquier, 10. T. Gut. 68-07. *Dir.* : Defrenne. — *Secr. gén.* : Varna. (Spectacle très léger).

Musée Grévin, boul. Montmartre, 10. T. Gut. 55-33. Galerie de figures de cire.

Nouveau Cirque, rue Saint-Honoré, 247. T. Central 41.84. Attractions variées.

Olympia, boul. des Capucines, 28. T. Gut. 44-68. *Dir. gén.* : Raphael Beretta. — *Dir. admin.* : Paul Derval. Spect. varié.

Palais de Glace, Champs-Elysées. T. Passy 59.26. Patinage sur glace, d'octobre à mai.

Panthéon de la guerre, panorama, r. de l'Université, 148, ouv. de 9 à 17 h.

Percheir, 43, faub-Montmartre, T. Bergère 37-82. Cabaret artistique.

Petit Casino, boul. Montmartre. Café-concert.

Pie qui chante (La), rue Montmartre, 125. T. Central 25.67. Cabaret artistique.

Scala, boul. de Strasbourg, 13. T. Nord 35-36. Café-concert.

Tabarin, r. Victor-Massé, 34. T. Central 67-92. Danses et attract. variées.

Théâtres de province.

La plupart des théâtres de province se sont trouvés entièrement désorganisés par la guerre. Une notice spéciale leur sera consacrée dans l'édition de 1921.

Société des auteurs dramatiques.

Rue Henner, 12. *T. Central* 20-70.

La Société des Auteurs, fondée en 1791 et reconstituée sur de nouvelles bases le 21 févr. 1879 pour une période de 25 années, renouvelable, a pour objet : la défense mutuelle des droits des associés vis-à-vis des administrations théâtrales ou de tous autres en rapport d'intérêt avec les auteurs ; la perception des droits des auteurs vis-à-vis des administrations théâtrales à Paris, dans les départements, à l'étranger.

Le nombre des membres de la Société pour l'année 1918 était de 6.181.

L'exercice 1913-14 avait donné un total de 7.109.184 fr. de droits. Les deux premières années de guerre n'ont donné qu'un peu plus de 5 millions de francs, les années suivantes près de 5 millions.

La composition du bureau pour l'exercice 1919-20 est la suivante :

MM. *Président :* Romain Coolus. — *Vice-Présidents :* Pierre Veber, André Rivoire, André Messager. — *Secrétaires :* Lucien Besnard et H. de Gorsse. — *Trésoriers :* Jules Mary et Léon Xanrof. — *Archiviste :* M. Desvallières. — *Agents directeurs :* Alfred Bloch et Marcel Ballot.

Les recettes des théâtres et spectacles de Paris.

Du *Bulletin de Statistique du Min. des Finances* (1918), sont extraits les chiffres suivants sur les mouvements des recettes des principaux théâtres de Paris depuis 1850 :

Recettes brutes des théâtres et spectacles de Paris et montant du droit des pauvres (1850-1916) :

	Recettes brutes.	Droit des pauvres perçu.		Recettes brutes.	Droit des pauvres perçu.
1850 .... Fr.	8.206.818	694.091	1889 (Exp.).. Fr.	32.138.998	4.438.143
1855 (Exp.).....	13.828.123	1.542.237	1890...........	23.013.459	3.182.855
1860...........	14.432.944	1.614.340	1895...........	29.661.331	3.284.762
1867 (Exp.).....	21.983.867	2.431.078	1900 (Exp.).....	57.923.640	5.784.654
1869...........	15.198.000	1.827.028	1905...........	41.933.968	4.324.989
1870 (Guerre)...	8.107.285	1.016.909	1910...........	56.797.785	6.119.490
1871 (Guerre)...	5.715.113	899.348	1913...........	68.452.395	7.528.573
1872...........	16.144.597	1.795.250	1914...........	41.606.815	3.809.777
1875...........	20.907.391	2.611.731	1915...........	23.744.686	2.675.195
1878 (Exp.).....	30.657.499	3.906.342	1916...........	46.389.421	4.834.427
1880...........	22.614.018	2.915.872	1917...........	62.936.363	6.510.102
1885...........	25.590.077	2.943.267	1918...........	80.218.861	7.631.345

Le relevé des recettes brutes des principaux théâtres et spectacles de Paris montre, pour les années 1916, 1917 et 1918, les résultats suivants :

	Recettes brutes en 1916.	Recettes brutes en 1917.	Recettes brutes en 1918
Théâtres subventionnés........	4.822.542	6.761.103	8.069.095
Autres théâtres...............	12.700.525	20.221.117	20.580.606
Concerts et cafés-concerts......	7.248.791	9.761.634	11.704.379
Music-halls...................	5.043.607	6.462 614	10.724.549
Cirques-skatings..............	1.232.413	1.887.519	2.233.836
Cinématographes..............	14.893.710	17.377.861	23.333.292
Concerts d'artistes...........	145.209	179.562	212.750

Pour les théâtres subventionnés et les autres théâtres, ces chiffres se répartissent de la façon suivante pour les années 1915, 1916 et 1917 :

Théâtres subventionnés.

Noms des établissements.	Recettes brutes en 1915.	Recettes brutes en 1916.	Recettes brutes en 1917.
Comédie-Française............Fr.	843.601	1.442.800	1.896.614
Odéon.........................	896.161	646.975	1.153.255
Opéra	124.953	536.527	965.216
Opéra-Comique.................	1.114.543	2.196.239	2.746.017
Théâtres.			
Ambigu	132.406	512.661	743.551
Antoine (Théâtre)...............	377.368	447.972	1.217.414
Athénée	76.017	503.137	501.079
Bouffes-Parisiens	199.738	667.694	801.448
Capucines	65.770	191.080	287.577
Châtelet	597.326	989.064	1.576.425
Déjazet	46.267	196.633	298.181
Gaité	488.906	332.232	800.061
Grand-Guignol	97.720	213.845	412.063
Gymnase.......................	138.947	516.980	969.786
Palais-Royal	450.177	1.050.758	1.153.832
Porte-Saint-Martin	363.632	842.123	1.020.357
Réjane (Théâtre)................	163.607	314.467	491.036
Renaissance	423.518	801.577	774.449
Sarah-Bernhardt (Théâtre)	291.063	436.972	935.651
Scala (la)	155.047	648.882	1.188.424
Trianon-Lyrique	206.642	392.630	511.726
Variétés	69.541	865.545	933.446

Pour les concerts et cafés-concerts, les plus fortes recettes ont été effectuées par les établ. suivants : Concert Mayol (931.691 fr. en 1916 et 1.173.568 fr. en 1917) ; Ba-Ta-Clan (647.958 fr. en 1916 et 733.573 fr. en 1917) ; Eldorado (643.393 fr. en 1916 et 779.427 fr. en 1917) ; La Cigale (583.439 fr. en 1916 et 761.705 fr. en 1917) ; Le Petit Casino (579.013 fr. en 1916 et 570.655 fr. en 1917) ; pour les music-halls, par l'Olympia (1.783.796 fr. en 1916 et 1.781.879 fr. en 1917) ; Folies-Bergère (1.653.762 fr. en 1916 et 1.969.624 fr. en 1917) ; Alhambra (1.131.971 fr. en 1916 et 1.275.846 fr. en 1917).

Quant aux cinémas, dont les recettes ont passé de 7.798.992 fr. en 1915 à 17.377.861 fr. en 1917, les plus fortes sommes ont été encaissées par le Gaumont-Palace (1.362.055 fr. en 1916 et 1.527.612 fr. en 1917) ; les Nouveautés (887.942 en 1916 et 1.003.361 fr. en 1917) ; le Pathé-Palace (748.893 fr. en 1916 et 738.326 fr. en 1917) et le Palais des Fêtes (683.568 fr. en 1916 et 714.629 fr. en 1917).

Enfin, les Concerts Colonne et les Concerts Lamoureux qui avaient fait respectivement, en 1915, 32.361 fr. et 77.718 fr. de recettes, se sont réunis en 1916, et, à la Salle Gaveau, ont réalisé des recettes brutes se montant à 145.209 fr, en 1916 et 179.825 fr. en 1917.

Les Sociétés de concerts.

Le XVIIIe siècle connut les *Concerts spirituels* donnés pendant la clôture de Pâques par les musiciens de l'Opéra et la musique du roi et le *Concert des amateurs*, fondé vers 1775 et où l'on entendit, pour la première fois à Paris, des symphonies avec instruments à vent. Ce n'est qu'en 1828 que fut fondée, à l'instigation de Cherubini et d'Habeneck, la *Société des Concerts du Conservatoire*. Mais les concerts populaires de musique datent véritablement de 1861, date à laquelle Pasdeloup choisit la salle du Cirque d'hiver pour y exécuter les chefs-d'œuvre de la musique symphonique. Depuis, grâce à l'initiative de Colonne, de Lamoureux, etc., les sociétés de concerts se sont multipliées. Les principales sont :

à Paris :

Sté des Concerts du Conservatoire, rue du Conservatoire, 2. Salle de l'ancien Conservatoire de Musique et de Déclamation, qui était celle des Menus plaisirs du roi, reconstruite en 1807 par Delannoy. Fondée en 1828, cette société, qui ne reçoit comme subvention que la jouissance de ladite salle, s'est acquis par la perfection de ses exécutions une renommée mondiale. Ses principaux chefs d'orchestre successifs ont été Habeneck, Deldevez, Taffanel, Marty, André Messager et actuellement Philippe Gaubert.

Association artistique des Concerts Colonne, rue de Tocqueville, 13. — Fondée en 1873 par l'éditeur Georges Hartmann qui loua la salle de l'Odéon et recruta un orchestre dont il confia la direction à Edouard Colonne.

Au cours de la première saison, le « Concert national » donna huit concerts. En 1874, le « Concert National » se transporta au théâtre du Châtelet.

Jusqu'au 21 févr. 1909, Edouard Colonne (mort en mars 1910) a constamment dirigé les concerts de l'Association Artistique. M. Gabriel Pierné lui a succédé au pupitre.

La subvention annuelle accordée par le Ministère des Beaux-Arts est de 15.000 francs.

En 47 années d'exercice (de 1873 à 1919), l'Association a donné à Paris 1.194 concerts, en comptant les 29 séances du « Concert National ».

Concerts Lamoureux, rue Moncey, 2. Fondés en 1881 sous le nom de « Nouveaux Concerts », par Charles Lamoureux, second chef démissionnaire de la Sté des Concerts du Conservatoire, ils eurent pour premier asile la salle du théâtre du Château d'Eau. Transportés à l'Eden en 1885, puis au Cirque d'Eté en 1887, ils gagnèrent de jour en jour dans la faveur d'un public très fidèle.

Son successeur depuis 1897, M. Camille Chevillard, nommé à l'unanimité chef d'orchestre par les musiciens constitués en Association à l'exemple de leurs camarades des concerts Colonne, a depuis ses débuts manifesté son goût pour les œuvres des Russes : Rimsky-Korsakoff, Borodine, Balakirew, Tschaïkowski, mais a augmenté aussi considérablement la part faite aux compositeurs français.

La subvention annuelle du ministère des Beaux-Arts est de 15.000 francs. L'Association des Concerts Lamoureux a successivement donné ses concerts dans les salles suivantes: Cirque d'Eté, Nouveau Théâtre, salle Gaveau depuis 1907.

Concerts Pasdeloup, au Cirque d'hiver, boul. du Temple. Loc. Roquette 12-25. *Dir. gén.* : S. Sandberg ; Chef d'orchestre : Rhené Baton. Fondés, en 1861 par Pasdeloup, reprirent en janvier 1918, donnant, la première saison, huit concerts hebdomadaires et dès la seconde (févr.-mai 1919) 49 programmes.,

Concerts les jeudis, samedis et dimanches à 15 h.

Concerts Sechiari, rue du Rocher, 51, fondés en 1906. Chef d'orchestre : Pierre Sechiari. Les concerts ont lieu au Théâtre Marigny.

Concerts Félix Delgrange, rue de Stockholm, 8. T. Wagram 87.85. Pour la Musique, 8 concerts modernes, le samedi en soirée. — Conservatoire Rameau, 8 concerts classiques, le jeudi en matinée.

Concerts Touche (tous les soirs à 8 h. 3/4) boul. de Strasbourg, 25.

Société Bach, rue La Boëtie, 45, fondée par G. Bret. Exécution des grandes œuvres de Bach pour orchestre et chœurs.

Société Nationale, rue Rochechouart, 22, fondée en 1871, dans le but de faire connaître, par des exécutions publiques, les œuvres inédites des membres de la société.

Société musicale indépendante, rue La Boëtie, 30.

Les Chanteurs de Saint-Gervais. Société chorale fondée en 1892 par Charles Bordes dans

le but de faire entendre les chefs-d'œuvre de la musique religieuse et profane des 16e et 17e s., écrits pour chœur « a cappella ». *Dir.* : **Léon Saint-Réquier**, 36, boul. St. Germain.

Société classique de musique de chambre, salle Berlioz, 55, rue de Clichy.

L'Orchestre, rue des Martyrs, 5. **Fondé en 1902, sous la direction de M. Victor Charpentier. Association subventionnée par l'Etat, le dép. de la Seine et la ville de Paris. Grandes auditions populaires et gratuites au Trocadéro.**

Quatuor Hayot et Marcel Ciampi, salle Berlioz, rue de Clichy, 55.

Départements :

LYON. **Société des grands concerts. Fondée en 1905, par G. Witkowski, compositeur et chef d'orchestre, la Sté des Grands Concerts, qui compte un orchestre de 85 musiciens** et de puissantes masses chorales (Schola Cantorum de Lyon), **est une des rares sociétés musicales qui possède un local, la salle Rameau.**

Principales œuvres exécutées en 1918-19 : *Symphonie et messe en ré* de Beethoven ; *Wallenstein*, de d'Indy ; *Symphonies* de Schumann, *le Poème de la Maison*, de G. M. Witkowski.

Schola Cantorum. 93, rue de l'Hôtel-de-Ville. *Dir.* : G. M. Witkowski. **Société chorale mixte fondée en 1902 ; elle prête son concours à la Sté des Grands Concerts pour l'exécution des œuvres pour orchestre et chœurs.**

MARSEILLE. **Association artistique.** Fondée en 1886 et subventionnée par la ville de Marseille dès 1888. L'orchestre a été dirigé successivement par Jules Lecoq, Paul Viardot, Gabriel Maire, Lacerda, Louis Hasselmans. Dans une période de 25 années, cette société n'a pas donné moins de 642 concerts.

Premières auditions données à Marseille : *Béatitudes*, de Franck ; *L'Enfance du Christ* et *la Damnation de Faust*, de Berlioz ; *Requiem*, de Gabriel Fauré ; *Symphonies*, de Borodine.

ALGER. **Concerts classiques.** *Directeur* : Emile Moëles.

AMIENS. **Sté des Concerts symphoniques**, fondée en 1903, *Prés.-Dir.* : Aug. Renard. **Sté. des Auditions classiques de musique de chambre**, fondée en 1903 (Quatuor Ouelenaere).

ANGERS. **Concerts Populaires** (fondés en 1877 sur l'initiative de MM. Jules Bordier, Mis de Foucault, Comte de Romain et Alfred Michel). Principaux chefs d'orchestre : Jules Bordier, Edouard Brahy, Max d'Olonne, Baton, Jean Gay. Les compositeurs suivants ont personnellement dirigé certaines œuvres : Vincent d'Indy, Alfred Bruneau, Henri Rabaud, Saint-Saëns.

Autres concerts : Concert Boquel et concerts symphoniques donnés par des sociétés de musique de chambre.

BESANÇON. **Sté des Concerts symphoniques**, fondée en 1907. Chef d'orchestre : M. Datte.

BLOIS. **Société philharmonique**, fondée en 1816. Chef d'orchestre : E. Vollerin.

BOURGES. **Sté Philharmonique**, fondée en 1886. Chef d'orchestre : Alfroy.

BORDEAUX. **Société Sainte-Cécile.** Fondée en 1843 ; reconnue d'utilité publique (décret du 3 mars 1872). Se sont succédé au pupitre de chef d'orchestre depuis 1900 : J. Pennequin (1901) ; Edouard Brahy (1911) ; Crocé Spinelli. Principales exécutions : *Damnation de Faust* de Berlioz ; *l'An Mil* de Gabriel Pierné ; les *Symphonies* de Franck, Lalo, St-Saëns, d'Indy, Dubois et des œuvres importantes de Charpentier, Dukas, Debussy, Chabin, Enesco, Duparc, Chausson, etc. — **Cercle Philharmonique**, fondé en 1836. Chef d'orchestre : M. Montagné.

CAEN. **Association artistique des Gds. Concerts Caennais**, fondée par M. Meignan, en 1906. Chefs d'orchestre : Paul Viardot, Pierre Séchiari.

CLERMONT-FERRAND. **Orchestre symphonique**, fondé en 1895 par M. Jean Soulacroup. 6, place Sugny. Chef d'orchestre : Emile Dovin. — Ecole de musique symphonique ; Cours d'ensemble de l'Orchestre Symphonique.

EVREUX. **Société symphonique**, fondée en 1895. Hôtel Rocher de Cancale. *Prés.* : Lemarié-Dubois.

GRENOBLE. **Sté des Concerts Berlioz**, fondée en 1919. Chef d'orchestre : M. Kham.

LIMOGES. **Sté Philharmonique.** Chef d'orchestre : van Eyken.

NANCY. **Concerts du Conservatoire.** Fondés en 1884 et subventionnés par la ville de Nancy (4.000 fr.), dirigés successivement par Sandre (1886) ; Edouard Brunel ; Th. Glück (1890) ; Guy Ropartz (1894).

NANTES. **Schola Cantorum** fondée en 1913. *Dir.* : Mme Le Meignen.

ORLÉANS. **Sté des Concerts symphoniques**, Chef d'orchestre : Rabani.

RENNES. **Société philharmonique**, fondée en 1907 (180 exécutants). Principales exécutions : *Enfance du Christ*, de Berlioz ; *Orphée*, de Liszt ; *Rebecca*, de Franck, etc.

LA ROCHELLE. **Sté Philharmonique** fondée en 1815. Chef d'orchestre : Paul Saigne.

TOULOUSE. **Société des Concerts du Conservatoire**, rue du Conservatoire. Subventionnée par l'État et la ville. Chef d'orchestre : Kunc. Six grandes auditions par an.

VICHY. **Concerts Classiques.** Chef d'orchestre : Philippe Gaubert.

Le Conservatoire national de Musique et de Déclamation.

L'origine du Conservatoire actuel remonte à l'*Institut national de Musique*, institué par un décret de la Convention du 18 brumaire an II, sur l'initiative de Sarrette.

Sarrette en fut le premier directeur. L'inauguration du nouvel établissement, installé dans le bâtiment des anciens Menus-Plaisirs du roi, rue du Fbg. Poissonnière eut lieu le 1er brumaire an V (22 oct. 1796). Sous la Restauration, Chérubini sut lui donner un nouvel éclat. Après lui, ses directeurs furent : Auber, en 1842, Ambroise Thomas (1871), Théodore Dubois, puis le directeur actuel, M. Gabriel Fauré (15 juin 1905).

Plus de 700 élèves des deux sexes, se destinant soit au théâtre, soit au professorat, reçoivent gratuitement des leçons des meilleurs professeurs. On n'y est admis que par voie d'examen et de concours.

Le Conservatoire possède une Bibliothèque de musique et d'ouvrages relatifs à l'art musical et à l'art dramatique (*V.* p. 331) et un Musée d'Instruments (lundi et jeudi, de 12 à 16 h., sauf les jours fériés et pendant les vacances scolaires).

Direction et Administration :

Directeur : Gabriel Fauré (C. ✻).
Secrétaire Général : Fernand Bourgeat. *Bibliothécaire :* Julien Tiersot.

Enseignement :

COMPOSITION ET FUGUE. — *Professeurs titulaires :* MM. Widor (Ch.-M.) (✻); Vidal (Paul) (✻). CONTREPOINT. — *Professeurs titulaires :* MM. Caussade ; Gédalge.

COURS D'HISTOIRE GÉNÉRALE DE LA MUSIQUE. — *Prof. titulaire :* M. Em. Maurice.

HARMONIE. — *Prof. titulaires :* J. Gallon. ; Mouquet (J.) ; Dallier ; M. S. Rousseau Chapuis ; Silver. — ACCOMPAGNEMENT AU PIANO. — *Professeur titulaire :* M. Estyle.

CHANT. — *Professeurs titulaires :* Lorrain ; Enge ; Gresse ; Hettich ; Mlle Grandjean Berton ; Guillamat.

SOLFÈGE. (Enseign. collectif pour les élèves de chant). *Chargés de cours stag. :* Vernaelde; Sajol; Chadeigne; Mlle. Canal. — (Enseign. individuel pour les instrumentistes). *Professeurs :* MM. Rougnon ; Schvartz (Emile) ; Mme Renard ; N... — *Chargés de cours :* Caignache ; Kaiser (H.), ; Mmes Marcou-Barrat ; Roy ; Sautereau-Meyer ; Massart (Louise) ; Visentini du Minil ; M. Radiguer; Mme M. S. Rousseau.

ENSEMBLE VOCAL. — *Professeur titulaire :* M. Busser (Henri) (✻).

DÉCLAMATION LYRIQUE. — *Professeurs titulaires :* MM. Melchissédec ; Isnardon (✻) ; Sizes; Cornubert. ART LYRIQUE. ÉTUDE DES ROLES. — *Professeurs titul. :* MM. Lépitre ; Boisard.

DÉCLAMATION DRAMATIQUE. — *Professeurs titul. :* MM. Paul Mounet ; G. Berr; Truffier (✻) ; Leitner ; Duflos (R.) ; Mlle Renée du Minil.— *Chargé de cours stag. :* Mme Nancy-Vernet (classe préparatoire).

COURS D'HISTOIRE ET DE LITTÉRATURE DRAMATIQUES. — *Professeur titulaire :* M. Toudouze.— MAINTIEN THÉATRAL.— *Chargés de cours :* M. de Félicis ; Mme Chasle.— ESCRIME. — *Chargé de cours :* M. Mérignac (✻).

MUSIQUE INSTRUMENTALE. — *Professeurs titulaires :* Orchestre : MM. Vincent d'Indy (O. ✻). Ensemble instrumental et musique de chambre : Tournemire ; C. Chevillard ; L. Capet. Classe de chef d'orchestre : Vincent d'Indy (O. ✻) ;

PIANO. — *Professeurs titulaires :* MM. N... ; Risler ; Philipp (✻) ; Cortot ; Staub. — Classes préparatoires de piano : M. Falkenberg ; Mmes Chéné ; Long ; Mlle Chapart.

HARPE. *Prof. titulaire :* M. Tournier. Harpe chromatique. *Chargé de cours :* Mlle Lénars.

VIOLON. — *Professeurs titulaires :* MM. Lefort (✻) ; Boucherit ; Remy ; Nadaud. — Classes préparatoires; MM. Touche ; Brun (Alfred) — ALTO. *Professeur titulaire :* Vieux. — VIOLONCELLE. *Professeurs titulaires :* MM. Loeb ; Hekking. — VIOLONCELLE Préparatoire. *Prof. :* Bazelaire. — ORGUE. *Professeur titulaire :* M. Gigout.

CONTREBASSE. *Prof. titulaire:* Nanny. — FLUTE. *Prof. titulaire:* M. Gaubert. — HAUTBOIS. *Prof. titulaire:* Bleuzet — CLARINETTE. *Prof. titulaire:* Perier. — BASSON. *Prof. titulaire:* M. Bourdeau (Eugène). — COR. *Prof. titulaire:* M. Brémond. — CORNET A PISTON. *Prof. titulaire:* M. Petit (Alexandre). — TROMPETTE. *Prof. titulaire:* M. Franquin. — TROMBONE. *Prof. titulaire:* M. Allard (Louis). — TIMBALES ET INSTRUMENTS A PERCUSSION. *Prof. titulaire:* M. Baggers.

Écoles de Musique des Départements.

Succursales du Conservatoire National de Musique et de Déclamation.

BOULOGNE-SUR-MER, *Dir.:* Gripois-Cresson. — DIJON, *Dir.:* M. N... — DOUAI, *Dir.:* Cuelenaere. — LILLE, *Dir.:* Ratez. — LYON, *Dir.:* Savard. — MONTPELLIER, *Dir.:* A. Granier. — NANCY, *Dir.:* Alfred Bachelet. — NANTES, *Dir.:* Weingaertner ✻. — NIMES, *Dir.* Fontayne. — PERPIGNAN, *Dir.:* Mestres. — RENNES, *Dir.:* Ganaye. — ROUBAIX, *Dir.:* Rossul. — STRASBOURG, *Dir.:* Guy Ropartz, — TOULOUSE, *Dir.:* Aymé Kunc.

Écoles nationales.

ABBEVILLE, *Dir.:* Braut. — AIX, *Dir.:* Poncet. — AMIENS, *Dir.:* Mohr. — ANGOULÊME, *Dir.:* Tempvire. — ARMENTIÈRES, *Dir.:* Houvenaeghel. — AVIGNON, *Dir.:* Richaud. — BAYONNE, *Dir.:* Stiévenard. — CAEN, *Dir.:* Mancini. — CALAIS, *Dir.:* Camys. — CAMBRAI, *Dir.:* Leiy Albert. — CETTE, *Dir.:* Tone. — CHAMBÉRY, *Dir.:* Bayoud. — CLERMONT-FERRAND, *Dir.:* Claussman. — LORIENT, *Dir.:* Royer-Dubail. — LE MANS, *Dir.:* Pirlat. — MOULINS, *Dir.:* A. Belin. — SAINT-ETIENNE, *Dir.:* Maurat. — SAINT-OMER, *Dir.:* Filleul. — TOULON, *Dir.:* Grégoire. — TOURCOING, *Dir.:* Eustache. — TOURS, *Dir.:* Gravrand. — VALENCIENNES, *Dir.:* Lamy.

Écoles privées à Paris.

ÉCOLE DE CHANT CHORAL ET ECOLE D'HARMONIE. Siège social: Palais du Trocadéro. *Dir.:* Henri Radiguer.

ÉCOLE DE CHANT THÉATRAL, 112, boul. Malesherbes. *Dir. musical*: André Messager.

ECOLE NORMALE DE MUSIQUE DE PARIS, 1, place Malesherbes.

ECOLE PRÉPARATOIRE AU PROFESSORAT DE PIANO, 9, rue de Tournon.

SCHOLA CANTORUM, 269, rue Saint-Jacques. École de musique fondée vers 1900 par Bordes, Vincent d'Indy et Guilmant. *Directeur:* Vincent d'Indy; *Secrétaire général*: de Lioncourt. — Cours d'harmonie, de fugue, de composition, de chant, d'orgue. Sanction des études: Diplôme.

Bibliographie.

Année musicale (L'). 1re année 1911, gr. in-8, F. Alcan. Paris.

Annuaire de l'Association des artistes musiciens, in-8. Cité Trévise, 9, Paris.

Bellaigue (C.). *Les Epoques de la musique*, 2 vol., in-18, 7 fr.; *Un Siècle de musique*, in-8, br., 8 fr. 50. Delagrave. Paris.

Brenet (Michel). *Musique et musiciens de la vieille France*, in-16, br. 3 fr. 50. F. Alcan. Paris, 1911.

Brisson (Ad.). *Le Théâtre*, 9e série. Pendant la guerre, in-8, 3 fr. 50. Hachette. Paris, 1918.

Cain (Georges). *Anciens théâtres de Paris*, in-8 c. 10 fr. Fasquelle. Paris, 1919.

Cucuel (Georges). *Les Créateurs de l'Opéra-Comique français*, in-8, br. 3 fr. 50. F. Alcan. Paris, 3 fr. 50.

Jean-Aubry (G.). *La Musique françaises d'aujourd'hui*, in-16. Perrin. Paris, 1916.

Joannidès (A.). *La Comédie-Française en* 1915, 16, 17. Plon-Nourrit. Paris.

Lavignac (Albert). *Encyclopédie de la musique* et *Dictionnaire du Conservatoire*. 1° *Histoire de la Musique*, 3 vol. gr. in-8, ill. 48 fr. Delagrave. Paris, 1918.

Soubies (Albert). *Histoire de l'Opéra-Comique de* 1840-1887. Paris, 1892; *Soixante-sept ans à l'Opéra-Comique*. Paris, 1893; *Soixante-neuf ans à l'Opéra*. Paris, 1894; *La Comédie françaises depuis l'époques romantique*. Paris, 1893; *Le Théâtre Lyrique*. Paris, 1899; *Le Théâtre Italien*. Paris, 1915; *Almanach des spectacles*. Annuel, 1er vol. en 1874. Paris, 1915.

Tiersot (I.). *Un demi-siècle de musique française*, in-8, 248 p. 4 fr. 50. Alcan. Paris.

LA PRESSE

L'Histoire du journal.

La fondation de la presse, en France, date de la *Gazette* hebdomadaire de Théophraste Renaudot, dont le premier numéro, vendu un sol parisis, parut le 30 mai 1631, sur quatre pages in-4°. La *Gazette de France* eut pour collaborateurs Louis XIII et Richelieu, qui en firent une sorte de journal officiel.

Il faut arriver à l'année 1777 pour rencontrer le 1er journal quotidien, le *Journal de Paris*, fondé par Corenée, La Place et Cadet, sur le modèle des gazettes anglaises, puis le *Journal de politique et de littérature* de Linguet. Mais les journaux étaient loin de pouvoir tout dire et c'est surtout dans les gazettes à la main, généralement clandestines, et les « offices d'informations » que naquirent vraiment l' « information » et l' « écho ».

Avec la Révolution le journal devient une puissance. 1788 est l'année de la brochure, du pamphlet ; 1789 est l'année du journal. Dès juin, naissent le *Journal des Etats généraux*, de Mirabeau ; le *Point du Jour*, de Barère ; le *Patriote français*, de Brissot ; puis le *Journal des Débats et Décrets*, les *Révolutions de Paris et de Brabant*, de Camille Desmoulins; le *Publiciste parisien*, de Marat, qui, dès le 6e numéro, devient l'*Ami du Peuple*. Déjà, la presse fait état de sa liberté, avant la séance du 26 août 1789 où l'Assemblée nationale la décrète. La lutte se livre entre journaux de la Gironde et journaux de la Montagne. Après la chute de la Gironde, la guerre reprend entre les vainqueurs de la veille qui succomberont tour à tour, Hébert et son *Père Duchesne* ; Camille Desmoulins et son *Vieux cordelier*. La réaction thermidorienne fait naître une foule de feuilles anti-jacobines. Le coup d'Etat du 18 fructidor an V impose silence à la violence des polémiques. Puis c'est l'arrêté du Premier Consul (27 nivôse, an VIII) qui, « considérant qu'une partie des journaux qui s'impriment sont des instruments dans les mains des ennemis de la République », fait disparaître 59 feuilles.

Avec l'Empire, une censure sévère imposera silence à toute opposition. La Direction de la Librairie veillera sur toutes les manifestations de la pensée. *Le Journal des Débats* devient par ordre le *Journal de l'Empire*. La presse ne reprend son rôle qu'avec la Restauration. Mais si l'Empire avait décrété le silence, le nouveau régime se manifeste par des lois de circonstances, restreignant sans cesse ce qui reste du droit d'écrire. Chateaubriand appelait ces lois contre la presse « des lois vandales ». C'est l'honneur du journalisme libéral de la Restauration d'avoir représenté à ce moment la conscience nationale.

Après la révolution de 1830, les premières lois sur la presse sont empreintes de l'esprit libéral ; aussi le journal se développe, s'industrialise malgré les procès (411 pour les seules années 1831 et 1832) et les lois de septembre 1835. En juillet 1836, Emile de Girardin fait de son journal, la *Presse*, un organe d'affaires, y admet la publicité sous toutes ses formes ; les journaux changent leur format, abaissent le prix de leur abonnement ; la chronique inaugure sa puissance, l'information se développe, enfin la *Presse*, puis le *Siècle* (1836), le *Constitutionnel* se disputent les romans de Balzac, d'Alex. Dumas, d'Eugène Sue, de Frédéric Soulié ; les journaux pullulèrent jusqu'à l'insurrection de juin, suivie d'une terrible répression puis du pouvoir dictatorial du général Cavaignac préparant l'accession à la présidence du prince Louis-Napoléon Bonaparte.

La manifestation du 13 juin, organisée par Ledru-Rollin, aura pour effet les suspensions de journaux, les arrestations, l'état de siège, la suspension du droit de réunion, d'association. L'*Événement*, qui paraît en août 1848, sous l'inspiration de Victor Hugo, est supprimé en 1851 et ses rédacteurs sont conduits à la Conciergerie. Les condamnations et les suppressions frappent de plus en plus les journaux démocratiques, pendant que la politique du Président est défendue par le *Constitutionnel* du docteur Véron, le *Pouvoir*, le *Pays*, l'*Univers* de Louis Veuillot. Sous le second Empire naissent : la *Patrie*, l'*Estafette*, qui, avec le *Constitutionnel* et le *Moniteur*, soutiennent le nouveau régime, alors que la *Gazette de France*, l'*Union*, l'*Univers* se vouent à la défense des principes conservateurs et catholiques ; le *Journal des Débats*, la *Presse*, le *Siècle* sont, à cette époque, des journaux d'opposition. Le *Petit Journal* de Millaud (1863) est l'organe du fait-divers. Surviennent 1870, le siège de Paris, la Commune ; des feuilles violentes se montrent pour disparaître aussitôt. Avec la 3e République, renaît enfin le régime de la liberté. Le nombre des journaux s'accroît (il passe de 1.800 en 1875 à 3.780 en 1916) ; leur tirage se développe.

Le code actuel de la presse.

La loi du 29 juillet 1881 a fait table rase de toute la législation antérieure. Elle a supprimé toute mesure préventive pour les journaux ou périodiques ; la seule formalité imposée, antérieurement à la publication du 1er numéro, est celle d'une déclaration faite au Parquet. Elle a réduit la liste des crimes et délits prévus par les lois antérieures. Elle a, enfin, en faveur de la presse, dérogé au droit commun.

Les immunités octroyées ont donné cours à des excès qui ont provoqué des remaniements successifs : loi du 2 août 1882, refondue et complétée par la loi du 16 mars 1898 contre les outrages aux bonnes mœurs ; loi du 19 mars 1889 réglementant les annonces sur la voie publique ; loi du 16 mars 1893 déférant au tribunal correctionnel les offenses publiques envers les chefs d'Etat étrangers et les agents diplomatiques accrédités près du Gouvernement de la République Française ; lois des 12 décembre 1893 et 28 juillet 1894 ayant pour objet une répression rigoureuse des menées anarchistes ; loi du 22 juillet 1895 permettant au gouvernement d'interdire la circulation en France des journaux ou écrits périodiques publiés en France en langue étrangère ; loi du 3 avril 1896 rendant applicable en matière de presse l'art. 368 du Code d'instruction criminelle ; loi du 27 janvier 1902 restreignant la liberté de l'affichage ; loi du 29 sept. 1919 modifiant le droit de réponse.

La presse et la guerre.

La raréfaction des matières premières, la guerre sous-marine, le renchérissement de la main-d'œuvre amenèrent le gouvernement à agir par voie de réglementation de manière à restreindre la consommation du papier par les journaux quotidiens.

Les principales mesures prises furent les suivantes :

7 févr. 1917, 5 jours à 4 pages et 2 jours à 2 pages ;
30 avril 1917, 3 jours à 4 pages et 4 jours à 2 pages ;
1er sept. 1917, mise à prix à 10 cent. des quotidiens vendus 5 cent. ;
Oct. 1917, création de l'Office National de la Presse ;
15 mars 1919, 4 pages tous les jours.

A dater du 24 janv. 1920, la presse se trouvera soumise au décret du 28 août 1919, augmentant de 50 p. 100 les droits de douane sur le papier, c.-à-d. portant à 150 fr. le droit sur le papier ordinaire et à 450 ou 600 fr. le droit sur les papiers couchés vendus aujourd'hui en France 360 fr. les 100 kg. Au 1er janv. 1920, le papier-journal, vendu 30 fr. les 100 kg. avant la guerre, coûtait de 130 à 150 fr.

Principaux journaux de Paris et des départements

(Avec le chiffre annoncé de leur tirage et de leurs abonnés).

Journaux officiels.

JOURNAL OFFICIEL DE LA RÉPUBLIQUE FRANÇAISE, 31, quai Voltaire. T. Fleurus 11-42. Prix du n° de l'année courante ; 50 cent. ; des années expirées, 1 fr. 50 cent. *Directeur :* Gilbert. Peycelon. — *Secr. gén.* Maurice Leblond. — *Secrétaires de la rédaction :* Lavinal, R. Rouffié.

JOURNAL OFFICIEL DE LA RÉPUBLIQUE FRANÇAISE. — *Edition des Communes*, 1884, 31, quai Voltaire. — *Directeur :* Gilbert Peycelon. — *Secr. génér. :* Leblond. — *Secr. de la Réd. :* Charlier.

Quotidiens de Paris.

Du matin :

ACTION FRANÇAISE (L'), royaliste, 1908, 14, rue de Rome. T. Louvre 26-49 et 26-50 Nuit : Central 54-07. — Abonnés : env. 30.000. Le n° : 15 cent. — *Directeurs polit. :* Léon Daudet et Charles Maurras. — *Adm. délégué :* L. Dimier. — *Secrét. de la rédaction :* André Feidel et Jacques Allard.

AVENIR (L'), 20 février 1918, 1, rue des Italiens. T. Gut. 57-24 et 62-94 ; Nuit. Gut. 54-55. Le n° : 15 cent.

BATAILLE (La), syndicaliste, 5 nov. 1915, 67, quai de Valmy. T. Nord 53-13. Le n° : 15 cent. *Directeur-Rédacteur en chef :* F. Marie.

CROIX (La), catholique, 1880, 5, rue Bayard. T. Passy 52-35 et 63-73. Le n° : 15 cent. *Directeur :* Paul Féron-Vrau. — *Rédact. en chef :* Chanoine Bertoye (Franc). *Secrét. de la rédaction :* G. Strouss.

DÉMOCRATIE NOUVELLE (La), républicain, 21 sept. 1918, 5, bd. des Italiens. T. Louvre 12-28. — Tir. 40.000. — Abonnés : 3.500. Le n° : 15 cent. *Directeur :* Lysis. — *Rédact. en Chef :* A. Houlgard. — *Secr. de la rédact* : Gaucherand.

ECHO DE PARIS (L'), quotidien littéraire et d'information. — 1884. — 6, place de l'Opéra. T. Rédacteur en chef : Gut. 01-52. — Administrat : Gut. 02-45. — Rédaction : Gut. 02-79. Nuit : Gut. 01-56. Tirage : 850.000. Abonnés : env. 50.000. Le n° : 15 cent. *Directeur-Administrateur :* Paul Simond. — *Directeur-rédacteur en Chef :* Henry Simond. — *Secr. de rédact. :* Clais.

ECLAIR (L'), indépendant. — 1886. 10, rue du Fauboubg-Montmartre. — T. Gut. 02-14 et 02-25. — Le n° : 15 cent. *Directeur politique* : Emile Buré.

ERE NOUVELLE (L') républicain 1919. — 24, r. Taitbout. T. Bergère 36-67 et 36-68 Le n° : 15 cent. *Adm. dél. :* M. Gardé. — *Réd. en Chef :* M. Delbcs.

EVEIL (L'), indépendant. — 1915. — 14, boul. Montmartre. T. Bergère 39-33. Gut. 77-40. Tirage : 45.000 exempl. Abonnés 5.200. Le n° . 15 cent. *Directeur :* Jacques Dhur. — *Rédact. en Chef :* André Salmon. — *Secr. de la réd. :* Etienne Gril.

EVÈNEMENT (L'), républicain. — 1872. — 20, boul. Montmartre. T. Gut. 01-83. Le n° : 15 cent. *Dir. Réd. en chef* : E. Montarroyos.

EXCELSIOR illustré. — 191[illegible]. — 20, rue d'Enghien. T. Gut. 02-73. 200.000 exempl. Abonnés 25.000. Le n° : 15 cent.

FIGARO (Le). — 1854. — 26, rue Drouot. T. Gut. 02-46, 02-47, 02-49. Le n° : 15 cent *Prés. du Conseil d'Administr. :* Georges Prestat. — *Rédacteur en Chef :* Louis Latzarus. — *Secrét. de la Rédact. :* Henri Vonoven.

FRANCE (La), républicain socialiste et patriote. — 1862. — 98, rue de Richelieu. T. Central. 75-57, 58-59. Le n° : 15 cent. *Rédact en Chef :* Emile Buré.

FRANCE LIBRE (La), socialiste. — 1918. — 42, rue Notre-Dame-des-Victoires. T. Louvre 12-81. 50.000 exempl. Abonnés : 12.000. Le n° : 15 cent. *Directeurs :* Arthur Rozier, Adrien Veber. *Réd. en chef* : Jérôme-Lévy.

GAULOIS (Le), conservateur. — 1868. — 2, rue Drouot. T. Gut. 09-00 et Central 02-97. 41.500 exempl. Abonnés : 22.500. Le n° : 15 cent. *Directeur :* Arthur Meyer.

HOMME LIBRE (L'), républicain. — 1914. — 13 et 15, r. Taitbout. T. Trudaine 57-98 et 57-99. — Le n° : 15 cent. *Directeur :* A. Bernier.

HUMANITÉ (L'), socialiste, 1904, 142, r. Montmartre. T. Gut. 02-57 et 02-69. Le n° : 15 cent. *Directeur :* Marcel Cachin.

JOURNAL (Le), républicain littéraire. — 1892. — 100, r. de Richelieu. T. Gut. 61-65 Tirage : 1.400.000 exempl. Le n° : 15 cent. *Directeur :* Henri Letellier. — *Directeur-adjoint :* Mouthon. — *Rédact. en Chef :* Raoul Barthe et Geo. Charlet.

JOURNAL DU PEUPLE (Le), coalition républicaine. — 1916. — 17, r. Grange-Batelière. T. Bergère 37-47. 55.000 exempl. Abonnés : 4.000. Le n° : 15 cent. *Directeur-rédact. en chef :* H. Fabre. — *Secrét. de la rédact. :* Georges Clairet et Bernard Lecache.

JUSTICE (La), radical-socialiste et informations. — 1880, 14, place du Havre. T. Gut. 19-71. Le n° : 15 cent. *Directeur-Réd. en Chef :* N.... — *Secrét. de la rédact.* Charles Browne.

LANTERNE (La), radical. — 1877. — 24, Bd. Poissonnière. T. Gut. 01-99. Le n° : 15 cent. — *Directeur Rédact. en Chef :* Félix Hautfort.

LIBRE PAROLE (La), catholique social. — 1892. — 14, boul. Montmartre. T. Gut. 02-41 et 74-32. Le n° 15 cent. — *Secrét. de la Rédact. :* Paul Vergnet.

MATIN (Le). — 1884 — 2, 4 et 6, Bd. Poissonnière. T. Gut. 3-08 ; 3-0 ; 3-05 ; 3-06. Tirage 1.870.340 exempl. Abonnés : 23.000. Le n° : 15 cent. *Directeur :* B. Bunau Varilla. — *Rédact. en Chef :* Henry de Jouvenel.

ŒUVRE (L') indépendant. — 25, rue Royale. T. Elysées 43-45 et 43-46. Le n° : 15 cent. *Directeur :* Gustave Téry. *Rédact. en Chef :* Charles Saglio. — *Secr. gén.* : Edmond Hue.

PETIT BLEU (Le). — 1900. — 18, rue Grange-Batelière. T. Louvre 02-20. Le n° : 15 cent. *Directeur-gérant :* Bischoff. — *Rédact. en Chef :* Ponthieu. — *Secrét. de la rédac. :* Edouard Pontié.

PETIT JOURNAL (Le), républicain indépendant. — 1863. — 59 et 61, rue Lafayette. T. Gut. 01-76 ; 01-77 ; 01-78. Tirage : 1.050.000 exempl. *Directeur* : St. Pichon. sén. *Rédact. en Chef :* Abel Henry. — *Secrét. de la réd. :* Biagiotti, Empaytaz, Jubin, Lemonvier, Paillard.

PETIT PARISIEN (Le), républ. indépendant. — 1876. — 16, 22, rue d'Enghien. T. Gut. 02-73, 02-75. Le n° : 15 cent. *Dir. :* Paul Dupuy, sén. — *Secr. gé. :* Joseph Bois. — *Secrét. de la rédact. :* Collet.

PETITE RÉPUBLIQUE (La), républ. socialiste. — 1875. — 15 pl. de la Bourse. T. Gut. 03-71. et 01-98 ; nuit : Gut. 26-55. Le n° : 10 cent. — *Directeur :* Maurice Dejean. — *Directeur politique :* Louis Puech. — *Réd. en Chef :* Alexis Caille.

RADICAL (Le), organe d'action démocratique et de progrès social. — 1869. — 2, rue des Petits-Pères. T. Gut. 02-55. 40.000 exempl. Abonnés 4.500. Le n° : 15 cent. *Directeur :* J. Perchot. — *Rédact. en Chef :* Robert Louis.

RAPPEL (Le). — 1869. — 38, boul. de Strasbourg. T. Nord 24-90 et 24-91 ; nuit, 123, rue

Montmartre. T. Gut. 00.70. Le n° : 15 cent. *Directeur :* Edmond du Mesnil. — *Rédact. en Chef :* Archimbaud, dép. — *Secrét. de la réd. :* Isidore.

RÉPUBLIQUE FRANÇAISE (La), progressiste.— 7 nov. 1871, — 21, boul. Montmartre. T. Gut. 02-52 ; nuit, Gut. 25-59. Le n° : 15 cent. *Directeur :* Jules Roche. — *Secrét. de la rédact.* Eugène Allard. — *Administrateur :* Jean-Michel Friedmann.

SIÈCLE (Le), 11, r. des Petits-Champs. T. Gut. 02-39. Le n° : 15 cent.

VICTOIRE (La), r. Montmartre, 142. T. Louvre 07-99. Le n° : 15 cent. *Directeur-Rédact. en Chef :* Gustave Hervé.

XIXe SIÈCLE (Le), 38, Bd. de Strasbourg et 71, rue du Faub.-St-Martin. T. Nord 24-90 et 24-91 ; nuit, 123, r. Montmartre, T. Gut. 00-70. Le n° : 15 cent.

De midi :

INFORMATION (L'), indépendant. — 1902. — 10, Place de la Bourse. T. Central 83-43 ; 83-44 ; 57-11 et Gut. 05-24. 130.000 exempl. Le n° : 15 cent. *Directeur :* Léon Chavenon. *Rédact. en Chef :* Mora. *Secrét. de la rédact.* : de Beauplan, Ranoux.

PARIS-MIDI, 30, rue Louis-le-Grand. T. Gut. 55-92. Le n° : 15 cent. *Directeur :* Henry Bérenger.

PATRIE (La), organe de la Défense Nationale. — 1842. — 144, r. Montmartre. T. Gut. 02-80, 01-69 et 01-71. Le n° : 15 cent. *Directeur :* Emile Massard.

Du soir :

BONSOIR, 13 janv. 1919. — 142, r. Montmartre. T. Gut. 68-29. Louvre 37-70. Tirage : 50.000 exempl. Le n° : 15 cent. *Directeur :* Paul-André Benoit. — *Secr. gén.* : Jean Piot.

INTRANSIGEANT (L'), indépendant. — 1880. — 12, rue du Croissant. T. Gut. 30-27, 30-87, 02-33, 04-50. Louvre 18-37. Tirage : 451.972 exempl. Le n° : 15 cent. *Directeur :* Léon Bailby.

JOURNAL DES DÉBATS (Le), libéral. — 1789. — 17, rue des Prêtres-Saint-Germain-l'Auxerrois. T. Gut. 03-00 ; 03-01 ; 03-02. Le n° : 15 cent. *Directeur :* M. de Nalèche. — *Secrét. de la Rédact.* E. Ripault. — *Administrateur :* J. Gavelle.

LIBERTÉ (La), républicain indépendant. — 1866. — 111, r. Réaumur. T. Gut. 02-60. 02-17, 73-98. Le n° : 15 cent. *Directeur :* Georges Berthoulat, sén. — *Réd. en chef :* Fernand Laurent. — *Secrét. de la rédact. :* Prosper Peyras, Jacques Evrard.

POPULAIRE (Le), socialiste-internationaliste, 10 avril 1918, 12, r. Feydeau. T. Centr. 07-47. Tirage : 80.000 exempl. Abonnés : 5.000. Le n° : 15 cent. *Directeur :* Jean Longuet. — *Rédact. en Chef :* Paul Faure. — *Secrét. gén. :* Daniel Renoult.

PRESSE (La), républicain. — 1833. — 144, r. Montmartre. T. Gut. 01-69 ; 01-71 et 02-80. Le n° : 15 cent. *Directeur* : Emile Massard.

SOIR (Le), économique. — 31, av. de l'Opéra. T. Louvre 29-97. *Dir.* Reboulin.

TEMPS (Le), républicain. — 1861. — 5, rue des Italiens. T. Gut. 03-07, 03-08, 03-09, 03-32, 03-33. Le n° : 15 cent. *Directeur :* Hébrard (Emile-Adrien). — *Secrét. de la Rédact.* Victor Goedorp et E. Allard.

De langue anglaise :

CHICAGO TRIBUNE, 420, rue St-Honoré. T. Louvre 04-26.

DAILY MAIL. — 1906 — 36, rue du Sentier. T. Central 12-49 et 70-49.

NEW-YORK HERALD. Admin. 49, av. de l'Opéra. T. Gut. 04-28. — Impr. 38, r. du Louvre. T. Gut. 03-18.

Spéciaux :

AUTO (L'). — 1900. — 10, rue du Faub. Montmartre. T. Central 27.68, 28.12, 28.56. Le n° : 15 cent. *Dir. Réd. en chef* : Henri Desgrange.

COMŒDIA. — 1907. — 27 boul. Poissonnière. T. Central 88.07. Le n° 20 cent. *Réd. en chef* : Georges Casella.

ECHO DES SPORTS (L'). — 1920. — 13, rue du Faub. Montmartre. T. Louvre 26.37. Le n° 15 cent. *Comité de Dir.* ; Victor Breyer, Robert Coquelle, Paul Drouin, H. Marquas, M. Baretti.

JOURNÉE INDUSTRIELLE (La). — 1918. — 53, rue Vivienne. T. Gut. 63.54. Louvre 40.54. Le n° : 15 cent. *Dir. Réd. en chef*. Et. Bernard-Précy.

Principaux quotidiens des départements.

AMIENS. — **Progrès de la Somme** (Le), radical socialiste. — 1867. — 18, rue Alphonse-Paillat. Tirage 30.000 exempl. Le n° : 15 cent. *Directeur* : Hourdequin. — *Rédact. en chef* : Vézian.

BORDEAUX. — **France** (La), républicain. — 1887. — rue Porte-Dijeaux. 335.000 exempl. Le n° : 15 cent. Bureau de Paris, 21, Bd. Montmartre. T. Gut. 49-85. *Dir. :* P. Autier.

Nouvelliste (Le), royaliste, catholique. — 1882. — 43, rue Porte-Dijeaux. T. Bordeaux 170. Le n° : 15 cent.

Petite Gironde (La), union républicaine. — 1872. — 8, rue de Cheverus. T. Bordeaux 82 Tirage 480.000 exempl. Le n° : 15 cent. *Directeur* : Marcel Gounouilhou. — Bureau de Paris 8, Bd. des Capucines. T. Gut. 04-58, 63-37 et 08-11.

BOULOGNE-SUR-MER. — **Télégramme** (Le), républicain libéral. — 1905. — 33, r. V.-Hugo. Le n° : 15 cent. Bureau de Paris, 6 *bis*, rue du Quatre-Septembre. T. Central 52.69. *Directeur* : Vanhauter. — *Rédact. en chef* : Ed. Equoy.

BREST. — **Dépêche** (La), républicain. — 1886. — 25, rue Jean-Macé. Tirage : 100.000 exempl. Le n° : 15 cent. *Admin. délégué* : Em. Perrot. — *Rédact. en chef* : Louis Coudurier.

LE HAVRE. — **Havre-Eclair** (Le), républicain libéral. — 1904. — 11, rue de la Bourse. T. Le Havre 11-15. Tirage 32.000 exempl. Le n° : 15 cent. *Directeur* : V. Chopart. — *Secr. gén.* D. Lacoudre. — *Secrét. de la rédact.* : F. Méheux.

Le Havre, commercial et maritime. — 1868. — 35 r. Fontenelle. Le n° 15 cent. *Dir.* : O. Raudolet. — *Réd. en chef* : Caspar-Jordan.

Le Petit Havre, républicain. — 1881. — 35, rue Fontenelle. Le n° : 15 cent. *Directeur* : O. Raudolet. — *Rédact. en chef* : Caspar-Jordan.

LILLE. — **Dépêche** (La), libéral. — 1882. — 77, rue Nationale. T. Lille 0-74. Le n° : 15 cent. *Directeur-Rédact. en chef* : H. Langlais.

Echo du Nord (L'), républicain. — 1819. — 8, Grande-Place. T. Lille 8-18. Tirage : 200.00 exempl. Le n° : 15 cent. *Directeur* : G. Dubar. — *Rédact. en chef* : E. Ferré.

Télégramme du Nord (Le). — 1919. — 25, rue de la Barre. Le n° 15 cent. *Réd. en chef.* Ed. Equoy.

LYON. — **Lyon Républicain**, — 1877. — 10, rue Bellecordière. Tirage : 200.000 exempl. Le n° : 15 cent. *Directeur* A. Ferrouillat. — Bureau de Paris, 8, boul. des Capucines.

Nouvelliste (Le), conservateur catholique. — 1879. — 14, rue de la Charité, Tirage : 250 000 exempl. Le n° : 15 cent. *Rédact. en chef* : Em. Le Clerc. — Bureau de Paris, 26, r. Feydeau. T. Gut. 02-58.

Progrès (Le), républicain. — 1860. — 85, rue de la République. Tirage : 285.000 exempl Le n° : 15 cent. *Dir.* : L. et H. Delaroche.

MARSEILLE. — **Petit Marseillais** (Le), républicain. — 1868. — 15, quai du Canal. Tirage : 300.000 exempl. Le n° : 15 cent. *Dir. gérants* : : J.-B. Samat ✱ et G. Bourrageas ✱. — Bureau de Paris, 25, Bd. Poissonnière.

Petit Provençal (Le), démocrate. — 1876. — 75, rue de la Darse. Le n° : 15 cent. *Directeur* Marius Richard. Bureau de Paris, 10, r. de la Bourse. T. Central 94-83.

MONTPELLIER. — **Eclair** (L'), conservateur. — 1881. — 12, rue d'Alger. Le n° : 15 cent. *Dir.* : A. de Vichet. — *Réd. en chef* : Marius Julien.

Petit Méridional (Le), radical socialiste. — 1876. — 1, rue Henry-Guinier. Le n° : 15 cent. Tirage 150.000 ex. *Directeur* : Col. Blaquière. — *Rédact. en chef* : H. Poggioli. — Bureau de Paris, 2, r. du 4 Septembre. T. Gut. 03-68.

NANCY. — **Est républicain** (L'), républicain. — 1888. — faubourg Saint-Jean. T. Nancy 3-21. Tirage 80.000 exempl. Le n° : 15 cent. *Directeur* : René Mercier. — *Secrét. de la rédact.* : Boissier. — Bureau de Paris. Pass. des Princes. T. Central 10-65.

NANTES. — **Phare** (Le), rép. — 1815. — 12, Pl. du Commerce. Tirage 100.000 ex. Le n° : 15 cent. *Dir.* : M. Schwob. — Bureau de Paris, 2, rue des Colonnes. T. Gut. 03-18.

Populaire (Le), rép. — 1874. — 12, rue Santeuil. Le n° 15 cent. *Directeur* : G. Veil. Bureau de Paris, 2, rue des Colonnes. T. Gut. 03-13.

NICE. — **Eclaireur de Nice** (L'), rép. — 1883. — 27, 29, av. de la Victoire. Le n° : 15 cent. *Dir.* : Léon Garibaldi. — *Secr. gén.* : Marius Ardoin. — *Secr. de la Réd.* : H. Tournilaire.

Petit Niçois (Le), républicain. — 1880. — 17, Avenue de la Victoire. Le n° : 15 cent. *Directeur* : Jean Moro. — *Secr. gén.* : Robert Burg.

ROUEN. — **Dépêche** (La), républicain de gauche. — 1903. — 20, rue Etienne-le-Tonnelier. Tirage : 52.000 exempl. Abonnés 14.500. Le n° : 15 cent. *Directeur* : A. Adeline. — *Rédact. en chef.* : F. Destin. *Secrét. de la rédaction* : Ch. Hangard.

Journal de Rouen (Le), républicain progressiste. — 1762. — 7, rue St-Lô. T. Rouen 339. Le n° : 15 cent. *Directeur* : J. Lafont. Bureau de Paris, 2, rue des Colonnes. T. Gut. 03-13.

SAINT-ETIENNE. — **Tribune républicaine** (La), républicain. — 1899. — 10 Place Marengo. Tirage 180.000. Le n° : 15 cent. *Dir.* : Louis Soulié et A. Ginteburger.

TOULON. — **Petit Var** (Le), républicain socialiste. — 1880. — boul. de Strasbourg. Le n° 15 cent. *Dir. Réd. en chef* : Aug. Chainas. — Secr. de la Réd. : E. Janicot.

TOULOUSE. — **Dépêche** (La), démocr. — 1870. — rue Bayard, 57., Le n° : 15 cent. Tirage plus d'un million. *Dir.* : MM. A. Huc et Maur. Sarraut. — *Secrét. de la Rédact.* : Ballut et Mercader. Bureau de Paris, 4 faub. Montmartre. T. Gut. 34-02, Central 46.79. *Secr. de la Réd.* : Rebuffat.

Illustrés (1).

FRANCE ILLUSTRÉE (La). Hebd. — 1874. — 40, r. La Fontaine. T. Passy 96-87. *Directeur* : Abbé Muffat. — *Rédacteur en chef* : Charles Baussan.

(1) Adresses à Paris sauf indication contraire.

ILLUSTRATION (L'). Hebd. — 1843. — 13, rue Saint-Georges. — T. Gut. 39-30 ; Louvre 11-53. Abon. annuel, 80 fr. Tirage : 200.000 ex. ; Abonnés : 118.000. *Dir.* : René Baschet ; *Réd. en chef* : Maurice Normand ; *Secr. de la réd.* : Gaston Sorbets.

J'AI VU. — Bi-mensuel. — 1914. — 30, rue de Provence. T. Bergère 39-61 et 39-62. Tirage : 95.000. *Directeur* : Charles Malexis ; *Rédacteur en chef* : Pierre Désirat. *Secr. de la réd.* : Henri Cossira.

MIROIR (Le). — Hebd. — 1894. — 16-22, rue d'Enghien. T. Gut. 02-78 et 02-75.

MONDE ILLUSTRÉ (Le). — Hebd. — 1857. — 13, quai Voltaire. — T. Fleurus 18-30, 31-32. Abon. annuel 72 fr. *Dir.* : Henry Dupuy-Mazuel.

PAYS DE FRANCE (Le). — Hebd. — 1914. — 6, Bd. Poissonnière. T. Gut. 03-04.

Humoristiques.

a) *De famille* :

BAIONNETTE (La). — Hebd. — 1915. — Admin. 30, rue de Provence. T. Bergère 39-61 et 39-62. *Réd.* : 2, rue des Italiens. Le n° : 50 cent. Tirage : 72.000. *Rédacteur en chef* : Robert Burnand.

PÊLE-MÊLE (Le). — Hebd. — 1894. Tirage 120.000 ex. — 92, rue Saint-Lazare. *Dir.* A. Richard.

b.) *Légers* :

FANTASIO. — Bimens. — 1906. — 1, rue de Choiseul. T. Central 06-46. Le n° : 1 fr. *Directeur* : Félix Juven. *Réd. en chef* : Henry de Forge.

RIRE (Le). — Hebd. — 1894. — 1, rue de Choiseul. T. Central 06-46. Le n° : 0 fr. 40. *Directeur* : Félix Juven.

SOURIRE (Le). — Hebd. — 1898. — 26, rue Cambon T. Gut. 22-51.

VIE PARISIENNE (La). — 1863. — 29, rue Tronchet. T. Gut. 48-59. *Dir.* : Ch. Saglio.

Satiriques.

CANARD DÉCHAINÉ (Le). — Hebd. — 1915. — 38, rue de Bondy. T. Nord 35-23, Le n° : 15 cent. Tirage 110.000 ex. *Directeur* : Maurice Maréchal.

CARNET DE LA SEMAINE (Le). — Hebd. — 1915. — 36, rue de Châteaudun. T. Trudaine 60-10 et 60-11. Le n° : 30 cent. *Directeur* : Albert Dubarry ; *Rédacteur en chef* : A. Livet.

CRI DE PARIS (Le). — Hebd. — 1897. — 18, Bd. Montmartre. T. Gut. 02-27. Le n° : 30 cent. *Directeur* : A. Ephraim ; *Secr. de la réd.* : Marcel L'Heureux.

Magazines.

FEMINA. — Mensuel. — 1901. — 90, av. des Champs-Elysées. T. Elysées 39-23 ; 39-24 et 39-25. Le n° : 3 fr. *Directeur* : Pierre Lafitte.

JE SAIS TOUT. — Mens. — 1905. — 90, av. des Champs-Elysées. T. Elysées 39-23 ; 39-24 et 39-25. Le n° : 2 fr. *Directeur* : Pierre Lafitte : *Rédacteur en chef* : Jacques des Gachons.

LAROUSSE MENSUEL ILLUSTRÉ. — Mens. — 1907. — 19, rue Montparnasse. T. Saxe 04-79. Le n° : 2 fr. 50. : Tirage : 35.000. Abonnés : 9.000. *Directeur* : Claude Augé.

LECTURES POUR TOUS (Les). — Mensuel. — 1898. — Libr. Hachette, 79, bd. Saint-Germain. T. Fleurus 10-85. *Directeur* : M. Labouret.

MOIS LITTÉRAIRE ET PITTORESQUE (Le). — Mens. — Maison de la Bonne Presse, 5, r. Bayard. T. Passy 52-35 et 63-73. Le n° : 1 fr. *Directeur* : Paul Féron-Vrau.

SCIENCE ET LA VIE (La). — Bimestr. — 1913. — 13, rue d'Enghien. T. Bergère 37-36. Le n° : 2 fr. Tirage 170.000 ex. *Dir.* : G. Bourrey. *Réd. en chef* : Barbereau.

Revues générales politiques et littéraires.

ANNALES POLITIQUES ET LITTÉRAIRES (Les). — Hebd. — 1883. — 51, rue Saint-Georges. T. Gut. 24-79 et 65-58. Le n° : 60 cent. *Directeur* : Adolphe Brisson.

CORRESPONDANT (Le). — Bimens. — 1829. — 31, rue Saint-Guillaume. T. Saxe 16-97. Le n° : 2 fr. 50. Tirage utile 12.500 exempl. Abonnés : 12.200. *Directeur* : E. Trogan.

EUROPE NOUVELLE (L'). — Hebd. — 12 janv. 1918. — 75, rue de Lille. T. Fleurus 11-87. Le n° : 1 fr.. *Directeur* : Hyacinthe Philouze.

GRANDE REVUE (La). — Mensuel. — 1897. — 37, rue de Constantinople. T. Wagram 91-66. Le n° : 2 fr. *Directeur* ; Paul Crouzet.

MERCURE DE FRANCE (Le). — Bimens. — 1890. — 26, rue de Condé. Le n° : 2 fr. 50 *Directeur-Rédacteur en chef* : Alfred Vallette.

MINERVE FRANÇAISE (La). — Bimens. — 1, rue de Lille. *Dir.* : A.-P. Garnier.

NOS LOISIRS. — Bimens. — 18, rue d'Enghien. Le n° 1 fr.

NOUVELLE REVUE (La). — Bimens. — 1879. — 80, rue Taitbout. T. Gut. 04-91. Le n° : 2 fr. 50. *Directeur* : Henri Austruy.

NOUVELLE REVUE FRANÇAISE (La). — Mens. — 35-37 rue Madame. T. Fleurus 12.27. — *Dir.* : J. Rivière.

NOUVELLE REVUE NATIONALE. — Mens. — 1916. — 11 *bis*, Impasse de la Visitation Le n° : 0 fr. 50. *Directeur :* Philippe d'Estailleur-Chanteraine.

OPINION (L'). — Hebd. — 1907. — 4, rue Chauveau-Lagarde. T. Gut. 43-57. Le n° : 0 fr. 75. *Directeur :* Maurice Colrat ; *Réd. en chef :* Jacques Boulenger, Jean de Pierrefeu ; *Adm.-Délégué :* Gorge André.

RENAISSANCE (La). — Hebd. — 1913. — 10, rue Royale. T. Louvre 33-63. Le n° : 0 fr. 75. *Directeur :* Henry Lapauze O. ✱. *Secr. de la Réd. :* J. Jary.

REVUE CRITIQUE DES IDÉES ET DES LIVRES. — 155 bd. St. Germain. *Dir.* : Jean Rivain — *Réd. en chef :* Eugène Marsan.

REVUE DES DEUX MONDES (La). — Bimens. — 1829. — 15, rue de l'Université. T. Saxe 29-40. Le n° : 3 fr. 50. *Dir. :* René Doumic, de l'Académie française: *Secr. de la Réd. :* Bertrand.

REVUE HEBDOMADAIRE (La). — Hebd. — 1891. — 8, rue Garancière. T. Fleurus 12-53. Le n° : 1 fr. 50. *Directeur :* Fernand Laudet.

REVUE MONDIALE (La). — Bimens. — 1890. — 45, rue Jacob. T. Saxe 42-43. Le n° : 2 fr. *Directeur :* Jean Finot (O. ✱.)

REVUE DE PARIS (La). — Bimens. — 1894. — 85 *bis*, faub. St-Honoré. T. Elysée 16-20. Le n° : 3 fr. 50. *Directeurs :* Ernest Lavisse et Marcel Prévost, de l'Académie française.

REVUE DES JEUNES (La). 3, rue de Luynes. Le n° 1 fr. *Dir.* : A..D. Sertillanges.

REVUE POLITIQUE ET LITTÉRAIRE (REVUE BLEUE). — Hebd. — 1863. — 286, boul. Saint-Germain. *Dir. :* Paul Gautier. — *Secr. de la réd. :* Lucien Maury,

REVUE POLITIQUE ET PARLEMENTAIRE. — Mens. — 1894. — 36, rue Vaneau. T. Saxe 26-39.

VIE (La). — 1912. — 10, r. du Cardinal-Lemoine. *Dir.* : Marius-Ary Leblond et André Ménabréa. — *Secr. de la Réd.* : Albert Uriet.

Périodiques spéciaux.

Il existe en outre : *Aérostation-Aviation :* 14 journaux ; *Agriculture :* 68 ; *Alimentation :* 24 ; *Architecture :* 18 ; *Beaux-Arts :* 29 ; *Bibliographie :* 34 ; *Chimie et Produits Chimiques :* 12 ; *Colonies :* 42 ; *Commerce :* 56 ; *Economie politique, sociale :* 48 ; *Finance :* 214 ; *Géographie :* 9 ; *Imprimerie, Typographie :* 16 ; *Industrie :* 65 ; *Instruction, Education :* 71 ; *Jurisprudence :* 88 ; *Marine, Navigation :* 20 ; *Médecine :* 255 ; *Métallurgie :* 15 ; *Art Militaire :* 51 ; *Mines et Charbons :* 21 ; *Musique :* 29 ; *Religions :* 185 ; *Sciences :* 58 ; *Sports :* 116 ; *Statistique :* 5 ; *Théâtre :* 39. Les principaux sont :

Instruction, Éducation. Sciences.

Cours et Conférences de la Sorbonne (les). Quot. (1905), 20, rue Servandoni.
Journal des Instituteurs. Hebd. (1855), 1, rue Dante.
Manuel général de l'Instruction Primaire. Hebd. (1832). Hachette, 79, bd. St-Germain.
Revue Pédagogique. Mens. (1878), 15, rue Soufflot.
Revue Universitaire. Mens. (1892), 103, bd. St-Michel.
Annales de l'Institut Pasteur. Mens. (1887), 120, bd. St-Germain.
Annales de Médecine. Mens. (1914), 120, bd. St-Germain.
Concours médical (le). Hebd., 132, faub. St-Denis.
Gazette médicale de Paris. Hebd. (1830), 9, rue Denis-Poisson.
Journal de Chirurgie. Mens., 120, bd. St-Germain.
Presse Médicale (La). Bihebd. (1893), 120, bd. St-Germain.
Progrès médical (Le). Hebd. (1873), 41, rue des Ecoles.
Revue de Chirurgie. Mens. (1882), 108, bd. St-Germain.
Annales des Sciences Politiques (1886), 108, bd. St-Germain.
Annales Scientifiques de l'Ecole Normale Supérieure. Mens. (1864), 55, quai des Grands-Augustins.
Archives de Biologie. Trimestr. (1880). 120, bd. St-Germain. Ab. : 60 fr.

Commerce et Industrie.

Chimie et Industrie. Mens. (1918), 49, rue des Mathurins. Tél. Central 35-25. Ab. France, 40 fr. ; Etr., 50 fr. : le n°, 5 fr. — *Réd. en chef* : Camille Matignon.

Expansion Economique (L'). Mens. (1916), 23, avenue de Messine, Ab. France, 25 fr. ; Etr., 30 fr. ; le n°, 2 fr. — *Sécr. gén.* Paul Rague.

Exportateur français (L'). Hebd. (1915), 1, rue Taitbout. T. Louvre 24-60. Central 97-06, 97-23 97-25. Ab. France et étr., 50 fr. ; le n°, 1 fr. — *Dir. :* L. Vaudecrane.

Génie Civil (Le). Hebd. (1880), 6, Chaussée d'Antin.

— *Journal de la Marine. Le Yacht*. Hebd. (1881), 55, r. de Chateaudun. T. Central 28.37. *Réd. en chef* : Dupont.

LES SPORTS

Si le mot *sport* est relativement nouveau (bien qu'il soit tiré de l'ancien français *desport*, de *desporter*, exercer), la pratique des exercices physiques, elle-même est fort ancienne. L'antiquité classique, en effet, eut ses sports. Les jeunes Grecs s'exerçaient dans les gymnases, afin de participer aux Jeux Olympiques. La lutte, le pancrace, le saut, le jet du disque, la course, etc., étaient leurs exercices habituels. Rome connut aussi les palestres et les gymnases grecs, bien qu'elle ait toujours marqué une prédilection pour les exercices qui préparaient directement à la guerre tels que l'équitation, l'escrime. Il faut citer à part les exercices à la balle, la paume que l'antiquité romaine légua au Moyen âge. Celui-ci, et, après lui, les temps modernes, ne pratiquèrent d'ailleurs guère que les sports qui présentaient une utilité pratique et immédiate en vue de la guerre et notamment les armes et l'équitation qui firent de tout temps partie de l'éducation des gentilshommes.

Cependant, en France, on jouait à la balle, dans les parcs et fossés des châteaux. Après l'apparition de la raquette et du battoir au XIVe siècle, on commença à jouer à « paulme » dans les lieux clos. Charles V avait un jeu de paume dans son palais du Louvre. Sous les Valois, le jeu de paume fut à son apogée. Henri IV et Louis XIII furent d'excellents paumiers et, à leur suite, la noblesse et la bourgeoisie du XVIIe siècle se livrèrent à ce sport. Louis XIV, en adoptant le jeu de billard, porta le premier coup à la popularité de la paume et, peu à peu, un grand nombre de jeux furent démolis ou transformés en salles de spectacles.

Le tir à l'arc fut, du XVe au XVIIe siècle, d'un exercice traditionnel national, en Flandre et dans le nord de la France, où il est encore pratiqué par de nombreux adhérents.

Le XVIIIe siècle vit la vogue des courses de chevaux importées d'Angleterre. Les premières eurent lieu en 1776, dans la plaine des Sablons avec des chevaux achetés en Angleterre. Elles ne commencèrent à prendre quelque importance qu'en 1833, par l'établissement d'un Stud-book français et par la création de la Société d'Encouragement, placée sous le patronage du Jockey-Club. L'hippodrome de Chantilly fut fondé ; celui de Longchamp, dans le bois de Boulogne, ne le fut qu'en 1854.

La renaissance sportive en France date des dernières années du XIXe siècle. Au sport chevalin, aux jeux importés d'Angleterre, le foot-ball, le cricket, le polo, le lawn-tennis qui procède de la longue-paume française, viennent s'adjoindre de vieux jeux français remis en honneur, la paume, la crosse, la thèque, la pelote basque. La fondation, en 1887, de l'Union des Sociétés Françaises de Sports Athlétiques, par le Racing Club de France et le Stade Français, de la Ligue Nationale de l'Education Physique en 1888, du Touring-Club de France (1890), du Club Alpin Français (1874), donna une impulsion vigoureuse à ce mouvement. L'année 1891 vit les premières grandes courses cyclistes Paris-Brest-Paris et Bordeaux-Paris ; 1895, la première grande épreuve automobile Paris-Bordeaux-Paris.

Le Tour de France en 1899, la première Coupe Gordon-Bennett en 1900, pour l'automobile ; la première coupe Michelin en 1908 ; la traversée de la Manche par Blériot, le 25 juillet 1909, le Circuit de l'Est, en août 1910, pour l'aviation ; la première Olympiade d'Athènes, en 1896, pour les sports athlétiques, tels sont les principaux événements et dates qui jalonnent les étapes de ce grand essor.

On trouvera ci-après, une revue rapide mais précise des principaux sports ainsi que pour chacun d'eux, la nomenclature des records ou performances les plus marquants.

L'Aéronautique.

Aérostats.

Depuis le 20 nov. 1783, date à laquelle Pilatre de Rozier, accompagné du marquis d'Arlandes, effectua le premier voyage aérien, les performances les plus remarquables de l'aérostation ont été les suivantes :

7 janv. 1785. — Traversée de la Manche de Douvres à Calais par Blanchard et Jefferie.

18 sept. 1804. — Gay-Lussac et Biot à bord de l'*Entreprenant* s'élèvent à 7.016 m.

15 avril 1875. — Gaston Tissandier, Crocé-Spinelli et Sivel, sur le *Zénith* atteignent 8.600 m. (mort de Crocé-Spinelli et de Sivel).

4 déc. 1894. — Berson à bord du *Phœnix* atteint 9.155 m. en 2 h. 20 et enregistre une température minima de — 47°9 à l'ombre et de 23°8 au soleil ; le 11 juillet 1901, il renouvelle son exploit et s'élève jusqu'à 9.200 m. sur le *Saint-Louis*.

L'institution de la *Coupe des Aéronautes*, du *Grand-Prix de l'Aéro-Club*

de France, de la *Coupe Gordon-Bennett* devait permettre de nouvelles performances qui aboutissaient aux records suivants :

Records du monde.

Distance : Berliner, 3.025 kil. (8-10 fév. 1914). — Durée : 87 h., Kaulen. — Altitude 10.808 m. par le Dr Benson et Suring (All.), le 31 juillet 1901 par — 40°.

Records français.

Distance : René Rumpelmayer et Mme Goldschmidt, de la Motte-Breuil à Volshy-Yar (Russie), 2.420 km. — Durée : 45 h. 49 m. par Maurice Bienaimé-Schneider. — Altitude : 10.108 m. par Bienaimé et Souque, le 9 avril 1911.

Aéronats.

Giffard, en 1852, tenta le premier d'appliquer la vapeur à la direction des ballons en donnant à ceux-ci la forme d'un ovoïde allongé à axe horizontal. Dupuy de Lôme reprit, en 1872, l'expérience de Giffard. Le 8 oct. 1883, Gaston Tissandier exécuta une ascension dans laquelle il appliquait les moteurs dynamo-électriques à la navigation aérienne. L'année suivante (8 août 1884), les capitaines Renard et Krebs, de l'Ecole Aérostatique de Meudon, avec un moteur de 8 chev. 1/2, purent, en décrivant un demi-cercle de 300 m. de rayon, revenir au point de départ. Depuis, le *Santos-Dumont IV*, à Santos-Dumont, accomplissait le 21 sept. 1901, le parcours Saint-Cloud-Tour Eiffel et retour (11 km. en 30 min.), remportant le prix Deutsch de 100.000 fr. Le R.-34 anglais, en juillet 1919, effectuant la traversée de l'Atlantique, aller et retour, devait battre tous les records.

Aéroplanes.

C'est encore un Français, Ader, qui, avec l'*Avion*, muni d'un moteur à vapeur, effectua, le 12 oct. 1897, le premier vol (300 m.) monté sur un aéroplane. Neuf ans après, en 1906, Santos-Dumont, sur sa *Demoiselle*, à Bagatelle, réalisait le premier vol en Europe (10 m.). Mais déjà, aux Etats-Unis, Orville et Wilbur Wright avaient parcouru 100 m. (1902), puis 266 m. (1903). Ce n'est que le 13 janv. 1908 que Henri Farman faisait le premier vol en circuit en France, parcourant 1 km. en 1 m. 283 ; le 30 oct. suivant, il accomplissait le premier voyage aérien, de Bouy à Reims (27 km. en 17 min.). A partir de ce moment, l'aviation va marcher à pas de géant :

1909. 18 juillet. — Paulhan s'élève à 150 m. (record du monde).
— 28 juillet. — Blériot traverse la Manche, de Sangatte à Douvres (38 km. en 34 m.)
— 25 août. — Paulhan parcourt 134 km. en 2 h. 43 m. 24 s. 4/5 (records du monde de distance et de durée).
— 18 oct. — De Lambert va de Juvisy à la Tour Eiffel et retour (48 km. en 49 m. 39 s. 2/5)
1910. 27 avril. — Paulhan gagne le prix du *Daily Mail* (250.000 fr.), effectuant le parcours Londres-Manchester (298 km.) en 4 h. 12 m. avec une escale (188 km. d'un seul vol).
— 24 sept. — Chavez traverse les Alpes, de Brigue à Domodossola.
1911. 10 mars. — Busson sur Deperdussin et avec 4 passagers, vole 20 km. en 14 m.
— Renaux sur Farman vole de Paris au sommet du Puy-de-Dôme (Grand-Prix Michelin de 100.000 fr.).
— Védrines gagne Paris-Madrid (3 étapes en 37 h. 26 m. 22 s.).
— Beaumont, sur Blériot, gagne Paris-Rome (1.465 km. en 82 h. 5 s.).
1912. Essais du 1er type d'hydravion du lieut. de vaisseau Delage.
1913. Brindejonc des Moulinais, sur Morane, gagne le circuit des Capitales (Paris-Petrograd-Stockolm-Paris, 5.000 k.).
— 23 sept. — Garros traverse la Méditerranée, de Saint-Raphaël à Bizerte (plus de 760 km.) en 7 h. 30.
— 31 sept. — A Juvisy, Pégoud effectue le premier *looping* sur Blériot-Gnome.
1919. 26 janvier. Le capitaine Coli et le lieut. Roget effectuent la double traversée de la Méditerranée (Miramas-Alger-Rosas) dans la même journée.
— 14.15 juin. Le capitaine Alcock traverse l'Atlantique en 18 h. 27 m.
— 11 août. Le *Goliath* avec 8 passagers effectue le trajet Paris-Casablanca (1.872 kil.) en 17 h. 25 m.

Coupe Michelin.

(plus grande distance en circuit fermé).

1908. W. Wright, 123 km. 200 m. en 2 h. 18 m. 33 s. 3/5.
1909. H. Farman, 232 km. 212 m. en 4 h. 17 m. 5 s. 2/5.
1910. Tabuteau 584 km. 935 m. en 7 h. 48 m. 31 s. 3/5.
1911. Helen sur Nieuport, 1.252 km. 800 en 14 h. 7 m. (escales autorisées).
1912. — — —
1913. Helen sur Nieuport, 17.000 km.

Coupe Gordon-Bennett.

(épreuve de vitesse).

1909 (20 km.) Glenn H. Curtiss (E.-U.) (Curtiss) en 15 m. 50 s. 3/5.
1910 (100 km.) Graham White (G.-B.) (Blériot) en 1 h. 1 m. 4 s.
1911 (150 km.) C.-T. Weymann (E.-U.) (Nieuport) en 1 h. 11 m. 36 s. 3/5.
1912 (200 km.) Jules Védrines (Fr.) (Deperdussin) en 1 h. 10 m. 56 s.
1913 (200 km.) Prévost (Fr.) (Deperdussin) en 59 m. 45 s. 3/5.

De tous les records, c'est celui de la hauteur qui devait subir les plus rudes assauts. De 25 m. en 1908, il est passé à 9.520 m., en 1919, franchissant les étapes suivantes :

m.				m.			
25	Henry Farman		1908	4.900	Garros	6 sept.	1912
95	W. Wright		—	5.450	Legagneux (Morane)	17 sept.	1912
150	Paulhan		1909	5.610	Garros		—
1.000	Latham		1910	6.150	Legagneux (Morane)	27 déc.	1913
2.013	Drexel (Blériot)	13 août.	—	6.450	Audemars (Morane)		1916
2.521	Morane (Blériot)	3 sept.	—	7.200	Hawkins		—
3.100	Legagneux (Blériot)	9 déc.	—	8.505	Sadi Lecointe	19 mai	1919
3.910	Garros (Blériot	11 nov.	1911	9.520	Casale	14 juin	1919

Le récent record de 10.400 m. accompli le 18 septembre 1919, par l'aviateur américain Roland Rohlf, a été homologué à 9.520 m.

Comme autres records, on compte :

Distance sans escale : L. Bossoutrot sur le *Goliath*, effectuant le 11 août 1919, le parcours Paris-Casablanca (1.872 kil.) en 17 h. 25 m.

Vitesse (circuit fermé) : de Romanet (Français), 284 kil. 600 en 1 heure, le 23 oct. 1919.

L'Athlétisme.

Les courses, qui constituaient un des principaux exercices en usage dans les jeux du stade chez les Grecs et dans ceux du cirque chez les Romains, ne sont entrées, en France, dans le domaine des grands sports qu'à dater de 1882. Mais depuis, elles y ont trouvé un tel développement qu'à l'heure actuelle, elles sont pratiquées, ainsi que les concours athlétiques, par plus de 200.000 jeunes hommes.

Les distances classiques pour les courses plates sont les suivantes : 100 m., 400 m., 800 m., 1.500 et 5.000 m. ; pour les courses de haies 110 m., 400 m. et 4.000 m. steeple-chase. Le cross-country, course à travers champs et bois, dont la piste est tracée à l'aide de rognures de papier, varie de 10 à 16 km.

Les principaux concours athlétiques sont : sauts en hauteur avec et sans élan, saut en longueur, triple-saut en longueur, saut à la perche, lancement du poids (7 kgr. 257), du marteau, du disque (2 kgr.) et du javelot. Ces courses et concours avaient trouvé chez les Grecs leur réalisation parfaite dans les Olympiades. Le programme, qui a varié suivant les époques, comprenait, à partir du ve siècle avant notre ère : 1° la course à pied (*dromos*), course simple, double ou sextuple ; 2° la course armée, en tenue de guerre (*hoplitodromos*) ; 3° la lutte à main plate (*palé*) ; 4° le pugilat (*pugmé*) ; 5° le pancrace (*pancration*) ; 6° le pentathle (*pentathlon*), combinaison de cinq exercices, le disque, le javelot et les trois variétés de la lutte. A l'hippodrome avaient lieu les courses de *quadriges* (chars à quatre chevaux), de *biges* (chars à deux chevaux) et de chevaux montés. Sous l'empire romain, on y joignit des concours musicaux et littéraires. Hérodote y lut même des fragments de ses *Histoires*. Leur succès fut tel qu'à partir du IIIe siècle avant notre ère, on ne compte plus guère les années que par Olympiades. Le tableau ci-après donne la liste des records français et mondiaux sur toutes les distances et les temps ainsi que le nom de leurs détenteurs :

DISTANCES. mètres.	DÉTENTEURS.	DATES.	TEMPS.	RECORDS DU MONDE HOMOLOGUÉS OU MEILLEURS TEMPS SUR LA DISTANCE.
			m. s. 10es	
Plat.				
100	G. Gauthier R. C. F.	28 mai 94	11	10"7. R. C. Craig (E.U.) 1912.
150	Lesieur S. F.	24 juin 06	17.	
200	A Gauthier, S. F.	27 mai 12	22.6	21"7. R. C. Craig (E. U.) 1912.
400	P. Failliot R. C. F.	31 mai 08	49.	48"2. C. D. Reidpath (E. U.) 1912.
800	Arnaud C A. S. G.	29 mai 19	1.55.8	1'51"2. T. Meredith (E. U.) 1912.
1.000	—	22 sept. 12	2.33	2'31" 2/10. Anttila (Suède) 1916.
1.500	—	18 juin 11	4.4.4	3'54"7 Zander (Suède) 1917.
2.000	—	17 juil. 17	5.28.6	5'31" — —
5.000	J. Bouin C. A. S. G.	16 nov. 11	14.36.8	14'36"6. H. Kolehmainen (Finl.) 1912.
10.000	—	—	30.58.8	Record du monde.

Temps.

TEMPS.	DÉTENTEURS.	DATES.	DISTANCES.	
1/2 heure........	J. Bouin C. A. S. G.	16 nov. 11	9 km. 721	Record du monde.
1 heure..........	—	7 juill. 13	19 km. 21 m.	Record du monde.

Distances anglaises.

DISTANCES.	DÉTENTEURS.	DATES.	TEMPS.	
			m. s. 10e	
220 yards........	Lesieur S. F.	24 juin 04	20.6	19"8. E. H. Pelling (Gr. Br.) 1898.
1/2 mile..........	P. Failliot R. C. F.		1.59.6	1'52"8 Lenghi (Ital.) 1908.
1 mile...........	Keyser R. C. F.	15 Juil. 13	4.24.6	4'12" 3/5 N. S. Taber (E.U.) 1915.
2 miles..........	J. Bouin C. A. S. G.	6 mai 11	9.30.6	9'9"6 A. Shrubb (Gr. Br.) 1904.
3 —	—	16 nov. 11	14.38.4	14'17"6 — — 1903.
4 —	—	—	19.43.2	19'23"6 — — 1904.
5 —	—	—	24.47.8	4 29" 1/5 Kohlemainen (1913)
10 —	—	7 juill. 13	50.48	Record du monde.
Obstacles.				
110 mèt.........	André S. F.	5 juil. 08	15.8	15" F. C. Smithson (E. U.) 1908.
200 —	Choisel C. P. A.	—	26.2	
400 —	G. André R. C. F.	22 juin 13	57.	55" C. J. Bacon (E.U.) 1908.
500 —	H. Tauzin R. C. F.	25 juil. 97	1.18.8	
1.000 —	J. Chastanié R. C. F	28 avril 01	2.52.6	

Concours athlétiques.

CONCOURS.	DÉTENTEURS.	DATES.	DISTANCES OU HAUTEURS.	RECORDS DU MONDE.
Saut en long. avec élan........	Puncet B. R. C.	27 juil. 11	7 m. 06	7 m. 614
Saut en long. sans élan........	Jardin R. C. F.	16 juin 07	3 m. 31	3 m. 505
Triple Saut................	Chilo, R. C. F.	6 juil. 19	13 m. 29	
Saut en haut. avec élan......	André S. F.	16 juin 08	1 m. 83	2 m. 1
Saut en haut. sans élan......	André S. F.	17 juin 14	1 m. 53	1 m. 67
Saut à la perche.............	Gonder S. A. B.	6 août 05	3 m. 74	4 m. 06
Lancer du poids (7 kg. 257)....	A. Tison R. C. F.	15 août 09	13 m. 14	15 m. 54
Disque....................	M. Rynard R. C. F.	3 mai 03	42 m. 21	48 m. 90
Disque (2 kg.)..............	A. Tison R. C. F.	8 juil. 13	41 m. 38	43 m. 67
Javelot (style libre)........	Lemasson.	22 juin 13	46 m. 90	60 m. 64
Marteau...................	—	—	—	57 m. 06

Ces différents exercices ont trouvé leur plus récente réalisation dans les jeux olympiques.

En 1894, un Congrès sportif international, assemblé à Paris, décidait, sur la proposition de M. Pierre de Coubertin, le rétablissement des Jeux Olympiques de l'ancienne Grèce.

Deux ans après cette décision, en 1896, se tenait la première Olympiade, dans le Stade panathénaïque d'Athènes; la deuxième eut lieu à Paris, en 1900, à l'occasion de l'Exposition universelle; la troisième, en 1904, à Saint-Louis du Canada; la quatrième, en 1908, à Londres; la cinquième, à Stockholm, en 1912; la sixième, en 1916, devait se tenir à Berlin. Elle aura lieu à Anvers du 14 août au 15 sept. 1920.

L'Automobile.

C'est un ingénieur français, Cugnot, qui construisit en 1769 le premier véhicule automobile connu, et c'est à l'Exposition Universelle de Paris, en 1889, qu'apparut le premier modèle à peu près pratique de l'ingénieur français Serpollet. La 1re course, *Paris-Rouen* (136 km. en 5 h. 40 m., moyenne à l'heure 24 km.), qui eut lieu en 1.894, fut gagnée par Levassor, sur Panhard-Levassor et Lemaître (Peugeot). L'année suivante, ce fut *Paris-Bordeaux-Paris* (1.180 km.) gagnée de nouveau par Levassor et où une voiture Peugeot arrivée 2e fut classée 1re; puis en 1897, *Paris-Marseille-Paris* (1.720 km en 67 h. 42 m. 58 s. : moyenne 25 km. 200), gagnée par Mayade, sur Panhard-Levassor; en 1899, le 1er *Tour de France* (2.291 km.) gagné par R. de Knyff sur Panhard-Levassor en 44 h. 43 m. (moyenne 51 km. 300); puis successivement, en 1901, *Paris-Bordeaux* (527 km.) gagnée par H. Fournier, sur Mors, en 6 h. 10 m. 44 s. (moyenne 85 km. à l'heure) et *Paris-Berlin* (1.191 km.) remportée par H. Fournier, sur Mors, en 15 h. 33 m. (moyenne à l'heure 72 km.); en 1902, *Paris-Vienne* (1.080 km.) gagnée sur grosse voiture par H. Farman, sur Panhard-Levassor, en 16 h. 0 m. 30 s. et sur voiture légère par Marcel Renault, sur Renault, en 15 h. 47 m.: en 1903, *Paris-Madrid*, arrêtée à Bordeaux (573 km.) gagnée par Gabriel, sur Mors, en 5 h. 14 m. 3 s. (moyenne 105 km.).

La création de la Coupe Gordon-Bennett (1900-1905), puis du Grand-Prix de l'A. C. F. devait faire réaliser de nouveaux progrès au sport de la route. Voici les gagnants de ces épreuves avec les moyennes atteintes :

COUPE GORDON-BENNETT

1900. — *Paris-Lyon* (554 km.) 1er Charron (Panhard-Levassor) en 9 h. 9 m. (moyenne 61 km. 500).

1901. — *Paris-Bordeaux* (527 km.) 1er Girardot (Panhard-Levassor) en 8 h. 51 m. (moy. 59 km. 500).

1902. — *Paris-Innsbruck* (590 km.) 1er Edge (Napier), en 11 h. 02 m. 52 s. (moy. 55 km.).

1903. — *Circuit d'Irlande* (592 km.) 1er Jenatzy (Mercédès), en 6 h. 39 m. (moy. 89 km, 84 m).

1904. — *Circuit du Taunus* (564 km.) 1er Théry (Brasier) en 5 h. 50 m. (moy. 96 km.).

1905. — *Circuit d'Auvergne* (549 km.) 1er Théry (Brasier) en 7 h. 2 m. 42 s. (moy. 78 km.).

GRAND-PRIX DE L'A. C. F.

1906. — *Circuit de la Sarthe* (1.200 km. en deux journées) 1er Sisz (Renault) en 12 h. 14 m. (moy. 101 km. 328).

1907. — *Circuit de la Seine-Inf.* (770 km.) 1er Nazzaro (Fiat) en 6 h. 46 m. 33 s. (moy. 113 km. 621).

1908. — *Circuit de la Seine-Inf.* (770 k.) 1er Lautenschlager (Mercédès) en 6 h. 55 m. (moy. 111 km.).

— *Grand-Prix des Voiturettes* (462 km.) 1er Guyot sur Delage, en 5 h. 45 m. 30 s. (moy. 80 km.).

1912.— *Circuit de la Seine-Infér.* (1. 540 km.) 1er Boillot sur Peugeot, en 13 h. 58 m. 2 s. (moy. 110 km.).

1913.— *Circuit de Picardie* (916 km.) 1er Boillot sur Peugeot, en 7 h. 53 m. 56 s. (moy. 116 km.)

1914. — *Circuit de Lyon* (750 km.) 1er Lautenschlager sur Mercédès en 7 h. 8 m. 18 s. (moy. 105 k.).

Il n'existe pas, à proprement parler, de records du monde de l'heure sur route et circuit. Les seuls records du monde qui existent sont ceux établis sur les pistes américaines spécialement aménagées de Brooklands (Sheepshead Bay). Les voici, tels qu'ils ont été établis en février 1919 par de Palma de 1 à 30 miles et par Chevrolet pour les 100 miles :

DISTANCES

1 mille (1.609 m.) en 24 s. 2/10.
2 milles (3.218 m.) en 0 m. 49 s. 5/10 (ancien record 1 m. 05.3/5).
10 — (16 km. 093) en 4 m. 09 s. 8/10 (ancien record 5 m. 23 s.).
20 — (32 km. 186) en 8 m. 54 s. 2/10.
30 — (48 km. 279) en 16 m. 31 s. 1/5 (ancien record 18 m. 56 s.).
50 — (80 km. 466) en 26 m. 33 s. 3/10 (ancien record 27 m. 29 s. 1/5).
100 — (160 km. 932) en 54 m. 17 s. (ancien record 54 m. 20 s.).
500 — (804 km. 660) en 5 h. 16 m. 40 s.

TEMPS

Une heure. — sur *Sunbeam :* 107 miles 95/100 (173 km. 197).
Deux heures. — sur *Sunbeam :* 195 miles 089 yards (313 km. 897).
Cinq heures. — sur *Sunbeam :* 473 miles 463 yards (761 km. 777).
Dix heures — sur *Sunbeam :* 910 miles 960 yards (1.465 km. 351).

L'Aviron.

L'aviron en France, bien qu'il n'ait jamais pris le développement que ce sport a trouvé en Grande-Bretagne, par exemple, n'en est pas moins pratiqué par un grand nombre d'adeptes. Le match Rowing-Club de Paris-Société Nautique de la Marne était suivi chaque année, avant la guerre, par des milliers de spectateurs et les rowingmen français ont remporté souvent la première place dans les grandes épreuves internationales. Pour les championnats d'Europe, ils se classent premiers dans le championnat à un rameur (Delaplane en 1906-1907-1908-1910) ; dans celui de 2 rameurs de pointe avec barreur (Beurrier-Lejeune en 1904) ; dans celui de 8 rameurs (E. N. Boulogne et Sport Dunkerquois en 1905) ; dans les doubles-sculls (Delaplane et Rochesani en 1910) ; etc.

Les principaux championnats et épreuves français et anglais sont les suivants avec leurs gagnants :

Championnats nat. de France :
1 *rameur.*

	Temps.
1905 (1.800 m.). — Delaplane	»
1906 (1.800 m.). — —	6'25
1907 (1.750 m.). — —	7'52
1908 (1.800 m.). — —	»
1909 (2.000 m.). — —	7'36
1910 (—). — —	»
1911 (—). — —	»
1912 (—). — —	»
1913 (—). — Peresselenzeff	8'15
1914-1919. — Pas couru	

8 *rameurs de pointe.*

	Temps
1905 (1.750 m.). — E. N. Boulogne et Dunkerque Sp.	
1906 (1.800 m.). — Sté Naut. Basse-Seine	5'32
1907 (1.800 m.). — E. N. Boulogne	6'40
1908 (—). — Cercle Nautique de France	5'15
1909 (2.000 m.). — Equipe mixte de Paris	6'4
1910 (2.000 m.). — E. N. Boulogne	»
1911 (—). — R.-C. de Paris	»
1912. — Pas couru.	
1913 (2 000 m.). — Sté Nautique de la Marne	6'25
1914-1919. — Pas couru.	

Match Rowing-Club de Paris et Soc. Naut. de la Marne
(*Huit de pointe* — 6000 *m.*).

	Temps.
1906. — Sté N. de la Marne	18' 9"
1907. — R. C. de Paris	19'35"
1908. — Sté N. de la Marne	»
1909. — R. C. de Paris	19' 2"
1910. — Sté N. de la Marne	»
1911. — R. C. de Paris	19'35"
1912. — R. C. de Paris	18' 2"
1913. — Sté N. de la Marne	16'53"
1914. — R. C. de Paris	»
1915-1919. — Pas couru.	

Match Oxford-Cambridge.
(*Huit de pointe-4 miles* 1/4).

	Temps.
1905. — Oxford b. Cambridge	20'35"
1906. — Cambridge b. Oxford	19'24"
1907. — Cambridge b. Oxford	20'26"
1908. — Cambridge b. Oxford	19'20"
1909. — Oxford b. Cambridge	19'50"
1910. — Oxford b. Cambridge	20'14"
1911. — Oxford b. Cambridge	18'29"
1912. — Oxford b. Cambridge	22'5"
1913. — Oxford b. Cambridge	20'53
1914. — Cambridge b. Oxford	20'23"
1915-1919. — Pas disputé.	

Le Base-Ball.

Le base-ball (jeu de balle à bases), jeu national américain, amalgame de notre vieille balle au chasseur et du cricket, est pratiqué, depuis 1918, dans l'armée française. Ce jeu ne constitue pas seulement un exercice utile pour le jet de la grenade mais un excellent entraînement physique. Il exige de la vigueur, de la vivacité, de la précision et du coup d'œil dans l'envoi de la balle, dans le renvoi à la massue, sans parler de la décision rapide que doivent prendre les joueurs allant de base en base. On peut seulement lui reprocher une sélection trop marquée dans le choix du *pitcher* (l'homme qui lance la balle).

Il se joue entre deux équipes de 9 joueurs chacune, une équipe qui bat et l'autre jouant dans le camp.

Le Billard.

Le jeu de billard, introduit en France dans la seconde moitié du xve siècle, devait y trouver ses principaux maîtres : Vignaux, vainqueur de tous ses contemporains en France et en Amérique ; Piot, Garnier, Fournil, Cassignol, tous disparus. Cure le premier joueur français actuel.

Ce sport est régi par la Fédération Française des Amateurs de Billard, dont le président est M. le comte de Drée.

Princip. performances : plus longues séries au cadre de 0.45, professionnels : 622 points en 1 h. 20, par Willie Hope (15 mars 1911); amateurs : 321 points, par Ch. Faroux. Aux 3 bandes; professionnels : 18 points: amateurs : 15 points par Faroux (1907) ; à la bande : professionnels. 115 points par Gibelin (nov. 1910) ; amateurs. 100 points par Rérolle (1907).

La Boxe.

Vers 1900, la boxe anglaise commença à s'implanter en France. A cette époque, les grands professeurs de boxe française étaient Charlemont, Castérès, Leclerc et Quillier. Ils n'accueillirent pas la boxe anglaise sans une certaine résistance, mais ils furent conquis et ils sont à présent les meilleurs protagonistes de ce sport, ce qui n'empêche pas la boxe française, qui est un exercice éducatif remarquable, d'être toujours pratiquée par de nombreux adeptes.

A la même époque, en 1903, était fondée la *Fédération française de Boxe* qui eut pour premier président M. Paul Rousseau, toujours à la tête de cet important groupement, lequel régit le sport de la boxe et celui de la canne autant pour les amateurs que pour les professionnels.

Les catégories de boxeurs dans la boxe française sont les suivantes :

Enfants jusqu'à 38 kilos ; *minimes* 42 kilos ; *mouches* 46 kilos ; *coqs* 50 kilos ; *plumes* 55 kilos ; *légers* 60 kilos ; *moyens* 66 kilos ; *mi-lourds* 74 kilos ; *lourds* au delà de 74 kilos, tous poids.

Dans la boxe anglaise, voici quelles sont les catégories, dont les poids sont en concordance avec les catégories correspondantes pratiquées en Angleterre et aux Etats-Unis : *Poids mouches* jusqu'à 50kg,802 ; *poids coqs* jusqu'à 53kg,525 ; *poids plumes* jusqu'à 57kg,152 ; *poids légers* jusqu'à 61kg,235 ; *poids mi-moyens* jusqu'à 66kg,678 ; *poids moyens* jusqu'à 72kg,574 ; *poids mi-lourds* jusqu'à 79kg,378 ; *poids lourds*, tous poids.

Les Championnats de France n'ont pas été disputés, pendant la guerre, la plupart des boxeurs étant au front et le Préfet de Police ayant interdit les combats de boxe à Paris pendant les hostilités. Voici, à la date du 1er janv. 1920, quels étaient les champions de France de boxe anglaise :

Paul Hams (poids lourds), Georges Carpentier (poids mi-lourds), Balzac (poids moyens), Papin (poids légers), de Ponthieu (poids plumes), Ledoux (poids coqs), Juliard (poids mouches).

Le Bowling.

Le record du monde de M. Geitschel est de 300 points, celui d'Europe et de France est détenu par R. Delarue avec 277 points.

La Chasse.

Privilège sous l'ancien régime, le droit de chasse est tombé dans le domaine commun (décret du 4 août 1789); il est accordé de nos jours, sous réserve de réglementations (loi des 3 mai 1844 et 22 janv. 1874) dans l'intérêt de la propriété, de l'agriculture et de la conservation du gibier, aux détenteurs de permis de chasse (coût 28 fr. par an) délivrés par les préfets qui fixent annuellement l'époque de l'ouverture et de la fermeture de la chasse, généralement fin août pour le midi, début de septembre pour la zone du centre et la région parisienne, fin septembre pour le Nord, la Normandie et la Bretagne. La clôture est fixée au début de janvier.

La chasse n'est pas seulement un sport. Elle amène, en France, un mouvement d'argent d'un demi-milliard de francs, dont 54 millions vont dans les caisses de l'État.

L'État perçoit 10.000.000 fr. pour les permis de chasse : il rentre pareille somme dans les caisses des communes. Il se vend pour 8.000.000 fr. de poudre de chasse. La location des chasses de l'État et des communes atteint plus de 3.000.000 francs.

La taxe sur les gardes-chasse donnait 1 million 500.000 fr. 120.000 armuriers occupent 25.000 ouvriers : le chiffre d'affaires de l'armurerie atteint 60.000.000. Il faut y ajouter le commerce des munitions, le mouvement d'argent résultant des chasses à courre et des chasses à tir, le commerce et l'entretien des chiens de chasse, les droits d'enregistrement, etc.

La chasse à courre, seule, produisait, d'après les chiffres fournis au Congrès de la chasse qui se tint en 1912, un mouvement d'argent de 73 millions dont profitaient l'État, les communes, l'industrie et le commerce français.

La vénerie française a été très éprouvée par la guerre. Alors qu'en 1914 on comptait, selon M. Paul Mégnin, 563 équipages de chasse à courre, 17.850 hommes de vénerie, 1.200 gardes et valets de limiers, 10.700 chevaux de chasse, 11.800 chiens de meute, il n'y a plus aujourd'hui que 70 équipages (meutes ou vautraits) à peu près intacts et complets.

Une centaine d'équipages, en outre, ont repris l'élevage, se reconstituent et pourront chasser, les uns en 1920, les autres en 1921.

Seuls en état de chasser cette année, 10 équipages de cerfs, 20 équipages de sangliers, 20 équipages de cerfs, sangliers et chevreuils, 20 équipages de lièvres et renards, qui ne comptent que 1.200 chiens, 500 poitevins, 300 gascons saintongeois, 200 bâtards divers, 150 grands griffons, 50 chiens de la race dite de Chambray.

Les principaux sont :

Baron de Layre. 40 gascons saintongeois. *Tenue* : rouge ; parements et culotte : vert foncé; galon : vénerie. Chasse le cerf dans l'Eure-et-Loir.

Bonnelles-Rambouillet, à Mme. la Duchesse douairière d'Uzès. 18 bâtards vendéens. *Tenue*: rouge; col, parements, gilet, culotte : bleu; galon vénerie. Cerf. Lieux de chasse : Bonnelles-Rambouillet.

Eq. du Petit-Jars à M. Ph. du Rozier. 40 normands poitevins. *Tenue* : bleu, cap. et parements : rouge ; galon vénerie. Chasse le cerf, le sanglier, le chevreuil dans l'Orne.

Herriot. 50 bâtards poitevins. *Tenue* : vert ; culotte verte ; parements, col et poches blanc ; galon vénerie. Chasse le cerf dans l'Eure et la Seine-Infre.

Lebaudy à M. P. Lebaudy. 30 bâtards. *Tenue* : garance ; col, parements : vert ; culotte blanche. Cerf, à Fontainebleau.

Rallye-Chambly, à S. A. Mgr. le prince Murat. 40 bâtards saintongeois. *Tenue* : bleu hussard; col, parements, gilet: grenat; culotte : bleu foncé. Cerf. Lieux de chasse : Halatte, Carnelle, Chantilly.

Rallye-Christré à M. Treuille. 38 anglo-poitevins. *Tenue* : vert foncé ; parements : vert émeraude. Chasse le cerf dans le Poitou.

Rallye-Juigné et *Rallye-Sapinette*, au marquis de Juigné et au comte Henri d'Andigné. 30 gascons-saintongeois. *Tenue* : rouge ; col, parements, gilet : bleu ; galon vénerie. Chasse le cerf et le chevreuil dans la Sarthe.

Rallye-Le Haut au marquis du Luart. 40 bâtards. *Tenue* : bleu foncé ; col, parements : orange ; culotte : bleu. Chasse le cerf et le sanglier dans la Sarthe.

Rallye-Montpoupon à M. B. de La Motte Saint-Pierre. 45 anglo-gascons saintongeois. *Tenue :* rouge ; gilet, parements : amarante ; col : bleu de roi ; galon vénerie. Chasse le cerf dans l'Indre-et-Loire.
Rallye-Sillé à M. Foccart. 45 bâtards. *Tenue :* redingote et culotte, vert ; parements et gilet : amarante. Chasse le cerf et le sanglier dans la Sarthe.
Rallye-Vieil Anjou au comte G. d'Andigné. 50 poitevins. *Tenue :* bleu de roi ; gilet, parements : amarante. Chasse le cerf en Anjou et en Eure-et-Loir.
Villers-Cotterets à M. G. Menier. 25 bâtards. *Tenue :* rouge ; gilet rouge ; col : velours bleu ; galon vénerie. Chasse le cerf à Villers-Cotterets.

Le Cyclisme.

Si la *draisienne* qui fit son apparition à Paris au Luxembourg le 5 avril 1818 est due à un Allemand, Drais de Sauerbrun, le *célérifère*, dont elle procédait est dûment français, sorti du cerveau du sieur de Civrac et il date de 1690. C'est un autre Français, Ernest Michaux, qui, en 1861, adapta la manivelle et la pédale au bicycle. Sept ans plus tard, un horloger, Joseph Meunier, inventa la roue libre. En 1874, les premières jantes font leur apparition pour arriver à la bicyclette (1879) ; les caoutchoucs creux sont de 1889, les pneus de 1890.

La vogue du cyclisme en France date des premières courses sur route (1891), des premières courses publiques à Buffalo (Paris), en 1892. A partir de ce moment les records et les temps vont subir une hécatombe continuelle. Bordeaux-Paris, gagné en 1891 par Mills effectuant les 572 kil. du parcours en 26 h.-36, sera successivement remporté par Stéphane, en 1892 (25 h. 37) ; Cottereau, en 1893 (24 h. 4) ; M. Garin, en 1902 (575 kil. en 18 h. 41), le meilleur temps étant effectué par E. Georget en 1910 (592 kil. en 18 h. 23).

Actuellement, les principaux records du monde sont les suivants :

DISTANCE.	TEMPS.	DÉTENTEURS.	PISTES.	DATES.
	h. m. s.			
		1° *Sans entraineurs.*		
100 mètres.	9 2/5	Bathiat (Français).	Lille.	1er nov. 1898
1/4 mile ..	28	Johnson (Anglais).	—	—
1/2 kil. ...	32 4/5	Oscar Egg (Suisse).	Paris	27 mai 1916
1/2 mile ..	52 3/5	Samuelson (E.-U.).	Salt Lake.	1902
1 kil. ...	1 14 3/5	Dupré (Français).		
1 mile ..	2 3 2/5	Johnson (Anglais).	Cristal Palace.	21 sept. 1907
10 kil. ...	18 40 3/5	Oscar Egg (Suisse).	Buffalo.	18 juin. 1914
50 kil. ...	1 14 47 2/5	—	—	—
100 — ...	2 45 46 3/5	Hervy (Français).	Buffalo.	1907
500 — ...	23 15 59	Rousset (Français).	Bordeaux.	5 sept 1896.
		2° *Avec entraineurs.*		
1/4 mile ..	27 2/5	Green (Anglais).	Cristal Palace.	22 août 1899
1/2 kil. ...	34 2/5	Demangel (Français).	Buffalo.	24 août 1908
1 kil. ...	58 3/5	Gombault (Français).	Parc des Princes.	29 oct. 1908
1 mile...	1 26 3/5	Wills (Anglais).	—	—
5 kil. ...	3 34	Guignard (Français).	Munich.	1906
10 — ...	6 14 3/5	Guignard (—).	—	23 juil. 1909
25 — ...	17'8"	Guignard (—).	—	—
50 — ...	29 23	Guignard (—).	—	—
100 — ...	59 1	Guignard (—).	—	15 sept. 1909
500 — ...	10 36 4 2/5	Walters (Anglais).	Vincennes.	1900
1000	23.29 50 3/5	Walters (—).	—	1900

Records par temps.

Une heure sans entraineurs : 44 km. 247, par O. Egg, 18 juin 1914.
— avec entr. à bicyclette : 45 km. 050, par Petit-Breton.
— avec entr. à tandem : 50 km. 039, par Lapize, 1er juillet 1911.

Une heure avec entr. à petites motos : 73 km. 500, par Walthour.
— — — avec grand coupe-vent : 101 km. 623, par Guignard, 15 sept. 1909.
12 heures avec entr. à motos : 562 km. 960, par Walters, à Vincennes, 1900.
12 heures sans entr. : 359 km. 100, par Jeack, à Genève, 1901.
24 heures sans entr. : 659 km. 598, par Corre, à Rouen, 1897.
— avec entr. à motos : 1.312 km., par Bouhours, à Paris, le 4 mars 1906.

L'Escrime.

On peut dire qu'aucun pays au monde n'a présenté et ne présente encore actuellement une pléiade plus complète de maîtres d'armes et de tireurs. Ce sont, pour ne citer que parmi les premiers et à partir du XIXe siècle : Vigeant père, Mimiague, Robert, Bergès, Louis Mérignac, C. Provost, Rouleau père, Ayat père, Rue, Vigeant, Kirchoffer, Ramus, Rossignol, puis Adolphe et Georges Rouleau, Baudry et parmi les jeunes : Albert Ayat, Baudet, Haussy, Hugnet, Lucien Mérignac, Millet, etc...

Dans les grandes épreuves internationales, l'équipe de France s'est classée le plus souvent première. C'est ainsi qu'elle a remporté le Tournoi de Monaco sept années consécutives, de 1905 à 1911 puis en 1913, le championnat individuel neuf années consécutives, de 1903 à 1911 puis en 1913, lors de la grande Semaine des Armes de combat. Aux Jeux Olympiques, la France s'est encore classée première aux Olympiades d'Athènes en 1896 et en 1906, réunissant la seconde fois un beau doublé, en prenant les premières places au fleuret et à l'épée. On trouvera p. 374 la liste des principales salles d'armes de Paris.

Le Foot-ball.

De l'inoffensif *follis* latin, nos pères avaient fait la rude *soule*, ballon de cuir rempli de foin, qu'on poursuivait à travers champs. Le jeu est revenu en France, transformé par les Britanniques et s'y est implanté d'une façon définitive et brillante. Le jeu d'*Association* (ballon rond, équipes de 11 hommes, interdiction de se servir des mains) et celui de *Rugby* (ballon ovale, équipes de 15 hommes, usage des mains autorisé) ont tous deux leurs partisans.

Voici pour les deux jeux le palmarès des championnats de France et des grands matchs internationaux :

Association.

Champions de France :

1907. Racing-Club de France.
1908. Racing-Club de Roubaix.
1909. Stade Helvétique (Marseille).
1910. U. S. Tourquennoise.
1911. Stade Helvétique.
1912. Etoile des Deux-Lacs, Paris.
1913. Cercle Athlétique de Paris.
1914. Olympique Lillois.
1915-1919. Pas disputé.

MATCH BELGIQUE-FRANCE :

1911. Belgique bat France........	7 à 1
1912. Match nul................	1 à 1
1913. Belgique bat France........	3 à 0
1914. France bat Belgique........	4 à 3
1915. Belgique bat France........	3 à 0
1916. Belgique bat France........	4 à 1
1917. Belgique bat France........	3 à 1
1918. Belgique bat France........	5 à 2
1919. Match nul................	2 à 2

Rugby.

Champions de France :

1908. Stade Français
1909. Stade Bordelais Univ. Club.
1910. Football-Club de Lyon.
1911. Stade Bordelais Univ. Club.
1912. Stade Toulousain.
1913. Aviron Bayonnais.
1914. Ass. Sportive Perpignannaise.
1915-1919. Pas disputé.

MATCH FRANCE-ANGLETERRE.

1906. Angleterre bat France.....	35 à 8
1907. Angleterre bat France.....	41 à 13
1908. Angleterre bat France.....	19 à 0
1909. Angleterre bat France.....	22 à 0
1910. Angleterre bat France.....	11 à 3
1911. Angleterre bat France.....	37 à 0
1912. Angleterre bat France.....	18 à 8
1913. Angleterre bat France.....	20 à 0
1914. Angleterre bat France.....	52 à 21
1915-1919. Pas disputé.	

Depuis la guerre, les championnats ont été remplacés par d'autres épreuves ; pour le *rugby* par la *Coupe de l'Espérance* gagnée en 1918 par le R. C. de France et en 1919 par le Stade Tarbais ; pour l'*association* par la *Coupe des Alliés* et la *Coupe Charles Simon* gagnée en 1919 par la C. A. S. Générale.

Le Golf.

Le golf, importé d'Angleterre mais qui a fort probablement pour ancêtre un vieux jeu français, le *mail*, se pratique sur un terrain étendu, présentant des obstacles ou hasards variés ; le joueur, muni d'un maillet ou *club*, doit conduire successivement dans un certain nombre de trous ou *holes*, une petite balle de caoutchouc durci.

Les règles en vigueur en France pour ce jeu sont celles du *Royal* et *Ancien Golf Club de Saint-Andrew* traduites par la Société de Golf de Paris (La Boulie).

Principaux terrains de Golf en France.

	PERMANENTS (P.) OU SAISON (S.)	NOMBRE DE TROUS	PRIX PAR SEMAINE	PRIX PAR MOIS	NATURE DU TERRAIN
Aix-les-Bains	S.	9	10 »	40 »	plat. gazon.
Arcachon	P.	9	10 »	40 »	Accid. sablon.
Argelès	S.	18	—	—	
Biarritz-Anglet	P.	18	22 »	55 »	sablon.
Bordeaux	P.	9	—	—	
Boulie (La) (Versailles)	P.	18	25 »	50 »	accid. gazon.
Boulogne-sur-Mer	P.	18	20 »	80 »	
Cabourg	S.	18	—	—	accid. gazon.
Cannes-Napoule	S.	18			— sablon.
Cauterets	S.	9			accid.
Chantilly	P.	18	25 »	50 »	accid. sablon.
Compiègne	P.	18	20 »	50 »	accid. gazon.
Contrexéville	S.	9	—	—	—
Costebelle	S.	18	—	—	—
Deauville	S.	18	—	—	—
Dieppe (Ch. de Pourville)	P.	18	20 »	50 »	accid.
Dinard-Saint-Briac	P.	18	25 »	70 »	sablon.
Etretat	S.	18	—	—	vall.
Evian-les-Bains	S.	9			—
Fayet St-Gervais (Le)	P.	18	20 »	50 »	très accid.
Fontainebleau	S.	9	15 »	35 »	sablon.
Granville	P.	9	10 »	20 »	accid. sablon.
Hardelot	P.	9	—	—	—
Havre (Le)	S.	18	—	—	accid.
Hyères	S.	9	—	—	
Luchon	S.	9	—	—	
Martigny-les-Bains	S.	9	12 »	30 »	très accid.
Nice-Cagnes	S.	18	—	—	
Nivelle (la)	P.	18	—	—	
Paramé (Saint-Malo)	P.	9	12 »	50 »	accid.
Pau (Plaine de Billère)	P.	18	20 »	60 »	— gazon.
Pecq (Le)	P.	9	—	—	
Pornic	S.	9	20 »	50 »	accid.
Pornichet	S.	9	—	—	
Saint-Jean-de-Luz	S.	9	—	—	
Touquet (Le)	P.	18	—	—	
Tours	P.	9	20 »	30 »	accid.
Valescure	S.	9	—	—	accid.
Vittel	S.	9	Saison 30 fr.		
Vichy	S.	9	—	—	

Des abonnements de saison et de familles à prix spéciaux sont consentis.

La Gymnastique.

La véritable renaissance de l'éducation physique ne se produit en France qu'au lendemain de la guerre de 1870, dans une pensée patriotique, par l'introduction de la gymnastique dans les écoles.

Le 28 septembre 1873 était créée l'*Union des Sociétés de gymnastique de France* qui, à ses débuts, englobait 9 sociétés, 3 de Paris, 3 de Reims, une de Lunéville, une de Clermont-Ferrand et une de Besançon.

Elle s'était donné pour mission d'accroître les forces vitales du pays en favorisant le développement des forces physiques et morales de la jeunesse par l'emploi rationnel de la gymnastique, de l'étude du tir, de la natation, et de la topographie pour rendre les jeunes gens aptes à acquérir plus rapidement les qualités qui font les bons soldats.

En 1914, elle comptait 1.628 sociétés, 58 associations régionales, 5.107 membres associés ou donateurs et environ 400.000 gymnastes.

Reconnue d'utilité publique en 1903, elle fut subventionnée pour la première fois par le Ministre de l'Intérieur en 1898 ; en 1900, elle obtenait des pouvoirs publics la création du brevet militaire qui avait pour but de donner aux jeunes gens la facilité de devenir caporal en quatre mois, sous-officier en neuf mois, sous-lieutenant dans les six derniers mois du service militaire. La préparation à ce brevet fut instituée dans les 1.581 sociétés de l'Union. En 1913, il atteignit 4.564. Au total, l'Union a fait distribuer 20.504 brevets.

Tous les efforts tentés par l'Union au point de vue militaire ont porté des fruits; le brevet a facilité le recrutement des caporaux et des sous-officiers, mais a augmenté surtout le nombre des jeunes gens qui ont consenti à devenir officiers de réserve. Le rôle de l'Union, comme on peut en juger, fut réellement actif. C'est à son organisation que l'on doit en partie l'effort produit pour l'entraînement de la jeunesse.

Le caractère méthodique et en quelque sorte mécanique de la gymnastique éloigne cependant un grand nombre de jeunes gens qui lui préfèrent la pratique des sports dont la variété et la souplesse conviennent mieux au tempérament français. Il faut donc, pour avoir une idée du développement de l'éducation physique en France, ajouter aux 400.000 gymnastes pratiquants, les 400.000 sportifs des grandes fédérations comme l'U. S. F. S. A., la F. G. S. P. F. ou encore le C. E. P.

L'Hippisme.

Parmi les belligérants et les neutres, la France, la Belgique et la Serbie sont les seuls pays qui aient complètement supprimé les courses pendant la guerre. En France, les intéressés, dans un sentiment de patriotisme, acceptèrent résolument cette situation qu'il était permis de considérer comme temporaire. Toutefois, dès 1916, les Sociétés des Courses parisiennes unirent leurs efforts pour obtenir du gouvernement l'autorisation d'organiser des épreuves dites « de sélection ». Cette autorisation fut entourée de sévères réserves : les épreuves ne pouvaient être disputées qu'en province : à Caen, à Moulins et à Mont-de-Marsan ; les réunions devaient avoir lieu sans public et sans pari. Au cours des deux années suivantes, ces sévérités s'adoucirent quelque peu : les épreuves de sélection, maintenues sans public ni pari, eurent pour théâtre les hippodromes de Chantilly et de Maisons-Laffitte en 1917, et l'unique hippodrome de Maisons-Laffitte en 1918.

Le programme préparé pour 1918 devait comprendre un meeting d'été et un meeting d'automne ; mais l'offensive ennemie et les événements qui la suivirent bouleversèrent ces projets. Le début des réunions ne put avoir lieu avant le 3 octobre.

Enfin, le 5 mai 1919, les hippodromes parisiens purent rouvrir leurs portes fermées depuis près de cinq ans.

Grand-Prix de Paris.

Couru depuis 1863. HIPP. DE LONGCHAMP. — 3000 m. (Montant du prix, 200 000 fr.).

	NOM DU GAGNANT.	NOM DU PROPRIÉTAIRE.	NOM DU JOCKEY.	TEMPS.
1880	Robert-the-Devil	M. C. Brewer	Rossiter	3'24"
1881	Foxhall	— James R. Keene	G. Fordham	3'17"
1882	Bruce	— H. Rymill	F. Archer	3'25" 1/5
1883	Frontin	— Duc de Castries	T. Cannon	3'23" 1/5
1884	Little Duck	— —	—	3'43" 3/5
1885	Paradox	— Brodrick-Cloete	F. Archer	3'26" 2/5
1886	Minting	— R. C. Vyner	—	3'49" 2/5
1887	Ténébreuse	— P. Aumont	J. Woodburn	3'34"
1888	Stuart	— Pierre Donon	T. Lane	3'25" 2/5
1889	Vasistas	— H. Delamarre	Rolfe	3'21"
1890	Fitz-Roya	Bon A. de Schickler	T. Lane	3'27"
1891	Clamart	— Ed. Blanc	—	3'35" 2/5
1892	Rueil	— —	—	3'35" 3/5
1893	Ragotsky	Bon A. de Schickler	—	3'38" 3/5
1894	Dolma Baghtché	— —	Dodge	3'25" 2/5
1895	Andrée	— Ed. Blanc	Barlen	3'28" 2/5
1896	Arreau	— —	—	3'26"
1897	Doge	— J. Arnaud	Dodge	3'31"
1898	Le Roi-Soleil	Bon de Rothschild	W. Pratt	3'24"
1899	Perth	M. Caillault	T. Lane	3'23"
1900	Semendria	Bon A. de Schickler	W. Pratt	3'18" 3/5
1901	Chéri	M. Caillault	Rigby	3'19"
1902	Kizil Kourgan	— E. de Saint-Alary	W. Pratt	3'26" 3/5
1903	Quo Vadis	— Ed. Blanc	—	3'15"
1904	Ajax	— Ed. Blanc	G. Stern	3'19"
1905	Finasseur	— Michel Ephrussi	Nash Turner	3'24"
1906	Spearmint	Major Eust. Loder	B. Dillon	3'18" 1/5
1907	Sans-Souci II	B^on Ed. de Rothschild	Milton Henry	3'19"
1908	Northeast	— W.-K. Vanderbilt	J. Childs	3'14" 2/5
1909	Verdun	Bon M. de Rothschild	Barat	3'28" 2/5
1910	Nuage	Mme Cheremeteff	Ch. Childs	3'31"
1911	As d'Atout	Mis de Ganay	O'Neill	3'16"
1912	Houli	— A. Fould	F. Wootton	3'19"
1913	Brûleur	— E. de Saint-Alary	G. Stern	3'13" 2/5
1914	Sardanapale	Bon M. de Rothschild	—	3'11" 3/5
1915	Non couru par suite de la	—	—	—
1918	guerre	—	—	—
1919	Galloper Light	M. A. de Rotschild	Hulme	3'20"

Autres grandes épreuves.

	PRIX DU JOCKEY-CLUB. (Chantilly, 2.400 m. 100.000 fr.)	PRIX DE DIANE. (Chantilly, 2.100 m., 75.100 fr.)	PRIX du Prés. de la Répub. (Maisons-Laffitte, 2.500 m., 100.000 fr.)	DERBY D'EPSOM. (2.400 m., 162.500 fr.)
1905	Finasseur à M. M. Ephrussi.	Clyde à M. Veil-Picard.	Finasseur à M. Ephrussi.	Cicero à Ld. Roseberry.
1906	Maintenon à M. W.-K. Vanderbilt.	Flying-Star à M. L. Merino.	Maintenon à M. Vanderbilt.	Spearmint au Major Loder.
1907	Mordant à M. Maur. Ephrussi.	Saint-Astra au duc de Gramont.	Querido à M. Caillault.	Orby à Mr. R. Croker.
1908	Sea-Sick et Quintette.	Médéah à M. Ed. Blanc.	Sea-Sick à M. Vanderbilt.	Signorinetta à M. Ginestrelli.
1909	Négofol à M. W.-K. Vanderbilt.	Union à M. Ed. Blanc.	Verdun à M. M. de Rotschild.	Minoru au roi Edouard VII.
1910	Or du Rhin II à M. G. Dreyfus.	Marsa à M. Ed. Blanc.	Oversight à M. Vanderbilt.	Lemberg à Mr. Fairie.
1911	Alcantara II à M. de Rothschild.	Rose-Verte à M. Aumont.	Ossian à M. de Rothschild.	Sunstar à M. J.-B. Joel.
1912	Friant II au Prince Murat.	Qu'Elle est Belle II.	De Viris au b. Gourgaud.	Tagalie à W. Raphael.
1913	Dagor à M. E. Blanc.	Moia à M. Caillault.	Prédicateur à M. Watson.	Aboyeur à Mr Cunliffe.
1914	Sardanapale à M. M. de Rothschild.	Alerte VI à M. Olry Rœderer.	Sardanapale à M. Ed. de Rothschild.	Durbar II à Mr. Duryea.
				New-Derby, Newmarket
1915	Non couru par suite de la guerre.	Non couru par suite de la guerre.	Non couru par suite de la guerre.	Pommern à M. S. Joël
1916				Fifinella à M. E. Hulton
1918	—	—	—	Gainsborough.
1919	Tchad à M. Vanderbilt.	Quenouille au baron Ed. de Rothschild.	Radamès à M. Lieux.	Grand Parade.

Pour l'année 1919, les chevaux ayant gagné, en prix ou places, plus de 100.000 francs sont : Galloper Light (231.550 fr.) ; Tchad (154.605 fr.) ; Insensible (147.550 fr.) ; Loisir (132.755 fr.) :

Les principaux propriétaires gagnants sont : MM. A. Eknayan (450.908 fr.) ; W.-K. Vanderbilt (428.925 fr.) ; le b^on Ed. de Rothschild (428.516 fr.) ; J.-D. Cohn (330.450 fr.).

Les jockeys gagnants sont : O'Neill (71 c.) ; Belhouse (66) ; A. Sharpe (54) ; Mac Gee (46).

Grand Steeple-Chase de Paris.

Couru depuis 1874. (HIPPODR. D'AUTEUIL, 6500 m. Montant 50,000 fr.).

	NOM DU GAGNANT.	NOM DU PROPRIÉTAIRE.	NOM DU JOCKEY.	TEMPS.
1880	Recruit II	M. Robinson	Oxford	—
1881	Maubourguet	Mis de St-Sauveur	H. Andrews	8'8" 3/5
1882	Whisper-Low	M. William Cahill	M. T. Beasley	»
1883	Too-Good	— Comte Erdody	M. H. Beasley	»
1884	Varaville	— Camille Blanc	Hatchett	»
1885	Redpath	— Zigomala	T. Lowe	»
1886	Boissy	— H. Andrews	Benson	»
1887	La Vigne	— Harper	Baker	»
1888	Parasang	— R. Moncreiffe	M. Lambton	8'10"
1889	Le Torpilleur	— G. Ledat	Mousset	»
1890	Royal-Meath	— Lord Dudley	M. H. Beasley	»
1891	Saïda	— Baron J. Finot	Boon	»
1892	Fleurissant	— J. A. Pardiac	Taylor	»
1893	Skedaddle	Mrs. Childe	M. G. B. Milne	»
1894	Loutch	M. Holtzer	A. Newby	»
1895	Styrax	— R. Lebaudy	Weech	»
1896	Valois	— I. Wysocki	Alb. Johnson	»
1897	Solitaire	Mlle Mars Brochard	A. Roberts	7'39"
1898	Marise	M. L. Falder	—	»
1899	Tancarville	— Comte L. de la Boutetière	C. Reeves	»
1900	Mélibée	— H. Maurain	Campbell	»
1901	Calabrais	— Baron Roger	Gildon	»
1902	Gratin	Mme Ricotti	J. Turner	»
1903	Veinard	M. C. Liénart	H. Holt	»
1904	Dandolo	— E. Fischhof	Woodland	»
1905	Canard	— Jean Stern	Woodland	7'42"
1906	Burgrave II	— G. Dreyfus	R. Sauval	7'28"
1907	Grosse Mère	— —	—	»
1908	Dandolo	— E. Fischhof	A. Carter	»
1909	Saint-Caradec	— Veil-Picard	Parfrement	»
1910	Jerry M.	— Assheton-Smith	Driscoll	»
1911	Blagueur II	— Veil-Picard	Parfrement	»
1912	Hopper	— Guerlain	Lancaster	»
1913	Ultimatum	— A. Veil Picard	Parfrement	»
1914	Lord Loris	— J. Hennessy	A. Carter	8'20"
1915	Non couru par suite de la guerre	— —	—	»
		— —	—	»
1918	—	— —	—	»
1919	Troytown	— Major Gerrard	W. Escott	»

Autres grandes épreuves. — Courses au trot. — Records.

	GRANDE COURSE DE HAIES (Auteuil, 5.000 m., 75.000 fr.)	PRIX DU PRÉSIDENT DE LA RÉPUBLIQUE. (Auteuil 4.500m. 50.000f.)	COURSES AU TROT Prix du Président de la République (2.800 m.).	QUELQUES RECORDS
1905	Karakoul à M. G. A. Prentice.	Mal au Ventre à M. Liénart.	Cyrano en 4'19 4/5.	Mil. 1/4 en 28" 3/4 L. Dillon.
1906	Fragilité à M. P. Woodland.	Fragilité à M. Woodland.	Diogène en 4'21 4/5.	— 1/2 en 58" 3/4 L. Dillon.
1907	Chè lo sa à M. F. Chapard.	Granule à M. Siméon.	Esther en 4'20 2/5.	— 1 en 1'58" 1/2 L. Dillon.
1908	Ingénu à M. A. Coblentz.	Dandolo à M. Fischhof.	Falot en 4'28 4/5.	— 2 en 4'17, Cresc us.
1909	Hérisson II à M. J. Lieux.	Journaliste à M. Fischhof.	Grand-Maître, 4'14 4/5.	— 10 en 26'15, Pascal.
1910	Blagueur II à M. A. Veil-Picard.	Or du Rhin III à Mme Doublet.	Honolulu en 4'24 4/5	— 20 en 58'25, Captain M. Gowen.
1911	Carpe Diem à M. Olry-Roederer.	Milo à M. G. Dreyfus.	Impétueux en 4'15 4/5.	— 50 en 3 h. 55. 40, Ariel. — 100 en 8 h. 55.53 Conqueror.
1912	Balscadden.	Hopper. à M. Guerlain.	—	*Amble.*
1913	Galafron à M.-J. Hennessy.	Sybilla. à M. B. Courveille.	—	— 1/4 en 28" 1/4 Dan Patch.
1914	Lilium.	Aveyron à M. J. Rossan.	—	— 1/2 en 56" Dan Patch.
1915	Non couru par suite de la guerre.	Non couru par suite de la guerre.	Non couru par suite de la guerre.	— 1 en 1'55 Dan Patch.
1916				Record du monde du saut en hauteur, 2m,46 1/2 par Heather Bloom.
1917	—	—		Record du monde du saut en longueur : 8m,5) par Lattie (1906).
1918	—	—		
	Saint-Tudval, à M. F. Bibby.			

Pour l'année 1919, les chevaux ayant gagné, en prix ou places, plus de 45.000 francs sont : Huis-clos 100.950 fr.) ; Troytown (92160 fr.) ; Danseur du Roi (52.045 fr.) ; César-Auguste (46.050 fr.)

Les principaux propriétaires gagnants sont : MM. C. Ranucci (120.375 fr.) ; G. Turbil (102.635 fr.) J. Cerf (93.347 fr.) ; Major Gerrard (92.100 fr.) ;

Les jockeys gagnants sont : W. Head (54 courses) ; G. Parfrement (41) ; F. Barteaux et G. Mitchell (35)

Sports féminins.

L'évolution sportive féminine ne date réellement que de quelques années avant la guerre. Le tennis avait fait en France un grand nombre d'adeptes, mais il fallut l'élan donné par Académia et Femina-Sports, puis ultérieurement par la Fédération des Sociétés Féminines Sportives de France pour voir des équipes féminines de football et des championnats de courses à pied.

Pour montrer les résultats obtenus en France par les femmes dans les divers sports, voici les principales performances accomplies aux plus récents championnats ainsi que les records du monde :

80 m. en 10 s. 4/5 par Mlle Suzanne Liébrard (record du monde 100 yards ou 91 m. 43 en 12 s. par Miss Marie Thornton, Etats-Unis) ;

300 m. en 48 s. 4/5 par Mlle Suzanne Liébrard ;

83 m. haies en 16 s. 2/5 par Mlle Suzanne Liébrard (record du monde 100 yards haies ou 91 m. 43 en 15 s. 1/5 par Miss Salme Peterson, Etats-Unis) ;

Saut en longueur avec élan : 4 m. 66 par Mlle Gorget (record américain 4 m. 64 par Miss F.-C. Crenshaw, Etats-Unis) ;

Saut en longueur sans élan : 2 m. 36 par Mlle Suzanne Liébrard (record du monde, 2 m. 48 par Miss Dorothy Cure, Etats-Unis) ;

Saut en hauteur avec élan : 1 m. 29 par Mlle du Leslay (record du monde 1 m. 44 par Miss Isabelle Swain, Etats-Unis) ;

Saut en hauteur sans élan : 1 m. 02 par Mlle Thérèse Brûlé (record du monde, 1 m. 21 par Miss Ruth Spencer, Etats-Unis) ;

Lancement du poids (4 kilos), 13 m. 19 par Mlle Janniaud.

Sports d'hiver.

Importés des pays scandinaves, développés en France par le Touring-Club *de France* et le *Club Alpin Français*, le patinage, le ski (long patin), le luge (petit traîneau), le bobsleigh (gr. traîneau muni d'un volant), se pratiquent ou sont en usage aujourd'hui dans la plupart des stations d'hiver. Certaines stations y ajoutent même le traîneau à voile, le curting et tailing.

STATIONS ET DÉPARTEMENTS	ALTITUDE EN MÈTRES	SPORTS PRATIQUÉS
Aix-les-Bains (Savoie)	1.545	B. L. P. S.
Argentière-Planet (Hte-Savoie)	1.388	B. L. P. S.
Bagnères-Luchon (Hte-Garonne)	1.797	B. L. P. S.
Ballon d'Alsace (Vosges)	1.240	B. L. P. S.
Briançon (Htes-Alpes)	1.326	B. L. P.
Bussang-Gérardmer (Vosges)	671	B. L. P. S.
Cauterets (Htes-Pyr.)	982	B. L. P. S.
Chamonix (Haute-Savoie)	1.034	B. L. P. S.
Eaux-Bonnes (Basses-Pyr.)	748	L. P. S.
Gavarnie (Htes-Pyr.)	1.350	B. L. P. S.
Lioran (Cantal)	1.150	B. L. P. S.
Modane (Savoie)	1.057	B. L. P. S.
Monetier-sur-Genève (Hte-Savoie)	750	B. L. P. S.
Monetier-Clermont (Isère)	846	B. L. P. S.
Mont-Dore (Puy-de-Dôme)	1.050	B. L. P. S.
Montlouis Font-Romeux (Pyr.-Orient.)	1.565	B. L. P. S.
Mont Genèvre (Htes-Alpes)	1.860	B. L. P.
Morez (Jura)	710	L. P. S.
Pontarlier (Jura)	850	B. L. P. S.
Pralognan (Savoie)	1 424	L. P. S.
Recoin-sur-Uriage (Savoie)	1.640	L. P. S.
Les Rousses (Jura)	1.137	B. L. P. S.
Le Sappey (Isère)	1.000	B. L. P. S.
Villars de Lans (Isère)	1.040	B. L. P. S.
Schlucht (La) (Haut-Rhin)	1.150	B. P. S.

(B. Bobsleigh; L. Luge ; P. Patinage ; S. Ski.)

Patinage à glace (records du monde).

DISTANCES.	DÉTENTEURS.	DATES.	TEMPS.
500 m.	O. Mathiesen (Norv.).	9.2.08	43"4
1.000 m.	—	31.1.09	1'31 4/5
5.000 m.	Strunnikoff.	4.2.11	8'36"6
10.000 m.	Rohrer.	28.1.11	17'22"6
Saut en hauteur	Irwin.		Hauteur 1 m.
Saut en longueur	Mlle Danielle.		Longueur 6 m. 488
En skis	O. Gundersen.		Longueur 42 m. 16
Temps 1/4 heure	Sabourel.	10.1.88	Distance 5 k. 666
— 1/2 heure	—	—	— 11 k. 347
— 1 heure	de Koning (Holland.).	22.1.90	— 30 k. 188

Patinage à roulettes (records français).

DISTANCES.	DÉTENTEURS.	DATES.	TEMPS.
100 m.	De Tully.	12.11.10	1'4" 1/5
1 kil.	Sergent.	»	2'6" 4/5
			Distance.
1/2 heure	Sergent.	7.4.11	13 k. 340
1 heure	—		27 k. 106

De 2 h. à 24 h., les records français sont records du monde (476 k. 928 en 24 h. par J. Carey (prof.).

NATATION

DISTANCES.	DÉTENTEURS.	DATES.	TEMPS.	RECORDS DU MONDE.
			m. s. 10es	
Nage libre.				
100 m.	Pouilley (CNP)	25-10-19	1'8" 8	1'1" 1
150 m.	Caby (PNL).	1-1-11	2'11" 8	»
200 m.	Rigal (L).	18-7-12	2'55" 8	2'30"
220 m.	Caby (PNL).	1-6-12	3'46" 2	»
300 m.	Decoin (SCUF).	22-5-12	4'25" 4	3'50"
350 m.	Caby (PNL).	1-6-12	5'26" 6	»
400 m.	Caby (PNL) et Decoin (SCUF).	22-5-12	6'15" 4	5'20"
450 m.	Caby (PNL).	1-6-12	7' 7" 4	»
500 m.	Caby (PNL).	1-6-12	7'57" 4	7'2" 1
650 m.	Caby (PNL).	22-5-12	10' 5" 2	»
800 m.	Caby (PNL).	22-5-12	13'40" »	»
1.000 m.	Caby (PNL).	22-5-12	17'11" 4	13'24" 8
1.200 m.	Caby (PNL).	22-5-12	20'42" 8	»
1.400 m.	Caby (PNL).	22-5-12	24'20"	»
1.600 m.	Caby (PNL).	22-5-12	26' 2"	22'48" 3
Quart de mille	Decoin (SCUF).	1-6-12	6'24" 8	»
Nage sur le dos.				
100 m.	D. Lehu (ENT).	22-5-12	1'30"	1'18
Brasse.				
100 m.	Arbogast (Strasbourg).	27-10-19	1'28"	»
200 m.	Sommer (CNP).	25-10-19	3'14" 8	»
400 m.	Sommer (CNP).	25-10-19	7'10"	
Nage sous l'eau	Pouliquen.	12-10-06	87 m. en 1'47"8	Record
Séjour sous l'eau	Pouliquen.	07	4'31"	4'46" 1/5
Plongeon de hauteur.	Peyrusson.	15- 8-06	31 m. 46	46 m.

Aviron (meilleurs temps).

DISTANCES.	CATÉGORIES.	DÉTENTEURS.	DATES.	TEMPS.
2.000 m.	Un rameur	M. Gresset.	1894	7'8
2.000 m.	Deux ram. de pointe avec barreur.	Dumaré-Sartori.	1894	7'9
2.000 m.	Quatre ram. de pointe avec barr.	S. Naut. Marne.	1894	6'24
2.000 m.	Huit rameurs	S. Naut. Marne.	1894	5'46
Oxford-Cambridge (6 k. 840)	Huit rameurs de pointe	Oxford.	1911	18'29
4 miles 1/2 (7 k. 240)	Un rameur (Skiff.)	J. Stanbury.	1892	17'26.5

Les principales Sociétés sportives.

Académie des Sports (*reconnue d'utilité publique par décret du Prés. de la Républ.* 29 mai 1910). Pl. de la Concorde, 6.

Prés. : Hébrard de Villeneuve; *Secr. gén.* : Frantz-Reichel.

Membres : 1re section (Sports athlétiques) : MM. A. Ballif, Bruneau de Laborie, Ch. Cazalet, Dr Charcot, marquis de Chasseloup-Laubat, P. Deschamps, H. Desgrange, A. Glandaz, Hébrard de Villeneuve, Pierre Lafitte, Hugues Le Roux, J. Liouville, D. Mérillon, Albert Petit, Frantz-Reichel, Paul Rousseau, Wallet.

2e section (Sports mécaniques) : MM. J. Balsan, Louis Blériot, L. Bollée, H. Brasier, marquis de Dion, commandant Ferrus, comte Henri de la Vaulx, comte A. Gautier-Vignal, Alfred Loreau, E. Mors, marquis de Polignac, baron H. de Rotschild, G. Rives, commandant Renard, comte de Voguë. (Siège vacant, Emile Reymond, sénateur, tué à l'ennemi.)

3e section (Sports hippiques et cynégétiques) : MM. prince Pierre d'Arenberg, comte J. Clary, comte de Comminges, Fournier-Sarlovèze, comte de l'Aigle, comte de la Tour du Pin, prince Murat, comte Potocki, baron du Teil.

Comité national des Sports, rue de Clichy 21. *Prés.* : comte Clary (S. H. F. C.) 4, rue Bayard ; *Secr. gén.* : Frantz-Reichel (F. F. B.), rue Cavalotti, 14.

Aérostation.

HOMMES. — Aéro-Club de France (recon. d'util. publ., 20 avril 1909). (Fédér. des Stés Aéronautiques de France), r. François Ier, 35. — T. Passy 66-21 et 40-86. *Prés.* : André Michelin.

Sté des Aéronautes de Paris, r. Legendre, 170. *Dir.* : Louis Godard.

Sté de Navigation aérienne (recon. d'util. publ., 14 mars 1902), r. Blanche, 19.

FEMMES. — Stella (Aéro-Club féminin) : boul. Flandrin, 86. *Prés.* : Mme Surcouf.

Alpinisme.

Club Alpin Français (recon. d'util. publ., 31 mars 1882), r. du Bac, 30. T. Saxé 27-61.

Athlétisme.

Union des Sociétés Françaises de Sports Athlétiques (U. S. F. S. A.), r. Rossini, 3 9e. T. Centr. 33-08. *Prés.* : G. Vidal. *Secr. gén.* : Frantz-Reichel.

PARIS. — Association Sportive Française : M. H. Renneçon, 3, boul. Rochechouart. — Club Athlétique de la Sté générale : M. Speich, 54, r. de Provence. — Paris-Université Club : M. Lebruin, 15, rue du Puits-de-l'Ermite. — Racing Club de France. *Secr.-Gén.* 14, rue Duphot, T. Gut. 24-52. — Sporting Club Univ. de France. *Secr. gén.* : F. Boutet de Monvel, 19, r. Monge. — Stade Français. *Secr. gén.* : 8, r. de Hanovre. T. Centr. 05-39.

BORDEAUX. — Sport Athlétique Bordelais. *Secr.* : M. Bernis, 17, pl. Simiot. — Stade Bordelais Université Club. *Secr.* : 5, Allées de Tourny. — LYON. — Football-Club de Lyon. M. Montmasson, 9, pl. des Terreaux. — NANTES. — Stade Nantais Université Club, 34, r. de la Fosse. — MARSEILLE. — Olympique de Marseille : 29, r. Cannebière. — Sporting-Club de Marseille. : 71, boul. Baille.

AUTRES UNIONS OU FÉDÉRATIONS :

Fédération Gymnastique et Sportive des Patronages de France (F. G. S. P. F.), pl. Saint-Thomas-d'Aquin, 5. T. Saxe 03-16 (1.500 sociétés). *Prés.* : Dr. G. Michaux.

Comité d'Education Physique de la Région de Paris (C. E. P.), 10, r. du faub. Montmartre.

FEMMES.

Fédération des Sociétés Féminines Sportives de France (F. S. F. S. F.), 52, boul. Haussmann. *Prés.* : Mme Milliat.

Principales sociétés à Paris **: Academia : 16, r. Taitbout. T. Passy, 22-15. — Femina-Sports, 116, rue du Bac. — United-Sports Voltaire, 124, boul. Voltaire.**

Automobilisme.

Sté d'Encouragement de l'Automobile-Club de France. Pl. de la Concorde, 6 et 8. T. Elys., 34-71, 72, 73, 74. *Prés.* : Bon de Zuylen de Nyevelt de Haar.

Association Gén. Autom., pl. de la Concorde, 8. T. Elys. 36-43. *Prés.* : Martin du Gard.

(1) Adresses à Paris, sauf indication contraire.

Union Motocycliste de France, pl. de la Concorde, 8. *Prés.:* Chev. R. de Knyff.
Salon de l'Automobile. Bureaux ; r. Pergolèse, 51.

Aviation.

Aéro-Club de France (recon. d'util. publ., 20 avril 1909), 35, r. François Ier. T. Passy 66-21 et 40-86. Cotis. ann., 60 fr. Droit d'entrée, 50 fr.

Association Générale Aéronautique. (Tourisme aérien), 35, r. François Ier. *Prés.:* Jacques Balsan. Cotis. ann., 5 fr.

Ligue nationale aérienne, 27, r. de Rome. *Prés.:* R. Quinton. Cotis. ann., 10 fr.

Billard.

Fédération des Stés Françaises d'Amateurs de Billard, 15, r. St-Florentin. — *Académies de billard à Paris:* Billard Club St-Florentin, 15, r. St-Florentin. T. Louv., 25-14. — Billard-Palace, boul. des Capucines, 3. — Curr. pass. des Panoramas, galerie Montmartre.

Boxe.

Fédération Française de Boxe, boul. Poissonnière, 24. T. Gut. 46-99. *Prés.:* Paul Rousseau. *Secr. Gén.* Frantz-Reichel. — *Salles à Paris.* — Boxe scolaire (Salle Mainguet), boul. Haussmann, 52. — Boxing-Club de France (Salle Castérès), r. Nouvelle, 3. — Pélican Boxing-Club, r. des Acacias, 34. *Secr. gén.:* Paul Bert. — Sté La Boxe Française (Salle Charlemont), r. des Martyrs, 24.

Canots automobiles.

Hélice-Club de France, boul. Haussmann, 82 (Yacht Club de France).

Chasse.

Saint-Hubert Club de France (recon. d'util. publ., 10 avril 1904), r. de Clichy, 21. T. Centr. 90-20. *Prés.:* Cte Justinien Clary. *Secr.:* L. Corbin.

Société Centrale des Chasseurs (recon. d'util. publ., 24 avril 1876), r. Cambacérès, 17. T. Louvre 08-50. *Prés.:* Georges Béjot. *Secr.:* L. Marchand.

Société des Chasseurs de France, boul. Haussmann, 92 et 94.

Chasse à courre (V. Vénerie).

Chenil.

Société Centrale pour l'Amélioration des Races de Chiens en France, r. des Mathurins, 38. *Prés.:* Cte de Bagneux.

Greyhound Club (Coursing), r. des Mathurins, 38. *Prés.:* duc de Noailles. *Secr. gén.:* Jacques Boulenger.

Société Nale pour l'utilisation du chien de Berger français 6, r. Demarquay. T. Nord 48-42.

Société Nale du Chien Sanitaire, r. de Choiseul, 21.

Spaniel-Club Français. *Secr.:* Dr Dauriac, r. de Bruxelles, 23.

Colombophilie.

Fédération nationale des Sociétés Colombophiles de France. (98 Stés et env. 80.000 pigeons), boul. St-Denis, 15 *bis*. *Prés.:* E. Haudos, député.

Fédération colombophile de la Seine, r. Aumaire, 13. *Prés.:* P. Derouard.

Course à pied, Cricket (*V. Athlétisme*).

Culture physique.

Salles à Paris: Salle Charlemont, 24, r. des Martyrs. — Salle Desbonnet, 48, r. Faub.-Poissonnière. — Salle Zurcher, 10, r. Théry. — Salle André et Felloneau, 37 rue Bergère. Gymnase Falconnier, 28, r. Vandamme. — Gymnase Favet, 116, rue du Bac (7e).

Cyclisme.

Fédération: Union Vélocipédique de France (U. V. F.), boul. Poissonnière, 24. T. Gut. 46-99. *Prés.:* Léon Breton.

Fédération Cycliste et Athlétique Française (F. C. A. F.), r. de Panama, 6.

Sociétés: Stés des courses cyclistes de France, r. St-Georges, 37. — Touring-Club de France, av. de la Grande-Armée (V. Tourisme).

Vélodromes à Paris: Parc des Princes, bois de Boulogne, près la gare d'Auteuil. — Vélodrome d'hiver, boul. de Grenelle et r. Nélaton.

Escrime.

Fédérations: Fédération Nale d'Escrime. r. Blanche, 10 *Prés.:* M. André Maginot, dép. — *Secr. gén.:* René Lacroix.

Sociétés à Paris: Sté d'Encourag. de l'Escrime Franç., r. Blanche, 10. — Sté d'Escrime

— Sté d'Escrime à l'Epée de Paris, r. Blanche, 10. — Sté Les Armes de Combat, square Desaix, 6. — Sté militaire d'Escrime Pratique, r. des Filles du Calvaire, 14.

Cercles à Paris: Cercles d'Escrime d'Anjou, av. Victor Emmanuel III, 35, T. Passy, 68-52. — Cercle de l'Escrime à l'Epée, r. Blanche, 11 *bis*. T. Louv. 13-33. — Cercle Hoche, r. Daru, 23. T. Wagr. 71-81. — Cercle Las-Cases et de Bourgogne, r. Las-Cases, 6.

Principales Salles à Paris: Baudry, r. de Richelieu, 108. — Mérignac (E.), r. Monsieur-le-Prince 48. — Rouleau frères, r. St-Honoré, 250. — Spinnewyns, r. Logelbach, 2 *bis*.

Foot-ball (*V. Athlétisme*). et F.F.F.A. 15, faub. Montmartre.

Golf.

Union des Golfs de France, r. du Boccador, 1. *Prés.:* P. Deschamps. — Cercle du Bois de Boulogne. T. Neuilly, 26. *Secr.* A. Eckert. — Saint-Cloud Country-Club. Parc de Busenval, à Garches, T. Garches 1-85. — Sté La Boulie-Golf de Paris. La Boulie, près Versailles. T. Versailles 1-41. *Prés.:* P. Deschamps.

Gymnastique.

Fédérations: Union des Stés de Gymnastique de France (U. S. G. F.). (recon. d'util. publi. 28 sept. 1903), r. Saulnier, 9 (1.628 sociétés associées.). *Secr. gén.:* r. Reignier, 8, à Bordeaux. Fédération gymn. et sportive des Patronages de France, pl. St-Thomas-d'Aquins.

Hippisme.

Sté d'Encouragement pour l'amélioration des races de chevaux en France, r. Scribe, 3. T. Centr. 39-44. *Prés. du Comité:* Prince A. d'Arenberg. (Hippodromes à Longchamp et à Chantilly).

Sté des Steeple-Chases de France, r. Treilhard, 10. T. Wagr. 85-48. *Prés.:* Prince Murat. (Hippodr. à Auteuil).

Sté de Sport de France, r. St-Honoré, 372. T. Centr. 42-41. *Prés.:* Cte Greffulhe (Hippodr. du Tremblay.)

Sté d'Encourag. pour l'amélior. du Cheval français de Demi-sang, r. d'Astorg, 7. T. Gut. 20-77. *Prés.:* E. Riotteau, sénateur. (Hippodr. à St-Cloud, Vincennes, Caen, Cabourg).

Sté Sportive d'Encourag., faub. St-Honoré, 133. T. Elys. 18-55. *Prés.:* R. Papin. (Hippodr. à Maisons-Laffitte, Enghien et St-Ouen.)

Sté Hippique Française (recon. d'util. publ., 16 oct. 1866), av. Montaigne, 33. *Prés.:* Baron du Teil (organise le Concours Central hippique de Paris).

Sté du Cheval National de Trait léger qualifié par l'épreuve, r. du Bac, 46.

Sté d'Encouragt. à l'Elevage du Cheval de guerre français, r. de Lisbonne.

Société l'Etrier, Manège Faverot de Kerbrech. Porte Dauphine. Bois de Boulogne.

Société des Guides, pl. de la Concorde, 4. (Cercle de la rue Royale.)

Hockey (*V. Athlétisme*).

Lutte.

Fédération Française de Lutte, r. Richer, 47.

Club des Lutteurs de Paris. Gymnase Rosset, r. de Ménilmontant, 7.

Natation.

Hommes: Union des Stés Françaises de Sports Athlétiques, r. de Provence, 4. T. Centr. 33-03. — Union Française de Natation, r. St-Sébastien, 48. — Club des Nageurs de Paris, pl. de la Bastille, 10. — Paris-Swimming Club, boul. de la Gare, 47. — Sté Nale d'Encouragement à la Natation, boul. Bourdon, 33 *bis*.

Femmes: Femina, r. Chateau-Landon, 31. *Prés.:* Mme Perrot. — Les Mouettes, boul. de la Gare, 45. *Prés.:* Mme Bogaerts.

Principales piscines à Paris: Automobile Club de France (réservée aux membres du Cercle), r. Château-Landon, 31. — R. de Chazelles, 26. — R. de la Gare, 45-47.

Patinage à glace.

Cercle du Bois de Boulogne. Pelouse de Madrid au bois de Boulogne. T. Neuilly, 26. — Champs-Elysées, Skating Club, au Palais de Glace. — Club des Patineurs de Paris, r. la Trémoille, 26. T. Passy 45-12. — *Skating:* Palais de Glace (Champs-Elysées).

Patinage à roulettes.

Fédération des Patineurs à roulettes de France, r. Lamartine, 20.

Paume.

Longue-Paume: Sté de Longue-Paume de Paris. *Prés.:* G.-J. Raynal, boul. Raspail, 74. — Terrain. Jardin du Luxembourg, près de la rue de Fleurus.

Courte-Paume: Jeu de Courte-Paume, r. Lauriston, 74 *ter*.

Pêche.

Casting-Club de France (Lancer) pl. de la Concorde, 8. *Prés.:* Pce Pierre d'Arenberg.
Fishing-Club de France, r. St-Lazare, 43. T. Trud. 58-08. *Prés.:* Vte de Pitray.
Synd. Central des Féd. et Assoc. des Pêcheurs à la ligne de France, r. de Rennes, 144.

Pelote basque.

U. S. F. S. A. et. — Biarritz Stade Sporting-Club, Châlet des 3 Frères, à Biarritz (B.-Pyr.). — Stade Hendayais, à Hendaye (B.-Pyr.). — Fronton Bineau, boul. Bineau, 115, à Neuilly (S.). T. 11-43.

Polo.

Sté du Polo Equestre. Pelouse de Bagatelle. Bois de Boulogne. T. Suresnes, 65. *Prés.* duc de Doudeauville.

St-Cloud-Country-Club, parc de Buzenval, à Garches (S.-et-O.).

Autres Clubs: à Cannes, à Compiègne, à Deauville, à Laversine (près Chantilly), à Lyon.

Rowing.

Fédération: Fédération Française des Stés d'Aviron (102 sociétés) ; Union des Sociétés d'Aviron de la Région Parisienne. *Sécr.* L. Dorn, 46, avenue Parmentier.

Principales sociétés à Paris: Cercle de l'Aviron de Paris, r. Nobel, 3. — Club Nautique de Paris (C. N. P.), r. des Tournelles, 48. — Rowing-Club, quai de Courbevoie, 99, à Courbevoie (Seine). — Sté d'Encouragement au Sport Nautique. Garage île des Loups, à Nogent-sur-Marne. T. 80. — Sté Nautique de la Basse-Seine, à Courbevoie. — Sté Nautique d'Enghien, av. de la Ceinture, 79, à Enghien. — Sté Nautique de la Haute-Seine, garage, à Juvisy. — Sté Nautique de la Marne, café Dreher, r. St-Denis, 1.

Sports d'hiver. (*V.* p. 370.)

Tennis.

Paris · Cercle du bois de Boulogne. Pelouse de Madrid. T. Neuilly, 26. — Cercle de Lawn-Tennis du boul. Lannes, av. Victor-Hugo, 165. — Cercle de Tennis de Colombes, r. Victor-Hugo, 1, à Colombes. — Neuilly, r. Perronnet, 86. — Racing-Club de France, r. Duphot, 10. Pelouse de la Croix-Catelan, Bois de Boulogne. — Sporting-Club de Paris, 154, r. Saussure. — Sté de Sport de l'Ile de Puteaux. — Stade Français, r de Hanovre, 8, et Parc de St-Cloud, Faisanderie. — Tennis-Club de Paris, boul. Exelmans, 91. T. Passy 91-24. — Tennis de la Muette, r. Alfred-Dehodencq, 5. T. Passy 69-50. — Tennis Saint-Didier, r. St-Didier, 58. T. Passy 41-80.

Tir.

Fédérations: Union des Stés de Tir de France (recon. d'util. publ.) (3.800 sociétés affiliées), r. de Provence. 46. *Prés.:* D. Mérillon (T. Centr. 70-10).

Fédération des Stés de Tir au pistolet et au revolver, r. Blanche, 10. *Prés.:* Cte Clary.

Fédération Nale des Stés de Tir, de Préparation et d'Entraînement militaires (1.615 sociétés affiliées), r. N.-D.-des-Victoires, 18. *Prés.:* Lt-Col. Coussaud-Dullié.

Sociétés à Paris: « Les Armes de Combat », av. Kléber, 98. — « L'assaut au Pistolet », r. St-Honoré, 350. — « Le Faisceau », av. d'Antin, 89. — « Le Pistolet », r. Blanche, 10.

Tir à l'arc. — Fédér. des Compagnies d'Arc de France, boul. de Strasbourg, 28.

Tir aux pigeons: Cercle du Bois de Boulogne. Pelouse de Madrid. T. Neuilly 26. — Gastinne-Renette. Plateau d'Issy et av. d'Antin, 39. T. Passy 54-29.

Tourisme.

Office National du Tourisme, 17, rue de Surène. T. Elys. 44-15. (*V.* Tourisme).
Touring-Club de France, av. de la Grande-Armée, 67. T. Passy 62-67 et 77-54.

Vénerie.

Société de Vénérie (Chasse aux Chiens courants), r. de Clichy, 21. T. Centr. 90-20. *Prés.:* Mis. de l'Aigle.

Yachting.

Yacht-Club de France boul. Haussmann, 82. T. Gut. 12-88. *Prés.:* Dr J.-B. Charcot. — Association Française du Yachting de Course, av. Elisée-Reclus, 5. — Cercle de la Voile de Paris, r. de Châteaudun, 58. — Sté Nautique d'Enghien, av. de Ceinture, 79, à Enghien.

Provinces: Arcachon: Galerie de la Bourse, 5, à Bordeaux. — *Bordeaux:* r. des Trois-Conils, 53. — *Cannes:* allées de la Liberté. — *Le Havre:* Palais des Régates, à Ste-Adresse. — *Marseille:* quai de la Fraternité. — *Nantes:* r. de l'Héronnière, 12. — *Nice:* Promenade des Anglais, 65. — *Trouville*, à la Mairie.

Bibliographie.

Annuaire de la Chronique du Turf, in-16, 4 pl. de Valois, Paris.

Annuaire du Yacht Club de France. Paris. Annuel, 4 fr.

Bellin du Coteau (D^r^). *Le livre du Sportsman*, 3 fr. Paris, 1914.

Boigey (Dr M.). *L'élevage humain*, 2 vol. in-16, 3 fr. 50. Payot. Paris, 1917.

Charcot (J.) et Clerc Rampal. *La navigation mise à la portée de tous*, 10 fr. Paris.

Comminges (Comte de). *Dressage et Manège*, in-8, ill. 6 fr.; *Le Cheval*, in-18, ill. 3 fr. 50. Plon-Nourrit, Paris.

Démeny (G.). *Les bases scientifiques de l'éducation physique*, in-8, ill. cart. 6 fr. F. Alcan.

Galtier (Maurice). *Le pilotage des aéroplanes*, in-8, 142, p. 3 fr. Lib. Aéronautique. Paris,

Hébert (Lt de Vaisseau G.). *L'Education physique ou l'entrainement complet par la méthode naturelle*. in-16, Vuibert. Paris, 1919.

Parnet (M.). *La culture physique de la femme*, br. 4 fr. 20. Librairie de l'Auto. Paris.

Sauvenière (A. de). *Les courses de lévriers*, Rotschild. Paris, 1899.

Sports-Bibliothèque. Le Football; la Boxe; les Sports d'hiver; le Golf; les Sports de Défense; les Courses à pied et les concours athlétiques; l'Equitation et le Cheval; le Cyclisme; l'Automobile; la Natation et le rowing; la Chasse à tir; l'Escrime; la Chasse à courre; la Lutte; le Tir; les Exercices physiques; les Courses de Chevaux; la Conduite en Guides; Hockey, Tennis, Bowling, Balles et Boules; la Pêche; l'Aéronautique; le Yatching; l'Alpinisme; les Sports de salles, de jardin et le billard, 24 vol., br. ch. 7 fr. 20. Pierre Lafitte.

LA FRANCE ÉCONOMIQUE & COLONIALE

LA FRANCE ÉCONOMIQUE ET COLONIALE

FINANCES, AGRICULTURE, INDUSTRIE, COMMERCE, COLONIES

La situation économique et financière.

Avant de passer en revue les diverses sources de production de la richesse française, de fixer, chaque fois que faire se pourra, les répercussions que la guerre a eues pour chacune d'elles, il a paru nécessaire de dresser un bilan rapide de la situation économique et financière de la France avant la guerre et, pour cela, d'évaluer sa richesse privée.

La richesse privée de la France.

Le bilan approximatif de la fortune publique de la France a été dressé par M. Edmond Théry dans une étude documentée de l'*Economiste Européen* (1918) pour deux années : 1892 et 1912. L'année 1892 parce qu'elle coïncide avec l'établissement du nouveau régime douanier et avec la dernière grande enquête agricole comportant une évaluation officielle de la propriété non bâtie et des revenus de la culture française ; l'année 1912, parce qu'elle est la dernière, avant la guerre, sur laquelle on possède des statistiques à peu près complètes. A l'aide de ces deux bilans, il sera possible de comparer la situation matérielle de la France à vingt années d'intervalle et de suivre le développement de son activité économique et financière en même temps que l'accroissement de son épargne.

On divise généralement les biens privés en deux grandes catégories de valeurs : les *biens fonciers*, comprenant les immeubles, les terres, les usines, etc. et les *biens meubles*, représentés par les valeurs mobilières françaises ou étrangères, le numéraire, les créances, les meubles, objets d'art, etc...

Les biens fonciers ou immobiliers se divisent eux-mêmes en deux parties : 1° la *propriété non bâtie*, concernant spécialement les exploitations agricoles et 2° la *propriété bâtie*, c'est-à-dire les immeubles urbains et ruraux servant à l'habitation des hommes et aux exploitations industrielles, commerciales, etc.

Ce bilan peut s'exprimer par le tableau suivant qui évalue les éléments de la richesse française en millions de fr.

DÉSIGNATION	1892	1912	Augmentation en 1912	
			Totale.	P. 100.
Propriété non bâtie	77.847	77.900	53	0.07
Animaux de ferme, matériel agricole	8.017	9.181	1.164	14
Propriété bâtie	48.592	60.503	11.911	24
Fonds industriels et commerciaux	6.624	10.316	3.692	56
Valeurs mobilières françaises	56.286	69.240	12.954	23
Valeurs mobilières étrangères	21.000	42.675	21.675	103
Numéraire d'or, valeur nominale, etc	3.371	7.487	4.116	122
Numéraire d'argent : valeur nominale etc	2.442	1.961	— 481	— 20
Mobiliers, objets d'art, bijoux divers	17.433	21.050	3.617	21
Automobiles, chevaux, voitures	1.337	2.204	867	65
Totaux	242.949	302.517	59.568	24

Ces chiffres, établis avec tous les éléments d'information dont la statistique peut disposer, ne doivent cependant être considérés que comme des termes de comparaison.

Les revenus agricoles.

Les chiffres indiqués ici sont des moyennes décennales qui présentent seules une certitude d'évaluation appréciable.

La moyenne décennale de la production du blé en France fut donc de 81 millions 314.000 quintaux entre 1882-1892. Cette même moyenne s'est élevée à 89 millions 618.000 quintaux pour la période 1902-1912, et en calculant leur valeur, d'après les cours moyens de l'époque, on trouve que cette production représentait 1.955 millions de fr. pour la première période et 2.323 millions de fr. pour la période 1902-1912.

On retrouve une augmentation à peu près semblable pour l'avoine qui est passée de 41.777.000 quintaux pour la moyenne 1882-1892 à 48.412.000 quintaux pour la moyenne 1902-1912 et la valeur de ce produit a elle-même progressé de 628 millions pour la première période à 1.012 millions pour la seconde période.

Mais toutes les autres céréales, le méteil, le seigle, l'orge, le sarrasin et le maïs, sont en léger recul et cela, parce que les agriculteurs français ont surtout porté leurs efforts sur le blé et sur l'avoine et également sur les cultures spéciales. En additionnant la valeur de toutes les céréales récoltées en 1892 et 1912, on obtient un total de 3.311 millions de francs pour la première date et de 4.005 millions de francs pour la deuxième.

La culture la plus importante après celle des céréales est celle de la vigne. Alors que pour la période décennale de 1882-1892, la production moyenne annuelle de la France n'avait été que de 28.871.000 hectolitres, la même production s'éleva à 52.497.000 hectolitres pour la période 1902-1912, représentant ainsi un accroissement de 23.626.000 hectolitres, ou 82 p. 100. La valeur de la production vinicole passa elle-même de 752 millions de francs pour la première période à 1.270 millions pour la seconde, soit 518 millions de plus.

La production du cidre, entre les deux périodes, a progressé de 12.608.000 hectolitres à 15.928.000 hl., celle de la bière de 8.340.000 hl. à 14.124.000 hl.

Enfin, on a fabriqué, pendant la période 1902-1912, une moyenne annuelle de 7.065.000 quintaux de sucre, représentant 261 millions de francs, contre 4.560.000 quintaux, valant 146 millions, pendant la première période, ce qu constitue une augmentation de 2.500.000 quintaux, soit 55 p. 100, et de 115 millions de francs. L'alcool a progressé, de son côté, de 2.096.000 hectolitres à 2.522.000 hectolitres.

A ces grandes productions qui représentent en valeur 6.065 millions de fr. en 1912, contre 4.649 millions en 1892, il convient d'ajouter les produits agricoles divers récoltés en France et qui représentent 4.279 millions en 1892 et 5.950 millions en 1912.

Si, à ces grandes catégories, on ajoute le produit des pailles, des bois et forêts, des produits et dépouilles d'animaux de ferme : vente des chevaux, viande de boucherie, laines, cuirs, lait, basse-cour, etc., on arrive au tableau suivant qui résume approximativement la valeur de la production agricole en France pour les années 1892 et 1912 (en millions de francs) :

	1892	1912	Augmentation. Millions.	Augmentation. p. 100
Grandes productions :	—	—	—	—
Céréales, pailles, vin, sucre, etc., etc.	5.962	7.420	+ 1.458	+ 24
Cultures diverses :				
Pommes de terre, légumes secs, cultures fourragères, industrielles, fruitières et maraîchères	4.279	5.950	+ 1.671	+ 39
Bois et forêts	289	300	+ 11	+ 4
Dépouilles d'animaux :				
Viande de boucherie, vente de chevaux, lait, laine, cuirs, basse-cour	3.973	4.620	+ 647	+ 16
Totaux	14.503	18.290	+ 3.787	+ 26

En résumé, sous la double influence de l'augmentation du volume de la production agricole et du relèvement du prix de vente des divers produits, la valeur approximative des récoltes recueillies sur le sol français en 1892 et 1912, a progressé de 14.503 millions à 18.290 millions de francs, soit une augmentation de 3.787 millions, ou 26 p. 100.

Mais la valeur vénale de la propriété non bâtie, c'est-à-dire de l'ensemble des exploitations agricoles augmentée de la valeur des animaux de ferme, du matériel agricole, des semences et des fumiers — qui n'a pas été comprise dans l'évaluation précédente — n'a pas augmenté dans une même proportion parce que, pendant la période observée, les frais d'exploitation de l'agriculture (salaires, engrais, impôts, etc...) se sont élevés, ramenant ainsi le bénéfice des cultivateurs à un taux à peine égal, sinon inférieur, à celui de la période 1882-1892 et cela, malgré l'augmentation des récoltes en quantité et en prix de vente.

Il s'ensuit que l'ensemble de la valeur vénale de la propriété non bâtie est resté sensiblement égal en 1912 à la valeur de 1892.

La production industrielle.

En ce qui concerne la production industrielle française, on s'attachera surtout à ses éléments constitutifs.

La consommation totale de la houille en France, qui n'était que de 36.516.000 tonnes en 1892, s'est élevée à 60.677.000 tonnes en 1912.

Sur ces chiffres, la production nationale a fourni 26.179.000 tonnes en 1892 et 41.145.000 tonnes en 1912. L'augmentation a donc été de 24.161.000 tonnes ou 66 p. 100 pour la consommation et de 14.966.000 tonnes ou 57 p. 100, pour la production nationale. Cette consommation représentait 952 kilos par habitant comprenant à la fois le chauffage domestique et tous les emplois industriels. Cette consommation annuelle s'est régulièrement élevée d'année en année pour atteindre 1.531 kilos par habitant en 1912.

Cette augmentation de 579 kilos, ou 60 p. 100, donne presque la mesure du développement industriel de la France pendant la période observée. Mais on a d'autres indices encore plus précis pour calculer ce développement.

La force motrice.

L'industrie moderne a pour principal auxiliaire la force motrice à vapeur car les emplois de la force hydraulique, houille blanche ou houille verte, ne sont pas encore évalués d'une façon assez précise.

La statistique annuelle que dresse l'Administration des Mines, chargée de la vérification des appareils à vapeur, fournit la liste ci-après des industries employant des appareils à vapeur avec indication de leur force motrice en 1892 et 1912 :

Etablissements.	Nombre de chevaux-vapeur. 1892	1912	Augmentation. Total	p. 100
	—	—	—	
Industries.	Milliers de chevaux.			
Mines et carrières	151	530	379	251
Usines métallurgiques	178	587	409	229
Agriculture	95	188	93	98
Industries alimentaires	115	231	116	101
Industries chimiques, tanneries	48	140	92	191
Tissus et vêtements	200	544	344	172
Papeteries et imprimeries	24	101	77	321
Objets mobiliers, instruments, etc	18	48	30	166
Bâtiments, etc	74	218	144	194
Production d'électricité	33	568	535	1.621
Services publics de l'Etat	30	80	50	166
Total pour l'industrie	966	3.235	2.269	235
Chemins de fer	3.899	11.515	7.616	195
Bateaux à vapeur	704	2.050	1.346	191
Force motrice totale	5.569	16.800	11.231	198
Nombre d'établissements	47.709	58.745	11.036	23

Entre 1892 et 1912, la force motrice employée par les différentes catégories industrielles est donc passée de 966.000 à 3.235.000 chevaux-vapeur ou HP, soit un accroissement de 2.269.000 HP, ou 235 p. 100.

L'augmentation a été, en outre, de 7.616.000 HP pour les chemins de fer et de 1.346.000 pour la marine à vapeur, abstraction faite des navires de guerre ; et en réunissant les trois groupes, on arrive à un total de 5.569.000 HP pour 1892 et de 16.800.000 HP pour 1912, soit une augmentation totale de 11.231.000 HP, ou 198 p. 100.

Le nombre total des établissements industriels employant des appareils à vapeur a été de 58.745 en 1912, contre 47.709 en 1892, et la force motrice moyenne de chacun d'eux de 55 chevaux en 1912, contre seulement 20 chevaux en 1892.

L'industrie sidérurgique.

Les nations qui possèdent beaucoup de houille produisent naturellement beaucoup de fonte, de fer et d'acier et peuvent aussi fabriquer beaucoup de machines : au point de vue de l'industrie du fer, la France est donc très en arrière de l'Allemagne, de l'Angleterre et des Etats-Unis. Le tableau suivant l'établit nettement (par millions de tonnes) :

Produits.	France.	Allemagne.	Angleterre.	Etats-Unis.
Fonte.				
1912	4.949	15.221	8.891	30.205
1892	2.057	4.351	6.817	9.304
Plus	+ 2.892	+ 10.870	+ 2.074	+ 20.961
Pour cent	+ 141	+ 250	+ 30	+ 224
Fers et aciers.				
1912	3.775	16.345	8.253	31.750
1892	1.511	4.123	5.301	5.007
Plus	+ 2.264	+ 12.222	+ 2.952	+ 26.743
Pour cent	+ 150	+ 296	+ 56	+ 534

La situation de la France n'est pas très brillante comparée à celle des trois autres pays, il n'en reste pas moins qu'elle avait réalisé un très sérieux effort, dont la guerre déclenchée par l'Allemagne en août 1914 lui a fait perdre, en quelques semaines, les résultats. La valeur de notre production sidérurgique est, en effet, passée de 478 millions de francs en 1892, à 852 millions en 1912, et le nombre des ouvriers travaillant dans les usines de fer a progressé de 65.125 en 1892 à 112.000 en 1912.

L'industrie textile.

L'industrie textile est une des plus importantes existant en France et on a vu qu'elle utilisait 544.000 HP en 1912, contre 200.000 en 1892 ; on trouve la répercussion de cette augmentation dans les matières premières importées par cette industrie pendant les deux années observées.

En 1892, on avait importé ou produit 251 millions de kilos de laine dont une partie (22 millions de kilogs) avait été exportée sous forme de draps et de vêtements. Les Français en avaient consommé, pour leur part, environ chacun 6 kilogs. en moyenne.

En 1912, les disponibilités ont atteint 298 millions de kilogs et la consommation moyenne par habitant — déduction faite des ventes extérieures : soit 40 millions de kilos — a été exactement de 6 kilogrammes et demi.

En ce qui concerne le coton, les demandes à l'étranger en 1892 ont porté sur 202 millions de kilos et après avoir servi les clients extérieurs (23 millions de kilos), les industries ont livré env. 4 kilos 600 (par habitant) de leurs produits : chemises, caleçons, serviettes, mouchoirs, etc., au marché intérieur.

En 1912, le coton importé en France s'élève à 346 millions de kilogs, les exportations atteignent 70 millions de kilogs, et les consommateurs nationaux achètent en moyenne 7 kilogs d'articles de cotonnades diverses, soit 2 kilogs 400 de plus qu'en 1892, ou 52 p. 100.

Le commerce extérieur.

De tous les indices permettant d'apprécier le développement de l'activité économique d'un pays, son commerce extérieur est celui que l'on doit consulter de préférence.

Un premier examen portant sur le commerce spécial va montrer qu'il confirme largement les preuves déjà recueillies :

Désignation.	1892 Importations.	1892 Exportations.	1892 Total.	1912 Importations.	1912 Exportations.	1912 Total.
	(Millions de francs).					
Objets d'alimentation	1.400	759	2.159	1.803	850	2.653
Matières premières..........	2.173	822	2.995	4.813	1.945	6.758
Objets fabriqués............	615	1.879	2.494	1.614	3.918	5.532
Totaux	4.188	3.460	7.648	8.230	6.713	14.943

Les chiffres précédents montrent que le marché français a été envahi, entre 1892 et 1912, par les produits étrangers, car les importations d'objets fabriqués ont augmenté de 1 milliard de francs.

Mais les industriels français ont vigoureusement résisté à l'assaut, puisque leurs exportations — c.-à-d. leurs ventes à l'étranger — ont augmenté de 2.039 millions pendant la période observée.

D'autre part, le mouvement commercial des colonies a été pendant la période 1892-1912 plus brillant encore que celui de la métropole :

Colonies.	1892 Importations.	1892 Exportations.	1892 Total.	1912 Importations.	1912 Exportations.	1912 Totaux.
	Millions de francs.					
Algérie..........................	283	166	549	722	591	1.313
Tunisie	39	37	76	156	155	311
Sénégal..........................	24	17	41	68	56	124
Guinée	4	4	8	19	20	39
Côte d'Ivoire	2	4	6	17	18	35
Dahomey	6	7	13	20	21	41
Congo	3	2	5	20	29	49
Réunion	25	17	42	21	16	37
Madagascar	5	3	8	50	60	110
Mayotte	1	1	2	2	5	7
Côte des Somalis.................	3	2	5	32	45	77
Total Afrique..........	395	360	755	1.127	1.016	2.143
Inde	3	16	19	9	37	46
Indo-Chine.......................	69	105	174	273	261	534
Total Asie	72	121	193	282	298	580
Saint-Pierre et Miquelon..........	11	9	20	5	6	11
Guadeloupe	21	22	43	20	26	46
Martinique.......................	33	18	51	22	31	53
Guyane...........................	10	5	15	11	12	23
Total Amérique.............	75	54	129	58	75	133
Nouvelle Calédonie	14	7	21	15	14	29
Océanie	3	3	6	9	12	21
Total Océanie	17	10	27	24	26	50
Total général	559	545	1.104	1.491	1.415	2.896

Ceci démontre que les colonies ne sont pas aussi mal exploitées qu'on le prétend quelquefois.

Les valeurs mobilières.

Au 31 décembre 1815, le capital nominal des valeurs mobilières françaises était de 1.500 millions de francs. On le trouve à 4.850 millions en 1830 ; à 8.980 millions en 1850 ; à 25.612 millions en 1869, avant la guerre contre l'Allemagne.

Les emprunts de libération du territoire, la liquidation de la guerre, la reconstitution de notre matériel de guerre et les grands travaux publics qui marquèrent la période 1872-1892 accrurent considérablement le capital nominal des valeurs mobilières nationales auxquelles vint s'ajouter un fort contingent de valeurs étrangères. A cette dernière date, on relève les deux chiffres ci-après :

Valeurs françaises	56.286 millions.
Valeurs étrangères	21.000 —
Total	77.286 millions.

L'accroissement des valeurs étrangères se poursuit entre 1892 et 1912. On trouve en effet que les valeurs mobilières que les portefeuilles français détenaient à cette dernière date, forment un capital nominal de 111.915 millions de francs, dont 69.240 millions de valeurs françaises et 42.675 millions de valeurs étrangères.

Il en résulte qu'entre les deux dates (1892 et 1912) le portefeuille a absorbé 34.629 millions de francs de valeurs mobilières dont 12.954 millions françaises et 21.675 millions d'actions d'obligations et de fonds d'Etat étrangers.

La moyenne annuelle des achats pendant cette période de vingt années a été de 648 millions de francs en valeurs françaises et de 1.083 millions en valeurs étrangères : soit au total 1.761 millions par année.

Entre 1892 et 1912, et grâce à la prospérité dont les titres mobiliers viennent de donner une nouvelle preuve, la valeur vénale de la propriété bâtie et des fonds industriels et commerciaux a respectivement augmenté de 3.692 millions et de 11.911 millions.

Pendant cette même période, il y a eu aussi un accroissement de 4.116 millions pour le stock d'or, de 3.617 millions pour les mobiliers, objets d'art, bijoux et divers, et enfin 867 millions pour les automobiles, chevaux et voitures.

Par contre, le stock d'argent s'est réduit de 481 millions de francs, à cause de la reprise que la Belgique et l'Italie ont faite d'une partie de leurs monnaies circulant en France, et, pour l'Italie, de toute sa monnaie divisionnaire.

Par ce rapide examen, on se rend compte que le régime économique que la France a conservé depuis 1892 a fait ses preuves.

La répartition de la fortune par habitant.

En résumé, le montant total de la fortune publique de la France aurait donc passé de 242 milliards 949 millions de francs en 1892 à 287 milliards 282 millions de fr. en 1908, soit une augmentation de 44 milliards 233 millions. La population totale de la France ayant été de 38.360.000 habitants en 1892 et de 39.278.000 en 1908, la répartition moyenne donnerait pour 1892, 6.333 fr. et pour 1908, 7.314 fr. par habitant;

Des données de M. du Vivier de Streel, il résulte que la fortune privée, le revenu annuel du capital et du travail et la part quotidienne d'un habitant sur le revenu annuel s'établissaient, avant 1914, de la façon suivante :

	Etats-Unis.	Angleterre.	Allemagne.	France.
Fortune privée (en milliards de fr.)....	938	600	300	280
Revenu annuel du capital et du travail.	130	65	52	32
Part quotidienne d'un habitant sur le revenu annuel (en francs)............ ...	3.56	4.94	2.16	2.11

LES FINANCES PUBLIQUES

LE BUDGET, L'IMPOT ET LA DETTE

La politique budgétaire.

C'est depuis la fin du XVIIIe s. seulement que les recettes et dépenses publiques de la France sont prévues et autorisées par un budget d'ensemble auquel toute opération financière de l'administration doit se conformer pour n'être pas entachée d'illégalité. Cette règle a été imitée des institutions anglaises.

Les règles budgétaires.

Le budget de l'Etat français est *unique* en temps normal, à part quelques comptes spéciaux. Il est voté par les deux Chambres pour une année légale, sauf quelques délais d'exécution qui, joints à l'année, forment l'*exercice*, dont la date de clôture varie du 31 mars au 31 juillet, suivant qu'il s'agit d'ordonnancement, de payements, de recouvrements, de crédits supplémentaires ou de régularisations.

Il a été, dans le passé, porté atteinte à ce principe de l'unité ou de l'universalité par la création de *budgets extraordinaires*, système inauguré en 1837 pour l'exécution du programme des travaux publics, repris en 1862 et 1870, ensuite abandonné pour reparaître d'abord sous le nom de *compte de liquidation*, nécessité par la réparation des désastres de la guerre de 1870-71, puis en 1878 pour l'exécution du grand programme de travaux.

Le budget extraordinaire, qui avait disparu en 1890, a été rétabli en 1919. Au budget général, qualifié aussi, mais sans raison, de *budget ordinaire*, par opposition au budget extraordinaire, se rattachent divers budgets dont l'existence parallèle semble violer le principe de l'unité budgétaire ; ce sont, sans parler du *budget sur ressources spéciales*, créé en 1862 pour recevoir les recettes et dépenses départementales et communales pour ordre et supprimé en 1892, les *budgets annexes* rattachés pour ordre au budget général, véritables budgets autonomes de services considérés et traités en exploitations industrielles, ayant leurs recettes rapprochées de leurs dépenses de manière à laisser apparaître le solde particulier de chacune de ces exploitations. Les budgets annexes sont ceux des : Fabrication des monnaies et médailles, Caisse nationale d'épargne, Imprimerie nationale, Légion d'honneur, Invalides de la marine, Ecole centrale des arts et manufactures, Chemin de fer et port de la Réunion, Chemins de fer de l'Etat, Chemins de fer du Soudan (V. p. 389).

Le mécanisme budgétaire.

L'initiative budgétaire appartient en propre au pouvoir exécutif, c.-à-d. au gouvernement. Chaque ministre prépare, de son côté, le budget de son département. Le ministre des Finances centralise, contrôle quelquefois, dans une certaine mesure, l'ensemble des projets ministériels, auxquels il joint le projet de budget de recettes préparé par lui seul, suivant le système d'évaluation dit « de l'antépénultième année », qui consiste à inscrire comme produits probables de l'exercice futur les résultats effectifs du dernier exercice connu. La réunion de ces divers projets constitue, avec son commentaire, l'*exposé des motifs*, le projet de budget général de l'année suivante. Il est déposé sur le bureau de la Chambre des députés, obligatoirement saisie la première. La *commission du budget*, élue à cet effet, se saisit aussitôt des projets du gouvernement qu'elle étudie en subdivisant le travail entre un certain nombre de rapporteurs particuliers (V. *Chambre des députés*, p. 49). Un rapport général résume l'ensemble des opérations budgétaires et propose à la Chambre le texte du projet de loi financier sorti de ses délibérations ainsi que de sa collaboration avec le gouvernement. La discussion publique intervient peu après, portant à la fois sur l'ensemble du projet : c'est la *discussion générale* suivie de la *discussion par article* ou par *chapitre* des tableaux de dépenses. A la discussion générale se rattache souvent l'étude de réformes fiscales importantes qui sont dites *incorporées* au budget. Quand on élimine ces réformes pour en faire l'objet de lois spéciales, on vote leur *disjonction*. Au cours de la « discussion » interviennent les amendements déposés par les membres de la Chambre, tant pour l'augmentation ou la diminution d'un crédit que pour la modification des ressources fiscales. C'est là que l'initiative parlementaire individuelle se manifeste librement en France, contrairement à la méthode anglaise qui réserve au seul gouvernement le droit de proposer la dépense.

Une fois voté à la Chambre, le budget passe au Sénat, où la même procédure est suivie. Les désaccords entre les deux Chambres sont résolus par des concessions réciproques, pratiquées avec succès depuis la mise en vigueur de la Constitution de 1875. Le budget, ainsi voté, devient, par sa promulgation au *Journal officiel*, la *loi des finances* de l'année à laquelle elle se réfère.

Le budget, une fois sanctionné, n'en a pas moins besoin d'allocations nouvelles ou *crédits additionnels*. Ceux-ci sont *extraordinaires*, quand ils s'appliquent à des services ou des portions de services non prévus par le législateur; *supplémentaires*, quand ils tendent simplement à augmenter les allocations de services déjà inscrits au budget et enfin crédits *complémentaires*, s'ils sont ouverts, après la clôture de l'exercice, pour régulariser des excédents de dépenses. Le surplus de ces charges tend à rompre l'équilibre du budget. Il y a, par contre, la ressource des *annulations de crédit*, effaçant du budget des allocations non employées, soit pour les reporter à l'exercice suivant (*annulation d'ordre*), soit pour les faire totalement disparaître (*annulation définitive*).

Dans le cas où l'année financière menace de s'ouvrir avant que les Chambres aient terminé le vote du budget, on a recours au vote des *douzièmes provisoires*, c.-à-d. d'acomptes mensuels en cours d'exercice, suivant une répartition purement provisoire.

Votée et promulguée, la loi des finances retourne aux mains de l'administration qui va assurer son exécution (perception des recettes autorisées par la loi, centralisation du produit de ces recettes dans les caisses du Trésor représenté par les trésoriers-payeurs généraux, receveurs particuliers des finances, percepteurs et, d'autre part, le payement, au moyen des fonds du Trésor, des dépenses prévues par la loi et dans la mesure des crédits qui y sont ouverts).

Le budget se trouve exécuté dans certains délais à l'expiration desquels l'exercice est *clos*, tandis qu'au bout de 5 années pendant lesquelles les créanciers retardataires peuvent être désintéressés, l'exercice est *périmé*. Le contrôle intervient alors, sous ses formes administrative, judiciaire et législative. A cet effet, les comptables présentent leurs *comptes*, qui sont au budget ce que les résultats réalisés sont aux prévisions. D'abord examiné par une *commission de vérification*, l'ensemble de ces comptes est soumis au contrôle de la Cour des comptes (v. p. 77) qui se prononce par voie de déclarations générales sur les comptes de gestion annuelle et sur la situation définitive de l'exercice expiré; puis, par voie de *rapport public*, au chef de l'Etat. Une fois saisi et éclairé, le Parlement statue sur le règlement définitif de l'exercice. C'est la *loi des comptes*. Le budget se trouve alors parvenu au terme de son existence.

A côté du budget de l'Etat, ceux des colonies, départements, communes et établissements publics sont votés, exécutés et contrôlés d'après les mêmes principes généraux, avec des modalités variables dérivant des pouvoirs administratifs.

En France, la balance des recettes et des dépenses est toujours restée assez voisine de l'équilibre depuis le commencement du XIXe siècle. Lorsque des dépenses extraordinaires très élevées étaient imposées par les événements (programme de travaux publics en 1837, dépenses de la guerre de 1870-71, programme Freycinet 1878), les capitalistes français souscrivaient aux emprunts de l'Etat qui pouvait ainsi assurer la marche des services et faire honneur à ses engagements. Avant la guerre actuelle, la France était l'un des rares pays qui n'eussent pas de dette extérieure: elle avait remboursé très rapidement les avances reçues de l'étranger pour la guerre de 1870-71.

Le budget de l'État.

Les recettes et dépenses de l'Etat (budget ordinaire) ont marqué, de 1815 à 1913, le développement montré par le tableau suivant (en milliers de fr.) :

EXERCICES.	RECETTES.	DÉPENSES.	EXCÉDENTS de recettes.	EXCÉDENTS de dépenses.
1815	729.154		»	55.123
1820	933.439	»	32.508	»
1830	971.035	»	»	75.089
1840	1.160.498	»	»	129.228
1850	1.296.545	1.380.301	»	83.756
1860	1.722.305	2.021.764		299.459
1870	1.661.981	2.448.663	»	786.682
1871	2.014.091	1.899.582	114.509	»
1875	2.765.358	2.686.868	78.490	»
1880	2.956.923	2.826.611	130.312	»
1890	3.229.372	3.141.519	87.853	»
1900	3.814.943	3.746.959	67.984	»
1910	4.273.890	4.321.918	»	48.028
1913	5.091.744	5.066.931	24.813	»

Pour l'exercice 1914, arrêté en dépenses à la somme de 5.191.643.085 fr. et en recettes à 5.191.861.991 fr., une surcharge vient s'adjoindre du fait des comptes spéciaux de trésorerie et des crédits votés à l'occasion de la guerre, portant le total des charges de l'Etat à 6.589.434.249 fr.

Les dépenses de guerre.

Du début de 1915 à la fin de 1917, le gouvernement n'a pas présenté aux Chambres de budget annuel. Il a demandé au Parlement de voter en bloc les dépenses militaires et assimilées et a distribué ces crédits provisoires trimestriels par décret entre les différents services ; il en allait de même des dépenses civiles jusqu'en 1918 ; depuis lors, celles-ci ont fait l'objet d'un budget annuel. auquel a été incorporé ensuite un budget extraordinaire correspondant aux besoins exceptionnels causés par la guerre.

Les paiements faits par la France à l'occasion de la guerre ne sont pas tous des dépenses définitives : une part de ces dépenses, ayant été faites pour le compte d'Etats alliés ou de particuliers ou en anticipation d'indemnités payables par l'Allemagne et ses alliés, présentent le caractère d'avances remboursables en totalité ou en partie (avances aux industriels, sommes engagées dans le ravitaillement, culture des terres, assurances maritimes, reconstitution des régions libérées, etc...). Tels sont aussi les paiements plus importants encore figurant dans les budgets anglais et américains. Au 31 déc. 1917, les avances de la France aux pays alliés ou amis s'élevaient à 6.427.000.000 de fr. Au 31 déc. 1919, elles étaient de 14.325 millions dont 6.125 millions de cessions de matériel.

Les crédits demandés au cours de la guerre ont été les suivants (en milliers de francs) :

EXERCICES.	Dépenses militaires et dépenses except. de guerre.	DETTE.	Autres dépenses civiles ordinaires.	TOTAL.
Exercice 1914 (5 mois)	6.400.926	50.627	128.881	6.580.434
— 1915........	18.455.407	1.899.394	2.449.686	22.804.487
— 1916........	27.240.404	3.333.016	2.371.725	32.945.145
— 1917........	34.065.809	4.863.584	2.786.895	41.679.590
— 1918........	44.047.748	7.087.678	3.401.679	54.537.105
— 1919........	35.245.205	7.987.060	5.131.000	48.363.205
	165.455.499	25.230.405	16.233.075	206.918.975

Le plus récent rapport de M. L. Marin donne la récapitulation suivante :

Exercice 1914 (5 derniers mois)	8.898.583.901
— 1915	22.804.486.525
— 1916	32.945.145.169
— 1917	41.679.599.629
— 1918	54.496.377.829
— 1919	48.306.051.153
Total général au 31 décembre 1919	209.130.244.203

Les crédits votés pour 1919 s'établissent ainsi :

Ministères et services.	Budget ordinaire. fr.	Dépenses milit. et dépenses excep. des serv. civils. fr.	Total. fr.
Ministère des Finances	7.513.999.359	2.020.299.197	9.534.298.556
— de la Justice	91.556.486	20.837.775	112.394.261
— des Aff. étrang.	30.348.391	105.637.903	144.986.294
— de l'Intérieur	204.070.301	1.186.611.701	1.390.682.002
— de la Guerre	»	19.974.284.244	19.974.284.244
— de la Reconstitution industrielle	5.536.330	817.769.490	823.305.840
Ministère de la Marine	»	1.659.114.095	1.659.114.095
— de l'Instruction publ. et des Beaux-Arts	858.911.668	326.795.740	1.185.707.408
Ministère du Commerce, de l'Industrie, des Postes et Télégr.	931.193.629	480.522.875	1.411.716.508
Ministère du Travail et de la Prévoyance sociale	208.366.909	30.326.885	238.693.794
Ministère des Colonies	25.295.916	258.625.644	288.921.560
— de l'Agriculture et du Ravitaillement	116.040.257	146.977.022	263.017.279
Ministère des Travaux publics, des Transp. et de la Marine marchande	1.055.461.014	1.125.651.922	2.181.112.936
Ministère des Régions libérées	»	8.531.750.310	8.531.750.310
Totaux	11.049.780.280	36.685.204.807	47.734.985.087

Les crédits portés sous la rubrique « Budget ordinaire » sont ceux ouverts par la loi de finances du 12 août 1919 et par les diverses lois de crédits supplémentaires relatives à l'amélioration des traitements des fonctionnaires et à l'institution d'indemnités de résidence.

Les crédits portés sous la rubrique « Dépenses militaires et dépenses exceptionnelles des services civils » sont ceux inscrits dans le projet de loi n° 163 portant conversion en crédits définitifs des crédits provisoires ouverts pour les dépenses militaires et les dépenses exceptionnelles des services civils. Ce sont les dépenses du « Budget extraordinaire ».

Les recettes prévues pour 1919 applicables au Budget ordinaire des services civils sont les suivantes :

I. — *Produits recouvrables en France :*	
1° Impôts et revenus	7.152.099.732 fr.
2° Monopoles et exploitations industrielles de l'Etat	1.191.368.200 —
3° Revenus du Domaine	166.780.000 —
4° Recettes d'ordre	361.384.797 —
5° Produits divers du budget	56.907.833 —
II. — *Produits recouvrables en Algérie*	3.284.623 —
Total	8.931.825.185 —

Les recettes du Budget extraordinaire ont consisté en produits d'emprunts et en moyens de Trésoreries (voir ci-après)

Le projet présenté par M. Klotz pour le budget de 1920 était arrêté aux totaux suivants :

Budget ordinaire	17.861.139.560 fr.
— extraordinaire 1re section (1)	6.616.199.155 —
— extraordinaire 2e section (2)	951.804.000 —
Dépenses recouvrables sur les versements à recevoir en exécution des traités de paix	22.089.597.500 —
Total	47.518.740.215 —

Ces dépenses seraient couvertes par les recettes suivantes d'après le projet de loi portant fixation du budget général de l'exercice 1920 :

Recettes ordinaires	17.884.000.000 fr.
Liquidation des stocks	3.000.000.000 —
Ressources d'emprunt	26.635.000.000 —
Total	47.519.000.000 —

Les budgets annexes.

En dehors des crédits afférents au budget général, la loi de finances fixe et arrête les recettes et dépenses nécessaires aux budgets annexes. Autrefois, les budgets annexes portaient le nom de *services spéciaux* rattachés pour ordre au budget général. Afin d'éviter toute confusion avec les *comptes spéciaux du Trésor*, la loi de finances de l'exercice 1881, du 22 décembre 1880, inaugura le titre actuel de *Budgets annexes rattachés pour ordre au budget général*. C'est la loi du 9 juillet 1836, portant règlement de l'exercice 1833, qui prescrivit, pour la première fois, de rattacher au budget général les services spéciaux.

Le nombre de ces petits budgets, vivant à côté du budget général, a varié fréquemment. Certains services spécialisés ont été, en effet, successivement rattachés au budget général où l'on a fini par estimer qu'ils étaient à leur place naturelle. C'est ainsi que le service de la vérification des poids et mesures (1826) ; les recettes et emplois du produit de la taxe des brevets d'invention (1834) ; les ressources et dépenses des écoles normales primaires (1839) ; les produits et revenus de l'Algérie (1840) ; les recettes et dépenses universitaires (1862) ; les téléphones (1891-1893) qui autrefois comptaient parmi les budgets annexes ont réintégré le budget général.

D'autres, par contre, sous la pression des circonstances, sont apparus. C'est d'abord celui du chemin de fer et port de la Réunion où l'État dut se substituer à une compagnie industrielle, puis celui des chemins de fer de l'État, puis des Poudres et Salpêtres. A l'heure actuelle, il existe neuf budgets annexes :

Tous ces budgets, qui autrefois nécessitaient une dotation d'une centaine de millions de francs, réclament aujourd'hui une somme plus élevée. Voici d'ailleurs le développement des budgets annexes depuis 1870.

ANNÉES.	MONTANT	ANNÉES.	MONTANT.
—	—	—	—
1870	Fr. 106.112.601	1907	155.802.722
1880	63.604.086	1908	164.936.946
1890	97.779.029	1909	443.604.163
1900	143.155.443	1910	477.414.030
1901	144.399.940	1911	735.631.262
1902	153.246.086	1912	962.633.686
1903	153.207.592	1913	896.618.640
1904	153.750.841	1915	1.260.462.263
1905	152.486.078	1916	2.861.157.450
1906	154.251.919	1917	4.022.145.945

Il est facile de se rendre compte que c'est à compter de 1909 que les crédits affectés aux budgets annexes ont pris un développement remarquable. La cause de cet accroissement soudain est due à la création du budget particulier au réseau racheté des chemins de fer de l'Ouest et aux dépenses sans cesse croissantes de ce service concurremment avec celles du service spécial des

(1) Dépenses militaires et dépenses civiles temporaires occasionnées par la guerre.
(2) Dépenses de réorganisation économique.

Poudres institué en 1911. Mais c'est surtout depuis l'ouverture des hostilités que les budgets annexes ont pris une extension rapide.

La cherté du prix des matières premières et l'élévation du taux des salaires auraient suffi à enfler le montant des budgets industriels. Mais, du fait même de la guerre, le service des Poudres, notamment, devait prendre un développement prodigieux et exiger une dotation qui à elle seule dépasse de plus du triple l'ensemble des dotations de tous les budgets annexes du temps de paix. Le budget des Monnaies et Médailles a subi, lui aussi, le contre-coup des événements, la raréfaction de la monnaie divisionnaire ayant provoqué une fabrication intensive.

Au reste, par le tableau suivant, on va pouvoir se faire une idée exacte du développement du montant des budgets annexes, tel qu'il ressort des lois portant conversion des crédits provisoires en crédits définitifs :

SERVICES.	1913	1917	1918	1919
		Milliers de francs.		
Monnaies et Médailles	6.946	150.165	26.323	53.811
Imprimerie Nationale	10.882	20.694	26.296	31.898
Légion d'Honneur	17.058	17.327	16.443	16.100
Poudres et salpêtres	63.288	2.922.191	1.819.950	»
Ecole Centrale des Arts et Manufactures	1.267	674	724	792
Caisse Nationale d'épargne	59.310	58.319	54.925	60.124
— des Invalides de la Marine	28.981	28.447	28.391	37.675
Chemin de fer et port de La Réunion	5.471	5.135	5.335	5.615
Chemin de fer de l'Etat (ancien réseau)	125.595	183.337	834.963	936.814
Chemin de fer de l'Etat (réseau racheté)	578.369	643.857		
Totaux	896.618	4.022.146	993.402	1.132.532

Les dépenses pour 1920 s'élèvent à 2.289.299.974 fr. dont 1.908.621.100 fr. pour les Chemins de fer de l'Etat.

Les dépenses militaires avant la guerre.

Depuis 1870, la France a été immuablement attachée aux idées de paix ; mais il lui a fallu réparer ses pertes et elle a dû se précautionner contre une agression que la politique de conquêtes de l'Allemagne devait rendre inévitable.

La progression, depuis 1880, des dépenses militaires (sans les dépenses coloniales, mais y compris les pensions) dans les six principales puissances militaires de l'Europe ressort du tableau suivant :

	ALLEMAGNE.	AUTRICHE HONGRIE.	FRANCE.	ITALIE.	ROYAUME UNI.	RUSSIE.
			en milliards de francs.			
Moyenne 1881-1890	0,70	0,34	1,04	0,41	0,74	0,69
— 1891-1900	0,90	0,41	1,06	0,40	1,04	1,00
— 1901-1910	1,46	0,59	1,26	0,48	2,09	2,10
Année 1911	1,57	0,69	1,31	0,59	1,82	1,61
— 1912	1,76	0,72	1,34	0,64	1,83	1,79
— 1913	2,28	0,60	1,47	0,68	1,83	2,08
Population 1912 (en millions d'hab.)	66,6	52,3	39,7	35	45,6	155,7
Dépense par tête d'hab. en 1912	26,41	13,74	34,85	18,27	40,22	11,42

Dans les dix années qui ont précédé la guerre, les dépenses militaires de l'Allemagne ont augmenté d'environ 350 p. 100 ; elles ont fait un bond formidable en 1913-14.

Les dépenses militaires de la France ont dono été commandées par les circonstances ; de 1870 à 1913 inclus, elles ont dépassé au total 55 milliards de fr. En voici le détail en milliers de francs, aux principales périodes :

	Guerre.	Marine et Colonies.	Pensions.
1870	1.275.620	200.064	71.626
1880	721.393	199.947	100.932
1890	726.673	229.580	141.968
1900	736.582	458.831	155.683
1910	918.518	423.785	181.927
1913	1.523.060	547.469	191.858

Les dépenses sociales.

L'effort qu'a dû faire l'État pour assurer, dans la mesure du possible, la sécurité du pays ne l'a pas distrait de son constant souci d'améliorer les conditions d'existence des citoyens les moins fortunés. Dans les dix dernières années surtout, l'œuvre de l'État, au point de vue social, a été considérable : assistance à l'enfance et aux vieillards, secours contre le chômage, encouragements aux sociétés ouvrières de production, constructions d'habitations à bon marché, retraites ouvrières, toute une série de mesures ont été prises en faveur des travailleurs modestes. Ce que l'on peut appeler le budget des dépenses sociales, qui n'atteignait pas 6 millions en 1870, devait être progressivement amené à plus de 224 millions en 1913, ainsi qu'il résulte du tableau suivant :

1870	5.658.410 fr.	1900	15.881.455 fr.
1880	4.800.531 —	1910	95.451.600 —
1890	10.854.467 —	1913	224.163.682 —

Les principales dépenses, pour l'exercice 1913, étaient : retraites ouvrières, 97.895.235 fr. ; assistance aux vieillards, infirmes et incurables, 58.956.000 fr. ; allocations aux militaires soutiens de famille, réservistes, 26.260.925 fr. ; enfants assistés ou moralement abandonnés, 16.200.000 fr. ; mutualité, 11.005.582 fr.

Voici, d'après les crédits votés et sous toutes réserves, les dépenses globales faites par les divers belligérants du 1er août 1914 au 31 décembre 1918 :

Tableau comparatif des dépenses de guerre jusqu'au 31 déc. 1918.

	1914	1915	1916	1917	1918	Total.
	(Millions de francs.)					
Etats-Unis	»	»	»	34.840	94.437	129.277
Grande-Bretagne	4.680	27.300	39.520	65.000	65.214	201.714
France	8.320	23.920	34.320	35.360	54.537	156.457
Russie	6.760	22.880	29.120	33.280	»	»
Italie	»	3.380	11.060	15.080	30.268	60.688
Belgique, Serbie, Roumanie et Portugal	3.120	7.800	8.580	9.100	»	»
Entente	22.880	85.280	123.500	192.660	»	»
Allemagne	11.440	28.080	35.360	48.620	56.250	179.730
Autriche-Hongrie, Turquie et Bulgarie	6.760	22.880	26.520	29.120	»	»
Puissances centrales	18.200	50.960	61.880	77.740	»	»
Ensemble des belligérants	41.080	136.240	185.380	270.400	»	»

Il conviendrait d'ajouter à ces données les dépenses de mobilisation occasionnées aux neutres et beaucoup d'autres éléments qui n'apparaissent pas dans le budget central de certains belligérants : en Allemagne, par exemple, les allocations aux familles des mobilisés ont été en majeure partie à la charge des budgets locaux, non du budget impérial.

D'après la circulaire du 15 août 1918 de la Société de Banque Suisse, voici comment s'établit la comparaison du coût de quelques-unes des dernières guerres, le montant étant représenté en francs suisses au pair :

		Francs.
Guerres de la Révolution et de l'Empire.	1793-1815	20.970.000.000
Guerre franco-allemande	1870-1871	6.225.000.000
— Sud-Africaine	1899-1902	5.385.000.000
— russo-japonaise	1904-1905	11.350.000.000
Guerres balkaniques	1912-1913	6.000.000.000
Guerre actuelle (48 mois)	août 1914-juil. 1918	850 à 875.000.000.000

Les recettes du budget de l'État.

L'Etat équilibre le budget avec des recettes *ordinaires*, impôts et revenus provenant de divers droits et taxes, produits de monopoles et d'exploitations industrielles (93 p. 100 environ), produits et revenus du domaine (1,3 p. 100 environ), produits divers du budget (1,5 p. 100), recettes d'ordre (4,3 p. 100), et des recettes *extraordinaires* (emprunts, certaines aliénations, etc.).

Du commencement de la guerre à la fin de décembre 1918, l'Etat s'est procuré, par recettes ordinaires et extraordinaires, 147 milliards de francs en chiffres ronds. Sur ce total, les recettes ordinaires ont fourni moins de 23 milliards et l'emprunt plus de 124 milliards. Cette part modeste de l'impôt qui s'accroît d'ailleurs rapidement, a été motivée non seulement par le trouble causé à la vie économique du pays par la mobilisation des hommes et du matériel, mais encore par le fait que les riches provinces du Nord et de l'Est ont été occupées par l'ennemi pendant plus de quatre années.

A l'approche de la fin de la guerre, la France s'est efforcée de rendre son système fiscal aussi voisin que possible de celui que comporte un budget normal, dans lequel toutes les dépenses permanentes doivent être couvertes par l'impôt et le produit des domaines ou exploitations de l'Etat. Les destructions, les dommages causés par l'invasion ont rendu particulièrement difficile la réalisation complète de cet idéal qui serait définitivement compromise si la Nation ne ménageait pas ses forces productives. Mais la loi du 31 déc. 1917 constituait déjà, par ses dispositions, une véritable loi des finances et représentait un grand effort en vue d'assurer, au moyen de l'impôt, la couverture des dépenses ordinaires, accrues notamment par les emprunts de guerre. Depuis lors notre fiscalité est devenue beaucoup plus énergique (v. p. 388).

Les impôts.

L'impôt, principale recette ordinaire, ne peut être perçu qu'en vertu de lois. Les impôts sont « de répartition », lorsque l'Etat en fixe le produit d'avance et le répartit ensuite entre les contribuables, ou de « quotité », lorsque leur tarif seul est fixé d'avance et que leur produit varie selon la quotité de la matière imposable. Les anciens *impôts de répartition* comportent une part originaire dite « principal » à laquelle des lois successives ont ajouté des suppléments proportionnels appelés « centimes ». Ceux-ci sont perçus au profit soit de l'État, soit des départements, soit des communes. Le tarif de certains impôts de quotité a aussi été augmenté de « décimes ».

En 1913, les impôts donnaient les produits suivants :

Contributions directes (part de l'Etat)	570.475.723 fr.
Taxes assimilées aux contributions directes (part de l'Etat).	63.128.903 —
Contributions indirectes	888.600.340 —
Enregistrement et Timbre	1.223.595.925 —
Douanes	777.956.452 —
	3.523.757.343 —

(1) En 1870, les recettes d'ordre étaient classées parmi les produits et revenus divers du budget.
(2) Portion du produit du supplément de l'emprunt de 750 millions, etc.

Depuis 1913, le recouvrement des impôts a donné les résultats suivants (en millions de fr.) :

	Impôts indirects.	Impôts directs.
Année 1914	3.224	1.068
— 1915	3.084	862
— 1916	3.886	893
— 1917	4.727	1.210
— 1918	4.907	1.441
— 1919	7.917	2.253

(Pour le détail de l'année 1919, voir p. 400).

Le système d'avant-guerre est resté à peu près le même pendant plus de cent trente ans. C'est en effet la Constituante de 1790 qui abolit les anciennes taxes et les remplaça par des contributions. Il y avait quatre *contributions directes*, c'est-à-dire nominatives, la *contribution foncière des propriétés bâties et non bâties*, la *contribution personnelle mobilière*, la *contribution des portes et fenêtres*, la *contribution des patentes*. Instituées dès le début du système fiscal, elles alimentaient non seulement le budget de l'Etat, mais encore par le moyen de centimes additionnels celui des départements et des communes qui, en 1913 (voir tableau ci-dessous d'après le *Bulletin de Statistique et de Législation*, mars 1918) absorbaient la moitié environ des produits des contributions directes.

Nature des contributions.	Part de l'Etat.	Fonds pour dépenses départementales et communales.	Montant total des rôles.
Contribution foncière. Propriétés bâties	103.441.809,30	115.233.041,38	218.674.850,68
Contribution foncière. Propriétés non bâties, déduction faite des dégrèvements	108.059.894,42	163.642.103,65	271.701.998,07
Contribution personnelle. mobilière	112.960.972,33	115.776.601,01	228.737.573,34
Contribution des portes et fenêtres	71.986.616,02	59.742.499,18	131.729.115,20
Contribution des patentes	172.897.439,93	130.091.856,30	302.989.296,23
Frais d'avertissement	1.128.991,25	»	1.128.991,25
TOTAL	570.475.723,25	584.486.101,52	1.154.961.824,77

L'impôt *foncier*, établi par la Constituante sur toutes les propriétés en proportion de leur revenu net moyen, pris sur un certain nombre d'années, s'appliquait de la même manière aux propriétés *bâties* et aux propriétés non *bâties*. La loi du 11 août 1882 sépara l'impôt sur la propriété bâtie. En 1889, fut achevé un nouveau recensement des propriétés bâties et la loi du 8 août 1890 transforma l'impôt sur la propriété bâtie en *impôt de quotité* dont elle fixa le taux à 3,20 p. 100. La loi du 29 mars 1914 a élevé ce taux à 4 p. 100 et a attribué également le taux de 4 p. 100 à l'impôt sur la propriété non bâtie, transformé par le même texte en impôt de quotité. La loi du 31 juillet 1917 a, pour les deux impôts, porté le taux à 5 p. 100. Les centimes départementaux et communaux restent calculés d'après les principaux qui ont été déterminés la dernière fois que l'impôt a été assis par répartition.

L'impôt *personnel mobilier*, l'impôt des *portes et fenêtres* et celui des *patentes* ont été supprimés par la loi du 31 juillet 1917, qui leur a substitué des impôts sur diverses catégories de revenus indiqués ci-après. Mais cette suppression ne concerne que la part de l'Etat : les centimes départementaux et communaux continuent provisoirement à être perçus d'après les principes en vigueur pour 1917. L'impôt *personnel mobilier*, établi en 1791 et réorganisé par la loi du 21 avril 1832, frappait tout habitant non indigent et jouissant de ses droits; il se composait d'une taxe personnelle fixe et d'une taxe mobilière variant avec la valeur locative de l'habitation. L'impôt des *portes et fenêtres*, créé par la loi du 4 frimaire an VII, réorganisé par la loi du 21 avril 1832, variait d'après la population, le nombre et la nature des ouvertures, enfin d'après le rapport de répartition appelé « centime le franc ». L'impôt des *patentes* était dû par toute personne exerçant un commerce, une industrie ou une profession, sauf certaines exceptions. Créé en 1791, il était régi, en dernier lieu, par la loi du 16 juillet 1880 légèrement modifiée après coup. Il se composait : 1° d'un droit fixe déterminé d'après la profession, la population locale, le nombre d'employés, les moyens de production; 2° d'un droit proportionnel à la valeur des locaux d'habitation et des locaux professionnels.

Les *taxes assimilées* aux contributions directes sont assises et perçues dans les mêmes formes que celles-ci. Elles sont établies soit au profit de l'État (taxe des biens de main-morte, redevance des mines, contribution sur les chevaux et voitures, taxes sur les cercles, etc...), soit au profit des communes (prestations, taxe sur les chiens, remplacement des droits d'octroi, taxe vicinale).

Quelque temps avant la guerre, la France s'est trouvée dans la nécessité de créer de nouvelles ressources fiscales. Dans ces innovations, il a été fait une part particulièrement large aux impôts directs.

L'impôt général et cédulaire sur le revenu.

a) Impôt général.

L'impôt général sur le revenu (loi du 15 juillet 1914) a été appliqué pour la première fois en 1916. Il frappait tout revenu supérieur à 5.000 fr., sauf déductions pour charges de famille. Son taux était de 2 p. 100; pour l'année 1917, le minimum imposable fut abaissé à 3.000 fr. et le taux porté à 10 p. 100; la loi du 31 juillet 1917 l'a élevé à 12,50 p. 100 (décret d'application: 15 décembre 1917, voir aussi loi du 23 février 1917, art. 2). Il avait été fait, en 1917, 367.554 déclarations de revenus dont 115.746 pour le seul département de la Seine et 251.808 pour les autres départements. Le montant des revenus compris dans ces déclarations était de 2.534.303.965 fr. dans le département de la Seine, de 3.320.149.818 fr. dans les autres départements, soit pour l'ensemble de la France 5.854.453.783 fr.

La loi des finances de 1918 a modifié l'échelle d'application et les réductions pour charges de famille

Ces chiffres ne s'appliquaient pas en fait à toute la France, les régions du Nord et de l'Est étant encore envahies et un grand nombre de contribuables mobilisés ou empêchés, ayant bénéficié de plein droit de sursis.

b) Impôts cédulaires.

Un important *impôt sur diverses catégories de revenus* a été établi par la loi du 31 juillet 1917. D'une part, il complète l'ancien système des contributions directes qui omettait certaines catégories de revenus ou ne les atteignait que d'une manière très détournée et aléatoire par la personnelle mobilière ou par l'impôt des portes et fenêtres aujourd'hui supprimés; d'autre part, il remplace à l'égard des revenus industriels commerciaux ou professionnels l'impôt des patentes également supprimé. Il se décompose comme suit :

1° Impôt sur les bénéfices *industriels et commerciaux* établi soit d'après les déclarations des contribuables, soit par application de certains coefficients au chiffre d'affaires;

2° Impôt sur les bénéfices de l'*exploitation agricole*, calculé sur la moitié de la valeur locative des terres, sauf faculté de l'établir sur le bénéfice réel si ce dernier diffère beaucoup de la moitié de la valeur locative;

3° Impôt sur les *traitements publics et privés, indemnités, émoluments salaires, pensions et rentes viagères*, établi sur ces revenus déclarés, sauf certaines déductions ;

4° Impôt sur les *bénéfices des professions non commerciales*, établi d'après déclaration et sauf déduction sur le montant des revenus de toutes occupations lucratives non soumises à un autre impôt spécial sur les revenus ;

5° Impôt sur les *revenus des créances, dépôts et cautionnements* s'appliquant aux intérêts et autres produits des créances hypothécaires, privilégiées et chirographaires, des dépôts de sommes à vue ou à échéance quels que soient le dépositaire ou l'affectation du dépôt, ainsi que des cautionnements en numéraire.

Les rôles émis au titre de l'impôt général sur le revenu ont donné les résultats suivants pour les années 1918 et 1919 (en milliers de fr.) :

Catégories.	1918	1919
—	—	—
a) *Impôt général*	461.892	573.268
b) *Impôts cédulaires.*		
Bénéfices industriels et commerciaux	184.422	225.187
— agricoles	1.800	2.625
Salaires et traitements	59.682	64.561
Professions non commerciales	4.415	5.582
Total	712.211	871.228

Les recouvrements pour l'année 1919 n'ont été que de 190.814.000 fr.

Autres impôts directs.

La *contribution extraordinaire sur les bénéfices exceptionnels ou supplémentaires* réalisés à partir du 1er août 1914, réglementée par les deux lois des 1er juillet et 30 décembre 1916, a été ensuite remaniée dans ses modalités (taux gradué de 50 p. 100 pour la fraction des bénéfices imposables inférieure à 100.000 fr., à 80 p. 100 pour la fraction supérieure à 500.000 fr.).

Cette contribution a donné les résultats suivants (en milliers de fr.) :

	Sommes exigibles.	Recouvrements.
	—	—
Exercices antérieurs	1.192.838	1.069.072
Exercice 1919	863.174	259.292
	2.056.012	1.328.364

Les évaluations concernant cette contribution extraordinaire ont été arrêtées à 500 millions pour l'exercice 1917, à 580 millions pour l'exercice 1918 et à 650 millions pour l'exercice 1919, soit au total 1.730 millions, sur lesquels il reste donc à recouvrer 402 millions.

La *taxe exceptionnelle de guerre*, établie par la même loi du 1er juillet 1916, était payée par les mobilisables non mobilisés sous la forme d'un droit fixe et d'une taxe proportionnelle à l'impôt sur le revenu. Elle est abrogée.

Les impôts indirects.

Les *contributions indirectes* sont établies sur certains objets (ne présentant pas un caractère de première nécessité) à l'occasion soit de leur fabrication, soit de leur consommation. Des droits au moins équivalents sont perçus par la douane lorsque les mêmes articles sont importés. Ceux-ci étaient avant la guerre : l'alcool, les vins, cidres et poirés, la bière, le sucre, le sel, l'huile, les bougies, les vinaigres et l'acide acétique, les vélocipèdes, distributeurs automatiques, briquets, ouvrages d'or et d'argent. Les licences et transports supportaient aussi des impôts.

La loi du 30 décembre 1916 a créé des impôts sur les spectacles, sur les eaux minérales, sur les spécialités pharmaceutiques, sur les denrées coloniales, sur la saccharine et les succédanés du café ; elle a augmenté les droits sur les boissons hygiéniques et sur les sucres. En 1917, les nouveaux impôts ont fourni 106.211.000 fr. auxquels se sont ajoutés 310.594.000 francs de plus-value, provenant des boissons hygiéniques, des sucres et des monopoles.

Les produits des monopoles ou des manufactures de l'Etat (timbres, cartes, allumettes, tabacs, explosifs) sont vendus par les soins de la régie des contributions indirectes. Les recettes de toute nature des contributions indirectes (sauf la part des impôts sur le sucre et sur le sel perçue par la douane) ont été, (en millions de fr.) :

1914	1915	1916	1917	1918	1919
1.279	1.124	1.173	1.404	1.638	2.697

Le total des produits des contributions indirectes pour 1919 s'élève à fr. 2.697.245.000

Comparé aux résultats de 1918, soit 1.638.253.000
ce chiffre fait ressortir une augmentation de 1.058.994.000

Mises en regard des évaluations de recettes d'une année normale, ci 1.490.098.000
les constatations de 1919 montrent une augmentation de.... 1.207.149.000

L'Enregistrement et le Timbre.

La régie de l'*Enregistrement* perçoit les droits d'*enregistrement* proprement dits (portant sur certains actes juridiques, en particulier sur les *successions et donations*), les droits de *timbre*, l'*impôt sur les opérations de bourse*, la *taxe sur les assurances et sur les valeurs mobilières*, enfin quelques impôts accessoires, etc... Leur produit total en 1913 atteignait 1.224.000.000 de fr.

L'*enregistrement*, par un fonctionnaire, de certains actes ou de certaines déclarations, donne lieu à la perception de droits fixés par des tarifs en vertu d'un grand nombre de lois dont les principales sont celle du 22 frimaire an VII et celle du 25 février 1901.

Les droits de *timbre* établis sur certains papiers, en particulier, et sauf de rares exceptions légales, sur tous ceux qui peuvent être produits en justice, sont régis par la loi du 13 brumaire an VII, modifiée par un grand nombre de textes ultérieurs. Outre les timbres applicables d'une manière générale à des documents de nature très variée, il existe des timbres spéciaux sur les affiches, les chèques, les lettres de voiture, etc,... les quittances, reçus ou décharges. Le régime des timbres-quittance a été profondément remanié par les lois des 31 décembre 1917 et 8 avril 1918 ainsi que par le décret du 29 mars 1918 instituant une *taxe sur les paiements civils et commerciaux*. La même loi complétée par celles des 24 mars et 5 avril a institué une *taxe sur le luxe*, perçue également à l'occasion de paiements.

Le timbre sur les chèques. — La loi du 23 août 1871 tarifia uniformément les chèques au droit de 10 centimes, quel que soit le lieu d'où ils sont tirés. La loi du 19 févr. 1874 a non seulement maintenu ce droit, mais elle l'a porté à 20 centimes pour les chèques de place à place.

Le mouvement des chèques d'après le produit de l'impôt a donné les résultats suivants depuis 1880 :

	Nombre de chèques.	Droits perçus.
1880	4.396.930	603.576 fr.
1890	5.362.715	697.834 —
1900	7.966.310	979.217 —
1910	13.333.998	1.577.201 —
1913	16.127.601	1.892.296 —

Les impôts sur les opérations de bourse et sur les valeurs mobilières. — En ce qui concerne spécialement les *valeurs mobilières*, leur négociation en Bourse donnait lieu à l'application d'un impôt de 5 centimes par 1.000 fr. ou fraction de 1.000 fr., établi par la loi du 28 avril 1893. Son taux a été augmenté par des lois successives (notamment celle du 15 juillet 1914). Le taux est réduit pour les reports et plus encore pour les opérations portant sur la rente française.

L'impôt sur les opérations de Bourse, tel qu'il est appliqué depuis le 1er juin 1893, a donné les résultats suivants :

Années	Produits recouvrés. Francs.	Années	Produits recouvrés. Francs.
1893	4.387.918	1906	7.922.842
1894	10.536.585	1909	12.508.593
1895	10.085.530	1910	11.756.741
1896	5.066.283	1911	12.132.176
1897	5.526.254	1912	13.005.754
1898	7.887.505	1913	9.840.026
1899	6.884.489	1914	5.718.500
1900	6.808.203	1915	1.312.000
1901	6.148.673	1916	2.342.000
1902	7.069.596	1917	2.775.500
1903	7.366.600	1918	2.602.500
1904	7.065.423	1919	7.159.500
1905	7.704.498		

On voit nettement dans ce résumé de la productivité de l'impôt sur les opérations de Bourse, les variations survenues soit par suite des modifications apportées dans la législation fiscale, soit par la situation même du marché.

A la fin de 1912, M. Alfred Neymarck évaluait le montant des titres possédés par des Français à 108-115 milliards de francs, dont 40-42 milliards en valeurs étrangères, et le revenu de ces 108-115 milliards à environ 5 milliards de francs.

Autres impôts sur valeurs mobilières. — 1° Droit de timbre au comptant ou par abonnement (lois du 5 juin 1850 et du 29 mars 1914) ;

2° Droit de transmission à titre onéreux et de conversion (lois du 23 juin 1857, modifiée en 1871, 1872, 1908 et loi du 29 mars 1914);

3° Impôt sur le revenu, les lots et primes de valeurs mobilières (lois des 29 juin 1872, 22 juin 1875, 26 décembre 1890, 25 février 1901 et 30 décembre 1916). Les valeurs étrangères sont soumises à un régime spécial plus onéreux pour leurs porteurs (loi du 23 juin 1857, décret du 17 juillet 1857, lois des 13 mai 1863, 8 juin 1864, 30 mars, 25 mai et 29 juin 1872, décrets des 24 mai et 6 décembre 1872, lois des 28 décembre 1895, 13 avril 1898, 30 janvier 1907, 30 juillet 1913, 23 mars 1914, 30 déc. 1916).

Les droits de douane.

Les droits de *douane* portent principalement sur l'importation de marchandises étrangères ; il s'y ajoute certains droits accessoires tels que de *statistique*, de *francisation*, de *congé*, de *passeport*, les *taxes d'entrepôt*, d'*origine*, etc...

Les droits à l'importation en France sont en général des droits spécifiques, c.-à-d. frappant la marchandise à raison de la nature et de la quantité de celle-ci, non de sa valeur. Ils sont fixés par les tableaux d'un tarif général remanié à plusieurs reprises, son dernier état lui ayant été donné par la loi du 29 mars 1910. A côté de ce tarif général, existe un tarif minimum susceptible d'être appliqué aux « marchandises originaires des pays qui feront bénéficier les marchandises françaises d'avantages corrélatifs et qui leur appliqueront les tarifs les plus réduits (V. aussi *Tarifs douaniers*, *Commerce*).

L'ensemble des perceptions ainsi assurées par la douane a pris le développement suivant depuis 1870 jusqu'en 1919 :

Années.	Millions de fr.	Années.	Millions de fr.
1870	106	1912	685
1880	280	1913	754
1890	365	1914 (5 derniers mois)	146
1900	449	1915 (éval.)	764
1905	446	1916 (—)	1.399
1909	526	1917 (—)	1.511
1910	586	1918 (—)	1.185
1911	768	1919 (—)	1.475

Les monopoles et exploitations de l'État.

a) Les tabacs.

Le monopole des tabacs, institué par Colbert (1674), supprimé par la Révolution, fut rétabli par décret du 29 décembre 1810 et définitivement organisé par la loi du 28 avril 1916. Il n'existe que dans la métropole. Le tabac est cultivé dans 29 départements par 46.017 planteurs sur une superficie de 14.250 ha. (chiffres de 1913) contre 32.363 planteurs sur une superficie de 10.002 ha. en 1917 sous le contrôle de l'administration des Manufactures à laquelle est réservée la fabrication ; la vente ressortit aux Contributions indirectes. L'administration des Manufactures achète tout le tabac cultivé en France et complète l'approvisionnement par des importations. Elle fixe les prix d'achat et de vente.

Quantités de tabac produites en France.

	Fabriquées par la régie.	Achetées à l'étranger.	Livrées par la culture.
1913	45.041.000 kgr.	26.918.171 kgr.	24.371.000 kgr.
1914	46.561.000 —	24.981.000 —	23.952.000 —
1915	55.535.000 —	36.278.916 —	15.998.000 —
1916	59.674.000 —	46.994.255 —	14.640.000 —
1917	55.325.000 —	»	14.213.000 —

Les ventes de tabacs, en 1913, au point de vue des quantités vendues et du produit des ventes, se répartissaient comme suit :

Espèces de tabacs.	Quantités vendues.	Produits des ventes.
	milliers de kgr.	milliers de fr.
Cigares fabriqués à l'étranger	59	8.132
— fabriqués en France	2.533	51.679
Cigarettes	4.048	111.665
Scaferlatis	31.652	297.917
Rôles	496	6.221
Carottes	651	7.479
Poudre	4.714	53.347
Nicotine	10.135	250

La guerre a privé la France de l'importante manufacture de Lille et a gêné les arrivages par mer. Le produit de la vente est passé de 542 millions de fr. en 1913 à 645 millions en 1917, augmentation due principalement au relèvement des prix de vente. Les frais de fabrication ont atteint 115 millions en 1913 (V. aussi *Agriculture*).

b) Les allumettes.

Le monopole des *allumettes*, institué par la loi du 2 août 1872 et affermé le 12 octobre à une compagnie privée, fut entièrement repris par l'Etat le 31 décembre 1889, même quant à la fabrication. Six usines ou manufactures de l'Etat fabriquent des allumettes : Pantin-Aubervilliers, Trélazé (allumettes amorphes ordinaires), Bègles, près de Bordeaux, Aix-en-Provence (allumettes au sesquisulfure dites S. C.), Saintines (allumettes suédoises et viennoises) et Marseille qui a la fabrication exclusive des alumettes-bougies. L'usine d'Aix-en-Provence comportait, en 1914, 24 machines plus 8 machines à gratiner, donnant un débit quotidien de 37 millions d'allumettes.

Malgré l'emploi des briquets dont l'impôt a rapporté, en 1912, 403.922 fr. au Trésor, la production des allumettes n'a pas cessé de croître ainsi qu'en témoigne le tableau suivant :

Années.	Allumettes. millions.	Années.	Allumettes. millions.
1891	26.236	1912	45.311
1896	30.123	1913	46.492
1900	37.091	1914	45.813
1905	38.960	1915	45.893
1910	45.267	1916	49.227
1911	46.065	1917	55.335

En 1913, le produit de la vente avait atteint 45.029.340 fr. laissant un bénéfice de plus de 32 millions. Les ventes au commerce (vente à l'intérieur et pour l'exportation) étaient réparties de la façon suivante :

Espèces.		Ventes au commerce. Ventes à l'intérieur. Nombre d'allumettes.	Ventes au commerce. Ventes pour l'exportation. Nombre d'allumettes.
Allumettes en bois	N'exigeant pas de frottoir spécial	28.607.526.500	54.480.000
	Soufrées	16.718.261.000	»
	Suédoises	1.953.355.780	52.890.000
	Tisons	670.622.400	860.000
Allumettes en cire		944.423.500	3.700.000
Amorces chimiques		9.504.000	»
Totaux		48.885.693.180	111.930.000

c) Les postes, télégraphes et téléphones.

Aux termes de l'arrêté du 27 prairial an IX, l'Administration des postes possède le monopole exclusif du transport des correspondances privées, exception faite pour les lettres particulières portées « par exprès » et des correspondances expédiées pour le service de l'État.

Le monopole des postes, télégraphes et téléphones s'est constitué au fur et à mesure que les moyens de communication se perfectionnaient (postes, 1681, télégraphes 1877, téléphones 1889). Les excédents de recettes ont commencé à diminuer avec l'introduction de la lettre à 10 cent. (1906). Ils n'étaient plus que de 30 millions en 1910 et de 51 millions en 1913. Le déficit est apparu dès le début des hostilités avec la franchise postale puis s'est aggravé à partir de 1918, avec les augmentations de dépenses (matériel, salaires, etc.), se chiffrant ainsi :

1914	17 millions de fr.	1917	69 millions de fr.
1915	103 —	1918	252 —
1916	75 —	1919	771 —

Pour l'exercice 1919, les recettes se sont élevées à 582.770.000 fr. et les dépenses à 1.354.132.000 fr. (Rapport Lasteyrie, *J. O.*, 26 févr. 1920).

d) Les poudres.

L'Etat a le monopole de la fabrication et de la vente des poudres de mine, de chasse, de commerce extérieur, non de la dynamite et de la nitroglycérine (lois des 13 novembre 1873 et 8 mars 1875) ; cependant, il perçoit un impôt indirect sur celles-ci et en surveille la fabrication. Le produit brut de la vente de la poudre et de l'impôt sur la dynamite et la nitroglycérine a passé de

15 millions de fr. en 1880 à 28 millions en 1913 et à 12 millions en 1916.

e) Les autres recettes.

Quelques recettes budgétaires d'un faible montant net proviennent d'autres exploitations de l'Etat : Imprimerie nationale, Monnaies et médailles, Chemins de fer, *Journal Officiel*. Les chemins de fer de l'Etat comprennent deux réseaux rachetés l'un en 1878, l'autre en 1909 : leurs budgets n'en forment plus qu'un seul en vertu de la loi du 31 décembre 1917. Quant aux autres réseaux actuellement exploités — mais non rachetés — par l'Etat, leur situation influe temporairement sur les finances publiques par un jeu d'avances et de remboursements (V. *Chemins de fer*).

Le recouvrement des impôts en 1919.

Le rendement des impôts, revenus indirects et des monopoles, s'est élevé pour 1919 à 7.917.457.000 fr. montrant une plus-value de 1.441.809.000 fr. par rapport aux évaluations budgétaires et une plus-value de 3.010.729.000 fr. soit 78 p. 100 par rapport à l'année 1918, ainsi qu'il résulte du tableau ci-après :

PRODUITS.	RECOUVREMENTS 1919	COMPARAISONS AVEC ÉVALUATIONS BUDGÉTAIRES.	COMPARAISONS AVEC ANNÉE 1918.
		(Milliers de francs).	
Impôts et revenus indirects :			
Enregistrement	1.874.218	+ 810.819	+ 950.343
Timbre	311.454	+ 49.564	+ 95.682
Impôt sur les opérations des Bourses de valeurs et de commerce et pénalités	7.160	+ 4.384	+ 4.557
Taxe sur le revenu des valeurs mobilières	290.249	+ 3.042	+ 37.405
Taxe spéciale sur les paiements	620.144	+ 9.144	+ 419.144
Douanes	1.475.583	+ 6.558	+ 290.197
Contributions indirectes	1.202.732	+ 225.669	+ 307.901
Denrées coloniales et succédanés du café	103.329	+ 11.552	+ 35.445
Sels	31.778	— 4.794	+ 602
Sucres et saccharine	360.585	+ 126.841	+ 191.622
Monopoles :			
Contributions indirectes (allumettes chimiques, taxes sur les briquets, tabacs, poudres à feu)	1.045.939	+ 171.077	+ 339.321
Postes	386.882	+ 9.480	— 81.238
Télégraphes	117.807	+ 21.451	+ 31.431
Téléphones	78.091	+ 14.418	+ 25.168
Produits de diverses exploitations	2.506	+ 36	— 693
Totaux	7.917.457	+1.441.809	+3.010.729

Il faut joindre à ce montant, comme encaissés par le Trésor, 1.192.386.500 fr. provenant de la liquidation des stocks et 1.642.052.300 fr. de produits et revenus du domaine de l'Etat, recettes d'ordre et produits divers (284.802.800 fr. en 1918).

Le rendement des impôts directs a été le suivant :

	1918 Recouvrements.	1919 Rôles émis.	1919 Recouvrements.
Contributions directes	656.766.000 fr.	1.019.198.000 fr.	663.299.000 fr.
Taxes assimilées	70.337.000 —	116.380.000 —	70.671.000 —
Total	727.103.000 —	1.135.578.000 —	733.970.000 —

Les recouvrements de 1919 sont supérieurs de 6.867.000 fr. à ceux de 1918.

Les emprunts de guerre.

Les emprunts qui, depuis le mois d'août 1914, ont constitué le principal élément des recettes budgétaires, ont été émis sous des formes très variées. Les uns ont été placés à l'*étranger* ; les autres — les plus importants — sur le marché *national*.

Ces derniers comprennent les catégories principales suivantes :

1° Émission de titres à très courte échéance (un an au maximum) : ce sont les *bons de la Défense nationale ;*

2° Émission de titres à échéance plus longue qu'une année, mais ne dépassant pas dix années : ce sont les *obligations de la Défense nationale ;*

3° Émission de titres de *rente perpétuelle et amortissable.*

Les tableaux suivants montrent, en millions de francs, l'importance respective des sommes obtenues par ces différents types d'emprunts, au 31 déc. 1917 et au 31 déc. 1919 :

I. — EMPRUNTS A L'ÉTRANGER

	31 déc. 1917	31 déc. 1919
A. *En Angleterre :*	—	—
1° Crédits en banque	»	428.8
2° Bons du Trésor émis dans le public	252.2	408.8
3° Bons remis à la Trésorerie britannique	7.897.2	17.559.1
4° Avances de la Banque d'Angleterre à la Banque de France	1.815.8	2.654.3
Total	9.965.2	21.051.0
B. *Aux États-Unis :*		
1° Bons du Trésor dans le public	47.7	274.0
2° Emprunts aux Banques (1915)	1.243.2	2.687.0
3° Avances des Banques (1916) (remboursées)	518	»
4° Emprunts des villes françaises (Paris, Lyon, Marseille, Bordeaux) passés à l'État	427.7	1.021.2
5° Emprunts aux Banques (1917) (remboursés)	497.9	»
6° Crédits industriels (remboursés)	238.9	»
7° Prêts du Gouvernement américain	5.850	29.943.9
8° Obligations remises au Gouv. américain pour prix de ses stocks	»	4.298.0
Total	8.823.4	38.224.1
C. *Au Japon :*		
1° Bons du Trésor	67.7	158.4
2° Emprunt	127	528
Total	196.7	686.4
D. *Dans des pays divers* (Espagne, Suède, Norvège, Hollande, Argentine, Suisse, etc.)	316.8	2.408.8

Le total des sommes empruntées à l'étranger qui s'élevait au 31 déc. 1917 à 19.858.7 millions de fr. s'élève ainsi au 31 déc. 1919 à 62.370.3 millions de francs.

Une partie des emprunts contractés à l'étranger avant l'armistice a donc été remboursée. Par ailleurs, l'augmentation du total par rapport à celui de fin 1917 tient surtout à la hausse des changes étrangers. Il se décompose en :

Dette extérieure à terme	38.478.1	millions de fr.
— flottante	23.892.2	—

II. — EMPRUNTS NATIONAUX

Approximativement, au 31 décembre 1917 et 1919 les emprunts nationaux avaient atteint les sommes suivantes en valeur nominale (en millions de fr.) :

26

	31 déc. 1917	31 déc. 1919
1° Avances de la Banque de France et de la Banque d'Algérie	15.200	26.380.0
2° Bons de la Défense nationale et bons du Trésor		47.352.7
3° Obligations de la Défense nationale	20.000	914.1
4° Emprunt en perpétuel 1915	11.710	15.204.9
5° — 1916	10.074	11.513.9
6° — 1917	10.358	14.803.0
7° — 1918	»	30.690.4
8° Avances des trésoriers payeurs généraux	200	285.2
Total	67.542	147.144.2

Les avances de la Banque de France.

L'évolution du montant des nouvelles avances autorisés de la Banque de France et parallèlement du montant des émissions de billets est montrée par les chiffres suivants:

1° Convention du 11 nov. 1911 (loi du 5 août 1914)	2.900.000.000 fr.
2° — du 21 sept. 1914 (loi du 26 déc. 1914)	3.100.000.000 —
3° — du 4 mai 1915 (loi du 10 juillet 1915)	3.000.000.000 —
4° — du 13 févr. 1917 (loi du 5 oct. 1917)	3.000.000.000 —
5° — du 2 oct. 1917 (loi du 4 oct. 1917)	3.000.000.000 —
6° — du 4 avril 1918 (loi du 5 avril 1918)	3.000.000.000 —
7° — du 5 juin 1918 (loi du 7 juin 1918)	3.000.000.000 —
8° — du 13 févr. 1919	3.000.000.000 —
9° — du 24 avril 1919	3.000.000.000 —
Total	27.000.000.000 —

A la date du 26 déc. 1919, les avances totales atteignaient 25.780 millions dont 25.500 millions pour la Banque de France et 280 millions pour la Banque de l'Algérie. Le chiffre des émissions de billets s'élevait en même temps à :

Loi du 29 déc. 1911, à	6.800.000.000 fr.
Loi du 5 août 1914, à	12.000.000.000 —
Décret du 11 mai 1915, à	15.000.000.000 —
— 15 mars 1916, à	18.000.000.000 —
— 15 févr. 1917, à	21.000.000.000 —
— 10 sept. 1917, à	24.000.000.000 —
— 7 févr. 1918, à	27.000.000.000 —
— 3 mai 1918, à	30.000.000.000 —
— 5 sept. 1918, à	33.000.000.000 —
— 25 févr. 1919, à	36.000.000.000 —
Loi du 17 juillet 1919, à	40.000.000.000 —

Les bons de la Défense nationale.

Le Gouvernement adressa au public un premier appel direct de telle sorte que les disponibilités du pays puissent prendre part à la lutte économique sans avoir besoin de s'immobiliser : un décret créa les Bons de la Défense nationale à échéance de 3 mois, 6 mois ou un an et, ultérieurement, un nouveau bon à un mois susceptible de prolongation. Leur montant varie constamment selon les placements et les remboursements, les facultés et les besoins du public.

Plus l'État obtient de capitaux par les bons de la Défense nationale ou par les bons du Trésor ordinaire, moins il a besoin d'emprunter à la Banque. Celle-ci intervient d'ailleurs dans le placement de ces effets et dans leur adaptation complète aux besoins du marché, en ce sens qu'elle accepte de les escompter s'ils ont 3 mois au plus à courir, et qu'elle prend en garantie d'avances ceux d'une plus longue échéance.

Leur taux varie entre 3,6 et 5 p. 100 selon l'échéance.

Au 31 août 1918, il circulait en France pour 26.452.683.000 fr. de bons de la Défense nationale et pour 672.597.000 fr. de bons du Trésor ordinaires.

La souscription aux bons de la Défense nationale avait donné les résultats suivants, depuis décembre 1917 inclus :

	Francs.		Francs.
Décembre 1917	425.574.300	Septembre 1918	1.559.229.000
Janvier 1918	734.928.300	Octobre —	2.730.000.000
Février —	974.404.000	Novembre —	2.198.000.000
Mars —	778.256.300	Décembre —	2.444.000.000
Avril —	542.717.900	Janvier à	
Mai —	1.332.908.700	Décembre 1919	21.645.000.000
Juin —	407.621.000	Janvier 1920	1.786.000.000
Juillet —	881.978.700	Février —	1.460.000.000
Août —	1.078.235.000		

Les emprunts extérieurs.

En outre, au 31 août 1918, il avait été placé à l'étranger pour environ 320 millions de fr. de bons et il en avait été remis : 10.485.000.000 fr. au Trésor britannique et 1.816.000.000 francs à la Banque d'Angleterre à des conditions spéciales. Divers autres crédits à terme obtenus du marché ou du Trésor aux Etats-Unis et au Japon atteignaient un total d'environ 7 milliards de fr. au pair.

Du 1er août 1914 au 31 août 1918, ces placements se répartissaient ainsi :

En Angleterre	Fr.	12.552.927.000
Aux Etats-Unis..............................		11.887.114.000
En Espagne		326.900.000
En Suède..............................		46.687.000
En Norvège		67.473.000
En Suisse		97.050.000
En Hollande		33.280.000
En Argentine..............................		471.726.000
Au Japon		196.704.000
Total	Fr.	25.678.966.000
Total au 1er janvier 1919	Fr.	34.000.000.000

Pendant l'année 1919, les emprunts à l'étranger ont subi les modifications suivantes par rapport à ceux de 1918 :

Etats-Unis.........	+	837.002.000	fr.	Suisse.............	+	6.300.000	fr.
Angleterre.........	—	2.101.845.000	—	Hollande	+	115.500.000	—
Espagne	+	82.725.000	—	Argentine	—	375.000.000	—
Suède.............	+	14.000.000	—	Japon	+	208.000.000	—
Norvège...........	+	14.000.000	—	Total........	+	2.800.682.000	—

Les obligations de la Défense nationale.

Dès les premiers mois de guerre, d'abondants capitaux se trouvaient disponibles, mais pour peu d'années et il convenait aussi de les faire servir entre temps aux opérations financières de l'Etat. Pour utiliser de telles disponibilités, l'Etat émit, à partir du 10 février 1915, des « obligations » de la Défense nationale remboursables au bout de 10 ans. Leur prix de vente, inférieur au pair, rend leur taux réel très supérieur à leur taux nominal de 5 p. 100. Depuis février 1917, il existe aussi des obligations quinquennales 5 p. 100 émises au pair et remboursables à 102,50 ; cependant, le porteur peut exiger le remboursement à 100 p. 100 au bout de la première année. En mai 1919, le gouvernement a émis au pair de nouvelles obligations sexennales et remboursables à 103 p. 100. Toutefois le porteur peut en exiger le remboursement à chaque échéance de coupon à 100, 60 p. 100, 101,20 p. 100 etc., suivant le temps écoulé depuis la date de valeur de l'obligation.

Au 31 août 1918, il existait pour 423.763.000 fr. d'obligations de la Défense nationale à 10 ans et pour 255.470.000 fr. d'obligations quinquennales.

Au 31 déc. 1919, il existait :

Obligations à 10 ans..............................	545.619.000 fr.
— quinquennales..............................	166.200.000 —
— sexennales..............................	202.152.000 —
Total	913.971.000 fr.

Les emprunts nationaux.

La Banque de France ayant promis, dès les premiers mois de la guerre, les avances nécessaires pour dégager le marché à terme et faciliter sa libération du 3,50 p. 100 1914, on constata, au cours de l'automne 1915, que cet assainissement était réalisé et que les fortunes privées avaient suffisamment repris leur assiette pour apporter directement à l'Etat un durable concours de crédit. On put à ce moment songer à une émission de titres de rente perpétuelle. D'où la loi du 16 nov. 1915 autorisant l'émission du 1er grand emprunt de guerre en rente perpétuelle 5 p. 100. C'était une opération très simple avec prix d'émission à 88 fr. (ce qui faisait ressortir son rendement net à 5,73 p. 100), et faculté de libération, non seulement en numéraire, mais en valeurs du Trésor, rente 3,50 p. 100 amortissable et rente 3 p. 100 perpétuelle, celle-ci jusqu'à concurrence d'un tiers de la souscription individuelle au maximum et pour une valeur de 66 fr. par 3 fr. d'ancienne rente. Les souscriptions en numéraire pouvaient être libérées soit immédiatement, soit en 4 termes. Cette rente jouit des privilèges et immunités attachés à l'ancienne rente 3 p. 100 (imprescriptibilité, insaisissabilité, exemption d'impôts). L'Etat s'est engagé à ne pas la rembourser et, par conséquent, à ne pas la convertir avant le 1er janvier 1931. Les arrérages sont trimestriels et le 1er coupon a été celui du 16 février 1916. La souscription, ouverte le 25 novembre, produisit 15.204 millions en valeur nominale.

L'année suivante, du 5 au 29 octobre 1916, le second grand emprunt français, autorisé par la loi du 15 sept. 1916, fut émis en rente du même type avec le même délai d'inconvertibilité — les seules différences notables étant le prix d'émission 87 fr. 50 avec une légère prime en cas de libération immédiate et la suppression de la faculté qui avait été accordée en 1915 de libérer en rente 3 p. 100 une partie de la souscription. Il produisit 11.513 millions en valeur nominale.

Du 26 novembre au 6 décembre 1917, un 3e grand emprunt autorisé par la loi du 26 oct. 1917, d'un nouveau type, fut inauguré : un 4 p. 100 perpétuel émis à 68 fr. 60, soit un rendement net de 5,83 p. 100, donc bien supérieur à celui des Bons qu'il s'agissait surtout de ramener au Trésor. Une particularité notable de cet emprunt c'est que son montant était limité à 10 milliards de francs effectivement versés, sauf faculté d'augmentation dans le cas où le montant effectif des souscriptions irréductibles (c'est-à-dire libérées autrement qu'en numéraire ou ne dépassant pas 300 francs de rente) excéderait 8 milliards de fr. En définitive, le produit effectif fut de 10.171.202.000 fr. La libération des souscriptions pouvait avoir lieu soit en numéraire, soit en valeurs du Trésor ou en rente 3,50 p. 100 amortissable ; elle pouvait, sous certaines réserves, être, soit immédiate, soit échelonnée sur 4 termes. Il a été constitué un fonds d'achat et d'amortissement en Bourse de cet emprunt. Ses arrérages sont trimestriels, le premier coupon étant celui du 16 mars 1918. L'Etat s'est engagé à ne pas le convertir jusqu'au 1er janvier 1943. Les titres jouissent des mêmes exemptions et privilèges que ceux des précédents emprunts. Ils sont admis jusqu'à concurrence du prix d'émission pour le paiement de l'impôt sur les bénéfices de guerre.

Le 20 octobre 1918 commençait, pour finir au 24 novembre, l'émission du 4e emprunt, autorisé par la loi du 19-20 sept. 1918, encore en 4 p. 100 mais cette fois à 70 fr. 80 et sans maximum de souscription. L'abondance des disponibilités expliquait cette différence. Une autre particularité consistait en ce que la libération pouvait être effectuée, non seulement en numéraire, en valeurs du Trésor et en 3,50 p. 100 amortissable comme pour le précédent emprunt, mais encore en coupons de valeurs émises ou garanties par l'Etat russe, et ce, jusqu'à concurrence de la moitié du montant souscrit individuellement à l'emprunt français. Les arrérages des emprunts français de la Défense nationale étaient également admis pour les versements. Par ailleurs, les conditions étaient sensiblement les mêmes que celles du 3e emprunt. Cette rente est inconvertible pendant 25 ans, ce qui rejette à 1944 la date de sa conversion éventuelle. Le fonds spécial de rachat lui est applicable. Elle est admise en paiement de l'impôt sur les bénéfices de guerre, et cette fois jusqu'à concurrence de son cours moyen coté à Paris la veille de la présentation, mais avec le prix d'émission pour minimum. Les arrérages en sont trimestriels et partent du 16 janvier 1919. Cet emprunt a produit un capital nominal souscrit dépassant 30 milliards et un capital effectif atteignant 21 milliards et demi.

La loi du 30 déc. 1919 a autorisé l'émission d'un 5e emprunt en rente amortissable au taux de 5 p. 100. En plus du numéraire, des obligations et bons de la Défense nationale, les coupons de rentes françaises étaient admis pour libération. Cette rente, émise au pair, est amortissable par tirages en 60 ans à 150 p. 100. Les arrérages sont semestriels (1er mai et 1er nov.). Le produit effectif de l'emprunt a été de 15.730 millions.

Chacun des montants a été formé par les modalités suivantes de libération :

	p. 100 1915	5 p. 100 1916	4 p. 100 1917	4 p. 100 1918	5 p. 100 1919
	(en millions de francs.)				
Numéraire	6.285	5.425	5.134	7.099	6.800
Bons	2.244	3.693	4.585	12.953	8.000
Obligations	3.317	956	449	1.404	560
Rentes 3 1/2	22	8	3	3	»
Rentes 3 0/0	1.440	»	»	»	»
Coupons russes	»	»	»	264	»
Coupons de rentes françaises	»	»	»	»	370
Produit effectif	13.308	10.082	10.171	21.744	15.730

Le fonds spécial des emprunts.

L'art. 5 de la loi du 26 octobre 1917 concernant l'émission du 3e emprunt a ouvert au budget général de l'Etat un crédit destiné à la constitution d'un fonds spécial de rachat de rentes sur le marché. Ce fonds est alimenté par des versements mensuels portés à 120 millions par la loi du 17 janvier 1918. Les rentes ainsi acquises sont remises au Trésor et définitivement annulées au Grand-Livre de la Dette publique.

Les sommes employées en achats de rente à la Bourse s'élevaient au 31 déc. 1918 à 1.500.807.885 fr. et au 31 déc. 1919 à 2.003.940.000 fr.

La situation d'ensemble de la Dette publique.

La situation d'ensemble de la dette publique de la France au 31 juillet 1914 et au 31 déc. 1919, montrait les chiffres suivants en milliers de fr. :

	31 juillet 1914		31 déc. 1919	
	Capital	Charges	Capital	Charges
Dette perpétuelle et dette à terme intérieure	32.579.000	1.021.000	98.666.000	3.976.000
Dette à terme extérieure	»	»	38.478.000	1.723.000
Dette flottante intérieure	1.609.000	16.000	77.438.000	2.440.000
Dette flottante extérieure	»	»	23.892.000	1.246.000
Total	34.188.000	1.037.000	238.474.000	9.385.000

LA MONNAIE ET LE CRÉDIT

La monnaie métallique française, régie principalement par la loi du 17 germinal an XI, comprend, en temps normal, des pièces d'or, d'argent, de nickel et de bronze. Chacune représente un certain nombre de « francs » ou de fractions du franc. Celui-ci est ainsi l'unité ou *étalon monétaire*. La loi le définit « Cinq grammes d'argent au titre de 9/10 de fin ». Avec les 9/10 d'argent fin que contient la monnaie d'argent au « titre » légal primitif, elle a dans son alliage un autre 10e en cuivre.

La fabrication des monnaies.

L'État, seul, a le droit de battre monnaie. Pour plus de régularité, il a concentré depuis 1879 la fabrication dans un seul atelier monétaire, celui de l'Hôtel des Monnaies, quai Conti, à Paris. Mais auparavant, il existait un certain nombre de « Monnaies » provinciales. En temps normal, l'Hôtel des Monnaies de Paris suffit aux besoins de la France, des colonies et même de certains pays étrangers.

Le tableau suivant donne la fabrication des 37 dernières années de la régie:

Pièces françaises, coloniales et étrangères.

Années.	Nombre des pièces. — millions de pièces.	Valeur des pièces. — millions de francs.	Années.	Nombre des pièces. — millions de pièces.	Valeur des pièces. — millions de francs.
1880	2.5	0.2	1900	62.6	120.9
1881	15.3	13.8	1901	78.2	126.8
1882	39.8	17.3	1902	126.7	97.1
1883	32.2	11.7	1903	75.7	167.3
1884	8.2	17.8	1904	59.7	225.5
1885	11.4	8.5	1905	98.1	239.4
1886	15.1	43.7	1906	46.5	391.1
1887	23.8	58.3	1907	65.2	475.9
1888	22.3	12.5	1908	76.2	261.3
1889	7.3	24.5	1909	75.6	279.3
1890	6.5	23.0	1910	62.7	173.2
1891	30.1	45.0	1911	89.7	177.2
1892	26.2	30.0	1912	110.0	296.1
1893	17.5	61.0	1913	114.7	314.3
1894	46.0	33.3	1914	115.8	216.5
1895	54.3	158.0	1915	114.8	109.9
1896	62.5	239.9	1916	253.8	177.2
1897	111.0	344.5	1917	201.2	142.7
1898	97.9	269.2	1918	194.1	115.4
1899	93.0	141.3	1919	190.9	105.9

Aux termes de la convention du 4 nov. 1908, l'Administration des Monnaies ne doit employer à la fabrication des pièces divisionnaires d'argent que le métal provenant de la refonte d'anciens écus de 5 fr. En 1919, la valeur nominale des pièces ainsi refondues était de 44 millions ; après transformation, elles ont donné, en monnaie divisionnaire, 48.789.475 pièces d'une valeur nominale de 47.020.642 fr. Les besoins urgents qui se sont produits dès le second semestre de 1914 ont conduit le Gouvernement à prendre un décret pour autoriser la transformation de lingots en pièces de 2 fr., 1 fr. et 50 cent. dans les limites des contingents autorisés.

Le même décret a spécifié qu'aussitôt que les circonstances le permettraient, il serait procédé au retrait et à la démonétisation d'une quantité de pièces de 5 francs en argent formant le même poids de fin que les pièces émises.

Il a, en outre, prescrit de mettre en réserve au compte « Fonds d'entretien de la circulation monétaire » jusqu'à la liquidation de l'opération, la différence entre le prix d'achat du métal et la valeur nominale des monnaies divisionnaires fabriquées avec des lingots.

Ces dispositions ont été portées à la connaissance des puissances signataires de la convention du 4 nov. 1908.

Pour les quatre dernières années 1916, 1917, 1918 et 1919 le détail des fabrications est donné par le tableau ci-après :

	NATURE DES PIÈCES.		NOMBRE DE PIÈCES.	VALEUR NOMINALE.	TOTAUX DES FABRICATIONS.
				francs.	francs.
1916	Argent.	— 2 fr...	17.886.663	35. [illegible] 306,00	164.283.813,50
		— 1 fr...	92.029.179	92.773.179,00	
		— 0f50..	52.962.657	26.[illegible].328,50	
	Nickel.	— 0f25..	99.698	24.902,00	24.902,00
	Bronze.	— 0f10..	22.477.154	2.247.715,40	4.354.242,65
		— 0f05..	41.531.365	2.076.568,25	
		— 0f02..	500.000	10.000,00	
		— 0f01..	1.995.960	19.959,00	
					168.668.958,15
1917	Argent.	— 2 fr...	16.555.357	33.110.714,00	114.578.114,00
		— 1 fr...	57.153.034	57.153.031,00	
		— 0f50..	48.628.732	24.314.366,00	
	Nickel pur.	— 0f25..	65.038	16.259,50	16.259,50
	Bronze de nickel.	— 0f25..	3.084.721	771.180,25	2.110.986,10
		— 0f10..	8.171.364	817.136,40	
		— 0f05..	10.453.389	522.669,45	
	Bronze.	— 0f10..	11.913.589	1.191.358,90	2.039.500,75
		— 0f05..	16.962.837	848.141,85	
					118.744.860,35
1918	Argent....	— 2 fr...	12.026.147	24.052.294	92.410.595
		— 1 fr...	50.112.330	50.112.330	
		— 0f50..	36.491.942	18.245.971	
	Bronze de nickel.	— 0f25...	18.329.894	4.582.473	9.422.602
		— 0f10...	30.605.494	3.060.549	
		— 0f05...	35.591.616	1.779.580	
					101.833.197
1919	Argent.	Pièces de 2 fr.	9.260.984	18.521.868,00	76.782.759,00
		— 1 fr.	46.111.525	46.111.525,00	
		— 0f50..	24.298.732	12.149.366,00	
	Bronze de nickel.	— 0f25..	5.106.398	1.276.599,50	6.817.858,60
		— 0f10..	33.488.706	3.348.870,60	
		— 0f05..	43.847.770	2.192.388,50	
	Bronze	— 0f02, 0f01	3.308.508	»	42.102,34
					83.642.719,94

L'activité de la Monnaie de Paris, aidée par le concours des ateliers monétaires de Berne, de Madrid et d'Utrecht, qui lui ont fourni des flans, ne s'est pas bornée à cette fabrication déjà considérable. Les ateliers de Paris ont continué la fabrication des pièces pour l'Indo-Chine, argent et bronze; pour le Maroc, argent ; pour la Tunisie, or, argent et bronze et ont encore, en 1917, fourni à la Serbie plus de 4.800.000 pièces pour la valeur de 4.800.000 dinars.

Outre les frappes de monnaie légale faites par l'Administration des Monnaies, des émissions de jetons en zinc, en aluminium, en fer, ou même en carton, ont été faites dans certaines localités, par les municipalités ou les Chambres de Commerce, pour faciliter les paiements purement locaux.

D'après les calculs auxquels s'est livrée la direction des Monnaies aux Etats-Unis, le stock monétaire mondial s'élevait avant la guerre à 60.186 millions de fr. dont 43.951 millions d'or et 16.235 millions d'argent. La France venait en tête, avec 157 fr. d'or et 54 fr. d'argent par tête d'habitant, ensuite se classaient les Etats-Unis (101 fr. d'or et 29 fr. d'argent).

Les changes.

Le graphique ci-dessous, communiqué par la *Situation économique et finan-*

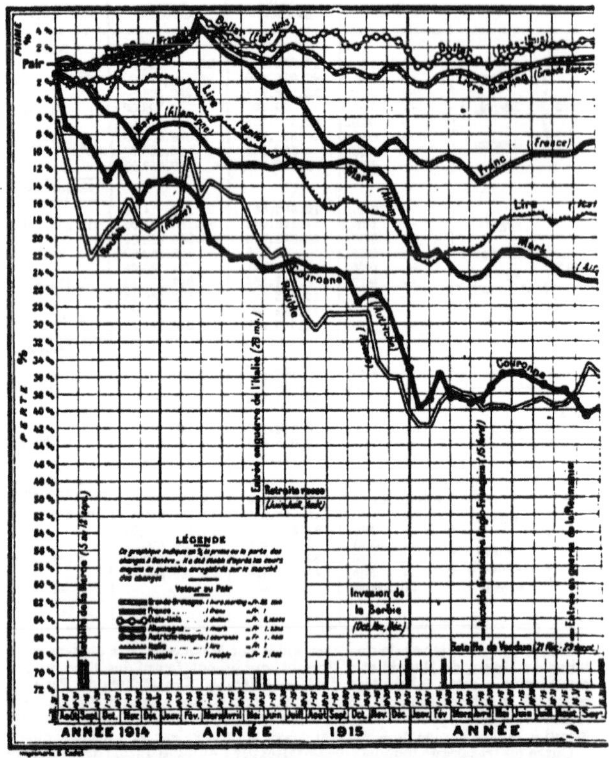

cière et qui indique le cours moyen de chaque quinzaine à Genève, permet de suivre l'évolution du marché des devises pendant la guerre.

On constatera tout d'abord le parallélisme qui s'est maintenu en ces dernières années entre les courbes du franc, de la livre sterling et du dollar, dû à la coopération de plus en plus étroite réalisée par les Alliés en matière financière comme en matière militaire.

Cependant la livre sterling, le dollar et même la peseta espagnole avaient atteint une cote élevée qui rendait de jour en jour plus onéreuse l'acquisition des devises britanniques, américaines et espagnoles.

C'est pour remédier à cette situation que les importations furent restreintes, qu'une Commission des changes fut nommée, que les banquiers et les cour-

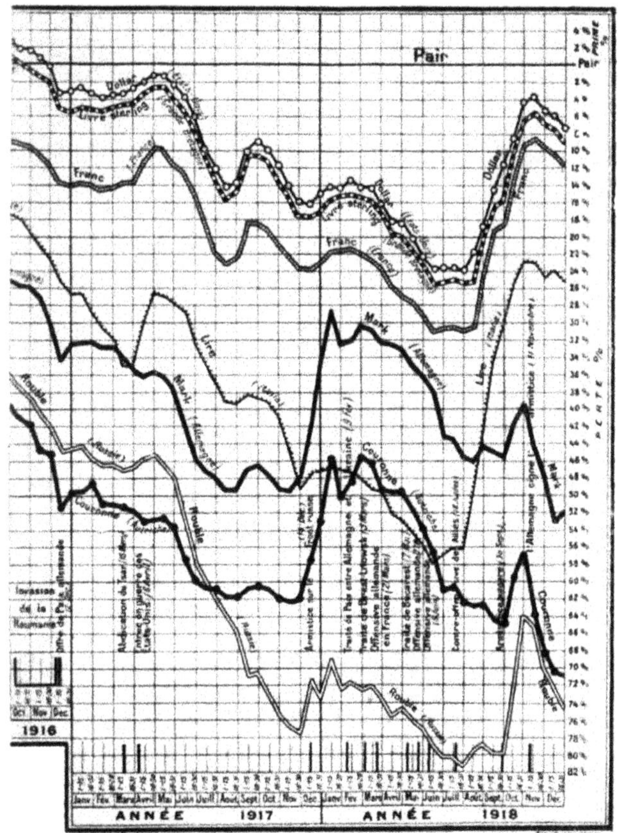

tiers de change durent tenir un répertoire de leurs opérations de change. Le Gouvernement constitua des crédits à l'étranger pour réduire les demandes de devises et les transferts de fonds. Il demanda aux porteurs de titres étrangers internationaux de les lui céder pour lui permettre d'obtenir des crédits à l'étranger sur leur garantie. Des bons du Trésor furent négociés au dehors et des emprunts contractés en Angleterre, aux Etats-Unis, au Japon, dont le montant fut employé en grande partie à payer des fournitures, matériel de guerre et autres marchandises en monnaies de ces pays. D'autre part, la Banque de France contracta elle-même des crédits au dehors, sans l'intervention du Trésor. Bien plus, l'intervention de la Banque fut réclamée par des gouvernements étrangers pour des crédits accordés à l'Etat. Enfin, à partir du 6 avril 1917, la France trouva auprès du gouvernement des Etats-Unis l'accueil le plus généreux.

La situation de notre marché des changes devait se trouver brusquement bouleversée en 1919. Cette année a été marquée, en effet, par la fin de la coopération financière entre Alliés (à partir du 13 mars) et le déficit considérable de la balance commerciale (21 milliards d'excédent des importations). Nos balances extérieures n'ont pu s'ajuster que par des ouvertures de crédits privées, par des exportations de valeurs mobilières et par la substitution, aux engagements commerciaux, d'autres engagements résultant d'une accumulation, dans les banques, des dépôts pour compte étranger.

Les crédits privés, ouverts durant cette période, n'ont pas été très importants ; les ventes de titres ont fourni un appo nt beaucoup plus sérieux.

Les arbitrages de valeurs internationales se sont beaucoup développés, stimulés par la forte prime des changes et facilités par la réouverture du marché de Londres aux négociations libres, à partir du 18 août dernier. Un montant élevé de valeurs françaises, surtout de fonds publics, a également été acquis par les nationaux des pays créanciers. Ces ressources sont restées, néanmoins, insuffisantes ; les soldes étrangers dans les banques ont pris, à la longue, un gros développement.

C'est au brusque retrait de ces dépôts ou à leur interruption que doivent être attribuées la plupart des fluctuations violentes qui se sont produites dans la valeur réciproque du franc et des autres monnaies.

On en pourra suivre l'évolution à l'aide du tableau ci-dessous donnant le cours des changes de Paris (papier court) sur les places les plus importantes depuis le 12 mars 1919 :

	Pair	16 juillet 1914	12 mars 1919	13 août 1919	31 déc. 1919	31 mars 1920
	—	—	—	—	—	—
Londres	25.22	25.17	25.97	33.50	41.48	58.10
New-York	5.18	5.16	5.45	7.76	10.99	14.97
Bruxelles	100 »	99.50	95.25	96.25	101.75	107 »
Berlin	123.46	122.80	»	»	22 »	20.75
Espagne	100 »	96.55	114 »	147.25	208.25	259.50
Hollande	208.30	207.56	»	293.50	407 »	549 »
Italie	100 »	99.62	»	85.25	81.75	71.75
Prague	105.01	104.20	»	»	19 »	20.25
Suède	138.89	138.25	»	194 »	237 »	322.50
Suisse	100 »	100.03	113.25	138.25	194 »	260 »
Vienne	105.01	104.25	»	»	6.25	7.70

La monnaie de papier.

A côté des nombreuses pièces de monnaie, les « billets », les ordres de virement ou les chèques (et, pour les hommes d'affaires, les effets échus, parfois aussi les coupons), servent aux plus fortes opérations de paiement. Leur circulation est entretenue surtout par les « banques » et par d'autres organes financiers qui remplissent des fonctions analogues. Les banques transforment en papier à circulation facile les encaisses, marchandises ou crédits sûrs qu'elles doivent avoir en garantie. Dans certains pays étrangers, il existe aussi une forte circulation de billets émis par l'État. Ils sont gagés principalement sur le crédit de celui-ci. Le principe des billets est d'être, en temps normal, remboursables à vue et au porteur. Cette condition se réalise sans qu'il soit réservé en caisse une quantité de métaux précieux équivalente au montant total des billets et dépôts le public ne demande jamais en une fois le remboursement de toutes ses créances ; la plus grande partie continue à circuler, ayant comme couverture plus ou moins large les escomptes ou autres prêts consentis par les banques pour entretenir la vie économique.

Les billets.

En France, l'appréciation judicieuse des éléments de l'actif est la garantie essentielle d'une circulation dont le montant est, du reste, limité par un maximum légal. En Angleterre, la loi de 1844 base la circulation sur une encaisse métallique susceptible d'augmenter indéfiniment et sur un montant fixe, assez réduit, de rentes et d'autres engagements de l'État.

Aux Etats-Unis, les nombreuses banques d'émission sont soumises à des règles de sécurité diverses mais toujours rigoureuses, non seulement pour la garantie des billets, mais aussi pour celle des dépôts, et s'inspirent des principes français pour l'adaptation aux besoins du commerce ; le Trésor des États-Unis laisse circuler une certaine quantité de billets et de certificats, mais possède une encaisse métallique déjà puissante avant la guerre et très renforcée depuis lors.

La Banque de France.

Siège social à Paris, rue de la Vrillière. — Service des Dépôts de Titres, place Ventadour.

La Banque de France a été fondée le 24 Pluviôse an VIII (13 février 1800) dans le but de faciliter le commerce par l'escompte et l'encaissement d'effets, et d'autre part l'ouverture de comptes-courants et l'émission de billets payables à vue et au porteur.

Elle jouit du privilège exclusif d'émission depuis la loi du 24 Germinal an XI (14 avril 1803) qui le lui avait accordé pour Paris et pour une période de 15 années. Ce privilège a été prorogé par la loi du 22 avril 1806, jusqu'au 24 sept. 1843 ; par la loi du 30 juin 1840, jusqu'au 31 déc. 1867 ; par la loi du 9 juin 1857, jusqu'au 31 déc. 1897 ; par la loi du 17 nov. 1897, jusqu'au 31 déc. 1920 ; enfin, par la loi du 20 déc. 1918, l'échéance du privilège a été reportée au 31 déc. 1945.

Jusqu'en 1848, il existait en France des banques départementales d'émission. Deux décrets, parus les 27 avril et 2 mai 1848, ont décidé leur fusion avec la Banque de France qui, depuis, est le seul établissement ayant le droit d'émettre des billets sur le territoire français.

Ces billets ont aujourd'hui cours légal et même cours forcé. Plusieurs fois au XIXe siècle, les événements politiques ont amené la suspension des remboursements en espèces, mais la Banque a toujours repris ceux-ci le plus tôt possible. Les principes sévères qu'elle observe en matière d'escompte ont garanti la nature saine de ses émissions.

L'administration de la Banque de France.

L'administration de la Banque est confiée à un Gouverneur et à deux Sous-Gouverneurs nommés par le Chef de l'État (comme le sont aussi les directeurs des succursales), à 15 régents et 3 censeurs élus par les 200 plus forts actionnaires réunis en assemblée générale. Le Gouverneur, les Sous-Gouverneurs, les régents et les censeurs constituent le Conseil Général de la Banque.

L'administration est ainsi composée :

Gouverneur : M. Pallain (G.) (G. O. ✻).

Sous-Gouverneurs : MM. Luquet (C. ✻) ; Morel, ✻.

Régents : MM. Hottinguer (baron) (O. ✻) ; Richemond (C. ✻) ; Loreau, ✻ ; Neuflize (baron de) (O. ✻) ; Davillier (baron) ; Mallet ; Rothschild (baron Edouard de), ✻ ; Dervillé (G. O. ✻) ; Laederich (René) ; Wendel (F. de) ; Heine (Georges) ; Debray (A.) (O. ✻) ; Pluchet (Emile) ; Bruni (Simon), ✻ ; Blondel (Henri) (O. ✻).

Censeurs : MM. Petit (Ch.) (O. ✻) ; Pascalis (G.) (O. ✻) ; Poulenc (Cam.), ✻.

Membres du Conseil d'escompte : MM. Fouinat (O. ✻) ; Kester (C. ✻) ; Peltereau (O. ✻) ; Salmon, ✻ ; Aucoc (O. ✻) ; Hayem (Julien) (O. ✻) ; Leclerc (Max), ✻ ; Chapuis (Albert), ✻ ; Loir (L.) ; Legouez (R.) (O. ✻) ; Kempf (Paul), ✻ ; Darblay (R.).

Secrétaire général : Ernest-Picard (O. ✻) ; *Contrôleur général :* Aupetit, ✻ ; *Caissier principal :* Julien-Laferrière, ✻ ; *Secrétaire du Conseil Général :* Conrad ✻ ; *Directeur général de l'escompte :* Robineau (C. ✻) ; *Directeur du Service des titres :* Molli [illegible], ✻.

Le capital de la Banque de France.

Le capital primitif de la Banque, 30.000.000 de francs, a été élevé à 45.000.000 (loi du 24 Germinal, an XI) et à 90.000.000 (loi du 22 avril 1806). Des rachats d'actions le réduisirent à 67.900.000 francs (montant reconnu par la loi du 30 juin 1840); l'absorption des banques départementales l'a porté à 91.250.000 fr. (Décret du 2 mai 1848.). Doublé par exécution de la loi du 9 juin 1857, il est resté fixé depuis au chiffre de 182.500.000 francs divisé en 182.500 actions d'une valeur nominale de 1.000 francs.

Le rôle de la Banque de France.

Destinée à fournir des instruments monétaires basés sur le crédit à court terme, si nécessaire au commerce, la Banque de France a pour opération primordiale l'escompte. Elle s'attache à le pratiquer à un taux aussi bas et aussi stable que possible.

De tous temps, les variations du taux de l'escompte ont été moins nombreuses en France que partout ailleurs; c'est ainsi que pendant la période 1898-1913, les variations ne s'y sont élevées qu'à 14 au lieu de 62 à la Banque Impériale d'Allemagne et 79 à la Banque d'Angleterre; pendant la même période, le taux moyen a été de 3,09 p. 100 en France, de 4.59 p. 100 en Allemagne et de 3,69 p. 100 en Angleterre.

Le tableau suivant fait ressortir les résultats de l'action régulatrice de la Banque, favorisée d'ailleurs par l'abondance des capitaux :

	FRANCE pour 100	ANGLETERRE pour 100	ALLEMAGNE pour 100
1898	2.20	3.25	4.27
1899	3.06	3.75	5.04
1900	3.25	3.96	5.33
1901	2 »	3.72	4.10
1902	3 »	3.33	3.32
1903	3 »	3.75	3.84
1904	3 »	3.30	4.22
1905	3 »	3.01	3.82
1906	3 »	4.27	5.15
1907	3.45	4.93	6.03
1908	3.04	3 »	4.76
1909	3 »	3.10	3.93
1910	3 »	3.72	4.35
1911	3.14	3.47	4.40
1912	3.37	3.77	4.95
1913	4 »	4.77	5.88
1898 à 1913 (moyenne)	3.09	3.69	4.59

Les services de la Banque de France sont mis de plus en plus à la disposition du petit et moyen commerce et de l'agriculture. Pour favoriser ses clients directs, la Banque admet à l'escompte les effets à deux signatures, la troisième étant remplacée par un dépôt de titres. En outre, par l'institution du crédit mutuel, les petits commerçants, les petits industriels et les agriculteurs jouissent de tous les avantages accordés par la Banque. Aussi le nombre des comptes d'escompte est-il passé, en seize ans (1897-1913) de 3.387 à 21.426 et celui des effets escomptés de 14 millions à 30 millions, représentant une valeur totale de 10 à 20 milliards, dans laquelle le chiffre des effets inférieurs à 100 francs progressait de 33 à 50 p. 100.

De même la Banque favorise autant qu'elle le peut les paiements par écritures. Dans ce but, elle a exonéré de toute commission les chèques et virements destinés à être payés sans mouvement d'espèces. La Banque de France pratique toutes les opérations usuelles de banque.

Le tableau suivant montre la moyenne des principaux comptes de la Banque de France depuis 1880, la façon dont l'encaisse servant de trésor de guerre s'est développée et l'importance du concours financier que cet établissement a pu donner à l'État français et aux États alliés :

DATES	ENCAISSE MÉTALLIQUE		BILLETS	ESCOMPTES	COMPTES.	AVANCES A l'État.
	OR	ARGENT	émis	et avances	cour. partic.	(Loi de 1914)
	Millions fr.	Millions fr.	Millions fr.	Millions fr.	Millions fr.	Millions fr.
1881 Moyenne .	604	1.210	2.576	1.415	468	»
1890	1.256	1.207	3.060	919	402	
1900	2.108	1.134	4.034	1.367	437	»
1910	2.400	862	5.198	1.527	548	
1913	3.343	629	5.665	2.255	569	»
1914 30 *juillet*..	4.141	625	6.683	3.661	1.072	3.900
1915 — déc ...	5.015	362	13.909	3.416	2.114	5.000
1916 — déc ...	5.076	295	16.679	3.276	2.260	7.400
1917 — déc ...	5.352	248	22.367	3.053	2.914	12.500
1918 — déc ...	5.478	318	30.250	2.366	3.291	17.150
1919 — déc. ...	5.579	268	37.275	2.783	3.127	25.500
1920 — mars..	5.585	242	37.334	2.838	3.337	25.700

La Banque met gratuitement ses guichets à la disposition de l'État pour l'émission de ses emprunts, paie les coupons de rente et vend au public le change qu'elle s'est procuré au moyen de crédits à l'étranger ou que l'État a mis à sa disposition. Ces opérations ont pris un grand développement pendant la guerre. La Banque a favorisé par tous les moyens le succès des opérations de crédit entreprises par l'État. Grâce à son concours, le Trésor a obtenu à la fin de 1918 plus de 70 milliards de disponibilités, sous forme d'avances directes, de souscriptions reçues aux guichets de la Banque ou de crédits ouverts à l'étranger.

Actuellement, la Banque possède un Siège Central à Paris, 147 succursales, 79 bureaux auxiliaires et 362 villes rattachées, soit 589 places bancables.

Les grandes banques d'émission européennes.

Le principal instrument de l'adaptation des Etats aux exigences financières nées de la guerre a été, pour chacun, sa Banque d'émission. A la déclaration de guerre, ces établissements étaient dans une situation prospère à la suite d'une longue période de paix et d'affaires florissantes. L'encaisse métallique était généralement élevée tandis que les billets en circulation n'atteignaient pas un montant excessif. Aussi la mobilisation financière du début put-elle s'effectuer sans trop de peine ; la crise du numéraire fut assez rapidement conjurée. Grâce au réescompte, très large en Allemagne, plus restreint dans d'autres pays, du portefeuille commercial détenu par les banques et les banquiers, la vie économique put reprendre son cours à peu près normal, après l'abolition graduelle des moratoires décrétés dans plusieurs Etats belligérants.

D'autre part, pour faciliter cette reprise, plusieurs pays, entre autres l'Allemagne, l'Autriche-Hongrie et l'Italie eurent recours à la création d'établissements temporaires de crédit mobilier, en contact étroit avec les banques d'émission et dont le principal but fut d'alléger la tâche considérable de ces banques. La création de nouveaux instruments de paiement, tels que les billets des Caisses de Prêts en Allemagne et les *currency notes* en Angleterre, restreignit la tâche des instituts d'émission, mais surchargea la circulation fiduciaire qui a atteint un niveau inconnu dans les annales financières. Cette circulation fiduciaire considérable a créé une surabondance d'instruments de libération et de paiement et a donné l'apparence d'énormes disponibilités immédiates.

Le tableau ci-après montrera dans quelles proportions se sont accrues simultanément depuis le début de la guerre jusqu'à fin février 1920 l'encaisse des banques et leur circulation fiduciaire.

LES GRANDES BANQUES D'ÉMISSION

	ALLEMAGNE								FRANCE				
			CIRCULATION										
	Or.	Argent.	Reichsbank.	Caisses de prêts.	Billets de l'Empire.	Total	Comptes courants.	Portefeuille commercial et Bons du Trésor.	Or.	Argent.	Circulation.	Comptes courants.	Portefeuille commercial.
1913 f. Déc.	1.462	346	3.242	»	150	3.392	991	1.863	3.517	640	5.714	575	1.526
1914 f. Juin	1.633	405	3.008	»	150	3.158	1.073	1.516	4.058	639	6.031	983	1.791
— f. Juillet	1.566	334	3.637	»	174	3.811	1.573	2.601	4.141	625	6.683	948	2.444
— f. Sept.	2.145	27	5.614	179	297	6.090	2.938	5.945	4.092	319	9.300	2.178	4.476
— f. Déc.	2.616	46	6.307	558	294	7.159	2.196	4.921	4.174	358	10.162	2.597	3.626
1915 f. Mars	2.922	50	7.030	787	290	8.107	5.046	8.575	4.251	378	11.273	2.380	2.940
— f. Juin	2.985	58	7.300	883	356	8.539	2.249	6.147	3.932	372	12.216	2.365	2.513
— f. Sept.	3.024	47	7.697	1.017	390	9.104	5.520	9.338	4.550	364	13.458	2.696	2.282
— f. Oct.	3.036	48	7.483	1.072	394	8.899	2.028	5.258	4.730	363	13.868	2.546	2.197
— f. Nov.	3.044	47	7.499	1.111	391	9.001	1.985	5.840	4.878	359	14.291	2.690	2.183
— f. Déc.	3.056	41	8.647	1.252	373	10.272	2.949	7.254	5.015	352	13.310	2.114	2.264
1916 f. Janv.	3.067	51	8.128	1.217	399	9.744	2.232	6.592	5.020	353	14.034	1.933	2.205
— f. Févr.	3.071	55	8.193	1.309	396	9.898	2.484	7.227	5.015	361	14.460	1.955	2.141
— f. Mars	3.075	55	8.760	1.452	405	10.617	5.447	10.141	5.006	361	14.952	2.043	2.068
— f. Avril	3.077	53	8.371	1.423	402	10.196	2.171	6.423	4.804	359	15.278	2.092	1.985
— f. Mai	3.081	44	8.422	1.435	399	10.256	2.161	6.867	4.739	352	15.531	2.106	1.956
— f. Juin	3.082	39	9.051	1.646	408	11.105	2.963	8.263	4.763	344	15.808	2.273	1.917
— f. Juillet	3.085	37	8.781	1.717	403	10.901	2.995	8.378	4.793	339	16.197	2.158	1.905
— f. Août	3.086	32	8.897	2.019	406	11.322	3.544	8.847	4.813	339	16.425	2.214	1.855
— f. Sept.	3.106	23	9.212	2.483	432	12.127	7.833	13.448	4.833	337	16.714	2.248	1.797
— f. Oct.	3.133	20	9.075	2.738	437	12.250	4.323	9.847	4.992	326	16.128	1.743	1.947
— f. Nov.	3.148	21	9.167	3.096	437	12.700	4.577	10.095	5.046	314	16.120	1.917	2.002
— f. Déc.	3.151	20	10.098	3.592	441	14.131	5.705	12.012	5.076	294	16.679	2.260	1.958
1917 f. Janv.	3.156	21	9.823	3.838	436	14.097	4.315	10.225	5.131	279	17.514	2.340	2.028
— f. Févr.	3.159	19	10.135	4.219	435	14.789	5.097	11.231	5.149	271	18.097	2.456	1.853
— f. Mars	3.163	20	10.770	4.693	434	15.897	10.507	16.996	5.200	2 3	18.460	2.541	1.793
— f. Avril	3.166	21	10.394	4.873	431	15.698	4.976	10.893	5.251	257	19.183	2.456	1.894
— f. Mai	3.166	42	10.356	5.138	430	15.924	5.673	11.706	5.274	258	19.479	2.628	1.744
— f. Juin	3.072	80	10.873	5.652	431	16.956	7.116	13.703	5.288	260	19.823	2.734	1.750
— f. Juillet	3.003	95	11.066	5.903	429	17.398	7.310	13.910	5.303	261	20.313	2.619	1 838
— f. Août	3.004	120	11.671	6.353	432	18.456	7.363	14.206	5.312	260	20.569	2.783	1.769
— f. Sept.	3.005	127	12.756	6.785	436	19.977	11.926	19.541	5.319	260	20.995	2.910	1.738
— f. Oct.	3.006	142	13.000	6.923	435	20.358	7.108	14.671	5.328	254	22.018	2.679	1.890
— f. Nov	3.007	168	13.278	7.326	434	21.038	7.557	15.293	5.333	247	22.691	2.779	1.989
— f. Déc.	3.008	227	14.335	7.831	437	22.603	10.063	18.245	5.355	247	22.789	2.778	2.186
1918 f. Janv.	3.009	142	13.924	7.862	435	22.221	8.345	16.382	5.362	249	23.534	2.952	2.144
— f. Févr.	3.010	145	14.138	8.166	435	22.739	8.113	16.311	5.368	255	24.308	2.581	2.427
— f. Mars	3.011	148	14.972	8.419	434	23.825	11.287	20.060	5.874	255	25.179	2.809	2.433
— f. Avril	2.931	150	14.776	8.672	433	23.881	8.819	17.360	5.380	256	26.733	3.135	2.411
— f. Mai	2.932	150	15.003	8.962	432	24.397	9.543	18.181	5.382	254	27.303	3.340	2.205
— f. Juin	2.933	151	15.638	9.478	432	25.548	11.477	20.839	5.424	259	28.550	4.019	2.434
— f. Juillet	2.934	150	15.881	9.671	431	25.983	10.631	19.966	5.433	286	29.321	3.702	2.149
— f. Août	2.935	149	17.049	10.320	433	27.802	11.790	22.093	5.435	321	29.484	3.477	1.969
— f. Sept.	3.059	146	19.168	10.933	437	30.538	18.173	29.788	5.438	321	29.922	3.107	1.911
— f. Oct.	3.188	67	20.827	11.788	430	33.045	13.417	25.849	5.443	320	30.782	2.876	1.930
— f. Nov.	2.886	25	23.262	12.485	434	36.181	13.354	27.667	5.462	319	29.072	2.816	1.854
— f. Déc.	2.828	25	27.735	12.804	433	40.972	17.275	34.270	5.478	318	30.250	2.366	2.075
1919 f. Mars	2 395	26	31.863	13.784	441	46.088	18.129	37.734	5.543	313	33.372	3.013	1.954
— f. Juin	1.395	25	37.460	15.034	424	52.918	17.162	41.616	5.551	304	34.412	3.362	1.661
— f. Sept.	1.378	24	37.230	14.641	418	52.289	16.273	42.323	5.574	293	35.787	2.782	1.637
— f. Déc.	1.361	26	44.622	»	»	»	21.340	52.181	5.578	268	37.274	3.127	1.895
1920 f. Janv.	1.363	26	46.805	»	»	»	17.652	49.553	5.580	255	37. 88	3.131	2.491
— f. Févr.	1.364	32	51.292	15.902	404	67.598	15.178	48.668	5.582	251	37.889	3.232	2.441

EUROPÉENNES DEPUIS 1913 *(En millions de francs)*

ANGLETERRE								ITALIE									
OR			CIRCULATION					BANQUES D'ITALIE, NAPLES ET SICILE							BANQUES D'ITALIE, NAPLES ET SICILE	
Banque d'Angleterre.	Fonds de garantie des Currency notes.	Total.	Banque d'Angleterre.	Currency notes.	Total.	Comptes courants.	Portefeuille commercial.	Or.	Argent.	Circulation.	Encaisse or d'État.	Circulation d'État.	Encaisse or totale.	Circulation totale.	Ctes cour's et Dépôts.	Portefeuille d'escompte.
827	»	827	734	»	734	1 052	898	1 376	116	2 284	117	499	1.493	2.783	329	834
1.002	»	1.002	745	»	745	1.364	1.242	1.374	116	2.199	»	»	»	»	319	816
953	»	953	748	»	748	1.360	1.183	1.376	111	2.265	132	499	1.508	2.764	368	856
1.323	113	1.436	874	710	1.584	3.432	2.921	1.361	112	2.820	»	»	»	»	641	1.282
1.737	463	2.200	903	962	1.865	3.201	2.656	1.397	131	2.936	»	»	»	»	753	1.146
1.347	666	2.085	879	996	1.874	2.243	3.500	1.414	145	3.112	156	673	1.570	3.785	851	1.214
1.302	713	2.015	866	1.164	2.030	3.516	3.823	1.428	141	3.856	155	766	1.583	4.622	1.140	1.233
1.550	713	2.263	820	1.801	2.621	1.917	3.308	1.437	134	3.814	155	964	1.592	4.778	976	815
1.406	713	2.119	820	2.121	2.941	2.492	2.414	1.411	132	3.845	155	997	1.566	5.411	1.014	803
1.281	713	1.994	857	2.298	3 155	2.338	2.412	1.384	132	3.862	155	1.055	1.539	5.401	1.070	755
1.287	713	2.000	883	2.578	3.461	2.799	2.802	1.364	129	3.968	156	1.062	1.520	5.050	1.013	743
1.317	713	2.030	855	2.471	3.326	2.465	2.629	1.341	129	3.874	»	»	»	»	844	780
1.403	713	2.116	833	2.522	3.355	2.551	2.419	1.319	128	3.834	»	»	»	»	831	784
1.417	713	2.130	889	2.667	3.506	2.184	2.209	1.303	125	3.804	»	»	»	»	901	680
1.473	713	2.186	853	2.929	3.782	2.137	2.210	1.289	124	3.918	»	»	»	»	913	708
1.505	713	2.218	885	2.964	3.849	2.071	1.816	1.279	121	4.027	»	»	»	»	1.055	665
1.535	713	2.248	897	3.032	3.949	2.659	2.183	1.264	117	4.316	169	1.135	1.4[illegible]3	5.431	1.114	703
1.372	713	2.085	916	3.192	4.108	2.188	1.891	1.240	115	4.356	»	»	»	»	984	787
1.360	713	2.073	904	3.242	4.146	2.554	2.299	1.231	112	4.347	»	»	»	»	986	787
1.339	713	2.052	913	3.288	4.201	2.537	2.385	1.202	114	4.562	»	»	»	»	989	838
1.409	713	2.122	931	3.430	4.361	2.916	2.643	1.179	118	4.692	»	»	»	»	1.031	800
1.401	713	2.114	941	3.415	4.356	2.732	2 607	1.163	113	4.819	»	»	»	»	1.029	795
1.358	713	2.071	992	3.754	4.746	3.168	2.662	1.158	113	5.012	168	1.317	1.326	6.329	1.133	895
1.417	713	2.130	990	3.589	4.579	4.219	893	1.122	111	5.097	»	»	»	»	1.239	866
1.357	713	2.070	965	3.609	4.574	4.200	2.935	1.114	108	5.167	»	»	»	»	1.057	849
1.350	713	2.063	957	3.617	4.574	3.241	3.490	1.098	106	5.181	»	»	»	»	1.166	886
1.377	713	2.090	971	3.859	4.830	3.222	2.852	1.087	105	5.266	»	»	»	»	1.107	879
1.378	713	2.091	975	3.978	4.953	2.987	2.876	1.069	106	5.413	»	»	»	»	1.108	823
1.438	713	2.151	985	4.042	5.027	3.128	2.506	1.069	106	5.816	»	»	»	»	1.380	872
1.311	713	2.024	1.012	4.042	5.054	3.219	2.766	1.070	105	5.960	»	»	»	»	1.221	932
1.358	713	2.071	1.010	4.334	5.344	3.277	2.637	1.071	105	6.088	»	»	»	»	1.271	988
1.393	713	2.106	1.046	4.519	5.565	3.219	2.459	1.069	104	6.474	»	»	»	»	1.347	1.002
1.407	713	2.120	1.060	4.680	5.740	3.059	2.320	1.069	116	7.000	»	»	»	»	1.503	1.052
1.413	713	2.126	1.077	4.853	5.960	3.069	2.284	1.070	126	8.122	»	»	»	»	1.760	1.276
1.480	713	2.193	1.165	5.311	6.476	3.960	2.662	1.071	127	8.425	»	»	»	»	1.857	1.172
1.465	713	2.178	1.147	5.300	6.447	3.066	2.297	1.072	121	8.516	»	»	»	»	1.815	1.122
1.484	713	2.197	1.181	5.460	6.641	3.119	2.466	1.073	120	8.667	»	»	»	»	1.794	1.164
1.538	713	2.251	1.200	5.771	6.971	3.757	2.837	1.073	119	9.035	»	»	»	»	1.865	1.182
1.534	713	2.247	1.236	5.956	7.192	3.441	2.572	1.072	118	9.318	»	»	»	»	1.891	1.156
1.586	713	2.299	1.276	6.195	7.471	3.382	2.662	1.073	118	9.551	232	2.071	1.305	11.622	1.853	1.215
1.631	713	2.344	1.342	6.323	7.665	3.221	2.520	1.049	117	10.052	»	»	»	»	2.105	1.269
1.682	713	2.395	1.422	6.383	8.005	3.461	2 670	1.048	116	10.275	»	»	»	»	1.957	1.271
1.739	713	2.452	1.440	6.694	8.136	3.403	2.481	1.048	116	10.335	»	»	»	»	1.865	1.205
1.789	713	2.502	1.512	6.879	8.391	3.350	2.508	1.048	117	10.875	»	»	»	»	1.772	1.221
1.849	713	2.562	1.605	7.190	8.795	3.349	2.334	1.047	117	11.286	»	»	»	»	1.852	1 361
1.896	713	2.609	1.681	7.408	9.089	3.594	2.525	1.048	117	11.496	»	»	»	»	1.876	1.601
1.978	713	2.691	1.758	8.091	9.849	3.726	2.304	1.049	117	11.754	»	»	»	»	2.040	1.687
2.106	713	2.819	1.841	8.202	10.043	3.044	1.986	1.050	113	11.717	164	2.429	1.214	14.146	1.962	1.388
2.195	713	2.908	1.909	8.558	10.557	3.444	2.020	1.037	114	12.281	163	2.523	1.200	14.804	2.206	1.276
2.205	713	2.918	2.040	8.279	10.319	2.436	2.093	1.037	115	13.985	163	2.631	1.100	16.616	2.335	1.468
2.285	713	2.998	2.304	8.956	11.260	3.334	2.129	1.037	115	16.281	»	»	»	»	2.730	2.125
2.498	713	3.211	2.206	8.239	10.445	3.379	2.009	»	»	»	»	»	»	»	»	»
2.761	713	3.474	2.411	8.125	10.536	4.321	2 268	»	»	»	»	»	»	»		»

Banque d'Algérie.

Siège à Paris, 217, *bd. Saint-Germain.* T. Saxe 10.01.

Fondée en 1851 au capital de 3 millions de fr.; capital actuel 25.000.000; 11 succursales et 18 bureaux en Algérie. Organisation imitée de celle de la Banque de France. Mêmes opérations que celles de la Banque de France mais les effets escomptés peuvent ne porter que 2 signatures et avoir une échéance allant jusqu'à 100 jours de vue.

Ses billets ont cours légal en Algérie. L'émission, limitée à 250 millions de fr. en temps de paix, a été portée progressivement à 1.300 millions par décrets dont le dernier est du 29 janvier 1920.

Elle est autorisée à avancer à l'Etat 400 millions de fr. (loi du 8 octobre 1918) outre avances à la colonie. Son privilège, qui devait expirer en 1910, a été étendu à la Tunisie et prolongé jusqu'au 31 déc. 1945, par la loi du 29 décembre 1918.

Directeur général, prést du Conseil: M. Emile Moreau; *Sous-Directeur général:* M. Jules Lévy; *Administrateur:* MM. Billiard, P. Boyer, A. Galicier, E. Lallemand, C. Legeay, Moatti, C. de Pellerin de Latouche, Th. Rodocanachi.

Censeurs: MM. G. Delamotte, le Cte Le Bourdais des Touchès, Sabatier.

Banque de l'Indo-Chine.

Siège à Paris, 15 bis, *rue Laffitte.*

Privilégiée par décret des 21 janv. 1875, 20 févr. 1888 et du 16 mai 1900. Capital actuel: 72 millions de fr.; succursales ou agences en Cochinchine, au Tonkin, en Chine, au Siam, dans l'Annam et le Cambodge, en Sibérie, à Tahiti, etc... Elle émet des billets représentant diverses monnaies usitées en Orient, traite les opérations ordinaires de banque, en particulier l'escompte d'effets à 2 signatures, la 2e pouvant être remplacée par des titres, documents ou marchandises.

Administration: 1 *Commissaire* ou *Gouverneur:* M. You.

Administrateurs (8 à 15): MM. le Bon Hély d'Oissel (Président), A. de Montplanet (Vice-Pt), E. Bethenod, P. Boyer, P. Desvaux, A. Gérard, le Cte A. de Germiny, H. Guernaut, L. Masson, P. Marraud, J. Rostand, E. Roume St. Simon (Adm.-Directr), Edg. Stern, R. de Trégomain.

Banque de l'Afrique Occidentale.

Siège à Paris, 38, *rue La Bruyère.*

Fondée en 1901 par absorption de la Banque du Sénégal. Capital actuel: 6 millions de fr., 6 succursales et agences dans les principales villes de l'Afrique Occidentale. Emet des billets en coupures de 5 à 1.000 fr. et traite les opérations ordinaires de banque, en particulier l'escompte d'effets à 2 signatures, la 2e pouvant être remplacée par des titres, documents ou marchandises.

Administration: 1 *Commissaire contrôleur d'Etat:* M. C. Schmidt.

Administrateurs: (8 à 15): MM. E. Maurel (Pt d'honneur), Léon Prom (Vice-Pt), P. Boyer, de Lavaissière de Lavergne, S. Simon, G. Schwob, Ph. Delmas. — *Directeur:* M. H. Nouvion.

Les banques coloniales.

Fondées au nombre de 4 (Martinique, Guadeloupe, Réunion, Guyane) par loi du 30 avril 1849. Capital actuel: 3 millions de fr. pour les 3 premières. 600.000 fr. pour la Banque de la Guyane. Siège dans leurs colonies respectives; agence centrale et commission de surveillance à Paris. Billets à cours légal en coupures de 5 à 500 fr., circulation limitée au triple du capital et des réserves. Opérations ordinaires de banque, notamment escompte de billets à ordre ne portant qu'une signature de prêts sur récoltes ou autres marchandises.

Au moment où le renouvellement de leur privilège venait devant les Chambres en février 1919, on a pu rappeler que les banques coloniales ont devancé de près d'un demi-siècle l'organisation des prêts sur produits agricoles, réalisée seulement dans la métropole par la loi du 18 juillet 1918 sur les warrants agricoles.

La loi du 21 mars 1919 a prorogé pour 25 années, à dater du 1er avril 1919, le privilège des banques coloniales.

Les grandes banques françaises.

Les banques françaises ont résisté avec une souplesse remarquable à l'épreuve de la guerre et se sont adaptées rapidement aux circonstances nouvelles.

Le tableau ci-dessous donne un aperçu de l'ampleur de leurs opérations. La date de leurs assemblées générales ne permet de citer, pour la plupart d'entre elles, que les chiffres avec lesquels elles ont commencé l'année 1919. Cependant, pour les grandes sociétés de crédit, la situation à la fin de 1919 a pu être indiquée (valeurs en millions de francs) :

	Capital versé.	Réserves.	Total.	Comptes créditeurs et dépôts.
	—	—	—	—
Au 31 décembre 1919 :				
Crédit Foncier de France	202.5	408.9	731.4	5.100.8 164.9
Crédit Lyonnais	250.0	200.0	450.0	4.394.5
Comptoir nat. d'escompte de Paris	200.0	44.4	244.4	3.271.3
Société générale	250.0	50.7	300.7	4.229.7
Crédit Commercial de France	80.0	20.4	100.4	1.319.6
Banque Nationale de Crédit	75.0	59.6	134.6	2.224.2
Au 31 décembre 1918 :				
Banque de Paris et des Pays-Bas	100.0	91.3	191.3	344.1
— de l'Union Parisienne	80.0	56.8	136.8	225.2
— Française pour le Commerce et l'Industrie	60.0	9.8	69.8	172.9
Sté. Centrale des Banques de Province	25.0	7.9	32.9	170.3
Crédit Mobilier	80.0	2.5	82.5	81.4
— Français	50.0	1.9	51.9	51.0
Banque Transatlantique	20.0	6.1	26.1	23.8
— des Pays du Nord	30.0	1.6	31.6	156.6
Crédit Industriel	29.5	26.0	55.5	245.1
Banque de la Seine	10.0	•	10.0	18.6
Caisse commerciale et Industrielle	22.0	15.4	37.4	56.2
Crédit du Nord	pas de bilan depuis 1914.			
Banque Adam	16.2	1.7	17.9	141.1
Société Marseillaise	44.7	21.3	66.0	192.9
Banque Privée	50.0	4.7	54.7	241.4
— Renauld	20.3	10.6	30.9	50.4
Société Nancéienne	49.9	15.8	65.7	150.4
Sté. Générale Alsacienne de Banque	20.0	3.9	23.9	342.4
Cie. Algérienne	62.5	72.5	135.0	223.1
Banque de Mulhouse (marks)	28.8	10.9	39.7	452.1

Les Bourses d'effets publics.

Marchés des valeurs mobilières, les *Bourses d'effets publics* réunissent à des heures limitativement déterminées, d'une part les agents de change (V. p. 418) qui se réunissent au *Parquet*, autour de la *corbeille* et établissent, en fin de séance, le bulletin officiel des cours et. d'autre part, la *coulisse* que la loi du 13 avril 1898 a définie : « la réunion des intermédiaires qui, à Paris, négocient directement la rente à 3 p. 100 à terme et, soit au comptant, soit à terme, les valeurs mobilières non inscrites au cours authentique et pour lesquelles l'intervention des agents de change n'est pas obligatoire ». La coulisse se compose de trois groupes. Celui de la *coulisse à la rente*, le plus ouvert, formé d'intermédiaires inscrits à la « feuille », ceux de la *coulisse à terme* et de la *coulisse au comptant* ; ces deux derniers sont constitués en syndicats, avec une chambre et publient une note officielle de leurs opérations. Les agents de change constituent le *marché officiel*, les coulissiers ou tous autres intermédiaires officieux, banquiers, changeurs, etc., le *marché libre*.

Les opérations de bourse sont faites au comptant, soit au cours moyen de la journée, soit à un cours déterminé par le client, soit au mieux de l'intermédiaire. Les opérations à terme ne sont réalisées qu'à la liquidation qui s'effectue pour la rente française, la Banque de France et les chemins de fer français, le 1er et le 2e de chaque mois, et pour les autres valeurs, le 2 et le 16 de chaque mois.

Le portefeuille mobilier français qui était estimé à 9 milliards de fr. en 1850 semble avoir atteint, d'après les statistiques les moins arbitraires, 74 milliards en 1890, de 97 à 100 milliards en 1906 et de 108 à 115 milliards en 1912.

Les compagnies d'agents de change.

La loi du 28 ventôse an IX, l'arrêté du 29 germinal an IX et du 27 prairial an X, le Code de Commerce, dans ses articles 74 et suivants, les lois du 28 avril 1816 et du 28 mars 1885, les décrets du 6 février 1880 et du 7 octobre 1890 ont fixé les attributions des agents de change, officiers ministériels, institués par le Gouvernement près les bourses de commerce, nommés par décrets contresignés par le Ministre des Finances, s'ils exercent leur ministère près d'une bourse pourvue d'un parquet (Paris, Lyon, Bordeaux, Marseille, Nantes, Toulouse, Lille), soit par le Ministre du Commerce, s'ils exercent leur ministère près d'une bourse non pourvue d'un parquet.

L'art. 76 du Code du Commerce, qui précise leurs attributions, porte : « les agents de change, constitués de la manière prescrite par la loi, ont seuls le droit de faire les négociations des effets publics et autres susceptibles d'être cotés ; de faire, pour le compte d'autrui, les négociations des lettres de change ou billets et de tous papiers commerçables et d'en constater le cours. »

Dans les bourses comptant au moins six offices d'agents de change, il peut être créé un parquet. En ce cas, les agents élisent une Chambre Syndicale, chargée d'exercer une police et une discipline intérieures sur la Compagnie, de la représenter près de l'autorité et d'agir dans son intérêt.

Le Syndicat des agents de change de Paris est chargé du service public des oppositions sur titres au porteur, dont les propriétaires ont été dépossédés (loi du 15 juin 1872 modifiée par celle du 8 février 1902 ; loi du 4 avril 1915 concernant les dépossessions par suite d'événements de guerre).

Les négociations de valeurs à terme, suspendues pendant la guerre, ont été de nouveau autorisées à dater du 2 janvier 1920. Les transactions sont limitées à un certain nombre de valeurs.

Chambre Syndicale des Agents de Change de Paris.

Palais de la Bourse. T. Gut. 19.-96. Louvre 15.-32.

Syndic : MM. Pierrot-Deseilligny, ✻. — *Adjoints au Syndic* : Delahaye ✻ ; Sargenton ; Jehn ; Leuba ; Hayaux du Tilly ; Mayer ; Aubé ; Bacot ; Brault. — *Secrétaire Général* : G. Rendu, ✻.

MEMBRES :

MM.

1873. — Jeanin (Auguste-André-Nap.), *Doyen*, rue de Richelieu, 102. — Gut. 18.18.

1882. — Tête (Henri-Félix), rue Sainte-Anne, 8. — Cent. 36.96.

1883. — Aubry (Paul-François), rue Pillet-Will, 3. — Gut. 17.49.

1890. — Delahaye (Maurice), ✻, *Adjoint au Syndic*, av. de l'Opéra, 20. — Gut. 05.83.

1891. — Lepel Cointet (Louis-Alfred-André), ✻, rue de Choiseul, 21. — Gut. 04.16.

1891. — Sargenton (Jacques-Edouard-Henri), *Adjoint au Syndic*, av. de l'Opéra, 26. — Cent. 49.62.

1892. — Moulusson (François-Pierre), ✻, rue Chauchat, 10. — Gut. 08.88.

1894. — Mayer (Henri-Daniel-Jacob), *Adjoint au Syndic*, rue Saint-Marc, 36. — Gut. 18.19.

1894. — Pierrot-Deseilligny (Paul-Eugène), ✱, *Syndic*, rue Laffitte, 27. — Gut. 55.07.

1894. — Bruneau (Jean-Jules), rue de Richelieu, 92. — Gut. 26.29.

1895. — Margaritis (Guillaume-Antoine-Raoul), boul. Haussmann, 21. — Gut. 39.15.

1895. — Gilbert-Boucher (Louis-Joseph-André), rue de Provence, 60. — Gut. 54.65.

1895. — Bacot (Joseph-Louis-David, *Adjoint au Syndic*, r. Lafayette, 13. — Gut. 16.29.

1895. — Offroy (Charles-Marie-André), rue Drouot, 7. — Gut. 41.39.

1896. — Le Guay (Louis), rue du Quatre-Septembre, 19. — Cent. 60.76.

1897. — Brault (Maurice-René), *Adjoint au Syndic*, r. Le Peletier, 24. — Gut. 54.91

1898. — Jacob (Louis-Edouard), ✱, *Adjoint au Syndic*, rue Drouot, 20. — Gut. 55.43).

1898. — Legrand (Jules-Eugène-Francis), rue Halévy, 16. — Gut. 04.93.

1898. — Jehn (Edouard-Joseph-Aug.), *Adjoint au Syndic*, rue Vivienne, 16. — Cent. 47.45.

1898. — Besnier (Charles-Louis-Alfred), ✱, rue Rossini, 3. — Cent. 10.53.

1898. — Mulaton (François), rue Réaumur, 117. — Cent. 21.22.

1898. — Leuba (Albert-Guillaume), rue des Mathurins, 3. — Gut. 47.24.

1901. — Duverger (Ariste-Louis-Victor), avenue de l'Opéra, 27. — Cent. 30.78.

1901. — Perquel (Lucien-Jacob), O. ✱, rue Le Peletier, 18. — Gut. 24.67-24.74.

1905. — Parizot (Edmond), rue Louis-le-Grand, 25. — Cent. 59.33.

1905. — Picot (Paul-Maurice-Emile), rue Montmartre, 178. — Gut. 50.24.

1905. — Gorgeu (Louis-Georges), r. des Filles-St-Thomas, 11. — Gut. 12.14. Louv. 14.58.

1905. — Perreau (Alex.-Henri-Marie), avenue de l'Opéra, 36 *bis*. — Cent. 34.94.

1906. — Schelcher (Xavier-Eugène), boul. des Italiens, 1 *bis*. — Gut. 42.12.

1906. — Hayaux du Tilly (Jean-Louis-Clément), *Adjoint au Syndic*, rue de Richelieu, 83. — Gut. 26.26.

1906. — Gadala (Paul-Charles), boul. Poissonnière, 21. — Gut. 11.95.

1907. — Crémieux (Jacob-Achille-Paul-Fernand), rue de la Banque, 17. — Gut. 19.13.

1907. — Bourgeois (Louis-Eugène-Marius dit Paul), ✱, rue d'Uzès, 10. — Gut. 50.16.

1908. — Stephen-Ribes (François), rue de Richelieu, 108. — Gut. 16.26.

1908. — De Laforcade (Marie-Raoul), boul. des Italiens, 29. — Cent. 11.03.

1909. — Labbé (Edouard-Charles-Jean), rue de la Chaussée-d'Antin, 6. — Cent. 59.26.

1909. — Gulard (Etienne-Marie-Maxime), ✱, r. du Quatre-Septembre, 10. — Gut. 18.32.

1910. — Béjot (Jacques-Gustave), rue de Richelieu, 89. — Gut. 26.16.

1910. — Chabert (Augustin-André), rue Vivienne, 10. — Cent. 33.74.

1910. — Auboyneau (Raymond-Jean), rue Saint-Georges, 3. — Gut. 08.29.

1911. — Pouquet (Pierre-Paul-Marie-Lucien), rue N.-D.-des-Victoires, 40. — Gut. 43.18.

1911. — Dubost (René-Alphonse-Pierre), rue des Italiens, 3. — Gut. 49.54.

1911. — Le Peletier d'Aunay (Fernand-Charles-Marie-Max.), rue du Quatre-Septembre, 15. — Gut. 24.11.

1911. — Proust (François-Alphonse), rue du Quatre-Septembre, 2. — Gut. 18.31.

1913. — Blanchet (Théophile Irénée, dit René), rue Thérèse, 27. — Cent. 32.78.

1913. — Cocteau (Paul-Emile-Albert), ✱, rue de Choiseul, 2. — Gut. 55.21.

1913. — Bonnet (Maurice), r. Montmartre, 129, et r. N.-D.-des-Victoires, 46. — Gut. 42.43.

1914. — Lestelle (Charles-Thomas), boulev. Poissonnière, 23. — Gut. 57.11.

1914. — Petit de Reimpré (Paul), rue Favart, 6. — Gut. 06.19

1914. — Pépin Lehalleur (René-Valère-Joseph), boul. Montmartre, 18. Gut. 54.18.

1914. — Bignan (Pierre-Emile-Jean), rue Laffitte, 36. — Gut. 39.92.

1919. — Leven (Mayer-Joseph-Georges), ✱, rue du Quatre-Septembre, 12. Gut. 03.77.

1919. — Bertin (Louis-Edouard), rue des Italiens, 5. — Cent. 13.35.

1919. — Sellier (Paul-Charles-Victor), rue Lafayette, 31. — Gut. 08.62.

1919. — De Poret (René), rue Vivienne, 8. — Gut. 54.11.

1919. — Aubin (Jean-Emile-Aristide-Edmond), rue de Provence, 21. — Gut. 54.81.

1919. — Clérault (Charles-Roger), rue Pillet-Will, 7. — Cent. 60.98.

1919. — Edmond-Blanc (Auguste), rue Laffitte, 1. — Gut. 21.36.

1919. — Decourdemanche (Jules), ✱, rue de Châteaudun, 17. — Gut. 49.77.

1919. — Janssens (Henri), rue Saint-Augustin, 31. — Cent. 46.99.

1919. — Dosch (Joseph-Henri), rue Notre-Dame-des-Victoires, 14. — Gut. 43.06.

1919. — Charpentier (Charles-Victor), rue Chauchat, 24. — Gut. 16.34.

1919. — Cottreau (Pierre-Charles-Lucien), rue du Quatre-Septembre, 9. — Cent. 60.33.

1919. — Saglio (Jean-Fernand), ✱, rue de Provence, 48. — Gut. 36.13.

1919. — Lacourte (Lucien), rue Saint-Georges, 1. — Gut. 08.86.

1919. — Gomel (Charles-Marie-Philibert-Samson), rue Lafayette, 14. — Gut. 32.61.

1919. — Denavit (Gabriel), boulevard Haussmann, 28. — Gut. 47.17.

1920. — Liévin (Edmond-Eugène-Louis-René), boul. Montmartre, 20. — Gut. 16.85.

1920. — Aubé (Marcel-André-Gabriel-Emile), rue Gaillon, 5 et av. de l'Opéra, 32. Gut. 34.92.

1920. — Roland-Gosselin (François-Paul), ✱, rue des Italiens, 2. — Gut. 04.21.

Les cours des principales valeurs (cotées à la Bourse de Paris).

DÉSIGNATION DES VALEURS.	31 déc. 1913 (1)	31 déc. 1914 (1).	30 déc. 1916 (1).	29 déc. 1917 (1).	31 déc. 1918 (1)	31 déc. 1919 (1)
Fonds d'Etat :						
3 % Français Perpétuel	85 37	72 10	61 »	58 50	61 55	59 55
3 % Amortissable	89 50	78 50	68 45	67 »	72 90	70 65
5 % libéré.................	»	»	88 25	88 30	88 30	88 30
Consolidés brit. 2 1/2 (2)....	72 25	68 50	54 7/8	54 3/8	61 »	51 »
Belge 3 %................	77 05	62 »	60 »	60 45	70	67 25
Russe 4 % 1880............	89 20	75 80	71 »	48 50	42 50	32 »
— Consolidés 4 %........	92 20	77 »	72 40	44 »	42 25	34 50
— 3 % or 1891..........	75 90	63 »	59 95	36 70	38 »	29 »
— 5 % 1906............	103 10	93 15	84 45	935 25	55 50	46 »
Italien 3 1/2 %............	98 75	84 10	71 75	60 »	70 »	63 50
Extérieure 4 %............	90 80	88 »	103 »	117 60	94 50	173 50
Hollandais 3 %	77 »	68 75	86 75	82 »	68 30	105 50
Suisse 3 1/2 % 1899.........	91 75	82 »	91 75	97 10	82 60	128 »
Serbe 4 %................	83 52	67 25	59 50	56 90	61 75	56 25
Egypte Unifiée............	101 40	87 75	87 75	94 50	93 75	120 »
Turc unifié..............	85 80	62 25	59 90	60 50	68 85	63 50
Argentin 5 % 1907..........	504 »	448 »	486 »	487 »	485 »	650 »
Chinois 5 % 1902	502 »	453 »	443 »	440 »	428 »	455 »
Japon 4 % 1905	90 95	75 50	89 »	90 50	85 75	138 25
Obligations à lots :						
Ville de Paris 1865 4 %	539 75	515 »	532 »	540 »	564 »	542 »
— 1876 4 %	511 »	483 »	488 50	488 50	497 »	475 »
— 1910 3 %	332 »	325 »	282 »	279 75	296 50	255 »
— 1912 3 %	254 »	220 »	230 25	228 50	243 »	210 50
Communales 1879..........	438 25	430 »	419 75	450 »	444 50	424 »
— 1891..........	350 »	328 »	300 »	298 75	314 »	273 »
— 1912 lib. 3 % ..	230 »	208 »	195 »	192 »	208 »	185 25
Foncières 1879 3 %.........	487 »	455 »	465 »	478 »	488 50	462 »
— 1903 3 %.........	450 »	408 »	370 »	376 »	407 50	351 »
— 1913 4 %	479 »	448 »	388 »	390 »	425 »	371 »
Fonc. et Com n. 1917 5 1/2 %.					351 »	326 »
Obligations de Chemins de fer :						
Est 3 % anciennes	413 50	371 »	335 75	342 25	353 »	316 50
- 3 % nouvelles..........	409 »	367 »	332 75	334 »	343 »	308 »
Lyon 3 % 1852	407 »	377 »	322 »	336 75	347 50	313 25
— 3 % nouvelles	403 »	371 »	319 »	332 75	328 »	308 »
Midi 3 % anciennes.........	413 50	378 »	337 50	344 25	353 »	315 »
— 3 % nouvelles..........	400 75	371 »	332 »	340 »	349 75	312 »
Nord 3 % anciennes	416 »	372 »	342 »	338 »	335 50	321 50
— 3 % nouvelles.........	412 75	369 50	336 50	333 »	333 »	320 50
Orléans 3 % 1884	410 »	370 »	339 »	334 »	338 »	314 »
— 3 % anciennes.......	418 50	387 »	353 »	364 »	367 50	326 50
Ouest 3 % anciennes	415 »	392 »	350 »	354 »	355 »	314 »
— 3 % nouvelles........	411 »	375 »	341 25	337 »	346 »	310 »
Bône-Guelma 3 %..........	403 »	365 »	326 »	323 75	327 »	292 »
Est-Algérien 3 %	401 75	360 »	324 »	328 »	332 »	300 »
Ouest-Algérien 3 %	399 »	357 »	320 »	330 »	327 75	304 »
Oblig. de Chemins de fer étrangers :						
Andalous 1re sér. 3 % à rev. fixe................	316 50	301 »	345 »	354 »	352 »	317 »

(1) Ou cours le plus voisin de cette date.
(2) Cours de Londres.

DÉSIGNATION DES VALEURS.	31 déc. 1913 (1).	31 déc. 1914 (1).	30 déc. 1916 (1).	29 déc. 1917 (1).	31 déc. 1918 (1).	31 déc. 1919 (1).
Andalous à revenu variable..	256 75	242 50	282 »	254 »	245 »	370 »
Nord-Espagne 3 % 1re hyp ..	353 »	330 50	408 »	440 »	360 »	525 »
— 2e — ..	350 »	330 »	383 50	400 »	337 »	500 »
— 3e — ..	354 »	315 »	370 »	394 »	339 »	489 »
Asturies 3 % 1re hypothèque	346 »	»	398 »	435 »	358 »	520 »
— 2e —	338 50	»	»	370 »	334 »	460 »
— 3e —	338 50	303 »	364 »	383 »	334 »	440 »
Saragosse 3 % 1re hyp.......	352 »	347 »	365 »	374 »	340 »	470 »
— 2e —	351 50	350 »	345 50	363 »	325 »	4x0 »
Portugais 3 % à revenu fixe.	304 »	255 »	295 »	304 »	266 50	235 »
Lombardes 3 % anciennes ...	263 »	178 »	163 »	162 »	192 50	180 »
Damas-Hamah 4 % privilég.	407 »	380 »	240 »	230 »	335 »	»
Altaï 4 1/2 %...............	»	425 »	372 »	217 »	»	141 »
Nord-Donetz 4 1/2 %.........	»	»	453 »	270 »	262 »	172 »
Russes (oblig. réunies) 4 1/2%	»	80 50	88 05	50 25	52 50	36 50
Chicago-Milwaukee 4 %.......	425 »	409 »	490 »	465 »	472 »	485 »
New-York-New-Haven 4 %...	397 »	380 »	467 50	465 »	449 50	497 »
Central Pacific 4 %..........	386 »	342 »	429 50	420 »	418 »	442 »
Actions des Cies de Chemins de fer :						
Est	911 »	800 »	745 »	755 »	905 »	720 »
Lyon.......................	1.282 »	1.130 »	1.015 »	901 »	924 »	750 »
Midi.......................	1.111 »	990 »	900 »	920 »	910 »	850 »
Nord	1.705 »	1.400 »	1.275 »	1.160 »	1.290 »	1.027 »
Orléans....................	1.315 »	1.125 »	1.110 »	1.083 »	1.081 »	940 »
Ouest	»	»	»	»	700 »	710 »
Bône-Guelma...............	618 »	580 »	535 »	540 »	550 »	521 »
Est-Algérien...............	641 »	550 »	529 »	533 »	565 »	528 50
Ouest-Algérien.............	628 »	»	530 »	515 »	»	500 »
Andalous...................	303 »	242 »	416 »	400 50	370 »	458 »
Nord de l'Espagne	448 »	338 »	430 50	410 50	390 »	503 »
Saragosse..................	436 »	346 »	430 »	448 »	398 »	513 »
Atchison Topeka............	490 »	450 »	600 »	570 »	568 »	880 »
Actions des Inst. de Crédit et Banques :						
Banque de France..........	4.655 »	4.623 »	5.035 »	5.220 »	5.255 »	5.475 »
— de l'Algérie.........	2.990 »	2.520 »	3.045 »	3.170 »	3.250 »	3.620 »
Crédit Foncier de France	880 »	695 »	700 »	665 »	800 »	835 »
— Lyonnais............	1.671 »	1.175 »	1.180 »	1.099 »	1.290 »	1.430 »
Comp. Nat. d'Escompte......	1.050 »	800 »	790 »	768 »	862 »	980 »
Société Générale	815 »	510 »	490 »	541 »	650 »	692 »
Crédit Industriel	710 »	675 »	625 »	641 »	712 »	710 »
Banque de Paris............	1.660 »	1.120 »	1.042 »	1.010 »	1.355 »	1.350 »
— de l'Union Parisienne	1.015 »	658 »	638 50	640 »	890 »	1.385 »
Crédit Mobil. Français.......	623 »	400 »	335 »	414 »	482 »	497 50
Société Nancéienne	595 »	»	»	265 »	316 »	338 »
Créd. Fonc. Egyptien........	755 »	639 »	658 »	772 »	785 »	945 »
Banque Impér. Ottomane....	643 »	450 »	428 50	446 »	516 »	610 »
— Nat. du Mexique	473 »	398 »	326 »	362 »	418 »	425 »
Cr. Fonc. Franco-Canad......	»	»	695 »	780 »	895 »	1.238 »
Banque de l'Azoff-Don......	1.565 »	»	1.225 »	600 »	»	»
Banque de Commerce Privée de Petrograd............	638 »	»	358 »	100 »	»	»
Banque de Commerce de Sibérie..................	»	»	1.295 »	870 »	»	»

(1) Ou cours le plus voisin de cette date.

DÉSIGNATION DES VALEURS.	31 déc. 1913 (1).	31 déc. 1914 (1).	30 déc. 1916 (1).	29 déc. 1917 (1).	31 déc. 1918 (1).	31 déc. 1919 (1).
Actions de Voies-Transport ou d'Instr. de Transport :						
Canal de Suez	4.955 »	4.200 »	4.460 »	4.575 »	5.435 »	6.450 »
Cie. Transatlantique (ordin.)	156 »	100 »	205 50	334 »	381 »	578 »
Chargeurs Réunis	620 »	450 »	1.195 »	1.720 »	1.570 »	1.930 »
— parts	96.25	»	465 »	960 »	830 »	2.989 »
Havraise Pénins. Navig	617 »	590 »	1.340 »	2.301 »	3.130 »	4.500 »
Voitures à Paris	184 »	180 »	228 »	336 »	420 »	670 »
Métropolitain	591 »	488 »	397 »	424 50	492 »	383 »
Nord-Sud	160 »	115 »	118 25	130 »	166 »	141 »
Cie. Paris. de Tramways	159 »	135 »	100 »	82 »	80 75	74 »
Gaz et Electricité :						
Cie. Paris. de Distrib. d'Electricité	621 »	398 »	345 »	383 »	485 »	375 »
Thomson-Houtson	725 »	490 »	706 »	840 »	760 »	880 »
Forces Motrices du Rhône	631 »	»	650 »	803 »	870 »	980 »
Cie. Gén. d'Electricité	1.245 »	950 »	1.068 »	1.010 »	1.127 »	940 »
Gaz de Paris	278 »	»	215 »	210 »	209 »	178 »
Eclair. Chauff. et Force Motrice (Banlieue)	267 »	235 »	165 »	135 »	196 »	162 »
Valeurs métallurgiques :						
Rio-Tinto ord.	1.768 »	1.477 »	1.747 »	1.825 »	1.760 »	1.830 »
Sosnowice	1.489 »	990 »	880 »	785 »	930 »	1.075 »
Briansk ord.	467 »	288 »	434 »	256 »	265 »	256 »
Penarroya nouv.	1.368 »	1.240 »	2.300 »	1.240 »	1.278 »	1.420 »
Châtillon-Commentry	1.952 »	1.920 »	2.450 »	3.175 »	2.878 »	4.360 »
Commentry-Fourchambault	1.409 »	1.235 »	1.610 »	2.130 »	1.780 »	2.399 »
Aciéries de la Marine	1.740 »	1.503 »	2.247 »	3.150 »	1.400 »	1.560 »
Aciéries de Longwy	1.460 »	»	910 »	900 »	1.300 »	1.869 »
Creusot	2.034 »	1.900 »	2.380 »	2.651 »	2.470 »	3.380 »
Norvégienne de l'Azote	285 »	245 »	505 »	699 50	585 »	715 »
Utah Copper	270 »	258 »	617 »	555 »	510 »	829 »
Chino Copper	206 »	180 »	353 »	328 »	239 »	409 »

La Chambre de compensation de Paris.

2, *rue des Italiens, Paris.*

La Chambre de compensation de Paris, aujourd'hui présidée par M. Georges-Picot, a été fondée en 1872, c'est-à-dire un siècle après la *Bankers clearing-house* de Londres. Depuis sa fondation et jusqu'à la mobilisation générale, c'est-à-dire jusqu'au 2 août 1914, elle fonctionna régulièrement, puis devant les graves événements qui se déroulèrent, elle dut suspendre ses séances jusqu'au 3 juillet 1916.

Au début de 1917, la Chambre de compensation de Paris, qui comprenait 11 membres, appliquait un procédé de compensation (ajustage des comptes deux à deux) qui rendait impossible une augmentation sensible du nombre des participants.

C'est alors que, sous le nom de « Caisse de compensation », il se constitua un groupe de banquiers se proposant d'appliquer la compensation entre eux d'après la méthode américaine, qui permet d'admettre à la compensation un nombre de membres important. Avant même que la caisse eût commencé ses opérations, la Chambre adopta le nouveau système et les deux groupes fusionnèrent de sorte que, actuellement, la Chambre de compensation comprend 34 membres.

Les Chambres de compensation, ou *clearing-houses*, sont des associations formées entre banquiers en vue de liquider, à des intervalles périodiques et souvent tous les jours, par voie de compensation, les comptes qu'ils s'ouvrent réciproquement. Ces Chambres ont été instituées en vue d'économiser l'emploi du numéraire et de simplifier le travail de recouvrement en supprimant des démarches inutiles.

Bien que limitée, en France, aux instruments de paiement (chèques et effets), l'action des *clearing-houses* n'en est pas moins considérable et présente d'incontestables avantages pour les banquiers et pour le pays tout entier.

Les progrès de la Chambre de compensation de Paris sont amplement démontrés par les opérations effectuées depuis sa fondation jusqu'à ce jour.

Opérations de la Chambre de compensation des banquiers de Paris.
(Débits et crédits cumulés).

EXERCICES.	MONTANT DES EFFETS PRÉSENTÉS À LA COMPENSATION.	EFFETS COMPENSÉS.	EFFETS NON COMPENSÉS RÉGLÉS PAR MANDATS.
	Millions de francs		
1879-80	3.223	2.440	783
1889-90	5.141	4.136	1.005
1899-1900	10.656	6.948	3.708
1903-04	11.833	8.560	3.273
1905-06	17.855	13.492	4.363
1906-07	24.809	19.659	5.150
1909-10	29.668	23.552	6.116
1911-12	34.739	27.236	7.503
1912-13	37.766	29.676	8.090
1914 (7 mois)	23.674	19.097	5.577
1915	néant	néant	néant
1916 (6 mois)	4.375	3.682	693
1917	27.414	19.896	7.518
1918	77.039	55.855	21.234
1919	145.877	117.892	28.485

Quant aux avantages que présente pour le pays ce système de règlement des affaires, ils sont nettement mis en relief par l'importance même de la valeur des effets compensés. En 1913, par exemple, à la veille de la guerre, c'est à 28 milliards 968 millions de francs que s'est élevé le montant des effets compensés. Le règlement de ces 29 milliards en chiffres ronds s'est donc effectué sans circulation de numéraire, sans déplacement de capitaux et avec un personnel extrêmement restreint.

A titre de comparaison, voici les sommes compensées par les *clearing-houses* de Londres et des Etats-Unis (débits et crédits non cumulés).

	CLEARING DE LONDRES. Liv. sterl.	CLEARING DES ÉTATS-UNIS. En millions de dollars.
	—	—
1911	14.613.877.000	92.373
1912	15.961.773.000	100.744
1913	16.436.404.000	94.634
1914	14.665.048.000	88.019
1915	13.407.725.000	110.456
1916	15.275.046.000	159.581
1917	19.121.196.000	253.177
1918	21.197.500.000	332.354
1919	28.415.400.000	417.520

A partir du 16 janvier 1918, des effets sur la province ont été présentés à la compensation à Paris. Les résultats sont compris dans le total général indiqué pour Paris. Au cours de l'année 1919, les virements de la Banque de France (crédits et débits cumulés) se sont élevés à fr. : 705.806 millions contre 452.753 millions en 1918.

Bibliographie.

PÉRIODIQUES

Annuaire statistique. Statistique Générale de la France, Imprimerie Nationale. Paris.

Annuaire des Contributions directes et du Cadastre. Impr. Nationale. Paris, 1918.

Annuaire Chaix des principales sociétés par actions, in-8, 700 p. Chaix. Paris, 1918.

Bulletin de statistique et de législation comparée. Impr. Nationale. Paris.

Bulletin de la Société d'Economie politique. Mens. (1846). F. Alcan. Paris.

Cote de la Bourse et de la Banque (*La*). Quot. (1878), 1 et 3, pl. de la Bourse. Paris.

Documents statistiques réunis par l'Administration des douanes sur le commerce de la France. Impr. Nationale. Paris.

Economiste européen (L'). Hebd. (1892), 50, rue Ste-Anne.

Economiste français (L'). Hebd. (1873), 35, rue Bergère.

Pour et le Contre (Le). Hebd. (1884), 178, rue Montmartre.

Rentier (Le). Trimens. (1869), 33, rue Saint-Augustin.

Situation économique et financière (La). Hebd. (1910), 14, rue Taitbout.

OUVRAGES

Arnauné (Aug.). *La Monnaie, le Crédit et le Change*, in-8, br. 8 fr. F. Alcan. Paris, 1913.

Barèty (L.). *L'Evolution des banques locales en France et en Allemagne*. Paris, 1908.

Baudin (Pierre). *Le Budget et le déficit*, in-16, br. 3 fr. 50. F. Alcan. Paris, 1913.

Combat (F.-J.). *L'application de l'impôt sur le revenu*, in-12 ; *L'impôt sur les bénéfices de guerre*, in-12, 2 fr., 1916 ; Combat et Piton (J.). *Taxes et impôts nouveaux*, in-16, 276 p., 5 fr. Berger-Levrault. Paris, 1918.

Eichthal (E. d'). *Des Evaluations du coût de la guerre*. Alcan. Paris, 1915.

Evesque (M.). *Les finances de guerre au XXe s.*, in-8 br. 12 fr. 50. Alcan. Paris, 1915.

Girard (Mlle Suzanne). *La Banque de France pendant la guerre*, in-8; 234 p. Impr. de l'Ecole profess. de Typographie. Montpellier, 1918.

Grands Marchés financiers (Les). France, Londres, Berlin, New-York, par MM. Aupetit, L. Brocard, J. Armagnac, G. Delamotte, G. Aubert, in-16 br. 3 fr. 50. F. Alcan. Paris, 1912.

Janssen (A.-E.). *Les Conventions monétaires*. Bruxelles et Paris, 1911.

Jèze, Barthélemy, Rist et Rolland. *Problèmes de politique et finance de guerre*. Alcan. Paris, 1915.

Lecouturier (H.). *L'impôt général sur le revenu*, in-4, 7 fr. Hugonis. Paris, 1916.

Leroy-Beaulieu (Pierre). *Les impôts et les revenus en France, en Angleterre et en Allemagne*, br. 1 fr. A. Colin. Paris.

Lévy (Raphaël-Georges). *Banques d'émission et Trésors publics*, in-8, Hachette. Paris. 1916.

Manchez (Georges). *Sociétés de dépôts, Banques d'affaires*, 3 fr. 50. Delagrave. Paris, 1918.

Neymarck (A.). *La Banque de France de* 1880 à 1905, in-18, br. 1 fr. 50, 1906 ; *La Statistique internationale des valeurs mobilières*, 3 vol. in-4, br. chaque 5 fr., 1908-09 ; *L'épargne française et son développement annuel*, in-8, br. 2 fr. 50, 1906 ; *Les établissements de crédit en France depuis 50 ans*, br. gr. in-8, 4 fr. 1909. F. Alcan. Paris ; *Les milliards de la guerre*. Berger-Levrault. Paris, 1918.

Théry (Edmond). *La fortune publique de la France*, in-8, 3 fr. 50. Delagrave. Paris, 1911.

AGRICULTURE

La première production française.

Dans l'inventaire des forces dont le total constitue la puissance économique française, l'agriculture occupe la première place. Le capital foncier sur lequel elle travaille représentait une valeur de 70 milliards de francs. C'est la valeur attribuée, à la date de 1912, à la propriété rurale par le ministère de l'Agriculture.

Pour féconder cet élément primordial, l'agriculture française investit dans ses entreprises un capital dit d'exploitation d'une valeur de 20 milliards. Enfin, la valeur annuelle du produit brut fourni par l'agriculture française (produits animaux et végétaux) était estimée à 20 milliards, soit les deux tiers du revenu total du pays (30 milliards).

Cette masse de 20 milliards n'apparaît que pour une bien faible partie dans les statistiques douanières où sont consignées les exportations. C'est que la production agricole va surtout et avant tout à la consommation nationale. A la différence des grands pays exportateurs de denrées agricoles comme la Russie, le Canada, l'Argentine, la France travaillait surtout pour le marché intérieur. Et dans les 25 dernières années, elle était parvenue à intensifier considérablement sa production végétale et animale. Pour satisfaire aux besoins de la consommation, 91 à 92 millions de quintaux, elle importait, de 1881 à 1890, une moyenne de 10.491.972 qx. Cette moyenne tombait à 2.168.819 qx. pour la période de 1901-1910. L'accroissement de l'effectif des bovidés (14 millions de têtes en 1911) lui permettait d'exporter 110.000 têtes en 1910, 141.000 en 1911 (bétail sur pied). Le déficit alimentaire qui représentait annuellement 695 millions de fr. pour la période 1884-1891, s'était transformé en un léger excédent : 6 millions de fr. pour la période 1900-1907. Mais, en même temps, la France ne perdait pas de vue que les marchés étrangers sont nécessaires à la production nationale et, si pour les gros produits, le blé et la viande, elle se rendait compte que des concurrents trop favorisés l'empêchaient de devenir largement exportatrice, pour les produits fins, au contraire, elle avait trouvé avec ses vins, ses fruits, ses primeurs, ses beurres, ses fromages, etc., de larges débouchés.

La situation créée du fait de la guerre.

Dès le premier jour, au moment où la récolte s'effectuait, l'agriculture française s'est vue privée de 60 à 80 p. 100 de sa main-d'œuvre. Pour 8 millions de population active qu'elle comptait avant 1914, en y comprenant les femmes et les enfants, la mobilisation a enlevé à peu près 3 millions d'hommes. D'autre part, la France est un pays de petites exploitations ; sur 5.300.000 exploitations, 4.500.000 sont de 10 hectares et au-dessous, si bien que la mobilisation a pris à la terre non seulement les bras mais surtout la direction même de la culture.

Dans le premier mois de la guerre, l'invasion a privé la France de la production totale ou partielle de dix de ses plus riches départements : Pas-de-Calais, Nord, Somme, Ardennes, Aisne, Oise, Marne, Meuse, Meurthe-et-Moselle et Vosges. Avant la guerre, les dép. du Nord, de l'Aisne et du Pas-de-Calais se classaient en tête pour la production du froment, produisant respectivement en 1912, 3.155.400, 2.926.300 et 2.904.000 qx. La Somme occupait le 5e rang, l'Oise, le 7e ; pour la production de l'avoine, le Pas-de-Calais se classait au 3e rang avec 2.206.100 qx, l'Oise au 5e, l'Aisne au 6e, la Somme au 7e ; pour les betteraves à sucre, l'Aisne se classait au 1er rang avec 13.840.000 qx, le Pas-de-Calais au second avec 11.046.000 qx.

Le manque d'engrais allait encore aggraver cette situation. En ce qui concerne les engrais phosphatés, les besoins pour la campagne d'automne 1917 étaient pour les engrais phosphatés env. 800.000 tonnes, pour les scories de déphosphoration, env. 300.000 t. Pour les premiers, 183.000 t. seulement étaient disponibles, pour les seconds 60.000 t. Il en était de même pour les engrais azotés et potassiques.

Aussi l'inventaire, établi en 1917 pour les principales productions agricoles par le min. de l'Agriculture et le min. du Ravitaillement, donnait-il les résultats suivants :

PÉRIODES.	Froment.	Seigle.	Orge.	Avoines.	Pommes de t.	Vin.
	(en milliers de quintaux.)					mill. d'hect.
Moyenne 1904-1913 ...	88.431	13.092	9.745	48.597	134.204	53.391
Année 1914	76.936	11.147	9.758	46.206	119.927	56.134
— 1915	60.630	8.420	6.921	34.626	93.990	18.101
— 1916	55.767	8.472	8.332	40.224	88.000	33.457
— 1917	39.482	6.694	8.981	34.463	120.000	37.500

Sauf pour les pommes de terre, dont la culture a bénéficié d'une organisation spéciale, toutes les grandes productions agricoles de la France se trouvaient en diminution.

Les évaluations de production du blé dans l'hémisphère septentrional en 1916, 1917, 1918 et 1919 donnaient les résultats suivants :

PAYS.	Product. de 1916.	Product. de 1917.	Product de 1918.	Product. de 1919.
	(en milliers de quintaux.)			
France	55.767	39.482	61.435	48.438
Angleterre......	16.501	18.000	»	»
Italie	48.044	38.000	84.200	42.000
Totaux...	122.956	95.482	145.635	90.438
États-Unis......	174.151	181.531	100.600	251.200
Canada.........	59.975	67.813	105.400	54.200
Indes anglaises .	86.547	103.230	75.600	76.200
Algérie.........	7.934	8.087	13.546	»
Totaux...	328.607	360.661	295.146	381.600

La production de blé des Etats-Unis, du Canada, des Indes anglaises, en y ajoutant la récolte de l'Australie, de la République Argentine, devait permettre d'effectuer la soudure des récoltes. Mais cette solution ne constituait qu'une partie du problème à résoudre. Il devenait nécessaire de relever les récoltes à la moyenne décennale de 1904-1913 ou tout au moins aux chiffres de 19[illegible] (76.936.065 q.).

C'est dans [illegible] but que le gouvernement a pris toute une série de mesures : taux de blutage à 85 p. 100, restrictions de la consommation, le retour à la terre des classes 1888 et 89, 1890 et 91, des R. A. T. auxiliaires. 250.000 hommes en tout sur lesquels environ 165.000 chefs de culture plus un contingent de 55.000 h. constitué soit par des travailleurs coloniaux, soit par des prisonniers de guerre, l'emploi de la culture mécanique.

Les mesures les plus efficaces paraissent avoir été le relèvement du prix du blé et l'achat direct par l'Etat depuis 1915 (lois des 16 oct. 1915, 20 avril et 30 oct. 1916, prorogées après la cessation des hostilités, jusqu'au 15 août 1920). Le quintal de blé qui valait, en 1914, 29 fr. 49 va être successivement :

1° De 30 fr. (prix de réquisition) jusqu'en mars 1916 où on fixe à 33 fr. le prix de réquisition du blé de printemps ;
2° De 33 fr., à partir du 1er août 1916 ;
3° De 36 fr. à partir d'avril 1917 ;
4° De 50 fr. à partir du 16 juillet 1917 ;
5° De 75 fr. à partir du 1er août 1918 ;
6° De 73 fr. pour le blé récolté en 1919.

L'Etat qui achetait directement le blé indigène à 73 fr. et le blé exotique de 80 à 100 fr. le quintal, le revendait aux meuniers au prix de 43 fr. (31 fr. 90 aux meuniers du camp retranché de Paris, ce qui permettait d'y vendre le pain 50 cent. le kilo, alors qu'en province, il en coûtait 60 ou 65). Ce système a imposé au budget une charge qui s'est chiffrée à 2.500 millions pour l'année 1919. Le déficit total depuis le mois d'avril 1915 jusqu'au 30 juin 1919, se serait élevé à 4.500 millions de fr.

La consommation annuelle était évaluée à fin 1919 à 80 millions de quintaux, alors qu'en 1918 elle n'était que de 66 millions, élévation due à la suppression du rationnement, à l'incorporation de l'Alsace et de la Lorraine et à la libération des régions envahies.

On estimait qu'il manquerait 13 millions et demi de quintaux pour assurer la consommation de juillet et d'août 1920 et atteindre la nouvelle récolte. Ce déficit sera comblé par des achats en Europe orientale et par l'utilisation du seigle et des blés de l'Afrique du nord.

D'autre part, la loi du 4 mai 1918 avait attribué à la date du 1er oct. 1919, une somme de 78.543.096 fr. à 2.409 agriculteurs et coopératives dont 57.076.586 fr. à des agriculteurs victimes de l'invasion.

La situation d'après-guerre.

Le traité de paix a rendu l'Alsace et la Lorraine à la France, augmentant la superficie cultivée en céréales de plus de 220.000 ha. mais la production de ces provinces est inférieure à leur consommation.

Dans les régions libérées, qui produisaient le cinquième de la récolte du blé, le quart de la récolte de l'avoine, les trois quarts du sucre, on estimait à 2.800.000 ha. la superficie des surfaces en culture.

Sur cette étendue, 109.000 ha. peuvent être considérés comme perdus parce que la terre n'y existe plus ; 800.000 ha. représentent la zone des tranchées et des bombardements, qui pourront, avec des travaux d'aménagement, être remis en état. Sur le reste, 1.900.000 ha., la terre ne porte plus que de mauvaises herbes et dans les fermes, paille, foin, engrais, machines, animaux de labour, mobilier, tout a été enlevé.

La superficie des différentes parties du territoire.

Un des indices les plus démonstratifs de la situation créée du fait de la guerre ressort du tableau ci-dessous :

NATURE DES CULTURES.	1912.	1916.
	hectares.	hectares.
Terres labourables (en culture, jachères, prairies artificielles ou temporaires)	23.651.100	21.325.245
Prés naturels	4.908.668	4.665.363
Herbages	1.490.870	1.467.058
Pâturages et pacages	3.648.150	3.922.412
Vignes	1.616.621	1.574.988
Cultures maraîchères	266.845	»
Cultures diverses	960.410	827.887
Bois et forêts	0.886.701	9.746.719
Landes et terres incultes	3.793.450	4.435.620
Territoire non compris dans les catégories ci-contre	2.729.764	4.987.287

Les principales productions agricoles de la France (1913-1919).

	1913		1916		1917		1918		1919 (prov.).	
	Milliers d'hectares.	Milliers de quintaux.	Milliers d'hectares.	Milliers de quintaux.	Milliers d'hectares.	Milliers de quintaux.	Milliers d'hectares.	Milliers de quintaux.	Milliers d'hectares.	Milliers de quintaux.
Céréales :										
Froment	6.542	86.919	5.000	55.767	4.224	39.488	4.448	61.435	4.579	48.438
Méteil	113	1.490	100	1.079	91	879	83	959	90	927
Seigle	1.475	12.714	869	8.471	810	6.993	706	7.349	735	7.070
Orge	760	10.487	672	8.331	723	8.030	554	5.982	542	3.143
Avoine	3.979	51.826	3.147	40.223	3.118	34.462	2.719	25.619	2.758	24.429
Maïs	458	5.430	356	4.225	351	4.118	305	2.470	299	2.990
Millet	21	186	21	153	18	319	17	89	18	125
Sarrasin	451	5.664	400	2.739	409	.272	311	2.242	301	2.675
Cultures fourragères :										
Betteraves fourragères	723	252.201	555	154.910	549	160.898	512	108.173	527	104.913
Rutabagas, navets	185	34.540	150	25.173	150	25.318	146	20.451	140	17.780
Choux fourragers	251	82.749	221	55.106	206	57.042	217	52.506	177	40.449
Prairies artificielles	3.113	136.432	2.707	108.864	2.665	90.344	2.612	86.581	2.593	75.151
Prairies temporaires	217	11.640	332	10.179	317	8.940	386	8.676	326	8.234
Fourrages verts	777	186.227	661	111.117	609	91:860	605	83.340	611	59.586
Prés naturels	4.828	156.914	4.665	157.218	4.606	131.291	4.495	117.908	4.751	128.156
Tubercules :										
Pommes de terre	1.548	185.859	1.280	87.811	1.409	109.226	1.190	65.197	1.230	77.635
Topinambours	111	17.793	107	14.920	104	15.780	101	10.528	101	11.562
Cultures industrielles :										
Betteraves à sucre	249	59.398	81	19.886	72	21.066	63	11.424	67	10.830
Betteraves de distillerie	51	20.506	26	7.915	22	7.024	19	3.417	20	3.471
Lin	30	219	7	42	8	40	11	68	16	98
Chanvre	12	69	8	41	8	20	9	88	7	69
Houblon	2	36	1	19	1	17	1	4	1	8
Tabac	15	200	9	146	5	77	8	88	9	141

donnant la répartition comparative des 52.952.579 hectares représentant la superficie des différentes parties du territoire en 1913 et en 1916.

Après deux ans de guerre, il y avait déjà diminution de 2.326.000 ha. pour les terres labourables, soit 10 p. 100 ; les landes et terres incultes avaient augmenté de 642.170 ha. ; le territoire non compris dans les catégories énumérées, presque doublé.

Les céréales.

La culture des céréales a, en France, une importance exceptionnelle. Pour la période 1903-12, l'agriculture lui consacrait 13.527.629 hectares et la valeur de cette production s'était élevée comme moyenne annuelle à 3.684.658.260 fr., se répartissant ainsi :

NATURE DES CÉRÉALES.	ENSEMENCEMENTS.	VALEUR DE LA PRODUCTION.
	hectares.	francs.
Blé	6.533.150	2.111.515.200
Méteil	143.385	34.506.800
Seigle	1.239.080	235.071.070
Orge	727.460	175.618.840
Avoine	3.896.440	928.763.510
Sarrazin	503.934	86.503.000
Maïs	484.180	112.679.840
Totaux.	13.527.629	3.684.658.260

Pendant cette même période, la valeur des importations des céréales (grains et farines), comme moyenne annuelle, a été de 251.660.000 fr. et la valeur des exportations de ces mêmes céréales de 16.462.000 fr.

Le blé.

Les surfaces consacrées à la culture du blé occupent plus de 12 p. 100 de la superficie totale du territoire. Dans aucun pays, sauf l'Italie, cette proportion n'est aussi élevée. Elle explique pourquoi les rendements sont, en France, inférieurs à ceux des autres pays (13 q. 60 contre 21 q. en Allemagne). Sur 100 hectares de terres labourables, la proportion de la culture du blé est, en effet, en France de 27 p. 100, en Belgique de 11,7 p. 100, en Angleterre de 10 p. 100, en Allemagne de 7,4 p. 100 et au Danemark, seulement de 2 p. 100. Au prix de 22 fr. 60 le quintal, la production moyenne annuelle du blé, de 1901 à 1910, a représenté à elle seule la valeur de 2.598.871.274 fr.

Le tableau ci-après, dressé par M. H. Sagnier, résume, par périodes décennales, l'évolution de la culture du blé en France depuis 1821.

PÉRIODES.	SURFACE CULTIVÉE.	PRODUCTION.	RENDEMENT PAR HABITANT.	PRIX MOYEN DU QUINTAL.
	en milliers d'ha.	en milliers de qx.	quintaux.	francs.
1821-1830	4.892	43.716	8,93	24,42
1831-1840	5.362	51.099	9,53	25,23
1841-1850	5.853	59.692	10,28	26,12
1851-1860	6.404	65.555	10,23	29,21
1861-1870	6.923	74.243	10,72	28,29
1871-1880	6.650	73.282	10,69	30,03
1881-1890	6.967	83.922	12,04	24,61
1891-1900	6.802	85.066	12,50	21,89
1901-1910	6.568	89.127	13,57	22,60

L'effort des cultivateurs français a abouti à un accroissement annuel de près de 16 millions de quintaux, exclusivement par le relèvement du rendement par hectare. Le cultivateur ne s'est pas laissé décourager par la baisse du prix et si la réforme douanière a enrayé une ruine imminente, si elle a permis le maintien de la culture du blé, elle n'a pas encore eu la puissance de rendre à la production son ancienne valeur. Cette réforme avait eu pour conséquence d'assurer au pays son indépendance, ainsi que le montrent les chiffres suivants :

PÉRIODES.	PRODUCTION.	EXCÉDENT DES IMPORTATIONS.	RESSOURCES ANNUELLES.
	en milliers de qx.	en milliers de qx.	en milliers de qx.
1861-1870	74.243	2.505	76.749
1871-1880	73.282	7.741	81.024
1881-1890	83.922	10.491	94.414
1891-1900	85.066	9.576	94.643
1901-1910	89.127	2.618	91.746

La guerre a eu pour effet de bouleverser cette balance et 35 millions de qx. environ devront être demandés à l'étranger pour les besoins de la campagne 1919-20.

On trouvera p. 428 les résultats des enquêtes du Ministère de l'Agriculture sur le rendement de la récolte de 1919. Il en résulte que la production a diminué de 40 p. 100 environ depuis la guerre. Les ensemencements se sont faits sur une beaucoup moins large échelle et, par surcroît, le temps a été généralement défavorable pendant la plus longue période de la gestation des récoltes. Toutefois, avant et pendant la moisson, la température a été plus propice, de sorte que la qualité des grains a été meilleure, dans l'ensemble que l'an dernier. C'est ainsi que, d'après les calculs officiels, la récolte de blé étant de 62.748.320 hectolitres et 48.438.170 quintaux, le poids spécifique moyen ressort à plus de 77 kilogrammes à l'hectolitre, au lieu de 75 en 1918.

La France venait au 3e rang parmi les principaux pays producteurs de blé avec 89 millions de quintaux métriques (chiffres de la période 1901-1910) après les Etats-Unis (181,1), la Russie (172,7), avant les Indes Britanniques (79,7), l'Autriche-Hongrie (58,6), l'Italie (45,6).

D'après les chiffres fournis par l'Institut International d'Agriculture de Rome, elle ne viendrait plus, en 1919, qu'au 4e rang, après les Etats-Unis (251,2), l'Empire Indo-Britannique (76,2), le Canada (54,2), avant l'Italie (42).

Les principaux dép. producteurs étaient, pour l'année 1913, en milliers de quintaux : Nord, 2.998 ; Eure-et-Loir, 2.892 ; Pas-de-Calais, 2.863 ; Aisne, 2.694 ; Somme, 2.321 ; Seine-et-Marne, 2.258 ; Oise, 2.210 ; Seine-et-Oise, 1.920 ; et pour l'année 1918 : Eure-et-Loir, 2.201 ; Seine-et-Marne, 2.200 ; Loire-Inférieure, 1.917 ; Vendée, 1.911 ; Ille-et-Vilaine, 1.783 ; Côtes-du-Nord, 1.770 ; Oise, 1.658 ; Seine-et-Oise, 1.640.

Les importations s'étaient élevées à 43,7 millions de qx. pour la période de 1894-95 à 1902-03 et à 46,4 millions de qx. pour la période de 1903-04 à 1911-12.

Depuis 1916, elles se sont chiffrées, pour le froment, l'épeautre et le méteil en grains, comme suit (en milliers de quintaux) :

PAYS.	1916.	1917.	1918.	1919 (Prov.)
Russie (Mer Noire)	2.095	343	»	»
Etats-Unis	8.830	5.511	4.319	7.533
Algérie	736	332	268	332
Tunisie	121	»	74	»
Républ. Argentine	4.123	3.262	5.091	2.447
Indes anglaises	936	2.973	330	278
Autres pays	5.704	4.849	2.138	6.619
	22.545	17.270	11.926	17.209

Il avait été, d'autre part importé comme farines des mêmes produits, en 1917, 4.746 qx., en 1918, 5.749.495 et en 1919, 4.622.875 qx.

Le seigle.

De 1903 à 1912, les emblavures de seigle ont été, comme moyenne annuelle, de 1.239.080 ha., ayant produit 13.297.440 quintaux, soit le rendement moyen à l'ha. de 10,73 qx. Elles diminuent régulièrement depuis 1840, les progrès de l'agriculture, l'emploi des engrais calcaires et phosphatés ayant permis de substituer en Bretagne, dans le Massif central, le Morvan, le blé au seigle. Jusqu'en 1910, le seigle a été produit en quantité suffisante pour les besoins, mais à partir de cette date, on a dû en demander à l'étranger pour des sommes importantes, comme le montrent les chiffres ci-dessous :

	Quintaux.	Valeur francs.
1910	632.346	9.390.575
1918	222.341	12.451.000
1919	147.094	8.327.000

et en même temps importer de la farine de seigle (202.125 qx. en 1912 pour une valeur de 4.679.194 fr.) et 69.689 qx. en 1918, valeur, 7.317.000 fr.

Les principaux pays importateurs de seigle étaient en 1912 : l'Allemagne 324.000 quintaux, la Russie 106.000.

Les principaux dép. producteurs en 1913 étaient, en milliers de qx. : Puy-de-Dôme, 760 ; Morbihan, 712 ; Haute-Loire, 676 ; Corrèze, 617 ; et en 1918 : Corrèze, 484 ; Haute-Vienne, 473 ; Morbihan, 460.

L'avoine.

De 1903 à 1912, la moyenne annuelle des emblavures en avoine s'est étendue à 3.896.440 ha. avec une production de 48.412.000 quintaux, correspondant à 12,42 qx. à l'hectare. En 1918 : surface ensemencée, 2.719.850 ha.; production, 25.619.760 qx.

De 1903 à 1912, il avait été importé une moyenne de 2.600.000 q. par an. représentant une valeur de 44 millions de fr.

Les principaux pays importateurs étaient (chiffres de 1913 en milliers de qx.) : l'Allemagne (1.324), la Russie (1.277), la Rép. Argentine (1.097), l'Algérie (436), la Tunisie (467).

En 1918, importations : 4.833.809 qx. dont 2.878.250 des Etats-Unis.

Les principaux dép. producteurs, en 1913, étaient (chiffres en milliers de qx.): Seine-et-Oise, 2.305; Seine-et-Marne, 2.183; Pas-de-Calais, 2.146; Oise, 2.142; Aisne, 2.131; en 1918: Seine-et-Marne, 1.450; Eure-et-Loir, 1.448.

L'orge.

De 1903 à 1912, la moyenne décennale des emblavures en orge a été de 727.460 ha. qui ont donné 9.682.340 quintaux, soit un rendement à l'hectare de 13,12 qx. En 1918: surface ensemencée, 554.860 ha.; production, 5.982.000 qx..

Les importations donnaient annuellement, en moyenne, pour la période de 1903 à 1912, 1.269.000 qx. pour une valeur de près de 21 millions de fr.

Les principaux pays importateurs étaient (chiffres de 1913 en milliers de qx.) : la Tunisie (417), l'Algérie (268), la Russie (242), la Roumanie (97).

En 1918, importations, 2.326.714 qx. dont 456.245 d'Algérie.

Les exportations, pour la période de 1903 à 1912, représentaient annuellement 219.600 qx., pour une valeur de 3.895.400 fr.

Les principaux dép. producteurs, en 1913, étaient (chiffres en milliers de qx.): Mayenne, 718 ; Manche, 620 ; Sarthe, 449 ; Côte-d'Or, 370 et Loiret, 363 et en 1918 : Mayenne, 370; Eure-et-Loir, 330; Charente-Inf., 266.

Le maïs.

De 1903 à 1912, les emblavures en maïs ont été de 484.180 ha. ayant produit 5.726.530 qx., soit une moyenne à l'hectare de 11,82 qx. Elles diminuent peu, mais régulièrement, depuis une soixantaine d'années. En 1918, surface ensemencée : 305.010 ha., production, 2.479.070 qx.

Les quantités dès lors récoltées sont loin de suffire aux besoins des éleveurs qui utilisent le grain de maïs pour la nourriture des animaux de ferme et de basse-cour comme aux besoins des distilleries d'alcool qui emploient le maïs comme matière première.

Aussi, pour la période de 1903 à 1912, les importations ont-elles été, en moyenne, annuellement, de 3.650.000 qx et en 1918, de 1.402.227 qx.

Les principaux pays importateurs étaient (chiffres de 1913 en milliers de qx.) : l'Argentine, 3.551 ; l'Indo-Chine, 1.089 ; la Russie, 570 ; la Roumanie, 543 ; les Etats-Unis, 101 ; et en 1918, les Etats-Unis, 470 ; l'Argentine, 369.

Les principaux dép. producteurs, en 1913, étaient (chiffres en milliers de qx.) : Basses-Pyrénées, 795 ; Landes, 705 ; Haute-Garonne, 662 ; Tarn, 364 et en 1918, Basses-Pyrénées, 456 ; Landes, 357.

Le sarrasin.

De 1903 à 1912, les emblavures en sarrasin ont été de 503.934 ha., ayant produit 4.678.800 qx., soit une moyenne à l'hectare de 10,85 qx. Elles diminuent régulièrement depuis quelques années. En 1919, surface ensemencée : 301.423 ha., production 2.675.315 qx.

Les principaux dép. producteurs en 1913 étaient (chiffres en milliers de qx.) : Morbihan, 910 ; Ille-et-Vilaine, 837 ; Côtes-du-Nord, 576 et en 1916 : Morbihan, 438 ; Ille-et-Vilaine, 293.

Le millet.

De 1903 à 1912, les emblavures en millet ont été de 24.380 ha. ayant produit 181.980 qx. ; en 1919, surface ensemencée 18.657 ha. ; production, 124.734 qx.

Les principaux dép. producteurs en 1913 étaient (chiffres en milliers de qx.) : Vaucluse, 90 ; Landes, 42 ; Vendée, 19 et en 1918, Gironde, 41 ; Vaucluse, 30.

Légumes verts et légumes secs.

Les chiffres fournis pour 1913 par les moyennes décennales de la Statistique du min. de l'Agriculture sont les suivants :

PRODUITS.	SURFACES.	PRODUCTION TOTALE.	PROD. MOY. PAR HA.	VALEUR TOTALE.	VALEUR MOY. DU QUINTAL.
	milliers d'ha.	mil. de qx.	quintaux.	milliers de fr.	fr. c.
Légumes verts :					
Haricots verts	22	782	34,69	28.018	35,81
Petits pois en cosses	30	1.255	41,76	34.876	27,78
Légumes secs :					
Haricots	141	1.450	10,28	70.123	48,33
Lentilles	7	66	9,18	3.156	47,28
Pois	19	253	13,16	10.271	40,47
Fèves	58	678	11,55	14.836	24,81
Fèverolles	36	656	18	15.599	23,76

Le commerce spécial donnait pour la même année en ce qui concerne les légumes secs et leurs farines : importations, 2.140.000 qx. pour une valeur de 61 millions de fr; exportations, 179.000 qx. pour une valeur de 6.582.000 fr.; et en 1918 : importations, 498.242 qx., valeur 61 millions de fr. ; exportations, 19.974 qx., valeur 5,4 millions.

Les principaux dép. producteurs étaient :

		SURFACES. milliers d'ha.	PRODUCTION TOTALE. milliers de qx.	VALEUR TOTALE. milliers de fr.
Haricots verts.	Seine-et-Oise	1,6	96	1.728
	Var	0,6	50	3.503
	Charente-Inférieure	1	40	1.600
Petits pois en cosses	Seine-et-Oise	2,5	178	4.462
	Finistère	1,6	96	2.118
	Charente-Inférieure	2	80	2.000
	Loire-Inférieure	1,1	80	2.012
Haricots	Hautes-Pyrénées	14,5	145	8.736
	Landes	34	102	4.090
	Seine-et-Oise	3,7	93	6.093
Lentilles	Haute-Loire	2,4	19	1.258
	Cantal	1	14	606
Pois	Nord	1,8	36	1.288
	Pas-de-Calais	1,5	28	1.144
Fèves	Gers	10,7	171	4.459
	Lot-et-Garonne	10	100	2.000
	Tarn-et-Garonne	7,9	79	1.746
Féverolles	Pas-de-Calais	8,5	179	3.407
	Vendée	5,6	127	2.939

Tubercules.

La pomme de terre.

La pomme de terre mérite, au premier chef, le qualificatif de précieuse. En dehors de ses emplois pour l'alimentation, tant des hommes que des animaux, elle en a d'industriels qui sont de premier ordre ; on en extrait de la fécule, de l'alcool, de la dextrine, du sucre d'amidon. Ses résidus, drêches et vinasses, servent encore à l'alimentation du bétail ; détériorés, ils constituent encore un bon fertilisant.

De 1903 à 1912, on cultivait 1.519.950 ha. dont on obtenait comme moyenne annuelle, 132.223.420 qx de tubercules, soit un rendement moyen de 86,99 qx. à l'hectare. En 1919: surfaces ensemencées, 1.230.620 ha.; production, 77.635.190 qm.

La France exportait beaucoup plus de tubercules qu'elle n'en importait. En 1912, par exemple, en face d'une importation de 1.673.000 qx. estimés 18.946.000 fr., on a une exportation de 2.286.000 qx. estimés 36 millions 500.000 fr. Depuis la guerre, cette situation s'est modifiée de la façon suivante :

ANNÉES.	IMPORTATIONS. Quantités. milliers de qm.	IMPORTATIONS. Valeurs. milliers de fr.	EXPORTATIONS. Quantités. milliers de qm.	EXPORTATIONS. Valeurs. milliers de fr.
1905	598	6.731	1.538	25.384
1909	642	9.088	3.028	44.819
1911	2.992	48.155	1.847	30.490
1914	2.380	84.164	»	»
1916	701	21.683	495	9.977
1918	313	12.236	171	6.513
1919	3.182	128.519	361	13.727

Les importations portent sur les pommes de terre de primeur demandées à l'Algérie de janvier à mai, à l'Espagne en mai et juin, et les pommes de terre tardives venant surtout de Belgique et d'Allemagne. L'Angleterre consomme près des deux tiers des pommes de terre exportées.

La France venait en 1913 au 4e rang parmi les pays producteurs d'Europe avec 135.860.000 qx.; après l'Allemagne (541.211.000); la Russie (346.849.000); l'Autriche-Hongrie (170.025.000); avant la Grande-Bretagne (77.268.000).

Les principaux dép. producteurs étaient pour la même année :

DÉPARTEMENTS.	SURFACES.	PRODUCTION TOTALE.	PROD. MOY. PAR HA.	VALEUR TOTALE.	VALEUR MOY. DU QUINTAL.
	milliers d'ha.	mil. de qx.	quintaux.	milliers de fr.	fr. c.
Saône-et-Loire	58,7	10.582	180	63.493	6
Aveyron	38,9	5.614	144	49.039	8,75
Côtes-du-Nord	34,8	4.524	130	49.764	11
Haute-Vienne	44,8	4.212	94	31.591	7,50
Morbihan	30	3.900	130	32.994	8,46
Corrèze	25	3.750	150	22.500	6
Sarthe	45,8	3.665	80	25.659	7

Avec la guerre, la surface cultivée a diminué et aussi la production. En 1916, cette dernière n'est guère que de 87.811.000 qx. Mais, à la suite de l'action du Service de la Production des pommes de terre. sous la direction de M. Le Rouzic, la production se relève et a atteint en 1917 à 120.200.800 qx. avec un rendement de 97,86 qx. à l'hectare. On pouvait espérer que le mouvement s'accentuerait en 1918, mais une sécheresse trop prolongée en juin et en juillet a fait beaucoup de tort à cette culture et la récolte ne dépassa pas 65 millions de qm.

Le topinambour.

La culture de ce tubercule se développait lentement mais régulièrement, ainsi qu'il résulte des chiffres ci-dessous :

ANNÉES.	SURFACES.	PRODUCTION TOTALE.	PROD. MOY. PAR HA.	VALEUR TOTALE.	VALEUR MOY. DU QUINTAL.
	milliers d'ha.	mil. de qx.	quintaux.	milliers de fr.	fr. c.
1904	98	10.584	106.98	28.684	2,71
1910	97	16.683	171,04	50.871	3,05
1913	111	17.793	160.34	47.346	2,66
1916	107	14.920	138,32	67.510	4,52
1919	102	11.562	»	»	»

Les principaux dép. producteurs étaient, en 1916, chiffres en milliers de q. : Allier (3.762); Haute-Vienne (2.226); Vienne (1.001); Charente (1.032).

Les cultures fourragères.

Les cultures fourragères, betteraves fourragères, rutabagas, choux fourragers, trèfle, luzerne, sainfoin, prairies temporaires, fourrages verts annuels, prés naturels, etc., demeurent à peu près stationnaires en France depuis 1913, ainsi qu'il résulte de la comparaison des surfaces ensemencées en 1913 et en 1919, qui étaient respectivement de 14.796.000 et 14.200.450 hectares.

Les chiffres fournis comme moyenne décennale pour 1913 et 1916, par la *Statistique Agricole Annuelle du Min. de l'Agriculture* sont les suivants :

CULTURES.	1913 SURFACES.	1913 Productions.	1913 Valeur totale.	1916 Surfaces.	1916 Productions.	1916 Valeur totale.
	mil. d'ha.	mil. de qx.	milliers de fr.	mil. d'ha.	mil. de qx.	milliers de fr.
Betteraves fourragères	645	195.717	452.992	495	»	»
Rutabagas et navets	156	25.346	385	162	27.461	90.758
Choux fourragers	218	67.123	123.087	230	30.744	117.148
Trèfle	1.113	42.247	323.731	1.118	43.783	369.515
Luzerne	1.114	51.517	426.958	1.092	51.869	429.922
Sainfoin	786	27.684	192.687	752	26.876	196.025
Prairies temporaires	260	8.859	67.559	286	8.834	85.395
Fourrages verts annuels	720	127.294	278.137	788	134.086	288.931
Prés naturels	4.811	164.756	1.274.726	4.803	169.033	1.428.947
Herbages	1.387	45.963	404.418	1.501	49.168	435.398
Pâturages et pacages	3.586	36.703	208.677	3.673	9.329	287.814

La valeur moyenne du quintal a subi les modifications suivantes :

		1892		1912		1916
Betteraves fourragères		2,07		1,85		3,02
Rutabagas et navets fourragers	—	»	—	1,97	—	3,60
Choux fourragers	—	3,44	—	1,47	—	2,12
Trèfle	—	7,18	—	7,05	—	8,73
Luzerne	—	7,78	—	7,66	—	9,81
Sainfoin	—	7,43	—	7,32	—	8,56
Prairies temporaires	—	6,92	—	6,80	—	8,39
Fourrages verts annuels	—	»	—	1,88	—	2,55
Prés naturels	—	7,89	—	7,31	—	9,88
Herbages	—	»	—	6,84	—	8,65
Pâturages et pacages	—	»	—	4,99	—	6,96

En 1916, les principaux dép. producteurs étaient (chiffres de production totale en milliers de qx.) :

Betteraves fourragères : Seine-et-Marne (9.828) ; Yonne (7.952).
Rutabagas et navets : Finistère (3.934) ; Côtes-du-Nord (1.760).
Choux fourragers : Vendée (9.339) ; Deux-Sèvres (3.825).
Trèfle : Allier (2.873) ; Mayenne (1.910) ; Ille-et-Vilaine (1.851).
Luzerne : Seine-et-Marne (2.616) ; Tarn-et-Garonne (1.762), Tarn (1.600).
Sainfoin : Calvados (1.200) ; Eure-et-Loir (1.187) ; Loiret (1.186).
Prairies tempor. : Doubs (624) ; Allier (624) ; Mayenne (471).
Fourrages verts : Ille-et-Vilaine (7.750) ; Seine-Inférieure (7.322).
Prés naturels : Cantal (5.144) ; Saône-et-Loire (4.401) ; Loire-Inférieure (4.288).
Herbages : Calvados (8.388) ; Seine-Inférieure (4.333) ; Manche (4.208) ;
Pâturages et pacages : Manche (2.042) ; Cantal (1.708) ; Doubs (1.614).

Les cultures industrielles.

Les principales cultures industrielles en France sont : les betteraves, la betterave industrielle, à sucre, la betterave de distillerie, le lin, le chanvre, le houblon, le tabac.

La betterave industrielle, la betterave à sucre.

De 1903 à 1912, la betterave à sucre (moyenne décennale), était ensemencée sur 236.080 ha., et les betteraves récoltées représentaient une valeur de 146 millions de fr. ; les betteraves de distillerie, semées sur 49.350 ha., donnaient une récolte d'une valeur de 36 millions de fr. Alors qu'en 1884-85 les fabriques ne retiraient des betteraves fournies par les cultivateurs qu'un rendement de 5,99 p. 100, la culture de la betterave riche s'imposait à la suite de la loi de 1884 et le rendement qui avait varié entre 9 et 10, atteignait en 1902-03, le taux de 12,38 p. 100. La rareté de la main-d'œuvre n'a malheureusement pas permis de développer cette culture ; les ensemencements, qui étaient pendant les années 1908-12 de 224.000 ha., sont tombés à 210.000 en 1913-14 ; la production qui était de 920.000 tonnes de sucre brut pendant les cinq années qui ont précédé la Convention de Bruxelles, a été ramenée à une moyenne de 740.000 t. pendant les 4 années 1910-11 à 1912-13. Par contre, la consommation du sucre, en France, passait de 485.000 tonnes avant 1902 à 800.000 tonnes.

Les fabriques qui étaient en activité en 1913-14, avaient produit 877.000 t. de sucre exprimé en raffiné, alors que les 525 fabriques qui existaient en 1875-76 n'en avaient donné que 406.500 t. Mais cette industrie a particulièrement souffert de la guerre. Sur 213 sucreries que possédait le Nord, 145 sont ruinées et la fabrication du sucre est tombée à moins du tiers de la production d'avant-guerre.

Les principaux dép. producteurs en 1913, année où les surfaces ensemencées étaient de 249.439 h. avec une production totale de 59.393.355 qx., étaient les suivants :

DÉPARTEMENTS.	SURFACES.	PROD. TOTALE.	PROD. MOY. PAR HA.	VALEUR TOTALE.	VALEUR MOY. DU QUINTAL.
	milliers d'ha.	mil. de qx.	quintaux.	milliers de fr.	fr. c.
Aisne	55,3	13.840	250	35.984	2,60
Pas-de-Calais	39,4	11.046	280	30.928	2,80
Somme	37,8	9.760	258	31.230	3,20
Oise	26	6.242	240	16.854	2,70
Seine-et-Marne	15,4	4.328	280	12.120	2,80
Seine-et-Oise	5,9	2.124	360	5.947	2,80
Loiret	6,7	2.022	300	5.459	2,70

En 1916, pour les betteraves à sucre, les surfaces ensemencées étaient réduites à 81.210.ha., la production totale à 19.886.200 qx., valeur totale, 99.076.650 fr. et pour les betteraves de distillerie à 26.280 ha. avec une production totale de 7.915.050 qx., valeur totale, 31.700.840 fr.

La production de la campagne 1918-1919, par suite de la sécheresse persistante, n'a atteint que 11.800.000 qx. env. En 1919, d'après les renseignements du ministère de l'Agriculture, les surfaces ensemencées étaient tombées à : betteraves à sucre, 66.820 ha. ; betteraves de distillerie, 20.180 ha.

La betterave de distillerie.

C'est surtout à partir de 1880 que la distillation de la betterave, favorisée à la fois par les progrès de l'industrie et ceux de la culture, a progressé. La production des alcools de betteraves passe de 429.000 hectolitres en 1880 à un million en 1899. Par suite du bas prix de 28 fr. l'hl. en 1901, la distillation fut abandonnée dans un grand nombre d'usines et la production d'alcool de betteraves tomba à 520.000 hl. Le prix de 42 fr. appliqué en 1903 favorisa à nouveau la culture et, depuis 1905, la production s'est maintenue au-dessus de 1 million d'hl., atteignant même 1.620.000 hl. en 1912, date à laquelle le prix de l'alcool de bourse à 90° était de 59 fr.

En 1913, 724.249 hl. avaient été soumis à la dénaturation avec les destinations suivantes :

Alcools de chauffage et d'éclairage	512.139 hl.
Ethers, fulminate de mercure, explosifs	167.249 —
Matières plastiques (celluloïd, etc.)	17.905 —
Vernis	16.488 —
Produits chimiques et pharmaceutiques	4.175 —

La distillerie de betterave est une industrie très localisée en France. Sur les 1.559.640 hl. d'alcool de betteraves produits en 1913, cinq départements en fournirent 80 p. 100. Ce sont :

	hectolitres.
Nord	465.925
Pas-de-Calais	174.1[illegible]
Oise	146.67[illegible]
Seine-et-Oise	135.610
Seine-et-Marne	118.145

Le lin et le chanvre.

Depuis 20 ans, la culture du lin en France demeure à peu près stationnaire. Malgré la prime de 60 fr. par hectare votée par le Parlement (loi du 13 janv. 1892), les surfaces consacrées à cette culture n'augmentent pas (7.000 ha. environ). Le meilleur du lin de France part pour la Lys où, transformé, il est vendu par le marché de Courtrai à la filature d'Irlande principalement.

Par contre, la France importait, durant la période décennale de 1903-1912, une moyenne de 883.000 qx. d'une valeur de 87 millions de fr. provenant pour la plus grande partie de Russie. En 1918, importations : 69.529 qx. de lin teillé, valeur 35,5 millions.

Depuis la guerre, le manque de main-d'œuvre a eu une repercussion profonde sur cette culture et la récolte de 1917 n'a porté que sur 5.962 ha. Une reprise se dessine depuis 1918. La superficie ensemencée passe de 11.[illegible]31 ha. en 1918 à 15.513 en 1919; la production de 68.537 qm. en 1918 à 93.295 qm en 1919. (V. aussi *Industrie linière*).

Pour le chanvre, la diminution des emblavures a été encore plus accentuée, par suite de la disparition des *chenevières*, où se cultivait le chanvre nécessaire pour la confection des toiles de ménage de chaque ferme. Pendant la période décennale 1903-1912, les emblavures sont ainsi tombées à 17.210 ha. comme moyenne annuelle, ayant produit 147.270 qx. de filasse, soit 8,55 qx. à l'ha. qui, au prix de 78 fr. 12 le quintal, représentent une valeur de 11.505.050 fr. En 1916 : surfaces ensemencées, 8.750 ha. ; production de filasse, 78.730 qm.; valeur, 15.396.000 fr.

De ce fait, les importations se sont élevées à 109.304 qx. en 1917 et 122.746 qx. en 1918, venant surtout en chanvres broyés et teillés d'Italie, de Russie et d'Angleterre. (V. aussi *Industrie du chanvre*).

Les principaux dép. producteurs en 1913 étaient pour les deux produits :

DÉPARTEMENTS.	SURFACES.	PRODUCTION TOTALE.		VALEUR TOTALE.	
		en filasse.	en graines.	en filasse.	en graines.
	milliers d'ha.	milliers de quintaux.		milliers de fr.	
Lin :					
Nord	5,9	75,3	31,3	6.779	753
Seine-Inférieure	8,5	54,2	68,5	6.514	1.920
Côtes-du-Nord	3,7	24,4	18,8	3.666	423
Somme	1,5	12,8	9,3	1.408	280
Chanvre :					
Sarthe	4,3	43,4	18,2	3.473	2.116
Morbihan	1,8	13,9	11,3	1.702	340
Maine-et-Loire	1,1	10,4	5,[illegible]	1.148	377

Le houblon.

De 1903 à 1912, la production moyenne a été de 37.210 qx. de houblon provenant de houblonnières plantées sur une surface de 2 930 ha., soit une récolte de 12,70 qx. par hectare. En 1919, surfaces ensemencées, 1.302 ha.; production, 7.845 qm.

Il existe trois centres principaux de culture dans le Nord (Busigny-Bailleul) (1.230 ha., 22.140 qx. en 1913); la Côte-d'Or (931 ha. 8.844 qx.) et la Meurthe-et-Moselle (610 ha., 4.880 qx.).

Les 8.000 qx. de houblon recoltés ne suffisent pas aux demandes de la brasserie, qui n'a pu importer en 1917 que 5.516 qx. et en 1918, 4.028 qx. provenant de Belgique. Le retour à la France de l'Alsace, qui produit annuellement de 40 à 60.000 qx. de houblon dont la réputation est bien connue, permettra à celle-ci de diminuer ses importations de houblons étrangers.

Le tabac.

En 1913, la culture du tabac était autorisée en France dans 29 dép. Le tableau ci-dessous donne l'état des planteurs, de la superficie plantée, de la production et de la consommation du tabac en France de 1895 à 1919 inclus:

ANNÉES.	Nombre de planteurs.	Hectares cultivés.	Quantités livrées à la Régie.	Consommation.
			(En milliers de kilos).	
1895	54.850	16.116	24.196	36.339
1899	59.602	16.578	23.846	38.754
1901	56.513	16.266	26.741	38.295
1903	54.400	16.038	24.721	38.810
1905	53.750	15.061	28.905	39.286
1907	52.866	15.661	20.716	39.915
1909	48.395	15.037	23.534	40.809
1911	47.520	14.810	19.217	42.223
1912	47.141	14.825	25.261	43.670
1913	46.017	14.250	24.372	44.069
1914	48.456	14.748	23.952	47.400
1915	39.922	11.828	15.998	53.950
1916	35.400	10.690	14.640	58.787
1917	32.363	10.002	14.214	»
1919	»	9.332	»	»

A part un léger fléchissement constaté de 1899 à 1903, on voit que la consommation n'a cessé de se développer, tandis que la production fait ressortir une réduction continue, bien que l'administration ait majoré les prix d'avant-guerre indistinctement de 20 fr. par 100 kilos pour la récolte de 1916 et de 40 fr. pour celle de 1917, ce qui, pour cette dernière année, portait le rendement en argent à l'hectare à 2.568 fr. au lieu de 2.102 fr. en 1913. Pour la récolte de 1918, les prix ont été majorés indistinctement de 150 fr. par 100 kilos. (V. aussi *Régie des Tabacs*, p. 398.)

Les principaux dép. producteurs, en 1913, étaient (chiffres en milliers de qx.) : la Dordogne 46 ; le Lot-et-Garonne 45 ; la Gironde 39 ; l'Isère 33; et en 1916, le Lot-et-Garonne 34 ; la Dordogne 28 ; la Gironde 26.

Le colza, la navette et l'œillette.

Les chiffres fournis par la *Statistique Agricole Annuelle*, pour l'année 1916, sont les suivants :

	Colza.	Navette.	Œillette.
Surfaces	16.600 ha.	3.499 ha.	515 ha.
Production totale	202.790 qx.	36.770 qx.	6.050 qx.
Production moyenne par ha	12,21 qx.	10,51 qx.	11,74 qx.
Valeur totale	12.097.300 fr.	2.179.430 fr.	415.110 fr.
Valeur moyenne du quintal	59 fr. 65	59 fr. 27	68 fr. 61

Les principaux dép. producteurs, en 1916, étaient (chiffres en milliers de qx.) :

Colza: Seine-Inf., 54 ; Maine-et-Loire, 22 ; Drôme, 18.
Navette: Côte-d'Or, 10 ; Saône-et-Loire, 9,2. Ain, 6,1 ;
Œillette: Somme, 2,4. Pas-de-Calais, 2,2 ;

La culture fruitière et maraîchère.

Pendant la période allant de 1910 à 1914, la moyenne des export. de fruits frais a atteint 121.000 tonnes et pour les légumes frais 64.436 t. Si à ces chiffres on ajoute ceux qui concernent les expéditions des lieux de production aux marchés de l'intérieur, on trouve que, pour la même période, la moyenne annuelle des expéditions en G. V. est de 106.800 t. pour les légumes frais, dont 29.782 t. pour le marché de Paris, et de 59.287 t. pour les fruits dont le marché de Paris a absorbé 28.800 tonnes.

Les export. pour l'année 1913 se répartissaient comme suit pour les principaux pays acheteurs

DESTINATION.	FRUITS FRAIS.	LÉGUMES FRAIS.	VALEUR TOTALE.
	en tonnes.	en tonnes.	en milliers de fr.
Gde-Bretagne	20.920	24.309	»
Allemagne	41.128	22.139	26.000
Suisse	27.683	13.914	»
Belgique	31.488	10.702	»

En général, la récolte de 1917 a été une revanche sur celle de 1916. Dans certains cas, les totaux ont été plus élevés qu'en 1915, ainsi que le montre la comparaison suivante en quintaux :

	1915	1917	1919 (Eval.)
Pommes à couteaux	2.068.605	2.141.225	1.971.700
Poires à couteaux	656.210	840.300	398.925
Châtaignes	1.470.880	1.830.900	1.373.718
Noix	493.597	417.935	307.219
Olives	387.546	1:706.008	398.570
Pêches	136.328	294.985	189.790
Abricots	75.758	74.806	43.653
Cerises	388.904	352.844	164.166
Prunes	259.948	297.918	168.764
Pruneaux	162.578	112.098	78.278
Truffes	2.623	937	385
Oranges	2.220	4.810	3.185
Fraises	90.868	89.637	66.547
Amandes	30.066	26.758	27.738
Figues	18.157	33.399	22.785

La production fruitière de la Saône-et-Loire ne figure pas dans les chiffres de 1917. A ceux-ci, on pourrait ajouter 1.135 quintaux de mandarines dont 15 dans les Pyrénées-Orientales et le reste dans les Alpes-Maritimes (la Corse ne figurant pas, non plus que pour les citrons, dont 1.450 quintaux viennent des Alpes-Maritimes, toujours) 4.496 quintaux de framboises, 24.404 de cassis, 15.068 de groseilles, 887 de noisettes. Quant aux cédrats et aux coings, on ne possède aucune information à leur sujet.

Pour la culture fruitière, les principaux départements producteurs étaient, chiffres de 1913, en milliers de fr. :

Pommes et poires à couteau: Seine (4.185) ; Seine-et-Oise (3.750) ;
Châtaignes: Corrèze (8.640) ; Corse (4.880) ; Ardèche (2.301) ;
Noix: Dordogne (8.603) ; Lot (3.786) ; Isère (2.475) ;

Raisin de table : Tarn-et-Garonne (5.040) ; Hérault (5.031) ;
Olives : Gard (2.261) ; Alpes-Maritimes (2.106) ;
Pêches : Pyrénées-Or. (1.197) ; Rhône (671) ; Var (411) ;
Abricots : Vaucluse (886) ; Gard (192) ; Pyrénées-Or. (129) ;
Cerises : Vaucluse (1.052) ; Corrèze (990) ; Var (824) ;
Prunes : Vosges (993) ; Corrèze (810) ; Meurthe-et-Moselle (651) ;
Prunes destinées à être transformées en pruneaux : Lot-et-Garonne (1.600) ;
Truffes : Dordogne (1.212) ; Corrèze (1.200) ; Vaucluse (1.034) ;
Oranges, mandarines, cédrats, citrons : Alpes-Maritimes et Corse ; chiffres en milliers de quintaux : oranges : Alpes-Maritimes (10.264), Corse (8.320) ; mandarines : Alpes-Maritimes ([illegible].006), Corse (860) ; cédrats : Corse (4.200) ; citrons : Alpes-Maritimes (1.587) : Corse (780) ;
Fraises : Vaucluse (33) ; Seine-et-Oise (16) : Rhône (12) ; *Framboises :* Côte-d'Or (1). *Cassis :* Côte-d'Or (8) ; *Amandes :* Corse (4) ; *Figues :* Var (7).

Pour les cultures et produits spéciaux (valeurs en milliers de fr.) :

Asperges : Loir-et-Cher (1.989) ; Seine-et-Oise (1.530) ; Seine (1.300) ;
Artichauts : Pyrénées-Or. (4.500) ; Var (2.025) ; Gironde (554) ;
Tomates : Lot-et-Garonne (1.200) ; Pyrénées-Or. (260) ;
Melons : Var (2.542) ;
Carottes : Ille-et-Vilaine (5.278) ; Côtes-du-Nord (2.074) ;
Champignons : Corrèze (1.000) ; Loir-et-Cher (813) ; Dordogne (540) ;
Oignons : Lot-et-Garonne (960) ; Oise (833) ; Morbihan (635) ;
Chicorée à café : Nord (4.640) ; Pas-de-Calais (1.413).

La culture florale.

On a dit de la Touraine qu'elle était « le jardin de la France » ; on pourrait dire de la France qu'elle est « le jardin du monde » tellement la floriculture et l'arboriculture y présentent de variétés et de richesse. Le monde entier connaît les productions de Nantes et d'Angers (magnolias, camélias, houx, rhododendrons), de Versailles (azalées, rhododendrons, hortensias), d'Orléans, d'Ussy, de Fontenay-aux-Roses, destinées au greffage ou aux reboisements et expédiées par millions, des pépinières de Bourg-la-Reine, de Vitry, de Châtenay, arbres fruitiers dressés et formés dans la perfection ; les lilas de Vitry-sur-Seine ; les rosiers d'Angers, de Brie-Comte-Robert, de Lyon et d'Orléans ; les roses et les œillets, les violettes, les mimosas, les anémones et les jacinthes de la Côte d'Azur.

Le nombre des établissements de pépinières en France dépasse 4.000, réalisant chaque année un chiffre d'affaires évalué à plus de 100 millions de fr. Les envois qui, de décembre à mars, sont effectués directement à l'étranger des dép. du Midi, et particulièrement du Var et des Alpes-Maritimes atteignent un chiffre considérable qu'il n'est pas possible de fixer d'une façon exacte, les statistiques douanières ne donnant aucun détail pour la rubrique « Colis-Postaux » dans laquelle les fleurs sont comprises. On peut néanmoins avoir une idée de l'importance de la production d'après la valeur des récoltes. Pour le département des Alpes-Maritimes, les chiffres de la *Statistique agricole annuelle* du Min. de l'Agriculture évaluent à 20.244.500 fr. la valeur totale de la récolte de 1913, dont 5.335.215 fr. pour les œillets, 4.944.580 fr. pour les roses, 3.348.000 fr. pour les jasmins. En ce qui concerne le département du Var, la valeur totale de la récolte des violettes, pour la même année, avait été évaluée à 4.672.000 fr.

La guerre a eu naturellement sa répercussion sur cette industrie qui demande une main-d'œuvre abondante, des engrais et a vu d'autre part ses envois à deux de ses plus importants clients, la Russie et l'Allemagne, suspendus. La valeur totale de la production de 1916 n'est plus évaluée qu'à 5.150.000 fr. pour le département des Alpes-Maritimes et à 270.000 fr. pour le département du Var.

Les bois et forêts.

Les bois et forêts couvraient, en 1913, une superficie de 9.886.701 hectares sur les 52.952.579 hectares de la surface totale du territoire, soit 18 p. 100. Ce chiffre est ramené, pour 1916, à 9.746.719 hectares (non compris les départements envahis). Les départements ayant plus de 200.000 ha. de bois et forêts étaient dans l'ordre : Landes (516.608 ha.), Gironde (461.915), Var (296.602), Côte-d'Or (261.018), Dordogne (255.778), Vosges (216.342), Isère (203.967).

D'après leur mode de traitement, les surfaces boisées étaient ainsi réparties, chiffres en milliers d'hectares :

PROPRIÉTAIRES.	TAILLIS SIMPLE OU FURETÉ.	TAILLIS SOUS FUTAIE.	TAILLIS EN CONVERS.	FUTAIE.	SURFACE IMPRODUC.	TOTAL
Bois domaniaux	25	308	97	619	148	1.199
— communaux soumis	261	1.000	13	597	76	1.948
— comm. non soumis	82	17	1	134	32	268
— des particuliers	1.965	2.370	43	1.844	247	6.470
Total	2.334	3.696	155	3.195	504	9.886
Pourcent. de la surface totale	23.7	37.3	1.6	32.3	5.1	100

Sur les 6.738.630 ha. qui composaient les bois des particuliers, tous partageables en cas de décès du propriétaire, et en y comprenant les 268.142 ha. de bois communaux non soumis au régime forestier, on trouve qu'il existait en France, pour les petites pièces de bois de 0 à 10 ha., 1.441.709 propriétaires possédant 2.399.075 ha. De 10 à 400 ha., 82.294 propriétaires possédaient ensemble 3.438.249 ha., soit 41 hectares 78 ares par tête. Le nombre des propriétaires possédant des bois de 400 et plus de 500 ha. était seulement de 1079.

La production totale était, en milliers de mètres cubes :

Bois d'œuvre.	Massifs forestiers	6.712	7.912 m. c.
	Bois isolés	1.200	
Bois de feu...	Massifs forestiers	16.791	17.391 —
	Bois isolés	600	
	Total		25.303 m. c.

Les importations s'étaient élevées à 2.027.345 tonnes (4.054.690 mètres cubes en forêt) pour les bois de chêne, équarris ou sciés, perches de mines, d'essences résineuses, etc., provenant principalement de Russie (1.015.420 t.), de Suède (517.608 t.). A ces 2.027.345 t., il y a lieu d'ajouter 465.127 tonnes de pâte à papier, provenant principalement de Suède (205.261 t.), de Norvège (147.753 t.).

Les exportations se montaient à 1.215.782 tonnes (2.446.913 mètres cubes) dont 63.863 t. (87.212 m. c.) de bois de chêne (œuvre) dont 29.546 t. pour la Belgique pour une valeur de 10.394.000 fr. ; 237.075 t. (369.351 m. c.) de traverses, bois ronds et sciés, dont 113.038 t. pour la Belgique ; 904.820 t. (1.628.676 m. c.) pour une valeur de 25.381.692 fr., de perches et étançons de mines dont 790.633 t. pour la Gde-Bretagne et 105.368 t. pour la Belgique ; soit au total, pour le bois d'œuvre exporté, 1.215.842 tonnes provenant de 2.105.307 m. c. réels verts en forêt valant 59.860.122 fr. En y comprenant les feuillards et échalas, on arrive à un total général de 61.813.122 fr.

La situation de l'après-guerre.

On estime à 475.000 ha. la surface boisée comprise dans la portion du territoire dévasté par les combats et occupé par l'ennemi qui a déforesté à outrance. Ces forêts seront improductives pendant de longues années. Il y a lieu d'envisager également les exploitations intensives qu'on a dû opérer dans une bande de 50 km. de profondeur sur toute la longueur du front. Cette zone représente approximativement 2 millions d'ha., ce qui, au taux de boisement moyen de 15 p. 100, ferait un total d'env. 300.000 ha. ; la perte de production annuelle à prévoir est estimée au quart de la surface boisée, soit 75.000 ha. Le déficit total s'élèverait donc à 550.000 ha.

D'après les coefficients de production à l'hectare, on évalue que la production d'avant-guerre sera frappée d'un déficit de 775.000 m. c. pour les bois d'œuvre et de 1.115.400 m. c. pour les bois de feu. Les disponibilités seront ramenées à 7.137.000 m. c. pour les bois d'œuvre et 16.276.000 pour les bois de chauffage.

Les exploitations abusives et les destructions ne semblent pas devoir porter des modifications bien sensibles dans le marché des bois à feu. Si quelque chose doit faire défaut, ce sera la main-d'œuvre.

La situation des bois d'œuvre sera tout autre. Les destructions s'accumulent sur le territoire français. Dans les 2.800 communes qui ont été occupées par l'ennemi, il y aura un nombre d'immeubles à reconstruire qui sera considérable. Une enquête du min. de l'Intérieur évaluait le nombre des maisons détruites à 48.730 et des maisons partiellement détruites à 128.490, sans compter celles de 39 villes de plus de 5.000 hab. de ces régions représentant près de 1 million d'hab. soit, à raison de 5 personnes par maison, près de 200.000 maisons. Combien en reste-t-il ? On peut estimer le nombre total des maisons à reconstruire ou à réparer à 277.000, chaque maison nécessitant en moyenne 10 m. c. réels en forêt, soit 2.770.000 m. c., se répartissant en 2.100.000 m. c. de bois tendres (sapin, pin, peuplier) et 700.000 m. c. de bois dur (chêne). Si l'on compte que ces reconstructions pourront s'étager sur 5 années, ce serait donc 600.000 m. c. en grumes qui seraient nécessaires annuellement.

En résumé, la situation actuelle se présente comme suit :

Production avant la guerre	7.912.000 m. c
Importations en 1913	6.390.000 —
Reconstruction	600.000 —
	14.902.000 —
Production après guerre, de bois propre à la reconstruction	7.137.000 —
D'où un déficit de	7.765.000 —

C'est donc hors de France qu'il faudra trouver ces 7.765.000 m. c. Il y a lieu tout d'abord de tourner les yeux vers les colonies qui contiennent de grandes richesses forestières ; l'Afrique Occidentale française compte 55 millions d'hectares, l'Afrique Equatoriale 50 millions, l'Indo-Chine 25 millions.

Le domaine forestier français s'augmente par contre des forêts d'Alsace et de Lorraine qui comprenaient en 1913, 443.450 ha. répartis ainsi :

Basse-Alsace	160.294 ha.	dont 41.238 à l'Etat.
Haute-Alsace	125.231 —	22.359 —
Lorraine	157.925 —	75.204 —

et qui avaient donné en 1912 un revenu net de 4.483.000 marks. Les principales essences sont : pour les espèces feuillues, le hêtre, le chêne et le bouleau ; pour les bois résineux, le sapin et le pin.

LE CHEPTEL

Au moment où la guerre a éclaté, l'élevage français se trouvait en telle prospérité que jamais le cheptel n'avait atteint à de tels effectifs. Grâce à cette augmentation constante, sauf en ce qui concerne les moutons, la France, d'importatrice qu'elle était il y a moins de 40 ans, devenait exportatrice pour les espèces chevaline, bovine et porcine.

Depuis le mois d'août 1914, la situation s'est profondément modifiée Du fait de la guerre, en raison des réquisitions et de l'invasion, l'effectif bétail a diminué, pour certaines espèces, de plus d'un quart, ainsi que le montre le tableau ci-dessous, donnant le nombre des animaux de ferme en milliers de têtes :

ESPÈCES.		31 déc. 1913.	31 déc. 1914.	Nov.-déc. 1915.	31 Déc. 1918.
Chevaline..	Au-dessous de 3 ans	673	»	578	»
	3 ans et au-dessus	2.558	»	1.579	»
	Total	3.231	2.205	2.157	2 233
Mulassière.	adultes et jeunes	193	152	144	139
Asine	adultes et jeunes	360	337	324	311
Bovine....	Taureaux	284	226	221	201
	Bœufs	1.845	1.529	1.894	1.302
	Vaches	7.808	6.534	6.266	6.653
	Elèves d'un an et au-dessus	2.856	2.540	2.555	»
	— de moins d'un an	2.014	1.830	2.078	»
	Total	14.807	12.668	12.514	12.231
Ovine	Béliers au-dessus d'un an	295	257	236	199
	Moutons —	2.589	1.876	1.504	»
	Brebis —	9.335	8.414	7.407	»
	Agneaux, moins d'un an	3.994	3.491	3.232	»
	Total	16.213	14.038	12.379	9.061
Porcine ...	Verrats	39	»	30	26
	Truies	907	»	698	60
	Porcs à l'engrais, plus de 6 mois	2.808	»	1.836	1.465
	— jeunes, moins de 6 mois	3.294	»	2.352	1.921
	Total	7.048	5.926	4.916	4.377
Caprine (adultes et jeunes)		1.453	1.308	1.230	1.197

On a exposé les causes de cette situation : d'une part, augmentation de la consommation de la viande dans la population civile et principalement la classe ouvrière, diminution des importations de viande congelée par suite de l'activité de la guerre sous-marine ; d'autre part, accroissement considérable des réquisitions.

D'après un rapport publié par *l'Office des viandes pour l'Alsace-Lorraine*, la comparaison du cheptel dans ces provinces, s'établirait ainsi :

	31 Déc. 1912	31 Déc. 1918
Espèce chevaline	137.000	70.000
— bovine	523.000	393.000
— porcine	431 000	247 000
— ovine	46.000	37.000

Les exportations ont à peu près complètement disparu alors que les importations enregistrent une importance toujours grandissante, comme en témoignent les chiffres comparatifs des années 1913 et 1919, par tête :

ESPÈCES.	ANNÉE 1913.		ANNÉE 1919.	
	Import.	Export.	Import.	Export.
Chevaline	13.490	31.408	104.206	12.804
Mulassière	1.157	15.719	47.243	20.199
Asine	4.718	493	33	92
Bovine	17.737	74.736	49.873	9.756
Ovine	1.290.904	56.556	378.535	3.113
Porcine	59.461	50.509	140.395	25.907
Caprine	1.957	2.422	781	815

Les statistiques publiées jusqu'ici par le min. de l'Agriculture devant être considérées comme n'ayant qu'une valeur relative, un décret du 28 mai 1918 a prescrit le recensement général du cheptel. D'autre part, le ministre a demandé à M. Massé, ancien ministre, un rapport sur « le troupeau français après 3 ans de guerre » qui apporte déjà sur la situation actuelle des renseignements d'un très grand intérêt. Les constatations de M. Massé portent sur les points suivants :

Troupeau bovin : Après 3 ans de guerre, la perte subie est de 2.344.406 unités soit une diminution de 15,8 p. 100. Cette diminution a été surtout accentuée les six premiers mois de la guerre, du fait de la perte de 60 p. 100 des animaux existant dans les dép. envahis, du fait encore de la réquisition pratiquée dans de mauvaises conditions.

Troupeau ovin : Tandis que de 1892 à 1913 le troupeau d'ovins n'a diminué que de 286.000 têtes par an, ce qui est déjà considérable, la diminution annuelle depuis 1913 a été de 1.584.213 têtes, c.-à-d. 5 fois et demie plus forte qu'en temps normal.

Troupeau porcin : La diminution du 31 déc. 1913 au 30 juin 1916 a porté sur 2.824.370 porcs, soit 40 p. 100. L'élevage a été surtout influencé par les bas prix pratiqués au début de la guerre et les difficultés rencontrées pour l'alimentation et l'engraissement des animaux.

Le cheptel alsacien-lorrain, qu'une statistique évalue en septembre 1918 à 400.000 bovins (en diminution de 25 °/₀ sur les chiffres d'avant-guerre). dont 42 °/₀ dans le Bas-Rhin, 264.000 porcins dont 70.000 de moins d'un an, 70.000 chevaux sur lesquels 54.000 affectés à l'agriculture, la plupart provenant des chevaux réformés.

D'autre part, le gouvernement français doit recevoir de l'Allemagne, en récupération du bétail volé qui s'élève à plus d'un million de bovins, sans compter les moutons, les chevaux, les porcs, etc. : 500 étalons de 3 à 7 ans et 30.000 pouliches et juments de 18 mois à 7 ans des races ardennaise, boulonnaise ou belge ; 2.000 taureaux de 18 mois à 3 ans et 90.000 vaches laitières de 18 mois à 6 ans ; 1.000 béliers et 100.000 brebis : 10.000 chèvres.

Les haras.

L'administration des haras, qui forme une direction dépendant du ministère de l'Agriculture, intervient de plusieurs façons dans la production de l'espèce chevaline et dans son amélioration. Elle procède à l'achat d'étalons pour l'Etat, à leur répartition et à leur surveillance dans les dépôts et dans les stations où, à l'époque de la monte, ils sont placés à la portée des propriétaires des juments.

Ces achats sont effectués publiquement par des Commissions d'inspecteurs généraux qui opèrent chaque année, de septembre en novembre, dans les villes suivantes : Paris, Chantilly, Saint-Quentin, Rouen, Caen, Le Pin, Lamballe. Landerneau, Nantes, La Roche-sur-Yon, Rochefort, Bordeaux, Pau, Tarbes. Auch, Agen, Toulouse, Limoges. Les étalons achetés sont dirigés dans l'un des 23 dépôts d'où ils sont envoyés ultérieurement à une des 118 stations de monte.

Les résultats de la monte de 1918 comparativement aux années précédentes ont donné les résultats suivants :

Années.	Étalons nationaux.	Étalons de l'industrie privée.		Total.
		approuvés.	autorisés.	
1914	170.449	67.183	12.250	258.882
1915	188.605	81.939	11.611	282.175
1916	174.067	77.453	11.138	262.658
1918	205.781	78.183	9.225	293.189

Le nombre des juments saillies par les étalons de l'État était de 174.067 en 1916, 155.982 en 1917 et de 205.781 en 1918 dont 14.984 par des étalons de pur sang, 125.396 par des étalons de demi-sang et 65.401 par des étalons de trait.

L'Administration des Haras accorde d'autre part des encouragements à l'élevage privé : subventions aux courses de chevaux, approbation des étalons avec ou sans prime, autorisation des étalons, concours de pouliches et de poulinières, primes aux juments de dressage, subventions aux établissements de dressage.

Ces encouragements nécessitent de très grosses sommes ; avant 1914, l'administration, outre les crédits législatifs inscrits au budget du ministère de l'Agriculture, disposait d'environ 8 millions de fr. fournis par le pari mutuel (3 millions) et par les départements et diverses sociétés hippiques (5 millions) qu'elle distribuait sous forme de prix et de primes dans les différents concours et courses.

Le Stud-Book français.

Il y a deux Stud-Book français, l'un pour les chevaux de pur sang, l'autre pour les chevaux de demi-sang. La Commission du Stud-Book, instituée par l'art. 3 de l'Ordonnance du 3 mars 1833, reconstituée par arrêté du 20 nov. 1871, est chargée de se prononcer sur l'origine et l'identité des chevaux de pur sang ou de demi-sang importés en France ainsi que sur les questions litigieuses relatives aux animaux déjà inscrits au Stud-Book ou à leur descendance.

Le Stud-Book est publié tous les deux ans et enregistre les chevaux admis par la Commission.

L'INDUSTRIE LAITIÈRE

Les produits de l'industrie laitière sont les laits (laits naturels de vache, de chèvre, de brebis, laits concentrés, laits concentrés sucrés), les beurres (beurre frais, beurre salé), les fromages (à pâte dure et à pâte molle).

Pour la plupart de ces produits, il n'existe pas de renseignements précis quant à la production et les chiffres fournis ne comprennent pas notamment le lait utilisé pour la consommation familiale. On aura, néanmoins, une idée d'ensemble sur l'industrie laitière par le tableau ci-dessous qui donne les moyennes des importations et des exportations pour les années 1904 à 1912 :

PRODUITS.	EXPORTATIONS.	IMPORTATIONS.
	en quintaux.	en quintaux
Lait naturel	58.000	3.030
— concentré pur	4.420	2.360
— concentré sucré	12.700	6.160
Beurre frais ou fondu	112.800	56.020
— salé	102.700	1.460
Fromages	130.600	210.560

La guerre devait modifier complètement une situation qui se présentait comme particulièrement brillante.

Pour les exportations, les laits naturels passaient de 8.900 qx. en 1915 à 3.504 en 1918, les laits concentrés purs de 6.625 qx. en 1915 à 2.847 en 1918 : les laits concentrés sucrés voyaient leur expédition à peu près complètement arrêtée (22.000 qx. en 1915 et 451 en 1918), les beurres frais passaient de 120.000 qx. en 1915 à 7.800 en 1918 ; les beurres salés de 107.000 qx. en 1915 à 4.076 en 1918, les fromages enfin de 73.600 qx. en 1915 à 23.644 en 1918.

Les importations subissaient en partie les mêmes fléchissements. On ne recevait plus de l'étranger en 1918 que 3.969 qx. de beurre frais ou fondu et 10.558 qx. de fromages. La situation pour les laits naturels restait à peu près stationnaire ; les envois de lait concentré pur par contre passaient de 5.517 qx. en 1915 à 97.679 en 1918, ceux de lait concentré sucré de 39.000 qx. en 1915 à 54.137 en 1918.

Les laits.

Lait de vache. — En 1892 (derniers chiffres fournis), on estimait que 5.407.126 vaches avaient fourni 77.013.379 hectolitres valant 1.223.025.000 fr., la valeur moyenne de l'hectolitre étant de 16 fr. Ces chiffres ne comprenaient pas le lait utilisé pour la consommation familiale.

En 1912, le lait naturel avait fait l'objet d'un commerce peu important à l'import. (80.993 qx.) ; il en était de même pour les laits concentrés avec ou sans addition de sucre (15.246 qx.). L'exportation donnait 65.795 qx. de lait naturel valant 1.710.670 fr. en augmentation constante et 13.728 qx. de laits concentrés dont 11.700 aux colonies (4.459 qx. à l'Indo-Chine).

Les dép. dans lesquels la production de lait était supérieure à 2 millions d'hectolitres étaient :

DÉPARTEMENTS.	PRODUCTION TOTALE.	VALEUR TOTALE.	VALEUR MOY. DE L'HECTOL.	PRODUCTION MOY. ANNUELLE D'UNE VACHE LAITIÈRE.
	en mill. d'hect.	en milliers de fr.	francs.	hectol.
Nord	3.612	60.405	17	23
Seine-Inférieure	2.577	33.503	13	19
Manche	2.537	44.668	18	20
Ille-et-Vilaine	2.527	42.974	17	11
Pas-de-Calais	2.464	49.830	20	21
Calvados	2.419	45.376	19	22
Finistère	2.107	21.076	10	12

Le nombre des vaches, qui était de 7.800.000 têtes avant la guerre, n'était plus que de 6.346.500 en juillet 1915, les régions du Nord et du Nord-Est, les plus affectées par l'invasion, accusant une diminution de 35 p. 100 pour la première, de 51 p. 100 pour la seconde. On estime que, parmi les populations bovines laitières, celles constituées par les races hollandaise, bleue du Hainaut, meusienne et vosgienne, doivent être considérées comme ayant presque entièrement disparu et que la belle race flamande a perdu presque la moitié de son effectif.

Lait de chèvre. — Une estimation approximative fixait à 24.119.657 fr. la valeur du lait de chèvre produit en 1892. Les principaux dép. producteurs étaient : Isère (1.454.625 fr.), Saône-et-Loire (1.250.684 fr.), Ain (1.089.415 fr.), Loire (1.067.614 fr.), Ardèche (1.011.796 fr.).

Lait de brebis. — On évaluait approximativement à 3.549.160 fr. la valeur du lait de brebis produit en 1892. Les principaux dép. producteurs étaient : Corse (506.480 fr.), Gard (448.489 fr.), Hérault (433.198 fr.).

Les beurres.

La production totale du beurre était, en 1892 (derniers chiffres fournis), de 132.022.660 kgr. valant, au prix moyen de 2 fr. 24 le kgr., 295.070.983 fr. Ces chiffres ne comprenaient pas les produits utilisés pour la consommation familiale.

En 1912, les import. s'élevaient à 63.308 qx. de beurre frais ou fondu, valant 19.625.480 fr. et 1.002 qx. de beurre salé valant 280.560 fr. venant des Pays-Bas (32.337 qx.), d'Italie (11.698 qx.), de Belgique (11.538 qx.) et, en 1919 à 33.755 qm. de beurre frais et 24.089 qm. de beurre salé alors que les exportations avaient surtout lieu dans la période de grande production du lait, qui était justement celle où les prix de vente étaient les plus faibles. Les export. portaient sur 78.326 qx. de beurre frais ou fondu, valant 25.847.580 fr., dont 58.812 qx. en Grande-Bretagne, et 76.475 qx. de beurre salé valant 22.942.500 fr. dont 56.734 qx. en Gde-Bretagne.

Les principaux départements producteurs étaient :

DÉPARTEMENTS.	PRODUCTION TOTALE.	VALEUR TOTALE.	PRIX MOYEN DU KOR. DE BEURRE.
	en milliers de kgr.	en milliers de fr.	francs.
Ille-et-Vilaine	8.226	17.768	2.16
Nord	7.232	20.033	2.77
Calvados	7.039	18.724	2.66
Pas-de-Calais	5.723	15.144	2.65
Seine-Inférieure	5.667	13.426	2.41
Manche	5.509	14.048	2.55

Les fromages.

Nul pays ne possède une production aussi riche et aussi variée, depuis les fromages *frais*, blancs et à la crème, fromages *à pâte molle* : de Brie, de Coulommiers, de Pont-l'Evêque, de Gérardmer, de Camembert; *à pâte dure* : Cantal, Gruyère ; fromages façon Roquefort, bleu d'Auvergne, etc. Les fromages de France, cités par Pline, sont connus et estimés depuis le XIe s.

La production totale, en 1892 (derniers chiffres approximatifs fournis) était de 136.653.637 kgr., valant 128.246.957 fr. dont 60.514.163 kgr. pour les fromages à pâte dure (valeur 61.883.764 fr.) et 76.139.474 kgr. pour les fromages à pâte molle (valeur 66.363.193 fr.).

En 1912, l'importation s'élevait à 184.082 qx. de fromages dits de Hollande et de Gruyère valant 48.338.860 fr. et 31.638 qx. de fromages autres valant 6 millions de fr. venant des Pays-Bas (77.572 qx.), de Suisse (59.371 qx.). Les exportations représentaient 98.288 qx. valant 21.131.920 fr. à destination de la Belgique (31.388 qx.), des Etats-Unis (16.631 qx.) et de la Grande-Bretagne (16.251 qx.), etc.

Les principaux dép. producteurs en fromages de toutes qualités étaient :

DÉPARTEMENTS.	PRODUCTION TOTALE.	VALEUR TOTALE.	FABRICATION.
	en mil. de kgr.	en mil. de fr.	
Seine-et-Marne	7.299	8.514	Brie, Coulommiers.
Jura	6.257	6.777	Gruyère et façon Gruyère.
Haute-Savoie	6.106	5.579	d°
Cantal	6.027	6.279	Cantal, Mont-d'Or.
Vosges	5.513	4.294	Gérardmer, Munster.
Calvados	5.356	5.725	Camembert, Pont-l'Evêque, Lisieux.
Doubs	5.126	6.281	Gruyère et façon Gruyère.

Il se fait également un chiffre important d'affaires avec le fromage de Roquefort fabriqué avec le lait de brebis produit par les départements de l'Aveyron, de la Lozère, du Tarn et surtout de la Corse qui envoyait à lui seul 1.300.000 kgr. de fromages à Roquefort pour y être préparés.

Les animaux de basse-cour.

On comprend dans cette catégorie l'espèce galline, les oies, les canards, les dindes et dindons, les pintades, les pigeons et les lapins.

Il est fort difficile de connaître exactement le nombre des animaux de basse-cour ; la dernière statistique qui en a été faite, en 1892, ne donne que des chiffres très approximatifs.

Pour le commerce extérieur, les chiffres de 1913 font l'objet du tableau suivant :

DÉSIGNATION.	IMPORTATIONS		EXPORTATIONS.	
	Quantités.	Valeurs.	Quantités.	Valeurs.
	milliers de qx.	milliers de fr.	milliers de qx.	milliers de fr.
Volailles vivantes	8,9	1.520	3,2	547
— mortes	9,3	2.332	50,9	12.431
Pigeons vivants	33,1	9.110	0,1	39
— morts	1	110	0,07	2
Gibier vivant	1,0	411	0,04	13
— mort	19,4	5.252	0,6	162

Les importations provenaient principalement pour les volailles vivantes, de Belgique et d'Italie ; pour les volailles mortes, de Grande-Bretagne et de Belgique ; pour les pigeons vivants, de Belgique ; pour le gibier mort, de Grande-Bretagne et d'Allemagne. Les exportations étaient surtout destinées, en ce qui concerne les volailles mortes, à la Suisse et à la Grande-Bretagne.

Les abeilles, le miel et la cire.

La dernière statistique complète, effectuée en 1892, évalue à 1.603.572 les ruches en activité, avec un rendement moyen par ruche de 4 kgr. 650 en miel et de 1 kgr. 490 en cire. Les dép. où l'on comptait le plus de ruches étaient : Côtes-du-Nord (65.000) ; Finistère (63.548) ; Ille-et-Vilaine (60.000) ; Corrèze (56.000). On avait, à cette date, relevé 920.640 ruches en Autriche, 122.500 en Danemark, 93.180 en Suède. Le commerce extérieur des essaims d'abeilles (ruches comprises) avait été, en 1912, insignifiant.

La production totale du miel avait été, en 1892, de 7.498.691 kgr., valant, au prix moyen de 1 fr. 43 le kgr., 10.760.430 fr. Pour l'année 1918, les importations se montaient à 15.176 qx m. pour une valeur de 4.173.000 fr. (en 1912, 2.825 qx. m. valant 211.875 fr.), les exportations à 64 qx. m. pour une valeur de 20.000 fr. (en 1912, 11.377 qx. m. valant 1.137.700 fr.).

La même statistique évaluait à 2.394.582 kgr. la production totale de la cire en 1892, valant, au prix moyen de 2 fr. 12 le kgr., 5.091.555 fr.

Les importations s'élevaient, en 1918, à 6.925 qx. de cire brute, valant 3.117.000 fr. et 166 qx. de cire blanche valant 91.000 fr. Les exportations s'élevaient à 764 qx. de cire brute valant 302.000 fr. et 91 qx. de cire blanche valant 44.000 fr. Les dép. des Côtes-du-Nord, du Finistère, de l'Ille-et-Vilaine étaient les principaux producteurs avec, respectivement, 100.750, 99.135 et 88.800 kgr.

La sériciculture.

En 1913, la situation de la sériciculture était la suivante :

Nombre de sériciculteurs	90.517
Quantité de graines (mises en circulation par 25 gr.). Races françaises et croisements	123.629
Quantité de graines (mises en circulation par 25 gr.). Races étrangères et croisements	3.049
	126.678
Production totale en cocons frais	4.423 046 kgr.
Rendement moyen en cocons frais de 25 gr. de graines	34.915 gr.
Prix de vente de 25 gr. de graines	8 fr. 59
Prix du kgr. de cocons frais, vendus pour le filage	3 fr. 53
Prix du kgr. de cocons frais, vendus pour le grainage	4 fr. 01
Valeur totale de la production	15.655.016 fr.

Le nombre des sériciculteurs s'est encore abaissé dans ces dernières années : en 1914, 83.825 ; en 1919, 52.401. La valeur totale de la production de 19.908.930 fr. en 1914 (5.067.392 kil.) est passée à 20.121.402 fr. en 1919 (2.671.623 kil.).

Les importations pour 1912 s'élevaient à 6.445 qx. de soie en cocons valant 5.929.400 fr., dont 3.605 qx. de Turquie et 2.127 qx. de Russie; les exportations à 702 qx. de cocons valant 709.020 fr. dont 612 qx. en Italie. Les dép. dont la production, en 1912, était supérieure à 500.000 kgr. en cocons frais étaient : Gard (1.687.010 kgr., valeur 4.792.116 fr.) ; Ardèche (1.464.639 kgr., valeur 4.512.266 fr.) ; Drôme (1.150.765 kgr., valeur 3.395.124 fr.) ; Vaucluse (635.865 kgr., valeur 1.827.685 fr.).

On comptait, en 1913, 166 filatures ayant produit 654.013.622 kgr. de soie filée avec des cocons dont 511.832.485 avec des cocons français. Le crédit mis à la disposition de la sériciculture pour les primes s'élevait à 3.600.000 fr. dont 1.267.744 fr. pour le dép. du Gard, 711.993 fr. pour le dép. de l'Ardèche.

D'autre part, la quantité de cocons frais, produits et vendus en France pour le grainage, avait été de 119.396 kgr., valant, au prix moyen de 3 fr. 82 le kgr., 456.694 fr. La production était supérieure à la consommation (import. 770 kgr. d'œufs de vers à soie dont 715 d'Italie ; export. 20.294 kgr., dont 7.642 en Italie, 6.048 en Turquie). Les départements suivants avaient vendu : Var, 212.123 fr. ; Basses-Alpes, 202.987 fr. ; Ardèche, 50.656 fr.

La vigne et le vin.

La France est le pays béni de la vigne. Cette culture donne un produit brut total annuel de 2 milliards de fr. Seule, la culture du froment qui fournit environ 2 milliards et demi, lui est supérieure. La France est la plus grande productrice de vins, et cela de longue date. En 1788, la vigne y recouvrait 1.546.616 ha., donnant plus de 25 millions d'hectolitres de vin ; en 1829, la surface plantée en vignes monte à 2 millions d'ha., fournissant 31 millions d'hectolitres de vin. Ces chiffres vont en augmentant jusqu'en 1854, où sous l'influence des désastres causés par l'oïdium, la production fléchit jusqu'à 10 millions 800.000 hl., le point le plus bas qu'elle ait jamais atteint. Elle se relève ensuite rapidement : 50 millions d'hect. en 1863 ; 68 millions en 1864 ; 70 millions en 1869 ; 83 millions et demi en 1875, qui marque l'apogée de la viticulture française avec près de 2 millions 500.000 ha. plantés. Peu après, la crise phylloxérique éclate qui ramène la production de 1879 à 1889 entre 20 et 25 millions d'hectolitres.

La crise phylloxérique a été le point de départ d'un bouleversement profond dans la viticulture de la France. La substitution de vignes greffées sur porte-greffes américains aux vignes indigènes franches de pied a eu, en effet, pour résultat de modifier la production par l'augmentation des rendements, de la déplacer insensiblement par l'émigration du vignoble des coteaux dans les terrains de plaine et l'extension inattendue de l'aire de culture de la vigne plus au Nord. Dans le Midi, la préoccupation dominante fut la recherche de la *quantité*. L'extension du vignoble aux terres submersibles et aux sables du littoral accrut le domaine viticole. Le vignoble de l'Aude qui comptait, en 1863, 69.600 ha., passait à 128.000 ha. en 1881 et à 133.500 en 1900 avec, pour cette dernière année, une production de plus de 6 millions d'hect. Si la France produit, dans l'ensemble, moins de vins qu'avant l'invasion phylloxérique, la région méridionale produit plus qu'elle n'a jamais produit : de 1896 à 1901, elle fournit 41 % de la récolte totale, en 1910, 52 %, en 1914, 47 %. La production méridionale avec la production algérienne, le bloc méditerranéen domine de tout son poids le marché des vins de consommation courante.

La crise phylloxérique contraignit d'autre part le commerce à s'adresser au dehors, en Espagne, en Italie, en Algérie ; elle donna naissance à l'industrie des vins de raisins secs qui a pesé d'un poids si lourd sur les débuts de la viticulture renaissante. La Réforme des boissons, adoptée en 1900, avec la suppression des droits d'entrée et de détail, des taxes d'octroi, l'abaissement des frais de transport, le sucrage des vins, provoquèrent une crise qui dura jusqu'en 1908. Elle a, enfin, eu pour conséquence, l'entrée en ligne de concurrents, hier encore inconnus, l'Autriche, la Californie, l'Argentine, le Chili, qui ont occupé des marchés où auparavant la France écoulait une partie de ses produits. Les chiffres du tableau suivant font ressortir ces différents faits :

ANNÉES.	SURFACES CULTIVÉES	PRODUCTION TOTALE.	VALEUR TOTALE	IMPORT.	EXPORT.
	milliers d'ha.	milliers d'hect.	milliers de frs.	milliers d'hect.	milliers d'hect.
1852	2.158	28.636	376.277	3	2.438
1863	2.173	51.371	1.489.788	103	2.084
1873	2.380	35.716	1.490.593	653	3.981
1883	2.095	36.029	1.333.440	8.980	2.541
1903	1.689	35.402	948.380	6.189	1.728
1913	1.550	44.336	1.512.096	7.609	1.658
1914	1.534	59.981	1.095.346	6.861	1.153
1915	1.533	20.442	957.175	8.403	1.003
1916	1.574	36.068	2.012.754	8.487	689
1917 (prov.)	1.506	38.227	3 741.123	10.480	485
1918 (prov.)	1.501	42.264	»	5.863	449
1919 (prov.)	»	51.461	»	»	»

L'hectolitre de vin ordinaire, qui valait en 1890, 29 fr. 14, tombe à 17 fr. 41 en 1900, 14 fr. 47 en 1905, pour remonter à 32 fr. en 1913, baisser à 16 fr. en 1914, et s'élever successivement à 43 fr. 60 en 1915, 56 fr. en 1916 et 135 fr. en 1918.

En 1917, l'étendue du vignoble français en état de productivité était de 1.506.198 ha., inférieur de 2.453 ha. à celui de 1916. Le nombre des propriétaires récoltants était de 1.488.109 dont 445.147 ne destinant pas leurs vins à la vente : le rendement moyen 25 hl à l'hectare.

Pendant l'année 1918, les quantités de vins produites ont atteint 42.264.000 h : se répartissant ainsi, avec les résultats comparatifs des années 1914-1916.

DÉPARTEMENTS.	1915	1916	1918	1919	Hectares plantés en vignes en 1917.
	en milliers d'hectolitres.				—
Hérault	5.224	9.093	9.894	11.044	188.617
Aude	2.601	4.881	3.895	5.087	118.103
Gironde	1.231	3.045	3.811	5.096	135.928
Gard	683	1.726	2.846	2.764	68.275
Pyrénées-Orientales	1.151	3.345	2.723	3.683	64.412
Charente-Inférieure	504	899	1.360	1.721	50.931
Var	109	830	1.306	1.046	51.662
Indre-et-Loire	272	613	1.218	1.742	34.566
Loir-et-Cher	537	582	992	1.519	24.541
Bouches-du-Rhône	147	516	929	739	26.296
Autres départements	7.942	10.488	15.997	17.020	738.304
France	20.401	36.018	42.264	51.461	1.501.634

D'autre part, les stocks à la propriété sont de 1.034.024 hl. en France et de 150.000 en Algérie soit au total 52.545.911 hectolitres contre 44.353.113 hectolitres en 1918.

Le vignoble alsacien et lorrain occupait, en 1913, une superficie de 26.836 ha. ayant produit env. 180.000 hectolitres.

Dans les principaux pays les années 1917-18 ont donné les résultats suivants :

PAYS.	PRODUCTION 1917.	PRODUCTION 1918.	PAYS.	PRODUCTION 1917.	PRODUCTION 1918.
	milliers d'hl.	milliers d'hl.		milliers d'hl.	milliers d'hl.
France et Corse..	36.103	42.264	Portugal........	4.226	3.445
Algérie..........	6.233	6.343	Grèce et Iles.	1.850	1.900
Tunisie.........	400	480	Argentine.	5.100	5.300
Italie............	48.199	40.180	Chili	3.250	2.700
Espagne	23.763	22.567	Etats-Unis	1.630	1.300

Les vins de choix et de cru.

Les vignobles du Bordelais, de la Bourgogne et de la Champagne, pour ne citer que les principaux, constituent les plus beaux fleurons de la couronne viticole de la France. Leurs vins lui ont acquis une réputation mondiale. C'est en vain que dans le Caucase et en Crimée, dans le Chili, en Argentine, on a cherché, en utilisant les cépages et les méthodes de culture français, à égaler nos grands vins; c'est en vain également que le commerce allemand, en imitant et en falsifiant sans scrupule, en usurpant des marques d'origine, a fait fléchir l'exportation des vins fins. Les grands crus français n'ont cessé de figurer sur toutes les tables des classes riches en Angleterre, en Belgique, en Russie. etc.

Le tableau suivant montre quelle est la richesse et la variété des grandes marques françaises.

1° Principaux vins de Bordeaux rouges.

D'après le classement fait par la Chambre syndicale des courtiers de Bordeaux, pour les vins rouges du Médoc :

NOMS DES CRUS.	COMMUNES.	NOMS DES CRUS.	COMMUNES.
		Calon-Ségur	Saint-Estèphe.
Premiers crus :		Ferrière	Margaux.
Château-Lafitte..........	Pauillac.	Becker-Alesmes	Margaux.
Château-Margaux	Margaux.	*Quatrièmes crus :*	
Château-Latour..........	Pauillac.		
Deuxièmes crus :		Saint-Pierre	Saint-Julien.
		Talbot.................	—
Mouton-Rotschild.........	Pauillac.	Dulue..................	—
Rauzan-Gassies	Margaux.	Duhart-Milon	Pauillac.
Rauzan-Segla	Margaux.	Pouget-la-Salle	Pauillac.
Léoville-Lascases	Saint-Julien.	Latour-Carnet	Saint-Laurent..
— Payferré	—	Beychevelle.............	Saint-Julien.
— Barton	—	Mis. de Thermes	Margaux
Viviens-Durfort.........	Margaux.	*Cinquièmes crus :*	
Gruau-Laroze	Saint-Julien.		
Lascombes	Margaux.	Pontet-Canet............	Pauillac.
Pichon-Longueville......	Pauillac.	Grand Puy-Lacoste......	—
Brane-Cantenac.........	Cantenac.	Artigues-Arnaud	—
Ducru-Beaucaillou	Saint-Julien.	Lynch-Bages............	—
Cos-d'Estournel.........	Saint-Estèphe.	Haut-Bages.............	—
Montrose	Saint-Estèphe.	Coutanceau	Saint-Laurent.
Troisièmes crus :		Cos-Labory	Saint-Estèphe.
		Croizet-Bages...........	Pauillac.
Kirwan	Cantenac.	Cantemerle.............	Macau.
Issan	Cantenac.	Belgrave	Saint-Laurent.
Lagrange	Saint-Julien.	*Bourgeois supérieurs :*	
Giscours	Labarde.		
Malescot	Margaux.	La Lande...............	Saint-Estèphe.
Saint-Exupéry..........	Margaux.	Morin	—
Cantenac-Brandy	Cantenac.	Le Bosq	—
Palmer................	Cantenac.	Château-Pavenil	Soussans.
La Lagune.............	Ludon.	Château de Bel-Air.......	Soussans.
Desmirail	Margaux	Lanessan	Cussa

Le même classement fait pour les vins rouges de Graves donne le tableau suivant :

NOMS DE CRUS.	COMMUNES.	NOMS DES CRUS.	COMMUNES.
Grandes-Graves :		La Louvière	Léognan.
Château Haut-Brion	Pessac.	Smith-Lafite	Martillac.
Haut-Brion Larrivet	Léognan.	Rochemorin	—
La Mission	Pessac.	Ferran	—
Pape Clément	—	*Petites-Graves :*	
Bellegrave	—	Castres	Castres.
Bourran	Mérignac.	Beautiran	Beautiran.
Pontac	Villeneuve-d'Ornon.	Eyzines	Eyzines.
Laurenzanne	Gradignan.	Saint-Selve	Saint-Selve.
Haut-Bailly	Léognan.	Saint-Médard d'Eyran	Saint-Médard d'Eyran.

2° Principaux vins de Bordeaux blancs.

NOMS DES CRUS.	COMMUNES.	NOMS DES CRUS.	COMMUNES.
Cru supérieur :		*Deuxièmes crus :*	
Château-Yquem	Sauterne.	Mirat	Barsac.
Premiers crus :		Doisy	Barsac.
La Tour-Blanche	Bommes.	Peixotto	Bommes.
Peyraguey	—	D'Arche	Sauterne.
Vigneau	—	Sillot Eshineaud	Sauterne.
Suduirant	Preignac.	Broustet et Reyrac	Barsac.
Contet	Barsac.	Caillou	Barsac.
Climenz	Barsac.	Suau	Barsac.
Bayle	Sauterne.	Malle	Preignac.
Rieusec	Sauterne.	Romer	Preignac.
Rabant	Bommes.	Lamothe	Sauterne.

3° Principaux vins rouges de la Haute-Bourgogne.

On divise les vins rouges de la Haute-Bourgogne en trois catégories : côte de Nuits côte de Beaune et côte Châlonnaise. En voici la liste d'après leur notoriété :

NOMS DES CRUS.	COMMUNES.	NOMS DES CRUS.	COMMUNES.
Côte de Nuits :		Pommard	Pommard.
Romanée	Vosne.	Volnay	Volnay.
Chambertin	Gevrey.	Beaune	Beaune.
La Tache	Vosne.	Chassagne	Chassagne.
Clos-Vougeot	Vougeot.	Savigny	Savigny.
Saint-Georges	Nuits.	Aunay	Aunay.
Vosne	Vosne.	Santenay	Santenay.
Richebourg	Vosne.	*Côte Châlonnaise.*	
Nuits	Nuits.	Givry	Givry.
Chambolle	—	Mercurey	Mercurey.
Preineau	—	Touches	Touches.
Côte de Beaune :		Estroy	Estroy.
Corton	Aloxe.		

4° Principaux vins blancs de la Haute-Bourgogne.

NOMS DES CRUS.	COMMUNES.	NOMS DES CRUS.	COMMUNES.
Montrachet aîné	Puligny.	La Goutte d'Or	Meursault.
Chevalier Montrachet	—	Santenot	—
Bâtard Montrachet	—	La Genevrière	—
La Perrière	Meursault.	Les Charmes	—
La Combette	—		

Dans le commerce des vins mousseux de Champagne, on distingue quatre catégories de vins : les *grands mousseux*, qui pétillent, moussent énergiquement et lancent le bouchon avec force, les *mousseux ordinaires*, qui, n'ayant pas subi une fermentation aussi grande, pétillent et moussent moins que les précédents mais ont plus de corps, les *crémants* ou demi-mousseux, enfin les *tisanes*, mousseux de deuxième ou troisième ordre, mais néanmoins d'une consommation très agréable.

Voici, d'autre part, comment se répartissaient par principaux pays, pour la période de 1905-1913, les exportations de vins de Bordeaux en futailles, en bouteilles, de vins de Champagne et mousseux, de vins de liqueurs.

PAYS DE DESTINATION	VINS DE BORDEAUX.		VINS DE CHAMPAGNE et Mousseux.	VINS DE LIQUEURS	
	en futailles.	en bouteilles		en bouteilles.	en futailles.
	en milliers d'hectolitres.				
Allemagne	1.500	41	109	1	34
Belgique	807	25	586	49	43
Grande-Bretagne	770	91	534	41	11
Pays-Bas	598	13	6	3	2
Rép. Argentine	586	6	65	136	»
Danemark	180	»	40	»	»
Mexique	142	28	4	28	»
Etats-Unis	52	46	117	55	13
Russie	82	6	72	»	13
Algérie	»	4	12	28	62
Indo-Chine	210	7	11	15	8
Sénégal	146	9	3	6	»

On remarquera la part importante de l'Allemagne dans ces chiffres. Les grosses maisons de Hambourg, Brême et Munich, après avoir d'abord sur place, en Champagne et dans le Bordelais, récolté ou vinifié avec les produits des meilleurs crus, se livraient depuis une dizaine d'années au mélange des vins de qualité avec des vins inférieurs, puis des liquides sucrés, fermentés, tels que jus de pommes, de poires, associés avec des raisins de Suisse et du Midi de la France (aramon), liquides qui gardaient leur étiquette d'origine. A côté de ces vins de qualité relative et authentique, l'Allemagne exportait, en outre, en 1912, plus de 20 millions de bouteilles étiquetées « Champagne » et qui étaient un mélange de toutes sortes de boissons mousseuses, souvent même de simples liquides sucrés, provenant surtout des pommes, et gazéifiés. La loi du 6 mai 1919 sur les appellations d'origine remédiera à cette situation.

Il n'existait pas de statistique détaillée pour les vins de Bourgogne dont l'exportation annuelle était d'environ 50.000 à 75.000 hectolitres.

Le produit total de la vente des hospices de Beaune faite en 1919 pour la 58e fois, s'est élevé à 727.6 5 fr. dont : 621.127 fr., pour les vins rouges ; 84.025 fr. pour les vins blancs ; 22.453 fr. pour les eaux-de-vie contre 446.074 fr. qu'avait donnés la récolte de 1918, qui comprenait 183 pièces vin rouge (rapport 81.103 fr.), et 24 pièces 1 feuillette de vin blanc (rapport 33.905 fr.) et 6 feuillettes d'eau-de-vie de marc.

Pour les vins de Champagne, mousseux non compris, les « existences » en cave se maintenaient entre 100 millions et 136 millions de bouteilles (de 80 centilitres chacune). Les exportations qui, pour l'année allant du 1er avril 1913 au 1er avril 1914, s'étaient élevées à 21.162.920 bouteilles, étaient encore, pour l'année 1916-1917, de 16.001.616 bouteilles.

Les exportations se chiffraient au commerce spécial pour les vins de Champagne et autres vins mousseux par les quantités suivantes : 105.429 hl. en 1916 ; 67.211 en 1917, 64.862 en 1918 et 147.468 en 1919.

Les alcools et eaux-de-vie.

L'ensemble des quantités d'alcool (alcool pur) obtenues par les bouilleurs et distillateurs de profession, ainsi que par les bouilleurs de cru qui se soumettent à la surveillance de la régie, s'était élevé, en 1917, à 1.491.508 hectol. d'alcool à 100° contre 1.439.655 hl. en 1916 et 2.163.841 hl., moyenne des dix années antérieures.

La production, le prix et la consommation des alcools s'établissaient comme suit depuis 1860, en hectolitres d'alcool pur :

	Total de la fabrication.	Prix moyens de l'alcool de Bourse à 90°.	Prix moyens du trois-six de vin à 86°.	Quotité moyenne par habitant.
1860	873.000	101 fr.	120 fr.	2.27
1870	1.237.000	62 —	63 —	2.32
1880	1.581.000	67 —	105 —	3.64
1890	2.214.000	36 —	98 —	4.35
1900	2.656.000	35 —	86 —	4.66
1905	2.609.000	45 —	65 —	3.57
1910	2.391.000	52 —	100 —	3.59
1913	2.934.000	42 —	110 —	3.96
1914	1.634.000	45 —	102 —	3.35
1915	1.937.000	97 —	182 —	3.04
1916	1.558.000	»	350 —	2.38
1917	1.491.508	»	643 —	1.87

En 1917, 2.902 bouilleurs et distillateurs de profession, 778.028 bouilleurs de cru et 4.606 personnes ayant distillé des produits d'achat dans des ateliers publics ont travaillé :

30 ont mis en œuvre des substances farineuses ;
209 — des mélasses et des betteraves ;
30.895 — des vins ;
104.066 — des cidres et des poirés ;
511.326 — des marcs et des lies ;
144.968 — des fruits ;
57 — des substances diverses.

Pour les années 1917 et 1918, les importations et exportations ont montré les chiffres suivants, en milliers d'hectolitres :

DÉSIGNATION	IMPORTATIONS. 1917.	IMPORTATIONS. 1918.	EXPORTATIONS. 1917.	EXPORTATIONS. 1918.
Eaux-de-vie de vin	17	40	10	7
— de cerises	»	0,1	»	»
— de mélasse (rhum et tafia)	183	96	1,7	0,9
Eaux-de-vie autres	3	13	22	15
Esprits de toutes sortes	1,195	469	6	1

Aux exportations d'eaux-de-vie de vin, il y a lieu d'ajouter en 1917. 27.622 bouteilles, valeur 10.752.000 fr. et en 1918, 16.623 bouteilles, valeur 6.690.000 fr. dont la plupart à destination du Royaume-Uni.

Les principaux départements producteurs étaient en 1912. : Nord, 917.399 hl., dont 502.463 hl. de betteraves ; le Pas-de-Calais, 557.185 hl. dont 320.071 de betteraves ; l'Aisne 414.497 hl., dont 240.150 hl. de mélasse et 173.617 de betteraves ; la Somme, 190.305 hl.

Le tableau suivant donne l'utilisation de l'alcool en 1912 :

Quantités soumises au droit de consommation (villes de 4.000 hab. et au-dessus)	683.959	hectol.
Quantités soumises au droit de consommation (localités de moins de 4.000 hab.)	831.900	—
Quantités soumises à la dénaturation	681.185	—
— converties en vinaigres	56.407	—
— employées au vinage	87.297	—
— consommées en franchise chez les bouilleurs de cru (renseign. établis par évaluation approx.)	165.000	—
Exportation	280.357	—
Quantités représentant les manquants couverts par la déduction chez les marchands en gros	84.857	—
Décharges pour creux de route	2.900	—
— pour pertes, accidents, avaries, etc.	2.700	—
— à titre de déficits de rendement ou déchets de rectification	6.100	—
Total général des emplois et des exportations	2.882.682	—

La quantité d'alcool soumise à la dénaturation en 1912 se subdivisait de la manière suivante, par nature de produit :

Alcools de chauffage et d'éclairage	479.330	hectol.
Ethers, fulminates de mercure, explosifs, etc.	155.714	—
Matières plastiques (celluloïd, phibrolithoïd, etc)	18.527	—
Vernis	15.964	—
Produits chimiques et pharmaceutiques	4.297	—
Soie artificielle	2.219	—
Collodion	1.808	—
Divers (chapellerie, ébénisterie, teintures, etc.)	3.326	—
Total	681.185	—

Le Cognac et l'Armagnac.

Le Cognac est le produit de la distillation des vins des Charentes. C'est une eau-de-vie très spéciale qui ne peut être obtenue nulle part ailleurs. La distillation des vins est dans le pays du Cognac d'origine très ancienne. Des actes notariés datant de 1549 en font mention. Dès 1750, il sortait chaque année, par le port de La Rochelle, de 35.000 à 40.000 barriques de 27 *veltes*, soit près de 80.000 hl.

Avant la crise phylloxérique de 1875, le vignoble charentais occupait env. 266.212 ha. produisant annuellement une moyenne de 8 à 9 millions d'hectolitres. Ce n'est que vers 1893 que les récoltes, déprimées à partir de 1880, redevinrent un peu importantes. Le stock accumulé, dépassant 6 millions d'hectolitres, a permis de continuer les expéditions.

La production qui, à partir de 1893, oscilla entre 1 et 2 millions d'hl., atteignit les maxima de 2.993.286 hectol. en 1906 et de 2.969.000 hectol. en 1907. Les statistiques officielles donnent, pour 1914, 74.246 ha. plantés, au lieu des 266.000 d'autrefois ; un quart seulement de l'ancien vignoble a été replanté. La production de l'eau-de-vie a également beaucoup diminué depuis 1913 (moyenne annuelle de 413.084 hectol. pendant les 3 années 1905, 06 et 07, donnant 137.694 hectol. exprimés en alcool pur contre 289.536 hectol. donnant 48.206 hectol. d'alcool pur pendant les 6 années suivantes 1908 à 1913). Cette diminution est due au fait que par suite de la baisse de prix des eaux-de-vie, une proportion de plus en plus forte des vins vont à la consommation de bouche au lieu d'aller à la chaudière. Et cependant, on boit de plus en plus, en France et à l'étranger, d'alcools divers étiquetés : « Cognac ». A l'étranger, le traité de Madrid est resté le plus souvent lettre morte. En outre du fameux kognak allemand, on y vend du cognac d'Espagne, de Grèce, d'Italie, d'Australie, etc., tous très inférieurs, comme prix et qualités, aux cognacs français.

L'eau-de-vie d'Armagnac est la sœur jumelle de l'eau-de-vie de Cognac.

Faite avec des vins de raisin frais de la région de l'Armagnac (Gers, Landes, Lot-et-Garonne), elle était servie sur la table des rois de France depuis Henri IV. Ce qui a donné au Cognac une supériorité de vente, c'est son organisation de vente et son degré élevé à l'époque où la taxation des eaux-de-vie ne prenait pas exactement pour base le degré. L'Armagnac n'est qu'à 52° tandis que les Cognacs se font à 66° et même 68°.

Les liqueurs.

La production moyenne annuelle était évaluée, en 1913, à 900.000 hectol. On comptait près de 2.000 maisons se livrant à cette industrie, dont 1.331 à la fabrication des bitters et amers, employant une moyenne de 400.000 hectol. d'alcool. Les trois procédés mis en œuvre étaient : la *distillation*, la *macération*, la *distillation suivie de macération*. Au premier groupe appartiennent l'anisette et le kummel ; au second, le cassis, le sherry, le guignolet, etc. ; au troisième, l'absinthe, dont la vente a été interdite dès les premiers mois de la guerre.

Les importations, en 1913, s'élevaient, pour les liqueurs, à 3.648 hl. valant 1.276.850 fr. dont 2.050 hl. d'Espagne (Chartreuse ou Tarragone) ; 857 des Pays-Bas (Curaçao etc...). Elles étaient encore de 3.632 hl. en 1916, mais tombaient à 137 hl. en 1917 et à 46 hl. en 1918.

Les exportations pour les deux dernières années comparées à celles de 1913 étaient les suivantes :

Années.	Quantités.	Valeur.
1913	93.100 hectol.	19.912.500 fr.
1917	19.935 —	8.472.000 —
1918	15.491 —	6.584.000 —

Les meilleurs clients étaient (chiffres de 1912) : Rép. Argentine (11.717 hl) ; États-Unis (5.037) ; Grande-Bretagne (4.811) ; Russie (4.093).

Les centres producteurs les plus importants, avec les chiffres fournis par quelques Chambres de Commerce pour 1910, étaient : Paris et environs (Charenton, Conflans, Alfort, Saint-Denis, Pantin, Saint-Mandé), se consacrant plus spécialement à la fabrication des amers et bitters ; Lyon (15 millions de fr.) ; le dép. des Pyrénées-Orientales (73.000 hl. valant 12.500.000 fr.), se consacrant plus spécialement à la fabrication des vins de liqueurs : Byrrh, Muscat, etc. ; Fécamp (1.700.000 bouteilles valant 7.670.000 fr.), la plupart provenant de la Bénédictine ; le dép. de l'Isère (7.375.000 fr.), la plupart provenant de la vente de la Chartreuse.

La bière.

La production moyenne annuelle de la bière était évaluée, en 1913, à 15 millions d'hectol. env. L'Alsace et la Lorraine avaient produit, la même année, 1.444.000 hl. dont 827.000 pour la Basse-Alsace. Occupant la première place pour la production du vin, la France se classait dans un rang très honorable pour les bières, après les États-Unis (74.225.000 hl.), l'Allemagne (70.353.000 hl.), la Grande-Bretagne (57.107.000 hl.), la Belgique (17.032.000 hl.); avant la Suisse (3.003.000 hl.).

Néanmoins, sa production était inférieure à sa consommation. Elle avait importé en 1913, 158.429 quintaux valant 5.386.586 fr. (159.935 qx valant 5.597.725 fr. en 1912), dont 110.308 de l'Allemagne, 20.117 de Grande-Bretagne. Elle avait exporté 136.526 qx. valant 5.450.240 fr.

79 départements avaient produit de la bière. Les principaux producteurs étaient : Nord (8.262.000 hectol.), Pas-de-Calais (3.213.700), Meurthe-et-Moselle (853.690), Ardennes (680.000), Seine (606.000), Aisne (569.000).

Pour les quatre dernières années, les chiffres du commerce spécial sont les suivants : *Importations*, 1916 : 586 950 quintaux métriques ; 1917 : 217.270 q. m. ; 1918 : 8.828 ; 1919 : 126.622. *Exportations*, 1916 : 288.907 q. m. ; 1917 : 241.125 ; 1918 : 107.790 ; 1919 : 39.148 q. m.

Les cidres et les poirés.

La production totale des pommes et poires à cidre a atteint, en 1919, 29.483.440 quintaux, contre seulement 2.032.450 quintaux en 1918. La production totale des cidres et poirés, pour 1918, a été évaluée à 1.605.000 hectolitres (26.062.000 hectolitres en 1917).

Par région, la production se répartissait ainsi en 1917 :

Régions.	Production des pommes et poires à cidre.	Évaluation de la production des cidres et poirés.
	quintaux.	hectolitres.
Nord-Ouest	23.435.000	14.810.500
Nord	4.808.300	3.503.100
Nord-Est	213.500	127.000
Ouest	2.857.900	1.816.700
Centre	2.157.300	1.138.200
Est	923.900	337.700
Sud-Ouest	209.900	167.470
Sud	238.200	105.200
Sud-Est	21.600	13.000
Totaux	34.865.600	22.068.870

Les chiffres évalués de la production des cidres et poirés présentent depuis 1913, les variations suivantes :

Années.	Production.	Importations.	Exportations.
	milliers d'hectolit.	milliers d'hectolit.	milliers d'hectolit.
1913	30.085	0.4	22.0
1915	29.507	0.6	5.7
1916	6.410	4.8	9.8
1917	26.032	2.4	3.1
1918	1.605	6.1	3.8
1919 (prov.)	29.483	12.6	4.6

Les chiffres du commerce spécial montrent pour les trois dernières années : *Importations* : 1916 : 4.847 hl. ; 1917 : 2.485; 1918 : 6.126; 1919 : 12.637. *Exportations* : 1916 : 9.883 hl. ; 1917 : 3.118; 1918 : 3.870: 1919 : 4.6 9.

Les principaux dép. producteurs de pommes et poires à cidre étaient, en 1916 : Calvados, 1.590.000 qx. ; Manche, 1.500.000 qx. ; Seine-Inférieure, 1.355.000 qx.

Les eaux minérales.

La France se classe incontestablement au premier rang pour la richesse et la variété de son domaine hydrologique. Ses eaux bicarbonatées sodiques du type Vichy, ses eaux thermales sulfurées sont uniques dans l'univers.

D'après la dernière *Statistique minérale* publiée, les 1.291 sources minérales exploitées se divisaient de la manière suivante :

I.	Sources sulfureuses (Amélie-les-Bains, Aix, Barèges, Cauterets, Aix-les-Bains, etc.)	352
II.	Sources alcalines (Vichy, Vals, Saint-Galmier, etc.)	485
III.	— ferrugineuses (Orezza, Sylvanès, etc.)	116
IV.	— salines (Bourbonne, Luxeuil, Bourbon-l'Archambault, Plombières, Pougues, Contrexéville, Bagnères-de-Bigorre, etc.)	338
	Total	1.291

Les jaugeages effectués portaient, au minimum, le débit de l'ensemble des sources exploitées à 96.000 litres par minute, soit environ 138.000 m. c. par 24 heures.

Parmi ces 1.291 sources, 583 fournissaient des eaux qui se prennent exclusivement en boissons. Les derniers relevés donnaient un nombre de plus de 70 millions de bouteilles, se répartissant comme suit :

DÉSIGNATION.	BOUTEILLES EXPÉDIÉES.	BOUTEILLES CONSOMMÉES SUR PLACE.
Eaux alcalines	58.192.000	1.539.000
— ferrugineuses	1.798.000	257.000
— salines	6.369.000	689.000
— sulfureuses	1.073.000	561.000
Totaux	67.432.000	3.043.000
Total général	70.478.000	

Si l'on classe, d'après leur température, ces sources minérales, celles-c se décomposent en 555 sources froides et 736 sources thermales.

L'organisation agricole.

On comptait au 1er janvier 1914, 6.667 syndicats agricoles avec 1.029.727 membres et 485 unions de syndicats agricoles avec 1.180.737 membres. Le nombre des caisses de crédit agricole mutuel en 1913 était de 4.533 et le nombre de leurs membres de 236.860 avec un capital versé de 23.220.305 fr. pour les caisses régionales et de 14.934.753 fr. pour les caisses locales.

Les coopératives agricoles montraient la situation suivante en 1910 et en 1914 :

	1910.	1914.
Nombre des coopératives	131	437
Capital versé (en milliers de fr.)	2.721	8.647
Avances dont elles disposent (*id.*)	4.405	15.269
Nombre des sociétaires	16.497	52.506

La loi du 25 oct. 1919 a créé d'autre part dans chaque département une *chambre d'agriculture* ayant son siège au chef-lieu du département, composée de membres élus pour 6 ans au scrutin de liste par arrondissement, renouvelables par moitié tous les 3 ans et rééligibles en nombre égal à celui des cantons du département et d'un délégué des sociétés agricoles de l'arrondissement. Les premières élections ont été reportées à oct. 1920.

Les Chambres d'agriculture tiennent deux sessions annuelles, en mai et décembre, ne pouvant durer plus de 8 jours ; elles peuvent toutefois se réunir en session extraordinaire lorsque le tiers des membres en fait la demande au président. Elles peuvent se grouper et se concerter et des Chambres régionales d'agriculture peuvent être instituées. (*J. O.* du 29 octobre 1919).

Enfin, des offices agricoles régionaux ont leur siège dans les villes suivantes :

Office régional du Nord, siège à Paris.
Office régional de l'Ouest, siège à Rennes.
Office régional de l'Est, siège à Nancy.
Office régional du Centre, siège à Bourges.
Office régional de l'Est central, siège à Lyon.
Office régional du Massif central, siège à Clermont-Ferrand.
Office régional du Sud-Ouest, siège à Bordeaux.
Office régional du Midi, siège à Marseille.

Les Industries de l'alimentation.

On comprend sous ce nom les industries suivantes : meunerie, féculerie, amidonnerie, pâtes alimentaires, boulangerie, pâtisserie, biscuiterie, pain d'épices, fabrication et raffinage du sucre, glucoses, confiserie, chocolaterie, réglisse, conserves alimentaires, vinaigre, moutarde, chicorée, etc.

Le nombre total des établissements, consacrés à ces industries et ayant travaillé en 1913, était le suivant :

Minoteries à cylindres	5.189	Féculeries	185
— à meules	4.115	Amidonneries	32
Petits moulins à eau ou à vent	19.754	Industrie laitière	5.621
Sucreries	219	Fabriques de conserves. viande	85
Râperies de betteraves	114	Fabriques de conserves. légumes	219
Distilleries industrielles	1.339	Fabriques de conserves. mixtes	125
— annexes de la ferme	3.300	Fabriques de conserves. de fruits	140
Brasseries	2.618	Confitureries	160
Malteries	367	Autres industries	5.275
Cidreries industrielles	1.365		

Les chiffres du commerce spécial ne peuvent donner qu'une idée approximative de l'activité de ces industries ; certains produits, légumes, fruits, etc.. donnant lieu à des transformations, d'autres, comme les farines de blé reçues sous le régime de l'admission temporaire pour être mises en œuvre et réexportées après mouture, ne fournissant aucune base. Néanmoins, le tableau suivant fournira pour 1913 une indication générale :

PRODUITS	IMPORTATIONS Quantités	IMPORTATIONS Valeurs	EXPORTATIONS Quantités	EXPORTATIONS Valeurs
	en milliers de qx.	en milliers de fr.	en milliers de qx.	en milliers de fr.
Gruaux	21	744	24	881
Semoule et pâtes	10	562	18	927
Amidon	5	232	12	587
Fécules	87	3.504	1	78
Biscuits sucrés	15	1.884	27	3.245
Sucres en poudre	1.139	33.850	»	»
Betteraves	225	315	165	264
Sucres raffinés	8,8	425	1.632	63.705
Sirops et bonbons	15	2.496	35	5.753
Confitures	12	1.266	11	1.132
Conserves de viandes en boîtes	20	6.231	25	6.251
Sardines préparées	100	14.092	43	10.101
Homards et langoustes préparés	10	4.517	0,2	46
Légumes conservés	20	1.867	152	18.288
Vinaigres	Hectol. 0.5	20	Hectol. 32	1.965
Chicorée	q. m. 1	83	q. m. 71	3.935
Margarine et subst. sim.	0,3	39	65	7.500
Arachides en cosses et décortiquées	4 934	177.602	191	6 720
Coprah	1.126	82.790	»	»
Huile d'olives	144	18.456	59	7.836
— de lin	21	1.313	26	1.705
Houblon	21	7.602	1,5	446
Malt	16	534	2,9	92
Pommes et poires (cidre et poiré)	18	374	2.093	9.422
Eaux-de-vie	Hectol. 155	17.675	Hectol. 33	8.978
Fruits de table confits	q. m. 10	454	q. m. 60	3.361
Fruits p. distillerie	11,9	844	0,6	38
Chocolat	8,9	»	21	»

La meunerie. Les farines.

La meunerie, en France, utilise plus de 100 millions d'hectol. de blé dont 80 millions de quintaux pour les besoins de la consommation, 4 millions pour ceux de l'industrie ; outre la farine de blé, on fait, mais dans des proportions beaucoup moins importantes, des farines de seigle, d'orge, d'avoine, de maïs, de riz, de haricots, etc. La valeur moyenne des grains de toute nature utilisés par la meunerie française est supérieure à 2 milliards de fr.

La farine de blé, fabriquée en France, jouit d'une grande réputation à l'étranger ; aussi était-il reçu, sous le régime de l'admission temporaire, des quantités considérables de grain pour les mettre en œuvre et les réexporter après mouture. En 1912, il a été mis en œuvre 3.616.066 qx. de blé valant 81.904.000 fr. dont 1.796.276 de Russie, 509.348 de Roumanie ; il a été réexporté, après main-d'œuvre, outre des sons, semoules blutées, etc., pour une valeur de 20 millions de fr. env., 1.869.830 qx. de farine de froment valant 51.845.000 fr.

Les import. en 1912 représentaient 24.486 qx. de farine de froment, d'épeautre et de méteil pour une valeur de 942.711 fr. dont 8.838 qx. de Belgique, 7.419 d'Autriche-Hongrie ; il avait été, en outre, importé des colonies et pays de protectorat 87.447 qx. dont 83.622 d'Algérie. Les export. portaient sur 4.176 qx. de farine de froment, valant 143.613 fr. ; il avait été, en outre, vendu dans les colonies et pays de protect., pour une valeur de 9.183.746 fr., 267.047 qx. dont 166.648 qx. à la Tunisie, 38.322 à l'Algérie.

Les centres les plus importants de production étaient Marseille (8.400.000 qx.), Meaux (5.000.000), Beauvais, Tours, etc. Les minoteries à cylindres se trouvaient principalement dans les dép. suivants : Vendée (139), Loire-Inf. (137), Indre-et-Loire (134), Bouches-du-Rhône (129) ; les minoteries à meules, Savoie (414), Saône-et-Loire (146), Isère (127). Un personnel de 83.751 personnes, dont 76.701 du sexe masculin, était affecté, en 1906, à l'industrie de la meunerie.

La féculerie.

L'industrie française produit, avec la fécule de pommes de terre, du tapioca, du sagou et de l'arrow-root. La production totale de fécule de pommes de terre dépasse 600.000 qx. annuellement, au prix moyen de 48 fr. 50 le quintal.

Les pays principaux importateurs étaient, pour le sagou et la farine de manioc : les Indes anglaises (30.450 qx.) ; les Indes néerlandaises (22.154) ; pour les fécules de pommes de terre, maïs et autres : les Pays-Bas (75.438 qx.), la Russie (40.457). Les colonies fournissaient : Madagascar : manioc (217.291 qx.) ; Indo-Chine : manioc (19.823) ; Réunion : tapioca (17.425 qx.).

L'industrie féculière possède trois marchés principaux : Paris, Compiègne, Epinal. Les produits des Vosges sont les plus appréciés.

L'amidonnerie.

Aucun renseignement précis n'est donné sur la production totale de l'amidon en France. Les importations étaient, en 1912, de 5.277 qx. valant 298.151 fr., dont : Allemagne (1.923 qx.) ; Belgique (1.329) ; les export. se montaient à 3.613 qx valant 204.135 fr. dont 1.236 qx. à la Grande-Bretagne. D'autre part, 48.761 qx. de maïs valant 785.000 fr. et provenant principalement de Roumanie (26.533 qx.) avaient été mis en œuvre, sous le régime de l'admission temporaire.

Les principaux centres de production étaient le Nord, les Bouches-du-Rhône, Saint-Denis, Toulouse.

Les pâtes alimentaires.

Les chiffres de 1910 donnent une production totale annuelle de 100 millions de kgr. env. Les import., en 1912, s'élevaient à 12.382 qx. de semoules en pâtes et de pâtes d'Italie valant 693.392 fr., dont 7.773 qx. des zones franches

(Hambourg, Gênes, Trieste) ; les export. à l'étranger se montaient à 4.030 qx. valant 221.650 fr. et les ventes aux colonies et pays de protectorat à 11.290 qx. valant 620.950 fr. dont 7.179 qx. à l'Algérie.

Les centres les plus importants de fabrication sont : Lyon (11.600.000 fr.), Marseille (10.800.000 fr.), Clermont-Ferrand, Paris et environs.

La boulangerie-pâtisserie.

En 1912, la boulangerie produisait annuellement, en moyenne, 12 milliards de kgr. de pain, soit env. 30.854.150 kgr. par jour. Le prix moyen du kgr. était, pour le pain blanc, 0 fr. 38 ; pour le pain bis-blanc, 0 fr. 35 ; pour le pain bis, 0 fr. 31.

Aucun renseign. précis n'avait pu être recueilli sur la production de la boulangerie dans les dép. ; cette industrie a, d'ailleurs, une clientèle essentiellement locale et son importance est sensiblement proportionnelle au chiffre de la population. Il en était de même pour la production de la pâtisserie, industrie souvent annexée à la boulangerie, surtout dans les petites villes.

La biscuiterie.

La biscuiterie est sortie de la pâtisserie mais, en s'industrialisant, s'en est séparée. Déjà, en 1900, on comptait 12 grandes usines qui avaient un chiffre d'affaires dépassant 30 millions de fr. Les principaux centres de fabrication étaient : Paris (26 millions de fr.) ; Nantes (13 millions) ; Dijon (8 millions) ; Bordeaux (5 millions) ; Reims (2 millions). Ils fournissent à peu près seuls le marché intérieur, la clientèle française ayant des goûts assez particuliers. Cependant, l'Angleterre, où la biscuiterie a pris une importance considérable, arrive à leur faire concurrence. Les chiffres de 1912 indiquent pour les importations 13.427 qx. valant 1.611.240 fr. dont 12.508 qx. d'Angleterre et pour les export. d'une part 11.184 qx. valant 1.342.080 fr. à l'étranger dont 2.563 qx. en Tripolitaine, d'autre part 12.604 qx. valant 1.512.480 fr. dont 8.180 qx. à l'Algérie.

Pour 1918, les chiffres du commerce spécial indiquent, pour les biscuits sucrés, aux importations : 964 q. m. d'une valeur de 231.000 fr. (2.771 q. m. d'une valeur de 665.000 fr. en 1917) et aux exportations : 580 q. m. d'une valeur de 139.000 fr. (10.297 q. m. d'une valeur de 2.471.000 fr. en 1917).

Le pain d'épice.

Mouvement d'affaires annuel de 10 à 11 millions de fr. La production était inférieure aux besoins de la consommation. Alors que les export. étaient à peu près insignifiantes, les import. représentaient en 1912. 4.817 qm. valant 433.530 fr. dont 2.723 qm. de Grande-Bretagne. En 1918, elles ne représentaient plus que 36 q. m., valeur 6.000 fr. (724 q. m. en 1917) et les exportations 67 q. m., valeur 11.000 fr. (743 q.m. en 1917).

Les principaux centres de fabrication sont : Paris, Dijon, Reims, Chartres.

Le sucre.

La production totale de l'industrie sucrière avait été, pour la campagne 1912 13, de 877.616.149 kgr. de sucre.

La production européenne de sucre de betteraves est évaluée ainsi, d'après MM. Willett et Gray, en milliers de tonnes de sucre brut :

	1912-13	1916-17	1917-18	1918-19	1919-20
			En milliers de tonnes		
Allemagne	2.666	1.550	1.579	1.412	950
Tchéco-Slovaquie	»	944	668	700	650
France	975	207	200	109	150
Russie	1.380	1.325	1.028	700	350
Belgique	290	135	75	75	125
Hollande	305	269	199	165	230
Suède	»	118	125	119	»
Danemark	»	113	115	115	»

On voit que la production européenne décline chaque année depuis le commencement de la guerre (8.500.000 t. m. en 1913-14 contre env. 3.700.000 en 1918-19).

La production du sucre de canne suit un mouvement contraire. Il paraît intéressant de mettre en présence des chiffres ci-dessus ceux de la production mondiale d'après les évaluations de MM. Willett et Gray :

	1916-17	1917-18	1918-19	1919-20
	—	—	—	—
		En milliers de tonnes.		
Sucre de canne	11.383	12.597	11.998	12.359
Sucre de betterave	5.603	4.866	4.339	»

Le rationnement de la consommation et la cherté du sucre expliquent aisément un recul de la consommation, de même que la réduction de la production générale explique la hausse des prix.

D'après une évaluation, la consommation approximative de sucre en 1917 aurait été :

Sucre importé	Tonnes	398.842
— indigène	—	166.419
Saccharine exprimée en sucre	—	6.282
Consommation totale	—	571.543

Pour la France, les importations en 1912 s'étaient élevées à 1.902.297 qx. valant 83.778.205 fr. et les export. à 1.020.020 qx. valant 47.708.010 fr. Les principaux fournisseurs étaient, pour les sucres bruts de canne : les Indes néerlandaises (613.266 qx.), Cuba (307.397) ; pour les sucres bruts de betterave : l'Autriche-Hongrie (93.638 qx.), la Belgique (68.501).

Pour 1918, les importations de sucres bruts, raffinés, de mélasses et produits sucrés tombent à 216.046 tonnes (614.879 en 1917 et 623.893 en 1916) ; les exportations à 107.462 tonnes (175.877 en 1917 et 179.295 en 1916).

En 1912, le commerce avec les colonies donnait : import., 1.147.111 qx. valant 48.178.671 fr. ; export., 675.700 qx. valant 31.553.560 fr. Les principaux fournisseurs étaient : Martinique (388.910 qx.), Guadeloupe (380.600 qx.), Réunion (370.990 qx.) ; les principaux clients pour les sucres bruts : Algérie (29.130 qx.), Tunisie (19.660), Sénégal (14.570) ; pour les sucres raffinés : Algérie (386.100 qx.), Tunisie (114.670). Les dép. principaux producteurs étaient en 1913 (chiffres en milliers de kgr.) :

	Production en milliers de kg.	Fabriques de sucre		Production en milliers de kgr.	Fabriques de sucre
Aisne	200.544	61	Oise	101.910	20
Nord	149.655	40	Seine-et-Marne	89.838	12
Somme	140.034	33	Seine-et-Oise	67.909	8
Pas-de-Calais	101.910	24	Ardennes	13.923	4

Des huit dép. principaux producteurs, six ont été envahis et occupés totalement ou partiellement de sept.-oct. 1914 à novembre 1918. Aussi la production qui était, avant la guerre, de 975.000 t., a-t-elle été ramenée à 150.000 en 1915-16, marquant une légère amélioration pour 1917-18.

Le raffinage du sucre se fait souvent dans la fabrique même. Il constitue cependant une industrie séparée dans 21 usines situées dans les dép. de la Seine, des Bouches-du-Rhône, du Nord, de la Loire-Inf. En 1910, la production du sucre raffiné s'élevait, pour le centre de Marseille seulement, à 136.000 tonnes d'une valeur de 87 millions de fr. Une seule raffinerie à Paris produisait plus de 140.000 t.

La confiserie.

La production de la confiserie s'élevait, en 1912, à 30 millions de kgr. env. ; celle des fruits confits à 6 millions de kgr. Ces chiffres concernaient exclusivement la production purement industrielle ; ils ne comprenaient pas les quantités afférentes à la fabrication familiale qui a toujours été très importante.

La production était supérieure aux besoins de la consommation. Les importations se montaient à :

5.468 qx. de sirop et bonbons divers, valant 2.474.080 fr. dont 4.703 qx. d'Allemagne, et 3.872 de Grande-Bretagne.
580 qx. de fruits confits au sucre valant 87.000 fr.
7.385 qx. de confitures au sucre et au miel valant 738.000 fr. dont 2.505 qx. du Mexique et 2.080 qx. de Grande-Bretagne.

Les exportations se montaient à :

19.639 qx. de sirops et bonbons divers, valant 3.142.240 fr. dont 2.504 qx. en Rép. Argentine, 2.380 qx. en Grande-Bretagne :
22.696 — en fruits confits au sucre, valant 3.631.360 fr. dont 13.774 qx. en Grande-Bretagne ;
8.590 — de confitures au sucre et au miel val. 859.000 fr. dont 3 361 qx. en Grande-Bretagne.

Il avait été vendu, en outre, dans les colonies et pays de protectorat, principalement à l'Algérie, 13.100 qx. de sirop et bonbons divers, 2.361 qx. de fruits confits au sucre, 4.413 qx. de confitures au sucre et au miel.

Les principaux dép. producteurs étaient pour les fruits confits : Vaucluse (2 millions de kgr.), Aude et Puy-de-Dôme (1 million) ; pour les confitures : Seine (18.500.000 kgr.) ; Meurthe-et-Moselle (2 millions).

La chocolaterie.

En se basant sur les droits acquittés à l'importation par les cacaos, on peut évaluer la production moyenne annuelle du chocolat à 45 millions de kgr.

Les import. s'élevaient, en 1913, à 8.995 qx. m. dont 7.605 venant de Suisse ; les exportations à 21.308 qx. m., dont 12.000 qx. m. en Algérie et autres destinations : Argentine (1.822), Uruguay, Cuba, Haïti. Cette situation peu satisfaisante tient principalement aux droits écrasants qui frappent les matières premières : droit d'entrée de 105 fr. aux 100 kgr. sur les cacaos étrangers et taxe de consommation du sucre, 25 fr. par 100 kgr.

Les principaux centres de production étaient Meaux-Noisiel (18 millions de kg. valant 62 millions de fr.) ; Blois (8 millions de fr.) ; Charleville (6 millions de fr.).

La production mondiale du cacao pour 1917 avait été évaluée à 331.620 tonnes, supérieure de 37.000 t. à celle de 1916 et de 34.000 t. à celle de 1914.

Les principaux pays producteurs étaient (chiffres de 1917) : Colonies anglaises, 145.160 tonnes ; Brésil 55.622 t. ; Equateur 40.000 ; les colonies françaises, en diminution, 1.600 t.

Le café.

La France est un gros pays importateur de café et le marché du Havre, réglementé depuis le 20 mars 1918, est l'un des plus importants du monde entier.

Voici, d'après des documents de la douane, le mouvement des achats de café durant les années 1913, 1914, 1915 et 1916 :

	1913	1914	1915	1916
	(Quintaux métriques.)			
Pays-Bas	508	214	75	40
Angleterre	1.207	1.335	6.051	15.495
Indes anglaises	63.416	52.746	58.255	34.957
Venezuela	110.760	102.140	108.634	78.425
Brésil	614.477	655.679	920.280	1.151.061
Haïti	178.370	168.954	134.740	126.870
Porto-Rico	25.121	16.428	22.741	11.132
Guadeloupe	4.140	9.975	7.964	8.642
Réunion	279	230	72	248
Autres pays	156.541	156.479	131.483	103.065
	1.152.810	1.164.180	1.385.295	1.529.935

Les exportations sont peu considérables comparées aux importations : elles ne se sont élevées, en effet, qu'à 242 quintaux en 1913, 446 en 1914, 272 et 321 quintaux respectivement en 1915 et 1916.

Le café coté officieusement, en juillet 1914, à la Bourse du Havre aux 50 kilos, 60 fr. 50, valait à fin déc. 1917, 109 fr. 75 par suite de la cherté des frêts, de l'augmentation des frais généraux, de la taxe de guerre de 30 fr. par 100 kilos, etc. Pendant plus d'une année, les importations ont été pratiquement suspendues, tous les navires disponibles étant utilisés pour le transport des troupes américaines. La consommation fut d'autre part énorme, passant de 1.860.000 sacs en 1914 à 2.550.000 en 1916 ; les chiffres de 1917 sont plus importants encore. Le stock du Havre tombait par contre de 2.561.559 sacs à fin déc. 1916 à 1.707.338 sacs à fin déc. 1917 et à 174.672 sacs à fin déc. 1918. Enfin la récolte de 1918-1919 au Brésil a été déficitaire (6 millions de sacs contre 15 millions en 1917-18).

Les conserves alimentaires.

L'industrie de la conserve est une industrie essentiellement française et la découverte qui fut la base de cette industrie est l'œuvre d'un Français, Appert. Elle est, d'autre part, d'autant plus intéressante que la conserve est essentiellement un article d'exportation, un article fin, souvent de luxe, toujours de bonne qualité. Aussi les exportations en 1913 étaient-elles supérieures aux importations. La guerre a modifié profondément ce commerce et rendu le marché importateur ainsi qu'en témoignent les chiffres suivants :

	Exportations en milliers de quintaux métr.		Importations en milliers de quintaux métr.	
	1913.	1918.	1913.	1918.
Viande de conserve	25	11	26	315
Extraits de viande	»	»	4	0.8
Conserves de gibier	»	»	0,4	0.2
Pâtés de foies gras	2	»	0,4	»
Sardines	43	2.9	100	82
Autres poissons marinés	29	2.6	14	103
Légumes séchés ou conservés	152	60	20	24

Les principaux centres de production étaient les dép. suivants : Seine (12.500.000 kgr. valant 13 millions de fr.) ; Gironde (35 millions de fr.) : Haute-Vienne (8 millions de fr.).

Plus considérables encore, sont les importations de viandes frigorifiées ou congelées et de viandes salées qui ont montré pour les années 1916, 1917, 1918 et 1919 les chiffres suivants en milliers de quintaux :

	1916	1917	1918	1919
Mouton frigorifié ou congelé	132	159	135	286
Porc —	9	10	32	30
Bœuf —	2.093	1.879	2.156	2.385
Porc, jambon et lard salés	358	481	511	1.548

Les huiles végétales.

L'industrie des huiles végétales donnait lieu, avant la guerre, à une production qui se chiffrait, pour les grands centres seulement, à plus de 430 millions de fr. Le commerce extérieur (commerce spécial) avec l'étranger, en 1912, montrait aux import. 332.086 qx. valant 34.478.400 fr. et aux export. 395.205 qx valant 33.398.900 fr. Ces chiffres, comparés à ceux de 1918, montrent les résultats suivants :

DÉSIGNATION	IMPORTATIONS		EXPORTATIONS.	
	1912	1918	1912	1918
	milliers de qx.	en milliers de fr.	milliers de qx.	en milliers de fr.
Huile d'olive	100	125	36	4
— de palme	27	134	9	1
— de coco, etc.	27	18	100	0,8
— de ricin	2	61	26	9,3
— de lin	14	22	18	5
— de coton	125	16	1,5	0,2
— de sésame	0,1	0,2	41	3
— d'arachide	6,6	6,5	123	17
— de colza	0,1	0,6	14	0.8
— de soja	20	1,8	0,65	0,08

Les principaux fournisseurs sont, pour l'huile d'olive : la Tunisie (90.682 qx. en 1918 et 291.680 qx. en 1917) ; l'Espagne (29.109 qx. en 1918 et 230.178 qx. en 1917) ; pour l'huile de palme : l'Afrique Occid. française (104.730 qx. en 1918 et 166.782 qx. en 1917) ; pour l'huile de coton, les États-Unis (101.109 qx.).

Les principaux centres de production étaient : Marseille (750.000 qx. valant 350 millions de fr.), Nice (50 millions de fr.), Bordeaux (13 millions de fr.).

Il y a lieu également de noter que l'huilerie française, avant la guerre, mettait en œuvre, sous le régime de l'admission temporaire, outre une certaine quantité d'huiles d'arachide, de coco, de colza, de lin, etc., 125.000 qx. d'huile d'olive brute, valant 16 millions de fr. et provenant principalement d'Espagne (79.893 qx.) et d'Italie (16.122) et qu'elle avait réexporté, après main-d'œuvre, 120.880 qx. d'huile d'olive épurée valant 17.364.000 fr., à destination principalement des Etats-Unis (24.730 qx.), de la Grande-Bretagne (14.259), etc.

L'industrie de la pêche.

C'est entre 1860 et 1870 que l'industrie de la pêche a pris son essor. La pêcherie atteignait 128 millions de fr. en 1908 pour se tenir à 143 millions en 1912.

Examinés de 1903 à 1912, les six principaux genres de pêche donnent les résultats suivants par an :

Poisson frais (chalutage, cordes); Plateau continental : voiliers, chalutiers à vapeur : 44.000 à 75.000 tonnes, 42 à 56 millions de fr. ;

Morue : Terre-Neuve et Islande ; voiliers et chalutiers à vapeur : 29.000 à 47.000 tonnes, 17 à 26 millions de fr. ;

Hareng : pêche hauturière, côtière, littorale ; vapeurs, bateaux à moteur, voiliers : 40.000 à 80.000 tonnes, 8 à 13 millions de fr. ;

Sardine : pêche côtière ; voiliers, bateaux à moteur : 11.000 à 15.000 tonnes, 7 à 9 millions de fr. ;

Maquereau : pêche hauturière et côtière ; vapeurs, voiliers : 6.000 à 14.000 tonnes, 4 à 7 millions de fr. ;

Thon : pêche hauturière et côtière ; voiliers, madragues : 3.000 à 4.000 tonnes, 2 à 5 millions de fr.

Si l'on classe ces pêches d'après le poids, l'on a la série suivante : 1° hareng ; 2° poisson frais ; 3° morue ; 4° sardine ; 5° maquereau ; 6° thon.

Réparties selon l'importance pécuniaire, ces pêches donnent : 1° poisson frais ; 2° morue ; 3° hareng ; 4° sardine ; 5° maquereau ; 6° thon.

Les viviers et les réservoirs représentent près de 3 millions de fr. ; la mytiliculture, plus de 2 millions ; l'ostréiculture, près de 28 millions ; les amendements marins, de 4 à 7 millions.

D'autre part, le rendement des réservoirs à poissons et à crustacés des dépôts de coquillages, de l'ostréiculture et de la myticulture avait été le suivant en 1912 :

		UNITÉS.	QUANTITÉS.	VALEURS.
Réservoirs	à poissons	Kilo	165.353	271.944
	à crustacés	—	1.634.493	2.950.908
Dépôts	de coquillages	Hectolitres	29.549	307.240
	de moules (bouchots)	—	259.468	2.359.751
Parcs	Huîtres indigènes	Unités	944.555.500	16.832.681
	— portugaises	—	1.064.530.300	11.071.999

Le nombre des marins qui était, en 1903, de plus de 95.000, était, en 1912, de plus de 155.000.

En ce qui concerne le nombre des pêcheurs, le nombre des bateaux, avec leur tonnage brut, leur valeur et la valeur des engins, les chiffres étaient les suivants pour les années 1903, 1907 et 1912 :

		ANNÉE 1903.	ANNÉE 1907.	ANNÉE 1912.
Nombre des pêcheurs		95.414	152.144	154.931
Nombre des bateaux	à vapeur	169	241	339
	à moteur	»	»	607
	à voiles	26.523	28.425	28.505
Tonnage brut	à vapeur	12.661	32.378	52.489
	à moteur	»	»	2.066
	à voiles	162.727	195.307	216.905
Valeur des bateaux	à vapeur	»	23.612.200 fr.	30.882.900 fr.
	à moteur	62.901.082 fr.		1.779.736 fr.
	à voiles	»	55.748.718 fr.	48.273.155 fr.
Valeur des engins		23.951.067 fr.	27.611.615 fr.	24.628.704 fr.

La guerre enleva à cette industrie non seulement la main-d'œuvre mais encore le matériel qui fut réquisitionné. Les chalutiers furent transformés en patrouilleurs. Aussi, dès la fin des hostilités, le renouvellement du matériel s'est-il imposé et à la fin de 1920, 110 thonniers, 40 harenguiers, 2 sardiniers viendront renforcer la flotte de pêche.

Les principaux ports de pêche se classaient comme ci-après, d'après leur tonnage de jauge brute en 1912 :

PORTS.	Tonnage global.	Nombre de pêcheurs.	Valeur des produits pêchés.
Saint-Malo	88.000	4.239	9.151.950
Boulogne	35.792	3.908	26.093.950
Fécamp	18.072	2.460	9.026.225
Groix	14.433	1.794	2.097.170
La Rochelle	11.008	1.170	8.126.000
Douarnenez	7.200	5.255	4.238.402
Paimpol	6.680	1.870	1.822.168
Arcachon	6.508	1.832	7.167.169
Granville	5.989	1.139	1.712.993
Les Sables	5.413	435	2.993.209
Concarneau	4.951	2.989	3.026.885
Dieppe	4.418	1.053	3.141.765
Gravelines	4.313	1.793	2.030.861
Port-Louis	4.280	2.857	712.450
Lorient	4.182	339	4.250.510
Audierne	3.930	3.195	1.211.500
Yeu	3.478	750	680.552
Dunkerque	3.338	950	1.484.600
Cancale	3.228	2.634	1.016.915
Camaret	3.295	1.193	932.158

Le détail des principaux genres de pêche pour les années 1903 et 1912, avec les quantités et les valeurs, est donné par le tableau ci-après :

Pêches.		Année 1903		Année 1912	
		Quantités.	Valeurs.	Quantités.	Valeurs.
Grande Pêche :					
Islande — Morue .	Kilos.	7.943.509	4.828.577	13.318.803	6.071.282
Islande — Rogue..	—	217.027	1.690	283.143	88.359
Islande — Huile ..	Baril.	3.356	128.282	2.262	79.205
Dogger Bank — Morue .	Kilos.	224.916	275.231	389.452	300.050
Dogger Bank — Rogue..	—	»	»	»	»
Dogger Bank — Huile ..	Baril.	6	180	61	2.440
Terre-Neuve — Morue .	Kilos.	21.986.066	11.749.812	27.662.919	17.994.589
Terre-Neuve — Rogue..	—	57.960	59.836	304.068	59.499
Terre-Neuve — Huile ..	Baril.	2.277	210.683	1.322	126.455
Côte Occidentale. Afrique.........	Kilos.	langoustes vertes	langoustes vertes	75.800	127.500
Pêche hauturière :					
Harengs.........	Kilos.	27.690.902	4.716.780	18.203.856	7.983.148
Maquereaux	—	4.079.838	1.622.169	1.316.822	909.923
Chalutage et cordes	—	19.402.476	16.445.705	24.858.409	20.271.637
Pêche côtière, en étang, en rivière.					
Harengs.........	Kilos.	34.647.840	38.854.837	21.351.844	6.120.776
Maquereaux	—	5.201.890	3.137.247	10.063.413	5.682.019
Sardines.........	—	13.883.108	8.157.730	15.087.528	9.914.377
Allaches.........	—	1.414.325	205.558	793.268	153.877
Anchois et sprats.	—	3.034.431	606.401	3.933.545	2.062.890
Thons et germons	—	3.095.464	1.651.783	3.859.109	5.241.917
Bonites	—	202.247	107.417	498.965	261.947
Saumons et esturgeons.........	—	56.693	183.402	92.593	332.045
Anguilles	—	1.112.520	762.066	1.059.602	759.527
Mulets gris	—	558.666	544.654	586.522	661.503
Bars, loups	—	189.820	351.368	129.464	249.108
Poissons frais (soles, limandes, etc.)..........	—	22.328.087	5.333.688	50.828.479	36.869.580
Crevettes	—	1.096.617	1.313.813	1.590.120	2.086.927
Homards et langoustes.......	Kilos.	1.502.982	3.082.873	1.789.033	4.545.716
Crustacés divers .	—	1.185.533	1.127.349	2.159.333	877.577
Huitres	Unité.	56.689.778	513.749	285.276.846	1.216.829
Moules	Hect.	319.680	969.521	298.240	1.047.836
Mollusques div...	—	467.669	1.072.560	495.049	1.776.462
Vers pour appâts.	Kilos.	302.698	265.173	241.040	209.486
Oursins	Unité.	3.695.862	101.318	11.040.056	154.244
Violets	—	638.450	36.391	2.243.198	129.673
Oiseaux de mer..	—	63.400	37.076	50.588	46.043
Corail	—	330	3.250	»	»
Eponges.........	Kilos.	»	»	1.043	30.000
Goémons	M^3	2.876.973	3.709.154	2.300.660	5.269.523
Sables coquilliers.	—	654.156	875.901	2.185.324	2.404.595
Totaux			103.143.818		143.003.160

NOTA. — Les saumons, les esturgeons, les anguilles, les mulets, les bars et loups, quelques poissons frais (1.204 tonnes valant environ 1 million de francs), quelques crustacés divers (45.000 francs), quelques mollusques divers (570.000 francs), les éperlans et les aloses sont pêchés en étangs et en rivières.

Sur les 143 millions (année 1912), la pêche à pied compte pour 9.760.905 francs.

Les primes à l'armement et aux produits pêchés, y compris les rogues, se chiffrent ainsi :

Années.	Armement.	Produits pêchés.	Rogues	Total général des primes payées.
	Francs.	Francs.	Francs.	Francs.
1870...........	630.680	1.612.674	63.616	2.296.970
1880...........	518.760	1.558.450	88.978	2.161.188
1890...........	522.140	3.205.488	102.652	3.860.280
1900...........	635.365	4.814.489	90.315	5.540.169
1910...........	517.275	5.590.458	124.101	6.231.834
1911...........	492.275	3.203.957	136.968	3.833.160
1912...........	420.534	1.852.297	203.426	2.564.290
1918...........	400.605	2.127.412	181.272	2.739.300

Les armements pour la campagne de pêche de 1918 ont été les suivants :

A. — Terre-Neuve :

Binic..........	1	navire	24	hommes
Cancale	6	—	144	—
Dahouët......	1	—	24	—
Fécamp.......	10	—	270	—
Granville	1	—	23	—
St-Malo-St-Servan	38	—	903	—
St-Pierre-et-Miquelon ...	1	—	23	—
Total ..	58	nav.	1.411	hommes

B. — Islande :

Dunkerque	2	navires	40	hommes
Gravelines	5	—	100	—
Paimpol	3	—	60	—
Total	10	nav.	200	hommes
Terre-Neuve	58	—	1.411	—
Islande.........	10	—	200	—
Total général.	68	nav.	1.611	hommes

Bibliographie.

Annuaire international de législation agricole, 1.200 p., 15 fr. Institut international d'agriculture. Rome.

Association nationale d'Expansion Economique. *Enquête sur la production française et la concurrence étrangère*, t. V. *Agriculture, la Production agricole*, par Henri Hauser et Henri Hitier, 23, av. de Messine. Paris, 1917.

Augé-Laribé (Michel). *L'Evolution de la France agricole*, in-18, br. 3 fr. 50. A. Colin. Paris.

Caziot (P.). *La Valeur de la terre en France*, in-8, 450 p., 88 fig. et 15 cartes, 5 fr. Baillière. Paris, 1914.

Chauveau (D^r^). *Le Remembrement de la propriété rurale*, 1918 ; *La France agricole et la guerre*, 3 vol. in-18, de 300 p. br. 12 fr. Baillière. Paris, 1919.

Desbons. *La Crise agricole et le remède coopératif. L'exemple du Danemark*, in-16. Secrétariat du Parti républicain-socialiste. Paris, 1917.

Flour de Saint-Genis. *La Propriété rurale en France*, in-8 601, br. 6 fr. A. Colin.

Herd-Book de la race bovine normande pure, in-16, 3 fr. 50. Delesques. Caen, 1916.

Joblin (F.). *Le Remembrement de la propriété rurale* en France, in-8, 208 p. Libr. du Recueil Sirey. Paris, 1917.

Statistiques agricoles annuelles. Ministère de l'Agriculture. Impr. nationale. Paris.

Trocheris (G.). *Le Crédit foncier et l'agriculture*, in-8, 156 p. Giard et Brière. Paris, 1917.

Zolla (Daniel). *Questions agricoles d'hier et d'aujourd'hui*, in-18, br. 3 fr. A. Colin. Paris.

Worms. *Les Associations agricoles*, in-18, br. 3 fr. Giard et Brière. Paris, 1914.

Gemleys. *La Crise viticole méridionale*, in-8, 318 p., br. 5 fr. Privat. Paris.

Julien (capitaine). *La Motoculture*, in-18 jés., 5 fr. Jouve. Paris, 1917.

INDUSTRIES

La situation du fait de la guerre.

L'invasion du Nord et de l'Est de la France en 1914 privait brusquement le pays de ses provinces incontestablement les plus importantes au point de vue industriel, les plus actives au point de vue commercial. Quelques chiffres donneront une idée de l'amputation économique qu'il a subie de ce chef.

Par l'invasion allemande, la France se trouvait privée de :

68 %	de sa production de	charbon	77 %	—	pièc. d'acier coulé
47 %	—	coke	39 %	—	machines et mécan.
90 %	—	mineral de fer	75 %	—	sucre
85 %	—	fonte ;	24 %	—	huiles industr.
60 %	—	acier	85 %	—	laine cardée et piq.
88 %	—	poutrelles	65 %	—	coton (filature)
61 %	—	fers marchands	69 %	—	coton (tissage)
63 %	—	tôles	80 %	—	lin filé et tissé.
100 %	—	tubes			

Par suite de l'invasion du Nord et du Pas-de-Calais et de la suppression des importations allemandes, l'industrie française perdait 25 millions de tonnes de houille, 5 millions de tonnes de coke. La guerre sous-marine, entravant les importations anglaises, venait aggraver cette situation.

En même temps, et parce que cet effort, malgré son énormité, comblait mal le déficit, on s'est efforcé de développer l'usage des forces hydrauliques. 400.000 HP. ont été aménagés depuis la guerre ; d'ici 1922, on espère aménager 1 million de nouveaux HP. Les usines, actionnées par la houille blanche, travaillent surtout à la fabrication du ferro-silicium, du zinc, de la fonte synthétique, cette dernière, invention française.

Une suffisante production de fonte permit une plus grande indépendance de l'importation étrangère. A cette préoccupation répondit la création des grands établissements métallurgiques de Normandie, à Caen et à Rouen, qui donneront en 1920 un supplément de 1 million de tonnes de fonte, soit 1/5 de la production totale d'avant-guerre.

L'industrie des matières colorantes, pour laquelle le pays était presque entièrement tributaire de l'Allemagne avant la guerre, a pris naissance dans les régions lyonnaise et parisienne; de même la préparation des produits pharmaceutiques. L'électrochimie dispose, à l'heure actuelle, de 70.000 HP.

L'industrie cotonnière, si durement éprouvée par la perte d'un grand nombre de ses centres les plus actifs, gênée par ailleurs dans l'importation de sa matière première totalement exotique, a réalisé cet admirable programme de maintenir sa production à peu près constante (50 à 60 millions de filés par mois).

L'industrie lainière a été, peut-on dire, anéantie par l'invasion. Elle s'est reconstituée un peu partout, à Rouen, Elbœuf, à Mazamet, dans la Loire, dans la région alpine surtout, et parvint à donner 25 % environ de la production normale.

Le bilan de quatre années de guerre s'établit ainsi :

Réalisation d'un programme de munitions dont personne au monde, au début de la guerre, ne soupçonnait la nécessité et l'étendue ;

Satisfaction des besoins du pays, qui fut de tous les belligérents le moins frappé de restrictions alimentaires ou autres ;

Augmentation de la capacité de production de certaines industries, notamment de la métallurgie et de la mécanique. La France vient de ce fait au premier rang des puissances métallurgiques ;

Création d'industries essentielles inconnues ou secondaires avant la guerre : ce sont les industries chimiques.

L'INDUSTRIE MINIÈRE

La houille.

Situation d'avant-guerre.

La France venait au 5e rang parmi les principaux pays producteurs de houille, avec 40.922.000 tonnes (chiffres de 1913), après les États-Unis (556.948.000 tonnes), la Grande-Bretagne (264.582.000 tonnes), l'Allemagne (255.800.000 t.) et l'Autriche (42.000.000 t.).

La production des combustibles minéraux avait été, en 1913, un peu inférieure à celle de 1912, mais supérieure à celle des années précédentes, ainsi que le montre le tableau suivant :

ANNÉES.	HOUILLE ET ANTHRACITE.	LIGNITE.	TOTAL.
	tonnes.	tonnes.	tonnes.
1820	»	»	1.094.000
1840	»	»	3.003.000
1850			4.434.000
1860			8.304.000
1870			13.330.000
1880	-	-	19.362.000
1890	»	»	26.083.000
1900	»	»	33.404.000
1907	35.989.000	765.000	36.754.000
1909	37.116.000	724.000	37.840.000
1911	38.521.000	709.000	39.230.000
1913	40.051.000	793.000	40.844.000

En 1913, la France avait consommé environ 63 millions de tonnes de houille dont la fourniture avait été assurée comme suit :

Mines du Nord et du Pas-de-Calais		27.000.000	de tonnes.
Autres bassins houillers français		14.000.000	—
Importation	de Grande-Bretagne	11.500.000	—
	d'Allemagne	6.000.000	—
	de Belgique	5.000.000	—

Le débours net total des importations de combustibles ressortait à plus de 531 millions de fr. en 1913.

Les exportations avaient atteint, en 1913, le chiffre de 1.501.000 t. dont 1.114.000 t. de houille se répartissant en : Belgique, 861.000 t. ; Suisse, 238.000 t. ; Italie, 153.000 t. ; Algérie, Tunisie et colonies, 87.000 t., etc.

Elles ont été en 1916 de 1.575.465 t., en 1917 de 1.346.573 t. et en 1918, par suite du ravitaillement de l'Italie, portées à 3.078.069 t.

Le rapport de la production à la consommation n'a cessé de s'abaisser, tombant de 72 p. 100 en 1903 à 68 p. 100 en 1908 et à 63 p. 100 en 1913.

La consommation par habitant était de 1 tonne 1/2 (3 t. 1/2 en Belgique et en Allemagne, 4 en Grande-Bretagne). Par catégories, elle se répartissait comme suit :

	Tonnes.	P. 100.
Métallurgie de gros œuvre	12.545.000	19,4
Chemins de fer	9.069.000	14,0
Industrie des mines	5.054.000	7,8
Usines à gaz	4.656.000	7,2
Marine marchande	1.720.000	2,6
Consommation domestique	11.979.000	18,5
Industries diverses	19.811.000	30,5
Ensemble	64.834.000	100,0

La répartition des concessions était, en 1913, la suivante :

Combustibles minéraux.		France.	Algérie.	Total.
Nombre de concessions	instituées	624	2	626
	exploitées	264	»	264
Superficie des concessions (hectares)	instituées	539.145	1.981	541.126
	exploitées	326.347	»	326.347
Proportion % des concessions exploitées	en nombre	42	»	42
	en superficie	60	»	60

Les combustibles minéraux étaient exploités dans 37 départements français. Le Nord et le Pas-de-Calais réunis fournissaient 67 p. 100 de la production totale. Celle-ci, par principaux groupes géographiques de bassins, se répartissait de la façon suivante en 1913, 1916 et 1917 :

GROUPES GÉOGRAPHIQUES DE BASSINS.	Nombre des concessions exploitées.	PRODUCTION 1913	1916	1917
		tonnes.	tonnes.	tonnes.
Houille et anthracite.				
Nord et Pas-de-Calais (Valenciennes)	40	27.389.000	8.195.020	11.450.460
Loire (Saint-Étienne et Rive-de-Gier, Communay, Sainte-Foy-l'Argentière, le Roannais)	41	3.796.000	3.613.020	4.548.100
Bourgogne et Nivernais (le Creusot et Blanzy, Épinac, Decize, la Chapelle-sous-Dun, Bert)	9	2.412.000	2.571.640	3.504.925
Gard (Alais, Aubenas)	22	2.137.000	1.951.540	2.838.860
Tarn et Aveyron (Aubin, Carmaux et Albi, Rodez, Saint-Perdoux)	16	1.988.000	1.933.370	2.580.830
Bourbonnais (Commentry et Doyet, Saint-Eloy, l'Aumance, la Queune)	11	737.000	798.720	973.370
Auvergne (Brassac, Champagnac et Bourg-Lastic, Langeac)	14	592.000	516.650	641.840
Alpes (La Mure, le Drac, Maurienne-Tarentaise et Briançon, Oisans et le Grésivaudan, Chablais et Faucigny)	59	384.000	377.600	510.400
Hérault (Graissessac)	5	221.000	222.650	290.195
Vosges (Ronchamp et Eboulet)	2	184.000	132.800	193.660
Creuse et Corrèze (Ahun, Bourganeuf, Meymac, Argentat)	5	130.000	106.530	132.500
Ouest (Vouvant et Chantonnay, le Maine, Basse-Loire)	8	81.000	61.700	86.440
Les Maures (Fréjus)	»	»	100	20
Lignite.				
Provence (Fuveau, Manosque)	16	756.700	698.500	959.900
Comtat (Bagnols, Orange, Banc-Rouge, Barjac et Célas, Méthamis)	7	24.800	49.320	103.100
Vosges (Gouhenans, Gémonval)	2	8.000	4.160	17.410
Sud-Ouest (Larzac, le Sarladais, Estavar, la Caunette)	5	3.000	15.420	53.300
Haut-Rhône et divers (Hauterives)	1	400	970	19.400
Yonne (Joigny)	1	100	110	790
Totaux	264	40.844.200	21.310.070	28 951.400

Situation de guerre.

La guerre, appelant les ouvriers mineurs français sous les drapeaux, livrant à l'invasion la Belgique et les départements du Nord, principaux producteurs de houille, arrêtant les envois de Westphalie, a eu, dès août 1914, une répercussion considérable sur l'approvisionnement. Le 2e semestre de 1914 donne 9.347.000 t. contre 20.438.000 dans le 1er. Cette crise de quantité va s'aggravant, battant son plein en 1916, malgré la mise en sursis progressive d'un certain nombre d'ouvriers mineurs et l'exploitation intensive des bassins de la Loire, du Midi, du Centre, ainsi que des mines du Nord et du Pas-de-Calais, restées en notre possession (Bruay, Nœux, Marles, etc.). La hausse des frets (le fret de Cardiff à Rouen passant de 5 à 6 fr. la tonne en 1913 à 24 fr. en janv. 1915 et 32 fr. en 1916), la guerre sous-marine l'accentuent. On se trouve, d'une part, en présence d'une diminution de la production nationale, de l'insuffisance de l'outillage des ports, de la raréfaction des moyens de transport et, d'autre part, devant une reprise brusque de l'activité industrielle, causée par l'application du nouveau programme de guerre.

C'est pour remédier à cette situation que fut créé, le 12 avril 1916, le *Bureau national des Charbons*, chargé du contrôle de la totalité de la production et des importations. Le système adopté fut celui de la *péréquation*, c.-à-d. de l'établissement d'un prix moyen à égale distance du prix du charbon importé et du charbon indigène. Il s'accompagne d'une *classification* des consommateurs : usines à gaz et électriques, chemins de fer, industries de l'armement, etc., et de la désignation d'organes chargés de centraliser leurs besoins et de les satisfaire, à l'aide de contingents qui leur sont attribués. L'outillage des ports [illegible].

Les résultats de ce double effort vers l'augmentation de la production et le contrôle de la consommation se chiffrent ainsi en milliers de tonnes, d'après les renseignements fournis par le *Comité central des Houillères de France :*

Années.	Production.	Consommation.	Importations.
1914	29.787	48.600	18.894
1915	19.873	40.600	20.761
1916	21.473	42.800	21.316
1917	28.925	47.200	18.644
1918	26.311	42.000	15.370
1919 (évaluations)	21.863	»	19.204

Ce mouvement ascensionnel paraît s'être arrêté en 1918 ; les mines ne peuvent aller au delà avec le matériel dont elles disposent. Des travaux neufs sont devenus indispensables. L'importation est en légère diminution, l'Angleterre n'ayant pu fournir que 4.296.800 t. en 1919 contre 15.810.647 en 1917.

Situation actuelle.

Depuis le courant d'octobre 1918, le bassin houiller du Nord et du Pas-de-Calais, dont la partie orientale était depuis quatre ans entre les mains de l'ennemi et dont la partie occidentale était restée sous le feu de ses canons, a été complètement libéré. Les premières constatations faites par les troupes alliées au cours de leur avance victorieuse, celles qu'ont pu faire depuis lors les représentants officiels de l'Administration des mines ne laissent aucun doute sur la façon méthodique dont les Allemands ont exécuté leur plan de dévastation. Là, comme dans les usines de la même région, ils ont tout fait non seulement pour détruire les installations existantes, mais pour rendre partout la reprise immédiate du travail impossible.

Pour les mines du Nord qui, avant la guerre, produisaient 6.800.000 tonnes, les prévisions des compagnies minières sont qu'au 31 décembre 1922 la production sera redevenue à peu près normale.

Pour le Pas-de-Calais, les prévisions sont beaucoup moins favorables. La production était de près de 12 millions de tonnes ; dans cinq ans, au 31 décembre 1924, elle n'atteindra encore que la moitié de ce chiffre. Dans ce bassin, les mines de Lens et de Courrières sont complètement noyées ; il faudra installer près de 40.000 chevaux de force pour pomper l'eau. On estime qu'on pompera pendant deux ans.

L'Allemagne doit livrer à la France, par priorité, pendant cinq ans, les 20 millions de tonnes qui représentent la production d'avant-guerre, ces 20 millions étant réduits à 8 millions pendant les cinq années suivantes. (Annexe V du traité de Versailles, art. 1, 2, 7 et 10). Le protocole du 29 août 1919 avait réduit provisoirement les fournitures à 1.660.000 t. m. par mois. Or, en janvier 1920, la France n'a reçu que 300.000 t. m.

Le bassin de la Sarre qui a une superficie totale de 155.000 ha. dont 100.000 dans le Palatinat prussien, avec des réserves estimées à 16 milliards de tonnes est cédé à la France en propriété entière et absolue. Sa production a été la suivante pour les années 1913, 1914, et 1918 :

Centres de production	1913	1914	1918
	(En milliers de tonnes).		
Lorraine française (12 puits d'extraction)...	3.796	2.857	2.662
Palatinat prussien (66 — —)...	13.264	8.158	9.053
Palatinat bavarois (7 — —)...	978	747	765
Production totale	18.088	11.762	12.480

Mais la consommation du bassin de la Sarre, de la Lorraine tout entière et de l'Alsace représentait en 1913 environ 17 millions de tonnes. L'Angleterre qui, en 1913, avait extrait 287 millions de tonnes, a vu, en 1918, sa production tomber à 227 millions de tonnes et cette production va subir en 1920 une nouvelle diminution par suite de la réduction des heures de travail. En France, la moyenne mensuelle de production qui était de 2.192.000 tonnes pour 1918, tombe à 1.889.000 t. pour les cinq premiers mois de 1919. La réduction de sept heures et demie à six heures et demie du travail effectif des mineurs provoquera une nouvelle diminution de la production. Le problème du charbon apparaît donc comme assez inquiétant.

Importation et Exportation

Les importations de houille ont été les suivantes pendant les années 1916, 1917, 1918 et 1919 (chiffres en milliers de tonnes métr.) :

	1916	1917	1918	1919
Crus :	—	—	—	—
Angleterre...............	18.711	15.811	15.367	14.297
Belgique.................	»	»	»	1.737
Etats-Unis...............	54	57	18	342
Autres pays..............	9	2	1	2.828
Carbonisée (coke) :				
Belgique.................	»	»	»	68
Angleterre...............	781	662	513	617
Autres pays..............	9	8	5	1.013
Agglomérée :				
Angleterre...............	648	734	831	702
Belgique.................	»	»	»	282
Autres pays..............	»	»	»	185

La valeur totale des importations a été de : 2.158.044.000 fr. en 1916, 2.261.611.000 fr. en 1917, 1.999.495.000 fr. en 1918 et 2.670.728.000 fr. en 1919.

Les exportations s'étaient élevées à : 226.692 t. en 1916, 207.411 t. en 1917, 1.830.155 t. en 1918 (1.613.482 t. en Italie), 516.794 t. en 1919.

Coke métallurgique, agglomérés, tourbe.

Le coke métallurgique avait, en 1913, une production répartie dans 14 départements entre 38 exploitations et 4.210 fours en activité. La production restait, depuis plusieurs années, à peu près stationnaire avec les chiffres suivants :

Années.	Tonnes.	Années.	Tonnes.
1907	2.127.000	1913	2.663.000
1908	1.934.000	1916 (éval.)	1.679.000
1909	2.092.000	1917 (—)	2.195.000
1910	2.372.000	1918 (—)	1.066.000

Cette production se répartissait comme suit par région :

Régions.	1912, Tonnes.	1913, Tonnes.
Nord et Pas-de-Calais	2.443.442	2.473.411
Loire	141.167	169.234
Gard	19.360	20.720
Totaux	2.603.969	2.663.365

Le plus gros producteur était Lens, avec 661.000 t., puis venaient Béthune avec 393.000 t., Aniche avec 298.000 t. et Dourges avec 273.000 t. Les importations s'élevaient, en 1913, à 3.070.000 t. dont 2.393.000 d'Allemagne pour une valeur de 89 millions de francs. Ces installations se trouvent systématiquement détruites.

La diminution de la production sera compensée, en partie, par les fournitures de la Lorraine et de la Sarre.

L'Allemagne, avant la guerre, refusait systématiquement aux métallurgistes français de leur livrer de la houille à coke et ne consentait à leur vendre que le coke lui-même, retenant ainsi chez elle tous les sous-produits de la carbonisation pour ses industries chimiques.

La production des agglomérés s'est élevée en 1913 à 3.673.000 t., répartie en 67 fabriques ou entreprises dans 21 dép. Les principaux producteurs étaient : le Nord (1.232.000 t.), le Gard (600.000 t.), la Loire-Inf. (318.000 t.).

Les 463 tourbières exploitées ont fourni 44.800 t. pour une valeur totale de 542.000 fr. en légère augmentation. Les principaux dép. producteurs étaient : la Somme (15.640 t.), la Loire-Inf. (4.870 t.).

Réserves houillères.

L'ensemble des réserves houillères de la France a été évalué comme suit :

NATURE DU CHARBON.	RÉSERVES A MOINS DE 1 200 MÈTRES			RÉSERVES possibles entre 1.200 et 1.800 mètres.
	Certaines.	Probables.	Possibles.	
	en 1.000 tonnes.	en 1.000 tonnes.	en 1.000 tonnes.	en 1.000 tonnes
Anthracite à moins de 7 % de matières volatiles	2.500	4.500	115.000	»
Charbon maigre tenant de 7 à 12 % de matières volatiles	578.600	922.400	1.108.700	540.000
Charbons gras tenant de 12 à 17 % de matières volatiles	679.350	658.030	1.342.300	860.000
Charbon à coke tenant de 17 à 26 % de matières volatiles	1.094.205	1.123.700	864.700	930.000
Charbon flambant tenant de 26 à 32 % de matières volatiles	1.064.070	562.630	625.000	290.000
Charbon à gaz tenant plus de 32 % de matières volatiles	784.600	522.300	830.000	330.000
Total de la houille	4.203.325	3.893.600	4.885.700	2.970.000
Lignite	301.000	410.200	920.800	»
Total général	4.504.325	4.303.800	5.806.500	2.970.000

Les réserves actuelles seraient donc, en chiffres ronds, de 13 milliards de tonnes de houille et 2 milliards de tonnes de lignite à moins de 1.200 mètres et de 3 milliards de tonnes de houille entre 1.200 et 1.800 mètres, auxquelles viendraient s'adjoindre les 16 milliards du bassin de la Sarre. Au total, 34 milliards de tonnes au maximum.

Ce chiffre est très inférieur à celui qu'on a obtenu pour les États-Unis et pour les pays qui nous intéressent le plus au point de vue métallurgique et minier :

États-Unis	3.839	milliards de tonnes.
Allemagne	423	—
Angleterre	190	—
Russie	60	—
Autriche	54	—

L'ensemble des réserves houillères du monde a été estimé à plus de 7.000 milliards de tonnes, se décomposant comme suit :

Amérique	5.106	milliards de tonnes.
Asie	1.280	—
Europe	784	—
Océanie	170	—
Afrique	58	—
	7.398	—

Le minerai de fer.

Situation d'avant-guerre.

La France venait au 3e rang, parmi les principaux pays producteurs de fer avec 21.918.000 t. (chiffres de 1913), après les Etats-Unis (59.485.000 t. de 1.016 kgr. en 1912) et l'Allemagne (27.199.944 t. en 1912), avant la Grande-Bretagne (13.790.391 t. de 1.016 kgr. en 1912) et l'Espagne (8.773.691 t. en 1911).

La production, en 1913, avait été légèrement supérieure à celle des années précédentes ainsi que le montre le tableau suivant :

ANNÉES.	TONNES.	ANNÉES.	TONNES.
1833	714.000	1903	6.220.000
1853	1.983.000	1907	10.008.000
1873	3.051.000	1909	11.890.000
1883	3.298.000	1910	14.606.000
1889	3.070.000	1911	16.408.000
1893	3.517.000	1912	19.160.000
1899	4.986.000	1913	21.918.000

Sur ce chiffre de 21.918.000 t., 21.097.500 t. venaient des mines et 820.500 des minières. Le nombre de concessions et leur superficie s'établissaient comme suit :

		France.	Algérie.	Total
		—	—	—
Nombre de concessions	instituées	341	21	362
	exploitées	111	12	123
Superficie des concessions (hectares)	instituées	185.794	20.652	206.446
	exploitées	85.086	9.205	94.291

L'extraction et la préparation des minerais de fer occupaient 26.500 ouvriers gagnant un salaire moyen de 7 fr. 12 pour les ouvriers du fond et de 4 fr. 69 pour ceux de la surface. La valeur totale de l'extraction correspondait à 107.729.000 fr.

Répartition de la production.

La répartition de la production était la suivante :

Bassin de Nancy (44 concessions)	1.912.000	tonnes.
— de Longwy-Briey { Longwy (24 concessions)....	2.754.000	—
{ Briey (46 concessions)........	15.147.000	—
Reste de la France (Aveyron, Saône-et-Loire)..........	1.900.000	—

Le développement de la production dans les bassins de l'Est est montré par les chiffres ci-après.

Années.	Bassin de Nancy.	Bassin de Longwy.	Bassin de Briey.	Total des bassins de l'Est.
	Tonnes métriques.			
1875	»	976.000	»	976.000
1885	600.000	1.012.000	»	1.612.000
1895	1.330.000	1.748.000	6.000	3.084.000
1905	1.718.000	2.333.000	2.353.000	6.399.000
1910	2.091.000	2.607.000	8.505.000	13.203.000
1911	2.051.000	2.350.000	10.427.000	14.808.000
1912	1.968.000	2.516.000	12.676.000	17.160.000
1913	1.961.921	2.904.684	15.103.849	19.925.454

D'après leur composition, les minerais sont répartis en : *minerais phosphoreux* (pour fonte Thomas) à plus de 1,70 p. 100 de phosphore par rapport au fer (prod. en 1913 : 20.059.000 t.) ; *minerais moyennement phosphoreux*, de 0,75 p. 100 à 1,70 p. 100 de phosphore (prod. en 1913 : 1.355.000 t.), et *minerais dits purs* (pour fonte hématite) à moins de 0,075 p. 100 de phosphore (prod. en 1913 : 504.000 t.).

Minerais phosphoreux. — La Lorraine produisait 91 p. 100 des minerais phosphoreux français avec 57 mines et 8 centres de minières en activité. Les exploitations qui portent sur la formation de la partie supérieure du lias, appartiennent à deux bassins : celui de Nancy, teneur en fer 33 p. 100, à gangue siliceuse : (Maron-Val-de-Fer (706.000 t.) et Chavigny-Vandœuvre (212.000 t.) et celui de Longwy-Briey, se subdivisant en 2 groupes : au nord, celui de Longwy, teneur en fer 33 à 40 p. 100, également à gangue siliceuse (Longlaville et Saulnes, 460.000 t. ; Godbrange, 431.000 t. ; Hussigny, 426.000 t. ; Tiercelet, 396.000 t., etc.), et au sud, celui de Briey, teneur en fer 36 à 40 p. 100, dur (Auboué, 2.009,000 t. ; Homécourt, 1.786.000 t. ; Pienne, 1.131.000 t. ; Tucquegnieux-Bettainvillers, 1.113.000 t. ; Landres, 1.088.000 t. ; Amermont-Dommary, 1.068.000 t. ; Joudreville, 884.000 t. ; Jœuf, 746.000 t. ; Sancy, 688.000 t., etc.).

Ce bassin lorrain n'est lui-même qu'une fraction d'une importante masse qui s'étend sur la Lorraine française (61.000 ha.), la Lorraine annexée (43.000 ha.) et le Luxembourg (3.600 ha.).

Le minerai phosphoreux était aussi exploité dans l'Aveyron (Mondalazac et Aubin, 50.000 t.), et en Saône-et-Loire (Changes, 29.000 t.).

Minerais moyennement phosphoreux. — Le minerai de fer moyennement phosphoreux provient en grande partie du bassin silurien de l'Ouest, divisé en 2 groupes avec leurs chiffres de production en 1913 :

Normandie (813.000 t.), gisement chevauchant sur les dép. du Calvados (389.000 t.), de l'Orne (363.000 t.) et de la Manche (61.000 t.), se prolongeant par endroits jusque sous la mer et constitué à la surface par de riches hématites titrant jusqu'à 55 p. 100 de fer à Saint-Rémy ou, en profondeur, par des carbonates grillés avant expédition et qui, après cette opération, accusent de 47 à 50 p. 100 de fer.

Caen, le grand port minier de la région, avait vu son trafic passer de 124.737 tonnes en 1901 à 480.728 tonnes en 1913.

Bretagne-Anjou (400.000 t.), s'allongeant de Redon à Angers sur les dép. de l'Ille-et-Vilaine (132.000 t.), Loire-Inférieure (135.000 t.), Maine-et-Loire (130.000 t.), exploité sous forme de mines aux environs de Segré et d'Angers, et en gisements superficiels (gite de Rougé) en Bretagne ; teneur en phosphore faible, 0,3 à 0,7, ; fer de 41 à 62 p. 100.

Ont produit également du minerai moyennement phosphoreux : Haute-Marne (58.000 t.), Lot-et-Garonne (33.000 t.), Ardèche (27.000 t.), etc.

Minerais dits purs. — Les minerais à moins de 0,075 de phosphore p. 100 de fer sont tirés des Pyrénées-Or. (384.000 t.), du Gard (32.000 t.), de l'Ariège (30.800 t.), de l'Indre (28.000 t.), du Lot (23.000 t.), des Basses-Pyrénées (24.000 t.), etc.

Consommation, importations et exportations.

En 1913, la consommation des hauts fourneaux français avait été assurée comme suit :

Minerais indigènes		11.852.000 t., soit	89,4 %
Importations.	d'Algérie	53.000		
	d'Allemagne et Lux.	807.000		
	d'Espagne	458.000		
	d'autres pays	92.000	1.410.000 t., soit 10,6 %
Total			13.262.000 t. 100 %

Le commerce extérieur (commerce spécial) s'établissait comme suit :

Années.	Importations. tonnes.	Exportations. tonnes.
1905	2.152.000	1.356.000
1907	2.000.000	2.147.000
1909	1.203.000	3.907.000
1911	1.351.000	6.176.000
1913 (chiffres provisoires)	1.417.000	10.066.000
1916 (—)	627.605	74.561
1917 (—)	507.909	126.533
1918 (—)	143.201	68.346

D'après la destination, les exportations et les importations se répartissaient de la façon suivante :

Exportations (1913).	tonnes.	Importations (1918).	tonnes.
Belgique	5.036.000	Espagne	132.100
Allemagne	4.065.000	Italie	5.780
Pays-Bas	529.000	Algérie	3.350
Grande-Bretagne	424.000	Autres pays	1.971
Divers	12.000		
Total	10.066	Total	143.201

Depuis 1915. le courant d'exportation n'a été maintenu qu'avec un seul pays, la Grande-Bretagne.

La plus grande partie du tonnage expédié aux Pays-Bas passait en Allemagne par Rotterdam et le Rhin.

Le fait qu'en dépit de sa richesse en minerai de fer, la France avait recours à l'étranger, surtout à l'Allemagne et à l'Espagne, provient de la nécessité des mélanges de minerais dans les hauts fourneaux ; le minerai d'Espagne par exemple, plus pur et plus riche, expédié aux usines du littoral et du Nord servant à fabriquer des produits chers.

Situation d'après-guerre.

En 1913, la Lorraine française et la Lorraine annexée avaient produit 40.532.200 tonnes consommées comme suit :

Pays de consommation.	Production	
	Lorraine française	Lorraine annexée
	—	—
France	11.383.694	500.000
Belgique	4.697.164	237.000
Lorraine annexée	814.419	11.177.000
Sarre	221.000	2.812.000
Westphalie	1.002.230	2.910.000
Luxembourg	1.201.351	3.500.000
Grande-Bretagne	69.224	»
Divers	6.848	»
Total	19.396.200	21.136.000

La France devient, pour la production du minerai de fer, la seconde nation du monde et la première nation européenne, ainsi qu'il résulte des chiffres ci-dessous, en prenant pour base les chiffres de 1913 :

États.	Production.	Import	Export.	Consomm.
	(Millions de tonnes).			
Etats-Unis	62.972	2.636	1.059	64.549
France continentale	43.000	1.410	17.500	26.000
Allemagne	8.000	14.019	2.613	37.000
Grande-Bretagne	16.254	7.561	5.235	18.580
Belgique	172	7.084	256	8.500

Autres minerais métallifères.

La France produit également des minerais aurifères, de plomb, d'argent, de zinc, de cuivre, d'antimoine, de manganèse, tungstène, du pyrite de fer, etc.

Or.

La production de quartz et mispickel aurifère a été en tonnes métr. la suivante depuis 1910 :

	Creuse.	Maine-et-Loire.	Mayenne.
1910	29.454	90.481	6.463
1913	39.166	69.569	»
1914	25.351	43.550	»
1915	»	12.977	»

Principales mines exploitées : Saint-Pierre-Montlimart (Maine-et-Loire) 69.570 tonnes de minerai en 1913, La Lucette (Mayenne), le Chatelet (Creuse).

L'importation avait été de 4.441 kilos d'or brut en masses ou lingots en 1918 (23.559 en 1917).

La répartition de la production de l'or dans le monde en 1917 et 1918 s'établissait ainsi :

	1917		1918 (Éval.).	
	Kilogr.	Millions de fr.	Kilogr.	Millions de fr.
Afrique	322.915	1.112	296.790	1.022
Australie	54.085	186	49.299	169
Etats-Unis	126.014	434	103.058	355
Canada	22.980	79	22.100	76
Mexique	13.542	47	13.063	45
Russie	27.083	93	25.816	80
Autres pays	70.728	243	68.521	236
Totaux	637.347	2.194	578.647	1.992

La production de l'or dans le monde s'établit ainsi en 1918 à 578.647 kilogr., représentant une valeur de 1.992 millions de fr., soit une diminution de 58.700 kilogr. et de 202 millions de fr. respectivement sur les chiffres de 1917.

Plomb, zinc, argent.

La production de minerais de plomb et d'argent était en 1913 de 17.081 tonnes, d'une valeur de 3.851.000 fr. Celle de minerai de zinc était de 46.577 tonnes d'une valeur de 4.980.000 fr. Pour ce dernier minerai, les importations en France étaient : 1917, 720.071 q. m., valeur 182.273.000 fr ; 1918, 455.899 q. m., valeur 113.970.000 fr.

Les exploitations les plus importantes étaient les usines de plomb et de zinc des Malines, Rousson et Saint Sauveur (Gard), Pierrefitte (Htes-Pyrénées), Labarre, Corbières (Hérault), Le Bleymard (Lozère).

La production a baissé d'env. 70 p. 100 depuis 1913, le tonnage du Gard tombant de 5.650 t. en 1913 à 1.564 en 1916, celui de la Lozère de 7.749 t. à 5.626 t. en 1916, etc.

L'importation pour l'argent brut en masses ou en lingots avait été de 297.384 kilos en 1918 (667.721 en 1917) ; pour le plomb argentifère, 74.523 q.m. et le plomb non argentifère, 445.962 q. m.

La production de l'argent dans le monde se chiffre ainsi depuis 1910 :

Années.	Kilogr.	Milliers de fr.	Années.	Kilogr.	Milliers de fr.
1910	6.932.828	578.204	1915	5.562.877	444.013
1911	7.019.884	582.444	1916	5.013.197	53.369
1912	6.976.846	660.733	1917	5.100.747	703.964
1913	6.964.318	648.718	1918	5.003.906	795.460
1914	4.996.031	427.253			

Cuivre.

La production de minerai de cuivre était en 1913 de 521 tonnes d'une valeur de 79.000 fr.

Les exploitations les plus importantes étaient les usines de Fosses (Savoie), 209 tonnes en 1913, de Padern et Montgaillard d'Auriac (Aude) et de Tam-Vezzani (Corse).

Antimoine.

La France vient immédiatement après la Chine parmi les pays producteurs de minerai d'antimoine. Production en 1914 : 21.672 tonnes d'une valeur de 2.500.000 fr. Principales exploitations : mines de Rochetréjoux (Vendée) 11.300 t. en 1913 ; Haute-Loire et Cantal, 4.400 t. ; La Lucette (Mayenne), 3.800 t.

Production de 1915 : 11.259 t.; de 1916 : 29.362 t.; de 1917, 33.462 t.

Les importations et exportations ont évolué de la façon suivante de 1912 à 1918 (en milliers de quintaux) :

	Exportations		Importations		
	Minerai.	Métallique.	Minerai.	Sulfuré fondu.	Métallique ou régule
1912	17	26	25	3	»
1913	6	18	52	1.5	»
1914	1	16	51	»	»
1915	»	9	28	»	»
1916	»	29	106	1.8	»
1917	»	15	136	3	5
1918	»	9	20	»	1.8

D'autre part, d'après l'*Annuaire statistique de la France*, la production en milliers de tonnes d'antimoine (régule, sulfure et oxyde pur) s'est répartie ainsi de 1911 à 1915 :

	France.	Serbie.	Chine.	Etats-Unis	Mexique.	Australie
1911	4.8	0.17	7.0	2.0	4.1	1.3
1912	5.4	0.30	13.5	1.8	3.5	2.5
1913	4.5	»	13.0	2.3	2.3	6.2
1914		»	»	2.5	»	7.8
1915		»	»	4.9	»	12.1

Manganèse.

Production en 1913 : 7.732 tonnes de minerai d'une valeur de 214.000 fr.
Principales exploitations : mines de Vielle-Aure (Htes-Pyrénées), 1.068 t. en 1915 et 602 en 1916, de Romanèche (Saône-et-Loire), 1.246 t. en 1913 et 1.157 en 1916, région de l'Allier-Nièvre.

Tungstène.

Production en 1913 : 273 tonnes de wolfram, d'une valeur de 793.000 fr.
Principales exploitations : mines de Vaulry et de Puy-les-Vignes (Hte-Vienne), Fougères (Ille-et-Vilaine), Allier, Corrèze.
La France possède du tungstène sous forme de wolfram.

Étain.

La production française de minerai d'étain est à peu près nulle, quelques tonnes produites par de petites mines de la Creuse et de l'Allier alors que la consommation était de 8.300 tonnes en 1913. Toute la production en métal, d'ailleurs faible, est basée sur les importations, notamment de concentrés boliviens.
Production mondiale en 1913 estimée à 126.606 t. dont 50.928 des États Malais ; en 1917, 120.790 t. dont 39.833 des États-Malais et 25.754 de Bolivie.

Bauxite.

La France occupe une place très importante dans la production des bauxites, dont on extrait l'alumine, matière première de l'aluminium.
Production en 1913 : 309.000 t. sur une production mondiale de 536.000 t.
Principales exploitations : Var, 258.074 t. (sur un total de 309.000 en 1913), Hérault 43.800 t. ; Bouches-du-Rhône et Ariège.
Pyrite de fer. — Production en 1913 : 311.167 tonnes de pyrite d'une valeur de 5.242.000 fr. La presque totalité de l'extraction vient de Sain-Bel (Rhône), qui produisait, en 1913, 269.000 tonnes.
Importations. Sauf pour le minerai de fer (V. p. 478) et le minerai d'aluminium dont elle était exportatrice, la France était importatrice de minerais.
Les importations des minerais ont été les suivantes en 1916, 1917 et 1918 :

	1916	1917 (Tonnes)	1918
Minerai de cuivre	1.591	4.030	427
— de plomb	40.750	36.027	24.128
— d'étain	445	333	50
— de zinc	56.727	36.430	61.356
— de nickel	8.915	5.152	3.289
— d'antimoine	10.697	18.665	2.015
— de manganèse	58.658	77.356	59.296
Pyrites	79.234	49.162	32.101
Phosphates	285.905	134.779	228.926
Sulfate de baryte	5.380	5.290	1.146

Substances diverses.

La France produit en outre des bitumes et asphaltes (249.000 tonnes d'une valeur de 2.445.000 fr. en 1913 dans les centres principaux d'exploitation des bassins d'Autun (Saône-et-Loire) et de l'Aumance (Allier). Le Puy-de-Dôme fournit env. 20.000 tonnes de schiste, qui servent, après grillage, à fabriquer du tripoli et du noir minéral. L'extraction du calcaire asphaltique, dont les produits sont employés soit en mastic, soit en carreaux pour la couverture des trottoirs, soit en poudre pour asphalte comprimé s'effectue dans les départements du Puy-de-Dôme (17.000 tonnes), de l'Ain (6.000 tonnes), de la Haute-Savoie et du Gard.

La mine du Col du Chardonnet (Htes-Alpes) produit env. 1.000 tonnes de graphite.

Deux mines de soufre, dans les Bouches-du-Rhône et le Vaucluse, donnent env. 650 tonnes de marnes imprégnées de soufre, utilisées, après broyage, pour le traitement de la vigne.

Huile de schiste.

Avant la guerre, la France ne produisait pas de pétrole. On avait tenté de mettre en valeur les gisements de schiste bitumeux d'Autun ; jusqu'ici, seuls, ceux des Téleta, dont les schistes varient comme richesse de 7,5 à 8 p. 100, ont fourni des résultats appréciables (103.400 t. en 1917, 90.000 en 1918, donnant env. 8.000 t. d'huile de schiste).

A cette production va s'ajouter l'apport de l'Alsace avec le gisement pétrolifère de Pechelbronn (arr. de Haguenau), ban de 25 km. de long sur 5 km. 5 de large et d'une superficie exploitable de 137 km. carrés. Principales exploitations : Pechelbronn-Merkwiller, Soultz-sous-Forêt, Biblisheim, Durrenbach. La production en huile brute était de 43.176 t. en 1915, 46.911 t. en 1917 et 51.193 t. en 1918. Bénéfices bruts en 1918 : 13.400.000 marks ; bénéfice net par tonne : 258 m. Prix d'extraction de la tonne en mars 1919 : 241 fr. 70.

La France est importatrice d'huiles de schiste ou de pétrole. En 1913, les principaux pays importateurs étaient les Etats-Unis : 1.128.000 hectolitres, la Roumanie 498.000 hectol. et la Russie 357.000 hectol. En 1918, il a été livré à la consommation 2.660.153 hectol. dont 2.567.000 provenant des Etats-Unis.

L'importation en France des huiles de pétrole et de schiste, des huiles de graissage et résidus de naphte ou « mazout » a montré les mouvements suivants depuis 1917 (en quintaux métriques) :

	1917	1918	1919
Huiles de pétrole et de schiste brutes	152.303	879	5
Huiles de pétrole et de schiste raffinées	2.639.320	2.660.768	3.275.878
Essences	5.096.919	6.484.371	4.231.479
Huiles de graissage et autres huiles lourdes	1.729.804	1.577.722	1.472.227
Résidus de naphte	»	»	56.183

Sels.

L'exploitation des mines de sel gemme, des sources et des lacs salés a fourni en 1913, 899.500 tonnes d'une valeur de 11.430.000 fr.

Le département de Meurthe-et-Moselle, où l'on compte 17 mines en activité, entre autres celles de Saint-Nicolas, Rosières-aux-Salines, Saint-Laurent, Flainval, le principal centre avait fourni, à lui seul, 789.000 t. réparties ainsi : sel raffiné, 180.000 t. ; sel brut, 116.000 t. ; sel contenu dans les eaux salées utilisées par les soudières, 494.000 t.

Les trois autres départements salicoles de l'Est : Doubs, Jura et Haute-Saône, avaient produit en 1913, 66.400 t. de sel raffiné ; le groupe du Sud-Ouest : Landes, Basses-Pyrénées et Haute-Garonne, 44.000 t.

Depuis 1913, la production de Meurthe-et-Moselle a été la suivante (en milliers de tonnes) :

	Sel gemme.	Sel en saumure.	Sel raffiné.
1913	116	494	180
1914	68	295	119
1915	11	357	76
1916	33	434	100
1917	63	444	118
1918	115	303	92

Les concessions lorraines qui font retour à la France s'étendent sur 29.000 ha.

Production en 1913 de 75.000 t. de sel raffiné et de 128.000 t. de carbonate de soude Solvay.

L'extraction du sel des eaux de la mer avait produit en 1913, 382.500 tonnes de sel marin, d'une valeur totale évaluée à 6.854.000 fr. L'exploitation avait lieu dans 11 départements, savoir 6 sur le littoral de la Méditerranée et 5 sur les côtes de l'Atlantique, et principalement dans les Bouches-du-Rhône.

Sels de potasse.

Le retour de l'Alsace assure à la France la possession d'un gisement considérable de sels de potasse qui vient fournir à son agriculture un précieux appoint.

En 1904, grâce aux recherches de techniciens et de capitalistes français, ont été découverts en Haute-Alsace, dans le sous-sol de la forêt de Nonnenbruck, à Ensisheim, Bolwiller, Wittelsheim et jusqu'aux portes de Mulhouse, des gisements de potasse dont l'exploitation a effectivement commencé en 1910. En 1913, 17 usines se répartissaient l'extraction des sels de potasse qui s'était élevée, bien que restreinte par le Kali Syndicat, à 40.710 tonnes dont 21.497 tonnes de kaïnite, 12 à 15 % de potasse. De ce débit total, l'Allemagne avait reçu 13.743 tonnes soit 33.8 % et l'étranger 26.967 tonnes, dont les Etats-Unis 12.183 tonnes ou 30 % et la France 10.278 tonnes soit 25.3 %.

Avant cette découverte, le monde entier était, pour les sels potassiques, tributaire des fameuses mines allemandes de Stassfurt (Saxe). Les gisements alsaciens, dont l'importance, d'après les sondages actuels, est évaluée à 1.500 millions de tonnes de sylvinite avec une teneur moyenne de 20 p. 100 de potasse soit au total 300 millions de tonnes de potasse pure, atténueront les effets de ce monopole.

La production pour 1919 est évaluée à 600.000 t. équivalant à 125.000 t. de potasse.

La consommation française d'avant-guerre se chiffrait par 33.000 tonnes de potasse qui étaient fournies par 15.000 t. de sulfate de potasse, 33.000 t. de chlorure de potassium et 70.000 t. de kaïnite et de sylvinite.

Gaz naturel.

Il existait, en 1918, comme principales sources de gaz naturel, celles de Maizières (Côte d'Or) renfermant 5 à 6 p. 100 d'hélium, de Santenay (Côte d'Or) donnant 10 p. 100 d'hélium, celle de Bourbon-Lancy.

Carrières.

La valeur totale de la production des carrières était évaluée en 1913 à 302.843.811 fr.

Les principales substances extraites étaient : matériaux pour ballast et empierrement (16 millions de tonnes d'une valeur de 38 millions de fr.), ciment (1.900 000 tonnes d'une valeur de 50 millions de fr.) ; chaux hydraulique (2.350 000 tonnes d'une valeur de 34 millions de fr.) ; pierre de taille, tendre et dure (2.460.000 tonnes d'une valeur de 35 millions de fr.) ; ardoises (317.000 tonnes d'une valeur de 22 millions de fr.) ; sable et gravier pour mortier ou béton (6.500.000 tonnes d'une valeur de 11 millions de fr.) ; pavés 299.000 tonnes d'une valeur de 10 millions de fr.).

L'INDUSTRIE SIDÉRURGIQUE

La métallurgie française d'aujourd'hui présente une physionomie toute différente de celle qu'elle offrait à la veille du conflit mondial. Trois grands faits ont, en effet, bouleversé sa situation : 1° Les destructions systématiques opérées par les Allemands dans les régions industrielles du Nord et de l'Est : 2° L'installation d'établissements sidérurgiques dans les régions du Centre et du littoral préservées de la menace de l'invasion ; 3° Le retour de l'Alsace et de la Lorraine à la mère-patrie, qui double la production en fonte et en acier.

La fonte.

La production de la fonte était, en 1870, de 1.178.000 tonnes ; elle ne dépassait pas 960.000 tonnes en 1890. En 1900, elle atteignait 2.700.000 t., et en 1913, elle arrivait, doublant en l'espace de 13 années, à 5.207.000 t., suivant, depuis 1900, les variations suivantes :

	En milliers de tonnes.		En milliers de tonnes.
1900	2.715	1911	4.470
1902	2.405	1912	4.939
1904	2.974	1913	5.207
1906	3.314	1914	2.690
1908	3.401	1916	1.488
1909	3.574	1917	1.734
1910	4.038	1918	1.306

Le tableau suivant résume, par région, la production des hauts fourneaux et des fours électriques pendant l'année 1913 :

	Est.	Nord.	Centre.	Sud-Ouest.	Sud-Est.	Ouest.	Total.
				En milliers de tonnes.			
Fonte de moulage (1re et 2e fusions)	768	25	17	78	30	39	937
Fonte d'affinage	189	135	86	50	76	29	565
— Bessemer	»	67	»	43	38	13	161
— Thomas	2.696	679	68	76	»	27	3.546
Fontes spéciales	2	31	»	14	35	»	82
Totaux	3.655	937	171	261	179	108	5.311

Par départements, la production s'établissait ainsi : Meurthe-et-Moselle, 3.588.597 t. ; Nord, 650.212 t. ; Pas-de-Calais, 285.230 t. ; Saône-et-Loire, 108.587 t. ; Loire-Inférieure, 107.281 t., soit près de 80 p. 100 dans les régions envahies ou de la zone de guerre.

La France occupait, pour cette production, le 4e rang dans le monde, ainsi qu'en témoignent les chiffres ci-dessous de la *Fédération Nationale de l'industrie sidérurgique britannique* :

(Pour l'Angleterre et les États-Unis, les chiffres sont en tonnes anglaises de 1.016 kilos : pour l'Allemagne et la France, en tonnes métriques) :

Années.	États-Unis.	Allemagne.	Royaume Uni.	France.
1914	23.332	14.392	8.924	»
1915	29.916	11.790	8.794	»
1916	39.435	13.285	9.048	1.447
1917	38.621	13.142	9.420	1.684
1918	39.052	11.590	9.066	1.306

La consommation s'était élevée en 1913, et sans tenir compte des stocks, à 5.233.000 t., soit 132 kgr, par tête d'habitant, contre 113 kgr. seulement en 1911. Les importations et les exportations avaient montré le mouvement ci-après :

Nature.	Importations.	Exportations.
	tonnes.	tonnes.
Fonte brute	37.100	99.730
Ouvrages en fonte moulée	15.368	35.337
Ferros (ferro-manganèse et ferro-silicium)	17.475	12.941
Totaux	69.943	148.008

Les importations provenaient principalement de Grande-Bretagne (23.000 t.) et d'Allemagne (16.000 t.). Les ferros provenaient surtout d'Allemagne (6.000 t.) et de Grande-Bretagne (3.000 t.).

Les exportations de fonte brute étaient principalement dirigées vers la Belgique. Loin derrière, venait la Suisse.

Pour les trois dernières années, le chiffre des importations de fonte brute (commerce spécial) montre les variations suivantes: 1916, 612.006 tonnes; 1917, 657.022 tonnes; 1918, 375.447 tonnes; celui des ferros: 1916, 9.068 tonnes; 1917, 11.617 tonnes; 1918, 17.564 tonnes.

Dans la production de l'Allemagne en 1913, la Lorraine et le Luxembourg étaient compris pour 6.414.727 t. ou 33 p. 100 de la production totale et la Sarre pour 1.374.534 t. ou 7,1 p. 100. La production lorraine s'élevait à 3.870.000 t., alors que la consommation de cette province n'était que de 2.520 000 t. De ce fait, les exportations françaises pourront être portées à 1.400.000 t.

D'autre part 12 nouveaux hauts-fourneaux ont été construits pendant les hostilités dont 2 de 300 tonnes et 2 de 125 tonnes en Normandie, donnant une production annuelle totale de 600 000 tonnes ; enfin, le développement de la fabrication de la fonte synthétique au four électrique, la vulgarisation de la fonte aciérée donnent des perspectives brillantes à cette industrie.

Les fontes spéciales et les alliages ferro-métalliques.

Les fontes spéciales et les alliages ferro-métalliques sont surtout employés comme additions, soit dans les fabrications les plus courantes (spiegel, ferro-manganèse, ferro-silicium) soit dans l'obtention des aciers spéciaux (ferro-chromes, ferro-tungstènes, ferro-molybdènes, ferro-vanadiums, etc.).

Il est difficile de donner pour ces produits un chiffre de production tant soit peu précis, mais on peut estimer que la consommation française en ferro-silicium, évaluée en alliage à 50 p. 100, a passé de 3.000 tonnes à l'avant-guerre à 9.000 t. en 1918, que celle du ferro-tungstène a passé de 150 à 1.800 t.

Les chiffres du commerce spécial pour les années 1916-1918 montrent d'autre part les variations ci-après (en tonnes métriques) :

	Importations.			Exportations.		
	1916	1917	1918	1916	1917	1918
Ferro-manganèse	5.378	6.359	10.013	1.578	1.288	329
Ferro-silicium	2.845	4.239	5.872	1.043	94	222
Autres	845	1.020	1.679	3.531	1.850	924

Le fer.

La production du fer qui avait été, en 1912, légèrement supérieure à celle de 1911, s'est trouvée, en 1913, inférieure d'env. 23 p. 100 à celle de 1912, accentuant ainsi la baisse générale qui se manifeste depuis plusieurs années, ainsi que le montrent les chiffres suivants, en milliers de tonnes :

1905	670	1910	526
1906	748	1911	518
1907	580	1912	526
1908	550	1913	405
1909	558		

On comptait, en 1913, 76 usines en activité, comprenant 191 fours à puddler, 2 foyers d'affinerie, 1 bas-foyer, 1 usine à foyers catalans, 15 fours à réchauffer et 235 fours à souder.

Suivant la nature des produits obtenus, la production se répartissait comme le montre le tableau ci-après :

MODE DE FABRICATION.	DÉSIGNATION DES PRODUITS. Rails.	Fers et aciers marchands.	Bandages de roues.	Poutrelles et profilés divers.	Tôles et larges-plats.	Fer-machine.	Pièces de forge.	TOTAUX.
	tonnes.	tonnes.	tonnes.	tonnes.	tonnes.	tonnes.	tonnes.	tonnes.
Fer et acier puddlés..	1.586	166.518	62	2.867	12.898	»	458	184.384
Fer et acier affinés au bas foyer......	»	3.349	»	»	»	»	»	3.349
Fer et acier obtenus par réchauffage...	4.619	164.047	22.107	8.615	14.340	2.953	1.558	218.230
Poids totaux .	6.205	333.914	22.169	11.482	27.283	3.953	2.016	405.972

Les principaux départements producteurs étaient le Nord (178.000 t.) ; les Ardennes (72.000 t.) ; la Haute-Marne (29.000 t.) ; les Côtes-du-Nord (22.000 t.).

L'acier.

Produits bruts (lingots).

La production totale des lingots d'acier avait été, en 1913, de 4.635.000 t. L'occupation des départements du Nord et du Nord-Est devait lui porter un coup sensible, ainsi que le montrent les chiffres suivants, en milliers de tonnes :

1907	2.750	1916	1.952
1909	3.021	1917	2.232
1910	3.413	1918	1.808
1913	4.687		

La France venait au 4e rang dans le monde pour la production comme le montrent les chiffres ci-dessous de la *Fédération Nationale de l'Industrie sidérurgique britannique*, en tonnes anglaises de 1.016 kilos pour les États-Unis et l'Angleterre, en tonnes métriques pour la France et l'Allemagne :

	Angleterre.	États-Unis.	Allemagne.	France.
1914	7.835	23.513	14.973	»
1915	8.550	32.151	13.258	»
1916	9.196	42.774	16.183	1.952
1917	9.804	45.061	16.587	2.232
1918	9.551	45.073	14.874	1.912

Les principaux départements producteurs étaient : Meurthe-et-Moselle (2.289.700 t.) ; Nord (943.000 t.) ; Loire (232.700 t.) ; Saône-et-Loire (192.500 t.) ; Pas-de-Calais (148.800 t.).

La production se répartissait ainsi dans les différentes régions :

	Est.	Nord.	Centre.	Sud-Ouest.	Sud-Est.	Ouest.	Total.
	tonnes.	tonnes.	tonnes.	tonnes.	tonnes.	tonnes.	tonnes.
Acier Thomas.....	2.000.000	574.000	63.000	62.000	13.000	23.000	2.985.000
— Martin......	299.000	556.000	415.000	52.000	58.000	160.000	1.540.000
— Bessemer....	»	45.000	»	41.000	35.000	1.000	122.000
— au creuset et au four électrique	»	»	23.000	4.000	11.000	»	38.000
Totaux.....	2.499.000	1.175.000	501.000	159.000	117.000	184.000	4.635.000

Si l'occupation a fait baisser la production de plus de 60 p. 100, la création d'usines nouvelles ou de moyens nouveaux dans les usines existantes et qui se traduisent de la façon suivante :

	Avant 1914.	Depuis 1914.	Total.
Fours à sole	152	103	255
Convertisseurs	100	47	147
Creusets	1.239	898	2.127
Fours électriques	24	21	45

permettent d'espérer que la production française sera augmentée de 900.000 t. environ.

D'autre part la Lorraine avait produit en 1913, 2.286.414 t. d'acier ; sa consommation était estimée à 270.000 t. C'est donc une nouvelle augmentation de production de 2 millions de tonnes à envisager.

Les demi-produits (Blooms et Billettes).

Pour l'année 1913, les chiffres des adhérents du Comité des Forges étaient: blooms : 1.510.000 t. ; billettes : 840.000 t., représentant un total de 2.350.000t.

La répartition de ces demi-produits avait été la suivante :

	Tonnes.
Demi-produits livrés à d'autres usines que les usines productrices	816.000
— transformés par les usines productrices	1.534.000
	2.350.000

Les produits finis.

Le tableau ci-dessous fait connaître, en milliers de tonnes, les quantités d'acier ouvré, en 1913, par nature de produits métallurgiques :

Mode de fabrication	Rails, éclisses, &c lisses, traverses.	Bandages de roues.	Aciers marchands.	Poutrelles.	Profilés autres que les poutrelles.	Tôles et larges-plats.	Fer machine.	Fils.	Pièces de forge, essieux, ressorts projectiles, plaques, etc.	Tubes et tuyaux.	Moulages d'acier.	Fer-blanc.
	En milliers de tonnes.											
Convertisseur acide	58	»	4	»	2	2	»	»	»	»	43	»
— basique	369	23	525	362	146	164	99	6	9	»	»	3
Four à sole	33	45	427	28	45	403	45	65	102	62	56	24
— à creusets	»	»	6	»	»	»	»	»	5	»	»	»
— électrique	»	»	3	»	»	3	»	»	3	»	»	»
Totaux	460	68	965	390	193	572	144	71	119	62	99	27

La production totale en produits finis s'était élevée à 3.186.650 tonnes.

Les usines.

Les établissements sidérurgiques étaient, en 1913, au nombre de 203 et comprenaient environ 89 convertisseurs, 152 fours Martin, 762 creusets et 300 trains de laminoirs.

Les plus importantes usines qui avaient coopéré à la production des lingots étaient celles de Mont-Saint-Martin, Jœuf, Micheville, Homécourt, Neuves-Maisons, Pompey, Frouard (Meurthe-et-Moselle) ; de Denain, Trith-Saint-Léger (Nord) ; du Creusot (Saône-et-Loire) ; d'Isbergues (Pas-de-Calais) ;

de Saint-Étienne, Firminy, Saint-Chamond (Loire); de Trignac (Loire-Inférieure); du Boucau (Landes); de Montluçon (Allier); de Bessèges et Tamaris (Gard).

Les 105 aciéries en activité en 1913 avaient fait usage de 41 convertisseurs acides (Bessemer, Robert, etc.), 59 convertisseurs basiques (Thomas), 152 fours à sole (Martin), 57 fours à creusets (898 creusets) et 24 fours électriques.

32 départements avaient contribué à la fabrication de l'acier fondu ouvré. Les plus importants étaient les suivants :

Meurthe-et-Moselle (env. 1.026.000 tonnes), Nord (849.000 t.), Saône-et-Loire (225.000 t.), Loire (173.000 t.), Ardennes (161.000 t.), Loire-Inférieure (108.000 t.), Pas-de-Calais (102.000 t.), Haute-Marne (76.000 t.), Gard (73.000 t.), Aveyron (66.000 t.), Oise (60.000 t.).

Les importations et exportations.

Le commerce extérieur (commerce spécial) s'établissait comme suit pour les deux années 1917 et 1918, chiffres en tonnes :

DÉSIGNATION DES PRODUITS.	IMPORTATIONS.		EXPORTATIONS.	
	1917.	1918.	1917.	1918.
Aciers en blooms, billettes et barres	1.509.169	932.365	32.087	11.553
Fer ou acier machine	54.093	52.488	»	»
Tôles brutes	265.132	218.295	1.412	2.146
Fils de fer et d'acier	84.896	33.259	1.535	935
Rails de fer et d'acier	121.515	156.248	489	1.000
Fers blancs	45.329	58.219	727	745
Fontes brutes	657.022	375.477	17.433	6.999

Le cuivre.

La France, en 1913, se plaçait, comme consommateur de cuivre, au 3e rang en Europe avec 103.600 tonnes alors que la production de métal brut était seulement de 12.000 t., auxquelles il faut ajouter 2.000 t. provenant des résidus de fonderie.

Les statistiques ne font pas figurer la France comme extrayant du cuivre de son propre sol, cette extraction étant presque insignifiante (521 t. de minerais en 1913).

Le tableau suivant donne les chiffres relatifs à l'importation et à l'exportation du cuivre métallique (Statistiques de l'Admin. des douanes) :

	1913	1915	1916	1918
Importations :	tonnes	tonnes.	tonnes.	tonnes.
De Grande-Bretagne	6.593	4.015	8.529	5.651
Des Etats-Unis	70.223	103.891	152.919	131.020
D'autres pays	18.048	4.094	4.468	15.973
Total des importations	94.861	112.000	165.916	152.644
Exportations	4.402	974	755	392

La guerre a supprimé 95 p. 100 de la production française par suite de l'arrêt des deux principales usines de Givet et de Biache-Saint-Vaast. La production de cathodes, à Givet, était d'environ 1.200 t. par an. Dès la fin de 1914, on s'est mis à l'œuvre.

La guerre a déterminé une augmentation de production du cuivre métal par une meilleure récupération des sous-produits (8.000 t. env.), une augmentation sensible de la production en barres (150.000 t. en 1917 contre 21.500 en 1913) et en planches (171.000 t. en 1917 contre 32.000 en 1913).

L'importation des produits en cuivre ou en laiton a considérablement augmenté tandis que l'exportation baissait d'une manière considérable comme le montre le tableau suivant :

CUIVRES PURS OU ALLIÉS	1914		1918	
	IMPORT.	EXPORT.	IMPORT.	EXPORT.
	tonnes.	tonnes.	tonnes.	tonnes.
Laminé ou battu, en barres.....	155	2.697	7.541	1.198
Laminé ou battu, en planches....	935	4.130	6.595	962
En fils de toutes dimensions.......	1.392	9.207	1.890	1.290
Total	2.482	16.034	15.926	3.450

La production mondiale du minerai de cuivre.

D'après *The Engineering and Mining Journal*, la production du minerai de cuivre dans le monde a été, en 1914, 1915, 1916 et 1917 dans les différents pays, la suivante (en cuivre contenu) :

PAYS.	1914	1915	1916	1917
	en milliers de tonnes.	en milliers de tonnes.	en milliers de tonnes.	en milliers de tonnes.
États-Unis	525	646	880	856
Mexique.......................	36	30	55	43
Canada	34	47	53	50
Cuba	6	8	9	»
Australie	37	32	35	»
Pérou	23	32	41	45
Chili..........................	40	47	66	75
Bolivie	1	3	4	»
Japon.........................	72	75	90	124
Russie	31	16	16	»
Allemagne	30	35	35	45
Afrique	24	27	35	»
Espagne et Portugal	37	35	50	
Autres pays....................	25	25	25	»
Totaux..............	921	1.058	1.394	»

L'aluminium.

Peu d'industries ont connu un essor comparable à celui de l'aluminium. Le jeune métal a été un des grands succès de l'électro-chimie. Il présente, en outre, un double intérêt, c'est qu'une grande partie du minerai consommé dans le monde provient du Midi de la France et que ses applications industrielles sont diverses et de grand avenir.

La matière première est l'alumine qui s'extrait d'un minerai naturel, la bauxite, par un traitement chimique. Les gisements les plus importants de bauxite rouge sont dans le Var, les Bouches-du-Rhône et l'Hérault.

La production mondiale qui était de 2 tonnes en 1880, s'élève à 7.300 t. en 1900 et à 61.000 t. en 1912, dont 18.000 t. pour la France qui se classe au second rang parmi les pays producteurs.

Les chiffres suivants montrent le rapide accroissement de la production française qui se développe après l'application du procédé électrolytique de l'ingénieur Héroult en 1886 :

1902	1.400 tonnes.	1910	9.150 tonnes.
1905	3.000 —	1911	10.000 —
1907	6.000 —	1913	18.000 —

En 1917, la production mondiale s'établissait comme suit :

États-Unis	90.700 tonnes.	Grande-Bretagne	6.000 tonnes.
France	20.000 —	Canada	14.300 —
Suisse	15.000 —	Italie	7.000 —
Norvège	18.000 —	Autriche	5.000 —

Les exportations portaient sur environ la moitié de la production de l'aluminium-métal (66.000 qx. d'aluminium en lingots, battu, laminé, etc., en 1912) et une bonne part de la production de bauxite et d'alumine. Elles étaient principalement dirigées vers l'Allemagne, grosse consommatrice et très faible productrice. L'importation allemande est passée de 3.000 t. d'aluminum en 1905 à 15.508 t. en 1913, dont 6.064 t. venant de Suisse et 4.165 t. venant de France. Ses importations de bauxite montaient de 24.113 t. en 1905 à 38.452 t. en 1913.

La production est assurée par trois grands groupes industriels (Cie. des Produits Chimiques d'Alais et Camargue, Sté. de Froges et Sté. d'électro-chimie) ayant leurs usines d'alumine en Provence et leurs usines de transformation en métal en Savoie et surtout dans la vallée de l'Arc, dénommée le « Val de l'Aluminium ». Les crises de 1900 et de 1907 où le métal atteignit le cours de 1 fr. 30 le kgr. ont poussé les producteurs à s'unir en une entente, constituée en société anonyme dénommée l'*Aluminium français*, dans laquelle les participants sont Alais pour 48,7 p. 100, Froges pour 43,3 p. 100 et l'Electro-Chimie pour 8 p. 100.

La guerre a sensiblement réduit l'activité des mines, en leur fermant d'une part l'exportation, tandis que, d'autre part, les usines de Savoie modifiaient leur outillage pour se consacrer à la fabrication des explosifs. C'est ainsi que la production de l'Hérault a rétrogradé de 41.250 tonnes en 1914 à 30.000 en 1915. L'Union des Bauxites passait de 65.038 tonnes en 1914 à 10.606 en 1915 et 31.468 en 1916. Avec 1917, toutefois, les carrières ont repris quelque activité. L'industrie par contre a fourni un effort considérable par ses livraisons de tôles à l'automobilisme et à l'aviation.

Plomb, Zinc, Nickel, Étain, Antimoine.

La situation de la métallurgie du plomb, du zinc, du nickel, de l'étain, de l'antimoine, en 1913 et en 1920, peut être résumée dans les chiffres ci-dessous (en milliers de tonnes pour la production en métal et la consommation de minerai) :

	Plomb.	Zinc.	Nickel.	Étain.	Antimoine.
Production 1913	30	67	1	1	6
— 1920	120	90	7	2	8
Consomm. de minerai 1913	110	80	3	8	4
— 1920	200	130	5	12	6

La construction mécanique.

La situation, en 1913, des principales branches de l'industrie mécanique peut être résumée sous forme du tableau ci-dessous, qui fait apparaître le déficit de la production française, du moins autant que le permettent les statistiques douanières (valeurs en milliers de francs) :

PRODUITS.	IMPORTATIONS.		EXPORTATIONS.		française en 1913.
	Quantité.	Valeur.	Quantité.	Valeur.	
	tonn.	milliers de fr.	tonnes.	millie de fr.	Plus de
Appareils de force motrice	»	30.000	»	.1.500	100 millions.
Machines-outils, outillage et petit outillage	28.000	52.000	11.200	16.000	65 —
Machines agricoles	34.827	45.275	12.311	14.773	120 —
Cycles	»	»	»	»	40 —
Construction automobile	2.804	19.245	26.26	229.029	45.000 châssis.
Construction aéronautique	Néant.		135	11.800	»
Matériel de chemins de fer	28.301	23.235	6.966	6.715	630 locom. 2.000 voitures. 18.000 wagons.
Matériel des industries minières et métallurgiques	Aucune précision.				
Matériel des industries alimentaires (brasserie, minoterie, sucrerie, distillerie)	»	4.000	»	8.000	44 millions.
Matériel des industries textiles	21.554	22.882	1.86	2.539	20 —
— des industries chimiques	Aucune précision.				
Mchines diverses (imprimerie, machines à coudre, machines à écrire)	12.498	44.765	1.372	5.333	24 —

La situation provenant du fait de la guerre a provoqué les variations suivantes :

PRODUITS.	IMPORTATIONS.				EXPORTATIONS.			
	1916		1919		1916		1919	
	Quantité. t. m.	Valeurs en milliers de fr.	Quantité. t. m.	Valeurs en milliers de fr.	Quantité. t. m.	Valeurs en milliers de fr.	Quantité. t. m.	Valeurs en milliers de fr.
Machines-outils	45.640	280.687	33.337	205.023	1.691	10.405	2.655	16.329
Machines agricoles	19.590	76.403	51.986	202.747	1.363	4.910	2.559	9.359
Matériel de chemins de fer :								
Locomotives	8.324	23.308	22.230	88.923	4.956	16.851	14.833	63.784
Tenders	8.113	1.837	4.676	6.908	783	1.176	7.228	15.342
Wagons	53.514	37.460	211.939	281.687	409	533	4.803	6.369
Cycles	622	3.593	957	11.127	523	4.809	602	5.162
Construction automobile	30.583	276.325	26.990	243.525	6.287	88.538	5.662	81.625
Construction aéronautique	»	»	29	2.253	800	61.427	1.308	27.553
Matériel des industries alimentaires (brasserie, minoterie, etc.)	14.390	27.689	»	»	1.528	3.487	6.527	16.734
Matériel des industries textiles	5.448	12.521	18.383	71.406	440	514	922	2.372
Machines diverses :								
Imprimerie	260	1.040	647	3.237	118	379	276	1.637
Machines à coudre	2.420	7.262	4.390	30.736	88	287	199	1.598
Machines à écrire, etc	344	13.091	737	39.999	44	1.695	74	4.030

L'adaptation à l'industrie mecanique d'un grand nombre d'usines de matériel de guerre permet d'envisager l'augmentation possible de la construction française d'après-guerre à au moins 75 p. 100 de celle d'avant-guerre.

L'industrie automobile.

C'est dans cette industrie de l'automobile que se retrouvent, poussées au plus haut point, les qualités françaises de goût, de solidité et de fini au point de vue technique. L'automobile a d'abord été une voiture de luxe. La crise de 1907-1908 décida les constructeurs à s'orienter vers l'automobile industriel, sans négliger toutefois la clientèle riche. Ils ont été aidés dans leurs recherches par leurs clients. De cette cohésion dans le travail, il est résulté un ensemble de véhicules mis au point et dont on a pu apprécier les qualités dès les premiers jours de la mobilisation.

Nulle industrie n'a eu un développement aussi rapide. En 1893, les fabricants d'automobiles occupaient 2.000 ouvriers pour 500 voitures construites. En 1913, de plus de 500 usines dont 48 pour les châssis, sortaient 30.000 véhicules et occupaient 100.000 ouvriers dont 33.000 pour les châssis. Alors qu'il n'y avait en France, en 1899 que 1.672 véhicules, on en comptait en 1913, 114.633. Les chiffres du commerce général montrent le développement pris depuis 1899 par la fabrication française :

Années.	Exportations. Tonnage.	Exportations. Valeurs en milliers de francs.	Importations. Tonnage.	Importations. Valeurs en milliers de francs.
1899	»	4.259	»	473
1902	»	30.219	»	1.068
1906	»	137.854	»	8.665
1910	18.149	161.878	998	8.884
1913	26.207	229.029	1.513	18.797
1915	5.907	67.936	1.441	118.865
1916	»	95.263	»	243.485
1717	»	40.754	»	361.559
1918	»	5.820	»	192.086

Le tableau suivant résume pour 1913 les transactions (commerce spécial) avec l'étranger :

Désignation	Importation Quantités.	Importation Valeurs.	Exportation. Quantités.	Exportation. Valeurs.
	milliers de qx.	milliers de fr.	milliers de qx.	milliers de fr.
Voitures automobiles	15	12.844	204	183.609
Véhicules industriels	1	619	7	4.630
Carrosserie, châssis, jantes	5	1.086	6	1.200
Phares et générateurs d'acétylène	0,5	682	0.2	343
Totaux	22,5	15.231	217	189.782

Les principaux fournisseurs étaient, pour les voitures automobiles ordinaires : Etats-Unis (5.015 qx.), Grande-Bretagne (3.437 qx.); pour la carrosserie, les châssis, etc.: Grande-Bretagne (4.825 qx.), pour les phares : l'Allemagne (288 qx.).

Les principaux clients étaient, pour les voitures automobiles ordinaires : Grande-Bretagne (60.765 qx.), Belgique (55.790 qx.), Allemagne (17.699 qx.) ; pour les véhicules industriels : Brésil (1.526 qx.); pour la carrosserie : Italie (2.035 qx.).

D'autre part, les exportations pour les colonies s'élevaient à 27.109 qx. valant 23.932.000 fr. dont 23.490.000 fr. de voitures automobiles avec, comme principal client, l'Algérie.

Pendant la guerre, la production a été à peu près complètement arrêtée pour satisfaire aux besoins de la Défense nationale. Les premières, dès novembre 1914, les fabriques d'automobiles ont entrepris la fabrication des obus de 75 et autres et elles représentaient encore, en juillet 1918, env. 25 p. 100 des fabriques de munitions. Elles ont fabriqué également des camions automobiles, des autos-canons, des autos-mitrailleuses, des moteurs d'aviation. Deux d'entre elles se sont enfin spécialisées dans la fabrication des *tanks*. L'outillage et le personnel ont été décuplés.

Cette transformation devait avoir sa répercussion sur les chiffres de production. Néanmoins le nombre de châssis de tous genres livrés à l'armée française ressortait aux chiffres suivants :

1915	9.435 châssis.
1916	17.108 —
1917	24.559 —
1918 (jusqu'à octobre inclus)	14.590 —

Une preuve de la reprise de l'activité est donnée par les chiffres suivants donnant la valeur des exportations au commerce spécial, pour les voitures et camions:

	Octobre	Dix premiers mois
1918	423.000 fr.	3.772.000 fr.
1919	11.794.000 —	43.737.000 —

La production envisagée pour 1920 donnerait un chiffre de 150.000 châssis.

L'industrie aéronautique.

Au 1er août 1914, les maisons françaises s'occupant d'aéronautique, maisons ne disposant que de petits ateliers, étaient au nombre de 94 dont 80 situées dans la région parisienne. Sur ces 94 maisons, 23 se consacraient à la fabrication des moteurs, 34 à celle des aéroplanes.

En 1913, l'exportation représentait pour les aéroplanes 132 tonnes dont 48,5 à destination de la Grande-Bretagne, d'une valeur de 10.062.400 fr., pour les ballons dirigeables, 11 tonnes, d'une valeur de 928.000 fr. ; pour les hydroplanes, 9 tonnes d'une valeur de 796.250 fr. L'importation était nulle.

On connait les modifications apportées par la guerre dans cette fabrication. Le biplan s'est imposé à peu près partout. Le problème le plus important est celui du moteur. En 1914, les plus puissants moteurs d'avions faisaient 100 HP. au banc et le moteur rotatif l'emportait sur les deux autres types fixe et en étoile. Devant la quasi-impossibilité de mettre au point un moteur 200 HP rotatif, l'effort industriel se tourna vers les types fixe et en étoile et les chiffres comparatifs de production pour les années 1914, 1916 et 1918 donnent les résultats suivants :

	1914	1916	30 nov. 1918
Rotatif	556	6.252	6.349
Etoile	138	3.561	5.526
Fixe	200	6.336	29.461
Total	894	16.149	41.336

Les chiffres d'exportation pour les aéroplanes sont, d'autre part, les suivants pour 1914 et 1915 :

	Tonnes.	Valeurs en milliers de francs.	Principaux clients.
1914	123.4	9.378	Gr.-Bretagne. 52 t.
1915	274.6	20.869	Russie. 112 t.

D'autre part, le stock d'aviation était à fin déc. 1918, de 6.398 avions dont 2.240 avions de chasse et 1.920 appareils d'observation, 17.765 moteurs, 45.375 magnétos.

Le total des ouvriers employés à des fabrications de l'aéronautique était passé de 12.650 ouvriers au 1er janvier 1915 à 186.003 au 2 nov. 1918.

La disproportion entre la production de guerre et les possibilités pour le temps de paix oblige la plupart des usines d'aviation à se transformer. Le seul débouché ouvert aux usines de moteurs d'aviation paraît être la petite ou la moyenne mécanique, c'est-à-dire l'industrie du camion ou de l'automobile.

LES FORCES HYDRAULIQUES

La puissance disponible.

On ne pourra connaître, avec une approximation suffisante, la puissance totale dont la France dispose que le jour où on aura achevé l'étude directe de chaque cours d'eau. A titre d'indication, une statistique établie par la Chambre syndicale des Forces hydrauliques en 1908 donne les résultats suivants :

RÉGIONS	Puissance disponible.	
	à l'étiage	en eaux moyennes.
	Chevaux	Chevaux
Alpes septentrionales (Haute-Savoie, Savoie, Isère, Hautes-Alpes)	1.000.000	2.000.000
Alpes méridionales (de la Drôme aux Alpes-Maritimes)	1.300.000	2.600.000
Massif Central, Vosges, Jura	900.000	1.800.000
Pyrénées et reste du territoire	1.400.000	2.800.000
	4.600.000	9.200.000

La France se classerait donc au 2e rang parmi les principaux pays producteurs, après les Etats-Unis (30 millions de chevaux), avant la Norvège (7.500.000 chevaux) et la Suède (6.800.000 chevaux).

Depuis, l'Administration des Travaux publics a publié récemment un premier travail d'ensemble donnant l'évaluation provisoire de la puissance disponible sur les cours d'eau qui relèvent d'elle, c.-à-d. ceux qui sont navigables et flottables. Ce document montre les chiffres ci-après :

NOMS DES BASSINS.	Puissance moyenne pour l'année entière.	Fraction de cette puissance déjà aménagée.
	Poncelets (1)	Poncelets
Bassin du versant de la mer du Nord	20.944	2.926
— de la Seine	28.396	1.662
Bassins secondaires du versant de la Manche	1.520	»
Bassin de la Loire	288.774	6.582
Bassins secondaires du versant de l'Atlantique	21.556	1.997
Bassin de la Garonne	400.024	43.787
— de l'Adour	3.483	1.185
— du Rhône	603.968	97.273
Bassins secondaires du versant de la Méditerranée	39.965	7.740
Usines de faible puissance recensées en 1906 et non comprises dans les tableaux (évaluation)	84.600	84.600
	2.493.252	247.752

La puissance installée.

Les nombres indiqués comme donnant la puissance installée en 1914, au moment de la guerre, varient de 660.000 (Chambre syndicale des Forces hydrauliques) à 800.000 chevaux (différents auteurs). Il est probable que le premier est un peu faible car un certain nombre d'usines ne faisaient pas partie du groupement. En adoptant le chiffre de 750.000 chevaux, on ne doit pas être très loin de la réalité. Cette évaluation ne comprend toutefois que les grandes

(1) Poncelets (100 kgm. par seconde).

usines. L'Administration donnant le chiffre de 1.456.000 chevaux comme représentant la puissance hydraulique totale installée en 1916, les installations laissées en dehors de la première statistique auraient donc une puissance totale voisine de 700.000 chevaux. D'après les statistiques établies par le min. des Travaux Publics pour les cours d'eau navigables et flottables, et par le min. de l'Agriculture pour les cours d'eau non navigables ni flottables, ces 1.456.000 chevaux se décomposaient en :

1.238.000 chevaux sur les cours d'eau non navigables ni flottables.
218.000 — navigables et flottables.

Les premiers comprennent la plus grande partie des moulins ou petites installations ainsi qu'un certain nombre d'usines très puissantes, notamment celles des régions de montagnes qui, établies sur le domaine privé, moyennant une simple autorisation, utilisent plutôt la hauteur de chute que le débit. Les seconds appartiennent, pour 133.000 chevaux, à des usines très puissantes établies sur des cours d'eau de plaine, moyennant une concession de l'Etat, et sont produits plutôt par le débit que par la hauteur de la chute.

Le prix de revient du kilowatt installé variait de 1.000 à 2.000 fr. pour les usines de plaine et de 500 à 1.000 fr. pour les usines de montagnes. Le prix de revient du kilowatt-heure produit à l'usine oscillait entre 1 et 5 centimes (exceptionnellement 0 cent. 8).

Les statistiques en question indiquent enfin qu'environ 1.100.000 chevaux étaient en aménagement ou à l'étude en 1916, c.-à-d. que, d'ici quelques années, la puissance hydraulique aménagée de la France atteindra 2.500.000 chevaux.

Les départements dans lesquels la puissance des chutes d'eau aménagées sur les cours d'eau non navigables ni flottables, en 1916, dépassait 20.000 chevaux étaient les suivants :

Départements	Nombre d'usines installées				Puissance totale	Puissance des usines en installation ou à l'étude
	de puissance 500 chev.	de puissance 500 chev.	de puissance non déclarée	Totaux		
					Chevaux	Chevaux
Ain	640	4	»	644	21.107	8.000
Alpes (Hautes-)	242	6	»	248	77.267	88.250
Alpes-Maritimes	297	6	»	303	20.320	136.500
Ariège	679	12	»	691	67.422	22.600
Isère	1020	52	3	1.076	272.147	48.400
Loire (Haute-)	868	2	1	871	26.050	11.800
Puy-de-Dôme	1.458	3	»	1.461	33.501	4.850
Pyrénées (Basses-)	1.236	1	»	1.237	28.123	32.570
Pyrénées (Hautes-)	691	10	»	701	43.177	101.450
Savoie	843	29	28	900	191.420	192.500
Savoie (Haute-)	814	8	»	822	48.595	.

Des 1.238.000 chevaux équipés sur le domaine privé, 977.000 sont concentrés dans 21 dép. En 1re ligne vient l'Isère avec 272.174 chevaux, puis la Savoie avec 191.420, les Hautes-Alpes avec 77.267 et l'Ariège avec 67.422. Ils s'appliquent à 42.288 usines dont 168 seulement ont une puissance supérieure à 500 chevaux, mais la presque totalité de ces dernières, 158 sur 168, se trouvent dans les 21 dép. en question.

La Savoie semble toujours aussi recherchée puisque 191.420 chevaux y sont déjà aménagés et 192.000 y sont en installation. Par contre l'Isère, avec 272.174 chevaux aménagés n'en compte que 48.000 autres en installation.

Sur les 218.000 chevaux équipés sur les cours d'eau du domaine publi

21 usines seulement représentent 133.000 chevaux, soit une puissance moyenne de 6.300 chevaux par usine. Dans le bassin de la Garonne, 3 usines ont une puissance moyenne de près de 9.000 chevaux; de même les 11 usines du bassin du Rhône. Pendant la guerre, on trouve que 12 usines sont en construction avec une puissance moyenne de 16.000 chevaux et 32 autres, d'une puissance moyenne de 27.000 chevaux, sont actuellement à l'étude.

On estimait l'état des forces installées en 1918 à 1.456.000 chevaux, se répartissant approximativement de la façon suivante :

Distribution de lumière et force motrice.............	725.000	chevaux.
Electro-métallurgie (fer, acier, ferros, aluminium).....	425.000	—
Electrochimie (carbures, produits chlorés et azotés, etc.).	220.000	—
Papeteries et industries diverses....................	51.000	—
Traction des chemins de fer.........................	35.000	—
Total..........................	1.456.000	chevaux.

Pour les deux grandes régions des Alpes et des Pyrénées qui représentent à elles seules 955.000 chevaux sur 1.456.000 soit les 2/3, la puissance hydraulique installée se répartissait ainsi entre les différentes industries :

INDUSTRIES.	PUISSANCE NOMINALE INSTALLÉE.		
	Alpes	Pyrénées	Totaux.
	chevaux.	chevaux.	chevaux.
Force et lumière.................	291.000	180.000	471.000
Métallurgie......................	255.000	18.000	273.000
Electrochimie....................	147.000	13.000	160.000
Traction.........................	16.000	»	16.000
Soieries, papeteries, industries du bois..........................	23.000	3.000	26.000
Chaux, ciments, marbreries, industr. diverses........................	6.000	3.500	9.500
	738.000	217.500	955.500

Les capitaux engagés.

D'après M. A. Pawlowski, les capitaux engagés dans la grande industrie hydro-électrique française s'élevaient, au moment de la guerre, à un total de 696 millions de francs (actions et obligations réunies), se décomposant ainsi :

	Millions de francs.
Force motrice et lumière..	126
Electrochimie et électrométallurgie..................................	100
Traction..	60
	696

Ces données ne concernent que les grandes Sociétés (qui disposaient de 750.000 chevaux) et font ressortir à environ 1.000 francs en moyenne le coût d'établissement d'un cheval. Avant la guerre, 700.000 chevaux étaient en outre utilisés par de toutes petites industries. En admettant même que les dépenses d'installation pour ces petites usines, généralement équipées à peu de frais, n'aient été en moyenne que de 500 fr. par cheval, on a 350 millions de fr. à ajouter aux 696 ci-dessus, de sorte que c'est à *plus de 1 milliard de fr.* que s'élevaient les capitaux engagés dans la mise en valeur de la houille blanche avant la guerre.

D'autre part, entre 1914 et 1918, il aura été mis en service 450.000 chevaux. Aux prix actuels, c'est beaucoup plus de 450 millions de francs qui ont dû être dépensés pour cet équipement, de sorte qu'on peut porter à *plus de 1.500 millions de fr.* le total ci-dessus.

L'effort pendant la guerre.

Entre le début de 1916 et le début de 1918, les chutes dont l'aménagement a été terminé ou entrepris représentent une puissance installée de 850.000 chevaux et une puissance en eaux moyennes de 565.000 chevaux. 120.000 chevaux étaient déjà mis à la disposition de la Défense Nationale à la fin de 1917, 330.000 ont été aménagés en 1918, le reste le sera entre 1919 et 1921.

Les usines terminées ou en construction se répartissaient comme suit :

	Puissance installée. — chevaux.	Puissance en eaux moyennes — chevaux.
Alpes	428.000	295.000
Pyrénées	185.000	110.000
Plateau Central	200.000	126.000
Jura et Vosges	35.000	32.000
Ouest	2.000	2.000
	850.000	565.000

Par industries, la répartition donne : transport de force 308.000 HP., électrochimie 216.000 HP., électrométallurgie 326.000 HP.

L'INDUSTRIE ELECTRIQUE

L'industrie électrique est entrée en possession de la plupart de ses moyens actuels dans les trente dernières années du siècle dernier, à la suite de l'apparition de la machine magnéto-électrique de Gramme, premier générateur industriel de courant électrique. La vigueur de l'industrie électrique française remonte au Congrès de 1881 (unités électriques) et à partir duquel les électriciens de tous les pays se tinrent en relations étroites et le Comité électrotechnique international est devenu l'instrument des accords techniques internationaux.

On ne saurait trop rappeler le rôle prépondérant de la Sté française des Électriciens, créée en 1883, qui fonda successivement le Laboratoire central d'Électricité (1886) et l'École supérieure d'Électricité (1894). Les instituts électrotechniques des universités et les cours et exercices des écoles techniques apportèrent une collaboration efficace à l'œuvre d'ensemble.

On évalue ainsi approximativement la production annuelle de l'industrie française avant la guerre :

Dynamos, transformateurs, appareils de levage actionnés électriquement	100.000.000	de fr.
Appareils et lampes électriques	80.000.000	—
Câbles, fils et matériel de canalisations électriques	40.000.000	—
Appareils téléphoniques, télégraphiques et de précision	26.000.000	—
Accumulateurs, piles, isolateurs et matériels divers pour l'électricité	21.400.000	—
	267.400.000	—

Les ateliers de construction sont répartis dans les régions de Paris, de Lyon, de Belfort, Nancy, Lille, Le Havre et Nantes. La construction dans la région du Nord avait pris un grand développement depuis une quinzaine d'années, spécialement à Jeumont et à Lille. La production des régions longtemps occupées par l'ennemi représentait environ 20 p. 100 du chiffre total. Les capitaux employés dans cette industrie s'élevaient à environ 300 millions de francs.

La production française ne suffisait pas à garantir le marché intérieur contre la concurrence étrangère. Les importations suivaient une marche ascendante (63.811 qx. m. pour une valeur de 30.126.000 fr. en 1910 et 100.976 qx. m. pour une valeur de 38.720.000 fr. en 1913). Le tableau suivant donne pour les principaux articles importés, en 1913, la répartition suivant leur origine (chiffres en qx. m.) :

DÉSIGNATION.		PROVENANCES.				
		Allemagne.	Suisse.	Belgique.	États-Unis.	Angleterre.
Charbons préparés pour l'électricité		5.599	266	»	410	1.646
Lampes à incandescence	Filament de charbon	98	»	»	»	»
	— métallique	536	112	»	»	»
	Sous monture	89	»	»	»	»
Machines dynamos électriques	1.000 kilos et plus	11.583	9.475	2.739	3.426	»
	De 50 à 1.000 kilos	7.965	3.124	2.263	1.072	1.629
	Moins de 50 kilos	1.690	677	»	233	218
Appareils électro et électrotechniques	Avec enroulement de fil métallique isolé	4.357	1.203	576	337	782
	Sans enroulement	2.657	1.191	306	189	894
Bâtis et carcasses de dynamos		»	19	229	»	»
Fils et câbles isolés pour électricité		3.354	76	383	»	238
Induits et pièces détachées d'appareils électriques		7.822	1.276	525	5'5	553
Lampes à arc et pièces détachées		132	»	»	13	10
Aimants		1.248	»	»	»	»
Accumulateurs et pièces détachées		1.015	»	»	58	232
Piles sèches		654	»	»	23	»
Porcelaine électrotechnique		8.044	779	162	»	»
Total		56.848	18.218	7.183	6.331	6.302

Total général, y compris les pays divers, soit : 6.109 quintaux métriques = 100.976 quintaux métriques.

Les importations d'Allemagne représentaient 56,7 p. 100 du total des entrées, celles de Suisse 18,2 p. 100.

Au point de vue exportation, l'industrie française avait, depuis 1909, exporté les quantités suivantes :

En 1909	24.219 q. m.	pour une valeur de 15.294.400 fr.
— 1910	72.930 —	— 24.280.000 —
— 1913	121.058 —	— 42.589.000 —

La répartition des principaux pays destinataires en 1913 est indiquée dans le tableau ci-après (chiffres en quintaux métriques) :

DÉSIGNATION.	PAYS DESTINATAIRES.				
	Belgique.	Zone franches.	Algérie. Colonies et Protect.	Suisse.	Norvège.
Pièces en verre pour l'électricité	»	»	1.063	1.834	»
Charbons préparés pour l'électricité et autres usages industriels	8.695	11.359	207	10.885	9.905
Lampes à incandescence	96	»	274	21	»
Dynamos et transformateurs	2.791	846	5.900	205	871
Appareils électriques	1.130	»	2.038	288	»
Bâtis et carcasses de dynamos	»	»	30	»	»
Fils et câbles isolés	7.406	»	3.525	452	»
Induits et pièces détachées	1.037	»	574	219	»
Lampes à arc	17	»	187	»	»
Aimants	»	»	»	»	»
Accumulateurs et pièces détachées	258	»	904	»	»
Piles sèches	15	»	47	»	»
Porcelaine électrotechnique	207	»	1.322	1.487	»
	21.852	12.205	16.171	13.886	10.87

Si on prend les chiffres de 1913, les importations sont de 100.976 quintaux métriques et les exportations de 121.058 qx. m. D'une part, il entrait en France pour 38.720.000 fr. et, d'autre part, les sorties représentaient 42.580.000 fr.

Depuis la guerre, le chiffre des importations de matériel électrique a subi les fluctuations suivantes :

En 1913		38.720.000 fr.
1914		24.100.000 —
1915	4.587 tonnes.	24.400.000 —
1916	10.655 — .	67.940.000 —
1917	13.281 — .	97.013.000 —

c'est-à-dire qu'après avoir diminué de manière sensible, les importations ont pris avec une intensité accrue par les besoins de l'autorité militaire, dans le domaine surtout de l'électrochimie et l'électrométallurgie.

Les exportations de l'industrie électrique française dans les années 1913, 1914 et 1915 s'élevaient à peu près aux mêmes valeurs que les importations, mais en 1916, le chiffre des exportations est resté à 46.300.000 fr. au lieu de 61.300.000 et en 1917 à 43.174.000 fr. (7.491 tonnes).

L'accroissement de fabrication qui résulte de la production des nouvelles usines créées depuis la guerre peut être estimé à 19.500 tonnes dont 13.000 pour les machines électriques, 2.500 pour l'appareillage, 2.400 pour les fils et câbles.

D'autre part, les magnétos, pour lesquelles la consommation française était de 75.000 pièces environ, dont 90 p. 100 fournies par l'Allemagne, étaient fabriquées en France, au moment de l'armistice, à raison de 12.000 pièces par mois. Cette production a augmenté depuis.

LES INDUSTRIES CHIMIQUES

La situation d'avant-guerre.

L'Allemagne trouvant sur son sol en abondance la houille qui assure le coke, le goudron, l'ammoniaque, les sous-produits tels que le benzol, les colorants, le phénol, la potasse, mère de l'iode, du chlore, et du brome, etc..., ayant un régime fiscal de l'alcool qui lui permet d'utiliser à des prix réduits ce corps précieux, disposant de nombreux techniciens, avec des sociétés puissantes et concentrées, avait créé un monopole mondial à son profit. Dans tous les pays, la production chimique était, plus ou moins, sinon dans la dépendance absolue, du moins sous l'influence directe de l'industrie germanique. En France, en particulier, on était largement tributaire de ces fabrications et les importations étaient passées de 623.372 quintaux en 1902 à 2.553.810 quintaux en 1912 d'une valeur de plus de 60 millions de francs. En outre, le marché était envahi par la création sur le territoire même de succursales ou de filiales des firmes allemandes qui tendaient à évincer les maisons françaises luttant péniblement contre la politique des *cartels* et du *dumping* pratiquée par les sociétés d'Outre-Rhin avec l'appui de leur Gouvernement.

Cependant, en France, des progrès certains avaient été effectués au cours des années qui ont précédé le conflit. De 1909 à 1912, par exemple, les exportations passaient de 88 à 147 millions de francs, la mise en œuvre des forces naturelles, l'emploi progressif de la houille blanche avait développé l'électrochimie. La France était l'un des principaux pays producteurs des chlorates, industrie à laquelle demeureront attachés les noms de Gall, de Montlaur et de Corbin.

Le bilan de l'activité chimique était donc, pour certains produits tout au moins, intéressant, l'industrie pharmaceutique était prospère, mais la plupart des autres fabrications végétaient, sauf celle des engrais phosphatés en plein essor.

La grande industrie chimique.

Acides minéraux. — Avant la guerre, la production des acides minéraux s'élevait à environ : 1.000.000 à 1.200.000 tonnes pour l'acide sulfurique à 58° Baumé ; 12.000 à 15.000 tonnes pour l'acide nitrique à 40° Baumé : 120.000 à 150.000 tonnes pour l'acide chlorhydrique à 20° Baumé et suffisait à couvrir les besoins du pays.

Elle a pris, depuis le début des hostilités, une énorme extension et l'on envisage une production d'acide sulfurique d'environ 2.000.000 de tonnes.

Sur ces 2.000.000 de tonnes, la fabrication de l'oléum qui joue un si grand rôle dans la préparation des matières colorantes et des produits pharmaceutiques, dépasse de beaucoup, dès à présent, 100.000 kilos par 24 heures. Elle sera largement suffisante pour répondre aux demandes, quel que soit leur accroissement. Il en sera de même pour l'acide chlorhydrique ainsi que pour l'acide nitrique dont le tonnage produit atteint aujourd'hui 50.000 tonnes mensuelles. La surproduction, pour ces produits, sera d'autant plus sérieuse qu'il parait difficile de prévoir pour eux un marché d'exportation. Toutes les grandes nations, en effet, ont augmenté leur production dans une proportion dont les chiffres suivants, exclusivement limités à la fabrication de l'acide sulfurique employé par les explosifs, peuvent donner une idée.

	AVANT LA GUERRE.	EN 1916.
Italie	18.000 tonnes.	160.000 tonnes.
Allemagne et Autriche-Hongrie	330.000 —	2.000.000 —
Angleterre	»	800.000 —

Cet accroissement des productions étrangères portera non seulement sur les acides minéraux eux-mêmes, mais aussi sur leurs sous-produits et leurs sels dont, pour certains, notre pays était exportateur.

Alcalis et carbonates alcalins. — Notre pays était, avant la guerre, exportateur de ces produits (14.000 tonnes de soude caustique, 3.000 tonnes de carbonate de soude en 1913). Par suite de la consommation considérable de soude nécessitée par la préparation du phénol synthétique, il a dû faire appel à la production étrangère, mais tout permet de penser que les besoins de paix seront largement couverts, surtout si l'on tient compte de la production de lessive de soude préparée électrolytiquement comme sous-produit de la fabrication du chlore liquide.

Chlore et chlorure décolorants. — La préparation du chlore liquide était restée un quasi monopole pour nos ennemis. Détenteurs des gisements de potasse de Stassfurt, d'Anhalt et d'Alsace, ils obtenaient ce corps par traitement électrolytique des chlorures de potasse avec, comme produit annexe, des lessives de potasse caustique dont le prix de vente relativement élevé abaissait d'autant celui du chlore.

Privés de chlorure de potassium, nos fabricants ont dû, pour répondre aux besoins de l'autorité militaire, électrolyser des saumures de chlorure de sodium. La production journalière atteint aujourd'hui environ 60 tonnes. tonnage près de quatre fois supérieur à celui dont on peut prévoir la consommation après la guerre. On doit conclure de ce fait, sauf le cas de nouveaux emplois imprévus, une importante réduction de fabrication. Il est à craindre, en effet, que notre pays qui, avant de fabriquer le chlore liquide, exportait plus de 12.000 tonnes de chlorure de chaux en 1913, ne trouve son exportation entravée par les accroissements de production des autres nations.

Brome et Bromure. — La fabrication du brome par l'ancien procédé Balard, qui était à l'étude en 1914 et qui, depuis cette date, a été montée en France et en Tunisie, rend dès maintenant notre pays indépendant pour ces produits. Alors que la consommation française était en 1913 d'environ 120 tonnes, sa production atteint maintenant près de 500 tonnes. En outre, la Tunisie possède dans ses *chotts* une réserve d'eaux-mères inappréciable.

Électro-chimie et engrais azotés. — Après celle des acides minéraux l'électro-chimie est une des industries qui ont le plus progressé pendant la guerre. A la fin de l'année 1918, les nouvelles forces hydrauliques équipées atteignaient en France environ 200.000 HP. utilisés en grande partie pour la production du carbure de calcium et de la cyanamide, des nitrates de chaux et de l'acide nitrique.

Calculé exclusivement en cyanamide, cet aménagement correspondrait à plus de 100.000 tonnes contre une production d'avant-guerre de moins de 8.000 tonnes.

La cyanamide et le nitrate de chaux conduisant à la préparation de l'ammoniaque, puis de l'acide nitrique, on conçoit que leur production ait reçu une sérieuse impulsion dans tous les grands pays industriels. Bien plus, on a multiplié non seulement la fabrication du carbure de calcium, mais encore la récupération des sous-produits des fours à coke ou des usines à gaz.

Les Allemands ont ajouté à ces productions d'ammoniaque la synthèse directe par application du procédé Haber qui conduirait, dit-on, à un prix de revient très réduit. Le bruit court même que les Etats-Unis auraient réalisé une synthèse par union de l'azote et de l'hydrogène, dont le prix de revient serait inférieur au précédent et que les chimistes italiens seraient également sur la voie du succès.

Le résultat d'un pareil effort est que, à la fin de la guerre, les différents pays se trouveront en présence d'une formidable surproduction de produits ammoniacaux. Deux chiffres le démontreront. En 1913, l'Allemagne produisait 30.000 tonnes de cyanamide ; elle en fabriquait, en 1918, 400.000 tonnes ; en 1913, le procédé Haber fournissait 30.000 tonnes de sulfate d'ammoniaque, il mettait à sa disposition, en 1918, près de 500.000 tonnes.

Si l'on ajoute à cela que les sous-produits des fours à coke donnent à l'Allemagne plus du tiers de l'ammoniaque qu'elle consomme, on doit en conclure qu'elle produit aujourd'hui le double des produits azotés qu'elle importait avant la guerre sous forme de nitrate du Chili.

La situation est la même aux Etats-Unis où la seule récupération des produits des fours à coke suffit à couvrir la consommation. Quant à l'Angleterre, elle a pareillement multiplié sa production.

L'agriculture française sera-t-elle capable d'absorber les tonnages que les usines de guerre mettront ainsi à sa disposition? La réponse dépendra de l'accroissement plus ou moins rapide de l'emploi des engrais chimiques. En 1913, nous consommions environ 300.000 tonnes de nitrate du Chili (importation, 322.000 tonnes métriques, exportation, 5.000 t., consommation agricole, 275.000 tonnes) correspondant à un emploi à l'hectare, de 8 kilos contre 15 à 18 kilos en Angleterre et en Allemagne.

Le retour de l'Alsace à la France permettra de résoudre la question des engrais potassiques. En dehors de 5 à 6.000 tonnes de sels potassiques : chlorure et sulfate extraits des salins de betteraves, des cendres de varech et des eaux-mères de marais salants, fabriqués dans le Nord, l'Ouest (Bretagne) et le Sud-Est, quantité dont l'utilisation était d'ailleurs plutôt industrielle qu'agricole, la France, comme toutes les nations agricoles du monde, faisait appel au Kalisyndicat allemand pour pourvoir aux besoins de son sol en potasse.

En 1913, la France avait importé d'Allemagne : 51.400 tonnes de chlorure de potassium à 80 p. 100, 15.000 tonnes de sulfate de potasse à 90 p. 100, 70.000 tonnes de kaïnite. Sur ces quantités, il n'était retenu qu'une faible partie pour les besoins industriels (manufactures du verre, des savons, des allumettes, produits pharmaceutiques et photographiques, etc.).

Les gisements de la région de Mulhouse qui avaient donné, en 1913, une extraction exprimée en potasse pure de 40.710 tonnes dont 21.497 tonnes de kaïnite contenant 12 à 13 p. 100 de potasse et dont la production globale a été évaluée à 300 millions de tonnes, constitueront une richesse incontestable et pourront devenir un article d'exportation d'une grande importance.

Si l'on passe à la fabrication des superphosphates, on se trouve en présence d'une industrie très développée avant la guerre, puisque nous produisions et consommions près de 2 millions de tonnes (exactement 1.950.000, soit 60 kilos par hectare de surface cultivée et 85 kilos par hectare de terre labourable) arrivant ainsi au second rang des producteurs, immédiatement après les Etats-Unis sur une production mondiale de 12.500.000 tonnes. Nul doute qu'une importante partie de la surproduction d'acide sulfurique ne trouve son emploi pour la fabrication des superphosphates, dès que les transports de phosphates de notre domaine Nord-Africain seront à nouveau possibles. Mais là encore, tout dépendra de la rapidité avec laquelle se développeront les nouvelles consommations agricoles.

Gaz liquéfiés. — L'utilisation de l'air liquide et des gaz liquifiés a pris un tel développement qu'après la guerre, on peut craindre une superproduction. Elle sera limitée cependant par le fait qu'on se trouve ici sur un terrain neuf, incomplètement exploré, et où l'on peut espérer un accroissement rapide des consommations.

La petite industrie chimique.

Dans ce domaine, l'Allemagne avait pris peu à peu une maîtrise indiscutable. Il faut dire que, pour une importante partie des matières premières telles que la potasse, le brome, le chlore liquide, ainsi que les produits de la distillation de la houille : benzine, toluène, naphtaline, phénol, aniline, etc..., l'industrie française se trouvait nettement en état d'infériorité. Les Allemands avaient, grâce aux gisements de Stassfurt, d'Anhalt et d'Alsace, le monopole de la potasse, du chlore et du brome. D'un autre côté, leur régime fiscal de l'alcool permettait la mise en œuvre de ce corps à des prix fixes et réduits, en même temps que leurs importantes consommations de produits acétiques, particulièrement pour l'indigo, leur facilitaient l'importation à bas prix de ces produits en provenance des Etats-Unis. Là encore, la guerre a apporté la solution cherchée en ce qui concerne le chlore liquide et le brome.

Les matières colorantes.

Le point de départ de la plupart des matières colorantes se trouve dans les corps retirés de la distillation des goudrons de houille ; benzène, naphtalène, anthracène, etc..., auxquels viennent s'ajouter, comme pour les produits pharmaceutiques, la potasse, le chlore et le brome. Pour ces différentes matières, l'Allemagne se trouvait, avant la guerre, beaucoup mieux armée que nous. Elle fournissait les 5/6 des teintures utilisées sur le globe, avec une production totale de 350 millions de fr. et, en 1913, la France avait importé 70 millions pour les produits chimiques et 12 millions pour les teintures.

Aujourd'hui la situation est profondément modifiée. L'industrie française fabrique le chlore et le brome ; les sous-produits de la distillation de la houille sont obtenus en quantités beaucoup plus importantes qu'autrefois, grâce à la récupération des fours à coke et à l'extraction des benzols du gaz d'éclairage qui se sont généralisés, mais de longs mois seront encore nécessaires, avant que les usines nouvelles soient susceptibles de suffire aux besoins.

Bien que l'industrie chimique lyonnaise soit appelée à jouer un rôle de premier plan, il ne faut pas se dissimuler les difficultés de la lutte à engager avec des organismes aussi puissants que les grandes firmes allemandes. On ne doit pas non plus perdre de vue l'influence sur les prix et, par conséquent, sur la productivité des usines françaises, de la création de la *British Dye*, à laquelle le gouvernement anglais a accordé une subvention de 40.000.000 de fr. et de celles des 112 fabriques américaines, représentant un capital d'environ un milliard de francs, qui couvrent aujourd'hui la consommation des Etats-Unis. Il faut enfin tenir compte de l'effort fait dans le même sens par le Japon, qui se propose d'alimenter le marché d'Extrême-Orient, si important pour l'indigo.

Les produits de la distillation de la houille.

La distillation de la houille se développait cependant régulièrement avant la guerre et l'usine des mines de Lens, démontée depuis par nos ennemis, pouvait être citée en exemple. Depuis les hostilités, beaucoup de récupérations de fours à coke ont été installées et si cette industrie est en partie limitée aux tonnages de houille mis à sa disposition, et que la destruction des usines du Nord doit rendre insuffisants pendant plusieurs années, il y a lieu cependant de signaler le développement des exploitations des lignites, des schistes et des tourbes ainsi que la distillation de ces produits.

Les produits de la distillation du bois.

Avant les hostilités, la carbonisation française des bois durs suffisait à alimenter la consommation en produits acétiques. La production du méthylène (3 millions de litres) était seule insuffisante, par suite des besoins des Contributions indirectes pour la dénaturation de l'alcool. Depuis le début de la guerre, les besoins de l'armée en acétate de chaux et en méthylène se sont sans cesse accrus et l'importation devient de plus en plus difficile, puisque les Etats-Unis, qui contrôlent la marche de la carbonisation, ont à alimenter leur marché intérieur ainsi que la Grande-Bretagne, grande consommatrice d'acétone pour ses poudres. Il en est résulté des augmentations d'usines et la création de nouveaux établissements qui sont en fonctionnement depuis le premier semestre 1918. Par suite, on peut estimer que la production française sera doublée.

A cette fabrication de produits pyroligneux vient s'ajouter l'étude de la préparation de l'acide acétique par synthèse, à telle enseigne que l'on peut prévoir une période de surproduction d'autant plus accentuée que toutes les autres nations ont, elles aussi, accru leurs usines de carbonisation.

Quant à la distillation des résineux, elle est très développée dans notre pays où elle fournit facilement les essences de térébenthine et les résines nécessaires à la consommation indigène. Elle exporte, en outre, une importante partie de sa production, et l'on peut espérer qu'elle conservera d'autant plus facilement sa place sur les marchés étrangers qu'on étudie les moyens d'y adjoindre la carbonisation en vases clos des branchages et des souches, en vue de la préparation du goudron, des huiles et des produits acétiques.

Distillation des pétroles.

Pour les pétroles, la situation est, à peu de choses près, la même en France et en Allemagne, les deux nations étant l'une et l'autre importatrices, sauf cependant pour les gîtes pétrolifères de Peichelbronn (Alsace) qui sont rentrés dans le territoire national (v. p. 481).

Extraits tinctoriaux et tannants.

Cette branche de l'industrie chimique était, avant la guerre, largement xportatrice, ainsi que l'indiquent les chiffres suivants :

EXTRAITS EXPORTÉS.	1913	1914
Quebracho	10.008 tonnes.	10.086 tonnes.
Châtaigniers, etc	120.523 —	74.610 —

Les besoins considérables de l'autorité militaire ont exigé d'elle un effort d'autant plus grand que les arrivages des bois exotiques étaient irréguliers et l'exploitation des châtaigneraies françaises plus difficile. Elle a aussi profité de la guerre et de la pénurie de colorants artificiels pour développer sa fabrication des matières colorantes végétales.

Tout permet donc d'espérer que la situation d'après guerre ne sera pas, de ce côté, inférieure à ce qu'elle était avant les hostilités.

Couleurs minérales, laques et vernis.

C'est une des industries chimiques qui, pour un grand nombre de ses fabrications, doit retrouver au lendemain de la paix un marché normal. Indépendante pour la plupart des matières qu'elle met en œuvre, soit qu'elle les trouve dans notre sol ou qu'elle soit à même de les importer au même titre que ses concurrents, elle a moins souffert que beaucoup d'autres d'une crise de surproduction et elle doit, au contraire, bénéficier des besoins nombreux qui naîtront de la reconstitution des pays envahis.

Savonnerie, stéarinerie, huilerie, cires.

Avant la guerre, les usines française de stéarinerie utilisaient divers procédés de fabrication : saponification calcaire sous pression, saponification acide avec distillation, hydrogénation. Dans l'ensemble, elles fournissaient 30.000 t. d'acide stéarique, 35.000 t. d'acide oléique et 6.300 t. de glycérine.

Pour cet objet, étaient importées 50.000 tonnes de suif et de graisses et 22.000 tonnes d'huiles coloniales ou étrangères. Par contre, nous exportions des graisses et suifs destinés à la fabrication de corps gras comestibles.

Mais la réduction du tonnage maritime a placé la plupart des usines dans une situation difficile. Une partie des graines oléagineuses ou des huiles d'importation s'est trouvée détournée des ports français et dirigée sur les places anglaises où les fabrications ont pris un développement considérable. Les importations de savons passaient de 2.266 tonnes en 1913 à 7.640 t. en 1915 et 7.012 t. en 1918, abstraction faite des savons de parfumerie ; les exportations, de 36.575 tonnes en 1913 à 12.448 en 1918.

Il est donc à craindre que cette industrie ne se trouve, dans l'avenir, en concurrence directe avec les productions anglaises et qu'il en résulte, tout au moins pour un temps, des réductions de fabrication.

Par voie de conséquence, les marchés d'exportation des glycérines se trouveront fermés, d'autant plus que les Etats-Unis et le Japon ont largement accru leurs productions.

Colles et gélatines.

Indépendante des marchés allemands en ce qui concerne les produits mis en œuvre, cette industrie est cependant une de celles que nos ennemis ont essayé d'absorber partiellement par rachat ou fusion. Les industriels français sont parvenus à se libérer de l'emprise allemande. Il est probable que, de ce fait et grâce à une protection douanière suffisante, cette branche de l'industrie chimique pourra maintenir sa vitalité.

Matières plastiques et industries similaires.

Les usines françaises, dont la fabrication du celluloïd atteignait, avant la guerre, 15.000 tonnes environ, ont apporté un appoint sérieux à la défense nationale en développant leur production de nitro-cellulose. On peut craindre de les voir traverser, immédiatement après les hostilités, une période difficile de surproduction, accrue encore par le fait que certains producteurs d'acide nitrique chercheront à utiliser une partie de leur excédent d'acide pour la nitration de la cellulose, et surtout par l'incertitude qui règne au sujet des facilités d'importation du camphre du Japon où la fabrication des matières plastiques a pris un certain développement.

Une situation analogue se présentera pour la préparation des acétates de cellulose, dont la production a été considérablement développée pour répondre aux besoins de l'Aviation militaire, aussi bien dans notre pays que chez nos alliés et nos ennemis.

Quant aux soies artificielles, il n'y a aucune raison de penser que leur fabrication doive diminuer, bien au contraire.

Explosifs.

La fabrication des explosifs a été portée à un niveau qu'on n'entrevoyait pas. C'est ainsi que d'après le *Chemical Trade Journal*, cette production s'est élevée de 15 tonnes par jour en juillet 1914 à 80 à la fin de l'année, 150 en 1915, 750 au printemps de 1916, 1.000 à la fin de 1916.

Beaucoup d'établissements anciens s'agrandirent ou perfectionnèrent leur matériel; d'importantes usines nouvelles furent créées : fabriques de phénol, de mélinite, de chlore liquide, d'acide oxalique, de soude, de chlorure, de chaux, de bisulfite de soude, de blanchîments, de coton et de pyrotechnie. L'activité fut particulièrement grande dans la fabrication de l'acide sulfurique, produit indispensable à la production non seulement des engrais, mais aussi des explosifs, de la poudre.

D'autre part, le tableau suivant, extrait d'une publication récente et indiquant la production des explosifs dans les principaux pays, donnera une idée du développement de cette industrie :

	AVANT-GUERRE.	1915	1916
	tonnes.	tonnes.	tonnes.
Angleterre	18.000	120.000	200.000
Allemagne	60.000	360.000	540.000
France	15.000	160.000	300.000
Italie	3.500	15.000	45.000
Etats-Unis	8.000	100.000	160.000
Russie	6.000	60.000	100.000
Japon	4.000	50.000	90.000
Autriche-Hongrie	5.000	»	»
	119.000	865.000	1.435.000

Ce matériel restera-t-il inutilisé? On peut prévoir son emploi pour des fabrications de paix, sans que l'on puisse dès maintenant déterminer quels marchés seront influencés par ces fabrications.

Les industries de fermentation.

Qu'il s'agisse de fabrication d'alcool ou de sucre, la surproduction n'est pas à craindre puisqu'il y aura lieu à reconstruction de toutes les distilleries ou sucreries détruites par l'ennemi. On peut même envisager un développement considérable des distilleries, si l'emploi de l'alcool trouve un écoulement chaque jour croissant pour le chauffage, l'éclairage et la force motrice et s'il apporte une solution, tout au moins partielle, à la question si difficile du transport des essences de pétrole.

Les produits pharmaceutiques.

Les produits pharmaceutiques ont vu leur production augmenter dans de fortes proportions, de même que les nécessités de la guerre ont obligé l'industrie nationale à assurer la fabrication de tous les remèdes connus.

Pour les remèdes d'origine minérale, la France n'était que dans une faible mesure tributaire de l'Allemagne; elle était même exportatrice pour certains d'entre eux. Dans cet ordre de fabrication, les produits français dérivés de l'iode, du bismuth, du mercure, de l'arsenic, du glycéro-phosphate, etc. jouissaient déjà d'une réputation mondiale. En ce qui concerne les médicaments organiques, la France n'était pas moins bien placée pour la fabrication des alcaloïdes : quinine, morphine, cocaïne, spartéine, théobromine, codéine; la quinine était depuis longtemps fabriquée en France où cette industrie est née.

La parfumerie.

La parfumerie constituait un élément important dans le commerce d'exportation (150 millions de francs par an). (V. *Industries de luxe. Parfumerie*).

LE PAPIER

La France comptait, en 1913, parmi les pays les plus importants producteurs et consommateurs, comme le montre le tableau suivant :

Pays.	Bois employé (mètres cubes).	Pâte de bois (en tonnes).	Cellulose (en tonnes).	Consommation de papier (en tonnes)
Etats-Unis	10.500.000	2.600.000	1.600.000	»
Allemagne	2.500.000	600.000	600.000	1.400.000
Angleterre	»	»	»	1.215.000
France	500.000	90.000	»	560.000

Le chiffre global des échanges en 1913, soit 291.140.994 fr., présentait une forte augmentation comparativement à 1912. En effet, pour cette dernière année, il était de 254.551.268 fr. La différence en faveur de 1913 était donc de 36.589.726 fr.

Pour les importations qui s'élevaient à 108.789.632 francs en 1913, alors qu'elles avaient été de 100.011.741 francs en 1912, la différence ressortait à 8.789.632 francs.

Quant aux exportations, elles avaient été de 154.539.527 francs en 1912, et elles montaient à 182.351.362 francs en 1913, d'où une différence, en faveur de cette dernière année, de 27.811.835 francs.

L'industrie papetière comprend plusieurs centres d'usines très nets, quoique diversement importants : Angoumois, Ardèche, Limousin, Vosges, Dauphiné, région de Paris, et un nombre considérable de papeteries disséminées dans toutes les régions. C'est que la papeterie a conservé, en grande partie, son caractère familial et individualiste d'autrefois. On comptait, en effet, en 1913, 344 usines, 521 machines, 141 cuves. Sur ce nombre, 39 exploitations n'avaient pas de machine continue, fabriquant soit des papiers à la cuve, soit des cartons avec des machines discontinues ; 153 exploitations avaient une seule machine à papier ; 78 exploitations deux machines à papier ; 30 exploitations avaient trois machines à papier ; 25 exploitations avaient de 4 à 8 machines à papier ; 4 exploitations seulement avaient plus de 10 machines.

On estime à environ 48.910 tonnes, les besoins mensuels de la papeterie, en comparant les divers éléments de l'approvisionnement comme s'ils étaient employés à la production d'un papier unique, se répartissant ainsi, après déchet :

	Quantités.		Pour 100.
Chiffons	2.316	tonnes env.	5
Vieux papiers	17.258	—	35
Celluloses chimiques	12.215	—	25
— mécaniques	10.834	—	22
— d'alfa, paille	287	—	0,5
Paille de seigle	3.000	—	6,5
Matières minérales	3.000	—	6
Total	48.910	tonnes.	100

Le chiffon ne rentre plus que pour 5 p. 100 dans ce total, alors qu'il y a 60 ans, il entrait pour à peu près la totalité dans les papiers autres que les papiers paille. Il a été remplacé partiellement d'abord par la paille chimique indigène, puis par le bois mécanique (1865), enfin par le bois chimique (vers 1880). Si la quantité de papier produite en France a augmenté considérablement, ce sont surtout les succédanés (cellulose et vieux papiers étrangers) qui en ont fourni les éléments, si bien que les entrées ont atteint en 1913 :

En pâtes mécaniques	2.594.489	quintaux métriques.
— chimiques	2.054.995	—

L'Allemagne et l'Autriche-Hongrie rentraient dans ces chiffres pour 263.360 qx. m. pour les pâtes mécaniques et 655.973 qx. m. pour les pâtes chimiques, soit plus du quart pour cette dernière catégorie. La majeure partie de ces pâtes était fournie par la Suède, la Norvège. La Russie, la Finlande, la Belgique et la Suisse formaient l'appoint.

En 1915, les quantités importées de Suède et Norvège, du Canada et de la Suisse avaient été :

En pâtes mécaniques............................ 1.710.570 quintaux métriques.
— chimiques .... 1.135.745 —

Soit 70 p. 100 de l'importation de 1913. Comme la fabrication journalière était estimée à env. 2.000 tonnes et qu'elle était tombée à 1.600 tonnes en 1917, la réduction est à peu près dans la même proportion. Les vieux papiers, qui venaient en quantité considérable (8.000 tonnes par mois) d'Angleterre, ont été l'objet d'une prohibition de sortie qui a jeté un nouveau trouble dans la fabrication. Les importations de cellulose ont présenté depuis 1916 les variations suivantes, en milliers de quintaux métr. :

	1916	1917	1918	1919
Pâtes mécaniques	2.132	887	1.486	1.611
— chimiques	1.495	716	1.052	1.067

Valeur totale des importations en 1918 : 240 millions de francs.

Des sociétés importantes se sont occupées de la fabrication de l'alfa d'Algérie, expédié jusqu'ici à peu près exclusivement en Angleterre (1.042.179 qx. m. en 1913 contre env. 7.000 en France) ; une autre, à Bourges, travaille la pâte de paille chimique. D'autre part, des essais avec différentes fibres coloniales, bambou du Tonkin, raphia de Madagascar, mil du Sénégal, ont donné des résultats très encourageants. Ces recherches, le développement des forces hydrauliques et de l'industrie chimique, permettent d'espérer que la proportion des matières premières demandées à l'étranger, qui était, avant la guerre, de près de 50 p. 100, sera diminuée.

Le livre et les imprimés.

La situation du commerce extérieur français des livres et imprimés était particulièrement favorable avant la guerre. Les exportations avaient progressé plus rapidement que les importations et leur étaient supérieures de 112 p. 100 (132.590 quintaux aux exportations contre 62.537 quintaux aux importations pour l'année 1913). Avec la guerre, cette situation s'est modifiée, atteignant les chiffres les plus bas avec l'année 1918, ainsi que le montre le tableau suivant :

	1913	1918	1919
	En milliers de quintaux.		
Livres en langue française	38.748	11.451	21.485
— langues étrangères	4.799	4.251	3.280
Périodiques	51.996	12.147	34.780
Gravures et lithographies	4.586	812	3.782
Imprimés non dénommés	31.337	6.696	9.765
Musique	767	340	621
Cartes de géographie	357	37	57
Totaux	132.590	35.734	73.770

Cette exportation se répartissait de la façon suivante pour les principaux clients :

	1905	1913	1915
Belgique	29.250 qm.	56.047 qm.	316 qm
Grande-Bretagne	9.907 —	13.554 —	7.232 —
Suisse	4.446 —	6.245 —	3.118 —
Allemagne	5.301 —	8.119 —	

Venaient ensuite (chiffres de 1913) ; l'Italie (3.217 qx.), les Etats-Unis (2.957 qx.), le Canada (2.927 qx.), l'Argentine (2.811 qx.), le Brésil (1.942 qx.), l'Espagne (1.810 qx.), la Turquie (1.403 qx.) et l'Egypte (1.247 qx.).

Proportionnellement au nombre de leurs habitants, les pays se classaient dans l'ordre suivant, le chiffre qui suit le nom du pays représentant le nombre de grammes de matières imprimées françaises reçues dans la moyenne des 10 dernières années par chaque habitant : Belgique (472 gr.), Suisse (130), Rép. Argentine (55,4), Canada (25,2), Chili (23,9), Grande-Bretagne (23,3), Colombie (12), Allemagne (11,1), Brésil (10,4), Turquie (8,5), Espagne (8,3), Italie (6,6), Egypte (4,8), Etats-Unis (3).

Les importations s'étaient réparties comme ci-après pour les 3 années 1905, 1913 et 1918.

	1913	1918	1919
	En milliers de quintaux métr.		
Livres en langue française	17.981	7.192	9.372
— langues étrangères	3.666	2.790	3.408
Périodiques	23.310	15.584	15.182
Gravures, lithographies	6.778	1.930	2.824
Imprimés non dénommés	8.157	1.525	2,920
Musique	2.348	236	303
Cartes de géographie	297	27	30
Totaux	62.537	29.284	33.939

Les principaux fournisseurs étaient :

	1905	1913	1918
	—	—	—
llemagne	15.051 qm.	22.117 qm.	» qm.
Belgique	7.760 —	13.020 —	14 —
Grande-Bretagne	5.310 —	12.200 —	16.940 —
Suisse	1.305 —	2.035 —	3.855 —

Les importations les plus importantes et celles dont la progression avait été la plus rapide avant la guerre étaient cell:s de livres en langue française de Belgique (livres religieux principalement), de Grande-Bretagne (collections bon marché). Le livre en langue française importé d'Allemagne passait de 1.776 qx. en 1905 à 3.643 en 1913 ; l'importation des ouvrages musicaux avait décuplé en moins de dix ans (707 qx. en 1905 et 9.047 qx. en 1913) ; les romans populaires et publications diverses ainsi que les journaux de modes en langue française représentaient une part importante dans ces importations. Par contre, les gravures et lithographies, qui avaient obtenu une protection douanière relative, voyaient leurs importations tomber de 7.575 qx. en 1905 à 3.262 en 1913.

Les industries du caoutchouc.

La France est un des principaux pays consommateurs de caoutchouc. La consommation de ce produit a plus que doublé durant les dix dernières années, passant de 4.544 tonnes en 1906 à 9.647 tonnes en 1915. On estime qu'elle a atteint 20.000 tonnes en 1918. La France se classerait donc au 3e rang des principaux pays consommateurs, après les Etats-Unis (175.000 t.), la Grande-Bretagne (25.980 t.), avant l'Italie (9.000 t.).

En 1907, la production mondiale du caoutchouc était de 69.000 tonnes, principalement en caoutchouc de cueillette ; mais, après 1910, il s'est produit une augmentation sérieuse dans la production du caoutchouc de plantations et, en 1913, la production mondiale dépassait 100.000 tonnes pour la première fois, augmentant graduellement et atteignant 256.976 tonnes en 1917, dont 204.348 tonnes de sortes plantations.

L'énorme accroissement de la production de caoutchouc cultivé et la réduction de la production de caoutchouc de cueillette ressort clairement de la statistique suivante :

	Plantations.	Forêts.
1908	1.800 tonnes.	68.000 tonnes.
1910	3.200 —	62.300 —
1911	14.419 —	60.730 —
1912	28.518 —	70.410 —
1913	47.618 —	60.822 —
1914	74.380 —	49.000 —
1915	107.877 —	50.015 —
1916	152.650 —	48.948 —
1917	204.348 —	52.628 —
1918	200.000 —	41.000 —
1919 (éval.)	260.000 —	34.000 —

Lorsque la production du Brésil est restée stationnaire, celle des caoutchoucs sauvages des autres parties du monde (Amérique centrale, Mexico, Congo, etc.) a baissé de plus de la moitié, au point que cette production est tombée de 68.000 tonnes en 1907 à 52.000 tonnes en 1917. Quant au caoutchouc cultivé, il a progressé, pendant la même période, de 1.000 tonnes à 204.348 tonnes.

La production mondiale pour 1919 a été estimée à environ [illegible].000 tonnes dont 221.000 tonnes de plantations de Malaisie et 4[illegible].000 t. de forêts.

En ce qui concerne plus particulièrement les sortes des colonies françaises, les exportations de 1917 ont été d'environ :

Plantations de Cochinchine (c. sylvestre et cultivé)...	931 tonnes.
Soudan (c. sylvestre)...	1.114 —
Congo Noir. (c. sylvestre)... Congo Rouge. — ... Congo des Herbes. — ...	2.996 —
Madagascar...	32 —

L'Indo-Chine a commencé, à partir de 1913, à fournir de l'hévéa de plantation. Ses exportations ont passé de 195 tonnes en 1914 à 931 t. en 1917. La production pour 1920 est évaluée à 4.300 t. par l'administration locale.

La consommation française paraît avoir été, pour 1918, d'environ :

Para et sortes du Brésil...	4.500 tonnes.
Plantations d'Extrême-Orient...	13.000 —
Sortes africaines des colonies françaises...	2.500 —

Les principaux centres de transformation du caoutchouc sont Paris, Montargis, Lyon, Marseille, Clermont-Ferrand.

Les chiffres du commerce spécial montrent pour les années 1916, 1918 et 1919 pour les principaux articles importés :

DÉSIGNATION DES ARTICLES.	1916	1918	1919 (prov.)
		Quintaux métriques	
Chapes, chambres à air, bloc-bandages pour roues...	18.503	7.114	71.395
Courroies, tuyaux, clapets...	12.029	11.151	18.229
Chaussures en caoutchouc...	3.442	4.918	5.195
Vêtements confectionnés...	1.590	1.000	3.201

Les principaux articles d'exportation étaient :

DÉSIGNATION DES ARTICLES	1916	1918	1919 (prov.)
		Quintaux métriques.	
Chapes, chambres à air, bloc-bandages pour roues	45.978	28.345	85.172
Courroies, tuyaux, clapets	7.633	3.093	18.368
Articles confectionnés en tissu caoutchouté	1.295	11	153
Vêtements confectionnés	895	6.178	2.561

Les principaux acheteurs étaient en Europe : la Grande-Bretagne, la Belgique, la Suisse et l'Italie ; les articles français avaient également pénétré sur les marchés sud-américains et les exportations à destination du Brésil et de l'Argentine tendaient à augmenter sensiblement.

Aussi les industries françaises du caoutchouc apparaissent-elles comme un des facteurs de la prospérité commerciale du pays.

LES INDUSTRIES TEXTILES

Avec les industries d'alimentation, les industries textiles sont parmi les plus importantes qui soient. La valeur des produits manufacturés par ces industries a été estimée pour le monde entier à plus de 50 milliards, se décomposant ainsi :

CONTINENTS	Consommation en produits textiles.	Par tête d'habitant et par an.
	en millions de francs.	en francs.
Europe (y compris Russie et Turquie d'Asie)	24.824,5	47.40
Amérique	13.787,0	23.75
Asie	11.493,75	12.70
Australie	629,375	
Afrique	1.600	7.55
	51.485,625	

D'autre part, M. Grandmongin, dans l'*Essor des Industries chimiques en France*, estime la valeur des produits textiles divers susceptibles d'être colorés, à 40 milliards. Si les premiers chiffres paraissent sujets à caution, notamment pour l'Asie, l'Australie et l'Afrique, ceux indiqués pour les grandes nations industrielles paraissent pouvoir être adoptés. Ce sont les suivants :

PAYS.	Consommation globale en produits textiles.	Par tête d'habitant et par an.
	en millions de francs.	en francs.
États-Unis	10.685	106,85
Allemagne	5.155,5	78,65
Angleterre	3.955,2	82,40
France	3.312,0	82,80

Les trois textiles essentiels sont : le coton, la laine et la soie et, pour ces matières premières, les nations européennes dépendent totalement de l'étranger. Il est facile de s'en rendre compte par le tableau suivant qui a rapport au coton :

PAYS.	Production du coton.	Importation du coton.	Consommation du coton totale par tête d'habitant.	
	en tonnes.	en tonnes.	en tonnes.	en kgrs.
États-Unis	3.208.310	»	1.192.300	11.92
Allemagne.......	»	630.644	384.245	5.49
Angleterre.......	»	988.320	302.281	6.3
France	»	329.136	250.000	6.25

Comme on peut le voir par ces chiffres, il y a une grosse différence entre la consommation indigène d'un pays et les quantités manufacturées dans ce même pays. L'Angleterre, notamment, transforme dans ses usines près du double de sa consommation, mais elle exporte ensuite le surplus comme filés ou comme tissus.

L'industrie textile américaine a, d'autre part, pris un développement gigantesque pendant les dernières années. Sur une récolte moyenne de 11 millions de balles, il ne reste que 3 millions de balles environ à la disposition des autres pays. Les Indes ont une consommation de plus de 2 millions de balles, en partie couverte par la production du pays.

Pour la laine, il en est de même que pour le coton ; la production indigène des nations européennes est infime à côté de leur consommation :

PAYS.	Production de la laine.	Consommation de la laine	
		globale.	par tête d'hab.
	tonnes.	tonnes.	en kgrs.
États-Unis	139.524	214.000	2.14
Allemagne	20.000	214.000	3.06
Angleterre	70.000	327.000	7.62
France	35.000	189.000	4.72

Il faut signaler, d'autre part, que les industries textiles de ces nations ne travaillent pas seulement pour la consommation indigène mais qu'elles sont exportatrices au premier chef. L'importance de leur fabrication en coton seulement ressort des chiffres ci-après pour 1920 :

PAYS.	Broches de filature pour coton.	Métiers à tisser pour coton.	Machines à imprimer.
États-Unis	31.529.000	633.000	450
Allemagne	11.405.000	230.000	350
Angleterre	55.971.500	750.000	1.200
France	7.400.000	110.000	100
Mondiale	145.000.000		2.500

La production mondiale de fils de coton s'établissait de la façon suivante en 1912 :

	Quantités en tonnes	Pourcentage
Europe continentale..................................	1.475.000	37,0
Amérique (État-Unis, Canada, Brésil, Mexique)........	1.035.000	31,0
Grande-Bretagne......................................	837.500	29,0
Japon..	312 000	7,0
France...	197.500	5,0
	3.857.000	100.0

Plus particulièrement, la France avait importé en 1913 et en 1918 en matières végétales textiles, mises en consommation :

MATIÈRES.	QUANTITÉS.		VALEUR.	
	1913	1918	1913	1918
	milliers de tonnes	milliers de tonnes.	milliers de francs.	milliers de francs.
Coton	329	142	578.494	715.555
Jute	122	9.7	73.339	5.662
Lin	112	7.0	117.092	31.530
Phormium, tenax, etc.	32	25	16.254	51.571
Chanvre	20	15.5	27.180	2.852
Ramie	»	1.1	806	
Fils de coton	4	20.2	33.337	154.088
— de lin, chanvre et ramie	»	2.6	7.111	37.842
— de phormium, tenax, etc.	5	14	7.570	21.052
Ficelles et cordages	»	1.3	483	6.533
Fils de jute	»	0.7		721
Tissus de coton	14	39.9	56.474	446.111
— de jute	28	21.5	14.662	29.972
— de lin et chanvre	5	5.4	10.186	43.096

Au total un paiement fait par la France de plus de 945 millions de fr. en 1913 et de 1.540 millions en 1918 pour ses achats au dehors.

Au cours de la même année (1913), l'agriculture avait produit 33.264 tonnes de filasses textiles dont 21.971 tonnes en provenance du lin et 11.293 tonnes en provenance du chanvre, pour une valeur de 34.222.508 fr.

La France importait le jute des Indes anglaises, le coton des États-Unis, de l'Égypte et des Indes ; le lin, de Russie et de Belgique ; le chanvre, d'Italie et de Russie ; la ramie, de Chine et les végétaux filamenteux, phormium, tenax, abaca, d'Australie, des Etats-Unis, enfin de ses colonies, Algérie et Madagascar.

L'occupation par les Allemands de la vallée linière de la Lys, les arrivage, de coton réduits du fait des transports de céréales puis de l'armée américaine le jute des Indes se faisant de plus en plus rare, l'interdiction par la Russie, à partir du 13 sept. 1917, de toute exportation de lin par Arkhangel ont rendu de plus en plus précaire le ravitaillement en fibres textiles.

Aussi les cours ont-ils subi depuis août 1914 des hausses inégalement proportionnées dont le tableau comparatif suivant, valeur en francs, indique l'importance :

MATIÈRES.	Juillet 1914.	1er août 1916.	31 déc. 1917.
Coton	85.00	120.00	325.00
Jute	25.00	50.00	75.00
Lin	100.00	250.00	450.00
Chanvre	100.00	230.00	400.00
Laine peignée	7.10	14.50	33.00
Soie	50.00	74.00	108.00
Schappe	26.50	38.50	54.50

Depuis lors, la hausse n'a fait que s'accentuer, principalement au cours de l'année 1919. La balle de coton de 50 kgr. qui était cotée au Havre à 23 fr. passait à 565 à fin décembre de la même année.

Le coton.

La production mondiale est évaluée ainsi pour les trois dernières années

	1913-1914.	1916-1917.	1917-1918.	1918-1919.
	balles.	balles.	balles.	balles.
États-Unis	14.494.762	12.670.099	11.547.000	11.410.000
Indes	4.592.149	4.100.000	3.850.000	4.000.000
Égypte	1.439.802	950.000	1.188.000	1.000.000
Brésil, etc	387.947	270.000	500.000	680.000
	20.914.660	17.990.099	17.035.000	17.090.000

La consommation annuelle serait répartie comme suit :

	1913-1914. balles.	1916-1917. balles.	1917-1918. balles.	1918-1919. balles.
Grande-Bretagne	4.300.000	3.000.000	2.900.000	2.500.000
Continent....................	6.000.000	4.000.000	3.000.000	3.400.000
	10.300.000	7.000.000	5.900.000	5.900.000
États-Unis	5.680.012	7.430.638	7.174.000	5.912.000
Indes, Japon, Canada, Mexique, etc	3.378.164	3.800.915	3.481.000	2.897.000
Pays divers	500.000	1.000.000	745.000	574.000
	9.558.176	12.240.603	11.400.000	9.388.000

En ce qui concerne plus particulièrement la France, qui achetait au dehors le coton nécessaire à son industrie, elle avait importé en 1913 : 3.291.000 q. m. de coton brut représentant une valeur de 577.450.000 fr. Elle avait revendu une partie de ses achats et exporté 575.115 q. m. de coton brut d'une valeur de 101.908.000 fr. Les importations qui, en 1917, atteignaient encore 1.732.901 q.m. dont 2.401,232. des Etats-Unis, sont tombées pour 1918 à 1.422.409 q. m.

Les États-Unis étaient les plus gros fournisseurs (2.498.760 q. m. valant 432.286.000 fr.). Ensuite venaient les colonies britanniques : l'Égypte avec 294.947 q. m. valant 67.543.000 fr. ; les Indes avec 253.465 q. m. valant 38.020.000 fr. Les principaux clients étaient l'Allemagne (51.500.000 fr. de coton brut) ou plutôt l'Alsace qui achetait son coton au Havre ; la Belgique (20.) ; la Suisse (11).

D'autre part, la France recevait de ses colonies productrices :

COLONIES.	PRODUCTION.	IMPORTATION EN FRANCE. Quantités.	IMPORTATION EN FRANCE. Valeur.
	kilos.	q. m.	francs.
Sénégal-Niger	106.474		
Dahomey	175.450	1.707	275.000
Côte d'Ivoire	39.737		
Nouvelle-Calédonie	258.030	1.754	282.000
Tahiti	15.880		
	715.511		
Algérie		1.181	190.000

L'Indo-Chine possédait déjà un certain nombre de broches et achetait à la métropole plus de coton brut qu'elle ne lui en expédiait. Quant à la production cambodgienne (5.905 t. en 1913), elle était achetée presque entièrement (5.586 t.) par le Japon à un prix rémunérateur.

D'après le tableau ci-après montrant le mouvement du commerce extérieur de 1913 à 1918, le chiffre de la consommation paraît avoir varié dans des proportions relativement minimes, bien que l'Intendance, seule, ait consommé pendant la guerre env. 50.000 tonnes par an :

	COTONS BRUTS.			FILÉS.			TISSUS.		
	1913.	1916.	1918.	1913.	1916.	1918,	1913.	1916.	1918.
Import. (en ton.)	329.600	259.600	142.240	3.200	24.000	31.963	4.900	37.400	39.900
Exportation ...	60.880	25.300	6.208	8.500	1.300	984	55.409	24.300	8.314

Par contre, les prix ont subi une hausse énorme. La balle de 50 kgr., qui valait 75 fr. au Havre en juillet 1914 et tombait à 48 fr. au mois d'octobre suivant, coûtait déjà 150 fr. en 1916 pour s'élever à 237 fr. en sept. 1917 et à 327 fr. en févr. 1918, ce dernier prix correspondant au cours de 190 fr. à New-York. Les prix passaient enfin de 423 fr. en oct. 1919 à 565 fr. à fin déc. 1919.

On comptait, en 1914, 7.525.000 broches de filature, 140.000 métiers mécaniques et 27.800 métiers à bras. Cet outillage se répartissait ainsi :

RÉGIONS.	BROCHES DE FILATURE.	MÉTIERS MÉCANIQUES.	MÉTIERS A BRAS.
Région de l'Est (Vosges, Meurthe-et-Moselle, Hte-Saône, Doubs, Terr. de Belfort)...........	2.875.000	67.800	3.000
Région du Nord (Nord, Somme, Aisne).........	2.100.000	13.200	3.000
Région de l'Ouest (Normandie, Mayenne, Eure-et-Loir)...........................	1.330.000	31.475	1.000
Région du Centre (Loire, Rhône)	»	26.100	20.800
— du Midi (Hte-Garonne, Pyrénées)	»	1.500	»
Divers...	1.720.000		
Au total..	7.525.000	140.075	27.800

Les grands centres cotonniers étaient :

Pour la filature, les Vosges et la Meurthe-et-Moselle (vallées de la Moselle et de la Moselotte) avec les villes de Raon-l'Étape, Cornimont, Thaon-les-Vosges, etc. (2.976.000 broches sur 7.576.000 en 1912). L'Alsace disposait en 1919 de 1.900.000 broches et de 45.000 métiers.

Les centres commerciaux étaient Épinal, Lille, Roubaix, Tourcoing, Elbeuf et la région rouennaise ;

Pour le tissage : Amiens, Saint-Quentin, Lille, Roanne, Chizy et Amplepuis, Tarare, Elbeuf et Rouen.

D'après cette répartition, on voit quelles pertes a subies l'industrie cotonnière française du fait des destructions de l'ennemi.

A l'heure actuelle, on estime que la filature française produit annuellement 180 millions de kgr. de filés, absorbant environ 600.000 balles. L'exportation se trouve naturellement paralysée (150.341 q. m. en 1918).

La filature.

La filature avait utilisé en 1913 : 2.716.483 q.m. de coton brut ; la production par broche était d'env. 25 kilos par an ; le chiffre des broches était de 7.571.000 dont 1.500.000 travaillant le jumel. D'où une production moyenne de 190 millions de kilos de fil d'une valeur de 520 millions de fr.

La filature était fortement concentrée dans trois régions :

L'Est, surtout les Vosges (40 p. 100) ; la Normandie (22 p. 100) et le Nord (Roubaix-Tourcoing) (29 p. 100), pour la filature de coton d'Amérique. La filature du jumel était établie surtout à Lille (60 p. 100).

La production actuelle est inférieure à la consommation. Pour le coton d'Amérique, sauf la région de Roubaix-Tourcoing, détruite ou pillée par les Allemands, le travail a repris mais dans des conditions anormales. Il n'en est pas de même pour la filature du jumel, puisqu'elle s'est trouvée en majeure partie dans des contrées occupées par l'ennemi. C'est dire son état actuel.

Le tissage.

Le tissage comptait en 1914 : 140.552 métiers mécaniques, 27.800 métiers à bras, 132 machines à imprimer (Alsace, 45.000).

Il se groupait en quatre grandes régions :

L'Est, les Vosges, la grande région du tissage (60.700 métiers) ;

Le Centre où le nombre des métiers à bras était presque aussi considérable que celui des métiers mécaniques ; ils étaient concentrés à Tarare et à Amplepuis ; le groupe Roanne-Thizy, le plus important, n'en possédait pas ;

La Normandie, Rouen et environs, le reste dans la Basse-Normandie, à Cholet et à Laval (18.600 métiers) ;

Le Nord, avec Saint-Quentin et Amiens (16.000 métiers).

La guerre avait d'abord provoqué dans le tissage un arrêt partiel du travail. L'afflux des commandes, dû surtout à l'autorité militaire, a provoqué la reprise à peu près complète de l'activité dans les régions non envahies.

L'industrie de l'impression se trouve ramassée dans les Vosges (30 machines) et surtout à Rouen (90 machines). Le blanchiment, la teinture et les apprêts sont plus dispersés. Le grand centre est Thaon-les-Vosges, puis viennent Lyon, Rouen, Villefranche, Roubaix, Saint-Quentin. La vente pour la consommation intérieure était bonne mais la situation était médiocre pour l'exportation. Actuellement, la fabrication se heurte à des difficultés dûes à la rareté de la main-d'œuvre, à l'insuffisance des moyens de transport et à la pénurie des matières colorantes.

Le commerce général des tissus et fils de coton.

La prospérité du tissage par rapport à la filature devient évidente lorsqu'on examine le commerce général des tissus et des fils de coton. Il se présentait ainsi en 1913 :

ARTICLES.	IMPORTATIONS.	EXPORTATIONS.
	milliers de fr.	milliers de fr.
Fils de coton	33.337	24.140
Tissus de coton	56.474	385.457

Pour les fils, les importations se décomposaient en : fils simples, 17.736.530 fr. ; fils retors, 15.600.580 fr. La Grande-Bretagne était le grand fournisseur de fils simples écrus (12.902 q.m. sur 15.754), de fils retors écrus et blanchis. L'Allemagne vendait surtout des fils de coton teints, chinés ou mercerisés (617.486 fr. sur 952.235 fr.).

Depuis la guerre, les importations de fils se sont considérablement accrues, passant de 3.100 kgr. en 1913 à 22.435.000 kgr. en 1915, provenant pour la majeure partie de Grande-Bretagne. Pour 1918, elles dépassent 200.000 q. m. d'une valeur de 154 millions de fr. pour les fils simples et 111.064 q. m. d'une valeur de 144 millions pour les fils retors écrus. Les exportations, sans grande importance, portaient sur 13.069.730 fr. fils simples et 10.370.808 fr. fils retors. Le meilleur client était la Belgique (23.519 q.m. fils écrus sur 48.237 et 1.170 q.m. fils teints sur 2.780) ; ensuite venaient les Pays-Bas.

Pour les tissus, le commerce portait sur les tissus proprement dits, la bonneterie de coton, les dentelles, les broderies.

Les tissus proprement dits avaient une importation sans grande importance (12.336 q.m. valant 7.447.080 fr.). Le premier fournisseur était la Grande-Bretagne, puis, loin derrière, l'Allemagne, avec un peu plus de la moitié des imprimés qui venaient en réalité d'Alsace. Les exportations portaient principalement sur les tissus teints et s'élevaient à 192.047.187 fr. dont 115.320.105 fr. pour les colonies. Les meilleurs clients étaient la Grande-Bretagne, puis les États-Unis et l'Argentine.

La bonneterie de coton représentait comme importation 8.081 q.m. valant 14.719.580 fr. dont 7.483 q.m. venant d'Allemagne (Chemnitz). Les meilleurs clients pour l'exportation étaient la Grande-Bretagne et le marché sud-américain (Argentine, Brésil, Uruguay, Chili).

Le commerce des dentelles présentait la situation suivante :

	IMPORTATIONS.		EXPORTATIONS.	
	11.516.920 fr.		65.044.580 fr. dont dentelles à la mécanique, 60.000.000 fr.	
Dentelle mécanique 734 q. m.	Gde-Bretagne.	464 q. m.	Meilleurs clients.	États-Unis (2/3).
	Allemagne ...	263 —		Gde-Bretagne.
Dentelle à la main 17.411 kgr	Belgique	8.200 kgr.		Allemagne.
	Italie.........	4.604 —		Belgique.
	Turquie	2.477 —		

Le commerce des autres articles montrait les caractéristiques ci-après :

ARTICLES.	IMPORTATIONS. Valeur.	IMPORTATIONS. Princip. fournisseurs.		EXPORTATIONS. Valeur.	EXPORTATIONS. Princip. clients.
	milliers de fr.			milliers de fr.	
Broderies...........	12.452	Suisse	47.940 kg.	20.603	Gde-Bretagne
Tulles	1.071	Gde-Bretagne	232 qx.	19.491	»
Toiles cirées	3.372	»	11.688 qx.	»	»
Percalines enduites pour reliure	»	»	1.584 qx.	»	»
Velours de coton	»	»	1.077 qx.	1.540	États-Unis
Passementerie	»	Allemagne	184 qx.	17.737	Argentine.
Rubannerie.........	»	»	108 qx.	17.635	»

La guerre a augmenté dans des proportions énormes les importations de tissus de coton. Les achats effectués par l'intendance ont grandement contribué à cette invasion. La comparaison des quantités importées en 1913 et en 1915 révèle des chiffres inquiétants :

	1913. q.m.	1915. q.m.	1918 q.m.
Gde Bretagne........................	23.747	309.640	213.105
Espagne	744	137.644	»
Italie.............................	4.884	122.620	»
Suisse	1.757	4.791	97

Ces importations atteignent un chiffre trop élevé pour disparaître entièrement avec les causes qui les ont provoquées et il y a tout lieu de croire que cet important courant d'affaires laissera des traces.

D'autre part, le retour de l'Alsace donnera à la France 1.900.000 broches de filature, 46.000 métiers à tisser, 160 machines à imprimer, soit 30 de plus qu'en France. Pour le blanchiment et la teinture, l'Alsace produit 1.500 pièces longues par jour, autant que la France. En résumé, la production de son industrie cotonnière est de 23 p. 100 pour la filature, de 33 p. 100 pour le tissage, de 100 p. 100 pour le finissage par rapport à la production française.

L'industrie lainière.

La France possédait, à la veille de la guerre, 2.500 peigneuses dont 2.000 env. pour les seuls centres de Roubaix-Tourcoing, le complément appartenant aux ateliers de Fourmies, du Cateau, de Reims et d'Amiens. La filature occupait 3.090.000 broches dont 2.370.000 pour le peigné et 750.000 pour le cardé, sur un total de 23 millions existant dans les principaux pays producteurs. La France venait ainsi au 4e rang après la Grande-Bretagne (7 millions), l'Allemagne (plus de 5 millions) et les États-Unis (plus de 4 millions); Fourmies, Avesnes et Cambrai comptaient à eux seuls 998.000 broches à filer ou à retordre ; Roubaix et Tourcoing 1.004.000, la Somme et le Pas-de-Calais 130.000, la Marne 165.000. Le cardage, d'autre part, comprenait les 140.000 broches de Roubaix-Tourcoing, les 108.000 des Ardennes (Sedan), les 135.000 de la Normandie (Elbeuf, Louviers), les 118.000 de Mazamet. Enfin 55.000 métiers, produisant une moyenne annuelle d'environ 60 millions de kilos de tissus par an, se répartissaient ainsi : Fourmies, 15.000 ; Roubaix, 21.000 ; le reste entre la Normandie (2.500), Reims (3.000), Castres (1.200), Sedan, Vienne, Lavelanet, etc.

D'après les déclarations faites par M. Clémentel en juin 1918, il resterait 200.000 broches de peigné sur 3.090.000 ; 400.000 broches de cardé sur 750.000 ; 20.000 métiers à tisser au lieu de 55.000. Le reste a été détruit ou emporté par les Allemands.

D'après un mémoire de la Société du commerce et de l'industrie lainière de la région de Fourmies, auraient été détruites : 651.500 broches de laine peignée sur 733.500, soit 88 p. 100 ; 3.550 métiers à tisser sur 3.550, soit 100 p. 100 ; 3.000 broches de cardé sur 4.500, soit 75 p. 100 ; 100 métiers à tisser cardé sur 100, soit 100 p. 100 ; 1.800 broches de jute, 100 p. 100 ; 70 métiers de jute, 100 p. 100.

Le négoce des laines constituait avant la guerre une des branches les plus importantes et les plus prospères du commerce français. L'industrie ne trouvait dans le pays que le dixième des laines nécessaires à sa consommation. Les filateurs s'approvisionnaient en laines exotiques. Le chiffre des exportations (matières premières et tissus compris) s'élevait, en 1913, à 650 millions de fr. se répartissant ainsi : laines en masse, env. 133 millions ; cardées, peignées et déchets, 158 millions ; filés 90 millions ; tissus divers, 220 millions.

Les importations s'élevaient à 2.800 qx. m. de peigné valant 1.500.000 fr. et 9.400 qx. m. de filés valant 6.140.000 fr.

Tandis que la plupart des industries textiles étrangères produisent des articles de grande consommation, l'industrie française se distinguait par la variété et l'originalité de sa fabrication. Roubaix et Tourcoing fabriquaient à la fois des articles fantaisie, des tissus classiques et des tissus dits « au kilomètre ». Sedan était spécialisé dans les marchandises fines : Reims fabriquait les cachemires, les mérinos, les nouveautés de luxe ; Elbeuf faisait le drap fin noir; en cardé et peigné, la nouveauté, l'amazone, l'article de Bischwiller ; Vienne, les articles à bon marché ; Lavelanet, les tissus pour les vêtements de montagne et la confection ; Lodève, Bédarieux, Clermont, Villeneuvette, dans l'Hérault, des draps militaires.

Aux ressources du troupeau national (16 millions de moutons donnant annuellement 35 millions de kgr. de laine), s'ajoutent, d'autre part, les produits de l'industrie du délainage dont le siège est à Mazamet. Elle jouissait et jouit encore d'une prospérité remarquable. En 1913, 60 millions de kilogr. de peaux encore recouvertes de laine avaient été travaillées par environ 80 établissements, occupant 6 à 7.000 ouvriers et ouvrières.

Depuis 1913, les importations de laines en masse ont présenté les chiffres suivants en quintaux métriques par provenances :

	1913	1915	1916	1918
	—	—	—	—
République Argentine	629.700	220.300	239.150	136.638
Australie	938.840	59.800	127.510	44.232
Angleterre	363.170	111.250	137.260	71.067
Uruguay	261.210	52.880	44.340	36.478
Algérie	88.980	122.880	80.140	39.164
Autres pays	405.760	84.020	88.330	72.845
	2.687.660	651.130	775.100	400.424

La valeur de cette matière première importée est tombée de 650 millions en 1913 à 366 millions en 1916 et même 275 millions en 1918.

Les importations et exportations (commerce spécial) par catégories s'établissent comme suit :

	Laines brutes lavées ou non.			Filés			Tissus		
	1913	1916	1918	1913	1916	1918	1913	1916	1918
Import. (en tonnes).	285.600	85.800	41.800	956	6.900	2.017	4.320	48.000	8.145
Exportations	80.700	10.600	270	14.900	110	22	23.400	1.800	813

Cependant, les industriels français se sont mis sans retard à l'ouvrage Leurs efforts ont porté à la fois sur le présent et sur l'avenir. Les 23 usines d'Elbeuf, les 3 de Louviers approvisionnèrent les magasins d'habillement militaires (650.000 m. par mois en 1916). Les industriels de Vienne n'hésitèrent pas à transformer leur outillage et arrivèrent à fournir 300.000 m. par mois. Lavelanet équilibra sa production à 150.000 m. de draps par mois. Les autres ateliers de tissage disséminés à l'intérieur ont eu une vitalité incomparable : Castres (3 à 4 millions de mètres), Mazamet (13 manufactures, 1.750.000 kilos de tissus), Clermont-l'Hérault, Lodève, Millau (3 usines), la Vienne et le Choletais (couvertures). Des industriels réfugiés ont acheté et remis en état de vieux métiers ; d'autres ont essayé d'utiliser l'outillage de quelques filatures de soie et de coton. De nouvelles usines se montaient en Normandie, dans l'Eure et dans la Sarthe, dans la région parisienne, etc., dans la région lyonnaise, surtout vers Voiron, et on a pu évaluer à 60 millions la production lainière du Lyonnais pour 1917.

Au 15 août 1919, sur les 180 usines que Roubaix-Tourcoing comptaient avant la guerre, 115 marchaient partiellement avec 15.000 ouvriers. Tous les peignages de laine, sauf deux, ont repris le travail et produisaient 100.000 kilos de laine peignée par jour, c'est-à-dire la moitié de la production d'avant-guerre.

Le retour de l'Alsace à la France apporte une augmentation de 568.000 broches, soit 23 p. 100, et donnera au pays le premier rang, avant la Grande-Bretagne même, pour la production de la laine peignée.

L'industrie linière.

La culture du lin en France a diminué considérablement. Alors qu'en 1865, elle comptait 120.000 ha. et encore, en 1870, 80.000 ha., elle ne comptait plus, en 1900, que 24.000 ha. et 7.073 ha. en 1916. Les causes qui entravent le développement de cette culture sont nombreuses. Les principales sont : l'extension dans le Nord de cultures plus rémunératrices telles que la betterave, la disparition du filage à la main, les importations constantes de lins étrangers surtout de Russie, les conditions défectueuses dans lesquelles la vente s'effectue. Les chiffres pour les années 1913, 1915 et 1919 donnaient :

	Surface cultivée.	Production de filasse.	Rendement à l'hectare.
	—	—	—
1913	22.000 ha.	18.000 t.	5.000 kg.
1915	9.685 —	19.730	»
1919	16.000 —	»	»

Quatre régions s'y consacraient :

a. La région de la Lys, avec, en 1911, une production de.... 14.832 kgr.
b. La Bretagne, avec, en 1911, une production de .... 6.282 —
c. La région du Centre (Maine, Anjou, Sarthe) .... 1.211 —
d. La région formée du reste du territoire............... 1.703 —

Total.............................. 24.028 kgr.

L'industrie linière était tributaire de l'étranger pour la majeure partie de la matière première qu'elle utilisait. Le commerce général se présentait en 1913 et en 1917, de la façon suivante :

	IMPORTATIONS.		EXPORTATIONS.	
	1913	1917	1913	1917
Lin brut en paille	777 t. m.	1.070 t. m.	76.421 t. m.	400 t. m.
— teillé	97.979 —	6.601 —	872 —	2.947 —
— peigné	602 —	30 —	117 —	» —
— en étoupes	13.536 —	537 —	8.385 —	364 —

La Russie était le plus gros fournisseur avec 959.536 q. m. valant 101.896.000 fr., son lin joignant à l'avantage d'être meilleur marché que le lin français celui de se prêter à tous les emplois; ensuite. venaient la Belgique, 148.115 q. m. valant 13.207.000 fr., puis l'Italie et l'Irlande.

Les lins cultivés en France étaient des lins forts, de belle qualité. La presque totalité des expéditions était pour la Belgique (855.674 q. m. valant 21.818.000 fr.).

La filature comptait, à la veille de la guerre, 570.000 broches (contre 450.000 en 1902) réparties en 58 filatures. Le centre principal était l'arrond. de Lille qui comprenait les 4/5 des broches. La filterie de lin qui avait pour spécialités les fils à coudre, à broder, à repriser, etc., jouissait d'une grande réputation. Concentrée à Lille et à Comines, cette spécialité produisait avant la guerre 25 millions de fr.

Cette industrie s'est trouvée, jusqu'en octobre 1918, réduite à l'impuissance par suite de l'occupation par les Allemands du district de la Lys, le principal centre de production, par le manque de semences et de main d'œuvre.

D'autre part, la ligne de feu ayant coupé pendant près de 4 ans l'agglomération d'Armentières, un certain nombre d'usines y ont terriblement souffert du bombardement. L'effectif des broches doit se trouver réduit à env. 10 p. 100 : 50 à 60.000. Les Allemands ont systématiquement enlevé tous les produits bruts et fabriqués.

Le chanvre.

Pour le chanvre, la France recourt à l'étranger par suite de l'insuffisance de sa propre production (13.860 tonnes en 1912).

Les importations, en 1913, s'étaient élevées à 296.249 q. m. valant 27.180.000 fr., se répartissant comme suit :

Pays.	Quantités.	Valeur.
Italie	126.129 q. m.	11.127.000 fr.
Russie	73.092 —	6.015.000 —
Grande Bretagne	41.192 —	3.758.000 —
Indes	21.859 —	647.000 —

Les exportations étaient sans importance. Elles atteignaient seulement en 1913 : 11.707 q. m. valant 1.217.450 fr. Les principaux clients étaient :

Espagne	4.947 q. m.	534.000 fr
Belgique	2.247 —	218.000 —

Depuis la guerre, la production a été forcément moindre du fait du manque de main-d'œuvre. L'Italie a interdit en principe l'exportation des chanvres; elle ne laisse sortir que parcimonieusement et par autorisations particulières, et la Russie, depuis juillet 1917, ne fait plus aucun envoi. L'insuffisance de l'approvisionnement pèse donc lourdement sur cette industrie.

Malgré la concurrence des fibres exotiques, c'est le chanvre qui fournit le plus largement la corderie et la câblerie. Dans la corderie, le travail mécanique a presque entièrement remplacé le travail à la main, qui ne subsiste que pour quelques spécialités. Les corderies les plus importantes se trouvent à Angers; les autres, à Paris, Marseille, Le Havre. Depuis plusieurs années, l'industrie française avait acquis une habileté incontestable et elle alimentait la consommation intérieure et coloniale et les marchés d'Europe et d'Amérique. La production par an est en moyenne de 45 millions de kilos.

Le commerce général se présentait de la façon suivante:

Importations: chiffres insignifiants avant la guerre; Ficelles ou fils polis, 289 q. m. valant 72.750 fr.; cordages, 3.289 q. m. valant 411.125 fr.

Articles	Quantités.	Valeur.	Princ. pays fournisseurs.
—	—	—	—
	q. m.	fr.	
Ficelles ou fils polis	289	72.750	Belgique. Allemagne.
Cordages	1.082 686	411.125	Allemagne. Belgique.

Les chiffres de 1918 montrent par contre 5.618 q. m. d'une valeur de 3.596.000 fr. pour les ficelles ou fils polis et 7.342 q. m. d'une valeur de 2.937.000 fr. pour les cordages.

Les exportations qui, en 1913, montraient les chiffres suivants :

	Quantités.	Valeur.	Principaux clients
	—	—	—
	q. m.	fr.	
Ficelles	3.660	823.500	Algérie, Tunisie.
Cordages	52.539	6.567.375	Algérie, Tunisie, Belgique.

accusent pour 1918, 19.455 q. m. d'une valeur de 11.039.000 fr. pour les ficelles ou fils polis et 20.500 q. m. d'une valeur de 7.790.000 fr. pour les cordages.

Le commerce des fils de lin et de chanvre.

Le commerce général montrait, en 1913, aux importations les chiffres ci-après :

Articles.	Quantités.	Valeurs.	Princ. fournisseurs.
—	—	—	—
		fr.	
Fils de lin	646.200 kgr.	7 11.357	Belgique 844 q. m.
dont			
Fils simples	4.434 q. m.	5.343.848	Gde Bretagne-Irlande.
— retors	2.028 —	1.767.509	Suisse, Italie.

et aux exportations :

	Quantités	Valeurs	Principaux clients.
	—	—	—
		fr.	
Fils de lin et de chanvre	114.149 q. m.	46.256.750	Belgique (101.445 q. m.). Algérie.
dont			
Fils simples	108.402 q. m.	41.446.185	Gde-Bretagne (9.174 q. m.).

Pour 1918, les importations pour les fils écrus atteignaient 21.605 q. m. (73.869 en 1917) et les exportations 195 q. m. (638 en 1917).

Pendant deux ou trois ans au moins, il y aura insuffisance de lin, car le lin serré au printemps 1919 ne sera pas totalement teillé avant le printemps 1921, avec les systèmes de rouissage habituellement pratiqués avant la guerre.

Les tissus de lin et de chanvre.

Le commerce général montrait, en 1913 et en 1918, le mouvement suivant aux importations :

Articles.	1913 Quantité q. m.	1913 Valeurs. fr.	1918 Quantités q. m.	1918 Valeurs fr.
Toiles cirées et linoléums	43.351	7.252.650	9.468	6.628.000
Tissus unis ou ouvrés	»	1.968.594	50.308	34.248.000
Tissus blanchis, crémés, etc ...	»	1.410.253	3.981	8.648.000

et aux exportations :

Articles.	1913 Quantité q. m.	1913 Valeurs. fr.	1918 Quantités q. m.	1918 Valeurs fr.
Tissus unis ou ouvrés	41.618	25.104.598	1.658	1.874.000
Autres tissus.....	5.406	2.253.991	1.313	1.872.000

Le tissage comptait, en 1913, env. 22.000 métiers mécaniques et 20.000 métiers à bras.

Les tulles, dentelles et broderies.

L'industrie de tulles et dentelles est une des premières parmi les industries textiles françaises, tant par l'importance de sa production que par son rang dans le commerce extérieur. Les principales branches en sont les tulles. les dentelles à la mécanique et les dentelles à la main. Les grandes fabriques se trouvent à Caudry, Calais et Lyon.

Caudry était la première ville du monde pour les tulles coton et guipures, le concurrent direct de Nottingham et de Plauen. Depuis la guerre, Caudry ayant été occupé par l'ennemi, Calais a remplacé ce centre en partie. En outre, l'industrie des tulles coton de Caudry. ainsi que la broderie blanche de Saint-Quentin, n'ont pu être remplacés par Calais ni Lyon, les métiers n'étant pas les mêmes.

Le Puy est le grand centre de fabrication des dentelles à la main ordinaires. La dentelle de luxe se fait surtout dans les Vosges, dans la Haute-Savoie, en Bretagne et en Normandie.

Le commerce général présentait, en 1913, le mouvement suivant :

Importations :

Articles.	Quantités. q. m.	Valeur. fr.	Princ. fournisseurs
Tulles unis	249	1.045.800	Gde-Bretagne (232 q. m.).
Rideaux de tulle	4	19.200	Suisse (St-Gall).
Dentelles mécaniques..............	734	5.945.000	Gde-Bretagne (464 q. m.).
Dentelles à la main	174	5.571.000	Belgique (82 k.).

Exportations :

Articles.	Quantités. q. m.	Valeur. fr.	Princ. clients.
Tulles de coton (env.)...............	4.600	19.491.100	Etats-Unis (2.873 q. m.).
Rideaux de tulle	365	1.762.000	Gde-Bretagne (207 q. m.).
Tulles bobinots	922	986.400	Belgique (726 q. m.).
Dentelles mécaniques..............	7.776	60.574.800	Etats-Unis (4.900 q. m.).
Dentelles à la main	261	4.289.780	Etats-Unis (885 q. m.).
Dentelle de soie..................	1	22.589.500	

Les importations portaient surtout pour les tulles, sur les articles de Nottingham, tulles fins, points pour guimpes et plissés, de Plauen, tulles pour la broderie ; pour les dentelles mécaniques, sur les articles de Nottingham, genres torchons ; pour les dentelles à la main, sur les articles belges, point à l'aiguille, point de rose, Bruxelles, point de Flandre, Valenciennes.

Les exportations étaient principalement des tulles de coton unis, des rideaux de tulle (Tarare, Paris, Saint-Quentin) ; des dentelles mécaniques (Calais) ; des dentelles à la main (Luxeuil, Mirecourt, Cluny, Le Puy, Valenciennes, point d'Alençon, d'Argentan, etc.).

La broderie et la dentelle occupaient en France plus de 200.000 ouvrières auxquelles le métier apportait un salaire d'appoint.

Presque tous les centres dentelliers ont été épargnés par l'invasion. mais la raréfaction et le prix élevé des fils de lin, la difficulté de se procurer une main-d'œuvre habile, celle-ci s'étant portée plus étroitement vers les travaux agricoles ou s'étant fait embaucher dans les usines de guerre, ont paralysé cette industrie.

Les dentelles et guipures de lin ou de chanvre représentent encore cependant à l'exportation, en 1918, 54 q. m. pour une valeur de 313.000 fr. (77 q. m. valeur 366.000 fr. en 1917).

L'industrie du jute.

Comme tous les autres pays, la France tire entièrement des Indes anglaises la matière première nécessaire à l'industrie du jute. Le montant des importations du jute brut, teillé ou peigné, s'était élevé, en 1913. à 1.222.913 q. m. valant 73.339.780 fr., dont 800.314 q. m. venant directement des Indes anglaises et 411.160 q. m. revendus par la Grande-Bretagne. Les envois de l'Indo-Chine sont insignifiants (810 q. m. valant 49.000 fr. en 1913).

La presque totalité du jute importé est manufacturé en France. Une faible partie, seule, est cédée à l'étranger. Le montant des exportations s'était élevé. en 1913. à 14.871 q. m. valant 967.335 fr. dont 6.706 q. m. à la Belgique.

Les filatures et les tissages de jute sont groupés dans la région du Nord aux environs de Dunkerque, et dans le centre Ailly-Flixecourt (Somme). Une statistique déjà ancienne évaluait à 110.000 le nombre des broches en 1909. Les tissages de jute qui fournissent surtout des sacs et des toiles d'emballage et mélangés à du lin ou de la laine, des velours, tapis de porte et d'escalier, toiles cirées pour parquet, pour bâches, des torchons, ont une fabrication qui suffit à couvrir tous les besoins.

La guerre, tout en privant cette industrie de 3 filatures (Lille. Seclin) et des 5 tissages (Lille, Roubaix, Halluin), lui a donné un nouveau client, l'État. dont les besoins en récipients pour l'alimentation des troupes, et en sacs à terre pour les tranchées, devaient être considérables.

Le commerce général montre pour 1913 et 1918, en ce qui concerne les fils et tissus de jute, le mouvement suivant :

Importations :

Articles.	1913	1918	Princ. pays fournisseurs en 1913.
Fils de jute	270 q.m.	7.448 q.m.	Allemagne. Belgique.
Tissus de jute..........	1.832	215.453 —	Gde Bretagne
Sacs	280.866	261.491 —	Indes angl. (80.825 q. m.)

Exportations :

			Princ. clients en 1913 :
Fils de jute.............	67.382	4.495	Belgique (34.655 q. m.).
Tissus de jute..........	54.596	3.031	Gde-Bretagne.
Sacs............... ..	132.425	50.470	Algérie.

Les chiffres du commerce spécial montrent, pour 1918, aux importations : fils de jute 7.748 q. m. valeur 721.000 fr. ; tissus de jute 215.453 q. m. valeur 23.700.000 fr. ; sacs 261.491 q. m. valeur 16.616.000 fr. ; aux exportations : 3.031 q. m. de tissus d'une valeur de 1.364.000 fr. ; 50.470 q. m. de sacs d'une valeur de 13.408.000 fr.

La seule concurrence vraiment dangereuse est celle de la textilose, produit artificiel, dont les Allemands ont, au cours de la guerre. perfectionné la fabrication et dont le prix de revient est très inférieur à celui du jute.

La soie et les soieries.

L'industrie française de la soie a, depuis les guerres d'Italie et surtout depuis la découverte du métier Jacquard, son centre à Lyon. Toutefois Lyon n'est

Les tulles, d

... soie artificielle.

... trouvée réduite de 30 p. 100

Le tissage.

... des soieries et articles de soie est évaluée, en ... de fr. par an. En 1913, la fabrique lyonnaise seule a ... de soieries. Un instant paralysée, en 1914, elle se ... en pleine guerre, put produire 324 millions en 1914, ... -à-dire que, dès 1915, Lyon fournissait au commerce ... normal. En 1916, la fabrique livrait 75 p. 100 de la quan-

Le commerce général de la soierie.

... globale, y compris les colis postaux, a dépassé, en 1913, ... cette même année, l'importation a été d'env. 49 millions. ... intérieure représentait à peu près 250 millions de fr., soit

... et exportations présentaient le mouvement ci-après :

Importations :

	Quantités.	Princip. pays fournisseurs.
....	4.314 kilos.	Suisse (1.050 k.).
....	50.743 —	Suisse (50.743 k.).
... autre	146.852 —	Suisse (108.380 k.).
... d'argent	63.316 —	Gde-Bretagne (8.736 k.).
....	75.248 —	Gde-Bretagne (63.092 k.)
....	5.488 —	Suisse (1.571 k.).
....	33.453 —	Suisse (11.371 k.).
... tulle	42.617 —	Allemagne (38.736 k.).
....	12.516 —	Allemagne (12.382 k.).
....	148.765 —	Allemagne (82.851 k.).

Exportations :

[illegible] en 1913, des soies fils et tissus de soie représentant une [illegible] qui se décompose comme suit :

[illegible]	179.152.000
[illegible] soie	385.774.000
[illegible]	48.834.000
[illegible]	23.913.000

[illegible] 13 a été une année exceptionnellement favorable. [illegible] de l'exportation est inférieure d'env. 90 millions [illegible] sus. Depuis la guerre, les importations de soieries [illegible] près stationnaires, leur importance étant de 31 mil- [illegible] 914, 22.890.000 fr. en 1915, 45.877.000 fr. en 1916, [illegible] 17 et 45.078.000 fr. en 1918. Les exportations de soieries [illegible] t passées de 310.059.000 fr. en 1914 à 341.234.000 fr., 494.103.000 fr., 433.292.000 fr. pendant les années 1915, 1918. En raison du renchérissement des prix de revient, il [illegible] qu'il y ait eu bénéfice pendant les dernières années de la [illegible] plutôt fléchissement du commerce d'exportation.

[illegible] étail sommaire des principales marchandises exportées :

ARTICLES.	POIDS.	VALEUR.
Matières premières :	kilos.	francs.
[illegible] s....	70.000	875.000
[illegible] s grèges	2.315.000	85.655.000
[illegible] chets de soie	1.832.000	15.849.395
[illegible] oies ouvrées ou moulinées	1.276.000	49.115.000
Bourre de soie	3.093.000	27.657.225
Fils :		
Fils de bourre de soie	609.000	13.472.160
— à coudre, broder, etc	15.700	733.860
— de bourrette	261.500	1.503.025
— de soie artificielle	497.200	8.203.880
Tissus :		
Pongées, corah, tussah	205.396	12.939.948
Autres tissus de soie ou de bourre	2.942.424	208.912.104
Tissus de soie mélangée d'or, etc	1.701.450	59.550.750
Gazes et crêpes de soie	4.311	444.083
Tulles de soie	28.037	3.224.255
Dentelles de soie	225.757	22.589.500
Velours	28.468	2.395.668
Articles de bonneterie	125.180	16.843.496
Broderies	1.471	362.200
Mousselines, grenadines	6.640	577.480
Tissus de soie artificielle	31.228	874.384

La Suisse absorbait 50 p. 100 et l'Italie 33 p. 100 de l'exportation de matière première. La Grande-Bretagne, 65 p. 100 et les Etats-Unis 15 p. 100 de l'exportation de tissus. Ce sont les quatre débouchés fondamentaux.

Les principaux pays importateurs de tissus de soie française en 1913 étaient, non compris les colis postaux :

Grande-Bretagne	212.411.000 fr.	Allemagne	9.820.000 fr.
Etats-Unis	48.789.000 —	Chine	7.982.000 —
Belgique	32.058.000 —	Turquie	5.759.000 —
Indes Anglaises	19.240.000 —	Egypte	5.454.000 —
Suisse	18.439.000 —	Rép. Argentine	3.968.000 —

En 1918, la Grande-Bretagne est encore la principale cliente, 294 millions contre 281 en 1917 et 252 en 1916; les États-Unis, par suite du développement de leur propre industrie, ont considérablement restreint leurs achats : 138.561.000 fr. en 1916, 88.666.000 fr. en 1917 et 49.885.000 fr. en 1918.

plus, autant qu'autrefois, le siège du travail industriel proprement dit. Jusque vers 1875, le tissage de la soie se faisait exclusivement avec des métiers à bras. Les marchands de soie confiaient les fils à des *canuts* qui travaillaient à domicile, surtout dans le quartier populeux de la Croix-Rousse. Le métier mécanique a provoqué l'exode des tisseurs et le tissage des soieries se fait aujourd'hui dans toute la région du Sud-Est, et principalement dans les départements de l'Isère, du Rhône, de la Loire, de l'Ardèche, de Saône-et-Loire, etc. De 1900 à 1914, le nombre des tissages de soie, dans les 7 départements rattachés à la région lyonnaise, est passé de 224 à 386. Les usines du Rhône disposaient d'environ 5.000 métiers ; celles de l'Isère de 18.800 ; celles de la Loire de 8.200. Ainsi, dans la zone immédiate de Lyon, battaient 32.000 métiers, soit les 3/4 de la totalité des métiers mécaniques en service de France. Le moulinage et la filature sont encore plus dispersés. Il y a des filatures de schappe dans le Nord, en Picardie, dans la région rémoise, etc.

Lyon, par contre, reste le siège des capitaux engagés dans le commerce de la soie et la fabrique des soieries. Son *Bureau de Conditionnement*, qui traite la plupart des soies conditionnées en France, opère sur des quantités qui varient de 6.500.000 kgr. à 8.400.000 kgr. Lyon reste le foyer de création, le cerveau qui surveille la consommation mondiale, qui reçoit les commandes et règle les cours et la vente. C'est aussi un entrepôt où les étoffes subissent l'opération du finissage avant d'être expédiées vers toutes les destinations.

A côté de la fabrication des tissus de soie s'est développée une puissante industrie des tulles qui occupait 340 usines, 8 à 10.000 ouvriers et 2.100 métiers ; une industrie de la broderie.

Tarare était devenu le centre d'une importante industrie des mousselines de soie et de coton faisant vivre 10 à 12.000 personnes.

Dans la région de Saint-Etienne s'était épanouie une incomparable industrie du ruban. Au début de 1914, l'industrie stéphanoise des rubans disposait de 11.882 métiers électriques à domicile et de 4.216 métiers en usines (V. Rubannerie). Saint-Chamond fait les tresses et les lacets.

En 1912, la fabrication lyonnaise avait produit pour 467 millions 1/2 de francs ; la fabrique stéphanoise pour 102 millions. Cette production passa à 608 millions en 1917. Il n'est donc pas exagéré de dire que l'industrie de la soierie, production des cocons, filatures, moulinage, tissage, bonneterie, fabrication des rubans, tulles, velours, passementerie, mousseline, représente une production annuelle de plus de 650 millions de francs. Il faudrait y ajouter 6 ou 700 millions de francs représentant le chiffre d'affaires du marché de la soie.

D'autre part, pour la défense nationale, l'industrie des soiries produisit en tissus pour gargousses et pour avions pour 5 millions en 1915, pour 28 en 1916, pour 50 millions en 1917.

Les matières premières et sources de la soie.

D'après les chiffres de 1913, la France produisait env. 500.000 kilos de soie. et sa consommation retenait en plus 5.100.000 kilos sur les 7.545.000 kilos importes. En 1917, production de 205.000 kilos.

La production mondiale de la soie grège est donnée au tableau ci-après, d'après l'*Union des marchands de soie de Lyon :*

De cette quantité, la France a travaillé, pour sa consommation ou son commerce d'exportation, environ le tiers, soit des matières premières dont la valeur dépassait annuellement 350 millions de francs. Le conditionnement des soies de Lyon a enregistré. en 1913, 8.414.341 kilos.

Les cocons importés en 1913 (4.649 q. m. valant 5.300.000 fr.) provenaient principalement de Turquie (2.312 q. m.) et de Russie (1.534 q. m.) : les soies grèges représentent 71.865 q. m. valant 270.611.000 fr. Ces soies sont importées de Chine (36.234 q. m.), du Japon (15.769 q. m.), d'Italie (10.210 q. m.) et de Turquie (5.896 q. m.).

	1917.		1918 (estimation provisoire).	
	Cocons frais.	Soie grège.	Cocons frais.	Soie grège.
	—	—	—	—
Europe occidentale.				
France .... Kilogr.	2.525.000	205.000	2.923.000	240.000
Italie	30.830.000	2.820.000	29 830.000	2.695.000
Espagne	875.000	70.000	910.000	75.000
Autriche :				
Tyrol méridional..............	»	85.000	»	85.000
Goritz et Gradisca............	»		»	
Istrie	»			
Hongrie :				
Hongrie proprement dite		65.000	»	65.000
Croatie et Slavonie			»	
Totaux........ Kilogr.	»	3.245.000	»	3.160.000
Levant et Asie Centrale. Kilogr.		1.040.000	»	1.040.000
	Soie grège.		Soie grège.	
	Balles.	Kilog.	Balles.	Kilog.
Extrême-Orient.				
Chine : Exportations de Shanghai	75.675	4.380.000	75/ 80.000	4.350.000
Chine : Exportations de Canton......................	48.904	2.345.000	38/ 40.000	1.875.000
Japon : Exportations de Yokohama......................	257.376	15.445.000	235/240.000	14.250.000
Indes : Exportations du Bengale et du Kashmir	»	105.000	»	110.000
Indo-Chine : Exportations de Saigon, Haïphong, etc.......	»	5.000		5.000
Totaux. Kilog		22.480.000	»	20.890.000
Totaux génér. Kilog		26.76[illegible]	»	25.090.000

La fabrique lyonnaise consomme les proportions suivantes :

Soies francaises.............................. 3 %
— d'Italie, de Turquie, de Russie........... 15 %
— d'Extrême-Orient .... 82 %

La récolte moyenne de la Chine fournit 80.000 balles de soie blanche et soie jaune, et une quantité énorme de déchets (1.785 tonnes). Les deux grands marchés sont Shangaï et Canton, où les maisons françaises entretiennent de nombreux agents. La récolte du Japon représente de 40 à 50 p. 100 de la récolte mondiale. Il faut en rapprocher la demande américaine, qui absorbe actuellement la moitié au moins de la récolte mondiale. On comprendra ainsi l'influence qu'ont sur les cours les marchands japonais et américains.

Depuis la guerre, le commerce des soies grèges a montré les chiffres ci-après :

	Importations	Exportations	Reste en France
	—	(En tonnes)	—
1914..........................	5.202	2.111	3.091
1916..........................	4.430	1.737	2.703
1917..........................	5.200	1.574	3.626
1918..........................	5.640	1.313	4.327
1919 (pr.v.)	6.103	1.235	4.868

Le moulinage.

L'industrie française du moulinage ou retordage de la soie est extrêmement active. Elle compte 1.200.000 fuseaux. Ses 600 établissements, dispersés dans toute la région du Sud-Est, possèdent un outillage très moderne qui est sans cesse perfectionné. Aussi, malgré la concurrence du moulinage étranger (Italie et Suisse), cette industrie exporte-t-elle annuellement des produits estimés env. 50 millions de fr., principalement en Suisse, contre une importation qui n'atteint pas 250.000 fr.

La schappe.

L'importation annuelle de schappe (bourre et déchets de soie) représentait, en 1913, 112.000 q. m. valant env. 85 millions de fr.

Les principaux pays d'origine sont :

Chine	37.368 q. m.	Turquie	6.963 q. m.
Japon	26.496 —	Russie	6.080 —
Italie	21.882 —	Suisse	2.419 —

L'industrie de la filature de schappe, puissamment organisée, est très prospère. Elle exporte annuellement pour env. 15 millions de fr. de fils. Elle est en mesure aujourd'hui, non seulement de satisfaire aux besoins du tissage français, mais aussi de remplacer avantageusement les produits austro-allemands sur tous les marchés étrangers. Elle fournit de grandes quantités de fils à coudre et à broder. Par contre, le tulle et la dentelle de schappe (fabriques de Calais et de Caudry) étaient délaissés.

La soie artificielle.

La production annuelle normale de la soie artificielle, que fabriquent plusieurs sociétés groupées en syndicat, est de 1.500.000 kilos, alors que l'Allemagne ne produisait que 1.200.000 kilos et l'Autriche 300.000. A l'heure actuelle, la soie artificielle est considérée comme indispensable pour la fabrication des rubans, cravates, etc. Les rubaniers suisses, eux-mêmes, se fournissent en France de cette matière première.

Par suite de la guerre, cette production s'est trouvée réduite de 50 p. 100 environ.

Le tissage.

La production française des soieries et articles de soie est évaluée, en moyenne, à 600 millions de fr. par an. En 1913, la fabrique lyonnaise seule a produit pour 468 millions de soieries. Un instant paralysée, en 1914, elle se releva rapidement et, en pleine guerre, put produire 324 millions en 1914, 329 millions en 1915, c'est-à-dire que, dès 1915, Lyon fournissait au commerce 50 p. 100 du métrage normal. En 1916, la fabrique livrait 75 p. 100 de la quantité ordinaire.

Le commerce général de la soierie.

L'exportation globale, y compris les colis postaux, a dépassé, en 1913, 600 millions de fr. Cette même année, l'importation a été d'env. 49 millions. La consommation intérieure représentait à peu près 250 millions de fr., soit 38 p. 100.

Importations et exportations présentaient le mouvement ci-après :

Importations :

	Quantités.	Princip. pays fournisseurs.
Soieries écrues	4.314 kilos.	Suisse (1.059 k.).
— en noir	50.743 —	Suisse (50.743 k.).
— en couleur autre	146.852 —	Suisse (108.880 k.).
Tissus mélangés d'or, d'argent	63.316 —	Gde-Bretagne (8.736 k.).
Crêpes de Chine	75.248 —	Gde-Bretagne (63.092 k)
Broderies	5.488 —	Suisse (1.571 k.).
Bonneterie de soie	33.453 —	Suisse (11.371 k.).
Tissus de soie artificielle	42.617 —	Allemagne (38.736 k.).
Velours de soie pure	12.516 —	Allemagne (12.382 k.).
— mélangée	148.765 —	Allemagne (82.851 k.).

Exportations :

La France a exporté, en 1913, des soies fils et tissus de soie représentant une somme de 632.173.000 fr. qui se décompose comme suit :

Soie et bourre de soie	179.162.000
Tissus de soie et de bourre de soie	385.774.000
Colis postaux (soie)	43.334.000
Fils de soie	23.913.000

Il faut dire que l'année 1913 a été une année exceptionnellement favorable. La moyenne quinquennale de l'exportation est inférieure d'env. 90 millions au chiffre indiqué ci-dessus. Depuis la guerre, les importations de soieries en France restent à peu près stationnaires, leur importance étant de 31 millions 418.000 fr. en 1914, 22.890.000 fr. en 1915, 45.877.000 fr. en 1916, 58.279.000 fr. en 1917 et 45.078.000 fr. en 1918. Les exportations de soieries pour l'étranger sont passées de 310.059.000 fr. en 1914 à 341.234.000 fr., 513.709.000 fr., 494.103.000 fr., 433.292.000 fr. pendant les années 1915, 1916, 1917 et 1918. En raison du renchérissement des prix de revient, il ne semble pas qu'il y ait eu bénéfice pendant les dernières années de la guerre, mais plutôt fléchissement du commerce d'exportation.

Voici le détail sommaire des principales marchandises exportées :

ARTICLES.	POIDS.	VALEUR.
	kilos.	francs.
Matières premières :		
Cocons....	70.000	875.000
Soies grèges	2.315.000	85.655.000
Déchets de soie	1.832 000	15.849.395
Soies ouvrées ou moulinées	1.276.000	49.115.000
Bourre de soie	3.093.000	27.657 225
Fils :		
Fils de bourre de soie	609.000	13.472.160
— à coudre, broder, etc	15.700	733.860
— de bourrette	261.500	1.503.025
— de soie artificielle	497.200	8.203.880
Tissus :		
Pongées, corah, tussah	205.396	12.939.948
Autres tissus de soie ou de bourre	2.942.424	208.912.104
Tissus de soie mélangée d'or, etc	1.701.450	59.550.750
Gazes et crêpes de soie	4.311	444.033
Tulles de soie	28.037	3.224.255
Dentelles de soie	225.757	22.589.500
Velours	28.468	2.395.868
Articles de bonneterie	125.180	16.843.496
Broderies	1.471	362.200
Mousselines, grenadines	6.640	577.680
Tissus de soie artificielle	31.228	874.384

La Suisse absorbait 50 p. 100 et l'Italie 33 p. 100 de l'exportation de matière première. La Grande-Bretagne, 65 p. 100 et les Etats-Unis 15 p. 100 de l'exportation de tissus. Ce sont les quatre débouchés fondamentaux.

Les principaux pays importateurs de tissus de soie française en 1913 étaient, non compris les colis potaux :

Grande-Bretagne	212.411.000 fr.	Allemagne	9.820.000 fr.
Etats-Unis	48.769.000 —	Chine	7.982.000 —
Belgique	32.038.000 —	Turquie	5.759.000 —
Indes Anglaises	19.240.000 —	Egypte	5.454.000 —
Suisse	18.439.000 —	Rép. Argentine	3.968.000 —

En 1918, la Grande-Bretagne est encore la principale cliente, 294 millions contre 281 en 1917 et 252 en 1916; les États-Unis, par suite du développement de leur propre industrie, ont considérablement restreint leurs achats : 138.561.000 fr. en 1916, 88.666.000 fr. en 1917 et 49.885.000 fr. en 1918.

Le prix de la soie.

L'abaissement au-dessous du niveau normal des récoltes européennes depuis 1915, la fermeture des débouchés de l'Asie centrale, la vitalité fébrile de l'industrie américaine, avaient déjà provoqué, en 1916, une hausse marquée du cours. Le renchérissement du fret et des primes d'assurances maritimes, la raréfaction du service des transports, les fluctuations des changes européens et asiatiques ont apporté dans les affaires un trouble permanent, qui s'est manifesté en 1917 par une poussée pour la soie, matière première, telle qu'on est arrivé à un niveau qu'on n'avait plus connu depuis 40 ans.

Le prix moyen des soies à Lyon, depuis 1913, présente d'autre part les mouvements suivants :

	1913.	1915.	1916.	1917.	1918.
Grèges :					
France	48.50	47.25	77.50	95.50	117.50
Italie et Piémont	49 »	47.50	77 »	95.50	120 »
Espagne	48 »	46.25	76 »	94.50	116 »
Brousse	45 »	44.50	» »	» »	» »
Syrie	45 »	43.50	» »	» »	» »
Grèce, Volo, etc	44.50	44.50	75 »	91 »	110 »
Japon filatures	44 »	46 »	76.50	92 »	107 »
Zaguries, Kakedah, etc	41.75	44 »	70 »	88 »	103 »
Canton filatures	39.25	39 »	61.25	73 »	94 »
Bengale filatures	37.50	38 »	59.50	71.50	91 »
Chine :					
filatures	47.50	45.75	79 »	93.50	113.50
tsatlées et redévidées	32 »	34.50	54 »	78 »	87 »
soies blanches fermes	25.25	31 »	43 »	63 »	76 »
soies jaunes	21.75	20 »	26 »	46 »	60 »
Tussah					
Bengale (filatures)	14.25	» »	» »	» »	» »
Chine (filatures)	16.75	15 »	25.25	45 »	55 »
Chine (natives)	8.50	7.25	14.50	30 »	40 »
Ouvrées : *(Trames et organsins)*					
France	51 »	51.50	82.75	105 »	125 »
Italie	51.25	51.25	83 »	105 »	125 »
Syrie et Brousse	49 »	49 »	» »	» »	» »
Chine	43 »	43 »	63	90.50	120 »
Canton	44.50	44.50	69 »	87 »	110 »
Japon	47 »	49 »	79 »	101 »	121 »
Bengale	43 »	43 »	67 »	80 »	90 »
Chine tussah	15 »	14 »	24.75	49 »	71 »

La récolte mondiale de 1919 approchera de 24 millions de kilos et sera ainsi un peu inférieure à la moyenne des années d'avant-guerre.

La rubannerie.

L'industrie rubanière est représentée, à Saint-Etienne et dans la région voisine, par environ 170 fabricants auxquels 25 marchands de soie, schappes et coton fournissent les matières premières. Cette industrie occupe normalement 80.000 ouvriers et ouvrières des départements de la Loire et de la Haute-Loire (arrondissement d'Yssingeaux).

Sauf pour quelques spécialités, dont la principale est le ruban de velours, l'outillage de la rubannerie est extrêmement dispersé et divisé. La fabrication se fait dans de petits ateliers le plus souvent ruraux. Cette forme d'industrie était très menacée il y a quelques années. Elle a été sauvée par l'emploi à peu près général de la force hydro-électrique. Aujourd'hui, on trouve, dans la région stéphanoise, environ 12.000 métiers installés pour recevoir la force électrique, un certain nombre de métiers mus par moteur à pétrole et enfin des métiers mus à bras.

La rubannerie emploie comme matières premières la soie naturelle et artificielle, la schappe et le coton. Les marchands de Saint-Etienne s'approvisionnent sur la place de Lyon.

La production représente en temps normal une valeur de 75 à 120 millions de fr. par an. 10 p. 100 environ des produits fabriqués restent sur le marché intérieur, 90 p. 100 sont destinés à l'exportation.

Le montant des affaires qui était, en 1916, de 95.173.123 fr. s'est élevé, pendant l'année 1918, à 176.426.212 fr. La hausse des matières, se répercutant sur le prix du tissu, joue évidemment un grand rôle dans cette augmentation. En rapprochant les chiffres pour 1918 de ceux des années 1915 et 1916, la production des divers articles, pendant les quatre dernières années, se décompose de la manière suivante (en milliers de fr.) :

ARTICLES.	1915.	1916.	1917.	1918.
Rubans unis noirs :				
De soie pure .... fr.	4.958	6.568	7.102	14.618
— mélangée	6.866	5.089	6.194	6.939
Rubans unis couleurs :				
De soie pure	11.169	16.334	22.231	40.300
— mélangée	5.743	4.777	7.808	14.662
Rubans façonnés :				
De soie pure	3.379	4.830	5.261	7.977
— mélangée	4.077	4.929	7.179	8.962
Cravates				
De soie pure	15	»	»	»
— mélangée	88	10	23	48
Velours envers toile :				
De soie pure	441	414	140	124
— mélangée	2.183	2.357	2.616	3.449
Velours envers satin ou armures :				
De soie pure	4.009	884	1.082	1.489
— mélangée	14.048	14.794	7.634	6.733
Passementeries, galons, tresses	2.305	1.482	5.566	1.483
Articles pour chapellerie	2.777	3.821	5.497	6.924
Tissus élastiques	3.035	4.390	6.412	6.698
Etoffes de soie pure	920	225	»	10
— mélangée	4.590	6.913	7.060	15.850
Articles tout coton	»	6.754	12.487	23.140
— tout soie artificielle	»	3.044	4.836	3.335
Total (chiffre d'affaires des maisons ayant leur siège à St-Etienne). fr.	70.603	87.314	100.133	162.629
Maisons ayant leur siège hors de Saint-Etienne (ensemble des articles)...	5.838	7.859	10.497	13.797
Totaux .... fr.	76.441	95.173	119.630	176.426

Voici, enfin, le tableau de la production pendant les dix dernières années:

Année	Production	Année	Production
1908	86.267.083	1913	103.122.558
1909	98.622.467	1914	92.742.863
1910	97.572.804	1915	76.441.000
1911	93.276.978	1916	95.173.132
1912	93.323.108	1917	119.629.976

On estime à environ 60 millions de fr. la valeur des rubans de soie et de soie mélangée qu'absorbe annuellement le marché intérieur, y compris les rubans importés. L'importation représente 10 à 11 p. 100 de la consommation (exactement, en 1913, 57.791 kgr. pour une valeur de 4.986.040 fr.).

Les principaux fournisseurs du marché français en 1913 étaient :

Articles	Importat. totale.	Principaux fournisseurs	
—	—	—	
	kilos.		
Rubans de soie pure, velours	191	Suisse (Bâle)	168 k.
— — autres	50.824	—	49.061 —
— de soie mélangée, velours	72	—	72 —
— — autres	6.884	Allemagne	3.380 —

Pour 1918, les chiffres du commerce spécial n'accusent aucune entrée de rubans de soie pure velours. Ils montrent : rubans de soie pure, autres que les velours : 96 q. m. (269 en 1917), rubans de soie mélangée autres que les velours, 17 q. m. (9 en 1917).

En 1913, la France avait exporté 792.647 kilos de rubans de soie et de soie mélangée, valant 54.132.630 fr. dont voici le détail :

	Poids.	Valeur.
	—	—
	kilos.	francs.
Rubans de soie pure, velours	8.327	999.240
— — autres	296.667	26.700.030
— de soie mélangée, velours	109.401	5.251.248
— — autres	378.252	21.182.112

A ces chiffres, il faut ajouter les colis postaux. Il y a lieu de noter que les chiffres de 1913 sont exceptionnellement élevés. En 1912, l'exportation ne représentait que 36 millions de fr. ; la moyenne est de 40 millions.

Pour 1918, les chiffres du commerce spécial montrent : rubans de soie pure velours 67 q. m. (99 en 1917), valeur 1.273.000 fr. ; autres 3.192 q. m. (2.341 en 1917), valeur 51.072.000 fr. : rubans de soie mélangée velours : 268 q. m. valeur 2.546.000 fr. (1.201 q. m. en 1917) ; autres : 3.810 q. m. valeur 38.100.000 fr. (4.397 q. m. en 1917).

Les principaux débouchés ouverts à la rubannerie française étaient, en 1913 :

Vers	Total des rubans exportés de France (commerce spécial.)
	kilos.
Grande-Bretagne	446.784
Etats-Unis	151.660
Chine	50.552
Belgique	32.170
Suisse	28.719

On prévoit que le montant de la production en 1919 atteindra 300 millions. Par suite des difficultés de transport et de fret, l'exportation n'a pas progressé comme elle l'aurait dû, sauf toutefois en ce qui concerne la Grande-Bretagne. Au cours des 9 premiers mois de 1919, elle s'est élevée à 110.000 fr.

Les tresses et lacets.

L'industrie des tresses et lacets a son centre à Saint-Chamond. Elle est représentée par une vingtaine de manufactures appartenant, soit à des particuliers, soit à des sociétés. L'une de ces sociétés englobe dix entreprises autrefois séparées. On constate là une tendance notable à la concentration industrielle.

La production de la région de Saint-Chamond est évaluée à 20 ou 22 millions de fr. par an. Celle des autres centres (Auvergne, Normandie, région du Nord) à 6 ou 7 millions de fr. En 1913, la France avait exporté des articles de passementerie de soie et de laine, pures ou mélangées, estimés à 7.628.000 fr. La consommation française des tresses et lacets de soie et de laine était évaluée à une vingtaine de millions de fr.

Les importations s'élevaient à 13.267 kilos (461.981 fr.) pour la passementerie de soie, et à 2.000 kilos (40.860 fr.) pour la passementerie de laine. L'Allemagne, avec les manufactures de Barmen-Elberfeld, était le seul concurrent notable des producteurs français sur le marché intérieur. Ses importations se répartissaient comme suit en 1913 :

	Provenance allemande.	Importation totale.
	—	—
Passementerie d'or ou d'argent fin	15 kilos.	66 kilos
— — faux	4.521 —	5.106 —
— de soie pure	898 —	1.745 —
— — mélangée	5.594 —	6.350 —
— de laine pure	1.400 —	1.900 —
— — mélangée	100 —	100 –

L'exportation, en 1913, avait été la suivante :

	Poids.	Valeur.
	—	—
Passementerie d'or ou d'argent fin	511 kilos.	86.870 fr.
— — faux	53.748 —	1.236.204 —
— de soie pure	12.091 —	867.529
— — mélangée	15.249 —	712.891 —
— de laine pure	198.200 —	4.310.850 —
— — mélangée	18.700 —	418.018 —

Les Indes anglaises absorbaient presque la moitié de notre exportation de passementerie d'or ou d'argent faux (21.410 kilos) ; la Belgique était notre meilleur client pour la passementerie d'or ou d'argent fin (380 kilos) et la passementerie de pure laine (93.000 kilos). La Grande-Bretagne importait des passementeries d'or ou d'argent faux (5.940 kilos), de soie pure (2.679 kilos). de soie mélangée (6.523 kilos), de laine pure et mélangée (49.600 kilos). Les Etats-Unis avaient absorbé 23.470 kilos de passementerie de soie, dont 20.490 kilos de passementerie d'or ou d'argent faux.

La confection.

Il est difficile, pour une industrie aussi fractionnée que celle de la confection d'établir des statistiques globales. Il est également malaisé de distinguer d'une façon précise le domaine des confectionneurs de celui des couturiers et tailleurs. Aussi les chiffres ci-dessous ne sont-ils donnés qu'à titre d'indications.

La production, l'importation et l'exportation annuelles des articles confectionnés (vêtements, lingerie, cravates, etc.) pouvaient être évaluées avant la guerre, comme suit, en millions de fr. :

	Production.	Importation.	Exportation
Vêtements confectionnés pour hommes	120	3	24
— dames	250	4	160
Lingerie confectionnée	200	1,3	56
Cravates	15	0,4	0,7

La valeur totale de l'exportation d'articles confectionnés (vêtements, lingerie, cravates, etc.) s'était élevée, en 1913, à 252.647.507 fr. se répartissant comme suit par catégorie d'articles et principaux débouchés :

	Poids.	Valeur	Principal débouché
Vêtements confectionnés en soie pour hommes	6.055 kg.	484.400 fr.	Etats-Unis.
Vêtements confectionnés en autres tissus pour hommes	1.540.205 —	23.688.353 —	Algérie.
Vêtements confectionnés en soie pour femmes	59.132 —	21.671.878 —	Grande-Bretagne.
Vêtements confectionnés en autres tissus pour femmes	1.165.392 —	138.614.726 —	—
Pièces de lingerie cousues	1.365.400 —	56.664.100 —	—
Cravates en soie	2.170 —	596.750 —	Algérie.
Cravates en autres tissus	2.577 —	113.388 —	—
Articles non dénommés	1.319.200 —	10.487.640 —	—

Depuis la guerre, la pénurie des tissus français et l'arrêt des ateliers de Lille ont fait baisser de 85 p. 100 l'exportation des vêtements pour hommes, même vers l'Algérie. Les chiffres du commerce spécial pour 1918 n'accusent plus pour les vêtements confectionnés ordinaires pour hommes que 2.852 q. m. pour une valeur de 4.932.000 fr. (6.442 q. m. valeur 11.139.000 fr. en 1917).

Dans la confection pour dames, l'exportation des vêtements de soie a augmenté, tandis que celle des vêtements d'autres tissus diminuait de 50 p. 100. Dans la lingerie, la vente extérieure a baissé de 60 p. 100. Les chiffres subissent depuis 1916 un fléchissement notable, principalement pour les vêtements en autres tissus que la soie ou la bourre de soie (7.469 q. m. d'une valeur de 105.354.000 fr. en 1916, 4.943 q. m. valeur 92.728.000 fr. en 1917 et 2.390 q. m valeur 44.693.000 fr. en 1918).

Arrêtée en partie par les droits d'entrée, la concurrence étrangère ne semblait pas importante sur le marché intérieur. Pour l'ensemble des articles de confection, y compris les articles non dénommés, l'importation totale ne dépassait pas, en 1913, 10.865.000 fr., se répartissant ainsi :

	Poids.	Valeur.	Principal importateur.
Vêtements pour hommes	204.375 kg.	3.095.265	Autriche-Hongrie.
— femmes	106.828 —	3.813.855	Allemagne.
Pièces de lingerie cousues	79.000 —	1.303.500	—
Cravates........................	3.920 —	471.240	Belgique
Articles non dénommés...........	236.700 —	2.082.960	Grande-Bretagne.

L'importation des confections pour hommes, des pièces de lingerie et des articles non dénommés s'est développée excessivement au cours de la guerre et surtout en 1915. Certaines opérations de l'Intendance, dans ce domaine, ont soulevé des plaintes très vives de la part des Chambres syndicales de confectionneurs.

Le débouché colonial tend à prendre une place prépondérante dans le commerce des confections, phénomène qui s'explique parce que les confectionneurs peuvent faire aux colonies de l'exportation à peu près directe et parce qu'ils y trouvent des magasins et des détaillants français habitués à leurs méthodes commerciales.

Le tableau suivant montrera la part qui revient aux colonies et, parmi les colonies, à l'Algérie, dans notre exportation :

	Exportation totale.	Colonies.	Algérie.
Vêtements confectionnés pour hommes....	1.540.205 kgr.	728.823 kgr.	497.294 kgr
— femmes	1.165.392 —	26.339 —	10.709 —
Cravates	4.747 —	2.427 —	1.937 —
Articles non dénommés	1.319.200 —	611.000 —	377.700 —

La guerre, en supprimant la concurrence allemande, a fait monter le chiffre de l'exportation française aux colonies pour la lingerie et les vêtements de dames.

Les deux principaux centres de production sont Paris et Lyon.

LES INDUSTRIES DE LUXE

La couture.

L'impression qui se dégage de l'étude des statistiques commerciales de l'année 1913 est tout à fait favorable. En regard d'une importation étrangère en France, qui se chiffrait par 3.813.855 fr. et qui en réalité ressortit à la confection et non à la couture proprement dite, l'exportation à l'étranger accusait 160.586.604 fr. se décomposant comme suit :

	Importations.	*Exportations.*
Robes et manteaux en soie...............	929.103 fr.	21.671.878 fr.
— en autres tissus	2.884.752 —	138.914.726 —

Voici comment, en 1913, se répartissait la clientèle française de la couture:

ANNÉES.	ROBES ET MANTEAUX.		VALEUR TOTALE.
	en soie.	en autres tissus.	—
	fr.	fr.	fr.
Grande-Bretagne	5.459.000	50.790.000	56.249.900
Rép. Argentine	15.000	34.535.000	34.550.000
Allemagne	3.607.000	9.918.000	13.525.000
Belgique	1.408.000	11.448.000	12.856.000
Suisse.......................	3.599.000	7.443.000	11.042.000
Etats-Unis	2.470.000	6.755.000	9.225.000

Le chiffre réel d'affaires fait avec ces pays, et principalement avec les Etats-Unis, est certainement de beaucoup supérieur à celui qu'indiquent les statistiques, car celles-ci ne font pas état d'une quantité de robes de grande valeur emportées dans les malles des voyageurs et non déclarées à la sortie.

Les statistiques des années de guerre montrent que, malgré la difficulté de s'approvisionner en tissus et en matières diverses indispensables aux arts de la mode, la couture française a réussi à maintenir son chiffre d'affaires à un total de près de 100 millions, alors que dans les statistiques de 1913, les pays ennemis figuraient pour un chiffre de 22 millions.

ANNÉES.	ROBES ET MANTEAUX en soie fr.	ROBES ET MANTEAUX en autres tissus. fr.	VALEUR TOTALE. — fr.
1915	27.991.000	87.757.000	115.748.000
1916	31.020.000	80.665.000	111.685.000
1917	28.858.000	53.417.000	82.275.000

Le déficit des ventes provient principalement de la perte totale de la clientèle belge, perte compensée en partie par les achats qu'ont dû faire les « réfugiés » belges à l'intérieur, et des diminutions considérables d'achat de la Grande-Bretagne en vêtements ou tissus autres que la soie. Par contre, du Brésil, les exportations passent de 92.000 fr. à 7 millions pour le vêtement en soie et de 2 à 13 millions pour les autres tissus.

Les importations provenant principalement de Grande-Bretagne et de Suisse avaient présenté, pour les deux années 1913 et 1915, les mouvements ci-après :

En 1915, la Grande-Bretagne avait importé en robes et manteaux en soie pour une valeur de 521.000 fr. contre 334.000 fr. en 1913, et en autres tissus 963.000 fr. en 1915 contre 669.600 fr. en 1913.

La Suisse avait importé, en 1915, en robes et manteaux en soie, pour une valeur de 418.000 fr. contre 79.400 fr. en 1913 et en autres tissus, 259.000 fr. en 1915 contre 199.600 fr. en 1913.

La progression des importations est relativement trop faible par rapport au chiffre des exportations pour que cette situation, motivée par les événements de guerre, soit de nature à inquiéter.

La mode.

Les statistiques des Douanes confondent, sous la désignation générale d'« Ouvrages de Mode », à 2.400 fr. le quintal métrique, le « chapeau de mode », qui sort de chez la grande modiste et qui atteint les prix de 400 à 1.000 fr. et au-dessus et le « chapeau garni » dont la forme populaire était, avant la guerre, le « 4 fr. 80 ». D'autre part, ces statistiques n'enregistrent pas les sorties de chapeaux que les étrangères emportent dans leurs valises ou dans leurs malles. Enfin, des quantités considérables de chapeaux, de fleurs et de plumes sont expédiées par colis postaux et c'est autant de marchandises dont l'exportation est incontrôlable. Les statistiques sont encore faussées du fait que les déclarations en douane sont le plus souvent inexactes.

Le chiffre d'exportations de la Mode évalué, à la veille de la guerre, à 56 millions et demi de fr. pour les ouvrages de mode sur les marchés du dehors, est donc manifestement inférieur à la réalité.

L'industrie de la Mode étant solidaire de celle des fleurs et plumes, on a réuni, sous la même rubrique, les statistiques relatives à ces trois industries. Les principaux pays, fournisseurs et clients, étaient les suivants en 1913 (en milliers de francs) :

1° *Importations :*

Pays.	Ouvrages de Mode.	Fleurs artificielles.	Plumes de parure.
Grande-Bretagne	21	5	41.470
Allemagne	7	437	3.136
Belgique	52	123	973
Italie	2	»	1.032
Portugal	»	»	4.805

2° *Exportations :*

Grande-Bretagne	51.728	11.624	23.779
Etats-Unis	434	3.160	16.306
Allemagne	624	549	4.821
Belgique	222	2.812	2.636
Italie	1.267	14	872

Depuis la guerre, cette industrie a, en dépit des événements, conservé sa suprématie. Mais le commerce extérieur a subi de fâcheuses réductions. C'est ainsi que les exportations en Grande-Bretagne, qui étaient de 51 millions de fr. pour les ouvrages de mode seuls, sont tombés à 34 millions en 1914, pour se relever difficilement à 6.989.000 fr. en 1917 et 10.340.000 fr. en 1919. Les plumes de parure n'atteignaient plus en 1918 qu'un total de 33.704.000 fr.

De même que les maisons de couture, les grandes maisons de modes se plaignent amèrement des contrefaçons dont elles sont victimes, tant de la part des étrangers que des maisons françaises qui vivent de la copie. Les modèles sont copiés au jour le jour. Pour se défendre utilement, la Mode s'oriente, elle aussi, vers l'organisation en vue d'une action collective. Elle espère ainsi conserver, après la guerre, son immense et riche clientèle étrangère qui, depuis des années, est habituée à demander à Paris, quatre fois par an, la mode de demain.

La lingerie.

Les statistiques des douanes accusent comme exportation totale de la France, en 1913, pour les pièces de lingerie cousues, sans distinguer entre la lingerie pour hommes et la lingerie pour femmes : 56.664.100 fr. et à l'importation seulement 1.303.500 fr. Ces chiffres montrent la prééminence incontestable et la solide et ancienne réputation de cette industrie de luxe.

C'est à Paris que se fabrique la plus belle lingerie de luxe, mais Bordeaux, Lyon et, d'une manière générale, les plus grandes villes de France sont des centres actifs de fabrication. La lingerie de gros se fabrique surtout dans le Cher, l'Indre, l'Indre-et-Loire, le Loiret, l'Allier. Le linge fait à la machine est une spécialité de Saint-Omer et d'Argenton-sur-Creuse.

La comparaison des années 1913, 1914, 1915, 1916 montre les résultats suivants (en milliers de francs) :

1° *Importations.*

	1913.	1914.	1915.	Six premiers mois de 1916.
	—	—	—	—
Allemagne	638	394	»	»
Grande-Bretagne	264	244	4.799	4.409
Suisse	229	99	188	182
Belgique	64	44	2	2
Italie	29	21	1.084	969

2° *Exportations.*

	1913.	1914.	1915.	Six premiers mois de 1916.
	—	—	—	—
Grande-Bretagne	16.766	9.798	6.996	1.953
Etats-Unis	15.309	12.765	8.893	4.281
Belgique	3.283	3.269	154	116
Colonies anglaises	1.955	1.727	786	»
Italie	1.153	216	104	39
Suisse	797	490	154	52

Pour 1916, année entière, la valeur des exportations n'est plus que de 33.[illegible]00.000 fr. ; elle est de 79.853.000 fr. en 1917 et de 83.349.000 fr. en 1918.

Les chiffres indiqués pour les exportations sont notoirement inférieurs aux exportations réelles. Cela tient, comme pour les autres industries de luxe, à ce que beaucoup de marchandises étaient expédiées à part, par colis postaux. D'autre part, les prix cotés par la douane (1.650 fr. le quintal métrique) sont inférieurs au prix réel des marchandises. Ce prix moyen, souvent dépassé avant la guerre, a cessé, à plus forte raison, d'être exact aujourd'hui, en raison des augmentations considérables des prix des tissus de coton.

Si l'industrie française n'est pas aussi avantageusement placée que les Etats-Unis, où la matière première, le coton, est à pied d'œuvre, l'Angleterre, l'Allemagne, mieux outillées comme machines pour fabriquer l'article commun d'exportation, elle a maintenu jusqu'à ce jour la presque totalité de l'approvisionnement du marché intérieur. Elle a, par contre, dans la fabrication de la lingerie de luxe, cousue et brodée à la main, une supériorité incontestable sur l'étranger.

La fourrure.

Les statistiques de la douane, pour 1913, enregistraient sous la dénomination « pelleteries ouvrées ou confectionnées », 31.915.000 fr. à l'exportation contre 14.657.500 fr. à l'importation.

Les principaux clients et fournisseurs s'établissaient comme suit :

PAYS.	EXPORTATIONS. en milliers de fr.	IMPORTATIONS en milliers de fr.
Allemagne	11.791	6.607
Grande-Bretagne	5.525	712
Etats-Unis	2.912	35
Belgique	2.613	4.320
Autriche	1.066	2.185
Rép. Argentine	858	»

Les chiffres pour 1915 montrent que si les exportations ont baissé en ce qui concerne les Etats-Unis, elles ont par contre augmenté à destination de l'Italie, du Portugal, de l'Argentine et du Brésil. En voici le détail :

PAYS.	EXPORTATIONS. en milliers de fr.	IMPORTATIONS. en milliers de fr.
Italie	2.717	»
Grande-Bretagne	2.613	289
Portugal	2.431	»
Etats-Unis	975	1.377

Les chiffres du commerce spécial pour l'exportation sont les suivants pour les quatre dernières années (en milliers de fr.)

	1916	1917	1918	1919
Pelleteries préparées ou en morceaux cousus	43.025	50.785	106.676	118.038
Pelleteries ouvrées et confectionnées	25.575	32.364	26.800	49.720

La guerre a modifié totalement la physionomie de l'industrie de la fourrure. Avant 1914, le plus gros chiffre d'affaires, tant à l'exportation qu'à l'importation, était fait avec l'Allemagne et l'Autriche. Leipzig était, d'autre part, le grand marché de réassortiment de fourrures apprêtées ou teintes. Enfin, les ouvriers fourreurs étaient recrutés pour 40 à 42 p. 100 parmi les Autrichiens et les Allemands.

Très courageusement, la Chambre syndicale des Fourrures et Pelletiers de Paris se mit à l'œuvre. Elle prit enfin en main la création d'un Marché de la Fourrure à Paris, estimant que sur les 550 millions d'affaires de fourrures qui se traitent annuellement dans le monde, Paris doit pouvoir en absorber, dès les premières années, près de 100 millions.

La Société du « Marché Français des Fourrures et Pelleteries » envisage enfin la création de nouvelles usines d'apprêt et de teinture et le développement des usines existantes.

La parfumerie.

Les produits de parfumerie sont déclarés en douane sous plusieurs rubriques dont il faut additionner les chiffres pour avoir une estimation d'ensemble de cette industrie : savons « dits de parfumerie », parfumerie alcoolique et non alcoolique, huiles volatiles ou essences et parfums synthétiques ou artificiels.

En procédant de la sorte, on arrive, pour 1913, à une estimation de 35 millions et demi d'importations contre près de 60 millions de fr. à l'exportation. On estime, d'autre part, que la production nationale des articles de parfumerie, y compris les parfums proprement dits : savons, fards, pâtes dentifrices, produits de beauté et matières premières nécessaires à la fabrication des parfums, atteignait, avant la guerre, 150 millions de fr.

D'après les statistiques de 1913, les importations et exportations se répartissaient comme suit (chiffres en milliers de fr.) :

Produits.		Importations.	Exportations.
Savons de parfumerie.	transparents	103	163
	autres	4.488	5.087
Parfumeries.	alcooliques	147	9.504
	non alcooliques	453	10.282
Huiles volatiles ou essences.	de roses	3.742	3.619
	de géranium rosat / ylang-ylang	4.484	356
	toutes autres	20.779	30.534
Parfums synthétiques ou artificiels		1.429	164

Les importations s'établissaient, en 1913, de la manière ci-après :

Produits.	Principaux pays fournisseurs.	Importation.	Importation totale.
Savons	Gde-Bretagne	13.277 qx.	14.127 qx.
Parfumerie alcoolique	—	211 hectos.	»
— non alcoolique	—	366 qm.	
Huiles volatiles ou essences	Colonies françaises	2.317 qx.	5.937 qx.
Parfums synthétiques	Allemagne	810 —	1.153 —

Les exportations étaient réparties ainsi :

Produits.	Principaux clients.	Exportations	Exportation totale
Savons	Colonies françaises	.500 q.m.	»
Parfumeries alcooliques	Gde-Bretagne	2.152 hectos.	»
— non alcooliques	—	6.852 qm.	»
Huiles volatiles ou essences	—	2.927 —	8.871 qm.
Parfums synthétiques	—	34 —	147 —

Pour les trois dernières années, le mouvement des exportations a été le suivant (valeurs en milliers de francs) :

	1917	1918	1919 prov.
Savons	9.410	6.908	30.350
Parfumeries alcooliques	28.358	26.470	39.900
— non alcooliques	37.438	18.815	40.583
Huiles volatiles ou essences	21.516	22.656	27.509
Parfums synthétiques ou artificiels	1.575	2.306	3.883

L'industrie française de la parfumerie a contribué, plus que toute autre, à faire connaître la marque française sur tous les marchés du monde. Ces efforts, qui remontent à de très nombreuses années, ont eu pour effet que la clientèle étrangère recherche de préférence, spécialement pour les produits chers, les articles de parfumerie garantis d'origine française et parisienne. Aussi, n'y a-t-il pas d'industrie où le mot « Paris » soit plus employé d'une façon frauduleuse par les concurrents étrangers, pour tromper l'acheteur.

L'horlogerie.

L'industrie de l'horlogerie comprend de nombreuses catégories : horlogerie monumentale ou d'édifices, grosse horlogerie avec les cartels, coucous, pendules de cheminée, réveils, etc., la petite horlogerie avec les montres, l'outillage d'horlogerie.

La valeur des horloges monumentales qui se vendaient annuellement avant la guerre atteignait 1 million à 1.500.000 fr., la presque totalité des horloges provenant des fabriques françaises. Pour la grosse horlogerie, la fabrication française avait la vente à peu près exclusive des pendules de cheminée; la fabrication allemande par contre l'emportait, vendant en France, en moyenne, 40 millions de francs de réveils et régulateurs à carillon.

En ce qui concerne la petite horlogerie, la production française peut être évaluée à 500.000 montres argent, 150.000 montres or et plus de 2 millions de montres-métal par an, d'une valeur totale de 60 millions de fr. Si ce chiffre est inférieur à la valeur de la production horlogère suisse et allemande, l'industrie française, par contre, l'emporte par la précision de ses pièces chronométriques, attestée par les concours aux observatoires et par le bon goût de sa montre-bijou.

Un groupement assez rationnel de la fabrication peut être fait. Besançon établit la montre complète en métal précieux; Morteau, Seloncourt et Beaucourt font la montre en métal commun; Cluses et Villers-le Lac, les ébauches (cette dernière ville termine aussi la montre); Maiche et Charquemont, toute la série des assortiments, surtout à cylindre; la Haute-Savoie les pignons à roues.

Quant à la boite de montre, des fabriques existent à Besançon (boîtes en or ou argent); Morteau (boîtes argent et métal); Charquemont-Damprichard (boîtes métal).

La bijouterie, la joaillerie, l'orfèvrerie.

Les objets de bijouterie, joaillerie et orfèvrerie ne peuvent être vendus en France que s'ils atteignent un certain minimum de fin fixé à 950 millièmes pour le platine, 750 millièmes pour l'or, 800 millièmes pour l'argent et la vérification du titre est obligatoirement effectuée dans les bureaux de garantie où les objets sont poinçonnés.

En 1912, il avait été marqué 25.800.000 objets représentant un poids total de 135.127 hectogr. d'or, de 5.226 hectogr. de platine et de 1.226.399 hectogr. d'argent.

Le commerce montrait pour la même année à l'importation un montant de 95.484.260 fr. et à l'exportation un montant de 51.098.276 fr. Les principaux fournisseurs étaient pour l'orfèvrerie d'argent ou de vermeil: l'Allemagne (4.486 kilogr.), la Grande-Bretagne (2.760 kilogr.); pour la bijouterie d'or ou d'argent: l'Espagne (3.799 kilogr.), la Suisse (2.290 kilogr.). Les principaux clients étaient pour l'orfèvrerie d'argent ou de vermeil: la Grande-Bretagne (11.806 kilogr.); pour l'orfèvrerie argentée: l'Autriche-Hongrie (11.806 kilogr.), l'Allemagne (9.910 kilogr.). Il avait été d'autre part exporté, en dehors de l'intervention des bureaux de garantie, 50.985 boites de valeur déclarée, valant 24.930.040 fr. dont 9.991.370 fr. en Suisse.

Le commerce spécial des trois dernières années montrait le mouvement suivant (valeurs en milliers de fr.). :

Importations :	1917	1918	(prov. 1919)
Bijouterie d'or	2.460	445	2.746
— de platine	30	»	45
— d'argent on de vermeil	3.843	589	5.465
Orfèvrerie d'or, de platine, d'argent ou de vermeil.	410	455	1.694
Ouvrages dorés ou argentés	1.085	848	3.157
Exportations :			
Bijouterie d'or	900	732	1.815
— de platine	360	360	420
— d'argent ou de vermeil	3.056	3.361	3.470
Orfèvrerie d'or, de platine, d'argent ou de vermeil.	3.806	4.124	6.147
Ouvrages dorés ou argentés	1.003	431	344

La presque totalité de la fabrication était concentrée à Paris même ou dans sa banlieue, qui comptent 75 p. 100 des fabriques de bijouterie, 83 p. 100 des fabriques d'orfèvrerie, 96 p. 100 des maisons de joaillerie.

La perle.

Jusqu'en 1908, le marché des perles fines était situé à Londres. Les Arabes et les Hindous de Bombay et du Golfe Persique y envoyaient leurs perles en consignation moyennant des avances d'argent. Les consignataires n'achetaient les perles qu'après avoir reçu des offres des acheteurs.

Mais après la crise financière américaine de 1908, quelques commerçants français sont allés à Bahreïi, marché des perles du Golfe Persique et y ont acheté directement aux pêcheurs. Depuis cette époque les sept huitièmes des perles de cette pêcherie parviennent directement à Paris, qui est ainsi devenu le principal marché du monde. En effet, en dehors de la pêcherie du Golfe Persique, qui produit annuellement de 50 à 70 millions de perles, les pêcheries secondaires d'Australie, d'Erythrée, du Venezuela, de Tahiti, de Panama et des Philippines envoient à Paris une grande partie de leur récolte, peu importante il est vrai, puisqu'elle atteint à peine une quinzaine de millions. Enfin, outre les perles provenant des pêcheries, il se vend à Paris un grand nombre de perles que les pays qui en possèdent en quantité ne peuvent plus conserver à cause des intérêts élevés que coûtent ces joyaux depuis la hausse considérable qu'ils ont subie.

Ainsi, sur le chiffre total des perles existantes, que les évaluations portent à 10 milliards, il vient, annuellement, sur le marché de Paris, pour une centaine de millions de perles pêchées et pour autant de celles vendues par les particuliers, soit 200 millions en tout.

Pendant les deux premières années de la guerre, les Américains ont acheté les plus belles perles des quatre récoltes non vendues de 1913, 1914, 1915 et 1916. Pendant cette période les beaux spécimens se sont vendus à des prix qui n'avaient jamais été atteints. Avec l'intervention américaine a cessé la vente des belles perles ; mais la fortune s'étant démocratisée et déplacée, les petites bourses des pays neutres et, pour une moindre part, des pays alliés, ont raflé tous les stocks, ce qui a fait hausser considérablement le prix des perles courantes.

Les pays neutres ont été favorisés en outre par le change et bien des particuliers ont fait des placements d'argent en achetant des perles fines.

Une autre cause de la hausse des perles fut la prohibition de les exporter, décrétée par les Anglais au début de 1918. Cette mesure a été dictée par la nécessité de diminuer le change des roupies dont la valeur a augmenté de 30 °/o sur celle de la livre sterling.

COMMERCE

La politique économique de la France.

En 1892, s'est opérée la transformation du régime économique de la France. La politique du libre échange, pratiquée depuis les traités de commerce de 1860, a été abandonnée pour le retour à la politique de protection douanière. Ce revirement est dû à une active campagne menée en faveur de l'élévation des tarifs par les industriels et agriculteurs, inquiets des progrès de la concurrence étrangère, et de la baisse des prix due aux multiples découvertes techniques du siècle. A la suite d'une enquête auprès des Chambres de commerce qui s'étaient montrées hostiles à l'établissement d'un tarif conventionnel, le gouvernement s'abstint de renouveler les traités de commerce à leur expiration (1892). Le Parlement donna satisfaction à la coalition des industriels et des agriculteurs en adoptant, par la loi du 11 janvier 1892, le régime du *tarif autonome*, qui réserve au pays le droit d'élever ou d'abaisser à sa guise les droits de douane sur chaque article. La loi établit un double tarif : un *tarif maximum*, applicable à la généralité des pays étrangers, un *tarif minimum*, mais suffisamment protecteur, qui est accordé par convention à court terme aux pays qui font bénéficier nos produits d'avantages équivalents. Les matières premières, seules, sont admises à entrer en franchise. La tendance à la protection s'est encore fortifiée depuis 1892 et elle s'est manifestée par la loi du 22 mars 1910, qui a encore relevé le taux des tarifs (V. *Tarifs douaniers*, p. 634). Le nouveau régime douanier a eu pour résultat un essor remarquable de l'industrie française protégée, et n'a pas empêché la progression rapide du commerce extérieur.

Le commerce extérieur.

Dans le commerce extérieur de la France, on distingue le *commerce spécial* (marchandises destinées au pays ou sorties du pays) et le *commerce de transit* (marchandises qui traversent le pays en provenance de l'étranger): ce dernier profite uniquement aux industries de transport. Le total du commerce spécial et du commerce de transit forme le *commerce général*.

Après avoir eu un magnifique essor au milieu du XIXe siècle, le commerce extérieur de la France a subi une véritable crise de 1872 à 1902. Pendant ces trente années, les progrès apparaissent insignifiants alors que la Grande-Bretagne, et surtout les États-Unis et l'Allemagne, enregistrent des bonds gigantesques. Le tableau suivant montre le mouvement du commerce spécial depuis 1870 :

ANNÉES.	IMPORTATION.	EXPORTATION.	TOTAL DU COMMERCE EXTÉRIEUR.
	millions de francs.	millions de francs.	millions de francs.
1870	2.867	2.802	5.669
1880	5.033	3.467	8.500
1885	4.088	3.088	7.176
1890	4.436	3.753	8.189
1895	3.719	3.373	7.092
1900	4.697	4.108	8.805
1905	4.778	4.866	9.644
1910	7.173	6.233	13.406
1913	8.421	6.880	15.301
1914	6.402	4.869	11.271
1915	11.036	3.937	14.973
1916 (provisoires)	15.159	5.102	20.261
1917 »	16.312	4.095	20.407
1918 »	22.301	4.722	27.023
1919 éval. (taux de 1918)	29.778	8.713	38.491

Depuis 1900, et surtout 1902, l'activité commerciale semble avoir pris un nouvel essor et elle dépasse en 1913 le chiffre de 15 milliards. A ce moment, le commerce de la France (39 millions d'hab.) n'était inférieur qu'à ceux des États-Unis (91 millions d'hab.) qui atteignait 22 milliards, de la Grande-Bretagne (45 millions d'hab.) qui se montait à 29 milliards et de l'Allemagne (65 millions d'hab.) qui était de 25 milliards. Les progrès du commerce français, lents à la fin du XIXe siècle, étaient, au début du XXe, sensiblement égaux à ceux de ses rivaux.

Son essor était d'ailleurs paralysé par diverses circonstances :

a) *Le trop faible accroissement de la population*, funeste à la capacité de production et empêchant la diffusion des Français dans le monde. La France avait sensiblement le même chiffre de commerce par habitant que l'Allemagne. Mais ce pays avait 30 millions d'habitants de plus que la France et ses nationaux formaient sur plusieurs points du globe et principalement l'Amérique du Sud, des groupes compacts, clients du commerce allemand et propagateurs des produits allemands.

b) *Le déplacement du commerce de transit.* Ce commerce entre l'Océan Atlantique et la Méditerranée a été atteint par le percement du Gothard, du Simplon et par la construction des autres voies transalpines, soit dans les Alpes centrales, soit même dans les Alpes orientales. Ces voies ont détourné sur Gênes, Trieste et même Salonique, une partie des marchandises jadis débarquées et embarquées à Marseille.

c) *Le développement de centres industriels nouveaux*, non seulement en Allemagne et aux États-Unis, mais encore en Italie, en Espagne, en Russie, et *la mise en culture de pays neufs*, tels que les États-Unis, le Canada, l'Argentine, l'Inde, l'Australie, l'Afrique australe, d'où la fermeture progressive des anciens débouchés et l'apparition comme concurrents de peuples jeunes, dotés d'un outillage perfectionné et disposant souvent d'une main-d'œuvre à bon marché.

La nature et l'objet du mouvement commercial.

D'une façon générale, la France importait plus qu'elle n'exportait. En 1913, la valeur des importations dépassait 8 milliards et celle des exportations approchait de 7 milliards. Si l'on considère le poids et non plus la valeur, les importations représentaient plus des 3/4 et les exportations un peu plus du quart. La France importait donc des objets lourds et bon marché et exportait des articles relativement chers sous un faible poids.

De même que les autres États de l'Europe occidentale, la France importait surtout des *produits alimentaires* et des *matières premières* ; elle exportait principalement des *objets manufacturés*. Mais, grâce à sa richesse agricole, elle exportait aussi certains produits alimentaires, assez rares et de haut prix. D'autre part, sa production spéciale dans les industries de luxe donnait à ses exportations un caractère qui les différenciait très nettement des exportations de ses grands voisins industriels : Belgique, Grande-Bretagne, Allemagne, Autriche, ainsi que le montre le tableau suivant (valeurs de 1913 en milliers de fr.) :

	MARCHANDISES ARRIVÉES. (Commerce général.).	MARCHANDISES MISES EN CONSOMMATION. (Commerce spécial.).	MARCHANDISES FRANÇ. ET ÉTR. EXPORTÉES (Commerce général.).	MARCHANDISES FRANÇ. OU FRANCISÉES EXPORTÉES (Commerce spécial.).
Objets d'alimentation	2.417.641	1.817.579	1.422.904	838.896
Matières néces. à l'industrie	5.477.203	4.945.732	2.389.647	1.858.091
Objets fabriqués	2.829.247	1.658.021	5.447.600	4.183.228
	10.924.091	8.421.332	9.260.151	6.880.217

Les importations.

La France importait, en 1913, les principaux articles suivants :

MARCHANDISES.	VALEUR.	PAYS DE PROVENANCE.	PAR :
Produits alimentaires.	millions de francs.		
Céréales	565	Russie, Algérie, Argentine.	Marseille.
Riz	65.2	Indo-Chine.	Marseille.
Sucres	34	Antilles françaises.	St-Nazaire.
Vins	275	Algérie.	Marseille, Cette.
Café	207	Brésil, Haïti, La Réunion.	Le Havre, Bordeaux.
Textiles et vêtement.			
Coton	577	Ét.-Unis (432), Égypte (67).	Le Havre, Marseille.
Lin	86	Russie.	Dunkerque.
Jute	73	Indes brit.	Dunkerque.
Laines	702	Australie (230), Argentine.	Bordeaux, Le Havre.
Soies et bourre de soie	361	Chine, Japon, Italie.	Marseille.
Peaux et pelleteries brutes.	248	Brésil (24), Belgique (12).	Le Havre.
Pelleteries préparées	71	»	Bordeaux.
Autres matières premières.			
Houille	584	Angleterre, Belgique, Allemag	Dunkerque, canaux.
Pétrole	81.5	États-Unis, Russie.	Le Havre, Marseille.
Caoutchouc	122	Brésil, Afrique Equatoriale Indes néerl.	Le Havre. Marseille.
Cuivre	192	États-Unis, Mexique.	Le Havre.
Bois et pâte de bois	210	Suède (75,6), Norvège (16,6), Russie.	Dunkerque.
Oléagineux	387	Afrique Occid. Franç., Tunisie.	Marseille, Bordeaux.
Engrais chimiques	77	Chili, Tunisie, Algérie.	Bordeaux, Marseille.
Objets fabriqués.			
Machines et mécaniques	321	Allemagne (82), Gde Bretagne.	
Produits chimiques	164	Allemagne.	

Les exportations.

La France exportait, en 1913, les principaux articles suivants :

MARCHANDISES.	VALEUR.	PAYS DE DESTINATION.	PAR :
Vins de la Gironde	203	Allem., Gde Bret., Belgique.	Bordeaux, Rouen.
— d'ailleurs		Allemagne, Suisse, Belgique.	»
— de Champagne		Gde-Bret., Belgique, Ét.-Unis.	Rouen.
Automobiles	227	Gde-Bret., Belgique, Et.-Unis.	Le Havre
Peaux préparées	144	Tous pays.	Le Havre.
Produits chimiques	211	»	»
Machines et mécaniques	123	»	»
Minerai de fer	84	Belgique, Allemagne.	Canaux, Caen.
Articles de Paris	171	Tous pays.	»
Tissus de coton	385.5	Colonies (126.5), Et.-U. (73).	Rouen, Marseille.
Laines et lainages	530	Gde-Bretagne (200).	Le Havre
Soies et bourre de soie	180	Suisse (83.5), Italie (58.5).	»
Tissus de soie	386	Gde-Bret. (218.5), Et.-U. (49).	Le Havre.
Vêtements et lingerie	253	Ét.-Unis, Amérique du Sud.	Le Havre, Bordeaux.
Modes et fleurs artificiel.	87	États-Unis.	Le Havre, Bordeaux.
Papiers et applications	167	Belgique, Gde-Bretagne.	»

La France faisait la plus grande partie de son commerce avec ses voisins et avec ses colonies. Elle avait ainsi un *petit nombre de clients très importants*, qui lui achetaient plus des 2/3 du total des produits exportés.

De ces chiffres, il ressort également que, d'une façon générale, la France importait plus qu'elle n'exportait, qu'elle importait des objets bon marché et exportait des objets relativement chers sous un faible poids. La France importait surtout des produits alimentaires et des matières premières et exportait surtout des objets manufacturés.

Les principaux fournisseurs et clients

Les principaux fournisseurs et clients étaient en 1913 et en 1919 :

FOURNISSEURS.	VALEUR en millions de francs		CLIENTS.	VALEUR en millions de francs	
	1913	1919		1913	1919
Grande-Bretagne	1.115	7.202	Grande-Bretagne	1.454	1.407
Allemagne	1.069	591	Belgique	1.108	1.158
États-Unis	896	8.133	Allemagne	867	1.284
Belgique	556	909	États-Unis	423	602
Russie	458	»	Suisse	406	546
Indes brit.	»	»	Italie	306	276
Rép. Argentine	369	1.299	Rép. Argentine	200	125
Algérie	331	1.026	Espagne	151	506

En analysant ces chiffres, il y a lieu de tenir compte que :

a) A cette exportation officiellement constatée s'ajoute un chiffre important non enregistré par l'Administration des Douanes (articles emportés dans leurs malles par les étrangers).

b) En raison, d'autre part, de l'insuffisance de la marine marchande, une grande partie des exportations se faisaient sous pavillon étranger.

Le commerce depuis la guerre.

La situation du commerce s'est totalement modifiée depuis la guerre. La France a dû demander à l'étranger les marchandises que son agriculture et son industrie ne lui donnaient plus en quantité suffisante.

C'est surtout à partir de 1915 que la situation se modifie au détriment de l'économie nationale de la France. Les importations étrangères passent de 6.402 millions de fr. en 1914 à 11.036 millions, tandis que nos exportations tombent de 4.868 millions en 1914 à 1.937 millions, montrant un déficit total de 9.099 millions. La situation s'est encore aggravée depuis 1916, faisant ressortir le déficit de la balance commerciale pour 1919 à plus de 21 milliards de fr., ainsi que le montre le tableau suivant :

	1913	1916	1917 (prov.)	1918 (prov.)	1919 (éval.)
	(Chiffres en millions de francs.)				
Importations.					
Objets alimentaires	1.817	5.058	6.985	5.639	8.629
Matières premières	4.946	9.753	11.876	10.065	13.222
Objets fabriqués	1.658	5.829	8.692	6.595	7.927
Totaux des importations	8.421	20.640	27.553	22.301	29.778
Exportations.					
Objets alimentaires	839	589	499	419	969
Matières premières	1.858	1.085	1.095	997	1.937
Objets fabriqués	3.617	4.218	4.082	2.812	5.284
Colis postaux	566	323	336	492	523
Totaux des exportations	6.880	6.215	6.012	4.722	8.713
Déficit commercial	1.541	14.425	21.541	17.579	21.065

Les importations de toutes les grandes catégories de marchandises ont donc augmenté dans de très fortes proportions, alors que les ventes à l'étranger se sont progressivement réduites. Les principales marchandises sur lesquelles les achats ont porté le plus sont indiquées ainsi :

OBJETS.		1913	1916	1917	1918	1919
		(Chiffres en millions de quintaux et millions de francs.)				
Céréales	Quintaux...........	29.297	47.177	»	»	31.600
	Francs	566	1.540	2.371	1.940	2.348
Sucres	Quintaux...........	1.150	5.567	5.246	»	5.937
	Francs	34	413	486	162	680
Viandes diverses.	Kilos	165	2.869	»	»	4.843
	Francs	39	565	639	725	1.226
Fers et aciers ...	Quintaux...........	1.542	22.715	»	»	13.477
	Francs	80	1.217	2.191	1.508	1.349
Fontes.........	Quintaux...........	503	6.207			
	Francs	8	146	»	»	»
Cuivre	Quintaux...........	1.166	1.947	»	»	680
	Francs	193	401	931	545	210
Automobiles....	Quintaux...........	33	807	374	»	270
	Francs	22	189	344	180	243

Les céréales panifiables, dont la production était déficitaire, les matières premières (cuivre, fonte, fer et acier), les objets fabriqués (automobiles et camions militaires, draps de troupe, explosifs, etc.) sont parmi les produits qui ont été immédiatement nécessaires.

Il ne faut pas oublier toutefois que la hausse des prix a joué un rôle important dans cette hausse des importations et que les augmentations réalisées seraient beaucoup moins élevées s'il était possible de revenir aux prix pratiqués en 1913.

L'exportation est, dans toutes les catégories, au-dessous du niveau de 1913, à l'exception des années 1916 et 1917 pour la catégorie des objets fabriqués.

Voici, d'autre part, à quels principaux pays la France s'est adressée :

	1913	1915	1916	1917	1918	1919
	(Chiffres en millions de francs).					
États-Unis	895	3.028	6.162	9.771	7.140	8.133
Angleterre..................	1.115	3.038	5.966	6.807	6.895	7.202
Argentine..................	369	433	930	1.046	1.078	1.299
Espagne	282	581	884	1.348	577	1.087
Suisse	135	244	511	508	432	536
Algérie.....................	331	547	538	682	623	1.025
Maroc......................	»	»	106	238	149	244

Traités de commerce.

Les tarifs, en cours en France à la veille des hostilités, avaient été promulgués par la loi du 29 mars 1910. Ils comportaient deux échelles de droits. La plus basse, dite *tarif minimum*, était accordée à tout ou partie des articles importés par un pays déterminé, en échange de concessions de même valeur au profit des articles français. La plus haute, dite *tarif général*, dont les taux étaient doubles de ceux du tarif minimum, et s'appliquant à tous les articles taxés était devenue, avec cette loi, un instrument de défense contre les pays qui n'avaient pas voulu consentir de concessions.

Au point de vue des tarifs dont il leur était fait application, les Etats étrangers pouvaient se diviser en trois groupes :

1° *Etats soumis au tarif général :* Australie, Bolivie, Chili, Guatemala, Pérou ;

2° *Etats bénéficiant partiellement du tarif minimum :* Trois catégories suivant les articles admis à la réduction :

a. *Denrées de consommation autres que les tabacs, les sucres et dérivés :* Antilles danoises, Brésil, Chine, Colonies néerlandaises, Congo belge, Corée, Costa Rica, Ethiopie, Honduras, Libéria, Mascate, Nicaragua, Siam, Zanzibar et un certain nombre de possessions britanniques : Inde, Ceylan, Hong-Kong, Jamaïque, protectorat de l'Est africain, du Centre africain, de l'Ouganda, etc.

b. *Quelques spécialités :* tissus de soie pure de Chine, huiles végétales du Nicaragua, huiles minérales des Indes néerlandaises, etc. ;

c. *Un groupe étendu de produits :* Canada, Etats-Unis et République haïtienne. Le Canada, par ex., appliquait son tarif intermédiaire aux produits naturels ou fabriqués d'origine française ; de son côté, la France accordait à toute une liste de produits du Dominion le bénéfice de son tarif minimum. Pour les Etats-Unis, un certain nombre de produits américains étaient admis à ce tarif ; d'autres, et parmi eux les principaux, acquittaient le taux de l'ancien tarif général d'avant 1910.

3° *Etats bénéficiant du tarif réduit pour la totalité de leurs expéditions :* Ils étaient au nombre de 31 :

Allemagne.	Grèce.	République Argentine.
Autriche-Hongrie.	Italie	République Dominicaine.
Belgique.	Japon.	Roumanie.
Bulgarie.	Maroc.	Russie.
Colombie.	Mexique.	Serbie.
Danemark.	Monténégro.	Suède.
Egypte.	Norvège.	Suisse.
Equateur.	Paraguay.	Turquie.
Espagne.	Pays-Bas.	Uruguay.
Grande-Bretagne.	Perse.	Vénézuela.
	Portugal.	

Pour l'Italie, toutefois, un seul article très important, les soies et soieries, demeurait soumis au tarif général.

En échange de ces concessions, les marchandises françaises étaient admises dans les pays du 3e groupe aux droits de douane les plus réduits et profitaient de toute immunité, de tout abaissement de tarif qui étaient ou pouvaient être accordés par les co-contractants aux importations provenant d'autres Etats. De même, sauf exception dûment précisée dans le traité, cette mesure était acquise à l'Algérie, à nos colonies et pays de protectorat avec réciprocité, c.-à-d. bénéfice pour eux des stipulations favorables aux produits du co-contractant.

Le bénéfice du tarif minimum accordé aux pays étrangers pour un ou plusieurs articles ou la totalité de leurs expéditions était subordonné à une double condition : 1° les marchandises devaient être *originaires* de ces pays et importées en *droiture*.

Importations. Pour l'année 1913, année normale d'avant-guerre, où nos importations s'étaient élevées à 8.421 millions de fr., la partie la plus importante de ce trafic avait été faite avec 7 pays :

La Grande-Bretagne	1.115	millions de fr. soit	13,25 %
L'Allemagne	1.069	—	12,61 —
Les Etats-Unis	895	—	10,64 —
La Belgique	556	—	6,60 —
La Russie	458	—	5,44 —
Les Indes anglaises	388	—	4,49 —
La République Argentine	369	—	4,44 —
Soit un total de	4.850	millions de fr.	57,47 %

auxquels il faut ajouter les colonies françaises (304 millions soit 3,61 %).

Les principaux articles importés par ces pays étaient : Grande-Bretagne : houille, laine, déchets de laine, machines, caoutchouc ; Allemagne : houille, machines et mécanique, céréales, produits chimiques ; Etats-Unis : coton en laine et déchets, cuivre ; Belgique : houille ; Russie : lin, bois communs, céréales; Indes Anglaises : graisses oléagineuses, jute, coton en laine et déchets ; République Argentine : céréales, laine et déchets.

Exportations. En 1913, le commerce spécial français à l'exportation atteignait le chiffre de 6.880 millions de francs répartis ainsi :

Grande-Bretagne	1.454	millions de francs	(21 %)
Belgique	1.108	—	(16 —)
Allemagne	867	—	(13 —)
Suisse	406	—	(6 —)
Etats-Unis	423	—	(6 —)
Italie	306	—	(4 —
	4.564	millions de francs	(66 %)

auxquels il faut ajouter les colonies françaises (284 millions, 4 p. %).

Les principaux articles demandés par ces pays sont : Gr.-Bretagne : tissus de soie, de bourre de soie, de coton, de laine, lingerie, horlogerie, etc. ; Belgique : laines et déchets, fils, produits chimiques, fonte, fer et acier ; Allemagne : peaux et pelleteries brutes, laines et déchets, coton et laine ; Etats-Unis : aucune rubrique n'excédait 25 millions de fr. ; Suisse : soies et bourres de soie, tissus, bestiaux.

Comme on le voit, quatre pays, la Gr.-Bretagne, la Belgique, l'Allemagne, les Etats-Unis figuraient à la fois comme grands fournisseurs et gros clients.

Le Gouvernement français a, le 23 avril 1918, décidé, en plein accord avec les pays de l'Entente, la dénonciation des conventions commerciales contenant les clauses générales de la nation la plus favorisée ou des consolidations tarifaires, ainsi que les traités et conventions concernant la navigation commerciale, la réglementation douanière, le régime des voyageurs de commerce, l'exercice du commerce et de l'industrie, enfin tous accords de nature à entraver la mise en application du nouveau statut commercial, maritime ou douanier, sous lequel la France entendra se placer.

Des décisions d'espèce régleront le sort des stipulations d'ordre commercial insérées dans des traités politiques ou coloniaux et en formant une partie essentielle.

La presque totalité des traités de commerce visés contenant une clause qui fixe un préavis contractuel d'une année, c'est donc en avril 1919 que lesdits traités sont arrivés à expiration. Il a été, en outre, convenu qu'après cette date, le statu quo serait prorogé, par tacite reconduction, pour une période de 3 mois, renouvelable dans le cas où les négociations avec les autres pays alliés ou neutres n'auraient pas abouti à la conclusion de nouveaux traités de commerce, à l'expiration d'un préavis d'un an.

Tarifs douaniers.

Les tarifs édictés par la loi du 11 janv. 1892 avaient subi de telles modifications qu'une révision du tarif douanier fut jugée nécessaire. La loi du 29 mars 1910 portait annexé le tableau A contenant 454 numéros dont 54 nouveaux. Les spécifications étaient au nombre de 1.498. L'écart entre le tarif général et le tarif minimum était porté, sauf exception, au taux de 50 % ; ce dernier était généralement relevé parfois dans de fortes proportions.

Les droits que l'Administration des douanes est chargée de recouvrer sont :

Les droits à l'importation lesquels, spécifiques pour la généralité, sont fixés par les tableaux du tarif général ; le droit de statistique, taxe purement fiscale ; les droits de francisation, de congé, de passeport ; enfin une série de taxes, droits de quai, de permis, de visite, de magasinage, etc.

Le produit des droits de toute nature perçus depuis 1870 jusqu'en 1913 avait montré le développement suivant :

Années.	Millions de francs.	Années.	Millions de francs.
1870	153	1912	742
1880	347	1913	804
1890	403	1914	639
1900	473	1915 (provisoires)	925
1905	462	1916 —	1.556
1910	615	1917 —	1.786
1911	806	1918 —	1.814

Les droits les plus importants, ceux d'importation, de statistique et de navigation se chiffraient comme suit depuis 1870 :

Années.	Droits d'importation.	Droits de statistique.	Droits de navigation.
	En milliers de francs.		
1880	331.715	6.506	7.231
1900	427.787	7.852	7.824
1910	557.930	12.893	10.915
1913	742.136	16.971	13.111
1918 (chiffres provisoires)	1.213.813	11.422	10.753

Les denrées et matières qui fournissaient le plus gros contingent de recettes étaient le café (90.274.000 fr. en 1880 et 155.902.000 fr. en 1913), les huiles minérales (21.416.000 fr. en 1880 et 78.000.000 en 1913), les céréales (12.253.000 fr. en 1880 et 35.307.000 fr. en 1913), le cacao (11.280.000 fr. en 1880 et 31.441.000 fr. en 1913), les machines et mécaniques (3.319.000 fr. en 1880 et 34.709.000 fr. en 1913).

Jusqu'en juin 1919, l'importation de la généralité des marchandises étrangères demeura prohibée, à moins d'une licence (décret du 22 mars 1917 et arrêté du 8 sept. 1917). A ce moment, intervinrent une série de nouveaux décrets : décret du 13 juin 1919 qui établissait la liberté d'importation pour la presque totalité des articles du tarif douanier restant encore prohibés ; décret du 14 juin qui édictait des surtaxes *ad valorem* pour restituer aux droits de douane leur effet protecteur d'avant-guerre. Le décret du 8 juillet suivant substituait au système des taxes *ad valorem*, d'application difficile et permettant aisément la fraude, celui des *coefficients de majorations des droits spécifiques*. Ce système consiste à multiplier le produit des droits spécifiques actuels par des coefficients de majoration représentant le rapport entre la valeur des marchandises en 1913 et en 1918, le coefficient le plus élevé ne devant, en aucun cas, dépasser le chiffre 3. Il répond ainsi au même but que le décret du 14 juin, mais en ne maintenant qu'un seul élément de taxation, il simplifie le dédouanement. Il supprime, en outre, l'obligation pour l'acheteur de fournir des factures et prévient les litiges dont la détermination de la valeur fut si souvent la cause. Ce dernier décret a été ratifié par la loi du 9 janv. 1920.

Pour compléter les premières mesures tendant à rendre au commerce ses libertés, le Gouvernement réduisit encore le nombre des prohibitions à l'importation, de manière à ne plus laisser subsister que celles qui pesaient sur les viandes frigorifiées, les blés, les farines, les vins, moûts et mistelles, etc. En échange de ces nouvelles facilités accordées à l'importation, le Gouvernement entendit mettre quelques restrictions à l'exportation pour sauvegarder le ravitaillement national.

Le régime des importations et des exportations reste encore soumis à la *Commission interministérielle du contrôle des exportations et des importations*, rattachée à la Direction générale des Douanes, au Ministère des Finances depuis le 1er janvier 1920.

Le régime des prohibitions d'entrée est actuellement réglé par le décret du 7 juillet 1919 (*J. O.* du 13 juillet 1919, p. 7.238). Aux termes de ce décret restent subordonnées à une autorisation spéciale : les importations *a*) de marchandises originaire ou de provenance des pays d'Europe soumis au tarif général (Allemagne, Autriche-Hongrie, Tchéco-Slovaquie, Pologne, Turquie d'Europe, etc.) ; b) des marchandises énumérées au tableau annexé au décret.

En ce qui concerne les colonies, certaines possessions, en raison de l'état peu avancé de leur développement économique, ont été soustraites au régime de l'assimilation. Ces colonies, dites non *assimilées*, sont dotées chacune d'un système douanier particulier élaboré par décret en Conseil d'État. Elles constituent en somme l'exception. Ce sont l'Afrique Occidentale Française, la Côte Française des Somalis, l'Inde française, enfin les établissements de l'Océanie. Les autres colonies, qui représentent la majorité, sont assimilée à la métropole au point de vue douanier, sauf le « bassin conventionnel du Congo » doté par des conventions internationales particulières, dont la première a été l'*Acte de Berlin* de 1885.

Les produits des colonies *non assimilées*, à leur entrée en France, sont, sauf exemption ou détaxe par décret spécial, soumis en principe au *tarif minimum*. Mais en fait, il a été pris un « décret spécial » pour chaque élément important de l'importation de ces colonies en France. Quant aux exportations dans ces colonies, elles sont libres de droit, sauf dans le cas où une convention internationale exige leur assimilation aux marchandises étrangères (V. *Colonies*).

Les Chambres de commerce.

La loi du 9 avril 1898 règle l'organisation, les attributions et l'administration financière des Chambres de commerce. Aux termes de cette loi, il doit y avoir au moins une Chambre de Commerce par département. Elle est l'organe des intérêts commerciaux et industriels de la circonscription auprès des pouvoirs publics.

Il y a actuellement en France 136 Chambres de commerce. En outre, 29 Chambres de commerce françaises sont établies à l'étranger. (V. Puissances Etrangères).

Les Chambres de commerce ont pour attributions de renseigner le Gouvernement sur tout ce qui peut accroître la prospérité du commerce et de l'industrie et d'assurer l'administration des services dont elles ont la garde. L'avis des Chambres de commerce doit être demandé en des cas bien déterminés et *elles peuvent émettre des avis de leur propre initiative*. Elles correspondent directement avec le ministre du Commerce et lui transmettent chaque année le résultat de leurs travaux.

Enfin la loi du 19 février 1908 a modifié l'électorat des Chambres de commerce en l'étendant à toutes les élections consulaires et en substituant à l'unité du collège électoral la représentation par catégories.

L'arrêté du 5 avril 1919 a groupé en 17 groupements régionaux les 136 Chambres. Ces groupements sont les suivants :

1° *Groupement économique régional de Lille* comprenant les 14 Chambres de Commerce de Dunkerque, Armentières, Tourcoing, Roubaix, Lille, Douai, Valenciennes, Cambrai, Avesnes, Boulogne-sur-Mer, Calais, Saint-Omer, Béthune, Arras, avec Lille pour centre ;

2° *Groupement économique régional d'Amiens*, comprenant les 6 Chambres de Commerce d'Abbeville, Amiens, Péronne, Le Tréport, Saint-Quentin, Beauvais, avec Amiens pour centre ;

3° *Groupement économique régional de Rouen*, comprenant les 8 Chambres de commerce de Bolbec, Elbeuf, Fécamp, Le Havre, Rouen, Evreux, Pont-Audemer, avec Rouen pour centre ;

4° *Groupement économique régional de Caen*, comprenant les 6 Chambres de commerce de Caen, Honfleur, Cherbourg, Granville, Alençon, Flers, avec Caen pour centre ;

5° *Groupement économique régional de Nantes*, comprenant les 10 Chambres de commerce de Laval, Le Mans, Nantes, Saint-Nazaire, Angers, Cholet, Saumur, Tours, Lorient, La Roche-sur-Yon, avec Nantes pour centre ;

6° *Groupement économique régional de Rennes* comprenant les 7 Chambres de commerce de Brest, Morlaix, Quimper, Saint-Brieuc, Fougères, Rennes, Saint-Malo, avec Rennes pour centre ;

7° *Groupement économique régional de Limoges*, comprenant les 10 Chambres de commerce de Niort, Poitiers, La Rochelle, Rochefort, Angoulême, Cognac, Limoges, Guéret, Tulle, Périgueux, avec Limoges pour centre.

En outre, la Chambre de commerce de Tulle est autorisée à adhérer également au groupement économique mentionné au paragr. 8 et qui aura pour centre Bordeaux ;

8° *Groupement économique régional de Bordeaux*, comprenant les 7 Chambres de commerce de Bordeaux, Libourne, Mont-de-Marsan, Bayonne, Bergerac, Agen, Auch et, dans les conditions prévues au paragr. 7, la Chambre de commerce de Tulle, avec Bordeaux pour centre ;

En outre, la Chambre de commerce d'Auch est autorisée à adhérer également au groupement économique mentionné au paragr. 9 et qui aura pour centre Toulouse ;

9° *Groupement économique régional de Toulouse*, comprenant les 9 Chambres de commerce de Cahors, Montauban, Albi, Castres, Mazamet, Tarbes, Toulouse, Foix, Rodez, plus, dans les conditions prévues au paragr. 8, la Chambre de commerce d'Auch, et, dans les conditions prévues au paragr. 10, les Chambres de commerce de Cette, Carcassonne Narbonne et Perpignan, avec Toulouse pour centre ;

10° *Groupement économique régional de Montpellier*, comprenant les 8 Chambres de commerce de Béziers, Montpellier, Cette, Carcassonne, Narbonne Perpignan, Millau, Mende, avec Montpellier pour centre. En outre, les Chambres de commerce de Cette, Carcassonne, Narbonne et Perpignan, sont autorisées à adhérer également au groupement économique mentionné au paragr. 9, et qui aura pour centre Toulouse : »

11° *Groupement économique régional de Marseille* comprenant les 10 Chambres de commerce d'Alais, Nîmes, Avignon, Marseille, Arles, Digne, Gap, Toulon, Ajaccio, Bastia, avec Marseille pour centre ;

Les Chambres de commerce d'Ajaccio et de Bastia forment une sous-région, dont le centre sera Bastia. En outre, les Chambres de commerce de Digne et de Gap sont autorisées à adhérer également au groupement économique mentionné au paragr. 12, et qui aura pour centre Grenoble ;

12° *Groupement économique régional de Grenoble*, comprenant les 4 Chambres de commerce d'Annecy, Chambéry, Grenoble, Nice et, dans les conditions prévues au paragr. 11, les Chambres de commerce de Digne et de Gap, avec Grenoble pour centre ;

13° *Groupement économique régional de Lyon*, comprenant les 11 Chambres de commerce de Mâcon, Bourg, Lyon, Tarare, Villefranche, Roanne, Le Puy, Vienne, Annonay, Aubenas, Valence, avec Lyon pour centre ;

En outre, la Chambre de commerce du Puy est également autorisée à adhérer au groupement économique mentionné au paragr. 17, et dont le centre sera Clermont-Ferrand ;

14° *Groupement économique régional de Nancy*, comprenant les 11 Chambres de commerce de Charleville, Sedan, Châlons-sur-Marne, Reims, Troyes, Bar-le-Duc, Saint-Dizier, Nancy, Epinal, Saint-Dié, Lure, avec Nancy pour centre ;

15° *Groupement économique régional de Paris*, comprenant uniquement la Chambre de commerce de Paris. Siège : 2, place de la Bourse. T. Gut. 09-96. *Prés.:* Pascalis.

16° *Groupement économique de la région parisienne*, comprenant les 7 Chambres de commerce de Chartres, Corbeil, Versailles, Meaux, Melun, Auxerre, Sens. Le siège de ce groupement sera à Paris ;

17° *Groupement économique régional de Clermont-Ferrand*, comprenant les sept Chambres, de commerce de Montluçon, Moulins, Ambert, Clermont-Ferrand, Riom, Thiers, Aurillac et, dans les conditions prévues au paragr. 13, la Chambre du commerce du Puy, avec Clermont-Ferrand pour centre.

Les Bourses de commerce.

Les Bourses de Commerce, dont on trouve trace pour la première fois dans un édit de 1304 réglementant pour la ville de Paris le change tenu sur le Grand-Pont, qui garda depuis le nom de Pont-au-Change, puis dans un arrêt du Conseil du 24 sept. 1724, ne virent leur existence officielle sanctionnée par les pouvoirs publics qu'en l'an X (27 prairial). Le Code de Commerce devait définir leur véritable rôle.

D'après l'art. 71 de ce code, il appartient au gouvernement d'établir des bourses là où le développement du commerce les rend utiles. Le gouvernement se réserve sur elles un droit de police et de surveillance confié, à Paris, au préfet de police, dans les départements, aux municipalités. Les opérations qui s'y effectuent portent sur les marchandises et les transports (vente de marchandises de toutes sortes, affrètement de navires, assurances maritimes, etc.) et sur les effets publics ou autres dont le cours est susceptible d'être coté Les unes et les autres sont également dénommées Bourses de Commerce.

A Paris toutefois, l'application de Bourse proprement dite est réservée à la *Bourse des effets publics* et celle de Bourse de commerce à la *Bourse des marchandises*.

Il n'y a pas dans les Bourses de marchandises de négociations publiques criées, mais des marchés traités en des conversations particulières, avec ou sans l'entremise d'intermédiaires. Les transactions, très diverses, peuvent aussi bien s'opérer au dehors que dans l'enceinte des bourses. Les courtiers qui servent à la conclusion de ces opérations se bornent à mettre en rapport les acheteurs et les vendeurs, les affréteurs et les fretteurs, etc.

Le résultat des opérations faites à la Bourse détermine le cours des marchandises qui est publié dans un bulletin spécial. A Paris, une loi du 27 janvier 1886 a autorisé l'établissement d'une *Bourse de Commerce*, administrée et entretenue par la Chambre de Commerce de Paris. Siège : 42, rue du Louvre.

Les foires.

Lyon.

La Foire de Lyon, qui se tient chaque année en deux réunions, l'une au printemps (mars), l'autre en automne (octobre), tend à devenir le grand centre d'affaires vers lequel convergent tous les efforts industriels et commerciaux de la France.

Due à l'initiative et à l'activité personnelles de M. Herriot, député et maire de Lyon, et de la Chambre de Commerce, la foire de Lyon a vu s'affirmer définitivement son succès.

La progression suivie par la Foire de Lyon depuis sa fondation est indiquée par les chiffres suivants :

Années.	Participants.			Affaires		Bureaux occupés.
1916	France et colonies	1200	1342	95.000.000	fr.	760
	Alliés et neutres	142				
1917	France et colonies	2073	2614	410.000.000	—	2256
	Alliés et neutres	541				
1918	France et colonies	2346	3182	600.000.000	—	2332
	Alliés et neutres	736				
1919	Foire de printemps	4.650		1.000.000.000	—	3334
	— d'automne	4.700				

La Foire de Leipzig, qui avait attiré 1.700 vendeurs en 1907, en réunissait 4.000 en 1914 et ses organisateurs annonçaient 300 millions d'affaires. En 1917, la Foire de Lyon avait presque atteint le chiffre d'exposants de la Foire de Leipzig, 2.614 contre 2.745.

Le tableau ci-après indique la participation des vendeurs par nationalités, pour les Foires de 1918 et 1919 :

		1918		1919
France	Métropole	2136	2346	2.550
	Colonies	210		265
Pays alliés	Grande-Bretagne	113	689	235
	Etats-Unis	527		682
	Italie	40		157
	Russie	4		»
	Canada	2		19
	Portugal	2		»
	Belgique	1		»
Pays neutres	Suisse	102	147	155
	Espagne	21		72
	Suède	21		»
	Hollande	3		»
	Total	3182		

Pour tous renseignements, s'adresser à la Société de la Foire, Hôtel de Ville. à Lyon, au Bureau de Paris, 4, avenue de l'Opéra. Tél.: Louvre 12-95 et pour l'étranger, 55, rue de Rome, Paris.

Bordeaux.

La Foire de Bordeaux a lieu au printemps, au début de juin. Comme les précédentes, elle a pour but de grouper les innombrables ressources régionales, coloniales et étrangères dont Bordeaux est le débouché naturel. Elle se tient sur l'esplanade de la place des Quinconces, couvrant une superficie de plus de 12 hectares.

La foire de 1916 a groupé plus de 1.200 participants répartis en 378 stands et 12 pavillons particuliers, classés par sections et par groupes.

La foire de 1917 groupait 398 stands ou comptoirs, 24 installations particulières et couvrait plus de 9.000 mètres carrés.

Renseignements au *Comité de la Foire de Bordeaux* à l'Hôtel-de-Ville.

Paris.

La Foire de Paris, créée en 1903, avait réuni 1.800 exposants en 1917 et avait recueilli 2.200 adhésions en 1918. Il fallut, sous la menace des Berthas et des Gothas, renoncer à cette manifestation. Celle de 1919 a groupé 3.500 fabricants.

La 12e Foire sera tenue en mai 1920 sur l'Esplanade des Invalides, au quai d'Orsay, etc.

Pour tous renseignements, s'adresser au *Comité de la Foire de Paris*. 8, place de la Bourse. T. Gut. 65-23.

L'Office national du Commerce extérieur.

3, rue Feydeau. — Tél : Central 36-95. Adr. télégr. Comext. Paris. Codes AZ.

L'Office national du Commerce extérieur, déclaré établissement public, créé par la loi du 4 mars 1898 et réorganisé par la loi du 25 août 1919, après entente intervenue entre le Gouvernement et la Chambre de Commerce de Paris, relève du ministère du Commerce. Il a pour mission de fournir aux industriels et négociants français les renseignements commerciaux de toute nature pouvant concourir au développement du commerce extérieur et l'extension de ses débouchés dans les pays étrangers, les colonies françaises et les pays de protectorat. Toutes opérations commerciales lui sont interdites.

Il correspond avec les agents diplomatiques et consulaires et avec les agents coloniaux par l'intermédiaire ou par délégation des ministres compétents. Il correspond directement avec les Chambres de commerce de la métropole et les Chambres de commerce françaises à l'étranger.

Il a pour correspondants les *attachés commerciaux*, nommés par décret sur la proposition du ministre du Commerce, après avis du ministre des Affaires étrangères, placés auprès des missions diplomatiques de France à l'étranger et sous leur contrôle et les *agents commerciaux*, nommés par arrêté du ministre du Commerce, agissant sous la direction et le contrôle des attachés commerciaux. Les attachés et les agents commerciaux sont nommés pour 5 ans, renouvelables (Décret du 26 déc. 1919).

Il existe 15 postes d'attachés commerciaux en : Allemagne, Argentine, Belgique, Brésil, Chine, Espagne, Etats-Unis, Grande-Bretagne, Italie, Pays russes, Pologne, Roumanie, Suisse, et 30 postes d'agents commerciaux en Allemagne, Australie, Autriche, Bulgarie, Canada, Finlande-Esthonie, Hongrie, Italie, Japon, Perse, Portugal, République Tchéco-Slovaque, Royaume des Serbes, Croates et Slovènes, etc.

L'Office est chargé de l'impression, de l'édition et de la vente du *Moniteur officiel du Commerce* et de la *Feuille d'informations et de renseignements de l'Office* qui paraissent à nouveau depuis octobre 1919.

Pour compléter ces renseignements commerciaux, le ministre du Commerce omme des *conseillers du commerce extérieur* qui sont les correspondants de Office et dont les fonctions sont gratuites et groupés en Comité national es Conseillers du commerce extérieur, siège à Paris, 15, rue Auber.

Directeur : F. *Crozier*, min. plén.

L'Association nationale d'expansion économique.

23, avenue de Messine, 23, Paris.

L'Association Nationale d'Expansion économique, fondée en 1915, a pour bjet d'étudier et de mettre en œuvre tout ce qui peut contribuer à l'expansion économique de la France sur les marchés du monde. Elle est un organe 'enquête et d'action qui groupe, sans qu'il soit porté atteinte à leur autoomie, les associations et les personnes appartenant au commerce, à l'industrie à l'agriculture ou s'y intéressant, en vue de coordonner leurs travaux. Elle publie, à cet effet, une revue mensuelle l'*Expansion Economique* et aque année l'*Indicateur de la Production Française*, édité en plusieurs ngues. Elle a d'autre part publié en 1917 en 6 gros volumes in-8, une *nquête sur la Production française et la concurrence étrangère*. Elle a enfin éé des agences à Londres et à Zurich.

Président : M. *Coignet*, prés. de la Ch. de Commerce de Lyon. Directeur; I. *Dupeyrat* (O. ✱), Min. plén.

Principaux groupements industriels et commerciaux.

Chambre syndicale des industries aéronautiques, 9, rue Anatole-de-la-Forge, Paris.

Société des Agriculteurs de France, 8, rue d'Athènes, Paris.

Société nationale d'Encouragement à l'agriculture, 5, avenue de l'Opéra, Paris.

Syndicat Central des Agriculteurs de France, 42, rue du Louvre, Paris.

Union des Syndicats agricoles du Périgord et du Limousin, 16, rue de Moncey, Paris.

Union du Sud-Est des syndicats agricoles, 21, rue d'Algérie, Lyon.

Syndicat commercial algérien, Palais consulaire, Alger (composé de 25 groupes). Président : J. *Tarting*, vice-président de la Chambre de Commerce d'Alger.

Union des Syndicats de l'alimentation en gros de France, 3, rue de Palestro, Paris. Président : J. *Prévet*.

Comité Central des Armateurs de France, 73, boulevard Haussmann, Paris.

Comité de l'Industrie, du Commerce et de l'Armement, 13, quai d'Orléans, Le Havre.

Union syndicale des Compagnies d'Assurances à primes fixes de toutes natures, 9, place Vendôme, Paris.

Comité des Assureurs maritimes de Paris, 3, rue du Quatre-Septembre, Paris.

Chambre syndicale de l'Automobile et des Industries qui s'y rattachent, 161, avenue Malakoff, aris.

Chambre syndicale des Constructeurs d'Automobiles, 59, avenue Hoche, Paris. Président : ouis Renault.

Chambre syndicale des Fabricants d'accessoires et pièces détachées d'automobiles, de cycles appareils aériens, 8, place de la Concorde, Paris.

Union syndicale des Banquiers de Paris et de la province, 9, faubourg Poissonnière, Paris.

Chambre syndicale de la Bijouterie, Joaillerie et Orfèvrerie, 58, rue du Louvre, Paris. Président : P. *Templier*.

Chambre syndicale de Brasseurs de Paris et environs, 139, rue des Pyrénées, Paris.

Syndicats professionnels des Carriers français, 3, rue de Lutèce, Paris.

Syndicat des Fabricants de Produits Céramiques de France, 84, rue d'Hauteville, Paris. ésident : Charles Guérineau.

Union des Chambres de Commerce françaises à l'étranger, 4, rue Édouard-VII, Paris.

Compagnie des agents de change, Palais de la Bourse, Paris.

Syndicat général de la chapellerie française, 10, rue de Lancry, Paris.

Chambre syndicale des Fabricants de Chaussures, Fougères. Président : G. *Cordier*.

Chambre syndicale des Fabricants et constructeurs de matériel pour chemins de fer et tramways, 7, rue de Madrid, Paris. Président : de *Freycinet*.

Société de Chimie Industrielle, 49, rue des Mathurins, Président : Paul *Kestner*.

Syndicat général de produits chimiques, 61, rue de l'Arcade, Paris. Président : G. *Pascalis*.

Alliance syndicale du commerce et de l'Industrie, 10, rue de Lancry, Paris. Union de 132 chambres syndicales patronales. Président : *Pinard*.

Comité républicain du commerce, de l'industrie et de l'agriculture, 1, place de Val… Paris.

Syndicat général du commerce et de l'industrie, 163, rue Saint-Honoré, Paris.

Union du commerce et de l'industrie pour la défense sociale, 23, rue de la Ville-l'Évê… Paris.

Chambre syndicale des Entrepreneurs de constructions métalliques, 7, rue de Madrid, Par… Président : Germain *Petit*.

Chambre syndicale de la couture parisienne, 8, rue Montesquieu, Paris.

Syndicat de défense de la grande couture et des industries qui s'y rattachent, 107, faubour… Saint-Honoré, Paris.

Syndicat général des cuirs et peaux de France, 10, rue de Lancry, Paris. Président : Al… *Pellereau*.

Chambre syndicale du Cycle et de l'Automobile, 94, rue d'Amsterdam, Paris. Présid… A. *Darracq*.

Société d'économie industrielle et commerciale, 18, rue La Fayette, Paris.

Union des Intérêts économiques, 9, rue Sainte-Anne, Paris.

Chambre syndicale des Constructeurs de gros matériel électrique, 7, rue de Madrid, Pa… Président : Charles *Laurent*.

Syndicat professionnel des industries électriques, 9, rue d'Edimbourg, Paris. Fondé en 18… Président : Marcel *Meyer*.

Syndicat professionnel des Producteurs et Distributeurs d'énergie électrique, 27, rue Tronch… Paris.

Chambre syndicale des Agents, Représentants pour l'exportation, 62, rue du Faubou… Poissonnière, Paris.

Chambre de commerce d'exportation, 11, rue Grange-Batelière, Paris.

Société d'encouragement pour le commerce d'exportation, 3, rue Feydeau, Paris.

Comité français des expositions à l'Étranger, siège social : Bourse de Commerce, 42, rue d… Louvre, Paris. Président : Emile *Dupont*, sénateur.

Comité national des Conseillers du commerce extérieur de la France, 15, rue Auber, Paris.

Comité des Conseillers du Commerce extérieur de la France, Comité de Bordeaux, … Reignier, Bordeaux.

Chambre syndicale des fondeurs en cuivre et en bronze de Paris, 8, rue Sainte-Claude, Par…

Syndicat Gén[l] *des fondeurs en Fer de France*, siège social : 7, rue de Madrid, Paris. Pré… dent : *Pinard*.

Comité des Forêts, 8, rue d'Athènes, Paris.

Comité des Forges de France, 7, rue de Madrid, Paris.

Association internationale du Froid, 9, av. Carnot, Paris.

Chambre syndicale de l'éclairage, du chauffage et de la force motrice par le gaz et l'électri… 3, rue de Lutèce, Paris.

Société nationale d'horticulture de France, 84, rue de Grenelle, Paris.

Comité central des houillères de France, 55, rue de Châteaudun, Paris.

Association de l'industrie et de l'agriculture françaises, 5, avenue du Coq, Paris.

Fédération des industriels et commerçants français, 74, boulevard Haussmann, Paris.

Société d'Encouragement à l'industrie nationale, 44, rue de Rennes, Paris.

Société des Ingénieurs civils de France, 19, rue Blanche, Paris.

Chambre syndicale du Commerce et de l'Industrie des Laines, 8, rue Montesquieu, Par… Président : Paul *Valentin*.

Union française des Négociants et Peigneurs de laines, 7, rue Scribe, Paris.

Chambre syndicale des fabricants de lingerie confectionnée, 8, rue Montesquieu, Paris.

Union nationale intersyndicale des marques collectives U. N. I. S., 4, place de la Bour… Paris.

Union des producteurs et des consommateurs pour le développement de l'industrie des mat… colorantes en France, 53, rue de Châteaudun, Paris.

Union des Industries métallurgiques et minières, 7, rue de Madrid, Paris. Président : Char… *Laurent*.

Chambre syndicale de la minoterie et des fabricants de semoule de Marseille, 2, rue de… République, Marseille.

Chambre syndicale de la Motoculture de France, 30, av. de Messine, Paris.

Chambre syndicale des éditeurs de musique, 15, rue Gambey, Paris. Président : J. *Dura…*

Chambre syndicale du papier et des industries qui le transforment, 10, rue de Lancry, Pa… Président : A. *Beaufs*.

Chambre syndicale de l'industrie du pétrole, 46, rue de Provence, Paris.

Chambre syndicale des Fabricants de Produits pharmaceutiques, 24, rue d'Aumale, Par… Président : J. *Faure*.

Syndicat général de la rizerie française, 65, Chaussée d'Antin, Paris.

Union des Marchands de soie de Lyon, 29, rue Puits-Gaillot, Lyon.

Syndicat professionnel des Fabricants de superphosphates, 19, rue Blanche, Paris.
Comité Central des Chambres syndicales, 44, rue de Rennes, Paris.
Chambre syndicale des tabacs et industries qui s'y rattachent, 10, rue de Lancry, Paris.
Union des syndicats patronaux des industries textiles de France, 15, rue du Louvre, Paris. Président : R.-S. *Carmichael*.
Chambre syndicale des tissus d'ameublement, tapisseries et tapis, 25, rue de Cléry, Paris.
Chambre syndicale des tissus et nouveautés de France, 27, rue des Jeûneurs, Paris.
Association générale du Commerce et de l'Industrie des Tissus et matières textiles, 8, rue Montesquieu, Paris.
Chambre des Tissus, 10, rue de la Bourse, Saint-Etienne (Loire).
Chambre syndicale des Fabricants de tricot et bonneterie fantaisie de France, 8, rue Montesquieu, Paris. Président : A. *Courtois*.
Union des Etablissements thermaux de France, 69, rue de la Victoire, Paris.
Syndicat professionnel des Entrepreneurs de travaux publics de France, 9, avenue Victoria, Paris. Président : J. *Fougerolle*.
Syndicat National du Commerce en gros des vins, cidres, spiritueux et liqueurs de France, 19, rue Bergère, Paris.
Syndicat du Commerce des Vins de Champagne, 4, rue de Sèze, Paris.

COMMUNICATIONS

Les postes, télégraphes et téléphones.

Partout, dès les origines de la civilisation, il s'est installé des services de courriers. Charlemagne, maître de l'Italie, de l'Allemagne et d'une partie de l'Espagne, avait trois lignes de relais réguliers allant d'Auxerre vers ces contrées. De 1464 à 1672, la poste fut une institution purement gouvernementale. Richelieu organisa le premier la poste aux lettres avec départs et arrivées à jours fixes et piétons distributeurs ; de 1672 à 1791, c'est la période des *fermes*, marquée par la réunion des *messageries* à la ferme des postes (1674), l'établissement du monopole (1681) ; de 1792 à 1878, la poste est exploitée en *régie*. C'est de cette période que datent la création du mandat-poste (1817), la mise en correspondance quotidienne de tous les bureaux (1828), la création du timbre-poste (1848), l'adoption de la carte postale (1872), l'unification des tarifs internationaux, commencés par le 1er congrès postal international (Berne, 1874) d'où est sortie l'*Union postale universelle* qui comprend à peu près tous les pays civilisés (V. Traités internationaux).

En dehors des objets dont le monopole du transfert lui est assuré (monopole exclusif du transport des correspondances privées et des correspondances expédiées pour le Service de l'Etat, arrêté du 27 prairial an IX), la poste se charge, mais sans privilège exclusif, du transport des journaux, échantillons, imprimés de toute nature, du transport des valeurs en papier et des objets précieux, de la transmission de sommes d'argent par mandats-poste, du recouvrement des valeurs commerciales (sans protêt) et des sommes dont sont grevés les objets expédiés *contre remboursement*, du service de la Caisse Nationale d'épargne (V. p. 176), du service des colis postaux, des versements à la Caisse des retraites pour la vieillesse et aux caisses en cas de décès ou d'accidents administrés par la Caisse des Dépôts et Consignations, depuis le 1er juillet 1918, d'un service de chèques et comptes-courants postaux, combinaison ingénieuse du mandat-poste et du chèque, qui donne la possibilité de posséder un compte-courant dans le service postal, d'en retirer soi-même les fonds ou de les virer sur d'autres titulaires.

Le télégraphe, résultant de l'invention de Chappe (1791) et dont le premier message transmis à Paris, le 19 juillet 1794, annonça la prise de Landrecies puis de Condé sur les Autrichiens, mettait encore, en 1844, deux minutes pour faire parvenir un signal élémentaire de Paris à Lille par 16 stations lorsque l'électro-aimant de Morse vint révolutionner cette organisation. La première ligne électrique fut installée entre Paris et Rouen en 1844 ; peu après (1851), un conducteur sous-marin Calais-Douvres établissait la liaison avec l'Angleterre. L'administration des Postes possède le monopole de la transmission à distance des nouvelles officielles et privées (loi des 2 et 6 mai 1837 et décret-loi du 27 mai 1851). La France a, d'autre part, adhéré à l'Union télégraphique, résultant de la Convention internationale de Saint-Pétersbourg (22 juillet 1875).

Le téléphone date pratiquement de l'invention de Graham Bell (1876) étendue par le microphone de Hughes. Paris fut la première ville d'Europe dotée d'un réseau urbain et, dès 1886, une ligne reliait Paris et Bruxelles ; en 1891, le 1er câble sous-marin était immergé entre la France et l'Angleterre. Depuis le 1er septembre 1889, les téléphones sont rattachés à l'administration des Postes. D'autre part, la France est reliée téléphoniquement à l'Allemagne, l'Angleterre, la Belgique, l'Espagne, le Luxembourg et la Suisse.

La fusion des postes et des télégraphes, si longtemps réclamée, a été commencée en France en 1877. Ces deux services auxquels ont été ultérieurement adjoints les téléphones (1889) ont, depuis lors, formé tantôt un ministère (5 févr. 1879-15 juin 1887), tantôt une direction générale (juin 1887-mai 1896) ou, à différentes reprises, un sous-secrétariat d'Etat, relevant de l'un des départements ministériels. Actuellement, ils constituent un sous-secrétariat d'Etat (V. Ministère des Travaux Publics p. 70).

On comptait, en 1914, 15.769 bureaux de postes, 11.451 postes téléphoniques urbains et 20.331 circuits inter-urbains.

Le tableau suivant montre le développement du mouvement postal depuis 1830, avec les chiffres en millions d'objets et de francs :

ANNÉES.	Lettres ordinaires chargées et recommandées.	Cartes postales.	Ech^{ons} papiers d'aff. journaux, imp. etc.	Montant des mandats-poste français.	Montant des mandats-poste intern.	Montant des bons de poste.	Montant des valeurs recouvrées	Recettes totales au profit du Trésor.
1830	63	»	39	13	»	»	»	33
1840	93	»	52	10	»	»	»	46
1850	159	»	94	55	»	»	»	43
1860	265	»	179	87	»	»	»	63
1870	285	»	347	167	5	»	»	72
1880	580	30	669	435	30	»	27	112
1890	747	43	971	732	40	11	200	158
1900	980	62	1.390	1.422	56	40	271	209
1910	1.541	441	1.806	2.637	106	70	438	274
1913	1.752	401	1.79[illegible]	2.880	138	87	536	292
1914	1.320	334	1.47[illegible]	3.174	100	63	646	260
1915	»	»	»	5.947	87	25	1.109	204

En ce qui concerne le chèque postal, ce service a pris le développement suivant :

	Au 31 déc. 1918	Au 31 déc. 1919
Nombre des titulaires de comptes courants	9.012	41.798
Crédit : nombre d'opérations	126.314	2.767.032
— montant..................................	199.370.000 fr.	3.451.463.279 fr.
Débit : nombre d'opérations	43.068	485.757
— montant..................................	201.332.697 fr.	3.343.498.975 fr.
Avoir en compte	187.644.095 fr.	294.229.147 fr.

En ce qui concerne les télégraphes et téléphones, le tableau ci-après montre leur développement depuis 1858 :

ANNÉES.	TÉLÉGRAPHES.				TÉLÉPHONES.			
	Longueur des lignes.	Télégr. expédiés	Mandats télégr.	Recettes totales	Longueur des lignes.	Abonnements.	Conversations.	Recettes totales.
	milliers de kil.	milliers.	milliers.	milliers de fr.	milliers de kil.	milliers.	milliers.	milliers de fr.
1858	»	0,4	»	4.383	»		»	»
1868	»	3,5	»	10.369	»	»	»	
1878	»	11,1	19	21.205	»	»	»	
1888	104	25,9	49	31.892	»	»	»	»
1898	104	35,7	41,6	39.254	37	51	142	12,5
1908	177	46,5	272,9	50.217	123	182	236	24,4
1913	190	51.1	351,2	60.025	160	310	430	58,8
1914	»	51,9	548,6	56.458	»	309	55	45,4
1915		45,3	627,8	59.280	»	313	34	31,6

Il y a lieu de rappeler que les communications téléphoniques hors ville ont été suspendues depuis le début de la guerre et rétablies seulement à partir de mars 1919.

La guerre a eu aussi sa répercussion sur le service des P. T. T. : wagons-poste perdus, avariés ou usés par un service intensif, fils télégraphiques réquisitionnés par l'autorité militaire ou détruits, réduction du personnel, interruption du fonctionnement des tubes pneumatiques par suite du manque de charbon, etc,

Les services aériens.

Les premiers essais de poste aérienne furent commencés le 17 août 1918 sur la ligne Paris-St.-Nazaire avec escale au Mans. Le service comprenait un organe de direction, installé à Paris et relevant du Directeur de l'exploitation postale et un organe-ravitailleur, la station magasin du Bourget.

A fin déc. 1919, trois grandes lignes fonctionnaient régulièrement :

1° *Paris-Lille*, exploitée par la Compagnie des Messageries Aériennes et Bréguet, qui effectuent un service quotidien de passagers et de transport de lettres et de dépêches ; cette ligne sera bientôt poussée jusqu'à Bruxelles. Lille ne sera plus ainsi qu'une station du réseau Paris-Bruxelles.

2° *Paris-Londres*, service quotidien inauguré officiellement le 10 nov. 1919, assuré d'une part par la Compagnie Générale Transaérienne et la Air Craft and Travel Ltd, d'autre part par Handley-Page et la Compagnie des Messageries Aériennes. Ce service fonctionne depuis le 25 août et assure hebdomadairement le transport d'une soixantaine de passagers (V. Grande-Bretagne. Communications).

3° *Toulouse-Rabat*, ligne transversale exploitée par la Compagnie de Navigation Aérienne (Latécoere) ; elle effectue huit voyages aller et retour par mois et assure le transport de passagers, de lettres et de dépêches.

On peut ajouter à ces trois lignes le service Paris-Bruxelles, assuré par la maison Farman, qui fonctionnera bientôt dans les mêmes conditions d'exploitation que les trois lignes précédentes.

Voici d'autre part la liste des terrains d'atterrissage actuellement reconnus par le Service de la Navigation aérienne (S.N.Aé.) :

1. *Terrains uniquement d'atterrissage, sans abri, ni ravitaillement :*
Avignon (Pujaut), Lille (Ronchin), Angers, Angoulême, Bar-le-Duc, Buc, Chambéry, Chaumont, Commercy, Evreux, Joigny, Le Mans, Montélimar, Nice.

2. *Terrains inoccupés, mais où l'on peut espérer trouver un abri :*
Ambérieu, Orly, Amiens (Bertangles), Belfort (Chaux), Colmar, Douai, Epinal, Habsheim, Haguenau, Le Perthe, Besançon (Le Valdahon), Maubeuge, Neuf-Brisach, Ochey, Sarreguemines, Schlestadt, Strasbourg (Neuhof), Thionville, Toul, Villeneuve-les-Vertus.

3. *Terrains militaires occupés, avec abris et ravitaillement probables* (condition du contrat) :
Avord, Le Bourget, Cazaux, Châteauroux, Clermont-Ferrand (Aulnat), Courban, Dijon, Etampes, Metz (Frescaty), Issoudun, Istres, Luxeuil, Lyon, Nancy (Malzéville), Pau, Romilly, Saint-Cyr, Saint-Dizier, Tours.

Dans cette catégorie entrent les terrains suivants qui appartiennent à la Marine :
Aubagne, Brest (Guiparas), Cherbourg (Montebourg), Rochefort, Saint-Raphaël.
Notons toutefois que les terrains de Cherbourg et de Brest seront probablement désaffectés.

4. *Terrains du S. N. Aé., avec abris et ravitaillement* (aéro-gares) :
Bordeaux (Theynac), Le Bourget ; Saint-Inglevert (Pas-de-Calais) : Lille ; Avignon ; Nîmes ; Lyon.

Cette liste, il va sans dire, n'est que provisoire.

Les tarifs de transport de correspondances par avions, applicables en sus des taxes postales ordinaires. sont les suivants

Pour la France, la Corse et le Maroc :
Distance de 50 kil. maximum : 20 gr. : 0 fr. 75 ; 20 à 100 gr. : 1 fr. 50 ; 100 à 200 gr. 2 fr. 25.
De 500 à 800 kil. : 20 gr. : 1 fr. ; 20 à 100 gr. : 2 fr. ; 100 à 200 gr. : 3 fr.
Au delà de 800 kil. : 20 gr. : 1 fr. 25 ; 20 à 100 gr. : 2 fr. 50 ; 100 à 200 gr. : 3 fr. 75
Ces surtaxes sont applicables aux plis officiels, à l'exception de ceux de l'administration des postes, et aux correspondances militaires qui bénéficient de la franchise postale et pour lesquelles l'expéditeur demande le transport par avion.

Les câbles sous-marins et la télégraphie sans fil.

Le premier câble transatlantique a été posé le 5 août 1858. Mais dès le début du XXe siècle, un nouveau mode de communication a fait son apparition, la télégraphie sans fil, due aux travaux du professeur français Branly et du savant italien Marconi. Avant l'âge de vingt ans, l'invention française en principe est déjà majeure et la guerre a montré tout ce qu'on en pouvait attendre. On réalise aujourd'hui des puissances dépassant 500 kilowatts qui assurent des communications régulières à plus de 6.000 km. La tour Eiffel reçoit les signaux de Darien (Panama) à 8.700 km., parfois de San Francisco (9.300 km.) et de Honolulu (13.200 km.). Elle se fait entendre aux îles de la Sonde et en Nouvelle-Zélande. Les communications du poste de Lyon sont reçues au Congo belge (5.800 km.) et à Shangaï. Les appareils en usage permettent d'assurer l'exploitation commerciale (jusqu'à 60 mots par minute à certaines heures).

Entre la France et les diverses provinces de son empire colonial, les communications télégraphiques, par câbles sous-marins, sont assurées par 7 compagnies, savoir :

1° *La Cie. Française des Câbles télégraphiques*, qui met en relations la métropole avec les Antilles, celles-ci entre elles, et l'Australie avec la Nouvelle-Calédonie ;

2° *L'Anglo-American Telegraph*, dont le câble Irlande (Valentia-Amérique) aboutit aux Antilles. Cette Cie a été autorisée à établir un câble entre Le Havre et Valentia ; en revanche, elle accorde une réduction de 50 % aux télégrammes de l'Etat Français sur ses lignes ;

3° *La Commercial Cable*, qui unit aussi l'Irlande (Waterville) à l'Amérique et a été aussi autorisée à établir un câble entre Le Havre et Waterville ; elle transmet gratuitement les télégrammes de l'Etat français ;

4° *L'Eastern Telegraph*, dont le réseau touche Madagascar, la Réunion et la côte des Somalis. Ses câbles Marseille-Bône-Malte, prolongés par ceux des Cies anglaises associées, permettent d'atteindre nos colonies d'Extrême-Orient, d'Afrique et d'Amérique du Sud ;

5° *La West African Telegraph* relie Conakry et Cotonou au réseau anglais ;

6° *La Cie. des Câbles Sud-Américains* a été chargée par l'Administration des P. T. T. d'exploiter le câble de l'Etat reliant les îles Canaries au Sénégal ; elle possède, en outre, des câbles côtiers entre Conakry, Monrovia et Grand Bassam ;

7° *La Cie des Télégraphes du Nord* fait communiquer Calais avec l'Indo-Chine par Fano (Danemark) et Vladivostok.

En ce qui concerne la T. S. F., la France possède actuellement 35 stations en service, 25 sont en cours d'exécution, une vingtaine en projet.

Certaines de ces stations ont des appareils de 50, 100, 150 kw. qui, avec des antennes gigantesques, travaillent sur des longueurs d'ondes supérieures à 10.000 km., tels, en France : Basse-Lande (près de Nantes), la tour Eiffel, Lyon et La Croix d'Hins (près de Bordeaux), ce dernier atteignant directement l'Amérique du Sud.

De très nombreux postes de T. S. F. ont été construits depuis 1914 dans les colonies et peuvent être utilisés par le commerce et l'industrie (V. Colonies).

Tout un réseau de radiogoniomètres est en voie d'établissement sur les côtes françaises. Les principaux sont : Gris-Nez, Le Havre, Cherbourg, Ouessant, Pointe du Raz, Brest, Lorient, Rochefort, Toulon, Marseille, Cette, La Garoupe, Corse.

Les voies de communications.

D'une statistique du Ministère des Travaux publics publiée en 1918, il résulte que le réseau des routes nationales comportait au 1er janvier 1914, 38.490.475 kil.

La voirie de terre comprend : les *routes nationales* (anciennes routes royales ou impériales) ; les *routes départementales*, qui constituent ce qu'on appelle communément la grande voirie, par opposition à la petite voirie qui comprend : les *chemins vicinaux* ; les *chemins ruraux* ; les rues et places des villes, et enfin, certain nombre de chemins publics qui, sans avoir une condition administrative régulière, sont dits *chemins publics* à raison de leur affectation à l'usage du public.

Les *routes nationales* sont créées tantôt par une loi, tantôt par un décret suivant leur importance, conformément à la loi du 27 juillet 1870. Une loi est en tout cas nécessaire pour ouvrir les crédits nécessaires à leur construction. Elles se divisent en trois classes : 1° celles qui vont de Paris à l'étranger et aux grands ports militaires, 2° celles qui, ayant la même direction, ont une largeur moindre ; 3° celles qui relient Paris aux grandes villes ou les grandes villes entre elles. Elles sont entretenues sur le budget de l'État par les ingénieurs des ponts et chaussées ; elles dépendent du min. des Travaux publics.

Les *routes départementales*, dont l'origine remonte au décret du 16 déc. 1811, sont classées par le conseil général du département, sous la réserve d'un décret déclaratif d'utilité publique dans le cas où des expropriations sont nécessaires. Elles sont entretenues sur les fonds du budget départemental. Il appartient au conseil général de choisir le service auquel il entend les confier et qui peut être le service des ponts et chaussées ou un service spécial, celui des agents-voyers. Les *chemins vicinaux* sont construits et entretenus par les départements et les communes sous l'autorité du min. de l'Intérieur. Ils sont confiés en principe aux agents-voyers dont le service fusionne souvent avec celui des ponts et chaussées.

Les rues et places des villes sont classées par arrêté préfectoral ; à Paris, par décret après délibération du conseil municipal.

Les questions générales relatives aux routes départementales et à la voirie urbaine ressortissent au min. de l'Intérieur. Les règles de police sont extrêmement complexes. Les pouvoirs en cette matière appartiennent tantôt au préfet, tantôt au maire, qui peuvent prendre des arrêtés généraux et des mesures spéciales. En outre, une loi du 30 mai 1851 et un décret du 10 août 1852 ont posé des règles de principe relativement à la police du roulage.

Le développement de la voirie de terre, depuis 1850, est donné par le tableau ci-après (en kilomètres) :

ANNÉES.	ROUTES NATIONALES.	ROUTES DÉPARTEMENT.	CHEMINS VICINAUX de grande communic.	d'intérêt commun.	ordinaire.	TOTAL.
1850 .	35.600	»	»	»	»	»
1866 .	37.800	»	73.280	51.318	122.037	»
1872 .	38.300	46.000	79.706	61.845	186.421	411.174
1880 .	37.323	38.000 (1)	102.815	70.843	243.315	491.723
1889 .	37.779	19.194 (1)	135.178	75.688	254.151	521.990
1898 .	38.015	17.721 (1)	159.258	73.736	274.977	563.881
1912 .	38.341	»	173.026	77.386	288.109	»

En 1913, on comptait 38.504 km. 037 de routes nationales dont 36.397 km. 851 de chaussées empierrées et 640.523 km. 134 de chemins vicinaux se répartissant en :

Chemins de grande communication .... 173.025 km.
— d'intérêt commun .... 77.386 —
— vicinaux ordinaires .... 288.109 —

(1) Par suite de l'incorporation des routes départementales dans la voirie vicinale.

Les dépenses effectuées pour toutes les routes, nationales, départementales et chemins vicinaux s'étaient élevées pendant l'exercice 1912 à 204.255.701 fr. dont :

Entretien	143.873.531 fr.
Grosses réparations	10.120.278 —
Construction	25.444.513 —

Les départements où la circulation brute avait eu le plus d'importance en 1913 étaient les suivants : Seine, Rhône, Hérault, Bouches-du-Rhône, Nord, Gironde.

Les départements où la circulation automobile et cycliste avait été la plus importante étaient les suivants, par catégorie :

Automobiles pour marchandises.	Autobus.	Automobiles particulières.	Vélocipèdes.
Seine.	Seine.	Seine.	Seine.
Seine-et-Oise.	Alpes-Mar.	Rhône.	Rhône.
Rhône.	Cantal.	Seine-et-Oise.	Gironde.
B.-du-Rhône.	Puy-de-Dôme.	Alpes-Mar.	Nord.

Les départements qui avaient le tonnage brut total le plus élevé étaient, en 1913 :

DÉPARTEMENTS.	LONGUEURS.	TONNAGE BRUT TOTAL.
	kil. m.	tonnes.
Seine	116.780	348.772.465
Nord	569.733	253.462.205
Seine-et-Oise	738.757	247.289.325
Bouches-du-Rhône	283.706	176.516.920
Rhône	227.535	175.927.080
Seine-Inférieure	587.486	126.302.045
Pas-de-Calais	683.333	124.623.045
Alpes-Maritimes	485.361	124.286.880
Gironde	390.865	112.027.260
Ille-et-Vilaine	719.374	111.070.960

Dans les 19 départements qui ont le plus souffert de la guerre (10 envahis et 9 limitrophes), il y a 105.000 kil. de routes de toutes classes et 2.050 ponts à réparer. Cette réfection exigera l'extraction et le transport de 10.400.000 tonnes de matériaux.

Les dépenses occasionnées par les routes figuraient au budget de 1918 (budget ordinaire et dépenses exceptionnelles) pour 127.970.630 fr. et au budget de 1919 pour 276.530.976 fr.

Les chemins de fer.

La loi du 11 juin 1842 a posé les bases de la constitution du premier réseau français et institué les lignes qui en forment, aujourd'hui encore, les grandes artères. Neuf grandes lignes, partant de Paris, étaient concédées : 1° sur Nancy et Strasbourg ; 2° sur Lyon et Marseille ; 3° sur Bourges et Toulouse ; 4° sur Tours, Bordeaux et Bayonne ; 5° sur Nantes ; 6° sur Rouen et Le Havre ; 7° sur Lille et la Belgique, enfin deux grandes transversales : de Bordeaux à Marseille par Toulouse et de Mulhouse à Dijon.

En 1857, 15.000 km. étaient achevés ou amorcés. En six ans, les Compagnies avaient dépensé plus de 2 milliards et il leur fallait une somme équivalente pour achever les lignes commencées. Une nouvelle crise éclata et, encore une fois, l'État dut venir au secours des compagnies. C'est alors qu'intervinrent, avec les conventions de 1859, l'engagement pris par l'Etat de parfaire les insuffisances de recettes en vue de garantir aux porteurs d'obligations et d'actions des compagnies un intérêt, un dividende minimum. Cette garantie s'appelle la *garantie d'intérêt*. Les versements éventuels de l'Etat pour cette garantie portant intérêt à 4 p. 100, devaient être considérés comme des avances remboursables par les compagnies. En 1870, les lignes en exploitation comprenaient 17.440 km. ayant coûté plus de 8 milliards ; en 1875, elles atteignaient 21.700 km. Afin de compléter l'outillage national, le gouvernement fit voter la loi du 17 juillet 1879 qui classait 8.826 km. de lignes nouvelles. L'Etat, qui s'était chargé de la construction d'un certain nombre de lignes, ne put continuer les travaux entrepris. A leur tour, les compagnies lui prêtèrent leur concours par les conventions de 1883. Elles se chargeaient d'achever les lignes commencées et de donner une subvention de 25.000 fr. par km. Défalcation faite de ces 25.000 fr., l'Etat s'engageait à rembourser par annuité les sommes ainsi avancées. Ces conventions laissaient, en dehors des lignes concédées, 3.200 km. devant former le réseau de l'État.

Les chemins de fer français forment, depuis 1883, 6 grands réseaux dont un administré par l'*Etat* et cinq par des compagnies à monopole : *Nord, Est, Paris-Lyon-Méditerranée, Orléans, Midi.*

1° *Le réseau de l'Etat* (9.041 km.), formé principalement de lignes construites par d'anciennes Cies secondaires et des lignes de l'ancienne Cie de l'Ouest, rejoint Paris aux côtes de la Manche et de l'Océan, de Dieppe à Bordeaux. Principales lignes : Paris-Le Havre ; Paris-Cherbourg ; Paris-Granville ; Paris-Brest ; Paris-Bordeaux ; Nantes-Bordeaux ; Tours-Sables-d'Olonne ;

2° *Le réseau du Nord* (3.834 km.), le moins étendu mais le plus serré et le plus riche en raison des ressources agricoles et industrielles des pays desservis et de celles des pays qu'il met en relations (France, Angleterre, Belgique et par delà, Allemagne et Europe du Nord-Est). Lignes principales : Paris-Boulogne et Calais ; Paris-Lille ; Paris-Maubeuge.

3° *Le réseau de l'Est* (5.027km.), desservant toute la France de l'Est (Champagne, régions industrielles du pays lorrain et des Vosges) ; il conduit, en outre, vers les pays de l'Europe Centrale. Trois lignes principales : Paris-Longwy ; Paris-Strasbourg ; Paris-Belfort.

4° *Le réseau de Paris à Lyon et à la Méditerranée* (9.683 km.), rayonne sur la France Orientale, des Vosges à la Méditerranée ; conduit en Suisse, en Italie et par Marseille, en Algérie-Tunisie, vers les pays d'Orient et d'Extrême-Orient. Deux lignes principales : Paris-Marseille avec 3 grands embranchements, à Dijon sur Pontarlier, la Suisse et Milan ; à Mâcon, sur Bourg, Chambéry et Turin, à Marseille, sur Toulon, Nice et Gênes ; Paris-Nîmes.

5° *Le réseau d'Orléans* (7.811 km.), intermédiaire entre les deux riches régions agricoles de la Seine et de la Garonne, comprend trois lignes principales : Paris-Toulouse par Orléans-Limoges ; Paris-Bordeaux par Orléans-Tours-Poitiers et Paris-Saint-Nazaire.

6° *Le réseau du Midi* (4.033 km.), dessert la région du S.-O., de l'Atlantique jusqu'au golfe de Lion avec 3 lignes principales : Bordeaux-Bayonne avec prolongement vers l'Espagne et le Portugal ; Bordeaux-Cette par Toulouse; Arvant-Béziers avec prolongement sur l'Espagne orientale (Barcelone).

7° *Le réseau alsacien et lorrain* (env. 2.039 km. en avril 1919) avec deux lignes principales : Metz-Strasbourg et Mulhouse-Strasbourg. Ce réseau est exploité au compte de l'Etat par une administration ayant son siège à Strasbourg et est placé sous l'autorité du Commissaire général. Effectif à la prise de possession : 1.420 locomotives, dont 45 p. 100 immobilisées pour grosses réparations, 41.449 véhicules; personnel : 46.116 agents, ouvriers ou fonctionnaires.

8° Divers autres réseaux comme : la Ceinture de Paris (17 km.) ; la grande Ceinture (111 km.) et les lignes des compagnies secondaires (1.592 km.).

En outre des 234 km. de chemins de fer industriels et des 10.645km. de lignes d'intérêt local, il existait en 1913, 10.236 km. de tramways pour voyageurs et marchandises contre 1.531 en 1892.

Le personnel employé sur les lignes d'intérêt général était passé de 248.223 hommes en 1892 à 359.308 en 1913.

Les départements qui possédaient le plus grand nombre de voies ferrées étaient les suivants :

Nord	1.113 kil.	Seine-Inférieure	707 kil.
Saône-et-Loire	855 —	Marne	702 —
Seine-et-Oise	851 —	Côte-d'Or	683 —
Aisne	739 —	Eure	680 —
Oise	737 —	Loire-Inférieure	673 —

Pour les lignes d'intérêt général, la situation, depuis 1828, avait subi le développement suivant au point de vue de la longueur des lignes, du personnel et du matériel (au 31 déc. de chaque année) :

Années.	Nombre de km. exploités.	Personnel.	Locomotives.	Voitures et wagons.
1828	23	»	»	»
1850	3.010	»	»	»
1860	9.439	77.697	3.145	71.923
1870	17.440	128.398	4.933	139 572
1880	23.738	204.702	6.893	203.994
1890	33.550	232.999	9. 77	278.348
1900	38.0'4	286.777	10.529	31 .102
1910	40.438	339.032	12.840	379.181
1913	40.783	359.308	14.344	425.092

Au point de vue des résultats généraux de l'exploitation des chemins de fer d'intérêt général, la situation montrait le développement suivant :

Années.	Recettes totales.	Dépenses totales.	Produit net total.	Transports. Grande vitesse voyageurs.	Transports. Petite vitesse marchandises.
	en milliers de francs.			milliers.	
1841	12.972	8.298	4.674	6.379	1.060
1850	95.618	44.765	50.853	18.741	4.271
1860	418.287	187.880	230.407	56.529	23.138
1870	634.864	313.036	321.328	102.598	37.066
1880	1.061.270	538.445	522.825	165.106	80.774
1890	1.153.618	605.966	547.652	241.119	92.506
1900	1.516.296	824.153	692.140	453.193	126.830
1910	1.829.942	1.098.802	731.140	508.558	178.241
1913	2.056.398	1.307.254	749.144	547.886	208.019

Le capital réalisé au 31 décembre 1912 se présentait ainsi pour les six grandes compagnies (Ch. de l'Ouest en liquidation) :

	1° *Actions.*	2° *Obligations.*
Nombre de titres émis	3.059.000	44.984.390 fr. —
Capital réalisé	1.469.894.564 fr.	15.965.195.411 —
— à amortir	1.477.000.000 —	22.765.807.250 —
— amorti. Nombre de titres	452.000 —	8.547.455 —
— amorti. Montant	221.679.500 —	4.354.733.300 —
Charges. Dividende et intérêt	157.691.298 —	538.608.572 —
Charges. Amortissement	12.043.300 —	218.513.925 —

La hausse des prix, sensible surtout à partir de 1906, les abaissements de tarifs accordés au public (le tarif moyen par voyageur kilométrique passant de 5 c. 91 en 1855, à 4 c. 88 en 1871 et 3 c. 48 en 1912 ; celui par train kilométrique de marchandises passant de 7 c. 65 en 1855 à 6 c. 26 en 1871 et à 4 c. 20 en 1912 soit un abaissement de 45 p. 100 sur les prix de 1855) devaient, pour les compagnies prospères, limiter les excédents (pour le Nord 6 millions en 1912 et 8,2 millions en 1913), obliger certaines d'entre elles à recourir à la garantie d'intérêt.

C'est ainsi qu'avant la guerre, les appels se montaient à 617 millions de fr. (Orléans, 280 ; Midi, 337).

Les chemins de fer et la guerre.

Au point de vue militaire, les ch. de fer français ont rempli d'une façon irréprochable les missions qui leur étaient assignées par le haut commandement (V. Edition 1919). Mais les événements des cinq dernières années ont porté une grave atteinte à la situation financière des Compagnies concessionnaires, ainsi qu'il ressort du tableau ci-dessous donnant les résultats globaux des réseaux pour les exercices 1913 à 1918 :

	Recettes d'exploitation	Dépenses d'exploitation	Produit net	Charges du capital social et des emprunts	Résultats de l'exercice
1913	2.015.948	1.272.060	743.888	842.600	— 63.449
1914	1.679.998	1.188.009	491.989	865.874	— 340.973
1915	1.702.173	1.208.093	504.080	908.350	— 365.175
1916	2.123.292	1.547.882	575.410	924.937	— 344.651
1917	2.204.473	1.798.943	405.530	941.152	— 502.716
1918	2.539.049	2.438.352	14.697	1.002.209	— 876.870
	12.264.900	9.453.300	2.735.600	•	—2.493.845
1919 (prévisions)	2.668.600	3.080.200	—411.600	1.060.600	—1.474.000

Les causes de déficit d'exploitation pour les cinq Compagnies en général sont bien connues. C'est tout d'abord, explique *la Situation Economique et Financière* : l'insuffisance des tarifs commerciaux, par rapport aux charges de guerre, résultant du renchérissement du matériel, du charbon, de la main-d'œuvre et les indemnités de cherté de vie. Les tarifs n'ont pas suivi la progression des salaires et des prix, qui ont augmenté de 200 à 300 p. 100 en moyenne. Un seul relèvement de 25 p. 100 a été autorisé en avril 1917, il est d'ailleurs venu trop tard et reste tout à fait insuffisant. Aussi bien nos tarifs sont restés bien inférieurs à ceux des compagnies étrangères.

La deuxième cause du déficit a été l'importance croissante, de 1914 à 1919, des transports militaires, effectués à un tarif extrêmement bas, conformément au traité Cotelle qui date de 1898. En fait, au fur et à mesure que ce trafic augmente, le déficit d'exploitation va s'accroissant parallèlement. Une autre cause de déficit, propre aux réseaux du Nord et de l'Est provenait de la réduction considérable du réseau exploité, par suite de l'invasion et de l'insuffisance du matériel disponible du fait des enlèvements de l'ennemi.

Les réclamations des Compagnies en ce qui concerne les tarifs militaires ont abouti, après que le traité Cotelle eut été dénoncé en juin 1918, à un accord. Les reversements à opérer aux Compagnies, soit par l'Etat français, soit par les armées alliées, au titre de majoration des tarifs de base sont évalués à 683.6 millions pour la France et à 201.0 millions pour les alliés. Sur ce total de 884.6 millions (y compris la part du réseau de l'Etat), une partie viendrait en atténuation des garanties d'intérêt et l'autre serait effectivement versée aux Compagnies du Nord et du Lyon. Les sommes à décaisser par le Trésor seraient de 195 millions seulement ; 488.6 millions seraient affectés au remboursement de la garantie, le Nord et le Lyon recevant au total 396 millions.

Pendant 4 ans et 5 mois, malgré toute son énergie, la Compagnie de l'Est, qui n'avait pas de dette de garantie au début de la guerre, se trouverait avoir aujourd'hui, pour prix de ses services, une dette formidable de 369 millions, envers ce même Etat dont elle reste le collaborateur le plus actif et le plus dévoué.

Les Compagnies du Nord et du Lyon qui ne bénéficient plus de la garantie depuis 1914, accusent un déficit d'exploitation de 552 millions pour la première et de 404 millions pour la seconde. Divers amortissements et affectations aux réserves ont obligé la Compagnie du Nord à porter 566 millions à ses frais de premier établissement ; par contre, la Compagnie du Lyon, à la suite de prélèvement sur les réserves spéciales, n'a eu recours aux émissions d'obligations que jusqu'à concurrence de 330 millions. Ces derniers chiffres donnent la mesure de la répercussion des événements sur ces deux Compagnies.

Après règlement des transports militaires révisés et des transports américains arriérés, le résultat définitif d'exploitation pour les années 1914 à 1918 sera le suivant :

	Déficit 1914/1918	Transports militaires à régler	Déficit réel.
	—	—	—
Est	380.7	223.8	154.9
Midi	145.1	32.3	112.8
Orléans	195.0	120.3	74.7
Nord	552.3	281.4	270.9
P.-L.-M.	404.7	163.1	241.6
Total	1.677.8	822.9	854.9

Le déficit net d'exploitation des Compagnies du Nord et de l'Est sera atténué dans une certaine mesure par les sommes à valoir au titre de réparations, comme à toutes les personnes civiles ayant souffert directement de la guerre. Il faut tenir compte, d'autre part, des indemnités dues pour les pertes ou insuffisances résultant des sujétions d'ordre militaire, de l'annuité représentant au moins les charges d'intérêt et d'amortissement et autres charges de capital afférentes aux lignes occupées par l'ennemi ; des dépenses d'exploitation de ces dernières lignes restées à la charge de la Compagnie. Tous ces dommages feront l'objet de reversements ultérieurs permettant, soit d'amortir les obligations émises à titre exceptionnel, soit de rembourser la dette de garantie.

Les autres Compagnies ne peuvent espérer couvrir leur déficit de guerre que par un accroissement du trafic et du produit d'exploitation, en élevant leurs tarifs suffisamment pour couvrir toutes les charges. Le retour à l'exploitation commerciale des chemins de fer est d'une nécessité absolue.

Aux termes de l'armistice du 11 nov. 1918, l'Allemagne s'est engagée à livrer aux Puissances associées 5.000 machines montées et 150.000 wagons en bon état. Une partie de ce matériel a été attribuée à la France.

Des mesures financières ont enfin été prises pour la remise en état des voies ferrées des régions libérées. Les destructions effectuées par les Allemands portaient sur 5.600 km. de voies simples dont 3.300 km. pour le réseau du Nord ; 500 ponts inférieurs à 4 m. et aqueducs ; 1.010 passages inférieurs à 4 m. et au-dessus ; 12 tunnels ; 3.180 km. de lignes télégraphiques et téléphoniques ; 590 bâtiments détruits ; 165 réservoirs d'alimentation ; 20.000 tonnes de canalisations, signaux et ouvrages métalliques autres que les ponts. Les travaux de réfection sont terminés.

Les chemins de fer d'intérêt local et tramways.

Ce sont ceux qui ne sont pas compris au nombre des lignes qui composent le réseau d'intérêt général. Ils sont régis par la loi du 11 juin 1880 qui s'applique aussi aux tramways.

Ils présentent, au point de vue de la longueur des lignes, des recettes et des dépenses totales, la situation suivante (au 31 déc. de chaque année) :

ANNÉES.	CHEMIN DE FER D'INTÉRÊT LOCAL			TRAMWAYS.
	Nombre de km. exploités.	Recettes totales.	Dépenses totales.	Nombre de km. exploités.
		milliers de fr.		
1880	2.187	16.269	12.345	411
1890	3.121	14.050	12.906	1.085
1900	4.782	24.273	19.216	4.231
1910	8.956	40.896	31.780	8.690
1912	10.252	46.982	37.108	9.713

Le chemin de fer Métropolitain et le Nord-Sud de Paris, qui ne sont pas compris dans ces chiffres, avaient, ensemble, une longueur effective exploitée au 31 déc. 1912 de 90 km. Ils avaient transporté pendant l'année 1912, 452.112.238 voyageurs ; leurs recettes totales s'élevaient à 62.350.708 fr. et leurs dépenses totales à 44.369.084 fr., donnant un produit net d'exploitation de 17.981.024 fr.

Pour le chemin de fer Métropolitain, les recettes totales d'exploitation se sont élevées en 1918 à 74.774.844 fr., les dépenses d'exploitation à 45.825.293 fr.

Les produits d'exploitation ont donc atteint 28.9 9.551 fr. 88 contre 30.552.873 fr. 84 en 1916, et le rapport des dépenses aux recettes, ou coefficient d'exploitation, a été de 50,93 p. 100, contre 47,14 p. 100 en 1916. Il n'était avant la guerre, en 1913, que de 42,79 p. 100.

Le nombre total des billets délivrés par la *Compagnie du chemin de fer Métropolitain de Paris* en 1918 a atteint le chiffre de 411.437.018 contre 398.241.116 en 1917. En 1901, le nombre total des billets délivrés a été de 48 millions 478.116. En 1907, il atteignait 194.823.282 et passait en 1913 à 311.994.348, puis descendait en 1915 à 281.504.413. Il était pour l'exercice 1916 de 237.299.392.

Les résultats des principales stations pendant cet exercice sont les suivants : Vincennes, 11.300.000 billets contre 9.889.267 billets en 1916 ; Maillot, 10.770.000 contre 9.482.224.

Pour le chemin de fer Nord-Sud, le nombre des billets délivrés est passé de 80.572.834 en 1917 à 83.327.302 en 1918. Les stations les plus importantes à cet égard ont été : gare Saint-Lazare, Porte de Versailles, Jules-Joffrin, etc.

Les voies navigables.

Les voies navigables de la France se composent de cours d'eau (rivières navigables ou flottables), de canaux latéraux et de canaux de jonction.

L'ensemble de ces voies a une longueur qui a peu varié depuis une quarantaine d'années (10.750 km. en 1871, 11.316 en 1913) mais dont le trafic kilométrique a, durant la même période, plus que quadruplé (1.558 millions de tonnes en 1871, 6.185 millions en 1913).

La région du Nord et, en particulier, la région du Bassin Parisien sont les mieux partagées de toutes, avec, comme cours d'eau, l'Escaut, la Somme, la Seine, l'Oise et la Marne; comme canaux latéraux, ceux de la Somme, de l'Oise supérieure, de la haute Marne et de la haute Seine; et comme canaux de jonction, ceux du canal de St-Quentin, de la Sambre, des Ardennes, de la Marne au Rhin, de la Marne à la Saône, de l'Est, du Rhône au Rhin, le canal de Bourgogne, le canal du Nivernais et le canal du Loing, qui unissent Paris, premier port fluvial, aux rivières secondaires du Nord, au Rhin, au Rhône et à la Loire.

L'achèvement, en pleine guerre, du canal de Marseille au Rhône est venu augmenter le réseau sud-est d'une voie destinée à prendre une des premières places dans le trafic.

DÉSIGNATION DES LIGNES	Longueur en kilomètres.	Tonnage moyen ramené à la longueur totale.	Rang d'importance d'après le tonnage moyen.
Paris à la frontière belge, vers Mons	284	4.983.328	1
Embranchement de la ligne précédente, vers Charlero	125	796.111	8
Jonction de l'Oise à la Meuse	210	540.221	10
Jonction de l'Escaut à la mer du Nord	221	2.247.896	2
Embranchements de la ligne précédente vers la frontière belge	248	529.387	12
Embranchement de la ligne de Paris à Mons vers la baie de Somme	156	211.574	15
Paris à la frontière de l'Est	494	1.123.096	5
Ligne de l'Est de Givet à Corre	432	843.969	6
Jonction du Rhône au Rhin	186	57.196	19
—: des lignes du Nord et de l'Est	106	1.875.188	3
Manche à la Méditerranée par la Bourgogne	1.418	1.335.047	4
Jonction de la ligne précédente avec la ligne de l'Est	99	398.706	13
Jonction de la Marne à la Saône	224	815.012	14
— de la Seine à la Loire	181	686.328	9
Ligne latérale à la Loire	275	824.469	7
Jonction de la Saône à la Loire	130	533.670	11
Océan à la Méditerranée	605	180.081	17
Ligne du Rhône à Cette et jonction avec la ligne précédente	98	126.666	18
Lignes du Sud-Ouest	221	25.309	20
Ligne du Berry	323	180.524	16

En 1918, 678 ports avaient un tonnage supérieur à 500.000 tonnes. Les principaux étaient :

PORTS.	TONNAGE		
	Embarquements.	Débarquements.	Total.
Paris (Seine)	3.735.426	9.048.917	12.784.343
Rouen (Seine)	3.116.831	342.165	3.458.996
Vigneux (Seine)	635.134	1.028.132	1.663.266
Villeneuve-le-Roi (Seine)	708.697	708.869	1.417.566
Vendin-le-Vieil (canal de la Deûle)	1.040.904	131.988	1.172.892
Dunkerque (canal de Bourbourg)	603.972	433.079	1.037.051
Harnes (canal de Lens)	871.645	45.006	916.651
Bruay (canal d'Aire)	808.655	26.443	835.098
Bordeaux (Garonne)	389.972	432.686	822.658
Lyon (Saône)	205.840	614.468	820.308
Ris (Seine)	491.884	220.894	712.778
Violaines (canal d'Aire)	657.371	52.735	835.098
Dombasle (canal de la Marne au Rhin)	144.172	558.873	703.045
Nanterre (Seine)	354.523	335.073	689.596
Draveil (Seine)	367.093	309.212	676.305
Denain (Escaut)	447.560	220.180	667.740
Montceau-les-Mines (canal du Centre)	590.918	56.234	647.152
Choisy-le-Roi	509.637	92.733	602.370
Beuvry (canal d'Aire)	546.847	16.722	563.569
Gennevilliers (Seine)	94.635	465.563	560.198
Clichy (Seine)	58.165	493.176	551.341
Marles (canal d'Aire)	530.589	3.924	534.513
Eleu-Liévin (canal de Lens)	521.652	848	522.500
Strasbourg (chiffre de 1914)	»	»	1.989.000

Voici, d'autre part, le trafic des voies restées disponibles pendant la guerre :

	BATEAUX CHARGÉS (NOMBRE)		TONNAGE DE MARCHANDISES	
	1916	1917	1916	1917
Oise	716	1.594	198.782	396.701
Marne et canal latéral	2.407	2.034	593.164	512.111
Canal de la Marne au Rhin	2.201	1.823	548.208	462.445
Canal de l'Est, br. Sud	370	420	75.474	96.197
Saône moyenne	1.481	2.790	345.624	680.657
Grande Saône	»	1.469	»	276.996
Rhône	1.148	1.292	263.304	368.676
Yonne et canal de Bourgogne	1.371	1.405	251.253	257.637
Canal du Loing et lat. à la Loire	3.551	3.697	648.687	654.742
Basse Loire	248	300	23.887	28.434
Canal lat. à la Garonne	1.681	2.404	142.710	142.056
Canal du Midi	969	1.375	67.173	86.051
Totaux	16.138	*19.134	3.158.246	*3.567.906

* Ces totaux ne comprennent pas les chiffres relatifs à la *Grande Saône* qui n'avaient pas été relevés en 1916, de manière à ne pas fausser la comparaison des deux années.

En ce qui concerne la navigation de la Seine entre Rouen et Conflans (confluent de l'Oise), il y a lieu de remarquer que le tonnage d'avant-guerre (1913) a presque doublé en 1916 et 1917, puisqu'il a passé de 3.458.996 tonnes à 6.206.701 tonnes et 6.360.004 tonnes, ainsi que le montre le tableau suivant :

Tonnage total venant du Havre et chargé à Rouen, remonté en 1913	tonnes	3.458.996
Tonnage venant du Havre en 1916	1.257.711	
Tonnage chargé à Rouen en 1916	4.948.990	
Total		6.206.701
Tonnage venant du Havre en 1917	1.223.141	
Tonnage chargé en 1917	5.136.863	
Total		6.360.004

Les résultats de 1918 sont connus en ce qui concerne les tonnages partis de Rouen vers Paris. De 5.182.364 tonnes en 1915, ils passent à 6.206.700 t. en 1916, 6.360.004 t. en 1917 et 7.254.788 t. en 1918, soit une augmentation de 135,6 p. 100 par rapport à 1914. L'accroissement du tonnage a été surtout important pour les charbons qui, de 1.860.074 t. en 1913, sont montés à 4.986.057 t. en 1918 soit une augmentation de 170 p. 100.

Les voies navigables dans les régions libérées ont grandement souffert de la guerre, 450 ponts dont 300 en métal, 115 écluses sont à reconstruire entièrement. Il y a au moins 100 km. de cuvettes à déblayer. Les dépenses prévues s'élèveront à 353 millions de fr.

Au mois de mai 1918, sur l'ensemble du réseau des voies navigables, le nombre total des bateaux recensés était de 11.111, se décomposant comme suit :

	NAVIGUANT	A RÉPARER	INUTILISABLES
Réseau du Nord et de la Somme	1.137	48	25
Autres réseaux	8.611	755	535
Total	9.748	803	560

L'année 1918 a vu la mise en service des premières unités prévues par le programme de 1916 soit : 52 remorqueurs en acier, 50 en béton armé avec moteurs à explosion, 108 chalands en béton armé et 2 en tôle.

Les estuaires et les ports de commerce.

La France qui s'avance comme une péninsule à l'extrémité occidentale de l'Europe est largement ouverte sur les mers septentrionales, mer du Nord et Manche, qui conduisent vers la Grande-Bretagne et les pays du nord sur la Méditerranée, sise au milieu des terres de la plus féconde civilisation : Italie, Grèce, Orient et même, par delà le canal de Suez, vers les Indes et l'Extrême-Orient. Elle présente enfin trois grands estuaires, ceux de la Basse-Seine, la Loire et de la Gironde et une série de grands ports ouverts sur l'Océan Atlantique qui tend de plus en plus à devenir, comme le dit M. Jean Brunhes la principale « agora » commerciale de l'univers.

Ses principaux ports et estuaires sont, à partir de la frontière du Nord :

1° *Sur la mer du Nord :* Dunkerque, Calais ;

2° *Sur la Manche :* Boulogne, Le Tréport, Dieppe, Fécamp, l'estuaire de la Basse-Seine (Paris-Rouen, Le Havre), Caen, Cherbourg, Granville, Saint-Malo, Saint-Brieuc ;

3° *Sur l'Océan Atlantique :* Brest, Douarnenez, Concarneau, Lorient, l'estuaire de la Basse-Loire (Nantes-Paimbœuf-St-Nazaire), La Rochelle-La Pallice, Rochefort, l'estuaire de la Gironde (Bordeaux-Bassens), Bayonne ;

4° *Sur la Méditerranée :* Port-Vendres, Cette, Marseille, Toulon et Nice.

Le tableau ci-après indique pour les années 1913 à 191 le total des débarquements et embarquements réunis. Pour ceux dont les noms sont en italique, les chiffres indiqués comprennent le trafic militaire.

DÉSIGNATION DES PORTS.	1913	1915	1916	1917	1918
	tonnes.	tonnes.	tonnes.	tonnes.	tonnes.
Dunkerque	3.885.969	1.549.083	3.897.719	3.030.947	2.097.467
Calais	1.119.224	1.176.688	2.030.321	2.582.253	2.737.300
Boulogne	1.098.911	1.272.537	1.991.698	2.226.121	1.959.496
Saint-Valéry-sur-Somme	12.175	3.893	48.810	109.333	86.781
Le Tréport	247.299	462.490	728.305	731.288	567.477
Dieppe	598.939	817.298	1.141.235	1.634.683	1.628.625
Fécamp	109.730	289.600	410.214	379.302	414.240
Le Havre	3.668.414	4.941.579	6.422.219	5.452.017	5.986.314
Duclair (Basse-Seine)	9.900	144.325	112.699	87.236	88.298
Rouen (Basse-Seine)	5.597.608	8.179.890	9.748.456	9.598.339	10.073.660
Honfleur (Basse-Seine)	321.441	384.037	401.028	297.481	266.985
Trouville	156.945	181.034	184.521	139.889	162.272
Caen	1.111.747	875.972	737.385	1.039.491	973.227
Cherbourg	226.192	309.154	540.616	622.879	846.711
Granville	102.357	167.461	187.260	164.683	192.725
Saint-Malo-Saint-Servan	698.323	729.752	756.065	870.195	1.002.598
Morlaix	71.748	47.737	61.900	35.515	31.449
Brest	412.142	481.377	584.842	717.387	975.964
Lorient	346.980	307.333	341.954	348.057	307.487
Saint-Nazaire (Bsse-Loire)	1.748.044	2.204.959	2.818.568	2.443.119	3.481.715
Nantes (Bsse-Loire)	1.963.715	2.564.739	2.894.507	1.849.248	2.221.489
Les Sables-d'Olonne	89.298	131.951	154.028	27.813	82.516
La Rochelle-Pallice	571.527	1.030.997	1.317.315	1.130.772	1.371.442
La Rochelle-Ville	415.728	511.260	460.397	316.943	296.849
Rochefort	317.983	547.234	760.801	324.828	698.812
Tonnay-Charente	326.606	325.943	295.184	161.631	301.279
Mortagne-sur-Gironde	78.161	31.811	51.678	29.062	16.514
Pauillac (Gironde)	198.165	227.591	356.737	256.159	262.190
Blaye (Gironde)	29.722	35.595	108.092	306.269	536.883
Bordeaux (Gironde)	4.377.569	4.656.688	5.403.156	4.195.904	5.779.040
Bayonne	1.025.091	838.804	972.949	833.462	699.087
Port-Vendres	83.065	56.070	75.906	100.854	69.902
Cette	1.152.929	1.313.518	1.870.576	1.606.260	1.376.868
Saint-Louis du Rhône	502.550	324.704	524.604	349.996	303.766
Port-de-Bouc	106.314	35.133	114.988	48.146	160.151
Marseille	8.938.652	7.681.833	7.887.643	6.147.183	5.131.221
Toulon	123.162	38.620	32.892	29.420	29.322
Nice	334.383	223.463	262.515	137.754	106.584
Totaux	42.296.665	45.265.903	56.673.098	50.587.584	53.568.871

La guerre a modifié l'ordre d'importance des ports maritimes français. D'après le tonnage de 1917 (débarquements et embarquements réunis) Rouen arrive en tête, avec un tonnage de 9.593.339 tonnes, dépassant notablement les trois grands ports de Marseille (6.147.183 tonnes), du Havre (5.452.017 tonnes) et de Bordeaux (4.195.904 tonnes). Viennent ensuite Dunkerque, dont le mouvement est de plus de 3.030.947 tonnes; puis Calais, Saint-Nazaire et Boulogne, où le tonnage, en progression constante, s'inscrit respectivement avec 2.582.253, 2.443.619 et 2.326.121 t. Nantes arrive au neuvième rang avec 1.849.248 tonnes. Enfin, quatre autres ports de moindre importance ont dépassé le million en 1917: Dieppe (1.634.683), Cette (1.600), La Rochelle-Pallice (1.130-772) et Caen (1.039-491).

Voici quelques renseignements sur les principaux ports français :

Dunkerque.

Conditions d'accès :

Tirant d'eau maximum en morte eau minima, 8m,40 ; en morte eau moyenne, 8m,90 ; en vive eau moyenne, 9m,90 ; largeur maxima, 25 m. ; longueur maxima en cas de tassement, 161m,70 ; pour l'évolution des navires, 180 mètres.

Nombre de postes pour navires de mer : 79 postes dont 62 de plus de 6 m. de tirant d'eau.

Calais.

Conditions d'accès :

Tirant d'eau maximum en morte eau minima, 7m,07 ; en morte eau moyenne, 7m,67 ; en vive eau moyenne, 8m,97.

Largeur maxima, 21 m. ; longueur maxima : en cas de tassement, 133m,30 ; pour l'évolution des navires, 160 mètres.

Nombre de postes pour navires de mer : 38 postes dont 19 de plus de 6 m. de tirant d'eau.

Boulogne.

Conditions d'accès : tirant d'eau maximum, 8 m.

Nombre de postes pour navires de mer : 33 postes dont 14 de plus de 6 m. de tirant d'eau.

Le Tréport.

Conditions d'accès :

Tirant d'eau maximum en morte eau minima, 4 m. ; en morte eau moyenne, 4m,80 ; en vive eau moyenne, 6m,80.

Largeur maxima, 12 m. ; longueur maxima, 80 m.

Nombre de postes pour navires de mer : 12 postes de moins de 6 m. de tirant d'eau.

Un appontement a été consolidé ; 274 m. de quais verticaux sur la rive sud du bassin à flot ont été mis en service ; la desserte par voie ferrée a été améliorée.

Dieppe.

Conditions d'accès : tirant d'eau maximum en morte eau minima, 7m,50 ; en morte eau moyenne, 8 m. ; en vive eau moyenne, 10 m.

Largeur maxima, 16 m. ; longueur maxima, 120 m.

Nombre de postes pour navires de mer : 24 postes dont 18 de plus de 6 m. de tirant d'eau.

Le Havre.

Conditions d'accès : des navires de 220 m. de longueur et de 24 m. de largeur peuvent pénétrer dans le bassin de l'Eure pendant six heures à chaque marée, soit pendant la moitié du temps.

A l'écluse des transatlantiques, qui dessert actuellement ce bassin, la hauteur d'eau est d'ailleurs ;

De 9 m. aux hautes mers de morte eau ; de 10m,70 aux hautes mers de vive eau.

A l'écluse Quinette de Rochemond, ces hauteurs sont :

De 10m,65 aux hautes mers de morte eau ; de 12m,35 aux hautes mers de vive eau.

Nombre de postes pour navires de mer : 75 postes dont 72 de plus de 6 m. de tirant d'eau.

Rouen.

Conditions d'accès :

Tirant d'eau maximum des navires en morte eau minima, 5m,50 ; en morte eau moyenne 6m,20 ; en vive eau moyenne, 7m,20.

Longueur maxima actuellement admise pour évolution dans les courbes de la Seine, avec le chenal existant, 150 m.

Pour préciser la valeur des tirants d'eau normalement admis à Rouen, il faut ajouter que les navires de 6 m. de tirant d'eau, constituant la plus grosse partie de la clientèle du port, y ont accès pendant 320 jours par an et ceux de 6m,40 pendant 221 jours.

Nombre de postes : 142 dont 49 sur bouées et ducs-d'Albe ; sur les 67 postes des bassins 38 ont plus de 6 m. de tirant d'eau.

Outillage : 244 engins dont 130 à terre et 114 grues flottantes.

Pour le détail des travaux exécutés à Rouen pendant la guerre, voir dans l'Edition 1919 l'étude extraite de « Le Port de Rouen », par M. Perrée.

De nombreuses voies ferrées ont été posées soit sur le port lui-même, soit pour augmenter les capacités de triage et de desserte générale des quais ; à Sotteville, la gare de triage qui dessert Rouen a fait l'objet d'agrandissements considérables.

Caen.

Caractéristiques. Conditions d'accès : tirant d'eau maximum en haute mer, 5m,18 ; Largeur maximum, 18 m. ; longueur maxima, 100 m.

Nombre de postes pour navires de mer : 18 postes de moins de 6 m. de tirant d'eau.

Cherbourg.

Caractéristiques. Conditions d'accès : *Port de commerce.* Tirant d'eau maximum en morte eau ordinaire : 5m,50 ; en vive eau ordinaire : 7m,15.

Largeur maxima : 15 m., longueur maxima : pas de conditions.

Jetée du Homet. Tirant d'eau normal, 7m. ; maxima pour les déchargements à la jetée : 7m,50.

Ensemble. Nombre de postes pour navires de mer : 18 postes dont 16 de moins de 6 m. de tirant d'eau.

Saint-Malo.

Caractéristiques. Conditions d'accès : tirant d'eau maximum à pleine mer de morte eau minima 4m,25 ; à pleine mer de morte eau moyenne, 5m,55 ; à pleine mer de vive eau moyenne, 8m,75.

Largeur maxima, 17 m. ; longueur maxima, 91 m.

Nombre de postes pour navires de mer : 40 de moins de 6 m. de tirant d'eau.

Brest

Caractéristiques. Conditions d'accès : tirant d'eau maximum, 8 m. Pas de conditions de longueur ni de largeur.

Nombre de postes pour navires de mer : 10 de plus de 6 m. de tirant d'eau.

Saint-Nazaire.

Caractéristiques. Conditions d'accès : tirant d'eau maximum à toutes pleines mers, 9 m. Largeur maxima, 30 m. ; longueur maxima, 211 m.

Nombre de postes pour navires de mer : 32 de plus de 6 m. de tirant d'eau.

Nantes.

Caractéristiques. Conditions d'accès : tirant d'eau maximum basses eaux exceptionnelles d'étiage, 5m,80 ; en morte eau d'étiage, 6m,30 ; en vive eau d'étiage, 7m,50.

Nombre de postes pour navires de mer : 35 dont 13 de plus de 6 m. de tirant d'eau.

De larges améliorations du port de Nantes ont pu être poursuivies ou entreprises au cours de la guerre ; elles ont compris principalement :

L'achèvement des quais sur voûtes avec piles fondées à l'air comprimé et masques en béton armé de Pirmil et celui des quais sur pieux situés sur le même alignement (les uns et les autres portent actuellement le nom du Président Wilson);

La transformation des conditions de desserte par voie ferrée des estacades des Antilles et des voies ferrées ou faisceaux de l'île Sainte-Anne ;

La construction d'appontements en béton armé pour navires de mer, à l'aval de Rochemaurice, au lieu dit l'Usine-Brûlée ;

Des installations spéciales pour le déchargement des céréales dans le port de Nantes ;

Des stockages importants pour les services français à Saint-Luce ;

L'établissement d'appontements en béton armé pour le déchargement des charbons et celui de postes pétroliers à Donges ;

La construction d'estacades à Paimbeuf.

La Rochelle (Ville et Pallice).

Caractéristiques. Conditions d'accès :

La Rochelle-Ville : tirant d'eau, 5 m. à 6m,30 ; largeur maxima, 15m,50.

Nombre de postes pour navires de mer : 7 de moins de 6 m. de tirant d'eau.

La Rochelle-Pallice : tirant d'eau maximum, 9 m. ; largeur maxima, 20 m. ; longueur maxima, 170 m.

Nombre de postes pour navires de mer : 13 de plus de 6 m. de tirant d'eau.

Le port de La Rochelle-Pallice entièrement construit pour la réception du navire de 8 m. de tirant d'eau a été largement utilisé pendant la guerre pour le ravitaillement français, puis par l'armée américaine ; à cet effet, le raccordement dit voie des usines a été établi puis doublé ; des stockages ont été établis tant par les services français que par l'armée américaine le long de cette voie ; les faisceaux de garage de Vaugoin formant l'avant-gare du port de La Pallice ont été installés.

Pour la réception des grands tanks-steamers un poste a été établi le long de la jetée nord grâce au creusement d'une souille par pilonnage dans le fond rocheux de l'avant-port.

Estuaire de la Gironde (Bordeaux et annexes).

Conditions d'accès :

Pauillac : tirant d'eau maximum en morte eau minima, $7^{m},75$; ordinaire, $8^{m},50$; en vive eau moyenne, 9 m.

Nombre de postes pour navires de mer : 5 postes de plus de 6 m. de tirant d'eau.

Blaye : tirant d'eau maximum en morte eau minima, $7^{m},25$; en morte eau ordinaire, $7^{m},75$; en vive eau moyenne, $8^{m},50$.

Nombre de postes pour navires de mer : 3 postes de plus de 6 m. de tirant d'eau.

Bordeaux : tirant d'eau maximum en morte eau minima, $7^{m},25$; en morte eau moyenne, $7^{m},75$; en vive eau moyenne, $8^{m},50$.

Nombre de postes pour navires de mer : 80 postes de plus de 6 m. de tirant d'eau (dont 20 postes aux appontements de Bassens).

Outillage, à Bordeaux : 1 bigue flottante à vapeur de 30 tonnes ; 3 grues flottantes à vapeur de 3 tonnes ; 109 grues à vapeur, hydrauliques et électriques de 1, 3 et 5 tonnes avec bennes automatiques pour les grues de 3 tonnes et au-dessus ; 1 grue hydraulique de 10 tonnes ; une grue hydraulique oscillante de 30 tonnes ; à Bassens : à l'État, 24 grues à vapeur de 3 tonnes et 3 de 5 à 10 tonnes.

Les facilités spéciales qu'offrent les ports en rivières pour un développement rapide des installations maritimes, puis le choix de la Gironde comme centre d'une des plus importantes bases américaines ont nécessité la construction au cours de la guerre de nombreux ouvrages dans l'ensemble du port de Bordeaux et de ses annexes : Bassens, Blaye et Pauillac.

Ces travaux peuvent être résumés comme suit :

Établissement par les services français de 10 postes pour navires de mer sur la rive droite de la Garonne, à Bassens avec voies ferrées de desserte et raccordement spécial avec le réseau P. O.

Construction par l'armée américaine de 10 autres postes de navires placés dans le prolongement des précédents, avec voies ferrées, raccordement et jonction avec un grand stockage d'arrière-port constitué à Saint-Sulpice-Izon.

Construction par les services français de nouveaux postes aux appontements de Queyries avec nouvelles voies ferrées et faisceaux de garage pour ces appontements.

Amélioration des voies ferrées de desserte de rive gauche et de rive droite, achèvement et ouverture à l'exploitation de la ligne dite de ceinture reliant les bassins à flot au réseau du Midi, sans emprunter les quais de rive gauche.

Très importants hangars et stockages couverts pour les services français sur rive droite et au bassin à flot n° 2.

Construction à Blaye de trois postes pour charbonniers à grand tirant d'eau, utilisés pendant les hostilités d'une manière particulièrement intensive pour le déchargement des charbons anglais importés à destination de l'Italie.

Organisation d'une nouvelle desserte par voie ferrée des appontements de Pauillac-Trompeloup, stockage et hangars derrière ces appontements.

Appontements américains pour allèges de Saint-Loubès.

Postes de mouillage en rivière à Grattequina et à Pauillac, disposition pour l'utilisation comme forme de radoub de fortune du bassin d'achèvement à flot des « chantiers de la Gironde ».

Bayonne.

Caractéristiques. Conditions d'accès : tirant d'eau maximum en morte eau minima : $5^{m},75$; en moyenne : 6 m. ; en vive eau moyenne : 7 m.

Nombre de postes pour navires de mer : 39 dont 17 de plus de 6 m. de tirant d'eau.

Cette.

Caractéristiques : tirant d'eau maximum : $7^{m},50$. Largeur maxima 17 m. (pour les navires ayant à fréquenter la partie nord du canal maritime). Pas de condition de longueur.

Nombre de postes pour navires de mer : 48 dont 39 de plus de 6 m. de tirant d'eau.

Marseille.

Caractéristiques : conditions d'accès : la profondeur est de 7 m. sur la passe d'entrée du port-vieux ; de 9 m. sur la passe d'entrée du bassin de la Joliette et de 2 m. sur la passe d'entrée du bassin de la Madrague (bassin du Prés. Wilson).

Longueur maxima pour le bassin de la Madrague : 250 m.

Nombre de postes pour navires de mer : 138 dont 124 de plus de 6 m. de tirant d'eau.

Les ports et le budget.

Les crédits annuels inscrits au budget de l'Etat pour les ports maritimes ont été les suivants de 1905 à 1919 :

1905 .... Fr.	12.693.000	1912 .... Fr.	19.485.000
1906	12.093.000	1913	16.500.000
1907	12.384.000	1914 (projet de budget)......	18.000.000
1910......................	16.664.000	1918	70 693.690
1911	10.660.000	1919	122 123.940

Il y avait beaucoup trop de parcimonie dans la dépense et trop de dispersion dans la répartition des crédits. Il faut bien se convaincre que ce n'est pas d'une poussière de petits ports que la France tirera sa prospérité mais bien de quelques grands ports pour lesquels on ne négligera rien afin de les mettre en état non pas de suivre les progrès de la navigation mais de les devancer.

La Marine marchande.

D'après une statistique du *Lloyd Register* (2 sept. 1916), la flotte de commerce française venait, avant le développement de la guerre sous-marine, au 5e rang des marines du monde classées dans l'ordre suivant :

PAYS.	TONNAGE BRUT DES VAPEURS.	TONNAGE BRUT DES VOILIERS.	TONNAGE TOTAL.
Gde-Bretagne..............	19.235.705	305.663	19.541.368
Colonies britanniques........	1.595.213	137.487	1.732.700
Allemagne	4.419.167	286.860	4.706.027
Etats-Unis	2.579.645	943.288	3.522.933
Norvège	1.977.809	551.379	2.529.188
France..................	1.909.609	376.119	2.285.728 (1)
Japon	1.826.068	»	1.826.068
Italie	1.513.631	222.914	1.736.545
Hollande	1.498.519	24.028	1.522.547
Suède	1.021.796	101.087	1.122.883

Si on compare ces chiffres à ceux des années antérieures, on voit que le pourcentage d'augmentation est de beaucoup plus considérable chez les autres nations. Le tableau suivant montre les flottes des vapeurs en 1887 et en 1914 avec pourcentage de l'augmentation constatée dans cet intervalle pour les 8 premières marines du monde :

PAYS.	TONNAGE BRUT DES VAPEURS		POURCENTAGE D'AUGMENTATION
	en 1887	en 1914	
	en milliers de tonnes.		
Gde-Bretagne	6.592	19.235	191 p. 100
Allemagne	627	4.419	604 —
Etats-Unis................	532	2.579	384 —
France..................	722	1.909	164 —
Norvège	150	1.977	1.218 —
Japon	106	1.826	1.622 —
Italie	343	1.513	341 —
Hollande	196	1.498	656 —

(1) L'*Annuaire de la Marine Marchande* publié par le Comité Central des Armateurs de France indique comme total du tonnage brut de la marine marchande française, pour l'année 1914, 2.496.286 tx. La différence provient sans doute de ce que le *Lloyd Register* ne compte que les navires d'un tonnage supérieur à 100 tonneaux.

Depuis 1914, la marine marchande française a à peu près maintenu sa distance avec les flottes japonaise, néerlandaise, italienne ; elle s'est laissé distancer par la Norvège. Cependant les ports français ont vu, avant la guerre, considérablement s'accroître le mouvement de la navigation, ainsi qu'en témoignent les chiffres ci-dessous.

	1880	1900	1913	1916
	—	—	—	—
Entrées (chiffres en tonnes).	11.968.364	18.360.448	34.508.956	19.848.000
Sorties —	7.156.211	12.894.292	26.109.418	5.256.000

Dans ce trafic, la part du pavillon français passe de 25 p. 100 en 1907 à 26,3 p. 100 en 1913. Cette dernière année, des navires français jaugeant ensemble 15.781.395 tx. sont entrés et sortis des ports français alors que le tonnage total des navires étrangers était de 44.836.979 tx.

En 1913, les importations totales sont de 48.625.000 t. dont 30.193.000 par mer. Sur ce dernier chiffre, 6.810.000 t. seulement étaient transportés sous pavillon français et 23.383.000 t. sous pavillons étrangers.

Pour les colonies françaises, il résulte du tableau ci-dessous que, en 1912, les bateaux français transportaient, à destination ou en provenance des colonies, la huitième partie seulement des marchandises embarquées ou débarquées en France :

COLONIES.	MARCH. DÉBARQUÉES DANS LES COLONIES.		MARCH. EMBARQUÉES DANS LES COLONIES.	
	Pav. français.	Pav. étrangers.	Pav. français.	Pav. étrangers
	chiffres en milliers de tonneaux.			
Sénégal	113	282	188	257
Guinée française	8	31	3	9
Côte d'Ivoire	16	33	14	32
Dahomey	12	37	8	48
Gabon	5	3	19	82
Réunion	31	23	34	»
Madagascar	46	7	65	56
Somalis	9	47	34	4
Indo-Chine	148	218	278	1.105
Nouv.-Calédonie	97	10	74	68
Totaux	559	777	836	1.858

En 1914, le mouvement maritime se présente comme suit :

	ENTRÉES.		SORTIES.	
	Navires.	Tonnage.	Navires.	Tonnage.
Pav. français	6.886	7.277.362	5.763	6.002.894
Sous Pav. étrang.	17.062	20.319.964	10.722	13.613.199
	23.948	27.597.326	16.485	19.616.093

Depuis 1916, il a été le suivant, en milliers de tonnes :

	ENTRÉES		SORTIES		TOTAL	
	Navires français	Navires étrangers	Navires français	Navires étrangers	Navires français	Navires étrangers
			(En milliers de tonnes.)			
1913	8.308	26.201	7:473	18.636	15.781	44.837
1916	5.626	20.439	3.566	4.987	9.192	25.426
1917	4.993	15.759	2.914	3.686	7.907	19.445
1918	4.523	15.325	2.326	2.930	6.849	18.255

Déjà avant la guerre, les chiffres ci-dessus font ressortir les difficultés qui entravaient le développement de notre marine marchande, à savoir le manque de fret lourd d'exportation.

Pour le transport des marchandises sur mer, la France payait avant la guerre env. 400 millions par an aux marines étrangères. Depuis, le taux du fret a beaucoup augmenté.

Un auteur a calculé que la France avait payé en 1915 aux nations alliées ou neutres une rançon de 160 millions par mois — les importations étant, en effet, de 3 millions de tonnes, à raison de 60 francs de fret moyen, c'est donc 200 millions de fret par mois en chiffres ronds que la France payait. Sur cet ensemble, le pavillon étranger figure pour 74 p. 100. A la Chambre des députés, M. André Hesse a affirmé, sans être contredit, qu'il avait été payé comme fret, en 1914, aux nations étrangères, 1.812 millions, et en 1916, 3 milliards de francs. Ces chiffres formidables font ressortir l'urgence des remèdes à apporter à un état de choses si préjudiciable aux intérêts généraux.

Les primes à la navigation.

La marine marchande se trouve sous le régime de la loi de primes du 19 avril 1906. Cette loi est la 4e loi de primes votée depuis 1870. La première, la loi de 1881, donnait une prime de navigation aux bâtiments de construction franç. et une prime assez faible pour la construction ; les bâtiments étrangers achetés n'avaient droit à la demi-prime que dans certaines conditions. La loi de 1893 supprime cette demi-prime et augmente la prime de navigation aux voiliers. La loi de 1902 conserve une prime spéciale aux bâtiments de construction française et institue une compensation d'armement en faveur des navires achetés à l'étranger. La limitation des crédits la fait échouer. La loi de 1906 donne une prime assez élevée pour la construction du navire et assure, à l'armateur, quelle que soit l'origine de son bâtiment, une compensation d'armement destinée à lui servir de contre-partie pour les charges particulières dont est grevé l'armateur français. Voici quelle a été la répercussion de ces lois :

Primes à la navigation et compensation d'armement allouées de 1881 *à* 1913.

1881	fr. 2.980.895	1900	fr. 15.287.787
1885	7.567.282	1905	31.133.860
1890	8.018.590	1910	26.828.624
1895	8.580.892	1913	18.136.878

De 1881 à 1913, il a été payé, à titre de primes à la navigation ou de compensation d'armement, une somme totale de 503.809.960 fr.

Le montant des primes payées directement à la navig. n'est pas aussi élevé. Pour la période allant de 1881 à 1913, il atteint la somme globale de 174.113.198 fr. suivant les variations ci-après :

1881	fr. 950.899	1900	fr. 9.296.590
1885	1.129.153	1905	5.358.052
1890	2.797.189	1910	9.047.605
1895	2.800.673	1913	18.053.908

Il y a lieu de tenir compte que le jeu des primes à la navig. faisait bénéficier les constructeurs d'une partie des fonds versés aux armateurs.

La loi de 1906, par contre, a donné des résultats heureux, ainsi qu'il résulte des statistiques du tonnage marchand lancé en France de 1907 à 1914 pour les bâtiments de plus de 100 tonnes.

	Navires.	Tonnes.		Navires.	Tonnes.
1907	50	61.685	1911	79	125.472
1908	50	83.429	1912	80	110 734
1909	51	42.197	1913	89	176.095
1910	55	80.751	1914	83	114.052

La guerre a surpris les chantiers de construction maritime en plein essor.

Les Bâtiments à voiles.

La loi de 1893, augmentant la prime de navig. aux voiliers, a eu une influence sur le développement de la marine à voiles. Le tableau ci-dessous montre quelle était la décroissance du tonnage des voiliers en France, Gr.-Bretagne et Allemagne vers 1890 et les effets de la loi de 1893 :

Tonnage des voiliers (en tonnes).

ANNÉES.	GRANDE-BRETAGNE.	ALLEMAGNE.	FRANCE.
1870	4.577.000	900.000	918.000
1880	3.851.000	966.000	641.000
1890	2.996.000	770.000	444.000
1900	2.096.000	593.000	510.000
1910	1.113.000	507.000	636.000
1912	902.000	498.000	624.000

D'après le *Comité Central des Armateurs de France*, il restait fin 1918 en France 328.272 t. de voiliers de plus de 24 tonneaux. Cette flotte était composée principalement de voiliers de long cours. La maison *Antoine Dom-Bordes* et la *Sté. Nouvelle d'Armement de Nantes* possèdent à elles seules les 2/3 de cette flotte.

La petite navigation à voiles, autrefois très prospère, tendait à disparaître. La guerre lui a donné un renouveau de faveur, surtout en Bretagne, grâce à l'armement de voiliers de grande pêche pour les transports de charbon.

La Navigation à vapeur.

Au 1er janvier 1919, d'après le *Comité Central des Armateurs de France*, le tonnage brut des vapeurs français, était de 1.558.547,32 tx. et le tonnage net de 866.419,99 tx.

La Marine marchande pendant la guerre.

Du début des hostilités au 31 déc. 1918 la marine marchande a perdu et gagné :

PERTES

Par faits de guerre :

Année 1914..	14.420 tx.	
— 1915..	93.220 —	
— 1916..	195.350 —	
— 1917..	444.730 —	
— 1918..	178.200 —	
Total...		921.636 tx.

Par faits de mer :

Année 1914..	8.526 tx.	
— 1915..	37.495 —	
— 1916..	20.418 —	
— 1917..	39.745 —	
— 1918..	31.973 —	
Total...		138.158 tx.
Total général		1.059.794 tx.

GAINS

Nouvelles constructions en France :

Année 1914....	12.900 tx.	
— 1915....	92.400 —	
— 1916....	18.060 —	
— 1917....	2.500 —	
— 1918....	21.850 —	
Total.....		146.660 tx.

Achats à l'étranger :

Constructions..	86.854 tx.	
Achats	188.838 —	
Total.....		275.692 —
Navires en instance de francisation		37.370 —
Total général		459.886 tx

D'après les chiffres officiels, les pertes et gains des marines marchandes, alliées et neutres, pendant la guerre jusqu'au 31 octobre 1918, s'établissaient comme suit :

	Monde entier	Grande-Bretagne
Pertes	15.067.860	9.055.670 tx.
Constructions nouvelles	10.849.527	4.342.296
Achats à l'étranger	»	530.000
Tonnage ennemi capturé	2.392.675	716.520
Gains	13.242.202 tx.	5.609.740 tx.
Pertes nettes	1.825.660	3.454.930 tx.

Quant aux marines allemande et autrichienne, elles ont perdu définitivement en bâtiments coulés beaucoup moins de navires que les Alliés, mais ceux-ci en ont capturé, coulé ou retenu 2.27[illegible].000 t., ce qui représente plus du quart de la flotte de commerce allemande.

Les constructions maritimes.

Les statistiques de la marine marchande pour 1918, publiées par le Bureau du Lloyd, indiquent que le nombre des navires lancés durant cette année dans le monde entier — à l'exception de l'Allemagne, de l'Autriche et de la Turquie — s'élevait à 1.866, jaugeant ensemble 5.447.444 tonneaux, dont 929 pour les Etats-Unis jaugeant 3.033.030 tx.

Pour 1919, les constructions en cours à fin déc. 1919 s'élevaient à 2.138 navires jaugeant ensemble 7.861.363 tx. Le Royaume-Uni et les Etats-Unis venaient en tête avec, respectivement, 757 navires jaugeant 2.994.249 tx. et 647 navires jaugeant 2.966.515 tx. La France venait au 7e rang avec 65 navires jaugeant 216.775 tx. dont 63 navires à vapeur et à moteurs jaugeant 216.405 tx. et 2 voiliers jaugeant 370 tx.

D'autre part, la France s'est vu attribuer provisoirement en gérance 516.200 tonnes de jauge brute dans la répartition des bateaux livrés par l'Allemagne (397.316 tonnes livrées au 31 janv. 1920 et 43.325 tonnes à livrer) et par l'Autriche (75.570 tonnes livrées au 31 déc. 1919).

Par contre, la part de l'Angleterre est de 1.827.142 tonnes et celle de l'Italie 597.512 tonnes.

D'après les renseignements fournis par le Sous-Secrétariat de la Marine Marchande, on peut évaluer ainsi le tonnage français en 1921 ou 1922 :

Commandes passées par l'État en France	183.000	tonneaux.
— — — à l'étranger	235,000	—
— — l'armement en France	417.000	—
— — à l'Étranger	637.000	—
	1.472.000	— (1)
Part d'attribution de la flotte commerciale allemande	400.000	—
Part dans les constructions allemandes (alinéa *a* du paragr. 5 de l'annexe 3 du Traité de Versailles)	150.000	—
Tonnage restant au 30 juin 1919	1.389.000	—
Tonnage récupéré, acheté, construit	700.000	
	4.111.000	—

(1) Le *Comité des Armateurs de France* indique :

	Commandes faites en France.	Commandes faites à l'Étranger.
Paquebots	394.892 tx.	157.110 tx.
Mixtes	94.582 —	5.714 —
Cargos	107.626 —	478.619 —
	597.100 tx.	641.433 tx.

Total général : 1.238.533 tonneaux.

Le tonnage des flottes du monde en 1914 et en 1919.

D'après le répertoire du *Bureau Véritas*, voici quels étaient les tonnages des diverses flottes du monde en juin 1914 et septembre 1919 :

	1914	1919
Grande-Bretagne	20.524.000 tonnes	18.531.742 tonnes.
Etats-Unis	2.027.000 —	10.131.529 —
Japon	1.706.149 —	2.747.591 —
France	1.962.827 —	1.919.580 —
Italie	1.450.310 —	1.861.247 —
Pays-Bas	1.544.273 —	1.714.674 —
Norvège	1.962.834 —	1.644.260 —
uèd e	1.038.869 —	920.817
Espagne	896.383 —	791.800
Russie	987.364 —	665.628

	914		1919	
	—		—	
Danemark	757.349	—	441.567	tonnes
Grèce	832.212	—	342.542	—
Belgique	354.770	—	290.992	—
Allemagne	5.135.000	—	712.432	—
Autriche	1.027.260	—	37.300	—
Turquie	121.465	—	72.660	—

Deux pays seulement ont donc vu, malgré la guerre, leur tonnage augmenter. Pour les États-Unis, cette augmentation est de 125 p. 100, pour le Japon de 25 p. 100. On se trouve donc au total, en 1919, avec un tonnage égal à celui de 1914 (43.640.530 tonnes brutes en 1914 et 45.716.230 tonnes brutes en 1919). Mais il faut considérer que les besoins actuels du commerce mari time sont bien supérieurs à ceux d'il y a six ans.

Bibliographie.

Annuaire de la Chambre synd. des Forces Hydrauliques, 5 fr., 7, rue de Madrid. Paris.
Annuaire des Chambres de Commerce, Baudelot. Paris.
Annuaire du Comité des Forges de France, 10 fr., 7, rue de Madrid. Paris.
Annuaire du Commerce Didot-Bottin, 5 vol. Paris.
Annuaire de la Marine marchande. Comité Central des Armateurs de France, 73, bd. Haussmann, Paris.

Ajam (Maurice). *Le Problème de l'Exportation*. Exportateur français. Paris.
Arnauné (Aug.). *Le Commerce Extérieur et les tarifs de douane*, in-8, br. 8 fr. F. Alcan. Paris, 1911.
Boret (Victor). *La Bataille économique de demain*, in-16, 254 p., 4 fr. 50. Payot. Paris, 1917.
Cambon (Victor). *La France au Travail*, 3 vol. in-8, ch. 4 fr. P. Roger. Paris ; *Notre avenir*, in-16, 280 p., 4 fr. 50. Payot. Paris, 1916.
Charles Roux (J.) *Le Péril de notre marine marchande*, Renaissance du Livre, Paris, 1918.
Dujardin (Marius). *La Réglementation des Exportations et des Importations pendant la guerre*. Exportateur Français. Paris.
Enquête sur la production française et la concurrence étrangère, 6 vol. in-4. Association nationale d'expansion économique. Paris, 1917.
Grandmougin (Eugène et Paul). *La réorganisation de l'industrie chimique en France*, in-8 de XI-277 p., 12 fr. 50. Dunod et Pinat. Paris, 1918.
Gutton (G.). *Notions sur la propriété industrielle et commerciale* in-8, 4 fr. Sté. du Recueil Sirey. Paris, 1918.
Herriot (E.). *Une offensive économique. La Foire d'échantillons de Lyon*, in-8. Renouard. Paris, 1916.
Industries Françaises (*Les Grandes*). *L'Industrie métallurgique*, par R. Pinot ; *l'Industrie électrique*, par P. Eschwège ; *l'Industrie houillère*, par H. de Peyerimhoff, in-8. br. 4 fr. F. Alcan. Paris, 1918.
Lebon (André). *Problèmes économiques nés de la guerre*, in-16, 274 p., 4 fr. 50. Payot. Paris, 1918.
Maulde (J. de). *Les mines de fer et l'industrie métallurgique dans le dép. du Calvados*, in-8, 6 fr. Jouan. Caen, 1916.
Pérasson (P.). *La question du fer. Le problème franco-allemand du fer*, 3 fr. Payot. Paris, 1918.
Pinot (R.). *Le Comité des Forges au service de la nation*, in-8, 348 p., 3 fr. 50. A. Colin. Paris, 1919.
Rapport général sur l'Industrie française. Sa situation. Son Avenir. 2 vol. Imprimerie Nationale. Paris, 1919.
Rapport de l'Union des Marchands de soie de Lyon, in-8. Rey. Lyon, 1918.
Richard (M.). *Le régime minier*, in-16, br. 3 fr. 50. F. Alcan. Paris, 1911.
Rousiers (Paul de). *Les syndicats industriels de producteurs en France et à l'étranger*, 4 fr. 50. Paris, 1916.
Service des grandes forces hydrauliques (*Région des Alpes*), in-8. Impr. Nationale, Paris, 1916.
Soubrier (M.). *Les industries électriques d'hier et de demain*, in-8, 218 p., 10 fr. Dunod et Pinat. Paris, 1918.
Taillefer (André) et Charles Claro. *Les brevets, dessins, marques et la propriété littéraire et artistique pendant la guerre*, in-8, 7 fr. 50. Marchal et Godde. Paris, 1918.
Tavernier (René). *La houille blanche et la guerre*, in-8. Chaix. Paris, 1917.

TOURISME

ORGANISATION DU TOURISME EN FRANCE

l'Office national du Tourisme. — Le Touring-Club de France.

L'organisation du tourisme en France repose sur deux grands organismes : l'un, officiel, l'*Office National du Tourisme* ; l'autre, privé, le *Touring Club de France*.

L'Office National du Tourisme (O. N. T.), créé par la loi du 8 avril 1910 et réorganisé en 1917, fut appelé à jouer ce rôle. Indépendant et autonome, investi de la personnalité civile et de l'autonomie financière, l'O. N. T. possède la souplesse d'une entreprise privée.

Il a pour mission de rechercher tous les moyens propres à développer le tourisme, de provoquer et, au besoin, de prendre toutes mesures tendant à améliorer les conditions de transport, de circulation et de séjour des touristes. Il coordonne les efforts des groupements et industries touristiques, les encourage dans l'exécution de leur programme, provoque toutes initiatives admin. et régionales en vue du développement du tourisme en France.

Office National du Tourisme. — R. de Surène, 17. T. Elysées 44-15. — Dir. : M. G. Famechon (O. ✱).

Pour tous renseignements touristiques, s'adresser au :

Touring-Club de France. — Av. de la Grande-Armée, 65. T. Passy 62-67 et 77-54. — Prés. : M. Henry Deffert (O. ✱.)

Fédérations et principaux Syndicats d'Initiative.

Depuis nov. 1917, la France est, au point de vue touristique, divisée en 19 grandes fédérations régionales groupant tous les Syndicats d'Initiative. Ce sont, dans l'ordre alphabétique :

Fédération des S. I. d'Algérie :

Siège Social, 46 *bis*, rue Marengo, à Alger.

Comité d'Hivernage Algérien, 2, r. Combe, Alger.
S. I. de Bougie, 16, r. Trésel, Bougie.
S. I. de Constantine, Constantine.
S. I. d'Oranie, Hôtel de Ville, Oran.
S. I. de Sétif, Sétif.

Fédération des S. I. des Alpes Françaises :

Siège Social, 2, rue Pasteur, Annecy.

S. I. d'Albertville, pl. de l'Eglise (Savoie).
S. I. d'Allevard-les-Bains (Isère).
S. I. d'Annecy, r. Pâquier, Annecy (Haute-Savoie).
S. I. de Barcelonnette et la Vallée de l'Ubaye, Barcelonnette (Htes-Alpes).
S. I. de Briançon (Htes-Alpes).
S. I. de Chamonix et sa Vallée, pl. de l'Hôtel de Ville, Chamonix.
S. I. de Charavines-les-Bains, Charavines (Isère).
S. I. de Die (Drôme).
S. I. d'Embrun (Htes-Alpes).
S. I. d'Evian-les-Bains (Hte-Savoie).
S. I. de Gap, 43, r. Carnot, Gap (Htes-Alpes).
S. I. de Grenoble, 2, r. Montorge, Grenoble (Isère).
S. I. de Mégève (Hte-Savoie).
S. I. de Monestier de Clermont (Isère).
S. I. de La Mure (Isère
S. I. d'Oisans, Bourg d'Oisans (Isère).
S. I. de Pont-en-Royans (Isère).
S. I. du Queyras, Aiguilles (Htes-Alpes).
S. I. de La Roche-sur-Foron (Hte-Savoie).
S. I. de la Savoie, 14, pl. Octogone, Chambéry (Savoie).
S. I. de St-Gervais-les-Bains (Hte-Savoie).
S. I. de St-Marcellin (Isère).
S. I. de St-Martin-d'Uriage (Isère).
S. I. de St-Pierre de Chartreuse (Isère).
S. I. de Sallanches (Hte-Savoie).
S. I. de Samoens (Hte-Savoie).
S. I. de Tarentaise, Moutiers (Savoie).
S. I. de Thônes (Hte-Savoie).
S. I. de Thonon-les-Bains, pl. de l'Hôtel-de-Ville, Thonon (Isère).
S. I. d'Uriage-les-Bains (Isère).
S. I. de la Vallée du Verdon, Beauveer (Basses-Alpes).
S. I. du Villard de Lans (Isère).

Fédération des S. I. d'Anjou-Maine-Touraine et Basse-Loire.

S. I. des Alpes Mancelles, 34, pl. de la République, Le Mans.
S. I. de l'Anjou, 24, r. Chevreul, Angers (S.-et-L.).
S. I. de Chinon (I.-et-L.).
S. I. de la Mayenne, 2, r. d'Ernée, Laval (Mayenne).
S. I. de Mayenne, Mayenne.
S. I. de Saumur, 73, r. de Bordeaux, Saumur (M.-et-L.).
S. I. de la Touraine, 17, r. de Marignan, Tours (I.-et-L.).
S. I. de l'Orléanais, pl. du Martroi, Orléans (Loiret).
S. I. de Nantes (Loire-Inf.).
S. I. de Pornic (Loire-Inf.).

Fédération des S. I. d'Auvergne et Plateau Central.

Siège Social : 19, cours Sablons, Clermont-Ferrand (P.-de-D.).

S. I. de l'Auvergne, 4, pl. Jaude, Clermont-Ferrand.
S. I. de Besse-en-Chandesse (P.-de-D.).
S. I. de Bort (Corrèze).
S. I. de la Bourboule (P.-de-D.).
S. I. du Cantal, Aurillac.
S. I. de Chambon de Tence (Hte-Loire).
S. I. de Châtel-Guyon (P.-de-D.).
S. I. de Condat-en-Feniers (Cantal).
S. I. d'Eglisenenve d'Entraigues (P.-de-D.).
S. I. de Laroquebrou (Cantal).
S. I. du Velay, 10 pl. Breuil, Le Puy (Hte-Loire).
S. I. de Murols (P.-de-D.).
S. I. de Riom (P.-de-D.).
S. I. du Royat (P.-de-D.).
S. I. de St-Flour, pl. Gambetta, St-Flour (Cantal).
S. I. de Vichy (Allier).
S. I. de Vic-sur-Cère (Cantal).

Fédération des S. I. de la Bourgogne et du Morvan.

S. I. de l'Auxerrois, 3, r. Française, Auxerre (Yonne).
S. I. de l'Auxois, Semur (Côte-d'Or).
S. I. d'Avallon, 2, r. des Odeberts, Avallon (Yonne).
S. I. de la Bourgogne, 65, r. des Godrands, Dijon (Côte-d'Or).
S. I. de Chalon-sur-Saône (S.-et-L.).
S. I. de Clamecy, 4, pl. du Marché (Nièvre).
S. I. du Ht-Morvan, pl. Notre-Dame Château-Chinon (Nièvre).
S. I. de Châtillon-sur-Seine (Côte-d'Or).
S. I. de Cluny (S.-et-L.).
S. I. de Mâcon (S.-et-L.).
S. I. de St-Honoré-les-Bains (Nièvre).
S. I. du Sénonais, Sens (Yonne).
S. I. de Tournus (S.-et-L.).

Fédération des S. I. de Bretagne.

S. I. de Binic (C.-du-N.).
S. I. des Côtes-du-Nord, St-Brieuc, 13 pl. St-Guillaume.
S. I. de Dinan (C.-du-N.).
S. I. d'Erquy-Plages (C.-du-D.).
S. I. d'Etables (C.-du-N.).
S. I. du Finistère, 12, r. du Quai, Quimper (Fin.).
S. I. de Fougères, 50, r. de la Forêt (I.-et-V.).
S. I. de Lannion (C.-du-N.).
S. I. du Morbihan, Vannes.
S. I. de Morlaix (Fin.).
S. I. de Paramé (I.-et-V.).
S. I. de Rennes, 1, pl. Pasteur, Rennes (I.-et-V.).
S. I. de Roscoff (Fin.).
S. I. de St-Briac (I.-et-V.).
S. I. de Val-André-Pléneuf (C.-du-N.).

Fédération des S. I. de la Côte d'Azur.

S. I. d'Annot (B.-A.).
S. I. d'Antibes (Alpes-Mar.).
S. I. de Bastia, 35, r. Paoli (Corse).
S. I. de Beausoleil (Alpes-Mar.).
S. I. de Cargèze (Corse).
S. I. de Clans (Alpes-Mar.).
S. I. de la Corse, boul. Chave, Ajaccio (Corse).
S. I. de Digne (B.-A.).
S. I. de Draguignan, 19, r. du Collège (Var).
S. I. d'Hyères, Hôtel de Ville (Var).
S. I. d'Isola (Alpes-Mar.).
S. I. de Nice, 32, r. Hôtel-des-Postes (A.-M.).
S. I. de Puget-Théniers (Alpes-Mar.).
S. I. de St-Raphaël, pl. Carnot (Var).
S. I. de Théoule (Alpes-Mar.).
S. I. de Toulon, 17, r. de l'Arsenal (Var).
S. I. de La Turbie, Mairie (Alpes-Mar.).
S. I. de Vence (Alpes-Mar.).
S. I. de Vésubie, Saint-Martin-de-Vésubie (Alpes-Mar.).
S. I. de Villefranche-sur-Mer (Alpes-Mar.)

Fédération régionale des Sections de tourisme de Franche-Comté et des Monts-Jura.

S. I., de Besançon, 1, Av. Carnot (Doubs).
S. I. du Jura Français, 5, rue de Médicis, Paris.
S. I. de Malbuisson (Doubs).
S. I. de Nantua (Ain).
S. I. de la Vallée de l'Ognon, Mélisey. (Hte-Saône).
S. I. d'Ornans (Doubs).
S. I. de Pontarlier (Doubs).
S. I. de Poligny (Jura).
S. I. de Salins-du-Jura (Jura).
S. I. de la Hte-Saône, 4, r. du Lycée, Vesoul.
S. I. de St-Claude (Jura).

Fédération des S. I. du Limousin-Périgord-Quercy.

Siège Social : 6, Bd Victor-Hugo, Limoges.

S. I. d'Argentat (Corrèze).
S. I. de Beaulieu (Corrèze).
S. I. de Cahors et du Quercy, 16, r. des Cadourques (Lot).
S. I. de Brive, 6, r. de Paris (Corrèze).
S. I. de la Creuse, Guéret (Creuse).
S. I. de Domme (Dord.).
S. I. du Limousin, 6, boul. Victor-Hugo, Limoges.
S. I. de Neuvic (Corrèze).
S. I. du Périgord, Périgueux (Dord.).
S. I. de Tulle (Corrèze).

Fédération des S. I. de Normandie.

Siège Social : av. de la République, Deauville (Calvados).

S. I. du Calvados, 10, r. Bernière, Caen.
S. I. de Carteret (Manche).
S. I. de Granville, 2, r. Couraye (Manche).
S. I. du Havre, Hôtel de-Ville-(Manche).
S. I. de Lyons-la-Forêt (Eure).
S. I. de Rouen, 40, r. Saint-Lô (Seine-Inf.).
S. I. de St-Vaast-la-Hougue (Manche).
Sté des Amis de Verneuil, Verneuil-sur-Avre (Manche).
S. I. de Vernon (Eure).
S. I. de Vire-Mortain, 29, r. Girard (Calv.).

Fédération des S. I. de Paris et environs.

Siège Social, 65, av. de la Grande Armée. Paris.

S. I. de Gien (Loiret).
S. I. de Meaux (S.-et-M.).
S. I. de Nemours, 41, r. Victor-Hugo (S.-et-M.).
S. I. du Perche, Nogent-le-Rotrou (Eure-et-Loir).
S. I. de Provins, 5, r. Hugues-le-Grand (S.-et-M.).
S. I. de Rambouillet, Mairie (S.-et-O.).
S. I. de Versailles, 30, r. Duplessis (S.-et-O.).

Fédération des S. I. du Poitou-Saintonge-Angoumois.

S. I. de la Vienne, 11, rue Victor-Hugo, Poitiers.
S. I. de la Charente, Angoulême.
S. I. de Niort, 11, r. des Piques (Deux-Sèvres).
S. I. de La Rochelle, 26, r. Chaudrier (Char.-Inf.).
S. I. de Royan (Charente-Inf.).
S. I. de Saintes (Charente-Inf.).
S. I. de Saint-Palais (Charente-Inf.).
S. I. de Thouars (Deux-Sèvres).

Fédération des S. I. de Provence.

S. I. d'Aix-en-Provence, cours Mirabeau (B.-du-R.).
S. I. d'Arles, 3, r. de l'Hôtel-de-Ville (B.-du-R.).
S. I. d'Avignon, 12, r. Crillon (Vaucl.).
S. I. de Bandol-sur-Mer (Var).
S. I. de Nans la Ste-Baume (Var).
S. I. de Nîmes et du Gard, 2, r. Bigot, Nîmes (Var).
S. I. de Provence, 2, r. de Paradis, Marseille.
S. I. de St-Cyr-sur-Mer (Var).

Fédération des S. I. Pyrénées-Languedoc.

S. I. d'Amélie-les-Bains, Mairie (Pyr.-Or.).
S. I. de l'Ariège, Foix (Ariège).
S. I. de l'Aveyron, pl. de la Cité, Rodez.
S. I. d'Ax-les-Thermes (Ariège).
S. I. de la Bastide (Lozère).
S. I. de l'Aude, Carcassonne.
S. I. de la Cerdagne Française (Bourg-Madame (P.-O.).
S. I. des Gorges du Tarn, Mende (Lozère).
S. I. de Lamalou-les-Bains (Hérault).
S. I. de Millau (Aveyron).
S. I. des Pyrénées-Orientales, Perpignan (Pyr.-Or.).
S. I. du Quillan (Aude).
S. I. de St-Amans-Soult (Tarn).
S. I. de St-Girons (Ariège).
S. I. du Sidobre, Hôtel de Ville, à Castres (Tarn).
S. I. du Tarn, Albi.
S. I. de Toulouse (Hte-Garonne).
S. I. du Vigan (Gard).

Fédération des S. I. Pyrénées-Guyenne-Gascogne.

S. I. d'Arcachon, 193, boul. de la Plage (Gironde).
S. I. d'Argelès (Htes-Pyr.).
S. I. de Bagnères-de-Bigorre (Htes-Pyr.).
S. I. de Biarritz (Basses-Pyr.).
S. I. de Bordeaux, 7, cours de Tourny (Gironde).
S. I. de Cap-Breton-sur-Mer (Landes).
S. I. de Cauterets (Htes-Pyr.).
S. I. de Dax (Landes).

S. I. d'Hendaye (Basses-Pyr.).
S. I. d'Izeste-Louvie-Juzon (Basses-Pyrénées).
S. I. de Lourdes (Htes-Pyr.).
S. I. de Luz-Saint-Sauveur (Hautes-Pyrénées).
S. I. de Pau-Béarn-Pyrénées, Hôtel de Ville, Pau.
S. I. de Bayonne (Basses-Pyr.).
S. I. de Saint-Savin (Htes-Pyr.).
S. I. de Soulac-sur-Mer (Gironde).
S. I. des Htes-Pyrénées, Tarbes.

Fédération des Syndicats d'initiative de Sologne-Berry.

S. I. du Berry, 14, avenue de la Gare, Bourges.
S. I. de Bourbon-l'Archambault (Allier).
S. I. des Bords de la Creuse, château de Charou, Cluis (Indre).
S. I. de Néris-les-Bains (Allier).
S. I. d'Orléans, pl. du Martroi (Loiret) (fait partie d'office de la Fédération Anjou-Maine-Touraine).

Fédération des S. I. de la vallée du Rhône.

S. I. de Bourg, 22, r. Alphonse-Baudin (Ain).
S. I. du Forez, 3, r. de la Préfecture St-Etienne.
S. I. de la Louvesc (Ardèche).
S. I. de Lamastre (Ardèche).
S. I. de Lyon, 19, pl. Bellecour (Rhône).
S. I. de Nantua (Ain).
S. I. de Valence-sur-Rhône, 8, r. Pasteur (Drôme).
S. I. de Vienne, 12, pl. du Palais (Isère).
S. I. du Ht-Vivarais, Saint-Agrève (Ardèche).

Fédération des Vosges, Alsace et Lorraine (en formation).

S. I. d'Altkirch (Haut-Rhin).
S. I. de Bar, Club vosgien.
S. I. de Belfort, 25, faub. de France.
S. I. de Colmar (Haut-Rhin).
S. I. de Guebwiller (Haut-Rhin).
S. I. de Metz (Moselle).
S. I. de Mulhouse (Haut-Rhin).
S. I. de Munster.
S. I. de Nancy (M.-et-M.).
S. I. de Strasbourg, 6, pl. de la Gare.

Tous ces Syndicats fournissent gratuitement sur demande tous renseignements concernant hôtels, excursions, facilités de séjour dans les localités de leur ressort.

Les stations thermales.

La France possède un domaine hydrologique incomparable et surtout d'une admirable variété ; ses eaux bicarbonatées sodiques du type Vichy, ses eaux thermales sulfurées des Pyrénées sont uniques dans l'univers. A côté de ces eaux types, les stations d'Auvergne possèdent des sources où le sel marin s'associe au bicarbonate de soude, d'après une gamme qui permet de satisfaire à toutes les indications (Prof. Albert Robin). Ces eaux n'existent ni en Allemagne, ni en Autriche ; quant aux eaux qui se rencontrent dans ces pays, la France les possède toutes, sans exception. Les malades qui avaient l'habitude de fréquenter les stations allemandes ou autrichiennes ne seront donc pas embarrassés pour trouver en remplacement, des villes d'eaux françaises dont le tableau suivant, établi par le Prof. Albert Robin, leur facilitera le choix.

AFFECTIONS.	STATIONS FRANÇAISES.	ÉQUIVALENCES AVEC LES STATIONS AUSTRO-ALLEMANDES
Cardio-vasculaires (cardiopathies, phlébites, varices).	Bourbon-Lancy, Royat, Bagnoles-de-l'Orne, Plombières, Luxeuil, Bagnères-de-Bigorre.	Kissingen, Nauheim, Hombourg, Weilbach.
Chloro-anémies	Royat, Saint-Nectaire, Forges-les-Eaux, Bussang, Luxeuil, La Bourboule, Vic-sur-Cère.	Mitterbach, Rippoldsau, Langenschwalbach, Pyrmont, Ratzes, Bartfeld, Levico.
Diabète et goutte...........	Vichy, La Bourboule, Vals, Evian, Contrexéville, Martigny, Vittel, Thonon, Capvern, Le Vernet, Saint-Christau.	Fachingen, Kissingen, Neuenahr, Baden-Baden, Wiesbaden, Wilbad, Hombourg, Wildungen, Nenndorf, Gastein.

AFFECTIONS.	STATIONS FRANÇAISES.	ÉQUIVALENCES AVEC LES STATIONS AUSTRO-ALLEMANDES.
Estomac (dyspepsies, gastrites)	Vichy, Vals, Pougues, Châtel-Guyon, Royat, Plombières, Capvern, Bagnères-de-Bigorre, Cauterets (source Mauhourat), Evian, Vittel, Martigny, Contrexéville.	Neuenahr, Ems, Baden-Baden, Hombourg, Kissingen, Fachingen, Luhatschowitz.
Femmes (maladies des).......	Biarritz, Salies-de-Béarn, Salins-du-Jura, Salins-Moutier, Luxeuil, Bagnères-de-Bigorre, Bagnoles-de-l'Orne, Néris, Saint-Sauveur, Eaux-Chaudes, Evaux, Ussat.	Badenweiler, Bad-Elster, Ems, Gastein, Ischl, Hombourg, Kreuznach, Levico, Nauheim, Salzbourg, Teplitz, Wilbad.
Foie (affections du)	Brides, Châtel-Guyon, Contrexéville, Decize, Evian-Martigny, Pougues, Vals, Vichy, Vittel.	Elster, Hombourg, Kissingen.
Intestin (affections de l') (entérites, constipation, diarrhée)....................	Châtel-Guyon, Brides, Evian, Bagnoles-de-l'Orne, Evaux, Decize, Miers, Plombières, Royat, Niederbronn.	Hombourg, Gastein, Kissingen, Neuenahr, Teplitz.
Obésité	Brides, Châtel-Guyon, Decize, Vichy, Niederbronn.	
Os (affections des). Blessures.	Aix-les-Bains, Amélie-les-Bains, Balaruc, Berck, Biarritz, Bourbonne, Eaux-Bonnes, Salies-de-Béarn, Salins-du-Jura, Salins-Moutiers.	Aix-la-Chapelle, Baden-Baden, Ischl, Kreuznach, Reichenhall, Soden, Wiesbaden.
Peau (affections de la). Eczéma, psoriasis, dermatoses.	Allevard, Ax, La Bourboule, Barèges, Cauterets, Challes, Enghien, Luchon, Royat, Saint-Gervais, Saint-Christau, Uriage.	Aix-la-Chapelle, Gastein, Levico, Lanaeck, Neundorf, Teplitz.
Reins et vessie (affections des)	Aulus, Bagnoles-de-l'Orne, Capvern, Contrexéville, Evian, Martigny, La Preste, St-Nectaire, Thonon, Vals, Vichy, Vittel.	Driburg, Elster, Fachingen, Gastein, Lippspringe, Neuenahr, Wiesbaden, Wildungen.
Rhumatismes..............	Amélie-les-Bains, Aix-l.-Bains, Ax, Bagnères-de-Bigorre, Bains-les-Bains, Barèges, Bourbon-Lancy, Bourbon-l'Archambault, Dax, Evaux, Lamalou, Luchon, Luxeuil, Le Vernet, Nancy-Thermal, Plombières, Rennes-les-Bains, St-Amand, St-Honoré.	Aix-la-Chapelle, Baden-Baden, Badenweiler, Elster, Franzensbad, Gastein, Johannisbad, Nauheim, Nenndorf, Wiesbaden.
Scrofule et lymphatisme......	Aix-les-Bains, Amélie-les-Bains, Balaruc, Biarritz, Bourbonne, La Bourboule, Cauterets, Eaux-Bonnes, Luchon, La Mouillère-Besançon, Nancy-Thermal, Salies-de-Béarn, Salins-du-Jura, Salins-Moutier, Uriage.	Aix-la-Chapelle, Baden-Baden, Eilsen, Hombourg, Ischl-Kreuznach, Kolberg, Nauheim, Pyrmont, Richenhall, Salzbourg, Wiesbaden.
Système nerveux (névroses névralgies, tabès)........,	Bagnères-de-Bigorre, Balaruc (boues), Bourbon-Lancy, Bourbon-l'Archambault, Bourbonne, Dax (boues),	Badenweiler, Gastein, Nauheim, Neundorf, Pistyan, Schlangenbad, Teplitz, Wildbad.

AFFECTIONS.	STATIONS FRANÇAISES.	ÉQUIVALENCES AVEC LES STATIONS AUST.-ALLEMANDES.
Systèmes nerveux (névroses, névralgies, tabès)........	Divonne, Evaux, Lamalou, Luxeuil, Néris, Plombières, St-Amand (boues), St-Gervais, St-Sauveur, Ussat.	
Voies respiratoires (bronchites, asthmes).........	Aix-Marlioz, Allevard. Amélie-les-Bains, Bourboule, Cambo, Cauterets, Challes, Eaux-Bonnes, Eaux-Chaudes, Enghien, les Fumades, Luchon, Mont-Dore, Royat, St-Honoré, Uriage, Le Vernet.	Aix-la-Chapelle, Budapest, Carlsbad, Ems, Hombourg, Kissingen, Kreuznach, Landeck, Nauheim. Neundorf, Méran, Weilbach.

Voici d'autre part, sur chacune des principales stations thermales françaises, quelques renseignements d'ordre pratique :

Abzac (Charente). Eaux chlorurées sodiques froides. 3 sources. Température 15°. Etablissement à 1 km. d'Abzac. Boissons, bains, boues. *Indications* : Atonie, fièvres intermittentes. adénopathies, anémies, coxalgie. *Itinéraire* : Ch. de fer de Paris-Orléans ; ligne de Bordeaux à Ruffec.

Aix-en-Provence (Bouches-du-Rhône). Altitude : 180 m. Eaux bicarbonatées calciques. 2 sources : S. Sextius, température de 34°,16 à 36°,80 : S. Barret, température de 20°,5 à 21°,5. Etabl. de bains de Sextius, piscine carrée de 58 m. q. *Indications* : Névroses, rhumatisme nerveux, certaines maladies de la peau, eczéma, prurigo, psoriasis, etc., affections utérines (congestion, métrite chronique). *Itinéraire* : Ch. de fer du P.-L.-M. ; ligne de Rognac à Aix, 859 km. de Paris. Trajet en 14 heures.

Aix-les-Bains (Savoie). Altitude : 262 m. Eaux sulfurées calciques faibles, chaudes, 46° centigrades. *Traitement* : douche, massage, étuve générale, bain local de vapeur dit Berthollet (42° à 44°), boisson pour la cure de lavage ; cure mécanothérapique des affections articulaires. *Indications* : rhumatisme chronique (formes articulaires sèches), arthrites vertébrales, goutte, affections articulaires, sciatique, névrites périphériques. *Contre-indications* : mal de Bright, athérome généralisé, névropathie avec excitabilité excessive. *Itinéraire;* Ch. de fer du P.-L.-M., à 8 h. 1/2 de Paris (4 express par jour), 2 h. de Genève, 8 h. de Turin, 11 h. de Marseille, 3 h. de Lyon, 2 h. de Grenoble.

Alet (Aude). Altitude : 210 m. Eaux bicarbonatées calciques. 4 sources : S. des Bains ; S. nouvelle ; S. ferrugineuse ; S. Buvette. Température 20° et 30°. *Indications* : en bains, affections des viscères abdominaux et des organes génito-urinaires, affections du système lymphatique ; en boisson, employée contre la dyspepsie, la migraine, la chlorose, les vomissements, la dysenterie. *Itinéraire* : Ch. de fer du Midi par Carcassonne, station d'Alet, 870 km. de Paris. Trajet en 24 h.

Allevard (Isère). Altitude : 465 m. Eaux sulfurées calciques. 1 source. 16° centigrades. *Traitement* : Bains de vapeur, douches, inhalations froides et chaudes, buvettes. *Indications* : maladies du larynx, affections des voies respiratoires, maladies de la peau, lymphatisme, blessures par armes à feu. *Itinéraire* : Ch. de fer du P.-L.-M., ligne de Grenoble à Chambéry, station de Poncharra et tram. à vapeur pour Allevard.

Amélie-les-Bains (Pyr.-Orientales). Altitude : 230 m. Eaux sulfurées sodiques. 3 établ. ouverts toute l'année :

Thermes romains avec les Sources du bassin de réfrigération, du Petit Escaldadou. et Manjolet ; salles d'inhalation et de pulvérisation ; bains et douches de vapeur ; hydrothérapie ;

Thermes Pujade avec les Sources Amélie, Arago, Bouis, Chomel, Pascalone ; salles d'inhalation et de pulvérisation ;

Hôpital militaire avec la Source du Gros-Escaldadou ; 3 grandes piscines, bains de vapeur, salle d'inhalation.

Indications : les mêmes que celles des eaux sulfureuses en général. *Itinéraire* : Ch. de fer du P.-L.-M. par Narbonne, Perpignan, Elne et Arles-sur-Tech. Trajet en 20 h. de Paris

Argelès-Gazost (Hautes-Pyrénées). Altitude : 466 m. Eaux sulfureuses. Température : 12°. *Indications* : ulcères, plaies. *Itinéraire* : ch. de fer du Midi, ligne de Lourdes à Pierrefitte, à 12 km. de Lourdes. rajet en 14 heures de Paris.

Aulus (Ariège). Altitude : 776 m. Eaux sulfatées calciques. 5 sources. Température : 18°. Deux établissements. *Traitement* : bains, douches et boisson. *Indications* : asthénie de l'estomac ou des intestins, catarrhe de la vessie, gravelle, goutte ; maladies de la peau, eczémas, affections syphilitiques ; action laxative, diurétique, tonique et dépurative. *Itinéraire* : Ch. de fer du Midi : ligne de Toulouse à St.-Girons, à 33 km. de St.-Girons.

Bagnères-de-Bigorre (Hautes-Pyrénées). Altitude : 551 m. Eaux sulfatées calciques ; sulfurées calciques ; ferrugineuses et arsenicales. Sources nombreuses, 14 établissements. Température : 13° à 51°. Buvette spéciale de *Labassère* : eau sulfureuse employée en boisson, bains, pulvérisation, humage. Sources : la Reine, le Dauphin, Roc-de-Lannes, la Rampe, Saint-Roch, etc., Thermes de la Ville et Thermes de Salut. *Indications* : anémie, chlorose, neurasthénie, névralgies rhumatismales, rhumatismes chroniques, palpitations nerveuses, maladies de la peau, affections catarrhales, gravelle, affections gastro-intestinales, etc. *Itinéraire* : ch. de fer du Midi ; ligne de Tarbes jusqu'à Bagnères, 846 km. de Paris. Trajet en 14 heures.

Bagnères-de-Luchon (Haute-Garonne). Altitude : 628 m. Eaux sulfurées sodiques et sulfhydriquées : 48 sources. Température : 12° à 66°. *Traitement* ; bains, douches ; étuve naturelle ; humage, buvettes. Thermes ouverts toute l'année. *Indications* : lymphatisme, scrofule, rhumatisme chronique ; syphilis ; affections de la peau et du cuir chevelu ; affections des voies urinaires. *Itinéraire* : ch. de fer du Midi, trajet direct par l'embranchement de Montréjeau à Luchon.

Bagnoles-de-l'Orne (Orne). Altitude : 228 m. Eaux chlorurées sodiques, sulfatées, siliceuses. 2 groupes de sources. 1° thermale, température : 27° ; 2° froide, température : 12° ; buvette. *Indications* : affections du système veineux ; rhumatisme subaigu et chronique, dyspepsies, maladies des femmes, dermatoses, nervosisme. *Itinéraire* : ch. de fer de l'Ouest ; ligne de Paris à Granville avec embranchement de Briouze à Bagnoles. Trajet en 5 h. 1/2 de Paris.

Bagnols (Lozère). Altitude : 860 m. Eaux sulfurées sodiques. Température : 22° à 38° 4 sources. 2 établissements. *Traitement* : bains de vapeur, douches, inhalation, buvettes *Indications* : maladies de la peau, catarrhe bronchique, lymphatisme, rhumatisme, plaies d'armes à feu, scrofules, affections rhumatismales. *Itinéraire* : ch. de fer P.-L.-M. : ligne d'Auvergne, station : Villefort. Trajet en 5 heures de Villefort à Bagnols.

Bains (Vosges). Altitude : 306 m. Eaux sulfatées sodiques arsenicales. Température : 29° à 50°. 4 sources. *Indications* : rhumatismes, affections nerveuses, maladies utérines. *Itinéraire* : ch. de fer de l'Est, ligne de Mulhouse. Trajet en 10 heures de Paris.

Balarue (Hérault). Altitude, niveau de la mer. Eaux chlorurées sodiques fortes. 3 sources température : 48°,5, 14° et 19°. Grand établissement. *Traitement* : Bains de boues, bains de pieds, douches locales, gargarismes. *Indications* : paralysies, affections cérébrales et médullaires, ataxie locomotrice, rhumatisme chronique, goutte, gravelle, sciatique rebelle, obésité, vieilles plaies et suppurations chroniques, affections utérines, scrofulo-tuberculeuses et ses suites ; cure d'air salin. *Itinéraire* : ch. de fer de Paris-Lyon à Cette. Distance de Paris : 368 km. Trajet en 12 heures.

Barèges (Hautes-Pyrénées). Altitude : 1 250 m. Eaux sulfurées sodiques. 15 sources. Température : 19° à 45°. *Etablissement thermal* : 31 cabinets de bains : piscines civile et militaire, douches diverses. *Hôpital thermal militaire* : installation pour 69 officiers, 252 sous-officiers et soldats : *Hospice Sainte-Eugénie* : 120 lits. Etablissement des *Thermes*. *Indications* : paralysies essentielles, affections rhumatismales, dermatoses invétérées, lymphatisme, rhumatisme chronique ; syphilis ; maladies des os, maladies de la peau, maladies du système nerveux. *Itinéraire*; ch. de fer du Midi jusqu'à Luz ; de Luz à Barèges, Trajet de 6 km. en voiture.

Bourbon-Lancy (Saône-et-Loire). Altitude : 240 m. Eaux chlorurées sodiques radioactives. 5 sources. Température : 46° à 58°. *Traitement* : boisson, bains (baignoires et piscine), bains de vapeur, douches. Etablissement, institut de massage et de mécanothérapie. *Indications* : rhumatisme chronique, nerveux ; synovite, arthrite rhumatismale ; rhumatisme noueux, sciatiques, métrites et péri-métrites chroniques, paralysies, endocardites récentes, tachycardie paroxystique, etc. *Itinéraire* : ch. de fer P.-L.-M., ligne du Bourbonnais, ligne de Nevers et de Moulins. Trajet en 6 heures de Paris.

Bourbon-l'Archambault (Allier). Altitude : 270 m. Eaux chlorurées sodiques. 2 sources dont une *S. thermale*, température : 52° ; l'autre *S. Jonas*, ferrugineuse froide. Etablissement thermal. *Traitement*; bains, douches, piscines, étuves, hydrothérapie. *Hôpital militaire* ; installation pour 12 officiers, 80 sous-officiers et soldats. *Indications* : affections paralytiques, hémiplégies, paraplégies, rhumatismes, névralgies, arthrites, chlorose ; lymphatisme, scrofules, trajets fistuleux. *Itinéraire* : ch. de fer de P.-L.-M., ligne du Bourbonnais, Trajet en 8 heures de Paris.

Bourbonne-les-Bains (Haute-Marne). Altitude : 272 m. Eaux chlorurées sodiques moyennes, bromurées et lithinées. Température : 60 à 65°. Établissement civil : 87 cabinets de bains, 36 de douches, 6 piscines. Établissement militaire : 30 baignoires, 2 piscines, bains sulfureux. Installation pour 90 officiers, 310 sous-officiers et soldats. *Indications* : lésions articulaires et péri-articulaires dues à la goutte, au rhumatisme ; fractures ; luxations ; névralgies sciatiques ; polynévrites ; paralysies ; ataxie locomotrice ; myélites syphilitiques ; affections gynécologiques ; anémies, lymphatisme, diabète goutteux, neurasthénie arthritique. *Itinéraire* : ch. de fer de l'Est. Ligne de Mulhouse et embranchement de Vitrey à Bourbonne (365 km. de Paris).

Brides (Savoie). Altitude : 570 m. Eaux sulfatées calciques. Température : 34°. *Traitement* : boisson, bains, douches, massage, gymnastique suédoise, entéroclyse. *Indications* : dyspepsies gastro-intestinales et gastro-hépatiques, engorgements du foie, pléthore abdominale, constipation, entéro-colite muco-membraneuse, lithiase intestinale, entérite chronique des pays chauds, appendicite, hémorroïdes, obésité, diabète, dyspepsie, ictère, etc. *Itinéraire* : ch. de fer de P.-L.-M., ligne de Chambéry à Albertville et Moutiers. Trajet en 12 heures de Paris. Relations directes avec Lyon, Grenoble, Marseille et Genève.

Bussang (Vosges). Altitude : 679 m. Eaux bicarbonatées ferrugineuses, arsenicales, gazeuses, manganésées. 3 sources froides. *Indications* : dyspepsie, anémie, chlorose. *Itinéraire* : ch. de fer de l'Est. Trajet en 10 h. 20 de Paris.

Cambo (Basses-Pyrénées). Altitude : 62 m. Eaux sulfurées calciques et ferrugineuses. Température : 21°. 2 sources. *Traitement* : bains, douches, inhalation, buvette, humage. Établissement thermal. *Indications* : affections chroniques des muqueuses des voies respiratoires (angine, laryngite, bronchite, tuberculose) et génito-urinaires (cystite, métrite), dyspepsie, catarrhe, entérite ; gravelles, diabète, etc. *Contre-indications* : affections aiguës en général, tendance hémoptoïque, artério-sclérose avancée. *Itinéraire* : ligne de Bayonne à Saint-Jean-Pied-de-Port (à 1/2 heure de Bayonne).

Capvern (Hautes-Pyrénées). Altitude : 400 m. Eaux sulfatées calciques, magnésiennes ferrugineuses. Température : 24°. 2 sources, 2 établissements. *Traitement* : bains, douches. *Indications ;* affections du foie, des voies urinaires, gravelle, coliques néphrétiques, hépatiques, catarrhes de la vessie, prostatite, diabètes, gouttes, etc. *Itinéraire* : ch. de fer du Midi. ligne de Toulouse à Bayonne (à une heure de Lourdes, de Luchon et de Bagnères-de-Bigorre).

Cauterets (Hautes-Pyrénées). Altitude : 932 m. Eaux sulfurées sodiques. Température : de 34° à 54°,3. 19 sources, 10 établissements. *Traitement* : bains, douches, gargarismes, buvettes, humage, pulvérisation, etc. *Indications* : maladies chroniques des organes respiratoires, maladies de la gorge, du tube digestif, herpétisme, maladies de la peau, lymphatisme, scrofules, rhumatismes, goutte, etc. *Itinéraire* : ch. de fer du Midi, ligne de Bordeaux à Tarbes et Pierrefitte. Trajet en 15 à 18 heures de Paris.

Challes (Savoie). Altitude : 270 m. Eaux sulfurées iodiques, iodurées et bromurées froides, les plus riches en sulfure alcalin de toutes les eaux connues (1 295). Établissement thermal : buvette, salles d'inhalation et de pulvérisation, d'hydrothérapie, nombreux cabinets de bain. *Indications* : affections strumeuses ; affections des voies respiratoires et de l'estomac, accidents syphilitiques, abus mercuriels, goutte, gravelle, débilité, lymphatisme, diathèse scrofuleuse, dartreuse et cancéreuse, maladies chroniques de la gorge, du larynx, des oreilles, du nez et des yeux. *Itinéraire* : Trajet en 9 heures de Paris, par Chambéry.

Châtel-Guyon (Puy-de-Dôme). Altitude : 400 m. Eaux chlorurées magnésiennes et bicarbonatées mixtes. Température : 20° à 38° ; 28 sources. *Traitement* : bains, hydrothérapie complète, sudation, massage, lavage de l'estomac, bains hydro-électriques, mécanothérapie, buvettes. *Indications* : dyspepsies, dilatation stomacale, catarrhe stomacal, atonie ; constipation, entérite chronique, entéro-colite, typhlite et pérityphlite, gastro-entérite et dysenterie des coloniaux, appendicite, dilatation intestinale, hémorroïdes ; foie torpide, congestion et engorgement du foie, lithiase biliaire, cholécystite ; métrites chroniques, névralgies utérines et ovariennes, salpingites et ovarites chroniques ; obésité, fièvres paludéennes, anémie, goutte, gravelle, diabète, diathèse variqueuse, congestion cérébrale. *Itinéraire* : ch. de fer de P.-L.-M., ligne d'Auvergne. Trajet en 7 heures de Paris.

Contrexéville (Vosges). Altitude : 350 m. Eau sulfatée calcique. Source du *Pavillon*. Température : 11°, 5. *Traitement* : bains, douches, buvettes. *Indications* : goutte, gravelle, arthritisme, voies urinaires, affections utérines, catarrhe vésical, coliques néphrétiques et hépatiques, diabète goutteux. *Itinéraire* : ch. de fer de l'Est, lignes de Belfort et de Chalindrey à Mirecourt. Trajet en 6 heures de Paris.

Cusset (Allier). Altitud : 230 m. Eaux bicarbonatées sodiques. Température : 19°. *Traitement* : bains, douches, buvettes. *Indications* : dyspepsie, anémie, gravelle, diabète ; maladies du foie, de l'estomac. *Itinéraire* : ch. de fer de P.-L.-M., ligne du Bourbonnais, à 3 km. de Vichy.

Dax (Landes). Altitude : 10 m. Boues végéto-minérales. Température : 45° à 64°. Plusieurs sources et 2 geysers. *Traitement* : par les boues végéto-minérales ; bains d'eau thermale, installations balnéothérapiques. *Indications* : rhumatismes, engorgements articulaires, paralysies périphériques, névroses, etc. *Itinéraire* ; ch. de fer du Midi (ligne de Bordeaux à Hendaye).

Eaux-Bonnes (Basses-Pyrénées). Altitude : 750 m. Température : 12° à 31°. 7 sources, Eaux sulfurées sodiques. 2 établissements. *Traitement* : hydrothérapie et bains d'eau douce, *Indications* : inflammation chronique de la muqueuse des voies respiratoires ; emphysème pulmonaire, asthme, catarrhes bronchiques, pneumonies et pleurésies chroniques, phtisie pulmonaire, anémies, lymphatisme, neurasthénie. *Itinéraire* : ch. de fer du Midi, ligne de Bordeaux à Pau (st. : Laruns). De Laruns à Eaux-Bonnes, omnibus en 15 minutes.

Eaux-Chaudes (Basses-Pyrénées). Altitude : 675 m. Eaux chloro-sulfurées sodiques et calciques. Température : 10° à 36°. 7 sources. *Traitement* : bains, douches, buvettes. *Indications* : rhumatismes, névralgies, gastralgies, maladies utérines ; affections des voies respiratoires, plaies atones, dermatoses. *Itinéraire* : ch. de fer du Midi, ligne de Pau à Laruns. Eaux chaudes.

Evian-les-Bains (Haute-Savoie). Altitude : 385 m. Eaux bicarbonatées calciques magnésiennes froides. Température : 12°. 5 sources. *Traitement* : bains, douches, électrothérapie-mécanothérapie, massage français, gymnastique et massage suédois. *Indications* : cardiopathies artérielles, goutte chronique, affections urinaires chroniques, dyspepsies par atonie, cholérine, neurasthénie. *Itinéraire* : ch. de fer P.-L.-M. Trajet en 11 heures de Paris, 1/2 heure de Lausanne, 1 h. 1/2 de Genève, 5 h. de Lyon, 7 h. de Milan.

Fumades (Les), près d'Alais (Gard). Altitude : 180 m. Eaux sulfhydriques calciques bitumineuses et lithineuses. Température : 15°. *Traitement* : douches froides et chaudes, bains de vapeur, inhalation, pulvérisation. *Indications* : maladies de la peau, catarrhe bronchique, phtisie au début, angines, ophtalmies granuleuses, ulcères, plaies d'armes à feu. *Itinéraire* : ch. de fer P.-L.-M., ligne d'Alais à Bessèges (st. Saint-Julien-de-Cassagnas).

La Bourboule (Puy-de-Dôme). Altitude : 846 m. Eaux chlorurées sodiques bicarbonatées, arsenicales. 2 sources. Température : 60°, 180 cabinets de bains, boisson, douches, bains de pieds, pulvérisation, etc. *Indications* : anémies, lymphatisme, maladies de la peau (eczéma, psoriasis) ; affections herpétiques des voies respiratoires : bronchites chroniques, angines granuleuses, laryngites, etc. *Itinéraire* : ch. de fer Paris-Orléans, ligne de Paris à Eygurande et à la Bourboule, trajet en 10 heures de Paris, ou ch. de fer P.-L.-M., ligne de Paris à Clermont ou enfin ch. de fer P.-O. ligne de Clermont à Laqueuille et à la Bourboule (pittoresque).

Lamalou (Hérault). Altitude : 200 m. Eaux bicarbonatées sodiques ferrugineuses et arsenicales. Température : 28° à 46°. *Traitement* : bains, douches, étuves chauffées par les vapeurs minérales, massage, vaporarium, buvettes. *Indications* : rhumatisme (noueux), engorgements et épanchements articulaires, névralgie, névroses, paraplégies ; tabès, ataxie locomotrice, atrophie musculaire partielle ; rachialgie ; spermatorrhée, albuminurie, catarrhe vésical, aménorrhée, dysménorrhée, chlorose, anémie. *Itinéraire* : ch. de fer P.-O. par Castres ou ch. de fer P.-L.-M. Trajet en 15 heures de Paris.

La Mouillère (Doubs). Altitude : 260 m. Eaux chlorurées sodiques fortes et bromurées. *Traitement* : hydrothérapie, massage, électrothérapie, gymnastique suédoise, radiographie. *Indications* : lymphatisme, scrofule, épuisements et convalescences, tumeurs fibreuses de l'utérus, anémie, névroses, paralysies et rhumatismes chroniques, goutte atonique, obésité, rachitisme, etc. *Itinéraire* : ch. de fer P.-L.-M. Trajet en 6 heures de Paris, 2 h. de la Suisse.

Luxeuil (Haute-Saône). Altitude : 404 m. Eaux chlorurées sodiques, 15 sources ; température : 24° à 52° et ferro-manganésiennes, 3 sources, température : 22° à 30°. *Traitement* : bains, douches, massages. *Indications* : maladies des femmes, neurasthénie, entérite, rhumatismes, anémie, chlorose, débilité des enfants, arthritisme, phlébite. *Itinéraire* : ch. de fer de l'Est. Trajet en 7 heures de Paris.

Martigny-les-Bains (Vosges). Altitude : 377 m. Eaux sulfatées calciques, froides, lithinées, silicatées. Température : 10°,25. 3 sources (lithinée, Source des Dames, Source savonneuse). *Indications* : goutte, gravelle, coliques hépatiques et néphrétiques, albuminurie et diabète goutteux, affections congestives du foie et des reins, dyspepsie, gastralgie, chloro-anémie, eczéma, acné, couperose, prurit diabétique, migraines, sciatiques, lombago, etc. *Itinéraire* : ch. de fer de l'Est, ligne de Belfort.

Mont-Dore (Puy-de-Dôme). Altitude : 1 050 m. Eaux bicarbonatées ferrugineuses, arsenicales, siliceuses et gazeuses. Température : 38° à 47° centigrades, 12 sources. *Traitement* ; buvettes, inhalation, pulvérisation, bains et douches. *Hospice thermal* : 200 lits. *Indications* : affections des voies respiratoires, asthme nerveux, sec ou humide, emphysème, rhume des foins, affections du nez et de la gorge, catarrhe rhino-pharyngien, angines chroniques, surmenage laryngé, bronchites chroniques et récidivantes, laryngite aiguë, etc. *Itinéraire* :

ch. de fer P.-O., ligne de Paris-Eygurande-Mont-Dore, trajet en 9 heures de Paris, ou bien, ch. de fer P.-L.-M., ligne de Paris à Clermont et de Clermont au Mont-Dore (P.-O.) 12 trains par jour.

Néris (Allier). Altitude : 354 m. Eaux bicarbonatées sodiques hyperthermales. Température : 51° à 52° centigrades. 6 sources. *Traitement* : bains, douches, massages, bains et douches de vapeur, douches ascendantes. *Indications* : maladies nerveuses, névralgies, hystérie, chorée, affections rhumatismales, maladies utérines, affections cutanées arthritiques. *Itinéraire* : ch. de fer d'Orléans, ligne de Bourges à Montluçon. Trajet en 6 heures de Paris.

Niederbronn (Bas-Rhin), près de Saverne. Altitude : 470 m. Eaux chlorurées, sodiques. *Indications :* lymphatisme, scrofule,plaies, pléthore abdominale, obésité, foie, lithiase, constipation, se rapproche de la cure de Kissingen. *Itinéraire :* ch. de fer de l'Est. Trajet en 8 heures de Paris

Orezza (Corse). Altitude : 600 m. Eaux ferro-gazeuses. Température : 14° centigrades. Plusieurs sources. *Indications* : chlorose, aménorrhée, hémorragies passives, anémie, leucorrhée, gastralgies, diarrhées chroniques. *Itinéraire* : chemin de fer du P.-L.-M. et à une journée à l'Est d'Ajaccio.

Plombières (Vosges). Altitude : 456 m. Eaux alcalines, silicatées, sodiques, arsenicales, hyperthermales. Température : 20° à 74°. 27 sources. *Traitement* : boisson, bains, piscines, douches, étuves, inhalation, hydrothérapie complète et massage. *Indications* : affections de l'intestin et du rhumatisme (entérite muco-membraneuse, entéro-colites chroniques, diarrhées, constipation, entéralgie, etc.), dyspepsies, entérites, gastralgies, affections de la matrice, névroses, névralgies sciatiques ou faciales ; rhumatisme nerveux, paralysies, fièvres intermittentes, affections des voies respiratoires. *Itinéraire* : ch. de fer de l'Est. Trajet en 6 heures de Paris.

Pougues (Nièvre). Altitude : 200 m. Eaux bicarbonatées calciques froides. 2 sources. *Traitement* : bains, douches, hydrothérapie, buvette. *Indications* : affections de l'estomac, dyspepsie ou gastralgie, arthritisme, affections du foie et des reins, diabète, chlorose, anémie, maladies utérines. *Itinéraire* : ch. de fer P.-L.-M., ligne du Bourbonnais. Trajet en 4 heures de Paris.

Royat (Puy-de-Dôme). Altitude : 450 m. Eaux bicarbonatées sodiques chlorurées, ferrugineuses et arsenicales. Température : 20° à 35° centigrades. 4 sources. *Traitement* : bains, douches, salles d'aspiration, bains et douches d'acide carbonique, hydrothérapie, gymnase médical. *Indications* : arthritisme, goutte, anémie, chlorose, dyspepsie, neurasthénie, affections utérines, maladies de la peau, des voies respiratoires. *Itinéraire* : ch. de fer P.-L.-M., ligne de Paris à Clermont-Ferrand, trajet en 7 heures de Paris et ch. de fer P.-O., ligne de Paris-Montluçon-Eygurande-Royat ; à 500 km. de Paris, Trajet en 10 heures.

Saint-Gervais ou le Fayet-Saint-Gervais (Haute-Savoie). Altitude : 630 m. Eaux sulfatées sodiques. Température de 30 à 42°. 4 sources. *Traitement* : bains, douches, hydrothérapie complète. *Indications* : maladies de la peau, gastralgies, scrofules, menstruations difficiles, engorgements des viscères abdominaux, rhumatismes, catarrhes, affections utérines. *Itinéraire* : ch. de fer P.-L.-M., ligne de Paris au Fayet-Saint-Gervais. Trajet en 15 heures de Paris.

Saint-Yorre (Allier). Eaux bicarbonatées gazeuses, sodiques, froides. *Indications* : affections des voies digestives, maladies du foie. *Itinéraire* : à 7 km. de Vichy.

Salies-de-Béarn (Basses-Pyrénées) Altitude 46 m. Eaux chloro-bromo-iodurées sodiques, magnésiennes fortes. *Traitement* : bains, douches d'eau salée. *Indications* : prédispositions morbides, faiblesse, maladies avec hypotension artérielle, lymphatisme, arthritisme, nervosisme, maladies de l'enfance, puberté, ménaupose, rachitisme, syphilis, tuberculoses localisées, dystrophies ; os et articulations, déviations, coxalgies, mal de Pott, ostéites, nécroses, muscles (atrophies, spasmes) ; système nerveux (névralgie, chorée, ataxie, neurasthénie, paralysies) ; nez, oreilles, yeux, peau et muqueuses, glandes ; maladies des femmes (métrites, ovarites, salpingites, etc.) : *contre-indications* : affections aiguës, fébriles, lésions du cœur, asthme, tuberculose assez avancée, albuminurie, cancer. *Itinéraire* : ch. de P.-O. et Midi. Trajet en 13 heures de Paris.

Salins (Jura). Altitude : 354 m. Eaux bromo-chlorurées sodiques froides. *Traitement* : bains, douches, hydrothérapie. *Indications* : maladies des enfants et des femmes : lymphatisme, rachitisme, scrofulo-tuberculose, tuberculoses locales, anémies de croissance et de convalescence ; fibromes utérins, métrites chroniques, salpingites, hémorragies de la ménopause. *Itinéraire* : ch. de fer P.-L.-M. Trajet en 7 heures de Paris.

Salins-Moutiers (Savoie). Altitude : 492 m. Eaux chlorurées sodiques fortes. Température : 36°. 2 sources, rivière thermo-saline. *Traitement* : boisson, bains, irrigations, applications résolutives de boues et d'eaux-mères. *Indications* : lymphatisme, scrofule, coryza chronique, engorgements ganglionnaires, rachitisme, ulcères atoniques, carie, tumeurs blanches, plaies d'armes à feu, rhumatisme, paralysies, fibromes utérins, stérilité et neurasthénie. *Itinéraire* : ch. de fer P.-L.-M., ligne de Paris à Chambéry. Trajet en 12 heures de Paris.

Soulzmatt (Haut-Rhin). Altitude : 420 m. Eaux bicarbonatées mixtes. Traitement : interne et externe. *Indications* : Maladies du tube digestif. Itinéraire : ch. de fer de l'Est Trajet en 8 heures de Paris.

Thonon-les-Bains (Haute-Savoie). Altitude : 430 m. Eaux bicarbonatées mixtes. *Indications* : maladies de rein, vessie, voies urinaires, dermatoses, affections chroniques bronchiques, psoriasis, catarrhe bronchique. *Itinéraire* ; ch. de fer P.-L.-M. Trajet en 10 heures de Paris.

Uriage (Isère). Altitude : 414 m. Eaux chlorurées sodiques sulfureuses. Température : 27°. *Traitement* : bains, douches, hydrothérapie, pulvérisation, bain de vapeur, boisson, irrigations naso-pharyngiennes. *Indications* : affections cutanées, paraplégies essentielles, affections lymphatiques, scrofules, suites de la syphilis, affections nerveuses, rhumatismes, certaines affections des yeux, maladies de la peau. *Itinéraire* : ch. de fer P.-L.-M. Trajet en 12 heures de Paris.

Vals (Ardèche). Altitude : 243 m. Eaux bicarbonatées sodiques. Température : 13° à 16°. 4 groupes de sources. *Indications* : affections des voies digestives, maladies du foie, des reins et de la vessie, gravelle, diabète, chloro-anémie. *Itinéraire* : ch. de fer P.-L.-M. Trajet en 14 heures de Paris.

Vernet-les-Bains (Pyrénées-Orientales). Altitude : 650 m. Eaux sulfurées sodiques. Température : 8° à 65°. 12 sources. *Traitement* : bains, douches, massage, piscine romaine. *Indications* : rhumatismes, diathèse arthritique, névroses, neurasthénie, hystérie, affections cutanées, maladies des voies respiratoires, affections vésicales et utérines, dyspepsie, anémie, chlorose, etc. *Itinéraire*, par Perpignan et ligne de Villefranche-Vernet-les-Bains.

Vichy (Allier). Altitude : 259 m. Eaux bicarbonatées sodiques fortes. 14 sources. 3 établissements. *Traitement* : bains, douches, inhalations, lavages d'estomac. *Hôpital militaire* : 750 officiers, sous-officiers et soldats. Hôpital civil. *Indications* : maladies des voies digestives, maladies du foie, catarrhe vésical, gravelle, goutte, calculs, diabètes sucrés, rhumatismes, albuminurie. *Itinéraire* : ch. de fer P.-L.-M., ligne du Bourbonnais. Trajet en 6 heures de Paris.

Vittel (Vosges). Altitude : 344 m. Température : 11°,25. 2 sources. *Traitement* : buvettes, bains, douches, hydrothérapie. *Indications* : goutte, gravelle, rhumatisme et diabète goutteux, maladies de la vessie et de la prostate, arthritisme. *Itinéraire* : ch. de fer de l'Est. Trajet en 5 heures 1/2 de Paris.

Hammam-R'Irha (province d'Alger). Altitude : 500 m. Eaux hyperthermales, sulfatées calciques et ferrugineuses. Température : 42° à 70°. 20 sources. Etablissement thermal : 2 piscines, appareils hydrothérapiques, douches écossaises, massages, bains. *Indications* : névralgie, névroses, arthritisme, dyspepsies, chlorose, anémie, impaludisme. Contre-indications : affections des centres cérébraux, du cœur, des gros vaisseaux, des poumons. *Itinéraire* : à 3 heures d'Alger. Station : Bou-Medfa.

Les stations climatiques ; les cures d'air.

En ce qui concerne les stations climatiques, la France, avec ses cinq grands systèmes montagneux, dont deux sont partiellement influencés par le climat méditerranéen, possède également une gamme réunissant toutes les altitudes, toutes les expositions, représentant un ensemble infiniment plus varié que celui de la Suisse, de l'Allemagne ou de l'Autriche.

Les principaux facteurs à considérer dans une cure d'altitude sont : la température, l'état hygrométrique, les vents, l'orientation et surtout la pression barométrique. Celle-ci étant, en somme, l'indication primordiale, variable suivant l'âge ou la résistance du sujet, il est naturel de classer les stations d'altitude française d'après cette altitude même.

Les stations de *haute altitude* sont caractérisées par une dépression atmosphérique faible (de 600 à 680 millim., alors qu'elle est de 763 au niveau de la mer), par des radiations solaires (d'ordre calorique et chimique) intenses, par de grandes amplitudes thermiques (entre les points ensoleillés et les points à l'ombre, ainsi qu'entre le jour et la nuit).

Une station de haute altitude doit, en somme, réunir les conditions suivantes : grande pureté atmosphérique (elle résulte de l'altitude même), insolation intense et de longue durée, air sec, peu de vents. Il importe que ces qualités climatiques se retrouvent dans les stations aussi bien l'hiver que l'été ; la cure d'altitude, en hiver, est, pour certains malades, préférable à la cure d'été, la réverbération du soleil par la neige accroissant l'efficacité du traitement héliothérapique.

Le climat de haute montagne est essentiellement *stimulant* pour les fonctions de la circulation, de la respiration, de la nutrition et même celles de la peau (cas fréquents de dermatose guéris ou améliorés par la haute montagne), et en même temps a une action *sédative* sur le système nerveux. Les stations de haute altitude se recommandent à de nombreuses catégories de malades : les seules véritables contre-indications sont pour les sujets, déjà très affaiblis, incapables d'une réaction suffisante, et dont la haute montagne précipiterait l'affaissement général, et pour les sujets susceptibles de réagir trop vivement, tels que certains cardiaques, pour qui le séjour d'altitude serait une cause nouvelle d'usure et de déséquilibre.

Ces deux sortes de contre-indications ne se rencontrent pas dans les stations de *moyenne altitude* (500 à 1.000 mètres) dont le climat possède les mêmes propriétés que le climat de haute montagne, mais atténuées ; ce climat n'est pas excitant, il est seulement *tonique*. Ses propriétés thérapeutiques peuvent, d'ailleurs, être utilement complétées par des cures adjuvantes, cures systématiques d'aération et d'héliothérapie, cures d'exercice ou de repos, hydrothérapie, que le malade trouvera dans un sanatorium.

Aux climats de *faible altitude* (inférieurs à 500 mètres), on demandera surtout une action *sédative* : les stations de cette catégories se « caractérisent par une pression barométrique voisine de 760 mètres, par un degré hygrométrique moyen ou assez élevé, par une luminosité très atténuée, par des vents peu violents, etc... » (Gilbert et Carnot).

Le domaine orographique de la France comprend un grand nombre de points d'altitude (surtout de moyenne altitude) avec toutes les variantes utilisables en climatothérapie.

Presque toutes les stations de haute altitude sont situées dans les Alpes : nous citerons d'abord, tout au sud de la chaîne, sur la ligne de Grasse à Cannes, Thorenc (1.200 mètres d'altitude) : cette station, qui s'étend entre deux collines, abondamment plantées de pins et de sapins, avec exposition en plein midi, jouit d'un air constamment sec, presque jamais embrumé : la température est très égale et les perturbations atmosphériques des plus rares. Aussi Thorenc peut-il fournir aux hivernants de la Riviera, déjà tonifiés par leur séjour sur le littoral, une stimulation complémentaire très efficace.

En Tarentaise, Pralognan (1.430 mètres) est le type de la station de haute altitude, particulièrement recommandable aux nerveux, aux chloroanémiques, aux convalescents : forte insolation, pas de vents, pureté atmosphérique très grande, soirées et nuits fraîches.

Le Revard (1.545 mètres) peut, en raison de la proximité d'Aix-les-Bains, être appelé à un grand avenir : l'air y est remarquablement vif et assaini à la fois par l'altitude et par la présence de bois de conifères.

Dans les Pyrénées, au-dessus de Luchon, Superbagnères (1.800 mètres) pourrait aussi devenir une importante station de haute altitude.

Dans le Jura, le plateau des Rousses, d'une altitude moyenne de 1.150 mètres, sera, grâce à son air remarquablement pur et à sa vive insolation, une station de premier ordre, pour les chloroses, lymphatismes, dépressions nerveuses, le jour où des voies d'accès et des installations hôtelières meilleures lui assureront les commodités matérielles qui sont la condition indispensable du succès d'une station climatérique.

En stations de *moyenne altitude*, la France n'est pas moins bien pourvue : dans les Alpes, Saint-Gervais et Uriage ne sont pas seulement des station thermales. Ce sont aussi d'excellentes stations climatiques pour les convalescents, les débilités, les nerveux.

Samoens (730 mètres) doit à ses forêts de sapins et de mélèzes un air très riche en ozone ; en outre, une grande luminosité et une protection contre les vents froids désignent tout spécialement cette station aux anémiés.

Dans les Pyrénées, Vernet et Prats-de-Mollo (650 et 750 mètres) ont donné d'excellents résultats pour les affections pulmonaires et Argelès (450 m.) pour les états nerveux.

Gérardmer (670 mètres), dans les Vosges, se recommande, par son climat sédatif et tonifiant, à la fois aux neurasthéniques et aux anémiés et, comme cure de repos, aux baigneurs de Vittel, Plombières ou Martigny.

Parmi les stations de faible altitude, Pau (207 m.) présente des avantages tout à fait remarquables. Grâce à la disposition topographique de ses environs, Pau est complètement protégé contre les grands déplacements atmosphériques. Son climat, par suite, est essentiellement sédatif et se recommande aux nerveux de tous degrés.

Grasse (330 m.), sur la Côte d'Azur, qui est aussi admirablement protégée contre les vents, possède, comme Pau, un climat sédatif auquel la proximité de la mer prête, du reste, des qualités tonifiantes. Moins parfait que Pau pour les éréthiques, il s'adresse surtout aux diverses catégories de débilités.

Voici là liste des principales stations thermales, climatiques et cures d'air :

Les stations thermales sont désignées par un astérisque.*

Alpes Françaises.

Hautes altitudes (sup^res à 1.000 m.).

Abries (Htes-Alpes) 1.152.
L'Aiguille (Htes-Alpes) 1.400.
Allevard* (Isère) 1.400, juin-oct.
Argentière (Hte-Sav.) 1.200.
Bonneval-s.-Arc (Sav.) 1.835.
Bossons (les) (Hte-Sav.) 1.080.
Briançon (Htes-Alpes) 1.371.
Chamonix (Hte-Sav.) 1.040.
Chapelle (la) du Mont-du-Chat (Sav.) 1.760.
Cluzas (la) (Hte-Sav.) 1.039.
Contamines (les) (Hte-Sav.) 1.164.
Lautaret (le) (Htes-Alpes) 2.057.
Le Lavanger (Hte-Sav.) 1.200.
Les Praz (Hte-Sav.) 1.052.
Le Revard-Mont (Sav.) 1.545.
Les Tines (Hte-Sav.) 1.060.
Les Voirons (Hte-Sav.) 1.400.
Mégève (gare Sallanches) (Sav.) 1.125.
La Nevache (Htes-Alpes) 1.700.
Pierre à Bérard (Hte-Sav.) 1.930.
Pralognan (Sav.) 1.430.
St-Nizier-de-Parizet (Isère) 1.170.
Tignes (Sav.) 1.650.
Vallorcines (Hte-Sav.) 1.137.
Val d'Isère (Sav.) 1.849.
Valloire (Sav.) 1.430.
Villars-de-Lans (Isère) 1.040.
Voirons-sous-Genève (Hte-Sav.) 1.400.

Moyennes altitudes (500 à 1.000 m.).

Abondance (Hte-Sav.) 935.
Aimé (Sav.) 690.
Bal ne (la) de Rencurel (Isère) 600.
Bourg-d'Oisans (Isère) 720.
Bourg-St-Maurice (Sav.) 840.
Brides-les-Bains* (Sav.) 570, 15 mai-oct.
Corbe des (Sav.) 659.
Flumet (Sav.) 917.
La Bauche-les-Bains* (Sav.) 564, mai-oct.
La Motte-les-Bains* (Isère) 650, 10 juin-20 sept.
La Mure (Isère) 886.
Le Fayet-les-Bains* (gare Le Fayet (Hte-Sav.) 610, 15 mai-oct.
Le Grand-Bornand (Hte-Sav.) 934.
Monnetier-sous-Genève (Hte-Sav.) 750.
Morzine (Hte-Sav.) 960.
St-Gervais (Hte-Sav.) 630.
St-Pierre-de-Chartreuse (Isère) 870.
Sallanches (Htes-Alpes) 554.
Samoëns (Hte-Sav.) 730.
Thones (Hte-Sav.) 630.

Basses altitudes (inf. à 500 m.).

Aix-les-Bains* (Sav.) 262, 1er avril-oct.
Annecy (Hte-Sav.) 448.
Annemasse (Hte-Sav.) 436.
Challes-les-Eaux* (Sav.) 327, 15 mai-15 oct
Chambéry (Sav.) 270.
Chavarines-les-Bains (Isère) 500.
Chorance* (gare Pont-en-Royans) (Isère) 262, juin-oct.

Echelles (les) (Sav.) 476.
Evian-les-Bains* (Hte-Sav.) 377, 1er mai-15 oct.
Marlioz* (gare d'Aix) (Sav.) 260, avril-oct.
Menthon-St-Bernard* (Hte-Sav.) 482, juin-oct.
Salins-Moutiers* (Sav.) 493, juin-oct.
Talloire (Hte-Sav.) 478.
Thonon-les-Bains* (Hte-Sav.) 377, 1er juin-oct.
Uriage* (Isère) 400, 25 mai-oct.
Vizille (Isère) 281.

Bourgogne et Morvan.

Moyennes altitudes (500 à 1.000 m.) : Château-Chinon (Nièvre) 560.

Basses altitudes (inf. à 500 m.).

Bourbon-Lancy* (Saône-et-L.) 223, 15 mai-1er oct.
Bourbonne-les-Bains* (Hte-Marne) 261, 15 avril-15 oct.
Pougues-Bellevue (Nièvre) 192.
St-Honoré-les-Bains* (Nièvre) 206, 1er juin-sept.

Limousin-Périgord-Quercy.

Basses altitudes (= ou inf. à 500 m.)

Alvignac (Lot) 326.
Bort (Corrèze) 480.
Evaux (Creuse) 460, 15 mai-15 oct.

Guyenne-Gascogne-Pyrénées.

Hautes altitudes (sup. à 1.000 m.).

Barèges* (Htes-Pyr.) 1.232, 15 mai-nov.
Gavarnie (Htes-Pyr.) 1.370.

Moyennes altitudes (500 à 1.000 m.).

Aas (gare Gers) (Basses-Pyr.) 500.
Bagnères-de-Bigorre* (Htes-Pyr.) 579, 15 juin-oct.
Bagnères-de-Luchon* (Hte-Garonne) 630 l'année.
Cadéac-les-Bains* (Htes-Pyr.) 737, juin-oct.
Capvern* (Htes-Pyr.) 600, mai-nov.
Cauterets* (gare Pierrefitte Nestalas (Htes-Pyr.) 932, mai-nov.
Eaux-Bonnes* (Basses-Pyr.) 748, juin-oct.
Saint-Sauveur-les-Bains* (Htes-Pyr.) 711. juin-oct.
Saint-Savin (Htes-Pyr.) 590.

Basses altitudes (inf. à 500).

Argeles-Gazost* (Htes-Pyr.) 450, avril-oct.
Barbothan-les-Thermes* (Gers) 136, 15 mai-15 oct.
Briscous* Urt (Basses-Pyr.) 14 l'année.
Cambo-les-Bains* (Basses-Pyr.) 60, mai-nov.
Castel-Jaloux* (Lot-et-Gar.) 69.
Dax* (Landes) 40, l'année.
Eugénie-les-Bains* (Landes) 90.
Pau (Basses-Pyr.) 207.
Pierrefitte-Nestalas (Htes-Pyr.) 500.
Salies-de-Béarn* (Basses-Pyr.) 53, 1er mai-déc.
Saint-Boës* (gare Orthez) (Basses-Pyr.), mai-oct.
Saint-Christau* (gare Oloron) (Basses-Pyr.), 1er mai-nov.

Provence.

Hautes altitudes (sup. à 1.000 m.) : Mont-Ventoux (Vaucluse), 1912.

Basses altitudes (inf. à 500 m.).

Aix-en-Provence* (B.-du-Rhône). l'année.
Euzet-les-Bains* (Gard) 160, mai-oct.
Les Fumades* (gare St-Julien-les-Fumades) (Gard) 160 l'année.
Montmirail* (Vaucluse), 15 juin-15 oct.
St-Didier (Vaucluse) 175.

Auvergne et Plateau central.

Hautes altitudes (sup. à 1.000 m.).

Besse-en-Chantesse (Puy-de-D.) 1.050.
La Chaise-Dieu (Hte-Loire) 1.080.
Le Loriant (Cantal) 1.152.
Le Mont-Dore* (Puy-de-D.) 1.050.

Moyennes altitudes (500 à 1.000 m.).

Ardes-sur-Couze (Puy-de-D.) 640
Eglise-Neuve-d'Entraigues (Puy-de-D). 850
La Bourboule* (Puy-de-D.) 846, 25 mai-oct.
Le Chambon-du-Lac (Puy-de-D.) 890.
Murat (Cant.) 900.
Murols (Puy-de-D.) 850.
Orcival (Puy-de-D.) 860.
Pontgibault (Puy-de-D.) 680.
St-Germain-l'Herm. (Puy-de-D.) 860.
St-Nectaire* (Puy-de-D.) 740, mars-nov.
Salers (Cant.) 951.
Vic-sur-Cère* (Cant.) 681, mai-oct.
Yssingeaux (Cant.) 842.

Basses altitudes (inf. à 500 m.).

Coude (Puy-de-D.) 850.
Champeix (Puy-de-D.) 500.
Châtel-Guyon* (P.-de-D.) 400, 1er mai-1er nov.
Royat* (Puy-de-D.) 456, 15 mai-15 oct.

Vosges.

Hautes altitudes (sup. à 1.000 m.).

Ballon d'Alsace (Vosges) 1.100.
La Schlucht (Vosges) 1.150.

Moyennes altitudes (500 à 1.000 m.).

Bussang* (Vosges) 600, 15 juin-15 sept.
Feuillée-Dorothée (Vosges) 600.
Gérardmer (Vosges) 670.
La Bresse (gare Cornimont) (Vosges) 636.
Le Tholy (Vosges) 600.
Richompré (Vosges) 650.
St-Maurice (Vosges) 560.

Basses altitudes (inf. à 500 m.)

Bains-les-Bains* (Vosges) 315, 15 mai 1er-oct.
Contrexéville* (Vosges) 343, 20 mai sept.
Giromagny (Vosges) 480.
Martigny-les-Bains* (Vosges) 369, 25 mai-25 sept.
Plombières-les-Bains* (Vosges) 406, 15 mai-oct.
Saint-Dié (Vosges) 343.
Vagney (Vosges) 470.
Vittel* (Vosges) 344, 25 mai-oct.

Franche-Comté et Monts Jura.

Hautes altitudes (sup. à 1.000 m.) : Les Rousses (Jura) 1.135.

Moyennes altitudes (500 à 1.000 m.).

Bonlieu (Jura) 845.
Champagnole (Jura) 554.
Chaux-des-Crotenays (Jura) 802.
Claivaux (Jura) 560.
Ilay (Jura) 841.

Basses altitudes (inf. à 500 m.).

Guillon-les-Bains* (Doubs) 300, 15 juin-15 sept.
La Mouillère* (Doubs) 249, mai-oct.
Lons-le-Saulnier* (Jura) 376, 15 mai-oct
Luxeuil* (Hte-Saône) 294, 15 mai-oct.
Salins* (Jura) 349, 15 mai-1er oct.

Languedoc-Pyrénées.

Hautes altitudes (sup. à 1.000 m.).

Aubrac (Aveyron) 1.400.
Font-Romeu (Pyr.-Or.) 1.770.
Laguiole (Aveyron) 1.038.
La Preste* (gare Arles-s-Tech) (Pyr.-Or.) 1.105, 1er mai-nov.
Mont-Aigoual (Hérault) 1.400.
Mont-Louis (Pyr.-Or.) 1.600.

Moyennes altitudes (500 à 1.000).

Aulus-les-Bains* (Ariège) 775, l'année.
Ax-les-Thermes* (Ariège) 710, 1er juin-15 oct.
Canaveilles* (gare Olette) (Pyr.-Or.) 932 15 mai-15 oct.
Canourgnes (la) (Lozère) 810.
Lacaune (Tarn) 794.
Luchon* (Hte-Gar.) 720, mai-oct.
Vernet-les-Bains* (Pyr.-Or.) 650, l'année.

Basses altitudes (inf. à 500 m.).

Alet* (Aide) 204, 1er juin-nov.
Amélie-les-Bains* (Pyr.-Or.) 230, l année.
Aubrac (Aveyron) 465.
Balaruc* (Hérault) 4, 1er mai-15 oct.
Barbazan* (Hte-Gar.) 444, 15 mai-1er oct.
Lamalou-les-Bains* (Hérault) 186, avril-déc.
Rientord (Lozère) 140.
Rozier-Perrcleaux (Aveyron) 310.
St-Paul-de-Fenouillet (Pyr.-Or.) 262.
Salies-du-Salat* (Hte-Gar.) 293, 1er juin-oct.
Ussat-les-Bains* (Ariège) 485, juillet oct.

Côte-d'Azur.

Hautes altitudes (sup. à 1.000 m.).

Allos (Basses-Alp.) 1.425.
Beauvezer (Basses-Alp.) 1.200.
Peira-Cava (Alpes-Mar.) 1.500.
Thorame Haute (Basses-Alp.) 1.110.
Thorenc (Alpes-Mar.) 1.200.

Moyennes altitudes (500 à 1.000 m.)

Annot (Basses-Alp.) 690.
Berthemont-les-Bains (Alpes-Mar.) 900.
Digne* (Basses-Alp.) 608, 15 mai-oct.
La Bollène (Alpes-Mar.) 650.
St-Martin-Vésubie (Alpes-Mar.) 960.

Basses altitudes (inf. à 500 m.).

Boames-les-Mimosas (Var) 180.
Costebelle (Var) 50.
Fréjus (Var) 8.
Grasse (Alpes-Mar.) 330.
Gréoux* (Basses-Alp. 354. 15 mai-15 oct.
Hyères (Var) 50.
Le Loup (Alpes-Mar.) 220.
St-Sauveur-sur-Tinée (Alpes-Mar.) 497.
San Salvadour (Var) 50.
Tonet-de-Beuil (Alpes-Mar.) 490.
Vence (Alpes-Mar.) 325.

Vallée du Rhône.

Hautes altitudes (sup. à 1.000 m.)

Col de la Faucille (Ain) 1.325.
Mont-Pilat (Loire) 1.200.
St-Agrève (Ardèche) 1.120.
Ste-Eulalie (Ardèche), 1.250.
St-Laurent-les-Bains* (gare Labastide) (Ardèche) 1.203, mai-oct.

Moyennes altitudes (500 à 1.000).

Chapelle (la) en Vercors (Drôme) 945.
Gex (Ain) 605.
Hauteville (Ain) 825.

Basses altitudes (inf. à 500 m.).

Baume-les-Bains* (Drôme) 308 l'année.
Charbonnières-les-Bains* (Rhône) 223, mai-novembre.
Divonne-les-Bains* (Ain) 475, l'année.
Vals-les-Bains* (Ardèche) 250, mai-octobre.

Corse.

Hautes altitudes (sup. à 1.000 m.) : Vizzanova 1.000.

Basses altitudes (inf. à 500 m.).

Ajaccio 38, hiver.
Baracci*.
Cargese*.
Orezza*, 1er juin-15 sept.

Poitou-Saintonge-Angoumois, Sologne et Berry.

Basses altitudes (inf. à 500 m.).

Bourbon-l'Archambault* (Allier) 260,
La Roche-Posay* (Vienne) 73, mai-oct.
Néris-les-Bains* (Allier) 323, mai-oct.
Vichy* (Allier) 263, avril-oct.

Paris et environs, Normandie.

Basses altitudes. (inf. à 500 m.).

Bagnoles-de-l'Orne* (Orne) 194, 15 mai-1er oct.
Enghien-les-Bains* (S.-et-O.) 46, avril-oct.
Tesse-la-Madeleine* (gare Bagnoles) (Orne) 136, mai-oct.
Fontainebleau (S.-et-M.) 79.
Pierrefonds* (Oise) 61, 1er juin-oct.

Algérie-Tunisie

Basses altitudes (inf. à 500 m.)..

Alger (Algérie) 60.
Biskra* (Algérie).
Hammam R'hira* (Alger), année.
Korbous* (Tunis), année.

Les stations balnéaires.

De même qu'elle est la plus riche des nations au point de vue hydrologique, la France, par sa place privilégiée entre les deux grands systèmes marins de l'Europe, la variété de leur régime, l'étendue et la nature de ses côtes, offre, seule, avec ses plages, la gamme complète des plages abritées et d'air vif, de sable et de galet.

Le littoral français peut être divisé en 3 secteurs :

a. Mer du Nord et Normandie : température froide, grand vent, humidité ; type du climat marin non atténué, très *stimulant* ; ce secteur convient à merveille aux sujets mous, torpides, lymphatiques.

b. Bretagne et Sud-Ouest : le littoral présente des qualités essentiellement *toniques*, sans être excitantes. Cette immense étendue de côtes offre, bien entendu, des nuances climatiques très marquées : ainsi, alors que cette zone peut être considérée comme généralement éventée (bourrasques du Cotentin, du Finistère, de la côte basque), et, par suite, extrêmement tonique, on y trouve néanmoins des points chauds et abrités comme Roscoff, la Baule, Arcachon, qui se prêtent à l'hivernage et dont le climat sédatif convient particulièrement aux névropathes, aux surmenés, en général.

La côte de l'Atlantique, d'ailleurs, à partir du Croisic, jouit d'une insolation forte (en été) et d'une atmosphère riche en ozone, qu'elle doit aux sapins des dunes ; elle réalise ainsi un type très équilibré de climat marin, à la fois tonique et sédatif.

c. Le littoral de la Méditerranée possède un climat sec et chaud, *tonique sans rudesse*, tout à fait apte à stimuler les cachectiques et les tuberculeux. Pour les nerveux, il agit comme *sédatif* (du moins sur les points abrités du mistral).

d. L'examen des ressources qu'offrent les côtes françaises ne serait pas complet s'il n'était pas fait mention du littoral algérien et surtout de la Corse qui pourrait devenir le sanatorium idéal de l'Europe : la baie d'Ajaccio, par exemple, pour ne pas parler d'autres découpures de la côte corse, est le type de la station hiverno-maritime ; l'intérieur de l'île offre des stations forestières, d'altitudes diverses, qui complètent à merveille la cure de mer.

Telles sont les incomparables variétés des climats marins de France auxquelles il faut ajouter l'incontestable agrément pittoresque des côtes. Au moins autant que les stations thermales de l'intérieur, les stations balnéaires du littoral doivent attirer une foule d'étrangers et réaliser des résultats thérapeutiques sans rivaux. Voici la nomenclature des principales :

Mer du Nord et Normandie.

1° *Plages d'air vif.*

Belleville (Seine-Inf.), galet (1).
Benerville (Calvados).
Berck-sur-Mer (Pas-de-Calais), sable (1).
Berneval (Somme), galet.
Blonville (Calvados), sable.
Bois-de-Cise (Somme).
BOULOGNE-SUR-MER (P.-d.-C.), sable.
Bray-Dunes (Nord), sable.
Brehal (Manche), sable.
Calais (P.-d.-C.), sable.
Cap Gris-Nez (P.-d.-C.), sable.
Cayeux (Somme), sable et galet.
Cherbourg (Manche), sable et galet.
Mers (Somme), galet.
Mesnil-Val (S.-Inf.), galet.
Onival (Somme), s. galet.
Petit-Port-Philippe (Nord), sable.
Pirou (Manche), sable.
Le Portel (P.-d.-C.), sable.
Pourville (Somme), galet.
Puys (S.-Inf.), galet.
Quinéville (Manche).
Roosendael (Nord), sable.
STE-ADRESSE (S.-Inf.), galet.
Ste-Cécile (P.-d.-C.), sable.
St-Laurent (Calv.), sable.
Coudeville (Manche), sable.
DEAUVILLE (Calv.), sable.
DIEPPE (Seine-Inf.), galet.
Equihen (P.-d.-C.), sable.
Flamanville-Dielette (Manche), sable.
Fort-Mahon (Somme), sable.
Hanqueville (Manche), sable.
Hardelot (P.-d.-C.), sable.
Le Havre (S.-Inf.), galet.
Malo-les-Bains (Nord), sable.
Merlimont (P.-d.-C.), sable.
St-Marcouf (Manche).
St-Martin-de-Varreville (Manche).
St-Pair (Manche), sable.
St-Pol-sur-Mer (Nord), sable.
Sotteville (S.-Inf.), galet.
TROUVILLE (Calv.), sable.
Urville-Hague (Manche), sable.
Vauville (Manche), sable, galet.
VILLERS-SUR-MER (Calv.), sable.
Villerville (Calvados).
Wissant (P.-d.-C.).

2° *Plages abritées.*

Ambleteuse (P.-d.-C.), sable.
Arromanches (Calv.), sable.
Asnelles (Calv.), sable.
Audresselles (Nord), sable.
Ault (Somme), galet.
Barfleur (Manche), sable.
Bruneval (Seine-Inf.).
CABOURG (Calvados), sable.
Courseulles (Calv.), sable.
Criel (S.-Inf.), galet.
Donville (Manche), sable.
Etretat (S.-Inf.), galet.
Fécamp (S.-Inf.), galet.
Genets (Manche), sable.
Grand-Camp (Calvados).
Granville (Manche), sable.
HOULGATE (Calv.), sable.
Langrune (Calvados).

(1) Les *plages modestes* sont composées en romain ; les *plages de famille* en *italique* ; les *plages élégantes* en CAPITALES.

Le Crotoy (Somme), sable.
LE TRÉPORT (S.-Inf.), sable et galet.
Lion-sur-Mer (Calv.), sable.
Loon-Plage (Nord), sable.
Luc-sur-Mer (Calv.).
Noyelles (Somme), sable.
Petites-Dalles (S.-Inf.), galet.
Quiberville (S.-Inf.), s. galet.
Riva-Bella (Calv.), sable.
St-Aubin-sur-Mer (Calv.), sable.
St-Aubin-sur-Mer (S.-Inf.), galet.
St-Come-de Fresnée (Calv.).
St-Jean-le-Thomas (Manche), sable.
St-Vaas -la-Hougue (Manche), sable.
St-*Valery-s-Somme* (Somme).
Veules (S.-Inf.), galet.
WIMEREUX (P.-d.-C.), sable et galet.

3° *Plages boisées.*

Bernières (Calv.).
Carolles (Manche), sable.
Carteret (Manche), sable.
Champeaux (Manche), sable.
Coutainville (Manche), sable.
Jullouville (Manche), sable.
LE TOUQUET-PARIS-PLAGE (P.-d.-C.), sable.
Pont-de-Briques (P.-d.-C.), sable.
Port-Rail (Manche), sable.
St-Pierre-en-Port (S.-Inf.), galet.
St-Valéry-en-Caux (S.-Inf.), galet.
Varengeville (S.-Inf.), galet.
Vaucottes (S.-Inf.), galet.
Veulettes (S.-Inf.), galet.
Yport (S.-Inf.), galet.

Plages de Bretagne.

1° *Plages d'air vif.*

Audierne (Finistère).
Batz (Loire.-Inf.), sable.
Belle-Ile (Morbihan).
Brignogan (Fin.), sable.
Cancale (I.-et-V.), sable.
Carnac (Morb.), sable.
Concarneau (Fin.), sable.
Erdeven (Morb.), sable.
Guilvinec (Fin.), sable.
Guisséný (Fin.), sable.
Ile-de-Bréhat (C.-d.-N.), sable.
La Bernerie (Loire-Inf.).
Lancieux (C.-d.-N.), sable.
Lanloup (C.-d.-N.), sable.
La Trinité-s-Mer (Morb.), sable.
Le Conquet (Finistère).
Le Croisic (Loire-Inf.).
Le Val André (C.-d.-N.), sable.
Le Vivier-s-Mer (I.-et-V.), sable.
Locquirec (Fin.), sable.
Louannec (C.-d.-N.), sable.
Minihic-s-Rance (I.-et-V.), sable.
Morgat (Fin.), sable.
Paimpol (C.-d.-N.), sable.
PARAMÉ (I.-et-V.), sable.
Perros-Guirrec (C.-d.-N.), sable.
Pléhérel (C.-d.-N.), sable.
Plestin-les-Grèves (C.-d.-N.), sable.
Plouézec (C.-d.-N.), sable.
Plougastel (Fin.), sable.
Plouha (C.-d.-N.), sable.
Plouharnel (Morb.), sable.
Port-Blanc (C.-d.-N.), sable.
Portrieux (C.-d.-N.), sable.
Préfailles (L.-Inf.), sable.
Quiberon (Morb.), sable.
Roscoff (Finistère),
St-Cast (C.-d.-N.), sable.
St-Coulomb (I.-et-V.), sable.
St-Jacut-de-la-Mer (C.-d.-N.), sable.
ST-MALO (I.-et-V.), sable.
St-Quay (C.-d.-N.), sable.
St-Servan (I.-et-V.), sable.
Trébeurden (C.-d.-N.), sable.
Trégastel (C.-d.-N.), sable.

2° *Plages abritées.*

Beg-Meil (Finistère).
Bénodet (Fin.), sable.
Bréhec (Côtes-du-Nord), sable.
DINARD-ST-ENOGAT (I.-et-V.), sable.
Douarnenez (Finistère).
Erquy (C.-d.-N.), sable.
Etel (Morb.), sable.
Kérity (C.-d.-N.), sable.
Kérity (Fin.), sable.
La Richardais (I.-et-V.), sable.
Le Pouldu (Morb.), sable.
Le Pouliguen (Loire-Inf.).
Loctudy (Fin.), sable.
Pont-Aven (Fin.), sable.
Pornic (L.-Inf.), sable.
Port-Navalo (Morb.), sable.
Rotheneuf (Ill -et-Vil.).
St-Briac (I.-et-V.), sable.
St-Lunaire (I.-et-V.), sable.
St-Michel-Chef-Chef (L.-Inf.), sable.

3° *Plages boisées.*

Binic (C.-d.-N.), sable.
Carantec (Finistère).
Etables (C.-d.-N.), sable.
LA BAULE (L.-Inf.), sable.
La Forest (Fin.), sable.
Landévennec (Fin.), sable.
Le Faou (Fin.), sable.
Les Rochelets (L.-Inf.), sable.
PORNICHET (Loire-Inf.), sable.
Rosaces (les) (Côtes-d.-N.).
St-Brévin (L.-Inf.), sable.
St-Jean-du-Doigt (Fin.), sable.
Ste-Marie (Loire-Inf.).
Ste-Marguerite (L.-Inf.), sable.
St-Michel-en-Grève (C.-d.-N.), sable.

Plages du Sud-Ouest.

1° *Plages d'air vif.*

BIARRITZ (Basses-Pyr.).
Chatelaillon (Ch.-Inf.), sable.
Jard (Vendée), sable, galet.
Nieul-s-Mer (Ch.-Inf.), sable.
SABLES D'OLONNE (Vendée), sable.
St-Gilles (Vendée), sable.
Yeu (Ile d') (Vendée), sable.

2° *Plages abritées.*

Croix-de-Vie (Vendée), sable.
La Rochelle (Ch.-Inf.), sable.
HENDAYE (Basses-Pyr.).
ST-JEAN-DE-LUZ (Basses-Pyr.).

3° *Plages boisées.*

ARCACHON (Gironde).
Fouras (Ch.-Inf.), sable.
La Barre-de-Monts (Vendée).
La Tranche (Vendée).
Longeville (Vendée), sable.
Meschers (Ch.-Inf.), sable.
Noirmoutier (Vendée).
Ronce-les-Bains (Ch.-Inf.), sable.
ROYAN-PONTAILLAC (Ch.-Inf.), sable.
St-Georges-de-Didonne (Ch.-Inf.), sable.
St-Jean-de-Monts (Vendée).
St-Palais-s-Mer (Ch.-Inf.).
St-Vincent-s-Jard (Vendée), sable.
Soulac (Gironde).

Plages de la Méditerranée.

Agay (Var). sable.
Antibes (Alpes-Mar.). sable.
BEAULIEU (Alpes-Mar.). sable.
BEAUSOLEIL (Alpes-Mar.). sable.
Beauvallon (Alpes-Mar.). —
Boulouris (Var).
Cagnes (Alpes-Mar.). —
CANNES (Alpes-Mar.). —
CAP FERRAT (Alpes-Mar.). —
Cavalaire (Var). —
La Croix (Var). —
Golfe Juan (Alpes-Mar.). —
Juan-les-Pins (Alpes-Mar.), sable.
Menton (Alpes-Mar.). —
MONACO (Monaco). —
MONTE-CARLO (Monaco). —
La Napoule (Alpes-Mar.). —
NICE (Alpes-Mar.). —
Palavas (Hérault). —
St-Maxime (Var). —
St-Raphaël (Var). —
Tamaris (Var). —
Le Trayas (Var).

Bibliographie.

Alphand (G.). *La France pendant la guerre* (1914-1918), 4 vol. in-16, 240 p., 3 fr. 50. Hachette, Paris, 1917-1918.

Ardouin-Dumazet. *Voyage en France*, 60 vol., in-12 env. 400 p. avec cartes, ch. vol. 3 fr. 50. Séries décrivant le théâtre de la guerre : 17e, 18e, 19e, 20e, 21e, 22e, 23e, 42, 43e, 48e, 49e, 50e, 58e, 59e. Berger-Levrault. Paris.

Grad (Ch.). *L'Alsace*, in-8 ,br. 12 fr. Hachette. Paris, 1919.

Granger (E.). *Les Merveilles de la France*. Hachette, Paris.

Guides Joanne : *Nord-Champagne-Ardenne; Normandie; Bretagne; Loire; Loire aux Pyrénées; Pyrénées; Cévennes-Languedoc; Provence; Dauphiné; Savoie; Auvergne: Bourgogne, Morvan, Jura; Vosges-Alsace; Forêt-Noire et Bords du Rhin.* Plans et cartes. Hachette, Paris.

Guides Michelin pour la visite des champs de bataille. 6 vol. in-16, 120 p., 3 fr. 50. Berger-Levrault. Paris, 1918-19.

Pionnier (Edm.) et Ern. Beauguitte. *Verdun à la veille de la guerre et Verdun en* 1917 phot. et illustr., gr. in-8 jésus, 3 fr. 50. Berger-Levrault. Paris, 1918.

Rodin (Aug.). *Les Cathédrales de France* gr. in-4, 164 p. et 10 pl. br. 50 fr. A. Colin. Paris.

Saint-Sauveur (H.). *Châteaux de France*, 6 vol. Ch. Massin. Paris, 1919.

Wagner (Emile). *Les Ruines des Vosges*, 2 vol. in-12. ch. 450 p. illustr. ch. vol. br. 3 fr. 50. Berger-Levrault. Paris, 1918.

L'Empire colonial français.

COLONIES.	SUPERFICIE EN KM. Q.	POPULATION. (1911)	COMMERCE GÉNÉRAL (VALEURS EN MILLIERS DE FRANCS) — IMPORTATIONS. 1913	IMPORTATIONS. 1916 prov.	EXPORTATIONS. 1913	EXPORTATIONS. 1916 prov	TOTAL. 1913	TOTAL. 1916 prov.
Afrique du Nord.								
Algérie	575.239	5.564.000	720.111	808.490	562.917	749.173	1.202.028	1.552.663
Tunisie	125.130	1.929.000	144.254	184.255	178.663	118.795	322.918	253.050
Maroc	420.000	4.000.000	149.774	228.983	30.865	81.871	180.640	310.854
Colonies d'Afrique.								
Afrique Occid. Française	3.918.250	1.313.000	151.574	170.785	126.143	129.539	277.718	300.271
Afrique Equat. Française	1.453.888	6.137.000	21.181	»	36.865	»	57.946	»
Madagascar	585.533	3.154.081	46.747	101.956	56.054	85.015	102.801	186.971
Réunion	2.400	177.677	24.934	23.397	16.592	33.175	41.527	56.572
Côte des Somalis	120.000	208.061	33.916	39.239	47.704	51.625	81.620	90.864
Colonies d'Asie.								
Etabl. de l'Inde	513	277.723	10.837	4.418	43.720	23.157	54.557	27.575
Indo-Chine Française	803.055	16.315.063	306.238	334.956	345.259	390.981	651.697	775.937
Colonies d'Amérique.								
St-Pierre et Miquelon	241	6.483	4.356	3.620	6.201	2.927	10.558	6.536
Guadeloupe	1.780	190.275	20.174	24.955	18.287	42.206	38.462	67.161
Martinique	987	182.024	22.144	33.854	28.896	60.990	51.041	94.844
Guyane Française	88.240	39.117	12.494	10.780	12.222	11.149	24.717	21.929
Colonies d'Océanie.								
Nouvelle Calédonie	18.654	55.886	17.707	»	15.838	»	33.546	»
Etabl. français d'Océanie	3.998	30.563	9.030	7.121	11.554	10.482	20.584	17.603
	10.592.848	50.413.523	1.704.530	1.921.568	1.360.916	1.691.085	3.243.067	3.712.853

COLONIES ET PAYS DE PROTECTORAT

Leur valeur et leur rôle.

Dans son ouvrage intitulé *Un demi-siècle de civilisation française* (1870 1915), M. Raphaël-Georges-Lévy a pu dire de la France : « Elle a fondé un « empire colonial qui, après celui de l'Angleterre, est le premier du monde: « sur toute la vaste étendue de ses possessions africaines et asiatiques, elle « a fait régner la justice; *elle a civilisé* au plus noble sens du mot! »

Un regard sur la carte permet de mesurer aisément l'étendue des espaces couverts par le pavillon français : d'une part, le bloc africain : Algérie, Tunisie, Maroc, Sénégal, Haut-Niger, Côte d'Ivoire, Guinée, Soudan, Sahara et Congo; d'autre part le continent de Madagascar, le vaste empire indo-chinois, la Nouvelle-Calédonie, la Guyane, les Antilles, etc.

Ce que ce vaste empire représente d'étendue, de population, de richesse, on en aura une idée par le tableau ci-contre et on a pu dire que la France s'est battue, dans une large mesure, pour ses colonies. L'entretien qui eut lieu le 4 août 1914 entre M. de Jagow et sir Edward Goschen, le ministre britannique à Berlin, ne permet pas de contester ce fait. C'est le témoignage le plus frappant de la valeur de l'empire lointain que quarante ans de sacrifices et d'efforts ont constitué.

Un empire colonial, au point de vue économique, se présente sous un double aspect : il est importateur et exportateur, il achète et il fournit. Il semble bien qu'à l'origine du mouvement colonial, vers 1880, l'aspect « débouché » ait pris la première place. Mais le développement de l'industrie, le déficit des diverses récoltes ont, surtout depuis la guerre, imposé de rechercher, dans les pays jusqu'ici peu exploités, un complément d'approvisionnements.

La France importait annuellement avant la guerre pour env. 6 milliards (en 1913, 7 milliards 800 millions) de matières nécessaires à l'alimentation et à l'industrie : les 9/10e venaient de l'étranger, 1/10e seulement de ses colonies, ainsi qu'il résulte du tableau ci-après :

Importations de matières premières en France en 1913.

	QUANTITÉ EN TONNES	VALEUR TOTALE EN FR.	% (COLONIES).
Laine	285.000	702.000.000	2
Houille	22.866.000	583.000.000	»
Coton	329.000	578.000.000	0,2
Jute	122.000	73.000.000	»
Caoutchouc	15.000	123.000.000	15
Bois communs	2.033.000	210.000.000	2,4
Bois exotiques	165.000	28.000.000	26
Pâte de cellulose	465.000	67.000.000	7,5
Céréales	2.928.000	565.000.000	15
Millet	6.000	1.700.000	»
Riz	262.000	65.000.000	87,7
Graines oléagineuses	962 000	28 .000 000	26,5
Huile	31.000	27.000.000	40
Huile d'olive	14.000	18.000.000	77
Graisses	27.000	26.000.000	6
Cacao	29.000	54.000.000	2,2
Café	115.000	207.000.000	0,9
Sucre	115.000	34.000.000	85
Bétail	58.000	48.000.000	85
Viande	18.000	41.000.000	14
Peaux brutes	75.000	249.000.000	10
Peaux pour cuirs	8.000	71.000.000	0,5
Poissons de mer	262.000	65.000.000	87,7

Toutes ces matières, sans exception, sont produites par les colonies, et on estime généralement que sur les 7.800 millions achetés à l'étranger, 4.700 millions de produits pourraient être fournis par les colonies, mais, avant la guerre, 59 p. 100 de leur production allait à l'étranger, comme le montre le tableau ci-après des principaux produits exportés en 1913.

PRODUITS D'EXPORTATION.	PRINCIP. COLONIES PRODUCTRICES.	EXPORT. EN 1912 EN TON.	EXPÉDITIONS		PAYS ÉTRANGERS DONT LA FRANCE TIRE LES MÊMES PRODUITS
			EN FRANCE	A L'ÉTRANGER	
Riz	Indo-Chine.	1.280.000	274.434	975.000	Birmanie-Ind[e]
Maïs	Indo-Chine.	133.273	130.000	3.273	
	Dahomey.	13.256	4.756	8.500	
Manioc	Madagascar.	19.903	18.700	1.203	
Fèves		»	»	»	Chine. (7 mill. de fr.).
Pois	»	»	»	.	Inde bri[t]. (9 mill. de fr.).
Vanille	Martinique. Guadeloupe. Madagascar.	20	2	18	
Poivre	Indo-Chine.	6.300	2.800	3.500	
Café	Guadeloupe	1.108	»	»	Brésil, 64 750t.
	Nouv.-Calédonie	962	»	»	H[a]ïti, 30.000 t.
Thé	Indo-Chine.	485	314	121	Chine, Java, Inde brit.
Cacao	Guadeloupe.	925		.	
	Martinique.	524	710	.	
Sucre de canne	Guadeloupe.	26.000	»		
	Martinique.	40.000	»	»	
	Réunion.	38.000	»	»	
Arachide	A. O. F	247.084	1/3 en	1/3 en Angl.	
Huile de palme	A. O. F.	13.985	France.	1/3 en Allem.	
Amandes	A. O. F.	30.393			
Ricin	Indo-Chine.	137	»	»	
Caoutchouc	A.O.F. et A.E.F.	8.11:		»	Java, Ceylan
Bois	A. E. F.	150.688		90.000 (All.)	Brésil, etc.
Éco[rces] tanna[n]tes	Madagascar.	22.000	60.00[0]	20.682 (All.)	
Viandes	Madagascar.	20.000	1.219	»	
Peaux	Madagascar.	»	-	2/3 (All.).	Rép. Argent.
Charbon	Tonkin.	371.000	»	280.000 (Chine).	Angl. Allem.
Sel	A. O. F.	80.000	»	.	
Or	A. O. F.	»	»	.	
Nickel	Guyane.	3	»	»	
	Nouv.-Calédonie.	»	»	»	
Chrome	»	»	»	»	
Fer	Indo-Chine.	»		»	
Zinc	Algérie, Tunisie.	28.000	» »	930 »	Espagne 59.293 t.
Cuivre	Algérie. Indo-Chine. A.E.F.	1.937	» »	»	Mexique, 4.500 t.
Graphite	Madagascar.	»	»		

Les richesses des colonies françaises sont, il est facile de s'en rendre compte, surtout des richesses agricoles. Comme dans tous les pays neufs et malgré l'essor industriel, l'agriculture tient la première place.

Le tableau suivant montre pour 1913 les quantités de produits exportées en France et celles exportées dans les pays étrangers. On remarquera la part prépondérante de l'Allemagne au Dahomey et au Gabon. D'autre part, par l'intermédiaire des entrepôts de Singapour et de Hong-Kong, des quantités de produits indo-chinois, plus considérables que celles accusées aux statistiques des douanes, parvenaient en Allemagne.

COLONIES.	EXPORT. TOT. (EN MIL. DE FR.)	DONT		
		FRANCE	ALLEMAGNE.	AUTRES PAYS ÉTR.
		en milliers de fr	en milliers de fr.	en mill. de fr
Sénégal	62.558	44.105	7.115	9.571
Haut-Sénégal et Niger	3.681	3.552	»	129
Guinée Française	16.439	7.663	3.718	4.981
Côte d'Ivoire	16.382	6.598	2.871	6.890
Dahomey	16.076	4.096	10.155	1.605
Gabon	15.654	2.782	3.628	5.196
Moyen-Congo Oubangui	17.909	11.606	231	5.740
Réunion	15.658	14.527	»	502
Madagascar	55.418	33.934	10.064	6.194
Mayotte et dép.	»	»	»	»
Côte fr. des Somalis	20.677	20	»	20.656
Etabl. fr. de l'Inde	11.253	3.161	7	5.252
Indo-Chine	285.547	75.054	4.415	167.380
St-Pierre et Miquelon	5.672	5.288	»	88
Guadeloupe	14.738	13.978	»	6
Martinique	25.890	25.514	»	25
Guyane franç	12.168	8.165	»	187
Nouvelle Calédonie	13.745	5.628	»	699
Etabl. fr. d'Océanie	11.323	1.578	85	1.734

Sur un total d'import. de 681 millions, la part de la métropole n'atteignait que 264 millions soit 39 %. Les deux principaux acheteurs des produits des colonies françaises étaient la Grande-Bretagne, dont les envois s'élevaient à 65 millions, et l'Allemagne. Les articles repris en douane comme allant directement en Allemagne ne dépassent pas une valeur de 16 millions 1/2 ; mais il faut tenir compte d'autres éléments que les statistiques n'indiquent pas.

Le commerce général des colonies françaises avait atteint, en 1917, le chiffre total de 1.940.388.808 fr. se décomposant de la façon suivante :

Afrique équatoriale	29.249.968
Afrique occidentale	384.744.471
Madagascar	222.978.558
Indo-Chine	803.775.596
Guadeloupe	90.070.078
Martinique	137.961.546
Guyane	25.119.515
Saint-Pierre et Miquelon	6.787.954
Inde française	33.591.527
Côte des Somalis	89.740.966
Réunion	48.786.301
Océanie	19.802.086
Nouvelle-Calédonie	37.800.242

Les colonies n'ont pas seulement apporté à la France pendant la guerre un concours économique nécessaire à son ravitaillement. Elles ont aussi aidé puissamment à la victoire par leur effort militaire et financier.

En juillet 1918, les colonies (y compris l'Afrique du Nord) avaient fourni aux armées 1.918.000 hommes dont 680.000 combattants effectifs et 238.000 travailleurs. A ces chiffres doivent être ajoutés 107.000 indigènes enrôlés dans nos armées avant la guerre, soit un total de plus d'un million d'hommes.

Les statistiques ne permettent pas de chiffrer les sommes souscrites par les colonies aux divers emprunts de la France; seule, la contribution financière de l'Algérie est connue : elle s'élève à 510 millions de francs.

L'AFRIQUE DU NORD

La Tunisie, l'Algérie et le Maroc, au point de vue géographique, considérés dans leur ensemble et serrés entre la Méditerranée et l'océan des sables du Sahara, constituent un tout parfaitement homogène, que les Arabes ont appelé « l'Ile du Couchant » (*Djezirat el Maghreb*) et auquel on a donné encore les noms d'Afrique mineure ou de Berbérie.

Au point de vue historique, l'Algérie est également inséparable de la Tunisie et du Maroc dont elle ne fut disjointe qu'aux époques d'anarchie. Dans le Sahara septentrional, la frontière administrative tracée par les Turcs au XVIIe siècle pour séparer l'Algérie de la Tunisie, a subdivisé arbitrairement les territoires d'importantes tribus. La frontière entre l'Oranie et le Maroc est encore plus artificielle et n'a même, dans le Sud, pu jamais être nettement définie, son tracé nord ayant seul été fixé par le traité de 1845. Ce grand pays, que les événements avaient morcelé en trois parties, l'action de la France a tendu depuis trois quarts de siècle à en reconstituer l'unité.

I. — ALGÉRIE

GOUVERNEMENT GÉNÉRAL

Histoire.

Les plus vieilles civilisations ont laissé des traces en Algérie et notamment dans le Sahara septentrional, où se retrouvent les stations néolithiques et les ateliers de silex. Des exodes primitifs, aux origines encore inconnues, ont fixé les premiers habitants désignés sous le n om générique de Berbères, dont la langue est encore aujourd'hui en usage chez les Kabyles algériens, les montagnards du Maroc et les Touareg du Sahara. De bonne heure, les Phéniciens créèrent des comptoirs sur la côte algérienne, à Hippone (Bône), à Alger, à Carthage, et les flottes commerciales et les armées de Carthage devinrent bientôt maîtresses de la Méditerranée. Après les longues guerres puniques entre Carthage et Rome, les Romains suscitèrent contre leur rivale, Massinissa, chef des Numides de la Province de Cirta (Constantine) qui s'empara de Carthage et la livra aux flammes. En récompense, les Romains lui donnèrent les états d'un autre prince indigène, Syphax, c.-à-d. les provinces d'Oran et d'Alger. Les rois berbères durent payer tribut et fournir des mercenaires à Rome. L'un d'eux, Jugurtha, essaya de se rendre indépendant et lutta quelque temps avec succès. Une trahison le livra aux Romains et, jeté dans un cachot à Rome, on l'y laissa mourir de faim. Sous Juba II, le royaume de Mauritanie a sa capitale à Césarée (Cherchell). Des routes sont tracées, des villes fondées (Timgad). Le christianisme apparaît en Afrique. On y compte 600 évêques, dont le grand évêque d'Hippone, Saint-Augustin. Puis, ce furent les invasions des Vandales, avec Genséric, la marche victorieuse des Byzantins. Belisaire cerna Gélimer, le dernier roi vandale, près de Bône et le força à capituler (553).

La première invasion arabe menée par Okba, qui fonda Kairouan, en Tunisie imposa l'islamisme à l'Algérie (VIIe siècle) ; la seconde, conduite par Hassan, après avoir brisé la résistance berbère, chassa définitivement les Byzantins d'Afrique. Au VIIIe s., l'Afrique Mineure est musulmane et les Berbères collaborent avec les Arabes à la conquête de l'Espagne. Au XIe s., se produit l'invasion hilalienne, migration de nomades pillards qui, refoulés d'Arabie sur l'Egypte, puis de là, vers la Cyrénaïque, se jetèrent sur le Maghreb comme sur une proie et le dévastèrent. A dater de cette époque, l'histoire de l'Afrique du Nord ne relate plus que guerres et anarchie. Cependant aux XIIIe et XIVe s., trois villes y jouent simultanément un rôle brillant, Tunis, Tlemcen qui compte jusqu'à 150.000 hab. et Fez.

Au seuil des temps modernes, les nations européennes allaient tour à tour tenter de s'établir sur les côtes de Berbérie. Dès le XIVe s., en 1561, une compagnie de négociants marseillais avait obtenu le privilège de la pêche du corail et bâti entre la Calle et le cap Rosa une grande maison carrée dite « Bastion de France ». Au XVe s., les Portugais créaient sur les côtes marocaines des comptoirs dont le développement économique et politique faillit leur donner un véritable empire. Les Espagnols, leurs héritiers, à la fin du XVIe s. ne surent que se maintenir péniblement sur quelques points, notamment à Oran. Du côté français, rien n'avait été tenté de durable : Louis XIV même s'était borné à envoyer ses escadres, le duc de Beaufort qui, en 1664, débarqua à Djidjelli, Duquesne qui, en 1681 et en 1683, bombarda Alger, et d'Estrées qui, en 1688, lança sur la ville 10.000 bombes pour y détruire le nid de pirates adonnés à la course. Il établit même avec le Dey d'Alger, par le traité du 25 septembre 1667, un régime qui faisait respecter les Français. Cependant les actes de piraterie se multiplièrent, nécessitant l'intervention de la France et de la Grande-Bretagne à la suite du Congrès d'Aix-la-Chapelle (1819). Des injures plus graves, le consul de France, Duval, souffleté par le dey (1827), obligèrent enfin le gouvernement français à décréter le blocus des côtes de la Régence puis à entreprendre une expédition militaire, sous les ordres du maréchal de Bourmont, qui se termina en moins d'un mois par la capitulation d'Alger (5 juillet 1830). Une campagne de trois années, vraie guérilla, permit aux généraux Clausel, Berthezène, Drouet d'Erlon, d'occuper Oran, Mers-el-Kébir, Bône (1832) et Bougie (1833) et d'assurer la conquête du littoral que complétèrent Duvivier et La Moricière, premiers chefs de ces nouveaux corps d'élite que furent les chasseurs et les spahis d'Afrique, les zouaves, la légion étrangère et les tirailleurs ou turcos.

La révolte de l'émir Abd-el-Kader, malgré les traités signés en 1833 (traité Desmichel) et 1837 (traité de la Tafna) obligea la France à entreprendre une nouvelle campagne et c'est le général Bugeaud, entouré de lieutenants d'élite, Duvivier, La Moricière, Cavaignac, Bedeau, puis plus tard le duc d'Aumale, Randon, Pélissier, Bosquet, Canrobert, qui firent de l'Algérie, de 1841 à 1847, une terre française au cours d'une glorieuse campagne dont les épisodes les plus brillants furent l'occupation de Mascara (1841), de Tlemcen et la prise de la smala d'Abd-el-Kader, le 15 mai 1843. L'émir fut réduit à se réfugier au Maroc. La bataille de l'Isly brisa la révolte marocaine qu'il tenta de susciter. Quelques-uns de ses lieutenants, tel Bou-Maza, essayèrent bien de soulever à nouveau l'ouest algérien et la Kabylie ; mais une nouvelle campagne accentua les progrès de l'intervention française et bientôt, grâce à l'initiative de La Moricière, le duc d'Aumale qui avait succédé à Bugeaud, obtint la soumission définitive d'Abd-el-Kader (1847).

Désormais, les opérations militaires vont passer au second plan. La prise de possession de Laghouat par Pélissier, l'occupation d'Ouargla et de Touggourt (1852-1854) assurent à la France la disposition des principales routes du Sahara algérien ; Bedeau, Pélissier, Bosquet, Randon domptent la Kabylie, qui n'a jamais obéi aux anciens maîtres de l'Algérie. En 1870-71, une grave insurrection provoquée par l'écroulement de l'empire et la défaite énergiquement réprimée en assure la prise de possession définitive. Les prises d'armes ultérieures (révolte des Chaouïas de l'Aurès en 1879, etc.) n'exposent plus la colonie à un péril sérieux. L'occupation du Mzab en 1882, des oasis sahariennes du Touat (1889), la soumission des tribus guerrières des Touareg, après le massacre des missions Flatters (1881), Palat (1886), Douls (1889), Morès (1895), ont permis de pacifier cette vaste étendue aux populations rares mais belliqueuses.

La France n'a pas seulement conquis le sol et imposé aux vaincus le respect de son autorité ; elle a, aussi, su établir dans son administration à l'égard des indigènes non seulement le respect des traditions religieuses et familiales mais des procédés de justice et de fraternité. L'armée a collaboré à l'œuvre de la civilisation, perçant des routes, préparant des villages, creusant des puits. Aussi, au moment de la déclaration de guerre, en 1914, nombreux ont été les volontaires, arabes et kabyles, venus dès le premier jour se joindre aux soldats d'une nation qui avait su leur prouver la grandeur du droit et de l'équité.

Géographie.

Au point de vue physique, la Berbérie présente une unité bien marquée. Par son origine, par sa structure, son climat, ses habitants, elle se rattache à l'Europe méridionale dont la Méditerranée la sépare. Elle est formée de deux séries de plissements montagneux, orientés ouest-est, l'*Atlas Tellien* et l'*Atlas Saharien*, parfois désignés sous les noms de Petit, Moyen et Grand Atlas, qui semblent avoir été jadis reliés aux chaînes de l'Espagne et de l'Italie, avec lesquelles ils offrent des analogies frappantes.

Ces plissements divisent le pays en trois parties :

1° Au Nord, le *Tell*, borné par l'Atlas Tellien, qui comprend les grands massifs du Dahra, de la Kabylie (Djurdjura), de l'Ouarsenis (altitude moyenne 2.000 mètres), séparés par des plaines côtières (plaines d'Oran, de la Mitidja ou d'Alger, de Bône) de hautes plaines intérieures (plaines de Tlemcen et de Sidi-bel-Abbès, de Mascara, de Médéa), et des vallées longitudinales (vallées du Chélif et du Sahel). Le climat est méditerranéen, à étés secs et chauds, avec, pendant les autres saisons, des pluies d'orages. Les cours d'eau sont des *oueds*, n'ayant de l'eau qu'en saison pluvieuse : les principaux sont : l'oued Chélif, l'oued Sahel. La végétation est méditerranéenne : maquis de lentisques et d'aloès ou forêts de cèdres, chênes-verts, chênes-lièges, cyprès, figuiers de Barbarie, etc. Les céréales faisaient de ce pays dès l'antiquité le grenier de Rome ; l'olivier y prospère également, la vigne y a été introduite avec grand succès.

2° Au Centre, les *Hauts Plateaux* (principal massif, l'Aurès), hautes surfaces presque planes, formées des débris entraînés par les eaux des montagnes, au climat rude et continental, avec grandes variations entre les saisons et pluies rares. Les eaux vont se perdre par des oueds, dans des *chotts*, lagunes salées, s'évaporant peu à peu. La végétation de ces maigres steppes ne comporte guère que des plantes ligneuses et sèches d'ailleurs bonnes pour le pacage des chameaux et des moutons. La seule exploitation rémunératrice y est celle de l'alfa, graminée fibreuse, récoltée en abondance pour la sparterie et la fabrication du papier.

3° Au Sud, le *Sahara*, vaste zone désertique, comportant soit, surtout à l'est, des *chotts* qui reçoivent les eaux de l'Ouest et du Sud par les oueds Mia, Igharghar et Dejdi, soit, surtout au Sud, des *ergs*, grandes dunes de sable souvent mouvantes, soit, et surtout à l'ouest, des *hamadas*, hauts plateaux pierreux encore plus désolés. Climat continental à grandes variations et absolument sec. Végétation presque nulle, sauf autour des points d'eau, où les palmiers dattiers se groupent en oasis et permettent, aux alentours, la culture des céréales.

Organisation politique et administrative.

Depuis 1830, l'organisation de l'Algérie a subi de nombreuses modifications. Après l'expérience du rattachement, le Gouvernement français procéda le 10 mai 1896 à la réorganisation administrative de la colonie.

Le décret qui suivit a centralisé la haute administration du territoire à Alger, sous l'autorité d'un Gouvernement Général et sous le contrôle du Ministre de l'Intérieur. La loi de 1910, qui a donné à l'Algérie son autonomie financière, a chargé le Gouverneur Général de fonctions nouvelles au point de vue financier.

Le Gouverneur Général, nommé par décret du Président de la République, est assisté d'un *Conseil de Gouvernement* de dix-sept membres, qu'il préside et qui se prononce sur certaines affaires avec voix délibérative ou consultative et d'un *Conseil Supérieur*, qui a pour attributions principales l'examen du projet de budget et la répartition des impôts. Les *Délégations Financières*, créées par décret du 23 août 1898, corps de délibération, de contrôle électif et consultatif, comprennent trois groupes de membres ou délégations, l'une de fonctionnaires, l'autre de colons français, la troisième de contribuables non colons, c'est-à-dire indigènes.

L'Algérie est divisée en trois départements d'Alger, d'Oran et de Constantine, à la tête de chacun desquels se trouve un préfet, assisté d'un Conseil de Préfecture et d'un Conseil Général. La partie du département qui est administrée par l'autorité militaire est sous le régime défini en 1879. Le territoire civil est divisé en arrondissements. Les sous-préfets sont de véritables inspecteurs permanents. Il n'y a pas de conseils d'arrondissement et la division en cantons n'existe pas.

Les Territoires du Sud, au nombre de quatre, Ghardaïa, Aïn-Sefra, les Oasis et Touggourt forment une véritable colonie distincte. Un commandement militaire dirige, dans chacun d'eux, tous les services administratifs et militaires, sous l'autorité du Gouverneur. Ils ont un budget autonome et distinct de celui de l'Algérie et la personnalité civile.

L'administration communale comprend, en territoire civil, les *communes de plein exercice*, administrées conformément au régime métropolitain où la part faite à la représentation indigène est faible (6 conseillers municipaux ou le quart de l'effectif total du Conseil) et les *communes mixtes*, gérées par un administrateur faisant fonction de maire et assisté d'une commission municipale à avis purement consultatif et composée de Français élus et d'indigènes nommés. En territoire militaire, on distingue les *communes mixtes* semblables à celles des territoires civils et les *communes indigènes*, dont l'administration est remise à l'officier commandant de cercle, assisté d'une Commission municipale qui comprend des représentants des sections indigènes. Dans ces deux dernières catégories de communes, on a reconstitué, depuis 1895, les *djemaas* de douar qui décident seules, sauf approbation du Gouverneur, de l'aliénation ou de l'échange des biens communaux du territoire ; elles délibèrent sur la plupart des questions d'intérêt local avant la Commission municipale.

La même organisation communale existe dans les Territoires du Sud.

L'importance et la valeur du concours donné par l'Algérie à la France pendant la guerre ont amené le Gouvernement français à faire voter par les Chambres un nouveau programme de réformes. La loi du 4 février 1919 (*J. O.* du 6 février) accorde la qualité de citoyens français aux indigènes d'Algérie qui ont satisfait à l'une des conditions suivantes: avoir servi dans les armées de terre ou de mer, être propriétaire ou fermier ou inscrit au rôle des patentes, savoir lire et écrire en français, être titulaire d'une décoration française. Les indigènes musulmans algériens qui n'ont pas réclamé la qualité de citoyen français sont représentés dans toutes les assemblées délibérantes de l'Algérie (délégations financières, conseil supérieur de gouvernement, conseils généraux, conseils municipaux, commissions municipales, djemaas de douars) par des membres élus, siégeant au même titre et avec les mêmes droits que les membres français. Ils sont admis au même titre que les citoyens français aux fonctions et emplois publics (exception faite pour certaines fonctions d'autorité énumérées dans le décret du 26 mars 1919.)

Depuis janvier 1919, les colons et indigènes sont exactement soumis aux mêmes impôts. Les impôts spéciaux, dits impôts arabes, qui portaient exclusivement sur la population indigène, sont supprimés et remplacés 1° par une contribution foncière des propriétés non bâties (taux, en principal, fixé à 5 % du revenu imposable de ces propriétés); 2° par des impôts sur les bénéfices industriels, commerciaux, agricoles, sur les traitements publics et privés et sur les professions non commerciales: 3° par un impôt complémentaire sur l'ensemble du revenu (Décret du 1er déc. 1918).

Un projet de décret comporte la création, à Paris, d'un Comité Consultatif de l'Algérie qui jouera, vis-à-vis du gouvernement, le rôle si important et si utile que remplit le conseil de l'Inde vis-à-vis du gouvernement britannique. Dans ce conseil entreront, en nombre restreint, des hommes ayant acquis par une longue pratique la connaissance des questions algériennes. Le projet de M. Jonnart prévoit 18 délégués désignés pour sept ans : Français (3 nommés par le ministre de l'Intérieur, sur la proposition du gouverneur général ; 3 élus par le Sénat, 3 par la Chambre, 3 par les membres français des délégations financières), et 6 indigènes (dont 3 nommés par le ministre de l'intérieur sur la proposition du gouverneur général, 3 élus par les membres indigènes des délégations financières).

Ce comité donnera son avis sur les projets de lois, les décrets, toutes les mesures qui touchent aux grands intérêts de l'Algérie. La participation des délégués indigènes garantira à ceux-ci la possibilité de faire toujours entendre leur voix.

La colonisation.

Le décret du 13 sept. 1904, tout en maintenant ou modifiant les modes d'aliénation du décret de 1878, a établi le système de la vente à bureau ouvert et fait du système de la concession gratuite l'exception.

Tout Français, n'ayant jamais acquis de terres de colonisation, peut se présenter et obtenir un lot ; il paye un quart comptant et le reste par huitièmes. Il n'est pas tenu de résider personnellement et peut se substituer une famille de même origine ; mais, s'il réside personnellement, il est exonéré d'une partie du prix.

Pour les concessions gratuites, le maximum d'étendue est porté de 40 à 200 hectares, la durée de résidence, de 5 à 10 ans. Aux acquéreurs comme aux concessionnaires, soumis à certaines obligations sous peine de déchéance, la législation assure un crédit.

Le nombre des concessions accordées annuellement qui était de 314 en 1901 est tombé à 95 en 1910. De 1900 à 1907, 431 lots seulement avaient été vendus à bureau ouvert. Quant aux sommes consacrées à la colonisation, elles augmentent constamment, grâce aux emprunts. De 1902 à 1907, il a été dépensé au total 21 millions, soit 3 millions 1/2 par an.

La réserve actuelle ne dépasse d'ailleurs pas quelques centaines d'hectares.

Prix des terres en 1918 : Dép. d'Alger : 831 fr. l'ha.; dép. d'Oran, 955 fr. ; dép. de Constantine, 605 fr.

Les gouverneurs généraux civils de l'Algérie.

Depuis le décret du 24 oct. 1870 qui a donné à l'Algérie une nouvelle organisation administrative et institué un Gouvernement général civil, les gouverneurs généraux civils de l'Algérie ont été, depuis 1870 :

Amiral de Gueydon	29 mars 1871-juin 1873.
Général Chanzy	Juin 1873-1879.
Albert Grévy	1879-mai 1881.
Tirman, conseiller d'Etat	26 nov. 1881-avril 1891.
Jules Cambon, préfet du Rhône	Avril 1891-sept. 1897.
Lozé, ministre plénip	28 sept.-1er oct. 1897 (non acceptant).
Lépine, préfet de police	Oct. 1897-août 1898.
Laferrière, vice-prés. du Conseil d'Etat	Août 1898-oct. 1900.
Jonnart, député	Oct. 1900-juin 1901.
Revoil, ministre plénip	Juin 1901-avril 1903.
Jonnart, député	Mai 1903-mars 1911.
Lutaud, préfet du Rhône	Mars 1911-janvier 1918.
Jonnart, sénateur	29 janv. 1918-29 juill 1919.

Gouvernement général.

Gouverneur général : ABEL, député (31 juillet 1919).
Secrétaire général. *Dubief*. — Chef du cabinet : N...
Maison militaire du Gouverneur général : N...
Délégations financières. Prés. : E. *Giraud*.

Département d'Alger.

Préfet. A.-J. *Lefébure* ✱. Secrétaires généraux : *Basset* (administration). — *Bardenat* (police générale et affaires indigènes).

Conseil général. Président : *Broussais*, député.

Armée (19e région). Général de division, commandant le 19e corps d'armée : *Nivelle* (G. C., ✱); Général de div. commt la Division d'Alger : *Bazolle*.

Marine : Sous-arrond. mar. Commandant de la Marine en Algérie : contre-amiral *Enn*.

Culte catholique : Archevêché d'Alger. Archevêque : *Leynaud*.

Culte israélite (consistoire départ. algérien). Grand rabbin honoraire : *Weil* (Moïse).

Culte musulman. — Rite maléki : *Ben Nasseur si Mohamed Arezki ben Ali* ✱. muphti ; Rite hanefi : *Mohammed ben Ahmed Boukandoura* ✱, muphti.

Culte protestant. — Consistoire provincial : *Talaut*, président.

Instruction publique. — Académie d'Alger. Recteur : *Ardaillon* ✱. Université d'Alger : Faculté de droit, *Morand* ✱, doyen. — Fac. des lettres, *Basset* ✱, doyen. — Fac. de médecine et de pharmacie : *Curtillet* ✱, doyen — Fac. des sciences ; *Ficheur* ✱, doyen. — Inspecteur d'Académie : *Taillart* ✱. — Bibliothèque de l'Université : Chef : *Paoli*.

Justice : Cour d'Appel. Premier Président : *Madaune* ✱. — Procureur général : *Robe* (O. ✱). — Tribunal de 1re instance. Président : *Martin*.

Finances. Inspecteur général : *Paturet*. — Trésorier-général : *Reisser*.

Mairie d'Alger. Maire : *Raffi*.

Sous-préfectures : Médéa. Sous-préfet : *Armand*. — Maire : A. *Richard*.
Miliana. Sous-préfet : *Teissier*. — Maire : *Lafon*.
Orléansville. Sous-préfet : A. *Granger*. — Maire : *Robert*.
Tizi-Ouzou. Sous-préfet : *Catalogne*. — Maire : *Pitavy*.

Département de Constantine.

Préfet : *Duvernoy*.

Secrétaires gén. : *Morris* ✱ (administration) ; *Masselot* (aff. indigènes). — *Conseil général*. Président : *Morinaud* (O. ✱).

Armée. — Subdiv. de Constantine. Ct. Général *Deshayes de Bonneval*.

Culte catholique. Evêque : *Bessière*. — *Culte israélite*. Grand rabbin : N...

Culte réformé. — Pasteurs : Meyer. — N...

Culte musulman. — Rite maléki : N... ; Rite hanefi... N...

Instruction publique. — Insp. d'Académie : *Ab Der Halden.*
Justice. — Trib. de 1re instance. Président : *Loth.*
Mairie de Constantine. — Maire : J.-E. *Morinaud* (O. ✱).
Sous-préfectures :
Batna. Sous-préfet : *Don.* — Maire : *Maglioli ;*
Bône. Sous-préfet : *Lovichi.* — Maire : Dr *Bullicd ;*
Bougie. Sous-préfet : *Chaumet.* — Maire : N... ;
Guelma. Sous-préfet : *Fidelle.* — Maire : *Panisse ;*
Philippeville. Sous-préfet : *Bonafous* ✱. — Maire : *Passérieu ;*
Sétif. Sous-préfet : *Ribet.* — Maire : Ch. *Aubry* ✱.

Département d'Oran.

Préfet : Mathivet. — Secrétaires généraux : *de Cattoli* (administration). — G. *Rognon* ✱ (aff. indigènes).

Conseil général. Président : *Renaud.* — *Mairie d'Oran.* Maire : J. *Gasser* ✱.

Armée. Division d'Oran. Général *Cherrier*, commandant ; *Culte catholique.* Evêque : *Légasse.* — *Consistoire protestant.* Président : *Brunet.* — *Consistoire israélite*, grand rabbin : *Weil.* — Culte musulman. Muphti : *Ali-ben Abder-rahman.*

Instruction publique. — Inspecteur d'Académie : *Brunet.*

Justice. — Tribunal de 1re instance. Président : *Mercier.* — Procureur de la Rép : *Draco.* — *Finances.* — Payeur principal : *Caré.*

Sous-préfectures : Mascara. Sous-préfet : *Bert.* — Maire : L. *Martin* ; Mostaganem. Sous-préfet : *Leblanc.* — Maire : *Rousseau* ; Sidi-Bel-Abbès. Sous-préfet : *Blachon.* — Maire : A. *Lisbonne* ✱ ; Tlemcen. Sous-préfet : *Ghisolfi.* — Maire : *Barisain.*

Population.

D'après le dernier recensement de 1911, l'Algérie compte pour une superficie totale de 575.289 km. q., une population de 5.563.828 hab. (9,7 par km. carré) se décomposant en : Français 492 660 ; étrangers européens 189.112 dont 135.150 Espagnols ; indigènes algériens 4.711.276.

L'élément indigène comprend surtout des *Kabyles* ou *Berbères*, actifs, industrieux, surtout groupés dans les régions agricoles ; des *Arabes*, plus nombreux dans les régions de pastorat et de nomadisme ; des *Juifs* et, au Sud, des *Touareg.*

Les villes principales sont : Alger 172.397 hab. ; Oran 123.086 h. ; Constantine 65.173 ; Bône 42.039 ; Tlemcen 39.874 ; Tizi-Ouzou 31.401 ; Sidi-Bel-Abbès 30.942 ; Philippeville 27.137 ; Sétif 26.261.

Instruction.

L'Algérie est soumise pour l'instruction publique des Européens au même régime que la métropole. On comptait, pour l'année 1914-15, 1.287 écoles primaires et maternelles européennes avec une clientèle scolaire de 144.984 élèves dont 74.419 garçons et 493 écoles indigènes musulmanes avec 926 classes et 39.953 élèves dont 37.426 garçons.

L'enseignement européen comprend l'*Université d'Alger* avec Fac. de droit, de médecine et de pharmacie, des sciences, des lettres, pourvues des enseignements et moyens d'étude pour la préparation de tous les grades d'Etat conférés par ces diverses Facultés. La Faculté de Droit, outre les diplômes habituels, confère également les certificats ordinaires et supérieurs d'études de législation algériennes, de droit musulman et de coutumes indigènes et le certificat d'études administratives algériennes ; la Faculté mixte de Médecine et de Pharmacie a, outre l'enseign. ordinaire, un enseign. spécial pour les auxiliaires médicaux indigènes ; la Faculté des lettres, outre les diplômes ordinaires, confère le diplôme d'études supérieures de langue et littérature arabes, le brevet de langues arabe et kabyle, le diplôme des dialectes berbères. A la Faculté des sciences sont annexés la Station zoologique et l'Observatoire astronomique de Bouzaréa.

En dehors de l'Université, mais dans le ressort académique d'Alger, existent à Alger même, l'*Ecole supérieure de Commerce*, qui a les mêmes enseignements, durée des études et diplômes que les autres Ecoles du même type, l'*Ecole nationale des Beaux-Arts*, l'*Ecole d'Hydrographie* ; à Maison-Carrée, l'*Ecole Coloniale d'Agriculture* ; à Philippeville, l'*Ecole Coloniale d'Agriculture* et à Dellys, l'*Ecole Coloniale d'Apprentissage*.

Il existe, d'autre part, des lycées de garçons et de jeunes filles à Alger, Constantine, Oran ; des Collèges de garçons à Blida, Bône, Mostaganem, Philippeville, Sétif, Sidi-Bel-Abbès, Tlemcen ; de jeunes filles, à Bône ; une Ecole normale à Alger (Bouzaréa) ; des écoles normales d'instituteurs à Constantine, Oran, d'institutrices, à Constantine, Miliana, Oran ; des écoles primaires supérieures de garçons à Constantine, Miliana, Sidi-Bel-Abbès ; de jeunes filles à Blida, Constantine, Miliana, Mostaganem ; des écoles de broderie à Alger ; de tapis indigènes à Tlemcen, etc.

L'enseignement musulman, réorganisé en 1895, est donné dans les *médersas*, établ. d'enseignement supérieur à Alger, Constantine, Tlemcen, les *mosquées*, les *zaouïa* et les *écoles coraniques*.

L'enseignement professionnel créé en 1898, comporte le travail du bois et du fer à Guenzel, la préparation des cuirs et peaux (Saïda), la poterie (Nedroma), les industries d'art indigènes, tapis à Tlemcen, Redradire, Morsott, tissage à El Milia, broderies de fil métallique à Constantine, broderies de soie sur étamine à Oran, une école ménagère agricole et une école d'apprentissage horticole, toutes deux au Jardin d'Essai du Hamma.

Mouvement économique.

Finances.

L'Algérie a, depuis 1900, un budget spécial autonome. De 1901 à 1913 ses budgets se sont soldés par des excédents, mais les cinq exercices de guerre ont causé un déficit de plus de 120 millions (26 millions en 1913, 41 en 1915, 23 en 1916, 22 en 1917 et 8 en 1918), surtout par suite des allocations de cherté de vie.

Les chiffres du budget de 1917 étaient les suivants :

RECETTES		DÉPENSES	
Contrib. directes	13.805.416	Administration. Dette	34.819.594
— indirectes	61.720.952	Intérieur	30.496.756
Recettes domaniales	10.198.645	Affaires indigènes	8.201.487
Monopoles	10.496.319	Finances	10.794.387
Produits divers	6.266.269	Postes et Télégr	15.622.607
Recettes d'ordre	26.827.725	Travaux Publics	21.457.996
Recettes extraord.	1.550.000	Agricult. Commerce	4.021.762
Recettes spéciales	1.226.000	Dépenses éventuelles	5.116.093
		Dépenses extraord.	1.550.000
	132.091.326		132.080.652

Le budget de 1920 s'établit ainsi :

	Budget ordinaire	Budget extraord.	Totaux
Recettes	289.808.106 fr.	220.344.695 fr.	510.652.801 fr
Dépenses	289.795.041 —	220.844.695 —	510.639.736 —
Excédent de recettes	13 065 —	»	13,065 —

La métropole garde à sa charge les dépenses militaires. Il a d'autre part été constitué en 1902 un budget autonome spécial des Territoires du Sud qui, en 1920, s'est élevé à : recettes 9.177.323 fr., dépenses 8.948.373 fr

Le montant de la dette consolidée au 31 déc. 1917 était de 81.551.835 fr.

Productions.

L'Algérie est une contrée essentiellement agricole. C'est un pays de culture (principalement dans le Tell) et d'élevage (région des Hauts Plateaux).

Cependant, la pluie qui y tombe est insuffisante. Sur les 20.125.100 ha. que comprend la superficie totale des terres de l'Algérie du nord, 4.352.000 ha. sont cultivés, dont 3.079.100 ha. consacrés aux céréales. Rendement extrêmement variable, suivant l'abondance des pluies ; en moyenne, 4 à 5.

Production agricole. — La production des céréales pour les cinq dernières années a été la suivante en milliers de quintaux métriques :

	1914	1915	1916	1917	1918
Blé dur	8.100	9.400	5.476	3.867	10.162
— tendre	»	»	2.457	2.433	3.334
Orge	8.200	8.700	7.831	6.211	13.225
Avoine	1.900	1.900	1.907	2.340	3.326
Totaux	18.200	20.000	17.672	14.852	30.097

L'année agricole 1917-18, marquée par un régime de pluies abondantes, a donné d'excellents résultats. Les fourrages ont été abondants.

La grosse richesse de la colonie est l'industrie vinicole qui porte sur 170.000 hectares. Elle a eu à subir depuis 1914 une forte diminution dans la production, tant par suite de la rareté de la main-d'œuvre, du manque de bêtes que de la pénurie des engrais et produits anti-cryptogamiques. Les résultats des cinq dernières années ont été les suivants, en milliers d'hectolitres :

	1915	1916	1917	1918	1919
Alger	3.056	4.622	3.145	2.699	3.369
Oran	1.681	3.507	2.386	2.886	3.783
Constantine	402	751	700	753	626
Territoires militaires	»	1	2	4	5
Totaux	5.139	8.781	6.223	6.343	7.783

Les vins de 1918 ont été de qualités très diverses. Ils ont continué à faire l'objet de cours élevés, mais le manque de futailles et les difficultés de transport les ont souvent empêchés d'arriver en France.

Les mêmes causes qui ont affecté la viticulture, ont gêné, en 1919, le mouvement d'exportation des fruits et primeurs, dont la culture s'était particulièrement développée ces dernières années. Les mouvements d'exportation pour ces produits ont été les suivants dans le cours des années 1916, 1917 et 1918 :

	1916	1917 (Quintaux.)	1918
Pommes de terre	143.839	101.903	118.151
Citrons et oranges	34.899	33.943	34.258
Mandarines	79.392	68.669	92.161
Raisins de table	51.700	31.074	5.839
Artichauts	58.481	45.351	28.144
Fèves fraîches	2.448	1.605	1.467
Haricots verts	25.684	23.223	2.657
Petits pois	10.393	5.430	2.294
Tomates	38.351	19.930	7.194
Divers (oignons, aulx, etc)	15.293	11.276	7.128

Il faut noter aussi le développement de nouvelles cultures. Ainsi celle du coton devient très rémunératrice, 43 hectares ont été ensemencés dans l'Oranie et 86 à Orléansville (Alger). Le rendement atteint de 15 à 18 quintaux bruts à l'hectare. L'exportation est passée de 710 quintaux en 1911 à 1.411 quintaux en 1916.

L'olivier, dont la culture a été renforcée par des plantations européennes, donne annuellement de 25 à 300.000 hectolitres d'huile. Si l'Algérie exporte chaque année d'importantes quantités d'huile (54.822 quintaux en 1915 et 82.009 en 1916), elle importe, par contre, plus de 100.000 quintaux d'huile de graines de la métropole, dont elle reste, en dernier compte, tributaire.

Les racines médicinales, herbes, fleurs et feuilles, ont donné lieu en 1915 à une exportation de 2.800 quintaux pour une valeur de 840.000 fr. La culture du ricin a été reprise sur une étendue de 3.000 hectares environ. On espère que la récolte de 1918 donnera environ 3.000 tonnes.

De gros efforts ont été faits pour intensifier la culture du tabac. Les superficies déclarées ont passé de 7.641 hectares en 1915 à 16.973 ha. en 1917 : le nombre des planteurs, de 10.507 en 1915 à 13.863 en 1917 ; la production pour 1917 a été de 16.400 tonnes pour le tabac à fumer, dont 9.457 t. fournies par le dép. d'Alger et 6.484 t. par le dép. de Constantine, et de 24.010 tonnes en 1918.

Figues sèches : exportation pendant les 10 premiers mois de la dernière campagne (1er sept. 1918-30 juin 1919) : 194.947 qx.

Dattes : dernière récolte légèrement inférieure.

L'alfa croît spontanément et recouvre de vastes étendues. Elle sert non seulement pour la fabrication de la pâte à papier mais également pour la confection des ouvrages dits en sparterie. L'exportation de cette plante, qui s'élevait encore en 1916 à 811. 997 qx. est tombée à 118.9[illegible]0 qx. en 191[illegible]. Elle se fait presque entièrement à destination de l'Angleterre, où la houille, la soude et le chlorure de chaux nécessaires pour la préparation de la pâte à papier d'alfa sont d'un prix moins élevé qu'en France. De plus, les vapeurs anglais, qui transportent le combustible consommé en Algérie, au lieu de revenir à vide, prennent l'alfa comme fret de retour.

Production animale. — L'élevage, bien qu'il soit en baisse depuis plusieurs années, montre cependant un chiffre de plus de 8 millions de têtes de bétail et le mouton est une des richesses du pays. On compte également 250.000 chevaux, 276.000 ânes, 193.000 chameaux ; l'élevage du porc est pratiqué par les Européens dans le dép. d'Oran. L'apport de l'Algérie a été, pour la campagne 1917, de 700.000 ovins, 13.609 bovins, 19.149 porcins. Les Remontes ont acheté en 1918 [illegible].121 chevaux, [illegible]02 mulets. En plus des animaux exportés, les abatages ont porté sur 96.378 bovins, 705.410 ovins, 106.334 caprins, 18.890 porcins. Les cuirs recueillis ont dépassé 500.000 kgr. et 1.586.000 peaux de chèvre ont été achetées par l'Intendance. Celle-ci a procédé à la réquisition de toutes les laines, qui a porté sur 6.507.886 kgr. d'une valeur d'achat de 12.715.863 fr. Expédition d'œufs : en 1918, 21.190 qx. en France et 173 qx à l'étranger, valeur 6.039.000 fr. (27.108 qx. valeur 5.391.000 fr. en 1917.)

Productions forestières. — L'étendue totale des forêts algériennes peut être évaluée à environ 3 millions d'hectares. La surface des forêts domaniales gérées par le service forestier est de 2.239.621 ha. dont 1.006.244 ha dans la conservation de Constantine.

Les peuplements de chêne-liège occupent en Algérie une superficie approximative de 426.000 hectares ; ils sont plus denses et plus étendus à l'Est qu'à l'Ouest. Les récoltes du liège de reproduction dans les seules forêts domaniales se sont élevées à 43.140 qx. d'une valeur de 990.313 fr. en 1918. L'Etat et une partie des propriétaires particuliers vendent leur liège brut, c'est-à-dire tel qu'il se trouve lorsqu'il a été récolté sur l'arbre, mais après une période de quarante jours pendant laquelle il a perdu 20 à 22 p. 100 de l'eau qu'il contenait. Le liège est ensuite préparé pour être livré au commerce et il subit successivement les opérations du bouillage, du raclage, du classement et de la mise en balles.

L'ensemble des importations en France, en y comprenant les bois d'ébénisterie et de liège, a montré le mouvement suivant pour les trois dernières années :

	1916	1917	1918
Bois communs (tonnes mét.)	19.999	7.611	4.592
— exotiques —	11.719	9.727	4.250
Liège ouvré (quint. mét.)	1.329	2.136	1.281

Depuis le début de la guerre, les exportations ont considérablement diminué. Le marché russe, qui était de beaucoup le plus important débouché pour le liège, est aujourd'hui à peu près fermé. La Grande-Bretagne qui importe des quantités énormes de bouchons d'Espagne et de Portugal, n'a jamais acheté qu'en très faibles quantités les lièges en planches.

Production minérale. — L'Algérie est riche en minéraux, principalement dans la prov. de Constantine. La production a montré les chiffres suivants :

	1914	1917	1918
		Tonnes.	
Minerai de fer	1.181.978	985.293	894.933
— de zinc	39.359	39.545	16.425
— de plomb	15.688	23.186	13.196
— de cuivre	185	2.607	1.744
— de mercure (cinabre)	»	9.253	8.036
— d'antimoine	130	14.706	7.220
Pyrite de fer	»	6.073	13.993
Lignite	»	2.235	1.909
Pétrole	141	867	1.026
Phosphate de chaux	226.849	305.039	189.419
Sel marin	»	13.846	»
— gemme	»	2.324	»

Les difficultés de transport ont amené l'existence de stocks importants sur le carreau des mines et sur les quais (620. 655 t. de minerais de fer au 1er nov. 1918).

Gisement de phosphate de chaux de Djebel-Kouif, près de Tebessa (prov. de Constantine), à extraction limitée par suite du manque de fret. Les deux mines d'Aïn-Barbor et d'Achaïdes produisent env. 7 000 t. de minerai de cuivre par an. L'extraction des minerais d'antimoine porte sur les minerais oxydés d'Aïn-Kerma et sur l'antimoniate de fer de Hammann N' bail ; expéditions : 497 tonnes en 1913, 17.190 en 1917 dont 8.623 à destination de la France, 6.685 et 1.135 t. pour les neuf premiers mois des années 1918 et 1919.

L'exploitation des mines de lignite de Smendou et de Marceau, qui avaient donné, pendant le 1er semestre 1918, 1.6[illegible]8 tonnes, a été arrêtée depuis fin juillet 1918. Dans la région de Colomb-Béchar, à Kénadia, on a découvert, en 1918, par 3 m. de profondeur, et variant entre 50 et 80 cm. d'épaisseur, des gisements de charbon donnant 72 p. 100 de carbone et 26 p. 100 de gaz volatils.

D'autre part, des sources de pétrole ont été relevées à Djidonia, et des sondages faits à Tliouanet (dép. d'Oran) auraient permis d'extraire, en 1917, environ 75 tonnes de pétrole par mois. Production totale de l'Algérie : 142 t. en 1914, 1.186 en 1916, 1.363 en 1917.

On comptait en 1918, 62 mines exploitées sur 103 concessions accordées. sous le regime de la loi du 21 avril 1810, modifiée par la loi du 7 sept. 1919.

Industries.

L'Algérie n'est pas un pays exclusivement agricole et minier. Dans presque tous les domaines industriels, on rencontre nombre d'entreprises déjà florissantes. D'après un premier inventaire, on comptait en 1917 : 716 établissements disposant d'une force motrice de 16.252 HP. et occupant 23.584 ouvriers. Par industries principales, ces 716 établ. se répartissent en 78 minoteries, 38 fabriques de pâtes alimentaires, 3 biscuteries ; 163 huileries européennes ; 18 fabriques de conserves de sardines, 66 fabriques de tabac, etc. Le crin végétal occupe 3.000 ouvriers, 30 fabriques d'espadrilles, 2.000 travailleurs avec un débit de 400.000 douzaines de ces chaussures par an. 3 fabriques de tapis donnent de 3 à 4.000 tapis par an. Les cimenteries et fabriques de chaux, les tuileries, les briqueteries suffisent aux besoins du pays. 800 ouvriers travaillent le meuble en bois et en métal. On compte enfin 4 usines d'agglomérés de charbon, 3 fabriques de superphosphates et d'acide sulfurique (140.000 tonnes par an), 16 scieries ; 15 grandes fonderies et grands ateliers mécaniques ont pu entreprendre la fabrication des obus et des torpilles. Des hauts fourneaux ont été installés, en 1918, pour exploiter les minières de fer du gisement de Boukhadra, dans la région de Bône.

L'industrie des laines s'est particulièrement développée au cours de ces dernières années. La région entre la Kabylie et le M'zab est devenue un centre important d'affaires, où les laines sont emmagasinées avant d'être transformées en tapis ou en vêtements. Les achats de l'Intendance et le triage effectué à la laverie d'Hussein Dey ont permis de reconnaître que les laines algériennes sont de qualité supérieure. Leur rendement en 1917 a été, après conditionnement et décreusage, de 4,01 p. 100, par conséquent supérieur à la moyenne des rendements des laines métropolitaines ou exotiques.

Une exploitation de pins d'alep, dans la région de Slissen, a produit en 1916 : 1.536.698 litres de gommes ayant permis d'obtenir 315.220 kilos d'essence de térébenthine et 1.109.250 kilos de colophane, en grande partie expédiés dans la métropole. D'autre part, la distillation des bois en vase clos a pris corps depuis qu'une usine créée à Azazga a démontré que l'industrie des pyroligneux peut réussir.

La pêche maritime pratiquée en 1918 par 802 bâtiments avec 3.378 marins portait principalement sur le thon et la sardine et a produit env. 8,5 millions de fr. La pêche du corail est en décadence marquée.

Commerce.

Le commerce général de l'Algérie a présenté, depuis 1906, les mouvements suivants (Valeurs en milliers de francs) :

ANNÉES	IMPORTATION	EXPORTATION	ANNÉES	IMPORTATION	EXPORTATION
1906	424.966	303.830	1916 (prov.)....	803.490	749.173
1912	722.363	591.009	1917 (prov.)....	785.830	977.156
1914	566.828	427.669	1918 (prov.)	789.762	860.071
1915 (prov.)....	544.352	619.156	1919 (61ers mois)	359.683	661.363

La progression du commerce général a été, quelques années avant la guerre, considérable, passant de 820 millions de tonnes en 1907 à 1.025 millions de t. en 1910 et 1.292 millions de t. en 1913 dont 729 millions à l'importation et 562 millions à l'exportation.

En 1918, le commerce général de la colonie s'est élevé au total de 1.52) millions de francs, chiffre qui dépasse de 379 millions la moyenne quinquennale de 1909-1913 et en 1919 à 2.470 millions de fr. avec les mêmes taux d'évaluation.

Dans ce total sont comprises les marchandises de transit et le mouvement des entrepôts ; les opérations effectuées sous le régime du transit correspondent à 24.600.000 francs en 191 , contre 20.756.700 francs en 1916 ; les diminutions affectent surtout les tissus de coton, les papiers, les produits chimiques et le café. Par contre, il y a une augmentation pour les expéditions d'huile minérale et d'essence, la houille, le fer et l'acier brut. Quant au mouvement des entrepôts, il est, en majeure partie, alimenté par la houille et les tabacs. L'Algérie a reçu, en 1918, 417.000 tonnes de houille contre 757.000 en 1917. Sur cet approvisionnement, 185.000 tonnes ont été embarquées pour le ravitaillement des navires et 31.000 tonnes livrées à la consommation.

Le commerce spécial, c'est-à-dire le trafic intéressant exclusivement la consommation et la production de la colonie, a fourni pour les trois dernières années les résultats suivants (valeurs en milliers de francs) :

	Importations	Exportations	Total
1917	679.656	856 269	1.535.925
1918	734.981	794 074	1.529.055
1919	943.055	1.344.860	2.287.915
dont de ou en France	619.838	1.098.121	1.717.959

Les chiffres des documents statistiques réunis par l'Administration des Douanes montrent les variations suivantes du commerce spécial pendant les années 1916, 17 et 18 pour les principales importations en France et exportations de France (en milliers de fr.) :

Désignation des marchandises		1916	1917	1918
Importations en France :				
Vins	(hectol.)	229.050	341.481	155.942
Bestiaux	(quint. mét.)	48.663	38.801	20.371
Céréales	»	91.722	29.560	63.181
Fruits de table	»	14.881	18.852	17.614
P. de terre, lég. secs	»	9.846	20.547	12.131
Eaux-de-vie et esprits	(hectol.)	6.614	92.248	107.238
Minerais	(quint. mét.)	16.268	22.704	11.790
Laines et déchets	»	18.122	14.022	20.893
Exportations de France :				
Tissus de coton	(quint. mét.)	81.457	85.780	55.253
Sucres bruts ou raffinés	»	28.845	28.375	23.191
Meubles et ouvr. en bois	»	19.984	21.422	9.467
Produits chimiques	»	25.989	22.927	17.351
Papier et ses applic.	»	42.782	38.028	33.069
Parfumerie et savons	»	19.035	27.759	22.289
Peaux préparées	»	13.206	11.627	10.661

Au total :

Importations en France.	1916	538.572.000 fr.
	1917	682.532.000 —
	1918	496.920.000 —
Exportations de France.	1916	520.290.000 fr.
	1917	523.681.000 —
	1918	457.113.000 —

La valeur des exportations a atteint un chiffre qui n'avait pas été obtenu jusqu'ici, soit 709 millions contre 632 millions en 1916 ; 537 millions en 1915, 4.)2 millions pendant la période quinquennale de 1909 à 1913. Les produits qui accusent les plus-values les plus considérables sont : les vins, 85.503.000 fr.; les alcools et spiritueux, 53.666.000 fr. ; les fruits de table, 16.961.000 fr. ; les légumes secs et leurs farines, 13.320.000 fr. Il y a des diminutions sur : les céréales, 39.583.000 fr. ; les bestiaux, 11.462.000 fr. ; les bois fins et d'ébénisterie, 8.747.000 fr. ; l'huile d'olives, 7.622.000 fr. ; les vêtements et lingerie,

4.202.000 fr. ; les gruaux, semoules et pâtes alimentaires, 4.157.000 fr. ; les laines brutes, 3.455.000 fr. ; l'alfa, 3.452.000 fr. ; les phosphates naturels. 2.950.600 fr., etc.

La part des envois de la métropole par rapport à l'ensemble des import. qui représentait 85 p. 100 du total des entrées pendant la moyenne quinquennale 1909-13 est descendue à 84 ; 75,5 ; 70,9 ; 67,8 et 60,3 pendant chacune des années de 1914 à 1918. Ce fléchissement est dû en partie aux restrictions apportées à la consommation, à la limitation des approvisionnements. Par contre, la proportion des achats de la France n'a fait que croître. De 74,7 pendant la période de 1909 à 1913, le pourcentage est passé à 76,5 en 1916 à 81,3 en 1917 et 82.6 en 1918 des exportations. En réalité, par suite de la hausse du prix, la hausse ressort à 73 p. 100 de l'ensemble des importations. Elle est seulement de 38 p. 100 à l'exportation.

Les chiffres suivants font ressortir la participation de l'Algérie au ravitaillement de la métropole pendant les années 1914-1917 :

Vins 20.919.972 hect. ; alcools 152.935 hect. ; mistelles 121.996 hect. ; grains et farines 9.829.315 qx. ; gruaux et pâtes 294.665 qx. ; légumes frais 614.126 qx. ; pommes de terre 482.425 qx. ; légumes secs 280,793 qx ; poissons 107.733 qx. ; œufs 41.085 qx. ; huiles 190.531 qx. ; et en 1914-16 : 2.644.008 moutons et 100.041 bœufs.

Outillage économique.

Mouvement maritime. — Les entrées et sorties dans les ports se sont réparties de la façon suivante :

	Nombre des navires.	Tonnage net des navires.	Tonnage des marchandises.
Entrées.			
1917	1.906	1.962.833	1.169.132
1918	1.422	1.538.209	1.863.588
1919	2.567	2.574.000	»
Sorties.			
1917	2.169	2.394.532	2.786.463
1918	1.622	1.978.098	2.006.177
1919	2.571	2.983.000	»

Part du pavillon français : 26,6 p. 100 en 1918. 23,7 en 1917.

Au 1er janv. 1918, la marine marchande algérienne comportait 928 navires jaugeant net 16.627 tonneaux dont 146 vapeurs jaugeant 7.925 tx. Les principaux ports sont, par ordre d'importance en 1918 : Alger, 2.675 nav. 1.874.700 tx., Oran, 2.336 nav.. 1.575.650 tx., Bône, 1.219 nav., 719.259 tx.

Communications intérieures. — Le réseau des voies ferrées a été très amélioré dans son ensemble. L'Algérie qui ne comptait en 1900 que 2.851 km. de chemins de fer, en comptait au 31 déc. 1918, 3.545 k. La ligne Biskra-Touggourt a été inaugurée en 1914. La recette globale des lignes a passé de 59.763.000 fr. en 1916 à 68.000.000 fr. en 1918, dont 33.303 (32 fournis par les voyageurs, et 41.441.000 par les transports à petite vitesse (34.344.000 fr. en 1916). Cette recette s'est répartie comme suit :

		1916	1917	1918
Ch. de fer de l'Etat. — Bône-Guelma.	Fr.	7.041.297	6.512.977	5.996.603
Est-Algérien		17.188.065	21.000.179	21.110.795
Réseau oranais		8.643.895	9.548.633	9.998.239
Compagnies. — Mokta-el-Hadid		162.863	196.054	217.772
Ouest-Algérien		8.517.911	9.681.359	8.736.137
P.-L.-M		18.209.066	22.005.000	21.803.000
Totaux	Fr.	59.763.031	68.944.202	67.870.636

Le développement du réseau routier, commencé par les premiers gouverneurs militaires, se poursuit malgré les difficultés (terrains s'effondrant l'hiver par suite des pluies diluviennes, se dérobant l'été). Des pistes pour automobiles ont été aménagées de Touggourt à Tombouctou et un service de courriers aériens a été organisé.

On comptait en 1917, 712 bureaux de postes avec des recettes de 4.987.240 fr. pour les postes, 2.280.742 fr. pour les télégr. et 1.625.075 fr. pour les téléphones. Le réseau télégr. comportait 14.723 km. de lignes et 40.461 km. lignes de fils, le réseau téléphonique urbain, 8.953 km. de lignes, le réseau interurbain, 21.053 km. avec 8.566 abonnés.

Communications avec la France. — Postes et Télégr. même tarif que celui du régime intérieur français. — Colis-Postaux, de 1 à 10 kgr. — 3 kgr. port : à l'agence maritime 0 fr. 75, à domicile 1 fr. ; intérieur : gare 1 fr. dom. 1 fr. 25. — 5 kgr. : respectivement 0.95 ; 1.20 ; 1.20 et 1.45. — 10 kgr. : respectivement 1.65 ; 1.90 ; 2.20 et 2.45.

Les services maritimes sont assurés par les Cies : de Navigation Mixte (Marseille et Port-Vendres), Transatlantique et de Transports Maritimes (Marseille). En temps normal, la traversée de Marseille à Alger est de 22 à 33 h., de Marseille à Oran, de 36 à 61 h. Départs de Marseille pour Alger de la C. G. T. deux fois par semaine les mardis et jeudis ; de la C. N. M. le jeudi ; de la C. T. M. le mercr. et le sam.

Crédit. Monnaies. Poids et mesures. — Banque d'Algérie (V. p. 416).

Les monnaies, poids et mesures sont ceux du régime intérieur français.

Organismes économiques : Chambres de commerce à Alger, Oran, Constantine, Bône, Bougie, Philippeville.

A Paris, 10, rue des Pyramides, Office de renseignements commerciaux, agricoles et de colonisation.

Comité de l'Afrique française, 19-21, r. Cassette, à Paris.

Comité Dupleix des Colonies françaises, 26, r. de Grammont.

Consulats à Alger :

Belgique, C. r. Volta, Cons.-hon. : *Brissonnet*.

Espagne, C. G. r. Tirman : *G. Leyra y Roquer*.

États-Unis, C. G. 33, r. Maréchal-Soult : *Arthur C. Frost*.

Gr.-Bretagne, C. G. 6, boulevard Carnot : *S. Basil Cave*, C. B.

Grèce, C. 2, rue Colbert : *Ed. Delacroix*.

Italie, C. G. 2, rue de Gueydon : *Anielli*.

Suisse, C. 12, boulevard Carnot : *J. Borgeaud*.

Presse. — Les principaux journaux quotidiens sont à Alger : La *Dépêche Algérienne* ; à Constantine : la *Dépêche de Constantine* et la *Dépêche de l'Est* ; à Oran : L'*Écho d'Oran* et le *Petit Oranais*.

Périodiques : *Annales Africaines* à Alger. — *Bulletin du Comité de l'Afrique française*, mens. à Paris, r. Cassette, 19-21. — *Bulletin de l'Office du Gouv. général de l'Algérie*, mens., à Paris, 10, rue des Pyramides.

Bibliographie.

Documents statistiques sur le commerce de l'Algérie. Annuel. Alger.

Exposé de la situation générale de l'Algérie. Annuel. V. Heintz. Alger.

Statistique générale de l'Algérie. Annuel. Alger.

Annuaire général de l'Algérie. Annuel, 21 fr., 6, rue St-Georges, Paris.

Ajam (Maurice). *Les Problèmes algériens*, in-18, 4 fr. 50. E. Larose. Paris, 1913.

Cambon (Jules). *Le Gouvernement général de l'Algérie* (1891-1897), in-8. Ed. Champion, Paris, 1918.

Chalon. *Les Richesses minérales de l'Algérie et de la Tunisie*. Paris, 1907.

Charvériat (F.). *A travers la Kabylie et les questions kabyles*, in-18. Plon-Nourrit, Paris.

Coeffard (Eug.). *La Propriété foncière en Algérie*, in-8, 5 fr. E. Larose. Paris, 1909.

Delorme. *Le Commerce algérien*, 2 vol. Paris, 1906.

Doutté (Edmond). *L'Islam algérien en l'an 1900*. Alger, 1900.

II. — TUNISIE

PROTECTORAT

Histoire.

De toute l'Afrique Mineure, c'est la Tunisie qui a le plus riche passé et qui en conserve les plus nombreux souvenirs. Au moment où les Aryens se répandent au Nord de la Méditerranée, les Phéniciens, vers le XIIe siècle avant Jésus-Christ, colonisent la rive méridionale et l'O. de cette mer. La fondation d'Utique et de Gabès remonterait au XIe siècle. Après Hippo-Zarythe, vers Bizerte, ils ont Hadrumète (Sousse) et, en 810, Carthage, *la Ville-Neuve* (Karthadshat) qui réussit à créer un véritable empire. En lutte d'abord avec les Grecs et les Etrusques, elle devait trouver dans Rome son adversaire le plus acharné. La défaite d'Annibal à Zama (202), la destruction de Carthage par Scipion Emilien marquent la fin de son apogée. Devenue Province romaine d'Afrique, puis l'Africa, elle se divise, à la fin du IVe siècle, en *Afrique Zengitane*, avec Carthage pour capitale et en *Byzacène*, dont la capitale est Hadrumète. Elle passe successivement sous la domination des Vandales (439), de Byzance (523), des Arabes (681) qui fondèrent Kairouan, devenue sous la dynastie des Aghlebites la véritable capitale de la Tunisie indépendante des Berbères (972), et pillée au XIIe s. par l'invasion hilalienne

En 1270, Charles d'Anjou, roi de Sicile, allié des Musulmans d'Égypte, aurait, croit-on, persuadé à Saint-Louis, lors de la croisade que ce roi entreprit, de se diriger d'abord vers la Tunisie et de commencer par attaquer Tunis avant de délivrer Jérusalem. Le 17 juillet, le roi et son armée jetaient l'ancre devant Carthage. Un mois plus tard, décimée par la peste sous un ciel torride, l'armée française ne put bénéficier des secours que lui apportait le roi de Sicile et Louis IX succombait. Par les soins du cardinal Lavigerie, une basilique s'élève aujourd'hui sur la colline où fut le camp du roi croisé et porte le nom de St-Louis de Carthage.

La domination turque (1574) eut moins d'influence et exerça moins de tyrannie sur la Tunisie que sur l'Algérie. Au moment le plus prospère de la piraterie, le port de Tunis fut l'un des grands repaires de corsaires.

La situation privilégiée de la France en Tunisie date du XVIIe s. Louis XIV, en 1665, à la suite d'une croisière du duc de Beaufort, avait obtenu du Bey des privilèges et des avantages commerciaux. Le traité du Bardo (1770) confirma les privilèges de la France relatifs à la pêche au corail ; celui du 8 août 1830 constitua un protectorat de fait sur la Régence. Les événements de 1870-71 ne contribuèrent pas peu à augmenter les intrigues qui se tramaient contre la France et qui obligèrent celle-ci à intervenir. Le 4 avril 1881, Jules Ferry, alors président du Conseil, obtenait du Parlement l'autorisation d'envoyer contre les Khoumirs une « expédition qui devait mettre à l'abri, de façon sérieuse et durable, la sécurité de l'avenir de la Tunisie ». L'expédition, commencée le 25 avril, se termina trois semaines plus tard par le traité du Bardo (12 mai 1881). Désormais, un résident français dirigerait avec les ministres du Bey toutes les affaires extérieures et serait seul chargé des relations internationales, un général français commanderait les troupes tunisiennes. Une nouvelle agitation générale nécessita une seconde intervention, dont la direction fut confiée au général Saussier et qui aboutit à la prise de Sfax (14 juillet), à l'occupation de Sousse (septembre), et de Kairouan.

Comme pour le Sud-Oranais, la pacification du Sud Tunisien ne s'effectua qu'ultérieurement après l'occupation de Gafsa, Gabès, Kébili, Foum Tatahouine. L'accord conclu le 29 mai 1910 avec la Turquie délimita le tracé de la frontière tuniso-tripolitaine. Depuis, malgré l'effervescence provoquée dans l'Extrême-Sud en septembre 1914 par des pillards Bédouins, la Tunisie tout entière n'a cessé de témoigner de son loyalisme et a fourni à la métropole une aide précieuse.

Géographie.

La Tunisie, dont la superficie est d'environ 125.000 km. q., est le prolongement naturel de l'Algérie, mais elle est le plus mal doué des pays de la Berbérie au point de vue de la pluviométrie et a connu des sécheresses désastreuses : 1908, 1909, 1914. Le Tell tunisien, serré au Sud par les monts des Mogol, de la Khoumirie et de la Medjerda, dont les hauteurs vont en décroissant d'ouest en est sans jamais dépasser 100 m., est réduit à une étroite lisière. L'Atlas tunisien, formé de massifs compacts, ne présente aucune continuité ni dans le relief, ni dans l'orientation. Les torrents y sont sans importance. Seule, la Medjerda, avec ses affluents, draine sur une superficie de 25.000 k. c., toute la région centrale de la Tunisie. La côte, plus unie, ne présente, en dehors de Bizerte et de Tunis, aucun port naturel. Climat continental avec des périodes de transition moins longues que dans la métropole.

Gouvernement et administration.

Le traité du Bardo, complété par la Convention de la Marsa (8 juin 1883), institue en Tunisie le protectorat français. Le Bey reste le possesseur de la

Régence. Le Résident général règle les relations extérieures ; il relève du ministre des affaires étrangères ; il est le dépositaire des pouvoirs de la République dans la Régence ; il a sous ses ordres les commandants des troupes de terre et de mer et tous les services administratifs concernant les Européens et les indigènes (décret du 21 juin 1885). Il préside le Conseil des ministres tunisiens. Le Secrétaire général du Gouvernement, poste créé en 1883, contrôle la correspondance administrative intérieure, expédie les nominations et les décrets signés par le Bey. L'*Ouzara*, avec ses trois sections (ministère de l'Etat, services judiciaires, ministère des Affaires étrangères), représente l'Administration beylicale : les finances, les travaux publics, l'enseignement, l'agriculture, les postes et télégraphes ont chacun à leur tête un directeur français.

Deux fois par an, se réunit à Tunis la *Conférence Consultative* instituée en 1896, composée de 36 délégués élus au suffrage universel par trois collèges distincts tous français : les agriculteurs, les commerçants et industriels, les fonctionnaires avec les Français non compris dans les deux autres catégories ; les indigènes y sont également représentés.

Un Conseil Supérieur du Gouvernement, créé en 1910, et composé des membres du Conseil des ministres, des chefs de service et des trois délégués de chacune des deux sections de la Conférence, dont 3 Français et 3 indigènes a, entre autres attributions, celle d'arrêter le budget, délibéré par la Conférence Consultative.

La France a maintenu intégralement l'ancienne organisation administrative avec les *caïds*, chargés de l'administration locale, et ayant pour adjoints des *Khalifas*, des *cheiks* élus par les notables, qui lèvent les impôts et des *Cadis* qui rendent la justice. Ces fonctionnaires sont conseillés par 13 fonctionnaires français, les *contrôleurs*.

Depuis l'établissement du Protectorat français, les Résidents Généraux ont été

MM. ROUSTAN (mai 1881-1882);
Paul CAMBON, préfet du Nord (1882-oct. 1886) ;
MASSICAULT, préfet du Rhône (nov. 1886-nov. 1892)
ROUVIER, ministre plénip. (18 nov. 1892-sept. 1894) ;
René MILLET, ministre plénip. (sept. 1894-nov. 1900) ;
BENOIT, directeur adjoint du Service des Protectorats au min. des Aff. étr. (à titre intérimaire);
Stéphen PICHON, ministre plénip. (7 avril 1901-janv. 1906) ;
ALAPETITE, préfet du Rhône (7 janv. 1906-23 oct. 1918).

Souverain. S. A. MOHAMED-EN-NACER, Pacha (G. C. ✱) Bey et possesseur du Royaume de Tunisie, né en 1856, a accédé au trône, le 12 mai 1906.

Héritier présomptif : S.-A. *Mohamed el Habib bey* (G. O. ✱), né en 1858.

Premier Ministre : *Si Taïeb Djellouli* (C. ✱). — Min. de la Plume : *Si Mostapha Dinguizli* (C. ✱). — Garde des Sceaux : *Mohamed ech Chedli* (O. ✱). — 1er Interprète du Palais, chef du Protocole : colonel *Kairallah* ✱.

Résident Général de la République Française à titre temporaire et Ministre des Affaires étrangères du Gouvernement Tunisien, Etienne *Flandin*, sénateur (26 octobre 1918).

Délégué à la Résidence : X...................... — Attaché militaire : Chef de bat. *Vermeersch* ✱. — Chef du Cabinet du Résident Général : *Rechtenwald*. — Chef du Secrét. particulier : M. *Vermeersch* ✱.

Secr. gén. du Gouvernement Tunisien : G. *Puaux*, att. d'amb. ✱; secr. gén.-adjoints : *Fleury* ✱ ; *Reclus*.

Dir. de l'Agriculture et du Commerce : *Lescure*. — Dir. de l'Enseignement : *Rossé*. — Dir. des Finances : G. *Dubourdieu* (O. ✱). — Dir. gén. des Travaux Publics : *Mourquot*. — Office postal tunisien. : Dir. *Barbarat*. Armée. — Général de div., comm. la division d'occupation et min. de la guerre du Gouv. tunisien : Robillot (C. ✱). Général comm. militaire de Tunis : Dégot (C. ✱).

Marine. Préfet maritime de l'arrond. algéro-tunisien, Gouverneur de Bizerte : Vice-amiral Darrieus (G. O. ✱).

Superficie et Population.

Superficie: 125.130 km. carrés, dont Territoires du Sud. 46.000. Densité au km. q. ; 15.49. Dernier recensement officiel de 1911 : 1.939.087 hab. se répartissant en 1.740.144 indigènes musulmans, 50.467 indigènes israélites, 46.044 Français et 135.000 autres Européens, dont 88.082 Italiens et 11.300 Anglo-Maltais. Les indigènes présentent le même mélange de types que ceux de l'Algérie ; les Berbères de la Khoumirie et de la vallée de la Medjerda ont les mêmes coutumes et traditions que les Kabyles. Villes principales : Tunis (capitale), 176.500 hab. ; Sfax, 85.400 ; Sousse, 30.000 ; Bizerte, 25.000 ; Kairouan, 25.000.

Enseignement.

L'enseignement musulman primaire est donné dans les écoles coraniques (*Kouttabs*). On comptait 1.245 *Kouttabs* dirigés par autant de *moneddebs*, recevant 20.000 élèves. A Tunis, 78 *Kouttabs* avec 2.000 élèves. Ecole de moneddebs (1894) ; l'enseignement supérieur est donné à la grande Mosquée.

L'enseignement français primaire est donné dans 301 écoles publiques et 27 privées, religieuses et israélites, avec 40.403 élèves ; des cours d'enseignement primaire supérieur ont été ouverts à Sfax (garçons et filles) en 1899 et à Bizerte en 1902, à Sousse avec les programmes de France. L'enseignement secondaire est donné par 8 lycées et collèges dont à Tunis, lycée Carnot, collège Sadiki, à Sfax, Collège français-arabe. Il existe encore une école secondaire de jeunes filles à Tunis. L'enseignement professionnel comporte une Ecole d'agriculture coloniale à Tunis ; l'Ecole professionnelle Emile-Loubet ; l'Ecole de navigation de Sfax ; les fermes-écoles de Smindja, de Djedeïda, des Pères Blancs et l'école d'agriculture de Lansarine.

Religion.

La population indigène est en grande majorité musulmane. On compte env. 35.000 catholiques, archevêque à Carthage et 25 prêtres (V. p. 199); plusieurs missions protestantes.

Mouvement économique.

Finances.

La Tunisie, qui a continué à s'administrer elle-même sous le contrôle et la tutelle de la France, a conservé aussi son autonomie financière. Le gouvernement français, par la convention du 8 juin 1883, a garanti la dette tunisienne qui s'élevait au 31 déc. 1915 à 360 millions de fr. (emprunts de 1892, 1902, 1903, 1907 et 1912) et qui, de perpétuelle, a été transformée en amortissable (80 ans).

La fortune mobilière était évaluée en 1912 à 68 millions ; la fortune immobilière à 935 millions.

Le budget, qui date du 1er janvier, suit des règles spéciales. Sur 23 exercices, 2 seulement se sont réglés en déficit ; tous les autres ont donné d'importants bénéfices.

Les deux derniers budgets ont présenté les chiffres suivants (en francs) :

	Recettes.	Dépenses.	Exc. de recettes
Exercice 1919	109.667.520	109.666.944	575
— 1920	142.215.840	142.210.263	5.576

Productions agricoles.

La plus grande partie du territoire tunisien, les sept dixièmes environ, n'ont pour l'agriculture moderne qu'une valeur médiocre. Des trois pays de l'Afrique du Nord, la Tunisie est, à plusieurs égards, le plus mal partagé par la nature. Elle n'a ni les pluies abondantes de l'Atlantique, ni les hautes montagnes, qui sont des réserves d'eaux courantes pour le Maroc. Elle ne possède que dans une région étroite, au Nord de la Medjerda, l'équivalent du *Tell* algérien, un sol où la pluie est assez régulière pour entretenir de vraies forêts, nourrir le gros bétail, et assurer au cultivateur une récolte certaine. La Tunisie est surtout une région de plaines.

Superficie totale : 12.513.000 ha.
Superficie productive, cultivée et non cultivée : 9.000.000 ha. en 1918.
Superficie improductive : 3.500.000 ha.
La superficie productive se répartissait comme suit en 1918 :

Terres labourables	2.880.000 ha.	ou 33,1 p. 100
Prairies naturelles et pâturages	370.000 —	
Cultures arborescentes et arbustives	100.000 —	
Bois et forêts	1.096.000 —	
Terres de parcours et terres non cultivées productives	4.634.000 —	ou 52,0 p. 100

Répartition de la surface labourable en 1918 :

Céréales	1.302.861 ha.	ou 46,5 p. 100
Prairies artificielles et autres cultures fourragères	30.000 —	ou 1,1 —
Plantes alimentaires	28.000 —	ou 1 —
— industrielles	4.200 —	
Productions diverses	119.000 —	ou 4,3 —
Jachères, champs, pâtures	1.315.039 —	on 47 —

Par contre, la Tunisie a pour elle des avantages notables. Elle possède une colonisation européenne limitée en nombre, mais intelligente, une population indigène douce et malléable ; elle a d'excellentes terres à blé et de belles olivettes. La création d'une *Caisse régionale de crédit*, d'une *Coopérative centrale des agriculteurs*, le développement des assurances agricoles hâteront certainement son développement. D'autre part, les décrets des 24 janv. 1914 et 18 juin 1918 ont accru de 40.000 hectares les lots disponibles pour la colonisation.

La production de céréales et d'autres denrées alimentaires se traduit depuis 1916 par les chiffres suivants (en milliers de quintaux ou d'hectolitres) :

		1916	1917	1918 prov.
Blé dur	quintaux	1.310	1.650	2.693
— tendre		190	340	557
Orge		1.076	1.700	2.850
Avoine		360	580	620
Maïs et sorgho		33	9	78
Fèves		58	115	200
Pois chiches		18	20	30
Pommes de terre		22	25	60
Amandes		18	26	22
Dattes		222	422	400
Oranges		12	14	18,5
Huiles		650	150	»
Vins	hectolitres	450	418	608

La surface ensemencée en céréales a passé de 530.000 hectares en 1880 à 936.000 en 1903 et 1.177.079 en 1916 et le rendement des terres a beaucoup augmenté. La production est, à cause de la sécheresse, très irrégulière (600.000 qx. pour le froment en 1914, année de sécheresse, contre 2.250.000 qx. en 1915, année normale). Les blés cultivés sont presque uniquement des blés durs. La culture de l'orge est à peu près exclusivement entre les mains des indigènes. En 1908, ils cultivaient encore 432.000 hectares sur 441.000. Depuis, la superficie consacrée à cette céréale a passé à 468.000 hectares. L'avoine, au début, cultivée par les colons, puis adoptée par les indigènes, a un rendement supérieur à celui du blé. La superficie qui y était consacrée a passé de 37.000 hectares en 1907 à 62.000 en 1916. Le maïs et le sorgho sont des cultures du Nord : le sorgho reste le blé du pauvre et constitue une précieuse ressource pour les mauvaises années. Les cultures fourragères, sauf les luzernes, en sont encore à la période d'essai.

Parmi les cultures industrielles, le lin a donné en 1918 une production évaluée à 14.000 qx. (4.100 en 1916) La culture du tabac est limitée à 160 hectares pour 1919 et soumise, depuis 1898, au même régime qu'en France. La production, pour 1918, est évaluée à 2.195 qx. (1.487 en 1916). On compte plus de 997.000 palmiers dont 650.000 dans les Djerid, produisant les dattes les plus recherchées de l'Afrique. Le figuier croît sans arrosage et est très répandu.

L'alfa a une superficie de peuplement évaluée à près d'un million d'hectares ; ses exportations qui s'élevaient avant la guerre à 48.000 tonnes, dont 4.000 seulement destinées à la France, sont tombées à 52.000 en 1915 et 24.000 en 1916, le fret devenant de plus en plus rare.

Le vignoble, qui représentait seulement 100 hectares en 1882, a passé successivement à 814 ha. en 1885, puis à :

4.500	hectares	en 1890,	produisant	53.000	hectolitres
9.708	—	en 1900	—	225.000	—
14.785	—	en 1908	—	345.000	—
17.500	—	en 1915	—	350.000	—
22.608	—	en 1918	—	608.106	—

ce qui a permis à la Tunisie de devenir à son tour exportatrice.

L'olivier est très répandu partout, mais forme trois groupements principaux : Nord, Sahel et région de Sfax. On comptait, en 1918, 11.711.278 arbres, dont 7.605.000 en plein rapport. La production moyenne annuelle est de 1.700.000 quintaux, donnant 350.000 hectolitres d'huile.

Le domaine forestier comprend 1.096.212 hectares plantés dont 246.976 de chênes-liège ou de chêne-zéen. La mise en valeur de ce domaine, effectuée régulièrement à partir de 1892, a donné les résultats suivants. De 1894 à 1899, il a été récolté 60.720 quintaux métriques de liège de reproduction ; de 1900 à 1907, 145.287 quintaux vendus par adjudication publique 1.600.363 fr. Production forestière totale en 1918 : 1.169.473 fr. dont 574.323 fr. venant des bois d'industrie. Indépendamment du liège de reproduction, ces forêts fournissent l'écorce à tan, récoltée sur les arbres âgés ; la production moyenne annuelle a été, de 1885 à 1907, de 32.340 quintaux métriques. Le bois du chêne-zéen qui sert à la fabrication des traverses de chemins de fer a donné de 1884 à 1907, 327.000 mètres cubes.

Les exportations de bois avaient donné pour les deux dernières années d'avant-guerre :

1912................	Quantité env. 17 millions de kgr.	pour une valeur de	2.514.000 fr.
1913................	—	—	—	3.273.000 —

Production animale.

L'élevage est loin d'avoir, en Tunisie, la même importance qu'en Algérie. Le développement du troupeau y est lent. Les derniers recensements montraient les chiffres suivants :

ESPÈCES	1913	1917	1918
	Têtes	Têtes	Têtes
Espèce chevaline	37.416	32.960	35.831
— mulassière et asine..............	117.987	92.079	100.875
— cameline	111.851	111.027	105.037
— bovine	217.304	224.912	251.490
— ovine	728.540	1.033.173	1.124.998
— caprine	505.417	459.634	548.912
— porcine	17.390	10.144	14.596

Les moutons sont des barbarins à grosse queue, dont la chair et la laine sont de qualité inférieure ; les colons ont réussi à acclimater la race algérienne, à queue fine. Les bovins sont de qualité ordinaire. Le nombre des chevaux est en diminution mais la qualité s'améliore rapidement. L'élevage du porc est uniquement pratiqué par les Européens et leur procure de sérieux bénéfices.

Production minérale.

Les phosphates et les minerais de fer constituent les deux principales richesses minérales. En première ligne, viennent les phosphates que l'on trouve près de Gafsa en gisements considérables et très riches. La production des exploitations minières qui s'était élevée à 1.098.004 tonnes en 1916, a été en 1917 de 723.634 tonnes, dont 392.456 tonnes à Metlaoui et 331.778 tonnes à Redeyef. Cette diminution doit être principalement attribuée au manque d'ouvriers et surtout à la réduction du personnel indigène.

Les exportations ont en même temps diminué dans une forte proportion, de sorte que, malgré le faible tonnage extrait des mines, les stocks de phosphate ont augmenté en 1918.

Le tonnage des minerais et phosphates de chaux transportés (mine à quai) depuis 1913 a montré les mouvements suivants :

	1913	1917	1918
Minerais de fer	594.199	605.958	445.022
— de zinc	28.627	14.853	5.508
— de plomb	59.446	41.391	30.662
Phosphates de chaux	2.071.772	676.600	862.494

Exploitation des phosphates en 1918 : nombre d'exploitations, 6, nombre d'ouvriers, 4.400 ; journées de travail, 1.000.000 ; production, 819.000 t., valeur, 24.570.000 fr.

En ce qui concerne les lignites, on estime que l'extraction de ce combustible, pendant l'année 1918, a été de 40.000 à 45.000 tonnes. A noter également le développement pris par l'exploitation des mines de manganèse qui, en 1907, ne fournissaient que 820 tonnes et avaient atteint 5.800 tonnes en 1917.

Du 1er mai à fin déc. 1916, l'usine de Bir-El-Hanèche, sur la Sebkha-el-Melah a fabriqué 1.050 tonnes de brome soit, en 7 mois, une quantité supérieure à la production mondiale au cours d'une année.

L'industrie.

L'industrie principale est celle de l'huile d'olive. On compte plus de 200 usines dont une dizaine à vapeur, donnant une production moyenne annuelle de 20 millions de fr. Une industrie des savons, encore à ses débuts, est venue se greffer sur la précédente. La minoterie se développe depuis un dizaine d'années. Il existe de nombreuses fabriques de pâtes alimentaires, destinées à la population italienne. L'industrie des matériaux de construction est prospère. Elle produisait annuellement, avant la guerre, 50.000 tonnes de chaux et 5 millions de briques et tuiles.

La pêche, principalement celle de la sardine, des anchois et du thon, pratiquée, en 1918, par 2.169 navires et 8.892 marins a produit 4.206.986 kg. de poisson pour une valeur de 8.125.705 fr. La pêche des éponges, aux environs de Sfax, donne lieu à une exportation d'une valeur moyenne de 3.500.000 fr.

Le mouvement commercial.

Le mouvement du commerce général de la Tunisie avec la France, l'Algérie et les puissances étrangères montre les variations suivantes :

ANNÉES.	IMPORTATIONS.	EXPORTATIONS.	COMMERCE GÉNÉRAL.
	en milliers de francs.		
1884-85	»	»	45.514
1890-91	»	»	81.934
1905	83.612	71.398	155.011
1907	102.860	103.361	206.221
1913	144.254	178.663	322.918
1915	107.246	125.536	232.783
1917	142.041	125.672	267.783
1918	207.442	129.548	336.990

Du montant des exportations en 1918, 82.253.000 fr. concernent la France, Algérie non comprise.

Par classe de produits, le commerce extérieur avait montré le mouvement suivant (valeurs en francs) en 1918 :

	Importation	Exportation
Matières animales	8.036.067	6.853.802
Matières végétales	52.569.271	57.138.231
Matières minérales	34.285.831	48.211.990
Fabrications	112.551.419	17.344.214

Les relations commerciales s'établissaient ainsi en 1918 (en francs) :

	Importation	Exportation
France	63.958.456	82.253.461
Angleterre	60.894.286	19.567.706
Italie	11 831.385	10.638.482
Espagne	3.862.122	1.435.018
États-Unis	16.104.517	26.000
Grèce	2.497.208	766.890
Suisse	1.641.338	46.823
Brésil	4.193.350	4 650

Les différences montrées par les chiffres des dernières années sont les conséquences de la guerre (rareté du fret, interdictions d'exportation). Les céréales sont de beaucoup le principal article d'exportation de la Tunisie : l'huile d'olive, les minéraux, le liège, l'alfa, les fruits et, parmi les animaux, les moutons viennent ensuite. En ce qui concerne les importations, le pays importe surtout des matériaux et des machines, des tissus, des farineux alimentaires.

Outillage économique.

En 1918, il était entré dans les ports de la Régence 7.382 navires jaugeant ensemble 1.087.976 tx. avec 217.750 t. de marchandises et il en était sorti 7.289 jaugeant 1.084.370 tx. avec 1.673.724 t. de marchandises.

Les grandes voies de communication représentaient 61.089 km., la plupart construites de 1882 à 1915; la longueur des voies ferrées était de 1.973 km. au 1er janvier 1918. On compte 5.131 km. de lignes télégraphiques et 19.307 km. de fils ; 170 bureaux télégraphiques ayant expédié ou reçu plus de 1.678.000 télégrammes. Les téléphones urbains ont 3.401 km. de lignes, les interurbains, 8.976 km. 456 bureaux de postes ont reçu ou expédié en 1918 43.064.528 lettres ou envois pour le service intérieur et 66.363.700 pour le service extérieur.

Communications avec la France. — Postes et Télégraphes : même tarif que celui du régime intérieur français. Colis postaux de 3, 5 et 10 kgr. via Marseille-Joliette. 3 kgr. poste restante 1 fr. ; à domicile 1 fr. 25 ; 5 kgr. 1,20 et 1,45 ; 10 kgr. 2,20 et 2,45.

Les services maritimes sont assurés, via Marseille, par les Cies : *Française de Navigation Cyprien Fabre, Générale Transatlantique, de Navigation mixte, de Navigation Paquet.*

Crédit. Monnaies. Poids et Mesures. — La Banque d'Algérie émet des billets de banque tunisiens. La frappe, depuis 1892, consiste en pièces similaires aux monnaies françaises. Pour les poids et mesures, système français.

Presse. — Les principaux journaux sont à Tunis.

a. *Quotidiens* : *Le Courrier de Tunisie*, v. de France, 3, dir. : Laurent Chat, journal du soir ;

La *Dépêche Tunisienne* (1889), av. de Paris et à Paris, r. Meyerbeer, dir. : Lecore-Carpentier (O. ✱) ;

Le *Journal Officiel Tunisien*, r. St-Charles ;

La *Petite Tunisie socialiste*, rép. soc. (1887), réd. en chef : Emile Lacroix.

A Sfax : La *Dépêche Sfaxienne*, dir. J. Revol.

b. *Périodiques* : A Tunis : La *Tunisie Illustrée*, rue de Constantine, dir. F. Weber ;

A Sousse : L'*Avenir du Centre* (hebd.), dir. : Maurice Petit.

Comités, Associations diverses.

Office du Gouvernement Tunisien, à Paris, Galerie d'Orléans, Palais Royal. T. Gut. 50.76.

Official Tunisien d'Hivernage, rue Tronchet, 19. T. Louvre 15.11.

A *Tunis* :

Chambre de Commerce Française, rue de Serbie, 114. Prés. : *Pellet* ; Chambre consultative d'Agriculture du Nord de la Tunisie, r. d'Allemagne, 4, Prés. : *Pelletier* ; Chambre italienne de Commerce et des Arts, r. d'Alger, 1, Prés. : *Attia* ; Comité d'hivernage de Tunisie, 8, av. de Carthage ; Association Agricole, r. Al. Djazira ; Association générale aéronautique ; Automobile-Club ; Club Alpin français, Section de Carthage ; Société française de Bienfaisance ; Club gymnastique français ; Société d'Horticulture.

Touring-Club de France, à Tunis : Délégué princ. : M. *Fretin*, prof. au Lycée Carnot ; Délégués : *Combaz*, insp. de l'Enseign. primaire, 34, r. Al. Djazira. — *Bouché-Leclercq*, ing. des ponts et ch., 9, r. de Cronstadt ; à Bizerte : Dr A. *Jacob*, villa Saint-Martin, la Pêcherie ; *Lacorre*, dir. de l'école de Bijouville, boul. Gambetta ; à Gabès : *Gallois*, cond. des ponts et ch. ; à Gafsa : Lacroix, conduct. princ. de la voie ; à Sfax : *Seciet*, cond. des ponts et ch.

Bibliographie.

Statistique générale de la Tunisie, Annuel. Impr. Rapide, Tunis.

Anthouard (d'). *Notre politique coloniale en Tunisie*, in-16, 1 fr. E. Larose. Paris.

Chalon (Paul-F.) *Les richesses minérales de l'Algérie et de la Tunisie*. Dunod et Pinat. Paris, 190?.

Guide Joanne. *Algérie et Tunisie*. Hachette. Paris, 1909.

Guillot (Emile). *La Tunisie, pays de colonisation, de mines et de tourisme*, in-8 avec cartes, 6 fr. E. Larose. Paris.

Lanessan (J. de). *La Tunisie*, 2e éd., in-8, 1 carte en coul. F. Alcan. Paris, 1918.

Lapie (Paul). *Les Civilisations tunisiennes*, in-12, br. 3 fr. 50. F. Alcan. Paris, 1898.

Leys. *Mines, carrières et phosphates de Tunisie*, in-8, 183 p., br. 3 fr. Berger-Levrault. Paris, 1912.

Loth. *La Tunisie et l'œuvre du Protectorat français*. Paris, 1907.

Piquet (Victor). *La Colonisation française dans l'Afrique du Nord*, in-16, 538 p., br. 6 fr. A. Colin Paris, 1912.

Rouard de Card (E.). *La Turquie et le Protectorat français en Tunisie* (1881-1913), in-8. Pédone. Paris, 1916.

Saurin (J.). *Manuel de l'émigrant en Tunisie ; Le Peuplement français en Tunisie*. Paris, 1918.

Zolla. *La Colonisation agricole en Tunisie*. Paris, 1899.

III. — MAROC

PROTECTORAT

Histoire

On donne le nom de Maroc dérivé de celui de la ville de Marrakech à la partie occidentale (*Maghreb-el-Aksa*, Extrême-Occident) d'un bloc, la Berberie (*Maghreb*), qui comprend encore l'Algérie et la Tunisie et dont l'Atlas constitue l'unité géographique.

Les plus anciennes civilisations y ont semé des vestiges. Les Phéniciens visitèrent le Maroc ; Hamon y conduisit au Ve siècle des colonies carthaginoises ; les gouverneurs romains de la Bétique le tinrent en partie sous leur juridiction ; les Vandales occupèrent la côte, les Byzantins, Tanger (Tingis) et Ceuta (Septa). Les premières invasions arabes passèrent sans laisser de traces. Un descendant d'Ali, gendre du Prophète Idris, s'y réfugia vers 788 et y créa un véritable empire qui se désagrégea peu après sa mort.

À la chute des Idricides (919), le Maroc reconnut l'autorité de dynasties voisines (Fatimides d'Egypte, Ommiades d'Espagne, etc.), et ne reprit son autonomie qu'avec l'apparition des premiers Almoravides (1061). Les dynasties nationales (Berbères) Almoravides, Almohades, Merinides, firent atteindre au Magh eb-el-Aksa son plus grand degré de puissance et de prospérité. Sous les Almohades, le Maroc dominait la moitié de l'Espagne et s'étendait dans l'Afrique du Nord au delà de la Trip litaine. Vers le milieu du XVIe siècle, des chérifs (Arabes descendant du Prophète) réussirent à arracher le pouvoir aux derniers Mérinides et fondèrent la dynastie saadienne ; celle-ci, qui ne compta qu'un grand règne, celui de Moulay Ahmed el-Mansour, le conquérant du Soudan (1594), se maintint jusqu'en 1660. Elle fut alors supplantée par une autre dynastie, également chérifienne, celle des Filaliens. Après le règne brillant et sanguinaire de Moulay Ismaïl (1727), cette dynastie, qui détient encore aujourd'hui le pouvoir, laissa le Maroc dans un état d'anarchie croissante, jusqu'à l'intervention française.

Dès le début du XVIIe siècle, la France avait signé avec le gouvernement chérifien deux traités (17 et 24 sept. 1631), ayant pour but de régler les rapports de voisinage, de garantir la sécurité de la navigation, de son commerce et de ses nationaux auxquels elle assurait ainsi les droits et privilèges du régime des Capitulations. Ces traités furent confirmés à plusieurs reprises depuis celui du 29 janv. 1682 jusqu'à celui du 28 mai 1825, avec l'introduction en faveur de la France de la clause de la nation la plus favorisée.

Au moment de la prise d'Alger, le sultan Abd-er-Rhaman fit une incursion en Oranie. Plus tard, la France obtint qu'il renonçât à ses prétentions sur Tlemcen et la région d'Alger. Il n'en offrit pas moins asile à Abd-el-Kader qui, après une razzia, se réfugia sur le territoire marocain avec son butin. Le général de La Moricière dut occuper Sebdou et Lalla-Maghnia. Pendant que le prince de Joinville bombardait Tanger, Bugeaud franchissait la frontière, battait les troupes chérifiennes derrière la rivière de l'Isly, s'emparait de leur camp. La convention du 10 sept. 1844 et le traité du 18 mars 1845 réglèrent les différends survenus et portèrent délimitation de la frontière algéro-marocaine. Sous le règne d'Abd-er-Rhaman (1846-1859), de Mohammed II (1859-1873), de Moulay Hassan (1873-1894), les troubles intérieurs se perpétuèrent ; des vexations ou sévices furent exercés à plusieurs reprises sur des Européens ; le soulèvement des Berbères de l'Atlas provoqua l'envoi d'escadres des grandes puissances dans les eaux marocaines. La France, désireuse de protéger la frontière algérienne, signa avec le gouvernement chérifien le 21 juillet 1901 le « Protocole de Paris » suivi des accords d'Alger des 20 avril et 7 mai 1902, négocia ensuite avec l'Espagne, puis devant le refus de cette puissance, avec le gouvernement britannique pour l'ensemble du Maroc. De ces pourparlers, naquirent les accords franco-anglais du 8 avril 1904 auxquels le gouvernement de Madrid adhéra le 30 octobre suivant. Ces accords prévoyaient l'établissement politique de la France et de l'Espagne dans l'empire chérifien.

Le désir, clairement avoué depuis, de l'Allemagne, de prendre pied au Maroc provoqua la visite à Tanger de l'empereur Guillaume II qui déclara, à cette occasion, garantir l'indépendance du gouvernement chérifien (août 1905). La Conférence, qui se réunit à Algésiras le 16 janv. 1906, substitua au principe d'une collaboration politique de la France et de l'Espagne celui d'une intervention et d'un contrôle internationaux, mais laissa à la France un mandat de police.

Ce mandat, elle ne devait pas tarder à être contrainte de l'exercer. Successivement, l'assassinat du docteur Mauchamp à Marrakech, le 19 mars 1907, le massacre de 5 Français employés du port à Casablanca, suivi d'un mouvement xénophobe très violent, le 31 juillet suivant, provoquèrent l'occupation d'Oudjda et de la région des Beni-Snassen par le général Lyautey (29 mars), le débarquement à Casablanca d'un contingent français, sous le commandement du général Drude qui commença la conquête de la Chaouïa dont la pacification fut l'œuvre du général d'Amade.

Quatre ans plus tard, en mars 1911, les tribus berbères se soulevèrent à nouveau contre le Makhzen et vinrent assiéger dans Fez le Sultan Moulay-Hafid et les colonies européennes. Sollicité, le gouvernement français envoya le général Moinier au secours du Sultan. Le 24 mai, la colonne Brulard arrivait devant Fez qu'elle délivrait, rejointe, le 26, par la colonne du colonel Gouraud ; le 8 juin, Meknès était occupé. Quelques jours plus tard, le général Moinier rentrait à Rabat après avoir rayonné jusqu'au Zerhoum. Bien que cette opération, vivement menée, ait gardé son caractère d'opération de police, le 1er juillet, le gouvernement allemand envoyait la *Panther* devant Agadir et ce fut l'origine de laborieuses négociations qui aboutirent à la reconnaissance du Protectorat français en échange d'une partie du Congo (traité de Berlin du 4 nov. 1911). Le 30 mars 1912, M. Regnault, ministre de France à Tanger, signait à Fez le traité de protectorat. Mais, peu après, éclatait dans cette ville une insurrection sanglante marquée par le massacre des Européens. A la suite de ces événements, le général de division Lyautey était nommé, par décret du 28 avril, Commissaire Résident Général de la République française au Maroc. Une ère nouvelle allait commencer.

A son arrivée, le 24 mai, le général Lyautey trouva Fez en pleine insurrection, des populations turbulentes ou des tribus hostiles, une effervescence mahdiste toujours vivace, le Maroc oriental séparé du Maroc occidental. Les opérations commencèrent dès le 1er juin. A la fin de ju llet, le calme était rétabli. L'abdication de Moulay Hafid, le 12 août, risqua de tout compromettre à nouveau. Le prétendant El Hiba refusa de reconnaître Moulay-Youssef, souleva le Sud, se proclama sultan et occupa Marrakech ; il était défait le 14 août au sud de l'Oum-er-Rbia, le 6 sept. à Sidi-Bou-Othman par le colonel Mangin. Marrakech était délivré le lendemain. Les années 1912 et 1913 furent marquées, la première par la signature de l'accord franco-espagnol de Madrid (27 nov.), qui reconnaissait à l'Espagne dans sa zone d'influence les droits reconnus à la France dans la sienne, la seconde par une politique de conciliation avec les grands caïds dévoués au Maghzen, la liaison effectuée entre les deux parties du Maroc par le percement de la trouée de Taza. Le général Lyautey entra dans Taza à la tête des troupes, le 17 mai 1914.

La guerre survenant en août 1914 risquait de porter un coup mortel à l'œuvre de la France. Au lieu d'abandonner les positions conquises, le général Lyautey maintint l'armature créée depuis deux ans, tout en envoyant dans la métropole le meilleur de ses troupes. Il réussit à déjouer l'effort allemand qui rendit les tribus hostiles plus agissantes, et dut leur porter pendant les sept premiers mois de 1915 de rudes coups. Abd-el-Malek était battu le 27 janv. suivant, Taza dégagée ; dans le Sud, les harkas dissidentes étaient défaites le 7 juillet et le 16 nov. par le colonel Doury. En 1917, le passage du Grand-Atlas, la poussée jusqu'à Agadir et Tiznit, pacifia le Sous et contrecarra l'action d'El-Hiba ; la jonction sur la Moulouya des troupes de la région de Meknès avec celles du Sud du Maroc oriental amena un important mouvement de soumission de la part des tribus travailleuses, les Zaïan furent réduits progressivement, les Riata et les Beni Ouarrain isolés.

Cet effort continu des trois dernières années pendant lesquelles les troupes combattirent un ennemi aidé puissamment par les Allemands a porté ses fruits. Au 1er janv. 1912, au moment de l'établissement du Protectorat, la superficie occupée était de 88.000 km. q. Elle était passée à 163.000 km. q. au 1er janv. 1914. Elle atteignait 235.000 km. q. au 1er juillet 1917.

Géographie.

Le Maroc, l'Algérie et la Tunisie pris ensemble constituent une unité géographique, sorte d'île montagneuse entre la Méditerranée et le Soudan, à laquelle on a donné le nom d'Afrique Mineure, de Berbérie ou de Maghreb. Le Maroc en est l'extrémité occidentale (Maghreb-el-Aksa). Son orientation vers l'Océan qui baigne ses rivages occidentaux le différencie nettement des côtes africaines de la Méditerranée. Et, par plusieurs points, le Maroc rappelle la France ; chaînes de montagnes comparables aux Alpes, régions d'altitude moyenne dont l'aspect évoque les paysages de l'Auvergne et du Jura, plaines aux terres fertiles bien arrosées, qui ne sont pas sans analogie avec la Normandie.

Le relief présente la chaîne du *Grand-Atlas*, du cap Ghir au Haut-Guir avec quelques pics très élevés, dont le Djebel Aiachi (4.200 m.) ; l'*Anti-Atlas*, rameau se détachant de la chaîne maritime dans la région du Djebel-Siroua et s'épanouissant au S. du Sous vers la côte atlantique ; le *Moyen-Atlas*, se développant au N. du Haut-Atlas.

L'hydrographie présente un régime bien organisé, fleuves auxquels la hauteur des chaînes montagneuses assure un débit d'eau considérable, humidité suffisante par suite d'une saison des pluies. Principal fleuve sur le versant méditerranéen, la Moulouya, prenant sa source au pied du Djebel Aiachi, avec un cours d'env. 400 km. Dans le bassin de l'Océan, *oueds* nombreux coulant généralement dans de larges vallées argileuses : le Loukkos, le Sebou « le père des fleuves » navigable dans son cours inférieur ; l'Oued-Bou Regreg, assez rapide dans le haut pays, l'Oum-er-Rbia (600 km.). Par contre, le Tensift a un faible débit et s'assèche en été et le Sous, intermittent dans son cours inférieur, se ressent déjà du voisinage du désert. Les eaux qui descendent des revers méridionaux du Haut-Atlas ou de l'Anti-Atlas ne donnent naissance à aucun cours d'eau véritable. L'Oued-Draa est le vrai fleuve des régions désertiques ; le Ziz et le Guir se perdent dans les sables du Sahara.

Le climat, influencé par la Méditerranée dans les régions de la Moulouya et du Rif, est à l'extrémité septentr. du continent africain, soumis aux échanges atmosphériques qui se propagent entre les deux mers ; à l'O., grâce au développement des côtes, le climat marin se fait sentir jusqu'à une assez grande distance dans l'hinterland. Enfin, dans le S. et le S.-E. règne le climat extrême du désert. D'autre part, la disposition des hautes chaînes montagneuses divise nettement le pays et leur donne, grâce à leur altitude, le rôle de barrière entre le versant Atlantique et les zones du climat saharien.

Traités et Conventions.

Convention de Madrid du 3 juillet 1880 relative à l'exercice du droit de protection : France, Allemagne, Autriche-Hongrie, Belgique, Danemark, Espagne, Etats-Unis, Grande-Bretagne, Italie, Maroc, Pays-Bas, Portugal, Suède, Norvège.

Acte général de la Conférence d'Algésiras du 7 avril 1906 : France, Allemagne, Autriche-Hongrie, Belgique, Espagne, Etats-Unis d'Amérique, Grande-Bretagne, Italie, Pays-Bas, Portugal, Russie, Suède.

Convention du 4 novembre 1911 avec l'Allemagne au sujet du Maroc (annulée par suite de la guerre).

Traité du 30 mars 1912 organisant le protectorat français dans l'Empire Chérifien.

Convention du 27 novembre 1912 avec l'Espagne pour régler la situation des deux pays à l'égard de l'Empire Chérifien.

Déclaration du 22 octobre 1912 avec l'Italie ayant trait aux rapports de la France et de l'Italie au Maroc.

Déclaration du 3 octobre 1914 avec l'Espagne relative au Maroc.

Renonciation au régime des capitulations : Belgique, déclaration du 22 sept. 1915. — Bolivie, déclaration du 21 juin 1915. — Costa-Rica, déclaration du 31 mai 1915 — Danemark, déclaration du 12 mai 1915. — Espagne, déclaration du 27 févr. 1914. — Grèce, déclaration du 8-21 mai 1914. — Haïti, déclaration du 18 janv. 1916. — Italie, déclaration du 9 mars 1916. — Japon, déclaration du 14 juillet 1915. — Luxembourg, déclaration du 27 févr. 1914. — Paraguay, déclaration du 30 sept. 1915. — Portugal, déclaration du 9 mars 1914. — Russie, déclaration du 15-28 janv. 1914. — Suède, déclaration du 4 juin 1914. — Uruguay, déclaration du 29 déc. 1914. — Venezuela, déclaration du 8 févr. 1916.

Les *dahirs* en date des 5 et 13 août 1914 ont supprimé les capitulations à l'égard des Allemands et des Austro-Hongrois.

Traité de paix du 28 juin 1919 (art. 141 à 146) : Renonciation de l'Allemagne à tous droits, titres ou privilèges résultant à son profit de l'Acte général d'Algésiras du 7 avril 1906, des accords du 9 févr. 1909 et 4 nov. 1911. Abrogation depuis le 3 août 1914 de tous traités, accords, arrangements ou contrats passés par elle avec l'Empire chérifien. Renonciation au régime des capitulations à dater du 3 août 1914. Les biens et propriétés de l'Empire et des États allemands passent, sans aucune indemnité, au Maghzen. Liquidation des biens meubles et immeubles des ressortissants allemands, leur valeur venant en déduction des dettes de l'Allemagne envers la France.

Gouvernement.

Sultan régnant : *S. M. MOULAY YOUSSEF*, proclamé le 16 août 1912, à la suite de l'abdication de son frère, le sultan Moulay-Abd-el-Hafid.

Grand Vizir : *Si El Hadj Mohammed El Mokri* (août 1917).

Commissaire Résident général : Général de division *H. Lyautey*, G. C. ✱, Méd. Mil., nommé le 28 avril 1912.

Cabinet du Commissaire Résident général : Directeur des cabinets militaire et politique : Lt-colonel *Delmas*. Chef du cabinet civil : *Vatin-Pérignon*.

Délégué à la Résidence générale, Secrétaire général du Protectorat : *U. Blanc*. — Secrétaire général adjoint, Chef du cabinet diplomatique : *de Sorbier de Pougnadoresse*, consul. de 1re cl.

Premier Président de la Cour d'Appel : *Dumas* ; Procureur général près la Cour d'appel : *Guibourg*.

Directeur général des travaux publ. : *Delpit*, insp. gén. des Ponts et Chaussées. — Directeur général des Finances : *Piétri*, ancien insp. des finances. — Directeur des Affaires civiles : *G. de Tarde*. — Directeur de l'Agric., du Commerce et de la Colonisation : *Malet*. — Chef du service du Commerce et de l'Industrie : *Avonde*. — Directeur de l'Office des P. T. T. : *Walter*. — Directeur de l'Enseignement : *Hardy*. — Chef du service des domaines : *Fontana*, f. fonc.. — Chef du service de l'Hydraulique : *Chabert*. — Chef du service des eaux et forêts : *Boudy*, insp. des eaux et forêts. — Directeur des Affaires indigènes et du Service des Renseignements : général *Maurial*. — Directeur des Affaires chérifiennes : *Marc*. — Chef du Service du contrôle des biens Habous : *Torres*. — Chef du service des Beaux-Arts : *Tranchant de Lunel*. — Directeur des Services de santé : Médecin-insp. *Ruotte*. — Trésorier payeur-général : *Mayet*. — Directeur de l'Intendance : intendant général *Durosoy*.

Conseiller des Offices économiques : Terrier (21, rue des Pyramides, Paris) ; Directeur de l'Office du Protectorat à Paris : *Naciet* (21, r. des Pyramides, Paris). Commissaire général des foires au Maroc : *Berti*.

Organisation politique et administrative.

Par suite des accords internationaux de Berlin (4 nov. 1911) et de Madrid (27 nov. 1912), le Maroc est soumis dans sa partie en bordure de la Méditerranée et dans sa partie en bordure de l'Océan Atlantique, de la limite sud de la zone internationale de Tanger au sud du Loukkos à l'influence espagnole. Tout le reste du pays, sauf la zone internationale de Tanger et l'enclave espagnole d'Ifni au sud, relève du Protectorat français depuis le traité de Fez du 30 mars 1912.

Le nouveau régime consacre la souveraineté du Sultan, l'exercice de la religion musulmane et des institutions religieuses, l'organisation d'un Makhzen chérifien réformé, l'institution du Protectorat français muni des organismes nécessaires pour assurer la réorganisation administrative et le développement du pays.

Le Gouvernement français est représenté auprès du Gouvernement chérifien par un Commissaire Résident général, dépositaire de tous les pouvoirs de la République au Maroc, qui est le seul intermédiaire entre le Sultan et les représentants étrangers. Il contresigne les décrets-lois (dahirs) signés par le Sultan ; il signe des arrêtés applicables seulement à la partie française de l'administration et de la population. Il dirige tous les services administratifs : il a le commandement en chef des forces de terre et la disposition des forces navales.

Les agents diplomatiques et consulaires de la France sont chargés de la représentation et de la protection des sujets et des intérêts marocains à l'étranger. Le gouvernement chérifien s'engage à ne conclure aucun acte ayant un caractère international sans l'assentiment du Gouvernement de la République.

L'organisation antérieure a été maintenue dans ses grandes lignes.

Le Makhzen central comporte trois départements ministériels : grand vizirat ; ministère de la justice et du culte ; ministère des *Habous*.

Chaque tribu est gouvernée par un *caïd* qui a sous ses ordres des *cheiks* agissant sous sa direction ; il est assisté d'un *khalifa* ou suppléant choisi par lui. Le caïd est chargé de l'admin. générale, du recouvrement des impôts, de la justice pénale. Dans les villes importantes, les pouvoirs admin. sont confiés à un *pacha* nommé par le sultan, assisté d'un *khalifa* et de fonctionnaires makhzen. A côté des caïds et des pachas, sont installés des contrôleurs civils. Des conseils indigènes ou *medjless*, tantôt distincts (musulmans, israélites), tantôt mixtes, avec fonctionnaires français ou indigènes (Fez, Meknès) ; dans les ports (Casablanca, Rabat, etc.), fonctionnent des *commissions municipales*.

Le pays est divisé en *régions* et en *territoires* commandés par des officiers relevant du Résident Général. Régions et territoires se subdivisent en *cercles*. Les bureaux de renseignements secondent le commandant militaire du cercle. Le Maroc oriental, organisé différemment, voit s'étendre peu à peu le même régime administratif.

Organisation judiciaire.

Il existe trois ordres de juridiction :

1° La justice chérifienne réorganisée par deux dahirs en date du 4 août 1918;

2° Les tribunaux consulaires dont l'action va en diminuant .

3° La justice française qui comporte :

Une Cour d'appel siégeant à Rabat;

Trois tribunaux de 1re instance à Casablanca, Rabat, Oudjda;

Huit tribunaux de paix à Casablanca, Mazagan, Marrakech, Mogador, Safi, Rabat, Fez, Oudjda. Les cinq premiers sont dans le ressort du tribunal de 1re instance de Casablanca, les deux suivants (Rabat et Fez) dans le ressort du tribunal de 1re instance de Rabat; le dernier (Oudjda) dans le ressort du tribunal de 1re instance d'Oudjda.

Les tribunaux français sont compétents à l'égard des Français, des anciens protégés français ainsi qu'à l'égard des étrangers et des anciens protégés étrangers dont les Puissances ont renoncé aux Capitulations.

En ce qui concerne la justice chérifienne, le pouvoir judiciaire appartient au Sultan et s'exerce par le jeu d'une double délégation chérifienne donnée, d'une part aux *cadis*, d'autre part aux *pachas* et *caïds*.

Aux *cadis* est déléguée l'application de la loi religieuse (*chráa*) dont le souverain a la garde en sa qualité d'*imam* ou chef spirituel de la communauté musulmane. Aux *pachas* et *caïds* est délégué le droit de justice que le souverain détient en sa qualité de sultan ou chef temporel.

La juridiction des pachas et caïds s'est étendue, en empiétant sur le domaine du *chraâ* en matière d'obligations et c'est ainsi qu'elle est arrivée à retenir toute une catégorie de litiges, au civil et au commercial, que le caïd juge en équité, à moins qu'ils ne soulèvent un point de droit qui en exige le renvoi devant le cadi.

Cette extension de compétence s'est réalisée insensiblement et par le fait même des justiciables, dont les préférences vont à la justice makhzénienne, plus souple et plus rapide que celle du *chraâ*.

D'après les nouveaux dahirs, le pacha ou caïd, délégataire du pouvoir makhzénien, est maintenu comme juge unique.

Sa compétence au civil comme au pénal, est strictement délimitée. Elle est même accrue en matière pénale, puisqu'il peut prononcer des peines d'emprisonnement jusqu'à un an et des amendes jusqu'à 1.000 P. H.

Des règles de procédure sont instituées qui, tout en étant simplifiées, n'en représentent pas moins un ensemble de garanties sérieuses et telles qu'on peut en attendre d'un véritable tribunal.

Auprès de chaque tribunal de pacha ou caïd, est placé un *Commissaire du Gouvernement*, qui a une double mission : d'une part, il veille à la bonne administration de la justice; d'autre part, il remplit l'office de ministère public près ladite juridiction.

Le *Haut tribunal chérifien*, institué à Rabat, comprend deux chambres :

1° Une *chambre criminelle*, ayant les attributions de l'ancien Conseil des affaires criminelles actuel;

2° Une *chambre des appels*, connaissant des appels des jugements rendus en premier ressort par les pachas ou caïds.

Superficie et population.

Le Maroc, ouvert à nos investigations économiques, borné par la région de l'Oued Dra, représente un territoire d'env. 420.000 km. q. (France, 550.985).

D'après une enquête faite en juillet 1917 par le Service des Renseignements qui a permis d'obtenir des chiffres approximatifs, la population indigène de la zone française du Maroc, soumise à notre protectorat, peut être évaluée à 4.000.000 hab.

Une répartition approximative, à raison de 5 personnes par tente, donne les résultats suivants :

Région de Casablanca	288.000	Région de Doukkala	200.000
— Rabat	451.000	— d'Abda	102.000
— Meknès	125.000	— de Tadla	218.000
— Fez	317.000	Haha Chiadma et Marrakech	3.186.00
— Taza	260.000	Maroc oriental	272.000

Elle peut être évaluée d'une façon plus certaine dans les villes, malgré l'absence d'état civil. Au 1er janv. 1918, la population urbaine était, en chiffres approximatifs, la suivante :

VILLES ET CENTRES	INDIGÈNES.		EUROPÉENS.				POPULATION TOTALE.
	Musulmans	Israélites	Français	Espagnols	Italiens	Divers	
Fez	95.000	10.000	300	355	90	110	105.855
Marrakech	90.000	18.000	1.100	150	100	125	119.447
Casablanca	35.000	10.000	25.000	8.000	6.000	2.100	86.500
Rabat-Salé	42.500	5.400	5.800	2.200	1.800	300	58.000
Meknès	30.000	5.500	820	150	100	195	36.900
Mazagan	17.000	3.000	830	350	200	300	21.630
Safi	16.500	3.500	400	210	40	150	20.240
Mogador	9.000	9.000	350	150	125	185	19.085
Oudjda	12.000	2.000	2.500	1.500	100	50	18.150

Immigration. Émigration. — Le mouvement de l'immigration, déjà important en 1912, a rapidement progressé à partir de l'établissement du Protectorat français ; il a subi un recul sensible par suite de la guerre. Le nombre des personnes débarquées à Casablanca, qui était de près de 9.000 en 1912, passa à 29.755 en 1913 et à 27.423 en 1914. En 1917, sur 19.582 personnes débarquées, 2.716 venaient s'établir au Maroc dont 1.714 Français, 565 Espagnols, se répartissant par professions en : ouvriers du bâtiment, 186 ; journaliers et domestiques, 158 ; employés de commerce, 136 ; commerçants, 91 ; ouvriers d'usine, 120, etc...

Chaque année, au moment des moissons, un certain nombre de Marocains, qu'on évalue à une trentaine de mille, vont en Algérie pour faire les travaux agricoles. Depuis la guerre, beaucoup de travailleurs marocains ont répondu à l'appel fait par la France à la main-d'œuvre coloniale : 981 en 1915. 8.625 en 1916. Du 1er janv. au 25 juin 1917, 7.058 ont embarqué à Casablanca.

Assistance médicale. — 4 hôpitaux régionaux fonctionnent à Rabat, Marrakech, Mazagan et Fez, avec 68 infirmeries indigènes permettant l'hospitalisation des malades ; 113 postes fournissent l'assistance médicale.

Instruction. — La clientèle scolaire des établissements relevant du Protectorat a montré le développement suivant :

	Octobre 1912.	1er janv. 1914.	1er janv. 1918.
Ecoles françaises	9	34	85
— franco-arabes	14	33	67
— franco-israélites	14	18	39
Maîtres : Enseign. supérieur	»	4	21
— — secondaire	»	21	77
— — primaire	61	189	514
— — professionnel	»	6	56
Élèves : Enseign. supérieur	»	79	329
— — secondaire	»	588	1.689
— — primaire	2.990	7.397	16.706
— — professionnel	»	80	654
— — Cours du soir	16	369	2.142

A Casablanca, il existe un lycée de garçons, une école secondaire de jeunes filles et plusieurs écoles primaires ; à Rabat, une Ecole supérieure arabo-berbère (Agdal) permet aux fonctionnaires et colons d'acquérir la connaissance des langues indigènes et un collège ; à Oudjda, un collège. Il existe des écoles franco-arabes et des écoles françaises à Rabat, Marrakech, Fez, Meknès, Saffi, Mogador, Mazagan, Kenitra, Fedala, Ber-Rechid, Settat, etc., ainsi que dans les principaux centres du Maroc oriental.

On trouve : à Rabat, une Bibliothèque orientaliste, historique et géographique et une Bibliothèque technique sur l'agriculture et la colonisation à la Direction de l'Agric., du Commerce et de la Colonisation (Touarga).

Enseignement de l'horticulture et de la viticulture à l'Ecole prof. de Salé et dans les écoles franco-arabes de Mazagan, Petitjean, Temara ; enseign. de la culture maraîchère et de l'arboriculture à l'Ecole d'Aïn-Cheggag. Ferme-modèle et Ecole agricole de Sidi-Smaïn (Doukkala) ; ferme-expérimentale de Fez.

Religion. — Le Sultan et la plupart de ses sujets sont des Musulmans Sunnites, de la secte des Malekites. On compte également un grand nombre de Juifs dans les villes principalement. Environ 65.000 chrétiens, la plupart catholiques.

Mouvement économique.

Situation financière.

La situation financière du Maroc est obérée. Déjà, avant l'établissement du protectorat, fonctionnaient un « Contrôle de la Dette » et une Banque d'État, organe international, cette dernière détenant le monopole de la frappe des monnaies et de la fabrication des billets de banque. Depuis plusieurs années, les exercices budgétaires se soldent par des excédents.

Les exercices budgétaires du protectorat ont montré depuis 1913 les résultats suivants en francs :

ANNÉES.	RECETTES.	DÉPENSES.
xercice 1913-14	17.649.024	23.618.343
— 1914-15	23.745.606	31.042.466
— 1915-16	48.857.820	41.565.061
— 1916-17	70.270.406	45.389.473
— 1917 (8 mois)	55.879.598	39.061.837
— 1918 prév	86.257.000	84.005.160
— 1919 —	174.406.022	174.317.124

Les principales recettes étaient pour l'exercice 1916-1917 : impôts directs et taxes assimilées (*tertib*, *achour*, *zekkat*, etc.), 21.155.099 fr. ; les principales dépenses : travaux publics : 5.843.625 ; administration indigène : 3.917.408 ; enseignement : 757.847.

Aux dépenses, la Dette publique figure pour 3.989.885 francs.

La dette publique comprend : les emprunts 1904, 1910 et 1914, d'un montant total de 405.624.000 fr., la créance de 70 millions reconnue à la France par l'Empire Chérifien ; la dette viagère comprend les pensions des anciens Sultans et les versements du Protectorat à la Caisse de Prévoyance ou aux Caisses de Retraites des divers fonctionnaires.

Agriculture.

L'agriculture constitue la principale ressource du Maroc ; elle est à la base de son avenir économique ; 4/5 des indigènes vivent de la terre et leur faculté d'achat dépend de l'abondance des récoltes. Les moyens d'investigation actuels ne permettent que des évaluations approximatives. D'après les dernières données, les surfaces ensemencées et soumises au *tertib* (impôts sur les revenus agricoles) étaient les suivantes (en milliers d'hectares) :

	1915			1917		
	Européens.	Indigènes.	Totaux.	Européens	Indigènes.	Totaux.
Maroc Occidental ..... (9.500.000 ha. env.).	21.165	1.561.039	1.582.204	23.322	1.657.985	1.681.307
Maroc Oriental	8.399	89.852	98.251	7.174	104.009	111.183

En 1916, les surfaces ensemencées et soumises à l'impôt du *tertib* s'élevaient à 1.743.412,61 hectares, en augmentation de 161.208 ha. par rapport à 1915. Les surfaces cultivées par les Européens qui représentaient en 1915, 1,33 p.100 du total, ont été augmentées en 1916 de 6.474 ha. et représentent 1,55 p. 100 du total. Les surfaces cultivées par les indigènes ont augmenté de 154.733 ha. Au 1er janv. 1917, on comptait, pour le Maroc occidental, lots de culture maraîchère exceptés, 133.640 ha. de propriétés possédées par des Européens (107.500 appartenant aux Français, 26.140 aux autres Européens), dont 71.800 en propriétés au-dessus de 1.000 ha., 28.100 de 500 à 1 000 ha. et 28.840 de 101 à 500 ha. La valeur d'achat des terres variait de 75 à 260 fr. l'ha., selon leur qualité ou le plus ou moins grand éloignement d'un centre (de 200 à 300 fr. l'ha. en Chaouïa, Doukkala, 150 à 200 fr. dans la vallée du Sebou, les environs de Meknès et de Fez, 100 fr. pour les terrains de seconde qualité de la région de Rabat, 50 ou 30 fr. pour les terrains non défrichés des Zemmour, des Zaërs et de la région de Meknès).

Pour les principales cultures, les récoltes comparées des années 1915, 1917 et 1918 évaluées en quintaux, montrent, pour le Maroc occidental, les résultats suivants :

CULTURES.	1915.	1917.	1918.
	quintaux	quintaux	quintaux
Blé	4.866.670	4.260.984	6.177.141
Orge	6.345.335	6.890.762	7.567.050
Avoine	28.882	24.013	38.772
Maïs et sorgho	1.480.828	1.217.375	1.169.480
Mil et alpiste	30.060	66.130	»
Pois chiches	124.428	142.689	188.246
Lin	52.568	32.590	143.329
Fèves	168.957	346.478	444.914
Coriandre	9.214	14.626	63.203
Fénugrec	14.449	7.795	46.220

Céréales. — Les blés cultivés par les indigènes sont des blés durs dont on extrait de la semoule très appréciée par la minoterie française. Les régions les plus fortes productrices étaient (1917), blé : Casablanca, 1.472.000 qx. ; Rabat, 971.201 ; Tadla-Zaïan, 266.870 ; pour l'orge : Abda, 1.754.000 qx. ; Tadla-Zaïan, 1.433.817 ; Rabat, 693.952 ; pour l'avoine : Casablanca, 13.213 qx. ; pour le maïs et le sorgho : Doukkala, 318.642.

Les rendements moyens obtenus ont été en moyenne de 10 à 12 qx. à l'ha. pour le blé dans la région des Abda, des Doukkala et de Marrakech, de 9,7 qx. dans la région de Fez ; pour l'orge, de 12,6 qx. dans les Abda, 9,8 dans les régions de Fez et des Doukkala. Ils varient naturellement suivant la qualité des terres (par exemple, dans les Abda, le blé a donné jusqu'à 16 quintaux à l'ha. dans les « tirs », 10 dans les « *hamri* » et 4 seulement dans les « *remel* ». La faiblesse de ces rendements, comparés aux 14 quintaux moyens de la France, résulte des procédés tout à fait primitifs de culture employés par les indigènes.

Coton. — Les résultats obtenus sont insuffisamment probants pour engager les agriculteurs à se lancer dans la culture du coton. Les essais, entrepris sur des surfaces restreintes, ont été en outre faussés par les deux invasions de sauterelles de 1915 et 1916.

Sériciculture. — L'Administration a fait, depuis 1914, des efforts sérieux pour réinstaurer dans la région de Fez l'élevage du ver à soie autrefois pratiqué avec succès. En 1917, 108 éleveurs ont reçu 57 onces de graines qui ont donné 1.149 kilos de soie de très bonne qualité, vendue sur place 4 fr. 50 le kilogr.

Plantes à parfum. — Dès maintenant, la fleur d'oranger et la rose sont utilisées pour produire des hydrolats dont les indigènes font une grande consommation. Un certain nombre de plantes à parfums poussant spontanément pourraient fournir une matière première intéressante. La rose à parfums (région de Marrakech, environs de Fez et sud de l'Atlas) fournit surtout des boutons de roses exportées sous le nom de fleurs sèches (17.550 kgs en 1916). L'exportation de fleurs d'orangers a passé de 328 kgs en 1913 à 1187 kgs en 1917.

Ricin. — Le ricin sanguin de Settat y est des plus vigoureux. 8 tonnes de semences ont été réparties en 1918.

Vignoble. — Vignoble indigène ayant une superficie de 5.766 ha. avec 6.625.000 pieds ; production en 1917, 5.500 hl.

Vignoble européen de création récente, ayant une superficie de 410 ha. dans le Maroc occidental et de 320 ha. dans le Maroc oriental. Production de 1917 : env. 4.000 hl.

Arbres fruitiers. — Au point de vue arboricole, on comptait en 1917 : 1.461.448 oliviers (Fez, 732.895 ; Marrakech, 415.420) ; 7.887 amandiers, 103.557 orangers et citronniers (Rabat, 42.517 ; Meknès, 26.673) ; 88.561 palmiers (Marrakech 86.106) ; 1.627.867 figuiers et autres arbres (Fez 476.841 ; Meknès 267.215, Marrakech 266.103) et 2.988.173 pieds de vignes (Fez 1.209.521 ; Meknès 948.984) dont un certain nombre cultivés pour la production du raisin de table.

Forêts. — La superficie totale des forêts de la zone française est d'environ 1.500.000 hectares, sur lesquels les essences se répartissent très approximativement comme il suit :

Chêne-liège	250.000	hectares.
Cèdre (pur ou en mélange)	300.000	—
Thuyas	200.000	—
Arganiers	500.000	—
Chêne-vert, pin d'Alep, chêne zéen, essences diverses	250.000	—
Total	1.500.000	—

Élevage. — Bien que les indigènes ne donnent pas, en général, au bétail, les soins qui lui sont nécessaires et que des épizooties fassent trop souvent des ravages considérables dans les troupeaux, les résultats obtenus par le Service de l'Élevage et par les Européens ont permis de constater une augmentation notable du cheptel. Celui-ci se répartissait dans le Maroc occidental de la façon suivante pour les années 1915 et 1917 :

ESPÈCES.	1915	1917
Chameaux	59.799	65.090
Chevaux et mulets	122.870	150.808
Anes	225.731	286.123
Bovins	672.468	1.010.045
Porcins	15.955	51.296
Ovins	3.175.201	4.289.822
Caprins	1.061.945	1.266.383

Grâce au Service de l'Elevage, des écuries sommaires ont été construites, des réserves fourragères constituées ; les points d'eau ont été augmentés et améliorés ; des vétérinaires-inspecteurs donnent des consultations et font des opérations gratuitement. Enfin, des concours de primes à l'élevage, qui comprennent chaque année une trentaine de concours dotés de 30.000 fr. de prix environ, se tiennent en été, au cours des mois d'août et de septembre, c.-à-d. à l'époque où les troupeaux sont les plus bas d'état.

L'exportation des produits animaux par les ports de la zone française a donné, depuis 1912, les chiffres suivants en quintaux métriques :

	1912	1913	1914	1915	1916	1917
Peaux de bœufs	3.835	15.544	16.834	7.103	4.364	4.769
— de moutons	6.917	18.730	10.081	3.787	8.447	12.849
— de chèvres	14.519	16.815	7.933	10.932	13.691	11.827
Total des peaux	25.270	51.087	34.848	21.732	»	»
Laines en suint et lavées	13.369	38.897	20.939	21.130	39.207	29.262
Œufs	36.215	23.465	9.521	29.550	47.212	52.151
Cire brute	2.040	1.141	1.713	2.919	2.225	2.334

Les chiffres relatifs à l'exportation par la frontière de terre n'ont pu être fournis.

Les laines, qui se présentent sous les trois espèces *Aboudia*, *Urdighia* et *Beldia*, se rapprochent des mérinos d'Espagne. La laine *Aboudia* (zone nord, entre le Rif et le Bou Regreg, 300.000 moutons aptes à fournir plus de 500.000 kilos de laine) aux brins d'égale finesse et de même longueur, correspond aux bons types des laines croisées de Roubaix et Tourcoing ; la laine *Urdighia* (entre le Bou-Regreg et l'Oum-er-Rbia, 450.000 moutons aptes à fournir près de 800.000 kilos de laine) est comparable aux laines croisées de second ordre ; la laine *Beldia* (du cours de l'Oum-er-Rbia à l'Anti-Atlas, 3.300.000 moutons donnant près de 6 millions de kg. de laine), très différente, est rèche au toucher et souvent cassante. Les 2/5 de la tonte peuvent être exportés.

L'exportation des œufs est une des principales ressources du Maroc occidental. Pendant la guerre et malgré l'interdiction de sortie sur d'autres destinations que la France, la moyenne annuelle des exportations a été de près de 2 millions. La région de Mazagran est le grand centre de production.

Contribution du Maroc au ravitaillement de la Métropole. — Le pays, en temps normal exportateur des produits de son sol, a pu fournir à la métropole pour son ravitaillement un appoint qui n'a pas cessé d'augmenter depuis 1914. Les achats de l'intendance, qui portèrent d'abord sur le blé et l'orge, furent étendus successivement aux laines, aux peaux de moutons et de chèvres, au maïs, aux porcins, aux bovins. Au 30 juin 1917, l'Intendance avait réalisé 400.060 quintaux de blé, 1.603.192 d'orge, 185.228 de maïs, 14.370 de laines, 554.750 peaux de chèvres, 35.692 peaux de mouton auxquels il faut ajouter 5.795 porcins et 6.230 bovins.

Production minérale. — Parmi les richesses du sous-sol marocain, on signale des gisements de cuivre, de fer et de plomb dans le Sous et dans l'Anti-Atlas ; de sel gemme dans le Sebou, des gisements de phosphates importants et d'une teneur exceptionnelle dans la région d'El.-Boroudj et de l'Oued Zem, de nitrates, de manganèse (Djebel Narguechoum, production pour le 1er semestre de 1918, 3.500 tonnes), de chalcostibite, dans la vallée de l'Oued Cherrat, etc.

Un gisement de pétrole a été découvert en 1919 au Djebel Telfat. Des puits seront forés en 1920.

La fabrication des chaux et ciments a déjà donné d'importants résultats.

Industries.

Les établissements existants sont de fondation trop récente pour qu'il soit possible de fournir à l'heure actuelle des chiffres détaillés. Une étude a cependant été tentée pour Casablanca et a fourni les résultats suivants en mars 1918 :

Alimentation (minoteries, fabriques de pâtes alimentaires) : 19 établ[ts] ayant un capital de 13.500.000 fr. et employant 440 ouvriers. Construction : 9 entreprises avec un capital de 5.150.000 fr. et 687 ouvriers. — Forges, fonderies : 9 établissements avec un capital de 485.000 fr. et employant 171 ouvriers.

Pour le Maroc occidental, on comptait au total en mars 1918 : 134 établissements, au capital de 33.540.000 fr., employant env. 2.114 ouvriers et utilisant une force motrice de 4.876 HP. Les établissements consacrés à l'alimentation figuraient dans ces chiffres pour 69 établissements, 17.090.500 fr., 773 ouvriers et 1.043 H. P.

L'industrie meunière est incontestablement la plus importante. En 1913, le Protectorat importait 287.597 quintaux de semoules et farines, représentant une valeur de 9.367.000 fr. ; en 1916, il n'importait plus que 76.236 quintaux pour une valeur de 3.949.640 fr. En 1918, le Maroc se suffisait à lui-même et d'importateur était prêt à devenir exportateur.

Le chiffre d'affaires de cette branche n'est pas inférieur à 15 millions par an, se répartissant sur 25 minoteries, sans tenir compte des centaines de moulins indigènes dont Fez, à elle seule, compte plus de 300.

Grâce à l'*Office des Industries d'art indigène*, établi en 1916, la production des tapis de Rabat, de Salé, des Beni-M'tir, des Zaïan et des tribus berbères a été intensifiée. L'Office a créé une estampille de garantie.

Commerce.

Le commerce marocain a plus que doublé dans les 5 dernières années qui ont précédé la guerre : il a suivi depuis, malgré toutes les difficultés, une marche ascensionnelle ininterrompue, comme en témoigne le tableau ci-après :

ANNÉES.	IMPORTATIONS.	EXPORTATIONS.	TOTAUX
	milliers de fr.	milliers de fr.	milliers de fr.
1907	47.579	36.745	84.324
1910	40.646	29.644	70.291
1911	52.899	55.032	107.931
1912	92.479	58.087	150.566
1913	181.426	40.180	221.607
1914	132.958	31.041	163.990
1915	180.132	55.807	235.940
1916	228.983	81.870	310.854
1917	216.171	103.324	386.238

Dans le trafic général, la France a toujours occupé le premier rang. Les échanges avec le Maroc, qui, déjà en 1911, représentaient 46,13 p. 100 du commerce total, se sont élevés à 61,48 p. 100 en 1914 et 70,67 p. 100 en 1917 ; la Grande-Bretagne vient ensuite avec 26,78 p. 100 en 1911 et 20,31 p. 100 en 1916.

Les importations totales qui s'élevaient à 52.899.202 fr. en 1911 ont atteint 216 millions de fr. en 1917, attestant l'accroissement de la faculté d'achat du pays et par suite son développement. Les principaux articles importés sont les suivants (chiffres en 1916) : sucre, 56.471.592 fr. ; tissus de coton, 42.057.000 fr. ; thé, 12.183.520 fr. ; vins, 8.417.486 fr.

Les exportations du Maroc sont exclusivement constituées par les produits de sa culture et de son élevage. Les principaux sont : céréales (blé, orge, maïs), 35.573.000 fr. ; légumes secs, 17.000.000 ; œufs de volailles, 13.066.000 ; laines, 6.877.000 ; peaux, 6.647.000 ; fruits (oranges, amandes, dattes, noix), gommes, plantes industrielles, arbustes résineux, palmiers nains, chanvres à fumer, feuilles de roses, alfa, takaout, huiles d'olives, plantes à parfums et tinctoriales (marjolaine, iris, henné, etc.).

Les chiffres de la *Statistique douanière* montrent les variations suivantes du commerce spécial pendant les années 1916, 1917 et 1918 pour les principales importations et exportations (en quintaux métriques) :

Importations en France.

DÉSIGNATION DES MARCHANDISES.	1917	1918	1919
Céréales (grains et farines)	2.012.711	597.643	784.346
Œufs de volaille	48.194	64.806	106.154
Pommes de terre, légumes secs	138.211	286.401	527.527
Graines et fruits oléagineux	24.911	25.402	142.393
Laines et déchets	46.628	22.429	29.773

Exportations de France.

DÉSIGNATION DES MARCHANDISES.	1917	1918	1919
Sucres bruts ou raffinés	389.063	334.365	501.800
Pommes de terre, légumes secs	30.732	731	13.593
Poteries, verres et cristaux	12.708	6.688	3.641
Machines et mécaniques	6.322	10.833	23.460
Matériaux (tonnes m.)	29.812	10.166	4.166

Outillage économique.

Mouvement maritime. — En 1913, 1.884 navires ont fréquenté les ports marocains. Sur ce total, 692 représentant un tonnage global de 772.739 tonnes étaient français, 368 espagnols, 310 anglais et 158 allemands. En 1917, malgré la guerre, 1.584 navires jaugeant 1.267.873 tonnes sont entrés dans les ports du Protectorat. Sur ce total, 895 étaient français, 251 anglais, 341 espagnols et 97 divers. Le pavillon français représentait 25,95 p. 100 du total en 1912 et 56.5 p. 100 en 1917.

Les ports actuellement ouverts au commerce international dans la zone française sont au nombre de sept : Casablanca, Rabat, Kenitra, Fedalah, Mazagan, Safi et Mogador. Casablanca vient en tête avec, en 1917, 608 navires représentant un tonnage de 616.902 tx. (1916, 372 navires jaugeant 346.937 tx.).

Communications intérieures. — A fin 1917, le réseau routier comprenait 1.496 km. dont 206 de routes secondaires ; 901 km. étaient en construction et 246 km. à l'étude. Les dépenses engagées à cette date s'élevaient à 65.633.590 fr.

Pour les chemins de fer la situation est moins satisfaisante. Il n'y a pas encore au Maroc une seule voie ferrée à écartement normal.

Le réseau du chemin de fer militaire (voie de 0 m. 60) est déjà fort étendu et depuis le 27 mars 1916, il est ouvert au trafic commercial. Ce réseau, qui dépasse actuellement 800 kilomètres, se répartit ainsi qu'il suit :

1° Réseau oriental (Oudjda-Taza) : 235 kilomètres ; 2° réseau occidental (Salé-Fez, Rabat-Oued-Zem et embranchement Ber-Rechid-Caïd-Tounis : 622 kilomètres.

Ce réseau a, en 1917, transporté 205.699 voyageurs et 43.424 tonnes de marchandises.

La ligne de Tanger-Fez n'a en cours que les travaux de la section de 21 km. de longueur au sud de Petitjean.

Le projet d'ensemble du réseau commercial marocain comporte 870 km. de voie normale (1 m. 44).

Au 31 déc. 1917, on comptait 121 bureaux des postes, télégraphes, téléphone. Nombre de lettres expédiées : 5.263.584 ; reçues : 4.930.33[illegible] ; imprimés expédiés : 802.205, reçus : 1.753.381 ; objets recommandés expédiés : 485.580, reçus : 725.722. Mandats émis au Maroc et payés en France : 266.384 pour un montant de 32.390.471 fr. ; mandats émis en France et payés au Maroc : 73.409 pour un montant de 10.633.749 fr. Télégrammes soumis à la taxe, expédiés : 376.274 ; reçus 383.163 ; en franchise, expédiés : 273.395 ; reçus : 434.374 ; taxes perçues : 1.118.210 fr. Téléphones, nombre de postes : 1.453 ; nombre de communications : 1.372.673.

Crédit. Monnaie. — On ne compte pas moins de 8 grands établ. financiers qui ont des agences dans les ports et villes importantes et qui s'occupent de toutes opérations de banque, consentent des prêts hypothécaires, des crédits de campagne, des avances sur récoltes, etc... Ce sont :

Banque d'État du Maroc à Tanger, siège du Conseil d'administration à Paris, rue Volney, 3.
Banque Algéro-Tunisienne pour le commerce d'exportation, siège à Paris, boul. St-Germain, 226.
Crédit Foncier d'Algérie et de Tunisie, siège à Paris, 43, rue Cambon.
Compagnie Algérienne, siège à Paris, 50, rue d'Anjou.
Société Générale, siège à Paris, rue de Provence.
Crédit Marocain, siège social à Cette.
Banque Commerciale du Maroc, siège à Paris, 10, r. Mogador.
Banque Lyonnaise, siège à Lyon, 42, r. de l'Hôtel-de-Ville.

Les capitaux ne sont pas rares au Maroc et si le taux de l'escompte et des avances s'élève de 7 à 8 1/2, on peut dire que ce n'est là que la résultante d'une habitude qui s'explique par la large rémunération que les capitaux et le travail trouvent dans le pays.

La circulation monétaire du Protectorat est alimentée : 1° par les espèces métalliques marocaines et les billets de la Banque d'Etat du Maroc ; 2° par les espèces métalliques françaises et les billets de la Banque de France et de la Banque de l'Algérie.

Les espèces et billets marocains en cours sont les suivants :

Pièces de bronze.	Poids.	Titre.	Valeur exprimée en pesetas hassan
1 mouzounas	1 gr.	»	0.01
2 —	2 —	»	0.02
5 —	5 —	»	0.05
10 —	10 —		0.10
Pièces d'argent.			
1/20 de rial ou billoun ou guirch	1 gr. 25	»	0.25
1/10 — ou dirhem	2 gr. 50	»	0.50
1/4 —	6 gr. 25		1.25
1/2 rial	12 gr. 50	835/1.000	2.50
Rial entier	25 gr.	900/1.000	5.00
Billets de la Banque d'Etat du Maroc.			
Coupures de 4 rials makzani			25.00
— 20 —			100.00

La monnaie française s'est répandue au Maroc avec notre pénétration et a fait prime sur le hassani : le cours qui était de 160 à 170 en 1905 avait gravité autour de 150, de 1907 à 1911, puis s'était abaissé à 123 et 124 en 1912-1913, avait remonté à 135 en 1914, 139 en 1915, 124 en 1917 pour reprendre le pair à partir du 8 oct. 1917. Malgré la hausse de l'argent, cette parité a tenu pendant deux ans. Au début du 2e semestre de 1919, la valeur du métal argent continuant à monter, la spéculation intervint et une décision gouvernementale rendit provisoirement la liberté au marché du hassani. Le cours du change monta jusqu'à 66 et même 62.50 P. H. pour 100 fr. Les mesures prises par le gouvernement et l'Administration ont défendu le crédit du franc.

Poids et mesures. — Le système métrique s'introduit peu à peu dans les villes et sur les grands marchés ruraux. Les mesures marocaines, très variables suivant les régions, restent encore en usage. Voici quelques-unes des unités les plus employées dans le Nord et l'Ouest :

Mesures de poids.		Mesures de capacité.		Mesures de longueur.	
Retal.......... =	1 kgr env.	Moud	64 litres env.	Quama....	1 m. 50 env.
Kantar attari... =	50 —	1/2 Moud...	32 —	Draa.....	0 m. 50 —
— baqqali. =	80 —	Karouba.....	254 —	Cheber....	0 m. 25 —
— guezzari =	100 —				

Communications avec la France. — L'Administration n'accorde ni passages gratuits ni réduction sur les prix de transport. La production d'un passeport est exigée pour toute personne débarquant ou pénétrant sur le territoire de la zone française de l'Empire Chérifien.

a. Relations avec le Maroc occidental :

Par la Cie Générale Transatlantique. Parcours : Bordeaux-Casablanca-Mazagan, 3 départs par mois. Traversée en 3 jours. Prix pour le parcours Paris-Casablanca : 270 fr. 55 en 1re cl. ; 198 fr. 80 en 2e ; 133 fr. 33 en 3e. — Bordeaux-Casablanca : 200 fr. en 1re cl. ; 150 fr. en 2e cl. ; 100 fr. en 3e. Pour le parcours Bordeaux-Mazagan : 230 fr. en 1re cl. ; 172 fr. en 2e ; 115 fr. en 3e. Bagages : franchise de 100 kgr. en 1re c. ; 60 kgr. en 2e ; 30 kgr. en 3e ; excédent : 15 fr. les 100 kgr. Renseignements à Paris : gare du quai d'Orsay ; Agence spéciale de la Cie d'Orléans, 16, boul. des Capucines ; Cie Transatlantique 6, rue Auber ; à Bordeaux, 15, quai Louis-XVIII.

b. Relations avec le Maroc oriental : Par Marseille-Oran, Oudjda et Taza, prix de Marseille à Oran : 1re cl., 125 fr. ; 2e cl., 85 fr. ; 3e cl., 45 fr. ; pont, 25 fr. ; d'Oran à Oudjda : 1re cl., 25 fr. 30 ; 2e cl., 18 fr. 90 ; 3e cl., 13 fr. 85. D'Oudjda à Taza : 1re cl., 69 fr. ; 2e cl., 34 fr. 50 ; 3e cl., 18 fr. 10.

Communications postales et télégraphiques. — Tarif intérieur français : 0 fr. 25 pour les lettres jusqu'à 20 gr. ; de 20 à 50 gr., 0 fr. 40, etc. ; cartes postales, 0 fr. 20 ; imprimés jusqu'à 50 gr., 0 fr. 05 ; 100 gr., 1 fr. 10 ; échantillons jusqu'à 50 gr., 0 fr. 10. — Télégr. de France voie directe : 0 fr. 30 le mot pour Tanger et la zone française du Maroc ; voie Oran-Tanger : 0 fr. 20 le mot pour Tanger et 0 fr. 30 pour la zone française du Maroc.

Colis postaux ne dépassant pas le poids de 5 et 10 kgr., déposés dans les gares ou bureaux de villes des Cies. de chemin de fer, Maroc occidental : 5 kgm., 1 fr. 50 ; 10 kgm., 2 fr. 35 pour les bureaux de Casablanca, Kenitra, Mazagan, Mogador, Rabat, Saffi ; 5 kgm., 2 fr. 25 ; 10 kgm., 3 fr. 45 pour les bureaux de Fedhala, Dar-Bel-Hamri, Fez-Central, Meknès, Sidi-Yahia ; 5 kgm., 3 fr. 25 et 10 kgm., 5 fr. 95 pour les bureaux de la 3e zone.

Maroc oriental : 5 kgm., 1 fr. 50 ; 10 kgm., 2 fr. 30 pour Oudjda ; 5 kgm. 2 fr. 25 ; 10 kgm., 3 fr. 40 pour Figuig, Saïdia, Taourit, Taza, etc.

Communications aériennes. — La première ligne aérienne intercontinentale créée au monde est la ligne Toulouse-Rabat par l'Espagne. Elle fonctionne depuis le 1er sept. 1919, deux fois par semaine dans chaque sens.

Départ de Toulouse les 1er, 4, 8, 11, 15, 18, 22, 25 de chaque mois. Départ de Rabat les 3, 6, 10, 13, 17, 20, 24, 27 de chaque mois. Durée du trajet : deux journées. 1.800 kilomètres en 14 heures de vol.

Tarif : voyageurs, Toulouse-Rabat, 1.300 fr. ; Tanger, 1.100 fr. ; Barcelone, 390 francs.

Transport de lettres et colis : la ligne Latecoère est chargée exclusivement du courrier postal français. Surtaxe de 1 fr. 25 (jusqu'à 20 gr.), 2 fr. 50 (de 20 à 100 gr.), 3 fr. 75 (100 à 200 gr.) Renseignements : Latecoère, 182, boulevard Haussmann, à Paris.

Terrains d'atterrissage. — Avec abri et ravitaillement : Agadir, Albaoua, Ben Ahmed, Bou Denib, Casablanca, El Had Kourt, Erfoud, Fès, Mahiridj, Marrakech, Mazagan, Meknès, Mogador, Mrirt, Oudjda, Outat el Hadj, Rabat, Rich, Tadlia, Tanger, Tanant, Taourit, Taza, Tizuit.

Sans abri ni ravitaillement : Aguelmous, Aïmis, Anessour, Azilal, Men ben Azza, Ben Guerir, Ber Rechid, Ben Anane, El Arba de Tissa, El Kelaa, Guersif, Gourrama, Ito, Kemisset, Ksabi, Ksares Souk, Ouldjet es Soltane, Oulmès, Setta, Tatjit, Tamayoust, Tiflet, K. Tounsi, D. Old Zidouh.

Terrains dangereux ou impraticables en hiver : avec abri et ravitaillement : Itzer Sap.

Sans abri ni ravitaillement : Assaka, A. Guettera, El Fleta Cheraga.

Renseignements économiques et commerciaux. — Office du Protectorat de la République française au Maroc, 21, rue des Pyramides, Paris (T.: Central 75-63) ; la Direction de l'Agriculture, du Commerce et de la Colonisation à la Résidence générale à Rabat. *a*) Service du Commerce et de l'Industrie ; *b*) Service de l'Agriculture.

Les intérêts commerciaux sont représentés à Rabat, Casablanca, Marrakech, Mazagan, par des « Chambres françaises consultatives de Commerce et d'Agriculture » et par des groupements dénommés « Comités d'Études économiques » à Casablanca, Rabat, Marrakech, Saffi et Meknès.

Offices économiques régionaux à Rabat et à Casablanca ; Bureaux économiques régionaux à Fez, Meknès, Saffi et Marrakech.

Bibliographie.

1° Ouvrages.

Annuaire économique et financier du Protectorat. 8 fr. Annuel. Impr. rapide à Casablanca.
Aubin (E.). *Le Maroc d'aujourd'hui.* br. 5 fr. Arm. Colin. Paris, 1915.
Archives marocaines (Mission scientifique du Maroc in-8, E. Leroux Paris. 1917.
Basdevant (J.). *Le traité franco-espagnol du 12 nov. 1912, concernant le Maroc*, in-8, Pédone. Paris, 1916.
Berge (S.). *La justice française au Maroc*, br. 12 fr. in-8. XI-991 p. Leroux. Paris, 1917.
Bernard (François). *Le Maroc économique et agricole*, in-8, 4 fr. Masson. Paris, 1917.
Bernard (Aug). *Le Maroc.* in-8, br., 5 fr. 50. F. Alcan. Paris, 1918.
Besnard (René) et Aymard (C.). *L'œuvre française au Maroc.* Paris, 1914.
Bourotte (M.). *Pour coloniser au Maroc*, br. 2 fr. Hachette. Paris.
Canal (J.). *Géographie générale du Maroc.* Paris, 1902.
Castries (comte Henri de). *Les Sources de l'Histoire du Maroc*, 8 vol. gr. in-8, 40 fr. ch. E. Leroux. Paris, 1905-1919.
Cornet (capitaine). *A la conquête du Maroc Sud.* Paris, 1914.
Dugard (H.). *Le Maroc de 1919*, in-16, 272 p. br. 4 fr. 50. Payot. Paris, 1919.
Gaudefroy-Demonbynes et Mercier. *Manuel d'Arabe marocain*, br. 6 fr. Challamel. Paris.
Gentil (L.). *Le Maroc physique*, br. in-18, 4 fr. 50. F. Alcan. Paris.
Goulven (J.). *Le Maroc. Les ressources de ses régions*, in-8, 7 c., br. 15 fr. E. Larose. Paris, 1919.
Ladreit de Lacharrière. — *L'Œuvre française en Chaouïa*, in-16 br. 3 fr. E. Larose. Paris.
Larcher (E.). *Les Codes marocains*, br. 10 fr. Rivière. Paris.
Maurice (L.). *La Politique marocaine de l'Allemagne*, in-16, 3 p. Plon-Nourrit. Paris, 1917
Millet (René). *La Conquête du Maroc.* Paris, 1914.
Périgny (Cte M. de). *Au Maroc : Fez la capitale du Nord ; Au Maroc : Marrakech et les ports du Sud.* 2 vol. in-16 ill. cartes. br. 6 fr. ch. Pierre Roger. Paris, 1916.
Piquet (V.). *Le Maroc. Géographie, histoire, mise en valeur*, br. 12 fr. A. Colin. Paris, 1917.
Rapport général sur la Situation du Protectorat du Maroc au 31 juillet 1914. Rabat.
Rouchère (comte de la). *Les Energies françaises au Maroc*, in-8. Plon-Nourrit. Paris. 1917.
Roulleaux-Dugage (G.). *Lettres du Maroc*, in-16, 204 p. 4 fr. 50. Plon-Nourrit. Paris, 1915.

2° Périodiques.

Principaux journaux : A TANGER : *La Dépêche marocaine*, quot., 28 fr. par an. — A CASABLANCA : *Bulletin Officiel du Protectorat* (hebd.), 18 fr. par an ; *France-Maroc*, mensuel ill., 18 fr. par an, 4, rue Chauveau-Lagarde ; *Recueil de législation et de jurisprudence marocaines :* bimestr. 16 fr. par an, 33, Chaussée-d'Antin ; *La Presse marocaine*, quot., 36 fr. par an ; *Le Progrès marocain*, quot., 20 fr. par an ; *La Vigie marocaine*, quot., 44 fr. par an ; *L'Information marocaine*, quot., 20 fr. par an. — A RABAT : *L'Echo du Maroc*, quot., 34 fr. par an. — A PARIS : *L'Afrique française* (organe du Comité du Maroc), mensuel, 21, rue Cassette, 30 fr. par an.

AFRIQUE OCCIDENTALE FRANÇAISE

L'Afrique occidentale française, qui comprend le Sénégal, le Haut-Sénégal-Niger, la Guinée, la Côte d'Ivoire, le Dahomey, le Territoire militaire du Niger, la Haute-Volta et la Mauritanie, forme un immense domaine de 4.600.000 km. q., peuplé d'environ 12 millions d'habitants. Elle n'est pas seulement une expression administrative, pourvue de la personnalité civile. Les colonies qui la composent, bien que séparées les unes des autres par l'interposition de colonies étrangères (Gambie britannique, Guinée portugaise, Sierra-Leone, Liberia, Gold-Coast britannique), n'en constituent pas moins une réalité géographique, ayant la boucle du Niger pour hinterland commun.

Histoire.

Dès le début du XIVe s., la côte occidentale d'Afrique a été colonisée par les Français. Des marins dieppois et rouennais s'y établissent dès 1365, fondant des comptoirs au Cap Vert, à Rufisque et même au delà de Sierra-Leone. — Richelieu, avec les Compagnies de colonisation, donna un nouvel essor à leurs comptoirs. Ces compagnies, sous des noms divers, administrèrent le Sénégal jusqu'en 1758, date à laquelle la colonie tomba aux mains des Anglais. Reprise en 1779 par le duc de Lauzun, elle fut désormais gouvernée par des officiers du roi. De nouveau sous la domination anglaise (1809), la colonie fut restituée à la France en 1817, mais jusqu'en 1854, l'action de la métropole se borna à l'occupation de différents points de la côte. C'est seulement à partir de cette date que le Sénégal prend avec son nouveau gouverneur, le colonel Faidherbe, une réelle expansion. Il rejette les Maures sur la rive droite du fleuve, bat le prophète El Hadj Omar, conclut des traités de paix avec les chefs indigènes, fonde des postes, construit des villes, fait pénétrer partout la civilisation et le progrès et porte la domination française jusqu'aux confins du Soudan mystérieux.

Mais la France ne bornait point là ses projets d'expansion. Des traités passés au XVIIe siècle avec des chefs de la Côte d'Ivoire avaient permis d'y installer des comptoirs. En 1842, les postes de Grand-Bassam et d'Assinie étaient fondés. Au Dahomey, de 1857 à 1864, Grand-Popo et Cotonou avaient été occupés. Sur le littoral des Rivières du Sud, Lepelletier (1848), Penaud (1851), Protat (1859) et Pinet-Laprade (1860) avaient assuré la sécurité des établissements déjà existants.

Faidherbe reprit le programme qu'André Bruë avait essayé de réaliser au XVIIIe siècle. Dès 1864, le lieutenant de vaisseau Mage et le Dr Quintin remontaient le Niger jusqu'à Ségou où ils imposaient un traité d'alliance à Ahmadou, fils d'El-Hadj-Omar. Au lendemain de la guerre de 1870-71, il devait continuer sa tâche, le débordement de la vallée du Sénégal dans celle du Niger, la conquête du Soudan, illustrée par les Galliéni et les Borgnis-Desbordes. En 1879, le capitaine Galliéni fonda le poste de Bafoulabé puis, en 1880, celui de Kita et parvient à Bamako, sur le Niger. Il signe à Nango avec Ahmadou, roi de Ségou, un traité qui reconnaît le protectorat exclusif de la France sur le Niger, depuis ses sources jusqu'à Tombouctou. En 1881, le colonel Borgnis-Desbordes s'empare de la citadelle de Goubanko, défait l'année suivante les troupes d'Ahmadou et de Samory à Mourgoula et à Daba, et arrive le 1er févr. 1883 à Bamako où il construit un fort. Mais Ahmadou relève bientôt la tête. Galliéni, nommé Commandant supérieur du Soudan, lui oppose un nouveau traité de protectorat, celui de Gouri (12 mai 1887), et s'empare du Belédougou. Enfin, il impose à Samory le traité de Bissandougou (28 mars 1887) et commence la construction du chemin de fer du Sénégal au Niger.

Les deux conquérants noirs essayèrent à nouveau de secouer le joug. Ahmadou, battu successivement à Koundian (1889), à Ségou (1890), ne devait être réduit à merci qu'en 1893 par Archinard. Quant à Samory, défait devant Kéniéra (1882), à Nafadié (19 avril 1883), ce n'est qu'après avoir été repoussé par Archinard en 1891, par Humbert en 1892 et par Combes en 1893, qu'il se réfugia dans le pays de Kong et l'hinterland de la Côte d'Ivoire.

Il devint alors possible de poursuivre la marche vers Tombouctou, la capitale encore mystérieuse du Haut-Soudan. L'enseigne Boiteux y parvint, le 15 déc. 1893, avec une poignée d'hommes et s'y maintint, en dépit de l'hostilité des Touareg, jusqu'à l'arrivée de la colonne Bonnier (6 janv. 1894). Quelques jours après, le 14 janv., un détachement de cette colonne, commandé par Bonnier lui-même, se laissait surprendre pendant la nuit à Takoubao et était massacré. Le colonel Joffre vengea cet affront en écrasant les Touareg à Kiti, sur le Faguibine et rentra à Tombouctou. Les Touareg durent, après une série de défaites, faire leur soumission (1897).

Pendant ce temps, Binger explorait les pays qui s'étendent entre le Haut-Niger et la Guinée (1887-89), reliant les établissements de la Côte d'Ivoire au Soudan ; Monteil, après avoir préparé l'occupation du Mossi, parvenait à Kouka (1891) et traversait le Sahara, p[our] arriver le 25 oct. 1892 à Mourzouk d'où il gagna Tripoli, reliant ainsi les itinéraires de Binger à ceux de Barth. Il ne restait plus qu'à consolider la situation dans la boucle du Nig[er]. L'occupation définitive du Mossi, la prise de Sikasso (1er mai 1898) reliaient dès lors le Dahomey, la Côte d'Ivoire et la Guinée au Soudan. Dans le Fouta, l'insurrection foment[ée] par le marabout Mahmadou-Lamine, en nov. 1885, dut être réprimée par le colonel Frey [e]t le commandant Combes.

En Guinée, Ballay, nommé gouverneur (1891), le véritable fondateur de Konakry, subs[ti]tuait au régime incohérent des almanys l'administration régulière et bienfaisante de [la] France. Il pouvait organiser, dès 1898, la mission Maclaud qui dressait l'inventaire des ressources de la colonie. A la Côte d'Ivoire, les vieux comptoirs de Grand-Bassam et d'Assin[ie] cédés en 1874 à des maisons privées, rentraient en notre possession (1883) ; le capitai[ne] Binger en reconnaissait tout l'hinterland et lui donnait une organisation remarquable. S[es] conquêtes pacifiques devaient être protégées contre les sauvages entreprises de Samory. [Le] conquérant noir, battu successivement à Tiessalé par le capitaine Marchand (1893), à Saba[la] et Satoma par le commandant Monteil (1895), à Tiafeso par de Lartigue (1897), devait êt[re] capturé à Guéléman, le 28 sept. 1898, par le capitaine Gouraud.

Sur la côte du Benin, la révolte de Glé-Glé et de son successeur Behanzin nécessitai[t] les expéditions des colonnes Terrillon (1890) et Dodds (mars 1892). La colonne Dodds, renf[or]cée par les contingents du commandant Audéoud entrait à Abomey, la capitale de Behanzi[n] le 16 nov. 1892. Celui-ci finissait par se rendre sans conditions le 25 avril 1894. Cette con[]quête fut complétée par les missions Decœur (1893-95) et Baud (1895-96) dans le Ha[ut-]Dahomey. Le traité du 23 juillet 1897 avec l'Allemagne reconnut la suzeraineté de cet[te] dernière nation sur tout le Togoland et lui attribuait Sausanné-Mango. De même, mal[gré] les droits acquis depuis de longues années sur tout le cours inférieur du Niger, la France d[ut] en vertu de la convention du 14 juin 1898, laisser à la Grande-Bretagne la possession d[es] bouches du fleuve et abandonner Boussa. Par contre, une série de conventions, signées [de] 1889 à 1907, reconnaissaient les droits de la France et, bientôt, depuis le sud du Ma[roc] et de l'Algérie jusqu'au Tchad, l'A. O. F., comme on la désigne communément, était che[z] el[le].

Géographie.

L'A. O. F. se divise en deux bassins distincts : le Sénégal et le Niger, qui prennent [l]eux naissance dans le Fouta-Djallon, suivent un moment la même direction et se dirige[nt] : l'un vers le Cap Vert où il se jette dans la mer après avoir reçu la Falémé, la Baoulé et ar[rosé] Kayes, Bakel, Podor et Saint-Louis ; l'autre vers le fond du golfe de Guinée, où il parvi[ent] après son passage à Bamako, Koulikoro, Segou-Sikoro, Mopti, Kabara, le port de T[om]bouctou, Bamba, Bourem, Gao et Say.

Le sol est généralement plat ; la région montagneuse, située en Guinée, s'étend du Fou[ta-]Djallon au pays de Kong ; c'est la partie la plus salubre de la colonie.

L'aspect des côtes est très varié ; bordées de bancs de sable du cap Blanc à l'estuaire [de] la Casamance, rocailleuses et découpées en Guinée, elles sont bordées de lagunes à la C[ôte] d'Ivoire et au Dahomey.

Le climat est caractérisé par deux saisons bien nettement tranchées : la saison sèche [ou] fraîche, de déc. à fin mai, la plus agréable et la plus saine ; et la saison des pluies [ou] hivernage, de fin mai à fin nov., marquée par des chutes d'eau plus ou moins abondantes suivant les régions, pénible et malsaine pour les Européens.

Gouvernement et administration.

L'organisation actuelle est réglée par le décret du 18 oct. 1904 qui fait du Gouverneme[nt] général l'organe de haute direction et de contrôle permanent de l'A. O. F., et a mis à sa dispo[]sition un budget général autonome.

Le Gouverneur général est dépositaire des pouvoirs de la République Française. Il a [sa] résidence à Dakar. Il est assisté d'un Secrétaire général et d'un Conseil de gouverneme[nt]. Les colonies du groupe possèdent leur autonomie administrative et financière ; elles [son]t administrées, chacune, sous la haute autorité du Gouverneur général, par un Gouver[]neur des colonies, ayant le titre de Lieutenant-gouverneur et assisté par un Secréta[ire] général et un conseil d'administration. Le Territoire militaire du Niger et le Territo[ire] de la Mauritanie sont administrés chacun par un officier supérieur ayant le titre de Com[]missaire du Gouvernement général de l'A. O. F.

Chaque colonie est elle-même divisée en *cercles* ou secteurs, commandés par des adm[i]nistrateurs ou des officiers ; ces cercles peuvent être, eux-mêmes, partagés en subdivisio[ns]. Les frontières des colonies ne peuvent être modifiées que par décrets ; celles des cercles [par] arrêtés du Gouverneur général et celles des subdivisions par arrêtés des Gouverneurs approuvé[s] par le Gouverneur général.

Ces colonies et territoires sont :

1° Le Sénégal, chef-lieu Saint-Louis ;

2° Le Haut-Sénégal et Niger, chef-lieu Koulouba;
3° La Guinée, chef-lieu Konakry;
4° La Côte d'Ivoire, chef-lieu Bingerville;
5° Le Dahomey, chef-lieu Porto-Novo;
6° La Haute-Volta, chef-lieu Ouagadougou (1er mars 1919);
7° Le terr. civil de la Mauritanie, centre admin.: Saint-Louis;
8° Le terr. militaire du Niger, chef-lieu Zinder.

D'autre part, un décret du 21 août 1917 a placé le Commissaire de la République française au Togo sous l'autorité du Gouverneur général de l'A. O. F.

Seul le Sénégal est représenté au Parlement par un député, élu par les communes de plein exercice de Dakar, St-Louis, Gorée et Rufisque.

Le partage de l'ancienne colonie allemande de Togo entre la France et la Grande-Bretagne n'étant pas encore officiellement précisé, il n'a pas été possible de donner dans cette Edition des chiffres exacts pour la superficie et la population. La répartition suivante est cependant envisagée :

Un tiers à la Grande-Bretagne avec la basse Volta, la part de l'ancienne zone neutre de Salaga et Yendi;

Deux tiers à la France avec toute la côte, les ports de Lome, Seguro, Petit-Popo, les chemins de fer de Palime et d'Atakpame (env. 56,720 km. q.).

Gouvernement général.

La répartition et la fixation des services du Gouvernement général ont été réglées par l'arrêté du Gouverneur Général du 1er septembre 1913, modifié par l'arrêté du 1er janvier 1917, fixant les attributions du Secrétaire général du Gouvernement général. Ils comprennent :

1° Le cabinet du Gouverneur général;
2° La Direction des Finances et de la Comptabilité, placée sous le contrôle direct du Secrétaire général;
3° Le Service des Affaires civiles;
4° L'Inspection générale des Travaux publics;
5° L'Inspection générale des Services sanitaires et médicaux;
6° L'Inspection des Douanes et le Service des Affaires économiques et commerciales;
7° L'Inspection de l'Enseignement;
8° L'Inspection des Domaines, de l'Enregistrement et du Timbre;
9° L'Inspection des Postes et Télégraphes;
10° L'Inspection de l'Agriculture et des Forêts;
11° L'Inspection de l'Elevage et des Epizooties.

Gouverneur général de l'Afrique Occidentale Française : *Merlin* (Martial), C. ✵, résidant à Dakar.

Secrétaire général : *Brunet* ✵, Gouverneur de 1re cl. des colonies.

Chef de cabinet du Gouverneur général : *Damiens* ✵, adm. des col.

Commandant sup. des troupes : *Franceries*, général de brig.

Commandant de la Marine : *Lainé* (O. ✵), cap. de frégate.

Chef du service des Aff. polit. admin. et économ. : *Pétre*, adm.

Justice : *Teulet*, procureur général.

Dir. des Finances et de la comptabil. : *Deguise*, Gouv. des col.

Dir. du contrôle financier : *Boullay*, insp. des finances. — Dir. des travaux publ. : N..., ing. en chef des ponts et ch. — Dir. des serv. sanitaires civils : N...

Trésorier payeur général (à Dakar) : N...

Sénégal. — Lieutenant-gouverneur : *Levêque.* — Secr. gén. : *Didelot.*

Haut-Sénégal et Niger. — Lieut.-gouverneur : *Olivier.* — Secr. gén. : *Terrasson de Fougères.*

Haute-Volta : Lieut.-gouverneur : *Hesling* ✵ ; Secr. gén. : *Fousset.*

Guinée. — Lieutenant-gouverneur : G. *Poiret* ✵. — Secr. gén. : *Lavit.*

Côte d'Ivoire. — Lieut.-gouverneur : R. *Antonetti* ; Secr. gén. : *Beurnier.*

Dahomey. — Lieutenant-gouverneur : *Fourne.* — Secr. gén. : *Bonnecarrère.*

Terr. civil de Mauritanie. — Commissaire : *Gaden.*

Terr. milit. du Niger. — Commissaire : *Rueff.*

Togo. — Commissaire : *Wœlffel* (23 mars 1920).

Superficie et population.

L'A. O. F. forme un immense domaine de 3.150.000 km. q. (France : 550.985 km. q.) qui se décomposent ainsi :

Sénégal : 196.720 km. q. : Haut-Sénégal-Niger et Haute-Volta : 816.394 : Guinée : 277.000 ; Côte d'Ivoire : 215.250 ; Dahomey : 106.880 ; terr. du Niger : 1.850.250 ; Mauritanie : 257.360 : Togo : env. 56.720.

La population recensée pour l'impôt s'élève à 12.200.000 hab., chiffre certainement inférieur à la réalité. Elle se répartit ainsi : Sénégal : 1.249.307 ; Haut-Sénégal-Niger : 5.645.355 ; Guinée : 1.808.893 ; Côte d'Ivoire : 1.300.000 ; Dahomey : 900.000 ; terr. du Niger : 1.081.635 ; Mauritanie : 225.154.

Au point de vue ethnographique, on distingue :

1° Type blanc, *Maures* et *Touaregs*, Arabes et Berbères de Mauritanie, du Saël, de la région de Tombouctou et du territoire militaire du Niger ;

2° Type rouge africain, *Peulhs* ou *Foulahs* de Guinée et du Haut-Sénégal-Niger, dont on voit des spécimens un peu dans toutes les colonies ;

3° Les métis, engendrés par les croisements les plus variés et qui comprennent des *Aramas*, produits des Marocains et des Mandé ; les *Khassonkés*, issus de Peulhs et de Mandé ; les *Pourognes* (de Maures et de noirs) ; les *Toucouleurs* (de Peulhs et de noirs), etc... ;

4° Les noirs, qui constituent l'immense majorité des populations et comprennent les *Ouolof* et les *Sérères* au Sénégal ; les *Bambaras*, les *Bobos*, les *Sénoufos*, les *Miniankas*, les *Dioulas* dans le Haut-Sénégal-Niger, les *Soussous*, les *Malinkés* en Guinée ; les *Apolloniens*, les *Kroumens*, les *Agnis*, les *Atiés*, les *Baoulés*, les *Achantis* à la Côte d'Ivoire ; les *Nagos*, les *Minas*, les *Mahis*, les *Baribas*, les *Haoussas* au Dahomey, etc, etc...

Villes principales. — *Sénégal* : Saint-Louis, 22.839 hab. dont 921 Français ; Dakar, 19.808 dont 1.732 Français ; Rufisque, 12.619 dont 224 Français. *Haut-Sénégal-Niger* : Bamako, 6.500 ; Kayes, 6.450. — *Guinée* : Konakry 7.000.

Organisation financière.

Le Gouverneur général dispose d'un budget général qui est, pour ainsi dire, le budget de la fédération. Alimenté par les impôts indirects, qui sont à peu près exclusivement des droits à l'importation et à l'exportation, il supporte toutes les dépenses d'intérêt commun à toutes les colonies du Groupe.

Les budgets locaux sont, au contraire, administrés par les Lieutenants-gouverneurs. Alimentés par les impôts directs, dont le principal est l'impôt de capitation, ils supportent les dépenses d'intérêt particulier à chacune des colonies du Groupe.

Les chiffres du budget général ont été fixés, pour l'exercice 1918 à 23.940.000 fr. et pour l'exercice 1920 à 40.509.800 fr.

Budgets particuliers, en recettes et en dépenses pour 1918 et 1920 :

	1918		1920	
Sénégal (territoire d'administration directe)	2.166.531	francs.	4.675.680	francs
Sénégal (pays de protectorat)	9.299.077	—	13.357.065	—
Haut-Sénégal-Niger	14.988.000	—	13.567.000	—
Haute-Volta	»	—	5.102.225	—
Guinée française	8.724.400	—	13.114.800	—
Côte d'Ivoire	9.898.578	—	12.325.700	—
Dahomey	5.475.860	—	7.785.175	—
Mauritanie	1.987.000	—	2.964.000	—
Territoire militaire du Niger	1.783.500	—	3.246.000	—
Port de Dakar	1.531.900	—	2.789.000	—
Chemins de fer Thiès-Kayes	1.886.895	—	4.534.680	—
— Kayes-Niger	3.411.500	—	4.483.990	—
— Konakry-Niger	2.950.000	—	3.575.680	—
— Côte d'Ivoire	1.500.000	—	2.257.509	—
Emprunts de 65 et 100 millions	851.417	—	681.198	—
— 14 et 167 millions	9.855.056	—	31.561.369	—
Total général des budgets	99.749.715	—	166.558.332	—

Organisation sociale.

Enseignement. — L'organisation de l'enseignement en A. O. F. a été fixée par l'arrêté du Gouverneur général du 24 novembre 1903, complété ou modifié par de nombreux arrêtés postérieurs. Elle comprend :

1° L'*enseignement secondaire* (lycée de Saint-Louis) ;

2° L'*enseignement primaire supérieur* représenté par l'École Normale de St-Louis et l'École William Ponty de Dakar ;

3° L'*enseignement primaire élémentaire* qui est donné :

a) Dans les *écoles de village*, instituées dans tous les postes administratifs et dirigées par des instituteurs indigènes ;

b) Dans les *écoles régionales* installées dans les centres les plus importants de chaque colonie, dirigées par des instituteurs européens et qui se recrutent parmi les meilleurs élèves des écoles de village ;

c) Dans les *cours d'adultes ;*

d) Dans les *écoles de filles* installées dans les grands centres de chaque colonie ;

4° L'*enseignement professionnel* qui se donne : à St-Louis, à l'École normale des instituteurs et interprètes indigènes ; à Dakar, à l'École supérieure Pinet-Laprade, à l'École Faidherbe, à l'École supérieure de médecine pratique et à l'École W. Ponty et, dans chaque colonie, dans des écoles professionnelles centrales, des stations agronomiques et des orphelinats de métis ;

5° L'*enseignement primaire supérieur musulman* qui se donne à la Médersah de Tombouctou.

Il existe environ 300 écoles dans l'ensemble des colonies du Groupe ; elles étaient fréquentées, en 1916, par 13.537 élèves indigènes, dont 3.000 filles, recevant une instruction élémentaire.

Justice. — La justice européenne en A. O. F. est réglementée par le décret du 10 novembre 1903, et la justice indigène par celui du 16 août 1912.

La *justice européenne* est représentée : 1° par des justices de paix à compétence étendue présidées soit par des magistrats de carrière, soit par des administrateurs ; 2° des tribunaux de première instance présidés par des magistrats de carrière ; 3° des cours d'assises, devant lesquelles sont portées les affaires criminelles ; 4° une Cour d'appel siégeant à Dakar. Le Parquet général comprend un procureur général, un avocat général et un substitut. Le procureur général est le chef du Service judiciaire de l'A. O. F.

Les maires, les commissaires de police et les administrateurs remplissent les fonctions d'officiers de police judiciaire.

En ce qui concerne la justice indigène : les tribunaux comprennent : 1° le *tribunal de village*, constitué par le chef de village, qui n'a qu'un pouvoir de conciliation ; 2° le *tribunal de subdivision*, composé de magistrats indigènes nommés par arrêtés des gouverneurs et qui connaît des affaires correctionnelles et civiles intéressant les indigènes de son ressort ; 3° le *tribunal de Cercle*, constitué par l'administrateur du Cercle assisté de deux notables indigènes, connaissant des affaires criminelles et de certains délits.

Le fonctionnement de la justice indigène est placé sous le contrôle du Procureur général. En outre, une Chambre spéciale de la Cour d'appel de Dakar, dite *Chambre d'homologation*, est saisie d'office de tous les jugements des tribunaux de cercle comportant une peine supérieure à cinq ans d'emprisonnement.

Mouvement économique.

Productions.

L'A. O. F. est surtout un pays de production agricole et forestière.

a) *Agricole*. En première ligne vient l'*arachide* (Sénégal, Soudan et Guinée). Inconnue avant 1840, cette culture a pris un tel développement que les exportations en 1913 ont représenté pour le Sénégal 230 millions de kgr. (106 millions de kgr. en coques et 13,7 millions décortiquées en 1918), le Haut-Sénégal et Niger, 8.500.000 kgr. et 3.540.000 pour la Guinée.

Le *coton* réussit également sous la forme d'une espèce indigène améliorée. Alors qu'en 1904, la production cotonnière s'élevait seulement à 1.037 kgr., elle a atteint, pour 1918, 854.000 kgr. dont 35.400 pour le Sénégal-Soudan, 200.000 pour le Dahomey et 300.000 pour la Côte d'Ivoire. L'indigène ne sème pas encore ses plants assez serrés, de sorte qu'il récolte à peine 150 à 200 kgr. par hectare. L'*Association cotonnière coloniale*, fondée en 1903 pour améliorer et intensifier cette culture en A. O. F., a installé deux stations d'égrenage complètes au Soudan et trois au Dahomey.

On y trouve encore le *dâ* (jute d'Afrique) et l'*agave* qui croissent sur les bords du Niger, du Sénégal et de la Casamance. Une entreprise privée exploite près de Kayes (Soudan) une magnifique plantation de *sisals* qui compte environ 300.000 plants et qui est maintenant en plein rapport.

Parmi les plantes alimentaires, il faut citer en première ligne le *mil* qui est la base de l'alimentation de la plupart des habitants. On en tire une sorte de bière fermentée, le *dolo*, dont les indigènes font un peu partout une énorme consommation. Puis viennent : le *riz* qui se cultive surtout dans la vallée du Niger et en Casamance ; le *manioc* qui est surtout cultivé dans les régions forestières de la Côte d'Ivoire et du Dahomey où il constitue la nourriture principale des populations ; l'*igname* qui pousse dans les mêmes contrées ; le *maïs* qui se cultive partout, principalement au Lobi, au Yatenga (Haut-Sénégal-Niger) et au Dahomey ; le *fonio*, sorte de millet, qui est cultivé dans le Macina, la région de Sikasso, la Haute-Casamance, mais surtout au Fouta-Djallon ; la *patate* qui vient partout. Dans la région de Tombouctou (Goundam et Bamba) les indigènes cultivent un *blé* d'assez bonne qualité.

Des essais de *cacao* ont été tentés avec succès au Dahomey et surtout à la Côte d'Ivoire. Le *café* donne de bons résultats au Dahomey et à la Côte d'Ivoire. Citons encore le *tabac*, de médiocre qualité, l'oignon, l'oseille, la tomate, etc., et surtout le *ricin* dont la culture a pris partout, depuis le début de la guerre, une certaine extension.

b) *Forestière.* En premier lieu vient le *caoutchouc*, provenant jusqu'ici de l'exploitation intensive des peuplements de lianes (liane gohine), et produit surtout par la Côte d'Ivoire, la Guinée, la région soudanaise et la Casamance. En 1913, les exportations de caoutchouc avaient été de 4.684.095 kgr. pour la Côte d'Ivoire (249.125 kgr. en 1918 et 311.039 en 1917) et de 1.455.450 pour la Guinée.

Le *palmier à huile*, dont les fruits donnent l'huile rouge dite « huile de palme » et le noyau ou *palmiste* l'amande de palme, dont on extrait l'huile blanche, a ses peuplements les plus denses au Dahomey et à la Côte d'Ivoire. On estime qu'il y aurait, du Sierra Leone au Congo, 380 millions de palmiers qui pourraient donner 1.714.000 tonnes d'huiles de palme et plus de 171.000 tonnes de palmiste, ce qui représente une valeur annuelle de 1.414.275.000 fr. Les derniers chiffres fournis en 1913 pour l'exportation du Dahomey montrent : huile de palme, 7.971.000 kgr. ; amandes de palme, 26.371.000 kgr.

Mouvement des exportations de la Côte d'Ivoire :

		1917	1918
Huile de palme.	Quantités	6.243.204 kgr.	3.167.607 kgr.
	Valeurs	4.370.243 fr.	4.576.094 fr.
Amandes de palmistes....	Quantités	6.130.107 kgr.	6.499.514 kgr
	Valeurs	2.145.536 fr	2.877.547 fr.

Mouvement des exportations du Sénégal :

		1917	1918
Amandes de palme.......	Quantités......................	4.061.959 kgr.	1.607.897 kgr.
	Valeurs......................	1.827.882 fr.	889.511 fr.

Le cocotier donne le *coprah* dont il s'importe annuellement 150.000 tonnes en France. On le trouve surtout au Dahomey.

Les forêts de la Côte d'Ivoire sont riches en essences de toutes sortes, acajou frisé et acajou figuré, d'autres suppléant le chêne et le teck. Export. en 1917 : 12.817.000 kgr. ; en 1918 : 37.321.000 kgr. Le poids des billes équarries à la hache, qui varie de 1.500 à 5.000 kilos, en rend le transport difficile. Les noix du colatier, qui se trouve surtout à la Côte d'Ivoire et au Dahomey, sont très recherchées des indigènes qui en font une consommation énorme. L'exportation du Dahomey est de 50.000 kilos.

On peut encore citer le bananier (Côte d'Ivoire, Guinée), le fromager, dont on tire le kapok, le palétuvier dont on exploite le bois en Guinée, le baobab dont l'écorce sert à la fabrication du papier.

Des établissements officiels comme la Station agronomique de Koulikoro avec sa ferme-école (1902), celle de Banfora (1904), avec une ferme-école, une école de moniteurs d'écoles pratiques de caoutchouc et une école pratique de caoutchouc, les jardins et pépinières de Bamako-Koulouba propagent dans la colonie les plantes exotiques utiles susceptibles d'acclimatation.

c) *Animale.* Les grands centres d'élevage sont le Sénégal, le Soudan, la Guinée. On y trouve le cheval, l'âne et les bovidés. Le troupeau bovin est estimé à 8 millions de têtes. Les ovidés sont surtout répandus au Sahara soudanais et dans la Mauritanie. L'exportation des peaux brutes a produit, en 1913, 1.010.700 kgr. pour la Guinée, 802.930 pour le Sénégal, 211.400 pour le Haut-Sénégal-Niger. Les laines de cette dernière colonie ont donné lieu, pour la même année, à une exportation de 250.000 kgr. La cire, préparée en Gambie, en Casamance, dans le Boundou a une exportation de 180.000 kgr.

Enfin, la pêche est une industrie très développée sur les grands fleuves africains ; elle est l'apanage presque exclusif des Bozos et Somonos. Les pêcheries de la Baie du Lévrier donnent lieu à un trafic considérable.

d) *Minérale.* La richesse minéralogique de l'A. O. F. est loin d'être connue. Actuellement, l'or et le sel sont seuls exploités. On trouve l'or dans le Haut-Sénégal (production approxim. annuelle 800.000 fr.), la Haute-Guinée et la région du Bambouk, la Falémé et Galam. Le sel se présente en sel marin provenant du littoral, salines de Gandiole, etc., et sel gemme de l'intérieur, au n. de Tombouctou (mines de Taodémi, env. 1.000 tonnes par an).

Des affleurements ferrugineux se trouvent nombreux au Soudan, à la côte occidentale. Les indigènes traitent le minerai dans des sortes de fours catalans et obtiennent un produit de bonne qualité se forgeant bien. Mais l'absence de houillères rend impossible une industrie métallurgique européenne.

Des gisements d'étain ont été signalés à la Côte d'Ivoire et sur la Bénoué, des carrières de pierre à bâtir existent aux environs de Rufisque. On trouve du kaolin au Soudan et en Guinée, des grès et des calcaires silicoux pouvant servir aux constructions au Sénégal et au Soudan. Mais la chaux manque, et celle qu'on tire du Sénégal, du Niger, de la Volta, etc., est de qualité inférieure. A signaler la carrière de marbre noir de Bélia au nord de Hombori (Soudan).

Industries.

Outre les industries indigènes, poterie, briqueterie, bijouterie, etc., qui ne donnent lieu qu'à des transactions locales, on a cherché, afin d'économiser le fret, à développer la décortication sur place des arachides. Deux usines existent déjà à Rufisque, d'autres s'élèvent, favorisées par le Service des Affaires économiques du Gouvernement général.

Fabriques d'eaux gazeuses, de glace artificielle à Saint-Louis, Dakar, Kayes. Conakry, Porto-Novo. Eclairage électrique à Saint-Louis, Dakar, Rufisque. Thiès, Kayes, Bamako, Konakry.

Usine de décortication et de blanchîment du riz à Mopti. Savonnerie à Bamako. Fabrication de conserves de viande à Kaolak.

L'industrie de la pêche est pratiquée sur toute la côte occidentale, mais plus spécialement au Sénégal et au Dahomey. Elle donne une très grande variété de poissons frais et de crustacés envoyés en France, et du poisson sec livré à la consommation africaine. Les exportations de poissons secs, salés ou fumés, ont atteint, en 1913, 575.000 kgr.

Commerce.

Le mouvement commercial de l'A. O. F. a présenté, depuis 1889, les variations suivantes (valeurs en millions de fr.) :

Années.	Sénégal (1).		Haut-Sénégal et Niger.		Guinée.		Cote d'Ivoire.		Dahomey.	
	Imp.	Exp.	Imp.	Exp.	Imp.	Exp.	Imp.	Exp.	Imp.	Exp.
1889	22	15	»	»	»	»	»	»	»	»
1900	85	29	»	»	12	10	7	8	13	12
1910	89	73	»	»	29	18	16	15	17	17
1913	88	72	10	3	19	16	18	16	15	16
1914	80	80	5,5	2,3	9,2	11	11	8,5	11,8	12,9
1915 prov ..	71	80	4	2	9	16	7	7	10,6	13
1916 —	116	79	5	1	20	17	11	9	17	18
1917 —	144	131	5,4	2,6	21	15	14	11	18	19,5
1918 —	295	215	»	»	»	»	15	13	»	»

Pour le Territoire militaire du Niger, les chiffres étaient les suivants (en milliers de fr.) :

Importations : 1914, 1.000.604 ; 1915, 1.343.716 ; 1916, 1.428.286.
Exportations : 1914, 609.618 ; 1915, 1.620.317 ; 1916, 1.310.350.

Une très grande partie des ventes indigènes entre colonies ne figure pas dans ces statistiques. Le commerce est donc, en fait, plus important que ces chiffres ne l'indiquent.

La rareté du fret n'a pas permis l'écoulement régulier des produits.

Les principales exp. sont, pour l'année 1913, prise comme année moyenne,

	Tonnes.		Francs.
Arachides	242.000	pour une valeur de	60.000.000
Caoutchoucs	2.600	—	15.500.000
Amandes de palme	40.060	—	15.100.000
Huile de palme	14.550	—	7.235.000
Gomme arabique	3.500	—	2.500.000
Bois	52.700	—	5.000.000

Les principales importations pour la même année ont été en valeurs :

	francs.		francs.
Tissus	41.874.523	Vins	3.541.040
Houilles	11.632.505	Alcools	3.185.861
Frineux' alimentaires	10.533.000	Tabacs	3.850.927
Métaux	6.511.192		

Par pays de provenance et d'origine, les proportions varient suivant les colonies. Alors que pour le Sénégal et le Haut-Sénégal et Niger, la part de la

(1) Y compris Haut-Sénégal et Niger jusqu'en 1910. (En 1910, Sénégal seul : imp. 82.608,254.)

France représente les 3/4, pour la Côte d'Ivoire, par exemple, la répartition se fait comme suit pour les imp. : Grande-Bretagne 47,76 p. 100 des imp., France 36.90, Etats-Unis 7,53, et pour les exp. le classement s'opère ainsi : France, Grande-Bretagne et Etats-Unis.

Pendant ces trois dernières années (1916-17-18) les quantités suivantes ont été importées en France :

	tonnes.		tonnes.
	—		—
Arachides	213.236	Amandes de palme	6.000
Huile de palme	17.550	Sorgho	2.000
Maïs	7.300	Conserves de viande	2.000
Miel	11.000	Haricots	150
Viande frigorifiée	4.000	Kolas	94

Outillage économique.

Ports.

En 1916, 1.825 navires, jaugeant 5.119.558 tonnes, sont entrés dans les ports de l'A. O. F. Les ports, Dakar, Saint-Louis, Rufisque, Kaolack, Konakry, Bassam et Cotonou ont été tous plus ou moins aménagés. Celui de Dakar a reçu un outillage moderne ; les gros navires peuvent accoster à quai. Pour les dix premiers mois de 1918, le nombre des bateaux entrés et sortis est de 2.395 jaugeant 5.495.000 tonneaux. 609.000 tonnes de marchandises avaient été débarquées et 495.000 embarquées. D'importantes améliorations sont commencées à Konakry.

Voies navigables.

FLEUVES. — Le Sénégal peut être remonté en tout temps par les grands vapeurs du commerce jusqu'à Podor; durant deux mois de l'année (juillet-août), tous les bateaux peuvent remonter jusqu'à Kayes.

Le Niger a deux biefs navigables dans sa partie moyenne pendant la moitié de l'année : le premier va de Kouroussa à Bamako (400 km.), navigable pour les chalands et les petits bateaux à vapeur; le second, de Koulikoro à Ansongo (1.600 km.), navigable pour les vapeurs de 100 à 150 tonnes pendant une partie de l'année ; les principaux de ces vapeurs sont le *Magé*, le *Bonnier* et l'*Ibis*.

Le Saloum est un bras de mer que les navires peuvent parcourir jusqu'à Kaolack (100 km.). La Casamance est navigable jusqu'à Sedhiou (150 kilomètres). Les rivières de la Côte d'Ivoire et du Dahomey sont inutilisables pour la navigation. En revanche, on pourrait tirer un grand parti, moyennant quelques travaux, des lagunes de ces deux colonies.

Chemins de fer.

En 1885, une seule ligne de chemin de fer existait, celle de Dakar à Saint-Louis (264 km.) ; en 1918, le réseau atteignait 2.758 km. en exploitation ayant coûté près de 240 millions suivant le détail ci-après :

Lignes.	*Longueur exploitée en kil.*	*Dépenses d'établiss. en milliers de fr.*	*Transport (en tonnes)*	*Coefficient d'exploit*	
—	—	—	—	—	
Dakar-Saint-Louis	263	22.707	157.229	80	—
Thiès-Kayes	444	33.850	63.822	81	—
Kayes-Ambidédi	44	3.282	3.202	43	—
Kayes-Niger	555	51.898	38.656	58	—
Ch. de fer de Guinée	662	67.600	20.806	74	—
Ch. fer Côte d'Ivoire	316	36.000	19.930	93	—
Est-Dahoméen	81	4.025	14.246	59,2	—
Ch. fer du Dahomey	294	19.000	29.346	65	—

Le montant des recettes réalisées pendant le 1er sem. 1918 s'élevait à 10.149.000 fr.

Pour le Thiès-Kayes, dont il ne reste plus à construire qu'une partie présentant une longueur d'env. 220 km., le trafic des voyageurs et des marchandises s'est établi de la façon suivante de 1910 à 1918 :

ANNÉES.	Voyageurs à 1 kilomètre.	Tonnes kilométr.
1910	10.325.601	3.782.820
1913	12.250.191	5.145.941
1914	13.227.955	7.721 256
1915	10.045.578	8.394 318
1916	14.833.878	5.190.535
1917	13.487.578	7.267.517
1918	19.999.358	8 109 275

Le nombre de tonnes transportées par année correspond à l'importance de la récolte d'arachides dans la région traversée par le chemin de fer.

Routes.

En dehors des pistes indigènes élargies et améliorées, de belles routes carrossables, accessibles en toutes saisons aux automobiles, ont été construites ; Haut-Sénégal-Niger : 2.000 km. ; Sénégal, 500 km. ; Guinée, 700 km. ; Côte d'Ivoire, 1.200 km. ; Dahomey, 1.000 km.

Postes et télégraphes.

La première ligne télégraphique fut posée au Sénégal en 1862. En 1900, il y avait 8 000 km. de lignes. Aujourd'hui, toutes les colonies du groupe sont reliées entre elles par le télégraphe et il existe 21.288 km. de lignes et 263 bureaux de postes dont : Sénégal 59, Haut-Sénégal et Niger 73, Guinée 38, Côte d'Ivoire 38, Dahomey 30, etc.

Postes de T. S. F. de Dakar (portée 650 km.), Rufisque (1.300 km.), Port-Etienne (1.300 km.), Konakry (1.100 km.), Tabou (1.100 km.), Kabara près Tombouctou (2.000 km.).

Les câbles de Brest-Dakar, Cadix-Ténériffe-St-Louis et Dakar-Bathurst-Conakry relient la capitale de l'A. O. F. avec l'Europe et la Guinée ; celui de Grand-Bassam-Acra-Cotonou relie la Côte d'Ivoire au Dahomey.

Communications avec la France.

Postes : même tarif que celui du régime intérieur français ; télégr. 1 fr. 50 par mot pour le Sénégal et le Haut-Sénégal et Niger, 3 fr. 50 par mot pour Konakry (Guinée franç.), 2 fr. 10 pour la Côte d'Ivoire, voie du Soudan, 6 fr. 05 pour le Dahomey. — Colis postaux, de 5 et 10 kgr. *via* Bordeaux ou Marseille.

Les services maritimes sont assurés de Bordeaux (maisons Buhan et Teisseire, Devès et Chaumet, Maurel et Prom) ; de Pauillac (Cie des Chargeurs Réunis), et de Marseille (Cie franç. de l'Afrique occid., Cie Marseillaise de navig. Fraissinet et Cie, Cie de Navigation mixte de Marseille, Cie Sud-Atlantique pour Dakar) ; du Havre et de Bordeaux (Cie des Chargeurs Réunis) et de Marseille (Cie Fraissinet) pour Konakry ; de Bordeaux (Cie des Chargeurs Réunis) et de Marseille (Cie Fraissinet) pour Bassam et Grand Popo.

Crédit, monnaies, poids et mesures.

Banque de l'Afrique occidentale, siège social à Paris, r. de Provence, 78. Succ. à Saint-Louis, Dakar, Konakry, Grand Bassam, Porto Novo. La monnaie légale est la monnaie française. Système métrique décimal français.

Organismes économiques.

Délégué de l'A. O. F. à l'Agence générale des Colonies, Palais-Royal, galerie d'Orléans. T. Gut. 21-73 : François ✻.

Agence économique de l'A. O. F., 27, boulevard des Italiens, Paris.

CHAMBRES DE COMMERCE. — *Sénégal:* Dakar. *Prés.:* Fourmeaux ✻. — Kaolack. — Rufisque. *Prés.:* Vielles. Délégué à l'Union à Paris : Julien Lecesne, 58, r. Saint-Lazare. — Saint-Louis. *Prés.:* André Faure. — Ziguinchor.

Haut-Sénégal et Niger: Kayes. Délégué à Paris : Pierre Mille, 15, quai Bourbon. — Bamako. Délégué à Paris : P. Josse, 21, r. Berlioz.

Guinée franç.: Konakry et Kankan. — *Côte d'Ivoire:* Grand Bassam. — Dahomey : Porto-Novo.

Syndicat de Défense des Intérêts sénégalais à Bordeaux.

Sociétés de Colonisation: Union Coloniale. Prés. : Jonnart. — Institut Colonial de Marseille. Prés. : Bohn.

Bibliographie.

OUVRAGES GÉNÉRAUX

Annuaire du Gouv. général de l'Afrique occid. française. Annuel, in-8, cart. 6 fr. Office Colonial, Paris.

Annuaire et Mémoires du Comité d'Etudes historiques et scientifiques de l'A. O. F., in-8 cart. 519 p. Impr. du Gouvt général. Gorée 1918 (2e année).

Beurdeley. *La Justice indigène en A. O. F.*, 1 vol. in-16, 2 fr. E. Larose. Paris, 1916.

Bulletin de la Chambre de Commerce de Konakry. Konakry.

Bulletin de l'Enseignement de l'A. O. F. (mensuel) Dakar.

François. *Le Gouv. général de l'Afrique occid. franç.*, in-8, 7 fr. 50. E. Larose. Paris, 1907.

François. *Ce que tout Français doit savoir sur l'A. O. F.*, in-8, 0 fr. 60. Office Colonial, Paris.

Hardy (Georges). *Une Conquête morale. L'enseignement en A. O. F.*, in-8. A. Colin. Paris, 1917.

Henry (Yves). *Le coton dans l'Afrique Occidentale Française*, in-8, ill., 10 fr.; *Le caoutchouc dans l'Afrique Occidentale Française*, in-8, ill., 9 fr. Challamel. Paris, 1906.

Hervet. *Le Commerce extérieur de l'A. O. F.*, in-8, 3 fr. E. Larose. Paris, 1911.

Hild. *L'Organisation judiciaire en A. O. F.*, in-8, 3 fr. E. Larose. Paris, 1912.

Hubert (Henry). *Etat actuel de nos connaissances sur la géologie de l'A. O. F. Mission scientifique au Soudan.* Fasc. I, in-8, 15 fr. Larose. Paris, 1917.

Joucla. *Bibliographie de l'A. O. F.* Sansot. Paris.

Lemée. *L'Enseignement en Afrique Occid.*, in-8 ill. E. Larose. Paris, 1906.

Lenfant (Commt). *Le Niger*, 1 vol. in-8 ill., br. 12 fr. Hachette. Paris, 1903.

Rapport d'ensemble du Gouv. général, 1909-1913, ch. année 6 fr. Office Colonial, Paris.

Rouard de Card. La France et la Turquie dans le Sahara oriental. Pedone. Paris, 1910.

Sonolet (L.). *L'Afrique occidentale Française*, in-8, ill. Hachette. Paris, 1913.

Terrier (A.). *L'Expansion française et la formation territoriale*, in-8. E. Larose. Paris, 1918.

OUVRAGES SUR LES DIVERSES COLONIES

SÉNÉGAL : Marty (Paul). *Etude sur l'Islam au Sénégal.* Tome I. *Les Personnes*, in-8. Leroux. Paris, 1917.

Olivier. Le *Sénégal*, in-8 phot. cart. 7 fr. 50. E. Larose. Paris, 1907.

Ribot (G.). *Dakar. Ses origines. Son avenir*, in-8 phot. pl. 4 fr. E. Larose. Paris, 1907.

GUINÉE : *La Guinée*, in-8, cart. 0 fr. 60. Office Colonial, Paris.

Ternaux. *La Guinée Française*, in-8, cart. 6 fr. E. Larose. Paris, 1908.

COTE D'IVOIRE : Angoulvant. *La Côte d'Ivoire*, in-8, cart. 1 fr. E. Larose. Paris, 1908.

Angoulvant (G.). *La Pacification de la Côte d'Ivoire* (1908-15), in-8, 7 fr. 50. Larose. Paris, 1917.

Le Barbier. *La Côte d'Ivoire. Agric., Commerce, Industrie*, etc., in-8, 5 fr. E. Larose. Paris, 1916.

DAHOMEY : François (G.). *Notre Colonie du Dahomey*, in-8 ill. 6 fr. E. Larose. Paris, Office Colonial. *Le Dahomey*, in-8, cart. 0 fr. 60.

Savariau (N.) *L'agriculture au Dahomey*, in-8 ill. 4 fr. Challamel. Paris, 1906.

HAUT-SÉNÉGAL ET NIGER : Clozel (Gouverneur). *Haut-Sénégal et Niger*, 3 vol., in-8 ill. cart. 25 fr. E. Larose, Paris.

AFRIQUE ÉQUATORIALE FRANÇAISE

Histoire.

L'A. E. F., constituée par le groupement du Gabon, du Moyen-Congo, de l'Oubangui, Chari-Tchad et du territoire militaire du Tchad a été conquise progressivement et presque pacifiquement, sans que la Métropole ait eu à supporter les lourdes charges qu'a entraînées pour elle la prise de possession des autres colonies. Après l'occupation officielle, le 18 juin 1843, par le capitaine de corvette de Montléon, de la baie du Gabon, ce sont des explorateurs, les officiers de marine Serval, Genoyer, Aymes, Marche et le marquis de Compiègne qui, de 1840 à 1872, jetèrent les bases d'un établissement définitif dans l'hinterland du Gabon. Au cours de ses trois missions successives, de 1875 à 1885, Savorgnan de Brazza allait, par son habileté, transformer la petite colonie du Gabon en une grande possession.

Au cours de la première (1875-78), il remonte tout le cours de l'Ogoué, atteint les vallées de l'Alima et de la Likouala, affluents du Congo, démontrant la possibilité de gagner l'Afrique centrale par les voies fluviales navigables. Il explore le Congo, fonde Franceville en juin 1880, signe avec le grand chef indigène Makoko le traité du 30 oct. 1880 qui reconnaît le protectorat de la France sur les Etats riverains du Congo, jette les bases de la station qui prendra plus tard le nom de Brazzaville. Nommé Commissaire Général, il quitte Bordeaux le 19 mars 1883, défend les droits de la France contre l'Association Internationale du Congo, créée par Léopold II. Il fait occuper toute la côte, de Libreville à Loango. Lui-même remonte l'Ogoué jusqu'à Franceville, fonde les stations de Njolé, d'Assonka, tandis que le Dr. Ballay fonde celles de Diélé sur l'Alima et de N'gantchouno sur le Congo. Pendant ce temps, l'un de ses collaborateurs, Dolésie, consolide les droits de la France dans le bassin du Kouilou-Niari qu'il reconnaît entièrement, et explore la Sangha et l'Oubangui.

L'Acte Général de la Conférence de Berlin (25 févr. 1885), qui règle les droits et les conditions de souveraineté des diverses nations européennes en Afrique, laissait la France riveraine du Congo, lui attribuait tout le littoral ainsi que les bassins du Kouilou-Niari et de l'Ogoué ; les comptoirs créés dans ces régions par l'Association Internationale lui étaient rétrocédés moyennant une indemnité de 300.000 fr. Les territoires occupés par l'Association étaient constitués en royaume du Congo ayant pour souverain le roi des Belges avec cette clause qu'en cas d'aliénation, le droit de préemption de la France serait formellement réservé.

Dès lors, on peut songer à relier par le Tchad les possessions congolaises aux oasis algériennes et c'est à quoi vont tendre toute une série d'explorations parties soit du Congo, soit du Sud-Algérien, effectuées par les missions : Crampel (1888-1891), dans le bassin de la Sangha, sur l'Oubangui et jusque dans le bassin du Chari; Dybowski (1892), à Ouadda et Banghi ; Mizon (1892), dans la vallée de la Sangha ; Maistre, avec Clozel, de Béhagle (1893), entre le Congo et le Chari, puis l'Adamoua, le pays des Gabéris et des Lakkas ; Gentil (1895-96) dans le Baghirmi, puis arrivant le 30 oct. 1897, au lac Tchad où il devait se rencontrer avec la mission Foureau-Lamy arrivant par le Sahara et la mission Voulet-Chanoine venant par le Soudan. Après la prise de Koussouri et la mort de Rabah, la région du Tchad était soumise (janv. 1902). Les traités conclus en 1905 et 1909 avec l'Allemagne reconnaissaient les droits de la France et délimitaient les frontières du Cameroun. La Grande-Bretagne, de son côté, par les conventions du 14 juin 1898 et du 21 mars 1899, avait déjà reconnu notre domination sur tous les territoires constituant le Kanem, le Baghirmi, le Borkou, le Ouadaï et même le Tibesti. La pacification du Ouadaï était loin d'être terminée. Les Ouadaïens, repoussés une première fois jusqu'à 70 kil. d'Abécher par le colonel Largeau, nommé commandant militaire du Tchad, rentrèrent en campagne. Leur sultan Doudmourah ne fit sa soumission qu'en oct. 1911, après la prise d'Abécher et l'engagement de Dorothé où le colonel Moll trouva une mort glorieuse.

La conquête du Ouadaï et les succès militaires qui, de 1909 à 1912, permirent de consolider la situation dans le Dar-el-Kouti, le Baghirmi, le Kanem et le Borkou, permirent de pénétrer, malgré l'opposition des Senoussistes et des Turcs, dans le Tibesti où des postes furent créés. La jonction des diverses parties de cet immense empire africain était accomplie. Par contre, l'espoir de relier celui-ci à la vallée du Nil ne s'est pas réalisé, après l'évacuation de Fachoda par la mission Marchand (11 déc. 1898). Par le traité du 21 mars 1899, la France renonçait à toute prétention sur la vallée du Nil, tout en conservant le droit d'y commercer.

Trois ans avant la guerre, l'A. E. F. permit à la France de sortir de la situation où elle se trouvait après Agadir, en donnant aux Allemands accès sur la vallée du Congo par la Sangha, dont le cours inférieur leur était attribué et sur l'Oubangui par une étroite langue de terre suivant la vallée du Lobay (4 nov. 1911). La prise de la *zaouïa* senoussiste d'Aïn-Galaka par le colonel Largeau (27 nov. 1913) assurait la possession du Borkou. Dès le début de la guerre, enfin, la vaillance des colonnes franco-britanniques des généraux Aymerich et Dobell allait non seulement rendre à l'A. E. F. les territoires qui lui avaient été enlevés (270 000 k.) mais lui permettre d'exercer son action administrative sur le territoire de l'ancien Cameroun.

Géographie.

Comprise entre le 19° de latitude N. et le 5° de latitude S., l'A. E. F. qui s'étend de l'embouchure du Congo à la Tripolitaine et de l'Atlantique à l'Egypte, couvre une superficie de 2.200.000 km. q., près de quatre fois celle de la France.

La région du Congo se compose principalement de plateaux d'une altitude moyenne d'un millier de mètres qui, vers l'E. et le S., s'abaissent sur la vallée du Congo et qui, vers la mer, tombent par gradins en étages (monts de la Mitre et monts de Cristal).

Des rivières descendent de ces plateaux par des rapides et des cascades : la *Como*, l'*Ogoué* (1.200 km.), long comme la Loire, le *Kouilou-Niari*. Elles aboutissent à une côte plate, rectiligne et sableuse, sauf l'anse du Gabon et le cap Lopez. Vers l'intérieur, coulent : l'*Alima*, la *Sangha* et l'*Oubangui*, affluents du fleuve *Congo*, qui baigne la colonie (env. 600 km. sur un cours de 4.000 km.) mais ne la traverse pas, le *Chari*, qui coule dans un pays plat que ses crues inondent sur d'immenses espaces et qui se termine dans le lac Tchad par un delta. Ce réseau de rivières, qui arrose et fertilise la majeure partie de l'A. E. F., constitue le plus remarquable ensemble de voies de communication et de transports entre les différentes régions.

Climat équatorial, très humide surtout au N., avec deux saisons de pluies de 3 à 4 mois chacune, après l'équinoxe du printemps et vers l'équinoxe d'automne, plus sain dans l'intérieur. La température y est chaude, d'une façon égale et continue. Moyenne, 30°. Aussi les ressources végétales sont-elles très abondantes (forêts et savanes, bois de teinture, caoutchouc).

Organisation politique et administrative.

Le décret du 15 janv. 1910 a consacré la création définitive du Gouv. Général de l'Afrique Equatoriale Française, établi par le décret du 26 juin 1908. Le Gouvernement Général est constitué par le groupement de :

1° la colonie du Gabon, chef-lieu Libreville ;
2° la colonie du Moyen-Congo, chef-lieu Brazzaville ;
3° la colonie de l'Oubangui-Chari-Tchad, chef-lieu Bangui;
4° la colonie du Tchad (17 mars 1920) ;
5° le Cameroun.

A la tête du groupement est placé un Gouverneur Général, dépositaire des pouvoirs de la République et résidant à Brazzaville. Les colonies du groupe conservent leur autonomie admin. et financière ; elles sont administrées, sous la haute autorité du Gouverneur Général, par des Gouverneurs des colonies portant le titre de Lieutenants-Gouverneurs. Le terr. du Tchad est administré soit par un fonctionnaire civil prenant le titre d'administrateur, soit par le commandant militaire, qui relèvent directement du Gouverneur général. Les territoires du Cameroun ayant fait partie antérieurement de l'A. E. F., et qui avaient été cédés à l'Allemagne par le traité du 4 nov. 1911, sont administrés par le Gouverneur Général. D'autre part, un Gouverneur des Colonies est délégué aux fonctions de Commissaire de la République pour les territoires de l'ancien Camerouп.

Le Gouverneur Général est assisté d'un Conseil de Gouvernement et d'une commission permanente de ce conseil.

En France, le Gouverneur Général est représenté par un délégué à l'Office Colonial et au Conseil supérieur des Colonies.

Chaque colonie est divisée en un certain nombre de circonscriptions civiles et militaires, qui sont composées chacune de plusieurs subdivisions, et qui ont pour chefs des administrateurs des colonies ou des officiers.

Les arrêtés des 3 et 5 octobre 1912 ont créé les trois communes de Libreville, Brazzaville et Bangui. Un administrateur des colonies exerce les fonctions d'administrateur-maire.

Gouvernement général de l'Afrique Équatoriale française.

Gouverneur Général : *J. Augagneur*. — Secrétaire Général : *Lapalud*.

Cour d'Appel : Président : *Titi*, à Brazzaville. — *Paris Le Clerc*, Chef du Service judiciaire à Brazzaville.

Armée : Commandant supérieur des troupes : N..., général de brigade, à Brazzaville ;

Lieutenant-Gouverneur du Gabon : *Marchand* (17 avril 1920), à Libreville.

Lieutenant-Gouverneur du Moyen-Congo : *Alfassa*, à Brazzaville.
Lieutenant-Gouverneur de l'Oubangui-Chari-Tchad : *Lamblin*, à Bangui.
Lieutenant-Gouverneur du Tchad : Colonel *Ducarre*, à Fort-Lamy.
Commiss. des terr. de l'ancien Cameroun : *Carde* (O. ✻).

Superficie et population.

La superficie de l'A. E. F. est de 1.992.243 km. q. (France 550.985 km. q.), se décomposant comme suit :

Gabon : 274.370 km. q. ; Moyen-Congo : 240.000 km. q. ; Oubangui-Chari-Tchad : 493.500 km. q. ; Territoire du Tchad : 1.248.000 km. q. ; Territoires de l'ancien Cameroun allemand occupés : env. 431.000 km. q.

La population totale est d'env. 9.500.000 hab. et se répartit ainsi :

Colonie du Tchad		2.090.000 hab.
Oubangui-Chari		1.590.000 —
Moyen-Congo		1.390.000 —
Gabon		1.300.000 —
Ancien Cameroun	env.	2.500.000

La plupart des habitants sont des nègres de race bontue ; tels sont les *M'pongues* (Gabon), les *Batékés* (plateaux congolais), les *Pahouins* ou *Fans* (N. de l'Ogoué-Moyen), les *Sara* (Chari).

Centres principaux : *Gabon :* Libreville, 2.000 hab. dont 200 Européens ; Cap Lopez dans la baie du même nom ; *Moyen-Congo :* Brazzaville, cap. de l'A. E. F., 4.000 hab., dont 400 Européens ; *Oubangui-Chari-Tchad :* Bangui, au pied du rapide de Zinga qui coupe en deux biefs le cours de l'Oubangui ; *Tchad :* Fort-Lamy, 3.000 hab.

Justice.

Une Cour d'Appel fonctionne à Brazzaville pour tout le Gouvernement général ; tribunaux de 1re instance à Brazzaville, Bangui, Libreville ; justices de paix à compétence étendue à Cap Lopez, Loango, Madingou, N'Djalé, Ouesso. Trois degrés de juridiction indigène : *tribunaux de 1er degré ou de village*, rôle conciliateur ; *trib. de 2e degré ou de province*, jugeant en première instance et réprimant les délits ; *trib. de 3e degré ou de cercle*, connaissant de l'appel des précédents et des crimes.

Enseignement et Cultes.

Le service de l'enseignement a été organisé par l'arrêté du 4 avril 1911. Il comporte d'une part un enseignement primaire à deux degrés, et, d'autre part, un enseignement professionnel.

L'enseignement primaire est donné : 1° dans les écoles de circonscription (en 1916, 94 avec 3 900 élèves) ; 2° dans les écoles urbaines.

Les écoles urbaines sont destinées à former des moniteurs et des employés pour le commerce et l'administration. Elles comprennent : 1° une section primaire élémentaire ; 2° un cours supérieur ; 3° des sections spéciales. Il y a 3 écoles professionnelles à Brazzaville, à Libreville et à Bangui.

A côté de cet enseignement officiel, il existe un enseignement donné par les missions catholiques et protestantes. En 1916, les missions catholiques avaient 4.400 élèves. Un vicaire apostolique des Deux-Guinées avec siège à Brazzaville.

Finances.

Le *budget général*, arrêté par le Gouverneur Général en Conseil de Gouvernement et approuvé par décret, supporte les dépenses d'intérêt commun. Il est alimenté surtout par les droits perçus à l'entrée et à la sortie sur les marchandises et les navires.

Les budgets locaux sont alimentés par les recettes perçues sur les territoires de chacune des colonies à l'exception des recettes attribuées au budget général. Les budgets locaux sont établis par les Lieutenants-Gouverneurs en Conseil d'administration ; ils sont arrêtés par le Gouverneur Général en Conseil de Gouvernement et approuvés par décrets rendus sur la proposition du ministre.

Budget général et budgets locaux pour 1918, 1919 et 1920 :

	1918.	1919	1920 (Prév
	—	—	—
Budget général	3.960.000	4.200.000	7.000.000
Gabon	2.304.000	2.503.200	3.316.000
Moyen-Congo	1.980.600	2.587.311	3.930.000
Oubangui-Chari	2.175.000	2.315.000	3.400.000
Col. du Tchad	1.170.000	2.725.000	3.130,000
Emprunt du Congo (21 millions)	»	»	1.893.000
— (171 millions)	»	»	10.000.000
Cameroun. Budget spécial	»	»	7.370.000
— — annexe	»	»	2.913.000

Productions.

Au point de vue domanial, l'A. E. F. est la seule des possessions françaises dans laquelle ait été mis en pratique en 1899 le régime des grandes concessions territoriales.

1° **Végétales.** — De toutes les colonies, l'A. E. F. est la plus favorisée au point de vue des richesses forestières. La grande forêt équatoriale s'étend, compacte, sur une superficie de 140.000 km. q., parallèle au rivage de la mer, et voisine, notamment au Gabon, de la mer, partant, d'accès facile. Elle possède un choix considérable d'essences convenant aux usages les plus divers, bois d'acajou, d'*okoumé*, ces derniers excellents pour le contre-placage et utilisés en Allemagne pour la fabrication des boîtes à cigares ; bois demi-durs tels que le *kambala*, le noyer du Gabon, le *bilinga* ; bois durs comme le corail, le *moabi* ; bois tendres, le fromager, le *gombo-gombo*, le tulipier. Leur export. qui se chiffrait en 1913 à 150.688 t. dont les trois quarts à destination de l'Allemagne et de la Hollande, est tombée à 21.000 t. en 1916.

Les caoutchoucs qui constituent la principale richesse d'exportation de l'A. E. F. sont d'origine sauvage, la question des plantations n'ayant pas encore été résolue. Le produit a subi la répercussion de la crise mondiale. Les exportations qui, de 1.600 tonnes en 1913, étaient tombées à 600 t. en 1914, sont remontées à 1.413 t. en 1915 et à 2.770 tonnes en 1917.

Les peuplements de palmiers à huile y sont nombreux. Les indigènes ont peu à peu renoncé à leur exploitation pour se livrer à celle du caoutchouc, puis à celle du bois d'ébénisterie. Cependant, des établissements européens se sont créés et extraient sur place l'huile de palme et l'huile de palmiste. L'export. de l'huile de palme qui n'était que de 76 t. en 1912 a atteint 82 t. en 1915 et 157 en 1916 ; celle des amandes de palme, de 595 t. en 1913, est passée à 1.135 t. en 1915, 1.573 en 1916 et 7.770 tonnes, en 1917. On trouve également des gommes de copal, variété rouge et variété blanche (24 t. en 1916), des raphias, des fibres dites *piassawa*, ces dernières utilisées en brosserie commune et ayant donné lieu, en 1913, à une export. de 490 t. et 311 en 1916. Parmi les principales cultures, il faut citer tout d'abord celles du café et du cacao. Le caféier se trouve à l'état sauvage dans les îles du Congo, de la Sangha et de l'Oubangui. Le café récolté, très apprécié des connaisseurs mais encore inconnu du grand commerce, n'a donné qu'une export. de 33.593 kg. en 1913. Le climat et le sol du Gabon semblent des plus favorables à la culture du cacao. Actuellement, plus de 50 entreprises européennes et d'assez nombreux jardins indigènes cultivent l'arbuste. L'exportation a atteint, en 1915, 203 tonnes et, en 1916, 257 t., malgré les difficultés de transport.

On rencontre également des plantes alimentaires telles que la banane dont on extrait une farine saine et agréable, le manioc, très cultivé autour des villages indigènes. Le riz, qui constitue la base de la nourriture des autochtones, des plantes médicinales : ricin, cola et des condiments : poivre, piments, vanille ; des plantes textiles au premier rang desquelles le coton. Le tabac pousse également très bien dans toute l'étendue de l'A. E. F.

2° **Animales.** — L'A. E. F. est riche en animaux de pêche et de chasse. Parmi ceux-ci, les éléphants sont spécialement recherchés en raison de la valeur de leur ivoire qui atteint des prix fort élevés, de 16 à 31 fr. le kg. suivant la grosseur des défenses. L'exportation, qui reste stationnaire, avait atteint, en 1913, entre 130 et 150 t. dont les 8/10 étaient vendus sur le marché d'Anvers. Les plumes d'aigrette et d'autruche provenant du Tchad semblent également tenir une place importante parmi les produits d'exportation. L'export. des huiles et des fanons de baleine représente un élément nouveau, atteignant la 1re, 6.711 t. en 1914, la seconde 26 t.

L'une des grandes richesses du territoire militaire du Tchad est constituée par les produits de l'élevage. Il y existait en 1911 environ 400.000 bœufs, 1.000.000 de moutons, 9.000 ânes, 20.000 chameaux, 20.000 chevaux et 1.400 autruches domestiques représentant une valeur minima de 40 millions. Malheureusement, l'exportation en est impossible par suite des énormes distances à parcourir. Les essais d'élevage tentés dans l'Oubangui-Chari et le Moyen-Congo n'ont pas réussi.

3° **Minérales.** — On rencontre surtout dans le bassin du Niari et du Djoué des minerais de cuivre, de zinc et de plomb. Le cuivre existe à l'état de combinaisons sulfurées, carbonatées, chalcosine, terre noire, calcaires minéralisés, ces derniers pouvant avoir une teneur moyenne de 10 p. 100 de minerai de cuivre à 45 p. 100 en cuivre. L'exportation qui représentait seulement 8 tonnes en 1910, est montée à 1.451 t. en 1914.

D'après les derniers renseignements possédés par le ministère des Colonies, la production actuelle de l'A. E. F. et des territoires du Cameroūn se résume comme suit :

	A. E. F.	Cameroun	Total
Caoutchouc	3.000 t. m.	200 t. m.	3.200 t. m.
Amandes de palme	9.000 —	15.000 —	24.000 —
Huile de palme	500 —	2.000 —	2.500 —
Bois en grume	150.000 —	2.000 —	152.000 —
Cacao	300 —	1.000 —	1.300 —
Café	200 —	»	200 —
Cuivre	1.500 —	»	1.500 —

Industries.

Quoique l'industrie semble appelée, du fait de l'abondante houille blanche dont elle disposera, à prendre beaucoup d'extension, elle est encore à peu près inexistante. Il faut citer, cependant, les scieries de Mandji et de Mayuinba, l'usine de la baie du Prince, où l'on extrait l'huile de baleine et où l'on prépare du guano avec les os et les déchets de viande ; les briqueteries de Brazzaville, et quelques ateliers de menuiserie.

Les produits des industries indigènes ne font l'objet que d'un commerce local. Certaines tribus savent extraire le fer du minerai qui se trouve un peu partout en le traitant à la manière catalane dans des hauts fourneaux primitifs. A la côte, les Baloumbo fabriquent du sel qui s'exporte en moulette, vers l'intérieur. Signalons encore la poterie, le tissage, la cordonnerie, la construction des pirogues, la chasse, la pêche, etc.

Commerce.

Le total du commerce de la colonie était, en 1892, de 5.500.000 fr. Il passa à une moyenne annuelle de 11.450.000 fr. pendant la période décennale suivante pour se chiffrer, en 1908, date à laquelle fut créé le Gouvernement général, à 27.000.000 de fr. et atteindre, en 1913, 57.846.805 fr.

Le commerce de l'année 1913, prise comme moyenne, s'est réparti en :

Importations..	21.181.768 fr.
Exportations..	36.665.037 fr.

La part de l'étranger représente à peu près la moitié du commerce d'export. Alors que le marché français recueillait pour l'année 1913, 14.389.717 fr. de produits, le chiffre des export. atteignait en :

Belgique (non compris le Congo belge)	5.728.194 fr.
Grande-Bretagne..	3.967.377 —
Allemagne	3.860.549 —
Hollande..	1.242.031 —

On se rendra compte du fléchissement qui devait obligatoirement se produire le jour où, brusquement, les marchés vers lesquels l'A. E. F. exportait ses produits se sont trouvés fermés, où les lignes maritimes qui assuraient les transports ont suspendu leurs services. Le commerce tomba à 28 millions en 1914. Depuis juillet 1915, la reprise de services postaux réguliers, l'envoi plus fréquent de cargos ont amené un relèvement sensible du commerce local, le commerce d'export. n'atteignant que 22 millions de fr. En 1916, malgré les difficultés, la progression s'accentua et le commerce atteignit un total de 31.533.048 fr. se répartissant en 11.661.887 fr. aux import. et 19.871.161 fr. aux export. En 1917, ce chiffre atteint 37.307.408 fr. dont 24.450.728 fr. d'échanges entre la métropole et la colonie.

Le commerce général pour les cinq dernières années se présente ainsi:

ANNÉES.	IMPORTATIONS.	EXPORTATIONS.	TOTAUX.
	francs.	francs.	francs.
1889..................	3.692.000	2.529.000	6.221.000
1899..................	6.684.000	6.619.000	13.303.000
1909..................	11.119.000	17.454.000	28.573.000
1911..................	17.924.084	29.115.389	47.039.473
1912..................	19.987.455	28.935.218	48.922.673
1913..................	21.181.768	36.665.037	57.846.805
1914..................	11.224.710	16.722.503	27.941.213
1915..................	8.201.984	14.022.928	22.224.912
1916..................	11.661.887	19.871.161	31.533.048
1917..................	9.574.999	27.732.409	37.307.406

Pour 1913, les principales export. et import. étaient les suivantes :

EXPORTATIONS.		IMPORTATIONS.	
	francs.		francs.
Caoutchouc (1.945 t. m.)......	15.715.111	Tissus	5.902.742
Bois (150.685 t. m.)...........	8.821.189	Ouvrages en métaux.........	1.997.453
Ivoire	3.345.953	Produits et dépouilles d'animaux....................	1.550.393
Amandes de palme (575 t. m.)..	186.926	Ouvrages en matières diverses.	1.575.232
Cacao (158 t. m.)..............	173.853	Boissons.....................	1.457.906
Huile de palme (140 t. m.).....	76.964	Farineux alimentaires........	888.919
Café	30.255		

En 1917 furent exportés : caoutchouc : 2.770 t. m. ; ivoire : 89.000 kgs. ; amandes de palme : 7.770 tonnes.

Mouvement maritime. Le mouvement maritime s'effectue par les ports de Libreville, Cap Lopez, Loango, N'Djolé, Nyanga et Douala. Tous ces ports sont visités par les bateaux de la *Cie des Chargeurs Réunis.*

Communications intérieures.

a) **Navigation fluviale.** — Le réseau navigable du Congo et de ses énormes affluents constitue un remarquable ensemble de voies de pénétration, de communication et de transports entre les différentes régions.

Sur le Congo, la Compagnie *la Citas* assure la traversée du Stanley Pool à Kinchalle. Les *Messageries fluviales* (cap. 3 millions) possèdent 11 vapeurs qui font le service jusqu'à Nola et Bangui. Le voyage de Brazzaville à Bangui se fait en 10 ou 12 jours et en 5 ou 6 jours de Bangui à Brazzaville. La *Compagnie de Navigation Congo-Oubangui* effectue les transports jusqu'à Ouango-M'bonnou et jusqu'à Fort-Sibut lorsque la Tomi est navigable. Au Gabon, les transports fluviaux sont assurés dans le Bas-Ogoué, la Basse-N'goumié et l'Eliva N'komi par les *Chargeurs Réunis*; sur l'Ogoué, sur la Livindo et les affluents, par la *Société Gabonnaise*. Les *Chargeurs Réunis* possèdent deux grands vapeurs (l'*Alembé* et le *Mandji*), jaugeant 180 et 150 tonnes pour les services fluviaux. Enfin, un certain nombre de sociétés ou de particuliers ont des bateaux leur appartenant. L'administration locale possède 6 vapeurs, dont 1 de 120 tonnes. Sur le Chari, deux petits vapeurs : le *Léon Blot* et le *Jacques d'Uzès*, assurent les transports

Chemins de fer. — Il n'existe encore en A. E. F. aucun chemin de fer d'intérêt général. La seule voie ferrée qui relie la côte à l'intérieur est le chemin de fer belge de Matadi à Krichassa et Léopoldville qui est situé tout entier en territoire belge. La partie du Cameroun attribuée à la France comporte env. 320 km. de lignes.

Routes et pistes. — Il n'existe encore que peu de routes dignes de ce nom. Les principales d'entre elles sont celles qui relient Alembé et Booué le long de l'Ogoué, Fort-Sibut à Fort-Crampel (150 kil. de long). La plupart des voies terrestres de communication sont de simples pistes améliorées.

Postes et Télégraphes. — La ligne télégraphique centrale africaine relie Brazzaville et Loango. Stations de T. S. F. à Brazzaville, reliant la capitale de l'A. E. F. au chemin de fer du Congo et à Léopoldville, portée 1.500 km. : à Loango (Gabon), portée 1.000 km.

Un projet d'emprunt de 171 millions a été voté par la Chambre et le Sénat pour la construction des voies ferrées, les aménagements des ports, des rades, des cours d'eau navigables et pour développer le réseau télégraphique.

Communications avec la France. — Assurées par la *Cie des Chargeurs Réunis*, départs du Havre et de Bordeaux ; escales à Libreville, Port-Gentil, Loango durée du voyage : 17 j. pour Libreville.

Tarif postal intérieur français. Télégr. 6 fr. 30 le mot. — Colis postaux : via Bordeaux, 5 kgr. 2 fr., 10 kgr. 3 fr. 60.

Renseignements économiques et commerciaux. — Délégué de l'A. E. F. à l'Agence générale des Colonies à Paris, Palais-Royal. T. Gut. 21-73 : Fern. *Rouget*.

Comité de l'Afrique Française, 21, r. Cassette. Paris.

Bibliographie.

Annuaire du Gouv. Général de l'Afrique Equatoriale française. 2 vol. in-8, 12 fr. E. Larose. Paris.

Bruel (E.). *L'Afrique Equatoriale française*, gr. in-8, ill. 7 c. 18 fr. E. Larose. Paris. — *Bibliographie des ouvrages sur l'A. E. F.*, in-8, 12 fr. 50. E. Larose. Paris, 1914.

Cornet (Cap.). *Au Tchad*, in-16, 325 p., br. 4 fr. Plon. Paris, 1911.

Largeau (Col.). *La situation du Territoire milit. du Tchad au début de 1912*, in-16. E. Larose. Paris, 1913.

Maraball. *Etude sur les territoires du Cameroun occupés par les troupes françaises*, br. 7 fr. 50. E. Larose. Paris, 1919.

Rondet-Saint (Maurice). *L'Afrique Équatoriale française*, in-16, br., Plon. Paris, 1916.

Rouget (Fern.). *L'Expansion coloniale au Congo français*, in-8, 12 c., 10 fr. — *L'Afrique Équatoriale illustré*, in-8, avec c., 2 fr. E. Larose. Paris, 1913.

Viollette (Maur.). *La N'Goko Sangha. A la veille d'Agadir*, in-18, 4 fr. 50. E. Larose, Paris.

MADAGASCAR

Madagascar, dans l'Océan Indien, au S. E. de l'Afrique, est la troisième des grandes îles du globe. Sa superficie est de 625.000 km. q., c'est-à-dire à peu près celle de la France et de la Belgique réunies.

Histoire.

Les droits de la France sur Madagascar sont anciens. Des marins dieppois y avaient abordé pour la première fois en 1527, suivis, à quelques années d'intervalle, par d'autres voyageurs et des marchands de Bretagne et de Normandie, qui visitèrent la Côte Ouest et la baie de Diégo-Suarez. Mais ce n'est qu'en 1642, date de la fondation de la *Société de l'Orient* à laquelle fut concédé le privilège exclusif de créer des établissements commerciaux à Madagascar et dans les îles voisines, que s'ouvrit l'ère des tentatives sérieuses de colonisation. Fort-Dauphin, créée l'année suivante, devint la capitale de la colonie qui reçut en 1665 le nom d'île Dauphine. Administrée de 1665 à 1685 par la *Compagnie des Indes Orientales* qui ne sut pas en tirer parti, l'île Dauphine fut réunie, par un arrêt du Conseil d'Etat du 4 juin 1686, à la couronne de France.

A peu près complètement abandonnée pendant trois quarts de siècle, mais non sans qu'à plusieurs reprises le gouvernement métropolitain eût affirmé ses droits sur les établissements que nous y avions créés, Madagascar fut gouvernée de 1767 à 1770 par un administrateur de talent, M. de Modave, qui dut malheureusement, faute de ressources, renoncer à sa mission.

En 1810, les possessions de Madagascar, dont Tamatave était devenu le chef-lieu, sont enlevées à la France par l'Angleterre pour ne lui être restituées, mais seulement en partie, qu'après le traité du 30 mai 1814. L'influence anglaise n'en persiste pas moins pendant toute la durée du règne de Radama Ier, roi des Hovas (1817-1828) qui étend sa domination sur tout Madagascar, chasse les Français de Foulpointe et de Fort-Dauphin (1825) et les réduit à l'occupation de la petite île de Sainte-Marie. Une réaction survient dès l'avènement de la veuve de Radama, Ranavalona Ier, qui dénonce les traités passés avec les Anglais, oblige leurs missionnaires à quitter l'île et prescrit dans ses Etats l'exercice de la religion chrétienne. Le gouvernement français, croyant le moment propice pour traiter avec les Hovas, envoie sur les côtes de Madagascar une petite escadre pour demander raison de l'expulsion de Fort-Dauphin. Le Commandant Gourbeyre, devant l'hostilité de la reine, s'empare de Tamatave (11 octobre 1829) et de Pointe-à-Lanée, mais doit, en raison de l'insuffisance de ses effectifs, se retirer à Bourbon pour y attendre des renforts. Louis-Philippe ordonne alors l'évacuation de Madagascar, à l'exception de l'île de Sainte-Marie, et les Hovas, se croyant désormais maîtres absolus dans l'île, redoublent d'arrogance et de mauvais traitements à l'égard des Européens. L'échec de l'expédition franco-anglaise de juin 1845 contre Tamatave mit le comble à l'audace de Ranavalona.

Cependant, le Gouvernement de Louis-Philippe, malheureux sur la côte Est de Madagascar, avait obtenu d'utiles résultats sur la côte Ouest et fait occuper Nossy-Bé, Nossy-Komba, Nossy-Mitsio et Mayotte. L'influence française, grâce à *de Lastelle* et *Laborde* qui avaient su gagner la sympathie des indigènes et l'amitié de hauts personnages de la Cour d'Iméraina, s'était, malgré les intrigues du missionnaire anglais *Ellis*, si bien ressaisie qu'un autre Français *Lambert*, crut pouvoir, en 1855, préparer un traité reconnaissant le protectorat de la France sur Madagascar : le Révérend *Ellis* fit échouer ce projet, mais à la mort de Ranavalona, son fils *Radama II* en reprit les clauses, et le traité d'alliance et de commerce du 12 septembre 1862 reconnut l'autorité du roi sur toute l'île « sous réserve des droits de la France ». Radama II fut malheureusement étranglé, le 13 mai 1863, sur l'ordre du parti vieux hova qui lui reprochait ses sympathies pour les Français et le traité passé quelques mois auparavant fut dénoncé par sa veuve, Raschérina, qui lui succéda. Dès lors, les Anglais reprirent le dessus et obtinrent le 27 juin 1865 un traité assurant la protection du gouvernement malgache à leurs nationaux.

Ce n'est que trois ans après, le 8 août 1868, que Garnier, représentant du gouvernement français, obtint de Ranavalona II, successeur de Raschérina, un traité accordant aux Français des faveurs analogues. Les Anglais n'en continuèrent pas moins à dominer à la cour de Tananarive par l'entremise de leurs missionnaires qui obtinrent de Ranavalona II et de son mari, le premier ministre Rainilaiarivony, leur conversion au protestantisme déclaré religion d'Etat. L'hostilité manifestée par la Cour n'avait cependant pas empêché l'explorateur Alfred Grandidier en trois voyages successifs (1865, 1866, 1870) de reconnaître la grande île, d'en étudier l'histoire et d'en dresser la carte.

Après la mort du grand Laborde (décembre 1878), qui avait défendu si longtemps l'influence française à Madagascar, l'insolence de la cour de Tananarive devint telle qu'il fallut agir. Le capitaine de vaisseau Le Timbre, commandant la station navale de la mer des Indes, s'empara d'Ampassimiéna et força les Hovas à envoyer une ambassade à Paris (juillet 1882). Les négociations n'ayant pas abouti, l'amiral Pierre s'empara de Majunga

(16 mai 1883), de Tamatave (10 juin), d'Ifondrona, de Ténérife, de Mahamba et de Foulpointe. Son successeur, l'amiral Galiber, prit possession de Fort-Dauphin, de Vohémar et de Mourondava. Mais les Anglais intervinrent, et le gouvernement français, reculant devant des complications possibles, entama avec les Hovas d'interminables négociations qui aboutirent au traité du 17 décembre 1885, par lequel la France acquérait en toute propriété la baie de Diégo-Suarez.

Mais ce traité de protectorat, malgré le tact et l'énergie des résidents généraux Lemyre de Vilers, Bompard, Lacoste et Larrouy, ne fut pas respecté, et l'attitude de Rainilaiarivony, premier ministre de la reine Ranavalo, se faisant de plus en plus arrogante, une expédition fut organisée pour imposer à Tananarive les volontés de la France (octobre 1894). Le corps expéditionnaire, commandé par le général Duchesne, comprenait un effectif de 18.340 combattants et de 7.715 auxiliaires. Il s'arrêta d'abord à Majunga où l'on eut à réparer les lacunes et les fautes d'une préparation insuffisante et maladroite, et ce n'est que le 25 mars 1895 que les Français, sous le commandement du général Metzinger, purent se mettre en marche. Les Hovas furent battus à Tsinainouy (15 septembre), à Kiangaro (17 septembre), aux monts Ambohimena (19 septembre), et la colonne arriva le 25 septembre en vue de la capitale qui se rendit le 30. Metzinger en fut nommé gouverneur. Rainilaiarivony fut déporté à Alger et la reine Ranav.lo accepta le protectorat français. La victoire avait été chèrement achetée par une dépense de 100 millions et la mort de 5.736 soldats, presque tous enlevés par la maladie.

Le traité du 18 janvier 1896 affirma la souveraineté de la France sur Madagascar. Mais Ranavalo ne tint aucun compte de ses engagements, et ses ministres travaillèrent ouvertement contre nous. Encouragée par l'inaction du résident général Laroche, la révolte s'installa dans toute l'île et prit bientôt les allures d'une insurrection générale.

Le Général Galliéni, nommé Gouverneur général, le 30 septembre 1896, prononça la déchéance de la reine et l'annexion pure et simple de Madagascar à la France (26 février 1897). L'effet produit fut considérable et il ne resta plus dès lors qu'à consolider la domination en pacifiant et organisant le pays. Ce fut l'œuvre de Galliéni.

Il procéda tout d'abord à l'occupation méthodique de l'Emyrne qui fut divisée en quatre cercles militaires. Puis il brisa la résistance des populations des provinces côtières. En l'année 1899, la conquête de l'île était achevée et Galliéni pouvait se consacrer, avec une maîtrise qui ne fut jamais égalée dans l'histoire coloniale de la France, à l'administration de la nouvelle possession. Les voyages de hardis explorateurs, tels que Henri Gautier (1892), Louis Catat, Casimir Maistre et Georges Foucart (1899), Guillaume Grandidier, fils d'Alfred Grandidier (1898-1902) et Bastard (1897-1899) achevèrent l'œuvre des soldats en portant l'influence française dans les régions encore ignorées de l'île.

Géographie.

Madagascar est un pays très montagneux, exception faite pour la région de l'Ouest où se trouve la vaste plaine Sakalave. Les montagnes forment dans leur ensemble un immense plateau occupant tout le centre de l'île et constitué par deux régions très distinctes : le plateau central, comprenant les pays de l'Imerina et du Betsileo et dominé par les monts de l'Ankaratra avec le pic Tsiatajavona (2.680 mètres) ; le plateau de l'Akkaisima au nord de l'Ile.

Le régime hydrographique est très différent sur les versants est et ouest de l'île. Les grands fleuves de l'est prennent naissance à une trentaine de lieues de la Côte et à une altitude supérieure à 1.000 mètres ; ce sont des cours d'eau torrentueux dont le lit s'élargit seulement vers la zone côtière et qui ne deviennent navigables qu'à une vingtaine de kilomètres de leur embouchure.

La côte ouest qui s'étend vers l'intérieur de l'île en larges vallées basses est parcourue par des fleuves aux rives marécageuses et navigables sur 100 à 150 kilomètres, dont les principaux sont : le Mahavavy, la Sofia, la Betsiboka grossie de l'Ikopa, le Mangoka, l'Onihaly.

Les principaux ports de Madagascar sont sur la côte orientale : Diégo-Suarez, qui possède une des plus belles rades de l'univers, Tamatave, Andevorante, Mananjary, Fort Dauphin. Sur la côte occidentale, les ports d'Analalave, Majunga, Morondava et Tuléar ont moins d'importance.

La climatologie d'un pays aussi vaste que Madagascar, de configuration et d'altitude si variables, est nécessairement très différente d'une région à une autre. Dans le nord et l'extrême sud, le climat est chaud, mais sec. La Côte Est est chaude et humide et les saisons n'y sont pas nettement tranchées, tandis que la côte Ouest, également chaude, est peu humide et connaît des saisons régulières. Sur le plateau central, enfin, le climat est tempéré et les saisons sont bien marquées.

Population.

La population de Madagascar et de ses dépendances (Comores, Nossi-Bé, Sainte-Marie) est de 3.613.341 habitants, dont 18.130 Européens et assimilés et 5.810 Asiatiques (Indiens et Chinois).

Les indigènes se répartissent en un grand nombre de peuplades et de tribus qui sont, en général, d'origine malaise et polynésienne. Les descendants de race malaise dominent dans le plateau central tandis que les Océaniens occupent les côtes. Les premiers sont nettement supérieurs aux seconds, tant au point de vue intellectuel qu'à celui des services qu'ils peuvent rendre à la colonisation européenne. Ce sont :

1° Les *Antimerina* ou *Hova*, au nombre d'environ 900.000 individus et occupant le premier rang parmi tous les peuples de la grande île : leur hégémonie s'est étendue pendant le XIX° s. sur les autres races, qu'ils dominent incontestablement par leurs qualités d'intelligence et de travail et leurs facultés d'assimilation.

2° Les *Betsiléo*, qui habitent la province de Fianarantsoa et comptent à peu près 330.000 âmes : ils viennent, pour le degré de civilisation auquel ils sont parvenus, immédiatement après les Hovas.

Parmi les autres peuplades, il faut citer : les *Sakalava*, qui occupent la partie occidentale de l'île et comptent environ 100.000 individus ; les *Masikoro* et les *Vezo* qui sont des Sakalava un peu plus policés que leurs congénères ; les *Mahafaly* et leurs voisins les *Antandroy* qui vivent dans le sud de l'île ; les *Antanosy* (gens des îles) qui constituent deux groupements, dont l'un habite la côte sud-est, près de Fort-Dauphin et l'autre la région sud-ouest, entre les Bara et les Mahafaly ; les *Bara* qui habitent la partie méridionale de la région des plateaux, au sud-ouest du Betsiléo ; les *Fanala*, ou gens de la forêt, qui occupent la partie forestière des contreforts sud-est de la région des hauts-plateaux, dans les hautes vallées du Mananjary, du Faraony et du Matitana ; les *Besanozano* qui habitent la vallée du Mangoro ; les *Tsimihety* (35.000 âmes environ) que l'on trouve dans les hautes vallées de la Mahavary et de la Sofia et dans la partie orientale de la province de Vohémar ; les *Antsihanaka* (40.000 environ), qui sont cantonnés au nord et à l'ouest du lac Alaotra ; les *Antankarana* (30.000) qui peuplent l'extrême nord de Madagascar ; les *Betsimisaraka*, qui avoisinent la côte et la ceinture forestière de l'est depuis la baie d'Antongil jusqu'au Sakalna etc. etc.

Villes principales.

Tananarive	60.000 hab.	Fianarantsoa	9.000 hab.
Tamatave	15.000 —	Diégo-Suarez	5.000 —
Majunga	10.000 —	Fort Dauphin	2.000 —

Gouvernement général.

Gouverneur général : Hubert *Garbit* (mars 1920).

Secrétaire général : *Guyon*.

Commandant supérieur des troupes : *Nicole*, C. ✱ général de division.

Directeur des finances et de la comptabilité : *Saurin* (O. ✱), insp. gén. des Colonies ; Directeur des affaires civiles : N... ; Service de Colonisation : *Carle*, ingénieur, chef du service ; Domaines : *Loniewski*, chef du service ; Douanes : Franceschi, chef du service ; Enseignement : *Renel*, professeur de Faculté, directeur ; Justice, *Reynaud de Lygues*, procureur général, chef du service ; Mines : *Bonnefond*, ingénieur, chef du service ; Police : *Bastel*, chef de la sûreté générale ; Postes et Télégraphes : *Valroff*, Directeur ; Santé : *Camail*, médecin-inspecteur. Directeur du service ; Travaux publics : *Girod*, Ingénieur en chef, Directeur ; Chemins de fer : *Berthonneau*, Ingénieur, Directeur ; Trésorerie : *Dinslage*, trésorier-payeur ✱ ; Service vétérinaire, des haras et de l'élevage : *Carougeau*, chef du service.

Organisation politique et administrative.

Administration centrale. — L'administration centrale de Madagascar a son siège à Tananarive, chef-lieu de la colonie. A sa tête est placé un gouverneur général, dépositaire des pouvoirs de la République, qui étend son autorité à toutes les parties du territoire de la colonie et à toutes les branches de l'administration. Le gouverneur général organise, dirige et contrôle les différents services. Les chefs de service sont nommés par décret sur sa présentation. Toutes les autorités sont placées sous les ordres directs du gouverneur général. Il est assisté :

1° D'un *conseil d'administration* dont la composition a été fixée par le décret du 2 janvier 1902, et qui est purement consultatif ;

2° D'un *conseil du contentieux administratif* dont les fonctions sont analogues à celles des conseils de préfecture de France ;

3° D'un *conseil de défense* qui a pour mission d'étudier les questions d'organisation militaire et défensive de la colonie ;

4° D'un *secrétaire général* qui, nommé par décret, est le personnage le plus élevé dans l'ordre hiérarchique après le gouverneur général dont il est le collaborateur immédiat et qu'il remplace de droit en cas d'absence ou de décès ;

5° D'un *directeur du contrôle financier*, nommé par décret, qui est chargé du contrôle des services financiers.

Administration provinciale et communale. — Le territoire de Madagascar et dépendances est divisé en 23 provinces et 2 districts autonomes, les 1res subdivisées en 82 districts administrés par des fonctionnaires du corps de l'administration coloniale (administrateurs et agents des affaires civiles) et fixées par l'arrêté du 22 juin 1918. Ce sont les provinces de l'*Alaotra* (2 districts), de l'*Ambongo* (3 districts), d'*Ambre* (3 districts), d'*Antongil* (3 districts), de *Bara* (2 districts), de *Betsiboka* (3 districts), du *Betsiléo-Nord* (2 districts), du *Betsiléo-sud* (4 districts), du *Betsimisaraka-du-Centre* (2 districts), des *Betsimisaraka-du-Sud* (3 districts), du *Boéni-Méridional* (2 districts), des *Comores* (4 districts), de *Fort-Dauphin* (2 districts), de l'*Imérina* (7 districts), de l'*Itasy* (3 districts), de la *Loza* (5 districts), des *Mahafaly-Antandroy* (2 districts), de *Mananjary* (3 districts), du *Matitanana-Mananara* (5 districts), de *Nossy-Bé* (2 districts), de l'*Onilahy* (3 districts), de *Sainte-Marie*, de la *Tsiribihina* (5 districts). et du *Vakinankaratra* (3 districts).

Le gouverneur général a toute autorité pour modifier le nombre et les limites des circonscriptions. Le chef de province est, dans sa circonscription, le représentant direct du gouverneur général.

L'*administration indigène* des provinces centrales et des régions côtières les plus anciennement soumises est assurée par des gouverneurs principaux, des gouverneurs, des officiers adjoints et des secrétaires. Le territoire de chaque district est divisé en gouvernements indigènes, à la tête de chacun desquels est placé un gouverneur qui relève à la fois du chef de district et du gouverneur principal, et qui est assisté d'un officier adjoint et d'un secrétaire. Le Gouvernement est lui-même divisé en gouvernements *madinika* (petits) dirigés par des gouverneurs *madinika* et subdivisés en quartiers *fokontany*, administrés par des *mfiandidy*. Dans chaque district, un conseil des notables (*běriny tany*) assiste de ses avis le chef de district. La réunion périodique de ces notables au chef-lieu de la province constitue le *conseil de la province*.

La colonie comprend 7 communes qui sont : Tananarive, Fianarantsoa, Tamatave, Diégo-Suarez, Majunga, Nossy-Bé et Sainte-Marie dont l'organisation se rapproche du système métropolitain.

Organisation financière.

Madagascar fait face à toutes ses dépenses civiles et de colonisation soit au moyen de son budget local, soit au moyen d'un budget extraordinaire alimenté par des emprunts, au service d'intérêts et à l'amortissement desquels est consacrée une partie des revenus normaux de la colonie.

Les budgets des derniers exercices s'établissaient, en recettes et en dépenses, de la façon suivante :

	1918	1919	1920 (Prév.)
	—	—	—
Budget local ordinaire	40.406.354 fr.	40.653.500	55.574.2[illegible]
— extraordinaire	»	4.617.200	13.292.0[illegible]
— annexe du ch. de fer	3.802.000 —	5.079.000	4.843.871
— annexe de l'assist. méd. indigène.	2.108.492 —	2.386.733	4.728.80

Organisation sociale.

a) Justice française.

Les juridictions françaises sont : 1° *les justices de paix*, confiées à des administrateurs investis des fonctions de juge de paix ; 2° *les tribunaux de 1re instance et justice de paix à compétence étendue* qui ont sensiblement la même compétence que les tribunaux de 1re instance de France ; 3° la *Cour d'appel*, qui siège à Tananarive et qui connaît de tous les appels formés contre les jugements des juridictions inférieures.

b) Justice indigène.

Il existe trois ordres de juridictions indigènes :

1° Les *tribunaux du premier degré*, institués dans chaque district et présidés par le chef de district ;

2° Les *tribunaux du deuxième degré*, institués au chef-lieu de chaque province et présidés par l'administrateur chef de province;

3° La *Cour d'appel* qui connaît des appels des jugements de tribunaux du deuxième degré.

Enseignement.

L'*enseignement officiel* compte env. 656 écoles avec 70.000 élèves et comprend 3 degrés :

1° 624 écoles primaires ;

2° Des écoles régionales dans les grands centres, avec sections professionnelles et cours préparatoires industriels ;

3° A Tananarive, l'Ecole normale ; l'Ecole administrative ; l'Ecole de Médecine et les écoles dites supérieures indigènes. Il existe en outre à Tananarive deux établissements secondaires, les lycées Condorcet et Jules Ferry.

L'*enseignement privé*, donné par les missions catholiques et protestantes, comprend 410 écoles avec 41.100 élèves.

Mouvement économique.

Madagascar, en raison de son orographie et de son climat, se prête aux productions les plus variées.

Production agricole.

Textiles. Il faut citer en premier lieu le *raphia*, grand palmier dont les feuilles peuvent atteindre jusqu'à 15 m. de longueur et qui est très répandu dans les zones côtières de l'île. Ses fibres, détachées des jeunes feuilles et soigneusement séchées, servent à fabriquer les *rabanes*, grandes pièces de toile tissées par les indigènes, utilisées pour l'ameublement. Les exportations de raphia qui s'élevaient à 7.000 tonnes en 1912, ont été en 1916 de 4.700 tonnes représentant une valeur de 2.600.000 francs.

L'*agavé* et le sial se rencontrent dans les régions supérieures de l'île, mais en petite quantité. Le *crin végétal* (*piassava*) est un produit naturel de la zone côtière dont il s'est exporté 105 tonnes en 1915 et 43 tonnes en 1916. Le *chanvre*, très cultivé dans certaines régions des hauts plateaux, est entièrement consommé dans la colonie.

La *sériciculture* a fait de sérieux progrès grâce à l'établissement séricicole de Masinana avec magnanerie-modèle et laboratoire de grainage appliquant les procédés de Pasteur, qui délivre annuellement 400.000 pontes sélectionnées. Cette même station, avec celle de Tananarive et les pépinières de la province de Vakinankaratra distribuent gratuitement plus de 200.000 plants de mûriers. La production est actuellement de 50 à 60 tonnes utilisée seulement pour les besoins locaux. Le cocon du centre de Madagascar a conservé la forme classique des bons cocons de France ; les grèges tiennent de la soie du Piémont ou des bonnes soies des Cévennes. Le *kapok* et le *fromager*, cultivés dans les régions côtières de l'île, ne donnent lieu qu'à une très faible exportation. Le *cotonnier* n'est cultivé qu'en très petite quantité.

Cultures alimentaires. On doit citer d'abord le riz, aliment essentiel de l'indigène, qui se cultive partout et dont il s'est exporté en 1916 plus de 31.000 tonnes représentant une valeur de 6 millions de francs.

Il y a très peu d'années encore, Madagascar importait du riz en quantité appréciable; c'est dire que la production n'était pas suffisante pour la consommation locale. L'exportation qui n'était que de 5.175 tonnes en 1911, n'atteint en 1917, année de récolte déficitaire, que 6.999 tonnes, alors qu'elle s'élevait en 1916 à 30.825 tonnes.

Le *manioc* est cultivé dans toutes les régions de l'île, aussi bien sur le littoral que sur les plateaux du Centre jusqu'à 1.600 mètres d'altitude. Dans la vallée du Sambirano, cette culture a pris, sous l'impulsion des colons européens, une extension vraiment digne de remarque. Cette plante, comme chacun sait, trouve d'importants débouchés dans les industries de l'alcool, de l'amidon et la fabrication du tapioca.

Le mouvement d'exportation, qui n'était que de quelques tonnes il y a une dizaines d'années, s'est considérablement accru. En 1917, en raison des difficultés de transport, il n'est sorti de l'île que 1.796.841 kilogrammes de fécule de manioc, 850.949 kilogrammes de tapioca, 2.016.852 kilogrammes de farine de manioc et 2.277.969 kilogrammes de manioc brut, alors qu'en 1916, l'exportation globale était de plus de 21.000 tonnes.

La *pomme de terre* vient dans la région des plateaux. Sa culture est faite en grand dans le massif de l'Ankaratra. Divers légumes (haricots, arrow-root, patates, topinambour, pois du Cap) sont cultivés sur les côtes et notamment dans le Sud-Ouest; 14.000 tonnes de légumes secs ont été exportés en 1916, représentant une valeur de plus de 7 millions de francs. Le *maïs* réussit dans toute l'île, principalement sur la côte sud-ouest, c'est aussi la céréale qui s'y cultive avec le plus de succès. La récolte principale se fait en février-mars et on paie à la récolte de 30 à 50 fr. la tonne sur place et 150 fr. au port d'embarquement alors que la tonne à Chicago valait, en mars 1917, 223 fr. 70 (exportation en 1916 : 1.500 tonnes, valeur 225.000 fr., principalement à la Réunion). La *canne à sucre*, introduite en 1842 à Mananjary, est cultivée sur divers points de la côte. Les indigènes en tirent une boisson fermentée, le *betsabetsa*, dont ils font une grande consommation.

On cultive actuellement à Madagascar deux variétés de café : le *libéria* et les *hybrides* qui viennent surtout dans la zone côtière est, où il en existe de grandes plantations : les exportations de café ont atteint 442.000 kilos en 1915 (valeur 800.000 fr.), 560.000 kilos en 1916 (valeur 1.200.000 fr.) et 589.005 kilos en 1917.

De belles plantations de *cacao* existent sur le Sakanila, près de Vatomandry et sur les bords de l'Ivondro, près de Tamatave (exportation 115 tonnes en 1915 et 85 tonnes en 1916). La *vanille* est également un des produits d'avenir de Madagascar. Elle est cultivée notamment sur le littoral est-nord et nord-ouest et surtout à Nossy-Bé et a donné 233 tonnes (val. 4.700.000 francs) en 1915, 216 tonnes (val. 4.300.000 fr.) en 1916 et 278 tonnes en 1917, à l'exportation.

Il existe des girofliers dans presque toutes les plantations de la côte est. La quantité de girofle exportée en 1917 est de 69.668 kilogrammes. C'est dans l'île Sainte-Marie que l'exploitation est la plus régulière. La distillation des griffes de girofliers donne lieu à un commencement d'industrie : la fabrication sur place de l'essence de girofle.

Sur les hauts plateaux fructifient en abondance le pêcher, le pommier, l'abricotier, l'amandier, la vigne, le fraisier, etc... Il est à peine besoin d'ajouter que sur le littoral et dans les régions moyennes, jusqu'à l'altitude de 800 mètres, on trouve la plupart des fruits des pays tropicaux, *ananas*, *bananiers*, etc., et les *manguiers*, les *orangers*.

Plantes oléagineuses. Le *ricin*, le *sésame*, l'*arachide* viennent très bien dans toutes les terres de l'île et sont destinés à prendre un grand développement. En octobre 1917, on a pu annoncer une production de 400 tonnes de graines de ricin pour l'année et de 3.000 tonnes en 1918.

Il y a lieu enfin de citer, parmi les autres cultures, le *théier*, le *poivrier*, le *tabac*, ce dernier cultivé dans toutes les parties de l'île, mais en particulier dans le Vakinankaratra, le Betsiléo et la province de Vatomandry.

Production forestière.

La forêt malgache, qui s'étend sur 10 à 12 millions d'hectares, particulièrement dans l'Est, comprend de nombreuses essences dont les plus précieuses sont le *hintsy*, le *copalier*, le *nato*, l'*ébène*, le *palissandre*, etc... Elle fournit des bois tendres et résineux, des bois de charronnage, des bois durs et colorés, des bois aromatiques et de nombreux sous-produits, tels que : cires, gommes, résines, fibres, matières tannantes et tinctoriales ; ces dernières fournies par les écorces de palétuviers de la côte ouest ont donné à l'exportation, en 1917, 3.410.000 kilos d'écorces à tan. Il s'est exporté en 1916, pour une valeur de 785.000 francs de bois d'ébénisterie, pour 4 millions de francs de bois communs et pour 261.000 francs d'écorces à tan. En 1917, il avait été exporté, 2.920.000 kilos de bois commun et 79.049 kilos de bois d'ébénisterie.

Le *caoutchouc* de récolte, qui était jadis le seul que Madagascar produisît avait, en 1909, donné jusqu'à 425.000 kilos à l'exportation, représentant une valeur de 9 millions de francs. Il n'a pu soutenir la concurrence du caoutchouc de plantation que la grande île produira en abondance lorsque les plantations entreprises entreront en valeur. Le chiffre des exportations de caoutchouc ne s'est élevé en 1916 qu'à 100.000 kilos représentant une valeur de 350.000 francs et 32.000 kilos en 1917.

Le *palmier à huile*, introduit par la station d'essais de l'Ivoloina, commence à être répandu sur la côte ouest. On peut encore citer le *Vivoana*, dont la graine est très riche en huile employée par les indigènes.

Le régime forestier a été réglementé par un décret du 10 février 1900.

Production animale.

L'élevage a fait, depuis quelques années, des progrès considérables. Il existe actuellement à Madagascar 6.675.615 bœufs, 3.000 chevaux, 600 autruches et 295.000 moutons. L'élevage du porc est également une source considérable de revenus. Il a été exporté en 1916 pour 15 millions de fr. de peaux brutes, 632.000 fr. de bœufs vivants, 12 millions de viandes salées ou conservées, 676.000 fr. de suifs et 2.230.000 fr. de saindoux.

Les rivières et les lacs sont très poissonneux et le petit gibier très abondant dans toute l'île.

La *cire animale* est récoltée par les indigènes qui consomment le miel. Il en a été exporté, en 1916, 839.216 kilos représentant une valeur de 2.500.000 fr.

Production minérale.

L'île de Madagascar ne produisait guère que de l'or et des pierres précieuses jusqu'à ces temps derniers. Depuis 1909, l'industrie minière s'est portée sur les autres métaux que contient en abondance le sol malgache. Il faut citer, parmi ceux-ci au premier plan, le graphite et l'or.

Le graphite est très répandu. La zone reconnue actuellement comme graphitifère s'étend du Nord au Sud de la colonie, sur toute la région orientale, et surtout sur le centre des hauts plateaux ; elle mesure près de 1.400 kilomètres de long. Son exploitation ne remonte qu'à quelques années. La guerre lui a fait prendre un développement énorme ; de 19 tonnes en 1909, l'exportation est passée, en 1917, à 27.838 tonnes. Cette production classe Madagascar à la tête des pays producteurs du monde entier, même avant Ceylan.

Les *corindons* industriels, abrasif de très bonne qualité que l'on trouve à Combositsa, Antsiraba, et sur le versant oriental à la hauteur d'Andéorante. La production a beaucoup diminué en 1917 par rapport à 1916 (734 tonnes en 1917 contre 1.504 en 1916).

Le *fer titané*, dont les gisements sont très nombreux, notamment dans le Betsiziry et l'Onibé. Le premier comporterait un tonnage de plus de 3.500.000 t. d'ilménite facilement exploitable.

Il existe un important gisement de *nickel* (hydro-silicate) à Valozoro, près d'Ambositra, dont quelques échantillons ont donné une teneur atteignant 10 p. 100, et un autre à 25 km. à l'est d'Ambatondrazaka.

Le gisement de *cuivre* d'Ambatofangehana a été mis en exploitation en 1917. Il a déjà donné près de 1.500 t. de bon minerai à 12 p. 100 environ de cuivre. De petits fours à mattes y ont été installés. Ces mattes sont très riches et leur teneur en cuivre atteint 90 p. 100 pour des lots importants qui ont été fabriqués en 1918. Dans la région de Vohémar, de nombreux bornages ont été effectués.

Il existe actuellement deux gîtes de *plomb* intéressants, celui d'Ankitokazo et celui de Békiady (district d'Ambilobé) et des affleurements à Ambatofangehana et à Kalempobe, dans l'île de Nossi-Bé.

Les travaux effectués à la suite de la découverte d'affleurements de *charbon* près de Benenitra et dans la région de l'Ianapera ont prouvé l'existence d'un faisceau carbonifère comprenant quatre couches dont l'épaisseur totale de charbon mesure près de 4^{m},50.

Les sondages à grande profondeur ont traversé des bitumes ou des huiles lourdes pétrolifères dans la région d'Ankavanbra et de Maindrivazo, ainsi que dans la région d'Ankaramy. Les indices recueillis sont encourageants.

La lignite et la tourbe sont abondantes dans la région de l'Imerina.

Les gisements de fer reconnus sont nombreux particulièrement entre Aombsitra et Ambalavao, mais, jusqu'à présent, les minerais n'ont été recherchés que par les indigènes pour la consommation locale.

Les régions d'Antsirabe, Miandrarivo et Inanatonana sont pleines d'intérêt au point de vue des *minerais uranifères radioactifs*. On exporte une certaine quantité de *minerais d'urane* et de *terres uranifères*. Il n'a été exporté, en 1917, que 7.335 kg. de minerai d'urane, c.-à-d. de quoi fabriquer un demi-gramme de bromure de radium.

C'est d'ailleurs à Antsirabe que furent récemment découvertes des eaux plus radioactives que les eaux de Vichy ; cette ville est donc devenue une station hydrominérale. Les eaux sont de deux sortes : eaux minérales froides présentant certaines analogies avec les eaux de Vichy ; eaux thermales, jaillissant à la température de 52 degrés, dont les qualités radioactives ont été définitivement fixées.

Il existe de beaux gisements de *mica* sur les Hauts-Plateaux ; on en a même signalé sur le littoral dans le district de Nossi-Varika, prov. de Mananjary.

L'or a atteint son maximum d'exportation en 1909 (3.645 kg. 702 grammes) ; en 1917, celle-ci n'était plus que de 921 kilogrammes. Il a été apporté en France, depuis l'annexion, environ 40 tonnes d'or.

Voici un tableau comparatif des années précédentes depuis 1912 :

1912............	1.996 kg.	1915............	2.093 kg.
1913............	1.804 kg.	(dont 200 kg. du stock de 1914)	
1914............	1.624 kg.	1916............	1.450 kg.
(arrêt complet en septembre)		1917...........	921 kg.

Ce fléchissement est dû au manque de plus en plus grand de main-d'œuvre, qui se porte sur les graphites où les indigènes gagnent davantage, et aussi à la mobilisation des exploitants.

En 1917, il avait été délivré 403 permis de recherche, contre 332 en 1916 et établi 57 permis d'exploitation, contre 41 en 1916. Le travail de l'or se fait toujours de la même façon par le débourbage au lakantany et le finissage à la batée à la main par les indigènes. Cependant, à l'Andavakoera, dans le Nord, une usine avec bocards broie les quartz filoniens et à Maévatanana, une autre Compagnie a installé des monitors et des dragues suceuses.

Les provinces les plus fortes productrices étaient, au point de vue de l'exploitation : Maévatanana (247.881 gr.) ; Mananjary (198.352 gr.) ; le district autonome d'Ambilobé (163.817 gr.) ; Moramanga (64.268 gr.) ; Morondava (50.932 gr.).

Les pierres précieuses de Madagascar se trouvent en général dans les filons de pegmatite et de quartz très nombreux sur les plateaux, ainsi que dans les sables aurifères. L'exportation des pierres précieuses avait été en 1917 de 105 kg. (joaillerie) et de 1645 kg. (ornement, industrie).

Industries.

Les industries indigènes (tissus de soie, de coton, de raphia, de chanvre, dentelles de fil et de soie, sucre, rhum, poterie, teintures, cuir, etc.) ne donnent lieu, en général, qu'à des transactions locales. Seuls les chapeaux de paille ou de jonc tressé, et les rabanes peuvent être considérés comme des produits d'exportation. Il a été expédié en 1916, 5.487 chapeaux (val. 88.000 francs) et 42.492 rabanes (val. 170.000 francs).

Parmi les industries importées, il y a lieu de signaler :

1° Les *industries alimentaires* : fabriques de sucre et de rhum de Nossy-Bé, de Tamatave et de Vatomandry, brasseries de Tananarive et d'Antsirabé ; rizeries de Tananarive de Mahitsy, de Fianarantsoa, de Marovoay ; féculeries de Marovoay, de Mangoro, de Brickaville, de la Montagne d'Ambre et de Mananjary ; distillerie Baron de Tananarive ; conserves de viandes et frigorifiques de la Montagne d'Ambre, d'Antongombato, de Tamatave, de Boanamary, de Tananarive et d'Antsirabé.

Ces usines ont fait en 1914, 1915, 1916 et 1917, 16.737 tonnes de viandes congelées et plus de 10.000 tonnes de conserves. En 1914, les usines frigorifiques n'ont donné que 440 tonnes de viandes congelées, alors qu'en 1917 elles en ont produit 8.160 tonnes. Pendant les deux années 1914 et 1915, les viandes de conserves fabriquées à Madagascar se montaient à 4.815 tonnes 900 et à 5.548 tonnes 500 en 1916 et 1917.

Les statistiques montrent qu'en 1917 il a été exporté 16.702.498 kilogrammes de viandes frigorifiées, salées ou conservées, 1.334.705 kilogrammes de saindoux et 747.575 kilogrammes de suif.

Le nombre de bœufs exportés sur pied était de 6.874 têtes. Ces animaux ne viennent pas en France, les expériences tentées à cet égard n'ayant pas donné des résultats satisfaisants, mais ils sont dirigés exclusivement sur l'île voisine de la Réunion et sur la colonie anglaise de Maurice.

Quant aux peaux, il en est sorti 5.678.917 kilogrammes en 1917. L'exportation d'avant-guerre des cuirs était, en nombre, de 802.000 par an. Ce chiffre a peu varié pendant la guerre.

Les *industries minières* (usines pour le traitement du graphite), les industries des *transports*, du *bâtiment* (briqueteries, menuiseries, forges, etc.), du *vêtement* et des *étoffes* (tissages, teintures, coupe, etc.), sont en plein développement; à citer également des dentelles et broderies, copies de tous les points européens ; la *savonnerie* de Nossy-Bé, les *salmies*, etc..

Parmi les produits forestiers accessoires, on relève en 1917 une exportation de 502.633 kilogr. de cire d'abeilles, 4,141.802 kilogr. de raphia et 10.165 kilogr. de rabanes, étoffes tissées avec la fibre séchée du raphia et dont on fait des couvertures de livres et reliures de petits sacs, des tentures de cabinets de toilette, etc. Les écorces de palétuviers de la côte ouest, très riches en tanin, font l'objet d'une exploitation intensive.

Le mouvement commercial de Madagascar est indiqué par les tableaux suivants (chiffres en milliers de fr.).

ANNÉES	IMPORTATIONS — Denrées et marchandises françaises. FRANCE	COLONIES FRANÇAISES	TOTAL	Denrées et marchandises étrangères. FRANCE	COLONIES FRANÇAISES	ÉTRANGER	TOTAL	IMPORTATIONS TOTALES.
1896	4.746	418	5.165	1.429	126	7.265	8.822	13.987
1898	17.029	1.130	18.159	1.286	»	2.181	3.467	21.627
1900	34.787	2.041	36.829	911	»	2.729	3.641	40.470
1902	31.679	4.325	36.004	1.336	88	4.860	6.284	42.289
1904	21.402	1.339	22.741	1.489	27	2.160	3.677	26.419
1906	28.625	1.318	29.944	1.864	18	23.439	4.322	34.267
1908	25.171	810	25.982	1.077	7	2.896	3.981	29.963
1910	26.650	1.937	28.587	1.107	16	3.725	4.849	33.436
1912	40.606	1.563	42.170	»	»	4.577	»	46.747
1914	37.487	2.175	39.662	»	»	7.694	»	47.356
1915	24.766	5.164	29.930	»	»	13.836	»	43.765
1916	61.361	9.942	71.303	»	»	30.651	»	101.955
1017	»	»	»	»	»	»	»	136.770

ANNÉES	EXPORTATIONS — Exportations des marchandises et produits du cru de la Colonie. FRANCE	COLONIES FRANÇAISES	ÉTRANGER	TOTAL	Réexportations de produits d'importation. FRANCE	COLONIES FRANÇAISES	ÉTRANGER	TOTAL	EXPORTATIONS TOTALES
1896	736	513	2.355	3.605	»	»	»	»	3.605
1898	1.867	424	2.683	4.974	»	»	»	»	4.974
1900	7.309	416	2.897	10.623	»	»	»	»	10.623
1902	6.211	563	6.339	13.115	18	»	10	29	13.144
1904	14.087	581	4.688	19.357	31	17	20	69	19.427
1906	19.611	700	7.877	28.188	189	88	36	313	28.502
1908	16.877	889	5.323	23.090	143	104	15	262	23.353
1910	28.201	1.197	15.618	45.017	319	77	23	421	5.438
1912	34.340	3.133	18.581	56.054	»	»	»	»	56.054
1914	31.033	2.039	13.610	46.683	»	»	»	»	46.683
1915	51.682	3.298	11.085	66.066	»	»	»	»	66.066
1916	57.613	5.503	16.534	79.650	3.812	311	1.240	5.364	85.015
1917	»	»	»	»	»	»	»	»	86.208

ANNÉES	COMMERCE GÉNÉRAL — FRANCE	COLONIES FRANÇAISES	ÉTRANGER	TOTAL.
1896	6.913	1.058	9.621	17.592
1898	20.183	1.554	4.864	26.602
1900	43.008	2.458	5.627	51.094
1902	39.245	4.977	11.209	55.433
1904	37.010	1.965	6.869	45.846
1906	50.291	2.125	10.353	62.769
1908	43.268	1.812	8.235	53.316
1910	56.278	3.228	19.367	78.873
1912	74.995	4.996	23.209	103.201
1914	68.520	4.214	21.304	94.039
1915	76.448	8.462	24.922	109.833
1916	122.787	15.756	48.427	186.970
1917	»	»	»	222.978

Le commerce général, en 1896, aussitôt après la conquête, était de 17.593.882 fr. En 1913, avant le bouleversement apporté par la formidable tourmente, il s'élevait à 102.801.833 fr. et à 222.978.558 fr. en 1917.

Sur ces 222.978.558 fr., les importations représentent une valeur de 136.770.590 fr. et les exportations une valeur de 86.207.968 fr.

Parmi les principales marchandises importées, il convient de citer les tissus de coton, les métaux, les vins, le sucre, la farine de froment, les ciments, etc. Elles proviennent en premier lieu de la France (98.003.828 fr.), puis des colonies anglaises (15.758.238 fr.), des colonies françaises (7.523.742 fr.), de l'Angleterre (5.909.145 fr.), des Etats-Unis (2.559.481 fr.) et enfin des autres pays (7.016.156 fr.).

Les productions de Madagascar qui représentent 86.207.968 fr. ont été dirigées sur la France (65.004.859 fr.), l'Angleterre (12.490.983 fr.), les colonies françaises (4.534,175 fr.), les colonies anglaises (3.175.545 fr.), les Etats-Unis (405.668 fr.), l'Egypte (3.402 fr.), la Suède et la Norvège (91.222 fr.), enfin sur les autres pays (502.114 fr.).

Organisation commerciale.

Il existe actuellement à Madagascar 11 *Chambres consultatives de Commerce et d'industrie* à Tananarive (Prés. E. Allain), Dzaoudzi (Mayotte), Diégo-Suarez, Farafangana, Fianarantsoa, Majunga, Mananjary, Nossi-Bé, Tamatave, Tuléar et Vatomandry, dont les membres sont nommés pour trois ans par arrêté du Gouvernement général sur la proposition du chef de la circonscription.

Chambre des mines à Tananarive.

Des *musées commerciaux* sont installés dans les principaux centres pour permettre aux industriels et commerçants locaux, ainsi qu'aux voyageurs, d'apprécier les ressources et les besoins économiques de la colonie.

Le système métrique décimal français a été rendu obligatoire dans l'île entière par l'arrêté du 4 mars 1897.

C'est le tarif douanier métropolitain qui est appliqué tant pour les produits de Madagascar importés en France que pour les produits étrangers importés dans la colonie. Les produits étrangers de France ou d'une colonie française sont exempts de tous droits. Des décrets pris sur le rapport du Ministre des colonies après avis du Conseil d'administration de Madagascar, peuvent soumettre certains articles à des tarifications à l'entrée dans la colonie (loi du 11 janvier 1892).

Outillage économique.

Ports. — Les principaux ports de Madagascar sont : *Tamatave*, qui est pourvu d'un warf métallique de 300 mètres et dont le mouvement a atteint, en 1916, 70.791.859 tonnes; *Majunga*, où il existe 2 warfs (35.265.061 tonnes); *Diégo-Suarez*, où les compagnies de navigation et l'administration possèdent chacune des appontements (31.437.842 tonnes); *Mananjary* (8.911.134 tonnes); *Nossy-Bé* (6.318.953 tonnes) ; *Tuléar* (5.780.000 tonnes) ; *Vatomandry* (4.145.706 tonnes) ; *Morondava* (3.607.684 t.) ; *Fort-Dauphin* (1.624.000 t.).

Voies navigables. — Les rivières du versant oriental sont, en général, courtes et torrentielles et ne se prêtent pas à la navigation ; mais nombre de fleuves sont navigables jusqu'à une grande distance de leur embouchure. Parmi ces derniers, il faut citer : le *Sofia* (330 k.), le *Mahajamba* (370 k.), le *Betsiboka* (440 k.) grossi de l'*Ikopa*, qui ont servi de voie de pénétration pour le corps expéditionnaire français en 1895 ; le *Mahavavy*, le *Tsiribihina* (140 k.), formé du *Mahajabo* et de l'*Amania*, puissantes rivières de près de 300 kil. chacune, le *Magaky* (500 k.), l'*Onilahy* (400 k.), etc...

La côte Est est bordée de lagunes séparées les unes des autres par des isthmes de sable de peu d'épaisseur. Entre Tamatave et Andévorante, le percement de ces isthmes a permis de relier entre elles ces lagunes et de créer une voie navigable intérieure de 110 kilomètres de longueur.

Transports fluviaux. — Les transports sur le Betsiboka sont assurés de Majunga à Mahévatanana par le service de chaloupes à moteurs de la Compagnie occidentale de Madagascar. La voie fluviale de l'Ikopa est également exploitée, de Tananarive à Tendro pour les passagers et les marchandises, sur une distance de 40 km.

Chemins de fer. — Tananarive est relié à Tamatave par le chemin de fer de Tananarive à la côte Est (T. C. E.), par Brickaville (386 km.). Ce chemin de fer, qui a été entrepris le 1er avril 1901, a été ouvert à l'exploitation le 1er novembre 1904 et terminé le 21 novembre 1910. Les prix pour les voyageurs sont calculés à raison de 0 fr. 15 par voyageur et par kilomètre en 1re cl. et 0 fr. 075 par voyageur et par kilomètre en 2e cl. Les voyageurs indigènes sont admis dans des fourgons spéciaux au prix de 0 fr. 04 par kilomètre. Les marchandises, au point de vue des tarifs, sont classées en 5 catégories. Le total des recettes réalisées pendant l'année 1918 s'élevait à 3.425.474 fr. Produit net de l'exploitation : 944.186 fr.

Le chemin de fer de Tananarive à Antsirabé (153 km.), qui n'est pas encore terminé, est exploité jusqu'à Ambatotsiby; son prolongement jusqu'à Fianarantsoa est envisagé ; les conditions de transport sont les mêmes sur cette voie ferrée que sur le T. C. E.

Routes. — Madagascar est doté d'un important réseau de routes carrossables parmi lesquelles il convient de citer : la route du Sud, de Tananarive à Ambalavao (468 km.), la route de Tananarive à Miarinarivo (97 k.); la route de l'Ouest, de Tananarive à Maévatanana (347 k.) ; la route de l'Est, de Tananarive à Mahatsara (850 k.) ; la route de Fianarantsoa à Mananjary (170 k.).

Services automobiles. — Des services automobiles sont organisés sur les principales voies rayonnant autour de la capitale, sur la route du Sud jusqu'à Antsirabé, sur la route de l'Ouest entre Tananarive et Mahévatanana et sur la route de Tananarive à Marinarivo. Il existe également un service annexe installé à Diégo-Suarez entre Antsirane et Cap d'Ambre et entre Antsirane et Ambilobé (route des Placers).

Postes et télégraphes. — Les communications postales sont assurées par 181 bureaux et par un réseau télégraphique qui parcourt l'île dans toutes ses grandes dimensions, avec 7.162 km. de lignes. 2 câbles sont exploités entre Majunga et Mozambique d'une part, Tamatave et St-Denis de la Réunion, d'autre part.

Des postes de radio-télégraphie sont installés à Majunga, Diégo-Suarez, Mayotte et Anjouan, reliant les îles Comores avec Madagascar. Les îles de l'Archipel communiquent entre elles à l'aide de la télégraphie optique.

Les tarifs postaux et télégraphiques à l'intérieur de la colonie sont les mêmes que ceux de France.

Le tarif applicable pour les télégrammes à destination d'Europe est de 3 fr. 375 par mot.

Bibliographie.

Annuaire de Madagascar et dépendances. Annuel, Juin.

Brunet (L.). *L'Œuvre de la France à Madagascar*, in-8 phot. et cartes br. 10 fr Challamel, Paris, 1903.

Galliéni (Gal). *Neuf ans à Madagascar*, in-8 jés. br. 20 fr. Hachette, Paris.

Garbit. *L'Effort de Madagascar pendant la guerre*, in-16. Paris, 1919.

Grandidier (Alfr. et Guillaume). *Histoire physique, naturelle et politique de Madagascar* in-4, 6.7 p. et fig. Hachette, Paris, 1917.

Loisy (X.). *Madagascar, Étude économique*, in-8 ill. 7 fr. 50. Challamel, Paris.

L[illegible] *Les forêts de l'ouest de Madagascar*, in-8, 60 p. et fig. Challamel, Paris, 1914.

LA RÉUNION

Histoire.

L'île de la Réunion fut découverte en 1545 par l'amiral portugais Pedro de Mascarenhas qui en prit possession. Les Portugais n'y laissèrent aucun établissement, et la Grande Mascareigne, désertée par ses premiers colonisateurs, fut prise, en 1638, au nom du roi Louis XIII par le marin dieppois Salomon Goubert. Quatre années plus tard, Jacques Pronic, envoyé à Madagascar par la Compagnie des Indes, aborda à son tour à la Grande Mascareigne dont il prit officiellement possession. Il y déporta de Madagascar en 1646 douze de ses compagnons qui s'étaient révoltés contre son autorité et qui furent les premiers colons français de la Réunion. Mais ces derniers abandonnèrent l'île pour rentrer à Madagascar peu de temps après (1649). M. de Flacourt, successeur de Pronic, tenta, sans plus de succès, de nouveaux essais de colonisation à Mascareigne qui prit dès lors le nom d'île Bourbon. Ce n'est qu'à partir de 1665, date à laquelle Etienne Regnault et une vingtaine de colons furent envoyés dans l'île par la *Cie. française des Indes orientales* et y fondèrent St-Paul, que Bourbon fut méthodiquement exploitée. Elle ne cessa dès lors de se développer et atteignit bientôt une prospérité remarquable. A partir de 1776, le sort de la colonie fut lié à celui de l'île Maurice dont les Français avaient pris possession en 1721 sous le nom d'île de France.

En 1810. l'île, abandonnée à ses seules ressources, tomba au pouvoir des Anglais et ne fut rétrocédée à la France que le 6 avril 1815.

L'île de France resta anglaise et prit le nom d'île Maurice. Dès lors, la colonie de Bourbon qui reçut le nom, sous la 2e République, d'île de la Réunion, entra dans une période définitive de calme et de prospérité. L'émancipation des nègres, qui avait déjà été décrétée par la 1re République, fut définitivement proclamée en 1848 et la qualité de Français accordée aux anciens esclaves. Enfin, la 3e République, en 1870, conféra le droit de vote et d'éligibilité à tous les citoyens, anciens esclaves ou non. Depuis le début de la guerre, grâce au développement de l'industrie sucrière, la Réunion a repris toute son activité et la colonie connaît une prospérité nouvelle.

Géographie.

L'île de la Réunion, située dans l'Océan indien à environ 700 km. est de Madagascar, à 175 km. ouest de l'île Maurice, est une des îles de l'Archipel des Mascareignes. Elle a la forme d'un ovale peu allongé dont le grand axe, orienté du S.-E. au N.-O., a 71 km. de longueur, et le petit, 48 environ. Sa superficie est de 2.600 k. q.

La Réunion est essentiellement volcanique, des eaux thermales sourdent dans les cirques du massif : les principales sont celles de Salazié, qui ont les mêmes propriétés que celles de Vichy, de Cilaos et de Mafate. Les points culminants de l'île sont le Piton des Neiges (3.069 m.), le Grand et le Petit Bénard (2.895 et 2.538 m.), le Cimandef (2.226 m.), l'Entre-deux (2.356 m.), le Gros Morne et les trois Salazies.

Le climat de la Réunion est célèbre par sa douceur. L'année se partage en deux saisons : l'hivernage, qui dure du 1er nov. au 30 avril et qui est marqué par des pluies abondantes et des températures élevées, et l'hiver, ou saison sèche, du 1er mai au 31 oct. La température oscille entre 12 et 35° ; la moyenne est de 23° à 24°.

Population.

La Réunion compte 175.000 hab. dont 130.000 Français (60.000 d'origine européenne, 70.000 descendants d'affranchis), 25.000 Hindous, 7.000 Malgaches, 9.000 Cafres, 1.000 Chinois, 200 Arabes.

Les villes principales sont : Saint-Denis, 30.000 hab., chef-lieu de la colonie; Saint-Pierre, 24.000 ; Saint-Paul, 19.600 ; Saint-Louis, 18.000; Saint-Benoît, 11.000.

Gouvernement.

Gouverneur. — Frédéric *Estèbe*, gouv. de 1re cl. (avril 19[illegible]).

F. fon de Secrétaire général : *Brochard*.

Représentation au Parlement : *Auber*, sénateur; *Gasparin* (Lucien), député ; *Boussenot* (Georges), député.

Organisation administrative.

Le régime légal de la Réunion a été fixé par le sénatus-consulte du 3 mai 1854, dont les dispositions sont encore en vigueur.

La Réunion est représentée au Parlement par un sénateur et deux députés élus de la même manière qu'en France.

A la tête de l'administration se trouve le Gouverneur qui a le commandement général de la colonie sous l'autorité directe du Ministre des colonies. Il est assisté d'un Conseil privé facultatif qu'il préside.

Un conseil général, composé de 36 membres et élu au suffrage universel, établit le budget local et vote toutes les dépenses autres que celles de souveraineté (gouvernement, armée, justice).

Ses attributions sont celles des conseils généraux de France, avec quelques additions, notamment en ce qui concerne l'établissement des droits de douane.

Entre les sessions du Conseil général, une Commission coloniale donne son avis sur certaines questions d'intérêt public et délibère sur celles qui lui sont déférées par la loi.

L'organisation municipale est exactement semblable à celle de la France : elle est régie par les mêmes lois. La colonie est divisée en deux arrondissements : l'arrondissement du Vent (communes de St-Denis, Ste-Marie, Ste-Suzanne, St-André, etc.) ; et l'arrondissement Sous-le-Vent (communes de Saint-Pierre, Saint-Paul, la Possession, etc.).

Organisation financière.

Le budget, préparé par le gouverneur, est soumis par lui au conseil général ; après avoir été délibéré par cette assemblée, il est arrêté par le Gouverneur en conseil privé : définitivement, si aucune modification n'est apportée au vote de cette assemblée ; provisoirement et sous réserve de l'approbation du ministre, si des modifications sont jugées nécessaires.

Les impôts perçus à la Réunion sont : l'impôt foncier, qui ne frappe que la propriété bâtie (0,35 de la valeur en capital) ; l'impôt personnel (6 fr. par chef de famille) ; l'impôt des patentes ; diverses taxes assimilées aux contributions directes (impôts de voiture, impôt de charrettes, droit de vérification des poids et mesures, impôts sur les biens dits de main-morte) ; le droit de sortie sur les denrées coloniales ; les droits d'enregistrement, de timbre, de greffe et d'hypothèque ; la taxe de permis de séjour sur les étrangers de race asiatique et africaine ; les droits de douane ; les droits et taxes accessoires de navigation ; les droits accessoires de douane ; les droits de consommation sur les spiritueux et les tabacs.

Le budget des recettes et des dépenses s'est élevé, en 1919, à 7.451.430 fr. (prévision pour 1920 : 11.678.760 fr.).

Organisation sociale.

L'organisation judiciaire de la Réunion est analogue à celle de la métropole. La justice est rendue par des justices de paix, deux tribunaux de 1re instance, une cour d'appel, deux cours d'assises.

Les justices de paix siègent au chef-lieu de chacun des 9 cantons de la colonie ; les tribunaux de 1re instance à St-Denis et à St-Pierre ; la cour d'appel à St-Denis. Le procureur général près la cour d'appel est investi des fonctions de chef du service judiciaire. Deux cours d'assises se réunissent trimestriellement à St-Denis et à St-Pierre.

L'enseignement secondaire est donné par le lycée Leconte-de-Lisle à Saint-Denis. Les programmes sont conformes à ceux de la métropole. Il existe, en outre : un collège à Saint-André ; un pensionnat libre à St-Denis.

L'enseignement primaire est réglementé par les dispositions métropolitaines. Un inspecteur primaire, sous les ordres du chef du service de l'instruction publique, dirige l'enseignement primaire. Un cours normal est adjoint au lycée. La colonie possède 47 écoles laïques de garçons, 72 écoles de filles et un grand nombre d'écoles libres. La population scolaire des écoles communales est de 12.000 élèves.

La Réunion forme un diocèse placé sous l'autorité d'un évêque, suffragant de l'archevêque de Bordeaux.

Mouvement économique.

Productions.

L'île de la Réunion est un pays essentiellement agricole. Mais sa production est entravée par la pénurie de main-d'œuvre locale, qui oblige à recourir à l'immigration aléatoire de travailleurs hindous et malgaches.

La principale culture de l'île est la canne à sucre : cette plante couvre 35.000 hectares environ et produit 40.000 tonnes de sucre, d'une valeur de 9 millions de francs. Viennent ensuite le café (5.000 hectares, 550.000 kilos), la vanille (3.500 hectares, 100.000 kilos de gousses), le tabac, le thé, le quinquina, le caoutchouc. Les cultures vivrières, riz, maïs, manioc, ont tendance à s'étendre. Parmi les plantes à essence, le géranium a donné, en 1913, 1.743 kilos à l'exportation.

L'élevage du bétail n'a jamais été très actif. Les pâturages n'existent que dans les hauts : on y fait paître quelques bœufs importés de Madagascar ou de la métropole, quelques moutons et chèvres, des porcs et un petit nombre de chevaux, d'ânes et de mulets.

La superficie boisée peut être calculée très approximativement à un tiers de la superficie totale, et se partageant par moitié entre le Domaine et les particuliers. Seules les forêts de l'Etat, dans les hauts, contiennent les essences précieuses, propres à la charpente et à l'ébénisterie (tamarins, tacamata, palmiers, etc.). Mais les forêts des particuliers, imprudemment exploitées, s'appauvrissent de jour en jour. On procède activement au reboisement méthodique et de grandes plantations de filaos, d'acacias, d'eucalyptus, de pins, de quinquinas ont été faites au cours de ces dernières années soit par l'Etat, soit par les particuliers.

Industries.

La Réunion n'a pas de mines. Seul, le fer existe en assez grande quantité dans les sables de la ravine des Sables, mais il n'est pas exploité. Par contre, la pierre à bâtir, d'origine volcanique, se trouve partout en abondance; les coraux donnent de la très bonne chaux et les eaux minérales sont assez fréquentées. Parmi les industries proprement dites, il faut citer en première ligne la transformation du suc de la canne en sucre et en rhum. Depuis le début de la guerre, par suite des besoins de la métropole en sucre et en rhum, l'industrie sucrière qui périclitait a repris une extension considérable.

Commerce.

Le mouvement commercial de l'île de la Réunion est donné par le tableau suivant :

ANNÉES.	IMPORTATIONS.	EXPORTATIONS.	TOTAL GÉNÉRAL.
1912	17.502.237	17.970.320	35.472.557
1913	24.934.943	16.592.290	41.527.233
1914	12.781.568	17.287.227	30.068.795
1915	14.146.990	23.598.280	37.745.270
1916	23.397.066	23.174.508	56.571.574
1917	22.001.829	26.782.472	48.784.301

La part de la France et de ses colonies dans le mouvement a été, en 1917, de 65 p. 100 pour les importations et de 95 p. 100 pour les exportations.

Les principaux produits exportés (chiffres en tonnes) ont été :

PRODUITS.	1914.	1915.	1916.	1917.	1918.
Sucre	38.972	35.248	42.152	33.618	37.760
Rhum (hectolitres)..	36.937	35.821	36.651	33.626	»
Fécule de manioc ...	155	472	264	54	»
Tapioca...........	2.160	2.882	2.750	59	»
Vanille...........	»	»	»	120	87
Café	9	17	23	3	»

Les principales importations sont les graines, les farines et les objets fabriqués de toutes sortes.

Outillage économique.

Le port de la Pointe des Galets, construit de 1875 à 1887, en même temps que le chemin de fer, offre une profondeur minima de 9 m. et une longueur de quais de 1.200 m. Il est accessible aux plus gros bateaux. Le port de St-Pierre ne reçoit que des navires de 1.000 tonneaux et celui de St-Denis n'est accessible qu'aux embarcations.

Un chemin de fer, terminé en 1887 long de 126 km., dessert les divers quartiers des trois-quarts septentrionaux de l'île entre St-Benoît et St-Pierre, en passant par St-Denis, la Pointe des Galets et Saint-Paul. Les recettes de l'exploitation se montent en moyenne à 2 millions de fr. par an.

Les principales routes sont : la route nationale de ceinture traversant tous les centres du littoral, 232 kil. ; la route de St-Benoît à Saint-Pierre, 73 kil. ; la route H. Delisle, parallèle à la route de ceinture et ouverte à des altitudes variant de 600 à 900 mètres ; l'ancienne route nationale de Saint-Paul à St-Léon, 27 kil., etc. Toutes ces routes ont de 6 à 10 mètres de largeur et sont empierrées.

Les cours d'eau de la Réunion sont torrentiels et inutilisables pour la navigation.

Les communications télégraphiques sont assurées par une compagnie privée. Il y a 26 postes télégraphiques et 310 km. de lignes, expédiant environ 50.000 dépêches par an. Il y a 29 bureaux de postes. La Réunion est reliée à l'île Maurice par un câble utilisé depuis 1906. Les tarifs postaux sont les mêmes qu'en France ; le tarif télégraphique entre la France et l'île est de 3 fr. 125 par mot plus une taxe de 0 fr. 50 par télégr. pour frais de poste.

Les relations avec la France sont établies par les *Messageries Maritimes* avec deux voyages par mois dans chaque sens et la *Compagnie Havraise Péninsulaire* avec un voyage par mois dans chaque sens.

La Banque de la Réunion, privilégiée et au capital de 3 millions de fr. (Agence centrale à Paris, rue Bergère, 29) est à la fois un établissement de crédit agricole faisant le prêt sur les récoltes pendantes et une banque d'émission dont les billets n'ont cours que dans la colonie. La monnaie d'or et d'argent est rare. La menue monnaie consiste en jetons de nickel mis en circulation par la Trésorerie et qui sont de 0 fr. 50 et de 1 fr. Les billets de la banque de la Réunion sont de 5, 25, 100 et 500 fr.

Chambre de Commerce et Chambre Consultative d'Agriculture à Saint-Denis.

Le système métrique est applicable à la Réunion.

Les principaux journaux de l'île sont, outre le *Journal officiel* : bihebd. à Saint-Denis, *La Dépêche*, le *Nouveau Journal*, la *Patrie créole*, le *Peuple*, tous quotidiens.

Bibliographie.

Delisle. *L'île de la Réunion, ses productions*. Paris, 1888.
Dubuisson. *L'île de la Réunion, son industrie agricole*. Saint-Denis, 1889.
Garsault. *Notice sur la Réunion*. Exposition universelle de 1900.
Lacaze (Dr). *L'île Bourbon*. Paris, 1880.

COTE FRANÇAISE DES SOMALI

Histoire et géographie

La colonie de la Côte française des Somali s'étend, sur la côte orientale d'Afrique, à l'entrée du golfe d'Aden, entre le cap Doumeirah, qui le sépare des possessions italiennes au Nord et les puits d'Hadou au Sud, sur une longueur de 250 km. Du côté de l'Abyssinie, la frontière n'a pas de limite précise du côté du Choa. Elle a été fixée du côté de l'Aoussa, d'accord avec les autorités italiennes, par un protocole du 10 juillet 1901.

Les pays de protectorat proprement dits, en dehors du territoire d'Obock, comprennent le sultanat de Tadjourah, le Gubbet-Krab, la Côte des Somali et Djibouti, les îles Moucha, et dans l'intérieur, la zone privilégiée s'étend sur le pays Somali, jusqu'à Harrar et vers l'est, sur les pays gallas et danakil jusqu'au Choa. La superficie totale est d'env. 120.000 km. q.

L'acquisition du territoire d'Obock remonte à l'année 1862. Le protectorat sur Tadjourah et les pays voisins est de 1884. Les îles Moucha, à l'entrée du golfe de Tadjourah, ont été cédées à la France par l'Angleterre en 1887.

Plateaux rocheux ou sablonneux, coupés de ravins et de vallées. La flore et la faune de la zone désertique du pays sont sahariennes comme son climat.

Le climat est sec mais sain. Deux saisons : saison chaude de mai à octobre (température de 30 à 40°) ; saison fraîche d'octobre à mai (de 30 à 35°).

Si désunies et desséchées que soient ces côtes, elles n'en ont pas moins une importance considérable, parce que Djibouti est la grande tête de ligne de l'Abyssinie, à laquelle elle est reliée par une voie de chemin de fer aujourd'hui presque achevée.

En dehors du groupement de Djibouti, trois races distinctes : les Danakils, nomades, pasteurs et musulmans, les Somali, pasteurs, guerriers et marins, les Gallas, fétichistes et cultivateurs.

Chef-lieu des établissements : Djibouti, env. 6.000 hab. Français, Egyptiens, Syriens, Somali, etc.

Administration.

Régime des décrets. La colonie n'a ni député ni délégué au Conseil supérieur des colonies, mais elle est représentée au sein du Comité consultatif de l'Agriculture, du Commerce et de l'Industrie des colonies.

A la tête de la colonie se trouve un gouverneur secondé par un secrétaire général et un conseil d'administration.

Les indigènes sont soumis à la loi française et justiciables des tribunaux français. La justice est rendue par : un tribunal du 1er degré, une juridiction d'appel et une juridiction criminelle.

Il existe à Djibouti une école de garçons et une école de filles.

Le budget local de la côte des Somali est soumis aux règles communes. Les impôts comprennent des taxes de consommation sur les vins et alcools et sur diverses denrées, des droits sur différentes catégories d'actes, un impôt foncier, des patentes, des droits sur les propriétés bâties et sur les cases indigènes (2 f. par case et par année), des droits de sortie, etc.

Les derniers budgets présentent les mouvements suivants :

	RECETTES	DÉPENSES
Exercice 1918	2.527.105 fr.	2.149.140 fr.
— 1920	2.887.000 fr.	2.887.000 fr.

Gouvernement.

Gouverneur : *Lauret.*

Secrétaire général : *Edm. Lippmann* ; Trésorier-payeur : Paul *Lefebvre.*

Sultanat de Tadjourah : *Homed ben Mohammed*, sultan.

Territoire des Débènechs : *Loïtah ben Homed Loïtah*, sultan de Gabad.

Mouvement économique.

L'agriculture est peu prospère en raison du manque d'eau. Les principales cultures sont la culture maraîchère, le cotonnier, le dattier, le cocotier, etc.,

Des bœufs et des moutons et des chèvres de race peu vigoureuse se rencontrent en assez gros troupeaux dans la colonie.

Les industries sont peu nombreuses : coquilles, perles, nacre et pêche.

Les mines de sel du lac Assal ont produit, en 1916, 8.000 tonnes de sel. Le sous-sol de la colonie est encore incomplètement connu.

Le commerce de la côte des Somali consiste surtout en transit : marchandises importées : articles d'alimentation (riz, farine, vins, dourah, sucre, tabacs, orge, eaux-de-vie, alcool, huiles) et tissus. Produits exportés : nacre, gomme, ivoire, musc, cire, bétail, peaux, café, sel.

Le commerce a montré les variations suivantes (en milliers de francs) :

	1903	1913	1916	1917
Importations	7.530	33.916	24.106	39.416
Exportations	5.530	47.704	40.996	50.324

Outillage économique.

En 1916, Djibouti avait reçu 249 navires jaugeant 648.474 tonnes. Djibouti est la tête de ligne du chemin de fer de l'Abyssinie. La section Djibouti-Diré-Daoua (340 km.) est déjà en exploitation : la section Diré-Daoua à Adis-Ababa l'est également sur une longueur de 200 km. Départs de Djibouti les mardi et samedi.

Chambre de Commerce à Djibouti. Prés. : *Bernard.*

Communications extérieures.

Les communications avec la France sont assurées par plusieurs lignes de la navigation à service régulier : *Cie. des Messageries maritimes* (Marseille) ; *Cie. Havraise péninsulaire* (Le Havre), *Cie. des Chargeurs Réunis ; Cie. Nationale de Navigation de Marseille.* Tarif postal semblable à celui de la métropole. Télégrammes, 2 fr. 85 par mot. Colis postaux, via Marseille de 5 kgr. 2 fr. 30 et 10 kgr., 3 fr. 65.

Crédit. Poids et mesures. Monnaies.

Succursale de la Banque de l'Indo-Chine. Il n'existe encore dans la colonie qu'un système embryonnaire de poids et mesures. Les monnaies en usage sont : le numéraire français, les roupies de l'Inde et le thaler abyssin.

Bibliographie.

Chauffard Le Roux. *Les populations indigènes de la Côte des Somali et des régions voisines*. gr. in-8. Giard et Brière. Paris, 1908.

Journal Officiel de la Côte Française des Somali.

Lanessan (de). *La Colonie d'Obock-Tadjourah*. Paris, 1886.

Min. des Colonies. *La Côte Française des Somali*, Office Colonial. Paris, 1919

Poydenot (G.) *Obock*. gr. in. 4. 4 fr. Challamel. Paris, 1889.

COLONIES D'ASIE

ÉTABLISSEMENTS FRANÇAIS DE L'INDE

Histoire et géographie.

Les vestiges qui restent des établissements de la Compagnie des Indes, puis de l'immense empire des Indes conquis au XVIII° siècle par Mahé de la Bourdonnais et Dupleix, ont été délimités par les traités de 1815 confirmant le traité de Paris de 1763 et le traité de Versailles de 1783.

Les territoires des établissements français de l'Inde se divisent en cinq circonscriptions principales : Pondichéry, Chandernagor, Karikal, Mahé et Yanaon, et huit loges ou comptoirs disséminés dans les possessions anglaises : Ballassore, Cassimbazar, Jougdia, Dacca, Patna, Mazulipatan, Calicut et Surate.

La superficie de ces établissements est de 50.803 ha. et la population de 288.000 hab.

Le territoire de Pondichéry a une superficie de 29.145 ha. Il comprend 4 communes. La population de la ville de Pondichéry est de 48.900 hab.

L'établissement de Karikal se compose de cent dix *aldées* groupées en 3 communes. Superficie 13.500 ha. La ville de Karikal compte 18.432 hab.

Mahé, sur la côte occidentale de Malabar, a une superficie de 5.900 ha. et 11.063 hab.

Yanaon, au confluent du Conringuy et du Godavéry, a 1.400 ha. et 5.157 hab.

Chandernagor, sur la rive droite de l'Hougly, a 940 ha. et 27.356 hab.

Le climat est sain. L'année est partagée en deux saisons : saison sèche et saison des pluies.

Gouvernement.

Gouverneur : *Gerbinis* (O. ✻).

Représentation au Parlement : *Flandin* (E.), sénateur ; *Bluysen* (Paul), dép.

Administration.

L'Inde française fait partie des colonies qui sont régies par décrets.

La colonie est représentée au Parlement par un député élu au suffrage universel (un grand nombre d'Indous étant admis à voter, bien que non citoyens français) et un sénateur, élu au suffrage restreint des membres des Conseils électifs qui sont au nombre de 94.

L'autorité supérieure appartient à un gouverneur qui réside à Pondichéry et qui est assisté d'un conseil privé composé du secrétaire général, du procureur général, d'un secrétaire archiviste et de deux conseillers nommés par le Gouverneur. A la tête de chacun des quatre établissements secondaires est un administrateur remplissant à peu près les fonctions d'un sous-préfet.

Un conseil général composé de 28 membres représentant les 5 établissements au prorata de leur importance se réunit chaque année à Pondichéry. Chacun des 5 établissements a, d'autre part, un Conseil local.

Le service de la justice comprend : une cour d'appel à Pondichéry, 3 tribunaux de 1re instance à Pondichéry, Karikal et Chandernagor ; 2 justices de paix à compétence étendue à Mahé et à Yanaon ; et 2 justices de paix à Pondichéry et Karikal. Les affaires criminelles sont déférées à des cours d'assises qui siègent dans chaque établissement sous la présidence d'un conseiller assisté d'un jury composé d'Indiens et d'Européens notables.

Le service de l'enseignement comprend un collège colonial, à Pondichéry, donnant l'enseign. secondaire classique et des écoles primaires. Il y a 16 écoles à Pondichéry, 5 à Karikal, une à Chandernagor, à Mahé, à Yanaon pour les filles ; 8 à Pondichéry, 3 à Karikal, une à Mahé, 2 à Chandernagor, une à Yanaon, pour les garçons et 7 écoles mixtes (2 à Pondichéry, Karikal et Mahé et à Yanaon). Au total, 10.000 élèves dont 600 Européens.

A Pondichéry, bibliothèque publique fondée en 1827, renfermant plus de 16.000 volumes. Jardin d'acclimatation.

Le budget de l'Inde, en 192[illegible], atteignait, recettes et dépenses, 3.777.367 fr.

Mouvement économique.

Plus de la moitié du territoire français dans l'Inde est cultivée. La terre est fertile. La principale culture est le riz. Viennent ensuite la canne à sucre, le coton, l'arachide, le manioc, l'indigotier, les sorghos, les graines oléagineuses (sésame, ricin, palma-christe, etc.), le cacao, le café, le tabac, etc... Les arbres fruitiers s'y trouvent en abondance : bananier, bétel, cocotier, manguier, goyavier, oranger, papayen, mangoustan ; avocatier, etc. Parmi les essences forestières, le filao, l'acajou, les acacias, etc.

Elevage peu développé : bœufs, moutons, chèvres de mauvaise qualité.

A Pondichéry et Chandernagor : usines de tissus et sacs de jute, distillerie, teintureries, tissage mécanique, usine à cocotine. L'industrie la plus considérable du pays s'exerce dans 5 filatures à Pondichéry comportant 69.935 broches et 1.632 métiers à tisser qui confectionnent les *guinées* bleues envoyées au Sénégal et des toiles blanches.

Le mouvement commercial a été le suivant depuis 1913 :

	1913	1916	1917
Importations	10.837.115 fr.	4.418.102 fr.	13.225.207 fr.
Exportations	43.720.005 —	23.157.048 —	20.366.320 —

Les objets d'importation sont en très petit nombre : vins, spiritueux, vêtements, ustensiles de ménage, machines pour les Européens.

Exportation : tissus, filés, arachides, huiles végétales, peaux préparées ou tannées, produits du sol.

Outillage économique.

Les communications avec la métropole sont assurées par des compagnies anglaises très nombreuses et par la *Cie. des Messageries maritimes.*

A Pondichéry : succursale de la Banque de l'Indo-Chine ; Chambre de Commerce. Prés. : *Gaebelé* ; Chambre consultative d'Agriculture. Prés. *Gaebelé.*

La seule monnaie ayant cours légal est la *roupie* (1 fr. 60 à 1 fr. 70), elle se divise en 8 *fanons* et 24 *caches*. Le cache français équivaut au liard. Les monnaies autres que la roupie et ses sous-multiples sont vendues au poids.

Le système des poids et mesures en usage dans l'Inde est spécial à la colonie et varie d'ailleurs suivant les régions.

Bibliographie.

Fosses (Castonnet des). *L'Inde française au XVIIIe siècle.* Paris.

Guy (Camille). *Notice sur les établissements français de l'Inde.* Exposition Universelle 1900.

Poulain (C.). *Notes sur l'Inde française*, 2 fasc. in-8. Challamel, Paris, 1892-1894.

CHEIK-SAID

Territoire d'Asie, sur le détroit de Bab-el-Mandel, à l'extrémité sud-ouest de la presqu'île d'Arabie. Le traité signé à Constantinople le 7 juillet 1870 reconnait les droits de la France sur ce territoire et garantit la légitimité de l'acquisition faite au cheik Ali-Tabatt-Dourein par la Compagnie Rabaud-Basin, de Marseille, et transférée au gouvernement français en 1886.

Superficie approxim. : 162.000 hectares. Population : un millier de pêcheurs.

INDOCHINE

Histoire.

L'Indochine garde de l'empire Khmer les vestiges d'une civilisation ancienne et brillante. Fondé avant l'ère chrétienne, ayant atteint son apogée vers le VIIe siècle de notre ère, l'empire Khmer était beaucoup plus vaste que le Cambodge actuel et la Cochinchine était une de ses provinces. Il devint bientôt le champ de bataille de ses puissants voisins, l'Annam et le Siam et il était déjà fort entamé au moment de l'intervention de la France. Mais les ruines qu'il a laissées, en particulier celles d'Angkor, qui offrent encore des monuments comme le grand temple aux proportions gigantesques, dénotent une civilisation mongole-brahmanique avancée, dont on retrouve encore quelques manifestations dans les spécimens exposés au Musée du Trocadéro, à Paris.

Les premiers Français qui séjournèrent au Tonkin furent, au XVIIe siècle, des missionnaires. En 1749, Pierre Poivre, agent de la Compagnie des Indes orientales, visita la Cochinchine et Tourane, fut reçu à la cour de Hué et obtint du roi l'autorisation de fonder un comptoir à Faï-Fo. Mais ce n'est qu'à la fin du XVIIIe siècle que l'influence française put se manifester utilement en Indochine, lorsque le prince cochinchinois N'Guyên-Anh, chassé de Saigon par ses compétiteurs au trône, trouva refuge auprès de Pigneaux de Béhaine, évêque d'Adran. Pigneaux de Béhaine se rendit à Versailles et obtint du roi la signature d'un traité qui, en échange de notre appui militaire, nous assurait la possession du port de Tourane et de l'île Poulo-Condor ainsi que le monopole du commerce dans tous les Etats du roi de la Cochinchine (traité de Versailles, du 28 novembre 1787). L'évêque d'Adran étant mort en 1798, les officiers français Philippe Vanier et Jean-Baptiste Chaigneau le remplacèrent dans l'intimité du souverain, qui s'était fait proclamer empereur sous le nom de Gia-Long et nous resta fidèle jusqu'à sa mort (1820). Ses successeurs, oublieux des services rendus, persécutèrent nos missionnaires. Le Gouvernement français, qui avait, à plusieurs reprises, protesté contre ces actes de sauvagerie, recourut à la force, et l'amiral Rigault de Genouilly s'empara de Tourane et de Saigon (1858). L'empereur Tu-Duc tenta de nous en chasser, mais, vaincu, dut signer le traité du 5 juin 1852 par lequel il cédait à la France les provinces de Saigon, Bien-hoa, Mytho et les îles Poulo-Condor, ouvrait au commerce plusieurs ports dont Tourane. Tu-Duc n'en continua pas moins de fomenter des révoltes et le vice-amiral de la Grandière, après une rapide expédition contre les rebelles, annexa les trois provinces occidentales à la France (déclaration du 25 juin 1867). La Cochinchine tout entière devenait, peu après, colonie française. Quatre ans plus tôt (11 août 1863), le roi du Cambodge, Norodom, avait reconnu le protectorat français, espérant ainsi se soustraire aux convoitises de ses voisins, le Siam et l'Annam, mais, en décembre de la même année, il concluait avec le Siam un arrangement qui annulait tous les avantages qu'il venait de nous concéder. Par le traité du 15 juillet 1867, nous obtînmes du roi de Siam qu'il renonçât à toute suzeraineté sur le royaume du Cambodge, à charge pour nous de lui reconnaître la possession des provinces de Battambang et d'Angkor. Enfin, le Cambodge, par le traité du 17 juin 1884, se plaçait définitivement sous le protectorat de la France.

Un incident fournit à l'amiral Dupré, successeur de la Grandière, l'occasion d'intervenir dans les affaires du Tonkin. Le lieutenant de vaisseau Francis Garnier partit de Saigon le 11 octobre 1873 avec deux canonnières et deux détachements, avec mission de tenter d'apaiser le conflit qui s'était élevé entre un négociant français et des mandarins annamites et d'établir la liberté de navigation sur le Fleuve Rouge. Les dispositions conciliantes de Garnier se heurtèrent à l'hostilité des mandarins qui essayèrent d'empoisonner les Français et de brûler leurs habitations. Garnier envoya, le 19 novembre, un ultimatum au maréchal N'Guyen Tri-Tuong qui s'était fortifié dans la citadelle d'Hanoï et, n'ayant pas obtenu satisfaction, s'empara de cet ouvrage et prit aussitôt le gouvernement de la province. Au cours d'une campagne héroïque qui compte parmi les plus belles pages de l'histoire coloniale, Garnier et ses compagnons Balny d'Avricourt, Esmez, Bain de la Coquerie, Harmand et de Trentinian s'emparèrent de tout le delta, faisant face, avec une poignée d'hommes, à des milliers d'ennemis. Malheureusement, Garnier tomba, le 21 décembre 1873, dans un guet-apens où il trouva la mort, et son successeur, le lieutenant de vaisseau Philastre, dut abandonner son œuvre et signer avec la Cour de Hué (15 mars 1874) un traité désastreux.

Mais Tu-Duc, une fois de plus, mentit à ses engagements. Le Commandant Rivière dut donner l'assaut à la citadelle de Hanoï, dont il s'empara en moins d'une demi-heure (25 avril 1882), occupa Hong-Hay et Nam-Dinh (mars 1883). Se portant avec une colonne de 500 hommes contre les Pavillons-Noirs qui avaient investi Hanoï, il succomba sous le nombre et la petite troupe dut se replier (19 mai 1883).

Le prestige de la France était sérieusement atteint. La Chambre décida « de venger ses glorieux enfants ».

Tandis que l'amiral Courbet s'emparait des forts de Hué (20 août), le général Bouet dégageait les abords de Hanoï, nettoyait la vallée du Fleuve Rouge. Hiep-Hoa, successeur de Tu-Duc, sollicita un armistice puis signa le traité du 25 août par lequel l'Annam reconnaissait notre protectorat.

Cependant, les Pavillons Noirs ne sont plus seuls à infester le Tonkin ; à côté d'eux apparaissent les réguliers chinois, les Pavillons Jaunes. C'est contre la Chine même que la France va être amenée à combattre. A la tête du corps expéditionnaire, le général Millot s'empare de Bac-Ninh, Hung-Hoa et de Tuyen-Quang (1884) : Courbet s'installe à Formose et aux îles Pescadores, affame la Chine et la force à demander grâce. Par la convention de Tien-Tsin (11 mai 1884), cette puissance reconnaissait le protectorat de la France sur le Tonkin et l'Annam.

L'incident de Bac-Ninh rouvrit les hostilités. A la suite de deux mois de combats acharnés, les Chinois battus à Kep, à Tuyen-Quang, à Nui-Bop, à Dang-Son et à la porte de Chine (23 février), se replièrent. Tuyen-Quang, bloqué à nouveau par l'armée du Yunnan, fut délivré (3 mars). Mais l'armée de Kouang-Si surprit la brigade de Négrier à Lang-Son le 27 mars. Le général de Négrier blessé, le colonel Herbinger ordonna la retraite, qui se fit avec une précipitation regrettable. Le colonel Borgnis-Desbordes, puis Giovanninelli et Brière avaient déjà rétabli la situation lorsque les préliminaires de paix, signés le 4 avril, mirent fin aux opérations militaires. La malheureuse affaire de Lang-Son, démesurément grossie, avait alarmé l'opinion française et déterminé la chute du ministère Jules Ferry.

Par le traité de Tien-Tsin (9 juin 1885), la Chine reconnaissait le protectorat français sur le Tonkin et l'Annam, et ouvrait au commerce français les riches provinces chinoises du Sud, le Yunnan et le Kouang-Si.

La pacification complète du Tonkin exigea encore de nombreuses campagnes contre les pirates annamites et chinois. Les opérations furent longues et pénibles et se terminèrent en 1889 par la soumission des principaux chefs rebelles. En 1905, le succès des Japonais dans la guerre de Mandchourie eut une certaine répercussion dans le monde asiatique. La mort, à la fin de 1913, du De-Tham marqua l'épilogue de l'histoire de la Grande piraterie.

C'est à Paul Bert, nommé résident général du Tonkin le 31 janvier 1886, que revint le soin d'organiser le nouveau protectorat. On sait avec quelle maîtrise il s'en acquittait lorsque la mort le surprit le 11 novembre 1886 à son retour d'un voyage à Hué.

Il eut pour successeur M. Bihourd, et quelques mois après, les décrets d'octobre 1887 réunissaient la Cochinchine, le Cambodge, le Tonkin et l'Annam, sous l'autorité d'un gouverneur général qui relevait lui-même du ministre des Colonies. M. Constans, nommé gouverneur général, organisa l'unité indochinoise à laquelle s'ajouta bientôt le Laos, que le traité du 3 octobre 1893, conclu avec le Siam, plaçait sous notre protectorat.

M. de Lanessan, nommé gouverneur général le 21 avril 1891, eut le grand mérite de comprendre tout le parti qui pouvait être tiré pour la pacification définitive, et pour le développement économique de la colonie, de la construction de routes et de chemins de fer. Il fit étudier un vaste programme de voies ferrées et de travaux publics, mais c'est surtout à M. Doumer, qui reprit ce programme, l'élargit et l'exécuta, que l'Indochine est redevable du merveilleux essor industriel et commercial qu'elle a pris au cours de ces dernières années.

Géographie physique.

L'Indochine française ou Union Indochinoise (décrets d'oct. 1887 et du 31 juillet 1898) comprend les cinq régions suivantes : la Cochinchine, le Tonkin, l'Annam, le Cambodge, le Laos. Elle est limitée au Nord par la Chine, à l'Ouest par le Siam et le golfe de Siam, au Sud et à l'Est par la mer de Chine.

Sa superficie totale s'élève à environ 803.000 km. q. dont 57.000 pour la Cochinchine, 103.450 pour le Tonkin, 180.000 pour l'Annam, 150.000 pour le Cambodge et 230.000 pour le Laos.

Elle est définie géographiquement par la chaine annamitique, ses deux versants occidental et oriental et les basses vallées et deltas des deux fleuves qui la délimitent : le Fleuve Rouge et le Mékong. L'Indochine est traversée du Nord au Sud par une grande chaîne de montagnes qui partagent le pays en deux importantes vallées qui constituent les bassins du Mékong et du Fleuve Rouge. Ce massif couvre entièrement le Laos et s'étale sur le Tonkin jusqu'au Fleuve Rouge, en hauts plateaux d'une moyenne de 1.200 à 1.600 m.

De ce massif, se détache vers le Sud, une longue chaine, la Cordillère annamitique, dont les contreforts découpent l'Annam en une série de petites vallées qui communiquent difficilement entre elles. Vers le Sud-Ouest et le Sud, elle s'étale en larges plateaux dont quelques-uns étendent leurs ramifications jusqu'aux limites du Cambodge et du Siam.

Les pluies abondantes que les moussons déversent ont donné naissance à un grand nombre de cours d'eaux qui ont, sauf dans le Centre Annam, leurs basses eaux en hiver et leurs hautes eaux en été ; leur abondance provoque à cette saison des inondations souvent désastreuses. Les deux grands fleuves de l'Indochine, le Mékong (2.400 km.) et le Fleuve Rouge ou Song-Coi, grossi de la Rivière Claire et de la Rivière Noire, en colligent les eaux et leur alluvions forment les deltas où se concentre la vie économique de la colonie.

Les côtes ont la forme d'un S et s'étendent sur une longueur de 2.500 km. Rocheuses artout où les montagnes arrivent à la mer, elles sont basses et plates au bord des deltas; lles offrent des bons ports : les rades y sont presque toujours peu profondes ou insuffisam-nent abritées.

Le climat de l'Indochine varie suivant les régions. Deux saisons se partagent l'année : saison sèche, de décembre à mai, qui coïncide avec la mousson nord-est, et la saison plu-ieuse qui arrive avec la mousson sud-est. Le climat de la Cochinchine est chaud et humide. vec de très faibles écarts de température (moyenne 28°) ; celui du Tonkin est beaucoup lus tempéré et le thermomètre descend en hiver jusqu'à 10° et même 8°. Les climats du ambodge et de l'Annam sont intermédiaires entre ceux de Cochinchine et du Tonkin. afin, celui du Laos est caractérisé par des écarts de température parfois très considérables.

Superficie et population.

Superficie et chiffre de la population en 1914 :

	Km. q.	Habitants	Dont Europ.	Par km. q	Capitales	Habitants
ochinchine	56.960	3.050.785	11.251	53	Saïgon	100.000
ambodge	175.450	1.634.252	1.092	9	Pnom-Penh	62.288
nnam	159.890	5.200.000	2.121	30	Hué	60.611
aos	290.000	640.877	229	2	Vien-Tiane	27.215
onkin	119.750	6.119.620	7.554	51	Hanoï	150.000
ouang-Tchéou	1.000	168.000	35	168	Fort-Bayard	800
ndochine	803.050	16.813.000	22.282	21		

Trois grandes races se partagent l'Indochine française : les Annamites, les ambodgiens et les Thaï. A côté d'elles vivent des tribus sauvages ou à demi-uvages, des Chinois et des immigrants asiatiques.

Les *Annamites* (12 millions env.) peuplent la Cochinchine, l'Annam et Tonkin : ils sont intelligents, travailleurs et doués de remarquables cultés d'assimilation qui ont grandement facilité le développement indus-iel de la colonie. Les *Cambodgiens* (1.500.000 env.) se rencontrent dans out le Cambodge et dans les provinces de l'ouest de la Cochinchine u'ils occupèrent jadis. On trouve les *Thaï* (1.200.000 env.) sous les oms les plus divers, dans toute la péninsule indochinoise. Les deux groupe-ents thaï les plus importants habitent le Haut-Tonkin où ils sont au ombre d'environ 250.000 et surtout le Laos. A part ces trois races prin-pales, qui forment le fond de la population, il faut mentionner les *Chams* ui sont en voie de disparition rapide et n'occupent plus qu'une petite artie de l'Annam. Les populations primitives vivent dispersées dans les gions avoisinant l'Annam, la Cochinchine et le Cambodge, dans le Laos et Haut-Tonkin et comptent des types très différents de *Moï*, chez les nnamites, de *Pénong* chez les Cambodgiens et de *Khas* chez les Laotiens. Les hinois sont en très grand nombre en Cochinchine et au Cambodge où ils xercent surtout le commerce, en Annam et au Tonkin.

Gouvernement général.

Gouverneur général : M. Maurice LONG, *député* (10 déc. 1919).
Secrétaire général : *Monguillot*, O. ✻, gouverneur de 1re classe des colonies.
Chef du cabinet du Gouverneur général : *Chatel* ;
Service judiciaire : *Lencou-Barème*, Procureur général, chef du service.
Trésorier-payeur général : *Paris*. Contrôle financier, de *Kératry*, directeur.
Commandant supérieur des troupes. *Puypéroux* (C. ✻), général de div.
ochinchine. — Gouverneur : *Le Gallen*, gouverneur des colonies.
onkin. — Résident supérieur : *Bourcier-Saint-Chaffray*, ✻.
nnam. — Roi : *Khaï Dinh* ; Résident supérieur : *Charles* (O. ✻).
ambodge. — Roi : *Sisovath* ; Résident supérieur : *Baudoin* (François), O. ✻.
aos. — Roi : Som Deck *Pra Chao Sisavang Vong* : Résident supérieur : *Bosc*.
ouan-Tchéou-Wang. — Adm. du territoire : *Caillard*, à Fort-Bayard.

Organisation politique et administrative.

Gouvernement général.

Chacun des cinq pays qui composent l'Indochine française a son organisation propre. Mais tous obéissent à une direction politique unique. Le Gouvernement général centralise sous son autorité les services d'intérêt collectif tout en contrôlant l'administration des intérêts locaux. Un budget général pourvoit aux dépenses communes.

La Cochinchine est représentée au Parlement par un député élu au suffrage universel. Le protectorat de l'Annam-Tonkin et celui du Cambodge ont chacun un représentant au Conseil supérieur des colonies.

Le *Gouverneur général* est le dépositaire des pouvoirs de la République dans l'Indochine française. Il a seul le droit de correspondre avec le Gouvernement. Le Gouverneur général organise les services. Il nomme à toutes les fonctions civiles, à l'exception de certains emplois supérieurs, dont les titulaires sont nommés par décret sur sa présentation. Il a sous ses ordres le lieutenant-gouverneur de Cochinchine, les résidents supérieurs du Tonkin, de l'Annam, du Cambodge et du Laos, l'administrateur en chef du territoire de Kouang-Tchéou-Wan, le commandant supérieur des troupes, le commandant de la marine et les chefs des services administratifs. Il est responsable de la défense intérieure et extérieure et dispose à cet effet des troupes de terre et de mer qui y sont stationnées. Au point de vue financier, le gouverneur général dresse chaque année les budgets de la Cochinchine et des protectorats, et veille à leur exécution. Il arrête en conseil supérieur de l'Indochine le budget général et est ordonnateur de ce budget, dont il peut sous-déléguer les crédits au lieutenant gouverneur et aux résidents supérieurs.

Le conseil supérieur de l'Indochine donne chaque année son avis sur les divers budgets du groupe et sur la répartition des travaux publics d'intérêt général ou d'intérêt local.

Institutions particulières à la Cochinchine.

La Cochinchine est un pays d'administration directe. Le lieutenant-gouverneur, qui réside à Saïgon, administre la Cochinchine sous la haute autorité du gouverneur général. Il est assisté : 1° d'un secrétaire général ; 2° d'un *conseil privé* ; 3° d'un *conseil colonial*, corps élu et composé de 16 membres, dont 6 Annamites, et qui statue sur la gestion du domaine de la colonie, discute et vote le budget.

La Cochinchine est divisée en 20 provinces dont chacune est placée sous l'autorité d'un administrateur français, L'administrateur, chef de province, est assisté d'un *conseil provincial* exclusivement composé d'indigènes et qui vote le budget de la province. Le chef de province a sous ses ordres des fonctionnaires français et des fonctionnaires annamites (doc-phu-su, phu ou huyen, secrétaires, interprètes, lettrés). La province est divisée en *cantons*, administrés par des chefs et sous-chefs de canton choisis après concours parmi les candidats désignés par les villages ; et les cantons sont eux-mêmes partagés en *communes*, chacune dirigée par un conseil de 12 notables élus par leurs pairs.

Les villes de Saïgon et de Cholon ont une organisation spéciale : elles sont administrées par un conseil municipal composé de membres français et annamites élus, et présidé par un maire. A Saïgon, le maire est élu ; à Cholon, c'est un fonctionnaire nommé par l'administration.

La Cochinchine a une Chambre de Commerce et une Chambre d'agriculture.

Institutions particulières à l'Annam et au Tonkin.

L'Empereur, souverain absolu, est assisté d'un *conseil secret* (co-mat composé de sept ministres ; chaque ministre est assisté d'un conseil de trois mandarins. Un conseil de *censure*, nommé par l'empereur, a mission de contrôler la gestion des fonctionnaires.

L'empire est divisé en provinces, circonscriptions, cantons et communes.

A la tête de la province se trouve le *tong-doc*, assisté du *quan-bo* (chef du service administratif), de l'*an-sat* (chef du service judiciaire), du *doc-hoc* (inspecteur des écoles), du *lanh-binh* (commandant militaire).

Les circonscriptions sont dirigées par des *Quan-Huyen* ou *Quan-fu*, qui sont à la fois des administrateurs et des juges. Viennent ensuite les chefs et sous-chefs de canton, et les conseils des notables, ces derniers administrant les communes.

Le *Résident supérieur*, qui représente le Gouvernement français auprès de l'empereur, préside le co-mat et dirige en outre les grands services publics qui relèvent de l'administration française (agriculture, douanes et régies, postes et télégraphes, travaux publics, etc.). Il est le maître du budget du protectorat dont il fixe lui-même les recettes et les dépenses.

Le résident supérieur est assisté d'un *conseil de protectorat*.

L'Annam a aussi une Chambre mixte de Commerce et d'Agriculture.

Institutions particulières au Tonkin.

L'action de l'administration française est beaucoup plus accentuée au Tonkin qu'en Annam.

Le *Résident supérieur* a sous ses ordres directs tous les chefs de provinces et est représenté au chef-lieu de chaque province par un *résident*. Le résident supérieur a la haute main sur tous les services publics (garde indigène, travaux publics, agriculture, enseignement, etc.). Il prépare et administre le budget du protectorat. Il est assisté d'un *conseil de protectorat* qui, à la différence de celui de l'Annam, peut se transformer, comme le conseil privé de Cochinchine, en conseil du contentieux, dont le ressort s'étend à la fois à l'Annam et au Tonkin. Les Annamites sont représentés au conseil de protectorat par des notables élus, et au chef-lieu de la province par des commissaires qui donnent leurs avis sur les questions intéressant la province. De plus, ils nomment à Hanoï et à Haïphong des conseillers municipaux qui participent, avec les conseillers municipaux français, à l'administration de ces deux villes. Enfin, une *chambre consultative indigène* donne son avis sur les questions qui leur sont soumises par l'administration.

Le Tonkin possède deux Chambres de Commerce (Hanoï et Haïphong) et une Chambre d'Agriculture.

Institutions particulières au Cambodge.

Le roi dirige toute l'administration indigène. Il est assisté d'un conseil de ministres composé de 5 membres (premier ministre, et ministres de la Justice, du Palais, de la Marine, de la Guerre) et de 13 membres adjoints. Il existe en outre un intendant de la liste civile qui est une sorte de ministre des finances.

Le royaume est divisé en provinces (Khet) et les provinces en communes (Khum). La province est dirigée par un gouverneur qui a sous ses ordres un certain nombre de fonctionnaires de divers grades (balat, sophea, etc.), chargés de l'administration et de la police. La commune est administrée par une sorte de conseil municipal présidé par un *mekhum*.

Le résident supérieur représente auprès du roi le gouvernement de la France. Il préside le *Conseil des Ministres* et le *Conseil de Protectorat*, prépare le budget et fixe l'emploi de ses ressources. Il a sous ses ordres un certain nombre de chefs de service (agriculture, enseignement, travaux publics) et 12 résidents assistés d'un conseil de résidence élu.

Institutions particulières au Laos.

Il existe au Laos plusieurs souverains indigènes dont les principaux résident à Luang-Prabang, Bassac et Muong-Sing. Chaque province est administrée par le *tiao-muong* qui est secondé par 3 mandarins (*tiao-oupahat, tiao-latsaoong, tiao-latsabout*). Le canton est dirigé par un *tasseing*, et la commune par un *phoban*, assistés de deux adjoints et conseillés par les anciens.

L'administration française est représentée par un résident supérieur résidant à Vien-tian et par 12 commissaires du gouvernement placés à la tête de chacun des commissariats.

Territoire de Kouang-Tchéou-Wan.

Ce territoire est placé sous les ordres d'un administrateur en chef, qui a sous ses ordres trois chefs de circonscriptions et qui relève directement du gouverneur général de l'Indochine.

Organisation sociale.

Justice.

L'administration de la justice, centralisée au Gouvernement général, est dirigée par le directeur de l'administration judiciaire. Dir. : *Lencou-Barème*.

Deux cours d'appel, l'une à Saïgon, l'autre à Hanoï.

L'Européen est soumis à la législation française, l'indigène à la coutume locale.

En Cochinchine, la justice est rendue aux indigènes, suivant leur coutume, par les tribunaux français. Au Cambodge, les affaires où ne sont intéressés que des Cambodgiens sont déférées à la justice cambodgienne et jugées selon la loi cambodgienne.

La justice indigène est rendue en Annam et au Tonkin, par des tribunaux indigènes qui appliquent la loi annamite. Ils se divisent en : *tribunaux ordinaires*, qui ne sont autres que les tribunaux des mandarins judiciaires et qui connaissent de toutes les affaires qui leur sont déférées; et *tribunaux mixtes* qui connaissent de tous les faits de rébellion commis par les indigènes. Les jugements des tribunaux ordinaires sont soumis au visa du résident et à l'approbation du résident supérieur.

Au Laos, les autorités locales statuent en premier ressort suivant la coutume locale, sur les affaires civiles.

Instruction publique.

Le code général de l'instruction publique a été promulgué le 21 décembre 1917. Il prévoit un enseignement, à la fois général et professionnel, à trois degrés : primaire, complémentaire et supérieur. En même temps, de nombreuses écoles étaient ouvertes, notamment pour l'agriculture.

L'*Université* de Hanoï, inaugurée le 28 avril 1918, comprend le groupement des écoles techniques suivantes : médecine et pharmacie, art vétérinaire, droit, pédagogie, sciences, école centrale (chimie industrielle, électricité, mécanique, arpentage et géodésie, chemins de fer), agriculture et sylviculture, navigation et pêche maritime.

Les établissements primaires sont très nombreux en Indochine et il existe dans chacune des colonies une ou plusieurs écoles primaires supérieures.

L'enseignement secondaire est donné :

1° En Cochinchine : au Collège Chasseloup-Loubat de Saïgon, au Collège de Gia-Dinh, au Collège de My-tho, à l'école primaire supérieure de jeunes filles de Saïgon ;

2° Au Tonkin : au Collège Paul-Bert de Hanoï, au collège du Protectorat à Hanoï ;

3° En Annam : au collège Quoc-Hoc, à Hué.

Citons enfin, parmi les établissements d'enseignement professionnel l'école professionnelle de Saïgon et l'école pratique des mécaniciens asiatiques, à Saïgon.

Les programmes des établissements d'enseignement secondaire et primaire sont les mêmes que ceux des établissements analogues de la métropole.

L'*Ecole Française d'Extrême-Orient*, à Hanoï, a pour objet de travailler à l'exploration archéologique et philologique de la presqu'île indochinoise et de favoriser l'étude érudite des langues et civilisations voisines.

En 1918 a été créé l'*Institut Scientifique* de Saïgon auquel ont été rattachés l'Institut botanique de Saïgon, le service expérimental de riziculture, l...

stations de Giraï, l'arboretum de Tranybuum, les laboratoires pour l'étude de la flore forestière et des maladies des plantes cultivées. Dir. Aug. *Chevalier*.

Finances.

Le budget général de l'Union indochinoise qui pourvoit aux dépenses d'intérêt commun, est alimenté par les ressources provenant des régies, des contributions indirectes, des douanes, de l'enregistrement, des postes et télégraphes, des chemins de fer, des prêts. Les budgets locaux, affectés aux services d'intérêt local, sont alimentés par le produit des impôts directs (personnel et foncier).

Le budget général est arrêté en conseil supérieur de l'Indochine par le Gouverneur Général et approuvé par décret rendu en conseil des ministres. Les dépenses du budget général sont ordonnées par le Gouverneur général qui peut en déléguer les crédits au lieutenant-gouverneur de la Cochinchine et aux résidents supérieurs de l'Annam, du Tonkin et du Laos. Le compte de ces dépenses est arrêté par le Gouverneur Général en conseil supérieur de l'Indochine. Le trésorier-payeur de la Cochinchine centralise les opérations du budget général en recettes et en dépenses.

Chacun des cinq pays indochinois possède un budget propre.

Budget général. Comptes définitifs des exercices 1912 à 1918 (en milliers de piastres) :

	Recettes	Dépenses	Excédents
Exercice 1912	38.758	35.541	3.217
— 1913	40.679	33.735	7.143
— 1914	43.992	34.117	9.875
— 1917	»	»	8.168
— 1918	»	»	14.760

Comptes provisoires des budgets pour 1918 et 1919 (en milliers de piastres) :

	1918	1919
Budget général	47.116	52.540.7
Territoire de Kouang-Tcheou-Wan	404	468.5
Cambodge	6.120	6.02[illegible].8
Tonkin	10.137	10.905.1
Cochinchine	8.582	9.0[illegible]5.3
Annam	5.047	3.723.1
Laos	1.747	1.943.2
Chemins de fer d'Indo-Chine	2.020	2.184.8
Emprunt de 90 millions (en milliers de francs)	10.122	5.114.4

Budget général pour l'exercice 1920 : 57.092.640 fr. (recettes et dépenses).

L'Indochine a contracté, depuis 1896, les 4 emprunts suivants :

	Montant	Délai de Remb.	Annuité de Remb.
Année 1896	60.000.000 fr.	60 ans.	2.961.000 fr.
24 déc. 1898	200.000.000 —	75 —	7.944.000 —
14 mars 1909	53.000.000 —	75 —	2.097.000 —
25 déc. 1912	90.000.000 —	75 —	2.191.000 —

La situation économique et financière de l'Indochine, après avoir surmonté des moments difficiles, s'était sensiblement améliorée à la veille de la guerre. Au 31 mai 1914, date de la clôture de l'exercice 1913, on avait pu ajouter à la caisse de réserve près de 4.500.000 piastres, ce qui portait les réserves environ à 13 millions de piastres.

Mouvement économique.

Productions.

Agriculture. — *Cultures alimentaires.* — La principale culture de l'Indochine est le riz, qui est la base de l'alimentation des indigènes et qui est le premier article d'exportation de la péninsule. Les deltas du Mékong en Cochinchine et du Fleuve Rouge au Tonkin, et les petits deltas de l'Annam conviennent admirablement à cette culture, qui y a pris un développement considérable. Les superficies cultivées en riz sont environ de 1.500.000 hectares en Cochinchine, de 900.000 ha. au Tonkin, de 700.000 ha. au Cambodge et 300.000 ha. en Annam. L'Indochine est le second pays producteur de riz du monde. Les exportations, de 1913 à 1917, sont données par le tableau suivant :

	1913 tonnes.	1914 tonnes.	1915 tonnes.	1916 tonnes.	1917 tonnes.
Riz blanc	991.170	1.030.506	1.035.708	918.631	1.059.262
Paddy..............	5.839	44.161	58.923	19.426	6.162
Cargo..............	51.125	36.304	12.633	139.134	61.144
Brisures	86.087	147.588	143.408	137.247	119.814
Farines et poussières	152.183	160.409	122.566	130.920	120.366
	1.286.406	1.418.968	1.373.238	1.345.358	1.366.748

La plus grande partie de ces riz est dirigée sur les colonies anglaises : viennent ensuite, comme pays acheteurs, les colonies hollandaises, le Japon, les Philippines et la France. La France et ses colonies, qui recevaient, en 1914, 247.449 tonnes de riz d'Indochine, n'en ont importé, en 1915, que 115.951 tonnes et en 1916, 98.696 tonnes.

Parmi les cultures alimentaires, le maïs vient immédiatement après le riz. Les exportations, qui étaient de 107 tonnes en 1904 et de 100.000 en 1910, ont été de 133.273 t. en 1913, de 99.205 t. en 1914, de 62.989 t. en 1915, de 41.474 t. en 1916 et de 12.425 t. en 1917.

Viennent ensuite le manioc qui a donné 4.535 tonnes à l'exportation, en 1914 ; les ignames, les taros, l'arrowroot, les patates, les légumes.

Parmi les denrées coloniales, se trouvent : la canne à sucre cultivée surtout en Annam, au Cambodge et dans la Cochinchine orientale : l'exportation de sucre, qui était, en moyenne, de 1907 à 1914, de 4.000 tonnes environ, s'est élevée à 6.249 t. en 1915 et 7.747 t. en 1916, à destination de la France et de ses colonies; le café (exportation 500 tonnes en 1916) que l'on cultive surtout au Tonkin ; le thé, qui réussit parfaitement en Annam (prov. de Quang-Nam) et au Tonkin (prov. de Phu-Tho et de Bac-Giang), et dont l'exportation est passée de 369.913 kgr. en 1913 à 921.249 kgr. en 1916 dont 106.742 kgr. pour le Tonkin et 14.507 pour l'Annam. Ce thé est plus riche en théïne et plus pauvre en tanin que ceux d'Inde et de Chine. Le poivre est cultivé surtout au Cambodge et en Cochinchine.

Les fruits sont abondants et variés, surtout en Cochinchine et au Cambodge : bananes, mangues, mangoustiers, oranges, mandarines, letchis, goyaves, ananas, kakis, etc.

Cultures industrielles. — Les principales cultures industrielles sont celles des textiles (coton, ramie, jute, kapok, mûrier) et des oléagineuses (cocotier, sésame, ricin, arachides, etc.). Le coton vient surtout au Cambodge, notamment dans les terres rouges de la vallée du Mékong, mais il en existe également des plantations au Tonkin et en Cochinchine. La production a atteint en 1917-18, 35.150 kg. et en 1918-19, 50.130 au Cambodge. Les exportations se sont élevées à 9.891 kg. en 1913, 5.338 en 1914, 3.739 en 1915, et 6.000 en 1916. Le jute pousse très bien au Tonkin (export. : 107 tonnes en 1913, 46 en 1915, 45 en 1917). Les arbres à kapok se rencontrent en Cochinchine, au Cambodge et au Tonkin (export. : 83 tonnes en 1913, 74 en 1914, 46 en 1915, 12 en 1916, 172 en 1917). La ramie est très répandue sur la Rivière-Noire, dans le Nord-Annam, au Laos et en Cochinchine : on l'utilise à la fabrication des filets de pêche.

La plus grande partie de l'huile est fournie par le fruit du cocotier, le coprah, dont il s'est exporté 5.595 tonnes en 1913, 8.414 en 1914, 7.864 t. en 1915, 4.500 t. en 1916, 2.000 en 1917. Viennent ensuite le sésame (Cambodge, Sud-Annam, Tonkin, Cochinchine) ; les arachides cultivées, surtout en Cochinchine et en Annam (export. : 643 tonnes en 1913, 943 en 1914, 286 en 1915, 232 en 1917) ; le ricin (Tonkin surtout) qui a pu donner, dès le mois de juin 1916, 6 à 700 tonnes d'huile représentant 2.000 tonnes de graines.

Citons encore le tabac (Laos, Annam, Cochinchine), production en 1917, 125 tonnes, le bétel, la noix d'arec (Tonkin, Cochinchine, Centre-Annam. Sud-Annam).

Productions forestières. — Les ressources forestières de l'Indochine sont extrêmement abondantes mais si l'exploitation locale est importante, l'importation en Europe est pour ainsi dire nulle (1.500 m. c. de bois ouvrés de Lim travaillés sur place) ; les bois en grume et les bois odorants sont expédiés en Chine et à Singapour. La production annuelle est en moyenne de 300.000 m. c. de bois d'œuvre et de 650.000 m c. de bois de feu. L'exploitation du caoutchouc de lianes qui fournissait à l'exportation, de 1902 à 1906, une moyenne de 500 tonnes d'une valeur de plus de 3 millions de fr., est à peu près abandonnée. Ce produit est concurrencé, depuis plusieurs années, par le caoutchouc de plantation l'*Hevea Brasiliensis*, que l'on cultive avec succès dans la Cochinchine orientale et dans le Sud-Annam, et dont l'exportation a montré la progression suivante :

1910. Export. de 175 tonnes (sauvage et hevea cultivé) ;
1913. — 214 — (—) ;
1916. — 548 — (hévéa cultivé) ;
1918. Production évaluée à 2.000 tonnes.
1920. — à 4.300 —

Parmi les autres produits forestiers, il faut citer : le bambou, répandu dans toute l'Indochine et qui sert à de nombreux usages (construction de maisons et de sampans, articles de vannerie, de pêche, pâte à papier, pipes, instruments de musique, etc.); les bois précieux : cardamome, benjoin, arbres à laque, etc. ; le cunau qui fournit une teinture très appréciée des Annamites ; la badiane qui entre dans la composition de l'anisette et donne une huile essentielle très recherchée ; la gomme gutte, qui s'emploie en peinture ; les rotins ; la cannelle ; le latanier dont les feuilles sont utilisées pour la couverture des maisons ou la fabrication des chapeaux et des vêtements imperméables ; les arbres à huile (abrasier, bancoulier, garcinia du Tonkin, camellia à huile, etc.). Citons encore des résines (copal ou damars), les tanins et tinctoriaux, les plantes à parfums (citronnelle, ylang-ylang), les plantes médicinales, etc., qui abondent.

L'Indochine figure sur les statistiques des exportations de bois exotiques pour 161 tonnes en 1913, 158 tonnes en 1914, 41 en 1915, 94 en 1916 et 63 en 1917. Il s'est exporté 37 tonnes d'écorces à tan (écorces de palétuviers) en 1917.

Production animale. — L'élevage est pratiqué sur toute la surface du territoire, mais ne peut compter au nombre des principales ressources de l'Indochine. Les principaux animaux sont les buffles, les bœufs, les chevaux, les porcs et les animaux de basse-cour. Le buffle est l'animal le plus utile à l'indigène. Il sert au labourage des rizières et au transport des marchandises. On en compte plus de 600.000 dans toute l'Indochine : ils y sont répandus un peu partout dans la haute région. Les indigènes utilisent également, pour les travaux des rizières et pour les transports, des bœufs et des zébus. Il existe au Cambodge une race spéciale, le bœuf étieng, qui fournit des trotteurs excellents. L'élevage des bœufs est malheureusement contrarié par des épizooties fréquentes qui déciment les troupeaux. L'espèce chevaline semble en décroissance. Il existe des jumenteries et des haras à Nuoc-Hai (Tonkin), An-Khé et Hué (Annam), Gia-dinh (Cochinchine), Prey-Kompeng (Cambodge). Le porc fait l'objet d'un élevage très actif en Indochine : la chair en est très prisée des indigènes qui n'en consomment pour ainsi dire pas d'autres. Quant aux moutons, le climat trop humide ne leur convient pas : cependant, une race spéciale de la péninsule malaise (race de Kélanton), introduite par la Direction générale de l'agriculture, s'est assez bien acclimatée au Laos et au Cambodge. On élève l'éléphant comme animal domestique.

D'après les recensements de 1916, le cheptel indo-chinois comprenait 634.527 bœufs, 523.553 vaches, 289.939 veaux, 618.939 buffles, 631.709 buf-flesses, 334.024 bufflons, 2.662.530 porcs.

Indépendamment des ressources qu'elle offre pour l'alimentation, la chasse fournit des défenses d'éléphants, des cornes de rhinocéros, des peaux de tigres, des plumes d'aigrettes, de marabout, etc. L'exportation de l'ivoire a été de 1.851 kgr. en 1913, 1.416 en 1914, 2.384 en 1915 et 1.038 en 1916.

La pêche fournit des ressources beaucoup plus considérables. Le poisson est, après le riz, la base de l'alimentation des indigènes, et le principal article d'exportation de l'Indochine, représentant une valeur moyenne de 12 à 15 millions de fr. par an. Les exportations de poissons secs, salés ou fumés se sont élevées à 29.662 tonnes en 1913, 27.000 t. en 1914, 28.500 t. en 1915, 24.000 t. en 1916, et 20.000 t. en 1917. La France reçoit à peu près le tiers de ces quantités et l'Inde les deux autres tiers.

L'élevage du ver-à-soie, facilité par l'abondance des mûriers sur tout le territoire de l'Indochine, mais particulièrement dans le delta tonkinois et dans le Centre-Annam, semble devoir donner d'excellents résultats. Le ver-à-soie d'Indochine est robuste et donne une soie d'un très bel éclat. Il existe des stations séricicoles à Phi-lang-thuong (Tonkin), Hué, Tan-Chan (Cochinchine) et à Pnom-Penh, une école de tissage et de dévidage. Les grèges du Cambodge filées à l'européenne peuvent être comparées aux bonnes soies européennes de 3e ordre.

Production minérale. — Les richesses minérales sont très inégalement réparties sur le territoire de la colonie, mais elles abondent au Tonkin, en Annam et au Laos.

La houille existe surtout au Tonkin, dans les provinces de Haï-duong et Quang-Yên. Le principal centre d'exploitation est Hon-Gay, dans la baie d'Along, dont la production est passée de 370.000 tonnes en 1913, à 498.000 t. en 1914 pour atteindre 540.000 t. en 1915. Le Tonkin possède 6 autres mines en exploitation, dont la production moyenne atteint 150.000 t. et dont le charbon ravitaille les flottes d'Extrême-Orient. En Annam, le seul gisement exploité jusqu'à présent est celui de Nong-Son, près de Tourane, dont la production moyenne est de 20.000 t. environ. Au Laos, on a trouvé des gisements houillers dans la région de Luang-Prabang. Des gisements de lignite existent au Tonkin, dans les bassins lacustres de Nen-Bay, de Tan-Nhuan, de Laokay et de Lang-Son. Le bassin de Tan-Nhuan est le seul qui soit exploité : il fournit en moyenne 20.000 t. de combustible par an.

Le zinc et l'étain viennent, après le combustible, au premier rang des produits minéraux. Les mines de zinc sont surtout nombreuses au Tonkin, dans la région de Tuyen-Quang, Thai-nguyen et Langson. L'exportation de minerai de zinc (calamine à 54 p. 180 de métal fin) qui était, en 1909, de 14.000 tonnes de minerai représentant une valeur de près de 2 millions de francs, a atteint, en 1915, 34.300 t. Expédié autrefois en Belgique et en Allemagne, il est dirigé maintenant, après calcination, sur la France, l'Angleterre, le Japon. Les mines d'étain se rencontrent presque exclusivement au Tonkin, dans la région de Cao-bang. L'extraction en est passée de 2.540 quintaux métriques en 1911 à 4.330 en 1916. C'est encore au Tonkin que se rencontrent les principaux gisements de fer : ces gisements forment trois groupes : ceux du Fleuve-Rouge, ceux du bassin du Song-Can, ceux du bassin de Song-Biang-giang. En dehors du Tonkin, il existe d'autres gisements de fer plus ou moins exploités par les indigènes au Laos (Luang-Prabang) et au Cambodge (gisement de Pnom-Dek). On trouve également au Tonkin du cuivre (Hong-Hoa, Lang-Son), du plomb (Lang-son, Mon-Kay), de l'antimoine, de l'amiante et du mica. En Annam, de l'or à Bong-Mieu ; extraction de 80 tonnes de minerai tout venant par jour ; au Laos (alluvions aurifères) ; graphite au Q angugal.

Le tableau ci-après montre le développement de l'industrie minière dans la période quinquennale 1911-1915.

DÉSIGNATION.	UNITÉS.	ANNÉES.				
		1911.	1912.	1913.	1914.	1915.
Périmètres des recherches en vigueur	Nombre	2.370	3.082	3.103	2.003	1.806
Concessions existantes	—	93	104	139	162	198
Production des mines de combustibles..	tonnes	437.000	480.000	509.000	620.000	644.000
Production des mines métalliques	—	28.600	28.500	33.600	31.800	35.200
Valeur de la production..........	francs	10.100.900	9.655.000	10.100.000	11.420.000	15.980.000

La situation minière peut se résumer ainsi :

	NOMBRE DE CONCESSIONS.	SUPERFICIE EXPLOITÉE.	MINERAI EXTRAIT.		MINERAI EXPORTÉ.	
			poids (tonnes).	valeur (francs).	poids (tonnes).	valeur (francs).
Charbon. 1918.	10	55.018	636.000	7.980.000	250.000	4.575.000
Zinc.... 1915.	7	3.672	34.300	6.065.000	34.300	6.269.000
Etain... —	7	2.455	423	1.480.000	380	1.358.000
Antimoine. —	1	400	488	112.000	413	95.000

Comme produits de *carrières*, on trouve au Toukin, en Annam et au Cambodge, des calcaires de très bonne qualité. Il existe également du granit (sud de l'Annam, Cochinchine et Cambodge), du grès (nord du Cambodge), de la pierre de Bienhaos répandue dans toute l'Indochine, mais plus spécialement dans la province de Bienhoa ; de la latente (Cochinchine orientale) et des argiles dans tous les deltas.

Enfin, l'Indochine possède un grand nombre de salines qui fournissent, en moyenne, 200.000 tonnes de sel par an. On en exporte, en moyenne, 15.000 t. par an à destination de Singapour.

Industries.

Industries agricoles. — Au premier rang des industries agricoles, il faut placer celles qui dérivent de la culture du riz : rizières, distilleries. Les rizières se trouvent presque toutes en Cochinchine : à lui seul, Cholon en compte 9 qui peuvent produire 1.800.000 tonnes pour l'exportation. Les distilleries fabriquent l'alcool de riz destiné à la consommation des indigènes et aux besoins industriels. On compte en Indochine 4 grandes distilleries celles de Hanoï, Nam-Dinh, Haï-Duong et Cholon. Les 3 premières produisent par an 45.000 hl. d'alcool pur à 100 degrés.

Une tannerie à Hanoï applique la technique moderne pour exporter les peaux ouvrées et modifier les procédés primitifs des tanneries chinoises de Cholon et de Haï-Phong.

Il existe des scieries mécaniques et à main à Hanoï, Viétri, Ben-Thuy, Thuahuu, près de Hué, Choquan, près de Saïgon, Tay-ninh, Ksach-Kandal, près de Pnom-Penh, Kratié, dans les îles de Khône et à Luang-Prabang, auxquelles se rattachent 3 fabriques d'allumettes. Hanoï et Ben-Thuy produisent chacun environ 40 millions de boîtes par an. Les Annamites fabriquent depuis longtemps du papier avec le bambou : il existe une usine de pâte à papier de bambou à Viétri.

Aux cultures textiles correspondent des filatures de soie à vapeur à Nam-Dinh (Tonkin) et Phu-bong (Annam), un atelier de préparation de jute à Gia-lam, près de Hanoï, et surtout des filatures de coton, dont les principales sont celles de Haïphong, Hanoï et Nam-Dinh, cette dernière comprenant un tissage. Citons encore la *Société cotonnière* de Ksach-Kandal qui occupe 450 ouvriers et la *Société annamite de Thai-binh* qui possède une filature à vapeur. Deux forts ateliers de confection militaire à capitaux européens existent à Hanoï.

On fabrique des nattes à Phatdiem (Tonkin), à Baclien Rachgia et Tanan (Cochinchine) : ce sont les Chinois qui s'occupent entièrement de cette industrie qui a donné, en 1913, 875.370 fr. à l'exportation.

Il existe des savonneries, des huileries à Haïphong, dont l'une utilise l'énergie électrique et possède 3 presses hydrauliques, l'autre, *L'Huilerie et Savonnerie d'Extrême-Orient*, possède 15 presses hydrauliques et emploie une force de 80 HP. Quinhon ; à Saïgon, la *Sté des Huileries* a essayé en grand, depuis 1917, l'industrie de l'huile de coprah, qui produit 150 tonnes d'huile par mois ; elle fabrique de la végétaline et fait des extractions d'huile de sésame pour la consommation locale, Ksach-Kandal ; des distilleries de liqueurs, de sirops et d'essences à Hanoï ; Haïphong et Saïgon, une manufacture de tabac (capital 600.000 fr.), à Hanoï ; des fabriques d'albumine à Hué et Quinhon ; des tanneries à Hanoï, Haïphong et Cholon.

Industries minérales. — Presque tous les minerais indochinois sont exportés à l'état brut : il n'y a qu'une usine, pour le traitement du zinc et de l'étain, à Haïphong.

Parmi les industries qui se rattachent à l'utilisation de l'argile et de la chaux, très communes en Indochine, il faut citer les briqueteries, les tuileries, les ateliers de céramique de Hanoï, Haïphong, Dapcau, Nam-dinh, Saïgon, Cantho, Ksach-Kandal ; les poteries de Cay-mai ; les faïences et la porcelaine de Battrang (Tonkin) ; les usines à chaux de Chaudoc et de Kampot ; enfin la cimenterie de Haïphong qui emploie 1.500 indigènes et peut produire 10.000 tonnes de chaux et 50.000 tonnes de ciment par an.

Industries diverses. — On rencontre des ateliers de construction pour chemins de fer, les navires et bâtiments à Gia-Lam, Haïphong, Benthuy, Saïgon, Dian, Hanoï, Nam-dinh, Hué ; des usines élévatoires d'eau à Hanoï, Saïgon, Pnom-Penh, Cholon ; des ateliers pour réparations d'automobiles à Saïgon, des usines électriques à Hanoï, Haïphong, Pnom-Penh ; des brasseries à Hanoï et Saïgon et des imprimeries européennes à Hanoï, Haïphong, Saïgon, Pnom-Penh, etc.

Industries locales. — Les Annamites excellent dans les industries d'art, qui sont très nombreuses en Indochine (broderie, sculpture, incrustations, ciselure, orfèvrerie, dessin, imagerie, etc.). On trouve encore des fabriques de nattes de jonc avec chaîne jute au Tonkin, qui expédient leurs produits à Hong-Kong ; les nattes plus fines de Camau (Cochinchine) restent dans le pays. Les industries de la vannerie, des petits sacs et cabas en jonc, du chapeau de bambou, des filets-fronts, etc., sont simplement familiales.

Il existe en Cochinchine un certain nombre d'écoles professionnelles d'art industriel ayant pour but de développer les industries artistiques.

Commerce.

Le commerce général de l'Indochine, au cours de ces dernières années, est indiqué par le tableau suivant (chiffres en francs) :

ANNÉES.	IMPORTATIONS.	EXPORTATIONS.	TOTAL GÉNÉRAL.
De 1908 à 1912 (moyennes)...	257.243.686	263.275.837	520.519.473
1913	305.331.958	345.259.253	650.591.211
1914	266.493.175	332.337.238	598.830.413
1915	224.417.563	345.098.472	569.511.035
1916	334.955.977	390.981.465	725.937.242
1917	373.555.560	430.200.036	803.755.596

La part de la France et de ses colonies dans le commerce de l'Indochine a été :

1° Pour le commerce général, de 30 % en 1913 ; 29 % en 1914 ; 21 % en 1915 ; 20 % en 1916 ; 17 % en 1917 ; 2° pour les importations de 36 % en 1913 ; 35 % en 1914 ; 23 % en 1915 ; 19 % en 1916 ; 17 % en 1917 : pour les exportations, de 24 % en 1913 ; 24 % en 1914 ; 20 % en 1915 ; 19 % en 1916 ; 16 % en 1917.

Importation. Les principaux produits importés ont été en 1908 et 1917:

	1908	1917
Tissus de coton....................	28.927.000 fr.	62.683.000 fr.
Fils de coton......................	23.044.000 —	19.052.000 —
Tissus de soie.....................	11.803.000 —	12.006.000 —
Ouvrages divers en métaux..........	10.369.000 —	
Pétrole	19.185.000 —	21.226.000 —
Etain en saumons...................	15.395.000 —	63.522.000 —
Sacs de jute.......................	10.047.000 —	13.758.000 —

Exportation. Les principaux produits exportés en 1917 ont été :

	1917	Moyenne quinquennale 1912-1916
Riz................................	1.366.748 t. m.	1.248 309 t. m.
Soies grèges	11.986 kgr.	65.200 kgr.
Maïs...............................	12.425 t. m.	77.182 t. m.
Thé	8.618 q. m.	6.357 q. m.
Caoutchouc	9.308 q. m.	3.130 q. m.
Houille	369.672 t. m.	369.125 t. m.
Minerai de zinc.	24.672 t. m.	
Fils de coton......................	11.113 q. m.	18.941 q. m.

Part des exportations :

	1916	1917
Cochinchine	211.340.353 fr.	245.326.204 fr.
Tonkin	71.082.187 —	61.406.683 —
Annam	13.268.758 —	8.018.017 —
Cambodge...........................	2.056.548 —	1.834.882 —

Outillage économique.

Navigation. — Mouvement de la navigation :

1916	Entrée	2.567 navires jaugeant	2.447.515 tonneaux.
	Sortie...........................	2.342 —	2.342.048 —
1917	Entrée	2.491 —	2.232.581 —
	Sortie...........................	2.341 —	2.176.104 —

Principaux ports : Saïgon, trafic annuel dépassant 4 millions de tonnes ; Haïphong, trafic annuel, 700.000 tonnes ; Tourane, Cap-Saint-Jacques, etc.

Pavillons en 1917. Entrée : Français, 351 navires jaugeant 691.476 tx.; Anglais, 372 navires jaugeant 612.279 tx.

Voies navigables. — L'Administration a beaucoup amélioré les voies navigables qui sont très nombreuses.

Le Mékong offre, dans son cours moyen, de Vien-tain à Savannaket, sur une longueur de 500 km., un bief navigable en toute saison pour les chaloupes à vapeur. A Kratié, où commence son cours inférieur, le Mékong devient navigable en toute saison. Le Donnaï, qui devient navigable après sa sortie des montagnes du Sud-Annam, reçoit sur sa rive droite la rivière de Saïgon et prend lui-même un peu plus bas, jusqu'à la mer, le nom de rivière de Saïgon : il est, dans cette partie de son cours, accessible aux plus gros navires. La branche la plus occidentale de son delta est désignée sous le nom de Soirap et reçoit le Vaïco formé du Vaïco oriental et du Vaïco occidental. Du Donnaï aux Vaïco, des Vaïco au Mékong, du Mékong au golfe de Siam, une infinité de cours d'eau ou de canaux (arroyo chinois, arroyo commercial, Rach-ben-Luc, Canal Chogao, Canal de Toug-doc-loc, etc.) forment à travers le pays un immense réseau de voies navigables.

L'Annam ne possède que peu de fleuves et de rivières utilisables pour la navigation. Les principaux sont la rivière de Tourane, navigable sur 80 km., le Song-Na, accessible aux sampans jusqu'à Phong-y, et le Song-Chu, navigable sur 50 km. pour des chaloupes et en amont sur une longueur équivalente par les sampans.

Le Fleuve Rouge est impropre à la navigation dans son cours supérieur et moyen mais devient accessible aux embarcations à partir de Yen-Bay. La Rivière Noire ne peut être remontée par les chaloupes que jusqu'à Cho-bo. La Rivière-Claire est accessible aux chaloupes jusqu'à Tuyen-Quang et les sampans indigènes peuvent aller jusqu'à Ha-Giang. Sur le Song-Can, la navigation à vapeur s'arrête à Dap-Can. Elle ne dépasse pas Phu-lang-thuong sur le Song-Thuong, ni Luc-Nam sur la rivière du même nom. Le Thaïbin et le Fleuve-Rouge sont reliés entre eux par le canal des Rapides entre Hanoï et Sept-Pagodes et par le canal des Bambous, qui va du coude de Day à Phu-Ninh-Giang.

Les *Messageries fluviales* ont un service régulier de chaloupes de Saïgon à Vien-tian; ces chaloupes desservent en même temps le Cambodge par le Bassac et le Grand Fleuve.

Au Tonkin, il existe des services réguliers entre Hanoï et Haïphong ; de Hanoï à Sontay et Vietry avec bifurcation sur Cho-bo ou Tuyen-Quang ; de Haïphong à Septpagodes, de Haïphong à Hon-Gay et Lonkay ; de Haïphong à Nam-Dinh. Ailleurs, le service se fait le plus souvent par jonques.

Entre les ports de la côte, des relations sont assurées soit par les annexes des *Messageries Maritimes*, soit par de petits bateaux à vapeur appartenant à des particuliers et subventionnés pour un service postal soit par des jonques chinoises.

Réseau des canaux ; 451 km. en 1912 ; 855 km. en 1918.

Routes. — L'ensemble du réseau d'intérêt général représente une longueur de plus de 6.600 kil. ; celui des réseaux d'intérêt local plus de 5.000 kil.

Beaucoup de ces routes sont parcourues par des services automobiles dont les principaux sont : Saïgon-Tay-ninh, Bienhoa-Baria ; Sadec-Vinhklong-Travinh, Daïngaï-Baï-xan ; Saïgon-Thudanmor ; Travinh Thien-Can.

Chemins de fer. — Le plus ancien chemin de fer d'Indochine est celui de Saïgon à Mytho (71 km.) qui existe depuis plus de trente ans et appartient à une compagnie privée. Les autres lignes n'ont été construites qu'à partir de 1898 sous l'administration de M. Doumer. Elles se divisent en trois réseaux : celui du Nord, celui de l'Annam central, celui du Sud.

Le réseau du Nord comprend les lignes de Hanoï à Namquan par Lang-són et Dong-dang (167 km.) ; de Hanoï à Vinh et Benthuy par Nam-dinh (326 km.) ; de Haïphong à Laokay par Hanoï (390 km.) ; les deux premières lignes sont exploitées par la colonie. La ligne Haïphong-Laokay est exploitée par une compagnie privée : elle se prolonge jusqu'à Yunnan-Sen et se déroule ainsi sur une longueur de plus de 850 km. La ligne de Hanoï à Vinh est le premier tronçon du grand transindochinois (Hanoï et Saïgon).

Le réseau de l'Annam Central n'a que la ligne de Tourane à Dongha (175 km.). Elle est exploitée par la colonie.

Enfin, le réseau du sud comprend, outre la ligne Saïgon-Mytho, la ligne de Saïgon à Khanh-Hoa (464 km.). Elle est exploitée par la colonie. Il faut citer aussi le petit chemin de fer de Khône-sud à Khône-nord qui permet d'éviter les deux rapides du Khône. Au 1er juillet 1918, la longueur exploitée s'élevait à 2.063 kil. et le total des recettes à 10.485.000 fr.

Il existe en outre des chemins de fer sur routes et des tramways à vapeur ou électriques. Ce sont les tramways de Hanoï (18 km.); celui de Phu-ninh-Giang à Késar et Cam-giang (42 km.) ; celui de Tourane à Faï-fo (35 km.); ceux de Saïgon à Cholon (11 km.) ; celui de Saïgon à Sovap et Hoc-Mon (38 km.).

Postes et télégraphes. — 344 bureaux de postes ; 417 bureaux de télégraphes ; 16.571 km. de lignes télégraphiques ; 1.018 stations et postes téléphoniques et 611 km. de lignes téléphoniques de Saïgon à Cholon et de Hanoï à Haïphong ; postes de télégraphie sans fil sur divers points de la côte et de l'intérieur dont Hanoï (portée 2.000 km.), Saïgon, Kien près de Haïphong. Liaison de jour avec Singapour.

Communications extérieures.

Les relations de l'Indochine avec la France et l'Europe sont assurées par les navires des *Messageries Maritimes* partant de Marseille toutes les deux semaines pour Saïgon (avec un service annexe hebdomadaire de Saïgon à Haïphong par Tourane), et un service mensuel de cargos de Haïphong à Dunkerque par Tourane et Saïgon. Durée du voyage de Marseille à Saïgon : 26 jours.

La *Compagnie des Chargeurs réunis* a également un service régulier mensuel de cargos entre Haïphong, Tourane, Saïgon et Dunkerque.

En Extrême-Orient, l'Indochine est en relation avec la Chine et le Japon, par une ligne bi-mensuelle des *Messageries Maritimes*, de Saïgon à Yokohama par Hong-Kong et Chang-Haï ; avec la Chine seule, par plusieurs lignes de Haïphong à Hong-Kong : avec le Siam, par une ligne de Saïgon à Bang-Kok (*Messageries fluviales de Cochinchine*), avec la Péninsule malaise et les Indes néerlandaises par des lignes annexes des *Messageries Maritimes*, de Saïgon à Singapour et de Singapour à Batavia.

Organismes commerciaux.

Délégué de l'Indochine à l'Office Colonial à Paris : *Capus*.

Agence économique de l'Indochine à Paris, 41, avenue de l'Opéra.

Chambres de Commerce et Chambres mixtes : Cochinchine, Saïgon, Représ, en France, *Bergier*, 146, rue Vendôme, à Lyon. — Cambodge, Pnom-Penh. Comité Cons. mixte de Com. et d'Agricult. Délégué : *Gaillard*. — Annam, Hué, Cté Cons. mixte de Com. et d'Agricult. Représ. à Paris, Baron *Pérignon*, 100, rue de Grenelle, à Paris. — Tonkin, Chambres de commerce à Hanoï : Représ. *Lachal*, 5, rue Sainte-Catherine, à Lyon, et à Haïphong.

Musée Commercial d'Hanoï. Dir. M. *Grévost*.

Monnaies.

L'Indochine est sous le régime de l'étalon d'argent.

La monnaie métallique ayant cours en Indochine est la piastre de commerce pesant 27 francs d'argent au titre de 0,900. Les monnaies divisionnaires sont :

En argent : pièces de 50, 20 et 10 centimes; en bronze : pièce de 1 centime; en zinc : sapèque valant 1/12 à 1/13 de cent.

Le cours de la piastre en francs varie suivant les fluctuations du marché de l'argent. Il est passé de 2.30 en 1914 à 4.50, 5.70 le 18 juin 1919 pour atteindre 8 fr. à la date du 4 oct. 1919 et 14 fr. 75 à la date du 8 mars 1920.

En avril 1920, un arrêté a décrété le cours forcé de la piastre, dont la valeur a été fixée à 15 fr.

Établissement de crédit. — La Banque de l'Indochine; privilégiée, capital de 48 millions de fr. avec un fonds de réserve de 33.500.000 fr., (V. p. 416). Siège à Paris, 15 bis, rue Laffite; Succursales et agences à Saigon, Pnom-Penh, Battambang, Haiphong, Hanoï, Tourane, Bangkok, Hong-Kong, Canton, Shanghaï, Han-Kéou, Tien-Tsin, Pékin, Singapore, etc.

Bibliographie.

INDOCHINE

Annuaire général de l'Indochine, gr. in-8. Impr. d'Extrême-Orient, Hanoï-Haiphong.
Chailley-Bert (J.). *La Colonisation de l'Indochine* (1892).
Dupouy (G.). *Études minéralogiques sur l'Indochine française*, in-8, 10 fr. Larose. Paris.
Gay-Lugny. *Le Commerce extérieur de l'Indochine*, in-8, br. 3 fr. Larose. Paris, 1910.
Harmand (D[r]). *L'Indochine française* (1887).
Bouvard (P.). *Le Lang-Bian. Sanatorium et Chasses*, in-16. Montégout. Saigon, 1917.
Lanessan (J.-L. de). *L'Indochine française*, in-8, br. 15 fr. F. Alcan. Paris, 1889 ; *La Colonisation française en Indochine*, 1895.
Lemire (Ch.). *L'Indochine*, in-8 ill., 2 cartes 7 fr. 50. Challamel. Paris, 1883.
Mossy (L.). *Principes d'administration générale de l'Indochine*, in-8. Impr. de l'Union. Saigon, 1917 ; *Les cinq pays de l'Indochine française*, 1899.
Peyrouton. *Les Monopoles en Indochine*, in-8, br. 4 fr. Larose. Paris, 1912.
Russier (H.) et Brenier (H.). *L'Indochine française*, in-18, br. 4 fr. A. Colin. Paris, 1910.

COCHINCHINE

Petiton (H.). *La Cochinchine française*, 1887.

CAMBODGE ET LAOS

Aymonier. *Le Cambodge, le royaume actuel*, 1900.
Gosselin (Capitaine). *Le Laos et le protectorat français*, 1900.
Leclère (Adhémard). *Les Codes Cambodgiens*, publié sous les auspices de MM. Doumer et Ducos, 2 vol., 1898 ; *Cambodge. Fêtes civiles et religieuses*, in-8. Hachette. Paris, 1917.
Reinach (Lucien de). *Le Laos*, 2 vol., 1900.
Russier (H.). *Histoire sommaire du royaume de Cambodge*. A. Ardin. Saigon, 1916.

ANNAM

Dubreuil de Rhins (J.-L.). *Le royaume d'Annam et les Annamites*, 1879.
Maybon (C.-B.) et Russier (H.). *Notions d'Annam*, in-16. Haiphong, 1916.
Silvestre (J.). *L'Empire d'Annam et le peuple annamite*, 1889.

TONKIN

Chailley (J.). *Paul Bert au Tonkin*, 1885.
Dupouy (G.). *Mines et Minéraux du Tonkin*, in-8, 6 fr. Larose. Paris, 1909.
Dupuis (Jean). *Les origines de la question du Tonkin*, 1896 ; *Le Tong-Kin et l'intervention française*, Challamel. Paris, 1898.
Ferry (G.). *Le Tonkin et la mère patrie*, 1890.
Gaisman (A.). *L'Œuvre de la France au Tonkin*, in-16, br. 3 fr. 50. F. Alcan. Paris, 1906.
Galliéni (général). *Trois colonnes au Tonkin*, 1894, 1895, 1899.
Frey. *Pirates et rebelles au Tonkin*, 1892.
Imbert (Calixte). *Le Tonkin industriel et commercial*, Challamel. Paris, 1885.
Millot. *Le Tong-Kin, son commerce et sa mise en exploitation*, 1888.
Sarran (E.) *Étude sur le bassin houiller du Tonkin*, in-8, 12 fr., Challamel. Paris, 1888.

COLONIES D'AMÉRIQUE

SAINT-PIERRE ET MIQUELON

Histoire.

Dès le début du XVIe siècle, les pêcheurs français ont fréquenté les parages de ces îles. Un peu plus tard, Jacques Cartier reconnut les « îles de St-Pierre » (5 juin 1535). Mais ce n'est que dans les trente dernières années du XVIIe siècle que ces régions ont été sérieusement explorées. La cession de Terre-Neuve à l'Angleterre au traité d'Utrecht (1713) n'arrêta pas les travaux scientifiques des Français autour de la Grande île, et c'est à eux qu'on doit la cartographie complète de Terre-Neuve et des îles avoisinantes. Par le traité de Paris (1763), nous cédâmes toutes nos possessions de l'Amérique du Nord sauf les îles St-Pierre et Miquelon, qui furent laissées pour servir d'asile à nos pêcheurs. Le droit de pêche sur les côtes de Terre-Neuve, reconnu par le traité d'Utrecht, fut confirmé. La reprise de possession des îles St-Pierre et Miquelon eut lieu le 14 juillet 1763. C'est à cette époque que remonte la fondation de nos établissements sur ces îles où vinrent s'installer des pêcheurs normands et bretons avec leurs familles. En 1764, le chiffre des habitants dépassait un millier et trois ans plus tard, la pêche donnait 60.000 quintaux de morue. La guerre de l'Indépendance américaine vint arrêter la prospérité des pêcheries. En 1778, les Anglais obligèrent les habitants à se réfugier en France. Le traité de Versailles (1783) nous rendit St-Pierre et Miquelon et nous donna le droit exclusif de la pêche sur la côte de Terre-Neuve entre le Cap Saint-John et le Cap Bay. Le Gouvernement français rapatria les colons et, l'année suivante, 10.000 marins prenaient part à la pêche sur les bancs de Terre-Neuve. Mais les Anglais s'emparèrent à deux nouvelles reprises (1793 et 1813) de ce groupe d'îles qui ne fut rendu définitivement à la France que le 30 mars 1814 par le traité de Paris et où les habitants se réinstallèrent en 1816.

L'accord franco-britannique du 8 avril 1904 a réglé définitivement les difficultés au *French shore*, c.-à-d. le droit de préparation et de séchage à terre du poisson. La France conserve le droit de pêche dans les eaux territoriales du French Shore, soit sur un littoral de 18 km. de long.

Géographie.

Ces îles sont situées dans l'Océan Atlantique à proximité de Terre-Neuve (5 à 6 lieues). Le groupe comprend les îles Saint-Pierre et Miquelon (Grand Miquelon et Petit Miquelon ou Langlade) et les dépendances : îles Grand Colombier et Petit Colombier, îles aux Chiens, aux Pigeons, aux Vainqueurs (lazaret), aux Moules, aux Massacres, île Verte.

La superficie est de 241 k. q., la population de 6.500 habitants, 12.000 pendant les pêches.

Le climat y est rude, l'hiver froid et prolongé ; les conditions de la vie y sont difficiles et sans l'appât de la pêche, ces parages désolés seraient déserts.

La population est répartie presque tout entière en trois centres · Saint-Pierre, chef-lieu de la colonie, 5.400 hab. ; Ile aux Chiens, 600 hab. et Miquelon-Langlade, 500 hab.

Administration.

Au point de vue légal, la colonie de Saint-Pierre et Miquelon est soumise au régime des décrets. Elle est représentée dans la métropole par un délégué au Conseil supérieur des Colonies. Ce délégué est élu pour 3 ans au suffrage universel. Elle est gouvernée par un administrateur (M. Lachat) qui a sous ses ordres le chef du service judiciaire.

La municipalité de St-Pierre se compose d'un maire, de 2 adjoints et d'un conseil municipal de 19 membres. Les municipalités de l'île aux Chiens et Miquelon se composent chacune d'un maire, de deux adjoints et d'un conseil municipal de 15 membres.

Les îles St-Pierre et Miquelon sont divisées en deux cantons de justice de paix dont les chefs-lieux sont St-Pierre et Miquelon. Le tribunal civil de 1re instance siège à St-Pierre. Une cour d'appel connaît des appels des tribunaux de paix et du tribunal de 1re instance. Le conseil d'appel se constitue en tribunal criminel par l'adjonction de 4 notables désignés par la voix du sort sur une liste de quarante personnes, arrêtée chaque année.

La colonie possède un collège colonial. Les écoles communales sont au nombre de 6 (3 pour les garçons, 3 pour les filles) avec 340 élèves. Un cours supérieur est annexé à l'école communale de St-Pierre. Il existe également un pensionnat privé tenu par les Sœurs de St-Joseph. La population scolaire totale est d'environ 1.400 élèves.

Les impôts principaux sont l'impôt foncier, l'impôt des patentes, les patentes sur cargaison, les patentes de sècheries, les droits de douane perçus en principe d'après le tarif métropolite, les droits et taxes de navigation, les droits de consommation. Ces divers impôts sont perçus au profit du budget local, mais la colonie abandonne au profit des communes tantôt une partie de certaines d'entre eux, tantôt des centimes additionnels au principal. Les communes ont, en outre, des ressources spéciales ; droit de stationnement, de quais et octroi de mer.

Finances.

Budget local pour 1918 :	629.661	francs
— — 1920 :	1.2[illegible]5 038	—
Dette au 1er janvier 1918 :	5[illegible]0 000	—

Mouvement économique.

Le sol, stérile et granitique, est impropre à la culture si ce n'est celle des légumes pendant trois ou quatre mois de l'année. De rares pâturages permettent d'élever quelques bœufs.

La seule industrie est la pêche de la morue sur les bancs de Terre-Neuve. Il s'exportait annuellement vers 1899 pour une valeur de 13 à 15 millions de francs de poissons. Ces exportations ne dépassaient guère 6 millions en 1905 et dans les années suivantes, la situation s'est encore aggravée. (2.835 tonnes en 1917.) Autour de la pêche gravitent les industries habituelles des ports de mer (charpentiers, voiliers, forgerons, tonneliers, etc.).

Les importations consistent principalement en denrées nécessaires à l'alimentation, en vêtements et tissus et produits destinés à l'industrie de la pêche.

Commerce général de 1908 à 1917 (Valeur en francs) :

Années	Importations	Exportations	Total
Moyenne quinq. 1908-1912	5.197.335	7.846.262	13.043.597
1913	4.536.745	6.201.798	10.558.543
1914	4.262.700	6.310.052	10.572.752
1915	2.573.830	8.918.916	11.492.746
1916	3.629.277	2.926.909	6.556.186
1917	4.076.304	2.711.650	6.787.954

La part du commerce avec la France, était de 36,80 p. 100 en 1917.

Un petit steamer fonctionne entre St-Pierre et Miquelon. Un service régulier relie Saint-Pierre à New Sydney et Halifax. Les relations avec la France s'effectuent par New-York.

En 1915, 971 vaisseaux jaugeant 73.166 tonnes étaient entrés dans le port de Saint-Pierre, 969 jaugeant 72.918 tonnes en étaient sortis.

La principale banque est la Banque des îles St-Pierre et Miquelon, à St-Pierre. Système métrique. Monnaies françaises, anglaises et américaines.

A Saint-Pierre, Chambre de Commerce et Syndicat d'Initiative colonial.

Bibliographie.

Almanach du Centenaire, br. 6 fr. Renaudie. Paris, 1918.
Annuaire des îles Saint-Pierre et Miquelon. Saint-Pierre.
Legasse (L.). *Notice sur la situation et l'avenir économique des îles St-Pierre et Miquelon*.
Bellet (Ad.). *La Grande pêche de la morue à Terre-Neuve*, 1902.

LES ANTILLES FRANÇAISES

Les Antilles françaises font partie de cette longue traînée d'îles volcaniques qui semblent relier les deux Amériques.

La France possède du Nord au Sud : La partie nord de l'île Saint-Martin, Saint-Barthélemy, la Guadeloupe avec ses dépendances ; la Désirade, Marie-Galante et les Saintes ; enfin la Martinique. La Martinique et la Guadeloupe, les deux îles sœurs, tiennent parmi les Antilles françaises la première place.

LA GUADELOUPE

Géographie et Histoire.

Superficie : 1.780 km. q. Population (1911) : 212.430 hab.

La Guadeloupe fait partie des petites Antilles ou Iles Caraïbes. Elle est située à 100 km. N.-O. de la Martinique. Elle a cinq dépendances qui sont : Marie-Galante, Iles Saintes, Saint-Martin, Saint-Barthélemy et Désirade.

La Guadeloupe se compose de deux îles jumelles : la Guadeloupe proprement dite ou *Basse-Terre* à l'ouest et la *Grande-Terre* à l'est. Les deux îles sont séparées par la *Rivière Salée*, chenal profond de 5 à 6 m., large de 30 à 120 m. et long de 8 à 9 km.

L'année se divise en trois saisons : hivernage (pluies continues, de juillet à novembre, avec fréquents cyclones en août et septembre), saison fraîche (de décembre à mars), saison sèche (de mars à juillet). La température oscille entre 20° et 32° ; la moyenne est de 26°. Malsain sur les côtes, le climat est sain et agréable sur les plateaux.

La population créole représente les 9/10 de la population totale et comprend environ 65 % de métis, 27 % de noirs et 8 % de blancs. Les immigrés, qui constituent l'autre dixième de la population totale comprennent des Hindous, des noirs africains, des blancs (environ 15 %) et quelques Chinois et Annamites.

La population totale est de 212.430 hab. dont 19.432 pour Marie-Galante, 2.735 pour La Désirade, 1.800 pour Les Saintes, 2.545 pour Saint-Barthélemy, 4.174 pour Saint-Martin.

Les villes principales sont : La Basse-Terre, ville maritime, chef-lieu de la colonie, 8.184 hab. : La Pointe-à-Pitre, ville maritime de la Grande-Terre, au sud de la Rivière Salée, 22.664 hab. : Le Moule, ville maritime, sur la côte orientale de la Grande-Terre, 10.000 hab.

La Guadeloupe a été découverte par Christophe Colomb, le 4 novembre 1493. Les Espagnols, sollicités seulement par l'attrait des mines d'or du continent, n'y fondèrent aucun établissement, et ce ne fut qu'en 1635 que les sieurs de l'Olive et Duplessis vinrent en prendre possession au nom de la France, pour le compte de la *Compagnie des Iles d'Amérique*.

Après la dissolution de la *Compagnie des Iles d'Amérique* (1648), la Guadeloupe fut vendue au sieur Houël qui en était alors gouverneur, et à son beau-frère, le marquis de Boisseret. Mais, en 1664, ils furent mis en demeure de céder leurs îles à la *Compagnie des Indes occidentales* qui en resta propriétaire jusqu'en 1674. La colonie fut alors réunie au domaine de la couronne et gouvernée par des lieutenants-généraux, représentants directs du roi.

Depuis 1759, la colonie a passé alternativement aux mains des Français et des Anglais. Le traité de 1815 la rendit définitivement à la France.

A la suite de la Révolution de 1840, les droits civils, après avoir été retirés par la Restauration aux anciens esclaves, furent accordés à tous les hommes de couleur libres. Enfin, le décret du 27 avril 1848 supprima l'esclavage et proclama l'égalité civique complète entre affranchis et hommes libres.

Gouvernement.

Gouverneur : Pierre *Duprat*, gouv. de 1re cl. (17 avril 1920).
Secrétaire général : *de la Vayssière* ✵.
Représentation au Parlement. Sénateur : *Henry Bérenger*. — Députés : *Candace* et *René Boisneuf*.
Service judiciaire : *Adriani*, procureur général.

Organisation politique et administrative.

Le régime légal de la Guadeloupe a été constitué par le sénatus-consulte du 3 mai 1854 qui règle la constitution de la Martinique, de la Guadeloupe et de la Réunion modifié par le sénatus-consulte du 14 juillet 1866 et les décrets des 11 août 1866 et 3 décembre 1870. Ce régime est une reproduction fidèle du régime métropolitain.

La Guadeloupe est représentée au Parlement par un sénateur et deux députés élus dans les mêmes conditions qu'en France.

Administration. — L'administration de la Guadeloupe est confiée à un gouverneur nommé par le président de la République et responsable, devant le Ministre des Colonies, de son administration générale et, devant le Conseil général, de sa gestion administrative et financière. Il est assisté d'un Conseil privé qui comprend le secrétaire général, le procureur général, le chef du service administratif, deux conseillers privés et un secrétaire-archiviste.

Le Conseil général de la Guadeloupe est composé de 36 membres élus dans les mêmes conditions que dans la métropole. Il a les mêmes attributions que les conseils généraux de France avec quelques additions, notamment en ce qui concerne l'établissement des droits de douane.

Organisation financière.

Le budget local préparé par le gouverneur est voté par le conseil général.

Les budgets de la colonie se sont élevés de 4.670.000 fr., en 1915, à 6.942.490 fr. en 1918 et 7.426.554 fr. 80 en 1919.

Mouvement économique.

Après une longue crise due aux aléas de la monoculture (le sucre était tombé à 26 fr. en 1895 après avoir valu 60 fr.), à la pénurie des capitaux et au manque de main-d'œuvre, la Guadeloupe connaît depuis trois ans une prospérité nouvelle. L'envahissement du Nord de la France obligea la métropole à demander à ses trois colonies sucrières tout ce qu'elles pouvaient fournir en sucres et en rhums, et la Guadeloupe en a profité.

Productions. — *a*) *agricoles.* Le sol et le climat de la Guadeloupe permettent d'entreprendre toutes les cultures des pays chauds. La principale d'entre elles est la canne à sucre, qui occupe une superficie de plus de 10.000 ha. Toute la Grande-Terre est couverte de plantations sucrières. Les mélasses exportées en 1912 représentent 704.000 lit. d'une valeur de 1.030.000 fr. Le rhum a atteint à l'exportation 9.697.000 lit. d'une valeur de 4.155.000 fr. Le litre de rhum, qui valait sur place avant la guerre 0 fr. 35, trouva acheteur en 1918 à 2 fr. 75. Immédiatement après la culture de la canne à sucre, il faut placer celle du café, qui occupe une superficie de 6.000 ha. et dont l'exportation de 1.300.000 kg. en 1913 (valeur 3 millions de fr.) est descendue à 504 tonnes en 1917. Puis viennent celles du cacao (1.060 tonnes exportées en 1917, valeur 2 millions de fr.), de la vanille (en 1912 : 25 tonnes, valeur 396.000 fr. ; en 1913 : 20 tonnes ; en 1914, 11 tonnes, valeur 220.000 fr.) ; du rocou (43 tonnes exportées) ; du coton, des épices (muscades, caunelles, girofles, poivre) ; bois d'Inde, tabac, ricin ; arbres fruitiers (bananes, 12.800 kg., ananas 1.200 kg., noix de coco, 26.000 kg., ananas confits, 156.077 kg.), ignames, patates, etc.

b) *animales.* — L'élève du bétail a pris depuis quelques années une remarquable extension. Mais elle reste encore, dans une certaine mesure, pour la fourniture des animaux de boucherie et des chevaux, tributaire de Porto-Rico. Le cheptel local se compose d'environ 8.500 chevaux, 4.000 ânes, 6.000 mulets, 25.000 bêtes à cornes, 11.000 moutons, 16.000 chèvres, 50.000 porcs. L'abeille de la Guadeloupe donne une cire et un miel de qualité supérieure.

c) *forestières.* — On rencontre à côté de quelques plantes d'Europe de nombreux spécimens de la végétation tropicale : le baobab, le palmier, des arbres propres à la construction ou à la menuiserie, le courbaril, le gaïac, le mahogany ou acajou du pays, le bois de fer, le fromager, le mancenillier. Les bois d'ébénisterie figurent à l'exportation pour 24 tonnes, valant 5.500 fr. en 1913.

d) *minérales.* — On trouve de l'excellent fer titanique dans les sables de Sainte-Marie, des gisements de phosphate de chaux à Saint-Martin, des carrières de pierre calcaire dans la Grande-Terre, et des dépôts de pouzzalane à la côte Sous-le-Vent.

Commerce.

Le mouvement commercial est donné par le tableau suivant (en francs) :

ANNÉES.	IMPORTATIONS.	EXPORTATIONS.	TOTAL GÉNÉRAL.
Moyenne 1908-1912	16.997.877	19.867.677	36.865.554
1913	20.174.930	18.287.489	38.462.419
1914	17.541.368	26.187.172	43.728.540
1915	19.610.942	26.712.230	46.323.172
1916	24.955.213	42.205.589	67.160.802
1917	39.511.206	50.558.872	90.070.078
1918 provisoires	39.696.055	51.070.824	90.766.879

La part de la France dans le commerce général de la colonie était de 66 p. 100 en 1917, soit 49.461.000 fr. à l'exportation et 10.176.000 fr. à l'importation ; la part de l'étranger était, pour la même année, de 427.000 fr. à l'exportation et de 28.519.000 fr. à l'importation.

Principales exportations :

	1917 Quantités	1917 Valeurs	1918 Quantités	1918 Valeurs
Sucre (tonnes)	30.870	18.916.721 fr.	27.032	20.335.116
Rhum (hectol.)	126.535	25.259.770 —	71.797	16.921.107
Café (tonnes)	504	1.407.925 —	975	3.716.149
Cacao (—)	1.060	2.588.362 —	1.160	3.341.735
Vanille (—)	19	351.420 —	42	1.054.224
Mélasses (hectol.)	6.060	181.813 —	6.344	247.533

Principales importations (1918) :

Farineux alimentaires	11.286.511 fr.	Produits et dépouilles d'animaux	2.639.652 fr.
Riz	7.098.766 —	Huiles et sucs végétaux	2.700.331 —

Mouvement maritime. — (1917-1918) :

		Navires		Jauge	
Entrée : Vapeurs	1917	140	nav. jaug.	232.073 tx.	
—	1918	123	—	193.161 —	(60 vapeurs français).
Voiliers	1917	158	—	22.039 —	
—	1918	233	—	16.902 —	(71 voiliers français).
Sortie : Vapeurs	1917	141	—	230.185 —	
—	1918	126	—	203.215 —	
Voiliers	1917	159	—	22.211 —	
—	1918	218	—	15.564 —	

Etablissements de Crédit. — La Banque de la Guadeloupe, au capital de 3 millions de fr., émet des billets de 500, 100, 25 et 5 fr. Le cours forcé existait avant la guerre. Au dernier bilan de 1917, la circulation fiduciaire de la Guadeloupe et de la Martinique représentait 23.706.000 fr. pour une encaisse métallique de 5.852.000 fr. Les émissions de billets ont répondu, contrairement à l'usage, aux besoins d'un commerce brusquement accru en valeur. Le danger existe toujours pour ces deux colonies du régime de monoculture sucrière dans lequel elles se sont confinées jusqu'à ce jour.

Chambres de Commerce. — A Basse-Terre et Pointe-à-Pitre. — Chambres d'agriculture à Basse-Terre, Pointe-à-Pitre et Marie-Galante.

Bibliographie.

Annuaire de la Guadeloupe et dépendances. Basse-Terre.
Ballet (J.). *La Guadeloupe*, 2 vol. Basse-Terre, 1890.
Bonâme (Ph.). *Culture de la canne à sucre à la Guadeloupe*, 7 fr. Challamel Paris, 1888.
Bouinais. *La Guadeloupe physique, politique, économique*, 5 fr. Challamel Paris, 1882.
Rey (Dr H.). *Etude sur la Guadeloupe*, 1878.

LA MARTINIQUE

Histoire.

L'Ile de la Martinique fut découverte par Christophe Colomb qui débarqua le 15 juin 1502, jour de la Saint-Martin, à l'endroit où s'élève actuellement le bourg du Carbet. Elle était alors exclusivement peuplée par des Indiens Caraïbes qui en restèrent maîtres jusqu'au XVIIe siècle. En 1635, le sieur d'Esnanbuc, capitaine général de Saint-Christophe, aborda avec une centaine d'hommes à l'endroit où fut bâtie plus tard la ville de St-Pierre et prit possession de l'île au nom de la *Compagnie des Iles d'Amérique*.

En 1664, la Compagnie des Indes occidentales reçut pour 40 années le privilège du commerce et de la navigation dans les mers d'Amérique. Absorbée par ses opérations commerciales, cette Compagnie laissa sans défense les îles qui lui étaient confiées, ce qui permit aux Anglais et aux Hollandais de tenter, d'ailleurs vainement, plusieurs débarquements à la Martinique (1672, 1693, 1697 et 1704). Le roi Louis XIV prononça la dislocation de la Compagnie en décembre 1674 et fit édifier le Fort-Royal.

Cependant la colonie tomba aux mains des Anglais (15 févr. 1762) qui la rendirent à la France, le 10 février 1763, au traité de Paris, mais le commerce local se ressentit fâcheusement de la cession de l'Ile de la Dominique.

En 1793, après 32 jours d'un siège héroïque au fort Desaix, Rochambault dut se rendre et la Martinique tomba sous la domination anglaise. Le traité d'Amiens la rendit à la France mais l'île eut à subir en 1809 une nouvelle invasion anglaise qui réussit encore, grâce à la maladroite défense du gouverneur Villaret-Joyeuse et à la trahison d'un certain nombre d'indigènes. La chute de Napoléon amena la restitution de la Martinique à la France. Les Anglais reparurent de nouveau en 1815 pendant les 100 jours, appelés par l'amiral de Vaugirard, gouverneur. Le traité de novembre 1815 rendit définitivement la Martinique à la France.

Malgré les désastres provoqués par les cyclones et les éruptions volcaniques dont on a gardé le souvenir, la Martinique n'a cessé depuis lors de manifester sa vitalité qui permet d'augurer favorablement de son avenir économique.

Géographie.

La Martinique fait partie du groupe des Antilles désigné sous le nom d'Iles du Vent. Sa plus grande longueur est de 66 km.; sa largeur moyenne de 30 km. et sa superficie de 988 km. q., soit à peu près le double du département de la Seine. Elle se compose de deux parties, deux péninsules réunies par l'isthme situé entre le cul-de-sac du François et le cul-de-sac de Fort-de-France. Son système montagneux est essentiellement formé de deux massifs, l'un septentrional, l'autre méridional réunis par une petite chaîne moins élevée. Ces montagnes portent le nom de *pitons* ou de *mornes* et sont, comme la Montagne Pelée (1.370 m.) que les éruptions de 1901 ont rendue si tristement célèbre, d'origine volcanique.

Les mêmes cyclones qui visitent le reste des Antilles n'épargnent pas la Martinique et leur visite s'accompagne généralement de raz de marée. Le climat de la Martinique est chaud et humide. L'année se divise en 3 saisons qui sont : la saison fraîche de décembre à mars ; la saison chaude et sèche d'avril à juillet ; la saison chaude et pluvieuse de juillet à novembre.

Population et villes principales.

La population s'élevait en 1916 à 193.087 hab. composés : de blancs purs en très petit nombre, y compris les fonctionnaires et soldats venus d'Europe, de noirs issus des anciens esclaves affranchis, de mulâtres provenant du croisement des deux races et enfin d'immigrants, peu nombreux, travailleurs hindous, chinois ou africains. Le mot créole s'applique à tout individu né dans la colonie.

La ville la plus importante de la Martinique est *Fort-de-France* (autrefois Fort-Royal), patrie de l'impératrice Joséphine, chef-lieu de l'île, bâtie au bord de la baie des Flamands, d'une population de 27 019 hab. La destruction de Saint-Pierre (1902) en fait le centre commercial le plus important.

Gouvernement.

Gouverneur : Maurice *Gourbeil*, gouv. de 1re cl. (17 avril 1920).

Représentation au Parlement. — Sénat : M. *Lémery*. — Chambre des Députés : *Clerc*. — *Lagrosillière* (Joseph).

Secrétaire général : *Braban* — Chef du Service judiciaire : *Clavius* Marius proc. général — Chef du Service de l'instruction publique : *Fouret* — Chef du Service de l'enregistrement : *Birot* — Trésorier-payeur : *Rousson*.

Organisation politique et administrative.

Représentation au Parlement. — La Martinique est représentée au Parlement par un sénateur, élu par le Conseil électoral composé des députés, des conseillers généraux et des délégués des conseils municipaux et deux députés, élus au Suffrage universel, comme dans la métropole.

Conseil général. — Le Conseil général de la Martinique est composé de 36 membres élus au suffrage universel. Le président, le vice-président et les secrétaires sont nommés, pour chaque session, par le Conseil. Elus pour 6 ans, les conseillers généraux sont renouvelables par moitié tous les 3 ans et sont indéfiniment rééligibles.

Organisation administrative. — La Martinique constitue un gouvernement qui relève du Ministre des colonies. Au point de vue général, son organisation administrative a beaucoup d'analogie avec celle des départements français. Elle est divisée en 2 arrondissements : du Sud (121.169 hab.) et du Nord (62 835 hab.), 9 cantons et 31 communes.

Le Gouverneur, qui réside à Fort-de-France, est assisté d'un Secrétaire général et d'un Conseil privé composé du Secrétaire général, du procureur général, chef du service judiciaire, du commandant supérieur des troupes et de 2 habitants notables désignés chaque année par le Gouverneur.

Organisation sociale.

Justice. — L'administration de la justice a pour chef le procureur général et comprend 7 tribunaux de paix, un tribunal de 1re instance, jugeant commercialement à défaut de tribunaux de commerce, une cour d'appel et une cour d'assises. Ces différentes juridictions ont la même compétence que les juridictions équivalentes de France.

Instruction publique. — Le service de l'instruction publique est placé sous la direction du proviseur du Lycée de Fort-de-France. Il comprend les établissements suivants :

Enseignement primaire. — L'enseignement primaire, qui est dirigé, sous le contrôle du chef de service de l'instruction publique, par un inspecteur primaire, est donné dans 76 écoles dont 38 écoles de garçons et 38 de filles et comprenait, en 1916, 18 000 élèves.

Enseignement secondaire. — Ecole préparatoire de droit de Fort-de-France (f. en 1883) ; Lycée Schoelcher, lycée de garçons, à Fort-de-France (459 élèves en 1916), qui est assimilé en tout aux établissements secondaires de même nature de la métropole. Il donne l'enseignement conformément aux plans d'études et aux programmes suivis dans les lycées de France ; Ecole des Arts et Métiers, qui a pour but de former des chefs d'atelier et de bons ouvriers, et qui constitue une annexe du Lycée de Fort-de-France ; Pensionnat colonial de jeunes filles à Fort-de-France (448 élèves en 1916), ayant un programme conforme aux plans d'études des écoles primaires sup. et des lycées de jeunes filles de la métropole.

Organisation financière.

Le budget, préparé par le Gouverneur en Conseil privé, est voté par le Conseil général. Les dépenses sont divisées en dépenses facultatives et dépenses obligatoires. En 1920, le budget est de 15.445.062 fr.

Au point de vue douanier, la Martinique est soumise au régime métropolitain.

Mouvement économique.

Productions agricoles. — La principale culture de la Martinique est la *canne à sucre* dont le produit est le premier article d'exportation de la colonie

(40 000 tonnes en 1913). Une partie des cannes est convertie en rhum, qui est, après le sucre, la ressource la plus importante de l'île et dont les exportations se sont montées en 1917 à plus de 17 millions de fr. Il faut citer ensuite la patate (77 tonnes en 1913), l'igname, le manioc, le bananier, le chou-caraïbe, le maïs, le riz et les légumes et fruits divers qui viennent en abondance.

On cultive encore à la Martinique le cacaoyer, qui couvre une surface de 1 500 hab. environ ; il s'en exporte en moyenne et en temps normal, 520 tonnes par an, d'une valeur de 1 million de fr.

Le caféier qui constituait autrefois une des grandes richesses de la colonie mais auquel se sont attaquées, au cours de ces dernières années, des maladies qui ont causé la destruction des plantations les plus importantes. Le centre principal de culture du caféier est la Montagne du Vauclin ; le vanillier (3 259 kg. d'une valeur de 76 373 fr. en 1913), le bananier, la canelle (1 875 kg., valant 1 234 fr.), le tabac, dont la culture, autrefois abondante, tend à renaître ; le cotonnier, qui croît très bien dans toute l'île où il pourrait constituer une ressource appréciable et les fruits (moyenne annuelle 40 500 fr.).

Parmi les productions forestières, il faut citer le kolatier et quelques palmiers et l'arbre à pain. L'huile de bois d'Inde fait l'objet d'une industrie assez active.

Productions minérales. — Le sous-sol de la Martinique est assez pauvre. On exploite quelques carrières de basalte dont les produits servent à la construction. Seule, l'argile est assez abondante et a permis l'installation d'une fabrique de tuiles et de poteries vernissées qui fournissent toute l'île et une partie des Antilles.

Élevage. — La Martinique possède un cheptel qui suffit aux besoins locaux. Le bœuf martiniquais fournit une viande excellente et les moutons, les chèvres et les porcs sont également assez répandus dans toutes les parties de l'île. Le cheval est de très petite taille (1 m. 32 à 1 m. 40), mais il est résistant et robuste.

Industrie et Commerce.

L'industrie de la Martinique est représentée principalement par les fabriques de sucre, de rhum, de cacao et de vanille.

La population s'adonne également à des travaux de charronnerie, de scierie, d'ébénisterie, de vannerie et de cordonnerie. Il existe à Fort-de-France une glacière et une scierie mécanique, une fabrique de pâtes alimentaires et une fabrique de biscuits de mer.

Le commerce général de la Martinique, au cours de ces dernières années, est indiqué par le tableau suivant :

ANNÉES.	IMPORTATIONS.	EXPORTATIONS.	TOTAL GÉNÉRAL.
	francs	francs	francs
1913	22.144.315	28.896.814	51.041.129
1914	22.121.747	26.769.843	51.891.590
1915	23.278.363	43.479.132	66.757.495
1916	33.853.904	60.989.831	94.843.735
1917	56.569.283	81.392.263	137.961.546
1918	»	»	105.571.130

De même que pour la Guadeloupe, la valeur du commerce général n'a doublé qu'en valeur. Pour 1918, les principaux articles, sucre, rhum, cacao, se montrent en diminution à l'export, par suite du manque de frêt.

La part de la France dans le commerce de la Martinique est environ des 2/3 pour le commerce général, de 1/3 pour les importations et des 9/10 pour les exportations. Les chiffres relevés pour 1917 sont : Exportations en France 70.902 fr., aux colonies fr. 1.368.753 fr., à l'étranger 9.121.296 fr. ;

importations de France 10.657.296 fr., des colonies 1.066.663 fr., de l'étranger 44.845.324 fr.

Les exportations ont été, pour les principaux produits, de :

PRODUITS.	1913	1915	1916	1917	1918
Sucre (tonnes)	40.160	38.936	34.444	20.881	20.712
Cacao (tonnes)......	525	506	326	296	146
Rhum (mill. de hl.).	188.219	241.727	236.095	264.240	210.768
Peaux (tonnes).....	189	384	337	176	218

Les autres produits exportés sont le café (9 587 kilos en 1913, val. 24 000 fr.); la vanille (3 259 kilos, val. 76 373 fr.); la cannelle (1.875 k., 1.234 fr.); les fruits frais (40.675 fr.) comprenant les bananes (10.000 fr.), les ananas (15.000 fr.), les oranges (1.400 fr.). L'huile de bois d'Inde a donné en 1913 : 2.649 kilos valant 23.495 fr. ; les fécules et les patates respectivement 11 tonnes et 77 tonnes ; le citrate de chaux, 2.000 kilos.

Les principales marchandises importées sont les produits alimentaires (viandes salées, graisses, riz, farine, pommes de terre) ; le tabac, les bois, la houille, les métaux, les engrais chimiques et les tissus.

Outillage économique.

Le réseau des voies de communication comprend 34 routes coloniales. La principale est celle de Fort-de-France à St-Pierre.

La Martinique compte 43 bureaux de poste. Le service postal intérieur est assuré par des bateaux à vapeur qui desservent les ports, par des voitures à chevaux, par des canaux à voiles et par piétons.

Mouvement maritime. — Entrées en 1917 : 785 nav. jaugeant 404.677 tx.
— — 1918 ; 721 — — 328.265 —

Établissement de crédit. Banque de la Martinique, capital 3 millions de fr.

Chambre de Commerce : à Fort-de-France.

Communications avec l'extérieur.

Les communications internationales de la colonie sont assurées par la *Cie française des câbles télégraphiques* (siège social à Paris, 38, av. de l'Opéra).

Navigation maritime. — La Martinique est en relations directes avec l'Europe : 1° par la *Cie générale Transatlantique*, départ de St-Nazaire une fois par mois ; 2° la ligne Havre-Bordeaux-Colon, départ de Bordeaux, 1 fois par mois ; 3° la ligne Havre-Bordeaux-Haïti avec transbordement à Saint-Thomas ; 4° la ligne de Marseille-Colon, départ de Marseille une fois par mois. La Martinique est à 3.600 milles de la France. Durée de la traversée, 12 jours.

Bibliographie.

Annuaire du Gouvernement de la Martinique. Annuel. Fort-de-France.
Dumoret (M.). *Au Pays du sucre*. Paris, 1902.
Lacroix (A.). *La Montagne Pelée et ses éruptions*. Paris, 1904.
Mouet (H.). *La Martinique*. Paris, 1892.

LA GUYANE

Histoire.

Après avoir été reconnue en 1498 par Christophe Colomb, la Guyane fut parcourue en 1 500 par l'un de ses compagnons, Victor Pinçon. Pendant plus de cent cinquante ans, la Guyane ne fut guère visitée que par des voyageurs, La Rivardière, Poncet de Brétigny, qui ne laissèrent de leur passage aucun établissement digne de ce nom. En 1664, de la Barre en prit possession, au nom de la Compagnie des Indes Occidentales. Mais, dès 1674, Colbert la rattacha directement au royaume, y introduisit la culture de la canne, du coton et de l'indigo, y expédia 1.500 noirs africains et fit explorer l'intérieur du pays par les jésuites Grillet et Béchamel qui reconnurent l'Approuague et l'Oyapok. Grâce à cette énergique impulsion, la Guyane devint prospère. Mais les successeurs de Colbert ne tardèrent pas à compromettre son œuvre. D'autre part, la révocation de l'Edit de Nantes entrava l'essor de nos possessions américaines, qui devenaient la proie des ambitions anglaises. La Guyane stagne alors, à peu près oubliée, incapable de se développer avec ses propres ressources. En 1762, Choiseul, qui cherche des compensations à la perte du Canada, de la Louisiane et du Sénégal, entreprend de faire un grand effort à la Guyane. L'expédition du Kourou dont il charge le chevalier de Turgot, frère du futur ministre de Louis XVI, est un véritable désastre. Une nouvelle tentative sur les rives de l'Approuague, en 1768, n'eut pas plus de succès. Ce n'est qu'avec Malouet, nommé gouverneur de la Guyane, en 1776, que la colonie parvint à sortir de sa longue léthargie. Mais la Révolution en arrêta de nouveau l'essor qui ne reprit qu'en 1802 après le rétablissement de l'esclavage, ordonné par le Premier consul et réalisé par le Gouverneur Victor Hugues. En 1809, la Guyane est attaquée par les Portugais et les Anglais qui s'en emparent; elle nous est restituée par les traités de 1814 et 1815. Le Gouvernement provisoire de 1848 abolit l'esclavage et rendit le suffrage universel applicable aux affranchis. Cette mesure, qui priva longuement les plantations, les ateliers et les usines de presque toute la main-d'œuvre dont elles disposaient, arrêta net le développement économique de la colonie. En 1854, la découverte de l'or sur les rives du haut Approuague provoqua une véritable fièvre : désertant tout autre métier, les habitants coururent aux pépites et ce fut alors une gigantesque loterie, qui enrichit quelques individus, mais qui ruina et en tua un plus grand nombre.

Géographie.

La Guyane française est située sur la côte Nord-Est de l'Amérique du Sud, entre la Guyane hollandaise et la Guyane brésilienne ; sa superficie totale est de 88.240 km. q.

La zone côtière offre l'aspect d'une immense plaine marécageuse, large de 20 à 40 km., à peine ondulée de quelques rares mamelons : cette plaine constitue les *terres basses*. Plus loin, vers l'intérieur, commencent les *terres hautes* comprenant, en marchant de l'est à l'ouest, trois gradins successifs : la région des cascades ou des sauts, le plateau Central de l'intérieur et la Chaine des Monts Tumuc-Humac dont certains sommets atteignent de 1.000 à 1.200 mètres. La côte, presque rectiligne, est basse et bordée de palétuviers.

La Guyane est arrosée par un grand nombre de cours d'eau coulant du sud au nord et dont les principaux sont : le Maroni, le Mana, le Sinnamary, le Kourou, la Cayenne et l'Oyapok. La plupart de ces fleuves ont un régime torrentiel et sont coupés de barres.

La Guyane est presque entièrement couverte par la forêt. Son climat est chaud et très humide. Il comprend deux saisons : la saison sèche, qui dure 4 mois (de juillet à octobre) et la saison des pluies, ou hivernage qui dure huit mois. Les pluies sont très abondantes. La température est de 28° en moyenne, mais est très débilitante, à cause de l'humidité constante de l'air dont le degré hygrométrique dépasse 90 p. 100.

Population.

La population de la Guyane se compose de quatre groupes ethniques d'inégale valeur numérique et sociale : les Indiens aborigènes, les nègres immigrés ou importés, enfin les blancs et les créoles. Les créoles forment à peu près les 4/5 de la population ; le reste se répartit presque également entre les nègres et les blancs. On trouve encore à la Guyane un certain nombre d'Annamites, de Chinois et d'Hindous.

La population est de 26.500 hab. non compris les troupes ni les fonctionnaires, ni les tribus indigènes (peaux-rouges et noirs marrons) qui errent dans le haut des rivières, ni la population pénale (transportés, libérés, relégués) se montant à environ 8.000 individus.

Les villes principales sont : Cayenne, chef-lieu de la colonie (8.500 hab.); Macouria (2.500 hab.) ; Saint-Laurent-du-Maroni (1.000) ; Mana (1.600).

Gouvernement.

Gouverneur : *Lejeune*. Secrétaire général : *Didelot*. Chef du service judiciaire : *Sergent Alleaume*, procureur général.

Conseil privé : *Debuc*, délégué.

Représentation au Parlement : M. *Galmot*, député.

Organisation administrative.

La Guyane se trouve actuellement encore soumise au régime des décrets simples. Elle est représentée au Parlement par un député élu de la même manière qu'en France. Elle n'est pas représentée au Sénat.

L'administration locale est dirigée par un Gouverneur qui est assisté d'un secrétaire général. Le secrétaire général représente le Gouverneur au sein du Conseil général et de la commission coloniale. Il occupe le premier rang après lui et le remplace de plein droit en cas d'absence ou d'empêchement.

Le conseil privé, qui est présidé par le Gouverneur, a pour membres le secrétaire général, le procureur général, le directeur de l'administration pénitentiaire, le commandant des troupes, le chef du service administratif, deux conseillers privés titulaires, deux conseillers privés suppléants.

Le conseil général de la Guyane est composé de 16 membres élus de la même façon qu'en France. Ses attributions sont les mêmes que celles des assemblées semblables des vieilles colonies.

Le décret du 17 décembre 1892 a divisé le territoire de la Guyane en dix communes de plein exercice mais en réservant au Gouverneur le soin de déterminer — la commune de Cayenne exceptée — le mode de nomination des divers emplois des communes rurales.

Les établissements pénitentiaires sont : Cayenne (dépôt), Iles du Salut, Kourou, Maroni, St-Maurice (usines à sucres), St-Jean (dépôt de relégués), Haut-Maroni (section mobile). Au 31 déc. 1915, ces différents établissements contenaient 4.297 condamnés, 2.877 relégués et 1.382 détenus libres.

Organisation sociale.

La justice est rendue par : une Cour d'appel qui siège à Cayenne : 2 tribunaux de 1re instance (Cayenne et Saint-Laurent du Maroni) ; un juge de paix à compétence étendue, à Cayenne et assisté d'un suppléant à Kourou, Approuague, Oyapock, Sinnamary, Iracoubo. Le président du tribunal du Maroni remplit dans cet arrondissement les fonctions de juge de paix : il lui est adjoint un suppléant résidant à Mana. La Cour d'Assises de la colonie connaît de toutes les affaires qui lui sont déférées par la Chambre des mises en accusation. L'institution du jury n'existe pas à la Guyane où elle y est remplacée par le régime de l'assessorat.

La colonie comprend un collège d'enseignement secondaire à Cayenne, : écoles primaires et un pensionnat de jeunes filles avec 2.205 élèves. 7 écoles congréganistes comptent 453 élèves. Une école de droit a été créée par arrêté du 27 juillet 1892, mais cette institution n'a pas d'existence régulière.

Les établissements sanitaires de la colonie sont l'hôpital militaire de Cayenne et l'hôpital civil du Camp St-Denis, l'hôpital colonial et une clinique tenue par des sœurs de St-Vincent-de-Paul.

Organisation financière.

Le budget, préparé par le gouverneur, est voté par le conseil général.

Les impôts qui existent actuellement à la Guyane sont à peu près les mêmes que dans la métropole. Ce sont l'impôt foncier, l'impôt des patentes, la taxe de vérification des poids et mesures, et diverses taxes spéciales à la colonie.

L'exercice 1912 s'était clôturé avec un excédent de recettes de 53.185 fr. 64. Celui de 1913 avec un excédent de 99 fr. 18. Le déficit apparaît en 1914 ; en 1915, il atteignait 180.308 francs sur un budget de 3.782.133 fr. Un emprunt effectué par la colonie auprès de la Banque de la Guyane permit de combler ce déficit. Le budget de 1919 s'élevait en recettes et en dépenses à 3.771.580 fr

Mouvement économique.

Les principales productions agricoles sont : manioc, riz, maïs, arrow-root, bananier, légumes, patates, ignames ; cacaoyer, qui donne des produits de qualité tout à fait supérieure (exportation en 1913 du cacao en fèves, 15.241 kilos, valeur 15.000 fr.) ; caféier (720 kilos café exportés en 1913), rocouyer, textiles, cotonnier, ramie, agave, vanille, poivre, cannelle, girofl· citronniers, bananiers, arbres à pins, manguiers, canne à sucre, tabac.

L'industrie pastorale est complètement négligée. La pêche est une ressource importante pour l'alimentation, le poisson étant très abondant sur les côtes et dans les rivières.

Parmi les produits animaux exportés, il faut citer les peaux de bœuf, les plumes de parure, les oiseaux en peau. Export. en 1913 : peaux brutes 35.040 fr., plumes de parure, 2.700 fr., vessies natatoires, 1.095 fr., phosphates, 127.720 fr.

La forêt guyanaise peut devenir une source inépuisable de richesses pour la colonie. Elle contient à peu près toutes les essences utiles : bois de feu, dont une qualité, le palétuvier rouge remplace économiquement la houille, bois de construction, de charronnage (angélique, wacapou, balata), de menuiserie (grignon, ébène, cèdres, acajou), d'ébénisterie (bois de lettres, satiné, boco, moutouché) ; d'autres, qui produisent des résines, des gommes, un excellent caoutchouc, le *balata* qui a fourni à l'exportation en 1913, 217.282 kilos d'une valeur de 653.946 francs. L'essence de bois de rose figure à l'exportation en 1913, pour 44.676 kilos d'une valeur de 1.116.900 francs ; les bois exotiques, dans leur ensemble, ont donné 244 stères valant 36.616 francs. Les rivières pourraient fournir la force motrice nécessaire pour actionner les scieries qui permettraient de travailler ces bois sur place.

La principale ressource de la Guyane est l'or. En 1913, il en avait été exporté 3.758 kilos, représentant une valeur de 10.149.115 fr. Ce chiffre peut être considéré comme normal. Un certain fléchissement s'est produit dans la production depuis le commencement de la guerre. En 1917, l'exportation de l'or n'a été que de 2.660 kilos. L'argent, le cuivre, le plomb, le fer, l'étain, le mercure existent également dans la colonie. On y a trouvé des topazes, des calcédoines, des grenats, des améthystes. Une roche phosphatée (phosphate de chaux et d'aluminium) est exploitée à l'île du Grand Connétable.

La principale industrie est l'extraction de l'or. A signaler aussi la Guildiverie, qui consomme des mélasses venant du dehors, des distilleries de bois de roses, des fabriques de paniers et des poteries.

Commerce.

Le mouvement commercial est donné pour les dernières années par le tableau suivant :

ANNÉES.	IMPORTATIONS.	EXPORTATIONS.	TOTAL GÉNÉRAL.
1912	11.749.225	12.012.668	22.973.793
1913	12.494.765	12.222.537	24.713.302
1914	10.773.916	10.215.129	20.989.045
1915	10.171.597	11.371.905	21.543.502
1916	10.779.989	11.148.601	21.928.500
1917	11.972.900	13.146.615	25.119.515

Les chiffres relevés pour 1917 sont les suivants : Exportations en France 12.291.510 fr., aux colonies 33.372 fr., à l'étranger 821.733 fr. ; imp·

ations de France 4.432.351 fr., des colonies fr. 255.034 fr., de l'étranger .285.515 fr.

Principales export. (moyennes).		*Principales import.* (moyennes).	
Or en poudre	3.000 kg.	Produits et dépouilles d'animaux, peaux, pelleteries..	2.000.000 fr.
Essence de bois de rose	40.000 kg.	Farineux alimentaires	1.900.000 —
Cacao	20.000 kg.		
Gomme de balata	200.000 kg.	Boissons	1.650.000 —
Bois d'ébénisterie	250 st.	Tissus	1.400.000 —
Plumes de parure	100 kg.	Ouvrages en métaux	1.200.000 —
Roches phosphatées	3.200 tm.	Huiles et sucs végétaux	380.000 —

Outillage économique.

Avec le port de Saint-Laurent du Maroni, chef-lieu de la colonie pénitentiaire, le port de Cayenne est le seul qui soit ouvert au commerce extérieur. Vaste et sûr, il ne peut recevoir que des navires calant 4m,50 à 5 m. au maximum. Ceux d'un plus fort tirant d'eau doivent mouiller aux Iles du Salut.

Le cours inférieur des fleuves est navigable en tous temps et peut admettre de forts bâtiments jusqu'à une distance assez grande de l'embouchure. De plus, dans la dernière partie de leur cours, les fleuves forment dans les marécages du littoral, un réseau compliqué de canaux communiquants qui permettent souvent à des embarcations d'un certain tonnage, de passer d'une rivière dans une autre en évitant la mer.

La Guyane a compté un assez grand nombre de canaux, aujourd'hui, pour la plupart, envasés ou envahis par les palétuviers. Le canal Laussat borde la ville de Cayenne au sud et se déverse dans le port, servant à la fois à la navigation et à l'assèchement des terres. Viennent ensuite le canal de la crique Fouillée, d'une longueur de 9 km., qui relie le port de Cayenne à l'embouchure du Mahury, le canal de Kaw et le canal de Torcy, longs chacun de plus de 6 km., aujourd'hui presque complètement envasés.

Il n'existe de vraies routes carrossables et bien entretenues que dans un rayon de 18 km. autour de Cayenne. Les rivières sont, malgré leurs sauts et leurs rapides, les seules routes qui conduisent aux placers de l'intérieur.

La Guyane a été placée par la loi du 11 janvier 1892 dans la catégorie des colonies auxquels les tarifs métropolitains sont applicables. Les marchandises étrangères y acquittent les mêmes droits que si elles étaient importées en France.

La Banque de la Guyane (capital 600.000 fr.) émet des billets de 500, 100, 25 et 5 francs. La Guyane fut la première de nos colonies qui employa le système métrique. Les monnaies françaises seules ont cours légal en Guyane.

Les paquebots de la Cie *Générale Transatlantique* touchent chaque mois à la Martinique, après avoir fait escale à la Guadeloupe. De là, un service annexe est organisé pour la Guyane avec escale à Ste-Lucie, La Trinidad, Démérari, et Surinam. La traversée s'effectue en 20 jours.

Chambre de Commerce à Cayenne.

Bibliographie.

Brousseau (G.). *Les richesses de la Guyane française.* Paris. 1901.
Darquitan (Victor). *Notice sur la Guyane*, in-8. 2 fr. 50, Challamel, Paris, 1911.
Devez (Dr G.). *La Guyane française.*
Laurent (L.). *L'or dans les colonies françaises* (*Guyane*, etc.), in-8 ill. 5 fr., Challamel, Paris.
Léveillé (G.). *La Guyane et la question pénitentiaire* (1886).
Maurel (Dr E.). *Histoire de la Guyane française*, in-8. 4 fr., Challamel, Paris, 1902.

COLONIES D'OCÉANIE

LA NOUVELLE-CALÉDONIE

Histoire.

La Nouvelle-Calédonie fut découverte par Cook en 1774. Il lui donna le nom qu'il a conservé depuis, à cause de sa ressemblance avec certaines parties des côtes de l'Ecos[se]. Le navigateur La Pérouse, chargé par Louis XVI d'explorer la nouvelle île, fit naufrage en 1788, sur le rivage de Vanlhoro, dans les Nouvelles-Hébrides, sans avoir pu remplir [sa] mission. D'Entrecasteaux fut vainement envoyé à sa recherche en 1791. Dumont d'Urv[ille] releva la position des îles Loyalty en 1827 et en 1840. Une corvette porta en 1853 des m[is]sionnaires français en Calédonie. Grâce à eux, le pavillon français flotta, de 1843 à 184[.] à Balade et sur d'autres points du littoral néo-Calédonien et l'hydrographie du nord de l'[île] put être terminée en 1851. Le 24 septembre 1853, le contre-amiral Febvrier-Despointes pr[it] possession de la Grande-Terre, et, cinq jours après, de l'île des Pins. Trois mois plus tard l'hydrographe Tardy de Montravel découvrait la rade de Nouméa et, frappé des avantages que présentait ce point pour la défense de l'île, y établissait le chef-lieu de la colonie. Ce[tte] possession ne fut d'abord qu'une annexe des établissements de l'Océanie, dont Tahiti était le chef-lieu. Mais, en 1860, elle fut déclarée colonie et reçut un gouverneur particulier. On y attira, par des concessions de terre, des émigrants français, anglais ou allemands qui cons[ti]tuèrent, avec leurs familles, le premier noyau de population blanche. Mais, à partir de 18[..], le Gouvernement impérial y envoya des condamnés qui, loin de hâter le développement de la colonisation, contribuèrent à jeter le discrédit sur la colonie, dont l'essor fut longtemps entravé. Depuis la suppression des envois de condamnés, l'immigration des colons, encou[ragée] par les facilités d'installation que leur procure l'administration, a repris activement et la Nouvelle-Calédonie connaît dès maintenant une prospérité qui ne pourra que s'accroître.

Géographie.

La Nouvelle-Calédonie est une des îles les plus considérables de l'Océanie. Elle a 400 kilomètres de longueur et sa largeur moyenne est de 50 kilomètres. Sa superficie est de 20.000 k[m]q. (trois fois la superficie de la Corse).

Les dépendances de la Nouvelle-Calédonie sont : l'île des Pins, le groupe des îles Loyal[ty], les îles Huon, Chesterfield et les îles Wallis.

Les côtes de la Nouvelle-Calédonie sont très découpées, bordées d'une immense ceinture de récifs, et d'îlots madréporiques. L'île est excessivement montagneuse, mais ses montagnes laissent entre elles des vallées bien arrosées et d'une admirable fertilité.

Le climat est l'un des plus tempérés et des plus salubres du monde. L'année est partagée en deux saisons : la saison chaude, qui dure de mi-décembre à fin mars, pendant laquelle la moyenne de la température est de 26° et la saison fraîche, de mai à octobre, pendant laquelle le thermomètre oscille entre 20 et 21°. La température ne monte jamais au-dessus de 35° et ne descend pas au-dessous de 8 pendant les nuits les plus froides.

Population.

D'après le recensement de 1911, la population était de 50.608 hab. dont 13.138 colons, 5.671 condamnés et 28.075 Canaques, ces derniers appartenant à deux races différentes, les Mélanésiens et les Polynésiens qui se sont croisés en formant des types intermédiaires.

Les principales villes sont : Nouméa, chef-lieu de la colonie (10.000 hab.), Canala, Houaïlou, Touho, Ouégoa, Bourail.

Gouvernement.

Gouverneur : *Repiquet* ✻. Représentant au Conseil supérieur des Colo[nies] : N...; Secrétaire général : *Joulia*; Procureur gén. : *Delpat* ✻.

Organisation administrative.

La Nouvelle-Calédonie est toujours soumise, au point de vue légal, a[u] régime des décrets.

Le Gouverneur représente l'autorité métropolitaine. Il est assisté d'u[n] Secrétaire général et de 5 administrateurs coloniaux placés à la tête d[es] 5 arrond. de Nouméa, Canala, Houaïlou, Touho et Ouégoa. Le *Conseil pr[ivé]* est composé de deux notables habitants nommés par le Gouverneur, et des chefs de service.

Les colons élisent au suffrage universel un Conseil général de 19 membres, dont les attributions consistent surtout dans l'examen des questions concernant le régime des douanes et dans le vote du budget.

La colonie est représentée en France par un délégué au Conseil Supérieur des Colonies.

Nouméa, le chef-lieu, a été constitué en commune par décret du 8 mars 1879. Son conseil municipal compte 15 membres ; le maire est assisté de deux adjoints.

L'île est divisée en 5 arrond. qui comprennent 17 centres principaux dont chacun a une commission municipale composée d'un président et de 2 à 6 membres élus pour deux ans au suffrage universel.

Organisation sociale.

Les colons français et leurs descendants ainsi que les étrangers sont soumis à la loi française. Quant aux indigènes canaques, ils continuent à suivre leurs coutumes locales en tant qu'elles ne sont pas contraires à nos principes de civilisation.

Le procureur général est chef du service judiciaire qui comprend : 1° une cour d'appel ; 2° un tribunal de 1re instance siégeant à Nouméa ; 3° un tribunal de commerce ; 4° des justices de paix qui fonctionnent à Nouméa (compétence ordinaire), à Bourail et Canala (compétence étendue).

Il existe à Nouméa un collège de garçons (Collège La Pérouse avec 94 élèves), 2 écoles communales laïques, et des écoles libres ; à la Conception, un pensionnat de jeunes filles, des écoles mixtes pour garçons et filles sont établies dans les villes de quelque importance. Au total, la colonie compte 58 écoles rurales laïques ou libres peuplées d'environ 2.500 élèves des deux sexes, européens pour un peu plus de la moitié, indigènes pour le reste.

Organisation financière.

Le budget, préparé par le gouverneur, est voté par le Conseil général.

Les impôts sont : l'impôt foncier, la contribution des patentes, la taxe de vérification des poids et mesures, le droit de capitation sur les indigènes (15 francs par tête), les contributions indirectes, droits de douane, produits du domaine, etc.

Le budget de la colonie s'est élevé, pour 1919, à 5.867.425 fr. recettes et dépenses.

Mouvement économique.

Productions.

La Nouvelle-Calédonie est un pays essentiellement minier. Les minerais (nickel surtout) sont sa principale richesse.

Pour le minerai de nickel, la colonie est, après le Canada, un des plus importants producteurs (Canada, 76,8 p. 100 de la production mondiale. Nouvelle-Calédonie, 17 p. 100). Le minerai, appelé *garniérite*, du nom de celui qui l'a découvert en 1875, est un silicate double de nickel et de magnésium qui, traité au four électrique, donne du ferro-nickel.

Chiffres de production et d'exportation :

Années	Minerai produit.	Minerai exporté.
1900	100.319 t. m.	100.315 t. m.
1910	99.000 —	115.342 —
1913	164.406 —	93.190 —
1916	»	33.000 —

Depuis 1910, une partie des minerais est traitée sur place pour mattes et celles-ci sont exportées en Europe pour fin de traitement (déferrage, grillage et réduction).

Exportation en 1913 : 5.893 t. m. de mattes à 45 p. 100 de nickel.
— 1916 : 5.750 — —

Depuis la guerre, les usines de la colonie ont monté des ateliers de déferrage.

Pour le minerai de chrome, la colonie possède, avec la Rhodésia, les plus puissants gisements actuellement exploités. La production représentait, en 1913, 22.179 t. m. de chrome métal. Les exportations avaient été de 63.370 t. m. de minerai en 1913 et de 41.891 t. m. en 1917.

Une Chambre d'Agriculture et un Comité consultatif des mines fonctionnent à la Nouvelle-Calédonie.

Les cultures les plus répandues sont celles du café, du maïs, des haricots, du manioc, du tabac, de la luzerne et des légumes. Celle du café est appelée, sans aucun doute, au plus bel avenir.

Le coprah vient ensuite avec 3.000 tonnes à l'exportation en 1913. La production cotonnière locale a donné en 1913 à l'exportation 269 tonnes de graines représentant 24.000 fr. et 163 tonnes de coton valant 250.000 francs.

Parmi les plantes à essences cultivées, il faut citer la citronnelle, le vétiver et surtout le *niaouli* dont la colonie pourrait tirer des profits considérables. En 1913, la Colonie a exporté 3.565 kilogrammes d'huiles volatiles ou d'essence, d'une valeur de 20.000 fr.

La surface boisée comprend 200.000 ha. Les essences sont très variées : bois de rose, santal, Kaori, pin colonnaire, bois de fer, hêtre gris, hêtre noir, azou, chêne rouge, termanou, chêne-gomme, acacia, palétuvier, etc. En 1913, il a été exporté 26 tonnes de bois de santal d'une valeur de 14.000 francs et 2.507 kilos de Kaori valant 3.500 francs.

Les pâturages couvrent près de 800.000 ha. Il existe dans la colonie environ 130.000 têtes de gros bétail. Les chevaux sont nombreux et de bonne qualité. La colonie possède 25.000 moutons et autant de chèvres, des porcs et quelques volailles. Les abeilles réussissent bien. En 1913, il s'est exporté 436 tonnes de conserves de viande.

Commerce.

Le mouvement commercial est indiqué par le tableau suivant :

ANNÉES.	IMPORTATIONS.	EXPORTATIONS.	TOTAL GÉNÉRAL.
1912	12.177.411	10.912.368	23.095.779
1913	17.707.916	15.838.405	33.546.321
1914	16.604.434	15.468.607	32.073.041
1915	11.624.153	16.020.278	27.644.431
1916	17.227.619	20.130.192	37.357.811
1917	17.947.849	19.852.393	37.800.242

La part de la France dans ces chiffres a été en 1917 de 18 % pour les importations et de 8 % pour les exportations ; le mouvement avec l'étranger a été, pour la même année : exportation : 18.181.000 fr. importation 14.685.000 fr.

Principales exportations (1917)		*Principales importations* (1913)	
Minerais de chrome	41.891 t. m.	Tissus, vêtements	1.779.115 fr
— nickel	32.019 —	Vins	1.683.192 —
Mattes de nickel	6.319 —	Ouvrages en métaux	1.340.381 —
Coprah	5.097 —	Farine	943.071 —
Peaux de bœufs	419 —	Houille	834.929 —
Engrais guano	2.100 —	Riz	521.521 —

Outillage économique.

Le port de Nouméa, protégé contre les vents, doté de deux passes, très vaste, est excellent. Des projets sont à l'étude pour le doter d'un wharf, d'un bassin de radoub et de magasins.

Mouvement général de la navigation :

Marchandises débarquées (tonnes métr.) : 1913, 142.274 ; 1916, 143.390.
Marchandises embarquées (tonnes métr.) : 1913, 210.960 ; 1916, 153.169.

Les voies de communication terrestres sont encore insuffisantes. La longueur totale des routes carrossables est de 200 km.

Une ligne de chemin de fer en construction reliera Nouméa à Bourail. Sur les 150 km. prévus, 29 étaient construits à fin déc. 1918.

La Nouvelle-Calédonie est reliée au réseau international par le câble d'Ouaco à Bundaberg (Queen's land), qui appartient à une société française. Poste de T. S. F. à Nouméa et à Port-Vila.

Les communications maritimes avec l'extérieur sont assurées par la *Cie des Messageries maritimes*. Départ de Marseille tous les 28 jours. Durée du voyage : 36 jours.

Établissement de crédit : *Banque de l'Indo-Chine*, Succursale à Nouméa.

Les dépendances de la Nouvelle-Calédonie.

Les dépendances de la Nouvelle-Calédonie sont :

L'île des Pins, petit massif madréporique ;

Les îles Loyalty couvertes de forêts ; les îles Huon, qui sont inhabitées, contiennent des dépôts de guano ;

Les îles Chesterfield, assez riches en guano, en huîtres perlières et en tortues.

Les Nouvelles-Hébrides.

On peut considérer l'archipel des Nouvelles-Hébrides comme une dépendance de la Nouvelle-Calédonie, bien que la France partage cette possession avec la Grande-Bretagne depuis février 1907.

Les Nouvelles-Hébrides ont une superficie de 1.500.000 hectares dont 617.000 ha. appartenant à des Français et 129.000 à des Britanniques et une population de 60.000 Canaques et 1.000 Européens dont 664 Français et 262 Britanniques en 1918. Le sol est d'une remarquable fécondité, mais le climat est moins sain que celui de la Nouvelle-Calédonie. Le principal centre est Port Vila, relié une fois par mois à Nouméa et à l'Australie par un vapeur de la *Société des Nouvelles-Hébrides*. Les exportations sont passées de 3.103.298 fr. en 1914 à 4.638.503 fr. en 1917 dont : coprah, 2.536.572 fr., cacao, 886.549 fr., coton, 689.747 fr. Le commerce français s'était élevé en 1917 à 5.445.649 fr. dont 3.385.281 francs aux exportations et 2.060.368 fr. aux importations : le commerce britannique s'était élevé à 2.191.094 fr.

Les Nouvelles-Hébrides sont placées sous l'autorité du gouverneur de la Nouvelle-Calédonie, mais il y a, sur place, un Commissaire résident (M. *Solari* ✻).

Les îles Wallis et Horn sont placées sous le protectorat français depuis 1844 : leur exportation consiste surtout en coprah.

Bibliographie.

Annuaire de la Nouvelle-Calédonie et dépendances, in-8. Lambreaux. Nouméa et Office Colonial. Paris, 1918.

Bernard (A.). *L'Archipel de la Nouvelle-Calédonie*. Paris, 1895.

Carol (Jean). *La Nouvelle-Calédonie minière et agricole*. Paris, 1900.

Etesse. *La Nouvelle-Calédonie. Essai d'agronomie*, in-8. 3 fr. Challamel. Paris 1910.

Lemire (Charles). *La colonisation française en Nouvelle-Calédonie et dépendances*. Nouméa, 1893.

Sarazin (Fritz). *La Nouvelle-Calédonie et les îles Loyalty*, 296 p. br. 30 fr. Fischbacher. Paris, 1919.

ÉTABLISSEMENTS FRANÇAIS DE L'OCÉANIE

Les établissements français de l'Océanie, situés à l'extrémité orientale de la Polynésie et à 5.000 km. des côtes continentales les plus rapprochées, sont constitués par la réunion d'une centaine d'îles : archipel de la Société (îles du Vent et îles Sous-le-Vent), Marquises, Touamotou, Gambier, Tubuaï et Rapa.

Ces îles couvrent une superficie de 4.395 km. q. et comptent environ 31.000 hab. dont 26.219 indigènes.

Archipel de la Société.

Histoire.

Les historiens ne s'accordent pas sur la date de la découverte de Tahiti que les uns attribuent à Quiros en 1605, et les autres à Wallis, en 1767. Bougainville visita l'île dix mois après Wallis en 1768 et Cook y parvint à son tour en 1769.

En 1797, la Société des Missions de Londres envoya une trentaine de missionnaires qui se répandirent dans les différentes îles de l'Archipel. Vingt-cinq ans après leur arrivée, le pays était acquis à la civilisation, il était virtuellement sous leur domination lorsqu'en 1842 deux prêtres catholiques, MM. Carey et Laval voulurent débarquer à Tahiti. Les missionnaires protestants décidèrent la reine Pomaré IV à s'y opposer. MM. Carey et Laval se mirent alors sous la protection de l'Amiral Dupetit-Thouars dont un navire de guerre, en rade de Papeete, battait le pavillon. Dupetit-Thouars entama des négociations avec la reine, qui reconnut, le 9 septembre 1842, le protectorat de la France. Mais les partisans de l'ancien régime ayant ressaisi leur influence, le capitaine de vaisseau Bruat, chargé de faire respecter le traité de 1842, prit possession de l'île au nom de la France. Cet acte ne fut pas ratifié et nos adversaires suscitèrent dans l'île des conflits qui dégénérèrent en sanglants combats. Cette guerre ne se termina qu'en septembre 1846 par la prise de Fantana, dernier refuge des indigènes. La reine Pomaré reconnut définitivement notre autorité ; dès lors Tahiti était, de fait, annexé à la France. Cette annexion fut ratifiée par la loi du 30 décembre 1880 après la signature d'une déclaration par laquelle le roi Pomaré IV, successeur de la Reine Pomaré IV, remettait entre les mains de la France le gouvernement et l'administration de ses Etats, comme aussi tous ses droits et pouvoirs sur les îles de la Société et dépendances. Le Gouvernement français en profita pour établir le protectorat français dans le groupe des îles Sous-le-Vent (1880) qui furent, après de longues et laborieuses négociations avec la Grande-Bretagne (1880-1887), annexées à notre empire colonial.

Géographie.

Les îles de la Société, ainsi appelées par Cook pour rendre hommage à la Société Royale de Géographie de Londres, mais plus connues sous le nom d'îles Tahiti, comprennent deux groupes : 1° les *Iles du Vent :* Tahiti et Moréa, et les îlots Tétiaroa et Meetia ; 2° les *îles Sous-le-Vent :* Tubuaï, Manu, Huahine, Raiatea, Rurutu et Rimatara.

La principale de ces îles est Tahiti, dont la superficie est de 104.215 ha. et le périmètre de 191 km. L'île Moréa située à 12 milles au nord-ouest de Tahiti, a une superficie de 13.237 ha. et un périmètre de 48 km. Ce sont les plus belles de nos possessions dans cette partie de l'Océanie. Les montagnes de Tahiti sont les plus élevées de l'Océan Pacifique, le pic de l'Oorhéna atteint 2.237 m. et celui de l'Aoraï 2.018 m.

L'île est arrosée par de nombreux cours d'eau qui ne sont pas navigables. Le littoral est la seule partie de l'île qui soit habitée.

Le climat de Tahiti est très salubre, la température élevée, les matinées très fraîches. Deux saisons : saison des pluies, de janvier à mai et saison sèche de juin à décembre, mais il n'y a pas de différences très sensibles entre ces deux périodes. La température oscille entre 15° pendant la nuit et 33° pendant les plus fortes chaleurs.

Gouvernement.

Gouverneur : *Julien* (C. ✻) ; Représentation au Conseil supérieur des Colonies : *Gouzy* ; Secrétaire général : *Robert* (*Jocelyn*) ; Service judiciaire : *Simoneau*, procureur de la République ; Trésor : *Charlier* ; Enregistrement : *Faugerat*.

Archipel des Gambier : N... ; Archipel des Tuamotu : N... ; Archipel des es Sous-le-Vent : *Charles*, Adm^r de 2e cl. ; Archipel des Marquises : N...

Organisation administrative.

I. Iles du Vent. — Les établissements d'Océanie sont soumis au régime des décrets. La colonie est représentée au Conseil supérieur des colonies par un délégué. La métropole est représentée à Tahiti par un gouverneur, assisté d'un Conseil privé, qui a sous ses ordres un certain nombre de chefs d'administration et de chefs de service : secrétaire général, administrateurs coloniaux, procureur de la République, chef du service judiciaire, trésorier-payeur, etc.

Le conseil général, élu en principe au suffrage universel, est composé de 11 membres, dont quatre pour Papeete ; ses attributions ne concernent que Tahiti et Mooréa, les archipels n'étant plus représentés au siège du gouvernement que par des délégués au Conseil privé.

Le décret du 20 mai 1890 a érigé Papeete en commune. Le conseil municipal de Papeete a des attributions analogues à celles des conseils métropolitains. C'est la seule municipalité de la colonie.

La loi du 6 avril 1866 a institué dans chaque district un conseil de 5 membres présidé par le chef de district, ayant des attributions analogues à celles du Conseil municipal de Papeete. Tahiti est divisée en 18 districts et Mooréa en 14.

Seul l'enseignement primaire est représenté. Il y a 5 instituteurs métropolitains et 40 instituteurs du cadre local dont 24 dans les archipels ; une école primaire supérieure et une école normale à Papeete.

La religion protestante domine à Tahiti et la religion catholique dans les archipels.

Le budget est préparé par le gouverneur et voté par le conseil général. Les principaux impôts sont : l'impôt des routes (24 fr. par personne assujettie) ; les patentes, l'impôt sur les professions libérales (100 fr. pour les médecins et 300 fr. pour les avocats et les notaires) ; les droits de vérification de poids et mesures ; droits de douane, droit de consommation sur les alcools, divers droits d'entrepôt, de quai, de halage, etc. ; droits d'enregistrement, de greffe et droits hypothécaires.

Le budget de 1920 s'élève, en recettes et en dépenses, à 4.193.057 fr.

II. Archipels. — Toutes les îles des archipels sont administrées directement par la France à l'exception de deux îles de Toubouaï : Rouroutou et Rimatara, administrées par des chefs indigènes sous le protectorat de la France.

Les Iles Sous-le-Vent ont été érigées, par décret du 23 juillet 1897, en établissements distincts des autres établissements français en Océanie, mais sous la haute autorité du gouverneur de Tahiti, qui dispose seul des crédits du budget de l'archipel.

Les Iles Marquises, les îles Touamotou, les îles Gambier, les Toubouaï forment autant d'établissements distincts et sont placées sous la haute autorité du gouverneur de Tahiti, qui y exerce, par l'intermédiaire des chefs d'administration et le service de la colonie et par celui de l'administrateur de chaque archipel, les pouvoirs et attributions qui lui sont dévolus par les actes en vigueur. Les budgets de chaque archipel sont arrêtés et rendus exécutoires chaque année par le Gouverneur en conseil privé. Les contributions sont déterminées pour chaque archipel par arrêtés du gouverneur en conseil privé.

Mouvement économique.

Productions. — Le climat et le sol de Tahiti se prêtent aux cultures les plus variées.

Les plus importantes plantations sont les plantations de cocotiers qui occupent plus de 2.000 hab. ; sur les marchés de la colonie, le coprah se vend en moyenne 0 fr. 25 le kgr., l'huile fine varie de 700 à 900 fr. la tonne. Il a été exporté, en 1916, 10.287 tonnes de coprah d'une valeur de 6 millions.

Le coton large soie de Tahiti est un des plus beaux qui soient au monde, mais sa culture a beaucoup décru. Il s'en exportait en 1866 pour 2.500.000 fr. par an. Il ne s'en exporte plus, aujourd'hui, que pour 18.300 francs (1916).

La culture de la vanille a pris ces derniers temps une grande extension (exportation 146.176 kgr., val. 2 millions). La canne à sucre est originaire de Tahiti. La superficie plantée n'est plus que de 80 hectares. Le café et le tabac poussent naturellement dans l'île. La Chambre d'Agriculture a entrepris à Papeete une culture rationnelle de café et de cacao qui donne d'excellents résultats.

L'élevage n'a pu prendre, faute de pâturages, une grande extension à Tahiti. Il y a 2.000 chevaux, 2.000 bêtes à cornes, 6.000 porcs.

Les productions des autres îles sont, d'une manière générale, les mêmes que celles de Tahiti : coco, vanille, canne à sucre, coton, café, cacao. Les Marquises sont les îles les plus favorisées. Les Touamotou ne se prêtent qu'à la culture du cocotier : la pêche de nacre et des perles absorbe d'ailleurs la faible main-d'œuvre que ces îles pourraient fournir. Les Gambier sont dans la même situation que les Touamotou. Aux Toubouaï, il y a des plantations importantes de café ; les porcs et les chevaux y abondent.

Les phosphates naturels extraits de Makatea donnent lieu à un mouvement commercial qui s'est élevé, en 1913, à 1.650.000 fr.

Industrie. — L'industrie tahitienne est extrêmement limitée. Quelques sucreries ; 5 distilleries se livraient autrefois à la fabrication du rhum ; actuellement, elles fournissent à la consommation des cassonnades excellentes.

La pêche est l'industrie principale des établissements de l'Océanie. Les huîtres perlières des archipels des Touamotou et des Gambier donnent des coquilles de nacre pour une valeur de plus d'un million, sans compter les perles dont le produit atteint plusieurs centaines de mille francs. La production agricole et le revenu des pêches atteignent une valeur moyenne annuelle de 5.250.000 fr.

Commerce. — Produits importés : 1° de France : conserves, vins et eaux-de-vie, articles de Paris, tabac, parfumerie, rubans, dentelles, mercerie, etc. ; 2° de l'étranger : conserves, farine, beurre, grains, vins blancs et rouges de Californie, pommes de terre, cotonnades, machines, etc...

Produits exportés : nacre, peaux brutes, cire brute, biches de mer, écailles de tortue, coprah, café, vanille, bois du pays, coton égrené, etc.

Le mouvement commercial de la colonie ressort du tableau suivant :

ANNÉES.	IMPORTATIONS.	EXPORTATIONS.	TOTAL GÉNÉRAL.
	francs.	francs.	francs.
1912	5.818.798	6.117.486	11.936.284
1913	9.030.474	11.554.507	20.584.981
1914	8.426.629	8.517.952	16.944.581
1915	6.055.717	7.707.539	13.763.256
1916	7.121.348	10.481.651	17.102.999
1917	7.806.294	11.995.792	19.802.086

En 1917, les importations sont : de France 314.791 fr. ; des colonies françaises 29.690 fr. ; de l'étranger 7.461.813 fr.

Les principales exportations sont :

PRODUITS.	1912	1913	1914	1915	1916	VALEUR MOYENNE POUR 1916
						francs.
Cocos, nombre	1.083.110	1.112.930	1.077.630	1.322.545	1.229.155	157.647
Coprahs kilos ..	6.979.177	8.842.243	7.540.605	10.630.486	10.287.211	6 mil.
Vanille — ..	187.152	194.600	144.691	168.880	146.176	2 mil.
Nacre — ..	622.686	467.409	481.202	292.883	765.586	795.000
Phosphates — ..	38.488.535	82.056.715	72.924.781	71.724.160	39.285.010	785.790
Coton — ..	31.977	26.700	17.320	8.485	19.565	18.570

Les chiffres d'exportation, pour 1917, sont les suivants : en France 421.201 fr.; à l'étranger 11.574.571 fr.

Le mouvement de la navigation en 1916 a été de 27.351 tonnes pour les entrées et 26.033 tonnes pour les sorties.

Les produits de la colonie entrent en France aux conditions du tarif minimum. Les produits étrangers importés sont frappés de droits dont l'assemblée locale obtient l'établissement par décret en Conseil d'Etat.

Outillage commercial.

Les communications intérieures sont peu développées. Un service interinsulaire subventionné à vapeur (Cie. navale de l'Océanie, siège social, 77, rue de Lille, à Paris) relie les archipels au chef-lieu à raison de 9 voyages par an aux îles Tuamotu et Marquises et 2 voyages aux Gambier et aux îles Australes.

En outre, les archipels sont reliés au chef-lieu et entre eux.

Aucun câble sous-marin ne relie Tahiti au réseau télégraphique général.

Poste de T. S. F. à Papeete (Tahiti), portée 1.850 km.

Avec la métropole, aucun service direct de navigation. Quelques voiliers.

L'*Océanic Co.* assure, moyennant une subvention annuelle de 150.000 fr., le service postal entre Papeete, San Francisco, la Nouvelle-Zélande, au moyen d'un vapeur qui doit faire 11 voyages par an.

Chambre de Commerce : à Papeete.

Succursale de la Banque de l'Indo-Chine à Papeete.

Bibliographie.

Rapport d'ensemble sur la situation générale de la colonie. Année 1918, gr. in-8. Office Colonial. Paris.

Deschanel (Paul). *La politique française en Océanie.* Paris, 1884.

Guide de l'immigrant dans les Etabl. français de l'Océanie (Tahiti et dépendances). In-8. Impr. admin. Melun, 1917.

Picquenot (F. V. S.) *Géographie physique et politique des Etabl^ts français de l'Océanie,* in-8 cart. 3 fr. 50. Challamel, Paris, 1900.

Bibliographie générale.

PRINCIPAUX PÉRIODIQUES

Annuaire Colonial, 18 fr. Palais-Royal. Paris.

Annuaire du Ministère des Colonies, in-16, Paris.

Afrique Française (L'). Bulletin mensuel du Comité de l'Afrique Française et du Comité du Maroc, 28e année. Ab. 24 fr., 21, rue Cassette, Paris.

Asie Française (L'). Bulletin mensuel du Comité de l'Asie Française. 18e année. Ab. 25 fr., 21, rue Cassette. Paris.

Bulletin de l'Agence Générale des Colonies. Mens. Ab. France et Col. 1 an, 10 fr. Palais-Royal. Paris.

Bulletin de l'Office du Gouvernement Général de l'Algérie (1896). Ab. 6 fr., 5, r. des Pyramydes. Paris.

Bulletin mensuel de l'Office du Gouvernement tunisien (1906). Ab. 5 fr., 17, galerie d'Orléans, Palais-Royal. Paris.

Dépêche Coloniale (La). Quot. 24e année. Ab. France et Col. 25 fr., 19, rue Saint-Georges. Paris.

OUVRAGES

Arnaud (A.) et H. Méray. *Organisation administrative, politique et financière des colonies,* in-8, 5 fr. Challamel. Paris, 1900.

Dubois (M.) et A. Terrier. *Un Siècle d'expansion coloniale,* in-8 de 1.072 p. Challamel. Paris, 1901.

François (G.) et F. Rouget. *Manuel de Législation coloniale,* in-18, 6 fr. Larose. Paris.

Jumelle (H.). *Les Ressources agricoles et forestières des colonies françaises*, gr. in-8, 9 fr. Challamel. Paris, 1907.

Laurent (L.) *Les Productions minérales et l'extension des exploitations minières*, in-8, 4 fr. 50. Challamel. Paris 1907.

Lorin (Henri). *La France, puissance coloniale*, in-8 avec cartes, 6 fr. Challamel. Paris, 1909.

Renseignements généraux sur le commerce des colonies françaises pour la période 1914-1917, in-8. Agence générale des Colonies, Palais-Royal, Paris.

Statistiques et Rapports sur le commerce des colonies en 1914. 2 vol. in-8. Prix de ch. vol. 18 fr. — I. Statistiques générales et Colonies d'Afrique. — II. Colonies d'Asie, d'Amérique et d'Océanie. Agence générale des Colonies. Palais-Royal, Paris.

Statistiques et Rapports sur la navigation en 1915. 1 vol. in-8. 12 fr. Agence générale des Colonies. Palais-Royal, Paris.

Statistiques de l'industrie minière. 1914-1915. 1 vol. in-8. 8 fr. Agence générale des Colonies. Palais-Royal, Paris.

Statistiques financières, 1902-1911, 1 vol. in-8. 6 fr. Agence générale des Colonies. Palais-Royal, Paris.

Statistiques de la population en 1911. 1 vol. in-8. 10 fr. Agence générale des Colonies. Palais-Royal, Paris.

LES PUISSANCES ÉTRANGÈRES

ORGANISMES INTERNATIONAUX

créés par le traité de paix.

SOCIÉTÉ DES NATIONS.

Le pacte de la Société des Nations a été fixé par les traités de Versailles, de St. Germain-en-Laye et de Neuilly-sur-Seine, Partie I.

Sont membres originaires de la Société ceux des signataires qui ont ratifié le traité de Versailles, savoir actuellement :

Belgique.	Cuba.	Italie.	Portugal.
Bolivie.	France.	Japon.	État serbe-croate-slovène.
Brésil.	Grèce.	Pérou.	Siam.
Empire britannique.	Guatémala.	Pologne.	Tchéco-Slovaquie.

Ont été, d'autre part, invités à accéder au pacte :

Argentine.	Espagne.	Pays-Bas.	Suède.
Chili.	Norvège.	Perse.	Suisse.
Colombie.	Paraguay.	Salvador.	Vénézuéla.
Danemark.			

L'action de la Société s'exerce par une Assemblée et par un Conseil assistés d'un Secrétariat permanent.

L'Assemblée se compose de représentants (trois au plus, ne disposant que d'une voix) des membres de la Société. Ceux-ci, dans l'exercice de leurs fonctions, jouissent des privilèges et immunités diplomatiques. Le Secrétaire Général est secrétaire de l'Assemblée.

Le Conseil se compose de représentants des principales Puissances alliées et associées (Etats-Unis, Empire Britannique, France, Italie, Japon) ainsi que des représentants de quatre autres membres de la Société (Belgique, Brésil, Grèce, Espagne). Ces membres sont désignés par l'Assemblée. Le Secrétaire Général est secrétaire du Conseil.

Le Secrétariat comprend un Secrétaire général nommé par le Conseil avec l'approbation de la majorité de l'Assemblée, des secrétaires et le personnel nécessaire, nommés par le Secrétaire Général avec l'approbation du Conseil.

Le Siège de la Société, fixé à Genève, reste jusqu'à nouvel ordre à Londres. Les terrains et bâtiments occupés par la Société sont inviolables.

Les dépenses du secrétariat sont supportées par les membres de la Société dans la proportion établie par le Bureau international de l'Union postale universelle.

Premier Secrétaire général de la Société des Nations : l'Hon. Sir James Eric Drummond, K. C. M. G., C. B.

1ers *Délégués des neuf pays :*

FRANCE : M. Léon Bourgeois.
GRANDE-BRETAGNE : Lord Curzon ;
ITALIE : M. Scialoja ;
JAPON : Vte. Chinda ;
BELGIQUE : M. Hymans ;
BRÉSIL : M. Ruy Barbosa.
ESPAGNE : M. Quinones de Leon ;
GRÈCE : M. Venizelos.
PORTUGAL : M. Costa.

Service français de la Société des Nations.

Représentant la France au sein de l'Assemblée de la Société : M. Léon Bourgeois

Chef du cabinet particulier : M. Amé-Leroy, Consul de France.

Directeur du Service français de la Société : M. Jean Gout, Min. plén.

Secrétariat Général : M. Escoffier ;

Section Politique : MM. le Cte. Clauzel, 1er Secr. d'Amb. ; Barton de Montbas, att. d'Amb. ;

Section financière et économique : MM. de la Baumelle ; André Siegfried ;

Section juridique : M. Pépin ;
Section militaire : Lt.-Colonel brev. Requin ;
Service naval : Lieutenant de vaisseau de Leuze ;
Service aéronautique : Capitaine Reber.

JUSTICE INTERNATIONALE

I. **Cour de Justice internationale.** Le Conseil de la Société des Nations est chargé de préparer un projet de Cour permanente de Justice Internationale et de le soumettre aux membres de cette Société (Art. 14 du Pacte de la Société des Nations).

II. **Jugement de Guillaume II.** Les Puissances alliées et associées mettent en accusation publique Guillaume II de Hohenzollern, ex-empereur d'Allemagne pour offense suprême contre la morale internationale et l'autorité sacrée des traités.

Le Tribunal constitué pour le juger sera composé de 5 juges désignés par les Etats-Unis, la Grande-Bretagne, la France, l'Italie et le Japon. (Art. 227 du traité de Versailles).

III. **Jugement des personnes accusées d'avoir commis des actes contraires aux lois et coutumes de la guerre.** Les auteurs d'actes commis contre des ressortissants de plusieurs Puissances alliées et associées seront traduits devant des tribunaux militaires composés de membres appartenant aux tribunaux militaires des Puissances intéressées. Les auteurs d'actes commis contre les ressortissants d'une des Puissances alliées et associées seront traduits devant les tribunaux militaires de cette Puissance.

(Art. 229 du traité de Versailles ; Art. 174 du traité de Saint-Germain-en-Laye ; Art. 119 du traité de Neuilly-sur-Seine.)

IV. **Commission pour la constatation des actes criminels en Bulgarie** (Art. 118 du traité de Neuilly). Commission composée de représentants de la France, de l'Empire Britannique, de l'Italie, de la Grèce, de la Roumanie, de l'Etat Serbe-Croate-Slovène. (Cette Commission est la même que celle chargée de rechercher les nationaux disparus et prisonniers de guerre.)

COMMISSIONS DE DÉLIMITATIONS DE FRONTIÈRES.

I. **Belgique-Allemagne** (Art. 35 du traité de Versailles). Commission de 7 membres dont 5 nommés par les principales Puissances alliées et associées, un par l'Allemagne et un par la Belgique.

II. **Territoire de la Sarre** (Art. 48 du traité de Versailles). Commission de 5 membres dont un nommé par la France, un par l'Allemagne et 3 par le Conseil de la Société des Nations.

III. **Allemagne-Tchéco-Slovaquie** (Art. 83 du traité de Versailles). Commission composée de 7 membres dont 5 nommés par les principales Puissances alliées et associées, un par la Pologne et un par l'Etat Tchéco-Slovaque.

IV. **Allemagne-Pologne** (Art. 87 du traité de Versailles). Commission composée de 7 membres dont 5 nommés par les principales Puissances alliées et associées, un par l'Allemagne et un par la Pologne.

V. **Slesvig** (Art. 110 du traité de Versailles). Commission de 7 membres dont 5 nommés par les principales Puissances alliées et associées, un par le Danemark et un par l'Allemagne.

VI. **Autriche-Italie** (Art. 36 du traité de Saint-Germain). Commission de 5 membres dont un nommé par l'Italie, 3 par les autres principales Puissances alliées et associées et un par l'Autriche.

VII. **Autriche-Etat Serbe-Croate-Slovène** (Art. 48 du traité de Saint-Germain). Commission de 7 membres dont 5 nommés par les principales Puissances alliées et associées, un par l'Etat Serbe-Croate-Slovène, un par l'Autriche.

VIII. **Autriche-Tchéco-Slovaquie** (Art. 55 du traité de Saint-Germain). Commission de 7 membres dont 5 nommés par les principales Puissances alliées et associées, un par l'Etat Tchéco-Slovaque et un par l'Autriche.

IX. **Bulgarie-Etat Serbe-Croate-Slovène** (Art. 38 du traité de Neuilly). Commission de 7 membres dont 5 nommés par les principales Puissances alliées et associées, un par l'Etat Serbe-Croate-Slovène et un par la Bulgarie.

X. **Bulgarie-Grèce** (Art. 63 du traité de Neuilly). Commission de 7 membres dont 5 nommés par les principales Puissances alliées et associées, un par la Grèce, un par la Bulgarie.

XI. **Dantzig** (Art. 161). Commission de 3 membres comprenant un haut commissaire président, nommé par les principales Puissances alliées, d'un membre nommé par l'Allemagne, et d'un membre nommé par la Pologne.

COMMISSIONS D'ADMINISTRATION DE TERRITOIRES ET DE SURVEILLANCE DE PLÉBICISTES.

I. — Territoire du Bassin de la Sarre.

(Superficie : 1.860 km. q. ; Population : 644.792 hab.).
Le gouvernement du territoire du bassin de la Sarre est confié à une Commission représentant la Société des Nations. Cette Commission, composée de cinq membres, nommés par le Conseil de la Société des Nations, comprend un membre français, un membre non français, originaire et habitant du territoire du bassin de la Sarre et trois membres ressortissant à trois pays autres que la France et l'Allemagne (Art. 48 et 49 et Annexe, Chap. II, paragr. 16 et suiv. du traité de Versailles).
Le président et les membres de la Commission sont nommés pour un an et leur mandat est renouvelable. Le président remplit les fonctions d'agent exécutif de la Commission.
Ont été nommés membres de la Commission pour 1920 :

France : M. Rault, cons. d'Etat, président de la Commission, siège à Sarrebrück.
Sarre : M. Alfred von Boch.
Autres membres : Comm[t] Lambert (Belgique) ; comte de Moltke-Witfeldt (Danemark) ; N... (Canada).

II. — Pologne (Haute-Silésie).

(Traité de Versailles, Section VIII annexe) Commission internationale de 4 membres désignés par les Etats-Unis, la France, l'Empire Britannique et l'Italie.

III. — Prusse Orientale.

(Art. 95 du Traité de Versailles) Commission de 5 membres nommés par les principales Puissances alliées et associées.

IV. — Memel.

Le droit de souveraineté dans le territoire de Memel a été transféré aux principales Puissances alliées et associées (art. 99 du traité de Versailles). Le territoire est séparé du système allemand.

V. — Dantzig.

(Superficie : env. 1.500 km. q. ; Population totale : env. 200.000 hab.). Popul. de Dantzig : 182.462 hab.).
La ville de Dantzig et le territoire visé à l'article 100 du traité de Versailles ont été constitués en ville libre, placée sous la protection de la Société des Nations. La constitution de la ville a été élaborée d'accord avec un haut-commissaire de la Société par des représentants de la ville libre (art. 102 et 103).
D'après le projet élaboré, le nouvel Etat portera le nom d'*Etat libre de la Hanse de Dantzig*. Le Sénat, autorité suprême, comprendra 12 membres titulaires et 12 membres suppléants. Le conseil de la bourgeoisie comprendra 72 membres, élus pour 4 ans au suffrage universel, secret et proportionnel. Les lois d'Etat devront, pour entrer en vigueur, être ratifiées par le Sénat et par le conseil de la bourgeoisie. L'allemand sera la langue officielle.

Haut-Commissaire : Sir Reginald Tower, à Dantzig.

VI. — Slesvig.

(Art. 109 du traité de Versailles) Commission composée de 5 membres dont trois désignés par les principales Puissances alliées et associées ; les Gouvernements norvégien et suédois seront priés de désigner chacun un membre, faute par eux de ce faire, ces deux membres seront choisis par les principales Puissances alliées et associées.
Entrée en fonction à partir du 10 janvier 1920, cette Commission est composée comme suit :

Commissaire britannique : sir Charles Marling, président.
— français : M. Paul Claudel ;
— norvégien : M. Heftye ;
— suédois : M. Sydow ;
Secr. général : M. Bruce.

VII. — Klagenfurth.

(Art. 50 du traité de St. Germain). Commission composée de 4 membres nommés respectivement par les Etats-Unis, la Grande-Bretagne, la France et l'Italie, un par l'Autriche, un par l'Etat Serbe-Croate-Slovène.

VIII. — Territoires Rhénans.

La Haute-Commission interalliée des territoires rhénans est chargée de l'exécution de l'arrangement annexé du traité de Versailles, relatif à l'occupation de la rive gauche du Rhin (Partie XIV, Art. 428, 429 et suiv.).

Cette Haute-Commission est composée de quatre membres représentant respectivement la Belgique, la France, la Grande-Bretagne et les Etats-Unis. Elle a des pouvoirs exécutifs et ses membres jouissent des privilèges et immunités diplomatiques.

Les autorités allemandes continueront à exercer l'administration civile sous la juridiction allemande sous réserve de toute modification jugée nécessaire par la Haute-Commission.

La Haute-Commission pourra toutes les fois qu'elle le jugera nécessaire, proclamer l'état de siège dans tout ou partie du territoire en question.

Membres de la Haute-Commission interalliée siégeant à Coblence, Clementsplatz. 9.

France : M. Paul Tirard, Président de la Haute-Commission et Haut-Commissaire de la République française.
Belgique : N...
Grande-Bretagne : Sir Harold Stuart ;
Etats-Unis d'Amérique : Général Allen.

Service de la Haute-Commission française :
(placée sous l'autorité du Ministre des Affaires étrangères qui lui donne ses instructions)

Palais de la Haute-Commission à Coblence, Clementsplatz, 9.

Haut-Commissaire : M. Paul Tirard ;
Délégué général : M. A. Rousselier, maître des req. au Conseil d'Etat ;
Secrétaire général M. Max Hermant ;
Cabinet : Capitaine Mommier, M. Silhol.

Délégués de la Haute-Commission dans les Provinces, Districts ou Cercles de la zone française :

District de Bonn : Colonel Gelin ;
District de Trèves : Lt.-Col. Cochet ;
District de Wiesbaden : Colonel Jacquard ;
Province de Hesse-Rhénane : Général Claudon, à Mayence ;
Province du Palatinat : Colonel de Metz, à Spire.

Sections économiques :

Aix-la-Chapelle, 42, Menheinsallee. Tél. 46-25 : Lt. de vaisseau Teillac ;
Coblence, Clementsplatz, 9. Tél. 37 ; M. Salzbacher ;
Cologne, 41-45 Am. Hof. Tél. A. 7.446 : M. Letoré ;
Crefeld, 161, Ostwal. Tél. 23 : M. Goussard ;
Luxembourg, 4, rue de la Reine. Tél. 983 : M. Guening ;
Trèves, Neue Regierung. Tél. 59 : Cap. Poilloue de St. Mars ;
Ludwigshafen Tél. Contrôle Militaire : Chef de Btn. Reynes ;
Mayence, 9, Schillersplatz. Tél. 273-69-104 : Ingénieur princ. de l'artillerie navale Cartier ;
Bonn : M. Wallon.

Bureau de Renseignements commerciaux de Paris :

Paris, 3, rue François-Ier : M. Ladreit de Lacharrière.

Renseignements statistiques.

Hesse-Rhénane, 1.373 km. q. Popul. en 1910 ; 1.282.061 hab. Villes princ. ; Mayence 118.107 hab. ; Worms 46.819.

Palatinat, 5.928 km. q. Popul. en 1910 : 937.085 hab. Villes princ. ; Ludwigshafen 83.301 hab. ; Kaiserlautern 54.659 ; Pirmasens 38.463 ; Landshut 25.137.

Hesse-Nassau, Cercle de Wiesbaden, 5.618 km. q. Popul. en 1910 : 1.212.968 hab. Villes princ. : Wiesbaden 109.002 hab.

Prusse-Rhénane. Cercle de Coblence 6.206 km. q. Popul. : 753.301 hab. ; Cercle de Cologne, 3.978 km. q. Popul. : 1.249.540 hab. ; Cercle de Trèves, 7.184 km. q. Popul. : 1.009.134. hab. Villes princ. : Cologne (Köln), 593.556 hab. ; Crefeld, 129.406 ; Wiesbaden, 109.002 ; Coblence 56.487.

COMMISSIONS DE CONTROLE POUR L'EXÉCUTION DES CLAUSES MILITAIRES, NAVALES ET AÉRONAUTIQUESS.

I. **Allemagne** (Section IV de la Partie V du traité de Versailles). La composition de ces commissions n'est pas déterminée par le traité. Les articles 203, 209 et 210 prévoient : 1° une commission de contrôle pour l'exécution des clauses militaires ; 2° une pour l'exécution des clauses navales ; 3° une pour l'exécution des clauses concernant l'aéronautique.

Le Gouvernement allemand doit désigner un représentant qualifié auprès de chaque Commission interalliée.

II. **Autriche** (Section IV de la Partie du traité de Saint-Germain). La composition des commissions n'est pas déterminée par le traité : les articles 153, 154 et 155 prévoient : 1° une commission militaire ; 2° une commission navale ; 3° une commission aéronautique auprès desquelles le gouvernement autrichien assignera un représentant qualifié (art. 151).

III. **Bulgarie** (Section IV de la Partie du traité de Neuilly). Désignations semblables, art. 98, 99 et 100.

COMMISSIONS CONCERNANT LES PRISONNIERS DE GUERRE ET LES SÉPULTURES MILITAIRES.

Allemagne : 1° L'article 222 du traité de Versailles prévoit des commissions de recherche des disparus.

2° L'article 225 du même traité prévoit des commissions chargées par les gouvernements alliés ou associés d'identifier, entretenir ou élever des monuments sur les sépultures militaires.

Autriche : Article 161 du traité de Saint-Germain. 1° Commission de rapatriement composée de représentants des Puissances alliées et associées d'une part et d'un représentant du gouvernement autrichien d'autre part. Pour chacune des Puissances alliées et associées il y aura une sous-commission composée de représentants de la Puissance intéressée et de délégués du gouvernement autrichien.

2° Commissions de recherches des disparus (Art. 168).

3° Commissions chargées d'identifier, enregistrer, entretenir ou élever des monuments sur les sépultures militaires (Art. 171).

Bulgarie. 1° Commission de rapatriement (*idem* Autriche art. 106 du traité de Neuilly).

2° Commission d'enquête interalliée comprenant des représentants de l'Empire Britannique, la France, l'Italie, la Grèce, la Roumanie, l'Etat Serbe-Croate-Slovène pour rechercher les nationaux alliés non rapatriés et procéder à l'identification de ceux manifestant le désir de rester en territoire bulgare (art. 113).

3° Commission des Sépultures (*idem* Autriche) (Art. 116).

COMMISSIONS DE RÉPARATIONS.

Allemagne (Art. 228 du traité de Versailles et annexe II de la Partie III). Les délégués sont nommés par les États-Unis, la Grande-Bretagne, la France, l'Italie, le Japon, la Belgique et l'Etat Serbe-Croate-Slovène. Chacune des Puissances nomme un délégué et un délégué adjoint.

Celle des autres Puissances alliées et associées qui pourra être intéressée aura aussi le droit de nommer un délégué.

Le principal bureau permanent est à Paris.

La Commission élit un Président et un vice-président pour une année. Elle nomme les fonctionnaires, agents et employés qui peuvent être nécessaires.

Autriche (Art. 179 du traité de Saint-Germain et annexe II de la Section I de la Partie VIII). La Commission est la même que celle prévue à l'art. 223 du traité de Versailles. Les délégués sont nommés par les Etats-Unis, la Grande-Bretagne, la France, l'Italie, le Japon, la Belgique, chacun un ; la Grèce, la Pologne, la Roumanie, l'Etat Serbe-Croate-Slovène et la Tchéco-Slovaquie : les six derniers Etats nomment un délégué commun. Chaque Puissance nomme un délégué et un délégué adjoint et celles d'entre les autres Puissances alliées et associées qui peuvent être intéressées nomment également un délégué. La Commission prévue à l'article 223 du traité de Versailles constitue pour l'application du traité de Saint-Germain une section composée des délégués des Etats-Unis, Grande-Bretagne, France, Italie, Grèce, Pologne, Roumanie, Etat Serbe-Croate-Slovène, Tchéco-Slovaquie.

Bulgarie (Art. 121 du traité de Neuilly). Commission créée par le traité avec l'Allemagne du 28 juin 1919, confirmée d'après le traité avec l'Autriche du 10 septembre 1919 (Partie VIII, Annexe II § 2).

Commission de Réparations.

Hôtel Astoria, Av. des Champs-Elysées, Paris.

Prés. : MM. Louis Dubois, délégué de la République Française ;
Vice-Prés. : MM. Bertolini (Italie) ; *Secr. gén. :* Salter (Grande-Bretagne) : *Secr. adjoints :* Bergery (France) ; Denis (Belgique).

Le ministère des Affaires étrangères sert d'intermédiaire entre les différents départements ministériels et la Commission. Le sous-directeur des relations commerciales au min. des Affaires étrangères est le secrétaire-général de la Délégation française à la Commission des Réparations (décret du 17 janv. 1920).

OFFICES DE VÉRIFICATION ET DE COMPENSATION

pour le payement et le recouvrement des dettes ennemies.

Allemagne : L'annexe de la Section III de la Partie X du traité de Versailles oblige les parties contractantes à créer un Office de Vérification et de Compensation pour le payement et le recouvrement des dettes ennemies. Il peut être créé des offices locaux pour une partie des territoires. Les rapports avec l'Office établi dans le pays adverse ne peuvent avoir lieu que par l'intervention de l'Office Central.

Autriche : Annexe de la Section III de la Partie X du traité de Saint-Germain. Dispositions identiques.

Bulgarie. Annexe de la Section III de la Partie IX du traité de Neuilly. Dispositions identiques.

Office des Intérêts privés.

146, *avenue Malakoff, Paris.*

(créé par décret du 30 déc. 1919 (*J. O.* du 12 janv. 1920) pour l'application des Sections III, IV, V et VI de la Partie V du traité de Versailles et des clauses analogues insérées dans les autres traités).

Dir. : M. Alphand, consul de 2e cl., chef de bureau à la Dir. des Affaires admin. et techniques au Min. des Affaires étrangères

Un Office de vérification et de compensation a été créé à Strasbourg par décret du 31 mars 1920 (J. O. du 1er avril 1920).

TRIBUNAUX ARBITRAUX MIXTES

Pour juger les contestations relatives aux dettes, biens, droits, intérêts privés, contrats, prescriptions, jugements et propriété industrielle.

(Sections III, IV, V et VII du traité de Versailles, du traité de Saint-Germain et du traité de Neuilly).

La Section VI de la Partie X des traités de Versailles, Saint-Germain et de Neuilly oblige chacune des Puissances alliées et associées d'une part et l'Allemagne d'autre part à constituer un tribunal mixte composé de 3 membres. Chacun des gouvernements désigne un membre et le Président est choisi à la suite d'un accord entre les deux gouvernements intéressés. Si cet accord ne peut intervenir, le Président du Tribunal et deux autres personnes susceptibles l'une et l'autre au besoin de le remplacer, sont choisis par le Conseil de la Société des Nations et jusqu'au moment où il sera constitué par M. Gustave Ador, s'il y consent. Si un gouvernement ne procède pas dans un délai d'un mois à la désignation d'un membre, celui-ci sera choisi par le Gouvernement adverse parmi les deux personnes désignées ci-dessus autres que le Président.

Par décret du 17 janv. 1920, ont été nommés par le Gouvernement de la République Française au Tribunal arbitral mixte franco-allemand :

Arbitres : MM. Bricout, dir. des affaires civiles et du sceau au min. de la justice ; Maurice Gandolphe ;

Agent général du Gouvernement français : M. Pierre Jaudon, chef de bureau au min. de la Justice ;

Agents : MM. Lémonon, avocat du min. des Affaires étrangères ; Claro, avocat.

Le règlement de procédure du tribunal arbitral mixte franco-allemand du 2 avril 1920 a été publié au J. O. du 28 avril suivant. Siège à Paris : 146, avenue Malakoff.

COMMISSIONS pour le TRANSFERT DES FRACTIONS DE RÉSERVES

Accumulées par des gouvernements ou des organismes publics ou privés, nécessaires pour faire face dans les territoires cédés au fonctionnement de toutes assurances sociales et assurances d'état.

Allemagne (Art. 312 du traité de Versailles avec l'Allemagne). Les conditions de ces transferts doivent être fixées par des conventions spéciales. Si celles-ci ne sont pas conclues les conditions de transfert seront soumises à une commission de 5 membres dont un nommé par le gouvernement allemand, un par le gouvernement intéressé et trois par le Conseil d'Administration du Bureau International du Travail parmi les ressortissants des autres Etats. Cette Commission votera des recommandations à soumettre au Conseil de la Société des Nations.

Bulgarie (Art. 203 du traité de Neuilly). Dispositions semblables. Commission de 5 membres dont un nommé par le gouvernement bulgare, un par le gouvernement intéressé et trois par le Conseil d'Administration du Bureau International du Travail.

Autriche (Art. 275 du traité de Saint-Germain). Dispositions semblables. Commission de 5 membres dont un nommé par le gouvernement autrichien, un par le gouvernement intéressé et trois par le Conseil d'Administration du Bureau International du Travail.

COMMISSIONS DES FLEUVES INTERNATIONAUX.

I. **Elbe** (Art. 340 du traité de Versailles). Commission comprenant 4 représentants des Etats allemands riverains du fleuve, 2 de l'Etat Tchéco-Slovaque, 1 de la Grande-Bretagne, 1 de la France, 1 de l'Italie, 1 de la Belgique.

II. **Oder** (Art. 341 du traité de Versailles). Commission comprenant 1 représentant de la Pologne, 3 de la Prusse, 1 de l'Etat Tchéco-Slovaque, 1 de la Grande-Bretagne, 1 de la France, 1 du Danemark, 1 de la Suède.

III. **Niémen** (Art. 342 du traité de Versailles). Sur requête adressée à la Société des Nations par un des Etats riverains, le Niémen sera placé sous l'administration d'une commission internationale qui comprendra un représentant de chacun des Etats riverains et trois représentants d'autres Etats désignés par la Société des Nations.

IV. **Danube** (Art. 346 du traité de Versailles, 301 du traité de Saint-Germain). La Commission européenne exercera de nouveau les pouvoirs qu'elle avait avant la guerre. Toutefois, provisoirement, les représentants de la Grande-Bretagne, de la France, de l'Italie et de la Roumanie en feront seuls partie.

V. **Danube**, hors de la Commission européenne (Art. 347 du traité de Versailles, 302 du traité de Saint-Germain, 231 du traité de Neuilly). Commission compétente à partir du point où cesse la compétence de la Commission européenne, composée de 2 représentants des

Etats allemands riverains, 1 représentant de chacun des autres Etats riverains : 1 représentant de chacun des Etats non riverains représentés à l'avenir à la Commission européenne du Danube.

VI. **Rhin et Moselle** (Art. 354 et 355 du traité de Versailles). Commission prévue par la Convention de Mannheim du 17 octobre 1868 remise en vigueur comprenant 2 représentants des Pays-Bas, 2 représentants de la Suisse, 4 représentants des Etats allemands riverains des fleuves, 4 représentants de la France qui nommera le Président, 2 représentants de la Grande-Bretagne, 2 représentants de l'Italie, 2 représentants de la Belgique.

La Commission pourra étendre sa juridiction : 1° à la Moselle depuis la frontière franco-luxembourgeoise jusqu'au Rhin sous réserve de l'assentiment du Luxembourg ; 2° au Rhin en amont de Bâle jusqu'au lac de Constance sous réserve de l'assentiment de la Suisse; 3° aux canaux latéraux et chenaux (Art. 362).

Le siège de la Commission est à Strasbourg.

Prés. : M. Claveille, sénateur.

Représentants du Gouvernement français : MM. Chargueraud, cons. d'Etat. insp. gén. des ponts et chaussées ; Dreyfus, insp. gén. des ponts et chaussées ; Fromageot, jurisconsulte du min. des Affaires étrangères ; Berninger, dir. du commerce et de l'industrie en Alsace et Lorraine.

COMMISSION POUR L'EXÉCUTION DES CLAUSES DONNANT A L'ÉTAT TCHÉCO-SLOVAQUE L'USAGE DES PORTS DU NORD DE L'ALLEMAGNE.

Cette commission est composée de 1 délégué de l'Allemagne, 1 délégué de l'Etat Tchéco-Slovaque et 1 délégué de la Grande-Bretagne (Art. 364 du traité de Versailles).

CANAL DE KIEL.

Juridiction compétente en cas de désaccord sur l'interprétation des articles concernant canal de Kiel : 1re instance : autorité locale établie par l'Allemagne à Kiel : 2° appel : juridiction instituée par la Société des Nations.

CHEMINS DE FER.

1° Commissions d'experts désignées par les Puissances alliées et associées et dans lesquelles selon le cas l'Allemagne ou l'Autriche auront un représentant pour fixer le matériel à livrer pour les lignes n'ayant pas un matériel spécial (Art. 378 du traité de Saint-Germain et 371 du traité de Versailles).

2° Mêmes commissions pour trancher les conflits qui peuvent s'élever au sujet des conditions d'exploitation des lignes de chemins de fer reliant deux parties d'un même pays et se terminant dans un autre (Art. 372 du traité de Versailles et 319 du traité de St-Germain).

COMMISSION INTERALLIÉE EN BULGARIE

pour faciliter à cette Puissance l'exécution des obligations prévues au traité de Neuilly.

(Art. 130 du traité de Neuilly et annexe.) La Commission est composée de 3 membres nommés respectivement par les Gouvernements de l'Empire Britannique, de la France et de l'Italie. La Bulgarie est représentée par un commissaire. La Commission élit chaque année un Président et nomme les agents et employés nécessaires.

ORGANISATION DU TRAVAIL.

I. Conférence générale. Conférence générale des représentants des membres de la Société des Nations composée de 4 représentants de chacun des membres dont deux seront les délégués du gouvernement et dont les deux autres représenteront respectivement d'une part les employeurs et d'autre part les travailleurs ressortissants à chacun des membres.

Chaque délégué peut être accompagné par deux conseillers techniques au plus pour chacune des matières inscrites à l'ordre du jour de la session.

Le directeur du Bureau International du Travail sera secrétaire de la Conférence (Art. 389 du traité de Versailles, 334 du traité de St-Germain, 251 du traité de Neuilly).

II. **Bureau International du Travail.** 1° Conseil d'Administration composé de 24 personnes : 12 personnes représentant les Gouvernements ; 6 personnes élues par les délégués à la Conférence, représentant les patrons ; 6 personnes élues par les délégués à la Conférence, représentant les employés et ouvriers. Sur les 12 personnes représentant les Gouvernements, 8 seront nommées par les membres dont l'importance industrielle est la plus considérable et 4 par les membres désignés à cet effet par les délégués gouvernementaux à la Conférence, exclusion faite des 8 membres sus-mentionnés. Les contestations sur la question de savoir quels sont les membres ayant l'importance industrielle la plus considérable seront tranchées par le Conseil de la Société des Nations ; 2° Directeur désigné par le Conseil d'Administration ; 3° Personnel du Bureau choisi par le Directeur. Un certain nombre de ces personnes devront être des femmes (Art. 393, 394, 395 du traité de Versailles ; 337, 338, 339 du traité de St-Germain ; 254, 255, 256, 257 du traité de Neuilly).

Le Bureau International du Travail sera établi au siège de la Société des Nations et fera partie de l'ensemble des institutions de la Société (art. 392) du traité de Versailles).

Siège provisoire; 7, Seamore Place, Curzon Street, Londres, W.

Directeur permanent du Bureau international du travail: M. Albert Thomas ;

Membres du conseil d'administration: Représentants gouvernementaux. — MM. Fontaine (France), Delevingne (Grande-Bretagne), le baron des Planches (Italie), Ruffenacht (Suisse), Sokal (Pologne), Acland (Canada), Leymann (Allemagne), vicomte de Eza (Espagne), Mahaim (Belgique), Vedel (Danemark), de Alvear (Argentine), Nagaoka (Japon).

Représentants patronaux. — MM. Guérin (France), Allan Smith (Grande-Bretagne), Hodacz (Tchéco-Slovaquie), Carlier (Belgique), Schindler (Suisse), Pirelli (Italie).

Représentants ouvriers. — MM. Jouhaux (France), Stuart-Bunning (Grande-Bretagne), Oudegeest (Pays-Bas), Lindequist (Suède), Draper (Canada), Legien (Allemagne).

III. **Commissions d'enquêtes** (Art. 411 et 412 du traité de Versailles. 357 du traité de St-Germain, 274 du traité de Neuilly). Commission d'enquêtes en cas de plainte déposée par l'un des membres pour non-exécution d'une convention. Chacun des membres désigne trois personnes compétentes en matière industrielle, la première représentant les patrons, la deuxième les travailleurs et la troisième indépendante des uns et des autres.

L'ensemble de ces personnes formera une liste sur laquelle seront choisis les membres de la commission d'enquête.

Bibliographie.

Barthou (L.). — *Le Traité de Versailles*, in-18 jés., 4 fr. 90. Fasquelle, Paris, 1919.

Basdevant (J.). *Traités et Conventions en vigueur entre la France et les puissances étrangères.* in-8., 830 fr. br. 30 fr. Rousseau et Cie. Paris, 1919.

Bourgeois (Léon). *Le Pacte de 1919 et la Société des Nations*, in-18, broché. 4 fr. 90 Fasquelle, Paris, 1919.

Clercq (J. de). *Recueil des traités de la France*, gr. in-8, le fasc. 25 fr. Pedone, Paris.

Vidal de la Blache (P.) et Gallois (L.). *Le bassin de la Sarre. Clauses du Traité de Versailles*, in-8, 55 p. br. 5 fr. A. Colin, Paris, 1919.

TRAITÉS MULTILATÉRAUX

(Les accords bilatéraux sont indiqués à chaque Puissance)

Article 18 du Pacte de la Société des Nations.

Tout traité ou engagement international conclu à l'avenir par un membre de la Société devra être immédiatement enregistré par le Secrétariat et publié par lui aussitôt que possible.

Aucun de ces traités ou engagements internationaux ne sera obligatoire avant d'avoir été enregistré.

TRAITÉS POLITIQUES [1]

SUISSE. — Déclaration du 20 novembre 1815, signée à Paris pour la reconnaissance et la garantie de la neutralité perpétuelle de la Suisse et de l'inviolabilité de son territoire : Autriche, France, Grande-Bretagne, Portugal, Prusse, Russie.

Cette neutralité est confirmée par les art. 375 du Traité de St. Germain, 435 du Traité de Versailles et 291 du Traité de Neuilly.

ZONES NEUTRES DE LA SAVOIE ET DE GEX. — Traité de paix signé à Paris le 20 novembre 1815 : Autriche, France, Grande-Bretagne, Prusse, Russie, Espagne, Sardaigne.

Parmi les clauses en vigueur, l'art. 3 a étendu la neutralité de la Suisse en Savoie.

Acte final du Congrès de Vienne du 9 juin 1815 : Autriche, Espagne, France, Grande-Bretagne, Portugal, Prusse, Russie et Suède.

Parmi les clauses en vigueur, l'article 93 est relatif à la neutralité du Chablais et du Faucigny.

Les art. 435 du Traité de Versailles, 375 du Traité de St. Germain et 291 du Traité de Neuilly donnent acte de l'abrogation des stipulations concernant la zone de la Savoie et considèrent que le régime de ces zones doit être réglé par la France et la Suisse. Dans l'annexe, il est stipulé que les traités de 1815 et autres actes complémentaires sont provisoirement maintenus.

BELGIQUE. — Traité de Londres du 19 avril 1839 : destiné à régler d'une manière définitive la séparation de la Belgique d'avec les Pays-Bas et les limites de leurs territoires respectifs : France, Autriche, Grande-Bretagne, Prusse, Russie et Belgique.

L'article 7 de l'annexe (traité conclu à Londres le 19 avril 1839) consacre l'accession de la Confédération germanique aux dispositions concernant le Grand-Duché de Luxembourg et la reconnaissance de la neutralité perpétuelle de la Belgique.

L'Allemagne (art. 31 du Traité de Versailles) et l'Autriche (art. 83 du Traité de St. Germain) consentent à l'abrogation de ces traités et reconnaissent toute convention que pourront passer les Puissances alliées avec la Belgique et les Pays-Bas à l'effet de remplacer lesdits traités.

LUXEMBOURG. — Traité de Londres du 11 mai 1867 pour régler la situation du Grand-duché de Luxembourg : Autriche, Belgique, France, Grande-Bretagne, Italie, Pays-Bas, Prusse.

Art. 2. — Reconnaissance de la neutralité perpétuelle du Grand-Duché.

L'Allemagne (art. 40 du Traité de Versailles) et l'Autriche (art. 84 du Traité de St. Germain) reconnaissent l'abrogation de ce traité et acceptent tous arrangements conclus par les Puissances alliées.

GRÈCE. — Traité de Londres du 13 juillet 1863 constituant la Grèce en Etat monarchique indépendant et constitutionnel : France, Danemark, Grande-Bretagne et Russie.

SUISSE. — Traité de Paris du 26 mai 1867 pour régler la situation politique de l'Etat de Neufchâtel : France, Autriche, Grande-Bretagne, Prusse, Russie et Suisse.

CHINE. — Protocole de Pékin du 7 septembre 1901 pour la reprise des relations amicales avec la Chine : Allemagne, Autriche-Hongrie, Belgique, Italie, Japon, Pays-Bas, Russie et Chine.

(Réparations et indemnités pour dommages subis pendant l'insurrection boxer.)

L'Allemagne (art. 128 du Traité de Versailles) et l'Autriche (art. 113 du Traité de St. Germain) renoncent au bénéfice de ce protocole.

NORVÈGE. — Convention de Christiania du 2 novembre 1907, en vue d'assurer à la Norvège dans ses limites actuelles et avec sa zone neutre son indépendance et son intégrité territoriale ainsi que les bénéfices de la paix.

MER DU NORD. — Accords de Berlin du 23 avril 1908 relatifs à la mer du Nord : Allemagne, Danemark, France, Grande-Bretagne, Pays-Bas et Suède.

CONVENTIONS RELATIVES AU DROIT DE LA GUERRE SUR TERRE ET SUR MER

Convention internationale pour l'amélioration du sort des blessés et malades dans les armées en campagne conclue à Genève, le 6 juillet 1906 (remplacement de la Convention de 1865 sur le même objet).

États signataires : Allemagne, Amérique (Etats-Unis d'), Argentine, Autriche-Hongrie, Belgique, Brésil, Bulgarie, Chili, Chine, Congo, Danemark, Espagne, France, Grande-Bretagne, Grèce, Guatemala, Honduras, Italie, Japon et Corée, Luxembourg, Mexique, Norvège, Monténégro, Pays-Bas, Pérou, Perse, Portugal, Roumanie, Russie, Serbie, Siam, Suède, Suisse, Uruguay.

États qui ont adhéré : Colombie, Costa-Rica, Cuba, Nicaragua, Paraguay, Salvador, Turquie, Venezuela.

Déclaration signée au Congrès de Paris, le 16 avril 1856, pour régler divers points de droit maritime (abolition de la course).

États signataires : Grande-Bretagne, France, Autriche, Prusse, Russie, Sardaigne, Turquie.

Adhésions : Bade, Bavière, Belgique, Brême, Brésil, Brunswick, Chili, Confédération argentine, Confédération germanique, Confédération suisse, Mexique, Espagne, Danemark, Deux-Siciles, Equateur, Etats Romains, Francfort, Grèce, Guatemala, Hambourg, Hanovre, Haïti, Hesse-Cassel, Hesse-Darmstadt, Japon, Lubeck, Mecklembourg-Schwerin, Mecklembourg-Strelitz, Nassau, Oldenbourg, Parme, Pays-Bas, Pérou, Portugal, Salvador, Saxe-Altenbourg, Saxe-Cobourg-Gotha, Saxe-Royale, Saxe-Weimar, Suède et Norvège, Toscane, Wurtemberg.

Conventions de La Haye du 18 octobre 1907
signées à l'issue de la 2e Conférence de la Paix.

I. Règlement pacifique des conflits internationaux.

Allemagne, Amérique (Etats-Unis d'), Autriche-Hongrie, Belgique, Chine, Cuba, Danemark, Espagne, France, Guatemala, Haïti, Japon, Luxembourg, Mexique, Nicaragua, Norvège, Panama, Pays-Bas, Portugal, Roumanie, Russie, Salvador, Siam, Suède, Suisse.

II Limitation de l'emploi de la force pour le recouvrement de dettes.

Allemagne, Amérique (Etats-Unis d'), Autriche-Hongrie, Chine, Danemark, France, Grande-Bretagne, Guatemala, Haïti, Japon, Mexique, Nicaragua, Norvège, Panama, Pays-Bas, Portugal, Roumanie, Russie, Salvador.

III. Ouverture des hostilités.

Allemagne, Amérique (Etats-Unis d'), Autriche-Hongrie, Belgique, Bolivie, Chine, Danemark, Espagne, France, Grande-Bretagne, Guatemala, Haïti, Japon, Luxembourg, Mexique, Nicaragua, Norvège, Panama, Pays-Bas, Portugal, Roumanie, Russie, Salvador, Siam, Suède, Suisse.

IV. Lois et coutumes de la guerre sur terre.

Allemagne, Amérique (Etats-Unis d'), Autriche-Hongrie, Belgique, Bolivie, Chine, Cuba, Danemark, Espagne, France, Grande-Bretagne, Guatemala, Haïti, Japon, Luxembourg, Mexique, Nicaragua, Norvège, Panama, Pays-Bas, Portugal, Roumanie, Russie, Salvador, Siam, Suède, Suisse.

V. Droits et devoirs des neutres, en cas de guerre sur terre.

Allemagne, Amérique (Etats-Unis d'), Autriche-Hongrie, Belgique, Bolivie, Chine, Cuba, Danemark, Espagne, France, Guatemala, Haïti, Japon, Luxembourg, Mexique, Nicaragua, Norvège, Panama, Pays-Bas, Portugal, Roumanie, Russie, Salvador, Siam, Suède, Suisse.

VI. Régime des navires de commerce ennemis au début des hostilités.

Allemagne, Autriche-Hongrie, Belgique, Chine, Cuba, Danemark, Espagne, France, Grande-Bretagne, Guatemala, Haïti, Japon, Luxembourg, Mexique, Nicaragua, Norvège, Panama, Pays-Bas, Portugal, Roumanie, Russie, Salvador, Siam, Suède, Suisse.

VII. Transformation de navires de commerce en bâtiments de guerre.

Allemagne, Autriche-Hongrie, Belgique, Chine, Danemark, Espagne, France, Grande-Bretagne, Guatemala, Haïti, Japon, Luxembourg, Mexique, Nicaragua, Norvège, Panama, Pays-Bas, Portugal, Roumanie, Russie, Salvador, Siam, Suède, Suisse.

VIII. Pose de mines sous-marines.

Allemagne, Amérique (États-Unis d'), Autriche-Hongrie, Belgique, Chine, Danemark, Espagne, France, Grande-Bretagne, Guatemala, Haïti, Japon, Luxembourg, Mexique, Nicaragua, Norvège, Panama, Pays-Bas, Roumanie, Salvador, Siam, Suisse.

IX. Bombardement par des forces navales.

Allemagne, Amérique (États-Unis d'), Autriche-Hongrie, Belgique, Bolivie, Chine, Cuba, Danemark, Espagne, France, Grande-Bretagne, Guatemala, Haïti, Japon, Luxembourg, Mexique, Nicaragua, Norvège, Panama, Pays-Bas, Portugal, Roumanie, Russie, Salvador, Siam, Suède, Suisse.

X. Adaptation à la guerre maritime de la Convention de Genève.

Allemagne, Amérique (États-Unis d'), Autriche-Hongrie, Belgique, Bolivie, Chine, Cuba, Danemark, Espagne, France, Guatemala, Haïti, Japon, Luxembourg, Mexique, Nicaragua, Norvège, Panama, Pays-Bas, Portugal, Roumanie, Russie, Salvador, Siam, Suède, Suisse.

XI. Restrictions à l'exercice du droit de capture.

Allemagne, Amérique (États-Unis d'), Autriche-Hongrie, Belgique, Chine, Danemark, Espagne, France, Grande-Bretagne, Guatemala, Haïti, Japon, Luxembourg, Mexique, Nicaragua, Norvège, Panama, Pays-Bas, Portugal, Roumanie, Salvador, Siam, Suède, Suisse.

XII. Cour internationale des prises.

Guatemala, Panama, Nicaragua.

Un protocole additionnel à cette convention a été signé à La Haye, le 19 septembre 1910, par l'Allemagne, les États-Unis, l'Argentine, l'Autriche-Hongrie, le Chili, le Danemark, la France, la Grande-Bretagne, le Japon, la Norvège, les Pays-Bas, la Suède.

XIII. Droits et devoirs des neutres en cas de guerre maritime.

Allemagne, Amérique (États-Unis d'), Autriche-Hongrie, Belgique, Chine, Danemark, Espagne, France, Guatemala, Haïti, Japon, Luxembourg, Mexique, Nicaragua, Norvège, Panama, Pays-Bas, Portugal, Russie, Salvador, Siam, Suède, Suisse.

XIV. Interdiction de lancer des projectiles du haut de ballons.

Amérique (États-Unis d'), Belgique, Bolivie, Chine, Espagne, Grande-Bretagne, Haïti, Norvège, Panama, Pays-Bas, Portugal, Salvador, Siam, Suisse.

NAVIGATION ET PÊCHES MARITIMES

Article 225 du Traité de St-Germain.

Les Hautes Parties contractantes s'accordent à reconnaître le pavillon des navires de toute Partie contractante qui n'a pas de littoral maritime lorsqu'ils sont enregistrés en un lieu unique déterminé situé sur son territoire.

Traité de Copenhague du 14 mars 1857 pour l'abolition par voie de rachat des péages du Sund et des Belts : Autriche, Belgique, France, Grande-Bretagne, Mecklembourg-Schwerin, Oldenbourg, Pays-Bas, Prusse, Russie, Suède et Norvège, Brême, Hambourg et Danemark, remis en vigueur par l'article 182 du Traité de Versailles et l'article 234 du Traité de St. Germain.

Traité de Hanovre du 22 juin 1861 relatif à l'abolition du droit de péage de Stade ou de Brunshausen : Autriche, Belgique, Brésil, Danemark, Espagne, France, Grande-Bretagne, Mecklembourg-Schwerin, Pays-Bas, Portugal, Prusse, Russie, Suède, Norvège, Lübeck, Brême, Hambourg, Hanovre, remis en vigueur par l'article 182 du Traité de Versailles et 234 du Traité de St. Germain.

Convention conclue à La Haye, le 6 mai 1882, pour régler la police de la pêche dans la mer du Nord en dehors des eaux territoriales et déclaration du 1er février 1889 en vue de modifier l'article 8 § 5 de la convention du 6 mai 1882 relatif à la police de la pêche dans la mer du Nord : France, Allemagne, Belgique, Danemark, Grande-Bretagne et Pays-Bas, remise en vigueur par l'article 285 du Traité de Versailles.

Convention du 16 novembre 1887 pour remédier au trafic des liqueurs dans la Mer du Nord en dehors des eaux territoriales : Allemagne, Belgique, Danemark, Grande-Bretagne, Pays-Bas.

Protocole du 14 février 1898 relatif à la non-ratification par la France de la Convention du 16 novembre 1887.

Protocole du 11 avril 1894.

Ces trois Conventions ont été remises en vigueur par l'article 285 du Traité de Versailles sous réserve acceptée par l'Allemagne que tous droits d'inspection et de police seront, lorsqu'il s'agit de bateaux de pêche des Puissances alliées, exercés uniquement par des bâtiments appartenant à ces Puissances (art. 272).

Convention conclue à Tanger, le 31 mai 1865, concernant l'administration et l'entretien du phare du cap Spartel :

France, Allemagne, Autriche, Belgique, Espagne, Etats-Unis, Grande-Bretagne, Italie, Pays-Bas, Portugal, Russie, Suède et Maroc.

Traité de Londres du 13 mars 1871 sur la navigation de la Mer Noire et du Danube :

France, Allemagne, Autriche, Grande-Bretagne, Italie, Russie et Turquie.

Traité de Constantinople du 29 octobre 1888 pour l'établissement d'un régime définitif destiné à garantir le libre usage du Canal de Suez :

France, Allemagne, Autriche-Hongrie, Espagne, Grande-Bretagne, Italie, Pays-Bas, Russie, Turquie ;

remis en vigueur par l'article 282 du Traité de Versailles et 231 du Traité de St. Germain L'Allemagne et l'Autriche reconnaissent le transfert au Gouvernement Britannique des pouvoirs qu'il avait reconnus à S. M. I. le Sultan (art. 152 et 107).

Convention du 23 Septembre 1910 pour l'unification de certaines règles en matière d'abordage :

France, Allemagne, Autriche-Hongrie, Belgique, Brésil, Danemark, Grande-Bretagne Grèce, Italie, Japon, Mexique, Nicaragua, Norvège, Pays-Bas, Portugal, Roumanie, Russie Suisse, Uruguay ;

Colonies françaises, italiennes et allemandes ;

Colonies anglaises : Terre-Neuve, Canada, Nouvelle-Zélande, Inde, Bahama, Barbade, Bermudes, Guyane, Honduras, Ceylan, Falkland, Fidji, Gambie, Gibraltar, Côte-d'Or, Grenade, Hong-Kong, Jamaïque, Iles Sous-le-Vent : Antigoa, Dominique, Montserrat, Saint-Christophe, Nièves, Iles Vierges ; Malte, Maurice, Norfolk, Papoue, Ste-Hélène, Ste-Lucie, St-Vincent, Seychelles, Sierra-Leone, Nigerie du Sud, Straits Settlements, Trinité et Tobago Chypre, Etats fédérés malais de Perak, Selangor, Negri-Sembilan et Pahang. Protectorats de l'Afrique Orientale, des îles Gilbert et Ellice, des îles Salomon, du Somaliland et Wei-hai-wei.

Convention du 23 septembre 1910 pour l'unification de certaines règles en matière d'assistance et de sauvetage maritime ;

France, Allemagne, Autriche-Hongrie, Brésil, Belgique, Danemark, Etats-Unis, Grande-Bretagne, Italie, Japon, Mexique, Norvège, Pays-Bas, Portugal, Roumanie, Russie, Suède, Uruguay ;

Colonies Françaises, Allemandes et Italiennes ;

Colonies anglaises : Canada, Terre-Neuve, Indes, Bahama, Barbade, Bermudes, Guyane, Honduras, Ceylan, Falkland, Fidji, Gambie, Gibraltar, Côte-d'Or, Grenade, Hong-Kong, Jamaïque, Iles Sous-le-Vent : Antigoa, Dominique, St-Christophe, Nièves, Iles Vierges ; Malte, Maurice, Norfolk, Papoue, Ste-Hélène, Ste-Lucie, St.-Vincent, Seychelles, Sierra-Leone, Nigerie du Sud, Nouvelle-Zélande, Straits Settlements, Trinité et Tobago, Chypre, Etats fédérés malais de Perak, Selangor, Negri-Sembilan et Pahang, protectorats de l'Afrique orientale, des îles Gilbert et Ellice, des îles Salomon, du Somaliland et Wei-hai-wei,

remises en vigueur par l'article 282 du Traité de Versailles et 234 du Traité de St. Germain. — Promesse d'adhésion de la Bulgarie : article 167 du Traité de Neuilly.

Convention du 21 décembre 1904 relative à l'exemption pour les bâtiments hospitaliers des droits et taxes de port :

Allemagne, Autriche-Hongrie, Belgique, Chine, Danemark, Etats-Unis, Mexique, Grèce, Japon et Corée, Luxembourg, Montenegro, Pays-Bas, Pérou, Pologne, Roumanie, Russie, Siam, Suisse, France, Espagne, Italie,

remise en vigueur par l'article 282 du Traité de Versailles et l'article 234 du Traité de St. Germain. — Adhésion future de la Bulgarie, article 167 du Traité de Neuilly.

ASSOCIATIONS, OFFICES, BUREAUX INTERNATIONAUX.

Convention du 20 mai 1875 pour assurer l'unification internationale et le perfectionnement du système métrique.

France, Allemagne, Autriche, Belgique, Argentine, Danemark, Espagne, Etats-Unis, Italie, Pérou, Portugal, Suède, Norvège, Suisse, Venezuela,

remise en vigueur par les art. 282 du Traité de Versailles, 234 du Traité de St. Germain, 162 du Traité de Neuilly.

Convention du 3 juillet 1890 pour la publication des tarifs douaniers :

France, Argentine, Autriche-Hongrie, Belgique, Bolivie, Brésil, Bulgarie, Chili, Congo, Costa-Rica, Cuba, Danemark, Egypte, Equateur, Espagne, Grande-Bretagne, Grèce, Guatemala, Haïti, Italie, Japon, Mexique, Nicaragua, Paraguay, Pays-Bas, Pérou, Perse, Portugal, Roumanie, Russie, Salvador, Siam, Suisse, Turquie, Uruguay, Venezuela.

Colonies Françaises, Danoises, Espagnoles, Hollandaises et Portugaises ;

Colonies britanniques : Indes, Canada, Australie de l'Ouest, Cap, Natal, Nouvelle Galles du Sud, Nouvelle-Zélande, Queensland, Tasmanie, Terre-Neuve, Victoria,

remise en vigueur par les art. 282 du Traité de Versailles, 224 du Traité de St. Germain et 162 du Traité de Neuilly.

Convention du 7 juin 1905 relative à la création d'un Institut international d'agriculture :

France, Allemagne, Autriche-Hongrie, Argentine, Belgique, Brésil, Bulgarie, Chili, Chine, Colombie, Costa-Rica, Cuba, Danemark, Egypte, Equateur, Espagne, Etats-Unis, Ethiopie, Grande-Bretagne, Grèce, Italie, Japon, Luxembourg, Mexique, Monténégro, Nicaragua Norvège, Paraguay, Pays-Bas, Pérou, Perse, Portugal, Roumanie, Russie, Turquie, Salvador, Suisse, Uruguay, Serbie,

remise en vigueur par les art. 282 du Traité de Versailles, 224 du Traité de St. Germain et 162 du Traité de Neuilly.

Convention du 16 août 1905 pour l'établissement d'une Association intern^le^ sismologique :

Allemagne, Belgique, Congo, Chili, Espagne, Etats-Unis, France, Grande-Bretagne, Grèce, Hongrie, Italie, Japon, Mexique, Norvège, Pays-Bas (pour ses colonies), Portugal, Russie, Suisse, Roumanie.

Arrangement du 9 décembre 1907 pour la création à Paris d'un Office international d'hygiène publique :

Argentine, Belgique, Bolivie, Brésil, Bulgarie, Chili, Danemark, Egypte, Espagne, Etats-Unis, France, Grande-Bretagne, Grèce, Italie, Mexique, Monaco, Norvège, Pays-Bas, Pérou, Perse, Portugal, Russie, Serbie, Suède, Suisse, Turquie, Uruguay.

Colonies françaises : Algérie, Tunisie.

Colonies anglaises : Australie, Canada. Indes,

remis en vigueur par l'article 162 du Traité de Neuilly.

PROPRIÉTÉ INDUSTRIELLE

Convention du 20 mars 1883 pour la protection de la propriété industrielle. — Protocole du 15 avril 1891 concernant la dotation du bureau international. — Acte additionnel du 14 décembre 1900 :

Allemagne, Autriche, Belgique, Brésil, Cuba, Danemark, Rép. Dominicaine, Etats-Unis, Espagne, France, Grande-Bretagne, Italie, Japon, Norvège, Mexique, Pays-Bas, Portugal. Serbie, Suède, Suisse, Pologne, Tchéco-Slovaquie, Hongrie.

Colonies françaises : Algérie, Tunisie et Maroc.

Colonies portugaises : Açores et Madère.

Colonies hollandaises : Indes néerlandaises, Surinam et Curaçao.

Colonies anglaises : Nouvelle-Zélande, Ceylan, Fédération australienne, Trinité et Tobago,

Colonie danoise : Iles Feroë.

Arrangement du 14 avril 1891 concernant l'enregistrement international des marques de fabrique ou de commerce : Acte additionnel du 14 décembre 1900 :

Autriche, Belgique, Brésil, Cuba, Espagne, France, Hongrie, Italie, Mexique, Pays-Bas, Portugal, Serbie, Suisse, Tchéco-Slovaquie.

Colonies françaises : Algérie et colonies, Tunis, Maroc.

Colonies hollandaires : Indes néerlandaises, Surinam et Curaçao.

Colonies portugaises : Açores et Madère.

Arrangement du 14 avril 1891 concernant la répression des fausses indications de provenance sur les marchandises :

Brésil, Cuba, Espagne, France, Algérie et Colonies, Grande-Bretagne, Maroc, Portugal avec Açores et Madère, Suisse, Tunisie.

Actes de la Conférence de Washington du 2 juin 1911 révisant : 1° la convention du 20 mars 1883 ; 2° l'arrangement du 14 avril 1891 relatif à l'enregistrement international des marques de fabrique ; 3° l'arrangement du 14 avril 1891 concernant la répression des fausses indications de provenance.

Allemagne, Autriche-Hongrie, Belgique, Brésil, Cuba, Danemark, Dominicaine (rép.), Espagne, Etats-Unis, France, Grande-Bretagne, Italie, Japon, Mexique, Norvège, Pays-Bas, Portugal, Serbie. Suède, Suisse, Pologne, Tchéco-Slovaquie.

Colonies françaises, Tunis, Maroc.
Colonies anglaises, Nouvelle-Zélande, Ceylan, Trinité et Tobago.
Colonies danoises : Iles Feroë,
remis en vigueur par l'art. 286 du Traité de Versailles et l'art. 237 du Traité de St.-Germain. Adhésion future de la Bulgarie (art. 166 du Traité de Neuilly).

PROPRIÉTÉ LITTÉRAIRE ET ARTISTIQUE

Convention de Berne du 9 septembre 1886 pour la protection des œuvres littéraires et artistiques :

Allemagne et colonies, Belgique, Espagne et Colonies, France, Algérie et Colonies, Haïti, Italie, Japon, Luxembourg, Monaco, Norvège, Liberia, Suisse, Tunisie, Suède, Danemark, Grande-Bretagne.

Déclaration-interprétative du 4 mai 1896 :

Allemagne et colonies, Belgique, Espagne, France, Italie, Luxembourg, Liberia, Norvège, Monaco, Suède, Suisse.

Acte additionnel de Paris du 4 mai 1896, modifiant les articles 2, 3, 5, 7, 12, 20 de la Convention de Berne :

Déclaration du 4 mai 1896 interprétant certaines des parties de la Convention de Berne
Allemagne et colonies, Belgique, Espagne, France, Grande-Bretagne, Italie, Luxembourg, Liberia, Monaco, Norvège, Suède, Suisse.

Convention de Berlin du 13 novembre 1908 revisant la Convention de Berne :

France, Allemagne, Belgique, Danemark (à l'exclusion de l'Islande, du Groënland et des Antilles), Espagne, Grande-Bretagne, Haïti, Italie, Japon, Liberia, Luxembourg Maroc, Monaco, Norvège, Pays-Bas, Pologne, Portugal, Suisse, Suède, Tunisie :
Les colonies françaises ;
Colonies hollandaises : Indes néerlandaises, Surinam et Curaçao ;
Colonies anglaises : Terre-Neuve, Nouvelle-Zélande, Iles de la Manche, Inde, Fédération australienne, Papous, Norfolk, Bechuanaland, Afrique orientale, Gambie, Iles Gilbert et Ellice, Nigerie du Nord et du Sud, Côte d'Or, Nyasaland, Rhodesie du Nord et du Sud, Sierra Leone, Somaliland, Souaziland, Ouganda, Wei-hai-wei.

Protocole additionnel 20 mars 1914 signé par les plénipotentiaires des 18 états formant l'Union pour la protection de la propriété littéraire et artistique :

Allemagne, Belgique, Danemark, Espagne, France, Grande-Bretagne, Haïti, Italie Japon, Liberia, Luxembourg, Monaco,
remis en vigueur par l'art. 286 du Traité de Versailles. Adhésions futures de l'Autriche (art. 239 du Traité de St. Germain), de la Bulgarie (art. 166 du Traité de Neuilly), de la Tchéco-Slovaquie (art. 20 du Traité du 10 septembre 1919).

Convention de Montevideo du 11 janvier 1885 ratifiée par la Rép. Argentine, le Paraguay, le Pérou et l'Uruguay.
Adhésions de la France en 1897, de l'Espagne en 1895, de l'Italie en 1900, acceptées par l'Argentine et le Paraguay.

TRANSPORTS ET CIRCULATION

Convention internationale du 14 octobre 1890 sur les transports par chemins de fer et déclaration additionnelle du 30 septembre 1893 :

France, Allemagne, Autriche-Hongrie, Belgique, Bulgarie, Danemark, Italie, Luxembourg, Pays-Bas, Roumanie, Russie, Serbie, Suède, Suisse.

Arrangement complémentaire du 16 juillet 1895.

Convention additionnelle du 16 juin 1898.

Deuxième convention additionnelle du 19 octobre 1906.

Allemagne, Autriche-Hongrie, Danemark, Luxembourg, Pays-Bas, Russie, Suisse,
dénoncée par la France, l'Italie, la Serbie, la Roumanie et la Belgique.
remise en vigueur par les art. 366 du Traité de Versailles, 313 du Traité de St. Germain, 237 du Traité de Neuilly. — Adhésions futures de la Pologne (art. 19 du Traité du 28 juin 1919), de la Tchéco-Slovaquie (art. 20 du Traité du 10 septembre 1919).

Arrangement du 28 octobre 1898 relatif aux transports des marchandises par chemin de fer.

France, Belgique, Luxembourg, Pays-Bas.

Convention internationale du 11 octobre 1909 sur la circulation des automobiles.

France, Allemagne, Autriche-Hongrie, Belgique, Danemarck, Espagne, Grande-Bretag

Grèce, Italie, Luxembourg, Monaco, Monténégro, Pays-Bas, Portugal, Roumanie, Russie, Suède, Suisse ;

Colonies françaises, Tunisie, Algérie ;

Colonies hollandaises : Indes orientales néerlandaises ;

Colonies anglaises : Inde, Gibraltar, Iles Sous-le-Vent, Malte, Jersey, Guernesey ;

dénoncée par Barbades, îles Leeward, Nigeria du Nord, Nigeria du Sud, Seychelles et Sierra-Leone ;

remise en vigueur par les art. 282 du Traité de Versailles, 234 du Traité de St. Germain et 162 du Traité de Neuilly.

Accord du 15 mai 1886 relatif au plombage des wagons assujettis à la douane.

Protocole du 18 mai 1907 signé par : Allemagne, Autriche-Hongrie, France, Italie, Suisse. Adhésions : Belgique, Serbie, Grèce en avril 1890 ;

remis en vigueur par les art. 282 du Traité de Versailles, 234 du Traité de St. Germain et 162 du Traité de Neuilly. Adhésions futures de la Pologne (art. 19 du Traité du 28 juin 1919), de la Tchéco-Slovaquie (art. 20 du Traité du 10 septembre 1919).

Accord du 15 mai 1886 relatif à l'unité technique des chemins de fer.

Signé par : Allemagne, Autriche-Hongrie, France, Italie, Suisse ;

remis en vigueur par les art. 282 du Traité de Versailles, 234 du Traité de St. Germain, 162 du Traité de Neuilly. Adhésions futures de la Pologne (art. 19 du traité du 28 juin 1919) de la Tchéco-Slovaquie (art. 20 du traité du 10 septembre 1919).

QUESTIONS OUVRIÈRES

Convention de Berne du 26 septembre 1906 sur l'interdiction de l'emploi du phosphore blanc dans l'industrie des allumettes.

France, Allemagne, Danemark, Espagne, Grande-Bretagne, Luxembourg, Norvège, Pays-Bas, Suisse ;

Colonies hollandaises : Indes néerlandaises ;

Colonies anglaises : Canada, Bermudes, Nouvelle-Zélande, Union Sud Africaine, Rhodesia du Sud, Gambie, Côte d'Or, Sierra Leone, Nigerie du Nord, îles Leeward, Nigerie du Sud, Chypre, Afrique Orientale, Gibraltar, Malte, Fidji, Maurice, Ouganda, Fleuve Orange.

Colonies françaises : Tunisie, Afrique occidentale, Établissements d'Océanie, Madagascar, Algérie, Côte des Somalis, Réunion, Nouvelle-Calédonie,

remise en vigueur par l'article 282 du Traité de Versailles. Adhésions futures de l'Autriche (art. 240 du Traité de St. Germain) de la Pologne (art. 19 du Traité du 28 juin 1919), de la Tchéco-Slovaquie (art. 20 du Traité du 10 septembre 1919).

Convention du 26 septembre 1906 sur l'interdiction du travail de nuit des femmes employées dans l'industrie.

Allemagne, Autriche-Hongrie, Belgique, Grande-Bretagne, Italie, Luxembourg, Pays-Bas, Portugal, Suède, Suisse ;

Colonies françaises : Algérie, Tunisie ;

Colonies anglaises : Ceylan, Fidji, Gibraltar, Côte d'Or, îles Leeward, Nouvelle-Zélande, Nigerie du Nord, Trinité, Ouganda ;

remise en vigueur par l'art. 282 du Traité de Versailles. Adhésions futures de l'Autriche (art. 240 du Traité de St. Germain), Bulgarie (art. 167 du Traité de Neuilly), Pologne (art. 19 du Traité du 28 juin 1919), Tchéco-Slovaquie (art. 20 du Traité du 10 septembre 1919).

COLONIES

L'article 22 du Pacte de la Société des Nations dispose que la tutelle des peuples non encore capables de se diriger eux-mêmes sera confiée aux nations développées qui, en raison de leurs ressources, de leur expérience ou de leur position géographique sont le mieux à même d'assumer cette responsabilité en qualité de Mandataires et au nom de la Société des Nations. Le Mandataire doit envoyer au Conseil un rapport annuel concernant les territoires dont il a la charge. Une Commission permanente sera chargée de recevoir et d'examiner ces rapports annuels.

Acte général de la Conférence de Berlin du 26 février 1885, sur la liberté du commerce dans les bassins du Congo et du Niger.

Allemagne, Autriche-Hongrie, Belgique, Danemark, Espagne, Etats-Unis, France, Grande-Bretagne, Italie, Pays-Bas, Perse, Portugal, Russie, Suède, Norvège et Turquie.

Acte général de la Conférence de Bruxelles du 2 juillet 1890 pour la répression de la traite et déclaration relative au régime douanier à établir au Congo.

France, Allemagne, Autriche-Hongrie, Congo, Danemark, Etats-Unis, Grande-Bretagne, Italie, Pays-Bas, Perse, Portugal, Russie, Suède, Norvège, Turquie, Zanzibar.

Convention de Bruxelles du 8 juin 1899 pour la revision du régime d'entrée des spiritueux dans certaines régions de l'Afrique.
France, Allemagne, Belgique, Congo, Espagne, Grande-Bretagne, Italie, Pays-Bas, Portugal, Russie, Suède et Norvège, Turquie.

Convention de Bruxelles du 3 novembre 1906, réglementation du régime des spiritueux en Afrique.
Allemagne, Belgique, Congo, Espagne, France, Grande-Bretagne, Italie, Portugal, Russie, Suède.

Déclaration du 15 juin 1910 portant dérogation à l'alinéa 5 de la déclaration annexée à l'Acte général de Bruxelles du 2 janvier 1890.
Allemagne, Autriche-Hongrie, Belgique, Danemark, Espagne, France, Grande-Bretagne, Italie, Liberia, Norvège, Pays-Bas, Perse, Portugal, Russie, Suède, Turquie.

Accord du 13 décembre 1906 pour la répression de la contrebande des armes et des munitions dans la mer Rouge, le golfe d'Aden et l'Océan Indien.
France, Grande-Bretagne, Italie.

Convention relative au contrôle du commerce des armes et des munitions et protocole.
signée à St. Germain-en-Laye le 10 septembre 1919 par les Etats-Unis, la Belgique, la Bolivie, l'Empire Britannique, la Chine, Cuba, l'Equateur, la France, la Grèce, le Guatemala, Haïti, le Hedjaz, l'Italie, le Japon, le Nicaragua, le Panama, le Pérou, la Pologne, le Portugal, la Roumanie, l'Etat-Serbe-Croate Slovène, le Siam et la Tchéco-Slovaquie (non encore ratifiée).

Convention sur la régime des spiritueux et protocole.
signée à St. Germain-en-Laye le 10 septembre 1919 par les Etats-Unis, la Belgique, l'Empire Britannique, la France, l'Italie, le Japon et le Portugal (non encore ratifiée).

Convention portant révision de l'acte général de Berlin du 26 février 1885 et de l'acte général et de la déclaration de Bruxelles du 2 juillet 1890.
signée à St. Germain le 10 septembre 1919 par les Etats-Unis, la Belgique, l'Empire britannique, la France, l'Italie, le Japon et le Portugal (non encore ratifiée).
L'Allemagne (art. 126 du Traité de Versailles), l'Autriche (art. 273 du Traité de St. Germain) se sont engagées à reconnaître les conventions passées ou à passer par les Puissances alliées et associées relativement au commerce des armes et des spiritueux et aux autres matières traitées dans les actes généraux de Berlin et de Bruxelles.

DROIT PÉNAL

Arrangement du 18 mai 1904 concernant la répression de la traite des blanches.
Allemagne, Autriche, Brésil, Danemark, Espagne, Etats-Unis, France, Grande-Bretagne, Italie, Russie, Suède, Norvège, Suisse, Belgique, Portugal, Pays-Bas, Luxembourg ;
Colonies hollandaises : Indes orientales néerlandaises.
Colonies anglaises : Ile Maurice, Nouvelle-Zélande, Canada, Terre-Neuve, Australie, Bahama, Guinée, Trinité, Iles Sous-le-Vent, Rhodesia du Sud, Gambie, Côte d'Or, Nigerie du Nord, Afrique centrale anglaise, Malte, Gibraltar, Ceylan, îles Seychelles, Barbade, Hong-Kong, St-Hélène, îles Leevard.

Convention du 4 mai 1910 relative à la répression de la traite des blanches.
France, Allemagne, Autriche-Hongrie, Espagne, Grande-Bretagne, Pays-Bas, Russie, Belgique, Portugal ;
Colonies anglaises : Terre-Neuve, Nouvelle-Zélande, Canada, Union sud-africaine ;
Indes orientales néerlandaises.

Arrangement du 4 mai 1910, relatif à la répression de la circulation des publications obscènes.
Autriche-Hongrie, Pays-Bas, Allemagne, Belgique, Espagne, Etats-Unis, France, Grande-Bretagne, Italie, Luxembourg, Danemark, Norvège, Pays-Bas, Russie, Suède, Portugal ;
Colonies danoises : Islande et Antilles ;
Colonies anglaises : Afrique orientale (protectorat), Bahama, Barbades, Basutoland, Bechuanaland, îles Bermudes, Ceylan, Canada, Côte d'Or, Falkland, îles Fidji, Gambie, Gibraltar, Guyane britannique, Honduras britannique, Hong-Kong, Iles Sous-le-Vent, îles du Vent, Iles de la Vierge, Malaisie, Malte, île Maurice, Nigerie du Nord et du Sud, Nyasaland, Rhodesia du Nord et du Sud, Ste-Hélène, Iles Seychelles, Sierra Leone, Somaliland, Straits Settlements, Swaziland, Trinité et Tobago, Ouganda, Wei-hei-wei, Zanzibar, Union Sud-Africaine, Terre-Neuve, Nouvelle-Zélande, Indes, Fédération australienne
Colonies allemandes ;
remis en vigueur par l'art. 282 du Traité de Versailles, 234 du Traité de St. Germain. Adhésions futures de la Bulgarie (art. 167 du Traité de Neuilly), de la Pologne (art. 19 du Traité du 28 juin 1919), de la Tchéco-Slovaquie (art. 20 du Traité du 10 septembre 1919).

DROIT INTERNATIONAL PRIVÉ

Convention de la Haye du 17 juillet 1905 sur la procédure civile :

Allemagne, Autriche-Hongrie, Belgique, Danemark, Espagne, France, Italie, Luxembourg, Norvège, Pays-Bas, Russie, Suède, Suisse ;

Colonies danoises : Antilles danoises ;

remise en vigueur par l'art. 287 du Traité de Versailles et 238 du Traité de St. Germain, sauf vis-à-vis de la France, du Portugal et de la Roumanie.

Convention de La Haye du 12 juin 1902 relative à la tutelle des mineurs :

Allemagne, Autriche-Hongrie, Belgique, Espagne, Italie, Luxembourg, Pays-Bas, Portugal, Roumanie, Suède, Suisse, dénoncée par la France.

remise en vigueur par les articles 282 du Traité de Versailles et 234 du Traité de St. Germain.

Convention de La Haye du 12 juin 1902 relative au mariage :

Allemagne, Autriche-Hongrie, Italie, Luxembourg, Pays-Bas, Portugal, Roumanie, Suède, Suisse ; dénoncée par la France et la Belgique, non remise en vigueur par les traités de paix.

Convention de La Haye du 12 juin 1902 relative au divorce et à la séparation de corps :

Allemagne, Autriche-Hongrie, Italie, Luxembourg, Pays-Bas, Portugal, Roumanie, Suède, Suisse ;

dénoncée par la France et la Belgique, non remise en vigueur par les traités de paix.

Convention du 17 juillet 1905 concernant les conflits de lois relatifs aux effets du mariage sur les droits et devoirs des époux dans leurs rapports personnels et sur les biens des époux :

Allemagne, Belgique, Pays-Bas, Italie, Portugal, Roumanie, Suède ;

dénoncée par la France ; non remise en vigueur par les traités.

Convention de La Haye du 17 juillet 1905 relative à l'interdiction et mesures analogues :

Allemagne, Autriche-Hongrie, Italie, Pays-Bas, Portugal, Roumanie, Suède.—Dénoncée par la France, non remise en vigueur par les traités de paix.

COMMUNICATIONS POSTALES ET TÉLÉGRAPHIQUES

L'*Union Postale Universelle*, revisée par la Convention de Rome du 26 mai 1906, ainsi que l'*Union Télégraphique*, fondée par la Convention de St-Pétersbourg du 10-22 juillet 1875, comprennent tous les pays du globe;

remises en vigueur par les art. 283 du Traité de Versailles et 235 du Traité de St. Germain, 163 du Traité de Neuilly. L'Allemagne, l'Autriche et la Bulgarie se sont engagées à ne pas refuser leur consentement à la conclusion avec les nouveaux Etats des arrangements prévus par les conventions postales et télégraphiques.

Adhésion de la Pologne en 1920 ; adhésion future de la Tchéco-Slovaquie (art. 20 du Traité du 10 septembre 1919).

remises en vigueur par l'article 282 du Traité de Versailles, 234 du Traité de St. Germain.

Adhésion future de la Bulgarie (art. 167 du Traité de Neuilly).

Conventions des 15 mars 1884, 1er décembre 1886, 23 mars 1887 et protocole déclaration du 7 juillet 1887 relatifs à la protection des câbles sous-marins :

Allemagne, Argentine, Autriche, Belgique, Brésil, Costa Rica, Danemark, République Dominicaine, Espagne, Etats-Unis, Grande-Bretagne, Guatemala, Grèce, Turquie, Pays-Bas, Pologne, Roumanie, Russie, Salvador, Serbie, Suède, Norvège, Uruguay, Japon Italie ;

remises en vigueur par l'art. 282 du Traité de Versailles et 234 du Traité de St. Germain.

Adhésion de la Bulgarie (art. 167 du Traité de Neuilly).

Convention radiotélégraphique du 5 juillet 1912 :

France (Algérie, Afrique Occidentale, Afrique Equatoriale, Indo-Chine, Madagascar. Tunisie, possessions d'Océanie, Guadeloupe, Martinique, Nouvelle Calédonie, Côte des Somalis), Allemagne (protectorats et colonies), Etats-Unis (avec réserves), Belgique et Congo Belge, Danemark (Islande), Egypte, Espagne (colonies), Italie (Erythrée, Côte des Somalis, Japon (Corée, Formose, Sakhaline, territoire du Kouantoung), Monaco, Norvège, Pays Bas (Indes Néerlandaises, Curaçao), Portugal (colonies portugaises), Roumanie, Russie. St. Marin, Siam, Suède, Grèce, Brésil, Mexique (avec réserves), Panama, Colombie, Guatemala, Uruguay, Etat Serbe Croate Slovène, Autriche-Hongrie (Bosnie-Herzegovine), Grande-Bretagne (Canada, Australie, Nouvelle Zélande, Union Sud Africaine, Indes, Bahama, Barbade, Basouhtoland, Bechuanaland, Bermudes, Guinée, Honduras, Ceylan, Chypre, Est Africain, Iles Fakland, Fidji, Gambie, Gibraltar, Côte d'Or et Achantis, Hong-Kong, Jamaïque, Iles Turques et Caicos, Iles Cayman, Iles Leeward, Antigoa, Montserrat. St. Christophe Nièves, la Dominique, Iles de la Vierge, Etats Malais, Perak, Selangor,

Negri-Sembilan, Pahang, Malte, Maurice, Bornéo, Nigeria du Nord, Rhodesia du Nord, Nyassaland, Sainte Hélène, Seychelles, Sierra Leone, Somaliland, Nigeria du Sud, Rhodesia du Sud, Etablissements des Détroits et îles Labuan et Cocos, Possessions du Pacifique Occidental (y compris Fauning, les îles Gilbert et Ellicle, Salomon, îles Wind-Ward), île Grenade, Ste Lucie et St. Vincent, Terre-Neuve, Papouasie, Zanzibar, Sarawak ;

remise en vigueur par les art. 284 du Traité de Versailles, 236 du Traité de St. Germain 164 du Traité de Neuilly sous condition de l'application par l'Allemagne, l'Autriche et la Bulgarie des règles provisoires qui leur seront indiquées par les Puissances alliées et associées et l'acceptation de la nouvelle convention à conclure sur le même sujet.

CONVENTIONS SANITAIRES INTERNATIONALES

1° Convention de Venise :
du 30 janvier 1892 :

France, Allemagne, Autriche-Hongrie, Belgique, Danemark, Espagne, Grande Bretagne, Italie, Pays-Bas, Portugal, Roumanie, Suède et Norvège, Turquie.

2° Convention de Dresde :
du 15 avril 1893 :

France, Allemagne, Autriche-Hongrie, Bulgarie, Belgique, Italie, Luxembourg, Pays-Bas, Russie, Suisse, Serbie, Roumanie, Lichtenstein, Grande-Bretagne (Nubie, Ceylan, Lagos, Ste Hélène, Canada).

3° Convention de Paris :
du 3 avril 1894 :

France, Allemagne, Autriche-Hongrie, Belgique, Danemark, Espagne, Grande-Bretagne, Grèce, Italie, Pays-Bas, Perse, Portugal, Russie.

4° Convention de Venise :
du 19 mars 1897 et

Convention additionnelle de Rome
du 26 janvier 1900 :

France, Allemagne, Autriche-Hongrie, Belgique, Grande-Bretagne, Suisse, Roumanie Perse, Russie, Pays-Bas, Espagne, Montenegro, Suède et Norvège.

Convention additionnelle : Colonies du Cap, Terre-Neuve, Australie, Jamaïque, Iles Sous-le-Vent, Ste Hélène, Côte d'Or, Hong-Kong. — Dénoncée par l'Union Sud-Africaine.

5° Convention
du 3 décembre 1903 :

France, Allemagne, Autriche, Belgique, Brésil, Espagne, Etats-Unis, Grande-Bretagne, Italie, Luxembourg, Mexique, Montenegro, Pays-Bas, Portugal, Roumanie, Russie, Serbie, Suisse, Suède, Perse, Danemark (à l'exception des îles Feroe, de l'Islande et des Antilles). (Inde Britannique, Zanzibar, Nouvelle-Zélande, îles Fidji, îles Leeward, Nigeria du Sud, Australie, Gambie, île Falkland, colonie du fleuve Orange), Espagne, Norvège, Mexique ;

dénoncée par Union Sud Africaine, Jamaïque, Indes néerlandaises orientales et occidentales.

6° Convention de Paris
du 17 janvier 1912 (non encore ratifiée) :

Les Conventions 1, 2, 3, 4 et 5 remises en vigueur par l'article 282 du Traité de Versailles, 234 du Traité de St. Germain. Adhésion future de la Bulgarie (art. 167 du Traité de Neuilly) à ces mêmes conventions.

Adhésion future de la Tchéco-Slovaquie aux Conventions 3, 4 et 5 (art. 20 du Traité du 10 septembre 1919 et de la Pologne à la convention 5 (art. 19 du Traité du 28 juin 1919).

L'Allemagne et l'Autriche ont renoncé à toute participation au Conseil sanitaire maritime d'Egypte et consentent au transfert aux autorités égyptiennes des pouvoirs de ce Conseil (art. 152 du Traité de Versailles et 107 du Traité de St. Germain).

UNION MONÉTAIRE

Depuis 1865, la France, la Belgique, la Grèce, l'Italie et la Suisse forment une Union pour ce qui regarde le poids, le titre, le modèle, le cours de leurs espèces monnayées d'or et d'argent.

AGRICULTURE

Convention du 19 mars 1912, relative à la protection des oiseaux utiles à l'agriculture.

Allemagne, Autriche-Hongrie, Belgique, Espagne, France, Grèce, Luxembourg, Monaco, Portugal, Suède et Suisse.

remise en vigueur par l'article 282 du Traité de Versailles, 234 du Traité de St. Germain. Adhésion future de la Bulgarie (art. 167 du Traité de Neuilly).

Conventions relatives aux mesures à prendre contre le phylloxéra des 3 novembre 1881 et 15 avril 1889

remises en vigueur par l'article 282 du Traité de Versailles, 234 du Traité de St. Germain. Adhésion future de la Bulgarie (art. 167 du Traité de Neuilly).

INSTITUT INTERNATIONAL D'AGRICULTURE, v. Institutions et Bureaux internationaux.

NAVIGATION FLUVIALE

Une Convention générale sera établie par les Puissances alliées et associées et approuvée par la Société des Nations relativement aux voies navigables dont ladite Convention reconnaîtrait le caractère international (art. 338 du Traité de Versailles, 299 du Traité de St. Germain, 227 du Traité de Neuilly).

Escaut.

Traité du 16 juillet 1863 pour la suppression du péage de l'Escaut. France, Argentine, Autriche, Belgique, Brésil, Chili, Danemark, Espagne, Grande-Bretagne, Oldenbourg, Pérou, Portugal, Prusse, Russie, Suède et Norvège, Turquie, villes libres hanséatiques de Lubeck, Brême et Hambourg, Mecklembourg-Schwerin ;

remis en vigueur par les art. 282 du Traité de Versailles et 234 du Traité de St. Germain.

Danube.

Les traités du 30 mai 1856, 10 mars 1883 et 13 juillet 1878 ont réglé d'une façon internationale la navigation du Danube. La France est représentée dans la Commission européenne du Danube.

remis en vigueur par l'art. 346 du Traité de Versailles, 301 du Traité de St. Germain. 225 du Traité de Neuilly. Toutefois et provisoirement, les représentants de la Grande-Bretagne, de la France, de l'Italie et de la Roumanie feront seuls partie de cette Commission.

Elbe-Oder-Niemen.

Les accords internationaux et règlements qui régissent actuellement la navigation de ces fleuves sont maintenus provisoirement en tant qu'ils ne sont pas en contradiction avec les dispositions des traités de paix (Traité de Versailles, art. 345).

Convention du 4 février 1898 relative au jaugeage des bateaux de navigation intérieure

France, Allemagne, Belgique, Pays-Bas ;

remise en vigueur par l'art. 282 du Traité de Versailles.

DIVERS

Convention du 29 novembre 1906 relative à l'unification de la formule des médicaments héroïques :

signée par Allemagne, Autriche-Hongrie, Etats-Unis, Belgique, Bulgarie, Danemark, Espagne, France, Grande-Bretagne (Natal, Straits Settlements), Grèce, Italie, Luxembourg, Norvège, Pays-Bas, Portugal, Russie, Serbie, Suède, Suisse.

remise en vigueur par les articles 282 du Traité de Versailles, 234 du Traité de St. Germain 162 du Traité de Neuilly.

Convention des 16 et 19 novembre 1885 relative à la construction d'un diapason normal :

remise en vigueur par les articles 282 du Traité de Versailles et 234 du Traité de St. Germain.

Convention du 23 janvier 1912 relative à l'opium :

remise en vigueur par les Parties Contractantes au Traité de Versailles (art. 295), de St. Germain (art. 247), et de Neuilly (art. 172).

Convention du 31 décembre 1913 relative à l'unification des statistiques commerciales :

remise en vigueur par l'article 282 du Traité de Versailles.

Convention du 25 avril 1907 relative à l'élévation des tarifs douaniers ottomans :

signée à Constantinople par : Allemagne, Autriche-Hongrie, France, Grande-Bretagne Italie, Russie et Roumanie.

remise en vigueur par l'article 282 du Traité de Versailles.

INSTITUTIONS ET BUREAUX INTERNATIONAUX

Cour permanente d'arbitrage.

(Siège à La Haye).

Constituée en vertu des conventions des 29 juill. 1899 et 18 oct. 1907 pour le règlement pacifique des conflits internationaux.

Conseil administratif : Prés. : le ministre des Aff. Etrangères des Pays-Bas ; Membres : les représentants dipl. des Puissances signataires accrédités à La Haye.

Secr. gén : Baron Michiels van Verduynen.

Bureau international de l'Union postale universelle.

(Siège à Berne).

Créé par le Congrès de Berne de 1874, chargé de réunir, coordonner, publier et fournir les renseign. de toute nature intéressant le service intern. des postes ; publie un journal spécial « L'Union Postale », divers recueils de renseign. d'intérêt général, un dictionnaire des bureaux de poste du monde, une statistique générale du service postal, etc,

Dir. du Bureau intern. : C. Decoppet, ancien cons. fédéral ; *Vice-Dir. :* Ernest Rottner, cons. des postes.

Bureau international de l'Union télégraphique.

(Siège à Berne).

Institué en 1868 par la Conférence télégr. intern. de Vienne, placé par elle sous la direction des autorités supérieures de la Confédération suisse, sert de lien permanent entre les admin. des différents Etats qui constituent l'Union télégr.

La Convention radiotélégr. intern. de Berlin du 3 nov. 1906 lui a conféré, en ce qui concerne la radiotélégr., les mêmes attributions.

Dir. : Col. E. Frey, ancien cons. fédéral ; *Sous-Dir. de la Section télégr. :* A. Crescitz ; *Sous-Dir. de la Section radiotélégr. :* F. Schwill.

Bureau international des poids et mesures.

(Siège : Pavillon de Breteuil à Sèvres, S.-et-O.).

Institué par la Convention du Mètre, signée à Paris le 20 mai 1875, la Convention, devenant exécutoire à partir du 1er janvier 1876, fonctionne sous la surveillance d'un Comité intern., placé lui-même sous l'autorité d'une Conférence gén. des Poids et Mesures dont les délibérations sont dirigées par le Président de l'Académie des Sciences de l'Institut de France.

Dir. du Bureau intern. : Ch. Ed. Guillaume.

Unions internationales pour la protection de la propriété industrielle et de la propriété littéraire et artistique.

(Siège à Berne).

La première, fondée à Paris le 20 mars 1883 par une Convention à laquelle ont adhéré 25 Etats, a pour but d'assurer la protection des inventions, dessins et modèles industriels, marques de fabriques, noms commerciaux et indications de provenance, ainsi que la répression de la concurrence déloyale.

La seconde, fondée à Berne le 9 sept. 1886, réunit 19 Etats ; elle a pour but d'assurer aux auteurs d'ouvrages littéraires et aux artistes une protection efficace contre la reproduction illicite de leurs œuvres.

Dir. commun des deux Bureaux intern. : R. Comtesse ; *Sous-dir. :* H. E. Röthlisberger et G. Gariel.

Bureau de la répression de la traite.

(Siège : département des Aff. Etrangères à Bruxelles).

Institué le 2 juillet 1890 en exécution de l'Acte Général de la Conférence de Bruxelles, est chargé de centraliser, publier périodiquement et communiquer à toutes les puissances signataires les documents ou renseignements que chacune d'entre elles doit lui fournir sur les lois, règlements et statistiques concernant la Traite, les esclaves arrêtés et libérés, le trafic des armes, des munitions et des alcools.

Secrétaires : C. Seeger, dir. gén., et H. Costermans, dir. au dép. des Affaires Etrangères de Belgique.

Union internationale pour la publication des tarifs douaniers.

(Siège : 38, rue de l'Association, à Bruxelles).

Créée par la Convention intern. du 5 juill. 1890 conclue entre 52 Etats à l'effet de publier tous les tarifs douaniers du monde en cinq langues : allemand, anglais, espagnol, français et italien.

Prés. : J. Brunet, dir. gén. au ministère des Affaires Etrangères de Belgique; *Dir. :* J.-B. Lanckman ; *Secr. :* J. Renard.

Office central des transports internationaux par chemins de fer.

(Siège à Berne).

Institué en vue d'assurer l'exécution de la Convention internationale du 14 octobre 1890 conclue à Berne, qui a pour but de régler le droit régissant les transports internationaux entre les administrations des ch. de fer et les expéditeurs.

Dir. : Dr Louis Forrer ; *Vice-dir. :* H.-L. Etienne.

Bureau central de Géodésie internationale.

(Siège au Telegraphenberg près Potsdam).

Créé en 1866 en vue de cultiver la géodésie par des recherches scientifiques et d exécuter les déterminations astronomiques et physiques qui, conjointement avec des déterminations géodésiques, peuvent servir à l'exploration de la surface de la terre.

Les Etats neutres dans la Grande Guerre sont convenus de maintenir l'Association géodésique sous le régime de l'ancienne Convention pour une période de deux ans après la conclusion de la paix.

Remis en vigueur par l'article 162 du Traité de Neuilly.

Dir. a. i. : L. Krüger.

Office international d'Hygiène publique.

(Siège : 195, Bd St-Germain, Paris).

Créé par l'arrangement diplomatique signé à Rome le 9 décembre 1907 et par application de l'article 181 de la convention sanitaire intern. de Paris du 3 déc. 1903. Il a pour objet principal de recueillir et de communiquer à l'aide d'un bulletin mensuel aux différents Etats participants les faits et documents intéressant la santé publique et l'hygiène générale : conventions, arrangements, accords sanitaires, règlements et mesures d'hygiène, statistiques sanitaires, etc.

Prés. du Comité intern. : O. Velghe, directeur général du Service de Santé et de l'Hygiène de Belgique, délégué belge ; *Dir. de l'Office :* de Cazotte, M. pl.

Institut international d'Agriculture.

(Siège : Villa Umberto Ier, Rome).

Fondé à la suite de la Conférence intern. de Rome en mai 1905 par la Convention du 7 juin 1905 provoquée par l'initiative personnelle du roi d'Italie et à laquelle ont adhéré 56 Etats, en vue de centraliser, étudier et communiquer aux différents Etats participants tous renseignements statistiques, techniques ou économiques concernant l'agriculture (production, commerce, cours des différents marchés, traitements contre maladies nouvelles des végétaux, salaires de la main-d'œuvre, coopération, assurances et crédits agricoles, etc.) et présenter, s'il y a lieu, à l'approbation des gouvernements des mesures pour la protection des intérêts communs des agriculteurs et l'amélioration de leur condition, en s'inspirant de vœux exprimés par les congrès intern. ou autres congrès agricoles, académies, corps savants, etc.

L'Institut publie : l'*Annuaire intern. de Statistique agricole*, l'*Annuaire intern. de législation agricole* ; le *Bulletin mensuel de Statistique agricole et commerciale*, le *Bulletin des Renseignements agricoles et des maladies des plantes*, le *Bulletin des Institutions économiques et sociales.*

Prés. de l'Institut : M. Edoardo Pantano, délégué de l'Italie ; *V.-Prés. :* L. Dop, délégué de la France.

Remis en vigueur par les articles 282 du Traité de Versailles, 234 du Traité de St.Germain et 162 du Traité de Neuilly.

Bureau international de Sismologie.

(Siège à Strasbourg).

Ce bureau destiné à remplacer l'ancienne Association internationale de Sismologie, en voie de dissolution par suite du traité de paix, dépend de l'Union géophysique internationale. Son siège a été fixé à Strasbourg pour une durée de trois années.

Le professeur de physique du globe de l'Université de Strasbourg est chargé de sa direction.

Fondation Nobel.

Siège à Stockholm, Norrlandsgatan, 6.

Instituée par les dispositions testamentaires en date du 27 nov. 1895 du Dr Alfred Bernhard Nobel, ingénieur, stipulant que sa fortune constituera un fonds dont les intérêts, partagés en cinq parts égales, seront attribués annuellement comme récompense à ceux, sans distinction de nationalité, qui au cours de l'année écoulée auront rendu à l'humanité les plus grands services par une découverte, invention ou perfectionnement : 1° dans le domaine des sciences physiques ; 2° dans celui de la chimie ; 3° dans celui de la physiologie ou de la médecine : 4° à l'auteur de l'ouvrage littéraire le plus remarquable dans le sens de l'idéalisme ; 5° à celui qui aura fait le plus ou le mieux pour l'œuvre de la fraternité des peuples, pour la suppression ou la réduction des armements ainsi que pour la formation et la propagation des congrès de paix. Suivant la volonté du donateur les prix pour chacune des sections sont décernés par les institutions suivantes qui désignent un « Comité Nobel » :

Comités Nobel de l'Académie suédoise des Sciences. Prés. (*Section de physique*) : Dr G. Granqvist, prof. ; Prés. (*Section de chimie*) : Dr O. Hammarsten, ancien prof. ; Secr. : Dr K.-W. Palmaer, prof.

Comité Nobel de l'Institut Carolin de médecine et de chirurgie de Stockholm. Prés. : Dr J.-E. Johansson, prof. *Secr. :* Dr G. Liljestrand.

Comité Nobel de l'Académie suédoise. Prés. : Dr H. Hjärne, ancien professeur ; Secr. : Dr E.-W. Dahlgren.

Comité Nobel élu par le Storthing norvégien. Prés. : J.-G. Lövland, ministre ; Secr. : Dr R. Moe.

Prés. du Conseil d'Administration : Dr H. Schück, professeur ; *Directeur gérant :* H.-S. Sederholm ; *Secr. :* C.-F. bar. von Otter.

Union des Associations internationales.

(Siège : 3 bis, *rue de la Régence à Bruxelles).*

Programme : étudier les faits de la vie intern. ; en dégager la conception d'une organisation mondiale fondée sur l'existence d'une communauté humaine, établir entre les associations intern. des relations permanentes ; créer un Centre intellectuel mondial au service de la Société des Nations. L'Union a comme organe exécutif un Office central ; elle fait paraître diverses publications et possède un Répertoire bibliographique des Archives documentaires, une Bibliothèque, un musée et un Institut intern. de Bibliographie.

Institut intermédiaire international.

(Siège *à La Haye, Oranjestraat,* 6)

Fondé en janvier 1918, a pour but de fournir des renseignements sur tout sujet d'intérêt international, ne présentant pas un caractère secret ou particulier, soit sur le droit des gens, le droit national ou international et son application, soit sur des questions économiques et statistiques ou de politique commerciale.

Ces renseignements sont fournis gratuitement, sauf dans le cas où les recherches entraîneraient des frais.

Prés. : Dr B.-C.-J. Loder. *Dir. :* Dr C.-L. *Torley Duwel.*

Institut international de Bibliographie.

Fondé en 1895. Répertoire bibliographique comprenant 12 millions de fiches, classées en deux séries, l'une par auteurs, l'autre par matières. Des copies concernant des questions particulières peuvent être obtenues par correspondance. Prix avant la guerre : 0 fr. 65 la fiche.

Prés. de l'Union des Associations Intern. : H. Cooreman. *Dir. de l'Office Central :* H. La Fontaine et P. Otlle.

Abyssinie (voir **Éthiopie**).

AFGHANISTAN

Gouvernement : Emirat. Monarchie absolue, héréditaire dans la descendance de Dost Mahomed depuis 1862. Par le traité du 8 août 1919 conclu avec la Grande-Bretagne, l'Afghanistan a repris sa liberté d'action vis-à-vis des autres pays étrangers. L'émirat est divisé en 4 provinces : Kaboul, Turkestan, Hérat et Kandahar, gouvernées chacune par un *hakim* (Naïb-ul-Ukuma).

Emir régnant : AMANULLAH Khan (mars 1919).

Superficie : env. 558.080 km. q. (France 550.985). — *Population* : env. 6.380.500 : Afghans (3.000.000 h.), Tajiks, Hazaras, Aimaks et Uzbaks. *Langue* : Persan. *Capitale et Résidence* : Kaboul (150.000 h.). *Villes princ.* : Kandahar (30.000 h.), Hérat (20.000 h.)

Finances : Revenu irrégulier. Recettes totales évaluées à 12 millions de roupies.

Armée : Organisée à l'europ. en 1885, réorganisée en 1896. Conscription décrétée en 1896, mais appliquée irrégulièrement. Troupes régul. : 50 à 60.000 h. dont 16.000 cavaliers et 200 canons.

Productions : Territoire montagneux, fertile dans les vallées. Deux récoltes par an, l'une en été, de blé, orge et lentilles ; l'autre, en automne, de riz et de millet. La région montagneuse du N. produit du cuivre, du zinc, du fer (Birmal) et de l'or. Princ. industries : soies, feutres, tapis, fourrures. *Commerce* : Chiffres approx. avec l'Inde (1916-17) : import. 1.144.000 l. st. ; export. 1.150.000 l. st. ; avec Bokhara : import. 4.000.000 r. ; export. 4.000. 000 r. Monnaie courante : roupie = 1 fr.

Communications intér. : route de Kaboul par Khaibar ; courrier bi-hebd. pour Kaboul et Kandahar transmis par Peshawar (Inde). Téléph. de Kaboul à Jellalabad (Inde). 160 kil. *Communic. avec la France* : *vid* Marseille-Bombay.

Relations avec la France.

Par l'intermédiaire de l'Agent britannique à Kaboul.

Bibliographie.

Bouillane de Lacoste (comm. de). *Autour de l'Afghanistan.* 1 vol. in-8, br. 12 fr. Hachette, Paris, 1916. — Sultan Mahomed Khan. (Mir Munshi, Editeur). *Constitution and Laws of Afghanistan*, Londres, 1910.

ALBANIE

Gouvernement. Constitution : Principauté indépendante reconnue par la conférence de Londres du 20 déc. 1912. Le 21 fév. 1914, le prince Guillaume de Wied accepta la couronne d'Albanie, monta sur le trône le 7 mars 1914, assisté par une commission de contrôle intern. établie en juill. 1913. Il quitta le pays en même temps que la plupart des membres de la Commission, en sept. 1914. Essad Pacha Topdani tenta d'établir un gouv. militaire mais échoua (oct. 1914). Les Autrichiens envahirent l'Albanie ; de leur côté, les Italiens occupèrent Valona le 25 déc. 1914. Le régime du gouvernement de même que la fixation des frontières du pays sont soumis à l'examen de la Commission de la Paix.

Pavillon national ; Rouge chargé de l'aigle d'Albanie surmonté de l'étoile. *Pavillon de commerce* : rouge à bande noire chargée de l'étoile.

Superficie : Env. 28.000 km. q. (France 550.985). *Population* : env. 850.000 hab. dont 590.000 musulmans, 140.000 Grecs-orthodoxes, 120.000 catholiques-romains. *Villes principales* (chiffres de 1914) : Durazzo, capitale provisoire, 5.000 hab. ; Scutari, 32.000 ; Elbasan, 13.000 ; Tirana, 12.000 ; Argyrocastro, 12.000 ; Bérat, 8.000 ; Korytza, 8.000 ; Valona, 6.500.

Productions : La culture y est primitive et irrégulière. Peu de routes, aucun chemin de fer. Il se faisait, en 1914, par Durazzo, une petite exportation d'huile, céréales, laines, moutons (aucune statistique).

Relations avec la France.

Consul de France à Scutari d'Albanie : *Béguin-Billecocq*.

Bibliographie.

Dukagjin-Zadeh Basri-Bey. *L'Albanie indépendante et l'Empire Khalifal ottoman*, Perrin, Paris, 1920. — Louis Jaray (G.). *L'Albanie inconnue*. Paris, 1913. — Puaux (René), *La malheureuse Epire*. Paris, 1914.

ALLEMAGNE

(DEUTSCHES REICH)

Gouvernement et Constitution : République depuis le 11 nov. 1918. Constitution du 11 août 1919. Le pouvoir suprême qui émane du peuple est exercé pour l'Empire par les organes de l'Empire (président de l'Empire, Assemblée nationale, conseil des ministres du Reich) et pour les pays composant le Reich par les organes de ces pays.

Le Président d'Empire est élu par le peuple pour 7 ans; est éligible tout Allemand âgé de 35 ans accomplis. Le Président d'Empire représente l'Empire dans les relations internationales; il nomme et congédie les ministres de l'Empire et les officiers et commande en chef les forces militaires. Le gouvernement comprend le chancelier et les ministres de l'Empire. Le Conseil de l'Empire qui se compose des membres des gouvernements des pays, représente les pays allemands dans la législation et l'administration de l'Empire. Les pays y sont représentés par le nombre de voix ci-après : Prusse, 25 ; Bavière, 7 ; Saxe, 5 ; Wurtemberg, 3 ; Bade, 3 ; Hesse, 2 ; les autres pays 1 voix chacun et 1 voix pour les deux Reuss.

Les députés sont élus pour 4 ans par vote secret et direct, selon les règles de la représentation proportionnelle, par tous les hommes et femmes âgés de 20 ans accomplis.

Couleurs nationales ; noir, rouge, or. *Pavillon de Commerce* ; noir, blanc, rouge avec les couleurs nationales à l'angle supérieur près de la hampe.

Président d'Empire : Friedr. EBERT (11 février 1919).

Ministère (mars 1920). Présidence : **Herm. *Muller***, chancelier ; Justice : ***Blunk*** ; Affaires étrangères : Dr *Koester* ; Intérieur : E. *Koch* ; Finances : *Cuno* ; Travail : Al. *Schlicke* ; Economie nationale : R. *Schmidt* ; Guerre : *Gessler* ; Marine : amiral N... ; Communications : *Bauer* ; Trésor : Dr *Wirth* ; Reconstitution : N..... Ministre sans portefeuille : *David*.

Assemblée nationale (janv. 19) : Démocr.-sociaux : 165 ; popul. chrétiens (centre) : 90 ; démocr. allemands : 75 ; nationalistes : 42 ; populaires : 22 ; social. indép. : 22 ; partis divers : 7. Au total 423 membres dont 36 femmes. Prés. : C. *Fehrenbach*.

Superficie et population (Dernier recensement officiel).

ÉTATS.	km. q.	POPULATION EN 1910.			Par kmq
		mascul.	fémin.	TOTALE.	
Prusse	319.799	19.847.728	20.317.494	40.165.219	115
Bavière	75.859	3.379.580	3.507.711	6.887.291	91
Saxe	14.993	2.323.903	2.482.758	4.806.661	320
Wurtemberg	19.507	1.192.392	1.245.182	2.337.574	125
Bade	15.070	1.059.579	1.088.254	2.142.833	142
Hesse	7.688	639.198	612.853	1.282.051	167
Mecklembourg-Schwerin	13.127	317.964	321.994	639.958	49
Saxe-Weimar	3.610	204.625	212.929	417.554	116
Mecklembourg-Strélitz	2.930	53.518	52.924	106.442	36
Oldenbourg	6.429	244.018	239.024	483.042	75
Brunswick	3.672	242.783	251.556	494.339	135
Saxe-Meiningen	2.468	136.364	141.993	278.357	113
Saxe-Altenbourg	1.324	106.278	109.850	216.128	163
Saxe-Cobourg-et-Gotha	1.977	125.330	121.847	257.177	130
Anhalt	2.299	161.134	169.994	331.128	144
Schwarzbourg-Sondershausen	862	44.149	45.768	89.917	104
Schwarzbourg-Rudolstadt	941	49.335	51.367	100.702	107
Waldeck	1.121	30.544	31.163	61.707	55
Reuss (branche aînée)	316	34.781	37.988	72.769	230
— (» cadette)	827	74.345	78.407	152.752	185
Schaumbourg-Lippe	340	23.400	23.252	46.652	137
Lippe	1.215	73.254	77.683	150.937	124
Lübeck	297	56.911	59.688	116.599	391
Brême	250	148.529	150.997	299.526	167
Hambourg	415	504.902	509.762	1.014.664	448
Total	541.861	31.074.541	31.976.438	62.826.162	120
Evaluation pour 1914	»	»	»	67.812.000	123

Un recensement du 5 déc. 1917 indiquait un chiffre de 62.615.275 hab

Du fait du traité de Versailles, l'Allemagne perd d'une façon définitive : 65.000 km q. et 6 millions d'habitants. Les territoires à plébiscite comprennent 33.400 km. q. habités par 3 millions d'habitants.

Il s'y ajoute le territoire de la Sarre (1.860 km. q. et 644.792 hab.).

Mouvement de la population pendant les périodes suivantes :

ANNÉE.	ACCROISSEMENT.	POURCENTAGE ANNUEL	ANNÉE.	ACCROISSEMENT.	POURCENTAGE ANNUEL.
1851-57	3.220.083	0,97	1885-90	2.572.766	1,07
1867-71	970.171	0,60	1890-95	2.851.431	1,12
1871-75	1.668.568	1	1895-1900	4.087.277	1,51
1875-80	2.506.701	1,14	1900-05	4.274.311	1,46
1880-85	1.621.643	0,7	1905-10	4.284.504	1,36

En 1914, l'excédent des naissances (1.874.389) sur les décès (1.108.352) a été de 766.037 contre 879.113 en 1910.

Les chiffres d'émigration ont été les suivants en 1914 : 11.803 (25.531 en 1910 et 25.843 en 1913) dont 51 (77 en 1910) à destination des pays d'Europe, 9.614 (22.773 en 1910) aux Etats-Unis, 77 (353 en 1910) au Brésil, 1.241 (2.184 en 1910 et 6.120 en 1913) dans les autres pays de l'Amérique, 8 (16 en 1910 et 32 en 1913) en Afrique et 232 (128 en 1910 et 359 en 1913).

Principales villes : en 1915, il y avait 1 ville ayant plus de 1.000.000 habitants, 10 de plus de 250.000, 30 de plus de 100.000, 43 de 50.000 à 100.000 et 137 de 20.000 à 50.000 hab.

Population des villes ayant plus de 100.000 habitants en 1910 :

Berlin	2.071.257	Brême	247.437	Posen	156.691
Hambourg	1.006.747	Königsberg	245.994	Aix-la-Chapelle	156.143
Münich	607.592	Neukölln	237.289	Cassel	153.196
Leipzig	613,940	Stettin	236.113	Brunswick	143.552
Dresde	551.697	Duisbourg	229.483	Bochum	136.931
Cologne	593.556	Dortmund	214.226	Karlsruhe	134.313
Breslau	512.105	Kiel	211.627	Crefeld	129.406
Francfort-s-M	414.576	Mannheim	193.902	Plauen	121.272
Düsseldorf	358.728	Halle-s-S	183.843	Mulheim-s-Rühr	112.580
Nüremberg	333.142	Strasbourg	178.891	Erfürt	111.463
Charlottenbourg	305.978	Berlin-Schöneberg	172.823	Berlin-Wilmersdorf	109.716
Hanovre	302.375	Altona	172.628	Mayence	110.634
Essen	294.653	Dantzig	170.337	Wiesbaden	109.002
Chemnitz	287.807	Elberfeld	170.195	Sarrebrück	105.089
Stuttgart	286.218	Gelsenkirchen	169.513	Augsbourg	102.487
Magdebourg	279.629	Barmen	169.214	Hamborn	101.703

Religion.

La Constitution garantissait l'entière liberté des cultes et croyances. Cependant l'ordre des Jésuites était banni d'Allemagne et la plupart des couvents et ordres religieux interdits. Les rapports de l'Eglise et de l'État variaient suivant les différentes parties de l'empire.

En 1910, on comptait 39.991.421 protestants (61,6 % de la population), 23.821.453 catholiques (36,7 %), 283.946 autres chrétiens (0,4 %), 615.021 israélites (1 %).

Les catholiques romains étaient en majorité en Alsace-Lorraine, Bavière et dans le Grand-Duché de Bade ; ils représentaient plus de 20 % de la population dans l'Oldenbourg, le Würtemberg, le Grand-Duché de Hesse et la Prusse.

L'Eglise catholique romaine comptait 5 archevêchés, 16 évêchés et 3 vicariats apostoliques.

Instruction.

L'instruction est générale et obligatoire. L'âge scolaire est de 6 à 14 ans. La loi prussienne qui édicte l'établissement d'écoles élémentaires (*Volksschulen*) dans chaque localité et oblige les parents à envoyer leurs enfants dans ces écoles ou dans d'autres du même genre, est appliquée strictement. Enseignement postscolaire obligatoire dans 15 Etats.

Selon le dernier recensement de 1911, on comptait dans l'empire : 61.557 écoles publiques avec 187.485 maîtres et 10.309.949 élèves dont 5.157.446 garçons et 5.152.503 filles. Il y avait en outre 480 écoles privées avec 11.894 garçons et 14.257 filles. A l'enseign. primaire supérieur français correspondent les *Bürgerschulen* et les *Höhere Bürgerschulen* et les cours du soir ou de la journée des *Fortbildungs-Schulen*.

L'enseign. secondaire comportait, la même année, pour les garçons : 524 *gymnasien* avec 9.769 prof. et 160.237 élèves : 223 *realgymnasien* avec 8.708 prof. et 70.875 élèves, 167 *oberrealschulen* avec 3.473 prof. et 75.832 élèves ; 81 *progymnasien* avec 570 prof. et 9.509 élèves ; 411 *realschulen* avec 4.265 prof. et 89.968 élèves ; pour les filles : 39 *gymnasien* avec 1.039 prof. et 22.137 élèves, 789 écoles supérieures avec 11.359 prof. et 212.324 élèves. Les *gymnasien* correspondent aux lycées français, durée des études 9 années ; les *progymnasien* ont le même enseign. que les gymnases mais n'en possèdent pas les classes supérieures ; les *realgymnasien* donnent l'enseign. moderne avec le latin ; les *realschulen* et les *oberrealschulen* correspondent à l'enseign. moderne-langues vivantes.

L'enseign. technique et professionnel était particulièrement développé. Pour l'agriculture, 45 fermes-écoles, 195 cours d'hiver et 1.320 écoles donnant un enseign. agricole, 22 écoles secondaires, Instituts agricoles dans 8 des grandes universités et 3 écoles supérieures à Berlin, Hohenheim et Bonn-Poppelsdorf, 5 écoles vétérinaires supérieures. Pour le commerce et l'industrie : 429 écoles commerciales, 100 écoles pour les industries textiles, 12 pour la métallurgie, 12 pour le bois, 4 pour la céramique, 15 pour les mines, 15 pour l'architecture et la construction, 4 forestières, 27 écoles d'art et d'art industriel, 19 pour la navigation, 8 pour le génie maritime. Il existe en outre un grand nombre d'écoles privées de commerce et d'industrie, un Institut Colonial à Hambourg.

En 1913, la proportion des recrues illettrées était de 0,04 %.

On compte 21 Universités, outre les *Lyceums* de Braunsberg, Bamberg, Dillingen, Eichstätt, Freising, Passau et Regensburg qui n'ont que des facultés de théologie catholique et de philosophie. Ce sont : Berlin, fondée en 1807 (502 prof. 8.035 étud.), Bonn, f. en 1777 (191 prof. et 4.357 étud.) Breslau, f. en 1505 (107 prof. et 2.709 étud.), Erlangen, en Bavière, f. en 1699 (81 prof. et 1.118 étud.), Francfort, f. en 1914 avec 618 étud., Fribourg-in-Briegau en Bade, f. en 1444 (151 prof. et 2.237 étud.), Giessen, dans la Hesse, f. en 1607 (106 prof. et 1.214 étud), Göttingen en Prusse, f. en 1732 (163 prof. et 2.263 étud.), Greisswald, f. en 1.456 (98 prof. et 1.109 étud.), Halle en Prusse, f. en 1680 (170 prof. et 2.312 étud.), Heidelberg en Bade, f. en 1386 (163 prof. et 2.0[illegible]8 étud.), Iéna en Saxe-Weimar, f. en 1548 avec 121 prof. et 1.666 étud.), Kiel en Prusse, f. en 1665 (148 prof. et 1.941 étud.), Konigsberg en Prusse, f. en 1544 (158 prof. et 1.260 étud.), Leipzig en Saxe, f. en 1409 (251 prof. et 4.[illegible]15 étud.), Marburg en Prusse, f. en 1527 (118 prof. et 2.049 étud.), Münich en Bavière, f. en 1459 (265 prof. et 5.539 étud.), Münster en Prusse, f. en 1629 (90 prof. et 2.361 étud.). Rostock en Mecklembourg, f. en 1419 (73 prof. et 820 étud.), Tübingen en Würtemberg, f. en 1477 (128 prof. et 2.056 étud.), Würzbourg en Prusse. f. en 1402 (101 prof. et 1.208 étud.)

Dans quatre de ces universités, Fribourg, Munich, Münster et Würtzbourg, les facultés de théologie sont catholiques; dans trois autres, Bonn, Breslau, et Tubingen, elles sont mixtes, à la fois catholiques et protestantes; dans les autres, elles sont protestantes.

Armée et marine.

L'article 160 du traité de Versailles stipule que les effectifs totaux du *Reich* ne devaient pas excéder 100.000 hommes, officiers et dépôts compris, à dater du 1er avril 1920. Ce délai a été reporté ultérieurement au 10 juillet 1920.

En fait, en février 1920, l'armée allemande comprenait encore :

1° De l'ancienne armée : 100.000 hommes ; 20.000 h. dans les organes de rapatriement des prisonniers de guerre ; 20.000 hommes à la garde des prisonniers russes de guerre ;

2° De la nouvelle armée ou *Reichswehr* : 300.000 hommes dont 200.000 dans l'armée dite de 200.000 h. et 100.000 dans les formations en surnombre.

La *Reichswehr* est organisée en 4 commandements de groupes (Reichswehrgruppenkommandos) : 1° Berlin (Allemagne du Centre et du Sud-Est) ; 2° Cassel (Allemagne de l'Ouest) ; 3° Colberg (Côte de la Baltique) ; 4e groupe (Bavière), composés de 20 brigades (30 au 10 janv. 1920, date de la ratification du traité).

Chaque brigade comprend de 2 à 3 rég. d'infanterie (au total 54 rég.), de 1 à 2 rég. de cavalerie (au total 24 rég.), 1 rég. d'artillerie légère (au total 14), 1 à 2 bataillons de pionniers (21 au total), 1 section de renseignements, 1 section d'automobilistes, 1 comp. de santé.

Les numéros des nouvelles brigades sont exactement les numéros des anciens corps d'armée (7e à Munster, 10e à Hanovre, 11e à Cassel, 13e à Stuttgart, etc.).

Il faut ajouter à ces forces, les contingents de la *Sichereitspolizei*, police militarisée, ceux de l'*Einwohnerwehr*, ou milices locales, de la *Verkehrswehr*, ou gardes du trafic, de la *Technische Nothilfe*, ou gardes de secours techniques, qui sont astreints à des exercices fréquents et nombreux et qui constituent d'excellentes réserves de cadres et de troupes.

Renseignements fournis par la mission militaire française au 1er mars 1920 : Reichs-Werhr, 284.000 h. dont 1[illegible].000 officiers et 63.000 sous-off. ; Ancienne armée, 100.000 h.,

Sicherheitspolizei, 120.000 h. : Einwohnerwehren, env. 1.200.000 h., soit un total de plus de 1.700.000 h.

L'armement doit être ramené le 31 mars 1920 à 288 canons légers (calibres 77 et 105).

Marine. Le nombre des vaisseaux est limité, à dater du 10 mars 1920, à : 6 cuirassés du type *Deutschland* ou *Lothringen*, 6 croiseurs légers, 12 destroyers, 12 torpilleurs.

Les forces ne doivent comprendre aucun bâtiment sous-marin.

Le personnel, à la même date, ne devra plus comprendre que 5.000 h., officiers compris.

Corps diplomatique à Berlin et Consulats.

Amérique (Etats-Unis), Ch. d'aff. : E.-L. *Dresel.*

Argentine (Rép.), E. e. et M. pl. (Tiergartenstrasse 24) : Dr Luis B. *Molina* ; Cons. à Berlin : F. *Scheil* ; Brême, Emden, Hambourg : C. *Sommer*, C. G.

Autriche, Ch. d'aff. (Moltkestrasse 8) : Prof. *Hartmann* ; C. G. à Berlin : E. *Herzfeld*; à Brême : G. *Albrecht* ; à Breslau : Dr *Stumvoll* ; Chemnitz : O. *Weissenberger* ; à Cologne K. H. R. *Ploennies*, C. G. ; Dresde : R. *Kwiatkowski*; Francfort-s.-l.-M. : Dr O. *Gunther*.

Belgique, Ch. d'aff. (58 Jaegerstrasse, W. 56). Cte. *de Kerchove de Denterghem*.

Brésil, Ch. d'aff. : N...

Bulgarie, E. e. et M. pl. (Kurfürstendamm 257) : N... ; Ch. d'aff. : C. *Kanev* ; Cons. à Berlin : N... ; à Hambourg : N... ; à Munich : L. *de Steub*.

Chili, E.e. et M. pl. (Kurfürstenstrasse 114): Dr Mig. *Cruchaga* ; Cons. à Altona, Berlin : H. *Schmidt* ; Cologne, Francfort-s.-l.-M. ; Hambourg : A. *Ortuzar* C. G. ; Munich : H. *Roeckl*.

Chine, Ch. d'aff. : N...

Colombie, E. e. et M. pl. (Kurfürstendamm 179) : N... ; Cons. à Berlin, Brême ; Hambourg : L. *Suarez Castillo* ; Munich : G. *Semmler*.

Costa-Rica, Ch. d'aff. : N...

Cuba, Ch. d'aff. : N...

Danemark, E. e. et M. pl. (Alsenstrasse 4) : Cte. Carl *Moltke*; C. G. à Berlin : P. *de Mendelssohn-Bartholdy* ; Hambourg : L. *Amundsen* ; Lubeck : C.-H. *Petit* ; Munich : J. *Neuburger*.

Dominicaine (Rép.), E. e. et M. pl. (Eichhornstrasse) : N... ; Ch. d'aff. : Dr R. *Kück* ; Cons. à Berlin : N..., à Hambourg : N...

Equateur, Ch. d'aff. : N...

Espagne, Amb. (Regentenstrasse 15) : N.. Cons. à Berlin : E. bar. *de Landau*, C. G. ; Hambourg : F.-J. de Salas y Sichar C. G.

Finlande, E. e. et M. pl. (Alsenstrasse 1) : Dr J. *Jaennes* ; Secr. de lég. : A W. *Ström*.

France, v. Relations.

Grande-Bretagne, Ch. d'aff. : Lord *Kilmarnock* (1-20).

Grèce, Ch. d'aff. : N...

Guatemala, Ch. d'aff. : N...

Haïti, Ch. d'aff. : N ..

Honduras, Ch. d'aff. : N...

Italie, Amb. (Victoriastrasse, 36) : *de Martino* (4-20).

Japon, Ch. d'aff. : N...

Liberia, Ch. d'aff. : N...

Luxembourg, Ch. d'aff. : Dr J.-P. *Hirsch*. C. G. à Berlin : M.-J. *George*.

Mexique, Ch. d'aff. (Kurfürstendamm 205) : Lic. Leopoldo *Ortis*; C. G. à Hambourg : Enr. A. *Gonzalez*.

Nicaragua, Ch. d'aff. : N...

Norvège, E. e. et M. pl. (Alsenstrasse 2) : Th. *de Ditten*; C. G. à Berlin N.. ; Hambourg : H.-G. *Schenche* C. G.

Panama, Ch. d'aff. : N...

Paraguay, Cons. à Berlin (Charlottenstrasse 6) : L. *Rehwinkel*, C. G.

Pays-Bas, E. e. et M. pl. (Vosstrasse W. 16) : W. A. F. bar. *Gevers* ; Secr. de lég. : bar. *de Nagell* ; Att. commerç. : J. *Wolff*; C. G. à Berlin : J. H. A. *George* ; Brême : H. L. *Baron* ; Hambourg : A. A. *Flass*.

Pérou, Ch. d'aff. : N...

Perse, E. e. et M. pl. (Kurfürtensdamm 157-158) : Hussein *Kuli Khan* Navab.

Pologne, Ch. d'aff. : N...

Portugal, Ch. d'aff. : *Lambertini Pinto*.

Roumanie, Ch. d'aff. : N...

Russie, Ch. d'aff. : N...

Saint-Siège, Nonce apostol. : Mgr. *Pacelli* (5-20).

Salvador, Cons. à Berlin : Dr Fred. *Yudice* ; Brême : F. L. *Michaelis* : Hambourg : N...

Serbe-Croate-Slovène (Roy.), Ch. d'aff. : Raiko *Vintrovitch*.

Siam, Ch. d'aff. : N...

Suède, E. e. et M. pl. (Tiergartenstrasse 36) : H. bar. *d'Essen*, 1r secr. de lég. : P. *de Reuterswaard* ; Cons. à Berlin : L. *Ravené* C. G. ; Hambourg : R. *Stridbeck* C. G. ; Hanovre : Dr J. *Casper*. Münich : N...

Suisse, E. e. et M. pl. (Furst Bismarckstrasse 4) : Dr jur. A. *de Planta* ; Cons. à Berlin : la légation ; Brême ; F. *Kross* ; Dusseldorf : *Rein* ; Francfort-s.-l.-M. : L. *Picard* ; Hambourg: *Rosenbrock* ; Leipzig : E. *Hirzel* ; Munich : Prof. Dr G. *Hegi* ; Stuttgart : H. *Suter*.

Tchéco-Slovaque (Rép.), Ch. d'aff. (Kronprinzenufer 14) : Dr Ed. *Körner* ; Cons. à Berlin : A. *Borovec* ; Hambourg : K. *Sedlaak* ; Munich : A. *Blakovsky*.

Turquie, Amb. (Rauchstrasse 20) : *Rifat* Pacha. C. G. à Berlin : Férid *Bey* C. G. ; Hambourg : N...

Uruguay, Ch. d'aff. : N...

Ukraine, E. e. et M. pl, (Kronprinzenufer, 10) : Dr M. *Porsch*.

Venézuela, E. e. et M. pl. (Nachodstrasse 15) : Dr José I. *Cardenas*. C. G. à Hambourg : N...

Mouvement économique.

Finances.

L'année budgétaire va du 1er avril au 31 mars suivant.

Chiffres comparatifs des budgets des années 1918-19 et 1919-20 (en milliers de marks):

	1918-19	1919-20
Recettes ordinaires	9.012.914	15.309.735
Recettes extraordinaires	67.468.382	58.059.701
Dépenses ordinaires	9.012.914	1.343.446
— extraordinaires	69.997.163	42.769.965

La dette publique se présente comme suit (en milliers de marks) :

	Dette consolidée.	Dette flottante.	Dette totale.
31 mars 1915	9.497.000	7.218.000	16.715.000
31 — 1916	30.235.000	8.620.000	38.855.000
31 — 1917	50.326.000	18.697.000	69.023.000
31 — 1918	71.915.000	33.336.000	105.251.000
31 — 1919	92.396.000	63.696.000	156.092.000
31 — 1920	»	» Estimation	212.812.000

A fin 1919, la dette comportait un service d'intérêts, non compris l'amortissement, de 8.801.057.245 marks.

Compte des dépôts en banque ; au 31 déc. 1913 : 4 milliards ; au 31 déc. 1917 : 11.493 millions.

Caisses d'épargne : au 30 juin 1914 · 20 milliards ; au 31 déc. 1918 ; 31 milliards.

Agriculture.

En 1871, l'empire allemand était formé d'un ensemble d'États *agricoles* et la densité de sa population était moyenne ; le paysan exportait une part des produits du sol. En 1914, l'empire était devenu une puissance *industrielle* ; sa population avait presque doublé et l'agriculture allemande était loin de suffire à ses besoins. En 1896, l'Allemagne importait 1.482 millions de marks de substances alimentaires et elle en exportait 451 millions : en 1912, elle en importait 2.944 millions et elle en exportait 789 millions. L'excédent des importations avait doublé en seize années.

Néanmoins par l'application des procédés les plus modernes de culture, par l'emploi intensif des engrais, l'Allemagne avait porté sa production agricole au maximum. 94 p. 100 de son sol était productif.

Surfaces cultivées (en millions d'hectares) :

	1905-11	1913	1916	1917	1918
Froment	1.85	1.88	1.60	1.47	1.44
Seigle	6.13	6.36	5.96	5.52	5.75
Orge	1.57	1.57	»	1.51	1.47
Avoine	4.21	4.50	3.54	3.49	3.27
Pommes de terre	3.24	3.48	2.74	2.30	2.73

La production des principales récoltes était la suivante, chiffres en tonnes métriques :

RÉCOLTES	1913	1915	1918
Blé, froment	4.655.956	3.885.841	2.460.416
Seigle	12.222.394	9.152.402	8.003.090
Orge	3.673.254	2.483.752	2.278.235
Avoine	9.713.965	5.980.034	4.680.753
Pommes de terre	54.121.146	53.979.258	29.469.718
Foin	29.184.994	24.567.369	21.414.969
Houblon	10.617	14.563	»
Vin (hectol.)	1.004.947	2.698.917	»

La culture des betteraves à sucre était particulièrement développée. L'Allemagne qui, pendant les neuf années précédant la convention de Bruxelles (1894-1902) avait ensemencé 483.706 ha., en avait ensemencé 547.850 au cours de la campagne 1912-13. Ce chiffre avait été ramené du fait de la guerre à 388.150 ha. en 1917 et 375.745 ha. en 1918. La production de sucre qui était de 2.500.000 ton. en 1913, est tombée à 1.400.000 t. en 1918. Elle n'est évaluée qu'à 850.000 t. pour la campagne 1919-20. En 1918, 307 sucreries contre 312 en 1917 auraient utilisé 91.290.000 quintaux (92.840.000 en 1917) et auraient produit 1.412.000 tonnes de sucre brut (1.517.000 en 1917). On comptait en 1918 environ 196 millions d'arbres fruitiers dont 74 millions de pommiers, 64.500.000 pruniers, 30.788.000 poiriers, etc.

Le cheptel qui se composait en 1912 de 4.523.059 chevaux, 20.182.021 bovidés, 5.803.445 moutons et agneaux, 21.923.707 porcs, 3.410.396 chèvres, 82.702.030 volailles, aurait été, selon le recensement du 1er juin 1917, de 3.341.624 chevaux (non compris les bêtes utilisées pour les services de l'armée) et selon celui du 2 juin 1919, 16.798.815 bovidés, 6.423.036 moutons et agneaux, 8.887.464 porcs (contre 17.287.211 au 1er déc. 1915) et 3.438.293 chèvres.

Les forêts s'étendaient sur une superficie de près de 14 millions de ha. ayant donné en 1913, 20 millions de mètres cubes de bois dont 2 millions et demi employés pour la fabrication du papier, 5 millions de quintaux d'essence de térébenthine et 7 millions de quintaux de résine dure.

Production minérale.

Le traité de Versailles qui enlève à l'Allemagne la houille de la Haute-Silésie et de la Sarre, le minerai de fer de la Lorraine annexée, la potasse de Mulhouse, qui exclut enfin le Luxembourg du Zollverein, va modifier considérablement la production minérale de ce pays.

Combustibles. — Production moyenne annuelle de houille : 1906-1910, 142 millions de tonnes métriques ; en 1913, 191 ; importations : 11 millions de tonnes, soit au total, 202 millions de tonnes.

La perte du bassin de Haute-Silésie, des mines fiscales de la Sarre et d'Alsace et Lorraine qui avaient produit respectivement en 1913 43,4, 13,3 et 3,8 millions de tonnes, diminuera la production annuelle de 61 millions de tonnes métriques. Consommation de ces pays : 33 millions de tonnes.

Il reste encore à l'Allemagne les principaux bassins suivants, dont les chiffres de production depuis 1913 sont les suivants (en milliers de tonnes m.) ;

Années.	Ruhr.	Basse-Silésie.	Aix-la-Chapelle.	Saxe.	Production totale y compris Hte-Silésie, Sarre, Als. et Lorr.
1913	114.487	5.327	3.264	5.470	190.10
1914	98.260	4.888	2.734	4.836	161.53
1915	86.794	4.457	2.257	4.272	146.71
1916 prov.	94.163	4.555	2.501	4.174	158.84
1917 —	99.035	4.582	2.514	4.770	167.31
1918 —	95.942	4.649	2.526	4.609	160.30
1919 éval. (non compris la Hte. Silésie, la Sarre et l'Alsc. et Lorraine)					130.00

D'après les paragr. 2 et 3 de l'Annexe V du chapitre des Réparations du traité du 28 juin, l'Allemagne s'est engagée à livrer annuellement pendant dix ans à la France 27 millions de tonnes, à la Belgique 8 millions de tonnes. Un protocole en date du 2 août 1919 a réduit provisoirement les fournitures à faire à la France à 1.600.000 tonnes par mois. En janvier 1920, les livraisons atteignaient à peine 300.000 tonnes.

Production de lignite en 1913 : 87.233.400 t. métr. : importation 7.260.000 t. d'Autriche exportation 56.900 t.

Par contre, pauvreté absolue en combustibles liquides, production de pétrole en 1913 71.000 tonnes ; importation de l'étranger de 745.000 tonnes de pétrole raffiné (570.000 des Etats-Unis, 120.000 d'Autriche-Hongrie).

Minerais. — En 1913, l'Allemagne avait produit 28.600.000 tonnes de minerai de fer se répartissant ainsi :

Minette lorraine	21.000.000	Vogelsberg	500.000
Siegenland (Westphalie)	2.700.000	Districts divers (Silésie, Thuringe, etc)	300.000
Lahn-Dill	1.000.000		
District hanovrien	800.000		

Elle importait d'autre part la même année : de France, 3.810.000 t.; d'Espagne 3.632.000 ; de Suède 4.558.000 t. ; du Luxembourg, 7.333.000 t. m.

En 1913, il avait été extrait de la Haute-Silésie, d'Aix-la-Chapelle et de l'Oberharz. 107.780 tonnes de calamine et 400.000 tonnes de blende ayant produit 169.439 tonnes de zinc. Import. 160.000 t. de blendes d'Australie.

L'Allemagne produisait un peu d'étain (900 tonnes), de sels d'étain, de minerai de manganèse en Thuringe et Harz (3.336.767 tonnes métriques ; importation de 680.000 tonnes en 1913 dont 447.000 de Russie), de minerai de cuivre dans le bassin permien d'Oberstein et Niedermohr, à Mansfeld et dans le Siegenland (25.300 tonnes en 1913 et 35.000 tonnes en 1916), de minerai de plomb en Haute-Silésie (1.550.000 tonnes en 1913) et de la rive gauche du Rhin (500.000 tonnes) ; elle a pendant la guerre exploité des minerais pauvres comme les argiles plombifères de Mechernich, un peu d'étain des petits dépôts de l'Erzgebirg et des haldes de cassitérite-wolframite, de tungstène, de platine (Siegenland, Sauerland et Westphalie.

Sel et Potasse. — L'Allemagne produisait en outre 1.390.000 tonnes de sel gemme dont 335.000 d'Alsace-Lorraine et avec les gisements de Stassfurt et de Mulhouse détenait le monopole mondial du Kali. Ce syndicat n'avait accordé aux gisements alsaciens qu'un dixième de la production, soit 80.000 tonnes.

Industries.

L'industrie allemande repose sur la richesse extraordinaire du sous-sol en combustibles solides qui, avec la force motrice nécessaire aux usines, lui fournit tous les sous-produits avec lesquels elle fabrique ses matières colorantes, ses produits pharmaceutiques, ses parfums synthétiques. Sa production de sel gemme, de pommes de terre lui donne les produits nécessaires à toute grande industrie chimique : chlore liquide, soude, alcool, éther, etc. Aux 111 millions de tonnes de houille correspondent, en 1912, 22 millions de tonnes de coke, 550.000 tonnes de goudron, 244.000 tonnes de sulfate d'ammoniaque et une industrie du fer brut passée de 1.391.000 tonnes en 1870 à 19.309.000 tonnes en 1913, de l'acier, inexistante en 1870 et donnant 19.028.000 tonnes en 1913.

Industrie métallurgique. — Production de fonte en 1913 : 19.309.172 t. m. en 1918 11.863.522.

Production d'acier brut en 1913 : 17.598.826 t. m. ; en 1918 : 14.979.505.

Production de produits finis : 7.124.785 t. m. en 1918.

Le fer et l'aluminium ont été les succédanés du cuivre les plus employés. L'exploitation des dépôts de bauxite austro-hongrois, l'utilisation des forces hydrauliques et l'emploi de combustibles bon marché ont permis à l'Allemagne de constituer une industrie de l'aluminium.

Industrie chimique. — Les résultats les plus intéressants des quatre dernières années ont été obtenus dans la production synthétique de l'ammoniaque et des nitrates par la fixation de l'hydrogène de l'air, en vue de remplacer les 770.000 tonnes de nitrate que l'Allemagne ne pouvait plus obtenir du Chili. Depuis 1915, une trentaine d'usines seraient en mesure d'oxyder plus de 12.000 tonnes d'ammoniaque par an d'après le procédé Ostwald. Le procédé Haber donnait en 1916, 114.000 t. d'azote dont 100.000 env. à Ludwigshafen : le procédé cyanamide avait dépassé 110.000 tonnes. Les procédés Schaffne et Helbig, Chanu et Claus et Walther Feld ont permis la fabrication de l'acide sulfurique pour laquelle l'Allemagne importait plus d'un million de tonnes de pyrite surtout d'Espagne.

Alcool. — Sur les 3.750.000 hl. d'alcool distillés par plus de 53.000 distilleries dans l'année 1912-13, les distilleries de pommes de terre en produisirent 3 millions et les distilleries de grains 575.000 ; les distilleries de mélasse produisirent en outre 140.000 hl. On ne distillait que 8 à 9 p. 100 de la totalité des mélasses produites soit env. 35.000 tonnes fournissant 90.000 hl. d'alcool à 100 p. 100. Pendant l'année 1916-17, on distilla 150.000 tonnes de mélasses. On a appliqué le procédé ethyl de fermentation des lessives sulfitiques.

Textiles. — L'industrie cotonnière, concentrée dans la vallée du Rhin, à Düsseldorf, à Elberfeld, en Saxe, à Chemnitz, à Zwickau, tenait le second rang après la Grande-Bretagne, soit pour l'importation du coton brut, soit pour la filature et le tissage ; l'industrie lainière avec plus de 5 millions de broches pour la filature, en Saxe et en Silésie, venait au 3e rang après celle de la Grande-Bretagne et de la France : à Crefeld et à Barmen, grand développement de l'industrie de la soie. Ces industries avaient importé en 1913, 710 millions de marks de coton, 533 millions de laine, 158 millions de soie brute et 71 millions de lin et de chanvre. La fibre de papier permit à l'Allemagne de faire face en partie au déficit de fibres textiles. La culture du lin et du chanvre a été développée.

En millions de francs, la valeur des principales industries était représentée de la façon suivante en 1913 : industries alimentaires 23.550, industries textiles et tinctoriales 5.500, combustibles 4.500, industries métallurgiques 2.000, industries du cuir 1.420, industries du caoutchouc 690, engrais minéraux 660.

Commerce.

Le commerce extérieur allemand a présenté depuis 1890 le développement suivant (chiffres en milliers de marks) :

	Importations	Exportations
1890	4.272.000	3.409.000
1900	5.833.000	4.555.900
1910	9.309.992	7.644.198
1913	11.206.788	10.199.316

Par nature de produits, on constate, pour 1913, que sur 10.199 millions de marks, produit des exportations, 7.535 millions, soit 67 p. 100, étaient des objets fabriqués, 1.518 millions, soit 23 p. 100, des matières premières et 1.085 millions, soit 10 p. 100 des produits alimentaires. Par contre, sur 11.206 millions de marks, produit des importations, 2.759 millions, soit 30 p. 100, étaient des produits alimentaires, 5.003 millions, soit 51 p. 100, des matières premières et 2.717 millions, soit 19 p. 100, des objets fabriqués.

Les principaux articles de son commerce spécial étaient, en 1913, en millions de marks :

Importations		Exportations	
Céréales	1.037,0	Articles en fer	1.337,6
Peaux	672,4	Houille	722,6
Coton	664,1	Machines	680,3
Laine	511,7	Produits chim. et drogues	658,0
Produits chim. et drogues	421,3	Cotonnades	446,5
Cuivre	346,7	Céréales	421,7
Bois de construct. et d'ouvrage	325,5	Couleurs	298,1
Animaux vivants	291,6	Produits électro-techniques	290,3
Houille	289,6	Lainages	270,9
Fer	238,3	Sucre	266,6

D'après les pays de provenance et de destination, le commerce spécial se répartissait de la façon suivante en 1913, chiffres en millions de marks :

PAYS	IMPORT.	EXPORT.	PAYS	IMPORT.	EXPORT.
Russie	1.424	880	Indes Anglaises	541	150
Gr.-Bretagne	876	1.438	Italie	317	393
Etats-Unis	1.711	713	Rép. Argentine	494	265
Autriche-Hongrie	827	1.104	Suède	224	229
France	584	789	Brésil	247	199
Pays-Bas	333	693	Espagne	198	143
Belgique	344	551	Australie	296	88
Suisse	218	536	Colonies allemandes	58	57

En 1913, l'Allemagne faisait, avec ceux qui devinrent ses alliés dans la guerre, 2 milliards de marks de commerce : elle leur demandait 931 millions de marks de marchandises et leur en fournissait pour 1 milliard 216 millions ; son commerce avec ceux qui devinrent ses ennemis s'élevait à plus de 13 milliards de marks : elle leur demandait 7 milliards de vivres et de matières premières et leur fournissait pour 6 milliards de marks ; aux neutres elle achetait pour 2 milliards 231 millions et vendait pour 2 milliards 569 millions, mais une bonne part des produits achetés par l'Allemagne aux neutres venait des pays de l'Entente.

Marine marchande et navigation.

Le tonnage de la marine marchande allemande a suivi le développement du commerce extérieur, les deux tiers de ce dernier s'effectuant avant la guerre par la voie maritime.

Selon le répertoire du *Bureau Veritas*, le tonnage net des vapeurs existant en 1890, 1904 et 1914 pour les navires de plus de 100 tonneaux dans les principaux états maritimes, chiffres en milliers de tonneaux nets était de :

PAYS	1890	1904	1914	AUGMENTATION ENTRE 1890-1904 1.000 tx	°/o	AUGMENTATION ENTRE 1904-1914 1.000 tx	°/o
Angleterre	5.107	8.678	12.267	7.160	140	3.589	41
Allemagne	656	1.704	3.072	2.416	368	1.368	80
Etats-Unis	376	1.337	1.535	1.159	308	398	35
Norvège	176	575	1.265	1.089	619	690	139
France	485	598	1.076	591	122	483	81
Japon	76	457	1.078	1.002	1.318	621	136
Hollande	149	384	942	793	532	558	145
Italie	186	451	886	700	376	435	96

De 1903 à 1913, le mouvement des ports allemands, entrées et sorties, montre une augmentation de tonnage de 80 p. 100 pour le pavillon allemand et seulement de 66 p. 100 pour le pavillon étranger, ainsi que le montre le tableau ci-après :

PAVILLON	1903 Navires	1903 1.000 tx.	1913 Navires	1913 1.000 tx.	AUGMENTATION Navires	AUGMENTATION 1.000 tx.
Allemand	139.354	23.651	179.785	42.508	40.431	18.857
Etranger	41.554	16.224	53.556	27.186	12.002	10.962
Total	180.908	39.875	233.341	69.694	52.433	29.819

Le mouvement de la navigation se concentre dans les trois grands ports de Hambourg, Brême et Lubeck. Le trafic total de ces ports s'établissait ainsi en 1903 et 1913 :

PORTS	1903 Navires	1903 1.000 t.	1913 Navires	1913 1.000 tx.	AUGMENTATION Navires	AUGMENTATION 1.000 tx.
Hambourg	23.718	17.274	37.169	28.933	13.451	11.650
Brême	7.792	5.106	11.455	8.883	3.663	3.776
Lubeck	5.088	1.074	9.088	2.007	4.000	9.273

Les pertes pendant la guerre, y compris les navires internés dans les ports neutres, s'élèvent à 2.900.000 tonnes sur un tonnage total de 5.459.000 au 1er janvier 1914. La diminution du tonnage comparé à celui d'avant-guerre est donc de 2.275.600 tonnes.

D'après le paragr. 1 de l'Annexe III du Chapitre des réparations du traité du 28 juin 1919, le Gouvernement allemand a dû, pour compenser les destructions et pertes résultant de la guerre sous-marine, céder aux Alliés et Associés la propriété de tous navires marchands de 1.600 t. brutes et au-dessus et la moitié de ceux jaugeant de 1.000 à 1.600 t., le quart en tonnage des chalutiers à vapeur ainsi que le quart en tonnage des autres bateaux de pêche. Comme mode supplémentaire de réparation partielle, le gouvernement allemand s'est enfin engagé à construire, pour le compte des Alliés, 1 million de t. de navires de commerce dans ses chantiers.

Communications intérieures.

Chemins de fer. — Avant la guerre, l'*Union d'administrations des chemins de fer allemands* contrôlait les lignes de chemins de fer de l'Allemagne (60.698 kil.), de l'Autriche-Hongrie (43.379 kil.), des Pays-Bas, du Luxembourg, une partie des réseaux belge, roumain et russe (7.687 kil.).

Au 31 mars 1914, on comptait 63.621 kil. de lignes en exploitation dont 61.404 kil. à voie normale et 2.217 à voie étroite. Sur les 61.404 kil. de voie normale, 57.858 kil. appartenaient aux chemins de fer de l'Etat et 3.546 aux chemins de fer privés. Les recettes brutes prévues aux budgets des États pour 1913-14, s'élevaient à 4.427 millions de marks, les dépenses à 3.806 millions, laissant un produit net de 621 millions de marks.

Les chemins de fer d'Alsace-Lorraine figuraient dans le total de 57.858 kil. pour 2.081 kil.

Navigation fluviale. — En outre de son réseau de voies ferrées, l'Allemagne disposait de 14.211 kil. de voies navigables dont 2.542 avaient un tirant d'eau de 1m,75. L'Elbe, le Weser, le Rhin, l'Ems, pour le bassin de la mer du Nord, le Niémen, le Pregel, la Vistule et l'Oder pour le bassin de la Baltique, forment les artères principales de ce réseau, aménagé à grands frais et sur lesquelles s'ouvraient des ports intérieurs, comme Düsseldorf, Rührort, Mannheim-Ludwigshafen et même Strasbourg, sur le Rhin, Magdebourg et Dresde sur l'Elbe, drainant tout l'arrière-pays au profit des ports de mer. Le canal du Rhin à Herne, entre autres, longeant 15 charbonnages et d'importantes agglomérations industrielles, telles que Gelsenkirchen, Essen, Oberhausen, libère les voies ferrées du transport de millions de tonnes de houille et de minerai et porte un coup direct au trafic de Rotterdam et d'Anvers au profit de Brême et de Hambourg.

Le canal de Kiel, unissant la Baltique à la mer du Nord (longueur 99 kil.), abritait la flotte militaire et avait servi de passage en 1912 à plus de 57.000 navires dont 26.000 vapeurs et 19.000 grands voiliers, jaugeant ensemble plus de 10 millions de tonnes.

En 1914, le mouvement total de la batellerie allemande dépassait 10 milliards de tonnes kilométriques. Le plus important des ports intérieurs, Rührort-Duisbourg avait vu son tonnage passer de 3 millions de tonnes en 1875 à 34 millions en 1912. Le canal du Rhin à Herne, qui avait transporté 600.000 ton. en 1914, en avait transporté 3.300.000 en 1915 et plus de 5 millions en 1916.

Le réseau fluvial français est relié au Rhin par le canal de la Marne au Rhin et le canal du Rhône au Rhin.

Postes et télégraphes. — L'administration des postes et des télégraphes de l'empire embrassait tous les Etats allemands à l'exception de la Bavière et du Würtemberg qui avaient leurs administrations propres. On comptait en 1913 pour l'administration de l'Empire (*Reichspostgebiet*) 34.860 bureaux de postes, 135.179 boîtes aux lettres, 38.509 bureaux télégraphiques employant 224.530 employés. Les chiffres pour la Bavière étaient respectivement 5.355, 19.989, 9.136 avec 16.941 employés et pour le Würtemberg 1.200, 5.813, 2.368 avec 6.724 employés soit un total de 41.415 bureaux de postes, 166.981 boîtes aux lettres, 50.813 bureaux télégraphiques, occupant 248.195 employés.

Pour tout l'empire, le mouvement postal, en 1913, s'était chiffré de la façon suivante 3.872.163.360 lettres, 2.097.559.240 cartes postales, 1.963.366.670 imprimés, 41.486.180 papiers d'affaires, 124.802.850 échantillons, 2.462.629.710 journaux.

Les télégraphes de l'empire comportaient 238.493 kil. de lignes de l'Etat et 765.327 kil. de fils. Le nombre des dépêches envoyées ou en transit avait été de 39.736.420 pour l'intérieur, 3.361.450 officielles, 8.760.160 internationales, 9.146.410 arrivées, 3.825.600 en transit.

Les téléphones comportaient 41.087 villes ayant la communication téléphonique et 1.387.324 réseaux ; la longueur des lignes était de 129.192 kil. ; celle des fils de 6.967.776 kil. ; le nombre des conversations de 2.078.757.950. On comptait en outre 10 108 circuits interurbains avec une longueur de fils de 1.356.441 kil. ayant donné 444.194.700 conversations.

Les recettes s'étaient élevées pour tout l'empire à 946.005.692 marks ; les dépenses à 830 856.743 marks, laissant un excédent de recettes de 115.148.949 marks

Monnaies, Poids et Mesures. — L'unité monétaire est le *mark* de 100 *pfennig* qui vaut 1 fr. 234 La monnaie d'or est constituée par les pièces de 20 marks (*doppelkrone*) et de 10 m. (*krone*) ; la pièce de 20 marks pèse 7.96495 grammes 900 et contient 7.16846 gr. d'or. Les pièces d'argent sont de 5, 2, 1 mark et de 1/2 mark. Le mark pèse 5,5 gr. 900 et contient 5 gr. d'argent. Pièces de nickel de 25, 10 et 5 pfennig. La monnaie de fer fut émise en 1915, les pièces de 5 pfennig en août, et de 10 pf. en décembre ; des pièces d'aluminium (1 pfennig) ont été émises en 1916 et des pièces de zinc (10 pfennig) en 1917.

Des billets de banque de 10, 20, 50, 100 et 1.000 marks sont émis par la *Reichsbank* ; de 100 marks par la Banque Badoise ; de 10 marks par la Banque Bavaroise, de 100 et 500 marks par la Banque de Saxe, de 100 marks par la Banque de Würtemberg.

Le 4 août 1914, des billets de 10 et 5 marks ont été émis jusqu'à concurrence de 240 millions de marks ; les caisses de Prêts ont reçu d'autre part l'autorisation d'émettre des billets de 50, 20, 10, 5, 2 et 1 mark jusqu'à concurrence de 3.000 millions de marks.

Au 1er janvier 1919, le montant des billets de la Reichsbank s'élevait à 22 milliards de m., ceux de la Caisse de Prêts à 10 milliards, ceux des municipalités à 3 milliards, soit 35 milliards. Au 31 déc. 1919, la circulation fiduciaire atteignait 61,6 milliards de francs.

En novembre 1918, sur le marché neutre de Genève, le mark ne se négociait plus qu'à 0 fr. 656 en monnaie suisse. A fin avril 1919, 0 fr. 35. A fin déc. 1919, 0 fr. 09.

Le système métrique décimal est en vigueur dans tout l'empire.

ÉTATS DE L'EMPIRE ALLEMAND

La Constitution du 11 août 1919 a établi le pouvoir unitariste et centraliste du *Reich* : le Reich a seul qualité pour entretenir des rapports avec les puissances étrangères. pour administrer l'armée ; les chemins de fer, les postes et télégraphes sont d'empire ou bien étatisés dans toute l'Allemagne.

Il a paru néanmoins nécessaire de donner sur les 25 anciens Etats ou Villes, membres de l'Empire allemand, des renseignements politiques, administratifs et économiques, propres à les faire mieux connaître.

Anhalt.

République. Constitution du 18 juill. 1919. Le Gouv. est formé d'un Conseil d'État de 5 membres ; la Diète se compose des députés élus pour trois ans par vote universel, secret, direct et proportionnel.

Superficie : 2.299 km. q. *Population* en 1910 : 331.128 habitants soit 144 par km. q. Principales villes : Dessau (capitale), 55.605 ; Bernbourg, 93.724 ; Cöthen, 23.416 ; Zerbs 10.210 ; Rosslau, 11.354 habitants.

Religion (1910) : 315.263 évangéliques (95,2 %), 12.755 catholiques (3,9 %), 1.087 autre chrétiens, 1.383 israélites (0,4 %).

Instruction (1911) : 238 écoles primaires publiques, 908 professeurs dont 294 femmes et 40.871 élèves dont 20.931 garçons.

Finances : Budget de 1916-17 : recettes et dépenses, 36.704.480 marks. Dette publique 1918 : passif, 9.674.835 mk. ; actif, 34.305.020 mk.

Bade.

République. Constitution du 21 mars 1919. La Diète exerce le pouvoir législ. et exécutif. Députés élus pour 4 ans au suffrage universel secret, direct et proportionnel. Sont électeurs les citoyens des deux sexes âgés de 20 ans, éligibles les électeurs de 25 ans. Ministres élus par la Diète en séance publique. Le Président d'État est choisi chaque année par la Diète parmi les ministres. *Couleurs nationales :* jaune, rouge, jaune.

Président d'Etat : A. Geiss. *Diète*. Centre : 36 ; Démocr. soc. : 36 ; Démocr. : 25 ; Nation. all. : 7.

Superficie : 15.251 km. q. (y compris la partie badoise du lac de Constance, 181 kil. q. *Population* en 1910 : 2.142.833 hab. (1.059.579 hommes et 1.083.254 femmes) soit 141 par km.q. Circonscriptions : Constance, 78 hab. par km. q. ; Fribourg, 119 ; Carlsruhe, 237 ; Mannheim, 179. Principales villes en 1910 : Mannheim, 206.049 hab. ; Karlsruhe (capitale), 134.313 ; Fribourg, 83.324 ; Pforzheim, 73.786 ; Heidelberg, 56.016 ; Constance, 27.591 ; Bade, 22.066 . Offenbourg, 16.848.

Religion (1910) : 1.271.015 catholiques (59,3 %), 826.364 protestants (38,60), 4.833 autres chrétiens, 25.896 israélites, etc.

Instruction (1912-13) : 1.721 écoles primaires (6.075 professeurs et 351.088 élèves), 84 gymnases, écoles réales, etc. (1.394 prof. et 23.059 élèves), 12 écoles supérieures pour filles (376 prof. et 6.302 élèves), 12 écoles normales (193 prof. et 2.467 élèves), 260 écoles techniques d'agriculture, etc. (1.131 prof. et 34.525 étud.), 3 Académies d'art, etc. (147 prof. et 1.706 étud. en 1913-14) et 2 Universités (338 prof. et 5.846 étud. en 1914) ; celle de Fribourg fondée en 1457 et celle de Heidelberg fondée en 1386.

Armée : Les troupes badoises avec 1 régiment d'inf. pruss. et 2 rég. d'inf. alsac., 1 régiment de cavalerie pruss., 1 bataillon de chasseurs pruss., le 14ᵉ bat. mecklembourgeois et 1 bat. de télégraphistes pruss. formaient le XIVᵉ Corps de l'armée du ci-devant empire d'Allemagne.

Finances : Budget annuel pour la période financière 1917 et 1918 : recettes, 382.864.560 marks : dépenses, 382.864.560 mk. La seule dette est celle des chemins de fer s'élevant en 1919 à 600.908.990 marks. Budget 1919, recettes et dépenses : 109.450.890 m.

Bavière.

République. Constitution du 14 août 1919. Le pouvoir suprême réside dans la Diète élue pour 4 ans au vote universel, direct et proportionnel des citoyens bavarois des deux sexes âgés de 28 ans accomplis (1 dép. par 40.000 hab.). Le pouvoir exécutif réside dans le ministère, nommé par la Diète, devant laquelle il est responsable. *Couleurs nationales* : blanc, bleu.

Prés. : Fr. Schmidt. *Diète* (janv. 1919), Centre : 66 ; Démocr. soc. : 62 ; Démocr. all. 25 ; Ligue des paysans : 15 ; divers : 12.

Superficie : 75.859 km. q. *Population* en 1910 : 6.887.291 habitants (5.420.199 en 1885) soit 91 par km. q. Districts gouvernementaux : Haute-Bavière, 91 hab. par km. q. : Basse Bavière, 67 ; Palatinat, 158 Haut-Palatinat, 62 ; Haute-Franconie, 95 ; Moyenne-Franconie

123 ; Basse-Franconie, 85 ; Souabe, 83 hab. par kil. q. Principales villes en 1910 : Munich (capitale), 607.592 hab. ; Nuremberg, 333.142 ; Augsbourg, 147.530 ; Würzbourg, 84.496 ; Ludwigshafen, 83.301 ; Fürth, 66.553 ; Kaiserslautern, 54.659 ; Ratisbonne, 52.624.

Religion (1910) : 4.862.233 catholiques (70,6 %), 1.942.233 protestants (28,2 %), 27.608 israélites, etc. Instruction (1913-14) : 7.534 écoles primaires (19.564 professeurs et 1.091.884 élèves), 2 écoles d'agriculture (329 élèves). Université de Munich fondée en 1472 (facultés de théologie, droit, médecine, philosophie, sciences politiques, eaux et forêts) comptant 265 professeurs et 5.539 étudiants en 1914-15. Université de Würzbourg fondée en 1402 (facultés de théologie, droit, médecine, philosophie) comptant 101 professeurs et 1.208 étudiants. Dépenses pour l'instruction publique en 1913-14 : 63.353.060 marks.

Armée : L'armée bavaroise formait 3 corps distincts dans l'armée allemande et était en temps de paix sous la souveraineté militaire du roi de Bavière. Effectif de paix en 1913 : 8.322 officiers, 11.635 sous-officiers, 71.219 hommes, etc.

Finances : Budget annuel pour la période financière 1918 et 1919 : budget ordinaire 852.791.912 mk., budget extraordinaire, 28.779.676 mk. Dette publique au 31 déc. 1918 : 2.559.380.000 mk. dont 1.962.560.000 mk. de dettes des chemins de fer.

Productions et industries : La Bavière est un pays essentiellement agricole : la moitié de sa surface est occupée par des champs, des vignobles et des jardins : le reste par des prairies, des pâturages et des forêts. Cultures de céréales, tabac, houblon. Vins renommés. Cheptel de 1917 : 272.667 chevaux, 3.896.702 bêtes à cornes, 616.464 moutons, 1.184.788 porcs et 469.533 chèvres.

Carrières de marbre, de gypse, d'ardoises et de graphites. Mines de houille (production en 1913 : 1.895.715 tonnes) dans le Palatinat, de fer (816.730 t. en 1913) à Reichenhol

Brême.

Ville libre depuis 1815 formant une république municipale, entrée dans la Confédération de l'Allemagne du Nord le 18 août 1866. D'après la constitution de 1919, un Sénat de 18 membres exerce le pouvoir exécutif et en commun avec un conseil électif « Bürgerschaft » composé de 200 représentants élus au suffrage universel, direct, secret et proport. le pouvoir exécutif.

Le Sénat est présidé par 2 bourgmestres élus pour 4 ans, alternant chaque année comme Prés. du Sénat et chef du gouv. *Couleurs nationales* : rouge, blanc.

Superficie : 256 km. q. *Population* (1910) : 299.526 habitants soit 1.167 par km. q. (1916), Brême, 257.882 hab. et Bremerhaven, 24.275.

Religion (1910) : 259.688 évangéliques (86,7 %), 22.233 catholiques romains (7,4 %), 1.290 autres chrétiens, 1.843 israélites (0,6 %).

Instruction (1913-14) : 7.534 écoles primaires publiques et privées (19.564 professeurs et 1.091.884 élèves), 2 écoles d'agriculture (329 élèves). Dépenses pour l'instruction publique : 63.353.060 marks. Troupes : (V. Hambourg).

Finances ; Budget pour 1918-19 : recettes, 48.370.480 marks ; dépenses, 55.685.400 mk. Dette en 1916 : 295.237.400 mk.

Commerce : Depuis 1888, Brême appartenait, à l'exclusion du port libre, au territoire des douanes (Zollverein) de l'ancien empire d'Allemagne et était, pour le commerce international allemand, le port le plus important après Hambourg. Valeur du commerce de 1913 non compris les métaux précieux (en millions de m.). Importation totale, 2.401.3 ; exportation totale, 2.394.0.

Mouvement du port de Brême en 1912 ; entrées, 5.739 navires jaugeant 4.210.156 tonn. sorties, 5.936 navires jaugeant 4.211.013 tonn.

Marine marchande (janvier 1914) : 713 navires de haute mer (tonnage, 937.610 tonn. ; équipage, 25.132 hommes) dont 461 vapeurs (tonnage, 810.275 tonn. ; équipage, 22.361 hommes).

Brunswick.

République. Constitution provis. du 27 févr. 1919. L'Assemblée comprend 60 députés élus par vote universel, direct et proport. Elle élit le gouvernement. *Couleurs nationales* : bleu, jaune.

Superficie : 3.672 km. q. *Population* en 1910 : 494.339 habitants soit 135 par km. q. Principales villes en 1910 : Brunswick (capitale) 143.552 hab. ; Wolfenbuttel, 18.934.

Religion (1910) : 464.175 évangéliques (93,9 %), 25.888 catholiques (5,2 %), 1.774 autres chrétiens, 1.757 israélites (0,4 %).

Instruction (1911) : 439 écoles primaires (1.594 professeurs et 79.088 élèves).

Finances : Budget annuel pour la période financière 1916-1918 : recettes de l'État, 25.404.700 marks ; dépenses de l'État, 30.654.300 mk. A côté du budget, il y a un fonds des couvents et des études dont les recettes et dépenses annuelles pour 1916-18 ont été évaluées à 3.762.280 mk. Dette publique en 1914 : 41.478.976 mk.; Actif, 38.025.060 mk.; dette réelle, 3.453.896 mk. (4.146.960 en 1915); 29.068.996 au 31 août 1919.

Productions et industries : Le Brunswick est avant tout un pays agricole. Cultures de céréales, houblon, lin, chanvre et betteraves. Gras pâturages et importantes forêts.

Hambourg.

Ville libre formant une république municipale entrée dans la Confédération de l'Allemagne du Nord le 15 mai 1867. Constitution du 26 mars 1919. Un Sénat de 18 membres exerce le pouvoir exécutif et, en commun avec un Conseil électif « Bürgerschaft » composé de 160 représentants élus par vote général, direct et proport., le pouvoir législatif.

Superficie : 415 km. q. *Population* en 1910 : 1.014.664 habitants soit 2.448 par km.q. Hambourg (ville) en 1913 : 1.030.983 hab.; Cuxhaven, 16.509; Bergedorf, 17.887.

Religion (1910) : 929.758 évangéliques (91,6 %), 51.636 catholiques romains (5 %), 4.255 autres chrétiens, 19.472 israélites (1,9 %).

Instruction (1913) : 249 écoles publiques (3.911 professeurs et 122.364 élèves), 29 écoles supérieures de l'Etat (12.155 élèves) et 78 écoles privées (20.096 élèves). Dépenses pour l'instruction publique, 15.859.053 marks dont 14.000.000 mk. couverts par l'Etat. Troupes : les villes de Brême, Hambourg et Lubeck formaient les 75e, 76e et 162e régiments d'infanterie de l'armée allemande.

Finances : Budget évalué pour 1918 : recettes, 197.902.040 marks; dépenses, 241.804.500, mk. Dette publique en janvier 1914 : 842.241.438 mk.

Commerce : Dès 1888, Hambourg appartenait, à l'exclusion du port libre, au territoire des douanes (Zollverein) allemand et offrait au commerce international le plus important de ses débouchés.

Mouvement du port en 1913 : entrées : 16.427 navires jaugeant 14.241.894 tonn.; sorties : 17.985 navires jaugeant 14.496.623 tonn. Marine marchande en janv. 1914 : 1.466 navires de haute mer (tonnage, 1.906.279 tonn.; équipage, 46.439) dont 822 vapeurs (tonnage, 1.640.828 tonn.; équipage, 35.964). Le nombre des émigrants embarqués à Hambourg en 1913 a été de 422.587 et en 1914 de 155.344.

Hesse.

République. Constitution prov. du 20 févr. 1919. La Chambre des députés se compose de 70 membres élus par vote universel, secret direct et proport. *Couleurs nationales* : rouge, blanc.

Superficie : 7.686 km. q. *Population* (1910) : 1.282.051 hab. (639.198 hommes et 642.853 femmes) soit 167 hab. par km. q. Provinces : Starkenbourg, 196 hab. par kil. q.; Hesse-Supérieure, 94; Hesse-Rhénane, 278 par kil. q. Principales villes (communes) en 1910 : Mayence, 118.197 hab.; Darmstadt (capitale), 87.089; Offenbach, 75.583; Worms, 46.819; Giessen, 31.153.

Religion (1910) : 848.204 évangéliques (66,1 %), 397.519 catholiques (31 %), 6.797 autres chrétiens, 24.063 israélites (1,9 %).

Instruction (1913) : 979 écoles primaires (4.053 professeurs et 215.709 élèves), écoles de perfectionnement (27.522 élèves), 11 gymnases, 2 progymnases, 3 gymnases « réaux », 9 écoles réales supérieures, 9 écoles réales, 1 école d'agriculture et 32 écoles réales réduites; 6 écoles supérieures pour filles (3.523 élèves) et 49 écoles privées (3.790 élèves). Université de Giessen fondée en 1607 (106 professeurs et 1.214 étudiants en 1914-15) et Ecole technique supérieure à Darmstadt (88 prof. et 999 étud.). Nombreux instituts industriels techniques et agricoles.

Finances : L'exercice 1916-17 se soldait par 89.136.260 marks environ de recettes et dépenses ordinaires. La Dette publique s'élevait en 1919 à 475.825.503 mk.

Productions et industries : La Hesse-Rhénane est une des principales régions viticoles de l'Allemagne. Climat rigoureux dans les hautes vallées et les montagnes couvertes de forêts, mais tempéré dans les plaines du Rhin et du Main, très fertiles, qui produisent abondamment des céréales, fruits, légumes, lin, betteraves, tabac et raisin. Cheptel de 1914 : 40.155 chevaux, 332.079 bêtes à cornes, 58.146 moutons, 410.295 porcs, 144.385 chèvres. Les montagnes contiennent des minerais (fer, cuivre), du grès, de la tourbe. La production de charbon en 1913 a été de 397.520 t. et celle du fer de 887.486 t.

Lippe-Detmold.

République. Constitution provis. du 19 févr. 1919. Représentation nationale par la Diète qui comprend 21 députés, élus pour 4 ans au suffrage direct et secret.

Superficie : 1.215 km. q. *Population* en 1910 : 150.937 habitants. Principales villes en 1910 : Detmold (capitale), 14.295; Lemgo, 9.969 hab.

Finances : Budget de 1916-17 : recettes, 2.977.760 marks ; dépenses, 3.000.480 marks. Dette publique en 1919 : 1.885.470 mk.

Lippe-Schaumbourg.

République. Constitution du 14 mars 1919. Représentation nationale par la Diète (Landtag) qui comprend 15 membres élus par voie d'élection directe.

Superficie : 340 km. q. *Population* en 1910 : 46.652 habitants (137 par km. q.) dont 5.747 à Buckebourg, capitale.

Finances : L'exercice 1916 se soldait par 1.123.040 marks de recettes et dépenses. Dette publique en 1916 : 399.500 mk.

Lübeck.

Ville libre formant une république municipale entrée dans la Confédération de l'Allemagne du Nord le 18 août 1866. Constitution du 26 mars 1919, en vertu de laquelle un Sénat de 14 membres élus exerce le pouvoir exécutif et en commun avec un Conseil électif («Burgerschaft» comprenant 80 membres élus au suffrage général et direct pour 4 ans), le pouvoir législatif.

Superficie : 297 km. q. *Population* (1910) : 116.509 habitants soit 391 par km. q. Lübeck (ville) : 112.469 hab. en 1919.

Instruction (1912) : 28 écoles primaires dont 9 pour garçons, 9 pour filles et 10 mixtes (11.200 élèves) ; 1 gymnase pour garçons (650 élèves) ainsi que, 1 gymnase « réal » (612 élèves) 1 école réale (586 élèves), 1 école supérieure privée (433 élèves) et 2 écoles moyennes publiques (1.846 élèves) ; 1 école supérieure publique pour filles (568 élèves) ainsi que 2 écoles supérieures privées, 1 école moyenne privée (708 élèves) et 2 écoles moyennes publiques (1.36[illegible] élèves) ; 1 école technique, 1 école d'architecture, 1 école navale, 2 écoles de commerce et 1 école technique pour femmes.

Finances : Budget pour 1918 : recettes, 26.374.980 marks ; dépenses, 26.694.200 mk. Dette publique (1919) : 106.908.321 mk.

Commerce (1913) : importation, 135.683.400 mk. ; exportation, 227.245.200 mk. Mouvement du port de Lübeck en 1912 : entrées: 3.906 navires jaugeant 685.460 tonn. ; sorties : 3.405 navires jaugeant 885.589 tonn.

Marine marchande en janvier 1914 : 54 navires de haute mer (tonnage, 49.153 tonn. ; équipage, 905 hommes) dont 53 vapeurs (tonnage, 48.376 tonn. ; équipage, 900 h.).

Mecklembourg-Schwerin.

République. La Diète constituante se compose de 64 députés élus par vote général, direct et propor. *Couleurs nationales* : bleu, jaune, rouge.

Superficie : 13.127 km. q. *Population* en 1910 : 639.958 habitants soit 49 par km. q. Principales villes en 1910 : Rostock, 65.383 ; Schwerin (capitale), 42.519 ; Wismar, 24.378.

Instruction (1911) : 1.285 écoles primaires (3.102 professeurs et 92.661 élèves), 7 gymnases (1.819 élèves), 6 gymnases « réaux » (1.492 élèves), 2 progymnases « réaux » (167 élèves), 5 écoles réales (1.254 élèves), 6 écoles préparatoires (618 élèves), 18 écoles supérieures privées (2.154 élèves), 2 écoles normales (398 élèves), 2 écoles de navigation (129 élèves), 1 école d'agriculture (55 élèves), 2 écoles techniques (session d'été : 196 élèves ; session d'hiver : 303 élèves), etc. Université de Rostock fondée en 1419 (73 prof. et 820 étud. en 1914-15).

Finances : Il n'y avait pas de budget général ; mais il existait trois systèmes de finances entièrement distincts les uns des autres : 1° l'administration dite « du Souverain » dont le budget pour 1915-16 était évalué à 23.573.000 marks ; 2° l'administration financière des « Etats seuls » qui ne disposait que de fonds peu importants ; 3° le budget ordinaire de l'administration commune (souverain et Etat) à laquelle concourent seulement les Etats, qui s'élevait pour 1915-16 à 34.790.000 marks de recettes et 38.735.000 mk. de dépenses. Dette publique au 1er juillet 1918 : Passif, 234.658.000 marks ; Actif, 314.174.800 mk.

Productions et industries : Climat froid et brumeux, d'une humidité souvent malsaine. Ces conditions, assez défavorables déjà à l'agriculture, étaient encore aggravées par l'existence de nombreux « latifundia » aux mains de l'Etat ou des Seigneurs. Grandes forêts, prairies d'élevage (bœufs et surtout chevaux renommés), champs de pommes de terre, de céréales, nombreuses tourbières. Principaux produits : blé, moutons, laines, chevaux, etc.

Mecklembourg-Strelitz.

République. Constitution du 29 janv. 1919 modifiée le 11 juin 1919. La Diète se compose de 35 députés élus au suffrage universel, direct et proport. pour 3 ans.

Superficie : 2.930 km. q. *Population* (1910) : 106.442 habitants soit 36 par km. q. Principales villes en 1910 : Neu-Strelitz (capitale), 11.993 hab. et Neubrandenbourg, 12.348.

Instruction (1911) : 231 écoles primaires (388 professeurs et 15.697 élèves).

Finances : Budget de 1915-16 : recettes, 6.284.800 marks ; dépenses, 6.069.400 mk. Dette publique au 1er juillet 1917 : 2.651.200 mk.

Productions et industries (V. Mecklembourg-Schwerin).

Oldenbourg.

République. Constitution du 7 juin 1919. La Diète se compose de 48 députés élus par vote universel secret, direct et proport.

Superficie : 6.429 km. q. *Population* en 1910 : 483.042 habitants soit 75 par km. q. Duché d'Oldenbourg, 72 hab. par km. q. ; principautés : Lubeck, 77 ; Birkenfeld, 100 par km. q. Principales villes en 1910 : Rustringue, 47.592 ; Oldenbourg (capitale), 30.242.

Instruction (1911) : 709 écoles primaires (1.457 professeurs et 82.334 élèves).

Finances : Budget commun des différents pays en 1917 : recettes, 15.710.000 marks ; dépenses, 15.703.000 mk. Dette publique au 1er janv. 1919 : 116.779.839 mk.

Productions et industries : Le climat, brumeux et humide, n'est pas rigoureux, mais malsain. L'Oldenbourg est une région, d'ailleurs médiocre, d'agriculture et d'élevage. Les industries sont quelques filatures, la fabrication des toiles communes, des outils et des articles de ménage.

Prusse.

Ci-devant Royaume ayant formé le 18 août la Confédération de l'Allemagne du Nord avec les Etats de Saxe-Weimar, Oldenbourg, Brunswick, Saxe-Altenbourg, Saxe-Cobourg-et-Gotha, Anhalt, les deux Schwartzbourg, Reuss br. cad., Waldeck, Schaumbourg-Lippe, Lippe et les villes hanséatiques auxquels vinrent s'ajouter au cours de l'année 1866 les deux Mecklembourg, le grand-duché de Hesse avec la Hesse Supérieure et Reuss br. aînée, Saxe-Meiningen et le royaume de Saxe ; ayant créé en 1870 l'Empire d'Allemagne par des traités avec les Etats de l'Allemagne du Sud : grand-duché de Bade (15 nov.), Hesse (18 nov.), Bavière (23 nov.), Wurtemberg (25 nov.). Jusqu'en novembre 1918, monarchie constitutionnelle, héréditaire dans la postérité mâle (primog.) de la maison de Hohenzollern.

République. En vertu de la loi du 20 mars 1919, l'Assemblée constituante exerce le pouvoir législatif et exécutif jusqu'au vote de la Constitution définitive. Son président choisit le gouvernement qui se compose de tous les ministres d'État.

Couleurs nationales : noir, blanc.

Assemblée constituante (janv. 1919) : Démocr. soc., 145 ; Centre, 93 ; Démocr., 65 ; Nation. allem., 52 ; Soc. indép., 24 ; Divers, 3. Prés. : *Leinert*.

Ministère d'Etat : Prés. : O. *Braun* ; Intérieur : *Severing* ; Justice : Dr *am Zehnhoff* ; Inst. publ. : *Haenisch* ; Finances : *Ludermann* ; Commerce et Industrie : *Fischbeck* ; Agricult. : N........ ; Travaux publ. : *Oeser*.

Superficie et Population : Le traité du 28 juin 1919 enlève à la Prusse : la Posnanie, la Prusse occidentale, la région de Memel, soumet une partie de la Haute-Silésie et de la Prusse orientale à un plébiscite, internationalise les ports de Dantzig et de Memel dont le premier est mis à la disposition de la Pologne. La Prusse passe donc de 348.792 km. q. à 286.000 et, peut être à 262.000, et de 40 millions d'hab. à 35 et peut-être à 34. La Prusse représentera encore 62 p. 100 du territoire et 57 p. 100 de la population de l'Allemagne.

Population totale en 1913 : 40.165.219 hab. ; au 8 oct. 1919 : 36.782.721 hab. (25.742.404 en 1875) soit 115 par km.q. Provinces en 1910 : Prusse-Orientale, 37.002 kil. q., 2.064.175 hab. (56 par kil. q.) ; Prusse-Occidentale, 25.556 kil. q., 1.703.474 hab. (67 par kil. q.) ; Berlin, 63 kil. q., 2.071.257 hab. ; Brandebourg, 39.843 kil. q., 4.092.616 hab. (103 par kil. q.) ; Poméranie, 30.133 kil. q., 1.716.921 hab. (57 par kil. q.) ; Posnanie, 28.993 kil. q., 2.099.83 hab. (72 par kil. q.) ; Silésie, 40.336 kil. q., 5.225.962 hab. (130 par kil. q.) ; Saxe, 25.269 kil. q., 3.089.275 hab. (122 par kil. q.) ; Slesvig-Holstein, 19.019 kil. q., 1.621.004 hab. (85 par kil. q.) ; Hanovre, 38.511 kil. q., 2.942.436 hab. (77 par kil. q.) ; Westphalie, 20.222 kil. q., 4.125.096 hab. (204 par kil. q.) ; Hesse-Nassau, 15.702 kil. q., 2.221.021 hab. (141 par kil. q.) ; Prusse-Rhénane, 27.001 kil. q., 7.121.140 hab. (264 par kil. q.) ; Hohenzollern, 1.142 kil q., 71.011 hab. (62 par kil. q.).

En 1910, la population urbaine était de 18.963.785 hab. et la population rurale de 21.201.434 hab. Principales villes en 1910 : Berlin (capitale), 2.071.257 hab. ; Cologne, 593.556 ; Breslau, 514.979 ; Francfort-s-M., 414.576 ; Essen, 410.307 ; Düsseldorf, 358.728 ; Charlottenbourg, 305.978 ; Hanovre, 302.375 ; Magdebourg, 279.629 ; Dortmund, 247.068 ; Königsberg, 245.994 ; Stettin, 237.309 ; Neukölln, 237.289 ; Duisbourg, 229.483 ; Kiel, 211.627 ; Dantzig, 182.762 ; Halle-s-S., 180.843 ; Berlin-Schöneberg, 172.823 ; Altona, 172.628 ; Elberfeld, 170.195 ; Gelsenkirchen, 169.513 ; Barmen, 169.214 ; Posen, 156.691, Aix la-Chapelle, 156.143 ; Cassel, 153.196 ; Bochum, 136.931 ; Berlin-Lichtenberg, 133.141 ; Créfeld, 129.406 ; Erfürt, 123.548 ; Mülheim-s-Rühr, 112.580 ; Berlin-Wilmersdorf, 109.716 ; Wiesbade, 109.002 ; Sarrebrück, 105.089 ; Oberhausen, 103.485 ; Hambord, 101.703.

Religion (1910) : Culte Evangélique : 24.[illegible].547 adeptes soit 61,8 % de la population; autres cultes chrétiens : 189.887 adeptes; culte israélite, 415.926 adeptes soit 1 % de la population; autres confessions et sans indication : 147.939.

Instruction (1911) : 38.684 écoles primaires publiques (163.016 professeurs et 6.572.974 élèves et 283 écoles primaires privées (553 prof. et 8.498 élèves) ; 629 écoles moyennes publiques (7.154 prof. et 193.429 garçons et filles) et 924 écoles moyennes privées (5.646 prof. et 62.265 garçons et filles) ; 481 lycées publics et privés pour filles (10.685 prof. et 163.137 élèves en 1914-15) ; 181 écoles réales (1.459 prof. et 33.627 élèves), 353 écoles réales supérieures, gymnases « réaux » et progymnases « réaux » (6.136 prof. et 118.374 élèves), 370 gymnases et progymnases (7.196 prof. et 104.349 élèves), 204 écoles normales publiques (1.469 prof. et 11.829 étud. en 1915) ; 5 écoles techniques supérieures, 2 écoles forestières, 2 écoles des mines, 2 instituts agricoles, 2 écoles supérieures vétérinaires, 4 écoles supérieures de commerce, etc.

Enseignement universitaire. V. Universités, p. 739.

Finances : Recettes et dépenses ordinaires et extraordinaires des années suivantes finissant au 31 mars (en milliers de marks) : Compte de 1914 : rec. 5.504.610, dép. 5.287.150 Compte de 1919 : rec. 6.546.697, dép. 6.546.699. Dette publique : 10.876.784.287 marks en 1915 et 14.724.436.873 marks en 1919.

Productions et industries : La vie économique de la Prusse est particulière et complexe, composite et morcelée comme le sol lui-même. L'agriculture et en particulier l'élevage prédominent dans les provinces du Nord et de l'Est. Par suite de l'abondance de la houille et des minerais de toute sorte en Thuringe et en Westphalie, les régions de l'Ouest et du Sud-Ouest, à part les vallées du Rhin et du Main renommées pour leur fertilité, sont à peu près exclusivement industrielles.

Les principales industries sont : filatures de coton, laine et soie, métallurgie, fabriques de machines de toute sorte, usines de produits chimiques, raffineries, distilleries, etc.

Marine marchande (janvier 1914) : 2.329 navires de haute mer (tonnage : 318.646 tonn. ; équipage : 13.735 hommes) dont 687 vapeurs (tonnage : 251.924 tonn. ; équipage : 8.274).

Mouvement des ports prussiens en 1912 : entrées : 80.903 navires jaugeant 12.189.423 tonn. ; sorties : 79.030 navires jaugeant 11.821.772 tonnes.

Reuss.

République. Les anciennes principautés de Reuss-Greitz et de Reuss-Gera ont été réunies en un seul État (Volksstaat Reuss) par la loi du 4 avril 1919. Constitution de la même date. Le Volksrat se compose de 36 députés élus au suffrage universel, direct et proport. et nomme le Conseil d'État qui constitue le gouvernement.

Superficie : 1143 km. q. *Population* (1910) : 225.521 habitants, soit 197 par km. q. Principales villes en 1910 : Géra (capitale), 56.96[illegible] hab. ; Greitz 23.245 hab.

Instruction (1911) : 55 écoles primaires (210 prof. et 12.802 élèves).

Finances : Budget pour 1916 : Recettes ainsi que dépenses : 2.481.560 marks. Dette publique (Reuss-Géra, 1.040.550 m.).

Productions et industries : Climat continental assez rude. Vallées fertiles, quelques forêts et beaucoup de prairies. Elevage de bestiaux ; céréales, betteraves. Exploitation de houille, de fer et d'alun. Fabriques de tissus, lainages, etc.

Saxe.

Jusqu'en novembre 1918 monarchie constitutionnelle, héréditaire dans la postérité mâle (primog.) de la ligne Albertine de la maison de Saxe. République. Constitution provisoire du 28 févr. 1919. L'Assemblée constituante (Volkskammer), se compose de 96 députés élus au suffrage universel, dir. et proport. Le ministère exerce provisoirement le pouvoir suprême. *Couleurs nationales :* blanc, vert.

Assemblée constituante (févr. 1919) : Démocr. soc. : 42 ; Démocr. : 22 ; Soc. indép. : 15 Nation. allem. 13 ; Divers : 4. Prés. : J. *Frässdorf*.

Ministère (mars 1919) : Prés. et aff. étrang. : Dr *Gradnauer* ; Intérieur : *Uhlig* ; Justice : Dr *Harnisch* ; Finances : *Nitzschke* ; Instr. publ. ; Dr *Seyfert* ; Economie nation. : *Schwarz* ; Travail : *Heldt*.

Superficie : 14.993 km. q. *Population* (1910) : 4.806.661 habitants (2.760.586 en 1875) soit 320 par km. q. Districts gouvernementaux : Bautzen, 2.470 kil. q., 443.549 hab. (180 par kil. q.) ; Chemnitz, 2.072 kil. q., 920.543 hab. (444 par kil. q.) ; Dresde, 4.337 kil. q., 1.350.287. hab. (311 par kil. q.) ; Leipzig, 3.567 kil. q., 1.234.625 hab. (346 par kil. q.) ; Zwickau, 2.547 kil. q., 857.659 hab. (337 par kil. q.).

Principales villes et communes en 1910 : Leipzig, 613.946 ; Dresde (capitale), 551.697 ; Chemnitz, 299.763 ; Plauen, 121.272 ; Zwickau, 73.542 ; Meissen, 30.797 ; Zittau, 37.094.

Religion (1910) : 4.520.835 évangéliques (94,1 %), 236.052 catholiques romains (4,9 %), 25.574 autres chrétiens, 17.587 israélites (0,4 %). *Instruction* : 4.349 écoles primaires (912.899 élèves en 1913) dont 2.270 écoles publiques ; 1 école supérieure technique à Dresde (1.247 étudiants en 1913-14), 1 école supérieure des Mines à Freiberg (582 étud.), 1 école supérieure forestière à Tharandt (89 étud.), 19 gymnases, 19 gymnases « réaux », 5 écoles réales spéciales, 3 progymnases, 37 écoles réales, 28 séminaires, 5 écoles supérieures pour filles et 110 autres établissements d'enseignement ainsi qu'un grand nombre d'écoles supérieures industrielles, de commerce, d'agriculture, de musique et d'arts. Université de Leipzig fondée en 1409 (251 professeurs et 4.515 étudiants en 1914-15).

Armée : Les troupes saxonnes formaient les XIIe et XIXe corps d'armée allemands.

Finances : Budget annuel pour la période financière 1916-1917 : recettes ordinaires et extraordinaires, 844.018.800 marks ; dépenses ord. et extr., 984.018.800 mk. Dette publique au 1er oct. 1919 : consolidée, 928.500.000 m. ; flottante, 428.050.000 m.

Productions et industries : Les productions naturelles sont riches et variées. Importantes cultures de seigle, blé, houblon, tabac, chanvre, lin. Vastes forêts dans la zone montagneuse. L'élevage (cheval, mouton, porc) est très prospère ; cheptel de 1918 : 113.068 chevaux, 716.093 têtes de bétail, 352.608 porcs. Toutefois la Saxe vaut surtout par les ressources de son sous-sol (houille, argent, fer, mercure, étain, cobalt, nickel, kaolin, marbre, etc.). En 1913, il y avait 123 mines en exploitation et leur production a atteint une valeur de 88.388.900 marks. La production de charbon, durant cette même année, a été de 5.445.291 tonnes et celle de lignite de 6.310.439 t. atteignant une valeur globale de 87.171 mk. Les principales industries consistent en filatures de lin, corderies de laine, fabriques de lainages, raffineries de betterave, brasseries, distilleries, construction des machines, préparation des cuirs, métallurgie du fer, du plomb, du nickel, de l'argent, fabrication de porcelaines, etc.

Saxe-Altenbourg.

République. Constitution du 27 mars 1919. L'Assemblée constituante se compose de 40 membres, élus au suffrage universel, direct et proportionnel.

Superficie : 1.324 km. q. *Population* en 1910 : 216.128 habitants soit 163 par km. q. Principales villes en 1910 : Altenbourg (capitale), 39.976 ; Schmölln, 11.345 ; Eisenberg, 10.749 hab.

Instruction (1913) : 204 écoles primaires (655 professeurs et 37.268 élèves) ; gymnases, écoles réales, séminaires (1.338 élèves), etc. Dépenses annuelles pour l'enseignement primaire, 1.909.920 marks dont 428.700 mks. couverts par l'Etat.

Finances : Budget annuel pour la période financière 1918-1919 : recettes et dépenses 7.441.536 marks. Dette publique en 1918 : 687.400 mk.

Productions et industries : Sol assez inégal et accidenté dans la partie orientale et formant à l'Ouest une riche et fertile plaine d'alluvions. Peu de ressources minières, sinon quelques gisements de lignite, mais l'agriculture et l'élevage sont très développés. L'industrie comprend la fabrication d'étoffes de laine, la porcelaine, la chapellerie, etc.

Saxe-Cobourg-et-Gotha.

Les deux Républiques de Gotha et de Cobourg, en vertu du traité du traité du 12 avril 1919, règlent leurs affaires indépendamment l'une de l'autre. Le ministère d'État de Gotha est chargé de la gérance des affaires communes et représente les deux républiques dans leurs affaires extérieures.

Rép. de Gotha : Constitution du 23 déc. 1919. Le Gouv. se compose de l'Assemblée constituante de 19 députés élus au suffrage universel, direct et proport., et de 3 délégués du peuple.

Rép. de Cobourg : Constitution du 10 mars 1919. La diète se compose de 11 députés, élus au suffrage universel direct et proportionnel.

Superficie : 1.977 km. q. Population en 1910 : 257.177 habitants soit 130 par km. q. Ci-devant duché de Cobourg, 562 km. q., 74.818 hab. (133 par km. q.) ; ci-devant duché de Gotha, 1.415 km. q., 182.329 hab. (129 par km. q.). Capitales : Cobourg, 23.789 hab. ; Gotha, 39.553.

Finances : Caisse des domaines de Cobourg (revenus annuels pour 1913-1917) : recettes, 553.000 marks ; dépenses, 340.000 mk. Budget de l'Etat de Cobourg (1916-17) : recettes, 1.599.300 mk. ; dépenses, 1.610.040 mk. Budget de l'Etat de Gotha (1916-17) : recettes, 5.046.000 mk., dépenses, 5.063.000 mk. Budgets communs de Cobourg-et-Gotha (1916-1917) : recettes et dépenses, 1.773.000 mk. Dette publique en 1918 : Cobourg, 1.099.070 mk. ; Gotha, 17.283.690 mk.

Productions et industries : L'ensemble du pays est plutôt agricole qu'industriel. L'agriculture est représentée par la culture des céréales du houblon, du pastel et du chanvre. L'élevage (cheval, mouton, porc) est considérable surtout dans l'État de Gotha. Les richesses du sol sont relativement peu abondantes (manganèse, fer, cobalt, peu de houille). L'industrie comprend la construction des machines, la verrerie, la brasserie, l'imprimerie, etc.

Saxe-Meiningen.

République. Constitution prov. du 15 nov. 1918. La Diète se compose de 24 députés, élus au suffrage universel, direct et proportionnel.

Superficie : 2.468 km. q. *Population* (1910) : 278.857 habitants soit 113 par km. q. Principales villes en 1910 : Meiningen (capitale), 17.181 hab. ; Sonneberg, 15.878.

Finances : Budget annuel pour la période financière 1914-17 : recettes, 10.595.440 mark (caisse des domaines, 3.797.200 mk.) ; dépenses, 8.971.600 mk. Dette publique au 31 déc. 1917 : 5.247.200 mk.

Productions et industries : Sol généralement accidenté ; climat rude, à forme continentale. L'agriculture est médiocre mais l'industrie développée. Les richesses du sous-sol (houille, fer, cuivre, cobalt) alimentent l'industrie métallurgique ; cette dernière est plus active que les industries textiles, les brasseries, distilleries, vinaigreries, etc., cependant importantes.

Saxe-Weimar-Eisenach.

République. Constitution du 19 mai 1919. La Diète se compose de 42 députés, élus au suffrage universel direct et proport. Le gouvernement comprend 2 ministres et 5 conseillers d'État.

Superficie : 3.610 km. q. *Population* (1910) : 417.554 habitants soit 116 par km. q. Principales villes en 1910 : Iéna, 40.930 hab. ; Eisenach, 38.362 ; Weimar (capitale), 34.542.

Instruction (1911) : 476 écoles primaires (1.181 professeurs et 65.646 élèves). Université d'Iéna fondée en 1558 (121 professeurs et 1.666 étudiants en 1914-15).

Finances : Budget annuel pour la période financière 1914-1916 : recettes et dépenses 14.263.040 marks. Dette publique (1914) : 1.672.620 marks couverts par les capitaux actifs de l'Etat supérieurs à la dette.

Productions et industries : Au point de vue économique, le ci-devant Grand-Duché est remarquable surtout par le développement de son industrie, filatures, tissages, verreries, fabriques de porcelaine, préparation et travail des cuirs, manufactures de tabac, sucreries.

Schwarzbourg-Rudolstadt.

République. Constitution du 22 nov. 1919. La diète comprend 16 députés élus au suffrage universel, direct et proportionnel.

Superficie : 941 km. q. *Population* (1910) : 100.702 habitants soit 107 par km. q. Capitale : Rudolstadt-sur-Saale, 12.937 hab. en 1910.

Finances : Budget annuel pour la période financière 1912-1916 : recettes et dépenses, 3.377.700 marks. Dette publique (1916) : passif, 3.831.560 mk. : actif, 1.121.220 mk.

Schwarzbourg-Sondershausen.

République Constitution du 1er avril 1919. La Diète se compose de 16 députés élus pour 4 ans au suffrage universel, direct et proportionnel.

Superficie : 862 km. q. *Population* (1910) : 89.917 habitants soit 104 par km. q. Principales villes en 1910 : Arnstadt, 17.841 hab. ; Sondershausen (capitale), 7.759.

Finances : Budget annuel pour la période financière (1912-1916 : recettes et dépenses, .417.740 marks. Dette publique (1913) : 6.124,400 mk.

Waldeck.

République. Constitution provisoire du 15 avril 1917. La Diète comprend 21 députés élus au suffrage universel, direct et proportionnel. L'administration intérieure est effectuée par la Prusse depuis le 1er janvier 1868.

Superficie : 1.121 km. q. *Population* (1910) : 61.707 habitants soit 55 par km. q. Capitale : Arolsen, 2.793 hab. en 1910.

Finances : Budget pour 1913 : recettes et dépenses, 1.639.840 marks. Dette publique (1913) : 1.123.400 mk.

Würtemberg.

Ci-devant Royaume entré dans la Confédération de l'Allemagne du Nord, pour la fondation de l'empire d'Allemagne, par traité du 25 novembre 1870. Jusqu'en novembre 1918, monarchie constitutionnelle, héréditaire dans la postérité mâle (primog.) de la maison de ce nom.

République. Constitution du 25 sept. 1919. La Diète exerce le pouvoir législatif, nomme le pouvoir exécutif. Elle se compose de 150 députés (1 par 25,000 hab.), élus au suffrage universel, direct et proportionnel. Le ministre-président du ministère d'Etat porte le titre de Président d'Etat.

Couleurs nationales : noir, rouge.

Prés. d'Etat et min.-président : W. Blos.

Diète (janv. 1919) : Démocr.-soc. : 52 ; Démocr. : 38 ; Centre : 31 ; Divers : 29.

Superficie: 10.507 km. q. *Population* en 1910 : 2.437.574 habitants soit 125 par km. q. Cercles : Neckar, 3.330 km. q., 882.369 hab. Forêt-Noire, 4.776 km. q., 570.820 hab. Jaxt, 5.141 km. q., 414.969 hab; Danube, 6.261 kil. q., 569.216 hab.

Villes et communes en 1910 : Stuttgart (capitale), 286.218 hab.; Ulm, 56.109.

Instruction (1911) : 2.101 écoles primaires (6.606 professeurs et 370.384 élèves), 108 écoles réales (15.408 élèves), 21 écoles de grammaire (3.723 élèves), 18 gymnases, 6 gymnases « réaux », 5 progymnases et 8 progymnases « réaux », 48 écoles latines (9.112 élèves), 3 écoles de villes (3.063 élèves) ; 24 écoles supérieures (6.851 élèves) et 1 gymnase (185 élèves) pour filles ; 1 école technique supérieure et 1 école supérieure vétérinaire à Stuttgard ; 1 école supérieure d'Agriculture à Hohenheim et diverses écoles spéciales. Université de Tubingen fondée en 1477 (128 professeurs et 2.056 étudiants en 1914-15).

Armée : En vertu de la convention militaire conclue avec la Prusse en 1870, les troupes du Würtemberg formaient le XIII° corps de l'armée allemande.

Finances : Budget de 1919-20 : recettes, 174.501.928 marks ; dépenses, 197.619.377 mk. Dette publique (1919) : 686.846.300 mk. de dette générale et de dette de chemins de fer.

Productions et industries : Le Würtemberg est un pays plutôt agricole qu'industriel. Cultures de céréales, pommes de terre, colza, lin, tabac. Importants vignobles. Le sous-sol renferme quelques ressources minérales. Scieries, filatures de coton et de laine.

ANCIENNES POSSESSIONS ALLEMANDES

L'art. 119 du traité de paix du 28 juin 1919 a prononcé la renonciation de l'Allemagne en faveur des principales Puissances alliées et associées à tous ses droits et titres sur ses possessions d'Outre-mer.

Le Togo et le Cameroun ont été partagés provisoirement entre la France et la Grande-Bretagne. Ces puissances feront à la Société des Nations une proposition commune sur le sort de ces colonies. (V. France, A. O. F. et A. E. F., Empire britannique, Possess. d'Afrique).

La Grande-Bretagne obtient l'Afrique Orientale allem. (moins le Rouanda et l'Urundi cédés à la Belgique), l'île Nauru en Océanie ;

L'Union Sud-Africaine obtient le Sud-Ouest africain allemand (V. Union Sud-Afric.) ;

La Nouvelle-Zélande obtient les îles Samoa (V. Nouvelle Zélande) ;

La Confédération Australienne obtient les autres colonies allemandes du Pacifique au sud de l'Equateur, à l'exclusion des Samoa et de l'île Nauru (V. Conféd. Australienne) ;

Le Japon obtient les îles allemandes au nord de l'Equateur (V. Japon).

Les territoires de protectorat allemand présentaient les principales caractéristiques suivantes :

	SUPERFICIE	POPULATION		Commerce extér.
	(kilom.)	de couleur	blanche	en 1912 en francs.
I. Colonies africaines.				
Afrique Orientale	995.000	7.661.000	5.336	102.157.000
Sud-Ouest africain	835.009	83.300	14.830	89.417.000
Cameroun	790.000	2.751.000	1.871	71.846.000
Togo	87.200	1.032.000	368	26.731.000
II. Océanie allemande.				
Nouvelle-Guinée (arch. Bismarck, Carolines or. et occid., Mariannes)	242.476	601.700	1.427	13.641.000
Iles Samoa	2.572	37.540	557	12.547.000
III. Chine.				
Kiao-Tchéou (1913)	552	192.000	350	244.041.000
Total	2.952.900	12.358.000	28.839	560.380.000

L'Allemagne en 1919.

Après avoir employé tous les moyens en son pouvoir pour obtenir des atténuations aux conditions de paix communiquées par l'Entente le 8 mai, l'Assemblée nationale allemande se prononce le 22 juin pour la signature du traité par 237 voix contre 138 et 5 abstentions. La majorité se compose des sociaux-démocrates, du centre, des indépendants ; la minorité comprend les nationaux-allemands, le parti populaire allemand et les démocrates.

Le cabinet Scheidemann au pouvoir depuis le 13 février et dont des communiqués officieux assuraient qu'il était intransigeant et unanime dans sa politique du refus, s'est divisé au premier choc sérieux. En appelant à délibérer les chefs de partis, il a avoué son impuissance. Aussi le 20 remet-il sa démission au président Ebert. La décision des démocrates de refuser toute collaboration à un gouvernement qui accepterait le traité de paix provoque la formation d'une nouvelle majorité : sociaux-démocrates résolus à signer, centristes acceptant sous conditions, constituent le « bloc rouge et noir ». Les consultations du président Ebert aboutissent le 21 et c'est le social-démocrate Bauer qui est désigné pour former le nouveau cabinet dont le vice-président et l'âme est M. Erzberger.

La diversité d'origine, de tendances de ces deux partis, n'aboutira pas toujours à une politique nette et précise, le grand parti catholique s'affirmant, sous la république comme sous l'Empire, l'arbitre des destinées du pays et appuyant les solutions de tendances conservatrices et confessionnelles ; le parti social-démocrate étant porté, par sa nature même, à sacrifier à l'esprit nouveau. Pour étayer leur coalition, ils doivent se livrer à de multiples concessions. Cet état de fait contribue à donner à la Constitution du 11 août un caractère disparate.

Si l'unité allemande a été consacrée par le traité de Versailles, elle l'est encore bien davantage par cette victoire de la conception unitaire. L'Allemagne est unifiée politiquement : les différents pays (Länder) et non plus États comme sous l'Empire, ne conservant plus que certaines compétences restreintes ; elle l'est militairement : l'organisation de la force armée ressortit au Reich ; elle l'est économiquement : le budget, les chemins de fer, les postes et télégraphes, les canaux, l'énergie électrique sont administrés par les autorités du Reich. La social-démocratie prussienne a remplacé le militarisme prussien.

L'Assemblée constituante de Weimar, qui aurait dû se séparer après le vote de la Constitution, s'est peu à peu transformée en Assemblée législative. La coalition rouge et noire redoute les résultats de nouvelles élections qui renforceraient les éléments extrêmes de droite et de gauche. Elle fait même une place dans le cabinet aux démocrates Schiffer et Koch pour renforcer sa situation (octobre). En fait, c'est le ministère Noske-Erzberger qui dirige l'Assemblée, se transformant en gouvernement de combat, exerçant le régime de l'état de siège, après avoir dissous les organisations des socialistes indépendants et interdit leurs journaux.

La révolution de novembre qui a donné en apparence le pouvoir aux socialistes a usé assez rapidement les vedettes du parti. Aucun homme de premier plan capable d'exercer une action dominante ne s'est révélé. La socialisation de certaines branches essentielles n'a pas donné les résultats qu'on en attendait et sur le terrain social, l'année 1919 est une année de déceptions.

L'échec de l'emprunt à lots (17 déc., 3.800 millions, dont à peine 2 milliards d'argent frais, souscrits sur 5 milliards demandés), l'effondrement du mark (0 fr. 09 sur le marché de Genève au 31 déc. 1919), les grèves continuelles (Ruhr-20 févr. Berlin-3 mars, 1er avril, etc.) révèlent un profond malaise dans la situation économique du pays. L'Allemagne qui payait avant la guerre 600 millions de marks les 500.000 balles de coton nécessaires à ses industries du tissage, les paie aujourd'hui 18 milliards de marks, alors que le charbon qu'elle exporte est vendu au prix intérieur de moins de 100 marks la tonne.

Cette insuffisance politique, ce malaise économique semblent avoir renforcé la situation des partis de droite dont les manifestations n'ont pas cessé (assassinat de Liebknecht et de Rosa Luxembourg à Berlin le 15 janvier, de Kurt Eisner à Munich le 21 février, démonstrations pangermanistes à l'occasion de la présence de Hindenburg à Berlin, affaire du colonel Reinhart, procès Marloh, agitation nationaliste dans les universités, activité déployée à Berlin par le prince Eitel-Frédéric chez qui fréquentent un grand nombre d'officiers supérieurs). Ces faits, de même que les réactions particularistes des Etats du Sud et de la Rhénanie contre la tendance centralisatrice de Berlin, témoignent que l'Allemagne n'a pas achevé son évolution.

Relations avec la France.

Traités et Conventions.

TRAITÉ DE PAIX DE VERSAILLES DU 28 JUIN 1919 ; Traités dont le bénéfice est reconnu aux Alliés par le traité de paix :

1° Tous ceux conclus par l'Allemagne avant le 1er août 1914 avec l'Autriche, la Bulgarie, la Hongrie et la Turquie (art. 291). Les traités conclus avec ces Puissances postérieurement au 1er août 1914 sont abrogés (art. 290) ;

2° Tous les traités passés par l'Allemagne avec les Etats non belligérants depuis le 1er août 1914 jusqu'à la mise en vigueur du traité (art. 294).

TRAITÉS REMIS EN VIGUEUR : 1° Traités multilatéraux : ceux mentionnés dans le traité (voir Traités multilatéraux ; p. 722);

2° Conventions bilatérales : celles notifiées par la France :

1° Article 11 de la Convention additionnelle de Berlin du 12 octobre 1871 remettant en vigueur l'article 28 du traité du 2 août 1862 entre la France et le Zollverein relatif aux marques et dessins de fabrique ;

2° Accords des 30 décembre 1904, 18 avril 1905, 24 mars et 9 juin 1914 relatifs aux certificats de jauge.

3° Arrangement du 13 janvier 1914 relatif au mouvement des alcools.

4° Les conventions d'extradition et déclarations de réciprocité avec les différents Etats particuliers de l'Allemagne.

FRONTIÈRES DE L'ALLEMAGNE et territoires dont il est disposé = Frontières (articles 27 à 30) : Rive gauche du Rhin. Interdiction de fortifications (art. 42 et 43). Occupation à titre de garantie (art. 428 et 429). Memel, territoire dont il sera disposé ultérieurement (art. 99). Slesvig : partage avec le Danemark selon les résultats du plébiscite (art. 109 à 111). Heligoland, destruction des fortifications (art. 115). Colonies allemandes : cession aux Alliés (art. 119 à 127) (voir également Belgique, Pologne, Japon, Chine, etc.).

COMMERCE ET NAVIGATION : Commerce (art. 264 à 267). Traitement de la nation la plus favorisée, tant à l'importation qu'à l'exportation. Traitement spécial pendant cinq ans pour les produits de l'Alsace et de Lorraine (art. 268) et les produits des Etats alliés pendant les périodes de 6 et 30 mois (art. 269).

Droit d'appliquer un régime douanier spécial aux Territoires rhénans occupés (art. 270). NAVIGATION. Traitement de la nation la plus favorisée en matière de pêche, cabotage et remorquage (art. 271 à 273).

Traitement des ressortissants des Puissances alliées (art. 276 à 279)

PROPRIÉTÉ ARTISTIQUE, LITTÉRAIRE ET INDUSTRIELLE. Rétablissement des droits (art. 306 à 311).

CONCURRENCE DÉLOYALE : mesures à prendre (art. 274-275) ;

DETTES, CONTRATS, INTÉRÊTS PRIVÉS entre Français et Allemands. Notification a été faite à l'Allemagne en vertu de l'article 296 § a, que les prescriptions dudit article et de l'annexe s'appliqueraient entre la France, ses colonies et protectorats d'une part et l'Allemagne d'autre part. Conformément à l'art. 72 du traité un Office spécial de vérification et de compensation a été créé à Strasbourg.

Représentation de l'Allemagne en France :

Légation à Paris, 78, rue de Lille (VIIe).

Chargé d'affaires : Dr W. *Mayer de Kaufbeuren*.

Délégation allemande auprès de la Conférence de la Paix, 50, av. de la Bourdonnais, Paris (VIIe). Président : *de Goebest*.

Représentation de la France en Allemagne :

Ambassade.

Chargé d'affaires : M. *Chassain de Marcilly* (O. ✱), Min. plén.

Secr. de 2e cl., f. fons de 1er : *de Saint-Quentin* ✱ ; 2e Secr. : *de Percin* ✱ ; 3e Secr. : *Helleu* ; Attachés : *Lagarde* ; *Jeannequin*. Cons. adj. : *Michel*.

Cons. à Berlin : M. *Prévost*, V.-C., chargé du Consulat ; C. G. à Cologne ; Hambourg. Cons. à Breslau ; Dusseldorf ; Francfort ; Karlsruhe ; Leipzig V.-C. à Brême.

(Pour les diverses institutions de liquidation de la guerre, voir : Terr. de la Sarre, p. 715 ; Territoire rhénans, p. 716. Office des intérêts privés, p. 718.)

Bibliographie.

Deutsches Reichs und Königl Preussisches Staats-Anzeiger. Berlin.

Statistik des Deutschen Reichs. Kaiserlich. Statist. Amt. Berlin.

Statistiches Jahrbuch für das deutsche Reich, Kaiserlich. Statist. Amt, Berlin. Annuel.

Statistiches Jahrbuch für den preussischen Staat, Königl. Statistisch. Landesamt, 1m,60. Berlin. Annuel.

Andler (Ch.). *Les Origines du Socialisme d'État en Allemagne*, in-8, br. 7 fr. F. Alcan. Paris, 1911 ; *Collection de Documents sur le pangermanisme*, Conard. Paris, 1915-18.

Barthélemy (Joseph). *Les Institutions politiques de l'Allemagne contemporaine*, in-16, 3 fr. 50. F. Alcan. Paris, 1916.

Bellet (Daniel). *Le Commerce allemand. Apparences et réalités*, in-16, 3 fr. 50. Plon-Nourrit Paris, 1916.

Bernhardi (gén. F. von). *L'Allemagne et la prochaine guerre*. Cotta Berlin, 1913, in-8, 360 p.; 7 fr. 50. Payot. Paris, 1916.

Bülow (prince de). *La Politique allemande*. Trad. M. Herbette, in-16, Charles-Lavauzelle. Paris, 1914.

Cambon (Victor). *L'Allemagne au travail*, in-8, 4 fr. 10ᵉ édit. 1915 ; *Les derniers progrès de l'Allemagne*, 1914, 4 fr. Pierre Roger. Paris.

Camena d'Almeida (P.). *L'armée allemande avant et pendant la guerre de 1914-1918*, in-8, 363 p. 14 fr 40. Berger-Levrault, Paris, 1919.

Chervin (A.). *L'Allemagne de demain*, gr. in-8, 6 fr. Berger-Levrault. Paris, 1917.

Chuquet (Arthur). *Allemands d'hier et d'aujourd'hui*, in-16, 3 fr. 50 ; *L'Allemagne au-dessus de tout*, in-18, 3 fr. 50, de Boccard. Paris, 1916.

Cruchet (Dʳ René). *Les Universités allemandes au XXᵉ siècle*, in-18, br. 4 fr. A. Colin. Paris.

Denis (Ernest). *La Fondation de l'empire allemand*, 2 vol., in-8 br. 15 fr. A. Colin. Paris ; *L'Allemagne et la paix*, in-18, jésus 5 fr. Delagrave. Paris, 1918.

Delbruck (Hans). *Krieg und Politik*, 1914-1916, Stilke. Berlin, 1916.

Descamps (P.). *La Formation sociale du Prussien moderne*, in-18, 370 p., 4 fr. A. Colin. Paris, 1916.

Engerand (F.). *L'Allemagne et le fer. Les frontières lorraines et la force allemande*, in-16, Perrin. Paris, 1916.

Froment (H.-B.) et R.-B. Stephen. *L'Industrie allemande et la guerre*, in-8, 60 p., 6 fr. Dunod et Pinat. Paris, 1918.

Gothaischer genealogischer Hof-Kalender. Gotha. Annuel.

Gentizon (P.). *La Révolution allemande*, in-16, 4 fr. 50, Payot, Paris, 1919.

Goyau (G.). *Les Catholiques allemands et l'empire évangélique*, in-16, 3 fr. 50. Perrin. Paris, 1916.

Janssen (J.). *Geschichte des deutschen Volkes seit dem Ausgang des Mittelalters*. Nouv. éd. 3 vol. Fribourg i. B., 1917.

Lair (Maurice). *L'Impérialisme allemand*, in-18, br. 3 fr. 50. A. Colin. Paris.

Laloy (Emile). *La Diplomatie de Guillaume II* (1888-4 août 1914), in-8, 432 p., 6 fr. Bossard. Paris, 1917.

Launay (L. de). *France-Allemagne. Problèmes miniers. Après-guerre*, in-18, 4 fr. 50. A. Colin. Paris, 1917.

Louis (Paul). *Les Crises intérieures allemandes pendant la guerre*, in-16. F. Alcan. Paris. 1916.

Martin (William). *La Crise politique de l'Allemagne contemporaine*, in-16, 3 fr. 50. F. Alcan. Paris, 1916.

Naumann (Fr.). *L'Europe centrale (Mitteleuropa)*, trad. de l'all., in-8, 397 p., 9 fr. Delachaux et Niestlé. Neuchâtel, 1917.

Nauticus. *Jahrbuch für Deutschlands Seeinteressen*. Annuel. Berlin.

Rathenau (W.). *Die neue Wirthschaft ; Von Kommenden Dingen*, Fischer. Berlin 1917.

Rousiers (Paul de). *Hambourg et l'Allemagne contemporaine*, in-18, 3 fr. 50. A. Colin. Paris.

Souchon (A.). *Les Cartels de l'agriculture en Allemagne*, in-18, br. 4 fr. A. Colin. Paris.

Tannenberg (O.-R.). *La plus grande Allemagne*, trad. de l'all., in-8, 340 p. Payot. Paris. 1915.

Tarlé (Ant. de). *La Préparation de la lutte économique par l'Allemagne*, in-16, 284 p. br. 4 fr. 50, Payot, Paris, 1919.

Tonnelat (E.). *L'Expansion allemande hors d'Europe*, in-18, br. 3 fr. 50. A. Colin. Paris.

Treitschke (H. von). *Deutsche Geschichte im 19 ten Jahrhundert*. 5 vol. Leipzig 1879-94.

Zimmermann (F.-W.-R.). *Die Finanzwirtschaft des Deutschen Reichs und der deutschen Bundesstaaten zu Kriegsausbruch*, 1914. Berlin, 1916.

AMÉRIQUE CENTRALE

(Voir Costa-Rica, Guatemala, Honduras, Nicaragua, Salvador).

ANGLETERRE

(Voir Empire Britannique).

ARABIE

(Voir Hedjaz).

ARGENTINE
(RÉPUBLIQUE)

Constitution et Gouvernement. — Constitution fédérale du 25 mai 1853, revisée lors de la nouvelle réunion de la province de Buenos-Aires à la République (11 nov. 1859). La République comprend 14 provinces autonomes, 10 territoires et 1 district fédéral. Le Congrès qui siége annuellement du 1er mai au 30 sept. se compose du Sénat qui comprend 30 membres élus par vote indirect pour 9 ans par les provinces (2 par chaque province) et par la capitale (2) renouvelés par tiers tous les 3 ans, et qui doivent avoir l'âge de 30 ans ainsi qu'un revenu annuel de 2.000 pesos, et de la Chambre des Députés qui comprend 158 membres élus pour 4 ans, par vote direct (1 pour 49.000 hab.) renouvelés par moitié tous les 2 ans et qui doivent être âgés d'au moins 25 ans. Le Président et le Vice-Prés. de la République (en même temps Président du Sénat) sont élus pour 6 ans par vote indirect; en cas de cessation prématurée des fonctions du Président, il est remplacé par le Vice-Prés. pour le reste de la période.

Couleurs nationales: Bleu ciel, blanc. Pavillon de guerre : 3 bandes horizontales : bleue, blanche, bleue, le blanc chargé, au milieu, d'un soleil radieux (jaune or). Pavillon de commerce : le même sans soleil.

Président de la République: Hipolito IRIGOYEN (12 oct. 1916-1922). *Vice-Président:* Benito *Villanueva.*

Min. secr. d'Etat (1916). Int. : Dr Ramon *Gomez.* — Aff. Etrangères et Cultes : *Pueyrredon.* — Finances : Dr Domingo E. *Salaberry.* — Justice et Instr. Publ. : Dr Luis *Salinas.* — Guerre et Marine : Julio *Moreno.* — Agric. ; Alfredo *Demarchi.* — Trav. Publ. : P. *Torello.*

Congrès: Sénat. *Prés.:* Benito *Villanueva.* — Chambre des Députés. *Prés.:* Dr Fernando *Saguier.*

Superficie: 2.987.353 k. q. (France : 550.985). *Population:* Recensement de 1918 : 8 284.266 hab. dont Prov. Buenos-Aires : 3.957.295 ; Santa-Fé : 899.640 ; Cordoba : 735.472 ; Entre-Rios : 425.770 ; Corrientes : 347.055 ; San-Luis : 116.266 ; Santiago del Estero : 261.678 ; Tucuman : 332.933 ; Mendoza : 277.535 ; San Juan : 119.252 ; La Rioja : 79.754 ; Catamarca : 100.391 ; Salta : 76.631 ; Territoires : 329.368.

De 1857 à 1914, on a compté 4.665.723 immigrants dont 2.284.882 Italiens ; 1.472.579 Espagnols; 214.198 Français; 160.672 Russes. En 1915, 86.166 dont 25.163 Espagnols ; 11.279 Italiens ; en 1917, ce nombre a été de 51.665. *Villes principales:* Recens. de 1914 : Buenos-Aires : 1.575.814 hab. ; Rosario : 229.592 hab. ; Cordoba : 134.935 hab. ; La Plata : 119.227 hab. ; Avellaneda : 105.527 hab. ; Tucuman : 100.080 hab. ; Bahia Blanca : 62.191 hab. ; Santa-Fé : 59.574 hab. ; Mendoza : 58.790 hab.

Religion et Instruction: Liberté des cultes. Religion cathol. prédominante ; archev. à Buenos-Aires, 8 év. suffrag., 5 séminaires. Mariage civil établi en 1884.

Instruction primaire libre, oblig. pour enfants de 6 à 14 ans. Sur une population scolaire de 1.275.123 enfants en 1913, 804.123 suivaient les cours. 7.247 écoles primaires, 30 collèges, 38 établissements privés, 67 écoles normales, 34 écoles spéciales. Universités nat. à Buenos-Aires fondée en 1821 (9.364 étud.), La Plata (2.184 étud.) et Cordoba (f. en 1613) (840 étud.). Univ. prov. à Santa-Fé, Tucuman et Parana, à Cordoba et à la Plata ; Muséums à Buenos-Aires et à La Plata ; Bureau météorologique à La Plata et Cordoba. Budget pour l'Instr. Publ. : 57.626.228 piastres (1918).

Justice: Cour suprême à Buenos-Aires, cour d'appel, trib. de 1re inst. dans chaque province et territ.

Armée: Service militaire personnel oblig. de 20 à 45 ans. Active, 1 an sous les drapeaux; de 30 à 40 ans, garde nationale ; de 40 à 45, territoriale. Ecoles et établ. milit. École d'aviation, de marine à Buenos-Aires et autres villes. Effectif sur pied de paix : 25.000 off. hommes.

Flotte: 87 bâtiments dont 2 dreadnoughts de 28.000 t. (1917), 2 cr. prot., 2 cuirassés garde-côtes, 2 avisos-torp. 7 contre-torpilleurs, 8 torp., etc.

Corps diplomatique à Buenos-Aires et Consulats.

Allemagne, E.e. et M. pl. (c. Vicente Lopez 1671) : N... ; C. G. à Buenos-Ayres : R. *Bobrick*, Cons. à Bahia Blanca, Rosario.

Amérique, Etats-Unis, Amb. (634 Charcas) : F.-J. *Stimson* ; C. G. à Buenos-Ayres : W.-H. *Robertson* ; Cons. à Rosario ; W.-L. *Bonney*.

Autriche, E.e. et M. pl. (c. Arroyo 1819) : N... ; Cons. à Buenos-Ayres, M. *Kohr*.

Belgique, E.e. et M. pl. (Ayacucho 1154) : N... C. G. à Buenos-Ayres : le M. pl.

Bolivie, E.e. et M. pl. (Suipacha, 748) : Dr Ric. *Mujia*. C. G. à Buenos-Ayres : E. *Suazo*, Cons. à Rosario : S. *Campero*.

Brésil, E.e. et M. pl (Juncal, 1635) : P. *de Toledo* ; C. G. à Buenos-Ayres : Dr F.-B. *Emery*, C. G.

Chili, E.e. et M. pl. (851 Esmeralda) : Em. *Figueroa Larrain* ; Cons. à Bahia Blanca, Buenos-Ayres (Colonia 16 Octubre) : C. *Saenz Monk*.

Colombie, E. e. et M. pl. : Dr Rob. *Ancizar*. Cons. à Buenos-Ayres ; E. *del Castillo*.

Costa-Rica, M. pl. : N... Cons. à Buenos-Ayres.

Cuba, E.e. et M. pl. (Rodriguez Pena 307) : M. *de la Vega Calderon*.

Danemark, Ch. d'aff. (Cordoba 863) : O. *Wadsted*. C. G. à Buenos-Ayres : le Ch. d'aff.

Equateur, E.e. et M. pl. : N... C. G. à Buenos-Ayres : M. *Bustamente* ; Cons. à Mendoza ; V.-C. à Buenos-Ayres : Ed. *Cook*.

Espagne, Amb. (Av. Quintana, 359) : P. *Soler y Guardiola*. C. G. à Buenos-Ayres : la Lég., M. *de Casbeyre* ; V. Cons. ; Cons. à Rosario de Santa Fé.

France, V. Relations.

Grande-Bretagne, Ch. d'aff. (Reconquista, 314) : Sir C. *Mallet*, Kt., C. M. G. ; 1er Secr. H.-C. *Goodhart* · 2e Secr. : D.-V. *Kelly*, M. C. ; Att. commerc. : H.-O. *Chalkley* ; C. G. à Buenos-Ayres ; H.-G. *Mackie*. Cons. à Rosario ; S. *Dickson*.

Grèce, C. G. à Buenos-Ayres : N...

Guatemala, Ch. d'aff. et C. G. (av. Quintana 83) : Pedro *Hahn*. Cons. à Buenos-Ayres : O.-E. *Hahn*.

Haïti, Cons. à Buenos-Ayres : E. *Schuster*.

Honduras, C. G. à Buenos-Ayres : Dr M.-G. *Zuniga*.

Italie, E. e. et M. pl. (1255 Parana) : V.-C. *Cobianchi*. C. G. à Buenos-Ayres : C. *Magar*.

Japon, E.e. et M. pl. : T. *Nakamura* ; CG. à Buenos-Ayres : J. *Yamasaki*.

Libéria, Cons. à Buenos-Ayres : W. *Ferris Biggs*.

Luxembourg, V. Pays-Bas, Corps dipl.

Mexique, E.e. et M. pl. : N.... ; C. G. à Buenos-Ayres : N...

Nicaragua, C. G. à Rosario (calle Santa Fé, 1193) : B.-M. *Pons* ; Cons. à Buenos-Ayres, La Plata : D.-J.-H. *Nava*.

Norvège, E. e. et M. pl. (261 Alsina) : H.-H. *Bachke* ; Cons. à Buenos-Ayres : G. *Stelt-Petersen*.

Panama, Cons. à Buenos-Ayres : R.-P. *Canales*.

Paraguay, E.e. et M. pl. : P. *Saguier*. C. G. à Buenos-Ayres : J.-B. *Gaona*.

Pays-Bas, E.e. et M. pl. (328, Cangallo) : N... ; C. G. à Buenos-Ayres (347, Sarmiento) : W.-G.-E. d'*Artillaet Brill*, gérant ; Cons. à Buenos-Ayres, à Rosario.

Pérou, E.e. et M. pl. (570 av. Quintania) : N... Cons. à Bahia Blanca, Buenos-Ayres : M.-E. *Bonnemaison*.

Perse, C. G. à Buenos-Ayres : H. *Euthoven*.

Pologne, C. G. à Buenos-Ayres : N...

Portugal, E.e. et M. pl. : Abel *Botelho*. Cons. à Bahia Blanca ; A. *Guimaraes*.

Russie, E.e. et M. pl. : N... Cons. à Buenos-Ayres : Th. *Ptaschnik*.

Saint-Siège, Nonce apost. (1227, C. Rio Bamba) : Mgr. A. *Vassallo di Torregrossa*.

Salvador, C. G. à Buenos-Ayres : G.-A. *Ruiz*.

Suède, E.e. et M. pl. (1145 Rio Bamba) : C.-T. *Hultgreen*. V.-C. à Bahia Blanca, Buenos-Ayres, Rosario.

Suisse, E.e. et M. pl. (Charcas 1587) : Dr A. *de Pury* ; Cons. à Bahia Blanca, Cordoba, Rosario, Santa Fé, Tucuman.

Turquie, C. G. à Buenos-Ayres : N...

Uruguay, E. e. et M. pl. (Las Heras 1907) : Dan. *Munoz*. C. G. à Buenos-Ayres : B. *Milhas*. C. à Cordoba, La Plata, Rosario.

Venezuela, Cons. à Buenos-Ayres : G. *Schlottmann*.

Mouvement économique.

Finances. — Situation des derniers exercices (en milliers de piastres) :

	1916	1918	1919	1920 (prévis.)
	—	—	—	—
Dépenses	411.883	390.989	non voté	428.134
Recettes	393.259	»	—	248.244

Dans les dépenses, le service de la Dette figure au budget de 1920 pour 124.606.484 piastres.

Dette publique au 30 août 1918 ; dette flottante, 572.656.990 dollars papier ; consolidé (int. et extér.) : 497.160.379 dollars or et 223.295.500 dollars papier.

Production animale : Grand élevage de bétail. Troupeau en 1918 : bœufs, 27.052.586 ; chevaux, 8.823.237 ; mulets, 583.965 ; ânes, 345.187 ; moutons, 44.855.000 ; chèvres, 4.563.396 ; porcs, 3.197.237.

L'exportation des viandes pendant les années 1914-1917 a été la suivante (en tonnes):

	1913	1914	1915	1916	1917
	—	—	—	—	—
Bœuf congelé	379.139	371.345	362.952	428.419	394 357
Moutons et agneaux congelés	45.928	58.688	35.040	51.318	39 820
Viande porc	»	353	915	1.512	1 661
Divers : langues, conserves, etc.	30.562	31.612	44.398	64.659	124 742
	446.629	461.998	443.305	546.058	561.970

Végétale: Au nord : canne à sucre, riz, blé, lin, coton, tabac ; à l'O., vignobles, (en 1914, 132.479 hectares ayant produit 500.011 hectolitres), orge, luzerne, fruits ; à l'est, bois de construction et d'ébénisterie, fruits ; au S. et au centre, céréales, fourrages et fruits ; sur 24.505.220 hectares cultivés en 1914, 45 p. 100 étaient consacrés aux céréales.

La production des principales récoltes se répartit comme suit :

Production (en tonnes).

	1914-15	1915-16	1916-17	1917-18	1919-20
	—	—	—	—	—
Blé	4.760.000	4.698.000	2.196.000	5.973.000	5.015.000
Avoine	1.287.000	1.093.000	488.000	1.199.000	610.000
Maïs	8.562.000	4.093.000	1.494.000	4.335.000	—
Lin	1.200.000	998.000	134.000	568.000	705.000

Minérale: Peu développée par suite du manque de chemins de fer, mais dans la région des Andes, on trouve des minerais d'or, d'argent, cuivre, plomb, mercure, platine, nickel, étain, du charbon, du pétrole (Comodoro Rivadavia env. 650.000 tonnes). Aucune statistique.

Commerce: Princ. import. et export. de 1914 à 1917 (Valeur en milliers de pesos or (1 peso = 5 fr. 50) :

1° *Importations :*

PAYS.	1914.	1915.	1916.	1917.
Allemagne	47.435.414	7.609.355	590.880	294.655
Autr.-Hongrie	3.021.398	355.592	16.999	9.796
Belgique	14.295.108	1.149.142	465.569	26.626
Etats-Unis	43.507.753	75.[illegible]	106.965.[illegible]	128.[illegible]
France	26.558.755	17.916.135	25.258.419	22.602.647
Italie	29.498.317	27.498.638	25.988.944	26.343.874
Japon	577.693	1.100.620	1.991.015	3.319.255
Gr.-Bretagne	100.674.972	91.234.392	103.293.921	82.984.790
Russie	307.613	17.086	17.568	1.480

2° *Exportations :*

PAYS	1914.	1915.	1916.	1917.
Allemagne	25.464.961	»	»	»
Autr.-Hongrie	1.586.881	»	»	»
Belgique	20.201.794	»	»	»
Etats-Unis	49.463.512	93.706.075	119.780.145	161.270.764
France	23.947.[illegible]	42.081.293	68.296.194	72.569.231
Italie	9.865.188	42.699.796	28.641.681	28.894.536
Japon	»	»	»	2.110.596
Gr.-Bretagne	117.880.435	172.065.818	168.531.843	169.847.919
Russie	296.554	»	3.112.442	»

Les résultats du commerce extérieur pour 1918 se comparent ainsi avec ceux de 1917 (valeurs en milliers de piastres-or) :

	1917	1918	
	—	—	
Importations	380.321	480.896	+100.575
Exportations	550.170	826.496	+276.326
Total	930.491	1.307.392	+376.901
Balance en faveur de l'Argentine	169.849	345.600	+175.751

La France fournit surtout à la Rép. Argentine des tissus de soie et de bourre de soie (18,8 millions de fr. en 1918, 21,5 millions en 1917), de la lingerie, vêtements et articles confectionnés (12,4 millions de fr. en 1918, 29 millions en 1917), des médicaments composés (6,2 millions de fr. en 1918 et en 1917), des produits chimiques (3,7 millions de fr. en 1918 et 5,5 millions en 1917).

La Rép. Argentine a développé considérablement ses exportations en France depuis la guerre, lui envoyant principalement des céréales (447 millions de fr. en 1918, 370 millions en 1917), des viandes fraîches et frigorifiées (327 millions de fr. en 1918, 237 millions en 1917), des laines et déchets de laine (99 millions de fr. en 1918 et 173,3 millions en 1917).

Mouvement maritime 1915 : Entrée, 54.514 vapeurs jaugeant 92.102.030 tonnes. Sortie 53.894 vapeurs jaugeant 21.554.307 t. Marine marchande, 327 vapeurs jaugeant plus de 100 t. jaugeant 214.477 t. au total.

Communications intér.: Chemins de fer: en exploit. en 1918 : 36.350 km. dont 6.656 de lignes de l'Etat. On poursuit la construction de la ligne, longue de 10.300 milles, qui joindra Buenos-Aires à New-York. *Postes:* Nombre de bureaux, 3.431 ; des exp. dans le serv. intér.. 956.000.000 lettres, cartes postales ; dans le serv. extér., 63.496.371 lettres, cartes post. Recettes : 24.842.087 fr. Dépenses : 50.764.884 fr. Télégram. Nombre de bureaux, 3.193 ; T. S. F., 12 stations de bord ; long. des lignes, 84.626 km. ; des fils, 248.724 km. ; nombre des dép. : 10.818.558. Recettes : 28.262.845 fr. Dép. : 50.764.884 fr. Téléphones (1913). 74.296 stations ; long. des lignes, 96.391 km. ; des fils, 385.633 km. : nombre des conversations : 191.736.733.

Monnaies, poids et mesures: Unité monétaire, le *peso* ou *piastre or* de 100 centavos = 5 fr. or ; 1 *argentino* = 25 fr. : 1/2 argentino = 12 fr. 50. Circulation surtout en papier. Le peso papier = 2 fr. 25.

Système métrique décimal français obligatoire depuis 1887.

Journaux: 795 dont 715 en espagnol, 16 en italien, 9 en anglais, 6 en français. Principaux quot. à Buenos-Aires : *Le Courrier de La Plata* (français), 549. Corrientes : *La Nacion*, 344. San-Martin ; *La Prensa* · *La Razon*, *La Epoca*. — Hebdom. : *Caras y Caretas*, 151. Chacabuco ; *Mundo Argentino*, 685. Chacabuco.

Relations avec la France.

Traités et Conventions :

COMMERCE ET NAVIGATION : Traitement de la nation la plus favorisée. Traité du 10 juillet 1853 et Convention additionnelle du 19 avril 1892. — ARBITRAGE : Convention du 3 juillet 1914.

Représentation de la Rép. Argentine en France :

Légation à Paris, 22, rue de la Trémoïlle. T. Passy 43-95.

Envoyé extraord. et Min. Plénip. M. T. *de Alvear*.

1er Secrétaire : Alberto *Figueroa* ; 2e Secr. : Luis *Bamberg* ; Attaché : *Miguel Anchorena* ; chancelier : Manuel *Chinchilla* ; Attaché mil. Commandant A. *Quiroga*.

Consulat Général, boul. Haussmann, 91.

Consul adjoint : Arturo *Monteverde*. Chancelier, J. *Chinchilla*.

Consulats à Bayonne ; Biarritz ; Bordeaux ; Boulogne-sur-Mer ; Dunkerque ; Le Havre ; Lyon ; Marseille ; Nice. Agents consulaires à Pau ; Toulon ; La Rochelle ; Dakar.

Institutions diverses en France :

Chambre de Commerce Argentine à Paris, 9, rue Saint-Florentin. T. Louvre 13-50.

Presse, à Paris : *La Nacion*, r. Edouard-VII, 3 ; *La Prensa*, boul. de la Madeleine, 4 ; *L'Argentine* de Paris, 88, boul. de Courcelles.

Représentation de la France en Argentine :

Légation à Buenos-Aires, av. Quintana, 325.

Envoyé extraord. et Min. Plénip. : *Gaussen*.

Secr. de 2e cl. : *Ristelhueber* (absent) ; N..... — Attaché milit. : *Couspy*, capitaine d'inf. coloniale ; Att. Commercial : *Colin* (5-20) ; Secr. archiv. : *Bertaud* (10-19).

Consulat à Buenos-Aires, calle Arenales, 1230. — Consul : Steg.
Consulats à La Plata : *Barré-Ponsignon* ; Rosario : *Aymé-Martin*.
Vice-Cons. à Bahia.-Blanca, Mendoza (*Desirée*). Agents à Azul, Chivilcoy. Concepcion, San Juan, Santa Fé, Tandil, Tucuman.

Institutions économiques :

Chambre de Commerce Franç. : à Buenos-Aires, San Martin, 151 ; Prés. : *Nicolas* ; Délégué à Paris : *Chédel*, av. Niel, 92 ; à Rosario, 826, Entre-Rios, délégué à Paris : Gabriel *Fermé*, 55, boul. de Strasbourg.

Conseillers de Commerce Extérieur : Maurice *Bloch* ; Georges *Cahen* ; J.-B.-Auguste *Gandan* ; J.-B. *Grenier* ; H. *Lucas* ; A. *Ollivier* ; Henri *Py* (O. ✻) ; J. *Sillard*.

T. C. F. : à Buenos-Aires : Er. *Paz*, dir. de la Prensa, 1068 Calle Esmeralda ; Luis P. *Canas*, Maipu 631 ; Norbert *Augé*, Calle Godoy Cruz 2573 ; *Labarthe*, sous-dir. de la Banque française et italienne, Cangallo 25 de Mayo ; Etienne *Baron*, dir. de la Banque Supervi lle et Cie, 150 San-Martin ; à Mendoza F. *Le Boucher*. 1274 San Martin ; à Cordoba, Ad. *Puisoye*, dir. de la Banque ; à Mar del Plata : J. *Caubios*, Ingénieur. dir. des travaux du port.

Institutions intellectuelles :

Enseignement : à Buenos-Aires, Alliance Scientifique Universelle. Prés. du Comité : V. O. *Diard*, Tacuari 353. — Collèges Puyrredon. Victor-Hugo, Charlemagne, etc. ; à Santa-Fé : Ecoles Françaises, Tucuman, Rosario, etc. *idem*.

Alliance Française à Buenos-Aires, Prés. : L. *Dreyfus* ; à Rosario de Santa-Fé. Prés. : *Flondrois* ; à Mendoza, Prés. : Dr *Pimenides* ; à Bahia-Blanca, *Prés.* : L. *Dumortier* ; à San Juan, Prés. : *Bonduel*

Institutions diverses :

Cercles : à Buenos-Aires : Cercle Français « St-Louis ». Prés. : Louis *Mattes* ; « Les Enfants de Béranger », Prés. : *Martinet* ; Union Catholique Française.

Assistance : à Buenos-Aires : Fédération des Mutualités Franç. Prés. ; C. *Bastit-Saint-Martin*. — Soc Philanthropique Française ; Soc. Française de secours mutuels ; Soc. Française de Bienfaisance ; Caisse de Rapatriement. Prés. P. *Bouchard* A Rosario : Soc. Philanthr. de Bienfaisance Franç., Prés. : J.-Pierre *Passicot*.

Sociétés diverses : à Buenos-Aires : Soc. « Minerve », Prés. : Simon *Benneu* ; Les Vétérans des Armées de terre et de mer ». Prés. : Georges *Gonzalegez* ; « Comité républ. du Commerce, Industrie et Agric. », Prés. : J. *Lignières* : « La Française ». Prés. : P. *Lahourcade* ; « Patrie », Prés. : E. *Scheverzenger*.

Communications :

Service, *via* Bordeaux, des Chargeurs Réunis, 1, boul Malesherbes et de la Cie Sud-Atlantique, 2, rue Halévy. Durée du voyage, de 20 à 23 jours (en temps normal). Prix approxim. en 1re cl., 3.2'0 fr. ; en 2e, 11C0 fr.

Lettres, cartes postales, papiers d'aff. Tarif de l'Union postale : Télégr., 3 fr. 20 le mot. Colis postaux : *via* Marseille ou Bordeaux, 1 kgr. 2 fr. 75 ; 5 kgr., 3 fr. 25.

La République Argentine en 1919.

Au début de 1919, la situation politique en Argentine accuse à l'intérieur un flottement dans la forte majorité qui a accueilli avec faveur l'arrivée au pouvoir du parti radical. La mort de M. Pelagio Luna (29 juin 1919), en amenant à la vice-présidence de la République, M. Villanueva, président du Sénat, membre de l'opposition conservatrice, donnera plus tard l'occasion de constater chez celle-ci une nouvelle activité.

Du côté extérieur, l'élaboration par la Conférence de Paris du programme de la paix et de la Société des Nations ne paraît pas faire oublier que la question des échanges demeure capitale, mais incertaine. Après avoir été le plus fort client de l'Argentine après l'Angleterre, l'Allemagne (en y adjoignant l'Autriche-Hongrie) est momentanément hors de cause et, d'autre part, il faut s'attendre à voir les capitaux français moins abondants que par le passé. A cette défaillance, dont il convient de ne pas exagérer la répercussion, on aperçoit une compensation dans la clientèle, élargie seulement, des Etats-Unis. La progression des échanges entre Etats sud-américains a été non moins heureusement accueillie.

Pays agricole et de main-d'œuvre parfois rare, l'Argentine est accueillante à l'appoint étranger. Pourtant lorsque des démarches officieuses laissèrent entendre qu'un nouvel afflux austro-allemand pourrait après guerre s'élever à deux ou trois millions d'immigrants, l'opinion argentine a manifesté une émotion qui a fait paraître nécessaire une réponse de la législation relative aux étrangers.

Au point de vue financier, l'exercice écoulé accuse une amélioration. On y retrouve encore les phénomènes relevés au cours du précédent exercice : abondance des dépôts et stagnation du numéraire, mais en tendance décroissante. Les finances publiques concordent insuffisamment avec l'ère de prospérité que traverse le pays.

Les importations réduites, l'inflation du change ont encore aggravé la mévente des céréales. Cependant un arrangement financier, sous forme d'avance pour achat de produits argentins, a rendu possible la cession de la récolte à trois Alliés : Grande-Bretagne, France et Italie.

Pas plus que le reste du monde, l'Argentine ne devait échapper au « mal de grève » dont les étiquettes professionnelles ont souvent mal caché le caractère politique ; ainsi la découverte d'un complot ourdi pour le renversement du président Irigoyen a révélé une intensive propagande de réfugiés russes. Ces grèves nombreuses, diverses, et généralement sériées ont parfois affecté le trafic local et extérieur. En janvier-février : maisons de commerce et d'industrie à Buenos-Aires ; complot des anarchistes russes ; ébauche de grève générale, enrayée par l'état de siège ; grève des dockers qui obligea, après 40 jours, à gérer les services du port. En juin, grèves agricoles (mai-juin) dans les provinces de Buenos-Aires, Santé Fé, Cordoba et dans la Pampa ; en décembre, à Rosario, grève générale avec vifs incidents, etc.

Le début de l'année 1920 a été marqué dans la vie publique de l'Argentine par l'adhésion de la République à la Ligue des Nations.

Bibliographie.

Annuaire de la Ville de Buenos-Aires, publié par la Municipalité. Annuel. Buenos-Aires

Estadística general del Comercio exterior de la Republica Argentina. Anual. Buenos-Aires.

Handbook of the Argentine Republic, Bureau of the American Republics. Washington.

Intercambio economico de la Republica Argentina. Direccion General de Estadistica de la Nacion. Buenos-Aires.

Annuaire du Commerce Français en Argentine (Ch. de commerce franç. de Buenos-Aires). 3 fr. 75. Courtot. Paris 1918.

Argentine Year Book. Buenos Aires et Londres.

Bunge (A.-E.). *Riquezas y renta de la Argentina*. Buenos-Aires 1917.

Cros (Louis). *L'Argentine pour tous*, in-8, 6 fr. 75. Albin Michel. Paris, 1920.

Koebel (W.-H.). *L'Argentine moderne*, trad. de M. Saville et Feuilloy, in-8, br. 4 fr. Paul Roger, Paris 1913. — *Enciclopedia de la America del Sur*. Londres et Buenos-Aires 1914. —

Martinez (A.-B.) *Baedeker of the Argentine Republic*. New-York et Londres 1916.

Martinez et Lewandowski (Maurice). *L'Argentine au XXe siècle*, in-18, 456 p. 2 c. br. 5 fr. A. Colin, Paris.

Walle (Paul). L'*Argentine telle qu'elle est*. Libr. Orientale et Américaine, Paris, 1919.

ARMÉNIE

(RÉPUBLIQUE)

Constitution et Gouvernement. — République démocratique constituée dans la partie centrale de la Transcaucasie le 28 mai 1918. Indépendance reconnue *de facto* par la Conférence de la Paix le 19 janvier 1920.

Parlement de 80 membres élu en juin 1919 au suffrage universel et direct des deux sexes. Pouvoir exécutif confié à un Cabinet composé d'un président du Conseil élu par le Parlement et de huit ministres choisis par le premier Ministre.

Couleurs nationales : rouge, bleu, orange.

Président du Conseil et Affaires Etrangères : Alexandre *Khatissian* ; **Intérieur et Justice :** Abram *Gulkhandanian* ; **Instruction Publique :** Nicolas *Aghbalian* ; **Finances et Ravitaillement :** Sarkis *Araratian* ; **Assistance Publique et Travail :** Artachès *Babalian* ; **Guerre :** Général Khatchik *Araratian*.

Superficie et population. — Les régions arméniennes revendiquées sont les suivantes :

1° Le territoire de la République Arménienne du Caucase comprenant : toute la province d'Erivan, la partie méridionale de l'ancien gouvernement de Tiflis, la partie sud-ouest du gouvernement d'Elisabethpol, la province de Kars moins la région située au nord d'Ardahan ;

2° Les sept vilayets de Van, Bitlis, Diarbékir, Kharpout, Sivas, Erzeroum et Trébizonde, moins les régions situées au sud du Tigre et à l'ouest d'une ligne Ordou-Sivas ;

3° Les quatre sandjaks ciliciens : Marache, Khozan (Sis), Djebel-Bereket et Adana avec Alexandrette.

Les chiffres ci-dessous, fournis par les autorités arméniennes, n'ont qu'une valeur approximative, les frontières de l'Arménie n'étant pas encore fixées (février 1920).

Superficie : environ 67.000 km.q. En 1917, d'après les statistiques officielles russes, la population de l'Arménie était d'environ 2.159.000 hab., dont 1.298.000 Arméniens (60 p. 100) 588.000 Turco-Tartares (27 p. 100), 110.000 Russes et Grecs ; 82 000 Kurdes ; 73 000 Yézides et Tziganes ; 15.000 Géorgiens.

La population de l'Arménie en 1914 se répartissait de la façon suivante ;

	Arménie turque.	Arménie caucasienne.	Total.	
	—	—	—	
Arméniens	1.403.000	1.296.000	2.699.000	3.211.000 chrétiens.
Grecs, Russes, etc.	447.000	65.000	512.000	
Turcs	943.000	61.000	1.005.000	2.308.000 musulmans.
Tartares	»	537.000	537.000	
Kurdes et Turkmènes	482.000	75.000	557.000	
Lazes, Tcherkess, Arabes	210.000	»	210.000	
Kizilbaches, Zazas, etc.	303.000	38.000	341.000	341.000 religions diverses.
Total	3.788.000	2.072.000	5.860.000	

Villes principales : Erivan (capitale), 110.000 habitants ; Kars, 60.000 hab. Erzeroum 60.000 hab. ; Alexandropol, 70.000 hab. ; Nakhitchevan, 60.000 hab.

Religion. — Les Arméniens sont en majorité chrétiens (66 % de la population, soit 1.416.000). En outre, 670.000 Musulmans et 73.000 habitants de religions diverses. La liberté des cultes est complète.

Instruction. — Enseignement primaire, gratuit et obligatoire de 8 à 13 ans, donné dans des écoles communales mixtes. Enseignement secondaire : durée des études, 6 ans. Enseignement supérieur : Académie d'Etchmiadzine, fondée en 1874. Une première Université, (ouverte en janvier 1920) à Erivan, ne comprend actuellement qu'une Faculté de Droit et des cours supérieurs de linguistique et d'histoire naturelle.

Justice. — Le système de l'administration judiciaire et de la jurisprudence est provisoirement encore le système russe ; toutefois le Parlement d'Arménie a décrété certains statuts spéciaux en supplément aux lois russes en vigueur.

Armée. — En juillet 1919, le nombre des soldats sous les armes était de 18.000. Le service militaire n'est pas obligatoire pour les Mahométans.

Mouvement économique

Finances. — La moyenne mensuelle des revenus au cours des 6 premiers mois de 1919 a été de 1.950.000 fr. ; la moyenne mensuelle des dépenses ordinaires dans la même période était également de 1.950.000 fr. De plus, pour faire face aux dépenses extraordinaires qui étaient en moyenne de 4.650.000 fr. par mois, le Gouvernement a émis des bons transcaucasiens, garantis par les trois Républiques de l'Arménie, de la Géorgie et de l'Azerbaïdjan. Une Commission d'Etat, présidée par un Contrôleur élu par le Parlement, contrôle les actes et les dépenses du Gouvernement.

Productions. Industrie. — 2.228.000 ha. de terres de labour et d'élevage, 113.900 ha de forêts, 34.600 ha. de vignes et vergers. En 1914, la quantité de blé brut ensemencé était de 15.000 tonnes. Principales productions, riz : 10.600 tonnes par an ; coton : 8.100 tonnes ; raisin : 69.000 tonnes. Production annuelle du vin : env. 315.000 hl ; celle de l'alcool d'environ 188.000 hl.

Cheptel avant la guerre : 106.700 chevaux, 42.800 mulets et ânes, 1.243.000 bêtes à cornes et 1.859.000 moutons.

Minerais de cuivre : exploitation annuelle environ 6.500 tonnes ; minerais de sel, extraction annuelle 18 à 20.000 t. ; extraction de pyrites de fer, en 1917, env. 57.000 t.

Importantes chutes d'eau qui pourraient être employées pour l'industrie et suppléer ainsi au manque de combustible. Force utilisable, 9.000.000 HP.

Commerce. — Principaux articles de commerce (chiffres de 1913 pour la province d'Erivan et une partie de la prov. d'Elisabethpol) :

Exportations :		
Riz	10.600	tonnes.
Coton	8.000	—
Cuivre	6.500	—
Raisin	69.000	—
Vin	315.000	hl.
Alcool	1.880.000	—

Importation :	
Farine	»

Communications. — Moyens de communications encore peu importants : 564 km. de voie ferrée ; 1.463 km. de routes sur lesquelles les communications sont très peu développées par suite du manque d'animaux de trait et de voitures automobiles.

Monnaies, poids et mesures. — Monnaies : Roubles Arméniens ; Poids : la Livre et le Poud russes ; Mesure : l'Archine Russe. Projet en cours pour adopter le système décimal et le système métrique.

Relations avec la France.

Représentation de l'Arménie en France.

Délégation de la République arménienne à la Conférence de la Paix, 27, avenue Marceau, Paris. — Secr. : M. *Ghazarian.*

Société des études arméniennes, École des langues orientales vivantes, Paris.

Bibliographie.

Morgan (J. de). *Histoire du peuple arménien depuis les temps les plus reculés jusqu'à nos jours*, in-16, 410 p., 25 fr. Berger-Levrault, Paris, 1919.

Williams (W.-L.). *Armenia, Past and Present.* Londres, 1916.

AUTRICHE
(RÉPUBLIQUE D')

Jusqu'en 1918, la monarchie austro-hongroise se composait, d'après la loi fondamentale du 21 décembre 1867, de l'Empire d'Autriche et du Royaume de Hongrie. La couronne des deux monarchies unies et constitutionnelles était héréditaire dans la postérité mâle (primog.) de la dynastie des Habsbourg-Lorraine après l'extinction de la tige mâle, dont le dernier membre régnant a été l'Empereur et Roi Charles Ier (V en Hongrie) petit-fils de l'Archiduc Charles-Louis et fils de l'Archiduc Otto François-Joseph ; né le 17 août 1887, et marié le 21 octobre 1911, à la Princesse Zita de Bourbon Parme, il avait succédé à son grand-oncle François-Joseph, le 21 novembre 1916 et dut abdiquer pour lui et ses enfants, le 11 novembre 1918.

La Hongrie, le 15 octobre 1918 (V. Hongrie), la Bohême, le 28 octobre (V. Tchéco-Slovaquie), la Yougo-Slavie, le 29 (V. Serbe-Croate-Slovène, Roy.) ayant proclamé leur indépendance, l'Autriche allemande s'est à son tour, constituée en Etat indépendant, le 30 octobre.

République démocratique depuis le 12 novembre 1918. Constitution provisoire du 12 mars 1919. L'Assemblée nationale constituante, élue le 16 février 1919, élaborera la Constitution définitive.

Drapeau : 3 bandes horizontales, rouge, blanche et rouge.

Ministère (mars 1919). Chancelier d'Etat et Affaires étrangères : Dr Karl *Renner* ; Vice-Chancelier : *Fink* ; Justice : Dr R. *Rameck* ; Finances : Dr *Reisch* : Affaires militaires : Dr Julius *Deutsch* ; Intérieur et Instruction publ. : M. *Eldersch* : Commerce et Industrie : *Zerdik* ; Agriculture : J. *Stöckler* ; Ravitaillement : *Löwenfeld-Russ* ; Chemins de fer : Dr Ludwig *Paul* ; Assurance sociale : Ferd. *Hanusek*.

Assemblée Nationale Constituante (février 1919). Sociaux-démocrates, 70 : chrétiens-sociaux, 64 ; libéraux-bourgeois, 23 ; autres partis, 5.

Superficie et Population. — Les frontières du nouvel Etat n'étant pas encore tracées par suite du plébiscite qui doit avoir lieu dans la région de Klagenfurt, on ne peut donner à ce jour (mars 1920) que les chiffres approximatifs suivants : *Superficie :* env. 82.000 km. q. (France 550.985). *Population :* env. 6.200.000 hab. *Capitale :* Vienne : 2.380.000 h. *Villes principales :* Gratz, 151.781 ; Linz, 67-817 ; Innsbruck, 53.194.

Armée et marine. — D'après les clauses militaires du traité de Saint-Germain, l'armée autrichienne, exclusivement recrutée par voie d'engagements volontaires et employée au maintien de l'ordre intérieur et à la surveillance des frontières, ne doit pas dépasser un effectif de 30.000 h., y compris les officiers et les troupes des dépôts.

Selon le projet actuellement soumis à l'Assemblée nationale, les formations suivantes seraient instituées : 7 rég. d'infanterie, 5 rég. de chasseurs alpins, 1 bat. de chasseurs alpins du Vorarlberg, 6 bat. cyclistes, 6 escadrons de cavalerie, 6 détach. d'artillerie, 1 rég. d'artillerie permanent, 6 bat. techniques.

La flotte de guerre a, d'après les clauses du même traité, été livrée à l'Entente.

Corps diplomatique à Vienne et consulats.

Allemagne (Metternichgasse, 3 III),. Chargé d aff. : Dr *Rosenberg*.
Amérique, Etats-Unis. E.e. et M. pl. : (Wohllebengasse 9, IV), Ch. d'aff. : A. *Halstead*.
Belgique, E. e. et M. pl. : N...
Bulgarie, E.e. et M. pl. (IV. Gusshausstrasse, 2) : A. *Tocher*.
Danemark, E. e. et M. pl. (Gusshausstr., 14, IV) : N.... Ch. d'aff. : F. *Lerche*.
Espagne. E.e. et M. pl. : (Annagasse 20, I).... ; Ch. d'aff. p. i. : Man. Alonso *de Avila*.
France, V. Relations.
Grande-Bretagne. Haut-Commissaire (Reinerstr. 57, III). : Hon. Francis O. *Lindley*. C. B., C. B. E. ; 1er Secr. R. F. O. *Bridgemann*, C. M. G., M. V. O.
Grèce, E. e. et M. pl: N....
Hongrie, E. e. et M. pl. (Bankgasse 6, I): Dr *Gratz*.
Italie. E. e. et M. pl. (Rennweg 1, III) : Mis. *de la Torretta*.
Japon. E. e. et M. pl. : N...
Liechtenstein, E. e. et M. pl. : Prince Edouard *de Liechtenstein*.
Norvège, v. Allemagne, Corps diplom.: C G. à Vienne : C. *Neufeldt*.
Pays-Bas, E. e. et M. pl. (Burgring I). Jkhr. W. M. *de Weede de Berencamp*.
Pologne, E. e. et M. pl. (Rennweg 1, III).... Cons. de lég. : Dr M. *Szarota*.
Portugal, E. e. et M. pl. : N...
Roumanie, E. e. et M. pl. (Dapontegasse, 1, III) : Dr E. *Isopescul-Grecul*.
Russie, E. e. et M. pl. : N...
Saint-Siège, Nonce apostolique (Theresianumgasse 31, IV), Mgr. *Valfre di Bonzo*.
Serbe-Croate-Slovène (Roy.), E. e. et M. pl. (Seilerstätte 30, I). *de Pogacnik*.
Suède, E. e. et M. pl. : N...
Suisse , E. e. et M. pl. : N...
Tchéco-Slovaquie, E. e. et M. pl. (Lobkowitzplatz 2, I).... Ch. d'aff.: Dr Robert *Flieder*
Turquie, E. e. et M. pl. (Prinz-Eugen-Str. 34, IV) : *Recnad Blacque* Bey.
Ukraine, Ch. d'aff. (Alleegasse, 29, IV) : W. *Lipinsky*.
Uruguay, Cons. à Vienne : E. Ricardo *Gomez*.

Mouvement économique.

Finances.

Budget des deux dernières années (en millions de couronnes) :

1919-1920	Budget primitif.	Crédits et ressources complémentaires.	Total.		1920-1921	
Dépenses........	8.441	2.446	10.897		Dépenses........	13.279
Recettes........	3.454	175	3.630		Recettes........	4.438
Déficit ...	4.987	2.271	7.267		Déficit....	8.841

Ce budget ne tient pas encore compte des conditions du traité de Saint-Germain qui stipulent que, à titre de réparation immédiate, l'Autriche payera, au cours des années 1919, 1920 et pendant les quatre premiers mois de 1921, suivant les modalités prévues par la Commission « une somme raisonnable qui sera fixée par la Commission ».

La dette totale de tous les pays de l'ancienne monarchie austro-hongroise atteint 83 milliards 279.000.000 kr, sur lesquelles la dette d'avant-guerre représente 12.665.000.000 kr. et la dette de guerre 70.614.000.000 kr. L'annuité totale exigée par cette dette est de 3.346.500.000 kr., sur lesquelles le budget ne prévoit, à la charge de la République autrichienne, que 835.200.000 kr. Ce chiffre est naturellement sujet aux modifications que peut y apporter la Commission des réparations. En outre, la République aura à faire face à la dette nouvelle contractée depuis la guerre, et qui, de 1.773.000.000 kr. à l'heure actuelle est appelée encore à s'accroître de 4 milliards, d'après les prévisions du budget.

Productions.

Les statistiques des récoltes de blé, de seigle et de pommes de terre des années 1915 et 1916 pour la Basse-Autriche font apparaître une diminution très sensible.

	1915	1916	Moyenne des dix dernières années.
	(Millions de quintaux.)		
Blé...........................	819	542	1.290
Seigle........................	2.160	1.125	3.033
Pommes de terre...............	6.450	3.510	6.599

Le principal amas de combustibles minéraux se trouve pour le charbon et la lignite, en Basse-Autriche ; gisements en Styrie de Voitsberg-Köflach, Fohnsdorf-Knittelfeld, etc. ; on trouve également du fer en Styrie, Carinthie ; du cuivre en Carinthie, Tyrol ; du plomb en Carinthie et Styrie ; du zinc en Carinthie, Tyrol, Styrie ; du soufre en Styrie et Tyrol, du manganèse, du graphite, du sel en Haute-Autriche, en Styrie.

En 1915, l'Autriche allemande avait produit 76.458 tonnes de charbon, 2.499.01[illegible] de lignite.

Industries.

Pour les industries métallurgiques et constructions de machines, 51 sociétés avec 227 millions de kr. se trouvaient en Autriche allemande et occupaient près de 250.000 ouvriers.

L'Autriche allemande possède le plus grand nombre de brasseries et de distilleries (K. 113 millions). Pour les sociétés de produits chimiques, elle en a 7 avec K. 27 millions. Les industries agricoles, minoteries et industries sucrières comptaient 9 sociétés avec K. 25 millions. Par contre, elle n'a qu'un rôle secondaire en ce qui concerne l'industrie textile, on compte 45 sociétés (K. 132 millions) en territoire autrichien.

En ce qui concerne les cristalleries, fabriques de porcelaine et poteries, 12 fabriques avec K. 35,3 millions ont leurs principaux établissements en Autriche allemande. On ne tient pas compte dans ces chiffres des « Inwaldschen Glasfabriken » (K. 5,5 millions), qui possèdent des usines dans toute l'ancienne monarchie.

Autres industries : confection pour dames et hommes, occupant à Vienne seulement plus de 100.000 ouvriers, cuir, bois, industrie d'art, etc.

Navigation et marine marchande.

L'Autriche, par le traité de Saint-Germain, a cédé aux Gouvernements alliés et associés tous ses navires marchands et bateaux de pêche à flot ou en construction.

Monnaies, poids et mesures.

L'unité monétaire pour les pays de la ci-devant monarchie austro-hongroise était la couronne = 100 hellers = 1 fr. 05 (au pair). Monnaies (or), anciennes, 8 florins = 20 fr. et 4 florins = 10 fr. (ayant seules cours en France, avant août 1914) ; nouvelles, 20 couronnes

= 21 fr., 10 couronnes = 10 fr. 50, 5 couronnes = 5 fr. 25 ; (argent), ancienne 2 florins (ou 2 gulden) = 4 fr. 93, 1 florin ou gulden (100 kreutzer) = 2 fr. 47 ; nouvelles, 5 couronnes, 1 couronne. (La couronne argent = 0 fr. 93 au cours moyen conventionnel) ; (nickel), 20 hellers = 0 fr. 21, 10 hellers = 0 fr. 105 : (bronze), 2 hellers = 0 fr. 02, 1 heller = 0 fr. 021. Pour le commerce, on continuait de frapper le quadruple ducat d'or de l'Empereur (47 fr. 52) et de ducat d'or (11 fr. 85) ainsi que le thaler levantin d'argent, dit de Marie-Thérèse, et valant environ 2 fr. 50 (au prix de l'argent) et 5 fr. dans les pays africains et levantins où il avait cours. Billets de banque (émis par la banque Austro-Hongroise) de 10, 20, 50, 100 et 1.000 couronnes.

La Banque austro-hongroise a procédé en avril 1919 à l'estampillage des billets en circulation sur le territoire de l'*Autriche*. On en a estampillé pour 4.804 millions de couronnes, soit 12.8 p. 100 du total. Mais depuis lors il a été émis des billets en grande quantité. Le traité de Saint-Germain stipule en outre que les billets se trouvant à l'étranger incombent à la République autrichienne. Il y a, en outre, les billets de 1 et 2 couronnes. Depuis le mois d'avril, la Banque a reçu 5 milliards de couronnes en Bons de caisse, dont 3 milliards de couronnes pour les Etats de l'ancienne Autriche. On estime que le chiffre total serait de 8 à 9 milliards de couronnes.

Au 31 oct. 1919, la Banque Austro-Hongroise qui était l'institution centrale d'émission unique pour l'ensemble de la monarchie, dont le capital est de 210 millions de couronnes, avait en circulation 49.408 millions de billets, 1.994 millions de certificats de caisse, 7.641 millions de dépôts. Son encaisse métallique s'élevait à 325 millions dont 260 en or. Elle avait un portefeuille de 5.840 millions, des avances contre nantissement pour 3.930 millions ; elle avait avancé à l'Etat autrichien 22 milliards, 10.9 à la Hongrie ; elle avait en mains des Bons de caisse autrichiens pour 4.600 millions, hongrois pour 5.100 millions.

Système métrique décimal français, facultatif à partir de 1898 et obligatoire depuis le 1er janvier 1876.

L'Autriche en 1919.

L'Assemblée Nationale provisoire qui se sépare le 6 février, après 108 jours de travaux, a peut-être élevé sur les ruines de l'ancienne monarchie les bases d'un nouvel État républicain. Elle a laissé pendante la solution de deux problèmes importants : la question du rattachement à l'Allemagne, la crise économique, qui vont dominer toute la vie du pays pendant l'année 1919.

L'enjeu des élections à l'Assemblée Nationale constituante est moins la forme du Gouvernement que le rattachement à l'Allemagne préconisé par les sociaux-démocrates et les bourgeois démocrates. La *Fremden Blatt* célèbre déjà le rattachement comme un fait accompli (9 février). Les élections du 16 février, auxquelles les femmes prennent part pour la première fois, augmentant le nombre des électeurs de 172 p. 100, semblent confirmer cette prédiction. Les sociaux-démocrates, qui ne voient le salut du parti que dans cette solution (Se rattacher à l'Allemagne, déclare l'*Arbeiter Zeitung*, c'est se rattacher au socialisme) enlèvent 72 sièges ; le parti chrétien social qui formait jusqu'alors la majorité, n'en obtient que 65. Le succès des socialistes s'accentue encore aux élections municipales de Vienne (4 mai) où ils disposent de 100 sièges sur 165. Cependant à « l'appel à tous » lancé par Bela Kun, les socialistes répondent que la famine interdit à l'Autriche de se joindre au mouvement de Pest (22 mars). Et, en effet, les grandes manifestations du Jeudi-Saint, 17 avril, et du 15 juin, organisées par les communistes, sont aisément réprimées par la garde populaire qui coopère sans armes avec la police au maintien de l'ordre.

La question du rattachement à l'Allemagne n'est nullement résolue par la déclaration du président Wilson du 23 avril et l'interdiction du rattachement connue le 6 mai. Cette interdiction ne fait que raviver la campagne menée par le parti socialiste. Dans les provinces, le sentiment particulariste paraît rester plus fort que celui de la communauté autrichienne. Le Tyrol veut s'unir à l'Allemagne, le Vorarlberg à la Suisse ; Salzbourg demande son rattachement à la Bavière (16 déc.). C'est à ce moment que parvient la note du Conseil suprême, en date du 15 déc., déclarant s'opposer à tout mouvement séparatiste.

La crise économique prend une gravité particulière dès le début de juillet. Elle devient tout à fait inquiétante à la mi-août par suite de la suspension des envois de charbon de la Bohême faute de moyens de transport. Elle laisse passer à peu près inaperçue la signature du traité de paix à Saint-Germain-en-Laye le 10 septembre.

Non seulement le pain, mais encore le sucre et le charbon font défaut. La mortalité s'accroît. La détresse est partout. Il n'y a ni instruments de paiement, ni moyens de transport et la production intérieure est déficitaire. Des troubles éclatent à Innsbruck et à Steyr causés par la disette. A la suite de l'appel adressé aux Alliés, le Conseil suprême décide d'entendre le chancelier Renner. Celui-ci arrive à Paris le 11 décembre et obtient 30.000 tonnes de blé, emmagasinées à Trieste. Si une catastrophe est évitée, l'avenir n'en reste pas moins sombre pour le nouvel Etat qui ne demande qu'à affirmer sa vitalité.

Relations avec la France.

Représentation de l'Autriche en France :

Adresse provisoire à Paris, 88 bis, avenue Kléber. Tél. Passy 86-41. Plén. : Jean-André *Eichhoff* ; Consul : Gauthier *Mayrhauser* ; Attaché de presse : Dr Paul *Zifferer*.

Représentation de la France en Autriche :

Haut Commissaire : Lefèvre-Pontalis, min. plén. de 1re cl. (5-3-20) ;
Secr. d'amb. de 2e cl. : *Le Gouz de Saint-Seine*...

(Pour les organes de liquidation de la guerre (voir p. 715 et suivantes).

Bibliographie.

Oesterreichische Statistik der K. K. Statistischen Zentral-Kommission à Vienne. Annuel.
Statistische Rückblicke aus Oesterreich. K. K. Statistische Zentral-Kommission. Annuel. Vienne.
Auerbach (B.). *Les races et les nationalités en Autriche-Hongrie*, in-8, 11 fr. F. Alcan. Paris, 1918.
Compass Finanzielles Jahrbuch für Oesterreich-Ungarn. Annuel. Vienne.
Denis (Ernest). *La question d'Autriche. Les Slovaques*, in-18, 3 fr. 50. Delagrave. Paris, 1917
Divis (Dr). *Jahrbuch des höheren Unterrichtswesens in Oesterreich*. Annuel. Vienne.
Faure (G.). *La route des Dolomites, Tyrol et Cadore*. Grenoble, 1915.
Fournol (E.). *La Succession d'Autriche*, in-16, 3 fr. 50. Berger-Levrault. Paris, 1918.
Huber (A.). *Oesterreichische Reichsgeschichte*. Vienne, 1901.
Jahrbuch der Gesellschaft Oesterreichischer Volkswirte. Annuel. Vienne.
Larmeroux (Jean). *La politique extérieure de l'Autriche-Hongrie* (1875-1914), in-8 cav. 10 fr. Plon-Nourrit. Paris, 1918.
Léger (Louis). *Histoire de l'Autriche-Hongrie*. Paris, 1895. — *La renaissance tchèque au* XIXe s. in-16, br. 3 fr. 50, 1911 ; *La liquidation de l'Autriche-Hongrie*, in-8. F. Alcan. Paris, 1918.
Prezzolini (G.). *La Dalmatie*, in-8, br. F. Alcan. Paris, 1917. Annuel. Budapest.
Sieghart (Dr R.). *Staatsdienst und Staatsfinanzen*. Vienne, 1912.
Steed (H. Wickham). *La monarchie des Habsbourg*, br. 4 fr. A. Colin. Paris, 1917.
Strakosch (S.). *Die Grundlagen der Agrarwirtschaft in Oesterreich*. Vienne, 1917.
Volkswirt der Oesterreichische für Industrie und Finanzwesen (V. W. Federn). Annuel. Vienne.
Wittmayer (Dr L.). *Staats und völkerrechtliche Rückblicke auf den Ausgleich*. Vienne, 1903.

AZERBAÏDJAN

(RÉPUBLIQUE)

Constitution et gouvernement. — République constituée dans la partie orientale de la Transcaucasie et proclamée indépendante par le Conseil National le 28 mai 1918. Parlement élu au suffrage universel des deux sexes et comprenant 120 membres, dont 80 Musulmans, 23 Arméniens, 10 Russes, 8 députés des autres nationalités.

Président du Conseil et Intérieur : *Nasib Bey Ousoub Bekoff* ; Guerre : général *Samed Bey Mehmandaroff* ; Affaires Etrangères : Mohammed Youyouf *Djafaroff* ; Justice : *Aslan Bey Safikurdisky* ; Finances : *Ali Aga Hasanoff* ; Commerce et Industrie : *Aga Eminoff* ; Postes et Télégr. : *Djamo Bey Hadjisky* ; Hygiène Publ. : *Dastakoff* ; Assistance Publ. : *Klinevsky* ; Ministre sans portefeuille : *Amaspar.*

Le gouvernement de Nasib Bey Ousoub Bekoff a dû se retirer le 28 avril 1920 à Goundja et depuis cette date, l'autorité, à Bakou, est entre les mains d'une administration soviétique.

Superficie et population. — Le territoire de l'Azerbaïdjan, limité à l'Est par la Mer Caspienne, au Nord par le Daghestan, le Caucase Septentrional et la Géorgie, à l'Ouest par la Géorgie et l'Arménie, au Sud par la Perse, n'a pas encore de frontières définitivement fixées. Les chiffres ci-après sont donc donnés sous réserve d'après les documents officiels soumis à la Conférence de la Paix.

Superficie : 94.137 kmq 38 (France 550.985). *Population* : environ 4.617.671 hab., dont 3.481.889 Turco-Tartares, 798.812 Arméniens, 26.585 Géorgiens et 310.885 de nationalités diverses (Russes, Allemands, Juifs, etc.).

Villes principales : Bakou (capitale) 300.000 habitants ; Elizabethpol ou Guendje, Choucha ou Karabagh.

Religion : Les Musulmans représentent environ les 75 % de la population totale et appartiennent en majorité au rite schiite.

Instruction : Ecoles normales à Guendje, Noukha, Choucha et Kasakh ainsi que cours pédagogiques pour les femmes à Bakou, Gandja et Noukha. Cours préparatoires pour les instituteurs à Bakou. Il a été décidé d'envoyer à l'étranger un grand nombre d'étudiants.

Armée : Environ 50.000 soldats de toutes armes.

Mouvement économique.

Finances : Budget pour 1919, en recettes et dépenses tant ordinaires qu'extraordinaires, 665 millions de roubles. Le Gouvernement avait décidé la création d'une Banque d'Etat.

Productions, industrie : Principale richesse, le pétrole (383 mines occupant 37.000 ouvriers). Moyenne de la production annuelle en naphte de 550 à 600 pouds. Plus d'une centaine d'usines de Bakou tirent du naphte extrait 230 millions de pouds de pétrole (1 poud = 16 kilos), dont 70 millions seulement exportés dans la Russie Centrale.

Autres industries : 38 usines à égrener le coton, production, 2.700.000 r. ; 100 fabriques pour le séchage et le dévidage des cocons, production, 1.400.000 r. ; 75 filatures de soie, production. 1.200.000 r. ; 87 fonderies et ateliers mécaniques, production, 9.090.000 r. ; 25 fonderies de cuivre, production : 2.900.000 r., 134 tanneries, 162 fabriques de poteries, 95 briquetteries ; un assez grand nombre de savonneries, etc., soit en tout environ 6.046 entreprises industrielles occupant 18.190 ouvriers et ayant une production totale de 18.627.000 r.

Au point de vue agricole, la récolte en céréales et riz pour 1915 était de 5.520.000 pouds, soit 88.000 tonnes. Les plantations de coton, occupant plus de 130.000 dessiatines, fournissent environ 5 millions de pouds de coton brut. La sériciculture atteint aujourd'hui 200.000 pouds de cocons brut produisant annuellement pour 5 à 6 millions de roubles de fils de soie. Les vignobles et les vergers occupent 50.000 dessiatines et produisent de 8 à 10 millions de raisin, dont on tire env. 7 millions de vèdres de vin.

Les pêcheries, sur une étendue de 600 verstes, procurent des dizaines de millions de poissons de différentes sortes et plus de 100.000 pouds de caviar.

L'élevage du bétail, sensiblement moins florissant qu'autrefois, comptait en 1918 plus de 1.211.560 bovidés ; 240.000 chevaux, mulets et ânes ; 300.000 buffles ; 15.600 chameaux ; 2.478.515 moutons et 442.240 chèvres.

Bibliographie.

Hippeau (Edm.) *Les Républiques du Caucase : Géorgie et Azerbaïdjan*, Leroux.

BELGIQUE

(ROYAUME DE)

Constitution et gouvernement. Formé de l'ancien duché de Brabant, du marquisat d'Anvers, de la principauté de Liége, de la seigneurie de Malines, des comtés de Flandre, de Hainault, de Louvain, de Namur et d'une partie des duchés de Limbourg et de Luxembourg, le royaume de Belgique est aujourd'hui divisé en 9 provinces.

Monarchie constitutionnelle et héréditaire dans la postérité mâle (primog.) de la Maison de Saxe-Cobourg-et-Gotha. A défaut de descendance masculine, le roi pourra nommer son successeur avec l'assentiment des Chambres donné à la majorité des deux tiers des membres. Constitution du 7 févr. 1831, revisée le 7 sept. 1893 : la Belgique peut acquérir des colonies, possessions d'outre-mer et protectorats. Les membres des deux Chambres sont élus par voie de suffrage universel, avec application de la représentation proportionnelle (loi du 9 mai 1919). *Le Sénat* se compose de 120 membres élus pour 8 ans et renouvelables par moitié tous les quatre ans ; ils doivent être âgés au moins de 40 ans. Des membres du Sénat, 27 sont élus par les conseils provinciaux indépendamment de toute condition de cens ; les autres sont élus directement parmi les citoyens payant au moins 1.200 fr. d'impôts directs à l'Etat, ou possédant des immeubles d'un revenu cadastral d'au moins 12.000 fr. La Chambre des Représentants se compose d'un nombre de membres fixé d'après la population (1 député par 40.000 habitants) ; ces membres, actuellement au nombre de 186, sont élus directement pour 4 ans et sont renouvelés par moitié tous les deux ans. Les députés à la Chambre des Représentants doivent être âgés de 25 ans accomplis. Par la nouvelle loi électorale du 9 mai 1919 le droit de vote est accordé : 1° à tout citoyen belge âgé de 21 ans accomplis et domicilié depuis 6 mois au moins dans la même commune ; 2° aux veuves non remariées des militaires morts au cours de la guerre avant le 1er janvier 1919 et, à leur défaut, leurs mères ; 3° aux mêmes parentes de citoyens belges fusillés, ou tués à l'ennemi; 4° aux femmes condamnées à la prison ou détenues préventivement au cours de l'occupation ennemie.

Chaque membre de la Chambre des Représentants jouit d'une indemnité annuelle de 4.000 fr. Les Chambres se réunissent tous les ans.

Pavillon de guerre et de commerce : Trois bandes disposées verticalement : noire, jaune, rouge.

Ordres et décorations : O. de Léopold, fondé le 11 juillet 1832 et comprenant 5 classes ; O. de l'Etoile Africaine (1888 ; 8 cl.) ; O. Royal du Lion (1891 ; 8 cl.) ; O. de la Couronne (1897 ; 11 cl.) ; O. de Léopold II (1900 ; 3 cl.) ; Décoration civique (1867) ; Croix militaire (1885 ; 2 cl.). Etoile de service du Congo (1889) ; Croix de guerre belge (1914).

Souverain : S. M. ALBERT Ier, roi des Belges (G. C. ✱, Méd. Mil. française), né à Bruxelles le 8 avril 1876, a succédé à son oncle Léopold II, le 17 déc. 1909 ; marié le 2 oct. 1900 à *Elizabeth-Valérie-Gabrielle-Marie* (G. C. ✱), duchesse de Bavière, née le 24 juillet 1876.

Enfants du Roi : Pr. *Léopold*, duc de Brabant (G. C. ✱), né à Bruxelles le 3 novembre 1901 ; Pr. *Charles*, comte de Flandre, né le 10 octobre 1903 ; Pcsse. *Marie-José*, née le 4 août 1906.

Ministère : Premier ministre et min. des fin. : *Delacroix*. — Aff. étr. : Paul *Hymans*. — Justice : *Vandervelde*. — Intérieur : *Renkin*. — Guerre : P. E. *Janson*. — Agric. et Travaux publics : *Ruzette*. — Sciences et arts : *Destrée*. — Aff. économiques : M. *Jaspar*. — Chemins de fer, postes et télégr. : *Poullet*. — Colonies : M. *Franck*. — Industries, Travail : *Anseele*. — Ravitaillement : *Wauters*.

Pouvoir législatif : Sénat (Elections de 1920) : 62 catholiques, 38 libéraux, 21 socialistes), Prés. : Bon. *de Favereau ;* V.-Président : Cte. *Kent de Roodenbecke*, Cte. *Goblet d'Alviella*. — Chambre des Repr. (1919) : 73 cathol., 34 lib., 70 soc., 8 divers. Prés. : Emile *Brunet ;* V.-Prés. : *Carton de Wiart*, *Bertrand*.

Superficie et population :

La superficie de la Belgique était, au 31 juillet 1914, de 29.451 km. q. Le traité de Versailles l'a augmentée des territoires de Moresnet et de Malmédy, de population wallonne.

Population, au dernier recensement du 31 déc. 1910 : 7.423.784 hab. En 1917, 7.642.054.

Les principales villes et population au 31 déc. 1912 étaient :

Bruxelles	663.647	Ostende	43.002	Berchem	31.655
Anvers	312.884	Louvain	42.482	Charleroi	29.462
Liége	170.634	Seraing	41.833	Uccle	29.282
Gand	167.477	Tournai	37.349	Jumet	28.082
Malines	59.735	Courtrai	36.029	Mons	27.805
Bruges	53.635	Alost	35.603	Forest	27.346
Borgerhout	51.486	St-Nicolas	35.128	Lierre	26.162
Verviers	45.964	Namur	32.453	Roulers	26.027

Sur la population totale de 1910 (non compris les enfants au-dessous de 2 ans), 2.833.334 habitants ne parlaient que le français, 2.220.662 le flamand seulement, 871.288 le français et le flamand, 74.993 le français et l'allemand, 31.415 l'allemand seulement, 8.652 le flamand et l'allemand, 52.547 les trois langues.

En 1912, l'excédent des naissances sur les décès a été de 58.809, l'immigration de 42.980 et l'émigration de 35.775. En 1917, l'excédent des décès sur les naissances était de 34.312.

PROVINCES.	km. q.	POPULATION AU 31 DÉC. 1910			ÉVALUATION 31 déc. 1912.	Par km. q.
		hommes.	femmes.	total.		
Anvers	2.832	480.573	488.104	966.677	1.004.909	355
Brabant	3.283	710.767	758.910	1.469.677	1.522.941	464
Flandre occid	3.234	432.462	441.673	874.135	884.777	274
— orient	3.000	555.452	564.883	1.120.335	1.134.079	378
Hainaut	3.722	622.215	610.652	1.232.867	1.247.042	335
Liége	2.895	441.545	446.796	888.341	890.649	310
Limbourg	2.408	140.014	135.677	275.691	284.171	118
Luxembourg	4.418	117.604	113.611	231.215	232.500	53
Namur	3.660	180.158	182.688	362.846	364.319	100
Royaume	29.451	3.680.790	3.742.994	7.423.784	7.571.387	257

Religion.

La majorité de la population est catholique en Belgique où règne la plus entière liberté des cultes. Les Eglises catholique, protestante et autres restent absolument indépendantes de l'Etat, bien que ce soit le trésor national qui fournisse les revenus suffisants pour l'entretien des différents cultes.

En 1911, il y avait 6 diocèses catholiques, 200 doyennés, 6.476 églises et chapelles, 6 grands séminaires et 11 petits séminaires.

Instruction.

La population recensée en 1910 comptait 13.1 p. 100 d'illettrés contre 19.1 p. 100 en 1900 et 25.0 p. 100 en 1890.

Loi de mai 1914 établissant l'instruction obligatoire, d'abord de 6 à 12 ans, puis jusqu'à 13 et 14 ans en 1921 ; généralisation du 4e degré avec enseignement général uni aux notions pratiques.

Ecoles publiques en 1911 : 35 athénées royaux et collèges (8.062 élèves) ; 134 écoles moyennes (28.999 élèves) ; 7.590 écoles primaires (934.830 élèves) : 3.186 écoles « gardiennes » (275.911 élèves) et 4.940 écoles d'adultes (246.292 élèves). Pour tous les degrés de l'enseignement, il y a, en outre, de nombreuses écoles privées ou libres qui sont le plus souvent confessionnelles.

En 1912, les Universités étaient au nombre de 4 dont 2 (gouvernementales) à Gand, fondée en 1816 (535 étudiants) et à Liége, f. en 1816 (1.803 étud.) et 2 libres, à Louvain, f. en 1426 (2.100 étudiants) et à Bruxelles. f. en 1830 (918 étud.). Il y avait également à Bruxelles une Ecole des Sciences politiques et sociales, les Instituts Solway de Physiologie et de Sociologie, une Faculté des Sciences appliquées, l'Ecole de Pharmacie, l'Ecole des Hautes-Etudes, l'Ecole de Médecine vétérinaire Cureghem (f. en 1832), l'Ecole de médecine tropicale et l'Ecole de Commerce ; à Anvers, l'Institut supérieur de Commerce ; à Gembloux, l'Institut agricole ; à Mons, l'Ecole des Mines et la Fac. Polytechnique ; à Liége, l'Institut Electrotechnique Montefiore et 6 écoles supérieures de commerce, l'Académie Royale de Beaux-Arts d'Anvers, des écoles de dessin, le Conservatoire royal de musique et d'autres écoles de musique.

Justice.

Organisation judiciaire : une Cour de cassation, trois cours d'appel et cours d'assises pour les causes criminelles ; 26 tribunaux de première instance et 222 justices de paix (1 par canton), 14 tribunaux de commerce et plusieurs tribunaux spéciaux. Effectif de la gendarmerie : 3.523.

Armée.

En vertu de la loi sur la milice du 30 avril 1913, le recrutement avait lieu par appels annuels et par engagements volontaires. Ces appels n'étaient pas inférieurs à 49 % des inscrits de la levée.

La mobilisation de 1914 avait donné une armée totale d'environ 150.000 hommes. Après l'envahissement de la Belgique, l'armée belge fut réorganisée sur le territoire français. L'enrôlement volontaire fut progressivement étendu et le service militaire devint ensuite obligatoire pour les hommes de 18 à 40 ans.

D'après un projet de loi relatif au contingent de l'armée, les effectifs sur pied de paix seraient de 100.000 hommes au lieu de 48.000 hommes y compris les troupes de forteresse, effectifs fixés par la loi de 1913. Les effectifs sur pied de guerre seraient portés à 350.000 hommes.

Corps diplomatique à Bruxelles et Consulats.

Allemagne. E. e. et M. pl. : N.... ; Ch. d'aff. : *Lansberg*.
Amérique (Etats-Unis), E. e. et M. pl. (rue de Trèves, 74) : Brand *Whitlock*.
Argentine, E. e. et M. pl. (rue de la Loi, 114) : Dr A. *Blancas*.
Autriche, E. e. et M. pl. : N...
Bolivie, Ch. d'Aff. : J. *de Lemoine*.
Brésil, E. e. et M. pl. : A. *de Barros Moreira*. C. G. à Anvers : *Pinto de Souza Dantas*.
Chili, E. e. et M. p. : R. *Sanchez*. C. G. à Anvers : Viel *Cavero*.
Chine, E. e. et M. pl. (boulevard Militaire, 19) : *Sunichou Wei* (11-19).
Colombie, E. e. et M. pl. : J.-M. *Goenaga*. C. G. à Anvers : N....
Costa Rica, E. e. et M. pl. (V. France, corps dipl.). C. G. à Anvers : L. *Hagenaars* C.G.
Cuba, E. e. et M. pl. (rue de la Vallée, 9) : F. *Zayas y Alfonso*.
Danemark, E. e. et M. pl. : D. *Krag*. C. G. à Anvers : *Schack de Brockdorff*.
Dominicaine Rép., C. G., à Bruxelles : J. *Penso*.
Equateur, Ch. d'Aff. : N... C. G. à Anvers : Ab. *Andrade*.
Espagne, E. e. et M. pl. (rue Montoyer, 26) : Mis. *de Villalobar*.
France. V. *Relations*.
Grande-Bretagne, E. e. et M. pl. (2, rue de Spa) : Hon. Sir Francis H. *Villiers*. G.C.M.G., G.C.V.O., C.B. : 1er secr. : R.C. *Parr* ; secr. temp. : C. *Weber* ; 1er secr. commerc. : R.F.H. *Duke* ; Att. mil. : Brig. Gén. *Lyon*, C.M.G., D.S.O. : C.G. à Anvers : sir Cecil *Hertslet*.
Grèce, C. G., à Bruxelles : L. *Ghemar*. Cons. à Anvers : Chr. *Nicolaïdis*.
Guatemala, (V. France, Corps dipl.). Cons. à Anvers : E. *Gomez Carillo*, C.G.
Haïti, C. G., à Bruxelles : Omer *Cavé* ; à Anvers : Th. *Roussin*.
Honduras, C. G. à Bruxelles : H. *Jalhay*. Cons. à Anvers : F. *Berns*.
Italie, Amb. : Prince *Ruspoli de Poggio Suasa* ; C.G. à Anvers : A. *de Bary*.
Japon, E. e. et M. pl. (172, rue de la Loi) : Dr M. *Adatchi*.
Luxembourg, Ch. d'Aff. (15, rue du Trône) : Amaury cte. *de Marchand et d'Ansembourg*.
Mexique, Ch. d'Aff. (rue de Spa, 18) : J. *Gaviola del Castillo Negrete*.
Monaco, C. G., à Bruxelles : V.-A. *Robyns de Schneidauer*.
Nicaragua, (V. France, corps dipl.). Cons. à Anvers : Ed. *Schwann*, C.G. ; à Bruxelles : L. *Vallez*, C.G.
Norvège, (V. Suède, corps dipl.). Cons. à Anvers : Leif Bögh, C.G. ; à Bruxelles : C. *de Gomrée de Marialmé*.
Panama, v. Grande-Bretagne, corps dipl. ; Cons. à Anvers : N... ; à Bruxelles : T. *Streitberg*.
Paraguay, (V. France, corps dipl.). Cons. à Anvers : H. *Oostendorp*, C.G. ; à Bruxelles : N.
Pays-Bas, E. e. et M. pl. : Jkhr. C. G. W. F. *van Vredenburch*. Cons. à Anvers : H. *Spakler*, C.G.
Pérou, E. e. et M. pl. : F. *Garcia Calderon*.
Perse, E. e. et M. pl. (r. de Livourne, 41) : *Mahmoud Khan Mohtechem ed dowleh*.
Pologne, Ch. d'aff., Cte *Sobanski* (11-19).
Portugal, E. e. et M. pl. (116, rue de Stassart) : A.-M. *Alves da Veiga*.
Roumanie, E. e. et M. pl. : T.-C. *Djuvara*. Cons. à Anvers ; G. *Mendl*, C. G.
Saint-Marin, C. G., à Bruxelles : J. *Cloquet*.
Saint-Siège : Nonce apost. (214, chaussée de Wavre), Mgr. S. *Nicotra*, arch. tit. d'Héraclée.
Salvador, Cons. à Bruxelles : S. Oswald ; à Gand : N...
Serbes, Croates, Slovènes (Roy des), E. e. et M. pl. : Yovan *Markovitch*. Cons. à Anvers : G. H. *Antoine*.
Siam (V. Grande-Bretagne, corps dipl.). Cons. à Anvers : C. *Cateaux*.
Suède, E. e. et M. pl. (25, rue Van Eyck) : C. F. *de Klercker*. Cons. à Anvers : H. *Petri*.
Tchécoslovaquie, E. e et M. pl. (8, rue de Suisse) : M. N. *Mecir*.
Turquie. ch. d'aff. : N...
Uruguay, E. e. et M. pl. : Dr Alb. *Guani*. C.G. à Bruxelles : A. *Ruy O. Shanahan*.
Venezuela (V. Allemagne, Corps dipl.). Cons. à Bruxelles : N. *Klep Verrey*.

Mouvement économique.

Finances.

Chiffres comparatifs des budgets des années 1913 et 1920 (en milliers de francs) :

	1913	1920 (éval.)
	—	—
Recettes ordinaires	788.614	1.504.781
— extraordinaires	19.174	1.550
Dépenses ordinaires	787.856	2.155.106
— extraordinaires	140.663	395.147
— de guerre	»	6.011

Le projet de budget pour 1920 s'élève en dépenses à 8.561.505.544 fr. et en recettes à 3.331.561.559 fr.

Dette publique belge, telle qu'elle résulte du budget général pour 1919 :

	En francs.
	—
1° *Dettes antérieures à la guerre :*	
Dette consolidée	4.097.000.000
— indirecte	330.000.000
Obligations de la Défense nationale	56.254.000
Bons du Trésor	404.000.000
2° *Dettes résultant d'exactions de l'Allemagne :*	
Bons Interprovinciaux	2.347.800.000
3° *Dettes contractées pour l'échange des marks :*	
Emprunt de Restauration monétaire (part versée en marks)	2.000.000.000
Compte débiteur à la Banque Nationale	5.800.000.000
4° *Dettes en exécution des engagements budgétaires :*	
Emprunt de restauration monétaire (part versée en monnaie belge)	1.040.000.000
— de la Restauration nationale	1.450.000.000
Avances des Alliés depuis l'armistice jusqu'au 12 juin 1919	1.255.000.000
Emprunt à l'étranger	500.000.000
Bons du Trésor	500.000.000
Total général	19.780.054.000

* Par contre, la Belgique doit recevoir de l'Allemagne une indemnité de 2.500 millions.

** Fin février 1919, les avances des Alliés atteignaient un total d'environ 12.963.[illegible].706 fr. dont 3.170525.448 de la France.

Production agricole.

Malgré la richesse naturelle de la moyenne Belgique (Hesbaye, Hainaut, Brabant) et l'appropriation de la basse Belgique (Campine, pays de Waës, Flandre et plaine maritime), l'agriculture proprement dite est en déclin, peu favorisée par le climat humide et par le prix élevé de la terre. Seuls, se développent l'élevage des bêtes à cornes avec l'industrie laitière et les cultures industrielles : lin dans les vallées humides et betterave sur les plateaux limoneux.

Sur les 2.945.589 hectares de la superficie totale des terres, 1.736.174 ha. environ sont en cultures, 521.495 en forêts, et 77.053 en terres incultes. Récolte de 1913 : blé, 408.236.000 kil.; orge, 93.225.000 kil. ; avoine, 706.945.000 kil. ; riz, 57.947.000 kil. ; tabac, 9.039.000 kil. : pommes de terre, 3.201.000 tonnes et betteraves sucrières, 1.[illegible].000 tonnes. Cheptel de 1913 : 1.849.484 têtes de bétail, 267.160 chevaux et 1.412.293 porcs. La valeur annuelle de la production forestière est d'environ 21.653.482 francs.

Productions minérale et industrielle.

L'industrie est beaucoup plus développée que l'agriculture ; elle est une des premières du monde. Les principales industries sont, dans les régions basses, les industries textiles alimentées par le lin indigène, le coton importé, les laines et, dans la région houillière, l'industrie métallurgique.

Les ressources minérales de la Belgique sont considérables. Les bassins houillers s'allongent sans interruption au pied de l'Ardenne : Borinage, bassin de Mons, bassin de Charleroi, extrémité orientale du bassin franco-belge et bassin de Liège. Bassins par ordre d'importance avec leur production mensuelle moyenne en 1913 : Charleroi (579.000 t.), Liège (498.260), Centre (393.830), Mons (364.200).

Production de la houille depuis 1913 :

ANNÉES.	Nombre de mines.	Production en tonnes.	Nombre d'ouvriers.	Production annuelle par ouvrier en tonnes.
1913	271	22.841.590	145.337	157
1915	»	14.177.500	123.806	114
1916	»	16.862.870	126.092	134
1917	»	14.981.340	111.695	133
1918 (prov)	266	13.891.400	110.924	125
1919	»	18.545.650	»	»

Production de briquettes : 2.600.000 tonnes en 1913 et 1.202.625 en 1915.
Production de coke : 3.523.000 tonnes en 1913 ; 676.040 en 1917, 522.210 en 1918.
Production de minerai de fer : 150.450 tonnes en 1913 et 17.000 en 1917.
Valeur de l'importation du minerai de fer du Luxembourg : 9.165.390 fr. en 1912.
Chiffres comparatifs de l'industrie sidérurgique en 1913 *et en* 1917 :

		1913.	1917.
Hauts fourneaux :			
Nombre d'usines		19	1
Hauts fourneaux à feu		54	1
Nombre d'ouvriers		5.289	441
Production de fonte	Tonnes.	2.484.690	7.990
Valeur de la production	Fr.	183.336.450	955.000
Production d'acier brut	Tonnes.	2.466.630	9.630
— de demi-produits	—	1.524.990	2.690
— d'aciers finis	—	1.409.460	9.870
Valeur des aciers finis	Fr.	189.518.300	2.761.400
Forges :			
Nombre d'usines		38	23
— d'ouvriers		10.879	2.943
Production de fer puddlé	Tonnes.	131.220	11.440
— de fers corroyés	—	13.980	12.150
— de fers laminés	—	304.450	51.620
Valeur fers laminés	Fr.	43.612.180	14.756.150
Aciers laminés	Tonnes.	448.400	13.660
Valeur aciers laminés	Fr.	72.755.350	7.189.150

En 1918, aucun haut fourneau n'a été en activité.

Zinc, production : 139.982 tonnes en 1904, 197.703 en 1913, env. 80.000 t. en 1919. Consommation : 40.400 t. en 1913.

Industrie textile, en 1914 : 380.000 broches et 340.000 en avril 1919.

La valeur des pêcheries pratiquées par 616 bateaux de pêche en 1911 fut de 6.381.939 fr.

Commerce.

Grâce à son activité, à ses mines et à sa situation au milieu des plus grands Etats industriels de l'Europe, la Belgique était avant 1914 et sera encore demain un grand Etat commerçant. Son commerce annuel dépassait en 1914 celui de la Russie.

Le commerce spécial s'est élevé en 1913 à 4.583.625.000 fr. pour les importations et à 3.576.825.000 fr. pour les exportations ; pendant les 6 premiers mois de 1914, les importations furent de 2.303.250.000 fr. et les exportations de 2.853.975.000 fr.

En 1912, sur 4.953.009.199 fr. de marchandises importées, il en est parvenu pour 2.943.215.000 fr. par voie de mer et 1.855.257.000 par voie de terre, chemins de fer, canaux et rivières ; sur 3.951.478.000 fr. de marchandises exportées, il en a été expédié pour 1.539.461.000 fr. par voie de mer et 2.412.017.000 fr. par voie de terre, chemins de fer, canaux et rivières.

Principaux pays de provenance et de destination en 1912 (en milliers de francs) :

PAYS	IMPORT.	EXPORT.	PAYS	IMPORT.	EXPORT.
France	908.048	752.314	Allemagne	503.120	1.007.469
Etats-Unis	413.829	145.128	Rép. Argentine	305.524	92.661
Grande-Bretagne	505.646	594.625	Russie	272.327	63.496
Pays-Bas	356.373	367.599	Roumanie	200.962	17.771

Principaux articles de commerce (en milliers de francs) :

Importation :		Charpentes en bois.	124.505	Peaux brutes	112.384
		Maïs	110.425	Caoutchouc	109.248
Laine	410.198	Lin	100.673	Matériel de ch. de	
Blé	393.186	Café	92.830	fer et tramways.	94.884
Coton	210.420	*Exportation :*		Zinc	93.499
Peaux brutes	189.156			Charbon	90.220
Semences	172.725	Laine	350.497	Coton	84.348
Charbon	161.957	Fer, acier	251.815	Blé	73.123
Caoutchouc	145.235	Lin	132.823		
Prod. chimiques	141.696	Fils de lin	114.402		

Commerce entre la Belgique et la France depuis la guerre (en milliers de francs) :

	1914	1917	1918	1919
Export. en France	317.600	4.901	4.567	729.053
Import. de France	601.600	68.538	29.413	986.396

Anvers a été adopté en 1919 par la France comme base pour le trafic avec la région rhénane occupée.

Navigation et marine marchande.

Mouvement maritime en 1912. Entrée : 11.230 navires jaugeant 16.353.923 tx. dont 1.962 navires belges jaug. 1.856.830 tx. ; sortie : 11.214 navires, 16.319.056 tx. dont 961 navires belges jaugeant 1.871 603 tx.

Marine marchande au 1er oct. 1918 : 51 navires jaugeant 130.045 t. contre 125 navires d'un tonnage brut de 336.191 tx. au 1er août 1914 ; pertes du fait de la guerre : 92.721 tx. La Belgique, par le fait de l'occupation de son territoire, s'est trouvée dans l'impossibilité de construire des navires. En 1917, fondation du Lloyd Royal Belge au capital de 100 millions de fr. avec 35 navires.

Communications intérieures.

Chemins de fer à la fin de 1912 : 4.662 km., dont 4.357 kil. exploités par l'Etat. Chemins de fer vicinaux 4.027 kil. Postes en 1912 : nombre de bureaux 1.708, des lettres particulières 222.026.772, des cartes postales, 125.215.102, des correspondances administratives, 37.822.707, des journaux 128.088.611, des imprimés 273.355.172. Recettes 43.419.097, dépenses 23.912.335 francs.

Télégraphes en 1912 : longueur des lignes 8.022 kil., des fils 42.429 kil. (non compris 520 kil. de fils établis aux frais des concessionnaires de chemins de fer) : nombre de bureaux 2.679, 1 station Marconi, 18 stations de bord. Nombre des dépêches du service intérieur 4.097.657, du service extérieur 4.997.490 (y compris 702.749 dépêches de transit) ; nombre des dépêches de service 14.626.700, totaux 24.886.700 dépêches ; 12.692 (dont 4.260 radiotélégrammes). Recettes 7.043.921, dépenses 5.112.919 francs.

Téléphones en 1912 : nombre des stations et postes 51.191. Réseaux urbains : longueur des fils 162.608 kil., nombre des conversations 135.200.472. Circuits interurbains : longueur des fils 42.412 kil., nombre des conversations 2.267.685. Recettes 14.303.700, dépenses 12.481.673 fr. (y compris les charges résultant de l'intérêt et de l'amortissement des capitaux de 1er établissement).

Monnaies, poids et mesures.

La Belgique fait partie de l'Union latine et les monnaies d'or et d'argent sont admises dans les caisses publiques de France. Monnaies fiduciaires : billets de banque de 1.000, 500, 50 et 20 francs. Le système métrique décimal français est obligatoire.

Presse.

Principaux journaux quotidiens. A Bruxelles : *Le Moniteur belge* (officiel) ; *L'Indépendance belge*, f. en 1830 ; *La Dernière Heure ; La Gazette ; Le Journal de Bruxelles ; La Nation belge ; La Libre Belgique ; Le Patriote ; Le Petit Bleu ; Le Soir ; Le XXe siècle* (cathol.) A Anvers : *La Métropole ; Le Matin*. A Liège : *Le Journal de Liège ; La Gazette de Liège : L'Express ; La Meuse*.

RELATIONS AVEC LA FRANCE

Traités et Conventions.

COMMERCE ET NAVIGATION : En vertu de lois et d'actes unilatéraux le traitement de la nation la plus favorisée est appliqué de part et d'autre en matière de commerce, de navigation et de tarifs en France et aux Colonies. ACCIDENTS DU TRAVAIL : Convention du 25 février 1906 relative à la réparation des dommages résultant des accidents du travail. ACTES DE L'ÉTAT CIVIL : Déclaration du 25 avril 1876. Communication réciproque des actes de l'état civil. Actes judiciaires et commissions rogatoires : Déclaration du 2 octobre 1912 relative à la transmission des actes judiciaires et des commissions rogatoires. ASSISTANCE JUDICIAIRE : Convention du 22 mars 1870. BÉTAIL : Arrangement du 22 décembre 1912 pour réglementer les conditions du pacage du bétail sur les pâturages situés dans les zones frontières. CAISSE D'ÉPARGNE : Convention du 4 mars 1897 concernant l'exécution du service de la caisse d'épargne entre les deux pays. CHASSE : Convention du 4 mars 1885 relative à la répression des délits de chasse entre les deux pays. ENREGISTREMENT : Convention du 12 août 1843 pour régler les relations des administrations de l'enregistrement de France et de Belgique. EXTRADITION : Convention du 15 août 1874 et déclaration du 18 juillet 1900. EXÉCUTION DES JUGEMENTS ET COMPÉTENCE JUDICIAIRE : Convention du 18 juillet 1899 sur la compétence judiciaire et sur l'exécution des décisions judiciaires, des sentences arbitrales et des actes authentiques. MARIAGE : Arrangement du 12 décembre 1888 relatif au mariage des indigents. MÉDECINE : Convention du 25 octobre 1910 pour régler l'exercice de la médecine dans les communes frontières des deux États. PROPRIÉTÉ INDUSTRIELLE : Accords des 25 mai, 2 juin 1898 au sujet de la propriété des marques de fabriques en Chine.

SERVICE MILITAIRE ET NATIONALITÉ : Convention du 30 juillet 1891 relative à l'application des lois qui règlent le service militaire dans les deux pays, suspendue pendant la guerre par l'arrangement du 13 mars 1915 (Loi du 16 octobre 1915 modifiant l'article 8 du code civil à l'égard des enfants nés en France de parents belges pendant la durée de la guerre et l'année qui suivra la cessation des hostilités). Accord du 14 août 1924 pour mieux assurer la poursuite des actes préjudiciels aux armées des deux nations. Accord relatif à la recherche et à l'arrestation des insoumis belges (*J. O.* du 25 juill. 1915). Déclaration du 29 janvier 1916 relative à la juridiction pénale militaire. Convention du 23 déc. 1917 sur la répression des outrages adressés aux officiers et aux agents de la force publique.

SOCIÉTÉS : Loi du 30 mai 1857 autorisant les sociétés anonymes constituées en Belgique à exercer leurs droits en France. SUCCESSIONS ET SALAIRES : Déclaration du 3 mai 1887 à l'effet de régler les salaires des marins des deux pays et les successions des marins décédés.

Traités et conventions relatifs au Congo. TERRITOIRES : 2 actes du 23 décembre 1908, signés avec la Belgique. du 23 déc. 1919 sur le règlement du droit de préférence sur les territoires de l'État du Congo. COMMERCE : Stipulations de l'acte de Berlin du 26 février 1885 et accords avec la Belgique sur les points que cet acte n'a pas visés (convention belgo-congolaise du 23 décembre 1907, arrangement franco-belge du 23 décembre 1908). EXTRADITION : Convention du 26 novembre 1886. PROPRIÉTÉ LITTÉRAIRE ET ARTISTIQUE : L'art. 2, 17° de la convention d'extradition prévoit l'extradition pour les délits en matière de propriété artistique et littéraire.

Représentation de la Belgique en France.

Ambassade : à Paris, 20, rue de Berri (VIIIe). Tél. : Elysées 20-15 et 50-23 (de 10 h. à 12 h. et de 14 à 16 h.).

Amb. extr. et plén. : Baron *de Gaiffier d'Hestroy*. Conseillers : *Van der Elst*. Cte. Philippe *d'Oultremont*; Cte. Humbert *de Laubespin* ; 1er secrétaire : Cte *de Romrée de Vichenet*. Attachés : *Crombez de Montmort*; Pce. *de Caraman-Chimay* ; V. d'*Artois*. Attaché mil. : Général *Joostens* ; Att. mil. adjoint : Cap. d'*Hendecourt*.

Consul général : L. *Bastin* ; V. Cons. : J. *Charles*.

Cons. à Amiens : J. *Demarquest* ; Angers : J. *Bessonneau* ; Bayonne ; C. *Diharce* ; Beaune : N... ; Beauvais : *Mauvy-Louette* ; Bordeaux : P. *Grange* : Boulogne-s.-M. : Baron J. *de la Bouillerie* (3-20) ; Brest : A. *Reguron* ; Calais : R. *Henon* ; Cette : A. *Isenberg* ; Chartres : T. *Boyeux* ; Cherbourg : G. *Gallier*. Creil : A. *de Meyer* ; Dieppe : E. *Duvivier* ; Dijon : A. *Sarrazin* (4-20) ; Douai : P. *Hénin* ; Dunkerque : P. *Dewulf* ; Givet : N... ; Haumont : N... ; La Ferté-sous-Jouarre : P. *Lallier* ; La Rochelle : F. *Brumauld des Houlières* ; Le Havre : V.-F. *Verstraeten* ; Lille : N... ; Limoges : *Morel* ; Longwy : N... ; Lorient : R. *Dufilhol* ; Lourdes : N... ; Lyon : A. *Mulatier* ; Marseille : N... ; Melun : N... ; Moulins : N... ; Nancy : J. *Sepulchre* ; Nantes : G. *Thubé* ; Nice : J.-C. *Maistre* ; Orléans : Ed. *Perrin* ; Pontoise : Ed. *Desmazures* ; Reims : N... ; Roubaix : N... ; Rouen : A. *Haemers* ; St. Malo ; J. *Guyot de Boismenu* ; St. Nazaire : N... ; Sedan : *Henrion* (3-20) ; Toulon : J. *Petit* : Toulouse : F.-R. *Klehe* ; Tourcoing : N... ; Tours : N...... ; Valenciennes : N... ; Versailles : P. *Moreau de Bellaing*.

A Alger ; Antilles Françaises (Consul général) ; Bône ; Oran ; Cayenne (Guyane française) ; Nouvelle-Calédonie ; La Réunion ; Saïgon ; Haïphong ; Fort-de-France ; Tananarive ; Tunis (consul général) ; Conakry ; Brazzaville.

Vice-Consulats à : Bastia ; Bordeaux ; Boulogne-s.-Mer ; Calais ; Cassel : Fréjus ; Dijon ; Laon ; Lille ; Lyon ; Marseille ; Mazamet : J. *Cornet* ; Melun ; Menton ; Noirmoutiers ; Verdun.

A Arzew; Bizerte; Sousse; Philippeville; Rufisque; Saint-Louis (Sénégal); Sfax; Gabès; Bougie; Libreville, Papeete.

Institutions belges à Paris.

Chambre de Commerce belge, 42, rue Le Peletier. Tél. : Central 91-14.
Office des Chemins de fer et de la marine, 32, rue de Richelieu.

Représentation de la France en Belgique.

Ambassade à Bruxelles, rue Ducale, 65.

Ambass. extr. et min. plén. : *J. de Margerie* (G. O. ✱) ; Secr. de 1re cl. : *Jaunez*. Secr. de 2e cl. : *de Robien* (8-19); Cons. adj. : *Degrand*; Att. mil. : gén. de brigade *Sérot-Alméras Latour* ; Vice-consul : *Baptendier*. Secrétaire-Archiviste : *de Fourmestraux*, 1-20.

Cons. à Anvers : N.. ; Bruxelles : *Milon de Peillon* (18) ; Liège : *Labbe* ✱ ; Charleroi : *Bernard*; C. suppl. : Vice-consulat à Mons ; Ostende.

Agents cons. à Arlon ; Bruges ; Courtrai, Furnes, Gand, Hasselt ; Louvain ; Namur ; Tournai ; Verviers : *Abavent* ✱ ; Ypres.

Institutions économiques :

Chambres de Commerce : à Bruxelles, 2, place des Barricades ; à Anvers, Chambre de Commerce Française d'Anvers, des deux Flandres et du Limbourg, place de Meir, 14 ; Prés. : H. *Béliard*; à Charleroi, 67, rue de Montigny, Prés. : Omer *Mercier*; à Liége, Ch. de Com. des Provinces de Liége, Namur et Luxembourg, 11, rue des Dominicains ; Prés. : A. *Puel* ; à Namur : Ch. de Commerce Fse. des Provinces de Liége, Namur, Luxembourg (sous-comité de Namur), Prés. : *Lapeyre*, à Tournai : Ch. de Com. Fse de Charleroi (sous-comité de Tournai), Prés. : Alexandre *Carrette* ; Ch. de Comm. Fse des provinces de Liége, Namur et Luxembourg (sous-comité de Verviers), Prés. : N...

Conseillers du commerce extérieur : à Anvers, H. *Béliard*, Henri *Terrel* ; à Charleroi : Gaston *Bernheim* ; à Gand : *Laroche* ; à Liége : Louis *Bousque*, *Doat*, A. *Puel*, *Saint-Paul de Sincay* ; à Verviers : A. *Gondresson*.

Base française d'Anvers, 13, quai van Dijck.

T. C. F. Délégué principal à Bruxelles : G. *Rée*, 6, rue Sablonnière ; Délégués : C. *Kenes*, 109, bd. Léopold et *Hülst*, 230, chaussée de Charleroi ; à Anvers : *Fridberg*, 1, rue du Soleil ; C. *de Bom*, 26, longue rue de l'Hôpital ; Dr *Gaspey*, 5, avenue Rubens ; à Auvelais : O. *Lambiotte*, ingénieur-directeur des mines, rue des Glaces-Nationales ; à Blankenberghe : *Hülst*, villa Fleurs des Champs, bd. du Littoral ; à Charleroi : Ed. *Dewandre*, 22, rue Puissant ; à Gand : H. *Van Melle*, artiste-peintre, 32, rue du Rabot ; à Huy : W. *Leners*, 74, Chaussée de Hatte ; à Liége : Ed. *Dresse*, avocat, 72, quai de Fragnée ; à Mons : *Salinat*, 94, avenue Bertaimont ; à Warnant : Baron Alfred *de Rosée*, ingénieur, château de Moulins, à Warnant-lès-Dinant, par Yvoir ; à Ostende : Comt. *Collot*, 101, rue des Champs ; à Spa : Chevalier Arnold *de Thier*, secrétaire général de l'Automobile-Club de Spa.

Institutions intellectuelles :

A Bruxelles : Ecole Française, bd. d'Anderlecht ; Cercle Français d'Anvers, 46, place de Meir.

Institutions diverses :

Assistance : à Bruxelles : Croix-Verte Française, Sté. de Secours aux militaires coloniaux (délégué général : Victor *Joubert*, 75, rue du Progrès), Sté. Fse. de Bienfaisance de Bruxelles (Prés. : Th. *Garrigues*, rue Van Kelmont, 43), Sté. Fse. de Secours mutuels, Sté. la « Fraternelle Française », Sté. de l'Union Française ; Sté. Fse. de Bienfaisance à Anvers, Charleroi, Gand, Liége, Namur, Tournai ; Sté. de l'Union Française à Verviers.

CONGO BELGE

Territoire de l'ancien État indépendant du Congo reconnu par les Puissances au cours des années 1884 et 1885, annexé à la Belgique en vertu de conventions intervenues les 28 novembre 1907 et 15 mars 1908 entre l'État indépendant du Congo et la Belgique, approuvées par les lois belges du 18 octobre 1908.

Gouverneur Général : M. *Henry*.

Superficie : 2.365.000 km. q. ; **Population** : environ 12.500.000 hab. En janv. 1916, il y avait 5.364 Européens dont 3.000 Belges. Chef-lieu de la colonie, Boma.

Quatre provinces : Cong-Kasaï, chef-lieu, Kinshasa; Equateur, chef-lieu, Coquilhatville. Province Orientale, chef-lieu, Stanleyville ; Katanga, chef-lieu, Elisabethville.

Par suite de l'accord anglo-belge du 30 mai 1919, ratifié le 17 juillet suivant par la Commission du régime des mandats, la Belgique se voit attribuer l'administration des provinces de l'Ouroundi et du Rouanda, de l'ancien Est Africain allemand, soit env. 45.000 km² avec une population de 3.500.000 indigènes.

Religion. Le fétichisme qui domine est activement combattu par 571 missionnaires (149 missions) dont 350 sont catholiques et 221 protestants.

Instruction. — Les écoles officielles ne comptaient en 1914 que 1.220 élèves représentant 0,2 p. 100 de la population scolaire recensée.

Justice. — Il y a 7 tribunaux de 1re instance, 15 tribunaux de comtés et 2 Cours d'Appel (à Boma et à Elisabethville).

Force publique. — L'organisation de la force publique a été réglée par le décret de mai 1919. Effectifs en 1919 : 18.000 hommes ; la durée du service est de 7 ans.

Mouvement économique.

Finances.

Finances (en francs) : Compte de 1914 : recettes 30.451.276 et dépenses 63.075.573. Budget évalué en 1919 : recettes 48.838.350 dont 17.780.500 d'impositions directes et taxes, 15.000.000 d'impôt indigène, 10.248.000 produit net des mines ; dépenses 48.524,486 fr. dont 9.240.980 pour la force publique.

Dette consolidée et dette flottante en 1919 : 349.847.446 fr.

Productions et industries.

Principales productions agricoles : caoutchouc, copal, huile et amandes de palme (V. *Commerce* pour les chiffres d'exportation de ces produits), cacao (Bas-Congo, Mayumbe), coton (Manyéma et Sankorou), surface plantée en 1917 : 5.000 ha.

Productions minérales en 1917 : minerai de cuivre, 27.000 tonnes valant 85 millions env. ; or, 3.550 kg. valant 12 millions fr. et 3.600 kg. en 1918 ; diamants, 160.000 carats.

Commerce.

Le développement du commerce a été le suivant (en francs) :

	Importations.	Exportations.	Total.
1895 .... Fr.	11.836.033	12.135.656	23.971.689
1900	31.803.813	51.775.978	83.579.791
1905	25.885.933	68.541.685	94.427.618
1910	43.979.141	95.598.697	139.577.836
1915	29.620.585	82.488.114	112.108.699
1916	79.130.000	147.213.000	226.343.000
1917	»	161.491.000	»

Il y a lieu de tenir compte pour les années 1917 et 1916 de l'augmentation anormale de certains produits et de l'introduction dans la colonie du matériel de guerre.

Commerce spécial de 1916 (en milliers de francs) : Principaux pays de provenance : Grande-Bretagne, 32.974 ; Rhodésia, 4.842 ; Union de l'Afrique du Sud, 5.136 ; France, 5.077; Etats-Unis, 1.304 ; Pays-Bas, 468. — Principaux pays de destination : Grande-Bretagne, 119.833 ; Portugal, 776 ; Rhodésia, 1.840 ; Union de l'Afrique du Sud, 335 ; France, 3 025 ; Possessions portugaises. 722.

La récolte du caoutchouc, reprise depuis 1915, a donné à l'exportation en 1916, 2.232 tonnes ; l'ivoire, dont les prix ont baissé, 405 tonnes ; le copal 3.718 contre 4.702 en 1913 ; l'huile de palme 3.850 t. contre 1.981 en 1913 ; les amandes de palme 22.425 contre 11.024 en 1915 ; le cacao, 770 tonnes contre 680 en 1913.

Principaux articles de commerce en 1916 (en milliers de francs) :

Importation :					
		Navires	839	Caoutchouc	17.473
		Armes, munitions	2.252	Noix palmistes	12.763
Denrées aliment.	7.913	*Exportation :*		Ivoire	7.926
Cotonnades	11.794			Copal	5.379
Machines	4.220	Cuivre	63.914	Huile de palme	2.351
Vins et spirit.	2.789	Or	9.801		

Dans le Katanga, la production du cuivre a atteint 22.165 tonnes en 1916 contre 5.411 en 1913. Les mines d'or de Kilo, Choto et Babeyru ont produit en 1916, 3.296 kgr. valant 9.888.000 fr. contre 1.475 kgr. valant 3.425.000 en 1913.

Mouvement maritime du port de Boma en 1916. Entrée 57 navires jaugeant 215.633 tonnes.

Communications intérieures. — Dans le bas Congo, les grands vapeurs de mer accostent directement à Matadi, et une flottille se composant de 17 vapeurs assure les communications entre les stations du bas fleuve. Dans le Haut-Congo, du Stanley Pool partent de magnifiques routes fluviales accessibles aux bateaux à vapeur et dont on peut évaluer la longueur à 15.000 kil. Environ 100 vapeurs, tant de l'État que des particuliers ou des Sociétés, sillonnent le réseau fluvial. Services réguliers : 1° de Léopoldville à Stanleyville ; 2° de Léopoldville à Panla-Mutumbo ; 3° de Ponthierville à Kindu ; 4° de Kongolo à Bukama 5° de Léopoldville à Libenge ; d'autres services sont aussi organisés sur les rivières de Mongala, Lopori, Aruwimi, Lukenié, Kouango, et Ucle, ainsi que sur les lacs Léopold II, Tanganyka et Moéro.

Des lignes de chemins de fer ont été créées aux endroits où les rapides du fleuve Congo s'opposaient à la navigation ; d'autres ont été construites ou sont en construction pour relier certaines stations du fleuve avec d'autres points : 1° de Matadi à Léopoldville (399 km.) inauguré en 1898 ; 2° de Stanleyville à Ponthierville (123 km.) ; 3° de Kindu à Kongolo (353 km.) ; 4° de Kabalo à Albertville (sur le lac de Tanganika) ; 5° de Sakania à Elisabethville et à Kambove (415 km. en exploitation) et de Kambove à Bukama (en construction) ; 6° une voie ferrée allant de Boma à Lukula (70 km.) et se prolongeant vers le Chiloango (en construction). A total : 2.000 km. de voies ferrées et 9.000 km. de routes.

En 1915 : 51 bureaux de postes, 26 bureaux télégraphiques et stations téléphoniques. Mouvement postal : service intérieur, 574.522 lettres et paquets, etc. ; service extérieur: 905.801.

Des lignes télégraphiques sont établies le long des voies ferrées ainsi qu'entre Boma, Matadi, Léopoldville et Coquilhatville. De Matadi une ligne rejoint Noqui et met le Congo en communication avec l'Europe par le câble Loanda-Lisbonne ; en 1913, la station du câble de Panama a été reliée au câble de l'Eastern et l'exploitation a pris le nom de Société belge des Câbles. 14 postes de T. S. F. assurent les communications rapides entre les différentes régions du Congo et permettent l'acheminement, par l'intermédiaire des postes radiotélégraphiques de Brazzaville et de Pointe-Noire, des télégrammes internationaux par les câbles français concurremment avec les lignes terrestres de l'Afrique Equatoriale Française. Le téléphone est installé le long de toutes les voies ferrées et se sert des lignes télégraphiques.

Monnaies, Poids et Mesures. — La monnaie belge est d'usage courant même parmi les indigènes. Billets de la Banque du Congo belge. Le système métrique décimal est en vigueur depuis 1910.

Agent consulaire de France à Matadi : *Tréchot.*

La Belgique en 1919.

La composition du cabinet Delacroix, après la signature de l'armistice, témoignait de la nécessité d'une coopération commune à l'œuvre de restauration. Tous les partis y étaient représentés : 6 catholiques, 3 libéraux, 3 socialistes. Sénat et Chambre, le Parlement belge n'avait qu'un mandat périmé ; mais préalablement à la consultation nationale, une réforme électorale semblait urgente. Les débats auxquels elle donna lieu prouvèrent que la rivalité des partis avait survécu à la guerre. Pourtant, mais non sans peine, à la base de la loi du 9 mai 1919 le gouvernement put faire inscrire le suffrage universel, non plus tempéré par le vote plural mais abaissé à vingt et un ans au lieu de vingt-cinq, égal pour tous et unipersonnel. Dans la nouvelle loi, au cadre ainsi élargi, la droite réussit à faire introduire l'accession au vote de certaines catégories de femmes : veuves ou mères de victimes de la guerre ou victimes elles-mêmes de leur devoir patriotique.

Par le fait de facteurs divers — nouveau mode de scrutin, travail latent opéré dans la masse électorale... — les élections du 16 novembre 1919 amenèrent dans le Parlement belge un réel bouleversement. Les principales caractéristiques en étaient une réduction notable du parti catholique (71 sièges au lieu de 99), une très forte progression du parti socialiste (70 au lieu de 40), un effritement du parti libéral (passé de 45 à 34). Au Sénat, les élus se classaient ainsi : catholiques, 56 ; libéraux, 36 ; socialistes, 25. Résultats : dans l'une et l'autre Chambre (classement fait des dissidents : 5 flamingants, 4 divers), la droite, depuis 34 ans au pouvoir, avait perdu la majorité ; et dans cette majorité de gauche le parti socialiste acquérait la prépondérance.

Démissionnaire et chargé par le roi de former le nouveau cabinet, M. Delacroix reconstitua, non sans difficultés, sur une base légèrement élargie à gauche, le ministère d'union nationale, avec 5 ministres catholiques, 4 socialistes et 3 libéraux.

Le nouveau gouvernement avait à faire face à de multiples difficultés : politiques, financières, sociales, économiques, diplomatiques.

Difficultés politiques. Fait de méfiance, d'irritation, d'inquiétude, de chômage forcé ou volontaire, de disette et de misère, un malaise régnait en Belgique ; parfois il se traduisit par des grèves, dont celle des mineurs.

Difficultés financières. Les Alliés avaient bien fait remise à la Belgique, si cruellement éprouvée, de sa part dans la dette de guerre (6 milliards), prise en charge par eux, mais jusqu'au 29 décembre 1919, l'Etat belge dut attendre de l'Allemagne le règlement d'une somme de 6 milliards de marks (7 milliards et demi de fr.) en monnaies ou valeurs allemandes, inconvertible et inutilisable sans une sensible perte au change. Or, par suite du désarroi industriel, de l'insuffisance des transports et des transactions, le budget de l'exercice 1919 accusait un déficit d'environ 5 milliards.

Difficultés sociales. Sur la crise économique et politique l'agitation « activiste » venait greffer la vieille querelle linguistique pendante entre Wallons et Flamingants. Trait du Parthe laissé dans le flanc du lion belge, l'activisme tient de ses origines des tendances suspectes, mal voilées de revendications universitaires ou régionalistes, qui seraient inquiétantes si le patriotisme belge était moins averti.

Difficultés diplomatiques. Avant la guerre, le statut international de la Belgique était régi par les traités de 1839 qui stipulaient la neutralité belge et en réglaient la modalité.

Démontrée par les faits vaine et inopérante, la neutralité de la Belgique ne pouvait survivre à la guerre. Les Belges réclamaient pour leur pays la personnalité politique, économique et militaire. Par là même, la revision des traités de 1839 s'imposait.

La question du Luxembourg fut résolue par un referendum des Luxembourgeois qui, à une très forte majorité, se prononcèrent pour le maintien de la constitution actuelle avec la dynastie régnante et pour la conclusion d'un accord économique avec la France. Quelque peu décevante au regard de certaines illusions belges, car le bassin sidérurgique du Luxembourg n'est pas inférieur à 4 000 hectares, cette solution fut accueillie avec une courtoise discrétion.

Pour les territoires « rédimés », jadis englobés dans la Prusse rhénane, le recours au referendum eût été superflu. Spontanément et par voie de pétitionnement, les habitants de Malmédy et ceux du district demandèrent au roi des Belges leur rattachement à la Wallonie belge. La Conférence a ratifié ce vœu.

Dans l'Est africain, la Belgique a aussi obtenu satisfaction. Conformément à un accord élaboré entre les gouvernements britannique et belge, ratifié par la Conférence le 28 août 1919, l'Etat belge s'est vu attribuer la plus grande partie des territoires de Urundi et Ruanda. Peuplée de 3 500 000 habitants, cette colonie apporte à la Belgique une richesse pastorale appréciable.

Par contre, du côté du Limbourg, le gouvernement de Bruxelles put se rendre compte de la répugnance de l'opinion hollandaise à une cession de territoire. En Belgique, d'ailleurs, l'opinion n'était pas unanime à ce sujet.

Le quatrième point de la revision des traités de 1839, celui qui a trait aux rapports entre l'État belge et les Pays-Bas n'est pas le moins important pour l'avenir d'une Belgique reconstituée. Après de longs pourparlers, tant à la Conférence qu'entre les diplomaties intéressées, nulle solution n'est encore intervenue. En tout ce qui concerne le régime des eaux fluviales ou celui de la canalisation, le contrôle du bas Escaut et l'écoulement des eaux de Flandre, la conciliation des droits impartis à la souveraineté hollandaise avec les aspirations belges, légitimées par un intérêt vital, apparaît délicate.

Vis-à-vis de la France et de la Grande-Bretagne, les deux alliées fidèles, auxquelles certains avantages étaient garantis par les traités de 1839, la Belgique ne possède pas encore de nouveau statut. Des accords particuliers ont été, toutefois, conclus avec la France.

Bibliographie.

BELGIQUE

Annuaire de la Belgique scientifique, artistique et littéraire, Institut intern. de Bibliographie. Bruxelles.

Carton de Wiart (H.). *La Belgique boulevard du droit*, in-16. Bloud et Gay. Paris, 1917.

Charriaut (H.). *La Belgique moderne*, in-16, 392 p., 3 fr. 50. Flammarion. Paris, 1916.

Destrée (J.) et E. Vandervelde. *Le Socialisme en Belgique*, in-18, 3 fr. 50. Giard et Brière. Paris, 1903.

Guide Michelin pour la Belgique et le Luxembourg, in-8. Chaix. Paris, 1916.

Heyman (H.). *La Belgique sociale, son passé, son avenir*, in-16, 350 p., 4 fr. 50. Payot. Paris, 1917.

Izart (J.). *La Belgique au Travail*, in-8, 8 fr. Paul Roger. Paris, 1914.

Orban (O.). *Le Droit constitutionnel de la Belgique*, 3 vol. in-8, 42 fr. Giard et Brière. Paris, 1906-12.

Stiénon (Charles). *Anvers et l'avenir de l'Entente*, in-8, 304 p., 10 fr. Nouv. Librairie Nationale. Paris, 1918.

Wallez (N.). *La Belgique de demain et sa politique*, in-16, 2 fr. Van Oest. Paris. 1917.

Waxweiler (E.). *La Belgique neutre et loyale*, in-8, 304 p., 2 fr. 50. Payot. Paris, 1915.

CONGO BELGE

Bulletin administratif et commercial. Bimens. Boma.

Goffart (F.) et Morissen (G.). *Le Congo, Géographie physique, politique et économique*. Bruxelles, 1908.

Payen (Edouard). *Belgique et Congo*, in-16, 2 fr. Bossard. Paris, 1918.

Wauters (A.-J.). *Histoire politique du Congo belge*. Bruxelles, 1912.

Wildeman (E. de). *Les Plantes tropicales de grande culture*. Bruxelles 1902 et avec Gentil; *Lianes caoutchoutifères de l'Etat indépendant du Congo*. Bruxelles, 1908.

BHOUTAN

État indépendant de l'Asie centrale — Souverain héréditaire depuis 1907. — Depuis janv. 1910, le Bhoutan a abandonné le contrôle de ses relations extér. à la Grande-Bretagne et en reçoit un subside annuel de 100.000 roupies.

Souverain : Maharaja Sir UGYEN WANGCHUK, élu en 1907.

Superficie. env. 50.000 km. q.

Population, d'origine thibétaine évaluée à 250.000 hab. — Région encore imparfaitement connue et d'accès difficile aux voyageurs. *Capitales*, Punakha (hiver), Tassisoudon (été). *Religion :* bouddhisme. *Productions :* riz, millet, soie ; nombr. forêts (hêtre, bouleau, érable, cyprès). *Industrie* très primitive (couvertures grossières, étoffes de coton et armes). *Commerce* se fait presque entièrement avec les Indes brit. et ne dépasse pas annuellement 4 millions de fr. import. et export.

Bibliogr. : J.-C. White. — *Sikkim and Bhutan.* Londres, 1909.

BOLIVIE
(RÉPUBLIQUE DE)

Constitution et Gouvernement. — République démocratique, comprenant 8 départements. Constitution du 6 août 1826, modifiée le 28 oct. 1880, suspendue le 19 avril 1898, de nouveau en vigueur depuis le 23 oct. 1899. Le Président et 2 vice-prés. sont élus pour 4 ans par vote direct. Congrès : Chambre des sénateurs (16 membres, 2 pour chaque département, âgés au moins de 35 ans et ayant un revenu annuel de 800 bolivianos, élus par le suffrage direct pour 6 ans et renouvelés par tiers tous les 2 ans) et Chambre des députés (75 membres, âgés au moins de 25 ans et ayant un revenu annuel de 400 bolivianos, élus par suffrage direct pour 4 ans et renouvelés par moitié tous les 2 ans) ; sessions annuelles le 6 août, de 60 à 90 jours.

Couleurs nationales : rouge, jaune, vert.

Président de la République : José GUTIERREZ GUERRA (15 août 1917-1921). 1er V. Prés. : *Ismael Vasquez.* — 2e V. Prés. : José Santos *Quinteros.*

Ministère (1918) : Fin. : Dario *Gutierrez.* — Aff. Etr. et Cultes : Alberto *Gutiérrez.* — Just. et Indust. : Julio *Gutiérrez.* — Intér. et Trav. publ. : R. *Martinez Vargas.* Guerre et colonisat. : José Santos *Quinteros.* — Instruct. et Agric. : Daniel S. *Bustamante.*

Congrès. Sénat, Prés. : le 1er V.-Prés. de la Républ. — Ch. des Députés Prés. : José Luis *Fejada.*

Superficie : 1.333.050 km. q. — *Population :* 2.889.970 hab. En 1900, 920.864 Indiens (50,9 p. 100) ; 486.018 métis (26,7 p. 100) ; 231.088 blancs (12,7 p. 100) ; 3.945 nègres (0,2 p. 100) ; 170.936 hab. non classés (9,4 p. 100). Répartition par professions : agric. : 564.0.. indust. : 399.037 ; commerce : 55.221 ; prof. libérales : 49.647 ; serviteurs : 36.285 ; mineurs 12.625 ; prof. artistiques : 3.016. Admission et naturalisation des immigrants facilitées depuis mars 1906.

Villes princ. : La Paz, 100.097 hab. ; Cochabamba, 31.014 ; Potosi, 29.795 ; Sucre (capitale), 29.683 ; Tarija, 10.159.

Religion. — Culte catholique reconnu comme religion d'Etat ; autres cultes tolérés. Ordres religieux : 17 couvents dont 7 pour hommes et 8 pour femmes. Archev. (Sucre) et 3 év. suffrag. (La Paz, Cochabamba et Santa-Cruz). Habitants non catholiques, 28.24.. L'entretien du culte cath. coûte annuellement à l'État 121.108 bolivianos dont 23.820 sont consacrés à propager la foi parmi les Indiens.

Instruction. — Liberté de l'enseignement ; instruction primaire obligatoire sous le contrôle des municipalités. En 1915, on comptait 426 écoles prim., 3.960 professeurs et 51.162 élèves. Pour l'enseign. second. : 21 collèges, 5 instit. cléricales, 5 lycées privés et, en tout, 180 prof. et 2.598 élèves. Pour l'enseign. supér. : 19 établiss., 78 prof. et 1.291 étudiants. A Sucre, Université de St-François-Xavier (1623) et à La Paz, Collège des Avocats (1893) (facult. de droit, médecine, théolog.) ; Ecoles Normales, Ecoles de Commerce, Ecole Militaire, Muséum à La Paz. Muséums de Minéralogie à Oruro et Potosi. Bibliothèques publ. dans tous les chefs-lieux de départ. Budget de l'enseignement en 1916 : 2.850.000 boliv.

Justice. — Cour suprême à Sucre ; trib. sup. de chefs-lieux de dép. et dans les terr. L'administration de la justice est indépendante de l'État.

Armée. — Service milit. obligatoire de 19 à 50 ans. L'armée est une milice (6 ans dans l'active dont 1 an dans le rang, 5 ans réserve ordin., 10 ans réserve extraord. et 10 ans Garde territoriale). Depuis la loi milit. de 1915, l'armée permanente compte 4.000 h. dont 300 off. En outre, dans les chefs-lieux de dép., il y a des « colonnes » de 100 à 2.000 qui, en temps de guerre, forment les cadres de nouveaux bataillons.

Corps diplomatique à La Paz et Consulats.

Amérique (Etats-Unis), E. e. et M. pl. : S. *Abbot Magginis.*
Argentine: Ch. d'aff. M. *Galarce*; Cons. à la Paz : R. C. *Acuna*, C. G.
Belgique, Ch. d'aff. et C. G. : N...
Brésil, Ch. d'aff. : N...
Chili, E. e. et M. pl. : E. *Bello. Codesido* ; Ch. d'aff. : A. *Rodriguez Mendoza.*
Colombie, E. e. et M. pl. : Ch. d'aff. p. i. Ric, *Sanchez Ramirez.*
Cuba, E. e. et M. pl. : Dr Ign. *Calderon.* Ch. d'aff. : Nelson *Polhamus.*
Dominicaine, C. G. à La Paz : A. *Ortega.*
Equateur, E. e. et M. pl. : Dr Clem. *Ponce.*
Espagne, E. e. et M. pl. N...; V. C. à La Paz : J. *Boada* y *Barbé.*
France, V. *Relations.*
Grande-Bretagne, E. e. et M. pl. : W. E. *O'Reilly*; 1er Secr. : G. D. N. *Haggard*, O. B. E.
Italie, v. Pérou. Corps diplom. Cons. à la Paz : G. *Spa.*
Mexique, Ch. d'Aff. : José *Ugarte.*
Paraguay, E. e. et M. pl. : Fr. *Moreno.* Cons. à Sucre : R. Arce.
Pays-Bas, Cons. à La Paz : H. S. *Denniston.*
Pérou, E. e. et M. pl. : F. *de Osma.* Cons. à la Paz : H. *Bellido.*
Uruguay, E. e. et M. pl. v. Chili, corps diplom.
Venezuela, E. e. et M. pl. : Ign. *Andrade.* Cons à La Paz : B. *Goytia.*

Mouvement économique.

Finances. — Budget de 1918. En bolivianos (1) : Recettes : 32.586.886,50 ; dépenses : 36.145.261,77 dont 613.052 pour le service législatif ; 938.738 pour les aff. étr. ; 6.456.42, pour l'intérieur ; 15.563.466,29 pour les finances ; 1.940.246,93 pour l'instruc. et 7.612.625,55 pour la guerre. Dette publ. en juin 1918 : 67.572.378 bol. dont 39.808.759 de dette extér., 21.662.436 de dette intér. et 6.101.183 de dette flottante. Dette extér. : emprunt Morgan de 1908 à 6 p. 100 : 5.124.929 ; emprunt franç. de 1910 : 17.486.750 ; emprunt franç. de 1913 : 12.117.250.

Productions. — 2.005.640 hect. cultivés, mais dans de mauvaises conditions. Le Gouvernement négocie l'établissement de 10.000 agriculteurs japonais qui trouveront de vastes terres incultes à mettre en valeur. Production de blé, maïs, avoine, haricots et pommes de terre, pour la consommation locale seulement. Plantations de cacao dans les régions de La Paz et Cochabamba et de café (El Beni et Santa-Cruz). Cultures de caoutchouc (territ. nation., El Beni, Santa-Cruz, La Paz et Cochabamba : 40.642.000 ha.). La Bolivie est, après le Brésil, le principal pays de l'Amérique du Sud exportateur de caoutchouc (13.292.264 bolivianos en 1916). Cheptel de 1916 : bœufs, 734.266 ; moutons, 1.499.114 ; chevaux, 98.846 ; mulets, 44.584 ; ânes, 172.959 ; chèvres, 467.950 ; porcs, 114.146 ; lamas, 414.047 ; alpocas, 112.033 ; vigognes, 200.

Sous-sol minier particulièrement riche. L'exportation de 1917 a été, en tonnes : étain, 45.428 ; antimoine, 21.287 ; cuivre, 29.011 ; wolfram, 2.804 ; bismuth, 492 ; plomb, 2.304 ; argent, 106 ; zinc, 482. La Bolivie produit un quart de l'extraction mondiale de l'étain. Au sud et près du lac Poopo, mines de sel. Puits de pétrole près de Calacoto.

Commerce général en 1916 : Le commerce extérieur de la Bolivie avait atteint en 1913 son plus grand développement. Le conflit européen eut sa répercussion sur les import. et les export. ; mais dès 1915, les besoins de l'Entente, en matières premières, provoquèrent une large plus-value dans les export. Les échanges qui s'élevaient en 1913 à 148.484 milliers de boliv. (54.763 pour les import. et 93.721 pour les export.) remontèrent en 1916 à 132.582 milliers de boliv. dont 31.098 aux import. et 101.484 aux export. En voici la répartition par pays :

PAYS.	IMPORTATIONS.		EXPORTATIONS.	
	1913	1916	1913	1916
États-Unis	4.044	9.494	—	28.894
Grande-Bretagne	11.101	4.146	75.764	66.016
France	2.058	631	4.572	1.093
Belgique	2.259	1.662	3.172	—
Allemagne	20.091	—	7.954	—

Princ. articles d'import. : comestibles, quincaillerie, vins et spiritueux, coton, lainages, soieries, articles de modes. Princ. articles d'export. (1916) : étain, 67.784 ; caoutchouc, 14.632 ; argent, 2.997 ; cuivre, 3.287 ; bismuth, 2.103 ; wolfram, 413.

La Bolivie n'a pas de ports de mer ; le trafic se fait surtout par Arica, Mollendo, Antofagasta et les ports de rivière de Suarez (Paraguay), de Montes (Itenes), de Villa Bella (Madeira) et de Bahia (Haut-Acre). La route de l'Argentine par Salta est maintenant peu employée.

Le commerce d'import. avant la guerre était surtout entre les mains des Allemands, tout en comprenant cependant beaucoup de produits anglais.

Communications intérieures : Chemins de fer en exploitation (1917) : 1.689 km. dont 1.172 km. pour la principale ligne reliant Antofagasta (côte du Pacifique) à Ollagüe, Oruro, Viacha, La Paz. Ch. de fer en construction : 571 km. Routes : 3.707 km. Postes. En 1917 le nombre des bureaux était de 413. Le mouvement postal avait donné 4.086.928 lettres et paquets avec : recettes, 289.193 boliv., et dépenses : 565.219. Pour les télégraphes, le nombre des bureaux était de 194 avec 6.133 km. de lignes et 8.951 km. de fils ; dépêches. 1.196.149 ; recettes, 466.139 boliv. et dépenses 644.045. Les téléphones comprenaient 12 circuits urbains ; 2.097 km. de fils et 74.807 conversations.

Monnaies, poids et mesures. — Unité monétaire : le *bolivianos* ou bolivien de 100 *centavo*. = 5 fr. (valeur nominale). Le *centavo* = 0 fr. 05. Monnaies d'argent : pièces de 5, 10, 20, 50 et 100 centavos ; de cuivre : pièces de 1 et 2 centavos ; de nickel : pièces de 5 et 10 centavos. Monnaie fiduciaire : billets de 1, 2, 5, 10, 20, 50 et 100 boliv.

Le système métrique décimal français a été officiellement adopté mais les anciennes mesures espagnoles sont encore en usage.

Presse. — Environ 40 journaux. Princ. quotidiens à La Paz, *El Norte*, *El Tiempo*, *El Diario*.

Relations avec la France :

Traités et Conventions.

CONSULS : Convention du 5 août 1897. — PROPRIÉTÉ LITTÉRAIRE, ARTISTIQUE ET INDUSTRIELLE : Déclaration du 8 septembre 1887.

Représentation de la Bolivie en France :

Légation à Paris, 104, avenue Malakoff (16e).
Envoyé extraord. et Min. plén. : J.-C. *Arteaga*, 107, av. Victor-Hugo (16e).
Consul gén. : Ag. *Montès*, 33, av. Victor Hugo. Tél. Wagram 76-68
Consulats à : Bordeaux ; Bayonne ; Biarritz : J. *Manuel Anza*, 4-20 ; Brest ; Cette ; Dunkerque ; Le Havre ; Lille ; Marseille ; Rouen ; Saint-Nazaire ; Toulouse ; Alger.
Vice-Consulats à : Bordeaux ; Cognac ; Lambesc ; La Rochelle ; Lille ; Limoges ; Lyon ; Menton ; Nantes ; Nice ; Reims ; Saint-Jean-Pied-de-Port ; Vichy.

Représentation de la France en Bolivie :

Siège à La Paz.
Min. Résident : *Boudet*. — Chancelier : *Lepesteur*. A Sucre : Agent Consulaire : *Doynel*.
Agences Consulaires à : Cochabamba ; Oruro ; Potosi ; Riberalta ; Santa-Cruz de la Sierra ; Sucre.

Institutions diverses :

T. C. F. Délégué à la Paz : J. *Barrande Hesse*, Casilla 327.
Société de Bienfaisance française à La Paz.

Bibliographie :

Anuario Estadistico y de Informacion. Annuel, la Paz.
Ballivian et Zarco (J.). *Monografias de la Industria Minera* (Oro, Plata, Estano) La Paz 1899-1900.
Blanco (P. A). *Monografia de la Industria Minera en Bolivia*. La Paz 1910.
Boletin de las Sociedades geograficas de la Paz, Sucre, Santa-Cruz, Potosi.
Brabant (W. van) *La Bolivie*. Paris, 1913.
Molinos (Jaime) *Bolivia*. Buenos-Aires, 1917.
Reid (W.A.) *Bolivia, the Heart of a continent*, Washington 1916.
Walle (Paul) *La Bolivie et ses mines*. Paris 1913.

(1) Le bolivianos a une valeur nominale de 5 fr.

BRÉSIL

(ÉTATS-UNIS DU)

République fédér. (de 20 États, 1 terr. nat. et 1 district féd.) proclamée le 15 nov. 1889 par le Gouvernement provisoire institué à la chute de l'empereur dom Pedro II. Constitution du 24 févr. 1891. Sénat composé de 63 membres (3 pour chaque état et pour le district fédéral) élus pour 9 ans, et renouvelés par tiers tous les 3 ans. Chambre des députés composée de 212 membres (1 par 70.000 hab.) élus pour 3 ans. Le président et le vice-prés. de la République sont élus pour 4 ans et remplacés, en cas de cessation de fonctions dans le cours des 2 premières années, par une nouvelle élection, et dans les 2 dernières années successivement par le vice-prés. de la Rép., le vice-prés. du Sénat, le prés. de la Chambre des dép. et le président du Tribunal fédéral suprême. Les élections pour les deux Chambres ainsi que celles des présidents ont lieu au suffrage direct. Est électeur tout Brésilien âgé de 21 ans, sachant lire et écrire. Chaque état a une constitution, une organisation admin., législ. et judiciaire, distinctes et indépendantes. Il élit son gouverneur et ses représentants.

Couleurs nationales : vert, jaune. *Pavillon de guerre et de commerce* : vert, chargé au milieu sur losange jaune, d'une sphère bleue, traversée obliquement d'une bande blanche qui porte cette devise : *Ordem e Progresso* ; la sphère accompagnée en chef d'une étoile blanche et en pointe de 20 étoiles de même, représentant les 20 états et le district fédéral.

Président de la République : Epitacio DA SILVA PESSOA (28 juill. 1918-15 nov. 1922) ; *Vice-prés. :* N...

Ministres d'État. **Aff. étr. :** *Azevedo Marques.* **Intérieur et Justice :** Alfredo *Pinto* ; **Fin. :** H. *Baptista.* **Guerre :** P. *Calogeras* ; **Marine :** Raul *Soares* ; **Trav. publ. :** Pires *do Rio* ; **Agricult. Com. et Ind. :** Sim. *Lopes.*

Congrès national. — **Sénat.** *Prés. :* Dr A. *Azeredo.* **Ch. des dép. Prés. :** Dr Ast. *Dutra.*

Superficie : 8.497.540 km. q. (France : 550.985). *Population* (recens. de 1917) : 27.473.979 hab. Principaux États : Minas Geraes, 5.064.858 hab. ; São Paulo, 4.466.196 ; Bahia, 2.918.097. *Immigration :* sur un total de 3.447.947 immigrants de 1820 à 1915, 2.834.307 sont des Latins (Italiens, 1.361.266 ; Portugais, 976.386 ; Espagnols, 468.583 ; Français, 28.092), tandis que l'élément germain, concentré surtout dans les États de Parana, Santa Catharina et Rio-Grande do Sul, ne s'élève qu'à 201.376 individus dont 122.880 Allemands.

Villes princ. (recens. de 1913) : Rio-de-Janeiro, 1.128.637 hab., São Paulo, 416.000 ; São Salvador da Bahia, 300.000 ; Recife (Pernambuco), 228.000 ; Belem (Para), 170.000 ; Porto Alegre (Rio Grande do Sul), 147.000.

Religion et instruction : Séparation de l'Église et de l'État ; liberté des cultes. La grande majorité de la population est catholique. Archev. à Rio de Janeiro (cardinal), Bahia, São Paulo, Para, Mariana, 25 év. suffrag., 13 séminaires.

Instruction gratuite mais non oblig. En 1914, 12.744 écoles primaires (6.995 écoles des États, 85 écoles fédérales, etc.) avec 20.590 professeurs, 700.120 élèves ; 327 écoles second., avec 30.426 élèves, 29 écoles normales, 28 écoles industr., 11 d'agric. et 9 de commerce.

Enseignement supérieur donné par 12 Facultés, presque toutes de droit et médecine. A Bahia, Fac. de médecine, chirurgie et pharmacie (1808), École d'ingénieurs (1896), École de Droit (1890) ; à Brilo Horizonte, Fac. libre de Droit (1892) ; à Ouro Preto, École des Mines (1875), École de Pharmacie (1839) ; à Porto Alegre, Fac. libre de Médecine et Pharmacie (1899), École d'Ingénieurs (1894), Fac. de Droit (1900) ; à Recife, Fac. de Droit (1827), École d'Ingénieurs (1892) : à Rio de Janeiro, Fac. de Médecine, Chirurgie et Pharm. (1808), Institnt Oswaldo Cruz (1901), Institut de Psychiatrie (1841), École Dentaire, École Polytechnique (1810), Fac. des Sciences juridiques et sociales (1891), École des Beaux-Arts, Institut nat. de Musique, Bibliothèque nat. avec plus de 400.000 vol. et manuscrits, Muséum nat. ; à Sao Paulo, École Polytechnique (1894), École de Pharmacie, d'Odontalgie et d'Obstétrique (1898), Faculté de Droit (1827), Universités en formation.

Justice. Cour fédérale suprême à Rio et juges fédéraux dans chaque État. Dans chaque État, cour appliquant la loi de l'État. Juges inamovibles. Nouveau Code civil depuis le 1er janv. 1917.

Armée : Service militaire oblig. de 21 à 45 ans (2 ans active, 7 ans réserve, 7 ans armée de 2e ligne, 7 ans réserve de 2e ligne). Recrutement par tirage au sort et engagés faisant 1 à 2 ans de service. 13 régions militaires. L'armée active comprend 15 rég. d'infanterie à 3 bat., 12 bat. de fusiliers, 12 rég. de cavalerie à 4 esc. et 5 rég. à 2 esc., 5 rég. d'art. de campagne à 9 batteries de 4 pièces, 9 batteries à cheval, 5 batteries lourdes et 8 de montagne. Effectif de paix : 53.220 h. dont 2.210 off.

Flotte : 2 dreadnoughts, le *Minas Geraes* et le *Sao Paulo* (1907), de 19.300 t. ; 2 garde-côtes (1898) de 3.200 t. ; 3 cr. protégés dont le *Bahia* et le *Rio Grande do Sul* (1907) de 3.500 t. ; 5 canonnières, 10 destroyers, 5 torp. de haute mer 3 sous-marins. Arsenal à Rio, ateliers à Para Ladario. Personnel 1 amiral, 4 vice-am., 750 officiers et 5 000 hommes.

Corps diplomatique à Rio de Janeiro et consulats.

Allemagne, Ch. d'aff. : N...

Amérique (Etats-Unis), Amb. : E.-V. *Morgan* ; 1er Secr. : Al. *Benson*. Cons. à Bahia : E. *Higgins* ; Pernambuco ; Rio de Janeiro : A. L. M. *Gottschalk* C. G.

Argentine, Rép., E. e. et M. pl. : Dr M. Ruiz de los *Llanos* ; Cons. à Rio de Janeiro : *Saguier* C. G.

Belgique, E. e. et M. pl. : E. *Robyns de Schneidauer* ; Cons. à Rio de Janeiro : le M. pl.

Bolivie, E. e. et M. pl. : Dr J. *Carrasco* ; Cons. à Rio de Janeiro : Dr *de Souza Henriquez*.

Chili, E. e. et M. pl. : Alf. *Irarrazaval Zanartu* ; 1er Secr. : Dr N. *Novoa Valdes* ; Cons. à Bahia : Man. F. *Machado* ; Rio de Janeiro ; S. *Grazie*, C. G.

Chine, E. e. et M. pl. : *Shia-Yi-Ding*.

Colombie, E. e. et M. pl. : Luis *Tanco de Arguez*. Cons. à Rio de Janeiro : Dr L. *Tosta da Silva Nunes*, C. G.

Cuba, E. e. et M. pl. : Dr Enrique *Perez Cisneros*.

Danemark, Cons. à Rio de Janeiro : G. *Boetticher*, C. G.

Equateur, E. e. et M. pl. : Général *Travino*; C. G. à Rio de Janeiro : Dr C. *Faller*.

Espagne ,E. e. et M. pl. : A. *Benitez*. Cons. à Rio de Janeiro : le Min. C. G.

France, v. Relations.

Grande-Bretagne, E. e. et M. pl. : Sir Ralph S. *Paget*, K. C. M. G., C. V. O. ; Conseiller H.-G. *Chilton* ; Att. commerc. : E. *Hambloch* ; Att. naval : Comm. C.-L. *Backhouse* ; Cons. à Bahia : F.-E. *Drummond-Hay* ; Para : G. B. *Mitchell* ; Rio de Janeiro : D. R. O'Sullivan *Beare*, C. G.

Grèce, M. R. et C. G. à Rio de Janeiro : R. *Kiouzés-Pézas* ; V.-C. à Be em, Porto Alegre.

Guatemala, E. e. et M. pl. : Dr *Eduardo Poirier* ; Cons. à Sao Paulo : L. *de Freitas*.

Honduras, C. G. à Rio de Janeiro : R.-J. *Kinsman-Benjamin*.

Italie, Amb. : comte *de Bosdari* ; Cons. à Pernambuco : P. *Spano*; Porto Alegre : J. *Beverini* ; Rio de Janeiro : G. *Ricciardi*, gér.

Japon, E. e. et M. pl. : K. *Horiguchi* ; 1er secr. : T. *Matsumura*.

Luxembourg, V. Pays-Bas, Corps dipl.

Mexique, E. e. et M. pl. : Gral. y. Lic. Aaron *Saenz*. Cons. à Bahia, Rio de Janeiro.

Norvège, E. e. et M. pl. : F.-H. *Gade* ; Cons. à Para ; Pernambuco ; Porto Alegre.

Panama, M. R. : N... ; Cons. à Rio de Janeiro : F. *Langgard Menezes*.

Paraguay, E. e. et M. pl. : Ramon *Lara Castro* ; Cons. à Rio de Janeiro : le Ch. d'aff. C. G.

Pays-Bas, E. e. et M. pl. : L. J. C. von Zeppelin *Obermuller* ; Cons. à Bahia ; Rio de Janeiro : le *Min*.

Pérou, E. e. et M. pl. : N... ; Ch. d'aff. : E. *Garland y Roel* ; Cons. à Rio de Janeiro.

Perse, C. G. à Rio de Janeiro : N...

Portugal, Amb. : Dr *Duarte Leite Pereira da Silva* ; 1er secr. : J. *de Montalvao*. Cons. à Bahia : E. C. *Martinez Tavares* ; Manaos : P. *Cid* ; Para : C. A. *Cotello* ; Rio de Janeiro : Dr A. *d'Oliveira*.

Russie, E. e. et M. pl. : N...

Saint-Siège, Nonce apost. (Petropolis) : Mgr. A. *Scapardini*, arch. tit. de Damas.

Suède, M. R. : J.-T. *Pauss*.

Suisse, Ch. d'aff. et C. G. : A. *Gertsch* ; Cons. à Bahia ; Para, Pernambuco.

Turquie, Cons. à Rio de Janeiro : *Rizeaulla Haddad* Eff.

Uruguay, E. e. et M. pl. : B. *Fernandez y Medina* ; Cons. à Rio de Janeiro : M. *Bernardez*.

Venezuela, E. e. et M. pl. : Dr E. C. *Guerrero* ; Cons. à Rio de Janeiro : B. *Bueno*, C. G.

Mouvement économique.

Finances (chiffres en milreis d'or et de papier) (1). Budget pour 1919 : recettes or : 95 021.034 ; dépenses or, 80.369.206 ; soit excédent or : 14.652.828. Recettes papier : 405.608.000, dépenses papier 476.641.194 soit déficit papier 71.033.194. La conversion de l'excédent or en papier au change de 13 1/2 réduiront ce déficit à 41.730.781 milreis. Le Brésil qui, en 1914, avait dû cesser de payer en espèces les intérêts de sa dette et procéder à une opération de *funding*, a repris, dès le 1er août 1917, ce paiement en espèces. Dette extér. au 31 déc. 1917, 115.448.198 l. st. Dette intér. consolidée : 937.724.500 milreis.

Productions et industries : Le café, le caoutchouc et le maté sont les principaux produits du Brésil. Pour le café, fourni surtout par les états de Rio, Santos, S. Paulo, Bahia, la production a été, en 1917-18, de 15.836.000 sacs sur une production mondiale de 18.850.000 sacs contre 19.000,000 de sacs en 1916-17 ; elle est tombée à 10.000.000 de sacs en 1918-1919. En ce qui concerne le caoutchouc cultivé dans les districts de Cearse Manaos et Para, l'expédition se maintient à peu près stationnaire (34.350 tonnes en 1918,

(1) Le milreis vaut au pair 2 fr. 83. (2) Le contos de reis = 1.000

contre 37.500 en 1915 et 39.370 en 1913). On estime, d'autre part, à 48.540.000 kg. (dont 28.000.000 de kg. pour l'État de Bahia) la production annuelle du tabac travaillé par 2.036 fabriques et ayant donné lieu en 1917 à une exportation de 25.700 tonnes. Le sucre de canne, atteint par la concurrence en Europe du sucre de betterave, est redevenu une ressource pour les Alliés et son exportation qui n'était que de 5.360 tonnes en 1913, s'est élevée en 1917 à 131.763 t. valant 3.624.000 l. st. La guerre a enfin amené le Gouvernement à développer la polyculture et le Brésil produira bientôt assez de blé pour sa consommation.

Le cheptel, ignoré jusqu'alors, et qui comprenait en 1917 : bœufs, 30.705.000; porcs, 18.400.500 ; moutons, 10.653.000 ; chevaux, 7.289.000 ; mulets, 3.208.000 (17 millions de têtes pour le seul État de Rio Grande do Sul), s'est révélé un des plus riches du monde et a permis une forte exportation de viandes frigorifiées (8.514 tonnes en 1915 et 66.452 en 1917 dont 5.184 à destination de la France).

La richesse forestière du Brésil est abondante et le pin, les bois de teintures et de construction notamment, ont donné lieu à une exportation importante.

Sous-sol abondant en minerais de toutes sortes. Le Brésil est l'une des contrées du monde les plus riches en minerais de fer, surtout en oxydes (Minas Geraes, Bahia, Rio Grande do Sul, etc.) ; houillères (Rio Grande do Sul, Santa Catarina, Parana, etc.), gisements d'or et de diamant (Grao Mogol, Chapada) ; pétrole. L'extraction du manganèse (Bahia, Rio et Minas Geraes) utilisé pour donner plus de résistance à l'acier, s'est élevée de 122.300 t. en 1913 à 532.855 en 1917. Mines de nickel, zinc, wolframinn, etc.

L'industrie sidérurgique se développe (Itabira). 240 tissages de coton, avec plus de 1.500.000 broches et 82.500 ouvriers ; au total 11.335 usines, représentant un capital de plus de 665.675.000 milreis avec 152.000 ouvriers.

Commerce: Les chiffres pour 1918 en milliers de milreis papier de reis montrent à l'import. 989.405 et à l'export. 1.137.000 (en 1913, import. 1.007.495 ; export., 972.731), se répartissant entre :

PAYS.	IMPORTATIONS.		EXPORTATIONS.	
	1917.	1918.	1917.	1918.
États-Unis	394.890	355.931	532.731	393.895
Grande-Bretagne	150.854	201.878	149.303	114.802
France	33.824	47.378	157.220	102.416
Italie	16.609	21.054	92.370	120.993
Argentine	109.306	187.899	106.725	172.753

Principales import., chiffres de 1917 (en contos) : articles manufacturés, 386.950 (565.279 en 1918) ; matières premières et produits mi-manufacturés, 252.536 (210.943 en 1913) ; denrées alimentaires : 196.817 (223.922 en 1913). Princip. export. : café, 440.210 ; caoutchouc, 135.788 ; viandes congelées, 60.233 ; peaux, 71.687 ; manganèse, 57.284.

Grande foire annuelle de Rio de Janeiro, en octobre.

Commerce avec la France.

Les chiffres de la Statistique Douanière montrent les variations suivantes (commerce spécial pendant les années 1916, 17, 18 et 19 pour les principales importations et exportations (en milliers de francs) :

Importations en France.

DÉSIGNATION DES MARCHANDISES.	1916.	1917.	1918.	1919 provis.
Café	217.665	339.966	364.035	521.248
Cacao	20.813	25.571	12.674	26.284
Peaux et pelleteries brutes	16.896	22.932	1.561	42.816
Viandes fraîches et frigorifiées	5.491	13.923	347	40.250
Autres articles	17.182	106.452	152.390	182.847
Total	278.047	508.774	551.010	813.439

Exportations de France.

DÉSIGNATION DES MARCHANDISES.	1916.	1917.	1918.	1919. provis.
Lingerie, vêtements et articles confectionnés	13.951	15.510	14.612	6.634
Tabletterie, brosserie, bimbeloterie, etc	5.048	6.519	6.690	5.000
Tissus de coton	6.010	8.010	7.818	4.487
Papier et ses applications	4.516	7.433	5.337	4.917
Médicaments composés	2.896	5.799	10.409	11.499
Peaux préparées	2.734	4.337	3.362	325
Autres articles	27.794	32.513	43.867	47.623
Total	62.949	84.107	92.292	84.485

Mouvement maritime en 1917 : entrée 21.716 vapeurs et voiliers jaugeant 14.480.820 t. ; sortie 21.718 représentant 14.497.551 tonnes. La flotte marchande comprenait 377 vapeurs de 290.000 t. et 290 voiliers de 60.700 t. Service du « Lloyd brésilien » et de la « Rio de Janeiro Transportation » entre Rio et New-York. Ports de Santos et de Rio pourvus d'un outillage perfectionné.

Communications intérieures : Chemins de fer. En 1906, le réseau représentait 17.000 km en exploitation ; en 1917, 41.288 km. dont 15.006 de l'Etat. 3.603 bureaux ayant expédié en 1915 près de 8 millions de lettres, cartes postales, etc. 725 bureaux de télégraphe ayant expédié 3.853.402 dépêches ; 15 stations de T. S. F.

Monnaies, poids et mesures : La *Caisse de Conversion*, fondée en 1906, qui émettait, dans la proportion exacte des sommes reçues, des billets convertibles au change de 15 pences pour un milreis, ce qui faisait correspondre le franc à 640 reis, avait, au 31 déc. 1916, de l'or pour un total d'env. 25 millions de fr. L'obligation de changer les billets est suspendue depuis fin déc. 17.

L'unité monétaire est le *milreis* de 1.000 reis valant au pair 2 fr. 83, le *contos de reis* ou 1.000 milreis. Système métrique décimal français (1862).

Princ. journaux quotidiens, à Rio : *Jornal do Commercio, Gazeta de Noticias, Jornal do Brasil, O Paiz : La Revue Franco-Brésilienne* ; hebd. illustré. *Careta* ; mensuel : *Illustraçao Brasileira ;* à Sao Paulo, quotidiens : *A Capital. A Gazeta, A Platea* : hebdom. : *Le Messager de Saint-Paul.*

Relations avec la France.

Traités et Conventions :

FRONTIÈRES. — Traité d'Utrecht du 11 avril 1713 et sentence arbitrale du Conseil Fédéral du 1er décembre 1900

ARBITRAGE : Traité du 7 avril 1909. — PROPRIÉTÉ LITTÉRAIRE ET ARTISTIQUE : Convention du 15 décembre 1913. — PROPRIÉTÉ INDUSTRIELLE ; Déclaration du 12 avril 1876.

Représentation du Brésil en France :

Ambassade à Paris, 75, rue Quentin-Bauchart (8e). Tél. : Elysées 39-68. Ouvert de 14 à 16 h.

Ambass. Extraord. et Plénip. : Dr Gastão *da Cunha*. — Conseiller d'Amb. : Leão *Velloso*. — 1er Secr. : N.... — 2e Secr. : C.-C. *de Ouro Preto* ; J. *Ruy Barbosa* ; G. *de Souza Bandeira* ; Att. mil. : L.-colonel *Malan d'Angrogne* ; Att. naval : M. *de Paulo Guimaraes* ; Att. commer. : Fr. *Guimaraes* ; Att. Bon. *de Nioac* ; Cons. spécial ; cte. *Goncalves Pereira*, min. plén.

Consulat Général à Paris, r. Drouot, 23 (9e). T. Central 25-91. Consul Général : J.-P. *de Souza Dantas* ; Le Havre : J. *Monteiro de Godoy*, 3-20 ; C. G. ; Bordeaux : A. *Machado de Oliveira*, C. G. ;

Consulats à Bordeaux, Boulogne-sur-Mer : *Alvaro da Cunha* ; Brest : H. *da Silva Pires* ; Cannes : *O Donoghue* ; Cherbourg : M. *de Oliveira Tosta* ; La Rochelle-Palice : J.-B. *Borges-*

Machado V.-C. ; Le Havre ; Marseille : R. *de Mesquita* ; Nice : E. *de Campos Lima* ; Toulouse : T. *Lamothe* ;

Vice-Cons. à Amiens ; Bayonne ; Calais ; Cette ; Dunkerque ; Hyères ; Lille ; Lorient ; Lyon : B. *Payen* ; Menton ; Montpellier ; Nantes : A. T. *de Souza Bastos* ; Nice ; Pau : Ern. M. M. *Forte*, 5-20 ; Toulon ; Tourcoing ; Vichy ;

Alger : *Silveira Lobo* ; Oran ; Dakar ; Cayenne : J.-C. *Pinto Peixoto*, C G.

Institutions brésiliennes en France :

« Sociedade de Agricultura », 31, boul. Beauséjour. Prés. : F. *Cordoso*.

Presse : Agencia Americana, 41, bd des Capucines.

Chambre de Commerce à Paris, 89, r. de Richelieu. T. Gut. 2-24. — Centre Franco-Brésilien d'action économique, Siège social, 16, rue Le Peletier. Prés. : Géo *Gérald*, député.

Représentation de la France au Brésil :

Ambassade à Rio de Janeiro, rua Paysandu, 201.

Ambassad. Extraord. et Plénip. : Alex. Robert *Conty* ; Secr. de 2e cl. René *Thierry* ; Att. : *de Hauteclocque* ; Att. commercial : *Couve*, 5-20.

Consulats à : Rio de Janeiro (Largo da Carioca, 15) ; *Emerat* ; Bahia : *Lucciardi* ; Sao Paulo : *Birlé* : Vice-Cons. à Para : *de Payan* ; Porto Alegre : *de la Vaissière* ;

Agents à Bello Horizonte : Campos ; Ceara ; Curityba ; Cuyaba ; Florianopolis ; Macelo, Manaos, Parahyba, Paranagua, Paranahyba, Pelotas, Pernambouc : G. *Béraud* ; Santa Rita do Paraiso, Santos, Sao Luiz, Sao Pedro, Uruguayana, Victoria.

Institutions françaises au Brésil :

Chambres de Commerce : à Rio de Janeiro, rua Sete de Setembro, 67. Prés. : Paul *Méghe* ; V.-Prés. : *Puchen* ; Secr. gén. : *Haguenauer*. Délégué à Paris : Paul *Benguet*, 3, r. d'Antin ; à Sao-Paulo, r. Sao-Bento, 24.

Conseillers du Commerce extérieur : à Rio de Janeiro : Maurice-Pierre *Artigas*, G. *Coatalem*, H. *Guilbaud*, E. *Michel* ; à Sao-Paulo : Pierre *Duchen*, Lazare *Grumbach*.

Comité consultatif des intérêts français à Sao Paulo ;

T. C. F. Délégués : à Rio de Janeiro : *Coatalem*, agent général des Chargeurs Réunis, 35, avenue Rio-Branco ; Luis *Moraes* junior, trésorier de l'Automobile Club, 1, rue de Sto Amaro 1° ; à Bahia : H. *Martin*, dir. de l'Exploitation des Ch. de fer féd. de l'Est Brésilien ; à São-Paulo : *Birlé*, consul de France, E. *de Montgolfier*, 38 b. rua Sao-Bento ; à Santos : *Bouquet*, agent de la Cie des Chargeurs Réunis Caixa 55 ; à Cuyaba : Commandant *Saivet*.

Enseignement : à Rio de Janeiro : Lycée français, rua de Cattete 351. f. en 1916. Dir. : A. *Brigole* ; à Sao-Paulo : Institut français de sérothérapie ; Collège Franco-Brésilien.

Alliance Française : à Rio de Janeiro, Prés. : A. *Petit* ; à Porto Alegre, Prés. : Dr *Alvim* ; à Matto Grosso : Mgr A. *Malan* ; à Pernambuco : H. *Koury*, dél. ; à Pelotas : M. *La Roussie* ; dél. à Sta. Anna do Livramento : R. *Wælfling*, dél. et directeur du Collège Français.

Cercle Français à Rio de Janeiro

Assistance : à Rio de Janeiro : Soc. Française de Bienfaisance ; de Secours Mutuels, rua Gonçalves Dias, 40 ; à Para : Sté. Française de Bienfaisance ; à São-Paulo : Soc. Françaises de Bienfaisance et de Secours Mutuels.

Communications :

Services de la Cie des Chargeurs Réunis, 1, boul. Malesherbes, Paris (par Bordeaux) ; de la Cie Sud-Atlantique, 2, rue Halévy (par Bordeaux) ; de la Soc. Gén. de Transports Maritimes à Vapeur, 8, r. Ménars (par Marseille). Durée du voyage : 22 jours pour Rio (en temps normal).

Lettres, papiers d'aff., cartes postales : Union Postale. — Télégr. : bureaux régions Nord et Sud, 3 fr. le mot ; bureaux de la Cie Amazone (1re zone), 4 fr. 50 et 2e zone, 6 fr. le mot — Pernambuco, 2 fr. — Dépêches différées, 1 fr. 50 ou 1 fr. 75. — Colis postaux : *vià* Bordeaux, 3 kgr., 3 fr. 50.

Le Brésil en 1919.

Après une longue maladie, le Président des Etats-Unis du Brésil, M. Rodriguez Alvez a succombé le 16 janvier 1919. Son décès a préparé la solution du cas constitutionnel que créait une divergence de vues entre le président nominal et le vice-président Delphin Moreira, lequel remplissait par *interim* les fonctions de chef de l'Etat.

Le 13 avril, M. Epitacio Pessoa était élu président de la République. Il était alors à Paris où il représentait les Etats-Unis du Brésil en qualité de premier plénipotentiaire à la Conférence de la Paix. A Paris également, avant de s'embarquer, il prononça son premier discours de chef d'Etat. Il y affirmait son intention de se tenir à l'écart des camaraderies et des coteries qui, parfois, ont fâcheusement influencé la politique brésilienne.

Au Brésil, comme aux Etats-Unis, les ministres, choisis par le Président, ne sont responsables que devant lui. La constitution de son premier ministère ne paraît pas avoir infirmé les promesses du discours de M. Pessoa. Aux différents départements du cabinet, il a appelé des hommes de travail, spécialistes ou techniciens. Pour la première fois, les portefeuilles de la Guerre et de la Marine ont été confiés à des civils.

Comme 1er délégué brésilien à la Conférence, M. Epitacio Pessoa avait à soutenir deux revendications au nom de son gouvernement. L'une concernait les cafés brésiliens entreposés à Hambourg avant la guerre et saisis par les Allemands en 1914. Il en a obtenu le paiement sans que l'on fît entrer au compte de compensation la valeur des navires allemands saisis par le Brésil. La seconde revendication avait trait à l'affectation de ces navires affrétés à la France pour un an (Convention de 1917). Invoquant le précédent créé par les Etats-Unis, le Brésil a obtenu l'attribution de cette flotte.

Au début de septembre, le président Pessoa a fait entendre au Congrès, par un message aux chiffres impressionnants, de sévères révélations sur la situation financière, grevée par plusieurs exercices en sérieux déficits. Comme remèdes à la situation, alourdie mais non désespérée, il a suggéré l'introduction de diverses mesures susceptibles de déterminer une détente.

Parmi les préoccupations immédiates du gouvernement brésilien, on aperçoit le désir d'étendre les relations économiques avec l'Amérique du Nord : services d'aéroplanes, réformes des tarifs postaux, traités d'arbitrage communs, organisation du crédit, enseignement de la langue portugaise aux Etats-Unis, etc.

Ainsi qu'en Argentine, le péril éventuel d'une invasion d'étrangers indésirables a ému l'opinion. En vue d'une législation homogène qui leur serait commune, on a signalé des pourparlers et des études entre le Brésil, l'Argentine, le Paraguay et l'Uruguay.

Bibliographie.

Almanach da Secretaria de Estado dos Negocios, da Agricultura, Commercio e obras publicas do Estado de Sao-Paulo, in-8, de XXV-809 p. Sao-Paulo. 1917.

Handbook of Brazil. Bureau of the American Republics. Washington. 1901.

Le Brésil, ses Richesses naturelles et ses Industries, 2 vol. Publ. par le Bureau d'Informations brésilien. Paris. 1910.

Annuaire du Brésil économique. Annuel. Paris et Rio. (1re année 1913).

Anthouard (Baron Pd'). *Le Progrès brésilien*, in-8°, 418 p., 10 fr. Plon-Nourrit,. Paris. 1911.

Burnichon (J.). *Le Brésil d'aujourd'hui*. Paris. 1910.

Calvert (A.-F.). *Mineral Resources of Minaes Geraes*. Londres. 1915.

Denis (Pierre). *Le Brésil au XXe siècle*. in-8. br. 3 fr. 50. A. Colin. Paris.

Labroy (O.). *Culture et Exploitation du Caoutchouc au Brésil*. Paris. 1913.

Perrin (Paul). *Les Colonies agricoles au Brésil*. Paris. 1912.

Wagner (Emile-R.). *A travers la forêt brésilienne*, in-8. 6 fr. F. Alcan. Paris, 1919.

Walle (Paul). *Au Brésil, La Colonisation*. Paris. 1912. — *Le Caoutchouc du Brésil*. Challamel. Paris. 1912.

BULGARIE

(ROYAUME)

Constitution et Gouvernement: Royaume de l'Europe orientale. Monarchie constitutionnelle et héréditaire dans la maison de Saxe-Cobourg et Gotha depuis le vote de l'Assemblée nationale le 25 juin-7 juillet 1887 ; indépendante de la Turquie depuis le 22 sept.-5 oct. 1908, érigée en royaume (tsarstvo), et reconnue par les puissances le 27 avril 1909. Liste civile : 1.250.000 fr. et 330.000 fr. pour l'entretien des palais. Constitution du 17-29 avril 1879, révisée en 1893 et 1911. L'Assemblée nationale (Sobranié) se compose de 213 représentants, 1 par 20.000 hab., élus au suffrage direct pour 4 ans. La Grande Assemblée nat. comprend 426 députés. Les ministres sont responsables envers le roi et l'Assemblée nationale.

Pavillon de guerre et de commerce: Trois bandes horizontales: blanc, vert et rouge. *Armes de l'État:* de gueules au lion d'or.

Tsar. S. M. BORIS III, né le 30 janv. 1894, proclamé tsar le 30 oct. 1918 à la suite de l'abdication de son père, Ferdinand. *Frère et Sœurs :* 1° prince Cyrille, né le 17 nov. 1895 ; 2° princesse Eudoxie, née le 17 janv. 1898 ; 3° princesse Nadedja, née le 30 janv.

Ministère (mai 1920) : Présidence et Guerre : A. *Stamboliiski* ; Intérieur, A. *Dimitrov* ; Affaires étrangères : N... ; Finances, *Dascalov* ; Justice, *Radalov* ; Commerce et travail : D. *Bourov* ; Agriculture : R. *Obof* ; Travaux publics : *Bakalov*; Chemins de fer, postes et télégraph. : *Athanasof.*

Chambre des députés, élue en mars 1920 : 109 paysans ; 50 communistes ; 9 socialistes major. ; 24 démocrates ; 14 nariodnaks ; 8 radicaux ; autres groupes 24.

Superficie, avant le traité du 27 nov. 1919 : 121.602 k. q. ; depuis le traité env.,102.300 k. q. (France 550.985). *Population.* D'après le recensement du 31 déc. 1910, 4.337.513 hab. (recens. de 1905, 4.035.575), auxquels il y a lieu d'ajouter les 656.535 des territoires récemment acquis de la Turquie, soit au total 4.994.048. Depuis le traité du 27 nov. 1919, env. 4.540.000 hab.

Excédent des naissances : 81.581 en 1911, 59.368 en 1909.

Capitale : Sofia, 102.812 hab. (en 1910). *Villes principales :* Philippopoli, 47.981 ; Varna, 41.419 ; Roustchouk, 36.255 ; Gumuldjina, 30.083 ; Slivno, 25.142.

Religion : Culte orthodoxe grec, religion d'État. L'église est gouvernée par le synode des évêques. 11 évêchés (éparchies). En 1910, il y avait 3.643.951 orthodoxes, 602.101 musulmans, 40.070 israélites, 32.130 catholiques; autres cultes : 29.261.

Instruction : L'instruction primaire gratuite est en principe obligatoire de 8 à 12 ans. En 1913-14, on comptait 4.589 écoles primaires avec 10.800 prof., 290.800 garçons et 213.963 filles ; 47 gymnases, 316 établ. secondaires et 155 écoles professionnelles. L'Université de Sofia (1888) avait 70 prof. et 2.260 étudiants dont 217 femmes. Bibliothèques publiques gratuites à Sofia, Philippopoli, Varna et Rustchuk.

Armée et marine : Effectif fixé par le traité de Neuilly du 27 nov. 1919 : 20.000 h. y compris les officiers. Recrutement par voie d'engagements volontaires. Corps de douaniers, gardes forestiers ou agents de police armés de fusils, ne devant pas dépasser 10.000 h.

Le traité de Neuilly permet à la Bulgarie de conserver sur la mer Noire et le Danube 4 torpilleurs de 100 tonnes et 26 nœuds, type Chrabri, construits au Creusot de 1907 à 1908 et 6 patrouilleurs.

Corps diplomatique à Sofia.

Allemagne, E.e. et M. pl. : N...
Amérique, Etats-Unis. E.e. et M. pl. C. *Wilson.*
Autriche, E.e. et M. pl. : N..
Belgique, Ch. d'aff. : N....
Danemark. C. G. à Sofia : A. *Gorgas.*
Espagne. E.e. et M. pl. : D. *Saavedra,* 10-15; Secr. : *Acal y Marin.*
France, V. *Relations.*
Grande-Bretagne. Haut-Commissaire : Sir H.G.*Dering.* K.C.M.G., M.V.O. ; 3° Secr. : D. *Mac Killop.*
Grèce. E.e. et M. pl. : N...
Hongrie. E.e. et M. pl. : N...
Italie. E.e. et M. pl. : Baron *Aliotti.*
Luxembourg, V. *Pays-Bas.*
Norvège, C. G. à Sofia : N...
Pays-Bas. E.e. et M. pl. : F. J. *Domela Nieuwenhuys.*
Perse. M.R. : Mirza *Ali Akbar* Khan Bahman.
Pologne. E.e. et M. pl. : N...

Roumanie. E.e. et M. pl. : N...
Russie. E.e. et M. pl. : N...
Serbe-Croate-Slovène (Roy.). E.e. et M. pl. : N...
Suisse. Consul à Sofia : J. *Wögeli.*
Tchéco-Slovaque, Rép., Délégué p. i. : *Marsoun.*
Turquie. E.e. et M. pl. : *Sefa Bey.*

Mouvement économique.

Finances : Budget pour 1918 (en lewa ou francs). Recettes : 481.000.000 dont impôts directs 228.000.000, indirects 116.000.000 ; dépenses : 479.414.019 dont dette publique 128.178.173, guerre 104.600.050. Dette consolidée au 31 août 1919 : 561.532.037 : flottante : 7.436.000.000.

Le budget qui s'était clôturé en 1915 avec un déficit de 60 millions de lewa, se solda en 1916 par un déficit de 100 millions. Pour pouvoir continuer la guerre, la Bulgarie dut faire d'importants appels à ses alliés, et il en résulta un accroissement énorme de sa dette flottante, qui, au 31 mai 1916, s'élevait déjà à 1.700 millions de lewa. Ses principaux postes se décomposaient ainsi :

	(Lewa).
Créance de la Banque de Paris et des Pays-Bas antérieure à la guerre.	90.000.000
— de la Disconto de Berlin	299.000.000
— des Banques bulgares	225.000.000
Avances des Gouvernements allemand et austro-hongrois	400.000.000

Au moment de l'entrée en guerre de la Bulgarie, sa dette d'Etat s'élevait à 755 millions de lewa, valeur nominale, et à 616 millions, valeur en cours, soit à 129 lewa par habitant. Elle se décomposait ainsi :

	Valeur nominale.	Valeur en cours.
	Milliers de lewa.	
Emprunt de 1892 6 0/0	124.965	68.184
— 5 0/0 1902	166.000	97.630
— 5 0/0 1904	99.980	94.995
— 4 1/2 0/0 1907	145.000	140.387
— 4 3/4 0/0 1909	82.080	81.198
— 4 1/2 0/0 1909	109.000	96.659
— d'intérieur 6 0/0	68.871	14.312
Frais de la Roumélie orientale à la Russie	28.670	23.944
	755.483	616.259

Depuis l'entrée en guerre de la Bulgarie, l'Allemagne lui a consenti des avances mensuelles de 50 millions de lewa, sans compter le matériel fourni. Le montant actuel de la dette publique, sans compter les pensions de l'Etat et les charges du traité de paix, s'élevait, en chiffres ronds, à 8 milliards au 31 août 1919.

La hausse des prix des produits agricoles, celle plus importante encore du tabac put rendre disponible des sommes d'argent considérables. Alors qu'avant la guerre, les Sociétés avaient à peine 100 millions de capital, celles qui se sont fondées de juillet à octobre 1917 avaient au total un capital nominal de plus de 250 millions de lewa.

Productions : Pays essentiellement agricole et de petite propriété. 2.913.123 ha., cultivés en 1917. La récolte de 1916-17 a été estimée à : blé 1.056.640 tonnes ; orge, 320.900 ; riz, 215.650 ; avoine, 108.015. Le cheptel se composait de : espèce ovine, 8.669.260 ; espèce caprine, 1.464.719 ; espèce bovine, 1.606.363 ; espèce chevaline, 478.222. D'après la loi, les mines sont la propriété de l'État qui a cependant accordé quelques concessions. Il exploite lui-même les mines de charbon de Pernik (production 61.000 t. en 1916), le minerai de fer abonde. Principales industries : tissus de laine et de coton, cordes et cigarettes.

Commerce : se fait par trois importants débouchés commerciaux : Mer Noire (ports de Varna et Bourgas), Danube (Roustchouk, Sistov, Vidin) et chemins de fer. — Commerce spécial 1914 (en milliers de lewa ou francs) :

PAYS.	IMPORT.	EXPORT.	PAYS.	IMPORT.	EXPORT.
Turquie	11.049	11.196	Belgique	5.001	36.176
Autriche-Hongrie	63.266	10.779	Angleterre	34.475	18.917
Roumanie	13.030	3.383	Italie	15.299	5.161
Russie	12.623	316	Autres pays	13.388	35.992
Allemagne	53.841	20.160	Total en 1914	241.490	154.425
France	17.526	12.345	— 1913	189.421	93.205

Principaux articles d'exportation céréales, 108.549 ; peaux, cocons, essence de roses 11.693; d'import. : tissus, 68.432 ; machines, 26.296 ; bois et articles en bois, 13.700.

Les principaux acheteurs de marchandises bulgares étaient en 1910 : la Turquie, 44,2 : la Belgique, 20,9 ; l'Angleterre, 15,3 ; l'Allemagne, 14,2 ; la France, 9 : l'Autriche-Hongrie, 7,8 ; la Grèce, 6,3. Ses *principaux fournisseurs* étaient : l'Autriche-Hongrie, 47,5 ; l'Allemagne, 34.1 ; l'Angleterre, 22,6 ; la Turquie, 21 : la France, 15,3 : la Belgique, 8,5 ; la Russie et l'Italie, chacune 6,8 ; la Roumanie, 6,5. Ses quatre principaux fournisseurs lui vendaient 70,5 % de la valeur totale de ses achats au dehors, et ses quatre principaux clients lui achetaient 73,3 % de ce qu'elle vendait à l'étranger.

En 1913, nos ventes à la Bulgarie consistaient surtout en : peaux préparées (700 000 fr.) huiles végétales fines (700 000 fr.) ; fourrage et son (600.000 fr.); peaux et pelleteries brutes (500 000 fr.); parfums et savons (500 000 fr.).

Navigation en 1913 : Entrée : 11.755 navires jaugeant 3.132.481 tonnes ; sortie, 11.710; représentant 3.108.505 t. La flotte marchande comportait 6 vapeurs jaugeant 4.042 t. et 3 voiliers de 403 tx.

Communications intérieures: Il y avait en 1916, 2.703 km. de voies ferrées en exploitation appartenant à l'État et 241 appartenant à des compagnies ; 2.515 bureaux de postes ayant expédié 28.999.000 lettres, 22.405.000 cartes postales, 6.233.000 imprimés et papiers d'affaires ; 5.956 km. de lignes télégr. avec 436 bureaux ayant transmis 2.794.980 télégr. ; 9.177 km. de fils téléph. avec 4.363 stations et postes ayant donné 14.070.876 conversations.

Crédit, monnaies, poids et mesures: Banque Nationale de Bulgarie avec siège à Sofia succursales et agences dans toutes les localités importantes. Capital 20 millions de lewa, fonds de réserve 7.323.671 ; elle a le droit d'émettre du papier ; le chiffre d'émission au 31 déc. 1916 s'élevait à 369.828.940 leva. Trois grandes banques étrangères : la Banque de Crédit allemande, au capital de 9 millions, la Banque des Balkans (4 millions), la Banque Générale de Bulgarie (2 millions). Dépôts des caisses d'épargne en 1917 : 216.781.386 lewa contre 116.991.259 en 1916.

Peu de monnaie d'or, les pièces de 20 et 10 fr. étrangères circulent à peu près exclusivement ; pièces d'argent de 1/2, 1, 2 et 5 lewa (francs) ; pièces de nickel de 2 1/2, 5, 10 et 20 stotinki (centimes). Système métrique décimal français en usage.

Journaux: Principaux quotidiens à Sofia : *Bulgaria* (organe du parti progressiste, M. Danev) ; *Echo de Bulgarie* (officieux) ; *Mir* (M. Theodorov) ; *Narodni Prava* (M. Radoslavov); *Narod* (soc. large) ; *Rabotnitcheski Vestnik* (communiste) ; *Zemledelsko Zname* (parti paysan).

Relations avec la France.

Représentation de la France en Bulgarie :

Haut-Commissaire ; *Georges-Picot*. min. plén 2e cl., 3-20.

Institutions bulgares en France:

Comité National d'Expansion économique dans l'Europe orientale, 6, rue de Hanovre, à Paris.

Institutions françaises en Bulgarie:

Bureau commercial français à Sofia.
Ecole française de garçons à Varna.
Sœurs de Saint-Joseph à Sofia et Philippopoli.

La Bulgarie en 1919.

L'année 1919 s'ouvre pour la Bulgarie par une grave crise économique. Le pays est à la veille de la famine. Malgré les appels faits au patriotisme des paysans, ceux-ci ne veulent pas livrer leur blé. Le gouvernement doit, à fin janvier, recourir à la force armée pour opérer le prélèvement des céréales. L'annonce d'une livraison mensuelle par l'Entente de 10.000 tonnes de blé ou de farine et la levée du blocus (18 février) apportent un remède à la détresse générale.

La lutte des partis n'en reprend pas moins vive sur le terrain politique. Tous cependant sont d'accord pour combattre le parti communiste qui vient d'adhérer à la 3e Internationale de Moscou et dont la manifestation du 27 juillet a permis de mesurer la force.

Les élections du 17 août pour la 18e législature, qui ont lieu au scrutin de liste avec représentation proportionnelle, se font dans un ordre absolu et marquent une poussée à gauche très accentuée de la nouvelle Chambre. Le parti libéral (MM. Radoslavov et Tontchev) qui comptait 93 membres dans l'ancienne législature, disparaît complètement. La nouvelle majorité de gauche comprend 85 membres du parti paysan, 47 communistes, 39 socialistes larges, 28 démocrates sur 236 sièges. A la suite de ces résultats, le parti radical, qui n'a remporté que 8 mandats et compte deux ministres dans le cabinet Theodorov (Kostourkov et Ganev) décide que ceux-ci donneront leur démission. Une crise ministérielle devient inévitable.

M. Theodorov, revenu de Paris, remet sa démission entre les mains du roi et en ouvrant la session, le 2 octobre, annonce que le gouvernement étant démissionnaire, les séances de la Chambre se trouvent ajournées à une date que fixera le nouveau cabinet.

Le roi confie le soin de constituer le nouveau ministère à M. Stamboliiski, leader du parti paysan, qui vient de triompher aux élections. Les négociations sont très laborieuses ; les pourparlers engagés par lui avec le parti socialiste qui réclame quatre portefeuilles importants, sont rompus le 5. Dans l'impossibilité de former un cabinet de gauche, M. Stamboliiski s'adresse aux partis de droite, populistes et progressistes, puis à M. Malinov, chef du parti démocrate. Le ministère, constitué le 6 au soir, comprend 5 paysans, 2 populistes et un progressiste. Les premières séances montrent immédiatement que les socialistes ont déclaré la guerre au cabinet (interpellation Sakyzov). Le ministère peut toutefois faire voter le budget et, le 25 octobre, lire le décret d'ajournement jusqu'au 20 octobre.

Tous les partis cependant sont d'accord pour protester contre la dureté des conditions de paix que la Bulgarie n'a pas méritées. Leur publication à Sofia provoque une véritable consternation (22 septembre). Le 30 est décrété jour de deuil national. Les protestations du Sobranié portent successivement sur les clauses territoriales, militaires, financières et d'une façon générale, stipule l'ordre du jour de M. Bobtchev, sur « les violences et les vengeances qui enlèveraient au peuple bulgare le moyen de se développer par la culture et économiquement ». La réponse de la Bulgarie au projet de traité est remise le 25 octobre. Les conditions définitives de paix sont communiquées à M. Theodorov, resté chef de la délégation, le 4 novembre, avec un délai de dix jours pour faire connaître si le gouvernement bulgare les accepte intégralement. Le traité est signé à Neuilly le 27 novembre.

La Bulgarie a reconstitué sa vie économique plus vite que les autres pays belligérants. La crise alimentaire une fois surmontée, les champs sont labourés avec la même ardeur qu'avant la guerre. Les ouvriers ont repris le travail : les grèves sont rares et avec une récolte exceptionnelle comme celle de 1919, ce pays laborieux doit retrouver rapidement une situation satisfaisante.

Bibliographie.

Ancel (J.). *L'unité de la politique bulgare* (1914-19), in-16, 3 fr. 60. Bossard. Paris, 1919.

Balcanicus. *La Bulgarie, ses ambitions*, in-18°, 4 fr. 50 br. A. Colin, Paris, 1917.

Delaunay (L.). *La Bulgarie d'hier et de demain*. Paris, 1914.

Dubesco (J. N.). *L'Évolution économique contemporaine des Pays balkaniques. Roumanie, Bulgarie et Serbie*, in-8. Rousseau, Paris, 1916.

Entcheff (G.). *Die Industrie Bulgariens*. Zurich et Leipzig, 1915.

Guéchoff (Iv.-E.). *L'Alliance balkanique*. 1 vol. in-16, 252 pp. br., 4 fr. 50. Hachette, Paris, 1915.

Guérin Songeon (R.-P.). *Histoire de la Bulgarie*. Paris, 1913.

Hanotaux (G.). *La guerre des Balkans et l'Europe* 1912-13. Paris, 1914.

CHILI

(RÉPUBLIQUE DU)

Constitution et Gouvernement. — Rép. de 23 provinces et 1 territoire national, indépendante de l'Espagne depuis le 18 sept. 1810 et finalement le 5 avril 1818. Constitution du 25 mai 1833 ; modifiée depuis en partie. — Chambre des Députés : 118 membres (1 par 30.000 h. et fractions descendant jusqu'à 15.000), élus pour 3 ans par vote direct de la nation. — Sénat : 36 membres (1 par 3 députés), élus pour 6 ans par province (vote direct) et renouvelables par moitié tous les 3 ans. Pour être électeur, avoir 21 ans ; pour être élu, être âgé, comme sén., de 36 ans, comme dép., de 21 ans. Le Prés. de la Rép. est élu pour 5 ans par vote indirect de la nation.

Couleurs nationales ; blanc, bleu, rouge. *Pavillon de guerre et de commerce ;* deux bandes horizontales ; en haut, près de la hampe, un carré bleu, chargé d'une étoile blanche à 5 raies, puis blanc flottant ; la bande d'en bas, rouge. — *Ordres et Décorations* ; Médailles mil. commémoratives des guerres de 1839, 1879, etc.

Prés. de la Rép. : Prés. : Dr *Juan Luis* SANFUENTES (23 déc. 1915-1920). Rempl. : le min. de l'Intérieur ou le prés. du Conseil.

Ministère (1919). — Premier min. et min. de l'int., *J. Florencio Valdes* — Aff. étr., cultes et colonisat. : *Alamiro Huidobro.* — Just. et Instr. pub. : *José Bernales.* Fin. : *Guillermo Subercasseaux.* — Guerre et marine : *German Riesco*, gén. — Ind. et Trav. pub. : *Oscar Davila.*

Congrès national : Sénat : Prés. *Ed. Charme ;* V.-Prés. *P. Letelier.* — Ch. des Dép. : Prés., *O. Viel ;* 1er V.-Prés., *R. Alamos* ; 2e V.-Prés. : *F. Vidal.*

Superf. : 756.100 km. q. — *Popul.* 1917 : 4.010.470 h. — *Prov. princ. :* Valparaiso (351.280 h. Santiago (648.470 h.) ; Conception (238·767 h.) ; Nublé (175.885 h.) ; Maule (124.620), Calchajua (160.058) ; Talca (133.996). — La presque totalité de la popul. est d'origine européenne. Deux races d'indigènes ; les *Fuégiens* (au sud) et les *Araucans* (région ouest de la Cordillère des Andes) en tout 170.000 h. Immigration peu importante ; en 1913 : 1.142 ; 1914 ; 360 ; de 1905 à 1914 : 25.544. *Villes princ.* — Santiago (capitale) 458.240 h. ; Valparaiso, 201.070 h. ; Conception, 75.120 h. ; Iquique, 45.750 h. ; Talca, 34.740 h. ; Chillan, 42.920 h. : Antofagasta, 40.550 h.

Religion et Instruction. — Culte catholique, religion d'état. — Toutes les religions sont reconnues et protégées par la Constitution. Archev. à Santiago, 3 évêques, 2 vicaires apostol. En 1916 : 317 paroisses, 586 églises et 657 chapelles.

Instr. gratuite, mais non oblig. En 1917 ; 3.200 écoles prim. publ. (308.113 élèves) et 494 écoles privées (61.513 élèves). Enseign. secondaire : 86 lycées (27.016 élèves) et 117 écoles privées (15.822 élèves), 16 écoles normales (2.125 élèves) et 2 privées (196 élèves) ; 11 écoles de commerce publiques (3.231 élèves) et 10 privées (1.628) ; 4.343 étudiants inscrits à l'Univ. (1743) l'Univ. cathol. et l'Institut Pédagogique (1889) de Santiago. Écoles d'agricult., des mines, professionnelles ; Conservatoire Nat. de Musique ; Observatoire Nat. ; écoles d'Arts et Métiers. Bibliothèque Nat. (182.020 volumes). Budget instruct. publ. en 1919 : 38.439.686 pesos papier et 136.534 pesos or.

Justice. — Haute Cour de Justice à Santiago ; 7 cours d'appel ; tribunaux de 1re inst. dans chaque dép. et trib. de districts. Effectif de la police : 9.719 h. dont 756 officiers.

Armée. — Milice nationale. Service milit. obligatoire de 20 à 45 ans (active : 1 an, rés. de l'active, 9 ans, seconde réserve, 15 ans). 4 zones mil. Effectif de paix (1916), 1.020 offic. et 18.000 h. ;

Flotte. — 1 cuir. d'escadre (7.000 t.) ; 2 cr. cuir. ; 4 cr. prot. ; 3 cr.-torpill. ; 10 destroyers, 6 torpill. modernes ; 1 dragueur de mines ; 1 monitor ; 1 bateau-hôpital ; 1 vaisseau-école ; Personnel : 6.200 h. dont 515 officiers.

Corps diplomatique à Santiago et Consulats.

Allemagne, E. e. et M. pl. : d'*Erckert.*
Amérique (Etats-Unis) : Amb. J.-H. *Shea* ; 1er Secr. W. D. *Robbins.*
Argentine (Rép.), E. e. et M. pl. (21 Ahumada) : Dr Carlos *Noel.*
Belgique, E. e. et M. pl. : H. *Charmanne.*
Bolivie, E. e. et M. pl. : C. *Pinilla.*
Brésil, E. e. et M. pl. : J.-M. *Cardoso de Oliveira.*
Colombie, E. e. et M. pl. : Carlos *Uribe.*
Cuba, E. e. et M. pl. : E. *Perez Cisneros.*
Danemark, C. G. à Valparaiso : J.-H. *Thierry.*
Equateur, Ch. d'aff. : J. R. *Bustamente ;* C. G. à Valparaiso ; Guillermo *Serrano.*
Espagne, E. e. et M. pl. : M. *Garcia Jove.*
France (V. *Relations*).
Grande-Bretagne, E. e. et M. pl. : J.-C.-T. *Vaughan*, C. M. G., M. V. O. ; Att. commerc. : W. F. *Scott* ; C. G. à Valparaiso : J.-M. *Mac Leod*, C. M. G.

Guatemala, E. e. et M. pl. : Ed. *Poirier*.
Honduras, C. G. à Santiago : O. *Valenzuela Valdes*.
Italie, E. e. et M. pl. : Ote *Nani-Mocenigo*, 10-18.
Japon, E. e. et M. pl. S. *Tatsuki*.
Mexique, E. e. et M. pl. : Fernando *Cuen*.
Paraguay, E. e. et M. pl. : F.-R. *Moreno*.
Pays-Bas, E. e. et M. pl. : H. van Oordt van *Lauwenrecht*.
Portugal, C. G. à Valparaiso : H. *Ferreira*.
Suède, E. e. et M. pl. : v. Rép. Argentine, corps diplom.
Suisse, E. e. et M. pl. : v. Rép. Argentine, corps diplom.
Uruguay, E. e. et M. pl. : Dionisio Ramos Montero, 19.
Venezuela, C. G. à Santiago : Dr Tito V. *Lisoni*.

Mouvement économique.

Finances. — En pesos d'or et de papier (1). Budget de 1916 : recettes ; 348.115.820 fr. (191.585.100 pesos d'or et 46.071.800 pesos pap.) dont 265.594.774 fr. produit des douanes. dépenses, 284.898.498 fr. dont 94.348.590 pour finances. — Dette publique en 1916 : dette extér. 813.909.500 fr. ; dette intér. 155.616.000 pesos d'or.

Productions et Industries. — Pays agricole et surtout minier. L'or, l'argent, le cuivre, le fer, le plomb, etc., existent en abondance dans la zone nord. Minerais de fer à teneur élevée (68 p. 100) et très purs aux mines du Tofo dont on évalue la richesse à plus de 40 millions de tonnes de minerai. Pour l'or, 1.112 concessions, sur 3.407 hectares ; pour le cuivre, 9.895 concessions, sur 31.940 ha. ; borax, 3.254 concessions sur 156.576 ha. mines de charbon (Arauco, Pilpico) ayant donné jusqu'en 1914, 32 millions de tonnes d'un charbon fournissant de 50 à 70 p. 100 de matières volatiles et de 5 à 6.000 calories.

Le nitrate de soude est la principale source de richesse du pays ; il est produit dans 5 districts (Tarapaca, 1.099.300 t. en 1913 ; Antofagasta, 825.000 t. ; Tocopilla, 359.000 t.).

La production, les exportations et la valeur du nitrate exporté furent, ces dernières années :

Années.	Production en tonnes de 1.000 k.	Exportations en tonnes de 1.000 k.	Valeur en piastres-or.
1915	1.763.639	2.031.014	213.647.000
1916	2.914.542	2.991.786	336.985.844
1917	3.011.810	2.787.392	»
1918	2.821.000	2.874.000	»
1919	1.614.000	838.000	»

Actuellement (juin 1919) par suite de la rareté et de la cherté du fret, les stocks de nitrate s'accumulent au Chili et il faut prévoir que la situation restera difficile pendant plus d'une année encore.

Pendant la guerre, les Alliés seuls ont été acquéreurs. Les princ. consommateurs sont, dans l'ordre (1916) : Etats-Unis (1.224.600 t.) ; la Grande-Bretagne (734.000 t.) ; la France (540.700 t.) ; résultats de 1917 non publiés ; 322.115 t. en 1913. Le nitrate base 95 % de pur, 15,5 à 16 % d'azote, cotait en francs or, dans les ports de l'Atlantique, sac d'origine, 47 fr. 66 en janv. 1917, et 115 fr. 75 le 7 déc. 1917, prix auquel il s'est maintenu jusqu'à ce qu'intervienne la taxation officielle.

Les gisements de cuivre peuvent être considérés comme la seconde richesse du Chili. La production de cuivre raffiné fut, en 1916, de 71.430 tonnes ; elle fut en augmentation de plus de 19.000 tonnes, sur celle de l'année 1915. Il y a, au Chili, 12.403 mines de cuivre reconnues, couvrant une superficie de 41.849 hectares. Le Chili compte en outre 656 mines reconnues d'argent et de cuivre. Ces mines se trouvent surtout dans le centre et dans le nord du pays.

En 1917, a commencé le traitement des minerais d'étain de Llallagua à l'usine d'Arica ; production évaluée à 6.000 tonnes d'étain par an.

L'industrie de l'iode est intimement liée à celle du salpêtre. Avant la guerre, le Chili achetait son iode en Allemagne bien que lui-même soit un grand producteur de ce produit. En 1904, le Chili a exporté 488.952 kilog. d'iode ; en 1915, cette exportation fut de 708.758 kilog. et en 1916, elle fut de 1.323.134 kilog.

L'industrie manufacturière a pris un grand développement ces dernières années. En 1914, on comptait 6.213 établissements d'un capital de 530 millions de piastres monnaie cou-

(1) Peso d'or = 18 d. = 1 fr. 91 or ; peso papier = 12 d. = 1 fr. 26 or.

rante, occupant 80.697 ouvriers dont le salaire moyen était de 3,28 p. par jour. Le nombre des moteurs en service était de 3.158 avec un total de 64.481 HP. A Corral, établissements français des hauts fourneaux et aciéries. Les bassins de l'Aconcagua et du Maipo permettent l'établissement de grandes chutes d'eau pouvant fournir une force motrice considérable.

Dans la zone centre, agriculture et surtout viticulture développées ; dans la zone sud, riches forêts. Cheptel (1914) : chevaux 458.285 ; mulets 41.837 ; bœufs 1.943.954 ; moutons 4.545.088 ; porcs 229.416 ; beurreries et fromageries (Patagonie et Terre de Feu). Importantes récoltes de céréales : froment, 5.496.149 q. m. en 1915-16, 5.147.749 en 1907-08, surface cultivée : 462.584 ha., de fruits, de pommes de terre : 3.156.511 q. en 1915-16 et 2.194.414 q. en 1907-08 ; grandes étendues de forêts (Valdivia, Llanquihué et Chiloé).

La viticulture est une des principales industries. Environ 100.000 ha. de vignes, cultivées à l'aide des méthodes les plus modernes et produisant environ 4 millions d'hectolitres.

Commerce général en 1916 (en millions de pesos). — Import. : 222 ; Export. : 513. Balance en faveur du Chili : 291 pesos or.

Principaux pays de provenance et de destination en 1914, 1916, 1917 (chiffres en millions de pesos) :

PAYS.	IMPORTATIONS			EXPORTATIONS		
	1914	1916	1917	1914	1916	1917
Etats-Unis	55	94	174	86	252	424
Grande-Bretagne	61	54	64	110	133	151
Italie	5	5	4	2	5	13
France	11	9	14	11	38	31
Allemagne	70	1	»	49	»	»

Princip. articles d'import. : Légumes 36 ; tissus 31 ; machines 12, huiles industr., maroquinerie, armes et matériel de guerre 3. Princip. articles d'export. : produits de l'industrie minière 427 ; de l'ind. manufacturière 84 ; métaux précieux 1 ; produits du sol 19.

Princip. articles d'export. : minerais 273 ; viandes, laines, peaux et cuirs 28 ; produits du sol 19.

Mouvement maritime (1917) : entrées : 18.807 vapeurs jaugeant 14.327.000 t. sorties : 14.115 vapeurs jaugeant 14.334.000 tonnes.

La marine marchande comprenait en 1917, 92 vapeurs jaugeant 42.824 t. et 39 bat. à voiles jaugeant 29.312 tonnes.

Communications intérieures en 1914. — *Chemins de fer* en exploit : 8.370 km. dont 3,189 kil. lignes de l'Etat ; en construct. 2.461 km. *Postes :* 1.099 bur. ; mouv. postal : 65.874.911 lettres et paquets. Recettes : 3.751.652 ; dépenses : 4.179.313 fr. — *Télégr. :* 808 bureaux ; 4 stat. Marconi ; 9 stat. à bord de navires ; 36.024 kil. de lignes ; 48.940 kil. de fils ; 16.311.280 télégr. ; recettes : 6.304.935 pesos ; dépenses : 8.437.592 pesos. — Téléph. : 268 bureaux ; 41.017 kil. de lignes et 58.534 kil. de fils ; recettes : 2.674.064 pesos ; dépenses : 1.845.322 pesos.

Monnaies, Poids et mesures. — Unité monétaire, le peso de 100 centavos : = 1 fr. 91. Pièces de 20 (*condor*), 10 (*doblon*), 5 (*escudo*) pesos. Cours forcé du papier-monnaie sujet à toutes les variations du change. Système métrique décimal français.

Journaux : 397 journaux et publications dont 80 quotidiens et 171 hebd. Princ. quotidiens à Santiago : *El Mercurio*, *La Nacion*, *El Diario Ilustrado* ; à Valparaiso : *El Mercurio*.

Relations avec la France.

Traités et Conventions :

CONSULS ET ÉTABLISSEMENT : Traité du 15 sept. 1846 (les clauses commerciales ne sont pas en vigueur). — ACTES DE L'ÉTAT CIVIL : Convention du 24 août 1899 en vue de la communication réciproque des actes de l'état civil concernant les nationaux des deux pays. — EXTRADITION : Convention du 11 avril 1860.

Représentation du Chili en France :

Légation : 23, av. du Bois de Boulogne. Paris (de 14 à 17 h.).

Min. plén. : *Maximiliano Ibanez*. 1er secr. : *Raim. Charlin*. 2e secr. : *Ernesto Bertrand-Vidal* ; Attachés : José-Ant. *Gandarillas* ; Enrique *Pereira* ; Att. commercial : Riccardo *Aritzia*. Attaché militaire : Comm. Raph. *Martinez*.

Consulat général: square La Bruyère, 2 (de 13 à 17 h). — Consul gén. *M. Amunategui*; V. Cons. : Luis G. *Antony*; Chancelier : Andrès *Antony*. Consulats à : Alger. — Bayonne. — Bordeaux. — Brest. — Cherbourg. — Dunkerque. — La Rochelle. — Le Havre. — Lille. — Lyon. — Marseille. — Nice. — Oran (Algérie). — Papeete (Tahiti). — Pau. — St-Nazaire. — Toulon. — Toulouse. — Tunis. — Vichy.

Institutions diverses à Paris : Bureau-Caisse Foncière du Chili, square La Bruyère, 2. — Bureau de la Propagande des Nitrates du Chili, boul. St-Michel, 88.

Représentation de la France au Chili :

Légation à Santiago.

Envoyé extraord. et Min. plén. : *Lefeuvre-Méaulle*.

Secr. archiv. : Vion, 19. Attaché mil. : comm. *de Lagatinerie*.

Consulats et Agences consul. : à Antofagasta; Arica, Copiapo; Iquique : G. *Lelorrain*, Los Andes; Punta Arenas; Talca; Temuco; Valdivia; Valparaiso : F. *Chausson*.

Institutions économiques :

Chambre de commerce franç. à Santiago, 1062, Huerfanos, Prés. : *J. Pra*, à Valparaiso et à Conception.

Délégués du T. C. F. : San Felipe : *Jorge Cattabeni*. — Punta Arenas : *L. Bonvalot*, éleveur, Hacienda « La Renaissance », Casilla 348. — Santiago : *Gorichon*, dir. du Collège français, Casilla 1164.

Institutions intellectuelles :

A *Santiago* : Institut Pasteur; Laboratoire de Toxicologie; Service Sismologique; Collège Français, Casilla 1164. Dir. : *Gorichon*.

Alliance française : à Santiago, Prés. : *G. Burgalat*; à Concepcion, Prés. : E. *Escalas*; à Ercilla, Prés. : *E. Gouzet*; à Quino, Prés. : *C. Torche*; à Lautaro, Prés. : *Jequier*; à Traiguen, Prés. : *L. Moreau*; à Valparaiso, Prés. : *P.-R. de la Mahotière*; à Victoria, Prés. : *J. Lamoliatte*.

Institutions diverses :

A Valparaiso : Cercle français ; Ligue Maritime française. Sté franç. de Bienfaisance. Union des Employés français au Chili ; à Santiago ; Sté franç. de Bienfaisance ; Cercle français.

Communications :

Par Valparaiso ou Buenos-Aires (*v. Rép. Argentine*). Durée du voyage par Buenos-Aires, 25 jours (en temps normal).

Lettres, papiers d'aff., cartes post. : tarif Union postale. — *Télégr.* : Puntas Arenas, 3 fr. 20 le mot ; autres bureaux : 3 fr. 45. Colis postaux : *v.* La Rochelle Pallice (1 kgr., 4 fr. 50) ; *v.* Bordeaux ou Marseille (1 kgr. : 3 fr. ; de 1 à 5 kgr. 3 fr. 50) ; *via* Italie (1 kgr. : 3 fr. 50 ; de 1 à 5 kil., 4 fr.).

Le Chili en 1919.

L'année politique écoulée a été relativement calme. Le ministère d'alliance libérale Quezada-Barros Borgôno, constitué en novembre 1918, s'est maintenu jusqu'à la fin d'octobre 1919. Mais l'élection du nouveau Président de la République doit avoir lieu en juin 1920 ; un certain travail parlementaire a coïncidé avec les préparatifs de la campagne électorale, qui a introduit dans la majorité du parti au pouvoir une perturbation dont le cabinet s'est ressenti. Deux changements ministériels se sont suivis de près. Le dernier a porté aux affaires un cabinet d'administration présidé par M. J. Florencio Valdes et composé d'hommes de gouvernement étrangers à la politique.

Entre temps, le Chili a participé aux travaux de la Conférence de la Paix, où il était représenté par M. Maximiliano Ibanes. Il a également adhéré en principe à la Société des Nations.

La situation politique a subi le contre-coup de la crise économique qui a sévi les huit premiers mois de l'année. La rareté du fret et la hausse du prix de la vie, la restriction des affaires, la baisse du change en furent les principales causes. La baisse du change a coïncidé avec la cessation des hostilités qui a marqué la fin du prodigieux essor de l'exportation des nitrates « pouvoir tonificateur du change au Chili ». La signature de l'armistice, laissant inemployée en Europe une masse de 20 millions de quintaux de nitrates, l'exportation escomptée pour le 1er semestre de 1919 en a été gravement affectée, et le change a subi une baisse de 4 pence.

A partir de septembre, on voit la vie normale reprendre son cours ; les lignes de navigation du Pacifique sont remises en service, les échanges se font plus actifs, la situation s'améliore.

Le souci du gouvernement à conjurer le malaise s'est traduit par la présentation au Parlement de différents projets financiers ou économiques. L'un des principaux paraît être l'institution d'une Banque nationale dont la principale fonction serait d'opérer la conversion du papier-monnaie et de fixer le change à raison de 12 d. par piastre.

L'activité privée s'est manifestée en ce qui concerne les industries charbonnière, métallurgique et manufacturière ; de l'ampleur a été donnée à la culture des fruits, principalement en vue de l'exportation chez les voisins sud-américains : Argentine, Brésil, Uruguay. Enfin une intéressante campagne a été ouverte en vue d'étudier les moyens de faciliter l'extension de la petite propriété agricole, en « prenant modèle sur la France ».

Bibliographie.

Anuario Estadistico de la Republica de Chile (annuel), Santiago.

Estadistica comercial de la Republica de Chile (annuel), Valparaiso.

Synopsis estadistica y geografica de Chile (annuel), Santiago.

Alvarez (Alex.). *La Grande Guerre européenne et la neutralité du Chili*, in-8. Pedone, Paris, 1916.

Cordemoy. *Au Chili*, 1 vol. rel. 15 fr., 226 pp. Hachette, Paris, 1898.

Kœbel (W.-H.), *Modern Chile*. Londres, 1913.

Silva-Vildosola (C.). *Le Chili et la guerre*, 1 vol. in-8°, br. 2 fr. F. Alcan, Paris, 1917.

Wright (M.-R.), *The Republic of Chile*, Londres, 1905.

CHINE

(RÉPUBLIQUE CHINOISE)

Constitution, Gouvernement. République constitutionnelle depuis le 12 févr. 1912 après la publication d'un édit de l'impératrice douairière Lung-Yu proclamant l'abdication de la dynastie mandchoue. Yuan-Chi-Kai (mort le 6 juin 1916), jusqu'alors Ministre-Président, fut chargé d'organiser la République dont il fut élu Président provisoire par la Convention Nationale de Nankin le 15 févr. 1912 et Président de la République, le 6 oct. 1913. Constitution provisoire du 10 mars 1912 (votée par la Convention Nationale de Nankin). L'Assemblée Nationale comprenant le Sénat (274 membres) et la Chambre des Députés (596 membres) fut dissoute par le Président en mars 1913. La rédaction définitive de la Constitution a été publiée le 1er mai 1914. En octobre 1914, un Comité législatif (Tsan-Tcheng-Yan) de 70 membres gérait les affaires du Li-fa-yuan à former plus tard. Le 1er août 1916, le Parlement a été de nouveau convoqué et continue ses fonctions.

Pavillon national de commerce : cinq bandes horizontales : rouge, jaune, bleue, blanche, noire. *Pavillon de l'armée de terre :* rouge, chargé d'une étoile noire à neuf raies dont 19 boules jaunes terminent en dehors et bordent en dedans les extrémités. *Pavillon de la marine ;* rouge chargé à l'angle supérieur de senestre, d'un rectangle bleu surchargé au milieu d'un soleil blanc à 12 raies.

Ordres et décorations ; Ordre de « l'Épi d'Or » (9 cl.) ; Ordre de Ven-Hou (Tigre tacheté) ou (Striped Tiger), pour les militaires et Ordre Pai-Yin (Aigle Blanc) pour la Marine.

Président de la République : HSIU CHEU-TCHANG (4 septembre 1918).

Prés. du Conseil et ministre de la Guerre : *Tsin Yun-peng.* — Ministre de la Guerre : *Kin-Youn-peng* ; Ministre des Affaires Étrangères : *Lou-Tseng-Tsiang* ; Ministre des Finances : *Koung-Hsin-tchang* ; Ministre de la Marine : *Lioung-Kouang-Hioung* ; Ministre de l'Agriculture du Commerce : *Tien-Wen-Lié* ; Ministre de la Justice : *Tchou-chen* ; Ministre de l'Instruction Publ. : *Fou-Tseng-Hiang* ; Ministre des Communications : *Tsao-Jou-lin.*

Parlement : Sénat, Prés. : N... ; Ch. des Députés, Prés. : *Wang.*

Superficie et population.

D'après les évaluations de 1910, la superficie et la population étaient les suivantes :

PROVINCES	km. q.	Population.	Par km. q.	PROVINCES	km. q.	Population.	Par km. q.
Chansi	207.300	9.422.871	45	Sintsiang......	1.426.000	1.768.560	1,2
Chantoung.....	149.600	25.813.685	173	Sseutchouan ..	461.000	54.505.600	129
Chensi	199.300	6.726.064	33	Tchékiang.....	91.300	13.942.655	153
Fokien........	111.200	8.556.678	77	Yunnan........	398.700	8.049.872	20
Héloung kiang.	525.000	1.562.254	3	Marches du			
Honan	173.500	22.375.516	129	Sseutchouan			
Hounan.......	200.500	20.583.187	103	et du Yunnan	»	195.496	
Houpei	181.400	21.256.144	117	Enfants ayant			
Kansou	351.400	3.807.883	11	moins de 5			
Kiangsi	179.500	16.254.374	91	ans non re-			
Kiangsou	99.300	15.379.042	155	censés	»	9.000.000	»
Kirin	272.000	5.349.287	20	Provinces.....	6.242.300	325.817.760	30
Kouangsi	217.300	5.426.356	25				
Kouang-toung.	243.000	23.696.366	97	Mongolie	2.787.600	1.800.000	0,6
Kouei-tcheou .	157.200	9.266.914	59	Tibet	2.109.000	2.000.000	1
Moukden......	141.830	5.830.819	41		4.896.600	3.800.000	0,8
Nganhoui......	142.800	14.077.683	99				
Tcheli........	314.800	22.970.654	73	Total	11.138.900	329.600.000	30

Population indigène des villes ouvertes aux étrangers évaluée en 1914 :

Han-keou........	1.321.280	Ning-po.........	455.000	Kongmoun	62.000
Canton	900.000	Nanking.........	377.120	I-tchang.........	55.000
Pékin (capitale)...	805.110	Tchancha........	250.000	Tché-fou	54.500
Tientsin	800.000	Tchin-kiang......	186.120	Niou-tchouang ..	53.900
Tchoung-king.....	702.300	Amoy	114.000	Kioung-tcheou ...	44.620
Chang-haï	651.000	Cha-si	105.000	Antoung.........	40.500
Fou-tcheou	624.000	Wen-tcheou......	100.000	Nanning.........	40.000
Hang-tcheou	594.280	Wouhou	90.000	Wou-tchou.......	40.000
Sou-tcheou	500.000	Swatao	70.000	Kiou-kiang	36.000

D'après les évaluations de 1917, on comptait 220.485 étrangers résidant en Chine dont 144.492 Japonais, 51.310 Russes, 8.479 Anglais, 5.618 Américains, 2.262 Français, 2.899 Allemands, etc.

Religion.

La religion officielle est le confucianisme ; mais cette religion est, pour une grande partie de sa population, mêlée d'éléments bouddhistes et taoïstes. La Chine compte d'autre part, 30 millions de Mahométans. Nombreuses missions chrétiennes. Les missions catholiques installées, depuis plus de 5 siècles, comptaient, en 1916, 50 évêchés (Chine, 42 ; Mandchourie, 3 ; Mongolie, 4 ; Tibet, 1) ; 1.437 prêtres européens et 828 chinois ; 1.790.220 catholiques. Les missions protestantes, établies depuis 1807, avaient, en 1915, 5 338 pasteurs européens et 526.108 protestants. Les missions orthodoxes russes, établies depuis 1685, comptaient, en 1915, 1 évêché à Pékin, 32 églises et 5.587 adeptes.

Instruction.

L'instruction a été modernisée par le décret du 3 sept. 1905. L'enseignement supérieur est sous le contrôle direct du gouvernement et l'enseignement secondaire et primaire sous le contrôle des provinces. Le programme de réformes du ministère de l'Instruction publ. prévoit un décret rendant l'instruction primaire obligatoire et la création d'écoles primaires supérieures, techniques et normales, de quatre Universités, etc. L'Université gouvernementale de Pékin, créée en 1901, compte environ 1.500 élèves et de nombreux professeurs étrangers, peu à peu remplacés par des professeurs chinois instruits en Europe, en Amérique, au Japon. Il y a une autre Université à Tientsin. Les missions catholiques et protestantes instruisent environ 1.600.000 indigènes dans 58.000 écoles et collèges. Une Ecole de médecine a été fondée à Tientsin en 1906, par une mission médicale anglaise et plusieurs autres écoles de médecine, dues à la fondation Rockfeller, ont été ouvertes en 1914.

En 1915-16, 129.789 écoles (67.272 en 1912-13) comptant 4.294.251 étudiants (2.933.387 en 1912-13).

Justice.

L'organisation judiciaire a été transformée en 1912 et le premier jugement par jurés a été rendu le 23 mars 1912. Depuis lors, un nouveau Code Criminel est appliqué et un Code civil est à la revision. L'organisation judiciaire comprend une Haute cour de Justice avec tribunal civil et tribunal criminel, des Hautes Cours provinciales, des tribunaux de districts et des tribunaux de première instance. Il existe également des tribunaux britanniques (depuis 1865) et américains (depuis 1906).

Armée.

En principe, l'organisation militaire des troupes, telle qu'elle a été instituée par les édits impériaux de 1905 et 1907, est toujours en vigueur. Elle se basait sur le recrutement par engagement volontaire dans chaque province, et la durée du service devait être de 3 ans dans l'armée active, 3 ans dans la réserve et 4 ans dans la territoriale. En réalité, la révolution a rendu cette loi caduque, ainsi que tout le plan de réforme de l'armée prévoyant jusqu'à la fin de 1912 la formation de 36 divisions, composées, armées et instruites d'après les principes modernes. Des corps créés avant la Révolution, seuls, ceux de la Chine du Nord existent encore. Les effectifs officiels en 1916 étaient : Divisions et division de la Garde (204.000 h.), 52 brigades mixtes (337.000 h.) et 38.000 h. de troupes subordonnées à l'autorité centrale qui les paie. L'armée disposait d'environ 1.600 canons et 800 mitrailleuses possédés surtout par les divisions de l'armée nationale. Il existe une Académie de guerre à Pékin, une Ecole de guerre à Paotingfou, des écoles militaires préparatoires à Woutchang et près de Pékin ; une école d'Aéronautique près de Pékin et des écoles de radiotélégraphie à Pékin et à Wousoung. On estime à 85 p. 100 le nombre des officiers ayant passé par une école militaire chinoise, à 4 p. 100 ceux instruits au Japon et à 1 p. 100 ceux instruits en Europe. La plupart de ces derniers sont gardés au ministère ou dans les bureaux.

Marine.

La flotte de guerre se composait, en 1916, de 4 croiseurs, le *Hai Chi* (4.300 t., vitesse 24 n.) ; les *Hai-Yung*, *Hai Shew* et *Hai-Chen* (3.000 t., vit. 19 n.), 16 canonnières 4 petits croiseurs dont le *Ying Swei* et le *Chao Ho* (2.500 t., 20 nœuds), construits en Angleterre, 3 navires spéciaux, 10 torpilleurs, 3 canonnières de fleuve modernes, construites au Japon pour le Yang-tse, 2 yachts de station, 2 transports et un certain nombre de vaisseaux pour le service des côtes et des douanes. Il y a deux écoles navales, l'une à Tchéfou (200 élèves) et l'autre à Nanking (100).

Corps diplomatique à Pékin et Consulats.

Allemagne, Ch. d'aff. : N...
Amérique (Etats-Unis), E. e. et M. pl. : Dr. P. *Reinsch* ; 1er Secr. : *Spencer*.
Belgique, E. e. et M. pl. : R. *Everts* ; C. G. à Chang-Haï : D. *Siffert* ; Hankow : *Verstraeten*. VC. ; Tientsin : E. *Franck*.
Brésil, E. e. et M. pl. : J. *de Paulo Rodrigues Alves*.
Cuba, E. e. et M. pl. : J. *Barnet*.
Danemark, E. e. et M. pl. : P.-A. *Lauwig*.
Espagne, E. e. et M. pl. : Luis *Pastor*.
France (V. *Relations*).
Grande-Bretagne. E. e. et M. pl. : R.-H. Sir *Jordan*, G. C. I. E, K. C. B., K. C. M. G. ; Cons. d'Amb. : R.-H. *Clive* ; 1er secr. : Sir S. *Head* ; Attaché commercial : H. H. *Fox* ; Att. milit. : Lt-Col. D. S. *Robertson*.
Italie, E. e. et M. pl. : Mis *Durazzo*.
Japon, E. e. et M. pl. : T. *Obata* ; C. G. à Chang-haï : K. *Yamazaki*
Mexique, E. e. et M. pl. : N...
Norvège, E. e. et M. pl. : F. *Michelet*, C. G. à Chang-haï : J.-J. *Ettzen*.
Pays-Bas, E. e. et M. pl. : W. J. *Oudendyk*.
Portugal, E. e. et M. pl. : J.-B. *de Freitas*.
Uruguay, Ch. d'Aff. : Vicente M. *Carrio*.

Mouvement économique.

Finances.

Budget de 1917 (en taels) (1). Recettes ordinaires 388.009.660, extraordinaires, 84.828.924. — Dépenses ordinaires 291.803.470, extraordinaires 181.035.114 dont 156.606.047 pour le budget de guerre. — Total général : Recettes : 472.838.584. Dépenses 472.830.584.

Une des principales ressources est, avec l'impôt sur le sel, celle des douanes maritimes gérées par une administration étrangère chargée de percevoir les droits d'importation ainsi que les taxes imposées aux navires étrangers. Les recettes des douanes maritimes et de l'opium importé ont donné, pour les années, 1913-15 les résultats suivants :

	Douanes.	Opium.	Total.
1913 .... en taels	40.150.720	3.819.133	43.969.853
1914	37.319.312	1.598.213	38.917.525
1915	35.808.542	939.164	36.747.706
1916	37.477.247	287.064	37.764.311
1917	37.973.723	215.706	38.189.429
1918 (chiffres prov.)	36.334.000	»	»

Dette publique. — Dette extérieure importante. Cela tient aux offres de crédits et d'emprunts faits par les gouvernements étrangers qui cherchaient à obtenir des débouchés pour leur industrie. Avant la guerre, la Chine avait une dette étrangère de 161.755.767 l. st. (indemnité de guerre au Japon de 230 millions de taels, indemnités aux puissances intervenues en Chine à la suite de l'insurrection des Boxers, pour les emprunts d'Etat, dette des chemins de fer se montrant en 1914 à 52.157.000 l. st., obligations à court terme, etc.).

Au 31 déc. 1916, la dette s'élevait à 171.906.000 l. st. dont 157.617.000 l. st. du gouvernement central.

Depuis janvier 1916, le Japon a prêté au gouv. chinois 145 millions de yen. Des emprunts nouveaux ont été faits également au Japon pour l'exécution de grands travaux publics dont ce dernier pays a obtenu la concession.

Productions et industries.

Pays riche et agricole dans lequel tout exploitant paie une taxe annuelle à l'Etat ; peu de grandes exploitations ; le matériel agricole reste encore rudimentaire ; cultures végétales plus intensives qu'étendues ; horticulture très développée ; grande variété de fruits ; le froment, l'avoine, l'orge, le maïs, le millet, les pois et les fèves sont cultivés avec succès dans le Nord ; le riz, la canne à sucre et l'indigo dans le Sud. Importante production de coton dans les parties Nord et Sud de la province de Petchili. La culture du pavot, extrêmement importante autrefois, a été rapidement réduite depuis la campagne contre l'opium qui a atteint son point culminant en 1911, date de la signature du traité restreignant l'importation de l'opium des Indes, en 1907. L'exportation du thé est en décroissance par suite de la concurrence du thé de Ceylan et des Indes.

Exportation importante d'œufs congelés.

L'industrie de la soie est la plus importante de la Chine (32 p. 100 de la production mondiale ; le Japon 39 p. 100, l'Italie 17 p. 100) ; grande production de coton et de laine ; filatures

(1) 1 K. tael = 3 fr. 6 en 1908, 7 fr. 11 en 1918, 25 fr. en 1919.

à Shanghai, Canton et ses environs. Minoteries, fabriques d'huiles, manufactures de papier de savons, de bougies, de porcelaines, etc.

La Chine, qui s'était longtemps refusée à laisser fouiller le sous-sol, par crainte de la vindicte, est le premier pays houiller du monde ; son sous-sol recèlerait environ 67 milliard de tonnes de houille proprement dite de plus que l'Europe. Il existe des mines de houille dans les 18 provinces et dans les 3 provinces de Mandchourie. L'extraction en 1915 a donné 18 millions de tonnes. L'étain du Yunnam est le principal minerai exporté (production en 1915 : 7.943 t.) ; l'antimoine a eu une production de 28.000 t. et une exportation de 23.000. Le minerai de fer, très abondant, se présente mêlé au charbon ; les gisements de Tayeh, près de Hang-Kiou, ont donné, en 1915, 549.000 tonnes. Importantes forges à Hankow, Changsha et Wuchang ; puits de pétrole ; mines de cuivre (Yunnan) ; l'extraction annuelle de l'or est de 71.582 onces ; celle de l'argent, de 107.155 onces ; du plomb, 13.527 tonnes et du cuivre 109.63 tonnes.

Gisements de minerai d'antimoine importants particulièrement dans la province de Hunan. Exportations en 1917 : 20.000 t. de minerai cru, 15.000 t. de régule, 4.000 t. de minerai.

Commerce.

Commerce extérieur de la Chine depuis 1910 en milliers de HK. taels et mouvement de la navigation en milliers de tonnes :

Années.	Import. nettes.	Exportations.	Commerce total.	Recettes douanières :	Mouvement de la navigation.
1910	418.158	338.993	757.151	35.540	86.772
1913	570.163	403.306	973.468	43.970	93.335
1914	569.241	356.227	925.468	38.918	97.981
1915	454.476	418.861	873.337	36.748	90.663
1916	516.407	481.797	998.204	37.764	88.020
1917	549.519	462.932	1.012.450	38.189	86.907
1918	554.933	485.883	1.040.776	36.345	80.248

Répartition entre les principaux pays en 1913 et 1918 en milliers de HK. taels :

PAYS.	IMPORTATION.		EXPORTATION.	
	1913	1918	1913	1918
Grande-Bretagne	96.911	49.880	16.346	25.265
Etats-Unis	35.427	58.686	37.650	77.134
Japon	119.374	238.859	65.544	163.394
France	5.300	1.569	40.750	30.470
Allemagne	28.302	»	17.025	»

Les principaux produits d'importation et d'exportation ont été, en 1914 et 1915, en milliers de francs :

IMPORTATION	1914	1917	EXPORTATION	1914	1917
Tissus de coton	612.763	556.325	Soie	273.292	277.020
Opium	128.270	21.846	Thé	125.320	101.876
Métaux	97.695	87.981	Haricots, tourteaux de fèves	170.592	136.613
Riz	75.085	103.544	Huiles	42.932	104.025
Cigarettes	46.042	109.420	Coton	50.327	70.125
Houille	29.115	52.646	Anim. vivants	46.427	60.786
Poissons	45.335	49.506	Etain	27.425	42.716
Tissus de laines	111.362	12.868			

A eux seuls, le thé et la soie représentent 50 p. 100 de l'augmentation des envois.

Les principaux ports ouverts au commerce étranger, avec leur population en 1915, étaient les suivants : Han-Kéou 1.321.280 hab. ; Shanghai 1.000.000 : Canton 900.000 ; Tientsin

800.000 ; Fou Tchéou 624.000 ; Hangtchéou 594.000 ; Tchung-King 517.590 ; Soutchéou 500.000 ; Ningpo 465.000 ; Nankin 368.800 ; Chang-Sha 250.000 ; Tchin-Kiang 128.030 ; Amoy 114.000 ; Shasi 105.000 ; Wen-Tchéou 100.000.

Communications intérieures.

Les *chemins de fer* en 1914 comportaient seulement 9.596 km. en exploitation et 3.660 km. en construction.

Les postes comptaient 8.511 bureaux avec un mouvement postal de 773.183.122 lettres et paquets. Les télégraphes, en 1914, avaient 561 stations avec 58.500 km. de lignes ; 94.367 km. de fils ; 1.009.228 télégrammes avaient été expédiés.

Monnaies, Poids et Mesures.

Les monnaies chinoises et étrangères en circulation sont nombreuses. Le *tael-valeur* représente une once d'argent mais le titre du métal-argent varie selon le lieu où les lingots ont été fondus. Outre les *sapèques*, de nombreuses pièces de monnaie de billon, d'une valeur nominale de 10, 20 et 50 sapèques, ont été frappées et mises en circulation par les gouverneurs de province. Il existe une variété considérable de *dollars*-argent frappés dans les différents Hôtels des Monnaies du Gouvernement central et du Gouvernement provincial.

La monnaie fiduciaire est aussi très variée : bons militaires (Tchun piao), billets de la Banque de Chine, billets de la Banque des Communications, billets des banques privées autorisées par le Gouvernement, etc., etc.

La monnaie courante pour les affaires de gros, surtout dans les ports ouverts au commerce étranger, est la *piastre mexicaine*. Le commerce emploie aussi la piastre-argent de l'Indo-Chine, le *dollar*, le *rouble russe*, le *yen* du Japon, et le *carolus dollar* espagnol.

Les poids sont : le *picul* = 60 kg. 453 grammes ; un pecul = 100 *cattys* = 1.600 *taëls* ; le taël, poids fixé par les traités = 37 grammes 783. Les mesures de capacité sont le *bo* = 5 teau = 50 shing = 55 litres 550 ; le *shing* = 10 ko ; le *ping* = 5 hectolitres 600 litres.

Presse.

L'influence de la presse se développe chaque jour. On compte environ 300 journaux et revues dont trois grands quotidiens français et 2 journaux allemands à faible tirage. Plus de 50 journaux paraissent à Changaï et plus de 60 à Pékin (3 quotidiens anglais et 1 français) et à Tientsin.

Les principaux journaux à Changaï sont : en langue française : l'*Echo de Chine*, 16e année, quot. ; en langue anglaise : *North China Daily News*, *Eastern Times*, *Shangaï Times*.

Relations avec la France.

Traités et Conventions :

COMMERCE : Tarif minimum en France, Algérie et Colonies aussi longtemps que les marchés français bénéficient du traitement de la nation la plus favorisée. Règlement des relations commerciales entre le Tonkin et la Chine. Traités du 27 juin et 24 novembre 1858, 25 octobre 1860, 9 juin 1885, 25 avril 1885, 25 avril 1886, 26 juin 1887, 20 juin 1895. PAIX, CONSULS, ETABLISSEMENT, JURIDICTION : Traité de Whampoa du 24 octobre 1844, de Tientsin du 27 juin 1858. Convention additionnelle du 25 octobre 1860, de Tientsin du 25 avril 1886 et convention additionnelle du 26 juin 1887. JURIDICTION CONSULAIRE : Lois des 8 juillet 1852 et 28 avril 1869, 12 juillet 1910, décret du 31 janvier 1881.

Représentation de la Rép. chinoise en France.

Légation à Paris, 57, rue de Babylone. T. Saxe 31.-08.

Envoyé extr. et Min. Plén. : *Hoo-Wei-Teh.* ; Conseiller : *Yo-Tsao-Yen* : 2e Secr. : *Chang-Yuen-Chih* ; 3e Secr. : *Tai-Mingfou*, *Tchen-Hio-Lan*. Attachés : *Hsu-Gniétseng*, *Li-Tchuin* ; Attaché Militaire : Colonel *Tang-Tse*. Attaché Militaire adjoint : Commandant T. C. *Lio* ; Chancelier : *William Hsieh*.

Consulat général à Paris : *Lia Sze Kong*.

Consulats, à Bordeaux : R. *Abribat* ; à Marseille : A. *Nègre*.

Institutions en France.

Société franco-chinoise d'Éducation, 8, rue Bugeaud, Prés. : *Aulard*.

Chambres de Commerce à St-Denis (Réunion) et à Cholon (Cochinchine).

Représentation de la France en Chine.

Légation à Pékin.

Envoyé Extraord. et Ministre plén. : *Boppe* (O. ✻). Cons. d'amb. : de *Martel* (✻) ; Secr. de 2e cl. *Maugras* ; Consul adj. : *Lépice* ; Consul de 2e cl., 1er interprète : *Blanchet* (✻) ; 2e interprète : N..., Attaché militaire : N... ; Médecin de la Légation : Dr *Bussière*.

Attaché commercial : *Knight*.

Consulats à Shangaï : *Wilden*, Cons. gérant ; Canton : *Beauvais* ; Fou-Tchéou : *Saussine* ; Han-kéou : *Lecomte* ; Mongtseu ; Moukden ; Tchentou ; Tien-tsin.

Vice-consulats et agences consulaires à : Swatow, Pakhoï et Tong-Hing, Hoï-How ; Long-tcheou et Nan-ning ; Ho-Kéou ; Sseu-Mao ; Tch'ong-K'ing ; Kharbine.

Institutions économiques.

Chambre de Commerce française de Chine avec Comité Central à Shangaï. Prés. : H. *Madier* ; Comité de la Section de Tien-Tsin, Prés. : E. *Charlot* ; Comité de la Section de Canton, Prés. : *Caudiot* ; Comité de la Section de Hong-Hong. Prés. : *de Journel*.

Conseillers du Commerce extérieur : à Canton, **Marie-Louis** *Albert* ; à **Hanko** : **Adolphe** *Grosjean* ; à **Mongtseu** : **Félix** *Faure* ; à **Shanghaï** : **Gabriel** *Henriot*.

Délégués du T. C. F. : à Pékin : *Bouillard* (King-Han) ingénieur des ch. de fer de l'Etat, R. *St-Pierre*, Dir. de l'agence de la Banque de l'Indo-Chine, et L.-O. *Henry*, commissaire adjoint des Postes chinoises ; à Canton : A. *Meurer* ; G. *Pouillet-Osier* ; à Fou-Tchéou : E. *Saussire*, Consul de France ; à Hong-Kong : Henri *Cayrou* ; à Macao : Ch. *Ricou* ; à Mongtseu : *Flayelle*, Consul de France ; à Changaï : J.-J. *Chollot*, ingénieur des Ponts et Chaussées et Ch. *Jasson*, receveur principal des Postes françaises ; à Tien-Tsin : *Genges Sax*.

Institutions intellectuelles :

A Pékin : Ecoles du Nantang (440 élèves) ; du Peï-Tang (300) ; des Légations ; des Mandchoux ; de Ha-Ta-Men ; Ecole normale de Cha-La-Eul ;

A Changhaï : Université « Aurore » avec Facultés de droit, de médecine et de sciences appliquées ; Observatoire astron. de Zikawei ; Musée d'histoire naturelle ; Bibliothèque française ; Collège Saint-Ignace ; Ecole mariste St. François-Xavier (900 élèves) ; Ecole franco-chinoise ; Ecole municipale française.

A Canton : Ecole du Sacré-Cœur (300 élèves).

A Hankeou : Ecole de la municipalité française.

A Tcheng-Tou : Ecole Française de Médecine. Dir. : Dr *Mouillac* ; Institut Pasteur.

A Tien-Tsin : Ecole municipale franco-chinoise.

Ecoles du Gouv. de l'Indo-Chine à Yun-Nan-Fou, Mong-Tse (Yunan), à Pak-Hoï et Hoï-Hao (Kouang-Tung).

Ecoles des Frères Maristes à Weï-Houeï-Fou (Ho-Nan), Chang-Tsing-Fou (Tchivan) ; Suan-Swe-Fou, etc.

Ecole Française de Médecine, Dir. : Dr *Mouillac* ; Institut Pasteur à Tcheng-Tou.

A Shangaï : Ecole municipale française ; Ecole franco-chinoise ; Ecole et Observatoire de Zi-Ka-Weï,

Alliance Française à Shangaï, dél. : M. *Magbon* ; à Pakhoi, dél. : M. *Géraud* ; à Tien-Tsin, dél. : M. *Lachamp* ; à Mongtzeu, dél. : M. *Detric* ; à Swatow, dél. : P.-E. *Milhe* ; à Pékin, Prés. : P. *Véroudart* ; à Yunan-Fou, dél. : M. *Wilden*.

Institutions diverses :

Assistance : Hôpitaux Français à Canton (Hôpital Doumes), Mong-Tsé, Pakkoï, Pékin (Hôpital St. Michel), Tcheng Tou, et Tien-Tsin (Mission lazariste), Yunnanfou. Dispensaires à Hoï-Hao et Tchoung-King.

Conseils d'administration municipale des concessions françaises : Canton. Prés. : R. *Réau* ; Shanghaï, Prés. : *Kahn* ; Tientsin, Prés. : le Consul de France.

Communications.

Lettres, papiers d'affaires, cartes postales : Tarif de l'Union Postale. Télégrammes : 5 fr. 1875 par mot. Colis postaux : via Marseille et via Italie, tarif variant de 2 fr. 15 à 3 fr. 40 le kil. suivant la catégorie des bureaux.

Dépendances et provinces frontières.

Mandchourie.

Superficie : 942.000 km. q. ; *Population* : environ 20.000.000 h. Capitale : Moukden (250.000 habit.). La Mandchourie comprend : les provinces de Shingking ou Shêng-Ching (popul. : 10.312.241 h. ; capitale Mouk-den), de Kirin ou Tchilin (popul. : 6.000.000 h. ; capitale Kirin), de He-lung-Chieng ou territoire de l'Amour (popul. : 1.500.000 h. ; capitale Tsitsikhar, 70.000 h.). Villes importantes : Chang-Chun, 80.000 h. ; Ying-tsé, 60.000 ; New-chwang, 60.000 ; Liao-Yang, 55.000.

Productions. La Mandchourie est la contrée la plus prospère de toute la Chine ; son climat est tempéré et son sol très fertile est un des plus riches du monde. Il existe dans le pays de grandes facilités de communications et de transports. Les principales cultures sont : blé, mil, haricots, riz et autres céréales. La réserve de minerai de magnésite existant dans le pays atteindrait 200 millions de tonnes.

Commerce de 1915 : importation 336.779.575 fr. ; exportation 710.383.575 fr. Le traité du 25 juin 1915 a ouvert certains ports et diverses villes aux étrangers.

Thibet.

Superficie : 2.109.000 km. q. ; *Population* : env. 2.500.000 h. ; Capitale : Lhasa (de 15 à 20.000 h.). L'immigration étrangère dans ce pays est autorisée depuis peu. Le chef du gouvernement est le Dalaï-lama qui est assisté d'un régent choisi parmi les grands chefs thibétains et de cinq ministres. Suivant les négociations qui ont eu lieu en décembre 1919, le Thibet est reconnu officiellement autonome. Le Thibet, par contre, reconnaît la suzeraineté de la Chine.

La religion prédominante est le lamaïsme qui est une forme particulière du bouddhisme. La force armée se compose de troupes permanentes à la solde de la Chine d'un effectif de 4.600 h.

Le pays est nu et montagneux ; d'immenses régions sont encore inexplorées ; le climat, rigoureux en hiver, est généralement tempéré. Quelques régions cultivées où poussent l'orge, quelques autres céréales, des légumes, des fruits, pêches et raisins. Dans d'autres endroits, c'est l'élevage qui domine : moutons, porcs, buffles, chameaux. Le filage de la laine, le tissage et le tricotage sont très répandus. Du sous-sol, on extrait de l'or, du mercure, des pierres précieuses, du cuivre blanc, du fer, du soufre, du borax et du sel.

Le commerce donne lieu à un important trafic avec les Indes qui se fait par des cols très élevés, à 15.000 pieds. En 1915-16, l'importation a été de 3.175.000 fr., et l'exportation de 5.625.000 fr. La Chine exporte au Thibet du thé en briques, tissus et filés de coton et de soie, porcelaines, tabac, etc. Les principaux articles d'exportation sont les métaux, les cuirs, les lainages, le musc, les pelleteries, la laine, le feutre, le borax, etc.

Sin-Kiang (province de).

Superficie : 885.497 km. q. ; Population : env. 1.200.000 h. Cette province formée des Turkestan, Kulja et Kashgaria chinois, comprend toutes les possessions chinoises situées entre la Mongolie au Nord et le Thibet au Sud et est considérée maintenant comme une province distincte. Les habitants, de races variées, comprennent des Turcs, des Chinois ; la majeure partie de la population est mahométane. La capitale est Tihuafu (Urumchi), les villes principales sont : Kachgar, Varkend, Khotan et Aksu.

Le sol, grandement fertilisé par l'irrigation, produit des céréales, fruits, légumes. Les autres productions sont la laine, le coton, la soie. On compte quelques mines d'or.

Mongolie.

Superficie : 2.787.600 km. q. ; *Population* : environ 800.000 h. Après la Révolution chinoise, la Mongolie a proclamé son indépendance et nommé empereur Hutuktu. Son autonomie a été reconnue le 3 nov. 1912 par la Russie. En nov. 1919, après de longues négociations entre la Chine et la Mongolie, cette dernière est devenue territoire chinois sous la suzeraineté de la Chine, qui a reconnu son autonomie.

Empereur : *Jebtsun Dampa Hutuktu.*

La population est composée de nomades mongols et kalmouks qui parcourent le désert avec leurs chameaux, leurs chevaux et leurs troupeaux de moutons. L'immigration chinoise dans le pays est importante. La ville principale est Urga, marché frontière pour le trafic des caravanes. La religion prédominante est le lamaïsme bouddhistique.

Le désert de Gobi occupe une grande partie du territoire (chameaux, chevaux et moutons). Ce n'est que dans la partie septentrionale et à l'O., sur les frontières de Mandchourie que l'on trouve quelque fertilité.

Le principal commerce réside dans l'échange avec la Chine, du bétail, des cuirs, du beurre, du thé, du tabac, des étoffes, ivoires, etc. La valeur des transactions commerciales d'Urga s'est élevée en 1908 à 39.000.000 fr. pour les importations et à 24.750.000 fr. pour les exportations. Ce commerce a cessé depuis près d'un an.

La voie ferrée de Kiakhta à la frontière mongole, actuellement en construction, et qui sera vraisemblablement prolongée jusqu'à Urga, facilitera grandement le développement du trafic.

Bibliographie.

Bacot (Jacques). *Dans les Marches thibétaines* (1906-08), in-16, 215 p., 3 fr. 50. Plon-Nourrit. Paris, 1909.

Calendrier-Annuaire de l'Observatoire de Zi-ka-wei, in-16, 182 p., 16 pl., 10 fr. Impr. de la Mission catholique. Zi-ka-wei.

China Year Book. Annuel. Woodhead et Bell. Londres.

Chinese Review (The). Mens. Londres.

Chinese Social and Political Science Review. Trim. Pékin.

Charignon (A.-J.-H.). *Les Chemins de fer chinois*. Paris, 1916.

Collins (W.-F.). *Mineral entreprise in China*. Londres, 1918.

Farjenel (F.). *A travers la Révolution chinoise*, in-16, 401 p., 4 fr. Plon-Nourrit. Paris, 1914.

Gérard (A.). *Ma mission en Chine* (1893-97), in-8, ill., 345 p., 7 fr. Plon-Nourrit. Paris, 1918.

Giles (H.-A.). *Civilisation of China*. Cambridge, 1912.

Guide Madrolle. *Chine du Sud*. Paris, 1916.

Hosie (A.). *On the trail of the opium poppy*. Londres, 1914.

Hoskiaer (colonel V.). *Les routes commerciales du Yuman*, in-8, 2 fr. Plon-Nourrit. Paris, 1916.

Maspero (Georges). *La Chine*, in-18, jés., 455 p., 6 fr. Delagrave. Paris, 1918.

Matignon (J.-J.). *Superstition, Crime, Misère en Chine*. Paris, 1905.

Maybon (A.). *La République chinoise*, 3 fr. 50. Colin. Paris, 1917.

Rodes (Jean). *Scènes de la vie révolutionnaire en Chine* (1911-1914), in-12, 4 fr. Plon-Nourrit. Paris, 1915. *Dix ans de politique chinoise. La fin des Mandchous*, in-16, 4 fr. 50. F. Alcan. Paris, 1919.

Ross (E.-A.). *La Chine qui vient*. Trad. Delhorbe, in-16. Payot. Paris, 1914.

Rottach (Edm.). *La Chine moderne*, in-8, 8 fr. Pierre Roger. Paris, 1911.

Soulié (G.). *Les Droits conventionnels des étrangers en Chine*, gr. in-8, 7 fr. Recueil Sirey. Paris, 1916.

Weale (B.-L.-P.). *The Fight for the Republic in China*, in-8, 490 p. et fig., 17 fr. 50. Dodd and Mead. New-York. 1917.

Weulersse. *Chine ancienne et nouvelle*, in-8, 4 fr. A. Colin. Paris, 1915.

COLOMBIE
(RÉPUBLIQUE DE)

Constitution et Gouvernement. — Rép. indépendante depuis 1819, dénommée depuis 1886 « République de Colombie ». — Constitution du 4 août 1886, modifiée en 1905 et en 1909. Sénat : 35 membres élus pour 4 ans par collèges électoraux des départements. Membres de la Chambre des Représentants (92 ; 1 par 50.000 hab.), élus pour 2 ans par vote direct. Les électeurs doivent avoir l'âge de 21 ans accomplis, savoir lire et écrire ou bien posséder soit un revenu annuel de 500 pesos, soit une propriété foncière d'au moins 1.500 pesos ; les membres de la Chambre des Repr és. doivent être âgés de 25 ans, les sénateurs de 30 ans accomplis ; les deux Chambres se réunissent tous les ans. Le Président de la Rép. est élu pour 4 ans.—Les présidents du Sénat et de la Chambre des Représ. sont renouvelés chaque mois pendant les sessions ord. (90 jours à partir du 20 juillet).

Couleurs nationales : Jaune, bleu, rouge. *Pavillon :* Trois bandes horizontales, jaune (deux fois plus large que les autres), bleue et rouge, chargées au milieu des armes de Colombie. — *Ordres et décorations :* Néant.

Président de la République : Marco Fidel SUAREZ (7 août 1918 — 1922).

Ministère : Min. d'Etat et Intérieur : *Luis Cuervo Marquez.* — Aff. étr., *A. Gomez Restrepo.* — Guerre, *Jorge Roa.* — Fin., *Pomponio Guzman.* — Trésor, *Esteban Jaramillo.* — Instruct. publ., Dr *M. Abadia Méndez.* — Trav. publ., *C. Arango.* — Agric., *I. del Corral.*

Superficie : 1.206.000 km. q. (France, 550.985). La ligne frontière avec le Brésil est encore mal définie et il existe également des difficultés à ce sujet avec le Pérou et le Vénézuéla. Un accord a été signé avec l'Equateur en 1917. La République est divisée en 14 départements et 4 intendances. — *Population :* La popul., recensée en 1918, s'élevait à 7 millions h. sans compter 30.000 Indiens non civilisés ; le recensement a été défectueux. — *Princ. Dép. :* Cundinamarca (820.968 h.) ; Valle (217.159 h.) ; Caldas (341.198 h.) ; Boyaca (586.499 h. Antioquia (930.434 h.) ; Santander Sur (400.000 h.). *Villes princ. :* Bogota 150.000 h. ; Medellin 80.000 h. ; Barranquilla 60.000 h.

Religion et Instruction : Religion catholique. — 4 archev. : Bogota (4 év. suffrag.), Cartagena, Medellin et Popayan (chacun 2 év. suffrag.) ; autres religions tolérées. Instruction primaire gratuite mais non obligatoire. En 1917, 5.487 écoles (365.756 élèves, 5.137 instituteurs). Instruc. sec. et prof., 384 écoles (33.138 élèves), 98 écoles d'arts et métiers (7.044 élèves). Bogota, Université (1572) et Ecole Militaire. — Ecoles des Mines à Medellin (1812). Univ. à Medellin, Cartagena, Popayan, Pasto ; au total 2.488 étud. 29 écoles normales (1.728 étud.). Ecole des Beaux-Arts. Bibliothèque Nat., Muséum et Observatoire à Bogota. Dépenses pour l'instruction en 1917-18 : 1.163.436 (1 peso d'or = 10 fr.) couverts l'Etat.

Armée : Service mil. oblig. pour tous (de un an à un an et demi). Armée permanente. Effectif de paix : 6.000 h. dont 350 officiers ; guerre : env. 50.000 h. — *Marine :* sur l'Atlantique : 3 croiseurs ; sur le Pacifique : 2 croiseurs, 2 canonn., 1 transport, 1 remorqueur, tous d'ancien modèle.

Corps diplomatique à Bogota et Consulats.

Allemagne, E. e. et M. pl. : N.....; ch. d'aff. Paul *Zumpe.*
Amérique (Etats-Unis), E. e. et M. pl. : Hoffman *Philip.*
Argentine, M. pl. : Dr Carlos *Zavalia.*
Belgique, Ch. d'aff. p. i. : Léon *Bourseaux.*
Bolivie, E. e. et M. pl. : N...
Brésil, E. e. et M. Pl. (Carrera 7a, 840) : Abelardo *Rocas.*
Chili, E. e. et M. pl. : Diego *Dublé-Urrutia.*
Cuba, E. e. et M. pl. : G. *Alcaide.*
Danemark, C. G. à Bogota : A. *Koppel.*
Equateur, E. e. et M. pl. : Alb. *Munoz Vernaza.*
Espagne (Calle 22, n° 124), E. e. et M. pl. : N... ; ch. d'aff. : Ed. *Groizard*, 7-19.
France (V. *Relations*).
Grande-Bretagne, E. e. et M. pl. : Lord Herbert *Hervey.*
Guatemala, C. G. à Cartagena : J.-M. *de la Vega.*
Italie, E. e. et M. pl. : Mis E. *Durand de la Penne.*
Mexique, E. e. et M. pl. : *G. Ugarte* ; ch. d'aff. p. i. : Ed. *Colin.*
Paraguay, C. G. à Bogota : R. *Tanco.*
Pérou, E. e. et M. pl. : N... ; ch. d'aff. p. i. : Enr. A. *Carrillo.*
Saint-Siège, Nonce Apostol (Calle 12, 67) : Mgr. E. *Gasparri.*
Salvador, C. G. à Bogota : J.-J. *Perez.*
Uruguay, E. e. et M. pl. : Raf. J. *Fosalba* (absent).
Venezuela, E. e. et M. pl. : Dr Dem. *Lossada Diaz* ; Ch. d'aff. p. i. : Dr D. *Bautista Urbaneja.*

Mouvement économique.

Finances : Budget de 1918-19 (en pesos d'or) (1) : Recettes : 17.811.000 pes. dont 11.000.000, produits des douanes. — Dépenses : 19.089.574 pes. dont 6.365.049 pour l'Intérieur et 3.896.463 pes. pour Trésor et Dette publ.

Dette publ. extérieure en 1918 : 107.513.036 fr. ; intérieure : 4.187.454 pesos d'or,

Productions : Sol fertile et très productif, malgré le manque de communications et de transports. — Café, tabac, coton (Magdalena, Bolivar, Antioquia et Santander) : bananes, cacao, sucre, blé, maïs.

Pays riche en minerais, gisements d'or dans tous les départements et principalement à Antioquia, Narino, Caldas, Tolima, Cauca ; mines de cuivre, de plomb, de mercure, etc. mines de sel à Zipaquirá, qui sont le monopole du Gouvernement et fournissent un important revenu ; grands dépôts de charbon (dép. de Norte de Santander et de Cundinamarca) ; mines d'émeraudes de Muzo et de Cosmos appartenant au gouvernement ; gisements de nitrate de soude sur une superficie de 75 k. q. près de Rio San Sebastien ; d'asphalte (dép. de Santander et de Los Santos, terr. de Condinamarca) ; de pétrole, etc.

La production de platine de la Colombie en 1917 a été de 32.000 onces troy (31 gr. 103); sur une production mondiale de 52.595 en 1918 elle n'était que de 15.060 sur 267.233.

Industries : fabriques de chapeaux de Panama, princ. centres manufacturiers : Bogota, Medellin, Barranquilla et Cartagena.

Commerce : (Valeur en dollars). En 1915 : import. : 23.334,000 ; export. : 40.531.000.

PAYS.	IMPORTATIONS. (en pesos d'or)	EXPORTATIONS (en pesos d'or).	
		1915	1916
Grande-Bretagne	5.349.668	3.692.207	650.877
Etats-Unis	8.661.780	21.945.602	27.293.607
France	478.479	253.986	405.914
Italie	468.411	236.269	174.144
Allemagne (1914)	(2.570.420)	(1.779.393)	»

Princ. export. (1916) : café, 15.996.000 pesos d'or (12.751.569 en 1917) ; peaux, 3.000,000 (4.542.106 en 1917) ; bananes, 1.977.000 (2.695.365 en 1917) ; or, 5.323.000 (4.891.365 en 1917) et platine (1917), 2.017.554. Les principaux produits importés sont : farine, lard, pétrole, cotonnades principalement des Etats-Unis et de la Grande-Bretagne.

La France figurait en 1914 aux importations pour 1.249.374 pesos or et aux exportations pour 457.922 pesos.

Mouvement maritime (1916) : Entrés à Cartagena : 207 bateaux jaugeant 385.000 t. et à Puerto Colombia : 300 bateaux jaugeant 525.000 t. *Marine marchande* (1917) : 2 vapeurs jaugeant 5.457 t. et 4 navires à voiles jaugeant 1.120 t.

Communications intérieures : Chemins de fer : en exploit. : 1.000 kil. (voyageurs 1.350.548). *Postes* (1915) : nombre de bureaux 843 ; lettres et cartes postales 3.417.000, paquets 2.389.780. *Télégraphes* (1915), longueur des lignes 17.181 kil. ; bureaux : 625, télégrammes 2.875.300, cablogr. 66.825.

La plupart du trafic à l'intérieur s'opère par voie d'eau. Le Magdalena est navigable sur 900 milles ; des steamers remontent la Dorada à 592 milles de Barranquilla.

Monnaies, poids et mesures : Unité monétaire : le peso d'or de 100 centavos = 10 fr. argent, p. de 20 centavos = 1 fr. — Système métrique décimal français.

Princ. journaux : « El Nuevo Tiempo » ; « La Sociedad » ; « El Liberal ».

Relations avec la France.

Traités et Conventions :

COMMERCE, NAVIGATION, ÉTABLISSEMENT : Convention du 30 mai 1892. — Traitement réciproque de la nation la plus favorisée. — ARBITRAGE : Convention du 16 décembre 1908. — PROPRIÉTÉ INDUSTRIELLE : Convention du 4 septembre 1901.

Représentation de la Rép. de Colombie en France :

Légation et Consulat gén., à Paris, rue Bassano, 8 (16e). T. Passy 19-23. Env. Extr. et Min. Plén. : Ismael Enrique *Arciniegas*. Secr. : A. Vélez *Calvo* ; 2e secr. : F. *Restrepo*. Attachés : *J.-M. Saenz* ; *E. Jimenez*.

(1) Le peso d'or = 10 fr.

Consul gén. à Paris : P. *Restrepo*; V.-Cons. : E. *Restrepo*.

Consulats à Alger; Ay; Bayonne; Bordeaux : J. *Moreno*; Charleville; Dijon; Dunkerque; La Rochelle; Le Havre : E. *Fernandez*, V.-C. ; Lyon ; Marseille : B. *Mayol*: Nantes; Nice; St-Nazaire ; Oran.

Représentation de la France en Colombie :

Légation à Bogota, Carrera 7, n° 822. Tél. 68 (de 10 à 12 h.).
Ch. d'affaires : Henri *Aymé-Martin*.
Secr. archiv. chargé de la chancellerie : *Casteran*.
Agents consul. à Barranquilla et Savanilla : *Dugand*; Buenaventura; Cali; Cartagena; Girardot; Honda ; Medellin; Popayan; Tumaco.

Institutions diverses :

Économiques. — Chambre de commerce franç. à Bogota, Apartado. 397. *Prés.* : *Marius Vollaire*, Délégué à Paris, André *Seye*, r. de l'Echiquier, 19. — Conseillers du commerce ext. : *Joseph Bonnet*, *Fr. Calamand*, *Alexis Maguin*.

France-Amérique. Délégué gén. : C. *Arbelaez-Urdaneta*.

T. C. F. Délégué à Barranquilla : *J. Dugand*, banquier, agent cons. de France.

Intellectuelles : Alliance française à Bogota, délégué : N..., à Medellin, Prés. : Luis M. *Gaviria*; à Popayan ; Prés. : Ed. *Ferry*; à Pasto, délégué : M. *Berthaut*.

Diverses : Société française de Bienfaisance à Bogota. Prés. : A. *Baptiste*.

Bibliographie :

Bulletins of the Bureau of the American Republics, Washington. D. C.
Diario Oficial, à Bogota.
Informe del Director General de Estadistica Nacional. Bogota, 1916.
Hoyos (J.-A.). *Les Etats-Unis d'Amérique et la Colombie*, 1 vol., br. Pedone. Paris 1915.
Scruggs (W.-L.). *The Colombian and Venezuelan Republics*, Londres, 1900 et Boston, 1910.
Vega (José de la). *La Federacion en Colombia (1810-1912)*. Bogota, 1912.

COSTA RICA

(RÉPUBLIQUE DE)

Constitution et Gouvernement. — Colonie espagnole jusqu'au 15 sept. 1821 ; état de la République Fédérale du Centre-Amérique (1824-1838) ; république indépendante en 1847, formée de 7 provinces. Constitution du 8 juin 1917.

Congrès composé d'un Sénat et d'une Chambre des députés élus directement par le peuple pour six ans. Membres réélus par moitié tous les 3 ans et rééligibles indéfiniment. Le Président de la République élu au vote secret par un collège électoral pour 6 ans, de même que le Vice-Prés. de la République. Il est rééligible, mais non pour la période immédiatement suivante.

Costa Rica est le siège de la Cour de Justice centroaméricaine créée en vertu de la convention de Washington (20 déc. 1907) pour juger les conflits entre les nations centroaméricaines.

Couleurs nationales. —Pavillon de cinq bandes horiz., bleue, blanche, rouge, blanche, bleue ; la bande rouge du milieu deux fois plus large que chacune des autres et chargée d'un écusson portant les armes de la Rép. (dans deux mers entre deux vaisseaux, trois montagnes sommées d'un soleil croissant et de cinq étoiles). Le pavillon de commerce est le même sans armes.

Président de la République: F. Aguilar BARQUERO (4 avril 1919-1925). *Vice-président,* N...

Congrès national: Prés. du Sénat : Dr R. *Calderón.* — Prés. de la Chambre des Dép. M. Francisco *Faerron.*

Ministère. — Aff. étr. Cultes, Bienfaisance et Justice : *Tobias Zuniga Montufar.* — Intérieur et Police : M. *Monje.* — Trav. Publ. : Alej. *Aguilar.* — Fin. et Commerce : Enrique *Ortiz.* — Instr. Publ. : Anast. *Alfaro.* — Guerre et Marine : José Joaquin *Tinoco.*

Superficie: 54.000 km. q. (France, 550.985). *Population:* 500.000 de race européenne et surtout espagnole. Immigration en 1913 : 13.980 ; en 1916 : 4.238. Emigration en 1913 : 11.652 ; en 1916 : 4.999. Capitale : San José, 45.654 hab.

Religion et Instruction: Culte catholique, religion d'État ; liberté des cultes. Evêché de San José, suffr. de l'archev. de Guatemala.

Instruc. primaire gratuite et oblig. pour tous les enfants de 7 à 14 ans ; liberté d'enseignement. En 1915, 419 écoles primaires avec 1.489 professeurs et 34.703 élèves inscrits. Enseign. secondaire : à San José, lycée national de garçons avec 327 élèves et lycée national de jeunes filles avec 190 élèves. Depuis 1915, École normale à Heredia. Collèges à Cartago, Heredia et Alejuela. Faculté de médecine, Ecole de droit, Ecole de pharmacie, etc.

Corps diplomatique à San José et Consulats.

Allemagne, Ch. d'aff. : N...
Amérique (Etats-Unis), E. e. et M. pl. : Edw.-J. *Hale.*
Belgique, V. Guatemala, Corps diplom.
Brésil,
Chili, E. e. et M. pl. : N...
Cuba, Ch. d'aff. : le Consul à San José : J. *Alsina.*
Espagne, E. e. et M. pl. : P. *Quartin* (résidence à Guatemala).
France (V. *Relations*).
Grande-Bretagne, M. R. et C. G. : Sir C.-C. *Mallet* (résidence à Panama).
Guatemala, E. e. et M. pl. : Lic. Man. *Paz.*
Italie, M. R. : *Notari;* Cons. à San José : F. *Scaglietti.*
Mexique, E. e. et M. pl. : Lic. J. *Almaraz Harris.*
Nicaragua, M. R. : Dr J. *Acosta.*
Norvège, E. e. et M. pl. ; C. G. à Mexico. Cons. à San José : R. *Brenes.*
Pérou, Ch. d'Aff. : Carlos *Rey de Castro.*
Portugal, E. e. et M. pl. : F. *Botto Machado;* C. G. à Guatemala.
Saint-Siège, Internonce apostol. : Mgr. Giov. *Marenco,* arch. tit. d'Edesse.
Salvador, Ch. d'Aff. et C. G. : Greg. *Martin.*
Suède, Cons. à San José : V. *Koberg.*
Suisse, Cons. à San José : H. *Frick.*
Vénézuéla, Cons. à Limon : F. *Maduro.*

Mouvement économique.

Finances: Budget de 1919 (en colons) (1). Recettes : 18.346.000 dont 5.600.000, produits des douanes : dépenses : 18.280.840 dont 2.810.371 pour la dette publique.

Dette publique au 31 décembre 1915 : extér., 3.378.185 l. st. dont 1.378.185 l. st

(35.000.000 fr.) d'emprunt français de 1915 ; intér. à 6 p. 100, 285.213 l. st., à 12 p. 100 19.674 l. st. et dette flottante, 666.601 l. st.

Commerce (en milliers de colons) : en 1917, import. : 12.032 ; export. : 24.477.

PAYS.	IMPORTATIONS.	EXPORTATIONS.
États-Unis	8.360	17.460
Grande-Bretagne	1.518	5.868
Italie	179	35
France	296	68
Allemagne	—	—

Princ. import. : tissus, blé, charbon, machines, vins, liqueurs, conserves, etc. ; princ. export. : bananes (3.689), café (8.128), minerais (2.142), caoutchouc, bois, cuirs, etc.

Productions et industries : Pays essentiellement agricole ; terres riches et fertiles, bien arrosées. Princ. produits agricoles : café (12.267.203 kil. exportés en 1917) ; bananes (plantations de plus de 30.000 ha.: export. en 1917 : 8.689.516 régimes) ; maïs, blé, canne à sucre, riz, cacao, pommes de terre, etc. Forêts (cèdre, acajou, palissandre, ébène, bois de rose, chêne et quantité d'autres bois de teinture et d'ébénisterie). Pâturages naturels et artificiels. Troupeau en 1915 : bœufs, 332.980 ; chevaux, 52.060 ; porcs, 63.434. Plusieurs mines d'or en exploitation, gisements pétrolifères, eaux minérales ; 3.296 manufact. et industries.

Mouvement maritime (1917) : entrée, 577 bat. jaugeant 794.896 t. Sortie, 576 bat. jaugeant 793.904 t. : Ports : Limon, sur l'Atlantique ; Puntarenas, sur le Pacifique.

Communic. intérieures : Chemins de fer (1916) : 896 km. Postes (1915) : bureaux, 208 ; mouvement postal : 8.614.940 lettres et paquets. Télégr. (1915), bureaux : 147 ; 2 stations T. S. F. ; longueur de fils en 1915, 2.467 km. En 1914, 1.023.502 télégr. Téléphone (1915) : lignes, 515 km.

Relations avec la France.

Traités et Conventions :

COMMERCE : Convention du 7 juin 1901 (mêmes conditions que la Convention avec le Honduras). — PROPRIÉTÉ INDUSTRIELLE : Convention du 8 juillet 1896 pour la protection réciproque des marques de fabrique et de commerce. — PROPRIÉTÉ LITTÉRAIRE ET ARTISTIQUE : Convention du 23 août 1896.

Représentation de Costa Rica en France :

Légation à Paris, 21, r. Erlanger (16e), de 14 à 16 h.
Envoyé extraord. et Min. Plénip. : Manuel M. *de Peralta.*
Conseiller-jurisconsulte : Ernesto *Martin* ; Chancelier : Guillaume *Gérard.*
Consulat Gén. à Paris, 18, avenue Kléber, de 14 à 17 h. — Consul Général, Ernesto *Martin* ; Consul : P. J. *Mathen* ; V. Cons. : G. *Kaiser.*
Consulats : à Bordeaux ; Cherbourg ; Le Havre ; Lyon ; Nantes ; Marseille ; Nice ; Saint-Nazaire ; Toulouse ; Vichy.

Représentation de la France à Costa Rica :

Envoyé Extraord. et Min. Plénip. (Voir : *Guatemala*, Relations). Chargé d'affaires et Consul : Paul *Serre*, 19 ; Port-Limon : *de Vars*, gérant.

Institutions diverses :

Collège français de jeunes filles (Sœurs de Sion) ; Soc. française de Bienfaisance.

Bibliographie.

(Voir Edition 1919).

(1) Un colon unité monétaire, au pair = 2 fr. 44.

CUBA

(RÉPUBLIQUE DE)

Constitution. Gouvernement. Rép. de l'Amérique centrale, indépendante de l'Espagne en vertu de la paix de Paris du 10 déc. 1898. Constitution du 21 fév. 1901, augmentée le 12 juin 1901 de 8 articles additionnels et publiée le 14 avril 1902. Sénat de 24 membres (4 par chaque prov.) élus pour 8 ans par vote indirect et se renouvelant tous les 4 ans par moitié; Chambre des Représentants de 83 membres (1 par 25.000 hab.) élus directement pour 4 ans et se renouvelant tous les 2 ans par moitié. Le Président et le vice-Président de la République sont élus pour 4 ans par un collège électoral élu à cet effet: ils ne sont rééligibles que pour une seconde période consécutive.

Pavillon : 5 bandes horizontales alternativement bleue et blanche (le bleu en haut et en bas) ; près de la hampe, triangle rouge, chargé d'une étoile d'argent.

Président de la République: Général Mario G. MENOCAL (seconde période, 20 mai 1917-1921). *V.-Prés.:* général Emilio *Nunez*.

Ministère : Secr. d'Etat : Dr P. *Desvernine*. — Justice : L. *Azcarate*. — Intérieur : P. *Montalvo*. — Finances : L. *Cancio*. — Instr. publ. : F. *Arostegui*. — Trav. publ. : J.-R. *Villalon*. — Agric., Commerce et Travail : Dr E. *Sanchez Agramonte*. — Santé et bienf. publ. : Dr Fern. *Mendez Capote*.

Congrès. — Prés. du Sénat : Dr Ricardo *Dolz*. — Prés. de la Chambre des Représentants : Dr *Coyula*.

Superficie: 166.122 km. q. (France : 550.985). *Population* en 1916 : 2.630.436 hab., dont 71,9 p. 100 de blancs. 55.120 immigrants et 71.600 émigrants en 1916. *Villes princ.:* La Havane 359.259 hab., Santiago de Cuba 63.041, Matanzas 56.468, Cienfuegos 82.092, Camagüey 93.057, Santa Clara 57.767, Sancti Spiritus 56.848, Guantanamo 60.216, Pinar del Rio 52.472, Manzanillo 62.485.

Instruction: Instruct. oblig. depuis 1880, appliquée en 1899. En 1916, 2.686 écoles, 4.931 prof. et 289.692 élèv. Enseign. second. et supérieur gouvernemental dans les « Instituts d'instr. secondaire et sup. » dans chaque province et plusieurs autres comptant au total 2.087 élèves. L'Université de La Havane (1721) comptait en 1916-17, 1.328 élèves.

Armée: D'après la nouvelle loi milit. du 29 oct. 1914, l'armée active constituée compte 444 officiers et 11.000 h. Service milit. obligatoire depuis août 1918. Marine de guerre : 1 croiseur, 1 navire-école et 16 canonnières.

Corps diplomatique à La Havane et Consulats.

Allemagne : Ch. d'aff. : N.....

Amérique (Etats-Unis), E. e. et M. pl. : (D. de Dominguez, Santa Catalina, 4) : W.-E. *Gonzales*; Secr. de lég. : G. *Scholle* ; Cons. à la Havane : H. W. *Harris*, C. G.

Argentine (Rép.), E. e. et M. pl. : (Calle 15, n° 302) Man. S. *Malbran*.

Belgique, M. R. (C. de S. Lazaro, 243). Ch. d'aff. p. i. : F. *Janssens*.

Bolivie, E. e. et M. pl. (V. *Amérique, Etats-Unis, Corps dipl.*).

Brésil, E. e. et M. pl. : A. *Velloso Rebello*. C. G. à la Havane ; Gonz. *Arostegui*.

Chili, Ch. d'aff. : N.....

Chine, E. e. et M. pl. : Dr *Kai Fou-chah*.

Colombie, E. e. et M. pl. : (Paseo 16, Vedado) : Dr R. *Gutierrez-Lee*.

Danemark, C. G. à La Havane : C. *Hinze*.

Dominicaine (Rép.), Ch. d'Aff. et C. G. : N...

Equateur, C. G. à La Havane : V. *Zevallos*.

Espagne, E. e. et M. pl. (Inquisidor n° 41) Alfr. de *Mariategui y Carratala*..

France (V. *Relations*).

Grande-Bretagne, E. e. et M. pl. (San Juan de Dios, 1) : Hon. Wm. *Erskine*, M. V. O. ; Att. commercial : G. T. *Milne*.

Guatemala, C. G. à La Havane : E. *Mazon*.

Haïti, Ch. d'Aff. (Calle 17, n° 347) : Fern. *Hibbert*.

Honduras, C. G. hon. à La Havane : A. *Revesado*.

Italie, E. e. et M. pl. et C. G. (C. 2, entre 21 et 23) : St. *Carrara*.

Nicaragua, E. e. et M. pl. : L.-F. *Corea*.

Norvège, E. e. et M. pl. (11, Teniente Rey) : M.-S. *Lie*.

Panama, Ch. d'Aff. : José *Lefebvre*.

Paraguay, C. G. à La Havane : E.-R. *Margarit*.

Pays-Bas, v. Amérique, Etats-Unis, Corps diplom. ; C. G. à la Havane : C. *Arnoldson*.

Pérou, C. G. à La Havane : W.-E. *Harlan*.

Suède, C. G. à La Havane : O. *Arnoldson*.

Uruguay, E. e. et M. pl. (C. de Consulado, 32) : R.-J. *Fosalba*.

Mouvement économique.

Finances (en pesos) (1). Budget de 1918-19 : recettes : 64.400.000 dont 37.000.000 produits des douanes ; dépenses : 54.395.000 dont 15.099.100 pour guerre et marine. Dette publique : extér., 55.308.000 ; intér., 10.615.400 ; au total 65.923.400.

Productions et industries : Deux productions font la richesse de l'île : le sucre et le tabac. On y cultive aussi le café, les céréales, le cacao, les pommes de terre, le riz qui vient d'y être introduit et les fruits.

La production de sucre pour 1917-18, assurée par 174 fabriques (Matanzas, 29 ; Cienfuegos 25), a été évaluée à 20.973.000 sacs de 145 kg. Celle du rhum (1915) à 3.160.000 litres, et celle d'alcool à 9.175.866 litres.

Le cheptel comprenait : race bovine, 3.703.298 ; chevaline, 720.040. Les forêts, dont 505.000 hectares appartiennent à l'État, abondent en bois précieux (cèdre, acajou, grenadier, ébène). Dans le dép. de Santiago de Cuba, mines de fer, de cuivre et de manganèse. Les premières emploient plus de 5.000 ouvriers et fournissent une moyenne mensuelle de 50.000 tonnes de minerai aux États-Unis.

Commerce extérieur depuis 1900, en milliers de pesos :

Année	Importations	Exportations	Total	Balance favorable
—	—	—	—	—
1900......	70.079	51.342	121.421	18.737
1905..........	103.221	112.280	215.501	9.059
1910.........	107.959	151.271	259.230	43.312
1913..........	143.827	165.125	308.952	21.298
1914..........	119.001	177.554	296.555	58.553
1915.....	155 448	254.292	409.740	98.844
1916..........	248.278	356.571	604.849	108.293
1917..........	272.573	363 846	639.419	94.273
1918..........	297.622	413.325	710.947	115.703

Répartition par pays de provenance et de destination, en milliers de pesos :

PAYS.	IMPORTATIONS.			EXPORTATIONS.		
	1913.	1916.	1917.	1913.	1916.	1917.
États-Unis	75.317	185.337	205.104	131.270	250.090	257.273
Autres pays amér..	10.624	12.249	17.915	5.580	3.676	8.445
Grande-Bretagne..	16.072	19.230	15.377	18.427	52.776	73.564
Espagne	10.030	14.408	15.652	657	30.288	13.546
France...........	7.328	5.930	6.289	1.685	13.030	11,617
Allemagne	9.874	26	—	4.708	—	—

En 1917, principaux articles d'export. : sucre, 281 millions de pesos ; tabac, 27 millions ; principales importations : tissus de coton, 30.155.000 p. ; machines, 26.661.000 p. ; céréales, 79.630.000 fr. Pour l'import., les États-Unis arrivent en tête avec 72 p. 100, viennent ensuite le Royaume-Uni 9,5 p. 100 et l'Espagne 7 p. 100 ; pour l'exportation, les États-Unis font 75 p. 100, le Royaume-Uni 16,4 p. 100.

Mouvement maritime : Entrées, en 1916, de l'étranger : 5.540 navires jaugeant 8.164.000 t. ; sorties : 5.477 navires jaugeant 8.144.000 t. Cabotage, 14.684 navires de 2.582.000 tonnes à l'entrée et 14.712 de 2.584.000 t. à la sortie.

Communications : En 1916, 3.760 km. de voies ferrées dont 1.128 à l'*United Railways* de La Havane ; 658 bureaux de postes ayant expédié en 1916 : 62.945.900 lettres et paquets, 226 bureaux de télégr. et 9 stations de T. S. F., les premières avec 5.815 km. de lignes ayant envoyé 880.000 télégr. ; 219 stations-téléph. avec 670 km. de fils.

Monnaies, poids et mesures : Unité monétaire, le *peso* d'or ou dollar de 1.6718 grammes = 5 fr. 25. Pièces de 20, 10, 5, 4, 2 et 1 pesos. Billets de banque des États-Unis seuls en circulation. Système métrique décimal français et mesures de poids américaines.

Journaux quotidiens à La Havane : *La Discusion* (1887) ; *La Lucha* (1884) ; *El Diario de la Marina*, officiel ; *La Gaceta de la Habana*.

(1). Un peso = 5 fr. 25.

Relations avec la France.

Traités et Conventions :

PROPRIÉTÉ INDUSTRIELLE : Convention du 4 juin 1904 pour la protection réciproque de la propriété industrielle.

Représentation de Cuba en France :

Légation à Paris, 5, rue Copernic (16e). T. Passy, 86-21 (de 14 à 17 h.).
Env. Extr. et Min. plén. : Dr. **Rafael** *Martinez y Ortiz.*
1er Secr. : Manuel *Tejedor*; R. *de la Torre*; Attachés : Fr. M. *Picabia*; Man.-F. *Calvo*; Oscar *Angarica*; N. *Angulo*; Ed. *Mora*; Mig. *Valdez Montalvo.*
Consulat général à Paris, 15, r. Richepanse (8e). Consul général : Luis *Vallin, y Alfonso*; V. Cons. : J. C. *Garrido.*
Consultats à : Biarritz; Bordeaux : J. F. *Goyeneche y Perez*, 4-20; **Fort-de-France (Martinique); Le Havre; Lyon** : Em. *Lufrin y Alonso*, 2-20; **Marseille; Nice; St-Nazaire.**

Représentation de la France à Cuba :

Légation à La Havane, Calle F. 15, Vedado.
Env. Extr. et Min. plén. : N.... ; Ch. d'aff. : *Marinacce-Cavallace*, 3-20; — **Chancelier** : *Judas.*
Cons. à Santiago de Cuba : *Brillouin*, V. C.; Agents cons. à Baracoa Camaguay; Gibara; Guantanamo; Manzanillo; Matanzas; Santa Clara; Trinidad et Cienfugos.

Institutions diverses :

Comité France-Amérique, **à La Havane. Prés. : Sénateur** Cosme *Torriente.*
Enseignement **à La Havane : Alliance française, délégué : Dr L.** *Montané*; **Collèges français : L.** *Olivier*; **Mlles** *Martinon*; **Dominicaines françaises.**
Chambre de commerce **à La Havane, 110, O'Reilly. Prés. : Marcel** *Le Mat* **Délégué à Paris** : **P.** *Aveline*, **104, faub. Poissonnière.**
Assistance à **La Havane : Sté française de bienfaisance, Prés.** : L. *Vogel*; **Sté française de secours mutuels, Prés.** : **F.** *Lasserre.*
T. C. F. **Délégué à La Havane** : A. *Brandière*, **cons. du com. extérieur.**

Communications :

Service de la Cie Gén. Transatlantique, départ chaque mois de Saint-Nazaire.
Lettres, papiers d'aff., cartes postales : tarif de l'Union postale. — Télégr. : **La Havane** (2 fr. 10 le mot), **autres bureaux** (3 fr. 30). — **Colis postaux** : **V. St-Nazaire**, (le kgr. 2 fr.).

Bibliographie.

Anuario Estadistico de la Republica de Cuba. La Havane, Annuel (1er No en 1914).
Cuba : What She has to offer to the investor or the home-seeker La Havane, 1915.
Callahan (J.-M.). *Cuba and International Relations.* Londres, 1902.
Maistre (P.). *Cuba*, 1 vol. in-8o carré, br., 4 fr. 50. Ch. Delagrave, Paris, 1911.
Piron (H.). *L'Ile de Cuba*, 1 vol. in-18o, 325 pp., 4 fr. Plon Nourrit, Paris, 1889.
Robinson (A.-G.). *Cuba, Old and New*, Londres, 1916.

DANEMARK

(ROYAUME DE)

Constitution et gouvernement. — Monarchie constitutionnelle, héréditaire depuis 1660, dans la ligne ascendante de la maison d'Oldenbourg depuis 1448, branche de Schleswig-Holstein-Sonderbourg-Glucksbourg depuis Christian IX (1863).

Constitution fondée sur le *Grundlov* (charte) du 5 juin 1849, révisée le 28 juillet 1866. La nouvelle Constitution, fondée sur le *Grundlov* du 5 juin 1915 n'est pas encore entrée en vigueur. *Rigsdag* (Parlement) composé de deux chambres : *Folketing* (Chambre des députés de 140 membres, dont 24 pour Copenhague, élus pour 4 ans au suffrage universel; pour droit électoral et éligibilité 25 ans, hommes et femmes. *Landsting* (Sénat) de 72 membres, dont 54 élus au 2e degré et renouvelés par moitié tous les 4 ans, 18 élus par le Landsting pour 8 ans; pour droit électoral et éligibilité : 35 ans, hommes et femmes. *Indemnité* aux membres du *Rigsdag*: 10 kroner par jour.

L'Islande, réunie au Danemark depuis 1380, est devenue, depuis 1918, autonome avec union personnelle.

Pavillon de guerre. — Rouge traversé d'une croix blanche, du bord horizontal de laquelle le drapeau se termine en 2 pointes. — Pavillon de commerce, sans pointe.

Souverain : S. M. CHRISTIAN X, Charles-Frédéric-Albert-Alexandre-Guillaume, né le 26 sept. 1870 ; fils du roi Frédéric VIII et de la reine Louise ; succéda à son père le 14 mai 1912 ; marié le 26 avril 1898 à la princesse Alexandrine de Mecklembourg, née le 24 déc. 1879.

Famille royale. — *Fils :* 1° Prince royal Christian-*Frédéric*, né le 11 mars 1899 ; 2° Prince *Knud*, né le 27 juillet 1900.

Frères et sœurs du roi : 1° Prince *Charles* (Karl), né le 3 août 1872, depuis le 18 nov. 1905, élu sous le nom de Haakon VII, roi de Norvège ; 2° Prince *Harald*, né le 8 oct. 1876, marié le 28 avril 1909, à la princesse de Slesvig-Holstein-Sonderbourg-Glucksbourg ; 3° Pesse. *Ingeborg*, née le 2 août 1878, mariée le 27 août 1897 au prince Charles de Suède ; 4° Pesse. *Thyra*, née le 14 mars 1880 ; 5° Prince *Gustave*, né le 4 mars 1887 ; 6° Pesse. *Dagmar*, née le 23 mai 1890.

Liste civile du Roi : 1.000.000 couronnes et pension annuelle accordée aux autres membres de la famille royale : 174.000.

Conseil d'Etat. — Prés. : le Roi ; membres : les ministres.

Ministère (mai 1920). — Prés. du Conseil et Finances : Niels *Neergaard*. Aff. étr. : E. J. C. *de Scavenius*. Justice : *Rytter*. Défense nation. (guerre et marine) : M. *Bernsten*. Agric. : *Madsen-Mygdal*. Cultes : *Christensen*. Instr. pub. : *Jacob-Appel*. Trav. pub. : *Slebsager*. Comm. et navig. : *Tyge Rothe*. Int. : Sig. *Berg*. Min. sans portefeuille : T. A. M. *Stauning*.

Rigsdag : Folketing, élections du 22 avril 1918 : Partis gouvernementaux : socialistes 39, gauche radicale 32 ; opposition : gauche 46, conservateurs 22, parti des commerçants 1. — Prés. *Pedersen-Nyskov* (gauche) ; 1er prés. : K. M. *Klausen* (socialiste) ; 2e v.-prés. : *Christensen*.

Landsting, élections de fin mai 1918 : Partis gouv. : socialistes 16, gauche radicale 44 ; opposition : gauche 72, conservateurs 40. Prés. : *Anders Thomsen* (gauche) ; 1er v.-prés. : Herman Trier (gauche rad.) ; 2e v.-prés : Piper (conserv.).

Superficie et population. — Sur les 39.933 k. q. de superficie totale, 13.269 k. q. représentent les îles (Séeland, Fionie, etc.) à l'exception de Copenhague, dont 7.514 pour Séeland, et 25.664 k. q. la superficie totale du Jutland.

La population danoise qui était de 929.001 hab. en 1801, est passée à 2.449.540 hab. en 1901 et 2.921.362 hab. en 1916, dont 1.667.553 pour les îles (Séeland 1.189.942) et 1.253.809 pour le Jutland. Densité moyenne : 74 hab. par k. q. Sur ces 2.921.362 hab., 604.203 représentent la population des villes et 1.711.387 la population rurale. L'accroissement annuel est passé de 0,30 p. 100 en 1769, à 0,99 en 1870 et 1,16 p. 100 en 1916. On comptait, en 1911, 1.337.900 hommes et 1.419.176 femmes. Le mouvement d'émigration est insignifiant, 3.302 émigrants aux Etats-Unis en 1915.

Capitale : Copenhague 506.390 hab. ; en y comprenant Frederiksberg et les autres faubourgs 643.589 hab. *Villes princ. :* Aarhus, 65.858 ; Odense, 45.303 ; Aalborg, 38.102 ; Horsens, 25.149 ; Randers, 24.428.

Religion. — Culte luthérien religion d'Etat. Evêque métropol. à Copenhague et 6 autres évêques. En 1911 2.715.187 protest. luthériens de l'église nationale et 9.821 catholiques (vicaire apost. à Copenhague).

Instruction. — Instr. primaire et oblig. de 7 à 14 ans. La plupart des écoles publiques sont gratuites. En 1917, on comptait 3.465 écoles communales avec 461.000 élèves ; 772 écoles privées et d'État avec 58.000 élèves.

Enseignement professionnel très développé. On comptait en 1915, 78 hautes écoles primaires et écoles d'agric. ; 27 écoles d'agric. et d'hortic. ; 61 écoles de commerce ; 241 écoles d'arts et métiers ; 13 écoles de mécaniciens ; 12 de navigation et pêcherie ; 31 ménagères ; 3 des beaux-arts et d'art industriel.

L'enseign. supérieur comprend l'Université de Copenhague, fondée en 1479, avec 2.925 élèves dont 359 femmes, l'École polytechnique (1827) avec 917 élèves dont 16 femmes, l'Académie royale des Beaux-Arts, l'École vétérinaire et agron., l'École sup. de Pharmacie. L'enseignement normal est donné dans 4 écoles d'État (843 élèves) et 18 privées (1.236 élèves), 4 écoles normales d'enseign. préparatoire (104 élèves), etc.

Armée et marine. — Depuis sept. 1909, le service milit. personnel est obligatoire de 20 à 36 ans (8 ans dans le 1er ban et 8 ans dans le 2e). Après une période d'instruction variant de 5 mois 1/2 pour l'inf. à 6 mois 1/2 pour les autres armes, 1/4 env. du contingent seulement reste sous les drapeaux pour accomplir une deuxième période variant de 2 mois 1/2 à 8 mois 1/2 suivant les armes.

L'effectif de paix est de 820 off. et de 12.980 h. Sur le pied de guerre, l'armée comprendrait 5 brigades mixtes avec un effectif de 50.000 h.

La flotte se compose de 28 bâtiments dont 4 garde-côtes, 2 croiseurs de 3e cl., 2 vapeurs-mouilleurs de mines, 16 torpilleurs de haute mer et 10 sous-marins.

Corps diplomatique à Copenhague et Consulats.

Allemagne, E. e. et M. pl. (Amaliegade, 30) : N...
Amérique (États-Unis), E. e. et M. pl. (Amaliegade, 12) : Joseph C. *Grew*, 4-20.
Argentine (Rép.), E. e. et M. pl. (Frederiksgade, 17) : N...
Belgique, E. e. et M. pl. (Tolbovedj, 7) : G. *Allart*.
Brésil, E. e. et M. pl. (Hôtel d'Angleterre) : H. *Alves de Araujo*.
Chine E. e. et M. pl. : Dr W.-W *Yen*.
Colombie, E. e. et M. pl. : G. *Michelsen*.
Dominicaine (Rép.), C. G. à Copenhague : O.-H. *Soemé*.
Espagne, E. e. et M. pl. (Kristiansgade, 6) : Vincent G. *de Agüera*.
Finlande E. e. et M. pl. (Amaliegade, 6) : K. G. *Idman*.
France (V. *Relations*).
Grande-Bretagne, E. e. et M. pl. (Bredgade, 26) : Sir Ch. *Murray Marling* : 1er Secr. : H. *Grant-Watson* ; Att. commerc. : R. M. A. *Turner*.
Grèce, E. e. et M. pl. : S.-A. *Argyropoulo*.
Italie, E. e. et M. pl. (Kongens Nytorv, 4) : Dr V. *Sacerdoti de di Carrobio*.
Japon, E. e. et M. pl. : E. *Hioki*.
Mexique, Ch. d'Aff. : M.-J. *Trousseau*.
Norvège, E. e. et M. pl. (St. Kongensgade, 123) : J. *Irgens*.
Pays-Bas, E. e. et M. pl. : Chev. W. *van Rappard*.
Perse, C. G. à Copenhague : J.-C. *Teilmann*.
Portugal, E. e. et M. pl. : V. *Suède, Corps diplom.*
Roumanie, E. e. et M. pl. : N...
Serbie, *Croatie-Slovénie*, E. e. et M. pl. (Kronprinsessegade, 18) : Milan *Rakitch*.
Siam, E. e. et M. pl. : Phya *Visan Botchanakit*.
Suède, E. e. et M. pl. (Kalvebod Brygge, 4) : Bar. H.-L. *Beck-Friis*.
Suisse, Cons. à Copenhague : F. *Cloetta*.
Turquie, E. e. et M. pl. : V. *Pays-Bas, Corps diplom.*
Uruguay, E. e. et M. pl. : Federico R. *Vidiella*.

Mouvement économique.

Finances. — Le budget pour 1919-20 s'élève en kroners (1 kroner = 1 fr. 39). Recettes : 199.331.791 dont impôts et droits 172,073.960 ; dépenses : 145.346.763 dont intérêts et frais de la dette publique 26.769.458 ; instruction publique, 22.792.072 ; min. de la Guerre, 16.942.922. Fonds de réserve en 1918 : 11.652.854.

La dette publique, au 31 mars 1919, s'élevait à 780.596.754 kr. dont 523.178.841 pour la dette intérieure et 257.322.913 pour l'extér. A l'actif, on comptait à la même date 1.127.940.979 kr.

Production. — Le Danemark doit à son climat maritime d'être la terre d'élection de l'élevage, à sa législation d'être un pays de petite propriété. 80 p. 100 de la superficie totale est mise en valeur.

Au 5 février 1918, le cheptel comprenait : 510.615 chevaux, 2.141.683 espèce bovine,

247.213 espèce ovine, 518.012 espèce porcine. En 1914, 1.192.298 vaches avaient fourni 3.118.263 milliers de kgr. de lait traité, 65.050 milliers de kgr. de beurre dans 1.380 laiteries dont 1.168 coopératives. Principales cultures : avoine blanche, betteraves à sucre, pommes de terre, orge, seigle, froment.

Le Danemark doit, d'autre part, à la mer une industrie de la pêche très développée : produit total de la pêche en 1916, 57.792.500 kr. dont 14.981.000 fournis par la pêche au hareng et au maquereau.

On comptait 82.494 entreprises employant 350.194 ouvriers et 229.843 HP (dont 3.144 boucheries et fumoirs, 1.462 laiteries et fabriques de fromages, 2.422 moulins et minoteries.)

Commerce extérieur. (En millions de couronnes) :

Année	Importations	Exportations	Total	Déficit
1915.......	1.157	1.129	2.286	28
1916.......	1.357	1.032	2.396	48
1917....	1.082	1.065	2.147	17
1918....	945	743	1.688	202
1919.......	2.519	909	3.428	1.610

Principaux pays de provenance et de destination en 1916 (en milliers de kr.) :

PAYS.	IMPORT.	EXPORT.	PAYS.	IMPORT.	EXPORT.
Allemagne	265.067	690.900	Russie (1914)......	40.490	14.006
Grande-Bretagne....	336.520	351.439	Pays-Bas	28.159	3.705
Suède	117.130	63.280	France............	19.775	1.767
États-Unis	311.061	9.397	Belgique (1914)....	8.534	1.480
Amérique	102.658	7.609	Col. danoises.......	14.479	15.889
Norvège	39.815	55.977			

Le commerce spécial pour la même année s'était élevé à : import., 1.249.612 kr et export. 1.177.328. A l'importation : céréales 141.984, toiles 99.280, houille 151.872, bois 71.986. à l'export., lait et beurre 312.900, lard 260.900., bétail vivant 205.700.

Flotte et navigation. — Au 31 déc. 1916, la marine marchande comptait 3.570 navires jaugeant 595.252 tonnes dont 634 à vapeur jaugeant 112.101 t. et 1.128 à moteur jaugeant 47.042 t. En 1916, 29.447 navires sont entrés dans les ports danois représentant 3.728 milliers de tonnes et 30.149 faisant 1.096.101 tonnes en sont sortis.

Communications intérieures. — Chemins de fer, 4.113 km. dont 2.039 km. appartenant à l'Etat, 7.290 voitures automobiles, 1.201 bureaux de postes avec un mouvement de 202.581.134 lettres ; 614 bureaux de télégr. avec 3.709 km. de lignes, 13.607 km. de fils pour 4.560.276 dépêches ; téléphones : 1° de l'Etat, 138.204 abonnés et 33.024 km. de fils pour 3.440.027 conversations ; 2° privés, 175.524 abonnés et 556.645 km. de fils pour 340.686.424 conversations.

Crédit. Monnaies. Poids et mesures. — Banque Nationale : capital 27 millions, fonds de réserve 8.942.000 ; balance : 448.345.361 kr. au 31 juillet 1917 ; 149 autres banques commerciales, agricoles, industrielles, etc. 512 banques d'épargne avec 1.468.116 déposants et 980.700.000 kr. de dépôts (668 kr. par compte).

Le cours du change à vue sur Paris qui était de 72 kr. en juillet 1914 était à fin déc. 1916, 62,75 et en août 1917 : 57,50.

L'unité monétaire est le *krone* de 100 öre = 1 fr. 39. Or, pièces de 20 et 10 kr. Système métrique décimal obligatoire depuis 1910.

Presse. — Principaux quotidiens à Copenhague : *Berlingske Tidende* (1749), matin et soir, *National Tidende*, *Politiken*, *Social-Demokraten* (soc. major.), *Dagens Ekko* (soc. démocr. indép.), *Solidaritat* (soc. minor.).

Islande, Colonies et possessions danoises.

Outre l'Islande, depuis le 1er déc. 1918 autonome mais encore unie au Danemark, et neutre à perpétuité les colonies et possessions danoises comprennent : en Europe, l'archipel de Feroë en Amérique, le Groenland.

ISLANDE. — Superf. 104.785 kmc. Popul. : 85.000 hab. Capitale : Reikiavik, 12.000 hab. siège du gouvernement (constitution spéciale avec Chambre législative ou *Althing*) et du tribunal suprême de l'Islande. Exporte du poisson salé et séché, huile de poisson, r[illegible]s, chevaux et moutons. Importe grains et farines, bière et spiritueux, sel, sucre, etc.

Evêché, séminaire, lycée, Ecoles de médecine, de navigation ; hôpital des Sœurs de Saint-Joseph ; hôpital français.

Consul de France : Courmont, vice-consul.

FEROE, archipel de l'Océan Atlantique boréal. Superf. : 1.399 k. c. Popul. : 19.617 hab. Siège du gouv. : Thorshavn. Principales industries : pêche, élevage. *Consul de France* : J. Lutzen, agent consulaire.

GROENLAND, terre de la zone glaciale arctique, à l'extrême N.-E. de l'Amérique du Nord, divisé en Nord-Groenland, chef-lieu Godhavn, et Sud-Groenland, chef-lieu Godthaab. Popul. totale, env. 12.000 hab. Exporte huile de baleine, phoque, foie de morue. Importe beurre, lard, pois. Communications *viâ* Copenhague.

Les Antilles danoises ont été vendues aux Etats-Unis en 1917.

Relations avec la France.

Traités et Conventions.

COMMERCE ET NAVIGATION : Traité du 23 août 1742 et convention additionnelle du 9 févr. 1842. Traitement de la nation la plus favorisée et assimilation des pavillons. — ARBITRAGE : Convention du 15 sept. 1905. ÉTABLISSEMENT : Articles additionnels du 9 févr. 1910 à la Convention du 9 févr. 1842. — EXTRADITION : Convention du 8 mars 1877. — PROPRIÉTÉ INDUSTRIELLE : Convention du 7 août 1880 pour assurer la protection des marques de fabrique et de commerce. Echange de notes des 19 mars-25 avril 1907 sur la protection des marques de fabrique en Chine. — SUCCESSION ET SALAIRES DES MARINS : Déclaration du 1er août 1888 destinée à régler les salaires des marins des deux pays et les successions des marins décédés.

Colonies (îles Feroë). — COMMERCE : Mêmes dispositions que pour la métropole.

Antilles danoises. — COMMERCE : Convention du 12 juin 1901. Bénéfice des taxes les plus réduites aux denrées coloniales de consommation.

Représentation du Danemark en France.

Légation à Paris, 195, rue de l'Université (7e), T. Saxe 67-34 (de 10 à 12 h.).

Env. Extr. et Min. Plén. : H.-A. *Bernhoft*. — 1er conseiller : C. *Engelsted* ; Attaché mil. : Lt.-Colonel P.-V.-A. *Andersen*. — Att. naval : Capitaine Baron V. *Wedell-Wedellsborg*.

Consulat général à Paris, 4 et 6, rue Gaillon (de 14 à 16 h.) : F. *Prior*, consul général.

Consulats à Ajaccio, Bayonne, Bordeaux, Cette, Dunkerque, La Rochelle, Le Havre, Marseille, Nantes, Rouen, Alger, Dakar, Saïgon, La Martinique, Guadeloupe, Tamatave (avec juridiction sur l'île de Madagascar), Tunisie.

Vice-consulats à : Boulogne, Brest, Caen, Calais, Cannes, Cherbourg, Dieppe, Fécamp, Gravelines, Lorient, Menton, Morlaix, Nice, Perpignan, Quimper, Roubaix, Saint-Brieuc, Saint-Malo et Saint-Servan, Saint-Nazaire, Saint-Valery-sur-Somme, Toulon, Alger, Bône et son district, Philippeville et son district, Bizerte, Sfax, Sousse.

Institutions diverses en France :

Assistance : Sté de Bienfaisance. Prés. : A. *Christensen*. — Union Danoise, Prés. : M. *Bensé*.

Représentation de la France au Danemark.

Légation à Copenhague, Trondhjemsgade, 3 et 5.

Env. extr. et Min. Plén. : Paul *Claudel*. — Secr. de 1re cl. : *Martin*. — Secr. : N.... — Chancelier : *Sandrier*. — Att. mil. : Comm. *du Boucher*. — Att. naval : Capitaine de vaisseau *Lagrenée*.

Vice-consulat à Reikiavik. Agences consulaires à : Aalborg ; Aarhus (Jutland) ; Akureyri, Elseneur (Seeland) ; Esbjerg (Jutland) ; Horsens, Korsör (Seeland) ; Nyborg (Fionie) ; Randers (Jutland) ; Roenne (île de Bornholm) ; Thisted (Jutland) ; Thorshavn (Feroë) ; Faskrudsfjord ; îles Westmann ; Patriksfjord, Seydisfjord.

Institutions économiques :

T. C. F. : à Copenhague, Niels *Petersen*, avocat à la Cour d'Appel, Norre Farimagsgade ; Georg. *oepfer* Prés. de l'Union cycliste danoise, Jagtvejeu 115 ; L. *Schwensen*, [illegible] allée, 22 I.

Institutions intellectuelles et diverses.

Enseignement : Alliance française à Copenhague. Prés. : Dr Edv. *Ehlers* ; à Odense, Prés. : Prof. K. *Schmidt* ; à Randers, Prés. : V. *Wahl*. — Association Franco-Scandinave pour le développement des relations commerciales et intellectuelles entre la France et les pays du Nord. Prés. : Prof. *Höffding*. — Sté pour l'Art français. Prés. : Wilhelm *Hansen*, conseiller d'État.

Assistance à Copenhague, Société française de Bienfaisance. — Sté Amicale de Secours mutuels, Prés. Georges *Lacroix*.

Le Danemark en 1919.

Le futur statut des régions du Jutland méridional continue à préoccuper l'opinion publique. Conférences, motions, résolutions en faveur du Slesvig se multiplient. La résistance des organes modérés comme *Politiken* et *Social-Demokraten*, est, devant la force du courant national, moins accusée.

Le mois de mai est décisif pour cette question. Le 7, les conditions de paix remises par les Alliés aux plénipotentiaires allemands règlent l'avenir du Slesvig. Mais une surprise se produit au dernier moment. Alors qu'il ne devait y avoir, d'après l'opinion générale, que referendum en bloc pour le Slesvig du Nord et referendum par district pour le Slesvig central, on apprend que la consultation est étendue au sud jusqu'à la ligne Sli-Slesvig-Hollingsted-Frederikstad-Tönning et englobe ainsi la presqu'île de Ejdersted.

L'échange des ratifications du traité de paix le 10 janvier 1920 déclanchait l'évacuation par échelons, du 19 au 25 janvier, l'occupation internationale des régions à plébiscite, suivant à moins de 24 heures, par échelons également. Le plébiscite dans la première zone, effectué le 10 février, entre la frontière de 1864 et la ligne Toender-Flenbsourg, donnait comme résultats pour env. 110.000 électeurs inscrits, hommes et femmes âgés de plus de vingt ans : pour le Danemark, 75 023 voix soit 74,86 p. 100 et pour l'Allemagne, 25.223.

Le cabinet Zahle, mis en minorité par une coalition gauche-conservateurs populaires sur un projet d'emprunt et son refus d'abroger la loi du 7 août 1914, et qui représente la majorité radicale du Parlement, va, le 18, rester au pouvoir qu'il gardera jusqu'au 29 mars 1920, date à laquelle le roi lui demandera d'offrir sa démission.

Bibliographie

Kongelig Dansk Hof og Statskalender. Annuel. Copenhague.
Statistik Aarbog. Annuel. Copenhague.
Statistik Tabelværk. Annuel. Copenhague.
Cook (T.). *Guide to Norway and Denmark with Iceland and Spitsbergen*. Londres. 1907.
Coussange (J. de). *La Scandinavie*. Paris. 1914.
Drachmann (Povl.). *The Industrial Development and Commercial Policies of the three Scandinavian Countries*. Oxford. 1915.
Hansen (P.) et Muller (J.C.) *La Question du Slesvig*. Trad. J. de Coussange, in-8. Chapelot, Paris 1918.
Starcke (Olrik and Carlsen). *Le Danemark*. Paris. 1900.

DOMINICAINE
(RÉPUBLIQUE)

Constitution et Gouvernement. — République (de 12 provinces) indépendante depuis le 27 févr. 1844. Constitution du 6 nov. 1844, modifiée en dernier lieu le 1er avril 1908. Le Congrès National se compose d'une Chambre de 24 membres (2 par province) élus pour 4 ans par vote indirect de la nation et renouvelés par moitié tous les deux ans, et d'un Sénat de 12 membres (1 par province), élus pour 6 ans et renouvelés par tiers tous les 2 ans. Le Président de la République est élu pour 6 ans par vote indirect de la nation.

Depuis le 29 nov. 1916, l'île est sous l'administration militaire des États-Unis.

Pavillon Cantonné par une croix diagonale blanche, chargée au milieu d'un emblème (6 [illegible] avec une croix) posé sur des drapeaux et entouré de feuillages ; les cantons supérieur près de la hampe et le canton inférieur flottant : bleus, les autres cantons : rouges. *Pavillon de commerce* ; de même, [illegible].

Gouverneur militaire : Amiral Thomas *Snowden*.

Superficie : 48.577 km. q. Population d'environ 700.000 habitants de race européenne mêlée de sang africain et indien ; il y a aussi quelques créoles d'origine espagnole ainsi que des Turcs et Syriens.

Villes principales : Saint-Domingue (capitale), 22.000 habitants. Santiago de Los Caballeros, 14.744 h. ; Puerto-Plata, 10.000 h. ; San-Pedro de Macoris, 10.000 h. ; La Vega, 8.000 h. ; Samana, Sanchez, Monte-Cristi, Azua, etc.

Corps diplomatique à Saint-Domingue et consulats.

Allemagne, M. R. : N...
Amérique (Etats-Unis), E.e. et M. pl. : W.-W. *Russell*.
Belgique, E.e. et M. pl. à la Havane ; Cons. à St. Domingue : F. *Aybar* ; à Santiago de los Caballeros : L. *Bogaert*.
Bolivie, C. G. à St. Domingue : S. *Enriquez y Carvajal*.
Brésil, Cons. à St. Domingue : S. *Aybar y Nunez*.
Cuba, E.e. et M. pl. : N.. Ch. d'aff. et Cons. à St. Domingue : J. *Paulino Dihins*.
Espagne, Ch. d'aff. : J. *Fernandez Gamboa*.
France (V. Relations).
Grande-Bretagne, E.e. et M. pl. : V. Cuba, corps dipl. ; Ch. d'aff. et V. C. : G. *Fisher*.
Haïti, E. e. et M. pl. : Félix *Magloire*.
Honduras, C. G. à St. Domingue : J. *Manon*.
Italie, E. e. et M. pl. : V. Cuba, Corps dipl. ; C. G. et Gérant de la lég. à St. Domingue : A. *Porcella*.
Luxembourg, V. Pays-Bas.
Pays-Bas, Cons. à St. Domingue : E. *Escovar*.
Portugal, Cons. à St. Domingue : S. *Aybar y Nunez*.

Mouvement économique.

Finances (en dollars des Etats-Unis). Budget de 1916-17 : recettes évaluées à 4.889.930, dont le principal revenu provient des douanes (4.035.355 dollars en 1916) ; dépenses évaluées à 4.104.998. Prévisions budgétaires pour 1920 : recettes, 4.426.939 ; dépenses, 4.379.099.

Par une Convention passée avec le gouvernement des Etats-Unis, les douanes sont administrées par un Receveur général américain et leurs revenus servent à payer les intérêts et l'amortissement d'un emprunt de 20.000.000 de dollars nécessité par le règlement de dettes anciennes et l'exécution de travaux publics. Au 31 déc. 1917, le montant non amorti de la dette était de 13.686.200 dollars et le fonds de réserve de 4.547.273 dollars.

Commerce (en dollars américains) :

	1913	1915	1916	1917	[illegible]
Importation	9.272.275	9.118.515	11.664.425	17.406.664	19.736.152
Exportation	10.470.945	15.209.060	10.851.365	22.444.580	22.372.344

Principaux pays de provenance et de destination (en milliers de dollars) :

PAYS.	IMPORTATION.			EXPORTATION.		
	1913	1916	1917	1913	1916	1917
Etats-Unis........	5.769	10.162	14.732	5.601	17.418	18.465
Allemagne	1.678	»	»	2.068	»	»
Angleterre	739	481	620	422	107	212
France..........	274	152	196	888	297	302

Productions et industries. L'agriculture est la principale ressource du pays. Les plus importantes cultures sont dans la région de l'Est, celle du cacao, dans la région du Nord, celle du tabac qui a beaucoup souffert du fait de la guerre et celle du sucre dans la partie Sud (Export. de 13.386.000 doll. en 1917). Valeur de la production agricole en 1916 (en dollars) : cacao, 5.958.669 ; tabac, 1.433.328 ; cocos, 1.500.000 ; café, 316.827 ; coton, 31.759, etc.

Mine de cuivre de San Cristobal. Industrie à l'état naissant ; raffineries de sucre, usine textile, manufacture de tabac.

Mouvement maritime (1918) : entrée, 542 vapeurs jaugeant 467.718 tonnes et 241 navires à voile jaug. 24.742 tonnes ; sortie, 530 vapeurs jaugeant 457.241 tonnes et 237 navires à voile jaugeant 26.303 tonnes.

Marine marchande (1916) : 1 vapeur jaugeant 263 tonnes, 8 goëlettes jaugeant de 73 à 193 tonnes et 20 goëlettes jaugeant moins de 50 tonnes.

Communications intérieures. Chemins de fer : 246 kil. de lignes en exploitation (96 appartenant à l'Etat) et 410 kil. de chemins de fer privés. *Postes* (1916) : 92 bureaux ; mouvement postal : 2.114.157 lettres, cartes postales et paquets. Télégraphes et téléphones (1917) : 60 bureaux ; 566 kil. de lignes télégraphiques et appartenant à une Compagnie française et 1.642 kil. de lignes téléphoniques. Radiotélégraphie : 2 stations.

Monnaies, poids et mesures. L'unité monétaire est le *dollar* américain = 5 fr. 15. Monnaies (argent), néant ; (ont cours : les monnaies des Etats-Unis) ; (nickel), 1 *peso* (1 fr.), 50 centavos, 20 centavos, 10 centavos (10 centimes), 2 centavos 1/2 (2 centimes 1/2) ; (bronze), 10 centavos (5 centimes), 5 centavos (2 centimes 1/2) ; (fiduciaire), billets de banque : néant.

Le système métrique décimal français est appliqué.

Relations avec la France.

Traités et Conventions.

COMMERCE ET NAVIGATION : Traité du 9 septembre 1882. Acte additionnel du 5 juin 1886. Traitement de la nation la plus favorisée, assimilation des pavillons. Applicable aux colonies. PROPRIÉTÉ INDUSTRIELLE : Déclaration du 9 septembre 1882.

Représentation de la République Dominicaine en France :

Légation à Paris, 37, rue Galilée (de 14 à 17).
Consul général, chargé de la Légation : N....
Consulats : à Paris, 28, rue des Petites-Ecuries, Tél. Central 31-97 : S. *Bickart*, V. Cons. : Bayonne, Bordeaux, Cette, Le Havre, Lille, Marseille, Nice, Lyon, la Martinique, Fort-de-France.
Vice-Consulats : à Brest, Cherbourg, Calais, Périgueux, Pointe-à-Pitre, Saint-Nazaire, Saint-Martin (Antilles françaises).

Représentation de la France dans la Rép. Dominicaine :

Chargé d'affaires à Saint-Domingue : H. *Barré-Ponsignon*.
Agences consulaires à Macoris, Puerto-Plata, Sanchez.
Conseiller du commerce extérieur de la France : *Marion-Landais*.
Société Française de Bienfaisance à Saint-Domingue.
Alliance Française à Saint-Dominique.

Bibliographie.

Monthly Bulletin of the Bureau of the American Republics. Washington.
Deschamps (E.). *La Republica Dominicana, Directorio y Guia General.* Saint-Domingue 1907.
Merino (P.). *Elementos de geografia fisica, politica é historica de la Republica Dominicana.* Saint-Domingue, 1889.
Ober (F.-A.). *In the Track of Columbus.* Boston. Mass. 1893.
Stoddart (T.-L.). *The French Revolution in San-Domingo.* New-York. 1915.

EMPIRE BRITANNIQUE
BRITISH EMPIRE

L'Empire britannique, qui a une superficie totale de 33.760.676 km. q. et une population totale de 442.034.000 h., est composé du Royaume-Uni de Grande-Bretagne et d'Irlande (superficie 314.377 k. q.; population 46.089.000 h.) et de colonies, possessions et protectorats (superficie 33.446.299 kil. q.; population 395.945.000 h.) dont l'Empire Indien (superficie 4.844.600 kil. q.; population 315.156.000 h.).

ROYAUME-UNI DE GRANDE-BRETAGNE ET D'IRLANDE

Monarchie constitutionnelle et héréditaire dans la Maison anglaise de Windsor (proclamat on du 17 juillet 1917) avec succession mixte au trône, d'après laquelle les fils du souverain et leur descendance ont la préférence vis-à-vis des filles, mais celles-ci et leur descendance excluent de la succession les lignes latérales. Le Souverain a le pouvoir exécutif, est irresponsable, mais limité dans ses pouvoirs par le Parlement, devant lequel les ministres sont responsables.

Le Parlement comprend deux Chambres qui se réunissent annuellement, du mois de *fév.* au mois d'août.

La Chambre des Pairs (*House of Lords*) se compose actuellement de princes du sang royal (3), des 2 archevêques anglais, des évêques de Londres, Durham, Winchester et de 21 autres évêques les plus anciens, de tous les pairs du Royaume-Uni âgés de plus de 21 ans, 16 pairs écossais élus pour la période parlementaire et 28 pairs irlandais élus à vie; les juges des Hautes-Cours (*His Majesty's Judges*) de même que l'Attorney gén. et le solicitor gén. de l'Angleterre et du Pays de Galles qui ne sont pas Pairs. Total, 680 membres.

La Chambre des Communes (*House of Commons*) est composée de 670 membres (707 d'après la Representation of the People Act de 1918) élus par scrutin direct pour 5 ans. Pour le droit électoral ainsi que pour l'éligibilité, il faut avoir l'âge de 21 ans et être propriétaire d'une maison ou d'une terre, ou payer un loyer annuel de 10 livres sterling. Les juges et la plupart des fonctionnaires de l'État ne sont pas éligibles.

Pavillon des bâtiments de guerre : blanc à une croix rouge, cantonnée à l'angle supérieur près de la hampe de la triple croix de l'« Union Jack » (la croix de Saint-André blanche de l'Écosse sur un fond bleu, là-dessus la croix de Saint-Patrick rouge de l'Irlande sur un fond blanc et là-dessus la croix de Saint-Georges rouge de d'Angleterre sur un fond blanc), laquelle se présente en total comme une double croix rouge toute bordée de blanc sur un fond bleu.

Pavillon de commerce : rouge, à l'angle supérieur près de la hampe bleu, chargé des mêmes croix combinées.

Ordres et décorations : O. de l'Hôpital St-Jean de Jérusalem (fondé en 1830). — O. de la Jarretière (1350). — O. du Bain (1399), 4 cl. — O. du Chardon ou de St-André (1350). — O. de St-Patrick (1783). — O. de St-Michel et de St Georges (1818); 3 cl. — O. de l'Étoile des Indes (1861); 3 cl. — O. de l'Empire des Indes (1878); 5 cl. — O. du Mérite mil. (1886); 1 cl. — Croix de Victoria (1856). — Médaille d'Albert (1866). — O. Royal de Victoria (1896). — O. Royal de Victoria et d'Albert (femmes, 1862); 4 cl. — O. Impérial de la Couronne des Indes (femmes, 1877); 1 cl. — O. de la Croix-Rouge royale (femmes 1883). — Croix du Mérite (1901, argent). — O. du Mérite (1902). — Médaille d'Edouard (1907). — O. de l'Empire Britannique (femmes, 1917); 5 cl. — O. des compagnons d'hon. (femmes, 1917).

Souverain : GEORGE V, Frédéric-Ernest-Albert, Roi du Royaume-Uni de Grande-Bretagne, d'Irlande et des territoires britanniques au delà des mers, Défenseur de la Foi, Empereur des Indes, Maj. Roy. et Imp., né à Malborough House, le 3 juin 1865, a succédé à son père Edouard VII; couronné le 22 juin 1911; marié le 6 juillet 1893 à *Victoria-Mary*, Psse. de Teck, née le 26 mai 1867.

Enfants : 1° *Edouard-Albert*, Prince de Galles, né le 23 juin 1894; 2° Prince *Albert*, né le 14 déc. 1895; 3° Psse. *Marie*, née le 25 avril 1897; 4° Prince *Henri*, né le 31 mars 1900; 5° Prince *Georges*, né le 20 déc. 1902; 6° Prince *Jean*, né le 12 juillet 1905, mort le 18 janvier 1919.

Parlement impérial. Chambre des Lords. Prés. (*Speaker*) : le Lord Grand Chancelier (v. Cabinet); Prés. (Chairman des comités) : Comte *de Donoughmore*.

Chambre des Communes (Elections de décembre 1918) : 334 unionistes 127 libéraux, 10 travaillistes, au total 471 membres de la coalition; 38 libéraux du groupe Asquith, 48 unionistes indépendants, 66 membres du Labour Party, 7 nationalistes irlandais, 70 Sinn Feiners, divers 7, au total 235 membres de l'opposition). Prés. (*Speaker*) : James W. *Lowther*; Prés. (*Chairman*) des comités : J. H. *Whitley*.

Ministres du cabinet (28 nov. 1919) : Premier ministre et premier lord de la Trésorerie : D. *Lloyd George*. Lord prés. du conseil privé et « Leader » de la Ch. des Lords : A. *Balfour*. Lord gard du Sceau privé et « Leader » de la Ch. des Communes : A. *Bonar Law*.

2° Autres Ministres et Secrétaires d'État, Lord Grand Chancelier : Lord *Birkenhead*. Chancelier de l'Echiquier : *A. Chamberlain*.

Secrétaires d'État : Intérieur : E. *Shortt.* — Aff. Etr. : lord *Curzon.* — Colonies : Vicomte *Milner.* — Indes : E. S. *Montagu.* — Guerre et Aéronautique : Prés. : W. S. *Churchill.* — Hygiène. Dr. C. *Addison.* — Commerce : Sir R. S. *Horne.* — Travail : *Macnamara.* — Premier lord de l'Amirauté ; W. H. *Long.* — Prés. du Board of Agricult. : Lord *Lee.* — Prés. du Board of Education : H.-A.-L. *Fisher.* — Transports : Sir Eric *Geddes.* — Secr. pour l'Ecosse : R. *Munro.* — Lord Lieutenant pour l'Irlande : Feld Maréchal Vicomte *French.* — Secr. gén. pour l'Irlande : N....... — Pensions : J. *Macpherson.*

Superficie et Population.

Le dernier recensement officiel, effectué en avril 1911, avait donné les résultats suivants

	kilom. carrés.	POPULATION RECENSÉE LE 2 AVRIL 1911			par k. q.	POPULATION évaluée en juin 1914
		masculine.	fémin.	totale.		
Angleterre et pays de Galles	151.055	17.446.606	18.624.884	36.070.492	238	36.[illegible].684
Écosse	78.746	2.308.839	2.452.085	4.760.924	60	4.747.167
Irlande	83.809	2.192.148	2.198.171	4.390.319	52	4.[illegible].398
Ile de Man	588	23.958	28.061	52.034	89	»
Iles Normandes	161	46.626	50.884	96.[illegible]	585	»
Total	324.377	22.016.584	23.354.085	45.370.669	144	46.[illegible].349

On comptait en outre 145.729 soldats et marins en service hors du pays, soit un total général de 45.516.259 hab.

Répartition de la population d'après les professions en 1911 :

	ANGLETERRE et Galles	ÉCOSSE	IRLANDE	TOTAL
Armée et services publics	565.416	47.408	»	[illegible]
Métiers	714.621	81.675	121.035	[illegible].331
Services domestiques	2.121.717	201.065	219.418	2.542.[illegible]
Commerce et transports	2.214.031	283.465	97.889	2.595.[illegible]
Agriculture et pêche	1.260.476	227.111	876.062	2.[illegible].649
Industrie	9.468.138	1.226.242	639.413	11.[illegible]
Sans profession	12.224.924	1.647.4[illegible]	2.494.963	15.377.30[illegible]
Totaux	[illegible].519.313	3.714.401	4.458.775	[illegible]

Mouvement de la population :

	1912	1913	1914	1916
Excédent des naissances	465.025	449.762	439.880	336.66[illegible]
Emigration	656.835	701.691	451.438	93.589
Immigration	340.696	372.628	359.892	26.583

Le chiffre des naissances qui s'élevait en 1913 à 881.870 est tombé en 1917 à 854.459, et à 850.989 en 1918.

L'excédent des naissances qui était de 336.668 en 1916 est tombé à 211.038 en 1917, 79.656 en 1918.

Droit de suffrage : Réforme de 1832 : 500.000 électeurs nouveaux ; de 1867 : 1.000.000 électeurs nouveaux ; de 1884 : 2.000.000 électeurs nouveaux ; de 1918 : 8.000.000 (6 millions de femmes et 2 millions d'hommes).

Villes principales (recens. de 1911):

Londres (capitale).	4.518.020	Nottingham	264.270	Derby	125.562
Agglom. Lond. (1)	7.419.704	Stoke-on-Trent ...	239.515	Norwich..........	123.377
Glasgow (Ec.)...	1.072.793	Salford	233.970	Southampton......	123.577
Liverpool.......	763.925	Portsmouth.......	241.743	Gateshead	118.684
Manchester.....	731.330	Leicester.........	231.152	Preston	118.118
Birmingham ...	860.591	Cardiff (Galles) ...	186.763	Swansea (Galles) ..	119.720
Sheffield	472.234	Bolton...........	184.026	Plymouth	113.134
Leeds	457.307	Dundee (Ecosse (2).	178.574	Stockport	124.326
Dublin (Irl.)	426.000	Aberdeen (Ec.) (2).	164.207	South Shields	110.604
Belfast (Irl.)	393.630	Rhondda (Galles).	162.000	Huddersfield	111.081
Bristol..........	361.578	Sunderland.......	152.436	Coventry	115.489
Edimbourg (Ec.)	326.301	Oldham..........	150.055	Burnley..........	109.131
Bradford (2)....	290.624	Blackburn	134.015	Middlesborough....	124.685
Hull	287.672	Brighton	133.186	Halifax	100.701
Newcastle o. T..	271.523	Birkenhead.......	137.769	St-Hélène	99.601

Religion.

Liberté des cultes et croyances. L'Église d'État (Established Church) est protestante-épiscopale. On comptait en 1917 1.960.908 catholiques en Angleterre et dans le pays de Galles, 546.000 en Ecosse et 3.242.670 en Irlande, et 260.000 juifs dans le Royaume-Uni. En Angleterre et dans le pays de Galles, il y a 2 archevêques (Canterbury et York) et 40 évêques. En 1916, il y avait 33.617 églises et chapelles, 16059 appartenant à l'église protestante-épiscopale et 16.958 aux autres dénominations. L'Église d'Ecosse est presbytérienne avec 1.700 églises et chapelles. Les catholiques y ont 2 archevêques et 4 évêques avec 454 églises.

En Irlande, les protestants épiscopaux ont 2 archevêques, 11 évêques et 1.406 églises; les catholiques, 4 archevêques (Armagh, Cashel, Dublin et Tuam), 23 évêques et 3.730 prêtres.

Instruction.

L'instruction primaire, obligatoire depuis 1880 et gratuite depuis 1891, est sous la direction du *Board of Education* en Angleterre et dans le pays de Galles et sous celui des « Commissaires de l'Education Nationale » (*Commissionners National Education*) en Irlande. Depuis le 8 août 1918, l'obligation scolaire en Angleterre et en Irlande a été élevée à 14-15 ans avec cours de perfectionnement de 14-15 ans à 18 ans d'une durée de 280-320 heures. Les statistiques pour 1916 montrent : 21.470 écoles primaires (6.070.212 élèves et 165.473 professeurs) en Angleterre et au pays de Galles : 3.364 écoles (841.207 élèves et 21.912 professeurs) en Ecosse et 8.118 écoles (677.707 élèves et 13.421 professeurs) en Irlande. L'enseignement secondaire et technique, sous le contrôle du *Board of Education* et de conseils locaux et réorganisé le 1er avr. 1902, donne l'instruction aux élèves de 12-18 ans. On comptait en 1916, 1.178 écoles second. (206.690 élèves et 16.106 professeurs) en Angleterre et au pays de Galles. Pour l'éducation technique, on compte en Angleterre et dans le pays de Galles environ 6.878 écoles avec 728.881 élèves. Il y a en outre de nombreuses écoles de commerce, d'art et d'agriculture.

Universités :

L'instruction supérieure est donnée dans 18 universités (10 en Angleterre, 4 en Ecosse, 3 en Irlande et 1 en pays de Galles).

Voici les statistiques pour l'année 1917-18 : Angleterre : Oxford (1249) avec 98 profess. et 360 étudiants; Cambridge (1257) avec 120 prof. et 410 étud.; Durham (1831) avec 122 prof. et 660 étud.; Londres (1836, réorganisée en 1900) avec 1.140 prof. et 3.000 étud.; Manchester (Victoria-University 1880) avec 220 prof. et 870 étud.; Birmingham (1900), 100 prof. et 700 étud.; Liverpool (1903), 256 prof. et 666 étud.; Leeds (1904), 186 prof. et 710 étud.; Sheffield (1905), 140 prof et 1.500 étud.; Bristol (1909), 210 prof. et 450 étud. Pays de Galles : Université de Wales (1893) avec 130 prof. et 900 étudiants. Ecosse : St-Andrews (1411), 89 prof. et 310 étud.; Glasgow (1450), 86 prof. et 1.580 étud.; Aberdeen (1494), 71 prof. et 600 étud.; Edinburgh (1582), 200 prof. et 1.900 étud. Irlande : Dublin Trinity College (1591), 90 prof. et 7[illegible]0 étud.; Dublin (Univ. Nat. d'Irlande 1909) avec 200 prof. et 1.300 étud.; Belfast (Queen's Univ. 1909) avec 68 prof. et 700 étud. Il y a en outre 4 collèges universitaires à Exeter, Nottingham (1881); Reading et Southampton (1850); des collèges d'agriculture à Carlisle, Cirencester, Glasgow, Newport, Kingston-on Soar, Wye,

(1) L'agglomération londonienne comprend les villes de : West Ham, Croydon, Willesden, Tottenham-East, Ham, Leyton, Walthamstow, Hornsey, Ilford, Edmonton, Ealing, Acton et Wimbledon. En 1917, évalués à 6.726.753 hab. et pour Londres à 4.026.901 hab

(2) Chiffres de 1915.

Uckfield et Ripley ; des collèges exclusivement pour femmes à Londres (Bedford, Royal Holloway et Westfield), Cambridge (Newnham et Girton) et Oxford (Lady Margaret Hall, Sommerville Coll., St Hugh's Coll. et St Hilda's Coll.).

Les dépenses de l'État pour l'éducation dans le Royaume-Uni en 1916 s'élevaient à environ 20.000.000 liv. sterl.

Le *Carnegie trust*, fondé en 1901 pour venir en aide aux Universités d'Écosse, possède un capital de 2 millions de liv. sterl. et un revenu annuel de 100.000 liv. sterl.

Justice.

Les lois sont appliquées en Angleterre et dans le pays de Galles par des juges nommés à vie par le gouvernement. Les trois cours principales sont : la Chambre des Lords (*House of Lords*), la Cour Suprême de Justice (*Supreme Court of Judicature*) qui comprend la Cour d'Appel (*Court of Appeal*) et la Haute-Cour de justice (*High Court of justice*). Il y en outre des cours locales (*local Court of Record*), comme la cour du Lord Maire de Londres, les cours de Lancaster, Liverpool et Salford. La Haute-Cour de justice (*High Court of justice*) est subdivisée en 3 sections : *Chancery* ; *King's Bench division* ; *Probate, Divorce and Admiralty*. Les cours ayant juridiction criminelle sont : The House of Lords, the Court of Criminal Appeal (f. en 1907) ; the High Court of Justice (*King's Bench division*) et les Assises (*Courts of Oyer and Terminer and Gaol delivery*) et les diverses cours de province. Les tribunaux statuant sur les affaires civiles sont : les cours de provinces (*County Courts*, f. en 1846), les Assises et la Haute-Cour. Les chefs suprêmes de la justice sont : le Lord High Chancellor, le Lord Chief Justice et le Master of the Rolls, qui sont *ex-officio* juges de la Cour d'Appel.

La loi civile écossaise diffère complètement des lois anglaises. L'Écosse et l'Irlande ont leurs organisations judiciaires propres pour les causes civiles et criminelles. La peine de mort (par pendaison) existe dans le Royaume-Uni. Pour les causes ecclésiastiques, il existe dans le Royaume-Uni, des cours spéciales (*Ecclesiastical Courts, Archdeacon's Court, Consistory Courts*, etc.).

Armée.

En 1914, les forces militaires de la Grande-Bretagne étaient, en vertu de la loi de 1907, divisées en armée de campagne et en armée territoriale. L'*armée de campagne*, destinée au service en dehors du Royaume-Uni, comprenait l'armée permanente, sa propre réserve et une réserve spéciale. Le recrutement reposait exclusivement sur l'enrôlement volontaire. La durée ordinaire du service était de 12 ans dont 3, 5 ou 9 ans pouvaient se faire dans la réserve. Tout homme de bonne conduite pouvait s'engager pour un service de 21 ans, ce qui lui valait le droit à la retraite. La réserve spéciale (env. 80.000 h.) formée en bat., batt., etc. remplaçait la ci-devant milice. L'*armée territoriale*, destinée à la défense du Royaume-Uni, comprenait les ci-devant « Volunteers » et l' « Imperial Yeomanry ». L'enrôlement s'y pratiquait pour 4 ans. Quant à la *milice*, son recrutement s'était toujours fait par voie d'engagement.

En octobre 1915, il fut adressé aux hommes âgés de 18 à 40 ans et en état de porter les armes, un appel à l'enrôlement volontaire auquel répondirent 1.150.000 célibataires et 1.679.293 individus mariés. Sur ce total de 2.829.263 volontaires furent prélevés les effectifs nécessaires. Le 10 février 1916, le service militaire fut déclaré obligatoire de 18 à 41 ans, pendant la durée de la guerre, pour tous les célibataires ou veufs sans enfants.

Depuis le 25 mai 1916, le service militaire fut obligatoire en Angleterre, pays de Galles et Écosse, pour tout homme à partir de 18 ans jusqu'à 41 ans ; en avril 1918, la limite d'âge fut étendue à 51 ans.

Effectifs de 1914 : 429.000 hommes, dont 160.000 (5.500 officiers) composant le corps expéditionnaire et 269.000 de troupes de garnison et de forteresse préposées à la défense du pays. Effectif en nov. 1918 : armée (troupes britanniques dans l'Inde non comprises) environ 3.500.000 d'hommes.

Le service obligatoire a pris fin en Grande-Bretagne le 31 mars 1920. A cette date, on est revenu à l'organisation militaire créée en 1907 par lord Haldane :

Une *armée régulière*, composée de 75 régiments à 2 bataillons (75 bataillons en garnison à l'extérieur et 75 bat. restant dans le Royaume-Uni pour assurer le recrutement et la relève des bataillons d'outre-mer. La force expéditionnaire comprend 6 div. d'infanterie et 1 div. de cavalerie ;

Une armée territoriale, composée de volontaires de 18 à 35 ans, comportant 14 div. d'inf. et 1 div. de cavalerie et ne pouvant être envoyée à l'étranger que par le vote d'une loi spéciale.

Marine.

En 1914, le recrutement se faisait exclusivement par voie d'enrôlement volontaire ; les marins entraient au service vers l'âge de 15 à 16 ans en qualité de mousses pour s'engager à l'âge de 18 ans pour une durée de 12 ans (dont 6 pouvaient se faire dans la réserve

État de la flotte britannique en 1919 :

	BATIMENTS.	TONNAGE en tonnes angl.	FORCE en chevaux.	VITESSE en nœuds.
21	(40 en 1914) *Pre-Dreadnoughts :*			
4	Type *Canopus*.................. (1896-97)	12.950	13.500	18,5
1	— *Formidable* .... (1897-98)	15.000	15.000	18
2	— *London*.................. (1898-99)	15.000	15.000	18
3	— *Duncan* .... (1898-00)	14.000	18.000	19,5
2	— *Queen* .... (1900-01)	15.000	15.000	18
6	— *King Edward VII* .... (1901-04)	16.350	18.000	18,5 à 19
1	— *Chilian*................. (1901-03)	11.800	14.000	19
2	— *Lord Nelson*............. (1904-05)	16.600	16.750	18,5
13	(16 en 1914) *Dreadnoughts :*			
3	Type *Dreadnought* .... (1905-06)	17.000	23.000	21
3	— *Bellerophon*............. (1906-07)	18.600	23.000	21,5
2	— *St-Vincent* .... (1907-08)	19.250	24.500	22
1	— *Neptune* .... (1908-09)	19.900	25.000	21
2	— *Hercule* .... (1909-10)	20.000	25.000	21
2	*New Zealand*	18.800	44.000	26
30	(16 en 1914) *Super Dreadnoughts :*			
4	Type *Orion*................... (1909-10)	22.500	27.000	21
2	— *Lion* .... (1909-10)	26.350	70.000	30
3	— *King George V* .... (1910-11)	24.800	31.000	21
4	— *Iron Duke* .... (1911-12)	25.000	30.000	21
5	— *Queen Elisabeth*......... (1912-13)	27.000	58.000	25
5	— *Royal Sovereign* .... (1913-14)	25.750	31.000	21
2	— *Renown* .... (1914-15)	25.750	31.000	21
1	*Tiger*	29.000	78.000	28
1	*Agincourt*	25.500	»	»
1	*Erin*	23.000	26.500	»
1	*Canada*	»	»	»
1	*Hood*.......................... (1919)	41.200	»	31
35	(50 en 1914) *Croiseurs Cuirassés :*			
4	Type *Edgar* .... (1889-90)	7.350	12.000	19
2	— *Crescent*................ (1889-90)	7.700	12.000	19
2	— *Diadem* .... (1895-96)	11.000	16.500	20
3	— *Spartiate* .... (1896-97)	11.000	18.000	21
3	— *Cressy* .... (1897-98)	12.000	21.000	21
2	— *Drake* .... (1898-99)	14.000	30.000	24
8	— *Monmouth* .... (1898-02)	9.800	22.000	20 à 23
4	— *Devonshire* .... (1801-02)	13.850	21.000	22,5
3	— *Achilles* .... (1802-04)	13.550	23.500	22,5
2	— *Minotaur* .... (1804-05)	14.500	27.000	22,5
1	*Gibraltar*.................... (1894-95)	7.700	12.000	19
1	*Terrible*..................... (1894-95)	14.200	25.000	22

La flotte britannique en outre ne compte pas moins de 83 croiseurs légers (76 en 1914) ; un nombre important de canonnières cuirassées (18 en 1914 et 1915), de corvettes (23 en 1914 et 1915), de contre-torpilleurs (248 en 1914 et 400 en 1919), de torpilleurs (100 en 1914, 96 en 1919), de sous-marins (85 en 1914, 147 en 1919) et de bâtiments auxiliaires de toutes sortes (108 sloops, etc.).

Suivant la décision du Parlement, l'effectif du personnel naviguant pouvait atteindre en 1917-18 le chiffre de 450.000 h. En 1917, il était de 430.000 off. et hommes.

Les instructions données par l'amirauté britannique et qui ont pris date du 1er juin 1919 fixent ainsi la nouvelle répartition de la flotte :

Les forces dans les eaux métropolitaines comprennent d'abord la flotte de l'Atlantique composée de deux escadres cuirassées, d'une escadre de croiseurs de combat, d'une escadre volante, de la première escadre de croiseurs légers, de flottilles de destroyers et de sous-marins, et, en second lieu, la *Home fleet*, formée de la 3e escadre de cuirassés et de la 2e escadre de croiseurs légers.

La station de la Méditerranée est constituée par la 4e escadre de cuirassés et la 3e escadre de croiseurs légers avec la 6e flottille de destroyers et une flottille de sous-marins. La base de la station est à Malte, son champ d'action s'étend sur toutes les mers dépendant de la Méditerranée et même sur la mer Rouge.

La station de la Chine a comme bases Hong-Kong, dans le nord, et Singapour, dans le sud ; elle comprend comme navires la 5e escadre de croiseurs-légers et une flottille de destroyers.

Dans les eaux des Indes orientales est la 4e escadre de croiseurs légers ; à la station de l'Afrique est attachée la 6e escadre de croiseurs-légers dont la base est au cap de Bonne-Espérance.

Les stations de l'Amérique, station du Nord-Amérique et station du Sud-Amérique, sont séparées par une ligne passant à quelques milles au nord de l'Equateur ; chacune d'elles navigue aussi bien à l'est qu'à l'ouest du continent américain ; celle du nord, qui doit utiliser le canal de Panama pour aller d'une rive à l'autre, a sa base aux Bermudes et a, comme force navale, la 8e escadre de croiseurs légers ; la station de l'Amérique du sud a la 7e escadre de croiseurs légers.

Dans les eaux australiennes, est stationnée une escadre, dite escadre d'Australie, comprenant un croiseur de combat, 3 croiseurs légers et 12 destroyers et torpilleurs. En Nouvelle-Zélande ne se sont entretenus que de petits bateaux.

En résumé, les forces navales britanniques armées, sans compter les réserves, comprendront : dans les eaux métropolitaines : 16 cuirassés, 9 croiseurs de combat et 13 croiseurs légers ; en Méditerranée : 6 cuirassés et 6 croiseurs légers ; dans les mers lointaines : 1 croiseur de combat et 24 croiseurs légers.

Budget de la marine britannique :

1915-1916. net	205.733.597	livres sterl.		
1916-1917. —	209.877.218	—	—
1917-1918. —	227.388.891	—	—
1918-1919. approché	325.000.000	—	—
1919-1920. —	157.528.[illegible]	—	—
1920-1921. —	96.590.181	—	—

Corps diplomatique à Londres et Consulats.

Allemagne, Ch. d'aff. : *Stahmer*. Cons. de lég. : *Roediger* ; *von Schibert*.

Amérique, Etats-Unis. Amb. (4, Grosvenor Gardens, S. W. 1) : J. *Davis*. Cons. d'amb. : J.-B. *Wright* ; Cons. à Londres : R.-P. *Skinner*, C. G.

Argentine, Rép., E. e. et M. pl. (22, Hans Crescent, S. W. 1) : Federico *Alvarez de Toledo* ; Cons. de lég. : J.-L. *Villegas* ; Cons. à Londres : Dr S. *Garcia Uriburu*, C. G.

Autriche, Ch. d'aff. : *de Frankenstein*.

Belgique, Amb. extr. et plén. (25, Grosvenor Place, S. W.) : Bar. *Moncheur*. Cons. de lég. : G. *de Ramaix* ; Cons. à Londres : E. *Pallet*, C. G. ; à Manchester : L.-A. *Galtié*.

Bolivie, E. e. et M. pl. (56, Holland Park Av., W. 11) : Ad. *Ballivian*. Cons. à Londres : G. *Mujia*, gér.

Brésil, Amb. (19, Upper Brook Street, W. 1) : Dominicio da *Gama*. Cons. d'amb. : A. *de Mello Franco* ; Cons. à Londres : M. *Lobo*, C. G.

Bulgarie, Ch. d'aff. : N...

Chili, E. e. et M. pl. (22, Grosvenor square, S. W.) : A. *Edwards*. 1er Secr. de lég. : H. *Salinas* ; Cons. à Londres : Vic. *Echeverria*.

Chine, E. e. et M. pl. (49, Portland Place, W.) : *Sao-ke* Alfred-ze. Cons. de lég. : Sir J. *Mc Leavy Brown*.

Colombie, E. e. et M. pl. (42, Holland Road, Kensigton, W.) : Dr I. *Gutierrez Ponce*. Cons. à Londres : *Orrantia*.

Costa-Rica, E. e. et M. pl. (66 Holland Park, W) : W. *de la Guardia*. Cons. à Londres : J. *Le Lacheur*.

Cuba, E. e. et M. pl. (90 York Terrace, Regent's Park, N. W.) : C. *Garcia Velez*. Cons. à Londres : Aug. *Merchan*.

Danemark, E. e. et M. pl. (29, Pont street, S. W.) : H. *de Grevenkop-Castenskiold*. Secr. de lég. : T. *Bull* ; Cons. à Londres : Chr. M. *Rottboll*.

Dominicaine (Rép.), C. G. à Londres (36, Mark Lane, E. C.) : N...

Equateur, E. e. et M. pl. : E. *Dorn y de Alsua*.

Espagne, Amb. (1, Grosvenor gdns) : Alf. *Merry del Val*. Cons. à Londres : J. *Compasto* C. G. ; à Manchester : A.-M. *Tejera*.
Finlande, E. e. et M. pl. : Ossian *Donner*.
France (V. *Relations*).
Grèce, E. e. et M. pl. (24, Knightsbridge, S. W. 1) : D. *Caclamanos*. 1er Secr. de lég. : S. *Polychroniadis* ; Cons. à Londres : Sir J. *Stavridis*, C. G.
Guatemala, Ch. d'aff. (11, Queen Victoria street, E. C.) : G. *Matos*.
Haïti, M. R. (75, Victoria str. S. W.) : Ch. d'aff. : A. *Théart*. Cons. à Liverpool : L. *Bussels*.
Honduras. Cons. gén. : M. G. *Kelly*.
Hongrie, Ch. d'aff. : N...
Italie, Amb. (20, Grosvenor square, W.) : G. Mis. *Imperiali*, des princes de *Francavilla* 1er Secr. : G. *Preziosi* ; Cons. à Londres ; Mis. A. *Fed di Bruno*.
Japon, Amb. (10, Grosvenor square, W.) : Vte. *Chinda*. Cons. d'amb. : K. *Honda* ; Cons. à Londres : S. *Yada*.
Liberia, E. e. et M. pl. (18, Eaton Place, S. W.) : J. P. *Crommelin*.
Luxembourg, V. Pays-Bas, Corps dipl.
Mexique, E. e. et M. pl. : N... ; Cons. à Londres : ...
Monaco, C. G. à Londres (37, Conduit Street, W.) : Th. *Lumley*.
Nicaragua, E. e. et M. pl. : N...
Norvège, E. e. et M. pl. (25, The Boltons, S. W.) : B. *Vogt*. Cons. de lég. : W. M. *Johannessen* ; Cons. à Londres : W. *Eckell*, C. G.
Panama, M. R. (91, D. Billiter Buildings E. C.) : G. *Andreve*.
Paraguay, E. e. et M. pl. : Cecilio *Baez* ; Cons. à Londres : Alfr. *James*.
Pays-Bas, E. e. et M. (32, Green Street, Mayfair) : Jkhr. R. de *Marees van Swinderen* Cons. de lég. : Jkhr. F. *Michiels van Verduynen* ; Cons. à Londres : H. *Maas*, C. G.
Pérou, E. e. et M. pl. (Victoria str. 104, S. W., 1) : Isaac *Alzamora*.
Perse, E. e. et M. pl. (47 Bramham Gdns, S. W.) : Pr. Mirza *Mehdi Khan Alaos-Saltaneh*. Cons. à Londres : Sir H.-S. *Foster*, C. G.
Pologne, M. R. : Prince *Sapieha*.
Portugal, E. e. et M. pl. (12, Gloucester pl.) : Aug. de *Vasconcellos* ; 1er Secr.. : P. *de Tovar* ; Cons. à Londres : D. *Cinatti*, C. G.
Roumanie, E. e. et M. pl. (4, Cromwell Pl. S. W.) : N. *Titulesco* ; Ch. d'aff. : M. *Boeresco* cons. de lég. ; 1er Secr. : Pce. A. *Bibesco* ; Cons. à Londres : Sir A. *Kay Rollit*, C. G.
Russie, Ch. d'aff. : N... ; Cons. à Londres : A. *Onou*, C. G.
Saint-Marin, C. G. à Londres : Commendatore Arthur *Serena*.
Salvador, Ch. d'aff. (7, Union Court, E. C.) : R. *Avila* C. G.
Serbes, Croates et Slovènes, Roy. des., E. e. et M. pl. (195, Queen's Gate, S. W. 7) : M. *Gavrilovitch* ; 1er Secr. : V. *Antonievitch*.
Siam, E. e. et M. pl. (23, Ashburn pl., South-Kensington) : Phya *Buri Navarasth* ; Cons. à Londres : Sir J. *Anderson*.
Suède, E. e. et M. pl. (Portland Place, 73, W.) : A. M. H. Cte. *Wrangel* ; Cons. de lég. : bar. *Alströmer* ; Cons. à Londres : E. *Sahlin*, C. G.
Suisse, E. e. et M. pl. (32, Queen Anne street, W. 1 : M. *Paravicini* ; 1er Secr. de lég. : J. *Isler* ; Cons. à Londres : La Lég.
Tchéco-Slovaque, Rép. E. e. et M. pl. (Grosvenor Place, 9, S. W., 1) : Dr Stefan *Osusky*.
Turquie, Ch. d'aff. : N...
Uruguay, E. e. et M. pl. (3, Elvaston Place, S. W., 7) : Fed. R. *Vidiella* ; Cons. à Londres : J. *Barbosa Terra*, C. G.
Vénézuéla, E. e. et M. pl. (136, Cromwell road S. W., 7) : P. *Dominici* ; Cons. à Londres P. *Heyden*.

Mouvement économique.

Finances.

Budget des six dernières années fiscales comparé au budget 1913-14. (en liv. ster.) :

ANNÉES FISCALE (1er avril-31 mars).	RECETTES TOTALES.	DÉPENSES TOTALES.
1913-14	198.242.897	197.492.969
1915-16	336.766.824	1.559.158.377
1916-17	573.427.582	2.198.112.710
1917-18	707.234.565	2.696.221.405
1918-19	889.020.825	2.579.301.188
1919-20 (Prévisions)	1.339.571.381	1.665.772.928
1920-21 —	1.341.650.009	1.177.452 000

Budget de 1918-19 et prévisions budgétaires pour 1919-1920 (en liv. sterl.) :

RECETTES.	1918-19.	ÉVALUATION 1919-20.
Douanes	102.780.000	139.500.000
Droits de régie	59.440.000	36.500.000
Droits domaniaux	30.262.000	33.500.000
Timbres	12.438.000	12.000.000
Impôts fonciers	630.000	600.000
Propriété bâtie	1.850.000	1.900.000
Impôt sur le revenu et la propriété	291.186.000	354.000.000
Taxe sur bénéfices exceptionnels de guerre	285.028.000	280.000.000
Droits sur la valeur terrienne	664.000	700.000
Total des recettes fiscales	784.278.000	940.000.000
Recettes postales	29.400.000	30.000.000
Télégraphes	3.800.000	4.000.000
Téléphones	6.800.000	7.000.000
Domaine de la couronne	760.000	650.000
Revenu sur parts du canal de Suez	11.679.428	11.500.000
Divers	52.303.000	150.000.000
Recettes ne provenant pas d'impôts	104.742.825	261.100.000
Total général des recettes	889.020.825	1.168.650.000

DÉPENSES.	1918-19.	ÉVALUATION 1919-20.
Dette	269.964.650	360.000.000
Paiements pour compte de taxations locales	9.680.812	9.763.000
Services d'autres fonds consolidés	1.699.406	6.832.000
Total	281.344.868	376.695.000
Armée	»	287.000.000
Marine	»	140.200.000
Aéronautique militaire	-	66.500.000
Munitions		»
Services civils	»	505.804.000
Douanes, excise et revenus intérieurs	-	8.537.000
Postes, télégraphes, téléphones	»	41.274.000
Votes de crédit (opérat. navales et mil.)	»	»
Total	2.297.956.320	1.058.315.000
Dépenses totales	2.579.301.188	1.434.910.000

État comparatif de la dette publique britannique au 1er août 1914 et au 31 mai 1919 :

	1er août 1914	31 mai 1919
	(En milliers	de liv. st.)
Dette consolidée	586.700	317.700
Annuités amortissables	29.600	21.900
Emprunt de guerre 3 1/2 0/0	»	62.700
— 4 1/2 0/0	»	16.100
— 4 et 5 0/0	»	1.984.400
Bons nationaux	»	1.734.800
— du Trésor	15.500	1.036.600
— de l'Echiquier	20.500	392.600
Certificats d'épargne de guerre	»	235.700
Autre dette	»	1.301.900
Emprunt américain	»	51.400
Avances temporaires	1.000	459.400
Total	653.300	7.615.200
Autres engagements de capitaux	57.200	49.100
Total général	710.500	7.664.300

La dette nationale est estimée à 8.075 millions de liv. st. au 31 mai 1920. En regard du passif ci-dessus, s'inscrivent les dettes ci-dessous :

France	508 millions l. st.	Belgique	98 millions l. st.
Italie	467 —	Serbie	20 —
Russie	568 —	Autres alliés	70 —

Productions.

I. Agriculture. — La superficie des terres qui est de 76.640.000 acres (1), se répartit ainsi : 3.038.600 acres de bois et de plantations, 13.151.000 de pâturages et pacages, 25.046.000 de prairies et 21.221.000 acres de terres labourables.

Principales cultures :

NATURE	SUPERFICIE en milliers d'acres. 1914	1918	PRODUCTION en milliers de quarters. 1914	1918	NATURE.	SUPERFICIE en milliers d'acres. 1914	1918	PRODUCTION en milliers de tonnes angl. 1914	1918
Blé	1.906	2.794	7.804	10.560	Pommes de terre	1.197	1.498	7.476	9.223
Orge	1.871	1.840	8.066	5.476	Navets et raves	1.750	1.602	24.196	22.835
Avoine ..	3.878	5.614	20.664	14.339	Mangues	516	500	9.523	10.321
Fèves	301	260	1.120	922	Foin	9.393	8.753	12.402	12.331
Pois	131	151	374	440	»	»	«	»	»

Rendement moyen par acre (Moyenne 1914-18) : blé 31.5 ; orge 32.6 ; avoine 43.0 ; fèves 27.4 ; pois 24.2.

Le cheptel en 1918 comptait 1.916.347 chevaux, 12.311.149 têtes de bétail, 27.062.600 moutons et 2.809.215 porcs.

II. Pêcheries. — La production de la pêche (celle du saumon et des coquillages non comprises) s'est élevée en 1918 à environ 431.351 tonnes d'une valeur d'environ 21.019.100 l. st., alors qu'elle atteignait, en 1913, le chiffre de 1.204.433 tonnes d'une valeur de 14.027.308 l. s. — La valeur de la pêche des coquillages s'élevait en 1913 à 463.642 livres et en 1918 à environ 543.082 l. s.

Le nombre de bateaux de pêche enregistrés en 1915 était de 23.556 bâtiments (jaugeant 367.209 tonnes) dont 5.118 vapeurs (4.774 en 1914) et 18.438 bateaux à voiles (18.153 en 1914).

Industries.

Industrie minière. Le tableau suivant indique la marche de la production houillère dans le Royaume-Uni depuis 1910 :

ANNÉES.	Extraction annuelle en milliers de tonnes.	Valeur en milliers de l. st.	Nombre de personnes employées.	Extraction annuelle en tonnes par pers.
1910	264.417	»	1.049.407	252
1911	271.878	»	1.067.213	255
1912	260.398	»	1.089.090	239
1913	287.411	145.535	1.127.890	255
1914	265.643	132.596	1.057.505	251
1915	253.206	157.830	953.642	266
1916	256.375	206.014	998.063	257
1917	248.499	207.786	1.021.340	243
1918	227.749	»	1.008.867	226
1919 (éval.)	230.000	»	1.100.000	209

En comparaison avec la production de l'année 1913, dernière année normale, il y aurait, en 1919, un fléchissement de 63 millions de tonnes.

Le montant total de l'exportation du charbon anglais en 1913 a atteint 76 millions de tonnes pour une valeur de 57 millions de l. st. Si la consommation pour l'industrie locale et pour les besoins domestiques restait la même, les disponibilités pour l'exportation n'auraient plus été, en 1919, que de 10 millions de tonnes. Or, les évaluations pour cette année indiquent, comme ayant été exportées 38.465.593 t. m. pour une valeur de 92 millions de

(1) Acre = 4,840 yards carrés = demi-hectare (exact. 0,40467).

l. st. L'exportation, qui perdrait 50 p. 100 en quantités, gagnerait donc 72 p. 100 en valeur.

En 1918, la France avait pris la plus grande part du charbon exporté, soit plus de 17 millions de tonnes ; l'Italie venait ensuite avec 4 millions de tonnes.

On comptait en 1918, 3.300 mines de charbon appartenant à 1.452 compagnies ou particuliers, mais 434 de ces mines ne produisaient que 2.000 tonnes par an. Les régions les plus fortes productrices étaient en 1918 : Galles du Sud et Monmouth 48.340.000 t. ; Yorkshire 40.770.000 t. ; Derby, Nottingham et Leicester 33.220.000 t. Le salaire moyen par tonne était de 6 sh. 2.92 d. en 1914 et de 12 sh. 1.95 en 1918.

Autres productions minières :	1917	1918
	Tonnes métr.	
Minerai de fer	14.845.734	14.613.032
Calcaire autre que la chaux	10.454.717	10.156.603
Argile et schiste	5.842.675	6.003.787
Sel	2.013.888	1.976.014
Schiste pétrolifère	3.117.658	3.080.367
Gaz naturel (pieds cubes)	»	85.000

La valeur de la production métallique s'est élevée en 1917 à 44.725.000 l. s. et se répartit ainsi : antimoine 2 tonnes d'une valeur de 170 l. s. ; argent 75.472 oz (1) (11.284 l. s.) ; cuivre 187 t. (37.794 l. s.) ; étain 3.936 t. (855.656 l. s.) ; fer 4.683.063 t. (35.045.211 l. s.) ; zinc 2.735 t. (205.350 l. s.).

La production minière totale de 1917, comparée à celle de 1916, accuse une diminution d'environ 8 millions de tonnes ; en revanche, sa valeur a augmenté de 7.750.000 l. s.

Industrie sidérurgique. — La production d'acier et de fonte d'après le *Comité des Forges de France* a été la suivante dans le Royaume-Uni depuis 1900 :

ANNÉES.	ACIER BRUT.	DEMI-PRODUITS ET PRODUITS FINIS (ACIER).	FONTE.
		Tonnes de 1.016 Kg.	
1900	4.901.000	»	
1913	7.663.876	»	»
1915	8.550.015	6.159.675	»
1916	9.244.457	7.492.699	9.047.893
1917	9.752.328	6.787.921	9.338.101
1918	9.591.428	7.221.268	9.107.384
1919 (lingots seulement)	7.894.000	»	7.370.000

A la fin de l'année 1918, on comptait 318 hauts fourneaux en activité dont 107 pour la fonte hématite et 111 pour les fontes de moulage, de puddlage et diverses.

Industrie textile. — Parmi les industries du Royaume-Uni, l'industrie textile est la plus importante. D'après une statistique de MM. John Worrall Ltd., d'Oldham, l'industrie cotonnière du Lancashire, seule, comportait en 1919, 59.182.683 broches et 790.936 métiers contre 42.640.201 broches et 648.820 métiers en 1900. La production de laine pour 1919 est estimée à 120 millions de livres angl. Alors que le chiffre total des exportations de coton, laines et lin, était de 25.182.000 l. s. pour la période de trois années 1829-1831, il s'est élevé à 148.002.000 l. s. pour celle de 1914-1916 et à 227.551.000 l. s. pour les deux années 1917-18.

Les exportations de coton, marchandises en pièces, qui étaient de 7.075.000.000 yards en 1913 (le yard vaut 0 m. 9144), sont tombées à 5.254.000.000 yards en 1916, à 4.979.000.000 yards en 1917, à 3.695.772.100 yards en 1918 et à 3.528.756.500 (chiffres prov.) en 1919. Principales destinations : Bombay et Bengale.

Principaux centres industriels. — Manufactures de coton (Angleterre) : Blackburn, Bolton, Bury, Londres, Manchester, Oldham, Preston, Rochdale, Stockport ; (Ecosse) Glasgow, etc. — Manufactures de laines : (Angleterre) Bradford, Exeter, Gloucester, Halifax, Leeds, Leicester, Nottingham, Taunton, Shresbury ; (Ecosse) Glasgow et Perth. Manufactures de lin (Angleterre) Barnsley, Exeter, Leeds, Warrington, etc. ; (Irlande) Armagh, Belfast, Drogheda, Dublin, Galway, Monaghan, Newry, Sligo, etc. ; (Ecosse) Dundee, Glasgow, Montrose, Paisley. — Fabriques de soies : (Angleterre) Coventry, Derby, Leeds, Londres, Nottingham, etc. ; (Ecosse) Paisley ; (Irlande) Dublin. — Fabriques d'objets en fer et acier : (Angleterre) Barnsley, Birmingham, Colebrookdale, Dudley, Londres, Middlesbrough, Rotherham, Schrewsbury, Wolverhampton ; (Pays de Galles) Neath, Merthyr-Tydvil, Swansea ; (Ecosse) Carron-Works, Clyde-Works, etc.

(1) Oz = ounce (poids anglais) : avoir du poids (poids commercial) = 28 gr. 349 ; Troy (poids spécial) = 3 gr. 1.035.

Commerce.

Valeur (en livres sterl.) de l'importation et de l'exportation totales dans les années suivantes (non compris les métaux précieux) :

ANNÉE.	IMPORTATIONS.	EXPORTATIONS.			COMMERCE total.
		PRODUITS britanniques.	PRODUITS ÉTR. et coloniaux.	EXPORTATION totale.	
1913	768.734.739	525.245.289	109.575.087	634.820.326	1.403.555.065
1916	948.506.492	506.546.212	97.608.502	604.154.714	1.552.661.206
1917	1.064.164.000	527.080.000	69.680.000	596.760.000	1.660.924.000
1918 (prov.).....	1.319.338.000	498.480.000	30.960.000	529.440.000	1.848.778.000
1919 (prov.).....	1.631.901.864	»	»	798.372.971	2.430.274.835

Valeur (en livres sterl.) de l'importation et de l'exportation des métaux précieux (monnayés et en lingots) :

ANNÉE.	OR.		ARGENT.		TOTAL EN MILLIERS de livres sterling.	
	IMPORT.	EXPORT.	IMPORT.	EXPORT.	IMPORT.	EXPORT.
1913	59.533.549	46.087.359	14.495.049	16.054.679	74.029	62.112
1915	10.828.366	39.218.113	10.560.161	7.360.576	21.288	46.578
1916	17.790.302	38.448.912	13.677.650	10.741.342	31.467	49.189

Valeur (en milliers de livres sterl) de l'importation totale et de l'exportation des produits britanniques en 1913, 1917 et 1918.

PAYS.	IMPORTATION			EXPORTATION.		
	1913	1917	1918 (prov.)	1913	1917	1918 (prov.)
Europe.........	309.471	170.941	»	288.910	273.634	»
Italie	8.127	10.397	18.413	15.622	27.464	29.270
Allemagne......	80.411	47	8	60.500	»	»
France..........	46.352	22.869	35.040	40.882	11.674	128.054
Amérique.......	218.144	486.942	»	119.147	99.527	22.944
Etats-Unis	141.652	376.472	515.979	59.453	33.239	»
Autres pays	49.604	47.503	»	67.841	41.587	3.880
Algérie.........	1.312	2.914	2.226	1.348	2.331	3.239
Maroc	408	359	610	1.542	2.018	72.658
Possessions brit..	191.516	359.031	425.020	208.922	172.658	178.513
Inde...........	48.420	66.837	88.900	71.670	59.965	49.174
Total général .	768.735	1.064.165	1.319.339	634.820	527.080	498.473

Commerce par nature de produits (en milliers de livres sterling):

	1913		1917		1918 (prov.)	
	IMPORT.	EXPORT.	IMPORT.	EXPORT.	IMPORT.	EXPORT.
Obj. d'alimentation et tabac..	290.202	32.588	454.711	23.771	572.660	16.097
Matières prem...	281.822	69.905	384.798	110.619	458.859	75.163
Obj. fabriqués ..	193.602	411.368	218.565	470.323	280.164	416.306
Divers, colis post.	3.109	11.384	6.090	20.045	7.656	21.863
Total	768.735	525.245	1.064.165	596.757	1.319.339	529.429

Pour l'année 1919, la situation s'établit de la manière suivante par comparaison avec l'année 1918 :

Importations (en livres sterling).

	Année 1919.	Différence sur 1918
Objets d'alimentation	712.428.700	+142.548.542
Matières premières	646.450.575	+187.961.619
Objets fabriqués	66.746.824	— 13.366.332
Divers et colis postaux	6.265.765	— 1.387.868
Total	1.631.901.864	+315.750.961

Exportations (en livres sterling).

Objets d'alimentation	33.379.462	+ 21.352.639
Matières premières	121.254.037	+ 60.262.281
Objets fabriqués	681.643.188	+225.080.717
Divers et colis postaux	13.108.284	— 9.743.663
Total	796.372.971	+296.958.974
Réexportation	164.321.940	+133.376.859
Total général	962.694.911	+430.330.833

On constate, d'après ces chiffres, que, si l'importation, en 1919, a dépassé de 315.750.961 liv. sterl. celle de 1918, l'exportation, de son côté, est en plus-value de 430.330.833 liv. sterl. L'excédent de l'importation sur l'exportation, qui donne la mesure de la balance commerciale, s'est donc réduit de la différence entre 430.330.833 et 315.750.961 liv. sterl., soit 114.579.872 liv. sterl. et cet excédent qui, à la fin de 1918, était de 783.786.825 liv. sterl. s'est abaissé à 669.206.953 liv. sterl. L'amélioration est sensible.

Principaux articles de l'importation totale du Royaume-Uni en 1913 et 1918, chiffres provisoires (en milliers de livres sterling) :

IMPORTATIONS.	1913	1918 (prov.)	IMPORTATIONS.	1913	1918 (prov.)
Céréales	78.767	119.530	Fromages	7.035	15.910
Viande	56.421	186.768	Fer (Minerai de)	16.628	13.411
Huiles végétales	10.326	»	Articles en fer	5.921	9.710
Coton	70.571	150.286	Poissons (1)	5.674	17.743
Bois	37.372	29.182	Cacao (1)	4.917	3.429
Laine	36.632	36.424	Amandes (1)	3.849	13.909
Sucre	24.468	34.415	Margarine (1)	3.977	1.568
Articles chimiques et	»		Papier	7.674	»
drogueries	20.202	»	Cotonnades	11.174	»
Caoutchouc	22.612	12.130	Machines	7.283	»
Fruits	12.413	18.000	Jute	9.247	9.068
Pétrole	10.857	64.070	Peaux (1)	5.912	11.969
Semences	15.288	20.000	Tabac	8.083	13.242
Beurre	24.084	20.226	Graisse	6.018	»
Thé	13.782	29.833	Riz (1)	2.576	9.561
Cuivre manufact.	11.317	27.060	Chanvre (1)	3.487	14.072
Cuirs manufact.	10.582	9.763	Etain	12.501	4.068
Soieries	14.433	13.149	Automobiles	7.779	5.318

Principaux articles de l'exportation des produits britanniques en 1913 et 1918, chiffres provisoires (en milliers de livres sterling) :

EXPORTATIONS	1913	1918 (prov.)	EXPORTATIONS	1913	1918 (prov.)
Tissus de coton	110.595	138.521	Filés de coton	16.567	21.410
Houille	51.877	48.026	Prod. chim. et drog.	22.334	»
Ouvrages en fer	30.920	34.731	Coton (1)	7.350	20.172
Tissus de laine	25.979	22.653	Automobiles	5.879	3.389
Machines	37.013	»	Laine	7.645	6.033
Obj. d'aliment. (1)	17.167	8.655	Lingerie	8.248	6.327
Fer	17.232	»	Filés de laine (1)	3.793	6.053
Vêtements	9.667	»	Papier	3.469	»
Caoutchouc (1)	12.120	»	Poissons	7.503	1.020

(1) Chiffres de 1914 et 1916.

L'excès des importations sur les exportations, qui constitue le déficit commercial, a progressé pour la Grande-Bretagne, depuis le début de la guerre, dans des proportions telles que la comparaison entre la balance déficitaire de 1913 et celle de 1918 fait ressortir une augmentation de 500 % (132.609.800 l. s. contre 789.880.000 l. s.). Par rapport à 1917, le déficit de 1918 est en plus-value de 322.480.000 l. s., ou 70 %.

Foires : Londres (6e année) ; Birmingham, Glasgow.

Marine marchande et navigation.

Mouvement maritime. — Tonnage des vapeurs et bateaux à voiles, sur lest et chargés, entrés et sortis dans les ports du Royaume-Uni en 1913 et 1918 (en milliers de tonneaux).

TONNAGE des navires.	1913			1918 (navires seuls).		
	ANGLAIS.	ÉTRANGERS	TOTAL.	ANGLAIS.	ÉTRANGERS	TOTAL.
Entrés	46.603	35.546	82.149	19.791	3.416	23.207
Sortis	46.647	36.014	82.661	14.953	7.741	22.724
Total	93.250	71.560	164.810	34.744	11.157	45.931

Les résultats du cabotage en 1918 s'élèvent à 16.780.379 tonnes pour les entrées (19.281 463 en 1917) et à 16.360.863 pour les sorties (19.200.863 en 1917).

Le tonnage des navires étrangers entrés et sortis en 1916 des ports du Royaume-Uni (47.258.000 tonnes) se répartit ainsi en milliers de tonnes : Norvège, 16.638 ; Danemark, 5.474 ; Hollande, 5.474 ; Suède, 4.771 ; France, 43.723 ; Espagne, 3.348 ; Grèce, 2.752 ; Belgique, 1.382 ; Italie, 1.201 ; Etats-Unis, 1.718 ; Japon, 564 ; autres pays, 320.

Principaux ports (tonnage en milliers de tonneaux des navires entrés et sortis en 1916, sans compter les bateaux côtiers) : Liverpool et Birkenhead, 18.746 ; Londres, 15.795 ; Cardiff, 12.181 ; Tyne Ports, 10.127 ; Glasgow, 6.036 ; Hull, 3.928 ; Swansea, 3.824 ; Newport, 4.016 ; Plymouth, 2.979, etc.

Marine marchande du Royaume Uni. — Navires enregistrés en 1913, 1915 et 1916 :

ANNÉES	NAVIRES A VOILES.		VAPEURS.		TOTAL.	
	NOMBRE.	TONNAGE.	NOMBRE.	TONNAGE.	NOMBRE.	TONNAGE.
1913	8.336	846.504	12.602	11.273.387	20.938	12.119.891
1915	8.019	776.761	12.771	11.650.349	20.790	12.427.110
1916	7.669	714.830	12.405	11.036.788	20.074	11.751.618

La marine marchande du Royaume-Uni en 1914 atteignait 18.892.080 tonnes de jauge brute.

Les pertes de toute nature, depuis le début des hostilités jusqu'à la fin de 1918, se sont élevées à 9.000.000 t. ; elles ont été compensées en partie par la construction de navires (3.770.170 t.) pendant cette période (1.162.896 t. pour la seule année 1917) et par l'apport de 832.000 t. de navires ennemis capturés ou livrés. La production des chantiers de construction navale en 1918 a été de 1.348.120 t. et en 1919 de 1.600.000 t.

Nombre et tonnage de navires employés en 1914 : 2.877 navires à voiles jaugeant 431.194 t. 9.609 vapeurs jaugeant 11.783.346 t. ; au total : 12.486 navires jaugeant 12.214.540 t. et ayant un équipage global de 295.652 hommes.

Communications intérieures.

Chemins de fer (1916) : 23.718 milles angl. (381.174 km.) ; recettes 154.468.000 l. s., dépenses 102.521.000 l. s. ; recettes nettes 51.947.000 l. s. — Chemin de fer d'intérêt local, 2.723 milles angl. (4.381 kil.).

Canaux. Longueur totale : 7.518 km. Trafic total (1916) env. 26,5 millions de tonnes. Trafic du Manchester Ship Canal pour 1919 : 3.589.000 tonnes.

Tableau des monnaies, mesures et poids français et anglais.

MONNAIES

Francs	Cent.	Sh.	Pence.	Francs	Cent.	Sh.	Pence.	Francs	Cent.	Sh.	Pence.
0	05	0	0.48	5	00	4	0.0	13	00	10	4.8
0	10	0	.0.96	6	00	4	9.6	14	00	11	2.4
0	25	0	2.4	7	00	5	7.2	15	00	12	0.0
0	50	0	4.8	8	00	6	4.8	16	00	12	9.6
1	00	0	9.6	9	00	7	2.4	17	00	13	7.2
2	00	1	7.2	10	00	8	0.0	18	00	14	4.8
3	00	2	4.6	11	00	8	9.6	19	00	15	2.4
4	00	3	2.4	12	80	9	7.2	20	00	16	0.0

MESURES DE LONGUEUR

Millimètre (1.000e de m.)	0.03937	inch.
Centimètre (100e de m.) .	0.39370	inch.
Décimètre (10e de m.) ...	0.32808	foot.
Mètre..................	1.093	yard.
Décamètre (10 mètres) ..	1.9884	poles.
Hectomètre (100 mètres)	0.4971	furlong.
Kilomètre (1.000 m.)	0.6214	mile.
Myriamètre (10.000 m.) .	6.2188	milles.

MESURES DE CAPACITÉ

Centilitre (100e de litre) .	0.0704	gill.
Décilitre (10e de litre)....	0.1759	pinte.
Litre (1 décim. cube)	0.8799	quart.
Décalitre (10 litres)......	2.1997	gallons.
Hectolitre (100 litres) ...	2.7497	bushels.
Kilolitre, mètre cube....	3.426	quarters.

MESURES DE SUPERFICIE

Centiare (1 mètre carré)....	1.1960	yd. car.
Are (100 mètres carrés).....	0.098	rood.
Hectare (10.000 m. carrés) .	2.4711	acres.
Kil. carré (100 hectares) ...	0.3863	sq. mile.

MESURES DE SOLIDITÉ

Décistère (10e de st.).	3 pieds cubes, 918.7 pouces cubes.
Stère (1 mètre cube) .	1.31 yard cube, ou 35 pieds cubes, 547 pouces cubes.
Décastère (10 stères)..	13.1 yards cubes.

MESURES DE POIDS

Milligramme (1.000e de gr.)	0.01543 de grain.
Centigramme............	0.1543 grain.
Décigramme	1.5432 —
Gramme	15.4323 grains troy.
Décagramme (10 gr.	5.6438 drams.
Hectogr. (100 gr.)..	3.527 onces avoir, ou 3.216 onces troy.
Kilogr. (1.000 gr.) ..	2.2046 livres avoir ou 2.6803 livres troy.
Quintal métrique (100 kilogr.)	1.9684 cwt.

THERMOMÈTRE

0° Centigrade Glace fondante ...	32°	Fahr'nh't.
100° — Eau bouillante ...	212°	—
0° Réaumur Glace fondante ...	32°	—
80° — Eau bouillante	212°	—

MONNAIES / MESURES

L. S.	Fr. C.	Sh.	Pence.	L. S.	Pieds.	Pouces.
	Fr. C.	Fr. C.	Fr. C.		Mètres.	Cent.
1	25.22	1.25	0.10.4166	1	0.304794	2.539
2	50.44	2.50	0.20.8233	2	0.609588	5.079
3	75.60	3.75	0.31.2399	3	0.914383	7.619
4	100.86	5.	0.41.6466	4	1.219177	10.159
5	126.12	6.25	0.52.0633	5	1.523972	12.699
6	151.32	7.50	0.62.4999	6	1.828766	15.239
7	176.54	8.75	0.72.9163	7	2.133561	17.779
8	201.76	10.	0.83.3333	8	2.488365	20.819
9	225.98	11.25	0.93.7498	9	2.743150	22.859
10	252.22	12.50	1.04.1666	10	3.047944	25.399

POIDS TROY

Grain	=	0.064798	grammes.
Pennyweight	=	1.55456	—
Ounce	=	31.0013	—
Pound	=	0.3730	kilogramme

MESURES DE LONGUEUR

3 feet (Pieds ou un yard)	=	0.9143
Fathom (Toise) (2 yards)	=	1.8287
Pole (Perche) (5 ½ —)	=	5.0291
Mile (mille) (1760 —)	=	1609.3147

MESURE DE SOLIDITÉ

Cubic inch (pouce cube	=	16.3806176 c. c.
— foot (pied cube)	=	0.028214 de m. c.
— yard (yard cube)	=	0.764502 —

AVOIR DU POIDS

Dram	=	1.1771	gr.
Ounce (once)	=	28.3425	—
Pound (livre)............	=	0.4535	kil
Quarter (quart de cent) ...	=	12.6956	kil
Hundredweight (100 liv))	=	50.802	—
Ton (tonne)	=	1016.048	—

MESURES DE SUPERFICIE

Square inch	=	6.451366	c. q.
Sq. foot (pied carré)......	=	0.0929	m. c.
Sq. yard (yard carré)......	=	0.8360	—
Rod	=	25.2919	—
Rood (1.210 yards carrés)	=	10.1167	ares.
Acre (4.840 yards car.) ..	=	40.4671	—
Square mile	=	2.5888	k. q.

MESURES DE CAPACITÉ

Pint	=	0.5679	de litre.
Quart.............	=	1.1359	litre.
Gallon............	=	4.5434	—
Bushel	=	36.3476	—
Sack..............	=	1.0904	hectolitre.
Quarter	=	2.9078	hectolitres.
Chaldron..........	=	13.0851	—
Wey or load	=	14.53906	—
Last (2 weys)	=	27.07813	—

Postes au 31 mars 1915 : 24.509 bureaux ; mouvement postal de 1914-15 en milliers : 3.409.000 lettres, 880.000 cartes postales, 1.231.000 journaux et imprimés ; 132.626 mandats-poste en 1916 d'une valeur de 36.195.000 livres sterl. Recettes, en 1916-17, 28.054.959 l. s. et dépenses 20.080.596 l. s.

Télégraphes. — 14.156 bureaux de l'Etat, 2.421 bureaux des compagnies de ch. de fer et bureaux privés, 54 bureaux sémaphor., 49 stations radiotél., 1.226 stations à bord des navires. — Longueur des lignes de l'Etat 130.329 km., des fils 1.672.491 kil. — Nombre des dépêches en 1913-14 : internes 75.618.000, internationales 15.528.000, transit 1.740.000, au total : 92.886.000 ; radiotélégrammes 54.648.

Téléphones (exploités par l'Etat). — 777.652 stations et postes ; 4.493 réseaux urbains : 2.502.507 kil. de fils et 776.000.000 conversations en 1915-16 ; 3.572 circuits interurbains : 234.307 kil. de fils et 38.220.086 conversations en 1913-14. — Recettes, en 1916-17, 8.723.806 l. s. et dépenses 8.725.579.

Monnaies, Poids et Mesures.

L'unité monétaire est le *shilling* de 12 pence. Le shilling pèse 5.6552 gr. et contient 5.231 gr. d'argent pur ; le *penny* pèse 9,45 gr. Comme monnaies : (or) pièces de 20 sh. (1 liv. sterl.), 10 sh. ; (argent) 5 sh., 4 sh. 2 1/2 sh., 2 sh., 1 sh., 6 pence, 3 pence ; (bronze) 1 penny, 1/2 penny et 1 farthing (le quart d'un penny).

La monnaie fiduciaire est représentée par des billets de la Banque d'Angleterre (*Bank of England Notes*) de 5,10 et 50 livres et des billets de la trésorerie émis depuis la guerre pour 1 livre et 10 sh. Le 3 avr. 1918, il y avait en circulation pour 230.851.192 livr. de ces billets.

L'unité de longueur est le *yard* ; du poids, la *livre* (pound) et de capacité, le *gallon*. Depuis 1864, l'emploi facultatif du système métrique décimal français est autorisé. Pour les *poids et mesures*, voir *Tableau* p. 838.

Presse.

Environ 2.398 journaux (dont 200 quotidiens) et périodiques sont publiés dans le Royaume-Uni, dont 465 à Londres, 1.342 dans les provinces, 126 dans le Pays de Galles, 254 en Ecosse, 195 en Irlande et 16 dans les îles.

Les principaux journaux quotidiens sont à Londres : (matin) : *Daily Chronicle* (libéral) ; *Daily Express* (unioniste) ; *Daily Mail* (indépend.) ; *Daily Telegraph* (unioniste) ; *Morning Post* (conserv.,) ; *Times* (impérialiste national) ; soir : *Evening News* (unioniste) : *Pall Mall Gazette* (unioniste) ; *Westminster Gazette* (libéral). — Province : *Birmingham Gazette* (libéral). *Liverpool Courier* (unioniste) ; *Manchester Guardian* (libéral) ; *Yorkshire Post* (conserv.). Ecosse : *Glasgow Herald* (indépend.) ; *Scotsman* (unioniste) ; Irlande : *Irish Times* (unioniste).

Relations avec la France.

Traités et Conventions.

GRANDE-BRETAGNE

COMMERCE : Convention du 28 févr. 1882. Traitement de la nation la plus favorisée.

Arrangement du 23 oct. 1907 en vue de faciliter l'accomplissement des formalités prévues à l'art. 6 de la Convention du 28 mai 1882. Ces traités ont été dénoncés dans le courant de 1918. — NAVIGATION : Convention du 26 janvier 1826 : assimilation des pavillons. — ARBITRAGE : Convention du 14 oct. 1903. — ACCIDENTS DU TRAVAIL : Convention du 3 juillet 1909 relative à la réparation des dommages résultant des accidents du travail. — EXTRADITION : Conventions du 14 août 1876, du 13 février 1896 et 17 oct. 1908. — MARINS DÉSERTEURS : Déclaration du 23 juin 1854 relative à l'extradition réciproque des matelots déserteurs. — MARINS DÉLAISSÉS : Déclaration du 5 nov. 1879 pour régler l'assistance à donner aux marins français et anglais délaissés. — NAUFRAGE : Déclaration du 23 oct. 1889 relative à l'organisation des sauvetages des navires naufragés sur les côtes de France et d'Angleterre. — PÊCHES : Convention du 2 août 1839 pour la délimitation des pêcheries. Déclaration du 23 juin 1843 sanctionnant le règlement sur les pêcheries du 24 mai 1843. — PROPRIÉTÉ INDUSTRIELLE : Convention du 28 févr. 1882. Déclaration du 2 et 14 févr. 1899 relative à la protection des marques de fabrique en Chine. — SERVICE MILITAIRE : Déclaration relative à la compétence pénale militaire (*J. O.* du 15 déc. 1915). — SOCIÉTÉS : Convention du 30 avril 1862 pour régulariser la situation des sociétés commerciales, industrielles et financières dans les Etats respectifs. — SUCCESSIONS : Arrangement du 15 nov. 1907 relatif aux fraudes en matière de successions.

DOMINIONS ET COLONIES

TRAITÉS GÉNÉRAUX : Accords du 8 avril 1904, au sujet de l'Egypte, de Terre-Neuve, de l'Afrique, du Siam, de Madagascar, des Nouvelles Hébrides et du Maroc. Convention du 20 octobre 1906 en vue de confirmer le Protocole du 27 juin 1906, relatif aux Nouvelles Hébrides. Déclaration du 16 mai 1907 sur une entente au sujet des intérêts communs des deux pays dans la Méditerranée et dans la partie de l'Atlantique qui baigne le littoral de l'Europe et de l'Afrique.

Possessions d'Asie. — COMMERCE : *Ceylan :* Convention du 19 févr. 1903. Taxes réduites pour certains produits — *Établissements des détroits :* tarif minimum en France, aussi longtemps que les marchandises françaises bénéficient du traitement de la nation la plus favorisée. — *États fédérés malais :* comme les établissements des détroits — *Hong-Kong :* taxes réduites pour certains produits. — *Indes et États indigènes associés :* Convention du 19 févr. 1903, taxes réduites pour certains produits. — *Îles Seychelles :* Convention du 16 avril 1903, taxes réduites pour certains produits. — IMMIGRATION : Déclaration du 5 nov. 1872, concernant l'immigration de travailleurs indigènes dans les colonies françaises. — NAUFRAGES : Accession de l'Inde britannique à la convention de 23 oct. 1889.

Possessions d'Afrique.— COMMERCE : *Protectorat britannique de l'Est Africain, du Centre Africain et de l'Ouganda :* Convention du 29 février 1908, tarif minimum pour certaines denrées coloniales et des produits naturels fabriqués en France et en Algérie, et dans les colonies et protectorats. Arrangement du 21 août 1916 sur le commerce avec le Maroc et l'Égypte en transit par les territoires français et anglais d'Afrique. — NAVIGATION : Protocole du 6 juillet 1912. Access. de l'Union Sud-africaine à la convention de 1886.

Zanzibar : Convention du 27 juin 1901, tarif minimum pour les denrées coloniales de Zanzibar, réduction des taxes sur les eaux-de-vie ou liqueurs originaires de France, d'Algérie, des colonies et protectorats. — TERRITOIRES : Convention du 14 juin 1898 pour la délimitation des possessions françaises de la Côte d'Ivoire, du Soudan, du Dahomey et des colonies britanniques de la Côte d'Or et de Lagos et des autres possessions britanniques à l'ouest du Niger ainsi que pour la délimitation des possessions françaises et britanniques et des sphères d'influence des deux pays — NAUFRAGES : Accession de la colonie du Cap à la convention de 23 oct. 1889.

Possessions d'Amérique. — COMMERCE : *La Barbade :* convention du 9 janvier 1907, taxes réduites pour certains produits. — *Canada :* Convention du 23 janvier 1909 et du 19 septembre 1907. Concession de tarifs spéciaux pour divers produits. — *La Jamaïque :* Convention du 8 août 1902, taxes réduites pour certains produits. — NAVIGATION : Protocole du 6 juillet 1912, accession de Terre-Neuve à la Convention de 1886. — NAUFRAGE : Accession du Canada et de Terre-Neuve à la convention du 23 octobre 1889.

Possessions d'Océanie. — NAVIGATION : Protocole du 6 juillet 1912 : accession de la Confédération australienne et de la Nouvelle-Zélande à la convention de 1886. — NAUFRAGE : Accession de Natal, Queensland, Australie du Sud, Nouvelle Galles du Sud, Tasmanie, Victoria, Nouvelle-Zélande, Australie occidentale, à la convention du 23 octobre 1889.

Représentation de la Grande-Bretagne en France.

Ambassade à Paris, 39, rue du Fbg. St-Honoré (VIIIe). — Tél. : Elysées 01-68.

Ambassadeur Extraord. et Min. plén. : Rt. Hon. Lord *Derby*. K. G., G. C. V. O., C. B.

Min. plén. : Sir George *Grahame*, K. C. V. O. : 1er Secr. : N. *Henderson* : Hon. T. A. *Spring Rice* ; 2e Secr. : *Nigel Law* ; *Ronald Campbell* ; Conseiller commercial : Joseph *Addison* ; Secr. temporaire : Capt. G. H. *Eastwood* ; 3e Secr. : J. H. *Leche*.

Attaché naval : cap. de vaisseau l'hon. A. R. M. *Ramsay*, D. S. O., R. N.

Attaché de l'Aviation : chef d'escadrille J. P. C. Sewell.

Attaché militaire : Major-Gén. l'hon. Sir C. *Sackville-West*, K. B. E. C. M. G. ; Attaché mil. adjoint Lieut-colonel V. *Vivian*.

British Administrative Liaison Bureau, 43, rue Dumont d'Urville. Tél. Passy 11-11, 11-12 et Astoria 260-261.

Commissariat Général du Canada en France : 17 et 19 bd. des Capucines.

Commissaire Général : l'hon. Philippe *Roy*.

Consulats généraux à Paris, 6, rue Montalivet (de 10 à 12 et de 14 à 16 h. le samedi de 10 h. à 13 h.) : H. G. Arthur *Mackie* ; Le Havre : H. L. *Churchill* ; Lyon : F. E. D. *Hay* ; Marseille : E. R. E. *Vicars* ; Alger ; Tunis ; Dakar.

Consulats à : Bordeaux ; Brest ; Calais ; Dunkerque ; Nantes ; Nice ; Rouen ; Bizerte ; Cayenne ; Congo français ; La Réunion (et dépendances) ; Tananarive ; Martinique et dépendances (Fort-de-France) ; Nouméa ; Pondichéry et Karikal ; Saïgon ; Saint-Pierre ; Taïti ; Dahomey et dépendances.

Vice-consulats à Paris ; Ajaccio ; Amiens ; Angers ; Arcachon ; Bastia ; Bayonne ; Biarritz ; Bordeaux ; Boulogne-sur-Mer ; Brest ; Caen ; Calais ; Cannes ; Cette ; Chantilly et Creil ; Cherbourg ; Dieppe ; Dunkerque ; Fécamp ; Grenoble ; Honfleur ; Hyères ; La Rochelle ; Le Havre ; Lille ; Limoges ; Lorient ; Lyon ; Marseille ; Menton ; Nantes ; Nice ; Pau et Tarbes ; Pauillac ; Reims ; Rouen ; Saint-Brieuc ; Saint-Malo ; Saint-Nazaire ; Toulon ; Touiouse ; Trouville-Deauville ; Alger ; Arzew (et Mostaganem); Bône ; Oran ; Philippeville ; Tunis ; Sfax ; Sousse et Kairouan ; Dakar ; Cayenne (Guyane française) résidence à Paramaribo ; Libreville (Congo français) ; Saint-Denis (Réunion) ; Hanoï ; Tamatave ; Guadeloupe ; Nouméa ; Saïgon ; Taïti ; Grand-Bassam ; Haïphong.

Agences consulaires : Les Sables-d'Olonne ; Bougie ; Gabès ; Diégo-Suarez ; Porto-Novo.

Institutions britanniques à Paris :

Chambre de Commerce Britannique, 6, rue Halévy. Tél. : Gut. 49-21. *Prés.* : H. *F. Fletcher*.

Représentation officielle commerciale du Gouv. australien, 6, rue Halévy.

Bristish Embassy Church, 5, rue d'Aguesseau ; St. George's English Church, 7, rue Auguste-Vacquerie ; Wesleyan Methodist Church, 4, rue Roquépine ; Presbytarian Church (Church of Scotland), 17, rue Bayard ; Christ Church, à Neuilly, 81, boul. Bineau ; St. Joseph's Church (for English-Speaking Catholics) 50, avenue Kléber ; First Church of Christ Scientist, Washington Palace, 14, rue Magellan et Salle de lecture, 194, rue de Rivoli ; Second Church of Christ Scientist, 115, rue Notre-Dame-des-Champs ; Holy Trinity Lodge, 4 rue Pierre Nicole.

Association France-Grande-Bretagne, 1, rue d'Astorg. T. Elysées : 26-84.

Société franco-irlandaise, 63, boul. Haussmann. *Secr.* : Mac White.

English Debating Club, à la Sorbonne, lundi soir à 20 h. 30, Amphit. Michelet.

British Hall, 70, rue Jouffroy ; Travellers Club, 25, av. des Champs-Elysées.

Bureaux de journaux anglais : Times : 2, rue de la Chaussée-d'Antin ; Daily Express : 26, rue de Grammont ; Exchange Telegraph : 5, rue Victor-Massé ; Daily Telegraph : 2, rue Chaussée-d'Antin ; Morning Post : 32, rue Louis-le-Grand ; Daily Mail, 36, rue du Sentier ; Daily Chronicle, 24, rue des Capucines.

Représentation de la France en Grande-Bretagne.

Ambassade à Londres, Albert Gate House, Hyde Park, W.

Ambassadeur : S. E. M. Paul *Cambon* (G. C. ✻).

Conseiller d'ambassade : *de Fleuriau* (✻) M. pl. ; Secr. de 1re cl. : Roger *Cambon* ; Secr. de 2e cl. : de *Montholon de Semonville* (✻), A. *Thierry* ; Attaché naval : commandant *de Blanpré* ; Attaché mil. : général de *La Panouse* (✻). Attaché commercial : *Périer* (O. ✻) ; Consul, chargé des fonctions de Secr. archiviste : *Knecht* (✻).

Consulat général à : Londres 51, Bedford Square. Cons. gén. gérant : *Bonzon*. Consulats à : Cardiff ; Dublin : *Blanche* ✻ ; Glasgow ; Jersey ; Liverpool ; Newcastle : *Pigeonneau* ✻ ; Newport ; Southampton : *Feer* ✻ ; Vice-Con. : à Jersey : *Jouve* ; à Swansea : *Pietire*.

Agences consulaires à : Aberdeen ; Birmingham ; Bradford, Brighton ; Bristol ; Cowes ; Dundee ; Edimbourg ; Grimsby ; Guernesey et Aurigny ; Hartlepool ; Hull ; Kirkwall ; Leeds, Lerwick, Lowestoft et Yarmouth ; Manchester ; Middlesborough ; Newhaven ; Northampton ; Nottingham ; Plymouth ; Portsmouth ; Sheffield.

Institutions économiques.

Chambre de Commerce : à Londres, Queen Victoria str. 153, E. C. 4, Prés. : *Gueritte* ; à Liverpool, 51, South John street, Prés. : *Pourrière* (A. M.) Office commercial français à Londres, Queen Victoria str. 153, Dir. : M. *Hauvette*.

Agence de l'Assoc. Nale. d'Expansion économique, à Londres, Queen Victoria Str. E. C. 4.

Conseillers du Commerce extérieur : à Londres : *Chevillard* (Gust. August.) ; Georges *Dreyfus* ; Marius *Duché* ; Emmerich Edm. *Engelhard* ; A. T. J. *Guéritte* ; C. E. *Hauvette* ; *Henneguy* ; A. *Judah* ; F. *Lageat* ; Jean Nic. René *Landrieux* ; Henri *Le Forestier* ; *Masurel* fils ; Victor *Niox* ; L. F. *Ozanne* ; Alb. *Picard* ; à Liverpool : Cyprien *Collet* ; A. *Pourrière* (✱) ; à Manchester ; Charles *Martin* ; à Nottingham ; *Teissier du Cros.*

T. C. F. Délégués : à Manchester : Lazare *Hazan*, nég. 77, Fountain Street ; Dr *Sawers Scott*, Calahor, 57, Wilmslow road, Wittington ; Londres : *Freshfield*, avocat, 31 Old Jewry ; *Stenson Cooke*, Secr. de l'Automobile Association et Motor Union, Coventry Street, E. C. ; Arthur *Barton Kent*, 75, Faringdon road et 31 Malborough Place, N. W. ; H. *Scott Tucker*, 23, St. Swithins Lane, Lombart street, E. C. ; à Bath : Sir John *Stevens*, 2, Landsdown place, W. ; Birmingham : Walter T. *Owen*, 57, New Street. — Brighton : J. C. *Buckwell*, Northgate House, Pavilion ; à Bristol : C. *Meade-King*, 43, Canynge road, Clifton ; à Dundee : Robert *Murray*, North of Scotland Bank ; à Folkestone : N. E. *Toke*, Penfillan House, Landgate road ; à Grimsby : Th. R. *Turnbull*. School house, Old Clee ; à Harrow on the Hill (Londres) : B. *Minsen*, the Copse ; à Hale : Ed. M. *Knowles*, Hawley Lodge ; à Lancaster : W. H. *Satterhwaite*, notaire, Skelsfield ; à Minster on Sea (Ile de Scheppey) : Alfred *Starck*, the Bungalow ; à Liverpool : *Thierry*, 37, Bold Street ; à West-Kirby : Dr *Browne*, Kirby view, Balay road ; à Plymouth : Thomas B. P. *Wilkinson*, « Beaumont-Villa » ; à Portsmouth : A. G. W. *Hemans*, Eagle Tower. Southsea ; à Southampton : H. *Emmanuel*, 6 Albion Place ; à Sunderland : W. *Thackray*, manufacturier, Mowbray ; à Swansea : Paul *Courtois*, 8, Heathfield ; à St Albans : A. E. *Gibbs*, Houndspath ; à Sheffield: J. P. *Lokwood*, 85, Clarkehouse road ; à Ruthin : E. W. *Lovegrove*, School house ; à Wiwhimple : A. *Hertig*, Slewton.

Institutions intellectuelles.

A Londres, Alliance Française, Prés. : Bar. *de Pavrel* ; à Manchester : Prés. : A. *Thouaille*.
A Cardiff, Société franco-anglaise, 36, Park Place.
A Newcastle-on-Tyne, Cercle français, Prés : E. H. *Marchal*.
A Northampton, Cercle littéraire français, Prés. : A. *Riecke*.
Institut Français du Royaume-Uni, Marble Arch House, Hyde Park, W. I., Dir. : *Audra* (ressortissant à l'Univ. de Lille).
Bureau de l'Office Nat. des Universités et Ecoles françaises, 50, Russell Square, W. C. 1.
Société Nationale des Professeurs de Français en Angleterre, 8, Red Lion Square W. C. I : Soc. des Institutrices Françaises, 18, Lancaster gate, W. 2. Liverpool : Alliance Française et Société Littéraire Française (réunies). Prés. : J. E. *Basin*. — Institut Commercial de Paris, 36, Princes Road, Directeur : D. J. *Sloss*.

Institutions diverses.

A Londres : Société Française de Bienfaisance, 41, Fitzroy Square, W. ; Hôpital Français, 172, Shaftesbury Avenue ;
Comité Républicain du Commerce et de l'Industrie, 18, Green Street, W. C. ;

Communications avec la France.

Passeports : Pour les sujets britanniques, visa au Consulat général, 6, rue Montalivet, de 9 h. 30 à 12 h. et de 14 à 16 h. 30 ; le samedi, de 9 h. 30 à 13 h. ; pour les étrangers, Bureau de contrôle, 54, rue Pierre Ier de Serbie.

Maritimes : Nouveau service entre Paris et Londres par Calais, Cie. du South Eastern and Chatham Railway, 14, rue du Quatre-Septembre, Paris.

Aériennes : Service postal, inauguré le 10 nov. 1919, quotidien, sauf le dimanche.

Les départs de Paris se font à 12 h. 30 ; la durée ordinaire du trajet est de 2 h. 15. Les lettres et envois doivent être déposés avant 9 h. 15, dans tous les bureaux de Paris.

Le prix de la taxe spéciale afférente à ce service est, en plus de l'affranchissement ordinaire, de 3 fr. par 20 gr. Inscrire sur l'enveloppe lisiblement. *Par avion, de Paris à Londres.*

A Londres, les lettres acceptées jusqu'à 11 h. dans 8 grands bureaux, sont affranchies à raison de 2 sh. 6 d. par once (28 gr.) en plus du tarif ordinaire.

Service des voyageurs : tous les jours, sauf le dimanche, départ du Bourget à 12 h. ; arrivée à Londres, vers 14 h. 30. Prix, aller : 800 fr. Billets : Agence Currie, 10, rue Auber (T. Gutenberg 37-38) et The Intern. Aircraft Co. 118, av. des Champs-Elysées.

Le Royaume-Uni en 1919.

La victoire écrasante remportée par M. Lloyd George et la coalition aux élections de décembre 1918 ne semble pas devoir apporter au Royaume-Uni la solution des nombreuses et graves questions qui se posent dès le début de l'année. Le *Daily Chronicle* ne reproche au gouvernement que « sa trop grande puissance ». Les partisans de M. Asquith peuvent, par contre, objecter que le triomphe de la Coalition n'est qu'apparent. Les élections partielles de West Leyton, de Hull, de Central Aberdeen sont des succès pour les libéraux. Le discours de M. Asquith au Connaught Rooms, à Londres, le 11 avril, le Congrès libéral de Manchester en mai, le discours libre-échangiste prononcé à Leeds le 19 juin, ceux de Newcastle, puis de Manchester (11 déc.) témoignent chez les libéraux d'une activité marquée.

M. Lloyd George ne reste pas inactif. Dès son retour, après la signature de la paix, il entame la lutte, prononçant dès le 18 août, aux Communes, un discours-programme (mesures contre le chômage, pro et minier, etc.), parlant encore deux fois les 16 et 17 octobre à Sheffield sur la production et les finances, le 21 octobre au Caxton Hall sur l'agriculture. Si les libéraux ont remporté quelques succès, la Coalition enregistre à son actif des victoires aux élections partielles de Thanet, Rusholme (Manchester), le 20 octobre, de Croydon, le 27 nov., de Plymouth, le 28, où Lady Astor passe à une écrasante majorité, de St-Albans, le 23 déc. A la fin de l'année, la Coalition a connu des échecs et des succès mais elle dure, bien que le mouvement en faveur de la formation d'un parti du centre s'accentue chaque jour. Tout dépend de l'attitude que prendra M. Lloyd George. Cependant, le *Times* ne lui ménage pas les critiques. « L'œuvre législative du gouvernement n'a abouti depuis octobre qu'à une série d'échecs, le ministère a dû se résigner à tous les compromis ; il ne reste rien de son programme, en dehors du bill de l'Inde et du bill de l'Irlande qui, seuls, lui font honneur. Au point de vue financier, l'insuffisance du gouvernement a été absolue ; il n'a pas su réaliser d'économies et il a accru encore les charges du Trésor. »

Est-ce à ces raisons ou à la crise traversée par le parti libéral que le parti travailliste doit ses succès indéniables ? Le chômage, l'intervention en Russie constituent pour ce dernier une excellente plate-forme. Le vote, le 27 juin, par la Conférence nationale socialiste et travailliste de Southport du principe des grèves politiques, forme de l'action directe, témoigne que les éléments de gauche du parti l'emportent sur les modérés. Les grèves se multiplient : grève du coton du Lancashire (juin), grèves des policemen et des boulangers de Liverpool, grèves des mineurs du Yorkshire (juillet-août), grève générale des cheminots (27 sept.-5 oct.), cette dernière dressant contre les ouvriers et agents des Compagnies l'opinion publique et se terminant par un échec, grâce en grande partie aux mesures prises par le gouvernement pour assurer les transports les plus urgents. Néanmoins, le succès des travaillistes s'affirme encore aux élections municipales où, à Londres, ils font passer 557 de leurs candidats sur 1,000 qu'ils présentent (1er nov.).

Avec la question irlandaise, le Gouvernement se trouve avoir à résoudre un des problèmes les plus importants qu'ait eu à envisager le pays. Le Parlement Sinn Fein, réuni le 21 janvier à Dublin, a proclamé la République Irlandaise, élaboré une Constitution et envoyé une adresse aux nations libres du monde. Alors que la Grande-Bretagne se sent jugée par l'Amérique, les attentats des Sinn-Feiners se précipitent ; ils s'emparent d'armes, d'explosifs. Une délégation irlando-américaine arrive pour conférer avec le « Président » de Valara (5 mai). Le rapport que cette délégation publie déchaîne aux Etats-Unis une campagne acharnée en faveur de l'autonomie de l'Irlande couronnée par un vœu du sénateur Borah adopté par le Sénat américain demandant à la Grande-Bretagne de faire droit le plus tôt possible aux revendications de l'Irlande. L'émotion que soulèvent ces incidents est à peine calmée par le discours pondéré de Lord Reading à l'Overseas Club (16 juin) où il fait appel au bon sens des deux peuples pour éviter les malentendus.

La collation de la franchise par la ville de New-York à M. de Valera « président de la République Irlandaise », la campagne que ce dernier mène pour un emprunt en Amérique, l'appel adressé par les chefs du Sinn Fein à M. Clemenceau inquiètent l'opinion à Londres. Le manifeste d'un nouveau parti, la Ligue pour le Dominion d'Irlande, fondée par Sir Horace Plunkett paraît rallier un grand nombre de suffrages. Des troupes de renfort doivent cependant être débarquées chaque jour, particulièrement dans l'Ulster et dans le Sud de l'île ; les attentats contre les agents de la force publique deviennent plus fréquents, une nouvelle escarmouche se produit le 23 sept. entre la police et les rebelles à Clare ; des journaux nationalistes sont supprimés à Limerick. Le Home Rule Act doit être mis automatiquement en vigueur dès que le dernier belligérant aura signé la paix. Il faut qu'une solution soit trouvée d'ici là. Une Commission du Cabinet est formée le 9 oct. ; elle est présidée par M. Walter Long. Elle délègue à Dublin Lord Birkenhead qui arrive le jour même où une proclamation supprime le Sinn Fein dans le comté de Dublin (15 oct.). Le lendemain, Dublin est en état de siège et des autos blindées parcourent la ville. Ces mesures sont encore renforcées par une proclamation du 25 nov. qui déclare illégale l'organisation Sinn Fein dans toute l'étendue de l'Irlande.

Le mouvement nationaliste égyptien présente pour la Grande-Bretagne une importance au moins égale à la question de l'indépendance irlandaise. Ce mouvement se développe avec l'arrestation et la déportation des chefs nationalistes qui ont demandé à envoyer une députation à Londres pour y exposer les revendications de l'Egypte. A la suite de ces mesures, le Premier Ministre Rushdi Pacha remet la démission du cabinet. Les troubles commencent en avril. Des étudiants, le mouvement se propage aux fellahs. Les manifestations dans la rue sont sévèrement réprimées ; elles recommencent avec plus de gravité en novembre. La mission Milner, dont le but est le rétablissement du calme et le développement progressif des institutions représentatives, est mal accueillie à son arrivée.

Les troubles qui se produisent aux Indes et qui se manifestent par des émeutes, offrent, au début de l'année, un caractère inquiétant par suite de l'union qui s'est établie entre les Hindous et les Mahométans dans leur résistance aux Rowlatt Acts (répression des séditions). Le vote du bill Montagu, en novembre, qui apporte une nouvelle Constitution à l'Empire, paraît devoir ramener le calme

L'Empire Britannique a dû, d'autre part, protéger ses frontières de l'Inde contre une attaque afghane menée par l'émir Amanulla. La guerre, commencée le 2 mai, se termine par la défaite des bandes afghanes et la signature de la paix le 8 août à Rawal Pindi. Dans une lettre remise à l'émir après la signature du traité, le représentant du gouvernement de l'Inde, Sir Hamilton Grant, annonce que la Grande-Bretagne donne à l'Afghanistan liberté de régler désormais à sa guise ses relations avec les puissances étrangères.

Il faut également mentionner l'accord conclu le 8 août avec la Perse qui permet à la Grande-Bretagne de l'aider à établir une forte administration, une armée organisée sur une base ferme, des finances saines, des routes, des chemins de fer.

L'année qui s'ouvre laisse au gouvernement une tâche considérable à accomplir et une situation qui n'est pas exempte d'inquiétude.

Bibliographie.

Anson (Sir W.-R.). *Lois et Pratiques Constitutionnelles de l'Angleterre*. Trad. de C. Gandilhon. 2 vol. in-8, ch. vol. br. 10 fr. Giard et Brière. Paris 1917.

Ashley (W.-J.). *British Industries*. Londres 1902.

Begrie (Harold). *L'Angleterre justifiée*. Trad. Price, in-8, 410 p., 6 fr. Bossard. Paris 1917.

Brassey (T.-A.). *The Naval Annual*. Portsmouth 1917.

Carrère (J.). *L'Impérialisme britannique et le Rapprochement franco-anglais* (1900-03), in-16, 4 fr. 50. Perrin. Paris 1917.

Cecil (Lord R.) and Clayton (H.-J.). *Our National Church*. Londres 1913.

Chevrillon (A.). *L'Angleterre et la guerre*, in-16, br. 4 fr. Hachette. Paris 1916.

Cleveland-Stevens (E.). *English Railways*. Londres 1915.

Forwood (sir William). *The Economics of War Finances*. H. Young and Sons. Liverpoo

Grande (Julian). *L'Empire britannique et la Guerre*, in-8, 144 p., br. 4 fr,50. Payot. Paris 1917.

Guyot (Ed.). *Le Socialisme et l'Evolution de l'Angleterre contemporaine*, in-8, 7 fr. 50 F. Alcan, 1913 ; *L'Angleterre, sa politique intérieure*, in-8, 3 fr. 50. Delagrave, Paris, 1917.

Herbert (J.-F.) et Mathieu (G.). *La Grande-Bretagne au travail*, in-8 écu, br. 7 fr P. Roger et Cie. Paris, 1919.

Jenks (Edward). *Esquisse du Gouvernement local en Angleterre*. Trad. J. Wilhelm, br. 5 fr. Giard et Brière. Paris 1902.

Lémonon (E.). *L'Europe et la Politique britannique* (1782-1911), in-8, br. 10 fr. F. Alcan. Paris 1912.

Lloyd George (D.). *Through Terror to Triumph*. Trad. fr. in-16, 266 p., 4 fr. Didier. Paris 1916.

Lowell (Lawrence). *Le Gouvernement de l'Angleterre*. Trad. de Nerinex, 2 vol. br. ch., vol. 15 fr. Giard et Brière. Paris.

Mahan (Capt. A.-T.). *The Influence of Sea-Power upon History*. Londres 1890.

Marshall (A.). *National Industries and International Trade*. Londres 1904.

Murray's *Handbooks for Travellers*. English *Handbooks*, 30 vol. Londres.

Paul-Dubois (L.). *L'effort économique et financier de l'Angleterre pendant la guerre*, in-16, br. 4 fr. 55. Perrin. Paris 1917.

Perris (G.-H.). *The Industrial History of Modern England*. Londres 1914.

Redlich et Hirst. *Le Gouvernement local en Angleterre*. Trad. de W. Oualid, 2 vol. br. 24 fr. Giard et Brière. Paris.

Ross's *Parliamentary Record*. Annuel. Londres.

Reynaud (Paul). *L'Angleterre avant et pendant la guerre*, in-16 jés. 3 fr. 50. B. Grasset, Paris, 1919.

Rousiers (Paul de). *Le Trade-unionisme en Angleterre*, in-18 br. 4 fr. A, Colin, Paris.

Slater (G.). *The Making of Modern England*. Londres. 1913.

Statesman's Year Book. 56e année. Annuel (juillet). Mac Millan & Co Londres.

Statistical Department Board of Trade, 68 Victoria Street, Londres. *Annual Statement of the Trade of the United Kingdom*. 1917.

Stubbs. *Histoire Constitutionnelle de l'Angleterre*, Trad. Petit Dutaillis et Lefèvre. 2 vol. br. 16 fr. Giard et Brière. Paris.

Todd (A.). *Le Gouvernement parlementaire en Angleterre*, 2 vol. in-18, br. 12 fr. Giard et Brière. Paris 1909.

Treguiz (Louis). *L'Irlande dans la Crise Universelle* (1914-17), in-8, 6 fr. F. Alcan. Paris. 1918.

Villiers (Brougham). *Britain after the Peace. Revolution or Reconstitution*. Fischer and Unwin New-York.

Wallace (D.-D.). *The Government of England, National, Local, Imperial*. Londres 1918.

Willoughby (W.-F.). *The System of financial Administration of Great Britain*, in-8, 359 p. 13 fr. 80. Appleton. New-York 1917.

Whitaker's Almanack, 51e année. Annuel. Whitaker, Londres.

COLONIES, POSSESSIONS ET PROTEC-

Les colonies et dépendances de l'Empire Britannique se divisent en 2 classes :

1° Colonies de la Couronne, directement administrées par le gouvernement central de Londres ;

2° Possessions ayant des institutions représentatives dont le pouvoir législatif est subor-

POSSESSIONS en :	SUPERFICIE en km. carrés	POPULATION.	FINANCES (en l. st.).		
			RECETTES.	DÉPENSES.	DETTE.
Méditerranée	311	240.000	560.776	582.039	79.681
Asie et Malaisie ..	5.287.743	324.477.000	113.334.762	102.421.850	334.000.069
Afrique..........	9.091.962	53.821.000	50.126.108	46.781.740	266.280.373
Amérique	10.789.511	10.838.000	53.191.868	35.555.833	297.584.740
Australasie......	8.266.772	6.674.000	152.532.714	102.048.633	294.787.697
Total.....	33.446.299	395.945.000	269.746.228	287.340.095	1.192.731.960
Royaume-Uni ...	314.377	46.089.000	707.234.565	2.696.221.405	4.063.644.981
Empire Brit.....	33.760.676	442.034.000	976.980.793	2.983.561.500	5.256.376.941

I. Possessions britanni-

	SUPERFICIE en km. carrés.	POPULATION.	BUDGETS (en l. st.).	
			RECETTES.	DÉPENSES.
Gibraltar	5	16.000	100.611	119.570
Malte	306	224.000	460.165	462.469
Total	311	240.000	560.776	582.039

II. Possessions britanni-

	SUPERFICIE en km. carrés.	POPULATION.	BUDGETS (en l. st.).	
			RECETTES.	DÉPENSES.
Chypre	9.282	299.000	332.584	318.378
Emp. de l'Inde............... (1)	4.844.600	315.156.000	96.774.500	90.786.800
Ceylan .... (2)	65.698	4.477.000	4.400.867	3.740.301
Maldives (protect.)............. ..	300	70.000		
Straits Settlements	4.140	813.000	2.021.331	1.288.741
Etats Malais fédérés	71.260	1.150.000	5.964.216	3.729.435
Autres Etats Malais .... 1 et 2)	61.040	970.000	1.462.000	1.038.000
Bornéo Septentrionale..............	80.560	200.000	249.587	170.045
Sultanat de Brunei (protec..)........	10.400	30.000	15.000	13.250
— de Sarawak (protec..)......	108.800	470.000	179.289	150.200
Hong-kong et Territ. affermé........	1.013	529.000	1.455.288	1.165.700
Territ. de Weihaiwei...............	740	150.000	20.000	21.000
Aden, Perim, Socotra	26.891	60.000	470.000	»
Iles de Barein (protect.)............	552	103.000		»
Total......................	5.287.743	324.477.000	113.334.762	102.421.850

(1) Voir développement ci-après. — (2) Pays administrés par un même gouverneur.

TORATS DE L'EMPIRE BRITANNIQUE.

donné au gouvernement central de Londres ;

3° Possessions ayant un gouvernement local responsable (autonomie) et dont le gouverneur seul est nommé par le gouvernement central de Londres.

COMMERCE (en l. st.).		NAVIGATION en tonneaux.	LONGUEUR DES LIGNES (en kilomètres).		
IMPORTATIONS.	EXPORTATIONS.		CHEM. DE FER.	TÉLÉGRAPHES.	TÉLÉPHONES
3.338.492	591.103	17.967.869	13	6	1.571
229.640.338	283.930.364	74.371.388	1.464.267	148.102	45.633
97.569.477	96.563.806	37.065.175	30.292	73.821	8.263
200.135.814	307.707.447	48.073.981	62.122	84.499	22.165
103.959.355	133.898.972	11.636.795	38.002	143.677	4.634
734.643.446	822.689.692	189.115.208	1.514.696	450.105	82.666
1.065.256.407	594.861.232	104.498.000	381.174	130.329	2.502.507
1.799.899.853	1.417.550.924	293.613.208	1.895.870	580.434	2.584.173

ques en Méditerranée.

DETTE (en l. st.)	COMMERCE (en l. st.).		NAVIGATION en tonneaux.	LONGUEUR DES LIGNES (en kilomètres).		
	IMPORTATIONS.	EXPORTAT.		CH. DE FER.	TÉLÉGRAPHES.	TÉLÉPHONES
»	»	»	15.181.819	»	6	277
79.081	3.338.492	591.103	2.786.050	13		1.294
79.081	3.338.492	591.103	17.967.869	13	6	1.571

ques en Asie et Malaisie.

DETTE (en l. st.)	COMMERCE (en l. st.).		NAVIGATIO en tonneaux.	LONGUEUR DES LIGNES (en kilomètres).		
	IMPORTATIONS.	EXPORTATIONS.		CH. DE FER.	TÉLÉGRAPH.	TÉLÉPHONES.
251.501	977.617	718.283	209.000	122	274	84
317.883.653	132.450.000	166.310.000	11.954.963	58.384	138.510	4.612
5.573.148	14.668.726	. 836.077	9.146.036	1.116	3.111	890
7.560.467	63.242.074	57.436.364	21.851.000	65	4.561	13.418
1.750.000	8.122.468	25.660.097	3.711.886	»	»	»
930.000	1.731.000	5.294.000	85.000	1.404.323	»	13.795
»	500.933	1.014.142	387.693	209	1.290	
51.300	80.000	85.000	»	»	»	
»	817.536	1.133.357	284.761	»	»	
»	4.144.005	1.038.040	22.308.461	48	356	12.834
»	»	»	1.050.000	»	»	
»	5.427.226	4.625.061	3.300.000	»	»	»
»	1.529.758	779.943	82.588	»	»	
334.000.069	229.640.338	283.930.364	74.371.388	1.464.267	148.102	45.633

EMPIRE INDIEN.

Empire placé, le 1er novembre 1858, sous la souveraineté des rois de Grande-Bretagne et d'Irlande, sur la base de l'union personnelle et dont l'administration est contrôlée par le Parlement anglais. Une nouvelle Constitution, qui entrera en vigueur au début de 1920, pour une durée de 10 années, institue un premier essai de gouvernement parlementaire : droit de suffrage accordé à environ 10 p. 100 des Indiens ; élections fixées en novembre ; réunion de la nouvelle Assemblée législative en 1921 ; réorganisation des gouvernements provinciaux avec pour chacun deux ministres, dont l'un soumis au contrôle parlementaire ; institution d'une Chambre des princes, etc.

Divisé en 13 provinces, en environ 250 districts généraux, il comprend, en outre, environ 700 États feudataires sujets au contrôle du Gouverneur général.

Vice-Roi et Gouverneur général : Lord *Chelmsford*, G. M. S. I. (mars 1916).

Superficie et population.

Statistiques établies d'après le recensement de 1911 :

PROVINCES :	KILOM. CAR.	POPULATION.	ÉTATS TRIBUTAIRES :	KILOM. CAR.	POPULATION.
Ajmir-Merwara ...	7.021	501.395	Baroda...........	21.191	2.032.798
Andamanes et Nicobares......	8.140	26.459	Béloutchistan	208.253	420.291
			Bengale...........	13.987	822.565
Assam	137.303	6.713.635	Béhar et Orissa....	74.196	3.945.209
Baloutchistan	140.445	414.412	Bombay...........	165.401	7.411.675
Bengale...........	203.822	45.483.077	Cachemire	218.670	3.158.126
Bihar et Orissa	215.425	34.490.084	Hyderabad........	214.179	13.374.676
Birmanie	597.849	12.115.21	Inde centrale......	200.872	9.356.980
Bombay...........	318.502	19.626.477	Madras...........	27.320	4.811.841
Aden	207	46.165	Mysore...........	76.237	5.806.193
Coorg	4.097	174.976	Pandjab..........	94.663	4.212.794
Delhi	1.442	391.828	Prov. centrales	80.737	2.117.002
Madras...........	368.619	41.405.404	— frontière N.O.	66.042	1.622.094
Pandjab..........	256.974	19.583.128	— unies.........	13.154	832.036
Prov. cent. (Bérar).	258.531	13.916.308	Rajpoutana.......	334.062	10.530.432
— frontière N.O.	34.751	2.196.933	Sikkim	7.298	87.920
Agra et Aoudh....	277.810	47.182.044			
TERRITOIRES			*Provinces*...........	2.830.946	244.267.542
Territ. Indiens	80.300	400.000	*Territoires*...........	175.979	852.000
Bhotan...........	51.800	300.000	*États Tributaires*......	1.837.745	70.888.854
Prot. arabes.... (1)	40.300	140.000			
Socotra .... (1)	3.579	12.000			
Assam (Manipour)..	21.900	346.222	Empire de l'Inde ..	4.844.670	316.605.396

La population, recensée en 1911 dans les provinces et les états tributaires, qui s'élève à 315.156.396 h., comprenait 161.338.935 hommes et 153.817.461 femmes. On a compté 15.439 émigrants en 1911 et 6.339 en 1916-17.

Villes de plus de 100.000 hab. d'après le recensement de 1911 :

Calcutta et faubourgs........	1.222.313	Benares..........	203.804	Patna	136.153
		Bangalore	189.485	Madura	134.130
Bombay	979.445	Agra	185.449	Barelly	129.462
Madras.........	318.660	Cavonpur	178.557	Srinagar..........	126.344
Hydarabad......	500.623	Allahabad........	171.697	Trichinopoly	123.512
Rangoon........	293.316	Pouna	158.856	Meerut	116.227
Lucknow	259.798	Amritsar.........	152.756	Surat............	114.868
Delhi	232.837	Karachi	151.903	Dacca............	108.551
Lahore	228.687	Mandaly	138.299	Nagpur	101.415
Ahmedabad	216.777	Jaikur	137.098	Jubbulpur	100.651

Religion.

Selon la répartition de la population soumise au recensement, d'après les cultes en 1911, il y avait 217.586.892 hindous, 66.647.299 musulmans, 11.969.635 bouddhistes et djaïns, 10.295.168 fétichistes, 3.876.542 chrétiens (1.490.863 catholiques, 492.752 anglicans, 181.130 presbytériens, 337.226 baptistes, 218.500 luthériens, 171.844 méthodistes, etc...), 3.014.466 sikhs et 158.177 adeptes d'autres religions.

(1) Dépendance d'Aden.

Instruction.

Les établissements d'enseignement se répartissent en deux catégories : 1° ceux (même privés) dont le mode d'enseignement est conforme au programme du min. de l'Instr. publ. ou des Universités, sont appelés institutions publiques; 2° ceux qui ne remplissent pas ces conditions et sont appelés institutions privées. En 1917, l'Empire comptait 192.755 institutions avec 7.851.946 élèves des deux sexes, dont 171.435 établissements de garçons (6.621.527) et 21.320 de filles (1.230.419); à savoir 142.203 écoles prim. pub. avec 5.818.730 élèves, 7.693 écoles second. pub. avec 1.186.335 élèves, 200 collèges pub. avec 58.639 élèves, 4.861 écoles spéciales pub. avec 161.308 élèves et 37.803 institutions privées avec 644.638 élèves. Universités à Calcutta, Madras, Bombay, Benarès. Patna, dans les Etats de Pandjab et de Mysore et à Allahabad. Universités hindoues à Bénarès et Patna.

Les dépenses des provinces pour l'enseignement s'étaient élevées en 1916-17 au chiffre global de 7.525.538 l. st.

Justice.

Organisation judiciaire : Haute Cour suprême dans chacune des présidences de Madras Bombay, Bengale, dans les prov. unies d'Agra et Aoudh, celles de Bihar et Orissa et les provinces du Pandjab et de Delhi. L'appel se porte au Conseil privé en Angleterre commissaires judiciaires dans les prov. centrales et de Bérar, de la frontière du N.-O Oudh, Coorg, Sind, Upper, Burma et Chota Nagpur; *Cour principale* pour Lower, Burma ; pour l'Assam, la plus haute autorité judiciaire est la Haute Cour de Calcutta ; pour les causes criminelles, il existe des Cours d'Assises et des Cours de magistrats (3° cl.). L'importance des autres tribunaux varie selon les provinces ; il existe en outre un certain nombre de juridictions spéciales.

Armée.

L'armée indienne était répartie, en 1914, en deux armées : celle du Nord et celle du Sud ; elle se composait de troupes britanniques (75.897 hommes de tous rangs en 1914) et de troupes indigènes (2.751 officiers, 161.085 volontaires et 35.700 réservistes en 1914) appartenaient en outre à l'armée indienne : les *Volunteer corps* (1.524 officiers, 37.382 hommes et 3.093 réservistes en 1914), le *Indian Submarine Corps* et d'autres troupes indigènes comme l'*Aden Troop* (env. 26.600 de tous armes et rangs).

L'effectif total en 1913-14 était d'environ 8.000 officiers, 300.000 h. de troupes permanentes et 39.000 de la réserve. Pendant la guerre, 219.534 sujets britanniques et 933.374 Indiens furent envoyés sur les divers fronts.

Mouvement économique.

Finances.

Comptes de l'année financière 1917-18 finissant au 31 mars (en livres sterl.)

	DANS L'INDE :		EN ANGLETERRE.	TOTAL.
	IMPÉRIALES.	PROVINCIALES.		
Recettes	74.492.000	33.361.000	2.071.000	109.924.000
Dépenses	44.405.000	33.361.000	26.447.000	104.213.000

Budget pour l'exercice 1918-19 (en l. st.): recettes : 109.196.600, dont 22.798.600 de l'impôt foncier, 22.983.700 des chemins de fer, 10.814.400 des douanes et 10.076.000 d'accise ; dépenses : 106.608.000, dont 30.532.700 pour les dépenses de la guerre, 23.164.300 pour l'administration civile et 18.782.000 pour les chemins de fer. — Dette publique au 31 mars 1913 (en l. st.) : 445.125.567, dont 208.167.900 en Inde et 236.957.575 en Angleterre.

Productions et Industries

L'Inde a été de tous temps un pays essentiellement agricole ; sur les 313.470.000 hab. recensés en 1911, 224.696.000 env. étaient employés aux travaux agricoles. Principales ressources végétales (production de 1917-18, chiffres provisoires, en milliers de tonnes angl.) : riz (35.952), coton (4.036.000 de balles), canne à sucre (3.226), blé (10.162) thé 370.180.800), jute (6.945), café, épices, tabac, indigo, pavot, quinquina, etc.

L'Inde a, grâce au climat de la région de Bengale et à l'abondance de sa main-d'œuvre, le monopole de la fourniture mondiale du jute. Surface consacrée à cette fibre : env. 3 millions d'acres ; production moyenne : 8.500.000 balles. Le jute figurait encore pour 24 p. 100

dans les exportations totales en 1917-18. En 1884, l'Inde traitait à peine un quart de sa pr[illegible]duction, en 1914 elle en filait la moitié. En 1917, 74 filatures, 39.690 métiers et env. 824.[illegible] broches, 262.000 personnes étaient employés à ce travail.

Les exportations de jute brut qui étaient en lakhs de roupies (1 lakh = 10.000 roupie[illegible] de 22.20 pendant les années 1910 à 1914, sont tombées à 6.45 pendant l'année 1917-191[illegible]; les exportations de jute manufacturé passaient, pendant les mêmes périodes de 20.25 à 42.[illegible] lakhs de roupies.

La fabrication du coton est la principale et la plus ancienne des industries de l'Inde ; e[illegible] occupait en 1916, 6.236 fabriques, 102.700 métiers, 6.253.610 broches et env. 256.[illegible] ouvriers.

Situation de cette industrie :

1917-18.......... Superficie cultivée : 25.188.000 ares. Production : 4.000.000 ball[illegible]
1918-19.......... — 20.497 000 ares. Production : 3.671.000 ball[illegible]
1919-20.......... — 23.063.000 ares. Production : 5.845.000 ball[illegible]

L'industrie du thé, cultivé sur plus de 660.000 acres en 1917-18 et répartie principal[illegible]ment dans les régions de Assam et de Bengale, occupait env. 752.500 personnes et donna[illegible] une récolte de 370 millions de livres anglaises en 1917-18.

Les forêts couvrent une superficie d'env. 34.423.021 hectares et renferment une grand[illegible] quantité de bois, tels que chêne, châtaignier, bambou, teck, bois de fer, etc...

L'effectif du bétail des provinces britanniques de l'Inde, d'après les chiffres de l'Instit[illegible] international d'Agriculture de Rome, était, en 1917-18, le suivant, comparativement à l'effectif en 1916-1917 :

	1916-17	1917-1[illegible]
	(Nombre de têtes)	
Taureaux et bœufs	49.416.156	49.331.79[illegible]
Vaches	37.616.899	37.471.1[illegible]
Buffles : mâles	5.581.165	5.582.6[illegible]
— femelles	13.698.584	13.652.67[illegible]
Jeune bétail (veaux et buffletins)	43.112.218	43.069.62[illegible]
Espèce ovine	22.923.458	22.894.571
— caprine	33.366.392	33.165.5[illegible]
Chevaux et poneys	1.680.990	1.680.946
Mulets	70.910	70.94[illegible]
Anes	1.537.083	1.534.341
Chameaux	500.011	499.9[illegible]

Ces chiffres ne se rapportent, pour les années indiquées, qu'aux provinces central[illegible], Burma, Berar, Ajmer-Merwara et Manpur Pargana ; pour les autres provinces, on a employ[illegible] des données plus anciennes.

Les ressources minérales sont très importantes et variées; la valeur de la production de 1917 a atteint le chiffre de 11.916.469 liv. sterl. (charbon, 4.511.645; or, 2.221.889 ; manganèse, 1.501.080 ; pétrole, 1.002.964 ; sel, 728.358 ; salpêtre, 607.488 ; plomb, 428.38[illegible] argent, 88.687 ; étain, 71.416 ; minerai de fer, 37.981 ; rubis, saphirs, 37.518 ; minera[illegible] de cuivre, 3.259 ; diamants, 361, etc.).

Production de l'or, en onces de métal fin :

1916	541.075	1918	484.[illegible]
1917	520.962	1919	461.[illegible]

Commerce.

Balance du commerce telle qu'elle ressort des statistiques de marchandises, métaux précieux, tirages du Conseil et de roupies-papiers, pour les 12 mois terminés le 31 mars des années 1917, 1918, 1919 :

	1916-1917	1917-1918	1918-19[illegible]
	(En lakhs de roupies)		
Exportations de marchandises, y compris les réexportations	24.515	24.256	25.[illegible]
Importations	14.964	15.043	16.[illegible]
Excédent des exportations	9.551	9.213	8.48[illegible]
Import. nettes de métaux précieux	204	2.292	[illegible]
Traites du Conseil et transferts télégr. payés dans l'Inde	4.707.4	5.072	3.09[illegible]
Traites sur Londres en liv. st. dans l'Inde	»	»	70[illegible]
Import. nettes de roupies-papier	52.1	82.8	—69.7
Intérêt sur roupies-papier	29.2	27.7	26
Balance en faveur de l'Inde	4.558.3	1.738.5	6.135.7

Roupie = 1,67.

Principaux pays de provenance et de destination en 1916-17 et en 1917-18 (valeur en lakhs de roupies) :

PAYS.	IMPORTATIONS.		EXPORTATIONS.	
	1916-17	1917-18	1916-17	1917-18
Grande-Bretagne	87.7	81.7	78.4	58.8
Etats-Unis	10.9	11.8	31.1	30.2
France	2.0	1.6	14.2	8.4
Italie	2.4	1.7	9.6	7.5
Allemagne	»	»	»	»
Japon	13.3	18.2	26.3	28.8

Les principaux articles de commerce en 1916-17 (valeur en roupies) sont, pour l'importation, le coton manufacturé (58.06.46.113), sucre raffiné (15.45.03.151), métaux et minerai (10.73.56.805), machines et outils (5.44.84.081), huile (4.66.29.828), la soie écrue et travaillée (3.94.79.634), quincaillerie (3.10.87.202), papier, automobiles et bicyclettes, etc. Les exportations consistent principalement en jute brute (16.28.81.038) et manuf. (41.65.45.876), coton brut (34.18.60.877), en tissus et filés de coton (12.75.96.350), cuirs et peaux (23.72.64.161), riz (18.74.67.055), thé (16.77.09.745), semences (16.44.32.152), froment (10.21.88.159), laine (3.77.98.062), couleurs, opium, café, etc.

Mouvement Maritime.

Mouvement des ports de l'Inde en 1917-18 (en milliers de tonnes angl.):

PAVILLON.	ENTRÉE.		SORTIE.		NAVIGATION TOTALE.	
	NAVIRES.	TONNAGE.	NAVIRES.	TONNAGE.	NAVIRES.	TONNAGE.
Britannique	2.054	3.404	2.146	3.793	»	»
Indo-britann.	360	101	324	53	»	»
Etranger	758	1.560	761	1.551	»	»
Indigène	2.327	182	2.729	219	»	»
Total	5.499	5.249	5.960	5.616	11.459	10.867

Principaux ports et trafic (import. et export.) de marchandises en 1916-17 : Calcutta, 148.81.54.615 roupies ; Bombay, 128.39.59.189 r. ; Karachi, 37.06.70.910 r. ; Rangoon, 28.24.49.331 r. ; Madras, 20.12.28.565 r. et Tuticorin, 6.15.34.090.

Communications intérieures.

Données statistiques de 1916. — Chemins de fer, 58.384 kil. de lignes en exploitation dont 11.785 appartiennent à l'Etat. Nombre de voyageurs transportés, 464.390.900. — Postes, 19.328 bureaux ; 1.082.984.058 envois postaux ; recettes, 2.450.883 l. st. et dépenses, 2.110.253 l. st. — Télégraphes : 10.482 bureaux et 11 stations radiotélégraphiques ; 138.510 kil. de lignes et 543.500 de fils ; 18.129.748 télégrammes ; recettes, 1.238.517 l. st. et dépenses, 948.452. — Téléphones : 32.144 stations et postes ; 1.401 réseaux urbains ; 4.612 kil. de lignes de l'Etat ; 35.111 kil. de fils circuits interurbains : 1.915 kil. de fils.

Monnaies, Poids et Mesures.

L'unité monétaire est la *roupie* de 16 *annas* = 2 fr. 3757 (1,67 en 1913). Monnaies d'argent, pièces de 1 roupie, de 1/2 r., de 1/4 r., de 1/8 roupie ; de cuivre, pièces de 1 *pice* double (1/6 anna), de 1 *pice*, de 3 pices et de 6 pices ; fiduciaires, billets de 10.000, 1.000, 500, 100, 50, 20, 10 et 5 roupies. Poids : *bazar maund* = 37 kil. 251 gr. = 100 livres troy ; *maund de factorerie anglaise* = 33 kil. 865 gr. ; *Tola* = 14 gr. 551. Mesures linéaires : le *fathom* = 1 pied anglais ; le *cubit* = 1 mètre 8.288. Mesures de superficie : *chattack* = 5 cubits de long sur 4 de large.

L'emploi des poids et mesures du système métrique décimal, bien que décidé par un « act » d'octobre 1871, n'a pas encore été légalement autorisé par l'État.

Presse.

En 1915, il y a avait 1.617 journaux et publications périodiques publiés en 26 langues ou dialectes différents. — Principaux journaux à Calcutta : *Amrita Bazar Patrika*, *Bengalee*, *Capital*, *The Empire Hindoo Patriot*, *Day's News*, *Indian Daily News* ; à Rangoon : *Rangoon Times*, *Rangoon Gazette*, *Burma Herald*.

Relations avec la France.

Représentation de la France dans l'Empire Indien.

Bombay, Consul : *Cazard*, 10-19 ; Chancelier : *Mar.in* (Harold) ; Consul général à Calcutta : *Laronce* (✱) ; Chancelier : *Dutard* — Consulat à Hongkong.

Vice-Consulats à Colombo (île de Ceylan) : *Dupuy* ; Singapour : *Danjou*. V. Cons.

Agences consulaires à : Kurrachee ; Tellichery (Madras) ; Akyab (Birmanie) ; Chittagong (Bengal Oriental) ; Cocanada (Madras) ; Madras ; Rangoon. Poulo-Penang : *Mitchell* : Kwala Lampur : *Constant Petit*.

Institutions diverses :

Conseillers du commerce extérieur : à Calcutta, L. *Grézoux*, 6, Hare str. Ch. *Jambon*, 5, Bankshall str.

T. C. F. : Délégués : Aden (Arabie), Paul *Riès*, agent consulaire de France : P. *Nalin*, agent des Messageries maritimes. — Bombay : L. *Peltier*, professeur, Thoburn House, Apolo Bunder.

Alliance Française. A Madras, Prés. : S. Srinivasa Ijengar, B. A. B. L., à Baroda, Prés. : Abbas *Tyabju* ; à Bombay, Dél. : L. *Peltier* ; à Calcutta, Dél. : C. *Grésoux* ; à Deccan, Dél. M. *Vinay* ; à Rangoon, Dél. : M. *Claine* ; à Simla, Prés. : Mme *Harcourt-Butler*.

Communications.

Par la Cie des Messageries Maritimes de France, de Marseille à Colombo, Pondichéry et Calcutta, départs de Marseille chaque 28 jours. — Lettres, papiers d'affaires, imprimés, tarif de l'Union Postale ; télégrammes ; colis postaux via Marseille et Aden et voie d'Angleterre par Boulogne-Folkestone.

ÉTABLISSEMENTS DES DÉTROITS

(Straits Sttelements)

Les Etablissements des Détroits (Straits Settlements) comprennent l'île de Singapore, Penang (province de Wellesley et le Didings inclus), Malacca, les îles Cocos, depuis 1903, l'île Christmas, depuis 1900, la colonie de Labouan, depuis 1907, Colonie de la Couronne, les Etablissements sont administrés par un Gouverneur, assisté d'un Conseil Exécutif et d'un Conseil Législat f.

Superficie : 4.220 km. q. *Population* (1911) : 714.069 hab. soit 176 par kil. q. Villes principales : Singapore, chef-lieu du gouvernement, à 21.860 kil. de Paris, 312.000 hab. dont env. 225.000 Chinois ; Malacca, 124.081 hab.

Finances (1917) : recettes, 2.295.000 liv. st. ; dépenses, 1.326.429 liv. st. ; dette à fin déc. 1917 : 6.918.352 liv. st. et emprunt de guerre de 4.907.432 liv. st.

Commerce (1917) : importations, 73.987.295 liv. st. (56 millions en 1913), exportations, 72.306.918 liv. st. (45,3 millions en 1913.) Principaux articles d'exportation : Etain, poivre, caoutchouc, copra. Principaux articles d'importation : Minerai d'étain.

Mouvement maritime (1917) : entrée, 8.255 navires représentant 7.914.550 tonnes ; sortie, 8.224 navires représentant 7.869.900 t. ; flotte indigène ; entrée, 25.714 navires représentant 1.157.700 t. ; sortie, 25.767 navires avec 1.164.000 t. Services avec la France par la Cie. des Messageries Maritimes, départs deux fois par mois.

Gouverneur : Sir A. *Henderson Young*, K. C. M. G.

Consuls de France, à Singapore : *Danjou* ; à George Town (Penang).

ETATS MALAIS FÉDÉRÉS

Les États de Perak, Selangor, Negri Sembilan et Soungei, Oujong dans la presqu'île de Malacca, sont sous le protectorat britannique depuis 1874. Ils sont gouvernés par des résidents subordonnés directement au gouverneur des *Straits Settlements*. En 1887, le gouvernement brit. fut chargé, à la suite d'une convention avec le Rajah, du contrôle des affaires étrangères de Pahang ; en 1888, ce pays fut placé sous le protectorat brit. En janvier 1895, Negri Sembilan et Soungei Oujong furent réunis en une seule administration. Au mois de juillet 1895, les États de Perak, Selangor, Negri Sembilan et Pahang conclurent un nouveau traité avec le gouvernement brit. par lequel l'administration de ces États, constitués en fédération (États malais fédérés), fut placée sous un résident gén. et par lequel ces États s'engagèrent à fournir un contingent de troupes. Le sultanat de Johore n'ayant pas souscrit à cette convention céda, en 1887, la représentation de ses affaires étrang. au gouvernement brit. Le 10 mars 1909, le Siam céda au gouvernement brit. tous ses droits de souveraineté et d'administration sur les états de Kalantan, Trengganu, Kedah, Perlis et les îles adjacentes.

Haut-Commissaire : Sir A. H. *Young*. G.C.M.G., K.B.E.

Superficie et population :

ÉTATS.	K. CAR.	POPUL. 1912.	ÉTATS.	KM. CAR.	POPUL. 1913
Protectorats Unis	71.260	1.136.500	Johore	20.700	185.000
Perak	20 200	540 511	Trengganu	15.500	200.000
Selangor	8 174	328.478	Kelantan	14.200	290.000
Negri Sembilan	6 600	139.594	Kedah	9.800	255.000
Pahang	36.200	128.217	Perlis	790	24.000
			Total	122.300	2.100.500

Les États Malais Fédérés figurent au premier rang parmi les pays producteurs de caoutchouc de plantation. Exportation de caoutchouc en tonnes :

1909	2.641	1917	79.831
1912	15.506	1918	78.225
1914	30 697	1919	108.393

Les États sont également les plus importants producteurs de minerai d'étain (38,7 p. 100) de la production mondiale.

Exportation d'étain métal pur	50.928	tonnes en	1913
— —	39.538	—	1917

Le tableau suivant permet de comparer les chiffres du commerce extérieur pendant les cinq dernières années, en livres sterl. :

ANNÉES.	IMPORTATIONS.	EXPORTATIONS.	COMMERCE TOTAL.
914	8.416.333	14.345.675	22.762.008
915	7.001.858	18.882.778	25.884.636
916	8.122.463	25.660.096	33.782.559
917	8.547.201	31.736.011	40.283.212
918	8.720.920	26.024.400	34.745.320

Ces chiffres ne comprennent pas les mouvements des métaux précieux.

I. Protectorats Unis.

Perak (État de). — Sultan : *Abdul Jalib Nasruddin Makhtaram Shah*.

Finances (1916) : recettes, 26.094.850 dollars (1) ; dépenses, 16.126.868 dollars. *Productions :* La principale richesse de l'État est constituée par de vastes dépôts stannifères. L'étain se trouve un peu partout dans le sol d'alluvion et principalement dans le district de Larut. *Commerce* (1916) : importation, 28.008.008 dollars ; exportation, 98.894.000 dollars.

Selangor (État de). — Sultan : *Suleiman Alah-Udin*.

Finances (1916) : recettes, 18.561.273 dollars ; dépenses, 11.592.636 dollars. *Productions :* Les principaux produits du pays sont l'étain, dont il se fait une exportation assez considérable, le caoutchouc, le café, les peaux, le cacao, le poivre, le riz, le sucre, etc. *Commerce* (1916) : importation, 33.556.000 dollars ; exportation, 82.744.000 dollars ; importation opium, sel, huile, tabac, etc.

(1) 1 Strait dollar = 2,915 francs.

Negri-Sembilan (Etat de). — **Yamtuan :** ***Tunku Mohammed.***

Finances (1916) : recettes, 4.594.435 dollars ; dépenses, 2.729.603 dollars. *Productions :* Le terrain plat est propice à la culture du riz et du caoutchouc dont les plantations sont tr… nombreuses. Mines d'étain à Biting-el-Kwala-Pilah. *Commerce* (1916) : importation, 6.417… dollars ; exportation, 30.349.000 dollars.

Pahang (**Etat** de). — Sultan : ***Mahmud.***

Finances (1916) : recettes, 1.871.297 dollars ; dépenses, 1.518.073 dollars ; dette, 10.806.73… dollars. *Productions :* Il existe des dépôts aurifères et stannifères très importants dans plusieurs parties de l'Etat. Les mines d'or de Raub sont renommées et le pays tout entier est riche en étain et en galène. *Commerce* (1916) : importation, 3.491.000 dollars ; exportation, 8.562.000 dollars.

II. États Malais non compris dans la Fédération.

Johore (Sultanat de). — Sultan : *Ibrahim.*

Finances (1916) : recettes, 7.976.862 dollars ; dépenses, 4.602.433 dollars ; dette, 4.000.0… dollars. *Productions :* Le principal produit du sol est le gambier ; viennent ensuite le café, le tabac, le thé, le cacao, le poivre, le cocotier, le caoutchouc, la gutta-percha, etc. Il existe de nombreuses mines de fer et quelques mines d'or et d'étain en exploitation. *Commerce* (1916) importation, 12.740.000 dollars ; exportation, 41.826.000 dollars.

Trengganu (État de). — Sultan : ***Zainal-Abiden.***

Finances (1916) : recettes, 236.798 dollars ; dépenses, 234.687 dollars. *Commerce* (1916), importation, 1.242.000 dollars, exportation, 2.300.000 dollars.

Kelantan (État de). — Sultan : ***Mohammed IV.***

Pays situé sur la côte N.-E. de la presqu'île malaise, près de la frontière du Siam. *Finances* (1916) : recettes, 822.860 dollars ; dépenses, 862.392 dollars ; dette, 3.393.247 dollars. *Commerce* (1916) : importation, 1.866.000 dollars ; exportation, 3.323.000 dollars.

Kedah (État de). — Sultan : ***Abdul Hamid Halim Shah.***

Pays situé sur la côte N.-O. de la presqu'île malaise, près de la frontière de Siam. *Finances* (1916) : recettes, 3.276.782 ; dépenses, 3.201.872 dollars ; dette, 317.444 dollars.

Perlis (État de). — Rajah : ***Ayed Alwi.***

Finances (1916) : recettes, 224.774 dollars ; dépenses, 178.593 dollars ; dette, 556.838.

BORNÉO SEPTENTRIONALE

Le protectorat du « British North Bornéo » comprend les possessions acquises en 187…-1880 des Sultans de Brunei et de Sulu et placées définitivement sous le protectorat brit. le 12 mai 1888.

Superficie : 10.400 km. q. *Population* (1911) 208.183 hab. dont 355 Européens.

Gouverneur (à Sandakan) : A. C. *Pearson.*

BRUNEI

Sultanat situé sur la côte nord-ouest de Bornéo, entre le Bornéo du Nord et le Sarawak et placé sous le protectorat britannique depuis 1888. — Création des tribunaux de juridiction consulaire (cour d'appel à Singapore) le 22 nov. 1890 ; nomination d'un résident brit depuis 1906.

Superficie : 10.400 km. q. *Population :* 22.000 hab.

Sultan : ***Mohammed Jemal-ul-alam*** qui a succédé à son père en 1906. Résident brit. G. E. *Cator.*

SARAWAK

Rajah. — En 1842, Sir James Brooke obtint du Sultan de Brunei le territoire de Sarawak situé sur la côte nord-ouest de Bornéo, et devint Rajah de Saravak. Entre 1861 et 1885, plusieurs territoires y furent ajoutés et, en 1890, le district de Limbang, en 1905, celui de Lawas, y furent annexés. Le 14 juin 1888, Saravak fut placé sous le protectorat du gouv. brit., qui représente l'Etat dans ses affaires étrangères.

Pavillon : Jaune, cantonné par une croix dont la tige, noire à droite et rouge à gauche, a le double de la largeur de la traverse, noire à droite et rouge à gauche.

Superficie : 108.800 km. q. *Population :* env. 500.000 hab.

Rajah : Charles *Vyner Brooke*, né le 26 sept. 1874, succéda le 17 mai 1917, à son père, Sir Charles Johnson Brooke.

Représentant britannique : Sir A. *Henderson Young*, à Singapore.

Bibliographie.

Indes.

Agricultural Statistics of India. Annuel. Calcutta.
Statistical Abstract for British India. Annuel-Londres.
Moral and Material Progress and Condition of India. Londres.
Archer (W.). *India and the Future*. Londres 1917.
Aubin (E.). *Les Anglais aux Indes et en Egypte*, in-18, br. 4 fr. 50. A. Colin. Paris.
Bevan (E.). *Indian Nationalism*. Londres 1913.

États malais fédérés.

Blue Book for the Straits Settlements. Annuel. Singapore.
Perak Handbook and Civil List, Singapore.
Harrisson (C.-W.). *Illustrated Guide to the Federated Malay States*. Londres 1910.
Jackson (H.-M.). *Federated Malay States*. Report on Survey Dep[t] for 1914.
Journal of the Straits Branch of the Royal Asiatic Society. Singapore.
Wright (A.) and Reid (T.-H.). *The Malay Peninsula*. Londres 1912.

Bornéo et Saravak.

British North Borneo Herald (bimestriel) Sandakan.
Baring-Gould (S.) et Bampfylde (C.-A.). *History of Sarawak*. Londres 1909.
Ranee of Sarawak. *My Life in Sarawak*. Londres 1913.
Shelford (R.-W.-C.). *A Naturalist in Borneo*. Londres 1917.

III. — Possessions britan-

	SUPERFICIE en km. carrés.	POPULATION.	BUDGETS (en l. st.)	
			RECETTES.	DÉPENSES.
Égypte (1)	916.150	12.566.000	19.927.274	17.240.696
Soudan anglo-égyptien (1)	2.625.146	3.400.000	1.906.000	1.857.856
Gambie et Protect. (1)	11.650	146.000	103.875	83.218
Sierra-Leone et Protect. (1)	80.259	1.400.000	551.106	582.940
Côte d'Or et Protect (1)	207.790	1.500.000	1.835.989	1.465.946
Nigeria (1)	870.400	17.600.006	2.943.184	3.009.638
Ascension	88	200	»	»
St-Hélène	122	3.600	20.625	11.982
Tristan da Cunha	116	105	»	»
Somaliland (1)	176.100	300	40.400	125.624
Protect. de l'Afrique Or. (1)	63.920	4.040.000	1.533.783	1.197.396
— d'Ouganda (1)	282.600	2.955.000	315.450	289.308
Zanzibar (1)	2.640	200.000	281.162	280.203
Protect. de Nyasaland	102.480	1.140.000	148.284	128.272
Maurice	1.863	384.000	865.008	766.083
Dépendances	230	5.000	1.691	3.176
Union Sud-Africaine (1)	1.225.000	5.973.000	18.408.615	17.845.376
Basoutoland	26.658	406.000	177.621	171.438
Bechouanaland	712.200	125.600	69.348	65.977
Rhodésia (1)	1.138.450	1.650.000	925.600	990.000
Souaziland	171.170	100.600	71.498	67.621
Total	9.091.962	53.821.000	50.126.108	46.717.740

EGYPTE

Constitution et Gouvernement. — Ancien vilayet devenu autonome, mais resté vassal de la Sublime Porte sous la dynastie khédivale fondée par Mohammed Ali (1811-18) ; définitivement séparé de la Turquie depuis octobre 1914. Monarchie héréditaire dont le chef porte désormais le nom de Sultan.

Par acte du 18 déc. 1914, le gouvernement britannique a proclamé son protectorat sur l'Egypte, ratifié depuis par les grandes puissances alliées.

Assemblée législative (décret du 1er juillet 1913) comprenant 89 membres âgés de 35 ans au moins et élus par le suffrage universel.

Sultan : S. H. FOUAD Ier, intronisé le 9 octobre 1917 ; a succédé à son frère *Hussein Kimal*, décédé le 9 oct. 1917 ; marié en 1893 à la princesse Shafika.

Haut-Commissaire britannique : Feld-Maréchal lord Allenby (nov. 1919).

Ministère (mai 1920) : prés. du conseil et Intérieur : *Nevfik Nessim* pacha ; Finances : *Mahmoud Fakri* pacha ; Travaux publ. : *Muhammed Shafik* pacha ; Éducation : *Tevfik Rifaat* pacha ; Fondations pieuses ; *Hussein Darwish* pacha ; Communic. : *Ahmad Ziwar* pacha ; Justice : *Ahmad Zulficar* pacha ; Agriculture : *Yusef Suleiman* bey.

Superficie et population. — La superficie totale de l'Egypte est de 994.300 km.q. (terres cultivées 33.607 km. q.).

Villes principales et population approximative en 1917 :

Le Caire ..	785.000 hab.	Mansourah .	49.000 hab.	Suez	34.000 hab.
Alexandrie.	435.000 —	Fayoum ...	44.000 —	Beni-Souef....	32.000 —
Port-Saïd .	90.000 —	Zagazig	41.000 —	Damiette	31.000 —
Tanta	74.000 —	Damanhour.	40.000 —	Chibin-el-Kom.	24.000 —
Assiout....	51.000 —	Minieh.....	35.000 —	Keneh	23.000 —

(1) Voir développemen

niques en Afrique.

DETTE (en l. st.)	COMMERCE (en l. st.)		NAVIGATION en tonneaux.	LONGUEUR DES LIGNES (en kil.)		
	IMPORTATION.	EXPORTATION.		CH. DE FER.	TÉLÉGR.	TÉLÉPH.
93.740.000	31.838.998	41.049.612	10.233.559	4.624	7·417	»
1.745.532	2.661.468	2.288.403	»	2.413	7.541	»
»	884.554	705.547	371.676	»	«	48
1.649.344	1.290.827	1.223.544	1.553.312	625	1.2 4	148
3.424.118	5.999.749	5.816.527	1.565.258	366	2.004	148
8.470.593	5.780.118	6.096.586	1.402.382	1.571	7.069	1.852
»	»	»	»	»	»	»
»	146.514	24.636	34.192	»	»	»
»	»	»	»	»	»	»
»	301.995	220.041	51.997	»	72	
559.965	3.024.123	1.613.853	1.442.000	1.003	3.737	129
291.119	1.296.100	1.076.904	»	100	2.055	475
100.000	1.259.820	1.052.167	1.094.186	11	»	169
115.000	385.567	289.467	»	192	1.226	
1.268.590	3.597.794	4.954.003	837.858	210	652	175
»	11.466	21.260	»	»	»	»
154.832.672	36.476.238	28.694.299	18.450.631	15.154	25.801	5.047
»	»	»	»	25	»	»
»	»	»	»	»	»	»
»	2.614.166	1.435.857	»	3.998	14.963	»
92.500	»	»	»	»	»	»
266.280.373	97.569.477	96.563.806	37.065.175	30.292	73.821	8.263

Voici la répartition de la population selon les divisions administratives :

PROVINCES	POPUL. EN 1912.	SUPERF. EN KIL. Q.	PROVINCES.	POPUL. EN 1912.	SUPERF. EN KIL. Q.
Gouvern.:	Mil. d'hab.			Mil. d'hab.	
Le Caire	701	106	Kalioubieh	470	927
Alexandrie	411	49	Menoufieh	1.209	1.571
Damiette	55	26	*Haute-Egypte :*		
Canal	68	8	Siout	977	1.989
Suez	19	7	Beni-Souef	407	1.060
El Ariche	19	—	Fayoum	482	1.734
Péninsule Sinaïtique	31	—	Ghizeh	498	1.030
			Minieh	727	1.947
Basse-Egypte :			Ghirgheh	859	1.491
			Kéneh	818	1.686
Béhérah	870	4.472	Assouan	249	437
Charkieh	964	3.425			
Dakalieh	932	2.607	Egypte 1912	12.170	31.149
Gharbieh	589	6.564	Soudan	2.587	8.1

Religion. — En 1907, la population comprenait 10.366.826 mahométans (91,84 %), 706.322 coptes, 38.635 israélites (0,34 %) et 175.576 chrétiens (7,81 %) dont 57.744 catholiques, 76.956 orthodoxes grecs, 27.937 chrétiens orientaux, 12.736 protestants et 206 autres.

Instruction. — En 1907, 85 p. 1.000 de la population indigène masculine et 3 p. 1.000 de la population féminine savaient lire et écrire alors que les proportions en 1897 étaient respectivement de 80 p. 1.000 et de 2 p. 1.000.

Les écoles primaires indigènes (*Maktabs*), autrefois indépendantes, sont, depuis 1912, subventionnées par les conseils provinciaux et sous leur contrôle ainsi que certaines autres écoles. En déc. 1916, le contrôle des conseils provinciaux s'exerçait sur 3.599 *Maktabs* (239.718 élèves dont 26.315 filles), 28 écoles primaires (1.854 élèves), 51 écoles prim. supérieures (5.627 élèves), 7 écoles second. (587 élèves), 22 écoles normales (1.308 élèves), 21 écoles industrielles, d'agriculture et de commerce (2.996 élèves). En outre, relevaient directement du min. de l'Instruction publique : 140 écoles prim. indigènes (15.289 élèves), 32 écoles prim. supérieures (6.657 élèves), 6 écoles second. (2.636 élèves), 4 écoles normales (466 élèves), 3 écoles normales sup. (640 élèves), 3 écoles de commerce (636 élèves), 4 écoles techniques et de commerce (1.029 élèves), 1 école sup. de commerce et de comptabilité (75 élèves) 1 école de génie (198 élèves), 1 école de médecine et de pharmacie (302 élèves).

En 1918, les écoles françaises comptaient 24.058 élèves avec 1.409 professeurs. Principaux établissements : Lycées d'Alexandrie (780 élèves), du Caire (425 élèves), de la Mission laïque française, de Port-Saïd, garçons et jeunes filles, de la Sté. Française d'Enseignement de Port-Saïd.

Armée. — L'armée est composée de troupes égyptiennes et de troupes d'occupation. Pour l'Egypte, le service militaire est obligatoire et sa durée est de 3 ans, mais le contingent appelé jusqu'ici n'a été que de 4 %. C'est un officier général britannique qui est chargé de l'organisation de cette nouvelle armée dont l'effectif ne dépasse pas actuellement 17.000 hommes y compris les troupes du Soudan composées de volontaires.

L'effectif des troupes d'occupation, avant août 1914, était de 6.067 hommes ; leur entretien figure au budget égyptien pour une somme de 150.000 l. st.

Mouvement économique.

Finances. — Prévisions budgétaires de 1919 (en livres égyptiennes) (1) ; recettes : 27.300.000 et dépenses : 28.850.000. Compte de 1917 : recettes, 19.927.274 et dépenses, 17.240.606. Alors que les dépenses n'ont dépassé les estimations que de 61.606, les recettes ont marqué un excédent de 3.397.274 dont 864.854 pour les douanes, 1.066.897 pour les ch. de fer et 533.318 pour les recettes diverses.

Dette publique en 1918 (en livres sterling) : Emprunt garanti à 3 %, 6.641.200 ; dette priviligiée à 3 1/2 %, 31.127.780 ; dette unifiée à 4 %, 55.971.960 ; dette totale, 93.56[illegible].740.

Part de l'épargne française, env. 1.250 millions de fr.

Productions, industries. — Les terres cultivées en Egypte couvrent une superficie de 33.607 kil. q. (superficie totale 994.300 kil. q.) et la population agricole représente 62 % de la population agricole mondiale. Merveilleux pays de cultures dans la vallée du Nil dont les eaux à l'aide d'innombrables canaux assurent l'irrigation constante des terres et où on ne compte pas moins de trois moissons annuelles : en mai et juin, les céréales de toutes sortes ; en sept. et oct., le riz, le maïs, le millet et les légumes variés ; en oct. et nov., le coton, le sucre, et le riz.

Coton : récoltes 1913-14, 7.684.000 cantars ; 1915-16, 4.800.000 ; 1917-18, 6.300.000 ; 1918-19, 5.000.000.

Prix du coton : 1914, 18 talaris (le talari ou 20 piastres = 5 fr. 185), 33.90 et 45.73 en 1917-18.

Les dernières années ont été marquées par une grande prospérité économique dont le facteur le plus important a été la hausse extraordinaire du prix du coton. En deux ans, les prix de vente ont plus que triplé malgré la constante abondance des récoltes. La valeur totale de la récolte de 1917 a été estimée à 50 millions de livres égypt.

Commerce. — Grâce à la hausse du prix du coton et à la demande qui règne pour toutes les catégories des produits, la valeur totale des exportations en 1918 atteignait le chiffre sans précédent de 45.370.020 liv. égypt. (27.046.872 en 1915). La valeur totale des importations, a, de son côté, atteint le chiffre de 51.155.306 liv. égypt. (19.328.993 en 1915).

Principaux pays de provenance et de destination en 1915 et 1917 (en liv. égypt.) :

PAYS.	IMPORTATIONS.		EXPORTATIONS.	
	1915.	1918.	1915.	1918.
Gde-Bretagne ...	8.740.448	27.077.635	13.935.058	30.542.496
Possessions brit..	2.175.330	6.854.863	536.755	814.764
Grèce	1.114.046	2.170.668	337.343	871.617
Italie..........	1.614.210	2.414.070	1.788.013	2.410.632
Etats-Unis	1.248.859	1.834.789	4.961.531	4.286.318
France	1.075.500		1.482.000	2.063.217

Principaux articles de commerce en 1917 (en milliers de liv. égypt.) : importation de tissus (11.723), bois et charbon (3.589), tabac (2.038), huiles et boissons (1.852), produits chimiques (1.606), etc. Exportation de coton (33.495), céréales et légumes (3.533), substances alimentaires (1.341), cuirs et peaux (768), tabac (405), etc.

(1) 1 livre égyptienne = 25 fr. 92.

Le port d'Alexandrie a participé en 1917 à l'importation pour 22.244.040 liv. égypt. et à l'exportation pour 38.283.878 l. égypt.

Mouvement maritime (1917) : Entrées (non compris les vaisseaux de guerre ou transports militaires) : 2.101 vapeurs jaugeant 5.079.142 tonnes et 617 navires à voiles jaugeant 21.407 t. Sorties : 2.103 vapeurs jaug. 5.096.037 t. et 662 navires à voiles jaug. 36.973 t.

Sur 346 vapeurs (641.050 t.) entrés au port d'Alexandrie en 1917, 14 étaient français et jaugeaient 34.209 t. et parmi les 366 vapeurs (687.684 t.) sortis, 13 français jaugeant 30.780 t.

Communications intérieures. — *Chemins de fer* (1917) en exploitation : lignes de l'Etat, 3.441 kil., lignes privées 1.328 kil. — *Postes* (1916) : 2.028 bureaux ; mouvement postal : service intérieur, 29.536.000 lettres et cartes postales et 15.206.000 journaux, etc. ; service extérieur, 17.082.000 lettres et cartes postales et 10.634.000 journaux, etc. — Recettes 313.691 liv. égypt. et dépenses 317.037. — *Télégraphes* (1916) : 401 bureaux et 1 pour la radiotélégraphie, 7.421 kil. de lignes et 30.458 kil. de fils ; 1.540.878 télégrammes. Des lignes télégraphiques relient Alexandrie et Suez *via* le Caire et Port-Saïd et Suez où elles se branchent par câble sur la Gde Bretagne et l'Inde. — *Téléphones* (1916) : circuits urbains, 17 297 stations et 79.932 kil. de fils ; 13 circuits interurbains, 78 stations, 2.046 kil. de lignes et 5.236 kil. de fils.

Monnaies, poids et mesures. — Unité monétaire : la *livre égyptienne* = 25 fr. 92 = 100 piastres = 1.000 millièmes. — Depuis 1916, les monnaies sont frappées au monogramme du Sultan d'Egypte. — Monnaies d'or : *livre égyptienne* = 25 fr. 92 ; demi-livre = 12 fr. 86 ; argent : 20 piastres = 5 fr. 18 ; 10 piastres = 2 fr. 59 ; 5 piastres = 1 fr. 29 ; 2 piastres = 0 fr. 52 ; 1 *piastre* = 0 fr. 26 ; 1/2 piastre = 0 fr. 13 ; nickel : pièces de 1, 2, 5, 10 *millièmes* ; bronze : pièces de 1/2 et de 1/4 *Ochr'el-Guerche*. Billets de la *National Bank of Egypt* de 500, 100, 50, 10, 5, 1 et 1/2 livre égypt. Pour le commerce extérieur, on se sert principalement de la pièce de 20 francs française = 77 15/100 piastres égypt. et du souverain anglais = 97 1/2 piastres égypt.

Le système métrique décimal pour les poids et mesures est adopté par le gouvernement égyptien ainsi que par le haut commerce, mais il convient de signaler les poids et mesures adoptés par les indigènes ; mesures : de longueur, *Pires baladi* = 0m,58 ; de poids, *Dirhem* = 3gr,120 ; de capacité, *Ardeb* = 198 litres, etc.

Presse. — Principaux journaux : au Caire, *Le Journal du Caire*, *Le Progrès*, *La Bourse Egyptienne*, *The Egyptian Mail*, *El Ahram*, *L'Imparziale*, *Kairon* ; à Alexandrie, *The Egyptian Gazette*, *Les Nouvelles*, *El Bassir*, *La Réforme* ; à Port-Saïd : *La Vérité*, *Neos-Syndesmos*, etc.

Compagnie du canal maritime de Suez,

Fondée en 1854. Emission des actions 5 nov. 1858. Commencement des travaux le 22 avril 1859. Inauguration le 17 nov. 1869. Longueur de Port-Saïd à Suez : 169 kil. ; largeur au niveau de l'eau 70 à 110 m. ; au fonds : 38m,50 ; prof. : 9-9m,50 ; tirant d'eau permis des vaisseaux : 8m,23. Durée moyenne du transit en 1918 : 23 h. 6 m. Siège à Paris, 1, rue d'Astorg.

Mouvement de la navigation 1913-19 :

ANNÉES.	NAVIRES (1).	TONNEAUX NETS.	PERSONNES (2).	RECETTES EN FR.
1913	5.085	20.033.884	282.235	126.650.925
1917	2.353	8.368.918	142.313	64.075.639
1918	2.522	9.251.601	105.914	81.070.000
1919	»	»	»	142.030.000

Mouvement maritime par pavillon (1918) :

PAVILLON.	NAVIRES.	TONN. NETS DU CANAL.	PAVILLON.	NAVIRES.	TONN. NETS DU CANAL.
Britannique ..	607	3.228.311	Suédois	15	46.933
Français......	74	337.164	Danois.........	11	43.839
Italien	141	297.304	Espagnol......	11	26.019
Grec..........	93	260.597	Américain......	3	4.299
Hollandais ...	1	3.280	Autre..........	11	34.505
Japonais	158	489.092	Total	1.241	4.839.956
Norvégien....	24	64.711			

(1) Non compris les navires réquisitionnés par l'autorité militaire.
(2) Civils et militaires.

Soudan anglo-égyptien.

Dépendance de l'Egypte, déclaré protectorat britannique le 17 déc. 1914 et divisé en 15 provinces : Bahr-el-Ghazal, Berber, Dongola, Halfa, Kassala, Khartoum, Kordofan, Mongalla, Mer Rouge, Nil Blanc, Nil Bleu, Nil Supérieur, Nuba Mountains, Sennar et Dar-Four.

Gouverneur Général brit. (à Khartoum) : Major-gén. sir *Lee Stack*.

Superficie : 2.625.146 kil. q. : population évaluée en 1917 à 3.400.000 hab. ; principales villes (popul. évaluée en 1917) : Khartoum, capitale, 16.325 ; Omdurman, anc. capitale, 84.033 ; Khartoum-North, 10.828.

Finances : Comptes de 1917, recettes 2.195.355 l. égypt. et dépenses 1.991.942. Budget pour 1919, prévisions, 2.685.600 l. égypt. recettes et dépenses.

Commerce (1916) (en livres égypt.) :

PAYS.	IMPORT.	EXPORT.	PAYS.	IMPORT.	EXPORT.
Etats-Unis	24.143	63.626	Italie	39.845	9.573
Royaume-Uni ..	1.072.496	469.827	Egypte	892.049	1.945.250
France..........	15.132	190.723	Autres	442.049	316.789
Inde et Aden....	475.760	12.665	Total	2.661.468	2.888.403

Principaux articles de commerce en 1916 (en milliers de livres égypt.). — Importation : tissus de coton 656, sucre 330, charbon 292, farines 90, tabac 74 ; exportation : gomme 586, millet 350, graines de coton 269, sésames 173, peaux et cuirs 111, bœufs 104, chèvres et moutons 74, ivoire 70, or 64.

Communications intérieures. — *Chemins de fer :* 1.730 kil. en exploitation. — *Postes :* 92 bureaux. — *Télégraphes :* 7.543 kil. de lignes et 10.999 kil. de fils. — *Radiotélégraphie :* 1 station à Port-Soudan.

Presse. — Journaux à Khartoum : *The Sudan Times*, *Sudan Gazette*, *Sudan Herald*.

Relations avec la France.

Traités et conventions.

Les capitulations de 1740 avec la Turquie sont officielles en Égypte.

COMMERCE ET NAVIGATION. — Convention de commerce et de navigation du 26 nov. 1902. Traitement de la nation la plus favorisée. Assimilation des feuilles officielles aux colonies.

JURIDICTION CONSULAIRE. — Mêmes lois que pour la Turquie, loi du 17 déc. 1875 autorisant le gouvernement à restreindre la juridiction exercée par les Consuls de France en Égypte en vue de l'exercice de la juridiction mixte. Décret khédivial du 1er mars 1901 relatif aux immunités de juridiction des agents diplomatiques et des établissements religieux et d'instruction placés sous le protectorat français.

SOCIÉTÉS. — Décret du 7 mai 1889 autorisant les Sociétés légalement constituées en Égypte à exercer leurs droits en France.

Représentation de la France en Égypte.

Ministre plén. chargé de l'Agence et Consulat général : N..... — Secr. de 1re cl. : N..... — Secr. arch. : J. *Serre*.

Consulats à Alexandrie : de *Witasse* ; Le Caire, Port-Saïd, Suez.

Agences consulaires à : Atfeh et Damanhour, Damiette, Koséir, Mansourah, Tantah, Akmin et Tahta, Assouan, Beni-Souef, Kéneh, Louqsor, Medinet el Fayoum, Minieh, Nag-Hamadi, Souakim, Syout, Zagazig (Basse-Egypte), Ismaïlia.

Institutions françaises en Egypte.

a) intellectuelles.

Enseignement : au Caire, Alliance française, Prés. : *Pélissié du Rausas*. Institut français d'Archéologie orientale, Dir. : *Foucard*.

A Alexandrie ;

Lycée français, de la Mission laïque française ; Collège Sainte-Catherine ; Collège Saint-François-Xavier ; Externat Saint-Joseph ; Ecole Franciscaine des Sœurs ; Pensionnat de la Mère de Dieu, rue de Rosette ; Pensionnat de N.-D. de Sion à Romieh ; Pensionnat des Religieuses françaises de Charité ; Petit Collège St. Louis ;

A Port-Saïd, Lycée français de la Sté. Française d'Enseignement de Port-Saïd (garçons et jeunes filles) ; Collège Sainte-Marie, des Frères des Ecoles chrétiennes ; Pensionnat et Orphelinat des Religieuses du Bon-Pasteur.

b) commerciales.

Office commercial français du Levant, 4, rue Tewfick, à Alexandrie ;

Chambres de Commerce : au Caire, 11, rue El-Maghraby, Prés. : E. *Dombre* ; à Alexandrie, 3, place Mohamed Aly, Prés. : *Boutoux* (H.)

Conseillers du commerce extérieur : au Caire A. J. *Chélu*, Émile *Dombre*, Joseph *Gréard*, J. *Manhès*, *Nicoullaud* ; à Alexandrie, Aug. *Alby*, F. *Bourgeois*, Louis *Tassard*.

c) diverses.

Assistance : au Caire, Sté. française de Secours Mutuels et de Bienfaisance. — à Alexandrie, Sté française de Secours, Sté. française de Secours mutuels et de Bienfaisance ; Prés. : le Consul ; — à Port-Saïd, Sté. française.

Postes françaises, à Alexandrie : Receveur principal : J. *Hainaut*.

T. C. F. : Délégués : au Caire, Th. *Cantel Bey*, dir. au min. de la Justice, 119, bd Abbas ; G. *Vayssié*, dir. du *Journal du Caire*, 12, place de l'Opéra. P. *Arminjon*, avocat à la Cour d'Appel. — à Alexandrie : F. *Bourgeois*, ingénieur, dir. du Gaz et de l'Electricité ; à Ismaïlia : *de St-Pierre de Montzaigle*, ingénieur au canal de Suez. — à Port-Saïd : J. *Guérin*, négociant, quai Sultan Hussein. — à Suez : *Altemer*, consul de France ; à Mansourah : Paul *Bard*, agent cons. de France.

Bibliographie.

Annuaire Statistique de l'Egypte. Annuel. Le Caire.

Monthly Return of the State of the Cotton Crop. Mensuel. Le Caire.

Le Canal de Suez; tous les dix jours. Siège de la Compagnie. Paris.

Le Commerce extérieur de l'Egypte, Annuel. Alexandrie.

Bulletin mensuel du Commerce extérieur de l'Egypte. Alexandrie.

Ali-el-Rifai (Hussein). *La question agraire en Egypte*, gr. in-8, br. 8 fr. Pedone. Paris, 1919.

Arminjon (Pierre). *La Situation économique et financière de l'Egypte*. Paris 1911.

Barois (J.). *Les Irrigations en Egypte*. Paris 1911.

Cressaty (A.). *L'Egypte d'aujourd'hui*. Paris 1912.

Egypte Contemporaine (L'). Journal de la Société d'Economie Politique. Trimestr. Le Caire.

Egyptian Institute. Bulletin mens. de la Société Sult. de Géographie. Le Caire.

Lecarpentier (G.). L'*Egypte moderne*, in-8 écu, 233 p., br. 8 fr. P. Roger et Cie, Paris, 1920.

Maspero (G.). *Ruines et Paysages d'Egypte*, in-8 br. 7 fr. 50. Challamel. Paris 1910

Roux (J.-C.). *L'Isthme et le Canal de Suez*, 2 vol. Paris 1901. — *Le Coton en Egypte*. Paris 1908.

GAMBIE

La Gambie dont le territoire est enclavé dans les possessions françaises de l'A. O. F. et qui faisait autrefois partie des « West African Settlements » est érigée depuis déc. 1888 en colonie autonome. Elle est administrée par un Gouverneur assisté d'un Conseil exécutif et d'un Conseil législatif.

Superficie : 10.700 km. q. *Population :* (1913) 146.200 hab. ; soit 16 hab. par kil. q. (1917, éval.) : 180.000 hab. Capitale : Bathurst, dans l'île Sainte-Marie (10.000 hab.).

Finances (1917) : recettes, 117.977 l. st. ; dépenses, 94.519 l. st. Pas de dette publique.

Commerce (1917) : importations, 991.626 l. st. ; exportations, 1.046.504 l. st. Principaux articles d'importation : cotonnades (1/3), riz, sacs pour le commerce des arachides, quincaillerie, noix de kola, tabac, sucre, alcool. Part de la France : 22 p. 100 en 1914, 12 p. 100 en 1917.

Principaux articles d'exportation : arachides (74.300 tonnes en 1917), peaux, amandes de palme.

Mouvement maritime (1917) à Bathurst, 457 navires dont 236 anglais représentant 400.00· tonnes. Flottille côtière assurant les communications avec Dakar. Service de courrier bimensuel de la Cie. Elder Dempster.

Gouverneur : Sir Edw. J. *Cameron*, K. C. M. G. (Févr. 14). à Bathurst.

Consulat de France à Bathurst : F. *Orcel*, agent consulaire.

SIERRA-LÉONE

Bornée au N. et au N.-E. par la Guinée Française, à l'E. et au S.-E. par la République de Liberia, la colonie est administrée par un Gouverneur assisté d'un Conseil exécutif et d'un Conseil législatif.

Superficie : 80.300 km. q. Population (1911) 1.437.200 hab., soit 17 hab. par kil. q. Capitale : Freetown, 34.090 hab. en 1911.

Finances (1917) : recettes, 546.449 liv. st. ; dépenses, 512.844 l. st. Dette publique au 31 déc. 1917 : 1.730.048 l. st.

Commerce (1917) : importations, 1.332.752 liv. st. ; exportations, 1.497.995 l. st. Principaux articles d'exportation ; amandes de palme, huile de palme, noix de kola, piassava, peaux. Industrie de savon se développant dans les ports. Principaux articles d'importation : cotonnades, charbon, alcool, tabac. Les 3/4 du commerce se font avec la Grande-Bretagne, le reste en majeure partie avec les Etats-Unis.

Mouvement maritime (1917). Tonnage total, 1.526.640 tonnes dont 1.417.897 t. de navires battant pavillon britannique.

Lignes de l'African Steamship Co. et de la Cie Française de l'Afrique Occidentale, de Marseille.

Communications intérieures : 338 milles de chemin de fer à voie étroite dont la ligne Freetown-Pendembu, aboutissant près de la frontière libérienne, 227 milles ; embranchement de Boia à Kamabai, 104 milles. Télégraphes et téléphones combinés, longueur des lignes 536 milles ; 43 bureaux de postes.

Gouverneur : R.-J. *Wilkinson*. C. M. G., à Freetown.

Consul de France à Freetown : N... agent consulaire.

COTE-D'OR (GOLD COAST)

Située sur le golfe de Guinée, entre la Côte d'Ivoire, à l'O. et l'ancienne colonie allemande de Togo, la colonie de la Côte d'Or est administrée par un Gouverneur assisté d'un Conseil exécutif et d'un Conseil législatif.

Superficie : 207.790 km. q. Population (1911) 1.503.400 dont 2.200 Européens, soit 7 hab. par kil. q. Villes principales ; Accra, 19.585 hab., résidence du Gouverneur ; Cape Coast Castle, 11.364.

Finances (1917) : recettes, 1.624.124 l. st. ; dépenses, 1.424.279. Dette publique au 31 déc. 1917 : 3.409.118 l. st.

Commerce (1917) : importations, 3.386.480 l. st. ; exportations, 6.364.925 l. st. Principaux articles d'exportation : cacao, or et poudre d'or, noix de kola.

Principaux articles d'importation : cotonnades, charbon, alcool.

Les 2/3 des importations proviennent du Royaume-Uni, le reste des Etats-Unis. Un peu plus de la moitié des exportations se fait à destination du Royaume-Uni, un sixième, à destination des Etats-Unis, 1/10e environ, à destination de la France.

Mouvement maritime (1917). Tonnage total : 1.444.972 tonnes dont 1.218.898 t. sous pavillon britannique.

Communications intérieures : 192 milles de chemins de fer. Lignes principales, de Sekundee à Coumassie, avec embranchement de Tarqua à Prestea et d'Inchaban. Embranchement à Inchaban ; et de Accra à Tafo (65 milles).

58 bureaux de postes, 2.600 milles de lignes télégraphiques, stations téléphoniques à Accra, Sekundee et Tarquah. T.S.F. à Accra.

Gouverneur : N...

Consul de France : N... agent consulaire.

Relations avec la France : Services de la Cie. des Chargeurs Réunis de Bordeaux et de la Cie. Fraissinet de Marseille, Colis Postaux, 1, 3 et 5 kgr. voie d'Angleterre (Boulogne-Folkestone).

NIGERIA

Située sur le golfe de Guinée entre le Dahomey à l'O., l'ancienne colonie allemande du Cameroun à l'E., la Nigeria est bornée au N. par les territoires de l'A. O. F. (frontières fixées par les conventions des 10 août 1889, 5 août 1890, 14 juin 1898). Depuis le 1er janvier 1914 la colonie de Lagos et la Nigeria du Sud sont réunis au protectorat de la Nigeria du Nord et forment la Colonie et le Protectorat de la Nigeria, administrés, par un Gouverneur-Général. Un Conseil, formé du Gouverneur, des membres du Conseil Exécutif, d'un délégué des Chambres de Commerce de Lagos et de Calabar, de 4 Européens nommés par le Gouverneur et de 6 notables indigènes, assiste le gouverneur à titre consultatif.

Superficie : 868.900 km. q. Population (1917), 16.500.000 hab. dont 2.800 Européens, soit 18 hab. par kil. q. Ville principale : Lagos, siège du gouvernement.

Finances (1917) : recettes, 3.492.738 liv. st. ; dépenses, 3.219.957 liv. st. Dette publique, 8.470.593 liv. st.

Commerce (1917) : importations, 7.532.735 liv. st. ; exportations, 8.727.870 liv. st. Principaux articles d'exportation : amandes de palme, huile de palme, minerai d'étain. Principaux articles d'importation : cotonnades, alcools.

Les 4/5 des importations proviennent du Royaume-Uni, le reste, des Etats-Unis.

Mouvement maritime (1917). Tonnage total : 939.159 tonnes dont 883.448 sous pavillon britannique. Principal port : Lagos. Service hebd. entre Liverpool et Lagos.

Communications intérieures : 975 milles de chemins de fer. Train hebdomadaire avec wagons-lits et wagon-restaurant entre Lagos et Zaria. Ligne de 550 milles en construction de Port Harcourt à Kaduna. — Télégraphe et téléphone ouverts au service public dans 116 bureaux. T.S.F. à Lagos.

Gouverneur général : Sir Hugh Clifford, K. C. M. G.

Relations avec la France : Services de la Cie. des Chargeurs Réunis de Bordeaux et de la Cie. Fraissinet de Marseille. Colis-Postaux de 1, 3 et 5 kgr. voie d'Angleterre (Boulogne-Folkestone).

AFRIQUE DU SUD.

(UNION OF SOUTH AFRICA)

Gouvernement, Constitution. — L'Union-Africaine Sud constituée par acte du Parlement du Royaume-Uni du 20 sept. 1909 a été établie le 31 mai 1910 avec la pleine autonomie d'un *Dominion*.

Le pouvoir exécutif appartient au Gouverneur Général, assisté d'un Conseil exécutif. Le pouvoir législatif appartient au Parlement.

Le premier Parlement a été constitué le 15 sept. 1910. Sénat composé de 8 membres nommés pour 10 ans par le gouvernement général en conseil et de 32 membres (8 pour chaque province originale) nommés, cette première fois, par les Chambres législatives de chaque colonie et complétés désormais par les conseils provinciaux. Chambre des députés, comprenant 130 membres (51 de la prov. du Cap, 17 de la prov. de Natal, 45 du Transvaal et 17 de l'Etat libre d'Orange) élus en 1915 pour 5 ans.

Le Gouverneur Général des provinces de l'Union de l'Afrique du Sud est en même temps Haut Commissaire pour les protectorats de l'Afrique du Sud (Basoutoland, Bechouanaland, Rhodésia, Souaziland ; V. ci-après).

Gouverneur général (à Prétoria) : Vicomte *Buxton of Newtimber*.

Conseil exécutif (à Prétoria) : Premier ministre et min. des Aff. Indig. : Général J.-C. *Smuts*. — Int. et Trav. pub. : Sir Th. *Watt*. — Défense : N.... — Mines, industries et instr. pub. : F.-S. *Malan*. — Ch. de fer et ports : H. *Burton*. — Fin. : Sir T. *Orr*. — Just. : N.-J. *de Wet*. — Postes et Télégraphes : Sir M. *Beck* (sénateur). — Agric. : H.-C. *Van Heerden*. — Domaines pub. : Colonel H. *Mentz*. — Min. sans portefeuille : J.-A.-C. *Graaff* (sénateur).

Parlement (au Cap). — Sénat, Prés. : F.-W. *Reitz*. — Chambre des députés (élus en 1915) : 54 du parti sud-afr., 27 nationalistes, 40 unionistes, 4 du parti du travail, et 5 indép. Prés. : C.-J. *Krig*. — Administrateurs des provinces. Province du Cap : Sir F. *de Waal* ; Natal : C.-J. *Smythe* ; Transvaal : A.-G. *Robertson* ; Etat libre d'Orange : C.-H. *Wessels*.

Superficie, population (*recens. de 1911*), et *finances* (en l. st.).

PROVINCES.	SUPERFICIE (en kilom. carrés).	POPULATION en 1911.	BUDGETS POUR 1918-1918 (Eval.).	
			RECETTES.	DÉPENSES
Province du Cap.....	717.388	2.564.965	»	»
Natal	91.400	1.194.043	»	»
Transvaal...........	285.200	1.686.212	»	»
Etat libre d'Orange...	130.510	528.174	»	»
Union	1.894.500	5.973.394	19.256.000	19.858.000

D'après le recensement de 1911, la population de l'Union comptait 1.276.242 blancs dont 582.377 au Cap, 98.114 dans le Natal, 420.562 au Transvaal et 175.189 dans l'Etat libre d'Orange. La dette publique de l'Union, au 31 mars 1917, s'élevait à 154.832.672 l. st.

Principales villes et population blanche recensée en 1911 :

Johannesburg	119.953	Port Elizabeth.....	18.190	Bloemfontein......	14.720
Durban	31.783	Woodstock........	17.957	Kimberley........	13.598
Le Cap............	29.853	Germiston	15.579	Krugersdorf	13.132
Prétoria	29.618	Maritzbourg.......	14.737	East London	13.279

Religion. — Parmi les habitants (européens et indigènes) recensés en 1911, il y avait 898.690 adeptes de l'église hollandaise, 532.489 anglicans, 130.747 presbytériens, 157.317 congrégationnalistes, 586.419 méthodistes et 59.103 méth. africains, 218.256 luthériens, 15.088 baptistes, 91.035 catholiques, 46.919 israélites, 115.701 hindous, 1.783 bouddhistes, 45.842 mahométans, etc.

Instruction. — L'instruction publique, sauf l'enseignement supérieur, est du ressort des conseils provinciaux, et les dépenses qu'elle entraîne figurent au budget de chaque province.

En dehors des anciennes universités de Capetown (f. en 1829) et de Stellenbosch (f. en 1881), une *Université de l'Afrique du Sud*, avec siège administratif à Prétoria, a été constituée en 1916, avec les six collèges universitaires de Grahamstown, Wellington, Bloemfontein, Prétoria, Johannesburg, Pietermaritzburg. En 1916-17, ces Universités comptaient 168 professeurs et 1.355 étudiants, et les dépenses de l'État pour le haut enseignement s'élevaient à 114.500 l. st.

Justice. — Le droit commun de l'Union est resté le droit romain des Hollandais d'avant 1806, sauf en certaines matières commerciales et maritimes régies par les lois anglaises.

Organisation judiciaire : Cour Suprême ayant dans chaque province de l'Union une subdivision provinciale, sauf au Cap où il y en a deux.

Armée. — Les forces de défense sont formées de troupes régulières britanniques et de forces locales, qui sont réparties en 13 districts militaires et 1 sous-district. Le *South African Defense Act* du 1er avril 1912 a prévu l'établissement de forces militaires comprenant .1° une *Permanent Force* ; 2° une *Coast Garnison Force* ; 3° une *Citizen Force* ; 4° une *Royal Naval Volunteer Reserve* et 5° des *Special Reserves*.

L'effectif des troupes qui ont pris part jusqu'en juillet 1915 à la campagne victorieuse contre l'Allemagne dans le Sud-Ouest de l'Afrique était de 65.000 hommes de tous rangs et armes.

Mouvement économique.

Finances. — Le tableau des recettes et des dépenses ci-dessous comprend les provinces mais exclut les chemins de fer et les ports, qui sont sous une administration spéciale :

		1916	1917	1918
		—	—	—
Recettes............	Liv. st.	17.696.536	18.408.605	18.220.000
Dépenses.....................		17.487.456	17.845.376	18.423.363

Recettes des chemins de fer pour 1917-18, 15.220.000 l. st. ; dépenses, 15.522.445 l. st. recettes des ports pour 1917-18, 870.509 l. st. ; dépenses, 817.217 l. st.

Dette publique au 31 mars 1917 : 154.832.672 l. st.

Agriculture. — Les contrées les plus riches en bétail et en cultures sont la prov. d'Orange et la région des hauts plateaux du Transvaal. Mais partout ailleurs, l'agriculture et l'élevage sont très développés. La culture du blé prend de l'extension, car de 1916 à 1917, la superficie des terres consacrées à sa production s'est accrue de 23 p. 100.

Industrie laitière en progrès. Production en 1917 du beurre, 19.412.000 livres (13.467.600 en 1915), du fromage, 4.266.000 livres (1.098.790 en 1915).

Cheptel en 1911 : 5.796.949 bœufs ; 719.414 chevaux ; 93.951 mulets ; 336.710 ânes ; 746.736 autruches ; 30.656.659 moutons ; 11.762.979 chèvres ; 1.081.609 porcs et 10.533.909 volailles.

Les principales productions sont : coton, laines, beurre et fromages, peaux, plumes d'autruches, poil de chèvre d'Angora, sucre (51.000 tonnes 1908-09, 106.250 t. en 1917-1918), céréales, tous les fruits d'Europe, café, thé (1.710.090 livres en 1916-17), maïs, écorce de mimosa (92.551.570 livres en 1917), etc.

Industrie minière. — La production minérale en 1917 a atteint la valeur de 52.260.190 l. st. ; à elle seule la production d'or de l'Union figure dans ce chiffre pour st. dont 38.306.381 pour le Transvaal ; celle du diamant a été, également en 1917, de 7.713.819 l. st. dont 5.109.928 pour la prov. du Cap, 1.667.300 pour le Transvaal et 936.820 pour l'État libre d'Orange.

La décroissance sensible de la production du Rand en 1918 n'est d'ailleurs pas isolée, car la hausse des frais de production due à la guerre s'est fait sentir dans le monde entier et d'autres centres producteurs enregistrent également une diminution notable, ainsi que le font ressortir les chiffres suivants :

	1913	1914	1915	1916	1917	1918
			(Millions de livres sterling).			
Transvaal	37.4	35.6	38.6	39.5	38.3	35.8
Colonies anglaises	19.6	19.6	20.1	20.1	17.8	14.9
Empire britannique	57.0	55.2	58.7	59.6	56.1	50.7
Autres pays	37.7	37.4	38.1	38.9	30.9	26.9
Total mondial	94.7	92.6	96.8	98.5	87.0	77.6

Ces chiffres démontrent que le Transvaal en 1918 a accusé une diminution de 7 1/4 p. 100 en comparaison avec 1915, année la plus forte envisagée, l'Empire britannique de 13 1/2 p. 100 et la production mondiale de 19 3/4 p. 100.

Ouvriers employés à la recherche de l'or en 1917, 23.180 blancs et 193.562 noirs ; la recherche du diamant, 6.328 blancs et 35.743 noirs.

Il y a, en outre, de nombreuses mines de charbon dont l'exploitation, en 1917, a atteint la valeur de 3.275, 606 l. st. (1.586.070 au Transvaal et 1.466.390 dans la prov. de Natal), et d'importantes salines dont la production a donné un revenu global de 110.566 l. st. (36.807 pour la prov. du Cap et 42.185 pour l'État libre d'Orange). Autres richesses minérales de l'Union et valeur de la production de 1916 (en l. st.): cuivre, 1.137.380; étain,339.571 ; argent, 106.311 ; asbestie, 83.070 ; plomb, 5.202 ; chaux, 115.750, etc.

Les principales industries sont : brasseries, pêcheries et conserves de poissons, tanneries, tabac, articles d'alimentation en général, industries métalliques, ferronnerie et ferblanterie, instruments agricoles, vêtements et confections, fabriques de toile, etc.

Commerce. — Le commerce général de l'Union douanière Sud-Africaine présente les les fluctuations ci-après :

	1913	1917	1918
Importations :		(Livres sterling).	
Marchandises ordinaires	»	34.750.762	47.397.389
Approvisionnements pour le gouvernement	»	1.725.456	2.089.779
Total	41.828.841	36.476.238	49.487.168

	1913	1917	1918
Exportations :		(Livres sterling).	
Marchandises (or non compris)	26.426.246	25.791.923	28.912.736

Les principaux pays de provenance en 1918 ont été (en milliers de l. st.) : l'Empire Britannique, 33.000.854 ; le Japon, 2.667; les États-Unis, 6.771; le Congo Belge, 1.016 ; la Suède, 979 ; la France, 480.

En 1918, 58.1 p. 100 des exportations étaient destinées à la Grande-Bretagne et 13.8 p. 100 aux États-Unis d'Amérique. Le Japon passait de 2 p. 100 en 1917 à 5,4 en 1918.

Principaux articles du commerce spécial de 1918 (en milliers de l. st.) :

IMPORTATIONS.		IMPORTATIONS.		EXPORTATIONS.	
Cotonnades	12.835	Voitures et autom.	1.064	Or	35.384
Produits aliment.	4.722	Articles	1.000	Laine	9.689
Vêtements	2.862	Lainages	985	Diamants	7.063
Machines (1)	1.662	Nouveautés	989	Peaux	2.300
Huiles	1.344	Bois	900	Maïs	1.662
Fer	1.167	Sacs	896	Viandes	1.043
Articles en fer	1.138	Papier et livres	712	Cuivre	452
Ouvrages en cuir	1.082	Caoutchouc manuf.	606	Charbon	1.033

Mouvement maritime (1917). — Entrés 1.499 navires jaugeant 4.996.685 tonn. et sortis 1.469 navires jaug. 4.912.975 tonn. — Navigation locale : entrés 2.390 navires jaug. 4.254.679 tonn. et sortis 2.349 navires jaug. 4.265,472 tonnes.

Communications intérieures. — Chemins de fer : depuis 1910, le *South African Railway* est sous le contrôle du gouvernement de l'Union et il comprenait en 1917, 15.154 kil. de lignes en exploitation dont 6.732 kil. dans la prov. du Cap, 1.998 kil. dans la prov. de Natal 4.263 kil. au Transvaal et 2.159 dans l'État libre d'Orange. Au 31 décembre 1916, il avait

(1) Excepté les locomotives. (2) Depuis 1914, l'or est réservé pour la Banque d'Angleterre.

208 kil. de lignes en construction. — Postes en 1916 : 2.522 bureaux. Recettes (P. T. T.) 1.028.939 l. st. et dépenses (P. T. T.) 1.010.032 l. st. — Télégraphes en 1916 : 1.575 bureaux. 2 stations Marconi et 1 station de bord ; 25.801 kil. de lignes et 86.965 kil. de fils, 5.692.873 télégrammes ; 2.436 radiotélégrammes. — Téléphones en 1916 : 32.144 postes et stations, 5.047 kil. de lignes et 168.473 kil. de fils. — Recettes des télégraphes et des téléphones : 746.750 l. st. et dépenses 673.355 l. st.

Monnaies, poids et mesures. — Les monnaies, poids et mesures sont exclusivement les mêmes qu'en Angleterre (V. Royaume-Uni, p. 950).

Presse. — Principaux journaux : dans la prov. du Cap, *The Cap Times, The Government Gazette, The Cape Argus, The South African News, The Review* ; au Transvaal, *Pretoria News, Chronicle, Volkstem, Collett's Weekly, Industrial Times* ; dans la prov. du Natal, *Times, Mercury, Witness* ; dans la prov. libre d'Orange, *Express Boeren, Vriend, The Friend of the Free State*.

ANCIEN SUD-OUEST AFRICAIN ALLEMAND

L'article 119 du traité de paix du 28 juin 1919 a prononcé la renonciation de l'Allemagne en faveur des principales Puissances alliées et associées à tous ses droits et titres sur ses possessions d'outre-mer.

Une décision du Conseil suprême, en date du 7 mai 1919 a confié à l'Union Sud-Africaine le mandat de gérer l'ancien Sud-Ouest africain allemand. On trouvera ci-après les renseignements et statistiques concernant cette possession.

Situé sur l'Océan Atlantique, dans l'Afrique australe, le Sud-Ouest africain allemand (*Deutsch-Südwestafrika*) a pour limites : au N. les possessions portugaises et la Rhodésia ; au Sud, la colonie du Cap ; à l'Est, la Rhodésia et à l'Ouest, l'Océan Atlantique. Il comprend le Namaqualand, le Damaraland et l'Ovampoland. Les principales localités sont : Windhuk (capitale de la colonie) 1.200 hab., et Swakopmund, 700 hab.

Les principales races indigènes sont les Bushmans, les Hottentots dans le sud, les Bergdamaras et les Ovambos, dans le nord les Herreros. La population européenne comprenait en 1913, 14.380 hab. dont 12.292 Allemands. On y comptait 25 écoles britanniques avec 800 élèves. Le budget de l'exercice 1914 s'équilibrait à 47.820.875 marks dont 7.480.865 m. d'emprunt aux recettes.

Terrain sablonneux, presque improductif. Les seules cultures tentées ont été faites dans le lit desséché des rivières. Principales industries : l'élevage et les minerais. Le cheptel comportait en 1913, 205.643 bovidés, 472.585 moutons, 516.503 chèvres, 16.000 chevaux. On trouve dans la colonie, l'or, le soufre, le fer. Le cuivre est seul exploité dans les districts de Tsumeb et de Grootfontein, et les diamants dans celui de Luderitzbucht, où l'extraction avait donné, à fin 1913, 4.692.973 carats de petites pierres de 5 à 6 carats mais d'une haute qualité.

Le commerce total s'était chiffré en 1912, en milliers de marks, à 32.499 à l'import. dont 26.142 d'Allemagne et 39.935 à l'export. dont 26.454 avec l'Allemagne. Principaux articles d'export. en milliers de m. : diamants 30.414, cuivre 6.523, peaux 298. Le commerce s'effectuait principalement par Walvis Bay, possession britannique, et Luderitzbucht, où 258 navires jaugeant 1.417.000 tx. étaient entrés en 1912.

Les chemins de fer qui comportaient 2.104 kil. de lignes en 1913 (de Swakopmund à Windhuk, de Luderitz à Feldschuhhorn), ont été très développés lors de la conquête de la colonie par les forces sud-africaines, qui fut achevée le 9 juin 1915. 70 bureaux de postes, 4.614 kil. de lignes télégr., réseau téléphonique.

Relations avec la France.

Représentation de la France dans l'Afrique du Sud.

Consulat à Johannesburg et Pretoria. Consul chargé du Consulat général: *Rodde* (✱). — Chancelier : N...

Vice-Consulats à : Durban, *Armand* ; Port-Louis (île Maurice). Agences consulaires à : Kimberley, Le Cap, Port-Elisabeth, Mahé (îles Seychelles).

Institutions diverses :

Enseignement : à Port-Louis, Alliance Française, Prés. : *Patureau*.

Conseillers du commerce extérieur : à Pretoria, Emile *Lévy* ; au Cap, H. *Tournaillon* ; à Johannesburg, Emile *Lévy*.

Assistance : Société Française de Bienfaisance à Johannesburg; à Port-Louis, Société Française d'Assistance, Prés. : F. *Patureau*.

T. C. F. : Délégués : à Pretoria : August *Karlson*, ingénieur aux Water-Works, Moarstreet; à Johannesburg : Edmond-R. *Lévy*, ingénieur, P. O. Box 427.

Communications avec la France.

Services par les bateaux de la *Prince Line* et de l'*Union Castle Mail Steamship Co.* de Londres. Colis-postaux par les paquebots français de Marseille au Mozambique, 1 et 5 kg. ou voie d'Angleterre, 1, 3 et 5 kg. Lettres, papiers d'affaires et imprimés au tarif de l'Union Postale. Télégrammes : 3 fr. 125 par mot.

RHODESIA

Par Charte royale du 20 octobre 1889, l'administration du territoire situé au Sud du Zambèze, le territoire actuel de la Rhodesia du Sud, fut placée sous l'administration de la *British South Africa Company* et par décret du 9 mai 1891 la sphère d'influence du Haut Commissaire fut étendue à ce territoire. Au mois de février 1891, ladite compagnie fut aussi chargée de l'administration de la sphère d'influence brit. au nord du Zambèze, le territoire actuel de la Rhodesia du Nord.

La Rhodesia du Nord, subdivisée en Nord-Est et Nord-Ouest, est une contrée peu exploitée. Par contre la Rhodesia du Sud, à cause de son voisinage avec le port de Beira, le Transvaal et le Cap, a fait l'objet de la première attention de la Chartered Company et des colons. Dans cette partie, il y a déjà plus de 2.000 kil. de chemins de fer, 4.000 kil. de routes ouvertes et 5.000 kil. de lignes télégraphiques, faisant communiquer les principales villes, Bulawayo, Salisbury, Umtali, Gwelo, Gwanda entre elles, et avec Beira et le Cap.

D'autres voies sont en construction pour relier à celle de Beira au Cap divers centres aurifères et carbonifères; quelques-uns de ces derniers sont très importants.

Superficie totale : 1.138.450 kil. q. *Population* (1918 éval.) 1.686.165 hab. dont 32.165 Européens et 1.654.000 indigènes. Villes principales : Rhodesia du Sud, Salisbury, chef-lieu du gouvernement, Bulawayo, Victoria ; Rhodesia du Nord : Livingstone, chef-lieu du gouvernement, Fort Jameson, Fife.

Finances (1917-18 éval.) : Rhodesia du Sud, recettes, 736.250 l. st. ; dépenses, 815.964 l. st.; Rhodesia du Nord, recettes 143.792 l. st. ; dépenses 184.079 l. st.

Productions. — La Rhodesia du Sud est bien adaptée à certaines cultures. 1.400.000 acres y sont cultivées, principalement en maïs, tabac.

Industrie minière importante. Principaux produits : or (834.230 onces, valeur 3.495.391 l. st. en 1917), minerai de chrome, dans les environs de Gwelo (72.960 tonnes, valeur 327.847 l. st. en 1917), charbon (548.950 tonnes en 1917). Total de la production minière en 1917, 4.639.000 l. st.

Commerce (1918). — Importations : 2.956.978 l. st. dont cotonnades 483.748 l. st. ; produits alimentaires 443.900 l. st. ; exportations : 1.758.373 l. st., or non compris.

Administrateur de la Rhodesia du Sud : Sir *Drummond Chaplin.*

Administrateur de la Rhodesia du Nord : L.-A. *Wallace.*

Bibliographie.

Blue Book on Native Affairs. Annuel. Cape Town.

Statistical Year Book of the Union of South Africa. Annuel. Pretoria.

The South African Year Book. Annuel. Londres.

Babault (Guy). *Chasses et Recherches zoologiques en Afrique Orientale anglaise*, in-8, 218 p. et fig. 20 fr. Plon-Nourrit. Paris 1917.

Brown and Brown (Editeurs). *The Guide to South and East Africa.* Londres 1918.

Fairbridge (D.). *A History of South Africa.* Londres 1918.

Fufe (F.). *Aux Pays de l'Or et des Diamants.* Trad. G. Feuilloy, in-8, br. 4 fr. Paul Roger. Paris 1913.

Macdonald (A.-J.). *Trade, Politics and Christianity in Africa and the East.* Londres 1916.

Plaatje (S.-T.). *Native Life in South Africa before and since the European War and the Boer Rebellion.* Londres 1916.

Theal (G.-Mc Call). *South Africa.* Londres 1917.

Payne (S.). *Cape Colony. Its History, Commerce, Industries, etc.* Londres 1912.

Williams (G.-F). *The Diamond Mines of South Africa.* Londres 1903.

Worsfold (B.). *Lord Milner's Work in South Africa.* Londres 1906.

AFRIQUE ORIENTALE BRITANNIQUE

Colonie de la Couronne depuis le 22 Juillet 1919 comprenant le territoire limité au Nord par le Djouba, à l'Est par l'Océan Indien, au Sud par les possessions allemandes de 1914, avec les îles situées entre les embouchures du Djouba et de l'Oumba. Il est divisé en 7 provinces et 1 territoire.

Superficie, Population, Budget, etc. V. tableau, p. 856 et 857.

Gouv. et comm. en chef (à Nairobi) : Major-General E. *Northey*, C. B.

Consul de France à Mombasa : M. *Carougeau*, agent consul.

Institutions françaises à Mombasa : Mission catholique du St-Esprit ; Pères blancs du Cardinal Lavigerie.

Ancienne Afrique orientale allemande.

L'article 119 du traité de paix du 28 juin 1919 a prononcé la renonciation de l'Allemagne à tous ses droits et titres sur ses possessions d'outre-mer.

Une décision du Conseil suprême, en date du 7 mai 1919 a confié à la Grande-Bretagne le mandat de gérer l'ancienne Afrique Orientale allemande. Un accord anglo-belge ultérieur laisse, toutefois, à la Belgique, les provinces du Ruanda et de l'Urundi, limitrophes au Congo belge et qui comprennent env. 3 millions d'habitants sur les 7.500.000 que compte la colonie. On trouvera ci-dessous des données sur l'ancienne colonie allemande.

Située au Sud du lac Victoria-Nyanza, l'Afrique Orientale allemande, dont l'Allemagne acquit en 1890 le droit de possession pour la côte du sultan de Zanzibar, a pour limites : à l'Ouest, le lac Tanganika et l'État libre du Congo ; au S., le Mozambique portugais et à l'E., l'Océan Indien. Les principales localités sont : Dar-es-Salam, sur la côte, 30.000 hab. indigènes et 800 Européens, capitale de la colonie ; Bagamayo, 11.000 hab. ; Lindi, Pangani, Tabora, Tanga.

La population indigène est de race Bantu mêlée. Sur les 5.336 blancs, 4.107 étaient Allemands, 90 Anglais et 321 des Sud-Africains anglais. L'instruction n'est pas obligatoire. On comptait en 1913, 109 écoles avec 6.177 élèves, 5 missions protestantes et 3 catholiques avec 108.550 élèves. Le budget s'équilibrait à 61.271.068 marks, dont 27.500.000 d'emprunt aux recettes.

La colonie exportait en 1912, chiffres en milliers de marks, du caoutchouc (8.426), des fibres d'agave (7.359), des peaux (4.067), du coton (2.110), du café (1.902), du coprah (1.562), des arachides (1.273). Le cheptel aux mains des Européens comprenait la même année, 43.617 bovidés, 41.647 moutons et chèvres ; celui possédé par les indigènes, 3.950.250 bovidés et 6.396.300 moutons et chèvres.

Produits minéraux : charbon, fer, cuivre, mica, sel, agates, topazes. Le commerce total s'était chiffré en 1912, en milliers de marks, à 50.309 à l'import. dont 25.280 d'Allemagne et à l'export. à 31.418 dont 17.827 avec l'Allemagne. Il s'effectuait principalement avec l'Allemagne et Zanzibar par les ports de Dar-es-Salam, Bagamoyo, Saadani, Pangani, etc. En 1912, 1.034 navires jaugeant 1.913.000 tonnes étaient entrés dans les différents ports de la colonie. Les chemins de fer comportaient 1.420 kil. de voies, de Dar-es-Salam à Ujiji et de Tanga à Moshi. Les postes comportaient 45 bureaux ayant expédié ou reçu 3.676.455 lettres, 465.212 journaux et imprimés, 177.779 mandats, 315.965 dépêches et 304.153 conversations téléphoniques.

OUGANDA

Considéré comme faisant partie de la sphère d'influence britannique depuis 1890, l'Ouganda fut placé sous le protectorat brit. le 19 juin 1894. Depuis 1896, il comprend la partie nord-ouest de l'Ouganda, le royaume d'Ounyoro et une partie du Sud du Soudan Oriental.

Superficie, Population, Budget, Commerce, V. tableau, p. 856 et 857.

Gouverneur (à Entebbé) : Sir R.-T. *Coryndon*, K.C.M.G.

ZANZIBAR

Sultanat, sous un sultan de la dynastie des Imams de Mascat, dont il est indépendant depuis 1861. La convention anglo-allemande du 1er juill. 1890 accorda à l'Angleterre le protectorat de Zanzibar y compris Pemba et la sphère de l'influence brit. au nord de l'Oumba jusqu'au Djouba, y compris Ouitou. Le 31 juillet 1893, la Compagnie brit. de l'Afrique Orient. abandonna le territoire situé entre le Tana et le Djouba et l'administration passa aux mains du sultan. Le 15 juin 1895, le protectorat brit. fut étendu sur tout le territoire de la côte jusqu'aux limites de l'Ouganda ; le 30 juin de la même année la Soc. brit. de l'Afrique Orient. abandonna le territoire, pris à ferme, du sultan, et l'administration en fut

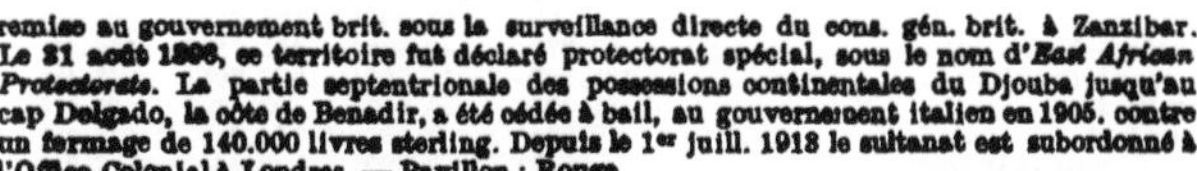

remise au gouvernement brit. sous la surveillance directe du cons. gén. brit. à Zanzibar. Le 31 août 1896, ce territoire fut déclaré protectorat spécial, sous le nom d'*East African Protectorate*. La partie septentrionale des possessions continentales du Djouba jusqu'au cap Delgado, la côte de Benadir, a été cédée à bail, au gouvernement italien en 1905, contre un fermage de 140.000 livres sterling. Depuis le 1er juill. 1918 le sultanat est subordonné à l'Office Colonial à Londres. — Pavillon : Rouge.

Sultan : *Seyyid Khalipha bin Harub*, né vers 1880, a succédé le 9 déc. 1911 à son cousin *Seyyid Ali bin Hamoud*, qui a abdiqué (15 nov. 1911).

Commissaire en chef : Major-Général E. *Northey* C. B. (v. *Afrique Orient. brit.*); **Résident :** major *Pearce*, G. M. G..

Superficie et population.

Ile de Zanzibar : 1.660 kil. q. de superficie et population de 114.069 habitants ; Ile de Pemba : 980 kil. q. de superficie et population de 83.130 habitants ; population flottante, 50.000 hab. La ville de Zanzibar compte environ 35.262 hab.

Mouvement économique.

Finances (1916) : recettes, 267.405 livres sterling ; dépenses, 203.968 liv. st., dette publique 100.000 liv. st. *Commerce* (1916) : importation, 1.259.820 livres sterling ; exportation, 1.052.167 liv. st. Les principaux pays de provenance durant cette même année ont été (en livres sterling) : Indes anglaises (508.824), Grande-Bretagne (255.442), Pays-Bas (49.927), Etats-Unis (47.002), France (5.682). Parmi les pays de destination, viennent les Indes anglaises (223.978), la Grande-Bretagne (182.681), la France (107.678), les Etats-Unis (42.058). Les principaux articles d'exportation en 1916 ont été : clous de girofle, 433.314 livres sterling ; marchandises en ballots, 211.142 ; copra, 154.514 ; épices, 43.690 ; riz, 26.716 ; dents d'éléphant, 10.329 ; pétroles, 6.888. *Navigation* : le mouvement du port de Zanzibar en 1916 a été de 547.543 tonn. (nets).

Représentation de la France à Zanzibar.

Consul français à Zanzibar : *Lecoutour* (5-20).

Conseiller du commerce extérieur de la France à Zanzibar : A. *Poggi*.

Mission catholique ; Hôpital tenu par les Sœurs de Saint-Joseph de Cluny.

IV. Possessions bri-

	SUPERFICIE en kil. carrés.	POPULATION.	BUDGETS (en l. st.) RECETTES.	DÉPENSES.
Dominion of Canada (1)	9.659.400	8.361.000	47.812.498	30.545.421
Terre-Neuve	110.670	253.000	954.610	849.915
Labrador	310.680	4.000		
Bermudes	50	20.000	107.055	109.652
Honduras britannique	22.270	42.000	131.782	126.294
Guyane britannique	231.800	314.000	669.385	642.453
Iles Bahama	11.405	58.000	90.472	97.213
Jamaïque	10.896	906.000	1.154.349	1.076.237
Iles Turques et Caïques	579	6.000	8.684	7.930
— Cayman	230	6.000	2.892	3.558
Iles sous le Vent	1.850	128.000	190.060	185.094
Antigua, Barbude et Redonda	440	32.000	63.929	56.100
Iles Vierges	150	60.000	5.041	5.962
Dominique	790	35.000	48.190	55.923
St-Christophe	170	27.000		
Anguille	90	4.000	60.086	54.123
de Nièves	130	13.000		
Montserrat	83	11.000	13.432	12.965
Iles du Vent	1.335	176.000	227.170	220.371
Grenade et Carriacou	345	73.000	112.759	106.603
St-Vincent	388	50.000	35.242	36.179
Ste-Lucie	602	53.000	79.169	77.629
Barbade	430	184.000	311.113	242.605
Trinité	4.141	372.000	1.064.596	1.018.136
Tobago	295			
Iles Fakland (2)	192.421	2.220	48.554	25.460
Géorgie du Sud	2.589	1.000		
Total	10.789.511	10.833.000	53.191.868	35.555.8[illegible]

CANADA
(DOMINION OF CANADA)

Gouvernement et Constitution. — La Confédération canadienne comprend 9 provinces et 2 territoires. D'après la Constitution, dite Acte de l'Amérique britannique du Nord appliquée au 1er juillet 1867, les colonies du Haut et du Bas-Canada, de la Nouvelle-Ecosse et du Nouveau-Brunswick ont été réunies en une Confédération autonome à laquelle furent ensuite rattachés l'Ile du Prince-Edouard, le Manitoba et la Colombie britannique.

Sénat composé de 96 membres (87 jusqu'à 1917) élus à vie par le Gouverneur-Général et qui doivent avoir l'âge de 30 ans, être nés ou naturalisés canadiens et posséder une propriété d'une valeur de 4.000 dollars.

Chambre des Communes composée de 235 membres élus pour 5 ans, à raison de 1 par 30.819 excepté pour la province de Québec qui a toujours 65 représentants. Chacune des 9 provinces et des 2 territoires a son propre Parlement, son administration et est sous l'autorité d'un lieutenant-gouverneur ou d'un commissaire.

Gouverneur général : *Duc de Devonshire*, en résidence à Ottawa.

Gouvernement du Canada : Premier ministre et prés. du Conseil : Sir Robert L. *Borden*. — Prés. du Conseil priv. : N.-W. *Rowell*. — Secr. d'Etat et min. des Mines : M. *Burrell*. — Commerce et Industrie : Sir G.-E. *Foster*. — Just. : Ch.-J. *Doherty*. — Marine et pêcheries : Ch.-C. *Ballantyne*. — Milice et défense (locale) : Major gén. : S.-C. *Mewburn* ; Sir E. *Kemp*. — Postes : P.-E. *Blondin*. — Agric. : T.-A. *Crerar*. — Trav. pub. : F.-B. *Carvell*. — Fin. : Sir T. *White* (1). — Ch. de fer et canaux : J.-D. *Reid*. — Int. : A. *Meighen*. — Douanes : A.-L. *Sifton*. — Revenu de l'Int. : (vacant). — Travail : T.-W. *Crothers*. — Immigr. et Colonis. : J.-A. *Calder*. — Min. sans portefeuille : Sir J.-A. *Lougheed* ; F. *Cochrane* ; G.-D. *Robertson* et A.-K. *Mac Lean*.

(1) Voir développement ci-après.
(2) Autres dépendances comprises : Orkney du Sud, Shetland du Sud, Iles Sandwich et Terre Graham.

tanniques en Amérique.

DETTE (en l. st.)	COMMERCE (en l. st.) IMPORTATION.	EXPORTATION.	NAVIGATION en tonneaux.	LONGUEUR DES LIGNES (en kil.) CH. DE FER.	TÉLÉGRAPHES	TÉLÉPHONES
282.300.672	179.540.000	282.795.000	24.827.850	59.821	74.565	
7.089.542	3.376.730	3.899.285	2.083.629	1.408	7:281	1.·490
40.000	734.799	139.825	1.630.363	»	»	2.543
189.000	558.765	259.641	863.196	40	»	693
879.890	2.471.944	3.758.066	770.061	158	510	2.710
76.665	475.067	332.679	»	»	10	193
3.811.346	3.107.004	2.821.234	2.439.578	318	1.827	1.076
»	29.009	27.807	419.774	»	»	3
»	28.413	11.566	»	»	»	19
259.850	642.249	1.121.553	2.515.836	»	»	»
»	192.107	375.111	»	17	11	482
»	8.987	7.711	»	»	»	»
38.322	208.197	212.301	»	»	6	695
	206.515	455.142	»	»	5	655
»	46.133	71.248	»	»	»	»
285 350	801.048	1.050.714	3.440.520	»	8	1.414
123.670	343.437	584.233	723.107	»	»	798
8.700	92.329	97.859	340.921	»	8	236
152.960	365.282	418.622	2.376.492	»	»	380
473.900	1.851.054	2.207.257	3.008.321	175	»	3.333
1.654.853	4.470.728	5.057.174	2.127.225	185	268	5.236
»	591.017	2.053.719	507.108	»	»	209
297.584.740	200.135.814	307.707.447	48.073.961	62.122	84.499	22.165

Parlement. — Sénat : Prés. : A.-C.-P. *Landry*. — Chambre des Communes (déc. 1917). **Prés. : E.-N. *Rhodes*** (151 Unionistes. 81 membres de l'opposition)

Superficie et population.

Population d'après le recensement de 1911.

PROVINCES et territoires.	KIL. CARRÉS.	POPULATION.	Par k. q.	PROVINCES et territoires.	KIL. CARRÉS.	POPULATION.	Par k. q.
Ile du Prince Edouard	5.650	93.728	16	Saskatchewan....	651.900	492.432	0,8
Nouv. Ecosse ...	55.500	492.338	8	Alberta	661.200	374.663	0,6
N.-Brunswick ...	72.500	351.889	5	Colombie brit ...	921.600	392.480	0,4
Québec	1.830.600	2.003.232	2,1	Yukon	536.300	8.512	»
Ontario........	1.054.800	2.523.274	4	Territoires N.-O.	3.217.200	18.481	»
Manitoba.......	652.200	455.614	2,4	Canada	9.659.400	7.206.643	0,7

Sur les habitants recensés en 1911, 3.821.995 étaient du sexe masculin et 3.384.648 du sexe féminin. La population totale évaluée en 1917 s'élevait à 8,361.000 hab. soit 0,8 par kil. q.

Villes de plus de 20.000 habitants en 1911 :

Montréal..........	470.480	Hamilton	81.969	St-Johns	42.511
Toronto...........	376.538	Québec	78.190	Victoria..........	31.660
Winnipeg	136.035	Halifax...........	46.619	Regina	30.213
Vancouver	100.401	London	46.300	Edmonton	24.900
Ottawa...........	87.062	Calgary	43.704	Brantford.........	23.132

Immigration en 1913-14 et 1916-17 d'après la nationalité :

	1913-14.	1916-17		1913-14	1916-17.
États-Unis	107.530	61 389	Allemagne	5.537	9
Grande-Bretagne......	142.622	8.282	Russie, Finlande......	27.868	25
France, Belgique	5.333	325	Israélites	11.252	136
Italie	24.722	758	Autres................	31.890	4.450
Autriche-Hongrie......	28.323	1	Total	384.878	75.374

Religion.

Population recensée d'après les cultes en 1911 : 2.833.041 catholiques (prov. de Québec : 1.724.683), 1.115.324 presbytériens (Ontario : 524.603), anglicans (Ontario : 489.704), 1.079.892 méthodistes (Ontario : 671.727), 382.666 baptistes (Ontario : 182.809), 229.864 luthériens, 34.054 congrégationalistes, 88.507 orthodoxes grecs, 74.564 israélites, 293.224 adeptes d'autres religions.

Instruction.

Les gouvernements provinciaux ont dans leurs attributions l'enseignement public. Instruction obligatoire en principe et gratuite grâce aux subventions du gouvernement et à des taxes locales.

Nombre d'écoles publiques, d'élèves et dépenses (1916) en dollars (1).

PROVINCES.	Écoles publ.	ÉLÈVES.	DÉPENSES.	PROVINCES.	Écoles publ.	ÉLÈVES.	DÉPENSES.
Ile du Prince Edouard	476	18.362	244.572	Ontario	6.600	508.522	13.351.905
				Manitoba	2.888	108.796	6.658.230
Nouv. Écosse ...	2.837	109.189	1.575.562	Saskatchewan ..	3.867	119.279	8.163.897
N.-Brunswick ..	1.996	66.548	1.146.883	Alberta	2.170	99.201	6.121.614
Québec	5.998	251.492	5.998.837	Colombie brit ..	770	59.800	3.216.350

Enseignement interconfessionnel sauf en Ontario, Québec, Alberta et Saskatchewan où les catholiques ont des écoles spéciales. Chaque province a une ou plusieurs universités qui sont au nombre de 22 (1.810 professeurs et 16.000 étudiants).

Justice.

Cour suprême à Ottawa ayant juridiction d'appel civile et criminelle sur tout le Canada ; Cour des comptes qui est également Cour coloniale d'Amirauté ; Cour supérieure dans chaque province, cours de comté avec juridiction limitée dans la plupart des provinces ; dans ces cours tous les juges sont nommés par le gouverneur général. Les gouvernements provinciaux nomment les magistrats de police et juges de paix.

Armée.

Service militaire obligatoire depuis 1917. — En sept. 1917, e corps expéditionnaire canadien comprenait 331.578 officiers et hommes et l'effectif des troupes à l'entraînement dans les camps canadiens s'élevait à 21.550 h. dont 831 officiers. En outre, une force de 11.380 h. est préposée au Canada à la garde des canaux, chemins de fer, etc.

Depuis le début de la guerre, 588.960 recrues ont été enrôlées dans le corps expéditionnaire canadien. Les pertes ont été de 213.586 h., dont 51.022 morts.

Mouvement économique.

Finances.

Recettes brutes de 1916-17 : 232.601.294 dollars dont 134.043.842 produit des douanes, 20.902.384 des postes et 16.186.745 des impôts de guerre. — Dépenses du budget, pour 1918-19, 252.793.010 doll. dont 78.119.502 pour la dette publ., 33.313.000 pour les ch. de fer et canaux, 19.116.261 doll. pour les postes et télégraphes, 11.369.148 pour les subventions aux provinces et territoires.

Dette publique au 31 mars 1918 : brute 1.863.335.900 dollars, nette 1.191.884.060.

Budgets provinciaux de 1916 (en dollars) :

PROVINCES.	RECETTES.	DÉPENSES.	PROVINCES.	RECETTES.	DÉPENSES.
Ile du Prince Edouard	482.535	463.217	Ontario	13.841.340	12.706.338
			Manitoba........	5.897.807	6.147.780
Nouv.-Ecosse ...	2.165.338	2.132.135	Saskatchewan....	4.455.730	4.367.815
N. Brunswick ...	1.580.419	1.568.342	Alberta	5.281.695	6.018.394
Québec.........	9.647.983	9.436.686	Colombie brit ...	6.291.694	9.380.662

Productions et Industries.

Agriculture. — Sur 44.818.800 hectares de terres labourables, 17.210.400 étaient seulement, en 1917, exploités. Les superficies et les récoltes les plus importantes ont été depuis 1907 les suivantes (en milliers d'hectares et de quintaux) :

ANNÉES.	FROMENT.		AVOINE.		ORGE.	
	Surface cultivée.	Production.	Surface cultivée	Production.	Surface cultivée.	production.
1907..	2.466	25.374	2.954	33.772	577	9.684
1910..	3.761	40.821	3.501	37.553	520	6.280
1913..	4.457	63.064	4.222	62.408	652	10.520
1916..	5.212	59.975	3.980	54.158	668	8.995

Cheptel au 30 juin 1917 : 7.920.940 bœufs, 3.412.749 chevaux, 2.369.358 moutons et 3.619.382 porcs. La production du beurre en 1916 a atteint une valeur de 26.966.000 dollars et celle du fromage 35.513.000 dollars.

Le Canada qui, il y a encore quelques années, importait des œufs, est arrivé à se suffire à lui-même et en 1916 a expédié 7 à 8 millions de douzaines d'œufs. Production à peu près localisée dans les provinces d'Ontario et du Prince-Edouard.

Les terres boisées couvrent une superficie d'environ 2.500.000.000 hectares ; à elle seule la province de Québec possède 65.000.000 hect. en forêts. — L'exploitation de ces immenses forêts est la principale industrie du Canada. La valeur de la production forestière en 1916 a été évaluée à 190.000.000 dollars.

Le commerce du papier et de la pâte à papier a donné les résultats suivants depuis 1911 (chiffres en milliers de dollars, pair à 5 fr. 18) :

Années finissant le 31 mars.	Papier et objets en papier.	Pâte préparée chimiquement	Pâte préparée mécaniquement.	Pâte de bois non manufacturée.	Total.
1911....	3.924	1.308	4.407	6.092	14.732
1913.....	6.341	2.100	3.408	6.806	18.657
1915.....	15.500	4.806	6.801	6.817	33.925
1916.. ..	20.042	4.459	3.575	5.743	33.821
1917.....	26.107	14.032	6.371	6.448	52.970
1918.....	37.865	19.133	6.487	8.339	71.845
1919.....	49.165	30.226	4.479	15.386	99.259

Les pêcheries du Canada sont parmi les plus riches du monde ; elles comprennent la pêche de mer, en particulier sur les rives du golfe St-Laurent et de la Baie des Chaleurs, et celle non moins importante des lacs et rivières dont la superficie en eau douce est de 569.360 kil. q.

Production minière. — La valeur de la production totale en 1917 s'est élevée à 192.982.837 dollars.

Les richesses minières sont très abondantes en Nouvelle-Ecosse, Colombie britannique, Alberta, les provinces de Québec et d'Ontario. Valeur de la production minière en 1917 et 1918 (en milliers de dollars) :

	1917	1918		1917	1918
Charbon	38.817	47.643	Minerai de fer	16.750	25.025
Cuivre	31.867	29.588	Argent...........	16.717	18.034
Nickel............	29.035	33.778	Gas naturel.......	3.958	5.008
Or	19.234	15.449	Plomb	3.532	3.571

Outre les vastes bassins houillers de l'Extrême-Est et Ouest, lignites des provinces occidentales, dépôts de gaz naturel et de l'Ontario, pétrole de l'Ontario, schistes huileux du New-Brunswick et de la Nouvelle-Ecosse ; 37.000 milles carrés de tourbières dont 12.000 milles c. dans les provinces centrales (Manitoba, Ontario, Québec, N.-Brunswick).

Production du nickel en 1917, 41.887 tonnes, en 1918, 44.600. Source principale, matte de cuivre-nickel du district de Sundbury ; source secondaire, fonderies de Delors, Thorold et Welland.

Industries. — Le nombre des établissements industriels en 1917 était de 34.380 occupant 693.071 ouvriers : le capital investi dans les différentes industries s'élevait à 2.772.517.000 dollars et la valeur totale de la production à 3.015.506.000 dollars dont 388.815.362 pour l'industrie alimentaire (6.472 établ. et 62.335 ouv.), 123.396.686 pour l'ind. forestière (3.187 établ., 68.370 ouvr.), 144.686.605 pour l'industrie textile (2.671 établ. et 74.451 ouvr.) et 90.948.270 pour l'ind. minière (1.173 établ. et 29.792 ouvr.).

La production totale de fonte et d'acier brut (lingots et moulages) a été la suivante depuis 1909, en tonnes de 1.016 kg. :

	Fonte.	Acier.
1909	677.090	678.751
1913	1.015.118	1.042.503
1915	825.420	912.755
1917	1.045.071	1.562.289
1918	1.066.022	1.690.178

Pour 1918, la production d'acier, d'après le *Comité des Forges de France*, se répartit en 1.570.178 t. d'acier Bessemer et d'acier Martin basique et 120.000 t. d'acier électrique.

Commerce.

Le commerce du Canada pour les douze mois finissant au 31 juillet s'établit ainsi :

	1917	1918	1919
Importations pour consommation :			
Objets taxés .... Doll.	523.945.163	522.821.756	529.954.742
— libres de droits	454.767.086	392.063.435	340.890.030
Total des importations	978.712.249	914.885.191	870.844.778
Droits perçus .... Doll.	162.088.461	157.049.272	154.934.971
Exportations :			
Canadiennes .... Doll.	1.038.885.137	1.393.006.049	1.204.664.777
Etrangères	33.375.154	42.916.815	59.948.495
Total des exportations	1.342.260.291	1.435.922.855	1.264.613.272

Principaux articles de commerce en 1917-18 (en milliers de dollars) :

Importations :					
Fer et art. en fer	158.654	Soies et soieries	13.848	Bois (Art. en)	52.697
Houille	81.478	Cuir et art. en cuir.	8.916	Lard	57.995
Cotonnades	54.300	Coton et laine	10.096	Fer	38.129
Sucre	38.799	Lin, chanvre, jute	10.581	Fromages	36.602
Lainages	24.005	Papier	7.506	Avoine	37.644
Drogues, articles chimiques	27.457	Bois	9.521	Papier	37.550
Huiles	34.787	Laine brute	6.167	Cuivre (minerai de)	10.710
Fruits et noix	22.892	Tabac et cigares	7.875	Pâte de bois	25.620
Céréales, farine	14.619	Thé	13.713	Or	13.688
		Exportations :		Argent (min. d')	18.423
		Blé	366.341	Bétail	14.133

Principaux pays de provenance et de destination en 1917-18 (en milliers de dollars) :

IMPORTATIONS.			EXPORTATIONS.		
PAYS.	1916-17.	1917-18.	PAYS.	1916-17.	1917-18.
Etats-Unis	664.220	791.906	Grande-Bretagne	756.071	861.073
Grande-Bretagne	107.097	81.324	Etats-Unis	290.579	441.391
Allemagne	14.132	»	France	66.652	206.585
France	6.480	5.274	Italie	11.469	3.388
Japon	8.123	12.255	Belgique	665	4.909

Mouvement maritime. (V. édition 1919).

Communications intérieures. (V. édition 1919.)

Monnaies, poids et mesures. (V. édition 1919.)

Presse. (V. édition 1919).

Relations avec la France.

Représentation de la France au Canada.

Consulat général à Montréal.

Consul général : *Ponsot* (✱). — Chancelier : *Lavastre.*

Agent commercial f. f[ons] d'attaché commercial : *Massieu de Clerval.* 5-20.

Vice-consulats à St-Jean-de-Terre-Neuve et La Trinité

Agences consulaires : Halifax ; Québec ; Toronto (Ontario) ; Vancouver ; Victor a ; Winnipeg (Manitoba) ; Sandy-Point; Barbade (La) ; Bermudes (Les) ; Georgetown (Guyane anglaise) ; La Grenade ; Sainte-Lucie ; Port Stanley (Iles Falkland) ; Belize ; Kingston (Jamaïque).

Institutions diverses :

Enseignement : à Montréal, Alliance française, prés. : G. *Desaulniers.*

Chambre de Commerce : à Montréal, 726 Power Building, Craig str., West Prés. : J.-R. *Génin.*

Conseillers du commerce extérieur : à Montréal, M. *Chevalier ;* Emile *Galibert ;* J. *Génin ;* H. *Jonas ;* J.-E. *Rampon.*

Union commerciale France-Canada, à Montréal, New Birks Bldg.

Musée commercial ouvert aux produits français : École des Hautes-Études commerciales, 55, avenue Viger-Est, à Montréal.

Assistance : à Montréal, Société de Secours mutuels française. Prés. : R. *Robin.* Sté de l'Union nationale française. Société de Bienfaisance et maison de Refuge, 71, av. Viger, Prés. : A. *Révol.* — A Québec, Société Française de Bienfaisance.

T. C. F. : Déléguées : Montréal, *Chouillou*, banquier, 2001 Waverley. — Burlington, *Shaw*, professeur. Box 326. — Québec, J. A. *Remillard*, avocat, 217, Grande-Allée. — Toronto, John *Squair*, professeur, 368, Palmerston avenue.

Représentation du Canada en France.

Commissariat Général du Canada en France : 17 et 19 bd. des Capucines, Paris. Commissaire Général : Philippe *Roy.*

Union commerciale France-Canada, à Paris, 23, rue Saint-Lazare.

Bibliographie.

Canada Year Book. Census and Statistics Office. Annuel. Ottawa.

Rapport Commercial du Dép[t] du Commerce. Annuel. Ottawa.

Bradley (A.). *Le Canada, Empire des bois et des blés.* Trad. G. Feuilloy, in-8, br. 4 fr. Paul Roger. Paris 1913.

Dupré (François-J.). *Notre commerce extérieur et le Canada*, in-16, br. 3 fr. 50. L. Michaud, Paris, 1919.

Griffin (Watson). *Canada, the Country of the XXth Century.* Ottawa 1916.

Hammond (O.). *Canadian Confederation and its Leaders.* Doran. New-York 1918.

Miller (J.-O.). Editeur. *The New Era in Canada*, 1917.

Morris (Keith). *Anglo-Canadian Year-Book.* Annuel. Londres.

Riddell (W.-R.). *The Constitution of Canada in its History and Practical Working.* Londres 1917.

Wrong (G.-M.), Willison (Sir J.), etc. *The Federation of Canada* 1867-1917. Londres 1917.

V. Possessions britan-

	SUPERFICIE en kil. car.	POPULATION.	BUDGETS (en l. st.) RECETTES.	DÉPENSES.
Etats-Unis d'Australie (1)	7.701.190	4.896.000	34.035.173	87.556.719
Nouv. Guinée brit. ou Papouasie	233.406	200.000	62.920	83.740
Nouv.-Zélande et dépendances (1)	271.300	1.100.000	18.033.589	14.058.770
Iles Fiji et Rotuoumah	19.256	166.000	317.447	261.766
— Tonga (protect.) (1)	1.010	24.000	32.768	30.543
— Salomon (2)	38.300	151.000	27.700	24.228
— Gilbert et Ellice (2)	470	27.000	23.117	32.367
Autres îles (2 et 3)	1.838	10.000	»	»
Total	8.266.772	6.574.000	52.532.714	102.048.633

AUSTRALIE.

(COMMONWEALTH OF AUSTRALIA)

Constitution et Gouvernement. — Le « Commonwealth of Australia », constitué par acte du Parlement du Royaume-Uni en juillet 1900 et établi depuis le 1er janvier 1901, se compose des colonies australiennes : Nouvelles-Galles du Sud (New-South Wales), Queensland, Australie du Sud (South Australia), Tasmanie, Victoria, Australie occidentale (Western Australia) ; il forme un État fédératif sous pavillon britannique avec une constitution et un parlement autonomes. La Constitution comprend un Gouverneur général, représentant le Roi de Grande-Bretagne et d'Irlande, un Sénat composé de membres élus pour 6 ans par le suffrage universel direct (6 membres pour chaque État), et une Chambre des Représentants composée de membres élus pour 3 ans par suffrage universel direct et dont le nombre est deux fois celui des sénateurs.

Pavillon ; Bleu, l'angle supérieur près de la hampe chargé de l'Union-Jack, l'angle inférieur à une étoile de 7 raies (symbole des états fédérés) ; la partie flottante semée des 5 étoiles de la croix australe.

Gouverneur général (Sydney) : Sir Arch. *Strafford*. Conseil des Ministres (Ministère de Coalition formé le 15 février 1917 et reconstitué en mars 1918) : Premier Min. : W.-A *Watt*. — Trav. pub. et ch. de fer : L.-E. *Grom*. — Int. : M. *Mc. Mahon* — Maître gén. des postes : M. *Wise*. — Défense : G.-F. *Pearce*, sén. — Commerce et douanes : *Massey Greene* ; — Marine : sir J. *Cook*. — Trésor : N... — V.-Prés. du Conseil exécutif : E.-J. *Russel*, sén. — Rapatriement : E.-D. *Millen*. — Ministres honoraires : A. *Poynton*, *Orchard*.

Sénat fédéral ; (élus en déc. 1919 : 1 membre du parti du travail et 35 nationalistes), Prés. : N... — Chambre des Représentants ; (élus en déc. 1919 : nationalistes, 34 ; travaillistes 27, agriculteurs, 14).

Superficie et population.

ÉTATS ET TERRITOIRES.	SUPERFICIE (en kil. carrés.)	POPULATION EN 1911. HOMMES.	FEMMES.	TOTAL.	POPULATION évaluée en 1917
Nouv. Galles du Sud.	801.510	857.698	789.036	1.646.734	1.868.40[illegible]
Victoria	227.610	655.591	659.960	1.315.551	1.402.650
Queensland	1.736.500	329.506	276.307	605.813	681.302
Australie mérid	984.330	207.358	201.200	408.558	429.890
Australie occid	2.527.530	161.565	120.549	282.114	308.530
Tasmanie	67.894	97.591	93.620	191.200	197.337
Terr. du Nord	1.356.130	2.734	576	3.310	5.043
— fédéral	2.360	992	722	1.714	2.742
Confédération	7.703.684	2.313.035	2.141.970	4.455.005	4.895.891

(1) Voir développement ci-après. (2) Ces îles sont administrées par le gouverneur des îles Fiji.

(3) Iles Fanning, 668 kil. q. et 350 hab. ; îles de l'Union et Phénix, 63 kil. q. et 1.109 hab ; îles Santa Cruz et Tucopia, 1.004 kil. q. et 7.700 hab. ; îles Starbuck, Malden, Victoria, 98 kil. q. et 168 hab. ; îles Pitcairn, 5 kil. q. et 169 hab., etc.

niques en Australie.

DETTE (en l. st.)	COMMERCE (en l. st.)		NAVIGATION en tonneaux.	LONGUEUR DES LIGNES (en kilomètres).		
	IMPORTATIONS.	EXPORTATIONS.		CH. DE FER.	TÉLÉGRAPHES.	TÉLÉPHONES.
284.000.000	76.179.639	97.898.150	7.696.887	33.036	121.563	»
»	271.640	156.535	231.008	»	»	6
125.572.515	26.339.283	32.286.937	2.940.000	4.786	22.021	3.315
37.415	878.500	2.254.048	664.354	180	93	1.313
»	46.428	32.520	36.710	»	»	»
»	133.062	87.539	57.336	»	»	»
»	108.783	183.248	»	»	»	»
»	»	»	»	»	»	»
294.787.697	103.959.335	133.898.972	11.636.795	38.002	143.677	4.634

En 1916, l'immigration fut de 63.405 et l'émigration de 197.297, en comprenant dans ces chiffres les arrivées (16.012) et les départs (144.108) du corps expéditionnaire.

Capitale et principales villes en 1911 :

Sydney	632.624	Ballarat	52.551	Broken Hill	31.386
Melbourne	588.971	Bendigo	43.623	Kalgoorlie	31.324
Adélaïde	189.982	Hobart	41.757	Launceston	25.227
Brisbane	139.480	Parramatta	34.558	Rockhampton	20.915
Perth	104.635	Maitland	33.787	Bulli	20.873
Newcastle	62.406	Geelong	33.518		

Religion.

En 1911, on comptait 1.840.443 anglicans, 1.533.201 autres protestants, 921.425 catholiques, 109.345 autres chrétiens, 17.287 juifs.

Armée et marine.

Depuis 1911, un nouveau système de défense nationale (*Compulsory training*) est en vigueur. Tout sujet australien est « junior cadet » de 12 à 14 ans, « senior cadet » de 14 à 18 ans, après quoi, il sert un an dans la milice et pendant 7 ans fait partie des Rifle Clubs.

L'effectif total des forces militaires australiennes en 1916, était de 266.444 hommes (173.967 en 1913) qui se répartissent ainsi : troupes permanentes, 3.462 h. (2.662 en 1913); milice, 70.154 h. (31.281 en 1914) ; Rifle Clubs, 104.184 h. (49.564 en 1914); cadets, 85.959 (88.708 en 1914). — Durant la guerre, l'Australie a fourni un corps expéditionnaire de 330.000 h. sur 417.000 engagés volontaires.

Mouvement économique.

Finances.

Budget du Commonwealth en 1918-19 (en l. st.) : recettes 44.765.000 dont 9.487.438 provenant des douanes et 7.385.543 de l'impôt sur le revenu ; dépenses 45.135.000 dont 26.279.091 pour l'armée et la marine, et 6.270.419 en paiements aux États. — Au budget pour 1918-19, les recettes figurent pour 40.670.500 et les dépenses pour 45.344.595.

Les dépenses de guerre de 1914 à juin 1919 sont évaluées à 311.452.000 l. st. La dette publique au 30 juin 1919 s'élevait à 325.000.000 l. st. Dette totale, 708 millions de l. st.

Finances des États en 1916-17 (en l. st.) :

COLONIES.	RECETTES.	DÉPENSES.	DÉPENSES pour la dette.	DETTES.
Nouv.-Galles du Sud	20.537.935	20.806.633	4.914.211	138.138.347
Victoria	11.761.000	11.800.000	2.706.313	75.504.562
Queensland	7.880.398	8.134.387	2.278.832	61.303.136
Australie mérid.	4.874.608	5.190.453	»	39.364.280
— occid.	4.577.009	5.276.758	1.765.839	35.878.862
Tasmanie	1.369.368	1.412.893	»	14.671.640
	51.010.808	52.621.124	»	364.860.828

Productions et Industries.

L'Australie, qui est encore presque inexplorée dans le centre, possède des régions d'une fertilité reconnue sur les côtes et est le premier pays du monde pour la production des laines fournies en 1916 par 76.865.926 moutons (78.600.334 en 1914), dont 33.713.901 dans la Nouv.-Galles du Sud (y compris le district fédéral). L'élevage se fait également sur une grande échelle et la valeur de sa production en 1915 a été de 65.607.000 l. st. (57.866.000 en 1913). Le cheptel de 1916 comprenait en outre : 2.440.000 chevaux, 10.459.000 bœufs et 1.006.000 porcs.

L'agriculture est florissante et ses principaux produits (blé, vin, sucre, tabac, etc.) ont fourni en 1916 un revenu de 60.206.000 l. st. (46.162.000 en 1913) qui s'accroît de 21.156.000 l. st. représentant la production de beurre, miel et volailles.

En 1916-17, 6.789.777 hectares étaient exploités. Les principales cultures avec leur superficie et leur production étaient, depuis l'année 1906-07, les suivantes, chiffres en milliers d'hectares et en milliers de quintaux :

ANNÉES	FROMENT.		AVOINE.		MAÏS.	
	Surface.	Production.	Surface.	Production.	Surface.	Production.
1906-07	2.420	18.077	235	2.407	131	2.583
1910-11	2.983	25.885	282	2.606	167	3.313
1913-14	3.758	28.126	353	2.851	134	2.330
1916-17	4.666	41.392	293	3.012	129	2.159

Production vinicole en plein développement. Production totale de vin en 1916-17, 5.126.268 gallons (le gallon = 4 litres 54).

Richesses minérales très importantes et en particulier dans la région des Montagnes Bleues. La production minière de 1916 a atteint une valeur de 23.567.974 l. st. qui se répartit ainsi : or, 7.074.673 ; argent et plomb, environ 3.530.078 ; cuivre, 4.625.363 ; charbon, 4.118.201 ; étain, 900.806 l. st.

Gisements de minerai de fer en Tasmanie (Blyth River) ; gisements de minerai de zinc dont la production est presque illimitée. L'exportation en a été réglementée pour une période de dix années après la fin de la guerre. Gisements de manganèse, baryte (N.-E. de Woocalla), sel (lagunes de Lake Hart).

L'exploitation des forêts et les pêcheries ont été pour l'Australie en 1915 d'un rapport de 5.777.000 l. st.

L'industrie manufacturière, qui s'est développée au cours de ces dix dernières années, comptait en 1915, 15.092 établissements employant 321.071 ouvriers et atteignant une valeur de production de 62.883.000 l. st. (61.586.000 en 1913).

Commerce.

Commerce général (en l. st.) en 1917-18 : import. 60.363.144 et export. 75.039.182 ; en 1916-17 : import. env. 76.179.639 et export. env. 97.894.150.

Principaux pays de provenance et de destination en 1916-17 (en milliers de l. st.) :

PAYS.	IMPORT.	EXPORT.	PAYS.	IMPORT.	EXPORT.
Angleterre	39.996	57.843	France	159	4.079
Nouv.-Zélande	2.177	2.996	Allemagne	7	»
Afrique du Sud	279	1.338	Japon	3.382	3.726
Indes anglaises	3.810	2.852	États-Unis	15.528	6.785
Canada	1.599	6.392	Italie	363	4.453

Principaux articles de commerce en 1916-17 (en milliers de l. st.) :

Importation :	
Ouvrages en métaux	8.266
March. textiles	6.302
Vêtement, etc	3.748
Papier	3.335
Laines	3.234
Articles chimiques et drog.	3.130
Huiles	2.915
Machines	2.814
Sacs	2.677
Soieries	2.505
Thé	1.748
Spiritueux	1.744
Sucre	1.639
Bois	1.477
Exportation :	
Laines	28.953
Froment	13.375
Or	11.481
Beurre	5.339
Viande	4.947
Cuivre	4.317
Plomb	4.150
Farine	3.463
Cuirs et peaux	2.274
Moutons	1.541
Suif	1.252
Zinc	1.085

Mouvement Maritime.

Mouvement des ports australiens en 1915-16 :

PAVILLONS.	ENTRÉS.		SORTIS.	
	NOMBRE.	TONNEAUX.	NOMBRE.	TONNEAUX.
Australien	337	552.782	358	565.688
Anglais	691	2.661.946	686	2.642.787
Français	57	89.160	58	90.964
Autres	569	965.596	568	969.429
Total	1.654	4.269.484	1.670	4.268.838

Marine marchande à la fin de 1915 : 1.166 vapeurs (1.172 en 1913) jaugeant 424.776 tonn. et 1.337 navires à voiles (1.599 en 1913) jaugeant 52.398 tonn.

Communications intérieures.

Chemins de fer en 1916 : 33.036 kil. en exploitation : (Victoria, 1.254 kil. ; N.-Galles du Sud, 6.833 ; Queensland, 8.394 ; Australie mérid., 3.793 ; Territ. du Nord, 235 ; Australie occid., 6.292 et Tasmanie, 1.234 kil.). Trafic : env. 274.549.967 voyageurs et env. 27.947.660 tonnes de marchandises ; recettes brutes, 22.229.174 l. st.. et dépenses, 16.249.387.

C'est en 1917 que furent terminés les travaux du Transaustralien en reliant les réseaux du Queensland, de la Nouvelle-Galles du Sud, de Victoria et de l'Australie mérid. à ceux de l'Australie occid. Cette ligne a supprimé l'énorme hiatus de plus de 17.000 kil. qui existait de Port-Augusta à Kalgoorlie.

Postes et Télégraphes (1916) : 8.565 bureaux ; mouvement postal, 520.776.000 lettres et cartes postales ; 1.325.000 télégrammes et câblogrammes ; recettes en 1915-16 : postes, 2.940.681 l. st. ; télégraphes et téléphones, 2.134.400 l. st. ; dépenses : P. T. T. 6.347.537 l. st. — Radiotélégraphie en 1913 · 17 stations Marconi, 27 stations à bord, 30.960 radiotélégrammes.

Monnaies, poids et mesures. — (V. *Royaume-Uni*, p. 838).

Presse.

Principaux journaux : à Sydney : *Daily Telegraph*, *Catholic Press*, *Evening News*, *Le Courrier Australien* (français), *Freeman's Journal* ; *Sydney Morning Herald* ; *The Sun* ; à Melbourne : *The Age*, *The Argus*, *The Herald*, *The Australian*, *Brewers Journal* ; à Perth : *West Australian*, *Daily News* ; à Hobart : *Tasmanian News Mercury*, *Tasmanian Mail*.

Anciennes colonies allemandes du Pacifique.

L'article 119 du traité de paix du 28 juin 1919 a prononcé la renonciation de l'Allemagne en faveur des principales Puissances alliées et associées à tous ses droits et titres sur ses possessions d'outre-mer.

Une décision du Conseil suprême, en date du 7 mai 1919 a confié au Commonwealth d'Australie le manda de gérer les possessions allemandes du Pacifique au Sud de l'Equateur, à l'exclusion des îles Samoa et Nauru. Ce sont :

La *Nouvelle-Guinée*, ci-devant *Kaiser-Wilhelm-Land*;
L'*Archipel Bismarck* ;
Les *îles Salomon*.

On trouvera ci-après des renseignements se rapportant à ces possessions.

L'Allemagne occupait en Océanie depuis 1884 la partie N.-E. de la Nouvelle-Guinée appelée aussi Terre de l'Empereur-Guillaume (*Kaiser-Wilhelm Land*), d'une superficie de 181.650 kil. q. et env. 110.000 hab. A l'administration de la Nouvelle-Guinée, se rattachaient : l'archipel Bismarck acquis en 1884 et les îles Salomon d'une superficie de 57.100 kil. q. et env. 250.000 hab., les îles Carolines orientales et Marshall et les îles Carolines occidentales et Marianes, ce dernier groupe d'une superficie de 2.476 kil. q. avec 55.000 hab. Le siège de la colonie depuis 1910 était Rabaul.

Cette colonie est occupée par les forces australiennes depuis sept. 1914 et est restée depuis sous le régime de l'occupation militaire britannique, qui a débaptisé la plupart des localités, Friedrich-Wilhelmshafen, chef-lieu de la Terre de l'Empereur-Guillaume, est nommé Madang, Adolph Haven, Morobe ; dans l'archipel de Bismarck, l'ancienne capitale Herbertshoehe a repris son ancien nom de Kokopo. Lorengau est resté le chef-lieu des Iles de l'Amirauté.

Le groupe des îles Carolines et Marianes, cédé, à l'exception de Guam qui fut cédée aux Etats-Unis en 1898, à l'Allemagne par l'Espagne, par traité du 12 févr. 1899, était divisé en deux gouvernements, le premier comprenant les îles Carolines orientales et Marshall, ces dernières acquises en 1906 avec siège à Ponapé, le second les Carolines occidentales et les Mariannes avec siège à Yap. Ce groupe a été confié au Japon.

Le budget de la colonie pour l'exercice 1914 s'était équilibré à 3.833.886 m. Le commerce total en 1912 s'était élevé pour le Territoire de l'Empereur-Guillaume et l'Archipel Bismarck à 10.913.000 marks, dont 5.872.000 à l'import. (2.221.000 avec l'Allemagne) et 5.041.000 à l'export. (4.489.000 avec l'Allemagne); pour le groupe des îles Carolines et Mariannes à 10.331.000 marks dont 3.325.000 à l'import. (956.000 avec l'Allemagne) et 7.046.000 à l'export. (1.991.000 avec l'Allemagne).

Principaux articles d'export.: noix de coco, cacao, caoutchouc (Terre de l'Empereur Guillaume), phosphates (4.991.000 m. en 1912, des îles Marshall). Richesses minières considérables mais en grande partie inexploitées.

On comptait en 1912, sur tout le territoire de la colonie, 19 bureaux de postes ayant expédié ou reçu 383.815 lettres, 146.649 journaux et imprimés, 11.848 mandats, 1.727 dépêches et donné 49.178 conversations téléphon.

Relations avec la France.

Représentation du Commonwealth en France.

Bureau commercial, 6, rue Halévy, Paris.

Représentation de la France en Australie.

Consulat général : à Sydney.

Consul général : *Campana* (✱). Chancelier : *Marcus*.

V. Cons. à Melbourne : *Turck*.

Agences consulaires à : Adélaïde ; Brisbane ; Hobart-Town ; Perth et Freemantle, Newcastle.

Institutions diverses.

Enseignement : à Melbourne, Alliance Française, Prés. : Mrs A.-M.-H. *Holroyd ;* à Sydney, Prés. : E. *de Baillou*.

Chambre de Commerce ; à Sydney, 2, Bond str. Prés. : Georges *Playoust*.

Office Commercial Français : Bader, à l'Office National du Commerce extérieur, 3, rue Feydeau, Paris.

Conseillers du commerce extérieur : à Melbourne, Clément *Bourdie*, J. *Chaleyer*, A. *Lamande*, à Sydney : Paul *Chauleur*, Ch. *Hamet*, M. *Séger*.

Assistance : à Sydney, Société française de Bienfaisance. Prés. : *Chauleur*.

Alliance française, à Sydney : *Lamerand*.

Communications avec la France.

Par les Messageries Maritimes, courrier postal tous les 28 jours, de Marseille à Sydney. Colis postaux de 1, 3 et 5 kg. voie de Marseille et voie d'Angleterre. Lettres, papiers d'affaires, échantillons, imprimés : tarif de l'Union Postale, Télégrammes : 3 fr. 4375 par mot.

Bibliographie.

Official Year Book of the Commonwealth of Australia. Annuel.

The Australian Commonwealth. Its Resources and Production. Annuel.

Fitchett (W.-H.). *Australia in the Making*. Londres 1913.

Foster Fraser (J.). *L'Australie. Comment se fait une nation*. Trad. Feuilloy, in-8°, br. 4 fr. Paul Roger. Paris 1918.

Lewin (E.). *The Commonwealth of Australia*. Londres 1917.

Maistre (P.). *Le Commonwealth d'Australie*, in-4° car. 114 p., br. 5 fr. Delagrave. Paris 1913.

Métin (Albert). *Le Socialisme sans doctrines. La question agraire et la question ouvrière en Australie*, in-8, br. 6 fr. 60. F. Alcan. Paris 1910.

N... *Les relations économiques de la France et de l'Australie*, br. 4 fr. A. Lahure. Paris, 1919.

Smith (H.-B.). *The Sheep and Wool Industry of Australasia*. Londres 1914.

NOUVELLE-ZÉLANDE.

Colonie britannique depuis 1840, déclarée, « Dominion » le 9 sept. 1907 et divisée actuellement en 9 provinces. Le pouvoir législatif est entre les mains du Gouverneur (Gouverneur-général depuis 1917) et d'une Assemblée générale composée de deux chambres : le Conseil législatif comprenant 38 membres, nommés par la Couronne, autrefois à vie, maintenant pour 7 ans, et 2 maoris ; à partir du 1er janv. 1920, ce conseil sera électif ; la Chambre des Représentants composée de 80 membres et 4 maoris élus pour trois ans par vote libre de tous les habitants âgés au moins de 21 ans.

Gouverneur général (à Wellington) : **Amiral Lord** *Jellicoe* (4-20).

Conseil des Ministres (1915). Premier ministre, Min. du Travail, de l'Industrie et du Commerce : W.-F. *Massey*. — Min des Finances et des Postes : N... — Défense : Sir J. *Allen*, col. — Chemins de fer : W.-H. *Herries*. — Travaux pub.. W. *Fraser*. — Affaires intérieures : G.-W. *Russell*. — Douanes et munitions : A.-M. *Myers*. — Agriculture et Mines : W.-D.-S. *Macdonald*. — Instruction publ. : J.-A. *Hanan*. — Justice et Marine : T. M. *Wilford*. — Attorney Général et Immigration : Sir F.-H.-D. *Bell* — Aff. indig. : Dr *Pomare*.

Conseil législatif, Speaker : Sir C.-C. *Bowen*. — **Chambre des Représentants**, Speaker : W.-J. *Lang*.

Superficie et population.

Superficie : 270.090 km. q. (France 550.985). Population d'après le recensement du 15 oct. 1916 :

COLONIES ET DÉPENDANCES.	KIL. CARRÉS.	POPULATION.			PAR kil. carré.
		HOMMES.	FEMMES.	TOTAL.	
Nouv.-Zélande (1)	268.264	551.775	547.674	1.099.449	4
Maoris	»	26.475	23.369	49.776	»
Iles Bounty	13		»		
— des Antipodes	52		»		
— Auckland	852	»	»	»	»
— Campbell	184	»	»	»	»
— de Cook, Nine, etc	725	6.449	6.149	12.598	17
Nouv.-Zélande et dépend.	270.090	584.699	577.192	1.161.823	4

Evaluation de la population en 1918 : 1.106.677 et en outre 49.776 Maoris.

Mouvement de la population en 1916 : 8.218 mariages, 28.509 naissances, 10.596 décès (excédent des naissances, 19.913) ; immigration, 21.799 (2) ; émigration (2), 21.163 (excédent de l'immigration 636).

Villes les plus importantes (faubourgs non compris) en 1916 : Auckland, 133.712 ; Wellington (capitale), 95.235 ; Christchurch, 92.733 ; Dunedin, 68.716, Wanganui, 19.517.

Religion.

Il n'y a pas de religion d'Etat. L'Eglise anglicane a six diocèses et l'Eglise catholique possède un archevêque à Wellington qui est assisté d'un archevêque-coadjuteur et de trois évêques. On comptait, en 1911, 806.801 protestants, 140.523 catholiques, 2.128 israélites et 1.501 païens.

Instruction.

Instruction primaire obligatoire de 7 à 14 ans. A la fin de 1916, il y avait 2.355 écoles prim. publiques (5.781 professeurs et 163.156 élèves sur 185.884 inscrits), 37 écoles d'enseignement secondaire (323 professeurs, 7.052 élèves) et 60 écoles supérieures de district (96 professeurs et 2.115 élèves). En outre, 118 écoles indigènes de villages (247 professeurs, 5.182 élèves) et 14 écoles indigènes d'enseignement secondaire (577 élèves). Dépenses de l'Etat pour les écoles indigènes en 1916-17 : 41.792 l. st. On comptait aussi, 305 écoles privées (1.062 professeurs, 23.685 élèves), 7 écoles des mines, 4 écoles normales, 5 écoles centrales d'art, 13 écoles industrielles, etc.

(1) Recensement du 15 octobre 1916.
(2) Corps expéditionnaire non compris.

L'Université de la Nouvelle-Zélande comprend quatre collèges universitaires à Dunedin, Christchurch, Auckland et Wellington. Les dépenses totales de l'Etat pour l'instruction publique se sont élevées, en 1916-17, à 1.689.707 l. st.

Armée.

Depuis 1909, tout sujet Néozélandais est soumis à un entraînement militaire progressif depuis l'âge de 12 ans jusqu'à celui de 25 ans (« Junior cadet » de 12 à 14 ans, « senior cadet » de 12 à 18 ans, soldat dans l'armée territoriale de 18 à 25 ans), après quoi il compte dans la réserve jusqu'à l'âge de 30 ans. L'armée territoriale comportait en 1914 un effectif de 30.000 h. Force du corps expéditionnaire pendant la guerre : 99.650 h. Pertes : 52.000 h. dont 14.500 morts.

Le service dans la marine se fait par voie d'engagement pour une période d'au moins deux ans. En temps de guerre, la flotte est à la disposition du gouvernement britannique.

Mouvement économique.

Finances.

Comptes de 1917 (en milliers de l. st.) : recettes, 18.355 (11.734 en 1913), dont 4.836 des chemins de fer, 3.849 douanes; dépenses, 14.058 (11.082 en 1913), dont 4.014 pour la dette publique, 2.891 pour les chemins de fer et 1.525 pour l'instruction publique. — Budget pour 1917-18 : recettes, 17.287, et dépenses 16.082.

Dette publique nette au 31 mars 1918 : 150 millions de l. st., soit 117 l. st. 18 sh. 2 ct. par tête d'habitant européen.

Productions et Industries.

Les deux tiers de la superficie des terres est praticable à l'agriculture et aux pâturages qui comptent parmi les meilleurs du monde. En 1916, il y avait 6.878.200 hectares de forêts et 6.814.101 hect. de terres cultivées, dont : froment, 88.625 ; avoine, 72.194. Principales productions agricoles (en milliers de quintaux);

	Froment.	Avoine.	Orge.
	—	—	—
1907	1.525	1.981	234
1913	1.397	2.402	284
1917	1.370	1.247	186

Cheptel en 1917 : env. 2.574.288 bêtes à cornes, 373.670 chevaux, 25.270.386 moutons et 283.862 porcs.

La culture proprement dite tend à décroître pour faire place à l'élevage qui prend un caractère industriel : usines frigorifiques (45), usines de conserves, délainages, beurreries, fromageries, fabriques de lait en poudre et condensé, caséine.

Production importante de résine ou kauri-gum.

Industrie manufacturière en 1916 (industrie minière non comprise) : 4.670 établissements (3.163 en 1900) employant 57.823 ouvriers, représentant un capital estimé à 21.951.576 l. st. (7.959.631 en 1900), et une production atteignant la valeur d'environ 45.454.184 l. st. (17.141.149 en 1900).

La Nouvelle-Zélande est réputée pour ses ressources minérales et en particulier pour ses immenses richesses en or. — Valeur de la production minière en 1916 (en milliers de l. st.) : or, 1.199 ; charbon : consommé 964.476, exporté 327 ; argent. 85 ; minerai de tungstène, 49 : autres minerais, scheelite, etc., 15.

Commerce.

Commerce de 1917 (en l. st.) : import., 20.742.124 (22.288.302 en 1913) ; export., 30.613.154 (22.986.722 en 1913).

Principaux pays de provenance et de destination en 1913 et 1917 (en milliers de l. st.) :

	IMPORTATIONS		EXPORTATIONS	
	1913	1917	1913	1917
Etats-Unis	2.107.990	3.900.925	912.658	1.894.317
Royaume-Uni	13.312.193	8.647.361	18.130.160	25.333.371
Australie	2.914.848	3.657.948	2.315.747	1.247.1[illegible]7
France	150.777	33.731	178.336	481.792
Fiji	738.751	1.203.372	116.496	138.684
Japon	151.106	628.822	2.901	4.388
Allemagne	687.935	733	337.448	6

Principaux articles de commerce en 1916 (en milliers de l. st.)

Importation :		Sucre	987	Viandes frigorifiées	7.271
Objets en fer et en		Produits chimiques	891	Beurres, fromages	6.147
acier, machines	3.777	Vins, spiritueux	873	Cuirs et peaux	1.667
Vêtements	2.878	Tabac, cigares	718	Or	1.199
Automobiles et cycles	1.669	Fruits	458	Suif	785
Numéraire	1.294	Thé	386	Gomme kauri	340
Papier, livres	1.118	*Exportation :*		Charbon	327
Huiles	1.002	Laines	12.386	Conserves de viande	250

Navigation et communications intérieures.

Mouvement maritime (1916) : Entrés 574 navires jaugeant 1.448.517 tonn. et sortis 590 navires jaug. 1.491.593 tonn.

Marine marchande en 1916 : 580 navires jaugeant 92.295 tonn., dont 190 navires à voile jaug. 21.853 tonn. et 390 vapeurs jaug. 70.442 tonn. Principaux ports : Auckland (1.211.300 t. en 1916) et Wellington (1.159.300 t.).

Chemins de fer (1917) : 4.809 kil. en exploitation dont 46 de voies privées ; en 1916-17, recettes de l'Etat, 4.800.810 l. st. ; dépenses, 2.926.864 ; bénéfice net, 1.873.946 l. st. — *Postes* en 1916 : 2.379 bureaux ; mouvement postal : 242.121.361 lettres et cartes-lettres, 8.133.697 cartes postales, 48.868.587 imprimés et livres, 41.807.999 journaux, 6.085.103 paquets et 669.355 mandats-postes émis et 567.184 mandats payés. — *Télégraphes* en 1916 : 2.203 bureaux, 2 stations Marconi, 17 stations de bord, 22.021 kil. de lignes, 48.051 kil. de fils, nombre des dépêches 10.875.120. — *Téléphones* en 1916 : 58.976 stations et postes, 8.315 kil. de lignes, 206.837 kil. de fils, 4.382.823 communications données au public dans les bureaux. — P. T. T. : recettes, 1.809.317 l. st., et dépenses, 1.370.810 l. st.

Monnaies, poids et mesures. — (V. *Royaume-Uni*, p. 950).

Presse.

Principaux journaux : à Wellingthon, *New-Zealand Times, Daily Evening Post, Dominion* ; à Auckland, *New-Zealand Herald, Auckland Evening Star, Auckland Weekly News* ; à Christchurch, *The Press, Canterbury Times, Lyttleton Times* ; à Dunedin, *Otago Daily Times ; Christian Outlook, Evening Star*.

Iles Samoa.

Une décision du Conseil suprême, en date du 7 mai 1919, a confié à la Nouvelle-Zélande le mandat de gérer les îles Samoa allemandes. On trouvera ci-après des renseignements et chiffres se rapportant à ces possessions :

Dans l'archipel des îles Samoa ou îles des Navigateurs, situé dans l'O. de l'Océan Pacifique à 2.570 milles de Sydney, l'Allemagne possédait depuis l'accord du 14 nov. 1899 avec la Grande-Bretagne, les îles Savaï et Oupolou et quelques autres petites îles. Superficie 2.572 kil. q. : 37.540 hab. indigènes soit 14 par kil. q. et 557 Européens en 1912. Apia, situé dans l'île d'Oupolou et siège de la colonie, fut occupé par les forces britanniques dès le 29 août 1914, tandis que les îles situées plus au Nord furent capturées par les Japonais. Les îles au N. de l'Equateur sont actuellement administrées par le Japon, celles au S. par l'Australie et la Nouvelle-Zélande.

Le budget de l'exercice 1914 s'équilibrait à 1.374.354 marks. Le commerce total en 1912 s'était élevé à 10.038.000 marks dont 4.994.000 à l'import. (986.000 avec l'Allemagne), en charbon, articles en fer, armes, etc., 5.044.000 à l'export. (2.536.000 avec l'Allemagne) en copra, cacao, café, vanille provenant presque entièrement d'Oupolou. En 1912, 121 navires, jaugeant 84.000 tonnes étaient entrés à Apia ; en 1915, sur 72 navires jaugeant 63.100 tonnes qui y étaient entrés, 51 étaient britanniques. Service régulier avec la Nouvelle-Zélande. Stations de T. S. F. à Apia et Nauru.

Représentation de la France en Nouvelle-Zélande.

Vice consulat à Auckland. Chancelier chargé du V.-C[t] : *Hippeau*.

Agences consulaires à : Christchurch, Dunedin, Wellington.

Club Français d'Auckland. Prés. : *Rigcreau* ; Cercle littéraire français de Wellington. Prés. : Cap. *Barclay*.

TONGA (ILES) ou ILES DES AMIS

Gouvernement et Constitution. — Royaume. Monarchie constitutionnelle avec une assemblée législative qui est composée par moitié de membres de la noblesse héréditaire et de membres élus par le peuple (31 membres). Depuis le commencement du XIXe siècle, le royaume comprend trois groupes d'îles (le groupe Haafuluhao, le groupe Haabai et le groupe Tonga) et 4 îles isolées dans la partie méridionale du Pacifique. Traités d'amitié conclus avec l'Empire d'Allemagne (1er nov. 1876), la Grande-Bretagne (29 nov. 1879) et les États-Unis d'Amérique (1er août 1886). Par suite du traité du 8 mai 1889, conclu entre l'Empire d'Allemagne et la Grande-Bretagne, ces îles ont été placées sous le protectorat britannique.

Pavillon : rouge, contenant à l'angle supérieur près de la hampe d'une croix rouge sur un fond blanc.

Reine : *Salote*, a succédé à son père, George II, le 29 avril 1918.

Premier ministre et min. des Aff. étrangères : J. *Tuivakano* ; Haut Commissaire brit. (à Souva) : le gouv. des îles Fiji ; Consul brit. à Tonga : Islay Mc. *Owan*.

FIJI (ILES).

Colonie britannique depuis oct. 1874, administrée par un Gouverneur assisté d'un Conseil exécutif et d'un Conseil législatif, ce dernier comprenant 12 membres nommés, 7 élus, et 2 indigènes.

Superficie, Population. Budget et Commerce, voir tableaux, p. 876 et 877.

Suva, siège du gouvernement, compte une population européenne de 1.376 hab.

Productions et industries. — Principales cultures : canne à sucre, 27.008 hectares ; noix de coco, 18.508 ; riz, 7.474 ; bananes, 1.159. Cheptel (1917) : 7.600 chevaux et mulets 46.200 espèce bovine ; 11.240 espèce caprine.

Commerce. — (1917) : importations 1.011.408 l. st. (903.968 en 1913) ; exportations 2.068.491 l. st. (1.425.940 en 1913). Principales importations : draperies, farine, biscuits quincaillerie ; principales exportations : sucre, copra, caoutchouc.

Communications : avec la Nouvelle-Zélande, l'Australie, le Canada. Tonnage total, entrée et sortie (1917) : 712.069 tonnes dont 676.900 britanniques.

Bibliographie.

New-Zealand Official Year Book. Annuel (26e année). Wellington.

Rapports Annuels sur l'Agriculture, le Travail, les Mines. Annuels, Wellington.

Fijian Annual Blue Book et Colonial Office Report.

Caillot (A. C. E.) *Les Polynésiens orientaux au contact de la civilisation*. Paris 1910.

Friederici (G.) *Malaio-Polynesische Wanderungen*. Leipzig 1914.

Hight (J.) and Bamford (H.-D.). *The Constitutional History and Law of New-Zealand*. Londres 1915.

Lusk (H.). *Social Welfare in New-Zealand*. Londres 1913.

Métin (Albert). *Le Socialisme sans doctrines*, in-8°, br. 6 fr. 60. F. Alcan. Paris 1910.

N... *Les relations économiques de la France et de la Nouvelle-Zélande*, br. 3 fr. A. Labor. Paris 1919.

Thomson (R.-P.). *A National History of Australia, New-Zealand and the adjacent Islands*. Londres 1917.

ÉQUATEUR
(RÉPUBLIQUE DE L')

Constitution et Gouvernement. — République (de 15 provinces, un territoire oriental et un archipel de Colon) indépendante depuis le partage, en 1830, de la République nommée la Grande Colombie. — Constitution de 1830, modifiée 23 décembre 1906. — Congrès National (deux chambres), se réunit annuellement. Sénat : 30 membres (2 par province) âgés au moins de 35 ans, élus pour 4 ans ; Chambre des Députés : 48 membres (1 représ. par 30.000 hab.), élus pour 2 ans : sessions annuelles à Quito tous les ans pendant 60 jours à partir du 10 août. Les élections pour les deux Chambres s'opèrent par vote direct de la nation.

Pavillon de guerre et de commerce : Trois bandes horizontales jaune, bleue et rouge ; la bande jaune deux fois plus large que les autres. *Ordres et Décorations*: néant.

Président de la République : Luis TAMAYO (févr. 1920-1924). *V.-Prés.* : le Prés. du Sénat.

Ministère : Aff. étr. et Postes et Télégr. A. *Aguirre Aparicio.* — Int., Police., Trav. publ., Cultes, Bienfaisance publ. : Dr *José M. Aparicio.* — Instr. publ., et Justice., Agricult. forêts : Dr *Manuel Ed. Escudero.* — Fin. et mines, etc. *M. Miguel G. Hurtado.* — Guerre et Marine : *M. Rafael Pino R.*

Congrès : Sénat, Prés. : J. *Burbano Aguirre.* — Ch. des Députés, Prés. : M. A. *Albornoz.*

Superficie : env. 307.243 k. q. *Population :* évaluée en 1916 à 2.090.000 h. — *Prov. princ.* : Pinchincha (256.000), Guayas (192.000), Azuay (192.000), Chimborazo (160.000), Leon (140.800), Tungurahua (136.960) ; majorité de la popul. composée de métis ; peu d'hab. de pure race européenne ; 400.000 Indiens. *Villes princ.* : Quito (capitale) 80.000 h. ; Guayaquil, 106.000 h. ; Cuenca, 50.000 h.

Religion et Instruction : Liberté absolue des cultes. Archev. à Quito et 6 év. suffrag. Mariage civil oblig. depuis 1902. Instruct. prim. gratuite et obligatoire. En 1916, écoles prim. : 1.460 (85.241 élèves) ; collèges, 17 (1.740 élèves) dont 135 écoles et 4 collèges particul., 4 écoles normales (590 élèves), 3 universités (565 élèves), dont l'Univ. centrale de Quito (1787) ; écoles de commerce et techniques à Quito et Guayaquil ; école d'agriculture à Ambato. Enseignement de l'anglais, du français et de l'allemand. Budget pour l'Instr. publ. en 1916 : 1.150.000 sucres (1).

Justice : Cour Suprême à Quito ; trib. de 2e inst. à Cuenca, Quito, Guayaquil, Loja, Portoviejo, Riobamba ; 23 justices canton. 359 paroiss. et 85 avocats inscrits.

Armée : Service milit. en principe oblig. (loi 1902) de 18 à 32 ans (armée perman.), de 32 à 45 (garde nationale). Effectif régulier : 7.810 h. — *Flotte :* 1 crois., 1 contre-torp., 1 torp.

Corps diplomatique à Quito et Consulats.

Allemagne, E. e. et M. pl. : N...
Amérique (Etats-Unis), E. e. et M. pl. : Ch. S. *Hartmann*. C. G. à Guayaquil : F.-W. *Goding*.
Argentine, République, E. e. et M. pl. : Jacobo *Peuser* ; C. G. à Quito : Enr. *Hayton*.
Autriche, Ch. d'aff. : N...
Belgique, V. Pérou, Corps dipl. Cons. à Guayaquil : Geo. *Chambers Vivero*; Quito: *Sanchez Carbo*.
Bolivie, Cons. à Guayaquil : H. *Moria* ; Quito : N. *Palacios*.
Brésil, E. e. et M. pl. : *Jarbas Loreti da Silva Lima*. C. G. à Quito : *Garcia Moreno*.
Chili, E. e. et M. pl. : V. *Eastman Cox*. C. G. à Guayaquil ; G. *Mundt*.
Colombie, E. e. et M. pl. : Mig. *Arroyo Diez*, C. G. à Guayaquil : L. *Lotero*.
Costa Rica, Cons. à Guayaquil : Rod. *Arrarte*.
Cuba, E. e. et M. pl. : B. *Giberga*. Cons. à Quito : Ed. *Laborde*.
Danemark, Cons. à Guayaquil : H. *Glaesel*.
Dominicaine (Rép.), C. G. à Quito : C.-C. *Espinosa*.
Espagne, Ch. d'aff. : Angel *Sanchez Verra* ; Cons. à Quito, le ch. d'aff. : J. *Albinana*.
Finlande, Cons. à Quito : N...
France, V. Relations.
Grande-Bretagne, E. e. et M. pl. : v. Pérou ; Ch. d'aff. : H. W. *Wilson* ; Corps dipl. Cons. à Guayaquil, Quito.
Grèce, Cons. à Guayaquil.
Guatemala, Cons. à Guayaquil : J. *Marcos*.
Honduras, Cons. à Guayaquil : E. *Jaramillo* A.
Hongrie, Cons. à Guayaquil : N...

Italie, E. e. et M. pl. : Agnoli *Ruffillo*. Cons. à Guayaquil : A. *Roggiero* ; Quito : B. *Borgiano*.
Mexique, Cons. à Guayaquil ; Quito : J. J. *Andrade*.
Nicaragua Cons. à Guayaquil : J.-A. *Campos* ; Quito : L.-F. *Borja*.
Norvège, Cons. à Guayaquil : H. *Rickert*.
Panama, C. G. à Guayaquil : G. *Garcia de Paredes*.
Paraguay, C. G. à Quito : C.-M. *Tobar y Borgono*.
Pays-Bas, Cons. à Guayaquil : J. *Schotel*.
Pérou. E. e. et M. pl. : *Tesanos Pinto* ; C. G. à Guayaquil : R. *Muelle*.
Pologne, C. G. à Quito : N...
Portugal, Cons. à Guayaquil : J. *Burbano Aguirre*.
Russie, Cons. à Guayaquil : N...
Salvador, Cons. à Guayaquil : J.-G. *Vallarino*.
Suède, Cons. à Guayaquil : C. *Rickert* ; Quito : L. *Söderström*.
Suisse, Cons. à Guayaquil : E. *Müller*.
Uruguay E. e. et M. pl. : v. Pérou, Corps dipl. Cons. à Guayaquil : C. Carlos *Baille* C. G. : Quito : J. *Mateus*.
Venezuela, Cons. à Guayaquil : C. *Destruge* ; Quito : L. *Seminario*.

Mouvement économique.

Finances : Budget 1917 : Recettes : 18.523.630 s. dont le principal revenu est : Impôts d'export. et import. — Dépenses : 17.964.930. — Dette publ. en 1917 : extér. : 31.756.130 s. : intér., 18.168.440 s.

Productions et Industries : Deux zones agricoles : dans la région côtière et les basses vallées des rivières, cultures tropicales ; dans les contrées de collines et de montagnes, élevage, pâturage, production de foin, de grains, de fruits et légumes de climats tempérés. — Le princip. produit est le cacao (Los Rios et prov. côtières) ; plantations de café, de caoutchouc (districts de Balzar et de Tenguel et prov. de Manabi et Esmeraldas) ; ivoire végétal et sucre, riz, bananes, maïs, etc. ; forêts riches en bois de teinture, de quinquina, etc. ; bois de constructions, bambou, etc. Pays aurifère ; minerais d'argent à Pillghum (Canar) : puits de pétrole ; contrées riches en cuivre, fer, plomb et charbon ; grandes quantités de soufre (district de Chimborazo et îles de Galapagos).

La fabrication des chapeaux dits de Panama est presque exclusive aux centres suivants : Montecristi, Jipijapa et Cuenca. 13 distilleries, 3 brasseries et 5 fabriques de chocolat.

Commerce 1914 (en sucres) : import. 17.270.000 s. ; export. : 26.886.000 s.
— 1916 — : — 19.197.800 s. ; — : 36.151.630 s.

Importations et Exportations (en milliers de sucres) :

PAYS.	IMPORTATIONS.		EXPORTATIONS.	
	1914	1917	1914	1917
Etats-Unis	5.700	3.333	7.383	6.953
Grande-Bretagne	4.968	1.417	2.532	102
Italie	801	109	581	39
France	672	188	9.132	1.130
Allemagne	2.476	»	1.770	»

Princip. articles d'export. : ivoire végétal 950.000 s. ; chapeaux : 2.000.400 s. ; café : 1.211.000 s. ; peaux : 594.290 s. ; caoutchouc : 403.500 s. ; cacao : 20.769.000 s. (en 1914).

Mouvement maritime : entrés au port de Guayaquil, en 1915 : 188 nav. jaug. 321.643 tonnes ; sortis : 190 nav. jaug. 328.533 t.

Communications intér. : *Chemins de fer* (1915), 450 km. Postes (1915) : 194 bureaux ; mouv. postal : 7.303.262 lettres et paquets. Télégraphes : 204 bur. ; 400.000 télégr. ; 12.000.000 mots ; 7.015 km. de lignes. Téléph. 2.926 appareils (2.250 app. à Guayaquil) : 4.529 km. de fils ; 4 stations de T. S. F. installées par la Sté française Radio-Electrique.

Monnaies, poids et mesures. Or : *condor*, de 10 sucres ; piastre forte ou *sucre* (valeur nominale 5 fr., réelle 2 fr. 50) divisée en 100 centavos.

Système métrique décimal français adopté depuis 1853 ; on emploie encore les anciens

(1) Un sucre = 2 fr. 50.

poids et mesures espagnols basés sur la « vara » = 0 m. 848 et l' « arroba » = 4 cuartos = 16 litres 14.

Journaux princ. : « El Comercio » à Quito ; « El Dia » à Quito ; « El Telegrafo » à Guayaquil ; « El Guante » à Guayaquil ; etc.

Relations avec la France.

Traités et Conventions :

COMMERCE : Convention du 30 mai 1898. Traitement réciproque de la nation la plus favorisée. — CONSULS, ÉTABLISSEMENT : Traité du 6 juin 1843 (les clauses commerciales ne sont pas en vigueur). — PROPRIÉTÉ INDUSTRIELLE : Convention du 17 mars 1900 pour la protection réciproque des marques de fabrique et de commerce. — PROPRIÉTÉ LITTÉRAIRE ET ARTISTIQUE : Convention du 9 mai 1898.

Réprésentation de l'Équateur en France :

Légation et Consulat gén. à Paris, av. Wagram, 91 (17e), de 14 à 17 h. T. Wagram, 25-70.

Envoyé extraord. et min. plén. : Don *E. Dorn y de Alsua* (1914).

1er Secr. : *Gonzalo Zaldumbide*. — 2e Secr. : Luis *Cueva* — Attaché Mil. : Cap. *Luis Clemente Canales*. — Consul Gén. : Dr *Alejandro Villamar*. Consulats à Bordeaux, Le Havre, Marseille, St-Nazaire.

Représentation de la France en Équateur :

Ministre résident : M. L. *de Francqueville*, à Quito. — Cons. gén, à Quito : N.........; Chanc. : *Soupey* (10-19). Agent consulaire à Guayaquil : *M. Higgins*, ✻.

Cons. du commerce extérieur à Quito : Gaston *Charpentier*.

Sœurs de St-Vincent de Paul : Sœurs des Sacrés Cœurs et de l'Adoration perpétuelle ; Congrégations des Lazaristes ; Rédemptoristes ; Frères de la Doctrine chrétienne.

Communications :

Voyage en 20 jours, via New-York (en temps normal). — Lettres, papiers d'aff., cartes post., tarif de l'Union postale. Télégr. : 3 fr. 40 le mot. Colis postaux : *via* Bordeaux ou St-Nazaire : 1 kgr., 3 fr. 75 ; *via* La Rochelle-Pallice : 1 kgr., 4 fr. 75.

Bibliographie.

El Ecuador (Guia Comercial Agricola e Industrial de la Republica), Annuel, Quito.
Monthly Bulletins of the Bureau of the American Republics, Washington.
Enock (C. R.), *Ecuador*, Londres, 1914.
Stabler (J. H.). *Travels in Ecuador. Geographical Journal*. Londres, oct. 1917.

ESPAGNE

(ROYAUME D')

Monarchie constitutionnelle et héréditaire dans les lignes masculine et féminine de la Maison de Bourbon-Anjou ; le roi atteint sa majorité à l'âge de 16 ans. Constitution du 30 juin 1876. Le Sénat se compose au maximum de 180 membres de droit et à vie (princes du sang, grands d'Espagne ayant une rente ou un revenu annuel prouvé de 60.000 pesetas, les premiers fonctionnaires de l'État et les Sénateurs nommés par la Couronne) et de 180 membres élus par les corporations de l'État et les citoyens les plus imposés, et renouvelés par moitié tous les cinq ans. La Chambre (Congrès) des Députés comprend 404 membres (1 député par 50.000 hab.) élus pour 5 ans par les collèges électoraux. Pour le droit électoral ainsi que pour l'éligibilité, il faut avoir atteint l'âge de 25 ans. Les Chambres (Cortès) se réunissent tous les ans.

Pavillon de guerre: Trois bandes horizontales, rouge, jaune et rouge ; la bande jaune un peu plus large que les autres et chargée près de la hampe d'un écusson oval, couronné d'or et portant les armes de l'Espagne. *Pavillon de commerce;* Cinq bandes horizontales alternativement jaune et rouge, la bande jaune du milieu ayant le double de largeur.

Ordres et décorations: O. de la Toison d'Or ; O. militaire de St-Ferdinand, fondé en 1811 et comprenant 5 classes ; O. militaire de St-Jacques (1175 ; 3 cl.) ; O. militaire d'Alcantara (1156) ; O. militaire de Calatrava (1158) ; O. militaire de Notre-Dame-de-Montesa (1319) ; O. militaire de St-Herménégilde (1814 ; 3 cl.) ; O. Royal Illustre de Charles III (1771 ; 4 cl.) ; O. royal d'Isabelle-la-Catholique (1815 ; 3 cl.) ; O. du Mérite militaire (1864 ; 4 cl.) ; O. du Mérite naval (1866 ; 4 cl.) ; O. de la Bienfaisance (1856 ; 4 cl.) ; O. militaire de Marie-Christine (1890 ; 3 cl.) ; O. civil d'Alphonse XII (1902) ; O. civil du mérite agricole (1905).

Ordre pour Dames : O. des Dames Nobles de Marie-Louise (1792).

Souverain : S. M. ALPHONSE XIII, né le 17 mai 1886, fils posthume et du second lit du roi Alphonse XII ; proclamé roi, le jour de sa naissance, sous la régence de sa mère Marie-Christine, Archiduchesse d'Autriche ; couronné et sacré le 17 mai 1902 ; marié le 31 mai 1906 à *Victoria-Eugénie-Julia-Ena*, Princesse de Battenberg, née le 24 oct. 1887.

Enfants du roi : 1° Infant *Alphonse*, Prince des Asturies, né le 10 mai 1907 ; 2° Infant *Jaime*, né le 23 juin 1908 ; 3° Infante *Béatriz*, née le 22 juin 1909 ; 4° Infante *Marie-Christine*, née le 12 déc. 1911 ; 5° Infant *Jean-Charles*, né le 20 juin 1913 ; 6° Infant *Gonzalo*, né le 24 oct. 1914.

Ministère (décembre 1919). Président du Conseil : Manuel *Allende Salazar* ; Intérieur : Fern. *Prida* ; Affaires étr. : marquis *de Lema* ; Finances : comte *de Bugalall* ; Guerre : général *Villalba* ; Marine : Amiral *Florez* ; Ravitaillement : *Teran* ; Instruction publique : *Latanio Rivas* ; Travail : Am. *Gimeno* ; Justice : P. *Garnica*.

Corps législatif : Sénat (juin 1919) : Mauristes et Ciervistes : 32 ; Datistes : 47 ; Libéraux : 47 ; Divers : 1. Prés. : N... ; V. Présidents : N...

Congrès (juin 1919) : Mauristes et Ciervistes : 112 ; Datistes : 95 ; Démocrates : 48 ; Romanonistes : 41 ; Régionalistes : 22 ; Albistes : 30 ; Divers : 60. Prés. : J. *Sanchez Guerra* ; V.-Présidents : N...

Superficie et population.

La population totale s'élevait en 1910 à 19.995.686 habitants dont 19.933.694 Espagnols (19.923.077 de naissance et 10.617 naturalisés) et 61.992 étrangers (21.[illegible] Français, 12.9[illegible] Portugais, 7.559 Anglais). Evaluation au 31 déc. 1918 : 20.719.598 hab.

Superficie : 505.207 kmq. Villes principales (décembre 1916) :

	POPULATION.		POPULATION.
Madrid (cap.)	648.760	Cadix	66.106
Barcelone	621.419	Cordoue	72.316
Valence	245.871	Santander	72.373
Séville	164.322	Sta Cruz (Canaries)	79.889
Malaga	140.975	Las Palmas	69.758
Murcie	133.012	Jerez	62.628
Saragosse	124.455	Alicante	58.068
Carthagène	102.542	Gijon	55.248
Bilbao	100.461	Oviédo	55.913
Grenade	82.726	Saint-Sébastien	56.779
Valladolid	71.838	Alméria	48.614
Lorca	70.807	La Corogne	60.483
Palma	67.544		

Population des provinces évaluée au 31 déc. 1916 :

PROVINCES.	kil. c.	POPULATION.	PROVINCES.	kil. c.	POPULATION.
Alava	3.045	98.318	Lérida	12.151	291.344
Albacète	14.863	283.434	Logrono	5.041	189.895
Alicante	5.799	501.958	Lugo	9.881	482.279
Almérie	8.778	392.008	Madrid	8.002	942.459
Avila	8.047	213.313	Malaga	7.285	530.126
Badajoz	21.848	639.587	Murcie	11.317	630.655
Baléares	5.014	332.756	Navarre	10.506	318.110
Barcelone	7.691	1.192.496	Orense	6.979	418.354
Biscaye	2.165	376.499	Oviédo	10.895	716.022
Burgos	14.196	351.394	Palencia	8.434	199.068
Cacères	19.961	420.131	Pontevedra	4.391	514.019
Cadix (avec Ceuta)	7.323	478.486	Salamanque	12.321	340.256
Canaries	7.273	493.995	Santander	5.460	321.371
Castellon	6.465	321.672	Saragosse	17.424	473.113
Ciudad-Real	19.741	418.605	Ségovie	4.062	172.488
Cordoue	13.727	530.971	Séville	16.943	620.849
Corogne	7.903	698.397	Soria	10.318	159.247
Cuenca	17.193	282.406	Tarragone	6.490	333.032
Gérone	5.865	330.331	Téruel	14.818	256.945
Grenade	12.529	548.133	Tolède	15.334	438.071
Guadalajara	12.192	215.672	Valence	10.758	905.531
Guipuzcoa	1.885	247.194	Valladolid	8.170	287.283
Huelva	10.090	340.560	Zamora	10.615	272.208
Huesca	15.149	249.265	Total	505.207	20.747.893
Jaén	13.480	561.279			
Leon	15.377	399.790			

Colonies (V. p. 897).

Religion.

Entière liberté des cultes. La religion catholique est la religion d'État et celle de presque toute la population, à part 30.000 hab. dont 7.000 protestants et 4.000 israélites. Concordat du 6 mai 1851 dont on négocie actuellement le remaniement. Une subvention d'environ 41.000.000 pesetas, assurée par la Constitution, est prévue annuellement au budget en faveur de l'église catholique. L'organisation du culte comprend 9 archevêchés et 47 évêchés suffragants. En 1915, il y avait 67 cathédrales, 18.049 églises paroissiales, 17.541 chapelles et sanctuaires et 37.376 prêtres. Nombreuses communautés religieuses.

Instruction.

Le recensement de 1910 accuse un grand nombre d'illettrés. 38,59 p. 100 seulement de la population savait lire et écrire à cette date. L'instruction primaire n'est obligatoire que depuis la loi du 9 juin 1909 ; l'enseignement public primaire est à la charge du gouvernement depuis 1902 (40.240.060 pesetas au budget de 1916). Il y a environ 26.108 écoles publiques et 5.669 privées instruisant 2.604.306 élèves et 59 institutions d'enseignement secondaire avec 48.750 élèves.

L'Espagne possède 11 Universités (env. 20.507 étudiants) à Barcelone (f. en 1450), Granada (f. en 1526), Madrid (f. en 1590), Murcia, Oviedo (f. en 1317), Salamanque (f. en 1230), Santiago (f. en 1501), Séville (f. en 1254), Valence (f. en 1245), Valladolid (f. en 1260) et Saragosse (f. en 1474). Il y a, en outre, une Faculté de médecine à Cadix (f. en 1748) qui est reliée à l'Université de Séville, et à Madrid, une École spéciale d'Ingénieurs (f. en 1802), une École Supérieure Centrale, une École Centrale des Ingénieurs Industriels, une Ecole supérieure d'Architecture, une École supérieure de Commerce, un Institut d'Hygiène militaire une École spéciale de Vétérinaires, une École spéciale d'Ingénieurs agronomes, un Institut océanographique, etc. Les dépenses totales pour l'Instruction publ. et les Beaux-Arts se sont élevées en 1917 à 74.355.989 pesetas. Un Institut de recherches scientifiques a été créé en 1910 sous le nom de « Junta para ampliacion de Estudios ».

D'autre part, à Madrid, fonctionne l'*Institut français d'Espagne* créé par les deux Universités de Bordeaux et de Toulouse qui l'administrent en commun et qui comprend une *Ecole des hautes études hispaniques*, analogue aux écoles d'Athènes et de Rome, appliquée à l'étude de la langue, de la littérature, de l'histoire de l'art et de la civilisation de l'Espagne et dont les travaux constituent la Bibliothèque de l'*Ecole des hautes études hispaniques* et une *Union des étudiants français et espagnols*, dirigée par l'Université de Toulouse qui est en réalité une Ecole supérieure d'espagnol pour les Français qui se destinent à l'enseignement de l'espagnol et un centre d'études françaises à l'usage des Espagnols. A l'Institut, est adjointe une Bibliothèque française.

Justice.

Le « Poder Judicial » (Pouvoir judiciaire) appartient à des « Tribunales » et des « Juzgados » (tribunaux et cours). Il y a un « Tribunal supremo » (Tribunal suprême), 15 « Audiencias Territoriales » (Hautes Cours divisionnaires), 34 « Audiencias Provinciales » (Hautes cours provinciales), 498 « Juzgados de Primera Instancia » (cours de 1re instance), 9.317 « Juzgados Municipalez » (cours de districts).

Armée et marine.

Depuis le 27 fév. 1912, le service militaire est obligatoire à partir de l'âge de 21 ans, pour une durée de 18 ans dont 3 ans dans l'armée active, 5 ans dans la seconde « situation » du service actif, 6 ans dans la réserve et 4 ans dans la réserve territoriale. Il y a 8 régions militaires.

L'effectif de paix de l'armée en 1920 est de 216.000 hommes avec 14.739 officiers ; l'effectif de guerre serait d'environ 300.000 combattants et 90.000 hommes de troupe de réserve. L'armée de 1re ligne compte 16 div. d'inf. chacune à 2 brig. et 1 brig. d'art. Armée coloniale (environ 70.000 hommes).

La flotte se compose de 56 bâtiments dont 4 cuirassés (dont 3 dreadnoughts de 15.400 t. : *Espana*, *Jaime I* et *Alfonso XIII*, vitesse 21 nœuds, lancés respectivement en 1912, 1914 et 1913); 6 croiseurs : *Carlos V*, 10.000 t. 19 n., 1895 ; *Rio de la Plata*, 2.000 t., 19 n. 5, 1898 ; *Princesa de Asturias* et *Cataluna*, 7.500 t. 18 n.: *Extremadura*, 2.150 t. 19 n., 1900 ; et *Reina Regente*, 5.830 t. 19 n. 5, 1903 ; 7 contre-torpilleurs, 25 torpilleurs, 12 canonnières, 4 sous-marins, etc. Personnel de la marine en 1919 : 862 officiers, 64 aspirants et 10.051 marins ; 53 officiers d'artillerie de marine, 312 d'infanterie de marine et env. 9.559 hommes.

Corps diplomatique à Madrid et consulats.

Allemagne, Ch. d'aff. (Castellana, 4) : N... ; Cons. de Lég. : *de Hoesch*.

Amérique (États-Unis), Amb. (Zurbano, 5) : J.-E. *Willard*. 1er Secr. : A.-R. *Magruder* ; Cons. à Barcelone : C.-B. *Hurst*, C. G. ; Madrid : E.-E. *Palmer*.

Argentine (Rép.), Amb. (Alarcón, 10) : N... ; Cons. à Barcelone : A. *Gache*, C. G.

Autriche, Ch. d'aff. : N...

Belgique, E. e. et M. pl. (Jenner, 8) : Bar. *de Borchgrave* ; Cons. : Bar. H. *de Woelmont* ; Cons. à Alicante ; Alméria ; Barcelone ; Bilbao : E. *Querin* ; Cadix ; La Corogne ; Gijon ; Grenade ; Huelva ; Las Palmas ; Madrid : F. *Gillis* ; Malaga ; Palma ; St. Sébastien.

Bolivie, E. e. et M. pl. : N... Cons. à Barcelone : A. *Sangines*, C. G. ; Madrid : R. *Suarez*.

Brésil, E. e. et M. pl. (Juan de Mena, 10) ; Alc. *Peçanha* ; 1er Secr. : C. *Taylor* ; Cons. à Barcelone : L. *Borges da Fonseca*, C. G.

Chili, E. e. et M. pl. (Carrera de San Francisco, 4) : D.-J. *Fernandez Blanco* ; Cons. à Barcelone : A. *de la Cruz*, C. G.

Chine, E. e. et M. pl. (Nunez de Balboa) Tai Tch'nne Linne.

Colombie, E. e. et M. pl. (Nunez de Balboa, 8), D. Fr. J. *Urrutia* ; Cons. à Barcelone : J.-M. *Ortega y Valencia*.

Costa-Rica, V. France, Corps dipl. Cons. à Barcelone : C. *Nieto*, C. G.

Cuba, E. e. et M. pl. (26 Alfonso XII), Dr Mario *Garcia Kohly*.

Danemark, v. France, Corps dipl. ; Cons. à Barcelone : H. *Enberg* ; à Madrid : Ch. *Franzen*.

Dominicaine (Rép.), v. France, Corps dipl. Cons. à Barcelone : A. *Basil*.

Equateur, V. France, Corps dipl. Cons. à Barcelone : L.-A. *Yerovi*, C. G. ; à Madrid : N...

Finlande, Ch. d'aff. : N...

France, Voir Relations.

Grande-Bretagne, Amb. (Fernando el Santo, 16) Rt. Hon. Sir Edme *Howard*, K. C. M. G., C. V. O., Cons. d'Amb. : C. J. F. R. *Wingfield* ; Cons. à Barcelone : A. L. S. *Rowley*, C. G. ; à Madrid : F. *Oliver*.

Grèce, E. e. et M. pl. (Zurbano, 1), P. *Seassi* ; 1er Secr. : J.-G. *Philémon* ; Cons. à Barcelone : A. *Rubio y Lluch* ; à Madrid : J. *Soto Maldonado*.

Guatemala, E. e. et M. pl. (Zurbano, 32), D. Juan J. *Ortega* ; Cons. à Barcelone : R. *Gomez Carrillo* ; à Madrid : N...

Haïti, Cons. à Barcelone : L.-M. Soler, C. G. ; Cadix ; Las Palmas ; Malaga.

Honduras, Cons. à Barcelone : V. *de Cuadra*, C. G. ; Madrid : A. *Graino* ; Santander.

Hongrie, Cons. à Barcelone : D...

Italie, Amb. (Mayor, 90) Bon. Carlo *Fasciotti* ; Cons. d'amb. : Cte. G. *Viganotti-Giusti* ; Cons. à Barcelone : V. *Lebrecht*, C. G. ; Madrid : S. *Medina*, C. G.

Japon, E. e. et M. pl. (Alcala, 103) : Ch. d'aff. p. i. : A. *Miura*.
Liberia, Cons. à Barcelone : L.-M. *Soler*, C. G. ; Madrid : C.-C. *Finje*, C. G.
Mexique, E. e. et M. pl. (Marques de Villamaga, 4) D. E. *Arredondo* ; Cons. à Barcelone : J. *Arriola*, C. G. ; Madrid : B. *Camacho Gonzalez* C. G.
Monaco, v. France, Corps dipl. Cons. à Barcelone, Cadix, Madrid.
Norvège, E. e. et M. pl. (Calle de Recoletos 23) ; Cons. de lég. : O. *Skybak* ; Cons. à Barcelone : W. *Klouman* ; à Madrid : F. *Schlayer*.
Panama, E. e. et M. pl. (Hotel Roma) D. Ant. *Burgos*.
Pays-Bas, E. e. et M. pl. (Lista 18) : W.-R. *van Vollenhoven* ; Cons. à Barcelone : N.. ; Madrid : J. *Soto Maldonade*, C. G.
Pérou, E. e. et M. pl. (Victor Hugo, 1) : N...
Perse, E. e. et M. pl. (Principe de Vergara, 46) : *Mirza Hossein* Khan *Alaï*.
Pologne, Ch. d'aff. (Montesquinza, 38) : G. *Tomaszewski*.
Portugal, E. e. et M. pl. (Alfonso XI, 5) : Sr. Fr. Manuel *Couceiro da Costa* ; Cons. à Barcelone ; Madrid.
Roumanie E. e. et M. pl. (Paseo de la Castellana, 24) : J. *Cretziano*.
Russie, Cons. à Madrid : M. *Mendez*.
Saint-Siège, Nonce Apost. (Nuncio, 13) : Mgr. Fr. *Ragonesi*, arch. tit. de Mira.
Salvador, v. France, Corps dipl. : D.-J. Gustave *Guerrero*.
Serbes-Croates-Slovènes (Roy. des), E. e. et M. pl. (Diege de Leon 10) : *Tresic-Pavicic* ; Cons. à Barcelone : N...
Siam, v. France, Corps dipl. Cons. à Madrid : N...
Suède, E. e. et M. pl. (25, Zurbano) : Bon. *Beck Friis*. Cons. à Barcelone : M. Nordbeck gér. ; Bilbao ; Madrid.
Suisse, E. e. et M. pl. (Sagasta, 25) : Alfred *Mengotti* ; Cons. à Barcelone : F. *Nippel*.
Tchéco-Slovaque (Rép.), Ch. du C. G. (Lista, 67) : Dr J. *Schindler*.
Turquie, E. e. et M. pl. (Lista, 6) : *Sezai* Bey ; Cons. à Barcelone.
Uruguay, E. e. et M. pl. (Reina, 35 et 37) : N... ; Cons. à Barcelone : L. *Rodriguez*, C. G.
Venezuela, E. e. et M. pl. (Olozaca, 4) : Dr D. J. Ign. *Cardenas* ; Cons. à Barcelone ; Bilbao, Madrid.

Mouvement économique.

Finances.

Budget des cinq dernières années (en milliers de pesetas) :

	1916	1917	1918	1919	1920
Recettes...........	1.280.536	1.336.500	1.429.891	1.281.035	1.962.830
Dépenses..........	1.465.044	1.165.600	1.846.754	1.934.080	2.373.150

La Dette publique au 1er janvier 1919 s'établissait ainsi :

Dette extérieure 4 p. 100	911.100.000	pes.
— intérieure non remboursable 4 p. 100	6.773.254.439	—
— — remboursable 5 p. 100	1.488.982.500	—
— — — 4 p. 100	172.429.500	—
— coloniale 2 1/2 p. 100	100.000.000	—
Autres dettes	1.006.597	—
Total	9.421.586.036	—

Productions et industries.

Agriculture.

L'agriculture et les jardins (*huertas*) couvrent 35,5 p. 100 de la superficie ; les vignobles 2,5 p. 100 ; les oliviers, 2,9 p. 100 ; les prairies, 25,3 p. 100 et les arbres fruitiers, 22,2 p. 100. Le cheptel de 1916 comptait 438.715 chevaux, 912.984 mulets, 838.648 ânes, 3.070.903 bêtes à cornes, 16.012.277 moutons, 3.207.360 chèvres, 2.814.465 porcs et 4.793 chameaux (Iles Canaries). Valeur (en millier de tonnes) de la production des principales cultures en 1917 : Blé (3.944) ; orge (1.724) ; maïs (758) ; seigle (624) ; avoine (487) ; riz (240), etc. On comptait en 1917, 1.278.822 hectares de vignobles (3.851.615 tonnes de raisin contre 3.952.941 tonnes en 1916) et une étendue plus grande encore de plantations d'oliviers (1.129.000 tonnes d'olives et 204.000 tonnes d'huile en 1916). Autres productions : oranges, citrons, raisins secs, figues, amandes, etc. La sériciculture est pratiquée dans les provinces de Valence, Murcie, etc. et la préparation industrielle des vins renommés (Sherry, Malaga) ainsi que celle des fruits sur presque tout le territoire. Il y a aussi 34 raffineries.

Mines et Métallurgie.

Valeur (en milliers de pesetas) de la production des principaux minerais en 1916 : charbon 172.582 (provinces d'Oviédo Léon, Gérone, Valence, Cordoue) ; plomb, 76.321 (Murcie, Jaén, Alméria) ; fer, 53.589 (Biscaye, Santander, Oviédo, Navarre, Huelva) ; cuivre, 35.690 (Séville, Cordoue, Huelva) : pyrites de fer, 13.184 ; anthracite 8.017 ; zinc, 6.482 : lignite, 5.694 ; mercure, 4.385 ; sel, 1.949 ; soufre, 1.748 ; manganèse, argent, plomb argentifère, étain, etc.

Production minière :	en 1917,	en 1918,
Houille	5.024.766 t. m.	6.134.986 t. m.
Lignite	636.794 —	784.629 —
Anthracite	310.914 —	617.267 —
Minerai de fer	5.561.071 —	4.692.651 —
Minerai de manganèse	57.474 —	77.714 —

Principaux lieux d'extraction : province d'Oviedo, 2.828.911 tonnes de houille ; contrée de Léon, 603.273 tonnes ; Ciudad Real, 743.996 ; Cordoba 372.550.

Production de pyrites de fer et de cuivre : Huelva, production moyenne : 3.258.136 t. m. ; Séville : 196.225 t. m.

Réserves estimées en millions de t. m. : Rio Tinto, 125 ; Tharsis, 110 ; autres gisements : 20.

Production de fonte (Vizcaya, 13 hauts-fourneaux sur un total de 34) et de fers et aciers (Viscaya, 17 fours Martin sur un total de 35) :

Fonte : 1913, 424.774 t. m. ; 1918, 386.550 t. m.

Fers et aciers : 1913, 241.995 t. m. ; 1918, 366.206 t. m.

En 1918 : 21 usines sidérurgiques, 34 hauts-fourneaux, 98 fours à puddler, 88 fours à réchauffer, 35 fours Martin, 2 convertisseurs.

Industries.

En 1916, les industries minières employaient, 126.484 hommes, 2.251 femmes et 19.357 garçons et filles au-dessous de 18 ans et le nombre des concessions minières en exploitation était évalué à 2.009 couvrant une superficie de 279.767 hectares. Il existe d'importantes manufactures de tissus de coton (Catalonia, etc.), de laines et de liège ainsi que des fabriques de papier, de glaces, etc.

Pêcheries.

Les pêcheries comptaient, en 1915, 16.700 bâtiments dont 755 vapeurs. La pêche, principalement celle de la sardine, du thon et de la morue, était pratiquée par 88.539 pêcheurs et son produit total pendant l'année 1915, a atteint une valeur de 67.000.000 pesetas. Il y a, en Espagne, 1.347 fabriques de conserves de sardines et autres poissons.

Commerce.

Commerce spécial de 1913 à 1918 (en millions de pesetas) :

	1913	1915	1916	1917	1918 prov.
Importation	1.414	1.206	1.281	1.326	609
Exportation	1.195	1.258	1.383	1.324	948
Total	2.609	2.465	2.664	2.650	1.557

Principaux pays de provenance et de destination (en milliers de pesetas) :

PAYS.	IMPORTATION.			EXPORTATION.			
	1913	1916	1917	1913	1915	1916	1917
Etats-Unis	155.232	453.750	776.699	67.329	62.784	95.692	106.126
Grande-Bretagne	200.585	326.079	100.186	236.229	263.659	285.229	202.065
France	182.954	110.268	144.891	257.681	331.066	566.736	528.268
Maroc	»	3.963	3.876	»	22.196	22.266	25.564
Allemagne	138.330	2.996	590	74.240	8.796	»	»
Cuba	3.452	19.494	16.251	63.643	57.652	70.896	62.771

Commerce spécial (en milliers de pesetas) :

ARTICLES.	IMPORTATION.			EXPORTATION.		
	1913	1917	1918	1913	1917	1918
Mat. minérales et céramiques..	130.9	55.9	28.9	157.3	99.0	75.2
Métaux (manufacturés ou non).	94.9	36.4	19.9	154.8	185.1	123.4
Drogues et prod. chimiques.....	113.9	66.9	86.2	40.8	75.6	61.8
Cotons (manuf. ou non)........	141.9	162.9	102.5	59.3	131.5	117.9
Autres matières textiles (manufacturés ou non)............	23.4	15.2	17.5	5.0	8.3	9.5
Laines (manuf. ou non)..........	17.8	12.5	31.6	24.8	109.0	89.6
Soies (manuf. ou non).........	25.0	25.4	26.0	5.4	4.7	7.6
Papier	17.2	9.4	8.5	15.3	16.6	14.9
Bois	68.9	22.7	13.3	71.5	41.9	35.5
Animaux et dépouilles d'anim..	77.9	60.0	49.7	52.9	70.5	36.5
Machines	223.9	83.5	89.4	7.4	27.8	20.5
Substances alimentaires	270.0	132.6	128.1	456.8	510.1	333.3
Métaux précieux..............	2.0	595.2	34.1	21.9	13.8	9.5
Emballages	7.7	2.1	0.7	»	»	»
Divers	199.5	42.3	19.0	129.2	11.9	13.6
Total	1.414.9	1.340.0	609.8	1.195.0	1.314.3	947.9

Commerce avec la France.

Chiffres de la Statistique douanière française en milliers de francs.

Principales importations en France :

DÉSIGNATION DES MARCHANDISES.	1915	1916	1917	1918
Vins	6.968	100.812	325.757	86.207
Tissus de laine................	104.558	68.510	95.261	55.313
Peaux préparées...............	17.946	32.449	51.791	6.328
Poissons frais ou conservés	15.512	21.530	60.047	21.926
Plomb.......................	28.400	41.970	63.084	56.015
Fils	27.636	33.286	69.958	31.999
Autres articles................	380.338	353.454	683.251	307.808
Totaux	581.362	883.884	1.348.149	567.596

Principales exportations de France :

DÉSIGNATION DES MARCHANDISES.	1915	1916	1917	1918
Tissus de soie ou de bourre de soie.	9.870	12.937	20.696	20.947
Produits chimiques.............	12.249	13.960	13.369	8.400
Pelleteries préparées...........	8.862	8.840	12.970	7.361
Ouvrages en caoutchouc	5.372	7.136	8.248	3.444
Machines et mécaniques.........	7.204	6.903	7.977	4.966
Drilles.......................	4.809	6.997	6.481	2.885
Autres articles	91.109	95.495	137.451	115.024
Totaux	139.475	152.198	206.942	163.027

Au point de vue du commerce spécial, la balance commerciale était très nettement favorable à l'Espagne.

Marine marchande et navigation.

La *marine marchande* comprenait, en janvier 1919, 475 vapeurs jaugeant 691.330 t. brut et 146 navires à voiles jaug. 74.970 t. brut. Les principaux centres maritimes sont *Bilbao* et *Barcelone*.

Les chantiers navals espagnols livrent actuellement des navires entièrement construits avec des matières premières nationales. Il y avait en 1918 en construction 188.600 tonnes, dont plusieurs bateaux de 12.000 tonnes et un de 13.736 tonnes. Cette activité est surtout concentrée dans le Nord : Sestao, Bilbao (Nervion), Ferrol et Guijon. Dans la Méditerranée, les principaux chantiers se trouvent à Cadix (Matagorda), Carthagène et Barcelone. Des essais très sérieux sont réalisés pour la construction de navires en ciment armé. C'est ainsi qu'on a entrepris, à Barcelone, la mise en chantier de bateaux de 1.200 tonnes de jauge.

Mouvement maritime de commerce extérieur (1916 à 1918) :

	1916		1917		1918	
	Navires.	Tonn.	Navires.	Tonn.	Navires.	Tonn
Entrés	16.240	13.371.910	14.207	9.683.257	12.475	8.745.[illegible]
Sortis.......	16.120	13.952.166	14.867	9.738.294	13.836	7.203.[illegible]

Communications intérieures.

Chemins de fer (1918) : 15.091 km. (11.483 à voie normale) ; trafic : 57.898.995 voyageurs et 28.968.386 tonnes de marchandises. *Postes* en 1915 : 6.952 bureaux ; mouvement postal : service intérieur, 197.425.248 lettres et cartes postales ; service extérieur, 9.771.661 lettres et cartes postales. Recettes, 36.557.963 pesetas et dépenses, 20.840.647 pesetas. *Télégraphes* en 1915 : 2.299 bureaux 101.672 km. de lignes ; dépêches : service intérieur, 12.447.762 ; service international, 1.661.072. — *Téléphones* en 1915 : 38.075 stations ; 104 réseaux urbains ; 202 circuits interurbains. Radiotélégraphie (système Marconi) : 79 stations dont 69 à bord.

Monnaies, poids et mesures.

L'unité monétaire est la *peseta* (100 centimos) = 1 franc (au pair). Monnaies : (or), 100, 25, 20, 10 et 5 pesetas (ces trois dernières sont admises dans les caisses publiques en France) ; (argent), 5 et 2 pesetas, 1 peseta, 1/2 peseta ou 2 *reales* (50 centimos) et 1 real (25 centimos) ; (bronze), 10, 5 et 2 centimos, 1 centimo ; (fiduciaire), billets de banque émis par la « Banco de Espana » de 25, 50, 100, 500 et 1.000 pesetas. Les anciennes monnaies d'or du royaume sont également en circulation.

Le système métrique décimal français est appliqué.

Presse.

Principaux journaux quotidiens à Madrid : *Correspondencia de Espana ; Diario Universal* (libéral romanoniste) ; *Epoca* (Conserv.) ; *Heraldo de Madrid* ; à Barcelone ; *Liberal ; La Lucha* (libéral) *Imparcial ; Correo Catalan ; Diario de Barcelona ; Diario del Comercio : El Diluvio* (républ.). *Liberal ; Progreso ; Vanguardia.* — Illustrés, à Madrid : *Blanco y Negro* (hebd.) ; *Mundo Grafico* (hebd.) ; *Nuevo Mundo* (hebd.) ; à Barcelone ; *Ilustracio Catalana* (hebd.) ; *Hojas Selectas* (mensuel).

Relations avec la France.

Traités et Conventions.

FRONTIÈRES. ; Traités, protocoles et procès-verbaux des 2 et 28 déc. 1858, 14 avril 1862, 27 févr. 1863 26 mai 1866, 11 juillet 1866, 4 mai 1899, 28 août 1899 14 juin 1906.

COMMERCE : *Modus vivendi* du 1er juin 1892 ; acte du 26 mai 1866 ; accord du 4 mai 1899 ; convention du 13 juin 1903 ; déclaration du 29 novembre 1906 ; traitement de la Nation la plus favorisée. TRAITÉ POLITIQUE : Déclaration du 16 mai 1907, sur une entente au sujet des intérêts communs des deux pays dans la Méditerranée et dans la partie de l'Atlantique qui baigne le littoral de l'Europe et de l'Afrique. ARBITRAGE : Convention du 26 février 1904. ASSISTANCE JUDICIAIRE : Convention du 14 mai 1884. CONSULS : Service militaire : Convention consulaire du 7 janvier 1862 et déclaration du 2 mai 1892. EXTRADITION : Convention du 14 décembre 1877. JURIDICTION : Convention du 27 mars 1901 pour régler l'exercice de la juridiction dans l'île des Faisans. PÊCHE : Convention des 18 février 1886, 4 octobre 1894, 9 juin 1906, 6 août 1908 et 27 septembre 1913 pour l'exercice de la pêche dans la Bidassoa. PROPRIÉTÉ LITTÉRAIRE ET ARTISTIQUE : Convention du 16 juin 1880. PROPRIÉTÉ INDUSTRIELLE : Déclaration du 30 juin 1876. SOCIÉTÉS : Décret du 5 août 1881 autorisant les sociétés anonymes constituées en Espagne à exercer leurs droits en France. COLONIES : voir Maroc.

PÊCHE, : Conventions des 18 févr. 1886, 19 janv. 1888, 4 oct. 1894, 6 avril 1908 relatives à la pêche dans la Bidassoa.

CHEMINS DE FER : Conventions des 18 août 1904, 8 mars 1905, 15 avril 1908 sur l'établissement des voies ferrées à travers les Pyrénées Centrales.

Représentation de l'Espagne en France.

Ambassade : 46, avenue Kléber (16e). T. Passy 13-16 et 13-17.

Ambassadeur extraordinaire et plénipotentiaire : José-Maria *Quinones de Leon.*

Cons. d'amb. : Mis. *Faura* ; 2e Secr. : Carlos *de Goyeneche,* Luis *de Perinat,*

Carlos *de la Huerta;* 3ᵉ Secr. : Cte Jimenez *de Molina;* Attachés : Laureano *Perez Munos*, José *Aguinaga*, Cte *de la Torre de San-Braulio*, Eduardo *Ortega y Nunez;* Attachés honoraires : Augustin *de Leon y Castillo*, Mis. *de La Torre:* Attaché mil. : Juan-Garcia *Benitez*, lieut.-colonel d'état-major.

Consulat général à Paris, 24, rue d'Offémont (17ᵉ). Consul général : Joaquin *de Pereyra y Ferran.*

Consulats : à Alger ; G. *Leyra*, C. G. ; Bayonne : F. *de Ranero y Rivas ;* Bordeaux : R. *Casares y Gil ;* Cette : Hendaye ; Le Havre ; Marseille ; Oran : Pau ; Perpignan ; Sᵗ-Nazaire : Ild. *Plana y Camacho*; Sidi-Bel-Abbès ; Toulouse : Ant. *Gullon y Gomez.*

Vice-consulats : à Agde ; Aigues-Mortes ; Ajaccio ; Angers ; Arles ; Arzew-le-Port; Audierne ; Bagnères-de-Luchon ; Bandol ; Bastia ; Belfort ; Béziers ; Bône ; Boulogne-sur-Mer ; Brest ; Caen ; Calais ; Cambrai ; Carcassonne ; Cherbourg ; Cherchell ; Constantine ; Dakar ; Dieppe ; Dunkerque ; Evreux ; Foix ; Fort-de-France ; Granville ; Honfleur ; Ile d'Oléron ; La Rochelle ; Lille ; Lorient ; Lyon ; Mont-de-Marsan ; Montpellier ; Mostaganem Nancy ; Nantes ; Narbonne ; Nemours ; Nice ; Nîmes ; Orléans ; Philippeville ; Poitiers; Port-de-Bouc ; Port-Vendres ; Reims ; Rochefort ; Roubaix ; Rouen ; Saigon ; Sᵗ-Denis; Sᵗ-Etienne ; Sᵗ-Malo ; Sᵗ-Pierre et Miquelon ; Sᵗ-Quentin ; Sᵗ-Valéry-sur-Somme ; Simorre; Tananarive ; Tenez ; Toulon ; Tours ; Troyes ; Vichy.

Agences consulaires à Fécamp ; Pointe-à-Pitre ; Prades.

Institutions espagnoles en France.

A Paris:

Chambre de Commerce d'Espagne, 45, rue Laffitte ; Tél. : Central 62-29.

Cercle : *Centro Catala*, 9, rue de Valois.

Institut d'Etudes Hispaniques de l'Université de Paris, 96, boul. Raspail.

Correspondants de journaux espagnols. *Liberal:* Gomez *Carillo*, 10, rue de Castellane ; *Imparcial : Ciges*, 222, rue de Paris, à Clamart ; *Heraldo : Munoz*, 11, rue Servandoni.

Journaux espagnols : *L'Espagne*, 14, rue St-Lazare (hebd.) ; *L'Espagne économique et financière*, 28, rue St-Lazare (bi-mensuel).

A Toulouse:

Chambre de Commerce espagnole. Prés. : *Maluquer*, Consul d'Espagne.

Représentation de la France en Espagne :

Ambassade : Olozaga, 11, Madrid.

Ambassadeur Extr. et Plén. : *de Beaupoil de Saint-Aulaire*, min. plén. de 1ʳᵉ cl. (févr. 1920).

Cons. d'amb. : *Dard* (O. ✻) ; Mathieu *de Vienne* (✻) ; Secr. de 2ᵉ cl. : *Japy*, 5-20 ; Secr. d'amb. de 3ᵉ cl. p. i. : *Chapsal* ; Att. d'amb. : *Barbier* ; Attaché commercial : Jean *Juge* ; Attaché militaire : colonel *Tisseyre* ; Attaché naval : *de Roucy*, lieut. de vaisseau ; Chancelier : *Maignon* ; Chiffreur : *Simon*.

Consulats à Madrid : *Calrière* : Alméria ; Barcelone : *Filippi*, C. G. ; Bilbao : Carthagène ; La Corogne ; Las Palmas ; Malaga: *Santi*, C. G. ; Palma : *Sarrien* ; Saint-Sébastien : *Dumesnil de Maricourt*, C. G. ; Séville : *Tinayre*; Valence ; Vigo.

Vice-Consulats et Agences consulaires à Daimiel (Ciudad-Real) ; Adra ; Garrucha et Villaricos ; Gérone ; Lérida ; Mataro ; Palamos ; Port-Bou ; Puigcerda ; Tarragone ; Tarrasa; Comillas ; Gijon et Oviedo ; Santander ; Santoña ; Suancès et la Requejada ; Alicante ; Altea ; Denia ; Las Aguilas ; Murcie ; Puerto-Mazarron ; Torrevieja ; Corcubion ; Le Ferrol; Vivero; Arrecife ; Santa-Cruz de la Palma ; Sainte-Croix de Ténériffe ; Cordoue ; Grenade ; Jaën ; Linarès ; Marbella et San Pedro Alcantara ; Peñarroya ; Alcudia ; Ciudadela ; Ivice ; Mahon ; Soller ; Huesca ; Irun ; Logroño ; Pampelune ; Saragosse · Valladolid ; Algésiras; Badajoz ; Cadix ; Huelva ; Jerez de la Frontera ; Puerto de Santa-Maria ; San-Lucar de Barrameda et Rota ; Benicarlo ; Castellon de la Plana ; Gandia ; Vinaroz.

Institutions françaises en Espagne.

a) Institutions économiques :

Office Commercial Français, à Madrid, 18-20, Calle del Principe, Dir. : Carlos *Dubois* (adresser la corresp. à Hendaye, Basses-Pyrénées) ; à Barcelone, Rambla de Cataluna, 19.

Chambres de Commerce : à Madrid, calle del Principe, 17, Prés. : L. *Cocagne* (O. ✱); Délégué à Paris : G. *Leblanc*, 10 et 12, pl. des Victoires ; à Barcelone, 17, plaza Cataluna, Prés. : E. *Gès* (✱) ; à Séville, Prés. : E. *Adema* ; à Valence, 5, plaza de Mirasol, Prés. : Henri *Lombard* ; à Malaga, 35, Alameda, Prés. : Jules *Goux* ; à Santander ; à Saint-Sébastien, 1, calle Hernani.

Conseillers du commerce extérieur, à Madrid : Léon *Cocagne*, L.-F. *Farges*, P. *Parages*, B. *Ribes*, James *Salzedo* ; à Barcelone : *Azéma*, J. *Dorgebray*, E.-C. *Gès* (✱), W. *Lob-Lévyt* ; à Cadix : René *Arguis* ; à La Corogne : H. *Gilard* ; à Malaga : *Mandine-Taulaigo* ; à Saint-Sébastien : E. *Bertrand* ; à Séville : Eugène *Adema*, Eugène *Marquier*.

Office National de Tourisme, à Barcelone : 18, Rambla de Cataluna.

Délégués du T. C. F. à Madrid : W.-H. *Michaud*, directeur du Crédit Lyonnais, plaza de Colon, 3 ; *André*, ingénieur en chef adjoint des chemins de fer M. Z. A., Ayala, 70 ; à Alicante : Luis *Penalva*, négociant en vins ; à Barcelone : F. *Casanovas y Jover*, bijoutier, calle de Valencia, 345, Pral I a ; *Jaquemin*, 103, Rambla Cataluna 2° A. ; à Bilbao : Tomas *Eguidazu*, Vda. de Espalza, 2 ; à Carcagente (Valence) : Marius *Journet*, négociant ; à Figueras : Juan *Llonch*, 45, placetta Palau ; à Gijon : F. *Menendez*, Corrida 20-pral. ; à Huelva : I. F. *Barbotin*, dir. de l'École française, Général-Bernal, 14 ; à Irun : *Ramillon*, agent consulaire de France, 44 Paseo de Colon ; à Malaga : José *Ramos Power*, négociant en vins, rue Fortuny ; à Mahon (Baléares) : F. *Andreu*, Ysabel 2 a n° 58 ; à Mières : Maurice *Doussaint*, ingénieur ; à Palamos : E. *Vert-Rouvier*, négociant ; à Palma (Baléares) : *Galantomini*, 62, Calle de la Salud, El Terreno ; à Pamplune J.-I. *de Mencos*, Vice-Président du Sporting-Club Navarrais ; à Saint-Sébastien : le Dr Ch. *Vic*, « Villa Dorotea » Mia Concha Alto ; à Penarroya (Cordoue) : A. *Bourbon*, s.-dir. de la Sté Minière de Penarroya à Tarragone : W. *Tarin*.

b) Institutions intellectuelles :

Enseignement : Institut Français d'Espagne, Marques de la Eusenada, 10 : Dir. : Pierre *Paris* (V. p. 324) ; Villa Velasquez, La Monoloa.

Alliance Française à Madrid, Prés. : R. *Mombrun* ; à Barcelone, Prés : *Thibaudier* ; à Bilbao : A. *Etchas* ; à Cordoue ; Dél. : A.-L. *Dufour* ; à St. Sébastien, Prés. : E. *Deslandes* ; à Santander, Prés. : P. *Alban* ; à Valence, Prés. : *Stéoule* ; à Valladolid, Prés. : B. *Bijon*.

Lycée français de Madrid, Proviseur : *Didier*.

Collège de la Société Française de Madrid.

Collège français, Ecole de Filles à Alicante.

Cercles : Cercle de l'Union Française à Madrid, 17, calle del Principe, Prés. : *Dumaître*. — Cercle Français de Barcelone, 30, Rambla del Centro.,

c) Institutions diverses :

Assistance : Société Française de Bienfaisance, à Madrid, calle del Marqués de la Ensenada, 10, Prés. : R. *Mombrun* ; à Barcelone : Sté Générale Française de Bienfaisance ; Association Amicale Française, Duque de la Victoria, 11 ; à Cadix et Huelva, Sté. Française de Bienfaisance ; à Malaga : Sté Française de Bienfaisance, Prés. : *Germain* ; Sté Amicale Française, Prés. : *Aublin* ; à Saint-Sébastien : Sté Française de Bienfaisance ; à Séville et à Valence : Sté. Française de Bienfaisance.

Union des Combattants français résidant en Espagne, 17, Calle del Principe, à Madrid. Prés. : M. *Claude*.

Dépendances de l'Espagne.

Iles Baléares

Province espagnole située en Europe. Superficie : 5.014 km. q. ; population, 339.831 h.

Ce groupe d'îles forme une province espagnole et comprend Mallorca (Majorque), au centre, Menorca (Minorque) au N.-E., Ibiza (Iviza) et Formentera au S.-O., et quelques îlots dont les principaux sont Cabrera et Dragonera sur la côte de Mallorca. Chef-lieu : Palma, 63.937 hab. Le climat est tempéré et le sol fertile. Productions : céréales, vignes, olives, lin, chanvre, fruits ; fer, cuivre, marbre, sel ; élevage de bétail et sériciculture. Industries : huiles d'olives, amandes, tissus de laine, de soie, tapis, cuirs, chocolats, pâtes alimentaires. Pêcheries importantes. Chemins de fer : 120 km. de lignes.

Représentation de la France à Palma : M. *Besse-Desmoulières*, vice-consul, gérant.

Iles Canaries.

Province espagnole située en Afrique. Superficie : 7.273 k. q. ; population : 469.768 hab. Archipel de l'Océan Atlantique, situé près de la côte O.-N.-O. de l'Afrique, au Sud-Ouest du Maroc, comprenant 7 grandes îles : Fuerte Ventura, Gomera, Gran Canaria, Hierro, Lanzarote, la Palma et Teneriffe et les îlots inhabités de Alegranza, Granciosa, Lobas, Montagna, Clara, Roque del Este et Roque del Oeste. Capitale : Santa-Cruz de Teneriffe 45.000 hab. Les productions végétales du pays sont des plus variées et l'élevage de moutons, chèvres, porcs, chevaux et chameaux y est pratiqué. La pêche, notamment celle de la morue, fournit un contingent considérable au commerce extérieur. L'industrie se limite à la fabrication de tissus de soie, de coton et de laine, à la tannerie et à la distillerie des eaux-de-vie

Représentation de la France à Santa Cruz de Teneriffe : *Fornier*.

Conseiller du commerce extérieur à Santa Cruz : Raphaël *Hardisson*.

Possessions espagnoles en Afrique.

Les colonies et possessions espagnoles sont toutes situées sur le continent africain ; elles couvrent une superficie totale de 371.607 km. q. et ont une population d'env. 649.000 habitants (1,7 par km. q.).

Maroc.

Superficie : 29.213 km. q. ; population env. 464.000 hab. Les possessions espagnoles au Maroc comprennent les anciennes possessions du Nord de l'Afrique (Ceuta, Melilla et dépendances) et une zone d'influence.

1° *Anciennes possessions* (superf. : 213 km. q. ; pop. : environ 60.000 h.).

Ceuta (20.000 hab.), ville forte et port situé en face de Gibraltar dépendant administrativement de la province de Cadix (Espagne). Melilla (40.000 hab.), place forte et ville commerciale de grande importance, capitainerie générale comprenant tout le territoire soumis au Gouvernement espagnol : Nador, Zeluan, Cabo del Agua, les îles Chafarinas, Alhucemas, Peñon de Velez de la Gomera.

2° *Zone d'influence espagnole* (superf. : 29.000 km. q. ; popul. : 404.000 h.).

Les puissances signataires de l'accord franco-allemand du 4 octobre 1911, du traité franco-marocain du 20 mars 1912 et de la convention franco-espagnole du 27 novembre 1912 ont reconnu à l'Espagne des droits spéciaux et un protectorat économique et militaire sur la partie Nord de l'Empire Chérifien à l'exception de la ville de Tanger et de sa banlieue constituée en zone internationale. La zone espagnole de l'empire Chérifien qui englobe les anciennes possessions côtières de l'Espagne et les villes marocaines de Tétouan (30.000 h.), Larache (60.000 h.), El Ksar al Kebir, etc., s'étend de l'embouchure de la Moulouya à l'Est jusqu'à l'Océan Atlantique en un point situé au Sud de Larache à l'Ouest.

Représ. de la France à Larache, V. C. : *Marchand* ; à Tétouan, V. C. : *Martin*.

A Larache : Alliance française ; Ecole mixte française ; Ecole franco-arabe ; à Tetouan : Sté. française de Secours.

Autres possessions espagnoles, Rio de Oro et Ifni, Rio Mouni et Fernando Po. (Voir Édition 1919.)

Bibliographie.

Anuario Estadistico de Espana. Annuel, Madrid.
Albornoz (Alvaro de), *El Partido republicano*, in-18. Biblioteca Nueva, Madrid, 1918.
Baro (T.), *Historia de Espana*. Barcelone, 1911.
Bell (A.-G.), *The Magic of Spain*. Londres, 1912.
Espana Economica y Financiera, hebd. Floridablanca 3, Madrid.
Freeston (C.-L.), *The Passes of the Pyrenees*. Londres, 1912.
Guixé (Juan), *La Nacion sin alma*, in-16, 227 p., 3 fr. El. Liberal, Madrid, 1917.
Joanne (Guides), *Espagne et Portugal*. Hachette. Paris, 1909
Laborde (Jules), *Il y a toujours des Pyrénées*, in-16, 256 p., 4 fr. 50. Payot, Paris, 191
Marvaud (A.), *L'Espagne au XXe s. Etude politique et économique*. Paris, 1913.
Mousset (Alberto), *La Politica exterior de Espana*, in-16, Biblioteca Nueva, Madrid, 1918.
Pector (D.), *Relations économiques entre l'Espagne et la France*. Paris, 1904.
Shaw (R.). *Spain from within*. Londres, 1910.
Villaescusa (M.-H.). *Las Provincias de Espana*, Barcelone, 1905.
Villar (E.-H. del), *Archivo Geografico de La Peninsula Iberica*. Barcelone, 916.
Ward (G.-H.-B.), *The Truth about Spain*. Londres, 1911.

ESTONIE

(RÉPUBLIQUE D')

Gouvernement et Constitution. — Etat indépendant depuis le 24 fév. 1918 ; reconnu *de facto* par les principales Puissances alliées les 3 et (France) 13 mai 1918.

République démocratique. Assemblée Constituante, élue au suffrage universel, scrutin de liste par tous les citoyens, hommes et femmes, âgés de 21 ans. Le président du Conseil des ministres est le chef du Gouvernement.

Couleurs nationales : Trois bandes horizontales, bleu (en haut), noir, blanc.

Gouvernement et Ministère (nov. 1919) : Président du Conseil : *Tonisson*. Guerre : *Hanko*; Affaires étrang. : *Birk*; Intérieur : *Hellat*; Finances : *Kukk*; Commerce et Industrie : *Kæstner*; Justice : *Jaakson*; Agriculture : *Pool*; Travail et Prévoyance sociale : *Palvadre*; Instruction publique : *Treffner*; Voies et Communic. : *Sækk*; Ravitaillement : *Kriisa*.

Assemblée nat. constituante (avril 1919) : Socialistes, 41 ; Parti ouvrier, 30; Populaires-démocrates, 25 ; Ligue des Paysans, 8 ; Populaires-chrétiens, 5. Divers, 4 ; Prés. : *Reï*.

Superficie (îles de Œsel, Dago, Moon comprises), 44.427 km. q. dont 1.778 km. q. de lacs (France 530.985).

L'Estonie comprend l'ancien gouvernement d'Estonie (20.248 km. q. et 512.500 hab. avant 1914 et la partie septentrionale de la Livonie.

Population : 1.750.000 hab. d'origine ougro-finnoise, dont Estoniens, 90 p. 100 ; Russes 5.13 p. 100. **Villes principales** : Reval, 175.000 hab. ; Tartu (Dorpat), 65.000, Narva, Pernau, Kuressaare (Arensburg) et Hapsal.

Religion : 85,19 p. 100 Evangélistes-Luthériens.

Mouvement économique.

Productions agricoles.— Pays agricole exportant, en temps normal, lin, pommes de terre, alcool, beurre, fromages, bétail, viande, orge, seigle, avoine.

Principales récoltes en 1916 :

Seigle d'hiver.........	9.402.896 pouds.	Avoine	9.925.000	pouds.
Orge.................	6.822.328 —	Pommes de terre	41.067.000	—

Forêts occupant le cinquième du territoire (751.925 hab.), principalement dans la partie nord de la Livonie (districts de Pernau, île Dago, etc.). Exportation importante de bois, pâte de bois, cellulose, etc.

Productions industrielles. — Tissage du coton, filature du lin (Wiljandi ou Fellin) ; ardoise combustible ; ciment (Rakwere ou Wesenberg).

Monnaies, Poids et Mesures. — Unité monétaire, le mark estonien (= 1 fr. en temps normal). Poids et mesures russes, voir Russie.

Relations avec la France.

Représentation de l'Estonie à Paris.

Délégation, 7, rue de l'Alboni (XVIe). Tél. : Auteuil 19-60.
Prés. : Charles R. *Pusta* ; Secr. : Dr J. *Leppik*.

Représentation de la France à Reval.

Représentant militaire : colonel *Hurstel* ;
Vice-consul : *Herms*.

Bibliographie.

Gaillard (G.). *L'Allemagne et le Baltikum*, in-8, 278 p., 6 fr. ; *Le Mouvement pangermaniste et les allogènes*, in-8, 78 p., Chapelot, Paris, 1919.

Martna (M.). *L'Estonie*, in-18, br. 5 fr., A. Colin, Paris, 1920.

ÉTATS-UNIS D'AMÉRIQUE

UNITED STATES OF AMERICA

Constitution et Gouvernement. — Union de 48 Etats (Républiques), 1 district fédéral et 2 territoires dont 1 n'est pas encore représenté à la Chambre des Représentants, indépendante de la Grande-Bretagne depuis le 4 juillet 1776. Constitution du 17 sept. 1787, revisée en dernier lieu le 30 mars 1970. Le Sénat se compose de 96 représentants (2 pour chaque Etat), élus par les assemblées législatives pour 6 ans et renouvelables par tiers tous les 2 ans. Les sénateurs doivent avoir l'âge de 30 ans et être citoyens des Etats-Unis depuis 9 ans. La Chambre des Représentants est composée de 435 membres (représentants de la nation), élus pour 2 ans pour chaque Etat séparément et par vote général et direct. Ils doivent être âgés de 25 ans et citoyens américains depuis 7 ans. Les territoires sont représentés à la Chambre des représentants seulement par des délégués sans droit de suffrage. Le Président est élu pour 4 ans par le suffrage à deux degrés. Dans chaque Etat, le nombre des électeurs, élus à leur tour directement, est égal à la totalité des sénateurs et des représentants que l'Etat a le droit d'envoyer au Congrès.

Pavillon de guerre et de commerce : Treize bandes horizontales alternativement rouges et blanches (le rouge en haut et en bas) : près de la hampe, rectangle bleu, occupant les 7 bandes supérieures, chargé de 48 étoiles blanches.

Ordres et décorations : Médaille d'honneur (Medal of Honour) fondée en 1862 ; Méd. de sauvetage (1874; 2 classes) ; Ordre naval et militaire de la guerre hispano-américaine (1901) ; Méd. pour « Services exceptionnels » et Médaille pour « Service distingué », ces deux dernières militaires.

36e *Président des Etats-Unis :* Dr *Woodrow* WILSON (1913-17 et 1917-21).
Vice-Président : Thomas R. *Marshall.*

Cabinet. Secrétaires : Secr. d'Etat (min. des aff. étrang.) : B. *Colby.* — Secr. de la Trésorerie : Carter Glass. — Guerre : Newton D. *Baker.* — Attorney Gén. (Chef du dép. de la Justice) : Mitchell *Palmer.* — Maître général des Postes : Alb. S. *Burleson.* — Marine : Jos. *Daniels.* — Intérieur : J. B. *Payne.* — Agriculture : D.-F. *Houston.* — Commerce : N... — Travail : Wm. B. *Wilson.*

Congrès (66e). Sénat (49 républ., 47 démocr.), Prés. : Thos R. *Marshall* ; pro tempore : A. B. *Cummins.* Chambre des Représentants (237 républicains, 191 démocrates ; autres partis, 7. Pouvoir législatif. Speaker : F. H. *Gillet.* Clerk de la Chambre : W. T. *Page.*

Le tableau suivant donne les noms, avec abréviations officielles, des 13 premiers Etats ayant constitué les Etats-Unis en 1787, ainsi que, avec leur date d'admission, ceux des Etats qui ont été admis depuis lors dans la Confédération.

Caroline du N. (N.C.) .	1789	Ohio (Ohio)	1802	Oregon (Oreg.)	1859
Caroline du S. (S.C.)...	1788	Louisiana (La).......	1812	Kansas (Kans.)	1861
Connecticut (Conn.)..	1788	Indiana (Ind.)........	1816	Virginie Occ..........	1862
Delaware (Del.)......	1787	Mississipi	1817	Nevada	1864
Géorgie (Ga.)........	1788	Illinois (Ill.)..........	1818	Nebraska (Nebr.).....	1867
Maryland (Md.)......	1788	Alabama (Ala.).......	1819	Colorado (Colo.)......	1876
Massachusetts (Mass.).	1788	Maine (Me.)..........	1820	Dakota du N..........	1889
New-Hampshire (N.-H.)	1788	Missouri	1821	Dakota du S..........	1889
New-Jersey (N.-J.)....	1787	Arkansas (Ark.)......	1836	Montana (Mo.)........	1889
New-York (N.-Y.)....	1788	Michigan (Mich.).....	1837	Washington (Wash.)..	1889
Pensylvanie (Pa.).....	1787	Floride	1845	Idaho	1890
Rhode-Island (R.-I.)..	1790	Texas (Tex.)..........	1845	Wyoming	1890
Virginie (Va.)........	1788	Iowa (Iowa)..........	1846	Utah (Utah)..........	1894
Vermont	1791	Wisconsin (Wis.).....	1848	Oklaoma (Okla.)	1907
Kentucky (Ky.)......	1792	Californie (Cal.)......	1850	Arizona..............	1912
Tennessee (Ten.)......	1796	Minnesota (Minn.)	1858	New-Mexico	1912

Outre ces 48 Etats, l'Union comprend encore un district fédéral (Columbia) et 2 territoires (Alaska, acquis en 1869, et Hawaï).

A l'exception des « territoires » administrés par le Gouvernement central, chacun des Etats de l'Union a sa Constitution, son gouvernement et sa représentation propres (v. p. 1020).

Superficie et population.

La population des Etats-Unis, malgré une croissance rapide due à un mouvement d'immigration intense et continu, est encore de faible densité (12 hab. au kil. carré contre 39 hab. par kil. q. en Europe). Alors que la superficie totale représente les trois quarts de celle de l'Europe, la population est cinq fois moindre.

Superficie et population. *(suite).*

ÉTATS (Divisés par régions et territoires).	SUPERFICIE EN KIL. Q.	POPULATION ÉVALUÉE EN 1915.	POPULATION RECENSÉE EN 1910.	POPULATION PAR KIL. Q. EN 1910
Maine	85.570	767.638	742.371	9
New-Hampshire	24.192	440.584	430.572	18
Vermont	24.770	362.462	355.956	15
Massachusetts	21.408	3.662.339	3.366.416	156
Rhode Island	3.233	602.765	542.610	170
Connecticut	12.859	1.223.583	114.756	86
Nouvelle Angleterre	172.032	7.059.261	6.552.681	38
New-York	127.433	10.086.568	9.113.614	72
New-Jersey	21.299	2.881.840	2.537.167	119
Pensylvanie	116.872	8.383.992	7.665.111	66
Atlantique moyen	265.604	21.352.400	10.315.892	72
Ohio	106.289	5.086.627	4.767.121	45
Indiana	94.153	2.789.142	2.700.876	29
Illinois	146.756	6.069.519	5.638.591	38
Michigan	150.162	3.015.442	2.810.173	18
Wisconsin	145.205	2.473.533	2.333.860	16
Central Nord-Est	642.555	19.443.263	18.250.621	28
Minnesota	219.318	2.246.761	2.075.708	9
Iowa	145.415	2.221.038	2.224.771	15
Missouri	179.791	3.391.789	3.293.335	18
Dakota du Nord	183.460	713.083	577.056	3
Dakota du Sud	201.014	680.048	583.888	3
Nebraska	200.786	1.258.624	1.192.214	6
Kansas	212.780	1.807.221	1.690.949	8
Central Nord-Ouest	1.342.546	12.318.564	11.637.921	8,7
Delaware	6.138	211.598	202.322	38
Maryland	31.926	1.351.941	1.295.346	41
District de Colombie	181	358.679	331.069	8
Virginie	110.399	2.171.014	2.061.612	19
Virginie de l'Ouest	62.598	1.359.474	1.221.119	19
Caroline du Nord	135.778	2.371.095	2.206.287	16
Caroline du Sud	80.258	1.607.745	1.515.400	19
Géorgie	153.490	2.816.289	2.609.121	17
Floride	151.939	870.802	752.619	5
Atlantique Sud	732.707	13.118.637	12.194.895	16,8
Kentucky	105.145	2.365.185	2.289.905	22
Tennessee	108.832	2.271.379	2.184.789	20
Alabama	134.669	2.301.277	2.138.093	16
Mississippi	121.876	1.026.778	1.797.114	15
Central Sud-Est	470.030	8.864.619	8.409.901	18
Arkansas	138.132	1.713.102	1.574.449	11
Louisiane	125.625	1.801.306	1.656.388	13
Oklaoma	181.440	2.114.307	1.657.155	9
Texas	688.644	4.343.710	3.896.542	6
Central Sud-Ouest	1.833.841	9.972.425	8.784.534	6
Montana	379.607	446.054	376.053	1
Idaho	218.862	411.996	325.594	1,5
Wyoming	253.587	174.148	145.965	0,6
Colorado	269.214	935.799	799.024	3
New Mexique	317.609	396.917	327.301	1,3
Arizona	295.134	217.299	204.354	0,7

ÉTATS (Divisés par régions et territoires).	SUPERFICIE EN KIL. Q.	POPULATION ÉVALUÉE EN 1915.	POPULATION RECENSÉE EN 1910.	POPULATION PAR KIL. Q. EN 1910.
Utah	220.115	424.300	373.351	1,7
Nevada	286.675	102.730	81.875	0,3
Montagne	2.240.303	3.139.243	2.633.517	1,1
Washington	179.031	1.441.043	1.441.990	6
Orégon	250.440	809.490	672.765	3
Californie	409.973	2.848.275	2.377.549	6
Pacifique	839.444	5.098.808	4.192.304	5
Total. *Territoire continental.*	8.039.062	100.367.220	91.972.266	12
Alaska	1.530.327	64.751	64.356	0,04
Hawaï	16.702	211.582	191.909	11
Porto Rico	9.314	1.198.170	1.118.012	120
Armée et marine hors des États-Unis	»	»	55.608	»
Territoires extérieurs, etc.	1.556.343	»	1.429.885	0,9
Total général	5.595.405	»	93.402.151	10

Le tableau suivant permet de suivre l'accroissement de la population depuis 1790 :

ANNÉE.	POPULATION TOTALE.	POURCENTAGE DE L'ACCROISSEMENT PAR ANNÉE.	ANNÉE.	POPULATION TOTALE.	POURCENTAGE DE L'ACCROISSEMENT PAR ANNÉE.
1790	3.929.214	»	1870	38.558.371	2,26
1800	5.308.483	3,51	1880	50.155.783	3,01
1810	7.239.881	3,64	1890	62.947.714	2,55
1820	9.638.453	3,31	1900	75.994.575	2,07
1830	12.866.020	3,35	1910	91.972.266	2,10
1840	17.069.453	3,27	1914 (éval.)	98.789.324	»
1850	23.191.876	3,59	1915 (»)	100.399.318	»
1860	31.443.321	3,56	1918 (»)	105.253.300	»

La répartition de la population, au dernier recensement officiel de 1910, d'après le sexe et la nationalité, montrait les chiffres suivants :

	HOMMES.	FEMMES.	TOTAL.
Blancs indigènes de parents indigènes	25.229.218	24.259.357	49.488.575
— — étrangers	9.425.239	9.472.598	18.897.837
— étrangers	7.523.788	5.821.757	13.343.545
Blancs	42.178.245	39.553.712	81.731.957
Nègres et mulâtres	4.885.881	4.841.882	9.827.763
Indiens	135.133	130.550	265.683
Chinois	66.856	4.675	71.531
Japonais	63.070	9.087	72.157
Autres	3.092	83	3.175
Gens de couleur	5.154.032	5.086.277	10.240.309
Totaux	47.332.277	44.639.989	91.972.266

D'après la langue la population, en 1910, se répartissait de la façon suivante :

LANGUE.	ORIGINES ÉTRANGÈRES.	DONT IMMIGRÉS.	LANGUE.	ORIGINES ÉTRANGÈRES.	DONT IMMIGRÉS.
Anglaise et celtique..	10.037.420	3.363.793	Tchèque et Morave.	539.392	228.735
Germanique	9.187.007	2.910.857	Slovaque	284.444	166.474
Allemande	8.817.271	2.759.032	Russe et Ruthène..	130.496	83.057
Holland. et frison..	324.930	126.045	Slovène	183.431	123.131
Flamande	44.806	25.780	Serbe-croate.......	129.254	105.689
Scandinave	2.902.197	»	Autres langues slaves	54.574	39.33[illegible]
Suédoise	1.445.869	683.218	Lithuanien et Lettonne	211.235	140.963
Norvégienne.......	1.009.854	402.587	*Divers :*	2.596.732	»
Danoise...........	446.473	185.345	Juive hébraïque....	1.676.762	1.051.767
Latine et grecque.....	4.279.560	»	Magyare	320.893	229.094
Italienne...........	2.151.422	1.365.110	Finnoise	200.688	120.086
Française..........	1.357.169	528.842	Arménienne	30.021	28.938
Espagnole et portug.	589.466	330.789	Syrienne et arabe..	46.727	32.868
Roumaine.........	51.124	42.277	Autres.............	8.597	7.66[illegible]
Grecque	130.370	118.679	Inconnues	313.044	116.272
Slave et Lettone.....	»	»			
Polonaise	1.707.640	943.781	Totaux	32.243.382	13.345.545

D'après les professions, la répartition de la population, en 1910, est montrée par le tableau suivant qui ne contient pas les chiffres de la population de l'Alaska, des îles Hawaï et de Porto-Rico :

CATÉGORIES PROFESSIONNELLES.	HOMMES.	FEMMES.	TOTAL.
Culture, forêts, élevage..................	10.831.702	1.807.501	12.659.203
Mines et carrières......................	963.730	1.094	964.824
Manutention et industries...............	8.837.901	1.820.980	10.658.881
Transports..........................	2.531.075	106.596	2.637.671
Commerce...........................	3.146.582	468.088	3.614.670
Services publics généraux.............	445.733	13.558	459.291
Professions libérales	920.684	733.885	1.663.569
Personnel domestique	1.241.328	2.530.846	3.772.174
Religions et cultes.....................	1.143.829	593.224	1.737.053
Totaux	30.091.564	8.075.772	38.167.336

Les États-Unis ont été pendant tout le XIXe siècle le principal foyer d'appel pour l'émigration mondiale. Le tableau ci-dessous donne les chiffres d'immigration depuis 1821 :

Immigrants d'après le pays d'origine :

PAYS.	1821-1915.	1915	PAYS.	1821-1915	1915
Grande-Bretagne......	8.234.687	41.422	Chine	344.838	2.6[illegible]
Allemagne	5.527.259	7.709	Japon (1899-1914).....	193.100	8.61[illegible]
Autriche	4.066.228	18.511	Turquie d'Asie	8.022	3.5[illegible]
Italie	4.029.113	49.688	Reste de l'Asie	13.462	[illegible]
Russie d'Europe......	3.409.904	26.187	Afrique	15.869	[illegible]
Suède, Norvège.......	1.810.595	14.571	Amérique angl........	1.583.968	82.21[illegible]
France	516.163	4.811	Indes occident........	299.330	11.[illegible]
Danemark	293.151	3.312	Mexique.............	159.626	12.340
Grèce	299.550	12.592	Amérique centr	17.801	1.[illegible]
Suisse..............	256.360	1.742	— du Sud.....	51.113	3.[illegible]
Espagne, Portugal....	246.927	7.669	Australie et Polynésie.	51.088	1.[illegible]
Pays-Bas	212.296	3.144	Autres pays..........	268.188	[illegible]
Turquie............	451 905	2.411		32.527.294	356.7[illegible]
Belgique	131.137	2.399			
Reste de Europe......	101.319	3.403	1821-16	32.826.120	298.82[illegible]
Europe.	20.327.450	197.919			

Durant l'année fiscale qui s'est terminée le 30 juin 1918, on a compté seulement 110.618 immigrants, alors que pour la seule année 1914, il avait été de 1.218.480. Sur ces 110.618 immigrants, on comptait : 22.068 Anglais, 15.979 Japonais, 13.603 Scandinaves, 12.602 Espagnols, 11.371 Français.

L'immigration pendant les années suivantes a montré les chiffres ci-après :

ANNÉES.	IMMIGRANTS.	ANNÉES.	IMMIGRANTS.	ANNÉES.	IMMIGRANTS.
1911........	295.666	1913........	308.190	1917	295.403
1912........	333.262	1914........	308.338	1919	141.000

Durant la même année, 275.637 Américains avaient quitté les États-Unis dont 244.877 hommes et 30.960 femmes. L'American Red-Cross, la Y. M. C. A., les Knights of Columbus sont pour beaucoup dans ce mouvement.

La population urbaine des États-Unis est très forte et croît beaucoup plus rapidement que la population rurale. Il y a 67 villes comptant plus de 100.000 habitants ; leur population globale représente à elle seule plus du quart de la population totale. Le tableau suivant donne le nombre d'habitants de ces villes évalué en 1917 :

New-York, N.-Y.	5.137.422	Kansas City, Mo...	305.816	Dayton, Ohio.....	127.224
Manhattan, N.Y.	2.782.998	Portland, Oreg....	308.399	Dallas, Tex........	124.527
Brooklyn. N.Y.	1.976.103	Indianapolis, Ind..	283.622	San Antonio, Tex.	123.831
Chicago, Ill......	2.547.201	Denver, Col.......	260.800	Bridgeport, Conn..	121.579
Philadelphie, Pa.	1.735.514	Rochester, N. Y....	256.117	Nouv. Bedford, Mass	118.158
St-Louis, Mo....	768.630	Providence R. I...	254.960		
Boston, Mass....	767.813	St-Paul, Minn.....	247.232	Salt Lake City, Utah	117.399
Cleveland, Ohio.	692.259	Louisville, Ky.....	238.910		
Baltimore, Md...	594.637	Columbus, Ohio...	214.878	Nashville, Tenn...	117.057
Pittsbourg, Pa..	586.196	Oakland, Cal......	198.601	Lowell, Mass......	113.125
Detroit, Mich...	619.648	Toledo, Ohio	191.554	Cambridge, Mass ..	112.981
Los Angeles, Cal.	535.485	Atlanta, Ga.......	190.558	Tacoma, Wash.....	112.770
Buffalo, N. Y....	475.781	Birmingham. Ala...	181.762	Houston, Tex......	112.307
San Francisco, Cal..........	471.023	Omaha, Nebr.....	165.470	Trenton, N. J.....	111.593
		Worcester, Mass...	163.314	Hartford, Conn....	110.900
Milwaukee, Wis.	443.008	Richmond, Va....	156.687	Reading, Pa.......	109.381
Cincinnati, Ohio.	414.248	Syracuse, N. Y....	155.024	Youngstown, Ohio.	108.385
Newark, N. J...	418.894	Spokane, Wash....	150.323	Camden, N. J.....	106.233
N.-Orléans......	377.010	New Haven, Conn.	149.685	Springfield, Mass..	105.942
Washington, D. C............	369.282	Memphis, Tenn....	148.995	Fort Worth Tex...	104.562
		Scranton, Pa......	146.811	Albany, N. Y.....	104.199
Minneapolis, Min.	373.448	Paterson, N. J.....	138.443	Lynn, Mass.......	102.485
Seattle, Wash...	366.445	Fall River, Mass...	128.336	Des Moines, Iowa.	101.598
Jersey City, N. J.	312.557	Grand Rapids, Mic.	127.291	Lawrence, Mass...	100.560

Religion.

La liberté des cultes est entière. Les autorités ecclésiastiques ne sont subordonnées ni au Gouvernement fédéral ni aux Gouvernements des États particuliers. La religion de la majorité de la population est le protestantisme qui se subdivise en une variété infinie de sectes. Le tableau suivant donne le nombre d'adeptes des principales d'entre elles ainsi que des autres religions.

ADEPTES.	EN 1910	EN 1916	ADEPTES.	EN 1910	EN 1916
Protestants :			Presbytériens........	1.848.046	2.171.601
Adventistes.........	91.951	112.054	Anglicans	921.713	1.078.435
Baptistes	5.510.590	6.334.132	Unitaires	70.542	71.110
Disciples	1.430.015	1.337.450	Universalistes	54.836	58.300
Évangélistes	180.315	209.917	Divers	976.045	1.137.471
Amis	119.601	119.371	Total	20.835.542	23.957.734
Congrégationalistes..	732.500	790.488	Catholiques	12.217.378	14.330.370
Évangélistes :			Israélites	143.000	143.000
Allemands.........	249.137	274.787	Orthodoxes	835.000	485.500
Luthériens.........	2.173.047	2.454.334	Autres............	986.462	1.100.105
Méthodistes........	6.477.224	7.608.284	Total	34.517.377	40.016.700

Le catholicisme possède aux Etats-Unis 16 archevêques (l'un d'eux, Délégué Apostoliq[illegible] à Washington) et 94 évêques dont 11 aux Colonies. Il y a un évêque anglican dans l'Et[illegible] de Missouri et un évêque orthodoxe à San Francisco.

Instruction.

Chaque Etat de l'Union a un système d'écoles publiques primaires libres établi par la [illegible] Leur tâche est amplement secondée par des écoles privées et paroissiales. La proporti[illegible] d'illettrés, au-dessus de 10 ans, était de 17 p. 100 en 1880, de 13,3 p. 100 en 1890, de 1[illegible] p. 100 en 1900, 7,7 p. 100 en 1910.

Le Gouvernement des Etats-Unis a attribué aux écoles primaires, dans chacun des no[illegible] veaux Etats, de deux à quatre « sections » ou lots de terrains d'un mille carré prélevés da[illegible] chaque territoire de ville d'une superficie de six mille carrés. Le capital constitué par l[illegible] vente de ces lots forme la majeure partie des fonds scolaires permanents de ces Etats, [illegible] revenu seul étant employé à couvrir les frais de ces écoles. A ce revenu viennent s'ajout[illegible] des sommes supplémentaires fournies par l'Etat et les taxes locales, de façon à constitu[illegible] environ 3,8 p. 100 du revenu scolaire total de tous les Etats. En 1914, le total des dépen[illegible] pour les écoles publiques primaires et secondaires avait été de 555.077 dollars ; les 567 Uni[illegible] versités et collèges y compris les 330 collèges mixtes, les 145 collèges de garçons, les 92 c[illegible] lèges de filles, avaient un revenu de 102.156.401 dollars tant des fonds productifs que [illegible] émoluments, et des contributions du Gouvernement, des Etats et des Municipalités.

Le tableau suivant donne les statistiques générales de l'instruction publique en 1916 p[illegible] les Etats-Unis :

	Écoles communales.				Universités et collèges.		
	Ecoles primaires.		Ecoles primaires supérieures.				
	Élèves.	Maîtres.	Étud.	Prof.	Nombre d'institutions.	Étudiants.	Professeurs et maîtres.
Atlantique Nord	4.429.711	133.977	451.643	18.807	120	82.009	8.13[illegible]
Central Nord	5.770.733	201.770	572.475	28.558	218	103.382	8.1[illegible]8
Atlantique Sud	2.975.178	71.258	103.776	5.063	100	23.465	2.375
Centre Sud	4.304.680	99.012	150.522	7.150	86	23.073	2.09[illegible]
Ouest	1.475.329	47.982	177.040	8.609	50	27.582	2.61[illegible]
Etats-Unis	18.895.626	554.094	1.456.061	68.277	574	259.511	3.386

Voici quelques renseignements statistiques sur les divers établissements d'enseignement en 1916 :

	Écoles.	Professeurs.	Élèves et étudiants.		
			Sexe masculin.	Sexe féminin.	Total.
Ecoles publ. communales	281.524	622.371	10.216.172	10.135.515	20.351.6[illegible]7
— prim. supérieures	12.003	68.277	660.641	795.420	1.456.[illegible]1
— privées et académies	2.203	13.958	73.215	81.920	155.1[illegible]
— Normales publiques	234	6.642	21.016	83.698	104.7[illegible]
— Normales privées	45	661	1.924	5.034	6.9[illegible]
Universités et collèges	574	23.386	164.075	95.436	259.511
Ecoles préparatoires d'Universités et Collèges	358	3.817	33.319	19.155	52.47[illegible]
Ecoles de Théologie	169	1.422	11.291	760	12.0[illegible]1
— Droit	124	1.531	22.306	687	22.99[illegible]
— Médecine	92	7.264	14.105	662	14.767
— Pharmacie	71	770	5.688	346	6.044
— Dentistes	48	1.633	10.521	194	10.715
— Chirurgie	22	369	3.058	3.056	3.06[illegible]
— Commerce	912	4.591	99.134	93.254	192.388
Maisons de correction	121	1.361	49.009	12.819	61.828
Ecoles pour les sourds	159	1.941	7.966	6.767	14.733
— aveugles	61	687	2.724	2.431	5.155
Ecoles pour faibles d'esprit	184	1.518	22.048	15.582	27.630
Cours d'enseign. secondaire	»	»	18.438	18.729	37.167

La population scolaire, en 1916, se répartissait ainsi d'après les différents degrés d'enseignement :

DEGRÉS D'ENSEIGNEMENT.	ÉLÈVES DES ÉCOLES.		
	publiques.	privées.	Total.
Primaire (y compris garderies d'enfants)	18.895.626	1.665.075	20.560.701
Primaire supérieur (y compris académies)	1.456.061	155.135	1.611.196
Secondaire	29.058	60.583	89.641
Supérieur et universitaire	107.237	152.274	259.511
Professionnel	12.336	57.540	69.876
Ecoles Normales	104.714	6.958	111.672
Total	20.605.032	2.097.565	22.702.597
Ecoles spéciales :			
Ecoles du soir	647.861	»	644.861
— de commerce et industrielles	»	192.388	192.388
— réformées	61.828	»	61.828
— pour les sourds	14.146	587	14.733
— pour les muets	5.155	»	5.155
— pour les faibles d'esprit	36.971	659	37.630
— indiennes du Gouvernement	32.780	»	32.780
— gouvernementales de l'Alaska	3.665	»	3.665
Autres écoles publiques dans l'Alaska	3.162	»	3.163
Orphelinats et autres établ. de Bienfaisance	»	20.000	20.000
Garderies d'enfant	»	75.090	75.000
Ecoles diverses (art, musique, etc.)	»	60.000	60.000
Total	805.569	348.724	1.154.293
Total général	21.410.601	2.446.289	23.856.890

Justice.

Le pouvoir judiciaire, comme les pouvoirs exécutif et législatif, a une double représentation. Le Gouvernement général a des Cours de juridiction civile en matière maritime, financière, de douanes et de législation. La plupart des crimes contre la personne et la propriété ressortissent des Cours d'Etat, de même que les causes civiles, dont les parties résident dans le même Etat et les affaires de divorce et de succession. Les Cours locales ont juridiction pour les banqueroutes.

Dans les Etats particuliers, les Cours inférieures sont celles de la Justice de Paix ou, dans les villes, de la Justice de Police ; dans les Comtés, il y a des Cours de greffe et archives, constituées en grand ou petit jury. La plus haute Cour de chaque Etat est la Cour d'appel dont les juges, nommés le plus souvent à vie, sont généralement élus par le peuple, mais quelquefois par le Gouverneur.

Les juges des Etats-Unis sont nommés à vie. Les Cours inférieures des Etats-Unis sont celles de districts au nombre d'environ 60, chaque Etat formant un ou plusieurs districts. Ces Cours ont juridiction pour n'importe quel crime n'entraînant pas la peine de mort. Il y a aussi des Cours d'Appel avec « juges supérieurs » et « juges de cercles ». La Cour Suprême comprend un Juge président et 8 Juges nommés par le président avec consentement du Sénat ; elle est ressort d'appel des Cours inférieures avec juridiction en matière diplomatique et consulaire. Les autres Cours ayant juridiction criminelle sont la Cour du district de Colombie et celles des Territoires.

Armée.

Les forces militaires comprenaient avant l'entrée en guerre des Etats-Unis : 1° une armée régulière fédérale recrutée par voie d'engagement volontaire d'une durée de 7 ans dont 4 de service actif et 3 dans la réserve ; 2° une Garde Nationale recrutée également par voie d'engagement volontaire généralement d'une durée de 3 ans et appartenant aux divers Etats et Territoires, mais restant sous le contrôle du Gouvernement fédéral ; 3° enfin une réserve de la Garde Nationale dont l'organisation n'est pas effective mais comprend tous les citoyens, depuis l'âge de 18 ans jusqu'à celui de 45 ans, qui seraient capables de porter les armes en cas de levée en masse.

Les effectifs des forces militaires des Etats-Unis étaient les suivants, en 1916 :

	OFFICIERS.	HOMMES.	TOTAL.
I. *Armée permanente :*			
Etat-major général, administration, etc	1.574	9.241	10.81[illegible]
Corps des signaux	139	1.978	2.117
Cavalerie	877	17.255	18.132
Artillerie de campagne	381	7.881	8.262
— côte	819	21.423	22.242
Corps du génie	302	2.198	2.500
Infanterie	1.890	49.876	51.766
Non enrégimentés (7332) et Académie milit. (632)	1.074	13.672	14.746
Eclaireurs indiens	»	75	75
Régiment d'infanterie de Porto-Rico	51	1.348	1.399
Corps d'infirmiers	»	6.534	6.534
Tirailleurs indig. des Philippines	182	5.733	5.915
Total	7.289	137.214	144.502
II. *Garde Nationale*	8.589	123.605	132.194
III. *Réserve de la garde nationale* (évaluation)	»	»	3.000.000

Par suite de la nouvelle loi militaire de 1916, l'élément militaire est réparti en quatre catégories : 1° l'armée régulière avec un effectif approximatif de 11.000 officiers, 175.000 combattants et 40.000 hommes de troupes non combattantes : 2° la Garde Nationale avec un effectif d'environ 17.000 officiers et 440.000 hommes ; 3° le corps volontaire de réserve composé de spécialistes pour les services techniques de l'armée et dont le recrutement restera constitué en temps de paix ; 4° l'armée volontaire constituée seulement pour le temps de guerre.

Depuis la déclaration de guerre à l'Allemagne, le système de la circonscription a été appliqué et, au mois de juin 1918, l'armée comptait près de 2.027.000 hommes au front. 1 million à l'entraînement aux Etats-Unis et 2.800.000 inscrits.

En novembre 1918, les forces militaires, réunies dans l'*United States Army*, les appellations de *Regular Army*, *Reserve Corps*, *National Guard* abolies, comptaient 3.665.000 [illegible] Le nombre des divisions en France était de 72 dont 42 en ligne, chaque division comptant 28.150 combattants.

Les pertes furent de : tués ou morts de blessures, 36.154 ; morts de maladie, 14.811 ; blessés, 179.625 ; prisonniers et manquants, 3.323.

Les services de l'aviation comptaient au 1er juin 1918 : 2.350 appareils en service, 12.[illegible] en réserve, 27.800 moteurs d'aviation, 27 aérodromes, 7 écoles d'aviation, 5.233 aviat[illegible] et 187.563 inscrits.

Marine.

Les budgets de la marine ont montré les chiffres ci-après, pour les années suivantes (en dollars) :

1910-11	129.648.560	1914-15	144.866.71[illegible]
1911-12	129.803.925	1915-16	149.385.41[illegible]
1912-13	129.648.550	1916-17	321.255.800
1913-14	144.663.150	1917-18	378.850.000

La marine de guerre américaine s'est accrue depuis 1916-17 dans des proportions considérables. Déjà en 1916-17, date à partir de laquelle était appliqué un vaste programme naval (crédit de 515 millions de dollars réalisable en 3 années), la flotte américaine devait s'augmenter de 4 vaisseaux de combat, de 4 croiseurs, de 4 croiseurs légers, de 30 sous-marins et de 20 contre-torpilleurs ; ce programme prévoyait en outre la construction de 6 vaisseaux de combat, de 2 croiseurs et d'un certain nombre de plus petites unités.

En février 1917, la Chambre des Représentants vota pour 1917-18 un crédit de 378.850.000 dollars sur lequel le secrétaire d'Etat à la marine fut autorisé à dépenser immédiatement 150.000.000 de dollars pour l'acquisition des sous-marins, contre-torpilleurs, etc.

L'entrée en guerre des Etats-Unis fit adopter un ample programme naval (crédit de 1.150.400.000 dollars) dont la réalisation fut accélérée ; il comportait la construction de 787 navires de toutes classes depuis le vaisseau de combat jusqu'au sous-marin. Le nombre des contre-torpilleurs à construire prévus dans ce programme a été largement dépassé, ce qui a entraîné une augmentation de dépenses de 350.000.000 de dollars.

Le secrétaire d'Etat à la marine affirmait, en octobre 1917, que quelques-uns de ces contre-torpilleurs seraient lancés avant neuf mois et le reste avant 18 mois. En décembre 1917 il demandait un crédit de 1.000.000.000 de dollars, pour l'année 1918-19 et laissait prévoir que des crédits additionnels seraient nécessaires.

A partir du 1er juillet 1920, les forces navales comprendront 940 unités dont 16 dreadnoughts, 13 pré-dreadnoughts, 8 croiseurs de bataille et 17 croiseurs légers.

Le tableau suivant indique l'état de la flotte des États-Unis en 1916 et en 1918, mais ne contient pas le nombre considérable des navires auxiliaires.

	1916	1918		1916	1918
Dreadnoughts	13	19	Monitors	7	7
Pre-dreadnoughts	23	23	Contre-torpilleurs	50	86
Croiseurs cuirassés	10	9	Contre-torpilleurs (défense des côtes)	16	20
— de 1re cl	5	5	Torpilleurs	19	19
— de 2e cl	4	6	Sous-marins	48	88
— de 3e cl	16	15			

Le tableau suivant donne le nombre des bâtiments de la flotte des États-Unis construits ou en construction ainsi que les renseignements concernant la classe à laquelle ils appartiennent :

NOMBRE.	BATIMENTS.	TONNAGE EN TONNES ANGLAISES.	FORCE EN CHEVAUX.	VITESSE EN NŒUDS.
	Pre-Dreadnoughts :			
5	Type New-Jersey (1902)	14.948	19.000	19
2	— Louisiana (1903)	16.000	16.500	18
4	— Kansas (1904-05)	16.000	16.500	19
	Dreadnoughts :			
2	Type Delaware (1907)	20.000	25.000	21
2	— Utah (1909)	21.825	28.000	20,7
2	— Wyoming (1910)	26.000	28.000	20,5
2	— Texas (1911)	27.500	35.000	21
2	— Nevada (1912)	27.500	35.000	20,5
2	— Pensylvania (1913-14)	31.400	32.000	21
4	— New Mexico (1915)	32.000	32.000	21
2	— California (1916)	32.000	»	»
4	— Colorado (1918)	32.600	40.000	»
2	— Washington	32.600	»	»
6	— Nos 49 à 54	43.200	»	»
	Croiseurs de bataille :			
6	Type Lexington (8 canons de 406)	35.000	180.000	33
	Croiseurs cuirassés :			
6	Type San Diego (1901-02)	13.400	23.000	32
1	Seattle (1903)	14.500	25.000	22
2	Type Montana (1905)	14.500	25.000	22
	Croiseurs de 1re classe :			
1	Rochester (1890)	8.200	16.500	21
1	Brooklyn (1890)	9.215	18.000	21
3	Type St-Louis (1902)	9.700	21.000	22
	Croiseurs légers :			
3	Type Chester (1905)	3.750	16.000	25
	Croiseurs protégés :			
6	Type Chattanooga (1901)	3.200	4.500	15

Corps diplomatique à Washington :

Allemagne, Amb. e. et pl. (Massachusetts Av. 1435) : N...
Argentine, Rép. Amb. e. et pl. (Corcoran street 1806) : Tomas A. de Lebreton.
Autriche, Ch. d'aff. : N..
Belgique, Amb. e. et pl. (Oregon Av. 1726) : *Cartier de Marchienne*, 5-20.
Bolivie, E. e. et M. pl. (16 th. street 1633) : *Calderon*. C. G. *Gutierez*.
Brésil, Amb. e. et pl. (Massachusetts Av. 1780) : Aug. Cochrane *de Alencar*, 3-20.
Bulgarie, E. e. et M. pl. (Massachusetts Av. 2131) : N...
Chili, Amb. e. et pl. (The Champlan 1424) : Santiago *Aldunate*.
Chine, E. e. et M. pl. (19 th. str.) *Koo-Wei Tfiul*.

Colombie, E. e. et M. pl. (16 th. street 1827) : Dr Carlos *Urueta*.
Costa-Rica, E. e. et M. pl. (16 th. street 1501) : M. *Castro Quesada*.
Cuba, E. e. et M. pl. (XVI th. Street 2630) : Dr Carlos M. *de Cespedes*.
Danemark, E. e. et M. pl. (22 th. street 1605) : C. *Brun*.
Dominicaine Rép., E. e. et M. pl. (The Champlain) : Dr Luis *Galvan*. C. G. : J. *de Cam*[illegible]
Equateur, E. e. et M. pl. (Riverside Drive 604) : Dr G. S. *Cordova*.
Espagne, Amb. (Harvard street 1521) : J. *de Riano y Cayangos*.
Finlande, E. e. et M. pl. (Munsey Bldg.) : A. H. *Scastamoinen*.
France, Amb. (16 th. str. 2460) (V. Relations).
Grande-Bretagne, Amb. (Connecticut Av. 1300) : Sir *Auckland Geddes*. 3-20).
Grèce, E. e. et M. pl. (Massach. Av. 1715) : *G. Roussos* ; C. G. ; N...
Guatemala, E. e. et M. pl. (K str. 1604) : J. *Mendez*.
Haïti, E. e. et M. pl. (1429 Rhode Island Av.) : Charles *Moravia*.
Honduras, E. e. et M. pl. (Gordon Hotel) : Dr Alb. *Membreno*.
Italie, Amb. (R. str. 1759) : Bon. *Avezzana*.
Japon, Amb. (K street 1321) : K. *Shidehara*.
Liberia, C. : E. G. *Merrill*.
Luxembourg, v. Pays-Bas (conv. 6-7 janv. 1880).
Mexique, Amb. e. et M. plén. Ing. : Ignacio *Bonillas*.
Monaco, C. : S. *d'Halewyn*.
Nicaragua, E. e. et M. pl. (The Portland) : Em. *Chamorro*.
Norvège, E. e. et M. pl. (The Wyoming) : H. H. *Bryn*.
Panama, E. e. et M. pl. (XVI street 1019) : N... : C. G. Bel. *Porras* Junior.
Paraguay, E. e. et M. pl. (Woolworth Building 1678) : H. *Velasquez*.
Pays-Bas, E. e. et M. pl. (Connecticut Av., 1800) : J. T. *Cremer*.
Pérou, Amb. e. et pl. (Vermont Av. 1500) : Federico *Pezet*. C. G. : N. *Villanuera*.
Perse, E. e. et M. pl. (17 th. street 3145) : Mehdi Ahmed Khan *de Gharagueuzlou*.
Pologne, E. e. et M. pl. : N...
Portugal, E. e. et M. pl. (Stoneleigh Court) : Vte. *de Alte*.
Roumanie, E. e. et M. pl. : N...
Russie, Amb. (XVI th. street 1125) : N...
Salvador, E. e. et M. pl. (Connecticut Av. 1800) : Dr Raf. *Zaldivar*.
Serbe-Croate-Slovène (Roy.), E. e. et M. pl.: Y. *Yovanovitch*.
Siam, E. e. et M. pl. (XVI th. Street 3145-47) : Phya Prabha *Karawongse*.
Suède, E. e. et M. pl. (N. street 2006) : W. A. F. *Ekengren*.
Suisse, E. e. et M. pl. (Hillyer Place 2013) : Dr P. *Ritter*.
Tchécoslovaquie, E. e. et M. pl. (XIV street 717, à Washington); Ch. d'aff. p. i.: J. *Mas*[illegible]
C. G. (Nassau street, 154) : F. *Kopecky*.
Turquie, Amb. e. et pl. (Connecticut av. 1711) : A. *Rustem* Bey.
Uruguay, E. e. et M. pl. (N. street 1734) : J. *Varela Acevedo*.
Venezuela, E. e. et M. pl. (Massachusetts Av. 1406) : Dr S. A. Dominici.

Mouvement économique.

Finances fédérales.

ANNÉE (1)	RECETTES.	DÉPENSES	ANNÉE.	RECETTES.	DÉPENSES
	(en dollars)			(en dollars)	
1900....	567.240.852	687.713.792	1916....	779.664.552	724.492.9[illegible]
1910....	675.511.715	659.705.391	1917....	1.118.174.126	1.147.898.9[illegible]
1915....	692.484.445	776.544.125	1918....	4.172.635.828	8.966.532.[illegible]

Les recettes fédérales de l'année 1918 et évaluations pour 1919 et 1920 (en dollars) éta[illegible] les suivantes :

RECETTES.	1918	1919	1920
Droits d'entrée	182.758.000	190.000.000	220.000.[illegible]
Contributions intérieures	3.676.043.000	6.100.000.000	4.000.000.0[illegible]
Recettes diverses	4.172.035.000	»	»
— ordinaires	4.174.010.035	»	»
Dette publique	16.974.889.209	14.168.588.000	1.045.400.[illegible]
Canal de Panama................	6.414.570	7.000.000	8.000.0[illegible]
Postes	344.475.963	»	»
Recettes totales	21.499.790.327	21.022.488.000	5.967.400.0[illegible]

(1) L'année financière commence au 30 juin.

Les dépenses fédérales de l'année 1918 et les évaluations pour 1919 et 1920 (en milliers de dollars) sont montrées par les chiffres ci-après :

DÉPENSES	1918	1919	1920
Pouvoir législatif	16.042	17.348	18.682
— exécutif	9.822	15.557	5.994
Extérieur	10.709	10.245	12.725
Min. des Finances	181.848	88.433	98.856
— des Postes	4.155	»	»
— de l'Agriculture	46.759	46.700	50.000
— du Commerce	13.301	15.000	32.000
— de la Justice	13.232	15.800	14.188
— du Travail	5.916	10.948	24.401
— de l'intérieur	35.271	33.000	33.000
Service Indien	30.888	22.000	25.000
Pensions	181.137	220.000	222.000
Min. de la Guerre	18.233	24.345	8.178
Armée	5.684.348	14.736.232	1.978.837
Min. de la Marine	1.834.000	2.333	3.101
Marine	1.368.642	1.474.357	1.773.726
Intérêts de la Dette	197.526	2.540.624	393.532
Distr. de la Colombie	14.406	15.750	16.000
Instituts indépendants	1.135.833	5.756	4.683
Dépenses ordinaires	8.966.532	27.718.128	6.266.951
Canal de Panama	20.787	»	»
Service des Postes	324.849	»	»
Dette publique, etc	7.706.879	»	»
Dépenses totales	31.823.636	»	»

Au 30 juin 1917 l'actif en caisse, comprenant 152.979.025 dollars de fonds de réserve et 1.407.694.251 dollars de fonds de garantie, s'élevait à 1.319.347.364 dollars.

La Dette Nationale s'élevait, en dollars, au 1er juin des années suivantes depuis 1880 aux montants nets ci après :

ANNÉES.	CAPITAL DE LA DETTE.	ANNÉES.	CAPITAL DE LA DETTE.	ANNÉES.	CAPITAL DE LA DETTE.
1880	2.120.415.370	1913	2.916.204.914	1917	5.717.770.279
1900	2.136.961.092	1915	3.057.836.873	1918	12.243.628.720
1910	2.652.665.838	1916	3.609.244.262	1919	24.126.933.830

L'état de la dette au 30 juin 1919 était le suivant (en dollars) :

	CAPITAL.
1. Dette portant intérêts à { 2 p. 100 711.017.330; 2 1,2 p. 100 9.151.800 } { 3 p. 100 133.810.260; 4 p. 100 118.489.900 }	25.234.496.273
2. Dettes à intérêts éteints	11.109.370
3. — ne portant pas d'intérêts	36.428.775
Montant brut de la dette	25.482.034.418
Balance libre d'obligations courantes	1.002.732.042
Montant net de la dette	24.479.302.376

Le Trésor des États-Unis annonce que les avances consenties aux Alliés s'élevaient, à fin avril 1919, à 9.138.822.000 dollars.

Les crédits individuels des nations alliées s'établissaient comme suit au 15 sept. 1919 :

	(1.000 dollars).		(1.000 dollars)
Grande-Bretagne	4.277.000	Belgique	343.440
France	3.048.000	Grèce	48.230
Italie	1.619.000	Cuba	10.000
Russie	187.000	Serbie	26.780
Roumanie	25.000	Tchéco-Slovaquie	55.330

Circulation monétaire.

Tableau des monnaies d'or et d'argent, ainsi que du papier en circulation aux Etats-Unis au 1er juin 1919, avec les chiffres comparatifs au 1er juin 1918 et au 1er août 1914 :

	1er août 1914	1er juin 1918	1er juin 1919
	—	— (En dollars).	—
Monnaies d'or et lingots	632.332.000	986.515.538	1.100.238.2[illegible]
Dollars d'argent	69.982.000	77.744.154	81.784.757
Monnaies divisionnaires d'argent	160.129.000	216.043.067	231.365.105
Certificats or	974.387.000	808.489.947	580.784.98[illegible]
— argent	474.601.000	413.101.115	179.641.3[illegible]
Billets du Trésor (loi du 14 juillet 1890)	2.420.000	1.857.927	1.757.93[illegible]
Billets des Etats-Unis	337.004.000	339.625.452	334.227.367
— de la Réserve fédérale	»	1.583.513.760	2.506.177.517
— des banques de Réserve fédérale	»	13.609.235	153.966.90[illegible]
Billets des banques nationales	716.514.000	706.162.058	662.305.514
Total	3.367.369.000	5.246.662.253	5.834.268.21[illegible]

La population des Etats-Unis étant estimée à 107.455.000 habitants au 1er juin 1919, la proportion par tête s'établissait à cette date à 54 dollars 29 ; au 1er août 1914, la proportion par tête ressortait à 35 dollars 33, pour une population évaluée à 100.867.000 habitants.

Au 1er juin 1919, les banques de Réserve fédérale et les agents de la Réserve fédérale détenaient, contre un montant équivalent de billets de Réserve fédérale, 829.277.890 dollars de monnaie d'or et lingots, 213.917.280 dollars de certificats-or, et 142 millions 103.27[illegible] dollars de billets de Réserve fédérale, soit, au total, 1.196.494.890 dollars, contre 1.020.022.725 dollars au 1er juin 1918.

Quant au stock monétaire, il était évalué à la date du 1er juin 1919 à 7.592.078.992 dollars, le stock détenu par le Trésor atteignant 561.315.890 dollars, suivant détail ci-après :

	Etats-Unis	Trésor
	— (Dollars).	—
Monnaies d'or et lingots	3.092.037.690	367.801.2[illegible]
Dollars d'argent	308.978.930	45.794.35[illegible]
Monnaies divisionnaires d'argent	243.679.762	12.314.657
Billets des Etats Unis	346.681.016	12.453.64[illegible]
— de la Réserve fédérale	702.716.345	43.239.07[illegible]
— des banques de Réserve fédérale	175.220.320	19.253.41[illegible]
— des banques nationales	722.764.920	60.459.40[illegible]
Total	7.592.078.992	561.315.890

L'état du stock monétaire détenu par le Trésor ne comprend pas les dépôts de fonds publics dans les banques de Réserve fédérale et dans les banques nationales, ni les dépôts spéciaux au crédit du trésorier des Etats-Unis, et s'élevant à 925.216.375 dollars.

Agriculture.

Les Etats-Unis occupent aujourd'hui le premier rang pour la production agricole et notamment, pour celle des céréales. En 1850, l'exportation des produits agricoles constituait presque l'unique recette d'ordre extérieur du pays ; leur valeur ne cessa d'augmenter pendant les années suivantes, mais le mouvement s'arrêta pendant la guerre de Sécession.

Pendant la période 1882-1890, les agriculteurs américains eurent également à subir une crise intense provenant de la baisse générale du prix des céréales en Europe ; cette baisse prit fin en 1891, année de superbes récoltes pour les Etats-Unis, qui coïncida avec de très mauvaises récoltes pour les grands pays européens. Depuis lors, la prospérité de l'agriculture américaine s'est constamment améliorée et on peut prévoir qu'il en sera de même pour l'avenir, puisque le quart à peine du territoire fédéral est actuellement en culture. Voici le tableau de la production du blé, du maïs et de l'avoine depuis 1890 :

Années	Blé	Maïs	Avoine	Années	Blé	Maïs	Avoine
	(Millions de quintaux.)				(Millions de quintaux.)		
1890	143	542	190	1915	279	760	224
1900	190	765	294	1916	174	656	181
1914	242	678	165	1919 (éval.)	231	726	178

Valeur totale de la production agricole aux Etats-Unis ; 1916 : 13.406 millions de francs 1917 : 19.331 millions ; 1918 (éval.) : 21.386 millions.

Superficie cultivée en coton, 1913 : 36.573.441 acres ; 1918 : 37.207.000 ; 1919 (éval.) : 33.960.000.

Sa récolte, qui représente les 7/11e de la récolte mondiale, a donné les résultats suivants, en balles de 227 kilogrammes.

ANNÉES.	BALLES.	VALEUR.	ANNÉES.	BALLES.	VALEUR.
—	— (Milliers)	— (Millions fr.)	—	— (Milliers)	— (Millions fr.)
1905	10.575	2.785	1916	11.511	5.400
1910	11.608	4.050	1917	10.949	»
1912	14.156	4.425	1918 (éval.)	11.911	8.550
1915	11.161	3.010	1919 —	11.602	8.335

Prix moyen du middling américain par livre : 1912, 6.09 ; 1913, 6.75 ; 1918, 21.68.

Les principaux centres producteurs étaient : Texas 3.115.000 balles, Géorgie 1.820.000, Caroline du Sud 1.235.000, Arkansas et Mississipi 895.000, Oklahoma 890.000.

Riz, production en livres : 1880, 111.868.990 ; 1900, 253.139.300 ; 1910, 680.833.334 ; 1918 (éval.) 1.136.000.000.

Les statistiques préliminaires indiquent que les raffineries de sucre de betteraves ont produit, dans la saison 1918-19, 674.892 tonnes, contre 682.867 dans la campagne 1917-18. La production totale de sucre de betterave et de canne, aux Etats-Unis, a atteint, en 1916-1917, 1.200.000 tonnes et a été évaluée à 1.697.000 tonnes pour 1917-18.

En 1917, la superficie des terres réservée à la culture du tabac était de 584.184 ha. qui ont produit 1.196.451.000 livres de tabac (Kentucky, 424.000.000 liv. ; Caroline du Nord, 204.750.000 ; Virginie, 129.500.000 ; Ohio, 99.072.600 ; Tennessee, 81.810.000 ; Pensylvanie, 58.100.000 ; Caroline du Sud, 51.120.000, etc.).

Elevage. — Les Etats-Unis ont le premier troupeau du monde ; l'élevage est surtout pratiqué dans la région du centre.

Au 1er janv. 1918, le cheptel s'élevait à 21.555.000 chevaux (19.833.113 en 1910), 4.824.000 mulets (4.209.769 en 1910), 67.422.000 bêtes à cornes (61.803.866 en 1910) 48.603.000 moutons (52.447.861 en 1910), 70.978.000 porcs (58.185.676 en 1910).

La valeur totale du cheptel de 1918 était de 8.839.204.000 dollars dont 1.643.439.000 dollars de bêtes à cornes et 1.789.052.000 dollars d'animaux divers.

En 1914, l'industrie laitière avait employé 8.431.426.426 livres de lait et 2.384.024.699 livres de crème pour produire 786.003.489 livres de beurre, 377.513.409 livres de fromage et 883.112.901 livres de lait condensé ; la valeur de sa production totale avait été de 370.688.431 dollars.

La tonte des moutons en 1918 avait produit 257.921.000 livres (302.502.328 en 1901 et 244.890.00 en 1916).

Forêts. — Les forêts couvrent actuellement une superficie de plus de 222 millions d'hectares, soit environ un quart des terres de l'Union. Il y a cinq grandes régions forestières, Nord, Sud, Centre, Montagnes Rocheuses et Pacifique.

La valeur moyenne annuelle de la consommation de bois est d'environ 1.375 millions de dollars. En raison du déboisement déjà sensible de certaines régions quelques Etats, comme ceux de Washington, Louisiane, Mississipi, Oregon et Caroline du Nord, ont dû, à tour de rôle, suspendre toute exploitation forestière. Les forêts de l'Etat ont une superficie de 63.069.652 ha. et les dépenses de toutes sortes qu'elles nécessitent dépassent annuellement les revenus d'environ 4 millions 750.000 dollars.

Les principaux Etats producteurs étaient, par ordre d'importance : Montana, Orégon, Idaho, Washington, Californie, Arizona, Alaska, New Mexico, etc.

Production minière.

Les Etats-Unis sont le premier pays du monde pour la production de la houille, du fer, du cuivre et du pétrole ; le second, pour la production de l'or et pour celle de l'argent ; le sous-sol recèle l'ensemble le plus considérable du monde en minéraux utiles et précieux. On estime à 45 p. 100 la part des Etats-Unis dans la production mondiale du charbon, à 75 p. 100 leur part dans la production mondiale du cuivre.

En 1917, la production en charbon bitumineux a atteint 544.142.000 tonnes de 907 kgr., en augmentation de 8,3 p. 100 sur celle de 1916, celle d'anthracite à plus de 90 millions de tonnes, en progrès aussi.

La région du lac Supérieur est grande productrice de minerai de fer. Avant la guerre, on en tirait env. 50 millions de tonnes. Production, 33.721.000 t. en 1914 ; 75.288.851 t. en 1917 ; 69.712.000 t. en 1918.

Production de pétrole brute : 339.400.000 barils de 190 litres env. en 1918 (Oklahoma, Kansas 139 millions, Californie 99 millions) contre 300.767.158 barils en 1916. La disparition du marché des pétroles roumains, l'arrêt des envois de Russie ont provoqué une forte demande qui a absorbé non seulement la production courante des puits mais a nécessité un prélèvement d'environ 21 millions de barils sur les pétroles en magasin.

La production américaine entrait pour un peu plus de la moitié dans la production mondiale (550 milliers de tonnes en 1913 sur 1 million). Production de 1918, en raffiné, 1.048.000 t. contre 1.942.776.303 en 1916. Les principaux États producteurs étaient (chiffres de 1917) : Arizona 692.923.722 livres, Montana 274.799.545, Michigan 273.445.747, Utah 244.398.684.

600.000 tonnes env. étaient consommées sur place. Exportations pour les années 1916, 1917 et 1918 :

	1916	1917	1918
		Tonnes.	
France	150.370	176.797	126.570
Royaume-Uni	82.395	175.585	119.622
Italie	50.788	74.128	59.839
Russie	22.170	31.739	»
Reste de l'Europe	16.318	6.057	»
Canada	20.512	23.315	14.797
Autres pays	7.493	5.635	8.016
Total	350.046	493.256	328.844

La production du plomb s'est encore considérablement développée, passant de 568.329 tonnes de 2.000 livres ou 907 kgr. en 1914 à 613.377 tonnes en 1916 et 631.535 en 1917.

La production du zinc était évaluée pour 1917 à 685.436 tonnes de 2.000 livres ou 907 kgr. contre 680.018 en 1916. Les principaux centres producteurs sont : Oklahoma 204.720 tonnes, Illinois 176.106, Est 154.729. Le tableau ci-après résume la valeur de la production minérale en 1915 et 1917, chiffres en milliers de dollars.

PRODUITS MÉTALLIQUES.	1915	1917	PRODUITS MINÉRAUX.	1915	1917
Fer	401.409	1.053.786	Charbon	502.037	1.249.272
Argent	37.397	59.078	Anthracite	84.653	293.6[illegible]
Or	101.035	83.750	Pierre	74.593	82.21[illegible]
Cuivre	242.902	514.911	Pétrole	79.462	522.63[illegible]
Plomb	46.660	99.000	Gaz naturel	101.312	140.00[illegible]
Zinc	113.617	119.258	Ciment	75.155	123.21[illegible]
Mercure	1.826	3.786	Sel	11.747	19.940
Aluminium	16.280	45.882	Phosphates	5.413	7.77[illegible]
Etain	78	111	Coke	105.503	298.24[illegible]
Platine	478	4.023	Eaux minérales	5.138	4.931
Antimoine	3.665	3.781	Borax	1.677	3.6[illegible]
Nickel	538	331	Oxyde arsénieux	302	1.11[illegible]
Autres	»	»	Autres	»	»
Total	991.752	2.091.824	Total	2.397.335	5.010.94[illegible]

La valeur totale de la production minérale a été de 2.439.159.728 dollars en 1913 et de 2.115.200.333 dollars en 1914.

On trouve de l'or en Californie, au Colorado, en Alaska et au Nevada, de l'argent dans le Nevada, Montana, Utah, Idaho et Colorado. La production d'or et d'argent a été pour 1918 ; or 93.934 kgr., valeur, 68.493.500 doll. ; argent 1.924.375 kgr., valeur, 67.879.203 doll.

Les pierres précieuses (saphirs, turquoises, agates, rubis, topazes, améthystes, tourmalines, etc.) abondent aux Etats-Unis et leur production a acquis une valeur de 319.454 dollars en 1913 et 170.431 dollars en 1915.

Industries.

Le tableau suivant montre les conditions de l'industrie manufacturière américaine en 1880, 1910 et 1915.

ANNÉE STATISTIQUE.	ÉTABLISSEMENTS.	CAPITAL.	PERSONNEL EMPLOYÉ.	VALEUR DE LA PRODUCTION.	COUT DU MATÉRIEL.
1880	253.852	2.790.273.000	2.732.595	5.369.579.000	3.396.824.[illegible]
1910	270.082	18.490.749.000	7.431.799	20.767.546.000	12.195.019.[illegible]
1915	275.791	22.790.980.000	8.000.551	24.216.435.000	14.368.089.[illegible]

Le tableau ci-après montre le résultat du recensement effectué en 1914 pour la grande industrie en usines. Ces chiffres ne comprennent pas les métiers à main et la petite industrie rurale, industries du vêtement, moulins, etc.

CATÉGORIES.	ÉTABLISSEMENTS.	OUVRIERS.	CAPITAL. (en milliers de dollars)	ACHAT DE MATÉRIEL. (en milliers de dollars)	PRODUCTION (en milliers de dollars)
Matières alimentaires	59.317	496.234	2.174.387	3.828.512	4.816.709
— textiles	22.295	1.498.661	2.810.848	1.993.058	3.414.615
Objets en fer et acier	17.719	1.061.058	4.281.998	1.762.313	3.223.144
Bois brut et manuf.	42.036	833.529	1.723.456	762.350	1.599.710
Cuir et objets en cuir	6.758	307.060	743.347	753.135	1.104.595
Papier, livres, imprimés	37.196	452.900	1.433.176	580.715	1.456.046
Boissons et liqueurs	7.562	88.152	1.015.715	246.188	772.080
Drogues et produits chimiques	12.374	299.569	3.034.209	1.289.348	2.001.634
Pierres objets en verre et en argile	14.747	334.702	987.328	238.734	614.162
Métaux et prod. métalliques autres que fer et acier	10.023	262.154	1.013.632	1.023.354	1.417.042
Tabac et manuf.	13.951	178.872	303.840	207.134	490.165
Véhicules	9.909	263.076	803.496	586.670	1.034.497
Ateliers de réparation de voies ferrées	2.011	365.902	417.706	261.439	552.618
Autres industries	19.193	594.465	2.047.842	835.139	1.749.418
Total	275.791	7.036.337	22.790.080	14.368.089	24.246.435

Grands producteurs de houille et de minerai de fer, les Etats-Unis ont les éléments essentiels d'une puissante industrie métallurgique dont la production a été la suivante en millions de tonnes de 1.016 kg. :

ANNÉES.	MINERAI DE FER.	FONTE.	ACIER.	LAMINÉS FER ET ACIER.
1910	57.014	27.303	26.094	21.621
1912	55.150	29.726	31.251	24.656
1914	41.439	23.332	23.513	18.370
1916	75.167	39.434	42.773	32.380
1917	75.288	38.621	45.060	33.067
1918	69.658	39.051	44.462	31.155

Principaux états producteurs en 1918 : minerai de fer, Minnesota 60 p. 100 de la production totale, Michigan; laminés : Pensylvanie 44 p. 100 de la production totale, Ohio 198, p. 100.

Commerce extérieur.

La guerre a permis aux Etats-Unis de tirer un merveilleux parti de leur puissance de production agricole et manufacturière ainsi que le montre le mouvement de leur commerce extérieur depuis 1870, chiffres en milliers de dol.

ANNÉES.	EXPORTATIONS.	IMPORTATIONS.	EXCÉDENT DES EXPORTATIONS
1880	889.683	696.807	— 192.876
1890	857.502	823.397	+ 34.104
1900	1.477.916	829.149	+ 648.796
1910	1.866.258	1.562.904	+ 303.354
1914	2.113.624	1.787.276	+ 324.348
1915	3.554.670	1.778.596	+ 1.776.074
1916	5.480.900	2.391.716	+ 3.089.184
1917	6.226.000	2.952.000	+ 3.274.000
1918	5.838.700	2.945.700	+ 2.893.000
1919	7.084.900	3.095.600	+ 3.989.300

Voici, *par grandes divisions géographiques*, comment se répartissent ces importations :

IMPORTATIONS.	1917 dollars.	1916 dollars.	1915 dollars.	1914 dollars.
D'Europe	551.144.590	633.316.886	546.352.567	783.517.50[illegible]
D'Amérique du Nord	871.982.524	658.438.129	509.458.384	441.400.75[illegible]
D'Amérique du Sud	598.818.532	427.609.562	322.282.189	229.520.37[illegible]
D'Asie	738.257.165	516.704.047	305.523.891	206.864.02[illegible]
D'Océanie	99.221.196	93.673.382	60.341.276	48.312.30[illegible]
D'Afrique.......	73.063.989	61.893.338	34.638.491	19.669.971
Total.....	2.952.467.955	2.391.633.335	1.778.596.695	1.789.276.001

Dans ces chiffres, les importations de France représentent, en 1918, une valeur de 75.638.078 dol., contre 108.893.119 dol. en 1916, 77.918.758 dol. en 1915 et 104.215.131 d[illegible] en 1914.

Les importations de Grande-Bretagne représentent, en 1918, une valeur d[illegible] 190.082.456 dol., contre 305.486.952 dol. en 1916, 258.295.853 dol. en 1915 et 287.391.443 do[illegible] en 1914.

Si l'on classe les importations américaines suivant un certain nombre de groupes d'articles, on obtient les chiffres suivants :

GROUPES D'ARTICLES.	1917 dollars.	1916 dollars.	1915 dollars.	1914 dollars.
Matières premières employées dans l'industrie.	1.268.180.183	1.069.584.027	695.888.736	597.920.6[illegible]
Produits alimentaires bruts et animaux comestibles.	385.724.874	260.132.629	242.904.777	234.723.2[illegible]
Produits alimentaires partiellement ou entièrement fabriqués	331.448.380	338.706.767	273.245.831	256.483.5[illegible]
Produits manufacturés semi-ouvrés............	541.488.180	417.860.560	260.978.876	275.585.9[illegible]
Produits manufacturés ouvrés................	387.921.306	345.577.687	292.017.691	407.947.5[illegible]
Divers..................	17.710.032	19.778.665	18.569.764	17.514.1[illegible]
Total............	2.952.467.955	2.391.635.[illegible]	1.778.596.695	1 789.276.[illegible]

Exportations. — Les exportations américaines ont atteint, en 1919, 7.084.990.000 d[illegible] contre 5.482.641.101 dol. en 1916, 2.554.670.847 dol. en 1915 et 2.113.624.050 dol. en 19[illegible]

Voici, par grandes divisions géographiques, comment se répartissent ces exportatio[illegible]

EXPORTATIONS.	1917 dollars.	1916 dollars.	1915 dollars.	1914 dollars.
En Europe	4.054.362.020	3.813.278.324	2.573.408.120	1.339.295.[illegible]
Dans l'Amérique du Nord .	1.264.688.666	924.553.649	558.803.012	481.388.[illegible]
Dans l'Amérique du Sud ..	312.420.985	220.266.818	144.128.681	91.013.[illegible]
En Asie	431.140.591	364.959.155	149.706.033	99.195.[illegible]
En Océanie	117.158.921	106.572.649	91.479.767	77.209.[illegible]
En Afrique.............	51.464.784	54.010.506	37.145.234	25.323.[illegible]
Total............	6.231.244.976	5.482.641.101	3.554.670.847	2.113.624.0[illegible]

Dans ces chiffres, les exportations en France représentent, en 1918, une valeur [illegible] 883.734.931 dol., contre 860.821.006 dol. en 1916, 509.792.248 dol. en 1915 et 170.104.041 [illegible] en 1914.

Les exportations en Grande-Bretagne représentent, en 1918, une valeur [illegible] 1.995.863.297 dol. contre 1.887.380.665 dol. en 1916, 1.198.440.808 dol. en 191[illegible] 599.812.295 dol. en 1914.

Voici maintenant, par groupes d'articles, comment se répartissent les exportations américaines :

GROUPES D'ARTICLES.	1917 dollars.	1916 dollars.	1915 dollars.	1914 dollars.
Matières premières employées dans l'industrie.	780.736.788	721.413.446	567.362.785	490.496.949
Produits alimentaires bruts et animaux comestibles..	508.874.522	421.284.031	461.642.579	275.275.900
Produits alimentaires partiellement ou entièrement fabriqués	808.740.055	648.038.830	550.565.642	308.852.352
Produits manufacturés semi-ouvrés..............	1.318.015.815	912.261.863	475.606.725	344.983.510
Produits manufacturés ouvrés................	2.700.704.975	2.625.364.270	1.315.103.552	628.909.678
Divers..................	52.048.233	94.280.065	122.857.254	22.339.346
Total des exportations domestiques.............	6.167.206.388	5.422.642.505	3.493.230.532	2.071.057.744
Exportations de marchandises étrangères	64.039.588	59.998.596	61.440.315	42.566.306
Total des exportations....	6.231.244.976	5.482.641.101	3.554.670.847	2.113.624.050

Commerce franco-américain.

En ce qui concerne spécialement la France, la Statistique officielle douanière fournit les détails suivants :

IMPORTATIONS EN FRANCE.	1913	1916	1917	1918
		(Millions de francs.)		
Armes et munitions..............	»	715	2.041	1.050
Céréales	33	711	1.938	979
Fonte, fer, acier	1	598	1.038	857
Cuivre	120	351	896	476
Coton et laine................	432	342	1.162	562
Machines, mécaniques	57	338	87	357
Chevaux	»	226	97	»
Huiles minérales, graisses.........	65	210	310	418
Sucres	»	164	42	45
Automobiles, voitures	5	150	256	212
Outils et ouvrages en métaux....	5	139	516	298
Viandes diverses..............		124	31	183
Zinc..........................	»	102	51	77
Eaux-de-vie et esprits..........	»	140	188	50
Produits divers................	175	505	1.190	1.158
Importations totales	895	6.162	9.771	6.722
Exportations	423	622	681	371
Déficit	472	5.540	9.090	6.351

La France, dont les exportations passaient de 446 millions de fr. en 1915, à 622 millions en 1916, 682 millions en 1917 et 371 millions en 1918, fournissait surtout aux Etats-Unis (chiffres en milliers de fr.) : tissus de soie et de bourre de soie, 40.885 en 1918 et 100.916 en 1916 ; tissus de coton 16.773 en 1918 et 53.017 en 1916, etc.

Pour 1919, importations en France : 8.133.280.003 fr.
— exportations de France : 602.054.000 fr.

Mouvement maritime.

Le mouvement maritime montrait :
1914. Entrées : 41.017 navires jaugeant 53.388.577 t. dont 18.608 américains jaugeant

13.730.075 tonnes. Sorties : 39.650 navires jaugeant 53.183.409 t. dont 17.694 américains jaugeant 13.740.628 tonnes.

1918. Entrées : 40.512 navires jaugeant 45.456.000 t. dont 22.308 américains jaugeant 19.283.530 tonnes. Sorties : 39.893 navires jaugeant 46.013.000 t. dont 21.697 américains jaugeant 19.206.233 tonnes.

New-York venait en tête avec un mouvement de 27 millions de tonnes (entrées 13.461.00 sorties 13.918.000).

D'après le pavillon, le tonnage se répartissait ainsi pour l'année finissant au 30 juin 1918

PAVILLON.	ENTRÉES.	SORTIES.
Anglais	17.914.600	18.453.350
Norvégien	2.377.800	2.457.200
Italien	767.655	855.000
Hollandais	1.416.047	1.474.780
Français	654.737	632.300
Japonais	1.210.400	1.151.850
Danois	866.018	855.039
Espagnol	633.397	666.871
Américain	19.283.530	19.206.200
Total général	45.456.000	46.013.900

Marine marchande.

Au moment de l'entrée en guerre des Etats-Unis, la flotte de commerce américaine avait un tonnage de 5.077.000 tonnes dont : flotte de mer proprement dite 2.850.000 et flotte des grands lacs 2.227.000. L'industrie des constructions navales était à peu près inexistante. D'année en année, le total de lancement allait décroissant (304.000 tonnes en 1908, 177.000 en 1915), alors qu'en 1913 les chantiers anglais lançaient 1.977.000 tonnes de bâtiments de mer. A partir de 1915 la situation se modifia rapidement. A la fin de 1916, le nombre des chantiers capables de lancer des navires en acier était passé de 25 à 40 et la production dépassait 500.000 tonnes. Grâce aux efforts du *Shipping Board*, le tonnage construit en 1917 atteignait 997.919 tonnes, les crédits votés à la fin de 1917 se montaient à 1.200 millions de dollars ; en 1918, le tonnage lancé s'élevait à 3.033.000 tonnes.

En 1918, les Etats-Unis possédaient 110 chantiers contre 36 au début de 1917 ; 22 chantiers privés avaient été réquisitionnés ; le plus important, celui de Hog Island près de Philadelphie a 50 cales de construction, occupe 16.000 ouvriers et peut construire un navire tous les deux jours. Le 2 juin 1918, l'*Emergency Fleet* Corporation annonçait que, depuis le 1er mai, les chantiers américains avaient lancé chaque jour un bateau. En mai 1918, la Grande-Bretagne avait construit 197.274 tonnes, les Etats-Unis 344.450 tonnes.

Le programme de la flotte marchande pour 1917-1918, dont l'exécution a été commencée au mois d'août 1917, et qui comprenait la construction de 250 navires, a été entièrement réalisé ; un tonnage total de 1.570.000 tonnes est entré en service. Constructions navales en 1919, d'après les statistiques du *Lloyd's Register* : 4 millions de tonnes (Royaume-Uni 1.600.000).

La flotte marchande des Etats-Unis, non compris les navires qui transportent les troupes et leur ravitaillement, était au 30 juin 1919, de 2.800.000 de tonnes, venant ainsi au second rang après le tonnage marchand de la Grande-Bretagne.

Communications intérieures.

Chemins de fer. — Les chemins de fer en 1916 comportaient 425.468 kil. en exploitation (36 kil. en 1830 et 85.151 kil. en 1870) ; 63.850 locomotives. 1.005.683.174 voyageurs avaient été transportés ainsi que 2.225.943.388 tonnes de marchandises ; le capital investi était de 21.092.372.245 dol. ; les dividendes et intérêts versés se montaient à 792.663.959 dol.

Postes. — Les postes en 1916-17 comprenaient 55.413 bureaux. Les recettes s'étaient élevées à 329.726.116 dollars et les dépenses à 319.838.718 dol. Le mouvement postal en 1916-17 avait été le suivant : service intérieur, 133.291.973 mandats-postaux d'une valeur de 822.679.622 dol. ; service extérieur, 390.713.000 lettres, 66.793.000 cartes postales, 119.198.000 imprimés et échantillons 1.973.714 mandats-postaux d'une valeur de 32.284.182 dol. Au total : 135.265.687 mandats-postaux d'une valeur de 854.963.804 dol.

Le service postal aérien New-York-Washington (350 kil.) a, du 15 mai 1918 au 15 mai 1919, transporté 7 millions de lettres.

Le service des télégraphes est en partie entre les mains de la *Western Union Telegraph Company*. En 1916, on comptait 25.234 bureaux, avec 384.527 kil. de lignes et 2.392.14[illegible] de fils, ayant expédié environ 90.000.000 de dépêches; les recettes s'étaient élevées à 63.621.601 dol. et les dépenses à 49.894.396 ; le bénéfice net avait été de 13.727.255 dol.

Il y avait en outre 189 stations radiotélégraphiques et 789 stations de bord (205.195 radiotélégrammes).

Le service des téléphones est entre les mains de différentes compagnies dont le capital global s'élevait en 1918 à 505.403.777 dol., les recettes à 301.867.172 et le bénéfice net à 50.714.211 dol. Le nombre des stations en 1916 était de 11.778.395 et la longueur des fils 30.608.180 kil. ; conversations quotidiennes (1918) 30.845.153, employés 192.364.

Monnaies, poids et mesures.

Monnaies. — L'unité monétaire est le *dollar* de 100 *cents*. Monnaies : (or), double aigle = 20 dol., aigle 10 dol., demi-aigle = 5 dol., 1/4 d'aigle = 2 1/2 dol. ; (d'argent), 1 dol. = 100 cents, 1/2 dol. = 50 cents, 1/4 de dol. = 25 cents, dime = 10 cents, 3 cents ; (nickel), pièces de 5 cents ; (bronze), pièces de 1 cent = 0 fr. 0518 et 1/2 cent.

Les pièces d'argent moindre que le dollar ne peuvent excéder la somme de 10 dollars dans un paiement public ou privé.

Poids et mesures. — L'emploi des poids et mesures du système métrique décimal français est légalement autorisé depuis le 28 juillet 1866 dans les États-Unis. La Chambre des Représentants des États-Unis est saisie d'un projet de loi pour l'introduction dans le pays du système métrique des poids et mesures suivant le système français.

Pour les poids et mesures en usage, voir p. 950.

Presse.

Principaux journaux quotidiens et leur tirage annoncé (1919) : à New-York : *Herald* (100.000) ; *Sun* (121.985) ; *Times* (329.238) ; *Tribune* (90.309) ; *World* (330.000) ; à Chicago : *Herald and Examiner* (280.819) ; *News* (373.112) ; *Tribune* (410.818) ; à Philadelphie : *Bulletin* (339.000) ; à Boston : *Post*, 444.000 ; à San Francisco : *Bulletin* (111.000) ; *Examiner* (122.400) ; à Saint-Louis : *Post Dispatch* (175.871).

Principaux journaux de langue française, à New-York : Le *Courrier des États-Unis* ; à Worcester (Mass.) : L'*Opinion publique* ; à San Francisco : L'*Écho de l'Ouest*.

RELATIONS AVEC LA FRANCE

Traités et Conventions.

COMMERCE : Arrangements des 28 mai 1878, 20 août 1862, 28 janvier 1908 et 19 mars 1919 accordant le bénéfice des taxes les plus réduites à certains produits. — NAVIGATION : Traité du 24 juin 1822. Assimilation des pavillons. — ARBITRAGE : Convention du 10 février 1908. — CONSULS : Conventions consulaires du 23 février 1853. — EXTRADITION : Convention du 6 janvier 1909. — PROPRIÉTÉ INDUSTRIELLE : Convention du 16 avril 1869 pour la garantie de la propriété des marques de fabrique. Accord des 28 septembre, 3 octobre 1905 relatif à la protection des marques de fabriques en Chine. — SOCIÉTÉS : Décret du 6 août 1882 autorisant des sociétés formées aux États-Unis à exercer leurs droits en France. — SERVICE MILITAIRE : Échange de notes au sujet de la compétence pénale militaire. Journal officiel du 16 février 1918. — COLONIES (Porto-Rico) : Commerce, accord du 19 mars 1910 ; tarif minimum pour certains produits.

Représentation des États-Unis en France.

Corps diplomatique et consulaire.

Ambassade à Paris, rue de Chaillot, 5 (16e). Tél. Passy 12.50, 51, 52, 53, 54 et 55.

Ambassadeur extraordinaire et plénipotentiaire : *Hugh C. Wallace*. Conseillers : Robert *Woods Bliss* ; Arthur Hugh *Frazier*. Secrétaires : Jefferson *Caffery*, Fr. A. *Sterling*, Benjamin *Thaw*, Henry *Norweb*, Ph. L. *Cable*. Conseiller honoraire : Henry *Vignaud*. Attaché mil. : colonel T. *Bentley Mott*. Attaché naval : contre-amiral *Andrew Long*. Attachés navals adjoints : Capitaine Georges E. *Evans*, en retraite. commandant Emmett *Riddle Pollock*. Attaché : Georges *Sharp*. Attaché commercial : Dr W.-C. *Huntington*.

Consulats généraux à Paris, 1, rue des Italiens. Tél. Central 05.51 et 05.52, (de 10 à 16 h.) : Alex. M. *Thackara*, C. G. ; *Tracy Lay*, Eug. C. A. *Reed*, Cons. et à Marseille.

Consulats à Alger ; Bordeaux ; Calais ; Dakar (Sénégal) ; Fort-de-France (Martinique) ; Grenoble ; Guadeloupe ; La Rochelle ; Le Havre ; Limoges ; Lyon ; Nantes ; Nice ; Rouen ; Saïgon (Cochinchine) ; St-Étienne ; St-Nazaire ; St-Pierre-et-Miquelon ; Tahiti ; Tananarive (Madagascar) ; Tunis (Tunisie).

Agences consulaires à Bastia (Corse) ; Bayonne ; Boulogne-sur-Mer ; Brest ; Cette ; Dieppe ; Dijon ; Dunkerque ; Oran (Algérie).

Institutions économiques à Paris.

Agence du Dép. des Finances, 36 bis. av. de l'Opéra (de 9 à 17 h.).

American Chamber of Commerce, 32, rue Taitbout. T. Central 24.14 et Bergère 44-81. Prés. : Walter *Berry* (O. ✻), Vice-Prés. : Blythe W. *Branch*

Bureau de presse américaine, 45, avenue Montaigne.

Associated Press : 13, pl. de la Bourse; United Press, 8, rue Rossini; Intern. News Service : 2, rue de la Paix ; N. Y. Sun : 6, rue de la Michodière ; N. Y. World : 47, av. de l'Opéra ; Chicago Daily News : 10, Bd. des Capucines. Brookling Daily Eagle : 53, rue Cambon ; N. Y. Tribune : 2, rue du Luxembourg ; N. Y. Times : 2, 4 et 6, Bd Poissonnière ; Philadelphie Bulletin : 15, rue Chaptal; New York Herald, 49, avenue de l'Opéra.

Télégraphe. — Commercial Cable, 49, av. de l'Opéra. — *Transports, Voyages* : American Express Co, 11, rue Scribe. T. Gut. 21-21, 36-04, 36-27.

Institutions religieuses et intellectuelles.

American Episcopal Church Holy Trinity, 23, av. de l'Alma et St. Luke's Chapel, 5, rue de la Grande Chaumière ;

American Church, 21, rue de Berri.

American Masonic Headquarters, 10, avenue Victor Emmanuel III.

American University Union, 1, rue de Fleurus (ouvert tous les jours de 9 à 12 et de 14 à 18 h.).

American Library Association. 10, rue de l'Elysée (de 10 à 22 h.).

Foyer International des Etudiantes (Student Hostel), 93. boul. St. Michel.

Institutions diverses.

Comité France-Amérique, 82, av. des Champs-Elysées.

Comité La Fayette, rue Marbeuf, 35.

American Red Cross, 4, rue de Chevreuse (6e) et services financiers de ventes, de transports et approvisionnements, 4, avenue Gabriel.

American Women's Club (Y. W. C. A.), 33, rue Caumartin. T. Louvre 44-09.

Etoile Service Club, 16, avenue de Wagram.

French Heroes La Fayette Memorial Fund, Institut Washington-La Fayette, 11 *bis*, boulevard Beauséjour.

Secours franco-américain pour la France dévastée, 46, rue de l'Université. T. Fleurus 23-42.

Représentation de la France aux États-Unis.

Corps diplomatique et consulaire:

Ambassade à Washington, 16 th. street. 2460.

Ambassadeur : J. *Jusserand* (G. O. ✻). Conseiller d'Ambassade : *de Grand de Béarn* (4-20); Secrétaire : *de Sartiges*; Secr. de 3e cl. : *Henry*; Att : *Guérin* (5-20). Attach. militaire : général *Collardet*. — Attaché naval : capitaine de frégate *de Blanpré*. Att. aérien : capitaine *de Lavergne*. Att. commercial : *Heilmann* ✻. Secrétaire archiviste chancel. : *Bergeron*.

Consulats généraux à New-York : *Liébert* ; Nouvelle-Orléans : *Barret*; San Francisco : *Mérou*.

Consulat à Chicago : *Barthélemy* ;

Vice-consultats et agences consulaires : Galveston; Brownsville ; Dallas ; Philadelphie : *Paillard* : El-Paso ; San-Antonio; Buffalo; Gulfport. Tampa ; Honolulu ; Seattle ; Tacoma.

Porto-Rico : Arecibo ; Humacao ; Mayaguez ; Ponce ; St Thomas. Viéques ; Manille.

Institutions économiques.

Chambre de Commerce à New-York, 35, South William str. Prés H. E. *Gourd* (O. ✻). Délégué à Paris : *Galland*, 18, Faub. Poissonnière. — French American Chamber of Commerce, 599 Fifth Av.

Franco-American Board of Commerce and Industry, 84, Fifth Avenue.

Conseillers du commerce extérieur : à Cleveland (Ohio), H. *Asset* ; New

York, Henri *Gourd* (O. ✱); San-Francisco, Arthur *Legoelle* ; Honolulu, Auguste *Marquès* ; Manilla, Henri *George*.

Délégués du T. C. F. — San Francisco : *Merou*, consul général de France Léon *Bocqueraz*, 108 Sutter street. — Washington : Henri *Lazard*, 1320 F, street. — Los Angeles : Louis *Sentous*, 601 Equitable Savings. — Boston : Norman F. *Hesseltine*, 10 Fremont street. — Kendallville : *Scarsvella*. — Colorado Springs : Dr *Depeyre*, Colorado avenue 1606. — Hamilton : C. P. *Dadant*. — Indianapolis : Adward E. *Petri*, 5 et 7 East Washington street, G. *Michelon*, 20 North Meridian street. — Minneapolis : Wallace B. *Chandler*, 1618 Chalhoun place. — Norwalk : Ed. B. *Gallaher*, Clower Manufacturing C°. — New-York : C. F. *Bishop*, 14 Wall street, Room 2009, Edw. *Weinack*. Sutherland International Despatch Broadway 1, Emile *Garden*, 21, Park Row. — Philadelphie : John S. *Newbold*, 511 Chestnut street. — Buffalo (N. Y.) : J. M. *Satterfield*, 215 Main st. — Baltimore : C. G. *Fitzgerald*, Esperanza à Garrison. — Saint-Louis : J. G. *Miller*, Steel Railw. Commonwealth Trust Building. Seattle : A. *Guérard*, professeur, 1401 E. Union Street. — Tacoma : R. L. *Stacy*, Pacific Nal. Bank. — Santa Barbara : Charles P. *Austin*, 8 East Barillot street.

Institutions intellectuelles.

Fédération de l'Alliance Française aux Etats-Unis et au Canada (siège social : 200 Fifth Avenue, New-York), Prés. : *J. Le Roy White*. Comités à Akron (O.), Albany (N.-Y.), Augusta (Me.), Baltimore (Md.), Binghampton (N.-Y.), Boston (Mass.), Brooklyn, Buffalo (N.-Y.), Chicago (Ill.), Cincinnati (O.), Cleveland (Ohio), Columbus (O.), Dallas (Texas), Dayton (O.), Denver (Colo.), Des Moines (Ia), Detroit (Mich.), Galveston (Texas), Mt. Holyoke (Mass.), Indianopolis (Ind.), Jamaica (L.-I.), Kansas City (Mo.), Los Angeles (Cal.), Lowell (Mass.), Lynn (Mas.), Milwaukee (Wis.), Minneapolis (Minn.), Mount Holgoke, New-Haven (Con.), Neward (N.-J.), New-Orléans, Newport (R.-I.), New-Jersey, Philadelphia (Ca.), Pittsburg (Pa.), Providence (R.-I.), Rochester (N.-Y.), San Francisco (Cal.), St. Louis (Mo.), Seranto (Pa.), Sinsinawa (Wis.), Spokane (Wash.), Springfield (Mass.), Staten-Island (N.-Y.), Washington (D.-C.), Wellesley College (Mass.), Williamstonn, Worcester (Mass.).

French Institute int he U. S. Prés. : Hon. Mc. Dougall Hawkes, 599. Fifth Av. N. Y. C.

Société Nationale des Professeurs français en Amérique, 100 st. Nicolas Av., New-York.

Institutions diverses.

Cercles français à New-York : Club Art Building ; Cercle de l'Harmonie 158 West, 22 d.

Assistance : Sté. Française de Bienfaisance à Baltimore, à Philadelphie (106, Walnut str.), à San-Francisco, Sté de bienf. des Dames françaises. — Sté Française de Bienfaisance de l'Illinois, bureau, 194, Clark street ; à Chicago, Sté française de secours mutuels : Horann's Hall South Halsted street, corner Harrison st. ; à New-York : Hôpital Français, 450 West, 34, th. street, Sté Fse de Bienf., 450, West, 34, th. str. Prés. : Lucien *Jouvaud*, Stés Françaises de Secours mutuels : Les Allobroges, 295, 7, th. av., l'Alsace-Lorraine 313, West, 39, th str., l'Amitié, 244, 7, th avenue, l'Avenir, 244, 7 th av. ; Culinaire Philanthropique, 113, West, 48 th st. ; Israélite Française, 109, W. 138 th st. ; Union Alsacienne, 402, 8 th av. ; Vétérans des armées de terre et de mer, 244, 7 th av. ; Nouvelle-Orléans : Hôpital Français, Stés : La France et les enfants de la France, Orphéon Français, 132, Exchange pl. ; Sté française de Bienf. mutuelle de la Nouvelle-Orléans, 1800 à 1828 St-Anne str. ; Sté du 14 juillet 1020, St-Pierre str. ; Sté de Saint-Maurice ; Union Fse, Prés. : F. *Jaubert*. Stés Françaises de Secours mutuels à Brooklyn, La Fraternité Alsacienne, 187, Montrose avenue : La Gauloise, 97, Bradfort st. La Jeanne d'Arc, 319, Atlantic avenue ; Lafayette, Teutonic Hall ; la Prévoyance, 97, Bradfort st., Union des Stés françaises, 1107 Myrtle ave.

ÉTATS, TERRITOIRES ET POSSESSIONS DES ÉTATS-UNIS D'AMÉRIQUE

Alabama (ÉTAT DE L').

Colonisé vers 1713 par les Anglais, admis à l'Union le 14 déc. 1819. Sénat de 35 membres, Chambre de 106 représentants, tous élus pour 4 ans. Division administrative : 67 comtés.

Gouverneur : *Thomas E. Kilby*, 1919-23.

Superficie : 134.669 kil. q. **Population** (1918) évaluée à 2.395.270 hab. soit 17 par kil. q (dont 1.228.832 blancs, et 908.282 noirs en 1910). Population urbaine : 17,3 p. 100 de la population totale (1910). Principales villes (1916) : Birmingham, 189.716 ; Mobile, 59.201. Montgomery (capitale) 44.029.

Confessions religieuses par ordre d'importance numérique : Baptistes, méthodistes, catholiques romains, presbytériens, disciples ou chrétiens.

Instruction (1917) : 6.775 écoles primaires publiques (10.923 professeurs et 504.956 élèves 57 écoles supérieures de comtés (209 prof. et 6.485 élèves), 9 écoles normales publiques (328 prof. et 2.520 élèves) ; 9 écoles d'agriculture (45 prof. et 1.605 élèves). Principaux établissements d'enseignement supérieur (1918) : *University of Alabama*, fondée en 1831 (82 prof. et 1.647 étudiants) ; *Southern University* de Greensboro fondée en 1859 (12 prof. et 103 étud.) ; Ecole Polytechnique fondée en 1872 (80 prof. et 930 étud.) ; Institut pour femmes fondé en 1909 (27 prof. et 282 étud.) ; *Tuskegee Normal & Industrial Inst.* (pour nègres), fondé en 1880 (191 prof. et 1.451 étud.). Budget de l'instruction publique (1918) 4.569.163 doll.

Finances : L'exercice 1917-1918 se soldait au 30 sept. par 19.131.717 doll. en recettes contre 5.913.740 doll. en dépenses, soit par une plus-value des recettes de 13.217.97[illegible] doll. Dette publique en 1919 : 9.057.000 doll.

Agriculture : Pays *agricole* produisant : canne à sucre, coton, blé, avoine, maïs, tabac. pommes de terre, etc. Cheptel (janv. 1919) : 155.000 chevaux, 304.000 mulets, 1.345.000 bêtes à cornes, 140.000 moutons et 2.223.000 porcs.

Industrie : *Production minérale* de 1915 : 53.214.555 doll. (minerai de fer 23.757.124 ; charbon, 19.066.043 ; coke, 8.545.555 ; produits d'argile, 1.193.022 ; marbre, etc., 719.482. etc.). L'*industrie manufacturière* en 1910 comportait 3.398 établissements comptant 72.14[illegible] employés. Leur chiffre d'affaires était en milliers de doll. : pour capitaux en œuvres : 173.1[illegible], salaires payés 27.284, matières premières employées 83.443, production totale 145.962 Principales industries : fonderies et aciéries, fabriques de matériel de chemins de fer et d'engrais, raffineries, etc.

Commerce : Principal centre, port de Mobile, important débouché pour les produits de l'Alabama et des Etats voisins. Principaux articles d'exportation (en milliers de doll.) : coton brut (environ 12.062), bois brut et travaillé, etc. (6.800), céréales et fleurs (2.950) lard (1.800), bétail, moutons et autres animaux, fruits, huile de lin, sucre, tabac, etc. Les importations (surtout du Mexique) consistent principalement en bananes et autres fruits tropicaux.

Agents consulaires français, à Mobile, *Wheeler* ; à Birmingham, *Klotz*.

Arizona (ÉTAT DE L').

Colonisé vers 1687 par les Français, admis à l'Union le 14 *févr.* 1912. Sénat de 19 membres, et Chambre de 35 représentants. Divisions administratives : 14 comtés.

Gouverneur : *Thomas E. Campbell*, 1918-21.

Superficie : 295.184 kil. q. **Population** (1918) évaluée à 272.034 hab. soit 1,1 par kil. q. (dont 171.468 blancs, 2.009 noirs en 1910). Population urbaine : 31 p. 100 de la population totale (1910). Principales villes (1917) : Phœnix (capitale) 19.755 et Tucson, 17.324.

Confessions religieuses par ordre d'importance numérique : catholiques, presbytériens, méthodistes, congrégationalistes.

Instruction (1917) : 1.238 écoles primaires publiques (1.448 professeurs et 55.702 élèves), 24 écoles supérieures (238 prof. et 3.664 élèves), 2 écoles normales publiques (45 prof. et 670 élèves) ; Université fondée en 1891 (72 professeurs et 755 étudiants en 1918) et Ecole gouvernementale d'Agriculture à Tuscon. Budget de l'instruction publique (1917) 3.142.948 doll.

Finances : L'exercice 1917-1918 se soldait au 30 juin par 9.956.618 doll. en recettes, contre 8.124.042 en dépenses, soit une plus-value des recettes de 1.832.576 doll. Dette publique en 1917 : 897.972 doll.

Agriculture : Pays d'élevage possédant en outre d'importantes richesses minérales ; Cheptel (janvier 1919) 186.000 chevaux, 9.000 mulets, 1.172.000 bêtes à cornes, 1.400.000 moutons et 58.000 porcs.

Industrie : Production minérale de 1915 : 91.541.403 doll. (cuivre, 177.570.960 ; plomb. 1.867.284 ; or, 3.985.559 ; argent, 4.745.522, etc.).

Le chiffre d'affaires de l'industrie manufacturière en 1910 était en milliers de doll. : capitaux en œuvres 82.873, matières premières employées 33.600, production totale 50.257. Principales industries : fonderies de cuivre (8 établissements d'un capital de 21.487.000 doll.), construction automobile et fabriques de matériel de chemins de fer (production 2.394.000 doll), industrie du bois, etc.

Arkansas (ÉTAT DE L').

Colonisé vers 1683 par les *Français*, admis à l'Union le 15 juin 1836. Séna de 35 membres élus pour 4 ans et Chambre de 100 représentants élus pour 2 ans. Divisions administratives : 75 comtés.

Gouverneur : *Charles H. Brough*, 1919-21.

Superficie : 133.182 kil. q. **Population** (1916) évaluée à 1.792.965 hab. soit 12 par kil. q. (dont 1.114.117 blancs indigènes, 16.902 blancs étrangers et 442.891 noirs en 1910). Population urbaine : 12,9 p. 100 de la population totale (1910). Principales villes (1917) : Little Roch (capitale), 58.716 ; Fort Smith, 29.390 ; Pine Bluff, 17.777 ; Hot Springs, 17.690.

Confessions religieuses par ordre d'importance numérique : baptistes, méthodistes, catholiques romains, disciples du Christ, presbytériens, etc.

Instruction (1914) : écoles publiques (10.361 professeurs et 635.462 élèves), 2 écoles normales publiques (19 prof. et 178 élèves) ; 1 Institut baptiste fondé en 1886 à Arkadelpia (31 prof. et 358 étudiants), 1 Institut presbytérien fondé en 1872 à Batesville (10 prof. et 140 étud.), 1 Institut méthodiste fondé en 1884 à Conway (12 prof. et 220 étud.) et 1 Institut pour gens de couleur fondé en 1877 à Little Rock (14 prof., 108 étud. et 136 étudiantes), Université fondée en 1872 à Fayetteville (80 prof. et 789 étud. en 1916).

Finances : L'exercice 1917-18 se soldait au 30 sept. par 6.312.611 doll. en recettes, contre 4.000.000 doll. en dépenses, soit une plus-value des recettes de 2.312.611 doll. Dette publique en 1918 : 750.000 doll.

Agriculture : Pays agricole possédant en outre de riches gisements de charbon. Cheptel (janv. 1919) : 267.000 chevaux, 315.000 mulets, 1.121.000 bêtes à cornes, 147.000 moutons et 1.725.000 porcs.

Industrie : Production minérale de 1915 : 6.558.693 doll. (charbon, 2.950.456 ; manganèse et plomb).

L'industrie manufacturière en 1910 comportait 2.925 établissements comptant 3.293 employés et 44.982 ouvriers. Leur chiffre d'affaires était en milliers de doll. : pour capitaux en œuvres 70.174, matières premières employées 34.935, production totale, 74.916. Exploitations forestières très développées.

Californie (ÉTAT DE LA).

Colonisé vers 1769 par les Espagnols, admis à l'Union le 9 sept. 1850. Sénat de 40 membres élus pour 4 ans et Chambre de 80 représentants élus pour 2 ans. Divisions administratives : 58 comtés.

Gouverneur : *William D. Stephens*, 1919-23,

Superficie : 409.973 kil. q. **Population** (1916) évaluée à 3.119.412 hab. soit 7 par kil. q (dont 2.259.672 blancs et 21.645 noirs en 1910). Population urbaine : 61,8 p. 100 de la population totale (1910). Principales villes (1917) : San Francisco, 550.000 ; Los Angeles, 590.000 ; Oakland, 220.000 ; Sacramento (capitale), 65.000 ; Berkeley, 57.653 ; San Diego, 90.000.

Confessions religieuses par ordre d'importance numérique : catholiques romains, méthodistes, presbytériens, baptistes, congrégationalistes.

Instruction (1917-18) : 3.453 écoles primaires publiques (14.240 professeurs et 448.495 élèves), 311 écoles supérieures (4.811 prof. et 126.759 élèves), 8 écoles normales publiques (315 prof. et 4.322 élèves) ; Université de California fondée en 1868 à Berkeley (518 prof. et 9.576) étud.) ; *Leland Stanford Junior University*, fondée en 1885, près de Palo-Alto (239 prof. et 1.896 étud), Université de la Californie du Sud, à Los Angeles 378 prof. et 4.646 étud.). En outre, d'autres Instituts et une bibliothèque d'État à Sacramento. Budget de l'instruction (1918) : 33.813.821 doll.

Finances ; L'exercice 1917-18 se soldait au 30 juin par 30.256.996 doll. en recettes, contre 24.618.837 doll. en dépenses, soit une plus-value des recettes de 5.638.159 doll. Dette nette en 1918 : 39.367.500 doll.

Agriculture : Climat égal et tempéré. Importants vignobles et fruits de toutes espèces. Exploitation de mines d'or découvertes en 1848. Premier État pétrolifère de tous les États de l'Union. Pêcheries. Cheptel (janv. 1919) : 435.000 chevaux, 68.000 mulets, 2.211.000 bêtes à cornes, 2.943.000 moutons et 1.003.000 porcs.

Industrie : Production minérale de 1917 : 161.202.962 (101.018.199 en 1914). Production de 1917 : or, 20.087.504 ; argent, 1.462.955 ; cuivre, 18.249.948 ; plomb, 12.862.016 ; mercure, 2.396.466 ; asphalte, 2.100.252 ; pétrole, 86.976.209 ; granit, grès, etc., 3.516.079, etc.
L'industrie manufacturière en 1910 comportait 7.659 établissements comptant 18.203 employés et 115.296 ouvriers. Leur chiffre d'affaires était en milliers de doll. : capitaux en œuvres 537.134, matières premières employées 325.238, production totale 529.761.
Commerce : Principal centre, le port de San Francisco (import. 231.979.474 doll. en 1918 et export. 168.468.148 doll.).

Consul général de France à San Francisco : *Neltner* (✱) ; consul chargé de la chancellerie : Charles *de Cazotte* (✱).
Agences consulaires à Los Angeles et à San Diego.

Caroline du Nord (ÉTAT DE LA).

Colonisé vers 1650 par les Anglais, admis à l'Union en 1789. Sénat de 50 membres et Chambre de 120 représentants, tous élus pour 2 ans. Divisions administratives : 100 comtés.

Gouverneur : *Thomas W. Bickett*, 1917-21.

Superficie : 135.778 kil. q. **Population** (1918) évaluée à 2.466.025 hab. soit 19 par kil. q. (dont 1.500.511 blancs et 697.843 noirs en 1910). Population urbaine : 14,4 p. 100 de la population totale (1910). Principales villes (1918) : Charlotte 40.759 ; Winston-Salem, 33.136 ; Wilmington, 30.400 ; Durham, 26.160 ; Asheville, 25.656 ; Raleigh (capitale), 22.274 ; Greensboro, 20.171.

Confessions religieuses par ordre d'importance numérique : baptistes (50 p. 100), méthodistes (33 p. 100), presbytériens, luthériens, etc.

Instruction (1917) : 7.854 écoles primaires publiques (14.550 professeurs et 649.246 élèves), 212 écoles supérieures (464 prof. et 10.379 élèves), 7 écoles normales publiques (105 prof. et 1.362 élèves) : 15 Universités ou établ. d'enseignement supérieur : Université de la Caroline du Nord fondée en 1795 à Chapel Hill (69 prof. et 1.062 étud.), Institut agricole et de génie fondé en 1839 à West Raleigh (63 prof. et 819 étud.), etc. Budget de l'instruction publique (1917) : 6.561.646 doll.

Finances : L'exercice 1916-17 se soldait au 30 nov. par 6.648.891 doll. en recettes, contre 5.571.975 doll. en dépenses, soit par une plus-value des recettes de 1.075.916 doll. Dette publique en 1916 : 8.673.500 doll.

Agriculture : Pays essentiellement agricole produisant : coton, blé, maïs, tabac, seigle, pommes de terre, avoine, etc. Cheptel (janv. 1919) : 181.000 chevaux, 208.000 mulets, 691.000 bêtes à cornes, 138.000 moutons et 1.564.000 porcs.

Industrie : Production minérale de 1917 : 5.296.062 doll. (mica, 531.501 ; or, charbon, argent, etc., 231,813 ; granit, grès et pierre à chaux, 1.948.939 ; produits d'argile, 1.837.632 ; fer, 424.789 ; talc, baryte, etc.).
Production totale de l'industrie manufacturière en 1916 : 261.255.341 doll. Principales industries : fabriques de coton et manufactures de tabac.

Caroline du Sud (ÉTAT DE LA).

Colonisé vers 1680 par les Anglais, admis à l'Union en 1788. Sénat de 44 membres élus pour 4 ans et Chambre de 124 représentants élus pour 2 ans. Divisions administratives : 43 comtés.

Gouverneur : *Robert A Cooper*, 1919-21.

Superficie : 80.258 kil. q. **Population** (1918) évaluée à 1.660.934 hab. soit 20.5 par kil. q. (dont 679.161 blancs et 835.843 noirs en 1910). Population urbaine : 14,8 p. 100 de la population totale (1910). Principales villes (1917) : Charleston, 61.041 ; Columbia (capitale), 35.165 ; Spartanburg, 21.985 ; Greenville, 18.574.

Confessions religieuses par ordre d'importance numérique : méthodistes et baptistes.

Instruction (1917) : 14.919 écoles primaires publiques (8.680 professeurs et 497.940 élèves), 149 écoles supérieures (427 prof. et 8.292 élèves), 1 école normale publique (67 prof. et 974 élèves) ; Université de la Caroline du Sud fondée en 1805 à Columbia (43 prof. et 385 étud.), *Clemson Agricultural College* fondé en 1893 (71 prof. et 840 étud.), Institut de la ville de Charleston fondé en 1790 (10 prof. et 73 étud.), *Allen University* pour gens de couleur fondée en 1880 à Columbia (17 prof. et 681 étud.), *Erskine College* fondé en 1887 à Due West (10 prof. et 143 étud.), *Wofford College* fondé en 1854 à Spartanburg (12 prof. et 385 étud.), En outre, 8 collèges pour femmes, une académie militaire et une école normale et industrielle. Budget de l'instruction publique (1917) : 3.887.295 doll.

Finances : L'exercice 1918 se soldait au 31 déc. par 6.723.323 doll. en recettes, contre 5.904.786 doll. en dépenses, soit par une plus-value des recettes de 818.537 doll. Dette publique en 1918 : 5.891.320 doll.

Agriculture : Pays de culture et d'élevage. Importantes pêcheries. Production de blé, maïs, avoine, riz, coton, tabac, etc. Cheptel (janv. 1919) : 82.000 chevaux, 194.000 mulets, 447.000 bêtes à cornes, 29.000 moutons et 1.056.000 porcs.

Industrie : Production minérale de 1915 : 1.129.769 doll. (phosphates, 810.850 ; granit, 321.612 ; produits d'argile, 379.183 ; or, 3.789 ; argent, manganèse, fer, etc.).

L'industrie manufacturière en 1910 comportait 1.854 établissements comptant 3.257 employés et 73.046 ouvriers. Leur chiffre d'affaires était en milliers de doll. : capitaux en œuvres 173.221, matières premières employées 66.351, production totale 113.236. Principales industries : construction de matériel de chemins de fer, de voitures et d'automobiles ; manufactures de tabac, minoteries, distilleries, etc.

Colombie (DISTRICT FÉDÉRAL DE).

Fondé en 1791 comme siège du gouvernement des États-Unis. Administration municipale (« Public Utilities Commission ») : Conseil de 3 Commissaires dont 2 nommés pour 3 ans.

Secrétaire du Conseil des commissaires : *C. Willard Camalier.*

Superficie : 181 kil. q. **Population** (1919) évaluée à 450.000 hab. soit 2.486 par kil. q. (dont 252.039 blancs et 101.339 gens de couleur en 1914). La population de Washington (capitale de la Confédération américaine) s'élevait à 363.980 hab. en 1916.

Confessions religieuses par ordre d'importance numérique : catholiques romains, baptistes, méthodistes, épiscopaliens, presbytériens.

Instruction (1918) : enseignement primaire public (1.855 professeurs et 61.536 élèves) ; 7 écoles supérieures publiques (321 prof. et 7.352 élèves), 26 collèges privés (2.400 élèves), 2 écoles normales publiques (29 prof. et 213 élèves) ; *Georgetown University* fondée par l'ordre des Jésuites en 1795 (195 prof. et 1.30[illegible] étud.) ; *George Washington University* fondée en 1821 (129 prof. et 2.500 étud.), *Howard University* fondée en 1867 (109 prof. et 1.500 étud.), Université catholique fondée en 1834 (81 prof. et 1.725 étud.). Budget de l'instruction publ. (1918) : 3.043.430 doll.

Finances : L'exercice 1917-18 se soldait au 1er juillet par 22.404.024 doll. en recettes, contre 15.778.164 doll. en dépenses soit par une plus-value des recettes de 6.625.860 doll. Dette publique en 1918 : 3.823.850 doll.

Industrie : Importantes et nombreuses. L'industrie manufacturière en 1910 comptait 8.877 employés et ouvriers. Son chiffre d'affaires était en milliers de doll. : capitaux en œuvres 40.810, salaires payés 2.011, matières premières employées 12.239, production totale 28.978.

Colorado (ÉTAT DU).

Admis à l'Union le 1er août 1876. Sénat de 35 membres élus pour 4 ans et Chambre de 60 représentants élus pour 2 ans. Divisions administratives : 63 comtés.

Gouverneur : *Olivier H. Shoup*, 1919-21.

Superficie : 269.214 kil. q. **Population** (1918) évaluée à 1.014.581 hab. soit 4,1 par kil. q. (dont 783.415 blancs et 11.453 noirs en 1910). Population urbaine : 50,7 p. 100 de la population totale (1910). Principales villes (1918) : Denver (capitale), 268.439 ; Pueblo, 56.084 ; Colorado Springs, 38.965 ; Trinidad, 14.413 ; Boulder, 12.012.

Confessions religieuses par ordre d'importance numérique : catholiques romains, méthodistes, presbytériens, baptistes et congrégationalistes.

Instruction : 1.845 écoles primaires publiques et 171 écoles supérieures (4.121 professeurs et 184.471 élèves en 1915), 2 écoles normales publiques (102 prof. et 2.684 élèves en 1916-17); *Colorado College* fondé en 1874 à Colorado Springs (48 prof. et 495 étud. en 1917-18), Université de Colorado fondée en 1877 à Boulder (200 prof. et 1.953 étud.), Université de Denver fondée en 1864 (200 prof. et 1.33 étud.), Institut agricole à Fort Collins (83 prof. et 671 étud.), Ecole des Mines (21 prof. et 211 étud.). Budget de l'instruction publique (1915) : 7.940.174 doll.

Finances : L'exercice 1917-18 se soldait au 1er décembre par 26.499.707 doll. en recettes, contre 18.408.903 doll. en dépenses, soit par une plus-value des recettes de 8.090.804 doll. Dette publique en 1918 : 4.735.800 doll.

Agriculture : Terrains très fertiles ; importantes industries minière et métallurgique. Cheptel (janv. 1919) : 419.000 chevaux, 31.000 mulets, 1.625.000 bêtes à cornes, 2.303.000 moutons et 406.000 porcs.

Industrie : Production minérale de 1915 : 64.295.119 doll. (charbon, 13.599.264 ; pétrole 183.485 ; granit et grès, 1.425.270, etc.). Production de 1916 : or, 19.153.821 doll. ; argent, 5.038.000 ; cuivre, 2.124.524 ; plomb, 70.914.087 ; zinc, 17.994.252, etc.

L'industrie manufacturière en 1914 comportait 2.126 établissements comptant 27.218 employés et 181.776 ouvriers. Leur chiffre d'affaires était en milliers de doll. : pour capitaux en œuvres 181.776, prod. totale, 529.761 en 1910.

Connecticut (ÉTAT DU).

Colonisé vers 1653 par les Anglais, admis à l'Union en 1788. Sénat de 35 membres et Chambre de 258 représentants, tous élus pour 2 ans. Divisions administratives : 8 comtés.

Gouverneur : *Marcus H. Holcomb*, 1919-21.

Superficie : 12.859 kil. q. **Population** (1918) évaluée à 1.286.268 hab. soit 103 par kil. q. (dont 1.098.897 blancs et 15.174 noirs en 1910). Population urbaine : 89,7 p. 100 de la population totale (1910). Principales villes (1917) : New-Haven, 201.481 ; Hartford (capitale), 181.697 ; Bridgeport, 278.906 ; Waterbury, 169.120 ; New Britain, 76.942 ; Mériden, 34.183, New London, 20.985 ; Norwich, 29.419 ; Norwalk, 26.899 ; Stamford, 47.747 ; Danbury, 26.035.

Confessions religieuses par ordre d'importance numérique : catholiques romains, congrégationalistes, épiscopaliens, méthodistes et baptistes.

Instruction (1918) : 1.879 écoles primaires publiques (6.098 professeurs et 210.235 élèves), 72 écoles supérieures (1.125 prof. et 23.252 élèves), 4 écoles normales publiques (43 prof. et 422 élèves), 84 écoles modèles (93 prof. et 4.056 élèves), Ecole d'agriculture et d'arts et métiers fondée en 1881 à Storrs ; Institut agricole à New-Haven ; *Yale University* fondée en 1701 à New-Haven (577 prof. et 2.006 étudiants) ; *Wesleyan University* fondée en 1831 à Middletown (45 prof. et 402 étud.) ; *Trinity College* fondé en 1824 à Hartford (30 prof. et 246 étud.). Budget de l'instruction publique (1917) : 9.586.798 doll.

Finances : L'exercice 1917-18 se soldait au 30 sept. par 21.101.110 doll. en recettes, contre 13.076.034 doll. en dépenses, soit par une plus-value des recettes de 8.065.076 doll. Dette publ. de 1917 : 2.607.979 doll.

Agriculture : Pays de forêts possédant quelques ressources minérales. Cheptel (janv. 1919) : 44.000 chevaux, 189.000 bêtes à cornes, 24.000 moutons et 83.000 porcs.

Industrie : Production minérale de 1915 : 3.332.330 doll. (granit, grès, etc., 1.134.947, eaux minérales, 101.970 ; produits d'argile, 1.529.216, etc.).

L'industrie manufacturière de 1910 comportait 4.251 établissements comptant 19.611 employés et 210.792 ouvriers. Leur chiffre d'affaires était en milliers de doll. : pour capitaux en œuvres 517.547, matières premières employées 257.259, prod. totale, 490.272.

Dakota Nord (ÉTAT DU).

Admis à l'Union le 22 févr. 1889. Sénat de 49 membres élus pour 4 ans et Chambre de 113 représentants élus pour 2 ans. Divisions administratives : 53 comtés.

Gouverneur : *L.-J. Frazier*, 1919-21.

Superficie : 183.460 kil. q. **Population** (1918) évaluée à 791.437 hab. soit 4,3 par kil. q. (dont 569.855 blancs et 617 noirs en 1910). Population urbaine : 11 p. 100 de la population totale (1910). Principales villes (1917) : Fargo, 17.872 ; Bismarck (capitale), 6.344 ; Grand Forks 16.342.

Confessions religieuses par ordre d'importance : catholiques romains (38,5 p. 100), luthériens (37,7 p. 100) ; méthodistes, presbytériens, congrégationalistes, baptistes, etc.

Instruction (1917-18) : 5.309 écoles primaires publiques (8.093 professeurs et 151.647 élèves), 290 écoles supérieures ; Université du Dakota Nord fondée en 1884 (85 prof. et 1.343 étud.), Institut fondé en 1887 à Fargo (42 prof. et 654 étud.), Institut agricole (52 prof. et 1.171 étud.).

Finances : L'exercice 1917-18 se soldait au 30 juin par 9.057.740 doll. en recettes, contre 7.688.133 doll. en dépenses, soit par une plus-value des recettes de 1.369.607 doll. Dette publique en 1918 : 412.000 doll.

Agriculture : Région fertile. Peu de ressources minérales. Elevage important de chevaux et de bétail. Cheptel (janv. 1919) : 850.000 chevaux, 1.041.000 bêtes à cornes, 265.000 moutons et 456.000 porcs.

Industrie : Production minérale de 1915 : 985.885 doll. (charbon, 766.072 ; produits d'argile, 189.855) contre 1.063.540 en 1914.

L'industrie manufacturière en 1910 comportait 699 établissements comptant 3.275 ouvriers. Leur chiffre d'affaires était en milliers de doll. : pour capitaux en œuvres 14.218, matières premières employées 14.484, production totale 21.147 doll. Industries agricoles et alimentaires.

Dakota Sud (ÉTAT DU).

Admis à l'Union le 22 févr. 1889. Sénat de 25 à 45 membres et Chambre de 75 à 135 représentants. Divisions administratives : 63 comtés.

Gouverneur : *Peter Norbeck*, 1919-21.

Superficie : 201.014 kil. q. **Population** (1918) évaluée à 735.434 hab. soit 3,6 par kil. q. (dont 563.771 blancs et 817 noirs en 1910). Population urbaine : 13,1 p. 100 de la population totale (1910). Principales villes (1915) : Sioux Falls, 20.929 ; Aberdeen, 11.846 ; Pierre (capitale), 3.010.

Confessions religieuses par ordre d'importance numérique : luthériens, catholiques romains, méthodistes, congrégationalistes, protestants épiscopaliens.

Instruction (1917) : 5.206 écoles primaires publiques (5.404 professeurs et 122.621 élèves). 32 écoles secondaires (1.337 prof. et 56.800 élèves), 5 écoles normales publiques (120 prof. et 1.640 élèves) ; Ecole des mines fondée en 1885 (14 prof. et 83 étud.) ; Institut agricole (67 prof. et 1.096 étud.) ; Université fondée en 1882 à Vermillion (50 prof. et 460 étud.) ; 3 collèges indiens (1915) : à Flandeau (25 prof. et 250 élèves), à Rapid City (25 prof. et 250 élèves) et à Pierre (24 prof. et 250 élèves). Institut presbytérien à Huron (24 prof. et 453 étud.) ; *Dakota Wesleyan University* (31 prof. et 365 étud.). Institut congrégationaliste à Yankton (23 prof. et 286 étud.). Budget de l'Instruction publique (1916) : 7.015.326 doll.

Finances : L'exercice 1917-18 se soldait au 30 juin par 4.653.189 doll. en recettes, contre 4.001.144 doll. en dépenses, soit par une plus-value des recettes de 652.045 doll. Pas de dette publique.

Agriculture. Pays montagneux et en partie couvert de forêts (451.471 hectares en 1916). Importantes mines d'or. Terrains fertiles produisant céréales, riz, foin, fruits, etc. Cheptel (janv. 1918) : 827.000 chevaux, 16.000 mulets, 2.529.000 bêtes à cornes, 810.000 moutons et 1.634.000 porcs.

Industrie : Production minérale de 1915 : 8.093.670 doll. (or, 7.640.644 ; argent, 141.605 ; cuivre, plomb, etc.) contre 7.861.601 en 1914.

L'industrie manufacturière en 1910 comportait 1.020 établissements comptant 3.602 ouvriers. Leur chiffre d'affaires était en milliers de doll. : pour capitaux en œuvres 13.018, matières premières employées 11.476, production totale 17.870. Industries agricoles et alimentaires.

Delaware (ÉTAT DE).

Colonisé vers 1627 par les Suédois, admis à l'Union en 1787. Sénat de 17 membres élus pour 4 ans et Chambre de 35 représentants élus pour 2 ans. Divisions administratives : 3 comtés.

Gouverneur : *John G. Townshend*, 1917-21.

Superficie : 6.138 kil. q. **Population** (1918) évaluée à 216.941 hab. soit 42 par kil. q. (dont 171.102 blancs et 31.181 noirs en 1910). Population urbaine : 48 p. 100 de la population totale (1910). Principales villes (1917) : Wilmington, 95.369 ; Dover (capitale), 3.720 ; Milford, 2.603.

Confessions religieuses par ordre d'importance numérique : méthodistes, catholiques romains, presbytériens, épiscopaliens et baptistes.

Instruction (1915) : 4?2 écoles publiques (722 professeurs et 25.022 élèves en 1915) ; 2 écoles normales publiques : *Delaware College* fondé en 1834 à Newark (48 prof. et 312 étud. en 1916) ; 1 Institut pour gens de couleur à Dover (6 prof. et 136 étud.) ; 1 Institut agricole et école d'arts et métiers.

Finances : L'exercice 1918 se soldait au 31 décembre par 32.943.382 doll. en recettes, contre 1.052.950 doll. en dépenses, soit par une plus-value des recettes de 31.890.482 doll. Dette publique en 1918 : 991.785 doll.

Agriculture : Pays agricole au climat tempéré. Cheptel (janv. 1919) : 35.000 chevaux, 6.000 mulets, 69.000 bêtes à cornes, 10.000 moutons et 71.000 porcs.

Industrie : Production minérale de 1915 : 282.292 doll. (228.516 doll. en 1914).

L'industrie manufacturière en 1910 comptait 23.984 employés et ouvriers. Son chiffre d'affaires était en milliers de doll. : pour capitaux en œuvres 60.906, matières premières employées 30.938.000 : production totale 52.840. Principales industries : tanneries de peaux de chèvres, distilleries, brasseries, bonneterie, etc.

Commerce important avec New-York par le port de Wilmington.

Floride (ÉTAT DE LA).

Colonisé vers 1564 par les Espagnols, admis à l'Union le 3 mars 1845. Sénat de 32 membres élus pour 4 ans et Chambre de 76 représentants élus pour 2 ans. Divisions administratives : 52 comtés.

Gouverneur : *Sidney J. Catts*, 1917-21.

Superficie : 151.939 kil. q. **Population** (1918) évaluée à 938.877 hab. soit 6 par kil. q. (dont 559.787 blancs et 360.394 noirs en 1915). Population urbaine : 44,2 p. 100 de la population totale (1910). Principales villes (1917) : Jacksonville, 79.065 ; Tampa, 56.251 ; Pensacola, 26.802 ; Key West, 22.011.

Confessions religieuses par ordre d'importance numérique : baptistes (41.6 p. 100), méthodistes (37,2 p. 100), catholiques romains, protestants, épiscopaliens, presbytériens.

Instruction (1918) : 2.916 écoles primaires publiques (5.865 professeurs et 198.365 élèves), 103 écoles supérieures (387 prof. et 6.339 élèves) ; Université fondée en 1884 à Gainsville (63 prof. et 753 étud.) ; *John B. Stetson University* fondée en 1887 à De Land (38 prof. et 503 étud.) ; *Rollins College* fondé en 1885 à Winter Park (25 prof. et 175 étud.). Institut pour femmes fondé en 1905 à Tallahassee (550 étud.). Budget de l'instruction publique (1916) : 3.818.675 doll.

Finances : L'exercice 1918 se soldait au 31 décembre par 7.312.967 doll. en recettes, contre 5.451.338 doll. en dépenses, soit par une plus-value des recettes de 1.861.629 doll. Dette publique en 1918 : 601.567 doll.

Agriculture : Pays très fertile au climat tempéré. Production d'oranges, noix de coco et bois d'ébénisterie. Cheptel (janv. 1919) : 62.000 chevaux, 35.000 mulets, 1.085.000 bêtes à cornes, 120.000 moutons et 1.512.000 porcs.

Industrie : Production minérale de 1915 : 4.886.010 doll. (8.497.898 en 1914).

L'industrie manufacturière en 1913-14 comportait 5.795 établissements. Leur chiffre d'affaires était en milliers de doll. : pour capitaux en œuvres 7.706, production totale 72.890 en 1910 contre 50.298 en 1905. Principaux produits industriels : tabac, essence de térébenthine, résine, etc.

Commerce : Important, à la fois terrestre et maritime. Exportation de cotonnades, produits forestiers, phosphates, tabac, blé, etc.

Agents consulaires français : à Pensacola, *Westerby-Hews* ; à Tampa, *Monrose*.

Georgie (ÉTAT DE LA).

Colonisé vers 1733 par les Anglais, admis à l'Union en 1788. Sénat de 44 membres et Chambre de 189 représentants, tous élus pour 2 ans. Divisions administratives : 152 comtés.

Gouverneur : *Hugh M. Dorsey*. 1917-19.

Superficie : 153.490 kil. q. **Population** (1918) évaluée à 2.935.617 hab. soit 19 par kil. q (dont 1.431.802 blancs et 1.176.987 noirs en 1910). Population urbaine : 20,6 p. 100 de la population totale (1910). Principales villes (1917) : Atlanta (capitale), 196.144 ; Savannah, 69.250 ; Augusta, 50.642 ; Mâcon, 46.099 ; Boise, 35.951.

Confessions religieuses par ordre d'importance : baptistes (50 p. 100), méthodistes, etc.

Instruction (1918) : 8.470 écoles primaires publiques (13.297 professeurs et 624.362 élèves), 1.532 écoles supérieures (1.534 prof. et 36.186 élèves), 3 écoles normales publiques (128 prof. et 2.019 élèves) ; *North Georgia Agricultural College* fondé en 1872 (14 prof. et 210 étud. en 1916) ; Université de Géorgie fondée à Athens en 1801 (68 prof. et 841 étud.) ; École de Technologie fondée en 1888 (95 prof. et 945 étud.). Budget de l'instruction publ. (1917) : 9.062.921 doll.

Finances : L'exercice 1917 se soldait au 31 décembre par 8.985.279 doll. en recettes, contre 7.525.949 doll. en dépenses, soit par une plus-value des recettes de 459.330 doll. Dette publique en 1918 : 6.027.202 doll.

Agriculture : Pays exclusivement agricole. Très importantes cultures de céréales. Cheptel (janv. 1919) : 131.000 chevaux, 344.000 mulets, 1.215.000 bêtes à cornes, 144.000 moutons et 3.043.000 porcs.

Production minérale de 1915 : 5.094.688 doll. (or, 35.821 ; argent, 70 ; charbon, 319.465 ; granit, marbre, etc., 1.720.313, etc.).

Industrie : L'industrie manufacturière en 1910 comportait 4.792 établissements comptant 118.036 employés et ouvriers. Leur chiffre d'affaires était en milliers de doll. : pour capitaux en œuvres 202.778, matières premières employées 116.970, production totale 202.863.

Commerce : Principal centre, le port de Savannah (import., 5.283.585 doll. en 1913 ; export., 100.699.740 doll. consistant principalement en coton, cotonnades, métaux, bois, etc.).

Agent consulaire français à Savannah : *Nicolas*.

Idaho (ÉTAT D').

Admis à l'Union le 3 juillet 1890. Sénat de 37 membres et Chambre de 65 représentants, tous élus pour 2 ans. Divisions administratives : 41 comtés.

Gouverneur : *D.-W. Davis*, 1919-21.

Superficie : 218.362 kil. q. **Population** (1918) évaluée à 461.766 hab. soit 2,1 par kil. q. (dont 319.221 blancs et 651 noirs en 1910). Population urbaine : 21,5 p. 100 de la population totale (1910). **Principales villes** (1918) : Boisé (capitale), 35.951 ; Pocatello, 12.806.

Confessions religieuses par ordre d'importance numérique : mormons (majorité), catholiques, méthodistes, presbytériens, disciples.

Instruction (1917-18) : enseignement primaire et secondaire : 3.118 professeurs et 93.236 élèves ; 2 écoles normales publiques (570 élèves) ; Université fondée en 1892 à Moscow (80 prof. et 908 étud.) : Institut à Caldwell, École industrielle, 5 Instituts privés, etc. Budget de l'instruction publ. (1917) : 5.369.965 doll.

Finances : L'exercice 1916-18 se soldait au 30 sept. par 8.926.200 doll. en recettes, contre 9.121.013 doll. en dépenses, soit par une plus-value des recettes de 1.184.930 doll. Dette publique en 1918 : 2.818.750 doll.

Agriculture : Pays assez fertile grâce à d'importants travaux d'irrigation. Importantes ressources minérales. Production de blé, avoine, pommes de terre, fruits, légumes, etc. Cheptel (janv. 1919) : 276.000 chevaux, 4.000 mulets, 676.000 bêtes à cornes et 3.234.000 moutons.

Production minérale de 1915 : 33.612.194 doll. (or, 1.179.731 ; argent, 5.966.948 : cuivre, 1.121.275 ; plomb, 16.361.975 : zinc, 8.699.001).

Industrie : L'industrie manufacturière en 1910 comportait 725 établissements comptant 1.639 employés et 8.220 ouvriers. Leur chiffre d'affaires était en milliers de doll. : pour capitaux en œuvres 37.477, matières premières employées 9.920, production totale 22.400. Principales industries : 260 scieries et 46 minoteries.

Illinois (ÉTAT DE L').

Colonisé vers 1672 par les Français, admis à l'Union le 3 déc. 1818. Sénat de 51 membres élus pour 4 ans et Chambre de 153 représentants élus pour 2 ans. Divisions administratives : 102 comtés.

Gouverneur : *Frank O. Lowden*, 1917-21.

Superficie : 146.756 kil. q. **Population** (1918) évaluée à 6.317.734 hab. soit 49 par kil. q. (dont 5.526.962 blancs et 109.049 noirs en 1910). Population urbaine : 61,7 p. 100 de la population totale (1910). **Principales villes** (1917) : Chicago, 2.547.201 ; East St-Louis, 77.312 ; Peoria, 72.184 ; Springfield (capitale), 62.623 ; Rockford, 56.739 ; Decatur, 41.483 : Joliet, 38.549 ; Quincy, 36.832 ; Aurora, 34.795 : Danville, 32.969.

Confessions religieuses par ordre d'importance numérique : catholiques romains, méthodistes, luthériens, baptistes, presbytériens.

Instruction (1917) : 11.743 écoles primaires publiques : 24.998 professeurs et 482.156 élèves : 834 écoles supérieures (2.971 prof. et 61.968 élèves), 5 écoles normales publiques (202 prof. et 11.115 étudiants), Budget de l'instruction publique (1915) : 64.939.976. doll. Parmi les 29 Instituts et Universités de l'État en 1918 : Université fondée en 1868 à Urbana (790 prof. et 5.590 étud.) ; Univ. de Chicago fondée en 1892 (400 prof. et 8.510 étud.) ; *North-Western University* fondée en 1865 à Evanston (421 prof. et 4.010 étud.) ; *Ill. Wesleyan Univ.* fondée en 1850 à Bloomington (40 prof. et 590 étud.) ; *St. Viateur's College* fondé en 1868 à Bourbonnais (25 prof. et 350 étud.) ; *Loyola Univ.* fondée en 1869 à Chicago (129 prof. et 1.621 étud.) ; *James Millikin Univ.* fondée en 1903 à Decatur (58 prof. et 1.105 étud.) ; *Knox College* fondé en 1837 à Galesburg (26 prof. et 642 étud.) ; *Greenville College* fondé en 1892 (20 prof. et 283 étud.) · *Lake-Forest College* fondé en 1858 (17 prof. et 160 étud.); *Mc Kendree College* fondé en 1828 à Lebanon (15 prof. et 125 étud.); *North-Western College* fondé en 1861 à Napierville (27 prof. et 369 étud.) : *Augustana College* fondé en 1860 à Rock Island (20 prof. et 315 étud.).

Finances : L'exercice 1917-18 se soldait au 1er octobre par 45.563.461 doll. en recettes, contre 24.567.921 doll. en dépenses, soit par une plus-value des recettes de 20.995.540 doll. Pas de dette publique de l'État en 1917.

Agriculture : Pays d'agriculture et d'élevage possédant en outre de grandes richesses minérales (le 3e parmi tous les États de l'Union par sa production minière). **Principales productions** : maïs, blé, avoine, orge, riz, pommes de terre, foin, tabac, laines, etc. **Cheptel** (janv. 1919) : 1.467.000 chevaux, 147.000 mulets, 2.427.000 bêtes à cornes, 1.028.000 moutons et 5.724.000 porcs.

Production minérale de 1915 : 114.704.587 doll. (charbon, 62.622.471 ; pétrole, 18.655.850 ; grès et chaux, 2.907.410 ; ciment, 4.928.679 ; argile, 14.791.938 ; zinc, 912.272, etc.).

Industrie : L'industrie manufacturière en 1917 comportait 19.250 établissements comptant 890.000 employés et ouvriers. Leur chiffre d'affaires était en milliers de doll. : pour capitaux en œuvres, 2.500.000, matières premières employées 2.100.000, production totale, 3.250.000.

Consul français à Chicago : *Barthelémy* (✻) ; Chancelier : *de Verneuil*.

Indiana (ÉTAT D').

Colonisé vers 1730 par les Français, admis à l'Union le 11 déc. 1816. Sénat de 50 membres élus pour 4 ans et Chambre de 100 représentants élus pour 2 ans. Divisions administratives : 92 comtés.

Gouverneur : *James P. Goodrich*, 1917-21.

Superficie : 94.158 kil. q. **Population** (1918) évaluée à 2.854.167 hab. soit 30,7 par kil. q. (dont 2.639 blancs, 60.320 noirs en 1910). Population urbaine : 42,4 p. 100 de la population totale (1910). Principales villes (1917) : Indianopolis (capitale), 272.338 ; Fort Wayne, 75.219 ; Evansville, 77.531 ; South Bend, 65.348 ; Terre Haute, 71.045 ; East Chicago, 28.506 ; Muncie, 25.841 ; Hammond, 28.049.

Confessions religieuses par ordre d'importance numérique : méthodistes, catholiques romains, disciples, baptistes, presbytériens, luthériens, amis, etc.

Instruction (1918) : enseignement primaire public : 15.062 professeurs et 486.457 élèves ; 815 écoles supérieures (3.582 prof. et 77.695 élèves), 1 école normale publique ; Université fondée en 1824 à Bloomington (199 prof. et 3.089 étudiants) ; *De Pauw University* fondée en 1837 à Greencastle (40 prof. et 917 étud.), *Purdue Univ.* fondée en 1874 à Lafayette (219 prof. et 2.422 étud.); Univ. de Notre-Dame fondée en 1842 (90 prof. et 1.283 étud.). Budget de l'instruction publique (1918) : 18.084.160 doll.

Finances : L'exercice 1917-18 se soldait au 30 sept. par 17.093.489 doll. en recettes, contre 13.393.327 doll. en dépenses soit par une plus-value des recettes de 3.700.162 doll. Dette publique en 1918 : 340.000 doll.

Agriculture : Pays agricole (94 p. 100 de terres cultivées) possédant en outre d'abondantes ressources minérales. Principales productions : maïs, blé, avoine, foin, pommes de terre, tabac, tomates, fruits divers, etc. Cheptel (janv. 1919) : 829 000 chevaux, 713.000 bêtes à cornes, 1.098.000 moutons et 4.668.000 porcs.

Industrie : Production minérale de 1915 : 41.381.456 doll. (charbon, 18.637.476 ; pétrole, 813.395 ; grès et chaux, 4.204.192 ; ciment, 7.357.951 ; etc.).

L'industrie manufacturière en 1914 comportait 8.022 établissements comptant 238.270 employés et ouvriers. Leur chiffre d'affaires était pour matières premières employées 423.857.157 doll., production totale 730.795.000 doll.

Iowa (ÉTAT D').

Colonisé vers 1747 par les Français, admis à l'Union le 28 déc. 1846. Sénat de 50 membres et Chambre de 108 représentants.

Gouverneur : *William L. Harding*, 1919-21.

Superficie : 145.415 kil. q. **Population** (1918) évaluée à 2.224.771 hab. soit 15 par kil. q. (dont 2.209.191 blancs et 14.973 noirs en 1910). Population urbaine : 1.277.950 hab. en 1915. Principales villes (1917) : Des Moines (capitale), 104.052 ; Dubuque, 40.096 ; Sioux City, 58.568 ; Davenport, 49.618 ; Council Bluffs, 31.838 ; Cedar Rapids, 38.033 ; Burlington, 25.144 ; Clinton, 27.268 ; Otumwa, 24.708.

Confessions religieuses par ordre d'importance numérique : méthodistes épiscopaliens, catholiques, luthériens, disciples du Christ, presbytériens, baptistes, congrégationalistes, etc.

Instruction (1917) : 11.629 écoles primaires publiques (23.507 professeurs et 470.858 élèves), 486 écoles supérieures, (3.620 prof. et 61.202 élèves) ; 1 école normale (180 prof. et 4.171 étud.) ; Université fondée en 1855 à Iowa City (114 prof. et 2.996 étud. en 1918), *Drake University* fondée en 1881 à Des Moines (238 prof. et 1.203 étud.) ; *Upper Iowa University* fondée en 1857 à Fayette (17 prof. et 388 étud.) ; Institut agricole et d'arts et métiers fondé en 1869 à Ames (128 prof. et 3.480 étud.). Budget de l'instruction publique (1917) : 30.016.177 doll.

Finances : L'exercice 1916-18 soldait au 31 décembre par 21.524.302 doll. en recettes, contre 19.398.657 doll. en dépenses, soit par une plus-value des recettes de 2.125.645 doll. Pas de dette publique.

Agriculture : Pays d'agriculture et d'élevage produisant : blé, maïs, avoine, orge, seigle, pommes de terre, fourrages, etc. Cheptel (janv. 1919) : 1.567.000 chevaux, 1.381.000 vaches laitières, 2.861.000 autres bêtes à cornes, 1.322.000 moutons et 10.925.000 porcs. En 1914, production laitière 38.779.860 doll. ; œufs : 20.598.720 doll.

Industrie : Production minérale de 1915 : 27.048.177 (charbon 13.577.608 ; gypse, 1.278.128 ; grès, pierre à chaux, 720.795 ; argile, 6.748.615 ; ciment, 4.119.952, etc.).

La production manufacturière a été de 160.572.313 doll. en 1905 et de 259.238.000 doll. en 1910. Industries agricoles et alimentaires.

Kansas (ÉTAT DU).

Colonisé par les Canadiens-Français, admis à l'Union le 29 janv. 1861. Sénat de 40 membres élus pour 4 ans et Chambre de 125 représentants élus pour 2 ans. Divisions administratives : 105 comtés.

Gouverneur : *Henry Allen*, 1919-21.

Superficie : 212.780 kil. q. **Population** (1918) évaluée à 1.874.195 hab. soit 8,7 par kil. q. (dont 1.634.342 blancs et 54.030 noirs en 1910). Population urbaine : 29,2 p. 100 de la population totale (1910). Principales villes (1917) : Kansas City, 102.096; Wichita, 73.597; Topeka (capitale), 49.538 ; Hutchinson, 21.461.

Confessions religieuses par ordre d'importance numérique : méthodistes, catholiques romains, baptistes, disciples du Christ, presbytériens et amis.

Instruction (1916) : 8.956 écoles primaires publiques (12.923 professeurs et 353.175 élèves), 657 écoles supérieures (2.476 prof. et 49.685 élèves), 3 écoles normales publiques (207 prof. et 4.787 étud.) ; Université fondée en 1866 à Lawrence (219 prof. et 2.840 étud. en 1918), Univ. fondée en 1896 à Kansas City (15 prof. et 175 étud.); *Baker University* fondée en 1858 à Baldwin (30 prof. et 376 étud.); Univ. fondée en 1865 à Ottava (21 prof. et 402 étud.), Institut agricole fondé en 1863 à Manhattan (212 prof. et 2.171 étud.) ; *Washburn College* fondé en 1865 à Topeka (48 prof. et 720 étud.).

Finances : L'exercice 1917-18 se soldait au 30 juin par 5.130.211 doll. en recettes, contre 4.494.103 doll. en dépenses, soit par une plus-value des recettes de 636.108 doll. Pas de dette publique en 1917.

Agriculture : Pays d'agriculture et d'élevage, produisant maïs, blé, foin, avoine, orge, pommes de terre, etc. Cheptel (janv. 1919) : 1.153.000 chevaux, 260.000 mulets, 3.365.000 bêtes à cornes, 460.000 moutons et 2.331.000 porcs. En 1911, production animale : 158.000.000 doll. ; production laitière : 282.927.185 doll.

Industrie : Production minérale de 1915 : 29.346.679 (charbon, 11.360.630 ; huiles minérales, 1.702.891 ; gaz naturel, 4.037.011 ; zinc, 3.562.520 ; grès, pierre à chaux, gypse et ciment 2.842.443 ; sel, 697.317, etc.).

L'industrie manufacturière en 1910 comportait 3.435 établissements comptant 51.078 employés et ouvriers. Leur chiffre d'affaires était en mill. de doll. : pour matières premières employées 256.884, production totale, 325.104.

Kentucky (ÉTAT DU).

Colonisé vers 1775 par des émigrants de la Virginie, admis à l'Union le 4 février 1917. Sénat de 38 membres et Chambre de 100 représentants. Divisions administratives : 129 comtés.

Gouverneur : *Jas. D. Black*, 1915-19.

Superficie : 105.145 kil. q. **Population** (1918) évaluée à 2.408.547 hab. soit 22 par kil. q. (dont 2.027.951 blancs et 261.656 noirs en 1910). Population urbaine : 24,3 p. 100 de la population totale (1910). Principales villes (1917) : Louisville, 240.808 ; Covington, 59.623 ;

Lexington, 41.997 ; Newport, 32.133 ; Paducah, 25.178 ; Owensboro, 18.071 ; Frankfort (capitale), 11.179.

Confessions religieuses par ordre d'importance numérique : baptistes, catholiques romains, méthodistes, disciples du Christ, presbytériens.

Instruction (1917) : 10.080 écoles primaires publiques (11.018 professeurs et 464.146 élèves). 340 écoles supérieures (2.395 prof. et 91.854 élèves), 3 écoles normales publiques (160 prof. et 2.561 élèves) ; *Central University* fondée en 1819 à Danville (16 prof. et 150 étud.) ; *Berea College* fondé en 1855 (85 prof. et 1.916 étud.) ; Univ. fondée en 1865 à Lexington (84 prof. et 780 étud.) ; Univ. fondée en 1837 à Louisville (127 prof. et 620 étud.). Budget de l'instruction publique (1917) : 6.772.362 doll.

Finances : L'exercice 1916-17 se soldait au 30 juin par 10.321.382 doll. en recettes, contre 9.121.153 doll. en dépenses, soit par une plus-value des recettes de 1.200.229 doll. Dette publique en 1916 : 4.177.369 doll.

Agriculture : Pas d'élevage et de cultures. Sol d'une grande fertilité produisant des céréales de toutes espèces. Cheptel (janv. 1919) : 439.000 chevaux, 231.000 mulets, 1.043.000 bêtes à cornes, 1.274.000 moutons et 1.768.000 porcs.

Industrie : Production minérale de 1915 : 27.276.416 doll. (charbon, 21.494.008 ; pétrole, 129.878 ; fer, plomb, etc., 1.071.052 ; ciment, asphalte, gaz naturel et eaux minérales). La production de saumon de fer a atteint en 1915 une valeur de 1.420.275 doll.

L'industrie manufacturière en 1910 comportait 4.776 établissements comptant 65.400 ouvriers. Leur chiffre d'affaires était en milliers de doll. : pour capitaux en œuvres 172.777, salaires payés 27.888, production totale 223.754. Principaux produits industriels en 1910 : farine, 21.381.000 doll. ; bois, 21.381.998 ; tabac, 16.598.000 ; bière et liqueurs, 44.360.000 ; vêtements, 3.276.000 doll.

Agent consulaire français à Louisville : *Hermann*.

Louisiane (ÉTAT DE LA).

Colonisé vers 1699, par les Français, admis à l'Union le 8 avril 1812. Sénat de 41 membres et Chambre de 115 représentants. Divisions administratives : 60 paroisses.

Gouverneur : *R. G. Pleasant*, 1916-20.

Superficie : 125.625 kil. q. **Population** (1918) évaluée à 1.884.778 hab. soit 15 par kil. q. (dont 941.086 blancs et 713.874 noirs en 1910). Population urbaine : 30 p. 100 de la population totale (1910). Principales villes (1917) : New Orléans, 377.010 ; Shreveport, 37.064 ; Baton Rouge (capitale), 17.544.

Confessions religieuses par ordre d'importance numérique : catholiques romains (61 p. 100), baptistes, méthodistes, épiscopaliens, presbytériens.

Instruction (1918) : 3.082 écoles primaires publiques (7.204 professeurs et 210.747 élèves), 197 écoles supérieures (884 prof. et 14.824 élèves) ; 2 écoles normales publiques (75 prof. et 2.070 élèves) ; Université fondée en 1860 et Institut agricole et d'Arts et Métiers fondé en 1874 à Baton Rouge (96 prof. et 1.669 étud.) ; *Tulane University* fondée en 1834 à New-Orléans (329 prof. et 2.982 étud.) ; Institut catholique *Jefferson* à Convent (19 prof. et 180 étud.) ; *Loyola University* (catholique) fondée en 1904 à New-Orléans (120 prof. et 305 étud.) ; Université pour gens de couleur fondée en 1874 à New-Orléans (20 prof. et 409 étud.). Budget de l'instruction publique (1917-18) : 8.443.414 doll.

Finances : L'exercice 1918 se soldait au 31 décembre par 35.166.417 doll. en recettes, contre 6.993.527 doll. en dépenses, soit par une plus-value des recettes de 28.172.890 doll. Dette publique en 1918 : 11.108.300 doll.

Agriculture : Pays agricole possédant une grande variété de cultures (canne à sucre, riz maïs, tabac, céréales). Cheptel (janv. 1919) : 213.000 chevaux, 863.000 bêtes à cornes, 230.000 moutons et 1.599.000 porcs.

Production minérale de 1915 : 18.199.693 doll. (pétrole, 10.804.653 ; sel, soufre, etc.).

Industries : L'industrie manufacturière en 1910 comportait 2.516 établissements, comptant 84.268 employés et ouvriers. Leur chiffre d'affaires était en milliers de doll. : pour matières premières employées 134.865, production totale 223.949. Principaux produits industriels : sucre, bois, coton, riz, bière et liqueurs, confections, etc.

Commerce : Principal centre : New-Orléans (importations 90.045.564 doll. en 1916 et exportations 211.498.749 doll. consistant princip. en coton, cotonnades, blé, farine, riz, etc

Consul général français à New-Orléans : *Ferrand* ; Gérant : *Géneyer* ; Chancelier : *Lasseur*

Agent consulaire à Baton-Rouge : *Dugazen*.

Maine (ÉTAT DU).

Colonisé vers 1858 par les Canadiens français, admis à l'Union le 3 mars 1820. Sénat de 31 membres et Chambre de 151 représentants, tous élus pour 2 ans. Divisions administratives : 16 comtés.

Gouverneur : *Carl E. Milliken*, 1919-21.

Superficie : 85.570 kil. q. **Population** (1918) évaluée à 782.191 hab. soit 10 par kil. q. (dont 739.995 blancs et 1.363 noirs en 1910). Population urbaine : 55,9 p. 100 de la population totale (1910). Principales villes (1917) : Portland, 64.720 ; Lewiston, 28.061 ; Bangor, 26.958 ; Biddeford, 17.760 ; Auburn, 16.607 ; Augusta (capitale), 14.325.

Confessions religieuses par ordre d'importance numérique : catholiques romains, baptistes, congrégationalistes, méthodistes, épiscopaliens.

Instruction (1918) : 4.659 écoles primaires publiques (4.936 professeurs et 133.067 élèves), 194 écoles supérieures (911 prof. et 17.617 élèves), 6 écoles normales publiques (68 prof. et 767 élèves) ; Université fondée en 1868 à Orono (156 prof. et 918 étudiants en 1918), *Bowdoin College* fondé en 1794 à Brunswick (89 prof. et 457 étud.) ; *Bates College* à Lewiston (29 prof. et 343 étud.) et *Colby College* à Waterville (30 prof. et 309 étud.). Budget de l'instruction publique (1917) : 4.486.886 doll.

Finances : L'exercice 1917 se soldait au 31 déc. par 9.658.462 doll. en recettes, contre 7.796.254 doll. en dépenses, soit par une plus-value des recettes de 1.862.208 doll. Dette publique en 1917 : 3.021.224.

Agriculture : Sol peu fertile. Principales ressources économiques : élevage, exploitation de forêts et des carrières, pêcheries. Cheptel (janv. 1919) : 107.000 chevaux, 317.000 bêtes à cornes, 173.000 moutons et 110.000 porcs.

Industrie : Production minérale de 1915 : 3.301.907 doll. (granit, 1.062.283 ; eaux minérales, 338.003, etc.).

L'industrie manufacturière en 1910 comportait 3.546 établissements comptant 4.860 employés et 79.956 ouvriers. Leur chiffre d'affaires était en milliers de doll. : pour capitaux en œuvres 202.260, matières premières employées 97.101, production totale, 170.029. Principales industries : travaux en granit, fabrication du coton, du papier, confections, etc. Commerce considérable de bois de construction.

Agent consulaire français à Portland : *de Beraford Le Prohon*.

Maryland (ÉTAT DU).

Colonisé vers 1633 par les Anglais, admis à l'Union en 1788. Sénat de 27 membres élus pour 4 ans et Chambre de 102 représentants élus pour 2 ans. Divisions administratives : 23 comtés et la ville de Baltimore.

Gouverneur : *Emerson C. Harrington*, 1916-20.

Superficie : 31.926 kil. q. **Population** (1918) évaluée à 1.384.539 hab. soit 54,4 par kil. q. (dont 1.062.639 blancs et 232.250 noirs en 1910). Population urbaine : 50,8 p. 100 de la population totale (1910). Principales villes (1917) : Baltimore, 594.637 ; Cumberland, 26.686 ; Hagerstown, 26.125 ; Annapolis (capitale), 8.769

Confessions religieuses par ordre d'importance numérique : protestants, catholiques romains (35,3 p. 100).

Instruction (1918) : 2.476 écoles primaires publiques et écoles supérieures (6.525 professeurs et 235.268 élèves), 4 écoles normales publiques (27 prof. et 469 élèves) ; Université « John Hopkins » fondée en 1876 (342 prof. et 2.381 étudiants) ; *Goucher College* pour femmes fondé en 1888 à Baltimore (55 prof. et 712 étudiants) ; Institut agricole (42 prof. et 315 étud.) ; « Académie de la Princesse Anne » pour gens de couleur (4 prof. et 47 étud.) ; Conservatoire de Musique, Ecole d'Arts et de dessin, etc. Budget de l'instruction publique (1918) : 5.984.062 doll.

Finances : L'exercice 1917-18 se soldait au 30 sept. par 15.079.580 doll. en recettes, contre 13.224.193 doll. en dépenses, soit par une plus-value des recettes de 1.855.386 doll. Dette publique en 1918 : 18.252.634 doll.

Productions : Parmi les Etats de l'Union, celui de Maryland se classe le 27e par sa population, le 41e par sa superficie en terres, le 8e par son industrie, le 1er par sa production d'engrais, le 8e par celle du tabac, le 2e par celle du fer et la construction navale, le 3e par ses confections, le 10e par sa production de fer et d'acier et le 13e par celle du coton et des cotonnades. Cheptel (janv. 1919) : 171.000 chevaux, 25.000 mulets, 312.000 bêtes à cornes, 246.000 moutons et 434.000 porcs.

Production minérale de 1915 : 10.483.209 doll. (charbon, 5.330.845 ; argile, 1.576.456 ; pierres, 916.525, etc.).

L'industrie manufacturière en 1915 comportait 54.799 établissements, comptant 131.838 employés et ouvriers. Leur chiffre d'affaires était en milliers de doll. : pour capitaux en œuvres 195.934, salaires payés 71.829, matières premières employées 238.962, production totale 377.764.

Agent consulaire français à Baltimore : *Rabillon.*

Massachusetts (ÉTAT DE).

Colonisé vers 1620 par les Anglais, admis à l'Union en février 1788. Sénat de 40 membres et Chambre de 240 représentants. Divisions administratives : 14 comtés.

Gouverneur : *Calvin Coolidge*, 1920.

Superficie : 21.408 kil. q. **Population** (1915) de 3.693.310 hab. soit 172 par kil. q. (dont 3.644.273 blancs et 45.598 noirs). Principales villes (1917) : Boston (capitale), 767.813 ; Worcester, 166.706 ; Fall Riwer, 129.628 ; New Bredfort, 121.622 ; Cambridge, 114.293 ; Lowell, 114.366 ; Springfield, 108.668 ; Lynn, 104.534 ; Lawrence, 102.923 ; Somerville, 88.618 ; Brockton, 69.152 ; Holyoke, 66.503.

Confessions religieuses par ordre d'importance numérique : catholiques romains, luthériens, congrégationalistes, baptistes, épiscopaliens, méthodistes, unitariens, universalistes.

Instruction (1918) : enseignement primaire public : 19.609 professeurs et 607.805 élèves ; 253 écoles supérieures (3.786 prof. et 85.717 élèves), 10 écoles normales publiques (165 prof. et 2.069 élèves), 17 universités et instituts (5 réservés à l'instruction féminine) ; *Harvard University* fondée en 1836 à Cambridge (905 prof. et 2.197 étud.) ; *Williams College* fondé en 1793 à Williamstown (43 prof. et 379 étud.) ; *Mount Holyoke College* fondé en 1837 à South Hadley (130 prof. et 875 étud.) ; *Tufts College* fondé en 1850 à Medford (312 prof. et 1.845 étud.) ; Institut de Technologie fondé en 1861 à Cambridge (245 prof. et 1.789 étud.) ; Ecole d'agriculture fondée en 1863 à Amherst (55 prof. et 487 étud.) ; Université f. en 1869 à Boston (259 prof. et 3.792 étud.) ; Institut f. en 1870 à Wellesley (137 prof. et 1.593 étud.) ; *Smith College* f. en 1871 à Northampton (194 prof. et 2.106 étud.) ; *Radcliffe College* f. en 1882 à Cambridge (120 prof. et 528 étud.) ; *Clark University* f. en 1887 à Worcester (24 prof. et 49 étud.) ; *Simmons College* f. en 1899 à Boston (132 prof. et 1.055 étud.). Budget de l'instruction publique (1918) : 26.670.875 doll.

Finances : L'exercice 1917-18 se soldait au 30 nov. par 97.088.974 doll. en recettes, contre 81.797.704 doll. en dépenses, soit par une plus-value des recettes de 15.291.270 doll. Dette nette en 1918 : 85.059.905 doll.

Agriculture : Pays autrefois exclusivement agricole, devenu une des plus riches régions industrielles des Etats-Unis. Production agricole de 1909 : 31.948.095 doll. Cheptel (janv. 1919) : 54.000 chevaux, 265.000 bêtes à cornes, 28.000 moutons et 147.000 porcs.

Industrie : Production minérale peu importante (6.286.860 en 1915).

L'industrie manufacturière en 1917 comptait 708.421 employés et ouvriers. Son chiffre d'affaires était en milliers de doll. : pour capitaux en œuvres 2.239.848, salaires payés 537.145, matières premières employées 1.782.440, production totale 3.020.558.

Principaux produits industriels (1918) : bottes et chaussures 307.195.759 doll. ; cotonnades, 399.449.033 ; lainages, laine peignée et articles en feutre, 313.505.980 doll. ; machines et instruments, 247.378.971 doll. ; machines, appareils et fournitures électriques, 870.995.439 doll. ; peaux préparées, 75.976.998 doll. ; pulpe de bois et pâte de papier, 77.719.783 doll. ; viandes de boucherie et de conserve.

Commerce important. En 1917, importation 229.241.381 doll. et exportation (transit compris), 208.967.837 doll. Mouvement maritime : tonnage entré, 1.771.721 ; tonnage sorti, 1.203.803.

Agent consulaire français à Boston : *Flamand.*

Michigan (ÉTAT DU).

Colonisé vers 1670 par les Français, admis à l'Union le 26 janv. 1837. Sénat de 32 membres et Chambre de 100 représentants. Divisions administratives : 83 comtés.

Gouverneur : *Albert E. Sleeper*, 1919-21.

Superficie : 150.162 kil. q. **Population** (1918) évaluée à 3.183.715 hab. soit 20,7 par kil. q. (dont 2.785.247 blancs, 17.115 noirs en 1910). Population urbaine : 47,2 p. 100 de la population totale (1910). Principales villes (1918) : Detroit, 663.332 ; Grand Rapids, 135.040 ; Flint, 70.104 ; Saginaw, 55.710 ; Kalamazoo, 52.311 ; Bay City, 51.200 ; Lansing (capitale), 45.838.

Confessions religieuses par ordre d'importance numérique : catholiques romains, épiscopaliens, méthodistes, luthériens, baptistes, presbytériens et congrégationalistes.

Instruction (1917) : écoles publiques : 19.292 professeurs et 685.020 élèves ; 4 écoles normales publiques (234 prof. et 8.233 élèves) ; Université fondée en 1841 à Ann Arbor (610 prof. et 6.739 étudiants) ; École d'agriculture fondée en 1857 à Lansing (165 prof. et 1.800 étud.) ; École des Mines fondée en 1886 à Houghton (23 prof. et 108 étud.). Budget de l'instruction publique (1916-17) : 27.549.985 doll.

Finances : L'exercice 1917-18 se soldait au 30 juin par 37.052.167 doll. en recettes, contre 23.492.900 doll. en dépenses, soit par une plus-value des recettes de 13.559.367 doll. Pas de dette publique.

Agriculture : Pays agricole possédant en outre de très importantes richesses minérales (le 6e parmi tous les États-Unis par sa production minière) Cheptel (janv. 1919) : 666.000 chevaux, 1.577.000 bêtes à cornes, 2.119.000 moutons et 1.355.000 porcs.

Industrie : Production minérale de 1917 : 162.484.767 doll. (fer, 78.622.258 ; cuivre, 60.508.942 ; argent, 499.300 ; sel, 6.877.202 ; charbon, 2.372.797 ; produits d'argile, 13.627 et de ciment de Portland, 6.122.887 ; graphite, asbeste, grès, pierre à chaux, gypse, eaux minérales et pétrole).

L'industrie manufacturière en 1917 comportait 14.262 ateliers et manufactures employant 571.091 personnes (1.775.875 doll. de salaires quotidiens). Principaux produits industriels : bois et ouvrages en bois, beurre, fromage, sucre de betterave, produits chimiques, objets et travaux en fer et en acier, mobilier, automobiles, poêles, machines, etc.

En 1917, la construction automobile a été de 1.250.000 voitures (75 p. 100 de la production totale des États-Unis).

Agent consulaire français à Detroit : Joseph *Bélanger*.

Minnesota (ÉTAT DU).

Colonisé vers 1680 par les Français, admis à l'Union le 11 mai 1858. Sénat de 67 membres élus pour 4 ans et Chambre de 131 représentants élus pour 2 ans. Divisions administratives : 86 comtés.

Gouverneur : *J.-A.-A. Burnquist*, 1919-21.

Superficie : 219.318 kil. q. **Population** évaluée (1918) à 2.345.287 hab. soit 10,9 par kil. q. (dont 2.059.227 blancs et 7.084 noirs en 1910). Population urbaine : 41 p. 100 de la population totale (1910). Principales villes (1917) : Minneapolis, 373.448 ; St-Paul (capitale), 252.465 ; Duluth, 97.077 ; Winona, 18.583.

Confessions religieuses par ordre d'importance numérique : catholiques romains, luthériens, méthodistes, presbytériens et baptistes.

Instruction (1917) : 9.000 écoles primaires publiques (15.959 professeurs et 433.122 élèves), 230 écoles supérieures (1.823 prof. et 50.992 élèves) ; 5 écoles normales publiques (180 prof. et 4.206 élèves) ; Université fondée en 1868 à Minneapolis (616 prof. et 14.973 étudiants en 1918) ; *Hamline University* f. en 1854 à St-Paul (30 prof. et 418 étud.) ; Univ. catholique (*St John's University*) f. en 1857 à Collegeville (51 prof. et 420 étud.). Budget de l'instruction publique (1917) : 25.000.000 doll.

Finances : L'exercice 1917-16 se soldait au 31 juill. par 35.987.371 doll. en recettes, contre 7.689.557 doll. en dépenses, soit par une plus-value des recettes de 8.277 814 doll. Pas de dette publique.

Agriculture : Pays plat et fertile. Cheptel (janv. 1919) : 950.000 chevaux, 3.000.000 bêtes à cornes, 642.000 moutons et 2.784.000 porcs.

Industrie : Production minérale de 1915 : 62.391.440 doll. (granit, grès, pierre à chaux, 327.975 ; produits d'argile, 1.645.918, etc.).

L'industrie manufacturière en 1910 comportait 5.561 établissements comptant 84.767 ouvriers. Leur chiffre d'affaires était en milliers de doll. : pour capitaux en œuvres, 275.416, salaires payés 15.452, matières premières employées 281.622, production totale 409.420. Principaux produits industriels : produits agricoles ; bottes et chaussures, vêtements, meubles, objets en métaux et machines. Important commerce de grains.

Agent consulaire français à St-Paul : *N*...

Mississipi (ÉTAT DU).

Colonisé vers 1676 par les Français, admis à l'Union le 10 oct. 1817. Sénat et Chambre des représentants dont les membres sont élus pour 4 ans. Divisions administratives : 7 comtés.

Gouverneur : *Theo. G. Bilbo*, 1916-20.

Superficie : 121.376 kil. q. **Population** (1918) évaluée à 2.011.466 hab. soit 16,2 par kil. q. (dont 786.111 blancs et 1.009.487 noirs en 1910). Population urbaine : 11,5 p. 100 de la population totale (1910). Principales villes (1917) : Meridian, 25.378 ; Vicksbourg, 23.264 ; Natchez, 12.670 et Jackson (capitale), 31.104.

Confessions religieuses par ordre d'importance numérique : baptistes (50 p. 100) ; méthodistes (23 p. 100) ; catholiques, presbytériens et chrétiens.

Instruction (1915) : écoles primaires publiques : 10.933 professeurs et 492.756 élèves ; 167 écoles supérieures (570 prof. et 10.323 élèves) ; 1 école normale publique (21 prof. et 985 élèves) ; Université de Mississipi f. en 1848 (40 prof. et 625 étud. en 1916) ; *Mississipi College* f. en 1826 à Clinton (17 prof. et 421 étud.) ; *Rust University* f. en 1872 à Holly Springs (16 prof. et 263 étud.) ; *Millsaps College* f. en 1892 à Jackson (13 prof. et 250 étud.) ; Institut agricole et d'Arts et Métiers pour gens de couleur (21 prof. et 616 étud.) · Institut et École Industrielle pour femmes, f. en 1885 à Columbus (62 prof. et 816 étudiantes). Institut agricole et d'Arts et Métiers f. en 1880 (61 prof. et 1.150 étud.).

Finances : L'exercice 1917-18 se soldait au 30 sept. par 5.337.334 doll. en recettes, contre 9.693.065 doll. en dépenses, soit un déficit de 4.644.269 doll. Dette publique en 1915 2.756.896 doll.

Agriculture : Pays d'agriculture au sol riche et fertile produisant : coton (168.190.000 doll. en 1918), maïs, riz, blé, avoine, pommes de terre, etc. Cheptel (janv. 1919) : 256.000 chevaux, 316.000 mulets, 1.302.000 bêtes à cornes, 183.000 moutons et 2.282.000 porcs.

Industrie : Production minérale de 1915 : 666.143 doll. (1.104.197 en 1914) dont 376.819 de produits d'argile.

L'industrie manufacturière en 1910 comportait 2.598 établissements comptant 3.408 employés et 50.384 ouvriers. Leur chiffre d'affaires était en milliers de doll. : pour capitaux en œuvres 72.393, matières premières employées 36.926, production totale 80.555 doll.

Agent consulaire français à Gulfport : J. *Pacli*.

Missouri (ÉTAT DU).

Colonisé vers 1763 par les Français, admis à l'Union le 2 mars 1821. Sénat de 34 membres élus pour 4 ans et Chambre de 142 représentants élus pour 2 ans. Divisions administratives : 114 comtés.

Gouverneur : *F.-D. Gardner*, 1917-21.

Superficie : 179.791 kil. q. **Population** (1918) évaluée à 3.448.498 hab. soit 19,1 par kil. q. (dont 3.134.932 blancs et 157.452 noirs en 1910). Population urbaine : 42,5 p. 100 de la population totale (1910). Principales villes (1917) : St-Louis, 768.630 ; Kansas City, 305.816 ; St-Joseph, 86.496 ; Springfield, 41.169 ; Joplin, 33.400 ; Hannibal, 22.399 ; Sedalia, 19.711 ; Webb City, 14.882 ; Jefferson (capitale), 19.712.

Confessions religieuses par ordre d'importance numérique : catholiques romains, baptistes, méthodistes, disciples du Christ, presbytériens, luthériens, épiscopaliens et congrégationalistes.

Instruction (1918) : 10.880 écoles primaires publiques (29.667 professeurs et 906.055 élèves) 621 écoles supérieures (2.600 prof. et 52.468 élèves), 5 écoles normales publiques : Université fondée en 1847 à Columbia (268 prof. et 3.930 étud.) ; *Washington University* f. en 1857 à St-Louis (228 prof. et 1.936 étud.) ; Université de St-Louis f. en 1818 (254 prof. et 1.155 étud.). Budget de l'instruction publ. (1917) : 19.730.000 doll.

Finances : L'exercice 1918 se soldait au 31 déc. par 24.065.945 doll. en recettes, contre 20.102.522 doll. en dépenses, soit par une plus-value des recettes de 3.963.413 doll. Dette publique en 1919 : 3.963.413 doll.

Agriculture : Pays de cultures et d'élevage possédant en outre les mines de zinc et de plomb les plus riches des États-Unis. Principales productions : céréales, houblon, tabac, fruits, vins, etc. Cheptel (janv. 1919) : 1.040.000 chevaux, 2.701.000 bêtes à cornes, 1.539.000 moutons et 4.943.000 porcs.

Industrie : Production minérale de 1915 : 74.489.644 doll. (charbon, 6.595.918 ; fer, 99.853 ; zinc, 33.802.400 ; plomb, 19.781.360 ; baryte, 158.597 ; granit, pierre à chaux, grès, 2.145.501 saumon de fer, cuivre, cobalt, sel, etc.).

L'industrie manufacturière en 1910 comportait 8.375 établissements, comptant 185.705 employés et ouvriers. Leur chiffre d'affaires était en milliers de doll. : pour capitaux en œuvres 443.343, production totale 574.111 doll. Industries agricoles et forestières.

Agent consulaire français à Kansas City : *Brus* ; à St-Louis : Marc *Seguin*.

Montana (ÉTAT DU).

Admis à l'Union le 22 févr. 1889. Sénat de 48 membres élus pour 4 ans et Chambre de 97 représentants élus pour 2 ans. Divisions administratives : 41 comtés.

Gouverneur : *Samuel V. Stewart*, 1917-21.

Superficie : 379.607 kil. q. **Population** (1916) évaluée à 486.876 hab. soit 1,3 par kil. q. (dont 360.580 blancs et 1.834 noirs en 1910). Population urbaine : 35,5 p. 100 de la population.

totale (1910). **Principales villes** (1918) : Butte, 85.000 ; Missoula, 18.500 ; Great Falls, 40.000 ; Helena (capitale), 20.000.

Confessions religieuses par ordre d'importance numérique : catholiques romains, méthodistes, baptistes, presbytériens, épiscopaliens, luthériens, congrégationalistes, chrétiens, etc.

Instruction (1917) : Enseignement primaire et secondaire : 5.163 professeurs et 122.689 élèves ; 1 école normale publique (40 prof. et 712 élèves en 1918) ; Université fondée en 1895 à Missoula (81 prof. et 941 étud. en 1918) ; Institut agricole et d'Arts et Métiers et Ecole des Mines. Budget de l'instruction (1917) : 7.053.907 doll.

Finances : L'exercice 1917-18 se soldait au 30 nov. par 12.288.680 doll. en recettes, contre 9.704.869 doll. en dépenses, soit par une plus-value des recettes de 2.583.811 doll. Dette publique en 1918 : 1.298.000 doll.

Agriculture : Vaste contrée industrielle. Grandes richesses minérales en partie inexploitées. Culture de céréales et de fruits. Important élevage de moutons dont les laines sont très estimées. Cheptel (janv. 1919) : 657.000 chevaux, 1.217.000 bêtes à cornes, 2.934.000 moutons et 215.000 porcs.

Industrie : Production minérale de 1916 : 145.000 000 doll. (cuivre, 86.820.380 ; plomb, 938.064 ; or, 4.550.494 ; argent, 10.853.293 ; zinc, 23.206.215 : eaux minérales, saphirs. charbon, 4.526.509, etc.).

L'industrie manufacturière en 1910 comportait 677 établissements, comptant 1.380 employés et 11.655 ouvriers. Leur chiffre d'affaires était en milliers de doll. : pour salaires payés 12.955 ; matières premières employées 49.180, production totale, 73.272.

Nebraska (ÉTAT DU)

Territoire missourien du Nord-Ouest, admis à l'Union le 1er mars 1867. Sénat de 33 membres et Chambre de 100 représentants. Divisions administratives : 93 comtés

Gouverneur : *S. R. Mc. Kelvie*, 1919-21

Superficie : 200.768 kil. q. **Population** (1918) évaluée à 1.296.877 habitants, soit 6 par kil. q (dont 1.180.293 blancs et 7.689 noirs en 1910). Population urbaine : 21,1 p. 100 de la population totale (1910). **Principales villes** (1918) : Omaha, 177.777 ; Lincoln (capitale), 46.957.

Confessions religieuses par ordre d'importance numérique : catholiques romains, méthodistes, luthériens, disciples, presbytériens, baptistes et congrégationalistes.

Instruction (1918) : 8.263 écoles primaires publiques (12.697 professeurs et 292.362 élèves), 358 écoles supérieures (1.121 prof. et 22.553 élèves), 4 écoles normales publiques (118 prof. et 3.804 élèves) et 2 écoles normales privées. Budget de l'instruction publique (1917) : 11.921.859 dollars. Enseignement supérieur : Université de Nébraska fondée en 1871 à Lincoln (294 prof. et 4.510 étud.) ; *Creighton College* f. en 1878 à Omaha (130 prof. et 1.048 étud.) ; *Nebraska Wesleyan University* f. en 1887 (42 prof. et 800 étud.) ; *Cotner University* f. en 1889 à Bethany (25 prof. et 300 étud.).

Finances : L'exercice biennal 1916-1918 se soldait au 30 novembre par 6.315.593 doll. en recettes, contre 5.446.849 doll. en dépenses, soit par une plus-value des recettes de 868.744 doll. Pas de dette publique.

Agriculture : Pays prenant place parmi les principaux Etats agricoles de l'Union (Le 1er par sa production de grains, le 2e par celle de blé et le 1er par celle de volailles et d'œufs). Cheptel (janv. 1919) : 1.049.000 chevaux, 109.000 mulets, 3.602.000 bêtes à cornes, 367.000 moutons et 4.250.000 porcs.

Industrie : Production minérale de 1915 : 1.514.171 doll. (pierres à chaux et grès, 391.341 : produits d'argile, 776.389).

L'industrie manufacturière en 1910 comportait 2.500 établissements comprenant 31.966 employés et ouvriers. Leur chiffre d'affaires était en milliers de doll. : pour capitaux en œuvres 99.901, matières premières employées 151.081, production totale : 199.019. Principaux produits industriels viandes, conserves de viande, papier, boissons, ouvrages en brique et tuile, sucre, etc.

Nevada (ÉTAT DU).

Admis à l'Union le 21 mars 1864. Sénat de 16 membres élus pour 4 ans et Chambre de 37 représentants élus pour 2 ans. Divisions administratives : 16 comtés.

Gouverneur : *Emmet D. Boyle*, 1919-23.

Superficie : 286.675 kil. q. **Population** (1918) évaluée à 114,742 hab. soit 2,6 par kil. q. (dont 74.276 blancs et 513 noirs en 1910). Population urbaine : 16,3 p. 100 de la population totale (1910). **Principales villes** (1914) Reno, 13.579 ; Goldfield, 4.838 ; Spark, 2.509 : Carson City (capitale), 2.464.

Confessions religieuses par ordre d'importance numérique : catholiques romains, épiscopaliens, méthodistes, mormons et presbytériens.

Instruction (1918), 378 écoles primaires publiques (735 professeurs et 14.518 élèves. 41 écoles supérieures (70 prof. et 875 élèves) ; Université fondée en 1886 à Reno (48 prof. et 324 étud. en 1918). Budget de l'instruction publique (1918), 738.000 dollars.

Finances : L'exercice 1918 se soldait au 31 décembre 1918 par 2.278.205 doll. en recettes contre 1.392.008 doll. en dépenses, soit par une plus-value des recettes de 886.312 doll Dette publique 1918 : 732.000 doll.

Productions. — Pays prenant place parmi les principaux Etats miniers de l'Union : riches mines d'or et d'argent.

Cheptel (janv. 1919) : 75.000 chevaux, 762.000 bêtes à cornes, 1.520.000 moutons et 40.000 porcs. Superficie des forêts nationales : 2.138.715 hectares

Industrie : Production minérale de 1915 : 35.479.655 doll. (or, 11.404.300 ; argent 7.331.139 ; cuivre, 25.858.736 ; zinc, 4.347.387, etc.).

L'industrie manufacturière en 1910 comportait 177 établissements comprenant 256 employés et 2.257 ouvriers. Leur chiffre d'affaires était en milliers de doll. : pour capitaux en œuvres 9.807, matières premières employées 8.366, production totale 11.887. Important développement industriel depuis 1910 : minoteries, laiteries, brasseries, etc.

New Hampshire (ÉTAT DU).

Colonisé vers 1623 par les Anglais, admis à l'Union en 1788. Sénat de 24 membres, Chambre de 390 à 400 représentants élus pour 2 ans. Divisions administratives : 10 comtés.

Gouverneur : *John H. Bartlett*, 1919-21.

Superficie : 24.192 kil. q. **Population** (1918) évaluée à 446.352 hab. soit 18 par kil. q. (dont 429.906 blancs et 564 noirs en 1910). Population urbaine : 52,9 p. 100 de la population totale (1910). Princ. villes (1918) : Manchester, 79.607 ; Nashua, 27.541 ; Concord (capitale), 22.858.

Confessions religieuses par ordre d'importance numérique : catholiques romains (63 p. 100), congrégationalistes, baptistes, méthodistes et protestants épiscopaliens.

Instruction (1918) : Enseignement primaire public : 2.498 professeurs et 67.461 élèves. Enseign. secondaire : 88 écoles publiques (554 prof. et 10.640 élèves), 2 écoles normales publiques (30 prof. et 379 élèves) ; *Darmouth College* fondé en 1769 à Hanover (92 prof. et 1.016 étud.) et Institut agricole et d'arts et métiers f. en 1868 à Durham (44 prof. et 338 étud.

Finances : L'exercice 1917-18 se soldait au 31 août par 4.509.813 doll. en recettes, contre 4.062.049 doll. en dépenses ; soit par une plus-value des recettes de 447.764 doll. Dette publique 1918 : 1.447.764 doll.

Agriculture : Pays montagneux et couvert de forêts (1.558.369 hectares). Cheptel (janv. 1919) : 42.000 chevaux, 181.000 bêtes à corne, 39.000 moutons et 66.000 porcs.

Industries : Production minérale de 1915 : 1.903.799 doll. (granit, 1.234.149 ; produits d'argile, 484.464).

L'industrie manufacturière en 1910 comptait 78.658 ouvriers. Son chiffre d'affaires était en milliers de doll. : pour capitaux en œuvres 139.990, matières premières employées, 98.157, production totale 164.581. Principales industries : grands établissements pour la filature et le tissage du coton, fabriques de lainages, etc.

New Jersey (ÉTAT DU).

Colonisé vers 1627 par les Suédois, conquis par les Hollandais en 1655, soumis aux Anglais en 1764, admis à l'Union en 1787. Sénat de 21 membres et Assemblée générale de 60 membres. Divisions administratives : 21 comtés.

Gouverneur : *Walter E. Edge*, 1917-20.

Superficie : 21.299 kil. q. **Population** (1918) évaluée à 3.080.371 hab. soit 149 par kil. q (dont 2.445.894 blancs et 89.760 noirs en 1910). Population urbaine : 75,2 p. 100 de la population totale (1910). Principales villes (1917) : Newark, 418.789 ; Jersey City, 312.557 ; Paterson, 140.512 ; Tenton (capitale), 113.974 ; Camden, 108.117 ; Elisabeth, 88.830 Hoboken, 78.324 ; Passaic, 74.478 ; Bayonne, 72.204 ; Atlantic City, 59.515.

Confessions religieuses par ordre d'importance numérique : catholiques romains (51,5 p. 100), méthodistes, presbytériens, baptistes, protestants, épiscopaliens.

Instruction (1918) : Enseignement primaire public : 17.296 professeurs et 544.281 élèves. Enseign. secondaire : 156 écoles (1.960 prof. et 47.028 élèves) ; 3 écoles normales publiques (124 prof. et 846 étud.) ; *Princeton University* fondée en 1746 (189 prof. et 791 étud.), *Rutgers College* fondé en 1766 à New-Brunswick (85 prof. et 1.015 étud.), Institut de Technologie f. en

1871 à Hoboken (45 prof. et 518 étud.). Budget de l'instruction publique (1916) : 19.677.588 dollars.

Finances : L'exercice 1916-17 se soldait au 31 oct. par 19.216.595 doll. en recettes, contre 12.820.890 dol. en dépenses, soit par une plus-value des recettes de 6.395.705 doll. Pas de dette publique.

Agriculture : Pays agricole et industriel possédant en outre de nombreuses mines de fer Cultures de céréales, fruits, légumes. Cheptel (janv. 1919) : 89.000 chevaux, 224.000 bêtes à cornes, 29.000 moutons, et 209.000 porcs. Importantes pêcheries.

Industrie : Production minérale de 1915 : 38.818.422 doll. (fer 1.140.000 ; granit, grès et pierre à chaux, 1.447.557 ; produits d'argile, 15.965.418 ; ciment de Portland, 1.473.499, etc.). L'industrie manufacturière en 1915 comportait 9.742 établissements, comptant 373.605 ouvriers. Leur chiffre d'affaires était en milliers de doll. : pour matières premières employées 883.465, production totale 1.406.663. Principales industries (valeur de production en 1915) : huiles raffinées, 118.377.204 dollars ; explosifs, 114.250.748 ; machines et articles en fonte, 74.127.000 ; soieries, 69.495.470 ; produits chimiques, 67.820.114 ; fil métallique, 50.559.295. Fabrication de conserves de fruits et légumes (1915) : 46 établissements employant 5.327 personnes et produisant 2.396.389 dollars.

New-Mexico (ÉTAT DU).

Colonisé par les Espagnols vers 1769, puis par des Américains ; organisé en Territoire le 9 septembre 1850 et érigé en État le 20 juin 1910. Sénat de 24 membres et Chambre de 49 représentants. Divisions administratives : 26 comtés.

Gouverneur : *O.-A. Larrzolo*, 1919-21.

Superficie : 317.609 kil. q. **Population** (1918) évaluée à 437.015 habitants, soit 1,3 par kil. q. (dont 304.594 blancs, et 1.628 noirs en 1910). Population urbaine : 14,2 p. 100 de la population totale (1910). Principales villes (1914) : Albuquerque, 13.057 ; Roswell, 6.172 ; Santa Fé (capitale), 5.072.

Religion : Le catholicisme est la religion dominante ; diverses sectes protestantes sont aussi représentées.

Instruction (1918) : 1.418 écoles primaires publiques : 2.641 professeurs et 121.829 élèves ; 71 écoles supérieures (97 prof. et 1.258 élèves), 26 écoles indiennes (141 prof. et 2.291 élèves), 3 écoles normales (60 prof. et env. 2.009 élèves) ; Institut agricole et d'arts et métiers fondé en 1890 (43 prof. et 287 étud.), École des Mines fondée en 1895 à Socorro (8 prof. et 34 étud.) École militaire, etc. Université de New-Mexico f. en 1891 à Albuquerque (20 prof. et 100 étud.) Budget de l'instruction publique (1918) : 1.996.549 doll.

Finances : L'exercice 1917-18 se soldait au 30 nov. par 4.893.724 doll. en recettes, contre 3.515.858 doll. en dépenses, soit par une plus-value des recettes de 1.377.866 doll. Dette publique 1918 : 3.385.500 doll.

Agriculture : Grâce à d'importants travaux d'irrigation, florissantes cultures de céréales, légumes, fruits et coton. Nombreuses richesses minérales. Cheptel (janv. 1919) : 261.000 chevaux, 1.410.000 bêtes à cornes, 3.135.000 moutons et 93.000 porcs.

Industrie : Production minérale de 1915 : 26.549.161 dollars (18.072.919 en 1914). Production de 1916 . or, 1.392.480 ; argent, 1.162.208 , cuivre, 22.815.833 ; plomb, 566.779 ; zinc, 4.900.467 ; charbon, 5.481.361 ; granit, pierre à chaux, grès et marbre, 308.809 ; turquoise, platine, mica, etc.

L'industrie manufacturière en 1910 comptait 4.143 ouvriers. Son chiffre d'affaires était en milliers de dollars : pour capitaux en œuvres 7.743, salaires payés 2.591, matières premières employées 3.261, production totale 7.978. Principales industries : exploitation forestière et industrie du bois, minoteries, fabriques de lainages, etc.

New-York (ÉTAT DE).

Colonisé par les Hollandais en 1618, soumis à l'Angleterre en 1664, repris en 1674, admis à l'Union en 1788. Sénat de 51 membres élus pour 2 ans et Assemblée de 150 membres élus chaque année. Divisions administratives : 62 comtés.

Gouverneur : *Alfred E. Smith*, 1919-21.

Superficie : 127.483 kil. q. **Population** (1918) évaluée à 10.646.989 hab. soit 84 par kil. q. (dont 8.966.845 blancs, 134.191 noirs en 1910). Population urbaine : 74,8 p. 100 de la population totale (1915). Principales villes (1917) : New-York, 5.737.492 ; Buffalo, 475.781 ; Rochester, 264.714 ; Syracuse, 158.559 ; Albany (capitale), 106.632 ; Yonkers, 103.066 ; Utica, 89.272 ; Schenectady, 103.774 ; Troy, 78.094 ; Binghamton, 54.864 ; Niagara Falls, 38.446.

Confessions religieuses par ordre d'importance numérique : catholiques romains, méthodistes, presbytériens, protestants, épiscopaliens et baptistes.

Instruction (1916-1917) : 11.936 écoles primaires publiques (44.551 professeurs et 1.630.419 élèves), 956 écoles supérieures (6.875 prof. et 191.087 élèves), 10 écoles normales publiques (306 prof. et 8.328 élèves), 126 universités, instituts et écoles profess. et techniques (6.194 prof. et 57.271 étudiants). A New-York, *Columbia University* fondée en 1754 (867 prof. 8.094 étud.), Institut de la Ville de New-York f. en 1834 (152 prof. et 2.338 étud.). Univers de New-York f. en 1831 (387 prof. et 7.310 étud.), *St John's College, Fordham University* en 1846 (20 prof. et 366 étud.), *Barnard College* (pour femmes) f. en 1889 (82 prof. 734 étud.), *Hunter College* (pour femmes) f. en 1888 (134 prof. et 1.854 étud.), *Union University* fondée en 1795 (170 prof. et 996 étud.), *Cornell University* f. en 1865 à Ithaca (855 prof. et 5.548 étud.), *Colgate University*, fondée en 1820 à Hamilton (53 prof. et 625 étud.), *Niagara University*, fondée en 1883 à Niagara Falls (18 prof. et 625 étud.), *Vassar College* pour femmes fondé en 1861 à Poughkeepsie (142 prof. et 1.103 étud.) : Universités pour hommes et femmes fondées en 1857 à Alfred (53 prof. et 376 étud.), en 1846 à Rochester (47 prof. et 564 étud.), en 1856 à Canton (*St. Lawrence University*) (69 prof. et 691 étud.) et en 1870 à Syracuse (318 prof. et 3.805 étud.). Budget de l'instruction publique (1917), 10.007.533 dollars.

Finances : L'exercice 1916-17 se soldait au 30 nov. par 103.517.783 doll. en recettes, contre 60.881.297 en dépenses, soit par une plus-value des recettes de 42.636.486 doll. Dette publique 1917 : 236.309.660 doll.

Productions : Etat le plus puissant par son commerce et son industrie. Importantes ressources minérales. Sol généralement fertile en céréales, grains, fruits et légumes. Cheptel (janv. 1919) : 578.000 chevaux, 6.000 mulets, 2.389.000 bêtes à cornes, 840.000 moutons et 814.000 porcs.

Production minérale de 1916 : 45.947.947 doll. (or, 5.571.429 ; talc, 961.510 ; pétrole, 2.190.195 ; gaz naturel, 2.524.115 ; eaux minérales, 697.650 ; granit, grès, marbre et pierre à chaux, 6.694.280 ; ciment de Portland, 5.572.809 ; sel, 3.698.798 ; produits d'argile, 11.864.249 ; gypse, 5.571.429, etc.).

L'industrie manufacturière en 1910 comportait 44.935 établissements comptant 151.6.. employés et 1.003.981 ouvriers. Leur chiffre d'affaires était en milliers de doll. : pour capitaux en œuvres 2.779.497, salaires payés 748.263, matières premières employées 1.856.. dépenses diverses 386.074, production totale, 3.369.490. Principales industries : carrosserie, fabriques de matériel de chemins de fer, ébénisterie, industries agricoles, fabriques de tissus de laine.

Commerce : Principal centre. New-York (premier port du monde) dont les importations ont été en 1918 de 1.251.790.373 doll. et les exportations de 2.616.850.680 doll. consistant principalement en céréales, farines, coton, tabac, fruits, bétail, viandes frigorifiées, etc.

Consul français à New-York : *Liébert* ; Consul f. f. de consul suppléant : *Goiran*.

Ohio (ÉTAT DE L').

D'abord exploré et possédé par les Français, puis envahi et colonisé vers 1754 par les Anglais, admis à l'Union le 19 févr. 1803. Sénat de 36 membres et Chambre de 128 représentants tous élus pour 2 ans. Divisions administratives : 88 comtés.

Gouverneur : *James M. Cox*, 1919-21.

Superficie : 106.289 kil. q. **Population** (1918) évaluée à 5.273.814 hab. soit 48 par kil. (dont 4.654.897 blancs et 111.452 noirs en 1910). Population urbaine : 55,9 p. 100 de la population totale (1910). Principales villes (1917) : Cleveland, 692.259 ; Cincinnati, 414.248 ; Columbus (capitale), 220.135 ; Toledo, 202.012 ; Dayton, 128.939 ; Youngstown, 112.2.. ; Akron, 93.604 ; Canton, 62.566 ; Springfield, 52.296 ; Hamilton, 41.338.

Confessions religieuses par ordre d'importance numérique : catholiques romains, méthodistes, presbytériens, luthériens et baptistes.

Instruction (1917) : 11.232 écoles primaires publiques (27.600 professeurs et 865.331 élèves), 582 écoles supérieures (5.627 prof. et 115.428 élèves), 4 écoles normales publiques (54 prof. et 538 élèves) ; 40 Universités et instituts : Université fondée en 1874 à Cincinnati (264 prof. et 2.635 étud.), Université f. en 1872 à Columbus (487 prof. et 5.095 étud.), *Western Reserve University* f. en 1826 à Cleveland (348 prof. et 2.077 étud.), Université de l'Ohio fondée en 1809 à Athens (92 prof. et 4.479 étud.), *Miami University* f. en 1824 à Oxford (62 prof. et 726 étud.), *Denison University* f. en 1831 à Granville (95 prof. et 700 étud.), *Wesleyan University* f. en 1844 à Delaware (3 prof. et 1.100 étud.) Institut scientifique f. en 1880 à Cleveland (151 prof. et 567 étud.), *Wooster University*, fondée en 1866 (41 prof. 398 étud.), *Otterbein University* f. en 1847 à Westerville (27 prof. et 406 étud.), etc. Budget de l'instruction publique (1917) : 48.747.621 doll.

Finances : L'exercice 1917-18 se soldait au 1er juillet par 30.422.766 doll. en recettes contre 22.635.010 doll. en dépenses, soit par une plus-value des recettes de 7.787.75.. doll. Dette publique : 1.665 doll. en 1918.

Productions : Important développement agricole et ressources minérales considérables (houillères couvrant une surface de 25.000 kil. q.). Cultures de céréales, betterave sucrière, tabac, pommes de terre, fruits, etc. Cheptel (janv. 1919) : 891.000 chevaux, 28.000 mulets, 2.132.000 bêtes à cornes, 2.960.000 moutons et 4.266.000 porcs.

Production minérale de 1915 : 106.030.948 doll. (charbon, 24.207.075 ; pétrole, 10.061.493 ; gaz naturel, 17.391.060. Grès et pierre à chaux, 5.816.923 ; ciment de Portland, 1.940.824 ; Sel, 1.462.196 ; produits d'argile, 26.839.621 doll., etc.).

Le chiffre d'affaires de l'industrie manufacturière en 1910 était en milliers de doll. : pour capitaux en œuvres 866.898, salaires payés 228.965, matières premières employées 529.893, production totale 960.799 Agent consulaire français à Cincinnati : *Pociey*.

Oklahoma (ÉTAT DE L').

Organisé en territoire le 5 mai 1890, érigé en État en 1906. Sénat de 44 membres élus pour 4 ans et Chambre de 99 à 102 représentants élus pour 2 ans. Divisions administratives : 60 comtés.

Gouverneur : *J.-B.-A. Robertson*, 1919-20.

Superficie : 181.440 kil. q. **Population** (1918) évaluée à 2.377.629 hab. soit 12 par kil. q. (dont 1.444.531 blancs et 137.612 noirs en 1910). Population urbaine : 19,3 p. 100 de la population totale (1910). Principales villes (1917) : Oklahoma City (capitale), 97.588 ; Muskogee, 47.173 ; Tulsa, 32.507 ; Enid, 21.356.

Confessions religieuses par ordre d'importance numérique : méthodistes, baptistes, catholiques romains, disciples et presbytériens.

Instruction (1916) : Écoles primaires publiques (12.721 professeurs et 516.493 élèves), 588 écoles supérieures (1.467 prof. et 27.040 élèves), 6 écoles normales publiques (125 prof. et 4.660 élèves). Université fondée en 1892 à Norman (98 prof. et 1.970 étudiants) ; Institut agricole et d'arts et métiers fondés en 1891 à Stillwater (71 prof. et 1.116 étud.) ; Institut agricole et École Normale pour gens de couleur fondée en 1897 à Langston (27 prof. et 828 étud.). Budget de l'instruction publique (1916) : 9.564.342 doll.

Finances : L'exercice 1917-18 se soldait au 30 juin par 11.296.276 doll. en recettes, contre 6.845.898 doll. en dépenses, soit par une plus-value des recettes de 4.450.378 doll. Dette publique en 1918 : 6.296.000 doll.

Production : Pays agricole possédant en outre d'importantes ressources minérales (exploitation pétrolifère depuis 1904). Cultures de céréales, pommes de terre, foin, fruits, coton.

Cheptel (janv. 1919) : 744.000 chevaux, 288.000 mulets, 2.005.000 bêtes à cornes, 125.000 moutons et 1.036.000 porcs.

Production minérale de 1915 : 81.311.962 doll. (pétrole, 56.706.133 ; gaz naturel, 9.195.804 ; charbon, 7.435.906 ; plomb, zinc, etc.).

L'industrie manufacturière en 1910 comportait 2.310 établissements comptant 13.143 ouvriers. Leur chiffre d'affaires était en milliers de doll. : pour capitaux en œuvres 88.873, matières premières employées 34.153, production totale, 53.682. Industries agricoles et alimentaires, fabriques de cotonnades.

Oregon (ÉTAT DE L').

Admis à l'Union le 14 février 1859. Sénat de 30 membres élus pour 4 ans et Chambre de 60 représentants élus pour 2 ans. Divisions administratives : 36 comtés.

Gouverneur : *James Withycombe*, 1919-1923.

Superficie : 250.146 kil. q. **Population** (1918) évaluée à 888.248 hab. soit 3,5 par kil. q. (dont 655.090 blancs et 1.492 noirs en 1910). Population urbaine : 45,6 p. 100 de la population totale (1910). Principales villes (1917) : Portland, 308.399 ; Salem, 21.274.

Confessions religieuses par ordre d'importance numérique : catholiques, méthodistes, baptistes, presbytériens, disciples du Christ et congrégationalistes.

Instruction (1918) : 2.557 écoles primaires publiques (6.470 professeurs et 145.441 élèves), 190 écoles supérieures (1.102 prof. et 23.348 élèves), 1 école normale publique (27 prof. et 181 élèves) ; Institut agricole fondé en 1870 à Corvallis (325 prof. et 2.811 étud.) Université f. en 1876 à Eugene (147 prof. et 1.761 étud.), Instituts congréganistes. Budget de l'instruction publique (1917) : 7.827.308 doll.

Finances : L'exercice 1917-18 se soldait au 30 septembre par 12.906.402 doll. en recettes, contre 10.249.148 doll. en dépenses, soit par une plus-value des recettes de 2.657.254 doll. Dette publique en 1917 : 6.000.000 doll.

Production : Pays montagneux fertile dans les vallées et possédant en outre des richesses minérales variées. Étendue boisée 5.311.422 ha. Cultures de céréales, pommes de terre, betterave sucrière, fruits, etc. Cheptel (janv. 1919) : 303.000 chevaux, 925.000 bêtes à cornes, 2.074.000 moutons et 346.000 porcs.

Production minérale de 1915 : 3.656.345 doll. En 1916 : or, 1.902.179 ; argent, 152 [illegible] cuivre, 881.144 ; charbon, 111.240 ; granit, grès et pierre à chaux, 758.285, etc.

L'industrie manufacturière en 1910 comportait 2.246 établissements comptant 3.4[illegible] employés et 28.750 ouvriers. Leur chiffre d'affaires était en milliers de doll. : pour capita[illegible] en œuvres 89.082, matières premières employées 50.552, production totale 93.005. Ind[illegible]tries agricoles et alimentaires. Exploitation forestière, pêcheries.

Commerce : Principal centre, le port de Portland (importation 2.025.114 doll. en 191[illegible] exportation 4.190.695 doll.).

Agent consulaire français à Portland : *Labbé*.

Pennsylvanie (ÉTAT DE LA).

Colonisé vers 1638 par les Suédois et en 1682 par les Anglais, admis à l'Union en 1787. Sénat de 50 me[illegible] élus pour 4 ans et Chambre de 207 représentants élus pour 2 ans. Divisions administratives : 67 comtés.

Gouverneur : *Wm. C. Sproul*, 1919-23.

Superficie : 116.872 kil. q. **Population** (1918) évaluée à 8.798.067 hab. soit 74 par ki[illegible] (dont 7.467.718 blancs et 193.919 noirs en 1910). Population urbaine : 60,4 p. 100 d[illegible] population totale (1910). Principales villes (1918) : Philadelphie, 1.800.000 ; Pittsb[illegible] 595.000 ; Scranton, 155.000 ; Reading, 120.000 ; Wilkesbarre, 79.000 ; Harrisburg (capita[illegible] 80.000 ; Erie, 106.000 ; Johnstown, 75.000 ; Allentown, 72.000 ; Bethlehem, 68.000 ; Altoo[illegible] 60.000 ; York, 55.000 ; Lancaster, 53.000.

Confessions religieuses par ordre d'importance numérique : catholiques romains, mé[illegible]distes, luthériens, presbytériens, etc.

Instruction (1918) : 39.673 écoles primaires publiques (39.673 professeurs et 1.458 [illegible] élèves), 986 écoles supérieures (4.441 prof. et 108.830 élèves), 13 écoles normales publiqu[illegible] (390 prof. et 7.925 élèves) ; Institut agricole et industriel ; Université f. en 1740 à Philad[illegible]phia (650 prof. et 6.500 étud.) ; Univ. fondée en 1787 à Pittsburg (450 prof. et 4.200 étud[illegible] *Temple University* f. en 1884 à Philadelphia (312 prof. et 4.485 étud.) ; *Duquesne Univer[illegible]sity* f. en 1878 à Pittsburg (80 prof. et 1.260 étud.) ; Institut de l'Etat de Pensylvania f. 1855 (248 prof. et 2.146 étud.) ; *Bucknell University* fondée en 1846 à Lewisburg (44 prof. [illegible] 700 étud.) ; *Susquehanna University* fondée en 1858 à Selinsgrove (21 prof. et 260 étud[illegible] Budget de l'instruction publique (1919) : 66.206.233 doll.

Finances : L'exercice 1917-18 se soldait au 1er novembre par 52.953 233 doll. en rece[illegible] contre 43.439.797 doll. en dépenses, soit par une plus-value des recettes de 9.513.436 [illegible] Dette publique en 1917 : 651.110 doll.

Productions : Pays minier (le premier des Etats-Unis par sa production minérale et métal[illegible]gique) à la fois industriel (60 p. 100 de la production totale des Etats-Unis en chevreau gla[illegible] et agricole. Vastes forêts. Cultures de céréales, pommes de terre, tabac, etc., horticultur[illegible] Cheptel (janv. 1919) : 577.887 chevaux, 46.000 mulets, 1.543.000 bêtes à cornes, 821.000 mo[illegible]tons et 1.068.500 porcs. Importante exploitation d'anthracite dans plusieurs mines [illegible] l'Etat (production de 1917 : 271.519.710 tonnes). Production minérale de 1915 . 460.090.[illegible] doll. (pétrole 179.462.890 ; gaz naturel, 101.312.381 ; hématite et fer magnétique, 101.288.9[illegible] fer, 401.409.604 ; granit, 9.310.397 ; schiste, 3.044.269 ; pierre à chaux, 2.947.058 , grè[illegible] 2.776.812 ; produits d'argile, 22.726.081 ; ciment de Portland, 20.267.414 ; cok[illegible] 52.667.018 doll.

L'industrie manufacturière en 1917 comportait 18.581 établissements comptant 1(7[illegible] employés et 1.078.010 ouvriers. Leur chiffre d'affaires était en milliers de doll. . pour capita[illegible] en œuvres 2.577.042, salaires payés 901.696, matières premières employées 2.066.560, pr[illegible]duction totale 5.652.927. Vastes et importantes tanneries et manufactures de maroqui[illegible] fabriques de draps, satinettes, de tapis de laine, etc.

Commerce : Principal centre, le port de Philadelphie (importation 102.245.870 doll [illegible] 1917 et exportation 501.234.069 doll.).

Agent consulaire français à Philadelphie : *Fontenea[illegible]* ; à Brownsville : *Kirkham*.

Rhode-Island (ÉTAT DE).

Colonisé vers 1636 par les Anglais, admis à l'Union le 29 mai 1790. Sénat de 30 membres et Chambre [illegible] 100 représentants. Divisions administratives : 5 comtés et 39 cités.

Gouverneur : *R.-L. Beeckman*, 1919-21.

Superficie : 3.233 kil. q. **Population** (1918) évaluée à 637.415 hab. soit 171 par ki[illegible] dont 584.365 blancs et 10.880 noirs). Population urbaine : 96,8 p. 100 de la population tota[illegible] (1910). Principales villes (1917) : Providence (capitale), 259.895 ; Pawtucket, 60 [illegible] Woonsocket, 45.365 ; Newport, 30.585 ; Warwick, 29.084 ; Central Falls, 26.101.

Confessions religieuses par ordre d'importance numérique : catholiques, baptistes, protestants épiscopaliens, congrégationalistes et méthodistes.

Instruction (1918). Écoles primaires publiques (2.337 professeurs et 81.348 élèves), 164 écoles supérieures (507 prof. et 8.534 élèves) ; 1 école normale publique (24 prof. et 268 élèves en 1918), Institut agricole (24 prof. et 340 étudiants), *Brown University* (baptiste) fondée en 1764 à Providence (65 prof et 968 étud. en 1918-19). Budget de l'instruction publique (1917) : 2.770.440 doll.

Finances : L'exercice 1918 se soldait au 31 décembre par 5.067.596 doll. en recettes, contre 4.571.256 doll. en dépenses, soit par une plus-value des recettes de 496.240 doll. Dette publique en 1919 : 6.438.156 doll.

Production : Riche État industriel (le troisième de tous les États-Unis par sa production de laine et lainages, le cinquième par celle des cotonnades, le sixième par celle de la soie et des soieries et le quinzième par celle de la bonneterie et des tricots).

L'industrie manufacturière en 1914 comportait 2.190 établissements comptant 10.684 employés et 113.425 ouvriers. Leur chiffre d'affaires était en milliers de doll. : pour capitaux en œuvres 308.445, matières premières employées 162.425, production totale 279.546.

Production minérale de 1915 : 855.007 doll. (777.716 en 1914).

Tennessee (ÉTAT DU).

Colonisé vers 1765 par des émigrants de la Virginie, admis à l'Union le 1er juin 1796. Sénat de 33 membres et Chambre de 99 représentants, tous élus pour 2 ans. Divisions administratives : 96 comtés.

Gouverneur : *A.-H. Roberts*, 1919-21.

Superficie : 108.832 kil. q. **Population** (1918) évaluée à 2.321.253 hab. soit 21 par kil. q. dont 1.711.432 blancs et 473.088 noirs en 1910). Population urbaine : 20,2 p. 100 de la population totale (1910). Principales villes (1917) : Memphis, 151.877 ; Nashville (capitale), 115 135 ; Chattanooga, 61.875 : Knoxville, 59.112.

Confessions religieuses par ordre d'importance numérique : baptistes (40 p. 100), méthodistes (33 p. 100), presbytériens, disciples du Christ et catholiques romains.

Instruction (1914) : 7.318 écoles primaires publiques (9.714 professeurs et 588.487 élèves), 117 écoles supérieures (492 prof. et 9.950 élèves) ; 4 écoles normales publiques (77 prof. et 1.651 élèves en 1915), 26 universités ou instituts (1918) : Université f. en 1794 à Knoxville (212 professeurs et 2.192 étudiants), *Vanderbilt University* f. en 1875 à Nashville (150 prof. et 693 étud.), *Fisk University* f. en 1866 à Nashville (58 étud. et 465 prof.), Univ. f. en 1868 à Sewance (35 prof. et 322 étud.), Univ. f. en 1867 à Chattanooga (27 prof. et 815 étud.), *Cumberland University* f. en 1842 à Lebanon (23 prof. et 325 étud.) : 7 Instituts pour femmes, 5 écoles de commerce, 3 Universités pour gens de couleur, etc. Budget de l'instruction publique (1914) : 6.064.653 doll.

Finances : L'exercice 1917-18 se soldait au 20 décembre par 8.323.468 doll. en recettes, contre 7.481.786 doll. en dépenses, soit par une plus-value des recettes de 841.632 doll. Dette publique en 1918 : 14.812.666 doll.

Productions : Grande variété de cultures. Vastes forêts. Importantes richesses minérales Cheptel (janv. 1919) : 357.000 chevaux, 278.000 mulets, 967.000 bêtes à cornes, 567.000 moutons et 1.965.000 porcs.

Production minérale de 1915 : 22.166.494 doll. (charbon, 6.479.916 ; fer, 2.519.337 ; cuivre, 3.158.440 ; zinc, 4.082.440 ; produits d'argile, 1.548.220 ; or, 6.862 ; marbre, grès et pierre à chaux, 1.814.782, etc.

L'industrie manufacturière en 1910 comportait 4.609 établissements comptant 8.417 employés et 73.840 ouvriers. Leur chiffre d'affaires était en milliers de doll. : pour capitaux en œuvres 167.924, salaires payés 37.488, matières premières employées 104.016, production totale 180.217. Industries agricoles, alimentaires, textiles, métalliques ; manuf. de tabac.

Texas (ÉTAT DU).

Colonisé vers 1686 par les Français, forma une partie de la Rép. du Mexique jusqu'en 1836 et une république indépendante jusqu'en 1845, époque à laquelle il fut admis à l'Union. Sénat de 31 membres élus pour 4 ans et Chambre de 142 représentants élus pour 2 ans. Divisions administratives : 252 comtés.

Gouverneur : *William P. Hobby*, 1919-21.

Superficie : 688.644 kil. q. **Population** (1917) évaluée à 4.601.279 hab. soit 6 par kil. q. (dont 3.204.848 blancs et 690.049 noirs en 1910). Population urbaine : 21,1 p. 100 de la population totale (1910). Principales villes (1917) : San Antonio, 128.315 ; Dallas, 129.738 ; Fort Worth, 109.597 ; Houston, 116.878 ; El Paso, 69.149 ; Galveston, 42.650 ; Austin (capitale), 35.612 ; Waco, 34.015.

Confessions religieuses par ordre d'importance numérique : baptistes, méthodistes, catholiques romains, disciples du Christ, presbytériens et épiscopaliens.

Instruction (1915). Ecoles primaires publiques (22.043 professeurs et 830.842 élèves 490 écoles supérieures (1.961 prof. et 43.420 élèves), 5 écoles normales publiques (144 prof. et 2.768 élèves), Université f. en 1883 à Austin (180 prof. et 2.267 étud. en 1918), *Texas Christian University* f. en 1873 à Fort Worth (79 prof. et 735 étud.), *Baylor University* f. en 1845 à Waco (33 prof. et 704 étud.), Institut industriel et Ecole Normale pour gens de coul (40 prof. et 1.348 étud.), *Trinity University* f. en 1869 à Waxahachie (20 prof. et 262 étud. *S. W. University* f. en 1873 à Georgetown (35 prof. et 168 étud.), *Rice Institute* f. en 191 (30 prof. et 235 étud.), Université de Dallas f. en 1906 (24 prof. et 223 étud.), Institut agricole et d'arts et métiers f. en 1876 (86 prof. et 1.129 étud.).

Finances : L'exercice 1917-18 se soldait au 31 août par 23.599.383 doll. en recettes, contre 19.563.542 doll. en dépenses, soit par une plus-value des recettes de 4.035.840 doll. Dette publique en 1918 : 4.002.200 doll.

Productions : Etat possédant un développement agricole très important et des ressources minérales considérables (second des Etats de l'Union par sa production de mercure). Grandes forêts de pins, chênes, etc. Cultures de blé, maïs, tabac, canne à sucre, coton, etc. Cheptel (janv. 1919) : 1.164.000 chevaux, 792.000 mulets, 4.021.000 bêtes à cornes, 2.232.000 moutons et 2.326.000 porcs.

Production minérale de 1915 : 20.269.203 doll. (charbon, 3.443.487 ; pétrole, 13.026.92 gaz naturel, 2.598.873 ; sel, 345.944 ; ciment, 2.718.288 ; produits d'argile, 1.976.89 asphalte, 3.068.000, etc.). Production 1916 : argent, 429.973 ; cuivre, 24.494 ; zinc, 31.140

L'industrie manufacturière en 1910 comportait 4.588 établissements comptant 9.… employés et 70.230 ouvriers. Leur chiffre d'affaires était en milliers de doll. : pour capitaux en œuvres 216.876, matières premières employées 178.179, productions totales 272.89 Industries agricoles et alimentaires ; imprimeries, librairies, confiseries, fabriques de coton fonderies de cuivre et de plomb, fabriques de glace, etc.

Commerce : Principal centre, Galveston (second port des Etats-Unis après New-York dont les importations ont été de 7.682.763 doll. en 1916 et les exportations de 190.248.657 doll.

Vice-consul de France à Galveston : *Genoyer*. Agent consulaire à El Paso : *Romagny* San Antonio : Alfred *Sonner* ; à Dallas : Jean-Baptiste *Adoue*.

Utah (ÉTAT DE L').

Colonisé vers 1847 par les Mormons, organisé en territoire le 9 sept. 1850 et admis à l'Union le 16 juill. 18… Sénat de 18 membres élus pour 4 ans et Chambre de 46 représentants élus pour 2 ans. Divisions administratives : 28 comtés.

Gouverneur : *Simon Bamberger*, 1917-21.

Superficie : 220.115 kil. q. **Population** (1918) évaluée à 453.648 hab. soit 1,9 par kil. q. (dont 366.583 blancs et 1.144 noirs en 1910). Population urbaine : 46,3 p. 100 de la population totale (1910). Principales villes (1917) : Salt Lake City (capitale), 121.627 ; Ogden, 32.343

Confessions religieuses par ordre d'importance numérique : Mormons (75 p. 100) et quelques catholiques romains, presbytériens, méthodistes, baptistes, etc.

Instruction (1916) : 642 écoles primaires publiques (2.713 professeurs et 93.880 élèves 44 écoles supérieures (429 prof. et 9.479 élèves), 1 école normale publique (34 prof. et 858 élèves), écoles mormonnes ; 1 école normale mormonne (15 prof. et 234 élèves) ; Université f. en 1850 à Utah (129 prof. et 3.431 étud. en 1918), école d'arts et de sciences et école des mines ; Institut agricole f. en 1890 à Utah (86 prof. et 1.198 étud.) ; 3 Universités et Instituts mormons f. en 1875 à Provo (75 prof. et 1.263 étud. en 1918), en 1878 Logan (32 prof. et 762 étud.), en 1890 à Salt Lake City (47 prof. et 1.280 étud.) et 7 institutions mormonnes (81 prof. et 1.749 étud.).

Finances : L'exercice 1917-18 se soldait au 30 novembre par 10.062.262 doll. en recettes contre 8.556.750 doll. en dépenses, soit par une plus-value des recettes de 1.505.512 doll. Dette publique en 1918 : 3.435.000 doll.

Productions : Contrée essentiellement agricole contenant néanmoins dans les montagnes de l'est et de l'ouest des ressources minérales variées. Etendue boisée : 3.013.479 hectares. Cultures de céréales, betterave sucrière, etc., horticulture. Cheptel (janv. 1919) : 150.000 chevaux, 581.000 bêtes à cornes, 2.410.000 moutons et 123.000 porcs.

Production minérale de 1915 : 62.586.261 doll. (or, 3.908.000 ; argent, 6.243.939 ; cuivre 31.579.191 ; plomb, 10.166.147 ; zinc, 22.643.000, charbon, 5.858.994 ; sel, 256.225 ; manganèse, soufre, pétrole, etc.).

L'industrie manufacturière en 1910 comportait 749 établissements comptant 1.6… employés et 11.785 ouvriers. Leur chiffre d'affaires était en milliers de doll. : pour capitaux en œuvres 56.627, matières premières employées 41.266, production totale 61.989.

Vermont (ÉTAT DE).

Colonisé vers 1623 par les Anglais, admis à l'Union le 18 février 1791. Sénat de 30 membres et Chambre de 246 représentants. Divisions administratives : 14 comtés.

Gouverneur : *Percival W. Clement*, 1919-21.

Superficie : 24.770 kil. q. Population (1918) évaluée à 366.193 hab. soit 15 par kil. q. (dont 354.298 blancs et 1.621 noirs en 1910). Population urbaine : 47,5 p. 100 de la population totale (1910). Principales villes (1917) : Burlington, 21.802, Rutland, 15.038.

Confessions religieuses par ordre d'importance numérique : catholiques romains, congrégationalistes, méthodistes, baptistes et protestants, épiscopaliens.

Instruction (1918) : 2.472 écoles publiques (2.972 professeurs et 62.228 élèves), 2 écoles normales publiques (39 prof. et 67 élèves) ; Université de Vermont fondée en 1800 (125 prof. et 750 étud. en 1918). « Middleburg College » f. en 1800 (30 prof. et 286 étud.) « Norwich University » f. en 1834 (16 prof. et 190 étud.).

Finances : L'exercice 1917-18 se soldait au 30 juin par 5.736.920 doll. en recettes, contre 3.738.077 doll. en dépenses, soit par une plus-value des recettes de 1.998.843 doll.

Productions : Pays de pâturages et de cultures. Très important cheptel comptant, en janvier 1919, 88.000 chevaux, 475.000 bêtes à cornes, 107.000 moutons et 125.000 porcs, d'une valeur totale de 22.642.766 doll. en 1910.

Production de carrières de pierre en 1915 : 7.586.410 doll. (8.665.867 doll. en 1914).

L'industrie manufacturière en 1910 comportait 1.958 établissements dont le chiffre d'affaires était en milliers de doll. : pour capitaux en œuvres 73.470, salaires payés 17.272, matières premières employées 34.823, production totale 68.310. Industries forestières, agricoles, alimentaires ; fonderies, fabriques de lainages, bonneterie, etc.

Virginie (ÉTAT DE).

Colonisé vers 1607 par les Anglais, admis à l'Union en 1788. Sénat de 40 membres élus pour 4 ans et Chambre de 100 représentants élus pour 2 ans.

Gouverneur : *Westmoreland Davis*, 1918-22.

Superficie : 110.399 kil. q. Population (1918) évaluée à 2.284.030 hab. soit 19 par kil. q. (dont 1.389.809 blancs et 671.096 noirs en 1910). Population urbaine : 23,1 p. 100 de la population totale (1910). Principales villes (1917) : Richmond (capitale), 158.702 ; Norfolk, 91.148 ; Roanoke, 46.282 ; Portsmouth, 40.693 ; Lynchburg, 33.497 ; Petersburg, 25.817.

Confessions religieuses par ordre d'importance numérique : baptistes, méthodistes, presbytériens, catholiques romains et protestants épiscopaliens.

Instruction (1918-19) : 13.597 écoles primaires publiques (13.911 professeurs et 481.139 élèves), 673 écoles supérieures (1.809 prof. et 29.157 élèves), 7 écoles normales publiques (167 prof. et 4.288 élèves) : Universités fondées en 1825 à Charlottesville (70 prof. et 772 étud. en 1918) (*Washington and Lee University*) en 1749 à Lexington (34 prof. et 385 étud.) et (*Virginia Union University*) en 1865 à Richmond (17 prof. et 300 étud.) ; *William and Mary College* f. en 1893 à Williamsburg (15 prof. et 150 étud.). En outre, 2 écoles de théologie (104 étud. en 1918), 3 écoles de droit (227 étud.), 3 écoles de médecine (488 étud.), 2 écoles dentaires (50 étud.), 2 écoles de pharmacie (76 étud.). Ecole polytechnique f. en 1872 à Blacksburg (56 prof. et 566 étud.).

Budget de l'instruction publique (1918-19) : 9.155.368 doll.

Finances : L'exercice 1917-18 se soldait au 30 septembre par 10.888.140 doll. en recettes, contre 10.087.380 doll. en dépenses, soit par une plus-value des recettes de 800.760 doll. Dette publique 1918 : 28.137.601 doll.

Productions : Pays à la fois agricole, industriel et minier. Cultures de céréales, tabac, coton, pommes de terre, etc. Cheptel (janv. 1919) : 369.000 chevaux, 66.000 mulets, 991.000 bêtes à cornes, 713.000 moutons et 1.134.000 porcs.

Production minérale de 1915 : 16.991.462 doll. (charbon, 7.962.934 ; granit, 2.586.427 ; chaux, 840.969, produits d'argile, 1.447.802 ; fer, 3.408.784 ; manganèse, 17.988, etc.).

L'industrie manufacturière en 1910 comportait 5.685 établissements comptant 8.551 employés et 105.676 ouvriers. Leur chiffre d'affaires était en milliers de doll. : pour capitaux en œuvres 216.392, salaires payés 38.154, matières premières employées 125.583, production totale 219.794. Manufactures de tissus de coton et de tissus de laine, tabac, clouteries, tanneries, cidre, bière, eaux-de-vie de maïs, de drêches, de seigle et de pommes, vins, etc.

Commerce : exportation de tabac, grains, farines, merrains, poissons salés, cire ; importation de tissus, mélasse, sucre, café, thé, vins, eau-de-vie, réglisse, huiles, sel, fer et toutes marchandises manufacturées d'Europe.

Agent consulaire français à Norfolk : *Bailey*.

Virginie Occidentale (ÉTAT DE).

Séparé de la Virginie et admis à l'Union le 31 décembre 1862. Sénat de 30 membres élus pour 4 ans et Chambre de 94 délégués élus pour 2 ans. Divisions administratives : 55 comtés.

Gouverneur : *John C. Cornwell*, 1917-21.

Superficie : 62.598 kil. q. **Population** (1918) évaluée à 1.438.500 hab. soit 19 par kil. q. (dont 1.156.817 blancs et 64 173 noirs en 1910. Population urbaine : 18,7 p. 100 de la population totale (1910). Principales villes (1917) : Wheeling, 43.657 ; Huntington, 47.684, Charleston (capitale), 31.030 ; Parkersburg, 21.059.

Confessions religieuses par ordre d'importance numérique : méthodistes, baptistes, catholiques romains, presbytériens, etc.

Instruction (1918) : 6.897 écoles primaires publiques (10.978 professeurs et 309.381 élèves), 164 écoles supérieures (921 prof. et 16.363 élèves), 8 écoles normales publiques (123 prof. et 2.262 élèves) ; Université f. en 1868 à Morgantown (118 prof. et 1.269 étud. en 1918; Institut catholique (*Bethany College*) fondé en 1841 (27 prof. et 321 étud.) et Institut méthodiste f. en 1890 (26 prof. et 527 étud.). Budget de l'instruction publ. (1918): 7.558.208 doll.

Finances : L'exercice 1917-18 se soldait au 30 juin par 16.041.056 doll: en recettes, contre 12.189.885 doll. en dépenses, soit par une plus-value des recettes de 3.901.171 doll. L'État ne peut contracter de dette publique. Fonds de réserve (excédents des recettes annuelles) en 1916 : 2.323.200 doll.

Productions : Pays agricole et minier. Cultures de céréales, tabac et pommes de terre, vignes, horticulture. Cheptel (janv. 1919) : 194.000 chevaux, 12.000 mulets, 609.000 bêtes à cornes, 789.000 moutons et 439.000 porcs.

Production minérale de 1914 : 133.633.229 doll. (135.111.280 doll. en 1913). Production de 1915 : charbon, 74.561.349 doll. ; pétrole, 14.468.278 ; gaz naturel, 36.424.263 ; grès et pierre à chaux, 1.047.695 ; sel, 115.143 ; travaux d'argile, 6.284.527.

L'industrie manufacturière en 1910 comportait 2.586 établissements comptant 4.97. employés et 63.893 ouvriers. Leur chiffre d'affaires était en milliers de doll. : pour capitaux en œuvres 150.923, salaires payés 33.000, matières premières employées 92.878, production totale 161.950.

Washington (ÉTAT DE).

Ancienne partie de l'Orégon constituée en territoire en 1853 ; admis à l'Union le 22 février 1889. Sénat de 41 membres en 1917 élus pour 4 ans et Chambre de 97 représentants en 1917 élus pour 2 ans. Divisions administratives : 39 comtés.

Gouverneur : *Ernest Lister*, 1917-21.

Superficie : 179.031 kil. q. **Population** (1918) évaluée à 1.660.578 hab. soit 9 par kil. q. (dont 1.109.111 blancs et 6.058 noirs en 1910). Population urbaine : 53 p. 100 de la population totale (1910). Principales villes (1917) : Seattle, 366.445 ; Tacoma, 117.446 ; Spokane, 157.656 ; Bellingham, 34.362 ; Everett, 37.205 ; Olympia (capitale), 10.000.

Confessions religieuses par ordre d'importance numérique : catholiques romains, méthodistes, presbytériens, luthériens, baptistes et congrégationalistes.

Instruction (1918) : 3.439 écoles publiques : 9.749 professeurs et 225.844 élèves (écoles primaires) et 36.985 élèves (écoles supérieures), 3 écoles normales publiques (144 prof. et 4.092 élèves) ; Université f. en 1861 près de Seattle (205 prof. et 4.055 étud. en 1916) ; Univ. f. en 1903 à Tacoma (23 prof. et 394 étud.) ; Institut scientifique et agricole f. en 1892 à Pullman (138 prof. et 1.527 étud.) ; Instituts f. en 1866 à Walla Walla (25 prof. et 250 étud. et en 1887 à Spokane (24 prof. et 571 étud.). Budget de l'instruction publique (1917) 15.083.782 doll.

Finances : L'exercice 1917-18 se soldait au 30 septembre par 20.251.757 doll. en recettes contre 14.878.937 doll. en dépenses, soit par une plus-value des recettes de 5.372.820 doll. Pas de dette publique depuis 1911.

Productions : Pays assez fertile produisant une grande quantité de fruits de toutes sortes dans les comtés de l'Est et la région côtière du Pacifique. Ressources minérales variées. Pêcheries. Cheptel (janv. 1919) : 303.000 chevaux, 20.000 mulets. 523.000 bêtes à cornes, 780.000 moutons et 317.000 porcs.

Production minérale de 1915 : 11.455.715 doll. (charbon, 5.276.299 ; or, 391.419 ; argent, 129.709 ; cuivre, 178.662 ; granit, marbre, grès et pierre à chaux, 1.758.817 ; produits d'argile, 1.454.436 ; ciment, 1.790.499 ; antimoine, plomb, zinc, platine, etc.).

L'industrie manufacturière en 1914 comportait 3.829 établissements comptant 7.734 employés et 67.205 ouvriers. Leur chiffre d'affaires était en milliers de doll. : pour capitaux en œuvres 277.715, matières premières employées 131.352, production totale 245.326. Industries agricoles, minière et métallique. Exploitation forestière, ébénisterie, fabriques de conserves de poissons, etc.

Vice-Consul de France à Seattle : *d'Humilly de Chevilly*. Agent consulaire français à Tacoma : *Marconnier*.

Wisconsin (ÉTAT DE).

Colonisé vers 1668 par les Français, admis à l'Union le 29 mai 1848. Sénat de 33 membres élus pour 4 ans et Assemblée de 100 membres élus pour 2 ans.

Gouverneur : *E.-L. Philipp*, 1917-19.

Superficie : 145.205 kil. q. **Population** (1918) évaluée à 2.553.983 hab. soit 17 par kil. q. (dont 2.320.555 blancs et 2.900 noirs en 1910). Population urbaine : 43 p. 100 de la population totale (1910). Principales villes (1917) : Milwaukee, 445.008 ; Racine, 47.465 ; Superior, 47.167 ; Oshkosh, 36.549 ; Lacrosse, 31.833 ; Madison (capitale) 31.315.

Confessions religieuses par ordre d'importance numérique : catholiques romains, luthériens, méthodistes, congrégationalistes, baptistes, presbytériens, unitariens, etc.

Instruction (1916) : 8.036 écoles primaires publiques (10.628 professeurs et 528.102 élèves), 353 écoles supérieures (2.533 prof. et 47.288 élèves), 8 écoles normales publiques (1.254 prof. et 4.845 élèves) ; Université f. en 1848 à Madison (430 prof. et 4.286 étud. en 1918) ; *Marquette University* f. en 1881 à Milwaukee (244 prof. et 1.646 étud.) ; 8 Ecoles Normales de l'Etat (309 prof. et 4.360 étud.). Budget de l'instruction publique (1914) : 18.419.281 doll.

Finances : L'exercice 1917-18 se soldait au 30 juin par 26.162.208 doll. en recettes, contre 21.091.646 doll. en dépenses, soit par une plus-value des recettes de 5.070.562 doll. Pas de dette publique.

Productions : Pays pouvant être classé parmi les principaux Etats agricoles de l'Union. Cultures de céréales, pommes de terre, betterave sucrière, tabac, etc. ; horticulture. Cheptel (janv. 1919) : 694.000 chevaux, 3.717 mulets, 3.239.000 bêtes à cornes, 716.000 moutons et 2.181.000 porcs.

Production minérale de 1915 : 19.778.071 doll. (zinc, 10.267.944 ; fer, 2.188.012 ; saumon de fer, 3.997.940 ; granit, grès et pierre à chaux, 2.412.741 ; eaux minérales, etc.).

L'industrie manufacturière en 1910 comportait 9.722 établissements comptant 182.583 ouvriers. Leur chiffre d'affaires était en milliers de doll. : pour capitaux en œuvres 605.657, salaires payés 93.905, production totale 590.306.

Wyoming (ÉTAT DE).

Admis à l'Union le 10 juillet 1890. Sénat de 27 membres élus pour 4 ans et Chambre de 57 représentants élus pour 2 ans.

Gouverneur : *Frank L. Houx*, 1917-19.

Superficie : 253.587 kil. q. **Population** (1918) évaluée à 190.380 hab. soit 0,6 par kil. q. (dont 138.331 blancs et 609 noirs en 1910). Population urbaine : 29,6 p. 100 de la population totale (1910). Principale ville (1917) : Cheyenne (capitale), 11.320 ; Sheridun 13.407.

Confessions religieuses par ordre d'importance numérique : catholiques romains, mormons, protestants épiscopaliens, méthodistes et presbytériens.

Instruction (1918) : 1.294 écoles primaires publiques (1.737 professeurs et 33.291 élèves), 88 écoles supérieures (348 prof. et 3.376 élèves) ; Université f. en 1914 à Laramie (80 professeurs et 603 étudiants) comprenant 1 école normale publique, un Institut agricole, une école des mines, une école industrielle, une école de commerce, une école de musique, etc. Budget de l'instruction publique (1918) : 2.048.929 doll.

Finances : L'exercice 1917-18 se soldait au 30 septembre par 4.463.797 doll. en recettes contre 2.404.903 doll. en dépenses, soit par une plus-value des recettes de 2.058.894 doll. Dette publique en 1918 : 99.000 doll.

Productions : Pays de pâturages situé dans les monts Rocheux et possédant en outre d'importantes houillères. Cheptel (janv. 1919) : 230.000 chevaux. 1.072.000 bêtes à cornes, 4.018.000 moutons et 63.000 porcs. Production minérale de 1915 : 12.708.238 doll. (charbon, 9.555.804 ; gypse, 103.110 ; pétrole, 2.217.018, etc.). Production de 1916 : cuivre, 642.213 ; or, 20.566, etc.).

L'industrie manufacturière en 1910 comportait 268 établissements comptant 2.867 ouvriers. Leur chiffre d'affaires était en milliers de doll. : pour capitaux en œuvres 6.195, matières premières employées 2.608, production totale 6.249.

Industries agricoles et alimentaires ; exploitation forestière, ébénisterie, etc.

TERRITOIRES EXTÉRIEURS

Alaska (TERRITOIRE D').

Ancienne Amérique Russe cédée aux Etats-Unis le 30 mars 1867 contre le paiement de 37.780.000 francs organisée en Territoire le 27 juillet 1868. Assemblée législative de 8 sénateurs et de 16 représentants.

Gouverneur : *Thomas Riggs*, 1918-22.

Superficie : 1.530.327 kil. q. **Population** (1918) évaluée à 45.000 hab. soit 0,04 par kil. q. (dont 30.507 blancs et 158 noirs en 1910). Principale ville (1918) : Juneau (capitale), 3.500.

Confessions religieuses par ordre d'importance numérique : orthodoxes russes, catholiques romains, épiscopaliens, presbytériens, méthodistes, baptistes, congrégationalistes, etc.

Instruction (1918) : 64 écoles (135 professeurs et 3.009 élèves). Collège indien à Carlisle (environ 80 élèves). Budget de l'instruction publique (1918) : 272.904 doll.

Finances : L'exercice 1917-18 se soldait au 30 juin par 1.392.725 doll. de recettes contre 581.493 doll. de dépenses, soit par une plus-value des recettes de 811.232. Pas de dette publique.

Production : Large presqu'île couverte de montagnes volcaniques, au climat extrêmement froid. Vastes forêts produisant le cèdre jaune, pin, sapin, etc. Pêcheries très importantes de phoques, saumons, harengs, etc. (51.466.980 doll. en 1917). Ressources minérales variées. Production minérale de 1915 : 32.854.229 doll. (19.064.968 en 1914). Production de 1917 : or, 14.657.353; argent, 1.021.069; cuivre, 24.240.598; plomb, charbon, pétrole, gypse et marbre).

L'industrie manufacturière en 1910 comportait 152 établissements employant 72.479 personnes dont 2.099 ouvriers. Leur production totale était de 12.060.116 doll.

Commerce (1917-18) : Importations 44.280.075 doll. et exportations 71.595.414 consistant principalement en poissons et fourrures, sans compter les métaux précieux.

Hawaï.

(TERRITOIRE DE) OU ARCHIPEL DES ILES SANDWICH.

Royaume indépendant puis République, cet archipel de 15 îles fut rattaché aux Etats-Unis le 12 août 1899 et constitué le 14 juin 1900. Sénat de 15 membres élus pour 4 ans et Chambre de 30 représentants élus pour 2 ans.

Gouverneur : *C.-J. Mc. Carthy*, 1918-22.

Superficie : 16.702 kil. q. **Population** (1917) évaluée à 250.627 hab. soit 15 par kil. q. Principales îles : Oahu, Hawaï, Maui, Lanai, Molokai, Kouai, Nihau, Kahoolawe. Capitale (1918) : Honolulu (île de Oahu), 75.000 hab.

Religion : La majorité de la population indigène est chrétienne.

Instructions (1918) 168 écoles publiques (967 prof. et 34 343 élèves), 57 écoles privées (330 prof. et 7.301 élèves), 1 école normale publique, 1 école industrielle et un Institut agricole et d'arts et métiers. Budget de l'instruction publique (1918), 1.253.498 doll.

Finances : L'exercice 1917-18 se soldait au 30 juin par 8.097.556 doll. en recettes, contre 7.536.146 doll. en dépenses, soit par une plus-value des recettes de 561.410 doll. Dette publique en 1918 : 8.749.000 doll.

Productions : Archipel de formation volcanique. Climat sain et salubre, sol fertile et extrêmement productif. Productions : sucre, riz, bestiaux, café, laine, miel, ananas, etc. Exportation de ces divers produits en 1918 : 80.546.606 doll. (77.392.926 doll. aux Etats Unis). Importations en 1918 : 51.801.204 doll. (Etats-Unis, 43.646.515) consistant principalement en bijouterie, carrosserie, charbon, farines, habillements confectionnés, huiles, tabacs et cigares, vins et spiritueux, bois de construction, etc. Commerce important avec la Californie, la Colombie britannique, l'Australie et l'Europe. Principal port de mer : Honolulu.

Agent consulaire français à Honolulu : *Marquès*, Consul honoraire.

POSSESSIONS DES ÉTATS-UNIS

Porto Rico (ILE DE).

Ancienne possession espagnole cédée aux Etats-Unis en décembre 1898. Sénat de 19 membres et Chambre de 39 représentants. Divisions administratives : 7 départements.

Gouverneur : *Arthur Yager*, 1913-17.

Superficie : 9.314 kil. q. **Population** (1915) évaluée à 1.198.170 hab. soit 128 par kil. q. (dont 30.245 noirs et 335.192 mulâtres en 1910). Principales villes (1910). San Juan Bautista de Puerto-Rico (capitale), 48.716 ; Ponce, 63.444 ; Mayaguez, 42.429.

Instruction : Pourcentage d'illettrés 66,5 p. 100 en 1910 (83 p. 100 en 1899). En 1917.

2.760 classes dans 1.666 écoles (115.900 élèves) ; garderies d'enfant, écoles du soir et nombreuses écoles privées. Univ. pour hommes et femmes à Rio Piedras près de San Juan.

Finances : L'exercice 1917-18 se soldait au 30 juin par 16.[illegible] doll. en recettes, contre 11.931.774 doll. en dépenses, soit par une plus-value des recettes de 4.461.448 doll. Dette publique en 1918 : 19.150.000 doll.

Productions : Sol très fertile produisant café, sucre, tabac, coton, ananas, oranges et autres fruits, etc. Quelques mines d'or, argent, fer, cuivre, étain, bismuth, platine et nickel.

Récolte sucrière : 463.633	tonnes de	2.000 l. en	1917-18
406.133	—	—	1918-19
477.827	—	—	1919-20 (Estim.)

L'industrie manufacturière en 1910 comportait 989 établissements comptant 2.540 employés et 15.582 ouvriers. Leur chiffre d'affaires était en milliers de doll. : pour capitaux en œuvres 25.544, production totale 36.750. Principales industries : manufactures de cigares et cigarettes, de chapeaux, de broderies, entreprises de construction, etc.

Commerce en 1918 : importations, 63.389.282 doll. dont 58.945.758 venant des Etats-Unis : exportations 8.779.033 doll. à destination des pays étrangers et 65.514.989 doll. à destination des Etats-Unis (sucre, 41.362.229 doll. ; café, 5.505.916 ; tabac, 8.982.180, etc.).

Vice-Consul à Porto-Rico : *du Courthial.*

Chambre de commerce française à San Juan.

Philippines (ARCHIPEL DES ILES).

Ancienne possession espagnole cédée aux Etats-Unis en avril 1899 et devenue autonome le 29 août 1916. Sénat et Chambre des représentants depuis le 16 octobre 1916. Divisions administratives : 37 provinces.

Gouverneur : *Francis Burton Harrison*, 1913.

Superficie : 296.182 kil. q. **Population** (1917) évaluée à 9.000.000 hab. soit environ 3,4 par kil. q. (dont environ 1.100.000 sauvages insoumis vivant dans les montagnes de l'intérieur et 7.900.000 chrétiens). Principales villes de l'île de Luçon (1914), Manila (capitale), 266.943 ; Iloilo, 48.000 ; Cebu, 46.000 ; Laoag, 46.000 ; Albay, 43.000 ; Vigan, 18.000 : Naga, 12.000. Île de Mindano : Zamboanga, 39.000.

Religion : Le catholicisme romain est la religion dominante ; quelques adeptes des diverses sectes protestantes et environ 800.000 mahométans.

Instruction (1916-17) : 4.702 écoles publiques (12.203, professeurs dont 477 américains ; 675.998 élèves) ; 206 écoles privées (1.140 prof. et 25.740 élèves) ; Université (1.705 étud.) ; Ecole des Beaux-Arts (808 étud.) et Conservatoire de Musique ; Université de St-Thomas, f. en 1611, appartenant à l'ordre des Dominicains. Budget de l'instruction publique (1916-17) : 3.500.000 doll.

Finances : L'exercice 1916-17 se soldait au 30 juin par 27.390.620 doll. en recettes, contre 22.704.358 doll. en dépenses, soit par une plus-value des recettes de 4.686.022 doll. Dette publique en 1917 : 1.083.981 doll.

Production : Production de riz, tabac, sucre, chanvre, coton, indigo, huile de coco, café, cire, écaille, or (1.408.819 doll. en 1917), cuir de buffle, bois de teinture, de construction et d'ébénisterie, rhum, vin de coco, etc. Production de coprah (1916) : environ 431.387.000 noix. **Exportations** : 72.277 tonnes de copra et 16.091 tonnes d'huile ; en 1918, 55.000 t. de coprah et 115.280 t. d'huile. Importantes forêts couvrant une superficie totale de 103.820 kil. q. Production minérale de 1917 : 3.002.944 doll. (2.433.798 doll. en 1915).

Commerce de 1918 (en milliers de doll.) : Importations, 83.768 (56.328 en 1913) dont 49.799 des Etats-Unis, 5.759 des Indes Occid. françaises, 10.660 du Japon, 5.718 de Chine, 3.065 de Grande-Bretagne, 889 d'Espagne, 721 de France, etc ; Exportations, 114.576 (55.683 en 1913) dont 76.885 aux Etats-Unis, 15.666 en Grande-Bretagne, 7.584 au Japon, 1.413 en France, 2.262 en Chine, 3.208 en Espagne, etc.

Mouvement maritime en 1918 : Entrés 622 navires jaugeant 1.426.694 tx. et sortis 682 navires jaugeant 1.565.661 tx. Principaux ports ouverts au commerce étranger : Manille, Ilo-ilo, Zamboanga, Cébu, Bongao, Balabac, Jurata, Sitanki, Jolo.

Vice-consul de France à Manille : *Paillard.*

Iles Virgin.

Anciennes Antilles danoises (Iles de Ste-Croix, St-Thomas et St-Jean) acquises en 1916 par les Etats-Unis pour la somme de 25.000.000 de doll. Ratification du traité de cession, le 17 janv. 1917.

Superficie : 340 kil. q. (Ste-Croix, 217 kil. q. ; St-Thomas, 72 kil. q. ; St-Jean, 51 kil. q.) et population en 1918 d'environ 26.000 hab. dont 19.500 soit 92 p. 100 de race noire). **Productions** : canne à sucre, fruits divers et légumes.

Guam (ILE DE).

Ile de l'Océanie (Micronésie), la plus grande des Mariannes ; ancienne possession espagnole cédée aux Etats-Unis par le traité de Paris (10 déc. 1898). Station navale des Etats-Unis.

Gouverneur : *W.-W. Gilmer*, 1918.

Superficie : 514 kil. q. **Population** (1918) : 14.344 hab. **Chef-lieu** : Agaña.

Productions : maïs, coprah, riz, pommes de terre, café, cacao, sucre, bois, etc. **Cheptel** : 4.900 bêtes à cornes. **Commerce** 1918 : importation, 358.146 doll. ; exportation, 131.757 doll. Port fermé aux navires étrangers de guerre et de commerce.

Samoa.

(ILES) OU ARCHIPEL DES NAVIGATEURS

Ces îles furent explorées par les Hollandais en 1722, les Français en 1768 et 1787 et les Anglais en 1791 à l'exception de Taou, elles formèrent naguère un royaume constitutionnel à la façon anglaise ; placées en 1887 sous le protectorat commun de la Grande-Bretagne, des Etats-Unis et de l'empire allemand. En 1899, les deux grandes îles Sawaii et d'Oupoulou devinrent colonies allemandes mais le mandat en a été confié par décision du Conseil suprême des Alliés en date du 7 mai 1919 à la Nouvelle-Zélande. Divisions politiques : District Est de Toutouilla, District Ouest de Toutouilla, District de Manoua (île de Taou et autres îles), ayant chacun un gouverneur indigène. Gouverneur général américain.

Population (1910) : 7.550 hab. **Superficie** : île de Toutouilla 138 kil. q. (5 885 hab.), île de Faou 51 kil. q. et autres îles, 23 kil. q. **Religion et instruction** : Ecoles des missions anglicanes, catholiques (françaises), mormonnes, etc. ; 69 écoles gouvernementales (2.060 élèves). **Finances** : 2.500.000 doll. de 2.750.000 doll. d'impôts annuels payés en coprah.

Productions : Toutes ces îles sont volcaniques et hérissées de cratères d'ailleurs éteints. Sol fertile produisant oranges, raisins, tilleul, bananes. Importante production et exportation de coprah, env. 1.500 tonnes.

Mission catholique française.

Bibliographie.

American Labour Year-Book. New-York, 1re éd. en 1916.

Adams (C.-F.). *The Monroe doctrine*. Boston, 1914.

Alphaud (Gabriel). *Les Etats-Unis contre l'Allemagne*, in-8, 342 p., 6 fr. Payot. Paris, 1917.

Avenel (Vte G. d'). *Aux Etats-Unis*, in-18 br. 3 fr. 50. A. Colin, Paris.

Bacon (C.-W.). *The American Plan of Government*. New-York, 1916.

Bacon (R.-F.). et Hamor (W.-A.). *The American petroleum industry*. Mac Grand Hill. New-York.

Barclay (sir Thomas). *Le Président Wilson et l'évolution de la politique étrangère aux Etats-Unis*, in-16, 290 p. A. Colin. Paris, 1918.

Caullery (M.). *Les Universités et la vie scientifique aux Etats-Unis*, in-16, 302 p. A. Colin. Paris, 1917.

Cleveland (F.-A.). *Organised Democracy*. New-York et Londres, 1913.

Channing (E.). *Histoire des Etats-Unis d'Amérique* (1765-1865), in-16. A. Colin. Paris, 1919.

Coolidge (Arch. C.). *Les Etats-Unis, puissance mondiale*. Trad. R.-L. Cru, in-18 br. 4 fr. A. Colin, Paris.

Estournelles de Constant (Bon. P. d'). *Les Etats-Unis d'Amérique*, br. 5 fr. A. Colin Paris, 1917.

Farrand (M.). *Les Etats-Unis Formation historique de la nation américaine*, in-16, XIX-235 p. 4 fr. 50. Hachette et Cie. Paris, 1919.

Halévy (Daniel). *Le Président Wilson*, in-16 de 271 p., 4 fr. Payot. Paris, 1918.

Holcombe (Arth.-N.). *State government in the United States*, in-8, 498 p., 11 fr. Macmillan. New-York, 1916.

Jayne Hill (David). *La Crise de la démocratie aux Etats-Unis*. Trad. Mme Boutroux, in-16. Payot. Paris, 1918.

Jusserand (F.-J.). *En Amérique. Jadis et Maintenant*, in-16 br., 4 fr. 50. Hachette. Paris 1917.

Lanck (W.-J.) et Sydenstricker (E.). *Conditions of Labor in American industries*. Funck Wallis. New-York, 1917.

Mayer (Ch.). *L'industrie chimique aux Etats-Unis*, in-8, 291 p. 9 fr. Dunod. Paris, 1920.

Millard (F.). *Our Easter question. America's contact with the Orient*. Century Co. New-York, 1917.

Poor (H.-V.). *Manual of the Railroads of the United States*. Annuel. New-York.

Roosevelt (Th.). *L'Idéal américain*. Trad. de Rousiers, 3 fr. 50. A. Colin. Paris, 1917.

ÉTHIOPIE

(EMPIRE D')

Constitution et Gouvernement : Empire formé de la réunion des anciens royaumes abyssins (Godjam, Choa, Djima, Walamo), comprenant plusieurs provinces (Semien, Dunbea, Tigre, Sakota, Begmeder, Harrar et Tcnercher, Wotto, Yejou) et territoires (pays des Aroussis, des Gouragués, des Marocco et des Galles de l'Ouest du Kaffa) dont les chefs ou « Ras » reçoivent l'investiture de l'empereur ; monarchie absolue sous un souverain chrétien, le « nagoura néguesti » (roi des rois). Le Gouvernement institué en 1908 par l'Empereur Ménélick comprend un Conseil d'État, composé des « Ras » les plus importants, et un Conseil des Ministres (Int., Fin. Aff. étr., Just., Guerre, Commerce, Postes et Télégr.).

Armes : Un lion mitré qui tient dans la patte droite un sceptre terminé par une croix.

Pavillon : Vert, jaune et rouge, disposé en trois flammes horizontales.

Ordres et décorations : O. de Salomon (4 cl.) ; O. de l'Étoile d'Éthiopie (4 cl.) ; Médaille de Ménélik.

Impératrice : OUIZERO ZAODITOU, fille du défunt empereur Ménélick II ; a succédé à son neveu Lid Jeassu, destitué le 27 sept. 1916 ; couronnée le 11 fév. 1917.

Héritier et Régent de l'Empire : *Ras Tafari*, fils du Ras Makonnen.

Superficie : env. 1.120.400 km. q. La population (env. 10.000.000 hab.), d'origine sémitique, comprend quatre groupes principaux : les Gallas et Somalis dans le Sud et le Sud-Ouest (env. 4.000.000), les Choans dans le centre (env. 1.500.000), les Tigrians dans le Nord, les Dankalis dans le centre ; il y a en outre quelques nègres dans le Sud-Ouest, env. 50.000 Falashas (de religion israélite) et un nombre considérable d'étrangers (Arabes, Indiens, Arméniens, Grecs et quelques Européens).

Villes principales : Addis-Abéba, capitale et résidence, 60.000 hab. Adua, capitale du Tigré, 5.000 h. : Aksum, ancienne capitale de l'Éthiopie, 5.000 h. ; Dirré-Daoua, 5.000 h. ; Gondar, 4.000 h. : Harrar, 50.000 h.

Religion : La religion du pays est le christianisme copte : l'Église monophysite d'Abyssinie comprend 100.000 prêtres, dont le chef ecclésiastique indigène est l'« Echegheh » ; elle est en outre dirigée par l'« Abouna » ou principal évêque, qui reconnaît lui-même l'autorité du patriarche d'Alexandrie, résidant aujourd'hui au Caire.

Instruction : La loi d'octobre 1907, introduisant l'instruction obligatoire, est restée lettre morte ; l'instruction qui est entre les mains du clergé ne compte, en Éthiopie, qu'une seule école à Addis-Abéba avec env. 100 élèves.

Justice : La justice est rendue par les gouverneurs de provinces qui exercent à la fois tous les pouvoirs : civil, fiscal, militaire et judiciaire. La plupart des terribles pénalités prévues par la « Fetha Nagest », code pénal et criminel éthiopien, pour les crimes de droit commun sont de moins en moins appliquées.

Armée : Il n'y a pas d'armée régulière proprement dite. Le gros de la population de la race dominante (anharienne) sont des « askaris » au service des chefs de pays et de leurs vassaux : en cas de guerre, le gouvernement central peut disposer de ces troupes représentant un effectif d'env. 200.000 hommes

Corps diplomatique à Addis-Abeba et Consulats.

Allemagne. E. e. et M. pl. et Cons. : *de Syburg* ; Vice-Cons. à Harrar.
Amérique (États-Unis). M. R. et C. G. : J.-A. *Wood*.
Autriche Hongrie : La lég. d'Allemagne.
France, v. Relations.
Grande-Bretagne. Ch. d'aff. : Major J.-H. *Dodds* ; Att. hon. : Cpt. A. W. D. *Bentinck* ; Consul à Addis-Abeba : G. *Campbell* : Vice-Cons. en Abyssinie mérid., Abyssinie occident., Abyssinie du Nord (Gondar), Harrar.
Italie. E. e. et M. pl. : *Piacentini* ; Vice-Cons. à Gondar : A. *Vincenzo* ; Ag. Cons. à Harrar : chev. *Mochi*.
Russie. Ch. d'aff., le Secr. de Lég. : *Tchemerzin*.
Suède : la Légation d'Allemagne.
Turquie. C. G. à Harrar : *Mazhar* Bey.

Mouvement économique.

Production et industries. Comme conséquence des graves lacunes de l'état social et du régime administratif actuel, la situation économique du pays est loin d'être aussi satisfaisante que le laisserait supposer l'incontestable richesse de ses ressources naturelles. Les méthodes et moyens de culture employés par l'indigène sont absolument rudimentaires, et beaucoup de terrains cultivables ne sont pas mis en valeur. Les principales productions sont : orge, blé (Tchertcher, Djirou, Sallalé et Tigré), *tief* (millet), maïs, miel, sorgho (*dourah*), lin, coton, café, tabac.

Les pâturages occupent une étendue supérieure à celle des terres cultivées et le cheptel bovin, évalué à env. 10 millions de têtes, est certainement la principale richesse du pays malgré les ravages particulièrement considérables causés en 1917 par la peste bovine. 1.200.000 peaux de bœufs étaient exportées annuellement avant la guerre. Ces cuirs allaient à Hambourg, ils vont actuellement à *Liverpool*. Élevage important de chevaux, mulets, ânes, moutons et chèvres. Il y a, surtout dans la région de l'Ouest, au Ouallaga et au Kaffa, de très belles forêts riches en essences variées : zogba, gatera ou genévrier, tacenanda, acacia, à peu près inexploitées.

Les montagnes recèlent des gisements d'or, de cuivre, de fer, de sel gemme, d'amiante : l'argile est commune et il existe d'importants gisements de charbon dans le Choa.

Il n'y a pas d'industrie locale véritable. On compte seulement un grand nombre de distilleries de grains, quelques tissages, des ateliers où l'on forge des outils agricoles rudimentaires, d'autres confectionnant des bijoux en filigrane.

Commerce éthiopien de 1913 à 1917 (en milliers de francs) :

COMMERCE.	1913	1914	1915	1916	1917
Importation	20.280	18.810	14.320	16.360	16.700
Exportation	20.600	20.135	22.660	22.465	27.250
Total, via Djibouti et Tadjourah	40.880	38.945	36.980	38.825	43.950
Autres voies	8.200	8.775	7.510	8.885	12.715
Commerce général	49.080	47.720	44.490	47.710	56.665

Principaux pays de provenance et de destination en 1917 (pourcentage) :

Colonies britanniques	55 p. 100	Italie et colonies	6 p. 100
France et colonies	26 —	États-Unis	4 —
Egypte	7 —	Royaume-Uni et divers	2 —

Principaux articles de commerce en 1913 et 1917 (en milliers de francs) :

IMPORTATION.	1913	1917	EXPORTATION.	1913	1917
Tissus de coton	8.647	12.482	Peaux brutes, bœufs	7.388	11.550
Filés de coton	410	1.055	Cafés en fèves	7.355	9.900
Sucre	410	580	Chèvres et moutons	1.847	3.475
Pétrole (huiles de)	200	457	Cire brute	1.200	1.330
Vins et spiritueux	150	170	Farine de froment	»	135
Houille crue pour ch. de fer	145	160	Civette	328	165
Tissus de soie et mélangés	93	158	Dents d'éléphants	1.832	155
Parfumeries	45	113	Beurre indigène	84	143
Feuilles de tabac	129	108	Légumes secs	10	101
Tabac manufacturé	51	90	Bœufs et taureaux	[illegible]	80
Armes, munitions	864	10	Produits alimentaires	[illegible]	75

Part de la France et de ses colonies (en milliers de francs) dans le commerce éthiopien (*via* Djibouti) :

	1913	1914	1915	1916	1917
Importation	4.765	2.540	805	785	635
Exportation	2.300	1.835	3.500	5.625	7.210
Total	7.065	4.375	4.305	6.410	7.845

Mouvement maritime du port de Djibouti : entrés en 1916, 250 navires jaugeant [illegible] tonnes (en 1914, 360 navires jaug. 800.000 tonnes) ; le tonnage de l'embarquement a été de 15.000 tonnes contre 11.600 en 1916.

Communications intérieures. Chemins de fer en 1914, de Djibouti à Addis-Abéba, 783 km. dont 90 sur le territoire français. *Postes :* les trois bureaux postaux, Addi-Abeba, Harrar et Dirré-Daoua, sont tenus par des agents français détachés au service du gouvernement éthiopien. Télégraphes (1916) : 1.700 kil. de lignes. Téléphones (1916) : 2.200 kil. de lignes.

Monnaies, poids et mesures. L'unité monétaire est le *beur* à l'effigie de Ménélick ; son poids et sa valeur sont les mêmes que ceux du thaler de Marie-Thérèse (valant 2 fr. à 4 fr.). Le beur comprend 16 *guerches* et se subdivise en pièces d'argent de 1,2 et 8 guerches. Monnaies (argent), pièces de 1 thaler (2 à 4 fr., en 1908), 1/2, 1/4, 1/8, 1/16 de thaler ; (cuivre), 1/100 de thaler.

La Banque d'Abyssinie, fondée en 1905, frappe des thalers et émet des billets.

Le système métrique commence à être connu et appliqué dans les centres urbains, mais les poids et mesures abyssins sont généralement employés par la population. Mesures de poids : *Frasella harrari*, 16 k. 800 ; *Frasella adani*, 12 k. 700 ; *Okiet*, soit 28 grammes, poids du thaler. Mesures de capacité : *Koana*, environ 7 litres ; *Tanika*, environ 17 litres.

Relations avec la France.

Traités et Conventions.

Traité général : Accords du 13 décembre 1906 concernant l'Ethiopie et le commerce des armes sur les côtes des Somalis. France, Grande-Bretagne, Italie. — Commerce : Bénéfice du tarif minimum en France aussi longtemps que les marchandises françaises bénéficient en Ethiopie du traitement de la nation la plus favorisée (traité du 10 janvier 1908). — Consuls, Etablissement, juridictions consulaires : Traité du 10 janv. 1908 ; loi du 16 nov. 1909.

Représentation de la France en Éthiopie.

Env. Extr. et Min. plén. à Addis-Abéba : M. *de Coppet* (O. ✻) ; Vice-Consul, Chancelier : *Boucoiran* ; Consul à Dirré-Daoua : *Lachèze* ; Agent consulaire à Harrar : *Guignony*.

Institutions.

Enseignement : Dirré-Daoua et Harrar. Ecole de garçons et de filles.

Missions des Capucins, centre à Harrar, et des Lazaristes dans le Tigré.

Hôpitaux à Addis-Abeba et Harrar ; Institut Ménélick à Addis-Abéba.

Cercle d'Union Internationale, Prés. : *Chefneux* (✻). Conseiller du Commerce extérieur à Addis-Abéba : Ed. *Trouillet*.

Délégués du T. C. F., à Addis-Abéba : *de Coppet*, Ministre de France, et *Maure*, commis des Postes françaises ; à Diré-Daoua, *Mary*, chef de bureau à la Cie de chemin de fer de Djibouti.

Communications.

Voyage par Marseille et Djibouti : lignes des Chargeurs Réunis et des Messageries Maritimes ; durée du voyage en temps normal : 15 jours environ ; Lettres, cartes postales ; papiers d'affaires, etc., tarif de l'Union postale. Télégrammes, 1 fr. 85 par mot. Colis postaux (5 kgr. : 4 fr. 10), 2 déclar. en douanes (Bureaux à Addis-Abéba, Dirré-Daoua et Harrar).

Bibliographie.

Castro (Lincoln de). *Nella terra del Negus. Pagine raccolte in Abissinia*, 2 vol., Milan, 1915.

Duchesne-Fournet (J.). *Mission en Éthiopie* (1901-1903). Paris, 1909.

Gilmour (T.-L.). *Abyssinia. The European Railway and the Powers*. Londres, 1905.

Lauribar (P. de). *Douze ans en Abyssinie*. Paris, 1898.

Le Roux (Hugues). *Ménélick et nous*. Paris, 1901.

Pierre-Alype. *L'Ethiopie et les convoitises allemandes*, gr. in-8, 7 fr. 50. Berger-Levrault. Paris, 1917.

Skinner (R.-P.). *Abyssinia of to-day*. Londres, 1906.

Vigneras (S.). *Une Mission française en Abyssinie*, in-18. A. Colin, Paris.

FINLANDE
(RÉPUBLIQUE DE)

Constitution et Gouvernement. Ancien grand-duché, cédé à la Russie par le traité de Fredrikshamn (17 sept 1809); avait conservé l'organisation politique et administrative octroyée par l'empereur Alexandre Ier, confirmée par ses successeurs, modifiée par la loi fondamentale du 20 juillet 1906 concernant la représentation nationale.

La 1re déclaration d'indépendance, faite par la Diète, date du 20 juillet 1917. A la suite des élections d'oct. 1917, la nouvelle Diète a, le 9 déc. suivant, proclamé l'indépendance de la République de Finlande. Le nouv. Etat a été reconnu par la Russie, la Suède, la Norvège, la France l'Espagne, le Danemark et l'Allemagne et *de facto* par la Grande-Bretagne.

D'après la nouvelle Constitution du 17 juillet 1919, Le Parlement et le Président de la Rép. sont élus au scrutin direct et universel; ce dernier est élu pour 6 ans, le Parlement (200 membres) pour 3 ans.

Pavillon national : Blanc à la croix bleue, chargée au milieu des armes de Finlande (de gueules semé de neuf roses d'argent et chargé d'un lion d'or couronné debout, tenant de sa patte dextre une épée tenue et foulant aux pattes de derrière un sabre oriental nu). — *Pavillon de guerre* : Blanc à la croix bleue, les champs blancs et la bande bleue de la croix terminant du côté extérieur, en pointes. — *Pavillon de commerce* : le même sans pointes.

Président de la République : Dr. K. J. STAHLBERG. (26 juil. 1919-1926).

Ministère (mars 1920). Prés. du Conseil : R. *Erich* ; Aff. étrangères : R. *Holsti* ; Justice : *Soederholm* ; Intérieur : baron *de Hellens* ; Guerre : Colon. B. *Jalander* ; Finances : J. V. *Vartiovaara* ; Agricult. : E. *Pelkonen* ; Instruction publ. : L. *Ingman* ; Commerce : *Ehrnrooth* ; Communic. : M. *Lavonius* ; Questions sociales : *Joukahainen* ; Ravitail. : A. *Raatikainen* ; S.-Secr. d'État à l'agricult. : E. *Hahl*.

Parlement (1920). — Socialistes : 80 ; Agrariens : 42 ; Coalition nationale : 28 ; Progrès : 26 ; Parti Suédois : 19 ; Républ. de gauche : 3 ; Chrétiens-soc. : 2 ; *Prés* : L. *Relander*.

Superficie : 377.426 km. q. (France 550.985). *Population* en 1916 : 3.325.003 hab. dont 1.655.911 hommes et 1.669.092 femmes. Densité au km. q. 10 hab. (France 74). Villes principales : Helsingfors, 188.311 hab. ; Abo, 55.705 ; Tammerfors, 45.707 ; Viborg, 28 890. Emigration peu importante, 2.273 hab. en 1917.

Cultes (1917) : Evangélistes : 3.383.757 ; Orthodoxes grecs : 56.815.

Langue (1910) : Finnois : 2.571.145 ; suédois : 338.961 ; Russe : 7.339.

Instruction : très développée. On comptait en 1917 : 3.391 écoles primaires avec 220.000 élèves ; 62 écoles élémentaires pour garçons et filles avec 4.884 élèves ; 70 lycées, dont 26 d'Etat, avec 16.277 élèves dont 5.236 jeunes filles ; école technique supérieure avec 590 étudiants dont 29 jeunes filles et 3 Universités dont une à Helsingfors, fondée en 1640, avec 3.470 étudiants dont 860 jeunes filles.

L'enseign. technique ou professionnel comportait, en outre, 19 écoles de commerce avec 1.470 élèves ; 27 écoles primaires de commerce avec 812 élèves, 2 écoles de hautes études commerciales avec 204 élèves, 39 écoles d'agric., 6 de laiterie, 37 d'élevage, 31 d'horticulture, 5 des forêts avec au total, 3.383 élèves.

Armée. Armée régulière, env. 36.000 h. ; troupes volontaires, env. 100.000 h.

Corps diplomatique à Helsingfors et consulats.

Allemagne, E. e. et M. pl. : Bar. *de Bruck*. Secr. de Lég. : *de Radovitz* ; Dr *Crull* ; *de Kuchler*. Att. : *Jung* ; Dr *Metzger* ; *Goldberck Lowe*. Att. milit. : *de Kotze*. Att. naval : *de Senarclens-Grancy*. C. G. à Helsingfors ; Cons. à Vasa, Viborg, Abo ; V.-Cons. à Jakobstad, Kemi et Kotka.

Amérique (Etats-Unis), M. pl. : M. *Haynes*. V.-Cons. à Viborg.

Argentine (République), Cons. : N...

Belgique, Cons. à Abo, Helsingfors ; V.-Cons. : à Björneborg, Uleaborg, Vasa, Viborg.

Brésil, V.-Cons. à Helsingfors.

Chili, C. G. à Helsingfors.

Danemark, Ch. d'aff. p. i. : A. *Norgaard*. C. G. à Helsingfors.

Espagne, Ch. d'aff. : M. *Guillen Gil*. V.-Cons. à Abo, Helsingfors : *Mendicuti*.

France, v. Relations.

Grande-Bretagne, Ministre : Lord *Acton*. K. C. V. O. (9-19). 1er Secr. : *Hicks Beach*. Att. de presse : *Cotter*. Att. milit. : Major J.-D. *Scale*, D. S. O. Cons. à Helsingfors : S.-V. *Wancke*.

Grèce E. e. et M. pl. : M. *Argyropoulos* (résid. à Stockholm). Cons. à Helsingfors : C. F. *Mavry*.

Italie, Ch. d'aff. : *Marchetti Ferrante*. Cons. à Abo.

Mexique, Cons. à Helsingfors : E. *Hjellt*, gér.

Norvège, E. e. et M. pl. : A.-T. *Urbye*. Att. : Capitaine *Quisling*. Cons. à Helsingfors : Chr. *Nielsen*.

Pays-Bas, E. e. et M. pl. : v. Suède, Corps dipl. Cons. à Helsingfors : F. *Stockmann*.

Perse, Cons. à Helsingfors : S. *Nicolaiew*.

Pologne, Ch. d'aff. : M. *Sokolnicki*. Att. milit. : col. *Pozerski*.

Portugal, Cons. à Helsingfors : J. *Dahlberg*.

Roumanie, Cons. à Helsingfors : A. *Holmstrom*.

Serbie, Cons. à Helsingfors.

Suède, E. e. et M. pl. : J. C. G. *Westman* ; Secr. : *Iohnson* ; Att. : *Malmar*. Att. milit. Comm. *Lagerlof* ; C. G. à Helsingfors : le Min.

Suisse, Cons. à Abo : A. *Baltis*.

Uruguay, Cons. à Helsingfors : *J. O. Lindholm*.

Mouvement économique.

Finances. — Budget (en marcs finlandais) des années :

	1915	1917
Recettes ordinaires	194.207.120	439.795.226
— extraordinaires	2.121.500	76.372.646
Dépenses ordinaires	161.365.101	347.905.704
— extraordinaires	37.532.550	123.824.882

Dette publique au 1er janv. 1916 : 169.368.117 marcs.
Dette publique au 1er janv. 1918 : 240.537.278 marcs.

Commerce. — Le commerce extérieur montrait en 1915, 578.409 milliers de marks à l'importation et 266.462 à l'exportation. En 1919, import. : 2.505.400 ; export. : 843.200.

Commerce en 1916 et 1917 (en milliers de marcs) :

	1916		1917	
	Import. de	Export. vers	Import. de	Export. vers
Russie	607.032	480.232	626.470	428.327
Suède	323.542	30.256	580.007	15.867
Danemark	23.304	»	19.485	»
Allemagne	100	»	100	»
Grande-Bretagne	1.204	92	1.103	665
France	689	»	893	»
Total	962.800	510.600	1.232.000	444.900

Principaux articles de commerce en 1917 (en milliers de marcs) :

Importation.		*Exportation*	
Café	134.500	Papier et pâte de bois	196.900
Fer et objets en fer	115.400	Bois	73.500
Machines	68.100	Tissus	28.400
Tissus de coton	62.700	Beurre	18.700
Sucre	46.700	Machines	16.900
Farine	43.000	Lait	16.000

Productions. — L'agriculture, encore primitive par suite du manque de capitaux, peut être considérablement développée. Le dernier recensement de 1910 indiquait 284.188 fermes dont 148.938 de moins de 3 hectares. Les principales productions sont l'industrie beurrière et l'élevage. Les forêts, qui couvrent 12.540.000 ha., donnent un revenu annuel de plus de 20 millions de marks ; les chutes d'eau, non encore exploitées complètement, sont très nombreuses. Mines de fer ayant produit, en 1914, 36.887 tonnes.

Industries. — On comptait en 1916, 4.698 usines employant 106.097 ouvriers et représentant une production annuelle de 1.458 millions de marcs. Les principales industries sont celles du bois (553 usines, 31.380 ouvriers), du fer et des ouvrages mécaniques (318 usines, 16.300 ouvriers), du papier (134 usines, 12.500 ouvriers), des textiles (145 usines, 15.555 ouvriers).

Marine marchande et Navigation. — La flotte de commerce comprenait, en 1916, 5.082 vaisseaux jaugeant 504.632 tonnes dont 988 vapeurs jaugeant 86.844 tonnes. En 1916, le nombre des vaisseaux entrés était de 10.317 représentant 1.780.375 tonnes dont 7.393 Finlandais jaugeant 831.863 tonnes ; celui des vaisseaux à la sortie était de 9.949 représentant 1.685.855 tonnes dont 7.143 Finlandais jaugeant 934.700 tonnes.

Communications intérieures. — La Finlande dispose d'un système de lacs reliés entre eux et au golfe de Finlande par canaux. 46.220 vaisseaux avaient, en 1914, emprunté ces canaux. On comptait, en 1914, 3.763 km. de voies ferrées dont 347 appartenant à l'Etat.

Postes en 1915, 2.445 bureaux avec 8 millions de marks de recettes et 7.960.909 de dépenses; les envois comportaient 56.880.290 lettres et cartes-postales, 6.192.750 imprimés et échantillons, 85.638.552 journaux.

Les caisses d'épargne étaient, au 31 déc. 1914, au nombre de 415 avec 361.662 déposants; les dépôts s'élevaient à 315.256.000 marks.

Monnaies, poids et mesures. Le *markka* ou mark de 100 *penni* a la valeur du franc. Pièces d'or de 20 et 10 markka; d'argent de 2, 1, 1/2 et 1/4 de markka. Système métrique d'usage général.

La Finlande en 1919.

Les élections qui ont eu lieu en mars, selon l'accord intervenu entre les différents groupes du Parlement, ont modifié d'une façon sensible la situation des partis. Les socialistes qui avaient, à un certain moment, détenu une faible majorité, n'obtinrent que 80 sièges. Le cabinet Ingman dut céder la place à un nouveau ministère présidé par M. K. Castren et composé principalement d'agrariens et de progressistes.

Le gouvernement fit approuver, en juin, une nouvelle forme de gouvernement. Les élections présidentielles qui en résultèrent appelèrent à la présidence de la République M. K. J. Stahlberg, président de la Cour suprême des affaires administratives, qui fut élu par 143 voix contre 50 au général Mannerheim.

Aussitôt après les élections, à la suite d'un désaccord avec la majorité sur la direction générale de sa politique, M. Castren et quelques membres de son cabinet mirent (26 juillet) leurs portefeuilles à la disposition du président de la République qui chargea le professeur H. J. Vennola de former le nouveau ministère. Ce dernier réussissait, dans la première quinzaine d'août, à constituer un cabinet composé également d'agrariens et de progressistes et dont sept membres du précédent gouvernement faisaient partie.

Outre la reconnaissance de l'indépendance de la Finlande effectuée par la Grande-Bretagne, les Etats-Unis, l'Italie, le Japon, etc., les trois faits qui dominent la politique extérieure du pays sont: le règlement des relations avec la Russie et, dans cet ordre d'idées, il y a lieu de rappeler que le gouvernement, malgré la demande du général Mannerheim, ne crut pas devoir intervenir militairement en novembre dans la tentative de prendre Petrograd. l'accès à la Mer Blanche par l'occupation de Petchenga qui a causé une certaine tension avec la Norvège et l'établissement d'une frontière orientale plus naturelle par l'union à la Finlande des territoires dont la population, purement finnoise, en avait à plusieurs reprises exprimé le désir.

Dans la question des îles d'Aland non encore résolue par la Conférence de la Paix qui en est saisie par la Suède depuis le 2 avril, le gouvernement et le Parlement se sont catégoriquement opposés au projet tendant à permettre aux Alandais de décider eux-mêmes de leur sort. Des raisons politiques, économiques et stratégiques militeraient, paraît-il, en faveur de cette décision. D'autre part, le gouvernement a déposé un projet de loi tendant à accorder aux habitants des îles une large autonomie garantissant leurs droits nationaux et linguistiques.

Relations avec la France.

Représentation de la Finlande en France.

Légation à Paris, 22, rue de la Paix. 2e; Tél. Central 89-95.
Env. extr. et Min. plén.: Charles *Enckell*.
1er Secr.: Arthur *Langfors*;
2e Secr.: Baron A. *Yrjo-Koskinen*; Att.: W. *Hagelstam*.
Consulats à Paris, 3, rue Nouvelle: Mauno Juhana *Nordberg*, C. G., 19; à

Bordeaux : Sven *Grondahl*, 25, quai des Chartrons ; Rouen : Fr. *Fondeville* (1-20) ; V. Cons. à Calais : Paul *Pamiez* (1-20) ; Dunkerque : Edm. *Duchateau* (5-20) : La Rochelle-Pallice : Erik *Morch* (5-20) ; Le Havre : Ch. *Serret* (4-20).

Représentation de la France en Finlande.

Légation à Helsingfors.

Env. extr. et Min. plén. : J *Fabre* (O. ✻) ; f. fon. de Secr. de lég. : *Gauquié* ; attaché : *Viguier* ; secr. archiv. : *Pochard*.

Agents Cons. à Abo, Björneborg, Borga, Hango, Kotka, Tornea, Uleaborg, Viborg.

Délégués du T. C. F. : à Helsingfors, E. *Chazeirat*, 10 S. Esplanadg ; E. *Beaurain*, correspondant du *Temps*, 10 Norra Kajen ; à Abo, Woler *Nordfors*, négociant importateur.

Bibliographie.

Chalhoub (M.). *La Finlande*. Paris, 1910.

La Chesnais (P.-G.). *La Guerre civile en Finlande* (janv. avril 1918), in-8, 5 fr. 40. Bossard. Paris, 1920.

Leclercq (Jules). *La Finlande aux mille lacs*. Paris, 1914.

Reade (Arthur). *Finland and the Finns*. Londres, 1914.

Renwick (G.). *Finland To-day*. Londres, 1911.

Söderhjelm (Werner). *Finlande et Finlandais*, in-18, br. 3 fr. 50. A. Colin. Paris.

Young (C.). *Finland, the land of a thousand lakes*. Londres, 1912.

GEORGIE

(RÉPUBLIQUE)

Constitution. Gouvernement. — République démocratique constituée dans la partie occidentale de la Transcaucasie et proclamée indépendante par le Conseil National le 26 mai 1918. Indépendance reconnue *de facto* par la Conférence de la Paix le 12 janvier 1920. Constitution élaborée par une Assemblée Constituante élue au suffrage universel et direct des deux sexes et réunie pour la première fois le 12 mai 1919. Le Président du Conseil est le Chef de la République ; les ministres sont élus par l'Assemblée Constituante. Cette dernière se compose de 130 membres, dont 109 social-démocrates, 8 social-fédéralistes, 8 national-démocrates, 5 socialistes révolut.

Couleurs nationales. Drapeau : rouge cramoisi avec 2 bandes horizontales, rouge et blanche, dans l'angle supérieur du côté de la hampe. Armes : Saint-Georges avec 7 planètes sur le fond.

Président du Conseil et chef de la République : N. JORDIANA.

Ministère : Affaires Etrangères, Justice et Vice-Prés. : E. *Guéguetchkori* ; Intérieur, Guerre et Instruction publique : M. *Ramichvili* ; Finances, Commerce et Industrie : K. *Kandelaki* ; Agriculture, Voies et Communications, Travail : M. *Khomeriki*.

Assemblée constituante. Prés. : *Tcheidzé*.

Superficie et Population. — Les frontières de la Géorgie n'étant pas encore fixées (février 1920), la superficie et la population du pays ne peuvent être déterminées avec précision. Les chiffres ci-dessous, fournis par les autorités géorgiennes, n'ont donc qu'une valeur approximative. Superficie : 80.706 verstes carrées ou environ 86.114 kmq. Population : environ 3 millions 1/2 d'hab., dont les 3/4 Géorgiens ; le reste comprenant des Tatares, des Arméniens, etc.

Les villes principales sont : Tiflis (capitale), 400.000 hab. ; Koutaïs : 80.000 hab. ; Soukhoum, 40.000 hab. ; Batoum, 39.000 ; Poti, 20.000, ports sur la Mer Noire ; Borjom, Bakouriani, station climatérique.

Religion. — Les Géorgiens sont en majorité chrétiens (90 p. 100) et appartiennent pour la plupart à une église orthodoxe grecque autonome. Nombre de Géorgiens sont catholiques. Il y a en outre un assez grand nombre d'Israélites, surtout dans les villes. Liberté des cultes complète.

Instruction. — L'enseignement comprend divers types d'établissements : 1° écoles de l'enseignement primaire, gratuit et obligatoire pour tous les enfants de 5 à 11 ans ; 2° établissements préparatoires aux lycées (4 classes) ; 3° lycées. Enseignement supérieur assuré par l'Université de Tiflis avec 5 Facultés (lettres, sciences, droit, médecine, sciences morales et politiques). Enseignement post-scolaire représenté par une université populaire circulante.

Justice. — Juges d'instruction et juges de paix, élus par les organes locaux, inamovibles. Tribunaux de première instance avec jury. En procédure, langue géorgienne substituée au russe ; cependant, tout procès pénal se fait dans la langue de l'accusé. La Cour de Cassation suprême est le Sénat, composé de 15 membres élus par l'Assemblée Constituante.

Armée. — Effectifs du temps de guerre 200.000 hommes. Effectifs du temps de paix : 16 bataillons de 1.000 h. chacun, dont 12 pour l'armée proprement dite (service obligatoire) et 4 pour la garde nationale (service volontaire).

Mouvement économique.

Finances. — Budgets antérieurs à la guerre (en roubles) :

Années	Recettes	Dépenses	Excédent
1911	40.546.000	33.208.000	7.338.000
1912	43.008.000	37.274.000	5.754.000
1913	50.620.000	45.837.000	4.783.000

Previsions pour l'exercice 1er juin 1919-31 mai 1920 : 797.401.127 roubles.

Productions. — Industrie : les principales richesses naturelles du pays sont ses richesses minérales.

Gisements de minerais de manganèse de Tchiaturi donnant 55 p. 100 de métal pur, superficie env. 126 km.q., de Tiflis, de Koutaïs, de Racha, etc. ; 68 mines de cuivre dont celle d'Alaverdi produisant annuellement 3.200 t. ; gisements aurifères, de plomb argentifère, de pyrite de fer (Borchala), de sel de Glauber, etc.

Production en 1913 : naphte : 9 millions 1/2 de tonnes ; manganèse : 1.700.000 tonnes ; cuivre : 10.436 tonnes, houille : 70.900 ; sel gemme : 16.380 ; nombreuses sources minérales (sodiques, ferrugineuses, chlorurées, sulfureuses, etc.).

Au point de vue agricole, la Géorgie, protégée des froids du Nord par la chaîne du Caucase, produit du riz, du thé, des oranges, des olives. Bien que les modes de culture y soient encore primitifs, la récolte du maïs et des autres céréales (blé, seigle, avoine, orge, millet) qui recouvrent un million d'hectares, a donné en 1915 30 millions de pouds de grains. Récoltes de 1914 : 152.000 pouds de fibres de coton et 364.000 pouds de graines de coton ; 40.000 pouds de cocons de ver à soie ; 580.000 pouds de tabac ; 8.150.000 védres de vin, soit plus de 100.000 hl. ; les vignobles occupent 70.000 ha.

Elevage du bétail florissant ; plus de 2 millions de moutons et de chèvres et environ 1 million 1/2 de têtes de race bovine, 250.000 chevaux et 4 millions de porcs.

Les forêts occupent 2.800.000 ha., c'est-à-dire 39 p. 100 du territoire et comprennent plus de 300 espèces d'arbres. Principales essences : chêne, hêtre, châtaignier, noyer, buis, pin et sapin. Les besoins du pays seraient largement assurés par l'exploitation de 150.000 ha. et le reste peut servir à l'exportation.

Industrie, peu développée, semblant destinée à un brillant avenir, tant par l'abondance des produits du sous-sol et du sol que par la richesse du pays en houille blanche, évaluée à 4 millions de HP en été (2.500.000 HP en hiver). Le Gouvernement a déjà concédé à plusieurs sociétés l'exploitation des forces hydrauliques.

Commerce. — Principaux objets d'exportation : bois, tabac laine, coton, manganèse, cuivre. Chiffres d'exportation avant la guerre : 6.000 tonnes de cuivre ; 1.700.000 tonnes de manganèse, notamment vers l'Allemagne (43 %), l'Angleterre (25 %), la Belgique (12 %), l'Amérique du Nord (6 %), etc. Le manganèse, le bois, le tabac, la soie, la laine et le cuivre ont été déclarés instruments d'échange et placés sous le contrôle du Gouvernement contre importation des objets nécessaires au pays : objets manufacturés (machines agricoles, etc.). Importations pour le 1er exercice, 367 millions r.; exportations : 257 millions. Cet excédent s'explique par les difficultés du système monétaire et le change exceptionnellement bas.

Communications intérieures. — Chemin de fer à large voie reliant les deux ports de Batoum et Poti à la Mer Caspienne. Un pipe-line permet de pomper directement le pétrole de Bakou à Batoum. Entre la Mer Noire et la Mer Caspienne, il y a 402 verstes de voie ferrée et de tubes. Avec les embranchements sur territoire géorgien, desservant les houillères de Tkvibouli, les eaux minérales de Borjom, la région minière d'Allaverdi, la Géorgie possède 860 verstes de voie ferrée. La prochaine électrification de la traction des chemins de fer géorgiens et la création de nouvelles lignes destinées à donner de l'essor à l'exploitation des mines et des forêts, tripleront certainement les revenus du réseau.

Réseau routier d'environ 2.000 km. Batoum, le port principal, a 2 km. de quais.

Monnaies, poids et mesures. — Système monétaire russe encore en vigueur. Unité de longueur, la verste = 1.066 mètres 28 ; unité de poids, le pouds, = 16 kg. ; unité agraire, le déciatine = 109 ares 25 ; unité de capacité, le védre = 12 litres 3.

Presse. — Principaux quotidiens en géorgien : *Ertoba* (L'Union) ; *Sakhalko Gazetti* (Le Journal du Peuple) ; *Schroma* (Le Travail) ; *Ivéria* (L'Ibérie).

Relations avec la France

Délégation de la République géorgienne en France :

A Paris, 37, rue La Pérouse (16e). Prés.: N. *Tcheidzé;* Délégués : Z. *Avalichvili;* J. *Gobetchia;* C. *Gvardjaladzé;* J. *Tsérételli.* Secr. S. *Assatiani.*

Représentation de la France en Géorgie :

Mission à Tiflis. Chef : le comte *de Martel.*
Consul à Tiflis : *Nicolas.*

Communications :

Voie maritime : Marseille, Batoum et Poti par Constantinople. Service de la Cie. Paquet et des Messageries Maritimes, départs mensuels. Voie mixte : Service des bateaux italiens Tarente-Batoum, départs hebdom.

GRÈCE

(ROYAUME DE)

Constitution, gouvernement : Royaume constitué en État monarchique indépendant et constitutionnel par le traité de Londres du 13 juillet 1863 signé par la France, le Danemark, la Grande-Bretagne et la Russie, héréditaire dans la postérité mâle (primog.) de la Maison de Holstein. Constitution du 29 nov. 1864, modifiée par l'assemblée nationale le 23 mai 1911 ; dernière loi électorale du 10 juin 1907, modifiée en 19[illegible] et étendue aux nouvelles provinces en 1914. La Diète se compose d'une seule Chambre de 316 députés (1 député par 16.000 hab.) élus pour 4 ans par voie de suffrage direct et général. Pour être électeur il faut avoir l'âge de 21 ans, pour être éligible, celui de 25 ans.

Couleurs nationales : bleu, blanc. *Pavillons de guerre :* Neuf bandes horizontales, alternativement bleue et blanche, commençant par bleu ; à l'angle supérieur près de la hampe un carré bleu occupant 5 bandes à la croix blanche chargée au milieu d'une couronne d'or. *Pavillons de Commerce :* le même, sans couronne.

Ordres et décorations : O. du Sauveur, fondé en 1829 (5 cl.) ; O. du roi Georges Ier ; médailles commémoratives des guerres gréco-turque (1912-13) et gréco-bulgare (1913).

Souverain : S. M. ALEXANDRE Ier, roi des Hellènes, né le 20 juillet 1893, fils de Constantin Ier, né le 3 août 1868 et de la reine Sophie (Psse de Prusse) née le 14 juin 1870 ; a succédé le 13 juin 1917 à son père qui avait abdiqué en faveur de son second fils à la suite de l'ultimatum présenté par M. Jonnart Haut-Commissaire des Puissances Protectrices de la Grèce.

Frères et sœurs du Roi : 1° Pr. *Georges* (ex-diadoque), né le 7 juillet 1890 ; 2° Psse Hélène, née le 2 mai 1896 ; 3° Pr. Paul, né le 1er déc. 1901 ; 4° Psse Irène, née le 31 janv. 1904 ; 5° Psse Catherine, née le 21 avril 1913.

Ministère (27 juin 1917) Prés. du Conseil et Min. de la guerre : E.-K. *Venizelos* (G. C. ✻) ; vice-prés. du conseil : M. *Repoulis*, min. d'Etat sans portefeuille ; Affaires étr. : N. *Politis* ; Intérieur : M. *Raktivan* ; Finances : M. *Negropontis* ; Justice : J. *Tsirimocos* ; Marine : amiral A. *Miaoulis* ; Approvisionnement : Pr *Bourloumis* ; Instruction publ. : D. *Dingas* ; Agriculture : D. *Kafandaris* ; Voies de communications : A. *Papanastasiou* ; Économie nation. : K. *Spyridis* ; Assistance publ. : S. *Simos*. Ss-secrétaires d'Etat à la guerre : A. *Grivas* ; aux services sanitaires : J. *Athanasakis*.

Superficie et population.

D'après le dernier recensement, en date du 27 oct. 1907, la population actuelle est impossible à évaluer par suite de l'immigration considérable de ces dernières années :

DÉPARTEMENTS.	kil. q.	POPULATION.	par k. q.	DÉPARTEMENTS.	kil. q.	POPULATION.
Acarnanie et				Tricala	3.055	90.548
Etolie	5.225	141.403	27	Triphylie	1.593	90.523
Achaie	3.136	150.918	48	Zante	410	42.502
Arcadie	4.357	162.324	37	Total	64.657	2.631.032
Argolis	2.585	81.943	32			
Arta	1.388	41.280	30	Nouveaux territoires (1913) :		
Attique	3.127	341.247	108	Salonique		506.571
Béotie	3.117	65.816	21	Cosani		180.791
Céphalonie	763	71.235	93	Florina		142.336
Corfou	681	99.571	146	Serrès	42.760	125.284
Corinthe	2.370	71.229	30	Drama		204.404
Cyclades	2.719	130.378	48	Janina		190.331
Elis	2.014	103.810	51	Prévéza		44.126
Eubée	3.895	116.903	30	Lesbos		168.992
Eurytanie	2.322	47.192	20	Samos	4.018	68.946
Karditsa	2.647	92.941	35	Chios		71.660
Lacédémon	3.164	87.106	28	Canée		104.016
Laconique	1.278	61.522	48	Réthymnos		71.147
Larisse	3.873	95.066	25	Héraclion (Can-	8.618	
Leucas	457	41.186	90	die)		111.123
Magnésie	2.034	102.742	51	Lassithion		66.920
Messénie	1.674	127.991	76	Nouv. territ.	55.400	2.066.647
Phocis	2.157	62.246	29			
Phthiotis	4.622	112.328	24	Grèce (1913)	120.060	4.698.599

L'attribution à la Grèce du Dodécanèse (îles de Rhodes, Karpathos, Kasos, Kharki, Tilos, Symi, Nisyros, Kos, Kalymnos, Leros, Lipsos, Patmos, Astypalaea, Symos, etc.) augmentera la superficie du pays de 2.600 kil. q. env. et de 118.000 hab. env. dont plus de 100.000 de race grecque.

D'autre part, par le traité de Neuilly du 27 nov. 1919, entre les Alliés et la Bulgarie, la Grèce s'est vu attribuer la Thrace méridionale, soit env. 20.000 kil. q. et une population de 80.000 hab. env. La frontière orientale, entre la Grèce et la Turquie, reste à déterminer.

Villes principales et population recensée en 1907 :

Athènes..........	167.479	Pyrgos..........	13.690	Candie..........	25.185
Le Pirée	73.579	Zante..........	13.580	La Canée.........	24.390
Patras	37.724	Calamata	13.397	Kavala	23.378
Corfou	27.397	Chalcis..........	10.958	Serrès	18.668
Volo..........	23.563	Tripolis	10.958	Janina..........	16.804
Hermoupolis	18.132	*Territoires de 1913 :*		Verria..........	13.812
Larisse	18.041	(Recens. provisoire de 1915).		Drama..........	12.903
Tricala	17.809	Salonique.........	157.000	Florina	10.155

Religion.

La religion orthodoxe grecque est la religion d'Etat ; les autres cultes sont tolérés. L'Eglise orthodoxe grecque comprend un Synode National, un Métropolite à Athènes, 3 archevêques, 29 évêques dans l'ancien territoire et 59 archevêques et évêques dans les nouveaux territoires, y compris un Métropolite et 6 évêques en Crète. L'Eglise catholique possède 3 archevêchés (Athènes, Corfou et Naxos) et 3 évêchés (Syra, Tinos et Santorin).

Instruction.

L'instruction primaire est obligatoire pour les enfants de 6 à 12 ans, mais la loi n'est pas appliquée dans toutes les provinces. Environ 30 p. 100 des recrues de l'armée sont illettrés et 15 p. 100 ne savent pas écrire. On comptait, en 1910-11, 3.651 écoles primaires avec 259.854 élèves dont 82.458 filles et 33 établissements d'enseignement secondaire (1.318 professeurs, 31.399 élèves dont 1.221 jeunes filles) comprenant 41 écoles supérieures, 284 écoles moyennes, 6 écoles commerciales. La Grèce possède 2 écoles d'Agriculture (env. 50 élèves), un Institut commercial et industriel, des écoles gouvernementales de commerce à Athènes et à Patras.

A Athènes, l'Université Nationale et Capodistrienne (fondée en 1837), avec 77 professeurs et 3.435 étudiants en médecine, droit, philosophie, théologie, et chimie. Le « Metzovion Polytechneion », Ecole technique supérieure, compte 22 professeurs et 220 étudiants. Le Budget annuel pour l'instruction est évalué à vingt millions de drachmes (1).

Service des Antiquités : ce service, remarquablement organisé, dont la direction relève du Ministère de l'Instruction publique et des Cultes, comprend un conseil archéologique et des « éphores » ou inspecteurs à la tête de chaque circonscription archéologique. Il y a à Athènes, un Musée National et le Musée de l'Acropole ; il existe en outre des musées locaux dans les villes les plus importantes et les principaux champs de fouilles (Eleusis, Epidaure, Delphes, Olympie, Délos, Corinthe, Thermos, Candie, etc.).

Armée et Marine.

En vertu de la loi sur le recrutement du 28 mai 1887, modifiée en dernier lieu par la loi du 30 nov. 1914, le service militaire personnel est obligatoire. Provisoirement, les israélites des nouvelles provinces et les musulmans en sont exemptés. Durée du service (depuis l'âge de 20 ans accomplis) : 3 ans, dans l'armée active, pour la cavalerie et l'artillerie à cheval, et 2 ans pour les autres armes ; 21 ans, dans la 1re série de réserve et 8 ans dans la 2e série de réserve ; durée du service total ; 31 ans. L'armée comprenait 5 corps d'armée dont 4 à 3 divisions comprenant chacune 3 rég. d'infanterie.

En 1915, l'effectif de paix était, d'après le projet de loi soumis à la Chambre en fév. 1915, d'environ 3.970 officiers, 55.803 sous-officiers et hommes.

La flotte comprenait, en 1915, 33 bâtiments dont 2 cuirassés d'escadre, 1 croiseur cuirassé, 1 croiseur protégé, 3 croiseurs de 2e cl., 13 contre-torpilleurs, 6 torpilleurs, 6 canonnières : il y avait en outre 2 sous-marins, 5 torpilleurs, 4 canonnières, 3 pose-mines, etc. Le personnel de la marine était, en 1915, de 10.984 officiers, sous-officiers et hommes.

Corps diplomatique à Athènes et consulats.

Allemagne, E. e. et M. : pl.. N...

Amérique (Etats-Unis), E. e. et M. pl. : G. *Droppers*. Cons. à Athènes : W. *Wednell*, C. G. Patras, Salonique : J.-E. *Kehl*.

(1) 1 Drachme = 1 franc.

Argentine, C. G. à Athènes : B. *de Speluzzi* ; V.-Cons. à Calama, Corfou, Patras, Pirée : G. *Gialistras* ; Volo.

Autriche, E. e. et M. pl. : N...

Belgique, E. e. et M. pl. : Ch. *Wauters* ; C. G. à Athènes : L. *Rosseels* ; Cons. à Candie, Corfou, Patras, Le Pirée : G. *Manoussis*, Salonique ; A. *Cuypers*

Brésil, E. e. et M. pl. : Luis *de Lima e Silva* ; C. G. à Athènes : N...

Bulgarie, E. e. et M. pl. : N...

Chili, Cons. à Athènes : H. *Karavias*.

Danemark, Cons. à Athènes G. *Manoussis*, C. G. ; Corfou, Patras, Le Pirée ; V.-C. à Salonique, Zante, Zea.

Espagne, E. e. et M. pl. : *Lopez Munoz*. Cons. à Athènes, Le Pirée, Salonique ; T. *Varda*

France, V. Relations.

Grande-Bretagne, E. e. et M. pl. : Earl *Granville*, G. C. V. O. ; Cons. d'amb. : C. *Rus[illegible]* . 2e Secr. : R.-S.-H. *Hudson* ; 3e Secr. : C.-E.-S. *Dodd* ; Att. commerc. : E.-C.-D. *Rawlins*. At. mil. : Brig. Gén. E. *Howre Nairne*, C. B., C. M. G. ; Att. nav. Act. Comm. G. *Talbot*. C. B. E. Cons. à La Canée, Corfou, Larisse, Patras, Le Pirée, Salonique, Serrès, Syra, Vol[illegible]

Guatemala, Cons. à Athènes : H. *Karavias* C. G. ; au Pirée : D. *Vrontidis*.

Italie, E. e. et M. pl. : M. *Montagna*. C. G. S. *Milazzo* à Corfou ; Cons. à La Canée, Janina, Patras, Le Pirée, Salonique.

Monténégro, Cons. à Corfou : J. *Marmoras*.

Norvège, Cons. à Athènes : N... Le Pirée ; P. *Xanthaki*.

Pays-Bas, E. e. et M. pl. (45, av. Constantin-Diadoque) : Jkhr. J.-E. *de Sturler*. Cons. à Candie, Corfou, Patras, Le Pirée, Salonique ; H. *Mosseri*, gérant ; Syra.

Perse, E. e. et M. pl. : Mirza Ali *Akbar Bahman* ; C. G. à Athènes-Pirée ; N. *Axelos* Ef.

Pologne, C. G. à Athènes-Pirée : N...

Portugal, Cons. à Athènes-Pirée : N. *Sellas* C. G. ; Corfou, Patras, Salonique, Syra, Zante.

Roumanie, E. e. et M. pl. : N.-N. *Filodor*. Cons. à Athènes ; P. *Kanakis*, C. G. ; Céphalonie, Janina, Patras, Pirée, Salonique, Syra.

Russie, C. G. à Salonique : A.-F. *Kahl*.

Serbes-Croates-Slovène (Roy. des), E. e. et M. pl. : J. *Balougdjitch*. C. G. au Pirée : P. *Gregoni*. Consulats à Salonique.

Suède, C. G. à Athènes-Pirée : N. *Axelos*.

Suisse, Cons. à Athènes ; L. *Schneider*, C. G. ; Patras.

Turquie E. e. et M. pl. : N...

Uruguay, Cons. à Patras : A. *Morphy*.

Venezuela, Cons. à Athènes : V. *Serpieri*.

Mouvement économique.

Finances.

Compte des années 1912-13 et évaluations budgétaires de 1914-18 (en milliers de drachmes.

	1912	1913	1914	1915	1917	1918
Recettes ord......	131.128	174.213	213.478	231.453	211.848	302.6[illegible]
Dépenses ord......	121.978	427.657	295.946	280.759	435.802	918.0[illegible]
Différence	+9.150	—253.443	—82.470	—49.306	—223.954	—615.[illegible]

Budget de 1920-21 : Recettes prévues, 1.033.579.740 drachmes ; dépenses prévues 1.298.757.540 dr. dont 532.115.487 dr. dépenses de guerre.

La Dette publique se décomposait comme suit au 31 décembre 1918 :

Emprunt des Trois Puissances en or 1833	48.546.011	drachmes
Anciens Emprunts en or..........................	454.538.000	—
Nouveaux Emprunts en or.........................	611.873.500	—
Emprunts provisoires en or	98.233.963	—
— intérieurs en drachmes.......................	202.709.945	—
Avances en écritures, Emprunt de 750 millions.....	938.600.000	—
Emprunts des Caisses spéciales	25.802.000	—
Dette flottante..................................	52.122.426	—
Total..............................	2.431.925.845	—

Au 31 déc. 1919, la Dette publique atteignait 3.282.986.587 drachmes.

(1) 1 Drachme = 1 franc.

Productions et industries.

L'agriculture, peu développée, souffre de la rareté des plaines, de la sécheresse du climat et de la rareté des eaux courantes. 1/5 seulement de la superficie totale est cultivable ; les terres cultivées couvrent 22,10 p. 100 de la superficie totale ; les prairies et pâturages, 31,22 p. 100 ; les forêts, 12,67 p. 100 ; les terres incultes, 34,01 p. 100. Environ 57,45 p. 100 du sol cultivable sont consacrés à la culture des céréales (blé, orge, maïs). Il y a chaque année une importante récolte de raisins de Corinthe dont la plantation est maintenant limitée par la loi. Récolte 1919-20, env. 250 millions de livres vénit. (209 millions en 1918-19).

Les principales productions du pays sont : vin, olives, tabac (environ 34 millions de kilogr), figues (industrie florissante à Calamata), riz (cultivé surtout en Macédoine grecque), sériciculture) 1.584.310 kilogr. de cocons en 1918, etc. Le cheptel de 1914 comprenait 149.000 chevaux, 79.500 mules, 132.800 ânes, 309.090 têtes de bétail, 3.546.600 moutons, 227.180 porcs et 2.638.000 chèvres. Les ressources minérales sont très variées : fer, cuivre, zinc, plomb, argent, manganèse, aluminium, antimoine, étain, nickel, cobalt, charbon, soufre, ocre, etc. Les districts du Laurium, de Thessalie, d'Eubée (lignite de Koumi), les Iles Egées, l'île de Naxos (émeri), ainsi que d'autres régions de la Grèce possèdent d'importantes exploitations minières.

Résultats comparatifs de la production minière, en 1916 et 1917 (en tonnes) :

	1916	1917
Minerai de fer	52.755	63.364
— de plomb	2.327	36.556
— de zinc	1.820	14.290
— de nickel	13.412	1.598
— sulfureux mixte	»	9.535
— de chrome	10.447	6.750
— de magnésie	145.588	162.938
— d'émeri	19.950	16.440
— de lignites	109.225	157.956
— pyrite de fer	11.498	»

L'industrie hellénique, bien que déjà en progrès, n'en est encore qu'à son aurore. Il existe actuellement 2.218 fabriques représentant un capital de 260.367.637 drachmes, fournissant une production annuelle d'une valeur moyenne de 872.284.708 drachmes et employant 36.124 ouvriers dont 23.708 dans les 282 établissements de la grande industrie.

Commerce (en milliers de drachmes) :

	1913	1914	1915	1916	1917
Importation	177.933	318.846	289.390	399.439	223.075
Exportation	119.001	178.564	218.356	154.842	112.627
Commerce général	296.934	497.410	507.746	554.281	335.702

Principaux pays de provenance et de destination en 1913 et 1917 (en milliers de drachmes):

	Importation 1913	Importation 1917	Exportation 1913	Exportation 1917		Importation 1913	Importation 1917	Exportation 1913	Exportation 1917
Gde-Bretagn.	42.502	18.735	28.456	29.560	Italie	6.472	27.338	8.780	9.514
Autr.-Hongr.	29.168	271	12.786	—	Pays-Bas	4.485	151	9.494	10
Allemagne	13.322	179	12.191	—	Etats-Unis	2.849	9.268	109.715	27.479
France	10.559	29.484	18.615	19.718	Russie	35.398	128	2.841	—

Principaux articles de commerce en 1916 (en milliers de drachmes) :

Importation :					
Prod. agricoles	99.981	Prod. forestiers	7.060	Produits animaux	9.241
Minerais bruts	36.795	Métaux ouvrés, etc.	5.815	Huiles (olive, etc.)	3.496
Filés et tissus	20.395	Prod. animaux	4.571	Prod. forestiers	2.923
Prod. chimiques	16.541	*Exportation :*		Métaux ouvrés	1.208
Livres, papier	7.685	Prod. agricoles	68.089	Poissons	571
Poissons	7.518	Minerais bruts	11.510	Produits chimiques	357
		Vins	9.872		

Mouvement maritime.

Entrés en 1916 : au port du Pirée, 2.658 navires (2.494 grecs) jaugeant 2.329.919 tonnes.

Salonique, 3ᵉ port commercial du Levant, avait, avant les guerres balkaniques, alors qu'il avait pleine liberté d'action avec tout son hinterland, l'Epire, l'Albanie, la Thrace et la Serbie, le mouvement suivant :

ANNÉES.	IMPORTATION.	EXPORTATION.	TOTAUX.
	tonnes.	tonnes.	tonnes.
1907........	159.270	61.664	229.934
1908........	168.822	36.496	204.618
1909........	163.881	83.870	247.751
1910........	341.105	198.310	539.415
1911........	396.027	61.78	457.807

Ce trafic, si important, était à peu près entièrement entre les mains des commerçants austro-allemands et la France, dans un chiffre d'affaires annuel moyen de 200 millions de fr. n'intervenait que pour 10 millions.

La marine marchande comprenait en 1916, 329 navires à voiles jaugeant 85.750 tonnes et 433 vapeurs jaugeant 829.991 tonnes. En 1914, 2.446 vapeurs jaugeant 929.082 tonnes et 1.423 voiliers jaugeant 46.474 tonnes sont passés par le canal de Corinthe (long., 6.343 m. profondeur, 8 m. ; largeur au fond de l'eau, 21 m. ; au niveau, 25 m.).

Les pertes de la marine de commerce du fait de l'ennemi s'élèvent à 163 navires jaugeant 406.383 tonnes.

Communications intérieures.

Chemins de fer (1916) : 2.349 kil. (Salonique-Monastir, 201 kil.). Postes (1914) : 1.342 bureaux ; mouvement postal : 29.810.000 lettres et 3.150.000 cartes postales et 26.471.000 paquets, etc. ; recettes : 3.654.066 ; dépenses communes des postes et des télégraphes : 4.746.000 drachmes. Télégraphes (1914) : 795 bureaux ; 9.250 kil. de lignes ; 16.500 kil. de fils ; 967 kil. de câbles ; dépêches : service intérieur 1.900.500, international 100.000, de service 68.000 ; recettes 3.700.600 drachmes. Radiotélégraphie : 10 stations côtières et 25 stations de bord. Téléphones : 2.160 stations et postes ; 4 réseaux urbains avec 2.320 kil. de lignes et 160.000 kil. de fils ; circuits interurbains avec 767 kil. de lignes, 2.260 kil. de fils ; recettes 268.461 drachmes.

Monnaies, poids et mesures.

L'unité monétaire est le *drachme* (100 lepta) = 1 franc. Monnaies : (or), 100, 50, 20, 10 et 5 drachmes. (On ne trouve plus d'or en circulation à part quelques rares pièces de 20 drachmes) : (argent), 5, 2 et 1 drachmes, 50 et 20 lepta ; (nickel), 20, 10 et 5 lepta ; (bronze), 10, 5, 2 et 1 lepta. Les monnaies d'or et d'argent grecques (excepté les monnaies divisionnaires d'argent) sont admises dans les caisses publiques en France, la Grèce faisant partie de l'Union latine. Monnaie fiduciaire : billets de banque de 1.000, 500, 100, 25, 10 et 5 drachmes.

Le système métrique décimal français est appliqué depuis 1836, mais on emploie encore les anciennes mesures : longueur, 1 piki = 0 m. 65 ; capacité, 1 ocque = 1 litre 33 ; poids, 1 ocque = 1 kil. 284.

Presse.

Journaux publiés à Athènes : L'*Acropolis*, *Astrapy*, *Athinaï* (oppos.), *Chronos*, *Le Drapeau* (en français), *L'Economiste d'Orient*, *Eleftheros Typos* (véniz.), *Embros* (indép.), *Esperini*, *Ethnos*, *Hestia* (véniz.), *Le Messager d'Athènes* (en français), *Néa Hellas*, *Neon-Asty*, *Patris* (La Patrie), rue du Stade (véniz.), *Le Progrès* (en français).

Relations avec la France.

Traités et Conventions.

Commerce : Des actes intérieurs ont reconnu réciproquement le traitement de la nation la plus favorisée (applicable aux colonies). Consuls : Convention consulaire du 7 janvier 1876. Extradition : Convention des 29 mai-11 avril 1906 et 10-23 juillet 1907. Propriété littéraire : Convention du 22 avril 1912 relative aux œuvres dramatiques. Propriété industrielle : Accord des 8-20 février 1891. Sociétés : Décret du 9 novembre 1896 autorisant les sociétés anonymes constituées en Grèce, à exercer leurs droits en France.

Représentation de la Grèce en France :

Légation à Paris, 17, rue Auguste-Vacquerie (16ᵉ), de 10 à 13 h.

Env. Extr. et Min. plén. : Athos *Romanos*.

1ᵉʳ secr. : *Michelapoulos* ; 2ᵉ Secr. : J. *Politis* ; C. *Sakelarropoulos* ; Attaché : N... Attaché honoraire : A. *Vagliano*. Attaché mil. : Colonel M. *Ru tivan* ; Att. mil. adj. : A. *Stathatos.* Attaché naval : capitaine de vaisseau Nicolas *Botassis.* Secr. du Ministre : Pierre *Marnopoulos.* Archiviste : Denis *Kavadias.*

Consulat à Paris ; Consul : *Benétatos* ; Secr. : N. *Politis.*

Consulats généraux à Marseille : Dem. *Verenikis* ; V.-C. : G. *Depastas.* Tunis.

Consulats à Ay ; Bordeaux ; Cannes ; Cherbourg ; Dunkerque ; Le Havre ; Lyon ; Paris ; Nice ; St-Etienne ; Toulouse ; Alger ; Antibes : G. *Valentin* ; Bône.

Vice-Consulats : Bastia ; Boulogne ; Brest ; Calais ; Cette ; Béziers ; Cognac ; Dieppe ; Lodève ; Menton ; Montpellier ; Toulon ; Vichy ; Bougie ; Oran ; Philippeville ; Sfax ; Tananarive.

Institutions en France :

Paris : Eglise grecque, r. Georges-Bizet ; Association des Etudiants hellènes. Correspondants de journaux grecs : *Esthia* : Kaissary ; *Patris* ; Lambridis, 25, r. de Bassano ; *Embros* : Mavroudis, 41, rue Bezou.

Comité National d'Expansion économique dans l'Europe orientale, 6, rue de Hanovre, Paris.

Représentation de la France en Grèce :

Env. Extr. et Min. plén. : *de Billy* (O. ✱). 1er Secr. : *Lefèvre d'Ormesson* ; 3e Secr. : *Fournes* (10-19) ; Attaché militaire : *Astraud,* chef de bataillon. Attaché naval : *Macé.*

Consulats à Athènes et au Pirée : *Dussap* (10-19). Consulat à Salonique : *Turquet de Beauregard,* V. C. Consulats et vice-consulats : Corfou : *Robiquet* (10-19) : Janina ; La Canée ; Larissa et Volo : *Lebé* (18) ; Patras : *Doubedout* ; Syra : *Naggiar,* gér.

Agences consulaires : Candie ; Céphalonie ; Cérigo ; Chalcis ; Corinthe ; Ergastiria ; Hydra ; Kalamata ; Lamia ; Nauplie ; Navarin ; Poros ; Arta ; Sainte-Maure ; Retimo ; Trikala ; Agrinion ; Pyrgos ; Milo ; Myconos et Délos ; Naxos ; Santorin ; Zanthe ; Zea.

Institutions françaises en Grèce :

Ecole française d'Athènes, 6, rue Didot (fondée en 1846), dir. : Charles *Picard* — Institut supérieur d'études françaises, 29, rue Sina, à Athènes (Fond. Giffard), annexé à l'Ecole française d'Athènes. — Etablissements de la mission laïque à Salonique (lycée français, école commerciale, collège de jeunes filles), 1.724 élèves en 1919, directeur : M. *Ozou.* — 44 écoles françaises dont 41 écoles congréganistes à Athènes ; Volo ; Syra (collège français de St-Georges. Dir. : frère Ramir) ; Santorin ; Naxos ; Tinos ; Patras ; Corfou ; La Canée ; Candie, etc.

Alliance française à Athènes, 7, place St-Georges, Prés. : Eug. *Brissaud* ; à Salonique, Prés. : *Daluzeau* ; à Syra, Prés. : *Eleftheriadis* ; à Nauplie, Prés. : Alex. *Philidis* ; à Volo, Prés. : A. *Poletis* ; au Pirée, Dél. : C. *Maniakès.*

Ligue franco-hellénique, 1, rue Pluton, à Athènes, Prés. : Charles *Picard.* Fondée en 1913 par le général Eydoux, elle comprend un service pédagogique (cours de français en province), un bureau de renseignements universitaires, un Cercle féminin français ; elle publie en langue grecque le périodique mensuel *Adelphossyni.*

Tribunal français à Salonique, Prés. : le Consul de la République française.

Chambre de commerce : à Athènes, 7, place St. Georges, prés. : Jacques *Bonnier.*

Conseillers du commerce extérieur : à Athènes, Emmanuel *Roche* ; au Pirée, *Bambacari* ; à Salonique, J. *des Pallières, Mineur.*

Bureau commercial des importations françaises à Salonique.

Assistance : à Athènes : Sté. française de Bienfaisance ; Secours français ; Souvenir français (œuvre chargée de l'entretien des tombes des soldats et marins français en Grèce), délégué : le R. P. *Berthet*. Hôpitaux français à Athènes et à Salonique.

Délégués du T. C. F. : à Athènes, *Kallivocas* (45, rue du Stade), *A. Politis* (39, rue de l'Université) ; L. *Pelieu*, ing. en chef aux chemins de fer de l'Etat ; à Corfou, C. *Aspiotis*, industriel ; à Salonique, *Vaporis*, économe de l'établissement de la mission laïque française.

La Grèce en 1919.

Lorsque le 1er décembre 1919, M. Vénizélos est arrivé à Athènes, de retour de la Conférence de la paix et après son séjour à Rome, il a reçu un accueil triomphal. « Une fois encore, écrit *Patris*, Vénizélos a dépassé l'attente du peuple grec. L'armée grecque occupe Sardes et Xanthi. L'un de nos ennemis séculaires est chassé de l'Egée. Le Dodécanèse, la Haute Epire, Chypre sont les fruits mûris par les luttes de l'homme qui concentre en lui l'âme et la force d'un peuple. »

Cependant, des critiques assez amères s'élèvent dans la plupart des journaux contre le traité de Neuilly. « Ni la Grèce, ni la Serbie, ni la Roumanie, dit le *Messager* du 5 oct., ne peuvent se louer des décisions de leurs grands Alliés. Et il n'y a personne connaissant les Balkans qui puisse voir dans l'instrument diplomatique venu au jour après un enfantement si laborieux un moyen de pacification dans l'Extrême-Orient de l'Europe ».

D'autre part, l'occupation militaire du vilayet de Smyrne (juin), le mouvement insurrectionnel de Kemal, les massacres d'Aïdin (juillet), les premières rencontres entre les troupes grecques et turques préoccupent l'opinion publique et la presse grecques. On incrimine assez vivement l'imprévoyance des Puissances alliées et spécialement des Etats-Unis. Le pays aurait voulu éviter une nouvelle guerre mais « il est prêt, même seul, à relever le défi de Kemal » (*Embros*, 24 oct.).

La Chambre du 31 mai 1915, illégalement dissoute et rappelée, après la déposition de Constantin en juin 1917, a repris ses travaux le 4 octobre. Dès sa première séance, elle a élu président M. Sophoulis, candidat gouvernemental par 179 voix sur 185 votants. L'impuissance qu'éprouvent les différents éléments de l'opposition à constituer un parti homogène sur un programme nettement défini assure l'existence du ministère actuel. D'ailleurs, par décret du 12 décembre, les pouvoirs de la Chambre ont été prorogés jusqu'à la fin de mars 1920.

Bibliographie.

Andréadès (A.). *Les Finances de la Grèce*. Paris, 1915.
Bérard (V.). *La Turquie et l'Hellénisme contemporain*, in-18, br. 4 fr. 50. F. Alcan. Paris
Britsch (A.). *La Jeune Athènes*, in-16, 252 p., 4 fr. 50. Plon-Nourrit. Paris, 1911.
Colocotronis (V.). *La Macédoine et l'Hellénisme*, in-8, 658 p., 30 fr. Berger-Levrault. Paris
Cassavetti (D.-J.). *Hellas and the Balkan Wars*. Londres, 1914.
Deschamps (G.). *La Grèce d'aujourd'hui*. Paris, 1910.
Etudes franco-grecques (*Les*) mens. Dir. Léon Maccas. Berger-Levrault. Paris.
Fougères (G.). *La Grèce*. Paris, 1909.
Lefeuvre-Méaulle (H.). *La Grèce Economique et Financière*. F. Alcan, Paris 1916.
Maccas (L.). *Cinq ans d'histoire grecque* (1912-17), 4 fr. 50. Berger-Levrault. Paris, 1918.
Pattavas (A.). *L'Hellénisme et le Panslavisme*, in-8, 112 p. Giard et Brière. Paris, 1916.
Rizal (P.). *La Ville convoitée, Salonique*. Paris, 1913.
Ruffolo (Dr. Ugo). *La Grecia economica odierna*, 100 p. 3 fr. 50. Pallotta, Rome, 19[illegible]
Théry (E.). *La Grèce au point de vue économique et financière*. Paris, 1905.
Vaucher (R.). *Constantin détrôné, les Evénements de Grèce* (févr., août 1917), in-16, 4 fr. 5[illegible] P. Perrin. Paris, 1917.

GUATEMALA

(RÉPUBLIQUE DE)

Constitution et Gouvernement. — Rép., indépendante de l'Espagne depuis le 15 sept. 1821, et ne faisant plus partie de l'ancienne Union de l'Amérique Centrale, depuis le 24 mars 1847. — Constitution de 1879. Le Congrès se compose d'une Assemblée nationale de 69 membres (1 par 20.000 habitants), élus pour 4 ans par suffrage direc- de la nation, et d'un Conseil d'Etat de 13 membres élus partie par l'Assemblée Nat., partie nommés par le Prés. Prés. élu pour 6 ans, par vote direct de la nation; est rééligible. Est électeur et éligible tout citoyen âgé de 21 ans.

Pavillon de guerre: 3 bandes disposées verticalement : bleue; blanche; bleue; chargées des armes nationales (dans un canton de bleu clair, rôle blanc entouré d'emblèmes, avec la date de l'indépendance [illegible]). *Pavillon de commerce* : le même sans écusson. *Fête nat.* : 14 juillet.

Président de la République: Lic. M. Estrada CABRERA (15 mars 1917-1923 ; réélu pour la 3e fois).

Prés. du Congrès *:* Lic. Arturo *Ubico.* V.-Prés. *:* Lic. F. *Fuentes* ; A. *Godoy.*

Ministère. — Secr. d'Etat : Inter. et Just., J.-M. *Reina Andrade.* — Aff. étr., Dr L. *Toledo Herrarte.* — Guerre : José M. *Letona.* — Fomento (Trav. publ., agricul.) : L. *Mendizabal.* — Fin. *:* Guillermo *Aguirre.* — Instruct. publ. *:* Lic. Ed. *Giron.*

Superficie : 113.030 km. q. *Population :* Dernier recens. 1916 : 2.100.000 h. dont 1.200.000 blancs et 1.091.519 indigènes. 23 départements. *Villes princ. :* Guatémala (capitale) 120.000 h. ; Quezaltenango, 28.940 ; Coban, 30.770 ; Totonicapan, 28.310.

Religion et Instruction : Liberté des cultes ; religion catholique prédominante : Archev. à Guatemala et év. suffrag. (Costa-Rica, Honduras, Nicaragua, San Salvador).

Instruction gratuite et obligat. avec liberté d'enseignement. En 1917, 1.942 écoles prim. (65.904 élèves inscrits en 1913 et 64.387 en 1914). Univ. à Guatemala : Académie de Médecine ; Institut Nat. ; Fac. de Droit ; Conservatoire Nat. de Musique, École d'Arts. Bibl. Nat. (19.400 volumes).

Justice : Cour suprême ; 6 cours d'appel ; 26 tribunaux de 1re instance ; justices de paix.

Armée. — Service milit. obligatoire de 18 à 50 ans. Effectif de guerre : 109.000 off. et hommes dont 30.000 de la réserve. Une mission militaire française est chargée de l'instruction de l'armée et de l'aviation du Guatemala (1918).

Corps diplomatique à Guatemala et consulats.

Allemagne. Ch. d'aff. : N...
Amérique (États-Unis), E. e. et M. pl. : N... Cons. à Guatemala : E.-M. *Lawton* ; Ag. Cons. à Livingston, Puerto Barrios. San José de Guatémala.
Argentine (Rép.), C. G. à Guatémala : G. *Aguirre.*
Autriche. Cons. à Guatemala : N...
Belgique. M. R. et C. G : N...
Bolivie, C. G. à Guatemala : A. *Fuentes.*
Brésil, M. R. : N... Cons. à Guatemala : J.-H. *Munoz.*
Chili, Ch. d'aff. et C. G. ; le Secr. de lég. : C.-R. *Barros* ; Ag. Cons. à Oscos.
Colombie, E. e. et M. pl. : Manuel *Esguerra.* Cons. et V.-Cons. à Guatemala : N...
Costa Rica, M. R. : Franc. *Cabezas Gomez.* C. G. à Guatemala : R. *Nanne.*
Cuba, E. e. et M. pl. : Man. *Piedra Martel,* Cons. à Guatemala : N...
Danemark, Cons. à Guatemala : E.-O. *Capouilliez* ; V.-Cons. à Livingston.
Dominicaine (Rép.), Cons. à Guatemala : A. *Fahsen.*
Equateur, Cons. à Guatemala : E. *Sandoval.*
Espagne, E. e. et M. pl. : P. *Quartin.* Cons. à Guatemala ; le min. C. G. ; Rosario ; V.-Cons. à Guatemala, Quezaltenango, Retalhuleu ; Ag. Cons. à Escuintla, Zacapa et Puerto Barrios.
France, v. Relations.
Grande-Bretagne, Ch. d'aff. : J. *Armstrong.* ; Cons. à Guatemala ; le Min. : Quezaltenango : V.-Cons. à San José.
Grèce, Cons. à Guatémala : J. *Leehnhoff.*
Honduras, M. R. : G. *Campos.* Cons. à Guatemala : le Min.
Italie, E. e. et M. pl. : G. *Notari.* Cons. à Guatemala : le Min. ; Ag. Cons. à Escuintla, Puerto Barrios, Quezatenango, Retalhuleu.
Mexique, E. e. et M. pl. : Lic. F. Jimenez *O'Farrill* ; Cons. à Guatemala, Quezaltenango, Retalhuleu, San Marcos ; V.-Cons. à Oscos.
Nicaragua. M. R. : G. *Larrios* ; Cons. : R. *Chamorro.*

Norvège, v. Mexique, Corps dipl. ; Cons. à Guatemala : L.-B. *Gravem* ; V.-Cons. à Puerto Barrios.

Panama Cons. à Guatemala : Gér. : le Consul américain ; Puerto Barrios.

Paraguay, Cons. à Guatemala : A. *Carrera Wyld*.

Pays-Bas, Cons. à Guatemala : Gér. : J. *de Jongh* ; V.-Cons. : J. *Alberts*.

Pérou, Cons. à Guatemala : F. *Yurrita*.

Portugal, E. e. et M. pl. : J.-M. *Travassos Valdez*, gér. ; Cons. à Guatemala : J. *Apr.* V.-Cons. à Puerto Barrios, Quezaltenango.

Salvador, E. e. et M. pl. : Dr R. *Meza*.

Suède, Cons. à Guatemala : G. *Zengel*.

Suisse, Cons. à Guatemala : L.-N. *Diébold*.

Uruguay, Cons. à Guatemala : R. *Wagner*.

Vénézuela, Cons. à Guatemala : A. *Goubaud*.

Mouvement économique.

Finances : Budget du 1er juillet 1918 au 30 juin 1919 (en pesos de papier) (1). Recettes (en 1917) : 135.470.000 ; dépenses : 131.413.000 dont 27.947.300 pour la dette publique et 7.431.210 intérieur et justice. Dette publique au 31 déc. 1917 : extér., 2.357.062 l. st. dont intérêts arriérés : 844.603 l. st. ; intérieure : 135.799.843 pesos papier et 1.091 7[illegible] pesos or.

Banque Nationale, fondée en 1918.

Productions : Pays divisé en deux zones par les Cordillères : la plus grande zone de l'Atlantique, peu peuplée, ne produit que des bois, du café, des bananes : plus fertile est la zone du Pacifique. Les productions les plus importantes sont le café (950.000 quintaux en 1916), les bananes, le sucre (071.620 q.), le maïs (6.110.000 q.), haricots (180.000 q.), blé (270.000 q.), riz et pommes de terre. Cheptel en 1915 : bœufs, 650.000 ; chevaux et mulets, 114.450, moutons, 402.100 ; chèvres, 58.800 ; porcs, 176.500.

526.598 ha. de forêts (acajou et bois de teinture). Lots de terres incultes concédés gratuitement par l'Etat.

Exploitations minières (dép. de Huehuetenango et Chiquimula) ; 129 mines en exploit. (or, argent, cuivre, fer et plomb).

Commerce (en milliers de pesos d'or) (2). En 1917, import. : 8.992 ; export. : 7.810.

PAYS.	IMPORTATIONS.		EXPORTATIONS.	
	1915.	1917.	1915.	1917.
États-Unis	3.752	7.500	6.881	7.000
Grande-Bretagne	577	1.100	1.322	65
Mexique	16	»	46	—
France	124	160	—	—
Allemagne	146	»	50	—

Princ. articles d'import. (1916) : coton, 1.676 ; produits alimentaires, 488 ; tissus, chanvre, jute, 289 ; fer et acier, 384 ; papier, 182. Princ. articles d'export. : café, 8.066 ; bananes, 1.035 ; sucre, 422 ; bois, 116 ; caoutchouc, 66 : peaux, 58.

Monnaies, poids et mesures : Unité mon. : le *peso* ou piastre forte de 100 centavos = 5 fr. Or : 5 p. 2 ½ p. et 1 p. Argent : 1 p. de 50 centavos. Monnaie fiduciaire : billets de 500, 100, 25, 5 et 1 piastres. Système métrique français.

Mouvement maritime (1916) : Entrés : 381 bat. jaugeant 632.480 tx. Princ. ports Atlantique : Puerto Barrios et Levingston ; Pacifique : San-José, Champerico et Ocos.

Communications intér. : Chemins de fer en exploit. (1914) : 987 km. *Postes* (1917), bureaux : 428 ; mouvement postal : 17.513.960 lettres et paquets. *Télégr.* (1917), bureaux : 261, lignes : 6.976 km. ; télégr. : 1.626.866 ; câblogr. : 10.151 ; *Téléph.* (1915), bureaux : 28[illegible] fils : 350 km.

Principaux journaux : A Guatemala : *La Campana*, quot. ; *El Diario de Centro-America*, quot. ; *La Republica*, quot. *La Tribuna*, quot. ; *La Opinion*.

(1) Peso papier = 0 fr. 40. (2) 1 Peso d'or = 5 fr. 25.

Relations avec la France.

Traités et Conventions :

PROPRIÉTÉ INDUSTRIELLE : Convention du 12 nov. 1895 pour la protection réciproque des marques de fabrique et de commerce. Convention du 26 févr. 1914 relative à la protection des brevets d'invention. — PROPRIÉTÉ LITTÉRAIRE ET ARTISTIQUE : Convention du 21 août 1885.

Représentation de Guatémala en France :

Légation à Paris, 44, av. Kléber (16e), de 14 à 16 h. Tél. Passy 54-35.
Chargé d'affaires et consul général : Guillermo *Matos Pacheco*.
Consulats à : Paris ; le Ch. d'aff. C. G. ; Agen ; Alger ; Angoulême ; Arcachon ; Bordeaux ; Dieppe ; Dunkerque ; J.-A. *Fortin* ; Le Havre : S. *Ducrot* C. G. ; Lyon ; Marseille : *de Canipon* ; Menton ; Nice ; St-Nazaire : Lectoure ; Vice-cons. à : Royan ; Vichy ; Oran.

Représentation de la France au Guatémala

Légation à Guatémala.
Env. extr. et min. plén. : *Chayet* (O. ✱). — Vice-consul-chancelier : *Perrot*. Agents Cons. à Puerto Barrios et Livingston : A. *Porta* ; Quezaltenango ; *Mohr* ; Zacapa.

Institutions diverses :

Alliance française à Guatémala : Délégué : L. *Gardon*.
Conseiller du commerce extérieur : A.-V. *Peyre*, 7, Avenida sur 5.
Assistance. — *Sté. française de Bienfaisance* : Prés. : E. Goubaud.

Communications :

Lettres, papiers d'aff., cartes postales. Tarif de l'Union postale.— Télégr. : San José, 3 fr. 85 le mot ; autres bureaux, 4 fr. 20.— Colis postaux : V. Angleterre (1 kil., 3 fr. 25 ; de 1 kil. 360 gr. à 3 kil., 4 fr. 55 ; de 3 à 5 kil. 5 fr., 80).

Bibliographie.

Informe de la Direccion de Estadistica. Annuel. Guatémala.
Informe de la Secretaria de Fomento. Annuel. Guatémala.
Caille (Alexis). *Le Guatémala et son avenir économique*. Paris, 1914.
Fife (H.). *Guatemala and the States of Central America*. Londres, 1913.
Pector (D.) *Les Richesses de l'Amérique centrale*, in-8, 7 fr. 50, Challamel, Paris.
Périgny (comte M. de). *Les Républiques de l'Amérique centrale*. 1 vol. in-8°, br. 4 fr. Paul Roger, Paris, 1912.

HAITI

(RÉPUBLIQUE D')

Constitution et Gouvernement. République, autrefois colonie française, indépendante depuis le 1er janv. 1804. Dernière constitution du 12 juin 1918. Pouvoir législatif confié à une Chambre des députés de 36 membres élus pour 2 ans par suffrage direct de tous les Haïtiens âgés de 21 ans et à un Sénat de 15 membres élus par la Chambre des députés sur une liste composée partie par le Président, partie par les électeurs. Les sénateurs sont nommés pour 6 ans et se renouvellent par tiers tous les 2 ans.

Pour être éligible, il faut être propriétaire d'immeuble ou exercer une industrie ou une profession, et avoir l'âge de 25 ans comme dép. et de 30 ans comme sénat. Les deux Chambres, siégeant annuellement de 3 à 4 mois à partir du mois d'avril, réunies en *Assemblée nationale*, élisent, pour 4 ans, le Prés., âgé au moins de 40 ans.

Couleurs nationales : bleu, rouge. — *Pavillon* : deux bandes horizontales : bleu, rouge.

Président de la République. — M. *Sudre* DARTIGUENAVE (12 août 1915-1922).

Secrétaires d'Etat. Aff. étr. et Justice : Justin *Barau*. Instruct. publ. et Agr. : Dantes *Bellegarde*. Trav. pub. : Louis *Roy*. Intér. et Cultes, Barnave *Dartiguenave*. Finances : *Fleury Féquière*.

Assemblée nationale. — Sénat (dissous), Chambre des Députés (dissoute).

Superficie : 26.000 k. q., non compris les îles adjacentes dont les principales sont : la Tortue (36 km. de long et 9 de large) et la Gonave (58 km. de long et 14 de large). — Population de 2.500.000 habitants, composée en majorité de nègres et d'un grand nombre de mulâtres qui descendent d'anciens immigrants français. Villes principales : Port-au-Prince (capitale), 115.000 h. ; Jérémie (où naquit en 1762 le général Alex. Dumas, père du romancier Alex. Dumas), 35.000 h. ; Le Cap-Haïtien, 30.000 h. ; Les Cayes, 25.000 h.

Religion. — Liberté des cultes ; toutefois, la religion catholique est celle de la majorité des Haïtiens et l'exercice en est réglé par un concordat signé à Rome le 28 mars 1860. Archevêché : Port-au-Prince ; évêchés : Cap-Haïtien et Cayes. L'archevêque, les évêques et presque tous les membres du clergé sont de nationalité française.

Instruction. — L'enseignement est libre et s'exerce sous le contrôle de l'Etat conformément à la loi. Enseignement public gratuit à tous les degrés. Instruction primaire obligatoire. Ecoles publ. de garçons et de filles en 1913 : 250 écoles prim. rurales ; 215 écoles prim. urbaines et 62 écoles prim. congréganistes (personnel religieux de nationalité française) ; 13 écoles second. spéciales ; 6 lycées ; 3 écoles supérieures (droit, médecine et pharmacie, peinture) et 126 écoles privées dont une Ecole des sciences et une Ecole de commerce à Port-au-Prince. Total : 675 écoles et 14.122 élèves inscrits en 1917.

Haïti est le seul Etat du Nouveau-Monde de mœurs, de langue et de culture françaises. Nombre de ses avocats, médecins, ingénieurs, artistes, ont fait ou achevé leurs études en France. Haïti entretient des boursiers à Paris et au Grand Séminaire de Pont-Château (Finistère).

Justice. — Le pouvoir judiciaire est exercé par un Tribunal de Cassation, des tribunaux d'appel et de 1re instance, dont les membres sont inamovibles et des tribunaux de paix. Les codes français sont en usage avec des modifications peu nombreuses.

Armée et marine. — A la suite de la convention signée le 16 sept. 1915 avec les Etats-Unis, l'armée et la marine haïtienne ont été supprimées et remplacées par un corps de gendarmerie de 110 officiers et 2.680 sous-off. et hommes, commandé par des officiers américains.

Corps diplomatique à Port-au-Prince et consulats.

Allemagne, E. e. et M. pl. : N...

Amérique (Etats-Unis), E. e. et M. pl. : A. *Bailly-Blanchard*. Cons. au Cap Haïtien, Port-au-Prince : J.-B. *Terres*.

Argentine (Rép.), V.-Cons. à Port-au-Prince : N...

Autriche, Cons. à Port-au-Prince : N...

Belgique, M. R. et C. G. à La Havane : N... Cons. au Cap Haïtien : M. *Herrmann* ; Port-au-Prince : G. *Schwedersky*.

Bolivie, Cons. à Port-au-Prince : E. *de Lespinasse*.

Brésil, Cons. à Port-au-Prince : Alfred *de Matteis*.

Chili, Cons. à Port-au-Prince : Nelvil *St. Cyr*.

Colombie, Cons. à Port-au-Prince : D. *Dejoie*.

Costa Rica, Cons. à Port-au-Prince : E. *Meve*.

Cuba, E. e. et M. pl. : N... ; Ch. d'Aff. : *Benenno y Espinosa* Cons. à Port-au-Prince.

Danemark, Cons. à Port-au-Prince : Ed. *Miot*.

Dominicaine (Rép.), E. e. et M. pl. : C. A. *Mota*. C. G. à Port-au-Prince.

Equateur, C. G. à Port-au-Prince : J. *Borno*.
Espagne, Cons. à Port-au-Prince : M. *Cook*.
France, V. Relations.
Grande-Bretagne, E. e. et M. pl. : V. Cuba, Corps dipl. ; V. C. et Ch. d'aff. : Ed. *Watt*.
Grèce, Cons. à Port-au-Prince : *Lucas*, gér.
Guatemala, Cons. à Port-au-Prince : N...
Honduras, Cons. à Port-au-Prince : Ach. *Barthe*.
Italie, E. e. et M. pl. V. Cuba, Corps dipl. ; Cons. à Port-au-Prince : A. *de Matteis*.
Liberia, Cons. à Port-au-Prince : A. *Holly*.
Mexique, E. e. et M. pl. : N... Cons. à Jacmel.
Nicaragua, Cons. à Port-au-Prince : B. *Roncy*.
Norvège, C. G. à La Havane, Cons. à Port-au-Prince ; E. *Roberts*.
Panama, Cons. aux Cayes, Port-au-Prince : N. *St. Cyr*.
Paraguay, Cons. à Port-au-Prince : G. *Léon*.
Pays-Bas, C. G. à Port-au-Prince : F.-E. *Helmcke*.
Pérou, Cons. à Port-au-Prince : G. *Léon*.
Portugal, Cons. à Port-au-Prince : L. *Guérin*.
Saint-Siège, Nonce apost. : Mgr. F. *Cherubini*, arch. tit. de Nicosie.
Suède, Cons. à Port-au-Prince : H.-E. *Roberts*.
Uruguay, Cons. à Port-au-Prince : R. *Brouard*.
Venezuela, Cons. à Port-au-Prince : N. *St. Cyr*.

Mouvement économique.

Finances. — Revenu provenant presque entièrement du produit des douanes. Budget.
1913-14. Recettes : 4.788.368 dollars (1). Dépenses : ....
1916-17 — 3.174.217 — — ....
1918-19 — 3.057.803 — — 3.057.803 (prév.).
Dette au 31 déc. 1917 : 120.912.060 fr. ; Dette intér. 3.368.705 fr.

Productions et industries. — Pays fertile et très cultivé. Principales productions : café, cacao, sucre, tabac, coton, riz, fruits, céréales, légumes, plantes oléagineuses (ricin, arachide, sésame, etc.) ; plantes médicinales, plantes tinctoriales (safran, roucou, indigo, etc.) ; bois de teinture, de construction et d'ébénisterie (campêche, acajou, cèdre, ébène, gaïac, etc.). Elevage de bœufs et de chevaux ; cheptel peu important.

Ressources minérales par contre considérables : or, argent, cuivre, fer, antimoine, charbon, nickel, plomb, mica, kaolin, soufre, etc. Sources thermo-minérales.

Fabriques de kola, d'allumettes, de cigares et cigarettes, distillerie (tafia, rhum de qualité supérieure, liqueurs). Huiles de ricin, de coton, miel ; exploitations de salines ; tanneries ; usines pour la fabrication de la glace et du sucre, pour la préparation du café et du cacao.

Commerce de 1916-17 (en dollars). — Import. : 1.661.369. Export. : 1.692.968. — En 1914-15, import. 4.344.763, export. : 11.375.550.

Importations (en milliers de dollars) :

	1912-13	1914-15	1915-16
Etats-Unis	5.998	3.806.	8.775
Grande-Bretagne	595	296.	719
France	817	167.	467
Allemagne	535	20.	»

Princ. articles d'import. : comestibles, articles franç. ; tissus de coton, vêtements confectionnés, vins, huiles, liqueurs, machines, outils. Princ. articles d'export. en 1916-17 (en livres) (2) : café, 49.278.110 ; cacao, 3.860.572 ; coton, 4.604.671 ; campêche, 94.379.561, etc.

Mouvement maritime (en 1916). — Entrées : 86 vapeurs jaugeant 415.574 t. (871 jaugeant 1.747.827 t., en 1914) et 20 navires à voiles jaugeant 4.900 t. (36 jaugeant 23.719 t. en 1914).

La marine marchande comprenait en 1911 : 5 vapeurs jaugeant 1.410 t. et 8 voiliers jaugeant 1.392 t. Les principaux ports ouverts au commerce étranger sont : Port-au-Prince, Cap-Haïtien, Port-de-Paix, Mole Saint-Nicolas, Saint-Marc, Petit-Goave, Jacmel, Cayes, Aquin, Miragoane, Jérémie.

(1) 1 dollar = 5 fr. 18.
(2) 1 livre = 500 grammes.

Communications intérieures. — Chemins de fer en 1918 : 212 km de lignes. — Postes : 31 bureaux. Télégraphes exploités par l'Etat : 198 km. de lignes. La Rép. d'Haïti est reliée à l'Europe et à l'Amérique par des câbles télégraphiques exploités par la Soc. française des Câbles sous-marins, subventionnée par le Gouvernement haïtien.

Monnaies, poids et mesures. — Le nouveau système monétaire haïtien est basé, pour le poids et le titre, sur le système monétaire américain. Unité monétaire : la *gourde*-papier = 20 cents de dollar. La monnaie en circulation est la monnaie américaine.

Poids : *Quintal* = 48 kg. 950 ; *livre* = 0 kg. 489 ; *once* = 0 kg. 0305. — Mesures de capacité : *gallon* = 3 litres 785. *Pinte* = 0 litre 931, Mesures de longueur : *Aune* = 1 m. 188 ; *pied* = 0 m. 3248 ; *pouce* = 0 m. 027 ; *ligne* = 0 m. 002. Mesures géométriques : *lieue* = 5 km. 1/2 ; *toise* = 6 pieds = 1 m. 95 ; *pas* = 3 pieds 1/2 = 1 m. 137 ; un *carreau de terre* = 100 mètres carrés. — Les poids et mesures français sont couramment employés.

Presse. — Il existe à Port-au-Prince de nombreux journaux. Les principaux sont : le *Moniteur* (journal officiel de la République), le *Nouvelliste* et le *Matin* (quotidiens).

Relations avec la France.

Traités et Conventions :

COMMERCE : Convention du 29 janvier 1907, traitement de la nation la plus favorisée pour certains produits.

Représentation de la Rép. d'Haïti en France :

Légation à Paris, 104, boul. de Courcelles (17e) de 10 à 12 et 14 à 16 h ; Tél. Wagram 55-80.

Envoyé extraord. et Min. Plénip. : Tertullien *Guilbaud.* — Secr. : Clément *Dartiguenave.*

Consulat Général à Paris, 7, square de l'Alboni (16e). Tél. Passy 82-12 : Consul Général : Dr Jacques *Bergeaud.*

Consulats à : Bordeaux ; Calais ; Cherbourg ; Le Havre ; Marseille ; Nantes ; Nice ; Reims ; Rouen ; Saint-Etienne ; Saint-Malo ; Saint-Nazaire ; Alger ; Oran ; Fort-de-France ; La Martinique.

Vice-Consulats à : Bordeaux ; Le Havre ; Marseille ; Bône ; Mostaganem ; Philippeville.

Représentation de la France à Haïti :

Légation à Port-au-Prince.

Chargé d'Affaires : L. *Agel* ; V. Consul-Chancelier : Emile *Rouzier.*

Agences consulaires à : Aquin ; Cap Haïtien ; Cayes (Les) ; Gonaïves (Les) ; Jacmel ; Jérémie ; Miragoâne ; Petit-Goave ; Port-de-Paix ; Saint-Marc.

Institutions diverses :

Chambre de commerce franç. : à Port-au-Prince, 33, rue Roux, Prés. : E. *de Lespinasse.* Délégué à Paris : L. *Bonneville,* 50, r. de Paradis.

Conseillers du commerce extérieur : à Port-au-Prince, Jules *Laville,* G.-E.-C. *Revest.* — *Assistance :* à Port-au-Prince, Sté française de bienfaisance et française de secours mutuels, Prés. : *F. Chériez.* Asile français. — *T. C. F.* à Port-au-Prince, *Artaud,* employé à la Banque Nationale.

Enseignement : à Port-au-Prince, Alliance française, Prés. : Louis *Bor*[illegible] Ecoles congrégan. : 2 collèges d'enseignem. secondaire ; 50 écoles prima[illegible] tenus par les Religieux du Saint-Esprit (enseign. secondaire) ; les Frères de l'instruction chrétienne (1 collège et 8 écoles primaires) ; les Sœurs de S[illegible] Joseph de Cluny (21 écoles), les Filles de la Sagesse (19 écoles).

Communications :

Lettres, papiers d'aff., cartes post. : Tarif de l'Union postale. Télégr. Port-au-Prince, Cap-Haïtien, môle Saint-Nicolas (5 fr. 80 le mot), autr[es] bureaux, 8 fr. — Colis postaux : V. Bordeaux ou St-Nazaire (le kil., 2 fr.).

Bibliographie.

Aubin (E.). *En Haïti,* Paris. 1910.
Justin (J.). *Etude sur les Institutions Haïtiennes,* Paris. 1894.
Léger (J.-N.). *Haïti, Her History and Detractors,* New-York. 1907.

HEDJAZ

(ROYAUME DU)

Précédemment vilayet turc, s'étendant de Akaba au n. à l'Asir, au s. sur la côte est de la mer Rouge. Le 9 juin 1916, le Grand Chérif-Hussein, émir de la Mecque depuis 1908 à la requête des Ulémas, a proclamé l'indépendance du Hejdaz et pris le titre *Melek* (roi). Il a été reconnu par les Gouvernements alliés.

Hussein-ibn-Ali, chérif Hasanide, appartient au clan des Abâdilah, section de la famille des Beni-Qatâdah qui a hérité de l'emirat de la Mecque en 597 de l'hégire (1201 de notre ère).

Pavillon de commerce : Trois bandes horizontales, noir, vert et blanc.

Souverain : HUSSEIN BEN-ALI.

Fils de l'émir : 1° *Ali*, né en 1878 ; 2° *Abdulla*, né en 1882 ; *Faïçal*, né en 1885 ; *Zeïd*, né en 1897.

Le nouveau royaume n'a pas de frontières délimitées. Le vilayet du Hedjaz avait une superficie de 250.000 km q. (France : 550.985), avec une population de 300.000 hab. (1,5 hab. par km q.), composée en grande partie d'Arabes nomades.

Les principales villes sont : la Mecque, ville sainte de l'Islam, berceau de Mahomet et résidence du roi, avec une population de 80.000 hab. doublée au moment du pèlerinage : Médine, également ville sainte, où se trouve le tombeau de Mahomet, 40.000 hab. : le principal port est Djeddah. En temps normal, le pèlerinage amène 200 à 500.000 personnes au Hedjaz : toutes visitent La Mecque, un tiers, Médine.

Le climat, caractérisé par l'insuffisance des pluies et des chaleurs excessives, n'est pas propice à la culture. Cependant, dans la région des plateaux, on cultive froment, maïs orge, millet, lentille, café, coton, tabac ; au pied des montagnes, le dattier. Grand élevage de chevaux.

Le chemin de fer, reliant le Hedjaz à la Palestine, a son terminus à Médine.

Envoyé spécial de la France : M. *Ben Sassi*.

Bibliographie :

Azoury (Negib). *Le Réveil de la Nation Arabe dans l'Asie turque*, in-12°, 257 pp., br. 4 fr. 50. Plon-Nourrit. Paris, 1905.

Le Boulicaut (Albert). Au Pays des Mystères, in-16°, 390 pp., br. 4 fr. 50. Plon-Nourrit. Paris, 1913.

Snouck-Hurgronje, *Mekka*. 1888.

Kazem-Zadeh. *Relation d'un pèlerinage à la Mecque*, 1912.

HONDURAS
(RÉPUBLIQUE DE)

Constitution, Gouvernement : République indépendante de l'Amérique Centrale depuis 1840, divisée en 17 départements. Constitution de 1894. Le Congrès se compose de 42 membres élus pour 4 ans par le suffrage direct et rassemblés pour 60-90 jours tous les ans, le 1er janvier. Pour le droit électoral, ainsi que pour l'éligibilité, il faut être âgé de 21 ans (ou de 18 ans pour les citoyens mariés et sachant lire et écrire). Le Président et le Vice-Président (nés citoyens du Honduras, ayant au moins 30 ans) sont élus pour 4 ans par le suffrage direct.

Couleurs Nationales : bleu, blanc, bleu. Pavillon : Trois bandes horizontales, bleue, blanche, bleue ; la blanche chargée au milieu de cinq étoiles bleues.

Président de la République : Gén. LOPEZ GUTTIEREZ (juillet 1919).

Ministère (1918) : Affaires Étrangères : Marcos *Lopez Ponce* (par interim) ; Instruction publ. : Lic. Luis *Landa* ; Justice et Intérieur : Dr Fr. J. *Mejia* ; Travaux publ., fomento et agricult. : le sous-secr. d'État Dr Man S. *Lopez* ; Finances : Léop. *Cordova*, gén. ; Guerre et Marine : Dr J. I. *Reina*.

Congrès : Prés., Lic. Pedro A. *Medal*.

Superficie : 119.820 km. q. Recens. de déc. 1916 : 613.756 habitants ; 5 par km. q.

Villes principales et population évaluée en 1915 : Tegucigalpa (capitale) 28.930 h. ; La Esperanza, 11.453 ; Santa-Rosa, 10.574 ; Nacaome, 8.152 ; Choluteca, 8.065.

Religion et Instruction : Entière liberté des cultes. Il n'y a pas de religion d'État et la religion prépondérante est la religion catholique. L'instruction est gratuite, obligatoire de 7 à 15 ans et entièrement laïque. On comptait en 1913, 916 écoles primaires avec 40.665 élèves et 1.138 professeurs, des collèges gouvernementaux dans chaque département comprenant 5 écoles normales, un Institut Central à Tegucigalpa, ainsi qu'une Université centrale (Facultés de médecine, Sciences, Droit, Sciences polit.) et une École militaire.

Justice : Cour suprême de Justice : 4 Cours d'Appel et des tribunaux départementaux et locaux.

Armée : Tout citoyen du Honduras appartient à l'armée régulière de 21 à 35 ans et à la réserve de 35 à 40 ans. Les étrangers sont exemptés du service, les naturalisés en sont exemptés pendant 10 ans. L'effectif des troupes permanentes est de 3.000 officiers et hommes et celui de la réserve de 20.000 hommes.

Corps diplomatique et consulats.

Allemagne, Ch. d'aff. : N...

Amérique (États-Unis), E. e. et M. pl. : T. S. *Jones* ; Cons. à La Ceiba, Puerto Cortès, Tegucigalpa ; V.-Cons. à La Ceiba, Puerto Cortès, Tegucigalpa.

Argentine (Rép.), C. G. à Tegucigalpa : A.-L. *Aguirre* et V.-Cons.

Autriche, Cons. à Tegucigalpa : N...

Belgique, M. R. et C. G. ; v. Guatemala, corps dipl. ; Cons. à Tegucigalpa : J.-M. *Agurcia* ; V.-Cons. à Amapala San Pedro-Sula.

Brésil, M. R. : v. Guatemala, Corps dipl.

Chili, v. Costa-Rica, Corps dipl. ; Cons. à Tegucigalpa : F. *Werling*. Ag. Cons. à Amapala.

Colombie, E. e. et M. pl. : Manuel *Esguerra* ; Cons. à Tegucigalpa : B. *Corales Mora*.

Cuba, Cons. à Trujillo : N...

Danemark, Cons. à Puerto Cortes : S. *Culotta*.

Espagne, V. Guatemala, Corps dipl. ; Cons. à Tegucigalpa, Trujillo ; V.-Cons. à La Ceiba, Omoa ; Puerto Cortes.

France, v. Relations.

Grande-Bretagne, E. E. et M. pl. : v. Guatemala, Corps dipl. ; Cons. à Amapala, Puerto Cortes (Omoa), Tegucigalpa, Trujillo ; V.-Cons. à Tegucigalpa, San Pedro Sula.

Guatémala, Ch. d'aff. : le C. G. à Tegucigalpa.

Italie, E. e. et M. pl. v. Guatemala, Corps dipl. ; Cons. à Amapala et V.-Cons., Ag. Cons. à La Ceiba, Puerto Cortez, Tegucigalpa.

Mexique, M. R. : Lic. Alb. G. *Franco* ; Cons. à Amapala, Puerto Cortès ; V.-Cons. à Tegucigalpa.

Nicaragua. Ch. d'aff. : N... ; Cons. à Tegucigalpa : Dr R. *Barriculos*.

Norvège. E. e. et M. pl. : V. Mexique. Corps dipl. ; Cons. à Tegucigalpa ; V.-Cons. à Amapala, La Ceiba, Puerto Cortès.

Pays-Bas. Cons. à Managua.

Pérou, Cons. à Tegucigalpa : N...

Portugal, E. e. et M. pl. ; v. Guatemala, Corps dipl. ; Cons. à Tegucigalpa : N...

Salvador, E. e. et M. pl. : A. *Lopez* ; Cons. à Nacaome ; V.-Cons. à Barcelona.

Suède, C. G. à Guatemala ; V.-Cons. à Amapala.

Vénézuéla, C. G. à Tegucigalpa et V.-Cons.

Mouvement économique.

Finances : Budget de 1916-17 (en pesos d'argent) (1) : recettes 5.708.300 dont le principal revenu est 2.782.909, produit de douanes ; dépenses 5.598.999 dont 1.612.984 pour les Travaux publics et l'Agriculture, 1.589.048 pour la Guerre. Dette publique au 31 déc. 1917. Dette extérieure (en livres sterling) : capital, 5.398.570 ; intérêts arriérés depuis 1872, 20.936.017 ; total 26.334.587. Dette intérieure en 1918 : 3.446.628 pesos d'argent.

Productions et industrie : Le Honduras est avant tout un pays d'élevage ; son cheptel en 1915 se composait de 489.185 bœufs, 68.059 chevaux, 24.700 mulets, 180.092 porcs ; 22.778 chèvres.

Cette contrée est à la fois très fertile et produit une grande quantité de bananes (plus de 6 millions de régimes en 1915-16) et de noix de coco qui sont principalement cultivés sur les côtes de l'Atlantique. Il y a également d'importantes plantations de cafés et de tabac de 1re qualité (départements de El Paraiso et Copan). La culture du caoutchouc se développe.

Il existe dans presque chaque département des mines d'or, d'argent, de platine, de cuivre, de fer, d'antimoine et de nickel ainsi que quelques gisements de houille. Sur les 106 établissements que compte l'industrie du pays, seules, les fabriques de chapeaux de paille et de cigares fournissent des articles d'exportation.

Commerce (en pesos d'argent) :

	1913	1914	1916	1917
Importation.....	10.793.009	6.725.000	11.180.900	15.732.900
Exportation.....	7.709.009	3.412.960	10.476.006	13.383.629

La guerre a coupé la plupart des relations du Honduras avec les autres pays, sauf avec les États-Unis qui occupent ainsi une situation privilégiée dans le commerce du Honduras (importation, 4.618.729 pesos en 1918 ; exportation 5.437.809 pesos).

Principaux pays de provenance et de destination en 1913 et 1915 (en pesos d'argent) :

PAYS.	IMPORTATION.		EXPORTATION.	
	1913	1915	1913	1915
Etats-Unis	7.230.000	5.177.000	6.805.000	3.041.000
Royaume-Uni.....................	1.366.000	327.000	178.000	14.»000
France	478.000	55.000	5.000	»
Guatémala	»	89.000	»	45 000
Allemagne	1.215.000	96.000	322.000	703

Principaux articles d'importation : Tissus, soieries, mercerie et quincaillerie, bijouterie machines et outillage pour l'exploit. minière.

Principaux articles d'exportation : Bananes, cocos, animaux vivants, peaux, tabac, café. En 1913-14 le Honduras a exporté en France 7,000 kil. de cuirs, 3,000 kil. de café (60 kil. en 1916-17) et 160 kil. de peaux.

Mouvement maritime (1911) : entrée, 771 bateaux et 2.444 voiliers ; sortie, 703 bateaux et 2.412 voiliers. Trois compagnies nord-américaines desservent régulièrement Puerto Cortez la Ceiba et Tela. La *Pacific Mail Steamship* Co. dessert Amapala, sur la côte du Pacifique.

Marine marchande (1912) : 2 navires de 1.563 tonnes et 3 voiliers de 363 tonnes.

Communications intérieures : Chemins de fer (1915) : 186 kil. ; chemins de fer de plantages 55 kil. Postes (1914) : bureaux 278 ; mouvement postal : Service intér. 807.618 lettres et paquets ; service extérieur 630.279. Télégraphes (1914) : 259 bureaux ; 491 kil. de lignes, 5.182 kil. de fils ; 1.030.848 télégrammes. Téléphones : 95 bureaux ; 170 kil. de lignes.

Monnaies, poids et mesures : L'unité monétaire est le *peso* ou *piastre* de 100 *centavos* = 5 fr. Monnaies : (argent) pièces de 100 centavos (peso argent = environ 2 fr.) 50 centavos, 25 centavos, 12 1/2 centavos (réal), 6 1/2 centavos (médioréal) et la piastre en argent du Mexique, du Pérou, du Chili qui circule librement dans le pays ; (cuivre), pièces de 2 centaves et de 1 centavo ; (fiduciaire) billets de 1,5, 10, 20, 50 et 100 piastres. Le dollar américain est également en circulation.

Le système métrique décimal français est légalement adopté, mais les anciennes mesures espagnoles, la *vara*, l'*arroba*, le *quintal*, sont toujours en usage.

Presse : à Tegucigalpa : *La Gaceta*, *El Nuevo Tiempo*, *El Cronista*.

(1) 1 peso d'argen' = 1 fr. 90.

Relations avec la France.

Traités et Conventions.

COMMERCE : Convention du 11 février 1902. Tarif minimum pour les denrées coloniales originaires du Honduras, traitement de la nation la plus favorisée pour les produits français (exception pour les tarifs accordés aux autres républiques du Centre Amérique).

Représentation du Honduras en France.

Env. extr. et Min. plén. : *Bonilla*.

Consulat général à Paris, 66, rue des Sts-Pères. de 10 à 11 et de 16 à 17 h. Cons. gén. : Don L. *Suazo*.

Consulats généraux à : Marseille : Sp. *Pianello*. et Bordeaux.

Consulats à : Agen, Alger, Bordeaux, Le Havre, Limoges, Nice, St-Nazaire, Toulouse.

Représentation de la France à Honduras.

Env. extr. et Min. plén. : Voir Guatémala, Corps diplomatique.

Agents cons. à Amapala ; La Ceiba ; San Pedro Sula ; Tegucigalpa.

Bibliographie.

Memorias (annuel) (Finances et agriculture) 1916-17.
Revista Economica. Revue mensuelle. Tegucigalpa.
Calix (U.-M.). *Géografia de Honduras*. Tegucigalpa, 1916.
Pector. *Les richesses de l'Amérique Centrale*. *Les chemins de fer de l'Amérique Centrale*.
Perigny. *Les Républiques de l'Amérique Centrale*. Paris, 1913.

HONGRIE

(ÉTAT DE)

Jusqu'en octobre 1918, Corpus Juris hungarici notamment lois fondamentales I et II de 1723 (nommée Sanctio pragmatica) et la loi fondamentale XII de 1867 (compromis austro-hongrois). Deux Chambres, Chambre des Magnats composée de 323 membres héréditaires et de 57 membres à vie, nommés par le Roi ou élus par la Chambre des Magnats, Chambre des Députés composée de 453 membres, dont 413 élus directement pour 5 ans par les collèges électoraux des comitats et des villes hongroises et 40 élus par la Diète croate-slavonique dans son sein. Pour le droit de suffrage, il fallait être âgé de 20 ans, pour l'éligibilité, de 24 ans. Les Chambres se réunissaient tous les ans.

Depuis le 15 novembre, État indépendant. L'Assemblée nationale hongroise, élue pour 2 ans au suffrage universel, fixera la forme définitive du gouvernement. Le droit électoral est attribué à tout citoyen hongrois homme et femme, ayant accompli sa 24e année et aux jeunes gens ayant servi au front pendant 12 semaines. Est éligible, tout citoyen hongrois, ayant 30 ans accomplis et ayant le droit de voter.

Couleurs nationales : rouge, blanc, vert.

Régent : Amiral HORTHY (1er mars 1920).

Ministère (novembre 1919). Président du Conseil : *Huszar* ; Intérieur : *Beniczky* ; Culte et Instruction publique : *Haller* ; Agriculture : J. *Rubinek* : Commerce : *Heinrich* ; Salut public : *Peyer* ; Affaires étrangères : comte *Teleky* ; Justice : Dr *Barizy* ; Minorités nationales : Dr J. *Bleyer* ; Guerre : St. *Friedrich* ; Finances : *Koranyi* ; Ravitaillement : *Szabo* ; Ministre des Petits Agriculteurs : *Szabo-Sokospatka*.

Assemblée nationale (février 1920). Sur 163 sièges : Union nationale chrétienne (ancien parti chrétien-social et parti chrétien-national de M. Friedrich) : 69 ; Parti réuni des petits propriétaires fonciers et des cultivateurs de M. Rubinek : 60 ; Parti démocratique national (MM. Ugron et Vazsonyi) : 4.

Superficie et population.

L'ancien royaume avait la superficie et la population suivantes, en 1910 et 1915 :

PROVINCES.	SUPERFICIE EN KIL. Q.	POPULATION EN 1910.	POPULATION CALCULÉE EN 1915.	PAR KIL. Q.
Hongrie	282.870	18.264.533	18.810.946	66
Croatie et Slavonie	42.541	2.621.954	2.669.883	63
Total	325.411	20.886.487	21.480.829	129

D'après les langues, la population des pays hongrois, y compris la Croatie et la Slavonie, se répartissait de la façon suivante, en 1900 et 1910 :

LANGUES.	1900	1910	LANGUES.	1900	1910
Hongrois (Magyars)	8.742.301	10.050.575	Ruthènes	429.447	472.587
Allemands	2.135.181	2.037.435	Croates	1.682.104	1.833.162
Slovaques	2.019.641	1.967.970	Serbes	1.048.645	1.106.471
Roumains	2.799.479	2.949.032	Divers	397.761	469.255

L'excédent des naissances qui était de 249.597 en 1909 était de 250.642 en 1913. D'après les professions, on comptait : agriculture, 13.465.653 hab. soit 64,47 p. 100 ; industrie, 3.575.849 soit 17,12 p. 100. L'émigration se faisait surtout vers l'Amérique, 81.301 émigrants en 1913 dont 69.263 à destination des États-Unis et 7.845 à destination de la Roumanie.

Les villes au-dessus de 50.000 hab. étaient, en 1910, avec leur population :

Budapest	880.371	Pozsony	78.223	Hodmező - Vásárhely	62.445
Szegedin	118.328	Temesvar	72.555	Kolozsvár	60.808
Szabadka	94.610	Kecskemét	66.834	Ujpest	55.197
Debreczen	92.729	Nagy-Várad	64.169	Miskolcz	51.459
Zágráb (Zagreb)	79.038	Arad	63.166		

Les conditions du traité de paix laissent à la Hongrie env. 14 comitats sur 64, réduisent sa superficie à env. 100.000 k. q., sa population de 21 à env. 8 millions d'hab.

Religion.

Entière liberté des cultes pour toutes les religions légalement reconnues : catholique romaine, catholique grecque, évangélique (Conf. d'Augsbourg et helvétique), unitarienne, grecque-orientale, grégorienne arménienne, baptiste (depuis 1905), israélite et mahométane (depuis 1916).

La population, d'après les cultes, se répartissait de la façon suivante, en 1919 :

RELIGION.	ADEPTES.	POURCENTAGE.	RELIGION.	ADEPTES.	POURCENTAGE.
Catholique Romaine	10.888.138	52,1	Grecque-Orientale ..	2.987.163	14,3
— Grecque .	2.025.508	9,7	Unitarienne........	74.296	0,3
Evangélique (Helv.)..	2.621.329	12,6	Israélite	932.458	4,5
Evangélique (Augsbourg)	1.340.143	6,4	Autres	17.452	0,1

Le clergé séculier de l'Eglise catholique (1912) se composait de 6.665 membres et les ordres religieux de 9.341 membres (2.534 hommes et 6.807 femmes).

Instruction.

L'instruction primaire était obligatoire pour les enfants âgés de 6 à 12 ans et par application de la loi de 1891, les écoles enfantines étaient fréquentées par les enfants âgés de 3 à 6 ans.

On comptait, en 1912, 2.885 écoles enfantines avec 252.736 enfants et 20.255 écoles primaires avec 37.758 professeurs et 2.475.777 élèves. Le magyar était enseigné dans 13.270 écoles, l'allemand dans 458, le slovaque dans 403, le roumain dans 2.257, le croate et le serbe dans 1.821, d'autres langues dans 73.

La population scolaire de 1912 fréquentant les écoles primaires supérieures était de 86.378 et celle des écoles d'enseignement secondaire de 98.125. Il y avait d'autre part 197 gymnases avec 3.877 professeurs et 65.554 élèves, 40 écoles réales (776 professeurs et 11.351 élèves) ; 10 écoles de droit (123 professeurs et 1.386 étudiants) ; 1 Ecole polytechnique à Budapest (169 professeurs et 1.915 étudiants) ; 44 écoles de théologie dont 27 catholiques, 8 protestantes, etc. (287 professeurs et 2.007 étudiants) ; 66 institutions agricoles (2.658 élèves en 1913).

Les Universités de l'Etat étaient au nombre de 3 : université de Budapest, fondée en 1389, comprenant 429 professeurs et 7.808 étudiants ; de Presbourg (Poszony) et de Debreczen, ces deux dernières fondées en 1912.

Justice.

L'organisation judiciaire hongroise comprenait : la Cour Royale Suprême de Budapest (instances supérieures en matière civile et criminelle) ; 12 Tables royales (seconde instance) ; des Cours de 1re instance, 76 cours de comtés, 458 cours de districts, 15 cours de jurys, etc.

Mouvement économique.

Finances.

Le dernier budget normal, celui de 1918, montrait K. 2.072.734 aux dépenses et K. 2072.877 aux recettes. Les évaluations faites pour le budget de l'exercice 1919-20 montraient K. 4.300.000 aux recettes et K. 13.300.000 aux dépenses.

La dette hongroise n'est pas exactement connue. On sait qu'au 31 déc. 1919, elle s'élevait à K. 56.000 millions, dont : Dette d'avant-guerre, 7 800 millions ; emprunts de guerre, 26 500 millions ; emprunts à la Banque d'émission, 9 500 millions.

Les 8 emprunts de guerre émis en Hongrie, depuis la déclaration de guerre, avaient donné les résultats suivants : 1er, novembre 1914, K. 1.175 millions ; 2e, mai 1915, 1.132 millions ; 3e, octobre 1915, 1.980 millions ; 4e, mai 1916, 1.930 millions ; 5e, décembre 1916, 2.309 millions ; 6e, mai 1917, 2.540 millions ; 7e, novembre 1917, 3.690 millions et 8e, 3.860 millions, soit au total une valeur nominale de 29 milliards auxquels viennent s'ajouter env. 8 milliards dus à la Banque austro-hongroise, 2 milliards avancés par l'Allemagne sur traites du Trésor ainsi que par des Etats neutres.

Productions.

La Hongrie, dans ses anciennes limites, formait la plus vaste plaine de l'Europe. Elle était et reste avant tout un pays d'agriculture ; couverte de riches limons, de climat continental (étés très chauds, hivers très rudes et assez secs), la Hongrie est occupée dans les régions les plus humides par des cultures de céréales, dans les régions les plus sèches par des steppes, bonnes pour l'élevage. Elle produit en abondance du blé, des chevaux et des moutons.

La répartition des cultures était la suivante : sur une superficie de 32.476.268 ha, 14.295.410 soit 44 p. 100 étaient des terres labourables, 8.767.272, soit 27 p. 100 des bois, 3.880.640 soit 12 p. 100 des prairies. On ne comptait que 1.673.061 ha. absolument incultes, soit 5 p. 100.

La production des céréales avait été la suivante en 1915 : blé, 4.189.978 tonnes (43,9 p. 100 de plus qu'en 1914) ; seigle, 1.154.528 t. (7,2 p. 100 de plus qu'en 1914) ; orge, 1.208.103 t. (14,9 p. 100 de moins qu'en 1914) ; avoine, 1.162.451 t. (7,4 p. 100 de moins qu'en 1914) ; maïs, 4.714.846 t. (7,8 p. 100 de plus qu'en 1914). La récolte de blé aurait été en 1918 inférieure d'environ 500.000 tonnes à celle de 1917.

La récolte des fruits avait été la suivante, en 1913 : pommes, 39.947.352 kgr. ; abricots, 12.982.889 kgr. ; raisins (de table), 10.006.838 kgr. ; pêches, 2.996.048 kgr. ; prunes, 49.934.190 kgr. ; coings, 499.141 kgr.

Autres productions avec chiffres de 1913 : pommes de terre, 4 millions de tonnes ; tabac, 47.800.000 kgr. ; vin, 658.686 hl. ; soie, 1.485.000 k. de cocons d'une valeur de K. 3.028.074. En 1916-17, la production de sucre avait été de 208.000 tonnes et de 200.000 en 1917-18; en 1915, celle du houblon s'était élevée à 2.114.151 kgr. contre 2.415.849 kgr. en 1914.

Le cheptel comprenait, en 1918 : 2.005.019 chevaux, 905 mulets, 16.157 ânes, 6.206.867 bêtes à cornes, 6.659.858 moutons, 6.824.657 porcs, 268.752 chèvres.

Mines et industries. — En 1913, l'exploitation minière et l'industrie métallurgique employaient 81.200 personnes dont 75.524 hommes, 1.622 femmes et 4.054 enfants ; l'exploitation des salines, 2.991 personnes dont 2.722 hommes et 269 enfants. La valeur de la production minière avait été la suivante, en 1913 : charbon K. 13 millions, lignite 81 millions, minerai de fer, 4 millions, saumon de fer 40 millions, or 8 millions.

Industrie.

La production d'acier s'était élevée à 623.468 tonnes en 1914 et à 688.267 tonnes en 1915.

On comptait, en 1912-13 : 86 brasseries avec une production de 298.042.478 litres de bière, 53.885 distilleries avec une production de 129.612.384 litres d'alcool ; 28 importantes raffineries employant 22.894 ouvriers et produisant 591.115.500 kilos de sucre ; 22 manufactures de tabac (alors monopole de l'Etat) employant 19.862 ouvriers et produisant 648 milliers de cigares et 2.221 millions de cigarettes.

Commerce.

Le commerce spécial s'était élevé en 1913 à plus de 4 milliards de couronnes dont 2.113 millions à l'importation et 1.954 millions à l'exportation.

Les principaux articles d'importation étaient : coton et cotonnades (K. 280 millions), laines et lainages (K. 154 millions), bois, charbon et tourbe (K. 129 millions), cuir et articles en cuir (K. 118 millions), fer et objets en fer (K. 116 millions), machines (K. 78 millions). Les principaux articles d'exportation étaient : céréales et farines (K. 562 millions), animaux vivants (K. 321 millions), sucre (K. 109 millions.)

Communications intérieures.

Les chemins de fer au 1er janvier 1915 comportaient : 22.057 kil. de lignes en exploitation. Les postes, en 1915, comptaient 6.794 bureaux, avec un mouvement postal de 1.164.972.000 de lettres, 156.925.000 de cartes postales, 147.101.000 imprimés et journaux, 25.939.000 de lettres chargées pour le service intérieur et de 128.384.000 de lettres, 50.610.000 de cartes postales, 35.017.000 d'imprimés et journaux et de 9.930.000 de lettres chargées pour le service extérieur.

Les télégraphes comportaient, en 1915, 27.000 kil. de lignes, 177.000 kil. de fils, 5.460 bureaux, 13.933.790 dépêches expédiées à l'intérieur, 1.540.886 expédiées à l'étranger, 2.897.800 reçues de l'étranger, 1.062.474 en transit, 1.276.006 de service ; donnant un total des dépêches de 20.710.956. Les téléphones comptaient, en 1915, 93.159 bureaux ; réseaux urbains : 2.573 réseaux, 29.802 kil. de lignes, 422.851 kil. de fils, 201.399.000 conversations ; circuits interurbains : 10.641 kil. de lignes, 71.207 kil. de fils et 20.326.000 conversations.

La Hongrie en 1919.

Le ministère Karolyi, formé le 31 octobre 1918, dont l'autorité avait été confirmée par un vote des C. O. S. du 16 novembre, s'est trouvé aux prises avec les difficultés dès le début de janvier 1919. La présence dans le cabinet de socialistes l'empêche de prendre les mesures énergiques qui seraient nécessaires contre le mouvement communiste qui se développe. Karolyi, élu président de la République le 11 janvier, est chargé de reconstituer le cabinet. Il forme ainsi le ministère Berinkey, qui comprend 4 membres socialistes au lieu de 2. Les manifestations bolchevistes sont à peine enrayées par l'arrestation des principaux meneurs. La décision prise, le 20 mars, par le Conseil des Soldats de soutenir les communistes qui viennent d'être renforcés par 30.000 ouvriers métallurgistes en grève, hâte la fin de ce régime précaire.

Le 22 mars, Karolyi abdique ses fonctions et la République des Soviets est proclamée. C'est la détente d'une situation trop tendue. L'application du programme communiste : socialisation des grandes propriétés et des grandes industries, expropriation des banques, ne donne pas les résultats attendus. En avril, les Roumains, inquiets de la formation de l'armée rouge et des violations continuelles d'armistice que ses détachements commettent, prennent l'offensive mais sont arrêtés par les Alliés. Dès le début de juin, les bataillons de Bela Kun, aguerris, envahissent la Slovaquie, poursuivent leur avance malgré une sommation des Alliés, et ne sont arrêtés que par la résistance tchéco-slovaque. Le 20 juillet, l'armée rouge hongroise, qui compte plus de 150.000 h. et 1.000 canons, déclenche sur un front de plus de 300 kil. une puissante offensive contre les Roumains. Les réserves roumaines entrent en ligne le 22, rejettent les Bolchevistes de l'autre côté de la Theiss. Le 2 août, les troupes roumaines se trouvent aux portes de Budapest ; le gouvernement des Soviets disparaît et est remplacé par un cabinet social-démocrate Peidl, qui doit apporter la paix avec l'Entente et la paix à l'intérieur. Ce gouvernement cède à son tour, le 6, la place à l'archiduc Joseph et à un ministère Friedrich. Le premier doit se retirer peu de jours après en raison de l'attitude du Conseil suprême.

La mission de sir George Clerk, envoyé en Hongrie par celui-ci pour rendre possible la signature de la paix et tâcher d'amener les partis à conclure une entente en vue de la constitution d'un ministère libéral, aboutit, le 20 novembre, à la formation du cabinet Huszar que l'Entente reconnaît comme gouvernement provisoire et de fait de la Hongrie jusqu'aux élections qui devront avoir lieu le plus tôt possible.

L'entrée triomphale à Budapest de l'armée nationale hongroise, commandée par l'amiral Horthy, après le départ de l'armée roumaine d'occupation, les menées personnelles de l'ancien président du Conseil Friedrich, ministre de la guerre du cabinet Huszar, qui est soutenu par les chrétiens-sociaux, l'appui promis aux royalistes par le gouvernement semblent indiquer que l'évolution politique du jeune État n'est pas encore terminée.

Relations avec la France.

Représentation de la France en Hongrie.

Chargé de mission à Budapest : *Doulcet*, min. plén. (3-20) ; Cons. d'amb. *Fouchet*.

Agent commercial f[t] fon d'attaché : *Chélard* (5-20).

Relations commerciales reprises depuis le 6 août 1919.

Bibliographie.

Annuaire Statistique Hongrois. Annuel. Budapest.

Compass. Finanzielles Jahrbuch für Oesterreich-Ungarn. Annuel. Vienne.

Mailath (Comte J. de). *La Hongrie rurale, sociale et politique*. Paris, 1909.

Nagy (Al. de). *Penzügyi Compass* (*Annuaire financier du roy. de Hongrie*).

ITALIE

(ROYAUME D')

Constitution et Gouvernement. Monarchie constitutionnelle et héréditaire dans la postérité mâle (primog. de la Maison de Savoie depuis le 17 mars 1861. La constitution de l'ancien royaume de Sardaigne du 4 mars a été étendue aux pays annexés. Le Sénat se compose des princes royaux, qui ont droit d'y siéger depuis l'âge de 21 ans, ayant voix à 25 ans, et de membres (321) nommés à vie par le roi parmi 21 catégories de notables (titulaires de certains emplois, personnes qui ont rendu des services éminents à la patrie, contribuables payant une contribution annuelle de 3.000 lires, etc.) et qui doivent être âgés au moins de 40 ans. Le Sénat peut être constitué par décret du Roi en Haute Cour de Justice pour juger les crimes de haute trahison, d'attentat à la sûreté de l'État, et pour juger les ministres accusés par la Chambre des députés.

La Chambre des Députés est composée de 508 membres élus directement pour 5 ans dans 54 districts électoraux. Est électeur tout Italien âgé de 21 ans. Pour être éligible, il faut avoir l'âge de 30 ans. Il ne peut y avoir dans la Chambre que 40 fonctionnaires rétribués par le Gouvernement. Les deux Chambres se réunissent annuellement.

Pavillon de Guerre : 3 bandes verticales, verte, blanche, rouge ; celle du milieu chargée d'un écusson bordé de bleu et couronné d'or à la croix blanche sur un fond rouge. *Pavillon de commerce* : le même, avec écusson non couronné.

Ordres ; O. de l'Annonciade fondé en 1362 et comprenant une seule classe ; O. de Saints Maurice et Lazare (O. de St Maurice fondé en 1434 et O. de St Lazare en 1572 ; 5 cl.) ; O. militaire de Savoie (1815 ; 5 cl.) ; O. civil de Savoie (1831 ; 1 cl.) ; O. de la Couronne d'Italie (1868 ; 5 cl.) ; O. du Mérite agricole, industriel et commercial 1901 ; 1 cl.) ; O. Colonial de l'Étoile d'Italie (1914 ; 5 cl.).

Souverain : S. M. VICTOR-EMMANUEL III, né le 11 nov. 1869 à Naples, a succédé le 29 juillet 1900 à son père, *Humbert* Ier ; marié le 24 oct. 1896 à *Hélène*, Psse. de Montenegro, née le 8 janv. 1873.

Enfants du roi : 1° Psse. *Yolande*, née le 1er juin 1901 ; Psse. *Mafalda*, née le 19 nov. 1902 ; 3° Prince royal *Humbert*, Prince de Piémont, né le 15 sept. 1904 ; 4° Psse. *Jeanne*, née le 13 nov. 1907 ; 5° Psse. *Marie*, née le 26 déc. 1914.

Représentation nationale : Sénat, Prés. : T. *Tittoni* ; V.-Prés. : Di *Prampero*, *Colonna*, *Melodia*, *Hortis*. Secrétariat, Dir. : *Pozzi*.

Chambre des Députés (élus en 1919 : 178 libéraux-démocr. ; 101 popul. (catholiques) ; 39 radicaux, 8 républicains, 156 socialistes). Prés. : V.-E. *Orlando*. V.-Présidents : *De Nava*, *Meda*, *Ciuffelli*, *Berenini*. Secr. gén. : *Montalcini*.

Conseil des Ministres (juillet 1919). Président du Conseil et ministre de l'Intérieur : F. *Nitti* ; Affaires étrangères : V. *Scialoja* ; Colonies : L. *Rossi* ; Justice et Cultes : L. *Mortara* ; Trésor : C. *Schanzer* ; Finances : F. *Tedesco* ; Guerre : général *Albricci* ; Marine : amiral G. *Sechi* ; Instruction publ. : A. *Baccelli* ; Travaux publ. : E. *Pantano* ; Agriculture : A. *Visocchi* ; Commerce, Industrie : D. *Ferraris* ; P. T. T. : P. *Chimienti* ; Transports marit. et ch. de fer : R. *de Vito* ; Régions libérées : C. *Nava* ; Assistance milit. et pensions de guerre : U. *da Como* ; Ravit. : S.-Secr. d'Etat : L. *Murialdi*.

Superficie et population.

Superficie : Italie 1915 : 286.610 km. q. ; 1919 (Trentin et Tyrol mérid. ; 16.197 km. q. ; Vénétie julienne : 7.669 km. q. ; autres nouveaux territoires) ; colonies : 1.976.000 km.q. Population totale : Italie (1916) : 36.546.437 ; (1919) : env. 38.420.000 ; colonies : 1.680.000.

	1816	1872	1911	1918
Population	18.383.000	26.801.000	34.671.377	36.740.000
Augmentation annuelle (p. 100)...	»	0.720	0.658	0.92

Le nombre d'étrangers recensés en 1911 était de 79.756 dont 15.006 Français, 11.911 Austro-Hongrois, 11.121 Suisses, 10.715 Allemands, 6.154 Anglais, 4.968 Américains, 4.964 Argentins, 3.009 Brésiliens, 1.892 Russes, 1.533 Espagnols, 1.187 Turcs, 930 Belges, 766 Grecs. Suivant le recensement de 1911, il y avait 85.960 Italiens parlant habituellement le français ou un patois français contre 9.960 parlant l'allemand ou un patois allemand.

Émigration.

Moyenne de l'émigration par régions pour les quatre périodes suivantes :

	1876-1886	1886-1896	1896-1913	1914-1918
Italie Septentrionale	92.000	151.539	210.812	77.221
— Centrale	14.483	31.613	117.913	29.043
— Méridionale	27.911	86.528	278.520	62.203

De 1912 à 1917, le mouvement de l'émigration a été le suivant :

	Europe et bassin de la Méditerranée	Pays d'Outre-mer	Total
1912	308.140	403.306	711.446
1913	313.032	559.566	872.598
1914	245.897	233.144	479.041
1915	79.502	66.517	146.019
1916	68.224	74.140	142.364
1917 (provis.)	36.719	13.351	50.070
1918 —	22.986	5.325	28.311

La proportion des retours sur les départs pour les pays d'outre-mer variait entre un demi et un tiers avant la guerre, sauf un maximum de 172 p. 100 atteint en 1908.

Divisions administratives.

L'Italie se divise en 69 provinces, 214 territoires, 1.805 arrondissements et 8.345 communes (13 de plus de 100.000 hab.; 29 de 50.000 à 100.000 hab.; 51 de 30.000 à 50.000 hab., etc.). Les principales villes avec leur population communale évaluée en janvier 1915 étaient les suivantes :

VILLES.	POPUL.	VILLES.	POPUL.	VILLES.	POPUL.
Naples	697.917	Bari	109.218	Pise	67.285
Milan	663.059	Padoue	105.135	Ancône	63.430
Rome (capitale)	590.960	Ferrare	102.550	Cagliari	61.175
Turin	451.994	Brescia	89.622	Trapani	60.779
Palerme	345.891	Vérone	86.448	Bergame	58.470
Gênes	300.139	Foggia	79.218	Novare	58.858
Florence	242.147	Lucques	79.110	Vicence	57.016
Catane	217.389	Alexandrie	78.159	Parme	54.584
Bologne	189.770	Ravenne	74.161	Udine	49.696
Venise	168.038	Reggio Emilia	75.349	Arezzo	50.09[illegible]
Messine	150.000	Modène	76.584	Forli	48.943
Livourne	108.585	Pérouse	70.227	Salerne	48.247

Religion.

Liberté des cultes. La religion catholique romaine est numériquement dominante dans le royaume. Il y avait, en 1911, 32.983.664 catholiques (95,13 p. 100), 123.253 protestants (0.36 p. 100), 34.324 israélites (0.11 p. 100).

Au point de vue de l'organisation, l'Italie est divisée en 13 provinces apostoliques comprenant 286 juridictions épiscopales, 1 patriarcat (Venise), 49 archevêchés, 6 évêchés, sièges cardinalices, 219 évêchés, 11 abbayes et 20.707 paroisses.

Les archevêques et évêques sont nommés par le Pape, mais ils ne peuvent exercer leurs attributions qu'après avoir reçu l' « exequatur » royal.

On comptait, en 1911, 358 ministres et pasteurs évangéliques et 54 rabbins.

Instruction.

L'instruction primaire est, seule, obligatoire ; l'enseignement religieux dans les écoles primaires n'est donné que sur l'avis des parents.

L'enseignement primaire comportait 5.455 asiles (500.705 élèves en 1915-16) ; 100.105 écoles publ. en 1916 (3.167.245 élèves) ; l'enseignement primaire supérieur : 20.091 écoles publ. en 1916, avec 524.705 élèves ; 6.534 écoles privées en 1907-08 (148.081 élèves) ainsi que 4.783 écoles du soir (182.273 élèves).

L'enseignement secondaire comprenait, en 1914-15 : 1° écoles du Gouvernement : 113 écoles supplémentaires pour filles (28.540 élèves) ; 149 écoles normales (30.407 élèves) ; 294 gymnases (44.744 élèves), 164 lycées (13.318 élèves) ; 379 écoles techniques (101.189 élèves) ; 85 Instituts techniques (25.101 élèves) ; 2° écoles privées en 1914-15 : 111 écoles supplémentaires (3.754 élèves) ; 45 écoles normales (967 élèves) ; 239 gymnases 10.835 élèves) ; 72 lycées (1.275 élèves) ; 190 écoles techniques (9.778 élèves) ; 24 Instituts techniques (1.273 élèves).

L'enseignement supérieur était donné en 1916-17 par :

1° 17 Universités d'Etat : Bologne (fondée en 1113) ; Cagliari (f. en 1603) ; Catane (f. en 1444) ; Gênes (f. en 1812) ; Macerata (f. en 1290) ; Messine (f. en 1224) ; Modène (f. en 1182) ; Naples (f. en 1224) ; Padoue (f. en 1222) ; Palerme (f. en 1312) ; Pavie (f. en 1361) ; Pise (f. en 1338) ; Rome (f. en 1303) ; Sassari (f. en 1556) ; Sienne (f. en 1247) et Turin (f. en 1404) ; ces 17 Universités comptaient 23.308 étudiants ;

2° 4 Universités libres dont : Camerino (f. en 1727) ; Ferrare (f. en 1391) ; Pérouse (f. en 1200), comprenant, en 1916-17, 1.349 étudiants.

On comptait, d'autre part, comme Ecoles supérieures ou Instituts.

A *Naples :* Ecole supérieure polytechnique (f. en 1865) ; Ecole sup. de médecine vétérinaire (f. en 1799) ; Institut Oriental (f. en 1727) ; Institut des Arts (f. en 1822) ;

A *Turin :* Ecole de Pharmacie ; *Politecnico* (f. en 1906) ; Ecole sup. de médecine vétérinaire ; Académie Albertino des Beaux-Arts (f. au XVIe s.) ;

A *Bologne :* Ecoles sup. d'Agriculture ; de Pharmacie ; de Médecine vétérinaire ; d'application pour les ingénieurs ; Institut royal des Beaux-Arts ;

A *Cagliari :* Ecole de Pharmacie ; à *Camerino* : Ecole de Pharmacie ; de Médecine vétérinaire ; à *Carrare* : Acad. royale des Beaux-Arts ; à *Catane* et à *Ferrare* : Ecoles de Pharmacie ;

A *Florence :* Institut royal des Etudes supérieures ; Institut royal des Sciences sociales *Cesare Alfieri* (f. en 1874) et Institut royal des Arts (f. en 1330) ;

A *Milan :* Acad. royale scientifique et littéraire (f. en 1859) ; Institut technique sup. (f. en 1862) ; Université Commerciale *Luigi Bocconi* (f. en 1902) ; Ecole sup. de Médecine vétérinaire (f. en 1791) ; Ecole sup. d'Agriculture (f. en 1875) et Acad. royale des Beaux-Arts.

Il y avait, en outre, 35 écoles d'agriculture (1.463 élèves en 1916-17) ; 3 écoles des mines (51 élèves en 1915-16) ; 103 écoles industrielles (23.842 élèves en 1916-17) ; 273 écoles de dessin et de modelage (24.386 élèves en 1916-17) ; 44 écoles professionnelles pour filles (9.103 élèves en 1916-17) ; 18 écoles gouvernementales de commerce (1.460 élèves en 1915-16) et 16 écoles privées de commerce (3.480 élèves) ; 13 Instituts gouvernementaux des Beaux-Arts de l'Etat (1.953 élèves en 1915-16) et privés (1.350 élèves) ; 5 Instituts et Conservatoires de musique de l'Etat (1.019 élèves en 1915-16) et privés (4.037 élèves).

La France a créé l'*Institut français de Florence*, annexe de l'Université de Grenoble. Centre de hautes études scientifiques, cet Institut est une Ecole supérieure d'italien à l'usage des étudiants français et un centre d'études françaises pour les Italiens. L'Institut possède, outre des sections des lettres italiennes, des lettres françaises, d'histoire de l'art, et d'histoire de la musique, un Bureau d'études économiques et juridiques et un Office d'informations et d'échanges.

Pour l'*Académie de France à Rome*, Voir *Beaux-Arts*, p. 324.

Justice.

Au point de vue de l'organisation judiciaire, on comptait 5 cours de cassation (4 d'entre elles n'ayant juridiction qu'en matière civile) ; 20 ressorts de cours d'appel, subdivisés en 162 ressorts de tribunaux et chacun de ceux-ci en *mandements* ayant chacun leur propre magistrature (la préture), soit en tout 1.535. Dans 12 villes principales, existent aussi des *préteurs urbains* (14) n'ayant juridiction qu'en matière pénale. Pour les affaires civiles, en plus des magistratures ci-dessus, exercent également des *conciliateurs* ayant juridiction pour les affaires minimes.

Armée.

Le service militaire est obligatoire (loi du 24 déc. 1911). L'obligation du service commence à l'âge de 20 ans accomplis et dure 19 ans (22, depuis 1915), dont 2 ans sous les drapeaux, 6 en congé de l'armée permanente, 4 dans la milice mobile et 7 dans la milice territoriale. Service actif de 8 mois.

L'armée (pied de paix) comprend 10 corps d'armée et 2 divisions de cavalerie. Le corps d'armée comporte 3 divisions, chacune ayant 3 brigades de 3 régiments d'infanterie à 3 bataillons et un régiment d'artillerie.

Infanterie : 2 rég. de *granatieri*, 106 rég. d'infanterie, 12 de *bersaglieri*, 9 d'*alpini*.

Cavalerie : 16 rég.

Artillerie : 30 rég. d'art. de camp. ; 15 d'art. lourde (autom.) ; 1 d'art. (sur camions) ; 1 à cheval ; 3 d'art. de montagne ; 6 d'art. lourde (siège) ; 4 d'art. de défense des côtes.

Génie : 15 bat. de sapeurs ; 1 rég. de mineurs ; 15 bat. de télégraph. ; 1 rég. de radiotélégr. ; 1 rég. de pontonniers ; 1 rég. de ch. de fer.

Marine.

La flotte de guerre se composait en 1918 de : 11 cuirassés d'escadre (13 en 1916) : *Dante Alighieri* (19.000 t. ; vitesse 24 n.) ; *Conte di Cavour* et *Giulio Cesare* (21.500 t., vitesse 22 n. 5) ; *Duilio* et *Andrea Doria* (21.500 t. ; vitesse 23 n.) ; *A. de Saint-Bon* et *E. Filiberto* (9.800 t. vitesse 18 n.) ; *Vittorio Emanuele*, *Regina Elena*, *Napoli* et *Roma* (12.625 t. ; vitesse 22 n.) ; 4 super-dreadnoughts mis en service depuis la guerre : *C. Colombo*, *M. Colonna*, *F. Morosini* et *Caracciolo*, de 28.000 t. avec une vitesse de 25 n. ; 5 croiseurs cuirassés

(8 en 1916) : *Varese* et *F. Ferruccio* (7.350 t.) ; *S. Giorgio*, *S. Marco* et *Pisa* (10.118 t.) ; 14 croiseurs protégés (16 en 1916) ; 48 destroyers (10 en 1916) ; 74 torpilleurs (48 en 1916) environ 70 sous-marins (19 en 1916). Il existait, en outre, de nombreux navires auxiliaires de toutes classes.

Personnel (avant-guerre) : 1.927 officiers, 38.000 hommes.

Corps diplomatique à Rome près le Quirinal et consulats.

Allemagne, Ch. d'aff. : N...

Amérique (Etats-Unis), Amb. (Pal. Tempini, Piazza S. Bernardo 16) : R. *Underwood Johnson* ; Ch. d'aff. ; P.-A. *Jay* ; Cons. à Milan ; N. *Winship* ; à Rome ; F.-R. *Keene*, C. G.

Argentine Rép., E. e. et M. pl. (Piazza Esquilino 2) : Dr L. *Azarra Garay*. Cons. à Gênes : C.-F. *Saguier*, C. G. ; à Milan : E. *Yateman*.

Autriche, Ch. d'aff. : N...

Belgique, Amb. extr. et plén. (via Po, 20) Cte. W. *van den Steen de Jehay* ; Cons. de lég. : R. Everts ; Cons. à Gênes : E. *Berck* ; Milan : J. *Dossogne* ; C. G. ; Rome : C. *Dubois*.

Bolivie, v. Allemagne, ; Corps dipl. Cons. à Rome : L. *Segarini*.

Brésil, Amb. (Piazza Navone, Palazzo Doria Pamfili) : L. *Martins de Souza Dantas* ; Cons. à Gênes : *Moraes Barros*, C. G. ; Rome : J. *Manari*.

Bulgarie, Ch. d'aff. : N...

Chili, E. e. et M. pl. (Via Po, 16) E. *Villegas* ; Cons. à Gênes : E. *Paul*.

Chine, E. e. et M. pl. (Via Nomentana 118) *Wang-Kouang Ky* ; Cons. à Gênes : N...

Colombie, E. e. et M. pl. (Via Valadier 42), J.-V. *Concha* ; Cons. à Gênes ; Milan.

Costa-Rica ; E. e. et M. pl. (Via Giosué Carducci 2) : N..., Cons. à Gênes, Milan.

Cuba, E. e. et M. pl. (Via Palestro 62) : M. *Martin Rivero*.

Danemark, Ch. d'aff. (Via Piemonte 62), M.-A. *d'Oldenburg*.

Dominicaine (Rép.), V. France, Corps dipl. ; Ch. d'aff. : J.-M. *Robirosa*.

Equateur, Cons. à Gênes, C. *Villavicencio*, C. G. ; Rome : M. Valverde, C. G.

Espagne, Amb. (Via Quattro Fontane 13) Mis. *de Villa Urutia* ; Cons. à Gênes : J. Tuero, C. G. ; Milan : F. *Cortes* ; Rome : N...

Finlande, Ch. d'aff. (141 Corso V. Emmanuel) : Dr *Gummerus*.

France, V. Relations.

Grande-Bretagne, Amb. (Via Venti Settembre, Porta Pia) Rt. Hon. Sir G. *Buchanan*, G. C. M. G., G. C. V. O. ; Cons. d'amb. : H.-W. *Kennard* ; Cons. Commercial : Sir E. *Cap. Cure*. Cons. à Gênes : E.-O. *Block* ; Milan : J.-H. *Towsey* ; Rome : C. *Ceccarelli-Morgan*.

Grèce, E. e. et M. pl. (Via Quattro Fontane 13) Lambros A. *Coromilas*. Cons. à Gênes, Livourne ; Milan : D. *Martin*, gér. ; Rome : B. *Intrigila*, C. G.

Guatemala, v. France, Corps dipl. ; Cons. à Rome : J. *Montefiore*, C. G.

Haïti, C. G. à Gênes, A. *Duval*.

Honduras, Cons. à Gênes, A. *Facco*, C. G. ; Milan : A. *Gondrand*.

Hongrie, Ch. d'aff. : N...

Japon, Amb. (Piazza del Gesu, 49) H. *Ijuin*. Cons. à Gênes et Turin : E. *Canali*, C. G.

Libéria, Cons. à Gênes : G. Nicolisi, C. G. ; Milan : O. *Segre*.

Luxembourg, v. Pays-Bas, Corps dipl.

Mexique, E. e. et M. pl. (via Vicenza 5) : Ed. *Hay*, gér. Cons. à Milan : John B. *Dace*.

Monaco, E. e. et M. pl. : Cte. H. *de Maleville*. Chanc. : via Aureliana 39.

Nicaragua, V. Portugal, Corps dipl. ; Cons. à Gênes ; Milan ; Rome.

Norvège, E. e. et M. pl. : A. *Scheel*. Cons. à Gênes, Milan, Naples, Rome, Turin.

Panama, Cons. à Gênes : A. *de la Guardia*. C. G. ; Milan ; Rome : F. *Partini*

Paraguay, Cons. à Gênes : R. *Costaguta*, C. G. ; Milan : E. Thomas, C. G. ; Rome : F.-S. *Ennucci* C. G.

Pays-Bas, E. e. et M. pl. (Pal. Torlonia, via di Bocca di Leone 78), Dr J.-H. *Van Royen* Cons. à Gênes : J.-M. *Hoeang* ; Milan ; Rome : C.-G. *Moleschott*.

Pérou, C. G. à Gênes : S. *Soyer* ; Milan : L. *Bizzozero* ; Rome : F. *Santi*.

Perse, E. e. et M. pl. (Via Vicenza 7) Mirza *Isaac* Khan Mogiakhan-el-daouleh ; Cons. à Milan : Dr Castaldi ; Rome : Bar. J. *Levi*.

Pologne, E. e. et M. pl. (20 Piazza di Spagna) : C. *Skirmunt*.

Portugal, E. e. et M. pl. (Via dei Portoghesi 2), Fr.-E. *Leao*.

Roumanie, E. e. et M. pl. (Piazza Cairoli 3) : A.-E. *Lahovary*.

Russie, Amb. (Via Gaeta 3) : N... Cons. à Gênes ; Milan ; Naples · Rome.

Saint-Marin, Cons. à Rome : E. di *Benedetto*, C. G.

Salvador, v. France, Corps dipl. ; Cons. à Gênes : P.-G. *Trigueros*.

Serbes-Croates-Slovènes (*Roy. des*), E. e. et M. pl. (Viale Castro Pretorio 66 a) M. *Antonijévitch*

Siam, E. e. et M. pl. (70 via Nomentana), Mis. *de Bibadh*.

Suède, E. e. et M. pl. (Pal. Capranica), C. N. D. Bar. *de Bildt*.

Suisse. E. e. et M. pl. (Piazza della Croce Rossa) Dt. Jur. G. *Wagnière*; Cons. à Gênes: A. *Salvadé*; Milan : A. *Vonwiller*.
Tchéco-Slovaquie, Ch. d'aff. (9, via Gaeta) : Dr Vlastimil *Kybal*.
Turquie, Ch. d'Aff. : N...
Uruguay, E. e. et M. pl. Manuel *Bernardez*. Cons. à Gênes ; Milan, Rome.
Venezuela, Cons. à Gênes ; Milan ; Naples ; Rome : Dr E. *Rossi*.

Mouvement économique.

Finances.

Les recettes et dépenses des 5 derniers exercices ont été les suivants, en milliers de lire :

	1914-15	1915-16	1916-17	1917-18	1918-19
Recettes	4.046.700	11.943.863	17.215.886	20.505.819	21.877.297
Dépenses	5.954.304	12.711.695	21.775.678	26.655.568	33.507.430
Différence	— 1.907.604	— 767.832	— 4.559.792	— 6.149.749	—11.630.133

Budget de l'année financière finissant au 30 juin 1919 (en milliers de lire) :

Recettes ordinaires	7.458.850
— extraordinaires	2.039.540
Recettes totales	21.877.297
Dépenses ordinaires	5.985.205
— extraordinaires	26.614.293
Dépenses totales	33.507.430

Circulation des billets émis par les trois banques d'émission et par l'Etat, 2.764 millions au 31 juill. 1914, 6.330 millions au 31 déc. 1916. 10.174 millions au 31 déc. 1917. 13.874 millions au 31 déc. 1918.

Les dépenses de guerre s'élevaient à 83.303.325.743 lire au 31 oct. 1919.

La situation de la dette publique au 31 oct. 1919 était la suivante (en millions de lire) :

Montant des dettes antérieures au 1er août 1914	13.638
— des titres émis pour la guerre	14.859
— des bons du Trésor	42.690
— des billets en circulation	11.872
Fonds de la Caisse des dépôts et prêts (comptes courants)	660
	83.719

Malgré la guerre, l'épargne italienne n'a cessé de progresser dans les proportions suivantes (en millions de lire) :

	1914	1913	1916	1917	1919
Banques populaires	703,5	583,4	707,9	880,4	1.423,7
— coopératives	507,8	427,4	531,7	669,2	1.237,3
Caisses d'épargnes	2.800	2.552,4	2.905,1	3.432,7	5.589,1
— postales	2.121,3	1.861,7	1.987,6	2.352,9	4.223,7
Monts de Piété	214,5	220,0	245,4	284,6	457,3
Banques rurales	103,7	96,8	112,3	150,9	281,9
Total	6.450,8	5.741,7	6.490,0	7.770,7	13.213,0

A part le fléchissement de 1915, le progrès est donc régulier, et il est particulièrement remarquable pour la dernière année qui accuse un surplus de près de 4 milliards.

Productions et industries.

Agriculture. — Sur les 28.661.037 hectares, superficie totale des terres, 26.399.000 sont en culture (49,8 p. 100). Les terres incultes couvrent 7,9 p. 100 de la superficie totale ; les prairies, 28,1 p. 100 ; les vignobles et jardins fruitiers, 5,8 p. 100.

Principales récoltes (en millions de quintaux ou d'hectolitres) :

	1917	1919	Année moyenne
Blé (millions de qx.)	38	46	48
Maïs (—)	23	22	26
Seigle et orge (—)	2,6	2,9	3,4
Riz (—)	3,3	4,8	4,8
Fèves (—)	1,5	2,9	4,3
Pom. de terre (—)	16	13,8	16,4
Vins (millions de hl.)	48,7	33	42,7
Huile d'olive (millions de hl.)	2,7	1,6	»

Cheptel en 1908 et en avril 1918 (nombre de têtes) :

	1908	1918	Différence.
Chevaux	955.878	989.786	+ 33.908
Anes	849.723	949.162	+ 99.439
Mulets	338.337	496.743	+ 108.406
Bœufs et vaches	6.198.861	6.239.741	+ 40.880
Buffles	19.366	24.026	+ 4.460
Porcs	2.507.798	2.338.926	— 168.872
Moutons	11.162.926	11.753.910	+ 590.984
Chèvres	2.714.878	3.082.558	+ 367.680

Sériciculture. — Développement intense dans la grande vallée du Pô, c'est-à-dire dans le Piémont, en Lombardie et dans la Vénétie, où les filatures à vapeur et les cuvettes sont maintenant en abondance ainsi que le montrent les chiffres ci-dessous de 1917 :

	Filatures.	Cuvettes.
Piémont et Ligurie	101	7.460
Lombardie	470	36.539
Vénétie	159	10.916
Italie Centrale	109	4.819
— Méridionale et Iles	30	1.686
Total	869	61.420

La production et le travail de la soie constituent actuellement une des plus grandes ressources économiques de l'Italie et la base principale de son commerce extérieur. En fait, la valeur de la soie grège et travaillée représente, dans le mouvement commercial, le tiers de l'exportation totale.

L'importance de la production séricicole ressort des chiffres suivants qui ont trait à la récolte de soie grège produite, obtenue en 1917 et en 1918 dans l'Europe centrale :

	1917	1918 (estim.)
France	205.000 kilos.	240.000 kilos.
Italie	2.820.000 —	2.695.000 —
Espagne	70.000 —	75.000 —
Hongrie	65.000 —	65.000 —

Cette industrie comptait, au 30 juin 1917, 2.081 établissements dont 209 s'occupaient de la sériciculture, 1.703 de la filature et 169 du tissage de la soie. La Lombardie venait en tête avec 329 établ., ensuite la Vénétie avec 220. La récolte de cocons pour 1917 s'était élevée à 30.830.000 kgm.

Forêts. — Superficie couverte de 4 millions d'ha. à l'exclusion des plantations de châtaigniers). De 1867 au 30 juin 1915, 33.555 ha. ont été reboisés. La valeur de la production annuelle des forêts était de 225 millions de lire (en 1915, bois 39.280.000 lire et charbon de bois 68.927.500 lire).

Production minière — Résultats 1916 et 1918 évalués en milliers de tonnes métr. :

Minerais.	Mines	1916	1918	Minerais.	Mines	1916	1918
Soufre	402	1.672.5	253.4	Fer. Pyrites de fer	10	410.2	482.1
Charbon de terre	169	1.305.9	2.171.4	Acide borique	8	2.2	2.2
Min. de Zinc	»	90.0	67.1	Cuivre	5	88.4	83.2
Min. de Plomb	77	39.5	37.6	Mercure	4	134.5	1.1
Min. de Fer	33	942.2	694.6	Asphalte et subtances bitumeuses (graphite, pétrole et autres prod. minéraux)	2	16.8	7.6
Min. de Manganèse	13	18.1	31.8				
Antimoine argentifère	5	6.5	3.7				
Lignite	»	1.282.8	2.117.1				

Pêcheries : au 1er janv. 1916 : 162.755 pêcheurs et 26.725 navires ou bateaux de pêche jaugeant 70.443 tonnes dont 48 de 419 t. consacrés à la pêche du corail. La valeur des pêcheries (à l'exclusion de la pêche étrangère) avait été en 1915 de 16.053.020 lire (thon, 2.221.331 et corail, 35.340).

Mouvement industriel.

De 1903 à 1911, le développement industriel de l'Italie est marqué par les chiffres suivants :

ANNÉE.	USINES.	OUVRIERS.	EN HP. Puissance des moteurs ordinaires.	EN HP. Énergie électrique consommée.
1903	117.341	1.275.109	734.274	43.816
1911	243.926	2.304.438	1.620.404	586.161
Différence	+ 136.585	+ 1.029.329	+ 894.130	+ 542.345

La répartition des différents groupes d'industries était indiquée de la façon suivante d'après la statistique industrielle du 10 juin 1911.

INDUSTRIES.	USINES.	OUVRIERS.	INDUSTRIES.	USINES.	OUVRIERS.
Produits alimentaires	135.461	640.856	Produits chimiques	5.661	100.924
Mines et métallurgie	58.836	695.737	Services publics	5.309	76.788
Industries textiles	32.691	656.733	Industries diverses	5.978	133.510

Les principaux centres industriels étaient avec le nombre des usines en 1911 : Lombardie (41.027) ; Piémont (26.332) ; Toscane (22.522) ; Vénétie (20.904) ; Emilie (20.317) ; Sicile (19.555) ; Campanie (19.284).

Industrie sidérurgique. — Chiffres en milliers de tonnes métr. de la production de 1914 à 1918 :

	1914	1915	1916	1917	1918
Coke métallurgique .	453	448	515	447	262
Fonte brute	385	377	480	471	313
Acier brut lingots .	897	991	1.245	1.296	963
— moulages.	18	17	24	35	29
Produits finis en fer...	114	70	»	»	»
Produits finis en acier	706	854	»	»	»

Commerce.

Évaluations pour l'année 1919. Importations, 12.338.800.000 lire ; Exportations, 3.190 000.000 lire.

Le chiffre des importations et des exportations (à l'exclusion des métaux précieux) s'établit de la façon suivante, pour les années 1913-1918, en millions de lire :

	1913	1914	1915	1917	1918
Importation	3.645.6	2.923.3	4.703.5	13.990.2	16.038.7
Exportation	2.511.3	2.210.4	2.533.4	3.308.5	3.423.4
Différence	1.134.0	712.9	2.170.1	10.681.7	12.615.3

Les principaux pays de provenance et de destination étaient en 1913 et en 1918 en millions de lire :

PAYS.	IMPORTATION.		EXPORTATION.	
	1913	1918	1913	1918
France	283.4	1.026.9	231.5	902.7
Grande-Bretagne	591.8	2.189.8	260.5	559.4
Espagne	29.0	230.6	18.1	30.0
Suisse	86.8	155.9	249.2	283.7
Indes Britanniques	146.0	1.164.2	49.5	32.6
Egypte	27.6	193.3	49.2	96.4
Argentine	166.6	1.493.6	185.6	99.1
Etats-Unis	522.7	6.226.7	267.9	127.6
Allemagne	612.7	»	343.4	»
Autriche-Hongrie	264.7	»	221.1	»

Les importations de la Grande-Bretagne ont, relativement à 1913, augmenté d· 270 p. 100, celles de l'Argentine de 796 p. 100 en 1918. Celles de la France de 262 p. 1··. Mais la grande augmentation vient des Etats-Unis. ; de 1913 à 1918, la différence est d· 5.714 millions, soit une augmentation de 1.115 p. 100.

Les principaux articles de commerce étaient en millions de lire :

CATÉGORIES.	IMPORTATION.		EXPORTATION.	
	1913	1918	1913	1918
Matières premières	1.386.9	3.490.2	360.5	359.6
— demi-travaillées	704.8	3.721.0	590.7	703.6
Objets fabriqués	851.3	2.334.9	798.0	923.7
Articles d'alimentation et animaux vivants	720.6	4.355.5	762.4	496.7

L'augmentation aux achats de matières premières est un symptôme du travail inten·e d··s industries.

Valeur des principaux articles exportés pour les 5 dernières années :

ANNÉES.	Soie grège	Draps de coton.	Etoffes de soie.	Vins.
	Lire ital.	Lire ital.	Lire ital.	Lire ital.
1914	282.831.900	135.010.120	107.014.392	76.523.831
1915	324.974.552	225.060.073	155.239.685	54.968.737
1916	468.704.560	313.827.161	201.063.582	71.882.350
1917	489.571.540	361.209.710	246.937.313	140.761.631
1918	300.551.880	228.265.335	257.372.718	285.703.821

Pour 1919, les exportations de soie ont doublé de valeur alors que la quantité a diminué de moitié. Quantité en 1913, 60783 q. contre 33.165 en 1919; valeur, 274.234.500 lire en 1913 contre 545.951.000 en 1919.

Exportation des automobiles italiennes (en lire).

ANNÉES.	CAMIONS.	AUTOMOBILES.	TOTAL.
1912	2.929.580	35.786.180	38.715.760
1913	2.303.470	31.875.467	34.180.937
1914	4.037.325	36.634.670	40.671.995
1915	35.830.400	27.550.575	63.380.975
1916	74.663.100	9.368.130	84.032.2[illegible]
1917	103.139.140	11.839.665	114.978.8[illegible]
1918	28.557.500	16.784.900	45.342.4[illegible]

Le commerce franco-italien.

A la veille de la guerre, la France occupait la quatrième place dans l'ensemble du trafic international italien : dans la moyenne de 1908-1912 les importations de France en Italie atteignaient 311 millions, soit le 9,5 % des importations totales. Les exportations italiennes en France représentaient 210 millions soit 10,2 % du total. En 1913, les importations montèrent à 283 millions, les exportations à 231,4. En 1914, les premières sont descendues à 205,5 ; les secondes à 174,1. En 1918, la France a passé à la troisième place dans le trafic international de l'Italie avec un total de presque 1.930 millions dont 1.027 millions pour les importations de France et 903 millions pour les exportations en France (en 1917, 645 millions et 589 millions).

Les chiffres de la Direction Générale des Douanes françaises sont, pour les trois dernières années, les suivants :

	1917	1918	1919
	—	—	—
Importations en France...	815.275.000 fr.	818.010.000 fr.	883.281.000 fr.
Exportations de France...	971.147.000 fr.	779.642.000 fr.	505.528.000 fr.

En 1913, parmi les importations en Italie les plus importantes étaient celles des catégories : *laine* déchets et grège (33.186.5 mille), poil (3.602.3), manufacturés (9.060.7) ; *soies* grèges et déchets (10.058.5), tissus, et rubans (6.737.9), autres manufacturés (9.874.0) ; *peaux* crues (6.668.4), tannées et travaillées (15.652.1) ; *produits chimiques, parfumeries* (20.903.6) ; *métaux*, débris de fer, grèges, mi-ouvrés (8.684.5), instruments de fer et acier (9.240.01), autres métaux et travaux (11.194.6), machines (5.047.6), instruments scientifiques (6.904.3) argent (7.699.3), or (2.241.1) ; *pierres précieuses* travaillées (lires 18.570.3) ; *objets en caoutchouc* (7.315.5) ; *mercerie* (6.574.4) ; *poissons et crustacés* (6.022.1), huiles (olive exceptée) (6.086.6), etc.

Parmi les exportations italiennes en France, les *soies* tenaient la première place : grège et déchets (60.574.006), tissus, rubans et autres manufacturés (6.027.6) ; *peaux* (lire 17.264.127). *chanvre* grège et peigné (10.231.3) ; *vins* (8.611.3) ; *volailles et œufs* (lire 7.822.685) ; *minéraux* métalliques (6.373.9) ; *soufre* (7.456.322) ; *chapeaux* (5.832.300) ; *huile d'olive* (4.033.84); *fruits* frais et secs (7.179.827), autres produits végétaux (5.457.411) ; *beurre et fromages* (6.996.460) ; *meubles* et objets en bois (4.486.310), essences agrumes (3.384.625); *produits chimiques*, parfumeries (4.486.310), summac (1.514.083), objets d'art (3.513.244), etc.

Importations de France en Italie.

	1918	1917	1916	1915
Produits explosifs	227.744.250	365.195.850	193.030.750	»
Objets en fonte, fer, acier.	27.102.607	86.654.349	52.845.848	8.662.300
Autres métaux	31.503.100	30.052.605	14.117.644	4.915.200
Peaux tannées	15.768.870	38.617.740	26.978.932	9.460.000
Produits chimiques, parfumerie	47.160.138	28.983.327	21.647.075	26.539.000
Couleurs et produits de tannerie	91.161.026	26.837.377	12.068.893	»
Manufacturés de soie	18.316.353	19.080.483	15.374.847	7.624.900
Soie grège et déchets	22.069.800	17.800.270	7.008.580	3.302.100
Machines et parties	11.699.205	23.085.723	9.698.525	2.519.200
Pierres, terres	8.219.703	12.133.222	14.375.014	»
Chiffons	542.625	18.669.420	5.139.998	8.770.000
Débris de fer, acier	609.650	19.861.900	12.022.283	6.449.300
Argent et or travaillés	4.854.180	17.429.993	9.605.523	5.444.200
Peaux crues	19.224.160	15.584.450	23.445.450	20.494.400
Sels ammoniacaux	20.647.250	24.528.400	4.077.480	»
Instruments scientifiques.	8.805.640	9.708.840	7.261.640	3.091.800
Objets en caoutchouc	8.416.400	9.573.500	16.998.465	6.931.800
Manufacturés lin et chanvre	9.824.130	15.344.920	1.545.690	»
Manufacturés de coton	11.483.625	11.871.205	5.427.918	»
Laine et déchets de laine.	1.137.290	12.056.760	22.988.880	8.468.900
Automobiles, aéroplanes	15.757.500	6.538.000	2.168.500	»
Chlorates, perchlorates de potasse	8.085.600	11.905.600	4.724.400	»
Mercerie	3.095.778	6.362.837	5.118.590	3.716.800
Fleurs fraîches	»	118.500	197.700	3.270.800

Exportations d'Italie en France.

	1918	1917	1916	1915
Automobiles	41.257.000	80.122.665	61.122.665	30.134.600
Soie grège et déchets	128.573.946	106.942.010	66.806.000	40.920.300
Manufacturés lin et chanvre	43.070.260	80.679.615	38.738.180	4.430.200
Chlorates et perchlorates	30.991.500	49.208.000	47.772.000	»
Vins	198.653.310	87.177.619	8.452.060	1.129.300
Manufacturés de laine	678.400	53.362.700	106.177.800	56.273.900
Chanvre grège et peigné	41.856.840	28.628.720	33.738.180	»
Objets en fer et acier	7.511.275	53.377.200	16.666.665	»
Fer et acier	»	18.224,673	11.727.588	13.134.600
Soufre	34.705.835	26.994.652	18.125.901	10.090.400
Fruits secs	34.164.465	12.821.145	8.321.240	4.376.660
Fils et câbles électriques	4.723.750	17.461.100	2.618.100	»
Produits végétaux divers	21.329.882	18.084.270	10.469.599	4.100.000
Manufacturés de soie	12.951.331	13.508.241	8.564.691	12.614.790
Parfumerie, produits chimiques	7.534.832	11.214.672	13.587.910	19.368.860
Explosifs	593.100	9.809.300	14.284.800	»
Machines et parties	21.345.750	8.375.735	6.841.350	»
Instruments scientifiques	775.000	1.551.000	3.862.970	»
Volailles	»	»	»	378.000
Peaux crues	1.236.000	3.786.900	1.304.300	230.000
Objets d'art	753.471	599.060	684.516	366.860

A part les catégories dont le mouvement est directement provoqué par la guerre et par les accords des Alliés, il est intéressant de constater les variations subies par quelques groupes importants et dont les causes sont diverses (prohibitions d'exportation, contingentement, etc.) On trouve dans ces chiffres des preuves éclatantes du progrès de certaines industries italiennes (automobiles), des données intéressantes sur les débouchés des produits agricoles de la péninsule en France (vins, fruits, etc.), sur l'influence des événements sur des trafics qui, avant la guerre, avaient une réelle importance (objets d'art) et qui ne comptent presque plus dans les échanges franco-italiens.

Mouvement maritime.

Le mouvement maritime avait montré, en 1917, aux entrées et sorties, les chiffres suivants :

	Navires italiens.		Navires étrangers.		TOTAL.	
	Nombre.	Tonnage.	Nombre.	Tonnage.	Navires.	Tonnage
Entrés	78.101	11.038.468	2.257	4.814.409	80.358	15.882.877
Sortis	78.016	11.116.885	2.260	4.778.699	80.276	15.895.584

Le chiffre des entrées et sorties dans les principaux ports avait été pour la même année :

Ports.	ENTRÉES		SORTIES	
	Navires.	Tonnage.	Navires.	Tonnage.
Gênes	2.966	3.355.156	3.002	3.351.147
Livourne	1.962	1.121.434	1.961	1.124.696
Naples	3.312	1.552.724	3.309	1.539.394
Messine	1.055	578.684	1.051	572.996
Catane	1.578	347.693	1.588	351.583
Palerme	1.219	400.691	1.234	495.729
Venise	»	»	»	»

La marine marchande comptait au 1er janv. 1918 : 747 vapeurs jaugeant 624.125 tonnes et 4.084 navires à voiles jaugeant 218.498 tonnes, formant un total de 4.831 navires jaugeant 842.623 tonnes.

En 1918 le nombre des navires mis à flot a été de 5.066 ; celui des navires en construction au 31 décembre 1918 était de 133.010 tonnes.

Communications intérieures.

Chemins de fer. On comptait, en 1917, 19.043 km. en exploitation dont 13.895 km. appartenant à l'Etat. Les recettes en 1916 s'étaient élevées à 978.039.513 lire et les dépenses à 818.743.905 lire.

Postes. En 1916, on comptait 11.180 bureaux avec le mouvement suivant :

	Lettres.	Cartes postales.	Imprimés et échantillons.	Mandats postaux, etc.
Service intérieur.	611.833.000	216.306.000	1.905.198.000	35.204.000
Service extérieur et de transit..	73.172.000	21.086.000	62.786.000	1.237.000
Total...	685.005.000	237.392.000	1.967.984.000	36.441.000

Les *télégraphes* comportaient 8.930 bureaux dont 6.964 bureaux de l'Etat et 1.986 bureaux de ch. de fer avec 55.037 km. de lignes et 362.431 km. de fils ayant transmis 19.295.059 dépêches internes et 988.982 internationales. Pour les *téléphones*, il y avait 108.547 postes, 380 réseaux urbains, 817 circuits interurbains avec 40.277 km. de lignes et 108.547 km. de fils. Le nombre des conversations intérieures avait été de 7.356.611. Depuis 1907, le service est devenue une entreprise de l'Etat.

Monnaies, poids et mesures.

Les monnaies, poids et mesures italiens sont les mêmes que ceux de France ; la *lire* de 100 *centesimi* correspond au franc de cent centimes, etc. Or : pièces de 10 et 20 lire. Argent : pièces de 50 cent., 1, 2 et 5 lire. Nickel : pièces de 20 cent. Bronze : pièces de 1, 2,5 et 10 cent. Billets de 50, 100 et 1.000 lire et de 1, 2, 5, 10 et 25 lire.

Presse.

Le nombre annuel des publications périodiques avait subi le développement suivant, de 1871 à 1912 :

Années :	1871	1880	1885	1891	1895	1900	1905	1912
Périodiques :	765	1.454	1.459	1.779	1.901	2.247	3.120	3.341

A Rome : *Corriere d'Italia* (cathol.) ; *Epoca* (M. Orlando) ; *Giornale d'Italia* (M. Sonnino) ; *L'Italie*, en français ; *Osservatore Romano* (cathol.) ; *Tempo* ; *Tribuna* ; *Messagero*.

A Milan : *Corriere della Sera* (conserv.) ; *Il Secolo* ; *L'Avanti* (social.) ; à Turin, la *Gazzetta del Popolo* (soc.) ; la *Stampa* (Giolittien).

POSSESSIONS ITALIENNES D'OUTRE-MER

Au point de vue de la superficie et de la population, les possessions italiennes d'outre-mer se répartissent de la façon suivante :

PAYS.	km. q.	POPULATION.				
		Indigènes.	Italiens.	Autres.	Total.	Par kil. q.
Libye............	1.500.000	623.176	5.000	371.824	1.000.000	1
Erythrée	119.000	225.850	2.271	151.879	380.000	3
Somalie Italienne..	357.000	290.000	1.000	»	300.000	1
Total	1.976.610	1.119.026	8.271	523.703	1.680.000	1

I. — Libye.

TRIPOLITAINE ET CYRÉNAÏQUE

En vertu du décret royal du 5 nov. 1911, de la loi italienne du 25 fév. 1912 et du traité de paix italo-turc signé à Ouchy, le 18 oct. 1912, la Tripolitaine et la Cyrénaïque sont placées sous la souveraineté pleine et entière du royaume d'Italie et leur réunion a pris le nom de Libye.

Un décret royal du 1er juin 1919 a donné à la Tripolitaine une constitution qui, ultérieurement, a été étendue à la Cyrénaïque. Cette Constitution déclare citoyens italiens tous ceux nés en Libye, institue un Parlement local de 50 membres (1 député par 20.000 hab. leur accorde des droits.

Gouverneur de la Tripolitaine: V. *Menzinger* ;
— *de la Cyrénaïque:* G. *de Martino.*

Au point de vue administratif et militaire, la colonie est divisée en deux districts : Tripolitaine et Cyrénaïque.

Les villes principales sont : Tripoli de Barbarie, capitale de la Tripolitaine (64.759 hab dont 54.626 indigènes), Benghasi, capitale de la Cyrénaïque (35.000 hab.) et Derna (8.000). Bien que l'italien soit la langue officielle, l'arabe est la langue courante.

L'organisation judiciaire comporte : une Cour d'appel, une cour d'assises et 2 tribunaux régionaux.

Finances. — Budgets des deux dernières années en lire :

Recettes :	1917-1918	1918-1919
Recettes des colonies	14.846.000	15.866.000
Versements faits par l'Etat	73.238.000	42.062.050
Recettes extraordinaires	2.970.000	76.073.300
	91.054.000	134.001.350
Dépenses :		
Troupes coloniales	40.755.200	40.755.200
Autres dépenses	16.152.850	17.182.850
Dépenses extraordinaires	76.058.300	76.073.300
	132.966.350	134.001.300

Mouvement économique.

Productions et industries. La Tripolitaine est peu fertile, à part la plaine de la Menschia au Nord, la région du Fezzan au Sud et quelques oasis à l'intérieur où croissent des oliviers, des palmiers, des figuiers, des amandiers, de la vigne et quelques céréales.

La seule région fertile de la Cyrénaïque est celle du plateau de Barca, riche en oliviers, en cyprès et bananiers. On y trouve d'importantes pêcheries d'éponges ayant produit, en 1913-14, 1.194.802 lire.

Commerce. Le commerce, de 1914 à 1917, avait montré les variations suivantes :

	1914	1915	1916	1917
Importation	40.955.017	50.118.270	58.948.256	60.424.113
Exportation	4.573.638	5.312.826	4.313.625	5.219.791

Il y a un important commerce de plumes d'autruche provenant de l'Afrique centrale ; la valeur de l'exportation annuelle de cet article à destination de Paris et de Londres se monte annuellement pour Tripoli à 1.250.000 fr. et pour Benghasi à 600.000 fr.

Les relations commerciales avec la France s'élèvent annuellement à env. 3.500.000 fr. (1.500.000 fr. pour l'importation de France et 2.000.000 fr. pour l'exportation en France).

Les importations de France consistent principalement en soies grèges écrues, tissus de coton, sucre, fils, peaux préparées, café, drogueries, etc. Les principaux articles exportés en France sont : peaux brutes, plumes de parure, œufs de volaille et de gibier, éponges, laines en masse, etc.

Le mouvement maritime, en 1917, avait donné comme résultat : entrées et sorties, 4.33? vapeurs jaugeant 2.831.167 t. (en 1914 : 8.203 vapeurs jaugeant 6.446.377 t.).

Au point de vue des communications intérieures, elles étaient constituées principalement par de grandes lignes de caravanes reliant Tripoli avec le centre de l'Afrique. Les chemins de fer comptaient 170 km. en exploitation et 150 km. en construction. Les postes, en 1917, avaient reçu et expédié 113.641 envois postaux. Tripoli est relié par un câble télégraphique à Malte et par une ligne télégraphique à Tunis. Depuis 1912, deux câbles italiens relient Syracuse à Tripoli et à Benghazi.

Représentation de la France en Libye. Consul général à Tripoli : *Guy* (✱).

II. — Colonie d'Erythrée.

Gouverneur : G. Terrina Feroni (1919).

Ce pays, dont la population est en grande partie composée de nomades, est divisé administrativement en 8 commissariats régionaux. Les villes principales sont : Asmara (capitale) 15.000 hab. et Massaoua, 2.275 hab.

Finances. — Budget de 1918-19, en lire :

Recettes.		*Dépenses.*	
Recettes de la colonie	6.970.007	Troupes coloniales	4.051.648
Versements de l'Etat........	10.950.000	Autres dépenses	12.968.359
Recettes extraordinaires....	»	Dépenses extraordinaires......	900.000
	17.920.007		17.920.070

Productions et industries. Le climat, tropical sur les côtes, est par contre tempéré sur les plateaux de l'intérieur ; de grandes sécheresses estivales nécessitent des travaux d'irrigation pour la culture des terres. Il y a d'abondants pâturages où paissent de nombreux troupeaux (chameaux, bœufs, chèvres, moutons). Importantes pêcheries de perles dont la production atteint annuellement une valeur de 250.000 lire (perles) et 800.000 lire (nacre de perle). Quelques mines d'or.

Le *commerce et mouvement maritime* du port de Massaoua avaient montré, en 1916, les résultats suivants en lire : importation, 21.047.777 (20.403.500, en 1913) ; exportation 11.299.259 (11.589.744 en 1913) ; transit, 567.217 (2.895.774 en 1913). Le tonnage des navires entrés se montait à 235.942 t. (269.678 t. en 1913).

Les *relations commerciales avec la France* avaient donné, en 1911 : importation de France 88.632 fr. et exportation en France, 39.286 fr.

Communications intérieures : chemins de fer : 120 km. en exploitation et 220 km. en construction. Les *Postes* et *Télégraphes* comptaient 12 bureaux, avec 1.056 km. de lignes et 1.655 km. de fils ; 2 stations marconi ; les *téléphones*, 747 km. de lignes.

III. — Côte de Somali

ou PROTECTORAT ITALIEN DE BENADIR.

La partie septentrionale de la côte italienne de Somalis, composée des Sultanats de Migiurtini et de Obbia et du territoire du Nogal, est constituée en protectorat ; le reste forme la colonie proprement dite sous l'administration directe du Gouverneur italien résidant à Magadiscio (13.000 hab.).

En 1917, on comptait, comme troupes, 67 officiers et 2.879 h.

Budget de 1918-19 en lire : recettes, 6.061.000 ; dépenses 6.061.000 (troupes coloniales, 1.979.700).

Les principales productions sont l'agriculture et l'élevage du bétail, chameaux, moutons et chèvres.

Le commerce de 1916 avait donné les résultats ci-après en lire : importation, 2.614.053 (fil, caoutchouc, pétrole, riz, sucre, coton) ; exportation : 7.286.424 (animaux et matières animales).

Pour les communications intérieures, elles comportaient pour les postes, 4 bureaux et pour les télégraphes, 16 stations et 1 station Marconi.

Relations avec la France.

Traités et Conventions.

Territoire : Traité du 24 mars 1860, cession de Nice et de la Savoie. — Commerce et Navigation : Déclaration du 1er oct. 1896. Accord du 21 nov. 1898. Bénéfice des tarifs les plus réduits à l'exception des soies et soieries. Assimilation des pavillons. Applicable aux colonies. — Arbitrage : Convention du 25 déc. 1903. — Actes de l'état civil : Déclaration du 13 janv. 1875 pour assurer la communication réciproque des actes de l'Etat Civil. — Assistance judiciaire : Convention du 19 févr. 1870. — Bétail : Convention du 19 mars 1913 relative à la circulation du bétail. — Consuls : Convention consulaire du 23 juillet 1862. — Enseignement : Règlement des 5 févr., 29 mai 1912 relatif à l'échange d'assistants français et italiens pour l'enseignement des langues vivantes dans les écoles secondaires de garçons en France et en Italie. — Extradition : Convention du 12 mai 1870. — Affaires judiciaires · Déclaration du 16 juillet 1873 pour faciliter l'audition des témoins appelés d'un pays à l'autre. Traité du 24 mars 1760 et déclaration du 11 sept. 1860 relatifs à l'exécution des jugements. — Marins délaissés : Déclaration 1er janv. 1882, concernant les marins délaissés. — Marins déserteurs : Déclaration du 8 nov. 1873 relative aux déserteurs de la marine. — Mariage : Arrangement du 4 août 1912 relatif au mariage des indigents. — Ouvriers : Convention et arrangement du 15 avril 1904 en vue d'assurer des garanties à la personne des travailleurs. Arrangement du 9 juin 1906 concernant la réparation des dommages résultant des accidents du travail. Arrangement du 15 juin 1910 pour la protection des jeunes ouvriers. Arrangement du 9 août 1910 relatif au bénéfice des assurances sociales. — Propriété littéraire et artis-

TIQUE : Convention du 9 juillet 1884. — PROPRIÉTÉ INDUSTRIELLE : Déclaration des 29 juillet, 5 août 1903 relative à la protection des marques de fabrique en Chine. — SOCIÉTÉS : Déclaration du 16 mars 1867 qui autorise réciproquement les sociétés à exercer leurs droits dans les deux pays. — SERVICE MILITAIRE : Déclaration du 9 mars 1916 relative à la remise réciproque des insoumis et déserteurs des deux armées française et italienne. Déclaration du 1er sept. 1917 relative à la compétence pénale militaire. — PÊCHE : Convention du 18 janvier 1908 déterminant les zones respectivement réservées aux pêcheurs français et aux pêcheurs italiens dans les eaux comprises entre la Corse et la Sardaigne.

Représentation de l'Italie en France.

Ambassade à Paris. 50, rue de Varenne. Tél Saxe 02-94.
Ambassadeur extraord. et ministre plén. : Comte *Bonin-Longare.*
Conseillers : Mis. G. *Medici del Vascello* ; Mis. *de Torre Alfina* ;
1er Secr. : Raf. *Boscarelli* ; 2e secr. : P. *De Stefani.*
Att. milit. : Lt.-Col. *Martin-Franklin* ; Att. naval : C. Am. Mario *Grassi* ; Att. nav. adj. : cap. de corvette *Galetti* ; Att. aéron. : Lt.-Col. *Piccio.*
Att. commercial : Cte. *Sabini.*
Consul général à Paris : Comm. *Fara Forni,* C. G. (73, r. de Grenelle).
Consulats généraux à Alger (Algérie) ; Bastia (Corse) ; Le Havre : S.-L. *Rocca,* C. G. ; Lyon : Ad. *Gazzurelli* ; Marseille : E. *Acton,* C. G. ; Nancy ; Nice : Vitt. *Letrecht,* C. G. ; Toulon : Tunis.

Consulats à Besançon ; Bizerte (Tunisie) ; Bône (Algérie) ; Bordeaux ; Cayenne (Guyane) ; Cette ; Chambéry ; Dakar ; Dijon ; Fort-de-France ; Nouméa (Nouvelle-Calédonie) : Oran (Algérie) ; Pointe-à-Pitre (Guadeloupe) ; Rufisque (Sénégal) ; Saïgon (Cochinchine) ; St-Denis (Réunion) ; Tamatave (Madagascar).

Agences consulaires à Agde ; Ajaccio (Corse) ; Amiens ; Angers ; Antibes ; Arles ; Ay ; Bayonne ; Besançon ; Béziers ; Bonifacio (Corse) ; Bougie (Algérie) ; Boulogne-sur-Mer ; Brest ; Calais ; Calvi (Corse) ; Cannes ; Cassis ; Centuri (Corse) ; Cherbourg ; Constantine (Algérie) ; Dieppe ; Dunkerque ; Elbeuf ; Grasse ; Grenoble ; Hyères ; Ile-Rousse (Corse) ; La Calle (Algérie) ; La Ciotat ; La Nouvelle ; La Rochelle ; Lille ; Macinaggio ; Menton ; Montpellier ; Nantes ; Nîmes ; Orléans ; Philippeville (Algérie) ; Port-de-Bouc ; Port-Vendres ; Porto-Vecchio (Corse) ; Propriano (Corse) ; Rouen ; St-Etienne ; St-Florent (Corse) ; Saint-Louis (Sénégal) ; St-Nazaire ; St-Raphaël ; St-Tropez ; St-Valéry-sur-Somme ; La Solenzara (Corse).

Institutions italiennes à Paris.

Chambre de Commerce Italienne, 23, rue St-Lazare ; Union Economique Franco-Italienne, 104, rue de Richelieu, Prés. : Albert *Méry.*
Comitato della Scuole Italiene di Parigi, 15, rue de Choiseul.

Représentation de la France en Italie.

Ambassade à Rome, Palais Farnese, 67, Piazza Farnese.
Ambassadeur : C. *Barrère* (G. C. ✻).
Conseiller d'ambassade f. fons : *Charles-Roux.* Secrétaire de 2e cl. : *Roger.* Secrétaires de 3e cl. : *Barois* ; *Truelle.* Att. : *Gueyraud.* Attaché militaire : Gal. *Jullian.* Attaché naval : Commandant *Frochot* ; Secrétaire-archiviste : *Noel* ; Chiffreur : *Duranthon.*
Attaché commercial : *Harismendy* (5-20) ; Agent commercial : *Bonnefon-Craponne* (5-20) ;
Consulats généraux et Consulats à Rome : *Coulomb* ✻ ; Cagliari ; Florence : *Pingaud* ; Gênes ; Livourne : *Leca* ; Milan : *Loiseleur des Longchamps Deville* : Naples : *Boulot* ; Palerme : *Revelli* ; Turin : *Cartier* ; Vintimille ; Tripoli de Lybie : *Guy.*

Vice-Consulats à Benghazi : N... ; Bologne : N... ; Cagliari : *Boschetti* ; Coni : N... ; La Spezzia : Venise Vintimille et San Remo : *Colonna Cesari* ;

Agents consulaires à : Alghero ; Ancône ; Bari : *Mougin* ; Barletta ; Bordighera ; Bosa ; Brindisi ; Carloforte ; Castellamare del Golfo ; Castellamare di Stabia ; Catane ; Civita-Vecchia ; Coni ; Gadamès ; Gaete ; Giarre et Rodosto ; Gioja ; Girgenti, Homs ; Licata,

Lipari ; Marsala ; Mazzara ; Messine ; Milazzo ; Porte d'Anzio ; Porte Maurizio ; Porto San Stefano ; Reggio de Calabre ; Riposto ; Salerne ; San Remo ; Sassari ; Sciacca ; Syracuse ; Tarente ; Terracina ; Terranova (Sardaigne) ; Terranova (Sicile) ; Trapani ; Tropea.

Institutions françaises en Italie.

a) Institutions économiques :

Office Commercial Français à Rome, 24, Piazza della Pigna. Dir. : *Servant*.

Chambres de Commerce : à Rome, 39, via Aureliana, Prés.: Raoul *Sauvage* ; à Milan, 14, via Monte di Pieta, Prés. : F. *Gondrand* (C. ✱) ; à Naples, Largo S.-M. degli Angeli Angeli à Pizzofalcone, Prés. : Charles *Dumontet* (✱) ; à Turin, Galerie Subalpine, Prés. : L. *Craponne*.

Conseillers du commerce extérieur : à Rome, Raoul *Sauvage*, Louis *Martel* ; à Bologne, G.-F. *Patault* ; à Florence, Célestin *Brunier* ; à Livourne, F.-C. *Mathon* ; à Milan, Léon *Beaux*, F. *Gondrand* ; à Naples, Ch. *Dumontet*, A. *Jammy* ; à Palerme, *Agnel*.

Union Economique Française, 24, Piazza della Pigna, Rome. Société Paris-Roma, 21, via Parme, Prés. : R. *Sauvage*. — Bureau International de Renseignements commerciaux, place de Venise.

Délégués du T. C. F. Rome : Lud *Silenzi*, Piazza del Popolo, 18 ; *Grimaud*, professeur, Via Tre Cannelle, 7; Milan : F. *Gondrand*, Fratelli Ruffini, 10 ; *Gallien*, Corso Magenta, 45 ; Gênes : H. *Ponzone*, 9, via Felice Romani ; Carlo *Salengo*, via C.-B. Lanata, 4 ; Turin: *Capponi*, *Trenca*, 132, Corso Casale ; *Demaison*, 7, via Zecca ; A. *Passigli*, 26, rue Silvio Pellico ; Alexandrie : P. *Carozzi*, Villa Tortiliena ; Bologne : Ugo *Gregorini-Bingham*, 32, via Barberia ; Chieti : C. *Massangioli*, avocat ; Côme : E. *Rosasco*, 19, via Luigi Dottesio ; Crémone ; Vte *Hélion de la Celle*, Palais à la Ponzoni ; Ferrare : Cte U. *Gulsinelli*, via XX Septembre ; Grosseto : J. *Millanta*, 2, rue Ricasoli ; Lenno : Angelo *Ruspini* Marsala (Sicile) : Ulysse *Roux* ; Naples : Dr Paolo *Wenner*, 5, via Medina ; Palerme : Prince *Lanza di Scalea*, Sport Club, 27, via Reale ; Pérouse : *Francheschini*, 3, Corso Verpnucci ; San Remo : Mis. *Garbarino*, villa Garbirino ; Suse : C. *Valloire*, percepteur; Sieve a San Piero : H. *Juillerat* ; Sulmona : P. *Spinosa* ; Vintimille : *Capdevielle*, vérific. des douanes, Gare internationale.

b) Institutions intellectuelles :

Académie de France à Rome, Directeur : A. *Besnard* (C. ✱) ; Ecole Française de Rome, Directeur : Mgr. L. *Duchesne* (C. ✱) de l'Académie Française ; Institut Français de Florence (sous la direction des Universités de Grenoble et de Florence) ; Institut Français de Milan (section d'Etudes économiques) ;

Enseignement à Rome : Séminaire Français (via Santa Chiara) ; Procure de Saint-Sulpice (via Quattro Fontane) ;

Ecole Chateaubriand, via della Scrofra, 115, Mgr. *Dumaz*, dir.

Collège Ste. Marie, via Manzoni, 5.

Etablissements des Pères Oblats de Marie Immaculée à San Giorgo Canavese (Prov. de Turin) ; Etablissements des Pères Oblats de Marie Immaculée à Rome (via Vittorino da Feltre, 5).

Etablissements Français subventionnés : Ecole Française à Vintimille. Cours de Français à Desenzano. — Etablissements français d'enseignement : 38 établ. libres d'enseignement primaire (Campanie : 5; Latium : 6, Ligurie : 10 ; Lombardie : 4 ; Piémont : 7 ; Sicile : 1 ; Toscane : 5) ; 31 établ. libres d'enseignement secondaire (Latium : 8 ; Ligurie : 5 ; Lombardie : 2 ; Piémont : 15 ; Toscane : 1) ; 8 établ. libres d'enseignement professionnel et technique (Latium : 4 ; Ligurie : 4).

Cercles : Comité central de la Colonie Française de Turin et du Piémont.

Alliance Française à Bologne, V.-Prés. : Comte *Dlszewski* ; à Florence, Prés. : *Tony André* ; à Milan, Prés. : E. *Laporte* ; à Rome, Dél. : Prof. L. *Grimaud* ; à Messine, Dél. : J. *Baches* ; à Naples, Dél. : C. *Dumontel* et C. *Nain*-

tré; à Palerme, Dél. : P. *Clément*; à Turin, Dél. : C. *Monnet*; à Venise, Dél. : Mme Codara-Vanier.

e) Institutions diverses :

Assistance : Société Française de Bienfaisance, à Bologne, Gênes, Livourne, Milan (10, via Monte di Pietra), Naples, Turin (Livorno, 65), Venise; à Florence, Sté Française de Secours ; à Messine, Asile des vieillards des Petites Sœurs des pauvres.

L'Italie en 1919.

Dès son retour de Paris (25 avril), M. Orlando devait rétablir l'harmonie dans le Conseil des Ministres où elle ne régnait plus. Le désaccord n'était pas seulement entre M. Ciufelli et M. Stringher, ministre du Trésor, sur la politique des importations mais aussi, à peu près sur toutes les questions économiques et financières à l'ordre du jour. La nomination de M. Maggiorino Ferraris au ministère du Ravitaillement n'avait pas fait disparaître toutes les causes de mécontentement. La crise latente n'était pas seulement d'ordre national mais surtout d'ordre international. M. Orlando affronta le jugement de la Chambre sans avoir rien fait pour améliorer sa situation parlementaire.

Dans la séance du 19 juin, il essaya de scinder les questions extérieures et les questions intérieures et demanda la constitution de la Chambre en comité secret pour lui faire part des difficultés rencontrées à la Conférence de Paris. M. Orlando ayant posé la question de confiance, fut battu par 259 voix contre 78. Tout le parti giolittien, le « Faisceau », les démocrates et les socialistes avaient voté contre le cabinet.

M. Nitti, chargé de former le nouveau ministère, se trouva en présence de l'ordre du jour du « Faisceau » hostile à la participation de ses membres à la nouvelle combinaison. Il n'en réussit pas moins dans ses négociations le 23, ayant confié des portefeuilles importants à des compétences non parlementaires (M. Dante Ferrari, Commerce et Ravitaillement, M. Mortara, 1er prés. de la Cour de Cassation à la justice). Il se trouva, pour ses débuts, aux prises avec l'agitation causée par la vie chère. Le mouvement qui avait commencé en Romagne, à Forli et à Faenza le 1er juillet, s'étendit rapidement à Ancone, à Florence, à Turin. La foule saccage des magasins à Livourne, Pisti, Sienne, Milan, Palerme, Brescia (4-5 juillet). Les mesures prises par le gouvernement (établissement de prix maxima, peines sévères contre les spéculateurs, mise à la disposition des coopératives des stocks de l'État) calment l'agitation. La situation exposée par M. Nitti dans sa circulaire du 22 août n'en reste pas moins grave. La superficie cultivée a diminué depuis la guerre de 500.000 hectares. L'Italie qui, en 1913, achetait à l'étranger pour 1.134 millions de plus qu'elle n'exportait, voyait cette différence s'élever à 10.682 millions en 1917, 12 milliards en 1918.

La situation du cabinet, affermie pour un moment par le vote de confiance du 19 juillet, ne devait pas tarder à être mise en péril par le Faisceau et les socialistes. Fiume, que Gabriele d'Annunzio a occupé le 12 septembre, le traité de paix ne sont en somme pour ceux-ci que des moyens de lutte, ainsi qu'en témoigne la séance du 28 septembre. M. Nitti obtient le 29 le décret de dissolution de la Chambre.

Les élections du 16 novembre, qui ont lieu pour la première fois au scrutin de liste avec représentation proportionnelle intégrale, sont marquées par la victoire du parti socialiste qui enlève 156 sièges (52 dans l'ancienne Chambre) et du parti populaire ou catholique (100 sièges dans la nouvelle Chambre et 29 dans l'ancienne) ; les libéraux et démocrates constitutionnels perdent 131 sièges. Ce qui caractérise ces élections, c'est le nombre inattendu des abstentions. A Rome, sur 157.161 inscrits, 43.000 à peine ont voté.

La composition de la nouvelle Chambre n'a pas déterminé M. Nitti à abandonner le pouvoir que M. Tittoni a quitté. L'élection de M. Orlando, obte-

de justesse, a montré qu'une majorité gouvernementale serait difficile à constituer. La tentative d'une grande concentration libérale allant de la gauche démocratique jusqu'aux libéraux de droite, s'est démontrée irréalisable. Seuls, le parti socialiste et le parti populaire, qui se sont donné une discipline et une tactique propres, semblent destinés à jouer un rôle prépondérant. Le dernier ordre du jour de confiance en date du 21 déc. n'a donné que 26 voix de majorité au gouvernement, le maintien du régime de la censure, 5 seulement.

Ces différentes manifestations, de même que les grèves qui éclatent continuellement, témoignent d'une déception profonde et d'un mécontentement général dans le pays.

Bibliographie.

Italie.

Annuario Statistico Italiano, publié par le Min. de l'Industrie, du Commerce et du Travail. Annuel. Rome.

Annuario degli Istituti Scientifici Italiani, publié par l'*Associazione Italiana per l'Intesa intellettuale fra i Paesi alleati ed amici*, Athenaeum. Rome, 1918.

Annuario Statistico della Città italiane. Annuel. Florence.

Alazard (J.). *L'Italie et le Conflit européen* (1914-16), in-16, 3 fr. 50. Alcan. Paris, 1916.

Bachi (Riccardo). *L'Italia economica*. Annuel. S. Lapi, Città di Castello.

Bonnefon-Craponne (L.). *L'Italie au Travail*, in-8, 4 fr., P. Roger, Paris, 1916.

Borgese (G.-A.). *L'Italie contre l'Allemagne*. Trad. Laignel, in-16, 250 p., 4 fr. 50. Payot. Paris, 1917.

Caburri. *L'Austria e l'Italia*. Rome, 1915.

Castellini (G.). *Fasi e dottrine del nazionalismo italiano*. Rome, 1915.

Charriaut (L.) et Amici Grossi. *L'Italie en guerre*, in-18, 340 p., 3 fr. 50. Flammarion. Paris, 1916.

Corradini (E.). *Nazionalismo Italiano*. Milan, 1914.

Dauzat (Albert). *L'expansion italienne*. Paris, 1914.

Ferrero (Gugl.). *La Guerra europea*. Rome, 1915.

Ghio (Paul). *Notes sur l'Italie contemporaine*, in-18, br. 3 fr. A. Colin. Paris. 1914.

Gini (C.). *L'ammontare e la composizione della ricchezza delle Nazioni*. Turin, 1914.

Giornale degli economisti e Rivista di statistica, Mensuel. Athenaeum. Rome.

Gonnard (R.). *L'Emigration européenne au XIXe s.*, in-18, 3 fr. 50. A. Colin. Paris.

Henneguy (Félix). *Histoire contemporaine de l'Italie* (1815-1911), in-32. Alcan. Paris.

Italicus Senator. *La question de l'Adriatique*, br. in-8. Bertero. Rome, 1916.

Joanne (Guide). *Italie*. Hachette. Paris, 1909.

Lanino (P.). *La nuova Italia industriale*, 4 vol. Rome, 1917.

Lémonon (E.). *L'Italie économique et sociale* (1861-1912), in-8, br. 7 fr. Alcan. Paris, 1913.

Luchaire (G.). *Les Démocraties italiennes*, in-18, 324 p., 3 fr. 50. Flammarion. Paris, 1916.

Mabilleau (Léop.). *La Prévoyance sociale en Italie*, in-18, 4 fr. A. Colin. Paris, 1912.

Olivieri (G.). *Acque e monti* (Guida annuario degli alberghi climatici, balneari e di villegiatura d'Italia. Annuel. Milan.

Pingaud (Albert). *L'Italie depuis* 1870, in-8, 344 p., 3 fr. 50. Delagrave. Paris, 1915.

Reggio (Albert). *L'Italie intellectuelle et littéraire au début du XXe s.* Paris, 1907.

Riforma Sociale (La). Rassegna di questioni economiche, finanziarie e sociali. Turin.

Rosi. *Storia contemporanea d'Italia*. Rome, 1914.

Rivista delle Società Commerciali. Mensuelle. Athenaeum. Rome.

Santoro (M.). *L'Italia nei suoi progressi economici dal* 1860 *ala* 1910. Rome, 1913.

Silva (Pietro). *Come si formo la Triplice*. Rome, 1914.

Vellay (Charles). *La Question de l'Adriatique*. Paris, 1915.

Wallace (W.-K.) *Greater Italy*, in-8, x-312 p. et pl., 12 fr. 50. Scribner. New-York, 1917

Colonies italiennes.

Ministero delle Colonie, Ufficio economico. *Bollettino di informazioni*. Rome, 1915.

Gianpiccolo (E.). *La Colonie Italiane in Africa: Eritrea, Somalia, Libia*, Catane, 1914.

Homo (L.). *Expériences africaines d'autrefois et d'aujourd'hui. Maroc, Tripolitaine, Cyrénaïque*, in-16, Vuibert. Paris, 1916.

Jonquière (C. de la). *Les Italiens en Erythrée*. Paris, 1897.

Martino (G. de). *La Somalia italiana nei 3 anni del mio Governo*. Rome, 1912.

Mathuisieulx (H.-M. de). *La Tripolitaine d'hier et demain*. Paris, 1912.

Perquinière (L.). *La Tripolitaine interdite*. Paris, 1912.

Ricchieri (G.). *La Libia*. Milan, 1913.

JAPON
(NIPPON)

Constitution et Gouvernement. — Empire. Monarchie constitutionnelle et héréditaire dans la descendance mâle (loi dynastique du 11 fév. 1889) et dont le pouvoir suprême appartient au chef « Tenno » de la dynastie régnante depuis plus de 2.578 ans, et résidant jusqu'en 1868 à Kioto, depuis lors à Tokio. Constitution du 11 fév. 1889. La Chambre des Pairs se compose des membres masculins et majeurs de la Maison Impériale (15), de tous les princes et marquis âgés de plus de 25 ans, délégués de tous les comtes, vicomtes et barons de l'Empire qui ont atteint leur 25e année, élus pour 7 ans (150), dont le nombre ne doit pas dépasser la 5e partie de chacune de ces 3 classes nobles ; de membres nommés à vie par l'Empereur, âgés d'au moins 30 ans (125) et 45 membres âgés au moins de 30 ans, élus, en leur propre sein, par les 15 habitants masculins les plus imposés de chaque district d'administration, confirmés par l'Empereur pour 7 ans (le nombre de ces deux dernières catégories ne doit pas dépasser celui de tous les membres de la noblesse).

La Chambre des Représentants se compose de 370 membres, âgés au moins de 30 ans, élus pour 4 ans par district et par vote public de tous les sujets masculins ayant atteint l'âge de 25 ans et payant 3 yen (1) d'impôts annuels. La réunion des deux Chambres a eu lieu, pour la première fois, en nov. 1890.

Pavillon de guerre : blanc chargé au milieu d'un disque rouge d'où partent 16 bandes rouges en forme de rayons jusqu'à la bordure. *Pavillon national de commerce :* sans bandes.

Ordres et décorations : Ordre suprême du *Chrysanthème*, fondé le 27 décembre 1876 ; O. du *Soleil Levant avec fleur de Paulownia* (1888), 1 classe et O. du *Soleil Levant* (1875), 8 cl. ; O. *militaire* (1890), 7 cl ; O. du *Trésor sacré* (1888) 8 cl. ; O. de la *Couronne* (1896), O. pour les dames (8 cl.) ; *Médaille d'honneur* (1881), (ruban rouge pour les actes de sauvetage, vert pour les vertus éminentes et bleu pour les œuvres d'utilité publique).

Empereur du Japon : S. M. YOSHI-HITO, né à Tokio, le 31 août 1879, a succédé, le 30 juillet 1912, à son père, *Mutsu-Hito* ; a épousé, le 10 mai 1900, la Princesse *Sadako*, de la famille Kujo Michitaka, née à Tokio, le 25 juin 1884, sœur du Prince *Kujo*.

Enfants du Mikado (ou Tenno) : 1° le Prince royal héritier *Hiro-Hito*, né à Tokio, le 29 avril 1901. — 2° le Prince *Yasu-Hito* (25 juin 1902). — 3° le Prince *Nobu-Hito* (3 janv. 1905). — 4° le Prince *Taka-Hito* (2 déc. 1915).

Ministère (sept. 1918) : Président du Conseil et Min. de la Justice : vicomte *Hara Kei*. Aff. Étr. : vicomte *Uchida*. Guerre : Général *Tanaka*. Marine : Amiral *Katoo*. Int. : *Tokonami*. Fin. : baron *Takahashi*. Agric. et commerce : *Yamamoto*. Communications : *Noda*. Instr. publ. : *Nakahashi*.

Diète (1916) : Ch. des Pairs, Prés : Pr. *Tokugawa* ; V.-Prés. : Mis. *Kuroda Nagashige*. Ch. des Représentants, Prés. : *I. Kuzo Oka* ; V.-Prés. : *N...*

Superficie et population.

Le Japon se compose de 4 grandes îles principales et comprend 9 grandes divisions administratives partagées en 47 préfectures.

ILES.	SUPERF. par kil. q.	POPULATION. Hommes.	POPULATION. Femmes.	TOTAL.	kil. q.
Nippon central (2)	94.792	10.315.376	9.980.348	20.295.724	214
— septentrional	78.225	3.646.961	3.606.860	7.253.821	95
— occidental	53.561	5.951.935	5.669.956	11.621.891	217
Sikokou	18.210	1.599.889	1.579.019	3.178.908	175
Kiou-Siou (3)	43.615	3.968.892	3.963.746	7.932.718	182
Hokkaido ou Yeso (4)	94.012	772.142	686.282	1.459.424	16
Japon 1908	382.415	26.255.255	25.487.231	51.742.486	135
Japon 1916	»	28.279.606	27.685.686	55.965.292	147
Colonies 1916	291.367	11.391.750	10.451.063	21.842.823	75
Total	673.782	39.791.356	38.136.749	77.808.115	112

La population japonaise proprement dite a monté de 53.362.682 hab. en 1913, date du dernier recensement officiel, à 56.860.735 hab. en 1917. L'augmentation annuelle est de 1.69 p. 100.

Au 30 juin 1916, 397.186 Japonais avaient émigré dont 129.000 en Chine, 100.215 aux Etats-Unis, 96.785 à Hawaï, 16.583 au Brésil.

Le nombre des étrangers résidant au Japon (Formose excepté) au 31 déc. 1915 était de 18.395 dont 12.071 Chinois, 2.356 Anglais, 1.644 Américains, 706 Allemands, 414 Français, 171 Russes.

(1) Le yen qui valait avant la guerre 2 fr. 58. — (2) Les îles Bonin comprises. — (3) Les îles Liou-Kiou comprises. — (4) Les îles Kouriles comprises.

Villes principales (recensement de décembre 1917) :

Tokio (capitale)	2.181.421	Odaru (Nord)	102.196	Kumamoto	65.179
Osaka	1.508.677	Niigata	95.535	Ashigawa	64.391
Kioto	549.770	Foukouoka	92.197	Shimonoséki	60.978
Kobe	529.865	Okayama	91.313	Foukoui	60.098
Yokohama	444.018	Kagoshima	88.613	Toyohashi	58.950
Nagoya	404.154	Sapporo	86.680	Outsouno-Miya	58.735
Nagasaki	182.695	Yokosouka	81.895	Kofou	55.884
Hiroshima	152.829	Wakayama	81.344	Matsouyama	54.661
Kanazawa	136.492	Tokushima	72.063	Ghifou	53.781
Kure	135.351	Sakai	71.085	Mayébashi	53.648
Sendai	118.711	Moji	70.049	Tsu	52.524
Sasebo	106.676	Toyama	69.641	Okinawa (Iles Ryukiou)	51.454
Hakodate	106.238	Shizouoka	67.697		

Religion.

Entière liberté des cultes. Il n'y a pas de religion d'Etat, mais l'Etat ou les autorités locales entretiennent des temples dédiés aux ancêtres éminents de la Maison Impériale et à des sujets méritants. Principales religions : Shintoisme (13 sectes), Boudhisme (12 sectes). On comptait en 1915, 11.389 églises et 2.316 missionnaires des religions catholiques, grecques et protestantes. Depuis 1911, la religion catholique possède 1 archevêché et 3 évêchés suffragants.

Instruction et Justice.

L'instruction primaire est obligatoire. En 1915, le nombre d'enfants atteints par l'âge scolaire (de 6 à 11 ans) était de 9.061.921 élèves. D'après la statistique de l'Instruction publique pour 1915-16, il y avait 635 garderies d'enfants avec 50.986 élèves ; 71 écoles d'aveugles et muets, avec 2.848 élèves ; 25.578 écoles primaires avec 162.992 professeurs et 7.454.652 élèves ; 321 écoles secondaires avec 6.575 professeurs et 141.954 élèves ; 366 écoles supérieures de jeunes filles avec 4.590 professeurs et 95.949 étudiantes ; 92 écoles normales avec 1.691 professeurs et 27.083 étudiants ; 7.624 écoles spéciales et techniques avec 5.684 professeurs et 394.015 étudiants ; 2.417 autres écoles avec 2.804 professeurs et 202.577 étudiants ; 8 écoles supérieures avec 365 professeurs et 6.201 étudiants ; 4 Universités gouvernementales : Tokio (1888), Kioto (1897), Tohoku, Kiushu (1910) à Fukuoka avec 895 prof. et 9.696 étudiants. A Tokio : Académie de médecine ; Université catholique (1908) ; Université Wasèda (1902). Le budget de l'instruction publique s'est élevé, en 1914-15, à 76.695.244 yen. Il y avait en 1916, 1.091 bibliothèques comptant 4.059.972 volumes dont 3.835.683 japonais et chinois et 224.307 européens. Publications en 1915 : 49.181 livres de toutes sortes et 2.851 périodiques.

Système judiciaire moderne. L'organisation judicaire comprend 4 classes de cours, (excepté pour Formose) : Cours de sous-districts, Cours de districts, Cours d'Appel, Cour de cassation. Il existe des Cours martiales pour l'armée et la marine.

Armée.

L'armée est répartie en 18 régions. Le service militaire est obligatoire à partir de 20 ans. La durée du service est de 3 ans (provisoirement 2 ans pour l'infanterie depuis 1906) dans l'armée active (*gen-eki*), de 4 ans et 4 mois dans la 1re réserve (*Yobieki*), de 10 ans dans la 2e réserve (*Kobi-eki*). Il existe en outre une réserve territoriale (*Kokumin-eki*) et une réserve auxiliaire qui comporte 5 périodes d'instruction de 60 jours chacune. Tous les hommes valides de 17 à 40 ans, excepté ceux de l'active, la réserve ou la territoriale, font partie de l'armée nationale. Le contingent annuel des recrues est de 120.000 h. Pour ses effectifs militaires, le Japon ne donne pas de chiffres officiels ; ils ont été évalués ainsi en 1918 :

ARMÉE.	HOMMES PLEINEMENT ENTRAINÉS	HOMMES PARTIEL. ENTRAINÉS
Active	243.000	120.000
1re réserve	600.000	280.000
2e —	925.000	500.000
Territoriale	200.000	130.000
Totaux	1.970.000	1.030.000

Effectifs de guerre : Armée de première ligne 2.000.000 h. ; second contingent mobilisable : 1.000.000 h. (réserve militaire) ; contingent récupérable : 5.000.000 h.

Marine.

Les côtes sont divisées en 5 arrondissements maritimes. Bases : Yokosuka, Kure, Sasebo Maizuru et Chinkai. Durée du service : 4 ans dans l'active, 3 ans dans la 1re réserve, 5 ans dans la 2e réserve.

Flotte en 1916 : 125 bâtiments jaugeant 625.000 tonnes et comprenant : 11 cuirassés d'escadre de 1re classe dont l'*Ise* et le *Huga*, de 32.000 t. vitesse 22 nœuds 5, lancés en 1916 le *Yamashiro* et le *Fuso*, de 30.000 t., vitesse 22 nœuds, lancés en 1914-15 ; 8 croiseurs de combat dont le *Kirishima* et le *Haruna*, de 27.500 t., vitesse 27 nœuds, lancés en 1914. 9 croiseurs de 1re classe ; 13 croiseurs de 2e classe ; 15 gardes-côtes ; 9 canonnières ; 60 contre-torpilleurs ; 31 torpilleurs et 17 sous-marins. Navires en construction : 7 cuirassés d'escadre 14 contre-torpilleurs, 8 sous-marins et 2 transports.

Le personnel de la flotte comprenait, en 1916, 5.664 officiers et 44.907 marins du service actif et 525 officiers et 19.032 marins des réserves ; au total : 6.190 officiers et 63.939 marins. Le personnel civil de la marine était, en 1916, de : 1.010 hommes dont 743 ingénieurs.

Corps diplomatique à Tokio et consulats.

Allemagne, Ch. d'aff. : Dr *Rosenberg*.

Amérique (Etats-Unis), Amb. : Roland S. *Morris*. C. G. à Yokohama : C.-H. *Sc...* Cons. à Dalny : C.-W. *Williamson* ; Kobé ; Nagasaki ; Séoul, Taihoku, Taiwan.

Argentine, Ch. d'aff. : Dr Fr. *Ortiz* ; C. G. à Yokohama : N... ; V.-C. à Yokohama ; S. *F... varenti Chimenz* ; Kobé : E. *Herrera*.

Autriche, C.G. : N...

Belgique, E. e. et M. pl. : Cte. *Della Faille de Leverghem*. Cons. à Kobé ; E. *Cas...* Nagasaki, Séoul ; J. *Bribosia* C. G. ; V.-C. à Yokohama : F. *Moulin*.

Bolivie, E. e. et M. pl. : *Munoz*, C. G. à Yokohama · F. *Fachtmann* ; Cons. à Kobe : K. *I...bate*.

Brésil, E. e. et M. pl. : Ep. *Leite Chermont*. Cons. à Yokohama ; A.-S. *Pereira Brand...*

Chili, E. e. et M. pl. : N. Fr. *Rivas Vicuna* ; C. G. à Yokohama : C. *Munoz Hu...* Cons. à Kobé : L.-A. *Villegas*.

Chine, E. e. et M. pl. : *Liu-Ching-Jen*. C. G. à Yokohama : N...

Colombie, C. G. à Tokio : E.-E. *Guzman* ; Cons. à Yokohama : *Civrac des Bordes*.

Danemark, E. e. et M. pl. : Cte. P. *Ahlefeldt-Laurvig*. Cons. à Yokohama.

Espagne, E. e. et M. pl. : J. *Caro y Széchenyi*. Cons. à Kobé et Osaka, Tamsui, Tok... Min. ; Yokohama : M. *de la Escosura*.

Finlande, Ch. d'aff. : Prof. J. *Ramstedt*.

France, V. Relations.

Grande-Bretagne, Amb. : Right Honor. Sir. C. *Eliot*, K. C. M. G., C. B. ; Ch. d'af. B. *Alston*, C. B. Cons. : H. *Gurney*, C. M. G. ; 2e Secr. : L. *Collier* ; H. G. *Parlett* ; ... Commerc. : E.-F. *Crowe* ; Secr. Commerc. : H. *Horne* ; Att. naval : R. Amiral J.-C. *L...* C. B., C. V. O. ; Att. mil. : Brig. Gén. C.-R. *Woodroffe*, C. M. G., C. B. E. ; Att. mil. ... Major J.-W. *Marsden*. C. G. à Séoul : A.-H. *Lay*; Yokohama : A.-M. *Chalmers* ; ... Dairen (Dalny), Kobé : B.-C. *Forster* ; Nagasaki, Shimonoséki ; Tamsui ; Tc...em... Tokio ; V.-C. à Kobé, Séoul, Yokohama, Hakodaté, Osaka.

Grèce, E. e. et M. pl. : *Verenikis*. Cons. à Yokohama : A. *Weale*.

Italie, Amb. : Cte. *Paulucci de Calboli*. C. G. à Tokio : l'amb. ; Cons. à Kobé, Séoul ... Nagasaki.

Mexique, Ch. d'aff. : Dr Juan B. *Rojo*. C. G. à Yokohama : A. *de Saracho* ; Kobé : ...

Norvège, E. e. et M. pl. : F. *Michelet*. Cons. à Kobé, Nagasaki : A. *Ringer* ; Taihoku, T... Yokohama.

Pays-Bas, E. e. et M. pl. : Jkhr. A. C. D. de Graeff : Cons. à Kobé ; Yokohama.

Pérou, E. e. et M. pl. : M. *de Freyre y Santander*, C. G. à Yokohama : J. *Loaiza* ; C.-V... Kobé et Osaka.

Portugal, E. e. et M. pl. : B. *Machado*. Cons. à Hiogo et Osaka ; *W. de Souza M...* Tokio.

Russie, C. G. à Séoul : *Lutch* ; Cons. à Yokohama : A. *Wilm* C. G..

Saint-Siège, Internonce apost. : Mgr. A. *Locatelli*, Arch. tit. de Salonique.

Siam, E. e. et M. pl. : Phya *Chamnong Dithakar*.

Suède, E. e. et M. pl. : Dr D.-K. *Bergström*. V.-C. à Kobé : V.-H. *Summers* ; Naga... Yokohama : A. *Gerdts*.

Suisse, E. e. et M. pl. (55 Azabuku Zaimokucho) : Ch. *Lardy*. Cons. à Yokohama ...

Tchéco-Slovaque (Rép.), E. e. et M. pl. : Charles *Pergler*. Ch. d'aff. p. i.: Dr Vaclav ... (1-20).

Uruguay, V. Chine, Corps dipl. à Pékin.

Venezuela, Cons. à Yokohama : J. *Bickhart*.

Mouvement économique.

Finances.

Chiffres comparatifs des derniers budgets (valeurs en milliers de yen) :

I. *Budget impérial.*

	1918-19.	1919-20.
Recettes ordinaires	644.796	1.043.000
Taxes générales	364.133	»
Entreprises industr. de l'Etat	206.883	»
Recettes extraordinaires	76.935	233.000
Total	721.731	1.276.000
Dépenses ordinaires	478.928	752.500
Finances	193.435	»
Guerre	84.439	»
Communications	80.016	»
Dépenses extraordinaires	240.934	523.500
Total	721.941	1.276.000

II. *Budget local.*

	Recettes.		Dépenses.	
	1916-17.	1917-18.	1916-17.	1917-18.
Préfectures	85.513	92.631	85.505	92.629
Villes	86.312	96.000	83.393	91.230
Communes	114.929	129.566	114.847	129.551
Total	286.754	318.198	283.745	313.411

La dette publique, à la date du 31 déc. 1917, 30 juin 1918 et 1919, s'établissait ainsi (en yen) :

	Dette intérieure.	Dette extérieure.	Dette totale.
31 déc. 1917	1.156.984.000	1.348.587.000	2.505.571.000
30 juin 1918	1.211.781.027	1.317.885.326	2.529.666.353
30 juin 1919	1.351.825.977	1.311.137.726	2.662.963.703

Total des crédits aux Alliés à fin juillet 1918 : 582.857.000 yen.

Productions et industries.

Agriculture et Forêts.

Les trois cinquièmes des terres labourables sont exploitées par des propriétaires terriens, et le reste par des fermiers. D'après les statistiques de l'impôt foncier, il y avait, en janvier 1917, 15.085.000 de terres taxées en *chô carré* (1) dont 5.321.000 de terres cultivées, 7.993.000 de forêts, 1.342.435 de terres diverses. Très importante production de riz ; Chiffre des dernières récoltes en kokus (1 koku = 180 litres).

Année 1909	52.437.662 k.	Année 1916	58.442.386 k.
— 1912	50.222.589 —	— 1917	54.533.057 —
— 1914	57.006.541 —	— 1918	54.699.000 —
— 1915	55.924.590 —	Année moyenne	53.893.380 —

Autres productions végétales :

Froment : 6.786.807 kokus en 1917 ;
Seigle : 8.197.099 —
Orge : 9.168.844 —
Thé : 10.536.265 kwan (le kwan = 3 kg. 75) en 1917 ;
Tabac : 12.764.223 — —
Patates douces : 1.092.026.604 — —
Canne à sucre : 281.136.159 — —

D'après le rapport annuel du Départ. de l'Agriculture et du Commerce du Japon, la récolte des cocons, en 1917, s'est élevée à 6.370.438 kokus, dépassant de 11,5 % celle de 1916. En 1907 la récolte se chiffrait par 3 millions et demi de kokus.

Le cheptel, en 1914, comptait 1.379.333 bœufs, 1.579.454 chevaux, 2.771 moutons, 95.323 chèvres, 332.465 porcs et en 1917, 1.342.990 bœufs, 1.572.550 chevaux, 3.400.000 moutons, 109.000 chèvres, 328.000 porcs.

Les forêts couvrent une étendue de 18.136.460 hectares. C'est le double de la superficie boisée de la France pour un pays de 382.400 k. q. au lieu de 536.000. k. q. correspondant à un taux de boisement de plus de 50 % au lieu de 18 % en France.

(1) Chô carré = 99 ares 173.

Mines et Métallurgie.

La valeur de la production minérale de 1916 a été de 325.000.000 yen se répartissant ainsi : or, 10.412.845 ; argent, 7.185.060 ; cuivre, 109.812.610 ; plomb, 3.756.933 ; fer, 51.091.630 ; antimoine, 8.579.958 ; houille, 80.625.582 ; zinc, 27.215.733 ; soufre, 4.495.493 ; pétrole, 14.996.695.

En ce qui concerne le *fer*, on sait que le Japon n'en produit que fort peu (64.900 tonnes de fer brut en 1915), et la fabrication japonaise de l'*acier* est également peu considérable. Elle est obligée de faire venir son minerai de fer et du fer de Chine. Et c'est pourquoi il a été souvent question de s'intéresser aux mines de fer de l'Indo-Chine. Pour le *cuivre*, au contraire, c'est un produit vraiment japonais. La production a notablement augmenté depuis la guerre, mais on n'a, pour cette production, que les chiffres de 1915 : 75.415 tonnes.

La production du charbon a presque doublé en dix ans : 12 millions de tonnes, en 1906 ; 20 millions de tonnes en 1915 (en baisse de 2 millions de tonnes sur 1914). C'est la moitié de la production de la France avant la guerre. La production et l'exportation sont toutes les deux en baisse. Exportation de 1913 : 3.800.000 tonnes ; de 1917 : 2.790.000 tonnes. Mais la consommation de charbon dans les usines a passé de 4.420.000 tonnes en 1907 à 8.350.000 tonnes en 1914, dernier chiffre accessible. Elle a certainement encore augmenté depuis. Et il faut tenir compte de l'emploi grandissant de la *force hydraulique*. Dans la mesure où le relevé peut être exact, la statistique du 31 décembre 1915 indiquait 124.759 HP, fournis par les moteurs électriques à cette date (dont bonne partie sans doute par des usines thermiques) contre 487.000 HP fournis par des machines à vapeur. L'aménagement des chutes d'eau des montagnes jouera certainement un grand rôle dans le Japon de l'avenir.

L'extraction du sel, en 1917, s'est élevée au total de 1.450.000.000 *kins* (le *kin* valant 601 grammes) dont 410 millions de kins pour Formose et le Kwantung, et en augmentation de 420 millions de kins sur celle de 1916.

Le camphre, qui constitue un monopole japonais, est passé à l'exportation, de 1913 à 1917, en valeur, de 2.235.000 yen à 5.304.000 yen et, en quantités, de 1.487 à 1.892 tonnes (V. Formose).

On trouve le soufre non seulement dans les îles de Nippon et d'Hokkaïdo, mais à Formose. La production du Japon est d'environ 90.000 t. ; celle de sa colonie de 1.377 t. L'abondance du bois, celle du soufre et le bon marché de la main-d'œuvre expliquent la diffusion énorme de l'allumette japonaise (export. de 25 millions de yen en 1917, 33 millions en 1918).

Industries.

D'après la statistique industrielle de déc. 1915, il y avait 16.809 manufactures employant 910.799 ouvriers dont 354.976 hommes et 559.823 femmes.

On comptait en 1916, 140 filatures de coton employant 42.272 ouvriers et 99.203 ouvrières : 18 compagnies de tissage avec 3.719 ouvriers et 23.756 ouvrières.

Nombre de broches : 1.274.000 en 1900 ; 2.750.000 en 1914 ; 2.969.892 en 1916.

Production totale des filatures de coton en fils : 93.004.310 kan (1 kan = 3 kilos 75) en 1916.

Il y avait, au 31 décembre 1915, 2.500 filatures de soie disposant de force motrice, dont un petit nombre (pour 1.034 HP) de force électrique. Les filatures de coton étaient, à la même date, au nombre de 141, représentant 125.509 HP à vapeur et 39.000 HP électriques. On voit la différence entre l'organisation de ces deux industries : l'une restée, dans certaines régions, quasi-familiale, ou ne comportant, en tout cas, que des établissements moyens, tandis que certaines compagnies de filature de coton ont d'énormes usines.

Autres productions manufacturières (valeur en yen) : engrais, 61.111.914 ; papier japonais, 22.770.794 ; papier européen, 29.709.510 ; allumettes, 22.770.794 ; faïences, 17.532.247 ; objets vernissés en laque, 9.788.009 ; cuirs, 60.688.275 ; nattes, 8.097.363 ; huiles, 20.475.665.

Valeur des produits maritimes bruts, en 1915, 94.836.000 yen ; en 1916, 102.242.133 yen.

Valeur totale de la production manufacturière, en 1915, 20.475.665 yen.

Valeur de la production des industries textiles, 380.128.122 en 1915 564.226.698 yen en 1916, 380.128.122 yen dont 128.384.223 en 1915 et 304.490.265 en 1916 pour l'industrie du coton, 121.686.745, pour celle de la soie et 40.283.919 pour celle de la laine.

Les constructions navales au Japon ont pris, surtout depuis la guerre, un développement considérable. La construction des navires à vapeur, sans distinction de tonnage, atteignait en moyenne, par an, 48.000 tonneaux pour la période 1899-1908, et 46.000 tonneaux pour les cinq dernières années de paix (1909-1913). D'après la Lloyd's List, elle aurait porté sur un total de 98.000 tonneaux de jauge brute en 1915, et sur 246.000 tonneaux de jauge brute en 1916. Elle avait été prévue pour 282.000 tonneaux pour 1917.

Commerce.

Le fait saillant est le doublement du commerce extérieur depuis la guerre. Par tête d'habitant, le commerce passe de 19 à 44 yen, et de 9 à 25 yen pour l'exportation.

Le tableau suivant donne le commerce comparatif des années 1913-19 en milliers de yen :

	1913.	1915.	1917.	1918 éval.	1919 prov.
Importations	730.452	875.722	1.104.812	1.668.144	2.173.318
Exportations	659.558	752.872	1.699.974	1.962.100	2.098.873

Echanges commerciaux. — Les chiffres des échanges commerciaux pour les années 1914, 16 et 17 montrent les mouvements ci-après (en milliers de yen) :

PAYS.	IMPORTATIONS.			EXPORTATIONS.		
	1914.	1916.	1917.	1914.	1916.	1917.
Etats-Unis........	96.771	204.079	359.707	196.539	340.245	478.536
Grande-Bretagne ..	98.302	81.782	63.304	33.086	102.658	202.646
France...........	4.371	4.468	4.364	61.209	64.807	97.829
Allemagne	44.922	4.139	»	9.962	»	»
Autriche-Hongrie .	1.906	136	»	544	»	»
Europe...........	(en 1907) : 195.000		82.000	(en 1907) : 94.000		335.000
Chine............	123.048	108.639	133.271	296.345	192.713	318.380
Indes anglaises.....	160.824	179.465	223.941	26.048	71.617	101.364
Indo-Chine franç ..	15.052	6.037	»	803	1.870	»
Asie.............	(en 1907) : 200.000		475.000	»	»	»
Amérique du Sud..	1.671	(en 1918) : 36.595		»	»	»

Il en ressort une expansion considérable du commerce avec l'Asie : 475 millions 1/2 de yen contre 200 millions de yen, surtout en ce qui concerne les provenances de l'Inde anglaise, 223 contre 74 millions 1/2 de yen, consistant principalement, comme nous le verrons, en coton. Les envois de l'Amérique — (Etats-Unis presque exclusivement) — ont aussi beaucoup augmenté : 376 contre 52 millions de yen. Ici encore le coton joue un rôle notable. L'Europe vend au contraire de moins en moins au Japon : 82 millions au lieu de 195 millions de yen, — la Grande-Bretagne, bien qu'en diminution, continuant à fournir le plus de produits, — produits fabriqués. — Les autres parties du monde fournissent encore fort peu au Japon. Il faut signaler cependant les laines d'Australie.

En ce qui concerne les exportations, les Etats-Unis continuent à être le principal client du Japon pour 475 millions 1/2 de yen (soies grèges surtout et thé). La Chine suit avec 308 millions de yen d'achats. L'Inde est devenue un débouché très sérieux avec 101 millions de yen, alors qu'avant la guerre (1913) elle n'achetait que pour une trentaine de millions de produits au Japon. Mais les progrès les plus étonnants sont ceux qu'ont faits les exportations vers l'Europe : 147 millions en 1913, 94 millions en 1907, contre 335 millions en 1917. La Grande-Bretagne qui n'achetait au Japon que pour 22 millions de yen de marchandises en 1907 et 32 millions en 1913, lui en a pris pour 202 millions de yen en 1917. Les achats de la France ont proportionnellement beaucoup moins augmenté : 42 millions 1/2 de yen ; 60 millions ; 98 millions (soies grèges surtout).

Chiffres du commerce du Japon avec la France et l'Indo-Chine en milliers de yen :

	1913.	1914.	1915.	1916.	1917.
Exportations :	—	—	—	—	—
Vers la France	60.230	31.209	42.293	64.006	97.820
Vers l'Indo-Chine	1.055	803	637	1.869	3.766
Importations :					
De France...............	5.829	4.371	3.890	4.467	4.364
D'Indo-Chine	24.700	15.052	3.687	6.036	7.296

Articles de Commerce.

Les principaux articles de commerce à l'importation et à l'exportation pour 1017 sont donnés par le tableau suivant avec chiffres en milliers de yen :

Importations :					
		Tissus	14.600	Navires..........	7.387
Coton.............	330.976	Sucre	11.697	Riz	6.518
Fer, ouvrages en fer	200.769	Salpêtre...........	9.725	Cuirs et peaux....	5.947
Tourteaux.........	65.846	Pois et fèves	9.489	Pétrole..........	5.305
Laines............	52.112	Caoutchouc........	9.131	Goudron	4.404
Machines	30.875	Charbon	9.038	Pâte de papier ...	2.801

Exportations :

Soie	355.155	Charbon	26.454	Faïences	14.474
Cotonnades	127.456	Sucre raffiné	26.151	Bimbeloteries	8.408
Filés de coton	108.139	Allumettes	24.586	Soufre	6.123
Cuivre	87.495	Thé	21.755	Camphre	5.304
Soieries	47.480	Déchets de soie	16.619	Nattes	2.180
		Riz	14.667		

La principale importation du Japon reste le coton en graines et surtout égrené qui vient principalement de l'Inde anglaise, 44 %. La laine, en provenance pour la plus grande partie d'Australie, est en augmentation de 9.473 tonnes en 1913, à 23.777 t. Les produits chimiques sont en fort accroissement, mais il faut tenir compte de la hausse des prix. Toujours à cause de la guerre, les minerais et métaux ont passé de 72 millions à 264 millions de yen. Par contre, les grains, graines, amidons et farines sont en diminution sensible : 27 millions 1/2 contre 79 millions de yen. L'importation du riz et celle du blé ont presque complètement cessé. On importe aussi de moins en moins de sucre (78.000 t. au lieu de 314.000 en 1913) qui est remplacé par celui de Formose. De même, l'ensemble des tissus de toutes sortes, tombe de 26 millions de yen, en 1913, à 14.600.000 yen, en 1917.

La part la plus importante des exportations est constituée par les textiles. La prédominance absolue appartient naturellement à la *soie grège* — y compris les déchets de soie — 382 millions de yen contre 203 millions. En quantités on a passé (grèges) de 120.000 à 151.000 quintaux. Les Etats-Unis ont pris les onze treizièmes. *Les filés de coton* représentent des quantités bien plus considérables : 797.800 quintaux (en 1917), mais une valeur bien moindre : 108 millions de yen. Celle-ci a augmenté de 30 millions de yen depuis 1913, mais les quantités sont restées à peu près stationnaires (796.000 quintaux en 1913). La Chine continue à être le débouché de beaucoup le plus important. Hongkong (en réalité pour la Chine méridionale) vient ensuite comme acheteur.

Les exportations de soie grège de Yokohama aux Etats-Unis, vont toujours en augmentant: De juin 1917 à mai 1918, les expéditions ont été de 208.539 balles aux Etats-Unis, (37.014 en 1913-14 ; 123.706 en 1914-15 ; 156.394 en 1915-16 ; 185.924 en 1916-17) de 32.772 balles en Europe (55.811 en 1913-14 : 23.709 en 1914-15 ; 25.852 en 1915-16 ; 51.473 en 1916-17), soit un accroissement de 12.729 balles, en comparaison avec la période correspondante de l'année précédente.

La moyenne des prix, par balles, était en 1913-14 : 990 yen (2.465 francs) ; en 1914-15 : 770 yen (1.917 francs) ; en 1915-16 : 1.100 yen (2.740 francs) ; en 1916-17 : 1.180 yen (2.940 francs) et en 1917-18 : 1.600 yen (3.984 francs).

En ce qui concerne les *tissus* et les *objets manufacturés en tissus*, c'est dans ce groupe que l'augmentation (valeur) des exportations a été la plus forte : 88 millions de yen avant la guerre ; 225 millions de yen en 1917.

Pour ce qui est des *tissus de soie*, et plus spécialement de ces *habutaé* (plus connus sur les marchés européens sous le nom de « pongées »), la valeur a passé de 31 millions à 48 millions de yen, sans que la quantité ait augmenté appréciablement. *Les satins* ont, au contraire, doublé en quantités ; les *crépons*, quadruplé et les tissus *mélangés* (soie et coton), considérablement augmenté aussi (décuplement, en valeur). La valeur totale pour les tissus de soie a passé de 39 à 62 millions de yen.

Pour les *tissus de coton*, le progrès a été plus saisissant encore, puisqu'ils ont passé de 33 à 127 millions de yen. Les shirtings, blancs et écrus, et les flanelles de coton s'inscrivent en tête. La Chine et l'Inde anglaise sont les principaux débouchés. Pour cette dernière, les achats ont passé de 503.000 yen en 1913 à 15 millions en 1917.

L'Exportation japonaise et la guerre.

Les progrès de l'exportation japonaise depuis la guerre sont résumés dans le tableau ci-après, avec chiffres en millions de yen :

ARTICLES.	1913.	1917.	EN PLUS.
Produits aliment. boissons, tabac	61.468	171.168	109.700
Corps gras et leurs manufacturés	9.991	28.976	18.985
Peaux, poils et leurs manufacturés	4.178	7.528	3.350
Drogues et produits chimiques	24.448	72.216	47.768
Textiles	395.864	814.294	418.430
Céramiques et verreries	10.000	28.900	18.900
Minerais, métaux, produits métall.	59.800	232.400	172.600
Machines, navires, véhicules, etc.	6.400	117.700	111.300
Divers, y compris colis postaux	57.372	110.780	53.408
Totaux	629.526	1.584.486	954.441

Mouvement maritime.

Le nombre de navires entrés dans les ports du Japon en 1916 a été de 9.968 jaugeant 20.316.537 tonn., dont 7.360 vapeurs japonais jaugeant 13.709.836 tonn., 390 navires à voiles et jonques japonais jaugeant 47.717 tonn., ainsi que 2.202 vapeurs étrangers jaugeant 6.553.682 tonn. et 11 navires à voiles étrangers jaugeant 5.302 tonn. Parmi les navires étrangers, entrés en 1916, il y eut 68 navires français jaugeant 324.367 tonnes.

En 1914, 9.522 vapeurs jaugeant 23.514.147 tonnes et 298 navires à voiles jaugeant 46.703 tonnes sortirent des ports japonais.

Les efforts de la politique de construction à outrance, venant s'ajouter aux acquisitions effectuées en 1914 et 1915, ont porté la flotte de commerce japonaise à un effectif notablement supérieur à celui de 1913. Ce dernier atteignait, d'après des données statistiques officielles, un total de 1.514.000 tonneaux pour les vapeurs de plus de 20 tonneaux de jauge brute et de 572.000 tonneaux pour les voiliers de plus de 5 tonneaux de jauge brute, soit ensemble 2.086.000 tonneaux. D'après des informations officieuses, le chiffre correspondant à fin avril 1917 serait de 2.333.000 tonneaux, soit une augmentation de 247.000 tonneaux ou près de 12 %.

En tenant compte des lancements effectués pendant les mois de mai à décembre 1917 inclus (350.000 tx.) et de 1918 (489.900 tx.), diminués des ventes qui ont pu être consenties à l'étranger jusqu'à l'époque (1er octobre 1917) où a été mise en vigueur l'interdiction de ces dernières opérations, on peut évaluer à 2.500.000 tonneaux de jauge brute, en chiffres arrondis, l'effectif de la flotte marchande japonaise à la fin du présent exercice. En sorte que si le programme élaboré pour 1918 est réalisé dans son intégralité, notre allié d'Extrême-Orient disposerait dans une année au plus d'un tonnage total de plus de 3.000.000 de tonneaux de jauge brute, soit une augmentation de presque 50 % par rapport à 1913.

Communications intérieures.

Chemins de fer (y compris Corée et Formose), en 1916 : lignes de l'Etat, 9.263 kil. ; lignes des Compagnies privées 2.949 ; total 12.371 kil. Recettes totales 130.048.451 yen (lignes de l'Etat : 120.212.355) et dépenses totales, 103.272.721 yen (lignes de l'Etat : 95.969.137). Nombre total de voyageurs transportés, 223.680.340 et poids en tonnes de marchandises, 41.591.143. Chemins de fer électriques en exploitation, 2.273 kil. ; en construction, 651 kil. Postes en 1915-16 : 7.580 bureaux ; mouvement postal : 1.910.305.481 lettres, cartes postales et journaux ; 26.387.563 paquets. Recettes (postes et télégr.), 167.363.823 francs, et dépenses, 93.499.435 francs. Télégraphes 1915-16 : 5.327 bureaux : 41.450 kil. de lignes et 232.945 kil. de fils ; télégrammes 34.503.501 ; 11 stations radiotélégraphiques et 51 stations de bord. Téléphones (1914-15) : 224.721 stations, 12.746 kil. de lignes et 904.490 kil. de fils ; 1.212.977.361 messages.

Monnaies, poids et mesures.

L'unité monétaire est le *yen* d'or de 100 sen = au pair : 2 fr. 56 ; à 4 mois : 2 fr. 60, Il se multiplie et se subdivise d'après le système décimal. Monnaies (or), 5 yen = 12 fr. 92 ; 10 yen = 25 fr. 83 ; 20 yen = 51 fr. 67 ; argent : 50 *sen*, 20 sen, 10 sen ; (nickel), 5 sen (cuivre), pièces de 2 sen, 1 sen, 1/2 (le sen est le 1/1000 du yen) ; Billets de banque de 1 yen, 5 yen, 10 yen, 100 yen.

Poids. — L'unité est le *mommé* = 3 gr. 7565 ; 1 mommé = 10 *pun* = 100 rins = 1.000 mou ; 1 *kwan-mé* = 1.000 mommés = 3 kil. 7565 grammes ; 1 *hyaku-mé* = 100 mommés = 0 kil. 375 gr. ; 1 *kin* (ou catty) = 160 mommés = 601 grammes 04 ; 1 *condorni* = décigr. 685 (dans une espèce de fève écarlate qui sert de poids aux Chinois et aux Japonais) ; un *picul* japonais = 60 kilogr. 396. On se sert aussi de la livre et de la tonne anglaises.

Mesures : mesures de longueur · l'unité est le *ken* = 1 mètre 818 ; un *cho* = 109 mètres ; un *ri* = 3 kilom. 927 ; un ri marin = 1 kilom. 851. Mesures de surface : un *tsubo* = 3 mètres carrés ; un *tan* = 9 ares 917 ; un *cho carré* = 99 ares 178 ; un *ri carré* = 15 kil. carrés. Mesures de capacité : un *go* = 0 lit. 1803 ; un *sho* = 1 litre 8039 ; un *to* = 18 litres 0391 ; un *koku* = 180 litres 3907.

Presse.

Principaux journaux : en langue japonaise, à Tokio : *Tokio Asahi* ; *Tokio Mainichi ; Nichi-Nichi-Shimbum ;* à Osaka : *Osaka Asahi* ; *Osaka Mainichi* ; à Yokohama : *Maicho-Shimbum* ; en langue anglaise : *The Japon Times*, à Tokio ; *The Japan Gazet's, Herald, Mail*, à Yokohama ; en langue française : *Revue françaises du Japon*, mensuelle (1892), Foutsou-Gakkai, à Tokio ; l'*Information d'Extrême-Orient*.

Relations avec la France.

Traités et Conventions.

COMMERCE ET NAVIGATION : Convention du 19 août 1911, traitement de la nation la plus favorisée, étendu à certaines colonies françaises en 1913. — ÉTABLISSEMENTS, SOCIÉTÉS, etc. Déclaration du 16 juin 1907, relative à l'Indo-Chine.— PROPRIÉTÉ INDUSTRIELLE ; Accord du 18 octobre 1887. Convention de commerce du 19 août 1911 Convention du 14 septembre 1909 pour la protection des marques de fabrique en Chine .— Consuls ; pour le commerce, mêmes accords que pour le Japon.

Représentation du Japon en France.

Ambassade à Paris, 9, rue Lapérouse. Tél. Passy 55-77, 65-15 ; résidence : 7, avenue Hoche (8e). Tél. Elysées 10-53.

Ambassadeur extraord. et plén. : S. E. *Keishiro Matsui*.

Conseiller : H. *Nagaoka*. — Secr. d'Ambassade de 3e cl. : H. *Ashida* ; S. *Kato* ; S. *Kuriyama* ; M. *Tani* ; M. *Yokoyama*. — Chanceliers : F. *Wakatsuki* ; U. *Munémura* ; H. *Nishiyama* ; H. *Oikawa*. — Attaché naval : capitaine de vaisseau : M. *Osumi*. — Att. naval adjoint cap. de corvette : S. *Tagosima*. — Attaché militaire : colonel K. *Nagai*. — Att. mil.-adjoint : capitaine K. *Fujii*. — Attaché financier : K. *Mori*.

Consulat à Paris. — Consul : *Chevalier*.

Consulats : à Bordeaux ; Le Havre : W. *Ramsay-Langstaff* ; Lyon : K. *Kijima* ; Marseille : *Kumabe*, C. G. ; Haiphong ; Nouvelle-Calédonie ; Saïgon.

Correspondants de journaux japonais à Paris : Tokio Asahi et Osaka Asahi, R. *Shighetoku*, 58, r. Jacob ; Mainich Osaka, H. *Uyenishi*, 20, r. Bellini.

Cercle de la presse japonaise : 20, rue Richer.

Représentation de la France au Japon.

Ambassade à Tokio, Kôjimachiku Idamachi Itchômé, 1.

Ambassadeur : Edm. *Bapst* (O. ✱). — Cons. d'amb. : *Jarousse de Sillac* ; f. fon 3e secr. : *Henry*. — Secr. de 3e cl. : *Bradier* — 1er interprète : N... — 2e interprète : G. *Bonmarchand*. — Chancelier : *Gallois*. — Attaché militaire : Chef de bataillon brev. h. c. *de Lapomarède*. — Attaché naval : *Champoiseau*, capitaine de corvette. Attaché commercial : *Knight*.

Consulats à Yokahama : *Déjardin* (1-20) ; Kobé et Osaka : *Simon* (19) ; Séoul : *Gallois* (19).

Institutions économiques.

Chambre de Commerce Française à Yokohama.

Conseillers du commerce extérieur : à Nagasaki, Jules *Vaschier*. — A Osaka, Fernand *Bonte*. — A Yokohama, *Barmont* ; *Dourille* ; Claude-Simon *Eymard* ; *Reiffinger*.

T. C. F. : Délégués à Tokio : René *André*, Vice-Consul de France. Kobé : R. *Réallon*, Vice-Consul du Portugal, 58, Naniwa-Machi. — Osaka : Eug. *Guériteau*, Favre Brandt, 10, Kawaguchi.

Institutions intellectuelles.

A Tokio : Institut français (dépendant de l'Académie de Lyon) ; Athénée français (137 élèves) ; Etoile du Matin (Frères Marianistes) : Sté. Franco-Japonaise ; Ecole des Missions étrangères ; Ecoles primaires des Sœurs de St. Vincent de Chartres ; Ecoles secondaires des sœurs de St. Maur ; Alliance Française.

A Kobé : Sté. Franco-Japonaise ; École des Sœurs de Chauffailles.

A Nagasaki : Ecole de l'Etoile de la Mer (Frères Marianistes) ;

A Osaka : Ecole de Commerce « L'Etoile brillante » (807 élèves) des Frères Marianistes.

A Urakami : Ecole apostolique des Marianistes ;

A Yokohama : Alliance Française. Prés. : *de Champmorin* ; Collège St. Joseph des Frères Marianistes.

COLONIES ET POSSESSIONS DU JAPON

Superficie et population (1916) :

	SUPERFICIE en kil. q.	POPULATION. Femmes.	Hommes.	TOTAL.
Corée	217.826	9.103.952	8.415.913	17.519.863
Formose	35.974	1.942.007	1.768.841	3.710.848
Hokoto	124	»	»	»
Sakhaline du Sud	34.069	32.314	24.892	57.206
Kouantoung	3.374	313.487	241.417	554.904
Total colonies	291.367	11.391.750	10.451.063	21.842.823

I. Corée (ou Chôsen).

Ancienne monarchie absolue, la Corée est depuis la guerre russo-japonaise, sous le protectorat du Japon qui l'annexa définitivement le 22 août 1910.

Gouverneur général : Baron *Minoru Saito* (août 1919), résidant à Séoul.

Superficie. Population. — (Voir tableau ci-dessus). Parmi les étrangers résidant en Corée en 1916, il y avait 18.972 Chinois, 597 Américains, 223 Anglais, 107 Français, 57 Allemands.

Villes principales : Séoul (capitale), 302.686 habitants dont 50.291 Japonais ; Ping-King, 173.273 h.

Religion et instruction. — Culte des ancêtres ; nombreux monastères bouddhistes ; 250 missionnaires protestants anglais et américains, 60 missions catholiques et une mission russe (Eglise grecque à Séoul). La langue du pays est intermédiaire entre le mongol-tartare et le japonais mêlée de mots chinois, avec un alphabet composé de caractères chinois et indigènes. Il y avait, en 1915, 404 écoles publiques avec 1.820 professeurs et 53.019 élèves, et de nombreuses écoles chrétiennes de filles et de garçons.

Mouvement économique.

Finances. — Budget pour 1917-18 (en yen) : Recettes, 62.589.309, et dépenses 62.562.277.
— — 1918-19 (—) — 64.502.000 — 64.502.000
Prévis. — 1919-20 (—) — 77.560.690 — 77.560.690.
Dette totale en déc. 1915 : 65.968.453 yen ; au 1er janv. 1919 : 104.923.655.

Production. — Pays essentiellement agricole ; importante production de riz (année moyenne : 24 millions de hl.) ; blé, haricots, graines de toutes sortes et tabac : bétail réputé pour sa qualité, pêcheries.

Sériculture et dévidage de la soie. Production de cocons : 83.000 hl. en 1914 ; 218.000 hl. en 1918.

Ressources minérales : Or, cuivre, fer, graphite et mica, charbon.

Les autorités japonaises ont fait depuis la guerre de grands efforts pour encourager et développer la culture du coton en Corée. Ces efforts ont obtenu un grand succès ; d'après les dernières évaluations officielles, le rendement de la récolte de 1918 s'élevera à 56.573.360 kin, (1 kin = 601 grammes), contre 31.331.414 kin, l'année précédente, ce qui constitue une augmentation de 80 p. 100.

Industries : fabriques de papier, céramiques, ciment, etc.

Commerce spécial de 1910 à 1919 — Principaux articles d'importation : coton et filés de coton, machines, soie, pétrole, vêtements, sucre, papier, charbon, etc. L'exportation consiste en riz, fèves, bétail, peaux, or (9.500.000 yen en 1917), fer, cuivre, poissons, céréales, poivre, etc.

Années.	Importations.	Exportations.	Total.
1910	39.782.736	19.913.843	59.696.599
1913	71.580.247	30.878.944	102.459.191
1914	63.231.461	34.388.787	97.620.248
1915	59.199.357	49.492.325	108.691.682
1916	74.456.805	56.801.934	131.258.739
1917	102.886.736	83.775.387	186.662.123
1918	158.369.363	154.189.148	312.498.511
1919 (11 1ers mois)	253.388.617	187.872.548	»

Mouvement maritime (1916). Tonnage des navires entrés : 3.147.394, et des navires sortis : 3.120.069. Principaux ports : Chemulpo, Fusan, Womans, Chinnampo, Mokpo, Kunsan.

Communications intérieures. Chemins de fer : 1.596 kil. Postes 1916 : 516 bureaux. Télégraphes : 6.866 kil. de lignes ; 18.590 kil. de fils ; 2.271.564 télégrammes. Téléphones : 4.298 kil. de lignes ; 31.918 kil. de fils.

Presse. — Paraissent à Séoul 10 journaux coréens et 12 japonais.

Représentation de la France en Corée.

Consul à Séoul : *Gallois*.

École française des Sœurs de St-Paul de Chartres. Mission catholique française (Mgr *Demange*, évêque).

II. Formose (ou Taiwan).

Ancienne possession chinoise placée sous la domination militaire du Japon depuis la guerre de 1894-95. Administration civile depuis avril 1896 et autonomie financière depuis 1905.

Gouverneur général : Baron *Kenjiro Den*, résidant à Tai-Pé.

Superficie et population. — (Voir tableau, p. 1005). Le nombre des colons japonais s'élevait en 1916, à 142.450. Principales villes : Tai-Pé (capitale), 100.223 hab. ; Tai-Nan, ancienne capitale, 62.689 hab. ; Tamsui, Keelung (port important).

Enseignement. Il y avait, en 1916, 445 écoles avec 2.428 professeurs, 93.824 élèves, des écoles primaires et plusieurs écoles secondaires.

Mouvement économique.

Finances. — Budget de l'île (en milliers de yen) :

	1914-15	1915-16	1916-17	1917-18	1918-19
Recettes	53.164	45.640	55.765	49.207	55.261
Dépenses	47.695	38.249	42.686	78.830	55.261

Production. — Pays agricole, Formose produit du riz, du sucre, du thé, du jute. L'exploitation du camphre dans les vastes forêts vierges du pays se fait sous le monopole du gouvernement. La production pour l'année fiscale finissant en mars 1918 a été de 60.000 piculs, contre 89.300 piculs en 1916-17.

Production minérale (1916) :

Houille	869.536.080	kinns (1 kinn = 600 gr.) ;
Soufre	4.989.181	—
Cuivre	1.918.788	—
Or	408.234	mommés (1 mommé = 3 gr. 750) ;
Argent	317.656	—

Industries, peu développées, manufactures de tabac, une raffinerie de sucre, quelques savonneries verreries, etc.

Commerce. Le commerce de Formose se fait presque exclusivement avec le Japon et avec la Chine et les États-Unis.

Chiffre des exportations et des importations :

	Année 1916	Année 1917
Exportations à l'étranger	31.650.000 yen.	40.215.791 yen.
Importations à l'étranger	15.430.000 —	21.099.376 —
Exportations au Japon	80.610.000 —	105.587.942 —
Importations du Japon	49.520.000 —	67.787.985 —

Les produits exportés consistent surtout en sucre, camphre et en thé.

Communications. De même qu'en Corée, les Nippons s'efforcent de développer, à Formose. les moyens de communication. De nombreuses routes ont été construites. En 1917, il y avait une longueur de voies ferrées de 527 kil., complètement achevées ; 159 stations postales avaient été créées, dans lesquelles il passe environ 34.929.042 colis postaux annuellement. Le service télégraphique comporte 153 bureaux ayant passé 1.717.714 messages ; les téléphones comportaient 12.515 kil. de lignes et 21.218.648 messages.

Enfin, le Japon a établi un service de navigation régulier par les ports de Formose, Keelung, Tainan, Takao, Tamsoui, Ampin et Chinto. Les deux grandes Compagnies de navigation à vapeur de l'Empire nippon, la *Nippon-Yusen-Kaisha* et la *Osaka-Shosen-Kaisha*, ont établi des escales à Kobé et à Keelung. Un paquebot de chacune de ces deux Compagnies, d'au moins 6.000 tonnes, assure le service entre Kobé et Keelung une fois par semaine. D'ailleurs, la Compagnie Osaka-Chosen-Kaisha exploite la ligne de Takao à Yokohama, et les vapeurs s'arrêtent dans les ports secondaires de Formose.

En 1913, le nombre total des navires entrés dans tous les ports de Formose était de 438 bateaux de 792.724 tonnes, contre 435 bateaux de 806.944 tonnes en 1912.

III. Hokoto (ou Pécadores).

Cette possession comprend 12 îles d'une superficie d'environ 124 kil. q.

IV. Sakhaline du Sud (ou Karafouto).

Occupée par les troupes japonaises en août 1905 ; la possession de la partie de l'île située au Sud du 50e parallèle fut assurée au Japon par le traité de paix russo-japonais d'octobre 1905

Superficie et Population. (V. tableau, p. 1003).

Finances. Budget pour 1917-18 (en yen) : recettes, 3.060.652; dépenses, 3.060.652.

Productions : céréales, pois, pommes de terre, fourrages et légumes verts. Important élevage de bestiaux ; forêts relativement vastes et riches en essences variées ; 3 bassins houillers et sables aurifères ; les pêcheries de hareng, truite et saumon forment la principale ressource du pays. — *Communications intérieures*. — Chemin de fer : 32 kil.

V. Kouantoung (ou Kouanto).

Ce territoire est administré par un Gouverneur Général japonais résidant à Dairen (ou Dalni).

La population, en 1916, était de 672.133 habitants, dont 566.401 Chinois. Villes principales : Dairen, 140.758 h. : Port-Arthur, 104.686. — *Instruction*. Il y avait à Dairen, en 1916, 158 écoles avec 24.761 élèves.

Finances. Budget pour 1918-19 : balance des recettes et dépenses, 6.553.374 yen.

Production : maïs, mil, haricots, blé, riz, tabac et légumes variés. Importante production de sel ; pêcheries. — *Commerce* (1916) : Importation, 68.166.000 yen ; exportation, 76.067.000. — *Communications intérieures*. Chemins de fer : 130 kil.

Le Japon en 1919.

L'arrivée, à la tête du gouvernement, du vicomte Hara Kei, chef du part le plus important de la Chambre des Représentants, le *Seijukwai* ou parti des Amis Politiques, a inauguré au Japon le régime constitutionnel des gouvernements de partis. Malgré l'opposition à la Chambre et la campagne menée dans le pays par le *Kenseikwai* ou parti constitutionnel, dirigé par le vicomte Kato, et par le *Kokuminto*, ou parti national démocrate, et qui ont comme programme la question du prix du riz, l'extension des droits électoraux, etc., le ministère a su maintenir sa position. Les élections des conseils généraux en septembre et octobre ont même témoigné qu'il avait consolidé sa situation. Les gains du parti *Seiyukai* se chiffrent en effet par 165 sièges alors que le parti *Kenseikwaï* perd 134 sièges. Les indépendants ont réussi cependant à emporter 192 sièges, montrant un gain de 45 sièges.

L'établissement du suffrage universel, réclamé par l'opinion publique, semble toutefois devoir être pour le ministère la condition même de son existence. Le *Kenzikaï* semble résolu à ne pas reculer devant la dissolution de la Chambre.

Ce sont surtout les questions de politique extérieure qui occupent, au cours de l'année, le premier plan.

Tout d'abord, la question du Chantoung. Le Japon a bien reçu la cession des droits territoriaux et des intérêts spéciaux que l'Allemagne y possédait avant la guerre. Le Japon a l'intention de restituer à la Chine tous ses droits de souveraineté territoriale, mais les réserves américaines ont donné aux Japonais l'impression que les Etats-Unis veulent exercer sur eux une pression et cette attitude provoque le mécontentement. La nomination de M. Shidehara au poste de Washington témoigne cependant du désir d'aller jusqu'à l'extrême limite dans la politique de conciliation.

Le mouvement anti-japonais en Chine n'a pas diminué (incidents de Kwantchengtse en juillet, de Fou-Tcheou, 16 nov., boycottage et destruction des marchandises japonaises en Chine).

En Sibérie, la politique japonaise se rapproche, en fin d'année, de celle des Etats-Unis : abstention dans la lutte des partis, surveillance des chemins de fer, maintien de l'ordre dans les régions avoisinantes et principalement à Vladivostock et à Kharbine.

La situation en Corée ne s'est pas améliorée : émeutes, installation d'un gouvernement coréen provisoire à Shanghaï, tentative d'enlèvement du prince Ri-Kô. Rio-un-Khô dans son séjour au Japon, en novembre et décembre, ne semble pas avoir obtenu gain de cause. Toutefois, on paraît décidé, à Tokyo, à adopter le principe d'une politique de bienveillance, à intensifier l'établissement de nouvelles écoles.

La Russie, visée à l'origine par le traité d'alliance anglo-japonaise, est pour quelque temps hors de cause. Le nouvel état de choses oblige cependant la Grande-Bretagne et le Japon à étudier les mesures aptes à maintenir la paix en Extrême-Orient et aux Indes. On ne juge pas d'autre part que la Ligue des Nations rende inutile le renouvellement de l'alliance. Il est donc probable que celui-ci sera effectué.

Le traité de paix de Versailles, ratifié le 30 oct., ne satisfait pas entièrement les Japonais. L'exclusion du Japon du Conseil des Cinq semble avoir causé un vif mécontentement. Cependant on a noté avec satisfaction que le Japon qui, jusqu'ici, n'avait joué un rôle important que dans les questions d'Extrême-Orient, avait été appelé pour la première fois à prendre part aux discussions sur la politique européenne et que le Japon figurait pour la Ligue des Nations, parmi les « principales Puissances alliées ».

Bibliographie.

PUBLICATIONS OFFICIELLES

Financial and Economic Annual of Japan. Tokio.

Résumé statistique de l'Empire du Japon. Annuel. Tokio.

État de la Population de l'Empire du Japon au 31 déc. 1913. Tokio. 1916.

PUBLICATIONS NON OFFICIELLES

Annuaire financier et économique du Japon. 18e année. Tokio. 1918.

Abbott (J.-P.). *Japanese Expansion and American Politics*. Londres. 1916.

Beckers (J.-E. de). *Pointers on Japanese law*. Yokohama. 1916.

Dautremer (J.). *Chez nos Alliés japonais*. Garnier fr. Paris. 1918.

Dumolard (H.). *Le Japon politique, économique et social*. 4 fr. A. Colin. Paris.

Gérard (A.). *Nos Alliés d'Extrême-Orient*, in-16, 250 p. 4 fr. 50. Payot. Paris. 1918 ; *Ma Mission au Japon* (1907-1914), in-8, 412 p. 12 fr., Plon-Nourrit. Paris, 1919.

Guides Madrolle. *Chine du Sud, Java, Japon*. Paris. 1916.

Harada (Tasuku). *The Faith of Japan*. Londres. 1914.

Japan Year Book (Takenob et Kawakami). Tokio. Annuel 1918.

Labroue (H.). *L'Impérialisme japonais*, in-18, 382 p. 4 fr. 50. Delagrave. Paris. 1918.

La Mazelière (Mis. de). *Le Japon moderne*, in-16, 373 p. 4 fr. 50. Plon-Nourrit. Paris. 1909.

Mac Cormick (F.). *The Menace of Japan*, in-8°, 372 p. 10 fr. Little and Brown. Boston. 1917.

Millard (T.-Fr.-F.). *Our Eastern Question*, in-8°, 543 p. 15 fr. Century Co. New-York. 1916.

Morimoto (K.). *The Standard of Living in Japan*, in-8°, John Hopkins Press. Baltimore. 1918.

Morse (E.-S.). *Japan day by day*, in-8°. 453 p., 777 fig. 40 fr. Houghton Mifflin. Boston. 1917.

Okakura (Kakuzo). *Les Idéaux de l'Orient. Le Réveil du Japon*. Trad. de J. Serruys, in-8°, 360 p. 5 fr. Payot. Paris. 1917.

Porter (R.-P.). *Japan, the New-World-Power*. Oxford. 1915. *Japan, the Rise of a modern Power*. Oxford. 1917.

Saito (Hisho). *A History of Japan*. Londres. 1912.

Tessan (Fr. de). *Par les Chemins japonais. Vieux et Jeune Japon*, in-16. 4 fr. 50. Plon-Nourrit. Paris. 1918.

Weulersse. *Le Japon d'aujourd'hui*, in-18, br. 4 fr. A. Colin. Paris.

CORÉE

Bourdaret (Emile). *En Corée*, in-16, 361 p. 4 fr. 50. Plon-Nourrit. Paris. 1904.

Courant (M.). *Bibliographie Coréenne*. 3 vol. Paris. 1896.

Griffith (W.-E.). *Corea, the Hermit Nation*. New-York et Londres. 1912.

Vautier (C.) et Frandin (H.). *En Corée*. Paris. 1904.

Whigham (H.-J.). *Manchuria et Korea*. Londres. 1904.

LATVIA (LETTONIE)

(RÉPUBLIQUE DE)

République indépendante depuis le 18 novembre 1918, reconnue de fait par les Alliés le 28 avril 1920
Pavillon de commerce : Trois bandes horizontales, rouge, blanc, rouge.

Pouvoir exécutif. Chef et membres du Gouvernement ; Prés. du Conseil et Min. de la Guerre : M. *Ulmanis* ; Affaires étrang. : *Meierovics* ; Intérieur : *Berg* ; Justice : *Pauluk* ; Finances : *Purin* ; Instruction publ. : Dr. *Kasaprson*; Commerce et Industrie : *Busch* ; Communic, et Travail : *Hermanovskis* ; Ravitaill. : *Blumberg* ; Agricult. : *Kalnin* ; Contrôleur d'Etat : *Mins*.

Pouvoir législatif. Assemblée Constituante élue les 17 et 18 avril 1920, sur la base du suffrage universel, égal pour les deux sexes. Composition : socialistes : 57 ; coalition agraire, 55 ; minorités ethniques (baltes et russes), 17 ; travaillistes, 10 ; divers, 16.

Superficie approximative : 64.196 km. q. Trois provinces : Livonie du Sud, 22.000 km. q. Courlande, 27.000 km. q. ; Latgale, 13.000. *Population* : 2.522.000 hab. dont Lettons 1.973.460 ou 75,8 p. 100 ; Russes, 199.160 ou 7,9 p. 100 ; Israélites, 156.850 ou 6,4 p. 100. *Villes principales* ; Riga, 510.000 hab. ; Daugavpils (Dvinsk), 108.000 ; Leepaja (Libau), 90.000 ; Jelgava (Mitau), 40.000 ; Ventspils (Windau), 25.000 ; Valka, 14.000.

Mouvement économique.

Productions : Pays surtout agricole. Céréales, lin, fruits. Principale richesse : bois de toutes espèces. Le tiers environ des forêts appartient à l'Etat qui en a monopolisé le commerce ainsi que celui du lin.

Le commerce, libre actuellement, se fait surtout par Riga qui, dès 1911, se plaçait, avec un tonnage de 3.600.000 tonnes, avant Stettin, le plus grand des ports allemands de la Baltique, Windau et Libau.

Le cours simultané de cinq ou six monnaies différentes, soumises à des variations fréquentes, a longtemps troublé le commerce. Réforme du change en voie d'accomplissement. Nouvelle unité monétaire envisagée, le *lat*, dont la valeur correspondrait au franc d'or français.

Relations avec la France,

Représentation de la Latvia à Paris.

Délégation de Latvia, 8, avenue de Camoens, Paris (XVIe). Tél. Passy 94-93. Secr. : M. *Noukch*.

Représentation de la France en Latvia.

Consul de France à Riga : *Binet*.
Mission militaire française. Chef : colonel Duparquet.

Bibliographie.

Berg (Arned). *La Latvia et la Russie*, 96 p., br. 2 fr. 50, Payot. Paris, 1919.
Gaillard (Gaston). *L'Allemagne et le Baltikum*, in-8. 278 p., br. 6 fr., Chapelot, Paris, 1919.

LIBÉRIA

(RÉPUBLIQUE DE)

Constitution et Gouvernement. — Fondée en 1822 par des nègres affranchis des États-Unis de l'Amérique du Nord et par des indigènes de l'Afrique, la colonie de Libéria s'est déclarée indépendante en 1847; constitution du 26 juillet 1847. Le Sénat se compose de 8 membres élus pour 4 ans, la Chambre des Représentants est composée de 14 membres élus pour 4 ans: le Président est élu pour 4 ans (avant 1907 pour 2 ans) Des traités ont été conclu avec l'Empire d'Allemagne, la Grande-Bretagne, la France, la Belgique, le Danemark, l'Italie, les États-Unis d'Amérique, les Pays-Bas, Suède et Norvège, l'Autriche-Hongrie, Haïti et l'Espagne.

Pavillon : Onze bandes horizontales alternativement rouge et blanche; près de la hampe sur un fond d'az rectangle, occupant les cinq bandes supérieures, une étoile blanche à cinq rayons.

Ordres et décorations : O. de la Bienfaisance de Libéria de la Rédemption Africaine, fondé en 1879 (3 cl.). Médaille Lone Star d'Or et d'Argent.

Président de la République : Hon. C.-D.-BURGESS KING (1920-24); Vice-Président : Dr Samuel J. *Ross*.

Sénat : Prés. : J.-G. *Harmon*; Chambre des Représentants, Speaker *Liberty*.

Secrétariats d'État. Secr. d'État : Hon. E. *Barclay*; Secr. de la Trésorerie J.-J. *Harris*; Attorney Général : E. M. *Cummings*; Maître général des Postes : J. G. *Fuller*; Intérieur : J. W. *Cooper*; Guerre, Secr. : A.-C. *Harris*; Instruction publ. : W. F. *Walker*.

Contrôle financier international : H.-F. *Worley* (Amérique), prés.; R. *Shar*[illegible] (Angleterre); F. *Wolff* (France).

Superficie : env. 95.400 km. q. Population et religion : L'évaluation de la population totale est très imprécise et varie entre 1.500.000 et 2.100.000. Les indigènes, qui sont tous de race africaine et en grande majorité païens, sont groupés, surtout à l'intérieur du pays, en tribus presque indépendantes. Il n'y a pas plus de 50.000 nègres civilisés, appartenant à la religion chrétienne et parlant la langue anglaise ; ce nombre comprend 12.000 Américains libériens qui sont tous protestants. Capitale : Monrovia, env. 6.000 hab.

Instruction. On comptait en 1910, 113 écoles primaires gouvernementales avec 122 professeurs et 4.100 élèves ; 87 écoles des missions américaines et de la mission catholique française avec 3.000 élèves ; 1 académie gouvernementale avec 3 professeurs et 20 étudiants et plusieurs collèges des Missions.

Armée. Tout citoyen âgé de 16 à 50 ans, et capable de porter les armes, est astreint au service militaire en temps de guerre. En temps normal, la milice comprend env. 400 hommes et sur le pied de guerre env. 2.000 hommes.

Corps diplomatique et Consulaire à Monrovia.

Allemagne, Ch. d'aff. : N... — **Amérique** (Etats-Unis), M. R. et C. G. : J. *Johnson* ; S. de lég. : *Bundy*. — **Belgique**. C. G. à Ste-Croix (Ténériffe) : *Gérard*. — **Espagne**, Con. G. *Hoenigsberg* ; V.-Cons. : *Cooper*. — **France**, Cons. E. *Barel*. — **Grande-Bretagne** C. *Maughan* ; V.-Cons. : H. *Parks*. — **Norvège**, Cons. : C. *van Heudsen*. — **Pays-Bas**. Con. W. *Reilingh* ; Gér. : C. *van Heudsen*. — **Suède**, Cons. : W. *Reilingh*.

Mouvement économique.

Finances. Budget de 1917-18 : Recettes, 273.016 dollars (1) ; dépenses, 255.767 dollars. Dette totale au 31 déc. 1918 : 2.131.700 dollars.

Productions et Commerce. Le développement agricole, minier et industriel du pays est à peine ébauché ; le sol est très fertile mais jusqu'ici peu cultivé. L'importation s'est élevée en 1914 à 902.064 dollars et l'exportation à 1.337.198 dollars. Les exportations consistaient en huile de palme (170.000 dollars), amandes-palme (408.000), piassava (403.000), ca[illegible] (225.000), caoutchouc (30.000), ivoire (11.220). Les principaux articles importés sont les tissus de Manchester, les confections, la poudre, le tabac, les spiritueux, etc.

Navigation (1916) : Entrée 131 navires de 337.410 tonnes (en 1915, 344 navires de 303.[illegible] tonnes) dont 25 navires français de 81.220 tonnes.

Communications intérieures. Il n'y a pas de chemins de fer, ni d'autres moyens de transport. Télégraphes : depuis 1912, Monrovia est une station du câble, reliant la France à l'Afrique occidentale, et possède 2 stations radiotélégraphiques, dont une au gouv. français.

Monnaies, poids et mesures. L'unité de compte est le dollar libérien et ses subdivisions

(1) 1 Dollar = 5 fr. 26312.

qui, en or français (la pièce de 20 fr. valait 3 dollars 80 cents) = 5 fr. 26317. Monnaies : (or) ont cours les monnaies américaines, anglaises.

Poids : La *livre*, le *baril* de 200 livres, le *gallon* 3 lt. 785.

Relations avec la France.

Traités et Conventions.

COMMERCE ET ÉTABLISSEMENT : Traités des 17 et 20 avril 1892. Traitement de la nation la plus favorisée. EXTRADITION : Convention du 5 juillet 1897. TERRITOIRE : Arrangement du 8 décembre 1892 pour la délimitation entre le territoire de la Rép. de Libéria et les possessions françaises.

Représentation du Libéria en France :

Légation à Paris, 80, av. du Bois-de-Boulogne, T. Passy 74-23.

Chargé d'affaires : Bon. R. A. L. *Lehmann*; Chanc. : N. *Ooms*.

Cons. à Bordeaux : R. *Touton*; Le Havre : H. *Mignot*; Lyon : *Pingeon*; Marseille : *Cyprien Fabre*.

Bibliographie.

Bourgeix (Père P.). *La République de Libéria*. Paris 1887.

Delafosse (M.). *Un État nègre, la République de Libéria*. N° 9 des « Renseign. Coloniaux » Paris.

Jore (L). *La République de Libéria* in-8. Paris, 1912.

Maugham. *The Republic of Liberia*, in 8, 300 p., 18 sh. Allen and Unwin, Londres 1920.

Wauwermans (Colonel H.). *Libéria, Histoire de la fondation d'un état nègre libre*. Bruxelles.

LIECHTENSTEIN

(PRINCIPAUTÉ DE)

Monarchie constitutionnelle de l'Europe centrale ; héréditaire dans la postérité mâle (primog.) de la Maison de ce nom depuis 1719. Constitution du 26 sept. 1862, modifiée depuis. La Diète, qui se réunit annuellement au mois d'octobre, se compose de 15 membres, dont 3 nommés par le Prince et 12 élus par vote indirect et de 5 suppléants : les députés sont nommés ou élus pour 4 ans. Suffrage universel institué en 1918. Sont électeurs et éligibles, tous les habitants de la principauté, âgés de 24 ans accomplis. *Couleurs nationales* : rouge, bleu.

Prince régnant : JEAN II, né le 5 octobre 1840, a succédé à son père le 12 novembre 1858.

Lieutenant du Prince : Pr. *Charles*, neveu du Prince régnant. Représ. à Vienne : Pr. *Edouard de Liechtenstein*; à Berne : Prof. *Beck*.

Superficie : 159 km. q. (France 550.985). *Population* en 1916 : 12.180 hab. (68 par k. q.) d'origine allemande et catholique. *Capitale* : Vaduz (1 402 hab.). La Principauté a repris sa liberté commerciale. Les chemins de fer sont dirigés par des fonctionnaires autrichiens Pas de dette publique. *Finances*. Recettes en 1916 : 994.338 cour. ; dépenses : 1.253.918. La Principauté n'a pas d'armée.

La Confédération Helvétique assure la représentation diplom. et cons de la Principauté dans tous les Etats, sauf l'Autriche et la Tchéco-Slovaquie.

LITUANIE

(RÉPUBLIQUE DE)

Gouvernement et Constitution. — Etat indépendant depuis le 16 février 1918, reconnu de ... par les Puissances Alliées (France, 11 mai 1920).
République démocratique.

Pouvoir exécutif. Chef et membres du Gouvernement. — Présid... A. *Smetona.*

La Présidence du Conseil d'Etat a le pouvoir exécutif. Elle l'exerce ... l'organe d'un ministère.

Prés. du Conseil d'Etat : Baron Stanislas *Silingas* ; V.-Prés. : Abbé Ju... *Staugaitis.*

Président du Conseil des Ministres et Finances, Commerce et Indu... Ernest *Galvanowski* ; Affaires étrang. : A. *Voldemar* ; Voies et Commu... V. *Carneckis* ; Instruction publ., Agriculture et Domaines de l'Etat : J. T... *lis* ; Intérieur : *Draugelis* ; Justice : L. *Noreika* ; Affaires Juives : M. ... *reicik* ; Affaires Blanc-Russiennes : J. *Voronko.*

Superficie approximative, avec les anciens gouvernements ou districts que le nouv... comprend, 148.578 km. q.

La Lituanie revendique les anciens territoires suivants (chiffres du dernier recen... officiel de 1905) :

Gouv. de Grodno (en partie)	38.669	km. q.	1.085.760 h.
— Kowno	40.641	—	1.857.100 —
— Vilna	42.530	—	2.075 ...
— Souvalki	»	—	718 ...
Partie lituanienne de la Courlande	»	—	»

Population approximative : 6.011.500 habitants.

Villes principales (chiffres de 1913) : Vilna, 204.290 hab. ; Vitebsk, 108.900, ... 92.810 ; Grodno, 68.273.

Productions : Pays de production agricole, lin, chanvre, blé, bois, bétail. Industrie ... filature du lin très développée.

Principales productions en 1919 :

Froment.	Surface cultivée :	1.100.000 déc. ;	Production approx. :	70.000 000 de p...
Pommes de terre.	—	82.000 —	—	57 466.000 —
Lin	—	75.000 —	—	7.200 000 —
Forêts	Surface :	2.785.977 ha.	—	—

Relations avec la France.

Représentation de la Lituanie à Paris.

Délégation, 52, avenue Kléber (XVIe). Tél. Passy 37-44.
Délégué : C. V. *de Milos-Milasius* ; Secr. : J. *Dobuzis.*

Représentation de la France à Kovno.

Mission militaire française à Kovno (Kaunas).
Chef de la mission : Lt.-colonel *Reboul.*

Bibliographie.

Gaigalat (Dr. W.). *La Lituanie.* Atar, Genève.
Gaillard (Gaston). *L'Allemagne et le Baltikum*, in-8, 278 p., 6 fr. Chapelot, Paris. ...
Lubicz-Milosz (O. W. de) *L'Alliance des États baltiques.* Desmoineaux et Prisset. Par... 1919.
Vidunas (W. St.). *La Lituanie dans le passé et dans le présent*, Atar, Genève.
Viscont. *La Lituanie et la guerre*, Atar, Genève.

LUXEMBOURG

(GRAND-DUCHÉ DE)

Constitution et Gouvernement. — Pays déclaré neutre par les grandes puissances d'Europe (traité de Londres du 11 mai 1867). Monarchie constitutionnelle et héréditaire dans la postérité mâle (primog.) de la Maison de Nassau, et, après l'extinction de la tige mâle, transmissible à la postérité féminine (primog.). (loi du 10 juillet 1907). Constitution du 9 juill. 1848, modifiée 27 nov. 1856 et 17 oct. 1868. La Chambre des Députés est composée de 52 membres (1 pour 5.000 hab.) élus pour 6 ans par vote direct des cantons et renouvelables par moitié tous les trois ans; elle se réunit annuellement au commencement du mois de nov. Pour le droit électoral (cens de 10 fr. de contributions directes ; loi du 28 juin 1901) ainsi que pour l'éligibilité, il faut être âgé de 25 ans.

Couleurs Nationales : Rouge, Blanc, Bleu.

Ordres : O. du Lion d'Or de la Maison de Nassau (1 cl.) ; O. de la Couronne de Chêne (5 cl. et 3 méd.; O. d'Adolphe de Nassau (5 cl.).

Grande-Duchesse régnante: S. A. R. CHARLOTTE, née le 23 janvier 1896 a succédé à sa sœur la Grande-Duchesse *Marie-Adélaïde* le 15 janvier 1919 ; mariée le 6 nov. 1919 au prince Félix de Bourbon-Parme.

Gouvernement (sept. 1918). Prés. : Emile *Reuter*, Ministre d'État, président du Gouvernement, chef de la direction générale des affaires étrangères ; Finances ; *Neyens* ; Agriculture et Ravitail. : *R. de Waha ;* Intérieur : *Kohn ;* Justice et Travaux publ. : *Liesch ;* Enseignement : *Welter ;* Industr. : *A.-P. Dutroux.*

Chambres de Députés (27 catholiques, 18 libéraux, 9 social. ; 3 du parti. démocr. progr., 2 indép.) ; Prés. : *Altwies ;* Conseil d'État, Prés. : *V. Thorn ;* Secr. : *P. Ruppert.*

Superficie : 2.586 km. q. ; population en 1916 : 263.824 hab. (102 par km. q.) ; suivant la répartition des habitants par nationalité, il y avait en 1910 : 220.168 Luxembourgeois, 21.762 Allemands, 3.964 Belges, 2.103 Français, 10.138 Italiens, 970 Austro-Hongrois.

Divisions administratives : 3 districts, 12 cantons et 130 communes, y compris la ville de Luxembourg (capitale) (20.848 hab. en 1910) qui forme un ressort administratif à part.

Religion, Instruction et Justice. — La population est en majorité catholique ; elle comptait, en 1910, 250.539 catholiques, 4.007 protestants, 1.270 israélites, etc. L'instruction publique est obligatoire. C'est le français qui est la langue parlementaire, législative, judiciaire et administrative ; par contre, la langue allemande était prédominante dans l'enseignement primaire, les cultes et la presse.

L'organisation judiciaire comprend une Cour supérieure de Justice (assises, appel et cassation), 2 tribunaux d'arrondissements et 12 justices de paix.

Les troupes se composent d'une compagnie de gendarmes (3 officiers et 155 hommes répartis sur 34 stations) et d'une compagnie de volontaires (6 officiers et 240 hommes).

Corps diplomatique et consulaire à Luxembourg.

Allemagne, E. e. et M. pl. et C. G. p. i. : K. *de Buch.* — Amérique (États-Unis), E. e. et M. pl. : V. Pays-Bas, Corps dipl. Agent cons. à Luxembourg : D. *Derulle.* — Autriche, V. Pays Bas, Corps dipl. — Belgique, E. e. et M. pl. : N... Agent cons. : *Vanderlinden.* — Danemark, V. Belgique, Corps dipl. — Espagne, E. e. et M. pl. : Don Santiago *Mendez de Vigo* ; V.-Cons. à Esch-sur-l'Alzette : J.-P. *Claude.* — France, V. Relations. — Grande-Bretagne, E. e. et M. pl. : Sir Ronald *Graham* à La Haye. Cons. à Luxembourg : Norbert *Le Gallais.* — Italie, E. e. et M. pl. J. Cte. *Della Torre de Lavagna.* — Norvège, Cons. : J.-P. *Lefèvre.* — Pays-Bas. E. e. et M. pl. : *van Vredenburch.* Cons. à Luxembourg : Jean *Grechen.* — Saint-Siège, Intern. apost. : Mgr. *Nicotra* à Bruxelles. — Suède, Cons. à Luxembourg : P. *Gredt.*

Mouvement économique.

Finances. Recettes et dépenses (y compris l'excédent de l'année précédente) en francs :

	1913-14	1915-16	1916-17	1917-18	1918-19
Recettes...........	18.101.733	20.745.223	17.690.705	43.761.428	42.572.228
Dépenses...........	20.484.564	24.050.362	30.114.967	48.045.794	80.449.074

Dette publique au 31 déc. 1919 :

Emprunt 1898, 3 1/2 p. 100, 12.000.000 fr.

Emprunt 1916, 4 p. 100, 25.000.000 fr. Annuité : 1.292.980.

Emprunt 1919, 4 1/2 p. 100, 100.000.000 fr

Dette flottante : 17.481.367 fr.

Productions et industries. Le sol productif du Grand-Duché comprend 123.878 hectares de terre labourables, 27.169 hect. de prairies, 83.379 hect. de bois, 22.980 de taillis 1.469 ha. de vignes ; 549 hect. de terrains plantés d'arbres et 13.438 hect. de terres incultes.

La production agricole est intense et comporte une grande variété de cultures, celle des rosiers sélectionnés donne lieu à un important commerce d'exportation.

Industrie minière développée. Bassin de mineral de fer de Differdange-Lamadelaine, d'Esch-sur-Alzette, de Rumelange-Dudelange, produisant chacun une moyenne de 1.500.000 tonnes de mineral.

Production de fonte, principalement de fonte Thomas (1.405.800 t. en 1917 sur un total de 1.528.800) par 47 hauts-fourneaux.

Industrie minière et sidérurgique. Production en tonnes métr. :

	Mineral de fer	Fonte	Acier brut (lingot)
1910	6.263.385	1.682.519	598.310
1913	7.333.372	2.547.861	1.182.227
1916	6.752.207	1.950.514	1.296.407
1917	4.501.950	1.528.865	1.053.596
1918	3.131.400	1.266.671	857.937

Commerce. — Le Grand-Duché ne fait plus partie du Zollverein.
Export. de mineral : 1917, 831.800 t. métr. ; 1918, 575.450.
Import. — 1917. 2.008.301 t. métr. ; 1918, 1.486.682.

Communications intérieures. — Chemins de fer (1918) : 526 kil. Postes (déc. 1918) : 136 bureaux ; recettes, 2.373.687 fr. et dépenses (y compris les télégraphes et les téléphones) 2.747.741 fr. ; mouvement postal : 9.301.000 lettres, 5.142.000 cartes postales et 16.443.000 paquets. Télégraphes (1918) : 360 bureaux ; 709 kil. de lignes et 2.447 de fils ; 390.190 dépêches ; recettes : 205.059 fr. Téléphones (1918) : 109 réseaux ; 1.330 kil. de lignes et 7.565 kil. de fils ; 3.362.940 conversations ; recettes : 373,149 fr.

Monnaies, poids et mesures : La monnaie légale est le franc, calculé à 80 pfennigs allemands. Les monnaies françaises et belges sont les monnaies courantes.

Le système décimal français est appliqué.

Relations avec la France.

Traités et Conventions.

COMMERCE ; Les stipulations officielles sont celles entre la France et l'Allemagne avec qui le Luxembourg forme une union douanière. ACTES DE L'ÉTAT CIVIL : Convention du 14 juin 1875, pour assurer la communication réciproque des actes de l'état civil. ACCIDENTS DU TRAVAIL : Convention du 27 juin 1906 relative à la réparation des dommages résultant des accidents du travail. ACTES JUDICIAIRES : Déclaration du 14 mars 1884 relative à la transmission des assignations, significations et autres actes judiciaires. ASSISTANCE JUDICIAIRE : Convention du 22 mars 1870. EXTRADITION : Convention du 12 septembre 1875. MARIAGE : Déclaration du 24 décembre 1867 afin de simplifier la législation des pièces à produire par les sujets de l'un des deux pays pour contracter mariage dans l'autre. MÉDECINE : Convention du 30 septembre 1879 pour régler l'admission réciproque à l'exercice de leur art des médecins, chirurgiens, accoucheurs, sages-femmes, vétérinaires établis dans les communes frontières des deux États.

PROPRIÉTÉ INDUSTRIELLE : Déclaration du 27 mars 1880 pour assurer la protection des marques de fabrique. Convention du 14 septembre 1909 pour la protection des marques de fabrique en Chine. SOCIÉTÉS : Décret du 27 février 1861 qui autorise les sociétés anonymes constituées dans le Grand-Duché à exercer leurs droits en France.

Représentation du Luxembourg en France.

Légation et Consulat général à Paris, 11, rue d'Artois (8e), de 14 à 15 h.
Chargé d'affaires : *Vannerus* (G. O. ❋). Cons. de lég. : E. *Leclère.*
Consul général : *Bastin* (Louis) (O. ❋) ; Consul : P. *Mersch ;* chanc. : Th. *Schoen.*

Représentation de la France au Luxembourg.

Env. extr. et Min. plén. : *Mollard* (O. ❋) V.-Consul, Chancelier : *de Bord.*

Institutions françaises au Luxembourg.

Alliance Française, Prés. : Ch. *Dumont.* Société Française de Bienfaisance, Prés. : N... Association des Dames Françaises : Mme F. *d'Hannoncelles de Gargan*, présidente.

T. C. F. : Délégués, à Luxembourg, Tony *Wenger*, 5, rue Pescatore : à Esch-sur-Alzette : *Schaak*, juge de paix ; à Mondorf-les-Bains : H. *Hess.*

Bibliographie.

Bonmariot (F.). *Les Archives de l'Etat de Luxembourg*. Publication de la Section d'Histoire de l'Institut de Luxembourg. Luxembourg.

Renwick (G.). *The Grand-Duchy of Luxembourg and its People*. Londres, 1913.

Dontenville (J.) *La question luxembourgeoise. La France et le Grand-Duché de Luxembourg*. Libr. du Recueil Sirey Paris 1918.

Guide Michelin pour la Belgique et le Luxembourg, in-8, Chaix. Paris, 1916.

MAROC

Zone espagnole : V. Possessions espagnoles, p. 897.

Zone française : V. Maroc, p. 620.

Territoire de Tanger : soumis à l'autorité du Sultan, protégé de la France. Administration internationale provisoire. Superficie, 600 km. q. Population, env. 60.000 hs. dont 46.270 à Tanger.

Représentation de la France à Tanger.

Ministre : *Carbonnel* ; Consul : *Maigret*.

Collèges Henri-Regnault, Saint-Aulaire, Petit Collège, Alliance Israélite, Écoles franco-arabes, Ecole d'apprentissage, Ecoles primaires de quartier. Hopital français, Benchimol, Institut Pasteur, Observatoire météorologique, Dispensaire indigène, etc.

MASCATE
(ou OMAN)

Etat indépendant de l'Arabie du sud-est. Indépendance reconnue par la France et la Grande-Bretagne Monarchie absolue héréditaire depuis 1741, mais à peu près nominale. *Couleurs nationales* : rouge.

Sultan : Sa Hautesse Seyyid Taimur ben Feysil, né à Mascate en 1886, a succédé à son père, Seyyid Feysal ben Turki, le 5 oct. 1913.

Superficie et population.

La superficie du pays, dont les frontières sont encore indécises, est évaluée à 192.200 km q. (France : 550.935) ; la population, de race arabe, fortement mêlée de sang noir, à 500.000 h. Mascate, la capitale et Mattrah, comptent ensemble 25.000 h.

Mouvement économique.

La région côtière est susceptible d'un grand développement agricole ; à l'intérieur, élevage de chameaux. Le commerce qui se fait surtout par mer et à l'intérieur par les caravanes, et à peu près entièrement avec l'Inde, comporte, au point de vue export., des dattes, fruits, citrons secs, poissons séchés, peaux, nacres, perles ; au point de vue import., des armes et munitions, des céréales, du café, du riz, du sucre et autres produits alimentaires.

Les export. pour 1915-16 se sont élevées à 28.22.800 roupies, dont : dattes, 15.33.790 r. ; fruits, 28.623 ; les importations, à 36.44.912 roupies (riz, 12.41.475 ; café, 5.19.758), dont 30.95.462 avec l'Inde, 87.943 avec la Grande-Bretagne et 1.050 avec la France.

Commerce 1917-18. Import., 2.299.755 r. ; Export., 2.358.978.

Relations avec la France.

Traités et Conventions :

COMMERCE. — Traitement de la nation la plus favorisée. — TRAITÉ GÉNÉRAL : Traité d'amitié et de Commerce du 17 nov. 1846. — JURIDICTION CONSULAIRE : Lois du 8 juillet 1852 et 18 juillet 1913.

Représentation de la France à Mascate : Consul : N...

Communications : Les communications avec la France se font par Bombay (courrier hebd.) au tarif de l'Union postale.

Bibliographie. L'*Administrative Report of the Persian Gulf Political Residency*, publié chaque année à Calcutta, fournit sur Mascate tous les renseignements utiles.

MEXIQUE

(RÉPUBLIQUE DU)

Constitution et Gouvernement. — République fédérative de 28 états, 2 territoires et un district fédéral, indépendante de l'Espagne depuis le 15 sept. 1810. Constitution du 5 févr. 1857, modifiée en dernier lieu le 5 févr. 1917. Pouvoir législ. confié à un Congrès formé d'une Chambre des députés (1 par 60.000 h., élu pour 2 ans par suffrage direct et du Sénat (2 sénateurs âgés au moins de 35 ans par chaque état et 2 pour le district fédéral, élus pour 4 ans au suffrage direct, renouvelables par moitié tous les 2 ans. Pouvoir exécutif confié à un Président de la République. Mexicain de naissance et âgé au moins de 35 ans, élu pour 4 ans par vote direct de la Nation.

Est électeur et éligible tout Mexicain marié depuis l'âge de 18 ans, tout célibataire depuis l'âge de 21.

Couleurs nationales : vert, blanc, rouge. *Pavillon de guerre :* trois bandes verticales, verte, blanche, rouge celle du milieu chargée d'un aigle brun. *Pavillon de commerce :* le même sans emblème.

Président de la République : N....

Secr. d'Etat : Affaires étrangères : Lic. Hilario *Medina*. — S. Secr. d'État chargé du Min. Gobernacion : Lic. M. *Aguirre Berlanga*. Fomenta et Agric. : Ing. Pastor *Rouaix*. — Ind.. Commerce et Travail : Gén. P. *Elias Calles*. — Communic. et Trav. publ. : M. Rodriguez *Gutierrez*. — Fin. : Luis *Cabrera*. — Guerre et Marine : gén. Fr. L. *Urquizo*. — Instruct. Publ. : Lic. J.-N. *Macias*. — Santé : Dr. J. M. *Rodriguez*.

Superficie : 2.034.259 km. q. (France : 550.985 km. q.). *Population :* (Dernier recens. de 1910) : 15.160.369 hab. dont 116.527 étrangers (29.540 Espagnols, 28.630 Américains des Etats-Unis, 5.260 Brit., 4.600 Français, 3.825 Allemands. Eval. de 1917 : 17.000.000 hab. *Villes princ. :* Mexico, capitale 700.000 hab., Guadalajara 120.500, Puebla 97.000. Monterrey 78.625, San Luis Potosi; 69.300, Merida 64.000 ; Vera Cruz 48.633.

Religion, Instruction et Justice : Séparation de l'Eglise catholique et de l'Etat depuis 1862. En 1910, 15 millions de catholiques et 68.830 protestants. Instruction primaire laïque gratuite et obligatoire. En 1907, 11.940 écoles primaires comptant 776.622 élèves ; 34 collèges et 4.230 élèves; 2.450 écoles privées et 152.917 élèves. Universités à Mexico, Guadalajara, Veracruz, Michoacaan et Guanajuato ; Ecole de médecine et des mines à Mexico, des ingénieurs à Guadalajara; Institut Scientif. et littér. « Porfirio Diaz » à Toluca.

Cour suprême de justice, 3 cours d'appel; tribunaux de 1re instance et de district. Juges inamovibles.

Armée et Marine. Effectif de paix : 3.200 officiers, 40.700 h. ; effectif sur pied de guerre env. 216.000 h. Flotte : 6 canonnières, 2 transports, 5 torpilleurs.

Corps diplomatique à Mexico et consulats.

Allemagne. E. e. et M. pl. (4a. de Liverpool 54) : N... ; Ch. d'aff. : le cons. de lég. Dr. *Magnus* ; Cons. à Mexico ; Dr. *Rieloff*. C. G.

Amérique (Etats-Unis), Amb. (6a. de Londres 102) : H. P. *Fletcher* ; Cons. d'amb C. *Summerlin* ; Cons. à Mexico : G.-A. *Chamberlain*, C. G. ; Vera Cruz : P. H. *Foster*.

Argentine (Rép.), E. e. et M. pl. (1a. Sadi Carnot 13) : Dr. Man. E. *Malbran* ; Cons. à Mexico ; R. *Cuesta Acuna*, C. G. ; V. Cons. à Vera Cruz : H. *Pinazo Lara*.

Belgique, E. e. et M. pl. (58, Cordoba) : Ch. *Renoz* ; Cons. à Vera Cruz.

Bolivie, Cons. à Mexico ; Gabr. A. *Parodi* ; Monterey : A. *Martinez Cardenas*.

Brésil, Ch. d'aff. (1a. Vienna 11) : Oscar *de Teffé* ; Cons. à Vera Cruz : S.-S. *Maggi*.

Chili, E. e. et M. pl. (5a. de Dinamarca 72) : Alb. *Yoacham* ; C. G. à Mexico : le Ch. d'af.

Chine, E. e. et M. pl. (2a. Marsella 28) : Ch. d'aff. p. i. : *Fong-Tsiang-Kwang*.

Costa-Rica, C. G. à Mexico : W. Hack *Prestinary Perez*.

Cuba, E. e. et M. pl. (2a. Turin 50) : Dr E. Garcia *Enseñat*.

Danemark, C. G. à Mexico : A. *Grimwood*. Cons. à Vera Cruz : E. *Martens*.

Dominicaine (Rép.), Cons. à Mexico : A. *Pozo*.

Equateur, Cons. à Mexico : E. *Baille*.

Espagne, E. e. et M. pl. (1a. del Correo Mayor 11) : A. *de Zayas Duc de Amalfi*. C. G Mexico : le Min.

France, v. Relations.

Grande-Bretagne, Ch. d'aff. (4a. de Lermano 71) : H. *Cummins*, O. B. E.. Att. milit : Major-Gén. H. K. *Bethell* ; Att. aéron. : Brig. gén. : L.-E. O. *Charlton* ; C. G. à Mexico.

Grèce, Cons. à Mexico : N...

Guatémala Ch. d'aff. (3a. de M. M. Contreras 44) : J. Luis *Parra* ; Cons. à Mexico : A. *Dedieu*.

Haïti, Cons. à Mexico (12 de las Artes) : H. *Lefèvre de Gassion*. C. G.

Honduras, E. e. et M. pl. (247, av. Chapultepec) : Dr R. *de J. Urrutia*.

Italie, E. e. et M. pl. (Calle de Pomona 50) : Stef. *Carrara*. Cons. à Mexico : E. *Cusi*.

Japon E. e. et M. pl. (21 Merida) : Bar. Fujitaro *Otori* ; Ch. d'aff. p. i. le secr. de lég. : Keicho *Ito* ; Chancel. (1a. Sinaloa 32).
Luxembourg, v. Pays Bas, Corps dipl.
Monaco, Cons. à Mexico : J. Mariano *Crespo*.
Nicaragua, Ch. d'aff. (Dinamarca 14), Ram. *Solorzano*, C. G. à Mexico : M. *Cornejo*.
Norvège, E. e. et M. pl. et C. G. (3a. de Marsella 34) : M. S. *Lie* ; Cons. à Mexico : P.-N. *Forsum*
Panama, Cons. à Mexico : F. *Alaman*.
Pays-Bas, E. e. et M. pl. ; v. Etats-Unis, Corps dipl. ; C. G. à Mexico : H. Ph. *de Kanter*.
Pérou, C. G. à Mexico : J. L. *Icaza*.
Perse, E. e. et M. pl. ; v. Etats-Unis, Corps dipl. ; C. G. à Mexico : N...
Portugal. Cons. à Mexico : N... ; Vera Cruz : F.-P. *Cos*.
Salvador, Cons. à Vera Cruz : G. *Veres*.
Suède, Ch. d'aff. et C. G. (8 *bis* Londres) : C. G. *Anderberg*.
Suisse, C. G. à Mexico (3a. Calle de los Arquitectos 650) : H. *Perret*.
Uruguay, Ch. d'aff. (Berlin 8) : Dr. P.-E. *Callorda*. Cons. à Mexico (Paseo de la Riforma 96) : C. *Wille* C. G.
Vénézuela, Cons. à Mexico : E. *Urdaneta*, C. G. ; Vera Cruz : P. *Palazuelos Leycegui*.

Mouvement économique.

Finances : Budget. Comptes des années financières suivantes.
1913-14. Recettes : 129.661.007 pes. ; Dépenses : 129.466.555 pes.
1917-18. — 156.000.000 — Dépenses : 175.000.000 —

Dette publique au 1er avril 1919.	Capital	Intérêts échus.
Dette intérieure	138.795.550	35.829.345
— extérieure	286.944.251	68.200.938
Total	425.739.801	103.832 283

Total général : 529.572.084 dollars.

Productions : Sol d'une grande richesse, produisant maïs, blé, orge et riz, tabac, cacao, canne à sucre ; fruits sans rivaux au point de vue de la variété, de la qualité et de l'arome ; développement agricole lent, les champs cultivés couvrant seulement une superficie de 30.027.500 acres (1 acre = 40.47 ares), les terrains de pâturage, 120.444.200 acres, les forêts, 43.933.200 acres. Dans celles-ci, plus de 235 espèces de bois.

La culture du blé a bénéficié depuis quelques années d'une impulsion telle que le Mexique compte aujourd'hui parmi les réels producteurs de cette céréale ; son grain est petit et dur mais donne une farine de bonne qualité. La culture rend trois récoltes tous les deux ans : une de blé et deux de maïs. Café récolté à Uruapan (Michoacaan) et à Colima. Tabac, cultivé plus particulièrement dans la vallée du Rio Papaloapan.

Les meilleures qualités de cacao proviennent des départements de Tabasco et de Chiapas.

Le bétail, en particulier les bovidés, contribue à la prospérité des départements du Nord dont les terres sont semées de vastes « haciendas » aux épais pâturages. Il en est de même dans les départements de Tamaulipas, Coahuila et Chihuahua. Sont également des districts d'élevage, Veracruz, San Luis et Potosi qui, en dehors de l'approvisionnement des marchés, assurent l'existence d'un important commerce d'exportation en cuirs salés et secs, crins, cornes, etc.

Sous-sol extrêmement riche. En 5 ans, le Mexique est venu occuper le 2e rang parmi les pays de production pétrolifère avec la production suivante depuis 1910 (en barils : 1 baril = 42 gallons = 158 litres 97)

1910	3.332.807	1915	32.910.508
1911	14.051.643	1916	40.440.468
1912	16.558.215	1917	55.292.770
1913	25.696.291	1918	63.828.336
1914	26.235.403	1919	84.000.000

Les gisements situés dans les régions de Tampico, Tuxpam, Tehuantepec, Tabasco, son exploités par 89 Cies, dont 55 américaines, 21 mexicaines et 13 anglaises, représentant un capital d'env. 35 millions de l. st.

On y trouve également l'argent, l'or natif (Sierra Madre et parages du Rio Colorado), le cuivre, le plomb, le mercure, le sel, la houille, le zinc, l'antimoine. Pendant longtemps, le Mexique a été le plus grand producteur d'argent du monde (79 millions d'onces en 1911); il n'en a produit, en 1916, que 35.090.000 contre 72.884.000 onces pour les Etats-Unis. Pour l'or, le Mexique se classe au 6e rang avec, en 1915, 320.306 onces, soit plus de 9963 kg.

Commerce de 1918 (en milliers de pesos d'argent) Importation, 164.470, dont : minerais, 3.415 ; végétaux, 1.975 ; papier, 1.727. Exportations : 367.303 dont : argent, 4.261 ; cuivre, 2.342.

Principaux articles d'import. : tissus de coton, de laine, de soie, de fil, de chanvre ; vins, liqueurs, conserves alimentaires ; instruments scientifiques, papeterie, cristaux et porcelaines, confections, nouveautés, etc. Principaux articles d'export. : argent, cuivre, or, fibres textiles, café, peaux, fèves, caoutchouc, tabac, etc.

Les principaux clients et fournisseurs du Mexique étaient en 1918 (chiffres en pesos d'argent :

PAYS.	IMPORTATIONS.	EXPORTATIONS.
États-Unis	141.153.000	350.000.000
Grande-Bretagne	9.575.000	4.373 000
France	3.272.000	6.000
Allemagne	1.000	»

Mouvement maritime : Entrée en 1916 : 10.354 navires jaugeant 12.367.416 tonnes dont 6.683 vapeurs jaugeant 12.088.350 t.

Communications inter. : Chemins de fer en exploit. : 23.674 km. Le « Ferrocarril National » de Tehuantepec permet d'effectuer en 12 h. le transit des marchandises de l'Atlantique au Pacifique. Télégraphes : 81.313 km. de lignes. Téléphones : 48.952 km. de lignes.

Monnaies, poids et mesures : Unité monétaire, le *peso* ou piastre de 100 cent avos = 2 fr. 583 Or, 10 piastres = 25 fr. 83. Système métrique décimal français depuis 1895. Poids et longueurs encore en usage. La *libra* = 0,46 kgr. ; l'*arroba* = 25 libras ; la *vara* = 0,837 m., la *legua comun* = 6.666 varas.

Relations avec la France.

Traités et Conventions :

COMMERCE ET NAVIGATION : Traité du 27 nov. 1886, traitement réciproque de la nation la plus favorisée (contenant des clauses d'établissement et concernant la propriété industrielle). — ARBITRAGE : Convention du 2 mars 1909. — PROPRIÉTÉ INDUSTRIELLE : Convention du 10 avril 1899. — MARIAGE : Convention du 3 juin 1911 pour assurer la validité des mariages de leurs ressortissants célébrés par leurs agents diplomatiques et consulaires respectifs.

Représentation du Mexique en France :

Légation à Paris : 144, boul. Haussmann. T. Elysées 06-16, de 15 à 17 h.

Envoyé extraordinaire et Min. Plén. : Alberto J. *Pani* ; 1er Secr. : Rodolfo *Nervo* ; 2e Secr. : Fr. *Medina* ; 3e Secr. : J. F. *Urquidi* ; Luis *Rivero Borrel.*

Consulat général : 5, rue Bourdaloue, de 12 à 18 h. T. Central 68-13. Consul général : M. Alfredo *Aragon*. V. cons. : Edm. *Aragon*. — Chancelier : Guillermo *Farias* ; Manuel *Lavalle* ; José *Hermosillo.*

Consulats à : Bordeaux, 161, r. du Palais-Gallien : R. *Tosta* ; St-Nazaire, 27, r. de l'Océan : V. *Barra*, Marseille ; 60, cours P.-Puget : D. *Contreras* : Bayonne, 5, r. Vainsot : J.-M. *Garcia de Isla* ; Le Havre, 19, r. Madame-Lafayette : Edm. *Gonzalez Roa* (3-20); Lyon : Fr. *de P. Pasalagua*.

Représentation de la France au Mexique :

Légation à Mexico, 1a. de Sinaloa, 11.

Chargé d'affaires : *Dejean* ✻, Min. plén. — Attaché mil. : colonel *Collardet*. Attaché naval : N... — Secr. : *Ayguesparsse* (✻). Consul : *Brouzet* ✻ — Vice-consul-chancelier : *Ottavi.*

Consulats à : Guadalajara. Vice-consul : *Pollio* ; Guanajuato ; Merida ; Monterrey ; Oaxaca ; Orizaba ; Tampico : *Soupey* ; Veracruz : *Lamour.*

Agents à Aguas Calientes, Campêche, Carmen, Chihuahua, Coatzacoalcos, Colima, Durango, Guanajuato, Guaymas, Hermosillo, Jicaltepec, Mazatlan, Merida-Progreso, Monterey, Morelia, Oaxaca, Orizaba, Pachuca, Piedras Negras, Puebla, Queretaro, Salina Cruz, Saltillo, San Juan Batista, San Luis Potosi, Tapachula, Tepic, Torreon, Tuxpan.

Institutions diverses :

Enseignement à Mexico : Alliance française, Prés. : A. *Guieu.* — Ecole de Mlle Devarry ; à Guadalajara : Collège du Verbe Incarné.

Cercle : à Mexico : Cercle français, r. de Motolinia, 1. — Prés. : *H. Brun.*

Chambre de commerce : à Mexico, 4ª, Calle de la Palma, 4ª; Prés. : *D Bloch*.
Conseillers du commerce extérieur : Léon *Gugenheim* ; Léon *Signoret* Henri *Tron*.

Assistance : Mutuelle française de Mexico. Prés. : E. *Villain* : Société française de bienfaisance, Prés. : J. *Signoret* (✱).

T. C. F. : Délégué : *Duvergey*, ingén., 5, Calle Manuel, Maria Contreras, 85.

Communications avec la France :

Via Bordeaux-Veracruz, par les services de la Cie Gén. Transatlantique, durée du voyage. 18 jours (en temps normal). — Lettres. papiers d'affaires ; cartes postales : tarif de l'Union postale. Télégr. : (tarif) Mexico Puerto Mexico, Veracruz (2 fr. 50 le mot); La Paz (2 fr. 95 le mot); autres bureaux (2 fr. 60 le mot). — Colis postaux. V. Bordeaux ou St-Nazaire (1 kilog., 2 fr. ; 5 kilog., 2 fr. 50).

Bibliographie.

Memoria del Secretario del despacho de Fomento. Annuel, Mexico.
Division Territorial de los Estados Unidos Mexicanos. Mexico, 1913.
Aragon (Alfredo). *Le Mexique d'aujourd'hui*. Paris. 1917.
Baerlein (Henry) *Mexico, the Land of Unrest*. Londres, 1913.
Bizot (Raoul). *Le Mexique moderne*. 7ᵉ éd. in-8 écu, 272 p. 6 fr. P. Roger et Cie, Paris, 1919.
Boletin de la Sociedad de Geografia y Estadistica de la Republica Mexicana. Mexico.
Bordeaux (Albert). *Le Mexique d'aujourd'hui et les mines d'argent*. 1 vol. in-16°, br. 4 fr. Plon. Paris, 1910.
Economista Mexicano (El) hebd. Mexico.
Franck (H.-A.) *Tramping through Mexico*. Londres 1916.
Levasseur (E.). *Le Mexique au début du XXᵉ siècle*. 2 vol. gr. in-8°, ch. 395 pp., br. 30 fr Delagrave, Paris. 1904.
Manero (Ant.) *Mexico y la Solidaridad americana*. Juan Peyo. Madrid, 1918.
Mexican Year-Book (The). Annuel. Londres.
Périgny (Cte M. de) *Les États-Unis du Mexique*, in-8, 5 fr. 50. Challamel, Paris.
Rives (G.-L.). *The United States and Mexico*. New-York, 1914.
Szyslo (Cte Vitold de). *Dix mille kilomètres à travers le Mexique*. 1 vol in-16°, 348 pp. 4 fr. Plon, Paris. 1913.

MONACO

(PRINCIPAUTÉ DE)

Constitution et Gouvernement. — Monarchie constitutionnelle et héréditaire dans la postérité mâle (primog., de la maison régnante de Grimaldi, depuis 968, et après l'extinction de la tige mâle transmissible à la descendance féminine. Constitution du 5 janvier 1911 et du 18 novembre 1917.

Pavillon princier : blanc, chargé d'un écusson couronné, fuselé en pal de rouge et de blanc *Pav. national* : rouge, blanc, en deux bandes horizontales. — *Ordre* : de Saint-Charles (1858) (5 classes).

Prince régnant : ALBERT (Honoré-Charles), né le 13 nov. 1848, succéda le 10 sept. 1889 à son père, le prince Charles III.

Héritier : le prince *Louis*, né le 12 juill. 1870, père adopt. de *Charlotte* duchesse de Valentinois, née le 30 sept. 1898, mariée le 20 mars 1920 au comte Pierre de Polignac.

Gouvernement. Min. d'Etat : *Le Bourdon*. Exc. — Conseillers de gouv. *Intér.* : *Gallepe* ; *Finances* : *Palmaro* ; *Trav. publ.* : Ch. *Bellando de Castro*. — *Secr. gén.* : *Mauran*.

Conseil d'Etat. — Prés. : le secr. d'Etat F. *Roussel* ; les trois cons. de gouv. (v. ci-dessus); le prés. de la cour d'appel et le proc. gén. — *Secr.* : *Merveilleux du Vignaux*.

Conseil national 1918 (12 membres élus pour 4 ans). *Prés.* : E. *Marquet* ; *V.-Prés.* : Dr. J. *Marsan*.

Superficie : 22 kmq. — *Popul.* (janv. 1913) : 22.956 hab. *Villes* : Monaco (siège du gouv. 2.247 hab. : La Condamine, 11.082 ; Monte-Carlo, 9.627.

Diocèse catholique depuis 1887. Cour d'appel, trib. de 1re inst.; justice de paix. — Institut et Musée océanographiques ; Institut de Paléontologie humaine ; Musée d'Anthropologie. — Force publique : 4 off. et 82 carabiniers.

Corps consulaire à Monaco.

Argentine (Rép.), Nice. Roberto *Pérez*, 21, avenue Auber.
Belgique, Monaco. *Le Boucher*, 39, rue Grimaldi.
Brésil, Monaco. *Trub*, Villa Alexandra, avenue des Fleurs.
Colombie, Monaco. G. *de Payan*, Winter-Palace, boul. des Moulins
Equateur, Nice. Jules *Messiah*, Villa Verdi, rue Verdi.
Espagne, Nice. J. *Maistre*. C. Hon., 8 avenue Masséna.
France, v. Relations.
Grande-Bretagne, Nice. J.-W. *Keogh*, 95, rue de France.
Grèce, Monaco, le Consulat Général de France.
Guatemala, Nice. *Siegler Pascal di Falticeni*, 6, rue du Congrès.
Italie, Monaco. F. *Mazzini*, 19, rue des Moneghetti.
Norvège, Monaco. Th. *Gastaud*, 7, rue des Princes.
Pays-Bas, Monaco. L. *Le Boucher*, 39, rue Grimaldi.
Perse, Monaco. Dr. H.-L. *Hofmann*, 4, chemin de la Turbie.
Portugal, Nice. Vict. Mis. *Ciccolini*, 73, avenue Borriglione.
Roumanie, Nice. Comte Albert *Gautier-Vignal*, 8, quai Lunel.
Russie, Nice : N..., 3, rue de Rivoli.
Suède, Monaco. E. *Marquet*, 45, rue Grimaldi.
Suisse, Nice. M.-F. *Vicarino*, 4, place de Dijon.

Relations avec la France.

Traités et Conventions.

TERRITOIRE : Traité du 2 février 1861, cession de Menton et Roquebrune à la France. — COMMERCE : Monaco forme union douanière avec la France. — DOUANE ET VOISINAGE : Convention du 10 avril 1912. — ACTES DE L'ÉTAT CIVIL : Déclaration du 24 mai 1881 relative à la communication réciproque des actes de l'état civil. — EXTRADITION : Convention du 8 juillet 1876. — RAPPORTS GÉNÉRAUX : Traité du 17 juillet 1918.

Représentation de la Princ. de Monaco en France.

Légation à Paris, r. de la Faisanderie, 27. (lundi, mercr., vendr. et sam. de 13 h. 30 à 14 h. 30).

Env. Extr. et Min. Plénip. : *Cte Balny d'Avricourt* (C. ✻).

Conseiller de lég. : *Depelley* (O. ✻) ; Ch. d'aff. commerç. : *Thams* (O. ✻) ; Secr. arch. : *Ferrandi*.

Consulat général à Marseille. P. F. *Gueydan*, C. G. ; Consulats à Bordeaux : Cette ; Dunkerque ; Le Havre ; Nice ; Toulon ; Tunis ; Oran : H. *Hondon* ; La Guadeloupe.

Représentation de la France à Monaco :

Consul de France à Monaco : *Pingaud* ✻, 14, rue Florestine.

Délégués du T. C. F. à Monaco : MM. *Gendre* (dél. ppl), villa Blanche, chemin Plati, 14; *Auréglia*, r. Basse, 19; *Manigley*, r. Bellevue, 1; *Noirel*, bd. de l'Ouest, 9 ; *Vatrican*, bd. Horizontal ; à Monte-Carlo ; *Isouard*, Iris Villa, bd. de France.

Comité de Bienfaisance de la Colonie française de Monaco, rue de Millo ;
Union des Intérêts français, hôtel du Helder.

Bibliographie :

Labande (L.-H.). *Histoire abrégée de la Principauté de Monaco*. Monaco. 1913.
Macey (Paul). *Statut international de Monaco*. Paris. 1913.
Mounié (Jean). *La situation internationale de la Principauté de Monaco*. Montpellier. 1907.

MONTÉNEGRO

(ROYAUME DE)

A la suite du vote de l'Assemblée nationale tenue le 1er décembre 1918, une partie du Montenegro s'est réunie au royaume des Serbes-Croates-Slovènes. Il a paru néanmoins utile, en attendant la décision de la Conférence de la Paix, de faire figurer sous cette rubrique les renseignements et chiffres de l'ancien royaume de Montenegro tel qu'il existait en 1914.

Constitution et Gouvernement. — Monarchie constitutionnelle et héréditaire dans la postérité mâle (primog.) de la Maison de Pétrovitch Niégoch, proclamée en royaume 15-28 août 1910. Constitution du 6 déc., vieux style, 1905. La Skoupchtina se compose de 61 députés élus par le suffrage universel.

Couleurs nationales; trois bandes, rouge, bleue, blanche, disposées horizontalement. *Ordres* : O. de Danilo Ier pour l'Indépendance (5 cl.) ; O. de St-Pierre (1 cl.) ; Méd. mil. d'Obilitch (or) ; Méd. pour la bravoure (argent) ; O. de la Croix-Rouge (1 cl.) ; Méd. de la Croix-Rouge (or et argent) ; Méd. pour le Mérite (or).

Souverain. — S. M. NICOLAS Ier *Petrovitch Niégoch*, né le 7 oct. (nouveau style) 1841, proclamé prince le 14 août 1860, puis roi le 28 août 1910 ; marié le 8 nov. 1860 à *Miléna*, fille du sénateur et voïvode Pierre Vukotitch.

Enfants du roi : 1° princesse *Militza*, née le 14 juillet 1866 ; 2° princesse Anastasie, née le 23 déc. 1867 ; 3° prince royal, *Danilo* Alexandre, né le 17 juin 1871 et marié le 15 juillet 1899 à la princesse *Jutta* (*Militza*), duchesse de Mecklembourg-Strelitz ; 4° princesse *Hélène*, née le 8 janv. 1873 (actuellement reine d'Italie) ; 5° princesse *Anna*, née le 18 août 1874 ; 6° prince *Mirko*, né le 17 avril 1879, mort le 5 mars 1918 ; 7° princesse *Xénia*, née le 10 avril 1881 ; 8° princesse *Véra*, née le 22 fév. 1887 ; 9° prince *Pierre*, né le 10 oct. 1889.

Superficie : Anciens territoires : 9.083 k. c., territoires acquis depuis la guerre des Balkans : 5.934 k. c. Population appartenant entièrement à la branche serbe de la race slave ; elle était évaluée en 1917 à 450.000 hab.

Divisions admin. : 8 provinces, 27 arrondissements et 215 communes (5.514 villages). *Villes principales :* Cettigné (capitale), 7.000 hab. Podgoritza, 14.000. Dulcigno, 5.000. Nikchitch, 5.000. Antivari, 2.500. Dans les nouveaux territoires : Diakovitza, 35.000 hab. Ipek, 18.000 hab.

Religion : Pas de religion d'Etat, mais le Roi nomme les évêques de la religion orthodoxe grecque (3 diocèses : Cettigné, Ostrog et Petch). En 1914, 300.000 orthodoxes-grecs, 30.000 catholiques (arch. à Antivari) et 80.000 mahométans.

Instruction : Instruction primaire obligatoire et gratuite ; écoles du gouvernement ; école normale d'instituteurs et des prêtres et lycée pour garçons et filles à Cettigné. En 1914-1915 : 211 écoles primaires (366 instituteurs et institutrices et 18.195 élèves dont 15.796 garçons et 2.389 filles). Enseignement secondaire à Podgoritza, Nikchitch, Bérane et Plevlia. Ecole normale à Petch.

Justice : Code civil datant de 1890. Code pénal en vigueur depuis 1906. Cour suprême, cour d'appel et tribunaux dans les 5 principales villes et 56 tribunaux de 1re instance.

Armée : Service milit. obligatoire pour tout homme valide de 18 à 60 ans, savoir de 20 à 45 ans au 1er ban, de 18 à 20 au 2e ban, et de 45 à 60 au 3e ban. Effectif de guerre en 1914 : 50.000 combattants et 4.000 h. de troupes auxiliaires.

Mouvement économique.

Finances : Les recettes régulières pour l'année 1914 s'élevaient à 8.900.114 perpers (1), les dépenses régulières à 12.059.822 perpers.

Productions et industries : Sol montagneux, en général fertile, mais peu cultivé. Principales productions agricoles : maïs, tabac, avoine, pommes de terre, blé, orge et sarrasin Culture de la vigne et de l'olivier dans certaines régions.

Commerce en 1911 (en milliers de couronnes autr.) :

Import. : 8.167 dont 4.387 d'Autriche-Hongrie ; Export. : 2.398 dont peaux 380, bœufs 312, huile d'olive 333.

Marine marchande en 1911 : 22 naviers à voiles jaugeant 5.030 tonnes (nets).

Communications intérieures : Chemins de fer : d'Antivari à Vir-Bazar (42 kil.) ; d'Antivari, de Dulcigno, de St-Jean de Medua partent des services de bateaux à vapeur sur l'Adriatique. Les villes importantes de l'intérieur sont reliées entre elles par le chemin de fer ou par des services automobiles. Service de bateaux à vapeur sur le lac de Scutari.

(1) 1 perper = environ 1 fr 10.

Postes : 56 bureaux ; télégraphes, 55 bureaux (3.483 kil. de lignes) et 2 stations T. S. F. (Antivari et Podgoritza). Dans ces derniers chiffres, ne sont pas compris les bureaux militaires et ceux ouverts dans les nouveaux territoires.

Monnaies, poids et mesures : Unité monétaire : le *perper* (1 fr. 10 env.). Système métrique décimal français, obligatoire depuis 1888.

Représentation en France.

Consulat général à Paris, 23, rue des Mathurins. T. Louvre 39.10.
Cons. général : René *Letourneur.*

Bibliographie :

Coquelle (R.). *Histoire du Monténégro et de la Bosnie.* Paris 1896.
Murray (W.-S.). *The Making of the Balkan States.* Londres 1912.
Muzet (A.). *Aux Pays Balkaniques.* Paris 1912.
Radovitch (Andry). *Le Monténégro, son passé et son avenir.* Bloud et Gay. Paris 1918.
— — *Le Monténégro et ses tendances nationales.* Bloud et Gay. Paris 1918
Reinach (J.). *La Serbie et le Monténégro.* 1 vol. gr. in-8° br. 4 fr. 50. Calmann-Lévy. Paris

NEPAL

Royaume indépendant, situé dans l'Himalaya, au N. et à l'E. des Indes brit. Le pouvoir est concentré, depuis 1867, dans les mains du premier Ministre. Depuis le traité de Segowlie, un agent britannique réside dans la capitale, mais n'intervient pas dans les affaires intérieures du pays.

Souverain : le Maharajadhiraja TRIBHUBANA BIR BIKRAM Jang Bahadur, Shah Bahadur Shamshere Jung, né le 30 juin 1906, a succédé à son père, le 11 déc. 1911.

Premier ministre : Maharaja Sir *Chandra Shamsher Jang,* Bahadur Rana. G. C. B., lieut-général dans l'armée brit. (26 juin 1901).

Résident de la Gde-Bretagne à Katmandu : lt-colonel S.-F. *Bayley.*

Les Gurkhas, venus de l'Oudipoure (Radjputana), et qui ont conquis le Nepal dans la seconde moitié du XVIII° siècle, se sont maintenus au pouvoir jusqu'à ce jour ; les autres races sont constituées par les Magars, les Guangs, les Bhoutias, d'origine tartare. La superficie du pays est d'env. 140.000 k. q. ; la population s'élève à environ 5 millions. La capitale est Katmandu (env. 50.000 h.). Le brahmanisme, religion des Gurkhas, se répand au détriment du boudhisme des habitants primitifs. Armée régulière comprenant env. 30.000 h. armée irrégulière, de même force ; 2 batteries modernes.

Au point de vue économique, les recettes de l'État sont estimées à 15 millions de roupies. Le commerce, qui se fait à peu près entièrement avec l'Inde, s'élevait, y compris les métaux précieux (en roupies) à :

1913-14.	Importation	21.106.216.	Exportation.	44.822.288
1916-17.	—	20.430.000	—	39.690.000
1917-18.	—	21.075.000	—	38.445.000

Principaux articles d'export. bétail, les cuirs et peaux, l'opium, les résines ; d'import le bétail (moutons, chèvres), le sel, le sucre, les épices, le tabac. La roupie anglo-indienne a cours dans tout le Nepal ; la roupie *mohari*, valeur 13/16 de la roupie anglo-indienne. Les mesures y sont plus en usage que les poids ; l'unité est la *mana*. Une *mana* de riz pèse de 431 à 513 grammes. L'unité de poids est le *seer* qui vaut 770-5.033 gr.

Les correspondances pour le Nepal sont acheminées par voie indienne à partir de Calcutta.

Bibliographie.

Lévi (S.). *Le Nepal. Etude historique* (Annales du Musée Guimet, 1905, Paris).
Massieu (Isabelle). *Le Nepal et les pays himalayens.* Paris, 1914.
Waddell (L.-A.). *Among the Himalayas.* Londres, 1898.

NICARAGUA

(RÉPUBLIQUE DE)

Constitution et Gouvernement. — République (de 13 dép., 3 districts et 2 *comarcas*), indépendante de l'Amérique Centrale depuis 1840. — Constitution de 1913. Le Congrès (Sénat. et Chambre des députés) se réunit chaque année le 15 déc. pour 45-60 (au plus) séances. 40 députés élus par les dép. (1 par 15.000 habitants) par suffrage direct et public pour 4 ans et renouvelés tous les 2 ans par moitié. 13 sénateurs élus pour 6 ans et renouvelables par tiers tous les 2 ans. Président de la République élu pour 4 ans par suffrage direct.

Couleurs nationales: Bleu, blanc, bleu. *Pavillon de guerre et de commerce*; 3 bandes horiz., bleue, blanche, bleue; le blanc au centre chargé des armes de la Rép. (dans un triangle égal une chaine de montagne de cinq volcans surmontée du bonnet de la liberté et rayonnant sous un arc-en-ciel).

Président de la Républ.: Général Emiliano CHAMORRO (1er janv. 1917-fin déc. 1920).

Ministère: Aff. Etr. : J.-A. *Urtecho* : Finances et Crédit Publ. : M. *Benard*; Fomento et Trav. Publ. : s.-secr. d'Etat : G. *Navas*; Guerre et Marine : Th. *Mario*; Instr. publ. : G. *Herdocia*: Intérieur : Dr A. *Solorzano*.

Superficie: 128.340 km. q. (France 550.985 km. q.). — *Population* (en 1914) 703.510 hab. Origine espagnole et indienne. *Villes princ.*: Managua (capitale) 34.870 hab. ; Léon (ancienne capitale) 62.560 ; Granada, 17.090 ; Matagalpa, 15.748.

Religion et instruction: Religion catholique prépondérante. Archev. à Managua ; év. à Léon, Granada et Matagalpa. Env. 356 écoles primaires, 10 collèges, 2 universités (Léon et Granada). Ecole d'agric. à Chinandega. Musée industr., comm. et scientif.

Armée: Service militaire obligatoire de 17 à 55 ans. Depuis 1904, service actif d'uu an. Effectif de paix : 4.000 h. ; de guerre : env. 30.000 h.

Corps diplomatique à Managua et consulats.

Allemagne, Ch. d'aff. : N...
Amérique (Etats-Unis), E. e. et M. pl. : B.-L. *Jefferson*. Cons. à Bluefields, Corinto.
Argentine, Consulat à Managua : N...
Belgique, M. R. et C. G. : V. Guatémala, Corps dipl. ; Cons. à Managua.
Brésil, Cons. à Managua : N...
Colombie E. e. et M. pl. : Manuel *Esquerra* Cons. à Leon, Masaya.
Danemark, Consulat à Bluefields : T.-W. *Waters*.
Espagne, E. e. et M. pl. : v. Guatémala, Corps dipl. . Cons. à Managua : V. *Rodriguez*.
France, v. Guatelama, Corps et dipl. et relations.
Grande-Bretagne, E. e. et M. pl. et C. G. : v. Guatémala, Corps dipl. ; Cons. à Bluefields, Managua : C. *Mitchell*.
Italie, E. e. et M. pl. : v. Guatémala, Corps dipl. ; C. G. à Managua : D. *Campari*.
Mexique, M. R. : Lic. J. *Almaraz* ; Cons. à Managua.
Norvège, E. e. et M. pl. : v. Mexique, Corps dipl. ; Cons. à Managua.
Panama, Cons. à Corinto ; San Juan del Sur.
Pays-Bas, Cons. à Managua : Ch. E. *Caso*.
Pérou, Cons. à Managua : J. *Palma*.
Portugal, Ch. d'aff. et C. G. : v. Guatémala, Corps dipl. ; Cons. à Managua : C. *Heuberger*.
Suède, C. G. à Guatémala : V. C. à Bluefields.

Mouvement économique.

Finances: Budget des derniers exercices (en cordobas) :

	1913	1914	1915
	—	—	—
Recettes.....................	22.932.930	13.230.600	22.051.000
Dépenses.....................	22.958.250	13.221.150	22.035.250

Dette publique au 1er nov. 1917 (en cordobas) : 21.390.522 ; au 1er janv. 1919 : 10.054.665.

Productions et industries: L'agriculture, l'exploitation des forêts et des mines sont les principales sources de richesse. Dans la région de l'est, importante culture de bananes ; à l'ouest, café, canne à sucre, cacao. Le cheptel comprend 1.200.000 têtes. Forêts de cèdres, d'acajou, de bois de teinture. Plusieurs mines d'or dans la région de l'est (valeur en 1916. 4.433.813 fr.) une mine d'argent et quelques mines de cuivre et de charbon.

Commerce extérieur de 1900 à 1918 (en cordobas) :

Années.	Importations.	Exportations.	Commerce tot.
1910	2.856.305	4.545.023	7.401.328
1914	4.134.323	4.955.050	9.089.373
1916	4.777.597	5.284.863	10.062.460
1918	5.929.803	7.754.940	13.684.743

Principaux pays de provenance et de destination en 1917 (en milliers de pesos or).

PAYS.	IMPORTATIONS.		EXPORTATIONS.	
	1915.	1917.	1915.	1917.
États-Unis	3.856	5.171	3.731	5.093
Grande-Bretagne	611	819.	38	2
France	202	250	202	420
Allemagne	0,3	»	»	»

Principaux articles d'import. : tissus, vêtements confectionnés, articles de Paris, vins, papier, porcelaines et cristaux, instruments aratoires. Principaux articles d'export. (en milliers de pesos d'or) : café, 1.982 ; or, 935 ; peaux, 535 ; bananes, 371 ; bois, 272.

Mouvement maritime : 2 ports sur la côte ouest, Corinto et San Juan del Sur, par lesquels se font 64 p. 100 des import. et 84 p. 100 des export. ; ports de la côte est : Bluefields, Cap Gracias a Dios, Las Perlas. Entrée en 1916 : 909 nav. jaugeant 323.500 t.

Communications intérieures. Ch. de fer : 275 km. ; *Postes* (1915) : 135 bureaux ; *télégr.* 130 bureaux ; 5.830 km. de fils ; 1.192.954 télégr. ; 5 stations de T. S. F. ; *téléph. :* 29 bureaux ; 1.295 km. de fils : 47.557 conversations.

Monnaies, poids et mesures. Banque Nat. de Nicaragua (1912) avec siège à Managua. Unité mon. or : le *cordoba* = 5 fr. 25. Monnaie fid. : billets du Trésor de 1/2, 1, 5, 10, 25, 50 et 100 piastres. — Système métrique décimal français depuis 1893 ; encore en usage la *vara* espagnole (0 m. 84).

Relations avec la France.

Traités et Conventions :

Commerce : Convention du 27 janvier 1902, taxes réduites pour certains produits.

Représentation du Nicaragua en France :

Consulat Général à Paris, av. de Camoens, 6 (lundi, mercr., vendr. de 14 à 16 h.).

Consul Général : Carlos *Chamorro Benard*. Vice-Consul : Innocente *Lacayo*.

Consulats à Agen ; Belfort : J. *Dreyfus* ; Biarritz : Fr. T. *Medina* ; Bordeaux : A. *Renaud-Dandicolle* ; Le Havre : G. *Mignot* ; Lille : *A. de Favreuil* ; Lyon : H. *Dumenge* ; Marseille : Ed. *Gunther* ; Nice ; Reims ; St-Nazaire : E. *Grenaud* ; Vichy.

Représentation de la France au Nicaragua :

Env. Extr. et Min. Plén. (Voir Guatemala. Représent. de la France). Agents consulaires à Bluefields : *Fransen* ; Corinto : *Reithel* ; Granada : N... Léon : N... ; Managua : Edm. *Bernheim*.

Alliance française à Managua, Délégué : L. *Layrac* ; à Léon, Délégué : Dr L.-H. *Debayle*.

Bibliographie.

Boletin de Estadistica de la Republica de Nicaragua. Managua.
Palmer (F.) *Central America and its problems.* New-York 1910.
Pector (D.) *Les richesses de l'Amérique centrale,* in-8, 7 fr. 50. Challamel. Paris 1909.

NORVÈGE

(ROYAUME DE)

Constitution et Gouvernement. — Royaume indépendant depuis la dissolution de l'union avec la Suède sous le même roi (7 juin 1905) Monarchie constit. héréditaire dans postérité mâle (primog.) de la branche norvégienne de la maison de Sleevig-Holstein-Sonderbourg-Glucksbourg. — Constit. du 17 mai 1814. Storting : 126 représentants (villes 42 et communes rurales 84), élus pour 3 ans par le suffrage univ. Droit électoral appartient aux citoyens des deux sexes âgés de 25 ans au moins et domiciliés dans le pays depuis au moins 5 ans. Pour être éligible, avoir 30 ans révolus et être domicilié dans le pays depuis au moins 10 ans. Le Storting se réunit tous les ans en janvier et élit 32 de ses membres pour le Lagting ; les 94 autres forment le Odelsting.

Pavillon de guerre : Rouge à la croix bleue bordée de blanc, le drap finissant en deux pointes rouges vers le haut et vers le bas et une pointe du milieu bleu ; *Pavillon de Commerce* sans pointes.

Ordre nat. : de Saint Olaf. *Fête nat.* : 17 mai.

Souverain : HAAKON VII, né le 3 août 1872, second fils de feu le roi Frédéric VIII de Danemark, élu roi de Norvège par le Storting, le 18 nov. 1905 ; marié à Londres le 22 juillet 1896 à Maud, Pcsse. roy. de Grande-Bretagne et d'Irlande. — *Enfant :* Pr. roy. Olaf, né le 2 juillet 1903. Liste civile du roi : 748.200 couronnes (1).

Ministère (31 janv. 1913). — *Min. d'Etat : Prés. du conseil.* min. de la *Révision* et de l'*Agric.* Gunnar Knudsen, *Aff. étr. :* N. Ihlen ; *Cultes et Instr. pub. :* J. Lövland ; *Just. et police :* A. Blehr ; *Aff. sociales :* P. Berg ; *Travaux pub. :* F.-A.-M. Olsen Nalum ; *Fin. et douanes :* A.-T. Omholt ; *Défense* (armée et marine) : I. Aavatsmark, MG ; *Ravitaillement :* H. Five ; *Approvis. industriel :* H. Hauan ; *Comm. et Ind. :* B. Stuevold Hansen. — *Secr. d'Etat :* N.-O. Hesselberg.

Storting 1919-21. — *Prés.* (alternant chaque mois) O.B. Halvorsen, I. P. Tveiten, M. Nilssen ; — *Lagting. Prés.* (alternant chaque mois) : A.-K. Andersen Grimsö ; G.-A. Jahren. — *Odelsting. Prés.* (alternant chaque mois) : J. Castbeg : O. M. Mjelde ; H. Spangelo (élus en 1918 : 55 radicaux, 49 conservateurs, 18 socialistes, 4 divers).

Superficie : 323.522 k. q. *Population.* Evaluation de 1918 : 2.611.287 hab. Recensement de déc. 1910 : 2.393.906 hab. nés en Norvège (Lapons : 18.590 ; Finnois : 7.172 ; 33.647 nés en Suède et 1.832 en Finlande. Accroissement par 1.000 hab. (1916) 12,82 p. 100. Emigrants (1915) : 5.212 dont 4.388 aux Etats-Unis (18.912 en 1910 ; 8.522 en 1914).

Capitale : Christiania 259.445 hab. (1917). *Villes princ. :* Bergen, 90.700 ; Trondhjem, 53.722 ; Stavanger, 46.100 ; Drammen 26.108.

Religion et Instruction : La religion nationale est le culte luthérien. Membres du clergé nommés par le Roi. En 1910, 2.329.229 luthériens (église d'état) ; 15.287 luthériens (église libre) ; 10.986 méthodistes ; 7.659 baptistes ; 2.046 catholiques romains (vicaire apostol. à Christiania) : 4.296 autres chrétiens ; 1.045 juifs.

Instruction primaire obligatoire. L'âge scolaire est de 6 ans et demi pour les villes et de 7 ans pour les campagnes à 14 ans. En 1914 (derniers chiffres), il y avait à la campagne, 6.027 écoles publiques élémentaires avec 284.690 élèves et dans les villes 3.286 écoles avec 97.680 élèves. On comptait 89 écoles secondaires, la plupart mixtes, avec 21.570 élèves. Les dépenses globales s'élevaient à 23.287.054 cour. A Christiania, Université (1811) comptant 1.500 étudiants, Ecole Technique (1873) ; à Trondhjem, Ecole Technique (1900) ; à Aas, Institut Agronomique (1859).

Justice : Justice civile : 108 arrond. ayant chacun un trib., 3 cours supér. et une cour suprême. Dans chaque ville et district, il existe un tribunal de conciliation. Suivant la loi du 1er juillet 1887, tous les procès criminels (excepté milit. et polit.) ressortissent au jury : *Lagmandsret* ou *Meddomsret.*

Armée et marine : Service militaire obligatoire depuis l'âge de 21 ans (12 ans dans la *linje*, 12 ans dans la *landvern*. Restreint la prem. année à un cours d'instruction d'env. 3 mois pour conscrits, est suivi de 30 jours d'exercices à faire avec armée act. De plus, sont appelées à des périodes de 30 jours toutes les troupes de l'armée act. dans la 2e, la 3e et la 7e années de service. Popul. maritime et navigante tenue de servir dans la marine milit. entre l'âge de 21 ans et celui de 45 ans, service actif de 6 mois min. En outre, tout Norvégien valide fait partie, de la 18e à la 55e année, du *Krigsforsterkning* (défense du pays). École milit. et Ecole sup. de guerre, 10 écoles de sous-officiers. *Effectif de guerre :* « Linje » 90.000 h., porté avec la « landvern » jusqu'à env. 110.000 h.

1 Krone (couronne) = 1 fr. 389 (au pair). (2 fr. 20 au 31 déc. 1919).

La flotte comptait en 1916, 58 bâtiments dont 4 crois.-cuir. (2 de 3.900 t. et 2 de 4.200 t., vitesse 17 nœuds et datant de 1896 et 1899), 12 canonnières, 3 contre-torpill., 10 torpill. de 1re cl. et 27 de 2e cl. Personnel en activité : 191 off. et 1.000 sous-off. et marins. La popul. atteinte par la conscription maritime est évaluée à 14.000 h.

Corps diplomatique à Christiania et Consulats.

Allemagne, E. e. et M. pl. (Unanienborgveien 2) : G. de *Mutius*. C. G. à Christiania Dr *Voretzsch*.

Amérique (Etats-Unis), E. e. et M. pl. (Kronprinsensgate 17) : A.-G. *Schmedeman*. C. G. à Christiania : U. *Letcher*.

Argentine (Rép.), E. e. et M. pl. : V. Danemark, Corps dipl.; Cons. à Christiania.

Autriche, Ch. d'aff. : N...

Belgique, E. e. et M. pl. : V. Danemark, Corps dipl. C. G. à Christiania : N...

Bolivie, Consulat à Christiania : A.-F. *Pettersen*.

Brésil, E. e. et M. pl. (Bygdö allé 15) : N... Cons. à Christiania.

Bulgarie, Ch. d'aff. : *Grekow*.

Chili, Cons. à Christiania : G. *Mundt*.

Chine, Cons. à Christiania : C.-F.-W. *Schjötch*.

Colombie, C. G. à Christiania : K.-L. *Rydtun*.

Costa Rica, Consulat à Christiania : O. *Dahl*.

Cuba, E. e. et M. pl. : M. A. *Valdivia y Sisay*. Cons. à Christiansund : W.-A. *Knudtzen*

Danemark, E. e. et M. pl. (Dramnensvej 2) : O. *Kruse*. Cons. à Bergen, Christiania : O. *Lunn*

Dominicaine (Rép.), Consulat à Christiania : S. *Finne Théis*.

Equateur, Consulat à Christiania : A.-F. *Christensen*.

Espagne, E. e. et M. pl. : M. *Garrido Cisneros*; Cons. à Christiania : N...

Finlande, E. e. et M. pl. : N. *Thesleff*.

France, V. Relations.

Grande-Bretagne, E. e. et M. pl. : Sir M. de C. *Findlay*, K. C., M. G., C. B. 1er Secr G.-R. *Warner*; Att. nav. Captain the Hon. B. *Freeman Mitford*, D. S. O. Cons. à Bergen A.-C. *Charlton*; Christiania : F. *Gray*.

Grèce, Consulats à Bergen : Th. *Greve*; Christiania : O. *Holter*.

Guatemala, C. G. à Christiania : Th.-L. *Chauvin*.

Haïti, Consulat à Christiania : H.-A. *Halvorsen*.

Honduras, Consulat à Christiania : G.-A. *Caspersen*.

Italie, E. e. et M. pl. : C. *Cambiagio*; Secr. de lég. : A. *Rosso*; Mis. *Fioravanti*, C. G. à Christiania : R.-F. *Olsen*.

Japon, E. e. et M. pl. : E. *Hioki*. C. G. à Christiania : T.-C. *Bang*.

Libéria, C. G. à Christiania : N...

Luxembourg, V. Pays-Bas.

Mexique, E. e. et M. pl. : J. M. *de la Garza*. Ch. d'aff. Secr. de lég. : F. *Lera*. C. G. à Christiania : G.-M. *Bryde*.

Montenegro, C. G. à Christiania : H. *Mowinckel*.

Nicaragua, C. G. à Christiania : K.-L. *Eckhoff*.

Panama, Consulat à Christiania : A.-G. *Norgreen*.

Paraguay, C. G. à Christiania : M.-W. *Christophersen*.

Pays-Bas, E. e. et M. pl. : Chev. W.-L.-F.-C. *van Rappard*, C. G. à Christiania : H.-N. *Pettersen*.

Pérou, C. G. à Christiania : D. *Hildisch*.

Perse C. G. à Christiania : A.-M. *Gjestvang*.

Pologne, E. e. et M. pl. : S. *Pruszynski*.

Portugal, E. e. et M. pl. V. Suède. Corps dipl. Consulat à Christiania : H. *Halvorsen*.

Roumanie, E. e. et M. pl. : Greg. *Bilciuresco*. C. G. à Christiania : P. *Harsem*.

Russie, E. e. et M. pl. : N...

Salvador, C. G. à Christiania : O.-L. *Skappel*.

Serbes-Croates-Slovènes, Roy. des. C. G. à Christiania : P.-F. *Winther*.

Siam, E. e. et M. pl. C. G. à Christiania : C.-B. *Lorentzen*.

Suède, E. e. et M. pl. (Inkognitogate 27) : S. G. F. T. bar. *Ramel*; Secr. de lég. : E.-K.-F. *Liljewalch*, C. G. à Christiania : A. *Bergvall*.

Suisse, Consulat à Christiania : H. *Tschudi*.

Tchéco-Slovaque, Rép., Ch. d'aff. : N...

Turquie, Consulats à Bergen : Dan *Hunn*; Christiania J.-B.-T. *Didrichsen* C. G.

Uruguay, E. e. et M. pl. V. Grande-Bretagne, Corps dipl. C. G. à Christiania : O.-J. *Storm*

Venezuela, Consulat à Christiania ; J.-I. *Borthen*.

Mouvement économique.

Finances : Budget (en milliers de couronnes) :

	1916-17	1918-19
	—	—
Recettes extraordinaires	186.000	291.601
— ordinaires	75.555	333.300
dont :		
Droits de douane	54.000	45.000
Ch. de fer	36.000	84.791
Impôts directs	30.000	100.000
Dépenses extraordinaires	186.000	291.601
— ordinaires	73.555	333.300
dont :		
Ch. de fer	35.867	113.094
Postes et télégr.	25.764	36.911
Dépense	22.226	71.002
Dette publique (30 juin) :		
Passif	421.323	736.599
dont :		
Dette intérieure	»	400.271
— extérieure	»	336.328
Actif	»	1.006.442
Dette par habitant	279.86 couronnes.	

Productions et industries : La Norvège n'est pas un pays agricole. De sa superficie totale (30.963.322 ha.) 22.914.124 ne donnent aucune production et 6.911.387 sont des forêts ; 1.137.811 seulement sont cultivés et ont donné en 1918 10.944.548 hl. de pommes de terre, 8.051.907 hl. de céréales et 1.685.701 t. de foin. Le cheptel représentait 209.998 chevaux, 1.037.818 espèce bovine ; 1.184.813 espèce ovine ; 198.685 espèce caprine.

L'activité de la Norvège porte sur quatre entreprises : la principale est la pêche avec ses dérivés, poissons frais, salés, fumés et séchés, les conserves, les huiles de foie de morue, de baleine, de phoque, les rogues, les guanos de baleine et de poisson. En 1915, l'industrie de la pêche a produit 542.087 tonnes pour une valeur globale de 84.896.544 couronnes dont morues, 35.728.202 ; harengs, 29.065.030. Viennent ensuite l'exploitation forestière, le bois brut ou travaillé puis avec l'armement, l'exploitation des mines et minerais avec une production d'une valeur totale de 41.121 milliers de couronnes, dont : pyrites sulfureux, 17.970 ; minerais de fer, 11.800 ; de cuivre, 7.844. En 1917, il y avait 64 exploit. minières occupant 8.598 ouvriers et 10 hauts fourneaux avec 657 ouvriers. Les autres établ. industriels étaient au nombre de 6.886 représentant une force mécanique en H. P. de 1.274.682 dont force d'eau 1.121.335, avec 161.722 ouvriers (ind. métallurgiques ou mécaniques : 944 établ. avec 36.706 ouvriers ; ind. chimiques : 311 établ. avec 12.167 ouvriers ; ind. des bois, corne, os, écume de mer : 2 044 établ. avec 24.526 ouvriers ; ind. d'alimentation : 1.652 établ. avec 24.472 ouvriers.

Commerce (en milliers de cour.).

	Import.	Export.	Produits norvégiens Export.
	—	—	—
1915	867.968	678.660	»
1916	1.353.665	988.333	975.475
1917	1.661.308	791.373	788.016

Répartition par pays de provenance et de destination :

PAYS.	IMPORT. 1916	IMPORT. 1917	EXPORT. 1916	EXPORT. 1917
Grande-Bretagne	373.950	430.696	271.706	301.887
États-Unis	337.993	551.397	32.301	22.438
France	23.349	30.997	79.100	81.583
Suède	132.443	162.275	61.226	54.348
Danemark	69.140	104.476	39.843	19.077
Pays-Bas	46.810	44.660	13.841	9.521
Allemagne	176.471	156.483	201.164	150.183

Valeur en 1916 des princ. marchandises (en milliers de cour.).

MARCHAND.	IMPORT.	EXPORT.	MARCHAND.	IMPORT.	EXPORT.
Animaux vivants	199	1.747	Bois ouvrés	15.020	113.[illegible]
Conserves de viande..	20.499	326.648	Teintures et couleurs.	9.208	[illegible]
Céréales	132.738	118	Matières végétales ...	17.495	[illegible]
Denrées coloniales...	78.321	242	Papiers	8.750	58.[illegible]
Fruits, légumes	21.465	532	Matières minérales ..	196.807	34.[illegible]
Spiritueux	19.876	249	Produits minéraux ..	64.545	118 [illegible]
Textiles	25.240	1.252	Métaux bruts ou ½ f.	87.603	70.[illegible]
Tissus	102.300	1.325	— ouvrés	83.985	[illegible]
Peaux et cuirs	24.368	28.390	Nav., machines, voit..	271.828	48.[illegible]
Suif, huiles..........	84.032	90.709			
Bois bruts et mi-faç.	34.489	66.015	Total.	1.353.665	988.[illegible]

Mouvement maritime (en 1916) : Tonnage des navires chargés entrés : 3.678.662 t. ; nor-végiens : 2.553.483 t. ; danois : 397.474 t. ; suédois : 312.077 t. ; chargés sortis : 3.557.944 norvégiens : 2.109.526 t. ; suédois : 563.162 t. ; danois : 520.102.

Princ. ports (1916) : Christiania (entrés : 1.983 nav., sortis : 1.259); Bergen (entrés: [illegible] sortis : 494) ; Trondhjem (entrés : 431, sortis : 474) ; Fredrikstad (entrés : 328, sortis: 708).

Flotte marchande : Depuis le commencement de la guerre, il a été perdu en navires au-dessus de 100 tonnes et à la suite d'opérations de guerre, 831 navires jaugeant 1.240.[illegible] tonnes, non compris les navires soumis aux tribunaux de prises, soit 34 °/ₒ du nombre total des navires et 44 °/ₒ du tonnage, calculés d'après l'importance de la flotte au 1er [illegible] 1914. Par des achats et nouvelles constructions, il a été remplacé 480.000 tonnes pendant la guerre et 180.000 t. en 1919.

La flotte marchande norvégienne comptait :

	NAVIRES A VOILES.		VAPEURS.		TOTAL.	
	NOMBRE.	TONNES.	NOMBRE.	TONNES.	NOMBRE.	TONNES.
Au 1er janv. 1919	194	240.000	1.320	1.582.000	1.514	1.822 [illegible]
— 1920	181	220.000	1.431	1.733.900	1.612	1.953.[illegible]

Communications intérieures : Ch. de fer 1916 : 3.177 km. dont 2.711 km. de lignes de l'État et 463 de Cies. privées. Recettes (exercice 1915-16) : 46.112.706 cour. (14 cour. [illegible] km. exploité). Dépenses : 38.731.473 cour. (12 cour. 161 par km. exploité). — Postes 191[illegible] mouv. postal, 111.468.400 lettres. — Télégraph. de l'État : 1.673 bureaux et 7 stat. ra[illegible] télégr. ; 26.015 km. de lignes ; 246.885 km. de fils ; 1.733.152 télégr. ; recettes : 16.78[illegible] cour. ; dépenses : 10.168.858. — Téléph. 1915 stat. et postes : 93.262. — Réseaux urba[illegible] 424 ; 16.263 km. de lignes ; 225.112 km. de fils ; 9.238.479 conversations.

Monnaies, poids et mesures : Unité monétaire : la couronne (krone) d'or (100 ore = [illegible] p. de 20 cour. = 27 fr. 78 ; de 10 cour. = 13 fr. 89. Argent 2 cour. = 2 fr. 67 ; 1 cour. = 1 fr. 33. Bronze : 5.2 et 1 ore. Billets de la *Norges Bank* de 1.000, 500, 100, 50, 10 et 5 [illegible] ayant la valeur de l'or. Union monétaire scandinave (Norv., Danemark et Suède). — Système métrique décimal français.

Princ. journaux quotidiens : Christiania : *Aftenposten* (cons.) : *Morgenbladet* [illegible] *Norske Intelligenssedler* (gouvern.) : *Tidens Tegn* (lib.) : *Dagbladet* (rad.) ; *Socialdemokraten* (soc.). Bergen : *Bergens Tidende* et *Bergens Aftenblad*.

Spitzberg.

Une décision du Conseil Suprême en date du 25 sept. 1919 a attribué l'archipel du Spitzberg à la Norvège. La Convention du 9 février 1920 garantit la souveraineté pleine et entière de la Norvège sur le Spitzberg [illegible] établit également l'égalité des droits entre tous les ressortissants des grandes puissances contractantes au point de vue notamment des droits de pêche, de chasse, pour les entreprises minières, etc.

Superficie : env. 80.000 kil. q. dont 40.000 kil. q. pour le Spitzberg proprement dit [illegible] autres îles de l'archipel étant : Terre du Nord-Est, Terre d'Edge, Ile Barentz, Terre du Roi-Charles, etc. Population fixe : env. 1.000 hab. dont 850 Norvégiens.

Deux gisements de houille actuellement en exploitation, l'un, à Longyear (Advent B[illegible] le 2e dans la King's Bay. Production de 1919 : 70.000 tonnes.

Relations avec la France.

Traités et Conventions.

Les traités passés avec le Royaume-Uni de Suède et de Norvège, avant la séparation des deux États, sont en vigueur.

COMMERCE : Déclaration du 20 févr. 1909 et 15 avril 1911 en vue de régler l'admission de certains produits français en Norvège. — ACTES DE L'ÉTAT CIVIL : Convention du 21 décembre 1906 pour la communication réciproque des actes de l'état-civil.

Représentation de la Norvège en France.

Légation à Paris, 25, rue de Surène (8e). — Chancellerie : 38 *bis*, rue Fabert (7e).

Env. extr. et Min. Plén. : Baron *de Wedel Jarlsberg* (G. O. ✱).

Conseiller : J.-F.-W. *Jakhelln* (O. ✱). ; 1er Secr. : L. *Grönwold* ; 2e Secr. : T. *Kielland* ; Attaché : L. *Stang* ; Conseiller commercial ; Chr. *Smith* ; Attaché de presse : *Oksnerad* ; Attaché mil. : Commandant J.-T. *Sverre*. Attaché naval : Cap. de frég. S. *Scott Hansen*.

Consulat Général à Paris, 57, bd Haussmann (8e). — Consul Général : M. *Pellerin* (de 10 à 12 et de 14 à 16 h.) ; V. Cons. : Per *Wendelbo*,

Consulats à : Bordeaux, Le Havre, Lyon, Marseille, Nantes, Rouen, Toulouse, Alger, Dakar, Nouméa, Tamatave, Tunis, Saïgon, Libreville, St. Denis, Fort-de-France, Cayenne, Papeete.

Vice-consulats à : Amiens, Bayonne, Boulogne-s.-Mer, Brest, Caen, Calais, Cette, Cherbourg, Cognac, Concarneau, Dieppe, Douarnenez, Dunkerque, Fécamp, Gravelines, Honfleur, Lille, Lorient, Nice, Reims, Rochefort, Rochelle (La), St. Malo et St. Servan, St. Nazaire et Toulon.

Représentation de la France en Norvège.

Légation à Christiania, 3, Huitfeldstgade.

Env. extr. et Min. Plén. : *Pralon* ✱. — Secr. : *Gentil*. — Attaché milit. (résid. à Stockholm) : Lt colonel *Gourguen*. — Attaché naval (résid. à Copenhague) : cap. de vaisseau de *Lagrenée*. — Secr. Chancelier : *Grandioux*.

Agents consul. à Aalesund, Arendal, Bergen, Bodö, Christiansand, Drammen, Fredrikshald (R. *Stang*), Fredrikstad, Grimstad, Hammerfest, Holmboe, Kragerö, Langesund, Larvik, Mandal, Moss, Narvik, Risör, Skien, Stavanger (B. *Bergesen*), Svolvaer, îles Lofoten (Harald *Kaarboe*), Tönsberg, Tromsö, Trondhjem, Vardö.

Institutions diverses en Norvège :

Chambre de commerce franco-norvégienne, Kongensgate, 23. Prés. : Johann *Steen* ; Dir. : L. *Tisseau* ; V.-Prés. : A. *Pellerin*, Paris ; O.-J. *Storm*, Christiania.

T. C. F. : Délégués, à Christiania : E. *Skogstad*, Dr. de la Christiania Bank og Kreditkasse, 71, Bygdö allée ; à Arendal : Fed. *Barth*, Prés. du Comité de l'Alliance française.

Alliance française à Christiania : Prés. : A. *Knagenhjelm* ; Bergen : *Halvorsen* ; Christiansand : *Kundtzon* ; Drammen : Mme *Bie* ; Larvik : *Oppen* ; Stavanger : Sigurd *Bergesen* ; Tromsoe : *Holte* ; Trondhjem : *Moe* ;

Sté pour la propagation de la langue française, Prés. : Prof. Olaf *Broch* ;

Idée française. Section française, Prés. : Consul gén. *Storm* ;

Cercle d'Études française, Dir. : Mlle *Bergouignan* ;

Norvège-France. Prés. : H. *Bjerke* (C. ✱).

Communications :

Service régulier de la *Det Bergenske Dampskibsselskab* par Le Havre et Dunkerque-Bergen. — Lettres, papiers d'affaires, cartes postales : Tarif Union postale. — Télégr. : 0 fr. 30 par mot. — Colis postaux : v. Boulogne-Folkestone (1 kgr., 2 fr. ; 3 kgr., 2 fr. 25 ; 5 kgr., 2 fr. 75).

La Norvège en 1919.

Les difficultés qu'avait éprouvées la Norvège pour son ravitaillement s'atténuent dès le début de l'année. Au moment de la levée du blocus, le rationnement du pays a cessé. Avec les produits alimentaires parviennent les articles manufacturés. Par contre, les matières premières arrivent difficilement. En même temps, la dénonciation par les belligérants de nombreux contrats place l'industrie norvégienne dans une situation difficile qu'aggravent encore les exigences des ouvriers. Les valeurs de bourse, qui avaient atteint des cours exagérés en 1918, baissent rapidement.

L'excédent des importations sur les exportations qui se chiffre pour la période du 1er mai au 31 déc. à plus de 600 millions de couronnes, la perte de 829 navires jaugeant 1.240.000 tonnes, subie au cours de la guerre sous-marine, contribuent largement à créer une balance peu satisfaisante. Toutefois la dernière pêche du gros hareng et du hareng de printemps a battu tous les records et permis la création d'un stock de plus de 3 millions de barils.

Le ministère radical de M. Gunnar Knudsen reste au pouvoir, la droite avec M. Halvorsen, qui a vu le nombre de ses sièges doublé aux dernières élections, se refusant à former un ministère, les radicaux n'acceptant pas de leur côté la constitution d'un cabinet de concentration. L'aile gauche du parti socialiste mène, cependant, une vive campagne qui se manifeste par la grève générale du 21 juillet et dans le même mois par la constitution de Conseils de soldats dans les camps d'instruction.

La question de la main-d'œuvre cause de plus en plus de sérieuses préoccupations. Les contrats de travail ont été dénoncés par les syndicats ouvriers et on s'attend à une crise au printemps de 1920.

Le referendum qui a lieu du 5 au 6 oct. sur l'interdiction totale de l'alcool a donné une majorité importante en faveur de l'interdiction.

L'opinion a accueilli avec joie la nouvelle de l'attribution de l'archipel du Spitzberg à la Norvège qu'un télégramme de Paris avait fait pressentir en septembre. Cette attribution, en même temps qu'elle marque la reconnaissance des droits du pays, négligés en 1907, et à la fois les sentiments amicaux des Alliés et l'habileté du ministre norvégien à Paris, permettra à la Norvège de satisfaire en partie à ses besoins en charbon.

Bibliographie.

Statistik Aarbok (Annuaire Statistique de la Norvège). Annuel. H. Aschehoug & Co. Christiania. 1 cour.

Norges Officielle Statistik. Norgeshandel 1917, in-8, 237 p. 1 cr. Aschehoug & Co. Christiania 1917.

Cousange (J. de). *La Scandinavie*. Paris. 1914.

Drachmann (Povl). *The Industrial Development and Commercial Policies of the 3 Scandinavian Countries*. Oxford. 1915.

Gjerset (Knut). *History of the Norwegian People*. 2 vol. Londres & New.-York. 1915.

OMAN

(V. Mascate. p. 1015).

PANAMA

(RÉPUBLIQUE DE)

Constitution et Gouvernement. — Rép. indépendante de la Colombie depuis le 3 nov. 1903 ; reconnue par les Etats-Unis le 13 nov. 1903, par les autres puissances en novembre et en décembre 1906, sauf par la Colombie. Constitution du 13 fév. 1904. Chambre des députés : 53 membres (1 par 10.000 h.) élus pour 4 ans par suffr. direct, siégeant tous les 2 ans à partir du 1er sept. Pour être électeur avoir l'âge de 21 ans accomplis et pour être élu, celui de 25 ans. Prés. de la Rép. élu pour 4 ans, également par suffrage direct : rééligible à l'expiration de son mandat à condition de se séparer du pouvoir avant son élection : 18 mois avant s'il est Président constitutionnel et 6 mois s'il est Vice-Président chargé du pouvoir.

Couleurs nationales : Bleu, Blanc, Rouge. — *Pavillon* : écartelé, au 1, de blanc à une étoile bleue, au 2, de rouge, au 3, de bleu, au 4, de blanc à l'étoile rouge. *Ordres et décorations* : Médaille de la Solidarité.

Président de la République : Ernesto T. Lefevre (1920-1924). 1er v.-prés. : N... ; 2e v.-prés. : N...

Ministère : Intér. et Just. : Ricardo *Alfaro*. — Aff. étr. : N... Fin. et Trésor. : *Santiago de la Guardia*. — Instr. publ. : Jephta *Duncan*. — Trav. publ. et Agriculture : Général Manuel *Quintero*. — Sous-Secrétaire : Alfredo *Boyd*.

Superficie : 88.500 km. q. *Population :* Recens. de 1919 : 850.000 hab. en majorité métis et blancs. En 1910, 46.323 blancs, 191.933 métis, 47.606 Indiens, 3.500 Chinois. Peu d'immigrants venant des États-Unis et d'Europe. *Villes princ. :* Panama (cap.) 80.028 h, et Colon 40.000.

Corps diplomatique à Panama et consulats.

Allemagne, E. e. et M. pl. : N....
Amérique (Etats-Unis), E. e. et M. pl. : Wm.-J. *Price*. Cons. à Colon. : J.-D. *Dreher* ; Panama : A.-G. *Snyder*.
Argentine, Rép., Cons. à Panama : R. *Gutieri*.
Belgique, M. R. et C. G. V. Guatemala, Corps dipl. Cons. à Panama : B.-D. *Fidanque*. V. Cons. à Colon : J.-J. *Henriques*.
Brésil, M. R. V. Cuba, Corps dipl. ; Cons. à Panama : N...
Chili, Ch. d'aff. : *Echaurren* ; Cons. à Colon : J.-V. *Delgado*.
Chine, Cons. à Panama : Du S. C. *Shû*, C. G.
Costa-Rica, Cons. à Colon : D. *Rojas* ; Panama : *Vaglio*, C. G.
Cuba, M. Pl. : R. *Vasseur*.
Danemark, Cons. à Panama : J.-L. *Maduro*.
Equateur, Cons. à Panama : *Rivadeneyra*, C. G.
Espagne, Ch. d'aff. : *de Motta*. V. C. à Colon : A. *Polanco*.
France (V. Relations).
Grande-Bretagne, M. R. et C. G. : *Percy Bennett*, C. M. G. Cons. à Colon : C. *Graham*.
Grèce, Cons. à Panama : F. *Arosemena Icaza*.
Honduras, C. G. à Panama : M. E. *Velasquez*.
Italie, Ch. d'aff. : C. *Raguzzi*. Cons. à Panama : le Ch. d'aff.
Mexique, Cons. à Panama : V.-R. *Quijano*, C. G.
Nicaragua, E. e. et M. pl. : M.-E. *Velasquez*.
Norvège, Cons. à Colon : O.-M. *Grimsey* ; Panama : C.-D. *Corinaldi*.
Pays-Bas, V. Amérique, Corps dipl. : C. G. à Panama : D.-M. *Sasso*.
Pérou, Cons. à Colon ; L. *Sayan Palacios* ; Panama : O. *Barrenechea Raygada*
Salvador, Ch. d'aff. : Ernesto A. *Boyd*. C. G. à Panama : Fed. *Boyd*.
Suède, Cons. à Panama : R. *Bierman de St. Malo* ; à Colon : J. *Ecker*.
Suisse, Cons. à Panama : J. *Misteli*.
Venezuela, Cons. à Colon : *Garbinos*, C. G. ; V. Cons. à Panama.

Mouvement économique.

Finances : Budget de 1913 et 1914 (en balboas) (1) : recettes 7.682.428 ; dont le principal revenu est 3.300 produits des Douanes ; dépenses 7.682.428 ; dont 2.407.681 pour Ins. et Just. et 2.257.204 pour Instr. publ. En 1915 et 1916 : recettes 10.116.100 et dépenses 11.091.700. Dette extér. (30 juin 1916) 3.259.000 ; dette intér. : 3.700.000.

Productions : Sol extrêmement fertile, mais les 5/8 de la superficie des terres sont inexploités. Grands avantages consentis aux immigrants. — Princ. product. : bananes, caoutchouc (130 t.), café (Chiriqui), cacao, sucre, etc. Important élevage ; cheptel :

(1) 1 balboa = 5 fr. 18.

217.000 bœufs, 15.000 chevaux, 2.000 mulets, 30.000 porcs, 9.600 chèvres. Pêche des perles pratiquée dans le golfe de Panama et à l'île de Coba.

Commerce de 1917 (en balboas) : Import. : 9.223.170 ; export. : 5.624.176.

Import. des États-Unis 7.063.319 ; de Grande-Bretagne 888.365 ; de France 103.840.

Mouvement maritime 1915. Entrée : 103 vapeurs jaugeant 275.410 t.

Relations avec la France.

Traités et Conventions :

COMMERCE : Les relations commerciales sont réglées par les accords du 30 mai 1892 avec la Colombie.

Représentation de la Rép. de Panama en France :

Chancellerie et Consulat, à Paris, 70, rue Cardinet (17e).

Chargé d'aff. : M. Raoul A. *Amador*. *Attachés* : N... ; Consul gén. : Ernest *Heurtematte* (de 13 à 15 h.).

Consulat général à : Bordeaux : D.-A. *Porras*, C. G., 270, rue Judaïque.

Consulats à : Alger : E. *Guille*; Boulogne-sur-Mer : J. *Soubitez*; Dunkerque : F. *Coquelle*; Fort-de-France, Jarnac, Le Havre : F. *Robles*; Lille : A. *Hanus de Favreuil*; Lyon; Nice : A. *Roffé*, Saint-Nazaire : C.-F. *Blanco*.

Représentation de la France à Panama :

V. *Guatemala* : Représ. Dipl. — Chargé d'affaires et Consul à Panama p. i. : *de Simonin*. A Colon : *Lacoz*, vice-cons. : A. *David*. Agent Cons. : N...

Alliance française, à Panama, Prés. : S. *Lewis*.

Conseiller du Commerce extér. a Colon : M. *Castel*.

Délégué du T. C. F. à Panama : E. *Lacroisade*. Apart. 72.

Comité France-Amérique, Prés. : Ricardo *Arias*.

Sté Française de Secours mutuels, Prés. : *Rosanne*.

Zone du Canal de Panama.

La zone du canal de Panama qui consiste en une bande de 5 milles sur chaque rive du canal, a été cédée à perpétuité aux États-Unis. Les villes de Colon sur l'Atlantique et de Panama sur le Pacifique sont exceptées.

Le territoire est entièrement indépendant au point de vue politique, administratif et judiciaire ; mais ses tarifs douaniers sont les mêmes que ceux de la République voisine. Les États-Unis se réservent le droit d'importer des matériaux de toute nature nécessaires à la construction et l'entretien du canal, libres de toutes taxes.

Le canal, mis en exploitation le 15 août 1914, mais qui a eu sa circulation interrompue à partir du 17 sept. 1915 pendant sept mois, a montré le trafic suivant :

ANNÉES.	NAVIRES.	TONNES DE CARGAISON.	DROITS PERÇUS.
1916	787	3.140.046	2.309.830 doll.
1917	1.876	7.229.255	5.631.781 —
1918	2.130	7.562.183	6.454.198 —

Bibliographie.

Compendio Estadístico descriptivo de la Rep. de Panama. — Diario de Panama, 1917.

United States Consular Reports. Washington, 1917.

Bunau-Varilla (P.). *Panama. Its Creation, Destruction and Resurrection*, Londres, 1913.

Goethals (G.W.) *Government of the Canal Zone*. Oxford (E.-U.), 1915.

Pensa (H.), *La République et le Canal de Panama*, Paris, 1906.

PARAGUAY

(RÉPUBLIQUE DE)

Constitution et Gouvernement. — République, émancipée de l'Espagne depuis 1811 et reconnue indépendante en dernier lieu par la République Argentine, le 7 juin 1856. Le Paraguay est divisé en 39 départements comprenant 24 districts politiques. Constitution du 18 novembre 1870. Le Sénat se compose de 13 membres élus pour 6 ans et renouvelés par tiers tous les 2 ans ; la Chambre des Députés comprend 26 membres élus pour 4 ans et renouvelés par moitié tous les 2 ans. Pour le droit électoral, il faut avoir l'âge de 18 ans ; pour l'éligibilité, comme sénateur, celui de 28 ans et comme député, celui de 25 ans. Le Président et le Vice-Président sont élus pour 4 ans par le suffrage indirect.

Pavillon : Trois bandes horizontales : rouge, blanc, bleu, la bande du milieu chargée des armes nationales (rameaux de palmier et d'olive formant une couronne autour d'une étoile de gueules, le tout brodé de l'inscription « Republica del Paraguay »).

Président de la République : Dr. José P. MONTERO.

Ministère Affaires Etrangères : Dr R. *Lara Castro ;* Intérieur : Dr Félix *Paiva*; Finances : Dr. E. *Ayala ;* Justice et cultes, instruction publ. : Dr Pastor *Ibanez ;* Guerre : Colonel Adolfo *Chirife*.

Superficie : env. 253.100 kil. q. ; la population a été évaluée en 1917 à 1.000.000 h. sans compter 50.000 Indiens. En 1916, sur 60.000 étrangers résidant, il y avait au Paraguay 25 à 30.000 Argentins, 10 à 15.000 Italiens, 7.000 Espagnols, 3.000 Allemands, 800 à 1.000 Français, 800 Anglais. L'immigration s'est élevée à 1.512 en 1913, 1.616 en 1914, 366 en 1915 et 298 en 1916.

Villes principales (population évaluée en 1916) : Asuncion (capitale) 120.000 ; Villa Rica, 26.000 ; Conception, 15.000 ; Luque, 15.000 ; Carapegua, 15.000.

Religion. Entière liberté des cultes. La religion d'Etat est la religion catholique qui ne possède qu'un siège épiscopal à Asuncion, évêché suffragant de Buenos-Aires. Pour le mariage, la cérémonie civile seule lui donne validité.

Instruction. L'instruction est gratuite et en principe obligatoire. En 1917, il y avait 1.046 écoles primaires avec 62.657 élèves et 1.480 professeurs, certaines écoles privées (Ecoles de commerce) subventionnées par le Conseil de l'Enseignement, et des collèges nationaux à Asuncion, Villa Rica et Pillar avec 64 professeurs et 900 étudiants. Il y a, en outre, à Asuncion, Université Nationale (f. en 1890), Bibliothèque Nationale, Archives Nationales, Muséum d'Histoire Naturelle et Jardin Botanique et Zoologique.

Justice. L'organisation judiciaire comprend une Cour Suprême de Justice, 2 cours d'Appel, une Cour de Jurés, 10 tribunaux de 1re Instance et 100 justices de paix. Les fonctions de magistrats sont exercées en province par env. 10 *jueces de paz* qui sont en même temps officiers d'état-civil.

Armée et marine. La loi du service militaire obligatoire (2 ans) n'est pas encore appliquée. L'armée du Paraguay est exercée, entraînée et armée d'après la méthode chilienne. Effectif : 100 officiers et 2.500 soldats. En cas de guerre, la garde nationale est appelée sous les drapeaux. Flottille de canonnières, armées de canons modernes, dont les plus grandes ont un tonnage de 500 ou 600 tonnes.

Corps diplomatique à Asuncion et consulats.

Allemagne, V. Argentine (Républ.) Corps dipl. ; Cons. à Asuncion.
Amérique (Etats-Unis), E. e. et M. pl. : D.-F. *Mooney*. Cons. à Asuncion.
Argentine (Rép.), E. e. et M. pl. : Dr M. *Ruiz de los Llanos*. C. G. à Asuncion : E. *Cuesa Acuna*.
Belgique, V. Argentine (Rép.) Corps dipl. ; Cons. à Asuncion : M. *Girard*.
Bolivie, E. e. et M. pl. : Dr Ric. *Mujia*. Cons. à Asuncion.
Brésil, E. e. et M. pl. : A.-A. *de Brienne Carneiro de Nascimento Feitosa*. C. G. à Asuncion : P. *Jorba*.
Chili, V. Uruguay, Corps dipl. ; C. G. à Asuncion : N...
Cuba, V. Argentine (Rép.), Corps dipl.
Danemark, Cons. à Asuncion : N...
Equateur, Cons. à Asuncion : A. *Lapierre*.
Espagne, V. Argentine (Rép.), Corps dipl. Cons. à Asuncion : O. *Ontiveros*.
France, V. Relations.
Grande-Bretagne, V. Argentine (Rép.), Corps dipl. ; Cons. à Asuncion : F.-A. *Oliver*.
Grèce, Cons. à Asuncion : le Consul d'Espagne, gérant.
Guatemala, V. Argentine (Rép.), Corps dipl.
Honduras, C. G. à Asuncion : N...
Italie, M. R. et C. G. à Asuncion : Ad. *Rossi*.

Luxembourg, V. Pays-Bas.
Mexique, Cons. à Asuncion : N...
Norvège, V. Argentine (Rép.), Corps dipl. Cons. à Asuncion : F. *Krauch*.
Panama, Cons. à Asuncion : le Consul des Etats-Unis.
Pays-Bas, V. Argentine (Rép.), Corps dipl. C. G. à Asuncion : N... et Cons. : G.-W. *Dykhoorn*.
Perse, C. G. V. Argentine (Rép.), Corps dipl.
Portugal, Cons. à Asuncion : Fr. *de Oliveira Nunez*.
Russie, V. Argentine (Rép.), Corps dipl. Cons. à Asuncion : N...
Suède, Le ch. d'aff. brit. est chargé des intérêts suédois.
Suisse, V. Argentine (Rép.), Corps dipl. Cons. à Asuncio : N...
Uruguay, E. e. et M. pl. : A. *Silva y Antuna*. Cons. à Asuncion ; le secr. de lég. V. Cons. : A. *Carron*.

Mouvement économique.

Finances. Budget de 1916-17 (en pesos d'or et de papiers) (1). Recettes : 1.939.209 pesos d'or et 19.923.600 pesos papier dont le principal revenu est 1.526.100 pesos d'or, produit des droits d'entrée. Dépenses : 603.805 pesos d'or et 56.563.928 pesos papier dont 491.240 pesos d'or pour la dette publique et 21.540 pesos d'or et 20.160.372 pesos papier pour la guerre et la marine. Prévisions budgétaires pour 1917-18 (en pesos d'or) : Recettes 3.500.000 et dépenses 3.415.000. Dette publique : extérieure en 1916, 3.582.250 pesos d'or ; intérieure, 1.518.997 dollars d'or et 16.448.562 dollars papier.

Productions. Le sol est extrêmement fertile (2 récoltes par an) et le climat est favorable à la culture de beaucoup de produits tropicaux. Il y a d'excellents pâturages, en particulier dans la région de Chaco.

Le cheptel de 1915 comptait 5.249.043 bœufs, 600.000 moutons, 478.000 chevaux, 35.000 ânes et mulets, 61.000 porcs et 87.000 chèvres. Le « Yerba Mate » ou thé du Paraguay, produit naturel des forêts vierges, le tabac, la canne à sucre, les fruits et en particulier les oranges sont les principales productions du pays. Les ressources minérales sont très variées.

Commerce (en pesos d'or) :

	1913	1914	1915	1916	1917
Importation	8.119.995	5.149.465	2.405.888	4.861.678	5.116.200
Exportation	5.630.930	4.584.358	5.616.171	4.652.527	6.500.2[illegible]0

Principaux pays de provenance et de destination (en pesos d'or).

PAYS.	IMPORTATION.		EXPORTATION.	
	1912	1915	1912	1915
Etats-Unis	316.000	217.000	1.000	303.000
Grande-Bretagne................	1.342.900	795.000	1.000	197.000
France	378.000	58.000	34.000	71.000
Italie	318.000	175.000	10.000	38.000
Allemagne	1.555.000	167.000	874.000	4.000
Argentine	703.000	789.000	2.446.090	3.627.000

L'importation consiste surtout en toiles, comestibles, quincailleries, vins et spiritueux, articles de modes et d'exportation en peaux, quebracho, maté, tabac, etc.

Mouvement maritime en 1917 (du port d'Asuncion). Entrée, 3.761 bateaux jaugeant 469.822 tonnes ; sortie 3.760 jaugeant 474.342 tonnes.

Communications intérieures. Chemins de fer en exploitation : 468 kil. Postes (1917) 385 bureaux ; mouvement postal : 5.795.117 lettres, cartes postales et paquets. Télégraphes (1917) : 64 bureaux, 3.255 kil. de lignes, 227.363 dépêches ; 3 stations radiotélégraphiques.

Monnaies, poids et mesures. L'unité monétaire est le *peso* de 100 *centavos* = 5 fr. (valeur nominale). Monnaies : (or), néant ; (argent), 1 peso ; (nickel), 0 peso 20, 0 p. 10, 0 p. 0[illegible] ; (fiduciaire), billets de la Banque nationale de 500 pesos, 200 p., 100 p., 50 p., 20 p., 10 p., 5 [illegible].

(1) 1 peso (ou dollar) d'or = 5 fr. 10 ; 1 peso de papier = env. 0 fr. 25.

2 p., 1 p. et 1/2 p. ; billets de la Banque de la République de 100 pesos, 50 p., 10 p., 5 p. Toutes les monnaies d'or et d'argent étrangères circulent dans la République.

Presse. Principaux journaux publiés à Asuncion : *El Diario*, *El Libéral*, *los Sucesos*.

Relations avec la France.

Traités et Conventions.

COMMERCE : Convention du 21 juillet 1892, traitement de la nation la plus favorisée. PROPRIÉTÉ LITTÉRAIRE ET ARTISTIQUE : Décret du 24 mai 1909 portant exécution en ce qui concerne les relations de la France et du Paraguay, de la convention conclue à Montevideo, le 11 janvier 1889, pour la garantie réciproque de la propriété littéraire et artistique.

Représentation du Paraguay en France.

Légation à Paris, 35, rue de Bellechasse. Env. extr. et Min. plén. : *N...* ; Conseiller, ch. d'affaires : Arnold *Schock* ; Secr. hon. de 2e cl. : Juan *Patri*.

Consulat général à Paris : 16, av. Friedland. Consul général : Rodolfo *Sause*. Consulats à Angers, Bordeaux, Boulogne-sur-Mer, Carcassonne, Cette, Cherbourg, Grasse, Lyon, Marseille, Nice, Alger. Vice-Consulats à Bastia, Le Havre, Périgueux, Reims, Madagascar.

Représentation de la France au Paraguay :

Légation à Asuncion.

Ministre résident : N... ; Ch. d'aff. : *Du Chaffault*; Chancelier : *Ferrier*.

Institutions diverses à Asuncion :

Alliance Française, délégué : H. *Gosset*. Musée commercial français ; Société française de Secours mutuels et de Bienfaisance : « La France ».

T. C. F. : délégué, M. le Dr Thomas *Bello*, Yegros 64.

Bibliographie.

Anuario Estadistico de la Republica del Paraguay. Annuel. Asuncion.
Belmont (Andrès de). *Situacion internacional del Paraguay*, Asuncion, 1912.
Bourgade La Dardye (dr. E. de). *Le Paraguay*, 4 fr. 50. Plon-Nourrit. Paris, 1889.

PAYS-BAS

(ROYAUME DES)

Royaume d'une superficie totale de 2.679.801 kil. q. (51.757 236 habitants) composé du Pays-Bas (34.186 ki. q. 6 724.663 hab.) et de colonies (2.645.615 kil. q.; 45.032 573 hab.).

Monarchie constitutionnelle et héréditaire dans la postérité mâle de la Maison d'Orange Nassau et après l'extinction de la tige mâle transmissible à la postérité femelle. Constitution du 29 mars 1814, complétée les 24 août 1815, 14 oct. 1848, 5 déc. 1884, 30 nov. 1887 et 12 déc. 1917. La première Chambre des Etats-Généraux se compose de 50 membres âgés au moins de 30 ans, élus pour 9 ans par les états provinciaux parmi les plus imposés ou les hauts fonctionnaires en service ou en retraite et renouvelés par tiers tous les trois ans. La seconde Chambre comprend 100 membres élus pour 4 ans par le suffrage direct. Pour le droit électoral, il faut être âgé de 25 ans et pour l'éligibilité, de 30 ans.

Pavillon de guerre et de commerce : Trois bandes horizontales : rouge, blanc, bleu.

Ordres et décorations : Ordre militaire de Guillaume fondé en 1815 et comprenant 4 classes ; O. du mérite civil du Lion Néerlandais (1815, 3 cl. et 7 médailles) ; O. d'Orange Nassau (1892, 5 cl. et 3 médailles d'honneur); O. Teutonique, Bailliage d'Utrecht (rétabli en 1815, 3 cl.) ; Médaille d'honneur (1877, 3 cl.) ; Médaille de sauvetage (1822, 3 cl.) ; Ordres privés (Huisorden) : O. du Lion d'Or de Nassau (rétabli en 1905) ; O. de la Maison d'Orange (1905).

Souveraine : S. M. WILHELMINE-Hélène-Pauline-Marie, née le 31 août 1880, fille du roi Guillaume III, a succédé à son père, le 23 nov. 1890 (sous la tutelle de sa mère, la reine douairière Emma, jusqu'au 31 août 1898) ; mariée le 7 fév. 1901 au Prince *Henri de Mecklembourg*. Fille : Princesse *Juliana-Louise-Emma-Marie-Wilhelmine*, née le 30 avril 1909.

Ministère (septembre 1918). Présidence du Conseil et Intérieur : Jkhr. Ch.-J.-M. *Ruys de Beerenbrouck*. — Affaires Étrangères : Jkhr H.-A. *van Karnebeek*. — Justice : Th. *Heemskerk*. — Marine : N.... — Finances : S. *de Vries*. — Guerre : général *Pop*. — Waterstaat : A.-A.-H.-W. *König*. — Agriculture, Industrie et Commerce : H.-A. *van Ysselsteyn*. — Colonies : S. de *Graaff*. — Instruction, Beaux-Arts et Sciences : J.-Th. *de Visser*. — Travail : P.-J.-M. *Aalberse*. — Ministres d'État : A. *Kuyper*, Jkhr A.-P.-C. *van Karnebeek*, Jkhr A.-F. *de Savornin Lohman*, P.-W.-A. *Cort van der Linden*.

Etats Généraux (élection 1918). — Première Chambre (17 catholiques, 13 protestants, 14 libéraux, 2 démocrates, 4 social). Prés. (1919-20) : Baron J.-J.-G. *van Voorst tot Voorst*, aide de camp de S. M. la Reine. — Seconde Chambre (élections de juillet 1918) : 30 catholiques, 20 protestants, 22 démocrates-socialistes, 10 libéraux, 5 démocrates, 4 soc. révol., 7 neutres, 1 démocrate chrétien, 1 socialiste chrétien. Prés. : D. *Fock* ; V.-Prés. : D.-A.-P.-N. *Koolen*, Jkhr D.-J. *de Geer*.

Superficie et population :

PROVINCES.	kil. q. (1)	HABITANTS (1909)			ÉVALUATION 1917.	pa k. q.
		hommes.	femmes.	Total.		
Brabant sept...	5.098	311.133	311.946	623.079	714.973	140
Drenthe........	2.666	90.061	83.257	173.318	200.951	75
Frise	3.320	180.588	178.964	359.552	384.363	116
Groningue.......	2.364	162.275	165.770	328.045	358.663	152
Gueldre	5.089	322.479	317.123	639.602	723.437	142
Hollande sept...	2.798	536.885	570.808	1.107.693	1.270.808	454
— mérid.	3.130	676.079	714.665	1.390.744	1.636.097	523
Limbourg.......	2.206	168.714	163.293	332.007	420.489	195
Overyssel	3.399	193.964	188.916	382.880	431.757	127
Utrecht	1.385	141.306	147.208	288.514	327.192	236
Zélande	2.730	115.457	117.058	232.515	245.933	90
Total ...	34.186 (2)	2.898.941	2.959.008	5.857.949	6.724.663	197

Nationalité de la population recensée en 1917 : 5.788.193 Néerlandais ; 37.534 Allemands ;

(1) Y compris les eaux des communes.

(2) Non compris le Zuyderzée ni les bancs de sable (5.259 k. q.) et sans compter la part néerlandaise du Dollart (95 5 k. q.). Le dernier cadastre accusait 32.538 k. q. non compris les routes et les rivières.

18.338 Belges ; 2.645 Français ; 2.102 Anglais ; 1.223 Austro-Hongrois ; 3.908 d'autres nationalités. L'émigration se fait en grande partie vers l'Amérique du Nord : en 1912, 2.155 ; 1916, 911 ; 1917, 867 ; 1918, 1.160 (495 hommes, 451 femmes, 214 enfants).

Capitale : Amsterdam, 644.070 habitants (1918). — Villes principales au 31 décembre 1918 : Rotterdam, 501.282 ; La Haye, 3[illegible].079 ; Utrecht, 136.605 ; Groningue, 87.594 ; Harlem, 72.362 ; Arnhem, 67.096 ; Nimègue, 62.372 ; Leide, 59.735 ; Tilbourg, 56.798 ; Dordrecht, 50.718 ; Apeldoorn, 41.465 ; Leenwards, 42.277.

Religion.

Entière liberté de conscience pour les membres de toutes les religions. La famille royale et la majorité des habitants appartiennent à l'église réformée. L'État subventionne différentes églises (protestante : env. 1.391.000 florins ; catholique : env. 585.000 fl. ; juives env. 14.000 fl.). En 1910 : 2.588.261 réformés néerlandais et 746.186 autres protestants (1 synode, 10 districts provinc., 44 divisions et 1.364 paroisses et 1.654 pasteurs) ; 2.053.021 catholiques (1 archevêque à Utrecht, 4 évêques, 1.161 paroisses) ; 10.082 jansénistes (1 archevêque, 2 évêques, 27 paroisses) ; 106.309 israélites (171 communautés).

Instruction.

L'instruction primaire est obligatoire depuis 1900 (âge scolaire : 5 à 13 ans). Écoles et établissements privés et publics (gouvernementaux, provinciaux, communaux) d'après les statistiques de 1917-18 : 1.117 salles d'asiles avec 113.093 élèves ; 206 salles d'asiles avec 36.265 élèves ; 3.404 écoles primaires publiques avec 575.625 élèves ; 2.346 écoles primaires privées avec 443.258 élèves ; 120 écoles secondaires avec 21.085 élèves dont 5.404 jeunes filles ; 12 écoles de navigation avec 1.308 élèves ; 529 écoles professionnelles avec 50.184 élèves dont 7.455 jeunes filles ; 37 lycées avec 3.287 élèves dont 1.136 jeunes filles et 37 lycées privés avec 3.514 élèves. Universités à Amsterdam (f. en 1632), à Groningen (f. en 1559), à Leyde (f. en 1575), à Utrecht (f. en 1586) ; École technique supérieure à Delft (f. en 1842) ; École vétérinaire à Utrecht, etc.

Les dépenses pour l'instruction publique, en 1917, se sont élevées à 41.735.000 florins au compte de l'État, 579.000 fl. au compte des provinces et à 24.386.000 fl. à celui des communes.

Justice.

Haute Cour de Justice (cour de cassation) par 5 cours de Justice (cours d'Appel), par 23 Tribunaux de districts (Trib. de 1re Instance), par 101 Trib. de cantons (Justices de paix). Police gouvernementale (140 brigades et environ 1.100 h.) et police communale.

Armée et marine.

L'armée active est recrutée par voie d'engagement et par levée de milice dont le contingent annuel est de 23.000 hommes (22.400 pour la milice de terre et 600 pour la milice de mer). Le recrutement des milices s'effectue par tirage au sort parmi les jeunes gens âgés de 19 ans. La durée du service milit. des milices de terre est de 6 ans pour les troupes non montées, celle des milices de mer est de 5 ans ; les hommes qui n'appartiennent pas aux milices de mer, aux corps montés, aux corps de torpilleurs ou au corps d'artill. de forts cuirassés doivent servir encore 5 ans dans la « landweer ».

Effectif de paix (1915) : 1.543 officiers et 21.412 hommes ; effectif de guerre env. 150.000 h. Le « landstorm » se compose d'individus âgés de 20 à 40 ans qu'on ne saurait appeler sous les drapeaux dans une autre catégorie. Dépenses militaires (Budget de 1919) : 43.227.281 fl. Importante armée coloniale (V. Colonies hollandaises) figurant au budget colonial pour 61.4[illegible]4.000 fl.

Corps diplomatique à La Haye et consulats.

Allemagne, E. e. et M. pl. (Lange Vijverberg 8) : M. *Rosen* ; C. G. à Amsterdam : Bar de *Humboldt Dachroeden*.

Amérique, États-Unis d'E. e. et M. pl. (Lange Voorhout 13) : John W. *Garrel*.

Argentine, Rép. E. e. et M. pl. (Bezuidenhout 74) : Al. *Guesalaga*. C. G. à Amsterdam : Dr R.-D. *Saccone*.

Autriche, Ch. d'aff. : F. *Calice*.

Belgique, E. e. et M. pl. : Prince Albert *de Ligne*. C. G. à Amsterdam : G. *Van der Aa*.

Bolivie, Cons. à Amsterdam ; Ariens *Kappers* ; Rotterdam : J. *Carneiro de Mendoza* C. G-

Brésil, E. e. et M. pl. (Hôtel Vieux Doelen) : Ad. *Guerra Duval*. C. G. à Amsterdam.

Bulgarie, E. e. et M. pl. : P. *Hadji-Mischev*.

Chili, Ch. d'aff. : C. *Risopatron Barros*. C. G. à Amsterdam ; A. *Vargas Barahona*.

Chine, E. e. et M. pl. (Bezuidenhout 21) : Tang Tsai-Fou.

Colombie, Enc. et M. pl. : J. M. *Goenage*, E. G, à Amsterdam : A *Gonzalez Torres*.

Costa Rica, E. e. et M. pl. : V. France corps dipl. Cons. à Rotterdam : *R. de Monchy*.

Cuba, E. e. et M. pl. (v. Suisse, Corp. dipl.) A, *Agueroy Betancourt*, G. G. à Rotterdam : Dr A.-J. *Perez de Acevedo*.

Danemark, E.e. et M. pl. O. *Krag* ; Otto *Walsted* ; C.G. à Rotterdam : H.-H.-M. *Borregaard*.

Dominicaine (Rép.), E. e. et M. pl. V. France, Corps dipl. Cons. à Amsterdam, Rotterdam.

Equateur, Cons. à Amsterdam : N... Rotterdam : L.-A. *Larrea*.

Espagne, E. e. et M. pl. (99, Juliana van Stolberglaan) : S. *Mendez de Vigo*. Cons. à Amsterdam, Rotterdam.

Finlande, Repr. dipl. p. i. : Yrjo *Saastamoinen*.

France, V. Relations.

Grande-Bretagne, E. e. et M. pl. (Hooge Westeinde 12) : Sir R. *Graham* ; K. C. M. G. C. B. (1919) ; 1er Secr. : H. *Knatchbull-Hugessen* ; Secr. commercial ; R.-V. *Laming* ; Att. mil. : Lt.-colonel L.-C.-F. *Oppenheim* ; Att. nav. adj. : Cpt. E.-B. *Trafford*. C. G. à Rotterdam : E.-G.-B. *Maxse*.

Grèce, E. e. et M. pl. : E. *Capsambélis* ; C. G. à Amsterdam : R. *Lehmann* ; Cons. à Rotterdam ; T. *Cohen*.

Guatemala, Ch. d'aff. · V. France, Corps dipl. Cons. à Amsterdam ; C. *Schröder*

Haïti, C. G. à Amsterdam ; Th. *Romain*.

Honduras, Cons. à Amsterdam ; E.-H. *Crone*.

Hongrie, Ch. d'aff. : N...

Italie, E. e. et M. pl. (Sophialaan 1) : Cte. J. *Sallier de la Tour*, duc de *Calvello*. Cons. à Amsterdam : A. *Henny*.

Japon, E. e. et M. pl. (Rijnstraat 26) : Kentaro *Otchiai*. Cons. à Amsterdam ; H.-L. *Bekker* ; Rotterdam ; H. de Jongh.

Liberia, Cons. à Amsterdam ; J.-P. *van Santen* ; Rotterdam.

Luxembourg, Ch. d'aff. : Dr Fr. *de Colnet d'Huart*. Cons. à Amsterdam : O. *Spoo*.

Mexique, E. e. et M. pl. : N... Cons. à Amsterdam ; *Alvarado*.

Monaco, Cons. à Amsterdam : W.-M. *Diepenbroek*.

Montenegro, Cons. à Amsterdam : H. *Mendes da Costa*.

Nicaragua, E. e. et M. pl. : N... Cons. à Amsterdam : N...

Norvège, E. e. et M. pl. · J. *Irgens* ; Ch. d'aff. p. i. : E. *Huitfeld*. C. G. à Rotterdam : Jkhr. I. *Rochussen*.

Panama, Cons. à Amsterdam ; Th.-G.-H. *Stibbe* ; Rotterdam : G. *de Koster*.

Paraguay, Cons. à Amsterdam ; Rotterdam.

Pérou, C. G. à Amsterdam ; J.-M. *de la Colina* ; Rotterdam ; J.-C. *Veder*.

Perse, Min. pl. : *Choaed-Dovleh*. C. G. à Amsterdam : *Onnes van Nijenrode*, Rotterdam : P.-J. *Douwes*.

Pologne, Ch. d'aff. p. i. : E. *de Jordan Rozwadowski*.

Portugal, E. e. et M. pl. (Bezuidenhout 49) : A.-C. *de Sousa Santos Bandeira*. C. G. à Amsterdam : R. *May*.

Roumanie, E. e. et M. pl. : (Bezuidenhout 89) : C.-M. *Mitilineu*. C. G. à Rotterdam : A. *Kröller*.

Russie, E. e. et M. pl. (Koningskade, 8) : N...

Saint-Marin, C. G. à Amsterdam.

Saint-Siège, Nonce apost. (Bezuidenhout 93) : N...

Salvador, Cons. à Amsterdam ; H. *Dykstra* ; Rotterdam.

Serbe-Croates-Slovènes, Roy. des. E. e. et M. pl. : Mil. *Miloyevitch*. C. G. à Amsterdam : M. *Merens*.

Siam, E. e. et M. pl. V. Grande-Bretagne, Corps dipl. Cons. à Amsterdam ; H.-P. *Mackay*.

Suède, E. e. et M. pl. (Mauritskade, 73) : N...... C. G. à Amsterdam ; Rotterdam.

Suisse, E. e. et M. pl. : *Carlin*. Cons. à Amsterdam ; A. *Hässig* ; Rotterdam.

Tchéco-Slovaque, Rép. Ch. d'aff. (Bezuidenhout 27) : M. Miroslav *Plessinger-Bozinov*.

Turquie, E. e. et M. pl. (Wassenaarschekade 10) : Nousret *Sadoullah* Bey. C. G. à Amsterdam : *Atif* Bey.

Uruguay, E. e. et M. pl. : V. Belgique, Corps dipl. Cons. à Amsterdam, Rotterdam.

Venezuela, C. G. à Amsterdam : Ant. *Parra* ; Cons. à Rotterdam.

Mouvement économique.

Finances.

Recettes et dépenses pour les sept dernières années suivantes (en milliers de florins de Hollande) :

	1912	1913	1914	1915	1916	1917	1918
Recettes.............	213.401	227.423	253.131	267.618	273.773	301.883	312.763
Dépenses.............	224.665	238.727	275.168	294.990	275.290	306.180	306.970

Budget de 1920 (en florins) : recettes extraord. 8.567.984, ordin. 401.250.871, totales 409.818.555 ; dépenses extraord. 84.410.477, ordin. 454.625.975, totales 539.036.452.

Les dépenses du ministère des Colonies prévues au budget se réfèrent simplement à l'administration centrale. Il y a un budget spécial pour les grandes possessions coloniales des Indes orientales voté comme tel par les Etats Généraux.

Prévisions budgétaires réparties entre les Colonies et la Hollande (en florins) :

Pour 1919 :			
Dépenses dans les colonies	429.070.776	revenu en Holl. :	22.351.540
Gouv. Central	102.203.168	revenu dans les Col. :	375.326.044
Dépenses totales :	531.273.944	recettes totales :	397.677.584
Pour 1920 (estimation) :			
Dépenses dans les colonies	453.073.995	revenu en Holl. :	21.682.140
Gouv. Central	110.133.086	revenu dans les Col. :	463.713.975
Dépenses totales :	563.275.081	recettes totales :	435.396.115

Dette publique 1er janvier 1920 (en florins) : capital nominal : 1.089.236.850.
Intérêts annuels : 30.069.035.
Amortissement : 7.694.800.

Budget de crise.

Dépenses, qui résultent de la guerre mondiale :

Dépenses pour la mobilisation (1914-1918)	fl.	1.020.110.465
Estimation des dépenses pour 1919	—	137.000.000
Dépenses pour le ravitaillement (1915-1918)	—	343.000.000
Estimation pour 1919	—	145.000.000
Autres dépenses de crise (1914 1918)	—	100.000.000
— (estimation pour 1918)	—	47.000.000
Totales	fl.	1.792.110.465

Recettes de crise :

Jusqu'au 31 décembre 1919 fr. 757.487.000 (impôts sur les profits résultant de la guerre et autres impôts spéciaux sur le revenu et le capital fr. 495.831.700).

Emprunts de crise :

Dette consolidée 1er janvier 1920	fl.	1.093.650.000
Intérêts annuels	—	50.342.500
Amortissement	—	8.325.000
Dette flottante (31 décembre 1919)	—	552.492.000

Productions et industries.

Les Pays-Bas ne consacrent que 27 0/0 de leur territoire aux terres arables, mais 35 0/0 aux prés naturels et herbages ; et comme, sur les terres labourables, une grosse partie des surfaces est réservée à la culture des plantes fourragères, c'est, en réalité, l'élevage qui constitue la grande richesse de l'agriculture hollandaise. Dès lors, bétail vivant, viandes, produits de la laiterie forment les principaux articles du commerce d'exportation des Pays-Bas, en tant que produits tirés du sol même de la Hollande.

Pour la nourriture de ses habitants, il doit importer également de grosses quantités de blé ; mais beaucoup des céréales importées en Hollande ne font que transiter à travers le pays, qui exporte ainsi pour plus de 350 millions de florins de ces céréales.

Production agricole de 1917 (en tonnes) : froment 104.381 ; orge 45.633 ; avoine 289.490 ; seigle 336.461 ; betteraves sucrières 1.458.263, pommes de terre 3.058.271. L'élevage du bétail et l'horticulture (légumes, oignons à fleurs) sont très importants. Le cheptel, en 1918, comprenait : espèce chevaline, 378.294 ; espèce bovine, 2.048.872 ; espèce porcine, 600.133 ; espèce ovine, 642.324.

La culture des oignons à fleurs pour l'exportation a acquis, dans les polders, terrains sablonneux des dunes intérieures, particulièrement propices, une importance considérable. Les agglomérations de Leyde et de Harlem expédient dans toutes les parties du monde des quantités considérables de jacinthes, tulipes, narcisses, lys, anémones, etc. La superficie de cette exploitation peut être évaluée à plus de 6.000 ha.

Les forceries d'Alsmeer donnent des fruits et des légumes de primeur expédiés chaque jour en Allemagne et en Grande-Bretagne et donnent lieu à une culture florale des plus intenses, particulièrement en roses et en lilas. Les pépinières de la Hollande méridionale, situées dans des terrains tourbeux, sillonnés de nombreux canaux, donnent de nombreux végétaux : conifères, plantes à forcer, clématites, arbustes à feuillage persistant, provenant surtout des pépinières de Boskoop.

Mines : 7 mines de charbon dans la province de Limbourg dont les deux principales appartiennent au gouvernement. Extraction en 1918 : 3.399.512 t. nettes (en 1915 : 2.263.000 t.).

Pêcheries : 6.151 bateaux de tous rangs sont consacrés à la pêche, qui occupe un personnel de 23.892 h. Le produit de la pêche du hareng s'élevait en 1916 à 46.463.082 florins ; celle des huîtres (en kgr. à) 2.537.018.

Établissements industriels : Industrie textile : 485 établissements dont 15 filatures de coton, 44 tissages de coton, 80 établissements pour l'industrie de laine, 15 pour celle de la toile, 5 pour celle de la jute, 93 fabriques de tricots et tricotages, 5 filetteries, 4 tissages de toile à voiles, 15 corderies, 211 établissements pour l'industrie des vêtements, 8 chapelleries.

Industrie métallurgique : 690 établissements dont 99 fabriques de machines, 54 fabriques de moteurs, 50 chantiers de construction, 14 fabriques d'appareils de levage, 19 fabriques de lampes électriques, 7 fabriques d'automobiles, 58 fonderies, etc.

Des hauts fourneaux, avec aciérie et lamineries ont été établis en 1918 pour fondre une partie des minerais de fer qui transitaient auparavant par Rotterdam et produire de l'acier, sous forme de tôles pour la construction navale, acier profilé en barres, etc. D'autre part, aux charbonnages du Limbourg, on a équipé des batteries de fours à coke pour en utiliser les sous-produits et créer une sérieuse industrie chimique.

Industries des produits alimentaires et des friandises : 2.085 établissements dont 9 raffineries de sucre, 25 fabriques de sucre de betteraves, 50 minoteries, 11 rizeries, 55 fabriques de cacao et de chocolat, 23 fabriques de margarine, 630 fabriques de cigares, 97 distilleries, 255 brasseries, 8 fabriques de levure et d'alcool, 591 fabriques de conserves, 78 fabriques de fécule de pommes de terre, 28 sauneries, 176 huileries, 3 fabriques de bougies, etc., 63 fabriques de savon. Industries du cuir : 379 établissements dont 184 tanneries, 174 cordonneries, 21 fabriques de courroies. Industrie papetière : 1.101 fabriques dont 40 de papier, 22 de carton de paille, 64 de cartonnages, 3 de carton pierre, 29 d'articles de papeterie, 903 imprimeries. Fabriques de matériaux de construction : 671 établissements dont 468 briqueteries, 71 fabriques de tuile, 79 de carreaux, 58 de tuyaux. Industries céramiques et verreries 145 établissements dont 47 fabriques de faïence, 82 verreries, 16 fabriques de bouteilles. Industries chimiques : 41 fabriques d'engrais chimiques. Industrie diamantaire et orfèvrerie : 411 établissements dont 323 pour l'industrie des diamants, 88 pour l'orfèvrerie, etc.

Commerce.

Le commerce extérieur des Pays-Bas est, en comparaison de la population et de l'étendue de ce pays, le plus intense qui soit au monde. Sa valeur moyenne annuelle, pendant la période quinquennale 1908-12, a été de 12.800 millions de fr. Chiffre des importations et exportations des années suivantes (en millions de florins) :

	1912	1913	1914	1915	1917
Importations	3.613	3.918	2.889	2.111	1.082
Exportations	3.113	3.083	2.503	1.749	837

Principaux pays de provenance et de destination de 1914 et 1915 (en millions de florins) :

	IMPORTATION.		EXPORTATION.	
	1914	1917	1914	1917
Etats-Unis	300.7	198.5	164.0	36.9
Grande-Bretagne..............	326.3	286.2	602.2	206.1
France	27.4	3.2	23.1	22.5
Belgique	245.9	22.4	219.5	62.7
Espagne......................	70.0	3.3	9.2	1.1
Indes Orientales Hollandaises....	395.0	»	148.2	»
Indes Orientales Néerlandaises...	»	100.9	»	39.2
Allemagne	825.8	264.1	1.043.5	316.7
Hambourg......................	47.1	»	33.7	»
Italie	10.7	1.7	19.9	1.4

Principaux articles de commerce 1914 et 1915 (en milliers de florins) :

	IMPORTATION.		EXPORTATION.	
	1914	1915	1914	1915
Fer et acier............	375.744	181.411	247.032	72.079
Matières textiles, tissus..	186.125	165.022	174.551	151.062
Céréales	397.908	218.238	231.567	11.946
Charbon	115.706	69.882	42.044	2.759
Riz	105.719	17.721	72.588	1.027
Café..................	54.978	88.096	48.752	74.200
Margarine.............	16.014	17.527	16.014	17.527
Sucre.................	39.471	7.844	59.786	57.879
Or et argent	62.840	236.973	12.480	10.972
Bois..................	73.892	41.122	86.772	7.126
Cuivre................	99.259	9.157	99.717	2.628
Papier................	9.822	13.227	85.690	107.135

Autres importations : produits alimentaires, tabac, épices, indigo, vins, etc. — Autres exportations : fromages, beurre, poisson salé, viande salée, étain, cacao et chocolat, faïences, bétail, tourbe.

Commerce avec la France de 1911 à 1915 (en millions de francs d'après la statistique douanière française) :

	1911	1912	1913	1914	1915
Import. franç. aux Pays-Bas........	65.0	75.1	82.7	40.6	43.7
Export. néerland. en France..........	140.7	153.6	113.8	81.0	65.6

Principaux articles français importés (1912) : Vins (6,5 millions de fr.) ; graisses animales (3 millions) ; produits résineux (3,1 millions) ; peaux et pelleteries brutes (3,4 millions) ; légumes, graines à ensemencer. Principaux articles d'exportation en France (1912) : bestiaux (43,2 millions de fr.) ; fromages, lait, beurre (27,9 millions) ; litière de tourbe, poissons, fécules de pomme de terre.

Outillage économique.

Mouvement maritime (en mètres cubes) :

NAVIRES	A VOILE.		VAPEURS.		TOTAL.		TONNAGE.
	NÉERL.	ÉTR.	NÉERL.	ÉTR.	NÉERL.	ÉTR.	
Entrés 1917.........	130	19	861	1.174	991	1.193	5.260.832
— 1918.........	225	33	584	937	809	970	4.706.554
Sortis 1917.........	200	15	882	1.087	1.082	1.102	5.078.379
— 1918.........	282	62	665	957	947	1.019	4.211.875

Principaux ports en 1917 : Rotterdam : entrés 1.874 navires jaugeant 6.334.201 M³, sortis 1.516 navires jaug. 3.606.37 M³ ; Amsterdam : entrés 699 nav. jaug. 2.040.000 M³, sortis 70 nav. jaug. 2.026.678 M³ ; Flessingue : entrés 662 nav. jaug. 221.899 M³, sortis 3.794 nav. jaug. 578.156 M.³. Le total des entrées dans le port de Rotterdam qui était de 12.785.861 tonnes nettes en 1913 est tombé en 1917 à 1.298.304 tonnes.

Marine marchande en janvier 1917 : 300 navires à voiles jaugeant 174.061 M³ et 406 vapeurs jaug. 3.250.148 M³ ; à la fin de 1917 : 374 nav. à voiles jaug. 177.120 M³ et 425 vapeurs jaug. 3.254.279 M³.

Communications intérieures : Rivières principales, 965 kil. ; canaux 3.637 kil. ; routes 4.827 kil. ; chemins de fer (1916) : 3.400 kil. ; 76.360.000 voyageurs ; 16.310.000 t. de marchandises ; recettes 91.290.000 florins et dépenses (inconnus). Toutes les compagnies de ch. de fer sont des compagnies privées.

Communications aériennes : Lignes en service :

1° Flessingue, Rotterdam, La Haye, Amsterdam et Groningue ;

2° Flessingue, Bois-le-Duc, Arnhem, en communication avec l'Allemagne ;

3° Amsterdam, Utrecht, Arnhem, Maestricht, en communication avec le sud de la Hollande.

Postes (1916) : 1.604 bureaux ; mouvement postal (service intérieur et extérieur) 178.724.965 lettres, 153.093.781 cartes post. Recettes 20.156.000 florins : dépenses 18.966.000 fl. *Télégraphes* (1916) : 1.669 bureaux dont 1.309 appartenant à l'Etat ; lignes de l'Etat 8.329 kil. et 42.917 kil. de fils ; 7.975.475 télégrammes ; recettes de l'Etat 4.883.000 florins, dépenses 099.000 fl. *Téléphones* 1916 : 117.408 stations et postes ; 97 réseaux urbains (318.158 kil. de fils, 223.278.388 conversations) ; 1.471 circuits interurbains, 3.539 kil. de lignes, 102.122 kil. de fils, 10.634.751 conversations. Recettes globales 5.458.000 florins ; dépenses globales 3.619.000.

Monnaies, poids et mesures : L'unité monétaire est le *florin* ou *gulden* (100 cents) 2 fr. 096.

(Or), pièce de 10 florins — 21 fr. ; (argent), 2 1/2 florins — 5 fr. 25, 1 florin — 2 fr. 09. 25 cents — 0 fr. 51, 10 cents — 0 fr. 20, 5 cents — 0 fr. 10 ; (nickel), 5 cents — 0 fr. 10 ; (bronze), 2 1/2 cents, 1 cent, 1/2 cent : (fiduciaire), billets de 1.000, 300, 200, 100, 60, 40, 25 et 10 florins.

Le système métrique décimal français est en vigueur en Hollande depuis 1821.

Presse : Principaux journaux : à Amsterdam, *Algemeen Handelsblad* (libéral), *Het Volk* (socialiste), *De Telegraaf* (sans couleur politique), *Nieuws van den Dag* (opportuniste), *De Standaard* (Organe du parti calviniste), *De Tijd* (catholique), *Het Centrum* (catholique) ; à La Haye : *Nieuwe Courant* (libéral), *Dagblad van Zuid-Holland en s' Gravenhage* (démocratique), *Avondpost* (libéral modéré), *Haagsche Courant* (radical-démocrate), *De Nederlander* (chrétien-historique), *Residentie-bode* (catholique) ; à Rotterdam : *Nieuwe Rotterdamsche Courant* (libéral), *Maasbode* (catholique militant), *Rotterdamsch Nieuwsblad* (libéral).

RELATIONS AVEC LA FRANCE

Traités et Conventions.

COMMERCE : Modus vivendi des 27 et 28 janv. 1892 : Traitement de la nation la plus favorisée applicable aux colonies. — ARBITRAGE : Convention du 6 avril 1904. — ALIÉNÉS : Convention du 11 février 1911 pour le rapatriement des aliénés indigents. — CONSULS : Convention de commerce du 7 juillet 1865 (art. 25, 26 et 27). — EXTRADITION : Convention du 24 décembre 1895. — PROPRIÉTÉ INDUSTRIELLE : Déclaration du 19 avril 1884 Déclaration du 6 janvier 1898 sur la protection des marques de fabrique en Chine. — PROPRIÉTÉ LITTÉRAIRE ET ARTISTIQUE : Convention du 29 mars 1855, arrangement du 17 avril 1860 et déclaration du 19 avril 1884. — SOCIÉTÉS : Décret du 22 juillet 1863 autorisant les sociétés anonymes constituées aux Pays-Bas à exercer leurs droits en France.

Représentation des Pays-Bas en France.

Légation à Paris, 55, avenue Kléber (16e) Tél. Passy 29-30. — Chancellerie, 32, rue Boissière. Tél. Passy 20-56, 20-58. 29-30.

Env. extr. et Min. plén. : Jkhr. J. *Loudon* (juin 1919).

Attaché : W.-J. R. *Thorbecke ;* Attaché honoraire : baron *Sirtema de Grovestins* (✱) ; Attaché militaire : col. *de Quay ;* Attaché militaire adjoint : lieutenant *Labouchère.*

Consulat général à Paris, 133, avenue Malakoff (de 10 à 12 h.)

Consul général : Jonkheer G.-L.-G. *de Bosch Kemper.*

Consulats à : Abbeville ; Bastia ; Bayonne ; Bordeaux ; Boulogne ; Brest ; Caen ; Calais ; Cannes ; Cherbourg ; Dieppe ; Dijon ; Dunkerque ; Le Havre ; Lille ; Lorient ; Lyon ; St-Malo ; Marans ; Marennes ; Marseille ; Menton ; Nantes ; St-Nazaire ; Nice ; Oléron ; Paris ; Pau ; Reims : A. *Van der Linden*. Rochefort ; La Rochelle ; Rouen ; Roubaix ; Toulon ; Tours ; St-Valéry-sur-Somme ; Alger ; Arzew ; Bougie ; Bône : Oran ; Philippeville ; La Réunion : Bizerte ; Sfax ; Tunis ; Boma (Congo français) Pointe-à-Pitre ; Saïgon ; Cayenne ; Fort-de-France ; Tamatave.

Institutions en France.

Chambre de Commerce Néerlandaise, à Paris, 39, rue Joubert, Prés. Louis *Sanson.*

Union artistique Franco-Hollandaise, 15, r. Grange-Batelière, Paris. Prés. : *Rocheblave*, prof. à l'École des Beaux-Arts. Secr. gén. : B.-J. *van Gelder*.

Etudiants hollandais à Paris ; Prof. *Pernot*, 31, av. de Joinville à Nogent-s.-Marne.

Correspondants de journaux hollandais à Paris. Telegraaf : *Goedemans*, rue de Richelieu 95, T. : Gut. 56.11 ; Handelsblad : *Voorbeytel*, 81, rue Caulaincourt ; Het Vaderland : *Snabilié*, 19, rue Carpeaux ; Nieuwe Rotterdamsche Crt : A. *Glarner*, 5, rue Victor-Massé

Association France-Hollande (section de l'Idée Française à l'Etranger). Secr. gén. : S.-A. *Van Raalte*, 11, place de la Bourse. Organe : France-Hollande, mensuel, 19, r. Carpeaux.

Sté Néerlandaise de Bienfaisance de Paris, 2, pl. de l'Opéra. Secr. : Ch. *Hepner ;* Comité néerlandais d'assistance en faveur des enfants français des régions envahies hospitalisés en Hollande, 34, av. de l'Opéra. Prés. : baron *Collot d'Escury*.

Représentation de la France dans les Pays-Bas.

Légation à La Haye, Korte Voorhout, 8.

Env. extr. et Min. plén. : Charles *Benoist* (nov. 1919).

Conseiller : F. *Prévost* (abs.) ; Secr. p. i. : Fd *Gérardin ;* 3e Secr. : J. *de Séguin ;* Attaché : bon. *de Gary :* Secr. archiv. : Gaston *Soupey*. Attach mil. : Lieut-col. *Casanave*. Attaché naval : Lieut. de vaiss. *Fernet*.

Consulats généraux : à Rotterdam : *Petitpied* (✱) à Batavia : J. *Poelio*.

Consulats : à Bois-le-Duc ; Brouwershaven ; Curaçao ; Dordrecht ; Flessingue ; Groningue ; Harlem ; Harlingen ; Maëstricht ; Paramaribo ; Terneuzen-Tiel ; Amsterdam ; Makassar ; Medan ; Samarang ; Sourabaya ; Tjilatjap ;

Institutions économiques :

Office commercial français des Pays-Bas à Amsterdam, Singel, 308. Dir. *Glaser*.

Commission pour le commerce franco-néerlandais, 17, av. Lange-Poten, La Haye ; Comité pour le commerce hollando-français. Prés. : H. *Blink*, à La Haye.

Conseillers de commerce extérieur : à Amsterdam, Prés. : Elie Leroux ; à Batavia (colonie), L.-E. Lapadu.

T. C. F. : Délégués, à La Haye, *Gebel*, banquier, 45, Bezuidenhout ; à Amsterdam, G.-B. *Crommelin*, 296, Nieuwerzyds-Voorburgwal ; Dr *Dozy*, 69, Stadhouderskade ; à Arnhem, *Rambonnet*, banquier à la Geldersche-bank, Kastanjelaan, 15 ; à Dordrecht, *Wyers*, agent consulaire de France ; à Harlem, Jean *Rahusen*, 36 Dreef ; à Rotterdam, Ch. *Hirschemöller*, 64 Eendrachtsweg et *Laboyrie*, 199 a Rochussenstraat ; à Ruremonde, *van der Maas*, professeur à l'École moyenne de l'État.

Institutions intellectuelles.

Alliance Française à Amsterdam. Prés. : N... ; La Haye, Secr. : F. *Noyon*, Frankenslag, 17 ; Leeuwarden ; Utrecht, Prés. : O. *Genouy* ; Leyde, Secr. : P. Verkman, 34 Rijnsburgerweg ; Nimègue ; à Rotterdam, Prés. : A. *Jalaguier* Maastricht, Prés. : M. *Houben* ; Haarlem, Prés. : J. *Sauveur* ; Groningue, Prés. : Prof. J. *Salverda de Grave* ; à Paramaribo (colonie), Prés. : H. *Benjamin*.

Université d'Utrecht. — Chargé de cours : *Denjouy*, maître de conférences de mathématiques à la Fac. des Sciences de Montpellier.

Association Hollande-France (Nederland Frankryk). Prés. Gén. : Prof. J. *Salverda de Grave* à Groningue ; Secr. : P. Velkhoff. à *Hilversum* ; Section à La Haye ; Secr. : Mlle N. *Duys*, Klatteweg, 22 (Biblioth. : Lange Voorhout 30) ; à Rotterdam, Utrecht, Leyde. Prés. : Dr *Sneyden de Vogel*.

Cercle français de l'Univ. d'Amsterdam. Secr. : Mlle C. *Burger*.

Cercle de conversation française de Rotterdam. Prés. : A.-C. *Bryce*.

Comité de Verdun. Prés. : J.-B. *de la Faille* à Harlem.

Institutions diverses.

Assistance : Sté Française de Bienfaisance à Amsterdam et à Batavia.

COLONIES NÉERLANDAISES

POSSESSIONS.	SUPERFICIE.	POPULATION.	DONT EUROPÉENS.	PAR KIL. Q.
Indes Orientales	1.915.421	47.203.639	138.845	25
— Occidentales........	130.230	167.959	1.429	1,1
Total 1917........	2.045.615	47.371.598	140.274	12

I. Indes orientales néerlandaises.

Gouverneur Général : Cte J.-P. van *Limburg-Stirum*.
Superficie et population en 1917 :

	SUPERFICIE en kil. q.	HABITANTS	DONT EUROPÉENS.	PAR KIL. Q.
Java et Madoura........	131.508	34.157.383	111.430	260
Possessions extérieures (provinces)	1.783.913	13.046.256	27.415	7
Sumatra méridional (côte occidentale)	40.291	1.288.624	3.582	32
Benkoelen	42.091	229.845	484	5
Tapanoeli	24.441	765.238	723	31
Districts de Lampong	29.366	171.572	458	6
Palembang...............	139.128	760.548	1.400	7
Djambi		207.265	190	
Sumatra (côte orientale).	91.895	894.140	6.270	10
Atchin	53.222	709.841	1.734	13
Riouw..................	42.427	199.649	419	5
Banka	11.587	154.178	541	13
Biliton	4.842	59.481	368	12
Bornéo occidental	145.195	573.687	485	4
Bornéo méridional et oriental	408.146	940.866	1.963	2,5
Iles Célèbes { Célèbes........	128.478	2.352.048	2.436	19
Iles Célèbes { Ménado........	57.436	742.026	1.787	13
Iles Moluques { Amboine.....	51.464	360.934	3.181	7
Iles Moluques { Ternate (1)...	453.325	200.135	477	0,4
Timor	46.056	1.091.349	653	23
Bali et Lombok..........	10.523	1.344.880	314	128
Indes orientales.........	1.915.421	47.203.639	138.845	25

Nationalités en 1917 : 138.845 Européens, 46.232.127 indigènes. et 832.667 autres Orientaux. Villes principales :

VILLES.	EUROPÉENS.	INDIGÈNES.	CHINOIS.	ARABES.	AUTRES ORIENT.	TOTAL
Batavia (1917)	20.748	120.140	28.150	2.058	246	231.463
Samarang (1916)	8.826	76.413	13.686	698	787	109.915
Soerabaja (1915).............	15.000	119.733	19.503	2.660	306	157.202
Soerakarta (1905)............	1.572	109.524	6.532	337	413	118.378

Religion. — Entière liberté des cultes. En 1917, il y avait environ 400 missionnaires de toutes les religions, excepté l'Islam.

Instruction (1917). L'enseignement est donné dans la langue néerlandaise. Il y avait 359 écoles publiques primaires dont 21 réservées à l'enseignement féminin, 130 destinées pour indigènes et 31 pour Chinois, avec 58.350 élèves (26.400 indigènes et 7.800 Chinois); en outre, 161 écoles primaires privées (17.940 élèves dont env. 1.000 indigènes et 1.700 Chinois). Enseignement secondaire, 19 écoles publiques (3.300 élèves dont 636 indigènes) et 7 écoles privées (379 élèves). Ecoles normales : 12 publiques dont 6 destinées à fournir des instituteurs indi-

(1) Nouvelle-Guinée occidentale comprise.

gènes et 10 privées. Enseignement professionnel : 2 écoles de médecine, 1 école de droit, 4 écoles techniques, 2 écoles de commerce, 1 cours de navigation, 2 écoles d'agriculture, 1 école vétérinaire, 7 écoles à former des fonctionnaires indigènes. Enseignement indigène : 8.983 écoles primaires dont 6.467 publiques (env. 470.000 élèves) et 2.516 privées (env. 145.000 élèves) ; 62 écoles normales dont 44 publiques et 18 privées ; 20 écoles d'agriculture et 12 écoles ouvrières.

Justice. Haute Cour de Justice à Batavia, 6 cours de Justice et « landgerechten » pour les Européens et les indigènes ; exclusivement pour les Européens, Cours de Résidence et pour les indigènes « landraden », cours de Régence, cours de districts et cours de prêtres. Justice exercée par des juges néerlandais dans les cours de régence et de districts (par les chefs des indigènes).

Armée et marine en 1918. L'armée coloniale est recrutée exclusivement par voie d'engagement et composée d'Européens (1 quart) et d'indigènes (3 quarts) ; effectif de l'armée active : 1.410 officiers et 39.749 hommes dont 7.868 Européens. En outre, gardes civiques et corps armés indiens (légion barisans) d'un effectif total de 152 off. et 5.540 hommes dont 3.448 indigènes. Flotte : 31 bâtiments (12 de l'escadre néerlandaise et 19 de la marine coloniale). Personnel de la marine : 143 officiers ; 156 employés ; 1.298 sous-officiers et matelots, 260 chauffeurs, non compris 655 sous-officiers et matelots et 682 chauffeurs indigènes. Infanterie de marine : 3 officiers et 318 sous-officiers et hommes.

Organisation économique.

Finances (en guilders) :

ANNÉE.	RECETTES.	DÉPENSES.	DÉFICIT.
1917	354.062.753	408.779.830	54.717.077
1918	386.079.431	451.461.552	65.382.121
1919	399.199.370	503.639.724	104.440.354

Budget de 1916 :

RECETTES.	HOLLANDE.	AUX INDES.	TOTAL.
Vente du café	8.231.080	18.409	8.249.489
— du quinquina	1.043.328	327.549	1.370.877
— de l'étain	3.331.455	38.697.773	42.029.228
Opium	»	35.344.954	35.344.954
Douanes	»	40.271.988	40.271.988
Impôt foncier ou dîmes	»	21.731.940	21.731.940
Droit sur le sel	»	14.922.575	14.922.575
Postes, télégraphes, téléphones	»	9.791.010	9.791.010
Chemins de fer	230.339	41.744.130	41.974.469
Recettes diverses	4.184.463	122.805.358	126.982.821
Total	17.020.665	325.655.686	342.676.351
Dépenses	59.874.665	312.921.353	372.796.018

Commerce de 1915 et 1917 (en milliers de guilders) :

ANNÉE.	COMMERCE GOUVERNEMENTAL.			COMMERCE PRIVÉ.			TOTAL GÉN.
	MARCHAND.	ESPÈCES.	TOTAL.	MARCHAND.	ESPÈCES.	TOTAL.	
			Importations.				
1915	17.759	3.050	20.809	374.155	4.437	378.598	399.403
1917	20.361	1.600	21.961	467.019	7.705	474.724	496.685
			Exportations.				
1915	11.868	715	12.583	758.204	71	758.275	770.860
1917	1.670	149	1.819	785.110	6.300	791.410	793.229

Principaux articles d'exportation : sucre, café, thé, riz, pétrole, quinquina, tabac, coprah, farine de manioc et tapioca, étain et caoutchouc. A part le riz, qui est exporté en grande partie à Bornéo et en Chine, les quatre cinquièmes des exportations se font à destination des Pays-Bas.

Productions et industries : Sol extrêmement fertile dont la mise en culture est favorisée par des baux emphytéotiques accordées par l'État aux Européens, aux Chinois et aux indigènes. Très importantes plantations de sucre, tabac, caoutchouc, manioc.

A Padang, 6.182 acres étaient plantés en hévéas à fin 1919 et avaient donné 674.021 kilos.

A Java, 42 fabriques d'huile traitent 185.000 tonnes de coprahs par an.

Autres productions : café, indigo, thé, riz, quinquina, coprah et cacao, etc.

Des concessions sont accordées par le gouvernement pour l'exploitation des mines d'or, d'argent, diamants, platine, houille, étain, etc. Puits de pétrole (Java, Sumatra, Bornéo et les Célèbes) ; mines de houille (Sumatra et Bornéo), d'étain (Banka) ; d'or et d'argent (Sumatra) ; ces mines sont exploitées par le gouvernement.

Depuis 1915, les ventes publiques d'étain Banka se font à Batavia, au lieu des Pays-Bas comme auparavant.

Mouvement maritime :

ENTRÉS.	VOILIERS.		VAPEURS.	
	NOMBRE.	TONNAGE.	NOMBRE.	TONNAGE.
1914	3.531	223.079	6.147	4.604.546
1917	6.000	342.517	7.934	3.140.024

Marine marchande en janv. 1915 : 4.228 navires de 527.128 mètres cubes.

Communications intérieures : Chemins de fer (janvier 1917) : lignes de l'État et privées y compris les chemins de fer vicinaux : 6.669 kil. (Java : 4.742 kil. ; Sumatra : 1.327).

Postes 1915 : Java et Madoura, 553 bureaux ; autres îles, 354 bureaux ; mouvement postal, 18.106.751 lettres, 23.625.000 journaux ; télégrammes 1.351.089 (serv. int.) et 280.075 (étr.).

Relations avec la France.

Vice-Consulat à Batavia. Gérant : M. *Noble*.
Société française de Bienfaisance.

À Borneo, Martapoera, Agent consulaire : A.-G. *Staath*, délégué du T. C. F.

Communications avec la France. Lettres, papiers d'affaires, cartes postales : Tarif de l'Union postale. Télégrammes : Java, 4 fr. 6875 par mot ; autres îles, 5 fr. 1875. Colis postaux : v. Boulogne-Folkestone (paquebots anglais et néerlandais et des établissements des détroits) : 1 kgr. : 3 fr. 90 et 4 fr. ; 3 kgr. : 4 fr. 85 et 5 fr. 35 ; 5 kgr. : 5 fr. 80 et 5 fr. 95.

Indes occidentales néerlandaises.

Surinam (ou Guyane hollandaise).

Gouverneur : G. *J. Staal*.

Superficie : 129.100 kil. q. ; la population, évaluée en janv. 1917, était de 92.284 habit. Nationalités en 1915 : 915 Européens, 9.671 Javanais, 940 Chinois, 30.856 Indiens anglais, 53.027 indigènes, 1.445 Indiens, 8.888 métis.

Capitale : Paramaribo (1917) 37.031 habitants.

Religion : Entière liberté des cultes ; en janv. 1916, il y avait 10.157 réformés et Luthériens, 26.186 frères moraves, 18.761 catholiques, 882 israélites, 11.559 mahométans ; 17.683 hindous.

Instruction et Justice : Il y avait, en 1915, 28 écoles publiques avec 3.679 élèves, 40 écoles privées avec 6.702 élèves et 1 école normale gouvernementale. Organisation judiciaire : 1 Cour de Justice, 3 justices de paix.

Armée en 1918 : effectif de 10 officiers et 2[illegible]7 hommes.

Mouvement économique.

Finances (en florins) : Budget de 1917 : Recettes 2.892.509 ; Dépenses : 4.560.280 ; Déficit : 1.667.681. 1918 : Recettes 3.269.843 ; Dép. : 5.343.311. Déficit : 2.073.473

Productions et industries : Principales productions en 1917 (en kilog.) : sucre, 11.210.[illegible] :

cacao, 1.870.900 ; bananes (1.702 régimes) ; café, 764.400 ; riz, 7.471.100 ; maïs, 1.608.151 ; rhum (489.294 litres) ; pépites d'or 886.458 grammes et balata (caoutchouc), 1.034.211 kgr.

Commerce en 1918 : importations 5.911.326 florins et exportations 8.054.002 fl.
— en 1917 — 7.645.941 .... 8.852.170 —

Mouvement maritime en 1916 : entrés 216 navires jaugeant 156.439 tonn. et sortis 212 navires jaug. 155.317 tonn. En 1917 : entrés 133 navires, sortis 133.

Communications intérieures : Chemins de fer 1915 : 188 kil. Postes en 1917 : 11 bureaux.

Relations avec la France.

Représentation consulaire de la France. *H. Bosch*, agent consulaire.
Institutions Françaises : Alliance Française, A. *Benjamin*, Président.
Communications avec la France. Lettres, papiers d'affaires, cartes postales : Tarif Union postale ; télégrammes : 8 fr. 05 par mot.

Curaçao.

Le Gouverneur est assisté d'un conseil ; il existe en outre un conseil colonial. Les autres îles, excepté Curaçao, sont sous l'autorité d'officiers appelés « Gezaghebbers » nommés par le roi.

Gouverneur : O.-L. *Helfrich*. Résidence : Willemstad (1918) 14.651 habit.

Religion et instruction : il y avait, en 1918, 50.117 catholiques, 6.616 protestants, 613 israélites. En 1918 : 15 écoles publ. et 1816 élèves, 41 écoles publiques avec 4.119 élèves.

Armée (1918) : 23 officiers et 442 hommes de milice. Garnison de 7 officiers et 255 hommes.

Finances : Budget de 1917 : Recettes 758.694 ; dépenses 1.286.074 ; déficit 527.380.
Budget de 1919 : Recettes : 989.884 ; dépenses : 2.028.806 ; déficit 1.038.922.

Commerce (1916) : Importations 6.153.819 florins ; exportations 2.418.349 fl.
— (1918) — 7.307.823 — ; — 2.685.828 —

Mouvement maritime (1918). Entrées : 3.345 navires jaugeant 997.100 t. ; sorties : 3.400 navires jaugeant 1.009.256 t.

Consul de France : E. *Merlhiot*.

Les Pays-Bas en 1919.

Depuis le 11 février, date à laquelle la délégation belge est entendue par le Conseil des Dix sur la revision des traités de 1839, l'opinion néerlandaise est surtout préoccupée par le problème des revendications territoriales belges.

Des journaux d'opinion aussi opposée que le *Telegraaf*, le *Nieuwe Rotterdamsche Courant* et le *Het Volk* se trouvent d'accord quant au « non possumus » à opposer à ces revendications. Ils estiment qu'on peut causer des droits de navigation sur l'Escaut et sur le canal Gand-Terneuzen, de communications directes par eau entre Anvers, la Meuse et éventuellement le Rhin par Maestricht et le Limbourg, mais ils excluent toute idée de cession de territoire.

La presse consacre de nombreux articles à la Société des Nations. Presque tous, sauf le *Het Volk*, socialiste, sont peu favorables à l'affiliation immédiate. Certains y sont nettement hostiles.

Quant à l'extradition de l'ex-empereur d'Allemagne, le Dr A. Kuyper dans le *Standaard* affirme qu'en Hollande, toutes les personnes autorisées ressentent la demande d'extradition comme « une intolérable atteinte à la souveraineté nationale ». En se réfugiant aux Pays-Bas, Guillaume II s'est soumis aux lois néerlandaises applicables aux étrangers. Or aucun de leurs articles ne légitime l'extradition.

Les événements qui se sont déroulés aux Indes (agitation révolutionnaire accrue depuis le Congrès du *Sarekat-Islam*, revendication de l'autonomie complète demandée par Tjokroaminoto, le jour où fut établie la *Concentration politique* (26 déc.) ont causé une fâcheuse impression en Hollande. Malgré les mesures de rigueur prises par le gouvernement, les journaux catholiques (*Tyd*, *Maasbode*, etc.) demandent que l'on fasse front contre le puissant développement du socialisme aux Indes.

Bibliographie.

1° Publications officielles.

Jaarcijfers voor het Koninkrijk der Nederlanden, Rijk in Europa (Rapport annuel pour le royaume des Pays-Bas en Europe). La Haye.

Maandcijfers en andere periodieke opgaven betreffende Nederland en de Kolonien (chiffres mensuels concernant les Pays-Bas et les colonies néerlandaises). La Haye.

Staats-Almanak voor het Koninkrijk der Nederlanden (Annuaire officiel du Royaume du Pays-Bas). La Haye.

Statistiek van den in-uit-en-doorvoer (Statistiques commerciales). Mensuel. La Haye.

Kolonial Verslag (Rapport colonial). La Haye.

2° Publications non-officielles.

a. PAYS-BAS.

Boulger (D.-C.). *Holland and the Dutch*. Londres, 1913.

Brander (J.). *Economische Aardrijkskunde, Nederlands Welvaren*. Rotterdam, 1916.

Eisfeld (C.). *Das Niederlandische Bankwesen*. La Haye, 1916.

Oppenheim (Dr J.). *Handboek voor het gemeenterecht*. Groningue, 1913.

Piérard (Louis). *Gross Deutschland. La Belgique et la Hollande*. Van Oest et Cie. Bruxelles, Paris, 1918.

Pyttersen's. *Nederlandsche Staatsalmanak*. Annuel.

Smissaert. *Nederland in den aanvang van de xx*e. Leyde, 1914.

Soulier (Ed.). *La Hollande amie*, in-12, 122 p., 3 fr. Berger-Levrault. Paris, 1919.

b. COLONIES.

Bernard (F.). *A travers Sumatra*. Paris, 1910.

Brown (J. Macmillan). *The Dutch East*. Londres, 1914.

Campbell (Donald). *Java. Past and Present*. 2 vol. Londres, 1915.

Chailley-Bert (J.). *Java et ses habitants*, in-8 br. 5 fr. A. Colin, Paris, 1914.

Genlis (Marcel). *Dans l'incendie tropical*, 4 fr. 50. Plon-Nourrit, Paris, 1917.

Louter (J. de). *Handboek van het Staats-en Administratief recht. van Nederlansch-Indie*. La Haye, 1914.

PÉROU

(RÉPUBLIQUE DU)

Constitution et gouvernement. — République indépendante de l'Espagne depuis le 28 juil et 1821. Selon la Constitution du 18 oct. 1856, revisée le 10 nov. 1860, le pouvoir législ. est confié à un Sénat de 52 membres et à une Chambre des Députés de 116 membres élus pour 6 ans par suffrage direct des départements et renouvables par tiers tous les deux ans. Les deux Chambres siègent annuellement 90 jours à partir du 28 juillet. Est électeur tout citoyen péruvien âgé de plus de 21 ans, marié, ou ayant une profession, ou possédant une propriété foncière, ou payant des contributions ou sachant lire et écrire; est éligible comme député, tout citoyen né péruvien, âgé de 25 ans, qui a un revenu annuel de 500 pesos, ou qui est professeur d'une science quelconque; comme sénateur, tout citoyen né péruvien et âgé de 35 ans ayant un revenu annuel de 1.000 pesos ou professeur d'une science quelconque. Le Président de la République, Péruvien de naissance, âgé au moins de 35 ans et domicilié au pays depuis 10 ans et 2 vice-présidents sont élus pour 4 ans par le suffrage général de la nation; ils ne sont pas rééligibles pour une seconde période consécutive.

Pavillon national. — 3 bandes disposées verticalement rouge, blanche, rouge, celle du milieu chargée d'un écusson aux armes nationales (coupé le 1er parti : à dextre d'azur au ama d'or; à sénestre d'argent à l'arbre quinquina; au 2e de gueules à une corne d'abondance d'or; l'écu surmonté d'une couronne civique de laurier accosté à dextre d'un rameau de palmier et à sénestre d'un rameau de laurier. *Pavillon de commerce*, le même sans emblème.

Ordres et décorations. — Cordon d'honneur (fondé en 1866).

Président de la République. — A. B. LEGUIA (24 oct. 1919-1924). 1er V.-Prés. : C. *Canevaro*; 2e V.-Prés. A. *de Latorre*.

Conseil des ministres (déc. 1919) : Prés. et Intér. : Dr German *Leguia*; Affaires étr. : M. *Porras*; Just. et Cultes, Instr. publ. : A. *Salamon*; Guerre et Marine : colonel *Alvarez*; Finances et Comm. : Fern. *Fuchs*; Fomento (trav. pub. ind.) : Salv. *Olivares*.

Congrès. — Sénat : Prés. : M. *Cornejo*. Ch. des Dép. Prés. : J. *Salazar*.

Superficie. — 1.382.832 k.q. — *Population.* — Il n'y a pas eu de recens. officiel depuis 1876. On comptait, à ce moment, 2.660.881 hab., dont 13,8 p. 100 étaient blancs, 1,9 p. 100 nègres, 57,6 p. 100 Indiens, 24,8. p. 100 métis et 1 p. 100 Asiatiques, en partie Chinois. Une évaluation pour 1916 indiquerait un chiffre de 4.620.201 hab.

Les villes principales sont : Lima (capitale), 150.000 hab.; Arquipa, 35.000 hab.; Callao, 34.436; Cuzco, 30.000.

Religion. — Le culte catholique est la religion d'Etat; les autres religions sont tolérées. Archev. à Lima (1545), 8 év. suffrag. et 3 préfectures apostoliques.

Instruction. — Instr. primaire oblig. pour les deux sexes, mais la loi n'est pas appliquée. En 1916, 2.296 écoles primaires, 3.063 prof.; 146.272 élèves. 27 collèges et 4.674 élèves inscrits. En 1912, 805.230 sol en arg. (1) ont été dépensés pour l'enseign. prim. et 2.458.100 s. pour l'enseignement supérieur. Collèges gouvernement. dans chaque capitale de départ. — A Lima, « Université de San-Marcos » (1551). Facult. de droit, de lettres, de médecine, de sciences polit. et de théologie; universités à Arequipa, Curzo et Trujillo. — A Lima : Ecole des mines; Ecole nationale d'agriculture; Ecole d'Ingénieurs (1876); écoles privées d'enseignement supérieur dirigées par des Anglais, des Allemands et des Italiens Ecole milit. et navale; bibliothèque publique.

Justice. — Cour Suprême, Cour Supérieure et Inférieure à Lima et 9 autres districts judiciaires.

Armée. — Service militaire obligatoire et universel (3 ans dans l'active, 4 ans pour caval. 5 ou 7 ans dans la 1re réserve. 5 ans dans la 2e rés. et 15 ans dans la Garde nationale). 5 régions militaires. Effectif de paix : environ 6.500 off. et soldats. Mission militaire française.

Marine. — 1 crois.; 2 crois.-protégés; 1 contre-torp.; 2 sous-marins. Flottille de l'Amazone : 6 navires.

Corps diplomatique à Lima et consulats.

Allemagne. E. e. et M. pl. : N...

Amérique (Etats-Unis), E. e. et M. pl. : B. *Mc. Millin*. Cons. à Callao et V.-Cons.

Argentine (Rép.), E. e. et M. pl. : Dr C. *de Estrada*. C. G. à Lima : J.-S. *Garcia*; V.-C. à Arquipa, Callao, Mollendo, Payta, Trujillo : J. *Ludowig*.

Autriche, V. Chili, Corps dipl.

Belgique, E. e. et M. pl. : L. *Guislain*. Cons. à Arequipa, Chimbote, Cuzco, Iquitos, Lima : A. *Delboy*. C. G.

Bolivie. E. e. et M. pl. : J.-M. *Linares*. Cons. à Lima : A. Duran, C. G.

Brésil, E. e. et M. pl. : N... C. G. à Iquitos : N.-P. *Magalhaes*; Cons. à Lima : J. *Garland*.

Chili. E. e. et M. pl. : N... Cons. à Callao : D. *Bunster*, C. G.; Arequipa.

Chine. E. e. et M. pl. : V. Amérique (États-Unis), Corps dipl.; Cons. à Lima et Callao.

(1) 1 sol en argent = 2 fr. 522.

Colombie. Ch. d'aff. : M. *Carvajal*. Cons. à Iquitos ; E. *Cabrera*, V.-C. ; à Lima : J.-D. *Barrera Gomez*.

Costa Rica, C. G. à Lima : O. *Chiarella*, C. G. ; Cons. à Callao : T. *Beingolea*.

Cuba, E. e. et M. pl. : Nic. *de Cardenas*.

Danemark. C. G. à Callao : N.-C.-L. *Petersen* : H.-F.-C. *Hansen*.

Dominicaine (Rép.) : C. G. à Lima : B. *Valegas* : Cons. à Trujillo : T. *Molina*.

Equateur, E. e. et M. pl. : José *Peralta*. C. G. à Lima : M. *Bolona*.

Espagne, E. e. et M. pl. : *Cte. de Galarza*. Cons. à Arequipa, Lima-Callao ; V.-C. à Lima-Callao : le Min., C. G. ; V.-C. : J.-A. *de Menchaga*.

France, V. Relations.

Grande-Bretagne, F. e. et M. pl. : N... ; Att. Commerc. : F.-W. *Manners*. Cons. à Callao : G. *Wilson*.

Grèce, La légation d'Espagne est chargée des intérêts grecs. V. C. à Lima : V. *Kiefer Marchand*.

Guatemala, Cons. à Callao ; E.-A. *Ziegler* ; Lima : E. *Guedes*.

Haïti. Cons. à Lima : *Kiefer Marchand*.

Honduras, C. G. à Lima : Alf. *Thorndike*.

Hongrie, C. G. à Lima : N...

Italie, E. e. et M. pl. : Ruffillo *Agnoli*. C. G. à Lima ; le Min. ;

Japon, E. e. et M. pl. : S. *Tatsuké* ; Cons. à Iquique ; H. *Mujioa* : Lima : J. *Yasusaburo*.

Luxembourg, V. Pays-Bas, Corps dipl.

Mexique, E. e. et M. pl. : N... ; C. G. à Lima : N...

Nicaragua, Cons. à Lima : L.-J. *Mora*.

Norvège, Cons. à Lima ; V. C. à Callao, Mollendo.

Panama, Cons. à Arequipa, Callao, Lima.

Paraguay, V. Bolivie, Corps dipl. ; C. G. à Lima : Fed.-Aug. *Elmore*.

Pays-Bas, C. G. à Lima : R.-S. *Canevaro* ; à Arequipa : W. *Krämer* ; Callao.

Portugal, C. G. à Lima : R.-S. *Canevaro* ; Callao.

Russie, Cons. à Lima, le V.-C. de Grèce, gérant.

Saint-Siège, Nonce et E. e. : Mgr. Lorenzo *Lauri*, arch. tit. d'Ephèse.

Salvador ,Cons. à Lima : H. *Garcia Lastres* ; Payta.

Suède, C. G. à Callao : Carl. *Petersen*.

Suisse, Cons. à Lima : H. *Thomann*.

Uruguay, E. e. et M. pl. : *Oriol Solé Rodriguez*, C. G. à Lima : G. *Berckemeyer*.

Venezuela, Cons. à Arequipa, Callao ; L. *La Rosa* ; Lima ; M. *Girbau*.

Mouvement économique.

Finances. — Le budget des cinq dernières années (fin. au 31 mai), s'établit comme suit en milliers de livres péruviennes (1 livre péruv. = 25 fr. 22) :

	1915	1916	1917	1918	1919
	—	—	—	—	—
Recettes	3.424	3.942	3.510	3.975	3.972
Dépenses	3.882	3.193	3.330	3.975	2.680

Un syndicat, la *Compania Recaudadora de Impuestos*, perçoit les droits sur l'alcool, l'opium, le tabac, le papier timbré, etc. Le sel est un monopole d'Etat depuis 1896.

La dette extér. est faite de deux emprunts passés en Grande-Bretagne en 1870 et 1872, d'un total de 32.688.320 livres péruv. En août 1916, elle s'élevait à 6.963.010 l. st. dont : emprunts, 1.998.787 l. st. ; dette flottante : 1.993.471 l. st.

Productions et industries. — Les ressources essentielles du Pérou consistent dans ses produits agricoles et minéraux. L'industrie y est encore à l'état naissant. Les principales productions sont : le sucre, avec un rendement de culture sensiblement égal à celui atteint dans les Indes Orientales. On compte 90 plantations; certaines donnent 15.000 kg. de sucre en sac par hectare. Viennent ensuite le coton, avec une qualité particulièrement appréciée, le *rough peruvian*, qui a donné à l'export. en 1916, 24.603 tonnes, contre 19.230 en 1912 ; le coca (prov. d'Otuzio, dép. de la Libertad et région de Perené). On extrait aujourd'hui la cocaïne à Lima et à Otuzio. Riz d'une qualité excellente. Le tabac, les vins, les céréales, les olives, le maïs sont également cultivés. Café dans les régions de Chanchamayo, Perené, Paucartambo et Huanaco.

Le guano donne un revenu annuel moyen de 750.000 dollars. Les dépôts de Huanillos, Punta Lobos et Pabellon de Pica qui contiennent env. de 40 à 50 milliers de tonnes, ont fait retour au gouvernement depuis 1901 : ceux de l'île de Lobos de Afuera et des îles en face de Callao sont concédés à la *Peruvian Corporation*.

Gisements abondants de pétrole (Piura, Tumbes, etc.), ayant produit en 1916, 343.500.000 kg. pour une valeur de 525.110 l. p. Autres productions minérales : cuivre, 43.078.000 kg.

valeur 4.800.900 l. p. ; argent, 335.500 kg., valeur 1.332.200 l. p. ; or, 1.900 kg., valeur 247.800 l. p., charbon, 319.000 kg., valeur 158.690 l. p. etc.

Le tableau suivant montre de quelle importance est l'exploitation du sous-sol pour l'économie péruvienne :

PRODUITS.	1914	1915	1916	1917
	En livres péruviennes.			
Eaux minérales	2.309	1.224	2.542	2.542
Antimoine	»	8.869	27.543	16.254
Mercure	208	400	1.261	750
Soufre	»	»	»	340
Bismuth	4.890	»	»	706
Borates	15.136	4.080	13.920	8.000
Charbon	205.167	208.890	158.689	202.313
Cuivre	1.530.364	2.447.277	4.809.000	5.059.000
Or	210.033	229.023	247.887	244.928
Argent	997.973	930.189	1.332.249	1.641.205
Plomb	29.279	26.607	31.241	29.308
Pétrole	1.135.872	1.687.141	1.524.464	1.651.174
Sel	18.153	18.010	18.248	21.844
Tungstène	19.674	70.870	217.783	104.347
Vanadium	650	295.690	276.192	247.138
Zinc	»	200	359	»
Totaux	4.169.307	5.929.845	8.656.178	9.284.160

Commerce. — En 1916, les import. se sont élevées à 8.685.150 l. p. et à 13.502.851 l. p. en 1917 (4.827.930 en 1914) et les export. à 16.541.063 en 1916 et 18.648.415 en 1917 (8.767.790 en 1914). La balance commerciale du pays est donc particulièrement avantageuse.

La France importe surtout du Pérou des caoutchoucs, du cuir brut, du coton, des chapeaux dits « Panama » et du guano. Les plus grosses transactions se font avec les États-Unis et la Grande-Bretagne. Voici d'ailleurs comment se répartissent les ventes et les achats, en livres péruv. :

PAYS.	IMPORTATIONS.		EXPORTATIONS.	
	1914	1916	1914	1916
États-Unis	1.570.724	5.116.582	3.046.892	10.404.334
Grande-Bretagne	1.338.532	1.496.304	8.274.098	2.961.841
Italie	201.632	237.247	10.245	10.348
France	135.974	196.264	152.845	98.849
Allemagne	647.003	12.455	328.972	»

Principaux articles d'importation en 1916 : tissus (853.493 l.) ; charbon (860.780) ; blé (675.750). Princ. articles d'exportation : sucre (3.872.550) ; coton (1.634.121) ; cuivre (5.783.140) ; pétrole (354.625), caoutchouc (595.944), etc., etc.

Mouvement maritime. — En 1916 ; 495 navires jaugeant 1.037.404 t., entrés à Calao; sortis : 452 jaug. 956.480 t. La marine marchande comprenait, en 1916, 17 vapeurs jaug. 23.342 t. et 60 navires à voiles jaugeant 31.453 t.

Communications intérieures. — En 1915, chemins de fer : 2.781 km. en exploit., 5.400 km ; en construc. Postes : nombre de bureaux, 646 ; mouvement postal : 25.118.491 lettres et paquets. Télégraphes : longueur des lignes, 12.660 km. ; nombre des bureaux, 252 et 1.655.043 télégr. ; 11 stations de T. S. F., Téléphones (1914): longueur des fils, 295.000 km. : 3.400 stat. à Lima et ses environs.

Monnaies, poids et mesures. — L'unité monétaire est l'étalon d'or, la *livre péruvienne* de 10 *sols*. Monnaies d'or : la *livre* (10 soles) = 25 fr. 22 ; 1/2 *livre* (5 soles) = 12 fr. 61 : 1/5 *livre* (2 soles) = 5 fr. 04. Monnaies d'argent (pièces de 1 sol, 1/2 sol, 1/5 de sol, 1 *dinero*, 1/2 dinero. Monnaies de bronze (pièces de 1 et 2 centavos). — La monnaie fiduciaire n'existe pas. Le système métrique français est en usage.

Presse. — Principaux journaux quotidiens à Lima *El Comercio, La Prensa. La Cronica*, etc.

Relations avec la France.

Traités et Conventions :

COMMERCE : Déclaration du 7 déc. 1878, traitement de la nation la plus favorisée. — EXTRADITION : Convention du 30 sept. 1874. — PROPRIÉTÉ INDUSTRIELLE : Convention du 16 oct. 1896.

Représentation du Pérou en France :

Chancellerie à Paris, 14, rue Chateaubriand (8e). T. Elysées 49-93.

Env. extr. et Min. plén. : Dr. Marino H. *Cornejo* (5-20) ; — 2e Secr. : Enrique *Goytizolo*. — Attaché mil. : Lt-Colonel *Murga*. — Attachés : Alberto *Rey* ; Ur. *Larco*.

Consulat Général à Paris, rue Bayard, 19 (de 10 à 12 et de 14 à 17 h.).
Consul Général : E. *Althaus*.

Consulats à : Bayonne ; Bordeaux : E. *del Solar* ; Cherbourg ; Dunkerque ; La Pallice ; Le Havre : V. *Garcia Calderon* ; Lille ; Lyon : Manuel *Orellana*, 20 ; Marseille : J. *Ganoza Chopitea* : Nantes ; Nice ; Saint-Nazaire : Carlos *Anderson* ; Alger ; Oran.

Vice-Consulats à Boulogne-sur-Mer ; La Rochelle ; Sainte-Adresse ; Pauillac.

Représentation de la France au Pérou :

Légation à Lima.

Env. Extr. et Min. Plén. : André *Ribot*. — Vice-Consul de 1re cl. : X..... — Chancelier : *Alduy*. — Attaché mil. : Commandant *du Pavillon*.

Agences consulaires : Arequipa (Arequipa) ; Callao (Lima) ; Cerro de Pasco (Junin) ; Cuzco (Cuzco) ; Huaron ; Iquitos (Loreto) ; Jauja (Junin) ; La Merced (Chanchamayo) ; Mollendo (Arequipa) ; Payta (Piura) ; Pisco (Ica) ; Truxillo (Libertad).

Institutions diverses :

Correspondant de l'Académie d'Agriculture : de Patron, à Lima.
Enseignement : Alliance Française, à Lima, Prés. : P. *Poinsotte*.
Cercles : à Lima, Cercle Français.
Conseillers du Commerce extérieur : à Lima, Michel *Fort* ; Alexandre *Trud*.
Assistance : à Lima, Société Française de Bienfaisance. Maison de Santé.
T. C. F. : à Lima, F. *Villarcal*, ingénieur, 517 Casilla, Apartado 998.

Communications :

Lettres, papiers d'affaires, cartes postales : tarif Union Postale. — Télégr. : Paita-Peru : 3 fr. 45 le mot à Iquitos, Masisea, Orellana, Requena-Peru, 5 fr. 95 ; autres bureaux : 3 fr. 45. — Colis postaux : tarif variant de 3 fr. 70 à 5 fr. 50 le kgr. suivant la ligne.

Le Pérou en 1919.

Les élections présidentielles qui ont eu lieu en mai pour le remplacement du Dr José Pardo, dont les pouvoirs expiraient le 9 août, ont donné lieu à une campagne assez vive menée par les partisans des deux candidats, M. Aspillaga, candidat gouvernemental et M. Leguia, indépendant nationaliste, chef de l'opposition.

Malgré l'appui officiel donné par le Gouvernement à M. Aspillaga, la majorité des suffrages se portaient sur le candidat de l'opposition. Celui-ci, devant les manœuvres de ses adversaires pour l'empêcher d'occuper la présidence, devait, le 6 juillet, recourir à la force armée. Le Dr Pardo, les divers membres du cabinet étaient arrêtés dans la nuit. Quelques coups de feu avaient seulement été échangés. Il n'y avait pas eu de pertes de vies.

Les élections générales et le referendum qui ont eu lieu à la fin du mois d'août se sont effectuées dans le calme. Ils ont été en faveur du projet de revision de la Constitution présenté par M. Leguia à la Constituante élue. Un des points les plus importants concerne la transformation du pays en état fédératif, le Pérou étant divisé en trois Etats autonomes ayant comme capitales : Arequipa, Huancayo et Trujillo. La Constituante, à sa première séance, fin septembre, a ratifié tous les actes du gouvernement provisoire.

Le cabinet Meliton Porras, constitué le 15 août par le nouveau président, démissionnaire le 5 décembre à la suite d'un vote défavorable de l'Assemblée, a subi des remaniements importants. M. Porras cède la présidence à M. German Leguia mais conserve dans le nouveau cabinet le portefeuille des affaires étrangères.

La situation reste toujours tendue entre le Pérou et le Chili. La *Prensa* a publié le 19 août un article de l'écrivain bolivien, Arturo Mendoza, disant : « Tacna et Arica Tarapaca et le littoral, s'ils reviennent un jour à leurs légitimes possesseurs, leur reviendront, telles l'Alsace et la Lorraine, telles Trente et Trieste — avec des taches de sang et des odeurs de poudre ».

Le Pérou a séparé les services de la flotte de ceux de l'armée et une Direction générale de la marine a été créée (5 août). Un appel est adressé par la « Union de Labor Nacionalista », qui réclame la création d'une flotte puissante et a réuni des fonds importants au moyen du « sou patriotique », en faveur d'un impôt spécial destiné à rétablir la souveraineté du pays sur la mer.

Bibliographie

Boletin de la Sociedad Geografica de Lima, Lima.

Boletin del Cuerpo de Ingenieros de Minas del Peru. Lima.

Alzamora (M.d'). Le Pérou économique et financier, 300 p., br. 3 fr. Mercure des Balkans. Paris, 1919.

Cisneros (C.-B.). *Sinopsis Estadistica del Peru*. Lima, 1912.

Deustua (R.-A.). *L'Industrie pétrolifère au Pérou*. Paris, 1915.

Garcia Calderon (F.). *Le Pérou contemporain*. Paris, 1907.

Plane (Aug.). *Le Pérou*, in-16, 447 p., br. 4 fr. Plon-Nourrit. Paris, 1903.

Vivian (E.-C.). *Peru*. Londres, 1914.

Walle (Paul). *Le Pérou économique*, in-8, 9 fr. Challamel, Paris.

PERSE

(EMPIRE DE)

Constitution et Gouvernement. — Empire. Monarchie constitutionnelle, héréditaire dans la dynastie chiite des Kadjars depuis 1779. Constitution du 5 août 1906, confirmée par rescrits des 30 déc. 1906 et 11 fév. 1907 ; nouveau règlement électoral publié le 1er juillet 1909. Assemblée nationale « *Medjliss i chorai milli* » : 156 députés élus directement pour 2 ans. Loi électorale de 1906.

Le traité du 9 août 1919 donne à la Grande-Bretagne un droit exclusif de collaboration très étroite à la réorganisation de la Perse, notamment en ce qui concerne l'administration civile, l'armée, etc.

Pavillon de guerre et de commerce ; Blanc avec un bord vert en haut et un bord rouge en bas : au milieu, un lion naturel armé d'un cimeterre et derrière, un soleil se levant.

Sultan : AHMED CHAH KADJAR, chah in chah (roi des rois), né à Tabriz le 20 janv. 1898 (27 chaban 1314), couronné le 21 juil. 1914. 7e souverain de la dynastie des Kadjars, fils et successeur de *Mohammed Ali Chah* (né à Tabriz, 21 juin 1872, a abdiqué le 16 juil. 1909 à Odessa).

Frères du shah : 1° Mohammed Hassan Mirza, Valiahd (héritier présomptif), né à Tabriz, le 19 févr. 1899 (9 chavval 1316) ; 2° Itezad es Saltaneh, né en 1896 ; 3° Mohammed Mehdi Mirza.

Ministère (1918). — *Prés. du Conseil et min. de l'Intérieur.* : Vossoughed-Dowleh. — *Aff. étr.* : Prince *Firouz*. — *Just.* : N... — *Fin.* : Mocharel Molk. — *Comm. et Trav. pub.* : Débirol-Molk. — *Gérant du Min. des Trav. Publ.* : Mohassebol-Mamalek. — *Gérant du Min. de la guerre* : Sardaré-Homayoune.

Parlement (1915). — *Prés.* : Motamenel-Molk.

Superficie : 1.645.000 k. q. *Population* évaluée à 19 millions d'hab. Le nombre des résidents européens ne doit pas dépasser 1.200. — Env. 1.900.000 nomades. — *Capitale* : Téhéran (480.000) dont 2.000 étr. *Villes princ.* : Tabriz (390.000) ; Ispahan (280.000) ; Méched (140.000) ; Kerman (80.000).

Religion. — Mahométane : Secte des Schites (17.000.000) ; secte des Sunnites (950.000) ; 15.000 Parsis (Guebres), 40.000 Juifs, 40.000 Arméniens et 30.000 Nestoriens, env. un millier d'Arméniens cath. (év. à Urumiah).

Instruction : Récentes réformes et création d'un grand nombre d'écoles de toutes sortes suivant les méthodes européennes ; 180 écoles mixtes. A Téhéran, plus de 15.000 élèves apprennent oblig. le français. Nombreux collèges subventionnés par le gouv. Ecole impériale Polytechnique ; Ecole de droit : Ecoles militaires (Téhéran, Tabriz) ; Ecoles des sciences politiques, de Médecine ; collèges russe et arméniens. — Ecole de Sériciculture à Recht, dirigée par un Français. « Madrasseh » ou université musulmane. Ecoles primaires dans toutes les villes et presque tous les villages.

Armée. — En voie de réorganisation par les soins d'une mission militaire britannique.

Corps diplomatique à Téhéran et Consulats.

Allemagne, E. e. et M. pl. : N... Gérant : R. *Sommer*, Chanc. ; C. G. à Téhéran : la lég. Cons. à Bouchir, Tabriz.

Amérique (Etats-Unis), E. e. et M. pl. : J.-L. *Caldwell*. Cons. à Tabriz : G. *Paddock*. Téhéran : R.-H. *Bader*.

Belgique, E. e. et M. pl. : G. *de Raymond* ; Cons. à Tabriz.

Espagne, Ch. d'aff. : *Romero y Dusmet*.

France, V. Relations.

Grande-Bretagne, E. e. et M. pl. : Sir P. *Cox*, G. C. I. E., K. C. S. I. ; Cons. d'amb. : E. *Ovey* ; 1er Secr. : E. St. J. D. *Monson* ; Att. mil. : Lt. Col. J. C. M. *Haskyns* ; C. G. à Bouchir A.-P. *Trevor*, Ispahan : F.-E. *Crow* ; Mesched : W. *Grey*, Téhéran : la lég.

Grèce, Cons. à Téhéran : la lég. de France ; à Recht et Tabriz : les Consuls de France.

Italie, E. e. et M. pl. : comte *Marazzi* ; C. G. à Téhéran : le Min. ; Cons. à Chiraz et Ispahan : les Cons. britanniques.

Luxembourg, V. Pays-Bas, Corps dipl.

Norvège, C. G. à Téhéran : R. *Bonatti* ; V.-Cons. à Bouchir.

Pays-Bas, E. e. et M. pl. : N... Gérant : la légation d'Italie ; Cons. à Ahwaz ; Bouchir ; Téhéran : J.-P. *de Hoog*.

Russie, E. e. et M. pl. : N... ; C. G. à Mesched : A. pr. *Dabija*.

Suède, la légation de France. C. G. à Téhéran : W.-J. *Cooper*.

Turquie, Amb. : N... ; Ch. d'aff. : le 1er Secr. : *Nushet* Bey ; Cons. à Téhéran : *Abdur Rahman* Bey, C. G. à Tabriz : *Refik Bey*, gér.

Mouvement économique.

Finances ; en krans (1 kran = env. 1 fr.). Recettes : maximum 107.400.000, minimum 70.250.000. — *Dette publique*, Emprunts russes or 1900-1902 5 % : 32.500.000 roubles ; 1913. 7 % : 2.000.000 r. ; emprunts anglo-indiens 1910-1911. 5 % : 2.675.181 l. sterl. ; 1912-1916 7 % : 1.307.000 l. st. et 1.000.000 krans ; 1917-18 : 16.500.000 krans ; emprunt britannique 7 % 1919 : 2.000.000 l. st. Calcul à fin 1916 pour les intérêts arriérés : 2.365.291 roubles et 29.360.250 krans.

Productions et industries. — Princ. productions : coton (71 millions de krans à l'exportation en 1915-16) ; fruits (71 millions) ; poisson (78 millions) ; riz (61 millions) ; opium (41 millions). Grande richesse minérale : fer, plomb, cuivre, charbon, sel, manganèse, marbre, mercure, naphte, oxyde de fer, platine, perles et autres pierres précieuses.

Gisements de pétrole dans la partie sud-ouest du pays, à Masdj'id Soleiman. Production journ. d'huile brute env. 6.000 tonnes. Production en barils 1917, 6.836.000 tonnes ; 1918, 7.200.000 tonnes.

Princ. industries : soie, opium, gommes, tapis de Tabriz, Hamadan, Soultan-Abad, Kerman, étoffes et tuiles, etc.

Commerce (en livres sterl.).

Années.	1913-14.	1914-15.	1915-16.	1916-1917.
Importations........	11.766.000	8.322.000	7.735.000	14.552.10[illegible]
Exportations........	8.287.000	7.735.000	6.285.000	12.761.[illegible]

Princ. pays de provenance et de destination (chiffres en l. st.) :

Pays.	Importations.		Exportations.	
	1914-15.	1916-17.	1914-15.	1916-17.
Russie	318.030	6.688.600	357.000	8.806.755
Grande-Bretagne	2.468.000	6.750.441	1.472.000	2.563.820
Turquie	4.668.500	271.833	4.374.400	201.253
Allemagne	296.000	42.428	23.500	—
France et colonies	185.000	56.188	18.700	453
États-Unis	7.200	8.440	78.500	279.954

Mouvement maritime (1916-17). Entrés dans ports du golfe Persique 888.620 t. (Brit. 665.000 t.) et ports de la mer Caspienne (356.911 t.; tous russes).

Communic. intérieures. — Postes : 218 bureaux. — Télégraphes : 131 bureaux ; 10.670 km. de lignes et 37.506 km. de fils.

Monnaies, poids et mesures : Unité nominale monétaire : le *kran* de 20 *chahis* ou de 1.000 *dinars* = 0 fr. 95 mais variable au cours du change. — *Poids* : *Batman* dit « de Tauris » = 4 kil. 940. *Mes. de longueur ; Guèze* or. *Zar* (arch. royal) = 1 m. 20.

Relations avec la France.

Représentation de la Perse en France.

Légation à Paris, av. Malakoff 64 (16ᵉ). Chancellerie, av. Malakoff, 50, de 14 à 16 h.

Env. Extr. et Min. plén. : Samah Khan Momtazos-Saltanéh. *Conseiller* : Ardachir Khan Nazare Aga. 1er *Secr.* : Emir Khan de Béharlou. 3e *Secr.* : Abdollah Khan, Abdol-Hussein Khan Ansari. *Attachés* : Hossein Khan Moschar, Abol-Hassan Khan Ségathed-Dovleh ; *chancelier* : Allard.

Consulats généraux à Paris, 126, rue La Fayette (de 13 h. 30 à 15 h.) ; Back de Surany, C. G. ; H. Frey, *secr.* ; Le Havre : G. Reinhard, C. G. ; Consulats à Bordeaux ; Marseille ; Lyon ; Lille ; Nice ; Cannes. Vice-consuls à Bayonne ; Vichy.

Représentation de la France en Perse.

Siège à Téhéran. *Min. plén. et Env. extr* : C. E. Bonin (✻). *Secr.* : Hoppenot ; 1er *drogman* : Malzac ; *Chanc. archiv.* : Tomasini ; *Att. mil.* : capitaine Ducrocq ; *Consul* à Tauris : *Saugon*. *Vice-consuls* à Bender Bouchir et Recht. Agent cons., à Chiraz.

Cons. du Commerce ext. à Téhéran : C. Virion, dir. du Comptoir Français.

Institutions à Téhéran : Ecole et Comité de l'Alliance Française. Alliance Française. *Prés.* : Saugon. Sté de Bienfaisance Française. Ecoles de filles de M. Richard. Ecoles des Lazaristes. Ecole des Sœurs de la Charité.

Délégué du T. C. F. : à Kerman : Louis Moreau, ingénieur.

Bibliographie.

Aubin (E.). *La Perse d'aujourd'hui*, 1 vol. in-18, br. 5 fr. A. Colin, Paris, 1914.

Demorgny (G.) *Les Institutions financières de la Perse*, E. Leroux Paris ; *La question persane et la guerre*, in-16. 4 fr. 50, Sté. du Recueil Sirey, Paris, 1916.

Orsolle (E.). *Le Caucase et la Perse*, 1 vol. in-18, 414 pp. br. 4 fr. Plon-Nourrit, Paris, 1885.

Sykes (P. M.) *Ten Thousand Miles in Persia*. Londres, 1902.

— — *A History of Persia*, 2 vol. Londres, 1915.

POLOGNE

(RÉPUBLIQUE DE)

L'ancienne république royale de Pologne ayant été partagée en 1772, 1793 et 1795 entre la Prusse, l'Autriche et la Russie, cessa d'exister comme État indép. à partir de 1795. Le Congrès de Vienne confirma ces partages en les remaniant. Une partie de son territoire avec Varsovie pour capitale constitua de 1815 à 1830 un royaume (royaume du Congrès) rattaché à la Russie par union personnelle, mais depuis lors annexé à l'empire des tsars. Par acte du 5 novembre 1916 les gouvernements allemand et autrichien, maîtres de fait du pays, proclamèrent l'indépendance d'un État polonais réduit au « Royaume du Congrès » moins les districts limitrophes de la Prusse Orientale. Peu après, le gouvernement provisoire russe proclamait par contre le droit à l'unité et à l'indépendance de toute la Pologne historique par acte du 29 mars 1917, confirmé le 14 avril suivant par les gouvernements français, britannique et italien. D'autre part, le gouvernement polonais ayant comme chef d'État le général Pilsudski a été reconnu par les Puissances alliées comme gouvernement de fait le 14 janvier 1919 et de droit.

Toutefois les frontières définitives de la Pologne reconstituée n'étant pas encore fixées, l'on s'est borné ci-après à des données générales et provisoires, principalement d'ordre économique.

La forme du Gouvernement est la république. Le pouvoir exécutif est exercé par le chef de l'État et le Conseil des Ministres. Le pouvoir législatif est exercé par la Diète constituante.

Pavillon national : deux bandes horizontales, blanche en haut et rouge en bas

Président de la République : Maréchal Joseph PILSUDSKI.

Ministère (déc. 1919) : Prés. : Léopold *Skulski* ; Affaires étrang. : Stan. *Patek* ; Intér. : Stan. *Wojciechowski* ; Finances : Ladislas *Grabski* ; Affaires milit. : gén.-lieut. Jos. *Lesniewski* ; Justice : Jean *Habdzynski* ; Instr. publ. et cultes : Thadée *Lopuszanski* ; Industrie et commerce ; Ant. *Olszewski* ; Agric. et domaines : Fr. *Bardel* ; Voies ferrées : C. *Bartel* ; Postes et télégr. : L. *Tolloczko* ; Travaux publ. : André *Kedzior* ; Ravitail. : Stan. *Levinski* : Travail et prévoy. sociale : Ed. *Peplowski* ; Ancienne provinces prussiennes : Lad. *Seyda*.

Assemblée Constituante. — Prés. : *Trompczynski*. Composition en février 1919 : Union parlementaire populiste nationale, 109 ; Union polonaise populiste (catholiques) 28 ; Parti populiste (modéré) 40 ; Parti populiste radical, 57 ; Union nat. ouvrière, 18 ; Parti social. polonais, 33.

Superficie et population.

Les frontières définitives de la Pologne ne sont pas encore fixées. On peut, néanmoins, à titre d'indication, donner les chiffres suivants :

Partie restituée par le Traité de Versailles.....	45.463 km.	3.084.899 h.		
Galicie.................	78.496 —	8.026.387 —		
Royaume du Congrès de Vienne (Incl. pays de Bialystok et excl. pays de Marjampol).........	128.339 —	12.322.383 —		
	252.298 —	23.433.669 —		
Territoire libéré des Bolcheviks..............	239.647 —	9.542.269 —		
Total en Administration polonaise............	491.945 —	32.975.938 —	491.945 km.	32.975.938 h.
Territoire plébiscitaire de la Haute-Silésie.........	10.753 —	1.036.410 —		
Territoire plébiscitaire d'Allenstein	12.422 —	561.343 —		
Terr. plébisc. de Marienverder................	2 568 —	158.812 —		
Terr. plébisc. de Cieszyn...	2.222 —	434.700 —		
Terr. plébisc. de Spisz et Crawa................	1.827 —	86.433 —		
	29.792 —	3.177.698 —	521.737 —	36.153.636 —
Territoire sous l'occupation bolchevik..........	166.969 —	9.873.038 —	737	

Partie de la Pologne historique de 1772 cédée par le traité de Versailles à l'Allemagne : 7 588 — 382.642 —

Principales villes : Varsovie 789,280 hab. ; Lodz 415,600 ; Lwow (Lemberg, Léopol) 207.000 ; Vilna 198.000 ; Posen 157.000 ; Cracovie 154.000 ; Dunabourg 108.000 ; Minsk 105.000 ; Witebsk 100.000.

La population de la Pologne est de toutes les nations européennes celle qui marque l'accroissement le plus rapide. Durant le XIXe siècle elle s'est accrue de 439 p. 100 tandis que celle de l'Allemagne, par exemple, n'augmentait que de 282 p. 100, ainsi que le montrent les chiffres ci-après :

Pays.	Naissances.	Décès.	Accroissement.
	par 1.000 habitants.		
Pologne russe (1908)	37,5	21,0	16,5
Galicie (1910)	38,7	24,1	14,6
Posnanie (1908)	38,3	18,9	19,4
Allemagne (1912)	24,8	16,0	8,8
Italie (1911)	31,6	21,4	10,2

Au point de vue confessionnel, la population se répartit à peu près de la façon suivante : orthodoxes 45 %, catholiques 38 %, israélites 14 %, protestants 3 %. Sur l'ensemble des territoires, l'Eglise catholique compte 22 diocèses divisés en 407 décanats, 4836 paroisses avec 4442 autres églises et chapelles.

Instruction publique.

C'est dans le royaume de Pologne (limite de 1815) que l'état de l'instruction publique, comparé à celui des territoires voisins, est le moins développé. Le nombre total des écoles primaires y était seulement en 1912, de 4.641 avec 282.735 élèves, soit une école pour 2.758 hab., alors que même en Russie il y avait une école pour 1.433 hab. et en Posnanie 1 pour 701 hab.

Le gouvernement russe, après avoir autorisé l'ouverture d'écoles primaires polonaises, en a, en 1906, fait fermer 918, de même qu'en 1907 il supprimait les écoles établies par l'initiative polonaise privée (*Lumière. Maternelle scolaire*, etc.). Cette dernière avait, dans l'espace d'un an et demi, fondé 317 écoles avec 61.900 élèves, 54 salles d'asile avec 14.400 enfants, 506 bibliothèques ou salles de lecture avec 222.000 volumes et avait un budget qui atteignait 3 millions de fr.

En Pologne allemande, la langue polonaise était exclue de l'enseignement scolaire, mais le nombre des écoles était relativement assez élevé (4.907 écoles pour 710.360 élèves, soit 1 par 706 hab.

L'enseignement professionnel n'était pas dans une meilleure condition. On comptait en 1911, dans le royaume de Pologne, 16 écoles professionnelles avec 3.441 élèves soit 1 par 779.790 hab. alors qu'en Galicie, il existait 158 écoles pour 14.591 élèves, soit 1 par 52.455 hab.

L'enseignement secondaire était donné dans le Royaume par 92 gymnases, collèges, lycées, etc., comprenant 26.209 élèves, soit 1 école par 135.609 hab. et 21 élèves par millier d'habitants ; en Galicie, le nombre des établissements secondaires était de 130 avec 46.000 élèves soit 1 école par 61.736 hab. et 5.7 élèves par millier d'habitants. L'enseignement se faisait, en Galicie uniquement, en langue polonaise dans les établissements publics ; dans les provinces polonaises de la Prusse et de la Russie, cette langue était exclue de l'enseignement public.

Pour l'enseignement supérieur d'Etat, on comptait dans le Royaume, 5 établissements avec 4.000 élèves, soit 0.32 élèves par millier d'habitants alors qu'en Galicie, il y avait 9 établissements avec 11.480 élèves, soit 1.43 par millier d'habitants. L'Université et l'Ecole polytechnique de Varsovie, boycottées par la jeunesse polonaise depuis 1905, ne comptaient plus que des séminaristes orthodoxes. La plupart des jeunes Polonais venaient s'inscrire aux universités polonaises de Galicie ; un grand nombre se dispersaient dans toutes les hautes écoles de l'Europe.

Les établissements supérieurs sont, dans le Royaume, à Varsovie : l'Université (f. en 1816), l'Ecole polytechnique, les Cours féminins supérieurs, l'Institut vétérinaire, et à Pulawy, l'Institut d'Agriculture ; en Galicie, à Cracovie, la célèbre Université (f. en 1364) avec une Fac. d'Agriculture (autonome), l'Académie des Beaux-Arts, l'Acad. de Commerce ; à Léopold : l'Université, l'Ecole Polytechnique, l'Institut vétérinaire et l'Ecole Forestière ; à Dublany, l'Institut d'Agriculture. En 1913, la création à Cracovie d'une Académie des mines avait été décidée.

Le budget de l'instruction publique, sauf les frais pour l'enseignement supérieur, se montait dans le Royaume à 16.398.000 fr. pour une population de 12.476.000 hab. soit 37 fr. 2 par élève et 1 fr. 31 par hab. alors qu'en Galicie les sommes totales dépensées étaient de 42.736.000 fr. pour une population de 8.025.000 hab. soit 32 fr. 2 par élève et 5 fr. 32 par habitant.

Armée.

L'armée polonaise, en février 1919, comptait env. 160.000 h. ; la classe 1918 devait fournir 60.000 h. ; l'armée du général Haller comprenait env. 48.000 h. On comptait, avec le recrutement de la Posnanie et les volontaires, atteindre un total de 348.000 h.

Corps diplomatique à Varsovie et consulats.

Allemagne. Ch. d'aff. : Comte *Oberndorff*.

Amérique (États-Unis). E. e. et M. pl. : Hugh S. *Gibson* ; 2e Secr. : E. *Dolbaere* ; A.-B *Lane* ; Cons. à Varsovie : H.-A. *Mc. Bride*.

Belgique, E. e. et M. pl. : M. van *Ypersele de Strihou*.

Danemark, Ch. d'aff. p. i. : P. V. *Bigler* ; Cons. à Varsovie.

Espagne, Ch. d'aff. : F. *Gomez Contreras*.

Finlande, Ch. d'aff. p. i. : K.-W.-B. *Gyllenbogel*.

France, v. Relations.

Grande-Bretagne, E. e. et M. pl. : sir Horace *Rumbold*, K. C. M. G. ; 1er Secr. : Sir P. *Loraine*, Bart. ; 3e Secr. : V. *Cavendish-Bentinck* ; Att. commerc. : R.-H. *Kimens*.

Hongrie, Ch. d'aff. : Ote *Csekonics de Zsombolya y Janosa*, cons. de lég.

Italie, E. e. et M. pl. : *Tommasini* ; Cons. à Varsovie.

Norvège, E. e. et M. pl. : S. *Eyde* ; Cons. à Varsovie.

Pays-Bas, Cons. à Varsovie : A. *de Piasecki*.

Perse, Cons. à Varsovie : P. *de Wertheim*, C. G.

Roumanie, E. e. et M. pl. : *Fresesco* ; Cons. à Varsovie : N....

Saint-Siège, Nonce apostol. : Mgr D. *Ratti* ; Secr. : Rev. E. *Pellegrinetti*.

Serbe-Croate-Slovène (Roy.), Ch. d'aff. : Y. *Taditch*.

Suède, Ch. d'aff. : J. *Danielson* ; Att. commerc. : C. *Allan Meyer* ; Cons. à Varsovie, A. *d'Olendski*.

Suisse, Cons. à Varsovie : F. *Suter*.

Tchéco-Slovaquie, Ch. d'aff. (33, Ulica Wielka) : Vl. *Radimsky*, Cons.

Mouvement économique.

Finances

Budget 1919-1920 ; Recettes : 3.060.594.213 marks polonais ; Dépenses : 15.158.562.352. Déficit (y compris celui du budget de 1918) : 12.097.968.139.

Dette extérieure à fin déc. 1919 (Éval.) : Grande-Bretagne, 989.000 l. st. ; France, 114.000.000 fr. ; États-Unis, 142.000.000 dollars ; Italie, 6.500.000 lires ; Pays-Bas, 17.000.000 florins.

Circulation fiduciaire au 21 oct. 1919 (Renseign. du Bulletin d'Information sur la Vie économique polonaise).

Marks polonais émis par les occupants allemands	1.299.211.000	»
— par le Gouvernement Polonais	2.959.866.000	»
Marks	4.259.077.000	»
Billets détruits à la date du 11 novembre 1918	4.176.000	»
— destinés à être détruits	49.377.500	»
— en dépôt à la caisse centrale	154.957.964	»
— — dans les succursales	330.075.375	50
Marks	538.586.839	50
Billets en circulation	3.720.490.160	50
A la date du 11 novembre 1918, la circulation s'élevait à	880.150.867	50
Billets mis en circulation depuis le 11 novembre 1918	2.840.339.293	»

Le tableau précédent ne saurait d'ailleurs donner le compte intégral des billets en circulation : neuf monnaies différentes coexistent en effet en Pologne.

Ce sont, outre le mark vraiment polonais émis par la Banque d'État polonaise, le mark allemand ordinaire : le mark dit polonais, émis par les autorités allemandes pendant la période d'occupation ; la couronne autrichienne sans estampille ; les « hriwny » et « karbowancie », émis par le Gouvernement ukrainien ; l'ancien rouble du tsar, dit Romanof ; le rouble de la Douma, dit Kerinsky ; le rouble allemand de l'Ober-Ost, le mark lithuanien, garanti par l'Allemagne.

D'après certaines évaluations reproduites par le journal l'*Information*, les couronnes circulant sur le territoire polonais représenteraient un total de 5 milliards de marks ; les marks allemands, un total de 2 milliards ; les roubles divers, un total de 3 à 4 milliards de marks ; les monnaies d'origine ukrainienne, 500 millions de marks.

Production agricole.

Dans le royaume de Pologne (gouvernement de la Vistule) 56,6 % de la population était adonnée à l'agriculture, 15,4 % à l'industrie et aux mines, 7,4 % au commerce, 10,2 % au service domestique, 2,5 % aux professions libérales et aux fonctions publiques. En Lithuanie et Russie Blanche, l'agriculture figure pour 73,4 %, l'industrie pour 9 %, le commerce et les transports pour 6,7 %.

L'industrialisation de la Pologne a fait des progrès. La proportion agricole a diminué.

La valeur de la production industrielle égale ou surpasse celle de l'agriculture qui, en 1910, était estimée à 2.279.000.000 de fr.

En 1909, les 12.234.736 hectares de propriétés foncières étaient répartis comme suit ;

	Hectares	
Paysans	6.016.361	49 %
Petits nobles	741.970	6 —
Habitants des bourgs	324.229	2,6 —
Grands propriétaires	3.904.549	31,8 —
Majorats	365.189	3 —
Domaines de l'État	703.001	5.8 —

La loi du 10 juillet 1919 a supprimé la grande propriété foncière et ramené à 400 ha. et 180 ha. suivant les emplacements, la superficie maximum des propriétés.

En 1912, 30.5 % étaient cultivés en seigle, 7,3 % en froment, 16,5 % en avoine, 7,3 % en orge, 15.5 % plantés en pommes de terre, soit ensemble 77,1 %. Le reste produisait des fromages, des légumes, du sarrasin, du lin, du chanvre, du colza, du tabac, de la chicorée, des betteraves.

La production par hectare a été de 11 quintaux métriques pour le seigle, 13 qx. m. pour l'avoine, 13 qx. m. pour l'orge, 78 qx. m. pour les pommes de terre et 198 qx. m. pour les betteraves sucrières. Elle est inférieure à celle obtenue en Prusse occidentale et en Posnanie.

En 1912, le royaume de Pologne a produit : 24.134.000 quintaux de seigle, 6.702.000 qx. de froment, 11.720.000 qx. d'avoine, 6.041.000 qx. d'orge, 111.920.000 qx. de pommes de terre et 17.119.000 qx. de betteraves.

Prévisions pour 1919 :

Blé	5.407.000 q m.	Avoine	8.645.000 q. m.
Seigle	24.738.000 —	Pommes de terre	79.243 —
Orge	5.645.000 —	Betteraves	»

L'élevage du bétail, des porcs, des chevaux a fait de grands progrès. On a recensé en 1912, 1.234.000 chevaux, 2.210.000 têtes de bétail, 597.900 porcs, 836 200 moutons.

Les forêts couvrent 20.330.000 hect. dont 24 % appartiennent à l'État, 40 % aux communes et 72 % à des particuliers.

La Pologne pourra d'ici peu exporter de grandes quantités de produits alimentaires: du blé, du seigle (env. 600.000 tonnes), de l'avoine (200.000 tonnes), des pommes de terre (4 millions de tonnes), des pois et haricots (250.000 tonnes), des graines oléagineuses (100.000 tonnes), des semences de betteraves à sucre, de trèfle, etc. Il faut citer également les œufs et le beurre, qui faisaient déjà avant la guerre l'objet d'un commerce important avec la Grande-Bretagne, la viande de porc. Avant 1914, les territoires polonais vendaient un surplus considérable de leur production sucrière (400.000 tonnes), de l'alcool (1.300.000 hl.). Un des produits d'exportation les plus importants sera de nouveau le bois (2.400.000 tonnes) expédié principalement vers Dantzig.

Industries.

L'industrie polonaise est caractérisée par deux traits principaux : d'abord par un grand développement de la production minière et métallurgique, d'une valeur de près d'un milliard de francs (y compris la production de la Silésie de Cieszyn) ensuite par un développement important des industries manufacturières, comme l'industrie textile, celles du métal et du vêtement. La production de ces différentes branches avait atteint, pour les années 1907 à 1910, le chiffre de un milliard 800 millions de fr. par an.

Le tableau suivant montre l'intensité de cette production dans ses principales branches dans le royaume de Pologne, la Pologne prussienne et la Galicie (chiffres en millions de fr.)

BRANCHES	ROYAUME DE POLOGNE	POLOGNE PRUSSIENNE	GALICIE	TOTAUX
Industrie textile	868	25	53	946
Vêtement	124	80	3	207
Industrie alimentaire	402	450	314	1.166
Métal	286	300	34	620
Mines et métallurgie	156	700	72	928
Industrie minérale	79	150	41	270
— chimique	77	80	53	210
Produits animaux	76	35	8	119
Papiers et arts graphiques	66	50	23	139
Bois	86	130	53	268
Divers	18	»	»	18
Totaux	2.232	2.020	634	4.886

L'industrie textile, qui a son principal centre dans le district de Lodz (Lodz, Pabianice Zgierz, Ozorkow, etc.) comprend des filatures, tissages et teintureries pour tous les genres de produits textiles, principalement le coton et la laine. Elle occupait avant la guerre plus de 200.000 ouvriers ; la valeur de sa production annuelle atteignait un milliard de francs dans le district de Varsovie avec une dizaine d'usines dont celle de Zyrardow.

Les industries alimentaires occupaient 124.000 ouvriers et leur production annuelle dépassait un milliard de francs. Parmi celles-ci, l'industrie sucrière avec 55 fabriques de sucre produisant annuellement près d'un million de tonnes de sucre brut, celle de l'alcool, basée sur la distillation des pommes de terre, produisant annuellement 2 millions d'hectolitres dont près de la moitié dans la Pologne prussienne.

Production sucrière en 1913-14 — 1917-18 :
Nombre de sucreries : 53, — 51 (33 en activité) ·
Production : 10.105.000 pouds, — 5.035.000 pouds.
(Le poud équivaut à 16.38 kgr.).

L'industrie du bois, développée dans la Pologne prussienne, au point de vue quantitatif mais supérieure au point de vue du travail technique dans le royaume de Pologne. Pour l'industrie minérale, qui occupait plus de 80.000 ouvriers avec une valeur annuelle de production de 270 millions de fr., elle comprenait surtout des usines céramiques, fabriques de ciments, four à chaux, verreries. L'industrie chimique adaptée surtout aux besoins agricoles du pays polonais (engrais artificiels) donnait une production annuelle de 200 millions de fr.

Mais l'épine dorsale de l'organisme industriel est le bassin houiller silésien-polonais, situé au S.-O. de la Pologne, sur territoire presque exclusivement polonais et occupant une superficie de 6.000 km. dont 3.200 à la partie prussienne (Haute-Silésie), 2.300 à la partie autrichienne (Karwina, Ostrawa et Cracovie) et 500 km. au royaume de Pologne (district de Dombrowa).

Ce bassin qui appartient aux plus riches du monde, donnait en 1913 une production annuelle de 62 millions de tonnes et ses réserves étaient estimées à 100 milliards de tonnes, dont 55 milliards pour la Haute-Silésie. L'extraction montrait le développement suivant (en milliers de tonnes) :

ANNÉES	DISTRICT DE HAUTE-SILÉSIE	DISTRICT DE KARWINA-OSTRAWA	DISTRICT DE DOMBROWA	DISTRICT DE CRACOVIE	TOTAUX
1890	16.862	4.229	2.584	609	24.286
1900	24.815	5.772	4.014	1.166	35.768
1905	27.003	6.440	3.507	1.118	38.069
1910	34.446	7.675	5.468	8.357	48.948
1913	43.801	9.376	6.833	1.970	61.981

Le bassin silésien-polonais occupait, avant la guerre, dans la production mondiale la 3e place après l'Angleterre (264 millions de tonnes), l'Allemagne (133 millions), venant avant la France (40 millions), la Belgique (23 millions) et la Russie (21 millions). Avec des ressources considérables en houille propre à la distillation sèche dans les fours à coke, il est également un des centres les plus importants de la production du coke en Europe (4.555.000 tonnes en 1913 dont 2.500.000 pour le district de Karwina-Ostrawa).

Après la houille, la 2e place est occupée par les minerais de zinc et de plomb dont les gisements les plus riches se trouvent en Haute-Silésie, l'extraction en minerais atteignait 652.000 tonnes en 1912, dont 583.500 en Haute-Silésie. Cette production classait les pays polonais au 2e rang après les Etats-Unis. La production de zinc brut était, pour la même année, de 190.000 tonnes, dont 168.500 pour la Haute-Silésie et celle de plomb brut de 41.000 tonnes, l'extraction des minerais de fer était évaluée à 401.000 tonnes dont 165.000 pour la Haute-Silésie et 120.000 tonnes dans le royaume de Pologne. La production du fer, qui n'était que de 634.000 tonnes en 1890 (507.000 pour la Haute-Silésie et 127.000 pour le royaume de Pologne) était passée en 1913 à 1.414.000 tonnes (995.000 t. en Haute-Silésie et 419.000 t. dans le Royaume).

La principale richesse minérale exploitée en Galicie est le pétrole dont les centres de production sont Boryslaw (95 % de la production) et Krosno (5 %). La production qui atteignait, en 1912, 1.187.000 tonnes, bien qu'elle soit inférieure aux productions américaines (29 millions), russe (9 millions), égale à peu près la production roumaine (1.890.000).

Une autre source naturelle de richesses sont les salines, gisements de sel gemme de la Galicie orientale et du Royaume, donnant une production de sel gemme et de sel saumé évaluée à 206.000 tonnes en 1912 dont 170.000 pour la Galicie.

Production du pétrole depuis l'année 1912.

1913	1.068.000	tonnes.
1915	759.000	—
1916	895.000	—
1917	860.000	tonnes.
1918	772.000	—
1919	»	

Commerce.

Le royaume de Pologne ne constituait pas un territoire douanier à part. Il ne possédait pas non plus de statistique spéciale de son commerce extérieur. Néanmoins, diverses données permettent de dresser un bilan commercial approximatif.

La valeur des exportations, par les frontières de l'empire russe tout entier (sans compter le transit) passe de 2.653.124.350 fr. en 1903 à 4.217.241.800 fr. en 1911. La valeur des importations, ces mêmes années, s'était élevée à 1.806.425.500 fr. et 3.078.457.300 fr. Les principaux pays clients et fournisseurs de la Russie étaient en 1911 (chiffres en millions de fr.)

PAYS	EXPORTATION	IMPORTATION	CHIFFRE d'affaires total	EN p. 100
Allemagne	1.299.8	1.292.7	2.592.5	35.5
Angleterre	893.1	411.0	1.304.1	17.8
Hollande	500.3	46.4	546.7	7.5
France	240.6	150.5	391.1	5.4
Autriche-Hongrie	179.9	90.9	270.8	4.0

Par catégories de marchandises, le commerce extérieur s'était chiffré de la façon suivante, en millions de francs.

PRODUITS	EXPORTATION	IMPORTATION	EXCÉDENT DES imp. (—) ou des exp. (+)
Articles alimentaires	2.696	548	+ 2.148
Matières premières et manufact.	1.277	1.465	— 188
Animaux vivants	69	29	+ 40
Produits manufacturés	173	1.035	— 861

Les échanges du royaume avec l'étranger s'effectuaient principalement par la frontière de Prusse ; le trafic était quatorze fois plus grand que celui par la frontière autrichienne. Par la première, en 1911, on avait exporté pour 668 millions de fr. de marchandises et importé pour 1.152 millions ; par la seconde, l'exportation était de 64 millions et l'importation de 65 millions. Les transactions avec la Prusse se soldaient donc par un énorme passif au compte du Royaume; avec l'Autriche, exportation et importation étaient à peu près équivalentes. Le trafic du royaume avec l'empire russe était beaucoup plus important qu'avec l'étranger et le bilan commercial se soldait au profit du royaume.

Le royaume recevait du blé (plus de 50 millions de fr.) principalement de Russie, du seigle (42.000 tonnes d'Allemagne), du bétail et des porcs (143.000 têtes en 1911) de la houille (12 millions de qx. m.), du pétrole (26 millions de fr.), du minerai de fer (358.230 qx. m.), de la fonte (1.543.000 qx. du sud de la Russie), du coton (733.300 qx. dont 305.000 de Russie), de la laine (342.000 qx. dont 253.000 de l'étranger), du lin, du chanvre, du jute, des peaux brutes, etc...

Il exporte du son (28 millions de fr.), du sucre (23 millions), de l'alcool (12 millions), du bois et des objets en bois (51 millions), du fer commercial et de l'acier (13 millions), du zinc (11 millions), des matières et produits textiles, mi-manufacturés et surtout des tissus (356 millions).

De 1909 à 1911, l'exportation globale annuelle avait été 1.460 millions de fr. dans l'empire et 116 millions à l'étranger ; l'importation totale s'était élevée à 1.548 millions de fr. dont 805 millions de l'étranger et 779 millions de l'empire.

Voies de communication.

Grâce à la Vistule et à ses affluents, les territoires de l'ancienne Pologne constituent un ensemble assez bien défini. Le bassin de la Vistule montre 4.980 km. navigables. Par eux s'écoulent vers Gdansk (Dantzig) les blés et le bois. Bien que la Russie ait protégé le trafic par Libau, en 1912, 3.653 navires jaugeant 1.012.554 tonnes étaient entrés dans le port de Gdansk. La flotte de la Vistule comprenait en 1905, 135 bateaux à vapeur, dont 75 appartenant à la Prusse et plus de 20.000 radeaux.

La longueur des voies navigables, amont et aval, était, en 1905, de 3.141 km. Dans la partie prussienne du bassin de la Vistule, la longueur des rivières navigables était de 700 km. Par 100 km², on compte dans le Royaume 2.47 km. de voies fluviales, en Galicie, 1.04 km. (en Allemagne en 1908 2.48 km.).

Au point de vue voies ferrées et routes, les pays polonais sont très diversement dotés comme le montre le tableau suivant ·

PAYS	LONGUEUR kil. des ch. de fer	KILOMÈTRES DE CHEMIN DE FER	
		Par 10.000 hab.	Par 100 km. q.
Royaume (1912)	3.748	2.92	2.90
Galicie (1911)	4.120	5.13	5.24
Posnanie (1912	2.666	»	»
Prusse occidentale	»	11.7	9.27
— orientale	»	»	»

En 1919, les chemins de fer sur le territoire régi par l'administration polonaise comportaient env. 20.000 km.

On comptait en 1910 : 73.285 km. de routes, dont 64.552 km. de simples chemins.

Les provinces polonaises annexées par la Prusse sont les plus favorisées : 12.393 km. de chemins de fer, soit 117 km. par 10.000 habitants, 3.220 km. de chemins de fer à voie étroite et 38.195 km. de chaussées et routes, soit 34 km. par 10.000 habitants.

Crédit.

La rapide extension des organisations de crédit s'est surtout fait sentir dans le royaume, depuis les dix dernières années. 9 banques par actions existaient avant 1914 dont 3 ayant un capital par actions supérieur à 25 millions de fr. (Banques de commerce de Varsovie, d'escompte de Varsovie, de commerce de Lodz), ces 9 banques possédaient ensemble 168.275.000 fr. de capital par actions, 60.950.000 fr. de capital de réserve, 577.700.000 fr. de fonds étrangers en dépôts.

Les coopératives de crédit s'étaient puissamment développées dans le Royaume ainsi que le montre le tableau suivant :

INSTITUTIONS	NOMBRE	MEMBRES	PARTS SOCIALES	RÉSERVES	DÉPÔTS
Caisse de prêts des industries	5	26.017	7.552.000	3.254.000	46.375.000
Sociétés de crédit industriel	98	40.093	34.550.000	7.950.000	156.850.000

L'effort polonais s'est également appliqué avec la plus grande énergie à la création de sociétés coopératives de crédit. Leur succès incroyable est le meilleur exemple du relèvement de la Pologne et de sa prodigieuse vitalité.

En 1874, on comptait seulement 48 sociétés coopératives de crédit avec 3.715 membres. En 1914, il y avait 208 sociétés avec 129.448 membres. L'accroissement des fonds de roulement de ces sociétés était le suivant :

Année.	Parts.	Réserves.	Dépôts d'épargne
1874	875.237	109.901	4.115.148
1890	3.300.630	1.448.491	15.469.515
1905	17.992.122	5.244.858	160.189.160
1914	32.325.432	18.641.800	333.346.343

Pour les trois provinces de la Pologne, les dix gouvernements de Varsovie, la Galicie et la Pologne allemande, la croissance des sociétés polonaises coopératives de crédit est surprenante.

Institutions.	1900.	1911.	Accroissement
Institutions	426	2.703	640 p. 100
Membres	299.103	1.307.120	439 —
Parts sociales (en France)	27.166.708	157.748.169	584 —
Réserves (en France)	20.984.032	59.728.069	286 —
Dépôts d'épargne (en France)	315.739.940	1.174.258.841	378 —
Prêts	301.192.935	1.380.090.585	458 —

De toutes les parties de la Pologne, c'est dans le Royaume qu'on pouvait constater la plus grande prospérité des banques par action. Vers la fin de 1912, 7 banques par actions y fonctionnaient, disposant d'un capital social de 20 millions de fr., environ et les dépôts privés confiés à ces banques atteignaient la somme de 280 à 300 millions de fr. Si l'on ajoute à cette somme celles déposées dans les succursales de Varsovie et de Lodz des nombreuses banques russes, dans les deux banques de Wilno et de Bialystok en Lithuanie, dans les banques par actions et privées de Galicie et de Silésie, le chiffre total des dépôts privés peut être estimé en comptant prudemment à un milliard de fr. au moins.

Relations avec la France :

Traités et Conventions.

Décret du 31 mai 1918 instituant une juridiction militaire polonaise.

Représentation de la Pologne en France.

Légation à Paris, avenue Kléber, 11 *bis* (16e). Tél. Passy 13-68.

Env. extr. et Min. plén. : cte. Maurice *Zamoyski*.

Cons. de lég. : Nicolas *Jurystowski*, Min. plén. ; 1er secr. : Thadée *Romer* ; Secr. : G. *Ciechanowiecki* ; cte. Casimir *Rzewuski* ; Th. *Domanski* ; Att. : C. de *Woznicki* ; Cons. commercial : Fr. *Dolézal* ; Att. : J. *Bartoszewicz* ; Ch. *de Halpert* ; cte. M. *Orlowski* ; Att. milit. p. i. : capitaine *Cisycki* (4, rue de Chanaleilles).

Consulat général à Paris, rue Godot-de-Mauroi, 5 (9e). Tél. Louvre 11-86 (de 9 à 12 et de 14 à 17 h.). Cons. : Bogdan *Wydaga*, C. G. ; Geo. *Lasocki*, C. ; St. *Przezdziecki*, V. C.

Cons. à Lyon : J. *Rzewuski* ; Marseille : Th. *Nieduszynski* ; Nice : X. *Walicki* (3-20) ; Strasbourg : J. *Derezinski* (4-20).

Délégation polonaise à la Conférence de la Paix : 15, av. George-V. Tél. Passy 19-86, 19-87, 19-88.

Mission militaire polonaise. Hôtel Wagram.

Institutions polonaises à Paris :

Chambre de Commerce franco-polonaise. 7, rue de Poitiers.

Association France-Pologne, 15, av. George-V. Tél. Passy 19-86, 19-87, 19-88. Secr. gén. : André *Ménabréa*. Association d'Entre-aide des Etudiants Polonais (Samopomoc), 20 *bis*, rue Censier (5e), Mlle B. *Monkiewicz*, trésorière, Mrs. *Wieniewski*, secr. et T. *Pioro* ; Association des Anciens Elèves de l'Ecole Polonaise, 15, rue Lamandé, M. W. *Gasztowtt* ; Association des Ingénieurs et Techniciens Polonais, 10, rue Notre-Dame-de-Lorette, secr. : *Moycho* ; Bibliothèque Polonaise, 6, quai d'Orléans, conservateur : L. *Mickiewicz* ; Bureau Polonais du Travail, 40, rue des Saints-Pères, *Hieronimko* ; Comité de la Pologne Libre, 10, av. George V. Secr. gal. : Dr B. *Motz* ; Ecole Polonaise, 15, rue Lamandé, M.W. *Gasztowtt* ; Protection Polonaise, 6, quai d'Orléans, comtesse M. *Zamoyska* ; Mission catholique polonaise, Eglise de l'Assomption, 263 *bis*, rue Saint-Honoré. Société « Klaudja Potocka », 128, boulevard Haussmann. Union des Femmes Polonaises, 3 *bis*, rue Emile-Allez, Mme *Szeliga*.

Comité médical franco-polonais, 7 *bis*, rue du Loing.

Représentation de la France en Pologne.

Env. extr. et Min. plén. à Varsovie : *de Panafieu* (févr. 20).

Secr. d'amb. : *Brugière de Barante* ; Att. : *Grandin de l'Épervier* (6-20); Secr. arch. : *Neyrac*. Att. milit. : lieut.-col. *Prevost*.

Cons. à Varsovie : *Carteron* ; V.-Cons. à Poznan : *Dufort*.

Institutions françaises en Pologne.

Chambre de Commerce Polono-Française, à Varsovie, Prés. B. *Herse*.

Conseillers du commerce extérieur : à Varsovie, A. *Bauchu* et Cyprien *Raffin* ; à Lodz, Antoine *Bernhard* ; à Sosnowice, Victor *Tezenas du Montcel*.

Délégués du T. C. F. : à Varsovie, Ed. *Berson*, Aleje Vjasdowskie, 24 ; *Delacroix*, prof., 8, rue Natolinska ; à Sosnowice, *Dauphin*, Sté. Huldschinsky.

Institut franco-polonais, provis. Ecole Mickiewicz, 4, rue Sewerinow, à Varsovie ;

Association polono-française, 47, rue Trucza, log. I, à Varsovie ;

Comité de la Colonie française de Varsovie. Prés. : Paul *Simon*.
Société française de Bienfaisance à Varsovie, Prés. : A. *Bauchu*.
Comité médical franco-polonais, Dr W. *Starkiewicz*, Marszalkowska, 76. à Varsovie.
Cercle français à Poznan.

La Pologne en 1919.

L'année 1919 est pour la Pologne celle des grands efforts dans le domaine de son organisation et de son unification politique. L'armée, portée progressivement de 40.000 volontaires à l'effectif de 24 divisions appuyées par de fortes réserves, va libérer 300.000 km. de l'invasion. Ce sont, successivement. l'entrée du général Pilsudski à Wilno le 20 avril, la défaite des Ukrainiens et la contre-offensive vers Lwow libérant la majeure partie de la Galicie orientale, en mai, marche victorieuse qui n'est arrêtée que par une démarche des Alliés, le Zbrucz atteint le 17 juillet, la prise de Minsk le 8 août, l'occupation de Suwalki le 24 août, celle de Bobrujsk le 28, enfin la prise de Dvinsk le '31 déc. qui réalise la liaison entre la Pologne, la Lettonie et l'Esthonie.

Au point de vue politique intérieure par contre, les efforts tentés en vue de constituer à la Diète une majorité échouent. Malgré la situation que lui ont faite les élections du 26 janvier, le cabinet Paderewski, qui a pris la succession du ministère socialiste Moraczewski (17 janv.), voit sa politique âprement discutée. Si les socialistes lui reprochent d'être devenu le « jouet de la réaction », les conservateurs modérés incriminent son manque de direction. Les populistes de nuance radicale (Thugattistes), les populistes modérés (fraction Witos) ne peuvent se mettre d'accord ni sur la question constitutionnelle ni sur les questions de politique étrangère. Le discours de M. Maryan Seyda, qui amène la démission de M. Skrzynski (21 nov.) ouvre virtuellement la crise. Une conférence des chefs de groupes, tenue le 11 déc., réunit une majorité importante, composée des Populistes, des membres de l'Union Nationale Populaire, du Club des Ouvriers chrétiens, autour du nom de M. Skulski, président de l'Association Nationale Populaire, que le général Pilsudski charge de former le nouveau ministère.

Les problèmes à résoudre sont cependant nombreux et importants. Au point de vue intérieur : la vie chère causée par la hausse invraisemblable des prix, et la pénurie des objets de première nécessité, surtout de charbon, grèves successives, gravité de la situation monétaire provoquée par la coexistence dans le pays de deux devises (couronne et mark), exécution de la réforme agraire votée le 10 juillet, organisation de l'administration de la Galicie orientale, que la Pologne est autorisée à effectuer le 29 juillet.

Au point de vue extérieur, les conditions du traité de Versailles, encore qu'ils reconnaissent les droits de la Pologne non seulement sur presque toute la Pologne historique de 1772 occupée par les Allemands, mais aussi sur la Haute-Silésie, n'ont pas satisfait le pays. La solution donnée au problème de Dantzig par la Conférence, malgré la proposition Cambon, incite la Pologne à chercher un accès à la mer. Des manifestations enthousiastes suivent l'occupation de Puck (10 févr. 20) ; la création d'un port polonais sur la rive gauche de la Vistule est votée. La question de Cieszyn (Teschen) a pris, depuis l'attaque des Tchèques du 23 janv. 19, une telle acuité qu'une Commission interalliée va prendre en main l'administration du territoire (3 févr. 20) et ses premières décisions être vivement critiquées. L'échec des diverses conférences tenues par les représentants des Etats baltiques, les flottements de la politique de Londres placent enfin la Pologne dans une situation embarrassante du côté de l'Est. La situation économique rend désirable la cessation des hostilités imposées par les Bolcheviks, mais à Varsovie, on se montre hostile à toute précipitation.

Bibliographie.

Annuaire statistique polonais de E. de Romer et J. Weinfeld. Gebethner. Cracovie 1917.
Askenazy (Simon de). *Dantzig et la Pologne*, in-16, br. 5 fr. F. Alcan. Paris 1919.
Bienaimé (Georges). *Ce qu'il faut savoir de la question polonaise.* Paris 1918.
Encyclopédie polonaise, in-8, 4 vol. Impr. réunies. Lausanne, 1917-18.
Grappin (H.). *Histoire de Pologne de ses origines à* 1900. Revue de Pologne. Paris.
Lipkowski (J. de). *La Question polonaise et les Slaves*, Polonia. Paris, 1915.
Moriez (St. du). *La Question polonaise. Sa solution*, in-8, 3 c., br. 5 fr. F. Alcan. Paris 1919.
Piltz (Erasme). *Petite Encyclopédie polonaise*, in-8, 5 fr. Payot. Paris 1916.
Posner (St.). *La Pologne d'hier et de demain*, in-8. Alcan. Paris 1917.
Privat (Edm.). *L'Europe et l'Odyssée de la Pologne au XIX*e s., in-8, 7 fr. 20, Fischbacher Paris 1919.
Retinger (J.-H.). *La Pologne et l'équilibre européen*, in-8. Floury. Paris 1916.
Waliszewski (K.) *La Pologne inconnue*, in-8. 288 p. 3 fr. 50. A. Colin. Paris 1919.

PORTUGAL
(RÉPUBLIQUE DE)

État indépendant depuis le XIIe s., Monarchie constitutionnelle et héréditaire dans la maison de Saxe-Cobourg et Gotha-Bragance jusqu'en oct. 1910. Le dernier roi a été Manuel II, qui succéda à son père, Carlos Ier assassiné ainsi que son frère aîné, le prince Louis-Philippe, le 1er fév. 1908. République proclamée le 5 oct. 1910 ; établ. d'un gouv. provisoire avec le Dr Theophilo Braga comme prés. (oct. 1910-24 août 1911). 1er Prés. de la Républ. Manuel de Arriaga (24 août 1911-27 mai 1915) ; second, élu pour la période restant à courir : Dr Théophilo Braga (29 mai au 5 oct. 15) ; 3e, Dr Bernardino Machado (5 oct. 15-8 déc. 1917). Une Révolution renversa le gouv et établit une junte révolutionnaire ayant à sa tête le Dr Sidonio Paes, qui fut nommé prés. du Conseil le 12 déc. 1917 et 4e succ. de Prés. de la Rép. le 28 déc. suivant jusqu'en décembre 1918, moment où il fut assassiné.

Constitution du 21 août 1911. Le pouvoir législatif est exercé par le Congrès formé de deux Chambres. Chambre des Députés : 164 membres âgés d'au moins 25 ans et élus pour 3 ans par le suffrage direct. Sénat : 71 membres âgés d'au moins 35 ans et élus pour 6 ans. Le Président de la République est élu pour 4 ans par le Congrès.

Drapeau national (depuis le 19 juin 1911) : vert et rouge ; le vert près de la hampe est de la même largeur que le rouge flottant, chargé moitié sur le vert, moitié sur le rouge d'un écusson reposant sur une sphère d'or avec les méridiens également d'or, et portant les armes du Portugal : d'argent à cinq écussons d'azur posés en croix avec la bordure de gueules chargée de sept châteaux de trois tours d'or.

Président de la République : Ant. José DE ALMEIDA. (5 oct. 1919-1923).

Ministère (mars 1920). Prés. du Conseil et Intérieur : Antonio *Baptista*. — Affaires Étrangères : Xavier da *Sylva*. — Justice : J. *Ramos Preto*. — Finances : Pena *Lopes*. — Guerre : Colonel Est. *Aguas*. — Marine : cap. J. *Bicker*. — Instruction Publ. : Vasco *Borges*. — Commerce : Lucio *Azevedo*. — Agriculture : Joao L. *Ricardo*. — Colonies : N...

Congrès. — Chambre des Députés (mai 1918) : Républ. : 108 ; Monarch. : 39 ; Cathol. : 8. Prés. : N... — Sénat (mai 1918) : Républ. : 67 ; Monarch. : 7 ; Cathol. : 3.

Superficie et population.

Superficie : 91.948 km. q. dont métropole 88.740 ; Açores, 2.393 ; Madère, 813 (France. 550.985 k. q.). *Population :* d'après le dernier recensement de 1911 : 5.957.985 hab., dont métropole 5.545.595 ; îles Açores et Madère, 412.390. Densité : 65 par k. q. On comptait en 1911 : 2.828.690 hommes et 3.131.365 femmes soit 110 femmes pour 100 hommes. La population rurale était de 3.338.791 hab., soit 67,6 p. 100. Étrangers : 41.197 dont 20.517 Espagnols ; 12.143 Brésiliens, 2.576 Anglais, 1.832 Français.

Villes principales : Lisbonne, capitale, 435.359 hab. ; Porto, 194.010 ; Setubal, 30.346 ; Funchal (Madère), 24.685 ; Braga, 24.648 ; Coimbra, 20.581.

Religion.

Liberté des cultes. Séparation des Eglises et de l'Etat. Les congrégations sont supprimées depuis la loi du 28 mai 1834, renforcée depuis par le gouv. provisoire. Religion catholique prédominante. 3 provinces : arch. de Lisbonne (patriarcat depuis 1716) avec 7 év. suffragants auxquels sont rattachés les Açores, Madère et les colonies ; arch. de Braga (le plus ancien), 5 év. suffr. ; arch. d'Evora avec 2 év. suffr.

Instruction et justice.

L'instr. primaire est obligatoire depuis le décret du 29 mars 1911 rigoureusement appliqué. On comptait en 1913, 5.563 écoles publiques et 31 écoles secondaires. L'enseignement supérieur, réorganisé en 1911, comprend 3 universités : Coimbre (1537), Lisbonne et Porto. A Lisbonne se trouvent réunis : cours sup. de Lettres (1858) ; l'Ecole Polytechnique (1837), l'Ecole médico-chirurgicale (1556), l'Ecole de Pharmacie, l'Ecole d'Agronomie et d'Art vétérinaire (1852). On comptait en 1912-13, 10.401 élèves dans les établ. d'enseignement secondaire et 2.916 étudiants dans les Universités.

L'organisation judiciaire comporte 193 circonscriptions comprenant chacune un tribunal de 1re instance ; 2 cours d'appel à Lisbonne et Porto et une Cour suprême à Lisbonne.

Armée et marine.

Service obligatoire institué par la loi du 12 sept. 1887. La loi du 23 août 1911 l'établit de 17 à 45 ans, dont 10 ans dans l'armée active (classes de 15 à 30 semaines suivant l'arme et périodes de 14 jours chaque année) ; 10 ans dans la réserve (périodes de 14 jours tous les 2 ans) et 8 ans dans la territoriale. 8 régions militaires. Effectif de paix : 35 rég d'inf. à 3 bat. ; 11 rég. de caval. à 4 esc. ; 8 rég. d'art. de campagne donnant au total 63 batteries à 4 pièces ; au total 30.000 h. dont 2.800 officiers auxquels il faut ajouter la Garde républicaine, force de police, soit 5.000 h. dont 800 montés et la Garde fiscale, 5.200 h.

Les troupes coloniales comprennent env. 650 off., 2.500 Européens volontaires et 7.000 indigènes.

Le budget militaire pour l'exercice 1915-16 s'est élevé à 524.273.400 fr. et les dépenses extraordinaires à 212.741.624 fr.

La flotte comprenait en 1917, 5 croiseurs protégés dont l'*Almirante Reis* (4.250 t.), l'*Adamastor* (1.757 t.), l'ancien yacht royal *5 de Outoubro* (1.365 t.), 4 transports, 5 destroyers. 4 torpilleurs, 4 sous-marins avec un personnel d'env. 6.000 h.

Corps diplomatique à Lisbonne et Consulats.

Allemagne, Ch. d'aff. : N...

Amérique (Etats-Unis), E. e. et M. pl. : Th. H. *Birch*. Cons. à Lisbonne : *Lowrie*, C. G ;.

Argentine (Rép.), E. e. et M. pl. : J. M. *Cantilo*; Ch. d'aff. p. i. : Baldomero F. *Gayau*; C. G. à Lisbonne : D. Luis *Chapeaurouge* ; Cons. à Porto.

Belgique, E. e. et M. pl. comte *Lichterveld*. Cons. à Funchal : C. *de Bianchi*, Lisbonne Cte H. *de Burnay*. ; Porto.

Bolivie, C. G. à Lisbonne : N... Cons. à Porto.

Brésil. Amb. E. et Pl. : A. *Fontoura Xavier*. C. G. à Lisbonne : Gons. *Filho* ; Consulats à Braga, Porto.

Chili, Consulats à Funchal, Lisbonne : *Weinstein*, C. G. ; Porto.

Chine, E. e. et M. pl. *Tai-Tchenne-Linne*, ch. d'aff. p. i. : K.-T. *Kouo*.

Colombie, Cons. à Lisbonne ; M. *Alvaro dos Santos Lima* ; Porto.

Costa Rica, C. G. à Lisbonne : J.-A. *Gomes* ; Cons. à Porto : A. *Andersen*.

Cuba, M. R. : Luis R. *Miranda* ; Cons. à Porto : B. *Marozzi*.

Danemark, E. e. et M. pl. : H.-A. *Bernhoft* ; Cons. à Lisbonne : G. *Pinto Basto*, C. G. ; Porto.

Dominicaine (Rép.), v. France, corps dipl. ; Cons. à Lisbonne, Porto.

Equateur, C. G. à Lisbonne : N...

Espagne, E. e. et M. pl. : A. *Padilla*, C. G. à Lisbonne : *Cubas* ; Cons. à Funchal, Porto.

France, v. Relations.

Grande-Bretagne : E. e. et M. pl. (63 rua de S. Francisco da Borja) : Hon. Sir L.-D. *Carnegie*, G. C. V. O., K. C. M. G., 2e Secr. : E.-A. *Keeling* ; 3e Secr. : T.-A. *Shone*. Cons. à Funchal. Lisbonne ; *Churchill*, C. G., Porto.

Grèce, C. G. à Lisbonne : Jos. W.-H. *Bleck* ; Cons. à Madeira, Porto.

Guatemala, Ch. d'aff. : Simon *Planas Suares*; Cons. à Lisbonne; le ch. d'aff. C. G; Porto.

Haïti, Cons. à Lisbonne : Chr. *Moos* ; Porto : A.-J. *de Moraes*.

Honduras, Cons. à Lisbonne : M. *de Carvalho*, C. G.

Italie, E. e. et M. pl. : A. *Serra*, C. G. à Lisbonne : N... Cons. à Funchal, Porto.

Japon, Chargé d'affaires p. i. : Arajiro *Miura*.

Libéria, Cons. à Fayal, Lisbonne.

Luxembourg, v. Pays-Bas.

Mexique, v. Espagne, Corps dipl. ; C. G. à Lisbonne.

Monaco, C. G. à Lisbonne : Cte *Bobone*.

Nicaragua, E. e. et M. pl. : Dr S. *Planas Suarez*. Cons. à Porto. V.-Cons. à Lisbonne.

Norvège, E. e. M. pl. : Baron *de Wedel-Jarlsberg*; Ch. d'aff. p. i. : Nils. C. *Ditleff*. Cons. à Lisbonne, Porto.

Panama, Cons. à Lisbonne ; Ed. *Hofacker de Moser* ; Porto.

Paraguay, Ch. d'aff. : Arnold *Schoch* ; C. G. à Lisbonne : A. *de Vasconcellos* ; Cons. à Porto.

Pays-Bas, E. e. et M. pl. : Jkhr A. *Van der Goes*; C. G. à Lisbonne N... ; Consulats à Funchal, Porto ; V.-Cons. à Lisbonne, Porto.

Pérou, Cons. à Lisbonne : F.-N. *Collares*, C. G. ; Ponta Delgada, Porto ; V.-Cons. à Lisbonne.

Roumanie, Cons. à Lisbonne, Porto.

Russie, E. e. et M. pl. : Cons. à Lisbonne : *Laksman*. C. G. ; Porto.

Saint-Siège, Nonce Apostol. : Mgr. A. *Locatelli*, Arch. de Thessalonique.

Salvador, C. G. à Lisbonne : G. *Silva Spratley* ; Cons. à Porto.

Serbie, Cons. à Lisbonne : D. *Laksman* ; Porto.

Siam, E. e. et M. pl. : Prince *Charoon* ; Cons. à Lisbonne.

Suède, E. e. et M. pl. Baron de *Beck-Friis* ; Cons. à Lisbonne, *Wimmer* ; V.-Cons. à Lisbonne, Porto.

Suisse, E. e. et M. P. : A. *Mengotti* ; C. G. à Lisbonne : J. *Mange* ; Cons. à Porto.

Turquie, C. G. à Lisbonne : N... ; V.-Cons. à Lisbonne.

Uruguay, Ch. d'aff. : Dr Manuel *Herrera y Reissig* ; Cons. à Funchal, Lisbonne, Porto.

Vénézuela, E. e. et M. pl. : Dr Simon *Planas Suarez* ; Cons. à Porto : *Furtado* et V.-Cons.

Mouvement économique.

Finances.

Budget (en escudos, 1 escudos, env. 4 fr. 80, cours moyen) pour les exercices suivants :

	1917-18	1918-19
Recettes ordinaires	70.171.896	78.317.631
— extraordinaires	51.030	3.671.900
Dépenses ordinaires	67.614.587	79.618.019
— extraordinaires	2.237.172	5.792.583

Prévisions 1919-20. Recettes : 113.293.358 ; **Dépenses** : 195.420.714.

Dette publique au 30 juin 1917 (en milliers de contos) : dette extérieure, 48.518.

Productions et industries.

Sol d'une grande fertilité. 26,2 p. 100 en cultures, jardins et prairies; 3,5 p. 100 en vignobles ; 3,9 p. 100 en arbres fruitiers ; 17,3 p. 100 en forêts ; 43,1 p. 100 en terres incultes. Les principales productions végétales et animales du pays sont : au nord, le maïs et le bétail; dans la région montagneuse, le riz, les moutons et les chèvres ; au centre, le blé, le maïs ; au sud, le blé et les porcs. Très importante récolte de vin (498.858.795 litres en 1917) et grande production d'huile d'olives, de figues, de tomates, d'oranges, d'oignons, de pommes de terre, orge, avoine, fèves, etc.

Les ressources minérales du pays sont considérables. Les quantités et valeurs de la production en 1913 et 1914 ont été les suivantes :

MINERAIS	1913		1914	
	TONNES.	ESCUDOS.	TONNES.	ESCUDOS.
Charbon	22.510	81.310	25.281	77.243
Pyrites de fer	377.583	1.065.472	267.084	787.852
Plomb	1.046	36.932	2.163	107.595
Fer	49.182	54.318	6.649	11.035
Étain	266.355	92.210	346	132.604
Wolfram	1.050	563.312	640	361.587

D'autre part, 11.509 bateaux jaugeant 58.192 t. et 46.957 marins se livrent à la pêche. On fait d'importantes exportations de sardines et de thons. La valeur des pêcheries a été en 1915 de 9.307.071 escudos dont sardines, 7.279.283. Une des industries les plus caractéristiques du Portugal est la fabrication des *azulejos* ou tuiles de porcelaine, qui date du temps des Maures et qui est employée à profusion pour l'ornementation intérieure et extérieure des édifices publics et privés. La fabrique de Sacavem, près de Lisbonne, est une des plus importantes dans ce genre. Enfin, la broderie de Guimaraes est renommée.

Commerce.

Les importations ont produit pour l'année 1914, 70.345.000 esc. (89.988.000 en 1913), et les exportations, 28.849.000 (36.685.000 en 1913). En voici la nature :

DÉSIGNATION DES ARTICLES.	IMPORTATIONS.		EXPORTATIONS.	
	1913	1914	1913	1914
Animaux vivants	1.976.000	305.000	3.720.000	800.000
Matières premières	36.856.000	30.008.000	8.824.000	7.139.000
— textiles	8.104.000	6.554.000	1.230.000	1.143.000
Substances alimentaires	25.231.000	20.842.000	19.284.000	15.896.000
Machines, etc.	10.052.000	6.260.000	183.000	169.000

Navigation et communications.

Mouvement maritime en 1914 : Entrée : 9.107 navires jaugeant 20.505.334 t. La marine marchande se composait en 1911 de 66 vapeurs jaugeant 70.198 t. et de 259 navires à voile de 43.844 t.

Communications intérieures : Les chemins de fer, au 1er janv. 1914, comptaient en exploitation 2.983 km., dont 1.148 km. appartenant à l'État. En 1913, 4.266 bureaux de postes avec des recettes s'élevant à 14.264.621 fr. et des dépenses à 11.674.997 fr. Le mouvement postal (service intérieur et extérieur), se chiffrait par 54.623.000 lettres et 23.667.000 cartes postales. Les télégraphes en 1912 comptaient 580 bureaux, 20.284 kil. de fils, 8.942 km.

de lignes avec un nombre des dépêches s'élevant à 1.211.661 intér.,654.726 intern., 3.303.366 de transit et 192.532 de service, soit au total 5.089.285. Les dépêches radiotélégr. se montaient à 3.605 ; les recettes à 4.009.309 fr. Pour les téléphones 1912 : on comptait 9 réseaux urbains, 410 kil. de lignes ; 1.891 kil. de fils, 1.199.608 conversations, 2 circuits interurbains, 388 kil. de lignes, 779 kil. de fils et 22.292 conversations.

Monnaies, poids et mesures.

L'unité monétaire est l'*escudo*, valeur 5 fr. 10 au cours moyen se divisant en 100 parties égales appelées *centavos*. 1.000 escudos font un *conto*. Les souverains et demi-souverains anglais ont cours légal pour 4 esc. 50 et 2 esc. 25. Peu d'or, la monnaie fiduciaire comporte des billets de 100, 50, 20, 10 et 5 esc.

Système métrique décimal français.

Presse.

Principaux journaux. — A Lisbonne, les grands quotidiens sont : *A Capital, O Dia, Diario Nacional, Diario de Noticias, O Liberal, Seculo* ; à Porto : *O Commercio do Porto, O Jornal de Noticias, O Norte, O Primo de Janeiro.*

Colonies et Possessions portugaises.

Elles comprennent : en Afrique occidentale, la prov. du Cap-Vert, la Guinée portugaise, la prov. de St-Thomé et du Principe et la prov. d'Angola; en Afrique orientale, le Mozambique ; en Asie, les Indes portugaises (districts de Goa, Damao et Diu) et en Océanie, la prov. de Timor, la prov. de Macao. Chaque prov. est administrée par un Gouverneur général cumulant les fonctions civiles et militaires.

Superficie, Population et Commerce général.

	Km. q.	Habitants.	Import.	Export.
I. *Afrique.*	en milliers de k. q.	en milliers d'hab.	en milliers d'esc.	
Iles du Cap Vert	3,9	149	5.917	331
Guinée	33,9	289	3.318	1.927
Iles de St-Thomé et du Prince	0,9	58	6.118	7.520
Angola	1.270,3	4.120	8.799	6.713
Mozambique	761,1	3.150	»	»
Total	2.070,0	8.380		
II. *Asie et Océanie.*				
Inde	3,8	548.(1910)	3.550	1.810
Macao	»	74.(1910)	»	»
Timor et Kambing (*Océanie*)	19,0	377.(1915)	425	484
Total	22,8	830		
Total général	2.092,8	9.210		

I. — POSSESSIONS EN AFRIQUE

Cap Vert (prov. et archipel du). — Archipel composé de 10 iles et de 2 ilots, situé dans l'Océan Atlantique. Capitale : Praia. Troupes : 264 hommes (168 indigènes). Principales productions : café, plantes médicinales et millet. Budget de 1917-18 : 776.799 escudos En 1916, import. 4.917.182 escudos; export. 331.860 escudos ; mouvement maritime 1916 : entrée, 7.907 navires marchands de 5.017.671 t. ; 32 bureaux de postes.

Guinée portugaise. — Située dans la Sénégambie, divisée en 7 arrondissements et bornée suivant les limites fixées par la convention du 12 mai 1886 avec la France. Chef-lieu : Bolama (4.000 hab.). Principaux articles de commerce : caoutchouc, cire, graines oléagineuses, ivoire, peaux. Budget de 1917-18 : recettes, 723.418 escudos ; dépenses : 708.700 escudos. Troupes : 247 hommes (143 indigènes). En 1915 : import., 3.318.864 escudos ; export., 1.927.652 escudos. Principal port : Bissau. 15 bureaux de postes ; 160 km. de lignes télégraphiques.

Saint-Thomé et du Prince (Iles de). — Iles montagneuses, au sol volcanique et à la végétation riche et variée. Articles de commerce : cacao, café, caoutchouc et quinquina. Budget de 1917-18 : recettes, 1.370.737 escudos ; dépenses, 1.285.258 escudos. Troupes 240 hommes (181 indigènes). En 1916, import. 6.118.606 escudos ; export. 7.520.318 escudos, Mouvement maritime 1914 : 133 navires marchands de 421.381 t., 5 bureaux de postes et 15 km. de chemins de fer.

Angola (prov. d'). — Possession portugaise au Congo, sur la côte occidentale d'Afrique, divisée en 3 prov. comprenant une trentaine d'arrondissements. Capitale : St-Paul de Loanda. On y compte environ 60 écoles gouvernementales, municipales et privées. Nombreuses missions. Troupes : 3.721 hommes dont 1.976 indigènes). Budget 1917-18 : recette 13.435.221 escudos ; dépenses, 16.418.413 escudos. Principales productions : café, caoutchouc, cire, sucre, coton, plantes oléagineuses, ivoire, bétail et poissons. Ressources minérales : cuivre, fer, pétrole, sel et 35 mines d'or. Import., en dehors du Congo en 1916 : 3.799.539 escudos ; export., en dehors du Congo, 6.712.255 escudos ; import. de matières textiles ; export. (café, caoutchouc et poissons) en grande partie au Portugal. Mouvement maritime important ; en 1914 : entrée, au port de Loanda, 125 navires de 232.221 t. ; sortie, 187 navires de 270.917 t. ; 78 bureaux de postes et 1.036 km. de chemins de fer.

Mozambique (Prov. de). — Possession de l'Afrique orientale comprenant : 1° la prov. de Mozambique avec gouverneur général résidant à Lourenço-Marques capitale (13.154 hab. en 1912) ; 2° les deux Compagnies privilégiées de Mozambique (cap. Beira, 2.500 hab.) et de Nyara (chef-lieu Ibo, 2.500 hab.) qui s'administrent elles-mêmes sous le contrôle direct de la métropole. Troupes 2.250 hommes dont 1.379 indigènes. Budget en 1917 : recettes, 8.042.626 escudos ; dépenses, 8.042.626 escudos. Principales productions : sucre, cire d'abeilles et minerais. Importants gisements d'or et de houille. Commerce des principaux ports en 1915 : chiffre total des import., export., réexport., et du transit en escudos : Lourenço-Marques (21.769.325) ; Beira (12.848.526) ; Chinde (1.907.392) ; Mozambique (1.143.950) ; Quélimane (1.074.249) ; Inhambane (984.719) ; Ibo (580.426). Principaux articles d'import. : tissus de coton, ouvrages en fer, sucre raffiné, vin, liqueurs. Export. : caoutchouc, minerais divers, cire, ivoire et peaux.

Mouvement maritime 1915 : Port de Lourenço-Marques, entrée et sortie, 1.091 navires : port de Beira, 501 navires de 1.460.292 t.. En 1914, on comptait 163 bureaux de postes et 656 km. de chemins de fer.

II. — POSSESSIONS EN ASIE

Indes portugaises. — Situées sur la côte occidentale de l'Hindoustan et composées de 3 districts : la prov. de Goa (capitale Pangim, 24.000 hab.) ; Damão (6.000 hab.) et Diu (12.500 hab.). Importante production de sel ; mines de manganèse. Troupes : 1.022 hommes dont 786 indigènes. Budget en 1917-18 : recettes, 1.591.022 escudos ; dépenses, 1.810.977 escudos. Commerce (principalement de transit) en 1916 : import., 3.550.964 escudos ; export., 1.810.977 escudos. Principaux articles d'export. : poissons, épices, acajou, sel. En 1914, il y avait 41 bureaux de postes et 82 km. de chemins de fer.

Macao (Province de). — Située sur la côte méridionale de la Chine. Budget pour 1917-18 : recettes, 1.917.881 escudos ; dépenses, 1.783.072 escudos. Troupes : 486 hommes dont 164 indigènes. Mouvement maritime du port de Macao en 1915 : 13.457 navires de 2.408.428 t. On compte 12 bureaux de postes.

III. — POSSESSIONS EN OCÉANIE

Timor (Prov. de). — Comprend la partie est de l'île de ce nom dans l'archipel de la Sonde. Capitale et port : Dilly (7.000 hab.) Budget en 1917-18 : 480.064 escudos. Troupes : 323 hommes dont 212 indigènes. En 1916, import., 425.497 esc. ; export., 484.943 esc. Export. : café, cire, maïs. 33 bureaux de postes.

Relations avec la France.

Traités et Conventions

COMMERCE : Modus vivendi du 17 février 1911. Concession réciproque de tarifs minimum (dénoncé par la France en 1916). — ARBITRAGE : Convention du 29 juin 1906. — CONSULS : Convention consulaire du 11 juillet 1866. — EXTRADITION : Convention du 13 juillet 1854. Déclaration du 30 déc. 1872 pour assurer l'extradition des criminels. PROPRIÉTÉ LITTÉRAIRE ET ARTISTIQUE Convention du 11 juillet 1866. — PROPRIÉTÉ INDUSTRIELLE : Déclaration du 13 juillet 1906 sur la protection des marques de fabrique en Chine. — SOCIÉTÉS : Décret du 27 février 1861 autorisant les sociétés constituées au Portugal à exercer leurs droits en France — SERVICE MILITAIRE : Déclaration du 15 octobre 1917 relative à la compétence pénale militaire.

Représentation du Portugal en France.

Légation à Paris, 35, avenue Kléber (16e). T. Passy 19.72.

Envoyé Extraord. et Min. Plénip : João *Chagas*.

3e Secr. J. M. de *Cisneiros Ferreira* ; A. d'*Aguilar*. — Conseiller : Luiz d'*Arenas de Lima*. — Attaché : Jorge *de Franco e Almodovar*. — Conseiller Commercial : Armando *Navarro*. — Attaché mil. : Lieut.-col. V. *Godinho*.

Consulat général à Paris, 9, rue St Senoch (17e) (de 12 à 17 h.). — Consul Général : Armando *Navarro* ; V.-Cons. : A. *de Sousa* ; Chancel. C. *de Franco e Almodovar*.

Consulats à : Bayonne : Vte. *de Wildick*, C. G. ; Béziers ; Bordeaux : G. *de Quillinan Machado* ; Le Havre : P. *Cid* ; Marseille : Arn. *Fonseca* ; Rouen : Félix *Turpin* ; Alger ; Tunis ; Dakar ; Diégo-Suarez ; Gabon ; Gorée ; Hanoï ; Majunga ; Mayotte ; Nossi-Bé ; Saint-Denis ; Tananarive ; Saint-Pierre et Miquelon.

Vice-Consulats à : Arcachon ; Bastia ; Bayonne ; Bordeaux ; Boulogne-s.-Mer : Eug. *Deconinck* ; Brest ; Calais ; Cannes ; Carcassonne ; Cette ; Cherbourg ; Cognac ; Dahouët-Pléneuf ; Dieppe ; Dunkerque ; Fécamp ; Granville ; Honfleur ; Hyères ; La Rochelle ; Le Havre ; Libourne ; Lille ; Limoges ; Lorient ; Lyon ; Marseille ; Melun ; Menton ; Nantes ; Nice ; Pau ; Perpignan ; Port-Vendres ; Reims ; Roubaix ; Saint-Etienne ; Saint-Malo ; Saint-Nazaire ; Saint-Valery-sur-Somme ; Toulon ; Toulouse ; Tréport (Le) ; Versailles ; Vichy ; Alger ; Bône ; Arzev ; Nemours ; Oran ; Philippeville.

Représentation de la France au Portugal.

Légation à Lisbonne, Calçada do Marquez de Abrantès.

Envoyé Extraord. et Min. Plénip. : *William Martin* (O. ✱). Secr. de 1re cl. : A. *de Ravignan* (✱). — Secr. de 3e cl. : N... — Attaché Mil. : Lieut.-Colonel *Bernard*. — Attaché Naval : Lieut. de vaisseau *Batesle*. — Secr. archiv. : *Mossjon*.

Consulats à Lisbonne : *Doire* (✱) ; Porto : *Le Mallier*.

Agences Consulaires à : Angra · Bissao et Bolam ; Cascaes ; Faro, Olhão et Tavira (Algarve) ; Funchal (Madère) ; Goa (Inde) ; Horta ; Fayal (Açores) ; Iles du Sel et Boa-Vista (îles du Cap-Vert) ; Lagos (Algarve) ; Macao (Chine) ; Peniche (Estramadura) ; Punta-Delgada (Açores) ; St Paul de Loanda (colonie d'Angola) ; St-Vincent (îles du Cap-Vert) ; San-Tomé (Golfe de Guinée) ; Santa-Cruz (Açores) ; Setubal (Estramadura) ; Villa da Praia (Cap-Vert) ; Villa Nova de Portimao (Algarve) ; Lourenço-Marques ; Beira ; Inhambane (Mozambique) ; Quilimane ; Caminha (Entre-Douro et Minho) ; Figueira da Foz (Beira) ; Vianna do Castello (Minho).

Institutions diverses au Portugal.

Culte : Eglise St-Louis, Lisbonne.

Enseignement : à Lisbonne, Ecole Française ; à Chio, Ecole de Frères de la Doctrine Chrétienne ; Ecoles de Filles de St-Joseph de l'Apparition.

Chambre de Commerce à Lisbonne, Prés. : F. *Touzet* ; à Porto, Comité dépendant de la Chambre de Commerce française de Lisbonne ; Vice-Président : *Lugan* (✱), 4, rua do Principe.

Conseillers du Commerce Extérieur : à Lisbonne, F. *Touzet* ; à Porto, Charles *Porte*.

Assistance : à Lisbonne, Hôpital français ; à Metelin, Institution de Ste-Geneviève (Franciscaines de Marie) ; à Porto, Sté Française de Bienfaisance.

T. C. F. : à Lisbonne, Nunes *Teixeira Carlos*, 147, rua da Escola Polytechnica ; Casimir *Coumates*, 4, rua dos Industriaes ; H. *Navel*, inspecteur, Ecole Polytechnique ; à Cintra, J. *de Collares Pereira*, Estrada de Bemfica, 701 ; à Figueira da Fos, C. Lino *Gaspar*, négociant, rua da Republica ; à Porto, R. *da Rocha Beça*, rua Bella du Rahinha, 3.

Le Portugal en 1919

Deux questions préoccupent le monde politique : le principe de la dissolution parlementaire et l'élection du futur chef d'Etat. La candidature de M. Antonio José d'Almeida, chef du parti évolutionniste et directeur du journal *A Republica*, soutenue par l'opinion publique, devait rallier la grande majorité des suffrages, le 7 août. Aussi son élection est-elle accueillie avec faveur par tous les organes de la presse, depuis les représentants d'opinions conservatrices jusqu'aux défenseurs des idées libérales et républicaines avancées.

L'un des premiers actes du nouveau président, qui ne doit entrer en fonction que le 7 oct., est de prendre nettement parti pour la dissolution. « Ou la dissolution ou la révolution », déclare-t-il.

Le Parlement se prononce en effet dans ce sens le 12 septembre, les partis politiques tendant de plus en plus à se désagréger.

C'est pour remédier à cet état de choses que le 30 sept. se réunit à Lisbonne l'important Congrès du parti républicain évolutionniste qui veut aboutir à la fusion avec les autres éléments républicains. Ses efforts ne sont pas entièrement couronnés de succès mais, après de laborieuses discussions, on ne trouve plus face à face que deux grands partis ; le parti républicain portugais, parti démocratique à tendances radicales, et le parti républicain libéral, à tendances libérales et conservatrices, produit de la fusion des éléments évolutionnistes, unionistes, centristes et indépendants et dont M. Brito Camacho est un des leaders les plus écoutés. Les partis d'extrême gauche se groupent en une Fédération populaire républicaine dont M. Jules Martin est le chef.

L'appel à l'union sacrée, lancé par M. José d'Almeida, n'a été entendu que partiellement. D'autre part, il n'est pas douteux que le Portugal traverse une crise sociale dont les nombreuses grèves qui ont éclaté ne sont que les manifestations. Les changements de cabinet ont été fréquents. Le cabinet Domingo Pereira, qui donna sa démission à la suite de la proclamation de la grève générale (fin juin), a été remplacé par un cabinet formé par M. Sa Cardoso, président de la Chambre (27 juin). Un remaniement important ne prolongea l'existence de ce dernier que de quelques jours. Attaqué par les organes du parti libéral, il dut démissionner dès sa présentation aux Chambres. Le président d'Almeida qui avait fait appel à M. Fernandes Costa, libéral, vit celui-ci présenter sa démission quelques jours après, à la suite d'une violente manifestation populaire (15 janv. 1920). Un ministère de concentration républicaine, présidé par M. Domingos Leite Pereira, démocrate (21 janv.), doit céder à son tour la place à un cabinet Antonio Maria Baptista, ancien ministre de la guerre dans le cabinet Domingos Pereira (mars).

Bibliographie.

Annuario Estatistico de Portugal. Annuel. Lisbonne.

Annuario Colonial. (Ministerio das Colonias), 1re année 1916, 557 p. Imprensa nacional. Lisbonne. 1916.

Boletim e Publicaçoes da Sociedade da Geographia de Lisboa. Mensuel. Lisbonne.

Carqueja (B.). *O Povo Portuguez. Aspectos Sociaes e Economicos*. Oporto. 1916.

Costa (Dr Affonso). *Les Finances portugaises*. Lisbonne. 1918.

Joanne (Guide). *Espagne et Portugal*. Hachette. Paris.

Marvaud (A.). *Le Portugal et ses colonies*. in-8. br. 5 fr. F. Alcan. Paris. 1912.

Young. (George) *Portugal old and young*. Londres. 1917.

ROUMANIE

(ROYAUME DE)

Constitution et gouvernement. — Monarchie constitutionnelle et héréditaire, établie par la Constitution du 1er-13 juillet 1866, héréditaire dans la postérité mâle (primog.) de Charles Ier de la Maison de Hohenzollern, reconnue par les Puissances le 12-24 octobre 1866. — Royaume depuis le 14-26 mars 1881. — Le Prince Ferdinand de Hohenzollern, né le 24 août 1865, est déclaré héritier présomptif par le Sénat (14-26 mars 1889) et reçu au sein de cette assemblée (9-21 mai 1889), monte sur le trône (28 sept. 11 oct. 1914). — Modification de quelques articles de la Constitution en 1884. — Les membres du Sénat (120) sont élus par deux collèges électoraux de chaque district, les membres de la Chambre des Députés (183 par suff. univ.) Pour les électeurs, la loi exige l'âge de 21 ans, pour être élu comme sénateur 40 ans et un revenu annuel de 9.400 lei, comme député, 25 ans.

Pavillon; Trois bandes disposées verticalement : bleu, jaune, rouge.

Ordres; O. de Carol I (4 grades). — O. de Michel le Brave (3 grades) militaire.— O. de l'Etoile de Roumanie (5 grades). — O. de la Couronne (5 grades). — Médaille de la Vertu mil. (2 cl.). — M. *Bene Merenti* (2 cl.). — M. du Service fidèle (2 cl.). — Croix du *Serviciu credincios* (2 cl.).

Souverain: FERDINAND Ier, né le 24 août 1865, a succédé à son oncle *Charles Ier*, décédé le 10 oct. 1914 ; marié le 10 janv. 1893 à la princesse *Marie*, fille du duc de Saxe-Cobourg-Gotha, née le 29 oct. 1875.

Enfants du roi: 1° Pr. Royal *Charles* (Carol), né le 15 oct. 1893. — 2° Pcesse *Elisabeth*, née le 11 oct. 1894. — 3° Pcesse *Marie*, née le 8 janv. 1900. — 4° Pr. *Nicolas*, né le 8 août 1903. — 5° Pcsse *Ileana*, née le 5 janv. 1909.

Ministère (mars 1920) : Prés. du Conseil et min. de l'Intérieur : général *Averesco* ; Affaires étrang. ; *Zamfiresco* ; Finances : *Argetoyano* ; Guerre : général *Rascanu* ; Justice : C. *Argatovano* ; Instruction publ. : P. *Negulesco* ; Commerce et industrie : O. *Taslauanu* ; Agricult. : *Cudalbu* ; Travaux publ. : général *Valeanu*.

Min. sans portefeuille : *Mosconyi* (Transylvanie) ; J. *Nistor* (Bukovine) : *Inculetz* (Bessarabie).

Corps Législatif. Sénat : Prés. : N.

Chambre des députés. Prés. : *Jorga*. Transylvains : 200 ; Libéraux (Bratiano) : 100 ; Parti paysan : 58 ; Nationalistes (Jorga) : 27 sur 568 sièges.

Chambre dissoute fin mars 1920.

Superficie et population: 137.902 kmq. et 7.234.919 hab. en 1912 ; 145.288 kmq. et 7.508.000 hab. en 1916.

L'adjonction de la Bessarabie (45.632 kmq. avec env. 2.800.000 hab.), de la Transylvanie (2 déc. 1918), l'attribution de la Bukovine orientale donnèrent à la Roumanie une superficie approximative de 300.000 kmq. et une population approximative de 13 millions d'habitants.

On comptait en 1912 : 34 départements, 372 arrondissements et 2.664 communes. — Anciennes divisions (hab. en 1912) : Moldavie, 2.145.464 ; grande Valachie, 3.298.394 ; Olténia, 1.413.897 ; Dobroudja, 381.306 hab.

Origine et mouvement de la population. — La race roumaine est d'origine latine, descendant des colons établis en Dacie par l'empereur Trajan. On trouve également des éléments très variés : magyars, bulgares, serbes, juifs, bohémiens. On compte enfin 12 millions de Roumains répandus dans les pays avoisinants : Transylvanie, Bukovine, Banat de Temesvar, Bulgarie, Hongrie, Macédoine, Serbie. Excédent des naissances : 148.474 en 1912 ; 117.936 en 1913 et 144.396 en 1914.

Les villes principales sont : Bucarest (capitale et siège du gouvernement), 345.628 hab. Jassy, 76.120 ; Galatz, 72.512 ; Braila, 65.911 ; Ploesti, 57.376 ; Craiova, 51.877 ; Botosani, 32.874 hab.

Religion. — La majorité de la population est de rite orthodoxe, 5.408.743 orthodoxes contre 168.176 catholiques ou protestants, 16.598 arméniens, 269.015 juifs et 43.470 mahométans. L'église nationale orthodoxe comporte un métropolite primat à Bucarest, un métropolite à Jassy et 6 évêchés ; l'église catholique, deux archevêques à Bucarest et Jassy ; le culte musulman, quatre *muftis* à Tulcea, Constantza, Silistrie et Bazargie (1916).

Instruction. — L'instruction primaire est gratuite et obligatoire partout où il y a des écoles. En 1909, 60,16 p. 100 de la population ne savait ni lire ni écrire. La situation se modifie cependant d'année en année et en 1912-13 on comptait déjà 5.056 écoles primaires avec 616.570 élèves. Etablissements d'enseignement secondaire : 20 lycées, 23 gymnases, 4 séminaires pour les garçons avec 14.016 élèves et 10 collèges de jeunes filles avec 6.615 élèves ; 5 écoles normales de garçons (1.136 étudiants) et 2 de jeunes filles (283 étudiantes), 45 écoles professionnelles de garçons (2.235 étudiants) et 28 pour filles ; 12 écoles de commerce (1.431 élèves) ; 17 écoles d'agriculture (462 élèves) ; 6 écoles d'économie domestique pour jeunes filles (118 élèves). On compte enfin trois universités avec fac. de droit, philosophie, sciences, médecine et théologie ; Bucarest, fondée en 1864, avec

3.422 étudiants ; Jassy, fondée en 1860, avec 534 étudiants et Cluj (Transylvanie) avec 2.000 d'étudiants. En outre, à Bucarest, la *Scoala de Poduri si Sosele* (1850), l'Ecole sup de Médecine vétérinaire (1861), l'Ecole des Beaux-Arts (1864), l'Ecole d'Architecture (1897).

Organisation judiciaire. — Cour de Cassation, 5 Cours d'appel, 34 tribunaux et 288 justices de paix.

Armée et marine. — D'après la loi du 28 mars 1908, modifiée en 1912, le service militaire personnel est obligatoire pour tout Roumain de 21 à 46 ans, soit 7 ans dans l'armée active, dont 2 sous les drapeaux et 5 dans le complément pour l'infanterie, 12 ans dans la réserve et 6 dans la milice. L'instruction militaire est également obligatoire pour les jeunes gens de 19 à 21 ans. Les dispensés ainsi que l'excédent du contingent sont affectés à la milice et reçoivent une instruction suffisante pour être classés, en temps de guerre, dans les serv. auxiliaires.

L'effectif en 1914 comportait, pied de paix : 5.749 officiers, 124.389 h., 28.585 chevaux, 808 canons, 570 mitrailleuses ; pied de guerre : 290.000 h. répartis en 5 corps d'armée et 2 div. de cavalerie.

La flotte comporte : 1 croiseur protégé, l'*Elisabeta* (1887), 1.300 tonnes et 5.000 H. P., 1 navire-école, le *Mircea* ; 1 aviso, le *Romania* (1890) ; 7 canonnières, 6 garde-côtes, 6 torpilleurs de 1re et 2 de 2e cl., 8 vedettes et 4 monitors de 600 tonnes. Le personnel était de 147 off., ingénieurs et mécaniciens, et 2.600 h.

Corps diplomatique à Bucarest et consulats.

Allemagne, Ch. d'aff. : N...

Amérique (Etats-Unis), E. e. et M. pl. (8 strada Putu de Piatra) : C.-J. *Vopicka*. Cons. à Bucarest : E. C. *Kemp*.

Argentine (Rép.), C. G. à Bucarest : C. *Heynemann*.

Autriche, Ch. d'aff. : N...

Belgique, E. e. et M. pl. : Bon. A. *Fallon*. Cons. à Braila ; Bucarest : O. *Jaumotte* Constantza ; Galatz.

Brésil, Cons. à Bucarest : J. *Borel*.

Bulgarie, Ch. d'aff. ; Z. *Natcof* (5-20).

Chili, Cons. à Bucarest : C. *Nicoreanu*.

Danemark, Cons. à Bucarest : H. *Dithmer* ; Galatz.

Espagne. E. e. et M. pl. (9 strada Doamnei) : S. Fernandez *Vallin* ; Cons. à Braila S. *Topali*, V. C. ; Bucarest : le Min. C. G.

France, v. Relations.

Grande-Bretagne, E. e. et M. pl. (24 strada Jules Michelet) : N... Ch. d'aff. : W. *Tattigan* 1er secr. ; 3e secr. : C. *Cradock-Hartopp* : Att. commerc. : A. *Adams* ; Att. milit. : Brig gén. C.-P. *Ballard*. Cons. à Bucarest, N... Galatz : J.-G. *Baldwin* C. G. ; V. Cons. à Braila G. *Mac Lean* ; Constantza : L. *Keyser* ; Soulina.

Grèce, E. e. et M. pl. (5 boul. Pake) : P. *Psycha*. Cons. à Braila : N. *Souidas* ; Constantza A. *Tsanelos* ; Galatz : D. *Contoumas*.

Guatémala, C. G. à Galatz : Ed. *Schwab*.

Hongrie, Ch. d'aff. : N....

Italie, E. e. et M. pl. (45 strada Sf. Jon-Nou) : Martin *Franklin* ; 1er Secr. : G. *Aurili* ; C. G. à Galatz : A. *Leoni* ; V.-Cons. à Braila. Agts. Cons. à Constantza ; Jassy ; Soulina

Luxembourg, v. Pays-Bas.

Norvège, Cons. à Bucarest : O. Herzog, C. G. ; Galatz : A. *Rubinstein*.

Pays-Bas, E. e. et M. pl. : H. *Muller*. C. G. à Bucarest : C. *de Bruyn*, gérant ; Cons à Braila, Constantza : *van der Maesen de Sombreff* ; Galatz, Picesci.

Perse, Ch. d'aff. et C. G. : Cte A. *de Monteforte*. Cons. à Braila, Bucarest : C. *Blainmayer* ; Galatz.

Pologne, E. e. et M. pl. : cte. *Skrynski*.

Portugal, E. e. et M. pl. : Martinho *Brederode*.

Russie, E. e. et M. pl. : N... C. G. à Galatz. Cons. à Bucarest. Jassy.

Serbie. E. e. et M. pl. (44 calea Dorobantilor) : P. *Marinkovitch*. C. G. à Bucarest D. *Svilokossitch*, C. G. ; Cons. à Braila : G. *Nikolitch*.

Suède. E. e. et M. pl. : C. G. à Bucarest : J. *Sacce* ; Cons. à Braila ; V. *Mendl* ; Galatz V. Cons. à Constantza.

Suisse. Ch. d'aff. : Gust. *Boissier*. C. G. à Bucarest : Cons. à Galatz.

Tchéco-Slovaque (Rép.), (31, Strada Episcopiei) E. e. et M. pl. : Bohunnil ; *Cermak*.

Turquie, Ch. d'aff. : N....

Ukraine, E. e. et M. pl. : *Galagans*.

Mouvement économique.

Finances. — Revenus et dépenses des années suivantes en milliers de lei (1 leu = 1 franc) :

	1913-14	1915-16	1916-17
Recettes	608.502	600.232	645.719
Dépenses	512.253	600.232	645.719

Exercice 1920-21. Estimation : Dépenses, 4 milliards. Recettes ordin. 1.500.000.000.
Dette publique au 1er sept. 1919 :

Dette au 30 juin 1914	1.600.000.000 lei
Emprunt de 1916	400.000.000 —
Emprunts aux Alliés pendant la guerre	1.500.000.000 —
Emprunt de l Union 1919	700.000.000 —
Dû à la Banque Nationale	2.500.000.000 —
Achats aux Alliés	300.000.000 —
Total	7.000.000.000 lei.

Production agricole. — Principales productions en 1918 (anc. royaume de Roumanie y compris la Bessarabie et excepté la Dobroudja) :

	Surface ensemencée.	Production totale.
Maïs	2.318.273 h.	7.955.204 q. m.
Froment	2.300.425 —	5.840.448 —
Orge et escourgeon	857.842 —	1.087.065 —
Haricots	424.801 —	1.433.925 —
Avoine	438.857 —	854.888 —
Vin (1919)	45.187 —	666.161 hl.

Exportation de froment 1919 évaluée à 4 millions de q. m.

Les forêts couvraient 2.805.949 hectares dont 1.097.510 h. appartenant à l'État. Principales essences : sapin, hêtre, chêne, frêne.

Le cheptel qui en 1917, comportait 1.049.702 têtes de bétail, 299.400 chevaux, 1.655.110 moutons, 84.196 chèvres et 371.200 porcs a entièrement disparu pendant la guerre.

Production minérale. — La Roumanie possède, en Valachie, de très nombreux et importants puits de pétrole (Buzau, Dambovitza et Prahova) ; la production a été depuis 1900 la suivante :

1900	250.000 tonnes	1916	1.244.093 tonnes.
1913	1.886.680 —	1917	517.491 —
1914	1.783.957 —	1918	1.214.000 —
1915	1.673.145 —	1919	919.847 —

Valeur évaluée de la production : 138 millions de fr. en 1919, 182 e. 1918.

Gisements de sel gemme à Ocnele-Mari, Slanicu et Targu-Ocna (654.024 t. en 1914 et 429.087 t. en 1915) ; mines d'anthracite à Skela, de lignite ; gisements de manganèse, à Brosteni ; mines de cuivre à Karapélit ; sources d'eaux minérales nombreuses et variées ; granit à Iacob-Deal (Tulcea), gisements de phosphates naturels au nord de la Bessarabie, etc.

Commerce. — De 1911 à 1914, les importations et exportations ont montré les chiffres suivants, en milliers de lei :

	1912	1913	1914	1915
Importations	637.905	590.012	504.240	332.942
Exportations	642.103	670.705	452.000	570.182

se répartissant ainsi en 1913 entre les principaux pays ci-après (en milliers de lei) :

Pays.	Import.	Export.	Pays.	Import.	Export.
Allemagne	237.819	52.408	Turquie	25.869	36.853
Autriche-Hongrie	138.192	95.858	Italie	21.885	70.308
Grande-Bretagne	55.728	44.840	Belgique	16.498	182.028
France	34.186	68.526	Autres pays	39.681	124.884

Les principaux articles de commerce d'importation et d'exportation en 1913 étaient les suivants :

Importation.		Peaux, articles de cuir	21.716	Animaux vivants	2.899
Métaux et ouvrages de métaux.	168.575	Confections	21.711	Pétrole	131.481
Matières textiles végétales	64.902	Soie et soieries	16.148	Légumes, fruits	34.124
Machines	59.053	Caoutchouc	9.311	Bois et articles en bois	23.718
Laines et lainages	33.096	Légumes, fruits	9.301	Produits animaux alimentaires	11.246
Bois et articles en bois	23.026	*Exportation.*		Peaux et fourrures	3.253
		Céréales et farines	448.412	Laine	2.936

Mouvement maritime. — En 1914, sont entrés : 31.726 navires jaugeant 9.504.366 t., et sortis : 31.333 navires jaug. 9.290.976 t. La marine marchande, au 1er janv. 1915 comportait : 757 navires jaugeant 238.748 t. (133 vapeurs jaug. 40.949 t. et 624 navires à voile jaug. 197.799 t.). La navigation du Danube, à son embouchure, est soumise à un régime spécial.

Communications intérieures : Les chemins de fer comprenaient en 1914 : 3.843 kil. de lignes exploitées dont 3.709 kil. appartenant à l'Etat ; 3.087 bureaux de postes avaient un mouvement de 41.059.000 lettres, 46.646.000 cartes postales et 93.921.000 journaux, échantillons ,etc. Les recettes s'étaient élevées à 21.619.810 lei et les dépenses (y compris les télégraphes et téléphones), à 16.475.040 lei. Les télégraphes comptaient 3.143 bureaux, 1 station de T. S F ., 5 stations à bord des navires, 9.566 kil. de lignes de l'Etat et 25.812 kil. de fils; 4.863.126 télégrammes avaient été transmis et les recettes avaient atteint 5.497.948 lei. Pour les téléphones, 26.539 stations et postes comportaient pour les réseaux urbains 649 kil. de lignes, 39.686 kil. de fils, 20.894.338 conversations ; et les 8.655 circuits interurbains, 44.957 kil. de lignes, 64.264 de fils, 1.444.227 conversations avec des recettes de 2.778.268 lei.

Monnaies, poids et mesures. — L'unité monétaire est : le leu (100 bani) = 1 franc. Comme monnaies d'or, pièces de 20 lei, 10 lei, 5 lei ; d'argent, 5 lei, 2 lei, 1 leu, 50 bani ; de nickel 20 bani, 10 bani, 5 bani ; de bronze, 2 bani, 1 bani. La monnaie fiduciaire comprend les billets de la Banque Nat. de Roumanie. Ces billets n'ont pas cours forcé et sont remboursables à vue, en or, la Roumanie ayant adopté en 1890 le système de l'étalon d'or.

Le système métrique décimal français a été adopté en 1864. Mais on emploie encore :

Mesure de longueur, le stingène = 1 m. 96
Mesure de capacité, l'ocque = 1 litre 095
Mesure de poids, l'ocque = 400 drachmes = 1 kgr. 287

Relations avec la France.

Traités et conventions.

COMMERCE ET NAVIGATION. — Convention du 6 mars 1907, traitement de la nation la plus favorisée et assimilation des pavillons. — PROPRIÉTÉ ARTISTIQUE, LITTÉRAIRE ET INDUSTRIELLE : Arrangement du 6 mars 1907 pour la protection de la propriété littéraire et artistique et la propriété industrielle. Arrangement du 11 mars 19[illegible] pour la répression des fausses indications de provenance.

Représentation de la Roumanie en France.

Légation à Paris, 122, rue La Boétie (8e) de 11 h. à 13 h.

Env. Extr. et Min. Plén. : Prince *Ghika*. Ministre-adj. : Prince Nicolas *Cantacuzène* ; 1ers Secrétaires : Jean *Lahovary*, Alexis *Cartargi*, Jean *Vassiliu* ; 2e Secr. : Jean *Gheorghiu* ; 2e Secr. : André *Popovici* ; Attaché commercial : Geo. R. *Stoïcesco* : Attaché milit. : Lt-Colonel *Jonesco-Munte*, Bureau : 51, rue François- 1er.

Bureau de la Presse roumaine : M. Serbesco, 37, av. Victor-Emmanuel.

Consulat Général à Paris, 4, rue de la Banque (de 10 à 12 h.) Consul Général : Louis *Dreyfus* ; Chanc. *Davis*.

Consulats à : Bordeaux ; Dunkerque ; Le Havre ; Marseille : *A. Fraissinet*. Nice ; Rouen ; Oran. Vice-Consulats à : Paris ; Marseille : Menton.

Institutions roumaines à Paris :

Etudiants roumains à Paris : Prof. Mario *Roques*, 2, rue de Poissy.

Office des intérêts privés en Russie et en Roumanie, 2, rue Edouard-VII.

A Marseille, Agence commerciale au consulat de Roumanie.

Représentation de la France en Roumanie.

Légation à Bucarest, 13, strada Lascar Catargi.

Envoyé Extraord. et Ministre Plén. : *Daeschner* (O. ✻) ; 1er Secr. *Henri Cambon* (✻). — Secr. archiv. chancelier : *de Susini* : Attaché mil. : Colonel *Petin*, brev. Att. naval, cap. de vaisseau *de Belloy*.

Attaché comm.rc'al : Roger *Sarret* (5-21).

Cons. à Galatz : *Daubrée* ; V.-Cons. à Constantza.

Agents consul. à Braila, Craiova, Jassy.

Institutions françaises en Roumanie.

Office Commercial Français à Bucarest. 2, strada Bursci. Dir : *Sarret* (s'adr. à L'O.N.C.E., 3. rue Feydeau, Paris).

Conseillers du Commerce extérieur : à Bucarest, Oscar *Dacosta*, J.-L.-E. *Hublin*, *Lévy-Strauss*, J.-B. *Schiienger*.

T. C. F. Délégués : à Bucarest, V. *Daresco*, avocat, 9 Strada Popa rusu ; *Denizot*, Strada Pantelor, 19 ; à Braila, *Costache*, 80, bd. Cuza ; à Galatz, Ch. *Grant*, Secrétaire de la Commission européenne du Danube ; à Ploesti : Edmond *Schmitz*, dir. de la Raffinerie de pétrole Vega.

Enseignement : Bucarest, Alliance Française, Prés. : N....

Assistance : Société Française de Bienfaisance à Bucarest ; Constantza ; Galatz et Jassy.

Cercles : à Braila, Cercle Voltaire ; Sté littéraire Française, Prés. : *Vuccino*.

La Roumanie en 1919.

La vie politique roumaine gravite en cette année autour de deux faits : la campagne militaire contre Bela Kun et l'armée hongroise qui se termine après le passage de la Theiss par les Hongrois (19-20 juillet) par une victorieuse contre-offensive qui rejette l'ennemi de l'autre côté de la Theiss (23. 27 juillet) et aboutit à l'entrée de l'armée roumaine à Budapest (4 août). La ville devait être évacuée par elle le 16 nov. L'autre fait, plus important peut-être dans ses conséquences, est la ratification du traité de Saint-Germain.

Dès qu'elles furent connues à Bucarest, les clauses du traité de paix et particulièrement celles concernant le régime des minorités étrangères et le Banat, furent jugées incompatibles avec la dignité et la souveraineté de l'Etat roumain. La presse officieuse ne dissimula pas son dépit contre la France qu'elle rendait responsable de l'insuccès de M. Bratiano à la Conférence. M. Bratiano rentre à Bucarest, adversaire déterminé de la signature du traité avant que de profondes modifications n'y aient été apportées. Sir George Clerk arrive dans la capitale roumaine le 13 sept. pour lui communiquer les dernières conditions du Conseil suprême. Le jour même, le chef du gouvernement remet sa démission au roi. La crise qui dure quinze jours se termine par la formation du cabinet du général Vaïtoiano, presque exclusivement composé de généraux en activité, que la presse d'opposition appelle un « ministère Bratiano en uniforme ». La tâche du cabinet est de faire de nouvelles élections mais l'opposition ne jugeant pas la liberté de celles-ci suffisamment garantie, refuse en bloc de présenter des candidats. Seuls, prennent part au scrutin, les partisans de M. Bratiano, le parti conservateur-progressiste de M. A. Marghiloman, le parti de M. Jorga, le groupe bessarabien Inculets, le groupe bukovinien Nistor-Constantinesco-Porco. Les élections qui ont lieu dans le calme du 2 au 5 nov. amènent à la Chambre 321 députés des territoires libérés dont 205 pour la Transylvanie, 247 députés de l'ancien royaume dont 100 libéraux nuance Bratiano, 58 membres du parti paysan, 13 conserv. progressistes, 27 nationalistes (Jorga). L'opposition pousse des cris de triomphe, les libéraux n'ayant obtenu, d'après elle, que 199.000 voix sur 1.300.000 électeurs inscrits. Plus de 700.000 électeurs se sont abstenus.

Les nouvelles notes du Conseil suprême (16 nov.) amènent la démission du cabinet Vaïtoïano. Après des négociations assez laborieuses, M. Vaida Voevod réussit à constituer le 6 déc. le nouveau ministère que les libéraux vont attaquer dès ses débuts. Le 10, la Roumanie accède aux traités de Saint-Germain et de Neuilly, espérant, par cette preuve de sagesse, obtenir des modifications aux clauses du premier de ces traités.

Le 29 déc. la Chambre ratifie le décret-loi confirmant l'union à l'ancien royaume de la Bessarabie, de la Bukovine, de la Transylvanie, du Banat, de la Grishana, du Satmar et du Maramouresh, c'est-à-dire l'union de toutes les provinces roumaines en un seul État.

La solution de problèmes importants s'impose au nouveau ministère : problème de la vie chère, crise des transports, budget en déficit, dette de 20 milliards en y comprenant le montant des réquisitions non payées, les dommages à réparer, change empêchant toute transaction avec l'Occident, réforme agraire, etc.

Bibliographie.

Annuaire Général de la Roumanie. Dir. N. I. Anastasesco, rue Sarindar, Bucarest.

Annuaire statistique de la Roumanie. Annuel. Bucarest.

Bulletin statistique de la Roumanie, Direction de la Statistique. Bucarest.

Basilesco. *La Roumanie dans la guerre et dans la paix*. 2 vol. F. Alcan, Paris.

Colescu (Dr L.). *Dictionarul Statistic al Romaniei*. Annuel. Bucarest.

Comnène (N.-P.). *La Dobrogea (Dobroudja)*, in-18, 3 fr. Payot. Paris, 1918.

Demorgny (G.). *La Question du Danube*, in-16, 5 fr. Sté du Recueil Sirey. Paris, 1916.

Draghicesco (D.). *Les Roumains*, in-16, 1 carte, 3 fr. 90. Bossard. Paris, 1918. — *La Bessarabie et le droit des peuples*. F. Alcan. Paris, 1918.

Djuvara (Mircea). *La Guerre roumaine* (1916-1918) in-8, 532 p. br. 10 fr. Berger-Levrault Paris, 1919.

Dubesco (J.-N.). *L'Évolution économique contemporaine des pays balkaniques. Roumanie, Bulgarie et Serbie*, in-8. Rousseau. Paris, 1916.

Emilian (D. St.). L'industrie en Roumanie, Bucarest, 1919.

Jancovici (D.). *La Paix de Bucarest* (7 mai 1918), in-16, 4 fr. 50. Payot. Paris, 1918.

Jorga (N.). *Histoire des relations entre la France et les Roumains*, in-16, 256 p., 4 fr. 50. Payot. Paris, 1918.

Mavrodin (C.). *La Roumanie contemporaine*, in-8, 3 fr. Plon-Nourrit. Paris, 1915.

Stirianu (Mircea R.). *La question de Transylvanie et l'Unité politique roumaine*, gr. in-8. 7 fr. 50. Jouve. Paris, 1918.

Xénopol. *La Richesse de la Roumanie*. Bucarest, 1916 ; *Les Roumains*, in-18, br. 2 fr. Ch. Delagrave. Paris, 1909.

RUSSIE

Depuis le 15 mars 1917, date de l'abdication du tsar Nicolas II, l'Empire Russe s'est fractionné en un certain nombre de gouvernements ou d'organismes autonomes. Parmi ceux-ci la Finlande, la Pologne ont été reconnues de fait et de droit par les Puissances Alliées. Les Etats baltiques, Esthonie, Latvia (Lettonie), Lithuanie, l'Arménie, l'Azerbeidjan, la Géorgie ont proclamé leur indépendance, qui a été successivement reconnue *de facto* par les Grandes Puissances. On trouvera donc des notices spéciales à ces pays à leur ordre alphabétique.

Il existe en outre des organisations autonomes en Ukraine, dans les régions du Don et du Caucase nord, etc. Le reste de la Russie d'Europe et d'Asie est sous le régime de la République fédérative socialiste des Soviets, établie le 15 novembre 1917 et non encore reconnue par les Puissances de l'Entente (avril 1920).

Il ne sera fourni ci-après au point de vue statistique que des chiffres et indications d'ensemble, représentant les données générales connues pour l'ancien empire russe avant la révolution.

République des Soviets.

Conseil des Commissaires du peuple : V. J. *Oulianow* (*Lenine*) ; Aff. milit. : Léon D. *Bronstein* (*Trotzky*) ; Affaires étrang. : G. *Tchicherine* ; Intérieur, postes et télégr. : *Glebow* ; Finances : *Krestinsky* ; Instruction publ. : *Lunatcharsky* ; Industrie et commerce : *Krassine* ; Agricult : *Sereda* ; Ch. de fer : *Newsky* ; Ravitaill. : *Tziourupa*.

Comité exécutif des Soviets : Prés. : *Kalénine*.

Superficie et population.

L'ancien empire russe couvrait une superficie totale de 22.556.520 km. q., 42 fois plus grande que celle de la France (550.985 km. q.). Il avait une population totale de 178.378.800 hab. en 1914 dont 128.864.300 pour la Russie d'Europe, soit 24 hab. au km. q. en Russie d'Europe, 3 en Asie centrale, 0,8 en Sibérie alors que la densité moyenne de l'Europe est de 39 hab. par km. q. (France, 73).

L'accroissement était de 2,5 millions d'hab. par an en moyenne.

Superficie et population se répartissaient de la façon suivante :

	Superficie.	Population.
Russie d'Europe	4.902.560 km. q.	128.864.300 hab.
Pologne	113.820 —	12.247.000 —
Finlande	373.600	3.241.000 —
Caucase	469.220 —	12.921.700 —
Asie centrale	3.488.530 —	11.163.500 —
Sibérie	12.393.870 —	10.100.700 —
Boukharie, Khiva	270.860 —	2.300.000 —
Mer Caspienne, Mer d'Asow, lac d'Aral	544.060 —	»

La population était assez composite bien que l'élément russe (grand-russien, 56 p. 100, petit-russien, 17 p. 100 et blanc-russien, 4,6 p 100) constituât à lui seul les 3/4 de la population totale et les 7/8 des Slaves.

Au point de vue ethnique, la population russe se répartissait ainsi, d'après le dernier recensement :

Slaves : 92.089.733 dont 81.513.580 en Russie d'Europe ;

Turco-Tartares : 13.601.251 dont 6.600.000 en Asie Centrale et 4.600.000 en Russie d'Europe, soit 10,6 p. 100 ;

Juifs : 5.070.205 dont 3.715.081 en Russie d'Europe, soit 3,9 p. 100 ;

Lithuaniens : 3.094.469 dont 2.766.805 en Russie d'Europe, soit 2,9 p. 100.

Les principales villes étaient en Russie d'Europe : Petrograd, 2.318.645 hab. ; Moscou, 1.817.100 ; Odessa, 631.040 ; Kiew, 610.190 ; Riga, 569.100 ; Kharkow, 258.360 ; Saratow, 235.500 ; Ekaterinoslav, 220.100 ; Rostow-sur-le-Don, 204.725 ; Wilna, 204.290 ; Kazan, 195.300 ; au Caucase : Tiflis, 327.800 ; Bakou, 237.000 ; Saliany, 120.904 ; en Sibérie. Irkoutsk, 129.700 ; Tomsk, 116.664 ; en Asie Centrale, Taschkent, 272.300 ; Omsk, 135.300.

Religion.

Depuis la révolution de 1917, la liberté des cultes et des croyances est complète en Russie. La religion dominante est la foi orthodoxe ou l'église gréco-russe. Le St-Synode, institué par Pierre le Grand en 1721, constitue l'administration centrale et suprême de l'église orthodoxe et se compose des trois métropolitains, de Pétrograd, Moscou et Kieff, de l'Archevêque de Géorgie et de plusieurs évêques. L'Eglise catholique est dirigée par un collège, l'Eglise protestante par un Consistoire, qui siègent à Pétrograd. Avant la révolution, l'église orthodoxe avait 3 métropolitains, 14 archevêques et 50 évêques ; l'église catholique 2 archevêques (à Varsovie et Mohileff) et 6 évêques.

Sur 125.640.021 d'habitants en 1905, on comptait : 87 millions d'orthodoxes, soit 70 p. 100, 14 millions de musulmans, soit 11 p. 100, 11.470.000 catholiques, soit 9 p. 100, 5.220.000 juifs, soit 4 p. 100, 3.575.000 protestants, soit 3,5 p. 100.

Instruction.

Il y a des Universités à Pétrograd (f. en 1803), Moscou (f. en 1755), Kharkoff (f. en 1804), Kieff (f. en 1570), Kazan (f. en 1804), Odessa (f. en 1817), Yurieff ou Dorpat (f. en 1630), Tomsk (f. en 1888) et Saratoff (f. en 1909). Il existait en outre, à Saint-Pétersbourg, une Académie de Médecine, un Institut de Médecine expérimentale, l'Institut Clinique de la Gde-Duchesse Hélèna-Pavlovna (f. en 1855), des Ecoles de droit à Jaroslaw, Moscou et St-Pétersbourg, un Institut oriental à Wladivostock (f. en 1899), un Polytecknikum (f. en 1862) à Riga.

Une Université a été créée à Perm en 1917, et une Université populaire du Général Alphonse Shaniavsky existe à Moscou depuis 1908. En 1916, une Université féminine a été fondée à Petrograd. Il y avait, en 1914, 39.027 étudiants. On compte aussi de nombreuses écoles spéciales de théologie, de médecine, de droit, de langues orientales.

D'après les dernières statistiques établies en janvier 1912, il existait dans l'empire 115.502 écoles dont 95.381 pour la Russie d'Europe avec un total de 6.927.691 élèves ou étudiants dont 6.151.538 pour la Russie d'Europe. Sur ces 6.927.691 élèves ou étudiants 6.220.242 fréquentaient les écoles primaires, 218.016 les écoles spéciales, 428.355 les écoles secondaires, 61.078 les écoles supérieures.

On comptait en outre 206.961 élèves fréquentant les écoles privées, laïques ou religieuses chrétiennes, 329.585 des écoles religieuses non chrétiennes et 233.911 des écoles diverses. Le nombre total des élèves ou étudiants en 1912 peut être évalué à 8.038.109.

L'instruction primaire est peu développée. D'après les statistiques, 27 p. 100 seulement des enfants, âgés de neuf ans, savaient lire et écrire. On ne comptait que 100.295 écoles primaires, dont 59.682 dépendant du Min. de l'Instruction publique et 37.922 du Saint-Synode avec 203.273 professeurs et 6.180.510 élèves.

Les établissements d'enseignement secondaire étaient au nombre de 2.029 dont 441 gymnases, et comptaient 685.611 élèves.

Défense nationale.

Avant la guerre, le service militaire en Russie était obligatoire. Il commençait à 21 ans et comprenait 18 ans dans l'armée active, 3 et 4 ans sous les drapeaux, 13 ou 15 ans dans la réserve et jusqu'à l'âge de 43 ans (révolus) dans le premier ban de l'armée territoriale (opoltchentzy). Tous les Cosaques valides, sans aucune limite d'âge, appartenaient aux troupes de la défense nationale. Les troupes de la marine faisaient 5 ans de service actif et restaient 5 ans dans la réserve. Le contingent annue était pour 1914 de 455.000 hommes et pour 1915 de 585.000 h. Une division russe comprenait 2 brigades, 4 régiments et 8 bataillons. L'effectif de l'armée active était de 27 corps d'armée et comptait en temps de paix 2.300.000 h.

Le budget militaire pour l'année 1917 était de 614.958.837 roubles.

La flotte comprenait en 1914 : Flotte de la mer Baltique, 223 bâtiments représentant 588.532 tonnes, 1.880 canons : Flotte de la mer Noire, 87 bâtiments avec 243.864 tonnes, 566 canons ; Flotte de la Sibérie, 86 bâtiments avec 69.671 tonnes et 364 canons ; Flotte de la mer Caspienne, 7 bâtiments avec 3.634 tonnes et 38 canons.

Mouvement économique.

Finances.

Le dernier budget normal de 1917 se présentait ainsi : Recettes ordinaires 3.998.631.711 roubles, (le rouble valait 2 fr. 66), dépenses ord. 3.734.637.085 ; recettes extraordinaires 6.000.000 r., dépenses extraord. 343.159.985.

D'après le rapport du commissaire aux finances, la dernière situation budgétaire connue serait la suivante pour la République des Soviets (en millions de roubles) :

	Recettes.	Dépenses.	Déficit.
Année 1918	15.573	46.677	31.104
Premier semestre 1919	20.350	50.703	30.353

La dette publique était passée de 1.376.420.117 r. en 1862, à 8.637.000, 000 en 1914 et à 25.220.936.895 r. en 1917. Le total des dépenses de guerre était estimé à plus de 50 milliards de roubles ou 125 milliards de fr., dont 33.661 millions à l'intérieur et 8.628 millions à l'étranger.

D'après M. Edmond Théry, l'ensemble des valeurs russes possédées par des Français, à la veille de la guerre, pourrait être évalué à environ 12 milliards de fr. (capital nominal). Une estimation de l'*Europe Nouvelle* indique pour les fonds d'Etat et valeurs russes cotés à Paris :

	(en francs).
Fonds d'Etat	13.321.500.000
Villes	395.500.000
Chemins de fer (obl. garanties)	2.063.500.000
Total de la Dette Publique Russe	15.780.500.000
Banques	725.000.000
Valeurs industrielles et métallurgiques	1.025.500.000
Charbonnages et Mines diverses	394.500.000
Pétrolifères	359.000.000
Total général	18.284.500.000

Agriculture.

La Russie dispose de la plus grande étendue de terres fertiles (terres noires) en Europe, ce qui lui permet de fournir plus d'un cinquième de la production mondiale de céréales, malgré un rendement peu élevé qui se chiffre pour le blé à 46 pouds (le poud égale 16.380 grammes) par déciatine (le déciatine = 109 ares 25), soit environ la moitié du rendement moyen de la France.

La Russie d'Europe est surtout un pays agricole : l'agriculture avec ses industries subsidiaires occupe 77 p. 100 de la population totale. Ce n'est que dans ces dernières années que des méthodes plus modernes s'y sont implantées, donnant un accroissement notable de la production.

La récolte annuelle moyenne de blé qui était, en effet, de 344.588.000 pouds pour la période 1883-1892, est passée à 542.686.000 pouds pour la période 1893 et 1902 et à 739.640.000 pouds pour la période 1903-1914. Mais en 1908, alors qu'on n'employait que 10.200.000 pouds d'engrais artificiels, on en employait 35.300.000 en 1912.

Parmi les grands pays producteurs de blé, la Russie venait au 2e rang avec une moyenne de production annuelle de 199 millions d'hectolitres (Etats-Unis : 259, France : 144 ; Autriche-Hongrie : 71). Il y a deux récoltes annuelles de blé et de riz qui, avec les autres céréales et les pommes de terre, fournissent un commerce considérable d'exportation (V. Exportation).

La récolte de 1915 avait été évaluée ainsi en millions de pouds : blé d'hiver 440.3 ; blé d'été 933.4 ; riz, 1.411 ; avoine, 795.3 ; orge, 570.4 ; pommes de terre 1.375.7.

Le coton, surtout cultivé en Asie centrale et en Transcaucasie avait donné en 1916-17 14.579.000 pouds dont 13.572.000 en Asie centrale : la production du tabac avait été, en 1915, de 122.000 tonnes.

Le cheptel en 1914 comportait 34.973.000 chevaux (22.529.000 en Russie d'Europe), 52.052.000 bêtes à cornes (Russie d'Europe 32.704.000), 72.273.000 chèvres et moutons (Russie d'Europe 37.240.000), 14.995.000 porcins (Russie d'Europe 11.581). Alors qu'on comptait 90 têtes de bétail par 100 têtes de population pour la dernière période décennale finissant en 1909, on en comptait 118 en 1914.

Les forêts couvrent en Russie une surface de 502.562.000 déciatines, soit presque le double de la surface des forêts canadiennes (296.400.000 déc.) et plus que le double de celles des Etats-Unis d'Amérique (224.450.000 déc.). La Russie est à peu près seule à fournir le lin.

Productions minérales.

La Russie joue aussi un rôle important dans l'économie mondiale par sa production d'or, de pétrole, de minerai de fer, de houille et d'autres produits. Cette production a une valeur annuelle de 450 millions de roubles et le nombre des ouvriers qu'elle nécessite dépasse 600.000. Les 9/10 de cette production sont représentés par le pétrole (32 p. 100), le charbon (29 p. 100), le fer (18 p. 100) et l'or (11 p. 100).

Des évaluations fixent à 3.626.143 millions de pouds la réserve totale de houille de la Russie. La production était passée de 1.813.910.000 pouds en 1912 à 2.060.340.000 en 1914. Sur ces derniers chiffres, la Russie du sud était comprise pour 1.713.100.000 pouds. Les gisements les plus importants sont : le bassin du Donetz fournissant plus de 55 p. 100 du charbon et plus de 80 p. 100 du coke consommé en Russie, la région de la Dombrowa (V. Pologne), le bassin de l'Oural, le bassin de Moscou ; les bassins sibériens et en particulier celui de Kutznetsk dont les réserves sont évaluées à 685 millions de pouds, sont spécialement importants (V. Sibérie).

Le minerai de fer, dont l'extraction a passé de 30.808.000 pouds en 1885 à 256.261.000

en 1912 donne à la Russie la 4e place parmi les pays producteurs de fer. Les réserves sont estimées à 1.947.930.345 tonnes dont le contenu en fer serait de 806.375.696 tonnes. Les gisements les plus considérables se trouvent dans la Russie centrale (789 millions de tonnes), mais les plus riches sont situés dans la Russie méridionale (536 millions de tonnes de minerai et 223.320.000 tonnes de fer (contenu 62 p. 100 et 40 p. 100), ayant leur centre à Krivoi Rog, dans les monts Ourals, dans le district Pétrozavodsk de la région des Lacs et dans le sud-ouest de la Pologne et du Caucase.

On trouve des dépôts d'or, principalement des alluvions, dans toutes les parties de la Russie, mais les gisements les plus riches sont ceux des monts Oural et du Lena. La production en 1913 avait été de 60.847 kilos.

La Russie est, en quelque sorte, la source exclusive de platine du monde entier, la Colombie, le seul autre pays producteur de ce métal, ne fournissant que 6 à 7 p. 100 de la consommation mondiale. Presque tout le platine produit est exporté à l'étranger à l'état brut. En 1913, la production avait été de 4.898 kilos. Le cuivre provient principalement des monts Oural, du district de Bogoslovsky, de la Transcaucasie et en Sibérie, du gouv. de Yenissei. La production a triplé depuis 1906, donnant un chiffre de 33.695 tonnes en 1913. Importants gisements de manganèse dans le Caucase, à Chiaturi et à Nikopol, en Russie méridionale, de sel, de minerais de mercure, de zinc (11.606 tonnes en 1913), d'argent, etc.

La Russie vient au second rang, après les Etats-Unis d'Amérique, dans la production mondiale du pétrole avec une production annuelle de 9.192.800 tonnes (550 à 600 millions de pouds). Les districts de Bakou et de Maikop au Caucase figuraient dans ce chiffre pour 446 millions de pouds. Autres gisements, bassin de Petchora dans le nord-est, et les steppes Emba où l'exploitation des sables pétrolifères a été entreprise ces dernières années avec succès.

Industries.

Malgré ses ressources minières, la Russie n'a de grande industrie que depuis 1890. Les progrès sont lents, mais réels. Les principales industries sont : l'industrie métallurgique, les industries textiles qui comprennent surtout la fabrication des toiles de lin et de coton ; cette dernière avec 7.992.503 broches en 1915 ; les industries alimentaires, en particulier l'industrie sucrière (314 raffineries en 1917) et celle de l'alcool (803 distilleries en 1916) ; les industries du bois, etc.

Sur les 314 fabriques existant en 1917, 213 se trouvaient en Ukraine, 53 en Pologne et 48 dans les diverses autres régions. La production du sucre de betterave, exception faite pour la Pologne, avait montré les résultats suivants :

	Surface ensemencée.	Betteraves travaillées.	Sucre produit.	Rendement.
	Hectares.	en tonnes.		p. 100.
1914-1915	750.105	12.260.900	1.939.417	15.81
1916-1917	624.231	8.990.761	1.321.606	14.69
1917-1918	572.034	7.054.578	1.028.588	14.58

La restauration de la Pologne enlèvera à la Russie la presque totalité de son industrie textile. Il restera à celle-c. une industrie forestière considérable. L'exportation de bois qui était, en 1903, de 416 millions de tonnes valant 177 millions de fr. a passé en 1912 à 696 millions de tonnes d'une valeur de 407 millions de fr.

L'industrie russe de la pêche, qui occupe plus de 300.000 personnes, tient le 3e rang pour le commerce des poissons d'eau douce et des poissons de mer. Elle est concentrée dans les quatre bassins de la mer Caspienne (18 millions de pouds), de la Baltique (2,5), de la mer Noire (3), et la région des lacs (25). On y pêche surtout l'esturgeon qui donne le caviar et des poissons blancs, la perche, le brochet, la brême et le chat marin. En Extrême-Orient, l'industrie s'est modernisée et des usines ont été équipées pour la conservation du poisson.

Commerce.

Le commerce, qui se faisait à peu près exclusivement par la frontière d'Europe, montrait en millions de roubles :

ANNÉE.	IMPORTATION.	EXPORTATION.	ANNÉE.	IMPORTATION.	EXPORTATION.
1911	1.161.7	1.591.4	1914	1.098.0	956.1
1912	1.171.8	1.518.9	1915	1.114.0	397.2
1913	1.374.0	1.520.1	1916	1.158.0	202.0

Les principaux pays de provenance et de destination étaient, chiffres en milliers de roubles :

Pays.	Importation.			Exportation.		
	1914	1915	1916	1914	1915	1916
Allemagne	417.787	23.698	9.064	248.805	»	»
Grande-Bretagne ..	167.358	227.770	616.190	188.462	150.458	179.256
Etats-Unis........	77.018	151.021	422.385	8.703	3.274	13.968
France...........	42.929	28.795	170.211	55.636	16.580	64.577
Autriche-Hongrie .	23.482	1.429	2.429	38.908	»	»
Finlande	53.722	91.759	212.199	57.730	132.630	199.116
Italie	15.001	8.187	10.258	40.575	183	681

La Russie achète surtout à l'Allemagne des machines et mécaniques, lainages, au Royaume-Uni, des machines et mécaniques, du charbon et aux Etats-Unis et à l'Egypte du coton brut ; elle vend à l'Allemagne des céréales, des œufs, du bois, du lin, au Royaume-Uni des céréales, des bois, des œufs, du lin, aux Pays-Bas des céréales, du bois, à la France et à la Belgique des céréales, du lin.

Depuis 1900, le commerce extérieur entre la France et la Russie a montré les résultats suivants (en millions de francs) :

	Exportations russes en France.	Exportations françaises en Russie.
1909	287	68
1910	337	87
1911	443	53
1912	432	61
1913	461	85

Il y a lieu de mettre, en regard de ces chiffres, le montant des exportations allemandes.

1910	538	1913	754
1911	617	1914	937
1912	634		

En 1913, le chiffre des importations allemandes en Russie avait atteint 47,5 p. 100 et le chiffre des exportations 29,8 p. 100 du chiffre global.

Les importations allemandes en Russie qui, en 1913, se montaient à 1.709 millions de fr., tombaient en 1914 à 1.112 millions, en 1915 à 63 millions et en 1916 à 24 millions. En 1915, elles étaient encore supérieures à celles du Japon (34,8 millions), de la Chine, etc. D'après les « Weltwirth Schaftliche Archiv », les importations allemandes auraient repris leur cours ascendant passant de 1.077.000 roubles en janvier 1917 à 1.093.000 roubles en février, etc.

Les principaux articles du commerce extérieur étaient, en milliers de roubles :

Importation.			Exportation.		
Articles.	1913	1916	Articles.	1913	1916
Métaux bruts	52.735	180.295	Lin	94.158	111.485
Produits chimiques et couleurs	59.415	149.900	Céréales, légumes secs, farines...........	589.939	106.604
Machines et mécaniques...	163.727	124.239	Bois	163.620	57.146
Cuirs et peaux...........	91.051	118.495	Chanvre...........	22.845	15.254
Papier et ouvrages en papier	40.609	106.900	Graines	34.496	11.427
			Sucre...........	6.198	11.427
Matières textiles diverses.	50.132	106.847	Œufs	90.639	6.619
Thé...........	30.696	52.541	Tourteaux	38.527	6.126
Charbon et coke...........	86.905	46.773	Pétrole et ses dérivés......	48.507	4.736
Laines	53.116	38.002	Laines	10.547	2.659
Coton	109.098	15.308	Viandes	9.302	769
			Beurre...........	71.160	23

Les quantités de céréales exportées de Russie et leurs principaux pays de destination sont donnés ci-dessous, avec chiffres en milliers de pouds (le poud = 13.380 gr.).

PAYS.	1914	1913	CÉRÉALES EXPORTÉES EN FRANCE.	1914	1913
Royaume-Uni	34.938	1.799	Blé	18.634	7.986
Allemagne	129.367	»	Orge	597	»
Pays-Bas	66.427	»	Avoine	5.019	»
France	27.135	8.178	Maïs	2.470	»
Autres pays	116.733	26.923	Autres céréales	415	192
Total	374.600	36.900	Total	27.135	8.178

Navigation.

La flotte commerciale russe comptait, au 1er janvier 1914, 3.700 navires jaugeant au total 783.000 tonnes dont 1.044 vapeurs jaugeant 513.000 tonnes. La plus grande partie de ces navires (1.325 jaugeant 294.000 tonnes) appartenaient au service de la mer Noire et de la mer d'Azow.

Le mouvement de la navigation avait montré, en 1912, 14.226 navires à l'entrée, dont 7.698 pour les ports de la mer Baltique et 14.013 à la sortie dont 7.729 pour les ports de la mer Baltique.

Communications.

On compte en Russie d'Europe (non compris la Finlande) 247.453 kil. de rivières, canaux et lacs, dont 33.258 kil. accessibles aux bateaux à vapeur, 12.038 kil. aux petits bateaux et 142.781 kil. aux radeaux.

Il y a, en Russie d'Asie, 138.052 kil. de rivières, canaux et lacs dont 34.466 kil. sont accessibles aux bateaux à vapeur, 13.962 aux petits bateaux et 54.583 aux radeaux.

Les chemins de fer en 1916 comportaient 54.288 verstes (57.906 kil.) en Russie d'Europe et 15.971 v. (17.036 kil.) en Russie d'Asie soit au total 97.714 verstes (104.261 kil.) dont 35.211 v. (37.558 kil.) de lignes de l'Etat, 16.820 v. (17.941 kil.) de lignes particulières et 2.257 verstes (2.407 kil.) de lignes d'intérêt local.

Les postes comptaient, en 1914, 18.760 bureaux. Le mouvement postal était pour le service intérieur de 7.459.333.000 lettres, 427.113.000 cartes postales, 776.144.000 imprimés, journaux et échantillons, 58.661.000 lettres chargées ; service extérieur, 116.403.000 lettres, 50.342.000 cartes postales, 70.811.000 imprimés, journaux et échantillons, 2.030 lettres chargées.

Les recettes s'élevaient à 350.808.120 fr., et les dépenses des postes (y compris les dépenses pour la construction et l'entretien des lignes télégraphiques et téléphoniques) à 237.858.787 francs.

Les télégraphes comportaient, en 1914 : pour les télégraphes de l'Etat : 5.444 bureaux, avec 222.919 kil. de lignes et 603.410 kil. de fils ; pour les télégraphes des compagnies de chemin de fer : 4.423 bureaux, 17.852 kil. de lignes, 241.183 kil. de fils : pour les télégraphes de la police : 480 kil. de lignes, 480 kil. de fils, soit au total, 9.867 bureaux, 241.251 kil. de lignes et 845.073 kil. de fils, 19 stations radiotélégraphiques et 47 stations de bord. Le nombre de dépêches expédiées s'élevait à 37.618.194 expédiées à l'intérieur, 3.922.816 internationales (1.681.764 expédiées et 2.441.052 reçues), 604.697 en transit, 6.458.164 de service total 48.603.271 dépêches, recettes 108.404.963 francs, dépenses (V. postes).

Les téléphones comprenaient, en 1914, 84.351 stations de l'Etat, 182.344 stat. de particuliers ; 185 réseaux urbains : 18.577 kil. de lignes, 898.184 kil. de fils, 1.617.020.271 conversations ; 38 circuits interurbains : 4.516 kil. de lignes, 19.433 kil. de fils, 8.728.899 conversations. Les recettes s'étaient élevées à 16.708.050 et les dépenses à 10.495.944 fr.

Monnaies, poids et mesures.

L'unité monétaire est le rouble (100 kopecks) = 2 fr. 666. Monnaies : (or) pièces de 15 roubles (40 francs), 10 roubles (26 fr. 666), 7 roubles 50 kop (20 francs), 5 roubles (13 fr. 333) (argent), 1 rouble (2 fr. 66), 50 kop (1 fr. 33), 25 kop (0 fr. 666), 20 kopecks (0 fr. 5333), 5 kop (0 fr. 40), 10 kopecks (0 fr. 266), 5 kop (0 fr. 133) ; (de billon), 5 kopecks, 4, 2, 1 et 1/2 kop. (fiduciaire), billets d'Etat, émis et garantis par l'Etat : en coupures de 500 roubles, 100 roubles, 25 roubles, 10 roubles, 5, 3 et 1 rouble, ayant le même cours que celui ci-dessus mentionné.

En vertu d'un ukase de 1870, les opérations de douane pouvaient se faire avec les unités du système métrique. D'autre part, ce système est entré en vigueur depuis le 1er janvier 1919 La connaissance des anciens poids et mesures n'en est pas moins nécessaire. En voici la brève énumération :

Poids: L'unité de poids de commerce est la *livre* = 409 grammes 500 (la livre polonaise = 405.504); le *poud* = 40 livres = 16.380 grammes.

Mesures de longueur: *Pied* anglais ou russe = 0 mètre 30.480; la *sagène* (toise ou brasse) = 2 m. 13.356; la *sagène* = 3 archines = 7 pieds = 48 verschoks = 840 lignes; la *verste* (mesure itinéraire) = 500 sagènes = 1 kilom. 06.678.

Mesures de superficie: la *déciatine* = 2.400 sagènes carrées = 109 ares 25.

Mesures de capacité: le *chtof* = 1 litre 536.

Les billets émis par la Banque d'Empire dépassaient, au cours de 2 fr. 66 par rouble, la somme de 46 milliards à fin octobre 1917 et, depuis cette époque, cette somme s'est considérablement accrue. Le papier-monnaie n'a plus, à l'heure actuelle, qu'une infime capacité d'achat.

SIBÉRIE

Superficie et population. — La Sibérie a une superficie de 12.393.870 km. q., presque triple de celle de la Russie d'Europe (4.902.560 km. q.). Sa population qui s'élevait à peine à 6 millions d'hab. à la fin du siècle dernier, comptait 9.788.400 hab. au 1er janv. 1913; elle était évaluée à 10.100.700 hab. en 1915.

Parmi les 10 provinces, qui la composent, les plus peuplées sont celles de Tomsk (3.919.800 hab.), de Tobolsk (2.005.500), de Yénisseï (982.500) et du Zabaïkal (920.500). La population des villes n'est que de 1.153.000 hab. contre 8.635.000 pour les campagnes.

Au point de vue de la race, les habitants se répartissent en: Grands Russes, 81,4 %; Turco-Tartars, 8,2 %; Mongols, 5,0 %; races indigènes (Chukchis, Ghilvaks), 5,3 %.

Les principales villes sont: Omsk, 135.800 hab. Irkoutsk, 129.700 hab., Tomsk 116.664, Vladivostok 91.464, Krasnoyarsk 87.500, Chita 79.200, Blagoveschenk 62.500, Novo-Nikolaïesk 62.967, Barnaul 61.330, Khabarovsk 51.300.

Instruction. — L'instruction était peu développée. La Sibérie ne comptait en 1912 que 6.245 écoles fréquentées par 341.271 élèves ou étudiants. Sur ce nombre, 308.247 fréquentaient les écoles primaires et seulement 6.245 les écoles supérieures.

Par 1.000 habitants, on comptait 36 élèves ou étudiants contre 54 en Russie d'Europe et 45 en Pologne. Sur 100 personnes, on en comptait seulement 16 sachant lire et écrire.

Mouvement économique.

Agriculture. — D'immenses étendues de la Sibérie sont impropres à la culture. La surface cultivée n'est que de 7.750.000 ha. sur une superficie totale de 12.393.870 kil. q. La Sibérie méridionale principalement possède un sol fertile et produit des moissons d'une quantité et d'une qualité exceptionnelles. Deux produits importants: le blé et les produits de l'industrie laitière dont la vente est organisée par des coopératives et des consortiums de consommation.

En 1909, date à laquelle Balakhine fonda la Fédération des *artèles* de laiterie, la nouvelle organisation comprenait 12 sociétés avec 21.000 roubles de capital. En 1914, la Fédération atteignait à 563 artèles, 502 consortiums de consommation, avec un mouvement d'affaires de 14 millions de roubles contre 7.500.000 en 1912. Le marché le plus important pour le beurre sibérien était l'Angleterre (1.546.000 pouds pour une valeur de 22.218.000 roubles en 1912) (le poud = 16.380 grammes, le rouble = 2 fr. 66), puis l'Allemagne (1.120.000 pouds). En décembre 1913, les artèles sibériennes comptaient 120.000 sociétaires propriétaires de 300.000 vaches.

Le cheptel sibérien comprenait en outre, en 1914, 4.840.000 chevaux, 6.241.000 bêtes à cornes, 5.745.000 chèvres et moutons, 1.428.000 porcs.

La Sibérie possède la surface boisée la plus grande que compte la Russie, 316.740.000 déciatines (le déciatine = 109 ares 25), mais les procédés modernes d'exploitation n'étaient guère appliqués que sur une superficie de 1 % des domaines. Les 4/5 des produits forestiers vendus proviennent de la surface boisée comparativement limitée appartenant à des particuliers et à des paysans. La difficulté la plus sérieuse que rencontre cette industrie est le manque de moyens de transport et de voies de communication.

Industrie minière. — Richesse minière considérable. On trouve en Sibérie de l'or, de l'étain, du fer, du charbon, de l'amiante, du cuivre, du graphite, de la soude.

Or. — En Sibérie occidentale, principaux centre d'extraction: mines Marinsk; groupe de Bobirikoulsk dans le district de Tomsk; groupe de Bogomdarovanny dans le district de Krasnoïarsk-Achinsk; mines de Mousina et de Kornioushow dans les steppes du sud. En Sibérie orientale: district minier de Vitim avec mines de La Lena Gold Co. produisant à elles seules 800 pouds par an soit 25 % de la production totale du tout l'empire; districts miniers de la Province maritime et de l'Oussouri ayant produit en 1912, 5 millions de fr.; districts de la Boureya et de l'Amour dans la province de l'Amour, ayant produit en 1912,

11 millions de fr. La production globale d'or pour toute la Sibérie est passée de 1.794 pouds en 1906 à 2.782 pouds en 1911.

Étain. — Riches gisements dans le district de Nertchinsk (prov. du Transbaïkal), de Kudinsky, Sharasnaisky et de Ravitinsky, à peine exploités.

Fer et charbon. — Trois grandes régions de production : l'Altaï, la Province Maritime, l'île de Sakhalin. Les mines de charbon de Kousnetzka dans l'Altaï s'étendent sur une superficie de 60.000 verstes carrées. Mine de lignite près de Vladivostock. Mines de charbon de Soutchan dont la production a passé de 105.490 tonnes en 1908 à 206.750 tonnes en 1912, de Dué (24.300 tonnes en 1912). Gisements de Mongougai, à 24 milles de Vladivostock non encore exploités, dont les réserves sont estimées à 5 millions de tonnes. Les mines de Sakhalin produisent une moyenne annuelle de 40.000 tonnes d'un charbon donnant un rendement en coke de 71.01, comparable aux meilleures sortes anglaises.

L'extraction totale n'atteignait que 866.660 tonnes en 1914, mais est susceptible d'être très développée.

Amiante. — Un seul gisement en exploitation, celui se trouvant dans le district d'Angar; autres gisements : sur la rive droite du Kanmakht, au pied des collines de Saksar (gouv. d'Yénisseï), près du Katoum (gouv. de Tomsk) et près des mines d'étain de Nertchinsk (gouv. du Transbaïkal).

Cuivre. — Principaux gisements dans le district d'Akmolinsk, exploités par la Soc. Spassky and Co, qui possède également des gisements dans les steppes Kirghiz. La production globale du cuivre est passée de 350 tonnes en 1901 à 3.160 t. en 1910. D'autre part, la Kyshtym Corporation sur le versant sibérien de l'Oural, saisie en janvier 1918 par les Bolcheviks avait produit 8.250 tonnes en 1915 et 6.298 t. en 1916.

Graphite. — Principal gisement : mine d'Alibér, en Sibérie orientale à 250 milles d'Irkoutsk. — Autres gisements non encore exploités et très importants dans les steppes Kirghiz et dans la Province maritime.

Soude. — Dans le district de Nertchinsk (prov. du Baïkal), grand lac salé contenant d'énormes dépôts de soude. La plupart des lacs sibériens sont riches en sels alcalins de toute sorte.

Pierres précieuses. — On a découvert dans l'Altaï et les montagnes de Nertchinsk des jaspes, des malachites, des béryls et des quartz noirs.

Communications. — Avant la guerre, le Transsibérien (commencé en 1895, achevé en 1904) avait reçu une double voie depuis Omsk jusqu'à sa jonction avec le chemin de fer de l'Amour et le rail du Transouralien avait été prolongé de Tioumen à Omsk, reliant ainsi Petrograd au Transsibérien.

Depuis, quatre embranchements ont été terminés en 1915, d'une longueur totale de 1.800 km. Ce sont : 1° la ligne de l'Altaï (823 km.) de Novonikolaïesk, station où le Transsibérien franchit l'Obi à Semipalatinsk, sur le haut Irtych ; 2° la ligne de Koulounda (320 km.) reliant Tatarskoïé, à 192 km. à l'est d'Omsk, à Slavgorod ; 3° un embranchement partant de Kolchugino et desservant le bassin houiller du Kousnetz ; 4° la ligne d'Atchinsk à Minoussinsk, sur l'Yénisseï supérieur traversant une région riche en houille et en fer.

En Sibérie orientale enfin, le chemin de fer de l'Amour a été achevé, mesurant du point où il se détache du Transsibérien à Khabarowsk, point terminus, 1.950 km.

UKRAINE

Constitution et gouvernement : République.

Superficie et population. — Superficie revendiquée : 739.162 km. q. *Population* en janvier 1914 : 46.000.022 hab., avec une densité moy. de 62,3 au km. q. Gouvernements les plus peuplés : Kiev (4.792.500), Volhynie (4.189.000), Podolie (4.057.000), Poltava (3.792.100), Kherson (3.774.600), Ekaterinoslav (3.455.000), Kharkov (3.416.000) et Tchernigov (3.200.000).

Au point de vue ethnique, on compte : Ukrainiens, 75 p. 100 ; Russes, 9 p. 100 ; Juifs 7,6 p. 100 ; Polonais, 4 p. 100 ; Allemands, 1,6 p. 100 ; divers (Roumains, Tatares, Blancs-Russes, Bulgares), 2,8 p. 100.

Villes principales : Kiev, capitale, 610.190 hab. ; Odessa, 631.040 ; Kharkov, 258.360 ; Ekaterinoslav, 220.100 ; Rostof, 204.725 ; Ekaterinodar, 200.000 ; Kherson, Nicolaïev, Sébastopol, Krementchug, Vinnitsa, Berditchef, Jitomir, chacune 100.000 à 120.000 hab.

Religion. — Depuis 1917, liberté des cultes et des croyances complète, mais la majorité de la population est de rite orthodoxe.

Instruction. — Au 1er nov. 1918, en plus des établissements scolaires créés sous le régime russe, on comptait, pour l'enseignement supérieur, 3 Universités nationales (Kiev, Kamenetz, Poltava) ; 3 Académies (Beaux-Arts, Militaire, Sciences) : une Université populaire ; 3 Instituts (Architecture, Economie administrative, Musique) ; pour l'enseignement secondaire, 100 gymnases ou collèges, 1.162 écoles primaires supérieures, et pour l'enseignement primaire, un nombre d'écoles suffisant pour assurer l'instruction à une moyenne de 66 p. 100 des enfants d'âge scolaire.

Mouvement économique.

Finances. — Les dépenses budgétaires se montèrent, pour l'année 1919, à 5.346.735.634 karbovanets, couvertes par les recettes ordinaires et extraordinaires, qui s'élevèrent à 3.249.731.092 k., par une émission de banknotes d'Etat et d'autres opérations de crédit pour la somme de 2.097.004.542 k., garantie par les propriétés de l'Etat.

Agriculture. — Pays presque exclusivement agricole, l'Ukraine compte 85 p. 100 de sa population c.-à.-d. 24.200.000 individus s'adonnant à l'agriculture ou à ses industries subsidiaires. Surface cultivée, 45.000.000 ha. c.-à-d. 58 p. 100 de tout le territoire. Petite propriété, 60 p. 00 ; grande propriété, 33 p. 100. Divers, 7 p. 100. Moyenne annuelle, au cours de la période 1911-1915, 275 000.000 quintaux (froment, seigle, orge, avoine) 100.000.000 q. de betteraves sucrières, 60.000.000 q. de pommes de terre, 87.000.000 kgr. de tabac, 6.000.000 q. de graines oléagineuses, 1.000.000 q. de chanvre, 600.000 q. de lin.

Production de froment et de seigle :

	Froment.	Seigle.
Moyenne 1909-1913	73.462.400 q.	41.171.900 q.
1914	54.335.800 —	44.109.600 —
1915	63.157.400 —	35.537.700 —
1916	68.098.600 —	49.587.600 —
1919	90.092.500 —	47.175.700 —

Sylviculture peu développée ; la surface boisée ne dépasse pas 110.000 km. q.; par contre, l'arboriculture s'y fait sur une assez vaste échelle ; les vergers seuls couvrent 26.000 ha. avec une production de 300.000 q. de fruits et 8.000 q. de noix et d'amandes. Apiculture : en 1910, production de 125.000 q. de miel et 13.700 q. de cire. Vignobles les plus importants dans le Sud, où il est récolté en moyenne 1.000.000 q. de raisin fournissant près de 500.000 hectol. de vin de très bonne qualité. Cheptel ukrainien, en 1914, 26.000.000 têtes de bétail, dont 5.800.000 chevaux, 8.000.000 de bêtes à cornes, 7.400.000 chèvres et moutons et 4.800.000 porcins. L'élevage de la volaille constitue une des principales ressources du paysan ukrainien qui exporta en 1905, avec un très grand nombre de poulets, oies, canards, etc., plus de 600.000 q. d'œufs.

Industrie. — a) *Industrie minière*. — Pays de grandes richesses minérales ; *or* dans les quarts du Donetz, *argent* dans le Kouban et le Terek (300.000 q. de *minerai d'argent* en 1910), *plomb* dans les mêmes régions (11.000 q. en 1910), *mercure* dans le Donetz à Mikivka (320.000 k. en 1905), *cuivre* dans le Donetz, le Kerson, Tauride et Caucase (81.000 q. en 1910 c.-à-d. 31 p. 100 de la production totale de la Russie), *manganèse* dans le bassin inférieur du Dniépre (3.245.000 q. ou 32 p. 100 de la production totale de la Russie), *houille* dans le Donetz, l'un des plus grands bassins houillers de l'Europe, avec une superficie de 23.000 k. q. et une production de 203.000.000 q. auxquels il faut ajouter 31.000.000 d'*anthracite* et 34.000.000 q. de *coke* ; *minerai de fer* dans le Kertch et le Don qui ont produit en 1907, 39 milliards et en 1911, 51,1 millions ; *pétrole* dans le Kouban qui produit une moyenne annuelle de 15.000.000 q.; *sel* dont la production s'éleva, en 1901, à 179.000 quintaux.

b) *Industrie manufacturière*. — Industrie manufacturière encore peu développée, mais appelée à un développement qui fera de l'Ukraine un pays de l'Europe industriel : industrie textile avec fabriques de lainage, de sacs de toile, de cordes, de toile à voile ; industrie métallurgique, avec nombreuses usines pour la construction des locomotives et 30 usines pour la construction de machines agricoles ; industrie sucrière avec 231 fabriques de sucre et 17 raffineries produisant en 1914 : 1.750.000 tonnes de sucre blanc ; minoterie comptant plus de 50.000 petits moulins et 800 grands moulins ; industrie de l'alcool ayant fourni, par ses 500 distilleries, près de 4.000.000 d'hect. ; industrie céramique comptant 12 faïenceries, 30 verreries et 12 usines à ciment ; industrie chimique, encore à l'état embryonnaire, fournissant annuellement 500.000 q. de soude ; 1.000 q. d'acide sulfurique : 150.000 q. d'acide nitrique.

Commerce. — Exportation pour les 9 gouvernements de l'Ukraine, pendant la période 1909-1912, 1.900 millions de fr. pouvant se décomposer ainsi : céréales : 1000 millions de fr. ; élevage (volaille, bétail), 150 millions ; sucre : 425 millions ; fer brut et ouvragé,

200 millions ; minerai : 25 millions ; autres produits : 40 millions. Importation pendant la même période : 1.800 millions de francs dont : produits de l'industrie textile : 700 à 750 millions ; cuirs et objets en cuir : 60 à 70 millions ; denrées alimentaires : 220 millions ; naphte et dérivés : 60 à 70 millions ; bois : 30 millions ; machines : 40 millions ; autres produits : 100 millions.

Communications intérieures. — Chemins de fer au commencement de 1918 : 15.028 verstes de lignes exploitées. Navigation fluviale sur le Dniépre, moyenne annuelle, 15.500.000 pouds de marchandises et sur le Dniester, moyenne annuelle de 500.000 pouds.

Mouvement maritime. — Mouvement de la navigation dans la Mer Noire et la Mer d'Azov à l'entrée : 3.893 navires en 1910 et en 1911 4.749 et à la sortie : 5.220 en 1910 et 4.575 en 1911.

Relations avec la France.

Représentation de la Russie en France.

Amb. et Cons. gén. à Paris, rue de Grenelle, 79.

Cons. à Bordeaux : M. *Verkhortzew*, Brest, Le Havre et Rouen, Lyon. Marseille, Nice, Toulon.

V. Cons. à Aix-les-Bains, Ajaccio, Bayonne, Boulogne-sur-Mer, Brest, Calais, Cannes, Cette, Dieppe, Dunkerque, Hyères, La Rochelle, Lille, Maubeuge, Menton, Nantes, Pau, Port-Vendres, Rochefort, Rouen, St-Nazaire, St-Valery-sur-Somme, Vichy, Villefranche-sur-Mer.

Colonies. Cons. à Alger, Oran.

République du Don. Délégation à Paris, 6, avenue Frémiet.

République Ukranienne. Délégation à Paris, 37, rue la Pérouse.

Institutions concernant la Russie.

Office des biens et intérêts privés en Russie et Roumanie, 12, rue Edouard-VII, Paris.

Représentations de la France en Russie.

Les relations diplomatiques sont rompues.

Cons. à Irkoutsk : *Côte*; Kharbine : *Lépissier* ; Kharkov : *Eybert*; Moscou : *Grenard* C. G. ; Odessa : *Vautier* ; Petrograd : *Nettement* ; Riga : *Binet* ; Tachkent : *Duchesne*.

V. Cons. à Omsk ; Vladivostock. Agents à Astrakan, Batoum, Berdiansk, Cronstadt, Eupatoria, Irkoutsk, Kertch, Liban, Marioupol, Narva, Nijni-Novgorod, Novorossik, Sébastopol, Taganrog, Théodosia, Yekaterinoslaw.

Bibliographie.

RUSSIE D'EUROPE

Annuaires du Ministère des Finances, du Ministère de l'Instruction publique, Statistiques concernant les institutions judiciaires ; Population, Annuaire du Comité Central de Statistique ; Statistiques annuelles des postes et télégraphes ; Revue du Commerce extérieur. Annuel jusqu'en 1915. Petrograd.

Stateeman's Handbook for Russia. Chancellerie du Conseil des Ministres. Petrograd.

Alexinsky (G.). *La Russie moderne*, 1912 ; *La Russie et la Guerre*, in-18, 3 fr. 50. A. Colin. Paris, 1916.

Bérard (Victor). *L'empire russe et le tsarisme*, in-18, 400 p., 4 fr. A. Colin. Paris.

Bulletin de la Chambre de Commerce russe de Paris, 27, rue Tronchet. Mensuel.

Bienstock (J. W.). *Histoire du mouvement révolutionnaire en Russie* in-8, 320 p. br. 12 fr., Payot, Paris, 1920.

Denis (Ernest). *L'Effort russe*, in-8. Foi et Vie. Paris, 1917.

Dillon (E.-J.). *The Eclipse of Russia.* Londres, 1918.

Domergue (Gabriel). *La Russie rouge*, in-16, 4 fr. 50. Perrin. Paris, 1918.

Duparc (L.). *Le Platine et les gîtes platinifères de l'Europe*, in-8. Sté des Ingénieurs Civils. Paris, 1916.

Kowalewsky. *La Crise russe*, in-18, 3 fr. 50. Giard et Brière. Paris, 1906.

Labry (R.). *L'industrie russe et la Révolution*, in-16, 288 p., Payot, Paris, 1919.

Léger (Louis). *Le Monde slave*, 2 vol., 1902; *Russes et Slaves*, 3 vol. Hachette. Paris, 1896.
Ossip-Lourié. *La Russie en 1914-17*, in-16, 4 fr. 55. F. Alcan. Paris, 1918.
Machat (J.). *Le développement économique de la Russie*, in-18 jés., 4 fr. A. Colin. Paris.
Ozeroff (Ivan). *Problèmes économiques et financiers de la Russie moderne*, in-16, 197 p., 2 fr. Payot. Paris, 1918.
Poléjaïeff (Pierre). *La Russie de 1906 à 1912*, in-8, 258 p., 5 fr. Plon-Nourrit. Paris, 1912.
Raffalovich (Arthur). *Russia. Its trade and commerce*. King and Son. Londres, 1918.
Rambaud (Alfred). *Histoire de la Russie*. Paris, 1918.
Rappoport (Dr A.-S.). *Home Life in Russia*. Methuen. Londres, 1913; *Pioneers of the Russian Revolution*, Stanley. Londres, 1918.
Taris (E.). *La Russie et ses richesses*, in-8, br. 4 fr. Pierre Roger. Paris, 1913.
Vandervelde (E.). *Trois aspects de la Révolution russe* (7 mai-25 juin 1917), in-16, 2 fr. 50. Berger-Levrault. Paris, 1918.
Zvorikine (N). *La Révolution et le Bolchevisme en Russie*, in-16, 6 fr. Perrin. Paris, 1920.

SIBÉRIE

Aulagnon (C.). *La Sibérie économique*. Paris, 1901.
Courant (Maurice), *La Sibérie colonie russe*, 93 p., 4 fr. F. Alcan. Paris, 1919.
Czaplicka (M. A.). *Aboriginal Sibéria*. Londres, 1915.
Guide du grand chemin de fer transsibérien. Petrograd, 1900.
Koulomzine (A. N. de). *Le Transsibérien*. Paris, 1904.
Nansen (F.). *Trough Sibéria*. The land of the future. Londres, 1914.

UKRAINE

Dubreuil (Ch.). *Deux années en Ukraine*. Paris, 1919.
Grouchefsky (M.). *L'évolution historique du problème ukrainien*. Londres, 1915.
Kordouba (Miron). *Le territoire et la population de l'Ukraine*. Berne, 1919.
Timochenko (W.). *L'Ukraine et la Russie dans leurs rapports économiques*. Paris, 1919.
Relations économiques entre l'Ukraine et la France, Paris, 1919.

SAINT-MARIN
(RÉPUBLIQUE DE)

Républ. indépendante, enclavée dans le territoire des prov. italiennes de Forli et de Pesaro-Urbino. Pouvoir législ. exercé par un Grand Conseil de 60 membres nommés par suffrage direct pour 9 ans, renouvelables par tiers tous les 3 ans ; deux de ses membres exercent pendant 6 mois, comme *capitani-reggenti* le pouvoir exécutif.

Couleurs nat. : Bleu, blanc. *Ordres* : de San Marino (5 cl.) ; du Mérite civil et militaire.

Traités: d'amitié avec l'Italie (révisé en 1914) ; d'extrad. avec la Belgique, les Etats-Unis, la Grande-Bretagne, les Pays-Bas.

Superf. : 61 km.q. *Popul.* : 11.958 hab. *Capitale* : San Marino (1.200 h.). Religion cathol. dépend des évêchés italiens de Rimini et de Montefeltro ; université, musée, biblioth. hôpital, tribunaux.

Finances. Budget 1919-20. Recettes : 2.000.000 lires : Dépenses : 2.150.000 lires.

Commerce : export. : vin, bétail, pierres. *Productions* : sol fertile ; graines, excellents vins, huiles, tabac ; calcaires jaunes, marbres, charbon, fer, soufre ; élevage de bestiaux.

Représentation dipl. en France : Légation à Paris, r. Margueritte, 17. *Chargé d'aff.* : M. Buoquet. — *Secr. de la lég.* : E. Gouin. — *Consulats* à Marseille, Nice, Rouen.

La France n'a pas de représentation diplomatique spéciale à St-Marin. Les affaires sont traitées par l'Ambassade de France à Rome.

Bibliographie. Daguin (Fernand). *La République de Saint-Marin, ses Institutions et ses Lois*, in-18. Sté du Recueil Sirey, Paris, 1904.

Montalbo et Sentupéry (de). *La République de Saint-Marin*, in-8. Lecène et Oudin, Paris, 1895.

SAINT-SIÈGE APOSTOLIQUE

Les États-Pontificaux jusqu'alors monarchie élective et absolue furent occupés en sept. 1870 par l'Italie. — Protestation du Pape en sept. 1870. Après le plébiscite du 2 oct. 1870, par lequel les populations ont opté pour l'annexion, tout le territoire des Etats Pontificaux a été incorporé au Royaume d'Italie, par décret du 9 oct. — La « Loi des garanties », votée le 13 mai 1871 sur la proposition du gouvernement italien, stipule : la personne du Pape est inviolable : le gouvernement italien rend au Souverain Pontife, sur tout le territoire du Royaume, les honneurs souverains ; le Souverain Pontife continue d'avoir la jouissance des Palais du Vatican et du Latran, ainsi que de la Villa de Castel-Gandolfo ; les envoyés des gouvernements étrangers près de Sa Sainteté jouissent dans le royaume de toutes les prérogatives et immunités qui appartiennent aux agents diplomatiques, conformément au droit international ; la liberté et le secret des correspondances postale et télégraphique du Vatican sont assurés ; en outre, le gouvernement italien assure au Pape une rente annuelle de 3.225.000 lires. Le Pape Pie IX, ni aucun de ses successeurs n'ont reconnu la loi des garanties ; ils n'ont donc pas accepté les fonds votés, mais en fait ils ont bénéficié des clauses reconnaissant leur qualité de Souverain.

Ordres : O. Suprême du Christ. — O. de l'Eperon d'Or. — O. de Pie IX (3 cl.). — O. de St Grégoire-le-Grand (3 cl.). — O. de St Sylvestre (3 cl.). — O. du St Sépulcre (3 cl.). — Croix : « Pro Ecclesia et Pontifice » et médaille de Benemerenti.

Souverain Pontife : BENOIT XV (Giacomo della Chiesa), né à Gênes, le 21 nov. 1854, élu Pape le 3 sept. 1914 à la mort de *Pie X* (20 août 1914), couronné le 4 sept. 1914.

Cardinaux Palatins. Dataire : Card. Vinc. *Vannutelli* ; Secr. d'Etat : Card. P. *Gasparri*.

Sacré Collège des Cardinaux (1918).

Le nombre des Cardinaux composant le Sacré Collège est fixé par les constitutions pontificales à 70 ; mais il y a 75 titres cardinalices, savoir : 6 cardinaux-évêques, 53 cardinaux-prêtres, 16 cardinaux-diacres.

Actuellement le S. Collège est composé comme suit :

I. — *Cardinaux Evêques.*

Vincenzo *Vannutelli*, né le 5 déc. 1836, év. d'Ostie et de Palestrina (créé card. le 30 déc. 1889). *Doyen.*

Gaetano *de Lai*, né le 30 juill. 1853, év. de Sabina (créé le 16 déc. 1907), sous-doyen.

Antonio *Vico*, né le 9 janv. 1847, Préfet des Rites, év. de Porto et Santa Rufina (créé en 1911).

Gennaro Granito *Pignatelli di Belmonte*, né en 1851, év. d'Albano (créé en 1911).

Basilio *Pompili*, né le 16 avril 1858, cardinal vicaire, év. de Velletri (créé en 1916).

Giulio *Boschi*, né le 2 mars 1838, arch. de Frascati (15 avril 1901).

II. — *Cardinaux Prêtres.*

José Sebastiao *Netto*, né le 8 fév. 1841 (créé card. le 24 mars 1884).

James *Gibbons*, né le 23 juill. 1834, archev. de Baltimore (créé le 7 juin 1886).

Michel *Logue*, né le 1er oct. 1840, archev. d'Armagh, primat d'Irlande (créé le 16 janvier 1893).

Andrea *Ferrari*, né le 13 août 1850, archev. de Milan (créé le 18 mai 1894).

Giuseppe *Prisco*, né le 8 sept. 1836, archev. de Naples (créé le 30 nov. 1896).

José Maria Martin *de Herrera y de la Iglesia*, né le 26 août 1835, archev. de Compostelle (créé le 19 avril 1897).

Giuseppe Francica *Nava di Bontifé*, né le 23 juil. 1846, archev. de Catane (créé le 19 juin 1899).

Agostino *Richelmy*, né le 29 nov. 1850, archev. de Turin (créé le 19 juin 1899).

Léon de *Skrbensky-Hriste*, né le 12 juin 1863, (créé le 15 avril 1901).

Bartolomeo *Bacilieri*, né le 8 mars 1842, év. de Vérone (créé le 15 avril 1901).

Raphaël *Merry del Val*, né le 10 oct. 1865 (créé le 9 nov. 1903) *Archiprêtre de Saint-Pierre, Secrétaire du St-Office.*

Joaquin Arcoverde *de Albuquerque Cavalcanti*, né le 17 janv. 1850, archev. de Rio-de-Janeiro (créé le 11 déc. 1905).

Ottavio *Cagiano de Azevedo*, né le 7 nov. 1845 (créé le 11 déc. 1905), Chancelier de la Ste-Eglise.

Pietro *Maffi*, né le 12 oct. 1858, archev. de Pise (créé le 15 avril 1907).

Alessandro *Lualdi*, né le 12 août 1858, archev. de Palerme (créé le 15 avril 1907).

Désiré *Mercier*, né le 21 novembre 1851, archev. de Malines, Primat de Belgique (créé le 15 avril 1907).

Pietro *Gasparri*, né le 5 mai 1852 (créé le 16 déc. 1907). Secr. d'Etat et Camerlingue.

Louis-Henri-Joseph *Luçon*, né le 28 oct. 1842, archev. de Reims (créé le 16 déc. 1907).

Paulin-Pierre *Andrieu*, né le 8 déc. 1849, archev. de Bordeaux (créé le 16 déc. 1907).

Francis *Bourne*, né le 23 mars 1861, archev. de Westminster (créé le 27 nov. 1911).
Léon-Adolphe *Amette*. né le 6 sept. 1850, archev. de Paris (créé le 27 nov. 1911).
William *O'Connell*, né le 8 janv. 1860, archev. de Boston (créé le 27 nov. 1911).
Enrique *Almaraz y Santos*, né le 22 sept. 1847, archev. de Séville (créé le 27 nov. 1911).
Anatole *de Rovérié de Cabrières*, né le 30 août 1830, évêque de Montpellier (créé le 27 nov. 1911).
Willem *van Rossum*, né le 3 sept. 1854 (créé le 27 nov. 1911); Préfet de la Propagande.
Vittoriano *Guisasola y Menendez*, né le 21 avril 1852, archev. de Madrid (créé le 25 mai 1914).
Louis-Nazaire *Bégin*, né le 10 janv. 1840, archev. de Québec (créé le 25 mai 1914).
Jean *Csernoch*, né le 18 juin 1852, archev. de Gran (créé le 25 mai 1914).
Gustav-Friedrich *Piffl*, né le 15 oct. 1864, archev. de Vienne (créé le 25 mai 1914).
Jean *Cagliero*, né le 11 janv. 1838 (créé le 6 déc. 1915), card. de curie.
André-Francis *Fruhwirth*, né le 21 août 1845 (créé le 6 déc. 1915) cardinal de curie.
Georges *Gusmini*, né le 9 déc. 1855, archev. de Bologne (créé le 6 déc. 1915).
Alfonso-Maria *Mistrangelo*, né le 26 avril 1852 (créé le 6 déc. 1915). Arch. de Florence.
Raphaël *Scapinelli di Leguigno*, né le 25 avril 1858 (créé le 6 déc. 1915).
Pietro *La Fontaine*, né le 9 nov. 1860, patriarche de Venise (créé le 4 déc. 1916).
Donato *Sbarretti*, né le 12 nov. 1856 (créé le 4 déc. 1916).
Auguste *Dubourg*, né le 1er oct. 1842, archev. de Rennes (créé le 4 déc. 1916).
Charles-Ernest *Dubois*, né le 1er sept. 1856, archev. de Rouen (créé le 4 déc. 1916).
Vittorio Amadeo *Ranuzzi de Bianchi*, né le 14 juill. 1857 (créé le 4 déc. 1916).
Pio Tommaso *Boggiani*, né le 12 janv. 1863, arch. de Gênes (créé le 4 déc. 1916).
Alessio *Ascalesi*, né le 31 oct. 1872, archev. de Bénévent (créé le 4 déc. 1916).
Louis-Joseph *Maurin*, né le 15 fév. 1859, archev. de Lyon, Primat des Gaules (créé le 4 déc. 1916).
Adolf *Bertram*, né 14 mars 1859, arch. de Breslau (16 déc. 1919).
Filippo *Camassei*, né 14 sept. 1848, patr. de Jérusalem (16 déc. 1919).
Augusto *Silj*, né 9 juill. 1846 (16 déc. 1919).
Juan *Soldevila y Romero*, né 20 oct. 1843 (16 déc. 1919).
Teodoro *Valfrè di Bonzo*, né 21 août 1853 (16 déc. 1919).
Alex. *Kakowski*, né 5 févr. 1863, arch. de Varsovie (16 déc. 1919).
Edmond *Dalbor*, né 30 oct. 1869, arch. de Gniezno et Posnanie (16 déc. 1919).

III. — *Cardinaux-Diacres.*

Gaetano *Bisleti*, né le 20 mars 1856 (créé le 27 nov. 1911) Premier diacre ; Préfet des Séminaires et Universités.
Louis *Billot*, né le 22 janv. 1846 (créé le 27 nov. 1911).
Michele *Lega*, né le 1er janv. 1860 (créé le 25 mai 1914) Préfet des Sacrements.
Aidano *Gasquet*, né le 5 oct. 1846 (créé le 25 mai 1914), Préfet des Archives apostoliques.
Nicolo *Marini*, né en 1843 (créé le 4 déc. 1916), Secrétaire de la Congr. pour l'Eglise Orientale.
Oreste *Giorgi*, né en 1856 (créé le 4 déc. 1916), Grand Pénitencier.

Les Sacrées Congrégations.

Aux membres du Sacré Collège, répartis en commissions aux S. S. Congrégations, est dévolue l'étude de tout ce qui touche aux intérêts religieux ou sociaux de l'Eglise, à son gouvernement, à sa discipline, à son rayonnement.

Il y a onze S. S. Congrégations : S. C. du St. Office, Consistoriale, des Sacrements, du Concile, des Religieux, de la Propagande, des Rites, du Cérémonial, des Affaires ecclésiastiques extr., des Séminaires et Universités, de l'Église Orientale.

Il existe également des Tribunaux, Chancelleries et Secrétariats pontificaux.

Corps diplomatique accrédité auprès du Saint-Siège.

Allemagne, E. e. et M. pl. (Villa Bonaparte) : W. *v. Bergen*.
Argentine, E. e. et M. pl. (Piazza del Gesu) : G. *Garcia Mansilla*.
Autriche, Ch. d'aff. : Louis *Pastor*.
Belgique, E. e. et M. pl. (Hôtel Bristol): cte. Léo d'*Ursel*; Secr. de lég. : P. van *Zuylen*.
Bolivie, E. e. et M. pl. : J. *Caso*.
Brésil, E. e. et M. pl. (50, via Piemonte) : Dr C. *Magalhaes de Azeredo*.
Chili, E. e. et M. pl. (Villa Errazuriz, Via Quintino Sella) R. *Errazuriz Urmeneta*.
Chine, E. e. et M. pl. : *Tao* Tcheng-ling.
Colombie, E. e. et M. pl. (Pal. del Drago) : M. *Concha*.

Espagne, Amb. (Palazzo di Spagna) : Mis. *de Villasinda*.
Grande-Bretagne, E. e. et M. pl. ; cte. *de Salis*, K. C. M. G., C. V. O. ; 1e Secr. : H. *Gaisford*.
Hongrie, Ch. d'aff. : N...
Pays-Bas, E. e. et M. pl. en mission spéciale : Jkhr. O. F. van *Nispen tot Sevenaer*.
Pérou, E. e. et M. pl. : Juan Mar. *de Goyeneche*.
Pologne, E. e. et M. pl. (56 via Momentana) : *Kowalski*.
Portugal, E. e. et M. pl. (Hôtel de Russie): P. *Martins*.
Russie, E. e. et M. pl. : N...
Serbes-Croates-Slovènes (Roy. des). E. e. et M. pl. : L. *Bakotitch*.
Tchéco-Slovaque, Rép., Ch. d'aff. : Dr Kamil *Krofta* ; Att. : Dr Alois *Kolisek*.
Vénézuéla, E. e. et M. pl. : Dr Eduardo *Dagnino*.

Relations avec la France.

Institutions catholiques françaises à Rome.

Etablissements de St. Louis-des-Français. Recteur de l'église : Mgr. *Boudinhon*.
Saint-Yves-des-Bretons, via della Campana.
Saint-Nicolas-des-Lorrains, via Tor Sanguigna.
Saint-Claude-des-Bourguignons, piazza Colonna.
Trinité des Monts.
Séminaire Pontifical Français, 42, via Santa Chiara. Recteur : R.-P. *Le Floch*.
Procure de Saint-Sulpice, 113, via delle Quattro Fontane. Sup. : M. *Hertzog*.
Collège Ste. Marie (Marianistes), viale Manzoni ; Collège St. Joseph (Frères des Ecoles chrétiennes), place d'Espagne ; Collège St. Léon-le-Grand (Petits Frères de Marie), via Montebello.

Bibliographie.

Annuario Pontificio (*La Gerarchia Catholica, La Curia Romana, etc*) Annuel Rome.
Battandier (Mgr. A.) *Annuaire pontifical catholique*, in-8, 6 fr. 50. Maison de la Bonne Presse, Paris, 1918.
Léon XIII. *Brefs, Encycliques, Lettres apostoliques*, in-12 br. 1 fr. Maison de la Bonne Presse. Paris.
Mourret (abbé). *Histoire générale de l'Église*, 8 vol. in-8 rais. ch. vol. br. 7 fr. 50. Bloud et Gay. Paris.
Pernot (M.) *La Politique de Pie X* (1906-1910). in-16 br. 3 fr. 50 F. Alcan. Paris. 1910.
Pie X. *Brefs, Encycliques, Lettres apostoliques*, in-12 br. 1 fr. Maison de la Bonne Presse, Paris.
Quirico (R.-P.). *Il Vaticano e la Guerra*. Alfieri et Lacroix. Rome et Milan.
Simier (P. J. Jules). *La Curie romaine*, in-16, 265 p. 1 fr. 50. Maison de la Bonne Presse, Paris.

SALVADOR

(RÉPUBLIQUE du)

Constitution et Gouvernement. — République de l'Amérique Centrale, indépendante depuis 1840 et comprenant 14 départements. Constitution de 1864, revisée en dernier lieu le 13 août 1886. L'Assemblée nationale, composée de 42 députés (3 pour chaque département), âgés au moins de 25 ans et élus tous les ans par suffrage direct de la nation, siège annuellement entre février et mai. Pour le droit électoral, être âgé de 21 ans; les fonctionnaires publics ne possèdent pas le droit électoral. Le Président et le V.-Président, Salvadoriens âgés de 30 ans, sont élus pour 4 ans également par vote direct de la nation.

Pavillon: Trois bandes horizontales bleue, blanche, bleue; le bleu chargé des armes de Salvador: triangle chargé de 5 volcans sortant de la mer et surmonté d'un arc-en-ciel au-dessus d'un bonnet phrygien nimbé; le triangle posé sur un trophée de drapeaux et entouré d'une couronne de laurier.

Président de la République: Jorge MELENDEZ (2 mars 1919-1923). — Vice-Président : Dr Alfonso *Quinonez Molina*.

Ministère : Affaires étrang., Justice, Instruction et Bienfaisance publ. : Dr Juan Franc *Paredes* ; S.-Secr. d'Etat. Affaires étrang. et justice : Dr M. *Gallegos* ; Instruct. et Bienfais. publ. : Dr H. *Alvarado* hijo ; Intérieur, Fomento et Agricult. : Dr Miguel T. *Molina* ; Finances : J.-E. *Suay* ; Guerre et Marine : Dr *Romero Bosque*.

Assemblée Nationale : Prés. : Dr J. *Falla*. — V.-Prés. : Dr S. *Flores*.

Superficie 34.126 km. q. (France, 550.985 k. q.) *Population* (1917) : 1.287.760 hab.

De toutes les républiques du continent américain, le Salvador est le plus dense comme population avec une moyenne de 39.82 habitants par km. carré.

Capitale : San Salvador, 65.625 hab. Villes principales : Santa-Ana 59.250 h., San Miguel, 9.607 h., Nueva-San Salvador, 22.769 h.

Religion, Instruction et Justice. — La religion catholique est prépondérante (1 archevêché et 2 évêchés). Instruction primaire gratuite et obligatoire. Enseignement primaire en 1917 : 889 écoles, 1.476 professeurs et 57.555 élèves. Enseignement supérieur : 27 établissements (3 écoles normales, 3 écoles techniques) comptant 675 élèves. Université Nationale et diverses facultés. Cour suprême de justice et tribunaux de 1re, 2e et 3e instance.

Armée. — En cas de guerre, le service militaire est obligatoire de 18 à 50 ans. L'effectif de paix s'élève à environ 25.000 h. et l'effectif de guerre à 378 officiers, 2.611 sous-off. et 82.881 h.

Corps diplomatique et consulats.

Allemagne, E. e. et M. pl. : *Lehmann* ; Cons. à San Salvador : M. *Cohn*.
Amérique (Etats-Unis), Ch. d'aff. : F.-D. *Arnold* ; Cons. à Salvador : W. *Franklin*, V. C.
Argentine (Rép.), Cons. à San Salvador ; B. *Lancel*, gér.; V.-Cons. à San Salvador, Acajustla.
Belgique, Cons. à San Salvador : J. *Balette*.
Bolivie, Cons. à San Salvador : R. *Garcia Escobar*, C. G.
Brésil, Cons. à San Salvador : R. *Mayorga Rivas*.
Chili, v. Costa-Rica. Corps dipl. Cons. à San Salvador : C. *Velado*.
Colombie, E. e. et M. pl. : M. *Esguerra* ; Cons. à San Salvador : R.-A. *Echeverria*, C. G.
Costa Rica, Cons. à San Salvador : A. *Lara Irahete*, C. G.
Dominicaine (Rép.), Cons. à San Salvador : M.-S. *Gutierrez*, C. G.
Equateur, Cons. à San Salvador : M.-S. *Gutierrez*.
Espagne, Ch. d'aff. : V. *Gonzales Arnao*. Cons. à San Salvador : R. *Funesss*.
France, v. Guatémala, Corps dipl. et Relations.
Grande-Bretagne. v. Guatémala Corps dipl.; Cons. à San Salvador : A.-F. *Hastings-Medhurst*.
Guatémala, M. R. : Lic. R. *Lowenthal*.
Honduras, M. R. : Mig. A. *Bertin* ; Cons. à San Salvador : *Flores*, C. G.
Italie, v. Costa-Rica, Corps dipl.; Cons. à San Salvador : *Daglio*.
Mexique, M. R. : Lic. A. *Hernandez Ferrer*, C. G. à San Salvador : H. *Bourgeo*.
Nicaragua, Cons. à San Salvador : Fr. *Tijerno*, C. G.
Norvège, V. Mexique, Corps dipl.; Cons. à San Salvador : A. *Bang*.
Panama, Cons. à San Salvador : *Ascoli*.
Paraguay, Cons. à San Salvador : Dr G. *Mejia*, C. G.
Pays-Bas, Cons. à San Salvador : H. *de Sola*.
Pérou, v. Panama, Corps dipl.; Cons. à San Salvador · A. *Benites Vasquez*, C. G.

Portugal, v. Guatémala, Corps dipl. Cons. à San Salvador : E. *Ferrer*.
Suède, Cons. à San Salvador : W. *Coldwell*.
Suisse, Cons. à San Salvador : E. *Kurz*.
Uruguay, Cons. à San Salvador : J. *Ramon Uriarte*.
Vénézuéla, Cons. à San Miguel : M. *Brizuela*.

Mouvement économique.

Finances (en pesos d'argent) (1). — Recettes : 12.485.131.30 dont 7.541.560. de rente des douanes et 2.756.406.75 de droits d'alcools ; dépenses : 12.468.087.42. — Dette publique au 31 décembre 1917. Dette extérieure : 15.580.970.22 d'emprunts anglais ; dette intérieure 12.924.315.37 de Bons Nationaux et créances diverses ; dette totale : 28.505.285.59.

Productions et industries. — Le Salvador est, avant tout, un pays agricole et ses principales productions sont, avec la superficie moyenne consacrée annuellement à chaque culture : maïs, 105.000 ha. ; café, 82.121 ha. ; riz, 20.300 ha. ; haricots, 11.900 ha. ; canne à sucre, 9.000 ha. ; tabac, 1.150 ha. ; baumes (connu sous le nom de « Pérou »), 40 km. q. La culture du cacao, celle de l'indigo et celle du caoutchouc se sont beaucoup développées depuis ces dernières années. Le cheptel comptait en 1917, 230.000 têtes de bétail, 74.000 chevaux, 40.000 moutons, 250.000 porcs. L'élevage se fait intensivement mais seulement pour les besoins de la consommation intérieure.

Près de la moitié des ressources minérales du Salvador restent encore inexploitées ; il existe des mines d'or et d'argent dans le département de « La Union » qui comprennent 4 à 5 gisements avec 67 filons importants ; les autres départements recèlent des gisements de platine, de cuivre auro-argentifère, de l'oxyde magnétique de fer, pyrites de fer, sulfure de plomb d'argent et de zinc, etc.

Les principales industries comprennent la fabrication des tissus de soie et des chaussures, l'ébénisterie, la céramique, etc. Importantes corderies, fabriques de cigares et cigarettes, distilleries et brasseries.

Commerce (1917). — Importations 6.869.276.29 pesos d'or (1) ; exportations 26.750.666 pesos d'argent (2). — Principaux pays de provenance en 1917 : États-Unis, 4.260.371.64 dollars ; Grande-Bretagne, 1.680.348.71 dollars ; France, 310.149.70 dollars.

L'importation consiste en cotonnades, scieries, merceries, comestibles, vins et liqueurs.

Principaux articles d'exportation en 1917 : café, 21.147.078.06 pesos d'argent (2) ; indigo, 1.047.508.62 p. d'arg. ; baumes, 378.557.88 p. d'arg. ; tabac, 21.454.01 ; sucre, 1.047.503.62.

Dans cet ensemble, la part du commerce franco-salvadorien est la suivante de 1912 à 1917 :

EXPORTATION POUR LA FRANCE	PESOS ARGENT (fr. 2.25)	IMPORTATIONS DE LA FRANCE	PESOS OR (5 francs)
1912	3.394.364.03	1912	397.252.05
1913	4.801.346 »	1913	418.111.77
1914	3.898.075.50	1914	313.057.51
1915	2.745.781.97	1915	141.917.75
1916	7.099.776.90	1916	327.614.14
1917	5.587.205.20	1917	550.748.20

Les principaux articles importés de France sont : la parfumerie, la droguerie, les médicaments, les vins, les conserves alimentaires, les engrais, les tissus de soie et de coton, les livres et articles d'imprimerie.

Les cafés à eux seuls, importés en France, représentent pour les années 1912-1916, une valeur de 21.580.979.94 pesos d'argent.

Mouvement maritime. — Le tonnage des navires entrés en 1917 dans les ports a été de 520.759. — Principaux ports : Acajutla, La Libertad, La Union.

Communications intérieures. — Chemins de fer en 1917 : 220 km. en exploitation ; routes nationales: 2.367 km.; routes vicinales : 9.190 km. — Postes 1917 : 152 bureaux. — Mouvement postal 1915 : 5.573.454 lettres et paquets. — Télégraphe en 1917 : 221 bur., 3.895 km. de lignes; 1.477.397 dépêches. — Téléphones en 1917: 203 bureaux; 3.552 km. de lignes.

Monnaies, poids et mesures. — L'unité monétaire est le *peso* ou *piastre* de 100 centavos dont la valeur nominale est de 5 francs.— Monnaies (or) 1, 5, 10, 20 piastres et 0,50 c. de piastre ; (argent) 0.05, 0.10, 0.20, 0.25, 0.50 de piastre et 1 piastre; (nickel) 0.01 et 0.03 de piastre (fiduciaire), billets de banque des quatre banques d'émission : *Banco-Occidental*, *Banco Salvadoreño*, *Banco Agricole Commercial*, *Banco National des Salvador*.

Le système métrique décimal français est en vigueur mais les mesures espagnoles restent le plus souvent employées.

(1) 1 peso d'or = 5 fr. — (2) 1 peso d'argent = 2 fr. 25

Relations avec la France.

Traités et Conventions.

COMMERCE : Convention du 9 janvier 1901. Taxes les plus réduites pour les denrées coloniales importées en France et aux produits français importés au Salvador. — PROPRIÉTÉ INDUSTRIELLE : Convention du 24 août 1908. — PROPRIÉTÉ LITTÉRAIRE ET ARTISTIQUE : Convention du 9 février 1880.

Représentation du Salvador en France.

Consulat général à Paris, avenue Kléber, 18 (16e) T. Passy 14-28 (de 10 à 12 h.).

Cons. gén. : don Pedro Jaime *Matheu*.
Chancelier : Ruben *Calderon*.

Consulats : à **Bordeaux** : E. R. *Silva* ; Marseille ; Le Havre : Joseph *Danon* : Lyon ; St-Nazaire.

Représentation de la France au Salvador.

Env. Extr. et Min. plén. (résidant à Guatemala) : *Chayet* (✻). — Secrétaire, Gaston *Soupey*.

Agent à San Salvador : Ed. *Jeanpierre*.
Délégué du T. C. F. : à San Salvador, Ricardo *Sagrera y Puig*, négociant.

Bibliographie.

Anuario Estadistico (1re éd. 1911). Annuel. San Salvador.
Gonzalez (Dr D.). *Datos sobre la Republica de El Salvador*. San Salvador 1901.
Leiva (J.). *The Republic of El Salvador*. Liverpool 1913.
Martin (P.-F.). *Salvador of the XXth Century*. Londres 1912.
Pector (D.) *Les Richesses de l'Amérique centrale*, in-8. 7 f. 50. Challamel Paris.

SERBES-CROATES-SLOVÈNES

(ROYAUME DES)

Monarchie constitutionnelle et héréditaire dans la postérité mâle (primog.) de la maison Karageorgévitch. Déclaration d'indépendance (de la Turquie) de la principauté de Serbie par le traité de Berlin, 13 juil. 1878; proclamée royaume 6 mars 1882. Après l'abdication du roi Milan Ier Obrénovitch (6 mars 1889) jusqu'au 13 avril 1893 sous la régence de trois hommes d'État installée par lui-même; depuis sous le gouvernement autonome du roi Alexandre Ier Obrénovitch, mort le 29 mai 1903 v. s. Le 2 juin 1903 v. s. Pierre Kara-Georgévitch, petit-fils du célèbre Kara-George et fils du prince vassal de Serbie, Alexandre Kara-Georgévitch (1842-1858), fut élu roi et prit le nom de Pierre Ier. En novembre 1918, les pays croates, slovènes et le 1er déc., à la suite d'un vote de l'Assemblée nationale, le Monténégro, se sont réunis à la Serbie. La Skoupchtina (Chambre des Députés) est composée de 160 membres âgés d'au moins 30 ans et payant 30 francs de contributions directes; est électeur tout citoyen serbe âgé de 21 ans et payant 15 fr. de contributions directes. La Skoupchtina se réunit annuellement.

Couleurs nationales: rouge, bleu, blanc.

Ordres : O. de l'*Étoile de Kara George* (4 cl.). — O. de l'*Aigle Blanc* (5 cl.). — O. de *St-Sava* (5 cl.).

Souverain : PIERRE Ier, né le 29 juin 1844, fils du Prince Alexandre Ier et de *Persida Nenadovitch*; marié le 30 juillet 1883 à la Psse *Zorka* de Monténégro, morte le 4 mars 1890; couronné roi de Serbie, le 2 juin 1903.

Enfants du roi : 1° Psse *Hélène*, née le 23 oct. 1884 ; 2° Pr. *Georges*, né le 27 août 1887, qui a renoncé à ses droits de prince héritier (15 mars 1909); 3° Pr. héritier *Alexandre*, né le 4 déc. 1888.

Ministère (févr. 1920). Président : St. *Protitch ;* vice-prés : *Korosec ;* affaires étrangères : Ante *Trumbitch ;* guerre : général N... ; intérieur : *Trifkovitch* ; justice : *Ninchitch ;* instruction publique : *Trifounovitch ;* finances : Vel *Yankovitch ;* agriculture : Frano *Bochhab ;* ravitaillement : *Stanichitch ;* travaux publics : I. *Iovanovitch ;* politique sociale : *Krnits;* postes et télégraphes : *Drinkovitch;* forêts et mines : *Krasnitsa.*

Parlement. Radicaux : 80 ; Démocrates : 110 ; Slovènes : 30 ; Club national croate : 20 ; Socialistes : 12 ; Indépendants et divers : 28.

Superficie et population.

Superficie approxim : 180.000 km. q. (France, 550.985). *Population approxim.* : 10 millions d'hab. dont :

Ancien royaume de Serbie	48.303	km.q.	2.957.207	hab.
Territoires de 1913	39.000	—	1.733.856	—
Bosnie-Herzégovine	51.199	—	1.898.044	—
Dalmatie	»	—	»	—
Croatie et Slovénie	42.541	—	2.669.883	—
Carniole et partie de la Carinthie	»	—	»	—
Banat	»	—	»	—

Villes princ. (1911) : Belgrade (capitale), 90.830 hab. ; Nish, 24.949 ; Kragouyévatz, 18.452 ; Leskovatz, 14.266 ; Pozarévatz, 13.411. Dans les nouveaux territoires : Agram (Zagreb.), 79.038 ; Monastir, 59.856 ; Sarajevo, 51.919 ; Uskub, 47.384 ; Prizren 21.244.

Religion.

Le culte orthodoxe est la religion d'Etat ; il y avait en 1910 dans l'ancien territoire 2.881.220 orthodoxes, 8.435 catholiques, 799 protestants, 5.997 juifs, 14.435 mahométans turcs et tziganes et dans le nouveau territoire, plusieurs milliers de catholiques. Un concordat a été conclu avec le Saint-Siège en mai 1914. Archevêché catholique à Belgrade et 2 évêchés suffrag. (Prizren et Uskub).

Instruction.

L'instruction primaire est obligatoire et gratuite. On comptait, en 1914, 2.070 écoles primaires avec 220.500 élèves, 2.561 instituteurs et 1.285 institutrices ; 12 écoles maternelles ; écoles privées (confessionnelles et laïques) à Belgrade : une catholique, une protestante, plusieurs écoles françaises, anglaises, roumaines et turques dans le territoire de la nouvelle Serbie.

L'enseignement secondaire comprenait 15 lycées (1 pour jeunes filles à Belgrade), 27 collèges gouvern. et 11 privés (2 pour jeunes filles) ; durant l'année scolaire 1913-14, on comptait plus de 20.000 élèves instruits par près de 500 professeurs.

L'enseignement supérieur comportait 3 écoles sup. de jeunes filles, 5 écoles normales (3 de garçons et 2 de jeunes filles) ; 2 séminaires (à Belgrade et à Prizren) avec 500 élèves

Université à Belgrade (fondée en 1838) avec 3 facultés (sciences et lettres, Droit, Technique), 1.400 étudiants et 78 professeurs. On comptait, en outre, 5 écoles de commerce, 6 d'agriculture et un certain nombre d'écoles professionnelles ; 1 Ecole militaire technique à Kragouyévatz, 3 académies (militaire, de commerce, des sciences) à Belgrade. Musées National, du Pays Serbe et Ethnographique à Belgrade ; 2 Bibliothèques d'Etat (à Belgrade et Kragouyévatz), plusieurs bibliothèques privées et un grand nombre de bibliothèques communales ; 2 théâtres d'Etat (à Belgrade et à Uskub) et 5 théâtres privés subventionnés par l'Etat.

L'organisation judiciaire comprend : 1 Cour de Cassation, 1 Cour d'appel, 27 trib. de 1re Instance et 1 trib. de commerce.

Armée.

Le service milit. est obligatoire (loi du 27 janv. 1901). Il commence à l'âge de 21 ans et dure 10 ans dans l'armée active (dont 2 ans dans l'armée pour la cav. et l'art., 1 an et demi pour les autres armes), 8 ans dans la réserve, 6 ans dans le 1er ban et 8 ans dans le 2e ban de la milice nationale.

L'effectif de paix était en 1913 de 2.394 officiers, 2.312 s.-officiers, 2.489 caporaux et 31.121 hommes.

L'effectif de guerre comptait 15 divisions de troupes de ligne et 5 divisions de réserve, une division de cavalerie avec un effectif total de 500.000 h.

Corps diplomatique à Belgrade et consulats.

Allemagne, Ch. d'aff. : N...

Amérique (Etats-Unis), A. e. et M. pl. : H. *Percival Dodge* ; Cons. à Belgrade : K.-S. *Patton*.

Autriche, Ch. d'aff. : N...

Belgique, E. e. et M. pl. : A. *Delcoigne* ; Cons. à Belgrade : le Min. C. G. ; Nich ; P. *Stankovitch*.

Bulgarie, Ch. d'aff. : N...

Espagne, V. Roumanie, Corps dipl. ; Cons. à Belgrade : N...

France, V. Relations.

Grande-Bretagne, E. e. et M. pl. : Sir Alban *Young*, K. C. M. G., M. V. O. ; 1er Secr. : W. Ath. *Johnson* ; 3e Secr. : N... ; V.-Cons. à Belgrade, Monastir, Uskub.

Grèce, E. e. et M. pl. : *Koundouriotis* ; Secr. de lég. : J. *Panourias* ; Cons. à Monastir.

Hongrie, Ch. d'aff. : R. *Wodianer de Maglod*.

Italie, E. e. et M. pl. : *Langa Rascano* ; Cons. à Monastir, Uskub.

Luxembourg, V. Pays-Bas.

Norvège, Cons. à Belgrade : H. *Vogéli*.

Pays-Bas, E. e. et M. pl. : G.-D. *Advokoat* ; C. G. à Belgrade : B. *Rapeport* ; Cons. à Sarajevo, Zagreb.

Perse, V. Roumanie, Corps dipl. ; Cons. à Monastir.

Portugal, V. Roumanie, Corps dipl. ; Cons. à Belgrade.

Roumanie, E. e. et M. pl. : G. *Filality* ; Cons. à Monastir.

Russie, Ch. d'aff. : N...

Saint-Siège, Nonce apostolique : Mgr. N...

Suède, C. G. à Belgrade : D. *Simits*.

Suisse. C. G. à Belgrade : Ch. *Voegeli*.

Tchéco-Slovaque (Rép.) E. e. et M. pl. : Ant. *Kalina*.

Turquie, Ch. d'aff. : N...

Uruguay, Cons. à Belgrade : N...e : D...

Mouvement économique.

Finances.

Les recettes et dépenses pour les années suivantes se chiffraient ainsi, en *dinars* (1) :

	1912	1913	1914
Recettes	128.973.600	130.764.713	216.035.568
Dépenses	118.647.648	130.764.713	216.035.568

Budget de 1919-1920 (Eval.) :
Dépenses ordin. : 1.001.671.879 dinars et 767.251.820 cour.
Recettes ordin. : 416.327.908 dinars et 1.129.917.604 cour.

(1) 1 dinar = 1 fr.

Dépenses extraord. : 291.314.456 dinars et 312.898.859 cour.
Recettes extraord. : — dinars et 65.082.133 cour.
Déficit : 876.858.437 dinars et 134.849.958 cour.

La Dette publique au 1er janv. 1914 se montait à 361.685.520 dinars ; les intérêts de la dette publique en 1914 s'élevaient à 46.342.699 d.

Production et industries.

L'élevage et l'agriculture sont les principales ressources du pays.

Le cheptel comportait en 1910 :

Espèce bovine	964.355 têtes.	
— ovine	3.818.997 —	
— porcine	863.769 —	
Espèce chevaline	152.523 têtes	
— asine	1.011 —	
— caprine	630.579 —	

Les principales productions étaient, en 1912 (dernière année normale) :

Récoltes.	Surface cultivée.	Production.
	en hectares.	en quintaux.
Blé, froment	388.188	4.184.219
Orge	103.073	1.003.491
Avoine	105.587	736.619
Maïs	585.298	6.751.349
Pommes de terre	12.528	591.498
Betteraves à sucre	4.304	914.908
Choux fourragers (paille)		19.802.781
Prés naturels (fourrage sec)	302.616	6.175.965
Culture fruitière	145.049	2.462.538
Vignes	350.000	4.500.000 hl.

Production forestière importante. Surface couverte en Serbie, 1.500.000 ha. ; en Bosnie-Herzégovine, 2.500.000 (hêtres et chênes); en Croatie-Slovénie, 1.860.000 ha. dont 350.000 plantés de chênes de Hongrie d'une réputation universelle.

Production de tanin en Slovénie : 20.000 q. m.

Les ressources minérales sont considérables, mais peu exploitées faute de capitaux. Dans la région nord-est du pays, se trouvent les gisements de Bor et de Majdanpeck de Rebelj et de Wisch, de Krajino (cuivre), de Suvo Rudiste, de Rudna Glava (fer), de Dobra (fer et charbon), de Cacak (chrome). La production des mines de Bor est passée de 1.200 tonnes en 1906-07 à 7.600 tonnes en 1912-13 ; valeur totale de la production minière en 1911 : 15.413.945 dinars.

En Bosnie, production de lignites, 230.000 tonnes; de minerai de fer, 160.000 tonnes. Mines de manganèse près de Semizovac, production en 1913, 22.700 tonnes. Gisements de bauxite.

Les *principaux établissements industriels* en 1911 comportaient : minoteries (17) ; distilleries et brasseries ; raffineries et fabriques de celluloïd ; tissages, corderies, forges et manufactures de tapis de table. Cette dernièré industrie est la plus ancienne du royaume et les tapis de table de Pirot sont renommés.

Les importations et exportations des 3 années 1910-11 et 12 se chiffraient comme suit (en dinars) :

	1910	1911	1912
Importations	84.698.000	115.425.000	106.942.248
Exportations	98.387.000	116.916.000	84.895.070

Commerce.

Les principaux pays de provenance et de destination étaient en 1911 (en milliers de dinars) :

PAYS	EXPORT.	IMPORT.	PAYS	IMPORT.	EXPORT.
Autriche	47.448	48.433	France	5.746	3.841
Allemagne	31.347	28.933	Belgique	2.031	6.142
Turquie	3.814	11.984	Roumanie	1.539	6.141
Grande-Bretagne	9.524	87	Etats-Unis	2.136	3.60[illegible]
Italie	4.861	4.394	Suisse	1.553	[illegible]

Les exportations serbes à destination de la France étaient insignifiantes avant la guerre douanière austro-serbe qui a obligé la Serbie à chercher de nouveaux débouchés pour son bétail. Les viandes salées et de charcuterie, les minerais et les fruits étaient les seuls éléments quelque peu importants de ce trafic. Les ventes de France, un peu plus considérables que les achats, consistaient en boissons, parfumerie, velours et peluche, articles en or, de zinc et appareils électriques.

Les différentes marchandises importées et exportées en 1911, se rangeaient ainsi par classes (en milliers de dinars) :

	IMPORT.	EXPORT.		IMPORT.	EXPORT.
Produits agricoles, ani-			Marchandises textiles et		2.143
maux et forestiers, ali-			matériaux bruts......	31.416	37
ments, boissons......	22.769	103.775	Objets de luxe.........	2.809	66
Métaux...............	20.804	9.657	Papier................	2.513	2[illegible]
Minéraux et pétrole....			Ouvrages en pierre et po-		
Drogues, articles chi-	6.936	718	teries...............	1.619	132
miques, couleurs.....	7.573	288	Verrerie..............	1.52[illegible]	
Peaux et cuirs.........	4.575	37	Machines, instruments...	12.350	2[illegible]

Communications intérieures.

Ch. de fer, janv. 1914 : En exploitation 555 km. à voie normale et 414 km. à voie étroite ; dans les nouveaux territoires, 387 km. à voie normale, 111 km. de ch. de fer d'intérêt local et 105 km. de ch. de fer industriels, total 1,572 km. ; en construction, 344 km. *Postes* (1912) : 1.550 bureaux ayant transmis : lettres 66.468.769 (serv. int.), 9.330.656 (serv. ext.) et 91.000 (transit) ; Recettes (postes et télégr.) 4.330.741 din. et dépenses 3.038.789 dinars. — *Télégraphes* (1912) : 211 bureaux de l'Etat avec 4.403 kil. de lignes, 8.355 kil. de fils ayant transmis 2.004.038 dépêches. — *Téléphones* (1912) : 3.658 stations et postes avec, pour les réseaux urbains : 811 kil. de lignes ; 7.924 kil. de fils, 5.803.389 conversations et pour les 52 circuits interurbains : 2.941 kil. de lignes, 11.201 kil. de fils, 238.962 conversations.

Monnaies, poids et mesures.

Unité monétaire : le *dinar* (100 paras) = 1 franc. Monnaies d'or de 10 et 20 dinars. Monnaies d'argent de 5, 2 et 1 dinars ; 50 paras = 0 fr. 46. — Monnaies de nickel : 20, 10 et 5 paras. Monnaie fiduciaire : Billets de la Banque nationale de Serbie, de 100 et 50 dinars, payables en or et 10 dinars payables en argent.

Le système décimal français est obligatoire depuis le 1er janv. 1882. En Yougoslavie, on emploie encore comme mesure de longueur, l'*archine* = 0 m. 667 ; comme mesure de capacité, l'*oka* = 1 lit. 40 ; comme mesure de poids, l'*oka* = 400 drammes = 1 kgr. 284.

Relations avec la France.

Traités et Conventions.

COMMERCE : Convention du 8 janv. 1907, concession réciproque du traitement de la nation la plus favorisée et assimilation des pavillons. — PROPRIÉTÉ INDUSTRIELLE : Traités de commerce des 18 janv. 1883 et 23 déc. 1906. — SERVICE MILITAIRE : Déclaration du 14 nov. 1916 relative à la compétence pénale militaire.

Représentation du royaume des S.C.S. en France.

Légation à Paris, 7, rue Léonce-Reynaud (16e).

Env. extraord. et min. plénip. : Milenko R. *Vesnitch* (G. O. ✻). — 1er Secr. : Stevan *Pavlovitch* (O. ✻). M. *Iancovitch* ; Secr. : A. *Vouktchevich* ; M. *Prodanovitch* ; R. *Choumenkovitch* ; R.-N. *Patchitch*. Attachés : J. *Kovatchévitch* ; D. *Pantitch* ; V. *Voulovitch*. — Attaché militaire : comm. M. *Marinkovitch*.

Consulat général à Paris, 10, rue Auber (9e), (de 15 h. à 16 h.). — Consul général : Pyrame *Naville*.

Consulat général à Marseille : A. *Fraissinet*, C. G. ; et consulats à Bordeaux : C. *Delarue* ; Lille, Lyon, Nice ; vice-consulats à Paris et à Nice.

Institutions S.C.S. en France :

Office scolaire, 26, rue des Ecoles, Paris (5e).

Institut slave à la Sorbonne et 9, rue Michelet (t. l. j. de 14 à 17 h.)

Délégué du Min. des Finances, 36, av. Bosquet, Paris (7e).
Comité Nat. d'Expansion Economique dans l'Europe orientale, 6, rue de Hanovre, Paris.

Représentation de la France en Serbie.

Légation à Belgrade.
Env. extr. et min. plén. : *de Fontenay* (O. ✻).
Secr. de lég. : *Cosme* (6-20) ; f. f. 2e secr.: N.... Att. mil. : lt. col. *Deltel*. — Secr. archiv. : chanc. *Fisseux*.
Agent commercial f. fcn d'attaché : *Raoul-Duval* (5-20) ;
Cons. à Belgrade : *Degrand* ; Monastir : N... ; Uskub : *Henriet* ; Agram (Zagreb) : *de Berne-Lagarde*. Ag. cons. à Negotine.

Institutions françaises en Serbie :

Musées commerciaux de Belgrade et d'Uskub.
Bureau d'échantillons à Agram (Zagreb).
Conseillers du commerce extérieur : à Belgrade, *Baudoin*, *Vaillant* (A. L. F.).
T. C. F. Délégué à Belgrade : *E. Schoppe de Zabrenski*, 81, Gospodar Jovanova ulica.
Enseignement : Alliance française, à Belgrade. — Délégué : B. *Popovitch*.
Institut français de Belgrade.

Bibliographie.

Bérard (Victor). *La Serbie et son histoire*, in-18°, br. 4 fr. 50. A Colin, Paris.
Clapier (Mme G.). *La Serbie légendaire*, in-18° jés. 278 p., br. 4 fr. 50, Delagrave, Paris, 1918.
Cviétiša (Frano). *Les Yougo-Slaves*, in-16. 3 fr. 60. Bossard. Paris 1917.
Cvijic (Jovan). *La Péninsule balkanique*, in-8. 530 p. 17 fr. A. Colin. Paris 1918.
Denis (E.). *La Grande Serbie*, in-18°, 236 p., 2 c. br. 4 fr. 50, Delagrave. Paris. 1915.
Gauvain (Aug.). *La Question yougo-slave*, in-16. 4 fr. 50. Bossard. Paris 1919.
Lanux (Pierre de). *La Yougoslavie, La France et les Serbes*, in-16°, 283 p. Payot. Paris, 1916.
Léger (L.). *Serbes, Croates et Bulgares*. Paris. 1913.
Muzet (A.). *Aux Pays Balkaniques (Montenegro, Serbie et Bulgarie)*. Paris 1912.
Reinach (J.). *La Serbie et le Monténégro*, in-18° jés., br. 4 fr. 50. Calmann-Lévy. Paris.
Stanoyevitch (St.) *Histoire nationale succincte des Serbes, des Croates et des Slovènes*. in-16. 2 fr. 50. Blond et Gay. Paris 1918.
Stoyanovitch (N.). *La Serbie d'hier et de demain*, in-12°, br. 4 fr. Berger-Levrault. Paris, 1917.
Rivet (C.). *Chez les Slaves libérés. En Yougoslavie*, in-16, 266 p., 4 fr. 50. Perrin. Paris. 1919.
Zebitch (Milorade). *La Serbie agricole et sa Démocratie*. Paris 1917.

SIAM

(ROYAUME DE)

Gouvernement. — Monarchie absolue, sous la dynastie fondée par Chakri, en 1782. Election traditionnelle du fils aîné du roi comme successeur au trône, sanctionnée légalement en janv. 1887.

Pavillon : rouge, à l'éléphant blanc.

Ordres et décorations. — O. de l'Etoile des Neuf Pierres (fondé en 1869) ; Maha Chakri, O. de la Grande Couronne (f. en 1884 ; 2 classes) ; O. Chulachomclao (f. en 1873 ; 3 cl.) ; O. de l'Eléphant blanc de Siam (f. en 1861 ; 5 cl.) ; O. de la Couronne siamoise (f. en 1869 ; 5 cl.) ; Méd. pour les savants et les artistes (f. en 1887 ; 2 cl.) et Méd. commémorative du jubilé du règne du roi Chulongkorn (f. en 1908 ; en or et en argent).

Roi régnant : Maha Vajiravudh PHRA MONGKUT CHAO (Rama VI), né à Bangkok, le 1er janv. 1881, fils du roi Paramindr Maha Chulalongkorn, † le 23 oct. 1910 et de la reine Sowapa Pongsi, née à Bangkok le 1er janv. 1864 ; a succédé à son père.

Ministère : Aff. Etrang. : prince *Devawongse*. Int. : *Surasri*. Guerre : *Bodindr Deja*. Marine : prince *Nakorn Sawan am*. Fin. : prince *Chantaburi*. Just. : *Abhai Raja*. Administr. locale : *Yomaraj*. Instr. publ. et Cultes : *Dharmasakdi*. Agric. : prince *Rajaburi*. Voies de communic. : *Wongsa*. Maison royale : *Dharmâ Dhikarana*. Sceau privé : prince *Naresr*.

Superficie : Env. 600.000 km. q. *Population :* (éval. 1916) : 8.636.000 hab. Immigrants (1913-14) : 70.162 ; émigrants : 62.068. Etrangers env. 2.000 (653 Turcs, 264 Allem., 240 Franç., 153 Amér., 131 Ital.). Divisions administratives : 17 provinces. Capitale : Bangkok : 628.675 hab.

Corps diplomatique à Bangkok et consulats.

Allemagne, Ch. d'aff. : N...
Amérique (Etats-Unis), E. e. et M. pl. : N... ; Secr. de lég. et C. G. : J. *Rodgers*.
Belgique, E. e. et M. pl. et C. G. à Bangkok : A. *Frère*.
Chine, E. e. et M. pl. : N...
Danemark, Ch. d'aff. : C. C. J. W. *de Holck*. Cons. à Bangkok : le Ch. d'aff.
Espagne, C. G. à Bangkok : la légation de Danemark, gér.
France, V. Relations.
Grande-Bretagne, E. e. et M. pl. : R.-S. *Seymour*, M. V. O. ; Att. milit. : Brig. général R. C. *Stevenson* ; Cons. à Bangkok, Singora, Kieng-Mai.
Italie, E. e. et M. pl. et C. G. : A. *Monacorda*.
Japon, E. e. et M. pl. : G. *Nishi*.
Luxembourg, V. Pays-Bas.
Norvège, C. G. à Bangkok : H. *Bergersen*.
Pays-Bas E. e. et M. pl. et C. G. : H. *Wesselink*.
Portugal, C. G. à Bangkok : G. *Boso*, gér.
Russie, Ch. d'aff. : N...
Suède, Cons. à Bangkok ; la légation de Danemark, gér.
Suisse, V. Etats-Unis, corps dipl. à Bangkok.

Mouvement économique.

Finances. — Budgets (en ticals, à 1 fr. 95) :

	1917-18	1918-19	1919-20
	—	—	—
Recettes	65.093.654	73.125.897	79.790.000
Dépenses ord.	64.591.423	73.125.897	»
— extr.	15.228.039	18.011.929	»

Dette publique au 31 mars 1918 : 6.633,960 livr. st.. Bons du trésor : 113.700.000 ticals.

Productions et industries. — Pays en voie d'expansion agricole : très imp. production de riz ; autres productions : poivre, sel, sésame, fruits. Cheptel 1916 : 5.333 éléphants, 105.078 chevaux et poneys, 2.336.936 têtes de bétail, 2.120.180 buffles. Vastes forêts (bois de teck). Faibles ressources minérales ; étain, wolfram.

Commerce (en milliers de ticals à 1 fr. 95) : en 1918-19 : import. 103.092 ; export. 162.031.

Religion. — Bouddhisme, religion officielle. Evêchés catholiques à Bangkok et à Nong-Seng (Laos).

PAYS.	IMPORTATIONS.		EXPORTATIONS.	
	1916-17.	1918-19.	1916-17.	1918-19
Singapore	15.248	15.131	66.889	63.819
Hong-Kong	16.307	19.291	39.863	44.859
Grande-Bretagne	18.266	21.115	5.397	1.385
États-Unis	4.398	6.689	304	424
France	»	626	»	2.987
Chine	8.574	9.271	559	1.528
Allemagne	40	»	»	»

Princ. articles de commerce : import : tissus de coton, 24.562.400 fr. ; comestibles, opium, soieries, sucre, pétrole. Export. : riz, 168.658.000 fr., bois de teck, poivre.

Mouvement maritime : 1916-17 à Bangkok. Entrée 1 064 vaiss. de 855.621 t.

Communications intérieures : chemins de fer en 1916 : 2.000 km. env. Postes 1914-15 · 285 bureaux ; mouvement postal : service int. 3.661.464 lettres et paquets ; service extér. 1.088.191. Télégraphes 1914-15 : 68 bureaux ; 217.622 télégr., 7.018.057 km. de lignes ; 9.916.032 km. de fils. 2 stations de T. S. F.

Monnaies, poids et mesures. — Unité monétaire : le *tical* (100 staangs) = 1 fr. 89 d'une façon fixe avec étalon d'or. Valeur en déc. 1919, 3 fr. 95. Monnaies d'or : le *tas* = 10 ticaux ; — d'argent ; le *tical* = 4 satangs. Monnaie fiduciaire : billets de 5, 10, 20, 40, 80, 400, 800 et 1 000 ticaux. Unité de poids : le *tical* = 15 grammes ; le picul = 60 kgr. 500. Mesures de longueur : le *niou* (0m. 020), le *keup* (0 m. 243), le *sok* (0 m. 487), le *wah* (2 m.), le *sen* (40 m.) et le *yot* (16.000 m.).

Presse. — *Rajakitcha* (Journal Officiel) ; journaux publiés en siamois et en anglais : *Bangkok Times, Siam Observer, Bangkok Daily Mail.*

Relations avec la France.

Traités et Conventions.

COMMERCE : Traité du 15 août 1856 ; arrangement du 23 mai 1883 ; Traité du 3 octobre 1893. — CONSULS ÉTABLISSEMENT. JURIDICTION ET PROTECTION etc. : Traité du 15 août 1856, conventions du 13 février 1904 et du 30 juin 1904. — JURIDICTION CONSULAIRE : Loi du 18 mai 1838 et loi du 14 avril 1908. — SERVICE MILITAIRE : Déclaration du 28 mai 1918 relative à la compétence pénale militaire.

Représentation du Siam en France.

Légation à Paris, rue Greuze, 8 (16e) Tél. Passy 85-22.

Consulat Gén. à Paris, 4, rue de Longchamp (de 11 à 15 h.). Cons. Gén. : Paul *Sarazin.* Cons. à Marseille : R. *Vimont Vicary* ; Haïphong ; Saïgon.

Représentation de la France au Siam.

Légation à Bangkok.

E. e. et M. pl. : *Pila* (5-20). — Secr. 3e cl. : N... — 1er interprète : *Topenot.* — Chancelier : N... — Att. mil. : comm. *Desgruelles.* — 1er médecin de la légation : Dr. *Poix.* — 2e médecin : Dr. *Pin.*

Consulat à Oubone : P. *Maybon* ; Vice-Cons. à Xieng-Maï : *Notton* ; Nan

Institutions françaises au Siam :

Chambre de Commerce franco-siamoise à Bangkok (f. en 1918). — Banque de l'Indo-Chine, succursale à Bangkok.

Conseiller du commerce extérieur : à Bangkok, Emile *Monod.*

Assistance : à Bangkok, hôpital général français de St-Louis.

T. C. F. : à Bangkok, *Topenot*, Légation de France ; E. *Monod*, nég.

Bibliographie.

Statistical Year Book of the Kingdom of Siam. Annuel. Bangkok.

Directory of Bangkok and Siam. Edité par le Bangkok Times. Annuel.

Graham (W.-A.). *Siam, a Handbook of practical, commercial and political information.* Londres. 1912.

Lajonquière (Comm^t de). *Le Siam et les Siamois*, in-18. A. Colin. Paris. 1917.

SUÈDE

(ROYAUME DE)

Constitution et Gouvernement : Monarchie constitutionnelle et héréditaire dans la ligne mâle (primog.) de la Maison Bernadotte. Constitution du 6 juin 1809, modifiée le 22 juin 1866. La 1re Chambre se compose de 150 membres élus pour 6 ans par les assemblées provinciales ou, dans les plus grandes villes, par les assemblées communales. La Seconde Chambre comprend 230 membres élus pour 4 ans. Pour le droit électoral et pour être éligible, il faut avoir l'âge de 24 ans. Les élections des deux Chambres se font d'après une méthode proportionnelle. La Diète se réunit tous les ans.

Pavillon de guerre : bleu à la croix jaune, finissant en deux pointes bleues vers le haut et vers le bas, et une pointe du milieu jaune. *Pavillon de commerce :* le même que le pavillon de guerre sans pointes.

Ordres et décorations : O. des Séraphins (cordon bleu), f. en 1285 ; O. de l'Épée (cordon jaune ; 1748 ; 5 classes) O. de l'Étoile Polaire (cordon noir ; 1748 ; 4 cl.) ; O. de Vasa (cordon vert ; 1772 ; 5 cl.) ; O. de Charles XIII (1811).

Souverain : S. M. GUSTAVE V, né le 16 juin 1858, a succédé à son père Oscar II, le 8 déc. 1907 ; marié le 20 sept. 1881 à Victoria, Pesse de Bade, née le 7 août 1862.

Famille Royale. Fils du Roi : 1° Gustave-Adolphe, Prince royal, duc de Scanie, né le 11 nov. 1882, marié le 15 juin 1905 à Marguerite, Pesse. royale de Grande-Bretagne et d'Irlande, m. 1er mai 1920. Enfants : Pr. Gustave-Adolphe, né le 22 avril 1906 ; Prince Sigvard, né le 7 juin 1907 ; Pesse. Ingrid, née le 28 mars 1910 ; Prince Bertil, né le 28 fév. 1912 ; Prince Carl Johan, né le 31 oct. 1916. 2° Prince Guillaume, duc de Sudermanie, né le 17 juin 1884. — 3° Prince Eric, duc de Vaestmanland, né le 20 avr. 1889, † en sept. 1918.

Frères du Roi : Prince Oscar Bernadotte, né le 15 nov. 1859, a renoncé le 15 mars 1888 à la succession au trône ; Prince Charles, duc de Vestrogothie, né le 27 fév. 1861 ; Prince Eugène, duc de Néricie, né le 1er août 1865.

Ministère (mars 1920). Ministre d'État : H. *Branting* ; Ministre des Affaires Étrangères : *de Palmstierna.* — Chef de départements : Justice : N... — Intérieur : N.... — Finances : N... — Marine : N... — Instruction publ. et cultes : N... — Agriculture : N... . — Guerre : N...

Riksdag. Les Présidents des deux Chambres sont nommés par le Roi à l'ouverture des sessions de la Diète. En 1919, la 1re Chambre était ainsi composée : 39 conservateurs, 41 libéraux, 48 socialistes démocrates. La 2e Chambre comptait en 1917 : 59 conservateurs, 12 représentants des partis agraires, 62 libéraux, 86 démocrates socialistes et 11 démocrates social.-radicaux.

Superficie et Population (évaluat. du 31 déc. 1917) :

Préfectures ou « Lân ».	Km. q.	Popul.	Hab. par kmq.	Préfectures ou « Lân ».	Km. q.	Popul.	Hab. par kmq.
Alvsborg	12.730	297.629	23	Œrebro	9.135	214.437	23
Blekinge	3.015	148.866	49	Œstergötland	11.049	302.175	27
Gävleborg	19.728	263.989	13	Skaraborg	8.480	242.081	28
Gottland	3.160	55.873	18	Södermanland	6.811	187.891	28
Göteborg et Bohus.	5.047	416.843	83	Stockholm (1)	7.739	230.212	82
Halland	4.921	147.762	30	Stockholm (2)	138	413.163	
Jämtland	51.556	128.209	2	Uppsala	5.313	133.506	25
Jönköping	11.522	222.607	19	Värmland	19.324	262.525	14
Kalmar	11.540	228.998	20	Västerbotten	58.934	175.031	3
Kopparberg	30.015	248.019	8	Västernorrland	25.533	262.005	10
Kristianstad	6.456	237.576	37	Västmanland	6.756	165.238	24
Kronoberg	9.910	157.270	16	Lacs principaux	9.099	»	»
Malmöhus	4.847	481.657	90	Total	448.278	5.779.207	13
Norrbotten	105.520	177.285	2				

A l'exception des Finnois (25.290), des Lapons (7.138) et de quelques milliers d'autres habitants, la population est de race aryenne (branche scandinave). On comptait en 1910,

(1) Campagne. (2) Ville.

21.706 étrangers dont 8.438 Russes et Finlandais, 4.537 Norvégiens, 3.400 Allemands, 2.900 Danois, 816 Américains, 282 Anglais. Il y a eu, en 1917, 5.811 immigrants contre 8.142 en 1910, et 6.440 émigrants dont 2.462 à destination des États-Unis contre 27.816 émigrants en 1910 dont 23.529 à destination des États-Unis.

Villes principales (1918) :

Stockholm (cap.)...	418.163	Gävle............	36.682	Karlskrona	28.097
Göteborg..........	196.994	Œrebro............	34.667	Upsal.............	27.859
Malmö	112.521	Eskilstuna	30.500	Linköping	25.836
Norrköping........	58.154	Jönköping	28.798	Boras	24.080
Kälsinghorg	44.768	Västeras..........	28.571	Lund	23.085

Religion : La religion luthérienne, qui est la religion d'État, compte 12 évêchés et 2.587 paroisses. Il y avait, en 1910, 5.497.689 luthériens, 24.715 dissidents, baptistes, méthodistes, etc., 3.070 catholiques (vicaire apostolique à Stockholm), 6.112 israélites.

Instruction : L'instruction primaire est gratuite et obligatoire. En 1917, on comptait 16.169 écoles primaires avec 22.337 professeurs et 704.094 élèves ; 77 établissements publics d'enseignement secondaire avec 25.669 élèves ; 48 écoles populaires supérieures avec 2.802 élèves ; 15 écoles normales ; 2 écoles d'enseignement technique supérieur et 7 d'enseign. technique élémentaire avec 3.382 étudiants ; 5 écoles de navigation ainsi que des écoles militaires, d'agriculture et vétérinaires.

La Suède possède deux Universités à Upsal (f. en 1419) et à Lund (f. en 1668), qui avaient respectivement, en 1916, 2.344 et 1.341 étudiants ; un Institut médico-chirurgical à Stockholm, fondé en 1865 et comptant 490 étudiants ; une École des Hautes-Études (f. en 1865) ; un Institut commercial (227 étudiants) également à Stockholm ; deux Universités privées à Stockholm (Fac. de philosophie et de droit ; 661 étudiants) et à Göteborg (Fac. de philos. : 247 étudiants) ; un Institut agronomique à Alnarp, des Instituts pharmaceutique et vétérinaire à Stockholm.

Justice : L'administration judiciaire, entièrement indépendante du gouvernement, est sous l'autorité du Chancelier de la Justice (appointé par le Roi) et celle du Procureur Général (appointé par la Diète). Il y a une Cour Suprême de Justice, 3 Hautes-Cours de districts (Cours d'Appel) et 214 cours de districts (tribunaux de 1re instance), dont 91 sont districts urbains et 123 districts locaux. Seules, les affaires de presse ressortissent du jury.

Armée et marine : La nouvelle organisation de l'armée, votée par les Chambres en 1914 aura une période de transition de 10 ans. Chaque corps de troupe a des cadres enrôlés, dont le nombre varie dans les différentes armes. Le service militaire est obligatoire de la 20e à la 42e année (11 ans dans le prémier ban du « bevăring » ; 8 ans dans le « landstorm »). En temps de paix, la durée du service sous les drapeaux est de 355 jours, pour l'infanterie, divisée en une 1re période d'instruction de 250 jours et 4 périodes ; 390 jours pour la cavalerie, l'artillerie de campagne et de position, le génie de campagne et les troupes activ. de télégr. (1re pér. d'instr. de 295 ou 281 jours et 3 périodes) ; 380 jours pour l'artillerie de forteresse et le génie des places fortes (période d'instr. de 295 jours et 3 périodes) ; 255 jours pour le train et l'intendance (prem. période d'instr. et 2, 3 ou 4 périodes).

Effectif de l'armée active en 1918 : 2.653 officiers, 462 assimilés, 1.980 sous-officiers ; cadres (volontaires) : 13.187 h. ; personnel de la musique 1.267 h. ; contingents annuels (bevăring) pendant les rappels : 75.000 h. Effectif total de paix en 1918 : 94.582 officiers et hommes. Effectif de guerre, env. 380.000 officiers et hommes ; « Landstorm » (8 classes) env. 180.000 h.

Flotte (1918) : 93 bâtiments dont 14 cuirassés à tourelles, 1 croiseur cuirassé, 10 moniteurs cuirassés, 4 croiseurs-torpilleurs, 7 canonnières, 10 contre-torpilleurs, 31 bâtiments torpilleurs de 1re cl., 14 bâtiments torpilleurs de 2e cl. ; en outre des sous-marins, des mouilleurs de mines, des canonnières, 5 navires-écoles. Personnel de la Marine (1918) : Active : 527 off. et ingénieurs, commissaires, médecins ; 724 sous-off. ; 4.300 matelots (600 mousses). Réserve : 340 officiers ; 150 sous-off. Artillerie de côte : 133 officiers et 1.490 sous-off. et hommes.

Corps diplomatique à Stockholm et consulats.

Allemagne, E. e. et M. pl. (Kungsgatan, 3) : *Nadolny* ; Cons. de lég. : Prince de *Wied*. C. G. à Stockholm : *F. de Herff*.

Amérique (Etats-Unis), E. e. et M. pl. (Oakhill, Kgl. Djurgarden) : L. N. *Morris* ; Co.- Dr Post. *Wheeler* ; C. G. à Stockholm : *Murphy* ; Cons. à Göteborg, Malmo.

Argentine (Rép.), Ch. d'aff. : (Vinkelgatan 1) : le 1er Secr. Dr Pedro *Guesalaga* ; Cons. à Stockholm : *Belvis*. C. G. ; V.-Cons. à Göteborg.

Autriche, C. G. à Stockholm : *Daumichen*.

Belgique, E. e. et M. pl. : P. *Ray* ; Secr. : *Kervyn de Meerendré* ; Cons. à Göteborg ; F. *Sternhagen* ; Stockholm : T. *Roberg*.

Bolivie, Cons. à Göteborg ; G. E. *Sandstrom* ; Stockholm ; *Ahlstrom*, C. G.

Brésil, E. e. et M. pl. (Birgerjarlsgatan, 27) : A. *de Almeida Brandao*; Cons. à Göteborg : E. de S. P. *Simonsen* ; Stockholm ; Dr K. *Biorkman*.

Bulgarie, Ch. d'aff. (Strandvagen, 47) : Dr St. *Nikyphoroff*.

Chili, E. e. et M. pl. : *Edwards*, à Londres ; C. G. à Göteborg : Ernesto *Correa* ; Cons. à Stockholm.

Chine, E. e. et M. pl. : Dr *Yen Wei Ching*, à Copenhague ; Cons. à Stockholm : S. *Hoglund*.

Colombie, Cons. à Stockholm : C. *Wallin*.

Costa-Rica, Cons. à Stockholm : V. *Anderson*.

Cuba, Ch. d'aff. : *Herrea y Guiral* ; Cons. à Göteborg, Stockholm.

Danemark, E. e. et M. pl. (Sodra Blasieholmshamnen, 4) : H. *Zahle* ; C. G. à Stockholm : Dr L. *Heckscher* ; Cons. à Göteborg, Malmö, Visby.

Dominicaine (Rép.), Cons. à Göteborg ; Stockholm ; F. *Hagstrom*, C. G.

Equateur, Cons. à Stockholm : Nils *Blom*.

Espagne, E. e. et M. pl. (Södra Blasieholmshamnen, 4) : R. *Mitjana y Gordon* ; C. G. à à Stockholm : le min. H. *Rhodin*, V.-C. ; Cons. à Göteborg.

Finlande, Ch. d'aff. (Birgerjarlsgatan, 21) : Dr J.-W. *Soderhjelm* ; C. G. à Stockholm : E. *von Knorring*.

France, V. Relations.

Grande-Bretagne, E. e. et M. pl. (Laboratoriegatan, Diplomatstaden) : *Colville Barclay* C. B. E., M. V. O. ; 1er Secr. : Hon. P. W. M. *Ramsay* ; Cons. à Göteborg : H. M. *Grove*, C. G. ; Malmö : Stockholm : J.-B. *Browne*.

Grèce, E. e. et M. pl. (Skepparegatan, 27) : P. *Argyropoulo* ; C. G. à Stockholm : M. H. *Gullberg*.

Guatémala, C. G. à Stockholm (Ofre Munkborn, 3) : Axel *Ahrberg*.

Haïti, Cons. à Stockholm : C. E. *Schlyter*, C. G.

Honduras, Cons. à Stockholm : E. W. *Wallin*, C. G.

Hongrie, Ch. d'aff. : N...

Italie, E. e. et M. pl. (Karlavagen, 99) : cte. *Colli de Fellizzano* ; Ch. d'aff. : *Sapuppo*. Cons. à Göteborg ; J. *Keiller* ; Stockholm ; P. G. *Thulin*.

Japon, E. e. et M. pl. (Linnégatan, 5) : E. *Hioki* ; Secr. : *Kitada* ; Cons. à Stockholm : S. G. *Lindberg*.

Libéria, Cons. à Stockholm : P. *Herzog*, C. G.

Luxembourg, V. Pays-Bas.

Mexique, E. e. et M. pl. : J. Maria *de la Garza* ; Cons. à Göteborg : G. M. *Clase*.

Monaco, Cons. à Stockholm : Hugo *Duke*, C. G.

Nicaragua, Cons. à Göteborg ; Stockholm : H. *Hector*. C. G.

Norvège, E. e. et M. pl. (Strandvagen, 59) : Dr G.-F. *Hagerup*, C. G. à Stockholm : J.-E. *Sachs* ; Cons. à Göteborg. Halsingborg, Malmö, Sundsvall.

Panama. Cons. à Stockholm : W. *Djurling*.

Paraguay. C. G. à Stockholm : R. I. *Valentin*.

Pays-Bas, E. e. et M. pl. (Södra Blasieholmshamnen, 4 A) : baron *Sweerts de Landas Wyborgh* ; C. G. à Stockholm : G. M. E. *Immink* ; Cons. à Göteborg : E. *Roberg*.

Pérou, C. G. à Stockholm : F. *Muelle* ; Cons. à Göteborg.

Perse, E. e. et M. pl. : Isaac Khan Mofakham-ed-Dovleh, à Rome ; C. G. à Stockholm : C. *Hector*.

Pologne, E. e. et M. pl. (Grand Hôtel) : *Michalowski*.

Portugal, E. e. et M. pl. (Barnhusgatan, 18) : cte. *de Martens Ferrao* ; Cons. à Stockholm : F. *Graf*.

Roumanie, Ch. d'aff. (Villagatan, 13) : M. *Pacliano*, C. G. à Stockholm : C. G. *Horngren*..

Russie, E. e. et M. pl. (Strandvagen, 7 C.) : N... ; à Stockholm : Th. *Brosset*.

Salvador, Cons. à Stockholm : N...

Serbie, E. e. et M. pl. (Oldengatan, 15 IV) : B. J. *Tcholak Antitch* ; Cons. à Stockholm : C. *Carlson*, C. G.

Siam, E. e. et M. pl. : *Visan Botchanakit*, à Copenhague ; Cons. à Stockholm A. *Johnson*.

Suisse, E. e. et M. pl. : Dr *de Planta*, à Berlin ; Cons. à Malmö, Stockholm.

Turquie, E. e. et M. pl. : *Nouсret Sabdullah* Bey à La Haye ; C. G. à Göteborg : B. A. W. *Bratt*, Stockholm : J. *Jahnsson*.

Uruguay, E. e. et M. pl. : *Vidiella*, à Londres ; Cons. à Göteborg, Stockholm : J. *Blixen*.

Vénézuéla, Cons. à Malmö ; Stockholm : C. *Grubbens*.

Mouvement économique.

Finances. Budget en couronnes (1) :

	1919	1920	1921
Recettes ordininaires	940.818.640	504.795.531	493.000.000
dont impôts	»	493.441.000	481.000.000
Recettes diverses	»	9.354.531	»
Fonds prod. d'Etat	58.936.500	93.460.950	98.000.000
Bénéf. Banque d'Etat	»	»	»
Emprunts	182.689.560	108.530.615	181.000.000
Capitaux à la disposition	299.817.000	»	»
Total	1.003.581.700	707.898.100	828.800.000
Recettes extraord	»	»	282.000.000
Dépenses effectives	807.336.640	363.711.166	»
dont — dépenses ordin	240.209.208	»	»
Dépenses extraordin	438.264.986	»	220.000.000
Dépenses pour augm. de l'actif et dimin. du passif	196.245.060	»	»
Total	1.003.581.700	707.898.100	668.800.000

Dette publique au 1er janv. 1917 : 997.998.955 cour.
— au 1er janv. 1919 : 1.086.197.180 cour.

dont Dette intérieure : 524.895.097 cour.
— — extérieure : 561.302.083 cour.

Production et industries : Les sources de la vie suédoise sont essentiellement le bois, le fer et l'agriculture. Les terres cultivées du plateau Baltique couvrent 9,2 p. 100 de la superficie ; les prairies, 3,2 p. 100 ; les forêts, 55,1 p. 100. On comptait, en 1916, 447.693 fermes dont l'exploitation a donné les chiffres de production générale suivants (en tonnes) : foin et plantes fourragères ; 3.258.179 : betteraves sucrières et racines alimentaires, 3.914.767 ; pommes de terre, 1.496.104 ; avoine; 1.351.194 ; froment, 2.421.362 ; orge, 170.540. De grasses prairies, abondantes surtout dans le Centre, permettent une production importante de produits laitiers.

Le cheptel, en juin 1917, se composait de 715.101 chevaux, 3.020.381 bêtes à cornes, 1.344.202 moutons et agneaux et 1.029.967 porcs.

Les forêts couvrent une superficie de 21.600.000 ha. représentant la moitié de la superficie totale ; la prodution de bois des forêts a été d'environ 31 millions de mètres cubes en 1916.

L'exploitation des mines est, de temps immémorial, la principale industrie. La production minérale de 1918 a été la suivante (en tonnes) : mineral de fer, 4.451.000, d'or, 230 ; d'argent et de plomb, 3.707 ; de cuivre, 13.895 ; de zinc, 60.700 ; de manganèse, 8.894 ; pyrite, 97.848 ; charbon, 404.494 ; tourbe, 120.000. En 1916, le personnel ouvrier employé dans cette industrie était de 48.166, dont 4.700 au-dessous de 18 ans.

La Suède, dont le développement industriel est considérable, possède d'innombrables manufactures et fabriques de toutes sortes. Les scieries sur les côtes du golfe de Bothnie, les usines métallurgiques de Sandviken, Domnarvet, Uddeholmn, Fagersta et Trollhattan comptent parmi ses principaux établissements industriels, ainsi que les fabriques de porcelaines de Rörstrand, de Gustavsberg et les verreries de Kosta et Rejnyre. Plus de 150 fours électriques, consommant près de 15.000 kilowatts, produisent des alliages de ferro-tungstène, de ferro-manganèse, de ferro-molybdène, de ferro-vanadium, de cuivre-silicium, etc. L'industrie du bois, qui est la plus importante, a obtenu en 1916 une production d'une valeur de 408.045.741 couronnes contre 279.684.841 en 1915.

Commerce général (en milliers de couronnes) :

	1913.	1914.	1915.	1916.	1917.
Importation	846.538	726.908	1.142.505	1.138.567	758.610
Exportation	817.347	772.355	1.316.364	1.556.377	1.349.551
Total	1.663.885	1.499.263	2.458.869	2.694.944	2.108.16[illegible]

(1) 1 couronne = 1 fr. 38 88.

Principaux articles de commerce (en milliers de couronnes) :

	IMPORTATION.		EXPORTATION.	
	1916.	1917.	1916.	1917.
Tissus manufacturés	83.282,1	»	21.993,0	»
Céréales et farines	58.504,0	35.283	5.657,0	1.138,0
Matières textiles brutes et fil	87.757,0	»	4.562,9	»
Produits coloniaux	73.426,2	41.224	10.653,2	2.249,0
Minerais (charbon seul import.)	304.939,8	121.634	101.262,8	78.046,0
Prod. métalliques (machines, etc.)	103.817,4	»	257.087,1	167.765,0
Animaux vivants et conserves de viande	38.541,2	»	184.186,7	22.288,0
Crins, peaux et autres matières animales	60.040,2	16.235	26.474,8	»
Métaux bruts	94.654,8	54.208	170.752,2	238.826,0
Bois bruts et ouvrés	8.970,9	10.382	328.954,2	236.672,0
Pâte de bois papier	9.192,0	7.827	285.248,0	299.561,0
Autres articles	210.440,8	»	159.544,4	»
Totaux	1.138.566,5	»	1.556.376,9	»

Principaux pays de provenance et de destination en 1911 et 1916 (en milliers de couronnes) :

	IMPORTATION.		EXPORTATION.	
	1916.	1917.	1916.	1917.
Norvège	61.139	51.667	115.384	162.713
Russie et Finlande	19.575	39.502	179.900	193.946
Danemark	79.590	113.423	93.844	112.777
Allemagne	420.173	288.228	437.532	352.050
Pays-Bas	21.657	23.096	61.325	79.645
Grande-Bretagne	164.415	65.080	318.843	216.123
France	23.562	15.705	96.593	63.786
États-Unis	213.935	96.122	75.395	50.428

Navigation et Marine marchande.

1916.	NAVIRES.			Tonnage.
	Chargés.	En lest.	Total.	
Entrée :				
Suédois	9.923	5.349	15.272	5.523.443
Étrangers	14.966	4.105	19.031	8.288.245
Total	24.849	9.454	34.303	13.811.688
Sortie :				
Suédois	13.064	2.414	15.478	5.584.591
Étrangers	15.029	4.074	19.103	8.325.299
Total	28.093	6.488	34.581	13.909.890
Entrée et sortie : 1916	52.942	15.942	68.884	27.721.578

Marine marchande en juill. 1919 : 1.031 navires à voiles jaugeant 122.147 tonnes ; 1.244 vapeurs jaugeant 867.389 tonnes ; 436 bateaux à moteur jaugeant 83.414 tonnes ; total 2.833 navires jaugeant 1.097.727 tonnes.

Communications intérieures (1916) : Chemins de fer : 14.971 km. dont 4.953 des lignes de l'État et 10.018 km. des compagnies. *Postes* (1916) : 3.969 bureaux ; mouvement postal : 568.500.000 lettres, cartes postales, journaux, etc. ; recettes : 33.360.123 cour. ; dépenses 25.712.790 cour. Télégraphes : 3.125 bureaux ; 60.996 km. de lignes de l'État, dont 33.842 longeant les lignes de ch. de fer, 6 stations radio-télégr. Téléphones de l'État : 211.218 appareils ; 405.610 km. de lignes. Téléphones privés : 96.153 app. et 193.740 km. de lignes ; messages 352.000.000.

Monnaies, poids et mesures : L'unité monétaire d'or est la *couronne* (*krona*) d'or (100) *öre* = 1 fr. 3888. Monnaies : (or), 20 couronnes = 27 fr. 78, 10 couronnes = 13 fr. 89, 5 couronnes 6 fr. 95 ; (argent), 2 couronnes = 2 fr. 78, 1 couronne = 1 fr. 39, 50 öre = 0 fr. 69, 25 *öre* = 0 fr. 35, 10 öre = 0 fr. 14 ; (bronze), 5 öre, 2 öre, 1 öre ; (fiduciaire) : billets de la « Sveriges Riksbank » de 1.000, 100, 50, 10 et 5 couronnes, ayant la valeur de l'or.

Le Danemark a contracté, en 1872, une union monétaire avec la Suède et la Norvège ; par suite, les monnaies des trois pays sont admises à circuler dans toute l'étendue de l'Union.

Relations avec la France.

Traités et Conventions.

Territoire : Convention du 10 août 1877, cession de l'Île St.-Barthélemy. — Commerce et Navigation : Traités de commerce des 30 déc. 1881 et 13 janvier 1892. — Traitement de la nation la plus favorisée, arrangement complémentaire du 3 déc. 1908. — Arbitrage : Convention du 9 juillet 1904. — Actes de l'état civil : Déclaration du 9 nov. 1904 en vue d'assurer la communication réciproque des actes de l'état civil. — Extradition : Convention du 4 juin 1869. — Propriété littéraire et artistique : Arrangement du 15 févr. 1884. — Propriété industrielle : Traité de commerce du 30 déc. 1881. — Successions : Déclaration du 19 mai 1886 destinée à régler les salaires et les successions des marins décédés.

Représentation de la Suède en France :

Légation à Paris, 58, avenue Marceau (8e), (de 10 h. 15 à 12 h. 15), T. Passy 56-84.

Env. extr. et Min. plén. : le Cte *Ehrensvard* (C. ✱) ; Conseiller : Cte *Bonde* : 2e Secr. : Bon. *Layerberg* ; Att. C. *de Siljersvard* ; Attaché militaire : Ct *Ljungberg* ; Attaché naval : Capitaine *Akerblom*.

Chancelier : N. *de Conrad*.

Consulat à Paris, 11, rue de la Pépinière (de 10 à 12 et de 14 à 16 h.) T. Gut. 21-32 : John *Ljunggren*, C. G. : R. *Nordling*. C.

Consulats à : Alger ; Bordeaux ; Brazzaville (Congo) ; Dakar (Sénégal) ; Fort-de-France (Martinique) ; Lille ; Lyon ; Marseille ; Nantes ; Papeete (Tahiti) ; Pointe-à-Pitre (Guadeloupe) ; Rouen ; Saïgon (Indo-Chine) ; Tamatave (Madagascar) ; Tunis (Tunisie).

Vice-Consulats à : Amiens ; Bizerte (Tunisie) ; Bône (Algérie) ; Boulogne-sur-Mer ; Brest ; Caen ; Calais ; Cannes ; Casablanca (Maroc) ; Cette ; Cherbourg ; Cognac ; Dieppe ; Dunkerque ; Fécamp ; Gravelines ; Honfleur ; Hyères ; La Ciotat ; La Rochelle et La Pallice ; Le Havre ; Le Moule (Guadeloupe) ; les Sables-d'Olonne ; Lorient ; Mazagan (Maroc) ; Menton ; Mogador (Maroc) ; Nice ; Oran (Algérie) ; Philippeville (Algérie) ; Port-de-Bouc ; Port-Vendres ; Reims ; Safi (Maroc) ; St-Malo et St-Servan ; St-Nazaire ; Sfax (Tunisie) ; Sousse (Tunisie) ; Toulon ; Le Tréport.

Institutions suédoises en France :

Chambre de Commerce Suédoise à Paris, 17, r. de Surène. Prés. : John *Ljunggren*.

Représentation de la France en Suède :

Légation à Stockholm, Sturegatan, 29.

Env. extr. et Min. plén. : *Delavaud* (O. ✱) ; Secr. : *Billebault du Chaffault* (4-20) ; *Morand-Monteil* ; Att. : *Arqué, Moureaux, Mondon* ; Attaché militaire : Lt Colonel *Gourguen* ; Attaché naval : Cap. de vaisseau : *Lagrenée* (à Copenhague) ; lieut. de vaisseau *Talpomba* ; Chancel. secr. arch. : *Fic-*

Agences consulaires à Gävle ; Gothembourg ; Helsingborg ; Hudiksvall ; Lulea ; Malmoe ; Norrköping ; Söderhamn ; Sundsvall.

Institutions françaises en Suède :

Chambre de Commerce franco-suédoise, à Stockholm, Drottningattan, 57. Prés. : *Le Bourgeois*. Corresp. à Paris, rue Matignon, 19.

Bureau d'infor. touristiques français, Vasagatan, 42. Dir. : Mlle Anna *Muller*.

Délégués du T. C. F. : à Stockholm, Nils *Burman*, nég., Fredsgatan 9 et *Moureaux*, att. à la Légation de France ; à Norrköping, F.-G. *Blom*, vice-consul d'Espagne.

Culte : Église réformée française. Pasteur : M. *Serfass*.

Enseignement : Alliance Française à Stockholm, Prés. : *de Heidenstam* ; à Gothembourg, Prés. : Prof. J. *Wising* ; à Upsal, Prés. : Prof. *Staaff* ; à Linköping, Prés. : G. *Wennerström* ; École Française à Stockholm, Directrice : Mlle *Muller*. Idée Française à l'Étranger (3 Wasagatan).

Assistance : à Stockholm, Amitié Franco-Suédoise, Prés. : Bon. d'*Adelsward*.

La Suède en 1919.

L'échec, à la session ordinaire du Riksdag, de la loi fixant la semaine de travail dans l'industrie à 48 heures, a provoqué la dissolution de la Première Chambre et les élections de juillet d'après un mode électoral nouveau, sur une base beaucoup plus étendue. Le résultat de ces élections était connu à l'avance par la nouvelle composition des Conseils généraux et municipaux qui forment les collèges électoraux.

Voici la composition de la nouvelle Première Chambre, par comparaison à l'ancienne :

	Ancienne Chambre.	Nouvelle Chambre.	Différences.
Conservateurs	86	39	— 47
Association nationale des paysans	»	8	+ 8
Association paysanne	»	10	+ 10
Libéraux	43	41	— 2
Social.-démocrates	19	49	+ 30
Socialistes de gauche	2	3	+ 1

La défaite du parti conservateur est en réalité un peu moins grave qu'il n'apparaît d'après ces chiffres, car les partis paysans ont, dans la plupart des cas, fait alliance avec les conservateurs.

Dans sa session extraordinaire, le Riksdag a voté la loi fixant la semaine de travail à 48 heures (29 sept.) et une loi militaire provisoire réduisant le service militaire de la classe 1919. L'application de la première, à partir de 1920, va provoquer un grave conflit entre patrons et ouvriers de l'industrie du fer.

Le discours de M. Clemenceau à la Chambre des députés le 25 sept. assurant la Suède de ses bons offices pour résoudre la question d'Aland dans le sens du désir de la population alandaise a produit en Suède la meilleure impression.

Bibliographie.

Sveriges Officiella Statistik. Annuel. Stockholm.

Statistik arsbok for Sverige (5e année 1918). Annuel. Stockholm.

Sveriges Riksbank, publ. par la Banque de Suède. Annuel. Stockholm.

Aldén (G.-A.). *Sveriges inre politik sedan 1866*, in-8, 100 p., 2 fr. 60. National Förlage, Stockholm, 1917.

Coussange (J. de). *La Scandinavie*. Paris, 1914.

Dahlerus (C.-G.). *Exposé de l'industrie minière et métallurgique de la Suède*. Stockholm, 1905.

Guinchard (J.). *La Suède. Annuaire historique et statistique*. 2 vol. Stockholm, 1914.

Key (Dr Helmer). *La Vie économique de la Suède*, in-8, 166 p., 3 fr. Plon-Nourrit, Paris, 1913.

Leach (H.-G.). *Scandinavia of the Scandinavians*. Londres, 1915.

Quillardet (M.). *Suédois et Norvégiens chez eux*, in-18, br. 4 fr. 50. A. Colin, Paris, 1917.

Stefansen (J.). *Denmark and Sweden*. Londres, 1916.

Swedish Export. Bull. mensuel publ. par l'Assoc. gén. d'Exportation de Suède, Stockholm,

SUISSE

(ÉTAT FÉDÉRATIF)

Statut international: Neutralité perpétuelle garantie par la déclaration du 20 novembre 1815, signée à Paris par l'Autriche, la France, la Grande-Bretagne, le Portugal, la Prusse et la Russie et par le traité du même jour entre ces mêmes puissances, moins le Portugal et plus l'Espagne et la Sardaigne.

Constitution et Gouvernement. — État fédératif républicain de 25 cantons et demi-cantons. Constitution du 29 mai 1874. L'Assemblée fédérale est composée du Conseil National (189 membres), 1 par 20.000 habitants, élus pour 3 ans par la représ. proport. par le vote direct de la nation et du Conseil des États (44 membres), 2 par cantons, 1 par demi-canton, élus de même pour 1; 2 ou 3 ans, par le suffrage direct dans une partie des cantons et dans les autres par les autorités législatives. Ces deux corps législatifs élisent à leur tour le Conseil Fédéral (7 membres), comme autorité exécutive, également pour 3 ans, le Président de la Confédération, pris au sein du Conseil fédéral pour 1 an, et les membres du tribunal fédéral (24 membres et 9 suppléants) pour 6 ans. Est électeur et éligible pour le Conseil National tout citoyen Suisse âgé de 20 ans accomplis. Les ecclésiastiques seuls ne sont pas éligibles.

Pavillon national; Croix de Genève blanche sur fond rouge.

Président de la Confédération pour 1920: G. MOTTA (Tessin).

Vice-président du Conseil Fédéral pour 1920: E. SCHULTHESS (Argovie).

Conseil fédéral: Aff. étr.: *G. Motta*. — Int.: *Chuard*. — Just. et police: N.... — Dép. milit.: *Scheurer*. — Fin. et douanes: *Musy*. — Économie politique: *E. Schulthess*. — Postes et ch. de fer: *R. Haab*.

Chancelier fédéral: A. *Steiger*.

Assemblée fédérale. Conseil national (Elect. oct. 1919). Radicaux: 60; Socialistes: 41; Conserv. (catholiques): 41; Paysans: 28; Libéraux (romands): 9; Divers: 10. Prés.: N...

Conseil des Etats (1919). 44 membres dont Radicaux-démocr.: 23; Conserv. cathol.: 17. Prés.: Dr *Brugger* (Grisons); V.-Prés.: A. *Pettavel* (Neuchâtel).

Tribunal fédéral. Prés.: Dr E. *Picot* (Genève); V.-Prés.: Dr F. *Ostertag* (Bâle).

Superficie: 41.324 k m. q. (France 550.985). *Population* en 1915: 3.880.500 hab. La langue allemande est parlée par 2.594.298 hab. (dans 19 cantons sur 25), le français par 793.264 hab. (cantons de Fribourg, Vaud, Valais, Neuchâtel et Genève), l'italien par 302.578 (canton de Ticino) la langue romande par 40.122, et autres langues par 23.031 hab. (chiffres de 1910). Par nationalités, on comptait en 1910: 552.011 étrangers dont 219.530 Allemands, 63.695 Français, 202.809 Italiens, 4.118 Anglais, 37.641 Autrichiens, 2.363 Hongrois et 8.457 Russes.

Mouvement de la population; Excédent des naissances: 34.330 en 1913, 24.019 en 1915 23.029 en 1916. Emigrants: 6.191 (4.367 aux Etats-Unis) en 1913, 1.464 en 1916 et 656 en 1917.

Au commencement de 1918, la population des principales villes était évaluée comme suit: Zurich, 213.900 hab.; Bâle 137.100; Genève, 139.500; Berne (siège du gouvernement) 105.000; Lausanne, 71.400; St-Gall, 71.400; Lucerne, 44.400; Chaux-de-Fonds, 38.000; Bienne, 32.400; Winterthur, 27.000; Neuchâtel, 23.850.

Religion. — Liberté complète des cultes et des croyances. En 1910, on comptait 2.107.814 protestants (en majorité en 12 cantons), 1.593.538 catholiques (en majorité en 10 cantons) et 18.462 juifs. Interdiction de séjour à l'ordre des Jésuites et d'établissement aux nouveaux ordres religieux.

Instruction. — Instr. primaire gratuite et obligatoire; pas d'administration centrale; organisation et âge scolaire propres à chaque canton. Les statistiques de 1916 montrent 4.578 écoles prim. (13.091 professeurs et 562.876 élèves): enseignement primaire supérieur, 1.945 professeurs et 50.007 élèves; enseignement secondaire, 126 écoles (1.500 professeurs et 26.571 élèves). Les dépenses de l'Etat pour l'instr. prim. en 1917 s'élevaient à 2.357.528 fr. On compte de nombreuses écoles de commerce, techniques, d'agriculture, d'horticulture, de viticulture, d'arboriculture, d'enseignement ménager pour les filles, etc. L'École Polytechnique (Polytechnikum) de Zurich, fondée en 1848, comptait en 1917 263 prof. et 1.859 élèves. 7 Universités avec facultés de théologie, droit, philosophie et médecine) à Zurich (1832) avec 175 prof. et 1.702 étudiants en 1916; Berne (1528) avec 174 prof. et 1.892 étud.; Genève (1559) avec 151 prof. et 1.038 étud.; Bâle (1460) avec 134 prof. et 991 étud.; Lausanne (1536) avec 122 prof. et 908 étud.; Fribourg (1889), 78 prof. et 452 étud.; Neuchâtel (1866) avec 63 prof. et 190 étud. Facultés de théologie à Genève (évangélique) fondée en 1832, Lausanne (évangélique libre) fondée en 1847 et Neuchâtel (1873). On comptait, en 1915, 5.798 bibliothèques contenant 9.385.000 volumes.

Justice. — Le *Bundes-Gericht* ou Tribunal Fédéral siégeant à Lausanne, comprend 24 mem bres et 9 suppléants nommés pour 6 ans par l'Assemblée fédérale et rééligibles, est à la fois tribunal de juridiction administrative, cour d'appel statuant sur les décisions des autres autorités fédérales et cantonales, Haute Cour de Justice jugeant les personnes accusées de trahison envers l'Etat, cour de droit public assurant le respect de la Constitution fédérale. La peine de mort existe dans 10 cantons.

Chaque canton a son organisation judiciaire propre pour les causes civiles et criminelles.

Armée. — Milice nationale. Le service militaire est obligatoire de la 20e à la 32e année, dans le *auszug* (élite) ; de la 33e à la 40e année dans la *landwehr* ; de la 41e à la 48e année dans la *landsturm*. Le territoire est divisé en 6 régions militaires. L'effectif de l'armée active est de 140.000 combattants, plus 21.000 hommes pour la défense des places fortes. L'effectif de guerre comprend env. 200.000 combattants et env. 60.000 h. de landsturm.

Corps diplomatique à Berne et consulats.

Allemagne (Brunnadenrain, 31), E. e. et M. pl. : Dr *Muller* ; Cons. de lég. : cte. *de Montgelas*. Cons. à Bâle : C. *Wunderlich*, C. G. ; Genève : *Geissler*, C. G.

Amérique, Etats-Unis. (Muristrasse, 65), M. R. *Hampson Gary* ; Cons. à Bâle, Berne, Genève, St Gall, Surich ; V.-Cons. à Lausanne, Lucerne.

Argentine, Rép. (Effingerstrasse, 12), E. e. et M. pl. : Dr Juan *Lagos-Marmol* ; Cons.-Général à Genève : Arturo *Urien* ; V.-Cons. à Soleure, Aarau, Zurich, St Gall, Bellinzona, Lugano.

Autriche (Sulgenauweg, 26). Ch. d'aff. : N...

Belgique (Hotellaube, 10 II), E. e. et M. pl. : F. *Peltzer* : 1er Secr. : cte. L. d'*Ursel* ; Cons. à Bâle ; *Pitot* ; Berne : C. *Gerster* ; Genève : J. *Gignoux* ; Lucerne, Neuchâtel, Zurich ; Ag. Cons. à Lugano.

Brésil (Obere Dufourstrasse, 43). E. e. et M. pl. : de *Lima e Silva* ; Cons. Gén. à Genève ; Zurich ; V.-Cons. à Berne, St Gall et Lausanne.

Bulgarie (Sonnebergstrasse, 11). M. pl. et Ch. d'aff. : J. *Guéchoff* ; C. G. à Genève : Th. *Miltcheff*.

Chili (Bernerhof). E. e. et M. pl. : A. Marcial *Martinez de F...* ; Cons. à Berne : la lég. ; Genève. Zurich.

Chine (Kirchenfeldtrasse, 64). E. e. et M. pl. : *Ouang-Yong-pao*.

Cuba, Cons. à Genève (56, rue du Stand), M. Gabriel *de la Campa y Cuffi*, avec juridiction sur toute la Suisse.

Danemark (Seftigenstrasse, 10). E. e. et M. pl. : A. *Oldenburg* ; Cons. à Berne et Zurich ; V.-Cons. à Genève.

Espagne (Schanzenbergstrasse, 15), E. e. et M. pl. : F. *de Reynoso* ; Cons. à Bâle. Berne, Genève. Lenzbourg, Zurich, St. Gall ; V.-Cons. : Bâle, Genève, Zurich, Montreux.

France, V. Relations.

Grande-Bretagne (Thunstrasse, 50), E. e. et M. pl. Hon. *Theo Russell*, C. V. O. C. B. ; Cons. Gén. à Zurich : E.-G.-B. *Maxse* ; Cons. à Berne, Genève, Lausanne, Lucerne. Lugano, St Gall ; V.-Cons. à Davos, Zurich, Bâle, Montreux, Neufchâtel.

Grèce (Jungfraustrasse, 3), E. e. et M. pl. : Ap. *Alexandri* ; 1er Secr. : R. *Bibika Rosetti* ; Cons. Gén. à Genève : P. *Capsambellis* ; Zurich : J. *Deirmentzoglou* ; Cons. à Berne, Lugano.

Italie (Elfenstrasse, 10), E. e. et M. pl. : L. *Orsini Baroni* ; Cons. Gén. à Bâle : cte. *Siciliani* ; Genève : E. *Acton* ; Lugano : cte. *Caccai-Dominioni* ; Zurich : E. *Ciapelli* ; Lausanne : G. *de Lucchi*.

Japon (Kirchenfeldstrasse, 56), E. e. et M. pl. : K. *Honda* ; Secr. : N. *Ito* ; Dr S. *Togo* : Cons. à Genève : M. *Peter* : Zurich : H. *Madoery*.

Luxembourg (rue Montbijou, 14), Ch. d'aff. : Ant. *Lefort* ; Cons. à Berne : H. *Liechty*

Norvège, E. e. et M. pl. : A. *Scheel*. Cons. à Zurich.

Pays-Bas (Thunstrasse, 68), E. e. et M. pl. : Dr Jkhr F. C. *van Panhuys* ; Cons. à Bâle. Berne, Davos-Place, Genève, Zurich.

Pérou (Bernerhof), E. e. et M. pl. : M. *de Mimbella* ; Cons. à Genève, Lausanne. Lugano Bâle.

Perse (Hôtel Bristol), E. e. et M. pl. : M. *Zoka-ed-Dorlek* ; Cons. à Zurich.

Pologne (Luisenstrasse, 38), E. e. et M. pl. : M. *de Modzelewski* : 1er Secr. : cte. Adam *Szembek* ; Cons. à Genève : B. *Wierzynski* ; Berne : B. *Kluczynski* ; Zurich. Cons. honoraire, Lausanne.

Roumanie (Elfenstrasse, 20), E. e. et M. pl. : M. *Derussi*. Agents consulaires à Genève Zurich.

Russie, E. e. et M. pl. : *Efremoff*.

Serbes-Croates-Slovènes (R. des), (Ensingenstr. 48) E. e. et M. pl. : M. *Yovanovitch*.

Suède (Schanzenbergstrasse, 7), E. e. et M. pl. : A.-J. *d'Adlercreutz* ; Cons. Gén. à Genève C.-F. bar. *de Geer* ; Cons. à Neuchâtel, Zurich.

Tchéco-Slovaque (Rép.) (Alpenstrasse, 29). Ch. d'aff. : Pavel *Barscek*. Cons. à Zurich 181, Wasserwerkst.

Turquie, E. e. et M. pl. : *Rechad-Halid* Bey (5-20).

Uruguay. Ch. d'aff. : Alfredo *de Castro* ; Cons. Gén. à Genève : Oscar *Deffeminis* ; C.[illegible] à Zurich et Bâle.

Vénézuéla, E. e. et M. pl. : José *Gil-Fortoul* : Cons. à Genève et Lausanne.

Mouvement économique

Finances. — Budget en francs :

	Recettes	Dépenses.	Excédent de dépenses.
1913	100.000.000	105.300.000	5.300.000
1918	221.700.000	283.600.000	61.900.000
1919	229.800.000	»	77.600.000
1920 (prév.)	281.400.000	399.650.000	118.250.000

Prévisions pour 1920 :

Recettes.		Dépenses.	
Revenus des capitaux	22.712.275	Service de la Dette	90.384.486
Admin. générale	153.700	Admin. générale	2.954.815
Départements	253.766.842	Départements	305.248.537
Divers	4.767.183	Divers	1.062.162

La dette fédérale au 1er janv. 1918 s'élevait à 750.960.400 fr. (146.000.000 en janv. 1914), la dette flottante au 1er janv. 1918 à 319.000.000 fr.

Au 1er janv. 1920, elle était évaluée à 1.600.000.000 fr.

Les différents appels au crédit faits par le Trésor fédéral depuis 1914 sont en milliers de francs :

Emprunts de mobilisation.	Type 0/0	Date d'émission.	Montant offert.	Montant souscrit.	Prix d'émission.
1er emprunt....	5	Août 1914	30	41.9	99
2e —	5	Nov. 1914	50	179.1	100
3e —	4 1/2	Juillet 1915	100	190.6	96 1/2
4e —	4 1/2	Février 1916	100	148.7	97 1/2
5e —	4 1/2	Juin-Juill. 1916	100	151.6	97
6e —	4 1/2	Janvier 1917	100	161.3	96
7e —	4 1/2	Juin-Juill. 1917	100	150.4	96
8e —	5	Janvier 1918	150	151.5	100
9e —	»	Juill. 1918	50	»	»

Le premier emprunt ayant été remboursé en février 1917, c'est un total de 700 millions qui ont été largement souscrits par l'épargne suisse.

Productions. — En temps de paix, la Suisse demande à l'étranger les deux tiers des denrées nécessaires au ravitaillement de son peuple et les trois quarts au moins des matières premières indispensables à son industrie. Ces besoins pour des articles aussi indispensables ont causé, depuis la guerre, de grandes perturbations dans la situation économique du pays, malgré les accords économiques spéciaux conclus avec chaque groupe de puissances, engagements comportant des prestations financières avec des compensations économiques. C'est ainsi que l'industrie a pu conserver un semblant de marché en faisant lever les défenses d'importer édictées en 1917 par presque tous les belligérants.

Sur une superficie totale de 41.324 k.q. la surface du sol productif, sans les forêts (8.185 k. q., soit 29 p. 100 de l'ensemble), n'est que 2.231 k. q., soit 5.61 % de l'ensemble. Deux cultures principales, les céréales (Neuchâtel, Vaud, Genève, Thurgovie, Argovie) et les plantes sarclées, pommes de terre, betteraves fourragères (Uri, les deux Appenzell, Glaris).

On compte, ensemencés en céréales, blé 38.900 ha., avoine 28.578 ha., seigle 17.029 ha. culture de la vigne dans cinq cantons et du tabac dans trois cantons. Les industries agricoles, fromages et lait condensé, sont, par contre, très développées.

D'après l'Office fédéral du lait et des produits laitiers, les variations de la production totale laitière en Suisse auraient été les suivantes (en millions de quintaux métriques) :

Années.	Production de lait. de vache.	de chèvre.	Total.
1911	23 75	0 95	24 7
1912	25 15	0 95	23 1
1913	26 85	0 95	27 6
1914	26 70	1 »	27 3
1915	25 »	1 »	26 »
1916	24 6	1 »	25 [illegible]
1917	20 8	1 »	21 0
1918 (prévisions)	18 »	1 »	19

Le cheptel en 1918 comprenait 2.360.000 têtes de bétail (3.443.483 en 1911), 128.644 chevaux (144.128 en 1911), 364.468 porcs (570.226 en 1911), 354.716 chèvres (341.296 en 1911) et 225.081 moutons (161.414 en 1911); parmi les bovidés, 785.547 vaches (1.443.483 en 1911 dont 796.909 vaches). En 1917, 217 établissements de pisciculture ont fourni 154.549.000 poissons de toutes sortes.

La guerre a amené les ingénieurs suisses à rechercher des gisements locaux de charbon. Précédemment, on exploitait, dans le Valais, les gisements de Collanges, Chandolin et Grone mais sans méthode rationnelle. Aujourd'hui une Association des producteurs fait une exploitation intensive de ces mines et des nouvelles, à Bramon, Nendaz-Sa in, Hérabes-Moutin, Dorinaz, Ferdin. Celle de Semsales (Fribourg) a les qualités nécessaires pour les usines à gaz. Mine d'or à Gondo, sur la route du Simplon, abandonnée parce que l'exploitation en était devenue onéreuse. Importantes usines de sel (Bex, Schweizerhalle, Rheinfelden, etc.), ayant donné en 1916 une production de 35.088.432 kgr.

Industries. — La Suisse qui est un pays agricole tend à devenir de plus en plus une vaste région industrielle.

Une énorme réserve de forces motrices permet à la Suisse un bel avenir. Au 1er janvier 1914, le total des forces hydrauliques utilisées s'élevait à 517.341 H P et la puissance disponible était de 2.225.600 H P. Les cantons les plus richement dotés à ce point de vue étaient dans l'ordre, avec leur puissance netto en H P (75 % de rendement des turbines)

Cantons.	Pour le débit minimum annuel. Concession.	Disponibles.	Constante av. régularisation par bassin d'accumulation. Concession.	Disponibles.
Grisons	26.290	201.320	126.230	640.600
Valais	55.755	160.490	101.255	347.280
Verne	2.065	55.215	2.945	220.820
Argovie	17.280	128.145	21.000	219.800
Tessin	48.360	103.215	81.720	181.040
Uri	22.960	38.770	49.200	85.380
Zurich	11.615	40.760	16.95	70.160
St-Gall	»	17.540	»	63.635
Fribourg	»	4.460	»	54.060
Schwyz	990	7.055	2.060	51.850

Ses industries horlogères, de la soirie (Zurich) et de la broderie sont célèbres. Ces dernières comportaient en 1914. 1.859 établ. avec 8.090 machines. Ses industries chimiques et en particulier, les teintures d'aniline, prennent un développement considérable. En 1913, l'Allemagne était le plus gros acheteur du produit suisse. La France, qui faisait ses achats presque exclusivement en Allemagne, ne prenant que 5 p. 100 de l'exportation suisse, en prend aujourd'hui 22.5 p. 100.

En 1916, le nombre des usines était de 8.216 avec une force motrice totale de 515.859 H. P.; on comptait, avant la guerre, 328.840 ouvriers dont 211.076 hommes et 117.764 femmes.

Commerce extérieur depuis 1913 (en millions de francs suisses) :

	Importation.	Exportation.	Total.
1913	1.920	1.376	3.296
1915	1.680	1.670	3.340
1916	2.379	2.448	4.826
1917	2.405	2.323	4.728
1918	2.401	1.963	4.355
1919 (éval.)	3.333	3.298	6.831

Commerce spécial. *Importation* (en milliers de quint. métr.) :

	1913	1916	1917	1918
Matières premières	56.927	41.700	31.848	27.803
Produits fabriqués	3.603	3.243	2.605	2.100
Denrées alimentaires	17.356	13.443	8.358	5.529
Valeur (en milliers de fr.)	1.919.816	2.378.505	2.405.144	2.401.463

Commerce spécial. *Exportation* (en milliers de quint. métr.) :

Matières premières	4.867	6.161	4.727	2.242
Produits fabriqués	2.311	7.735	6.624	5.661
Denrées alimentaires	1.493	1.728	1.052	609
Valeur (en milliers de fr.)..	1.376.399	2.447.714	2.322.953	1.363.171

Les principaux articles de commerce étaient en 1916, chiffres en milliers de fr. :

MARCHANDISES.	IMPORT.	EXPORT.	MARCHANDISES.	IMPORT.	EXPORT
Céréales........	433.099	14.334	Lainages	88.449	36.862
Prod. coloniaux.	186.854	82.939	Subst. minér. (1)	166.364	24.227
Viandes	45.720	139.966	Articles en fer ...	126.621	111.992
Animaux.......	12.647	71.054	Articles en cuivre.	78.394	137.687
Bois	19.276	77.438	Machines........	82.101	155.138
Cotonnades.....	172.976	363.610	Montres........	5.758	208.507
Soieries........	382.241	535.899	Prod. chimiques .	95.301	43.676

Import. du charbon : 3.379.000 t. en 1913.

Le total des exportations en montres finies et mouvements, boîtes, fournitures, horloges, pendules et outils a diminué ; toutefois, par suite de la hausse des prix, leur montant est de plus en plus élevé.

Voici, en millions de fr., le montant des exportations de 1908 à 1919 :

1908	129,8	1914	121,1
1910	147,6	1915	137,6
1911	164,6	1916	208,5
1912	174,4	1918	215,3
1913	183,6	1919 (chiffres prov.)	314,8

Les principaux clients pour les montres étaient, en 1916, la Grande-Bretagne, 29,7 millions de fr., la Russie, 29,6 millions ; l'Allemagne, 23,7 millions ; les Etats-Unis 20,5 millions. La France ne venait qu'au 6e rang, avec 16,2 millions, après l'Autriche-Hongrie, 16.5 millions, avant l'Italie, 9,1 millions de fr.

La soierie, paralysée par les prohibitions d'importations des principaux pays, le manque de moyens de transport et les taux d'assurances élevés, a donné cependant, à l'exportation, pour les tissus de soie pure et de soie mélangée, les chiffres suivants :

1914	2.155.000 kg.	valant	108.787.770 fr.
1915	2.472.700	—	120.798.400
1916	2.427.600	—	158.245.400
1917	1.574.700	—	133.299.400

Par pays de provenance et de destination, les import. et les export. s'établissent comme suit, chiffres en millions de francs :

PAYS.	IMPORTATION.			EXPORTATION.		
	1913	1917	1918	1913	1917	1918
Etats-Unis	117.9	459	353.7	136.4	120	99.3
Grande-Bretagne..	112.7	299	247.7	286.1	362	263.4
Italie	207.0	369	221.8	89.1	136	96.7
France..........	348.0	305	280.2	141.2	462	466.3
Allemagne	630.9	482	619.5	305.7	698	445.2
Autriche-Hongrie .	102.9	44	60.9	78.3	93	101.1

Commerce avec la France. — La France, d'après la *Statistique douanière française*, entre dans les chiffres des dernières années pour les totaux suivants (en millions de francs) :

	Importations de France en Suisse.	Exportations de Suisse en France.	Total
Année 1913	348.0	141.2	489.2
— 1914	220.7	115.2	335.9
— 1915	189.0	220.5	409.5
— 1916	236.4	401.4	637.8
— 1917	489.6	508.6	998.2
— 1918	409.4	432.2	841.6
— 1919 (chiffres provisoires)	545.5	529.7	1.075.2

Principales importations et exportations, chiffres en quint. métr. :

Importations en France :	1917	1918	1919
Machines et mécaniques	185.746	142.243	190.127
Outils et ouvrages en métaux	316.861	150.770	53.863
Bois communs	171.030	132.713	100.426
Horlogerie et fournitures	»	»	»
Tissus de coton	2.507	2.205	3.375
Fils	16.970	10.799	7.517
Produits chimiques	296.091	421.634	201.215
Exportations de France :			
Soies et bourre de soie	27.193	25.794	27.962
Produits chimiques	103.471	72.993	542.933
Laines et déchets de laine	38.461	891	12.587
Fonte, fer et acier	460.947	177.745	404.722
Coton en laine et déchets de coton	88.999	20.741	4.186
Cuivre	43.565	37.348	20.534
Ouvrages en caoutchouc	6.021	3.374	10.062

Communications intérieures. — Les lignes de chemins de fer en 1916 comportaient: voies normales, 3.620 kil., voies étroites, 1.417 kil., crémaillère, 167 kil. ; funiculaires, 49 kil. ; tramways, 474 kil. soit au total, 5.727 kil. de lignes (5.492 kil. en 1913). Les recettes d'exploitation s'élevaient à 251.197.000 fr. et les dépenses à 184.920.000 fr. Le trafic représentait : marchandises importées 6.069.518 tonnes (8.000.753 t. en 1913), exportées 1.796.926 t. (884.463 en 1913) ; transit 127.447 t. (1.529.335 t. en 1913) comportant presque exclusivement les envois de farine et de pain pour les prisonniers français et anglais en Allemagne.

Pour les postes, on comptait en 1917, 2.099 bureaux et 1.977 boîtes aux lettres. Le mouvement postal s'élevait, pour le service intérieur, à 236.399.861 lettres, 77.007.455 cartes postales, 49.487.095 paquets et imprimés, 844.111 échantillons, 246.787.469 journaux et 8.221.009 envois recommandés ; 1.399.716.267 fr. d'assignations postales ; pour le service international : 19.522.790 lettres, 12.097.982 cartes postales, 5.999.994 paquets et imprimés, 965.740 échantillons, 11.512.657 journaux et 1.984.257 envois recommandés. Les recettes se sont élevées, en 1917, à 66.789.218 fr. ; et les dépenses à 66.913.727 fr.

Les télégraphes en 1917 comportaient 2107 bureaux 3.330 kil. de lignes de l'État et 28.232 kil. de fils avec un mouvement de 2.228.802 dépêches intérieures, 2.174.138 internationales et 377.659 en transit. Les téléphones comprenaient 591 réseaux, 19.710 kil. de lignes et 488.853 kil. de fils ; 94.187.421 conversations. Les recettes des télégraphes et téléphones atteignaient un total de 30.807.150 fr. et les dépenses 22.904.084 fr.

Flotte de commerce de l'Association des Transports maritimes suisses, en 1919 : 80.000 tonneaux.

Monnaies, poids et mesures. L'unité monétaire est le franc de 100 cent. Comme monnaies (or) pièces de 20 fr. ; (argent) 5 fr., 2 fr., 1 fr., et 0 fr. 50 ; (bronze) 2 et 1 centime (nickel) 0 fr. 20 c., 0 fr. 10 c. 0 fr. 05 c. Une loi fédérale du 28 juin 1887 a autorisé le Conseil fédéral à donner droit de circulation légale aux monnaies d'or étrangères suivantes souverain et 1/2 souverain, pièces de 20 et 10 marks, pièces de 5 dollars, indépendamment des pièces des Etats de l'Union Latine, dont la Suisse fait partie avec la France, la Belgique, la Grèce et l'Italie.

La monnaie fiduciaire est représentée par des billets de banque de 50, 100, 500 1.000 francs.

Le système métrique décimal français est obligatoire depuis le 1er janvier 1877.

Presse. — Principaux journaux quotidiens avec leur tirage annoncé : *a*) en langue française. — Genève : *Journal de Genève*, libéral-démocrate, 52.000 ; la *Tribune* ; 25.000. — Lausanne : La *Gazette de Lausanne*, libéral, 37.000.

b) En langue allemande. — Berne : *Bund*, libéral-démocrate, 45.000 ; *Berner Tagwacht*, socialiste ; Bâle : *National Zeitung*, 25.000 ; Zurich : *Tages-Anzeiger für Stadt und Canton* 75.000 ; *Neue Zürcher Zeitung*, libéral, 45.000. — Hebdomadaire Zurich : *Schweizer-Wochenzeitung*, 60.000.

Relations avec la France.

Traités et Conventions.

COMMERCE : Convention du 20 octobre 1906, concession réciproque des tarifs et des conditions les plus favorables (dénoncé par la France le 10 sept. 1918). — TERRITOIRE : Traité du 8 décembre 1862, cession de la vallée des Dappes. — ARBITRAGE : Convention du 14 décembre 1904. — ACTES JUDICIAIRES ET COMMISSIONS ROGATOIRES : Déclaration du 1er février 1913 relative à la transmission des actes judiciaires et des commissions rogatoires. — BÉTAIL : Arrangement du 23 octobre 1912 pour le pacage sur les pâturages situés des deux côtés de la frontière. — ASSISTANCE : Convention du 27 septembre 1882 en vue d'établir la réciprocité d'assistance en ce qui concerne les enfants abandonnés et les aliénés indigents. — COMPÉTENCE JUDICIAIRE : Convention du 15 juin 1869 sur la compétence judiciaire et l'exécution des jugements en matière civile. — ENSEIGNEMENT : Convention du 14 décembre 1887 pour assurer la fréquentation des écoles primaires par les enfants des deux pays résidant sur le territoire de l'autre pays. — ÉTABLISSEMENT : Traité du 23 février 1882 sur l'établissement des Français en Suisse et des Suisses en France. — EXTRADITION : Convention du 9 juillet 1869. — MÉDECINS : Convention du 29 mai 1889 à l'effet de régler l'admission réciproque dans les communes frontières de France et de Suisse des médecins chirurgiens, accoucheurs, sages-femmes et vétérinaires établis dans lesdites communes à exercer leur art. — NATIONALITÉ : Convention du 23 juillet 1879 pour régulariser la situation des enfants des Français naturalisés suisses. — RELATIONS DE VOISINAGE, FORÊTS, CHASSE : Conventions des 23 février 1882, 31 octobre 1884 sur les rapports de voisinage et la surveillance des forêts limitrophes. — SOCIÉTÉS : Décret du 11 mai 1861 autorisant les sociétés anonymes constituées en Suisse à exercer leurs droits en France. — PROPRIÉTÉ INDUSTRIELLE : Convention de commerce du 20 octobre 1906.

Représentation de la Suisse en France.

Légation : 51, avenue Hoche, Paris (8e). Tél. : Elysées 05-84 (de 9 h. 30 à 12 h. et de 14 à 16 h.).

Envoyé extraord. et Min. plén. : *Dunant*.

Conseillers : H. *Schreiber*; M. *de Stoutz*. Secrétaires : R. *de Weck* ; E. *Traversini*. Attachés : G. *de Geer*, R. *Jouvet* ; Vice-chanc. : A. *Lugrin*.

Consulats à Besançon ; Béziers ; Bordeaux ; Dijon ; Le Havre ; Lille : Rud. *Staub*, 3-20 ; Lyon ; Marseille ; Nancy ; Nice ; Paris, la Légation ; Pontarlier : Arthur *Borel*, 2-20 ; Alger ; Oran.

Institutions suisses à Paris.

Chambre de Commerce suisse, 61, av. Victor-Emmanuel III, Sté suisse des Commerçants, r. des Petites-Ecuries, 31.

Assistance : Sté helvétique de Bienfaisance, 10, r. Herold ; Sté Suisse de Secours mutuels, 8, Cour des Petites-Ecuries ; Home Suisse, 25, rue Descombes.

Cercles : Cercle commercial suisse, r. des Messageries, 10.

Représentation de la France en Suisse.

Ambassade à Berne, Sulgeneckstrasse, 44.

Ambassadeur : Henri *Allizé*, 3-20 ; Conseiller : *Clinchant* (O. ✻) ; *de Lacroix* ; Cons. détaché : *Mongendre* ✻ ; Secr. : A. de *Châteauneuf*; Att. *Delens*. 10-19 ; *Carra de Vaux-Saint-Cyr*, 1-20 ; Chiffreur : *de Saint-Gilles*. Attaché militaire : Lieut.-col. d'inf. brev. *Lambrigot*.

Consulats à Bâle : *Dejardin* ✻ ; Berne : B. de *Junnemann* ; C. suppl. : *Lancial* ; Genève : *Verchère de Reffye*, C. G. adj. : *Dupuy* ; Lausanne : D. *T.treau*, 19 ; Zurich : *Ristelhueber* ✻, ; V.-C. à La Chaux de Fonds : G. *Bricage*. Agts. cons. à Davos : E. *Lesouef* ; St. Gall : Ad. *Bürcke*.

Institutions françaises en Suisse :

Chambre de commerce française, Genève, 4, rue du Rhône, Prés. : E. Var.

Conseillers du commerce extérieur : à Berne, N... ; à Lausanne, *Vulliame* ; à Neuchâtel, *Meyer-Favre*.

Office commercial français à Zurich, 73, Banhofstr. Dir. : A. *Roos*.

Comptoir d'échantillons français de Bâle (du 5 au 21 sept.), Consulat de France à Bâle.

Agences de l'Assoc. nationale d'Expansion Economique, 67, av. de la Gare, Zurich.

Office national du Tourisme, 3, rue du Mont-Blanc, Genève.

T. C. F. : *Délégués :* à Genève : *Schauenberg*, 10, rue d'Italie ; *Chauvet*, 10, rue de Hollande ; *Goss*, 2, place Bel-Air ; *Poncet*, 42, rue du Rhône ; à Berne : Dr W. *Mooser*, Wabernstrasse, 2 ; à Aarau : Léon *Vuillermot*, Les Glycines ; à Bâle : Camille *Bauet*, 18, rue de Dornach ; à Bienne : A. *Reymond*, rue de la Gare ; à Bulle : Dr *Bonhomme*, à Humilimont, près Bulle ; à Coppet : Dr *Mercier* ; à Delémont : G. *Siegfried*, notaire ; à Hermance : *Meyer de Stadelhofen* « La Ferme » ; à Lausanne : *de Jongh*, av. du Théâtre ; J.-H. *Verrey*, 1, av. Agassiz ; à Le Locle : M. H. *Grau*, 26, rue de Bellevue ; à Lugano : S. *Woivodich*, villa Ersillia ; à Montreux : Marius *Nicollier*, « La Châtaigneraie » les Crêtes sur Clarens ; à Moudon : Louis *Peter*, 19, rue de Grenade ; à Neuchatel : Ch. *Meckenstock*, 2, rue de l'Hôpital ; à Ste Croix les Replans : P. *Bompaix* ; à St Gall : Jos. *Fenkart*, 3, Stauffacherstr ; à Thoune : Dr. *Born* ; à Zurich : *Zindel*, 96, Weinbergstrasse à Kilchberg près Zurich ; à Yverdon : le Dr *Flaction*, 24, rue des Jordils.

Enseignement : Alliance française à Bâle. Comité de la Sté. de l'Ecole française de Bâle, Prés. : *Bulffer* ; à Genève, Prés. : *Reverchon* ; à St Gall, Prés. : *Michoud* ; à Territet, Dél. : E. *des Essarts* ; à Zurich 52, Zeltweg, Prés. : D. *Gelpi*.

Sté. d'Etudes françaises de Bâle, Prés. : Dr A. *Silbernagel-Caloyanni*.

Cercles : Cercle français à Genève, 4, rue du Rhône : Dr *Bard*, prés. Cercle national français et Cercle de l'Union française à Bâle.

Assistance : Sté Française de Bienfaisance à Berne, Bienne, Bâle, Lucerne, Genève, Lausanne, Nyon, Zurich, Chaux de Fonds, Neuchâtel ; Sté Amicale Française, à Bâle. Association des Dames Françaises, à Genève, 4, rue du Rhône, présidente : Mme *Schwob*. Sté de l'Enfance française abandonnée, à Genève. Sté Philantropique Française, à Genève. Comité permanent de la Colonie française, à Bâle.

La Suisse en 1919.

La vie politique intérieure suisse en 1919 gravite autour des élections du Conseil national qui vont avoir lieu le 26 octobre et du Conseil des Etats. Le peuple ayant voté le 13 oct. 1918, par 299.550 voix contre 149.035, l'introduction de la représentation proportionnelle pour le Conseil national, les députés ont estimé convenable d'abréger d'une année la durée de leur mandat et de procéder dès 1919 au renouvellement intégral de l'Assemblée d'après le nouveau mode d'élection, assez différent de la loi française (répartition sans quorum, etc.) dont l'extrême gauche espère beaucoup. Dans l'ancien Conseil, les radicaux avaient une centaine de sièges sur 189, soit la majorité absolue.

Jamais dans les annales électorales de la Confédération, il n'y eut semblable multiplication de partis, morcellement qui montre le désarroi régnant dans les milieux politiques. Bien que certains éléments aient voulu placer le débat sur le terrain social, l'opinion s'inquiète surtout du déficit fiscal, de la baisse des prix. Le parti socialiste présente presque partout des candidats et compte sur 60 à 70 mandats.

Le nouveau Parlement fédéral, réuni au début de décembre, est ainsi constitué :

	Conseil National. Ancien Conseil.	Conseil National. Nouveau Conseil.	Conseil des États.
	—	—	—
Parti radical démocrate	102	63	23
— catholique conservateur	42	41	17
— socialiste	19	41	»
— paysan et bourgeois	2	25	1
— libéral démocrate	12	9	2
— social politique	7	7	1
Sauvages	5	3	»
	189	189	44

La caractéristique des élections au Conseil national est, d'une part, la défaite du parti radical — l'un de ses grands chefs, M. Hirter n'est pas réélu —; d'autre part, celle des communistes — Platten, Knellwolff et Grimm ne sont pas passés : — enfin l'avance socialiste et la formation d'un groupe agrarien, qui va faire contrepoids aux tendances avancées.

En ce qui concerne le Conseil des États, la lutte fut moins violente. Aucun candidat socialiste n'a été élu.

Pour le renouvellement du Conseil Fédéral, les conseillers sortants sont réélus sans difficultés. M. Mottat obtient 172 voix, M. Schulthess 161 voix. M. Calonder 146, M. Haab 179. Les nouveaux élus sont MM. Scheurer et Chuard. M. Motta est élu président pour 1920 par 169 voix, M. Schulthess, vice-président par 118 voix. Selon l'usage, il sera président de la Confédération pour 1921. « Nul ne consteste à ce dernier, dit le *Journal de Genève*, une intelligence très vive et une grande puissance de travail. Il a regagné beaucoup de terrain dans la Suisse romande ces derniers temps par l'appui très énergique qu'il a apporté à la Société des Nations ».

Bibliographie.

Annuaire statistique de la Suisse. Annuel, Berne.

Barth (Hans). *Bibliographie der Schweitzer Geschichte* (jusqu'à 1912). Bâle. 1914.

Burckhardt (W.) *Politisches Jahrbuch der Schweizerischen Eidgenossenschaft*, Berne. Annuel.

Clerget (Pierre). *La Suisse au XXe siècle*, in-8°, 6 cartes et graph. br. 3 fr. 50, A. Colin. Paris. 1908.

Dauzat. *La Suisse illustrée*. Paris. 1914.

Dierauer (J.). *Histoire de la Confédération suisse*, 4 vol. Lausanne 1911-14.

Dumur (L.). *Les deux Suisse* (1914-1917) in-8°, 320 p. 5 fr. Bossard. Paris. 1917.

Economiste Suisse (L'). Zurich.

Fazy (Henri). *Genève de 1788 à 1792. La fin d'un régime*, in-8°, 560 p., 10 fr. Kundig. Genève. 1917.

Hoas (A.) et Diem (A.). *Schweizeriches Export-Jahrbuch*. Annuel. Zurich.

Knapp (C.), Borel (M.) et Attinger (V.). *Dictionnaire géographique de la Suisse*. Neuchâtel. 1910.

Lampert (V.). *Das Schweizerische Bundesstaatsrecht*, Zurich. 1918.

Ragaz (L.). *La Suisse nouvelle*, br. 7 fr. 50. Atar. Genève 1918.

Salis (L.-R. de). *Le Droit fédéral suisse*. Berne. 1902.

Schmidt (P-H.). *Die Schweizsizerischen Industrien im internationalen Konkurrenz-Kampfe* Zurich. 1915.

Tschudi (I. von) et Tauber (C.). *Der Tourist in der Schweiz und Grenzgebieten*. Zurich. 1917.

Weber (A.). *Landes und Reisbeschreibungen*. Berne. 1909.

TCHÉCOSLOVAQUIE

RÉPUBLIQUE

Constitution et Gouvernement. : République démocratique composée de l'ancien royaume de Bohême (Bohême Moravie, Silésie), de la Slovaquie et du territoire russe des Basses-Carpathes. Après s'être liés les uns aux autre par le serment de Prague (13 avril 1918), les Tchécoslovaques firent reconnaître leur qualité debelligérants) alliés de l'Entente et les pouvoirs de leur Conseil national par la Grande-Bretagne, par la France (1er juillet 1918 par les Etats-Unis et par l'Italie (août-octobre 1918).

Constitution du 29 février 1920. Pouvoir législatif exercé par l'Assemblée Nationale, composée de la Chambre des Députés et du Sénat. La Chambre des Députés a 300 membres, élus pour 6 ans par le suffrage universel, égal, direct et secret. Electeurs ; tous citoyens âgés de 21 ans révolus. Eligibles: tous citoyens âgés de 30 ans révolus, citoyens tchécoslovaques depuis 3 ans au moins. Principe d'élection ; représentation proportionnelle.

Le Sénat se compose de 150 membres, élus pour huit ans par le suffrage universel, égal, direct et secret. Electeurs : tous citoyens âgés de 26 ans révolus. Eligibles : tous citoyens de 45 ans révolus, citoyens tchécoslovaques depuis 10 ans au moins.

Le Président de la République est élu pour une durée de 7 ans par l'Assemblée Nationale. Est éligible : tout citoyen de 35 ans, susceptible d'être élu à la Chambre des Députés.

Couleurs nationales : blanc, rouge et bleu. *Pavillon national :* blanc, rouge à la pointe, coin bleu près de la hampe. *Armes :* armes de l'ancien royaume de Bohême : de gueules au lion d'argent à double queue.

Président de la République : Dr Tomas G. MASARYK (mai 1920-1927).

Ministère (8 juil. 1919) Prés. du Conseil: Vl. *Tusar*; Affaires Etrang.: Dr Eduard *Benes* ; Défense Nat. : Vaclav *Klofac* ; Intérieur : Antonin *Svehla* ; Finances : Kunes *Sonntag* ; Commerce : Dr Ferd. *Heidler* ; Agriculture : Karel *Prasek* ; Travaux Publics : Antonin *Hampl* ; Ch. de fer : Dr Emil *Franke* ; Instruction Publique : Gustav *Habrman* ; P. T. T. : Fr. *Stanek* ; Justice : Dr Frantisek *Vesely* ; Ravitaillement : Fedor *Houdek* ; Hygiène : Dr Vavro *Srobar* ; Prévoyance sociale : Dr Lev *Winter* ; Unification de la Législation et de l'Admin. : Dr Milan *Hodza*.

Sénat (1920), Prés., *Horacek* : Chambre des députés. Prés., Fr. *Tomasek*.

Superficie et population. — Les frontières de la République ont été établies par les articles suivants des traités de paix : art. 82, 83 Versailles ; art. 27 ; 6e de St. Germain-en-Laye ; art. 00 du traité de Neuilly). Ce territoire correspond aux anciennes provinces autrichiennes de la Bohême, de la Silésie et Moravie et du Nord de la Hongrie, habité par les Slovaques dont la superficie et la population en 1910 étaient les suivants :

	Km. q.	Popul.		Km. q.	Popul.
Bohême	51.947	6.769.548	Ruthénie au sud		
Moravie	22 222	2.632.271	des Carpathes .	9.000	572.028
Silésie	5.147	756.949			
Slovaquie	53.320	2.940.374	Total approxim.	142.575	13.811.755

Répartition de la population d'après la nationalité, en 1910 : 10 millions de Tchécoslovaques (71 %), 2 millions d'Allemands, 500.000 Magyars, 450.000 Russes de la Hongrie et environ 50.000 représentants de diverses nationalités. La répartition de la population d'après les professions est la suivante : agriculture, 6.100.000 hab. ; industrie, 5 millions ; commerce et transports, 1.500.000 ; professions libérales, 1.400.000.

Les villes principales sont : Prague avec ses faubourgs, 750.000 habitants ; Ostrava 250.000 ; Brno (Brünn), 200.000 ; Pizen (Pilsen), 120.000 ; Bratislava (Presbourg) 100.000 ; Liberec, 65.000.

Religion. La population se répartit ainsi suivant les cultes : 11.000.000 catholiques romains, 950.000 protestants, 450.000 catholiques grecs, 380.000 israélites et 40.000 adeptes de diverses religions.

Instruction. L'instruction est obligatoire de 6 à 14 ans. On compte dans les Pays Tchécoslovaques environ 12.100 écoles primaires et 1.081 écoles primaires supérieures, au total environ 13.180 (55.000 instituteurs et 2.400.000 élèves). L'enseignement secondaire compte environ 279 écoles (5.100 professeurs et 65.000 élèves). Prague a deux Universités : l'une tchèque, fondée en 1347 (Carolinum) et l'autre allemande, fondée en 1882. Autres Universités à Brno (Brünn) et Bratislava, fond. en 1919. 4 écoles polytechniques pour les étudiants tchèques et allemands existent à Prague et Brno. On chiffre le total global des étudiants à 11.500. Il y a en outre des écoles spéciales de commerce, industrielles et autres.

Justice. Il y a une Cour de Cassation à Prague, des Cours d'Appel à Prague, Brno et à Bratislava. La justice est entièrement distincte de l'administration de l'Etat.

Armée. L'armée tchécoslovaque comprend les formations auxiliaires organisées pendant la guerre aux côtés de l'Entente en Russie, en Italie et en France, et reconnues par les Alliés comme armées autonomes; l'effectif de cette armée s'élevait en mars 1919 à environ 300.000 hommes.

Corps diplomatique à Prague et consulats.

Allemagne (II. Senovazna, 2). Ch. d'aff. : Prof. Samuel *Saenger*. Cons. à Prague : M. *Koenig*.

Amérique, Etats-Unis (II. Bredovska, 17). E. e. et M. pl. : R. *Crane* ; Secr. de lég. : J. *Wattana*. Cons. à Prague : W.-J. *Young*.

Autriche (II. Krakovska, 11). Ch. d'aff. : Dr Ferd. *Marek* ; Secr. de lég. : *Futuric*. Cons. à Prague : Dr *Wurzian*.

Belgique (Smichov, Ostrovni, 3), E. e. et M. pl. : M. *Michotte de Welle*.

Espagne, Cons. à Prague : Dr *Arnold*, gér.

France, V. Relations.

Grande-Bretagne (III. Thunovska, 12). E. e. et M. pl. : Sir George *Clerk*, K. C. M. G., C. B. ; Ch. d'aff. : Cecil *Gosling* ; 1er Secr. : J.-H. *Birch* ; Att. milit. : Lt. col. B. J. B. *Coulson*.

Grèce, E. e. et M. pl. : *Simopoulos* (5-20).

Italie (III Snenovni, 5), E. e. et M. pl. : Bon. *Bordonaro* ; Secr. de lég. : J.-U. *Faralli*.

Pays-Bas, E. e. et M. pl. : E. *Michiels van Verduynen*.

Pologne (I Staromestské nam, Palais Kinsky). E. e. et M. pl. : P. *Pilz*. Cons. à Prague : A. *Dumajecki*.

Roumanie (Smichow, Ostrovni, 5), Ch. d'aff. : J. *Isopescul-Grecul*.

Saint-Siège, Nonce apostol : Mgr. *Micara* (5-20).

Serbes-Croates-Slovènes, Roy. des (II Vodickova, 15), E. e. et M. pl. : Ivan *Hribar* ; Secr. de lég. : M. *Jovanovitch*. Cons. à Prague : J. *Vutkovitch*, C. G.

Suisse, Cons. à Prague : G. *Deteindre*.

Mouvement économique.

Finances. — Budget des années suivantes en couronnes, tchéco-slovaques :

	1919	1920 (Éval.)
Recettes ordin.	2.306.620.802	5.323.000.000
dont Finances	1.347.324.130	»
Recettes extraord	505.762.698	2.428.000.000
Recettes totales	2.812.383.500	7.751.000.000
Dépenses ordin.	2.124.849.145	4.926.500.000
dont Ch. de fer	739.982.350	»
Dépenses extraord	3.829.164.404	5.489.500.000
dont Guerre	2.542.004.000	»
Dépenses totales	3.829.164.549	10.416.000.000

Dette publique. — La part que la Tchécoslovaquie doit assumer des dettes de l'Autriche et de la Hongrie n'est pas encore fixée.

Production agricole. — Les pays tchèques comptent 4.080.000 ha. de terres cultivables et les terres ensemencées, pendant la période 1903-1912, se répartissent ainsi suivant la moyenne par nature de productions : froment, 530.000 ha. ; seigle, 820.000 ha. ; orge, 570.000 ha. ; avoine, 730.000 ha. ; pommes de terre, 510.000 ha.; betterave, 220.000 ha. Récoltes pour les dernières années (en quintaux métriques) :

	1914	1918	1919 (Prévis.
Froment	4.387.430	2.194.823	2.859.639
Seigle	8.904.566	4.560.972	5.769.317
Orge	6.254.218	1.780.518	2.791.778
Avoine	9.606.399	3.270.894	4.608.339
Houblon	»	»	90.000
Betteraves sucr	»	»	36.300.000
Sucre (en tonnes)	»	668.000	700.000
Forêts (en stères)	»	16.000.000	»

Industries. — Au point de vue textile, un sixième des bobines de l'Autriche-Hongrie et le quart des métiers se trouvent en Bohême. Il est à noter que l'industrie chimique tchèque commençait à se rendre presque complètement indépendante de la concurrence allemande

La production minière se chiffrait en 1912 par 136.000.000 de quintaux de charbon, 240.000.000 de lignite, 20.000.000 de minerai de fer. Les autres ressources minérales du pays consistent en or, argent, cuivre, plomb, étain (Schlaggenwald près Carlsbad), zinc, etc.

Houille blanche. Forces en cours d'aménagement, 800.000 HP. env.

Commerce. Principaux articles de commerce (chiffres du 1er semestre 1919) en milliers de couronnes :

Importation.		*Exportation.*	
Coton. Filés	179.985	Sucre	240.726
Boissons	133.900	Fer et articles en fer	156.414
Machines, appareils	69.358	Fruits et légumes	115.780
Fer et articles en fer	64.510	Papier et art. en papier	81.058
Laines, filés et tissus	59.141	Produits chimiques	78.250
Produits chimiques	53.025	Verre et verreries	71.840

Principaux pays de provenance et de destination (chiffres du 1er semestre 1919 en milliers de couronnes tch. slov.) :

	IMPORT.	EXPORT.		IMPORT.	EXPORT.
Autriche	355.192	796.617	Pologne	11.519	79.923
Allemagne	144.074	127.488	Suède	38.622	5.015
Suisse	156.696	26.759	France	12.989	27.282
Italie	189.502	37.404	Pays-Bas	28.343	10.179
Hongrie	69.987	92.868	Autres pays	»	»
Yougo-Slavie	50.898	52.464	Total	1.071.022	1.288.722

Communications intérieures. Il y a environ 13.300 km. de chemins de fer dont 9.647 km. dans les pays Tchèques et 3.700 kil. en Slovaquie, ainsi que 64.000 kil. de routes dont 50.493 kil. en pays Tchèques et 13.000 kil. en Slovaquie. Postes : environ 4.700 bureaux dont 3.438 dans les pays Tchèques et 1.253 en Slovaquie. Télégraphes : environ 2.800 bureaux dont 1.667 dans les pays Tchèques et 1.100 en Slovaquie ; 19.000 kil. de lignes et 69.000 kil. de fils.

Voies navigables : Ports de la Moldava et de l'Elbe (Prague et Melnik).

Ports. Le traité de paix a réservé à la Tchéco-Slovaquie l'utilisation d'une partie des ports de Hambourg et de Stettin.

Monnaies, poids et mesures. Le système monétaire est jusqu'à présent celui de l'Autriche, l'unité monétaire est la couronne tchécoslovaque (valant, au cours d'avant la guerre, 1 fr. 05 et en janv. 1920, 0 fr. 19) de 100 hallers. Ce régime monétaire, déprécié presque entièrement pendant la guerre par le gouvernement autrichien, est transformé en ce moment en système tchécoslovaque.

Les poids et mesures appartiennent au système métrique décimal français.

Presse. Le centre de la presse périodique est Prague. Plzen, Brno, Ostrava et Vienne possèdent aussi leurs quotidiens (à Vienne spécialement pour la minorité tchécoslovaque). Tous les journaux, sauf la *Narodni Politika*, sont les organes de différents partis politiques : parti agraire, *Venkov* (tirage 50.000 exemplaires) et *Vecer* (180.000) ; parti Social-démocrate, *Pravo Lidu* (tirage 40.000 ex.) et *Vecernik* (180.000) ; parti Socialiste-Tchèque, *Ceské Slovo* (tirage 30.000 ex.) ; parti démocratique, *Narodni Listy* (30.000) ; parti catholique, *Cech* (10.000) ; *Narodni Politika* (120.000), la *Gazette de Prague*, bi-hebdom. ; la *République Tchécoslovaque*, hebdomadaire, en français.

Le nombre des hebdomadaires, revues mensuelles et bulletins de chambres de commerce, sociétés agricoles, sociétés savantes, syndicats ouvriers, coopératives, etc., atteint au moins 1.200.

Relations avec la France.

Représentation de la République Tchécoslovaque en France.

Légation à Paris, 15-17, avenue Charles-Floquet. Tél. Saxe 81-76.

Env. extr. et Min. plén. : Dr St. *Osusky* ; Cons. de lég. : *Halla*. Secr. : Vratislav *Trcka*. Att. commerc. : V. *Vanicek* ; Att. milit. : Lt.-col. S. *Blaha*.

Consul. à Paris : *Vojtech C. Vanicek*, C. G., 4-20 ; Lyon : Ant. *Stiller*, 6-20.

Institutions tchécoslovaques en France

Bureau de presse tchécoslovaque en France, Hôtel Lutetia, Paris, Dir. : A. *Sasek*.

Institut Slave, à la Sorbonne et 9, rue Michelet (t. l. j. de 14 à 17 h.).

Comité national d'Expansion Economique dans l'Europe orientale, 6, rue de Hanovre.

Représentation de la France à Prague.

Lég. à Prague, Palais Buquoy (Tramv. 5 et 25), Velkoprevorske nàm.

Ministre Plénipotentiaire : M. Fréd. *Clément-Simon* (✱).

Secr. d'amb. de 2e cl. : J. *Pozzi* ; Att. : *Dayet*, 6-20 ; Chanc. et Secr. archiv. : *Joubert*, 11-19.

Agent commercial f. fon d'attaché : *Blanc*, 5-20.

Mission militaire française, Hradcany (Tramv. 1).

Mission économique française, Mikulandska ul 7.

La République Tchécoslovaque en 1919.

La République tchécoslovaque a fêté le 28 octobre le premier anniversaire de son existence.

Certes, elle n'a pas manqué d'éprouver le malaise qui se manifeste dans toute l'Europe du fait de la crise économique. La vie chère, la question du change, le ravitaillement, la crise du charbon sont autant de graves questions qui se posent chez elle comme ailleurs. Le premier budget accuse un fort déficit. Les conditions de la vie sont encore loin d'être normales.

Après le 28 octobre, beaucoup de choses encore semblaient menacer la vie du jeune Etat. La situation économique paraissait désespérée. Les frontières, en outre, n'étaient pas fixées, ce qui donnait aux nationalistes allemands l'espoir de faire triompher leurs tendances séparatistes. Il n'y avait ni armée capable de défendre la République, ni administration. On manquait de vivres et de vêtements. Telle était la situation en face de laquelle se trouvait le premier gouvernement de concentration, présidé par M. Kramarcz.

On peut dire aujourd'hui que l'existence de la République est assurée. La Conférence de la paix a fixé ses frontières, ce qui donne à l'Etat tchécoslovaque une base juridique. Il ne reste plus à régler que la question de Teschen, la décision dépendant du plébiscite. Quant aux 2.800.000 Allemands de Bohême, ils sont forcés de se rendre compte de la situation créée par la paix de Saint-Germain et d'abandonner leurs exigences exagérées. L'invasion magyare en Slovaquie, débarrassée de l'ennemi au début de juillet, a naguère causé beaucoup de dommages.

L'Etat peut compter aujourd'hui sur une armée organisée dans un esprit démocratique, sous la direction d'officiers français. Le ravitaillement s'est amélioré dans une mesure satisfaisante. Les récoltes ont été assez abondantes en Bohême, en Moravie, en Silésie et en Slovaquie. Il faudra cependant importer des denrées, à cause de l'absence de réserves. Le gouvernement poursuit ardemment sa tâche, afin de remédier au manque de vivres et de matières premières, à la situation financière, à la crise monétaire, à la crise des transports et du charbon, et afin d'intensifier l'exportation.

La crise ministérielle ouverte fin mai, le succès du bloc socialiste aux élections municipales du 15 juin (600.000 suffrages aux social.-démocr., 400.000 aux socialistes tchèques, contre 300.000 aux agrariens, 200.000 aux nationaux-démocr. et 100.000 au parti populaire clérical) ont déterminé le président Masaryk à confier à M. Tusar, social-démocrate modéré, représentant de la République à Vienne, la mission de former le nouveau cabinet (8 juillet), qui comprend 4 social-démocr., 4 agrariens, 3 social-nationaux, 2 Slovaques et 1 progressiste.

En mars 1920, on procédera aux élections à l'Assemblée nationale qui doit remplacer l'Assemblée actuelle constituée à la suite d'une entente entre les divers partis politiques. Dans les commissions, on est sur le point de terminer les travaux préparatoires. Partout, la situation se stabilise.

En somme, en cette première année de son existence, la République tchécoslovaque a montré qu'elle était digne de la confiance que les Alliés lui accordent.

Bibliographie.

Manuel statistique du Royaume de Bohême, 2e édition, 1913.

Rapport du Bureau de Statistique du Royaume de Bohême.

Compte rendu annuel de la Fédération Générale des Associations économiques Tchèques.

Comptes rendus des Comités exécutifs des Diètes de Bohême et de Moravie. Compte rendu annuel du Conseil de l'Instruction Publique.

Comptes rendus des conseils agricoles et des Chambres de commerce.

Oesterreichisches Statistisches Handbuch.

Ungarisches Statistisches Jahrbuch.

Bourlier (Jean). *Les Tchèques et la Bohême contemporaine*, in-12, 4 fr. 50. F. Alcan. Paris, 1918.

Chervin (A.). *De Prague à l'Adriatique*. Berger-Levrault. Paris, 1919.

Dédécek (V.). *La Tchécoslovaquie et les Tchécoslovaques*. Bossard. Paris, 1919.

Denis (Ernest). *Les Slovaques*, in-16, 278 p., 3 fr. 50. Delagrave. Paris, 1917.

Léger (Louis). *La Renaissance tchèque au XIXe siècle*, in-16. 4 fr. 50. F. Alcan. Paris, 1911.

Weiss (Mlle L.). *La République Tchécoslovaque*, Payot. Paris, 1919.

TURQUIE

Constitution et Gouvernement : Empire. Monarchie constitutionnelle et héréditaire dans la souche des Osmans pour l'aîné des Princes. La constitution du 23 décembre 1876 (7 zilhidje 1293) qui était abolie de fait depuis 1877 a été rétablie le 23 juillet 1908 (24 djemade lakhiré 1326). L'Assemblée se compose du Sénat et de la Chambre des Députés (260 membres).

Pavillon de guerre et de commerce : Rouge, chargé au milieu d'un croissant et d'une étoile de couleur blanche. *Couleurs nationales*. rouge et blanc.

Ordres et décorations : O. D. Hanédani-Ali Osman, fondé en 1895 ; O. d'Ertogroul (1903) ; O. de la gloire Imtiaz (1831 1 c. en brillants) ; O. du Mérite (1879 ; 1 c. en brillants rattaché à une médaille pour le mérite en or et une en argent) ; O. Impérial du Medjidié (1851 ; 5 cl.) ; O. de l'Instruction publique (1919 ; 5 cl.) ; O. de la Vertu (1919 ; 3 c.) ; Nichan-i-Chéfakat (O. pour les dames ; 1878 ; 3 cl. dont la 1re et la 2e en brillants) ; Médaille du Mérite (1890 ; or et argent) ; Médaille d'honneur ou « Iftikhar » (1856, argent) ; Médaille du Mérite de Sauvetage (1899, 3 cl.) ; Médaille d art et d'industrie (1888 or et argent).

Grand-Sultan : MEHEMET VI, empereur des Ottomans, né le 12 janvier 1861, a succédé à son frère Mehmed V, mort le 3 juillet 1918.

Enfants : 1° Pcesse. *Oulvié*, sultane, née le 12 septembre 1892 ; 2° Pcesse. *Sabiha*, née le 1er avril 1894 ; 3° Prince *Ertogroul Effendi*, né le 5 octobre 1912.

Héritier présomptif du trône : Prince *Abdul Medjid Effendi*, 4e fils du Grand-Sultan Abdul-Aziz Khan (1830-1876, oncle paternel de feu Mehmed V), né à Constantinople le 27 juin 1869, général de brigade de cavalerie.

Conseil des Ministres (avril 1920) : Grand-Vizir, min. des Affaires étrangères : *Damad Ferid* pacha ; Cheikh-ul-Islam : *Abdullah* effendi ; Intérieur : *Rechid* bey ; Guerre : N... ; Marine : *Mehmed Saïd pacha* ; Finances : *Rechad* bey ; Justice : *Ruchudi* effendi ; Instruction publ. : *Fahreddin* bey ; Travaux publ. : *Djemil* pacha ; Commerce : *Remzi* pacha ; Fondations pieuses : *Osman Rifaat* pacha.

Superficie et Population. Le tableau suivant donne l'état des territoires ottomans avant novembre 1914. D'après le projet de traité, l'Etat turc se trouverait ramené à environ 480.000 km. q. et 10 millions d'hab.

Vilayets.	Km. q.	Population.	Par km. q.
Europe :			
Constantinople ..	3.900	1.203.000	308
Tchataldja	1.900	78.000	41
Andrinople.......	20.300	610.000	30
Total......	26.100	1.891.000	»
Asie mineure :			
Ismidt (sandjak).	12.100	225.074	39
Bigha (Caza de)..	6.600	170.398	26
Brousse.........	65.800	1.717.762	26
Smyrne ou Aidin .	55.900	1.702.911	34
Castamouni......	50.700	1.909.621	21
Angora	70.900	1.160.564	16
Koniah	102.100	1.254.157	13
Adana..........	39.900	488.954	12
Siwas	62.100	1.197.583	19
Trébizonde.......	32.400	1.444.087	44
Total......	494.500	10.411.011	
Arménie et Kurdistan :			
Erzéroum	76.700	781.071	16
Mahmouret	32.900	455.579	14
Bitlis	27.100	410.079	15

Vilayets.	Km. q.	Population.	Par km. q.
Diarbékir........	47.500	424.760	11
Van	49.000	485.947	7
Total	96.500	910.707	13
Mesopotamie :			
Mossoul.........	91.000	496.459	
Badgad	140.000	975.266	
Bassorah.........	138.800	1.008.000	
Total	369.800	2.079.725	
Syrie :			
Alep	86.600	944.750	
Beyrouth	36.500	727.448	
Liban	6.100	500.000	
Jérusalem........	17.100	382.061	
Syrie	95.900	883.680	
Zor	78.000	81.464	
Total	320.200	3.519.343	
Arabie :			
Hedjaz	250.000	900.000	[illegible]
Yemen	191.100	750.000	[illegible]
Total	441.100	1.650.000	[illegible]
Total général.....	1.786.000	21.412.444	[illegible]

L'Empire ottoman se composait avant 1912 : 1° de la Turquie d'Europe, 2° de la Turquie d'Asie (Anatolie, Arabie, Palestine, Syrie, Mésopotamie, Kurdistan), et 3° de plusieurs îles en Méditerranée. A la fin de la guerre balkanique (oct. 1912- nov. 1913), les possessions européennes de la Turquie furent considérablement réduites, et une partie d'entre elles fut répartie entre les États alliés (Bulgarie, Serbie et Monténégro) et l'autre érigée en Etat indépendant ; l'Albanie.

Les Iles de l'Archipel sont occupées par les troupes italiennes et grecques, mais leur situation définitive n'est pas encore réglée. L'île de Chypre a été annexée à l'Empire Britannique en novembre 1914 (V. Possessions britanniques, p. 846) et l'Egypte déclarée protectorat britannique par l'Angleterre le 18 déc. 1914 (V. Egypte).

En novembre 1916, l'Emir Hussein a pris le titre de roi du Hedjaz et l'indépendance du nouveau royaume a été, par la suite, reconnue par les grandes puissances alliées (V. Hedjaz). Le Sultanat de Mascate a été également reconnu comme État indépendant par la France et la Grande-Bretagne (V. Mascate).

La population de la Turquie d'Europe est composée en majeure partie de musulmans ; les autres habitants sont de race grecque, bulgare, arménienne, juive, etc. En Turquie d'Asie, l'élément turc est très important ; il y a près de 4 millions d'Arabes, des Grecs, des Syriens, des Kurdes, des Circassiens, des Arméniens, des Juifs et beaucoup d'autres races.

Les villes ayant plus de 40.000 habitants, sont les suivantes :

Turquie d'Europe :		Brousse	110.000	Koniah	45.000
Constantinople	1.200.000	Kaïssarié	54.000	Siwas	49.000
Andrinople	683.000	Kerbéla	65.000	Jérusalem	60.000
Turquie d'Asie :		Mossoul	80.000	Jaffa	45.000
Smyrne	375.000	Mekke	80.000	Rodosto	42.000
Bagdad	145.000	Basra	80.000	Gaza	40.000
Damas	250.000	Médiné	40.000	Erzeroum	80.000
Alep	150.000	Homs	70.000	Bitlis	50.000
Beyrouth	125.000	Hama	45.000	Trébizonde	50.000
Scutari	85.000			Hodeidah (Yemen)	60.000

Religion. La religion musulmane est la religion officielle de l'Empire turc. Sur un total d'environ 20 millions d'habitants, la population musulmane de l'Empire peut être évaluée à 18 millions, la population chrétienne à 1 million et demi, les Israélites à 150.000 environ. Les musulmans forment la grande majorité de la population de la Turquie d'Asie, et la moitié seulement de celle des provinces de la Turquie d'Europe avant la guerre balkanique de 1912-13.

A la tête du clergé séculier, dont l'influence civile et religieuse est considérable, se trouve le « cheik-ul-islam » ou « mufti ». Les ressources considérables du clergé turc proviennent des « Wakoufs » ou fondations pieuses, c'est-à-dire des biens donnés aux mosquées, mais dont l'usufruit est abandonné au donataire et à ses héritiers, moyennant la remise d'une somme d'argent, au moment de la constitution du « Wakouf », et le payement d'une redevance annuelle. Une partie notable du sol turc est soumise à ce régime.

Différentes communautés religieuses. Eglise catholique : 1° Rite latin (délégué apostolique et vicaire patriarcal de Constantinople) ; 2° Rites orientaux : arménien (patriarche de Cilicie à Constantinople) ; grec pur (délégué apostolique et vicaire patriarcal de Constantinople du Rite latin), grec bulgare (évêque à Constantinople), grec uni melkhite (patriarche d'Antioche à Damas) ; syrien (patriarche d'Antioche à Mardin) ; syrien-chaldéen (patriarche de Babylone à Mossoul et Hilla près Bagdad), syrien-maronite (patriarche d'Antioche à Kesrouan et Canobin).

Eglise grecque orthodoxe (patriarche oécuménique de Constantinople et patriarches d'Antioche, de Jérusalem, de Syrie). — Eglise orthodoxe bulgare (vicaire de l'exarque à Constantinople). — Eglise syrienne antique ou Jacobite (patriarche à Mardin). — Eglise arménienne (Catholicos et patriarche de tous les Arméniens ottomans à Constantinople). — Culte protestant (Représentant de la communauté indigène à Constantinople). — Communauté catholique latine ottomane (représ. de la communauté indigène à Constantinople). — Culte nestorien (patriarche à Djulémarque). — Culte israélite (Grand rabbin à Constantinople).

Instruction. L'instruction élémentaire est en principe obligatoire pour tout enfant des deux sexes. Suivant le projet de loi du 3 octobre 1913, l'enseignement primaire doit être donné à tout enfant de 7 à 16 ans, soit par les écoles gouvernementales, soit par les établissements religieux, soit par les écoles privées, soit, sous réserve d'examens, à domicile. Les écoles gouvernementales dépendent du ministère de l'instruction publique qui inspecte également les écoles soutenues par les communautés non musulmanes.

Il y a des écoles moyennes pour garçons de 11 à 16 ans et un projet de loi (janv. 1918) prévoit la création d'institutions semblables pour filles (« Unas Sultanijessi »).

Le nombre total des établissements d'enseignement de l'Empire ottoman est d'environ 36.230 et celui des élèves d'environ 1.131.200, soit un vingt-quatrième de la population.

Les établissements catholiques français en Turquie d'Europe et d'Asie comptaient avant la guerre 75.000 élèves, avec la célèbre Université de Beyrouth dirigée par les Jésuites, laquelle comprend un Lycée, une Faculté de Médecine, une Faculté Orientale, une Faculté de Théologie d'où sortent la plupart des évêques et patriarches orientaux. Les Ecoles chrétiennes de Constantinople, de Beyrouth, de Smyrne, de Jérusalem sont les plus puissantes de l'Empire. Le Collège supérieur des Lazaristes d'Antoura, au Liban, donne l'enseignement supérieur moderne ; l'Ecole des Lazaristes de Smyrne, les Ecoles de Commerce des Maristes à Constantinople, des Carmes à Bagdad, l'Ecole et le séminaire des Dominicains à Mossoul (Mésopotamie) forment les clergés syrien, chaldéen, etc.

Les Congrégations de femmes françaises ne sont ni moins nombreuses ni moins renommées. Les Dames de Nazareth instruisaient à Beyrouth plus de 400 élèves appartenant à la haute société ; les Dames de Sion ont à Constantinople et à Smyrne d'importants établissements. Sur 150 élèves des Franciscaines, congrégation exclusivement française, de fondation récente à Damas, 90 étaient musulmanes, c'est dire la largeur d'esprit des professeurs.

Les Ecoles françaises laïques d'Orient s'efforcent de rivaliser avec les missions catholiques. Elles comptaient 9.000 élèves répartis dans les divers groupements.

Sans parler du célèbre lycée de Galata Seraï, à Constantinople, où le recrutement des professeurs français avait permis jadis de former dans l'esprit français les anciens diplomates de Turquie, les écoles actuelles de Smyrne, de Brousse, de Larnaca (Chypre) etc., contribuent à faire prédominer la France dans l'esprit de l'Orient chrétien ou musulman.

Le projet de transformation de l'Université de Constantinople, datant de 1870, prévoit la création de cinq Facultés (arts, théologie, droit, médecine et sciences). Il y a de nombreuses écoles spéciales de l'Etat ou des communautés reconnues, une Ecole Impériale d'Art (f. en 1882), une grande Ecole Nationale (grecque) de fondation ancienne avec 400 étudiants, un Institut archéologique russe (f. en 1895) et un séminaire grec de théologie avec 80 étudiants.

Administration. — La Turquie est divisée en vilayets (gouvernements généraux). Chaque vilayet est composé d'un certain nombre de simples gouvernements (liva) scindés en sous-gouvernements (Kazas) subdivisés en cantons (nahiyès). Les villes sont également divisées en sections (quartiers mahalès) assimilées aux cantons.

Justice. La Turquie étant essentiellement un pays musulman, les lois reposent en principe sur la loi musulmane Sunni (Koran, Hadith, etc.), codifiée jusqu'à un certain points comme dans le Mejelle ou Code civil. La législation moderne comprend les différents statuts institués par les Sultans successifs, en vertu de leur autorité absolue, ou plus récemment par le Parlement.

Le dernier règlement a été promulgué en 1879 (29 djémaziou-l'-akir 1296). Cette loi a divisé les tribunaux en Civils, Criminels et de Commerce. Elle a généralisé la Justice de Paix. Elle a créé le ministère public et en a précisé les attributions. Elle a également créé la Chambre des mises en accusation.

Un tribunal de paix fonctionne dans chaque village. Il est formé des anciens de la localité réunis en conseil. Il existe dans tout sous-gouvernement et gouvernement un tribunal de 1re instance ; dans tout chef-lieu de gouvernements généraux, fonctionne une Cour d'Appel, à côté de laquelle a été placée une Chambre des mises en accusation.

Il y a dans Constantinople : 1° trois tribunaux de 1re instance ; 2° une Cour d'appel divisée en 4 sections ou Chambres, civile, correctionnelle, commerciale, criminelle. A la tête du système est la Cour de cassation.

Armée et marine. Depuis le 14 février 1916, le service militaire est étendu jusqu'à l'âge de 50 ans et exige un paiement de la part de tous les exemptés. En vertu de la loi de février 1917, le service militaire est obligatoire pour tout Ottoman depuis l'âge de 20 ans jusqu'à 45 ans et sa durée est de 2 ans (cavalerie et artillerie 3 ans) dans l'armée permanente. De plus, il y a obligation de service jusqu'à l'âge de 40 ans dans la réserve ou « Ihtiat » et de 40 à 45 ans dans l'armée territoriale ou « Mustahfiz ». L'effectif de paix, depuis la nouvelle organisation militaire, est évalué à 210.000 hommes. L'effectif de guerre, à la mobilisation, était d'environ 750.000 combattants et 150.000 à 200.000 hommes de troupes à l'instruction.

Flotte. Depuis 1908, la réorganisation de la marine turque fut confiée à trois missions navales britanniques successives ; la dernière fut rappelée en septembre 1914 et remplacée par une mission allemande.

Les vaisseaux de guerre les plus importants étaient au cours de la guerre 1914-18 : le croiseur cuirassé allemand *Gœben*, appelé *Sultan Yavous Selim* (23.000 tonnes ; 70.000 chev. ; 34 canons à tir rapide et 4 tubes lance-torpilles), le croiseur protégé allemand *Breslau*, appelé *Midilli* (11.550 tonnes ; 64.500 chev. ; 50 canons et 2 tubes lance-torpilles), le cuirassé de combat *Torgut-Reis* (9.876 ton. ; 10.060 chev. ; 28 canons) et le croiseur protégé *Hamidié* (3.800 ton. ; 12.500 chev.). Il y avait en outre 7 bateaux armés, 9 contre-torpilleurs, 7 bateaux torpilleurs, 20 canonnières, quelques sous-marins, le yacht du Sultan *Ertogrul*, 4 poseurs de mines, 2 allèges, 2 navires-hôpitaux, 51 transports et un certain nombre de navires spéciaux et auxiliaires.

Mouvement économique

Finances. Budget depuis 1913-14 :

	1913-14	1914-15	1915-16	1916-17	1917-18	1918-19
En milliers de livres turques. (1 livre = 100 piastres = 23 fr. 05)						
Recettes	27	32,6	26,8	25	23,6	34,0
Dépenses	42	34	35,6	30,8	53,5	51,9
Déficit	15	1,4	8,8	14,8	29,9	17,9

Dette publique au 31 août 1918 :

Dette intérieure	146.475.754 livres turques.
— extérieure	305.173.836 —
Total	454.649.590 livres turques.

Dette dont le service est fait par l'admin. de la Dette Publique Ottomane (fin déc. 1914) :

	Capital nominal.	Capital nominal en circulation.
Dette unifiée 4 p. 100	42.275.772	36.799.840
Lots turcs	15.632.548	14.049.948
Emprunt 4 p. 100 (1890 à 1908)	22.447.288	19.875.862
— ch. de fer Bagdad 4 p. 100	12.964.000	12.282.172
— 5 p. 100 (1896)	3.272.720	2.814.200
Total	96.592.328	85.821.972

Avances allemandes au 31 déc. 1918 .... 238.000.000 livres turques.

Productions et industries.

Agriculture. Chiffres de la production agricole pour 1910 : Turquie d'Europe : froment, 6.589.311 qx. ; seigle, 1.886.690 qx. ; orge, 3.793.031 qx. ; avoine, 1.344.654 qx. ; maïs, 5.440.062 qx. ; Turquie d'Asie : froment, 38.222.361 qx. ; seigle, 2.932.561 qx. ; orge, 25.190.013 qx. ; avoine, 3.129.769 qx. ; maïs, 5.597.437 qx.

En 1913, le cheptel se composait de 134.072 chevaux, 76.000 mulets, 214.970 ânes, 271.000 taureaux et vaches, 24.000 bœufs, 255.000 buffles et bufflesses, 5.220.000 moutons, béliers et agneaux, 1.720.000 chèvres, 22.700 chameaux, 128.000 porcs.

Ressources minérales. Les richesses naturelles de la Turquie et particulièrement celles des provinces asiatiques sont considérables. La houille se trouve en abondance dans les chaînes de montagnes de l'Asie Mineure, particulièrement aux environs d'Héraclée, et dans la vallée de Kosloo. Les mines d'Héraclée et du vilayet de Smyrne produisaient avant la guerre une moyenne de 400.000 tonnes de charbon et lignite.

Gisements de pétrole à travers la péninsule, notamment dans les provinces de Mossoul et de Bagdad (env. 200 reconnus), au lac de Van et à l'ouest d'Erzeroum (Pulk) et à 80 km. au sud de Sinope. Mines de sel à Salif dans le Yemen. Or et argent dans le vilayet de Smyrne ; mercure à Sisma près de Konia ; kaolin dans l'île de Rhodes ; arsenic à Aïdin ; fer à Adana (production annuelle env. 35.000 tonnes). Le Gouvernement exploite les mines d'argent de Balgan Maden qui donnent annuellement env. 2.500 kilos d'argent ; zinc à Kara-Sou (Mer Noire) ; manganèse à Konia ; cuivre dans le Taurus arménien, etc. Les îles de la mer Egée, renommées jadis pour leurs pierres précieuses, renferment des minéraux de toute espèce.

Dépôts d'asphalte de Lattaquié, Kerk et Hit.

Commerce. Le commerce des années 1909-10 à 1914-15 a été le suivant, en livres turques (1) :

	1909-10	1910-11	1911-12	1912-13	1913-14	1914-15
Importation...	31.432.231	42.555.980	45.009.130	43.551.035	40.809.680	22.105.304
Exportation...	18.439.071	22.079.710	24.719.130	23.921.326	21.436.120	34.058.581
Total...	49.871.302	64.635.690	69.728.260	67.472.361	62.245.800	56.263.885

Le commerce extérieur est représenté par les chiffres suivants en milliers de livres turques :

PAYS (2)	IMPORTATION		EXPORTATION	
	1913-14	1916-17 Second semestre.	1913-14	1916-17 Second semestre.
Royaume-Uni...	8.128.590	13.875	4.660.460	»
France	3.591.850	2.554	4.289.420	»
Etats-Unis	1.080.490	891	1.378.660	773
Allemagne.......	4.688.740	6.138.347	1.227.160	24.787.966
Autriche-Hongrie	6.146.720	9.551.923	2.231.150	7.548.633
Italie..........	2.699.000	741	927.260	»
Egypte	1.431.210	»	1.943.320	»
Russie..........	3.516.620	77.556	831.040	»
Roumanie	1.937.250	429.612	626.850	7.956
Pays Bas	622.810	104.623	388.660	672
Grèce	187.180	1.187	243.830	»
Bulgarie........	270.100	851.590	251.060	1.559.949

Les principaux articles de commerce étaient en milliers de livres turques :

MARCHANDISES	IMPORT.	EXPOR.	MARCHANDISES	IMPORT.	EXPORT.
Animaux vivants	1.730	459	Bois et articles de bois........	1.043	266
Aliments animaux..........	725	972	Papier et articles de papier..	638	63
Céréales, légumes	5.112	2.022	Peaux et cuir...............	1.329	783
Fruits	896	5.709	Textiles....................	14.439	6.124
Café, cacao, thé...........	1.502	286	Caoutchouc	275	11
Sucre.....................	2.834	189	Machines, navires	1.051	10
Spiritueux, eaux minérales..	559	12	Chapeaux, plumes de parure.	267	4
Huile, graisse	2.629	613	Objets d'art, instruments scientifiques.............	428	10
Engrais, combustibles	92.928	738	Orfèvrerie	890	22
Produits chimiques	982	1.978	Divers	432	138
Armes	410	2	Total	40.810	21.436
Poteries, articles de pierre ...	835	159			
Métaux et articles métalliques	2.983	786			

Mouvement maritime et Marine marchande. La navigation en 1913-14 montrait : 44.754 navires turcs jaugeant 4.419.487 tonn. et 30.976 navires étrangers jaugeant 37.406.292 tonn. ; total 75.725 navires jaugeant 42.225.748 tonn. Dans ces chiffres, le port de Constantinople entrait pour 20.268 navires jaugeant 19.153.951 tonn., dont 11.684 vapeurs jaugeant 18.554.116 tonn. ; celui de Smyrne pour 6.655 navires jaugeant 2.477.733 tonn., dont 2.661 vapeurs jaugeant 2.400.383 tonn.

La marine marchande en 1911 comprenait 120 vapeurs jaugeant 66.878 tonneaux (nets) et 963 navires à voiles jaugeant 205.641 tonn.

Communications intérieures. Les chemins de fer en 1915 comptaient 6.863 kil. de lignes dont 1.684 en Europe, 2.372 en Asie Mineure, 2.807 en Syrie et Arabie.

Postes. L'Empire Ottoman fait partie de l'Union postale universelle. En 1913-14, on comptait 850 bureaux avec des recettes de 18.987.1 11fr. et des dépenses de 16.781.080 fr. Le mouvement postal avait été pour le service intérieur, de 31.898.000 lettres, 1.826.000 cartes postales, 16.728.000 imprimés et échantillons, 1.263.000 lettres chargées, etc., et

(1) 1 livre turque = 23 fr. 05.
(2) Pays d'où l'importation a eu lieu et non pas le pays de provenance.

pour le service extérieur, de 15.535.000 lettres, 2.789.000 cartes postales, 3.724.000 imprimés et échantillons, 40.000 lettres chargées, etc. Les télégraphes en 1914 comprenaient 985 bureaux, 38.105 kil. de lignes, 71.143 kil de fils, et avaient expédié 8.414.917 dépêches à l'intérieur, 1.035.990 internationales, 79.203 de transit, et 624.179 dépêches de service soit au total 10.184.289. Les recettes s'étaient élevées à 10.594.701 et les dépenses à 7.843.637 fr.

Monnaies, Poids et Mesures. L'unité monétaire est la *lira* ou livre turque (100 piastres) = environ 23 fr. 05 ; la piastre (*bourouch*) = 0 fr. 22 = 40 paras. Monnaies d'or : 500 piastres *bechibir yerde*), 250 piastres, 100 piastres (*lira*), 50 piastres (*yarim lira*), 25 piastres *tcheirek-lira*) ; d'argent (*Medjich*), 5 piastres (1/4 de Medjidié) 2 piastres (ikilik), 1 piastre ou *bourouch* ou 40 paras et 1/2 piastre (yirmilik) = 20 paras ; (bronze), 2 piastres 1/2 (yusluk), 1 piastre 1/4 (ellilik), 20 paras et 5 paras ; (nickel), 20, 10 et 5 paras.

Les décrets de mars 1870, de mars 1882, de janvier 1892 ont rendu l'emploi du système métrique décimal français obligatoire. Il est en vigueur dans les douanes et dans toutes les administrations de l'État, cependant les anciennes mesures sont encore en usage :

Les mesures de poids restent le *kantar* (quintal) = 56 kgr. 450 ; l'*okka* = 1 kgr. 283 ; le rottolo = 564 gr. ; le *drachme* = 3 gr. ; comme mesures de longueur, l'*archine* = 75 ctm. 7 le *pouce* (1/24 archine = 3 ctm. 16) ; l'*archine endazé* ou *pic*, pour étoffes = 68 ctm. ; le *roup* (1/8 archine, dazé = 8 m. 5 ; le berri = 1.476 m. ; comme mesures de superficie, le *pic archine car* = 75 dcm. 277 ; comme mesures de capacité, le *metro* = 13 litres 33, l'*oke* = 1 litre 33. Les liquides se vendent au poids. On compte encore en *kiloz* (35 litres 27) pour les céréales.

Relations avec la France

Traités et Conventions

Conclus avec la France avant la guerre.

COMMERCE : Traités des 25 juin 1802, 25 novembre 1838, 29 avril 1861, 25 avril 1907. Traitement de la nation la plus favorisée. Traité applicable aux colonies. CONSULS, ÉTABLISSEMENTS JURIDICT. : capitulation de 1740. JURIDICTION CONSULAIRE : Ordonnance de la Marine d'août 1681, édit de juin 1778, loi du 28 mai 1836. PROPRIÉTÉ IMMOBILIÈRE DES ÉTRANGERS : Protocole du 9 juin 1868.

Représentation de la France en Turquie.

Haut Commissaire : H. *Defrance*, min. plén.

Cons. d'amb. : *Moisson baron de Vaux*, 1-20; 2e Secr. : *Fournes* ; Att. : *Henry de La Blanchetai*, 12-19 ; Secr. arch. : *Madon* ; 1er drogman : *Cuinet*.

Cons. à Constantinople : *Jousselin*. C. G. ; Jaffa : *Rais*, C. G.

V.-Cons. à Andrinople : *Dubois*.

Chambre de Commerce française à Constantinople, 41, rue Cabristan, Péra. Comité de Brousse.

Bureau commercial français à Constantinople.

Représentation de la Turquie en France.

L'ambassade des États-Unis était chargée pendant la guerre de la protection des intérêts ottomans en France.

Bibliographie

Aulneau (J.). *La Turquie et la guerre*, in-16, br. 3 fr. 50. F. Alcan. Paris, 1916.

Bareilles (Bertrand). *Les Turcs*, in-16, 4 fr. 50. Perrin. Paris, 1918.

Bérard (Victor). *La Révolution turque*, in-18, 358 p., br. 4 fr. A. Colin. Paris.

Driault (E.). *La question d'Orient depuis ses origines jusqu'à nos jours*, in-8, br. 7 fr. F. Alcan. Paris, 1914.

Dubosq (A.). *Syrie, Tripolitaine, Albanie*, in-16, br. 3 fr. 50. F. Alcan, Paris.

Ibanez de Ibero (C.). *D'Athènes à Constantinople. La situation politique en Orient*, in-12, 3 fr. 50. Attinger, Paris, 1916.

Jeancard (Paul). *L'Anatolie*, 256 p. br. 15 fr. Librairie Française, 1919.

Mandelstam (André). *Le Sort de l'Empire ottoman*, in-8, 680 p., br. 12 fr. Payot. Paris, 1917.

Morgan (J. de). *Contre les Barbares de l'Orient*, in-8, 265 p. Berger-Levrault. Paris, 1918.

Nadra Moutran. *La Syrie de demain*, in-8, 462 p., 6 fr. Plon-Nourrit, Paris, 1916.

Pinon (René). *L'Europe et l'Empire Ottoman*, in-8 écu. 2 cartes, br. 5 fr. ; *L'Europe et la Jeune-Turquie*, in-8 écu, br. 5 fr. Perrin. Paris, 1916.

Poulgy (G.). *Les Emprunts de l'État ottoman*. in-8, 230 fr. Jouve, Paris, 1919.

Ristelhueber. *Les Traditions françaises au Liban*, in-8, br. 5 fr. 50. F. Alcan. Paris, 1918.

Salnamé. *Annuaire Officiel de l'Empire Ottoman*. Constantinople.

Véchapéli (G.). *La Géorgie turque. Lazistan, Trébizonde et contrée du Tchorokh*, 52 p. br. 2 fr. 50, Ficker, Paris, 1919.

URUGUAY

(REPUBLICA ORIENTAL DEL URUGUAY)

Constitution. Gouvernement : République unitaire, indépendante du royaume d'Espagne depuis 1814 et de l'empire du Brésil depuis 1830. Constitution de 1917. Le pouvoir exécutif est confié à un Président de la République élu pour 4 ans par le peuple, à la majorité des voix, au moyen d'un double vote simultané, et à un Conseil d'administration de 9 membres, également élus directement par le peuple et qui a pour attributions toutes celles non réservées expressément au Président de la République ou à un autre pouvoir. Les ministres des Relations extérieures, de la Guerre, de la Marine et de l'Intérieur sont nommés par le Président de la Rép. et dépendent de lui ; ceux de la Justice, de l'Instruction et Finances relèvent du Conseil national. Ils sont tous responsables. Le pouvoir législatif est confié à 2 Chambres, l'une de députés, l'autre de sénateurs. Les députés sont élus pour 3 ans directement par le peuple ; les sénateurs sont élus pour 6 ans, renouvelés par tiers tous les 2 ans, et nommés par élections indirectes.

Couleurs nationales : blanc et bleu. Pavillon de guerre et de commerce : blanc à 4 fasces bleues, soit 5 fasces blanches et 4 bleues ; à l'angle supérieur, près de la hampe, un carré blanc surchargé d'un soleil héraldique jaune, à 16 rayon

Président de la République : Dr *Balthasar* BRUM (1919-1923).

Conseil Nat. d'Admin. : Prés. Feliciano *Viera*. Conseillers : Ricardo *Areco*, Alfredo *Vazquez Acevedo*, Martin *Martinez*, Francisco *Seoa*, Carlos *Berro*, Domingo *Arena*, Pedro *Casio*, Santiago *Rivas*.

Président du Sénat : Dr. José *Espalter ;* Prés. de la Ch. des députés : Dr. César *Miranda*.

Ministère : Intérieur et Cultes : Dr Gabr. *Terra ;* Aff. étrang. : Dr Juan A. *Buero ;* Fin. : Dr Ricardo *Vecino ;* — Trav. Publ. : *Pittamiglio ;* Ind. : Dr Luis *Caviglia ;* — Instr. publ. : Dr Rodolfo *Mezzera ;* Guerre et Marine : général G. *Ruprecht*.

Superficie : 186.928 km. q. (France 550.985). *Population* : 2.548.090 hab. de race blanche. Il n'y a ni Indiens ni noirs. 19 départements. *Capitale* : Montevideo, sur le Rio de la Plata. 376.160 hab. en 1917. *Villes princ.* : Paysandu, 20.953 ; Salto, 19.788 ; Mercedes, 15.667.

Le dernier recensement officiel d'oct. 1908 montrait une population de 1.042.686 hab. dont 181.222 étrangers (62.357 Italiens, 54.885 Espagnols, 27.789 Brésiliens, 18.990 Argentins, 8.341 Français, 1.324 Britanniques). Le nombre des immigrants qui était en 1911, de 191.234 s'est élevé en 1916 à 204.525 dont 8.985 Espagnols, 5.253 Italiens 5.306 Brésiliens. 1.479 Français.

Religion et Instruction : Liberté des cultes. Les édifices réservés aux cultes sont exempts d'impôts. Religion catholique prépondérante (430.095 catholiques, 12.232 protestants) Archev. à Montevideo, 2 év. suffrag. ; séminaire, établ. d'enseignement dont quelques-uns avec des ateliers d'arts et métiers.

Instruction primaire laïque obligatoire ; instruct., secondaire et supérieure libres. En 1917, on comptait 1.250 écoles publiques avec 160.000 élèves inscrits et 225 établissements privés avec 30.000 élèves. A Montevideo, Université (Cerrito, 265), ouverte en 1849, comprenant Facultés de Médecine (1876), de Droit et Sciences sociales (1849), de Mathématiques. Écoles normales (hommes et femmes); École des Beaux-Arts, de Commerce (280 boursiers de l'État); École militaire et navale (100 élèves). Budget pour 1916-17 : 18 millions de fr.

Armée et marine : Armée permanente et garde nationale. 4 régions milit. ; 17 bataillons d'inf., 4 comp. de fusiliers, 16 rég. de cavalerie, 3 d'artillerie à 3 batteries, 1 groupe de forteresse. École militaire et navale. Effectif de paix : 10.409 officiers et hommes, de guerre 50.000. Garde nationale comprenant trois bans : la garde mobile, de 17 à 39 ans, la garde départementale, de 30 à 46 ans, et l'armée territoriale. Effectif de guerre, env. 150.000 h.

La flotte comprend 1 croiseur protégé, le *Montevideo*, le yacht 18 *de Julio*, et l'*Uruguay* (1.400 tonnes, 23 nœuds).

Corps diplomatique à Montevideo et consulats.

Allemagne, Ch. d'aff. : N.

Amérique (Etats-Unis) (18 de Julio, 1056), E. e. et M. pl. : R.-E. *Jeffery* ; Cons. à Montevideo : W. *Dawson*.

Argentine (Rép.) (Paso del Molino), E. e. et M. pl. : Gabr. *Terra* ; Cons. de lég. : F. *de Yerequi* ; C. G. à Montevideo : Dr *Belvis*.

Autriche, V. Argentine (République), Corps dipl.

Belgique. E. e. et M. pl. : Argentine (Républ.), Corps dipl., Ch. d'aff. et C. G. à Montevideo : H. *Ketels*.

Bolivie, E. e. et M. pl., v. Argentine (Républ.), Corps dipl. ; Cons. à Montevideo : R. *Ludeke*.

Brésil (Calle 25 de Mayo, 409), E. e. et M. pl. : Dr Cyro *de Azevedo*; Cons. à Montevideo·
Chili, E. e. et M. pl. : Enrique *Caeras* B. ; C. G. à Montevideo : Dr M. Al. *Criado*.
Colombie, M. R. : v. Argentine (Républ.) Corps dipl. ; Cons. à Montevideo : A. *Benedetti*.
Costa-Rica, Cons. à Montevideo : H. *Garcia*.
Cuba (Rio Negro 1495), E. e. et M. pl. : Ch. d'aff. p. i. Le Secr. de lég. : Dr J. *Soler*.
Danemark. Cons. à Montevideo : O. *Fischer*.
Equateur. Cons. à Montevideo : Al. *Criado*.
Espagne (Piedras 356), E. e. et M. pl. : Vte *de la Fuente de Dona Maria* ; Cons. à Montevideo : la Lég. C. G.
France, v. Relations.
Grande-Bretagne (Pl. Zabala, 1286), E. e. et M. pl. : Sir Cl. *Mallet*, Kt., C. M. G., Ch. d'aff. : H.-C. *Ricardo* ; Att. naval : Cder. C.-L. *Backhouse* ; Cons. à Montevideo, le Min. C. G.
Grèce, Cons. à Montevideo : le Min. de France.
Guatémala, E. e. et M. pl. : v. Chili, Corps diplomatique ; Cons. à Montevideo : E.-M. *Martin*.
Italie (Plaza Caganicha, 1156), E. e. et M. pl. : Mis. F. *Maestri Molinari de Mettone* ; Cons. à Montevideo : la Lég.
Mexique, E. e. et M. pl. : v. Argentine (Républ.) Corps diplom. ; Cons. à Montevideo : N...
Norvège, E. e. et M. pl. : v. Argentine (Républ.) Corps diplom. ; Cons. à Montevideo J. *Storm*.
Panama, Cons. à Montevideo : J.-I. *Smith*.
Paraguay. E. e. et M. pl. : N... ; C. G. à Montevideo : Dr L. *Abente Haedo*.
Pays-Bas, E. e. et M. pl. : v. Argentine (Républ.) Corps diplom. ; Cons. à Montevideo E. *Ruete*.
Pérou, Cons. à Montevideo : P. *Charon*.
Portugal, E. e. et M. pl. : v. Argentine (Républ.) Corps diplom. ; Cons. à Montevideo E. *de Castro*.
Russie, Ch. d'aff. : N... ; Cons. à Montevideo : O. *Rogberg*.
Salvador, Cons. à Montevideo : N...
Suède. Cons. à Montevideo : C.-A. *Rogberg*.
Suisse, E. e. et M. pl. : v. Argentine (Républ.) Corps diplom. ; Cons. à Montevideo.

Mouvement économique.

Finances : L'exercice budgétaire s'arrête au 30 juin de chaque année. Budget des années suivantes (en pesos nacion. 1 peso valant 5 fr. 44 cent.).

	1917-1918	1918-1919
Recettes	29.451.428	29.451.428
dont Douanes	12.250.000	12.250.000
Dépenses	29.521.666	29.521.666
dont Dette publique	11.683.356	11.683.356

Dette publique au 31 déc. 1918.

Dette extérieure et consolidée	128.344.781	pes. nac.
Dettes internationales	2.135.500	—
Dette intérieure	24.342.826	—
Total	154.822.057	pes. nac.

Productions : Pays d'élevage et de grande agriculture. L'état du troupeau en 1916 montre : bœufs, 7.802.442 ; chevaux, 566.307 ; moutons, 26.286.296 ; mulets, 17.671 ; chèvres, 19.951 ; porcs, 180.099. Export. importante de viandes salées et congelées, de laines, de cuirs et d'animaux gras.

La récolte de 1916-17, bien que très inférieure à celle de 1915-16, s'élève encore, en milliers de quintaux à : blé, 5.866 ; maïs, 96 ; avoine, 1.118. Les vignobles, principalement dans les départements de Montevideo, Canelones, Salto et Paysandu, cultivés sur plus de 3.750 hectares, ont produit, en 1916, 20.370.000 litres. Culture du tabac et des olives. Plusieurs mines d'or en exploitation dans la région du nord (Cunaperie et Corrales) dans le dép. de Rivera ; on y trouve également de l'argent, du cuivre ; importante extraction de sable sur la partie des rives du Rio de la Plata (dép. de Colonia) dont l'exportation se fait entièrement pour la République Argentine.

Le grand noyau manufacturier se trouve dans la capitale. De 1889 à 1907, le nombre des établissements industriels avait passé de 2.365 à 4.509, c.-à-d. qu'en moins de vingt ans l'industrie avait augmenté du double.

Commerce : Le commerce, évalué en milliers de pesos (1 peso = 5 fr. 44) montre pour 1917-18 : import. 68.884, export. 115.624, se répartissant comme suit :

PAYS.	IMPORTATIONS.		EXPORTATIONS.	
	1916	1918	1916	1918
Argentine (Rép.)	7.373	16.900	10.215	9.615
Brésil	4.864	14.575	1.317	3.955
États-Unis	4.159	16.450	10.261	23.244
France	1.685	2.261	12.189	19.552
Grande-Bretagne	6.775	11.622	13.295	26.600
Italie	1.947	1.137	10.193	»

Les principales export. portaient sur : animaux vivants, 2.424 ; cuirs et peaux, 26.567 ; laine, 38.442.

Développement de l'exportation des viandes frigorifiées :

1913	80.749 tonnes métr.	1915	122.421 tonnes métr.
1914	88.167 —	1916	100.243 —

Depuis 1915, le commerce entre l'Uruguay et les Etats-Unis a augmenté d'une façon marquée. Les importations et les exportations ont plus que doublé et, en 1917, le commerce des États-Unis représentait 29 p. 100 du commerce total.

Le commerce avec la France représentait, avant la guerre, environ 16 p. 100 du commerce total de l'Uruguay. On n'exportait que peu de produits alimentaires, à peine des conserves en produits fins, très appréciés, mais par suite des droits d'entrée élevés, ce chiffre s'abaissait d'année en année. Pour les vins, le commerce français ne pouvait guère lutter avec l'Espagne et l'Italie, mais les vins fins en sont très recherchés. Dans l'industrie textile, en dehors des soieries, la France se voyait distancée par l'Angleterre et l'Allemagne. La France, par contre, était, grâce à sa supériorité en ce qui regarde les médicaments préparés et la parfumerie, le principal fournisseur de ces produits.

Mouvement maritime : Flotte en 1917 : 27 steamers avec un tonnage total net de 20.200 t. Entrée en 1917 : 6.481 vapeurs jaugeant 7.277 t. ; 2.941 voiliers jaugeant 523.300 t. Sortie : 6.469 vapeurs jaugeant 7.280 t. et 2.860 voiliers jaugeant 507.800 t. Mouvement d'environ 9.400 barques jaugeant env. 7.800.000 t. à l'entrée et à la sortie.

Communications : En 1916, 2.568 km. de voies ferrées étaient ouverts au trafic, dont 1.705 appartenant à l'État. 273 km. de tramways ; traction électrique pour les tramways de Montevideo. 7.790 km. de lignes télégr. avec 55 bureaux ayant passé plus de 1 million de télégr. 26.552 km. de lignes téléph. 995 bureaux de poste ayant expédié, en 1915 99.898.000 lettres et paquets.

Monnaies, poids et mesures. Unité monétaire, le *peso nacional* de 100 centimes = 5 fr. 44. Banque de la République seule autorisée à émettre de la monnaie fiduciaire (billets de 10, 5 et 1 piastres). Système métrique décimal français en vigueur depuis 1864 et obligatoire depuis 1894.

Journaux. Principaux quotidiens à Montevideo : *El Bien* (1877), *La Democracia El Dia* (1886). *La Razon* (1888), *El Siglo*, *Diario del Plata*, *La Manana*.

Relations avec la France.

Traités et Conventions :

COMMERCE ET NAVIGATION : Convention du 4 juillet 1892, traitement réciproque de la nation la plus favorisée. — ASSISTANCE JUDICIAIRE : Convention du 23 mars 1885 relative à l'assistance judiciaire. — ARBITRAGE. Convention d'arbitrage du 18 avril 1918.

Représentation de l'Uruguay en France :

Légation à Paris, 78, avenue Kléber (16e). Tél. Passy 64-38.

Env. Extraord. et Min. Plénip. : Juan Carlos *Blanco*. 1er Secr. : Luis *Saavedra* ; 1er Secr. hon. : J. *Piran* ; 2e Secr. hon. : Ad. *Vaeza Ocampo*. — 2e Secr. Hon. : Adolfo *Sienra*.

Consulat Général à Paris, 20, boul. St-Germain. T. Gob. 20.00. Consul Général : Ramon *Lopez Lomba*.

Consulats à : Bayonne; Bordeaux : C. *Calamet*; Cette; Cherbourg : E.-R. *Vieira*. Dakar; Dunkerque; La Rochelle; Le Havre; C. *Montero Bustamente* ; Lyon,

Marseille : B. *Callorda* ; Montpellier ; Nantes ; Nice ; Toulouse ; Vichy ; Alger ; Oran ; Tamatave.

V.-Cons. à Agen ; Amiens ; Boulogne-s.-Mer ; Reims ; Roubaix ; Rouen ; St Nazaire ; Tarbes ; Tourcoing.

Association Uruguay-France, 6, cité Paradis, Paris, 10e.

Représentation de la France en Uruguay :

Légation à Montevideo, Uruguay, 857.

Env. Extr. et Min. Plén. : *Auzouy* (O. ✵). — Secr. de lég. de 2e cl. : N... — Chancelier : *Nicault.*

Agents à Mercedes, Paysandu, Salto, San Fructuoso, San José, Tacuarembo, Trinidad.

Institutions françaises en Uruguay :

Enseignement : Collège Carnot, 974 Calle Soriano, Montevideo.

Chambre de Commerce à Montevideo, 704 Calle Buenos-Aires. Prés. Paul *Bordes*. Délégué à Paris : *Charlet*, 9 *bis*, av. Didier, à Gagny (S.-et-O.).

Association Uruguay-France, à Montevideo, Ituzaingo, 1467.

Assistance : à Montevideo : Soc. Franç. de Bienfaisance ; Œuvre de l'Union Jeanne d'Arc ; Soc. des Dames Franç. de Charité de St-Vincent de Paul.

T. C. F. : Délégués à Montevideo : *Amiot*, 137 Calle Piedras ; Louis J. *Supervielle*, Calle 25 de Mayo 232 et 234.

L'Uruguay en 1919.

Le 1er mars, s'est effectuée la transmission des pouvoirs présidentiels par le Président Viera au nouveau chef du gouvernement, le Dr Baltasar Brum, ancien ministre des affaires étrangères. Le programme de ce dernier mentionne la nécessité de mettre à l'étude diverses mesures sociales et de défense sociale et préconise le renforcement de la marine de guerre. Sur son initiative, des traités d'arbitrage sont conclus avec le Brésil, la France, la Grande-Bretagne, l'Italie, le Pérou. Le 14 juillet est institué fête nationale.

Les difficultés qui se sont élevées en juin entre le nouveau Président et le Conseil d'administration national qui gouverne conjointement avec lui, et dont fait partie l'ancien président M. Viera, ont été réglées par la révocation de plusieurs autorités. L'année 1919 a montré l'excellente situation financière de la République : dépenses du budget abaissées de 39 à 35 millions, absorption facile des émissions lancées sur le marché, augmentation des dépôts bancaires (84 millions au 31 déc. 1918 contre 39 millions en août 1914), de l'encaisse or (50 millions contre 15 millions). A signaler également la grande extension de l'exportation des viandes frigorifiées et l'arrêt et la diminution des envois de bêtes sur pied.

Comme dans tous les pays, la vie chère fait sentir ses effets et engendre la spéculation.

Bibliographie.

Anuario Estadistico de la Republica Oriental del Uruguay, Annuel, Montevideo.
Araujo (O.). *Diccionario geografico del Uruguay*. Montevideo. 1912.
Koebel (W.-H.) *Uruguay*. Londres. 1912.
Maeso (C.-M.) *El Uruguay al traves de un siglo*, Montevideo. 1912.
Ross (H.-J.-G.) *Argentina and Uruguay*. Londres. 1917.

VENEZUELA

(ÉTATS-UNIS DU)

Constitution et gouvernement. — République fédérative organisée par la Constitution du 19 juin 1914 en 20 États, 1 district fédéral et 2 territoires. Elle fit partie de la Grande Colombie de 1821 à 1830 et devint autonome par la Constitution du 22 sept. 1830.

Le pouvoir législatif est confié : 1° à un Sénat de 40 membres (2 pour chaque État) et 2° à la Chambre des députés élue au suffrage direct (1 député pour chaque 35.000 hab). L'âge requis pour les sénateurs est celui de 30 ans et celui de 21 pour les députés. La durée du mandat législatif est de 3 ans. Tout citoyen est électeur à partir de sa 21e année. Le Congrès se réunit le 19 avril pour 70 jours.

Le Président de la République, citoyen vénézuélien, âgé d'au moins 30 ans, est élu pour 7 ans par le Congrès National. En son absence, le pouvoir exécutif est exercé par un des ministres du cabinet fédéral, qui sont au nombre de 7. Les hauts pouvoirs nationaux siègent à Caracas, capitale de la République.

Les États fédéraux sont gouvernés par des Présidents élus pour 3 ans par les Assemblées législatives respectives, élues elles-mêmes au suffrage direct. Le District fédéral, ainsi que les deux territoires Amazonas et Delta-Amacuro, ont des gouverneurs nommés par le Président de la République.

Couleurs nationales : jaune, bleu, rouge. *Pavillon de guerre* : trois bandes horizontales de la même largeur, jaune, bleue, rouge, le bleu chargé au milieu de 6 étoiles blanches posées en couronne autour d'une 7e de même ; le jaune chargé près de la hampe d'un écusson bordé de feuillages (parti à demi de rouge et jaune et coupé de bleu). *Pavillon de commerce*, le même sans écusson.

Président de la République (élu) : Général *Juan-Vicente* GOMEZ (3 mai 1915-1922) ; *Prés. provisoire* en exercice : Dr *Victorino* MARQUEZ-BUSTILLOS (19 août 1914).

Ministère : Intérieur : Ignacio *Andrade*. — Extérieur : Dr E. *Gil-Borges*. — Finances : Dr Roman *Cardenas*. — Guerre et Marine : Dr Carlos *Jimenez-Rebolledo*. — Travaux publ. : Dr Luis *Vélez*. — Fomento : Dr *Gumersindo Torres*. — Instruction publ. : Dr Rafael *Gonzalez-Rincones*.

Superficie : 1.020.400 km. q. (France 550.985). — *Population.* Recensement de 1917, 2.844.618 hab.

La population urbaine (chiffres de 1909) était pour les principales villes : Caracas, 72.429 (éval. de 1919, 100.000) ; Valencia, 54.387 ; Maracaibo, 34.740 ; Barquisimeto, 27.069 ; Ciudad Bolivar, 17.535.

Instruction publique. — L'instruction publique est libre et la primaire est obligatoire. Les études ont été en 1911 l'objet d'une réforme complète. Les hautes études sont faites, à Caracas, dans des écoles spéciales qui correspondent aux anciennes facultés de l'Université Centrale. A l'Université de Mérida, cours de droit, philosophie et lettres, pharmacie, etc. Dans les villes importantes, il existe des écoles libres pour ces études, le Gouvernement ayant le contrôle des examens. Deux écoles normales à Caracas, une pour hommes et une pour femmes. On comptait, en 1914, plus de 1.500 écoles primaires.

Corps diplomatique à Caracas et consulats.

Allemagne, E. e. et M. pl. : *de Prollius* ; Cons. à Caracas : E. *Emmerich* ; La Guayra, Maracaibo.

Amérique (États-Unis), E. e. et M. pl. : Preston *Mc. Goodwin* ; Cons. à La Guayra : H. *Brett* ; Maracaibo, Puerto-Cabello.

Argentine (Rép.), E. e. et M. pl. : Hilarion *Moreno* ; V.-Cons. à Caracas, La Guayra.

Autriche, Cons. à Caracas : G. *Vollmer*, C. G.

Belgique. Ch. d'aff. p. i. : L. *Bourseaux* ; Cons. à Caracas, La Guayra : A. *Pecchio* ; Maracaibo, Puerto Cabello.

Bolivie, E. e. et M. pl. : v. Colombie, Corps diplom. ; Cons. à Carupano, La Guayra.

Brésil, E. e. et M. pl. : Dr C.-M. *de Figueiredo* ; Cons. à Caracas : L.-A. *Castillo*, C. G.

Chili, E. e. et M. pl. : Julio *Garcès* ; Cons. à Caracas : Dr J. *Iturbe*, C. G. ; La Guayra Maracaibo.

Colombie, E. e. et M. pl. : Carlos *Cuervo Marquez*.

Costa-Rica, Cons. à Caracas : Dr R. *Garcia*.

Cuba, E. e. et M. pl. : *Vidal Toro* ; Cons. à la Guayra : P.-J. *Bosque* ; Puerto Cabello.

Danemark, C. G. à Caracas : G. *Behrens* ; Cons. à Maracaibo.

Equateur, E. e. et M. pl. : v. Colombie, Corps diplom. ; Cons. à Maracaibo.

Espagne, E. e. et M. pl. : Mis. *de Dos Fuentes* ; Cons. à Caracas, La Guayra : R. *de Fuentes Bastillo*.

France, v. Relations.

Grande-Bretagne, E. e. et M. pl. : H.-H.-D. *Beaumont* ; Ch. d'aff. : C.-F.-J. *Dormer*. Cons. à Ciudad Bolivar : R.-C. *Hart*.

Grèce. C. G. à Caracas : J. *Palacios Hernandez*.

Guatémala, Cons. à Caracas : Dr *Herrera Mendoza* ; Maracaibo.
Haïti, Cons. à Caracas : *Barrel de Nazari* ; Puerto Cabello.
Honduras, C. G., à Caracas : Rio. *Planas Torres* ; Cons. à Maracaibo.
Italie, M. R. et C. G. : C.-F. *Serra* ; Cons. à Maracaibo : L. *Fossi-Ferrini* ; Puerto Cabello.
Luxembourg, v. Pays-Bas.
Mexique, E. e. et M. pl. : Gerzayn *Ugarte* ; Cons. à Puerto Cabello.
Nicaragua, Cons. à La Guayra, Maracaibo, Puerto Cabello.
Norvège, Cons. à Caracas : A.-G. *Luria*.
Panama, Cons. à Caracas : A. *Ayala*, La Guayra, Puerto Cabello.
Paraguay, C. G. à Caracas : A. *Malausena*.
Pays-Bas, Cons. à Caracas : W.-B. *Engelbrecht*, gér., La Guayra, Maracaibo, Puerto-Cabello.
Pérou, C. G. à Caracas : Alf. *Pardo* ; Cons. à Puerto Cabello.
Portugal, E. e. et M. pl. : v. Panama, Corps diplom. ; Cons. à Caracas.
Saint-Siège, Internonce apostol. : Mgr F. *Marchetti-Selvaggiani*, arch. tit. de Seleucia.
Suède, C. G. à Caracas : G. *Valentiner*.
Suisse, Cons. à Caracas : E. *Guinand*.
Uruguay, C. G. à Caracas : N...

Mouvement économique.

Finances. — Budgets des exercices suivants en bolivars (1 bolivar = 1 fr. 20) :

	1917-18	1918-19
Recettes	72.126.500	44.714.000
dont Douanes	10.700.000	10.700.000
Dépenses	50.042.600	44.714.000
dont Finances et Dette publique	14.528.829	14.247.985

Dette publique au 31 déc. 1917 :

Dette extérieure à 3 p. 100	101.101.282
Dette intérieure consolidée à 3 p. 100	49.070.832
Total	150.172.114

Production et industries. — Pays divisé en trois zones naturelles : cultures, prairies et forêts. Plantations de café : 39.000 ; de cacao : 5.000 ; de sucre : 1.190 ; maïs, coton, haricots, etc.

Les agriculteurs représentent 1/5e de la population. Le troupeau était formé en 1915 de : bœufs, 2.004.257 ; moutons, 176.668 ; chèvres, 1.667.272 ; chevaux, 191.079 ; mulets, 89.186 ; porcs, 1.618.214.

Contrée riche en métaux et autres minéraux. Or près de Ciudad-Bolivar, 12.515 kg. extraits depuis 14 ans. Cuivre à Aroa. Houille à Coro. Mines de sel. Importante production de caoutchouc. Puits de pétrole. L'exploitation du pétrole prend un grand développement.

Production minérale (valeur en dollars américains) :

	1917	1918
Or	634.170	471.900
Cuivre	1.966.760	855.440
Pétrole	145.984	211.200
Asphalte	1.081.340	564.000
Magnésite	18.690	6.000
Houille	266.686	268.000
Total	4.072.940	2.376.540

Commerce en 1916-17 (en milliers de bolivars). Importations : 212.670. Exportations : 191.787.

PAYS.	IMPORTATIONS.		EXPORTATIONS.	
	1915-16	1916-17	1915-16	1916-17
Etats-Unis	54.784	140.850	55.391	103.783
Grande-Bretagne	19.985	39.540	37.873	16.732
France	4.976	8.640	20.657	16.358
Italie	2.331	—	1.997	—

Principales importations : vins, liqueurs, conserves, nouveautés, modes et articles de Paris. Principales exportations : café, 46.290.000 bolivars ; cacao, 23.072.000 ; peaux, 10.034.000 ; or, 7.099.000 ; caoutchouc, 4.046.468. Viandes salées et congelées (en quintaux métr.) : 1913 ; 643 ; 1916 : 33.153.

Mouvement maritime. — En 1916-17, entrés 950 navires jaugeant 1.779.375 tonnes. Marine marchande en 1911 : 11 vapeurs jaugeant 5.293 t. et 15 voiliers avec 2.432 t.

Communications intérieures. — Chemins de fer en exploitation en 1917, 925 km. Les routes carrossables sont constamment développées et améliorées. Postes, en 1912 : nombre de bureaux : 296 ; mouvement postal : 7.633.208 lettres et paquets. Télégraphes : nombre de bureaux : 211 ; 8.780 km. de lignes ; 488.330 télégrammes. Téléphones : 5.607 postes ; 6.900 km. de lignes, 20.930 km. de fils.

Monnaies, poids et mesures. — Unités, le *bolivar*, divisé en 100 *centimes* =1 fr. 20. Monnaie fiduciaire : billets émis par les Banques : de Vénézuela (cap= 12.000.000 bol.), de Caracas cap. de 6.000.000 bol.), de Maracaibo (1.250.000 bol.) : de 1.000, 500, 100, 50 et 20 bol.

Système métrique décimal français adopté depuis 1912.

Relations avec la France.

Traités et Conventions :

COMMERCE : Convention du 19 févr. 1902, traitement réciproque de la nation la plus favorisée. — RELATIONS DIPLOMATIQUES : Protocole du 11 févr. 1913, relatif à la reprise des relations diplomatiques. — PROPRIÉTÉ INDUSTRIELLE : Déclaration du 3 mai 1879 concernant les marques de fabrique et de commerce. — FINANCES : Protocole du 14 janvier 1915.

Représentation du Vénézuéla en France :

Chancellerie à Paris, 115, rue de la Pompe. Tél. Passy 72-29 (de 13 à 16 h.).

Env. Extr. et Min. Plén. : Dr José *Gil Fortoul*. — Secrétaires : L. *Posse* et J.-M. *Cardenas*. — Attaché mil. : Capitaine Henrique *Gil Fortoul*.

Att. hon. : A. *Matos Ibarra* ; R.-A. *Guzman Blanco*.

Consulats à : Bordeaux ; Le Havre, *Planas*, 13 ; Boulogne-s.-Mer ; Brest : C. *Maubourguet* ; Nice ; St-Nazaire ; Vichy ; Marseille : A. *Perdomo* ; Bastia ; Fort-de-France (Guadeloupe) ; Oran : S. *Levey*.

Représentation de la France au Vénézuéla :

Légation à Caracas.

Env. Extr. et Min. Plén. : N..., Chargé de la lég. : *Clausse* ; Chargé d'aff. : *Fauget* ; Secr. : *Castéran* ; Att. milit. : cap. *Dard d'Espinay*.

Agences Consulaires à : Barquisimeto (Lara) ; Carupano (Sucre) ; Ciudad Bolivar ; La Guaira ; Maracaïbo ; Puerto-Cabello ; San Cristobal de Tachira : San Fernando de Apure ; Valencia.

Institutions diverses :

Enseignement : à Caracas, Alliance Française, Prés. : *Branger*. — Collège Français. Dir. : Père *Honoré* ; Collège des Religieuses françaises de Tarbes.

Conseiller du Commerce extérieur : à Caracas, Thomas *Simonpietri*.

Assistance : à Caracas, l'Union (Soc. Française de Secours mutuels). Prés. : *Jamey*. Comité Français de Bienfaisance.

T. C. F. : à Caracas, Georges *Roche*, agent de la Cie. Transatlantique.

Bibliographie.

Anuario Estadistico de Venezuela. Annuel. Caracas.

Boletin de Estadistica de los Estados Unidos de Venezuela. Mensuel, Caracas.

Dalton (L.-V.). *Venezuela*. Londres, 1912.

Estadistica Mercantil y Maritima, Caracas.

Gil Fortoul (J.). *Historia Constitucional de Venezuela*, 1907-1909.

Landaeta Rosales (M.). *Gran Recopilacion Geografica, Estadistica é Historica de Venezuela*. Caracas, 1889.

Pector (Désiré). *L'Ere nouvelle au Vénézuéla et les intérêts français*, Paris, 1919.

INDEX ET TABLE

INDEX ALPHABÉTIQUE DES MATIÈRES

A

C

D

F

G

H

I

J

K

L

M

N

Q

R

S

T

CORBEIL. — Imprimerie CRÉTÉ.

TABLE DES MATIÈRES

Lightning Source UK Ltd.
Milton Keynes UK
UKHW010352120219
337137UK00004B/126/P